Services

Siehe Rückseite

Adressen und Verzeichnisse

Bestimmungen bei den juristischen bzw. natürlichen Personen und anschliessend auf vergleichbare, parallele Bestimmungen im StHG bzw. DBG verwiesen. Im StG ZH wird in eckiger Klammer zu Beginn des Artikels bzw. Absatzes auf die entsprechende StHG Bestimmung verwiesen. Im oder am Ende des Gesetzestexts erfolgen dann (in allen Bundessteuergesetzen) weitere Querverweise auf andere relevante gesetzliche Bestimmungen, z.T. auch auf solche ausserhalb des Steuerrechts.

– **Am Ende des betreffenden Absatzes oder Artikels** wird mit «**Vgl.**:» oder «**Anm.**:» normhierarchisch auf weitere relevante oder verwandte Gesetzesbestimmungen, Verordnungen oder Verwaltungsanweisungen hingewiesen. Dabei wird direkt auf die Seite, wo die entsprechende VO oder Verwaltungsanweisung im Anhang abgedruckt ist, verwiesen. In *kursiver Schrift* wird auf am Stichtag noch nicht in Kraft gesetzte Neuerungen hingewiesen.

– **Verwaltungsanweisungen der ESTV zum DBG** werden nur dort und nicht auch noch im StHG zitiert. Die Erschliessung erfolgt hier über den im DBG angebrachten Verweis auf den entsprechenden StHG Artikel. Umgekehrt werden **Kreisschreiben der SSK** grundsätzlich nur im StHG zitiert.

– Verweise betreffend die Vermeidung der **interkantonalen Doppelbesteuerung** (i.d.R. SSK KS) finden sich bei StHG 1.

– Im MWSTG finden sich die Verweise auf Verwaltungsanweisungen der ESTV.

Abkürzungen: Bundesgesetze und Verordnungen werden mit der gängigen Abkürzung gemäss Abkürzungsverzeichnis abgekürzt (z.B. VStG, BVV 3). Verwaltungsanweisungen werden demgegenüber mit einem Kurzzitat gemäss Inhaltsverzeichnis abgekürzt.

Neuerungen seit dem 1. Januar 2017 werden auf der Seite des Gesetzes- und Verordnungstextes mit einem vertikalen Strich angezeigt; vgl. dazu auch den Abschnitt «Neuerungen seit dem 1. Januar 2017» nach dem Inhaltsverzeichnis.

Update-Service: Unter www.schulthess.com/update werden die seit dem Redaktionsschluss vom 20. Dezember 2017 in Kraft gesetzten steuergesetzlichen Bestimmungen unentgeltlich veröffentlicht.

Anleitung zum Gebrauch von Steuerrecht 2018

Diese Textausgabe ist eine private Gesetzesausgabe, welche das Schweizer Bundessteuerrecht sowie das Zürcher Steuergesetz (einschliesslich Erbschafts- und Schenkungssteuergesetz) umfasst. Nachstehend einige Hinweise zum Aufbau und zur Benutzung:

Steuerrecht 2018 ist mehr als eine blosse Gesetzessammlung!

Steuerrecht 2018 umfasst:

– **Die Gesetzestexte des DBG, StHG, VStG, StG, MWSTG, das StG ZH**, das Erbschafts- und Schenkungssteuergesetz ZH und wichtige weitere Steuerrechtsbestimmungen aus der Finanzordnung der BV, der EMRK und verschiedenen weiteren im Steuerrecht relevanten Bundesgesetzen (z.B. OR, BVG etc.) zusammen mit den entsprechenden Verordnungen.

– Alle **in der Praxis relevanten Verwaltungsanweisungen der ESTV und der SSK** (Kreisschreiben, Rundschreiben und Merkblätter mit Ausnahme derjenigen zum MWSTG). Diese Verwaltungsanweisungen sind nach KS, RS und MB chronologisch geordnet. Eine Übersicht findet sich am Anfang im Inhaltsverzeichnis sowie zu Beginn des Anhangs. Nicht abgedruckte Verwaltungsanweisungen finden sich im Internet grösstenteils unter www.estv.admin.ch.

– Eine **Zusammenstellungen nützlicher Informationen** auf den Service-Seiten am Ende des Bands, z.B. Steuerbelastungen in den Kantonen (Einkommen, Vermögen, Dividenden, Gewinn, Kapital, Vorsorge, Künstler, VR, Grundstücke, Erbschaft etc.), DBA-Liste und Adressen und Links zu Gerichtsentscheiden, Verwaltungsbehörden, Universitäten und Steuerrechtsorganisationen.

Steuerrecht 2018 hebt sich von einer blossen Gesetzessammlung durch die Erschliessung des umfangreichen Schweizer Steuerrechts ab. Diese erfolgt auf drei Arten: Durch das vollständige **Inhaltsverzeichnis** am Anfang und das **Stichwortverzeichnis** am Ende des Bandes sowie die **Querverweise direkt in den Gesetzen**.

Die **Querverweise** sind wie folgt gestaltet:

– Verweise auf relevante Bestimmungen im gleichen oder in anderen Bundes(steuer)erlassen erfolgen in **eckigen Klammern** [...] direkt im Gesetzestext. Sie stellen den Zusammenhang mit anderen Bestimmungen her. Steht vor der arabischen Ziffer keine Gesetzesabkürzung, wird auf eine Bestimmung des gleichen Gesetzes verwiesen. Mit römischer Ziffer wird auf den Absatz und mit weiteren arabischen Ziffern oder Buchstaben auf Unterabschnitte der verwiesenen Bestimmung hingewiesen. **Querverweise in runden Klammern** (...) stammen vom Gesetzgeber.

– Im DBG und StHG wird **zu Beginn des Artikels in eckiger Klammer** einerseits auf die (sich im gleichen Gesetz befindenden) vergleichbaren

Steuerrecht 2018

Steuerrecht 2018

DBG, StHG, VStG, StG, MWSTG, OECD-MA, StG ZH

mit Verordnungen, Kreisschreiben, Merkblättern, Rundschreiben und diversen Service-Seiten

Textausgabe
mit Querverweisen, Sachregister und Anmerkungen

herausgegeben von

Pascal Hinny

Dr. iur., LL.M.(Tax LSE)
Rechtsanwalt, dipl. Steuerexperte
Ordentlicher Professor an der
Universität Freiburg i. Ue.
Partner, Lenz & Staehelin, Zürich

Stand: 1. Januar 2018

Schulthess § 2018

Update-Service:
www.schulthess.com/update

Die Gesetzes- und Verordnungstexte geben den Stand per 1. Januar 2018 wieder, soweit dieser bis zum 20. Dezember 2017 bekannt war. Änderungen, deren Inkraftsetzung erst nach diesem Datum publiziert wurden, werden im Internet unter www.schulthess.com/update veröffentlicht.

Die Aktualisierung auf den Stand vom 1. Januar 2018, das Anbringen von Querverweisen sowie die Einfügung der erst auf einen späteren Zeitpunkt in Kraft tretenden Bestimmungen erfolgte durch den Herausgeber.

Diese Textsammlung ist keine amtliche Veröffentlichung. Massgebend sind alleine die Veröffentlichungen durch die Bundeskanzlei bzw. Staatskanzlei des Kantons Zürich sowie der weiteren zuständigen Behörden.

Bibliografische Information der Deutschen Nationalbibliothek
Die Deutsche Nationalbibliothek verzeichnet diese Publikation in der Deutschen Nationalbibliografie; detaillierte bibliografische Daten sind im Internet über http://dnb.d-nb.de abrufbar.

ISBN 978-3-7255-7780-4

www.schulthess.com

Vorwort

Steuerrecht 2018, das Original, ist mehr als eine blosse Gesetzessammlung!

Steuerrecht 2018 ist ein praktisches Handwerkszeug für Steuerrechtspraktiker und Studierende. In einem Band werden alle in der Schweizer Steuerrechtspraxis relevanten Erlasse und Verwaltungsanweisungen zusammengeführt und durch eingefügte Querverweise auf andere relevante Bestimmungen und/oder Verwaltungsanweisungen sowie das ausführliche Stichwortregister erschlossen. Für die Benutzung von Steuerrecht 2018 sei auf die **«Anleitung zum Gebrauch von Steuerrecht 2018»** auf der grünen festen Karte auf den nächsten Seiten verwiesen.

Steuerrecht 2018 hebt sich damit einerseits von weitergehenden Kommentierungen einzelner Steuergesetze und andererseits von blossen Gesetzessammlungen ab. Die in den fünf Bundessteuergesetzen (DBG, StHG, VStG, StG, MWSTG) und im Steuergesetz Zürich angebrachten Verweise/Querverweise innerhalb des betreffenden Gesetzes, auf andere Gesetze sowie auf einschlägige Verwaltungsanweisungen (KS, RS und MB) stellen den Zusammenhang mit anderen Bestimmungen her. Diese Verweise sind eine persönliche Auswahl und werden sich in Zukunft bei weiteren Auflagen aufgrund von neuen Erkenntnissen (z.B. Gerichtsurteile und Praxisänderungen) weiterentwickeln und präzisieren. Hinweise zur Vervollständigung der Verweise werden selbstverständlich gerne und dankend entgegengenommen.

Steuerrecht 2018 entspricht dem Stand der Gesetzgebung am 1. Januar 2018 und berücksichtigt die bis zum 20. Dezember 2017 feststehenden Neuerungen. Neuerungen, deren Inkrafttreten für einen späteren Zeitpunkt festgesetzt ist, sind in kursiver Schrift am Ende der Bestimmung eingefügt. Die wichtigsten Neuerungen werden nachfolgend unter «Neuerungen seit dem 1. Januar 2017» dargestellt.

Sehr herzlich danken möchte ich vorab Herrn BLaw Alain Jeger und Frau cand. iur. Joana Gurtner, meinen Assistenten am Lehrstuhl für Steuerrecht an der Universität Freiburg, für ihren grossen Einsatz bei der Umsetzung der gesetzlichen Anpassungen und der Überarbeitung der Service-Seiten. Sodann danke ich der Schulthess Juristische Medien AG und dabei v.a. Herrn Firas Kharrat, Geschäftsführender Verleger, Frau Annette Eberle und den Herren Ulrich Gaebler, Dominik Möhl und Jürg Strebel für die er-

neut kompetente und effiziente Betreuung. Sodann geht ein grosser Dank an die Eidg. Steuerverwaltung, das Staatssekretariat für int. Finanzfragen, alle kantonalen Steuerverwaltungen sowie verschiedene «gute Geister» für die erneute Unterstützung bei der Herausgabe der Gesetzessammlung. Nicht zuletzt geht mein Dank für die Unterstützung an EXPERTsuisse und dabei v.a. an Herrn Dr. Thorsten Kleibold, Mitglied der Geschäftsleitung.

Zürich / Freiburg, 20. Dezember 2017 Pascal Hinny

Inhaltsverzeichnis

Steuerrecht 2018

Anhang

Verwaltungsanweisungen zur direkten Bundessteuer, Verrechnungssteuer und zu den Stempelabgaben

Die mit einer Seitenzahl versehenen Dokumente finden sich im Anhang. Die im allgemeinen Inhaltsverzeichnis, vorne, mit Stern versehenen Dokumente sind hier nicht abgedruckt und können im Internet unter www.estv.admin.ch abgerufen werden. Die Verwaltungsanweisungen sind innerhalb der Kategorien KS, MB und RS primär absteigend nach Daten geordnet, beginnend mit den jüngsten Dokumenten.

Kreisschreiben ESTV

Merkblätter ESTV

Rundschreiben ESTV

* Besteht aktuell nur in der Fassung gültig vom 1. Januar 2008 bis 31. Dezember 2009.

MWST-Branchen-Info

Eidgenössische Zollverwaltung

Verwaltungsanweisungen zu den direkten kantonalen Steuern

Kreisschreiben SSK

Analysen SSK

Praxishinweise SSK

Wegleitungen ESTV/SSK

Services

Schweizerische Doppelbesteuerungsabkommen

Abkommen zum automatischen Informationsaustausch über Finanzkonten (AIA)

Adressen und Verzeichnisse

Abkürzungen

A	=	Österreich
a.a.O.	=	am angeführten Ort
Abk.	=	Abkommen
ABl	=	Kantonales Amtsblatt Zürich
ABR	=	Arbeitsbeschaffungsreserven
ABRG	=	BG vom 20.12.1985 über die Bildung steuerbegünstigter Reserven (SR 823.33)
ABRV	=	VO vom 9.8.1988 über die Bildung steuerbegünstigter Arbeitsbeschaffungsreserven (SR 823.331)
Abs.	=	Absatz
AG	=	Aktiengesellschaft; Aargau
AHV	=	Alters- und Hinterlassenenversicherung
AHVG	=	BG vom 20.12.1946 über die Alters- und Hinterlassenenversicherung (SR 831.10)
AI	=	Kanton Appenzell Innerrhoden
AIA-Abkommen EU	=	Abkommen zwischen der Schweizerischen Eidgenossenschaft und der Europäischen Union über den automatischen Informationsaustausch über Finanzkonten zur Förderung der Steuerehrlichkeit bei internationalen Sachverhalten (SR 0.641.926.81)
AIAG	=	BG vom 18.12.2015 über den internationalen automatischen Informationsaustausch in Steuersachen (SR 653.1)
AIAV	=	VO des BR vom 23.11.2016 über den internationalen automatischen Informationsaustausch in Steuersachen (SR 653.11)
ALBAG	=	BG vom 16.6.2017 über den internationalen automatischen Austausch länderbezogener Berichte multinationaler Konzerne (SR 654.1)
ALBAV	=	VO des BR vom 29.9.2017 über den internationalen automatischen Austausch länderbezogener Berichte multinationaler Konzerne (SR 654.11)
ALBA-Vereinbarung	=	Multilaterale Vereinbarung der zuständigen Behörden über den Austausch länderbezogener Berichte (SR 0.654.1)
Amtshilfeübereinkommen	=	Übereinkommen vom 1.6.2011 über die gegenseitige Amtshilfe in Steuersachen (SR 0.652.1)
Änd.	=	Änderung
Anm.	=	Anmerkung
AR	=	Kanton Appenzell Ausserrhoden
Art.	=	Artikel
AS	=	Amtliche Sammlung des Bundesrechts
ASA	=	Archiv für Schweizerisches Abgaberecht

ATSG	= BG über den Allgemeinen Teil des Sozialversicherungsrecht (SR 830.1)
AuG	= BG vom 16.12.2005 über die Ausländerinnen und Ausländer (SR 142.20)
AUS	= Australien
ausl.	= ausländisch(er)
B	= Belgien
BB	= Branchenbroschüre; Bundesbeschluss
BBl	= Schweizerisches Bundesblatt
BdBSt	= Bundesratsbeschluss über die Erhebung einer direkten Bundessteuer vom 9.12.1940
BE	= Kanton Bern
BEPS-Übereinkommen	= Multilaterales Übereinkommen zur Umsetzung steuerabkommensbezogener Massnahmen zur Verhinderung der Gewinnverkürzung und Gewinnverlagerung
Berufskostenverordnung	= VO des EFD vom 10.2.1993 über den Abzug der Berufskosten unselbständig Erwerbstätiger bei der direkten Bundessteuer (SR 642.118.1)
Bet.	= Beteiligung
betr.	= betreffend
BG	= Bundesgesetz
BGBB	= Bundesgesetz vom 4.10.1991 über das bäuerliche Bodenrecht (SR 211.412.11)
BGE	= Amtliche Sammlung der Entscheidungen des Schweizerischen Bundesgerichts
BGer	= Schweizerisches Bundesgericht
BGG	= Bundesgesetz vom 17.6.2005 über das Bundesgericht (SR 173.110)
BL	= Kanton Basel-Landschaft
BR	= Bundesrat
BRB	= Bundesratsbeschluss
BRB 1962-VO	= Verordnung des BR vom 14.12.1962 über Massnahmen gegen die ungerechtfertigte Inanspruchnahme von Doppelbesteuerungsabkommen des Bundes (SR 672.202)
BRB LVG	= BRB vom 12.4.1957 betreffend vorsorgliche Schutzmassnahmen für juristische Personen, Personengesellschaften und Einzelfirmen (SR 531.54)
BS	= Kanton Basel-Stadt; Bereinigte Sammlung der Bundesgesetze und Verordnungen 1848–1947
Bst.	= Buchstabe
BV	= Bundesverfassung der Schweizerischen Eidgenossenschaft vom 18.4.1999 (SR 101)
BVers	= Bundesversammlung

BVG	= BG vom 25.6.1982 über die berufliche Alters-, Hinterlassenen- und Invalidenvorsorge (SR 831.40)
BVV 2	= Verordnung über die berufliche Alters-, Hinterlassenen- und Invalidenvorsorge vom 18. April 1984 (SR 831.441.1)
BVV 3	= VO des BR vom 13.11.1985 über die steuerliche Abzugsberechtigung für Beiträge an anerkannte Vorsorgeformen (SR 831.461.3)
bzw.	= beziehungsweise
CAF	= Anden-Entwicklungsgesellschaft
CDN	= Kanada
CH	= Schweiz
CHF	= Schweizer Franken
D	= Deutschland
DBA	= Doppelbesteuerungsabkommen
DBG	= BG vom 14.12.1990 über die direkte Bundessteuer (SR 642.11)
DSG	= BG vom 19.6.1992 über den Datenschutz (SR 235.1)
Dez.	= Dezember
dgl.	= dergleichen
E	= Entwurf; Spanien
EFD	= Eidgenössisches Finanzdepartement
EIDI-V	= VO des EFD vom 11.12.2009 über elektronische Daten und Informationen (SR 641.201.511)
EGMR	= Europäischer Gerichtshof für Menschenrechte
ELM-QST	= Elektronisches Lohnmeldeverfahren Quellensteuer
EMRK	= Konvention vom 4.11.1950 zum Schutze der Menschenrechte und Grundfreiheiten (SR 0.101)
ESchG ZH	= Gesetz über die Erbschafts- und Schenkungssteuer ZH vom 28.9.1986 (OS 632.1)
ESTV	= Eidgenössische Steuerverwaltung
ESTV-Liegenschaftskostenverordnung	= VO der ESTV vom 24.8.1992 über die abziehbaren Kosten von Liegenschaften des Privatvermögens bei der direkten Bundessteuer (SR 642.116.2)
etc.	= et cetera
EU	= Europäische Union
EuGH	= Europäischer Gerichtshof
EURATOM	= Europäische Atomgemeinschaft
evtl.	= eventuell
ExpaV	= VO des EFD vom 3.10.2000 über den Abzug besonderer Berufskosten von Expatriates bei der direkten Bundessteuer (SR 642.118.3)
EZV	= Eidgenössische Zollverwaltung
F	= Frankreich

f./ff.	=	folgende/fortfolgende
FABI	=	Finanzierung und den Ausbau der Bahninfrastruktur
FAQ	=	frequently asked questions (häufig gestellte Fragen)
Febr.	=	Februar
FinfraG	=	BG vom 19.6.2015 über die Finanzmarktinfrastrukturen und das Marktverhalten im Effekten- und Derivatehandel (SR 985.1)
FinfraV	=	VO vom 25.11.2015 über die Finanzmarktinfrastrukturen und das Marktverhalten im Effekten- und Derivatehandel (SR 985.11)
FL	=	Fürstentum Lichtenstein
FR	=	Kanton Freiburg
FusG	=	BG vom 3.10.2003 über Fusion, Spaltung, Umwandlung und Vermögensübertragung (SR 221.301)
Gde	=	Gemeinde
GE	=	Kanton Genf
GebV-ESTV	=	VO des BR vom 21.5.2014 über Gebühren für Verfügungen und Dienstleistungen der Eidgenössischen Steuerverwaltung (SR 642.31)
GeBüV	=	VO des BR vom 24.5.2002 über die Führung und Aufbewahrung der Geschäftsbücher (SR 221.431)
GL	=	Kanton Glarus
GmbH	=	Gesellschaft mit beschränkter Haftung
gem.	=	gemäss
GR	=	Griechenland
GV	=	Geschäftsvermögen
HRegV	=	Handelsregisterverordnung des Bundesrates vom 17.10.2007 (SR 221.411)
I	=	Italien
i. Ue.	=	im Uechtland
i.d.R.	=	in der Regel
IBRD	=	Internationale Bank für Wiederaufbau und Entwicklung
IL	=	Israel
inkl.	=	inklusive
interkant.	=	interkantonal
internat.	=	international
InvV	=	VO des BR vom 16.11.1994 über die Errichtung des Nachlassinventars für die direkte Bundessteuer (SR 642.113)
IV	=	Invalidenversicherung
IWF	=	Internationaler Währungsfond
Jan.	=	Januar
JU	=	Kanton Jura

jur.	= juristische
kant.	= kantonal
Kap.	= Kapitel
KS	= Kreisschreiben
Kt.	= Kanton
KVG	= BG vom 18.3.1994 über die Krankenversicherung (SR 832.10)
L	= Luxemburg
LGBV	= VO des BR vom 17.2.2010 über die Besteuerung der Liquidationsgewinne bei definitiver Aufgabe der selbstständigen Erwerbstätigkeit (SR 642.114)
Liegenschafts-kostenverordnung	= VO des BR vom 24.8.1992 über den Abzug der Kosten von Liegenschaften des Privatvermögens bei der direkten Bundessteuer (SR 642.116)
lit.	= litera
LS	= Zürcher Loseblattsammlung
LU	= Kanton Luzern
LVG	= BG vom 8.10.1982 über die wirtschaftliche Landesversorgung (SR 531)
max.	= maximal
MB	= Merkblatt
MBV	= VO des BR vom 27.6.2012 über die Bescheinigungspflichten bei Mitarbeiterbeteiligungen (SR 642.115.325.1)
MCAA	= Multilaterale Vereinbarung der zuständigen Behörden über den automatischen Informationsaustausch über Finanzkonten (SR 0.653.1)
min.	= minimal
Mio.	= Million
MLI	= siehe BEPS-Übereinkommen
MWST	= Mehrwertsteuer
MWSTG	= BG vom 12.6.2009 über die Mehrwertsteuer (SR 641.20)
MWSTV	= VO des BR vom 27.11.2009 zum BG über die Mehrwertsteuer (SR 641.201)
N	= Note
nat.	= natürliche
NE	= Kanton Neuenburg
NL	= Niederlande
Nov.	= November
Nr.	= Nummer
NW	= Kanton Nidwalden
NZ	= Neuseeland
OECD	= Organisation of Economic Co-operation and Development (Organisation für wirtschaftliche Zusammenarbeit und Entwicklung)

OECD-MA	= OECD-Musterabkommen auf dem Gebiete der Steuern vom Einkommen und vom Vermögen, Fassung 15. Juli 2014
OECD-MC	= OECD Model Convention on Income and on Capital, Condensed version 2017
Okt.	= Oktober
OR	= BG vom 30.3.1911 betreffend die Ergänzung des Schweizerischen Zivilgesetzbuches, Fünfter Teil: Obligationenrecht (SR 220)
OREF	= Ordre Romand des Experts Fiscaux Diplômés
OS	= Offizielle Sammlung der seit dem 10. März 1831 erlassenen Gesetze, Beschlüsse und Verordnungen des Eidgenössischen Standes Zürich
OW	= Kanton Obwalden
P	= Portugal
Pa.Iv.	= Parlamentarische Initiative
PartG	= BG vom 18.6.2004 über die eingetragene Partnerschaft gleichgeschlechtlicher Paare (SR 211.231)
Post	= Postnumerando
Prae	= Praenumerando
Prot.	= Protokoll
pStA	= pauschale Steueranrechnung
PV	= Privatvermögen
QStV	= VO des EFD vom 19.10.1993 über die Quellensteuer bei der direkten Bundessteuer (SR 642.118.2)
resp.	= respektive
RI	= Indonesien
RR	= Regierungsrat
RS	= Rundschreiben
RUS	= Russland
RVOG	= Regierungs- und Verwaltungsorganisationsgesetz vom 21.3.1997 (SR 172.010)
S.	= Seite
s.	= siehe
SB	= Spezialbroschüre
SBG	= BG vom 18.12.1998 über Glücksspiele und Spielbanken (SR 935.52)
SchKG	= BG vom 11.2.1889 über Schuldbetreibung und Konkurs (SR 281.1)
SchlB	= Schlussbestimmung(en)
SECO	= Staatssekretariat für Wirtschaft
Selbst.	= selbständig
Sept.	= September
SIF	= Staatssekretariat für internationale Finanzfragen
SG	= Kanton St. Gallen

SH	= Kanton Schaffhausen
SHAB	= Schweizerisches Handelsamtsblatt
SO	= Kanton Solothurn
sog.	= sogenannt
SR	= Systematische Sammlung des Bundesrechts (Systematische Rechtssammlung)
SSK	= Schweizerische Steuerkonferenz
SSS	= Saldosteuersätze
StAhiG	= BG vom 28.9.2012 über die internationale Amtshilfe in Steuersachen (SR 672.5)
StAhiV	= VO des BR vom 23.11.2016 über die internationale Amtshilfe in Steuersachen (SR 672.51)
Steuererlassverordnung	= VO des EFD vom 12.6.2015 über die Behandlung von Gesuchen um Erlass der direkten Bundessteuer (SR 642.121)
StG	= BG vom 27.6.1973 über die Stempelabgaben (SR 641.10)
StG ZH	= Steuergesetz ZH vom 8.6.1997 (OS 631.1)
StGB	= Schweizerisches Strafgesetzbuch vom 21.12.1937 (SR 311.0)
StHG	= BG vom 14.12.1990 über die Harmonisierung der direkten Steuern der Kantone und Gemeinden (SR 642.14)
StP	= Steuerperiode
StPO	= Schweizerische Strafprozessordnung vom 5. Oktober 2007 (SR 312.0)
StR	= Steuer Revue
StV	= VO des BR vom 3.12.1973 über die Stempelabgaben (SR 641.101)
SZ	= Kanton Schwyz
Tel.	= Telefon
TG	= Kanton Thurgau
TI	= Kanton Tessin
Tit.	= Titel
TR	= Türkei
u.a.	= unter anderem
Unternehmenssteuerreformgesetz II	= Bundesgesetz über die Verbesserung der steuerlichen Rahmenbedingungen für unternehmerische Tätigkeiten und Investitionen (AS 2008, 2893)
u.	= und
u.U.	= unter Umständen
UR	= Kanton Uri
URL	= Uniform Resource Locator
USA	= Vereinigte Staaten von Amerika
usw.	= und so weiter

V.	= Verordnung
v.a.	= vor allem
VASR	= VO des BR vom 21.11.2012 über die anerkannten Standards zur Rechnungslegung (SR 221.432)
VD	= Kanton Waadt
VGG	= BG vom 17.6.2005 über das Bundesverwaltungsgericht (SR 173.32)
vgl.	= vergleiche
VO	= Verordnung
VO pStA	= VO des BR vom 22.8.1967 über die pauschale Steuerrechnung (SR 672.201)
VO StHG	= VO des BR vom 9.3.2001 über die Anwendung des Steuerharmonisierungsgesetzes im interkantonalen Verhältnis (SR 642.141)
VS	= Kanton Wallis
VSBG	= VO vom 24.9.2004 über Glücksspiele und Spielbanken (SR 935.521)
VSt	= Verrechnungssteuer
VStG	= BG vom 13.10.1965 über die Verrechnungssteuer (SR 642.21)
VStrR	= BG vom 22.3.1974 über das Verwaltungsstrafrecht (SR 313.0)
VStV	= VO des BR vom 19.12.1966 zum Bundesgesetz über die Verrechnungssteuer (SR 642.211)
VwVG	= BG vom 20.12.1968 über das Verwaltungsverfahren (SR 172.021)
WBF	= Eidgenössisches Departement für Wirtschaft, Bildung und Forschung
WL	= Wegleitung
z.B.	= zum Beispiel
ZBstA	= Abkommen vom 26.10.2004 zwischen der schweizerischen Eidgenossenschaft und der Europäischen Gemeinschaft über Regelungen, die den in der Richtlinie 2003/48/EG des Rates im Bereich der Besteuerung von Zinserträgen festgelegten Regelungen gleichwertig sind (SR 0.641.926.81)
ZBstG	= BG vom 17.12.2004 zum Zinsbesteuerungsabkommen mit der Europäischen Gemeinschaft (SR 641.91)
ZG	= Kanton Zug
ZGB	= Schweizerisches Zivilgesetzbuch vom 10.12.1907 (SR 210)
ZH	= Kanton Zürich
Ziff.	= Ziffer
zit.	= zitiert

Zollanschluss-vertrag	=	Vertrag vom 29.3.1923 zwischen der Schweiz und Liechtenstein über den Anschluss des Fürstentums Liechtenstein an das schweizerische Zollgebiet (SR 0.631.112.514)
ZPO	=	Schweizerische Zivilprozessordnung vom 19. Dezember 2008 (SR 272)

Neuerungen seit dem 1. Januar 2017
(in chronologischer Folge des Inkrafttretens)

Die seit dem 1. Januar 2017 neu in Kraft getretenen Bestimmungen sind nachfolgend in den jeweiligen Steuergesetzen mit einer vertikalen Linie auf der Seite gekennzeichnet. Bereits beschlossene Änderungen, deren Inkraftsetzung noch nicht oder für einen nach dem 1. Januar 2018 liegenden Zeitpunkt festgesetzt wurde, werden am Ende der jeweiligen Bestimmung unter der Rubrik «**Anm.:**» in *kursiver Schrift* eingefügt.

Nachfolgend werden die wichtigsten Neuerungen zusammengefasst:
(Kenntnisstand ist der 20. Dezember 2017)

I. Neuerungen im Laufe des Jahres 2017

1. Meldeverfahren bei der Verrechnungssteuer

Am 30. September 2016 hat das Parlament die Bestimmungen im Bundesgesetz über die Verrechnungssteuer (VStG) betreffend das Meldeverfahren angepasst. Der Bundesrat hat die neuen Bestimmungen auf den 15. Februar 2017 in Kraft gesetzt.

Gemäss diesen neuen Bestimmungen verwirkt eine verspätet eingereichte Meldung einer verrechnungssteuerpflichtigen Leistung nicht mehr das Recht auf Durchführung eines Meldeverfahrens, wenn die materiellen Voraussetzungen für die Gewährung des Meldeverfahrens erfüllt sind. Die Pflicht zur Zahlung von Verzugszinsen entfällt damit. Auch werden entsprechende, seit 2011 verfügte und/oder bezahlte Verzugszinsen storniert beziehungsweise zurückerstattet. Die geänderten gesetzlichen Grundlagen geben zudem die Möglichkeit, die Verletzung der Einhaltung der gesetzlichen Frist mit einer Busse gemäss Art. 64 VStG zu ahnden.

Somit können die seit 2011 bezahlten Verzugszinsen im Zusammenhang mit konzerninternen Ausschüttungen zurückgefordert werden. Damit betroffene Gesellschaften ihren diesbezüglichen Anspruch geltend machen können, müssen sie ein Gesuch einreichen (Art. 70c II VStG); es erfolgt keine Rückzahlung von Amtes wegen. Gemäss den neuen Bestimmungen ist auf diesen Rückzahlungen kein Vergütungszins geschuldet.

2. Internationaler automatischer Austausch länderbezogener Berichte multinationaler Konzerne

Am 27. Januar 2016 hat die Schweiz, die multilaterale Vereinbarung der zuständigen Behörden über den Austausch länderbezogener Berichte (**ALBA-Vereinbarung**) unterzeichnet. Diese Vereinbarung steht im Zu-

sammenhang mit dem gemeinsamen Projekt der G20-Staaten und der Organisation für wirtschaftliche Zusammenarbeit und Entwicklung (OECD) zur Bekämpfung der Gewinnverkürzung und -verlagerung (Base Erosion and Profit Shifting, BEPS).

Der länderbezogene Bericht enthält Informationen über die weltweite Verteilung der Umsätze, der entrichteten Steuern und weitere Kennzahlen der multinationalen Konzerne in den einzelnen Staaten und Hoheitsgebieten sowie Angaben über die wichtigsten wirtschaftlichen Tätigkeiten des multinationalen Konzerns. Der Bericht muss von multinationalen Konzernen mit einem jährlichen konsolidierten Umsatz von über 750 Millionen Euro, bzw. gem. ALBAV von über 900 Millionen Franken, erstellt werden. In der Schweiz dürften davon rund 200 ansässige Konzerne betroffen sein.
Der länderbezogene Bericht wird jährlich automatisch an die Steuerbehörden der Staaten übermittelt, in denen diese Konzerne über Geschäftseinheiten verfügen. Die Daten richten sich ausschliesslich an die Steuerbehörden und werden nicht veröffentlicht.

Der Bundesrat hat nach unbenutztem Ablauf der Referendumsfrist das Bundesgesetz über den internationalen automatischen Austausch länderbezogener Berichte multinationaler Konzerne (**ALBA-Gesetz, ALBAG**) – zusammen mit der **ALBA-Verordnung** – auf den 1. Dezember 2017 in Kraft gesetzt. Die ALBA-Vereinbarung wurde damit im Dezember 2017 in Kraft gesetzt. Multinationale Konzerne in der Schweiz werden verpflichtet, für das Steuerjahr 2018 erstmals einen länderbezogenen Bericht (siehe oben) zu erstellen. Der erste automatische Austausch länderbezogener Berichte zwischen der Schweiz und ihren Partnerstaaten erfolgt ab 2020. Indem die rechtliche Grundlage bereits Ende 2017 in Kraft gesetzt wurde, können Konzerne auf freiwilliger Basis einen länderbezogenen Bericht für die Steuerperioden 2016 und 2017 einreichen. Das Gesetz sieht vor, dass die ESTV diese Berichte auf der Grundlage der ALBA-Vereinbarung den Partnerstaaten ab 2018 übermitteln kann.

3. Verrechnungssteuerverordnung – Anpassung bei Konzernfinanzierung

Mit der per 1. August 2010 in Kraft getretenen Regelung in Art. 14a I VStV werden konzerninterne Guthaben von der Verrechnungssteuer ausgenommen. Nicht von der Ausnahmeregelung profitieren können Schweizer Konzerne, die eine Obligation über eine ausländische Konzerngesellschaft begeben, welche von einer inländischen Konzerngesellschaft garantiert wird (Art. 14a III VStV).

Diese Bestimmung wurde nun dahingehend relativiert, als eine Weiterleitung von Mitteln der ausländischen Emittentin an eine in der Schweiz ansässige Konzerngesellschaft maximal im Umfang des Eigenkapitals der Emittentin steuerlich unschädlich ist.

4. Teilweise Aufhebung des Missbrauchsbeschlusses (BRB 62)

Mit dem Bundesratsbeschluss vom 14. Dezember 1962 betreffend Massnahmen gegen die ungerechtfertigte Inanspruchnahme von Doppelbesteuerungsabkommen des Bundes (BRB 62) gilt in der Schweiz eine spezifische innerstaatliche Missbrauchsklausel zum Schutz von ausländischem Steuersubstrat vor missbräuchlicher Inanspruchnahme der Schweizer Doppelbesteuerungsabkommen (DBA). Der Bundesrat hat auf den 1. Juli 2017 einen der beiden Missbrauchstatbestände des BRB 62, die offensichtlich unrechtmässige Inanspruchnahme einer Steuerentlastung (Art. 1 II a BRB 62), aufgehoben.

Folglich sind die in einem DBA enthaltenen Voraussetzungen für eine steuerliche Entlastung auf Einkünften (insbesondere Wohnsitz oder Sitz in der Schweiz, Recht zur Nutzung, Versteuerung) nur noch vom Quellenstaat zu prüfen. Die Schweizer Steuerbehörden, namentlich die ESTV, sind nicht mehr verpflichtet, die Voraussetzungen für die Inanspruchnahme des DBA, insbesondere das Recht zur Nutzung, zusätzlich aus ihrem Blickwinkel zu prüfen, wenn der Empfänger der entsprechenden Einkünfte sich in der Schweiz befindet. Die internationalen Entwicklungen von Regelungen zur Verhinderung des DBA-Missbrauchs sowie der Ausbau des grenzüberschreitenden Informationsaustausches haben den Bundesrat zur Aufhebung dieses Missbrauchstatbestandes bewogen.

Der Bundesrat hat diese teilweise Aufhebung des BRB 62 ausserdem zum Anlass genommen, den BRB 62 formell von einem Bundesratsbeschluss in eine Verordnung umzuwandeln.

5. Kreisschreiben Nr. 38 – Besteuerung von Kapitalgewinnen aufgrund einer Veräusserung von in der Bauzone gelegenen Grundstücken im Geschäftsvermögen von Landwirten

Das KS 38 vom 17. Juli 2013 erläutert die im Bundesgerichtsurteil 2C_11/2011 vom 2. Dezember 2011 verwendeten einschlägigen Begriffe und gibt einen Überblick über dessen steuerlichen Auswirkungen bezüglich der Besteuerung von Kapitalgewinnen aus der Veräusserung von in der Bauzone gelegenen Grundstücken im Geschäftsvermögen von Landwirten.

Im Auftrag der Kommission für Wirtschaft und Abgaben des Ständerates (WAK-S) wurde nun mit dem neuen Anhang 2 per 29. September 2017, «Regelung Härtefälle», das KS 38 betreffend die Kapitalgewinnbesteuerung von Bauland ergänzt (etwa Anwendung der Präponderanzmethode bei neu erworbenen Grundstücken).

6. Kreisschreiben Nr. 15 – Obligationen und derivative Finanzinstrumente

Am 3. Oktober 2017 hat die ESTV das überarbeitete KS 15 Obligationen und derivative Finanzinstrumente als Gegenstand der direkten Bundessteuer, der Verrechnungssteuer sowie der Stempelabgaben publiziert.

Das neue KS trägt der seit der Publikation des ersetzen KS 15 vom 7. Februar 2007 erfolgten Gesetzesänderungen Rechnung, wie der Abschaffung der Emissionsabgabe auf Fremdkapital und der Änderung der Verrechnungssteuerverordnung betreffend Konzernfinanzierung. Zudem wurden die Produktebezeichnungen bestimmter Anbieter entfernt (Produkteneutralität) und betreffend Negativzinsen auf Guthaben festgehalten, dass diese Prämien für die sichere Aufbewahrung von liquiden Mitteln und damit keine Schuldzinsen i.S. von Art. 33 I a DBG darstellen. Sie können jedoch – gestützt auf Art. 32 I DBG – als Gewinnungskosten zum Abzug gebracht werden. Negativzinsen auf handelbaren Forderungspapieren können jedoch nicht als Gewinnungskosten abgezogen werden.

7. Kreisschreiben Nr. 24 – Kollektive Kapitalanlagen als Gegenstand der Verrechnungssteuer und der Stempelabgaben

Mit dem überarbeiteten und aktualisierten KS 24 vom 20. November 2017 wurde das bisherige KS 24 vom 1. Januar 2009 ersetzt. Es wird erwartet, dass das KS 25 betreffend die direkte Bundessteuer im Laufe des Jahres 2018 ebenfalls erneuert wird.

8. Kreisschreiben Nr. 42 – Steuerliche Behandlung der berufsorientierten Aus- und Weiterbildungskosten

Seit dem 1. Januar 2016 wird die steuerliche Behandlung der berufsorientierten Aus- und Weiterbildungskosten neu geregelt. Damit sind alle berufsorientierten Aus- und Weiterbildungskosten nach dem ersten Abschluss auf der Sekundarstufe II bei der Einkommensteuer abzugsfähig. Liegt kein erster Abschluss auf der Sekundarstufe II vor, sind alle berufsorientierten Aus- und Weiterbildungskosten ab dem vollendeten 20. Lebensjahr abzugsfähig, sofern es sich dabei nicht um die Ausbildungskosten bis und mit dem ersten Abschluss auf der Sekundarstufe II handelt. Der Abzug ist auf höchstens 12000 Franken pro Person und Steuerperiode beschränkt. Nicht abzugsfähig sind Kosten für Aus- und Weiterbildungen, die nicht berufsorientiert sind (Liebhaberei, Hobby).

Das neue KS 42 vom 30. November 2017 regelt gewisse Einzelfragen. Gleichzeitig wird die Ziffer 3 des KS 26 der ESTV vom 22. September 1995 betreffend den Abzug von Berufskosten der unselbständigen Erwerbstätigkeit hinfällig.

II. Anpassungen per 1. Januar 2018

1. Gewinnbesteuerung juristischer Unternehmen mit ideeller Zwecksetzung

Gemäss Bundesgesetz über die Gewinnbesteuerung von juristischen Personen mit ideellen Zwecken vom 20. März 2015 wird für alle juristischen Personen, deren Gewinn- und Kapitalverwendung ausschliesslich einem ideellen Zweck gewidmet ist, eine Freigrenze von 20000 Franken beim steuerbaren Gewinn eingeführt. Mit der neuen Regelung muss bei Gewinnen unterhalb dieser Freigrenze überprüft werden, ob eine juristische Person ideelle Zwecke verfolgt. Für höhere Gewinne besteht die Steuerpflicht unabhängig davon, ob eine juristische Person dieses Kriterium erfüllt. Die Bestimmung tritt im Bund am 1. Januar 2018 in Kraft.

Im StHG trat die entsprechende Bestimmung am 1. Januar 2016 in Kraft, wobei die Kantone zwei Jahre Zeit hatten, ihre Gesetze anzupassen. Die Kantone können die Höhe der Freigrenze für die kantonalen Steuern selber festlegen. Die kantonalen Kapitalsteuern sind von der Neuregelung nicht betroffen.

2. Anpassung beim vereinfachten Abrechnungsverfahren für kleine Arbeitsentgelte

Am 1. Januar 2008 ist das Bundesgesetz gegen die Schwarzarbeit in Kraft getreten. Dabei wurde mit Art. 37a (mit 83 I) DBG und Art. 11 IV (mit 32 I) StHG eine Quellenbesteuerung für kleine Arbeitsentgelte aus unselbständiger Erwerbstätigkeit eingeführt.

Dieses sog. vereinfachte Abrechnungsverfahren wird ab dem 1. Januar 2018 auf Anstellungen im Privathaushalt beschränkt und schliesst die Anwendung für Familienangehörige aus.

3. Reform des Mehrwertsteuergesetzes

Das teilrevidierte Mehrwertsteuergesetz umfasst verschiedene Änderungen in den Bereichen Steuerpflicht, Steuerausnahmen, Verfahren und Datenschutz und bringt für die Mehrzahl der inländischen Unternehmen keine wesentlichen Änderungen. Im Mittelpunkt steht dabei die Beseitigung der mehrwertsteuerbedingten Benachteiligung inländischer Unternehmen gegenüber ausländischen Firmen. Künftig sollen alle Unternehmen mehrwertsteuerpflichtig werden, wenn sie im In- und Ausland mindestens 100000 Franken Umsatz aus Leistungen erzielen, die nicht von der Mehrwertsteuer ausgenommen sind. Gegenwärtig ist nur der im Inland erzielte Umsatz massgebend. Zudem werden ausländische Online-Händler in der Schweiz mehrwertsteuerpflichtig, wenn sie inländischen Kunden einfuhrsteuerbefreite Kleinsendungen für mehr als 100000 Franken erbringen. Dadurch werden neu rund 30000 ausländische Unternehmen zusätzlich der

Mehrwertsteuer unterstellt. Sodann wird bei elektronischen Zeitungen, Zeitschriften und Büchern der Steuersatz von bisher 8% auf 2,5% herabgesetzt.

Die wichtigsten Anpassungen:

- Neu ist der weltweite Umsatz für die Begründung der Steuerpflicht massgebend. Alle Unternehmen, die entweder in der Schweiz ansässig sind oder Leistungen in der Schweiz erbringen und im In- und Ausland pro Jahr mindestens 100000 Franken Umsatz aus nicht von der Steuer ausgenommenen Leistungen erzielen, werden ab dem 1. Januar 2018 obligatorisch mehrwertsteuerpflichtig.
- Ab 1. Januar 2019 wird neu in der Schweiz mehrwertsteuerpflichtig, wer für mindestens 100000 Franken pro Jahr von der Einfuhrsteuer befreite Kleinsendungen (d.h. die Einfuhrsteuer beträgt nicht mehr als 5 Franken) vom Ausland in die Schweiz sendet.

Überblick über eine Auswahl weiterer Änderungen:

- Von der Steuer ausgenommene Leistungen können neu auch durch blosse Deklaration in der MWST-Abrechnung freiwillig versteuert (Option) werden. Ein Hinweis auf die MWST in der Rechnung ist nicht mehr zwingend nötig.
- Für elektronische Zeitungen, Zeitschriften und Bücher gilt neu der reduzierte Steuersatz.
- Der fiktive Vorsteuerabzug ist neu auch beim Erwerb von Betriebsmitteln und ungebrauchten Waren möglich.
- Sammlerstücke wie Kunstgegenstände, Antiquitäten und dergleichen unterliegen neu der Margenbesteuerung. Daher ist der fiktive Vorsteuerabzug auf diesen Gegenständen nicht mehr möglich.
- Bezüglich der Lieferungen wird die Bezugsteuer neu nur noch auf Lieferungen unbeweglicher Gegenstände angewendet.
- Für die Steuerpflicht der Gemeinwesen ist neu nur noch die Umsatzgrenze von 100000 Franken massgeblich.
- Sämtliche Leistungen zwischen Gemeinwesen und den ausschliesslich von ihnen gehalten oder gegründeten Organisationen sind neu von der Steuer ausgenommen.
- Stiftungen und Vereine, zu denen eine besonders enge wirtschaftliche, vertragliche oder personelle Beziehung besteht, gelten als eng verbundene Personen und es kommt der Drittpreisvergleich zur Anwendung. Vorsorgeeinrichtungen gelten nicht als eng verbundene Personen.

Nach unbenutztem Ablauf der Referendumsfrist hat der Bundesrat das teilrevidierte MWSTG und die teilrevidierte Mehrwertsteuerverordnung – mit Ausnahme der Versandhandelsregelung (Art. 7 Abs. 3 Bst. b revMWSTG), welcher erst ein Jahr später in Kraft tritt – auf 1. Januar 2018 in Kraft gesetzt.

4. Anpassung der Steuersätze bei der Mehrwertsteuer

Anlässlich der Volksabstimmung vom 24. September 2017 wurden der Bundesbeschluss vom 17. März 2017 über die Zusatzfinanzierung der AHV durch eine Erhöhung der Mehrwertsteuer und das Bundesgesetz vom 17. März 2017 über die Reform der Altersvorsorge 2020 abgelehnt. Indem auf Ende 2017 zudem die befristete Invalidenversicherungs-Zusatzfinanzierung von 0,4% ausläuft und ab dem 1. Januar 2018 bis längstens 31. Dezember 2030 eine Steuersatzerhöhung von 0,1% aufgrund des Bundesbeschlusses über die Finanzierung und den Ausbau der Eisenbahninfrastruktur (FABI) gilt sinkt auf den 1. Januar 2018 der Normalsatz der Mehrwertsteuer um 0,3% auf 7,7%. Während der reduzierte Satz unverändert bei 2,5% bleibt, reduziert sich auch der Sondersatz für Beherbergungsleistungen um 0,1% auf 3,7%. Entsprechend wurden auch die Pauschal- und Saldosteuersätze angepasst.

Zur technischen Umsetzung dieser Steuersatzänderungen hat der Bundesrat eine Verordnung erlassen. Infolge der Steuersatzsenkung und der neuen Zweckbindung der Mehrwertsteuer im Rahmen von FABI muss zudem die Verordnung angepasst werden, mit welcher die Überweisung des Ertragsanteils an den AHV-Fonds geregelt wird.

5. Verlängerung des Sondersatzes für Beherbergungsleistungen bei der Mehrwertsteuer

Der Sondersatz für Beherbergungsleistungen – für die Gewährung von Unterkunft einschliesslich der Abgabe eines Frühstücks – galt gemäss Art. 25 Abs. 4 MWSTG nur bis Ende 2017. Der Sondersatz wurde nun um maximal 10 Jahre verlängert bis längstens 2027.

6. Informationsaustausch in Steuersachen

Die Schweiz hat am 15. Oktober 2013 das multilaterale Übereinkommen des Europarats und der OECD über die Amtshilfe in Steuersachen («**Amtshilfeübereinkommen**») unterzeichnet. Dieses regelt die internationale Amtshilfe in Steuersachen und sieht insbesondere den spontanen und den automatischen Informationsaustausch sowie den Informationsaustausch auf Ersuchen vor. Das Amtshilfeübereinkommen sieht in Art. 6 vor, dass die Vertragsstaaten den automatischen Informationsaustausch vereinbaren können (siehe dazu das MCAA, unten). Die Bestimmungen betreffend den Informationsaustausch auf Ersuchen und den spontanen Informationsaustausch sind ohne Umsetzung in einem weiteren Abkommen anwendbar.

Im entsprechenden Bundesbeschluss über die Genehmigung und Umsetzung des Amtshilfeübereinkommens vom 18. Dezember 2015 wurde der Bundesrat zur Ratifizierung des Übereinkommens ermächtigt. Ausserdem sieht der Bundesbeschluss punktuelle Änderungen im **Steueramtshilfege-**

setz (StAhiG) vor. Das Parlament hat dem Amtshilfeübereinkommen am 18. Dezember 2015 zugestimmt. Nach unbenutztem Ablauf der Referendumsfrist ist das Amtshilfeübereinkommen per 1. Januar 2017 in Kraft getreten.

Spontaner Informationsaustausch über steuerliche Vorbescheide («Rulings»)

Zur Umsetzung des spontanen Informationsaustauschs betreffend steuerliche Vorbescheide («Steuerrulings») hat der Bundesrat die **Steueramtshilfeverordnung (StAhiV)** totalrevidiert. Die neue Verordnung enthält insbesondere Bestimmungen zum Verfahren, zu den Informationen, die den ausländischen Steuerbehörden zu übermitteln sind, und zu den Fristvorgaben beim spontanen Informationsaustausch. Für den spezifischen Fall der Steuervorbescheide definiert die Verordnung, welche Kategorien spontan ausgetauscht werden und welche Staaten informiert werden müssen. Die Bestimmungen zu Gruppenersuchen der bisher geltenden Verordnung ändern sich nicht. Die totalrevidierte StAhiV ist am 1. Januar 2017 in Kraft getreten. Es ist vorgesehen, dass erstmals steuerliche Vorbescheide betreffend Steuerperioden, die am 1. Januar 2018 beginnen, ausgetauscht werden.

Automatischer Informationsaustausch über Finanzkonten

Die auf dem Amtshilfeübereinkommen basierende multilaterale Vereinbarung der zuständigen Behörden über den automatischen Informationsaustausch über Finanzkonten vom 29. Oktober 2014 (**Multilateral Competent Authority Agreement, MCAA**) legt die Bedingungen fest, unter denen jährlich Informationen zu sog. Finanzkonten zwischen den zuständigen Behörden zweier Staaten ausgetauscht werden. In einem Anhang zum MCAA wird der gemeinsame Melde und Sorgfaltsstandard für Informationen über Finanzkonten (**Common Reporting Standard, CRS**) festgelegt. Das Parlament hat der MCAA am 18. Dezember 2015 zugestimmt. Nach unbenutztem Ablauf der Referendumsfrist ist das MCAA am 1. Januar 2017 in Kraft getreten. Die ersten Informationen werden im Jahr 2018 ausgetauscht. Damit der automatische Informationsaustausch (AIA) gestützt auf das MCAA mit einem Partnerstaat eingeführt werden kann, muss er bilateral aktiviert werden. Bisher hat die Schweiz mit den folgenden Staaten gemeinsame Erklärungen über die Einführung des AIA auf Basis des MCAA unterzeichnet (Stand 18. Dezember 2017): Andorra, Antigua und Barbuda, Argentinien, Aruba, Australien, Barbados, Belize, Bermuda-Inseln, Brasilien, Britische Jungferninseln, Cayman Inseln, Chile, China, Cookinseln, Costa Rica, Curaçao, EU, Färöer Inseln, Grenada, Grönland, Guernsey, Hong Kong, Indien, Indonesien, Insel Man, Island, Israel, Japan, Jersey, Kanada, Kolumbien, Liechtenstein, Malaysia, Mauritius, Marshallinseln, Mexiko, Monaco, Montserrat, Neuseeland, Norwegen, Russland, San Marino, Saint Kitts and Nevis, Saint-Lucia, Saint Vincent und die Grenadinen, Saudi-Arabien, Seychellen, Singapur, Südafrika, Südkorea, Turks und Caicos Inseln, Uruguay. Vereinigte Arabische Emirate.

Betreffend die EU-Mitgliedstaaten hat der Bundesrat am 27. Mai 2015 ein **Abkommen mit der EU über den automatischen Informationsaustausch in Steuersachen** (AIA-Abkommen EU) unterzeichnet. Formell ist das unterzeichnete AIA-Abkommen EU ein Änderungsprotokoll zum seit 2005 bestehenden **Zinsbesteuerungsabkommen** zwischen der schweizerischen Eidgenossenschaft und der Europäischen Gemeinschaft (ZBstA). Während der Zinsbesteuerungsabzug entfällt und durch den Informationsaustausch ersetzt wird, gilt die bestehende Quellensteuerbefreiung auf grenzüberschreitenden Dividenden-, Zinsen- und Lizenzgebührenzahlungen zwischen verbundenen Unternehmen weiterhin. Das AIA-Abkommen ist am 1. Januar 2017 in Kraft getreten. Es ist vorgesehen, dass die Schweiz und die 28 EU-Mitgliedstaaten ab 2017 Informationen über Finanzkonten zu erheben und ab 2018 auszutauschen haben.

Zur Umsetzung des Amtshilfeübereinkommens bzw. des MCAA und des AIA-Abkommen EU enthält das neue Bundesgesetz über den internationalen automatischen Informationsaustausch in Steuersachen (**AIAG**) vom 18. Dezember 2015 Regelungen zu Organisation, Verfahren, Rechtsmitteln und anwendbaren Strafbestimmungen. Zwecks Umsetzung des Amtshilfeübereinkommens und des MCAA werden ausserdem Änderungen im Steueramtshilfegesetz (StAhiG) vorgenommen. Das Parlament hat dem AIAG sowie den weiteren Anpassungen des StAhiG am 18. Dezember 2015 zugestimmt. Nach unbenutztem Ablauf der Referendumsfrist wurde das AIAG auf den 1. Januar 2017 in Kraft gesetzt.

Der Bundesrat hat sodann am 23. November 2016 die Verordnung über den internationalen automatischen Informationsaustausch in Steuersachen (**AIAV**) verabschiedet. Sie trat, zusammen mit dem AIAG, am 1. Januar 2017 in Kraft. Die Verordnung definiert wichtige Begriffe, regelt Einzelheiten in Bezug auf die Melde- und Sorgfaltspflichten der meldenden schweizerischen Finanzinstitute und enthält weitere Bestimmungen, die zur Umsetzung des AIA erforderlich sind. Die Verordnung enthält zudem Ausführungsbestimmungen zu den Aufgaben der ESTV, zum Informationssystem sowie in ihrem Anhang die anwendbaren Alternativbestimmungen des OECD-Kommentars zum gemeinsamen Melde- und Sorgfaltsstandard für Informationen über Finanzkonten.

Zur ALBA-Vereinbarung und zum ALBA-Gesetz siehe Neuerungen im Laufe des Jahres 2017 vorne.

III. Anpassungen per 1. Januar 2019

1. Reform des Mehrwertsteuergesetzes

Im Rahmen des ansonsten per 1. Januar 2018 teilrevidierten Mehrwertsteuergesetzes wird ab 1. Januar 2019 in der Schweiz neu mehrwertsteuerpflichtig, wer für mindestens 100000 Franken pro Jahr von der Einfuhrsteuer befreite Kleinsendungen (d.h. die Einfuhrsteuer beträgt nicht mehr als 5

Franken) vom Ausland in die Schweiz sendet (siehe dazu Anpassungen per 1. Januar 2018).

2. Vereinheitlichung Steuerort für Maklerprovisionen

Ab dem 1. Januar 2019 werden Steuern auf Maklerprovisionen immer am Wohnsitz bzw. dem Sitz des Maklers erhoben, sofern sich dieser in der Schweiz befindet. Das geltende Recht sieht unterschiedliche Regelungen für juristische und natürliche Personen vor. Für Makler, die keinen Wohn- oder Geschäftssitz in der Schweiz haben, werden die Steuern weiterhin am Grundstücksort erhoben.

IV. Anpassungen per 1. Januar 2020

1. Energiegesetz: Anpassungen bei den Liegenschaftsunterhaltskosten

Das Energiegesetz (EnG) trat auf den 1. Januar 2018 in Kraft. Es enthält Anpassungen im DBG und StHG dahingehend, als neu auch Rückbaukosten im Hinblick auf einen Ersatzneubau abzugsfähig sein sollen und zudem Aufwendungen für energetische Investitionskosten einschliesslich Rückbaukosten auf die zwei nachfolgenden Steuerperioden übertragen werden können, soweit sie im Jahr, in denen sie angefallen sind, steuerlich nicht vollständig berücksichtigt werden können.

Die entsprechende Regelung in Art. 32 II und IIbis tritt im DBG auf den 1. Januar 2020 in Kraft. Die Regelung in Art. 9 III a und IIIbis StHG trat am 1. Januar 2018 mit einer zweijährigen Umsetzungsfrist in Kraft.

2. Revision der Quellenbesteuerung

Am 16. Dezember 2016 hat das Parlament einer Revision der Quellenbesteuerung des Erwerbseinkommens zugestimmt. Die Referendumsfrist ist unbenutzt abgelaufen. Der Bundesrat wird die neuen Bestimmungen voraussichtlich auf den 1. Januar 2020 in Kraft setzen.

Am 21. September 2017 hat das EFD die Totalrevision der Quellensteuerverordnung in die Vernehmlassung geschickt. Die Verordnung definiert näher, welche Voraussetzungen erfüllt sein müssen, damit nicht-ansässige Quellensteuerpflichtige Anspruch auf eine nachträgliche ordentliche Veranlagung haben

Das neue Gesetz will Ungleichbehandlungen zwischen quellenbesteuerten und ordentlich besteuerten Personen beseitigen und die Einhaltung internationaler Verpflichtungen, insbesondere des Personenfreizügigkeitsabkommens, sicherstellen. Zu diesem Zweck sollen alle ansässigen Quellensteuerpflichtigen, deren Bruttoerwerbseinkommen einen bestimmten

Betrag überschreitet, obligatorisch nachträglich ordentlich veranlagt werden. Alle anderen Ansässigen können neu eine nachträgliche ordentliche Veranlagung beantragen. Das gilt auch für Nicht-Ansässige, welche die Voraussetzungen zur Quasi-Ansässigkeit erfüllen. Die Revision führt insgesamt zu einer stärkeren Vereinheitlichung der schweizerischen Quellensteuerordnung.

V. Anpassungen per 1. Januar 2021

1. Neue Finanzordnung

In den Schlussabstimmungen vom 16. Juni 2017 haben die Eidgenössischen Räte den Bundesbeschluss über die neue Finanzordnung 2021 angenommen. Der Beschluss ist Volk und Ständen noch zur Abstimmung zu unterbreiten.

Mit der vom Parlament verabschiedeten Finanzordnung 2021 wird die Befugnis zur Erhebung der direkten Bundessteuer und der Mehrwertsteuer bis 2035 verlängert. Die geltende Finanzordnung beschränkt die Erhebung der beiden Steuern bis Ende 2020. Die beiden Steuerarten generieren Einnahmen von über 42 Milliarden Franken und tragen so zu mehr als 60 Prozent des Bundeshaushaltes bei.

VI. Spätere Anpassungen / offene Anpassungen

1. Geldspielgesetz

Aufgrund des Bundesgesetzes über Geldspiele (Geldspielgesetz, BGS) vom 29. September 2017 werden diverse Bestimmungen im DBG, StHG, VStG und MWSTG angepasst.

2. Stempelabgaben – Umsatzabgabebefreiung sogenannter «statischer Treuhandgesellschaften»

Das Parlament hat am 29. September 2017 beschlossen, dass italienische Treuhandgesellschaften, die der Steuersicherung dienen (Fiduciarie statiche), von der Umsatzabgabe befreit werden. Damit werden Schweizer Banken, die italienische Vermögen verwalten, nicht länger durch mehrfach erhobene Umsatzabgaben benachteiligt. Die Wettbewerbsfähigkeit insbesondere der Banken im Kanton Tessin würde damit gestärkt.

Mit der Gesetzesänderung werden Organisationen, die zum Zweck der Steuersicherung zwischen Kunden und Kundinnen im Ausland und deren Schweizer Bank zwischengeschaltet sind, künftig von der Umsatzabgabe befreit. Die von der Vorlage erfassten Organisationen dürfen ausschliesslich die Steuer- und Meldepflichten der Kundin oder des Kunden in ihrem Wohnsitzstaat sicherstellen und dürfen keine weiteren Vermögensdienstleistungen erbringen. Zudem müssen sie einer staatlichen Bewilligungs-

oder Kontrollpflicht unterstehen. Aus heutiger Sicht werden in der Praxis einzig die italienischen «Fiduciarie statiche» unter diese Bestimmung fallen. Wertschriftentransaktionen von italienischen Kunden mit Bankdepot in der Schweiz, bei denen eine Fiduciaria statica zwischengeschaltet ist, unterlagen bisher mehrfach der Umsatzabgabe. Mit der Steuerbefreiung wird ein Wettbewerbsnachteil der Schweizer Banken beseitigt.

Das Gesetz unterliegt dem fakultativen Referendum und die Referendumsfrist läuft bis zum 18. Januar 2018.

3. Unternehmenssteuerreform III / Steuervorlage 17

Das Volk hat am 12. Februar 2017 das Bundesgesetz über steuerliche Massnahmen zur Stärkung der Wettbewerbsfähigkeit des Unternehmensstandorts Schweiz vom 17. Juni 2016 (Unternehmenssteuerreformgesetz III) abgelehnt. Damit bleiben das geltende Steuersystem und namentlich die steuerliche Privilegierung der kantonalen Statusgesellschaften in Kraft.

Am 6. September 2017 hat der Bundesrat die Vernehmlassung zur Steuervorlage 17 (SV 17) eröffnet. Die Vorlage sieht zum einen die Aufhebung der Besteuerungsregeln gemäss Art. 28 II–IV StHG (Regelungen zur Besteuerung von Holding, Domizil und Gemischten Gesellschaften) vor. Zum andern bezwecken eine Reihe von Regeln v.a. auf kantonaler Ebene die Stärkung des Unternehmensstandorts: So (i) die Regelungen über den Übergang zur ordentlichen Besteuerung dieser Gesellschaften (sog. gesonderte Besteuerung), (ii) die Besteuerung von Einkünften aus Patenten und vergleichbaren Rechten (Patentbox), (iii) die Möglichkeit der Kantone der Einführung eines überproportionalen Abzugs von inländischen F&E-Aufwendungen (F&E Überabzug). Die Vorlage sieht eine Entlastungsbeschränkung von mindestens 70% vor für die steuerliche Begünstigungen aus diesen Massnahmen (ii) und (iii) (d.h. Patentbox und F&E Überabzug) sowie aus einer allfälligen Abschreibung von steuerlich aufgewerteten stillen Reserven bei einem vorzeitigen Verzicht auf eine Besteuerung gemäss den Art. 28 II–IV StHG (sog. Step-up). Die Kantone sollen zudem die Möglichkeit erhalten, hinsichtlich von qualifizierenden Beteiligungen und Patenten und vergleichbaren Rechten eine Ermässigung bei der Kapital- und Vermögensbesteuerung (bei Letzterer nur hinsichtlich von Patenten und vergleichbaren Rechten) einzuführen.

Der Vorschlag sieht weiter vor, die Teilbesteuerung von Dividenden aus qualifizierenden Beteiligungen im Bund bei 70% und in den Kantonen mindestens bei 70% anzusetzen und dass der Kantonsanteil an der direkten Bundessteuer von bisher 17% auf neu 20,5% erhöht wird, was den Kantonen finanziellen Spielraum für eine generelle Reduktion der kantonalen Gewinnsteuer eröffnen soll.

Schliesslich sieht die Vorlage, ausserhalb deren Kernbereich, Regelungen für den Zuzug (steuerneutral Aufdeckung stiller Reserven) und Wegzug (Abrechnung über die stillen Reserven) von Gesellschaften und die Ausdehnung des Anwendungsbereichs der Transponierung auf Streubesitzbeteiligungen (bisher mindestens 5%), die Ausdehnung der pauschalen Steueranrechnung und die Erhöhung der Mindestvorgaben des Bundes für die Familienzulagen um 30 Franken vor.

Die Vorlage soll im Laufe von 2018 in den Eidgenössischen Räten behandelt werden.

Bundesverfassung
der Schweizerischen Eidgenossenschaft [Auszug] (SR 101)

vom 18. April 1999 (Stand am 1. Januar 2018)*

…

3. Kapitel: Finanzordnung

Haushaltführung

126.[1] [1] Der Bund hält seine Ausgaben und Einnahmen auf Dauer im Gleichgewicht.

[2] Der Höchstbetrag der im Voranschlag zu bewilligenden Gesamtausgaben richtet sich unter Berücksichtigung der Wirtschaftslage nach den geschätzten Einnahmen.

[3] Bei ausserordentlichem Zahlungsbedarf kann der Höchstbetrag nach Absatz 2 angemessen erhöht werden. Über eine Erhöhung beschliesst die Bundesversammlung nach Artikel 159 Absatz 3 Buchstabe c.

[4] Überschreiten die in der Staatsrechnung ausgewiesenen Gesamtausgaben den Höchstbetrag nach Absatz 2 oder 3, so sind die Mehrausgaben in den Folgejahren zu kompensieren.

[5] Das Gesetz regelt die Einzelheiten.

Grundsätze der Besteuerung

127. [1] Die Ausgestaltung der Steuern, namentlich der Kreis der Steuerpflichtigen, der Gegenstand der Steuer und deren Bemessung, ist in den Grundzügen im Gesetz selbst zu regeln.

[2] Soweit es die Art der Steuer zulässt, sind dabei insbesondere die Grundsätze der Allgemeinheit und der Gleichmässigkeit der Besteuerung sowie der Grundsatz der Besteuerung nach der wirtschaftlichen Leistungsfähigkeit zu beachten.

[3] Die interkantonale Doppelbesteuerung ist untersagt. Der Bund trifft die erforderlichen Massnahmen.

Direkte Steuern**

128. [1] Der Bund kann eine direkte Steuer erheben:

a. von höchstens 11,5 Prozent auf dem Einkommen der natürlichen Personen;

AS **1999** 2556

* Alle Änderungen berücksichtigt bis zur letzten Bundesratssitzung des Jahres vom 20. Dez. 2017.

1 Angenommen in der Volksabstimmung vom 2. Dez. 2001, in Kraft seit 2. Dez. 2001 (BB vom 22. Juni 2001, BRB vom 4. Febr. 2002 – AS **2002** 241; BBl **2000** 4653, **2001** 2387 2878, **2002** 1209).

** Mit Übergangsbestimmung.

b.[2] von höchstens 8,5 Prozent auf dem Reinertrag der juristischen Personen;

c.[3] …

[2] Der Bund nimmt bei der Festsetzung der Tarife auf die Belastung durch die direkten Steuern der Kantone und Gemeinden Rücksicht.

[3] Bei der Steuer auf dem Einkommen der natürlichen Personen werden die Folgen der kalten Progression periodisch ausgeglichen.

[4] Die Steuer wird von den Kantonen veranlagt und eingezogen. Vom Rohertrag der Steuer fallen ihnen mindestens 17 Prozent zu. Der Anteil kann bis auf 15 Prozent gesenkt werden, sofern die Auswirkungen des Finanzausgleichs dies erfordern.[4]

Steuerharmonisierung

129. [1] Der Bund legt Grundsätze fest über die Harmonisierung der direkten Steuern von Bund, Kantonen und Gemeinden; er berücksichtigt die Harmonisierungsbestrebungen der Kantone.

[2] Die Harmonisierung erstreckt sich auf Steuerpflicht, Gegenstand und zeitliche Bemessung der Steuern, Verfahrensrecht und Steuerstrafrecht. Von der Harmonisierung ausgenommen bleiben insbesondere die Steuertarife, die Steuersätze und die Steuerfreibeträge.

[3] Der Bund kann Vorschriften gegen ungerechtfertigte steuerliche Vergünstigungen erlassen.

Mehrwertsteuer*

130.[5] [1] Der Bund kann auf Lieferungen von Gegenständen und auf Dienstleistungen einschliesslich Eigenverbrauch sowie auf Einfuhren eine Mehrwertsteuer mit einem Normalsatz von höchstens 6,5 Prozent und einem reduzierten Satz von mindestens 2,0 Prozent erheben.

---

2 Angenommen in der Volksabstimmung vom 28. Nov. 2004, in Kraft seit 1. Jan. 2007 (BB vom 19. März 2004, BRB vom 26. Jan. 2005, BRB vom 2. Febr. 2006 – AS **2006** 1057; BBl **2003** 1531, **2004** 1363, **2005** 951).

3 Aufgehoben in der Volksabstimmung vom 28. Nov. 2004, mit Wirkung seit 1. Jan. 2007 (BB vom 19. März 2004, BRB vom 26. Jan. 2005, BRB vom 2. Febr. 2006 – AS **2006** 1057; BBl **2003** 1531, **2004** 1363, **2005** 951).

4 Angenommen in der Volksabstimmung vom 28. Nov. 2004 , in Kraft seit 1. Jan. 2008 (BB vom 3. Okt. 2003, BRB vom 26. Jan. 2005, BRB vom 7. Nov. 2007 – AS **2007** 5765; BBl **2002** 2291, **2003** 6591, **2005** 951).

5 Angenommen in der Volksabstimmung vom 28. Nov. 2004, in Kraft seit 1. Jan. 2007 (BB vom 19. März 2004, BRB vom 26. Jan. 2005, BRB vom 2. Febr. 2006 – AS **2006** 1057; BBl **2003** 1531, **2004** 1363, **2005** 951).

* Mit Übergangsbestimmung.

[2] Das Gesetz kann für die Besteuerung der Beherbergungsleistungen einen Satz zwischen dem reduzierten Satz und dem Normalsatz festlegen.[6]

[3] Ist wegen der Entwicklung des Altersaufbaus die Finanzierung der Alters-, Hinterlassenen- und Invalidenversicherung nicht mehr gewährleistet, so kann in der Form eines Bundesgesetzes der Normalsatz um höchstens 1 Prozentpunkt und der reduzierte Satz um höchstens 0,3 Prozentpunkte erhöht werden.[7]

[3bis] Zur Finanzierung der Eisenbahninfrastruktur werden die Sätze um 0,1 Prozentpunkte erhöht.[8]

[4] 5 Prozent des nicht zweckgebundenen Ertrags werden für die Prämienverbilligung in der Krankenversicherung zu Gunsten unterer Einkommensschichten verwendet, sofern nicht durch Gesetz eine andere Verwendung zur Entlastung unterer Einkommensschichten festgelegt wird.

Besondere Verbrauchssteuern*

131. [1] Der Bund kann besondere Verbrauchssteuern erheben auf:

a. Tabak und Tabakwaren;
b. gebrannten Wassern;
c. Bier;
d. Automobilen und ihren Bestandteilen;
e. Erdöl, anderen Mineralölen, Erdgas und den aus ihrer Verarbeitung gewonnenen Produkten sowie auf Treibstoffen.

[2] Er kann zudem erheben:

a. einen Zuschlag auf der Verbrauchssteuer auf allen Treibstoffen, ausser den Flugtreibstoffen;
b. eine Abgabe, wenn für das Motorfahrzeug andere Antriebsmittel als Treibstoffe nach Absatz 1 Buchstabe e verwendet werden.[9]

[2bis] Reichen die Mittel für die Erfüllung der in Artikel 87b vorgesehenen Aufgaben im Zusammenhang mit dem Luftverkehr

---

6 Vom 1. Jan. 2018 bis längstens bis zum 31. Dez. 2030 beträgt der Sondersatz für Beherbergungsleistungen 3,8% (Art. 25 Abs. 4 des Mehrwertsteuergesetzes vom 12. Juni 2009 – SR **641.20**).

7 Vom 1. Jan. 2018 bis längstens bis zum 31. Dez. 2030 betragen die Mehrwertsteuersätze 7,7% (Normalsatz) und 2,5% (ermässigter Satz) (Art. 25 Abs. 1 und 2 des Mehrwertsteuergesetzes vom 12. Juni 2009 – SR **641.20**).

8 Angenommen in der Volksabstimmung vom 9. Febr. 2014, in Kraft seit 1. Jan. 2016 (BB vom 20. Juni 2013, BRB vom 13. Mai 2014, BRB vom 2. Juni 2014, BRB vom 6. Juni 2014 – AS **2015** 645; BBl **2010** 6637, **2012** 1577, **2013** 4725 6518, **2014** 4113 4117).

9 Angenommen in der Volksabstimmung vom 12. Febr. 2017, in Kraft seit 1. Jan. 2018 (BB vom 30. Sept. 2016, BRB vom 10. Nov. 2016 – AS **2017** 6731; BBl **2015** 2065, **2016** 7587, **2017** 3387).

* Mit Übergangsbestimmung.

nicht aus, so erhebt der Bund auf den Flugtreibstoffen einen Zuschlag auf der Verbrauchssteuer.[10]

[3] Die Kantone erhalten 10 Prozent des Reinertrags aus der Besteuerung der gebrannten Wasser. Diese Mittel sind zur Bekämpfung der Ursachen und Wirkungen von Suchtproblemen zu verwenden.

Stempelsteuer und Verrechnungssteuer

132. [1] Der Bund kann auf Wertpapieren, auf Quittungen von Versicherungsprämien und auf anderen Urkunden des Handelsverkehrs eine Stempelsteuer erheben; ausgenommen von der Stempelsteuer sind Urkunden des Grundstück- und Grundpfandverkehrs.

[2] Der Bund kann auf dem Ertrag von beweglichem Kapitalvermögen, auf Lotteriegewinnen und auf Versicherungsleistungen eine Verrechnungssteuer erheben. Vom Steuerertrag fallen 10 Prozent den Kantonen zu.[11]

Zölle

133. Die Gesetzgebung über Zölle und andere Abgaben auf dem grenzüberschreitenden Warenverkehr ist Sache des Bundes.

Ausschluss kantonaler und kommunaler Besteuerung

134. Was die Bundesgesetzgebung als Gegenstand der Mehrwertsteuer, der besonderen Verbrauchssteuern, der Stempelsteuer und der Verrechnungssteuer bezeichnet oder für steuerfrei erklärt, dürfen die Kantone und Gemeinden nicht mit gleichartigen Steuern belasten.

Finanz- und Lastenausgleich

135.[12] [1] Der Bund erlässt Vorschriften über einen angemessenen Finanz- und Lastenausgleich zwischen Bund und Kantonen sowie zwischen den Kantonen.

[2] Der Finanz- und Lastenausgleich soll insbesondere:

a. die Unterschiede in der finanziellen Leistungsfähigkeit zwischen den Kantonen verringern;
b. den Kantonen minimale finanzielle Ressourcen gewährleisten;
c. übermässige finanzielle Lasten der Kantone auf Grund ihrer geografischtopografischen oder soziodemografischen Bedingungen ausgleichen;
d. die interkantonale Zusammenarbeit mit Lastenausgleich fördern;

---

[10] Angenommen in der Volksabstimmung vom 12. Febr. 2017, in Kraft seit 1. Jan. 2018 (BB vom 30. Sept. 2016, BRB vom 10. Nov. 2016 – AS **2017** 6731; BBl **2015** 2065, **2016** 7587, **2017** 3387).

[11] Angenommen in der Volksabstimmung vom 28. Nov. 2004, in Kraft seit 1. Jan. 2008 (BB vom 3. Okt. 2003, BRB vom 26. Jan. 2005, BRB vom 7. Nov. 2007 – AS **2007** 5765; BBl **2002** 2291, **2003** 6591, **2005** 951).

[12] Angenommen in der Volksabstimmung vom 28. Nov. 2004, in Kraft seit 1. Jan. 2008 (BB vom 3. Okt. 2003, BRB vom 26. Jan. 2005, BRB vom 7. Nov. 2007 – AS **2007** 5765; BBl **2002** 2291, **2003** 6591, **2005** 951).

e. die steuerliche Wettbewerbsfähigkeit der Kantone im nationalen und internationalen Verhältnis erhalten.

[3] Die Mittel für den Ausgleich der Ressourcen werden durch die ressourcenstarken Kantone und den Bund zur Verfügung gestellt. Die Leistungen der ressourcenstarken Kantone betragen mindestens zwei Drittel und höchstens 80 Prozent der Leistungen des Bundes.

…

6. Titel: Revision der Bundesverfassung und Übergangsbestimmungen

…

2. Kapitel: Übergangsbestimmungen

Übergangsbestimmungen gemäss Bundesbeschluss vom 18. Dezember 1998 über eine neue Bundesverfassung[13]

196. …

3. Übergangsbestimmungen zu Art. 86 (Verwendung von Abgaben für Aufgaben und Aufwendungen im Zusammenhang mit dem Strassenverkehr), Art. 87 (Eisenbahnen und weitere Verkehrsträger) und Art. 87a (Eisenbahninfrastruktur)[14]

[1] Die Eisenbahngrossprojekte umfassen die Neue Eisenbahn-Alpentransversale (NEAT), BAHN 2000, den Anschluss der Ost- und Westschweiz an das europäische Eisenbahn-Hochleistungsnetz sowie die Verbesserung des Lärmschutzes entlang der Eisenbahnstrecken durch aktive und passive Massnahmen.

[2] Bis zum Abschluss von Verzinsung und Rückzahlung der Bevorschussung des Fonds nach Artikel 87a Absatz 2 werden die Mittel nach Artikel 86 Absatz 2 Buchstabe e statt dem Fonds nach Artikel 86 Absatz 2 der Spezialfinanzierung Strassenverkehr nach Artikel 86 Absatz 4 gutgeschrieben.[15]

[2bis] Der Bundesrat kann die Mittel nach Absatz 2 bis zum 31. Dezember 2018 zur Finanzierung der Eisenbahninfrastruktur und anschliessend zur Verzinsung und zur Rückzahlung der Bevorschussung des Fonds nach Artikel 87a Absatz 2 verwenden.

---

13 Angenommen in der Volksabstimmung vom 3. März 2002, in Kraft seit 3. März 2012 (BB vom 5. Okt. 2001, BRB vom 26. April 2002 – AS **2002** 885; BBl **2000** 2453, **2001** 1183 5731, **2002** 3690).

14 Angenommen in der Volksabstimmung vom 12. Febr. 2017, in Kraft seit 1. Jan. 2018 (BB vom 30. Sept. 2016, BRB vom 10. Nov. 2016 – AS **2017** 6731; BBl **2015** 2065, **2016** 7587, **2017** 3387).

15 Angenommen in der Volksabstimmung vom 12. Febr. 2017, in Kraft seit 1. Jan. 2018 (BB vom 30. Sept. 2016, BRB vom 10. Nov. 2016 – AS **2017** 6731; BBl **2015** 2065, **2016** 7587, **2017** 3387).

Die Mittel berechnen sich nach Artikel 86 Absatz 2 Buchstabe e.[16]

[2ter] Der Prozentsatz nach Artikel 86 Absatz 2 Buchstabe f gilt zwei Jahre nach Inkrafttreten dieser Bestimmung. Davor beträgt er 5 Prozent.[17]

[3] Die Eisenbahngrossprojekte nach Absatz 1 werden über den Fonds nach Artikel 87*a* Absatz 2 finanziert.[18]

…

[5] Diese Bestimmung gilt bis zum Abschluss der Bauarbeiten und der Finanzierung (Rückzahlung der Bevorschussung) der in Absatz 1 erwähnten Eisenbahngrossprojekte.

…

13.[19] *Übergangsbestimmung zu Art. 128 (Dauer der Steuererhebung)*

Die Befugnis zur Erhebung der direkten Bundessteuer ist bis Ende 2020 befristet.

Anm.: Gem. BB über die neue Finanzordnung 2021 vom 16.6.2017 wird Art. 196 Ziff. 13 wie folgt geändert (Untersteht dem obligatorischen Referendum, Volksabstimmung am 4.3.2018):

[Die Befugnis zur Erhebung der direkten Bundessteuer ist bis Ende 2035 befristet.]

14.[20] *Übergangsbestimmung zu Art. 130 (Mehrwertsteuer)*[21]

[1] Die Befugnis zur Erhebung der Mehrwertsteuer ist bis Ende 2020 befristet.

[2] …[22]

---

16 Angenommen in der Volksabstimmung vom 12. Febr. 2017, in Kraft seit 1. Jan. 2018 (BB vom 30. Sept. 2016, BRB vom 10. Nov. 2016 – AS **2017** 6731; BBl **2015** 2065, **2016** 7587, **2017** 3387).

17 Angenommen in der Volksabstimmung vom 12. Febr. 2017, in Kraft seit 1. Jan. 2018 (BB vom 30. Sept. 2016, BRB vom 10. Nov. 2016 – AS **2017** 6731; BBl **2015** 2065, **2016** 7587, **2017** 3387).

18 Angenommen in der Volksabstimmung vom 9. Febr. 2014, in Kraft seit 1. Jan. 2016 (BB vom 20. Juni 2013, BRB vom 13. Mai 2014, BRB vom 2. Juni 2014, BRB vom 6. Juni 2014 – AS **2015** 645; BBl **2010** 6637, **2012** 1577, **2013** 4725 6518, **2014** 4113 4117).

19 Angenommen in der Volksabstimmung vom 28. Nov. 2004, in Kraft seit 1. Jan. 2007 (BB vom 19. März 2004, BRB vom 26. Jan. 2005, BRB vom 2. Febr. 2006 – AS **2006** 1057; BBl **2003** 1531, **2004** 1363, **2005** 951).

20 Angenommen in der Volksabstimmung vom 28. Nov. 2004, in Kraft seit 1. Jan. 2007 (BB vom 19. März 2004, BRB vom 26. Jan. 2005, BRB vom 2. Febr. 2006 – AS **2006** 1057; BBl **2003** 1531, **2004** 1363, **2005** 951).

21 Angenommen in der Volksabstimmung vom 27. Sept. 2009, in Kraft seit 1. Jan. 2011 (BB vom 13. Juni 2008 und vom 12. Juni 2009, BRB vom 7. Sept. 2010 – AS **2010** 3821; BBl **2005** 4623, **2008** 5241, **2009** 4371 4377 4379 8719).

22 Art. 130 hat seit dem 1. Januar 2007 eine neue Fassung.

3 …[23]

4 Zur Sicherung der Finanzierung der Eisenbahninfrastruktur hebt der Bundesrat die Steuersätze nach Artikel 25 des Mehrwertsteuergesetzes vom 12. Juni 2009[24] ab 1. Januar 2018 um 0,1 Prozentpunkt an, im Fall einer Verlängerung der Frist gemäss Absatz 1 bis längstens 31. Dezember 2030.[25]

5 Der Ertrag aus der Anhebung nach Absatz 4 wird vollumfänglich dem Fonds nach Artikel 87*a* zugewiesen.[26]

Anm.: Gem. BB über die neue Finanzordnung 2021 vom 16.6.2017 wird Art. 196 Ziff. 14 Abs. 1 wie folgt geändert (Untersteht dem obligatorischen Referendum, Volksabstimmung am 4.3.2018):

[1 Die Befugnis zur Erhebung der Mehrwertsteuer ist bis Ende 2035 befristet.]

…

23 Art. 130 hat seit dem 1. Januar 2007 eine neue Fassung.

24 SR **641.20**

25 Angenommen in der Volksabstimmung vom 9. Febr. 2014, in Kraft seit 1. Jan. 2016 (BB vom 20. Juni 2013, BRB vom 13. Mai 2014, BRB vom 2. Juni 2014, BRB vom 6. Juni 2014 – AS **2015** 645; BBl **2010** 6637, **2012** 1577, **2013** 4725 6518, **2014** 4113 4117).

26 Angenommen in der Volksabstimmung vom 9. Febr. 2014, in Kraft seit 1. Jan. 2016 (BB vom 20. Juni 2013, BRB vom 13. Mai 2014, BRB vom 2. Juni 2014, BRB vom 6. Juni 2014 – AS **2015** 645; BBl **2010** 6637, **2012** 1577, **2013** 4725 6518, **2014** 4113 4117).

Übersetzung aus dem englischen und französischen Originaltext[1]

Konvention
zum Schutze der Menschenrechte und Grundfreiheiten (EMRK) [Auszug] (SR 0.101)

Abgeschlossen in Rom am 4. November 1950
Von der Bundesversammlung genehmigt am 3. Oktober 1974[2]
Schweizerische Ratifikationsurkunde hinterlegt am 28. November 1974
In Kraft getreten für die Schweiz am 28. November 1974

(Stand am 23. Februar 2012)

Die Unterzeichnerregierungen, Mitglieder des Europarats –

in Anbetracht der Allgemeinen Erklärung der Menschenrechte, die am 10. Dezember 1948 von der Generalversammlung der Vereinten Nationen verkündet worden ist;

in der Erwägung, dass diese Erklärung bezweckt, die universelle und wirksame Anerkennung und Einhaltung der in ihr aufgeführten Rechte zu gewährleisten;

in der Erwägung, dass es das Ziel des Europarats ist, eine engere Verbindung zwischen seinen Mitgliedern herzustellen, und dass eines der Mittel zur Erreichung dieses Zieles die Wahrung und Fortentwicklung der Menschenrechte und Grundfreiheiten ist;

in Bekräftigung ihres tiefen Glaubens an diese Grundfreiheiten, welche die Grundlage von Gerechtigkeit und Frieden in der Welt bilden und die am besten durch eine wahrhaft demokratische politische Ordnung sowie durch ein gemeinsames Verständnis und eine gemeinsame Achtung der diesen Grundfreiheiten zugrunde liegenden Menschenrechte gesichert werden;

entschlossen, als Regierungen europäischer Staaten, die vom gleichen Geist beseelt sind und ein gemeinsames Erbe an politischen Überlieferungen, Idealen, Achtung der Freiheit und Rechtsstaatlichkeit besitzen, die ersten Schritte auf dem Weg zu einer kollektiven Garantie bestimmter in der Allgemeinen Erklärung aufgeführter Rechte zu unternehmen –

haben folgendes vereinbart:

…

AS **1974** 2151; BBl **1974** I 1035

1 Bereinigte Übersetzung der EMRK unter Berücksichtigung des Prot. Nr. 11 (zwischen Deutschland, Liechtenstein, Österreich und der Schweiz abgestimmte Fassung). Der französische Originaltext findet sich unter der gleichen Nummer in der französischen Ausgabe dieser Sammlung. Der englische Originaltext kann beim Bundesamt für Bauten und Logistik, BBL, 3000 Bern, bezogen werden (AS **1975** 614).

2 Art. 1 Abs. 1 Bst. a des BB vom 3. Okt. 1974 (AS **1974** 2148).

Art. 6 Recht auf ein faires Verfahren

(1) Jede Person hat ein Recht darauf, dass über Streitigkeiten in Bezug auf ihre zivilrechtlichen Ansprüche und Verpflichtungen oder über eine gegen sie erhobene strafrechtliche Anklage von einem unabhängigen und unparteiischen, auf Gesetz beruhenden Gericht in einem fairen Verfahren, öffentlich und innerhalb angemessener Frist verhandelt wird. Das Urteil muss öffentlich verkündet werden; Presse und Öffentlichkeit können jedoch während des ganzen oder eines Teiles des Verfahrens ausgeschlossen werden, wenn dies im Interesse der Moral, der öffentlichen Ordnung oder der nationalen Sicherheit in einer demokratischen Gesellschaft liegt, wenn die Interessen von Jugendlichen oder der Schutz des Privatlebens der Prozessparteien es verlangen oder – soweit das Gericht es für unbedingt erforderlich hält – wenn unter besonderen Umständen eine öffentliche Verhandlung die Interessen der Rechtspflege beeinträchtigen würde.

(2) Jede Person, die einer Straftat angeklagt ist, gilt bis zum gesetzlichen Beweis ihrer Schuld als unschuldig.

(3) Jede angeklagte Person hat mindestens folgende Rechte:

a) innerhalb möglichst kurzer Frist in einer ihr verständlichen Sprache in allen Einzelheiten über Art und Grund der gegen sie erhobenen Beschuldigung unterrichtet zu werden;
b) ausreichende Zeit und Gelegenheit zur Vorbereitung ihrer Verteidigung zu haben;
c) sich selbst zu verteidigen, sich durch einen Verteidiger ihrer Wahl verteidigen zu lassen oder, falls ihr die Mittel zur Bezahlung fehlen, unentgeltlich den Beistand eines Verteidigers zu erhalten, wenn dies im Interesse der Rechtspflege erforderlich ist;
d) Fragen an Belastungszeugen zu stellen oder stellen zu lassen und die Ladung und Vernehmung von Entlastungszeugen unter denselben Bedingungen zu erwirken, wie sie für Belastungszeugen gelten;
e) unentgeltliche Unterstützung durch einen Dolmetscher zu erhalten, wenn sie die Verhandlungssprache des Gerichts nicht versteht oder spricht.

…

Art. 9 Gedanken-, Gewissens- und Religionsfreiheit

(1) Jede Person hat das Recht auf Gedanken-, Gewissens- und Religionsfreiheit; dieses Recht umfasst die Freiheit, seine Religion oder Weltanschauung zu wechseln, und die Freiheit, seine Religion oder Weltanschauung einzeln oder gemeinsam mit anderen öffentlich oder privat durch Gottesdienst, Unterricht oder Praktizieren von Bräuchen und Riten zu bekennen.

(2) Die Freiheit, seine Religion oder Weltanschauung zu bekennen, darf nur Einschränkungen unterworfen werden, die gesetzlich vorgesehen und in einer demokratischen Gesellschaft notwendig sind für die öffentliche Sicherheit, zum Schutz der öffentlichen Ordnung, Gesundheit oder Moral oder zum Schutz der Rechte und Freiheiten anderer.

…

Art. 14 Diskriminierungsverbot

Der Genuss der in dieser Konvention anerkannten Rechte und Freiheiten ist ohne Diskriminierung insbesondere wegen des Geschlechts, der Rasse, der Hautfarbe, der Sprache, der Religion, der politischen oder sonstigen Anschauung, der nationalen oder sozialen Herkunft, der Zugehörigkeit zu einer nationalen Minderheit, des Vermögens, der Geburt oder eines sonstigen Status zu gewährleisten.

…

Protokoll Nr. 1

zur Konvention zum Schutze der Menschenrechte und Grundfreiheiten in der Fassung des Protokolls Nr. 11 (Übersetzung) [Auszug]

Anm.: Dieses Zusatzprotokoll wurde von der Schweiz nicht ratifiziert.

Die Unterzeichnerregierungen, Mitglieder des Europarats –

entschlossen, Massnahmen zur kollektiven Gewährleistung gewisser Rechte und Freiheiten zu treffen, die in Abschnitt I der am 4. November 1950 in Rom unterzeichneten Konvention zum Schutz der Menschenrechte und Grundfreiheiten (im folgenden als «Konvention» bezeichnet) noch nicht enthalten sind –

haben folgendes vereinbart:

Artikel 1 – Schutz des Eigentums

Jede natürliche oder juristische Person hat das Recht auf Achtung ihres Eigentums. Niemandem darf sein Eigentum entzogen werden, es sei denn, dass das öffentliche Interesse es verlangt, und nur unter den durch Gesetz und durch die allgemeinen Grundsätze des Völkerrechts vorgesehenen Bedingungen.

Absatz 1 beeinträchtigt jedoch nicht das Recht des Staates, diejenigen Gesetze anzuwenden, die er für die Regelung der Benutzung des Eigentums im Einklang mit dem Allgemeininteresse oder zur Sicherung der Zahlung der Steuern oder sonstigen Abgaben oder von Geldstrafen für erforderlich hält.

…

Bundesgesetz
über die direkte Bundessteuer (DBG) (SR 642.11)

vom 14. Dezember 1990 (Stand am 1. Januar 2018)*

Die Bundesversammlung der Schweizerischen Eidgenossenschaft,

gestützt auf die Artikel 41ter und 42quinquies der Bundesverfassung[1, 2] nach Einsicht in eine Botschaft des Bundesrates vom 25. Mai 1983[3],

beschliesst:

Erster Teil: Allgemeine Bestimmungen

Gegenstand des Gesetzes

1. [StHG 2 I] Der Bund erhebt als direkte Bundessteuer nach diesem Gesetz:

a. eine Einkommenssteuer von den natürlichen Personen [3 ff.];

b.[4] eine Gewinnsteuer von den juristischen Personen [49 ff.];

c. eine Quellensteuer auf dem Einkommen von bestimmten natürlichen und juristischen Personen [83 ff.].

Steuererhebung

2. Die direkte Bundessteuer wird von den Kantonen unter Aufsicht des Bundes veranlagt und bezogen [102–108, 196–198].

Vgl.: BV 128 IV.

AS **1991** 1184

* Alle Änderungen berücksichtigt bis zur letzten Bundesratssitzung des Jahres vom 20. Dez. 2017.

1 [BS **1** 3; AS **1971** 907, **1975** 1205, **1977** 1849 **1982** 138, **1994** 258 263 265 267]. Den genannten Bestimmungen entsprechen heute Art. 128 und 129 der BV vom 18. April 1999 (SR **101**).

2 Fassung gemäss Ziff. I des BG vom 8. Okt. 1999, in Kraft seit 1. Jan. 2000 (AS **2000** 324; BBl **1999** 5966).

3 BBl **1983** III 1

4 Fassung gemäss Ziff. I 1 des BG vom 10. Okt. 1997 über die Reform der Unternehmensbesteuerung 1997, in Kraft seit 1. Jan. 1998 (AS **1998** 669; BBl **1997** II 1164).

Zweiter Teil: Besteuerung der natürlichen Personen

Erster Titel: Steuerpflicht

1. Kapitel: Steuerliche Zugehörigkeit

1. Abschnitt: Persönliche Zugehörigkeit

3. [50; StHG 3] 1 Natürliche Personen sind aufgrund persönlicher Zugehörigkeit steuerpflichtig, wenn sie ihren steuerrechtlichen Wohnsitz [3 II] oder Aufenthalt [3 III] in der Schweiz haben.

2 Einen steuerrechtlichen Wohnsitz in der Schweiz hat eine Person, wenn sie sich hier mit der Absicht dauernden Verbleibens aufhält [ZGB 23 I] oder wenn ihr das Bundesrecht hier einen besonderen gesetzlichen Wohnsitz zuweist.

3 Einen steuerrechtlichen Aufenthalt in der Schweiz hat eine Person, wenn sie in der Schweiz ungeachtet vorübergehender Unterbrechung:

a. während mindestens 30 Tagen verweilt und eine Erwerbstätigkeit ausübt;

b. während mindestens 90 Tagen verweilt und keine Erwerbstätigkeit ausübt.

4 Keinen steuerrechtlichen Wohnsitz oder Aufenthalt begründet eine Person, die ihren Wohnsitz im Ausland hat und sich in der Schweiz lediglich zum Besuch einer Lehranstalt oder zur Pflege in einer Heilstätte aufhält.

5 Natürliche Personen sind ferner aufgrund persönlicher Zugehörigkeit am Heimatort [ZGB 22] steuerpflichtig, wenn sie im Ausland wohnen und dort mit Rücksicht auf ein Arbeitsverhältnis zum Bund oder zu einer andern öffentlich-rechtlichen Körperschaft oder Anstalt des Inlandes von den Einkommenssteuern ganz oder teilweise befreit sind. Ist der Steuerpflichtige an mehreren Orten heimatberechtigt, so ergibt sich die Steuerpflicht nach dem Bürgerrecht, das er zuletzt erworben hat. Hat er das Schweizer Bürgerrecht nicht, so ist er am Wohnsitz oder am Sitz des Arbeitgebers steuerpflichtig. Die Steuerpflicht erstreckt sich auch auf den Ehegatten und die Kinder im Sinne von Artikel 9.

Vgl. zu V: VO Arbeitsverhältnis zum Bund, S. 124; KS SSK Nr. 1, 30.6.2010, Staatsangestellte im Ausland.

Vgl.: 6 I, 8, 83 ff., 105.

2. Abschnitt: Wirtschaftliche Zugehörigkeit

Geschäftsbetriebe, Betriebsstätten und Grundstücke

4. [51; StHG 4 I] 1 Natürliche Personen ohne steuerrechtlichen Wohnsitz [3 II] oder Aufenthalt [3 III] in der Schweiz sind aufgrund wirtschaftlicher Zugehörigkeit steuerpflichtig, wenn sie:

a. Inhaber, Teilhaber oder Nutzniesser von Geschäftsbetrieben in der Schweiz sind;
b. in der Schweiz Betriebsstätten [4 II] unterhalten;
c. an Grundstücken in der Schweiz [ZGB 655 II] Eigentum, dingliche oder diesen wirtschaftlich gleichkommende persönliche Nutzungsrechte [ZBG 730 ff.] haben;
d. in der Schweiz gelegene Grundstücke vermitteln oder damit handeln.

Vgl. zu d: 13 III c, 173.

2 Als Betriebsstätte gilt eine feste Geschäftseinrichtung, in der die Geschäftstätigkeit eines Unternehmens oder ein freier Beruf ganz oder teilweise ausgeübt wird. Betriebsstätten sind insbesondere Zweigniederlassungen, Fabrikationsstätten, Werkstätten, Verkaufsstellen, ständige Vertretungen, Bergwerke und andere Stätten der Ausbeutung von Bodenschätzen sowie Bau- oder Montagestellen von mindestens zwölf Monaten Dauer.

Vgl. zu II: KS ESTV, 29.6.1959, Geschäftstätigkeit zur Hauptsache im Ausland, S. 1942.

Vgl.: 3, 6 II, 7, 8, 106; OECD-MA 5, S. 835; KS ESTV, 1.6.1960, Besteuerung ausl. Gesellschaften mit Schweizer Betriebsstätten, S. 1938.

Andere steuerbare Werte

5. [StHG 4 II] 1 Natürliche Personen ohne steuerrechtlichen Wohnsitz [3 II] oder Aufenthalt [3 III] in der Schweiz sind aufgrund wirtschaftlicher Zugehörigkeit steuerpflichtig, wenn sie:

a. in der Schweiz eine Erwerbstätigkeit ausüben [91 f.];
b.[5] [StHG 4 II b] als Mitglieder der Verwaltung oder Geschäftsführung von juristischen Personen mit Sitz [50] oder Betriebsstätte in der Schweiz [51 II] Tantiemen, Sitzungsgelder, feste Entschädigungen, Mitarbeiterbeteiligungen [17a ff.] oder ähnliche Vergütungen beziehen [93];
c. Gläubiger oder Nutzniesser von Forderungen sind, die durch Grund- oder Faustpfand auf Grundstücken [ZGB 655 II, 793 ff.] in der Schweiz gesichert sind [94];
d. Pensionen, Ruhegehälter oder andere Leistungen erhalten, die aufgrund eines früheren öffentlich-rechtlichen Arbeitsverhältnisses von einem Arbeitgeber oder einer Vorsorgeeinrichtung mit Sitz in der Schweiz ausgerichtet werden [95];

---

5 Fassung gemäss Ziff. I 1 des BG vom 17. Dez. 2010 über die Besteuerung von Mitarbeiterbeteiligungen, in Kraft seit 1. Jan. 2013 (AS **2011** 3259; BBl **2005** 575).

e. Leistungen aus schweizerischen privatrechtlichen Einrichtungen der beruflichen Vorsorge [BVG 48] oder aus anerkannten Formen der gebundenen Selbstvorsorge [BVG 82; BVV 3 1] erhalten [96; BVG 83];

f.[6] für Arbeit im internationalen Verkehr an Bord eines Schiffes oder eines Luftfahrzeuges oder bei einem Transport auf der Strasse Lohn oder andere Vergütungen von einem Arbeitgeber mit Sitz oder Betriebsstätte in der Schweiz erhalten; davon ausgenommen bleibt die Besteuerung der Seeleute für Arbeit an Bord eines Hochseeschiffes [97].

2 Kommen die Vergütungen nicht den genannten Personen, sondern Dritten zu, so sind diese hiefür steuerpflichtig.

Vgl.: 91–100.

3. Abschnitt: Umfang der Steuerpflicht

6. [52] 1 Bei persönlicher Zugehörigkeit [3] ist die Steuerpflicht unbeschränkt; sie erstreckt sich aber nicht auf Geschäftsbetriebe, Betriebsstätten [4 II] und Grundstücke im Ausland.

2 Bei wirtschaftlicher Zugehörigkeit [4 f.] beschränkt sich die Steuerpflicht auf die Teile des Einkommens, für die nach den Artikeln 4 und 5 eine Steuerpflicht in der Schweiz besteht. Es ist mindestens das in der Schweiz erzielte Einkommen zu versteuern.

3 Die Abgrenzung der Steuerpflicht für Geschäftsbetriebe, Betriebsstätten [4 II] und Grundstücke erfolgt im Verhältnis zum Ausland nach den Grundsätzen des Bundesrechts über das Verbot der interkantonalen Doppelbesteuerung [BV 127 II]. Wenn ein schweizerisches Unternehmen Verluste aus einer ausländischen Betriebsstätte mit inländischen Gewinnen verrechnet hat, innert der folgenden sieben Jahre aber aus dieser Betriebsstätte Gewinne verzeichnet, so ist im Ausmass der im Betriebsstättestaat verrechenbaren Gewinne eine Revision [147] der ursprünglichen Veranlagung vorzunehmen; die Verluste aus dieser Betriebsstätte werden in diesem Fall in der Schweiz nachträglich nur satzbestimmend berücksichtigt. In allen übrigen Fällen sind Auslandsverluste ausschliesslich satzbestimmend zu berücksichtigen. Vorbehalten bleiben die in Doppelbesteuerungsabkommen enthaltenen Regelungen.

Vgl.: KS ESTV, 18.12.2001, Principal-Gesellschaften, S. 1808.

4 Die nach Artikel 3 Absatz 5 steuerpflichtigen Personen entrichten die Steuer auf dem Einkommen, für das sie im Ausland aufgrund völkerrechtlicher Verträge oder Übung von den Einkommenssteuern befreit sind.

---

6 Fassung gemäss Anhang 2 Ziff. II 2 des Landesversorgungsgesetzes vom 17. Juni 2016, in Kraft seit 1. Juni 2017 (AS **2017** 3097; BBl **2014** 7119).

Vgl.: VO Arbeitsverhältnis zum Bund, S. 124; KS ESTV, 6.1.1977, Tätigkeit in Nicht-DBA Ländern, S. 1934; KS ESTV, 1.6.1960, Besteuerung ausl. Gesellschaften mit Schweizer Betriebsstätten, S. 1938; KS ESTV, 29.6.1959, Geschäftstätigkeit zur Hauptsache im Ausland, S. 1942; KS SSK Nr. 5, 24.2.1995, Steuerausscheidung bei Banken.

4. Abschnitt: Steuerberechnung bei teilweiser Steuerpflicht

7. 1 Die natürlichen Personen, die nur für einen Teil ihres Einkommens in der Schweiz steuerpflichtig sind [4 f.], entrichten die Steuer für die in der Schweiz steuerbaren Werte nach dem Steuersatz, der ihrem gesamten Einkommen entspricht.

Vgl.: KS ESTV Nr. 30, 21.12.2010, Familienbesteuerung, S. 1392.

2 Steuerpflichtige mit Wohnsitz im Ausland entrichten die Steuern für Geschäftsbetriebe, Betriebsstätten und Grundstücke [4 I a–c] in der Schweiz mindestens zu dem Steuersatz, der dem in der Schweiz erzielten Einkommen entspricht.

2. Kapitel: Beginn und Ende der Steuerpflicht

8. [54] 1 Die Steuerpflicht beginnt mit dem Tag, an dem der Steuerpflichtige in der Schweiz steuerrechtlichen Wohnsitz oder Aufenthalt [3] nimmt oder in der Schweiz steuerbare Werte erwirbt [4 f.].

2 Die Steuerpflicht endet mit dem Tode [ZGB 31] oder dem Wegzug des Steuerpflichtigen aus der Schweiz oder mit dem Wegfall der in der Schweiz steuerbaren Werte.

Vgl.: 12, 154.

3 Nicht als Beendigung der Steuerpflicht gelten die vorübergehende Sitzverlegung ins Ausland und die anderen Massnahmen aufgrund der Bundesgesetzgebung über die wirtschaftliche Landesversorgung [BRB LVG].

3. Kapitel: Besondere Verhältnisse bei der Einkommenssteuer

Ehegatten; eingetragene Partnerinnen oder Partner; Kinder unter elterlicher Sorge[7]

9. [StHG 3 III–IV] 1 Das Einkommen der Ehegatten, die in rechtlich und tatsächlich ungetrennter Ehe [ZGB 159] leben, wird ohne Rücksicht auf den Güterstand [ZGB 181 ff.] zusammengerechnet.

Vgl.: 13, 113, 114 I, 117 III und IV; RS ESTV Nr. 38, 30.4.2007, getrennt lebende Ehegatten.

---

7 Fassung gemäss Anhang Ziff. 24 des Partnerschaftsgesetzes vom 18. Juni 2004, in Kraft seit 1. Jan. 2007 (AS **2005** 5685; BBl **2003** 1288).

1bis Das Einkommen von Personen, die in rechtlich und tatsächlich ungetrennter eingetragener Partnerschaft leben, wird zusammengerechnet. Die Stellung eingetragener Partnerinnen oder Partner entspricht in diesem Gesetz derjenigen von Ehegatten [9 I]. Dies gilt auch bezüglich der Unterhaltsbeiträge während des Bestehens der eingetragenen Partnerschaft sowie der Unterhaltsbeiträge und der vermögensrechtlichen Auseinandersetzung bei Getrenntleben und Auflösung einer eingetragenen Partnerschaft [PartG 1 ff.].[8]

2 Das Einkommen von Kindern unter elterlicher Sorge[9] wird dem Inhaber der elterlichen Sorge zugerechnet [ZGB 296]; für Einkünfte aus einer Erwerbstätigkeit wird das Kind jedoch selbständig besteuert.

Vgl.: VO Arbeitsverhältnis zum Bund, S. 124; VO zeitliche Bemessung direkte Bundessteuer, S. 153; KS ESTV Nr. 30, 21.12.2010, Familienbesteuerung, S. 1392.

Erbengemeinschaften, Gesellschaften und kollektive Kapitalanlagen[10]

10. 1 Das Einkommen von Erbengemeinschaften [ZGB 602] wird den einzelnen Erben, das Einkommen von einfachen Gesellschaften, Kollektiv- und Kommanditgesellschaften [OR 530 ff.] den einzelnen Teilhabern anteilmässig zugerechnet.

2 Das Einkommen der kollektiven Kapitalanlagen gemäss dem Kollektivanlagengesetz vom 23. Juni 2006[11] (KAG) wird den Anlegern anteilsmässig zugerechnet; ausgenommen hievon sind die kollektiven Kapitalanlagen mit direktem Grundbesitz [49 II; StHG 7 III].[12]

Vgl.: KS ESTV Nr. 25, 5.3.2009, KAG, S. 1493.

Ausländische Handelsgesellschaften und andere ausländische Personengesamtheiten ohne juristische Persönlichkeit

11. [StHG 20 II] Ausländische Handelsgesellschaften und andere ausländische Personengesamtheiten ohne juristische Persönlichkeit, die aufgrund wirtschaftlicher Zugehörigkeit steuerpflichtig sind, entrichten ihre Steuern nach den Bestimmungen für die juristischen Personen [49 ff., 49 III].

Vgl.: KS ESTV Nr. 20, 27.3.2008, Trusts, S. 1583.

Steuernachfolge

12. 1 Stirbt der Steuerpflichtige [3 ff., 83 ff.], so treten seine Erben in seine Rechte und Pflichten ein. Sie haften solidarisch [OR

---

8 Eingefügt durch Anhang Ziff. 24 des Partnerschaftsgesetzes vom 18. Juni 2004, in Kraft seit 1. Jan. 2007 (AS **2005** 5685; BBl **2003** 1288).

9 Ausdruck gemäss Ziff. I 1 des BG vom 25. Sept. 2009 über die steuerliche Entlastung von Familien mit Kindern, in Kraft seit 1. Jan. 2011 (AS **2010** 455; BBl **2009** 4729). Die Anpassung wurde im ganzen Text vorgenommen.

10 Fassung gemäss Anhang Ziff. II 6 des Kollektivanlagengesetzes vom 23. Juni 2006, in Kraft seit 1. Jan. 2007 (AS **2006** 5379; BBl **2005** 6395).

11 SR **951.31**

12 Eingefügt durch Anhang Ziff. II 6 des Kollektivanlagengesetzes vom 23. Juni 2006, in Kraft seit 1. Jan. 2007 (AS **2006** 5379; BBl **2005** 6395).

144] für die vom Erblasser geschuldeten Steuern bis zur Höhe ihrer Erbteile, mit Einschluss der Vorempfänge [ZGB 457 ff.].

Vgl.: 8 II, 154.

2 Der überlebende Ehegatte haftet mit seinem Erbteil und dem Betrag, den er aufgrund ehelichen Güterrechts [ZGB 181 ff.] vom Vorschlag oder Gesamtgut über den gesetzlichen Anteil nach schweizerischem Recht hinaus erhält.

3 Die überlebenden eingetragenen Partnerinnen oder Partner haften mit ihrem Erbteil und dem Betrag, den sie auf Grund einer vermögensrechtlichen Regelung im Sinne von Artikel 25 Absatz 1 des Partnerschaftsgesetzes vom 18. Juni 2004[13] erhalten haben.[14]

Vgl.: KS ESTV Nr. 30, 21.12.2010, Familienbesteuerung, S. 1392.

Haftung und Mithaftung für die Steuer

13. [55] 1 [StHG 3 III, IV] Ehegatten, die in rechtlich und tatsächlich ungetrennter Ehe [ZGB 159 ff.] leben, haften solidarisch [OR 144] für die Gesamtsteuer [9 I]. Jeder Gatte haftet jedoch nur für seinen Anteil an der Gesamtsteuer, wenn einer von beiden zahlungsunfähig [OR 83 I] ist. Ferner haften sie solidarisch für denjenigen Teil an der Gesamtsteuer, der auf das Kindereinkommen entfällt [9 II].

2 Bei rechtlich oder tatsächlich getrennter Ehe entfällt die Solidarhaftung auch für alle noch offenen Steuerschulden.

3 Mit dem Steuerpflichtigen haften solidarisch:

a. die unter seiner elterlichen Sorge stehenden Kinder bis zum Betrage des auf sie entfallenden Anteils an der Gesamtsteuer [9 II];
b. die in der Schweiz wohnenden Teilhaber an einer einfachen Gesellschaft [OR 530], Kollektiv- oder Kommanditgesellschaft [OR 552 ff.] bis zum Betrage ihrer Gesellschaftsanteile für die Steuern der im Ausland wohnenden Teilhaber;
c. Käufer und Verkäufer einer in der Schweiz gelegenen Liegenschaft bis zu 3 Prozent der Kaufsumme für die vom Händler oder Vermittler aus dieser Tätigkeit geschuldeten Steuern, wenn der Händler oder der Vermittler in der Schweiz keinen steuerrechtlichen Wohnsitz [3 II] hat;
d. die Personen, die Geschäftsbetriebe oder Betriebsstätten [4 II] in der Schweiz auflösen oder in der Schweiz gelegene Grundstücke oder durch solche gesicherte Forderungen veräussern oder verwerten, bis zum Betrage des Reinerlöses, wenn der Steuerpflichtige keinen steuerrechtlichen Wohnsitz in der Schweiz [3 II] hat.

---

13 SR **211.231**

14 Eingefügt durch Anhang Ziff. 24 des Partnerschaftsgesetzes vom 18. Juni 2004, in Kraft seit 1. Jan. 2007 (AS **2005** 5685; BBl **2003** 1288).

[4] Mit dem Steuernachfolger haften für die Steuer des Erblassers solidarisch der Erbschaftsverwalter [ZGB 554] und der Willensvollstrecker [ZGB 517] bis zum Betrage, der nach dem Stand des Nachlassvermögens im Zeitpunkt des Todes auf die Steuer entfällt. Die Haftung entfällt, wenn der Haftende nachweist, dass er alle nach den Umständen gebotene Sorgfalt [OR 55] angewendet hat.

Vgl.: KS ESTV Nr. 30, 21.12.2010, Familienbesteuerung, S. 1392.

Besteuerung nach dem Aufwand

14.[15] [StHG 6] [1] Natürliche Personen haben das Recht, anstelle der Einkommenssteuer eine Steuer nach dem Aufwand zu entrichten, wenn sie:

a. nicht das Schweizer Bürgerrecht haben;
b. erstmals oder nach mindestens zehnjähriger Unterbrechung unbeschränkt steuerpflichtig (Art. 3) sind; und
c. in der Schweiz keine Erwerbstätigkeit [17 ff.] ausüben.

[2] Ehegatten, die in rechtlich und tatsächlich ungetrennter Ehe leben, müssen beide die Voraussetzungen nach Absatz 1 erfüllen.

[3] Die Steuer wird nach den jährlichen, in der Bemessungsperiode im In- und Ausland entstandenen Lebenshaltungskosten der steuerpflichtigen Person und der von ihr unterhaltenen Personen, mindestens aber nach dem höchsten der folgenden Beträge bemessen:[16]

a. 400 000 Franken;
b. für Steuerpflichtige mit eigenem Haushalt: dem Siebenfachen des jährlichen Mietzinses oder des Mietwerts nach Artikel 21 Absatz 1 Buchstabe b;
c. für die übrigen Steuerpflichtigen: dem Dreifachen des jährlichen Pensionspreises für Unterkunft und Verpflegung am Ort des Aufenthalts nach Artikel 3;
d. der Summe der Bruttoerträge:
    1. der Einkünfte aus dem in der Schweiz gelegenen unbeweglichen Vermögen,
    2. der Einkünfte aus der in der Schweiz gelegenen Fahrnis,
    3. der Einkünfte aus dem in der Schweiz angelegten beweglichen Kapitalvermögen, einschliesslich der grundpfändlich gesicherten Forderungen,
    4. der Einkünfte aus den in der Schweiz verwerteten Urheberrechten, Patenten und ähnlichen Rechten,

---

[15] Fassung gemäss Ziff. I 1 des BG vom 28. Sept. 2012, in Kraft seit 1. Jan. 2016 (AS **2013** 779; BBl **2011** 6021). Siehe auch die UeB dieser Änd. in Art. 205*d* am Schluss des Textes.

[16] Fassung gemäss Ziff. II des BG vom 22. März 2013 über die formelle Bereinigung der zeitlichen Bemessung der direkten Steuern bei den natürlichen Personen, in Kraft seit 1. Jan. 2016 (AS **2013** 2397; BBl **2011** 3593).

5. der Ruhegehälter, Renten und Pensionen, die aus schweizerischen Quellen fliessen,
6. der Einkünfte, für die die steuerpflichtige Person aufgrund eines von der Schweiz abgeschlossenen Abkommens zur Vermeidung der Doppelbesteuerung gänzlich oder teilweise Entlastung von ausländischen Steuern beansprucht.

4 Die Steuer wird nach dem ordentlichen Steuertarif (Art. 36) berechnet. Die Ermässigung nach Artikel 36 Absatz 2bis zweiter Satz kommt nicht zur Anwendung.[17]

5 Werden Einkünfte aus einem Staat nur dann von dessen Steuern entlastet, wenn die Schweiz diese Einkünfte allein oder mit anderen Einkünften zum Satz des Gesamteinkommens besteuert, so wird die Steuer nicht nur nach den in Absatz 3 Buchstabe d bezeichneten Einkünften, sondern auch nach allen aufgrund des betreffenden Doppelbesteuerungsabkommens der Schweiz zugewiesenen Einkommensbestandteilen aus dem Quellenstaat bemessen.

6 Das Eidgenössische Finanzdepartement (EFD)[18] passt den Betrag nach Absatz 3 Buchstabe a an den Landesindex der Konsumentenpreise an. Artikel 39 Absatz 2 gilt sinngemäss.[19]

Vgl.: VO Aufwandbesteuerung, S. 182; KS ESTV, 3.12.1993, Aufwandbesteuerung, S. 1907.

4. Kapitel: Steuerbefreiung

15. [56; StHG 4a] 1 Die von der Steuerpflicht ausgenommenen begünstigten Personen nach Artikel 2 Absatz 2 des Gaststaatgesetzes vom 22. Juni 2007[20] werden insoweit nicht besteuert, als das Bundesrecht eine Steuerbefreiung vorsieht.[21]

2 Bei teilweiser Steuerpflicht gilt Artikel 7 Absatz 1.

---

17 Fassung gemäss Ziff. II des BG vom 22. März 2013 über die formelle Bereinigung der zeitlichen Bemessung der direkten Steuern bei den natürlichen Personen, in Kraft seit 1. Jan. 2016 (AS **2013** 2397; BBl **2011** 3593).

18 Ausdruck gemäss Ziff. I 2 des Steuererlassgesetzes vom 20. Juni 2014, in Kraft seit 1. Jan. 2016 (AS **2015** 9; BBl **2013** 8435). Diese Änd. wurde im ganzen Erlass berücksichtigt.

19 Fassung gemäss Ziff. II des BG vom 22. März 2013 über die formelle Bereinigung der zeitlichen Bemessung der direkten Steuern bei den natürlichen Personen, in Kraft seit 1. Jan. 2016 (AS **2013** 2397; BBl **2011** 3593).

20 SR **192.12**

21 Fassung gemäss Anhang Ziff. II 7 des Gaststaatgesetzes vom 22. Juni 2007, in Kraft seit 1. Jan. 2008 (AS **2007** 6637; BBl **2006** 8017).

Zweiter Titel: Einkommenssteuer

1. Kapitel: Steuerbare Einkünfte

1. Abschnitt: Allgemeines

16. [57; StHG 7 I, IV b] 1 Der Einkommenssteuer unterliegen alle wiederkehrenden und einmaligen Einkünfte.

Vgl.: KS ESTV Nr. 20, 27.3.2008, Trusts, S. 1583.

2 Als Einkommen gelten auch Naturalbezüge jeder Art, insbesondere freie Verpflegung und Unterkunft sowie der Wert selbstverbrauchter Erzeugnisse und Waren des eigenen Betriebes; sie werden nach ihrem Marktwert bemessen.

Vgl.: 84 III.

3 Die Kapitalgewinne aus der Veräusserung von Privatvermögen sind steuerfrei.

Vgl. zu III: 20, 20a; StHG 12; KS ESTV Nr. 14, 6.11.2007, Indirekte Teilliquidation, S. 1608; KS ESTV Nr. 36, 27.7.2012, Gewerbsmässiger Wertschriftenhandel, S. 1324.

Vgl.: VO Arbeitsverhältnis zum Bund, S. 124; KS ESTV Nr. 20, 27.3.2008, Trusts, S. 1583; MB ESTV, 2007, Naturalbezüge Selbständigerwerbende Land- und Forstwirtschaft; MB ESTV, 2007, Naturalbezüge Selbständigerwerbende; MB ESTV, 2007, Naturalbezüge Arbeitnehmende.

2. Abschnitt: Unselbständige Erwerbstätigkeit

Grundsatz[22]

17. [StHG 7 I] 1 Steuerbar sind alle Einkünfte aus privatrechtlichem oder öffentlichrechtlichem Arbeitsverhältnis mit Einschluss der Nebeneinkünfte wie Entschädigungen für Sonderleistungen, Provisionen, Zulagen, Dienstalters- und Jubiläumsgeschenke, Gratifikationen, Trinkgelder, Tantiemen [OR 627, 677], geldwerte Vorteile aus Mitarbeiterbeteiligungen [17a ff.] und andere geldwerte Vorteile.[23]

Vgl.: 26; KS ESTV Nr. 37, 22.7.2013, Mitarbeiterbeteiligungen, S. 1246; KS ESTV, 30.4.1980, Lidlohn; KS ESTV, 25.2.1971, Zuwendungen SNF, S. 1936; KS ESTV, 8.4.1953, Preise, Ehrengaben und Stipendien, S. 1945; MB ESTV, 2007, Naturalbezüge Arbeitnehmende; RS ESTV Nr. 153, 2.10.2017, Zinssätze und Abzüge (erscheint jährlich), S. 1979; WL ESTV/SSK, 12.5.2015, Neuer Lohnausweis, S. 2211.

---

22 Eingefügt durch Ziff. I 1 des BG vom 17. Dez. 2010 über die Besteuerung von Mitarbeiterbeteiligungen, in Kraft seit 1. Jan. 2013 (AS **2011** 3259; BBl **2005** 575).

23 Fassung gemäss Ziff. I 1 des BG vom 17. Dez. 2010 über die Besteuerung von Mitarbeiterbeteiligungen, in Kraft seit 1. Jan. 2013 (AS **2011** 3259; BBl **2005** 575).

1bis [StHG 7 I] Die vom Arbeitgeber getragenen Kosten der berufsorientierten Aus- und Weiterbildung einschliesslich Umschulungskosten, stellen unabhängig von deren Höhe keinen anderen geldwerten Vorteil im Sinne von Absatz 1 dar.[24]

Vgl.: KS ESTV Nr. 42, 30.11.2017, Aus- und Weiterbildungskosten, S. 1165.

2 Kapitalabfindungen aus einer mit dem Arbeitsverhältnis verbundenen Vorsorgeeinrichtung oder gleichartige Kapitalabfindungen des Arbeitgebers werden nach Artikel 38 besteuert.

Vgl.: KS ESTV Nr. 1, 3.10.2002, Abgangsentschädigung, S. 1800.

Mitarbeiterbeteiligungen

17*a*.[25] [StHG 7c] 1 Als echte Mitarbeiterbeteiligungen gelten:

a. Aktien, Genussscheine, Partizipationsscheine, Genossenschaftsanteile oder Beteiligungen anderer Art, die die Arbeitgeberin, deren Muttergesellschaft oder eine andere Konzerngesellschaft den Mitarbeiterinnen und Mitarbeitern abgibt;

b. Optionen auf den Erwerb von Beteiligungen nach Buchstabe a.

2 Als unechte Mitarbeiterbeteiligung gelten Anwartschaften auf blosse Bargeldabfindungen.

Vgl. zu 17*a*–17*d*: KS ESTV Nr. 37, 22.7.2013, Mitarbeiterbeteiligungen, S. 1246.

Einkünfte aus echten Mitarbeiterbeteiligungen

17*b*.[26] [StHG 7d] 1 Geldwerte Vorteile aus echten Mitarbeiterbeteiligungen, ausser aus gesperrten oder nicht börsenkotierten Optionen, sind im Zeitpunkt des Erwerbs als Einkommen aus unselbstständiger Erwerbstätigkeit steuerbar. Die steuerbare Leistung entspricht deren Verkehrswert vermindert um einen allfälligen Erwerbspreis.

2 Bei Mitarbeiteraktien sind für die Berechnung der steuerbaren Leistung Sperrfristen mit einem Diskont von 6 Prozent pro Sperrjahr auf deren Verkehrswert zu berücksichtigen. Dieser Diskont gilt längstens für zehn Jahre.

3 Geldwerte Vorteile aus gesperrten oder nicht börsenkotierten Mitarbeiteroptionen werden im Zeitpunkt der Ausübung besteuert. Die steuerbare Leistung entspricht dem Verkehrswert der Aktie bei Ausübung vermindert um den Ausübungspreis.

---

24 Eingefügt durch Ziff. I 1 des BG vom 27. Sept. 2013 über die steuerliche Behandlung der berufsorientierten Aus- und Weiterbildungskosten, in Kraft seit 1. Jan. 2016 (AS **2014** 1105; BBl **2011** 2607).

25 Eingefügt durch Ziff. I 1 des BG vom 17. Dez. 2010 über die Besteuerung von Mitarbeiterbeteiligungen, in Kraft seit 1. Jan. 2013 (AS **2011** 3259; BBl **2005** 575).

26 Eingefügt durch Ziff. I 1 des BG vom 17. Dez. 2010 über die Besteuerung von Mitarbeiterbeteiligungen, in Kraft seit 1. Jan. 2013 (AS **2011** 3259; BBl **2005** 575).

Einkünfte aus unechten Mitarbeiterbeteiligungen

17*c*.[27] [StHG 7e] Geldwerte Vorteile aus unechten Mitarbeiterbeteiligungen sind im Zeitpunkt ihres Zuflusses steuerbar.

Anteilsmässige Besteuerung

17*d*.[28] [StHG 7f] Hatte der Steuerpflichtige nicht während der gesamten Zeitspanne zwischen Erwerb und Entstehen des Ausübungsrechts der gesperrten Mitarbeiteroptionen (Art. 17*b* Abs. 3) steuerrechtlichen Wohnsitz [3 II] oder Aufenthalt [3 III] in der Schweiz, so werden die geldwerten Vorteile daraus anteilsmässig im Verhältnis zwischen der gesamten zu der in der Schweiz verbrachten Zeitspanne besteuert.

3. Abschnitt: Selbständige Erwerbstätigkeit

Grundsatz

18. [StHG 7 ff.] [1] Steuerbar sind alle Einkünfte aus einem Handels-, Industrie-, Gewerbe-, Land- und Forstwirtschaftsbetrieb, aus einem freien Beruf sowie aus jeder anderen selbständigen Erwerbstätigkeit.

Vgl.: 19, 27, 30, 31 I; VO pStA, S. 1089; KS ESTV Nr. 13, 1.1.2018, Securities Lending, S. 1156; KS ESTV, 1.6.1960, Besteuerung ausl. Gesellschaften mit Schweizer Betriebsstätten, S. 1938; KS ESTV, 29.6.1959, Geschäftstätigkeit zur Hauptsache im Ausland, S. 1942; MB ESTV, 2007, Naturalbezüge Selbständigerwerbende; MB ESTV, 2007, Naturalbezüge Selbständigerwerbende Land- und Forstwirtschaft; MB ESTV, 5.2003, pStA.

[2] Zu den Einkünften aus selbstständiger Erwerbstätigkeit zählen auch alle Kapitalgewinne aus Veräusserung, Verwertung oder buchmässiger Aufwertung von Geschäftsvermögen. Der Veräusserung gleichgestellt ist die Überführung von Geschäftsvermögen in das Privatvermögen oder in ausländische Betriebe oder Betriebsstätten. Als Geschäftsvermögen gelten alle Vermögenswerte, die ganz oder vorwiegend der selbstständigen Erwerbstätigkeit dienen; Gleiches gilt für Beteiligungen von mindestens 20 Prozent am Grund- oder Stammkapital einer Kapitalgesellschaft oder Genossenschaft, sofern der Eigentümer sie im Zeitpunkt des Erwerbs zum Geschäftsvermögen erklärt. Artikel 18*b* bleibt vorbehalten.[29]

Vgl.: 27 II d; KS ESTV Nr. 19, 6.2.2008, Immobilien-Leasing, S. 1584.

---

27 Eingefügt durch Ziff. I 1 des BG vom 17. Dez. 2010 über die Besteuerung von Mitarbeiterbeteiligungen, in Kraft seit 1. Jan. 2013 (AS **2011** 3259; BBl **2005** 575).

28 Eingefügt durch Ziff. I 1 des BG vom 17. Dez. 2010 über die Besteuerung von Mitarbeiterbeteiligungen, in Kraft seit 1. Jan. 2013 (AS **2011** 3259; BBl **2005** 575).

29 Fassung gemäss Ziff. II 2 des Unternehmenssteuerreformgesetzes II vom 23. März 2007, in Kraft seit 1. Jan. 2009 (AS **2008** 2893; BBl **2005** 4733).

[3] Für Steuerpflichtige, die eine ordnungsgemässe Buchhaltung [OR 957 ff.; GeBüV] führen [125 II, 126 III], gilt Artikel 58 sinngemäss.

[4] Die Gewinne aus der Veräusserung von land- und forstwirtschaftlichen Grundstücken werden den steuerbaren Einkünften nur bis zur Höhe der Anlagekosten zugerechnet.

Vgl.: KS ESTV Nr. 38, 17.7.2013, Veräusserung landw. Grundstücke in Bauzone, S. 1299; KS ESTV Nr. 36, 27.7.2012, Gewerbsmässiger Wertschriftenhandel, S. 1324; KS ESTV, 25.11.1992, Land und Forstwirtschaft, S. 1915; KS ESTV, 12.11.1992, Ausdehnung der Kapitalgewinnsteuerpflicht, S. 1923; KS ESTV, 18.4.1972.

Aufschubstatbestände

18*a*.[30] [StHG 8 IIbis–II[quater]] [1] Wird eine Liegenschaft des Anlagevermögens aus dem Geschäftsvermögen in das Privatvermögen überführt, so kann die steuerpflichtige Person verlangen, dass im Zeitpunkt der Überführung nur die Differenz zwischen den Anlagekosten und dem massgebenden Einkommenssteuerwert besteuert wird. In diesem Fall gelten die Anlagekosten als neuer massgebender Einkommenssteuerwert, und die Besteuerung der übrigen stillen Reserven als Einkommen aus selbstständiger Erwerbstätigkeit wird bis zur Veräusserung der Liegenschaft aufgeschoben.

[2] Die Verpachtung eines Geschäftsbetriebs gilt nur auf Antrag der steuerpflichtigen Person als Überführung in das Privatvermögen.

Vgl.: KS ESTV Nr. 31, 22.12.2010, Aufschub bei Verpachtung S. 1387.

[3] Wird bei einer Erbteilung der Geschäftsbetrieb nicht von allen Erben fortgeführt, so wird die Besteuerung der stillen Reserven auf Gesuch der den Betrieb übernehmenden Erben bis zur späteren Realisierung aufgeschoben, soweit diese Erben die bisherigen für die Einkommenssteuer massgebenden Werte übernehmen.

Vgl.: LGBV, S. 135; KS ESTV Nr. 28, 3.11.2010, Liquidation selbst. Erwerbstätigkeit, S. 1450; KS ESTV Nr. 26, 16.12.2009, Neuerungen selbst. Erwerbstätigkeit, S. 1488.

Teilbesteuerung der Einkünfte aus Beteiligungen des Geschäftsvermögens

18*b*.[31] [20 I[bis]; StHG 7 I] [1] Dividenden, Gewinnanteile, Liquidationsüberschüsse und geldwerte Vorteile aus Aktien, Anteilen an Gesellschaften mit beschränkter Haftung, Genossenschaftsanteilen und Partizipationsscheinen sowie Gewinne aus der Veräusserung solcher Beteiligungsrechte sind nach Abzug des zurechen-

---

30 Eingefügt durch Ziff. II 2 des Unternehmenssteuerreformgesetzes II vom 23. März 2007, in Kraft seit 1. Jan. 2011 (AS **2008** 2893; BBl **2005** 4733).

31 Eingefügt durch Ziff. II 2 des Unternehmenssteuerreformgesetzes II vom 23. März 2007, in Kraft seit 1. Jan. 2009 (AS **2008** 2893; BBl **2005** 4733).

baren Aufwandes im Umfang von 50 Prozent steuerbar, wenn diese Beteiligungsrechte mindestens 10 Prozent des Grund- oder Stammkapitals einer Kapitalgesellschaft oder Genossenschaft darstellen.

2 Die Teilbesteuerung auf Veräusserungsgewinnen wird nur gewährt, wenn die veräusserten Beteiligungsrechte mindestens ein Jahr im Eigentum der steuerpflichtigen Person oder des Personenunternehmens waren.

Vgl.: KS ESTV Nr. 23, 17.12.2008, Teilbesteuerung im GV, S. 1552.

Umstrukturierungen[32]

19. [61; StHG 8 III] 1 Stille Reserven einer Personenunternehmung (Einzelunternehmen, Personengesellschaft) werden bei Umstrukturierungen, insbesondere im Fall der Fusion, Spaltung oder Umwandlung, nicht besteuert, soweit die Steuerpflicht in der Schweiz fortbesteht und die bisher für die Einkommenssteuer massgeblichen Werte übernommen werden:[33]

a. bei der Übertragung von Vermögenswerten auf eine andere Personenunternehmung;
b. bei der Übertragung eines Betriebs oder eines Teilbetriebs auf eine juristische Person;
c. beim Austausch von Beteiligungs- oder Mitgliedschaftsrechten anlässlich von Umstrukturierungen im Sinne von Artikel 61 Absatz 1 oder von fusionsähnlichen Zusammenschlüssen.[34]

2 Bei einer Umstrukturierung nach Absatz 1 Buchstabe b werden die übertragenen stillen Reserven im Verfahren nach den Artikeln 151–153 nachträglich besteuert, soweit während den der Umstrukturierung nachfolgenden fünf Jahren Beteiligungs- oder Mitgliedschaftsrechte zu einem über dem übertragenen steuerlichen Eigenkapital liegenden Preis veräussert werden; die juristische Person kann in diesem Fall entsprechende, als Gewinn versteuerte stille Reserven geltend machen.[35]

3 Die Absätze 1 und 2 gelten sinngemäss für Unternehmen, die im Gesamthandverhältnis [OR 552 ff.] betrieben werden.

Vgl.: 20 III, 125 III; VStG 5 I^{bis}; MWSTG 38 I; KS ESTV Nr. 28, 3.11.2010, Liquidation selbst. Erwerbstätigkeit, S. 1450; KS ESTV Nr. 5, 1.6.2004, Umstrukturierungen, S. 1638.

---

32 Fassung gemäss Anhang Ziff. 7 des Fusionsgesetzes vom 3. Okt. 2003, in Kraft seit 1. Juli 2004 (AS **2004** 2617; BBl **2000** 4337).

33 Fassung gemäss Anhang Ziff. 7 des BG vom 16. Dez. 2005 (GmbH-Recht sowie Anpassungen im Aktien-, Genossenschafts-, Handelsregister- und Firmenrecht), in Kraft seit 1. Jan. 2008 (AS **2007** 4791; BBl **2002** 3148, **2004** 3969).

34 Fassung gemäss Anhang Ziff. 7 des Fusionsgesetzes vom 3. Okt. 2003, in Kraft seit 1. Juli 2004 (AS **2004** 2617; BBl **2000** 4337).

35 Fassung gemäss Anhang Ziff. 7 des Fusionsgesetzes vom 3. Okt. 2003, in Kraft seit 1. Juli 2004 (AS **2004** 2617; BBl **2000** 4337).

4. Abschnitt: Bewegliches Vermögen

20. [StHG 7] [1] Steuerbar sind die Erträge aus beweglichem Vermögen, insbesondere: **Grundsatz**[36]

a.[37] Zinsen aus Guthaben, einschliesslich ausbezahlter Erträge aus rückkaufsfähigen Kapitalversicherungen mit Einmalprämie im Erlebensfall oder bei Rückkauf, ausser wenn diese Kapitalversicherungen der Vorsorge dienen. Als der Vorsorge dienend gilt die Auszahlung der Versicherungsleistung ab dem vollendeten 60. Altersjahr des Versicherten auf Grund eines mindestens fünfjährigen Vertragsverhältnisses, das vor Vollendung des 66. Altersjahres begründet wurde. In diesem Fall ist die Leistung steuerfrei;

Vgl.: 205a, 205b, 24b; StG 4 III und IV; VStG 4 I a und d; RS ESTV Nr. 118, 11.2.2014, Rückkaufsfähige Kapitalversicherungen 3b.

b. Einkünfte aus der Veräusserung oder Rückzahlung von Obligationen mit überwiegender Einmalverzinsung (globalverzinsliche Obligationen, Diskont-Obligationen), die dem Inhaber anfallen,

Vgl.: StG 4 III und IV; VStG 4 I a.

c.[38] Dividenden, Gewinnanteile, Liquidationsüberschüsse und geldwerte Vorteile aus Beteiligungen aller Art (einschliesslich Gratisaktien, Gratisnennwerterhöhungen u. dgl.). Ein bei der Rückgabe von Beteiligungsrechten im Sinne von Artikel 4*a* des Bundesgesetzes vom 13. Oktober 1965[39] über die Verrechnungssteuer (VStG) an die Kapitalgesellschaft oder Genossenschaft erzielter Liquidationsüberschuss gilt in dem Jahre als realisiert, in welchem die Verrechnungssteuerforderung entsteht (Art. 12 Abs. 1 und 1bis VStG); Absatz 1bis bleibt vorbehalten;

Vgl.: 20a; VStG 4 I b; KS ESTV Nr. 39, 23.12.2013, Aktionärsoptionen, S. 1240; KS ESTV Nr. 25, 5.3.2009, KAG, S. 1493; KS ESTV, 19.8.1999, Erwerb eigener Beteiligungsrechte, S. 1817; MB ESTV, 30.4.1999, Gratisaktien, S. 1959.

d. Einkünfte aus Vermietung, Verpachtung, Nutzniessung oder sonstiger Nutzung beweglicher Sachen oder nutzbarer Rechte;

---

36 Eingefügt durch Ziff. I 1 des BG vom 23. Juni 2006 über dringende Anpassungen bei der Unternehmensbesteuerung, in Kraft seit 1. Jan. 2007 (AS **2006** 4883; BBl **2005** 4733).

37 Fassung gemäss Ziff. I 5 des BG vom 19. März 1999 über das Stabilisierungsprogramm 1998, in Kraft seit 1. Jan. 2001 (AS **1999** 2374; BBl **1999** 4).

38 Fassung gemäss Ziff. II 2 des Unternehmenssteuerreformgesetzes II vom 23. März 2007, in Kraft seit 1. Jan. 2009 (AS **2008** 2893; BBl **2005** 4733).

39 SR **642.21**

e.[40] Einkünfte aus Anteilen an kollektiven Kapitalanlagen, soweit die Gesamterträge die Erträge aus direktem Grundbesitz übersteigen;

Vgl.: 49 II; VStG 4 I c; KS ESTV Nr. 25, 5.3.2009, KAG, S. 1493.

f. Einkünfte aus immateriellen Gütern.

Vgl.: KS ESTV Nr. 13, 1.1.2018, Securities Lending, S. 1156.

1bis [18b; StHG 7 I] Dividenden, Gewinnanteile, Liquidationsüberschüsse und geldwerte Vorteile aus Aktien, Anteilen an Gesellschaften mit beschränkter Haftung, Genossenschaftsanteilen und Partizipationsscheinen (einschliesslich Gratisaktien, Gratisnennwerterhöhungen u. dgl.) sind im Umfang von 60 Prozent steuerbar, wenn diese Beteiligungsrechte mindestens 10 Prozent des Grund- oder Stammkapitals einer Kapitalgesellschaft oder Genossenschaft darstellen.[41]

Vgl.: KS ESTV Nr. 22, 16.12.2008, Teilbesteuerung im PV, S. 1568.

2 Der Erlös aus Bezugsrechten gilt nicht als Vermögensertrag, sofern sie zum Privatvermögen des Steuerpflichtigen gehören.

3 [StHG 7b] Die Rückzahlung von Einlagen, Aufgeldern und Zuschüssen, die von den Inhabern der Beteiligungsrechte nach dem 31. Dezember 1996 geleistet worden sind, wird gleich behandelt wie die Rückzahlung von Grund- oder Stammkapital.[42]

Vgl. zu III: 125 III; VStG 5 Ibis; KS ESTV Nr. 32, 23.12.2010, Sanierungen, S. 1369; KS ESTV Nr. 29a, 9.9.2015, Kapitaleinlageprinzip neues Rechnungslegungsrecht, S. 1212.

Vgl.: 33 I a; KS ESTV Nr. 20, 27.3.2008, Trusts, S. 1583; KS ESTV Nr. 15, 3.10.2017, Obligationen und derivative Finanzinstrumente, S. 1177; MB ESTV, 30.4.1999, Gratisaktien, S. 1959.

Besondere Fälle

20*a*.[43] [StHG 7a] 1 Als Ertrag aus beweglichem Vermögen im Sinne von Artikel 20 Absatz 1 Buchstabe c gilt auch:

a. der Erlös aus dem Verkauf einer Beteiligung von mindestens 20 Prozent am Grund- oder Stammkapital einer Kapitalgesellschaft oder Genossenschaft aus dem Privatvermögen in das Geschäftsvermögen einer anderen natürlichen oder einer juristischen Person, soweit innert fünf Jahren

---

40 Fassung gemäss Anhang Ziff. II 6 des Kollektivanlagengesetzes vom 23. Juni 2006, in Kraft seit 1. Jan. 2007 (AS **2006** 5379; BBl **2005** 6395).

41 Eingefügt durch Ziff. II 2 des Unternehmenssteuerreformgesetzes II vom 23. März 2007, in Kraft seit 1. Jan. 2009 (AS **2008** 2893; BBl **2005** 4733).

42 Eingefügt durch Ziff. II 2 des Unternehmenssteuerreformgesetzes II vom 23. März 2007, in Kraft seit 1. Jan. 2011 (AS **2008** 2893; BBl **2005** 4733).

43 Eingefügt durch Ziff. I 1 des BG vom 23. Juni 2006 über dringende Anpassungen bei der Unternehmensbesteuerung, in Kraft seit 1. Jan. 2007 (AS **2006** 4883; BBl **2005** 4733).

nach dem Verkauf, unter Mitwirkung des Verkäufers, nicht betriebsnotwendige Substanz ausgeschüttet wird, die im Zeitpunkt des Verkaufs bereits vorhanden und handelsrechtlich ausschüttungsfähig [OR 675 II] war; dies gilt sinngemäss auch, wenn innert fünf Jahren mehrere Beteiligte eine solche Beteiligung gemeinsam verkaufen oder Beteiligungen von insgesamt mindestens 20 Prozent verkauft werden; ausgeschüttete Substanz wird beim Verkäufer gegebenenfalls im Verfahren nach den Artikeln 151 Absatz 1, 152 und 153 nachträglich besteuert;

Vgl.: KS ESTV Nr. 14, 6.11.2007, Indirekte Teilliquidation, S. 1608.

b. der Erlös aus der Übertragung einer Beteiligung von mindestens 5 Prozent am Grund- oder Stammkapital einer Kapitalgesellschaft oder Genossenschaft aus dem Privatvermögen in das Geschäftsvermögen einer Personenunternehmung oder einer juristischen Person, an welcher der Veräusserer oder Einbringer nach der Übertragung zu mindestens 50 Prozent am Kapital beteiligt ist, soweit die gesamthaft erhaltene Gegenleistung den Nennwert der übertragenen Beteiligung übersteigt; dies gilt sinngemäss auch, wenn mehrere Beteiligte die Übertragung gemeinsam vornehmen.

Vgl.: KS ESTV, 3.2.1987, Transponierung, S. 1930.

2 Mitwirkung im Sinne von Absatz 1 Buchstabe a liegt vor, wenn der Verkäufer weiss oder wissen muss, dass der Gesellschaft zwecks Finanzierung des Kaufpreises Mittel entnommen und nicht wieder zugeführt werden.

Vgl.: 16 III, 205 b.

5. Abschnitt: Unbewegliches Vermögen

21. [StHG 7 I] 1 Steuerbar sind die Erträge aus unbeweglichem Vermögen, insbesondere:

a. alle Einkünfte aus Vermietung, Verpachtung, Nutzniessung oder sonstiger Nutzung;
b. der Mietwert von Liegenschaften oder Liegenschaftsteilen, die dem Steuerpflichtigen aufgrund von Eigentum oder eines unentgeltlichen Nutzungsrechts für den Eigengebrauch zur Verfügung stehen;
c. Einkünfte aus Baurechtsverträgen;
d. Einkünfte aus der Ausbeutung von Kies, Sand und anderen Bestandteilen des Bodens.

Vgl.: 33 I a; KS ESTV Nr. 19, 6.2.2008, Immobilien-Leasing, S. 1584.

[2] Die Festsetzung des Eigenmietwertes erfolgt unter Berücksichtigung der ortsüblichen Verhältnisse und der tatsächlichen Nutzung der am Wohnsitz selbstbewohnten Liegenschaft.

6. Abschnitt: Einkünfte aus Vorsorge

22. [StHG 7 I–II] [1] Steuerbar sind alle Einkünfte aus der Alters-, Hinterlassenen- und Invalidenversicherung, aus Einrichtungen der beruflichen Vorsorge und aus anerkannten Formen der gebundenen Selbstvorsorge [BVG 83], mit Einschluss der Kapitalabfindungen und Rückzahlungen von Einlagen, Prämien und Beiträgen.

Vgl.: 95 f.

[2] Als Einkünfte aus der beruflichen Vorsorge gelten insbesondere Leistungen aus Vorsorgekassen, aus Spar- und Gruppenversicherungen sowie aus Freizügigkeitspolicen.

[3] Leibrenten sowie Einkünfte aus Verpfründung sind zu 40 Prozent steuerbar.[44]

[4] Artikel 24 Buchstabe b bleibt vorbehalten.

Vgl.: KS ESTV Nr. 41, 18.9.2014, Freizügigkeit, S. 1232; KS ESTV Nr. 18, 17.7.2008, Säule 3a, S. 1585; KS ESTV Nr. 17, 3.10.2007, Wohneigentumsförderung, S. 1596; KS ESTV, 8.6.1994, Leistungen aus Militärversicherung, S. 1904; MB ESTV, 3.2011, Meldeformular 565 Rentenmeldung; MB ESTV, 3.2011, Meldeformular 563 Kapitalleistungen; MB ESTV, 3.2011, Meldeformular WEF; KS SSK Nr. 2, 11.9.1986, Berufliche Vorsorge.

7. Abschnitt: Übrige Einkünfte

23. Steuerbar sind auch:

a. alle anderen Einkünfte, die an die Stelle des Einkommens aus Erwerbstätigkeit treten;
b. einmalige oder wiederkehrende Zahlungen bei Tod sowie für bleibende körperliche oder gesundheitliche Nachteile;

   Vgl.: VStG 7 I.

c. Entschädigungen für die Aufgabe oder Nichtausübung einer Tätigkeit;
d. Entschädigungen für die Nichtausübung eines Rechtes;

   Vgl.: KS ESTV Nr. 13, 1.1.2018, Securities Lending, S. 1156.

---

[44] Fassung gemäss Ziff. I 5 des BG vom 19. März 1999 über das Stabilisierungsprogramm 1998, in Kraft seit 1. Jan. 2001 (AS **1999** 2374; BBl **1999** 4).

e.[45] die einzelnen Gewinne von über 1000 Franken aus einer Lotterie oder einer lotterieähnlichen Veranstaltung;

Vgl.: 33 IV; VStG 6.

f. Unterhaltsbeiträge, die ein Steuerpflichtiger bei Scheidung, gerichtlicher oder tatsächlicher Trennung für sich erhält, sowie Unterhaltsbeiträge, die ein Elternteil für die unter seiner elterlichen Sorge stehenden Kinder erhält.

Vgl.: 33 I c.

Vgl.: KS ESTV Nr. 1, 3.10.2002, Abgangsentschädigung, S. 1800; KS ESTV, 25.2.1971, Zuwendungen SNF, S. 1936; KS ESTV, 8.4.1953, Preise, Ehrengaben und Stipendien, S. 1945.

Anm.: Gem. Geldspielgesetz vom 29.9.2017 wird Art. 23 Bst.e aufgehoben (Referendumsfrist läuft bis 18.1.2018, Inkrafttreten noch offen).

2. Kapitel: Steuerfreie Einkünfte

24. [StHG 7 IV] Steuerfrei sind:

a. der Vermögensanfall infolge Erbschaft, Vermächtnis, Schenkung oder güterrechtlicher Auseinandersetzung;

Vgl.: KS ESTV Nr. 20, 27.3.2008, Trusts, S. 1583; KS ESTV, 30.4.1980, Lidlohn.

b. der Vermögensanfall aus rückkaufsfähiger privater Kapitalversicherung, ausgenommen aus Freizügigkeitspolicen. Artikel 20 Absatz 1 Buchstabe a bleibt vorbehalten;

Vgl.: RS ESTV Nr. 118, 11.2.2014, Rückkaufsfähige Kapitalversicherungen 3b.

c. die Kapitalzahlungen, die bei Stellenwechsel vom Arbeitgeber oder von Einrichtungen der beruflichen Vorsorge ausgerichtet werden, wenn sie der Empfänger innert Jahresfrist zum Einkauf in eine Einrichtung der beruflichen Vorsorge oder zum Erwerb einer Freizügigkeitspolice verwendet;

Vgl.: KS ESTV Nr. 1, 3.10.2002, Abgangsentschädigung, S. 1800.

d. die Unterstützungen aus öffentlichen oder privaten Mitteln;

e. die Leistungen in Erfüllung familienrechtlicher Verpflichtungen, ausgenommen die Unterhaltsbeiträge nach Artikel 23 Buchstabe f;

[45] Fassung gemäss Ziff. I 1 des BG vom 15. Juni 2012 über Vereinfachungen bei der Besteuerung von Lotteriegewinnen, in Kraft seit 1. Jan. 2014 (AS **2012** 5977; BBl **2011** 6517 6543).

f.[46] der Sold für Militär- und Schutzdienst sowie das Taschengeld für Zivildienst;

f^bis.[47] [StHG 7 IV h^bis] der Sold der Milizfeuerwehrleute bis zum Betrag von jährlich 5000 Franken für Dienstleistungen im Zusammenhang mit der Erfüllung der Kernaufgaben der Feuerwehr (Übungen, Pikettdienste, Kurse, Inspektionen und Ernstfalleinsätzen zur Rettung, Brandbekämpfung, allgemeinen Schadenwehr, Elementarschadenbewältigung und dergleichen); ausgenommen sind Pauschalzulagen für Kader, Funktionszulagen sowie Entschädigungen für administrative Arbeiten und für Dienstleistungen, welche die Feuerwehr freiwillig erbringt;

g. die Zahlung von Genugtuungssummen;

Vgl.: 23 a.

h. die Einkünfte aufgrund der Bundesgesetzgebung über Ergänzungsleistungen zur Alters-, Hinterlassenen- und Invalidenversicherung;

i.[48] die bei Glücksspielen in Spielbanken im Sinne des Spielbankengesetzes vom 18. Dezember 1998[49] erzielten Gewinne;

j.[50] [StHG 7 IV m] die einzelnen Gewinne bis zu einem Betrag von 1000 Franken aus einer Lotterie oder einer lotterieähnlichen Veranstaltung.

Vgl.: VStG 6.

Vgl.: KS ESTV Nr. 41, 18.9.2014, Freizügigkeit, S. 1232; KS ESTV, 30.6.1995, Kapitalversicherungen mit Einmalprämie, S. 1836; KS ESTV, 25.2.1971, Zuwendungen SNF, S. 1936; KS ESTV, 8.4.1953, Preise, Ehrengaben und Stipendien, S. 1945.

Anm.: Gem. Geldspielgesetz vom 29.9.2017 werden Art. 24 Bst. i und j wie folgt geändert und Bst. i^bis und i^ter neu eingefügt (Referendumsfrist läuft bis 18.1.2018, Inkrafttreten noch offen):

[i. die Gewinne, die in Spielbanken mit Spielbankenspielen erzielt werden, die nach dem Geldspielgesetz vom 29. September 2017 (BGS) zugelassen sind, sofern diese Gewinne nicht aus selbstständiger Erwerbstätigkeit stammen;

---

46 Fassung gemäss Anhang Ziff. 7 des Zivildienstgesetzes vom 6. Okt. 1995, in Kraft seit 1. Okt. 1996 (AS **1996** 1445; BBl **1994** III 1609).

47 Eingefügt durch Ziff. I 1 des BG über die Steuerbefreiung des Feuerwehrsoldes vom 17. Juni 2011, in Kraft seit 1. Jan. 2013 (AS **2012** 489; BBl **2010** 2855).

48 Eingefügt durch Anhang Ziff. 2 des Spielbankengesetzes vom 18. Dez. 1998, in Kraft seit 1. April 2000 (AS **2000** 667; BBl **1997** III 145).

49 SR **935.52**

50 Eingefügt durch Ziff. I 1 des BG vom 15. Juni 2012 über Vereinfachungen bei der Besteuerung von Lotteriegewinnen, in Kraft seit 1. Jan. 2014 (AS **2012** 5977; BBl **2011** 6517 6543).

ibis. die einzelnen Gewinne bis zum Betrag von 1 Million Franken aus der Teilnahme an Grossspielen, die nach dem BGS zugelassen sind, und aus der Online-Teilnahme an Spielbankenspielen, die nach dem BGS zugelassen sind;

iter. die Gewinne aus Kleinspielen, die nach dem BGS zugelassen sind;

j. die einzelnen Gewinne aus Lotterien und Geschicklichkeitsspielen zur Verkaufsförderung, die nach Artikel 1 Absatz 2 Buchstaben d und e BGS diesem nicht unterstehen, sofern die Grenze von 1000 Franken nicht überschritten wird.]

3. Kapitel: Ermittlung des Reineinkommens

1. Abschnitt: Grundsatz

25.[51] [58; StHG 9 I] Zur Ermittlung des Reineinkommens werden von den gesamten steuerbaren Einkünften [16–23] die Aufwendungen und allgemeinen Abzüge nach den Artikeln 26–33*a* abgezogen.

2. Abschnitt: Unselbständige Erwerbstätigkeit

26. [17; StHG 9 I] [1] Als Berufskosten werden abgezogen:

a.[52] die notwendigen Kosten bis zu einem Maximalbetrag von 3000 Franken für Fahrten zwischen Wohn- und Arbeitsstätte;

b. die notwendigen Mehrkosten für Verpflegung ausserhalb der Wohnstätte und bei Schichtarbeit;

c.[53] die übrigen für die Ausübung des Berufes erforderlichen Kosten; Artikel 33 Absatz 1 Buchstabe j bleibt voberhalten;

d.[54] …

[2] Für die Berufskosten nach Absatz 1 Buchstaben b und c werden Pauschalansätze festgelegt; im Fall von Absatz 1 Buchstabe c steht der steuerpflichtigen Person der Nachweis höherer Kosten offen.[55]

---

[51] Fassung gemäss Anhang Ziff. 3 des BG vom 8. Okt. 2004 (Stiftungsrecht), in Kraft seit 1. Jan. 2006 (AS **2005** 4545; BBl **2003** 8153 8191).

[52] Fassung gemäss Ziff. II 1 des BG vom 21. Juni 2013 über die Finanzierung und den Ausbau der Eisenbahninfrastruktur, in Kraft seit 1. Jan. 2016 (AS **2015** 651; BBl **2012** 1577).

[53] Fassung gemäss Ziff. I 1 des BG vom 27. Sept. 2013 über die steuerliche Behandlung der berufsorientierten Aus- und Weiterbildungskosten, in Kraft seit 1. Jan. 2016 (AS **2014** 1105; BBl **2011** 2607).

[54] Aufgehoben durch Ziff. I 1 des BG vom 27. Sept. 2013 über die steuerliche Behandlung der berufsorientierten Aus- und Weiterbildungskosten, mit Wirkung seit 1. Jan. 2016 (AS **2014** 1105; BBl **2011** 2607).

[55] Fassung gemäss Ziff. II 1 des BG vom 21. Juni 2013 über die Finanzierung und den Ausbau der Eisenbahninfrastruktur, in Kraft seit 1. Jan. 2016 (AS **2015** 651; BBl **2012** 1577).

Vgl.: VO Kompetenzzuweisungen an Finanzdepartement, S. 157; ExpaV, S. 173; Berufskostenverordnung, S. 158; KS ESTV Nr. 42, 30.11.2017, Aus- und Weiterbildungskosten, S. 1165.

3. Abschnitt: Selbständige Erwerbstätigkeit

Allgemeines

27. [58; StHG 10] [1] Bei selbständiger Erwerbstätigkeit [18] werden die geschäfts- oder berufsmässig begründeten Kosten abgezogen.

[2] Dazu gehören insbesondere:

a. die Abschreibungen und Rückstellungen nach den Artikeln 28 und 29;
b. die eingetretenen und verbuchten Verluste auf Geschäftsvermögen;
c. die Zuwendungen an Vorsorgeeinrichtungen zugunsten des eigenen Personals, sofern jede zweckwidrige Verwendung ausgeschlossen ist [BVG 81 II];
d.[56] Zinsen auf Geschäftsschulden sowie Zinsen, die auf Beteiligungen nach Artikel 18 Absatz 2 entfallen;
e.[57] [StHG 10 I f] die Kosten der berufsorientierten Aus- und Weiterbildung, einschliesslich Umschulungskosten, des eigenen Personals.

Vgl.: KS ESTV Nr. 42, 30.11.2017, Aus- und Weiterbildungskosten, S. 1165; KS ESTV Nr. 19, 6.2.2008, Immobilien-Leasing, S. 1584; RS ESTV Nr. 150, 14.2.2017, Zinsenmerkblatt Fremdwährungen (erscheint jährlich), S. 1980; RS ESTV Nr. 149, 13.2.2017, Zinsenmerkblatt Schweizer Franken (erscheint jährlich), S. 1983.

[3] Nicht abziehbar sind Zahlungen von Bestechungsgeldern im Sinne des schweizerischen Strafrechts an schweizerische oder fremde Amtsträger [StGB 322ter ff.].[58]

Vgl. zu III: KS ESTV Nr. 16, 13.7.2007, Bestechungsgelder, S. 1605.

Vgl.: KS ESTV Nr. 19, 6.2.2008, Immobilien-Leasing, S. 1584; KS ESTV Nr. 9, 22.6.2005, Ausland-Ausland-Geschäfte, S. 1632.

Abschreibungen

28. [62; StHG 10 I a] [1] Geschäftsmässig begründete Abschreibungen von Aktiven sind zulässig, soweit sie buchmässig oder, bei vereinfachter Buchführung nach Artikel 957 Absatz 2 des Obliga-

---

[56] Eingefügt durch Ziff. I 5 des BG vom 19. März 1999 über das Stabilisierungsprogramm 1998, in Kraft seit 1. Jan. 2001 (AS **1999** 2374; BBl **1999** 4).

[57] Eingefügt durch Ziff. I 1 des BG vom 27. Sept. 2013 über die steuerliche Behandlung der berufsorientierten Aus- und Weiterbildungskosten, in Kraft seit 1. Jan. 2016 (AS **2014** 1105; BBl **2011** 2607).

[58] Eingefügt durch Ziff. I des BG vom 22. Dez. 1999 über die Unzulässigkeit steuerlicher Abzüge von Bestechungsgeldern, in Kraft seit 1. Jan. 2001 (AS **2000** 2147; BBl **1997** II 1037, IV 1336).

tionenrechts (OR)[59], in besonderen Abschreibungstabellen ausgewiesen sind.[60]

2 In der Regel werden die Abschreibungen nach dem tatsächlichen Wert der einzelnen Vermögensteile berechnet oder nach ihrer voraussichtlichen Gebrauchsdauer angemessen verteilt.

3 Abschreibungen auf Aktiven, die zum Ausgleich von Verlusten aufgewertet wurden, können nur vorgenommen werden, wenn die Aufwertungen handelsrechtlich zulässig waren [OR 670] und die Verluste im Zeitpunkt der Abschreibung nach Artikel 31 Absatz 1 verrechenbar gewesen wären.

Vgl.: KS ESTV Nr. 19, 6.2.2008, Immobilien-Leasing, S. 1584; MB ESTV, 2001, Land- und Forstwirtschaft; MB ESTV, 4.2001, Abschreibung Anlagevermögen, S. 1950; MB ESTV, 4.2001, Elektrizitätswerke; MB ESTV, 4.2001, Abschreibung Luftseilbahnen; MB ESTV, 4.2001, Abschreibung Schifffahrt; KS SSK Nr. 28, 28.8.2008; Bewertung Wertpapiere ohne Kurswert, S. 2044; KS SSK Nr. 26, 22.6.2002, Bewertung Pflichtlager.

Rückstellungen

29. [63; StHG 10 I b] 1 Rückstellungen zu Lasten der Erfolgsrechnung sind zulässig für:

a. im Geschäftsjahr bestehende Verpflichtungen, deren Höhe noch unbestimmt ist;
b. Verlustrisiken, die mit Aktiven des Umlaufvermögens, insbesondere mit Waren und Debitoren, verbunden sind;
c. andere unmittelbar drohende Verlustrisiken, die im Geschäftsjahr bestehen;
d. künftige Forschungs- und Entwicklungsaufträge an Dritte bis zu 10 Prozent des steuerbaren Geschäftsertrages, insgesamt jedoch höchstens bis zu 1 Million Franken.

2 Bisherige Rückstellungen werden dem steuerbaren Geschäftsertrag zugerechnet, soweit sie nicht mehr begründet sind.

Vgl.: KS ESTV, 30.4.1980, Lidlohn; KS ESTV, 1.2.1951, Abschreibungen auf Warenlagern, ASA 19, 327.

Ersatzbeschaffungen

30. [64; StHG 8 IV] 1 Werden Gegenstände des betriebsnotwendigen Anlagevermögens ersetzt, so können die stillen Reserven auf die als Ersatz erworbenen Anlagegüter übertragen werden, wenn diese ebenfalls betriebsnotwendig sind und sich in der Schweiz befinden. Vorbehalten bleibt die Besteuerung beim Ersatz von Liegenschaften durch Gegenstände des beweglichen Vermögens.[61]

---

59 SR **220**

60 Fassung gemäss Ziff. I 2 des Steuererlassgesetzes vom 20. Juni 2014, in Kraft seit 1. Jan. 2016 (AS **2015** 9; BBl **2013** 8435).

61 Fassung gemäss Ziff. II 2 des Unternehmenssteuerreformgesetzes II vom 23. März 2007, in Kraft seit 1. Jan. 2011 (AS **2008** 2893; BBl **2005** 4733).

[2] Findet die Ersatzbeschaffung nicht im gleichen Geschäftsjahr statt, so kann im Umfange der stillen Reserven eine Rückstellung gebildet werden. Diese Rückstellung ist innert angemessener Frist zur Abschreibung auf dem Ersatzobjekt zu verwenden oder zugunsten der Erfolgsrechnung aufzulösen.

[3] Als betriebsnotwendig gilt nur Anlagevermögen, das dem Betrieb unmittelbar dient; ausgeschlossen sind insbesondere Vermögensteile, die dem Unternehmen nur als Vermögensanlage oder nur durch ihren Ertrag dienen.

Vgl.: KS ESTV Nr. 5, 1.6.2004, Umstrukturierungen, S. 1638.

Verluste

31. [StHG 10 II] [1] Verluste aus den sieben der Steuerperiode (Art. 40) vorangegangenen Geschäftsjahren können abgezogen werden, soweit sie bei der Berechnung des steuerbaren Einkommens dieser Jahre nicht berücksichtigt werden konnten.[62]

[2] Mit Leistungen Dritter, die zum Ausgleich einer Unterbilanz [OR 725 I] im Rahmen einer Sanierung erbracht werden, können auch Verluste verrechnet werden, die in früheren Geschäftsjahren entstanden und noch nicht mit Einkommen verrechnet werden konnten.

4. Abschnitt: Privatvermögen

32. [StHG 9 III] [1] Bei beweglichem Privatvermögen [20] können die Kosten der Verwaltung durch Dritte und die weder rückforderbaren noch anrechenbaren ausländischen Quellensteuern [VO pStA] abgezogen werden.

[2] Bei Liegenschaften im Privatvermögen [21] können die Unterhaltskosten, die Kosten der Instandstellung von neu erworbenen Liegenschaften, die Versicherungsprämien und die Kosten der Verwaltung durch Dritte abgezogen werden.[63] Das EFD bestimmt, wieweit Investitionen, die dem Energiesparen und dem Umweltschutz dienen, den Unterhaltskosten gleichgestellt werden können.[64]

[3] Abziehbar sind ferner die Kosten denkmalpflegerischer Arbeiten, die der Steuerpflichtige aufgrund gesetzlicher Vorschriften, im Einvernehmen mit den Behörden oder auf deren Anord-

---

62 Fassung gemäss Ziff. I 1 des BG vom 22. März 2013 über die formelle Bereinigung der zeitlichen Bemessung der direkten Steuern bei den natürlichen Personen, in Kraft seit 1. Jan. 2014 (AS **2013** 2397; BBl **2011** 3593).

63 Fassung gemäss Ziff. I 1 des BG vom 3. Okt. 2008 über die steuerliche Behandlung von Instandstellungskosten bei Liegenschaften, in Kraft seit 1. Jan. 2010 (AS **2009** 1515; BBl **2007** 7993 8009).

64 Fassung des zweiten Satzes gemäss Ziff. I 2 des Steuererlassgesetzes vom 20. Juni 2014, in Kraft seit 1. Jan. 2016 (AS **2015** 9; BBl **2013** 8435).

nung hin vorgenommen hat, soweit diese Arbeiten nicht subventioniert sind.

4 Der Steuerpflichtige kann für Grundstücke des Privatvermögens anstelle der tatsächlichen Kosten und Prämien einen Pauschalabzug geltend machen. Der Bundesrat regelt diesen Pauschalabzug.

Vgl.: Liegenschaftskostenverordnung, S. 146; VO Massnahmen rationelle Energieverwendung, S. 149; ESTV-Liegenschaftskostenverordnung, S. 151.

Anm.: Gem. Energiegesetz vom 30.9.2016 werden Art. 32 Abs. 2 zweiter und dritter Satz per 1.1.2020 wie folgt geändert und Abs. 2bis neu eingefügt:

[2 … Das Eidgenössische Finanzdepartement bestimmt, welche Investitionen, die dem Energiesparen und dem Umweltschutz dienen, den Unterhaltskosten gleichgestellt werden können. Den Unterhaltskosten gleichgestellt sind auch die Rückbaukosten im Hinblick auf den Ersatzneubau.

2bis Investitionskosten nach Absatz 2 zweiter Satz und Rückbaukosten im Hinblick auf einen Ersatzneubau sind in den zwei nachfolgenden Steuerperioden abziehbar, soweit sie in der laufenden Steuerperiode, in welcher die Aufwendungen angefallen sind, steuerlich nicht vollständig berücksichtigt werden können.]

5. Abschnitt: Allgemeine Abzüge

Schuldzinsen und andere Abzüge[65]

33. [StHG 9 II] 1 Von den Einkünften werden abgezogen:

a.[66] die privaten Schuldzinsen im Umfang der nach den Artikeln 20, 20*a* und 21 steuerbaren Vermögenserträge und weiterer 50 000 Franken.[67] Nicht abzugsfähig sind Schuldzinsen für Darlehen, die eine Kapitalgesellschaft einer an ihrem Kapital massgeblich beteiligten oder ihr sonst wie nahe stehenden natürlichen Person zu Bedingungen gewährt, die erheblich von den im Geschäftsverkehr unter Dritten üblichen Bedingungen abweichen;

Vgl.: KS ESTV Nr. 22, 16.12.2008, Teilbesteuerung im PV, S. 1568.

b.[68] die dauernden Lasten sowie 40 Prozent der bezahlten Leibrenten;

c. die Unterhaltsbeiträge an den geschiedenen, gerichtlich oder tatsächlich getrennt lebenden Ehegatten sowie die Unterhaltsbeiträge an einen Elternteil für die unter dessen el-

---

65 Eingefügt durch Anhang Ziff. 3 des BG vom 8. Okt. 2004 (Stiftungsrecht), in Kraft seit 1. Jan. 2006 (AS **2005** 4545; BBl **2003** 8153 8191).

66 Fassung gemäss Ziff. I 5 des BG vom 19. März 1999 über das Stabilisierungsprogramm 1998, in Kraft seit 1. Jan. 2001 (AS **1999** 2374; BBl **1999** 4).

67 Fassung gemäss Ziff. II 2 des Unternehmenssteuerreformgesetzes II vom 23. März 2007, in Kraft seit 1. Jan. 2011 (AS **2008** 2893; BBl **2005** 4733).

68 Fassung gemäss Ziff. I 5 des BG vom 19. März 1999 über das Stabilisierungsprogramm 1998, in Kraft seit 1. Jan. 2001 (AS **1999** 2374; BBl **1999** 4).

terlicher Sorge stehenden Kinder [ZGB 296 ff.], nicht jedoch Leistungen in Erfüllung anderer familienrechtlicher Unterhalts- oder Unterstützungspflichten [ZGB 328 ff.; DBG 24 I e];

Vgl.: 23 f; KS ESTV Nr. 30, 21.12.2010, Familienbesteuerung, S. 1392.

d.[69] die gemäss Gesetz, Statut oder Reglement geleisteten Einlagen, Prämien und Beiträge an die Alters-, Hinterlassenen- und Invalidenversicherung und an Einrichtungen der beruflichen Vorsorge [BVG 81 II; AHVG 1a];

Vgl.: 59 I b; KS ESTV Nr. 18, 17.7.2008, Säule 3a, S. 1585; KS ESTV Nr. 17, 3.10.2007, Wohneigentumsförderung, S. 1596; KS SSK Nr. 2, 11.9.1986, Berufliche Vorsorge.

e. Einlagen, Prämien und Beiträge zum Erwerb von vertraglichen Ansprüchen aus anerkannten Formen der gebundenen Selbstvorsorge [BVG 82; BVV 3]; der Bundesrat legt in Zusammenarbeit mit den Kantonen die anerkannten Vorsorgeformen und die Höhe der abzugsfähigen Beiträge fest;

Vgl.: KS ESTV Nr. 18, 17.7.2008, Säule 3a, S. 1585; KS ESTV Nr. 17, 3.10.2007, Wohneigentumsförderung, S. 1596; RS ESTV Nr. 153, 2.10.2017, Zinssätze und Abzüge (erscheint jährlich), S. 1979; KS SSK Nr. 2, 11.9.1986, Berufliche Vorsorge.

f. die Prämien und Beiträge für die Erwerbsersatzordnung, die Arbeitslosenversicherung und die obligatorische Unfallversicherung;

g.[70] die Einlagen, Prämien und Beiträge für die Lebens-, die Kranken- und die nicht unter Buchstabe f fallende Unfallversicherung sowie die Zinsen von Sparkapitalien der steuerpflichtigen Person und der von ihr unterhaltenen Personen, bis zum Gesamtbetrag von:[71]

1. 3500 Franken für Ehepaare, die in rechtlich und tatsächlich ungetrennter Ehe leben [ZGB 159],
2. 1700 Franken für die übrigen Steuerpflichtigen;

h.[72] die Krankheits- und Unfallkosten des Steuerpflichtigen und der von ihm unterhaltenen Personen, soweit der Steuerpflichtige die Kosten selber trägt und diese 5 Prozent der um die Aufwendungen (Art. 26–33) verminderten steuerbaren Einkünfte übersteigen;

---

69 Fassung gemäss Anhang Ziff. 3 des BG vom 18. Juni 2004, in Kraft seit 1. Jan. 2005 (AS **2004** 4635; BBl **2003** 6399).

70 Fassung gemäss Ziff. I 1 des BG vom 22. März 2013 über die formelle Bereinigung der zeitlichen Bemessung der direkten Steuern bei den natürlichen Personen, in Kraft seit 1. Jan. 2014 (AS **2013** 2397; BBl **2011** 3593).

71 Fassung gemäss Ziff. I 1 des BG vom 22. März 2013 über die formelle Bereinigung der zeitlichen Bemessung der direkten Steuern bei den natürlichen Personen, in Kraft seit 1. Jan. 2014 (AS **2013** 2397; BBl **2011** 3593).

72 Fassung gemäss Anhang Ziff. 2 des Behindertengleichstellungsgesetzes vom 13. Dez. 2002, in Kraft seit 1. Jan. 2005 (AS **2003** 4487; BBl **2001** 1715).

Vgl.: KS ESTV Nr. 11, 31.8.2005, Abzug von Krankheits- und Unfallkosten, S. 1615.

h^bis.[73] die behinderungsbedingten Kosten des Steuerpflichtigen oder der von ihm unterhaltenen Personen mit Behinderungen im Sinne des Behindertengleichstellungsgesetzes vom 13. Dezember 2002[74], soweit der Steuerpflichtige die Kosten selber trägt.

Vgl.: KS ESTV Nr. 11, 31.8.2005, Abzug von Krankheits- und Unfallkosten, S. 1615.

i.[75] die Mitgliederbeiträge und Zuwendungen bis zum Gesamtbetrag von 10 100 Franken an politische Parteien, die:
1. im Parteienregister nach Artikel 76*a* des Bundesgesetzes vom 17. Dezember 1976[76] über die politischen Rechte eingetragen sind,
2. in einem kantonalen Parlament vertreten sind, oder
3. in einem Kanton bei den letzten Wahlen des kantonalen Parlaments mindestens 3 Prozent der Stimmen erreicht haben;

j.[77] [StHG 9 II o] die Kosten der berufsorientierten Aus- und Weiterbildung, einschliesslich der Umschulungskosten, bis zum Gesamtbetrag von 12 000 Franken, sofern:
1. ein erster Abschluss auf der Sekundarstufe II vorliegt, oder
2. das 20. Lebensjahr vollendet ist und es sich nicht um die Ausbildungskosten bis zum ersten Abschluss auf der Sekundarstufe II handelt.

Vgl.: KS ESTV Nr. 42, 30.11.2017, Aus- und Weiterbildungskosten, S. 1165.

1bis Die Abzüge nach Absatz 1 Buchstabe g erhöhen sich:

a. um die Hälfte für Steuerpflichtige ohne Beiträge nach Absatz 1 Buchstaben d und e;

b. um 700 Franken für jedes Kind oder jede unterstützungsbedürftige Person, für die die steuerpflichtige Person einen Abzug nach Artikel 35 Absatz 1 Buchstabe a oder b geltend machen kann.[78]

---

73 Eingefügt durch Anhang Ziff. 2 des Behindertengleichstellungsgesetzes vom 13. Dez. 2002, in Kraft seit 1. Jan. 2005 (AS **2003** 4487; BBl **2001** 1715).

74 SR **151.3**

75 Fassung gemäss Art. 6 Abs. 3 der V des EFD vom 22. Sept. 2011 über die kalte Progression, in Kraft seit 1. Jan. 2012 (AS **2011** 4503).

76 SR **161.1**

77 Eingefügt durch Ziff. I 1 des BG vom 27. Sept. 2013 über die steuerliche Behandlung der berufsorientierten Aus- und Weiterbildungskosten, in Kraft seit 1. Jan. 2016 (AS **2014** 1105; BBl **2011** 2607).

78 Eingefügt durch Ziff. I 1 des BG vom 22. März 2013 über die formelle Bereinigung der zeitlichen Bemessung der direkten Steuern bei den na-

[2] Leben Ehegatten in rechtlich und tatsächlich ungetrennter Ehe [ZGB 159] und erzielen beide ein Erwerbseinkommen, so werden vom niedrigeren Erwerbseinkommen 50 Prozent, jedoch mindestens 8100 Franken und höchstens 13 400 Franken abgezogen.[79] Als Erwerbseinkommen gelten die steuerbaren Einkünfte aus unselbstständiger [17 ff.] oder selbstständiger [18] Erwerbstätigkeit abzüglich der Aufwendungen nach den Artikeln 26–31 und der allgemeinen Abzüge nach Absatz 1 Buchstaben d–f. Bei erheblicher Mitarbeit eines Ehegatten im Beruf, Geschäft oder Gewerbe des anderen Ehegatten oder bei gemeinsamer selbstständiger Erwerbstätigkeit wird jedem Ehegatten die Hälfte des gemeinsamen Erwerbseinkommens zugewiesen. Eine abweichende Aufteilung ist vom Ehepaar nachzuweisen.[80]

[3] Von den Einkünften werden abgezogen die nachgewiesenen Kosten, jedoch höchstens 10 100 Franken, für die Drittbetreuung jedes Kindes, das das 14. Altersjahr noch nicht vollendet hat und mit der steuerpflichtigen Person, die für seinen Unterhalt sorgt, im gleichen Haushalt lebt, soweit diese Kosten in direktem kausalem Zusammenhang mit der Erwerbstätigkeit, Ausbildung oder Erwerbsunfähigkeit der steuerpflichtigen Person stehen.[81]

[4] Von den einzelnen Gewinnen aus Lotterien oder lotterieähnlichen Veranstaltungen (Art. 23 Bst. e) werden 5 Prozent, jedoch höchstens 5000 Franken, als Einsatzkosten abgezogen.[82]

Vgl.: BVV 3, S. 704; KS ESTV Nr. 30, 21.12.2010, Familienbesteuerung, S. 1392; KS ESTV Nr. 22, 16.12.2008, Teilbesteuerung im PV, S. 1568; KS ESTV Nr. 18, 17.7.2008, Säule 3a, S. 1585; KS ESTV Nr. 17, 3.10.2007, Wohneigentumsförderung S. 1596; KS ESTV Nr. 11, 31.8.2005, Abzug von Krankheits- und Unfallkosten, S 1615.

Anm.: Gem. Geldspielgesetz vom 29.9.2017 wird Art. 33 Abs. 4 wie folgt geändert (Referendumsfrist läuft bis 18.1.2018, Inkrafttreten noch offen):

[[4] Von den einzelnen Gewinnen aus der Teilnahme an Geldspielen, welche nicht nach Artikel 24 Buchstaben i^bis–j steuerfrei sind, werden 5 Prozent,

---

türlichen Personen, in Kraft seit 1. Jan. 2014 (AS **2013** 2397; BBl **2011** 3593).

79 Fassung gemäss Art. 3 Abs. 1 der V des EFD vom 2. Sept. 2013 über den Ausgleich der Folgen der kalten Progression für die natürlichen Personen, in Kraft seit 1. Jan. 2014 (AS **2013** 3027).

80 Fassung gemäss Ziff. I 1 des BG vom 22. März 2013 über die formelle Bereinigung der zeitlichen Bemessung der direkten Steuern bei den natürlichen Personen, in Kraft seit 1. Jan. 2014 (AS **2013** 2397; BBl **2011** 3593).

81 Eingefügt durch Ziff. I 1 des BG vom 25. Sept. 2009 über die steuerliche Entlastung von Familien mit Kindern (AS **2010** 455; BBl **2009** 4729). Fassung gemäss Art. 3 Abs. 2 der V des EFD vom 2. Sept. 2013 über den Ausgleich der Folgen der kalten Progression für die natürlichen Personen, in Kraft seit 1. Jan. 2014 (AS **2013** 3027).

82 Eingefügt durch Ziff. I 1 des BG vom 15. Juni 2012 über Vereinfachungen bei der Besteuerung von Lotteriegewinnen, in Kraft seit 1. Jan. 2014 (AS **2012** 5977; BBl **2011** 6517 6543).

jedoch höchstens 5000 Franken, als Einsatzkosten abgezogen. Von den einzelnen Gewinnen aus der Online-Teilnahme an Spielbankenspielen nach Artikel 24 Buchstabe ibis werden die vom Online-Spielerkonto abgebuchten Spieleinsätze im Steuerjahr, jedoch höchstens 25 000 Franken abgezogen.]

Freiwillige Leistungen

33*a*.[83] [59 I c; StHG 9 II i] Von den Einkünften abgezogen werden auch die freiwilligen Leistungen von Geld und übrigen Vermögenswerten an juristische Personen mit Sitz in der Schweiz [50], die im Hinblick auf ihre öffentlichen oder gemeinnützigen Zwecke von der Steuerpflicht befreit sind (Art. 56 Bst. g), wenn diese Leistungen im Steuerjahr 100 Franken erreichen und insgesamt 20 Prozent der um die Aufwendungen (Art. 26–33) verminderten Einkünfte nicht übersteigen. Im gleichen Umfang abzugsfähig sind entsprechende freiwillige Leistungen an Bund, Kantone, Gemeinden und deren Anstalten (Art. 56 Bst. a–c).

Vgl.: KS ESTV, 8.7.1994, Steuerbefreiung jur. Personen, S. 1896; RS ESTV Nr. 12, 16.12.2004, Revision Stiftungsrecht.

6. Abschnitt: Nicht abziehbare Kosten und Aufwendungen

34. [StHG 9 IV] Nicht abziehbar sind die übrigen Kosten und Aufwendungen, insbesondere:

a. die Aufwendungen für den Unterhalt des Steuerpflichtigen und seiner Familie sowie der durch die berufliche Stellung des Steuerpflichtigen bedingte Privataufwand;

b.[84] …

c. die Aufwendungen für Schuldentilgung;

d. die Aufwendungen für die Anschaffung, Herstellung oder Wertvermehrung von Vermögensgegenständen;

e. Einkommens-, Grundstückgewinn- und Vermögenssteuern von Bund, Kantonen und Gemeinden und gleichartige ausländische Steuern.

Vgl.: 59 I a.

4. Kapitel: Sozialabzüge

35. [1] Vom Einkommen werden abgezogen:

a.[85] 6500 Franken für jedes minderjährige oder in der beruflichen oder schulischen Ausbildung stehende Kind, für des-

---

83 Eingefügt durch Anhang Ziff. 3 des BG vom 8. Okt. 2004 (Stiftungsrecht), in Kraft seit 1. Jan. 2006 (AS **2005** 4545; BBl **2003** 8153 8191).

84 Aufgehoben durch Ziff. I 1 des BG vom 27. Sept. 2013 über die steuerliche Behandlung der berufsorientierten Aus- und Weiterbildungskosten, mit Wirkung seit 1. Jan. 2016 (AS **2014** 1105; BBl **2011** 2607).

85 Fassung gemäss Art. 4 der V des EFD vom 2. Sept. 2013 über den Ausgleich der Folgen der kalten Progression für die natürlichen Personen, in Kraft seit 1. Jan. 2014 (AS **2013** 3027).

sen Unterhalt die steuerpflichtige Person sorgt; werden die Eltern getrennt besteuert, so wird der Kinderabzug hälftig aufgeteilt, wenn das Kind unter gemeinsamer elterlicher Sorge steht und keine Unterhaltsbeiträge nach Artikel 33 Absatz 1 Buchstabe c für das Kind geltend gemacht werden;

b.[86] 6500 Franken für jede erwerbsunfähige oder beschränkt erwerbsfähige Person, an deren Unterhalt die steuerpflichtige Person mindestens in der Höhe des Abzuges beiträgt; der Abzug kann nicht beansprucht werden für den Ehegatten und für Kinder, für die ein Abzug nach Buchstabe a gewährt wird;

c. 2600 Franken für Ehepaare, die in rechtlich und tatsächlich ungetrennter Ehe leben.[87]

[2] Die Sozialabzüge werden nach den Verhältnissen am Ende der Steuerperiode (Art. 40) oder der Steuerpflicht [8 I] festgesetzt.[88]

[3] Bei teilweiser Steuerpflicht [6 I und II] werden die Sozialabzüge anteilsmässig gewährt.

Vgl.: KS ESTV Nr. 30, 21.12.2010, Familienbesteuerung, S. 1392.

5. Kapitel: Steuerberechnung

1. Abschnitt: Tarife

36. [1] Die Steuer für ein Steuerjahr beträgt [StHG 1 III]:

		Franken	
bis	14 500 Franken Einkommen	0.00	
	und für je weitere 100 Franken Einkommen	0.77;	
für	31 600 Franken Einkommen	131.65	
	und für je weitere 100 Franken Einkommen	0.88	mehr;
für	41 400 Franken Einkommen	217.90	
	und für je weitere 100 Franken Einkommen	2.64	mehr;
für	55 200 Franken Einkommen	582.20	
	und für je weitere 100 Franken Einkommen	2.97	mehr;

---

86 Fassung gemäss Art. 4 der V des EFD vom 2. Sept. 2013 über den Ausgleich der Folgen der kalten Progression für die natürlichen Personen, in Kraft seit 1. Jan. 2014 (AS **2013** 3027).

87 Fassung gemäss Ziff. I 1 des BG vom 22. März 2013 über die formelle Bereinigung der zeitlichen Bemessung der direkten Steuern bei den natürlichen Personen, in Kraft seit 1. Jan. 2014 (AS **2013** 2397; BBl **2011** 3593).

88 Fassung gemäss Ziff. I 1 des BG vom 22. März 2013 über die formelle Bereinigung der zeitlichen Bemessung der direkten Steuern bei den natürlichen Personen, in Kraft seit 1. Jan. 2014 (AS **2013** 2397; BBl **2011** 3593).

		Franken	
für	72 500 Franken Einkommen	1096.00	
	und für je weitere 100 Franken Einkommen	5.94	mehr;
für	78 100 Franken Einkommen	1428.60	
	und für je weitere 100 Franken Einkommen	6.60	mehr;
für	103 600 Franken Einkommen	3111.60	
	und für je weitere 100 Franken Einkommen	8.80	mehr;
für	134 600 Franken Einkommen	5839.60	
	und für je weitere 100 Franken Einkommen	11.00	mehr;
für	176 000 Franken Einkommen	10 393.60	
	und für je weitere 100 Franken Einkommen	13.20	mehr;
für	755 200 Franken Einkommen	86 848.00	mehr;
	und für je weitere 100 Franken Einkommen	11.50	mehr.[90]

2 [StHG 11 I] Für Ehepaare, die in rechtlich und tatsächlich ungetrennter Ehe leben [ZGB 159], beträgt die jährliche Steuer:

		Franken	
bis	28 300 Franken Einkommen	0.00	
	und für je weitere 100 Franken Einkommen	1.00;	
für	50 900 Franken Einkommen	226.00	
	und für je weitere 100 Franken Einkommen	2.00	mehr;
für	58 400 Franken Einkommen	376.00	
	und für je weitere 100 Franken Einkommen	3.00	mehr;
für	75 300 Franken Einkommen	883.00	
	und für je weitere 100 Franken Einkommen	4.00	mehr;
für	90 300 Franken Einkommen	1483.00	
	und für je weitere 100 Franken Einkommen	5.00	mehr;
für	103 400 Franken Einkommen	2138.00	
	und für je weitere 100 Franken Einkommen	6.00	mehr;
für	114 700 Franken Einkommen	2816.00	
	und für je weitere 100 Franken Einkommen	7.00	mehr;
für	124 200 Franken Einkommen	3481.00	
	und für je weitere 100 Franken Einkommen	8.00	mehr;
für	131 700 Franken Einkommen	4081.00	
	und für je weitere 100 Franken Einkommen	9.00	mehr;
für	137 300 Franken Einkommen	4585.00	
	und für je weitere 100 Franken Einkommen	10.00	mehr;
für	141 200 Franken Einkommen	4975.00	
	und für je weitere 100 Franken Einkommen	11.00	mehr;

89 Fassung gemäss Art. 2 Abs. 1 der V des EFD vom 2. Sept. 2013 über den Ausgleich der Folgen der kalten Progression für die natürlichen Personen, in Kraft seit 1. Jan. 2014 (AS **2013** 3027).

		Franken	
für	143 100 Franken Einkommen	5184.00	
	und für je weitere 100 Franken Einkommen	12.00	mehr;
für	145 000 Franken Einkommen	5412.00	
	und für je weitere 100 Franken Einkommen	13.00	mehr;
für	895 800 Franken Einkommen	103 016.00	
für	895 900 Franken Einkommen	103 028.50	
	und für je weitere 100 Franken Einkommen	11.50	mehr.[91]

2bis Für die in rechtlich und tatsächlich ungetrennter Ehe lebenden Ehepaare und die verwitweten, gerichtlich oder tatsächlich getrennt lebenden, geschiedenen und ledigen steuerpflichtigen Personen, die mit Kindern oder unterstützungsbedürftigen Personen im gleichen Haushalt zusammenleben und deren Unterhalt zur Hauptsache bestreiten, gilt Absatz 2 sinngemäss. Der so ermittelte Steuerbetrag ermässigt sich um 251 Franken für jedes Kind oder jede unterstützungsbedürftige Person.[91]

3 Steuerbeträge unter 25 Franken werden nicht erhoben.

Vgl.: KS ESTV Nr. 30, 21.12.2010, Familienbesteuerung, S. 1392.

2. Abschnitt: Sonderfälle

Kapitalabfindungen für wiederkehrende Leistungen

37. [StHG 11 II] Gehören zu den Einkünften Kapitalabfindungen für wiederkehrende Leistungen, so wird die Einkommenssteuer unter Berücksichtigung der übrigen Einkünfte und der zulässigen Abzüge zu dem Steuersatz berechnet, der sich ergäbe, wenn anstelle der einmaligen Leistung eine entsprechende jährliche Leistung ausgerichtet würde.

Vgl.: KS ESTV Nr. 1, 3.10.2002, Abgangsentschädigung, S. 1800; KS ESTV, 30.6.1995, Kapitalversicherungen mit Einmalprämie, S. 1836; KS ESTV, 30.4.1980, Lidlohn.

Vereinfachtes Abrechnungsverfahren

37*a*.[92] [StHG 11 IV] 1 Für kleine Arbeitsentgelte aus unselbständiger Erwerbstätigkeit [17] ist die Steuer ohne Berücksichtigung der übrigen Einkünfte, allfälliger Berufskosten [26] und Sozialabzüge [35] zu einem Satz von 0,5 Prozent zu erheben;

---

90 Fassung gemäss Art. 2 Abs. 2 der V des EFD vom 2. Sept. 2013 über den Ausgleich der Folgen der kalten Progression für die natürlichen Personen, in Kraft seit 1. Jan. 2014 (AS **2013** 3027).

91 Eingefügt durch Ziff. I 1 des BG vom 25. Sept. 2009 über die steuerliche Entlastung von Familien mit Kindern (AS **2010** 455; BBl **2009** 4729). Fassung gemäss Art. 2 Abs. 3 der V des EFD vom 2. Sept. 2013 über den Ausgleich der Folgen der kalten Progression für die natürlichen Personen, in Kraft seit 1. Jan. 2014 (AS **2013** 3027).

92 Eingefügt durch Anhang Ziff. 4 des BG vom 17. Juni 2005 gegen die Schwarzarbeit, in Kraft seit 1. Jan. 2008 (AS **2007** 359; BBl **2002** 3605).

Voraussetzung ist, dass der Arbeitgeber die Steuer im Rahmen des vereinfachten Abrechnungsverfahrens nach den Artikeln 2 und 3 des Bundesgesetzes vom 17. Juni 2005[93] gegen die Schwarzarbeit entrichtet. Damit ist die Einkommenssteuer abgegolten.

2 Artikel 88 Absatz 1 Buchstabe a gilt sinngemäss.

3 Der Schuldner der steuerbaren Leistung ist verpflichtet, die Steuern periodisch der zuständigen AHV-Ausgleichskasse abzuliefern.

4 Die AHV-Ausgleichskasse stellt dem Steuerpflichtigen eine Aufstellung oder eine Bestätigung über den Steuerabzug aus. Sie überweist der zuständigen Steuerbehörde die einkassierten Steuerzahlungen.

5 Das Recht auf eine Bezugsprovision nach Artikel 88 Absatz 4 wird auf die zuständige AHV-Ausgleichskasse übertragen.

6 Der Bundesrat regelt die Einzelheiten; dabei berücksichtigt er die Vorschriften der Artikel 88 und 89.

Vgl.: VwwO gegen die Schwarzarbeit (VOSA).

Anm.: Gem. BG über die Revision der Quellenbesteuerung des Erwerbseinkommens vom 16.12.2016 wird Art. 37*a* Abs. 6 wie folgt geändert (Referendumsfrist unbenutzt abgelaufen, Inkrafttreten noch offen):

[6 Der Bundesrat regelt die Einzelheiten; dabei berücksichtigt er die Art. 88 und 196 Absatz 3.]

Liquidationsgewinne

37*b*.[94] [StHG 11 V] 1 Wird die selbstständige Erwerbstätigkeit nach dem vollendeten 55. Altersjahr oder wegen Unfähigkeit zur Weiterführung infolge Invalidität definitiv aufgegeben, so ist die Summe der in den letzten zwei Geschäftsjahren realisierten stillen Reserven getrennt vom übrigen Einkommen zu besteuern. Einkaufsbeiträge gemäss Artikel 33 Absatz 1 Buchstabe d sind abziehbar. Werden keine solchen Einkäufe vorgenommen, so wird die Steuer auf dem Betrag der realisierten stillen Reserven, für den der Steuerpflichtige die Zulässigkeit eines Einkaufs gemäss Artikel 33 Absatz 1 Buchstabe d nachweist, zu einem Fünftel der Tarife nach Artikel 36 berechnet. Für die Bestimmung des auf den Restbetrag der realisierten stillen Reserven anwendbaren Satzes ist ein Fünftel dieses Restbetrages massgebend, es wird aber in jedem Falle eine Steuer zu einem Satz von mindestens 2 Prozent erhoben.

2 Absatz 1 gilt auch für den überlebenden Ehegatten, die anderen Erben und die Vermächtnisnehmer, sofern sie das übernommene Unternehmen nicht fortführen; die steuerliche Abrechnung erfolgt spätestens fünf Kalenderjahre nach Ablauf des Todesjahres des Erblassers.

---

93 SR **822.41**

94 Eingefügt durch Ziff. II 2 des Unternehmenssteuerreformgesetzes II vom 23. März 2007, in Kraft seit 1. Jan. 2011 (AS **2008** 2893; BBl **2005** 4733).

Vgl.: 36; LGBV, S. 135; KS ESTV Nr. 30, 21.12.2010, Familienbesteuerung, S. 1392; KS ESTV Nr. 28, 3.11.2010, Liquidation selbst. Erwerbstätigkeit, S. 1450; KS ESTV Nr. 26, 16.12.2009, Neuerungen selbst. Erwerbstätigkeit, S. 1488.

Kapitalleistungen aus Vorsorge

38. [StHG 11 III] [1] Kapitalleistungen nach Artikel 22 sowie Zahlungen bei Tod und für bleibende körperliche oder gesundheitliche Nachteile werden gesondert besteuert. Sie unterliegen stets einer vollen Jahressteuer.

Vgl.: KS ESTV Nr. 41, 18.9.2014, Freizügigkeit, S. 1232; KS ESTV, 30.6.1995, Kapitalversicherungen mit Einmalprämie, S. 1836.

[1bis] Die Steuer wird für das Steuerjahr festgesetzt, in dem die entsprechenden Einkünfte zugeflossen sind.[95]

[2] Sie wird zu einem Fünftel der Tarife nach Artikel 36 Absätze 1, 2 und 2bis erster Satz berechnet.[96]

[3] Die Sozialabzüge werden nicht gewährt.[97]

Vgl.: 36 I und II, 95 f.; KS ESTV Nr. 30, 21.12.2010, Familienbesteuerung, S. 1392; KS ESTV Nr. 18, 17.7.2008, Säule 3a, S. 1585; KS ESTV Nr. 17, 3.10.2007, Wohneigentumsförderung, S. 1596; KS ESTV Nr. 1, 3.10.2002, Abgangsentschädigung, S. 1800; MB ESTV, 3.2011, Meldeformular 563 Kapitalleistungen; MB ESTV, 3.2011, Meldeformular WEF.

6. Kapitel: Ausgleich der Folgen der kalten Progression

39. [1] Bei der Steuer vom Einkommen der natürlichen Personen werden die Folgen der kalten Progression durch gleichmässige Anpassung der Tarifstufen und der in Frankenbeträgen festgesetzten Abzüge vom Einkommen voll ausgeglichen. Die Beträge sind auf 100 Franken auf- oder abzurunden.

[2] Das EFD passt die Tarifstufen und die Abzüge jährlich an den Landesindex der Konsumentenpreise an. Massgebend ist der Indexstand am 30. Juni vor Beginn der Steuerperiode. Bei negativem Teuerungsverlauf ist eine Anpassung ausgeschlossen. Der auf eine negative Teuerung folgende Ausgleich erfolgt auf Basis des letzten Ausgleichs.[98]

---

95 Eingefügt durch Ziff. I 1 des BG vom 22. März 2013 über die formelle Bereinigung der zeitlichen Bemessung der direkten Steuern bei den natürlichen Personen, in Kraft seit 1. Jan. 2014 (AS **2013** 2397; BBl **2011** 3593).

96 Fassung gemäss Ziff. I 1 des BG vom 22. März 2013 über die formelle Bereinigung der zeitlichen Bemessung der direkten Steuern bei den natürlichen Personen, in Kraft seit 1. Jan. 2014 (AS **2013** 2397; BBl **2011** 3593).

97 Fassung gemäss Ziff. I des BG vom 25. Sept. 2009, in Kraft seit 1. Jan. 2011 (AS **2010** 453; BBl **2009** 1657).

98 Fassung gemäss Ziff. I des BG vom 25. Sept. 2009, in Kraft seit 1. Jan. 2011 (AS **2010** 453; BBl **2009** 1657).

[3] …[99]

Dritter Titel:[100] Zeitliche Bemessung

40. [StHG 15] [1] Als Steuerperiode gilt das Kalenderjahr. **Steuerperiode**

[2] Die Einkommenssteuer wird für jede Steuerperiode festgesetzt und erhoben.

[3] Besteht die Steuerpflicht nur während eines Teils der Steuerperiode, so wird die Steuer auf den in diesem Zeitraum erzielten Einkünften erhoben. Dabei bestimmt sich der Steuersatz für regelmässig fliessende Einkünfte nach dem auf zwölf Monate berechneten Einkommen; nicht regelmässig fliessende Einkünfte unterliegen der vollen Jahressteuer, werden aber für die Satzbestimmung nicht in ein Jahreseinkommen umgerechnet. Artikel 38 bleibt vorbehalten.

Vgl.: VO zeitliche Bemessung direkte Bundessteuer, S. 153.

41. [StHG 16] [1] Das steuerbare Einkommen bemisst sich nach den Einkünften in der Steuerperiode [40]. **Bemessung des Einkommens**

[2] Für die Ermittlung des Einkommens aus selbstständiger Erwerbstätigkeit [18] ist das Ergebnis des in der Steuerperiode abgeschlossenen Geschäftsjahres massgebend.

[3] Steuerpflichtige mit selbstständiger Erwerbstätigkeit müssen in jeder Steuerperiode einen Geschäftsabschluss erstellen.

Vgl.: 18 III, 58, 125 II; VO zeitliche Bemessung direkte Bundessteuer, S. 153; KS ESTV Nr. 11, 31.8.2005, Abzug von Krankheits- und Unfallkosten, S. 1615.

42. [1] Ehegatten, die in rechtlich und tatsächlich ungetrennter Ehe leben [ZGB 159], werden für die ganze Steuerperiode [40], in der sie die Ehe geschlossen haben, nach Artikel 9 Absatz 1 veranlagt. **Veranlagung bei Begründung und Auflösung der Ehe**

[2] Bei Scheidung, gerichtlicher oder tatsächlicher Trennung werden die Ehegatten für die ganze Steuerperiode separat veranlagt.

[3] Stirbt ein in rechtlich und tatsächlich ungetrennter Ehe lebender Ehegatte, so werden bis zu seinem Todestag beide Ehegatten gemeinsam veranlagt (Art. 9 Abs. 1). Der überlebende Ehegatte wird für den Rest der Steuerperiode separat zu dem für ihn anwendbaren Tarif veranlagt. Artikel 40 Absatz 3 gilt sinngemäss.

---

[99] Aufgehoben durch Ziff. I des BG vom 25. Sept. 2009, mit Wirkung seit 1. Jan. 2011 (AS **2010** 453; BBl **2009** 1657).

[100] Fassung gemäss Ziff. I 1 des BG vom 22. März 2013 über die formelle Bereinigung der zeitlichen Bemessung der direkten Steuern bei den natürlichen Personen, in Kraft seit 1. Jan. 2014 (AS **2013** 2397; BBl **2011** 3593).

43.–48.

Aufgehoben

Dritter Teil: Besteuerung der juristischen Personen

Erster Titel: Steuerpflicht

1. Kapitel: Begriff der juristischen Personen

49. [StHG 20] 1 Als juristische Personen [ZGB 52 ff.] werden besteuert:

a. die Kapitalgesellschaften (Aktiengesellschaften [OR 620 ff.], Kommanditaktiengesellschaften [OR 764 ff.], Gesellschaften mit beschränkter Haftung [OR 772 ff.]) und die Genossenschaften [OR 828 ff.; DBG 68];

b. die Vereine [ZGB 60 ff.], die Stiftungen [ZGB 80 ff.] und die übrigen juristischen Personen [ZGB 52 ff.; DBG 71].

2 Den übrigen juristischen Personen gleichgestellt sind die kollektiven Kapitalanlagen mit direktem Grundbesitz nach Artikel 58 KAG[101]. Die Investmentgesellschaften mit festem Kapital nach Artikel 110 KAG werden wie Kapitalgesellschaften besteuert.[102]

Vgl.: 10 II, 56 j, 66 III, 72; KS ESTV Nr. 25, 5.3.2009, KAG, S. 1493.

3 Ausländische juristische Personen sowie nach Artikel 11 steuerpflichtige, ausländische Handelsgesellschaften und andere ausländische Personengesamtheiten ohne juristische Persönlichkeit werden den inländischen juristischen Personen gleichgestellt, denen sie rechtlich oder tatsächlich am ähnlichsten sind.

Vgl. zu III: 55 IV.

2. Kapitel: Steuerliche Zugehörigkeit

Persönliche Zugehörigkeit

50. [3; StHG 20] Juristische Personen sind aufgrund persönlicher Zugehörigkeit steuerpflichtig, wenn sich ihr Sitz oder ihre tatsächliche Verwaltung in der Schweiz befindet.

Vgl.: 54, 55 I und III.

Wirtschaftliche Zugehörigkeit

51. [4; StHG 21] 1 Juristische Personen, die weder ihren Sitz noch die tatsächliche Verwaltung in der Schweiz haben, sind aufgrund wirtschaftlicher Zugehörigkeit steuerpflichtig, wenn sie:

a. Teilhaber an Geschäftsbetrieben in der Schweiz sind;

---

101 SR **951.31**

102 Fassung gemäss Anhang Ziff. II 6 des Kollektivanlagengesetzes vom 23. Juni 2006, in Kraft seit 1. Jan. 2007 (AS **2006** 5379; BBl **2005** 6395).

b. in der Schweiz Betriebsstätten [51 II] unterhalten;
c. an Grundstücken in der Schweiz Eigentum [ZGB 655 II], dingliche oder diesen wirtschaftlich gleichkommende persönliche Nutzungsrechte [ZGB 730 ff.] haben;
d. Gläubiger oder Nutzniesser von Forderungen sind, die durch Grund- oder Faustpfand [ZGB 793 ff.] auf Grundstücken in der Schweiz [ZGB 655 II] gesichert sind;

Vgl.: 94.

e. in der Schweiz gelegene Liegenschaften [ZGB 655 II] vermitteln oder damit handeln.

Vgl. zu e: 55 III, 173.

Vgl.: 52 II und IV, 54, 55 II und III.

2 Als Betriebsstätte gilt eine feste Geschäftseinrichtung, in der die Geschäftstätigkeit eines Unternehmens ganz oder teilweise ausgeübt wird. Betriebsstätten sind insbesondere Zweigniederlassungen, Fabrikationsstätten, Werkstätten, Verkaufsstellen, ständige Vertretungen, Bergwerke und andere Stätten der Ausbeutung von Bodenschätzen sowie Bau- oder Montagestellen von mindestens zwölf Monaten Dauer.

Vgl. zu II: OECD-MA 5, S. 835; KS ESTV, 29.6.1959, Geschäftstätigkeit zur Hauptsache im Ausland, S. 1942.

Vgl.: KS ESTV, 1.6.1960, Besteuerung ausl. Gesellschaften mit Schweizer Betriebsstätten, S. 1938.

Umfang der Steuerpflicht

52. [6] 1 Bei persönlicher Zugehörigkeit [50] ist die Steuerpflicht unbeschränkt; sie erstreckt sich aber nicht auf Geschäftsbetriebe, Betriebsstätten [51 II] und Grundstücke im Ausland.

Vgl.: KS ESTV, 18.12.2001, Principal-Gesellschaften, S. 1808.

2 Bei wirtschaftlicher Zugehörigkeit [51] beschränkt sich die Steuerpflicht auf den Gewinn, für den nach Artikel 51 eine Steuerpflicht in der Schweiz besteht.[103]

3 Die Abgrenzung der Steuerpflicht für Geschäftsbetriebe, Betriebsstätten und Grundstücke erfolgt im Verhältnis zum Ausland nach den Grundsätzen des Bundesrechts über das Verbot der interkantonalen Doppelbesteuerung [BV 127 III; StHG 1]. Ein schweizerisches Unternehmen kann Verluste aus einer ausländischen Betriebsstätte mit inländischen Gewinnen verrechnen, soweit diese Verluste im Betriebsstättenstaat nicht bereits berücksichtigt wurden. Verzeichnet diese Betriebsstätte innert der folgenden sieben Geschäftsjahre Gewinne, so erfolgt in diesen Geschäftsjahren im Ausmass der im Betriebsstättenstaat verrechneten Verlustvorträge

---

103 Fassung gemäss Ziff. I 1 des BG vom 10. Okt. 1997 über die Reform der Unternehmensbesteuerung 1997, in Kraft seit 1. Jan. 1998 (AS **1998** 669; BBl **1997** II 1164).

eine Besteuerung. Verluste aus ausländischen Liegenschaften können nur dann berücksichtigt werden, wenn im betreffenden Land auch eine Betriebsstätte unterhalten wird. Vorbehalten bleiben die in Doppelbesteuerungsabkommen enthaltenen Regelungen.[104]

Vgl.: 67 I.

4 Steuerpflichtige mit Sitz und tatsächlicher Verwaltung im Ausland [51] haben den in der Schweiz erzielten Gewinn zu versteuern.[105]

Vgl.: KS ESTV, 1.6.1960, Besteuerung ausl. Gesellschaften mit Schweizer Betriebsstätten, S. 1938; KS ESTV, 29.6.1959, Geschäftstätigkeit zur Hauptsache im Ausland, S. 1942.

53.[106]

3. Kapitel: Beginn und Ende der Steuerpflicht

54. [8] 1 Die Steuerpflicht beginnt mit der Gründung der juristischen Person [ZGB 52 ff.], mit der Verlegung ihres Sitzes [HRegV 50, 50a] oder ihrer tatsächlichen Verwaltung in die Schweiz [50] oder mit dem Erwerb von in der Schweiz steuerbaren Werten [51 I a–e].

2 Die Steuerpflicht endet mit dem Abschluss der Liquidation [OR 938; HRegV 60 ff.], mit der Verlegung des Sitzes oder der tatsächlichen Verwaltung ins Ausland mit dem Wegfall der in der Schweiz steuerbaren Werte [51 I a–e].

Vgl.: 55 I; KS ESTV, 6.5.1985, Beendigung Steuerpflicht, S. 1932.

3 Überträgt eine juristische Person Aktiven und Passiven auf eine andere juristische Person, so sind die von ihr geschuldeten Steuern von der übernehmenden juristischen Person zu entrichten [61; OR 181].

4 Nicht als Beendigung der Steuerpflicht gelten die vorübergehende Sitzverlegung ins Ausland und die anderen Massnahmen aufgrund der Bundesgesetzgebung über die wirtschaftliche Landesversorgung [BRB LVG].

---

104 Fassung gemäss Ziff. I 1 des BG vom 10. Okt. 1997 über die Reform der Unternehmensbesteuerung 1997, in Kraft seit 1. Jan. 1998 (AS **1998** 669; BBl **1997** II 1164).

105 Fassung gemäss Ziff. I 1 des BG vom 10. Okt. 1997 über die Reform der Unternehmensbesteuerung 1997, in Kraft seit 1. Jan. 1998 (AS **1998** 669; BBl **1997** II 1164).

106 Aufgehoben durch Ziff. I 1 des BG vom 10. Okt. 1997 über die Reform der Unternehmensbesteuerung 1997, mit Wirkung seit 1. Jan. 1998 (AS **1998** 669; BBl **1997** II 1164).

4. Kapitel: Mithaftung

55. [13 III b-d] [1] Endet die Steuerpflicht einer juristischen Person [54 II], so haften die mit ihrer Verwaltung [OR 707, 765, 809, 894; ZGB 65 I, 81 II] und die mit ihrer Liquidation betrauten Personen [OR 740, 826 II, 913] solidarisch [OR 143] für die von ihr geschuldeten Steuern bis zum Betrag des Liquidationsergebnisses oder, falls die juristische Person ihren Sitz oder tatsächliche Verwaltung ins Ausland verlegt, bis zum Betrag des Reinvermögens der juristischen Person. Die Haftung entfällt, wenn der Haftende nachweist, dass er alle nach den Umständen gebotene Sorgfalt [OR 55] angewendet hat.

[2] Für die Steuern einer aufgrund wirtschaftlicher Zugehörigkeit steuerpflichtigen juristischen Person [51] haften solidarisch bis zum Betrag des Reinerlöses Personen, die:

a. Geschäftsbetriebe oder Betriebsstätten in der Schweiz auflösen;
b. Grundstücke in der Schweiz oder durch solche Grundstücke gesicherte Forderungen veräussern oder verwerten.

[3] Käufer und Verkäufer einer in der Schweiz gelegenen Liegenschaft haften für die aus der Vermittlungstätigkeit [51 I e] geschuldete Steuer solidarisch bis zu 3 Prozent der Kaufsumme, wenn die die Liegenschaft vermittelnde juristische Person in der Schweiz weder ihren Sitz noch ihre tatsächliche Verwaltung hat [50].

[4] Für die Steuern ausländischer Handelsgesellschaften und anderer ausländischer Personengesamtheiten ohne juristische Persönlichkeit [11, 49 III] haften die Teilhaber solidarisch.

Vgl.: 177; VStG 15; MWSTG 15; OR 143 ff.

5. Kapitel: Ausnahmen von der Steuerpflicht

56. [15; StHG 23 I] Von der Steuerpflicht sind befreit:

a. der Bund und seine Anstalten;
b. die Kantone und ihre Anstalten;
c. die Gemeinden, die Kirchgemeinden und die anderen Gebietskörperschaften der Kantone sowie ihre Anstalten;
d.[107] vom Bund konzessionierte Verkehrs- und Infrastrukturunternehmen, die für diese Tätigkeit Abgeltungen erhalten oder aufgrund ihrer Konzession einen ganzjährigen Betrieb von nationaler Bedeutung aufrecht erhalten müssen; die Steuerbefreiung erstreckt sich auch auf Gewinne aus der konzessionierten Tätigkeit, die frei verfügbar sind; von der

---

107 Fassung gemäss Ziff. II 10 des BG vom 20. März 2009 über die Bahnreform 2, in Kraft seit 1. Jan. 2010 (AS **2009** 5597 5629; BBl **2005** 2415, **2007** 2681).

Steuerbefreiung ausgenommen sind jedoch Nebenbetriebe und Liegenschaften, die keine notwendige Beziehung zur konzessionierten Tätigkeit haben;

Vgl.: KS ESTV Nr. 35, 2.12.2011, Besteuerung konzessionierter Verkehrs- und Infrastrukturunternehmen.

e. Einrichtungen der beruflichen Vorsorge [BVG 80 II] von Unternehmen mit Wohnsitz, Sitz oder Betriebsstätte in der Schweiz und von ihnen nahe stehenden Unternehmen, sofern die Mittel der Einrichtung dauernd und ausschliesslich der Personalvorsorge dienen;

f. inländische Sozialversicherungs- und Ausgleichskassen, insbesondere Arbeitslosen-, Krankenversicherungs-, Alters-, Invaliden- und Hinterlassenenversicherungskassen [ATSG 80], mit Ausnahme der konzessionierten Versicherungsgesellschaften;

g. juristische Personen, die öffentliche oder gemeinnützige Zwecke verfolgen, für den Gewinn, der ausschliesslich und unwiderruflich diesen Zwecken gewidmet ist.[108] Unternehmerische Zwecke sind grundsätzlich nicht gemeinnützig. Der Erwerb und die Verwaltung von wesentlichen Kapitalbeteiligungen an Unternehmen gelten als gemeinnützig, wenn das Interesse an der Unternehmenserhaltung dem gemeinnützigen Zweck untergeordnet ist und keine geschäftsleitenden Tätigkeiten ausgeübt werden;

Vgl.: 33a; StG 6 I a; RS ESTV Nr. 58, 12.12.2008, Steuerbefreiung internat. Sportverbände, S. 1992.

h.[109] juristische Personen, die gesamtschweizerisch Kultuszwecke verfolgen, für den Gewinn, der ausschliesslich und unwiderruflich diesen Zwecken gewidmet ist;

Vgl.: StG 6 I a; KS ESTV, 8.7.1994, Steuerbefreiung jur. Personen, S. 1896.

i.[110] die ausländischen Staaten für ihre inländischen, ausschliesslich dem unmittelbaren Gebrauch der diplomatischen und konsularischen Vertretungen bestimmten Liegenschaften sowie die von der Steuerpflicht befreiten institutionellen Begünstigten nach Artikel 2 Absatz 1 des Gaststaatgesetzes vom 22. Juni 2007[111] für die Liegenschaften, die Eigen-

---

[108] Fassung gemäss Ziff. I 1 des BG vom 10. Okt. 1997 über die Reform der Unternehmensbesteuerung 1997, in Kraft seit 1. Jan. 1998 (AS **1998** 669; BBl **1997** II 1164).

[109] Fassung gemäss Ziff. I 1 des BG vom 10. Okt. 1997 über die Reform der Unternehmensbesteuerung 1997, in Kraft seit 1. Jan. 1998 (AS **1998** 669; BBl **1997** II 1164).

[110] Fassung gemäss Anhang Ziff. II 7 des Gaststaatgesetzes vom 22. Juni 2007, in Kraft seit 1. Jan. 2008 (AS **2007** 6637; BBl **2006** 8017).

[111] SR **192.12**

tum der institutionellen Begünstigten sind und die von deren Dienststellen benützt werden;

j.[112] die kollektiven Kapitalanlagen mit direktem Grundbesitz [49 II], sofern deren Anleger ausschliesslich steuerbefreite Einrichtungen der beruflichen Vorsorge nach Buchstabe e oder steuerbefreite inländische Sozialversicherungs- und Ausgleichskassen nach Buchstabe f sind.

Vgl.: BV 8 I, 127 II; StG 6 I a; KVG 80 I; KS ESTV Nr. 25, 5.3.2009, KAG, S. 1493.

Zweiter Titel: Gewinnsteuer

1. Kapitel: Steuerobjekt

1. Abschnitt: Grundsatz

57. [18; StHG 24 I] Gegenstand der Gewinnsteuer ist der Reingewinn [58 ff.].

Vgl.: BV 127 II.

2. Abschnitt: Berechnung des Reingewinns

58. [18, 25, 27 ff.; StHG 24 I] [1] Der steuerbare Reingewinn setzt sich zusammen aus: **Allgemeines**

a. dem Saldo der Erfolgsrechnung [125 II, 126 III; OR 957 ff.; GeBüV] unter Berücksichtigung des Saldovortrages des Vorjahres;

b. allen vor Berechnung des Saldos der Erfolgsrechnung ausgeschiedenen Teilen des Geschäftsergebnisses, die nicht zur Deckung von geschäftsmässig begründetem Aufwand [59, 65] verwendet werden, wie insbesondere:
   - Kosten für die Anschaffung, Herstellung oder Wertvermehrung von Gegenständen des Anlagevermögens,
   - geschäftsmässig nicht begründete Abschreibungen [61 V, 62] und Rückstellungen [63],
   - Einlagen in die Reserven [60 a],
   - Einzahlungen auf das Eigenkapital aus Mitteln der juristischen Person, soweit sie nicht aus als Gewinn versteuerten Reserven erfolgen,
   - offene und verdeckte Gewinnausschüttungen [VStG 4 I b; OR 678] und geschäftsmässig nicht begründete Zuwendungen an Dritte;

---

[112] Eingefügt durch Anhang Ziff. II 6 des Kollektivanlagengesetzes vom 23. Juni 2006, in Kraft seit 1. Jan. 2007 (AS **2006** 5379; BBl **2005** 6395).

c. den der Erfolgsrechnung nicht gutgeschriebenen Erträgen, mit Einschluss der Kapital-, Aufwertungs- und Liquidationsgewinne, vorbehältlich Artikel 64. Der Liquidation ist die Verlegung des Sitzes, der Verwaltung, eines Geschäftsbetriebes oder einer Betriebsstätte ins Ausland gleichgestellt.

Vgl. zu c: 54 II, 80 II; StHG 24 II b.

Vgl.: 125 II, 186 I; VO pStA, S. 1089; KS ESTV Nr. 13, 1.1.2018, Securities Lending, S. 1156; KS ESTV Nr. 39, 23.12.2013, Aktionärsoptionen, S. 1240; KS ESTV Nr. 37, 22.7.2013, Mitarbeiterbeteiligungen, S. 1246; KS ESTV Nr. 19, 6.2.2008, Immobilien-Leasing, S. 1584; KS ESTV Nr. 9, 22.6.2005, Ausland-Ausland-Geschäfte, S. 1632; KS ESTV Nr. 4, 19.3.2004, Dienstleistungsgesellschaften, S. 1799; KS ESTV, 1.6.1960, Besteuerung ausl. Gesellschaften mit Schweizer Betriebsstätten, S. 1938; RS ESTV Nr. 150, 14.2.2017, Zinsenmerkblatt Fremdwährungen (erscheint jährlich), S. 1980; RS ESTV Nr. 149, 13.2.2017, Zinsenmerkblatt Schweizer Franken (erscheint jährlich), S. 1983.

2 Der steuerbare Reingewinn juristischer Personen, die keine Erfolgsrechnung erstellen, bestimmt sich sinngemäss nach Absatz 1 [125 II].

3 Leistungen, welche gemischtwirtschaftliche, im öffentlichen Interesse tätige Unternehmen [OR 762 II] überwiegend an nahe stehende Personen erbringen, sind zum jeweiligen Marktpreis, zu den jeweiligen Gestehungskosten zuzüglich eines angemessenen Aufschlages oder zum jeweiligen Endverkaufspreis abzüglich einer angemessenen Gewinnmarge zu bewerten; das Ergebnis eines jeden Unternehmens ist entsprechend zu berichtigen.

Vgl.: 59–65; KS ESTV, 29.6.1959, Geschäftstätigkeit zur Hauptsache im Ausland, S. 1942.

Geschäftsmässig begründeter Aufwand

59. [StHG 25] 1 Zum geschäftsmässig begründeten Aufwand [58 I b] gehören auch:

a. die eidgenössischen, kantonalen und kommunalen Steuern, nicht aber Steuerbussen;

b. [27 II] die Zuwendungen an Vorsorgeeinrichtungen zugunsten des eigenen Personals, sofern jede zweckwidrige Verwendung ausgeschlossen ist;

Vgl.: 33 I d; BVG 81 I.

c.[113] [33a] die freiwilligen Leistungen von Geld und übrigen Vermögenswerten bis zu 20 Prozent des Reingewinns an juristische Personen mit Sitz in der Schweiz, die im Hinblick auf ihre öffentlichen oder gemeinnützigen Zwecke von der Steuerpflicht befreit sind (Art. 56 Bst. g), sowie an Bund,

113 Fassung gemäss Anhang Ziff. 3 des BG vom 8. Okt. 2004 (Stiftungsrecht), in Kraft seit 1. Jan. 2006 (AS **2005** 4545; BBl **2003** 8153 8191).

Kantone, Gemeinden und deren Anstalten (Art. 56 Bst. a–c) [VStG 5 I und II];

Vgl.: VStG 5 I und II; KS ESTV, 8.7.1994, Steuerbefreiung jur. Personen, S. 1896; RS ESTV Nr. 12, 16.12.2004, Revision Stiftungsrecht.

d. die Rabatte, Skonti, Umsatzbonifikationen und Rückvergütungen auf dem Entgelt für Lieferungen und Leistungen sowie zur Verteilung an die Versicherten bestimmte Überschüsse von Versicherungsgesellschaften;

e.[114] [StHG 25 I e] die Kosten der berufsorientierten Aus- und Weiterbildung, einschliesslich Umschulungskosten, des eigenen Personals.

Vgl.: KS ESTV Nr. 42, 30.11.2017, Aus- und Weiterbildungskosten, S. 1165.

2 [27 III] Nicht zum geschäftsmässig begründeten Aufwand gehören Zahlungen von Bestechungsgeldern im Sinne des schweizerischen Strafrechts an schweizerische oder fremde Amtsträger [StGB 322ter ff.].[115]

Vgl. zu II: KS ESTV Nr. 16, 13.7.2007, Bestechungsgelder, S. 1605.

Erfolgsneutrale Vorgänge

60. [StHG 24 II] Kein steuerbarer Gewinn [57] entsteht durch:

a. Kapitaleinlagen von Mitgliedern von Kapitalgesellschaften und Genossenschaften, einschliesslich Aufgelder und Leistungen *à fonds perdu;*

Vgl.: 20 III, 125 III; VStG 5 Ibis; StG 5; KS ESTV Nr. 32, 23.12.2010, Sanierungen, S. 1369; KS ESTV Nr. 29a, 9.9.2015, Kapitaleinlageprinzip neues Rechnungslegungsrecht, S. 1212.

b. Verlegung des Sitzes, der Verwaltung, eines Geschäftsbetriebes oder einer Betriebsstätte innerhalb der Schweiz, soweit keine Veräusserungen oder buchmässigen Aufwertungen vorgenommen werden;

Vgl.: 58 I c.

c. [24 a] Kapitalzuwachs aus Erbschaft, Vermächtnis oder Schenkung.

Umstrukturierungen

61.[116] [19; StHG 24 III–IIIquinquies] 1 Stille Reserven einer juristischen Person [ZGB 52 ff.] werden bei Umstrukturierungen, insbesondere im Fall der Fusion, Spaltung oder Umwandlung, nicht

---

114 Eingefügt durch Ziff. I 1 des BG vom 27. Sept. 2013 über die steuerliche Behandlung der berufsorientierten Aus- und Weiterbildungskosten, in Kraft seit 1. Jan. 2016 (AS **2014** 1105; BBl **2011** 2607).

115 Eingefügt durch Ziff. I des BG vom 22. Dez. 1999 über die Unzulässigkeit steuerlicher Abzüge von Bestechungsgeldern, in Kraft seit 1. Jan. 2001 (AS **2000** 2147; BBl **1997** II 1037, IV 1336).

116 Fassung gemäss Anhang Ziff. 7 des Fusionsgesetzes vom 3. Okt. 2003, in Kraft seit 1. Juli 2004 (AS **2004** 2617; BBl **2000** 4337).

besteuert, soweit die Steuerpflicht in der Schweiz fortbesteht [50 f.] und die bisher für die Gewinnsteuer massgeblichen Werte übernommen werden:

a. bei der Umwandlung in eine Personenunternehmung oder in eine andere juristische Person;
b. bei der Auf- oder Abspaltung einer juristischen Person, sofern ein oder mehrere Betriebe oder Teilbetriebe übertragen werden und soweit die nach der Spaltung bestehenden juristischen Personen einen Betrieb oder Teilbetrieb weiterführen;
c. beim Austausch von Beteiligungs- oder Mitgliedschaftsrechten anlässlich von Umstrukturierungen oder von fusionsähnlichen Zusammenschlüssen;
d. bei der Übertragung von Betrieben oder Teilbetrieben sowie von Gegenständen des betrieblichen Anlagevermögens auf eine inländische Tochtergesellschaft. Als Tochtergesellschaft gilt eine Kapitalgesellschaft oder Genossenschaft, an der die übertragende Kapitalgesellschaft oder Genossenschaft zu mindestens 20 Prozent am Grund- oder Stammkapital beteiligt ist.

2 Bei einer Übertragung auf eine Tochtergesellschaft nach Absatz 1 Buchstabe d werden die übertragenen stillen Reserven im Verfahren nach den Artikeln 151–153 nachträglich besteuert, soweit während den der Umstrukturierung nachfolgenden fünf Jahren die übertragenen Vermögenswerte oder Beteiligungs- oder Mitgliedschaftsrechte an der Tochtergesellschaft veräussert werden; die Tochtergesellschaft kann in diesem Fall entsprechende, als Gewinn versteuerte stille Reserven geltend machen.

3 Zwischen inländischen Kapitalgesellschaften und Genossenschaften, welche nach dem Gesamtbild der tatsächlichen Verhältnisse durch Stimmenmehrheit oder auf andere Weise unter einheitlicher Leitung einer Kapitalgesellschaft oder Genossenschaft zusammengefasst sind, können direkt oder indirekt gehaltene Beteiligungen von mindestens 20 Prozent am Grund- oder Stammkapital einer anderen Kapitalgesellschaft oder Genossenschaft, Betriebe oder Teilbetriebe sowie Gegenstände des betrieblichen Anlagevermögens zu den bisher für die Gewinnsteuer massgeblichen Werten übertragen werden. Die Übertragung auf eine Tochtergesellschaft nach Artikel 61 Absatz 1 Buchstabe d bleibt vorbehalten.

4 Werden im Fall einer Übertragung nach Absatz 3 während der nachfolgenden fünf Jahre die übertragenen Vermögenswerte veräussert oder wird während dieser Zeit die einheitliche Leitung aufgegeben, so werden die übertragenen stillen Reserven im Verfahren nach den Artikeln 151–153 nachträglich besteuert. Die begünstigte juristische Person kann in diesem Fall entsprechende, als Gewinn versteuerte stille Reserven geltend machen. Die im Zeitpunkt der Sperrfristverletzung unter einheitlicher Leitung zusam-

mengefassten inländischen Kapitalgesellschaften und Genossenschaften haften für die Nachsteuer solidarisch.

5 Entsteht durch die Übernahme der Aktiven und Passiven einer Kapitalgesellschaft oder einer Genossenschaft, deren Beteiligungsrechte der übernehmenden Kapitalgesellschaft oder Genossenschaft gehören, ein Buchverlust auf der Beteiligung, so kann dieser steuerlich nicht abgezogen werden; ein allfälliger Buchgewinn auf der Beteiligung wird besteuert.

Vgl. zu V: 69 f.

Vgl.: 20 III, 125 III; VStG 5 I a, 5 I^bis^; StG 6 I a^bis^; MWSTG 38 I; FusG 103a; FusG; KS ESTV Nr. 29a, 9.9.2015, Kapitaleinlageprinzip neues Rechnungslegungsrecht, S. 1212; KS ESTV Nr. 27, 17.12.2009, Beteiligungsabzug, S. 1475; KS ESTV Nr. 5, 1.6.2004, Umstrukturierungen, S. 1638.

Abschreibungen

62. [28; StHG 24 IV, 10 I a] 1 Geschäftsmässig begründete Abschreibungen von Aktiven [58 I b] sind zulässig, soweit sie buchmässig oder, bei vereinfachter Buchführung nach Artikel 957 Absatz 2 OR[117], in besonderen Abschreibungstabellen ausgewiesen sind [125 II; OR 957 ff.].[118]

2 In der Regel werden die Abschreibungen nach dem tatsächlichen Wert der einzelnen Vermögensteile berechnet oder nach ihrer voraussichtlichen Gebrauchsdauer angemessen verteilt.

3 Abschreibungen auf Aktiven, die zum Ausgleich von Verlusten höher bewertet wurden, können nur vorgenommen werden, wenn die Aufwertungen handelsrechtlich zulässig waren [OR 960, 670] und die Verluste im Zeitpunkt der Abschreibung nach Artikel 67 Absatz 1 verrechenbar gewesen wären.

4 Wertberichtigungen und Abschreibungen auf den Gestehungskosten von Beteiligungen, welche die Voraussetzungen nach Artikel 70 Absatz 4 Buchstabe b erfüllen, werden dem steuerbaren Gewinn zugerechnet, soweit sie nicht mehr begründet sind.[119]

Vgl. zu IV: KS ESTV Nr. 27, 17.12.2009, Beteiligungsabzug, S. 1475.

Vgl.: 64 II; KS ESTV Nr. 19, 6.2.2008, Immobilien-Leasing, S. 1584; MB ESTV, 4.2001, Abschreibung Anlagevermögen, S. 1950; MB ESTV, 4.2001, Elektrizitätswerke; MB ESTV, 4.2001, Abschreibung Luftseilbahnen; MB ESTV, 4.2001, Abschreibung Schifffahrt.

---

117 SR **220**

118 Fassung gemäss Ziff. I 2 des Steuererlassgesetzes vom 20. Juni 2014, in Kraft seit 1. Jan. 2016 (AS **2015** 9; BBl **2013** 8435).

119 Eingefügt durch Ziff. I 1 des BG vom 10. Okt. 1997 über die Reform der Unternehmensbesteuerung 1997 (AS **1998** 669; BBl **1997** II 1164). Fassung gemäss Ziff. II 2 des Unternehmenssteuerreformgesetzes II vom 23. März 2007, in Kraft seit 1. Jan. 2011 (AS **2008** 2893; BBl **2005** 4733).

Rückstellungen

63. [29; StHG 24 IV, 10 I b] [1] Rückstellungen zu Lasten der Erfolgsrechnung sind zulässig für:

a. im Geschäftsjahr bestehende Verpflichtungen, deren Höhe noch unbestimmt ist;
b. Verlustrisiken, die mit Aktiven des Umlaufvermögens, insbesondere mit Waren und Debitoren, verbunden sind;
c. andere unmittelbar drohende Verlustrisiken, die im Geschäftsjahr bestehen;
d. künftige Forschungs- und Entwicklungsaufträge an Dritte bis zu 10 Prozent des steuerbaren Gewinnes, insgesamt jedoch höchstens bis zu 1 Million Franken.

[2] Bisherige Rückstellungen werden dem steuerbaren Gewinn zugerechnet, soweit sie nicht mehr begründet sind.

Vgl.: 64 II; KS ESTV, 1.2.1951, Abschreibungen auf Warenlagern, ASA 19, 327; KS SSK Nr. 26, 22.6.2006, Bewertung Pflichtlager.

Ersatzbeschaffungen

64. [30; StHG 8 IV, 24 IV und IVbis] [1] Werden Gegenstände des betriebsnotwendigen Anlagevermögens [64 III] ersetzt, so können die stillen Reserven auf die als Ersatz erworbenen Anlagegüter übertragen werden, wenn diese ebenfalls betriebsnotwendig sind und sich in der Schweiz befinden. Vorbehalten bleibt die Besteuerung beim Ersatz von Liegenschaften durch Gegenstände des beweglichen Vermögens.[120]

[1bis] Beim Ersatz von Beteiligungen können die stillen Reserven auf eine neue Beteiligung übertragen werden, sofern die veräusserte Beteiligung mindestens 10 Prozent des Grund- oder Stammkapitals oder mindestens 10 Prozent des Gewinns und der Reserven der anderen Gesellschaft ausmacht und diese Beteiligung während mindestens eines Jahres im Besitz der Kapitalgesellschaft oder Genossenschaft war [70 I, IV].[121]

[2] Findet die Ersatzbeschaffung nicht im gleichen Geschäftsjahr statt, so kann im Umfange der stillen Reserven eine Rückstellung [63] gebildet werden. Diese Rückstellung ist innert angemessener Frist zur Abschreibung auf dem Ersatzobjekt zu verwenden oder zugunsten der Erfolgsrechnung aufzulösen.

[3] Als betriebsnotwendig gilt nur Anlagevermögen, das dem Betrieb unmittelbar dient; ausgeschlossen sind insbesondere Vermögensobjekte, die dem Unternehmen nur als Vermögensanlage oder nur durch ihren Ertrag dienen.

Vgl.: KS ESTV Nr. 5, 1.6.2004, Umstrukturierungen, S. 1638.

---

120 Fassung gemäss Ziff. II 2 des Unternehmenssteuerreformgesetzes II vom 23. März 2007, in Kraft seit 1. Jan. 2011 (AS **2008** 2893; BBl **2005** 4733).

121 Eingefügt durch Anhang Ziff. 7 des Fusionsgesetzes vom 3. Okt. 2003 (AS **2004** 2617; BBl **2000** 4337). Fassung gemäss Ziff. II 2 des Unternehmenssteuerreformgesetzes II vom 23. März 2007, in Kraft seit 1. Jan. 2011 (AS **2008** 2893; BBl **2005** 4733).

Zinsen auf verdecktem Eigenkapital

65.[122] [StHG 24 I c] Zum steuerbaren Gewinn der Kapitalgesellschaften und Genossenschaften gehören auch die Schuldzinsen, die auf jenen Teil des Fremdkapitals entfallen, dem wirtschaftlich die Bedeutung von Eigenkapital zukommt.

Vgl.: 125 III, 131 I; StHG 29a; BRB 1962, S. 1127; KS ESTV, 6.6.1997, Verdecktes Eigenkapital, S. 1833; RS ESTV Nr. 149, 13.2.2017, Zinsenmerkblatt Schweizer Franken (erscheint jährlich), S. 1983.

Gewinne von Vereinen, Stiftungen und kollektiven Kapitalanlagen[123]

66. [StHG 26] 1 Die Mitgliederbeiträge an die Vereine [ZGB 60 ff.] und die Einlagen in das Vermögen der Stiftungen werden [ZGB 80 ff.] nicht zum steuerbaren Gewinn gerechnet.

2 Von den steuerbaren Erträgen der Vereine können die zur Erzielung dieser Erträge erforderlichen Aufwendungen in vollem Umfange abgezogen werden, andere Aufwendungen [58 I b] nur insoweit, als sie die Mitgliederbeiträge übersteigen.

3 Die kollektiven Kapitalanlagen mit direktem Grundbesitz unterliegen der Gewinnsteuer für den Ertrag aus direktem Grundbesitz.[124]

Vgl. zu III: 49 II, 72.

Vgl.: 49, 71.

Gewinne von juristischen Personen mit ideellen Zwecken

66*a*.[125] [StHG 26*a*] Gewinne von juristischen Personen mit ideellen Zwecken werden nicht besteuert, sofern sie höchstens 20 000 Franken betragen und ausschliesslich und unwiderruflich diesen Zwecken gewidmet sind.

Verluste

67. [31; StHG 25 II] 1 Vom Reingewinn [57 ff.] der Steuerperiode können Verluste aus sieben der Steuerperiode (Art. 79) vorangegangenen Geschäftsjahren abgezogen werden, soweit sie bei der Berechnung des steuerbaren Reingewinnes dieser Jahre nicht berücksichtigt werden konnten.

Vgl.: 52 III.

2 Mit Leistungen zum Ausgleich einer Unterbilanz [OR 725 I] im Rahmen einer Sanierung, die nicht Kapitaleinlagen nach Artikel 60 Buchstabe a sind, können auch Verluste verrechnet werden, die in früheren Geschäftsjahren entstanden und noch nicht mit Gewinnen verrechnet werden konnten.

---

122 Fassung gemäss Ziff. I 1 des BG vom 10. Okt. 1997 über die Reform der Unternehmensbesteuerung 1997, in Kraft seit 1. Jan. 1998 (AS **1998** 669; BBl **1997** II 1164).

123 Fassung gemäss Anhang Ziff. II 6 des Kollektivanlagengesetzes vom 23. Juni 2006, in Kraft seit 1. Jan. 2007 (AS **2006** 5379; BBl **2005** 6395).

124 Fassung gemäss Anhang Ziff. II 6 des Kollektivanlagengesetzes vom 23. Juni 2006, in Kraft seit 1. Jan. 2007 (AS **2006** 5379; BBl **2005** 6395).

125 Eingefügt durch Ziff. I 1 des BG vom 20. März 2015 über die Gewinnbesteuerung von juristischen Personen mit ideellen Zwecken, in Kraft seit 1. Jan. 2018 (AS **2015** 2947; BBl **2014** 5369).

Vgl. zu II: KS ESTV Nr. 32, 23.12.2010, Sanierungen, S. 1369.

2. Kapitel: Steuerberechnung

1. Abschnitt: Kapitalgesellschaften und Genossenschaften

68.[126] [StHG 27] Die Gewinnsteuer der Kapitalgesellschaften und Genossenschaften beträgt 8,5 Prozent des Reingewinns [58 ff.].

Vgl.: 69 f., 82.

2. Abschnitt: Gesellschaften mit Beteiligungen

Ermässigung

69.[127] [StHG 28 I] Die Gewinnsteuer einer Kapitalgesellschaft oder Genossenschaft ermässigt sich im Verhältnis des Nettoertrages [70] aus den Beteiligungsrechten zum gesamten Reingewinn [58], wenn die Gesellschaft oder Genossenschaft:

a. zu mindestens 10 Prozent am Grund- oder Stammkapital einer anderen Gesellschaft beteiligt ist;
b. zu mindestens 10 Prozent am Gewinn und an den Reserven einer anderen Gesellschaft beteiligt ist; oder
c. Beteiligungsrechte im Verkehrswert von mindestens einer Million Franken hält.

Vgl.: StHG 28 II–IV; KS ESTV Nr. 27, 17.12.2009, Beteiligungsabzug, S. 1475; KS ESTV Nr. 25, 5.3.2009, KAG, S. 1493.

Nettoertrag aus Beteiligungen

70. [StHG 28 I und I^bis] 1 Der Nettoertrag aus Beteiligungen nach Artikel 69 entspricht dem Ertrag dieser Beteiligungen abzüglich des darauf entfallenden Finanzierungsaufwandes und eines Beitrages von 5 Prozent zur Deckung des Verwaltungsaufwandes; der Nachweis [ZGB 8] des effektiven Verwaltungsaufwandes bleibt vorbehalten. Als Finanzierungsaufwand gelten Schuldzinsen sowie weiterer Aufwand, der wirtschaftlich den Schuldzinsen gleichzustellen ist. Zum Ertrag aus Beteiligungen gehören auch die Kapitalgewinne auf diesen Beteiligungen sowie die Erlöse aus dazugehörigen Bezugsrechten. Artikel 207*a* bleibt vorbehalten.[128]

2 Keine Beteiligungserträge sind:

---

126 Fassung gemäss Ziff. I 1 des BG vom 10. Okt. 1997 über die Reform der Unternehmensbesteuerung 1997, in Kraft seit 1. Jan. 1998 (AS **1998** 669; BBl **1997** II 1164).

127 Fassung gemäss Ziff. II 2 des Unternehmenssteuerreformgesetzes II vom 23. März 2007, in Kraft seit 1. Jan. 2011 (AS **2008** 2893; BBl **2005** 4733).

128 Fassung gemäss Ziff. I 1 des BG vom 10. Okt. 1997 über die Reform der Unternehmensbesteuerung 1997, in Kraft seit 1. Jan. 1998 (AS **1998** 669; BBl **1997** II 1164).

a.[129] ...

b. Erträge, die bei der leistenden Kapitalgesellschaft oder Genossenschaft geschäftsmässig begründeten Aufwand [58 I b] darstellen;

c.[130] Aufwertungsgewinne auf Beteiligungen.

3 Der Ertrag aus einer Beteiligung wird bei der Berechnung der Ermässigung nur berücksichtigt, soweit auf der gleichen Beteiligung zu Lasten des steuerbaren Reingewinns (Art. 58 ff.) keine Abschreibung [58 I b, 62] vorgenommen wird, die mit diesem Ertrag im Zusammenhang steht.[131]

4 Kapitalgewinne werden bei der Berechnung der Ermässigung nur berücksichtigt:

a. soweit der Veräusserungserlös die Gestehungskosten übersteigt;

b.[132] wenn die veräusserte Beteiligung mindestens 10 Prozent des Grund- oder Stammkapitals einer anderen Gesellschaft betrug oder einen Anspruch auf mindestens 10 Prozent des Gewinns und der Reserven einer anderen Gesellschaft begründete und während mindestens eines Jahres im Besitz der veräussernden Kapitalgesellschaft oder Genossenschaft war; fällt die Beteiligungsquote infolge Teilveräusserung unter 10 Prozent, so kann die Ermässigung für jeden folgenden Veräusserungsgewinn nur beansprucht werden, wenn die Beteiligungsrechte am Ende des Steuerjahres vor dem Verkauf einen Verkehrswert von mindestens einer Million Franken hatten.[133]

5 Transaktionen, die im Konzern eine ungerechtfertigte Steuerersparnis bewirken, führen zu einer Berichtigung des steuerbaren Reingewinns oder zu einer Kürzung der Ermässigung. Eine ungerechtfertigte Steuerersparnis liegt vor, wenn Kapitalgewinne und

---

129 Aufgehoben durch Ziff. I 1 des BG vom 10. Okt. 1997 über die Reform der Unternehmensbesteuerung 1997, mit Wirkung seit 1. Jan. 1998 (AS **1998** 669; BBl **1997** II 1164).

130 Fassung gemäss Ziff. I 1 des BG vom 10. Okt. 1997 über die Reform der Unternehmensbesteuerung 1997, in Kraft seit 1. Jan. 1998 (AS **1998** 669; BBl **1997** II 1164).

131 Fassung gemäss Ziff. I 1 des BG vom 10. Okt. 1997 über die Reform der Unternehmensbesteuerung 1997, in Kraft seit 1. Jan. 1998 (AS **1998** 669; BBl **1997** II 1164).

132 Fassung gemäss Ziff. II 2 des Unternehmenssteuerreformgesetzes II vom 23. März 2007, in Kraft seit 1. Jan. 2011 (AS **2008** 2893; BBl **2005** 4733).

133 Eingefügt durch Ziff. I 1 des BG vom 10. Okt. 1997 über die Reform der Unternehmensbesteuerung 1997, in Kraft seit 1. Jan. 1998 (AS **1998** 669; BBl **1997** II 1164).

Kapitalverluste oder Abschreibungen auf Beteiligungen im Sinne der Artikel 62, 69 und 70 in kausalem Zusammenhang stehen.[134]

Vgl.: KS ESTV Nr. 27, 17.12.2009, Beteiligungsabzug, S. 1475.

3. Abschnitt: Vereine, Stiftungen und übrige juristische Personen

71. [1] Die Gewinnsteuer der Vereine, Stiftungen und übrigen juristischen Personen beträgt 4,25 Prozent des Reingewinnes.[135]

[2] Gewinne unter 5000 Franken werden nicht besteuert.

Vgl.: 49 I b, 66 I und II, 82.

4. Abschnitt:[136] Kollektive Kapitalanlagen

72. Die Gewinnsteuer der kollektiven Kapitalanlagen mit direktem Grundbesitz beträgt 4,25 Prozent des Reingewinnes.

Vgl.: 49 II, 66 III, 82; KS ESTV Nr. 25, 5.3.2009, KAG, S. 1493.

Dritter Titel: …

73.–78.[137]

Vierter Titel: Zeitliche Bemessung

Steuerperiode

79. [40; StHG 31] [1] Die Steuer vom Reingewinn wird für jede Steuerperiode [79 II] festgesetzt und erhoben.[138]

[2] Als Steuerperiode gilt das Geschäftsjahr.

[3] In jedem Kalenderjahr, ausgenommen im Gründungsjahr, muss ein Geschäftsabschluss mit Bilanz und Erfolgrechnung [125 II, 126 III; OR 957 ff.; GeBüV] erstellt werden. Ausserdem ist ein Geschäftsabschluss erforderlich bei Verlegung des Sitzes, der Ver-

---

134 Eingefügt durch Ziff. I 1 des BG vom 10. Okt. 1997 über die Reform der Unternehmensbesteuerung 1997, in Kraft seit 1. Jan. 1998 (AS **1998** 669; BBl **1997** II 1164).

135 Fassung gemäss Ziff. I 1 des BG vom 10. Okt. 1997 über die Reform der Unternehmensbesteuerung 1997, in Kraft seit 1. Jan. 1998 (AS **1998** 669; BBl **1997** II 1164).

136 Fassung gemäss Anhang Ziff. II 6 des Kollektivanlagengesetzes vom 23. Juni 2006, in Kraft seit 1. Jan. 2007 (AS **2006** 5379; BBl **2005** 6395).

137 Aufgehoben durch Ziff. I 1 des BG vom 10. Okt. 1997 über die Reform der Unternehmensbesteuerung 1997 (AS **1998** 669; BBl **1997** II 1164).

138 Fassung gemäss Ziff. I 1 des BG vom 10. Okt. 1997 über die Reform der Unternehmensbesteuerung 1997, in Kraft seit 1. Jan. 1998 (AS **1998** 669; BBl **1997** II 1164).

waltung, eines Geschäftsbetriebes oder einer Betriebsstätte sowie bei Abschluss der Liquidation [58 I c].

Bemessung des Reingewinns

80. [41; StHG 31 III] 1 Der steuerbare Reingewinn bemisst sich nach dem Ergebnis der Steuerperiode [79 II].

2 Wird eine juristische Person aufgelöst oder verlegt sie ihren Sitz, die Verwaltung, einen Geschäftsbetrieb oder eine Betriebsstätte ins Ausland [58 I c], so werden die aus nicht versteuertem Gewinn gebildeten stillen Reserven zusammen mit dem Reingewinn des letzten Geschäftsjahres besteuert.

81.[139]

Steuersätze

82. Anwendbar sind die am Ende der Steuerperiode [79 II] geltenden Steuersätze.

Vgl.: 68, 71 f.

Vierter Teil: Quellensteuern für natürliche und juristische Personen

Erster Titel: Natürliche Personen mit steuerrechtlichem Wohnsitz oder Aufenthalt in der Schweiz

Der Quellensteuer unterworfene Personen

83. [StHG 32 I und II] 1 Ausländische Arbeitnehmer, welche die fremdenpolizeiliche Niederlassungsbewilligung nicht besitzen [AuG 34], in der Schweiz jedoch steuerrechtlichen Wohnsitz oder Aufenthalt haben [3 I], werden für ihr Einkommen aus unselbständiger Erwerbstätigkeit [17] einem Steuerabzug an der Quelle unterworfen. Davon ausgenommen sind Einkünfte, die der Besteuerung nach Artikel 37*a* unterstehen.[140]

2 Ehegatten, die in rechtlich und tatsächlich ungetrennter Ehe leben, werden im ordentlichen Verfahren veranlagt, wenn einer der Ehegatten das Schweizer Bürgerrecht oder die Niederlassungsbewilligung besitzt.

Vgl. zu 83–90: VO Kompetenzzuweisungen an Finanzdepartement, S. 157; QStV, S. 164.

Anm.: Gem. BG über die Revision der Quellenbesteuerung des Erwerbseinkommens vom 16.12.2016 wird Art. 83 wie folgt geändert (Referendumsfrist unbenutzt abgelaufen, Inkrafttreten noch offen):

[Der Quellensteuer unterworfene Arbeitnehmer

83 1 Arbeitnehmer ohne Niederlassungsbewilligung, die in der Schweiz jedoch steuerrechtlichen Wohnsitz oder Aufenthalt haben, unterliegen für ihr

---

139 Aufgehoben durch Ziff. I 1 des BG vom 10. Okt. 1997 über die Reform der Unternehmensbesteuerung 1997 (AS **1998** 669; BBl **1997** II 1164).

140 Zweiter Satz eingefügt durch Anhang Ziff. 4 des BG vom 17. Juni 2005 gegen die Schwarzarbeit, in Kraft seit 1. Jan. 2008 (AS **2007** 359; BBl **2002** 3605).

Einkommen aus unselbstständiger Erwerbstätigkeit einer Quellensteuer. Davon ausgenommen sind Einkommen, die der Besteuerung im vereinfachten Abrechnungsverfahren nach Art. 37a unterstehen.

2 Ehegatten, die in rechtlich und tatsächlich ungetrennter Ehe leben, unterliegen nicht der Quellensteuer, wenn einer der Ehegatten das Schweizer Bürgerrecht oder die Niederlassungsbewilligung besitzt.]

Steuerbare Leistungen

84. [StHG 32 III] 1 Die Quellensteuer wird von den Bruttoeinkünften [17] berechnet.

2 Steuerbar sind alle Einkünfte aus Arbeitsverhältnis, einschliesslich der Nebeneinkünfte wie Entschädigungen für Sonderleistungen, Provisionen, Zulagen, Dienstalters- und Jubiläumsgeschenke, Gratifikationen, Trinkgelder, Tantiemen, geldwerte Vorteile aus Mitarbeiterbeteiligungen [17a ff.] und andere geldwerte Vorteile sowie Ersatzeinkünfte wie Taggelder aus Kranken- und Unfallversicherung und Arbeitslosenversicherung.[141]

Vgl.: 16 II; QStV 3, S. 164.

3 Naturalleistungen und Trinkgelder werden in der Regel nach den für die eidgenössische Alters- und Hinterlassenenversicherung geltenden Ansätzen bewertet.

Anm.: Gem. BG über die Revision der Quellenbesteuerung des Erwerbseinkommens vom 16.12.2016 wird Art. 84 Abs. 2 wie folgt geändert (Referendumsfrist unbenutzt abgelaufen, Inkrafttreten noch offen):

[2 Steuerbar sind:

a. die Einkommen aus unselbstständiger Erwerbstätigkeit nach Art. 83 Absatz 1, die Nebeneinkünfte wie geldwerte Vorteile aus Mitarbeiterbeteiligungen sowie Naturalleistungen, nicht jedoch die vom Arbeitgeber getragenen Kosten der berufsorientierten Aus- und Weiterbildung nach Art. 17 Absatz 1bis;

b. die Ersatzeinkünfte; und

c. die Leistungen nach Art. 18 Absatz 3 des Bundesgesetzes vom 20. Dezember 1946 über die Alters- und Hinterlassenenversicherung (AHVG).]

Grundlage des Steuertarifs

85. [StHG 33 I] 1 Die Eidgenössische Steuerverwaltung (ESTV) bestimmt die Höhe des Steuerabzuges entsprechend den für die Einkommenssteuer natürlicher Personen geltenden Steuersätzen.[142]

2 Sie bestimmt ferner im Einvernehmen mit der kantonalen Behörde die Ansätze, die als direkte Bundessteuer in den kantonalen Tarif einzubauen sind.

---

141 Fassung gemäss Ziff. I 1 des BG vom 17. Dez. 2010 über die Besteuerung von Mitarbeiterbeteiligungen, in Kraft seit 1. Jan. 2013 (AS **2011** 3259; BBl **2005** 575).

142 Fassung gemäss Ziff. I 2 des Steuererlassgesetzes vom 20. Juni 2014, in Kraft seit 1. Jan. 2016 (AS **2015** 9; BBl **2013** 8435).

Vgl. zu 85–86: QStV 1 f., S. 164; RS ESTV Nr. 84, 18.3.2011, Quellensteuer.

Anm.: Gem. BG über die Revision der Quellenbesteuerung des Erwerbseinkommens vom 16.12.2016 wird Art. 85 wie folgt geändert (Referendumsfrist unbenutzt abgelaufen, Inkrafttreten noch offen):

[Quellensteuerabzug

85 1 Die Eidgenössische Steuerverwaltung (ESTV) berechnet die Höhe des Quellensteuerabzugs auf der Grundlage der für die Einkommenssteuer natürlicher Personen geltenden Steuertarife.

2 Bei der Berechnung des Abzugs werden Pauschalen für Berufskosten (Art. 26) und für Versicherungsprämien (Art. 33 Abs. 1 Bst. d, f und g) so wie Abzüge für Familienlasten (Art. 35) berücksichtigt. Die ESTV veröffentlicht die einzelnen Pauschalen.

3 Der Abzug für die in rechtlich und tatsächlich ungetrennter Ehe lebenden Ehegatten, die beide erwerbstätig sind, richtet sich nach Tarifen, die ihr Gesamteinkommen (Art. 9 Abs. 1), die Pauschalen und Abzüge nach Absatz 2 sowie den Abzug bei Erwerbstätigkeit beider Ehegatten (Art. 33 Abs. 2) berücksichtigen.

4 Die ESTV legt zusammen mit den Kantonen einheitlich fest, wie insbesondere der 13. Monatslohn, Gratifikationen, unregelmässige Beschäftigung, Stundenlöhner, Teilzeit- oder Nebenerwerb sowie Leistungen nach Art. 18 Absatz 3 AHVG und welche satzbestimmenden Elemente zu berücksichtigen sind. Die ESTV regelt zusammen mit den Kantonen weiter wie bei Tarifwechsel, rückwirkenden Gehaltsanpassungen und -korrekturen, sowie Leistungen vor Beginn und nach Beendigung der Anstellung zu verfahren ist.

5 Sie bestimmt im Einvernehmen mit der kantonalen Behörde die Ansätze, die als direkte Bundessteuer in den kantonalen Tarif einzurechnen sind.]

Ausgestaltung des Steuertarifs

86. [StHG 33 II und III] 1 Bei der Festsetzung der Steuertarife werden Pauschalen für Berufskosten (Art. 26) und Versicherungsprämien (Art. 33 Abs. 1 Bst. d, f und g) sowie Abzüge für Familienlasten (Art. 35 und 36) berücksichtigt.

2 Der Steuerabzug für die in rechtlich und tatsächlich ungetrennter Ehe lebenden Ehegatten [ZGB 159], die beide erwerbstätig sind, richtet sich nach Tarifen, die ihrem Gesamteinkommen (Art. 9 Abs. 1) Rechnung tragen [36 II] und die Pauschalen und Abzüge nach Absatz 1 sowie den Abzug bei Erwerbstätigkeit beider Ehegatten (Art. 33 Abs. 2) berücksichtigen.

Abgegoltene Steuer

87. [StHG 32 I] Der Steuerabzug tritt an die Stelle der im ordentlichen Verfahren vom Erwerbseinkommen zu veranlagenden direkten Bundessteuer [122 ff.]. Für die Fälle nach Artikel 90 bleibt die ordentliche Veranlagung vorbehalten.

Anm.: Gem. BG über die Revision der Quellenbesteuerung des Erwerbseinkommens vom 16.12.2016 werden Art. 86 und 87 aufgehoben (Referendumsfrist unbenutzt abgelaufen, Inkrafttreten noch offen).

Pflichten des Schuldners der steuerbaren Leistung

88. [StHG 37] 1 Der Schuldner der steuerbaren Leistung ist verpflichtet:

a. bei Fälligkeit [QStV 15] von Geldleistungen die geschuldete Steuer zurückzubehalten und bei anderen Leistungen

(insbesondere Naturalleistungen und Trinkgeldern) die geschuldete Steuer vom Arbeitnehmer einzufordern;
b. dem Steuerpflichtigen eine Aufstellung oder eine Bestätigung über den Steuerabzug auszustellen;
c. die Steuern periodisch der zuständigen Steuerbehörde abzuliefern, mit ihr hierüber abzurechnen und ihr zur Kontrolle der Steuererhebung Einblick in alle Unterlagen zu gewähren.

2 Der Steuerabzug ist auch dann vorzunehmen, wenn der Arbeitnehmer in einem andern Kanton Wohnsitz oder Aufenthalt hat.

Vgl.: 107 I a.

3 Der Schuldner der steuerbaren Leistung haftet für die Entrichtung der Quellensteuer.

4 Er erhält eine Bezugsprovision, deren Ansatz das EFD festlegt [QStV 13].

Vgl.: 37a, 100, 136, 138 I, 174 f., 187; QStV 3a, S. 164.

Anm.: Gem. BG über die Revision der Quellenbesteuerung des Erwerbseinkommens vom 16.12.2016 wird Art. 88 Abs. 2 und 4 wie folgt geändert (Referendumsfrist unbenutzt abgelaufen, Inkrafttreten noch offen):

[2 Der Quellensteuerabzug ist auch dann vorzunehmen, wenn der Arbeitnehmer in einem anderen Kanton Wohnsitz oder Aufenthalt hat.

4 Er erhält eine Bezugsprovision von 1 bis 2 Prozent des gesamten Quellensteuerbetrags; die zuständige Steuerbehörde setzt die Bezugsprovision fest.]

Abrechnung mit dem Bund

89. Die kantonale Steuerbehörde erstellt jährlich eine Abrechnung über die an der Quelle erhobene direkte Bundessteuer.

Vgl.: 101, 196, 198; QStV 17, S. 164.

Anm.: Gem. BG über die Revision der Quellenbesteuerung des Erwerbseinkommens vom 16.12.2016 wird Art. 89 wie folgt geändert und Art. 89a eingefügt (Referendumsfrist unbenutzt abgelaufen, Inkrafttreten noch offen):

[Obligatorische nachträgliche ordentliche Veranlagung

89 1 Personen, die nach Art. 83 Absatz 1 der Quellensteuer unterliegen, werden nachträglich im ordentlichen Verfahren veranlagt, wenn:
a. ihr Bruttoeinkommen in einem Steuerjahr einen bestimmten Betrag erreicht oder übersteigt; oder
b. sie über Einkünfte verfügen, die nicht der Quellensteuer unterliegen.

2 Das EFD legt den Betrag nach Absatz 1 Buchstabe a in Zusammenarbeit mit den Kantonen fest.

3 Der nachträglichen ordentlichen Veranlagung unterliegt auch, wer mit einer Person nach Absatz 1 in rechtlich und tatsächlich ungetrennter Ehe lebt.

4 Personen mit Einkünften nach Absatz 1 Buchstabe b müssen das Formular für die Steuererklärung bis am 31. März des auf das Steuerjahr folgenden Jahres bei der zuständigen Behörde verlangen.

5 Die nachträgliche ordentliche Veranlagung gilt bis zum Ende der Quellensteuerpflicht.

6 Die an der Quelle abgezogene Steuer wird zinslos angerechnet.

Nachträgliche ordentliche Veranlagung auf Antrag

89a 1 Personen, die nach Art. 83 Absatz 1 der Quellensteuer unterliegen und keine der Voraussetzungen nach Art. 89 Absatz 1 erfüllen, werden auf Antrag hin nachträglich im ordentlichen Verfahren veranlagt.

2 Der Antrag erstreckt sich auch auf den Ehegatten, der mit dem Antragsteller in rechtlich und tatsächlich ungetrennter Ehe lebt.

3 Er muss bis am 31. März des auf das Steuerjahr folgenden Jahres eingereicht werden. Für Personen, die die Schweiz verlassen, endet die Frist für die Einreichung des Antrags im Zeitpunkt der Abmeldung.

4 Erfolgt keine nachträgliche ordentliche Veranlagung auf Antrag, so tritt die Quellensteuer an die Stelle der im ordentlichen Verfahren zu veranlagenden direkten Bundessteuer auf dem Erwerbseinkommen. Nachträglich werden keine zusätzlichen Abzüge gewährt.

5 Art. 89 Absätze 5 und 6 ist anwendbar.]

Vorbehalt der ordentlichen Veranlagung

90. [StHG 34 I und II] 1 Die der Quellensteuer unterliegenden Personen [83] werden für Einkommen, das dem Steuerabzug an der Quelle nicht unterworfen ist, im ordentlichen Verfahren veranlagt [124–126]. Für den Steuersatz gilt Artikel 7 sinngemäss.

2 Betragen die dem Steuerabzug an der Quelle unterworfenen Bruttoeinkünfte des Steuerpflichtigen oder seines Ehegatten, der in rechtlich und tatsächlich ungetrennter Ehe lebt, in einem Kalenderjahr mehr als den durch das EFD festgelegten Betrag [QStV Anhang 2: z. Zt. CHF 120 000], so wird eine nachträgliche Veranlagung durchgeführt. Die an der Quelle abgezogene Steuer wird dabei angerechnet [QStV 4].

Vgl. zu II: KS SSK Nr. 14, 6.7.2001, Interkantonaler Wohnsitzwechsel quellensteuerpflichtige Personen.

Anm.: Gem. BG über die Revision der Quellenbesteuerung des Erwerbseinkommens vom 16.12.2016 wird Art. 90 aufgehoben (Referendumsfrist unbenutzt abgelaufen, Inkrafttreten noch offen).

Zweiter Titel: Natürliche und juristische Personen ohne steuerrechtlichen Wohnsitz oder Aufenthalt in der Schweiz

Anm.: Gem. BG über die Revision der Quellenbesteuerung des Erwerbseinkommens vom 16.12.2016 wird Gliederungstitel vor Art. 91 wie folgt geändert (Referendumsfrist unbenutzt abgelaufen, Inkrafttreten noch offen):

[Zweiter Titel: Natürliche Personen ohne steuerrechtlichen Wohnsitz oder Aufenthalt in der Schweiz sowie juristische Personen ohne Sitz oder tatsächliche Verwaltung in der Schweiz]

Arbeitnehmer

91. [StHG 35 I a] Wer ohne steuerrechtlichen Wohnsitz oder Aufenthalt in der Schweiz [3 II] hier für kurze Dauer oder als Grenzgänger oder Wochenaufenthalter in unselbständiger Stellung erwerbstätig ist [5 I a, 5 II], entrichtet für sein Erwerbseinkommen die Quellensteuer nach den Artikeln 83–86.

Vgl. zu 91–101: VO Kompetenzzuweisungen an Finanzdepartement, S. 157; QStV, S. 164.

Anm.: Gem. BG über die Revision der Quellenbesteuerung des Erwerbseinkommens vom 16.12.2016 wird Art. 91 wie folgt geändert (Referendumsfrist unbenutzt abgelaufen, Inkrafttreten noch offen):

[Der Quellensteuer unterworfene Arbeitnehmer

91 [1] Im Ausland wohnhafte Grenzgänger, Wochenaufenthalter und Kurzaufenthalter unterliegen für ihr in der Schweiz erzieltes Einkommen aus unselbstständiger Erwerbstätigkeit der Quellensteuer nach den Artikeln 84 und 85. Davon ausgenommen sind Einkommen, die der Besteuerung im vereinfachten Abrechnungsverfahren nach Artikel 37a unterstehen.

[2] Ebenfalls der Quellensteuer nach den Artikeln 84 und 85 unterliegen im Ausland wohnhafte Arbeitnehmer, die für Arbeit im internationalen Verkehr an Bord eines Schiffes oder eines Luftfahrzeuges oder bei einem Transport auf der Strasse Lohn oder andere Vergütungen von einem Arbeitgeber mit Sitz oder Betriebsstätte in der Schweiz erhalten; davon ausgenommen bleibt die Besteuerung der Seeleute für Arbeit an Bord eines Hochseeschiffes.]

Künstler, Sportler und Referenten

92. [StHG 35 I b, 36 II] [1] Im Ausland wohnhafte Künstler, wie Bühnen-, Film-, Rundfunk- oder Fernsehkünstler, Musiker und Artisten, sowie Sportler und Referenten sind für Einkünfte aus ihrer in der Schweiz ausgeübten persönlichen Tätigkeit [5 I a] und für weitere damit verbundene Entschädigungen steuerpflichtig. Dies gilt auch für Einkünfte und Entschädigungen, die nicht dem Künstler oder Referenten selber, sondern einem Dritten zufliessen, der seine Tätigkeit organisiert hat [5 II].

[2] Die Steuer beträgt:

- bei Tageseinkünften bis 200 Franken 0,8 %;
- bei Tageseinkünften von 201 bis 1000 Franken 2,4 %;
- bei Tageseinkünften von 1001 bis 3000 Franken 5 %;
- bei Tageseinkünften über 3000 Franken 7 %.

[3] [StHG 36 II] Als Tageseinkünfte gelten die Bruttoeinkünfte, einschliesslich aller Zulagen und Nebenbezüge, nach Abzug der Gewinnungskosten [27; QStV 7].

[4] [13, 55; StHG 37] Der mit der Organisation der Darbietung in der Schweiz beauftragte Veranstalter ist für die Steuer solidarisch haftbar.

[5] Das EFD ist ermächtigt, in Zusammenarbeit mit den Kantonen Bezugsminima festzulegen.

Anm.: Gem. BG über die Revision der Quellenbesteuerung des Erwerbseinkommens vom 16.12.2016 wird Art. 92 Abs. 1, 3 und 5 wie folgt geändert (Referendumsfrist unbenutzt abgelaufen, Inkrafttreten noch offen):

[¹ Im Ausland wohnhafte Künstler, wie Bühnen-, Film-, Rundfunk- oder Fernsehkünstler, Musiker und Artisten, sowie Sportler und Referenten sind für Einkünfte aus ihrer in der Schweiz ausgeübten persönlichen Tätigkeit und für weitere damit verbundene Entschädigungen steuerpflichtig. Dies gilt auch für Einkünfte und Entschädigungen, die nicht dem Künstler, Sportler oder Referenten selber, sondern einem Dritten zufliessen, der seine Tätigkeit organisiert hat.

³ Als Tageseinkünfte gelten die Bruttoeinkünfte, einschliesslich aller Zulagen und Nebenbezüge, nach Abzug der Gewinnungskosten. Diese betragen:

a. 50 Prozent der Bruttoeinkünfte bei Künstlern;

b. 20 Prozent der Bruttoeinkünfte bei Sportlern sowie Referenten.

⁵ Das EFD legt in Zusammenarbeit mit den Kantonen die Höhe der Bruttoeinkünfte fest, ab welcher die Quellensteuer erhoben wird.]

Verwaltungsräte

93. [StHG 35 I c und d] ¹ Im Ausland wohnhafte Mitglieder der Verwaltung [OR 707, 765, 894; ZGB 81 II]oder der Geschäftsführung [OR 716b, 809, 898; ZGB 65 I] von juristischen Personen mit Sitz oder tatsächlicher Verwaltung in der Schweiz [50] sind für die ihnen ausgerichteten Tantiemen, Sitzungsgelder, festen Entschädigungen, Mitarbeiterbeteiligungen und ähnlichen Vergütungen [QStV 8] steuerpflichtig [5 I b, 5 II].[143]

² Im Ausland wohnhafte Mitglieder der Verwaltung oder der Geschäftsführung von ausländischen Unternehmungen [51], welche in der Schweiz Betriebsstätten [51 II] unterhalten, sind für die ihnen zu Lasten dieser Betriebsstätten ausgerichteten Tantiemen, Sitzungsgelder, festen Entschädigungen, Mitarbeiterbeteiligungen und ähnlichen Vergütungen [QSV 8] steuerpflichtig.[144]

³ Die Steuer beträgt 5 Prozent der Bruttoeinkünfte [QStV 8].

Anm.: Gem. BG über die Revision der Quellenbesteuerung des Erwerbseinkommens vom 16.12.2016 wird Art. 93 Abs. 1 zweiter Satz wie folgt geändert (Referendumsfrist unbenutzt abgelaufen, Inkrafttreten noch offen):

[¹ … Dies gilt auch, wenn diese Vergütungen einem Dritten zufliessen.]

Hypothekargläubiger

94. [StHG 35 I e] ¹ Im Ausland wohnhafte Gläubiger oder Nutzniesser von Forderungen, die durch Grund- oder Faustpfand auf Grundstücken in der Schweiz gesichert sind, sind für die ihnen ausgerichteten Zinsen [QStV 9] steuerpflichtig [5 I c, 5 II, 51 I d].

² Die Steuer beträgt 3 Prozent der Bruttoeinkünfte.

---

143 Fassung gemäss Ziff. I 1 des BG vom 17. Dez. 2010 über die Besteuerung von Mitarbeiterbeteiligungen, in Kraft seit 1. Jan. 2013 (AS **2011** 3259; BBl **2005** 575).

144 Fassung gemäss Ziff. I 1 des BG vom 17. Dez. 2010 über die Besteuerung von Mitarbeiterbeteiligungen, in Kraft seit 1. Jan. 2013 (AS **2011** 3259; BBl **2005** 575).

Empfänger von Vorsorgeleistungen aus öffentlich-rechtlichem Arbeitsverhältnis

95.[145] [StHG 35 I f] [1] Im Ausland wohnhafte Empfänger von Pensionen, Ruhegehältern oder anderen Vergütungen, die sie auf Grund eines früheren öffentlich-rechtlichen Arbeitsverhältnisses von einem Arbeitgeber oder einer Vorsorgeeinrichtung mit Sitz in der Schweiz erhalten [BVG 37], sind für diese Leistungen steuerpflichtig [5 I d, 5 II].

[2] Die Steuer beträgt bei Renten 1 Prozent der Bruttoeinkünfte; bei Kapitalleistungen wird sie nach Artikel 38 Absatz 2 berechnet.

Vgl. zu II: QStV 11, S. 164.

Empfänger von privatrechtlichen Vorsorgeleistungen

96. [StHG 35 I g] [1] Im Ausland wohnhafte [QStV 10, 15] Empfänger von Leistungen aus schweizerischen privatrechtlichen Einrichtungen der beruflichen Vorsorge [BVG 37] oder aus anerkannten Formen der gebundenen Selbstvorsorge [BVV 3 1] sind hierfür steuerpflichtig [5 I e, 5 II].

[2] Die Steuer beträgt bei Renten 1 Prozent der Bruttoeinkünfte; bei Kapitalleistungen wird sie gemäss Artikel 38 Absatz 2 berechnet.

Vgl. zu II: QStV 11, S. 164.

Arbeitnehmer bei internationalen Transporten

97.[146] [StHG 35 I h] Im Ausland wohnhafte Arbeitnehmer, die für Arbeit im internationalen Verkehr an Bord eines Schiffes oder eines Luftfahrzeuges oder bei einem Transport auf der Strasse Lohn oder andere Vergütungen von einem Arbeitgeber mit Sitz oder Betriebsstätte in der Schweiz erhalten, werden für diese Leistungen nach den Artikeln 83–86 besteuert; davon ausgenommen bleibt die Besteuerung der Seeleute für Arbeit an Bord eines Hochseeschiffes [5 I f, 5 II].

Anm.: Gem. BG über die Revision der Quellenbesteuerung des Erwerbseinkommens vom 16.12.2016 wird Art. 97 aufgehoben (Referendumsfrist unbenutzt abgelaufen, Inkrafttreten noch offen).

Empfänger von Mitarbeiterbeteiligungen

97*a*.[147] [StHG 35 I i] [1] Personen, die im Zeitpunkt des Zuflusses von geldwerten Vorteilen aus gesperrten Mitarbeiteroptionen (Art. 17*b* Abs. 3) im Ausland wohnhaft sind, werden für den geldwerten Vorteil anteilsmässig nach Artikel 17*d* steuerpflichtig.

[2] Die Steuer beträgt 11,5 Prozent des geldwerten Vorteils.

---

145 Fassung gemäss Ziff. I 5 des BG vom 19. März 1999 über das Stabilisierungsprogramm 1998, in Kraft seit 1. Jan. 2001 (AS **1999** 2374; BBl **1999** 4).

146 Fassung gemäss Anhang 2 Ziff. II 2 des Landesversorgungsgesetzes vom 17. Juni 2016, in Kraft seit 1. Juni 2017 (AS **2017** 3097; BBl **2014** 7119).

147 Eingefügt durch Ziff. I 1 des BG vom 17. Dez. 2010 über die Besteuerung von Mitarbeiterbeteiligungen, in Kraft seit 1. Jan. 2013 (AS **2011** 3259; BBl **2005** 575).

98.[148] Als im Ausland wohnhafte Steuerpflichtige nach den Artikeln 92–97*a* gelten natürliche Personen ohne steuerrechtlichen Wohnsitz [3 II] oder Aufenthalt in der Schweiz [3 III] und juristische Personen ohne Sitz oder tatsächliche Verwaltung [50] in der Schweiz.

Begriffsbestimmung

Anm.: Gem. BG über die Revision der Quellenbesteuerung des Erwerbseinkommens vom 16.12.2016 wird Art. 98 aufgehoben (Referendumsfrist unbenutzt abgelaufen, Inkrafttreten noch offen).

99. [StHG 35 II] Der Steuerabzug tritt an die Stelle der im ordentlichen Verfahren zu veranlagenden direkten Bundessteuer [122 ff.].

Abgegoltene Steuer

Vgl.: 87.

Anm.: Gem. BG über die Revision der Quellenbesteuerung des Erwerbseinkommens vom 16.12.2016 wird Art. 99 wie folgt geändert und Art. 99a und 99b eingefügt (Referendumsfrist unbenutzt abgelaufen, Inkrafttreten noch offen):

99 Die Quellensteuer tritt an die Stelle der im ordentlichen Verfahren zu veranlagenden direkten Bundessteuer auf dem Erwerbseinkommen. Nachträglich werden keine zusätzlichen Abzüge gewährt.

[Abgegoltene Steuer

99a [1] Personen, die nach Art. 91 der Quellensteuer unterliegen, können für jede Steuerperiode bis am 31. März des auf das Steuerjahr folgenden Jahres eine nachträgliche ordentliche Veranlagung beantragen, wenn:

Nachträgliche ordentliche Veranlagung auf Antrag

a. der überwiegende Teil ihrer weltweiten Einkünfte, einschliesslich der Einkünfte des Ehegatten, in der Schweiz steuerbar ist;
b. ihre Situation mit derjenigen einer in der Schweiz wohnhaften steuerpflichtigen Person vergleichbar ist; oder
c. eine solche Veranlagung erforderlich ist, um Abzüge geltend zu machen, die in einem Doppelbesteuerungsabkommen vorgesehen sind.

[2] Die an der Quelle abgezogene Steuer wird zinslos angerechnet.

[3] Das EFD präzisiert in Zusammenarbeit mit den Kantonen die Voraussetzungen nach Absatz 1 und regelt das Verfahren.

99b [1] Bei stossenden Verhältnissen, insbesondere betreffend die im Quellensteuersatz einberechneten Pauschalabzüge, können die zuständigen kantonalen Steuerbehörden von Amtes wegen eine nachträgliche ordentliche Veranlagung zugunsten oder zuungunsten der steuerpflichtigen Person verlangen.

Nachträgliche ordentliche Veranlagung von Amtes wegen

[2] Das EFD legt in Zusammenarbeit mit den Kantonen die Voraussetzungen fest.]

100. [StHG 37] [1] Der Schuldner der steuerbaren Leistung ist verpflichtet:

Pflichten des Schuldners der steuerbaren Leistung

a. bei Fälligkeit [QStV 15] von Geldleistungen die geschuldete Steuer zurückzubehalten und bei anderen Leistungen

---

[148] Fassung gemäss Ziff. I 1 des BG vom 17. Dez. 2010 über die Besteuerung von Mitarbeiterbeteiligungen, in Kraft seit 1. Jan. 2013 (AS **2011** 3259; BBl **2005** 575).

(insbesondere Naturalleistungen und Trinkgeldern) die geschuldete Steuer vom Steuerpflichtigen einzufordern;

b. dem Steuerpflichtigen eine Aufstellung oder eine Bestätigung über den Steuerabzug auszustellen;

c. die Steuern periodisch der zuständigen Steuerbehörde abzuliefern, mit ihr darüber abzurechnen und ihr zur Kontrolle der Steuererhebung Einblick in alle Unterlagen zu gewähren.

d.[149] [StHG I d] die anteilsmässigen Steuern auf im Ausland ausgeübten Mitarbeiteroptionen zu entrichten; die Arbeitgeberin schuldet die anteilsmässige Steuer auch dann, wenn der geldwerte Vorteil von einer ausländischen Konzerngesellschaft ausgerichtet wird.

2 Der Schuldner der steuerbaren Leistung haftet für die Einrichtung der Quellensteuer.

3 Er erhält eine Bezugsprovision, deren Ansatz das EFD festlegt.

Vgl.: 88, 136, 174 f., 138 I; QStV 12 ff., S. 164.

Anm.: Gem. BG über die Revision der Quellenbesteuerung des Erwerbseinkommens vom 16.12.2016 wird Art. 100 Abs. 3 wie folgt geändert (Referendumsfrist unbenutzt abgelaufen, Inkrafttreten noch offen):

[3 Er erhält eine Bezugsprovision von 1 bis 2 Prozent des gesamten Quellensteuerbetrags; die zuständige Steuerbehörde setzt die Bezugsprovision fest. Für Kapitalleistungen beträgt die Bezugsprovision 1 Prozent des gesamten Quellensteuerbetrags, jedoch höchstens 50 Franken pro Kapitalleistung für die Quellensteuer von Bund, Kanton und Gemeinde.]

Abrechnung mit dem Bund

101. Die kantonale Steuerbehörde erstellt jährlich eine Abrechnung über die an der Quelle erhobene direkte Bundessteuer.

Vgl.: 89, 196–198; QStV 17, S. 164.

Anm.: Gem. BG über die Revision der Quellenbesteuerung des Erwerbseinkommens vom 16.12.2016 wird Art. 101 aufgehoben (Referendumsfrist unbenutzt abgelaufen, Inkrafttreten noch offen).

---

149 Eingefügt durch Ziff. I 1 des BG vom 17. Dez. 2010 über die Besteuerung von Mitarbeiterbeteiligungen, in Kraft seit 1. Jan. 2013 (AS **2011** 3259; BBl **2005** 575).

Fünfter Teil: Verfahrensrecht

Erster Titel: Steuerbehörden

1. Kapitel: Eidgenössische Behörden

102. 1 Die Aufsicht des Bundes über die Steuererhebung (Art. 2) [BV 49 II] wird vom EFD ausgeübt. **Organisation**

2 Die ESTV[150] sorgt für die einheitliche Anwendung dieses Gesetzes [103 I]. Sie erlässt die Vorschriften für die richtige und einheitliche Veranlagung und den Bezug der direkten Bundessteuer. Sie kann die Verwendung bestimmter Formulare vorschreiben.

Vgl.: RS ESTV Nr. 154, 15.12.2017, Mutationen Aufsicht Kantone.

3 Eidgenössische Beschwerdeinstanz ist das Bundesgericht.

Vgl.: 112a VII, 146, 188 III, 191 I, 197 II; VStG 34 f.; StG 31.

4 …[151]

103. 1 Die ESTV kann insbesondere: **Aufsicht**

a. bei den kantonalen Veranlagungs- und Bezugsbehörden Kontrollen vornehmen und in die Steuerakten der Kantone und Gemeinden Einsicht nehmen;
b. sich bei den Verhandlungen der Veranlagungsbehörden vertreten lassen und diesen Anträge stellen;
c. im Einzelfalle Untersuchungsmassnahmen anordnen oder nötigenfalls selber durchführen;
d. im Einzelfalle verlangen, dass die Veranlagung [131] oder der Einspracheentscheid [135] auch ihr eröffnet wird;
e.[152] verlangen, dass ihr Verfügungen, Einsprache- und Beschwerdeentscheide über Gesuche um Erlass der direkten Bundessteuer eröffnet werden.

Vgl.: 102 II, 131 III, 135 II, 141, 183 II; 188 IV.

2 Das EFD kann auf Antrag der ESTV die nötigen Anordnungen treffen, wenn sich ergibt, dass die Veranlagungsarbeiten in einem Kanton ungenügend oder unzweckmässig durchgeführt werden. Die ESTV weist den Kanton gleichzeitig mit dem Antrag an, dass einstweilen keine Veranlagungen eröffnet werden dürfen.

Vgl.: RS ESTV Nr. 69, 5.1.2010, Straflose Selbstanzeige, S. 1989.

---

150 Ausdruck gemäss Ziff. I 2 des Steuererlassgesetzes vom 20. Juni 2014, in Kraft seit 1. Jan. 2016 (AS **2015** 9; BBl **2013** 8435). Diese Änd. wurde im ganzen Erlass berücksichtigt.

151 Aufgehoben durch Ziff. I 2 des Steuererlassgesetzes vom 20. Juni 2014, mit Wirkung seit 1. Jan. 2016 (AS **2015** 9; BBl **2013** 8435).

152 Eingefügt durch Ziff. I 2 des Steuererlassgesetzes vom 20. Juni 2014, in Kraft seit 1. Jan. 2016 (AS **2015** 9; BBl **2013** 8435).

2. Kapitel: Kantonale Behörden

1. Abschnitt: Organisation und Aufsicht[153]

Organisation[154]

104. 1 Die kantonale Verwaltung für die direkte Bundessteuer leitet und überwacht den Vollzug und die einheitliche Anwendung dieses Gesetzes. Artikel 103 Absatz 1 gilt sinngemäss.

Vgl.: 167b, 169 I, 171 ff.

2 Für die Veranlagung der juristischen Personen bezeichnet jeder Kanton eine einzige Amtsstelle.

3 Jeder Kanton bestellt eine kantonale Steuerrekurskommission.

Vgl.: 140 I, 145 I; EMRK 6 I.

4 Das kantonale Recht regelt Organisationen und Amtsführung der kantonalen Vollzugsbehörde, soweit das Bundesrecht nichts anderes bestimmt. Können die notwendigen Anordnungen von einem Kanton nicht rechtzeitig getroffen werden, so erlässt der Bundesrat vorläufig die erforderlichen Bestimmungen.

Aufsicht

104*a*.[155] 1 Ein unabhängiges kantonales Finanzaufsichtsorgan prüft jährlich die Ordnungs- und Rechtmässigkeit der Erhebung der direkten Bundessteuer und der Ablieferung des Bundesanteils. Von der Prüfpflicht ausgenommen ist die materielle Prüfung der Veranlagungen. Das Finanzaufsichtsorgan erstattet der ESTV und der Eidgenössischen Finanzkontrolle bis Ende des Jahres, in dem die Staatsrechnung des Bundes abgenommen wird, Bericht.

2 Wird die Prüfung nicht vorgenommen oder erhalten die ESTV und die Eidgenössische Finanzkontrolle nicht rechtzeitig Bericht, so kann das EFD auf Antrag der ESTV und auf Kosten des Kantons ein nach den Vorschriften des Revisionsaufsichtsgesetzes vom 16. Dezember 2005[156] als Revisionsexperte zugelassenes Revisionsunternehmen mit der Prüfung beauftragen.

---

153 Fassung gemäss Ziff. I des BG vom 14. Dez. 2012, in Kraft seit 1. Jan. 2014 (AS **2013** 1345; BBl **2012** 4769).

154 Eingefügt durch Ziff. I des BG vom 14. Dez. 2012, in Kraft seit 1. Jan. 2014 (AS **2013** 1345; BBl **2012** 4769).

155 Eingefügt durch Ziff. I des BG vom 14. Dez. 2012, in Kraft seit 1. Jan. 2014 (AS **2013** 1345; BBl **2012** 4769).

156 SR **221.302**

2. Abschnitt: Örtliche Zuständigkeit

Bei persönlicher Zugehörigkeit

105.[157] [1] Die kantonalen Behörden erheben die direkte Bundessteuer von den natürlichen Personen, die am Ende der Steuerperiode [40] oder der Steuerpflicht [8 II] ihren steuerrechtlichen Wohnsitz [3 II] oder, wenn ein solcher in der Schweiz fehlt, ihren steuerrechtlichen Aufenthalt [3 III] im Kanton haben. Vorbehalten bleiben die Artikel 3 Absatz 5 und 107.

[2] Kinder unter elterlicher Sorge werden für ihr Erwerbseinkommen (Art. 9 Abs. 2) in dem Kanton besteuert, in dem sie für dieses Einkommen nach den bundesrechtlichen Grundsätzen betreffend das Verbot der interkantonalen Doppelbesteuerung [BV 127 III] am Ende der Steuerperiode oder der Steuerpflicht steuerpflichtig sind.

[3] Die kantonalen Behörden erheben die direkte Bundessteuer von den juristischen Personen, die am Ende der Steuerperiode [79] oder Steuerpflicht [54 II] ihren Sitz oder den Ort ihrer tatsächlichen Verwaltung [50] im Kanton haben [StHG 22 I].

[4] Begünstigte von Kapitalleistungen nach Artikel 38 werden für diese Leistungen in dem Kanton besteuert, in dem sie im Zeitpunkt der Fälligkeit ihren steuerrechtlichen Wohnsitz haben.

Vgl.: VO Arbeitsverhältnis zum Bund, S. 124; VO zeitliche Bemessung direkte Bundessteuer, S. 153; KS ESTV, 29.1.1996, Bezug direkte Bundessteuer.

Bei wirtschaftlicher Zugehörigkeit

106.[158] [51] [1] Für die Erhebung der direkten Bundessteuer aufgrund wirtschaftlicher Zugehörigkeit ist der Kanton zuständig, in dem am Ende der Steuerperiode [40] oder der Steuerpflicht [8 II]:

a. für natürliche Personen die in Artikel 4 genannten Voraussetzungen erfüllt sind;
b. für juristische Personen die in Artikel 51 genannten Voraussetzungen erfüllt sind.

[2] Treffen die Voraussetzungen von Artikel 4 oder 51 gleichzeitig in mehreren Kantonen zu, so ist derjenige Kanton zuständig, in dem sich der grösste Teil der steuerbaren Werte befindet.

[3] Vorbehalten bleibt Artikel 107.

Bei Quellensteuern

107. [1] Zur Erhebung der direkten Bundessteuer, die an der Quelle bezogen wird [83 ff.], ist der Kanton zuständig, in dem:

---

157 Fassung gemäss Ziff. I 1 des BG vom 22. März 2013 über die formelle Bereinigung der zeitlichen Bemessung der direkten Steuern bei den natürlichen Personen, in Kraft seit 1. Jan. 2014 (AS **2013** 2397; BBl **2011** 3593).

158 Fassung gemäss Ziff. I 1 des BG vom 22. März 2013 über die formelle Bereinigung der zeitlichen Bemessung der direkten Steuern bei den natürlichen Personen, in Kraft seit 1. Jan. 2014 (AS **2013** 2397; BBl **2011** 3593).

a. die ausländischen Arbeitnehmer (Art. 83) bei Fälligkeit der steuerbaren Leistung [QStV 15] ihren steuerrechtlichen Wohnsitz oder Aufenthalt [3 II] haben; befindet sich der Arbeitsort in einem andern Kanton, so überweist die zuständige Behörde am Arbeitsort die bezogenen Quellensteuerbeträge dem Kanton, in dem der Arbeitnehmer steuerrechtlichen Wohnsitz oder Aufenthalt hat;

b. die Künstler, Sportler oder Referenten [92] ihre Tätigkeit ausüben.

² In allen übrigen Fällen [91, 93–97] ist der Kanton zuständig, in dem der Schuldner der steuerbaren Leistung bei Fälligkeit [QStV 15] seinen steuerrechtlichen Wohnsitz oder Aufenthalt [3 II und III] oder seinen Sitz oder die Verwaltung [50] hat. Wird die steuerbare Leistung von einer Betriebsstätte [51 II] in einem andern Kanton oder von der Betriebsstätte eines Unternehmens ohne Sitz oder tatsächliche Verwaltung in der Schweiz ausgerichtet, so ist der Kanton zuständig, in dem die Betriebsstätte liegt.

³ Die Zuständigkeit für die ordentliche Veranlagung nach Artikel 90 richtet sich nach Artikel 105.

Vgl.: QStV 14, S. 164; VO Kompetenzzuweisungen an Finanzdepartement, S. 157; VO StHG, S. 256; KS ESTV, 29.1.1996, Bezug direkte Bundessteuer.

Anm.: Gem. BG über die Revision der Quellenbesteuerung des Erwerbseinkommens vom 16.12.2016 wird Art. 107 wie folgt geändert (Referendumsfrist unbenutzt abgelaufen, Inkrafttreten noch offen):

[¹ Der Schuldner der steuerbaren Leistung berechnet und erhebt die Quellensteuer wie folgt:

a. für Arbeitnehmer nach Art. 83: nach dem Recht jenes Kantons, in dem der Arbeitnehmer bei Fälligkeit der steuerbaren Leistung seinen steuerrechtlichen Wohnsitz oder Aufenthalt hat;

b. für Personen nach den Art.n 91 und 93–97a: nach dem Recht jenes Kantons, in dem der Schuldner der steuerbaren Leistung bei Fälligkeit der steuerbaren Leistung seinen steuerrechtlichen Wohnsitz oder Aufenthalt oder seinen Sitz oder die Verwaltung hat; wird die steuerbare Leistung von einer Betriebsstätte in einem anderen Kanton oder von der Betriebsstätte eines Unternehmens ohne Sitz oder tatsächliche Verwaltung in der Schweiz ausgerichtet, so richten sich die Berechnung und die Erhebung der Quellensteuer nach dem Recht des Kantons, in dem die Betriebsstätte liegt;

c. für Personen nach Art. 92: nach dem Recht jenes Kantons, in dem der Künstler, Sportler oder Referent seine Tätigkeit ausübt.

² Ist der Arbeitnehmer nach Art. 91 Wochenaufenthalter, so gilt Absatz 1 Buchstabe a sinngemäss.

³ Der Schuldner der steuerbaren Leistung überweist die Quellensteuer an den nach Absatz 1 zuständigen Kanton.

⁴ Für die nachträgliche ordentliche Veranlagung ist zuständig:

a. für Arbeitnehmer nach Absatz 1 Buchstabe a: der Kanton, in dem die steuerpflichtige Person am Ende der Steuerperiode oder der Steuerpflicht ihren steuerrechtlichen Wohnsitz oder Aufenthalt hatte;

b. für Personen nach Absatz 1 Buchstabe b: der Kanton, in dem die steuerpflichtige Person am Ende der Steuerperiode oder der Steuerpflicht erwerbstätig war;

c. für Arbeitnehmer nach Absatz 2: der Kanton, in dem die steuerpflichtige Person am Ende der Steuerperiode oder der Steuerpflicht Wochenaufenthalt hatte.

5 Der nach Absatz 4 zuständige Kanton hat Anspruch auf allfällige im Kalenderjahr an andere Kantone überwiesene Quellensteuerbeträge. Zu viel bezogene Steuern werden dem Arbeitnehmer zurückerstattet, zu wenig bezogene Steuern nachgefordert.]

Bei ungewisser oder streitiger Zuständigkeit

108. 1 Ist der Ort der Veranlagung [105 III, 106 f.] im Einzelfall ungewiss oder streitig, so wird er, wenn die Veranlagungsbehörden nur eines Kantons in Frage kommen, von der kantonalen Verwaltung für die direkte Bundessteuer, wenn mehrere Kantone in Frage kommen, von der ESTV bestimmt. Die Verfügung der ESTV unterliegt der Beschwerde nach den allgemeinen Bestimmungen über die Bundesrechtspflege.[159]

2 Die Feststellung des Veranlagungsortes kann von der Veranlagungsbehörde, von der kantonalen Verwaltung für die direkte Bundessteuer und von den Steuerpflichtigen verlangt werden.

Vgl.: VwVG 5; VGG 31 ff.

3 Hat im Einzelfall eine örtlich nicht zuständige Behörde bereits gehandelt, so übermittelt sie die Akten der zuständigen Behörde.

Zweiter Titel: Allgemeine Verfahrensgrundsätze

1. Kapitel: Amtspflichten

Ausstand

109. 1 Wer beim Vollzug dieses Gesetzes in einer Sache zu entscheiden oder an einer Verfügung oder Entscheidung in massgeblicher Stellung mitzuwirken hat, ist verpflichtet, in Ausstand zu treten, wenn er:

a. an der Sache ein persönliches Interesse hat;

b.[160] mit einer Partei durch Ehe [ZGB 159] oder eingetragene Partnerschaft verbunden ist oder mit ihr eine faktische Lebensgemeinschaft führt;

b^bis.[161] mit einer Partei in gerader Linie oder bis zum dritten Grade in der Seitenlinie verwandt oder verschwägert ist;

---

159 Fassung des Satzes gemäss Anhang Ziff. 57 des Verwaltungsgerichtsgesetzes vom 17. Juni 2005, in Kraft seit 1. Jan. 2007 (AS **2006** 2197 1069; BBl **2001** 4202).

160 Fassung gemäss Anhang Ziff. 24 des Partnerschaftsgesetzes vom 18. Juni 2004, in Kraft seit 1. Jan. 2007 (AS **2005** 5685; BBl **2003** 1288).

161 Eingefügt durch Anhang Ziff. 24 des Partnerschaftsgesetzes vom 18. Juni 2004, in Kraft seit 1. Jan. 2007 (AS **2005** 5685; BBl **2003** 1288).

c. Vertreter einer Partei ist oder für eine Partei in der gleichen Sache tätig war;

d. aus andern Gründen in der Sache befangen sein könnte.

2 Der Ausstandsgrund kann von allen am Verfahren Beteiligten angerufen werden.

3 Ist ein Ausstandsgrund streitig, so entscheidet für kantonale Beamte die vom kantonalen Recht bestimmte Behörde, für Bundesbeamte das EFD, in beiden Fällen unter Vorbehalt der Beschwerde.

Vgl.: BV 8 I, 29 f.; EMRK 6 I; VwVG 10; BGG 34.

Geheimhaltungspflicht

110. [StHG 39 I] 1 Wer mit dem Vollzug dieses Gesetzes betraut ist oder dazu beigezogen wird, muss über Tatsachen, die ihm in Ausübung seines Amtes bekannt werden, und über die Verhandlungen in den Behörden Stillschweigen bewahren und Dritten den Einblick in amtliche Akten verweigern.

Vgl.: StGB 320.

2 Eine Auskunft ist zulässig, soweit hiefür eine gesetzliche Grundlage im Bundesrecht gegeben ist.

Vgl. zu II: 111, 116, 188, 192 III, 194 II; VStG 36 f., 40; StG 32 f., 37; MWSTV 122 f.; weitere Grundlagen in anderen BG; KS ESTV, 7.3.1995, Auskunfts-, Bescheinigungs- und Meldepflicht im DBG, S. 1886.

Amtshilfe unter Steuerbehörden

111. [StHG 38 I, 39 II, 71 II] 1 Die mit dem Vollzug dieses Gesetzes betrauten Behörden [104] unterstützen sich gegenseitig in der Erfüllung ihrer Aufgabe; sie erteilen den Steuerbehörden des Bundes, der Kantone, Bezirke, Kreise und Gemeinden die benötigten Auskünfte kostenlos und gewähren ihnen auf Verlangen Einsicht in amtliche Akten. Die in Anwendung dieser Vorschrift gemeldeten oder festgestellten Tatsachen unterliegen der Geheimhaltung nach Artikel 110.

Vgl.: VStG 36 I; StG 32.

2 Muss bei einer Veranlagung der kantonale Anteil unter mehrere Kantone aufgeteilt werden, so gibt die zuständige Steuerbehörde den beteiligten kantonalen Verwaltungen für die direkte Bundessteuer davon Kenntnis.

Vgl.: KS ESTV, 7.3.1995, Auskunfts-, Bescheinigungs- und Meldepflicht im DBG, S. 1886.

Amtshilfe anderer Behörden

112. [StHG 39 III] 1 Die Behörden des Bundes, der Kantone, Bezirke, Kreise und Gemeinden erteilen den mit dem Vollzug dieses Gesetzes betrauten Behörden auf Ersuchen hin alle erforderlichen Auskünfte. Sie können diese Behörden von sich aus darauf aufmerksam machen, wenn sie vermuten, dass eine Veranlagung unvollständig [151, 175] ist.

Vgl.: 22; VStG 36 II; StG 32 II.

[2] Die gleiche Pflicht zur Amtshilfe haben Organe von Körperschaften und Anstalten, soweit sie Aufgaben der öffentlichen Verwaltung wahrnehmen.

[3] Von der Auskunfts- und Mitteilungspflicht ausgenommen sind die Organe der Schweizerischen Post [StGB 321ter] und der öffentlichen Kreditinstitute [BankG 47; BEHG 43] für Tatsachen, die einer besonderen, gesetzlich auferlegten Geheimhaltung unterstehen.[162]

Vgl.: KS ESTV, 7.3.1995, Auskunfts-, Bescheinigungs- und Meldepflicht im DBG, S. 1886.

Datenbearbeitung

112*a*.[163] [StHG 39a] [1] Die ESTV betreibt zur Erfüllung der Aufgaben nach diesem Gesetz ein Informationssystem. Dieses kann besonders schützenswerte Personendaten über administrative und strafrechtliche Sanktionen enthalten, die steuerrechtlich wesentlich sind.

[1bis] Die ESTV und die Behörden nach Artikel 111 sind berechtigt, die Versichertennummer der Alters- und Hinterlassenenversicherung nach den Bestimmungen des Bundesgesetzes vom 20. Dezember 1946[164] über die Alters- und Hinterlassenenversicherung für die Erfüllung ihrer gesetzlichen Aufgaben systematisch zu verwenden.[165]

[2] Die ESTV und die Behörden nach Artikel 111 geben einander die Daten weiter, die für die Erfüllung ihrer Aufgaben dienlich sein können. Die Behörden nach Artikel 112 geben den mit dem Vollzug dieses Gesetzes betrauten Behörden die Daten weiter, die für die Durchführung dieses Gesetzes von Bedeutung sein können.

[3] Die Daten werden einzeln, auf Listen oder auf elektronischen Datenträgern übermittelt. Sie können auch mittels eines Abrufverfahrens zugänglich gemacht werden. Diese Amtshilfe ist kostenlos.

[4] Es sind alle diejenigen Daten von Steuerpflichtigen weiterzugeben, die zur Veranlagung und Erhebung der Steuer dienen können, namentlich:

a. die Personalien;

---

162 Fassung gemäss Anhang Ziff. 14 des Postorganisationsgesetzes vom 30. April 1997, in Kraft seit 1. Jan. 1998 (AS **1997** 2465; BBl **1996** III 1306).

163 Eingefügt durch Ziff. VI 3 des BG vom 24. März 2000 über die Schaffung und die Anpassung gesetzlicher Grundlagen für die Bearbeitung von Personendaten, in Kraft seit 1. Sept. 2000 (AS **2000** 1891; BBl **1999** 9005).

164 SR **831.10**

165 Eingefügt durch Anhang Ziff. 5 des BG vom 23. Juni 2006 (Neue AHV-Versichertennummer), in Kraft seit 1. Dez. 2007 (AS **2007** 5259; BBl **2006** 501).

b. Angaben über den Zivilstand, den Wohn- und Aufenthaltsort, die Aufenthaltsbewilligung und die Erwerbstätigkeit;
c. Rechtsgeschäfte;
d. Leistungen eines Gemeinwesens.

5 Personendaten und die zu deren Bearbeitung verwendeten Einrichtungen wie Datenträger, EDV-Programme und Programmdokumentationen sind vor unbefugtem Verwenden, Verändern oder Zerstören sowie vor Diebstahl zu schützen.

6 Der Bundesrat kann Ausführungsbestimmungen erlassen, insbesondere über die Organisation und den Betrieb des Informationssystems, über die Kategorien der zu erfassenden Daten, über die Zugriffs- und Bearbeitungsberechtigung, über die Aufbewahrungsdauer sowie die Archivierung und Vernichtung der Daten.

7 Können sich Bundesämter über die Datenbekanntgabe nicht einigen, so entscheidet der Bundesrat endgültig. In allen andern Fällen entscheidet das Bundesgericht im Verfahren nach Artikel 120 des Bundesgerichtsgesetzes vom 17. Juni 2005[166].[167]

Vgl.: BV 13 II; DSG 17 I; VStG 36a; StG 32a; MWSTG 76.

Anm.: Gem. BG über die Revision der Quellenbesteuerung des Erwerbseinkommens vom 16.12.2016 wird Art. 112a Abs. 1bis wie folgt geändert (Referendumsfrist unbenutzt abgelaufen, Inkrafttreten noch offen):

[1bis Die ESTV und die Behörden nach Art. 111 sind berechtigt, die Versichertennummer der Alters- und Hinterlassenenversicherung nach den Bestimmungen des AHVG für die Erfüllung ihrer gesetzlichen Aufgaben systematisch zu verwenden.]

2. Kapitel: Verfahrensrechtliche Stellung der Ehegatten

113. [StHG 40] 1 Ehegatten, die in rechtlich und tatsächlich ungetrennter Ehe leben [ZGB 159], üben die nach diesem Gesetz dem Steuerpflichtigen zukommenden Verfahrensrechte [114 ff.] und Verfahrenspflichten [124 ff.] gemeinsam aus.

2 Sie unterschreiben die Steuererklärung [124] gemeinsam. Ist die Steuererklärung nur von einem der beiden Ehegatten unterzeichnet, so wird dem nichtunterzeichnenden Ehegatten eine Frist eingeräumt. Nach deren unbenutztem Ablauf wird die vertragliche Vertretung unter Ehegatten [117] angenommen.

3 Rechtsmittel und andere Eingaben gelten als rechtzeitig eingereicht, wenn ein Ehegatte innert Frist [133] handelt.

---

166 SR **173.110**

167 Fassung zweiter Satz gemäss Anhang Ziff. 57 des Verwaltungsgerichtsgesetzes vom 17. Juni 2005, in Kraft seit 1. Jan. 2007 (AS **2006** 2197 1069; BBl **2001** 4202).

4 Sämtliche Mitteilungen der Steuerbehörden an verheiratete Steuerpflichtige, die in rechtlich und tatsächlich ungetrennter Ehe leben, werden an die Ehegatten gemeinsam gerichtet.

Vgl.: 9 I, 109, 117 III–IV, 180 I; BV 8 III; KS ESTV Nr. 30, 21.12.2010, Familienbesteuerung, S. 1392.

3. Kapitel: Verfahrensrechte des Steuerpflichtigen

114. [StHG 41 I] 1 Steuerpflichtige [3 ff., 12 I, 49 ff.] sind berechtigt, in die von ihnen eingereichten oder von ihnen unterzeichneten Akten Einsicht zu nehmen. Gemeinsam zu veranlagenden Ehegatten [9 I]steht ein gegenseitiges Akteneinsichtsrecht zu. **Akteneinsicht**

2 Die übrigen Akten stehen dem Steuerpflichtigen zur Einsicht offen, sofern die Ermittlung des Sachverhaltes abgeschlossen ist und soweit nicht öffentliche oder private Interessen entgegenstehen.

3 Wird einem Steuerpflichtigen die Einsichtnahme in ein Aktenstück verweigert, so darf darauf zum Nachteil des Steuerpflichtigen nur abgestellt werden, wenn ihm die Behörde von dem für die Sache wesentlichen Inhalt mündlich oder schriftlich Kenntnis und ausserdem Gelegenheit gegeben hat, sich zu äussern und Gegenbeweismittel zu bezeichnen.

4 Auf Wunsch des Steuerpflichtigen bestätigt die Behörde die Verweigerung der Akteneinsicht durch eine Verfügung [VwVG 5], die durch Beschwerde angefochten werden kann.

Vgl.: BV 29 II; KS ESTV Nr. 30, 21.12.2010, Familienbesteuerung, S. 1392.

115. [StHG 41 II] Die vom Steuerpflichtigen angebotenen Beweise müssen abgenommen werden, soweit sie geeignet sind, die für die Veranlagung erheblichen Tatsachen festzustellen. **Beweisabnahme**

Vgl.: 123; BV 29 II.

116. [StHG 41 III] 1 Verfügungen [VwVG 5] und Entscheide werden dem Steuerpflichtigen schriftlich eröffnet und müssen eine Rechtsmittelbelehrung enthalten. **Eröffnung**

Vgl.: 113; BV 29 II.

2 Ist der Aufenthalt eines Steuerpflichtigen unbekannt oder befindet er sich im Ausland, ohne in der Schweiz einen Vertreter zu haben [118], so kann ihm eine Verfügung oder ein Entscheid rechtswirksam durch Publikation im kantonalen Amtsblatt eröffnet werden.

Vgl.: 193 V; VwVG 34–36.

Vertragliche Vertretung

117. [1] Der Steuerpflichtige kann sich vor den mit dem Vollzug dieses Gesetzes betrauten Behörden vertraglich vertreten lassen, soweit seine persönliche Mitwirkung nicht notwendig ist.

[2] Als Vertreter wird zugelassen, wer handlungsfähig [ZGB 13] ist und in bürgerlichen Ehren und Rechten [ZGB 384, 503] steht. Die Behörde kann den Vertreter auffordern, sich durch schriftliche Vollmacht auszuweisen.

[3] Haben Ehegatten, welche in rechtlich und tatsächlich ungetrennter Ehe leben [ZGB 159], keinen gemeinsamen Vertreter oder Zustellungsberechtigten bestellt, so ergehen sämtliche Zustellungen an die Ehegatten gemeinsam [113 IV].

[4] Zustellungen an Ehegatten, die in gerichtlich oder tatsächlich getrennter Ehe leben, erfolgen an jeden Ehegatten gesondert.

Vgl.: 113 IV, 177.

Notwendige Vertretung

118. Die Steuerbehörden können von einem Steuerpflichtigen mit Wohnsitz oder Sitz im Ausland [3 II, 50] verlangen, dass er einen Vertreter [117] in der Schweiz bezeichnet.

Vgl.: 116 II, 177.

Anm.: Gem. BG über die Revision der Quellenbesteuerung des Erwerbseinkommens vom 16.12.2016 wird Art. 118 aufgehoben (Referendumsfrist unbenutzt abgelaufen, Inkrafttreten noch offen).

4. Kapitel: Fristen

119. [1] Die vom Gesetz bestimmten Fristen [24 I c, 132 I, 133 III, 137 I, 140 I, 141 II, 148, 150 I, 152 I und III, 154 I, 157 III, 163 I, 164 II, 168 III, 169 III] können nicht erstreckt werden.

[2] Eine von einer Behörde angesetzte Frist wird erstreckt, wenn zureichende Gründe vorliegen und das Erstreckungsgesuch innert der Frist gestellt worden ist.

Vgl.: 133; VwVG 20 I.

5. Kapitel: Verjährung

Veranlagungsverjährung

120. [StHG 47 I] [1] Das Recht, eine Steuer zu veranlagen, verjährt fünf Jahre nach Ablauf der Steuerperiode [40, 79]. Vorbehalten bleiben die Artikel 152 und 184.

[2] Die Verjährung beginnt nicht oder steht still:

a. während eines Einsprache-[132 ff.], Beschwerde-[140 ff.] oder Revisionsverfahrens [147 ff.];
b. solange die Steuerforderung sichergestellt [169] oder gestundet [166] ist;

c. solange weder der Steuerpflichtige noch der Mithaftende in der Schweiz steuerrechtlichen Wohnsitz oder Aufenthalt [3 II-III] haben.

3 Die Verjährung beginnt neu mit:

a. jeder auf Feststellung oder Geltendmachung der Steuerforderung gerichteten Amtshandlung, die einem Steuerpflichtigen oder Mithaftenden zur Kenntnis gebracht wird;
b. jeder ausdrücklichen Anerkennung der Steuerforderung [OR 135] durch den Steuerpflichtigen oder den Mithaftenden;
c. der Einreichung eines Erlassgesuches [167 ff.];
d. der Einleitung einer Strafverfolgung wegen vollendeter Steuerhinterziehung [175] oder wegen Steuervergehens [186 ff.].

4 Das Recht, eine Steuer zu veranlagen, ist 15 Jahre nach Ablauf der Steuerperiode [40, 79] auf jeden Fall verjährt.

Vgl.: 121, 148, 150, 152, 168, 184, 189.

Bezugsverjährung

121. [StHG 47 II] 1 Steuerforderungen verjähren fünf Jahre, nachdem die Veranlagung rechtskräftig geworden ist.

2 Stillstand und Unterbrechung der Verjährung richten sich nach Artikel 120 Absätze 2 und 3.

3 Die Verjährung tritt in jedem Fall zehn Jahre nach Ablauf des Jahres ein, in dem die Steuern rechtskräftig festgesetzt worden sind.

Vgl.: 120.

Dritter Titel: Veranlagung im ordentlichen Verfahren

1. Kapitel: Vorbereitung der Veranlagung

122. 1 Die Veranlagungsbehörden [104] führen ein Verzeichnis der mutmasslich Steuerpflichtigen.

2 Die zuständigen Behörden der Kantone und Gemeinden übermitteln den mit dem Vollzug dieses Gesetzes betrauten Behörden die nötigen Angaben aus den Kontrollregistern [112].

3 Für die Vorbereitungsarbeiten können die Veranlagungsbehörden die Mithilfe der Gemeindebehörden oder besonderer Vorbereitungsorgane in Anspruch nehmen [112].

2. Kapitel: Verfahrenspflichten

1. Abschnitt: Aufgaben der Veranlagungsbehörden

123. [1] Die Veranlagungsbehörden stellen zusammen mit dem Steuerpflichtigen die für eine vollständige und richtige Besteuerung massgebenden tatsächlichen und rechtlichen Verhältnisse fest.

[2] Sie können insbesondere Sachverständige beiziehen, Augenscheine durchführen und Geschäftsbücher [OR 957] und Belege an Ort und Stelle einsehen. Die sich daraus ergebenden Kosten können ganz oder teilweise dem Steuerpflichtigen oder jeder andern zur Auskunft verpflichteten Person [128] auferlegt werden, die diese durch eine schuldhafte Verletzung von Verfahrenspflichten [174] notwendig gemacht haben.

2. Abschnitt: Pflichten des Steuerpflichtigen

Steuererklärung

124. [StHG 42 I] [1] Die Steuerpflichtigen [3 ff., 12 I, 49 ff.] werden durch öffentliche Bekanntgabe oder Zustellung des Formulars [StHG 71 III] aufgefordert, die Steuererklärung einzureichen. Steuerpflichtige, die kein Formular erhalten, müssen es bei der zuständigen Behörde [105 III, 106] verlangen.

Vgl.: 125, 126, 174 ff.; VStG 39; StG 35; VO Arbeitsverhältnis zum Bund, S. 124.

[2] Der Steuerpflichtige muss das Formular für die Steuererklärung [124 I] wahrheitsgemäss und vollständig ausfüllen, persönlich unterzeichnen [113 II] und samt den vorgeschriebenen Beilagen [125] fristgemäss der zuständigen Behörde [105 III, 106] einreichen.

[3] Der Steuerpflichtige, der die Steuererklärung nicht oder mangelhaft ausgefüllt einreicht, wird aufgefordert, das Versäumte innert angemessener Frist nachzuholen.

Vgl.: 130 II, 174.

[4] Bei verspäteter Einreichung und bei verspäteter Rückgabe [133] einer dem Steuerpflichtigen zur Ergänzung zurückgesandten Steuererklärung ist die Fristversäumnis zu entschuldigen, wenn der Steuerpflichtige nachweist, dass er durch Militär- oder Zivildienst, Landesabwesenheit, Krankheit oder andere erhebliche Gründe an der rechtzeitigen Einreichung oder Rückgabe verhindert war und dass er das Versäumte innert 30 Tagen nach Wegfall der Hinderungsgründe nachgeholt hat.[168]

---

168 Fassung gemäss Anhang Ziff. 7 des Zivildienstgesetzes vom 6. Okt. 1995, in Kraft seit 1. Okt. 1996 (AS **1996** 1445; BBl **1994** III 1609).

Beilagen zur Steuererklärung

125. [1] Natürliche Personen müssen der Steuererklärung insbesondere beilegen:

a. Lohnausweise über alle Einkünfte aus unselbständiger Erwerbstätigkeit [17];

Vgl.: 127 I a.

b. Ausweise über Bezüge als Mitglied der Verwaltung oder eines anderen Organs einer juristischen Person;

Vgl.: 129 I a.

c. Verzeichnisse über sämtliche Wertschriften, Forderungen und Schulden.

[2] Natürliche Personen mit Einkommen aus selbständiger Erwerbstätigkeit [18 ff.] und juristische Personen [49; ZGB 52] müssen der Steuererklärung beilegen:

a. die unterzeichneten Jahresrechnungen (Bilanzen, Erfolgsrechnungen) [OR 957 ff.] der Steuerperiode [40 f., 79]; oder
b. bei vereinfachter Buchführung nach Artikel 957 Absatz 2 OR[169]: Aufstellungen über Einnahmen und Ausgaben, über die Vermögenslage sowie über Privatentnahmen und -einlagen der Steuerperiode.[170]

Vgl.: 18 III, 58, 126 III.

[3] Zudem haben Kapitalgesellschaften und Genossenschaften das ihrer Veranlagung zur Gewinnsteuer dienende Eigenkapital am Ende der Steuerperiode [79] oder der Steuerpflicht [54 II] auszuweisen. Dieses besteht aus dem einbezahlten Grund- oder Stammkapital, den in der Handelsbilanz ausgewiesenen Einlagen, Aufgeldern und Zuschüssen im Sinne von Artikel 20 Absatz 3, den offenen und den aus versteuertem Gewinn gebildeten stillen Reserven sowie aus jenem Teil des Fremdkapitals, dem wirtschaftlich die Bedeutung von Eigenkapital zukommt [65].[171] [172]

Vgl. zu III: 20 III; VStG 5 I[bis]; OR 663a III, 957; KS ESTV Nr. 29a, 9.9.2015, Kapitaleinlageprinzip neues Rechnungslegungsrecht, S. 1212.

Vgl.: 124, 126 II, 131 I, 174 ff.; StHG 29; GeBüV; KS ESTV, 25.11.1992, Land und Forstwirtschaft, S. 1915.

Weitere Mitwirkungspflichten

126. [StHG 42] [1] Der Steuerpflichtige [3 ff., 12 I, 49 ff.] muss alles tun, um eine vollständige und richtige Veranlagung zu ermöglichen.

---

169 SR **220**

170 Fassung gemäss Ziff. I 2 des Steuererlassgesetzes vom 20. Juni 2014, in Kraft seit 1. Jan. 2016 (AS **2015** 9; BBl **2013** 8435).

171 Fassung des zweiten Satzes gemäss Ziff. II 2 des Unternehmenssteuerreformgesetzes II vom 23. März 2007, in Kraft seit 1. Jan. 2011 (AS 2008 2893; BBl 2005 4733).

172 Eingefügt durch Ziff. I 1 des BG vom 10. Okt. 1997 über die Reform der Unternehmensbesteuerung 1997 (AS **1998** 669; BBl **1997** II 1164).

[2] Er muss auf Verlangen der Veranlagungsbehörde insbesondere mündlich oder schriftlich Auskunft erteilen, Geschäftsbücher [OR 957 ff.], Belege und weitere Bescheinigungen sowie Urkunden über den Geschäftsverkehr vorlegen.

Vgl.: 125 II; VStG 39; StG 35; KS ESTV Nr. 20, 27.3.2008, Trusts, S. 1583; KS ESTV, 7.3.1995, Auskunfts-, Bescheinigungs- und Meldepflicht im DBG, S. 1886.

[3] Natürliche Personen mit Einkommen aus selbständiger Erwerbstätigkeit [18] und juristische Personen [49] müssen Geschäftsbücher und Aufstellungen nach Artikel 125 Absatz 2 und sonstige Belege, die mit ihrer Tätigkeit in Zusammenhang stehen, während zehn Jahren aufbewahren. Die Art und Weise der Führung und der Aufbewahrung richtet sich nach den Artikeln 957–958*f* OR[173].[174] [175]

Vgl. zu III: VASR, S. 577; KS ESTV, 7.3.1995, Auskunfts-, Bescheinigungs- und Meldepflicht im DBG, S. 1886.

Vgl.: 124, 174 ff.; KS ESTV Nr. 37, 22.7.2013, Mitarbeiterbeteiligungen, S. 1246; KS ESTV Nr. 9, 22.6.2005, Ausland-Ausland-Geschäfte, S. 1632; KS SSK Nr. 30, 22.8.2007, Trusts, S. 2024.

Anm.: Gem. BG über die Revision der Quellenbesteuerung des Erwerbseinkommens vom 16.12.2016 wird Art. 126a eingefügt (Referendumsfrist unbenutzt abgelaufen, Inkrafttreten noch offen):

[Notwendige Vertretung

126a Die Steuerbehörden können von einer steuerpflichtigen Person mit Wohnsitz oder Sitz im Ausland verlangen, dass sie einen Vertreter in der Schweiz bezeichnet.]

3. Abschnitt: Bescheinigungspflicht Dritter

127. [StHG 43] [1] Gegenüber dem Steuerpflichtigen [3 ff., 12 I, 49 ff.] sind zur Ausstellung schriftlicher Bescheinigungen verpflichtet:

a. Arbeitgeber über ihre Leistungen an Arbeitnehmer;
b. Gläubiger und Schuldner über Bestand, Höhe Verzinsung und Sicherstellung von Forderungen;
c. Versicherer über den Rückkaufswert von Versicherungen und über die aus dem Versicherungsverhältnis ausbezahlten oder geschuldeten Leistungen;
d. Treuhänder, Vermögensverwalter, Pfandgläubiger, Beauftragte und andere Personen, die Vermögen des Steuerpflich-

---

173 SR **220**

174 Fassung des zweiten Satzes gemäss Ziff. I 2 des Steuererlassgesetzes vom 20. Juni 2014, in Kraft seit 1. Jan. 2016 (AS **2015** 9; BBl **2013** 8435).

175 Fassung gemäss Ziff. II 1 des BG vom 22. Dez. 1999 (die kaufmännische Buchführung), in Kraft seit 1. Juni 2002 (AS **2002** 949; BBl **1999** 5149).

tigen in Besitz oder in Verwaltung haben oder hatten, über dieses Vermögen und seine Erträgnisse;

e. Personen, die mit dem Steuerpflichtigen Geschäfte tätigen oder getätigt haben, über die beiderseitigen Ansprüche und Leistungen.

2 Reicht der Steuerpflichtige trotz Mahnung die nötigen Bescheinigungen nicht ein, so kann sie die Veranlagungsbehörde vom Dritten einfordern. Das gesetzlich geschützte Berufsgeheimnis bleibt [StGB 321; BankG 47 1.; BEHG 43] vorbehalten.

Vgl.: 128 f., 174; StGB 292; KS ESTV Nr. 37, 22.7.2013, Mitarbeiterbeteiligungen, S. 1246; KS ESTV, 7.3.1995, Auskunfts-, Bescheinigungs- und Meldepflicht im DBG, S. 1886.

4. Abschnitt: Auskunftspflicht Dritter

128. [StHG 44] Gesellschafter [OR 530, 552, 594], Miteigentümer [ZGB 646] und Gesamteigentümer [ZGB 652] müssen auf Verlangen den Steuerbehörden über ihr Rechtsverhältnis zum Steuerpflichtigen Auskunft erteilen, insbesondere über dessen Anteile, Ansprüche und Bezüge.

Vgl.: 123 II, 127, 129, 174; StGB 292; KS ESTV, 7.3.1995, Auskunfts-, Bescheinigungs- und Meldepflicht im DBG, S. 1886.

5. Abschnitt: Meldepflicht Dritter

129. [StHG 45] 1 Den Veranlagungsbehörden müssen für jede Steuerperiode eine Bescheinigung einreichen:

a. juristische Personen [ZGB 52 ff.] über die den Mitgliedern der Verwaltung und anderer Organe ausgerichteten Leistungen; Stiftungen [ZGB 80] reichen zusätzlich eine Bescheinigung über die ihren Begünstigten erbrachten Leistungen ein;

Vgl.: 125 I b.

b. Einrichtungen der beruflichen Vorsorge [BVG 48] und der gebundenen Selbstvorsorge [BVV 3 1] über die den Vorsorgenehmern oder Begünstigten erbrachten Leistungen (Art. 22 Abs. 2);

c. einfache Gesellschaften und Personengesellschaften [OR 552 ff., 594 ff.] über alle Verhältnisse, die für die Veranlagung der Teilhaber von Bedeutung sind, insbesondere über ihren Anteil an Einkommen und Vermögen der Gesellschaft;

d.[176] [StHG 45e] Arbeitgeber, die ihren Angestellten Mitarbeiterbeteiligungen einräumen, über alle für deren Veranlagung notwendigen Angaben; die Einzelheiten regelt der Bundesrat in einer Verordnung.

Vgl.: MBV, S. 140.

[2] Dem Steuerpflichtigen [3 ff., 12 I, 49 ff.] ist ein Doppel der Bescheinigung zuzustellen.

[3] Die kollektiven Kapitalanlagen mit direktem Grundbesitz [49 II] müssen den Veranlagungsbehörden für jede Steuerperiode eine Bescheinigung über alle Verhältnisse einreichen, die für die Besteuerung des direkten Grundbesitzes und dessen Erträge massgeblich sind.[177]

Vgl.: 127 f., 174; VO Arbeitsverhältnis zum Bund, S. 124; KS ESTV, 7.3.1995, Auskunfts-, Bescheinigungs- und Meldepflicht im DBG, S. 1886.

3. Kapitel: Veranlagung

Durchführung

130. [StHG 46 I, III] [1] Die Veranlagungsbehörde prüft die Steuererklärung und nimmt die erforderlichen Untersuchungen vor [123; BV 29 II; ZGB 8].

[2] Hat der Steuerpflichtige trotz Mahnung [124 III] seine Verfahrenspflichten [124 ff.] nicht erfüllt oder können die Steuerfaktoren mangels zuverlässiger Unterlagen [125 ff.] nicht einwandfrei ermittelt werden, so nimmt die Veranlagungsbehörde die Veranlagung nach pflichtgemässem Ermessen vor [132 III]. Sie kann dabei Erfahrungszahlen, Vermögensentwicklung und Lebensaufwand des Steuerpflichtigen berücksichtigen.

Eröffnung

131. [StHG 46 II] [1] Die Veranlagungsbehörde setzt in der Veranlagungsverfügung [116; VwVG 5] die Steuerfaktoren (steuerbares Einkommen [16], steuerbarer Reingewinn [57]), den Steuersatz [36, 68 ff.] und die Steuerbeträge fest. Zudem wird den Kapitalgesellschaften und Genossenschaften der sich nach der Veranlagung zur Gewinnsteuer und Berücksichtigung von Gewinnausschüttungen ergebende Stand des Eigenkapitals bekannt gegeben [125 III].[178]

---

[176] Eingefügt durch Ziff. I 1 des BG vom 17. Dez. 2010 über die Besteuerung von Mitarbeiterbeteiligungen, in Kraft seit 1. Jan. 2013 (AS **2011** 3259; BBl **2005** 575).

[177] Fassung gemäss Anhang Ziff. II 6 des Kollektivanlagengesetzes vom 23. Juni 2006, in Kraft seit 1. Jan. 2007 (AS **2006** 5379; BBl **2005** 6395).

[178] Fassung gemäss Ziff. I 1 des BG vom 10. Okt. 1997 über die Reform der Unternehmensbesteuerung 1997, in Kraft seit 1. Jan. 1998 (AS **1998** 669; BBl **1997** II 1164).

2 Abweichungen von der Steuererklärung [124] gibt sie dem Steuerpflichtigen spätestens bei der Eröffnung der Veranlagungsverfügung [131, 116] bekannt.

3 Die Veranlagungsverfügung wird auch der kantonalen Verwaltung für die direkte Bundessteuer sowie der ESTV eröffnet, wenn diese im Veranlagungsverfahren mitgewirkt oder die Eröffnung verlangt haben (Art. 103 Abs. 1 Bst. d und 104 Abs. 1).

Vgl.: 132, 140, 145 f.; VO Gebühren für Dienstleistungen, S. 644.

4. Kapitel: Einsprache

Voraussetzungen

132. [StHG 48 I–II] 1 Gegen die Veranlagungsverfügung [131 I, 137 I] kann der Steuerpflichtige [3 ff., 12 I, 49 ff.] innert 30 Tagen nach Zustellung [133] bei der Veranlagungsbehörde schriftlich Einsprache erheben.

2 Richtet sich die Einsprache gegen eine einlässlich begründete Veranlagungsverfügung, so kann sie mit Zustimmung des Einsprechers [132 I] und der übrigen Antragsteller (Art. 103 Abs. 1 Bst. b und 104 Abs. 1) als Beschwerde an die kantonale Steuerrekurskommission weitergeleitet werden [140].

3 Eine Veranlagung nach pflichtgemässem Ermessen [130 II] kann der Steuerpflichtige nur wegen offensichtlicher Unrichtigkeit anfechten. Die Einsprache ist zu begründen und muss allfällige Beweismittel nennen.

Fristen

133. 1 Die Frist beginnt mit dem auf die Eröffnung [116, 131, 137 I] folgenden Tage. Sie gilt als eingehalten, wenn die Einsprache am letzten Tag der Frist bei der Veranlagungsbehörde eingelangt ist, den schweizerischen PTT-Betrieben[179] oder einer schweizerischen diplomatischen oder konsularischen Vertretung im Ausland übergeben wurde. Fällt der letzte Tag auf einen Samstag, Sonntag oder staatlich anerkannten Feiertag, so läuft die Frist am nächstfolgenden Werktag ab.

2 Eine unzuständige Amtsstelle überweist die bei ihr eingereichte Einsprache ohne Verzug der zuständigen Veranlagungsbehörde [104, 105 III, 106]. Die Frist zur Einreichung der Einsprache gilt als eingehalten, wenn diese am letzten Tag der Frist bei der unzuständigen Amtsstelle eingelangt ist oder den schweizerischen PTT-Betrieben[180] übergeben wurde [VwVG 21 III].

3 Auf verspätete Einsprachen wird nur eingetreten, wenn der Steuerpflichtige nachweist, dass er durch Militär- oder Zivildienst, Krankheit, Landesabwesenheit oder andere erhebliche Gründe an der rechtzeitigen Einreichung verhindert war und dass die Ein-

179 Heute: der Schweizerischen Post.
180 Heute: der Schweizerischen Post.

sprache innert 30 Tagen nach Wegfall der Hinderungsgründe eingereicht wurde.[181]

Vgl.: 113 III, 119; VwVG 20 f.

Befugnisse der Steuerbehörden

134. [StHG 48 III] [1] Im Einspracheverfahren haben die Veranlagungsbehörde [104 II], die kantonale Verwaltung für die direkte Bundessteuer [104 I] und die ESTV die gleichen Befugnisse wie im Veranlagungsverfahren [123 ff.].

[2] Einem Rückzug der Einsprache wird keine Folge gegeben, wenn nach den Umständen anzunehmen ist, dass die Veranlagung unrichtig war. Das Einspracheverfahren kann zudem nur mit Zustimmung aller an der Veranlagung beteiligten Steuerbehörden eingestellt werden.

Entscheid

135. [StHG 48 IV] [1] Die Veranlagungsbehörde entscheidet gestützt auf die Untersuchung über die Einsprache [134]. Sie kann alle Steuerfaktoren [131 I] neu festsetzen und, nach Anhören des Steuerpflichtigen, die Veranlagung auch zu dessen Nachteil abändern.

[2] Der Entscheid wird begründet und dem Steuerpflichtigen [3 ff., 12 I, 49 ff.] sowie der kantonalen Verwaltung für die direkte Bundessteuer zugestellt. Er wird auch der ESTV mitgeteilt, wenn diese bei der Veranlagung mitgewirkt oder die Eröffnung des Einspracheentscheides verlangt hat (Art. 103 Abs. 1).

[3] Das Einspracheverfahren ist kostenfrei. Artikel 123 Absatz 2 letzter Satz ist entsprechend anwendbar.

Vgl.: 109–121, 140, 145 f.; BV 29 II.

Vierter Titel: Verfahren bei der Erhebung der Quellensteuer

Verfahrenspflichten

136. [StHG 49 I] Der Steuerpflichtige [83, 91–97] und der Schuldner der steuerbaren Leistung [88, 100] müssen der Veranlagungsbehörde [104 II, 107] auf Verlangen über die für die Erhebung der Quellensteuer massgebenden Verhältnisse mündlich oder schriftlich Auskunft erteilen. Die Artikel 123–129 gelten sinngemäss.

Vgl.: KS ESTV, 7.3.1995, Auskunfts-, Bescheinigungs- und Meldepflicht im DBG, S. 1886.

Vgl. zu 136–139: VO Kompetenzzuweisungen an Finanzdepartement, S. 157.

Anm.: Gem. BG über die Revision der Quellenbesteuerung des Erwerbseinkommens vom 16.12.2016 wird Art. 136a eingefügt (Referendumsfrist unbenutzt abgelaufen, Inkrafttreten noch offen):

---

181 Fassung gemäss Anhang Ziff. 7 des Zivildienstgesetzes vom 6. Okt. 1995, in Kraft seit 1. Okt. 1996 (AS **1996** 1445; BBl **1994** III 1609).

136a [1] *Die Steuerbehörden können von einer steuerpflichtigen Person mit Wohnsitz oder Sitz im Ausland verlangen, dass sie einen Vertreter in der Schweiz bezeichnet.* *[Notwendige Vertretung*

[2] *Personen, die nach Art. 99a eine nachträgliche ordentliche Veranlagung beantragen, müssen die erforderlichen Unterlagen einreichen und eine Zustelladresse in der Schweiz bezeichnen. Wird keine Zustelladresse bezeichnet oder verliert die Zustelladresse während des Veranlagungsverfahrens ihre Gültigkeit, so gewährt die zuständige Behörde der steuerpflichtigen Person eine angemessene Frist für die Bezeichnung einer gültigen Zustelladresse. Läuft diese Frist unbenutzt ab, so tritt die Quellensteuer an die Stelle der im ordentlichen Verfahren zu veranlagenden direkten Bundessteuer auf dem Erwerbseinkommen. Art. 133 Absatz 3 gilt sinngemäss.]*

Verfügung

137. [StHG 49 II] [1] Ist der Steuerpflichtige oder der Schuldner der steuerbaren Leistung mit dem Steuerabzug nicht einverstanden, so kann er bis Ende März des auf die Fälligkeit der Leistung [QStV 15] folgenden Kalenderjahres von der Veranlagungsbehörde eine Verfügung [VwVG 5] über Bestand und Umfang der Steuerpflicht verlangen.

[2] Der Schuldner der steuerbaren Leistung bleibt bis zum rechtskräftigen Entscheid zum Steuerabzug verpflichtet.

Vgl.: QStV, S. 164.

Anm.: Gem. BG über die Revision der Quellenbesteuerung des Erwerbseinkommens vom 16.12.2016 wird Art. 137 wie folgt geändert (Referendumsfrist unbenutzt abgelaufen, Inkrafttreten noch offen):

[[1] Die steuerpflichtige Person kann von der Veranlagungsbehörde bis am 31. März des auf die Fälligkeit der Leistung folgenden Steuerjahres eine Verfügung über Bestand und Umfang der Steuerpflicht verlangen, wenn sie:

a. mit dem Quellensteuerabzug gemäss Bescheinigung nach Art. 88 oder 100 nicht einverstanden ist; oder

b. die Bescheinigung nach Art. 88 oder 100 vom Arbeitgeber nicht erhalten hat.

[2] *Der Schuldner der steuerbaren Leistung kann von der Veranlagungsbehörde bis am 31. März des auf die Fälligkeit der Leistung folgenden Steuerjahres eine Verfügung über Bestand und Umfang der Steuerpflicht verlangen.*

[3] *Er bleibt bis zum rechtskräftigen Entscheid verpflichtet, die Quellensteuer zu erheben.]*

Nachforderung und Rückerstattung

138. [StHG 49 III] [1] Hat der Schuldner der steuerbaren Leistung den Steuerabzug [88, 100] nicht oder ungenügend vorgenommen, so verpflichtet ihn die Veranlagungsbehörde zur Nachzahlung. Der Rückgriff des Schuldners auf den Steuerpflichtigen bleibt vorbehalten.

[2] Hat der Schuldner der steuerbaren Leistung einen zu hohen Steuerabzug vorgenommen, so muss er dem Steuerpflichtigen die Differenz zurückzahlen.

Vgl. zu II: QStV 16, S. 164.

Anm.: Gem. BG über die Revision der Quellenbesteuerung des Erwerbseinkommens vom 16.12.2016 wird Art. 138 Abs. 3 eingefügt (Referendumsfrist unbenutzt abgelaufen, Inkrafttreten noch offen):

[3 Die steuerpflichtige Person kann von der Veranlagungsbehörde zur Nachzahlung der von ihr geschuldeten Quellensteuer verpflichtet werden, wenn die ausbezahlte steuerbare Leistung nicht oder nicht vollständig um die Quellensteuer gekürzt wurde und ein Nachbezug beim Schuldner der steuerbaren Leistung nicht möglich ist.]

Rechtsmittel

139. 1 Gegen eine Verfügung [VwVG 5] über die Quellensteuer [137, 138] kann der Betroffene Einsprache nach Artikel 132 erheben.

2 Das kantonale Recht kann in seinen Vollzugsvorschriften bestimmen, dass sich das Einspracheverfahren und das Verfahren vor der kantonalen Rekurskommission nach den für die Anfechtung und Überprüfung eines Entscheides über kantonalrechtliche Quellensteuern massgebenden kantonalen Verfahrensvorschriften richtet, wenn der streitige Quellensteuerabzug sowohl auf Bundesrecht wie auf kantonalem Recht beruht.

Fünfter Titel: Beschwerdeverfahren

1. Kapitel: Vor kantonaler Steuerrekurskommission

Voraussetzungen für die Beschwerde des Steuerpflichtigen

140. 1 Der Steuerpflichtige [3 ff., 12 I, 49 ff.] kann gegen den Einspracheentscheid [135] der Veranlagungsbehörde innert 30 Tagen nach Zustellung bei einer von der Steuerbehörde unabhängigen Rekurskommission [104 III; EMRK 6 I] schriftlich Beschwerde erheben. Artikel 132 Absatz 2 bleibt vorbehalten.

2 Er muss in der Beschwerde seine Begehren stellen, die sie begründenden Tatsachen und Beweismittel angeben sowie Beweisurkunden beilegen oder genau bezeichnen. Entspricht die Beschwerde diesen Anforderungen nicht, so wird dem Steuerpflichtigen unter Androhung des Nichteintretens eine angemessene Frist zur Verbesserung angesetzt.

3 Mit der Beschwerde können alle Mängel des angefochtenen Entscheides und des vorangegangenen Verfahrens gerügt werden.

4 Artikel 133 gilt sinngemäss.

Voraussetzungen für die Beschwerde der Aufsichtsbehörden

141. 1 Die kantonale Verwaltung für die direkte Bundessteuer und die ESTV können gegen jede Veranlagungsverfügung [131, 137] und jeden Einspracheentscheid [135] der Veranlagungsbehörde Beschwerde bei der kantonalen Steuerrekurskommission erheben.

2 Die Beschwerdefrist beträgt:

a. gegen Veranlagungsverfügungen [131, 137] und Einspracheentscheide [135], die der beschwerdeführenden Verwaltung eröffnet worden sind, 30 Tage seit Zustellung;

b. in den andern Fällen 60 Tage seit Eröffnung an den Steuerpflichtigen.

142. [1] Die kantonale Steuerrekurskommission fordert die Veranlagungsbehörde zur Stellungnahme und zur Übermittlung der Veranlagungsakten auf. Sie gibt auch der kantonalen Verwaltung für die direkte Bundessteuer und der ESTV Gelegenheit zur Stellungnahme. **Verfahren**

[2] Wird die Beschwerde von der kantonalen Verwaltung für die direkte Bundessteuer oder von der ESTV eingereicht, so erhält der Steuerpflichtige Gelegenheit zur Stellungnahme.

[3] Enthält die von einer Behörde eingereichte Stellungnahme zur Beschwerde des Steuerpflichtigen neue Tatsachen oder Gesichtspunkte, so erhält der Steuerpflichtige Gelegenheit, sich auch dazu zu äussern.

[4] Im Beschwerdeverfahren hat die Steuerrekurskommission die gleichen Befugnisse wie die Veranlagungsbehörde im Veranlagungsverfahren [123 ff.].

[5] Die Akteneinsicht des Steuerpflichtigen richtet sich nach Artikel 114.

Vgl.: 109–121; BV 29 II; VwVG 57.

143. [1] Die kantonale Steuerrekurskommission entscheidet gestützt auf das Ergebnis ihrer Untersuchungen. Sie kann nach Anhören [BV 29 II] des Steuerpflichtigen die Veranlagung auch zu dessen Nachteil abändern. **Entscheid**

[2] Sie teilt ihren Entscheid mit schriftlicher Begründung dem Steuerpflichtigen und den am Verfahren beteiligten Behörden mit.

144. [1] Die Kosten des Verfahrens vor der kantonalen Steuerrekurskommission werden der unterliegenden Partei auferlegt; wird die Beschwerde teilweise gutgeheissen, so werden sie anteilmässig aufgeteilt. **Kosten**

[2] Dem obsiegenden Beschwerdeführer werden die Kosten ganz oder teilweise auferlegt, wenn er bei pflichtgemässem Verhalten schon im Veranlagungs- [122 ff.] oder Einspracheverfahren [132 ff.] zu seinem Recht gekommen wäre oder wenn er die Untersuchung der kantonalen Steuerrekurskommission durch trölerisches Verhalten erschwert hat.

[3] Wenn besondere Verhältnisse es rechtfertigen, kann von einer Kostenauflage abgesehen werden.

[4] Für die Zusprechung von Parteikosten gilt Artikel 64 Absätze 1–3 des Verwaltungsverfahrensgesetzes vom 20. Dezember 1968[182] sinngemäss.

---

[182] SR **172.021**

[5] Die Höhe der Kosten des Verfahrens vor der kantonalen Steuerrekurskommission wird durch das kantonale Recht bestimmt.

Vgl.: VwVG 63 f.

2. Kapitel: Vor einer weiteren kantonalen Beschwerdeinstanz

145. [StHG 50 III] [1] Das kantonale Recht kann den Weiterzug des Beschwerdeentscheides an eine weitere verwaltungsunabhängige kantonale Instanz vorsehen.

[2] Die Artikel 140–144 gelten sinngemäss.

Vgl.: RS ESTV Nr. 5, 24.3.2004, Parallelität Instanzenzug, S. 1998.

3. Kapitel: Vor Bundesgericht

146.[183] [StHG 73 I–II] Gegen Entscheide letzter kantonaler Instanzen kann nach Massgabe des Bundesgerichtsgesetzes vom 17. Juni 2005[184] beim Bundesgericht Beschwerde geführt werden [BGG 82 ff.]. Zur Beschwerde in öffentlich-rechtlichen Angelegenheiten ist auch die kantonale Verwaltung für die direkte Bundessteuer berechtigt [BGG 89 II d].

Sechster Titel: Änderung rechtskräftiger Verfügungen und Entscheide

1. Kapitel: Revision

Gründe

147. [StHG 51 I–II] [1] Eine rechtskräftige Verfügung oder ein rechtskräftiger Entscheid kann auf Antrag oder von Amtes wegen zugunsten des Steuerpflichtigen revidiert werden:

a. wenn erhebliche Tatsachen oder entscheidende Beweismittel entdeckt werden;
b. wenn die erkennende Behörde erhebliche Tatsachen oder entscheidende Beweismittel, die ihr bekannt waren oder bekannt sein mussten, ausser acht gelassen oder in anderer Weise wesentliche Verfahrensgrundsätze verletzt hat;
c. wenn ein Verbrechen [StGB 10 II] oder ein Vergehen [StGB 10 III] die Verfügung oder den Entscheid beeinflusst hat.

[2] Die Revision ist ausgeschlossen, wenn der Antragsteller als Revisionsgrund vorbringt, was er bei der ihm zumutbaren Sorgfalt schon im ordentlichen Verfahren hätte geltend machen können.

---

183 Fassung gemäss Ziff. I 1 des BG vom 26. Sept. 2014 (Anpassungen an die Allgemeinen Bestimmungen des StGB), in Kraft seit 1. Jan. 2017 (AS **2015** 779; BBl **2012** 2869).

184 SR **173.110**

[3] Die Revision bundesgerichtlicher Urteile richtet sich nach dem Bundesgerichtsgesetz vom 17. Juni 2005 [BGG 121 ff.][185,186]

Vgl.: 150, 151.

Frist

148. [StHG 51 III] Das Revisionsbegehren muss innert 90 Tagen nach Entdeckung des Revisionsgrundes [147 I a–c], spätestens aber innert zehn Jahren nach Eröffnung der Verfügung [131] oder des Entscheides [135, 143, 145, 146] eingereicht werden [133].

Verfahren und Entscheid

149. [StHG 51 IV] [1] Für die Behandlung des Revisionsbegehrens ist die Behörde zuständig, welche die frühere Verfügung oder den früheren Entscheid erlassen hat.

[2] Ist ein Revisionsgrund [147 I a–c] gegeben, so hebt die Behörde ihre frühere Verfügung oder ihren früheren Entscheid auf und verfügt oder entscheidet von neuem.

[3] Gegen die Abweisung des Revisionsbegehrens und gegen die neue Verfügung oder den neuen Entscheid können die gleichen Rechtsmittel wie gegen die frühere Verfügung oder den früheren Entscheid ergriffen werden [132 ff., 140 ff., 145 f.].

[4] Im Übrigen sind die Vorschriften über das Verfahren anwendbar, in dem die frühere Verfügung oder der frühere Entscheid ergangen ist [109–121].

2. Kapitel: Berichtigung von Rechnungsfehlern und Schreibversehen

150. [StHG 52 I] [1] Rechnungsfehler und Schreibversehen in rechtskräftigen Verfügungen und Entscheiden können innert fünf Jahren nach Eröffnung auf Antrag oder von Amtes wegen von der Behörde, der sie unterlaufen sind, berichtigt werden.

[2] Gegen die Berichtigung oder ihre Ablehnung können die gleichen Rechtsmittel wie gegen die Verfügung oder den Entscheid ergriffen werden [132 ff., 140 ff., 145 f.].

Vgl.: 147.

---

185 SR **173.110**

186 Fassung gemäss Anhang Ziff. 57 des Verwaltungsgerichtsgesetzes vom 17. Juni 2005, in Kraft seit 1. Jan. 2007 (AS **2006** 2197 1069; BBl **2001** 4202).

3. Kapitel: Nachsteuern

Ordentliche Nachsteuer[187]

151. [StHG 53 I] 1 Ergibt sich aufgrund von Tatsachen oder Beweismittel, die der Steuerbehörde nicht bekannt waren, dass eine Veranlagung [130] zu Unrecht unterblieben oder eine rechtskräftige Veranlagung unvollständig ist, oder ist eine unterbliebene oder unvollständige Veranlagung auf ein Verbrechen [StGB 10 II] oder ein Vergehen [StGB 10 III] gegen die Steuerbehörde zurückzuführen, so wird die nicht erhobene Steuer samt Zins als Nachsteuer eingefordert.

Vgl.: 147 ff., 161 III c, 175.

2 Hat der Steuerpflichtige Einkommen, Vermögen und Reingewinn in seiner Steuererklärung vollständig und genau angegeben und das Eigenkapital zutreffend ausgewiesen [124 f.] und haben die Steuerbehörden die Bewertung anerkannt, so kann keine Nachsteuer erhoben werden, selbst wenn die Bewertung ungenügend war.[188]

Vgl.: 147, 150.

Vgl. zu 151–153: KS ESTV, 7.4.1995, Nachsteuer- und Steuerstrafrecht, S. 1842.

Verwirkung

152. [StHG 53 II, III] 1 Das Recht, ein Nachsteuerverfahren einzuleiten, erlischt zehn Jahre nach Ablauf der Steuerperiode [40, 79], für die eine Veranlagung zu Unrecht unterblieben oder eine rechtskräftige Veranlagung unvollständig ist.

2 Die Eröffnung der Strafverfolgung wegen Steuerhinterziehung [175 ff.] oder Steuervergehens [186 ff.] gilt zugleich als Einleitung des Nachsteuerverfahrens.

3 Das Recht, die Nachsteuer festzusetzen, erlischt 15 Jahre nach Ablauf der Steuerperiode [40], auf die sie sich bezieht.

Vgl.: 120, 121.

Verfahren

153. 1 Die Einleitung eines Nachsteuerverfahrens [151] wird dem Steuerpflichtigen schriftlich mitgeteilt.

1bis Wenn bei Einleitung des Verfahrens ein Strafverfahren wegen Steuerhinterziehung [175], weder eingeleitet wird, noch hängig ist, noch von vornherein ausgeschlossen werden kann, wird die

---

187 Fassung gemäss Ziff. I 1 des BG vom 20. März 2008 über die Vereinfachung der Nachbesteuerung in Erbfällen und die Einführung der straflosen Selbstanzeige, in Kraft seit 1. Jan. 2010 (AS **2008** 4453; BBl **2006** 8795).

188 Fassung gemäss Ziff. I 1 des BG vom 10. Okt. 1997 über die Reform der Unternehmensbesteuerung 1997, in Kraft seit 1. Jan. 1998 (AS **1998** 669; BBl **1997** II 1164).

steuerpflichtige Person auf die Möglichkeit der späteren Einleitung eines solchen Strafverfahrens aufmerksam gemacht.[189]

2 Das Verfahren, das beim Tod [ZGB 31] des Steuerpflichtigen noch nicht eingeleitet oder noch nicht abgeschlossen ist, wird gegenüber den Erben [ZGB 457 ff., 483, 487] eingeleitet oder fortgesetzt.

Vgl.: 8 II, 12 I.

3 Im Übrigen sind die Vorschriften über die Verfahrensgrundsätze [109–121], das Veranlagungs-[122–135, 136–139] und das Beschwerdeverfahren [140–146] sinngemäss anwendbar.

Vereinfachte Nachbesteuerung von Erben

153*a*.[190] [StHG 53a] 1 Alle Erben haben unabhängig voneinander Anspruch auf eine vereinfachte Nachbesteuerung der vom Erblasser hinterzogenen Bestandteile von Vermögen und Einkommen, wenn:

a. die Hinterziehung keiner Steuerbehörde bekannt ist;
b. sie die Verwaltung bei der Feststellung der hinterzogenen Vermögens- und Einkommenselemente vorbehaltlos unterstützen; und
c. sie sich ernstlich um die Bezahlung der geschuldeten Nachsteuer bemühen.

2 Die Nachsteuer wird für die letzten drei vor dem Todesjahr abgelaufenen Steuerperioden [40] nach den Vorschriften über die ordentliche Veranlagung berechnet und samt Verzugszins [164] nachgefordert.

3 Die vereinfachte Nachbesteuerung ist ausgeschlossen, wenn die Erbschaft amtlich oder konkursamtlich liquidiert wird [ZGB 593 ff.].

4 Auch der Willensvollstrecker oder der Erbschaftsverwalter kann um eine vereinfachte Nachbesteuerung ersuchen.

Vgl.: KS ESTV Nr. 40, 11.3.2014, Verwirkung Rückerstattung Verrechnungssteuer, S. 1237; RS ESTV Nr. 69, 5.1.2010, Straflose Selbstanzeige, S. 1989.

---

189 Eingefügt durch Ziff. I 1 des BG vom 20. Dez. 2006 über Änderungen des Nachsteuerverfahrens und des Strafverfahrens wegen Steuerhinterziehung auf dem Gebiet der direkten Steuern, in Kraft seit 1. Jan. 2008 (AS **2007** 2973; BBl **2006** 4021 4039).

190 Eingefügt durch Ziff. I 1 des BG vom 20. März 2008 über die Vereinfachung der Nachbesteuerung in Erbfällen und die Einführung der straflosen Selbstanzeige, in Kraft seit 1. Jan. 2010 (AS **2008** 4453; BBl **2006** 8795).

Siebenter Titel: Inventar

1. Kapitel: Inventarpflicht

154. [StHG 54 I] [1] Nach dem Tod [ZGB 31] eines Steuerpflichtigen wird innert zwei Wochen ein amtliches Inventar aufgenommen.

Vgl.: 8 II, 12 I, 161 IV e.

[2] Die Inventaraufnahme kann unterbleiben, wenn anzunehmen ist, dass kein Vermögen vorhanden ist.

Vgl. zu 154–159: InvV, S. 127.

2. Kapitel: Gegenstand

155. [StHG 54 II und III] [1] In das Inventar wird das am Todestag bestehende Vermögen des Erblassers, seines in ungetrennter Ehe lebenden Ehegatten [ZGB 159] und der unter seiner elterlichen Sorge stehenden minderjährigen Kinder [ZGB 296] aufgenommen.

Vgl.: 9 I und II.

[2] Tatsachen, die für die Steuerveranlagung von Bedeutung sind, werden festgestellt und im Inventar vorgemerkt.

Vgl.: 9, 123, 157, 159.

3. Kapitel: Verfahren

Sicherung der Inventaraufnahme

156. [1] Die Erben [ZGB 457 ff., 483, 487] und die Personen, die das Nachlassvermögen verwalten oder verwahren, dürfen über dieses vor Aufnahme des Inventars nur mit Zustimmung der Inventarbehörde [159] verfügen.

[2] Zur Sicherung des Inventars kann die Inventarbehörde die sofortige Siegelung vornehmen.

Mitwirkungspflichten

157. [1] Die Erben, die gesetzlichen Vertreter von Erben, die Erbschaftsverwalter [ZGB 554] und die Willensvollstrecker [ZGB 517] sind verpflichtet:

a. über alle Verhältnisse, die für die Feststellung der Steuerfaktoren [131] des Erblassers von Bedeutung sein können, wahrheitsgemäss Auskunft zu erteilen;
b. alle Bücher, Urkunden, Ausweise und Aufzeichnungen, die über den Nachlass Aufschluss verschaffen können, vorzuweisen;

   Vgl.: 125 II.

c. alle Räumlichkeiten und Behältnisse zu öffnen, die dem Erblasser zur Verfügung gestanden haben.

[2] Erben und gesetzliche Vertreter von Erben, die mit dem Erblasser in häuslicher Gemeinschaft gelebt oder Vermögensgegenstände des Erblassers verwahrt oder verwaltet haben, müssen auch Einsicht in ihre Räume und Behältnisse gewähren.

[3] Erhält ein Erbe, ein gesetzlicher Vertreter von Erben, ein Erbschaftsverwalter oder ein Willensvollstrecker nach Aufnahme des Inventars Kenntnis von Gegenständen des Nachlasses, die nicht im Inventar verzeichnet sind, so muss er diese innert zehn Tagen der Inventarbehörde bekannt geben.

[4] Der Inventaraufnahme müssen mindestens ein handlungsfähiger Erbe und der gesetzliche Vertreter minderjähriger oder unter umfassender Beistandschaft stehender Erben oder die vorsorgebeauftragte Person beiwohnen.[191]

Vgl.: 124–126, 174, 178; KS ESTV, 7.3.1995, Auskunfts-, Bescheinigungs- und Meldepflicht im DBG, S. 1886.

Auskunfts- und Bescheinigungspflicht

158. [1] Dritte, die Vermögenswerte des Erblassers verwahrten oder verwalteten oder denen gegenüber der Erblasser geldwerte Rechte oder Ansprüche hatte, sind verpflichtet, den Erben zuhanden der Inventarbehörde auf Verlangen schriftlich alle damit zusammenhängenden Auskünfte zu erteilen.

[2] Stehen der Erfüllung dieser Auskunftspflicht wichtige Gründe entgegen, so kann der Dritte die verlangten Angaben direkt der Inventarbehörde machen.

[3] Im übrigen gelten die Artikel 127 und 128 sinngemäss.

Vgl.: KS ESTV, 7.3.1995, Auskunfts-, Bescheinigungs- und Meldepflicht im DBG, S. 1886.

4. Kapitel: Behörden

159. [1] Für die Inventaraufnahme und die Siegelung ist die kantonale Behörde des Ortes zuständig [InvV], an dem der Erblasser seinen letzten steuerrechtlichen Wohnsitz oder Aufenthalt [3 II und III, 105] gehabt oder steuerbare Werte [4 I, 106] besessen hat.

[2] Ordnet die Erwachsenenschutzbehörde oder das Gericht eine Inventaraufnahme an, so wird eine Ausfertigung des Inventars der Inventarbehörde zugestellt.[192] Diese kann es übernehmen kann es übernehmen oder nötigenfalls ergänzen.

---

[191] Fassung gemäss Anhang Ziff. 18 des BG vom 19. Dez. 2008 (Erwachsenenschutz, Personenrecht und Kindesrecht), in Kraft seit 1. Jan. 2013 (AS **2011** 725; BBl **2006** 7001).

[192] Fassung gemäss Anhang Ziff. 18 des BG vom 19. Dez. 2008 (Erwachsenenschutz, Personenrecht und Kindesrecht), in Kraft seit 1. Jan. 2013 (AS **2011** 725; BBl **2006** 7001).

[3] Die Zivilstandsämter informieren bei einem Todesfall unverzüglich die Steuerbehörde am letzten steuerrechtlichen Wohnsitz oder Aufenthalt (Art. 3) des Verstorbenen.

Vgl.: 112.

Achter Titel: Bezug und Sicherung der Steuer

1. Kapitel: Bezugskanton

160. Die Steuer wird durch den Kanton bezogen, in dem die Veranlagung vorgenommen worden ist [105 ff.].

Vgl.: KS ESTV, 29.1.1996, Bezug direkte Bundessteuer.

2. Kapitel: Fälligkeit der Steuer

161. [1] Die Steuer wird in der Regel in dem vom EFD bestimmten Zeitpunkt fällig (allgemeiner Fälligkeitstermin). Sie kann in Raten bezogen werden.

Vgl.: VO Kompetenzzuweisungen an Finanzdepartement, S. 157; VO Fälligkeit und Verzinsung der direkten Bundessteuer, S. 184.

[2] Für die Steuer von Steuerpflichtigen, bei denen das Steuerjahr nicht mit dem Kalenderjahr übereinstimmt (Art. 79 Abs. 2), kann die Steuerbehörde besondere Fälligkeitstermine festsetzen.

Vgl.: 162–164; VO Kompetenzzuweisungen an Finanzdepartement, S. 157; QStV, S. 164.

[3] Mit der Zustellung der Veranlagungsverfügung [131] werden fällig:

a. die Steuer auf Kapitalleistungen aus Vorsorge (Art. 38);

b.[193] …

c. die Nachsteuer (Art. 151).

[4] In jedem Falle wird die Steuer fällig:

a. am Tag, an dem der Steuerpflichtige, der das Land dauernd verlassen will, Anstalten zur Ausreise trifft;

b. mit der Anmeldung zur Löschung einer steuerpflichtigen juristischen Person im Handelsregister [OR 938; HRegV 60 ff.];

c. im Zeitpunkt, in dem der ausländische Steuerpflichtige seinen Geschäftsbetrieb oder seine Beteiligung an einem inländischen Geschäftsbetrieb, seine inländische Betriebs-

---

[193] Aufgehoben durch Ziff. I 1 des BG vom 22. März 2013 über die formelle Bereinigung der zeitlichen Bemessung der direkten Steuern bei den natürlichen Personen, mit Wirkung seit 1. Jan. 2014 (AS **2013** 2397; BBl **2011** 3593).

stätte, seinen inländischen Grundbesitz oder seine durch inländische Grundstücke gesicherten Forderungen aufgibt (Art. 4, 5 und 51);

d. bei der Konkurseröffnung über den Steuerpflichtigen [SchKG 171 ff.];

e. beim Tode [ZGB 31] des Steuerpflichtigen.

Vgl. zu e.: 8 II, 154.

5 Der Fälligkeitstermin [161 I] bleibt unverändert, auch wenn zu diesem Zeitpunkt dem Steuerpflichtigen lediglich eine provisorische Rechnung zugestellt worden ist oder wenn er gegen die Veranlagung Einsprache [132, 139] oder Beschwerde [140, 145 f.] erhoben hat.

Vgl.: QStV, S. 164; KS ESTV, 29.1.1996, Bezug direkte Bundessteuer; KS ESTV, 7.4.1995, Nachsteuer- und Steuerstrafrecht, S. 1842; KS ESTV, 6.5.1985, Beendigung Steuerpflicht, S. 1932.

Vgl. zu 161–164: VO Fälligkeit und Verzinsung der direkten Bundessteuer, S. 184.

3. Kapitel: Steuerbezug

Provisorischer und definitiver Bezug

162. 1 Die direkte Bundessteuer wird gemäss Veranlagung [131, 135, 137 f., 143] bezogen. Ist die Veranlagung im Zeitpunkt der Fälligkeit [161] noch nicht vorgenommen, so wird die Steuer provisorisch bezogen. Grundlage dafür ist die Steuererklärung [124], die letzte Veranlagung oder der mutmasslich geschuldete Betrag.

2 Provisorisch bezogene Steuern werden auf die gemäss definitiver Veranlagung geschuldeten Steuern angerechnet.

3 Zu wenig bezahlte Beträge werden nachgefordert, zu viel bezahlte Beträge zurückerstattet. Das EFD bestimmt, inwieweit diese Beträge verzinst werden.

Vgl. zu 162–166: KS ESTV, 29.1.1996, Bezug direkte Bundessteuer; RS ESTV Nr. 153, 2.10.2017, Zinssätze und Abzüge (erscheint jährlich), S. 1979.

Zahlung

163. 1 Die Steuer muss innert 30 Tagen nach Fälligkeit [161 I] entrichtet werden. Vorbehalten bleibt der ratenweise Bezug der Steuer (Art. 161 Abs. 1).

Vgl.: OR 84 I.

2 Das EFD setzt für Steuerpflichtige, die vor Eintritt der Fälligkeit Vorauszahlungen leisten, einen Vergütungszins fest.

3 Die Kantone geben die allgemeinen Fälligkeits- und Zahlungstermine und die kantonalen Einzahlungsstellen öffentlich bekannt.

Verzugszins

164. [1] Der Zahlungspflichtige muss für die Beträge, die er nicht fristgemäss entrichtet, einen Verzugszins bezahlen, der vom EFD festgesetzt wird [161, 163].

[2] Hat der Zahlungspflichtige bei Eintritt der Fälligkeit [161] aus Gründen, die er nicht zu vertreten hat, noch keine Steuerrechnung erhalten, so beginnt die Zinspflicht 30 Tage nach deren Zustellung.

Zwangsvollstreckung

165. [1] Wird der Steuerbetrag auf Mahnung hin nicht bezahlt, so wird gegen den Zahlungspflichtigen die Betreibung eingeleitet [SchKG 38 ff.].

[2] Hat der Zahlungspflichtige keinen Wohnsitz [3 II] in der Schweiz oder sind ihm gehörende Vermögenswerte mit Arrest [SchKG 271] belegt, so kann die Betreibung ohne vorherige Mahnung eingeleitet werden.

[3] Im Betreibungsverfahren haben die rechtskräftigen Veranlagungsverfügungen und -entscheide der mit dem Vollzug dieses Gesetzes betrauten Behörden die gleiche Wirkung wie ein vollstreckbares Gerichtsurteil [SchKG 80].

[4] Eine Eingabe der Steuerforderung in öffentliche Inventare und auf Rechnungsrufe ist nicht erforderlich.

Zahlungserleichterungen

166. [1] Ist die Zahlung der Steuer, Zinsen und Kosten oder einer Busse wegen Übertretung innert der vorgeschriebenen Frist für den Zahlungspflichtigen mit einer erheblichen Härte verbunden, so kann die Bezugsbehörde [160] die Zahlungsfrist [163] erstrecken oder Ratenzahlungen bewilligen. Sie kann darauf verzichten, wegen eines solchen Zahlungsaufschubes Zinsen zu berechnen [164].

[2] Zahlungserleichterungen können von einer angemessenen Sicherheitsleistung abhängig gemacht werden.

[3] Zahlungserleichterungen werden widerrufen, wenn ihre Voraussetzungen wegfallen oder wenn die Bedingungen, an die sie geknüpft sind, nicht erfüllt werden.

Vgl.: 167 ff., 175.

4. Kapitel: Erlass der Steuer

Voraussetzungen

167.[194] [1] Bedeutet für eine steuerpflichtige Person [3 ff., 12 I, 49 ff.] infolge einer Notlage die Zahlung der Steuer, eines Zinses oder einer Busse wegen einer Übertretung [174–181] eine grosse Härte, so können die geschuldeten Beträge auf Gesuch hin ganz oder teilweise erlassen werden.

---

194 Fassung gemäss Ziff. I 2 des Steuererlassgesetzes vom 20. Juni 2014, in Kraft seit 1. Jan. 2016 (AS **2015** 9; BBl **2013** 8435).

[2] Der Steuererlass bezweckt, zur dauerhaften Sanierung der wirtschaftlichen Lage der steuerpflichtigen Person beizutragen. Er hat der steuerpflichtigen Person selbst und nicht ihren Gläubigerinnen oder Gläubigern zugutezukommen.

[3] Bussen und Nachsteuern werden nur in besonders begründeten Ausnahmefällen erlassen.

[4] Die Erlassbehörde tritt nur auf Erlassgesuche ein, die vor Zustellung des Zahlungsbefehls (Art. 38 Abs. 2 des BG vom 11. April 1889[195] über Schuldbetreibung und Konkurs; SchKG) eingereicht werden.

[5] In Quellensteuerfällen kann nur die steuerpflichtige Person selbst oder die von ihr bestimmte vertragliche Vertretung ein Erlassgesuch einreichen.

Vgl.: 120 III c, 166, 175; VStG 18; StG 12; Steuererlassverordnung, S. 176.

Ablehnungsgründe

167*a* [196] Der Steuererlass kann insbesondere dann ganz oder teilweise abgelehnt werden, wenn die steuerpflichtige Person:

a. ihre Pflichten im Veranlagungsverfahren [124 ff.] schwerwiegend oder wiederholt verletzt hat, sodass eine Beurteilung der finanziellen Situation in der betreffenden Steuerperiode nicht mehr möglich ist;
b. ab der Steuerperiode, auf die sich das Erlassgesuch bezieht, trotz verfügbarer Mittel keine Rücklagen vorgenommen hat;
c. im Zeitpunkt der Fälligkeit der Steuerforderung trotz verfügbarer Mittel keine Zahlungen geleistet hat;
d. die mangelnde Leistungsfähigkeit durch freiwilligen Verzicht auf Einkommen oder Vermögen ohne wichtigen Grund, durch übersetzte Lebenshaltung oder dergleichen leichtsinnig oder grobfahrlässig herbeigeführt hat;
e. während des Beurteilungszeitraums andere Gläubigerinnen oder Gläubiger bevorzugt behandelt hat.

Erlassbehörde

167*b* [197] [1] Die Kantone bestimmen die für den Erlass der direkten Bundessteuer zuständige kantonale Behörde (Erlassbehörde).

[2] Sie legen das Verfahren fest, soweit es nicht bundesrechtlich geregelt ist. Dies gilt auch für das Erlassverfahren in Quellensteuerfällen.

---

195 SR **281.1**

196 Eingefügt durch Ziff. I 2 des Steuererlassgesetzes vom 20. Juni 2014, in Kraft seit 1. Jan. 2016 (AS **2015** 9; BBl **2013** 8435).

197 Eingefügt durch Ziff. I 2 des Steuererlassgesetzes vom 20. Juni 2014, in Kraft seit 1. Jan. 2016 (AS **2015** 9; BBl **2013** 8435).

Inhalt des Erlassgesuchs

167*c* [198] Das Erlassgesuch muss schriftlich und begründet sein und die nötigen Beweismittel enthalten. Im Gesuch ist die Notlage darzulegen, derzufolge die Zahlung der Steuer, des Zinses oder der Busse eine grosse Härte bedeuten würde.

Verfahrensrechte und Verfahrenspflichten der gesuchstellenden Person

167*d* [199] 1 Für die gesuchstellende Person gelten die Verfahrensrechte und Verfahrenspflichten nach diesem Gesetz. Sie hat der Erlassbehörde umfassende Auskunft über ihre wirtschaftlichen Verhältnisse zu erteilen.

2 Verweigert die gesuchstellende Person trotz Aufforderung und Mahnung die notwendige und zumutbare Mitwirkung, so kann die Erlassbehörde beschliessen, nicht auf das Gesuch einzutreten.

3 Das Verwaltungs- und das Einspracheverfahren vor der Erlassbehörde sind kostenfrei. Der gesuchstellenden Person können jedoch die Kosten ganz oder teilweise auferlegt werden, wenn sie ein offensichtlich unbegründetes Gesuch eingereicht hat.

Untersuchungsmittel der Erlassbehörde

167*e* [200] Die Erlassbehörde verfügt über sämtliche Untersuchungsmittel nach diesem Gesetz.

Ausführungsbestimmungen

167*f* [201] Das EFD umschreibt in einer Verordnung insbesondere die Voraussetzungen für den Steuererlass, die Gründe für dessen Ablehnung sowie das Erlassverfahren näher.

Rechtsmittelverfahren

167*g* [202] 1 Die gesuchstellende Person kann gegen den Entscheid über den Erlass der direkten Bundessteuer dieselben Rechtsmittel ergreifen wie gegen den Entscheid über den Erlass der kantonalen Einkommens- und Gewinnsteuer.

2 Der ESTV stehen die gleichen Rechtsmittel wie der gesuchstellenden Person zu.

3 Die Erlassbehörde kann gegen den Verwaltungsbeschwerdeentscheid und gegen den Entscheid einer verwaltungsunabhängigen Instanz dieselben Rechtsmittel ergreifen wie gegen den Beschwerdeentscheid über den Erlass der kantonalen Einkommens- und Gewinnsteuer.

4 Die Artikel 132–135 und 140–145 sind sinngemäss anwendbar.

5 Die gesuchstellende Person, die Erlassbehörde und die ESTV können den Entscheid der letzten kantonalen Instanz nach Mass-

---

198 Eingefügt durch Ziff. I 2 des Steuererlassgesetzes vom 20. Juni 2014, in Kraft seit 1. Jan. 2016 (AS **2015** 9; BBl **2013** 8435).

199 Eingefügt durch Ziff. I 2 des Steuererlassgesetzes vom 20. Juni 2014, in Kraft seit 1. Jan. 2016 (AS **2015** 9; BBl **2013** 8435).

200 Eingefügt durch Ziff. I 2 des Steuererlassgesetzes vom 20. Juni 2014, in Kraft seit 1. Jan. 2016 (AS **2015** 9; BBl **2013** 8435).

201 Eingefügt durch Ziff. I 2 des Steuererlassgesetzes vom 20. Juni 2014, in Kraft seit 1. Jan. 2016 (AS **2015** 9; BBl **2013** 8435).

202 Eingefügt durch Ziff. I 2 des Steuererlassgesetzes vom 20. Juni 2014, in Kraft seit 1. Jan. 2016 (AS **2015** 9; BBl **2013** 8435).

gabe des Bundesgerichtsgesetzes vom 17. Juni 2005[203] mit Beschwerde in öffentlich-rechtlichen Angelegenheiten beim Bundesgericht anfechten.

5. Kapitel: Rückforderung bezahlter Steuern

168. [1] Der Steuerpflichtige kann einen von ihm bezahlten Steuerbetrag zurückfordern, wenn er irrtümlicherweise eine ganz oder teilweise nicht geschuldete Steuer bezahlt hat.

[2] Zurückzuerstattende Steuerbeträge werden, wenn seit der Zahlung mehr als 30 Tage verflossen sind, vom Zeitpunkt der Zahlung an zu dem vom EFD festgesetzten Ansatz verzinst.

[3] Der Rückerstattungsanspruch muss innert fünf Jahren nach Ablauf des Kalenderjahres, in dem die Zahlung geleistet worden ist, bei der kantonalen Verwaltung für die direkte Bundessteuer [104 II] geltend gemacht werden. Weist diese den Antrag ab, so stehen dem Betroffenen die gleichen Rechtsmittel zu wie gegen eine Veranlagungsverfügung (Art. 132). Der Anspruch erlischt zehn Jahre nach Ablauf des Zahlungsjahres.

Vgl.: VO Fälligkeit und Verzinsung der direkten Bundessteuer, S. 184.

6. Kapitel: Steuersicherung

169. [1] Hat der Steuerpflichtige [3 ff., 12 I] keinen Wohnsitz [3 II] in der Schweiz oder erscheint die Bezahlung der von ihm geschuldeten Steuer als gefährdet, so kann die kantonale Verwaltung für die direkte Bundessteuer auch vor der rechtskräftigen Feststellung des Steuerbetrages jederzeit Sicherstellung verlangen. Die Sicherstellungsverfügung [VwVG 5] gibt den sicherzustellenden Betrag an und ist sofort vollstreckbar. Sie hat im Betreibungsverfahren die gleichen Wirkungen wie ein vollstreckbares Gerichtsurteil [SchKG 80]. **Sicherstellung**

[2] Die Sicherstellung muss in Geld, durch Hinterlegung sicherer, marktgängiger Wertschriften oder durch Bankbürgschaft geleistet werden.

[3] Der Steuerpflichtige kann gegen die Sicherstellungsverfügung innert 30 Tagen nach Zustellung bei der kantonalen Steuerrekurskommission [140 ff.] Beschwerde führen. Artikel 146 ist anwendbar.[204]

---

[203] SR **173.110**

[204] Fassung gemäss Anhang Ziff. 57 des Verwaltungsgerichtsgesetzes vom 17. Juni 2005, in Kraft seit 1. Jan. 2007 (AS **2006** 2197 1069; BBl **2001** 4202).

[4] Beschwerden gegen Sicherstellungsverfügungen haben keine aufschiebende Wirkung.[205]

Arrest

170.[206] [StHG 78] [1] Die Sicherstellungsverfügung gilt als Arrestbefehl nach Artikel 274 SchKG[207]. Der Arrest wird durch das zuständige Betreibungsamt vollzogen.

[2] Die Einsprache gegen den Arrestbefehl nach Artikel 278 SchKG ist nicht zulässig.

Löschung im Handelsregister

171. Eine juristische Person [49] darf im Handelsregister erst dann gelöscht werden [OR 938; HRegV 60 ff.], wenn die kantonale Verwaltung für die direkte Bundessteuer dem Handelsregisteramt angezeigt hat, dass die geschuldete Steuer bezahlt oder sichergestellt [161 IV b, 169] ist.

Vgl.: KS ESTV, 6.5.1985, Beendigung Steuerpflicht, S. 1932.

Eintrag im Grundbuch

172. [1] Veräussert eine in der Schweiz ausschliesslich aufgrund von Grundbesitz (Art. 4 Abs. 1 Bst. c und 51 Abs. 1 Bst. c) steuerpflichtige natürliche oder juristische Person ein in der Schweiz gelegenes Grundstück [ZGB 655 II], so darf der Erwerber im Grundbuch nur mit schriftlicher Zustimmung der kantonalen Verwaltung für die direkte Bundessteuer [104 I] als Eigentümer eingetragen werden.

[2] Die kantonale Verwaltung für die direkte Bundessteuer bescheinigt dem Veräusserer zuhanden des Grundbuchverwalters ihre Zustimmung zum Eintrag, wenn die mit dem Besitz und der Veräusserung des Grundstückes in Zusammenhang stehende Steuer bezahlt [162 f.] oder sichergestellt [169] ist oder wenn feststeht, dass keine Steuer geschuldet ist oder der Veräusserer hinreichend Gewähr für die Erfüllung der Steuerpflicht bietet.

[3] Verweigert die kantonale Verwaltung die Bescheinigung, so kann dagegen Beschwerde bei der kantonalen Steuerrekurskommission [140 ff.] erhoben werden.

Sicherstellung der für die Vermittlungstätigkeit an Grundstücken geschuldeten Steuern

173. Vermittelt eine natürliche oder juristische Person, die in der Schweiz weder Wohnsitz [3 II] noch Sitz oder die tatsächliche Verwaltung [50] hat, ein in der Schweiz gelegenes Grundstück [4 I d, 51 I e], so kann die kantonale Verwaltung für die direkte Bundessteuer [104 I] vom Käufer oder Verkäufer verlangen, 3 Prozent der Kaufsumme als Sicherheit des für die Vermittlungstätigkeit geschuldeten Steuerbetrages zu hinterlegen.

---

205 Fassung gemäss Anhang Ziff. 57 des Verwaltungsgerichtsgesetzes vom 17. Juni 2005, in Kraft seit 1. Jan. 2007 (AS **2006** 2197 1069; BBl **2001** 4202).

206 Fassung gemäss Ziff. I 2 des Steuererlassgesetzes vom 20. Juni 2014, in Kraft seit 1. Jan. 2016 (AS **2015** 9; BBl **2013** 8435).

207 SR **281.1**

Sechster Teil: Steuerstrafrecht

Erster Titel: Verletzung von Verfahrenspflichten und Steuerhinterziehung

1. Kapitel: Verfahrenspflichten

174. [StHG 55] 1 Wer einer Pflicht die ihm nach den Vorschriften dieses Gesetzes [88, 100, 124 f., 126 II, 127–129, 136, 156–158] oder nach einer aufgrund dieses Gesetzes getroffenen Anordnung obliegt, trotz Mahnung vorsätzlich [StGB 12 II] oder fahrlässig [StGB 12 III] nicht nachkommt, insbesondere:

a. die Steuererklärung [124] oder die dazu verlangten Beilagen [125] nicht einreicht,
b. eine Bescheinigungs- [127], Auskunfts- [128] oder Meldepflicht [129] nicht erfüllt,
c. Pflichten verletzt, die ihm als Erben [ZGB 457, 483, 487] oder Dritten im Inventarverfahren [156–158] obliegen,

wird mit Busse bestraft.

2 Die Busse beträgt bis zu 1000 Franken, in schweren Fällen oder bei Rückfall bis zu 10 000 Franken.

Vgl.: StGB 292, 333 I i.V.m. 103 ff.; KS ESTV Nr. 30, 21.12.2010, Familienbesteuerung, S. 1392; KS ESTV, 7.4.1995, Nachsteuer- und Steuerstrafrecht, S. 1842; KS ESTV, 7.3.1995, Auskunfts-, Bescheinigungs- und Meldepflicht im DBG, S. 1886.

2. Kapitel: Steuerhinterziehung

Vollendete Steuerhinterziehung

175. [StHG 56 I] 1 Wer als Steuerpflichtiger [3 ff., 12 I, 83 ff.] vorsätzlich [StGB 12 II] oder fahrlässig [StGB 12 III] bewirkt, dass eine Veranlagung [131] zu Unrecht unterbleibt oder dass eine rechtskräftige Veranlagung unvollständig ist,

wer als zum Steuerabzug an der Quelle Verpflichteter [37a, 88, 100] vorsätzlich oder fahrlässig einen Steuerabzug nicht oder nicht vollständig vornimmt,

wer vorsätzlich oder fahrlässig eine unrechtmässige Rückerstattung [168] oder einen ungerechtfertigten Erlass [167 ff.] erwirkt,

wird mit Busse bestraft.

2 Die Busse beträgt in der Regel das Einfache der hinterzogenen Steuer. Sie kann bei leichtem Verschulden bis auf einen Drittel ermässigt, bei schwerem Verschulden bis auf das Dreifache erhöht werden.

3 [StHG 56 Ibis] Zeigt die steuerpflichtige Person erstmals eine Steuerhinterziehung selbst an, so wird von einer Strafverfolgung abgesehen (straflose Selbstanzeige), wenn:

a. die Hinterziehung keiner Steuerbehörde bekannt ist;

b. sie die Verwaltung bei der Festsetzung der Nachsteuer vorbehaltlos unterstützt; und
c. sie sich ernstlich um die Bezahlung der geschuldeten Nachsteuer [151] bemüht.[208]

Vgl.: KS ESTV Nr. 40, 11.3.2014, Verwirkung Rückerstattung Verrechnungssteuer, S. 1237; RS ESTV Nr. 69, 5.1.2010, Straflose Selbstanzeige, S. 1989.

4 [StHG 56 I^ter] Bei jeder weiteren Selbstanzeige wird die Busse unter den Voraussetzungen nach Absatz 3 auf einen Fünftel der hinterzogenen Steuer ermässigt.[209]

Vgl.: 151, 152 II, 176 f.; VStG 61; StG 45.

Vgl. zu 175–180: StGB 333 i.V.m. 103 ff.; KS ESTV, 7.4.1995, Nachsteuer- und Steuerstrafrecht, S. 1842.

Versuchte Steuerhinterziehung

176. [StHG 56 II] 1 Wer eine Steuer zu hinterziehen [175 I] versucht [StGB 22], wird mit Busse bestraft.

2 Die Busse beträgt zwei Drittel der Busse, die bei vorsätzlicher und vollendeter Steuerhinterziehung festzusetzen wäre.

Anstiftung, Gehilfenschaft, Mitwirkung

177. [StHG 56 III] 1 Wer vorsätzlich [StGB 12 II] zu einer Steuerhinterziehung [175 I] anstiftet [StGB 24], Hilfe leistet [StGB 25] oder als Vertreter des Steuerpflichtigen [117 f.] eine Steuerhinterziehung bewirkt oder an einer solchen mitwirkt, wird ohne Rücksicht auf die Strafbarkeit des Steuerpflichtigen mit Busse bestraft und haftet überdies solidarisch [OR 144] für die hinterzogene Steuer.

2 Die Busse beträgt bis zu 10 000 Franken, in schweren Fällen oder bei Rückfall bis zu 50 000 Franken.

3 [StHG 56 IIIbis] Zeigt sich eine Person nach Absatz 1 erstmals selbst an und sind die Voraussetzungen nach Artikel 175 Absatz 3 Buchstaben a und b erfüllt, so wird von einer Strafverfolgung abgesehen und die Solidarhaftung entfällt.[210]

Vgl.: 181 III.

---

208 Fassung gemäss Ziff. I 1 des BG vom 20. März 2008 über die Vereinfachung der Nachbesteuerung in Erbfällen und die Einführung der straflosen Selbstanzeige, in Kraft seit 1. Jan. 2010 (AS **2008** 4453; BBl **2006** 8795).

209 Eingefügt durch Ziff. I 1 des BG vom 20. März 2008 über die Vereinfachung der Nachbesteuerung in Erbfällen und die Einführung der straflosen Selbstanzeige, in Kraft seit 1. Jan. 2010 (AS **2008** 4453; BBl **2006** 8795).

210 Eingefügt durch Ziff. I 1 des BG vom 20. März 2008 über die Vereinfachung der Nachbesteuerung in Erbfällen und die Einführung der straflosen Selbstanzeige, in Kraft seit 1. Jan. 2010 (AS **2008** 4453; BBl **2006** 8795).

Verheimlichung oder Beiseiteschaffung von Nachlasswerten im Inventarverfahren

178. [StHG 56 IV] 1 Wer Nachlasswerte, zu deren Bekanntgabe er im Inventarverfahren [154] verpflichtet ist, verheimlicht oder beiseite schafft in der Absicht, sie der Inventaraufnahme zu entziehen,

wer zu einer solchen Handlung anstiftet [StGB 24] oder dazu Hilfe leistet [StGB 25],

wird mit Busse bestraft.[211]

2 Die Busse beträgt bis zu 10 000 Franken, in schweren Fällen oder bei Rückfall bis zu 50 000 Franken.

3 Der Versuch [StGB 22] einer Verheimlichung oder Beiseiteschaffung von Nachlasswerten ist ebenfalls strafbar. Die Strafe kann milder [StGB 48a] sein als bei vollendeter Begehung.

4 [StHG 56 V] Zeigt sich eine Person nach Absatz 1 erstmals selbst an, so wird von einer Strafverfolgung wegen Verheimlichung oder Beiseiteschaffung von Nachlasswerten im Inventarverfahren und wegen allfälliger anderer in diesem Zusammenhang begangener Straftaten abgesehen (straflose Selbstanzeige), wenn:

a. die Widerhandlung keiner Steuerbehörde bekannt ist; und
b. die Person die Verwaltung bei der Berichtigung des Inventars vorbehaltlos unterstützt.[212]

179.[213]

Steuerhinterziehung von Ehegatten

180.[214] [StHG 57 IV] Die steuerpflichtige Person, die in rechtlich und tatsächlich ungetrennter Ehe lebt [ZGB 159], wird nur für die Hinterziehung ihrer eigenen Steuerfaktoren [131] gebüsst. Vorbehalten bleibt Artikel 177. Die Mitunterzeichnung der Steuererklärung [113 II] stellt für sich allein keine Widerhandlung nach Artikel 177 dar.

Vgl.: 9, 113.

---

211 Fassung gemäss Ziff. I 1 des BG vom 20. März 2008 über die Vereinfachung der Nachbesteuerung in Erbfällen und die Einführung der straflosen Selbstanzeige, in Kraft seit 1. Jan. 2010 (AS **2008** 4453; BBl **2006** 8795).

212 Eingefügt durch Ziff. I 1 des BG vom 20. März 2008 über die Vereinfachung der Nachbesteuerung in Erbfällen und die Einführung der straflosen Selbstanzeige, in Kraft seit 1. Jan. 2010 (AS **2008** 4453; BBl **2006** 8795).

213 Aufgehoben durch Ziff. I 1 des BG vom 8. Okt. 2004 über die Aufhebung der Haftung der Erben für Steuerbussen, mit Wirkung seit 1. März 2005 (AS **2005** 1051; BBl **2004** 1437 1451). Siehe auch die SchlB dieser Änd. am Ende dieses Textes.

214 Fassung gemäss Ziff. I 1 des BG vom 20. Dez. 2006 über Änderungen des Nachsteuerverfahrens und des Strafverfahrens wegen Steuerhinterziehung auf dem Gebiet der direkten Steuern, in Kraft seit 1. Jan. 2008 (AS **2007** 2973; BBl **2006** 4021 4039).

3. Kapitel: Juristische Personen

Allgemeines[215]

181. [StHG 57] ¹ Werden mit Wirkung für eine juristische Person [49] Verfahrenspflichten verletzt [174], Steuern hinterzogen oder Steuern zu hinterziehen versucht [175 f.], so wird die juristische Person gebüsst.

² Werden im Geschäftsbereich einer juristischen Person Teilnahmehandlungen (Anstiftung, Gehilfenschaft, Mitwirkung [StGB 24 f.]) an Steuerhinterziehungen Dritter begangen, so ist Artikel 177 auf die juristische Person anwendbar.

³ Die Bestrafung der handelnden Organe [ZGB 55] oder Vertreter nach Artikel 177 bleibt vorbehalten.

⁴ Bei Körperschaften und Anstalten des ausländischen Rechts und bei ausländischen Personengesamtheiten ohne juristische Persönlichkeit gelten die Absätze 1–3 sinngemäss.

Vgl. zu IV: 11.

Vgl.: KS ESTV, 7.4.1995, Nachsteuer- und Steuerstrafrecht, S. 1842.

Vgl. zu 181–185: StGB 333.

Selbstanzeige

181*a*.[216] [StHG 57b] ¹ Zeigt eine steuerpflichtige juristische Person erstmals eine in ihrem Geschäftsbetrieb begangene Steuerhinterziehung [175] selbst an, so wird von einer Strafverfolgung abgesehen (straflose Selbstanzeige), wenn:

a. die Hinterziehung keiner Steuerbehörde bekannt ist;
b. sie die Verwaltung bei der Festsetzung der Nachsteuer [151] vorbehaltlos unterstützt; und
c. sie sich ernstlich um die Bezahlung der geschuldeten Nachsteuer bemüht.

² Die straflose Selbstanzeige kann auch eingereicht werden:

a. nach einer Änderung der Firma oder einer Verlegung des Sitzes innerhalb der Schweiz;
b. nach einer Umwandlung nach den Artikeln 53–68 des Fusionsgesetzes vom 3. Oktober 2003[217] (FusG) durch die neue juristische Person für die vor der Umwandlung begangenen Steuerhinterziehungen;
c. nach einer Absorption (Art. 3 Abs. 1 Bst. a FusG) oder Abspaltung (Art. 29 Bst. b FusG) durch die weiterbestehende

---

215 Eingefügt durch Ziff. I 1 des BG vom 20. März 2008 über die Vereinfachung der Nachbesteuerung in Erbfällen und die Einführung der straflosen Selbstanzeige, in Kraft seit 1. Jan. 2010 (AS **2008** 4453; BBl **2006** 8795).

216 Eingefügt durch Ziff. I 1 des BG vom 20. März 2008 über die Vereinfachung der Nachbesteuerung in Erbfällen und die Einführung der straflosen Selbstanzeige, in Kraft seit 1. Jan. 2010 (AS **2008** 4453; BBl **2006** 8795).

217 SR **221.301**

juristische Person für die vor der Absorption oder Abspaltung begangenen Steuerhinterziehungen.

3 Die straflose Selbstanzeige muss von den Organen oder Vertretern [ZGB 55] der juristischen Person eingereicht werden. Von einer Strafverfolgung gegen diese Organe oder Vertreter wird abgesehen und ihre Solidarhaftung entfällt.

4 Zeigt ein ausgeschiedenes Organmitglied oder ein ausgeschiedener Vertreter der juristischen Person diese wegen Steuerhinterziehung erstmals an und ist die Steuerhinterziehung keiner Steuerbehörde bekannt, so wird von einer Strafverfolgung der juristischen Person, sämtlicher aktueller und ausgeschiedener Mitglieder der Organe und sämtlicher aktueller und ausgeschiedener Vertreter abgesehen. Ihre Solidarhaftung entfällt.

5 Bei jeder weiteren Selbstanzeige wird die Busse unter den Voraussetzungen nach Absatz 1 auf einen Fünftel der hinterzogenen Steuer ermässigt.

6 Nach Beendigung der Steuerpflicht einer juristischen Person in der Schweiz kann keine Selbstanzeige mehr eingereicht werden.

Vgl.: RS ESTV Nr. 69, 5.1.2010, Straflose Selbstanzeige, S. 1989.

4. Kapitel: Verfahren

Allgemeines

182. [StHG 57bis] 1 Nach Abschluss der Untersuchung erlässt die zuständige kantonale Behörde eine Verfügung [VwVG 5] und eröffnet sie der betroffenen Person schriftlich.[218]

2 Gegen letztinstanzliche kantonale Entscheide [BGG 86 I g] kann beim Bundesgericht nach Massgabe des Bundesgerichtsgesetzes vom 17. Juni 2005[219] Beschwerde in öffentlich-rechtlichen Angelegenheiten [BGG 82 ff.] geführt werden. Die Strafgerichtsbarkeit ist ausgeschlossen.[220]

3 Die Vorschriften über die Verfahrensgrundsätze [109 ff.], das Veranlagungs- [130 f.] und das Beschwerdeverfahren [140 ff.] gelten sinngemäss.

4 Der Kanton bezeichnet die Amtsstellen, denen die Verfolgung von Steuerhinterziehungen [175] und von Verletzungen von Verfahrenspflichten [174] obliegt.

Vgl.: 151, 152 II.

Vgl. zu 182–183: KS ESTV, 7.4.1995, Nachsteuer- und Steuerstrafrecht, S. 1842.

---

218 Fassung gemäss Ziff. I 1 des BG vom 26. Sept. 2014 (Anpassungen an die Allgemeinen Bestimmungen des StGB), in Kraft seit 1. Jan. 2017 (AS **2015** 779; BBl **2012** 2869).

219 SR **173.110**

220 Fassung gemäss Art. 51 des Verwaltungsgerichtsgesetzes vom 17. Juni 2005, in Kraft seit 1. März 2008 (AS **2006** 2197 1069; BBl **2001** 4202).

Bei Steuerhinterziehungen

183. [1] Die Einleitung eines Strafverfahrens wegen Steuerhinterziehung [175 f.] wird der betroffenen Person schriftlich mitgeteilt. Es wird ihr Gelegenheit gegeben, sich zu der gegen sie erhobenen Anschuldigung zu äussern; sie wird auf ihr Recht hingewiesen, die Aussage und ihre Mitwirkung zu verweigern.[221]

[1bis] Beweismittel aus einem Nachsteuerverfahren [151] dürfen in einem Strafverfahren wegen Steuerhinterziehung [175] nur dann verwendet werden, wenn sie weder unter Androhung einer Veranlagung nach pflichtgemässem Ermessen (Art. 130 Abs. 2) mit Umkehr der Beweislast nach Artikel 132 Absatz 3 noch unter Androhung einer Busse wegen Verletzung von Verfahrenspflichten [174] beschafft wurden.[222]

[2] Die ESTV kann die Verfolgung der Steuerhinterziehung verlangen [103]. …[223]

[3] Die Straf- oder Einstellungsverfügung der kantonalen Behörde wird auch der ESTV eröffnet, wenn sie die Verfolgung verlangt hat oder am Verfahren beteiligt war [103].

[4] Die Kosten besonderer Untersuchungsmassnahmen (Buchprüfung, Gutachten Sachverständiger usw.) werden in der Regel demjenigen auferlegt, der wegen Hinterziehung bestraft wird; sie können ihm auch bei Einstellung der Untersuchung auferlegt werden, wenn er die Strafverfolgung durch schuldhaftes Verhalten verursacht oder die Untersuchung wesentlich erschwert oder verzögert hat.

Vgl.: BV 29 II; EMRK 6 I.

5. Kapitel: Verjährung der Strafverfolgung

184.[224] [StHG 58] [1] Die Strafverfolgung verjährt:

a. bei Verletzung von Verfahrenspflichten [174] drei Jahre und bei versuchter Steuerhinterziehung [176] sechs Jahre nach dem rechtskräftigen Abschluss des Verfahrens, in dem die

---

221 Fassung gemäss Ziff. I 1 des BG vom 20. Dez. 2006 über Änderungen des Nachsteuerverfahrens und des Strafverfahrens wegen Steuerhinterziehung auf dem Gebiet der direkten Steuern, in Kraft seit 1. Jan. 2008 (AS **2007** 2973; BBl **2006** 4021 4039).

222 Eingefügt durch Ziff. I 1 des BG vom 20. Dez. 2006 über Änderungen des Nachsteuerverfahrens und des Strafverfahrens wegen Steuerhinterziehung auf dem Gebiet der direkten Steuern, in Kraft seit 1. Jan. 2008 (AS **2007** 2973; BBl **2006** 4021 4039).

223 Zweiter Satz aufgehoben durch Anhang 1 Ziff. II 19 der Strafprozessordnung vom 5. Okt. 2007, mit Wirkung seit 1. Jan. 2011 (AS **2010** 1881; BBl **2006** 1085).

224 Fassung gemäss Ziff. I 1 des BG vom 26. Sept. 2014 (Anpassungen an die Allgemeinen Bestimmungen des StGB), in Kraft seit 1. Jan. 2017 (AS **2015** 779; BBl **2012** 2869).

Verfahrenspflichten verletzt oder die Steuern zu hinterziehen versucht wurden;

b. bei vollendeter Steuerhinterziehung [175] zehn Jahre nach Ablauf:
   1. der Steuerperiode [40, 79], für welche die steuerpflichtige Person nicht oder unvollständig veranlagt [130 f.] wurde oder der Steuerabzug an der Quelle [37a, 88, 100] nicht gesetzmässig erfolgte (Art. 175 Abs. 1),
   2. des Kalenderjahres, in dem eine unrechtmässige Rückerstattung [168] oder ein ungerechtfertigter Erlass [167 ff.] erwirkt wurde (Art. 175 Abs. 1) oder Nachlasswerte im Inventarverfahren [156] verheimlicht oder beiseitegeschafft wurden (Art. 178 Abs. 1–3).

2 Die Verjährung tritt nicht mehr ein, wenn die zuständige kantonale Behörde (Art. 182 Abs. 1) vor Ablauf der Verjährungsfrist eine Verfügung erlassen hat.

Vgl.: 121, 185, 189; StGB 333 VI; KS ESTV, 7.4.1995, Nachsteuer- und Steuerstrafrecht, S. 1842.

6. Kapitel: Bezug und Verjährung der Bussen und Kosten

185.[225] 1 Die im Steuerstrafverfahren auferlegten Bussen und Kosten werden nach den Artikeln 160 und 163–172 bezogen.

2 Bussen- und Kostenforderungen verjähren fünf Jahre nachdem die Veranlagung rechtskräftig geworden ist.

3 Stillstand und Unterbrechung der Verjährung richten sich nach Artikel 120 Absätze 2 und 3.

4 Die Verjährung tritt in jedem Fall zehn Jahre nach Ablauf des Jahres ein, in dem die Steuern rechtskräftig festgesetzt worden sind.

Vgl.: 184; KS ESTV, 7.4.1995, Nachsteuer- und Steuerstrafrecht, S. 1842.

Zweiter Titel: Steuervergehen

186. [StHG 59; VStrR 14] 1 Wer zum Zweck einer Steuerhinterziehung im Sinne der Artikel 175–177 gefälschte, verfälschte oder inhaltlich unwahre Urkunden [StGB 110 IV] wie Geschäftsbücher, Bilanzen, Erfolgsrechnungen [OR 957] oder Lohnausweise und andere Bescheinigungen Dritter [125, 127] zur Täuschung gebraucht, wird mit Freiheitsstrafe bis zu drei Jahren oder Geldstrafe **Steuerbetrug**

---

[225] Fassung gemäss Ziff. I 1 des BG vom 26. Sept. 2014 (Anpassungen an die Allgemeinen Bestimmungen des StGB), in Kraft seit 1. Jan. 2017 (AS **2015** 779; BBl **2012** 2869).

bestraft. Eine bedingte Strafe kann mit Busse bis zu 10000 Franken verbunden werden.[226]

2 Die Bestrafung wegen Steuerhinterziehung [175 f.] bleibt vorbehalten.

3 Liegt eine Selbstanzeige nach Artikel 175 Absatz 3 oder Artikel 181*a* Absatz 1 vor, so wird von einer Strafverfolgung wegen allen anderen Straftaten abgesehen, die zum Zweck dieser Steuerhinterziehung begangen wurden. Diese Bestimmung ist auch in den Fällen nach den Artikeln 177 Absatz 3 und 181*a* Absätze 3 und 4 anwendbar.[227]

Vgl.: 188; StGB 12 II, 251.

Vgl. zu 186–189: StGB 333; KS ESTV, 7.4.1995, Nachsteuer- und Steuerstrafrecht, S. 1842.

Veruntreuung von Quellensteuern

187. [StHG 59] 1 Wer zum Steuerabzug an der Quelle verpflichtet ist [37a, 88, 100] und abgezogene Steuern zu seinem oder eines andern Nutzen verwendet, wird mit Freiheitsstrafe bis zu drei Jahren oder Geldstrafe bestraft. Eine bedingte Strafe kann mit Busse bis zu 10000 Franken verbunden werden.[228]

2 Liegt eine Selbstanzeige nach Artikel 175 Absatz 3 oder Artikel 181*a* Absatz 1 vor, so wird von einer Strafverfolgung wegen Veruntreuung von Quellensteuern und anderen Straftaten, die zum Zweck der Veruntreuung von Quellensteuern begangen wurden, abgesehen. Diese Bestimmung ist auch in den Fällen nach den Artikeln 177 Absatz 3 und 181*a* Absätze 3 und 4 anwendbar.[229]

Vgl.: 188; StGB 12 II.

Verfahren

188. [StHG 61] 1 Vermutet die kantonale Verwaltung für die direkte Bundessteuer [104 I], es sei ein Vergehen nach den Artikeln 186–187 begangen worden, so erstattet sie der für die Verfolgung des kantonalen Steuervergehens zuständigen Behörde Anzeige. Diese Behörde verfolgt alsdann ebenfalls das Vergehen gegen die direkte Bundessteuer.

---

226 Fassung gemäss Ziff. I 1 des BG vom 26. Sept. 2014 (Anpassungen an die Allgemeinen Bestimmungen des StGB), in Kraft seit 1. Jan. 2017 (AS **2015** 779; BBl **2012** 2869).

227 Eingefügt durch Ziff. I 1 des BG vom 20. März 2008 über die Vereinfachung der Nachbesteuerung in Erbfällen und die Einführung der straflosen Selbstanzeige, in Kraft seit 1. Jan. 2010 (AS **2008** 4453; BBl **2006** 8795).

228 Fassung gemäss Ziff. I 1 des BG vom 26. Sept. 2014 (Anpassungen an die Allgemeinen Bestimmungen des StGB), in Kraft seit 1. Jan. 2017 (AS **2015** 779; BBl **2012** 2869).

229 Eingefügt durch Ziff. I 1 des BG vom 20. März 2008 über die Vereinfachung der Nachbesteuerung in Erbfällen und die Einführung der straflosen Selbstanzeige, in Kraft seit 1. Jan. 2010 (AS **2008** 4453; BBl **2006** 8795).

[2] Das Verfahren richtet sich nach den Vorschriften der Strafprozessordnung vom 5. Oktober 2007[230] (StPO).[231]

[3] Wird der Täter für das kantonale Steuervergehen zu einer Freiheitsstrafe [StGB 40] verurteilt, so ist eine Freiheitsstrafe für das Vergehen gegen die direkte Bundessteuer als Zusatzstrafe zu verhängen; gegen das letztinstanzliche kantonale Urteil kann Beschwerde in Strafsachen beim Bundesgericht nach den Artikeln 78–81 des Bundesgerichtsgesetzes vom 17. Juni 2005[232] erhoben werden.[233]

[4] Die ESTV kann die Strafverfolgung verlangen.[234]

Verjährung der Strafverfolgung

189.[235] [StHG 60] [1] Die Strafverfolgung der Steuervergehen [186 f.] verjährt 15 Jahre nachdem der Täter die letzte strafbare Tätigkeit ausgeführt hat.

Vgl.: StGB 333 VI.

[2] Die Verjährung tritt nicht mehr ein, wenn vor Ablauf der Verjährungsfrist ein erstinstanzliches Urteil ergangen ist.

Dritter Titel: Besondere Untersuchungsmassnahmen der ESTV

Voraussetzungen

190. [1] Besteht der begründete Verdacht, dass schwere Steuerwiderhandlungen [190 II] begangen wurden oder dass zu solchen Beihilfe geleistet oder angestiftet wurde [StGB 24 f.], so kann der Vorsteher des EFD die ESTV ermächtigen, in Zusammenarbeit mit den kantonalen Steuerverwaltungen eine Untersuchung durchzuführen.

[2] Schwere Steuerwiderhandlungen sind insbesondere die fortgesetzte Hinterziehung grosser Steuerbeträge (Art. 175 und 176) und die Steuervergehen (Art. 186 und 187).

Vgl. zu 190–195: VO Besondere Untersuchungsmassnahmen, S. 187.

Verfahren gegen Täter, Gehilfen und Anstifter

191. [1] Das Verfahren gegenüber dem Täter, dem Gehilfen und dem Anstifter [StGB 24 f.] richtet sich nach den Artikeln 19–50 des Verwaltungsstrafrechtsgesetzes vom 22. März 1974[236]. Die

---

230 SR **312.0**

231 Fassung gemäss Anhang 1 Ziff. II 19 der Strafprozessordnung vom 5. Okt. 2007, in Kraft seit 1. Jan. 2011 (AS **2010** 1881; BBl **2006** 1085).

232 SR **173.110**

233 Fassung gemäss Anhang Ziff. 12 des Bundesgerichtsgesetzes vom 17. Juni 2005, in Kraft seit 1. Jan. 2007 (AS **2006** 1205 1069; BBl **2001** 4202).

234 Fassung gemäss Anhang 1 Ziff. II 19 der Strafprozessordnung vom 5. Okt. 2007, in Kraft seit 1. Jan. 2011 (AS **2010** 1881; BBl **2006** 1085).

235 Fassung gemäss Ziff. I 1 des BG vom 26. Sept. 2014 (Anpassungen an die Allgemeinen Bestimmungen des StGB), in Kraft seit 1. Jan. 2017 (AS **2015** 779; BBl **2012** 2869).

236 SR **313.0**

vorläufige Festnahme nach Artikel 19 Absatz 3 des Verwaltungsstrafrechtsgesetzes ist ausgeschlossen.

2 Für die Auskunftspflicht gilt Artikel 126 Absatz 2 sinngemäss.

Untersuchungsmassnahmen gegen am Verfahren nicht beteiligte Dritte

192. 1 Die Untersuchungsmassnahmen gegenüber den am Verfahren nicht beteiligten Dritten richten sich nach den Artikeln 19–50 des Verwaltungsstrafrechtsgesetzes vom 22. März 1974[237]. Die vorläufige Festnahme nach Artikel 19 Absatz 3 des Verwaltungsstrafrechtsgesetzes ist ausgeschlossen.

2 Die Artikel 127–129 betreffend die Bescheinigungs-, Auskunfts- und Meldepflicht Dritter bleiben vorbehalten. Die Verletzung dieser Pflichten kann durch die ESTV mit Busse nach Artikel 174 geahndet werden. Die Busse muss vorgängig angedroht werden.

3 Die nach den Artikeln 41 und 42 des Verwaltungsstrafrechtsgesetzes als Zeugen einvernommenen Personen können zur Herausgabe der in ihrem Besitz befindlichen sachdienlichen Unterlagen und sonstigen Gegenstände aufgefordert werden. Verweigert ein Zeuge die Herausgabe, ohne dass einer der in den Artikeln 168, 169, 171 und 172 StPO[238] genannten Gründe zur Zeugnisverweigerung vorliegt, so ist er auf die Strafdrohung von Artikel 292 des Strafgesetzbuches[239] hinzuweisen und kann gegebenenfalls wegen Ungehorsams gegen eine amtliche Verfügung dem Strafrichter überwiesen werden.[240]

Abschluss der Untersuchung

193. 1 Die ESTV erstellt nach Abschluss der Untersuchung einen Bericht, den sie dem Beschuldigten und den interessierten kantonalen Verwaltungen für die direkte Bundessteuer zustellt.

2 Liegt keine Widerhandlung vor, hält der Bericht fest, dass die Untersuchung eingestellt worden ist.

3 Kommt die ESTV zum Ergebnis, es liege eine Widerhandlung vor, kann sich der Beschuldigte während 30 Tagen nach Zustellung des Berichtes dazu äussern und Antrag auf Ergänzung der Untersuchung stellen. Im gleichen Zeitraum steht ihm das Recht auf Akteneinsicht nach Artikel 114 zu.

4 Gegen die Eröffnung des Berichtes und seinen Inhalt ist kein Rechtsmittel gegeben. Die Ablehnung eines Antrages auf Ergänzung der Untersuchung kann im späteren Hinterziehungsverfahren [175 f.] oder Verfahren wegen Steuerbetruges [186] oder Veruntreuung von Quellensteuern [187] angefochten werden.

5 Einem Beschuldigten, der, ohne in der Schweiz einen Vertreter oder ein Zustellungsdomizil zu haben, unbekannten Aufent-

---

237 SR **313.0**

238 SR **312.0**

239 SR **311.0**

240 Fassung zweiter Satz gemäss Anhang 1 Ziff. II 19 der Strafprozessordnung vom 5. Okt. 2007, in Kraft seit 1. Jan. 2011 (AS **2010** 1881; BBl **2006** 1085).

halts ist oder im Ausland Wohnsitz oder Aufenthalt hat, muss der Bericht nicht eröffnet werden.

Vgl. zu V: 116 II, 118.

Antrag auf Weiterverfolgung

194. [1] Kommt die ESTV zum Ergebnis, dass eine Steuerhinterziehung (Art. 175 und 176) begangen wurde, so verlangt sie von der zuständigen kantonalen Verwaltung für die direkte Bundessteuer die Durchführung des Hinterziehungsverfahrens.

[2] Kommt die ESTV zum Schluss, es liege ein Steuervergehen [186 f.] vor, so erstattet sie bei der zuständigen kantonalen Strafverfolgungsbehörde Anzeige.

[3] ...[241]

Weitere Verfahrensvorschriften

195. [1] Die Vorschriften über die Amtshilfe (Art. 111 und 112) bleiben anwendbar.

[2] Die mit der Durchführung der besonderen Untersuchungsmassnahmen betrauten Beamten der ESTV unterstehen der Ausstandspflicht nach Artikel 109.

[3] Die Kosten der besonderen Untersuchungsmassnahmen werden nach Artikel 183 Absatz 4 auferlegt.

[4] Allfällige Entschädigungen an den Beschuldigten oder an Dritte werden nach den Artikeln 99 und 100 des Verwaltungsstrafrechtsgesetzes vom 22. März 1974[242] ausgerichtet.

[5] Für Beschwerdeentscheide nach Artikel 27 des Verwaltungsstrafrechtsgesetzes wird eine Spruchgebühr von 10–500 Franken erhoben.

Siebenter Teil: Abrechnung zwischen Bund und Kantonen

Abrechnung mit dem Bund

196. [1] Die Kantone liefern 83 Prozent der bei ihnen eingegangenen Steuerbeträge, Bussen wegen Steuerhinterziehung oder Verletzung von Verfahrenspflichten sowie Zinsen dem Bund ab.[243]

[2] Sie liefern den Bundesanteil an den im Laufe eines Monats bei ihnen eingegangenen Beträgen bis zum Ende des folgenden Monats ab.

[3] Über die an der Quelle erhobene direkte Bundessteuer [37a, 83 ff.] erstellen sie eine jährliche Abrechnung.

Verteilung der kantonalen Anteile

197. [1] Der kantonale Anteil an den Steuerbeträgen, Bussen wegen Steuerhinterziehung oder Verletzung von Verfahrenspflichten

---

241 Aufgehoben durch Anhang 1 Ziff. II 19 der Strafprozessordnung vom 5. Okt. 2007, mit Wirkung seit 1. Jan. 2011 (AS **2010** 1881; BBl **2006** 1085).

242 SR **313.0**

243 Fassung gemäss Ziff. II 11 des BG vom 6. Okt. 2006 zur Neugestaltung des Finanzausgleichs und der Aufgabenteilung zwischen Bund und Kantonen (NFA), in Kraft seit 1. Jan. 2008 (AS **2007** 5779; BBl **2005** 6029).

sowie Zinsen, die von Steuerpflichtigen mit Steuerobjekten in mehreren Kantonen geschuldet sind, wird von den Kantonen unter sich nach den bundesrechtlichen Grundsätzen betreffend das Verbot der Doppelbesteuerung [BV 127 III] verteilt. …[244]

2 Können sich die Kantone nicht einigen, so entscheidet das Bundesgericht als einzige Instanz.[245]

Kosten der Kantone

198. Soweit die Durchführung der direkten Bundessteuer den Kantonen obliegt, tragen sie die sich daraus ergebenden Kosten.

Achter Teil: Schlussbestimmungen

Erster Titel: Ausführungsbestimmungen

199. Der Bundesrat erlässt die Ausführungsbestimmungen.

Vgl.: VO Kompetenzzuweisungen an Finanzdepartement, S. 157.

Zweiter Titel: Kantonale Stempelabgaben

200. Werden in einem Verfahren nach diesem Gesetz Urkunden verwendet, so müssen dafür keine kantonalen Stempelabgaben entrichtet werden.

Vgl.: StG 3.

Dritter Titel: Aufhebung und Änderung bisherigen Rechts

Aufhebung des BdBSt

201. Der Bundesratsbeschluss vom 9. Dezember 1940[246] über die Erhebung einer direkten Bundessteuer (BdBSt) wird aufgehoben.

Änderung des MVG

202. [22; StHG 76] Artikel 47 Absatz 2 des Bundesgesetzes vom 20. September 1949[247] über die Militärversicherung (MVG) ist

---

244 Zweiter Satz aufgehoben durch Ziff. II 11 des BG vom 6. Okt. 2006 zur Neugestaltung des Finanzausgleichs und der Aufgabenteilung zwischen Bund und Kantonen (NFA), mit Wirkung seit 1. Jan. 2008 (AS **2007** 5779; BBl **2005** 6029).

245 Fassung gemäss Anhang Ziff. 57 des Verwaltungsgerichtsgesetzes vom 17. Juni 2005, in Kraft seit 1. Jan. 2007 (AS **2006** 2197 1069; BBl **2001** 4202).

246 [BS **6** 350; AS **1950** 1467, **1954** 1316, **1958** 398, **1971** 947, **1973** 1066, **1975** 1213, **1977** 2103, **1978** 2066, **1982** 144, **1984** 584, **1985** 1222, **1988** 878, **1992** 1072]

247 [AS **1949** 1671, **1956** 759, **1959** 303, **1964** 253, **1968** 563, **1972** 897 Art. 15 Ziff. 1, **1982** 1676 Anhang Ziff. 5 2184 Art. 116, **1990** 1882 Anhang Ziff. 9, **1991** 362 Ziff. II 414. AS **1993** 3043 Anhang Ziff. 1]. Siehe heute Art. 116 des BG vom 19. Juni 1992 (SR **833.1**).

nicht anwendbar hinsichtlich der Renten und Kapitalleistungen, die nach Inkrafttreten dieses Gesetzes zu laufen beginnen oder fällig werden.

Vgl.: KS ESTV, 8.6.1994, Leistungen aus Militärversicherung, S. 1904.

203. …[248]

Änderung des AHVG

Vierter Titel: Übergangsbestimmungen

1. Kapitel: Natürliche Personen

Renten und Kapitalabfindungen aus Einrichtungen der beruflichen Vorsorge

204. [1] Renten und Kapitalabfindungen aus beruflicher Vorsorge [22 I], die vor dem 1. Januar 1987 zu laufen begannen oder fällig wurden oder die vor dem 1. Januar 2002 zu laufen beginnen oder fällig werden und auf einem Vorsorgeverhältnis beruhen, das am 31. Dezember 1986 bereits bestand, sind wie folgt steuerbar:

a. zu drei Fünfteln, wenn die Leistungen (wie Einlagen, Beiträge, Prämienzahlungen), auf denen der Anspruch des Steuerpflichtigen beruht, ausschliesslich vom Steuerpflichtigen erbracht worden sind;

b. zu vier Fünfteln, wenn die Leistungen, auf denen der Anspruch des Steuerpflichtigen beruht, nur zum Teil, mindestens aber zu 20 Prozent vom Steuerpflichtigen erbracht worden sind;

c. zum vollen Betrag in den übrigen Fällen.

[2] Den Leistungen des Steuerpflichtigen im Sinne von Absatz 1 Buchstaben a und b sind die Leistungen von Angehörigen gleichgestellt; dasselbe gilt für die Leistungen von Dritten, wenn der Steuerpflichtige den Versicherungsanspruch durch Erbgang, Vermächtnis oder Schenkung erworben hat.

Vgl.: KS ESTV Nr. 41, 18.9.2014, Freizügigkeit, S. 1232.

Einkauf von Beitragsjahren

205. Beiträge des Versicherten für den Einkauf von Beitragsjahren [33 I d] sind abziehbar, wenn die Altersleistungen nach dem 31. Dezember 2001 zu laufen beginnen oder fällig werden.

Vgl.: KS ESTV Nr. 41, 18.9.2014, Freizügigkeit, S. 1232; KS ESTV Nr. 18, 17.7.2008, Säule 3a, S. 1585; KS ESTV Nr. 17, 3.10.2007, Wohneigentumsförderung, S. 1596.

Altrechtliche Kapitalversicherungen mit Einmalprämien

205*a*.[249] [StHG 78a] [1] Bei Kapitalversicherungen gemäss Artikel 20 Absatz 1 Buchstabe a, die vor dem 1. Januar 1994 abgeschlossen wurden, bleiben die Erträge steuerfrei, sofern bei Aus-

---

248 Die Änderung kann unter AS **1991** 1184 konsultiert werden.

249 Eingefügt durch Ziff. I des BG vom 7. Okt. 1994, in Kraft seit 1. Jan. 1995 (AS **1995** 1445; BBl **1993** I 1196).

zahlung das Vertragsverhältnis mindestens fünf Jahre gedauert oder der Versicherte das 60. Altersjahr vollendet hat.

2 Bei Kapitalversicherungen nach Artikel 20 Absatz 1 Buchstabe a, die in der Zeit vom 1. Januar 1994 bis und mit 31. Dezember 1998 abgeschlossen wurden, bleiben die Erträge steuerfrei, sofern bei Auszahlung das Vertragsverhältnis mindestens fünf Jahre gedauert und der Versicherte das 60. Altersjahr vollendet hat.[250]

Vgl.: KS ESTV, 30.6.1995, Kapitalversicherungen mit Einmalprämie, S. 1836.

Dringende Anpassungen bei der Unternehmensbesteuerung; Rückwirkung

205*b*.[251] Artikel 20*a* Absatz 1 Buchstabe a gilt auch für noch nicht rechtskräftige Veranlagungen der in den Steuerjahren ab 2001 erzielten Erträge.

Vgl.: KS ESTV Nr. 14, 6.11.2007, Indirekte Teilliquidation, S. 1608.

Übergangsbestimmung zur Änderung vom 20. März 2008

205*b*bis.[252] 1 Auf Erbgänge, die vor Inkrafttreten der Änderung vom 20. März 2008 eröffnet wurden, sind die Bestimmungen über die Nachsteuern nach bisherigem Recht anwendbar.

205*c*.[253]

Übergangsbestimmung zur Änderung vom 28. September 2012

205*d*.[254] Für natürliche Personen, die im Zeitpunkt des Inkrafttretens der Änderung vom 28. September 2012 nach dem Aufwand besteuert wurden, gilt während fünf Jahren weiterhin Artikel 14 des bisherigen Rechts.

Übergangsbestimmung zur Änderung vom 20. Juni 2014

205*e*.[255] 1 Über Gesuche um Erlass der direkten Bundessteuer, die im Zeitpunkt des Inkrafttretens der Änderung vom 20. Juni 2014 dieses Gesetzes bei der Eidgenössischen Erlasskommission für die direkte Bundessteuer oder bei der zuständigen kantona-

---

250 Eingefügt durch Ziff. I 5 des BG vom 19. März 1999 über das Stabilisierungsprogramm 1998, in Kraft seit 1. Jan. 2001 (AS **1999** 2374; BBl **1999** 4).

251 Eingefügt durch Ziff. I 1 des BG vom 23. Juni 2006 über dringende Anpassungen bei der Unternehmensbesteuerung, in Kraft seit 1. Jan. 2007 (AS **2006** 4883; BBl **2005** 4733).

252 Ursprünglich: Art. 220*a*. Eingefügt durch Ziff. I 1 des BG vom 20. März 2008 über die Vereinfachung der Nachbesteuerung in Erbfällen und die Einführung der straflosen Selbstanzeige, in Kraft seit 1. Jan. 2010 (AS **2008** 4453; BBl **2006** 8795).

253 Eingefügt durch Ziff. I des BG vom 25. Sept. 2009 (AS **2010** 453; BBl **2009** 1657). Aufgehoben durch Ziff. I 1 des BG vom 26. Sept. 2014 (Anpassungen an die Allgemeinen Bestimmungen des StGB), mit Wirkung seit 1. Jan. 2017 (AS **2015** 779; BBl **2012** 2869).

254 Eingefügt durch Ziff. I 1 des BG vom 28. Sept. 2012, in Kraft seit 1. Jan. 2016 (AS **2013** 779; BBl **2011** 6021).

255 Eingefügt durch Ziff. I 2 des Steuererlassgesetzes vom 20. Juni 2014, in Kraft seit 1. Jan. 2016 (AS **2015** 9; BBl **2013** 8435).

len Behörde zur Antragstellung an die Eidgenössische Erlasskommission hängig sind, entscheidet die kantonale Erlassbehörde.

2 Das Einsprache- und das Beschwerdeverfahren gegen Verfügungen, die vor dem Inkrafttreten der Änderung vom 20. Juni 2014 dieses Gesetzes ergangen sind, richten sich nach dem bisherigen Recht.

Übergangsbestimmung zur Änderung vom 26. September 2014

205*f*.[256] [257] 1 Für die Beurteilung von Straftaten, die in Steuerperioden vor Inkrafttreten der Änderung vom 26. September 2014 begangen wurden, ist das neue Recht anwendbar, sofern dieses milder ist als das in jenen Steuerperioden geltende Recht.

2. Kapitel: Juristische Personen

206.[258]

Steuerermässigung bei Liquidation von Immobiliengesellschaften

207. 1 Die Steuer auf dem Kapitalgewinn, den eine vor Inkrafttreten dieses Gesetzes gegründete Immobiliengesellschaft bei Überführung ihrer Liegenschaft auf den Aktionär erzielt, wird um 75 Prozent gekürzt, wenn die Gesellschaft aufgelöst wird.

2 Die Steuer auf dem Liquidationsergebnis, das dem Aktionär zufliesst, wird im gleichen Verhältnis gekürzt.

3 Liquidation und Löschung der Immobiliengesellschaft müssen spätestens bis zum 31. Dezember 2003 vorgenommen werden.[259]

4 Erwirbt der Aktionär einer Mieter-Aktiengesellschaft durch Hingabe seiner Beteiligungsrechte das Stockwerkeigentum an jenen Gebäudeteilen, deren Nutzungsrecht die hingegebenen Beteiligungsrechte vermittelt haben, reduziert sich die Steuer auf dem Kapitalgewinn der Gesellschaft um 75 Prozent, sofern die Mieter-Aktiengesellschaft vor dem 1. Januar 1995 gegründet worden ist. Die Übertragung des Grundstücks auf den Aktionär muss spätestens bis zum 31. Dezember 2003 im Grundbuch eingetragen werden. Unter diesen Voraussetzungen wird die Steuer auf dem Liquidationsergebnis, das dem Aktionär zufliesst, im gleichen Verhältnis gekürzt.[260]

---

256 Eingefügt durch Ziff. I 1 des BG vom 26. Sept. 2014 (Anpassungen an die Allgemeinen Bestimmungen des StGB), in Kraft seit 1. Jan. 2017 (AS **2015** 779; BBl **2012** 2869).

257 Berichtigt von der Redaktionskommission der BVers (Art. 58 Abs. 1 ParlG; SR **171.10**)

258 Aufgehoben durch Ziff. I 1 des BG vom 26. Sept. 2014 (Anpassungen an die Allgemeinen Bestimmungen des StGB), mit Wirkung seit 1. Jan. 2017 (AS **2015** 779; BBl **2012** 2869).

259 Fassung gemäss Ziff. I des BG vom 8. Okt. 1999, in Kraft seit 1. Jan. 2000 (AS **2000** 324; BBl **1999** 5966).

260 Eingefügt durch Ziff. I des BG vom 8. Okt. 1999, in Kraft seit 1. Jan. 2000 (AS **2000** 324; BBl **1999** 5966).

Übergangsbestimmung zur Änderung vom 10. Oktober 1997

207*a*.[261] ¹ Kapitalgewinne auf Beteiligungen sowie der Erlös aus dem Verkauf von zugehörigen Bezugsrechten werden bei der Berechnung des Nettoertrages nach Artikel 70 Absatz 1 nicht berücksichtigt, wenn die betreffenden Beteiligungen schon vor dem 1. Januar 1997 im Besitze der Kapitalgesellschaft oder Genossenschaft waren und die erwähnten Gewinne vor dem 1. Januar 2007 erzielt werden.

² Für Beteiligungen, die vor dem 1. Januar 1997 im Besitze der Kapitalgesellschaft oder Genossenschaft waren, gelten die Gewinnsteuerwerte zu Beginn des Geschäftsjahres, das im Kalenderjahr 1997 endet, als Gestehungskosten (Art. 62 Abs. 4 und Art. 70 Abs. 4 Bst. a).

³ Überträgt eine Kapitalgesellschaft oder Genossenschaft eine Beteiligung von mindestens 20 Prozent am Grund- oder Stammkapital anderer Gesellschaften, die vor dem 1. Januar 1997 in ihrem Besitze war, auf eine ausländische Konzerngesellschaft, so wird die Differenz zwischen dem Gewinnsteuerwert und dem Verkehrswert der Beteiligung zum steuerbaren Reingewinn gerechnet. In diesem Fall gehören die betreffenden Beteiligungen weiterhin zum Bestand der vor dem 1. Januar 1997 gehaltenen Beteiligungen. Gleichzeitig ist die Kapitalgesellschaft oder Genossenschaft berechtigt, in der Höhe dieser Differenz eine unbesteuerte Reserve zu bilden. Diese Reserve ist steuerlich wirksam aufzulösen, wenn die übertragene Beteiligung an einen konzernfremden Dritten veräussert wird, wenn die Gesellschaft, deren Beteiligungsrechte übertragen wurden, ihre Aktiven und Passiven in wesentlichem Umfang veräussert oder wenn sie liquidiert wird. Die Kapitalgesellschaft oder Genossenschaft hat jeder Steuererklärung ein Verzeichnis der Beteiligungen beizulegen, für die eine unbesteuerte Reserve im Sinne dieses Artikels besteht. Am 31. Dezember 2006 wird die unbesteuerte Reserve steuerneutral [60] aufgelöst.

⁴ Sofern das Geschäftsjahr nach dem Inkrafttreten der Änderung vom 10. Oktober 1997 endet, wird die Gewinnsteuer für dieses Geschäftsjahr nach neuem Recht festgesetzt.

Vgl.: KS ESTV Nr. 27, 17.12.2009, Beteiligungsabzug, S. 1475.

Übergangsbestimmung zur Änderung vom 20. Juni 2014

207*b*.[262] ¹ Über Gesuche um Erlass der direkten Bundessteuer, die im Zeitpunkt des Inkrafttretens der Änderung vom 20. Juni 2014 dieses Gesetzes bei der Eidgenössischen Erlasskommission für die direkte Bundessteuer oder bei der zuständigen kantonalen Behörde zur Antragstellung an die Eidgenössische Erlasskommission hängig sind, entscheidet die kantonale Erlassbehörde.

---

261 Eingefügt durch Ziff. I 1 des BG vom 10. Okt. 1997 über die Reform der Unternehmensbesteuerung 1997, in Kraft seit 1. Jan. 1998 (AS **1998** 669; BBl **1997** II 1164).

262 Eingefügt durch Ziff. I 2 des Steuererlassgesetzes vom 20. Juni 2014, in Kraft seit 1. Jan. 2016 (AS **2015** 9; BBl **2013** 8435).

[2] Das Einsprache- und das Beschwerdeverfahren gegen Verfügungen, die vor dem Inkrafttreten der Änderung vom 20. Juni 2014 dieses Gesetzes ergangen sind, richten sich nach dem bisherigen Recht.

208.–220.[263]

220*a*.[264]

Fünfter Titel: Referendum und Inkrafttreten

221. [1] Dieses Gesetz untersteht dem fakultativen Referendum.

[2] Der Bundesrat bestimmt das Inkrafttreten.

[3] Es tritt mit dem Wegfall der Verfassungsgrundlage ausser Kraft.

222.[265]

Datum des Inkrafttretens: 1. Januar 1995[266]

Schlussbestimmungen zur Änderung vom 8. Oktober 2004[267]

[1] Bussen nach Artikel 179[268] sind nicht mehr vollstreckbar und können von den Steuerbehörden nicht mehr verrechnungsweise geltend gemacht werden.

[2] Entsprechende Eintragungen im Betreibungsregister werden auf Antrag der betroffenen Person gelöscht.

---

263 Aufgehoben durch Ziff. I 1 des BG vom 22. März 2013 über die formelle Bereinigung der zeitlichen Bemessung der direkten Steuern bei den natürlichen Personen, mit Wirkung seit 1. Jan. 2014 (AS **2013** 2397; BBl **2011** 3593).

264 Heute: Art. 205*b*bis (AS **2013** 2397; BBl **2011** 3593).

265 Aufgehoben durch Ziff. I 1 des BG vom 10. Okt. 1997 über die Reform der Unternehmensbesteuerung 1997 (AS **1998** 669; BBl **1997** II 1164).

266 BRB vom 3. Juni 1991

267 AS **2005** 1051; BBl **2004** 1437 1451

268 AS **1991** 1184

Verordnung
über die Besteuerung von natürlichen Personen im Ausland mit einem Arbeitsverhältnis zum Bund oder zu einer andern öffentlichrechtlichen Körperschaft oder Anstalt des Inlandes (SR 642.110.8)

vom 20. Oktober 1993 (Stand am 1. Januar 2014)

Der Schweizerische Bundesrat,

gestützt auf die Artikel 3 Absatz 5, 6 Absatz 4 sowie 199 des Bundesgesetzes vom 14. Dezember 1990[1] über die direkte Bundessteuer (DBG),

verordnet:

1. Abschnitt: Steuerpflicht und Gegenstand der Steuer

Art. 1 Steuerpflicht

[1] Steuerpflichtige im Sinne von Artikel 3 Absatz 5 DBG sind Arbeitnehmer des Bundes, der Kantone, Gemeinden und der andern öffentlichrechtlichen Körperschaften oder Anstalten des Inlandes, wenn sie mindestens 183 Tage ununterbrochen im Ausland ansässig sind und dort aufgrund völkerrechtlicher Verträge oder Übung mit Rücksicht auf dieses Arbeitsverhältnis von den Einkommenssteuern ganz oder teilweise befreit sind. Halten sie sich weniger lang im Ausland auf, sind sie steuerpflichtig nach Artikel 3 Absatz 1 DBG.

[2] Wohnt die betreffende Person bereits im Ausland, bevor sie Arbeitnehmer nach Absatz 1 wird, ist sie sofort im Sinne von Artikel 3 Absatz 5 DBG steuerpflichtig, unabhängig von der Dauer des Arbeitsverhältnisses.

Art. 2 Steuerbare Einkünfte

[1] Für die Steuerpflichtigen, die im Ausland nach Artikel 1 Absatz 1 aufgrund ihres öffentlichrechtlichen Arbeitsverhältnisses von den Einkommenssteuern ganz befreit sind, kommen insbesondere folgende Einkünfte zur Besteuerung:

a. die Einkünfte aus diesem Arbeitsverhältnis, ausgenommen Einkünfte, welche Spesen ersetzen; Kaufkraftunterschiede zwischen der Schweiz und dem Ausland können berücksichtigt werden;

b. die entsprechenden Naturalbezüge, wobei diese nach ihrem Marktwert am ausländischen Wohnort bemessen werden;

AS **1993** 2940

[1] SR **642.11**

c. die Erträge aus schweizerischem unbeweglichem Vermögen nach Artikel 21 DBG;
d. die Erträge aus beweglichem Vermögen nach Artikel 20 DBG.

2 Für die Steuerpflichtigen, die im Ausland nach Artikel 1 Absatz 1 aufgrund ihres öffentlichrechtlichen Arbeitsverhältnisses von der Einkommenssteuer nur teilweise befreit sind, sind die Einkünfte nach Absatz 1 Buchstaben a–c steuerbar.

Art. 3 Abzugsfähige Aufwendungen

Notwendige Aufwendungen, die dem Steuerpflichtigen durch den Aufenthalt und die Arbeit im Ausland erwachsen und vom Arbeitgeber nicht ersetzt werden, können als Berufsauslagen vom steuerbaren Einkommen abgezogen werden.

Art. 4 Einkünfte des Ehegatten und der Kinder bei Wohnsitz im Ausland

1 Bei den Steuerpflichtigen, die im Ausland von den Einkommenssteuern ganz befreit sind, gelangen auch alle Vermögenserträge des Ehegatten und der Kinder zur Besteuerung.

2 Allfällige andere im Gastland erzielte Einkünfte werden in der Schweiz nicht besteuert.

2. Abschnitt: Örtliche Zuständigkeit und zeitliche Bemessung

Art. 5[2] Örtliche Zuständigkeit

1 Wird im Laufe einer Steuerperiode eine Person durch Verlegung ihres Wohnsitzes ins Ausland nach Artikel 1 steuerpflichtig, so ist der Kanton ihrer Heimatgemeinde für die Veranlagung der ganzen Steuerperiode zuständig.

2 Endet im Laufe einer Steuerperiode durch Verlegung des Wohnsitzes in die Schweiz die Steuerpflicht nach Artikel 1, so ist der Wohnsitzkanton am Ende der Steuerperiode für die Veranlagung der ganzen Steuerperiode zuständig.

3 Bleibt der Ehegatte während des Auslandaufenthalts der steuerpflichtigen Person in der Schweiz, so ist die Heimatgemeinde der im Ausland weilenden steuerpflichtigen Person für die Veranlagung beider Ehegatten zuständig, sofern für diese die Voraussetzungen von Artikel 9 DBG erfüllt sind. Der in der Schweiz verbleibende Ehegatte kann verlangen, dass die Veranlagung an seinem Wohnort vorgenommen wird.

4 Hat die steuerpflichtige Person keine schweizerische Heimatgemeinde, so erfolgt die Veranlagung am Sitz des Arbeitgebers. Wird ein schweizerisches Bürgerrecht erworben, so gelten die Absätze 2 und 3 sinngemäss.

---

2 Fassung gemäss Anhang Ziff. II 1 der V vom 14. Aug. 2013 über die zeitliche Bemessung der direkten Bundessteuer, in Kraft seit 1. Jan. 2014 (AS **2013** 2773).

Art. 6[3]

3. Abschnitt: Verfahrenspflichten

Art. 7 Steuerpflichtiger

[1] Steuerpflichtige Personen nach Artikel 1 haben einen Vertreter in der Schweiz zu nennen. Unterlässt es der Steuerpflichtige, einen Vertreter zu bestimmen, ist die Steuerbehörde befugt, den Arbeitgeber als Vertreter zu bezeichnen.

[2] Bleibt der Ehegatte in der Schweiz, gilt dieser als Steuervertreter, solange die Ehegatten im Sinne von Artikel 9 DBG gemeinsam veranlagt werden.

[3] Bestimmt der Steuerpflichtige keinen Vertreter oder anerkennt er weder den Arbeitgeber noch seinen in der Schweiz lebenden Ehegatten als Vertreter, so kann ihm eine Verfügung oder ein Entscheid rechtswirksam durch Publikation im kantonalen Amtsblatt eröffnet werden.

Art. 8 Arbeitgeber

Der Arbeitgeber ist verpflichtet, der Eidgenössischen Steuerverwaltung die Personalien, die voraussichtliche Dauer der Anstellung sowie den Einsatzort der für einen Auslandaufenthalt vorgesehenen Steuerpflichtigen vor ihrer Ausreise zu melden. Gleichzeitig legt er die vom Steuerpflichtigen unterzeichnete Vollmacht für den Vertreter (Art. 7) bei.

4. Abschnitt: Schlussbestimmungen

Art. 9 Aufhebung bisherigen Rechts

Der Bundesratsbeschluss vom 3. Januar 1967[4] über die Anwendung der Bestimmungen des Bundesratsbeschlusses vom 9. Dezember 1940 über die Erhebung einer Wehrsteuer bei der Besteuerung der im Ausland wohnenden Beamten und ständigen Angestellten des Eidgenössischen Politischen Departements wird aufgehoben.

Art. 10 Inkrafttreten

Diese Verordnung tritt am 1. Januar 1995 in Kraft und findet erstmals auf die für das Jahr 1995 erhobene direkte Bundessteuer Anwendung.

---

3 Aufgehoben durch Anhang Ziff. II 1 der V vom 14. Aug. 2013 über die zeitliche Bemessung der direkten Bundessteuer, mit Wirkung seit 1. Jan. 2014 (AS **2013** 2773).

4 In der AS nicht veröffentlicht.

Verordnung
über die Errichtung des Nachlassinventars für die direkte Bundessteuer (InvV) (SR 642.113)

vom 16. November 1994

Der Schweizerische Bundesrat,

gestützt auf Artikel 199 des Bundesgesetzes vom 14. Dezember 1990[1] über die direkte Bundessteuer (DBG),

verordnet:

1. Abschnitt: Allgemeine Bestimmungen

Art. 1 Inventarpflicht

[1] Stirbt eine steuerpflichtige Person und ist anzunehmen, dass Vermögen vorhanden ist, so nimmt die Inventarbehörde nach den Artikeln 154–159 DBG und den folgenden Bestimmungen ein Inventar auf.

[2] Sie ist von der Inventarpflicht befreit, wenn:

a. innerhalb zweier Wochen nach dem Tod der steuerpflichtigen Person ein amtliches Inventar nach den kantonalen Vorschriften aufgenommen wird; und
b. dieses Inventar das ganze Vermögen der verstorbenen Person und dasjenige der in Artikel 155 Absatz 1 DBG genannten Personen umfasst.

Art. 2 Zweck des Inventars

Das Inventar dient der Feststellung der zum Nachlass gehörenden Vermögensgegenstände.

Art. 3 Dem Steuerinventar gleichgestellte Abrechnung

[1] Für steuerliche Zwecke können dem Inventar gleichgestellt werden:

a. die Schlussrechnung, die der Vormund nach dem Tod einer bevormundeten Person erstellt (Art. 451 ZGB[2]);
b. das Sicherungsinventar oder das öffentliche Inventar, das nach dem Tod des Erblassers aufgenommen wurde (Art. 553 und 580 ff. ZGB).

[2] Die Inventarbehörde ergänzt nötigenfalls diese Zusammenstellungen.

AS **1994** 2997

1 SR **642.11**
2 SR **210**

Art. 4 Inventarbehörde

Jeder Kanton bezeichnet die Amtsstellen, die für die Inventaraufnahme zuständig sind.

Art. 5 Schweigepflicht

Alle Amtspersonen, die bei der Inventaraufnahme und bei der Siegelung mitwirken, unterstehen der Geheimhaltungspflicht nach Artikel 110 DBG.

Art. 6 Verwahrung der Akten

1 Die Inventarbehörden verwahren die Inventare mit sämtlichen Inventarisations- und Siegelungsakten so, dass Unbefugte sie nicht einsehen können. Sie gewähren nur den Erbinnen und Erben sowie den Behörden des Bundes, der Kantone und Gemeinden, die einen gesetzlichen Anspruch auf Amtshilfe haben, Einsicht in die Inventare.

2 Sie legen über die verwahrten Inventare ein vollständiges und übersichtliches Verzeichnis an.

2. Abschnitt: Verfahren

Art. 7 Meldung der Zivilstandsämter

1 Das Zivilstandsamt des letzten steuerrechtlichen Wohnsitzes oder Aufenthaltes meldet der Inventarbehörde jeden Todesfall innerhalb von acht Tagen.

2 Stirbt eine Person ausserhalb ihres letzten steuerrechtlichen Wohnsitzes oder Aufenthaltes, so meldet dies das Zivilstandsamt, das den Tod dieser Person verurkundet, nach Artikel 120 Absatz 1 Ziffer 2 der Zivilstandsverordnung vom 1. Juni 1953[3] innerhalb von acht Tagen dem Zivilstandsamt des letzten steuerrechtlichen Wohnsitzes oder Aufenthaltes.

3 Die Inventarbehörde legt die Meldung nach Absatz 1 mit einem Vermerk über den Tag des Eingangs den Inventarisationsakten bei.

Art. 8 Vorbereitung der Inventaraufnahme

1 Unverzüglich nach Bekanntwerden des Todesfalles teilt die Inventarbehörde allen gesetzlichen Erbinnen und Erben sowie den Personen, die mit der Verwaltung oder der Verwahrung von Vermögen der verstorbenen Person betraut waren, durch eingeschriebenen Brief mit, dass ohne ausdrückliche Bewilligung der Inventarbehörde bis zum Abschluss der Inventaraufnahme keine Verfügung über das Nachlassvermögen getroffen werden darf. Sie weist dabei auf die in Artikel 178 DBG vorgesehenen Straffolgen hin.

2 Nach Eingang der Meldung nach Artikel 7 Absatz 1 setzt die Inventarbehörde den Zeitpunkt der Inventaraufnahme innerhalb der in Artikel 154 Absatz 1 DBG genannten Frist fest.

---

3 SR **211.112.1**

Art. 9 Fristerstreckung

Findet vor der Inventaraufnahme eine Siegelung nach den Bestimmungen des vierten Abschnittes statt, so kann die Frist nach Artikel 154 Absatz 1 DBG angemessen erstreckt werden.

Art. 10 Pflichten der Erbinnen, Erben und Dritter

1 Mindestens eine oder einer der handlungsfähigen Erbinnen und Erben und die gesetzlichen Vertreterinnen und Vertreter der minderjährigen oder bevormundeten Erbinnen und Erben müssen der Inventaraufnahme beiwohnen.

2 Die Inventarbehörde macht die bei der Inventaraufnahme anwesenden Personen aufmerksam auf:

a. die Pflichten, die ihnen nach Artikel 157 DBG obliegen;
b. die Straffolgen, die eine Verletzung dieser Pflichten nach sich zieht (Art. 178 DBG);
c. die Auskunftspflicht, die Dritte ihnen gegenüber haben (Art. 158 DBG).

3 Die bei der Inventaraufnahme anwesenden Personen unterschreiben das Inventarprotokoll und bestätigen, dass die Inventarbehörde ihre Pflicht nach Absatz 2 erfüllt hat. Verweigert eine dieser Personen ihre Unterschrift, so ist dies unter Angabe der Gründe im Inventarprotokoll festzuhalten.

Art. 11 Ermittlung der Vermögensgegenstände

1 Die Inventarbehörde führt die Erhebungen durch, die zur Ermittlung des beweglichen und des unbeweglichen Vermögens erforderlich sind. Sie stellt insbesondere fest, ob Wertpapiere irgendwelcher Art, Spar-, Einlage-, Depositen- oder Kontokorrenthefte, Depotscheine, Bankauszüge, Faustpfandverschreibungen, Vorempfangsquittungen, Lebens- oder Unfallversicherungspolicen, Bargeld, Wertsachen, Haus- oder Geschäftsbücher oder andere Aufzeichnungen vorhanden sind, die sich auf das Vermögen oder Einkommen der verstorbenen Person und der in Artikel 155 Absatz 1 DBG genannten Personen beziehen. Solche Vermögensgegenstände werden verwahrt, soweit dies für die Inventaraufnahme erforderlich ist. Artikel 29 bleibt vorbehalten.

2 Findet die Inventarbehörde Schlüssel zu im Gewahrsam Dritter stehenden Kassenschränken, Tresorfächern und dergleichen oder stellt sie fest, dass zum Nachlass oder zum Vermögen der in Artikel 155 Absatz 1 DBG genannten Personen gehörende Gegenstände sich in der Verwahrung Dritter befinden, so teilt sie diesen Dritten durch eingeschriebenen Brief oder Telefax mit, dass sie bis zum Abschluss der Inventaraufnahme über die aufbewahrten Vermögensgegenstände nicht verfügen dürfen.

3 In gleicher Weise sind allfällige Guthaben und Depots der verstorbenen Person und der in Artikel 155 Absatz 1 DBG genannten Personen zu sperren, soweit und solange dies zur Sicherung der Inventaraufnahme erforderlich ist.

Art. 12 Vermögensverzeichnis, ergänzende Erhebungen

[1] Die Inventarbehörde erfasst die festgestellten Vermögensgegenstände in einem Verzeichnis. Kann sie dieses Verzeichnis nicht sofort abschliessen, so führt sie unverzüglich die erforderlichen Erhebungen und Nachforschungen durch. Nötigenfalls nimmt sie die sofortige Siegelung vor (Art. 156 Abs. 2 DBG).

[2] Sie fertigt unmittelbar nach der Inventaraufnahme die Reinschrift des Vermögensverzeichnisses aus.

[3] Sie legt dem Vermögensverzeichnis sämtliche für die Überprüfung des Inventarergebnisses wesentlichen Akten (Wertschriftenverzeichnisse, Geschäftsabschlüsse, Grundbuchauszüge usw.) sowie eine Liste dieser Akten bei.

Art. 13 Unterzeichnung des Vermögensverzeichnisses

Die bei der Inventaraufnahme anwesenden Personen unterschreiben das Vermögensverzeichnis. Artikel 10 Absatz 3 ist sinngemäss anwendbar.

Art. 14 Besondere Massnahmen

[1] Sind zur Feststellung einzelner Vermögensbestandteile wie Anteile am Vermögen von Kollektiv-, Kommandit-, einfachen Gesellschaften oder Gemeinderschaften besondere Massnahmen wie Bücheruntersuchungen notwendig, so setzt die Inventarbehörde die kantonale Verwaltung für die direkte Bundessteuer davon in Kenntnis. Diese ordnet die erforderlichen Massnahmen an.

[2] Verweigern Erbinnen und Erben oder Dritte die Auskunft, so erstattet die Inventarbehörde der für die Strafverfolgung zuständigen Amtsstelle (Art. 182 Abs. 4 DBG) sofort Bericht. Diese trifft die nach Artikel 174 DBG gebotenen Strafmassnahmen.

Art. 15 Mitteilung des Inventars und Aufhebung der Verfügungssperre

Sobald die Inventarbehörde das Inventar aufgenommen hat:

a. teilt sie dies der kantonalen Verwaltung für die direkte Bundessteuer unverzüglich mit;
b. hebt sie die nach Artikel 8 Absatz 1 und Artikel 11 Absatz 2 angeordnete Verfügungssperre durch schriftliche Mitteilung wieder auf.

3. Abschnitt: Das Inventar

Art. 16 Inhalt und Form

Das Inventar enthält:

a. die Personalien der verstorbenen Person, einschliesslich Geburtsdatum, Sterbe-, Wohn- und Heimatort;
b. die Personalien des Ehegatten und der unter elterlicher Gewalt stehenden Kinder (Art. 155 Abs. 1 DBG);
c. das Datum der Eheschliessung;

d. den Güterstand;
e. das Datum des Todestages;
f. das Datum und den Ort der Inventaraufnahme;
g. die Namen der Inventarisationsbeamtinnen und Inventarisationsbeamten;
h. die Personalien der Erbinnen und Erben und der übrigen Personen, die bei der Inventaraufnahme anwesend sind;
i. die Bestätigung nach Artikel 10 Absatz 3;
k. Angaben über sonstige Erbinnen und Erben, sowie Angaben über Vermächtnisnehmerinnen und Vermächtnisnehmer, über die vom Erblasser ausgerichteten Vorempfänge und Schenkungen sowie über vorgefundene letztwillige Verfügungen und Erbverträge;
l. das Vermögensverzeichnis einschliesslich der Schulden und gegebenenfalls der güterrechtlichen Ansprüche und Verpflichtungen der verstorbenen Person.

Art. 17 Bewegliche Gegenstände

1 Bewegliche Gegenstände wie Hausrat, Betriebsmobilien, landwirtschaftliche Gerätschaften einschliesslich der Viehhabe, sind summarisch aufzuführen. Sind sie versichert, so ist der Versicherungswert gemäss Versicherungspolice anzugeben.

2 Schmuck, Kunstgegenstände, Sammlungen und Antiquitäten sind möglichst genau zu umschreiben.

Art. 18 Wertpapiere und Guthaben

1 Wertpapiere sind unter genauer Angabe der Art und Anzahl der Titel, der Nennwerte und der Nummern aufzuführen.

2 Ausweise über Postcheck- und Bankguthaben, wie Spar-, Einlage- und Kontokorrenthefte, Depositenscheine und dergleichen, sind unter Angabe der Schuldnerinnen und Schuldner, der Forderungsbeträge und der Nummern aufzuführen.

3 Andere Guthaben sind nach ihrem Stand am Todestag anhand der Geschäftsbücher sowie der sonstigen Aufzeichnungen und Papiere der verstorbenen Person oder, mangels solcher, nach den Angaben der Auskunftspflichtigen festzustellen, wobei nach Möglichkeit die Beweismittel anzugeben sind.

Art. 19 Versicherungsansprüche

1 Policen über Lebens-, Renten- und Unfallversicherungen sind unter Angabe der Höhe der Versicherungsleistung, des Abschluss- und des Fälligkeitsdatums der Versicherung, der Namen der Versicherer und des oder der Begünstigten sowie der Policennummer im Vermögensverzeichnis aufzuführen.

2 Anwartschaftliche und laufende Ansprüche auf Leistungen aus Alters-, Invaliden- und Hinterbliebenenvorsorge sowie auf Leibrenten und andere wiederkehrende Leistungen sind unter Angabe des oder der Leistungspflichtigen aufzuführen.

Art. 20 Grundeigentum

Grundeigentum ist unter Angabe des Steuerwertes zu inventarisieren.

Art. 21 Nutzniessung

[1] Die in Nutzniessung des Erblassers stehenden Vermögensgegenstände sind unter Angabe des Eigentümers oder der Eigentümerin zu inventarisieren.

[2] Die mit einer Nutzniessung belasteten Vermögensbestandteile sind als solche im Inventar zu kennzeichnen.

Art. 22 Schulden

Die Schulden sind nach ihrem Stand am Todestag aufgrund von Geschäftsbüchern, Grundbucheintragungen, Darlehensvertragsdoppeln, Gläubigerbestätigungen, Kapital- und Darlehensquittungen usw. zu ermitteln. Gläubigerin oder Gläubiger, Schuldgrund, Zinssatz und Fälligkeit sind nach Möglichkeit unter Angabe der Beweismittel aufzuführen.

4. Abschnitt: Siegelung

Art. 23 Siegelungsfälle

Besteht Gefahr, dass Teile des Nachlasses oder des Vermögens der in Artikel 155 Absatz 1 DBG genannten Personen der Inventaraufnahme entzogen werden, so ordnet die Inventarbehörde unverzüglich nach Bekanntwerden des Todesfalles und vor oder während der Inventaraufnahme die sofortige Siegelung an, sofern nicht ohnehin eine Siegelung nach kantonalem Recht stattfindet.

Art. 24 Siegelungsbehörde

[1] Die Kantone bestimmen die Siegelungsbehörde.

[2] Sie können die Siegelung der Inventarbehörde übertragen.

Art. 25 Zeit der Siegelung

Die Siegelung wird nicht vor 8 Uhr und nicht nach 20 Uhr und ferner nicht an Sonn- und allgemeinen Feiertagen durchgeführt, ausgenommen:

a. es besteht ein Anlass zur Annahme, dass dadurch ihr Zweck vereitelt wird; und
b. die Erbinnen und Erben haben ausdrücklich zugestimmt.

Art. 26 Anwendbares Recht

Für die Siegelung gelten die Artikel 10 und 11 Absatz 1 sinngemäss.

Art. 27 Siegelungsverfahren

[1] Stellt die Siegelungsbehörde Gegenstände nach Artikel 11 Absatz 1 fest, so bringt sie diese in einem geeigneten Behältnis oder Raum unter und legt sie unter Siegel. Vorbehalten bleibt Artikel 29.

2 Findet sie Schlüssel zu im Gewahrsam Dritter stehenden Kassenschränken, Tresorfächern und dergleichen, so legt sie auch diese unter Siegel. Sie setzt die Inventarbehörde davon unverzüglich in Kenntnis.

3 Sobald die Inventarbehörde Kenntnis von einer Siegelung hat, erlässt sie die Mitteilung nach Artikel 11 Absatz 2.

Art. 28 Siegelungsprotokoll

1 Die Siegelungsbehörde erstellt ein Siegelungsprotokoll.

2 Darin hält sie fest:

a. die Angaben nach Artikel 19 Absatz 1;
b. die vorhandenen Barmittel;
c. die beachteten Formalitäten;
d. den Aufbewahrungsort der unter Siegel gelegten Gegenstände;
e. die Namen der Personen, die der Siegelung beiwohnen.

3 Die Personen, die der Siegelung beiwohnen, unterzeichnen das Siegelungsprotokoll.

4 Artikel 10 Absätze 2 und 3 gelten sinngemäss.

Art. 29 Versicherungspolicen, Barmittel und Geschäftsbücher

1 Policen über Lebens-, Renten- und Unfallversicherungen sind den aus Erbschaft, Vermächtnis oder versicherungsvertraglicher Begünstigung Berechtigten zu überlassen.

2 Barmittel sind den Erbinnen und Erben, für deren Unterhalt die verstorbene Person sorgte, freizugeben.

3 Würde durch die Siegelung von Geschäftsbüchern die Weiterführung eines Gewerbes oder Geschäftes der verstorbenen Person erschwert, so kann sie durch andere zweckmässige Massnahmen, wie durch Aufnahme eines genauen Protokolls über Gestalt, Umfang und den wichtigsten Inhalt der Bücher, ersetzt werden.

4 Die Inventarbehörde kann Einsicht in die auf Bild- und Datenträgern niedergelegten Geschäftsbücher in unmittelbar lesbarer Form und einen Ausdruck verlangen.

Art. 30 Besondere Vorkehrungen

1 Bei der Auswahl des oder der unter Siegel zu legenden Behältnisse oder Räume ist dem Wunsche der Erbinnen und Erben Rechnung zu tragen, sofern dadurch der Zweck der Siegelung nicht beeinträchtigt wird.

2 Räumlichkeiten und Behältnisse, deren Öffnung verweigert wird, werden in jedem Fall versiegelt.

Art. 31 Amtliches Siegel

Für die Siegelung ist ein amtliches Zeichen oder Siegel zu verwenden.

Art. 32 Übermittlung des Siegelungsprotokolls

Die Siegelungsbehörde reicht das Protokoll innerhalb von 24 Stunden nach der Siegelung der Inventarbehörde ein.

Art. 33 Kontrolle

Die Siegelungsbehörde führt eine Kontrolle über die Siegelungen. Dazu trägt sie diese mit den Daten des Todestages, der Siegelung und der Protokollversendung in eine fortlaufende Liste ein.

Art. 34 Entsiegelung

1 Die Inventarbehörde nimmt die Siegel unmittelbar vor der Inventaraufnahme ab.

2 In einer Bescheinigung stellt sie fest, ob die Siegel im Zeitpunkt der Entsiegelung unbeschädigt waren oder nicht. Sie legt die Bescheinigung dem Inventar bei.

3 Sind die Siegel im Zeitpunkt der Entsiegelung beschädigt, so untersucht die Inventarbehörde unverzüglich, ob, durch wen und unter welchen Umständen ein unberechtigter Zugriff erfolgte. Sie hält das Ergebnis der Untersuchung in einem Protokoll fest. Gegebenenfalls erstattet sie Strafanzeige wegen Siegelbruchs (Art. 290 StGB[4]).

Art. 35 Erneuerung oder Nachholung der Siegelung

1 Kann die Inventarbehörde das Inventar nicht in einem Zuge aufnehmen, so erneuert sie die Siegelung.

2 Sie kann auch eine Siegelung während einer Inventaraufnahme veranlassen, der keine Siegelung vorausgegangen ist.

5. Abschnitt: Schlussbestimmungen

Art. 36 Aufhebung bisherigen Rechts

Die Verordnung des Eidgenössischen Finanz- und Zolldepartementes vom 7. Dezember 1944[5] über die Errichtung des Nachlassinventars für die direkte Bundessteuer wird aufgehoben.

Art. 37 Übergangsbestimmung

Die Inventare über die Nachlässe in den bis zum 31. Dezember 1994 eröffneten Erbgängen sowie die am 1. Januar 1995 hängigen Inventarverfahren werden noch nach den alten Vorschriften aufgenommen und durchgeführt.

Art. 38 Inkrafttreten

Diese Verordnung tritt am 1. Januar 1995 in Kraft.

4 SR **311.0**

5 [BS **6** 406; AS **1982** 1587]

Verordnung
über die Besteuerung der Liquidationsgewinne bei definitiver Aufgabe der selbstständigen Erwerbstätigkeit (LGBV) (SR 642.114)

vom 17. Februar 2010 (Stand am 1. Januar 2011)

Der Schweizerische Bundesrat,

gestützt auf die Artikel 37*b* und 199 des Bundesgesetzes vom 14. Dezember 1990[1] über die direkte Bundessteuer (DBG),

verordnet:

1. Abschnitt: Allgemeine Bestimmungen

Art. 1 Gegenstand und Geltungsbereich

1 Diese Verordnung regelt die Besteuerung von Liquidationsgewinnen einer steuerpflichtigen Person bei definitiver Aufgabe der selbstständigen Erwerbstätigkeit:

a. nach dem vollendeten 55. Altersjahr; oder
b. infolge Invalidität.

2 Der Eintritt der Invalidität bestimmt sich nach Artikel 4 Absatz 2 des Bundesgesetzes vom 19. Juni 1959[2] über die Invalidenversicherung.

3 Die Verordnung gilt nicht für:

a. Einkünfte aus selbstständiger Erwerbstätigkeit und andere Einkünfte, die nicht aus der Liquidation stammen;
b. Liquidationsgewinne, welche die steuerpflichtige Person nach Absatz 1 (steuerpflichtige Person) nach der Wiederaufnahme einer selbstständigen Erwerbstätigkeit erzielt.

Art. 2 Liquidationsjahr

Als Liquidationsjahr gilt das Geschäftsjahr, in dem die Liquidation abgeschlossen wird.

AS **2010** 717
1 SR **642.11**
2 SR **831.20**

Art. 3 Verhältnis zu Artikel 18*a* DBG

[1] Wird die Besteuerung von stillen Reserven als Einkommen aus selbstständiger Erwerbstätigkeit nach Artikel 18*a* Absatz 1 DBG bis zur Veräusserung der Liegenschaft aufgeschoben, so findet die Verordnung auf diese realisierten stillen Reserven keine Anwendung.

[2] Wird die Liegenschaft jedoch während des Liquidationsjahrs oder des Vorjahrs aus dem Geschäftsvermögen in das Privatvermögen überführt und in einem dieser Jahre veräussert, so sind die realisierten stillen Reserven Bestandteil des Liquidationsgewinns.

2. Abschnitt: Einkauf in eine Vorsorgeeinrichtung

Art. 4

[1] Ist die steuerpflichtige Person einer Vorsorgeeinrichtung angeschlossen, so kann sie sich im Liquidationsjahr und im Vorjahr im Rahmen der reglementarischen und übrigen vorsorgerechtlichen Bestimmungen in die Vorsorgeeinrichtung einkaufen.

[2] Sie kann diese Einkaufsbeträge von den Einkünften abziehen (Art. 33 Abs. 1 Bst. d DBG).

[3] Ein Beitragsüberhang reduziert den Liquidationsgewinn.

3. Abschnitt: Fiktiver Einkauf

Art. 5 Grundsätze

[1] Die steuerpflichtige Person kann bei der Steuerbehörde Antrag auf Besteuerung eines fiktiven Einkaufs nach Artikel 8 stellen.

[2] Sie muss die notwendigen Belege für die Berechnung des fiktiven Einkaufs nach Artikel 6 beibringen.

Art. 6 Berechnung des fiktiven Einkaufs

[1] Der Betrag des fiktiven Einkaufs einer steuerpflichtigen Person berechnet sich aus dem Altersgutschriftensatz von 15 Prozent, multipliziert mit der Anzahl Jahre nach Absatz 2 und dem Einkommen nach den Absätzen 3–5, reduziert um die Abzüge nach Absatz 6. Er darf die Höhe des Liquidationsgewinns nicht übersteigen.

[2] Massgebend ist die Anzahl Jahre vom vollendeten 25. Altersjahr bis zum Alter im Liquidationsjahr, höchstens jedoch bis zum ordentlichen AHV-Rentenalter.

[3] Das Einkommen entspricht dem Durchschnitt aus der Summe der AHV-pflichtigen Erwerbseinkommen aus selbstständiger Erwerbstätigkeit der letzten fünf Geschäftsjahre vor dem Liquidationsjahr, abzüglich der im Vorjahr realisierten stillen Reserven.

[4] Weist die steuerpflichtige Person nach, dass sie bis zum Liquidationsjahr weniger als fünf Jahre selbstständig erwerbend war, so wird das Einkommen gestützt auf die tatsächliche Anzahl Jahre der selbstständigen Erwerbstätigkeit berechnet.

[5] Das Einkommen darf den zehnfachen oberen Grenzbetrag nach Artikel 8 Absatz 1 des Bundesgesetzes vom 25. Juni 1982[3] über die berufliche Alters-, Hinterlassenen- und Invalidenvorsorge (BVG) nicht überschreiten.

[6] Abgezogen werden:

a. Altersguthaben aus beruflicher Vorsorge, insbesondere:
   1. Guthaben bei Vorsorgeeinrichtungen und Freizügigkeitseinrichtungen,
   2. Guthaben der Säule 3a nach Artikel 60*a* Absatz 2 der Verordnung vom 18. April 1984[4] über die berufliche Alters-, Hinterlassenen- und Invalidenvorsorge;
b. Vorbezüge nach Artikel 3 der Verordnung vom 13. November 1985[5] über die steuerliche Abzugsberechtigung für Beiträge an anerkannte Vorsorgeformen;
c. Vorbezüge nach Artikel 30*c* BVG und Artikel 331*e* des Obligationenrechts[6] sowie Pfandverwertungen nach Artikel 331*d* Absatz 6 des Obligationenrechts;
d. Barauszahlungen von Vorsorgeeinrichtungen, Freizügigkeitseinrichtungen und Säule-3a-Einrichtungen sowie von Wohlfahrtsfonds;
e. Invaliden- und Altersleistungen von Vorsorgeeinrichtungen, Freizügigkeitseinrichtungen und Säule-3a-Einrichtungen sowie von Wohlfahrtsfonds.

Art. 7 Nachträglicher Anschluss an eine Vorsorgeeinrichtung

Der geltend gemachte fiktive Einkauf wird steuerrechtlich an einen späteren Einkauf in eine Vorsorgeeinrichtung angerechnet.

Art. 8 Besteuerung des fiktiven Einkaufs

Der Betrag des fiktiven Einkaufs wird nach Artikel 38 DBG besteuert.

4. Abschnitt: Übriger Liquidationsgewinn

Art. 9 Bemessung

Der übrige Liquidationsgewinn umfasst die im Liquidationsjahr und im Vorjahr realisierten stillen Reserven, abzüglich:

a. der Beitragsüberhänge (Art. 4 Abs. 3);
b. des fiktiven Einkaufs;

---

[3] SR **831.40**
[4] SR **831.441.1**
[5] SR **831.461.3**
[6] SR **220**

c. des durch die Realisierung der stillen Reserven verursachten Aufwandes;
d. des Verlustvortrags und des Verlusts des laufenden Geschäftsjahres, die nicht mit dem Einkommen aus der selbstständigen Erwerbstätigkeit verrechnet werden konnten.

Art. 10 Besteuerung

1 Für den anwendbaren Steuersatz nach Artikel 214 DBG[7] ist ein Fünftel des Liquidationsgewinns massgebend.

2 Der Steuersatz beträgt jedoch mindestens 2 Prozent.

5. Abschnitt: Erbgang

Art. 11 Liquidation durch die Erben, Erbinnen, Vermächtnisnehmer oder Vermächtnisnehmerinnen

1 Führen die Erben, Erbinnen, Vermächtnisnehmer oder Vermächtnisnehmerinnen der steuerpflichtigen Person die selbstständige Erwerbstätigkeit nicht fort und liquidieren sie das Einzelunternehmen innert fünf Kalenderjahren nach Ablauf des Todesjahres des Erblassers oder der Erblasserin, so bestimmt sich der Steuersatz nach Artikel 10. Dasselbe gilt, wenn die Tätigkeit der steuerpflichtigen Person in einer Personengesellschaft durch die Erben, Erbinnen, Vermächtnisnehmer oder Vermächtnisnehmerinnen nicht fortgeführt wird und innert derselben Frist die Personengesellschaft liquidiert oder der Gesellschaftsanteil veräussert wird.

2 Führen die Erben, Erbinnen, Vermächtnisnehmer oder Vermächtnisnehmerinnen der steuerpflichtigen Person die selbstständige Erwerbstätigkeit nicht fort und liquidieren sie das Unternehmen nicht innert fünf Kalenderjahren nach Ablauf des Todesjahres des Erblassers oder der Erblasserin, so erfolgt nach Ablauf dieser Frist eine steuersystematische Abrechnung nach Absatz 1.

3 Die blosse Erfüllung von im Zeitpunkt des Erbgangs bestehenden Verpflichtungen gilt nicht als Fortführung der selbstständigen Erwerbstätigkeit.

4 Ein fiktiver Einkauf nach Artikel 5 kann von den Erben, Erbinnen, Vermächtnisnehmern oder Vermächtnisnehmerinnen nicht geltend gemacht werden.

Art. 12 Fortführung der selbstständigen Erwerbstätigkeit durch die Erben, Erbinnen, Vermächtnisnehmer oder Vermächtnisnehmerinnen

Führen die Erben, Erbinnen, Vermächtnisnehmer oder Vermächtnisnehmerinnen der steuerpflichtigen Person die selbstständige Erwerbstätigkeit fort, so findet diese Verordnung nur Anwendung, wenn sie die Voraussetzungen nach Artikel 37*b* DBG selbst erfüllen.

---

7 Ab 1. Jan. 2014: Art. 36.

6. Abschnitt: Inkrafttreten

Art. 13

Diese Verordnung tritt am 1. Januar 2011 in Kraft.

Verordnung
über die Bescheinigungspflichten bei Mitarbeiterbeteiligungen (Mitarbeiterbeteiligungsverordnung, MBV) (SR 642.115.325.1)

vom 27. Juni 2012 (Stand am 1. Januar 2013)

Der Schweizerische Bundesrat,

gestützt auf die Artikel 129 Absatz 1 Buchstabe d und 199 des Bundesgesetzes vom 14. Dezember 1990[1] über die direkte Bundessteuer (DBG),

verordnet:

1. Abschnitt: Allgemeine Bestimmungen

Art. 1 Gegenstand

1 Diese Verordnung regelt, welche Angaben die Arbeitgeber den Steuerbehörden in der Bescheinigung über die Mitarbeiterbeteiligungen machen müssen:

a. im Zeitpunkt der Abgabe von Mitarbeiterbeteiligungen;
b. im Zeitpunkt der Realisation des geldwerten Vorteils aus den Mitarbeiterbeteiligungen.

2 Die Verordnung gilt für:

a. Aktien, Genussscheine, Partizipationsscheine, Genossenschaftsanteile oder Beteiligungen anderer Art, die den Mitarbeiterinnen und Mitarbeitern Vermögens- oder Mitgliedschaftsrechte am Arbeitgeber, an dessen Muttergesellschaft oder an einer anderen Konzerngesellschaft einräumen (Mitarbeiteraktien);
b. Mitarbeiteroptionen, Anwartschaften auf Mitarbeiteraktien und unechte Mitarbeiterbeteiligungen.

Art. 2 Vestingperiode

In dieser Verordnung gilt als Vestingperiode die Zeitdauer zwischen dem Erwerb einer Mitarbeiterbeteiligung und dem Entstehen des Ausübungsrechts.

AS **2012** 3847

1 SR **642.11**

Art. 3 Ausübungsrecht

[1] Das Ausübungsrecht entsteht im Zeitpunkt des Rechtserwerbs (Vesting).

[2] Sperrfristen, die nach dem Vesting enden, werden für die Festlegung des Vesting nicht berücksichtigt.

2. Abschnitt: Inhalt und Form der Bescheinigung

Art. 4 Bescheinigung über Mitarbeiteraktien

Bescheinigungen über Mitarbeiteraktien müssen die folgenden Angaben enthalten:

a. die Bezeichnung des Mitarbeiterbeteiligungsplans;
b. das Datum des Erwerbs der Mitarbeiteraktien;
c. den Verkehrswert bei kotierten Mitarbeiteraktien oder den mit einer Formel festgelegten Wert (Formelwert) bei nicht kotierten Mitarbeiteraktien im Zeitpunkt des Erwerbs;
d. allfällige Sperrfristen sowie die Dauer allfälliger Rückgabeverpflichtungen;
e. den vereinbarten Erwerbspreis;
f. die Anzahl der erworbenen Mitarbeiteraktien;
g. den im Lohnausweis beziehungsweise in der Quellensteuerabrechnung bescheinigten geldwerten Vorteil.

Art. 5 Bescheinigung über Mitarbeiteroptionen und Anwartschaften auf Mitarbeiteraktien

[1] Bescheinigungen über Mitarbeiteroptionen, die im Zeitpunkt der Abgabe besteuert werden, müssen sinngemäss die Angaben nach Artikel 4 enthalten.

[2] Bescheinigungen über Mitarbeiteroptionen und Anwartschaften auf Mitarbeiteraktien, die im Zeitpunkt der Realisation des geldwerten Vorteils besteuert werden, müssen die folgenden Angaben enthalten:

a. im Zeitpunkt des Erwerbs:
   1. die Bezeichnung des Mitarbeiterbeteiligungsplans,
   2. das Datum des Erwerbs der Mitarbeiterbeteiligungen,
   3. das Datum des Entstehens des Ausübungsrechts, sofern bestimmbar,
   4. die Anzahl der erworbenen Mitarbeiterbeteiligungen;
b. im Zeitpunkt der Ausübung, des Verkaufs oder der Umwandlung in Mitarbeiteraktien:
   1. die Bezeichnung des Mitarbeiterbeteiligungsplans,
   2. das Datum des Erwerbs der Mitarbeiterbeteiligungen,
   3. das Datum der Ausübung, des Verkaufs oder der Umwandlung,
   4. den Verkehrswert der zugrunde liegenden, kotierten Aktie oder den Formelwert der zugrunde liegenden, nichtkotierten Aktie im Zeitpunkt der Ausübung, des Verkaufs oder der Umwandlung,

5. den vereinbarten Ausübungs-, Verkaufs- oder Umwandlungspreis,
6. die Anzahl ausgeübter, verkaufter oder umgewandelter Mitarbeiterbeteiligungen,
7. den im Lohnausweis beziehungsweise in der Quellensteuerabrechnung bescheinigten geldwerten Vorteil.

Art. 6 Bescheinigung über unechte Mitarbeiterbeteiligungen

Bescheinigungen über Einkünfte aus unechten Mitarbeiterbeteiligungen müssen sinngemäss die Angaben nach Artikel 5 Absatz 2 enthalten.

Art. 7 Bescheinigung bei Zuzug der Mitarbeiterin oder des Mitarbeiters

1 Hat die Mitarbeiterin oder der Mitarbeiter während der Zeit, in der sie oder er im Ausland ansässig war, Mitarbeiteroptionen, Anwartschaften auf Mitarbeiteraktien oder unechte Mitarbeiterbeteiligungen erworben, die sie oder er nach dem Zuzug in die Schweiz hier realisiert hat, so hat der schweizerische Arbeitgeber zusätzlich zu den Angaben nach den Artikeln 5 und 6 die folgenden Angaben zu machen:

a. die Anzahl Tage in der Vestingperiode, die die Mitarbeiterin oder der Mitarbeiter in der Schweiz gearbeitet hat;
b. den geldwerten Vorteil.

2 Der geldwerte Vorteil ist nach der folgenden Formel zu berechnen:

(Der von der Mitarbeiterin oder dem Mitarbeiter gesamthaft erhaltene geldwerte Vorteil) × (Anzahl Arbeitstage in der Schweiz innerhalb der Vestingperiode) ÷ (Anzahl Tage der Vestingperiode).

Art. 8 Bescheinigung bei Wegzug der Mitarbeiterin oder des Mitarbeiters

1 Hat die Mitarbeiterin oder der Mitarbeiter während der Zeit, in der sie oder er in der Schweiz ansässig war, Mitarbeiteroptionen, Anwartschaften auf Mitarbeiteraktien oder unechte Mitarbeiterbeteiligungen erworben, die sie oder er nach dem Wegzug ins Ausland dort realisiert hat, so hat der schweizerische Arbeitgeber der nach Artikel 107 Absatz 2 DBG zuständigen kantonalen Behörde:

a. die Realisation zu melden;
b. die Anzahl Tage in der Vestingperiode, die die Mitarbeiterin oder der Mitarbeiter in der Schweiz gearbeitet hat, zu bescheinigen;
c. den geldwerten Vorteil zu bescheinigen; und
d. die Quellensteuer nach Artikel 100 Absatz 1 Buchstabe d DBG abzuliefern.

2 Der geldwerte Vorteil ist nach der folgenden Formel zu berechnen:

(Der von der Mitarbeiterin oder dem Mitarbeiter gesamthaft erhaltene geldwerte Vorteil) × (Anzahl Arbeitstage in der Schweiz innerhalb der Vestingperiode) ÷ (Anzahl Tage der Vestingperiode).

3 Verfügt der Arbeitgeber in der Schweiz nur über eine Betriebsstätte, so ist die zuständige Behörde nach Absatz 1 die kantonale Steuerbehörde des

Kantons dieser Betriebsstätte. Verfügt er über mehrere Betriebsstätten, so ist die zuständige Behörde die Steuerbehörde des Kantons derjenigen Betriebsstätte, die die entsprechenden Löhne abrechnet.

Art. 9 Bescheinigung bei mehrfachem Wechseln der Ansässigkeit

Wechselt die Mitarbeiterin oder der Mitarbeiter seine Ansässigkeit innerhalb der Vestingperiode mehr als einmal, so gelten die Artikel 7 und 8 sinngemäss.

Art. 10 Form der Bescheinigungen

Der Arbeitgeber muss die Bescheinigung über Mitarbeiterbeteiligungen dem Lohnausweis beziehungsweise der Quellensteuerabrechnung beilegen.

3. Abschnitt: Sonderfälle

Art. 11 Freigabe von Mitarbeiteraktien vor Ablauf der Sperrfrist

1 Werden Mitarbeiteraktien vor Ablauf der ursprünglichen Sperrfrist frei verfügbar, so entsteht im Zeitpunkt der Freigabe zusätzliches Erwerbseinkommen.

2 Der Berechnung des zusätzlichen Erwerbseinkommens sind der Verkehrs- oder Formelwert im Zeitpunkt der Freigabe und die Anzahl Jahre bis zum Ablauf der Sperrfrist zugrunde zu legen.

3 Der geldwerte Vorteil ist nach der folgenden Formel zu berechnen: $x - x \div 1{,}06^n$. (x) entspricht dem Verkehrs- oder Formelwert der Aktie im Zeitpunkt der Freigabe und (^{n}) der Anzahl Jahre vom Zeitpunkt der Freigabe bis zum Ablauf der Sperrfrist. Angebrochene Sperrjahre sind anteilsmässig zu berücksichtigen.

4 Bescheinigungen über das zusätzliche Erwerbseinkommen infolge einer Freigabe vor Ablauf der Sperrfrist müssen die folgenden Angaben enthalten:

a. die Bezeichnung des Mitarbeiterbeteiligungsplans;
b. das Datum des ordentlichen Ablaufs der Sperrfrist;
c. das Datum der Freigabe;
d. den Diskont für die restliche Sperrfrist, auf drei Nachkommastellen gerundet;
e. den Verkehrs- oder Formelwert der Mitarbeiteraktie im Zeitpunkt der Freigabe;
f. den geldwerten Vorteil pro Mitarbeiteraktie;
g. die Anzahl Mitarbeiteraktien;
h. den im Lohnausweis beziehungsweise im der Quellensteuerabrechnung bescheinigten geldwerten Vorteil.

Art. 12 Rückgabe von Mitarbeiteraktien

1 Ist die Mitarbeiterin oder der Mitarbeiter vertraglich verpflichtet, bei Beendigung des Arbeitsverhältnisses die Mitarbeiteraktien entschädigungs-

los oder unter deren aktuellen Verkehrswert dem Arbeitgeber zurückzugeben, so kann sie oder er Gewinnungskosten geltend machen. Der Berechnung der Gewinnungskosten wird die Differenz zwischen dem Verkehrs- oder Formelwert bei der Rückgabe und dem Rückgabepreis zugrunde gelegt.

2 Die Höhe der Gewinnungskosten ist nach der folgenden Formel zu berechnen: $x \div 1{,}06^n - y$. (x) entspricht dem Verkehrs- oder Formelwert der Mitarbeiteraktie im Rückgabezeitpunkt, (y) dem Rückgabepreis und (^{n}) der Anzahl Jahre zwischen dem Rückgabezeitpunkt und dem Ablauf der Sperrfrist. Angebrochene Sperrjahre sind anteilsmässig zu berücksichtigen.

3 Der Arbeitgeber muss die Gewinnungskosten der Mitarbeiterin oder dem Mitarbeiter bescheinigen. Die Gewinnungskosten dürfen nicht mit den Bruttoeinkünften im Lohnausweis beziehungsweise in der Quellensteuerabrechnung verrechnet werden.

4 Wird bei der Rückgabe mehr als der aktuelle Verkehrswert oder mehr als der Formelwert vergütet, so ist dieser Teil als zusätzliches Einkommen zu bescheinigen. Die Bescheinigung muss sinngemäss die Angaben nach Artikel 11 Absatz 4 enthalten.

Art. 13 Mitarbeiterinnen und Mitarbeiter mit Wohnsitz im Ausland

1 Die Artikel 7 und 8 gelten nicht für Personen, die der Quellenbesteuerung nach den Artikeln 91 und 97 DBG unterliegen.

2 Diese Personen unterliegen für ihr gesamtes Einkommen aus Mitarbeiterbeteiligungen der Quellenbesteuerung nach den ordentlichen Quellensteuersätzen (Art. 85 DBG).

Art. 14 Mitglieder der Verwaltung oder Geschäftsführung mit Wohnsitz im Ausland

1 Die Artikel 7 und 8 gelten nicht für Mitglieder der Verwaltung oder der Geschäftsführung nach Artikel 93 DBG.

2 Diese Personen unterliegen für ihr gesamtes Einkommen aus Mitarbeiterbeteiligungen der Quellensteuer nach Artikel 93 Absatz 3 DBG.

Art. 15 Realisation von geldwerten Vorteilen nach Beendigung des Arbeitsverhältnisses

1 Werden geldwerte Vorteile aus Mitarbeiteroptionen, Anwartschaften auf Mitarbeiteraktien oder unechten Mitarbeiterbeteiligungen in einem Zeitpunkt realisiert, in dem zwischen der begünstigten Person und dem Arbeitgeber kein Arbeitsverhältnis mehr besteht, so hat der Arbeitgeber der kantonalen Steuerbehörde des Wohnsitzkantons der begünstigten Person eine Bescheinigung zuzustellen.

2 Hat die begünstigte Person keinen Wohnsitz in der Schweiz, so erfolgt die Bescheinigung an die nach Artikel 107 Absatz 2 DBG zuständige kantonale Behörde.

4. Abschnitt: Einteilung der Mitarbeiterbeteiligungen in Kategorien und weitere Angaben

Art. 16 Einteilung der Mitarbeiterbeteiligungen in Kategorien

Die Eidgenössische Steuerverwaltung ordnet die Mitarbeiterbeteiligungen den Kategorien nach Artikel 1 Absatz 2 zu und veröffentlicht die entsprechende Liste.

Art. 17 Weitere Angaben

Die Eidgenössische Steuerverwaltung und die kantonalen Steuerbehörden können zusätzlich zu den in dieser Verordnung vorgeschriebenen Angaben weitere Informationen vom Arbeitgeber verlangen, soweit dies für die vorschriftsgemässe Veranlagung der Einkünfte notwendig ist.

5. Abschnitt: Schlussbestimmungen

Art. 18 Übergangsbestimmung

Für Mitarbeiterbeteiligungen, die Mitarbeiterinnen und Mitarbeitern vor Inkrafttreten dieser Verordnung abgegeben wurden, die jedoch erst nach deren Inkrafttreten realisiert werden, gelten die Bescheinigungspflichten dieser Verordnung. Davon ausgenommen sind Mitarbeiterbeteiligungen, die vor Inkrafttreten dieser Verordnung schon besteuert wurden.

Art.19 Inkrafttreten

Diese Verordnung tritt am 1. Januar 2013 in Kraft.

Verordnung
über den Abzug der Kosten von Liegenschaften des Privatvermögens bei der direkten Bundessteuer (Liegenschaftskostenverordnung)[1] (SR 642.116)

vom 24. August 1992 (Stand am 1. Januar 2010)

Der Schweizerische Bundesrat,

gestützt auf Artikel 32 des Bundesgesetzes vom 14. Dezember 1990[2] über die direkte Bundessteuer (DBG),

verordnet:

1. Abschnitt: Unterhaltskosten

Art. 1 Tatsächliche Kosten

[1] Bei Liegenschaften im Privatvermögen können die Unterhaltskosten, die Kosten der Instandstellung von neu erworbenen Liegenschaften, die Versicherungsprämien und die Kosten der Verwaltung durch Dritte abgezogen werden (Art. 32 Abs. 2 DBG).[3]

[2] Den Liegenschaften gleichgestellt sind Miteigentumsanteile an Grundstücken (Art. 655 Abs. 2 Ziff. 4 ZGB[4]).

Art. 2 Pauschalabzug

[1] Anstelle der tatsächlichen Kosten und Prämien sowie der den Unterhaltskosten gleichgestellten energiesparenden Investitionen (2. Abschnitt) kann der Steuerpflichtige einen Pauschalabzug geltend machen (Art. 32 Abs. 4 DBG).

[2] Dieser Pauschalabzug beträgt:

a. wenn das Gebäude zu Beginn der Steuerperiode bis zehn Jahre alt ist, 10 Prozent vom Brutto-Mietertrag bzw. -Mietwert;
b. wenn das Gebäude in diesem Zeitpunkt älter ist als zehn Jahre, 20 Prozent vom Brutto-Mietertrag bzw. -Mietwert.

AS **1992** 1792

1 Eingefügt durch Ziff. I der V vom 25. März 2009, in Kraft seit 1. Jan. 2010 (AS **2009** 1517).

2 SR **642.11**

3 Fassung gemäss Ziff. I der V vom 25. März 2009, in Kraft seit 1. Jan. 2010 (AS **2009** 1517).

4 SR **210**

Art. 3 Wahlmöglichkeit des Steuerpflichtigen

Der Steuerpflichtige kann in jeder Steuerperiode und für jede Liegenschaft zwischen dem Abzug der tatsächlichen Kosten und dem Pauschalabzug wählen.

Art. 4 Ausschluss des Pauschalabzuges

Ein Pauschalabzug kommt nicht in Betracht für Liegenschaften, die von Dritten vorwiegend geschäftlich genutzt werden.

2. Abschnitt: Energiesparende und dem Umweltschutz dienende Investitionen

Art. 5 Begriff der Investitionen

Als Investitionen, die dem Energiesparen und dem Umweltschutz dienen, gelten Aufwendungen für Massnahmen, welche zur rationellen Energieverwendung oder zur Nutzung erneuerbarer Energien beitragen. Diese Massnahmen beziehen sich auf den Ersatz von veralteten und die erstmalige Anbringung von neuen Bauteilen oder Installationen in bestehenden Gebäuden.

Art. 6 Ausschluss subventionierter Investitionen

Werden die in Artikel 5 erwähnten Massnahmen durch öffentliche Gemeinwesen subventioniert, so kann der Abzug nur auf dem Teil geltend gemacht werden, der vom Steuerpflichtigen selbst zu tragen ist.

Art. 7 Festlegung der Investitionen im einzelnen

Das Eidgenössische Finanzdepartement legt im Einvernehmen mit dem Eidgenössischen Verkehrs- und Energiewirtschaftsdepartement fest, was unter Massnahmen zur rationellen Energieverwendung und zur Nutzung erneuerbarer Energien zu verstehen ist.

Art. 8[5]

3. Abschnitt: Schlussbestimmungen

Art. 9 Vollzug

Das Eidgenössische Finanzdepartement (Art. 32 Abs. 2 und 102 Abs. 1 DBG) und die Eidgenössische Steuerverwaltung (Art. 102 Abs. 2 DBG) werden mit dem Vollzug der aus dieser Verordnung resultierenden Aufgaben und mit dem Erlass der notwendigen Weisungen beauftragt.

5 Aufgehoben durch Ziff. I der V vom 25. März 2009, mit Wirkung seit 1. Jan. 2010 (AS **2009** 1517).

Art. 10 Inkrafttreten

Diese Verordnung tritt am 1. Januar 1995 in Kraft.

Verordnung
über die Massnahmen zur rationellen Energieverwendung und zur Nutzung erneuerbarer Energien
(SR 642.116.1)

vom 24. August 1992

Das Eidgenössische Finanzdepartement,

gestützt auf Artikel 102 Absatz 1 des Bundesgesetzes vom 14. Dezember 1990[1] über die direkte Bundessteuer (DBG)
sowie die Verordnung vom 24. August 1992[2] über den Abzug der Kosten von Liegenschaften des Privatvermögens bei der direkten Bundessteuer,

verordnet:

Art. 1 Massnahmen

Massnahmen zur rationellen Energieverwendung und zur Nutzung erneuerbarer Energien sind insbesondere:

a. Massnahmen zur Verminderung der Energieverluste der Gebäudehülle, wie:
   1. Wärmedämmung von Böden, Wänden, Dächern und Decken gegen Aussenklima, unbeheizte Räume oder Erdreich;
   2. Ersatz von Fenstern durch energetisch bessere Fenster als vorbestehend;
   3. Anbringen von Fugendichtungen;
   4. Einrichten von unbeheizten Windfängen;
   5. Ersatz von Jalousieläden, Rolläden;

b. Massnahmen zur rationellen Energienutzung bei haustechnischen Anlagen, wie z.B:
   1. Ersatz des Wärmeerzeugers, ausgenommen ist der Ersatz durch ortsfeste elektrische Widerstandsheizungen;
   2. Ersatz von Wassererwärmern, ausgenommen der Ersatz von Durchlauferhitzern durch zentrale Wassererwärmer;
   3. Anschluss an eine Fernwärmeversorgung;

AS **1992** 1795
1 SR **642.11**
2 SR **642.116**

4. Einbau von Wärmepumpen, Wärme-Kraft-Kopplungsanlagen und Anlagen zur Nutzung erneuerbarer Energien[3];
5. Einbau und Ersatz von Installationen, die in erster Linie der rationellen Energienutzung dienen, wie:
   - Regelungen, thermostatische Heizkörperventile, Umwälzpumpen, Ventilatoren,
   - Wärmedämmungen von Leitungen, Armaturen oder des Heizkessels,
   - Messeinrichtungen zur Verbrauchserfassung und zur Betriebsoptimierung,
   - Installationen im Zusammenhang mit der verbrauchsabhängigen Heiz- und Warmwasserkostenabrechnung;
6. Kaminsanierung im Zusammenhang mit dem Ersatz eines Wärmeerzeugers;
7. Massnahmen zur Rückgewinnung von Wärme, z.B. bei Lüftungs- und Klimaanlagen;

c. Kosten für energietechnische Analysen und Energiekonzepte;

d. Kosten für den Ersatz von Haushaltgeräten mit grossem Stromverbrauch, wie Kochherden, Backöfen, Kühlschränken, Tiefkühlern, Geschirrspülern, Waschmaschinen, Beleuchtungsanlagen usw., die im Gebäudewert eingeschlossen sind.

Art. 2 Inkrafttreten

Diese Verordnung tritt am 1. Januar 1995 in Kraft.

---

[3] Als zu fördernde erneuerbare Energien gelten: Sonnenenergie, Geothermie, mit oder ohne Wärmepumpen nutzbare Umgebungswärme, Windenergie und Biomasse (inkl. Holz oder Biogas). Die Nutzung der Wasserkraft wird im Rahmen des DBG nicht gefördert.

Verordnung der ESTV
über die abziehbaren Kosten von Liegenschaften des Privatvermögens bei der direkten Bundessteuer (ESTV-Liegenschaftskostenverordnung)[1] (SR 642.116.2)

vom 24. August 1992 (Stand am 1. Januar 2010)

Die Eidgenössische Steuerverwaltung,

gestützt auf Artikel 102 Absatz 2 des Bundesgesetzes vom 14. Dezember 1990[2]
über die direkte Bundessteuer
sowie die Verordnung vom 24. August 1992[3] über den Abzug der Kosten von Liegenschaften des Privatvermögens bei der direkten Bundessteuer,

verordnet:

Art. 1 Abziehbare Kosten

[1] Abziehbar sind insbesondere die folgenden Kosten:

a. Unterhaltskosten:
   1. Auslagen für Reparaturen und Renovationen, die nicht wertvermehrende Aufwendungen darstellen;
   2. Einlagen in den Reparatur- oder Erneuerungsfonds (Art. 712*l* ZGB[4]) von Stockwerkeigentumsgemeinschaften, sofern diese Mittel nur zur Bestreitung von Unterhaltskosten für die Gemeinschaftsanlagen verwendet werden;
   3. Betriebskosten: Wiederkehrende Gebühren für Kehrichtentsorgung (nicht aber Gebühren, die nach dem Verursacherprinzip erhoben werden), Abwasserentsorgung, Strassenbeleuchtung und -reinigung; Strassenunterhaltskosten; Liegenschaftssteuern, die als Objektsteuern gelten; Entschädigungen an den Hauswart; Kosten der gemeinschaftlich genutzten Räume, des Lifts usw., soweit der Hauseigentümer hiefür aufzukommen hat.

b. Versicherungsprämien:
   Sachversicherungsprämien für die Liegenschaft (Brand-, Wasserschäden-, Glas- und Haftpflichtversicherungen).

AS **1992** 1797

1 Fassung gemäss Ziff. I der V der ESTV vom 25. März 2009, in Kraft seit 1. Jan. 2010 (AS **2009** 1519).

2 SR **642.11**

3 SR **642.116**

4 SR **210**

c. Kosten der Verwaltung:
   Auslagen für Porto, Telefon, Inserate, Formulare, Betreibungen, Prozesse, Entschädigungen an Liegenschaftsverwalter usw. (nur die tatsächlichen Auslagen, keine Entschädigung für die eigene Arbeit des Hauseigentümers).

2 Nicht abziehbar sind insbesondere die folgenden Unterhaltskosten:

a. ...[5]
b. Einmalige Beiträge des Grundeigentümers, wie Strassen-, Trottoir-, Schwellen, Werkleitungsbeiträge, Anschlussgebühren für Kanalisation, Abwasserreinigung, Wasser, Gas, Strom, Fernseh- und Gemeinschaftsantennen usw.
c. Heizungs- und Warmwasseraufbereitungskosten, die mit dem Betrieb der Heizanlage oder der zentralen Warmwasseraufbereitungsanlage direkt zusammenhängen, insbesondere Energiekosten.
d. Wasserzinsen sind grundsätzlich nicht abziehbare Unterhaltskosten.

3 Abziehbar sind jedoch diejenigen Wasserzinsen, die der Grundeigentümer für vermietete Objekte selber übernimmt und nicht auf die Mieter überwälzt.

Art. 2 Inkrafttreten

Diese Verordnung tritt am 1. Januar 1995 in Kraft.

---

5 Aufgehoben durch Ziff. I der V der ESTV vom 25. März 2009, mit Wirkung seit 1. Jan. 2010 (AS **2009** 1519).

Verordnung über die zeitliche Bemessung der direkten Bundessteuer (SR 642.117.1)

vom 14. August 2013 (Stand am 1. Januar 2014)

Der Schweizerische Bundesrat,

gestützt auf Artikel 199 des Bundesgesetzes vom 14. Dezember 1990[1] über die direkte Bundessteuer (DBG),

verordnet:

Art. 1 Gegenstand

Diese Verordnung regelt die zeitliche Bemessung der direkten Bundessteuer bei natürlichen und juristischen Personen.

Art. 2 Bemessung des Einkommens natürlicher Personen

1 Massgeblich für die Bemessung des steuerbaren Einkommens natürlicher Personen sind die in der Steuerperiode tatsächlich erzielten Einkünfte (Art. 40 DBG).

2 Die Abzüge nach Artikel 33 Absätze 1 Buchstabe g, 1bis, 2 und 3 sowie Artikel 35 DBG werden entsprechend der Dauer der Steuerpflicht gewährt.

3 Bei unterjähriger Steuerpflicht werden für die Satzbestimmung die regelmässig fliessenden Einkünfte aufgrund der Dauer der Steuerpflicht auf zwölf Monate umgerechnet. Die nicht regelmässig fliessenden Einkünfte werden in ihrem tatsächlichen Umfang hinzugezählt. Die Artikel 37 und 38 DBG bleiben vorbehalten.

Art. 3 Bemessung des Einkommens aus selbstständiger Erwerbstätigkeit

1 Das Einkommen aus selbstständiger Erwerbstätigkeit bemisst sich nach dem Ergebnis jedes in der Steuerperiode abgeschlossenen Geschäftsjahres. Das gilt auch bei Aufnahme oder Aufgabe der Erwerbstätigkeit oder wenn das Geschäftsjahr aufgrund einer Änderung des Zeitpunktes für den Geschäftsabschluss nicht zwölf Monate umfasst (Art. 41 DBG).

2 Das Ergebnis des Geschäftsjahres wird, unabhängig vom Kalenderjahr, in seinem tatsächlichen Umfang für die Bemessung des für die Steuerperiode massgeblichen Einkommens herangezogen.

3 Bei ganzjähriger Steuerpflicht ist für die Satzbestimmung das Ergebnis des Geschäftsjahres ohne Umrechnung heranzuziehen. Bei unterjähriger

AS **2013** 2773

1 SR **642.11**

Steuerpflicht und unterjährigem Geschäftsjahr werden für die Satzbestimmung die ordentlichen Gewinne aufgrund der Dauer der Steuerpflicht auf zwölf Monate umgerechnet. Übersteigt jedoch die Dauer des unterjährigen Geschäftsjahres jene der unterjährigen Steuerpflicht, so werden die ordentlichen Gewinne aufgrund der Dauer des Geschäftsjahres auf zwölf Monate umgerechnet.

4 Bei unterjähriger Steuerpflicht und einem Geschäftsjahr, das zwölf oder mehr Monate umfasst, werden für die Satzbestimmung die ordentlichen Gewinne nicht umgerechnet.

5 Die ausserordentlichen Faktoren, namentlich Kapitalgewinne und buchmässig realisierte Wertvermehrungen, werden für die Satzbestimmung nicht umgerechnet.

Art. 4 Geschäftsabschluss selbstständig Erwerbstätiger

1 Selbstständig Erwerbstätige müssen in jeder Steuerperiode einen Geschäftsabschluss einreichen (Art. 41 Abs. 3 DBG).

2 Führen sie Geschäftsvermögen in das Privatvermögen oder in ausländische Betriebe oder Betriebsstätten über, so müssen sie nur einen Zwischenabschluss einreichen (Art. 18 Abs. 2 DBG).

3 Entfällt die Steuerpflicht oder wird die selbstständige Erwerbstätigkeit aufgegeben, so müssen sie einen Geschäftsabschluss einreichen.

4 Entfällt die Steuerpflicht ganz oder teilweise oder wird die selbstständige Erwerbstätigkeit aufgegeben, so sind alle davon betroffenen, bisher unversteuert gebliebenen stillen Reserven zusammen mit dem Reingewinn des betreffenden Geschäftsjahres zu versteuern. Vorbehalten bleibt Artikel 37*b* DBG.

Art. 5 Veranlagung bei Eintritt der Volljährigkeit

1 Steuerpflichtige werden erstmals für die Steuerperiode separat veranlagt, in der sie volljährig werden.

2 Minderjährige werden separat veranlagt, soweit sie Erwerbseinkünfte nach Artikel 9 Absatz 2 DBG erzielen oder nicht unter elterlicher Sorge stehen.

Art. 6 Steuerperiode und Geschäftsabschluss juristischer Personen

1 Für juristische Personen gilt, unabhängig vom Kalenderjahr, das Geschäftsjahr, für welches ein Geschäftsabschluss erstellt worden ist, als Steuerperiode (Art. 79 Abs. 2 DBG).

2 Der Geschäftsabschluss ist mit der Steuererklärung einzureichen.

3 Wird bei Fortführung der bisherigen Steuerpflicht ein Geschäftsbetrieb oder eine Betriebsstätte ins Ausland verlegt, so genügt ein Zwischenabschluss (Art. 79 Abs. 3 und 80 Abs. 2 DBG).

Art. 7 Veranlagung juristischer Personen

1 Die juristischen Personen werden in jedem Kalenderjahr veranlagt, ausgenommen im Gründungsjahr, sofern in diesem kein Geschäftsabschluss er-

stellt wird. Bei Beendigung der Steuerpflicht werden sie in jedem Fall veranlagt.

2 Die Veranlagung erfolgt aufgrund des für die Steuerperiode massgeblichen Geschäftsabschlusses.

Art. 8 Aufhebung und Änderung bisherigen Rechts

Die Aufhebung und die Änderung bisherigen Rechts werden im Anhang geregelt.

Art. 9 Inkrafttreten

Diese Verordnung tritt am 1. Januar 2014 in Kraft.

Anhang
(Art. 8)

Aufhebung und Änderung bisherigen Rechts

I

Die nachstehenden Verordnungen werden aufgehoben:

1. Verordnung vom 16. September 1992[2] über die zeitliche Bemessung der direkten Bundessteuer bei natürlichen Personen;
2. Verordnung vom 16. September 1992[3] über die zeitliche Bemessung der direkten Bundessteuer bei juristischen Personen.

II

...[4]

---

2 [AS **1992** 1820, **1999** 596, **2001** 1022]
3 [AS **1992** 1826]
4 Die Änderungen können unter AS **2013** 2773 konsultiert werden.

Verordnung
über Kompetenzzuweisungen bei der direkten Bundessteuer an das Finanzdepartement (SR 642.118)

vom 18. Dezember 1991

Der Schweizerische Bundesrat,

gestützt auf Artikel 199 des Bundesgesetzes vom 14. Dezember 1990[1] über die direkte Bundessteuer (DBG),

verordnet:

Art. 1 Kompetenzzuweisung an das Eidgenössische Finanzdepartement

Die Befugnis zum Erlass von Ausführungsbestimmungen zum DBG wird in folgenden Bereichen dem Eidgenössischen Finanzdepartement zugewiesen:

a. Abzug von Berufskosten der unselbständigen Erwerbstätigkeit (Art. 26 DBG);
b. Erhebung der Quellensteuern (Art. 83–101, 107, 136–139 DBG), soweit nicht bereits gesetzliche Kompetenzzuweisungen an das Eidgenössische Finanzdepartement bestehen;
c. Regelung des ratenweisen Steuerbezugs (Art. 161 Abs. 1 DBG) und Bezeichnung der für die Festsetzung besonderer Fälligkeitstermine zuständigen Steuerbehörde (Art. 161 Abs. 2 DGB).

Art. 2 Inkrafttreten

Diese Verordnung tritt am 1. Januar 1995 in Kraft.

AS **1992** 468

1 SR **642.11**

Verordnung des EFD über den Abzug der Berufskosten unselbständig Erwerbstätiger bei der direkten Bundessteuer[1] (Berufskostenverordnung) (SR 642.118.1)

vom 10. Februar 1993 (Stand am 1. Januar 2016)

Das Eidgenössische Finanzdepartement,

gestützt auf Artikel 26 des Bundesgesetzes vom 14. Dezember 1990[2] über die direkte Bundessteuer (DBG)
sowie Artikel 1 Buchstabe a der Verordnung vom 18. Dezember 1991[3] über Kompetenzzuweisungen bei der direkten Bundessteuer an das Finanzdepartement,

verordnet:

Art. 1 Grundsatz

1 Als steuerlich abziehbare Berufskosten der unselbständigen Erwerbstätigkeit gelten Aufwendungen, die für die Erzielung des Einkommens erforderlich sind und in einem direkten ursächlichen Zusammenhang dazu stehen.

2 Nicht abziehbar sind die vom Arbeitgeber oder einem Dritten übernommenen Aufwendungen, der durch die berufliche Stellung des Steuerpflichtigen bedingte Privataufwand (sog. Standesauslagen) und die Aufwendungen für den Unterhalt des Steuerpflichtigen und seiner Familie (Art. 34 Bst. a DBG).

Art. 2 Ehegatten

Die Abzüge für Berufskosten stehen jedem unselbständig erwerbenden Ehegatten zu. Bei Mitarbeit eines Ehegatten im Beruf, Geschäft oder Gewerbe des anderen Ehegatten sind sie zulässig, wenn ein Arbeitsverhältnis besteht und hierüber mit den Sozialversicherungen abgerechnet wird.

AS **1993** 1363

1 Fassung gemäss Ziff. I der V des EFD vom 6. März 2015, in Kraft seit 1. Jan. 2016 (AS **2015** 861).

2 SR **642.11**

3 SR **642.118**

Art. 3[4] Festlegung der Pauschalansätze und des Abzugs für die Benützung eines privaten Fahrzeugs

Das Eidgenössische Finanzdepartement legt die Pauschalansätze (Art. 6 Abs. 1 und 2, Art. 7 Abs. 1, Art. 9 Abs. 2 und Art. 10) und den Abzug für die Benützung eines privaten Fahrzeugs (Art. 5 Abs. 2 Bst. b) im Anhang fest.

Art. 4[5] Nachweis höherer Kosten bei Pauschalansätzen

Werden anstelle einer Pauschale nach den Artikeln 7 Absatz 1 und 10 höhere Kosten geltend gemacht, so sind die gesamten tatsächlichen Auslagen und deren berufliche Notwendigkeit nachzuweisen.

Art. 5[6] Fahrkosten

1 Die notwendigen Kosten für Fahrten zwischen Wohn- und Arbeitsstätte können bis zum Maximalbetrag von 3000 Franken geltend gemacht werden (Art. 26 Abs. 1 Bst. a DBG).

2 Als Kosten sind abziehbar:

a. die notwendigen Auslagen für die Benützung öffentlicher Verkehrsmittel; oder
b. die notwendigen Kosten pro gefahrene Kilometer für die Benützung eines privaten Fahrzeugs, sofern kein öffentliches Verkehrsmittel zur Verfügung steht oder dessen Benützung objektiv nicht zumutbar ist.

Art. 6 Mehrkosten für Verpflegung

1 Bei Mehrkosten für Verpflegung ist ausschliesslich der Pauschalabzug nach Artikel 3 zulässig:

a. wenn der Steuerpflichtige wegen grosser Entfernung zwischen Wohn- und Arbeitsstätte oder wegen kurzer Essenspause eine Hauptmahlzeit nicht zu Hause einnehmen kann; oder
b. bei durchgehender Schicht- oder Nachtarbeit.[7]

2 Nur der halbe Abzug ist zulässig, wenn die Verpflegung vom Arbeitgeber anders als in bar verbilligt wird (Abgabe von Gutscheinen) oder wenn sie in einer Kantine, einem Personalrestaurant oder einer Gaststätte des Arbeitgebers eingenommen werden kann.[8]

3 Kein Abzug ist mangels Mehrkosten zulässig, wenn der Arbeitgeber bei der Bewertung von Naturalbezügen die von den Steuerbehörden festgelegten Ansätze unterschreitet oder wenn sich der Steuerpflichtige zu Preisen verpflegen kann, die unter diesen Bewertungsansätzen liegen.

---

4 Fassung gemäss Ziff. I der V des EFD vom 6. März 2015, in Kraft seit 1. Jan. 2016 (AS **2015** 861).

5 Fassung gemäss Ziff. I der V des EFD vom 6. März 2015, in Kraft seit 1. Jan. 2016 (AS **2015** 861).

6 Fassung gemäss Ziff. I der V des EFD vom 6. März 2015, in Kraft seit 1. Jan. 2016 (AS **2015** 861).

7 Fassung gemäss Ziff. I der V des EFD vom 3. Nov. 2006, in Kraft seit 1. Jan. 2007 (AS **2006** 4887).

8 Fassung gemäss Ziff. I der V des EFD vom 3. Nov. 2006, in Kraft seit 1. Jan. 2007 (AS **2006** 4887).

[4] Der Schichtarbeit ist die gestaffelte (unregelmässige) Arbeitszeit gleichgestellt, sofern beide Hauptmahlzeiten nicht zur üblichen Zeit zu Hause eingenommen werden können.

[5] Der Arbeitgeber muss die Anzahl Tage mit Schicht- oder Nachtarbeit sowie den Arbeitsort auf Verlangen bescheinigen.[9]

[6] Der Pauschalabzug nach Absatz 1 oder 2 kann nicht gleichzeitig mit jenem nach Artikel 9 Absatz 2 beansprucht werden.

Art. 7 Übrige Berufskosten

[1] Als übrige Berufskosten können insbesondere die für die Berufsausübung erforderlichen Auslagen für Berufswerkzeuge (inkl. EDV-Hard- und -Software), Fachliteratur, privates Arbeitszimmer, Berufskleider, besonderen Schuh- und Kleiderverschleiss sowie Schwerarbeit als Pauschale nach Artikel 3 abgezogen werden. Vorbehalten bleibt der Nachweis höherer Kosten (Art. 4).[10]

[2] Der Pauschalabzug ist angemessen zu kürzen, wenn die unselbständige Erwerbstätigkeit bloss während eines Teils des Jahres oder als Teilzeitarbeit ausgeübt wird.

Art. 8[11]

Art. 9 Auswärtiger Wochenaufenthalt

[1] Steuerpflichtige, die an den Arbeitstagen am Arbeitsort bleiben und dort übernachten müssen (sog. Wochenaufenthalt), jedoch regelmässig für die Freitage an den steuerlichen Wohnsitz zurückkehren, können die Mehrkosten für den auswärtigen Aufenthalt abziehen.

[2] Für den Abzug der notwendigen Mehrkosten der auswärtigen Verpflegung werden Pauschalansätze (Art. 3) festgelegt. Der Nachweis höherer Kosten ist ausgeschlossen.

[3] Als notwendige Mehrkosten der Unterkunft sind die ortsüblichen Auslagen für ein Zimmer abziehbar.

[4] Als notwendige Fahrkosten gelten die Kosten der regelmässigen Heimkehr an den steuerlichen Wohnsitz sowie die Fahrkosten zwischen auswärtiger Unterkunft und Arbeitsstätte. Sie sind bis zum Maximalbetrag nach Artikel 5 Absatz 1 abziehbar.[12]

---

9 Fassung gemäss Ziff. I der V des EFD vom 3. Nov. 2006, in Kraft seit 1. Jan. 2007 (AS **2006** 4887).

10 Fassung gemäss Ziff. I der V des EFD vom 16. April 2014, in Kraft seit 1. Jan. 2016 (AS **2014** 1109).

11 Aufgehoben durch Ziff. I der V des EFD vom 16. April 2014, mit Wirkung seit 1. Jan. 2016 (AS **2014** 1109).

12 Fassung gemäss Ziff. I der V des EFD vom 6. März 2015, in Kraft seit 1. Jan. 2016 (AS **2015** 861).

Art. 10[13] Nebenerwerb

Für die mit einer Nebenerwerbstätigkeit verbundenen Berufskosten ist ein Pauschalabzug nach Artikel 3 zulässig. Der Nachweis höherer Kosten bleibt vorbehalten (Art. 4).

Art. 11 Schlussbestimmungen

1 Die Verordnung des Eidgenössischen Finanzdepartements vom 7. Mai 1992[14] über den Abzug von Berufsauslagen bei der direkten Bundessteuer wird aufgehoben.

2 Diese Verordnung tritt am 1. Januar 1995 in Kraft.

Übergangsbestimmung zur Änderung vom 3. November 2006[15]

Für Ausnahmefälle, in welchen für die Steuerperiode 2007 der alte Lohnausweis verwendet wird, gilt das bisherige Recht bis zum 31. Dezember 2007.

---

13 Fassung gemäss Ziff. I der V des EFD vom 3. Nov. 2006, in Kraft seit 1. Jan. 2007 (AS **2006** 4887).

14 [AS **1992** 1166]

15 AS **2006** 4887

Anhang[16]

1. Pauschalansätze ab dem Steuerjahr 2016

		Fr.
Mehrkosten für Verpflegung		
a. *Bei auswärtiger Verpflegung bzw. Schicht- oder Nachtarbeit* (Art. 6 Abs. 1 und 2)		
– Voller Abzug	pro Hauptmahlzeit bzw. Tag	15.–
	im Jahr	3200.–
– Halber Abzug	pro Hauptmahlzeit bzw. Tag	7.50
	im Jahr	1600.–
b. *Bei auswärtigem Wochenaufenthalt* (Art. 9 Abs. 2)		
– Voller Abzug	im Tag	30.–
	im Jahr	6400.–
– Gekürzter Abzug[17]	im Tag	22.50
	im Jahr	4800.–
Übrige Berufskosten (Art. 7 Abs. 1)		
	3% des Nettolohns, mindestens im Jahr	2000.–
	höchstens im Jahr	4000.–
Nebenerwerb (Art. 10)		
	20% der Nettoeinkünfte, mindestens im Jahr	800.–
	höchstens im Jahr	2400.–

16 Eingefügt durch Ziff. I der V des EFD vom 29. Juni 1994 (AS **1994** 1673). Fassung gemäss Ziff. II der V des EFD vom 6. März 2015, in Kraft seit 1. Jan. 2016 (AS **2015** 861).

17 Der gekürzte Abzug ist anzuwenden, wenn gemäss Art. 6 Abs. 2 für eine der beiden täglichen Hauptmahlzeiten nur ein halber Abzug zulässig ist.

2. Abzug für die Benützung eines privaten Fahrzeugs ab dem Steuerjahr 2016

Der Maximalbetrag des Abzugs ist auf 3000 Franken im Jahr begrenzt.

		Fr.
Abzug für die Benützung eines privaten Fahrzeugs (Art. 5 Abs. 2 Bst. b)		
– Fahrräder, Motorfahrräder und Motorräder mit gelbem Kontrollschild	im Jahr	700.–
– Motorräder mit weissem Kontrollschild	pro Fahrkilometer	–.40
– Autos	pro Fahrkilometer	–.70

Verordnung des EFD
über die Quellensteuer bei der direkten Bundessteuer[1]
(Quellensteuerverordnung, QStV)
(SR 642.118.2)

vom 19. Oktober 1993 (Stand am 1. Januar 2015)

Das Eidgenössische Finanzdepartement (EFD),

gestützt auf die Artikel 88 Absatz 4, 90 Absatz 2, 92 Absatz 5, 100 Absatz 3 und 161 Absatz 1 des Bundesgesetzes vom 14. Dezember 1990[2] über die direkte Bundessteuer (DBG)
sowie auf Artikel 1 Buchstabe b der Verordnung vom 18. Dezember 1991[3] über Kompetenzzuweisungen bei der direkten Bundessteuer an das Finanzdepartement,

verordnet:

1. Abschnitt: Arbeitnehmerinnen und Arbeitnehmer[4]

Art. 1 Steuertarife für Arbeitnehmerinnen und Arbeitnehmer

[1] Für den Steuerabzug an der Quelle werden die folgenden Tarifcodes den nachstehend aufgeführten Arbeitnehmerinnen und Arbeitnehmern zugewiesen:

a. *Tarifcode A:* ledigen, geschiedenen, gerichtlich oder tatsächlich getrennt lebenden und verwitweten Personen, die nicht mit Kindern oder unterstützungsbedürftigen Personen im gleichen Haushalt zusammenleben;
b. *Tarifcode B:* in rechtlich und tatsächlich ungetrennter Ehe lebenden Ehegatten, bei welchen nur ein Ehegatte erwerbstätig ist;
c. *Tarifcode C:* in rechtlich und tatsächlich ungetrennter Ehe lebenden Ehegatten, bei welchen beide Ehegatten erwerbstätig sind;
d. *Tarifcode D:*
   1. Personen, die eine Nebenerwerbstätigkeit ausüben, für die Nebenerwerbseinkünfte,
   2. Personen, die vom Versicherer Ersatzeinkünfte nach Artikel 3 beziehen, für diese Einkünfte;

AS **1993** 3324

1 Fassung gemäss Ziff. I der V des EFD vom 18. Aug. 2011, in Kraft seit 1. Jan. 2012 (AS **2011** 4329).

2 SR **642.11**

3 SR **642.118**

4 Fassung gemäss Ziff. I der V des EFD vom 25. Febr. 2013, in Kraft seit 1. Jan. 2014 (AS **2013** 783).

e. *Tarifcode E:* Personen, die im vereinfachten Abrechnungsverfahren nach den Artikeln 17*a*–17*d* besteuert werden;
f. *Tarifcode F:* Grenzgängerinnen und Grenzgängern nach der Vereinbarung vom 3. Oktober 1974[5] zwischen der Schweiz und Italien über die Besteuerung der Grenzgänger und den finanziellen Ausgleich zugunsten der italienischen Grenzgemeinden, die in einer italienischen Grenzgemeinde leben und deren Ehemann oder Ehefrau ausserhalb der Schweiz erwerbstätig ist;
g. *Tarifcode H:* ledigen, geschiedenen, gerichtlich oder tatsächlich getrennt lebenden und verwitweten Personen, die mit Kindern oder unterstützungsbedürftigen Personen im gleichen Haushalt zusammenleben und deren Unterhalt zur Hauptsache bestreiten;
h. *Tarifcode L:* Grenzgängerinnen und Grenzgängern nach dem Abkommen vom 11. August 1971[6] zwischen der Schweizerischen Eidgenossenschaft und der Bundesrepublik Deutschland zur Vermeidung der Doppelbesteuerung auf dem Gebiete der Steuern vom Einkommen und vom Vermögen (DBA-D), welche die Voraussetzungen für den Tarifcode A erfüllen;
i. *Tarifcode M:* Grenzgängerinnen und Grenzgängern nach dem DBA-D, welche die Voraussetzungen für den Tarifcode B erfüllen;
j. *Tarifcode N:* Grenzgängerinnen und Grenzgängern nach dem DBA-D, welche die Voraussetzungen für den Tarifcode C erfüllen;
k. *Tarifcode O:* Grenzgängerinnen und Grenzgängern nach dem DBA-D, welche die Voraussetzungen für den Tarifcode D erfüllen;
l. *Tarifcode P:* Grenzgängerinnen und Grenzgängern nach dem DBA-D, welche die Voraussetzungen für den Tarifcode H erfüllen.[7]

[2] Für den Steuerabzug massgebend sind die Verhältnisse im Zeitpunkt der Auszahlung, Überweisung, Gutschrift oder Verrechung der steuerbaren Leistung.

[3] Die Eidgenössische Steuerverwaltung berechnet innerhalb der Tarifcodes die einzelnen Tarife entsprechend den für die Einkommenssteuer anwendbaren Abzügen und Tarifen. Für die Satzbestimmung werden die regelmässig fliessenden Einkünfte auf ein Jahr umgerechnet.[8]

[4] ...[9]

---

5 SR **0.642.045.43**
6 SR **0.672.913.62**
7 Fassung gemäss Ziff. I der V des EFD vom 25. Febr. 2013, in Kraft seit 1. Jan. 2014 (AS **2013** 783).
8 Fassung gemäss Ziff. I der V des EFD vom 25. Febr. 2013, in Kraft seit 1. Jan. 2014 (AS **2013** 783).
9 Aufgehoben durch Ziff. I der V des EFD vom 23. März 2001, mit Wirkung seit 1. Jan. 2001 (AS **2001** 1055).

Art. 2 Regelung von Sonderfragen

[1] Die Eidgenössische Steuerverwaltung regelt im Einvernehmen mit den Kantonen die Einzelheiten der Berechnung und der Anwendung der Tarife sowie die Erhebung der Quellensteuer in Sonderfällen. Sie regelt insbesondere:

a. den Aufbau und den Umfang der Tarife sowie deren Einbau in die kantonalen Tarife;
b. die Höhe der in den Tarifen zu berücksichtigenden Pauschalabzüge (Art. 86 Abs. 1 DBG);
c. die Bestimmung des Gesamteinkommens erwerbstätiger Ehepaare (Art. 86 Abs. 2 DBG);
d. das Vorgehen bei 13. Monatslohn, Gratifikation, Teilzeit- oder Nebenerwerb, Heimarbeit usw., wobei in Abweichung von Artikel 1 Absatz 3 proportionale Steuersätze festgelegt werden können;
e. die individuelle Gewährung der nicht im Tarif berücksichtigten Abzüge gemäss Artikel 33 DBG in Fällen ohne nachträgliche ordentliche Veranlagung (Art. 4 Abs. 1).

[2] Auf Gesuch von Steuerpflichtigen nach Artikel 1 Absatz 1 mit dem Tarifcode A, B, C oder H, die Unterhaltsbeiträge leisten, kann die Steuerbehörde zur Milderung von Härtefällen bei der Anwendung der Tarife Kinderabzüge bis höchstens zur Höhe der Unterhaltsbeiträge berücksichtigen.[10]

[3] Wurden Unterhaltsbeiträge bei der Anwendung der Tarife nach Absatz 2 berücksichtigt, so wird im Folgejahr die effektive Steuerschuld von Steuerpflichtigen mit dem Tarifcode A, B, C oder H von Amtes wegen nachberechnet.[11]

Art. 3 Ersatzeinkünfte

[1] Der Quellensteuer unterworfen sind nach Artikel 84 Absatz 2 DBG alle an die Stelle des Erwerbseinkommens tretenden Ersatzeinkünfte aus Arbeitsverhältnis sowie aus Kranken-, Unfall-, Invaliden- und Arbeitslosenversicherung. Insbesondere gehören dazu Taggelder, Entschädigungen, Teilrenten und an deren Stelle tretende Kapitalleistungen.

[2] Nach dem entsprechenden Tarif gemäss Artikel 1 Absatz 1 werden an der Quelle besteuert:

a. Kapitalabfindungen für wiederkehrende Leistungen unter Berücksichtigung der Erwerbseinkünfte zu dem Steuersatz, der sich ergäbe, wenn anstelle der einmaligen Leistung eine entsprechende jährliche Leistung ausbezahlt würde;
b. Taggelder und übrige Ersatzeinkünfte, welche der Arbeitgeber ausbezahlt, zusammen mit den Arbeitseinkünften;
c. Taggelder und übrige Ersatzeinkünfte, welche der Versicherer direkt dem Versicherten ausrichtet, unter Vorbehalt von Absatz 3.

---

10 Eingefügt durch Ziff. I der V des EFD vom 25. Febr. 2013, in Kraft seit 1. Jan. 2014 (AS **2013** 783).

11 Eingefügt durch Ziff. I der V des EFD vom 25. Febr. 2013, in Kraft seit 1. Jan. 2014 (AS **2013** 783).

3 Zum Satz gemäss Ziffer 1 des Anhangs werden Taggelder und übrige Ersatzeinkünfte an der Quelle besteuert, welche der Versicherer nicht nach Massgabe des versicherten Verdienstes ausrichtet oder die neben ein allfälliges Erwerbseinkommen treten können.

Art. 3*a*[12] Meldepflicht der Arbeitgeber

1 Arbeitgeber müssen die Beschäftigung von Personen, die nach Artikel 83, 91 oder 97 DBG quellensteuerpflichtig sind, der zuständigen Steuerbehörde innert acht Tagen ab Stellenantritt auf dem dafür vorgesehenen Formular melden.

2 Sieht der Kanton die elektronische Übermittlung der Quellensteuerabrechnung vor, so kann der Arbeitgeber diese Meldung mittels monatlicher Abrechnung vornehmen.

1*a*. Abschnitt: Natürliche Personen mit steuerrechtlichem Wohnsitz oder Aufenthalt in der Schweiz[13]

Art. 4 Nachträgliche ordentliche Veranlagung

1 Übersteigen die Bruttoeinkünfte in einem Kalenderjahr den in Ziffer 2 des Anhangs festgelegten Betrag, so werden für dieses und die folgenden Jahre bis zum Ende der Quellensteuerpflicht nachträgliche Veranlagungen im ordentlichen Verfahren gemäss Artikel 90 Absatz 2 DBG durchgeführt. Die an der Quelle abgezogenen Steuern werden zinslos angerechnet. Die ordentliche Veranlagung wird auch beibehalten, wenn die vorerwähnte Limite vorübergehend oder dauernd wieder unterschritten wird.

2 …[14]

Art. 5[15] Wechsel zwischen Quellensteuer und ordentlicher Veranlagung

1 Die bisher an der Quelle besteuerte Person wird im ordentlichen Verfahren veranlagt:

a. ab Beginn des der Erteilung der Niederlassungsbewilligung folgenden Monats;
b. ab Beginn des Monats, der ihrer Heirat mit einer Person mit Schweizer Bürgerrecht oder mit Niederlassungsbewilligung folgt.

2 Die Scheidung sowie die tatsächliche oder rechtliche Trennung von einem Ehepartner mit Schweizer Bürgerrecht oder Niederlassungsbewilli-

---

12 Eingefügt durch Ziff. I der V des EFD vom 25. Febr. 2013, in Kraft seit 1. Jan. 2014 (AS **2013** 783).
13 Eingefügt durch Ziff. I der V des EFD vom 25. Febr. 2013, in Kraft seit 1. Jan. 2014 (AS **2013** 783).
14 Aufgehoben durch Ziff. I der V des EFD vom 25. Febr. 2013, mit Wirkung seit 1. Jan. 2014 (AS **2013** 783).
15 Fassung gemäss Ziff. I der V des EFD vom 23. März 2001, in Kraft seit 1. Jan. 2001 (AS **2001** 1055).

gung lösen für eine ausländische Arbeitnehmerin oder einen ausländischen Arbeitnehmer ohne Niederlassungsbewilligung ab Beginn des folgenden Monats wieder die Besteuerung an der Quelle aus.

3 Wenn ein Einkommen im Laufe derselben Steuerperiode zunächst der Quellensteuer und dann der ordentlichen Besteuerung oder umgekehrt unterliegt, hat der Übergang von der einen zur anderen Besteuerungsart, bezüglich dieses Einkommens, dieselben Folgen, wie wenn ein Steuerpflichtiger seinen Wohnsitz ins Ausland verlegt oder in der Schweiz einen Wohnsitz begründet.

Art. 6 Ordentliche Veranlagung bei Vergütungen aus dem Ausland

Erhält die oder der Steuerpflichtige die Vergütungen von einem Leistungsschuldner im Ausland und werden diese nicht von einer Betriebsstätte oder einer festen Einrichtung in der Schweiz getragen, so wird sie oder er im ordentlichen Verfahren veranlagt.

2. Abschnitt: Natürliche und juristische Personen ohne steuerrechtlichen Wohnsitz oder Aufenthalt in der Schweiz

Art. 7 Künstlerinnen, Künstler, Sportlerinnen, Sportler, Referentinnen und Referenten

1 Als Tageseinkünfte (Art. 92 Abs. 2 und 3 DBG) gelten die Bruttoeinkünfte, vermindert um die direkt durch die Veranstaltung bedingten Gewinnungskosten (Abs. 3), dividiert durch die Zahl der Auftritts- und Probetage.

2 Ist bei Gruppen der Anteil des einzelnen Mitglieds nicht bekannt oder schwer zu ermitteln, wird für die Bestimmung des Steuersatzes das durchschnittliche Tageseinkommen pro Kopf berechnet.

3 Für den Abzug der Gewinnungskosten ist eine Pauschale von 20 Prozent der Bruttoeinkünfte zulässig. Der Nachweis höherer Kosten bleibt vorbehalten.

4 Naturalleistungen werden in der Regel nach den für die eidgenössische Alters- und Hinterlassenenversicherung geltenden Ansätzen bewertet.

Art. 8 Verwaltungsrätinnen und Verwaltungsräte

Als steuerbare Einkünfte gelten die Bruttoeinkünfte, einschliesslich aller Zulagen und Nebenbezüge. Dazu gehören auch die Entschädigungen, die nicht der oder dem Steuerpflichtigen selber, sondern einer Drittperson zufliessen (Art. 5 Abs. 2 DBG).

Art. 9 Hypothekargläubigerinnen und Hypothekargläubiger

Als steuerbare Einkünfte gelten die Bruttoeinkünfte. Dazu gehören auch Zinsen, die nicht der oder dem Steuerpflichtigen selber, sondern einer Drittperson zufliessen (Art. 5 Abs. 2 DBG).

Art. 10 Im Ausland wohnhafte Empfängerinnen und Empfänger von Renten

1 Soweit keine abweichende staatsvertragliche Regelung besteht, unterliegen die Renten nach den Artikeln 95 und 96 DBG der Quellensteuer.

2 Wird die Quellensteuer nicht erhoben, weil die Besteuerung dem andern Vertragsstaat zusteht, so hat sich der Schuldner der steuerbaren Leistung den ausländischen Wohnsitz der Empfängerin oder des Empfängers schriftlich bestätigen zu lassen und diesen periodisch zu überprüfen.

Art. 11 Im Ausland wohnhafte Empfängerinnen und Empfänger von Kapitalleistungen

1 Kapitalleistungen gemäss Artikel 96 DBG sowie Kapitalleistungen aus öffentlichrechtlichem Arbeitsverhältnis im Sinne von Artikel 95 DBG unterliegen ungeachtet der staatsvertraglichen Regelung immer der Quellensteuer gemäss Ziffer 3 des Anhangs.

2 Die erhobene Quellensteuer wird zinslos zurückerstattet, wenn die Empfängerin oder der Empfänger der Kapitalleistung:

a. innerhalb von drei Jahren seit deren Fälligkeit einen entsprechenden Antrag stellt; und
b. dem Antrag eine Bestätigung der zuständigen Steuerbehörde des anspruchsberechtigten Vertragsstaates beilegt, wonach diese von der Kapitalleistung Kenntnis hat.

3. Abschnitt: Gemeinsame Bestimmungen

Art. 12 Bezugsminima

Die Quellensteuer wird nicht erhoben, wenn die steuerbaren Bruttoeinkünfte weniger als die in Ziffer 4 des Anhangs festgelegten Beträge ausmachen.

Art. 13[16] Bezugsprovision

1 Die Bezugsprovision für den Schuldner der steuerbaren Leistung beträgt mindestens 1 und höchstens 3 Prozent des gesamten Quellensteuerbetrags.

2 Die zuständige Steuerbehörde kann die Bezugsprovision kürzen oder streichen, wenn der Schuldner der steuerbaren Leistung die Verfahrenspflichten verletzt.

3 Die Kantone legen den Ansatz und die Modalitäten der Bezugsprovision fest. Sie können die Bezugsprovision nach Art und Höhe der steuerbaren Einkünfte abstufen sowie einen Höchstbetrag pro steuerbare Leistung festlegen.

---

16 Fassung gemäss Ziff. I der V des EFD vom 25. Febr. 2013, in Kraft seit 1. Jan. 2014, Abs. 1 und 3 in Kraft seit 1. Jan. 2015 (AS **2013** 783).

Art. 13*a*[17]

Art. 14 Örtliche Zuständigkeit

1 Unter Vorbehalt von Absatz 2 hat der Schuldner der steuerbaren Leistung alle Steuerabzüge nach den Tarifen und Weisungen seines Wohnsitz-, Sitz- oder Betriebsstättekantons vorzunehmen und diesem gleichen Kanton abzuliefern. Steht diesem Kanton nach Artikel 107 DBG die Steuer nicht zu, so leitet er sie an den berechtigten Kanton weiter.

2 Im Einvernehmen mit den beteiligten Kantonen kann der Schuldner der steuerbaren Leistung in den Fällen nach Absatz 1, zweiter Satz, die Steuer nach dem Tarif des zuständigen Kantons erheben und sie direkt diesem Kanton abliefern.

Art. 15 Fälligkeit der Steuer

Die an der Quelle erhobene Steuer ist im Zeitpunkt der Auszahlung, Überweisung, Gutschrift oder Verrechnung der steuerbaren Leistung fällig. Die Steuer ist ungeachtet allfälliger Einwände (Art. 137 DBG) oder Lohnpfändungen zu erheben.

Art. 16 Rückerstattung

Hat der Schuldner der steuerbaren Leistung einen zu hohen Steuerabzug vorgenommen (Art. 138 Abs. 2 DBG) und hierüber bereits mit der zuständigen Steuerbehörde abgerechnet, so kann diese den Differenzbetrag direkt der oder dem Steuerpflichtigen zurückerstatten.

Art. 17 Abrechnung zwischen Bund und Kantonen

1 Ist die genaue Ermittlung des dem Bund zustehenden Anteils am Quellensteuerertrag des Kantons nur mit unverhältnismässigem Aufwand möglich, so wird pauschal abgerechnet.

2 Die Eidgenössische Steuerverwaltung legt diesen Pauschalanteil im Einvernehmen mit dem Kanton aufgrund einheitlicher Berechnungskriterien fest.

3 Die Kantone liefern nach Artikel 196 DBG den Bundesanteil an den im Laufe eines Monats bei ihnen eingegangenen Beträgen bis zum Ende des folgenden Monats ab.

---

[17] Eingefügt durch Ziff. I der V des EFD vom 13. Mai 2002 (AS **2002** 1621). Aufgehoben durch Ziff. I der V des EFD vom 25. Febr. 2013, mit Wirkung seit 1. Jan. 2014 (AS **2013** 783).

3*a*. Abschnitt:[18] Vereinfachtes Abrechnungsverfahren nach Artikel 37*a* DBG

Art. 17*a* Anwendbares Recht

Sofern sich aus Artikel 37a DBG und aus den Bestimmungen dieses Abschnitts nichts anderes ergibt, gelten die Bestimmungen des DBG über die Quellensteuer und die Bestimmungen dieser Verordnung sinngemäss auch im Verfahren der vereinfachten Abrechnung.

Art. 17*b* Besteuerungsgrundlage

Die Steuer wird auf der Grundlage des vom Arbeitgeber der AHV-Ausgleichskasse gemeldeten Bruttolohns erhoben.

Art. 17*c* Ablieferung der Quellensteuer durch den Arbeitgeber

1 Für die Abrechnung und die Ablieferung der Quellensteuer an die zuständige AHV-Ausgleichskasse gelten die Bestimmungen der Verordnung vom 31. Oktober 1947[19] über die Alters- und Hinterlassenenversicherung über das vereinfachte Abrechnungsverfahren sinngemäss.

2 Wird die Steuer auf Mahnung der AHV-Ausgleichskasse hin nicht bezahlt, so erstattet diese der Steuerbehörde des Kantons Meldung, in dem der Arbeitgeber seinen Sitz oder Wohnsitz hat. Die Steuerbehörde führt den Bezug der Steuer nach den Vorschriften der Steuergesetzgebung durch.

Art. 17*d* Überweisung der Quellensteuer an die Steuerbehörden

Die AHV-Ausgleichskasse überweist die einkassierten Steuerzahlungen nach Abzug der ihr zustehenden Bezugsprovision an die Steuerbehörde des Kantons, in dem die steuerpflichtige Arbeitnehmerin oder der steuerpflichtige Arbeitnehmer seinen Wohnsitz hat.

4. Abschnitt: Schlussbestimmungen

Art. 18[20]

Art. 19 Inkrafttreten

Diese Verordnung tritt am 1. Januar 1995 in Kraft.

---

18 Eingefügt durch Anhang Ziff. 1 der V vom 6. Sept. 2006 gegen die Schwarzarbeit, in Kraft seit 1. Jan. 2008 (AS **2007** 373).

19 SR **831.101**

20 Aufgehoben durch Ziff. I der V des EFD vom 25. Febr. 2013, mit Wirkung seit 1. Jan. 2014 (AS **2013** 783).

Anhang[21]
(Art 3 Abs. 3, 4 Abs. 1, 11 Abs. 1 und Art. 12)

1. Die Quellensteuer von Personen mit dem Tarifcode D beträgt 1 Prozent der Bruttoeinkünfte.

1bis. Liegt der Steuersatz bei Personen mit dem Tarifcode L, M, N, O oder P bei 4,5 Prozent, so beträgt der Anteil der direkten Bundessteuer 0,5 Prozent der Bruttoeinkünfte.

2. Die nachträgliche ordentliche Veranlagung nach Artikel 4 Absatz 1 QStV erfolgt, wenn die Bruttoeinkünfte in einem Kalenderjahr 120 000 Franken übersteigen.

3. Die Quellensteuer auf dem Bruttobetrag der Kapitalleistungen nach Artikel 11 Absatz 1 QStV beträgt in Berücksichtigung der Artikel 36, 38 und 204 DBG:

– auf den ersten	25 000 Franken	0,00%
– auf den weiteren	25 000 Franken	0,20%
– auf den weiteren	25 000 Franken	0,55%
– auf den weiteren	25 000 Franken	0,90%
– auf den weiteren	25 000 Franken	1,25%
– auf den weiteren	25 000 Franken	2,00%
– auf den weiteren	750 000 Franken	2,60%

Auf Kapitalleistungen über 900 000 Franken beträgt die Quellensteuer einheitlich 2,30 Prozent des Bruttobetrages.

4. Die Quellensteuer wird nach Artikel 12 QStV nicht erhoben, wenn die steuerbaren Bruttoeinkünfte weniger betragen als:

– bei Künstlerinnen, Künstlern, Sportlerinnen, Sportlern, Referentinnen und Referenten (Art. 92 DBG)	Fr. 300.– insgesamt pro Schuldner der steuerbaren Leistung;
– bei Verwaltungsrätinnen und Verwaltungsräten (Art. 93 DBG)	Fr. 300.– insgesamt pro Schuldner der steuerbaren Leistung;
– bei Hypothekargläubigerinnen und Hypothekargläubigern (Art. 94 DBG)	Fr. 300.– im Kalenderjahr;
– bei Renten (Art. 95 und 96 DBG)	Fr. 1000.– im Kalenderjahr.

[21] Eingefügt durch Ziff. I der V des EFD vom 2. Aug. 1994 (AS **1994** 1788). Bereinigt gemäss Ziff. I der V des EFD vom 28. Sept. 2010 (AS **2010** 4481), vom 18. Aug. 2011 (AS **2011** 4329) und Ziff. II der V des EFD vom 25. Febr. 2013, in Kraft seit 1. Jan. 2014 (AS **2013** 783).

Verordnung des EFD über den Abzug besonderer Berufskosten von Expatriates bei der direkten Bundessteuer[1] (Expatriates-Verordnung, ExpaV) (SR 642.118.3)

vom 3. Oktober 2000 (Stand am 1. Januar 2016)

Das Eidgenössische Finanzdepartement (EFD),

gestützt auf Artikel 26 des Bundesgesetzes vom 14. Dezember 1990[2] über die direkte Bundessteuer (DBG)
sowie Artikel 1 Buchstabe a der Verordnung vom 18. Dezember 1991[3] über Kompetenzzuweisungen bei der direkten Bundessteuer an das Finanzdepartement,

verordnet:

Art. 1[4] Grundsatz

[1] Leitende Angestellte sowie Spezialistinnen und Spezialisten mit besonderer beruflicher Qualifikation, die von ihrem ausländischen Arbeitgeber vorübergehend in die Schweiz entsandt werden (Expatriates), können bei der direkten Bundessteuer zusätzlich zu den Berufskosten nach der Berufskostenverordnung vom 10. Februar 1993[5] besondere Berufskosten abziehen. Diese besonderen Berufskosten gelten als übrige Berufskosten im Sinne von Artikel 26 Absatz 1 Buchstabe c DBG.

[2] Als vorübergehend gilt eine auf höchstens fünf Jahre befristete Erwerbstätigkeit.

[3] Die Abziehbarkeit besonderer Berufskosten endet in jedem Fall, wenn die befristete durch eine dauernde Erwerbstätigkeit abgelöst wird.

Art. 2 Besondere Berufskosten

[1] Besondere Berufskosten von im Ausland wohnhaften Expatriates sind:

a. die notwendigen Kosten für Reisen zwischen dem ausländischen Wohnsitz und der Schweiz;

AS **2000** 2792

1 Fassung gemäss Ziff. I der V des EFD vom 9. Jan. 2015, in Kraft seit 1. Jan. 2016 (AS **2015** 311).

2 SR **642.11**

3 SR **642.118**

4 Fassung gemäss Ziff. I der V des EFD vom 9. Jan. 2015, in Kraft seit 1. Jan. 2016 (AS **2015** 311).

5 SR **642.118.1**

b. die angemessenen Wohnkosten in der Schweiz bei Beibehaltung einer ständig für den Eigengebrauch zur Verfügung stehenden Wohnung im Ausland.[6]

[2] Besondere Berufskosten von in der Schweiz wohnhaften Expatriates sind:

a. die notwendigen Kosten für den Umzug in die Schweiz und zurück in den früheren ausländischen Wohnsitzstaat sowie die notwendigen Hin- und Rückreisekosten des Expatriate und seiner Familie bei Beginn und Ende des Arbeitsverhältnisses;
b. die angemessenen Wohnkosten in der Schweiz bei Beibehaltung einer ständig für den Eigengebrauch zur Verfügung stehenden Wohnung im Ausland;
c. die Kosten für den Unterricht der minderjährigen fremdsprachigen Kinder an fremdsprachigen Privatschulen, sofern die öffentlichen Schulen keinen Unterricht in deren Sprache anbieten.[7]

[3] Der Abzug besonderer Berufskosten nach den Absätzen 1 und 2 ist zulässig, wenn sie vom Expatriate selbst bezahlt und vom Arbeitgeber:

a. nicht zurückerstattet werden;
b. in Form einer Pauschale zurückerstattet werden. Diese Pauschale ist zum steuerbaren Bruttolohn hinzuzurechnen.

[4] Kein Abzug besonderer Berufskosten nach den Absätzen 1 und 2 ist zulässig, wenn sie:

a. direkt vom Arbeitgeber bezahlt werden;
b. vorerst vom Expatriate selbst bezahlt und dann vom Arbeitgeber gegen Vorlage der Belege effektiv zurückerstattet werden.

[5] Die Abgeltung besonderer Berufskosten durch den Arbeitgeber ist im Lohnausweis zu bescheinigen.

Art. 3 Nicht abzugsfähige Kosten

Nicht als abzugsfähige Berufskosten gelten insbesondere:

a. die Kosten der ständigen Wohnung im Ausland;
b. die Auslagen für die Wohnungseinrichtung und für Wohnnebenkosten in der Schweiz;
c. die Mehraufwendungen wegen des höheren Preisniveaus oder der höheren Steuerbelastung in der Schweiz;
d. die Kosten für Rechts- und Steuerberatung.

Art. 4[8] Geltendmachung der besonderen Berufskosten

[1] Besteht ein Anspruch auf Abzug der Wohnkosten nach Artikel 2 Absatz 1 Buchstabe b oder Absatz 2 Buchstabe b, so kann anstelle der Kosten

---

6 Fassung gemäss Ziff. I der V des EFD vom 9. Jan. 2015, in Kraft seit 1. Jan. 2016 (AS **2015** 311).

7 Fassung gemäss Ziff. I der V des EFD vom 9. Jan. 2015, in Kraft seit 1. Jan. 2016 (AS **2015** 311).

8 Fassung gemäss Ziff. I der V des EFD vom 9. Jan. 2015, in Kraft seit 1. Jan. 2016 (AS **2015** 311).

nach Artikel 2 Absatz 1 oder Absatz 2 Buchstaben a und b ein Pauschalbetrag von monatlich 1500 Franken abgezogen werden.

2 Im Quellensteuerverfahren kürzt der Arbeitgeber den für die Steuerberechnung massgebenden Bruttolohn um den Pauschalabzug nach Absatz 1. Höhere tatsächliche Kosten können vom Expatriate im Rahmen der Anwendung von Artikel 90 Absatz 2 oder 137 DBG geltend gemacht werden.

Art. 4*a*[9] Übergangsbestimmung zur Änderung vom 9. Januar 2015

Personen, die im Zeitpunkt des Inkrafttretens der Änderung vom 9. Januar 2015 als Expatriates nach Artikel 1 Absatz 1 in der Fassung vom 3. Oktober 2000[10] gelten, behalten diesen Status bis zum Ende der befristeten Erwerbstätigkeit.

Art. 5 Inkrafttreten

Diese Verordnung tritt am 1. Januar 2001 in Kraft.

---

9 Eingefügt durch Ziff. I der V des EFD vom 9. Jan. 2015, in Kraft seit 1. Jan. 2016 (AS **2015** 311).

10 AS **2000** 2792.

Verordnung des EFD
über die Behandlung von Gesuchen um Erlass der direkten Bundessteuer (Steuererlassverordnung) (SR 642.121)

vom 12. Juni 2015 (Stand am 1. Janaur 2016)

Das Eidgenössische Finanzdepartement (EFD),

gestützt auf Artikel 167*f* des Bundesgesetzes vom 14. Dezember 1990[1] über die direkte Bundessteuer (DBG),

verordnet:

1. Abschnitt: Gegenstand

Art. 1

Diese Verordnung umschreibt die Voraussetzungen für den Steuererlass, die Gründe für dessen Ablehnung sowie das Erlassverfahren näher.

2. Abschnitt: Voraussetzungen und Ablehnungsgründe

Art. 2 Notlagen bei natürlichen Personen

[1] Eine Notlage (Art. 167 Abs. 1 DBG) einer natürlichen Person liegt vor, wenn:

a. die finanziellen Mittel der Person zur Bestreitung des betreibungsrechtlichen Existenzminimums nicht ausreichen; oder
b. der ganze geschuldete Betrag in einem Missverhältnis zur finanziellen Leistungsfähigkeit der Person steht.

[2] Ein Missverhältnis zur finanziellen Leistungsfähigkeit ist insbesondere dann gegeben, wenn die Steuerschuld trotz zumutbarer Einschränkung der Lebenshaltungskosten nicht in absehbarer Zeit vollumfänglich beglichen werden kann.

[3] Eine Einschränkung der Lebenshaltungskosten gilt als zumutbar, wenn diese das betreibungsrechtliche Existenzminimum übersteigen (Art. 93 des BG vom 11. April 1889[2] über Schuldbetreibung und Konkurs, SchKG).

AS **2015** 1895
[1] SR **642.11**
[2] SR **281.1**

Art. 3 Ursachen für eine Notlage bei natürlichen Personen

1 Als Ursachen, die zu einer Notlage einer natürlichen Person führen, werden insbesondere anerkannt:

a. eine wesentliche und andauernde Verschlechterung der wirtschaftlichen Verhältnisse der Person ab der Steuerperiode, auf die sich das Erlassgesuch bezieht, aufgrund:
   1. aussergewöhnlicher Belastungen durch den Unterhalt der Familie oder Unterhaltspflichten,
   2. hoher Kosten infolge Krankheit, Unfall oder Pflege, die nicht von Dritten getragen werden, oder
   3. längerer Arbeitslosigkeit;

b. eine starke Überschuldung aufgrund ausserordentlicher Aufwendungen, die in den persönlichen Verhältnissen begründet sind und für welche die Person nicht einzustehen hat.

2 Geht die Notlage auf andere Ursachen zurück, so kann die Erlassbehörde nicht zugunsten anderer Gläubiger auf die gesetzlichen Ansprüche des Bundes verzichten. Verzichten andere Gläubiger ganz oder teilweise auf ihre Forderungen, so kann ein Erlass im selben prozentualen Umfang gewährt werden, sofern dies zur dauerhaften Sanierung der wirtschaftlichen Lage der Person (Art. 167 Abs. 2 DBG) beiträgt. Als andere Ursachen gelten insbesondere:

a. Bürgschaftsverpflichtungen;
b. hohe Grundpfandschulden;
c. Kleinkreditschulden aufgrund eines überhöhten Lebensstandards;
d. erhebliche Geschäfts- und Kapitalverluste bei Selbstständigerwerbenden, welche die wirtschaftliche Existenz der Person sowie Arbeitsplätze gefährden.

3 Einkommensausfälle und Aufwendungen, die bereits mit der Veranlagung oder der Steuerberechnung berücksichtigt wurden, werden nicht als Ursache anerkannt. Dies gilt insbesondere für übliche Schwankungen des Einkommens der steuerpflichtigen Person.

Art. 4 Notlage und deren Ursachen bei juristischen Personen

1 Eine Notlage einer juristischen Person liegt vor, wenn diese sanierungsbedürftig ist.

2 Als Ursache für eine Notlage bei juristischen Personen gilt ein Kapitalverlust oder eine Überschuldung, wenn dadurch die wirtschaftliche Existenz der Person sowie Arbeitsplätze gefährdet sind.

3 Erbringen die Anteilsinhaber Sanierungsleistungen und verzichten andere Gläubiger ganz oder teilweise auf ihre Forderungen, so kann ein Erlass im selben prozentualen Umfang wie der Gläubigerverzicht gewährt werden, sofern dies zur dauerhaften Sanierung der wirtschaftlichen Lage der Person (Art. 167 Abs. 2 DBG) beiträgt.

4 Ein Steuererlass wird abgelehnt, wenn die Sanierungsbedürftigkeit auf die Gewährung geldwerter Vorteile, insbesondere auf offene oder verdeckte Gewinnausschüttungen, zurückzuführen ist oder wenn die juristische Person nicht mit ausreichendem Eigenkapital ausgestattet war.

3. Abschnitt: Erlassgesuch

Art. 5 Gegenstand

1 Die steuerpflichtige Person kann ein Gesuch stellen um den Erlass von:
- a. Steuern, einschliesslich Nachsteuern;
- b. Verzugszinsen;
- c. Bussen wegen einer Übertretung.

2 Die vom Gesuch betroffenen Steuern, Verzugszinsen und Bussen dürfen noch nicht gezahlt sein.

3 Auch nach der Zahlung möglich sind:
- a. Erlassgesuche in Quellensteuerfällen;
- b. Erlassgesuche, bei denen die Zahlung unter Vorbehalt erfolgt ist.

Art. 6 Inhalt

Die steuerpflichtige Person gibt in ihrem Gesuch (Art. 167*c* DBG) an, für welche Steuerjahre und in welchem Umfang sie um Steuererlass ersucht.

Art. 7 Abgrenzung zum Veranlagungsverfahren

1 Ein Erlassgesuch kann erst gestellt werden, wenn die Veranlagung rechtskräftig geworden ist. Weder kann mit dem Gesuch die Revision der Veranlagung verlangt werden, noch ersetzt das Erlassverfahren das Rechtsmittelverfahren.

2 Im Verfahren um Erlass einer Quellensteuer ist Absatz 1 sinngemäss anwendbar.

Art. 8 Einreichungsort und Eingangsbestätigung

1 Das Erlassgesuch ist bei der zuständigen kantonalen Behörde einzureichen.

2 Die Behörde bestätigt der gesuchstellenden Person den Eingang des Gesuchs.

Art. 9 Tod der gesuchstellenden Person

1 Stirbt die Person, die ein Erlassgesuch gestellt hat, so wird ihr Gesuch gegenstandslos.

2 Der einzelne Erbe oder die einzelne Erbin (Art. 12 DBG) kann ein Erlassgesuch stellen.

4. Abschnitt: Prüfung und Entscheid

Art. 10 Entscheidungsgrundlagen

Die Erlassbehörde entscheidet über das Erlassgesuch aufgrund aller für die Beurteilung der Voraussetzungen und der Ablehnungsgründe wesentlichen Tatsachen, insbesondere aufgrund:
- a. der gesamten wirtschaftlichen Verhältnisse der gesuchstellenden Person im Zeitpunkt des Entscheids;

b. der Entwicklung ab der Steuerperiode, auf die sich das Gesuch bezieht;
c. der wirtschaftlichen Aussichten der gesuchstellenden Person; und
d. der von der gesuchstellenden Person getroffenen Massnahmen zur Verbesserung ihrer finanziellen Leistungsfähigkeit.

Art. 11 Zahlung von Steuern während des Verfahrens

Zahlt die gesuchstellende Person ohne Vorbehalt die vom Erlassgesuch betroffenen Steuern, Verzugszinsen oder Bussen ganz oder teilweise, während das Gesuch bei der Erlassbehörde hängig ist, so wird das Erlassverfahren im Umfang der Zahlung gegenstandslos.

Art. 12 Zahlung von Steuern aus dem Vermögen

1 Die Erlassbehörde prüft, wieweit die Zahlung der geschuldeten Steuer aus dem Vermögen zumutbar ist.

2 Auf jeden Fall zumutbar ist die Zahlung aus dem Vermögen bei Steuern auf einmaligen Einkünften.

3 Als Vermögen gilt das zum Verkehrswert bewertete Reinvermögen. Nicht frei verfügbare Austrittsleistungen und Anwartschaften gemäss dem Freizügigkeitsgesetz vom 17. Dezember 1993[3] gelten nicht als Vermögenselemente.

4 Handelt es sich beim Vermögen um einen unentbehrlichen Bestandteil der Altersvorsorge, so kann die Erlassbehörde in begründeten Ausnahmefällen:

a. die Steuer ganz oder teilweise erlassen; oder
b. der zuständigen kantonalen Behörde empfehlen, eine Stundung zu gewähren und die Sicherstellung der Steuerforderung zu verlangen.

Art. 13 Entscheid

1 Die Gewährung des Steuererlasses kann an Bedingungen und Auflagen wie Abzahlungen oder die Leistung von Sicherheiten geknüpft werden.

2 Wird ein Erlassgesuch gutgeheissen, so geht die Steuerforderung im Umfang des erlassenen Betrags unter. Davon ausgenommen sind Fälle:

a. in denen die Bedingungen und Auflagen nach Absatz 1 nicht erfüllt werden;
b. von Steuerhinterziehung oder Steuervergehen.

3 Kann den wirtschaftlichen Verhältnissen der gesuchstellenden Person mit Zahlungserleichterungen (Art. 166 DBG) Rechnung getragen werden, so weist die Erlassbehörde das Gesuch ganz oder teilweise ab und empfiehlt der zuständigen kantonalen Behörde, eine Stundung zu gewähren oder Ratenzahlungen zu bewilligen.

4 Der Verzugszins auf einem nicht erlassenen Forderungsbetrag gilt als geschuldet, sofern nicht gegenteilig entschieden wird.

---

3 SR **831.42**

Art. 14 Zwangsvollstreckungs- und Liquidationsverfahren: Konkurs, gerichtlicher Nachlassvertrag, Liquidation

1 Steht die gesuchstellende Person vor dem Abschluss eines gerichtlichen Nachlassvertrags oder droht ihr der Konkurs, so wird ihr Erlassgesuch abgewiesen. Die Erlassbehörde stundet der Person die Steuerforderungen, damit diese die Sanierung einleiten kann. Die Stundung wird so lange gewährt, bis Klarheit über die wirtschaftlichen Verhältnisse herrscht, jedoch nur in begründeten Ausnahmefällen länger als sechs Monate.

2 Im Fall eines gerichtlichen Nachlassverfahrens kann die zuständige kantonale Behörde dem Nachlassvertrag zustimmen (Art. 305 SchKG[4]). Im Übrigen richten sich der Untergang und die Vollstreckbarkeit der Steuerforderung nach den Bestimmungen des SchKG über den Nachlassvertrag oder den Konkurs. Das Erlassverfahren wird gegenstandslos.

3 Befindet sich die gesuchstellende Person in Liquidation, so wird ihr Gesuch abgewiesen.

Art. 15 Zwangsvollstreckungs- und Liquidationsverfahren: Aussergerichtlicher Nachlassvertrag und einvernehmliche private Schuldenbereinigung

Einem aussergerichtlichen Nachlassvertrag oder einer einvernehmlichen privaten Schuldenbereinigung kann die zuständige kantonale Behörde zustimmen, wenn die Mehrheit der übrigen gleichrangigen Gläubiger ebenfalls zustimmt und die von ihnen vertretenen Forderungen mindestens die Hälfte der gesamten Forderungen der 3. Klasse (Art. 219 SchKG[5]) ausmachen. Der nicht gedeckte Teil des Steuerbetrags gilt als erlassen.

Art. 16 Zwangsvollstreckungs- und Liquidationsverfahren: Rückkauf von Verlustscheinen

1 Über den Rückkauf von Verlustscheinen entscheidet die zuständige kantonale Behörde.

2 Der Rückkauf unter dem Nominalwert ist zulässig:

a. soweit ein Teilerlass der Steuerschuld gerechtfertigt erscheint; oder
b. sofern anzunehmen ist, dass die Steuerschuld nicht in absehbarer Zeit vollumfänglich beglichen werden kann.

3 Wird ein Verlustschein zurückgekauft, so geht die Steuerforderung unter.

Art. 17 Verhältnis zum Steuerbezug

1 Die Einreichung eines Erlassgesuchs hemmt den Bezug der Steuer nicht.

2 Verhindert oder verzögert die gesuchstellende Person durch ihr Verhalten die Behandlung des Erlassgesuchs, so wird der geschuldete Betrag nötigenfalls durch Zwangsvollstreckung bezogen.

---

4 SR **281.1**
5 SR **281.1**

Art. 18 Kosten

[1] Bei einem offensichtlich unbegründeten Erlassgesuch (Art. 167*d* Abs. 3 zweiter Satz DBG) kann der gesuchstellenden Person eine Spruch- und Schreibgebühr auferlegt werden.

[2] Die Gebühr bemisst sich nach dem Zeitaufwand. Sie beträgt mindestens 50 Franken und höchstens 1000 Franken.

5. Abschnitt: Schlussbestimmungen

Art. 19 Aufhebung eines anderen Erlasses

Die Steuererlassverordnung vom 19. Dezember 1994[6] wird aufgehoben.

Art. 20 Inkrafttreten

Diese Verordnung tritt am 1. Januar 2016 in Kraft.

---

6 AS **1995** 595, **2006** 4181, **2009** 2621

Verordnung
über die Besteuerung nach dem Aufwand bei der direkten Bundessteuer
(SR 642.123)

vom 20. Februar 2013 (Stand am 1. Januar 2016)

Der Schweizerische Bundesrat,

gestützt auf Artikel 199 des Bundesgesetzes vom 14. Dezember 1990[1] über die direkte Bundessteuer (DBG),

verordnet:

Art. 1 Abzüge bei der Steuerberechnung nach Artikel 14 Absatz 3 Buchstabe d DBG

[1] Bei der Steuerberechnung nach Artikel 14 Absatz 3 Buchstabe d DBG können abgezogen werden:

a. die Unterhaltskosten nach der Liegenschaftskostenverordnung vom 24. August 1992[2];
b. die Kosten für die gewöhnliche Verwaltung von beweglichem Vermögen, soweit die daraus fliessenden Einkünfte besteuert werden.

[2] Andere Abzüge, insbesondere solche für Schuldzinsen, Renten und dauernde Lasten, sind nicht zulässig.

Art. 2 Ausschluss der Sozialabzüge

Sozialabzüge nach den Artikeln 35 und 213 DBG sind bei der Besteuerung nach dem Aufwand nicht zulässig.

Art. 3 Satzbestimmung

Das nicht unter Artikel 14 Absatz 3 Buchstabe d DBG fallende Einkommen der steuerpflichtigen Person wird in Abweichung von Artikel 7 Absatz 1 DBG bei der Festsetzung des Steuersatzes nicht berücksichtigt.

Art. 4 Besteuerung nach Artikel 14 Absatz 5 DBG

[1] Bei der Besteuerung nach dem Aufwand nach Artikel 14 Absatz 5 DBG (modifizierte Besteuerung nach dem Aufwand) sind nur die Kosten nach Artikel 1 Absatz 1 abziehbar.

AS **2013** 787

1 SR **642.11**
2 SR **642.116**

[2] Der Steuersatz für die Einkünfte nach Artikel 14 Absatz 5 DBG bestimmt sich nach dem weltweiten Gesamteinkommen nach Artikel 7 Absatz 1 DBG.

Art. 5 Veranlagungsergebnis

Die Veranlagungsbehörde eröffnet in der Veranlagungsverfügung nach Artikel 131 DBG stets das höchste nach Artikel 14 Absätze 3–5 DBG berechnete Veranlagungsergebnis.

Art. 6 Aufhebung bisherigen Rechts

Die Verordnung vom 15. März 1993[3] über die Besteuerung nach dem Aufwand bei der direkten Bundessteuer wird aufgehoben.

Art. 7 Übergangsbestimmungen

[1] Für Personen, die am 1. Januar 2016 nach dem Aufwand besteuert werden, gilt bis zum Steuerjahr 2020 Artikel 1 der Verordnung vom 15. März 1993[4] über die Besteuerung nach dem Aufwand bei der direkten Bundessteuer.

[2] Für Personen, die am 1. Januar 2016 nach der modifizierten Besteuerung nach dem Aufwand besteuert werden, ist Artikel 14 Absatz 5 DBG ab dem Steuerjahr 2016 anwendbar.

Art. 8 Inkrafttreten

Diese Verordnung tritt am 1. Januar 2016 in Kraft.

---

3 AS **1993** 1367
4 AS **1993** 1367

Verordnung des EFD
über Fälligkeit und Verzinsung der direkten Bundessteuer[1] (SR 642.124)

vom 10. Dezember 1992 (Stand am 1. Januar 2018)*

Das Eidgenössische Finanzdepartement,

gestützt auf die Artikel 161–164 und 168 des Bundesgesetzes vom 14. Dezember 1990[2] über die direkte Bundessteuer (DBG), sowie auf Artikel 1 Buchstabe c der Verordnung vom 18. Dezember 1991[3] über Kompetenzzuweisungen bei der direkten Bundessteuer an das Finanzdepartement,

verordnet:

Art. 1 Fälligkeiten

1 Als allgemeiner Fälligkeitstermin gilt der 1. März des auf das Steuerjahr folgenden Kalenderjahres. Auf diesen Termin ist gestützt auf Artikel 162 Absatz 1 DBG eine definitive oder provisorische Rechnung zu erstellen. Der Kanton kann aber auf die Erstellung provisorischer Rechnungen mit einem unter 300 Franken liegenden Betrag verzichten.[4]

2 Vorbehalten bleiben die besonderen Fälligkeitstermine nach Artikel 161 Absätze 3 und 4 DBG.

3 Für juristische Personen, bei denen das Geschäftsjahr nicht mit dem Kalenderjahr übereinstimmt (Steuerperiode nach Art. 79 Abs. 2 DBG), kann die kantonale Verwaltung für die direkte Bundessteuer den Fälligkeitstermin bis frühestens zwei Monate nach dem Abschluss des Geschäftsjahres vorverlegen.

Art. 2 Ratenweiser Vorausbezug

1 Die Eidgenössische Steuerverwaltung kann die kantonale Verwaltung für die direkte Bundessteuer auf deren Antrag hin ermächtigen, die direkte Bundessteuer ratenweise im Voraus zu beziehen.

2 Für Ratenzahlungen ist ein Vergütungszins nach Artikel 4 zu gewähren.

AS **1993** 717

* Alle Änderungen berücksichtigt bis zur letzten Bundesratssitzung des Jahres vom 21. Dez. 2016.

1 Fassung gemäss Ziff. I der V des EFD vom 17. Okt. 2016, in Kraft seit 1. Jan. 2017 (AS **2016** 3683).

2 SR **642.11**

3 SR **642.118**

4 Satz eingefügt durch Ziff. I der V des EFD vom 23. März 2001, in Kraft seit 1. Jan. 2001 (AS **2001** 1057). Diese Änd. findet erstmals auf die Steuern der Steuerperiode 2001 Anwendung (Ziff. II der genannten Änd.).

3 Ein Verzugszins ist bei ratenweisem Vorausbezug nicht geschuldet.

Art. 3 Verzugszins

1 Die Zinspflicht beginnt 30 Tage:

a. nach der Zustellung der definitiven oder provisorischen Rechnung;
b. nach der ursprünglichen Fälligkeit bei Nachsteuerfällen (Art. 151 Abs. 1 DBG);
c. nach Zustellung von Verfügungen über Bussen und Kosten im Sinne von Artikel 185 DBG.

2 Das Eidgenössische Finanzdepartement setzt den Verzugszinssatz für jedes Kalenderjahr fest und gibt ihn in einem Anhang zu dieser Verordnung bekannt.

3 Der Zinssatz gilt für alle Steuerforderungen, Bussen und Kosten im betreffenden Kalenderjahr. Der Zinssatz zu Beginn eines Betreibungsverfahrens gilt jedoch bis zu dessen Abschluss.

Art. 4 Vergütungszins

1 Der Vergütungszins wird unter Vorbehalt von Absatz 2 gewährt:

a. auf Raten- und sonstigen Vorauszahlungen vom Zahlungseingang bis zur ursprünglichen Fälligkeit;
b. auf Guthaben der Steuerpflichtigen auch nach der ursprünglichen Fälligkeit, sofern diese Forderungen auf freiwillige Zahlungen zurückzuführen sind.

2 Kein Zins wird vergütet, wenn die Rückzahlung innert 30 Tagen nach dem Zahlungseingang erfolgt.

3 Das Eidgenössische Finanzdepartement setzt den Vergütungszinssatz für jedes Kalenderjahr fest und gibt ihn in einem Anhang zu dieser Verordnung bekannt. Kantone, welche die Steuer ratenweise im Voraus beziehen, können diesen Zinssatz über das Kalenderjahr hinaus bis zur Fälligkeit der Steuer anwenden.

Art. 5 Rückerstattungszins

1 Auf zuviel bezogenen Beträgen, die auf eine nachträglich herabgesetzte definitive oder provisorische Rechnung zurückzuführen sind, wird der Rückerstattungszins gewährt.

2 Der Zinssatz für Steuerrückerstattungen entspricht dem Verzugszinssatz nach Artikel 3 Absatz 2.

3 Der Zinssatz gilt für alle Guthaben der Steuerpflichtigen im betreffenden Kalenderjahr.

Art. 6 Inkrafttreten

Diese Verordnung tritt am 1. Januar 1995 in Kraft und findet erstmals auf die Steuern des Jahres 1995 Anwendung.

Anhang[5]
(Art. 3 Abs. 2, 4 Abs. 3 und 5 Abs. 2)

Für das Kalenderjahr 2018 gelten für den Verzugszins (Art. 3 Abs. 2), den Vergütungszins (Art. 4 Abs. 3) und den Rückerstattungszins (Art. 5 Abs. 2) die Prozentsätze gemäss nachstehender Tabelle[6].

Gültig für	Verzugs- und Rückerstattungszins (in Prozenten)	Vergütungszins für Vorauszahlungen (in Prozenten)
2018	**3,0**	**0**
2017[7]	3,0	0
2016[8]	3,0	0,25
2015[9]	3,0	0,25
2014[10]	3,0	0,25
2013[11]	3,0	0,25
2012[12]	3,0	1,0
2011[13]	3,5	1,0
2010[14]	3,5	1,0
2009[15]	4,0	1,5
2008[16]	4,0	1,5

5 Eingefügt durch Ziff. I der V des EFD vom 29. Nov. 1994 (AS **1994** 2786). Fassung gemäss Ziff. II der V des EFD vom 2. Okt. 2017, in Kraft seit 1. Jan. 2018 (AS **2017** 5829).
6 Die Tabelle enthält *pro memoria* auch früher festgelegte, noch häufig zur Anwendung gelangende Zinssätze.
7 Änderung vom 17. Okt. 2016, AS **2016** 3683
8 Änderung vom 21. Aug. 2015, AS **2015** 2949
9 Änderung vom 19. Aug. 2014, AS **2014** 2751
10 Änderung vom 27. Sept. 2013, AS **2013** 3507
11 Änderung vom 21. Sept. 2012, AS **2012** 5425
12 Änderung vom 29. Sept. 2011, AS **2011** 4545
13 Änderung vom 23. Nov. 2010, AS **2010** 5189
14 Änderung vom 22. Sept. 2009, AS **2009** 5397
15 Änderung vom 18. Nov. 2008, AS **2008** 5735
16 Änderung vom 17. Sept. 2007, AS **2007** 4701

Verordnung
über besondere Untersuchungsmassnahmen der Eidgenössischen Steuerverwaltung (SR 642.132)

vom 31. August 1992

Der Schweizerische Bundesrat,

gestützt auf die Artikel 190–195 und 199 des Bundesgesetzes vom 14. Dezember 1990[1] über die direkte Bundessteuer (DBG),

verordnet:

Art. 1 Besondere Untersuchungsorgane

[1] Für die besonderen Untersuchungsmassnahmen gemäss den Artikeln 190–195 DBG bildet die Eidgenössische Steuerverwaltung unter Aufsicht des Eidgenössischen Finanzdepartementes eigens dafür bestimmte, in Gruppen aufgeteilte Untersuchungsorgane.

[2] Mit dem Durchführen von Einvernahmen, Augenscheinen und Zwangsmassnahmen sind entsprechend ausgebildete Beamte zu beauftragen.

Art. 2 Aufgabe der besonderen Untersuchungsorgane, Voraussetzungen für eine Untersuchung

[1] Die besonderen Untersuchungsorgane nehmen, gestützt auf die Ermächtigung des Vorstehers des Eidgenössischen Finanzdepartements, bei Verdacht auf schwere Steuerwiderhandlungen Untersuchungen vor.

[2] Die Ermächtigung nennt die Verdachtsgründe und die bei Beginn der Untersuchung bekannten Personen, gegen welche eine Untersuchung angehoben werden soll.

Art. 3 Untersuchung, Zusammenarbeit mit Kantonen und Gemeinden

[1] Die Untersuchungen sind in Zusammenarbeit mit den betreffenden kantonalen Steuerverwaltungen vorzubereiten und durchzuführen.

[2] Die Behörden der Kantone und Gemeinden unterstützen die besonderen Untersuchungsorgane; insbesondere dürfen die untersuchenden Beamten polizeiliche Hilfe in Anspruch nehmen, wenn ihnen bei einer Untersuchungshandlung, die innerhalb ihrer Amtsbefugnis liegt, Widerstand geleistet wird.

AS **1992** 1799

1 SR **642.11**

Art. 4 Abschluss der Untersuchung; Kosten, Entschädigungen

1 Der Bericht der besonderen Untersuchungsorgane ist dem oder den Beschuldigten und den für die Verfahren zuständigen kantonalen Steuerverwaltungen gleichzeitig zuzustellen. Soweit eine gesetzliche Grundlage besteht, wird der Bericht auch anderen Stellen des Bundes, deren Fiskalansprüche betroffen sind, zugestellt.

2 Wird die Untersuchung mangels Widerhandlungen eingestellt, ist zu prüfen, ob dem oder den Beschuldigten Kosten (Art. 183 Abs. 4 DBG) zu überbinden sind. Auf Begehren des Beschuldigten sind ihm gegebenenfalls Entschädigungen gemäss den Artikeln 99 und 100 des Verwaltungsstrafrechtsgesetzes (VStrR)[2] auszurichten; das Begehren ist binnen eines Jahres nach Eröffnung der Einstellung geltend zu machen.

Art. 5 Antrag auf Weiterverfolgung

Droht vor Abschluss der Untersuchung die Verfolgungsverjährung, verlangt die Eidgenössische Steuerverwaltung die Einleitung des Hinterziehungsverfahrens durch die kantonale Verwaltung für die direkte Bundessteuer (Art. 183 und 184 DBG) oder erstattet bei Verdacht auf Steuervergehen Anzeige bei der zuständigen kantonalen Strafuntersuchungsbehörde (Art. 194 Abs. 2 DBG).

Art. 6 Beschwerden gegen Untersuchungshandlungen

1 Für Beschwerden gegen Untersuchungshandlungen der besonderen Untersuchungsorgane sind die Artikel 26–28 VStrR[3] anwendbar.

2 für Beschwerdeentscheide nach Artikel 27 VStrR bemisst sich die Spruchgebühr nach den Regeln von Artikel 8 der Verordnung vom 25. November 1974[4] über Kosten und Entschädigungen im Verwaltungsstrafverfahren.

Art. 7 Inkrafttreten

Diese Verordnung tritt am 1. Januar 1995 in Kraft.

---

2 SR **313.0**
3 SR **313.0**
4 SR **313.32**

Bundesgesetz
über die Harmonisierung der direkten Steuern der Kantone und Gemeinden (StHG) (SR 642.14)

vom 14. Dezember 1990 (Stand am 1. Januar 2018)*

Die Bundesversammlung der Schweizerischen Eidgenossenschaft,

gestützt auf die Artikel 127 Absatz 3 und 129 Absätze 1 und 2 der Bundesverfassung[1],[2]
nach Einsicht in eine Botschaft des Bundesrates vom 25. Mai 1983[3],

beschliesst:

Erster Titel: Allgemeine Bestimmungen

Zweck und Geltungsbereich

1. [1] Dieses Gesetz bestimmt die von den Kantonen zu erhebenden direkten Steuern [2] und legt die Grundsätze fest, nach denen die kantonale Gesetzgebung zu gestalten ist [BV 129 I].

[2] Das Gesetz gilt auch für die Gemeinden, soweit ihnen das kantonale Recht die Steuerhoheit für vorgeschriebene Steuern der Kantone gemäss Artikel 2 Absatz 1 einräumt.

[3] Soweit es keine Regelung enthält, gilt für die Ausgestaltung der Kantons- und Gemeindesteuern das kantonale Recht. Sache der Kantone bleibt insbesondere die Bestimmung der Steuertarife, Steuersätze und Steuerfreibeträge.

Vgl.: BV 127, 129 II; StHG 11, 12 V, 27 I, 30, 33; Zum interkantonalen Steuerrecht: KS SSK Nr. 32, 1.7.2009, Teilbesteuerung interkant. Steuerausscheidung, S. 2001; KS SSK Nr. 31, 2.6.2015, Interkantonale Repartition pStA, S. 2021; KS SSK Nr. 27, 15.3.2007, Vermeidung von Ausscheidungsverlusten, S. 2097; KS SSK Nr. 24, 17.12.2003, Verrechnung Vorjahresverluste, S. 2113; KS SSK Nr. 23, 21.11.2006, Steuerausscheidung Versicherungsgesellschaften; KS SSK Nr. 22, 21.11.2006, Interkantonale Repartition von Grundstückswerten, S. 2119; KS SSK Nr. 21, 28.11.2001, Auswirkungen auf mehrere Steuerhoheiten, S. 2120; KS SSK Nr. 20, 17.9.2009, Steuerausscheidung Telekommunikationsunternehmungen; KS SSK Nr. 18,

AS **1991** 1256
* Alle Änderungen berücksichtigt bis zur letzten Bundesratssitzung des Jahres vom 20. Dez. 2017.
1 SR **101**
2 Fassung gemäss Ziff. I 2 des BG vom 15. Dez. 2000 zur Koordination und Vereinfachung der Veranlagungsverfahren für die direkten Steuern im interkantonalen Verhältnis, in Kraft seit 1. Jan. 2001 (AS **2001** 1050; BBl **2000** 3898).
3 BBl **1983** III 1

27.11.2001, Interkant. Ausscheidung bei Gegenwartsbemessung (nat. Personen), S. 2131; KS SSK Nr. 17, 27.11.2001, Interkant. Ausscheidung bei Gegenwartsbemessung (jur. Personen), S. 2158; KS SSK Nr. 16, 31.8.2001, VO zum StHG, S. 2175; KS SSK Nr. 12, 27.11.2013, Steuerpflicht der Krankenkassen; KS SSK Nr. 10, 11.3.1999, «DIE POST»; KS SSK Nr. 5, 24.2.1995, Steuerausscheidung bei Banken; KS SSK Nr. 3, 18.3.1994, Immobilien-Leasinggesellschaften.

Vorgeschriebene direkte Steuern

2. [DBG 1] [1] Die Kantone erheben folgende Steuern:

a. eine Einkommens- und eine Vermögenssteuer von den natürlichen Personen [3 ff., 13 ff.];

b. eine Gewinn- und eine Kapitalsteuer von den juristischen Personen [20 ff., 29 f.];

c. eine Quellensteuer von bestimmten natürlichen und juristischen Personen [32 ff.];

d. eine Grundstückgewinnsteuer [12].

[2] Die Kantone können bestimmen, dass die Grundstückgewinnsteuer allein von den Gemeinden erhoben wird.

Zweiter Titel: Steuern der natürlichen Personen

1. Kapitel: Steuerpflicht

Steuerpflicht aufgrund persönlicher Zugehörigkeit

3. [20; DBG 3, 9] [1] Natürliche Personen sind aufgrund persönlicher Zugehörigkeit steuerpflichtig, wenn sie ihren steuerrechtlichen Wohnsitz im Kanton haben oder wenn sie sich im Kanton, ungeachtet vorübergehender Unterbrechung, bei Ausübung einer Erwerbstätigkeit während mindestens 30 Tage, ohne Ausübung einer Erwerbstätigkeit während mindestens 90 Tage aufhalten.

Vgl.: 32.

[2] Einen steuerrechtlichen Wohnsitz im Kanton hat eine Person, wenn sie sich hier mit der Absicht dauernden Verbleibens aufhält [ZGB 23 I] oder wenn ihr das Bundesrecht hier einen besonderen gesetzlichen Wohnsitz zuweist.

[3] Einkommen und Vermögen der Ehegatten, die in rechtlich und tatsächlich ungetrennter Ehe leben [ZGB 159], werden ohne Rücksicht auf den Güterstand [ZGB 181 ff.] zusammengerechnet. Einkommen und Vermögen von Kindern unter elterlicher Sorge[4] [ZGB 296] werden dem Inhaber der elterlichen Sorge zugerechnet. Erwerbseinkommen der Kinder sowie Grundstückgewinne werden selbständig besteuert.

Vgl.: 11 I, 32 II, 40.

---

[4] Ausdruck gemäss Ziff. I 2 des BG vom 25. Sept. 2009 über die steuerliche Entlastung von Familien mit Kindern, in Kraft seit 1. Jan. 2011 (AS **2010** 455; BBl **2009** 4729). Die Anpassung wurde im ganzen Text vorgenommen.

4 Absatz 3 gilt für eingetragene Partnerschaften sinngemäss. Die Stellung eingetragener Partnerinnen oder Partner entspricht derjenigen von Ehegatten. Dies gilt auch bezüglich der Unterhaltsbeiträge während des Bestehens der eingetragenen Partnerschaft sowie der Unterhaltsbeiträge und der vermögensrechtlichen Auseinandersetzung bei Getrenntleben und Auflösung einer eingetragenen Partnerschaft [PartG 1 ff.].[5]

Vgl.: 41 ff.; KS SSK Nr. 1, 30.6.2010, Staatsangestellte im Ausland.

Steuerpflicht aufgrund wirtschaftlicher Zugehörigkeit

4. [21; DBG 4 f.] 1 Natürliche Personen ohne steuerrechtlichen Wohnsitz oder Aufenthalt [3 I] im Kanton sind aufgrund wirtschaftlicher Zugehörigkeit steuerpflichtig, wenn sie im Kanton Geschäftsbetriebe oder Betriebsstätten unterhalten, Grundstücke [ZGB 655 II] besitzen, nutzen, vermitteln oder damit handeln.

2 Natürliche Personen ohne steuerrechtlichen Wohnsitz oder Aufenthalt in der Schweiz sind aufgrund wirtschaftlicher Zugehörigkeit steuerpflichtig, wenn sie:

a. im Kanton eine Erwerbstätigkeit ausüben;
b.[6] [DBG 5 I b] als Mitglieder der Verwaltung oder Geschäftsführung von juristischen Personen mit Sitz [20 I] oder Betriebsstätte [21 I b] im Kanton Tantiemen, Sitzungsgelder, feste Entschädigungen, Mitarbeiterbeteiligungen [7c ff.] oder ähnliche Vergütungen beziehen;
c. Gläubiger oder Nutzniesser von Forderungen sind, die durch Grund- oder Faustpfand auf Grundstücken [ZGB 655 II, 793 ff.] im Kanton gesichert sind;
d. Pensionen, Ruhegehälter oder andere Leistungen erhalten, die aufgrund eines früheren öffentlichrechtlichen Arbeitsverhältnisses von einem Arbeitgeber oder einer Vorsorgeeinrichtung mit Sitz im Kanton ausgerichtet werden;
e. Leistungen aus schweizerischen privatrechtlichen Einrichtungen der beruflichen Vorsorge [BVG 48] oder aus anerkannten Formen der gebundenen Selbstvorsorge [BVG 82; BVV 3 1] erhalten;
f.[7] für Arbeit im internationalen Verkehr an Bord eines Schiffes oder eines Luftfahrzeuges oder bei einem Transport auf der Strasse Lohn oder andere Vergütungen von einem Arbeitgeber mit Sitz oder Betriebsstätte im Kanton

---

5 Eingefügt durch Anhang Ziff. 25 des Partnerschaftsgesetzes vom 18. Juni 2004, in Kraft seit 1. Jan. 2007 (AS **2005** 5685; BBl **2003** 1288).

6 Fassung gemäss Ziff. I 2 des BG vom 17. Dez. 2010 über die Besteuerung von Mitarbeiterbeteiligungen, in Kraft seit 1. Jan. 2013 (AS **2011** 3259; BBl **2005** 575).

7 Fassung gemäss Anhang 2 Ziff. II 3 des Landesversorgungsgesetzes vom 17. Juni 2016, in Kraft seit 1. Juni 2017 (AS **2017** 3097; BBl **2014** 7119).

erhalten; davon ausgenommen bleibt die Besteuerung der Seeleute für Arbeit an Bord eines Hochseeschiffes.

Vgl.: 35 f., 41 ff.; VO StHG 2.

Anm.: Gem. BG vom 17.3.2017 wird Art. 4 Abs. 1 per 1.1.2019 wie folgt geändert und Abs. 2 Bst. g neu eingefügt:

[1 Natürliche Personen ohne steuerrechtlichen Wohnsitz oder Aufenthalt im Kanton sind aufgrund wirtschaftlicher Zugehörigkeit steuerpflichtig, wenn sie im Kanton Geschäftsbetriebe oder Betriebsstätten unterhalten, Grundstücke besitzen, nutzen oder damit handeln.

2 Natürliche Personen ohne steuerrechtlichen Wohnsitz oder Aufenthalt in der Schweiz sind aufgrund wirtschaftlicher Zugehörigkeit steuerpflichtig, wenn sie:

g. im Kanton gelegene Grundstücke vermitteln.]

Steuerbefreiung

4*a*.[8] Die auf Grund von Artikel 2 Absatz 2 des Gaststaatgesetzes vom 22. Juni 2007[9] gewährten steuerlichen Vorrechte bleiben vorbehalten.

Wechsel der Steuerpflicht

4*b*.[10] [3 I; DBG 105 f.] 1 Bei Wechsel des steuerrechtlichen Wohnsitzes innerhalb der Schweiz besteht die Steuerpflicht aufgrund persönlicher Zugehörigkeit für die laufende Steuerperiode im Kanton, in dem die steuerpflichtige Person am Ende dieser Periode [3 I] ihren Wohnsitz hat. Kapitalleistungen nach Artikel 11 Absatz 3 sind jedoch in dem Kanton steuerbar, in dem die steuerpflichtige Person im Zeitpunkt der Fälligkeit der Leistung ihren Wohnsitz hat. Artikel 38 Absatz 4 bleibt vorbehalten [34; VO StHG 1].

Vgl.: KS SSK Nr. 14, 6.7.2001, interkantonaler Wohnsitzwechsel steuerpflichtige Personen.

2 Eine Steuerpflicht aufgrund wirtschaftlicher Zugehörigkeit in einem andern Kanton als demjenigen des steuerrechtlichen Wohnsitzes besteht für die gesamte Steuerperiode, auch wenn sie im Laufe des Jahres begründet, verändert oder aufgehoben wird. In diesem Fall wird der Wert der Vermögensobjekte im Verhältnis zur Dauer der Zugehörigkeit vermindert. Im Übrigen werden das Einkommen und das Vermögen zwischen den beteiligten Kantonen in sinngemässer Anwendung der Grundsätze des Bundesrechts über das Verbot der interkantonalen Doppelbesteuerung ausgeschieden [22 III; VO StHG 2; DBG 6; BV 127 III].

Vgl.: KS SSK Nr. 18, 27.11.2001, Interkant. Ausscheidung bei Gegenwartsbemessung (nat. Personen), S. 2131.

---

8 Eingefügt durch Anhang Ziff. II 8 des Gaststaatgesetzes vom 22. Juni 2007, in Kraft seit 1. Jan. 2008 (AS **2007** 6637; BBl **2006** 8017).

9 SR **192.12**

10 Eingefügt durch Ziff. I 2 des BG vom 22. März 2013 über die formelle Bereinigung der zeitlichen Bemessung der direkten Steuern bei den natürlichen Personen, in Kraft seit 1. Jan. 2014 (AS **2013** 2397; BBl **2011** 3593).

Anm.: Gem. BG über die Revision der Quellenbesteuerung des Erwerbseinkommens vom 16.12.2016 wird Art. 4b Abs. 1 dritter Satz aufgehoben (Referendumsfrist unbenutzt abgelaufen, Inkrafttreten noch offen).

Steuererleichterungen

5. [23 III] Die Kantone können auf dem Wege der Gesetzgebung für Unternehmen, die neu eröffnet werden und dem wirtschaftlichen Interesse des Kantons dienen, für das Gründungsjahr und die neun folgenden Jahre Steuererleichterungen vorsehen. Eine wesentliche Änderung der betrieblichen Tätigkeit kann einer Neugründung gleichgestellt werden.

Vgl.: BV 103; BG Regionalpolitik 12, S. 612.

Besteuerung nach dem Aufwand

6.[11] [DBG 14] 1 Der Kanton kann natürlichen Personen das Recht zugestehen, anstelle der Einkommens- und Vermögenssteuer eine Steuer nach dem Aufwand zu entrichten, wenn sie:

a. nicht das Schweizer Bürgerrecht haben;
b. erstmals oder nach mindestens zehnjähriger Unterbrechung unbeschränkt steuerpflichtig (Art. 3) sind; und
c. in der Schweiz keine Erwerbstätigkeit [7 I] ausüben.

2 Ehegatten, die in rechtlich und tatsächlich ungetrennter Ehe leben, müssen beide die Voraussetzungen nach Absatz 1 erfüllen.

3 Die Steuer, die an die Stelle der Einkommenssteuer tritt, wird nach den jährlichen, in der Bemessungsperiode im In- und Ausland entstandenen Lebenshaltungskosten der steuerpflichtigen Person und der von ihr unterhaltenen Personen, mindestens aber nach dem höchsten der folgenden Beträge bemessen:

a. einem vom Kanton festgelegten Mindestbetrag;
b. für Steuerpflichtige mit eigenem Haushalt: dem Siebenfachen des jährlichen Mietzinses oder des von den zuständigen Behörden festgelegten Mietwerts;
c. für die übrigen Steuerpflichtigen: dem Dreifachen des jährlichen Pensionspreises für Unterkunft und Verpflegung am Ort des Aufenthalts nach Artikel 3;

4 Die Steuer wird nach dem ordentlichen Steuertarif berechnet.

5 Die Kantone bestimmen, wie die Besteuerung nach dem Aufwand die Vermögenssteuer abgilt.

6 Die Steuer nach dem Aufwand muss mindestens gleich hoch sein wie die Summe der nach den ordentlichen Tarifen berechneten Einkommens- und Vermögenssteuern vom gesamten Bruttobetrag:

a. des in der Schweiz gelegenen unbeweglichen Vermögens und von dessen Einkünften;

---

11 Fassung gemäss Ziff. I 2 des BG vom 28. Sept. 2012, in Kraft seit 1. Jan. 2014 (AS **2013** 779; BBl **2011** 6021). Siehe auch die UeB dieser Änd. in Art. 78*e* am Schlusss des Textes.

b. der in der Schweiz gelegenen Fahrnis und von deren Einkünften;
c. des in der Schweiz angelegten beweglichen Kapitalvermögens, einschliesslich der grundpfändlich gesicherten Forderungen, und von dessen Einkünften;
d. der in der Schweiz verwerteten Urheberrechte, Patente und ähnlichen Rechte und von deren Einkünften;
e. der Ruhegehälter, Renten und Pensionen, die aus schweizerischen Quellen fliessen;
f. der Einkünfte, für die die steuerpflichtige Person aufgrund eines von der Schweiz abgeschlossenen Abkommens zur Vermeidung der Doppelbesteuerung gänzliche oder teilweise Entlastung von ausländischen Steuern beansprucht.

7 Werden Einkünfte aus einem Staat nur dann von dessen Steuern entlastet, wenn die Schweiz diese Einkünfte allein oder mit anderen Einkünften zum Satz des Gesamteinkommens besteuert, so wird die Steuer nicht nur nach den in Absatz 6 bezeichneten Einkünften, sondern auch nach allen aufgrund des betreffenden Doppelbesteuerungsabkommens der Schweiz zugewiesenen Einkommensbestandteilen aus dem Quellenstaat bemessen.

2. Kapitel: Einkommenssteuer

1. Abschnitt: Einkünfte

Grundsatz

7. 1 Der Einkommenssteuer unterliegen alle wiederkehrenden und einmaligen Einkünfte [DBG 16 I], insbesondere solche aus unselbständiger und selbständiger Erwerbstätigkeit [8; DBG 17 ff.], aus Vermögensertrag [DBG 20 ff.; VStG 4], eingeschlossen die Eigennutzung von Grundstücken [DBG 21 I b], aus Vorsorgeeinrichtungen [DBG 22 I und II] sowie aus Leibrenten [DBG 22 III]. Die vom Arbeitgeber getragenen Kosten der berufsorientierten Aus- und Weiterbildung[12], einschliesslich Umschulungskosten, stellen unabhängig von deren Höhe keine steuerbaren Einkünfte dar [DBG 17 I^{bis}]. Bei Dividenden, Gewinnanteilen, Liquidationsüberschüssen und geldwerten Vorteilen aus Beteiligungen aller Art, die mindestens 10 Prozent des Grund- oder Stammkapitals einer Kapitalgesellschaft oder Genossenschaft ausmachen (qualifizierte Beteiligungen), können die Kantone die wirtschaftliche Doppelbelastung von Körperschaften und Anteilsinhabern mildern [DBG 18b, 20 I^{bis}].[13]

---

12 Die Änd. gemäss BG vom 20. Juni 2014 über die Weiterbildung, in Kraft seit 1. Jan. 2017, betrifft nur den französischen und den italienischen Text (AS **2016** 689; BBl **2013** 3729).

13 Fassung gemäss Ziff. I 2 des BG vom 27. Sept. 2013 über die steuerliche Behandlung der berufsorientierten Aus- und Weiterbildungskosten, in

Vgl.: 11 III; KS SSK Nr. 32, 1.7.2009, Teilbesteuerung interkant. Steuerausscheidung, S. 2001; KS SSK Nr. 30, 22.8.2007, Trusts, S. 2024; KS SSK Nr. 25, 18.1.2008, Muster-Spesenreglemente; KS SSK Nr. 6, 15.6.1995, Hofübergabe zum Ertragswert; WL ESTV/SSK, 12.5.2015, Neuer Lohnausweis, S. 2211.

1bis [DBG 20 I c] Ein bei der Rückgabe von Beteiligungsrechten im Sinne von Artikel 4*a* des Bundesgesetzes vom 13. Oktober 1965[14] über die Verrechnungssteuer an die Kapitalgesellschaft oder Genossenschaft erzielter Vermögensertrag gilt in dem Jahr als realisiert, in welchem die Verrechnungssteuerforderung entsteht (Art. 12 Abs. 1 und 1bis des BG vom 13. Okt. 1965 über die Verrechnungssteuer).[15]

1ter [DBG 20 I a] Erträge aus rückkaufsfähigen Kapitalversicherungen mit Einmalprämie sind im Erlebensfall oder bei Rückkauf steuerbar, ausser wenn diese Kapitalversicherungen der Vorsorge dienen. Als der Vorsorge dienend gilt die Auszahlung der Versicherungsleistung ab dem vollendeten 60. Altersjahr des Versicherten auf Grund eines mindestens fünfjährigen Vertragsverhältnisses, das vor Vollendung des 66. Altersjahres begründet wurde. In diesem Fall ist die Leistung steuerfrei [78a].[16]

2 [DBG 22 III] Leibrenten sowie Einkünfte aus Verpfründung sind zu 40 Prozent steuerbar.[17]

3 [DBG 10 II] Einkünfte aus Anteilen an kollektiven Kapitalanlagen gemäss Kollektivanlagengesetz vom 23. Juni 2006[18] (KAG) werden den Anlegern anteilsmässig zugerechnet; Einkünfte aus Anteilen an kollektiven Kapitalanlagen mit direktem Grundbesitz [20 I] sind nur steuerbar, soweit die Gesamterträge die Erträge aus direktem Grundbesitz übersteigen.[19]

4 Steuerfrei sind nur:

a. [DBG 20 II] der Erlös aus Bezugsrechten, sofern die Vermögensrechte zum Privatvermögen gehören;

b. [DBG 16 III] Kapitalgewinne auf beweglichem Privatvermögen; vorbehalten bleibt Artikel 12 Absatz 2 Buchstaben a und d;

Kraft seit 1. Jan. 2016 (AS **2014** 1105; BBl **2011** 2607).

14 SR **642.21**

15 Eingefügt durch Ziff. I 2 des BG vom 10. Okt. 1997 über die Reform der Unternehmensbesteuerung 1997, in Kraft seit 1. Jan. 1998 (AS **1998** 669; BBl **1997** II 1164).

16 Eingefügt durch Ziff. I 6 des BG vom 19. März 1999 über das Stabilisierungsprogramm 1998, in Kraft seit 1. Jan. 2001 (AS **1999** 2374; BBl **1999** 4).

17 Fassung gemäss Ziff. I 6 des BG vom 19. März 1999 über das Stabilisierungsprogramm 1998, in Kraft seit 1. Jan. 2001 (AS **1999** 2374; BBl **1999** 4).

18 SR **951.31**.

19 Fassung gemäss Anhang Ziff. II 7 des Kollektivanlagengesetzes vom 23. Juni 2006, in Kraft seit 1. Jan. 2007 (AS **2006** 5379; BBl **2005** 6395).

Vgl.: 7a, 8 I; KS SSK Nr. 30, 22.8.2007, Trusts, S. 2024.

c. [DBG 24 a] Vermögensanfall infolge Erbschaft, Vermächtnis, Schenkung oder güterrechtlicher Auseinandersetzung;

Vgl.: KS SSK Nr. 30, 22.8.2007, Trusts, S. 2024.

d.[20] [DBG 24 b] der Vermögensanfall aus rückkaufsfähiger privater Kapitalversicherung, ausgenommen aus Freizügigkeitspolicen. Absatz 1ter bleibt vorbehalten;

e. [DBG 24 c] Kapitalzahlungen, die bei Stellenwechsel vom Arbeitgeber oder von Einrichtungen der beruflichen Vorsorge ausgerichtet werden, wenn sie der Empfänger innert Jahresfrist zum Einkauf in eine Einrichtung der beruflichen Vorsorge oder zum Erwerb einer Freizügigkeitspolice verwendet;

Vgl.: KS SSK Nr. 2, 11.9.1986, Berufliche Vorsorge.

f. [DBG 24 d] Unterstützungen aus öffentlichen oder privaten Mitteln;

g. [DBG 24 e i.V. m. DBG 23 f] Leistungen in Erfüllung familienrechtlicher Verpflichtungen, ausgenommen die vom geschiedenen, gerichtlich oder tatsächlich getrennt lebenden Ehegatten erhaltenen Unterhaltsbeiträge sowie die Unterhaltsbeiträge, die ein Elternteil für die unter seiner elterlichen Sorge stehenden Kinder erhält;

h.[21] [DBG 24 f] der Sold für Militär- und Schutzdienst sowie das Taschengeld für Zivildienst;

hbis.[22] [DBG 24 fbis] der Sold der Milizfeuerwehrleute bis zu einem nach kantonalem Recht bestimmten jährlichen Betrag für Dienstleistungen im Zusammenhang mit der Erfüllung der Kernaufgaben der Feuerwehr (Übungen, Pikettdienste, Kurse, Inspektionen und Ernstfalleinsätze zur Rettung, Brandbekämpfung, allgemeinen Schadenwehr, Elementarschadenbewältigung und dergleichen); ausgenommen sind Pauschalzulagen für Kader, Funktionszulagen sowie Entschädigungen für administrative Arbeiten und für Dienstleistungen, welche die Feuerwehr freiwillig erbringt;

i. [DBG 24 g] Zahlungen von Genugtuungssummen;

k. [DBG 24 h] Einkünfte aufgrund der Bundesgesetzgebung über Ergänzungsleistungen zur Alters-, Hinterlassenen- und Invalidenversicherung;

---

20 Fassung gemäss Ziff. I 6 des BG vom 19. März 1999 über das Stabilisierungsprogramm 1998, in Kraft seit 1. Jan. 2001 (AS **1999** 2374; BBl **1999** 4).

21 Fassung gemäss Anhang Ziff. 8 des Zivildienstgesetzes vom 6. Okt. 1995, in Kraft seit 1. Okt. 1996 (AS **1996** 1445; BBl **1994** III 1609).

22 Eingefügt durch Ziff. I 2 des BG vom 27. Juni 2011 über die Steuerbefreiung des Feuerwehrsoldes, in Kraft seit 1. Jan. 2013 (AS **2012** 489; BBl **2010** 2855).

l.[23] [DBG 24 i] die bei Glücksspielen in Spielbanken im Sinne des Spielbankengesetzes vom 18. Dezember 1998[24] erzielten Gewinne;

m.[25] [DBG 24 j] die einzelnen Gewinne aus einer Lotterie oder einer lotterieähnlichen Veranstaltung bis zu einem nach kantonalem Recht bestimmten Betrag.

Anm.: Gem. Geldspielgesetz vom 29.9.2017 werden Art. 7 Abs. 4 Bst. l und j wie folgt geändert und Bst. l^{bis} und l^{ter} neu eingefügt (Referendumsfrist läuft bis 18.1.2018, Inkrafttreten noch offen):

[l. die Gewinne, die in Spielbanken mit Spielbankenspielen erzielt werden, die nach dem Geldspielgesetz vom 29. September 2017 (BGS) zugelassen sind, sofern diese Gewinne nicht aus selbstständiger Erwerbstätigkeit stammen;

l^{bis}. die einzelnen Gewinne bis zu einem Betrag von 1 Million Franken oder zu einem nach kantonalem Recht bestimmten höheren Betrag aus der Teilnahme an Grossspielen, die nach dem BGS zugelassen sind, und aus der OnlineTeilnahme an Spielbankenspielen, die nach dem BGS zugelassen sind;

l^{ter}. die Gewinne aus Kleinspielen, die nach dem BGS zugelassen sind;

m. die einzelnen Gewinne aus Lotterien und Geschicklichkeitsspielen zur Verkaufsförderung, die nach Artikel 1 Absatz 2 Buchstaben d und e BGS diesem nicht unterstehen, sofern die nach kantonalem Recht bestimmte Grenze nicht überschritten wird.]

Besondere Fälle

7*a*.[26] [DBG 20a] [1] Als Vermögensertrag im Sinne von Artikel 7 Absatz 1 gilt auch:

a. der Erlös aus dem Verkauf einer Beteiligung von mindestens 20 Prozent am Grund- oder Stammkapital einer Kapitalgesellschaft oder Genossenschaft aus dem Privatvermögen in das Geschäftsvermögen einer anderen natürlichen oder einer juristischen Person, soweit innert fünf Jahren nach dem Verkauf, unter Mitwirkung des Verkäufers, nicht betriebsnotwendige Substanz ausgeschüttet wird, die im Zeitpunkt des Verkaufs bereits vorhanden und handelsrechtlich ausschüttungsfähig war; dies gilt sinngemäss auch, wenn innert fünf Jahren mehrere Beteiligte eine solche Beteiligung gemeinsam verkaufen oder Beteiligungen von insgesamt mindestens 20 Prozent verkauft werden;

---

23 Eingefügt durch Anhang Ziff. 3 des Spielbankengesetzes vom 18. Dez. 1998, in Kraft seit 1. April 2000 (AS **2000** 677; BBl **1997** III 145).

24 SR **935.52**

25 Eingefügt durch Ziff. I 2 des BG vom 15. Juni 2012 über Vereinfachungen bei der Besteuerung von Lotteriegewinnen, in Kraft seit 1. Jan. 2014 (AS **2012** 5977; BBl **2011** 6517 6543).

26 Eingefügt durch Ziff. I 2 des BG vom 23. Juni 2006 über dringende Anpassungen bei der Unternehmensbesteuerung, in Kraft seit 1. Jan. 2008 (AS **2006** 4883; BBl **2005** 4733).

ausgeschüttete Substanz wird beim Verkäufer gegebenenfalls im Verfahren nach Artikel 53 nachträglich besteuert;

b. der Erlös aus der Übertragung einer Beteiligung von mindestens 5 Prozent am Grund- oder Stammkapital einer Kapitalgesellschaft oder Genossenschaft aus dem Privatvermögen in das Geschäftsvermögen einer Personenunternehmung oder einer juristischen Person, an welcher der Veräusserer oder Einbringer nach der Übertragung zu mindestens 50 Prozent am Kapital beteiligt ist, soweit die gesamthaft erhaltene Gegenleistung den Nennwert der übertragenen Beteiligung übersteigt; dies gilt sinngemäss auch, wenn mehrere Beteiligte die Übertragung gemeinsam vornehmen.

2 Mitwirkung im Sinne von Absatz 1 Buchstabe a liegt vor, wenn der Verkäufer weiss oder wissen muss, dass der Gesellschaft zwecks Finanzierung des Kaufpreises Mittel entnommen und nicht wieder zugeführt werden.

Kapitaleinlageprinzip

7*b*.[27] [DBG 20 III] Die Rückzahlung von Einlagen, Aufgeldern und Zuschüssen, die von den Inhabern der Beteiligungsrechte nach dem 31. Dezember 1996 geleistet worden sind, wird gleich behandelt wie die Rückzahlung von Grund- oder Stammkapital.

Mitarbeiterbeteiligungen

7*c*.[28] [DBG 17a] 1 Als echte Mitarbeiterbeteiligungen gelten:

a. Aktien, Genussscheine, Partizipationsscheine, Genossenschaftsanteile oder Beteiligungen anderer Art, die die Arbeitgeberin, deren Muttergesellschaft oder eine andere Konzerngesellschaft den Mitarbeiterinnen und Mitarbeitern abgibt;

b. Optionen auf den Erwerb von Beteiligungen nach Buchstabe a.

2 Als unechte Mitarbeiterbeteiligung gelten Anwartschaften auf blosse Bargeldabfindungen.

Einkünfte aus echten Mitarbeiterbeteiligungen

7*d*.[29] [DBG 17b] 1 Geldwerte Vorteile aus echten Mitarbeiterbeteiligungen, ausser aus gesperrten oder nicht börsenkotierten Optionen, sind im Zeitpunkt des Erwerbs als Einkommen aus unselbstständiger Erwerbstätigkeit steuerbar. Die steuerbare

---

27 Eingefügt durch Ziff. II 3 des Unternehmenssteuerreformgesetzes II vom 23. März 2007, in Kraft seit 1. Jan. 2009 (AS **2008** 2893; BBl **2005** 4733).

28 Eingefügt durch Ziff. I 2 des BG vom 17. Dez. 2010 über die Besteuerung von Mitarbeiterbeteiligungen, in Kraft seit 1. Jan. 2013 (AS **2011** 3259; BBl **2005** 575).

29 Eingefügt durch Ziff. I 2 des BG vom 17. Dez. 2010 über die Besteuerung von Mitarbeiterbeteiligungen, in Kraft seit 1. Jan. 2013 (AS **2011** 3259; BBl **2005** 575).

Leistung entspricht deren Verkehrswert vermindert um einen allfälligen Erwerbspreis.

2 Bei Mitarbeiteraktien sind für die Berechnung der steuerbaren Leistung Sperrfristen mit einem Diskont von 6 Prozent pro Sperrjahr auf deren Verkehrswert zu berücksichtigen. Dieser Diskont gilt längstens für zehn Jahre.

3 Geldwerte Vorteile aus gesperrten oder nicht börsenkotierten Mitarbeiteroptionen werden im Zeitpunkt der Ausübung besteuert. Die steuerbare Leistung entspricht dem Verkehrswert der Aktie bei Ausübung vermindert um den Ausübungspreis.

Einkünfte aus unechten Mitarbeiterbeteiligungen

7e.[30] [DBG 17c] Geldwerte Vorteile aus unechten Mitarbeiterbeteiligungen sind im Zeitpunkt ihres Zuflusses steuerbar.

Anteilsmässige Besteuerung

7f.[31] [DBG 17d] Hatte der Steuerpflichtige nicht während der gesamten Zeitspanne zwischen Erwerb und Entstehen des Ausübungsrechts der gesperrten Mitarbeiteroptionen (Art. 7*d* Abs. 3) steuerrechtlichen Wohnsitz oder Aufenthalt in der Schweiz, so werden die geldwerten Vorteile daraus anteilsmässig im Verhältnis zwischen der gesamten zu der in der Schweiz verbrachten Zeitspanne besteuert.

Selbständige Erwerbstätigkeit

8. [24; DBG 18 f.] 1 Zu den steuerbaren Einkünften aus selbständiger Erwerbstätigkeit zählen auch alle Kapitalgewinne auf Geschäftsvermögen aus Veräusserung, Verwertung, buchmässiger Aufwertung, Privatentnahme oder aus Verlegung in ausländische Betriebe oder Betriebsstätten; ausgenommen sind Gewinne aus Veräusserung von land- und forstwirtschaftlichen Grundstücken, soweit der Veräusserungserlös die Anlagekosten übersteigt. Artikel 12 Absatz 4 bleibt vorbehalten.

Vgl.: 12 I; KS SSK Nr. 29, 27.6.2007, Leasinggeschäfte, S. 2040.

2 Als Geschäftsvermögen gelten alle Vermögenswerte, die ganz oder vorwiegend der selbstständigen Erwerbstätigkeit dienen; Gleiches gilt für Beteiligungen von mindestens 20 Prozent am Grund- oder Stammkapital einer Kapitalgesellschaft oder Genossenschaft, sofern der Eigentümer sie im Zeitpunkt des Erwerbs zum Geschäftsvermögen erklärt.[32]

Vgl.: 10 I e.

---

30 Eingefügt durch Ziff. I 2 des BG vom 17. Dez. 2010 über die Besteuerung von Mitarbeiterbeteiligungen, in Kraft seit 1. Jan. 2013 (AS **2011** 3259; BBl **2005** 575).

31 Eingefügt durch Ziff. I 2 des BG vom 17. Dez. 2010 über die Besteuerung von Mitarbeiterbeteiligungen, in Kraft seit 1. Jan. 2013 (AS **2011** 3259; BBl **2005** 575).

32 Fassung gemäss Ziff. I 6 des BG vom 19. März 1999 über das Stabilisierungsprogramm 1998, in Kraft seit 1. Jan. 2001 (AS **1999** 2374; BBl **1999** 4).

[2bis] [DBG 18a I] Wird eine Liegenschaft des Anlagevermögens aus dem Geschäftsvermögen in das Privatvermögen überführt, so kann die steuerpflichtige Person verlangen, dass im Zeitpunkt der Überführung nur die Differenz zwischen den Anlagekosten und dem massgebenden Einkommenssteuerwert besteuert wird. In diesem Fall gelten die Anlagekosten als neuer massgebender Einkommenssteuerwert, und die Besteuerung der übrigen stillen Reserven als Einkommen aus selbstständiger Erwerbstätigkeit wird bis zur Veräusserung der Liegenschaft aufgeschoben.[33]

[2ter] [DBG 18a II] Die Verpachtung eines Geschäftsbetriebs gilt nur auf Antrag der steuerpflichtigen Person als Überführung in das Privatvermögen.[34]

[2quater] [DBG 18a III] Wird bei einer Erbteilung der Geschäftsbetrieb nicht von allen Erben fortgeführt, so wird die Besteuerung der stillen Reserven auf Gesuch der den Betrieb übernehmenden Erben bis zur späteren Realisierung aufgeschoben, soweit diese Erben die bisherigen für die Einkommenssteuer massgebenden Werte übernehmen.[35]

[3] [24 III; DBG 19] Stille Reserven einer Personenunternehmung (Einzelunternehmen, Personengesellschaft) werden bei Umstrukturierungen, insbesondere im Fall der Fusion, Spaltung oder Umwandlung, nicht besteuert, soweit die Steuerpflicht in der Schweiz fortbesteht und die bisher für die Einkommenssteuer massgeblichen Werte übernommen werden:[36]

a. bei der Übertragung von Vermögenswerten auf eine andere Personenunternehmung;
b. bei der Übertragung eines Betriebs oder eines Teilbetriebs auf eine juristische Person;
c. beim Austausch von Beteiligungs- oder Mitgliedschaftsrechten anlässlich von Umstrukturierungen im Sinne von Artikel 24 Absatz 3 oder von fusionsähnlichen Zusammenschlüssen.[37]

[3bis] Bei einer Umstrukturierung nach Absatz 3 Buchstabe b werden die übertragenen stillen Reserven im Verfahren nach Ar-

---

33 Eingefügt durch Ziff. II 3 des Unternehmenssteuerreformgesetzes II vom 23. März 2007, in Kraft seit 1. Jan. 2009 (AS **2008** 2893; BBl **2005** 4733).

34 Eingefügt durch Ziff. II 3 des Unternehmenssteuerreformgesetzes II vom 23. März 2007, in Kraft seit 1. Jan. 2009 (AS **2008** 2893; BBl **2005** 4733).

35 Eingefügt durch Ziff. II 3 des Unternehmenssteuerreformgesetzes II vom 23. März 2007, in Kraft seit 1. Jan. 2009 (AS **2008** 2893; BBl **2005** 4733).

36 Fassung gemäss Anhang Ziff. 8 des BG vom 16. Dez. 2005 (GmbH-Recht sowie Anpassungen im Aktien-, Genossenschafts-, Handelsregister- und Firmenrecht), in Kraft seit 1. Jan. 2008 (AS **2007** 4791; BBl **2002** 3148, **2004** 3969).

37 Fassung gemäss Anhang Ziff. 8 des Fusionsgesetzes vom 3. Okt. 2003, in Kraft seit 1. Juli 2004 (AS **2004** 2617; BBl **2000** 4337).

tikel 53 nachträglich besteuert, soweit während der der Umstrukturierung nachfolgenden fünf Jahre Beteiligungs- oder Mitgliedschaftsrechte zu einem über dem übertragenen steuerlichen Eigenkapital liegenden Preis veräussert werden; die juristische Person kann in diesem Fall entsprechende, als Gewinn versteuerte stille Reserven geltend machen.[38]

[4] [24 IV; DBG 30 I] Werden Gegenstände des betriebsnotwendigen Anlagevermögens ersetzt, so können die stillen Reserven auf die als Ersatz erworbenen Anlagegüter übertragen werden, wenn diese ebenfalls betriebsnotwendig sind und sich in der Schweiz befinden. Vorbehalten bleibt die Besteuerung beim Ersatz von Liegenschaften durch Gegenstände des beweglichen Vermögens.[39]

Vgl. zu IV: 12 III d; VO StHG 5; KS SSK Nr. 16, 31.8.2001, VO zum StHG, S. 2175.

Vgl.: 12 IV; StG 9 I e.

2. Abschnitt: Abzüge

Allgemeines

9. [25 f.; DBG 25 f.] [1] Von den gesamten steuerbaren Einkünften [7] werden die zu ihrer Erzielung notwendigen Aufwendungen [10] und die allgemeinen Abzüge [9 II–III] abgezogen. Für die notwendigen Kosten für Fahrten zwischen Wohn- und Arbeitsstätte kann ein Maximalbetrag festgesetzt werden.[40]

Vgl.: KS SSK Nr. 25, 18.1.2008, Muster-Spesenreglemente.

[2] [DBG 33] Allgemeine Abzüge sind:

a.[41] die privaten Schuldzinsen im Umfang des nach den Artikeln 7 und 7a steuerbaren Vermögensertrages und weiterer 50 000 Franken;

Vgl.: KS SSK Nr. 32, 1.7.2009, Teilbesteuerung interkant. Steuerausscheidung, S. 2001.

---

38 Eingefügt durch Anhang Ziff. 8 des Fusionsgesetzes vom 3. Okt. 2003, in Kraft seit 1. Juli 2004 (AS **2004** 2617; BBl **2000** 4337).

39 Fassung gemäss Ziff. II 3 des Unternehmenssteuerreformgesetzes II vom 23. März 2007, in Kraft seit 1. Jan. 2009 (AS **2008** 2893; BBl **2005** 4733).

40 Fassung gemäss Ziff. II 2 des BG vom 21. Juni 2013 über die Finanzierung und den Ausbau der Eisenbahnstruktur, in Kraft seit 1. Jan. 2016 (AS **2015** 651; BBl **2012** 1577). Berichtigung der RedK der BVers vom 18. Febr. 2015 (AS **2015** 993).

41 Fassung gemäss Ziff. II 3 des Unternehmenssteuerreformgesetzes II vom 23. März 2007, in Kraft seit 1. Jan. 2009 (AS **2008** 2893; BBl **2005** 4733).

b.[42] die dauernden Lasten sowie 40 Prozent der bezahlten Leibrenten;

c. die Unterhaltsbeiträge an den geschiedenen, gerichtlich oder tatsächlich getrenntlebenden Ehegatten sowie die Unterhaltsbeiträge an einen Elternteil für die unter dessen elterlicher Sorge stehenden Kinder, nicht jedoch Leistungen in Erfüllung anderer familienrechtlicher Unterhalts- oder Unterstützungspflichten;

d.[43] die gemäss Gesetz, Statut oder Reglement geleisteten Einlagen, Prämien und Beiträge an die Alters-, Hinterlassenen- und Invalidenversicherung und an Einrichtungen der beruflichen Vorsorge;

Vgl.: KS SSK Nr. 2, 11.9.1986, Berufliche Vorsorge.

e. Einlagen, Prämien und Beiträge zum Erwerb von vertraglichen Ansprüchen aus anerkannten Formen der gebundenen Selbstvorsorge, bis zu einem bestimmten Betrag;

Vgl.: KS SSK Nr. 2, 11.9.1986, Berufliche Vorsorge.

f. die Prämien und Beiträge für die Erwerbsersatzordnung, die Arbeitslosenversicherung und für die obligatorische Unfallversicherung;

g. die Einlagen, Prämien und Beiträge für die Lebens-, die Kranken- und die nicht unter Buchstabe f fallende Unfallversicherung sowie die Zinsen von Sparkapitalien des Steuerpflichtigen und der von ihm unterhaltenen Personen, bis zu einem nach kantonalem Recht bestimmten Betrag, der pauschaliert werden kann;

h.[44] die Krankheits- und Unfallkosten des Steuerpflichtigen und der von ihm unterhaltenen Personen, soweit der Steuerpflichtige die Kosten selber trägt und diese einen vom kantonalen Recht bestimmten Selbstbehalt übersteigen;

h^{bis}.[45] die behinderungsbedingten Kosten des Steuerpflichtigen oder der von ihm unterhaltenen Personen mit Behinderungen im Sinne des Behindertengleichstellungsgesetzes vom 13. Dezember 2002[46], soweit der Steuerpflichtige die Kosten selber trägt;

---

42 Fassung gemäss Ziff. I 6 des BG vom 19. März 1999 über das Stabilisierungsprogramm 1998, in Kraft seit 1. Jan. 2001 (AS **1999** 2374; BBl **1999** 4).

43 Fassung gemäss Anhang Ziff. 4 des BG vom 18. Juni 2004, in Kraft seit 1. Jan. 2005 (AS **2004** 4635; BBl **2003** 6399).

44 Fassung gemäss Anhang Ziff. 3 des Behindertengleichstellungsgesetzes vom 13. Dez. 2002, in Kraft seit 1. Jan. 2005 (AS **2003** 4487; BBl **2001** 1715).

45 Eingefügt durch Anhang Ziff. 3 des Behindertengleichstellungsgesetzes vom 13. Dez. 2002, in Kraft seit 1. Jan. 2005 (AS **2003** 4487; BBl **2001** 1715).

46 SR **151.3**

i.[47] [25 I c] die freiwilligen Leistungen von Geld und übrigen Vermögenswerten bis zu dem nach kantonalem Recht bestimmten Ausmass an juristische Personen mit Sitz in der Schweiz, die im Hinblick auf ihre öffentlichen oder gemeinnützigen Zwecke von der Steuerpflicht befreit sind (Art. 23 Abs. 1 Bst. f), sowie an Bund, Kantone, Gemeinden und deren Anstalten (Art. 23 Abs. 1 Bst. a–c);

k. ein Abzug vom Erwerbseinkommen, das ein Ehegatte unabhängig vom Beruf, Geschäft oder Gewerbe des andern Ehegatten erzielt, bis zu einem nach kantonalem Recht bestimmten Betrag; ein gleichartiger Abzug ist zulässig bei erheblicher Mitarbeit eines Ehegatten im Beruf, Geschäft oder Gewerbe des andern Ehegatten;

l.[48] die Mitgliederbeiträge und Zuwendungen bis zu einem nach kantonalem Recht bestimmten Betrag an politische Parteien, die:

1. im Parteienregister nach Artikel 76*a* des Bundesgesetzes vom 17. Dezember 1976[49] über die politischen Rechte eingetragen sind,
2. in einem kantonalen Parlament vertreten sind, oder
3. in einem Kanton bei den letzten Wahlen des kantonalen Parlaments mindestens 3 Prozent der Stimmen erreicht haben;

m.[50] die nachgewiesenen Kosten, bis zu einem nach kantonalem Recht bestimmten Betrag, für die Drittbetreuung jedes Kindes, das das 14. Altersjahr noch nicht vollendet hat und mit der steuerpflichtigen Person, die für seinen Unterhalt sorgt, im gleichen Haushalt lebt, soweit diese Kosten in direktem kausalem Zusammenhang mit der Erwerbstätigkeit, Ausbildung oder Erwerbsunfähigkeit der steuerpflichtigen Person stehen;

n.[51] die Einsatzkosten in der Höhe eines nach kantonalem Recht bestimmten Prozentbetrags der einzelnen Gewinne aus einer Lotterie oder einer lotterieähnlichen Veran-

---

47 Fassung gemäss Anhang Ziff. 4 des BG vom 8. Okt. 2004 (Stiftungsrecht), in Kraft seit 1. Jan. 2006 (AS **2005** 4545; BBl **2003** 8153 8191).

48 Eingefügt durch Ziff. I 2 des BG vom 12. Juni 2009 über die steuerliche Abzugsfähigkeit von Zuwendungen an politische Parteien, in Kraft seit 1. Jan. 2011 (AS **2010** 449; BBl **2008** 7463 7485).

49 SR **161.1**

50 Eingefügt durch Ziff. I 2 des BG vom 25. Sept. 2009 über die steuerliche Entlastung von Familien mit Kindern, in Kraft seit 1. Jan. 2011 (AS **2010** 455; BBl **2009** 4729). Berichtigt von der Redaktionskommission der BVers (Art. 58 Abs. 1 ParlG – SR **171.10**).

51 Eingefügt durch Ziff. I 2 des BG vom 15. Juni 2012 über die Vereinfachungen bei der Besteuerung von Lotteriegewinnen, in Kraft seit 1. Jan. 2014 (AS **2012** 5977; BBl **2011** 6517 6543).

staltung; die Kantone können einen Höchstbetrag für den Abzug vorsehen.

o.[52] [DBG 33 I j] die Kosten der berufsorientierten Aus- und Weiterbildung, einschliesslich der Umschulungskosten, bis zu einem nach kantonalem Recht bestimmten Betrag, sofern:
1. ein erster Abschluss auf der Sekundarstufe II vorliegt, oder
2. das 20. Lebensjahr vollendet ist und es sich nicht um die Ausbildungskosten bis zum ersten Abschluss auf der Sekundarstufe II handelt.

3 [DBG 32 II und III] Bei Liegenschaften im Privatvermögen können die Unterhaltskosten, die Kosten der Instandstellung von neu erworbenen Liegenschaften, die Versicherungsprämien und die Kosten der Verwaltung durch Dritte abgezogen werden. Zudem können die Kantone Abzüge für Umweltschutz, Energiesparen und Denkmalpflege vorsehen. Bei den drei letztgenannten Abzügen gilt folgende Regelung:[53]

a.[54] Bei den Investitionen, die dem Energiesparen und dem Umweltschutz dienen bestimmt das Eidgenössische Finanzdepartement in Zusammenarbeit mit den Kantonen, welche Investitionen den Unterhaltskosten gleichgestellt werden können; den Unterhaltskosten gleichgestellt sind auch die Rückbaukosten im Hinblick auf den Ersatzneubau.

b. Die nicht durch Subventionen gedeckten Kosten denkmalpflegerischer Arbeiten sind abziehbar, sofern der Steuerpflichtige solche Massnahmen aufgrund gesetzlicher Vorschriften, im Einvernehmen mit den Behörden oder auf deren Anordnung hin vorgenommen hat.

3bis Investitionen und Rückbaukosten im Hinblick auf einen Ersatzneubau nach Absatz 3 Buchstabe a sind in den zwei nachfolgenden Steuerperioden abziehbar, soweit sie in der laufenden Steuerperiode, in welcher die Aufwendungen angefallen sind, steuerlich nicht vollständig berücksichtigt werden können.[55]

4 Andere Abzüge sind nicht zulässig. Vorbehalten sind die Kinderabzüge und andere Sozialabzüge des kantonalen Rechts.

---

52 Eingefügt durch Ziff. I 2 des BG vom 27. Sept. 2013 über die steuerliche Behandlung der berufsorientierten Aus- und Weiterbildungskosten, in Kraft seit 1. Jan. 2016 (AS **2014** 1105; BBl **2011** 2607).

53 Fassung gemäss Ziff. I 2 des BG vom 3. Okt. 2008 über die steuerliche Behandlung von Instandstellungskosten bei Liegenschaften, in Kraft seit 1. Jan. 2010 (AS **2009** 1515; BBl **2007** 7993 8009).

54 Fassung gemäss Anhang Ziff. II 4 des Energiegesetzes vom 30. Sept. 2017, in Kraft seit 1. Jan. 2018 (AS **2017** 6839; BBl **2013** 7561).

55 Eingefügt durch Anhang Ziff. II 4 des Energiegesetzes vom 30. Sept. 2017, in Kraft seit 1. Jan. 2018 (AS **2017** 6839; BBl **2013** 7561).

Vgl.: 33 III, 72 c und d; KS SSK Nr. 25, 18.1.2008, Muster-Spesenreglemente.

Anm.: Gem. Geldspielgesetz vom 29.9.2017 wird Art. 9 Abs. 2 Bst. n wie folgt geändert (Referendumsfrist läuft bis 18.1.2018, Inkrafttreten noch offen):

[n. die Einsatzkosten in der Höhe eines nach kantonalem Recht bestimmten Prozentbetrags der einzelnen Gewinne aus Geldspielen, welche nicht nach Artikel 7 Absatz 4 Buchstaben l–m steuerfrei sind; die Kantone können einen Höchstbetrag für den Abzug vorsehen;]

Selbständige Erwerbstätigkeit

10. [24 IV; DBG 27 ff., 31] 1 Als geschäfts- oder berufsmässig begründete Kosten werden namentlich abgezogen:

a. die ausgewiesenen Abschreibungen des Geschäftsvermögens;

Vgl.: KS SSK Nr. 29, 27.6.2007, Leasinggeschäfte, S. 2040.

b. die Rückstellungen für Verpflichtungen, deren Höhe noch unbestimmt ist, oder für unmittelbar drohende Verlustrisiken;

Vgl.: KS SSK Nr. 26, 22.6.2006, Bewertung Pflichtlager.

c. die eingetretenen und verbuchten Verluste auf dem Geschäftsvermögen;

d. [25 I b] die Zuwendungen an Vorsorgeeinrichtungen zugunsten des eigenen Personals, sofern jede zweckwidrige Verwendung ausgeschlossen ist;

Vgl.: 9 II d.

e.[56] Zinsen auf Geschäftsschulden sowie Zinsen, die auf Beteiligungen nach Artikel 8 Absatz 2 entfallen.

f.[57] [DBG 27 II e] die Kosten der berufsorientierten Aus- und Weiterbildung, einschliesslich Umschulungskosten, des eigenen Personals.

1bis [25 Ibis] Nicht abziehbar sind Zahlungen von Bestechungsgeldern im Sinne des schweizerischen Strafrechts an schweizerische oder fremde Amtsträger.[58]

2 [DBG 31 I] Verluste aus den sieben der Steuerperiode (Art. 15) vorangegangenen Geschäftsjahren können abgezogen

---

56 Eingefügt durch Ziff. I 6 des BG vom 19. März 1999 über das Stabilisierungsprogramm 1998, in Kraft seit 1. Jan. 2001 (AS **1999** 2374; BBl **1999** 4).

57 Eingefügt durch Ziff. I 2 des BG vom 27. Sept. 2013 über die steuerliche Behandlung der berufsorientierten Aus- und Weiterbildungskosten, in Kraft seit 1. Jan. 2016 (AS **2014** 1105; BBl **2011** 2607).

58 Eingefügt durch Ziff. II des BG vom 22. Dez. 1999 über die Unzulässigkeit steuerlicher Abzüge von Bestechungsgeldern, in Kraft seit 1. Jan. 2001 (AS **2000** 2147; BBl **1997** II 1037, IV 1336).

werden, soweit sie bei der Berechnung des steuerbaren Einkommens dieser Jahre nicht berücksichtigt werden konnten.[59]

3 [25 III] Mit Leistungen Dritter, die zum Ausgleich einer Unterbilanz im Rahmen einer Sanierung erbracht werden, können auch Verluste verrechnet werden, die in früheren Geschäftsjahren entstanden und noch nicht mit Einkommen verrechnet werden konnten.

4 [25 IV] Die Absätze 2 und 3 gelten auch bei Verlegung des steuerrechtlichen Wohnsitzes oder des Geschäftsortes innerhalb der Schweiz.[60]

Vgl. zu IV: KS SSK Nr. 24, 17.12.2003, Verrechnung Vorjahresverluste, S. 2113.

3. Abschnitt: Steuerberechnung

11. 1 [DBG 36 II] Für Ehegatten, die in rechtlich und tatsächlich ungetrennter Ehe leben, muss die Steuer im Vergleich zu alleinstehenden Steuerpflichtigen angemessen ermässigt werden.[61]

2 [DBG 37] Gehören zu den Einkünften Kapitalabfindungen für wiederkehrende Leistungen, so wird die Steuer unter Berücksichtigung der übrigen Einkünfte zu dem Satz berechnet, der sich ergäbe, wenn anstelle der einmaligen Leistung eine entsprechende jährliche Leistung ausgerichtet würde.

3 [DBG 38 I] Kapitalleistungen aus Vorsorgeeinrichtungen sowie Zahlungen bei Tod und für bleibende körperliche oder gesundheitliche Nachteile werden für sich allein besteuert. Sie unterliegen stets einer vollen Jahressteuer.

4 [DBG 37a] Für kleine Arbeitsentgelte aus unselbständiger Erwerbstätigkeit ist die Steuer ohne Berücksichtigung der übrigen Einkünfte, allfälliger Berufskosten und Sozialabzüge zu erheben; Voraussetzung ist, dass der Arbeitgeber die Steuer im Rahmen des vereinfachten Abrechnungsverfahrens nach den Artikeln 2 und 3 des Bundesgesetzes vom 17. Juni 2005[62] gegen die Schwarzarbeit entrichtet. Damit sind die Einkommenssteuern von Kanton und Gemeinde abgegolten. Artikel 37 Absatz 1

---

59 Fassung gemäss Ziff. I 2 des BG vom 22. März 2013 über die formelle Bereinigung der zeitlichen Bemessung der direkten Steuern bei den natürlichen Personen, in Kraft seit 1. Jan. 2014 (AS **2013** 2397; BBl **2011** 3593).

60 Eingefügt durch Ziff. I 2 des BG vom 15. Dez. 2000 zur Koordination und Vereinfachung der Veranlagungsverfahren für die direkten Steuern im interkantonalen Verhältnis, in Kraft seit 1. Jan. 2001 (AS **2001** 1050; BBl **2000** 3898).

61 Fassung gemäss Ziff. I 2 des BG vom 25. Sept. 2009 über die steuerliche Entlastung von Familien mit Kindern, in Kraft seit 1. Jan. 2011 (AS **2010** 455; BBl **2009** 4729).

62 SR **822.41**

Buchstabe a gilt sinngemäss. Die Steuern sind periodisch der zuständigen AHV-Ausgleichskasse abzuliefern. Diese stellt dem Steuerpflichtigen eine Aufstellung oder eine Bestätigung über den Steuerabzug aus. Sie überweist der zuständigen Steuerbehörde die einkassierten Steuerzahlungen. Das Recht auf eine Bezugsprovision nach Artikel 37 Absatz 3 wird auf die zuständige AHV-Ausgleichskasse übertragen.[63]

5 [DBG 37b] Wird die selbstständige Erwerbstätigkeit [7 I, 8] nach dem vollendeten 55. Altersjahr oder wegen Unfähigkeit zur Weiterführung infolge Invalidität definitiv aufgegeben, so ist die Summe der in den letzten zwei Geschäftsjahren realisierten stillen Reserven getrennt vom übrigen Einkommen zu besteuern.[64] Einkaufsbeiträge gemäss Artikel 9 Absatz 2 Buchstabe d sind abziehbar. Werden keine solchen Einkäufe vorgenommen, so wird die Steuer auf dem Betrag der realisierten stillen Reserven, für den der Steuerpflichtige die Zulässigkeit eines Einkaufs gemäss Artikel 9 Absatz 2 Buchstabe d nachweist, in gleicher Weise wie Kapitalleistungen aus Vorsorge gemäss Absatz 3 erhoben. Der auf den Restbetrag der realisierten stillen Reserven anwendbare Satz wird durch das kantonale Recht bestimmt. Die gleiche Satzmilderung gilt auch für den überlebenden Ehegatten, die anderen Erben und die Vermächtnisnehmer, sofern sie das übernommene Unternehmen nicht fortführen; die steuerliche Abrechnung erfolgt spätestens fünf Kalenderjahre nach Ablauf des Todesjahres des Erblassers.[65]

3. Kapitel: Grundstückgewinnsteuer

12. 1 Der Grundstückgewinnsteuer unterliegen Gewinne, die sich bei Veräusserung eines Grundstückes des Privatvermögens oder eines land- oder forstwirtschaftlichen Grundstückes sowie von Anteilen daran ergeben, soweit der Erlös die Anlagekosten (Erwerbspreis oder Ersatzwert zuzüglich Aufwendungen) übersteigt.

Vgl.: 8 I, 12 IV, 23 IV; VO StHG 5; KS SSK Nr. 29, 27.6.2007, Leasinggeschäfte, S. 2040.

2 Die Steuerpflicht wird durch jede Veräusserung eines Grundstückes begründet. Den Veräusserungen sind gleichgestellt:

---

63 Eingefügt durch Anhang Ziff. 5 des BG vom 17. Juni 2005 gegen die Schwarzarbeit, in Kraft seit 1. Jan. 2008 (AS **2007** 359; BBl **2002** 3605).

64 Berichtigt von der Redaktionskommission der BVers (Art. 58 Abs. 1 ParlG – SR **171.10**).

65 Eingefügt durch Ziff. II 3 des Unternehmenssteuerreformgesetzes II vom 23. März 2007, in Kraft seit 1. Jan. 2009 (AS **2008** 2893; BBl **2005** 4733).

a. die Rechtsgeschäfte, die in Bezug auf die Verfügungsgewalt über ein Grundstück wirtschaftlich wie eine Veräusserung wirken;

b. die Überführung eines Grundstückes sowie von Anteilen daran vom Privatvermögen in das Geschäftsvermögen des Steuerpflichtigen;

c. die Belastung eines Grundstückes mit privatrechtlichen Dienstbarkeiten oder öffentlich-rechtlichen Eigentumsbeschränkungen, wenn diese die unbeschränkte Bewirtschaftung oder den Veräusserungswert des Grundstückes dauernd und wesentlich beeinträchtigen und dafür ein Entgelt entrichtet wird;

d. die Übertragung von Beteiligungsrechten des Privatvermögens des Steuerpflichtigen an Immobiliengesellschaften, soweit das kantonale Recht für diesen Fall eine Steuerpflicht vorsieht;

e. die ohne Veräusserung erzielten Planungsmehrwerte im Sinne des Raumplanungsgesetzes vom 22. Juni 1979[66], sofern das kantonale Recht diesen Tatbestand der Grundstückgewinnsteuer unterstellt.

3 Die Besteuerung wird aufgeschoben bei:

a. Eigentumswechsel durch Erbgang (Erbfolge, Erbteilung, Vermächtnis), Erbvorbezug oder Schenkung;

b.[67] Eigentumswechsel unter Ehegatten im Zusammenhang mit dem Güterrecht, sowie zur Abgeltung ausserordentlicher Beiträge eines Ehegatten an den Unterhalt der Familie (Art. 165 ZGB[68]) und scheidungsrechtlicher Ansprüche, sofern beide Ehegatten einverstanden sind;

c. Landumlegungen zwecks Güterzusammenlegung, Quartierplanung, Grenzbereinigung, Abrundung landwirtschaftlicher Heimwesen sowie bei Landumlegungen im Enteignungsverfahren oder drohender Enteignung;

d. vollständiger oder teilweiser Veräusserung eines land- oder forstwirtschaftlichen Grundstückes, soweit der Veräusserungserlös innert angemessener Frist zum Erwerb eines selbstbewirtschafteten Ersatzgrundstückes oder zur Verbesserung der eigenen, selbstbewirtschafteten land- oder forstwirtschaftlichen Grundstücke verwendet wird;

Vgl.: KS SSK Nr. 19, 31.8.2001, Ersatzbeschaffung mit teilweiser Reinvestition, S. 2126; KS SSK Nr. 16, 31.8.2001, VO zum StHG, S. 2175.

66 SR **700**

67 Fassung gemäss Anhang Ziff. 4 des BG vom 26. Juni 1998, in Kraft seit 1. Jan. 2000 (AS **1999** 1118; BBl **1996** I 1).

68 SR **210**

e. Veräusserung einer dauernd und ausschliesslich selbstgenutzten Wohnliegenschaft (Einfamilienhaus oder Eigentumswohnung), soweit der dabei erzielte Erlös innert angemessener Frist zum Erwerb oder zum Bau einer gleichgenutzten Ersatzliegenschaft in der Schweiz verwendet wird.

Vgl.: VO StHG 5; KS SSK Nr. 19, 31.8.2001, Ersatzbeschaffung mit teilweiser Reinvestition, S. 2126; KS SSK Nr. 16, 31.8.2001, VO zum StHG, S. 2175.

4 Die Kantone können die Grundstückgewinnsteuer auch auf Gewinnen aus der Veräusserung von Grundstücken des Geschäftsvermögens des Steuerpflichtigen erheben [12 I], sofern sie diese Gewinne von der Einkommens- und Gewinnsteuer ausnehmen oder die Grundstückgewinnsteuer auf die Einkommens- und Gewinnsteuer anrechnen. In beiden Fällen gilt:

a.[69] die in den Artikeln 8 Absätze 3 und 4 und 24 Absätze 3 und 3quater genannten Tatbestände sind bei der Grundstückgewinnsteuer als steueraufschiebende Veräusserung zu behandeln;

b. die Überführung eines Grundstückes sowie von Anteilen daran vom Privatvermögen ins Geschäftsvermögen darf nicht einer Veräusserung gleichgestellt werden.

5 Die Kantone sorgen dafür, dass kurzfristig realisierte Grundstückgewinne stärker besteuert werden.

4. Kapitel: Vermögenssteuer

Steuerobjekt

13. [29 ff.] 1 Der Vermögenssteuer unterliegt das gesamte Reinvermögen.

2 Nutzniessungsvermögen wird dem Nutzniesser zugerechnet.

3 Bei Anteilen an kollektiven Kapitalanlagen mit direktem Grundbesitz ist die Wertdifferenz zwischen den Gesamtaktiven der kollektiven Kapitalanlage und deren direktem Grundbesitz steuerbar.[70]

4 Hausrat und persönliche Gebrauchsgegenstände werden nicht besteuert.

Vgl.: KS SSK Nr. 30, 22.8.2007, Trusts, S. 2024.

Bewertung

14. 1 Das Vermögen wird zum Verkehrswert bewertet. Dabei kann der Ertragswert angemessen berücksichtigt werden.

---

69 Fassung gemäss Anhang Ziff. 8 des Fusionsgesetzes vom 3. Okt. 2003, in Kraft seit 1. Juli 2004 (AS **2004** 2617; BBl **2000** 4337).

70 Fassung gemäss Anhang Ziff. II 7 des Kollektivanlagengesetzes vom 23. Juni 2006, in Kraft seit 1. Jan. 2007 (AS **2006** 5379; BBl **2005** 6395).

Vgl.: KS SSK Nr. 28, 28.8.2008, Bewertung Wertpapiere ohne Kurswert, S. 2044.

[2] Die land- und forstwirtschaftlich genutzten Grundstücke werden zum Ertragswert bewertet. Das kantonale Recht kann bestimmen, dass bei der Bewertung der Verkehrswert mitberücksichtigt wird oder im Falle der Veräusserung oder Aufgabe der land- oder forstwirtschaftlichen Nutzung des Grundstückes eine Nachbesteuerung für die Differenz zwischen Ertrags- und Verkehrswert erfolgt. Die Nachbesteuerung darf für höchstens 20 Jahre erfolgen.

Vgl.: BGBB 6, 10, 44.

[3] Immaterielle Güter und bewegliches Vermögen, die zum Geschäftsvermögen der steuerpflichtigen Person gehören, werden zu dem für die Einkommenssteuer massgeblichen Wert bewertet.[71]

Vgl.: KS SSK Nr. 32, 1.7.2009, Teilbesteuerung interkant. Steuerausscheidung, S. 2001.

Bewertung von Mitarbeiterbeteiligungen

14*a*.[72] [1] Mitarbeiterbeteiligungen nach Artikel 7*d* Absatz 1 sind zum Verkehrswert einzusetzen. Allfällige Sperrfristen sind angemessen zu berücksichtigen.

[2] Mitarbeiterbeteiligungen nach den Artikeln 7*d* Absatz 3 und 7*e* sind bei Zuteilung ohne Steuerwert zu deklarieren.

5. Kapitel: Zeitliche Bemessung

Steuerperiode

15.[73] [31 II; DBG 40] [1] Als Steuerperiode gilt das Kalenderjahr.

[2] Die Steuern vom Einkommen und Vermögen werden für jede Steuerperiode festgesetzt und erhoben [47 I].

[3] Besteht die Steuerpflicht [3 f., 20 f.] nur während eines Teils der Steuerperiode, so wird die Steuer auf den in diesem Zeitraum erzielten Einkünften erhoben. Dabei bestimmt sich der Steuersatz für regelmässig fliessende Einkünfte nach dem auf zwölf Monate berechneten Einkommen; nicht regelmässig fliessende Einkünfte unterliegen der vollen Jahressteuer, werden aber für die

---

71 Fassung gemäss Ziff. II 3 des Unternehmenssteuerreformgesetzes II vom 23. März 2007, in Kraft seit 1. Jan. 2009 (AS **2008** 2893; BBl **2005** 4733).

72 Eingefügt durch Ziff. I 2 des BG vom 17. Dez. 2010 über die Besteuerung von Mitarbeiterbeteiligungen, in Kraft seit 1. Jan. 2013 (AS **2011** 3259; BBl **2005** 575).

73 Fassung gemäss Ziff. I 2 des BG vom 22. März 2013 über die formelle Bereinigung der zeitlichen Bemessung der direkten Steuern bei den natürlichen Personen, in Kraft seit 1. Jan. 2014 (AS **2013** 2397; BBl **2011** 3593).

Satzbestimmung nicht in ein Jahreseinkommen umgerechnet. Die Artikel 4*b* und 11 Absatz 3 bleiben vorbehalten.

Bemessung des Einkommens

16.[74] [DBG 41]. [1] Das steuerbare Einkommen bemisst sich nach den Einkünften in der Steuerperiode [15 I].

[2] Für die Ermittlung des Einkommens aus selbstständiger Erwerbstätigkeit [7 I, 8] ist das Ergebnis des in der Steuerperiode [15 II] abgeschlossenen Geschäftsjahres massgebend.

[3] Steuerpflichtige mit selbstständiger Erwerbstätigkeit müssen in jeder Steuerperiode [15 I, 17 II] einen Geschäftsabschluss [42 III] erstellen.

Bemessung des Vermögens

17.[75] [1] Das steuerbare Vermögen bemisst sich nach dem Stand am Ende der Steuerperiode oder der Steuerpflicht.

[2] Für Steuerpflichtige mit selbstständiger Erwerbstätigkeit und Geschäftsjahren, die nicht mit dem Kalenderjahr übereinstimmen, bestimmt sich das steuerbare Geschäftsvermögen nach dem Eigenkapital am Ende des in der Steuerperiode abgeschlossenen Geschäftsjahres.

[3] Erbt die steuerpflichtige Person während der Steuerperiode Vermögen, so wird dieses erst von dem Zeitpunkt an dem übrigen Vermögen zugerechnet, in dem es anfällt. Absatz 4 gilt sinngemäss.

[4] Besteht die Steuerpflicht nur während eines Teils der Steuerperiode, so wird der diesem Zeitraum entsprechende Betrag erhoben. Artikel 4*b* Absatz 2 bleibt vorbehalten [15 III].

Veranlagung bei Begründung und Auflösung der Ehe

18.[76] [1] Ehegatten, die in rechtlich und tatsächlich ungetrennter Ehe leben, werden für die ganze Steuerperiode, in der sie die Ehe geschlossen haben, nach Artikel 3 Absatz 3 veranlagt.

[2] Bei Scheidung, gerichtlicher oder tatsächlicher Trennung werden die Ehegatten für die ganze Steuerperiode separat veranlagt.

[3] Stirbt ein in rechtlich und tatsächlich ungetrennter Ehe lebender Ehegatte, so werden bis zu seinem Todestag beide Ehegatten gemeinsam veranlagt (Art. 3 Abs. 3). Der überlebende

---

[74] Fassung gemäss Ziff. I 2 des BG vom 22. März 2013 über die formelle Bereinigung der zeitlichen Bemessung der direkten Steuern bei den natürlichen Personen, in Kraft seit 1. Jan. 2014 (AS **2013** 2397; BBl **2011** 3593).

[75] Fassung gemäss Ziff. I 2 des BG vom 22. März 2013 über die formelle Bereinigung der zeitlichen Bemessung der direkten Steuern bei den natürlichen Personen, in Kraft seit 1. Jan. 2014 (AS **2013** 2397; BBl **2011** 3593).

[76] Fassung gemäss Ziff. I 2 des BG vom 22. März 2013 über die formelle Bereinigung der zeitlichen Bemessung der direkten Steuern bei den natürlichen Personen, in Kraft seit 1. Jan. 2014 (AS **2013** 2397; BBl **2011** 3593).

Ehegatte wird für den Rest der Steuerperiode separat zu dem für ihn anwendbaren Tarif veranlagt. Die Artikel 15 Absatz 3 und 17 Absätze 3 und 4 gelten sinngemäss.

Grundstückgewinne

19. Die Grundstückgewinnsteuer wird für die Steuerperiode festgesetzt, in der die Gewinne erzielt worden sind.

Vgl.: 121 I, IV.

Dritter Titel: Steuern der juristischen Personen

1. Kapitel: Steuerpflicht

Steuerpflicht aufgrund persönlicher Zugehörigkeit

20. [3; DBG 49 f.] [1] Kapitalgesellschaften [OR 620 ff.], Genossenschaften [OR 828 ff.], Vereine [ZGB 60 ff.], Stiftungen [ZGB 80 ff.] und die übrigen juristischen Personen [ZGB 52 ff.] sind steuerpflichtig, wenn sich ihr Sitz oder ihre tatsächliche Verwaltung im Kanton befindet. Den übrigen juristischen Personen gleichgestellt sind die kollektiven Kapitalanlagen mit direktem Grundbesitz nach Artikel 58 KAG[77]. Die Investmentgesellschaften mit festem Kapital nach Artikel 110 KAG werden wie Kapitalgesellschaften besteuert.[78]

Vgl.: KS ESTV Nr. 25, 5.3.2009, KAG, S. 1493.

[2] [DBG 49 III] Juristische Personen, ausländische Handelsgesellschaften und andere ausländische Personengesamtheiten ohne juristische Persönlichkeit werden den inländischen juristischen Personen gleichgestellt, denen sie rechtlich oder tatsächlich am ähnlichsten sind.

Steuerpflicht aufgrund wirtschaftlicher Zugehörigkeit

21. [4; DBG 51 I] [1] Juristische Personen mit Sitz oder mit tatsächlicher Verwaltung ausserhalb des Kantons sind steuerpflichtig, wenn sie:

a. Teilhaber an Geschäftsbetrieben im Kanton sind;
b. im Kanton Betriebsstätten unterhalten;
c. an Grundstücken im Kanton Eigentum, dingliche Rechte oder diesen wirtschaftlich gleichzuachtende persönliche Nutzungsrechte haben.

[2] Juristische Personen mit Sitz und tatsächlicher Verwaltung im Ausland sind ausserdem steuerpflichtig, wenn sie:

a. Gläubiger oder Nutzniesser von Forderungen sind, die durch Grund- oder Faustpfand auf Grundstücken im Kanton gesichert sind;

Vgl.: 35 I e.

---

77 SR **951.31**

78 Fassung gemäss Anhang Ziff. II 7 des Kollektivanlagengesetzes vom 23. Juni 2006, in Kraft seit 1. Jan. 2007 (AS **2006** 5379; BBl **2005** 6395).

b. im Kanton gelegene Grundstücke vermitteln oder damit handeln.

Anm.: Gem. BG vom 17.3.2017 wird Art. 21 Abs. 1 Bst. d per 1.1.2019 neu eingefügt und Abs. 2 Bst. b wie folgt geändert:

[1 Juristische Personen mit Sitz oder mit tatsächlicher Verwaltung ausserhalb des Kantons sind steuerpflichtig, wenn sie:
d. mit im Kanton gelegenen Grundstücken handeln.

2 Juristische Personen mit Sitz und tatsächlicher Verwaltung im Ausland sind ausserdem steuerpflichtig, wenn sie:
b. im Kanton gelegene Grundstücke vermitteln.]

Wechsel der Steuerpflicht

22.[79] [DBG 105 III] 1 Verlegt eine juristische Person während einer Steuerperiode [31 II] ihren Sitz oder die tatsächliche Verwaltung von einem Kanton in einen anderen Kanton, so ist sie in den beteiligten Kantonen für die gesamte Steuerperiode steuerpflichtig. Veranlagungsbehörde im Sinne des Artikels 39 Absatz 2 ist diejenige des Kantons des Sitzes oder der tatsächlichen Verwaltung am Ende der Steuerperiode.

Vgl.: 4b I, 39 II; VO StHG 1.

2 Eine Steuerpflicht auf Grund wirtschaftlicher Zugehörigkeit im Sinne von Artikel 21 Absatz 1 in einem anderen Kanton als demjenigen des Sitzes oder der tatsächlichen Verwaltung besteht für die gesamte Steuerperiode, auch wenn sie während der Steuerperiode begründet, verändert oder aufgehoben wird.

Vgl.: 4b I, 39 II; VO StHG 2 II.

3 Der Gewinn und das Kapital werden zwischen den beteiligten Kantonen in sinngemässer Anwendung der Grundsätze des Bundesrechts über das Verbot der interkantonalen Doppelbesteuerung [BV 127 III] ausgeschieden.

Vgl.: 4b II; KS SSK Nr. 17, 27.11.2001, Interkant. Ausscheidung bei Gegenwartsbemessung (jur. Personen), S. 2158.

Ausnahmen

23. [DBG 56] 1 Von der Steuerpflicht sind nur befreit:
a. der Bund und seine Anstalten nach Massgabe des Bundesrechtes [RVOG 62 d];
b. der Kanton und seine Anstalten nach Massgabe des kantonalen Rechts;
c. die Gemeinden, die Kirchgemeinden und die anderen Gebietskörperschaften des Kantons und ihre Anstalten nach Massgabe des kantonalen Rechts;

---

79 Fassung gemäss Ziff. I 2 des BG vom 15. Dez. 2000 zur Koordination und Vereinfachung der Veranlagungsverfahren für die direkten Steuern im interkantonalen Verhältnis, in Kraft seit 1. Jan. 2001 (AS **2001** 1050; BBl **2000** 3898).

d. die Einrichtungen der beruflichen Vorsorge von Unternehmen mit Wohnsitz, Sitz oder Betriebsstätte in der Schweiz und von ihnen nahe stehenden Unternehmen, sofern die Mittel der Einrichtung dauernd und ausschliesslich der Personalvorsorge dienen [BVG 80];

e. die inländischen Sozialversicherungs- und Ausgleichskassen, insbesondere Arbeitslosen-, Krankenversicherungs-, Alters-, Invaliden- und Hinterlassenenversicherungskassen [ATSG 80], mit Ausnahme der konzessionierten Versicherungsgesellschaften;

Vgl.: KS SSK Nr. 12, 27.11.2013, Steuerpflicht der Krankenkassen.

f. die juristischen Personen, die öffentliche oder gemeinnützige Zwecke verfolgen, für den Gewinn und das Kapital, die ausschliesslich und unwiderruflich diesen Zwecken gewidmet sind. Unternehmerische Zwecke sind grundsätzlich nicht gemeinnützig. Der Erwerb und die Verwaltung von wesentlichen Kapitalbeteiligungen an Unternehmen gelten als gemeinnützig, wenn das Interesse an der Unternehmenserhaltung dem gemeinnützigen Zweck untergeordnet ist und keine geschäftsleitenden Tätigkeiten ausgeübt werden;

g. die juristischen Personen, die kantonal oder gesamtschweizerisch Kultuszwecke verfolgen, für den Gewinn und das Kapital, die ausschliesslich und unwiderruflich diesen Zwecken gewidmet sind;

h.[80] die ausländischen Staaten für ihre inländischen, ausschliesslich dem unmittelbaren Gebrauch der diplomatischen und konsularischen Vertretungen bestimmten Liegenschaften sowie die von der Steuerpflicht befreiten institutionellen Begünstigten nach Artikel 2 Absatz 1 des Gaststaatgesetzes vom 22. Juni 2007[81] für die Liegenschaften, die Eigentum der institutionellen Begünstigten sind und die von deren Dienststellen benützt werden;

i.[82] die kollektiven Kapitalanlagen mit direktem Grundbesitz, sofern deren Anleger ausschliesslich steuerbefreite Einrichtungen der beruflichen Vorsorge nach Buchstabe d oder steuerbefreite inländische Sozialversicherungs- und Ausgleichskassen nach Buchstabe e sind;

j.[83] die vom Bund konzessionierten Verkehrs- und Infrastrukturunternehmen, die für diese Tätigkeit Abgeltungen er-

---

80 Fassung gemäss Anhang Ziff. II 8 des Gaststaatgesetzes vom 22. Juni 2007, in Kraft seit 1. Jan. 2008 (AS **2007** 6637; BBl **2006** 8017).

81 SR **192.12**

82 Eingefügt durch Anhang Ziff. II 7 des Kollektivanlagengesetzes vom 23. Juni 2006, in Kraft seit 1. Jan. 2007 (AS **2006** 5379; BBl **2005** 6395).

83 Eingefügt durch Ziff. II 11 des BG vom 20. März 2009 über die Bahnreform 2, in Kraft seit 1. Jan. 2010 (AS **2009** 5597; BBl **2005** 2415, **2007**

halten oder aufgrund ihrer Konzession einen ganzjährigen Betrieb von nationaler Bedeutung aufrecht erhalten müssen; die Steuerbefreiung erstreckt sich auch auf Gewinne aus der konzessionierten Tätigkeit, die frei verfügbar sind; von der Steuerbefreiung ausgenommen sind jedoch Nebenbetriebe und Liegenschaften, die keine notwendige Beziehung zur konzessionierten Tätigkeit haben.

Vgl.: KS SSK Nr. 33, 6.9.2011, Besteuerung der konzessionierten Verkehrs- und Infrastrukturunternehmen.

2 ...[84]

3 [5] Die Kantone können auf dem Wege der Gesetzgebung für Unternehmen, die neu eröffnet werden und dem wirtschaftlichen Interesse des Kantons dienen, für das Gründungsjahr und die neun folgenden Jahre Steuererleichterungen vorsehen. Eine wesentliche Änderung der betrieblichen Tätigkeit kann einer Neugründung gleichgestellt werden.

Vgl.: BV 103; BG Regionalpolitik 12, S. 612.

4 Die in Absatz 1 Buchstaben d-g und i genannten juristischen Personen unterliegen jedoch in jedem Fall der Grundstückgewinnsteuer [12]. Die Bestimmungen über Ersatzbeschaffungen (Art. 8 Abs. 4), über Abschreibungen (Art. 10 Abs. 1 Bst. a), über Rückstellungen (Art. 10 Abs. 1 Bst. b) und über den Verlustabzug (Art. 10 Abs. 1 Bst. c) gelten sinngemäss.[85]

2. Kapitel: Gewinnsteuer

1. Abschnitt: Steuerobjekt

24. [DBG 57 f.] 1 Der Gewinnsteuer unterliegt der gesamte Reingewinn [42 III]. Dazu gehören auch: **Allgemeines**

a. [DBG 58 I b] der der Erfolgsrechnung [OR 957 ff.; GeBüV] belastete, geschäftsmässig nicht begründete Aufwand [25 I];
b. [DBG 58 I c] die der Erfolgsrechnung nicht gutgeschriebenen Erträge, Kapital-, Liquidations- und Aufwertungsgewinne;
c.[86] [DBG 65] die Zinsen auf verdecktem Eigenkapital (Art. 29a)

2681).

84 Aufgehoben durch Ziff. II 11 des BG vom 20. März 2009 über die Bahnreform 2, mit Wirkung seit 1. Jan. 2010 (AS **2009** 5597; BBl **2005** 2415, **2007** 2681).

85 Fassung gemäss Anhang Ziff. II 7 des Kollektivanlagengesetzes vom 23. Juni 2006, in Kraft seit 1. Jan. 2007 (AS **2006** 5379; BBl **2005** 6395).

86 Fassung gemäss Ziff. I 2 des BG vom 26. Sept. 2014 (Anpassung an die Allgemeinen Bestimmungen des StGB), in Kraft seit 1. Jan. 2017 (AS

Vgl.: BRB 1962, S. 1127; KS SSK Nr. 29, 27.6.2007, Leasinggeschäfte, S. 2040.

2 [DBG 60] Kein steuerbarer Gewinn [24 I] entsteht durch:

a. Kapitaleinlagen von Mitgliedern von Kapitalgesellschaften und Genossenschaften einschliesslich Aufgelder und Leistungen *à fonds perdu;*

b. Verlegung des Sitzes, der Verwaltung [20 I], eines Geschäftsbetriebes oder einer Betriebsstätte [21 I] in einen andern Kanton, soweit keine Veräusserungen oder buchmässigen Aufwertungen vorgenommen werden;

Vgl.: DBG 58 I c.

c. Kapitalzuwachs aus Erbschaft, Vermächtnis oder Schenkung.

3 [8 III, 12 IV; DBG 61 I] Stille Reserven einer juristischen Person [ZGB 52 ff.] werden bei Umstrukturierungen, insbesondere im Fall der Fusion, Spaltung oder Umwandlung, nicht besteuert, soweit die Steuerpflicht in der Schweiz fortbesteht und die bisher für die Gewinnsteuer massgeblichen Werte übernommen werden:

a. bei der Umwandlung in eine Personenunternehmung oder in eine andere juristische Person;

b. bei der Auf- oder Abspaltung einer juristischen Person, sofern ein oder mehrere Betriebe oder Teilbetriebe übertragen werden und soweit die nach der Spaltung bestehenden juristischen Personen einen Betrieb oder Teilbetrieb weiterführen;

c. beim Austausch von Beteiligungs- oder Mitgliedschaftsrechten anlässlich von Umstrukturierungen oder von fusionsähnlichen Zusammenschlüssen;

d. bei der Übertragung von Betrieben oder Teilbetrieben, sowie von Gegenständen des betrieblichen Anlagevermögens auf eine inländische Tochtergesellschaft. Als Tochtergesellschaft gilt eine Kapitalgesellschaft oder Genossenschaft, an der die übertragende Kapitalgesellschaft oder Genossenschaft zu mindestens 20 Prozent am Grund- oder Stammkapital beteiligt ist.[87]

Vgl.: VStG 5 I a; StG 6 I a^bis.

3bis [DBG 207a III] Überträgt eine Kapitalgesellschaft oder Genossenschaft, die nicht unter Artikel 28 Absatz 2 oder 3 fällt, eine Beteiligung auf eine ausländische Konzerngesellschaft, so wird für die Differenz zwischen dem Gewinnsteuerwert und dem Verkehrswert der Beteiligung die Besteuerung aufgeschoben.

2015 779; BBl **2012** 2869).

87 Fassung gemäss Anhang Ziff. 8 des Fusionsgesetzes vom 3. Okt. 2003, in Kraft seit 1. Juli 2004 (AS **2004** 2617; BBl **2000** 4337).

Der Steueraufschub entfällt, wenn die übertragene Beteiligung an einen konzernfremden Dritten veräussert wird, wenn die Gesellschaft, deren Beteiligungsrechte übertragen wurden, ihre Aktiven und Passiven in wesentlichem Umfang veräussert oder wenn sie liquidiert wird.[88]

3ter Bei einer Übertragung auf eine Tochtergesellschaft nach Absatz 3 Buchstabe d werden die übertragenen stillen Reserven im Verfahren nach Artikel 53 nachträglich besteuert, soweit während den der Umstrukturierung nachfolgenden fünf Jahren die übertragenen Vermögenswerte oder Beteiligungs- oder Mitgliedschaftsrechte an der Tochtergesellschaft veräussert werden; die Tochtergesellschaft kann in diesem Fall entsprechende, als Gewinn versteuerte stille Reserven geltend machen.[89]

3quater [12 IV; DBG 61 III] Zwischen inländischen Kapitalgesellschaften und Genossenschaften, welche nach dem Gesamtbild der tatsächlichen Verhältnisse durch Stimmenmehrheit oder auf andere Weise unter einheitlicher Leitung einer Kapitalgesellschaft oder Genossenschaft zusammengefasst sind, können direkt oder indirekt gehaltene Beteiligungen von mindestens 20 Prozent am Grund- oder Stammkapital einer anderen Kapitalgesellschaft oder Genossenschaft, Betriebe oder Teilbetriebe sowie Gegenstände des betrieblichen Anlagevermögens zu den bisher für die Gewinnsteuer massgeblichen Werten übertragen werden. Vorbehalten bleiben:

a. die Übertragung auf eine Tochtergesellschaft nach Artikel 24 Absatz 3 Buchstabe d;
b. die Übertragung von Gegenständen des betrieblichen Anlagevermögens auf eine Gesellschaft, die nach Artikel 28 Absätze 2–4 besteuert wird.[90]

3quinquies [DBG 61 IV] Werden im Fall einer Übertragung nach Absatz 3quater während der nachfolgenden fünf Jahre die übertragenen Vermögenswerte veräussert oder wird während dieser Zeit die einheitliche Leitung aufgegeben, so werden die übertragenen stillen Reserven im Verfahren nach Artikel 53 nachträglich besteuert. Die begünstigte juristische Person kann in diesem Fall entsprechende, als Gewinn versteuerte stille Reserven geltend machen. Die im Zeitpunkt der Sperrfristverletzung unter einheitlicher Leitung zusammengefassten inländischen Kapitalgesell-

88 Eingefügt durch Ziff. I 2 des BG vom 10. Okt. 1997 über die Reform der Unternehmensbesteuerung 1997, in Kraft seit 1. Jan. 1998 (AS **1998** 669; BBl **1997** II 1164).

89 Eingefügt durch Anhang Ziff. 8 des Fusionsgesetzes vom 3. Okt. 2003, in Kraft seit 1. Juli 2004 (AS **2004** 2617; BBl **2000** 4337).

90 Eingefügt durch Anhang Ziff. 8 des Fusionsgesetzes vom 3. Okt. 2003, in Kraft seit 1. Juli 2004 (AS **2004** 2617; BBl **2000** 4337).

schaften und Genossenschaften haften für die Nachsteuer solidarisch.[91]

[4] [DBG 62 ff.] Die Bestimmungen über Ersatzbeschaffungen (Art. 8 Abs. 4), über Abschreibungen (Art. 10 Abs. 1 Bst. a), über Rückstellungen (Art. 10 Abs. 1 Bst. b) und über den Verlustabzug (Art. 10 Abs. 1 Bst. c) gelten sinngemäss.

Vgl.: VO StHG 5; KS SSK Nr. 29, 27.6.2007, Leasinggeschäfte, S. 2040; KS SSK Nr. 26, 22.6.2006, Steuerliche Bewertung Pflichtlager; KS SSK Nr. 16, 31.8.2001, VO zum StHG, S. 2175.

[4bis] [DBG 64 Ibis] Beim Ersatz von Beteiligungen können die stillen Reserven auf eine neue Beteiligung übertragen werden, sofern die veräusserte Beteiligung mindestens 10 Prozent des Grund- oder Stammkapitals oder mindestens 10 Prozent des Gewinns und der Reserven der anderen Gesellschaft ausmacht und diese Beteiligung während mindestens eines Jahres im Besitz der Kapitalgesellschaft oder Genossenschaft war.[92]

Vgl.: 28 Ibis.

[5] [DBG 58 III] Leistungen, welche gemischtwirtschaftliche, im öffentlichen Interesse tätige Unternehmen [OR 762 II] überwiegend an nahe stehende Personen erbringen, sind zum jeweiligen Marktpreis, zu den jeweiligen Gestehungskosten zuzüglich eines angemessenen Aufschlages oder zum jeweiligen Endverkaufspreis abzüglich einer angemessenen Gewinnmarge zu bewerten; das Ergebnis eines jeden Unternehmens ist entsprechend zu berichtigen.

Aufwand

25. [24 I a; DBG 59, 67] [1] Zum geschäftsmässig begründeten Aufwand gehören auch:

a. die eidgenössischen, kantonalen und kommunalen Steuern, nicht aber Steuerbussen;
b. [10 I d] die Zuwendungen an Vorsorgeeinrichtungen zugunsten des eigenen Personals, sofern jede zweckwidrige Verwendung ausgeschlossen ist;
c.[93] [9 II i] die freiwilligen Leistungen von Geld und übrigen Vermögenswerten bis zu dem nach kantonalem Recht bestimmten Ausmass an juristische Personen mit Sitz in der Schweiz, die im Hinblick auf ihre öffentlichen oder gemeinnützigen Zwecke von der Steuerpflicht befreit sind

---

91 Eingefügt durch Anhang Ziff. 8 des Fusionsgesetzes vom 3. Okt. 2003, in Kraft seit 1. Juli 2004 (AS **2004** 2617; BBl **2000** 4337).

92 Eingefügt durch Anhang Ziff. 8 des Fusionsgesetzes vom 3. Okt. 2003 (AS **2004** 2617; BBl **2000** 4337). Fassung gemäss Ziff. II 3 des Unternehmenssteuerreformgesetzes II vom 23. März 2007, in Kraft seit 1. Jan. 2009 (AS **2008** 2893; BBl **2005** 4733).

93 Fassung gemäss Anhang Ziff. 4 des BG vom 8. Okt. 2004 (Stiftungsrecht), in Kraft seit 1. Jan. 2006 (AS **2005** 4545; BBl **2003** 8153 8191).

(Art. 23 Abs. 1 Bst. f), sowie an Bund, Kantone, Gemeinden und deren Anstalten (Art. 23 Abs. 1 Bst. a–c);

d. die Rabatte, Skonti, Umsatzbonifikationen und Rückvergütungen auf dem Entgelt für Lieferungen und Leistungen sowie zur Verteilung an die Versicherten bestimmte Überschüsse von Versicherungsgesellschaften.

e.[94] [DBG 59 I e] die Kosten der berufsorientierten Aus- und Weiterbildung, einschliesslich Umschulungskosten, des eigenen Personals.

1bis [10 Ibis] Nicht zum geschäftsmässig begründeten Aufwand gehören Zahlungen von Bestechungsgeldern im Sinne des schweizerischen Strafrechts an schweizerische oder fremde Amtsträger.[95]

2 Vom Reingewinn der Steuerperiode [31 II] werden die Verluste aus den sieben der Steuerperiode (Art. 31 Abs. 2) vorangegangenen Geschäftsjahren abgezogen, soweit sie bei der Berechnung des steuerbaren Reingewinns dieser Jahre nicht berücksichtigt werden konnten.[96]

Vgl.: KS SSK Nr. 27, 15.3.2007, Vermeidung von Ausscheidungsverlusten, S. 2097; KS SSK Nr. 24, 17.12.2003, Verrechnung Vorjahresverluste, S. 2113.

3 [10 III] Mit Leistungen zum Ausgleich einer Unterbilanz [OR 725 I] im Rahmen einer Sanierung, die nicht Kapitaleinlagen im Sinne von Artikel 24 Absatz 2 Buchstabe a sind, können auch Verluste verrechnet werden, die in früheren Geschäftsperioden entstanden und noch nicht mit Gewinnen verrechnet werden konnten.

4 [10 IV] Die Absätze 2 und 3 gelten auch bei Verlegung des Sitzes oder der tatsächlichen Verwaltung innerhalb der Schweiz.[97]

Vgl. zu IV: 4b II, 22, 24 II b; KS SSK Nr. 24, 17.12.2003, Verrechnung Vorjahresverluste, S. 2113.

94 Eingefügt durch Ziff. I 2 des BG vom 27. Sept. 2013 über die steuerliche Behandlung der berufsorientierten Aus- und Weiterbildungskosten, in Kraft seit 1. Jan. 2016 (AS **2014** 1105; BBl **2011** 2607).

95 Eingefügt durch Ziff. II des BG vom 22. Dez. 1999 über die Unzulässigkeit steuerlicher Abzüge von Bestechungsgeldern, in Kraft seit 1. Jan. 2001 (AS **2000** 2147; BBl **1997** II 1037, IV 1336).

96 Fassung gemäss Ziff. I 2 des BG vom 15. Dez. 2000 zur Koordination und Vereinfachung der Veranlagungsverfahren für die direkten Steuern im interkantonalen Verhältnis, in Kraft seit 1. Jan. 2001 (AS **2001** 1050; BBl **2000** 3898).

97 Eingefügt durch Ziff. I 2 des BG vom 15. Dez. 2000 zur Koordination und Vereinfachung der Veranlagungsverfahren für die direkten Steuern im interkantonalen Verhältnis, in Kraft seit 1. Jan. 2001 (AS **2001** 1050; BBl **2000** 3898).

Gewinn von Vereinen, Stiftungen und kollektiven Kapitalanlagen[98]

26. [DBG 66] [1] Die Mitgliederbeiträge an die Vereine [ZGB 60 ff.] und die Einlagen in das Vermögen der Stiftungen [ZGB 80 ff.] werden nicht zum steuerbaren Gewinn gerechnet.

[2] Von den steuerbaren Erträgen der Vereine können die zur Erzielung dieser Erträge erforderlichen Aufwendungen in vollem Umfang abgezogen werden, andere Aufwendungen nur insoweit, als sie die Mitgliederbeiträge übersteigen.

[3] Die kollektiven Kapitalanlagen mit direktem Grundbesitz unterliegen der Gewinnsteuer für den Ertrag aus direktem Grundbesitz [12].[99]

Gewinne von juristischen Personen mit ideellen Zwecken

26a.[100] [DBG 66a] Gewinne von juristischen Personen mit ideellen Zwecken werden nicht besteuert, sofern sie einen nach kantonalem Recht bestimmten Betrag nicht übersteigen und ausschliesslich und unwiderruflich diesen Zwecken gewidmet sind.

2. Abschnitt: Steuerberechnung

Allgemeines

27. [DBG 68] [1] Kapitalgesellschaften und Genossenschaften werden nach dem gleichen Tarif besteuert.

[2] Allfällige Minimalsteuern auf Ersatzfaktoren werden an die Gewinn- und Kapitalsteuern angerechnet.

Besondere Fälle

28. [1] [DBG 69 f.] Ist eine Kapitalgesellschaft oder Genossenschaft zu mindestens 10 Prozent am Grund- oder Stammkapital oder am Gewinn und an den Reserven einer anderen Gesellschaft beteiligt oder haben ihre Beteiligungsrechte einen Verkehrswert von mindestens einer Million Franken, so ermässigt sich die Gewinnsteuer im Verhältnis des Nettoertrages aus den Beteiligungsrechten zum gesamten Reingewinn.[101] Der Nettoertrag entspricht dem Ertrag dieser Beteiligungen abzüglich des darauf entfallenden Finanzierungsaufwandes und eines Beitrages von 5 Prozent zur Deckung des Verwaltungsaufwandes; der Nachweis [ZGB 8] des effektiven Verwaltungsaufwandes bleibt vorbehalten. Als Finanzierungsaufwand gelten Schuldzinsen so-

[98] Fassung gemäss Anhang Ziff. II 7 des Kollektivanlagengesetzes vom 23. Juni 2006, in Kraft seit 1. Jan. 2007 (AS **2006** 5379; BBl **2005** 6395).

[99] Fassung gemäss Anhang Ziff. II 7 des Kollektivanlagengesetzes vom 23. Juni 2006, in Kraft seit 1. Jan. 2007 (AS **2006** 5379; BBl **2005** 6395).

[100] Eingefügt durch Ziff. I 2 des BG vom 20. März 2015 über die Gewinnbesteuerung von juristischen Personen mit ideellen Zwecken, in Kraft seit 1. Jan. 2016 (AS **2015** 2947; BBl **2014** 5369).

[101] Fassung gemäss Ziff. II 3 des Unternehmenssteuerreformgesetzes II vom 23. März 2007, in Kraft seit 1. Jan. 2009 (AS **2008** 2893; BBl **2005** 4733).

wie weiterer Aufwand, der wirtschaftlich den Schuldzinsen gleichzustellen ist.[102]

1bis [DBG 70 IV] Die Kantone können die Ermässigung auf Kapitalgewinne aus Beteiligungen sowie auf Erlöse aus dazugehörigen Bezugsrechten ausdehnen, wenn die veräusserte Beteiligung mindestens 10 Prozent des Grund- oder Stammkapitals einer anderen Gesellschaft betrug oder einen Anspruch auf mindestens 10 Prozent des Gewinns und der Reserven einer anderen Gesellschaft begründete und während mindestens eines Jahres im Besitz der Kapitalgesellschaft oder Genossenschaft war. Fällt die Beteiligungsquote infolge Teilveräusserung unter 10 Prozent, so kann die Ermässigung für jeden folgenden Veräusserungsgewinn nur gewährt werden, wenn die Beteiligungsrechte am Ende des Steuerjahres vor dem Verkauf einen Verkehrswert von mindestens einer Million Franken hatten.[103]

Vgl.: 24 IVbis.

1ter Bei der Berechnung der Ermässigung wird der Veräusserungserlös nur so weit berücksichtigt, als er die Gestehungskosten übersteigt. Wertberichtigungen sowie Abschreibungen auf den Gestehungskosten von Beteiligungen von mindestens 10 Prozent werden dem steuerbaren Gewinn zugerechnet, soweit sie nicht mehr begründet sind.[104]

2 Kapitalgesellschaften und Genossenschaften, deren statutarischer Zweck zur Hauptsache in der dauernden Verwaltung von Beteiligungen besteht und die in der Schweiz keine Geschäftstätigkeit ausüben, entrichten auf dem Reingewinn [24 I] keine Steuer, sofern die Beteiligungen oder die Erträge aus den Beteiligungen längerfristig mindestens zwei Drittel der gesamten Aktiven oder Erträge ausmachen. Erträge aus schweizerischem Grundeigentum solcher Gesellschaften und Genossenschaften werden zum ordentlichen Tarif besteuert [12]. Dabei werden die einer üblichen hypothekarischen Belastung entsprechenden Abzüge gewährt.

Vgl.: 28 I und I^bis^, 24 IIIbis, 29 II b.

---

102 Fassung gemäss Ziff. I 2 des BG vom 10. Okt. 1997 über die Reform der Unternehmensbesteuerung 1997, in Kraft seit 1. Jan. 1998 (AS **1998** 669; BBl **1997** II 1164).

103 Eingefügt durch Ziff. I 2 des BG vom 10. Okt. 1997 über die Reform der Unternehmensbesteuerung 1997 (AS **1998** 669; BBl **1997** II 1164). Fassung gemäss Ziff. II 3 des Unternehmenssteuerreformgesetzes II vom 23. März 2007, in Kraft seit 1. Jan. 2009 (AS **2008** 2893; BBl **2005** 4733).

104 Eingefügt durch Ziff. II 3 des Unternehmenssteuerreformgesetzes II vom 23. März 2007, in Kraft seit 1. Jan. 2009 (AS **2008** 2893; BBl **2005** 4733).

[3] Kapitalgesellschaften, Genossenschaften und Stiftungen, die in der Schweiz eine Verwaltungstätigkeit, aber keine Geschäftstätigkeit ausüben, entrichten die Gewinnsteuer wie folgt:

a. Erträge aus Beteiligungen im Sinne von Absatz 1 sowie Kapital- und Aufwertungsgewinne auf solchen Beteiligungen sind steuerfrei;
b. die übrigen Einkünfte aus der Schweiz werden ordentlich besteuert;
c. die übrigen Einkünfte aus dem Ausland werden nach der Bedeutung der Verwaltungstätigkeit in der Schweiz ordentlich besteuert;
d. der geschäftsmässig begründete Aufwand, der mit bestimmten Erträgen und Einkünften in wirtschaftlichem Zusammenhang steht, wird vorher abgezogen. Verluste auf Beteiligungen im Sinne von Buchstabe a können nur mit Erträgen gemäss Buchstabe a verrechnet werden.[105]

Vgl.: 29 II b.

[4] Kapitalgesellschaften und Genossenschaften, deren Geschäftstätigkeit überwiegend auslandsbezogen ist und die in der Schweiz nur eine untergeordnete Geschäftstätigkeit ausüben, entrichten die Gewinnsteuer gemäss Absatz 3. Die übrigen Einkünfte aus dem Ausland gemäss Absatz 3 Buchstabe c werden nach Massgabe des Umfangs der Geschäftstätigkeit in der Schweiz besteuert.[106]

Vgl.: 52 I und III.

[5] Von der Ermässigung der Gewinnsteuer nach den Absätzen 2–4 sind Einkünfte und Erträge ausgeschlossen, wenn hiefür eine Entlastung von ausländischen Quellensteuern beansprucht wird und der Staatsvertrag die ordentliche Besteuerung in der Schweiz voraussetzt.[107]

[6] Andere Ausnahmen von der ordentlichen Steuerberechnung gemäss Artikel 27 sind nicht zulässig.

---

105 Fassung gemäss Ziff. I 2 des BG vom 10. Okt. 1997 über die Reform der Unternehmensbesteuerung 1997, in Kraft seit 1. Jan. 1998 (AS **1998** 669; BBl **1997** II 1164).

106 Fassung gemäss Ziff. I 2 des BG vom 10. Okt. 1997 über die Reform der Unternehmensbesteuerung 1997, in Kraft seit 1. Jan. 1998 (AS **1998** 669; BBl **1997** II 1164).

107 Fassung gemäss Ziff. I 2 des BG vom 10. Okt. 1997 über die Reform der Unternehmensbesteuerung 1997, in Kraft seit 1. Jan. 1998 (AS **1998** 669; BBl **1997** II 1164).

3. Kapitel: Kapitalsteuer

Steuerobjekt; im Allgemeinen[108]

29. [13] [1] Gegenstand der Kapitalsteuer ist das Eigenkapital.

[2] Das steuerbare Eigenkapital besteht:

a. bei Kapitalgesellschaften und Genossenschaften aus dem einbezahlten Grund- oder Stammkapital, den offenen und den aus versteuertem Gewinn gebildeten stillen Reserven;

b. bei juristischen Personen nach Artikel 28 Absätze 2 und 3 aus dem einbezahlten Grund- oder Stammkapital, den offenen Reserven und jenem Teil der stillen Reserven, der im Falle der Gewinnbesteuerung aus versteuertem Gewinn gebildet worden wäre;

c. bei Vereinen, Stiftungen und den übrigen juristischen Personen aus dem Reinvermögen, wie es nach den Bestimmungen für die natürlichen Personen berechnet wird.

[3] ...[109]

Vgl.: 13 f.; DBG 125 III; KS SSK Nr. 26, 22.6.2006, Bewertung Pflichtlager.

Steuerobjekt; verdecktes Eigenkapital

29*a*.[110] Das steuerbare Eigenkapital von Kapitalgesellschaften und Genossenschaften wird um den Teil des Fremdkapitals erhöht, dem wirtschaftlich die Bedeutung von Eigenkapital zukommt.

Vgl.: 24 I c; BRB 1962, S. 1127; KS ESTV, 6.6.1997, Verdecktes Eigenkapital, S. 1833.

Steuerberechnung

30. [1] Kapitalgesellschaften und Genossenschaften werden nach dem gleichen Tarif besteuert.

[2] Die Kantone können die Gewinnsteuer an die Kapitalsteuer anrechnen.[111]

---

108 Fassung gemäss Ziff. II des BG vom 7. Okt. 1994, in Kraft seit 1. Jan. 1995 (AS **1995** 1449; BBl **1994** II 357).

109 Aufgehoben durch Ziff. II des BG vom 7. Okt. 1994, mit Wirkung seit 1. Jan. 1995 (AS **1995** 1449; BBl **1994** II 357).

110 Eingefügt durch Ziff. II des BG vom 7. Okt. 1994, in Kraft seit 1. Jan. 1995 (AS **1995** 1449; BBl **1994** II 357).

111 Eingefügt durch Ziff. II 3 des Unternehmenssteuerreformgesetzes II vom 23. März 2007, in Kraft seit 1. Jan. 2009 (AS **2008** 2893; BBl **2005** 4733).

4. Kapitel: Zeitliche Bemessung

31. [15 f.; DBG 79 f.] [1] Die Steuern vom Reingewinn und vom Eigenkapital werden für jede Steuerperiode festgesetzt und erhoben.

[2] Als Steuerperiode gilt das Geschäftsjahr. Die Steuerpflichtigen müssen in jedem Kalenderjahr, ausgenommen im Gründungsjahr, einen Geschäftsabschluss mit Bilanz und Erfolgsrechnung erstellen [42 III]. Umfasst ein Geschäftsjahr mehr oder weniger als zwölf Monate, so bestimmt sich der Steuersatz für die Gewinnsteuer nach dem auf zwölf Monate berechneten Reingewinn.

[3] Der steuerbare Reingewinn bemisst sich nach dem Ergebnis der Steuerperiode.

[4] Das steuerbare Eigenkapital bemisst sich nach dem Stand am Ende der Steuerperiode.

Vierter Titel: Quellensteuern für natürliche und juristische Personen

1. Kapitel: Natürliche Personen mit steuerrechtlichem Wohnsitz oder Aufenthalt im Kanton

Geltungsbereich

32. [DBG 83 f.] [1] Ausländische Arbeitnehmer, welche die fremdenpolizeiliche Niederlassungsbewilligung nicht besitzen [AuG 34], im Kanton jedoch steuerrechtlichen Wohnsitz oder Aufenthalt haben [3 I und II], werden für ihr Einkommen aus unselbständiger Erwerbstätigkeit [7 I] einem Steuerabzug an der Quelle unterworfen. Dieser tritt an die Stelle der im ordentlichen Verfahren [40 ff.] zu veranlagenden Steuern. Davon ausgenommen sind Einkünfte, die der Besteuerung nach Artikel 11 Absatz 4 unterstehen. Vorbehalten bleibt die ordentliche Veranlagung nach Artikel 34 Absatz 2.[112]

[2] Ehegatten, die in rechtlich und tatsächlich ungetrennter Ehe leben [ZGB 159], werden im ordentlichen Verfahren veranlagt, wenn einer der Ehegatten das Schweizer Bürgerrecht oder die Niederlassungsbewilligung besitzt.

Vgl.: 3 II.

[3] Die Quellensteuer wird von den Bruttoeinkünften [7 I] berechnet und erstreckt sich auf alle Einkünfte aus unselbstständiger Erwerbstätigkeit, einschliesslich Nebeneinkünfte, geldwerte

[112] Fassung gemäss Anhang Ziff. 5 des BG vom 17. Juni 2005 gegen die Schwarzarbeit, in Kraft seit 1. Jan. 2008 (AS **2007** 359; BBl **2002** 3605).

Vorteile aus Mitarbeiterbeteiligungen [7c ff.] und Naturalleistungen, sowie auf die Ersatzeinkünfte.[113]

Vgl. zu 32–34: VO StHG 4; KS SSK Nr. 19, 31.8.2001, Ersatzbeschaffung mit teilweiser Reinvestition, S. 2126.

Anm.: Gem. BG über die Revision der Quellenbesteuerung des Erwerbseinkommens vom 16.12.2016 wird Art. 32 wie folgt geändert (Referendumsfrist unbenutzt abgelaufen, Inkrafttreten noch offen):

[1 Arbeitnehmer ohne Niederlassungsbewilligung, die im Kanton jedoch steuerrechtlichen Wohnsitz oder Aufenthalt haben, unterliegen für ihr Einkommen aus unselbstständiger Erwerbstätigkeit einer Quellensteuer. Davon ausgenommen sind Einkommen, die der Besteuerung im vereinfachten Abrechnungsverfahren nach Artikel 11 Absatz 4 unterstehen.

2 Ehegatten, die in rechtlich und tatsächlich ungetrennter Ehe leben, unterliegen nicht der Quellensteuer, wenn einer der Ehegatten das Schweizer Bürgerrecht oder die Niederlassungsbewilligung besitzt.

3 Die Quellensteuer wird von den Bruttoeinkünften berechnet.

4 Steuerbar sind:

a. die Einkommen aus unselbstständiger Erwerbstätigkeit nach Absatz 1, die Nebeneinkünfte wie geldwerte Vorteile aus Mitarbeiterbeteiligungen sowie Naturalleistungen, nicht jedoch die vom Arbeitgeber getragenen Kosten der berufsorientierten Aus- und Weiterbildung nach Artikel 7 Absatz 1;

b. die Ersatzeinkünfte; und

c. die Leistungen nach Artikel 18 Absatz 3 des Bundesgesetzes vom 20. Dezember 1946 über die Alters- und Hinterlassenenversicherung (AHVG).]

Ausgestaltung des Steuerabzuges

33. [DBG 85 f.] 1 Der Steuerabzug wird entsprechend den für die Einkommenssteuer natürlicher Personen geltenden Steuersätzen [1 III] festgesetzt und umfasst die eidgenössischen, kantonalen und kommunalen Steuern.

2 Der Steuerabzug für die in rechtlich und tatsächlich ungetrennter Ehe lebenden Ehegatten, die beide erwerbstätig sind, trägt ihrem Gesamteinkommen Rechnung [3 III].

3 Berufskosten, Versicherungsprämien sowie der Abzug für Familienlasten und bei Erwerbstätigkeit beider Ehegatten [9] werden pauschal berücksichtigt.

Anm.: Gem. BG über die Revision der Quellenbesteuerung des Erwerbseinkommens vom 16.12.2016 wird Art. 33 wie folgt geändert und Art. 33a und 33b eingefügt (Referendumsfrist unbenutzt abgelaufen, Inkrafttreten noch offen):

[1 Der Quellensteuerabzug wird auf der Grundlage der für die Einkommenssteuer natürlicher Personen geltenden Steuertarife festgesetzt; er umfasst die eidgenössischen, kantonalen und kommunalen Steuern.

---

113 Fassung gemäss Ziff. I 2 des BG vom 17. Dez. 2010 über die Besteuerung von Mitarbeiterbeteiligungen, in Kraft seit 1. Jan. 2013 (AS **2011** 3259; BBl **2005** 575).

[2] Der Quellensteuerabzug für die in rechtlich und tatsächlich ungetrennter Ehe lebenden Ehegatten, die beide erwerbstätig sind, trägt ihrem Gesamteinkommen Rechnung.

[3] Berufskosten, Versicherungsprämien sowie der Abzug für Familienlasten und bei Erwerbstätigkeit beider Ehegatten werden pauschal berücksichtigt. Die Kantone veröffentlichen die einzelnen Pauschalen.

[4] Die Eidgenössische Steuerverwaltung (ESTV) legt zusammen mit den Kantonen einheitlich fest, wie insbesondere der 13. Monatslohn, Gratifikationen, unregelmässige Beschäftigung, Stundenlöhner, Teilzeit- oder Nebenerwerb sowieLeistungen nach Artikel 18 Absatz 3 AHVG und welche satzbestimmenden Elemente zu berücksichtigen sind. Die ESTV regelt zusammen mit den Kantonen weiter wie bei Tarifwechsel, rückwirkenden Gehaltsanpassungen und -korrekturen, sowie Leistungen vor Beginn und nach Beendigung der Anstellung zu verfahren ist.

Obligatorische nachträgliche ordentliche Veranlagung

33a [1] Personen, die nach Artikel 32 Absatz 1 der Quellensteuer unterliegen, werden nachträglich im ordentlichen Verfahren veranlagt, wenn:

a. ihr Bruttoeinkommen in einem Steuerjahr einen bestimmten Betrag erreicht oder übersteigt; oder

b. sie über Vermögen und Einkünfte verfügen, die nicht der Quellensteuer unterliegen.

[2] Das Eidgenössische Finanzdepartement legt den Betrag nach Absatz 1 Buchstabe a in Zusammenarbeit mit den Kantonen fest.

[3] Der nachträglichen ordentlichen Veranlagung unterliegt auch, wer mit einer Person nach Absatz 1 in rechtlich und tatsächlich ungetrennter Ehe lebt.

[4] Personen mit Vermögen und Einkünften nach Absatz 1 Buchstabe b müssen das Formular für die Steuererklärung bis am 31. März des auf das Steuerjahr folgenden Jahres bei der zuständigen Behörde verlangen.

[5] Die nachträgliche ordentliche Veranlagung gilt bis zum Ende der Quellensteuerpflicht.

[6] Die an der Quelle abgezogene Steuer wird zinslos angerechnet.

Nachträgliche ordentliche Veranlagung auf Antrag

33b [1] Personen, die nach Artikel 32 Absatz 1 der Quellensteuer unterliegen und keine der Voraussetzungen nach Artikel 33a Absatz 1 erfüllen, werden auf Antrag hin nachträglich im ordentlichen Verfahren veranlagt.

[2] Der Antrag erstreckt sich auch auf den Ehegatten, der mit dem Antragsteller in rechtlich und tatsächlich ungetrennter Ehe lebt.

[3] Er muss bis am 31. März des auf das Steuerjahr folgenden Jahres eingereicht werden. Für Personen, die die Schweiz verlassen, endet die Frist für die Einreichung des Antrags im Zeitpunkt der Abmeldung.

[4] Erfolgt keine nachträgliche ordentliche Veranlagung auf Antrag, so tritt die Quellensteuer an die Stelle der im ordentlichen Verfahren zu veranlagenden Steuern des Bundes, des Kantons und der Gemeinde auf dem Erwerbseinkommen. Nachträglich werden keine zusätzlichen Abzüge gewährt.

[5] Artikel 33a Absätze 5 und 6 ist anwendbar.]

34. [DBG 90] [1] Die der Quellensteuer unterliegenden Personen werden für Vermögen [13] und für Einkommen, das dem Steuerabzug an der Quelle nicht unterworfen ist [7], im ordentlichen Verfahren veranlagt [40 ff.]. **Vorbehalt der ordentlichen Veranlagung**

[2] Betragen die dem Steuerabzug an der Quelle unterworfenen Bruttoeinkünfte des Steuerpflichtigen oder seines Ehegatten, der in rechtlich und tatsächlich ungetrennter Ehe lebt, in einem Kalenderjahr mehr als den vom kantonalen Recht festgelegten Betrag, so wird eine nachträgliche Veranlagung durchgeführt. Die an der Quelle abgezogene Steuer wird dabei angerechnet.

Vgl.: KS SSK Nr. 14, 6.7.2001, Interkantonaler Wohnsitzwechsel quellensteuerpflichtige Personen.

Anm.: Gem. BG über die Revision der Quellenbesteuerung des Erwerbseinkommens vom 16.12.2016 wird Art. 34 aufgehoben (Referendumsfrist unbenutzt abgelaufen, Inkrafttreten noch offen).

2. Kapitel: Personen ohne Steuerrechtlichen Wohnsitz oder Aufenthalt in der Schweiz

Anm.: Gem. BG über die Revision der Quellenbesteuerung des Erwerbseinkommens vom 16.12.2016 wird der Gliederungstitel vor Art. 35 wie folgt geändert (Referendumsfrist unbenutzt abgelaufen, Inkrafttreten noch offen):

[2. Kapitel:

Natürliche Personen ohne steuerrechtlichen Wohnsitz oder Aufenthalt in der Schweiz sowie juristische Personen ohne Sitz oder tatsächliche Verwaltung in der Schweiz]

35. [DBG 91 ff.] [1] Dem Steuerabzug an der Quelle [36] unterworfen werden, wenn sie keinen steuerrechtlichen Wohnsitz oder Aufenthalt in der Schweiz haben [3 f.]: **Geltungsbereich**

a. Arbeitnehmer für ihr aus unselbständiger Tätigkeit im Kanton erzieltes Erwerbseinkommen;

b. Künstler, Sportler und Referenten für Einkünfte aus ihrer im Kanton ausgeübten persönlichen Tätigkeit, eingeschlossen die Einkünfte und Entschädigungen, die nicht dem Künstler, Sportler oder Referenten, sondern einem Dritten zufliessen, der seine Tätigkeit organisiert hat;

c.[114] [DBG 93 I] Mitglieder der Verwaltung oder der Geschäftsführung von juristischen Personen mit Sitz oder mit tatsächlicher Verwaltung im Kanton für die ihnen ausgerichteten Tantiemen, Sitzungsgelder, festen Entschädigungen, Mitarbeiterbeteiligungen und ähnlichen Vergütungen;

---

114 Fassung gemäss Ziff. I 2 des BG vom 17. Dez. 2010 über die Besteuerung von Mitarbeiterbeteiligungen, in Kraft seit 1. Jan. 2013 (AS **2011** 3259; BBl **2005** 575).

d.[115] [DBG 93 II] Mitglieder der Verwaltung oder der Geschäftsführung ausländischer Unternehmungen mit Betriebsstätten im Kanton für die ihnen zu Lasten dieser Betriebsstätten ausgerichteten Tantiemen, Sitzungsgelder, festen Entschädigungen, Mitarbeiterbeteiligungen und ähnlichen Vergütungen;

e. Gläubiger und Nutzniesser von Forderungen, die durch Grund- oder Faustpfand auf Grundstücken im Kanton gesichert sind, für die ihnen ausgerichteten Zinsen;

f.[116] Empfänger von Pensionen, Ruhegehältern oder anderen Vergütungen, die sie auf Grund eines früheren öffentlich-rechtlichen Arbeitsverhältnisses von einem Arbeitgeber oder einer Vorsorgeeinrichtung mit Sitz im Kanton erhalten, für diese Leistungen;

g. im Ausland wohnhafte Empfänger von Leistungen aus schweizerischen privatrechtlichen Einrichtungen der beruflichen Vorsorge oder aus anerkannten Formen der gebundenen Selbstvorsorge für diese Leistungen;

h.[117] Arbeitnehmer, die für Arbeit im internationalen Verkehr an Bord eines Schiffes oder eines Luftfahrzeuges oder bei einem Transport auf der Strasse Lohn oder andere Vergütungen von einem Arbeitgeber mit Sitz oder Betriebsstätte im Kanton erhalten für diese Leistungen; davon ausgenommen bleibt die Besteuerung der Seeleute für Arbeit an Bord eines Hochseeschiffes;

i.[118] [DBG 97a I] Personen, die im Zeitpunkt des Zuflusses von geldwerten Vorteilen aus Mitarbeiterbeteiligungen gemäss Artikel 7*d* Absatz 3 im Ausland wohnhaft sind, nach Artikel 7*f*[119] anteilsmässig für den geldwerten Vorteil.

2 Der Steuerabzug tritt an die Stelle der im ordentlichen Verfahren zu veranlagenden Steuern des Bundes, des Kantons und der Gemeinde.

Anm.: Gem. BG über die Revision der Quellenbesteuerung des Erwerbseinkommens vom 16.12.2016 wird Art. 35 Abs. 1 Einleitungssatz,

---

115 Fassung gemäss Ziff. I 2 des BG vom 17. Dez. 2010 über die Besteuerung von Mitarbeiterbeteiligungen, in Kraft seit 1. Jan. 2013 (AS **2011** 3259; BBl **2005** 575).

116 Fassung gemäss Ziff. I 6 des BG vom 19. März 1999 über das Stabilisierungsprogramm 1998, in Kraft seit 1. Jan. 2001 (AS **1999** 2374; BBl **1999** 4).

117 Fassung gemäss Anhang 2 Ziff. II 3 des Landesversorgungsgesetzes vom 17. Juni 2016, in Kraft seit 1. Juni 2017 (AS **2017** 3097; BBl **2014** 7119).

118 Eingefügt durch Ziff. I 2 des BG vom 17. Dez. 2010 über die Besteuerung von Mitarbeiterbeteiligungen, in Kraft seit 1. Jan. 2013 (AS **2011** 3259; BBl **2005** 575).

119 Berichtigt von der Redaktionskommission der BVers (Art. 58 Abs. 1, ParlG; SR **171.10**).

Bst. h und Abs. 2 wie folgt geändert und Abs. 1 Bst. j eingefügt (Referendumsfrist unbenutzt abgelaufen, Inkrafttreten noch offen):

[1 Folgende natürliche Personen ohne steuerrechtlichen Wohnsitz oder Aufenthalt in der Schweiz sowie folgende juristische Personen ohne Sitz oder tatsächliche Verwaltung in der Schweiz unterliegen der Quellensteuer:

h. Arbeitnehmer, die für Arbeit im internationalen Verkehr an Bord eines Schiffes oder eines Luftfahrzeuges oder bei einem Transport auf der Strasse für diese Leistungen Lohn oder andere Vergütungen von einem Arbeitgeber mit Sitz oder Betriebsstätte im Kanton erhalten; davon ausgenommen bleibt die Besteuerung der Seeleute für Arbeit an Bord eines Hochseeschiffes;

j. Empfänger, die Leistungen nach Artikel 18 Absatz 3 AHVG erhalten, für diese Leistungen.

2 Davon ausgenommen sind Einkommen, die der Besteuerung im vereinfachten Abrechnungsverfahren nach Artikel 11 Absatz 4 unterstehen.]

Anm.: Gem. BG über die Revision der Quellenbesteuerung des Erwerbseinkommens vom 16.12.2016 werden Art. 35a und 35b eingefügt (Referendumsfrist unbenutzt abgelaufen, Inkrafttreten noch offen):

[Nachträgliche ordentliche Veranlagung auf Antrag

35a 1 Personen, die nach Artikel 35 Absatz 1 Buchstabe a oder h der Quellensteuer unterliegen, können für jede Steuerperiode bis am 31. März des auf das Steuerjahr folgenden Jahres eine nachträgliche ordentliche Veranlagung beantragen, wenn:

a. der überwiegende Teil ihrer weltweiten Einkünfte, einschliesslich der Einkünfte des Ehegatten, in der Schweiz steuerbar ist;

b. ihre Situation mit derjenigen einer in der Schweiz wohnhaften steuerpflichtigen Person vergleichbar ist; oder

c. eine solche Veranlagung erforderlich ist, um Abzüge geltend zu machen, die in einem Doppelbesteuerungsabkommen vorgesehen sind.

2 Die an der Quelle abgezogene Steuer wird zinslos angerechnet.

3 Das Eidgenössische Finanzdepartement präzisiert in Zusammenarbeit mit den Kantonen die Voraussetzungen nach Absatz 1 und regelt das Verfahren.

Nachträgliche ordentliche Veranlagung von Amtes wegen

35b 1 Bei stossenden Verhältnissen, insbesondere betreffend die im Quellensteuersatz einberechneten Pauschalabzüge, können die zuständigen kantonalen Steuerbehörden von Amtes wegen eine nachträgliche ordentliche Veranlagung zugunsten oder zuungunsten der steuerpflichtigen Person verlangen.

2 Das Eidgenössische Finanzdepartement legt in Zusammenarbeit mit den Kantonen die Voraussetzungen fest.]

Ausgestaltung des Steuerabzuges

36. 1 In den Fällen von Artikel 35 Absatz 1 Buchstaben a und h wird die Quellensteuer nach den Vorschriften der Artikel 32 und 33 erhoben.

2 In den Fällen von Artikel 35 Absatz 1 Buchstabe b wird die Quellensteuer von den Bruttoeinkünften nach Abzug der Gewinnungskosten [9 I] erhoben.

3 In den Fällen von Artikel 35 Absatz 1 Buchstaben c–g wird die Quellensteuer von den Bruttoeinkünften berechnet.

Anm.: Gem. BG über die Revision der Quellenbesteuerung des Erwerbseinkommens vom 16.12.2016 wird Art. 36 Abs. 2 wie folgt geändert und 36a eingefügt (Referendumsfrist unbenutzt abgelaufen, Inkrafttreten noch offen):

[2 In den Fällen von Artikel 35 Absatz 1 Buchstabe b wird die Quellensteuer von den Bruttoeinkünften nach Abzug der Gewinnungskosten erhoben. Diese betragen:

a. 50 Prozent der Bruttoeinkünfte bei Künstlern;

b. 20 Prozent der Bruttoeinkünfte bei Sportlern sowie Referenten.

Abgegoltene Steuer

36a 1 Die Quellensteuer tritt an die Stelle der im ordentlichen Verfahren zu veranlagenden Steuern des Bundes, des Kantons und der Gemeinde auf dem Erwerbseinkommen. Nachträglich werden keine zusätzlichen Abzüge gewährt.

2 Bei Zweiverdienerehepaaren kann eine Korrektur des steuersatzbestimmenden Erwerbseinkommens für den Ehegatten vorgesehen werden.]

3. Kapitel: Pflichten des Schuldners der steuerbaren Leistung

37. [DBG 88, 100] 1 Der Schuldner der steuerbaren Leistung (Art. 32 und 35) haftet für die Entrichtung der Quellensteuer. Er ist verpflichtet:

a. die geschuldete Steuer bei Fälligkeit seiner Leistung zurückzubehalten oder vom Steuerpflichtigen einzufordern;

b. dem Steuerpflichtigen eine Bestätigung über den Steuerabzug auszustellen;

c. die Steuern der zuständigen Steuerbehörde abzuliefern.

d.[120] [DBG 100 I d] die anteilsmässigen Steuern auf im Ausland ausgeübten Mitarbeiteroptionen zu entrichten; die Arbeitgeberin schuldet die anteilsmässige Steuer auch dann, wenn der geldwerte Vorteil von einer ausländischen Konzerngesellschaft ausgerichtet wird.

2 Der Steuerabzug ist auch dann vorzunehmen, wenn der Steuerpflichtige in einem andern Kanton steuerpflichtig [3] ist.

3 Der Schuldner erhält eine Bezugsprovision.

Vgl.: 49.

Anm.: Gem. BG über die Revision der Quellenbesteuerung des Erwerbseinkommens vom 16.12.2016 wird Art. 37 Abs. 2 und 3 wie folgt geändert (Referendumsfrist unbenutzt abgelaufen, Inkrafttreten noch offen):

[2 Der Quellensteuerabzug ist auch dann vorzunehmen, wenn die steuerpflichtige Person in einem andern Kanton steuerpflichtig ist.

---

120 Eingefügt durch Ziff. I 2 des BG vom 17. Dez. 2010 über die Besteuerung von Mitarbeiterbeteiligungen, in Kraft seit 1. Jan. 2013 (AS **2011** 3259; BBl **2005** 575).

³ Der Schuldner der steuerbaren Leistung erhält eine Bezugsprovision von 1 bis 2 Prozent des gesamten Quellensteuerbetrags; die zuständige Steuerbehörde setzt die Bezugsprovision fest. Für Kapitalleistungen beträgt die Bezugsprovision 1 Prozent des gesamten Quellensteuerbetrags, jedoch höchstens 50 Franken pro Kapitalleistung für die Quellensteuer von Bund, Kanton und Gemeinde.]

4. Kapitel: Interkantonales Verhältnis

Anm.: Gem. BG über die Revision der Quellenbesteuerung des Erwerbseinkommens vom 16.12.2016 wird der Gliederungstitel vor Art. 38 wie folgt geändert (Referendumsfrist unbenutzt abgelaufen, Inkrafttreten noch offen):

[4. Kapitel: Örtliche Zuständigkeit und interkantonales Verhältnis]

38. [DBG 111] ¹ Die Kantone leisten einander bei der Erhebung der Quellensteuer unentgeltliche Amts- und Rechtshilfe [39]. Die nach Artikel 37 Absatz 2 bezogene Quellensteuer wird dem Kanton überwiesen, der zur Besteuerung befugt ist.

² Die Verpflichtung des Schuldners zum Steuerabzug richtet sich nach dem Recht des Kantons, in welchem der Schuldner Sitz oder Betriebsstätte hat.

³ Der Steuerpflichtige wird nach dem Recht des Kantons besteuert, der zur Besteuerung befugt ist [3 f.]. Die von einem ausserkantonalen Schuldner abgezogene und überwiesene Steuer wird an die geschuldete Steuer angerechnet; zuviel bezogene Steuern werden zurückerstattet, zuwenig bezogene Steuern nachgefordert.

⁴ Verlegt eine nach den Artikeln 32, 33 und 34 Absatz 2 steuerpflichtige natürliche Person innerhalb der Schweiz ihren Wohnsitz oder Aufenthalt [3 I], so steht dem jeweiligen Wohnsitz- oder Aufenthaltskanton das Besteuerungsrecht im Verhältnis zur Dauer der Steuerpflicht zu [VO StHG 4].[121]

Vgl. zu IV: KS SSK Nr. 16, 31.8.2001, VO zum StHG, S. 2175.

Anm.: Gem. BG über die Revision der Quellenbesteuerung des Erwerbseinkommens vom 16.12.2016 wird Art. 38 wie folgt geändert und 38a eingefügt (Referendumsfrist unbenutzt abgelaufen, Inkrafttreten noch offen):

38 ¹ Der Schuldner der steuerbaren Leistung berechnet und erhebt die Quellensteuer wie folgt: *[Örtliche Zuständigkeit*

a. für Arbeitnehmer nach Artikel 32: nach dem Recht jenes Kantons, in dem der Arbeitnehmer bei Fälligkeit der steuerbaren Leistung seinen steuerrechtlichen Wohnsitz oder Aufenthalt hat;

121 Eingefügt durch Ziff. I 2 des BG vom 15. Dez. 2000 zur Koordination und Vereinfachung der Veranlagungsverfahren für die direkten Steuern im interkantonalen Verhältnis, in Kraft seit 1. Jan. 2001 (AS **2001** 1050; BBl **2000** 3898).

b. für Personen nach Artikel 35 Absatz 1 Buchstaben a und c–i: nach dem Recht jenes Kantons, in dem der Schuldner der steuerbaren Leistung bei Fälligkeit der steuerbaren Leistung seinen steuerrechtlichen Wohnsitz oder Aufenthalt oder seinen Sitz oder die Verwaltung hat; wird die steuerbare Leistung von einer Betriebsstätte in einem anderen Kanton oder von der Betriebsstätte eines Unternehmens ohne Sitz oder tatsächliche Verwaltung in der Schweiz ausgerichtet, so richten sich die Berechnung und die Erhebung der Quellensteuer nach dem Recht des Kantons, in dem die Betriebsstätte liegt;

c. für Personen nach Artikel 35 Absatz 1 Buchstabe b: nach dem Recht jenes Kantons, in dem der Künstler, Sportler oder Referent seine Tätigkeit ausübt.

2 Ist der Arbeitnehmer nach Artikel 35 Wochenaufenthalter, so gilt Absatz 1 Buchstabe a sinngemäss.

3 Der Schuldner der steuerbaren Leistung überweist die Quellensteuer an den nach Absatz 1 zuständigen Kanton.

4 Für die nachträgliche ordentliche Veranlagung ist zuständig:

a. für Arbeitnehmer nach Absatz 1 Buchstabe a: der Kanton, in dem die steuerpflichtige Person am Ende der Steuerperiode oder der Steuerpflicht ihren steuerrechtlichen Wohnsitz oder Aufenthalt hatte;

b. für Personen nach Absatz 1 Buchstabe b: der Kanton, in dem die steuerpflichtige Person am Ende der Steuerperiode oder der Steuerpflicht erwerbstätig war;

c. für Arbeitnehmer nach Absatz 2: der Kanton, in dem die steuerpflichtige Person am Ende der Steuerperiode oder der Steuerpflicht Wochenaufenthalt hatte.

Interkantonales Verhältnis

38a 1 Der nach Artikel 38 Absatz 4 zuständige Kanton hat Anspruch auf allfällige im Kalenderjahr an andere Kantone überwiesene Quellensteuerbeträge. Zu viel bezogene Steuern werden dem Arbeitnehmer zurückerstattet, zu wenig bezogene Steuern nachgefordert.

2 Die Kantone leisten einander bei der Erhebung der Quellensteuer unentgeltliche Amts- und Rechtshilfe.]

Fünfter Titel: Verfahrensrecht

1. Kapitel: Verfahrensgrundsätze und Veranlagungsverfahren

Amtspflichten

39. [DBG 110–112] 1 Die mit dem Vollzug der Steuergesetze betrauten Personen sind zur Geheimhaltung verpflichtet. Vorbehalten bleibt die Auskunftspflicht, soweit hiefür eine gesetzliche Grundlage im Bundesrecht oder im kantonalen Recht besteht.

2 Die Steuerbehörden erteilen einander kostenlos die benötigten Auskünfte und gewähren einander Einsicht in die amtlichen Akten. Ist eine Person mit Wohnsitz oder Sitz im Kanton aufgrund der Steuererklärung auch in einem andern Kanton steuerpflichtig [4, 21], so gibt die Veranlagungsbehörde der Steuerbehörde des andern Kantons Kenntnis von der Steuererklärung und von der Veranlagung.

Vgl.: StGB 320; KS SSK Nr. 21, 28.11.2001, Auswirkungen auf mehrere Steuerhoheiten, S. 2120; KS SSK Nr. 16, 31.8.2001, VO zum StHG, S. 2175.

3 Die Behörden des Bundes, der Kantone, Bezirke, Kreise und Gemeinden erteilen den mit dem Vollzug der Steuergesetze betrauten Behörden auf Ersuchen hin alle Auskünfte, die für die Anwendung dieser Gesetze erforderlich sind. Sie können diese Behörden von sich aus darauf aufmerksam machen, wenn sie vermuten, dass eine Veranlagung unvollständig ist.

4 Die Behörden nach den Absätzen 2 und 3 sind berechtigt, die Versichertennummer der Alters- und Hinterlassenenversicherung gemäss den Bestimmungen des Bundesgesetzes vom 20. Dezember 1946[122] über die Alters- und Hinterlassenenversicherung für die Erfüllung ihrer gesetzlichen Aufgaben systematisch zu verwenden.[123]

Vgl.: KS SSK Nr. 15, 31.8.2001, Verfahrensvereinfachung im interkantonalen Verhältnis, S. 2183.

Datenbearbeitung

39*a*.[124] [DBG 112a] 1 Die Eidgenössische Steuerverwaltung und die Behörden nach Artikel 39 Absatz 2 geben einander die Daten weiter, die für die Erfüllung ihrer Aufgaben dienlich sein können. Die Behörden nach Artikel 39 Absatz 3 geben der Steuerbehörde die Daten weiter, die für die Durchführung dieses Gesetzes von Bedeutung sein können.

2 Die Daten werden einzeln, auf Listen oder auf elektronischen Datenträgern übermittelt. Sie können auch mittels eines Abrufverfahrens zugänglich gemacht werden. Diese Amtshilfe ist kostenlos.

3 Es sind alle diejenigen Daten von Steuerpflichtigen weiterzugeben, die zur Veranlagung und Erhebung der Steuer dienen können, namentlich:

a. die Personalien;
b. Angaben über den Zivilstand, den Wohn- und Aufenthaltsort, die Aufenthaltsbewilligung und die Erwerbstätigkeit;
c. Rechtsgeschäfte;
d. Leistungen eines Gemeinwesens.

Vgl.: BV 13 II; DSG 17 I; VStG 36a; StG 32a; MWSTG 76.

Verfahrensrechtliche Stellung der Ehegatten

40. [DBG 113] 1 Ehegatten, die in rechtlich und tatsächlich ungetrennter Ehe leben [ZGB 159], üben die nach diesem Gesetz

---

122 SR **831.10**

123 Eingefügt durch Anhang Ziff. 6 des BG vom 23. Juni 2006 (Neue AHV-Versichertennummer), in Kraft seit 1. Dez. 2007 (AS **2007** 5259; BBl **2006** 501).

124 Eingefügt durch Ziff. VI 4 des BG vom 24. März 2000 über die Schaffung und die Anpassung gesetzlicher Grundlagen für die Bearbeitung von Personendaten, in Kraft seit 1. Sept. 2000 (AS **2000** 1891; BBl **1999** 9005).

dem Steuerpflichtigen zukommenden Verfahrensrechte und -pflichten [41 f.] gemeinsam aus.

2 Sie unterschreiben die Steuererklärung gemeinsam. Ist die Steuererklärung nur von einem der beiden Ehegatten unterzeichnet, so wird dem nicht unterzeichnenden Ehegatten eine Frist eingeräumt. Nach deren unbenutztem Ablauf wird die vertragliche Vertretung unter Ehegatten angenommen.

3 Rechtsmittel und andere Eingaben gelten als rechtzeitig eingereicht, wenn ein Ehegatte innert Frist handelt.

Vgl.: 3 III und IV, 57 IV; BV 8 III.

Verfahrensrechte des Steuerpflichtigen

41. [DBG 114–116] 1 Der Steuerpflichtige [3 f., 20 f.] kann die Akten, die er eingereicht oder unterzeichnet hat, einsehen. Die übrigen Akten stehen ihm nach Ermittlung des Sachverhaltes offen, soweit nicht öffentliche oder private Interessen entgegenstehen.

2 Die vom Steuerpflichtigen angebotenen Beweise müssen abgenommen werden, soweit sie geeignet sind, die für die Veranlagung erheblichen Tatsachen festzustellen.

3 Veranlagungsverfügungen werden dem Steuerpflichtigen schriftlich eröffnet und müssen eine Rechtsmittelbelehrung enthalten. Andere Verfügungen und Entscheide sind ausserdem zu begründen.

Vgl.: BV 29 II.

Verfahrenspflichten des Steuerpflichtigen

42. [DBG 126] 1 Der Steuerpflichtige [3 f., 20 f.] muss alles tun, um eine vollständige und richtige Veranlagung [46 I] zu ermöglichen.

2 Er muss auf Verlangen der Veranlagungsbehörde insbesondere mündlich oder schriftlich Auskunft erteilen, Geschäftsbücher [OR 957 ff.], Belege und weitere Bescheinigungen sowie Urkunden über den Geschäftsverkehr vorlegen.

3 Natürliche Personen mit Einkommen aus selbständiger Erwerbstätigkeit [8] und juristische Personen [20 I] müssen der Steuererklärung beilegen:

a. die unterzeichneten Jahresrechnungen (Bilanzen, Erfolgsrechnungen) [OR 957] der Steuerperiode; oder
b. bei vereinfachter Buchführung nach Artikel 957 Absatz 2 des Obligationenrechts (OR)[125]: Aufstellungen über Einnahmen und Ausgaben, über die Vermögenslage sowie über Privatentnahmen und -einlagen der Steuerperiode.[126]

---

125 SR **220**

126 Fassung gemäss Ziff. I 3 des Steuererlassgesetzes vom 20. Juni 2014, in Kraft seit 1. Jan. 2016 (AS **2015** 9; BBl **2013** 8435).

[4] Die Art und Weise der Führung und der Aufbewahrung der Dokumente nach Absatz 3 richtet sich nach den Artikeln 957–958*f* OR.[127]

Vgl.: 43, 46 III, 49 I, 55 ff.; BV 36 III; StGB 321; VASR, S. 577; KS SSK Nr. 30, 22.8.2007, Trusts, S. 2024.

Bescheinigungspflicht Dritter

43. [DBG 127] [1] Dritte, die mit dem Steuerpflichtigen in einem Vertragsverhältnis stehen oder standen, müssen ihm das gemeinsame Vertragsverhältnis und die beiderseitigen Ansprüche und Leistungen bescheinigen.

[2] Reicht der Steuerpflichtige die Bescheinigung trotz Mahnung nicht ein, so kann die Steuerbehörde diese vom Dritten einfordern. Das gesetzlich geschützte Berufsgeheimnis [StGB 321; BankG 47 1.; BEHG 43] bleibt gewahrt.

Vgl.: 44 f., 55 ff.; StGB 292.

Auskunftspflicht Dritter

44. [DBG 128] Gesellschafter [OR 530, 552, 594], Miteigentümer [ZGB 646] und Gesamteigentümer [ZGB 652] müssen auf Verlangen den Steuerbehörden über ihr Rechtsverhältnis zum Steuerpflichtigen Auskunft erteilen.

Vgl.: 49 I, 55 ff., 59 I; StGB 292.

Meldepflicht Dritter

45. [DBG 129] Den Veranlagungsbehörden müssen für jede Steuerperiode eine Bescheinigung einreichen:

a. die juristischen Personen [ZGB 52 ff.] über die den Mitgliedern der Verwaltung und anderer Organe ausgerichteten Leistungen; Stiftungen [ZGB 80] reichen zusätzlich eine Bescheinigung über die ihren Begünstigten erbrachten Leistungen ein;
b. die Einrichtungen der beruflichen Vorsorge [BVG 48] und der gebundenen Selbstvorsorge [BVV 3 1] über die den Vorsorgenehmern oder Begünstigten erbrachten Leistungen;
c. die einfachen Gesellschaften und Personengesellschaften [OR 552 ff., 594 ff.] über alle Verhältnisse, die für die Veranlagung der Teilhaber von Bedeutung sind, insbesondere über ihren Anteil an Einkommen und Vermögen der Gesellschaft;
d.[128] die kollektiven Kapitalanlagen mit direktem Grundbesitz [20 I] über die Verhältnisse, die für die Besteuerung des direkten Grundbesitzes und dessen Erträge massgeblich sind.

---

[127] Eingefügt durch Ziff. I 3 des Steuererlassgesetzes vom 20. Juni 2014, in Kraft seit 1. Jan. 2016 (AS **2015** 9; BBl **2013** 8435).

[128] Fassung gemäss Anhang Ziff. II 7 des Kollektivanlagengesetzes vom 23. Juni 2006, in Kraft seit 1. Jan. 2007 (AS **2006** 5379; BBl **2005** 6395).

e.[129] [DBG 129 I d] die Arbeitgeber über die geldwerten Vorteile aus echten Mitarbeiterbeteiligungen sowie über die Zuteilung und die Ausübung von Mitarbeiteroptionen.

Vgl.: 55 ff.

Veranlagung

46. [DBG 130 f.] [1] Die Veranlagungsbehörde prüft die Steuererklärung und nimmt die erforderlichen Untersuchungen vor.

Vgl.: BV 29 II; ZGB 8.

[2] Abweichungen von der Steuererklärung gibt sie dem Steuerpflichtigen spätestens bei der Eröffnung der Veranlagungsverfügung [41 III] bekannt.

[3] Hat der Steuerpflichtige trotz Mahnung seine Verfahrenspflichten [42] nicht erfüllt oder können die Steuerfaktoren mangels zuverlässiger Unterlagen [42 II und III, 43 f.] nicht einwandfrei ermittelt werden, so nimmt die Veranlagungsbehörde die Veranlagung nach pflichtgemässem Ermessen vor [48 II].

Vgl.: 56; VO StHG 2.

Verjährung

47. [DBG 120 f.] [1] Das Recht, eine Steuer zu veranlagen [46 I], verjährt fünf Jahre, bei Stillstand oder Unterbrechung der Verjährung spätestens 15 Jahre nach Ablauf der Steuerperiode [15 I, 19, 31 II].

[2] Steuerforderungen verjähren fünf Jahre, nachdem die Veranlagung rechtskräftig geworden ist, bei Stillstand oder Unterbrechung der Verjährung jedoch spätestens zehn Jahre nach Ablauf des Jahres, in dem die Steuern rechtskräftig festgesetzt worden sind.

Einsprache

48. [DBG 132 I] [1] Gegen die Veranlagungsverfügung [46 I] kann der Steuerpflichtige innert 30 Tagen nach Zustellung bei der Veranlagungsbehörde schriftlich Einsprache erheben.

[2] [DBG 132 III] Eine Veranlagung nach pflichtgemässem Ermessen [46 III] kann der Steuerpflichtige nur wegen offensichtlicher Unrichtigkeit anfechten. Die Einsprache ist zu begründen und muss allfällige Beweismittel nennen [46 III].

Vgl.: 55.

[3] [DBG 134 I] Im Einspracheverfahren hat die Veranlagungsbehörde die gleichen Befugnisse wie im Veranlagungsverfahren [39, 42 ff.].

[4] [DBG 135 I] Die Veranlagungsbehörde entscheidet gestützt auf die Untersuchung über die Einsprache. Sie kann alle Steuer-

---

129 Eingefügt durch Ziff. I 2 des BG vom 17. Dez. 2010 über die Besteuerung von Mitarbeiterbeteiligungen, in Kraft seit 1. Jan. 2013 (AS **2011** 3259; BBl **2005** 575).

faktoren neu festsetzen und, nach Anhören des Steuerpflichtigen, die Veranlagung auch zu dessen Nachteil abändern.

Vgl.: 50.

Verfahren bei Erhebung der Quellensteuer

49. [DBG 136–138] 1 Der Steuerpflichtige [32, 35] und der Schuldner [37] der steuerbaren Leistung müssen auf Verlangen über die für die Erhebung der Quellensteuer massgebenden Verhältnisse Auskunft erteilen [42 II].

2 Wird der Steuerabzug bestritten, so erlässt die Veranlagungsbehörde eine Verfügung [41 III; VwVG 5] über Bestand und Umfang der Steuerpflicht. Der Betroffene kann dagegen Einsprache [48] erheben.

3 Hat der Schuldner der steuerbaren Leistung den Steuerabzug nicht oder ungenügend vorgenommen, so verpflichtet ihn die Veranlagungsbehörde zur Nachzahlung. Der Rückgriff des Schuldners auf den Steuerpflichtigen [32, 35] bleibt vorbehalten.

Vgl.: 55 ff.

4 Hat der Schuldner der steuerbaren Leistung einen zu hohen Steuerabzug vorgenommen, so muss er dem Steuerpflichtigen die Differenz zurückzahlen.

Vgl.: 37 I.

Anm.: Gem. BG über die Revision der Quellenbesteuerung des Erwerbseinkommens vom 16.12.2016 wird Art. 49 Abs. 2 wie folgt geändert und Abs. 2bis, 2ter und 5 eingefügt (Referendumsfrist unbenutzt abgelaufen, Inkrafttreten noch offen):

[2 Die steuerpflichtige Person kann von der Veranlagungsbehörde bis am 31. März des auf die Fälligkeit der Leistung folgenden Steuerjahres eine Verfügung über Bestand und Umfang der Steuerpflicht verlangen, wenn sie:

a. mit dem Quellensteuerabzug gemäss Bescheinigung nach Artikel 37 nicht einverstanden ist; oder

b. die Bescheinigung nach Artikel 37 vom Arbeitgeber nicht erhalten hat.

2bis Der Schuldner der steuerbaren Leistung kann von der Veranlagungsbehörde bis am 31. März des auf die Fälligkeit der Leistung folgenden Steuerjahres eine Verfügung über Bestand und Umfang der Steuerpflicht verlangen.

2ter Er bleibt bis zum rechtskräftigen Entscheid verpflichtet, die Quellensteuer zu erheben.

5 Die steuerpflichtige Person kann von der Veranlagungsbehörde zur Nachzahlung der von ihr geschuldeten Quellensteuer verpflichtet werden, wenn die ausbezahlte steuerbare Leistung nicht oder nicht vollständig um die Quellensteuer gekürzt wurde und ein Nachbezug beim Schuldner der steuerbaren Leistung nicht möglich ist.]

2. Kapitel: Rekursverfahren

50. [DBG 140, 145 I] [1] Der Steuerpflichtige [3 f., 20 f.] kann gegen den Einspracheentscheid [48 IV] innert 30 Tagen nach Zustellung bei einer von der Steuerbehörde unabhängigen Justizbehörde [BV 29 I; EMRK 6 I] schriftlich Rekurs erheben.

[2] Der Rekurs ist zu begründen. Es können alle Mängel des angefochtenen Entscheides und des vorangegangenen Verfahrens gerügt werden.

Vgl.: 40 III; RS ESTV Nr. 5, 24.3.2004, Parallelität Instanzenzug, S. 1998.

[3] Der Steuerpflichtige und die kantonale Steuerverwaltung können den Rekursentscheid an eine weitere verwaltungsunabhängige kantonale Instanz ziehen, wenn das kantonale Recht dies vorsieht.

Vgl.: 2a III; BGG 111.

3. Kapitel: Änderungen rechtskräftiger Verfügungen und Entscheide

Revision

51. [DBG 147–149] [1] Eine rechtskräftige Verfügung [46 I] oder ein rechtskräftiger Entscheid [48 IV, 50] kann auf Antrag oder von Amtes wegen zugunsten des Steuerpflichtigen revidiert werden:

a. wenn erhebliche Tatsachen oder entscheidende Beweismittel entdeckt werden;
b. wenn die erkennende Behörde erhebliche Tatsachen oder entscheidende Beweismittel, die ihr bekannt waren oder bekannt sein mussten, ausser acht gelassen oder in anderer Weise wesentliche Verfahrensgrundsätze [39 ff.] verletzt hat;
c. wenn ein Verbrechen [StGB 10 II] oder ein Vergehen [StGB 10 III] die Verfügung oder den Entscheid beeinflusst hat.

[2] Die Revision ist ausgeschlossen, wenn der Antragsteller als Revisionsgrund vorbringt, was er bei der ihm zumutbaren Sorgfalt schon im ordentlichen Verfahren hätte geltend machen können [42].

[3] Das Revisionsbegehren muss innert 90 Tagen nach Entdeckung des Revisionsgrundes [51 I], spätestens aber innert zehn Jahren nach Eröffnung der Verfügung [41 III] oder des Entscheides [48 f., 50] eingereicht werden.

[4] Für die Behandlung des Revisionsbegehrens ist die Behörde zuständig, welche die fragliche Verfügung oder den fraglichen Entscheid erlassen hat.

52. [DBG 150 I] Rechnungsfehler und Schreibversehen in rechtskräftigen Verfügungen und Entscheiden können innert fünf Jahren nach der Eröffnung auf Antrag oder von Amtes wegen von der Behörde berichtigt werden, der sie unterlaufen sind.

Rechnungsfehler und Schreibversehen

53. [DBG 151–153] 1 Ergibt sich aufgrund von Tatsachen oder Beweismitteln, die der Steuerbehörde nicht bekannt waren [46 I], dass eine Veranlagung zu Unrecht unterblieben oder eine rechtskräftige Veranlagung unvollständig ist, oder ist eine unterbliebene oder unvollständige Veranlagung auf ein Verbrechen [StGB 10 II] oder Vergehen [StGB 10 III] gegen die Steuerbehörde zurückzuführen, so wird die nicht erhobene Steuer samt Zins als Nachsteuer eingefordert. Wegen ungenügender Bewertung allein kann keine Nachsteuer erhoben werden.

Ordentliche Nachsteuer[130]

2 Das Recht, ein Nachsteuerverfahren einzuleiten, erlischt zehn Jahre nach Ablauf der Steuerperiode [15 I, 19, 31 II], für die eine Veranlagung [46 I] zu Unrecht unterblieben oder eine rechtskräftige Veranlagung unvollständig ist.

3 Das Recht, die Nachsteuer festzusetzen, erlischt 15 Jahre nach Ablauf der Steuerperiode, auf die sie sich bezieht.

4 Wenn bei Einleitung eines Nachsteuerverfahrens ein Strafverfahren wegen Steuerhinterziehung [56] weder eingeleitet wird, noch hängig ist, noch von vornherein ausgeschlossen werden kann, wird die steuerpflichtige Person auf die Möglichkeit der späteren Einleitung eines solchen Strafverfahrens aufmerksam gemacht.[131]

53*a*.[132] [DBG 153a] 1 Alle Erben haben unabhängig voneinander Anspruch auf eine vereinfachte Nachbesteuerung der vom Erblasser hinterzogenen Bestandteile von Vermögen und Einkommen, wenn:

Vereinfachte Nachbesteuerung von Erben

a. die Hinterziehung keiner Steuerbehörde bekannt ist;
b. sie die Verwaltung bei der Feststellung der hinterzogenen Vermögens- und Einkommenselemente vorbehaltlos unterstützen; und

---

130 Fassung gemäss Ziff. I 2 des BG vom 20. März 2008 über die Vereinfachung der Nachbesteuerung in Erbfällen und die Einführung der straflosen Selbstanzeige, in Kraft seit 1. Jan. 2010 (AS **2008** 4453; BBl **2006** 8795).

131 Eingefügt durch Ziff. I 2 des BG vom 20. Dez. 2006 über Änderungen des Nachsteuerverfahrens und des Strafverfahrens wegen Steuerhinterziehung auf dem Gebiet der direkten Steuern, in Kraft seit 1. Jan. 2008 (AS **2007** 2973; BBl **2006** 4021 4039).

132 Eingefügt durch Ziff. I 2 des BG vom 20. März 2008 über die Vereinfachung der Nachbesteuerung in Erbfällen und die Einführung der straflosen Selbstanzeige, in Kraft seit 1. Jan. 2010 (AS **2008** 4453; BBl **2006** 8795).

c. sie sich ernstlich um die Bezahlung der geschuldeten Nachsteuer bemühen.

[2] Die Nachsteuer wird für die letzten drei vor dem Todesjahr abgelaufenen Steuerperioden nach den Vorschriften über die ordentliche Veranlagung berechnet und samt Verzugszins nachgefordert.

[3] Die vereinfachte Nachbesteuerung ist ausgeschlossen, wenn die Erbschaft amtlich oder konkursamtlich liquidiert wird [ZGB 593 ff.].

[4] Auch der Willensvollstrecker oder der Erbschaftsverwalter kann um eine vereinfachte Nachbesteuerung ersuchen.

4. Kapitel: Inventar

54. [DBG 154 f.] [1] Nach dem Tode [ZGB 31 I] eines Steuerpflichtigen wird ein amtliches Inventar aufgenommen. Die Inventaraufnahme kann unterbleiben, wenn anzunehmen ist, dass kein Vermögen vorhanden ist.

[2] In das Inventar wird das am Todestag bestehende Vermögen des Erblassers, seines in ungetrennter Ehe lebenden Ehegatten [ZGB 159] und der unter seiner elterlichen Sorge stehenden minderjährigen Kinder [ZGB 296] aufgenommen [3 III und IV].

[3] Tatsachen, die für die Steuerveranlagung von Bedeutung sind, werden festgestellt und im Inventar vorgemerkt.

Sechster Titel: Steuerstrafrecht[133]

1. Kapitel: Verletzung von Verfahrenspflichten und Steuerhinterziehung

Verletzung von Verfahrenspflichten

55. [DBG 174] Wer einer Pflicht, die ihm nach den Vorschriften des Gesetzes [37, 42, 43–45, 49, 54] oder nach einer aufgrund dieses Gesetzes getroffenen Anordnung obliegt, trotz Mahnung vorsätzlich [StGB 12 II] oder fahrlässig [StGB 12 III] nicht nachkommt, wird mit Busse bis zu 1000 Franken, in schweren Fällen oder bei Rückfall bis zu 10000 Franken bestraft.

Vgl.: EMRK 6; BV 29; StGB 292.

Vgl. zu 55–61: StGB 333 i.V.m. 103 ff.

Steuerhinterziehung

56. [DBG 175 f.] [1] Wer als Steuerpflichtiger [3 f.] vorsätzlich [StGB 12 II] oder fahrlässig [12 III] bewirkt, dass eine Veranla-

[133] Ab 1. Jan. 2007 sind die angedrohten Strafen und die Verjährungsfristen in Anwendung von Art. 333 Abs. 2–6 des Strafgesetzbuches (SR **311.0**) in der Fassung des BG vom 13. Dez. 2002 (AS **2006** 3459; BBl **1999** 1979) zu interpretieren beziehungsweise umzurechnen.

gung zu Unrecht unterbleibt oder dass eine rechtskräftige Veranlagung [46] unvollständig ist,

wer als zum Steuerabzug an der Quelle Verpflichteter [37] vorsätzlich oder fahrlässig einen Steuerabzug nicht oder nicht vollständig vornimmt,

wer vorsätzlich oder fahrlässig eine unrechtmässige Rückerstattung oder einen ungerechtfertigten Erlass erwirkt,

wird mit einer Busse entsprechend seinem Verschulden bestraft, die einen Drittel bis das Dreifache, in der Regel das Einfache der hinterzogenen Steuer beträgt.[134]

Vgl.: VStG 61; StG 45.

1bis [DBG 175 III] Zeigt die steuerpflichtige Person erstmals eine Steuerhinterziehung selbst an, so wird von einer Strafverfolgung abgesehen (straflose Selbstanzeige), wenn:

a. die Hinterziehung keiner Steuerbehörde bekannt ist;
b. sie die Steuerbehörden bei der Feststellung der hinterzogenen Vermögens- und Einkommenselemente vorbehaltlos unterstützt; und
c. sie sich ernstlich um die Bezahlung der geschuldeten Nachsteuer bemüht.[135]

1ter [DBG 175 IV] Bei jeder weiteren Selbstanzeige wird die Busse unter den Voraussetzungen nach Absatz 1bis auf einen Fünftel der hinterzogenen Steuer ermässigt.[136]

2 Wer Steuern zu hinterziehen versucht [StGB 22], wird mit einer Busse bestraft, die zwei Drittel der bei vollendeter Begehung auszufällenden Busse beträgt.

3 Wer zu einer Steuerhinterziehung [56 I] anstiftet [StGB 24], Hilfe leistet [StGB 25] oder als Vertreter des Steuerpflichtigen vorsätzlich [StGB 12 II] eine Steuerhinterziehung bewirkt oder an einer solchen mitwirkt, wird ohne Rücksicht auf die Strafbarkeit des Steuerpflichtigen mit Busse bestraft und haftet solidarisch [OR 144] für die hinterzogene Steuer. Die Busse beträgt bis zu 10000 Franken, in schweren Fällen oder bei Rückfall bis zu 50000 Franken.

---

134 Fassung gemäss Ziff. I 2 des BG vom 20. März 2008 über die Vereinfachung der Nachbesteuerung in Erbfällen und die Einführung der straflosen Selbstanzeige, in Kraft seit 1. Jan. 2010 (AS **2008** 4453; BBl **2006** 8795).

135 Eingefügt durch Ziff. I 2 des BG vom 20. März 2008 über die Vereinfachung der Nachbesteuerung in Erbfällen und die Einführung der straflosen Selbstanzeige, in Kraft seit 1. Jan. 2010 (AS **2008** 4453; BBl **2006** 8795).

136 Eingefügt durch Ziff. I 2 des BG vom 20. März 2008 über die Vereinfachung der Nachbesteuerung in Erbfällen und die Einführung der straflosen Selbstanzeige, in Kraft seit 1. Jan. 2010 (AS **2008** 4453; BBl **2006** 8795).

3bis [DBG 177 III] Zeigt sich eine Person nach Absatz 3 erstmals selbst an und sind die Voraussetzungen nach Absatz 1bis Buchstaben a und b erfüllt, so wird von einer Strafverfolgung abgesehen und die Solidarhaftung entfällt.[137]

4 [DBG 178 I] Wer Nachlasswerte, zu deren Bekanntgabe er im Inventarverfahren [54] verpflichtet ist, verheimlicht oder beiseite schafft, in der Absicht, sie der Inventaraufnahme zu entziehen, sowie

wer hierzu anstiftet [StGB 24] , Hilfe leistet [StGB 25] oder eine solche Tat begünstigt,

wird ohne Rücksicht auf die Strafbarkeit des Steuerpflichtigen mit einer Busse bis zu 10000 Franken, in schweren Fällen oder bei Rückfall bis zu 50000 Franken bestraft. Der Versuch [StGB 22] einer Verheimlichung oder Beiseiteschaffung von Nachlasswerten ist ebenfalls strafbar. Die Strafe kann milder sein [StGB 48a] als bei vollendeter Begehung.[138]

5 [DBG 178 IV] Zeigt sich eine Person nach Absatz 4 erstmals selbst an, so wird von einer Strafverfolgung wegen Verheimlichung oder Beiseiteschaffung von Nachlasswerten im Inventarverfahren und wegen allfälliger anderer in diesem Zusammenhang begangener Straftaten abgesehen (straflose Selbstanzeige), wenn:

a. die Widerhandlung keiner Steuerbehörde bekannt ist; und
b. die Person die Verwaltung bei der Berichtigung des Inventars vorbehaltlos unterstützt.[139]

Besondere Fälle

57. [DBG 180 f.] 1 Werden zum Vorteil einer juristischen Person [ZGB 52 ff.] Verfahrenspflichten [55] verletzt, Steuern hinterzogen oder Steuern zu hinterziehen versucht [56 I und II], so wird die juristische Person gebüsst. Die handelnden Organe [ZGB 55] oder Vertreter können zudem nach Artikel 56 Absatz 3 bestraft werden.

2 Werden im Geschäftsbereich einer juristischen Person Teilnahmehandlungen (Anstiftung, Gehilfenschaft, Mitwirkung [StGB 24 f.]) an Steuerhinterziehungen Dritter begangen, so ist Artikel 56 Absatz 3 auf die juristische Person anwendbar.

---

137 Eingefügt durch Ziff. I 2 des BG vom 20. März 2008 über die Vereinfachung der Nachbesteuerung in Erbfällen und die Einführung der straflosen Selbstanzeige, in Kraft seit 1. Jan. 2010 (AS **2008** 4453; BBl **2006** 8795).

138 Fassung gemäss Ziff. I 2 des BG vom 20. März 2008 über die Vereinfachung der Nachbesteuerung in Erbfällen und die Einführung der straflosen Selbstanzeige, in Kraft seit 1. Jan. 2010 (AS **2008** 4453; BBl **2006** 8795).

139 Eingefügt durch Ziff. I 2 des BG vom 20. März 2008 über die Vereinfachung der Nachbesteuerung in Erbfällen und die Einführung der straflosen Selbstanzeige, in Kraft seit 1. Jan. 2010 (AS **2008** 4453; BBl **2006** 8795).

3 ...[140]

4 Die steuerpflichtige Person, die in rechtlich und tatsächlich ungetrennter Ehe lebt [ZGB 159], wird nur für die Hinterziehung ihrer eigenen Steuerfaktoren gebüsst. Vorbehalten bleibt Artikel 56 Absatz 3. Die Mitunterzeichnung der Steuererklärung [40 II] stellt für sich allein keine Widerhandlung nach Artikel 56 Absatz 3 dar.[141]

Verfahren

57bis**.** [DBG 182] 1 Nach Abschluss der Untersuchung erlässt die zuständige kantonale Behörde eine Verfügung [VwVG 5], die sie der betroffenen Person schriftlich eröffnet.[142]

2 Entscheide der Steuerbehörden bei Hinterziehungstatbeständen [56 f.] sind vor Verwaltungs- und Verwaltungsgerichtsbehörden anfechtbar. Gegen letztinstanzliche kantonale Entscheide kann beim Bundesgericht nach Massgabe des Bundesgerichtsgesetzes vom 17. Juni 2005[143] Beschwerde in öffentlich-rechtlichen Angelegenheiten geführt werden [BGG 82 ff.]. Die Strafgerichtsbarkeit ist ausgeschlossen.[144]

3 Die Vorschriften über die Verfahrensgrundsätze [39 ff.], das Veranlagungs- [46] und das Rekursverfahren [50] gelten sinngemäss.

Eröffnung des Strafverfahrens wegen Steuerhinterziehung

57*a*.[145] [DBG 183] 1 Die Einleitung eines Strafverfahrens wegen Steuerhinterziehung [56] wird der betroffenen Person schriftlich mitgeteilt. Es wird ihr Gelegenheit gegeben, sich zu der gegen sie erhobenen Anschuldigung zu äussern; sie wird auf ihr Recht hingewiesen, die Aussage und ihre Mitwirkung zu verweigern.

---

140 Aufgehoben durch Ziff. I 2 des BG vom 8. Okt. 2004 über die Aufhebung der Haftung der Erben für Steuerbussen, mit Wirkung seit 1. März 2005 (AS **2005** 1051; BBl **2004** 1437 1451). Siehe auch Art. 78*c* hiernach.

141 Fassung gemäss Ziff. I 2 des BG vom 20. Dez. 2006 über Änderungen des Nachsteuerverfahrens und des Strafverfahrens wegen Steuerhinterziehung auf dem Gebiet der direkten Steuern, in Kraft seit 1. Jan. 2008 (AS **2007** 2973; BBl **2006** 4021 4039).

142 Eingefügt durch Art. 3 Ziff. 8 des BB vom 17. Dez. 2004 über die Genehmigung und die Umsetzung der bilateralen Abk. zwischen der Schweiz und der EU über die Assoziierung an Schengen und an Dublin (AS **2008** 447; BBl **2004** 5965). Fassung gemäss Ziff. I 2 des BG vom 26. Sept. 2014 (Anpassung an die Allgemeinen Bestimmungen des StGB), in Kraft seit 1. Jan. 2017 (AS **2015** 779; BBl **2012** 2869).

143 SR **173.110**

144 Fassung gemäss Anhang Ziff. 58 des Verwaltungsgerichtsgesetzes vom 17. Juni 2005, in Kraft seit 1. Jan. 2007 (AS **2006** 2197 1069; BBl **2001** 4202).

145 Eingefügt durch Ziff. I 2 des BG vom 20. Dez. 2006 über Änderungen des Nachsteuerverfahrens und des Strafverfahrens wegen Steuerhinterziehung auf dem Gebiet der direkten Steuern, in Kraft seit 1. Jan. 2008 (AS **2007** 2973; BBl **2006** 4021 4039).

[2] Beweismittel aus einem Nachsteuerverfahren [53] dürfen in einem Strafverfahren wegen Steuerhinterziehung nur dann verwendet werden, wenn sie weder unter Androhung einer Veranlagung nach pflichtgemässem Ermessen (Art. 46 Abs. 3) mit Umkehr der Beweislast im Sinne von Artikel 48 Absatz 2 noch unter Androhung einer Busse wegen Verletzung von Verfahrenspflichten beschafft wurden.

Vgl.: BV 29 II; EMRK 6 I.

Selbstanzeige juristischer Personen

57*b*.[146] [DBG 181a] [1] Zeigt eine steuerpflichtige juristische Person erstmals eine in ihrem Geschäftsbetrieb begangene Steuerhinterziehung selbst an, so wird von einer Strafverfolgung abgesehen (straflose Selbstanzeige), wenn:

a. die Hinterziehung keiner Steuerbehörde bekannt ist;
b. sie die Verwaltung bei der Festsetzung der Nachsteuer vorbehaltlos unterstützt; und
c. sie sich ernstlich um die Bezahlung der geschuldeten Nachsteuer bemüht.

[2] Die straflose Selbstanzeige kann auch eingereicht werden:

a. nach einer Änderung der Firma oder einer Verlegung des Sitzes innerhalb der Schweiz;
b. nach einer Umwandlung nach den Artikeln 53–68 des Fusionsgesetzes vom 3. Oktober 2003[147] (FusG) durch die neue juristische Person für die vor der Umwandlung begangenen Steuerhinterziehungen;
c. nach einer Absorption (Art. 3 Abs. 1 Bst. a FusG) oder Abspaltung (Art. 29 Bst. b FusG) durch die weiterbestehende juristische Person für die vor der Absorption oder Abspaltung begangenen Steuerhinterziehungen.

[3] Die straflose Selbstanzeige muss von den Organen oder Vertretern [ZGB 55] der juristischen Person eingereicht werden. Von einer Strafverfolgung gegen diese Organe oder Vertreter wird abgesehen und ihre Solidarhaftung entfällt.

[4] Zeigt ein ausgeschiedenes Organmitglied oder ein ausgeschiedener Vertreter der juristischen Person diese wegen Steuerhinterziehung erstmals an und ist die Steuerhinterziehung keiner Steuerbehörde bekannt, so wird von einer Strafverfolgung der juristischen Person, sämtlicher aktueller und ausgeschiedener Mitglieder der Organe und sämtlicher aktueller und ausgeschiedener Vertreter abgesehen. Ihre Solidarhaftung entfällt.

---

146 Eingefügt durch Ziff. I 2 des BG vom 20. März 2008 über die Vereinfachung der Nachbesteuerung in Erbfällen und die Einführung der straflosen Selbstanzeige, in Kraft seit 1. Jan. 2010 (AS **2008** 4453, **2009** 5683; BBl **2006** 8795).

147 SR **221.301**

5 Bei jeder weiteren Selbstanzeige wird die Busse unter den Voraussetzungen nach Absatz 1 auf einen Fünftel der hinterzogenen Steuer ermässigt.

6 Nach Beendigung der Steuerpflicht einer juristischen Person in der Schweiz kann keine Selbstanzeige mehr eingereicht werden.

Verjährung der Strafverfolgung

58.[148] [DBG 184] 1 Die Strafverfolgung wegen Verletzung von Verfahrenspflichten [55] verjährt drei Jahre und diejenige wegen versuchter Steuerhinterziehung [56 II] sechs Jahre nach dem rechtskräftigen Abschluss des Verfahrens, in dem die Verfahrenspflichten verletzt oder die Steuern zu hinterziehen versucht wurden.

2 Die Strafverfolgung wegen vollendeter Steuerhinterziehung [56 I] verjährt zehn Jahre nach Ablauf:

a. der Steuerperiode [15 I, 31 II], für welche die steuerpflichtige Person nicht oder unvollständig veranlagt wurde oder der Steuerabzug an der Quelle [32 ff.] nicht gesetzmässig erfolgte (Art. 56 Abs. 1);
b. des Kalenderjahres, in dem eine unrechtmässige Rückerstattung oder ein ungerechtfertigter Erlass erwirkt wurde (Art. 56 Abs. 1) oder Nachlasswerte im Inventarverfahren verheimlicht oder beiseitegeschafft wurden (Art. 56 Abs. 4).

3 Die Verjährung tritt nicht mehr ein, wenn die zuständige kantonale Behörde (Art. 57bis Abs. 1) vor Ablauf der Verjährungsfrist eine Verfügung erlassen hat.

Vgl.: StGB 333 VI.

2. Kapitel: Steuervergehen

Steuerbetrug

59. [DBG 186 f.] 1 Wer zum Zweck der Steuerhinterziehung [56 f.] gefälschte, verfälschte oder inhaltlich unwahre Urkunden [StGB 110 IV] zur Täuschung gebraucht oder als zum Steuerabzug an der Quelle Verpflichteter [37] abgezogene Steuern zu seinem oder eines andern Nutzen verwendet, wird mit Freiheitsstrafe bis zu drei Jahren oder Geldstrafe bestraft. Eine bedingte Strafe kann mit Busse bis zu 10000 Franken verbunden werden.[149]

---

148 Fassung gemäss Ziff. I 2 des BG vom 26. Sept. 2014 (Anpassung an die Allgemeinen Bestimmungen des StGB), in Kraft seit 1. Jan. 2017 (AS **2015** 779; BBl **2012** 2869).

149 Fassung gemäss Ziff. I 2 des BG vom 26. Sept. 2014 (Anpassung an die Allgemeinen Bestimmungen des StGB), in Kraft seit 1. Jan. 2017 (AS **2015** 779; BBl **2012** 2869).

[2] Die Bestrafung wegen Steuerhinterziehung [56 f.] bleibt vorbehalten.

[2bis] Liegt eine Selbstanzeige nach Artikel 56 Absatz 1bis oder Artikel 57*b* Absatz 1 wegen Steuerhinterziehung vor, so wird von einer Strafverfolgung wegen allen anderen Straftaten abgesehen, die zum Zweck der Steuerhinterziehung begangen wurden. Diese Bestimmung ist auch in den Fällen nach den Artikeln 56 Absatz 3bis und 57*b* Absätze 3 und 4 anwendbar.[150]

[2ter] Liegt eine straflose Selbstanzeige wegen Veruntreuung der Quellensteuer vor, so wird auch von einer Strafverfolgung wegen allen anderen Straftaten abgesehen, die zum Zweck der Veruntreuung der Quellensteuer begangen wurden. Diese Bestimmung ist auch in den Fällen nach den Artikeln 56 Absatz 3bis und 57*b* Absätze 3 und 4 anwendbar.[151]

[3] Die allgemeinen Bestimmungen des Strafgesetzbuches[152] [StGB 1–110] sind anwendbar, soweit das Gesetz nichts anderes vorschreibt.

Verjährung der Strafverfolgung

60.[153] [DBG 189] [1] Die Strafverfolgung der Steuervergehen [59] verjährt 15 Jahre nachdem der Täter die letzte strafbare Tätigkeit ausgeführt hat.

Vgl.: StGB 333 VI.

[2] Die Verjährung tritt nicht mehr ein, wenn vor Ablauf der Verjährungsfrist ein erstinstanzliches Urteil ergangen ist.

Verfahren und Vollzug

61. [DBG 188] Das Strafverfahren und der Strafvollzug richten sich nach kantonalem Recht, soweit Bundesrecht nichts anderes bestimmt. Entscheide der letzten kantonalen Instanz unterliegen der Beschwerde in Strafsachen an das Bundesgericht [BGG 78].[154]

Vgl.: EMRK 6; BV 29.

---

150 Eingefügt durch Ziff. I 2 des BG vom 20. März 2008 über die Vereinfachung der Nachbesteuerung in Erbfällen und die Einführung der straflosen Selbstanzeige, in Kraft seit 1. Jan. 2010 (AS **2008** 4453, **2009** 5683; BBl **2006** 8795).

151 Eingefügt durch Ziff. I 2 des BG vom 20. März 2008 über die Vereinfachung der Nachbesteuerung in Erbfällen und die Einführung der straflosen Selbstanzeige, in Kraft seit 1. Jan. 2010 (AS **2008** 4453, **2009** 5683; BBl **2006** 8795).

152 SR **311.0**

153 Fassung gemäss Ziff. I 2 des BG vom 26. Sept. 2014 (Anpassung an die Allgemeinen Bestimmungen des StGB), in Kraft seit 1. Jan. 2017 (AS **2015** 779; BBl **2012** 2869).

154 Fassung des zweiten Satzes gemäss Anhang Ziff. 13 des Bundesgerichtsgesetzes vom 17. Juni 2005, in Kraft seit 1. Jan. 2007 (AS **2006** 1205 1069; BBl **2001** 4202).

Siebter Titel: …

62–70.[155]

Achter Titel: Schlussbestimmungen

1. Kapitel: Durchführung durch die Kantone

Mitwirkung

71. [1] Die Kantone vollziehen dieses Gesetz [DBG 104] in Zusammenarbeit mit den Bundesbehörden [72; DBG 102 f.].

[2] Die Kantone erteilen den zuständigen Bundesbehörden sämtliche für die Durchführung dieses Gesetzes nötigen Auskünfte und beschaffen ihnen die erforderlichen Unterlagen [DBG 111].

[3] Für die Steuererklärungen und die dazugehörigen Beilagen [42 I] werden für die ganze Schweiz einheitliche Formulare verwendet [DBG 102 II].

Anpassung der kantonalen Gesetzgebungen

72. [1] Die Kantone passen ihre Gesetzgebung innert acht Jahren nach dem Inkrafttreten dieses Gesetzes [1.1.1993] den Vorschriften der Titel 2–6 [3–61] an.[156]

[2] Nach Ablauf dieser Frist [1.1.2001] findet das Bundesrecht direkt Anwendung, wenn ihm das kantonale Steuerrecht widerspricht.

[3] Die Kantonsregierung erlässt die erforderlichen vorläufigen Vorschriften.

Anpassung der kantonalen Gesetzgebung an die Änderung

72*a*.[157] [1] Die Kantone passen ihre Gesetzgebung innert fünf Jahren nach Inkrafttreten der Änderung vom 10. Oktober 1997 den geänderten Artikeln 7 Absatz 1bis, 24 Absatz 3bis und 28 Absätze 1 und 3–5 an.

[2] Nach Ablauf dieser Frist gilt die Regelung nach Artikel 72 Absatz 2.

---

155 Aufgehoben durch Ziff. I 2 des BG vom 22. März 2013 über die formelle Bereinigung der zeitlichen Bemessung der direkten Steuern bei den natürlichen Personen, mit Wirkung seit 1. Jan. 2014 (AS **2013** 2397; BBl **2011** 3593).

156 Fassung gemäss Ziff. I 2 des BG vom 22. März 2013 über die formelle Bereinigung der zeitlichen Bemessung der direkten Steuern bei den natürlichen Personen, in Kraft seit 1. Jan. 2014 (AS **2013** 2397; BBl **2011** 3593).

157 Eingefügt durch Ziff. I 2 des BG vom 10. Okt. 1997 über die Reform der Unternehmensbesteuerung 1997, in Kraft seit 1. Jan. 1998 (AS **1998** 669; BBl **1997** II 1164).

Anpassung der kantonalen Gesetzgebung an die Änderungen

72*b*.[158] ¹ Die Kantone passen ihre Gesetzgebung den Änderungen der Artikel 7 Absätze 1ter, 2 und 4 Buchstabe d, 8 Absatz 2, 9 Absatz 2 Buchstaben a und b, 10 Absatz 1 Buchstabe e sowie 35 Absatz 1 Buchstabe f auf den Zeitpunkt des Inkrafttretens an.

² Nach dem Inkrafttreten der Änderungen gilt Artikel 72 Absatz 2.

72*c*.[159]

Belassen des Bausparabzugs

72*d*.[160] [9 I, IV] In den vier Jahren nach Ablauf der Frist von Artikel 72 Absatz 1 können die Kantone die in der Steuerperiode 2000 anwendbaren Bestimmungen über den Abzug von Einlagen für den erstmaligen Erwerb von Wohneigentum bei der Einkommenssteuer und über die Befreiung des so angesparten Kapitals und dessen Erträgen von der Einkommens- und Vermögenssteuer beibehalten.

Anpassung der kantonalen Gesetzgebung an die Änderungen

72*e*.[161] ¹ Die Kantone passen ihre Gesetzgebung innert dreier Jahre nach Inkrafttreten der Gesetzesänderung vom 3. Oktober 2003[162] den geänderten Vorschriften des zweiten und des dritten Titels an [8 III, 8 IIIbis, 12 VI a, 24 III–IIIquinquies, 24 IVbis].

² Nach Ablauf dieser Frist gilt die Regelung nach Artikel 72 Absatz 2.

Anpassung der kantonalen Gesetzgebung

72*f*.[163] ¹ Die Kantone passen ihre Gesetzgebung den Bestimmungen von Artikel 7*a* auf den Zeitpunkt von dessen Inkrafttreten an.

² Ab diesem Zeitpunkt findet Artikel 7*a* direkt Anwendung, wenn ihm das kantonale Steuerrecht widerspricht.

---

158 Eingefügt durch Ziff. I 6 des BG vom 19. März 1999 über das Stabilisierungsprogramm 1998, in Kraft seit 1. Jan. 2001 (AS **1999** 2374; BBl **1999** 4).

159 Eingefügt durch Ziff. I 2 des BG vom 15. Dez. 2000 zur Koordination und Vereinfachung der Veranlagungsverfahren für die direkten Steuern im interkantonalen Verhältnis (AS **2001** 1050; BBl **2000** 3898). Aufgehoben durch Ziff. I 2 des BG vom 25. Sept. 2009 über die steuerliche Entlastung von Familien mit Kindern, mit Wirkung seit 1. Jan. 2011 (AS **2010** 455; BBl **2009** 4729).

160 Eingefügt durch Ziff. I 2 des BG vom 15. Dez. 2000 zur Koordination und Vereinfachung der Veranlagungsverfahren für die direkten Steuern im interkantonalen Verhältnis, in Kraft seit 1. Jan. 2001 (AS **2001** 1050; BBl **2000** 3898).

161 Eingefügt durch Anhang Ziff. 8 des Fusionsgesetzes vom 3. Okt. 2003, in Kraft seit 1. Juli 2004 (AS **2004** 2617; BBl **2000** 4337).

162 AS **2004** 2617 Anhang Ziff. 8

163 Eingefügt durch Ziff. I 2 des BG vom 23. Juni 2006 über dringende Anpassungen bei der Unternehmensbesteuerung, in Kraft seit 1. Jan. 2008 (AS **2006** 4883; BBl **2005** 4733).

Anpassung der kantonalen Gesetzgebung an die Änderung vom 20. Dezember 2006

72*g*.[164] 1 Die Kantone passen ihre Gesetzgebung innert zwei Jahren nach Inkrafttreten der Änderung vom 20. Dezember 2006 den geänderten Artikeln 53 Absatz 4, 57 Absatz 4 und 57*a* an.

2 Nach Ablauf dieser Frist finden die Artikel 53 Absatz 4, 57 Absatz 4 und 57*a* direkt Anwendung, wenn ihnen das kantonale Steuerrecht widerspricht.

Anpassung der kantonalen Gesetzgebung an die Änderung vom 23. März 2007

72*h*.[165] 1 Die Kantone passen ihre Gesetzgebung innert zwei Jahren nach Inkrafttreten der Änderung vom 23. März 2007 den geänderten Vorschriften von Artikel 7 Absatz 1 zweiter Satz, 7b, 8 Absätze 2bis–2^{quater} und 4, 9 Absatz 2 Buchstabe a, 11 Absatz 5, 14 Absatz 3, 24 Absatz 4bis und 28 Absatz 1 erster Satz an. Diese Anpassungen entfalten ihre Wirkung für alle Kantone zwei Jahre nach Inkrafttreten der Änderung vom 23. März 2007.

2 Nach Ablauf dieser Fristen finden die in Absatz 1 genannten Bestimmungen direkt Anwendung, wenn ihnen das kantonale Recht widerspricht.

Anpassung der kantonalen Gesetzgebung an die Änderung vom 20. März 2008

72*i*.[166] 1 Die Kantone passen ihre Gesetzgebung den Änderungen der Artikel 53*a*, 56 Absätze 1, 1bis, 1ter, 3bis, 4 und 5 sowie 57*b* und 59 Absätze 2bis und 2ter auf den Zeitpunkt des Inkrafttretens an.

2 Nach dem Inkrafttreten der Änderung vom 20. März 2008 finden die in Absatz 1 genannten Bestimmungen direkt Anwendung, wenn ihnen das kantonale Recht widerspricht.

Anpassung der kantonalen Gesetzgebung an die Änderung vom 3. Oktober 2008

72*j*.[167] 1 Die Kantone passen ihre Gesetzgebung innert zwei Jahren nach Inkrafttreten der Änderung vom 3. Oktober 2008 den geänderten Vorschriften von Artikel 9 Absatz 3 an. Diese Anpassung entfaltet ihre Wirkung für alle Kantone zwei Jahre nach Inkrafttreten der Änderung vom 3. Oktober 2008.

2 Nach Ablauf dieser Frist finden die Änderungen von Artikel 9 Absatz 3 direkt Anwendung, wenn ihnen das kantonale Steuerrecht widerspricht.

---

164 Eingefügt durch Ziff. I 2 des BG vom 20. Dez. 2006 über Änderungen des Nachsteuerverfahrens und des Strafverfahrens wegen Steuerhinterziehung auf dem Gebiet der direkten Steuern, in Kraft seit 1. Jan. 2008 (AS **2007** 2973; BBl **2006** 4021 4039).

165 Eingefügt durch Ziff. II 3 des Unternehmenssteuerreformgesetzes II vom 23. März 2007, in Kraft seit 1. Jan. 2009 (AS **2008** 2893; BBl **2005** 4733).

166 Eingefügt durch Ziff. I 2 des BG vom 20. März 2008 über die Vereinfachung der Nachbesteuerung in Erbfällen und die Einführung der straflosen Selbstanzeige, in Kraft seit 1. Jan. 2010 (AS **2008** 4453, **2009** 5683; BBl **2006** 8795).

167 Eingefügt durch Ziff. I 2 des BG vom 3. Okt. 2008 über die steuerliche Behandlung von Instandstellungskosten bei Liegenschaften, in Kraft seit 1. Jan. 2010 (AS **2009** 1515; BBl **2007** 7993 8009).

Anpassung der kantonalen Gesetzgebung an die Änderung vom 12. Juni 2009

72*k*.[168] 1 Die Kantone passen ihre Gesetzgebung innert zwei Jahren nach Inkrafttreten der Änderung vom 12. Juni 2009 Artikel 9 Absatz 2 Buchstabe l an.

2 Nach Ablauf dieser Frist findet Artikel 9 Absatz 2 Buchstabe l direkt Anwendung, wenn ihm das kantonale Steuerrecht widerspricht. Dabei gelten die Beträge nach Artikel 33 Absatz 1 Buchstabe i des Bundesgesetzes vom 14. Dezember 1990[169] über die direkte Bundessteuer.

Anpassung der kantonalen Gesetzgebung an die Änderung vom 25. September 2009

72*l*.[170] 1 Die Kantone passen ihre Gesetzgebung innert zwei Jahren nach Inkrafttreten der Änderung vom 25. September 2009 dem geänderten Artikel 9 Absatz 2 Buchstabe m[171] an.

2 Nach Ablauf dieser Frist findet Artikel 9 Absatz 2 Buchstabe m[172] direkt Anwendung, wenn ihm das kantonale Steuerrecht widerspricht.

Anpassung der kantonalen Gesetzgebung an die Änderung vom 17. Dezember 2010

72*m*.[173] Die Kantone passen ihre Gesetzgebung auf den Zeitpunkt des Inkrafttretens der Gesetzesänderung vom 17. Dezember 2010 an.

Anpassung der kantonalen Gesetzgebung an die Änderung vom 17. Juni 2011

72*n*.[174] 1 Die Kantone passen ihre Gesetzgebung innert zwei Jahren nach Inkrafttreten der Änderung vom 17. Juni 2011 dem geänderten Artikel 7 Absatz 4 Buchstabe h^{bis} an.

2 Nach Ablauf dieser Frist findet Artikel 7 Absatz 4 Buchstabe h^{bis} direkt Anwendung, wenn ihm das kantonale Steuerrecht widerspricht.

---

168 Eingefügt durch Ziff. I 2 des BG vom 12. Juni 2009 über die steuerliche Abzugsfähigkeit von Zuwendungen an politische Parteien, in Kraft seit 1. Jan. 2011 (AS **2010** 449; BBl **2008** 7463 7485).

169 SR **642.11**; AS **2010** 449

170 Eingefügt durch Ziff. I 2 des BG vom 25. Sept. 2009 über die steuerliche Entlastung von Familien mit Kindern, in Kraft seit 1. Jan. 2011 (AS **2010** 455; BBl **2009** 4729).

171 Berichtigt von der Redaktionskommission der BVers (Art. 58 Abs. 1 ParlG – SR **171.10**).

172 Berichtigt von der Redaktionskommission der BVers (Art. 58 Abs. 1 ParlG – SR **171.10**).

173 Eingefügt durch Ziff. I 2 des BG vom 17. Dez. 2010 über die Besteuerung von Mitarbeiterbeteiligungen, in Kraft seit 1. Jan. 2013 (AS **2011** 3259; BBl **2005** 575).

174 Eingefügt durch Ziff. I 2 des BG vom 27. Juni 2011 über die Steuerbefreiung des Feuerwehrsoldes, in Kraft seit 1. Jan. 2013 (AS **2012** 489; BBl **2010** 2855).

72*o*.[175] [1] Die Kantone passen ihre Gesetzgebung der Bestimmung von Artikel 42 auf den Zeitpunkt von deren Inkrafttreten an.

Anpassung der kantonalen Gesetzgebung an die Änderung vom 23. Dezember 2011

[2] Ab diesem Zeitpunkt findet Artikel 42 direkt Anwendung, wenn ihm das kantonale Steuerrecht widerspricht.

72*p*.[176] [1] Die Kantone passen ihre Gesetzgebung innert zwei Jahren nach Inkrafttreten der Änderung vom 15. Juni 2012 den geänderten Artikeln 7 Absatz 4 Buchstabe m und 9 Absatz 2 Buchstabe n an.

Anpassung der kantonalen Gesetzgebung an die Änderung vom 15. Juni 2012

[2] Nach Ablauf dieser Frist finden die Artikel 7 Absatz 4 Buchstabe m und 9 Absatz 2 Buchstabe n direkt Anwendung, wenn ihnen das kantonale Steuerrecht widerspricht.

72*q*.[177] [1] Die Kantone, die die Besteuerung nach dem Aufwand vorsehen, passen ihre Gesetzgebung innert zwei Jahren nach Inkrafttreten der Änderung vom 28. September 2012 dem geänderten Artikel 6 an.

Anpassung der kantonalen Gesetzgebung an die Änderung vom 28. September 2012

[2] Nach Ablauf dieser Frist findet Artikel 6 für diese Kantone direkt Anwendung, wenn das kantonale Recht ihm widerspricht.

72*r*.[178] [1] Die Kantone passen ihre Gesetzgebung auf den Zeitpunkt des Inkrafttretens der Änderung vom 27. September 2013 dem geänderten Artikel 9 Absätze 1 und 2 Buchstabe o an.

Anpassung der kantonalen Gesetzgebung an die Änderung vom 27. September 2013

[2] Ab diesem Zeitpunkt findet Artikel 9 Absätze 1 und 2 Buchstabe o direkt Anwendung, wenn ihm das kantonale Recht widerspricht. In diesem Fall erlässt die Kantonsregierung die erforderlichen vorläufigen Vorschriften.

72*s*.[179] [1] Die Kantone passen ihre Gesetzgebung auf den Zeitpunkt des Inkrafttretens der Änderung vom 26. September 2014 den geänderten Artikeln 57bis Absatz 1, 58, 59 Absatz 1 und 60 an.

Anpassung der kantonalen Gesetzgebung an die Änderung vom 26. September 2014

[2] Nach dem Inkrafttreten der Änderung finden die in Absatz 1 genannten Bestimmungen direkt Anwendung, wenn ihnen das kantonale Steuerrecht widerspricht.

---

175 Eingefügt durch Anhang Ziff. 6 des BG vom 23. Dez. 2011 (Rechnungslegungsrecht), in Kraft seit 1. Jan. 2013 (AS **2012** 6679; BBl **2008** 1589).

176 Eingefügt durch Ziff. I 2 des BG vom 15. Juni 2012 über Vereinfachungen bei der Besteuerung von Lotteriegewinnen, in Kraft seit 1. Jan. 2014 (AS **2012** 5977; BBl **2011** 6517 6543).

177 Eingefügt durch Ziff. I 2 des BG vom 28. Sept. 2012, in Kraft seit 1. Jan. 2014 (AS **2013** 779; BBl **2011** 6021).

178 Eingefügt durch Ziff. I 2 des BG vom 27. Sept. 2013 über die steuerliche Behandlung der berufsorientierten Aus- und Weiterbildungskosten, in Kraft seit 1. Jan. 2016 (AS **2014** 1105; BBl **2011** 2607).

179 Eingefügt durch Ziff. I 2 des BG vom 26. Sept. 2014 (Anpassung an die Allgemeinen Bestimmungen des StGB), in Kraft seit 1. Jan. 2017 (AS **2015** 779; BBl **2012** 2869).

Anpassung der kantonalen Gesetzgebung an die Änderung vom 20. März 2015

72*t*.[180] 1 Die Kantone passen ihre Gesetzgebung innert zwei Jahren nach Inkrafttreten der Änderung vom 20. März 2015 Artikel 26*a* an.

2 Nach Ablauf dieser Frist findet Artikel 26a direkt Anwendung, wenn ihm das kantonale Steuerrecht widerspricht. Dabei gilt der Betrag nach Artikel 66*a* des Bundesgesetzes vom 14. Dezember 1990[181] über die direkte Bundessteuer.

Anpassung der kantonalen Gesetzgebung an die Änderung vom 30. September 2016

72*v*.[182] 1 Die Kantone passen ihre Gesetzgebung innert zwei Jahren nach Inkrafttreten der Änderung vom 30. September 2016 dem geänderten Artikel 9 Absätze 3 Buchstabe a und 3bis an.

2 Nach Ablauf dieser Frist findet Artikel 9 Absätze 3 Buchstabe a und 3bis direkt Anwendung, wenn ihm das kantonale Steuerrecht widerspricht.

Anm.: Gem. BG über die Revision der Quellenbesteuerung des Erwerbseinkommens vom 16.12.2016 wird Art. 72w eingefügt (Referendumsfrist unbenutzt abgelaufen, Inkrafttreten noch offen):

[Anpassung der kantonalen Gesetzgebung an die Änderung vom 16. Dezember 2016

72w 1 Die Kantone passen ihre Gesetzgebung den Artikeln 4b Absatz 1 dritter Satz, 32, 33, 33a, 33b, 34, 35 Absatz 1 Einleitungssatz, Buchstabe h und j und Absatz 2, 35a, 35b, 36 Absatz 2, 36a, 37 Absätze 2 und 3, 38, 38a sowie 49 Absätze 2, 2bis, 2ter und 5 auf den Zeitpunkt des Inkrafttretens der Änderung vom 16. Dezember 2016 an.

2 Ab diesem Zeitpunkt finden die in Absatz 1 genannten Bestimmungen direkt Anwendung, wenn ihnen das kantonale Recht widerspricht.

Anm.: Gem. BG vom 17.3.2017 wird Art. 72x per 1.1.2019 neu eingefügt:

[Anpassung der kantonalen Gesetzgebung an die Änderung vom 17. März 2017

1Die Kantone passen ihre Gesetzgebung auf den Zeitpunkt des Inkrafttretens der Änderung vom 17. März 2017 den Artikeln 4 Absätze 1 und 2 Buchstabe g sowie 21 Absätze 1 Buchstabe d und 2 Buchstabe b an.

2Ab diesem Zeitpunkt finden die Artikel 4 Absätze 1 und 2 Buchstabe g sowie 21 Absätze 1 Buchstabe d und 2 Buchstabe b direkt Anwendung, wenn ihnen das kantonale Steuerrecht widerspricht.]

Anm.: Gem. Geldspielgesetz vom 29.9.2017 wird Art. 72y neu eingefügt (Referendumsfrist läuft bis 18.1.2018, Inkrafttreten noch offen):

[Anpassung der kantonalen Gesetzgebung an die Änderung vom 29. September 2017

1 Die Kantone passen ihre Gesetzgebung auf den Zeitpunkt des Inkrafttretens der Änderung vom 29. September 2017 den geänderten Artikeln 7 Absatz 4 Buchstaben l–m sowie 9 Absatz 2 Buchstabe n an.

2 Ab diesem Zeitpunkt finden die Artikel 7 Absatz 4 Buchstaben l–m sowie 9 Absatz 2 Buchstabe n direkt Anwendung, wenn ihnen das kantonale Steuerrecht widerspricht. Dabei gelten die Beträge nach Artikel 24 Buchsta-

180 Eingefügt durch Ziff. I 2 des BG vom 20. März 2015 über Gewinnbesteuerung von juristischen Personen mit ideellen Zwecken, in Kraft seit 1. Jan. 2016 (AS **2015** 2947; BBl **2014** 5369).

181 SR **642.11**

182 Eingefügt durch Anhang Ziff. II 4 des Energiegesetzes vom 30. Sept. 2017, in Kraft seit 1. Jan. 2018 (AS **2017** 6839; BBl **2013** 7561).

ben i^bis und j des Bundesgesetzes vom 14. Dezember 1990 über die direkte Bundessteuer.]

73. [1] Entscheide der letzten kantonalen Instanz, die eine in den Titeln 2–5 [3–54] und 6 Kapitel 1 [55–58] geregelte Materie oder den Erlass der kantonalen oder kommunalen Einkommens- und Gewinnsteuer betreffen, unterliegen nach Massgabe des Bundesgerichtsgesetzes vom 17. Juni 2005[183] der Beschwerde in öffentlich-rechtlichen Angelegenheiten an das Bundesgericht [DBG 146; BGG 82 ff.].[184] **Beschwerde**

[2] Beschwerdebefugt sind die Steuerpflichtigen, die nach kantonalem Recht zuständige Behörde und die Eidgenössische Steuerverwaltung [DBG 102 II, 146; BGG 89 II d].

[3] …[185]

2. Kapitel: Vollzug und Änderung des geltenden Rechts

74. [VO StHG 1 ff.] Der Bundesrat erlässt die Vollzugsbestimmungen. Er regelt insbesondere die Probleme, die sich im interkantonalen Verhältnis, vor allem zwischen Kantonen mit unterschiedlicher Regelung der zeitlichen Bemessung, stellen.[186] **Vollzugsbestimmungen**

75. …[187] **Änderung des AHVG**

3. Kapitel: Übergangsbestimmungen

76. [DBG 202] Artikel 47 Absatz 2 des Bundesgesetzes vom 20. September 1949[188] über die Militärversicherung ist hinsichtlich der Renten und Kapitalleistungen, die nach Inkrafttreten dieses Gesetzes zu laufen beginnen oder fällig werden, nicht anwendbar. **Leistungen aus Militärversicherung**

Vgl.: KS SSK Nr. 4, 7.6.1994, Militärversicherungsleistungen.

---

183 SR **173.110**

184 Fassung gemäss Ziff. I 3 des Steuererlassgesetzes vom 20. Juni 2014, in Kraft seit 1. Jan. 2016 (AS **2015** 9; BBl **2013** 8435).

185 Aufgehoben durch Ziff. I 2 des BG vom 26. Sept. 2014 (Anpassung an die Allgemeinen Bestimmungen des StGB), mit Wirkung seit 1. Jan. 2017 (AS **2015** 779; BBl **2012** 2869).

186 Zweiter Satz eingefügt durch Ziff. I 2 des BG vom 15. Dez. 2000 zur Koordination und Vereinfachung der Veranlagungsverfahren für die direkten Steuern im interkantonalen Verhältnis, in Kraft seit 1. Jan. 2001 (AS **2001** 1050; BBl **2000** 3898).

187 Die Änderung kann unter AS **1991** 1256 konsultiert werden.

188 [AS **1949** 1671, **1956** 759, **1959** 303, **1964** 253, **1968** 563, **1972** 897 Art. 15 Ziff. 1, **1982** 1676 Anhang Ziff. 5 2184 Art 116, **1990** 1882 Anhang Ziff. 9, **1991** 362 Ziff. II 414. AS **1993** 3043 Anhang Ziff. 1]

Reingewinnsteuer

77. 1 Die Reingewinnsteuer der juristischen Personen für die erste Steuerperiode nach dem Wechsel der zeitlichen Bemessung wird nach altem und nach neuem Recht [31] provisorisch veranlagt. Ist die nach neuem Recht berechnete Steuer höher, so wird diese, andernfalls die nach altem Recht berechnete Steuer geschuldet. Vorbehalten bleibt die Besteuerung ausserordentlicher Erträge nach altem Recht.

2 Soweit in den Fällen von Absatz 1 das im Kalenderjahr n zu Ende gehende Geschäftsjahr in das Kalenderjahr n–l zurückreicht, wird die Steuer für diesen Zeitraum nach altem Recht festgesetzt und auf die für den gleichen Zeitraum nach neuem Recht berechnete Steuer [31] angerechnet; ein Überschuss wird nicht zurückerstattet.

Arrest

78.[189] [DBG 170] Die Kantone können Sicherstellungsverfügungen der zuständigen kantonalen Steuerbehörden den Arrestbefehlen nach Artikel 274 des Bundesgesetzes vom 11. April 1889[190] über Schuldbetreibung und Konkurs (SchKG) gleichstellen. Der Arrest wird vom zuständigen Betreibungsamt vollzogen. Die Einsprache gegen den Arrestbefehl nach Artikel 278 SchKG ist nicht zulässig.

Kapitalversicherungen mit Einmalprämie

78*a*.[191] [DBG 205a] Artikel 7 Absatz 1ter ist auf Kapitalversicherungen mit Einmalprämie anwendbar, die nach dem 31. Dezember 1998 abgeschlossen wurden.

78*b*.[192]

Übergangsbestimmungen zur Änderung vom 8. Oktober 2004

78*c*.[193] 1 Bussen nach Artikel 57 Absatz 3[194] sind nicht mehr vollstreckbar und können von den Steuerbehörden nicht mehr verrechnungsweise geltend gemacht werden.

---

189 Fassung gemäss Ziff. I 2 des BG vom 26. Sept. 2014 (Anpassung an die Allgemeinen Bestimmungen des StGB), in Kraft seit 1. Jan. 2017 (AS **2015** 779; BBl **2012** 2869).

190 SR **281.1**

191 Eingefügt durch Ziff. I 6 des BG vom 19. März 1999 über das Stabilisierungsprogramm 1998, in Kraft seit 1. Jan. 2001 (AS **1999** 2374; BBl **1999** 4).

192 Eingefügt durch Ziff. I 2 des BG vom 15. Dez. 2000 zur Koordination und Vereinfachung der Veranlagungsverfahren für die direkten Steuern im interkantonalen Verhältnis (AS **2001** 1050; BBl **2000** 3898). Aufgehoben durch Ziff. I 2 des BG vom 22. März 2013 über die formelle Bereinigung der zeitlichen Bemessung der direkten Steuern bei den natürlichen Personen, mit Wirkung seit 1. Jan. 2014 (AS **2013** 2397; BBl **2011** 3593).

193 Eingefügt durch Ziff. I 2 des BG vom 8. Oktober 2004 über die Aufhebung der Haftung der Erben für Steuerbussen, in Kraft seit 1. März 2005 (AS **2005** 1051; BBl **2004** 1437 1451).

194 AS **1991** 1256

[2] Entsprechende Eintragungen im Betreibungsregister werden auf Antrag der betroffenen Person gelöscht.

Übergangsbestimmung zur Änderung vom 20. März 2008

78*d*.[195] Auf Erbgänge, die vor Inkrafttreten der Änderung vom 20. März 2008 eröffnet wurden, sind die Bestimmungen über die Nachsteuern nach bisherigem Recht anwendbar.

Übergangsbestimmungen zur Änderung vom 28. September 2012

78*e*.[196] Für natürliche Personen, die im Zeitpunkt des Inkrafttretens der Änderung vom 28. September 2012 des Bundesgesetzes vom 14. Dezember 1990[197] über die direkte Bundessteuer nach dem Aufwand besteuert wurden, gilt während fünf Jahren weiterhin Artikel 6 des bisherigen Rechts.

Übergangsbestimmung zur Änderung vom 26. September 2014

78*f*.[198] Für die Beurteilung von Straftaten, die in Steuerperioden vor Inkrafttreten der Änderung vom 26. September 2014 begangen wurden, ist das neue Recht anwendbar, sofern dieses milder ist als das in jenen Steuerperioden geltende Recht.

4. Kapitel: Referendum und Inkrafttreten

79. [1] Dieses Gesetz untersteht dem fakultativen Referendum.
[2] Der Bundesrat bestimmt das Inkrafttreten.

Datum des Inkrafttretens: 1. Januar 1993[199]

---

195 Eingefügt durch Ziff. I 2 des BG vom 20. März 2008 über die Vereinfachung der Nachbesteuerung in Erbfällen und die Einführung der straflosen Selbstanzeige, in Kraft seit 1. Jan. 2010 (AS **2008** 4453; BBl **2006** 8795).

196 Eingefügt durch Ziff. I 2 des BG vom 28. Sept. 2012, in Kraft seit 1. Jan. 2014 (AS **2013** 779; BBl **2011** 6021).

197 SR **642.11**

198 Eingefügt durch Ziff. I 2 des BG vom 26. Sept. 2014 (Anpassung an die allgemeinen Bestimmungen des StGB), in Kraft seit 1. Jan. 2017 (AS **2015** 779; BBl **2012** 2869).

199 BRB vom 3. Juni 1991

Verordnung
über die Anwendung des Steuerharmonisierungsgesetzes im interkantonalen Verhältnis (SR 642.141)

vom 9. März 2001 (Stand am 1. Januar 2014)

Der Schweizerische Bundesrat,

gestützt auf Artikel 74 des Bundesgesetzes vom 14. Dezember 1990[1] über die direkten Steuern der Kantone und Gemeinden (StHG),

verordnet:

Art. 1[2]

Art. 2 In mehreren Kantonen steuerpflichtige Personen

[1] Besteht auf Grund wirtschaftlicher Zugehörigkeit in anderen Kantonen als im Wohnsitz- oder im Sitzkanton eine Steuerpflicht, so wird auch in diesen Kantonen ein Veranlagungsverfahren durchgeführt.

[2] Wer in mehreren Kantonen steuerpflichtig ist, kann seine Steuererklärungspflicht durch Einreichung einer Kopie der Steuererklärung des Wohnsitz- oder des Sitzkantons erfüllen.[3]

[3] Die Steuerbehörde des Wohnsitz- oder des Sitzkantons teilt den Steuerbehörden der anderen Kantone ihre Steuerveranlagung einschliesslich der interkantonalen Steuerausscheidung und allfälliger Abweichungen gegenüber der Steuererklärung kostenlos mit.

[4] Das Verfahren richtet sich nach dem jeweiligen kantonalen Verfahrensrecht.

Art. 3 Zuständigkeit in Sonderfällen

Als Wohnsitz- oder Sitzkanton im Sinne von Artikel 2 gilt auch:

a. der Kanton, in dem sich der grösste Teil der steuerbaren Werte einer Person befindet, die keinen steuerrechtlichen Wohnsitz, Aufenthalt oder Sitz in der Schweiz hat und auf Grund wirtschaftlicher Zugehörigkeit in mehreren Kantonen steuerpflichtig ist;
b. der Kanton, in dem sich am Ende der Steuerperiode der steuerrechtliche Sitz einer juristischen Person befindet, der während einer

---

AS **2001** 1058

1 SR **642.14**

2 Aufgehoben durch Anhang Ziff. II 3 der V vom 14. Aug. 2013 über die zeitliche Bemessung der direkten Bundessteuer, mit Wirkung seit 1. Jan. 2014 (AS **2013** 2773).

3 Fassung gemäss Anhang Ziff. II 3 der V vom 14. Aug. 2013 über die zeitliche Bemessung der direkten Bundessteuer, in Kraft seit 1. Jan. 2014 (AS **2013** 2773).

Steuerperiode von einem Kanton in einen anderen verlegt wurde (Art. 22 Abs. 1 StHG);

c. …[4]

Art. 4 Quellensteuer

Der Wechsel des steuerrechtlichen Wohnsitzes in einen anderen Kanton hat auf die Besteuerung des Einkommens aus unselbstständiger Erwerbstätigkeit von Personen, die nach den Artikeln 32, 33 und 34 Absatz 2 StHG steuerpflichtig sind, die gleichen Auswirkungen wie ein Wegzug des Steuerpflichtigen aus der Schweiz oder die Begründung eines Wohnsitzes in der Schweiz.

Art. 5 Verfahrenspflichten bei Ersatzbeschaffung von Grundstücken im interkantonalen Verhältnis

1 Bei Ersatzbeschaffung von Grundstücken nach den Artikeln 8 Absatz 4, 12 Absatz 3 Buchstaben d und e und 24 Absatz 4 StHG in einem anderen Kanton muss der Steuerpflichtige den Veranlagungsbehörden der beteiligten Kantone Auskunft über den gesamten Ablauf der Ersatzbeschaffung erteilen sowie die entsprechenden Belege vorlegen.

2 Der Kanton, der die Ersatzbeschaffung gewährt, teilt seinen Entscheid der Veranlagungsbehörde des Kantons mit, wo sich das Ersatzgrundstück befindet.

Art. 6 Inkrafttreten

Diese Verordnung tritt rückwirkend auf den 1. Januar 2001 in Kraft.

4 Aufgehoben durch Anhang Ziff. II 3 der V vom 14. Aug. 2013 über die zeitliche Bemessung der direkten Bundessteuer, in Kraft seit 1. Jan. 2014 (AS **2013** 2773).

Bundesgesetz
über die Verrechnungssteuer (Verrechnungssteuergesetz, VStG)[1] (SR 642.21)

vom 13. Oktober 1965 (Stand am 15. Februar 2017)

Die Bundesversammlung der Schweizerischen Eidgenossenschaft,

gestützt auf Artikel 41bis Absatz 1 Buchstaben a und b und Absätze 2 und 3 der Bundesverfassung[2,3] nach Einsicht in eine Botschaft des Bundesrates vom 18. Oktober 1963[4],

beschliesst:

Einleitung

A. Gegenstand des Gesetzes

1. [1] Der Bund erhebt eine Verrechnungssteuer auf dem Ertrag beweglichen Kapitalvermögens [4 f.], auf Lotteriegewinnen [6] und auf Versicherungsleistungen [7 f.]; wo es das Gesetz vorsieht, tritt anstelle der Steuerentrichtung die Meldung der steuerbaren Leistung [19 f.].

[2] Die Verrechnungssteuer wird dem Empfänger der um die Steuer gekürzten Leistung nach Massgabe dieses Gesetzes vom Bund oder vom Kanton zu Lasten des Bundes zurückerstattet [21 ff.].

Anm.: Gem. Geldspielgesetz vom 29.9.2017 wird Art. 1 Abs. 1 wie folgt geändert (Referendumsfrist läuft bis 18.1.2018, Inkrafttreten noch offen):

[1 Der Bund erhebt eine Verrechnungssteuer auf dem Ertrag beweglichen Kapitalvermögens, auf Gewinnen aus Geldspielen im Sinne des Geldspielgesetzes vom 29. September 2017 (BGS), auf Gewinnen aus Lotterien und Geschicklichkeitsspielen zur Verkaufsförderung, die nach Artikel 1 Absatz 2 Buchstaben d und e BGS diesem nicht unterstehen, und auf Versicherungsleistungen; wo es das Gesetz vorsieht, tritt anstelle der Steuerentrichtung die Meldung der steuerbaren Leistung.]

AS **1966** 371

1 Fassung gemäss Ziff. I des BG vom 15. Juni 2012, in Kraft seit 1. Jan. 2013 (AS **2012** 5981; BBl **2011** 6615).

2 [BS **1** 3; AS **1958** 362, **1985** 1026]. Den genannten Bestimmungen entsprechen heute Art. 132 Abs. 2 und 134 der BV vom 18. April 1999 (SR **101**).

3 Fassung gemäss Ziff. II des BG vom 8. Okt. 1999, in Kraft seit 1. Jan. 2000 (AS **2000** 324; BBl **1999** 5966).

4 BBl **1963** II 953

B. Provision der Kantone

2.[5] [1] Der Anteil der Kantone am jährlichen Reinertrag der Verrechnungssteuer beträgt 10 Prozent.

[2] Er wird jeweils zu Beginn des Folgejahres auf die Kantone verteilt. Als Bemessungsgrundlage dient die Wohnbevölkerung nach dem letzten verfügbaren Ergebnis der eidgenössischen Volkszählung.

[3] Der Bundesrat ordnet die Einzelheiten nach Anhörung der Kantonsregierungen.

C. Verhältnis zum kantonalen Recht

3. [1] Was dieses Gesetz als Gegenstand der Verrechnungssteuer [4, 4a, 6 f.] oder steuerfrei [5, 8] erklärt, ist der Belastung durch gleichgeartete Kantons- und Gemeindesteuern entzogen [BV 134]; Anstände, die sich auf Grund dieser Bestimmung ergeben, beurteilt das Bundesgericht als einzige Instanz (Art. 120 des Bundesgerichtsgesetzes vom 17. Juni 2005[6]).[7]

[2] Die Verwendung von Urkunden in einem Verfahren, das in Anwendung dieses Gesetzes durchgeführt wird, begründet nicht die Pflicht zur Entrichtung kantonaler Stempelabgaben.

Vgl.: DBG 200; StG 3 I; SchKG 16 II.

Erster Abschnitt: Steuererhebung

A. Gegenstand der Steuer
I. Kapitalerträge
1. Regel

4. [1] Gegenstand der Verrechnungssteuer auf dem Ertrag beweglichen Kapitalvermögens sind die Zinsen, Renten, Gewinnanteile und sonstigen Erträge:

a. der von einem Inländer [9 I] ausgegebenen Obligationen, Serienschuldbriefe, Seriengülten und Schuldbuchguthaben [StG 4 III–V].

Vgl.: VStV 14 f., 18 f.; KS ESTV Nr. 15, 3.10.2017, Obligationen und derivative Finanzinstrumente, S. 1177; MB ESTV, 1.2000, Konsortialdarlehen, Schuldscheindarlehen, Wechsel und Unterbeteiligungen, S. 1954; MB ESTV, 4.1999, Obligationen, S. 1961; MB ESTV, 4.1999, Geldmarktpapiere und Buchforderungen, S. 1966.

b.[8] der von einem Inländer [9 I] ausgegebenen Aktien, Stammanteile an Gesellschaften mit beschränkter Haf-

---

5 Fassung gemäss Ziff. II 12 des BG vom 6. Okt. 2006 zur Neugestaltung des Finanzausgleichs und der Aufgabenteilung zwischen Bund und Kantonen (NFA), in Kraft seit 1. Jan. 2008 (AS **2007** 5779; BBl **2005** 6029).

6 SR **173.110**

7 Fassung gemäss Anhang Ziff. 60 des Verwaltungsgerichtsgesetzes vom 17. Juni 2005, in Kraft seit 1. Jan. 2007 (AS **2006** 2197 1069; BBl **2001** 4202).

8 Fassung gemäss Anhang Ziff. 9 des BG vom 16. Dez. 2005 (GmbH-Recht sowie Anpassungen im Aktien-, Genossenschafts-, Handels-

tung, Genossenschaftsanteile, Partizipationsscheine und Genussscheine.

Vgl.: 5 I a, 5 Ibis; VStV 20 ff.; KS ESTV Nr. 39, 23.12.2013, Aktionärsoptionen, S. 1240; KS ESTV, 19.8.1999, Erwerb eigener Beteiligungsrechte, S. 1817; KS ESTV, 6.6.1997, Verdecktes Eigenkapital, S. 1833; MB ESTV, 30.4.1999, Gratisaktien, S. 1959; RS ESTV Nr. 150, 14.2.2017, Zinsenmerkblatt Fremdwährungen (erscheint jährlich), S. 1980; RS ESTV Nr. 149, 13.2.2017, Zinsenmerkblatt Schweizer Franken (erscheint jährlich), S. 1983.

c.[9] der von einem Inländer [9 I] oder von einem Ausländer in Verbindung mit einem Inländer ausgegebenen Anteile an einer kollektiven Kapitalanlage gemäss Kollektivanlagengesetz vom 23. Juni 2006[10] (KAG);

Vgl.: 5 I b, 9 III, 10 II, 12 Iter; VStV 28 ff.; KS ESTV Nr. 24, 20.11.2017, KAG VSt/StG, S. 1509; KS ESTV Nr. 25, 5.3.2009, KAG, S. 1493.

d. der Kundenguthaben bei inländischen [9 I] Banken und Sparkassen [9 II].

Vgl. zu d: 5 I c, 9 II; VStV 16; KS ESTV Nr. 34, 26.7.2011, Kundenguthaben, S. 1332.

Vgl.: 10 I, 11, 12 I-Iter, 13 I a, 14, 16, 20; VStV 14–38; DBG 18, 20, 58; StHG 7, 24; KS ESTV Nr. 13, 1.1.2018, Securities Lending, S. 1156; KS ESTV Nr. 21, 1.4.2008, Belege Rückerstattung Verrechnungssteuer, S. 1576; KS ESTV Nr. 20, 27.3.2008, Trusts, S. 1583; KS SSK Nr. 30, 22.8.2007, Trusts, S. 2024.

2 Die Verlegung des Sitzes einer Aktiengesellschaft, Gesellschaft mit beschränkter Haftung oder Genossenschaft ins Ausland steht steuerlich der Liquidation der Gesellschaft oder Genossenschaft gleich; diese Bestimmung findet auf kollektive Kapitalanlagen gemäss KAG sinngemässe Anwendung.[11]

Vgl.: 12 I; DBG 58 I c; StHG 24 II b; KS ESTV Nr. 24, 20.11.2017, KAG VSt/StG, S. 1509.

4*a*.[12] 1 Erwirbt eine Gesellschaft oder eine Genossenschaft gestützt auf einen Beschluss über die Herabsetzung des Kapitals oder im Hinblick auf eine Herabsetzung ihres Kapitals eigene Beteiligungsrechte (Aktien, Stammanteile von Gesellschaften mit beschränkter Haftung, Anteilscheine, Partizipationsscheine

---

register- und Firmenrecht), in Kraft seit 1. Jan. 2008 (AS **2007** 4791; BBl **2002** 3148, **2004** 3969).

9 Fassung gemäss Anhang Ziff. II 8 des Kollektivanlagengesetzes vom 23. Juni 2006, in Kraft seit 1. Jan. 2007 (AS **2006** 5379; BBl **2005** 6395).

10 SR **951.31**

11 Fassung gemäss Anhang Ziff. II 8 des Kollektivanlagengesetzes vom 23. Juni 2006, in Kraft seit 1. Jan. 2007 (AS **2006** 5379; BBl **2005** 6395).

12 Eingefügt durch Ziff. I 4 des BG vom 10. Okt. 1997 über die Reform der Unternehmensbesteuerung 1997, in Kraft seit 1. Jan. 1998 (AS **1998** 669; BBl **1997** II 1164).

oder Genussscheine), so unterliegt die Differenz zwischen dem Erwerbspreis und dem einbezahlten Nennwert dieser Beteiligungsrechte der Verrechnungssteuer. Dasselbe gilt, soweit der Erwerb eigener Beteiligungsrechte den Rahmen der Artikel 659 oder 783 des Obligationenrechts[13] überschreitet.[14]

Vgl.: DBG 20 I c; StHG 7 I^{bis}.

2 Erwirbt eine Gesellschaft oder eine Genossenschaft im Rahmen der Artikel 659 oder 783 des Obligationenrechts eigene Beteiligungsrechte, ohne anschliessend ihr Kapital herabzusetzen, so gilt Absatz 1 sinngemäss, wenn die Gesellschaft oder die Genossenschaft diese Beteiligungsrechte nicht innerhalb von sechs Jahren wieder veräussert.[15]

Vgl.: 12 I^{bis}; VStV 24a.

3 Hat eine Gesellschaft oder Genossenschaft eigene Beteiligungsrechte aus Anlass von Verpflichtungen erworben, die auf einer Wandelanleihe, einer Optionsanleihe oder einem Mitarbeiterbeteiligungsplan beruhen, so steht die Frist zur Wiederveräusserung nach Absatz 2 bis zum Erlöschen der betreffenden Verpflichtungen, im Falle des Mitarbeiterbeteiligungsplans jedoch längstens sechs Jahre, still.

Vgl.: KS ESTV, 19.8.1999, Erwerb eigener Beteiligungsrechte, S. 1817.

2. Ausnahmen

5. 1 Von der Steuer sind ausgenommen:

a.[16] die Reserven und Gewinne einer Kapitalgesellschaft gemäss Artikel 49 Absatz 1 Buchstabe a des Bundesgesetzes vom 14. Dezember 1990[17] über die direkte Bundessteuer (DBG) oder Genossenschaft, die bei einer Umstrukturierung nach Artikel 61 DBG in die Reserven einer aufnehmenden oder umgewandelten inländischen Kapitalgesellschaft oder Genossenschaft übergehen;

Vgl.: DBG 61; StHG 24 III; StG 6 I a^{bis}; KS ESTV Nr. 5, 1.6.2004, Umstrukturierungen, S. 1638.

---

13 SR **220**

14 Fassung gemäss Anhang Ziff. 9 des BG vom 16. Dez. 2005 (GmbH-Recht sowie Anpassungen im Aktien-, Genossenschafts-, Handelsregister- und Firmenrecht), in Kraft seit 1. Jan. 2008 (AS **2007** 4791; BBl **2002** 3148, **2004** 3969).

15 Fassung gemäss Anhang Ziff. 9 des BG vom 16. Dez. 2005 (GmbH-Recht sowie Anpassungen im Aktien-, Genossenschafts-, Handelsregister- und Firmenrecht), in Kraft seit 1. Jan. 2008 (AS **2007** 4791; BBl **2002** 3148, **2004** 3969).

16 Fassung gemäss Anhang Ziff. 9 des Fusionsgesetzes vom 3. Okt. 2003, in Kraft seit 1. Juli 2004 (AS **2004** 2617; BBl **2000** 4337).

17 SR **642.11**

b.[18] die in einer kollektiven Kapitalanlage gemäss KAG[19] erzielten Kapitalgewinne und Erträge aus direktem Grundbesitz sowie die durch die Anleger geleisteten Kapitaleinzahlungen, sofern sie über gesonderten Coupon ausgerichtet werden;

Vgl.: KS ESTV Nr. 24, 20.11.2017, KAG VSt/StG, S. 1509.

c.[20] die Zinsen von Kundenguthaben, wenn der Zinsbetrag für ein Kalenderjahr 200 Franken nicht übersteigt;

Vgl.: VStV 16, 54 I und II; RS ESTV Nr. 73, 24.2.2010, Freigrenze Zinsen Kundenhuthaben, S. 1986.

d. die Zinsen der Einlagen zur Bildung und Äufnung von auf den Erlebens- oder Todesfall gestellten Guthaben bei Anstalten, Kassen und sonstigen Einrichtungen, die der Alters-, Invaliditäts- oder Hinterlassenenversicherung oder -fürsorge dienen;

e.[21] die Reservevermögen eines Unternehmens, die bei der Übertragung von Arbeitsbeschaffungsreserven nach Artikel 12 des Bundesgesetzes vom 20. Dezember 1985[22] über die Bildung steuerbegünstigter Arbeitsbeschaffungsreserven auf eine andere, mit ihm unter einheitlicher Leitung stehende inländische Aktiengesellschaft, Gesellschaft mit beschränkter Haftung oder Genossenschaft übergehen;

f.[23] die freiwilligen Leistungen einer Aktiengesellschaft, einer Gesellschaft mit beschränkter Haftung oder einer Genossenschaft, sofern diese Leistungen gestützt auf Artikel 59 Absatz 1 Buchstabe c des Bundesgesetzes vom 14. Dezember 1990 über die direkte Bundessteuer geschäftsmässig begründet sind.

g.[24] die Zinsen von Pflichtwandelanleihen und Anleihen mit Forderungsverzicht nach den Artikeln 11–13 des Bankengesetzes vom 8. November 1934[25], sofern:

---

18 Fassung gemäss Anhang Ziff. II 8 des Kollektivanlagengesetzes vom 23. Juni 2006, in Kraft seit 1. Jan. 2007 (AS **2006** 5379; BBl **2005** 6395).

19 SR **951.31**

20 Fassung gemäss Ziff. II 4 des Unternehmenssteuerreformgesetzes II vom 23. März 2007, in Kraft seit 1. Jan. 2010 (AS **2008** 2893; BBl **2005** 4733).

21 Eingefügt durch Art. 25 des ABRG vom 20. Dez. 1985, in Kraft seit 1. Okt. 1988 (AS **1988** 1420; BBl **1984** I 1129).

22 SR **823.33**

23 Eingefügt durch Anhang Ziff. 5 des BG vom 8. Okt. 2004 (Stiftungsrecht), in Kraft seit 1. Jan. 2006 (AS **2005** 4545; BBl **2003** 8153 8191).

24 Eingefügt durch Ziff. I des BG vom 15. Juni 2012 (AS **2012** 5981; BBl **2011** 6615). Fassung gemäss Ziff. I des BG vom 18. März 2016, in Kraft seit 1. Jan. 2017 (AS **2016** 3451; BBl **2015** 7083).

25 SR **952.0**

1. die Eidgenössische Finanzmarktaufsicht (FINMA), gestützt auf Artikel 11 Absatz 4 des Bankengesetzes, die Anrechnung der Anleihe an die erforderlichen Eigenmittel genehmigt hat, und
2. die Anleihe zwischen dem 1. Januar 2013 und dem 31. Dezember 2021 ausgegeben wird;

h.[26] Zinszahlungen von Teilnehmern an eine zentrale Gegenpartei im Sinne des Finanzmarktinfrastrukturgesetzes vom 19. Juni 2015[27] [FinfraG 41] sowie von einer zentralen Gegenpartei an ihre Teilnehmer.

Vgl.: zu h: StG 13 III a, 19 I.

i.[28] die Zinsen von Anleihensobligationen von Banken oder Konzerngesellschaften von Finanzgruppen, für die Massnahmen nach den Artikeln 28–32 des Bankengesetzes angeordnet werden können, sofern:

1. die Anleihensobligation durch einen Sanierungsplan nach Artikel 31 Absatz 3 des Bankengesetzes reduziert oder in Eigenkapital umgewandelt werden kann,
2. die FINMA die Anleihensobligation im Hinblick auf die Erfüllung regulatorischer Erfordernisse genehmigt hat:
   - bei nicht systemrelevanten Banken oder bei Konzerngesellschaften von Finanzgruppen: im Zeitpunkt der Emission
   - bei systemrelevanten Banken nach den Artikeln 7–10a des Bankengesetzes: im Zeitpunkt der Emission oder bei einem Wechsel von einem ausländischen zu einem schweizerischen Emittenten, und
3. die Anleihensobligation zwischen dem Inkrafttreten der Änderung vom 18. März 2016 dieses Gesetzes und dem 31. Dezember 2021 ausgegeben wird oder während dieser Zeit ein Wechsel des Emittenten nach Ziffer 2 stattfindet.

1bis Die Rückzahlung von Einlagen, Aufgeldern und Zuschüssen, die von den Inhabern der Beteiligungsrechte nach dem 31. Dezember 1996 geleistet worden sind, wird gleich behandelt wie die Rückzahlung von Grund- oder Stammkapital, wenn die Einlagen, Aufgelder und Zuschüsse von der Kapitalgesellschaft oder Genossenschaft in der Handelsbilanz auf einem gesonderten Konto ausgewiesen werden und die Gesellschaft jede Verän-

---

26 Eingefügt durch Anhang Ziff. 7 des Finanzmarktinfrastrukturgesetzes vom 19. Juni 2015, in Kraft seit 1. Jan. 2016 (AS **2015** 5339; BBl **2014** 7483).

27 SR **958.1**

28 Eingefügt durch Ziff. I des BG vom 18. März 2016, in Kraft seit 1. Jan. 2017 (AS **2016** 3451; BBl **2015** 7083).

derung auf diesem Konto der Eidgenössischen Steuerverwaltung meldet.[29]

Vgl.: DBG 20 III, 125 III; KS ESTV Nr. 32, 23.12.2010, Sanierungen, S. 1369; KS ESTV Nr. 29a, 9.9.2015, Kapitaleinlageprinzip neues Rechnungslegungsrecht, S. 1212.

2 Die Verordnung kann vorschreiben, dass Zinsen verschiedener, von einem Gläubiger oder Verfügungsberechtigten bei der gleichen Bank oder Sparkasse [9 II] unterhaltener Kundenguthaben [4 I d, 5 I c] zusammenzurechnen sind; bei offenbarem Missbrauch kann die Eidgenössische Steuerverwaltung eine solche Zusammenrechnung im Einzelfall anordnen.[30]

Anm. zu II: BR hat bisher von dieser Kompetenz nicht Gebrauch gemacht.

II. Lotteriegewinne

6. 1 Gegenstand der Verrechnungssteuer auf Lotteriegewinnen sind ausgerichtete Geldtreffer von über 1000 Franken aus Lotterien, die im Inland zur Durchführung gelangen.[31]

Vgl.: 10 I, 11, 12 I, 13 I a, 14, 16 I c; VStV 39–42; DBG 23 e, 24 j.

2 Den Lotterien sind gleichgestellt gewerbsmässige Wetten und lotterieähnliche Veranstaltungen (Sport-Toto usw.).

Anm.: Gem. Geldspielgesetz vom 29.9.2017 wird Art. 6 wie folgt geändert (Referendumsfrist läuft bis 18.1.2018, Inkrafttreten noch offen):

[Gewinne aus Geldspielen sowie aus Lotterien und Geschicklichkeitsspielen zur Verkaufsförderung

1 Gegenstand der Verrechnungssteuer auf Gewinnen aus Geldspielen sind ausgerichtete einzelne Gewinne, die nicht nach Artikel 24 Buchstaben i–i^ter DBG steuerfrei sind.

2 Gegenstand der Verrechnungssteuer auf Gewinnen aus Lotterien und Geschicklichkeitsspielen zur Verkaufsförderung sind ausgerichtete einzelne Gewinne, die nicht nach Artikel 24 Buchstabe j DBG steuerfrei sind.]

III. Versicherungsleistungen
1. Regel

7. 1 Gegenstand der Verrechnungssteuer auf Versicherungsleistungen sind Kapitalleistungen aus Lebensversicherung sowie Leibrenten und Pensionen, sofern die Versicherung zum inländischen Bestand des Versicherers gehört und bei Eintritt des versicherten Ereignisses der Versicherungsnehmer oder ein Anspruchsberechtigter Inländer [9 I] ist.

Vgl.: 10, 12 II, 13 I b-c, 16 I d, 19; VStV 43–50; DBG 20 I a, 23 b.

---

29 Eingefügt durch Ziff. II 4 des Unternehmenssteuerreformgesetzes II vom 23. März 2007, in Kraft seit 1. Jan. 2011 (AS **2008** 2893; BBl **2005** 4733).

30 Fassung gemäss Ziff. II 4 des Unternehmenssteuerreformgesetzes II vom 23. März 2007, in Kraft seit 1. Jan. 2010 (AS **2008** 2893; BBl **2005** 4733).

31 Fassung gemäss Ziff. I 3 des BG vom 15. Juni 2012 über Vereinfachungen bei der Besteuerung von Lotteriegewinnen, in Kraft seit 1. Jan. 2013 (AS **2012** 5977; BBl **2011** 6517 6543).

[2] Wird eine Versicherung vom inländischen in einen ausländischen Versicherungsbestand übergeführt oder tritt ein Inländer seine Versicherungsansprüche an einen Ausländer ab, so steht dies steuerlich der Erbringung der Versicherungsleistung gleich.

[3] Als Kapitalleistung aus Lebensversicherung gilt auch jede Auszahlung von Guthaben im Sinne von Artikel 5 Absatz 1 Buchstabe *d*, unbekümmert um den Grund dieser Auszahlung.

2. Ausnahmen

8. [1] Von der Steuer sind ausgenommen:

a. Kapitalleistungen, wenn der gesamte Leistungsbetrag aus derselben Versicherung 5000 Franken nicht übersteigt;

b. Renten und Pensionen, wenn ihr Betrag einschliesslich Zulagen im Jahr 500 Franken nicht übersteigt;

c. Leistungen auf Grund der Bundesgesetze über die Alters- und Hinterlassenenversicherung[32] und die Invalidenversicherung[33].

[2] Die Verordnung kann allgemein vorschreiben, dass Kapitalleistungen oder Renten und Pensionen, die beim gleichen Versicherer auf dasselbe Leben gestellt sind, zusammenzurechnen sind; bei offenbarem Missbrauch kann die Eidgenössische Steuerverwaltung eine solche Zusammenrechnung im Einzelfall anordnen.

Anm. zu II: BR hat bisher von dieser Kompetenz nicht Gebrauch gemacht.

IV. Begriffsbestimmungen

9. [1] Inländer ist, wer im Inland Wohnsitz, dauernden Aufenthalt oder statutarischen Sitz hat oder als Unternehmen im inländischen Handelsregister eingetragen ist; als Inländer im Sinne von Artikel 4 gelten auch juristische Personen oder Handelsgesellschaften ohne juristische Persönlichkeit, die ihren statutarischen Sitz im Ausland haben, jedoch tatsächlich im Inland geleitet werden und hier eine Geschäftstätigkeit ausüben.

Vgl.: StG 4 I; DBG 3 II und III, 50.

[2] Als Bank oder Sparkasse gilt, wer sich öffentlich zur Annahme verzinslicher Gelder empfiehlt oder fortgesetzt Gelder gegen Zins entgegennimmt; ausgenommen sind Sparvereine, die Einlagen nur von den eigenen Mitgliedern entgegennehmen, sowie Betriebssparkassen, die als Einleger nur das Personal des Betriebes zulassen, sofern diese Vereine oder Kassen die ihnen anvertrauten Gelder ausschliesslich in Werten anlegen, deren Ertrag der Verrechnungssteuer unterliegt.

Vgl.: KS ESTV Nr. 34, 26.7.2011, Kundenguthaben, S. 1332.

---

[32] SR **831.10**

[33] SR **831.20**

3 Wo in diesem Gesetz von kollektiven Kapitalanlagen gemäss KAG[34] die Rede ist [4 I c, 10 II, 26 f.; VStV 28 ff.], gelten seine Vorschriften für alle Personen, welche die entsprechenden Funktionen ausüben. Die Investmentgesellschaften mit festem Kapital nach Artikel 110 KAG werden in diesem Gesetz den Kapitalgesellschaften gleichgestellt.[35]

Vgl. zu III: KS ESTV Nr. 24, 20.11.2017, KAG VSt/StG, S. 1509.

B. Steuerpflicht
I. Steuerpflichtiger

10. 1 Steuerpflichtig ist der Schuldner der steuerbaren Leistung.

Vgl.: VStV 17, 21–23, 40, 46.

2 Bei kollektiven Kapitalanlagen gemäss KAG[36] sind die Fondsleitung, die Investmentgesellschaft mit variablem Kapital, die Investmentgesellschaft mit festem Kapital und die Kommanditgesellschaft steuerpflichtig. Haben eine Mehrheit der unbeschränkt haftenden Gesellschafter einer Kommanditgesellschaft für kollektive Kapitalanlagen ihren Wohnsitz im Ausland oder handelt es sich bei den unbeschränkt haftenden Gesellschaftern um juristische Personen, an denen eine Mehrheit von Personen mit Wohnsitz oder Sitz im Ausland beteiligt sind, haftet die Depotbank der Kommanditgesellschaft solidarisch für die Steuer auf den ausbezahlten Erträgen [4 I c, 9 III, 26 f.; VStV 28 ff.].[37]

Vgl.: 38–40; VStV 17, 21, 23; KS ESTV Nr. 24, 20.11.2017, KAG VSt/StG, S. 1509.

II. Art der Erfüllung

11. 1 Die Steuerpflicht wird gemäss den folgenden Bestimmungen entweder durch Entrichtung der Steuer (Art. 12 ff.) oder durch Meldung der steuerbaren Leistung (Art. 19 und 20) erfüllt.

Vgl.: VStV 24 ff., 47 f.; KS ESTV Nr. 18, 17.7.2008, Säule 3a, S. 1585.

2 Die Verordnung umschreibt die Voraussetzungen, unter denen gegen Domizilerklärung (Affidavit) die Verrechnungssteuer auf Erträgen von Anteilen an kollektiven Kapitalanlagen gemäss KAG[38] nicht erhoben wird.[39]

Vgl.: VStV 34 ff.

III. Steuerentrichtung
1. Entstehung der Steuerforderung

12. 1 Bei Kapitalerträgen [4] und Lotteriegewinnen [6] entsteht die Steuerforderung im Zeitpunkt, in dem die steuerbare

---

34 SR **951.31**

35 Fassung gemäss Anhang Ziff. II 8 des Kollektivanlagengesetzes vom 23. Juni 2006, in Kraft seit 1. Jan. 2007 (AS **2006** 5379; BBl **2005** 6395).

36 SR **951.31**

37 Fassung gemäss Anhang Ziff. II 8 des Kollektivanlagengesetzes vom 23. Juni 2006, in Kraft seit 1. Jan. 2007 (AS **2006** 5379; BBl **2005** 6395).

38 SR **951.31**

39 Fassung gemäss Anhang Ziff. II 8 des Kollektivanlagengesetzes vom 23. Juni 2006, in Kraft seit 1. Jan. 2007 (AS **2006** 5379; BBl **2005** 6395).

Leistung fällig wird. Werden Zinsen kapitalisiert oder wird eine Sitzverlegung ins Ausland (Art. 4 Abs. 2) beschlossen, so bewirkt dies die Entstehung der Steuerforderung.

Vgl.: 17.

1bis Im Falle des Erwerbs eigener Beteiligungsrechte nach Artikel 4*a* Absatz 2 entsteht die Steuerforderung mit Ablauf der dort geregelten Frist.[40]

Vgl.: VStV 24a; KS ESTV, 19.8.1999, Erwerb eigener Beteiligungsrechte, S. 1817.

1ter Bei Thesaurierungsfonds entsteht die Steuerforderung im Zeitpunkt der Gutschrift des steuerbaren Ertrages (Art. 4 Abs. 1 Bst. c).[41]

Vgl.: KS ESTV Nr. 24, 20.11.2017, KAG VSt/StG, S. 1509.

2 Bei Versicherungsleistungen [7] entsteht die Steuerforderung mit der Erbringung der Leistung.

3 Ist der Schuldner [10] aus einem in seiner Person liegenden Grunde ausserstande, die steuerbare Leistung bei ihrer Fälligkeit zu erbringen, so entsteht die Steuerforderung erst im Zeitpunkt, auf den die Leistung oder eine an ihre Stelle tretende Leistung zahlbar gestellt, in jedem Falle aber, wenn sie tatsächlich erbracht wird.

Anm.: Gem. Geldspielgesetz vom 29.9.2017 wird Art. 12 Abs. 1 erster Satz wie folgt geändert (Referendumsfrist läuft bis 18.1.2018, Inkrafttreten noch offen):

[1 Bei Kapitalerträgen und bei Gewinnen aus Geldspielen, die nicht nach Artikel 24 Buchstaben i–iter DBG steuerfrei sind, sowie bei Gewinnen aus Lotterien und Geschicklichkeitsspielen zur Verkaufsförderung, die nicht nach Artikel 24 Buchstabe j DBG steuerfrei sind, entsteht die Steuerforderung im Zeitpunkt, in dem die steuerbare Leistung fällig wird. …]

2. Steuersätze

13. 1 Die Steuer beträgt:

a.[42] auf Kapitalerträgen [4] und Lotteriegewinnen [6]: 35 Prozent der steuerbaren Leistung;

b. auf Leibrenten und Pensionen [7]: 15 Prozent der steuerbaren Leistung;

c. auf sonstigen Versicherungsleistungen [7]: 8 Prozent der steuerbaren Leistung.

---

40 Eingefügt durch Ziff. I 4 des BG vom 10. Okt. 1997 über die Reform der Unternehmensbesteuerung 1997, in Kraft seit 1. Jan. 1998 (AS **1998** 669; BBl **1997** II 1164).

41 Eingefügt durch Anhang Ziff. II 8 des Kollektivanlagengesetzes vom 23. Juni 2006, in Kraft seit 1. Jan. 2007 (AS **2006** 5379; BBl **2005** 6395).

42 Fassung gemäss Ziff. I des BG vom 15. Dez. 1978, in Kraft seit 1. Jan. 1980 (AS **1979** 499; BBl **1978** I 849).

[2] Der Bundesrat kann den in Absatz 1 Buchstabe *a* festgesetzten Steuersatz auf ein Jahresende auf 30 Prozent herabsetzen, wenn es die Entwicklung der Währungslage oder des Kapitalmarktes erfordert.[43]

Anm. zu II: BR hat bisher von dieser Kompetenz nicht Gebrauch gemacht.

Anm.: Gem. Geldspielgesetz vom 29.9.2017 wird Art. 13 Abs. 1 Bst. a wie folgt geändert (Referendumsfrist läuft bis 18.1.2018, Inkrafttreten noch offen):

[a. auf Kapitalerträgen und auf Gewinnen aus Geldspielen, die nicht nach Artikel 24 Buchstaben i–i^ter DBG steuerfrei sind, sowie aus Lotterien und Geschicklichkeitsspielen zur Verkaufsförderung, die nicht nach Artikel 24 Buchstabe j DBG steuerfrei sind: 35 Prozent der steuerbaren Leistung;]

3. Überwälzung

14. [1] Die steuerbare Leistung ist bei der Auszahlung, Überweisung, Gutschrift oder Verrechnung ohne Rücksicht auf die Person des Gläubigers um den Steuerbetrag zu kürzen. Vereinbarungen, die dieser Verpflichtung widersprechen, sind nichtig.

Vgl.: 63; KS ESTV Nr. 39, 23.12.2013, Aktionärsoptionen, S. 1240; MB ESTV, 2.2001, Leistungsempfänger bei der Verrechnungssteuer, S. 1953.

[2] Der Steuerpflichtige hat dem Empfänger der steuerbaren Leistung die zur Geltendmachung des Rückerstattungsanspruchs [21 ff.] notwendigen Angaben zu machen und auf Verlangen hierüber eine Bescheinigung auszustellen.

Vgl.: 48 I; VStV 3.

4. Mithaftung

15. [1] Mit dem Steuerpflichtigen haften solidarisch [OR 143]:

a. für die Steuer einer aufgelösten juristischen Person, einer Handelsgesellschaft ohne juristische Persönlichkeit oder einer kollektiven Kapitalanlage: die mit der Liquidation betrauten Personen bis zum Betrag des Liquidationsergebnisses;
b. für die Steuer einer juristischen Person oder einer kollektiven Kapitalanlage, die ihren Sitz ins Ausland verlegt: die Organe und im Falle der Kommanditgesellschaft für kollektive Kapitalanlage die Depotbank bis zum Betrage des reinen Vermögens der juristischen Person und der kollektiven Kapitalanlage.[44]

[2] Die in Absatz 1 bezeichneten Personen haften nur für Steuer-, Zins- und Kostenforderungen, die während ihrer Geschäftsführung entstehen, geltend gemacht oder fällig [16] wer-

---

43 Eingefügt durch Ziff. I des BG vom 31. Jan. 1975 (AS **1975** 932; BBl **1975** I 334). Fassung gemäss Ziff. I des BG vom 15. Dez. 1978, in Kraft seit 1. Jan. 1980 (AS **1979** 499; BBl **1978** I 849).

44 Fassung gemäss Anhang Ziff. II 8 des Kollektivanlagengesetzes vom 23. Juni 2006, in Kraft seit 1. Jan. 2007 (AS **2006** 5379; BBl **2005** 6395).

den; ihre Haftung entfällt, soweit sie nachweisen, dass sie alles ihnen Zumutbare zur Feststellung und Erfüllung der Steuerforderung getan haben.

3 Der Mithaftende hat im Verfahren die gleichen Rechte und Pflichten wie der Steuerpflichtige.

5. Fälligkeit; Verzugszins

16. 1 Die Steuer wird fällig:

a. auf Zinsen von Kassenobligationen [4 I a] und Kundenguthaben bei inländischen Banken oder Sparkassen [4 I d]: 30 Tage nach Ablauf jedes Geschäftsvierteljahres für die in diesem Zeitraum fällig gewordenen Zinsen;

b. …[45]

c. auf den übrigen Kapitalerträgen [4] und auf den Lotteriegewinnen [6]: 30 Tage nach Entstehung der Steuerforderung (Art. 12);

d. auf Versicherungsleistungen [7]: 30 Tage nach Ablauf jedes Monats für die in diesem Monat erbrachten Leistungen.

2 Auf Steuerbeträgen, die nach Ablauf der in Absatz 1 geregelten Fälligkeitstermine ausstehen, ist ohne Mahnung ein Verzugszins geschuldet. Der Zinssatz wird vom Eidgenössischen Finanzdepartement bestimmt.[46]

2bis Kein Verzugszins ist geschuldet, wenn die materiellen Voraussetzungen für die Erfüllung der Steuerpflicht durch Meldung der steuerbaren Leistung erfüllt sind nach:

a. Artikel 20 und seinen Ausführungsbestimmungen; oder

b. dem im Einzelfall anwendbaren internationalen Abkommen und den Ausführungsbestimmungen zu diesem Abkommen.[47]

3 Wird über den Steuerpflichtigen der Konkurs eröffnet [SchKG 171, 175] oder verlegt er seinen Wohnsitz oder Aufenthalt ins Ausland [9 I], so bewirkt dies die Fälligkeit der Steuer.

Vgl.: 17; VStV 18 f., 21 II f.

Anm.: Gem. Geldspielgesetz vom 29.9.2017 wird Art. 16 Abs. 1 Bst. c wie folgt geändert (Referendumsfrist läuft bis 18.1.2018, Inkrafttreten noch offen):

[c. auf den übrigen Kapitalerträgen und auf Gewinnen aus Geldspielen, die nicht nach Artikel 24 Buchstaben i–iter DBG steuerfrei sind, sowie aus Lotterien und Geschicklichkeitsspielen zur Verkaufsförderung, die nicht

---

45 Aufgehoben durch Ziff. II 4 des Unternehmenssteuerreformgesetzes II vom 23. März 2007, mit Wirkung seit 1. Jan. 2009 (AS **2008** 2893; BBl **2005** 4733).

46 Fassung gemäss Ziff. I 4 des BG vom 10. Okt. 1997 über die Reform der Unternehmensbesteuerung 1997, in Kraft seit 1. Jan. 1998 (AS **1998** 669; BBl **1997** II 1164).

47 Eingefügt durch Ziff. I des BG vom 30. Sept. 2016, in Kraft seit 15. Febr. 2017 (AS **2017** 497; BBl **2015** 5331 5365).

nach Artikel 24 Buchstabe j DBG steuerfrei sind: 30 Tage nach Entstehung der Steuerforderung (Art. 12);]

6. Untergang der Steuerforderung a. Verjährung

17. [1] Die Steuerforderung verjährt fünf Jahre nach Ablauf des Kalenderjahres, in dem sie entstanden ist (Art. 12).

[2] Die Verjährung beginnt nicht oder steht stille, solange die Steuerforderung sichergestellt [47] ist oder keiner der Zahlungspflichtigen [10, 15] im Inland Wohnsitz hat.

[3] Die Verjährung wird unterbrochen durch jede Anerkennung der Steuerforderung von Seiten eines Zahlungspflichtigen sowie durch jede auf Geltendmachung des Steueranspruchs gerichtete Amtshandlung, die einem Zahlungspflichtigen zur Kenntnis gebracht wird; mit der Unterbrechung beginnt die Verjährung von neuem.

[4] Stillstand und Unterbrechung wirken gegenüber allen Zahlungspflichtigen.

b. Erlass

18. Die Steuerforderung, die bei der Aufwertung sanierungshalber abgeschriebener Beteiligungsrechte oder bei der Einlösung anlässlich einer Sanierung ausgegebener Genussscheine entstanden ist, kann erlassen werden, soweit der Steuerbezug eine offenbare Härte gegen den Empfänger der steuerbaren Leistung bedeuten würde.

Vgl.: StG 12; DBG 167 ff.; VStV 27.

IV. Meldung statt Steuerentrichtung 1. Bei Versicherungsleistungen

19. [1] Der Versicherer hat seine Steuerpflicht durch Meldung der steuerbaren Versicherungsleistung [7] zu erfüllen, sofern nicht vor Ausrichtung der Leistung der Versicherungsnehmer oder ein Anspruchsberechtigter bei ihm schriftlich Einspruch gegen die Meldung erhoben hat.

[2] Übersteigt die infolge des Einspruchs zu entrichtende Steuer die noch zu erbringende Versicherungsleistung, so ist der Einspruch nur wirksam, wenn der Einsprecher dem Versicherer den Fehlbetrag ersetzt.

[3] Die Meldungen sind innert 30 Tagen nach Ablauf jedes Monats für die in diesem Monat erbrachten Leistungen schriftlich der Eidgenössischen Steuerverwaltung zu erstatten.

Vgl.: 47 f.

2. Bei Kapitalerträgen

20.[48] [1] Würde bei Kapitalerträgen die Steuerentrichtung zu unnötigen Umtrieben oder zu einer offenbaren Härte führen, so kann der steuerpflichtigen Person gestattet werden, ihre Steuerpflicht durch Meldung der steuerbaren Leistung zu erfüllen.

[2] Der Bundesrat umschreibt die Fälle, in denen das Meldeverfahren zulässig ist. Das Meldeverfahren ist insbesondere bei Divi-

[48] Fassung gemäss Ziff. I des BG vom 30. Sept. 2016, in Kraft seit 15. Febr. 2017 (AS **2017** 497; BBl **2015** 5331 5365).

dendenausschüttungen und geldwerten Leistungen im inländischen und grenzüberschreitenden Konzernverhältnis zuzulassen.

3 Erfolgt in den Fällen nach Artikel 16 Absatz 2bis die Meldung der steuerbaren Leistung, das Gesuch um Bewilligung des Meldeverfahrens oder die Geltendmachung des Anspruchs auf ein Meldeverfahren nicht rechtzeitig, so wird das Meldeverfahren unter Vorbehalt der Erhebung einer Ordnungsbusse nach Artikel 64 gewährt.

Vgl.: VStV 24–26a, 38a; MB ESTV, 30.6.2002, Meldung im schweizerischen Konzernverhältnis, S. 1952; MB ESTV, 30.4.1999, Gratisaktien, S. 1959.

Anm.: Im internat. Verhältnis auch KS ESTV Nr. 10, 15.7.2005, Meldeverfahren Zinsbesteuerungsabkommen, S. 1630; KS ESTV Nr. 6, 22.12.2004, Meldeverfahren wesentliche Beteiligungen ausländischer Gesellschaften, S. 1634.

Zweiter Abschnitt: Steuerrückerstattung

A. Rückerstattung der Steuer auf Kapitalerträgen und Lotteriegewinnen I. Allgemeine Voraussetzungen des Anspruchs

21. 1 Ein nach den Artikeln 22–28 Berechtigter hat Anspruch auf Rückerstattung der ihm vom Schuldner abgezogenen Verrechnungssteuer:

a. auf Kapitalerträgen [4]: wenn er bei Fälligkeit der steuerbaren Leistung [12] das Recht zur Nutzung des den steuerbaren Ertrag abwerfenden Vermögenswertes besass;

Vgl.: KS ESTV Nr. 25, 5.3.2009, KAG, S. 1493; KS ESTV, 19.8.1999, Erwerb eigener Beteiligungsrechte, S. 1817; MB ESTV, 2.2001, Leistungsempfänger bei der Verrechnungssteuer, S. 1953; MB ESTV, 30.4.1999, Gratisaktien, S. 1959.

b. auf Lotteriegewinnen [6]: wenn er bei der Ziehung Eigentümer [ZGB 641] des Loses war.

2 Die Rückerstattung ist in allen Fällen unzulässig, in denen sie zu einer Steuerumgehung führen würde.

Vgl.: KS ESTV Nr. 39, 23.12.2013, Aktionärsoptionen, S. 1240; KS ESTV Nr. 21, 1.4.2008, Belege Rückerstattung Verrechnungssteuer, S. 1576.

3 Wo besondere Verhältnisse es rechtfertigen (Börsengeschäfte u. dgl.), kann die Verordnung die Anspruchsberechtigung abweichend von Absatz 1 regeln.

Vgl. zu 21–33: VStV 51–59.

Anm.: Gem. Geldspielgesetz vom 29.9.2017 wird der Randtitel zu Art. 21 sowie Art. 21 Abs. 1 Bst. b wie folgt geändert (Referendumsfrist läuft bis 18.1.2018, Inkrafttreten noch offen):

b. auf Gewinnen aus Geldspielen, die nicht nach Artikel 24 Buchstaben i–i^ter DBG steuerfrei sind, und aus Lotterien und Geschicklichkeitsspielen zur Verkaufsförderung, die nicht nach Artikel 24 Buchstabe j DBG steuerfrei sind: wenn er bei der Ziehung Eigentümer des Loses war oder gewinnberechtigter Teilnehmer ist.]

[A. Rückerstattung der Steuer auf Kapitalerträgen und auf Gewinnen aus Geldspielen sowie aus Lotterien und Geschicklichkeitsspielen zur Verkaufsförderung
I. Allgemeine Voraussetzungen des Anspruchs

II. Berechtigte
1. Natürliche Personen
a. Anspruch

22. 1 Natürliche Personen haben Anspruch auf Rückerstattung der Verrechnungssteuer, wenn sie bei Fälligkeit der steuerbaren Leistung [12] im Inland Wohnsitz hatten [DBG 3 II].

Vgl.: VStV 61 II; KS ESTV Nr. 25, 5.3.2009, KAG, S. 1493; KS ESTV Nr. 20, 27.3.2008, Trusts, S. 1583.

2 Die Verordnung regelt den Rückerstattungsanspruch natürlicher Personen, die infolge blossen Aufenthalts [DBG 3 III] zur Entrichtung von Einkommens- oder Vermögenssteuern des Bundes, eines Kantons oder einer Gemeinde verpflichtet sind [VStV 51 I, III]; sie kann, wo besondere Verhältnisse es rechtfertigen, die Rückerstattung auch für andere Fälle vorsehen [VStV 51 II–III, 52].

Anm.: Im internat. Verhältnis anwendbare DBA beachten.

b. Verwirkung

23. Wer mit der Verrechnungssteuer belastete Einkünfte oder Vermögen, woraus solche Einkünfte fliessen, entgegen gesetzlicher Vorschrift [DBG 18, 20, 58, 124 ff.] der zuständigen Steuerbehörde nicht angibt, verwirkt den Anspruch auf Rückerstattung der von diesen Einkünften abgezogenen Verrechnungssteuer.

Vgl.: KS ESTV Nr. 40, 11.3.2014, Verwirkung Rückerstattung Verrechnungssteuer, S. 1237.

2. Juristische Personen, Geschäftsbetriebe u. dgl.
a. Anspruch

24. 1 Der Bund, die Kantone und die Gemeinden sowie ihre Anstalten und Betriebe und die unter ihrer Verwaltung stehenden Spezialfonds haben Anspruch auf Rückerstattung der Verrechnungssteuer, wenn der den steuerbaren Ertrag abwerfende Vermögenswert in der Rechnung ausgewiesen ist.

2 Juristische Personen und Handelsgesellschaften ohne juristische Persönlichkeit haben Anspruch auf Rückerstattung der Verrechnungssteuer, wenn sie bei Fälligkeit der steuerbaren Leistung ihren Sitz im Inland hatten.

3 Ausländische Unternehmen, die für ihre Einkünfte aus einer inländischen Betriebsstätte oder für deren Betriebsvermögen

Kantons- oder Gemeindesteuern zu entrichten verpflichtet sind [StHG 4 I, 21 I], haben Anspruch auf Rückerstattung der von den Einkünften aus diesem Betriebsvermögen abgezogenen Verrechnungssteuer.

4 Ausländische Körperschaften und Anstalten ohne Erwerbszweck haben Anspruch auf Rückerstattung der Verrechnungssteuer, die von Einkünften aus Vermögen abgezogen wurde, das ausschliesslich Kultus-, Unterrichts- oder andern gemeinnützigen Zwecken des Auslandschweizertums dient.

5 Die Verordnung regelt den Rückerstattungsanspruch von Stockwerkeigentümergemeinschaften sowie von anderen Personenvereinigungen und Vermögensmassen, die das Recht der Persönlichkeit nicht erlangt haben, aber über eine eigene Organisation verfügen und im Inland tätig sind oder verwaltet werden.[49]

Vgl.: VStV 51 ff.; MB ESTV, 11.2014, Rückerstattungen Stockwerkeigentümergemeinschaften; MB ESTV, 9.2006, Rückerstattung an Gemeinschaftsunternehmen (Baukonsortien und dergleichen); MB ESTV, 6.2002, Investment-Clubs; MB ESTV, 9.2000, Rückerstattungen im Zusammenhang mit Kapitalanlagen in Betreibungs- und Konkursverfahren.

b. Verwirkung

25. 1 Juristische Personen, Handelsgesellschaften ohne juristische Persönlichkeit und ausländische Unternehmen mit inländischer Betriebsstätte (Art. 24 Abs. 2–4), welche die mit der Verrechnungssteuer belasteten Einkünfte nicht ordnungsgemäss als Ertrag verbuchen [DBG 58, 125 ff.; OR 957 ff.], verwirken den Anspruch auf Rückerstattung der von diesen Einkünften abgezogenen Verrechnungssteuer.

2 Wo besondere Verhältnisse es rechtfertigen (Gratisaktien u. dgl.), kann die Verordnung Ausnahmen von dem in Absatz 1 aufgestellten Erfordernis der Verbuchung als Ertrag zulassen.

Vgl.: MB ESTV, 11.2014, Verbuchung bei einfacher Buchhaltung, S. 1946; MB ESTV, 11.2014, Verbuchung bei doppelter Buchhaltung, S. 1948.

3. Kollektive Kapitalanlagen

26.[50] Die kollektive Kapitalanlage, welche die Verrechnungssteuer auf den Erträgen von Anteilen an einer kollektiven Kapitalanlage gemäss KAG[51] entrichtet (Art. 10 Abs. 2), hat für Rechnung der kollektiven Kapitalanlage Anspruch auf Rückerstattung der zu ihren Lasten abgezogenen Verrechnungssteuer; Artikel 25 findet sinngemässe Anwendung.

---

49 Fassung gemäss Ziff. I des BG vom 23. Juni 2000, in Kraft seit 1. Jan. 2001 (AS **2000** 2741; BBl **2000** 634 4903). Sie findet erstmals Anwendung auf die Rückerstattung der Verrechnungssteuer von steuerbaren Leistungen, die nach dem 31. Dez. 2000 fällig werden (Ziff. II Abs. 2 der genannten Änd.).

50 Fassung gemäss Anhang Ziff. II 8 des Kollektivanlagengesetzes vom 23. Juni 2006, in Kraft seit 1. Jan. 2007 (AS **2006** 5379; BBl **2005** 6395).

51 SR **951.31**

Vgl.: KS ESTV Nr. 24, 20.11.2017, KAG VSt/StG, S. 1509.

4. Ausländische Inhaber von Anteilen an kollektiven Kapitalanlagen

27.[52] Ausländische Inhaber von Anteilen an einer kollektiven Kapitalanlage gemäss KAG[53] haben Anspruch auf Rückerstattung der von den Erträgen dieser Anteile abgezogenen Verrechnungssteuer [4 I c], sofern diese Erträge zu mindestens 80 Prozent von ausländischen Quellen entstammen.

Vgl.: VStV 34 f.; KS ESTV Nr. 24, 20.11.2017, KAG VSt/StG, S. 1509.

5. Ausländische Staaten, internationale Organisationen, Diplomaten u. dgl.

28. [1] Ausländische Staaten haben Anspruch auf Rückerstattung der Verrechnungssteuer, soweit diese auf Zinsen von Guthaben abgezogen wurde, die sie ausschliesslich für die Bedürfnisse ihrer diplomatischen und konsularischen Vertretungen bei inländischen Banken unterhalten.

[2] Die gemäss dem Gaststaatgesetz vom 22. Juni 2007[54] von der Steuerpflicht ausgenommenen Begünstigten haben Anspruch auf Rückerstattung der Verrechnungssteuer, wenn sie bei Fälligkeit der steuerbaren Leistung nach gesetzlicher Vorschrift, Vertragsrecht oder Übung von der Entrichtung kantonaler Steuern auf Wertpapieren und Bankguthaben sowie auf dem Ertrag solcher Werte befreit waren.[55]

[3] Hält ein ausländischer Staat nicht Gegenrecht, so wird ihm sowie den Angehörigen seiner diplomatischen oder konsularischen Vertretungen die Rückerstattung versagt.

III. Geltendmachung des Anspruchs
1. Antrag

29. [1] Wer Rückerstattung der Verrechnungssteuer beansprucht, hat sie bei der zuständigen Behörde [30] schriftlich zu beantragen.

[2] Der Antrag kann frühestens nach Ablauf des Kalenderjahres, in dem die steuerbare Leistung fällig [12] geworden ist, gestellt werden.

[3] Wo wichtige Gründe vorliegen (Beendigung der Steuerpflicht, Auflösung einer juristischen Person, Konkurs und dergleichen) oder wo besondere Härten es rechtfertigen, kann der Antrag vorzeitig gestellt werden.[56]

Vgl.: VStV 65, 65a (betreffend Abschlagsrückerstattung).

---

[52] Fassung gemäss Anhang Ziff. II 8 des Kollektivanlagengesetzes vom 23. Juni 2006, in Kraft seit 1. Jan. 2007 (AS **2006** 5379; BBl **2005** 6395).

[53] SR **951.31**

[54] SR **192.12**

[55] Fassung gemäss Anhang Ziff. II 9 des Gaststaatgesetzes vom 22. Juni 2007, in Kraft seit 1. Jan. 2008 (AS **2007** 6637; BBl **2006** 8017).

[56] Fassung gemäss Ziff. I 3 des BG vom 22. März 2013 über die formelle Bereinigung der zeitlichen Bemessung der direkten Steuern bei den natürlichen Personen, in Kraft seit 1. Jan. 2014 (AS **2013** 2397; BBl **2011** 3593).

[4] …[57]

2. Zuständige Behörden

30. [1] Natürliche Personen haben ihren Antrag auf Rückerstattung bei der Steuerbehörde desjenigen Kantons einzureichen, in dem sie am Ende des Kalenderjahres, in dem die steuerbare Leistung fällig wurde, Wohnsitz [DBG 3 II] hatten.[58]

Vgl.: DBG 105; RS ESTV Nr. 38, 30.4.2007, getrennt lebende Ehegatten.

[2] Juristische Personen, Handelsgesellschaften ohne juristische Persönlichkeit und alle sonstigen in Absatz 1 nicht genannten Anspruchsberechtigten haben ihren Antrag bei der Eidgenössischen Steuerverwaltung einzureichen.

[3] Wo die Verhältnisse es rechtfertigen, kann der Bundesrat die Zuständigkeit abweichend ordnen.

Anm. zu III: BR hat bisher von dieser Kompetenz nicht Gebrauch gemacht.

IV. Befriedigung des Anspruchs

31. [1] Die Kantone befriedigen den Anspruch in der Regel bis zur Höhe der vom Antragsteller zu entrichtenden Kantons- und Gemeindesteuern in Form der Verrechnung, für den Überschuss durch Rückerstattung in bar; sie können in ihren Vollzugsvorschriften die volle Rückerstattung in bar vorsehen.

[2] Die Kantons- und Gemeindesteuern, mit welchen die Verrechnungssteuer gemäss Absatz 1 zu verrechnen ist, werden in den kantonalen Vollzugsvorschriften bezeichnet.

[3] Wird der Antrag auf Rückerstattung mit der kantonalen Steuererklärung [DBG 125] oder, wenn keine solche einzureichen ist, innert einer vom Kanton zu bestimmenden Frist gestellt, so wird mit den im gleichen Jahr zu entrichtenden Kantons- oder Gemeindesteuern verrechnet.

[4] Die zu verrechnenden oder zurückzuerstattenden Beträge werden nicht verzinst.

V. Untergang des Anspruchs infolge Zeitablaufs

32. [1] Der Anspruch auf Rückerstattung erlischt, wenn der Antrag nicht innert drei Jahren nach Ablauf des Kalenderjahres, in dem die steuerbare Leistung fällig geworden ist [12], gestellt wird.

[2] Wird die Verrechnungssteuer erst auf Grund einer Beanstandung der Eidgenössischen Steuerverwaltung entrichtet und

---

[57] Aufgehoben durch Ziff. I 3 des BG vom 22. März 2013 über die formelle Bereinigung der zeitlichen Bemessung der direkten Steuern bei den natürlichen Personen, mit Wirkung seit 1. Jan. 2014 (AS **2013** 2397; BBl **2011** 3593).

[58] Fassung gemäss Ziff. I 3 des BG vom 15. Dez. 2000 zur Koordination und Vereinfachung der Veranlagungsverfahren für die direkten Steuern im interkantonalen Verhältnis, in Kraft seit 1. Jan. 2001 (AS **2001** 1050; BBl **2000** 3898).

überwälzt, und ist die Frist gemäss Absatz 1 bereits abgelaufen oder verbleiben von der Entrichtung der Steuer bis zu ihrem Ablauf nicht mindestens 60 Tage, so beginnt mit der Entrichtung der Steuer eine neue Frist von 60 Tagen zur Einreichung des Antrages.

B. Rückerstattung der Steuer auf Versicherungsleistungen

33. [1] Der Empfänger der um die Verrechnungssteuer gekürzten Versicherungsleistung [7 f., 19 f.] hat Anspruch auf Rückerstattung der Steuer, wenn er die Abzugsbescheinigung des Versicherers (Art. 14 Abs. 2) beibringt und alle Angaben vermittelt, die zur Geltendmachung der mit der Versicherung zusammenhängenden Steueransprüche des Bundes und der Kantone erforderlich sind.

[2] Wer Rückerstattung beansprucht, hat sie bei der Eidgenössischen Steuerverwaltung schriftlich zu beantragen; der Anspruch erlischt, wenn der Antrag nicht innert drei Jahren nach Ablauf des Kalenderjahres, in dem die Versicherungsleistung erbracht worden ist, gestellt wird.

[3] Die Artikel 31 Absatz 4 und 32 Absatz 2 finden Anwendung.

Vgl.: VStV 60 III und IV; MB ESTV, 4.2004, Verrechnungssteuer auf Versicherungsleistungen.

Dritter Abschnitt: Behörden und Verfahren

A. Behörden I. Organisation 1. Eidgenössische Steuerverwaltung

34. [1] Die Eidgenössische Steuerverwaltung erlässt für die Erhebung [4 ff.] und Rückerstattung [21 ff.] der Verrechnungssteuer alle Weisungen, Verfügungen und Entscheide, die nicht ausdrücklich einer andern Behörde vorbehalten sind [VStV 1].

[2] Soweit die Rückerstattung der Verrechnungssteuer den Kantonen übertragen ist [30 I], sorgt die Eidgenössische Steuerverwaltung für die gleichmässige Handhabung der Bundesvorschriften.

2. Kantonale Behörden

35. [1] Organisation und Amtsführung der mit dem Vollzug dieses Gesetzes betrauten kantonalen Behörden werden, soweit das Bundesrecht nichts anderes bestimmt, durch das kantonale Recht geregelt.

[2] Jeder Kanton bestellt eine von der Verwaltung unabhängige Rekurskommission.

Vgl.: BV 29 II; EMRK 6 I.

[3] Die Kantone bestimmen in ihren Vollzugsvorschriften die Amtsstellen, denen die Rückerstattung der Verrechnungssteuer obliegt (Verrechnungssteuerämter).

[4] Die kantonalen Vollzugsvorschriften zu diesem Gesetze sind dem Bund[59] zur Genehmigung zu unterbreiten.

II. Amtshilfe

36. [1] Die Steuerbehörden der Kantone, Bezirke, Kreise und Gemeinden und die Eidgenössische Steuerverwaltung unterstützen sich gegenseitig in der Erfüllung ihrer Aufgabe; sie haben sich kostenlos die zweckdienlichen Meldungen zu erstatten, die benötigten Auskünfte zu erteilen und in amtliche Akten Einsicht zu gewähren.

[2] Die Verwaltungsbehörden des Bundes und die andern als die in Absatz 1 genannten Behörden der Kantone, Bezirke, Kreise und Gemeinden sind gegenüber der Eidgenössischen Steuerverwaltung auskunftspflichtig, sofern die verlangten Auskünfte für die Durchführung dieses Gesetzes von Bedeutung sein können. Eine Auskunft darf nur verweigert werden, soweit ihr wesentliche öffentliche Interessen, insbesondere die innere oder äussere Sicherheit des Bundes oder der Kantone entgegenstehen, oder die Auskunft die angegangene Behörde in der Durchführung ihrer Aufgabe wesentlich beeinträchtigen würde. Das Post-, Telefon- und Telegrafengeheimnis ist zu wahren.

[3] Anstände über die Auskunftspflicht von Verwaltungsbehörden des Bundes entscheidet der Bundesrat, Anstände über die Auskunftspflicht von Behörden der Kantone, Bezirke, Kreise und Gemeinden, sofern die kantonale Regierung das Auskunftsbegehren abgelehnt hat, das Bundesgericht (Art. 110 ff. des Bundesrechtspflegegesetzes vom 16. Dez. 1943[60]).

[4] Die mit öffentlich-rechtlichen Aufgaben betrauten Organisationen sind im Rahmen dieser Aufgaben gleich den Behörden

---

59 Ausdruck gemäss Ziff. III des BG vom 15. Dez. 1989 über die Genehmigung kantonaler Erlasse durch den Bund, in Kraft seit 1. Feb. 1991 (AS **1991** 362; BBl **1988** II 1333).

60 [BS **3** 531; AS **1948** 485 Art. 86, **1955** 871 Art. 118, **1959** 902, **1969** 737 Art. 80 Bst. *b* 767, **1977** 237 Ziff. II 3 862 Art. 52 Ziff. 2 1323 Ziff. III, **1978** 688 Art. 88 Ziff. 3 1450, **1979** 42, **1980** 31 Ziff. IV 1718 Art. 52 Ziff. 2 1819 Art. 12 Abs. 1, **1982** 1676 Anhang Ziff. 13, **1983** 1886 Art. 36 Ziff. 1, **1986** 926 Art. 59 Ziff. 1, **1987** 226 Ziff. II 1 1665 Ziff. II, **1988** 1776 Anhang Ziff. II 1, **1989** 504 Art. 33 Bst. *a*, **1990** 938 Ziff. III Abs. 5, **1992** 288, **1993** 274 Art. 75 Ziff. 1 1945 Anhang Ziff. 1, **1995** 1227 Anhang Ziff. 3 4093 Anhang Ziff. 4, **1996** 508 Art. 36 750 Art. 17 1445 Anhang Ziff. 2 1498 Anhang Ziff. 2, **1997** 1155 Anhang Ziff. 6 2465 Anhang Ziff. 5, **1998** 2847 Anhang Ziff. 3 3033 Anhang Ziff. 2, **1999** 1118 Anhang Ziff. 1 3071 Ziff. I 2, **2000** 273 Anhang Ziff. 6 416 Ziff. I 2 505 Ziff. I 1 2355 Anhang Ziff. 1 2719, **2001** 114 Ziff. I 4 894 Art. 40 Ziff. 3 1029 Art. 11 Abs. 2, **2002** 863 Art. 35 1904 Art. 36 Ziff. 1 2767 Ziff. II 3988 Anhang Ziff. 1, **2003** 2133 Anhang Ziff. 7 3543 Anhang Ziff. II 4 Bst. *a* 4557 Anhang Ziff. II 1, **2004** 1985 Anhang Ziff. II 1 4719 Anhang Ziff. II 1, **2005** 5685 Anhang Ziff. 7. AS **2006** 1205 Art. 131 Abs. 1]. Siehe heute das Bundesgerichtsgesetz vom 17. Juni 2005 (SR **173.110**).

zur Auskunft verpflichtet; Absatz 3 findet sinngemässe Anwendung.

Vgl.: DBG 111 f.; StHG 39 II und III; StG 32.

IIa. Datenbearbeitung

36*a*.[61] 1 Die Eidgenössische Steuerverwaltung betreibt zur Erfüllung der Aufgaben nach diesem Gesetz ein Informationssystem. Dieses kann besonders schützenswerte Personendaten über administrative und strafrechtliche Sanktionen enthalten, die steuerrechtlich wesentlich sind.

2 Die Eidgenössische Steuerverwaltung und die Behörden nach Artikel 36 Absatz 1 geben einander die Daten weiter, die für die Erfüllung ihrer Aufgaben dienlich sein können. Die Behörden nach Artikel 36 Absätze 2 und 4 geben der Eidgenössischen Steuerverwaltung die Daten weiter, die für die Durchführung dieses Gesetzes von Bedeutung sein können.

3 Die Daten werden einzeln, auf Listen oder auf elektronischen Datenträgern übermittelt. Sie können auch mittels eines Abrufverfahrens zugänglich gemacht werden. Diese Amtshilfe ist kostenlos.

4 Personendaten und die zu ihrer Bearbeitung verwendeten Einrichtungen wie Datenträger, EDV-Programme und Programmdokumentationen sind vor unbefugtem Verwenden, Verändern oder Zerstören sowie vor Diebstahl zu schützen.

5 Der Bundesrat kann Ausführungsbestimmungen erlassen, insbesondere über die Organisation und den Betrieb des Informationssystems, über die Kategorien der zu erfassenden Daten, über die Zugriffs- und Bearbeitungsberechtigung, über die Aufbewahrungsdauer sowie die Archivierung und Vernichtung der Daten.

Vgl.: BV 13 II; DBG 112a; StHG 39a; StG 32a; MWSTG 76; DSG 17 I.

III. Schweigepflicht

37. 1 Wer mit dem Vollzug dieses Gesetzes betraut ist oder dazu beigezogen wird, hat gegenüber andern Amtsstellen und Privaten über die in Ausübung seines Amtes gemachten Wahrnehmungen Stillschweigen zu bewahren und den Einblick in amtliche Akten zu verweigern.

2 Keine Geheimhaltungspflicht besteht:

a. bei Leistung von Amtshilfe nach Artikel 36 Absatz 1 und bei Erfüllung einer Pflicht zur Anzeige strafbarer Handlungen;

b. gegenüber Organen der Rechtspflege und der Verwaltung, die vom Bundesrat allgemein oder vom Eidgenössischen

---

61 Eingefügt durch Ziff. VI 2 des BG vom 24. März 2000 über die Schaffung und die Anpassung gesetzlicher Grundlagen für die Bearbeitung von Personendaten, in Kraft seit 1. Sept. 2000 (AS **2000** 1891; BBl **1999** 9005).

Finanzdepartement[62] im Einzelfalle zur Einholung amtlicher Auskünfte bei den mit dem Vollzug dieses Gesetzes betrauten Behörden ermächtigt worden sind.

Vgl.: DBG 110; StHG 33, 39 I; StGB 320.

B. Verfahren I. Steuererhebung 1. Anmeldung als Steuerpflichtiger; Selbstveranlagung

38. [1] Wer auf Grund dieses Gesetzes steuerpflichtig wird [10], hat sich unaufgefordert bei der Eidgenössischen Steuerverwaltung anzumelden.

[2] Der Steuerpflichtige hat der Eidgenössischen Steuerverwaltung bei Fälligkeit der Steuer (Art. 16) unaufgefordert die vorgeschriebene Abrechnung mit den Belegen einzureichen und gleichzeitig die Steuer zu entrichten oder die an ihre Stelle tretende Meldung (Art. 19 und 20) zu erstatten.

[3] ...[63]

Vgl.: VStV 17, 21, 31, 40, 46.

2. Auskunftspflicht

39. [1] Der Steuerpflichtige [10] hat der Eidgenössischen Steuerverwaltung über alle Tatsachen, die für die Steuerpflicht oder für die Steuerbemessung von Bedeutung sein können, nach bestem Wissen und Gewissen Auskunft zu erteilen; er hat insbesondere:

a. Steuerabrechnungen, Steuererklärungen und Fragebogen vollständig und genau auszufüllen;
b. seine Geschäftsbücher ordnungsgemäss zu führen [OR 957 ff.] und sie, die Belege und andere Urkunden auf Verlangen beizubringen [VStV 2, 6].

[2] Die Bestreitung der Pflicht, die Verrechnungssteuer zu entrichten oder eine an ihre Stelle tretende Meldung zu erstatten [19 f.], entbindet nicht von der Auskunftspflicht.

[3] Wird die Auskunftspflicht bestritten, so trifft die Eidgenössische Steuerverwaltung eine Verfügung [VwVG 5].[64]

Vgl.: DBG 124 ff.; StHG 42; StG 35.

3. Überprüfung

40. [1] Die Erfüllung der Pflicht zur Anmeldung als Steuerpflichtiger [10; VStV 17, 21, 31, 40, 46], die Steuerabrechnungen und -ablieferungen [VStV 18, 21, 41, 49] sowie die Erfüllung der Meldepflicht gemäss den Artikeln 19 und 20 werden durch die Eidgenössische Steuerverwaltung überprüft.

[2] Die Eidgenössische Steuerverwaltung kann zur Abklärung des Sachverhalts die Geschäftsbücher [OR 957 ff.], die Belege

---

62 Bezeichnung gemäss nicht veröffentlichtem BRB vom 19. Dez. 1997.

63 Aufgehoben durch Ziff. II 4 des Unternehmenssteuerreformgesetzes II vom 23. März 2007, mit Wirkung seit 1. Jan. 2009 (AS **2008** 2893; BBl **2005** 4733).

64 Fassung gemäss Anhang Ziff. 60 des Verwaltungsgerichtsgesetzes vom 17. Juni 2005, in Kraft seit 1. Jan. 2007 (AS **2006** 2197 1069; BBl **2001** 4202).

und andere Urkunden des Steuerpflichtigen [VStV 2, 7] an Ort und Stelle prüfen.

3 Ergibt sich, dass der Steuerpflichtige seinen gesetzlichen Pflichten nicht nachgekommen ist, so ist ihm Gelegenheit zu geben, zu den erhobenen Aussetzungen Stellung zu nehmen [BV 29 II].

4 Lässt sich der Anstand nicht erledigen, so trifft die Eidgenössische Steuerverwaltung einen Entscheid.

5 Die anlässlich einer Prüfung gemäss Absatz 1 oder 2 bei einer Bank oder Sparkasse im Sinne des Bankengesetzes vom 8. November 1934[65], bei der Schweizerischen Nationalbank oder bei einer Pfandbriefzentrale gemachten Feststellungen dürfen ausschliesslich für die Durchführung der Verrechnungssteuer verwendet werden. Das Bankgeheimnis [BankG 47 I] ist zu wahren.

4. Entscheide der Eidgenössischen Steuerverwaltung

41. Die Eidgenössische Steuerverwaltung trifft alle Verfügungen und Entscheide [VwVG 5], welche die Erhebung der Verrechnungssteuer notwendig macht; sie trifft einen Entscheid insbesondere dann, wenn:

a. die Steuerforderung, die Mithaftung oder die Überwälzungspflicht bestritten wird;
b. für einen bestimmten Fall vorsorglich die amtliche Feststellung der Steuerpflicht, der Grundlagen der Steuerberechnung, der Mithaftung oder der Überwälzungspflicht beantragt wird;
c. der Steuerpflichtige oder Mithaftende die gemäss Abrechnung geschuldete Steuer nicht entrichtet.

5. Einsprache[66]

42. 1 Verfügungen und Entscheide der Eidgenössischen Steuerverwaltung [41] können innert 30 Tagen nach der Eröffnung mit Einsprache angefochten werden.

2 Die Einsprache ist schriftlich bei der Eidgenössischen Steuerverwaltung einzureichen; sie hat einen bestimmten Antrag zu enthalten und die zu seiner Begründung dienenden Tatsachen anzugeben.

3 Ist gültig Einsprache erhoben worden, so hat die Eidgenössische Steuerverwaltung die Verfügung oder den Entscheid ohne Bindung an die gestellten Anträge zu überprüfen.

4 Das Einspracheverfahren ist trotz Rückzug der Einsprache weiterzuführen, wenn Anhaltspunkte dafür vorliegen, dass die Verfügung oder der Entscheid dem Gesetz nicht entspricht.

---

65 SR **952.0**

66 Fassung gemäss Anhang Ziff. 60 des Verwaltungsgerichtsgesetzes vom 17. Juni 2005, in Kraft seit 1. Jan. 2007 (AS **2006** 2197 1069; BBl **2001** 4202).

[5] Der Einspracheentscheid ist zu begründen und hat eine Rechtsmittelbelehrung zu enthalten.

Vgl.: VGG 31, 32 II; VwVG 4, 44 ff.; BGG 82 ff..

42*a*.[67]

43.[68]

6. Kosten

44. [1] Im Veranlagungs- und im Einspracheverfahren [42] werden in der Regel keine Kosten berechnet.

[2] Ohne Rücksicht auf den Ausgang des Verfahrens können Kosten von Untersuchungsmassnahmen demjenigen auferlegt werden, der sie schuldhaft verursacht hat.

Vgl.: DBG 123 II.

7. Zwangsvollstreckung a. Betreibung

45. [1] Wird der Anspruch auf Steuern, Zinsen und Kosten auf Mahnung hin nicht befriedigt, so ist Betreibung [SchKG 67 ff.] einzuleiten; vorbehalten bleibt die Eingabe in einem Konkurs.

[2] Ist die Steuerforderung noch nicht rechtskräftig festgesetzt und wird sie bestritten, so unterbleibt ihre endgültige Kollokation, bis ein rechtskräftiger Steuerentscheid vorliegt.

Vgl.: VStV 8; StG 42.

b. Übergang der Rückgriffsansprüche[69]

46. [1] Fällt der Steuerpflichtige in Konkurs [SchKG 39] oder wird in einer gegen ihn gerichteten Betreibung das Pfändungsbegehren gestellt, bevor er seiner Pflicht zur Steuerüberwälzung nachgekommen ist, so gehen die ihm zustehenden Rückgriffsansprüche bis zur Höhe der noch nicht bezahlten Steuer auf den Bund über.

[2] …[70]

c. Sicherstellung

47. [1] Die Eidgenössische Steuerverwaltung kann Steuern, Zinsen und Kosten, auch wenn sie weder rechtskräftig festgesetzt [41] noch fällig [16] sind, sicherstellen lassen, wenn:

a. der Bezug als gefährdet erscheint;

---

[67] Eingefügt durch Anhang Ziff. 28 des BG vom 4. Okt. 1991 (AS **1992** 288; BBl **1991** II 465). Aufgehoben durch Anhang Ziff. 60 des Verwaltungsgerichtsgesetzes vom 17. Juni 2005, mit Wirkung seit 1. Jan. 2007 (AS **2006** 2197 1069; BBl **2001** 4202).

[68] Aufgehoben durch Anhang Ziff. 60 des Verwaltungsgerichtsgesetzes vom 17. Juni 2005, mit Wirkung seit 1. Jan. 2007 (AS **2006** 2197 1069; BBl **2001** 4202).

[69] Fassung gemäss Anhang Ziff. 12 des BG vom 16. Dez. 1994, in Kraft seit 1. Jan. 1997 (AS **1995** 1227; BBl **1991** III 1).

[70] Aufgehoben durch Anhang Ziff. 12 des BG vom 16. Dez. 1994, mit Wirkung seit 1. Jan. 1997 (AS **1995** 1227; BBl **1991** III 1).

b. der Zahlungspflichtige keinen Wohnsitz in der Schweiz hat oder Anstalten trifft, den Wohnsitz in der Schweiz aufzugeben oder sich im Handelsregister löschen zu lassen;
c. der Zahlungspflichtige mit der Zahlung der Steuer in Verzug ist oder wiederholt in Verzug war.

2 Die Sicherstellungsverfügung [VwVG 5] hat den Rechtsgrund der Sicherstellung, den sicherzustellenden Betrag und die Stelle, welche die Sicherheiten entgegennimmt, anzugeben. Wird die Sicherstellung aufgrund von Absatz 1 Buchstabe a oder b angeordnet, so gilt die Sicherstellungsverfügung als Arrestbefehl im Sinne von Artikel 274 des Bundesgesetzes über Schuldbetreibung und Konkurs[71]; die Einsprache gegen den Arrestbefehl ist ausgeschlossen.[72]

3 Gegen Sicherstellungsverfügungen der Eidgenössischen Steuerverwaltung kann beim Bundesverwaltungsgericht Beschwerde geführt werden.[73]

Vgl.: VGG 31; VwVG 44 ff.; BGG 82 ff.

4 Beschwerden gegen Sicherstellungsverfügungen haben keine aufschiebende Wirkung.[74]

5 …[75]

Vgl.: VStV 9, 10; StG 43.

II. Steuerrückerstattung
1. Allgemeine Bestimmungen
a. Pflichten des Antragstellers

48. 1 Wer Rückerstattung der Verrechnungssteuer verlangt [22 ff.], hat der zuständigen Behörde über alle Tatsachen, die für den Rückerstattungsanspruch von Bedeutung sein können, nach bestem Wissen und Gewissen Auskunft zu erteilen; er hat insbesondere:

a. die Antragsformulare und Fragebogen vollständig und genau auszufüllen;
b. auf Verlangen Steuerabzugsbescheinigungen (Art. 14 Abs. 2) zu beschaffen und Geschäftsbücher [OR 957 ff.], Belege und andere Urkunden beizubringen.

---

71 SR **281.1**

72 Fassung gemäss Anhang Ziff. 12 des BG vom 16. Dez. 1994, in Kraft seit 1. Jan. 1997 (AS **1995** 1227; BBl **1991** III 1).

73 Fassung gemäss Anhang Ziff. 60 des Verwaltungsgerichtsgesetzes vom 17. Juni 2005, in Kraft seit 1. Jan. 2007 (AS **2006** 2197 1069; BBl **2001** 4202).

74 Eingefügt durch Anhang Ziff. 28 des BG vom 4. Okt. 1991 (AS **1992** 288; BBl **1991** II 465). Fassung gemäss Anhang Ziff. 60 des Verwaltungsgerichtsgesetzes vom 17. Juni 2005, in Kraft seit 1. Jan. 2007 (AS **2006** 2197 1069; BBl **2001** 4202).

75 Eingefügt durch Anhang Ziff. 28 des BG vom 4. Okt. 1991 (AS **1992** 288; BBl **1991** II 465). Aufgehoben durch Anhang Ziff. 60 des Verwaltungsgerichtsgesetzes vom 17. Juni 2005, mit Wirkung seit 1. Jan. 2007 (AS **2006** 2197 1069; BBl **2001** 4202).

Vgl.: VStV 3.

2 Kommt der Antragsteller seinen Auskunftspflichten nicht nach und kann der Rückerstattungsanspruch ohne die von der Behörde verlangten Auskünfte nicht abgeklärt werden, so wird der Antrag abgewiesen.

Vgl.: KS ESTV Nr. 21, 1.4.2008, Belege Rückerstattung Verrechnungssteuer, S. 1576.

b. Pflichten Dritter

49. 1 Der Aussteller einer Steuerabzugsbescheinigung ist verpflichtet, dem Antragsteller auf sein Verlangen zuhanden der zuständigen Behörde ergänzende schriftliche Auskünfte zu erteilen.

2 Mitgesellschafter [OR 530, 582, 598], Miteigentümer [ZGB 646] und Gesamthänder [ZGB 652] sind verpflichtet, der zuständigen Behörde auf Verlangen über das Rechtsverhältnis, das sie mit dem Antragsteller verbindet, insbesondere über seine Anteile, Ansprüche und Bezüge, Auskunft zu erteilen.

3 Bestreitet der Dritte seine Auskunftspflicht, so trifft die Behörde eine Verfügung, die mit Einsprache und Beschwerde angefochten werden kann.

Vgl.: DBG 128 f.; KS ESTV Nr. 21, 1.4.2008, Belege Rückerstattung Verrechnungssteuer, S. 1576.

c. Überprüfung

50. 1 Die zuständige Behörde ist befugt, die vom Antragsteller oder gemäss Artikel 49 Absatz 2 von Dritten erteilten Auskünfte an Ort und Stelle nachzuprüfen und dabei in die Bücher und Belege sowie in andere Urkunden Einblick zu nehmen.

Vgl.: DBG 123 II.

2 Die Eidgenössische Steuerverwaltung ist überdies befugt, die Steuerabzugsbescheinigungen (Art. 14 Abs. 2) und die sie ergänzenden Auskünfte (Art. 49 Abs. 1) beim Aussteller zu überprüfen. Artikel 40 Absatz 5 findet Anwendung.

3 Die kantonalen Behörden können im Übrigen von den ihnen als Veranlagungsbehörde eingeräumten Befugnissen Gebrauch machen.

2. Rückerstattung durch den Bund

51. 1 Entspricht die Eidgenössische Steuerverwaltung einem Antrag nicht oder nur teilweise, und lässt sich der Anstand nicht auf andere Weise erledigen, so trifft sie einen Entscheid [VwVG 5].

2 Die nicht auf einem Entscheid nach Absatz 1 beruhende Rückerstattung steht unter dem Vorbehalt einer späteren Nachprüfung des Anspruchs; nach Ablauf von drei Jahren seit Gewährung der Rückerstattung ist die Nachprüfung nur noch in Verbindung mit einem Strafverfahren zulässig.

3 Ergibt die Nachprüfung, dass die Rückerstattung zu Unrecht gewährt worden ist, und verweigern der Antragsteller, seine Erben oder die Mithaftenden die Wiedereinzahlung, so trifft die

Eidgenössische Steuerverwaltung einen auf Wiedereinzahlung lautenden Entscheid.

4 Die Artikel 42–44 über das Einsprache- und Beschwerdeverfahren und die Verfahrenskosten sowie, im Falle von Absatz 3, auch die Artikel 45 und 47 über Betreibung und Sicherstellung finden sinngemässe Anwendung.

Vgl.: VGG 31, 32 II a; VwVG 4, 44 ff.; BGG 82 ff.

3. Rückerstattung durch den Kanton
a. Entscheid des Verrechnungssteueramtes

52. 1 Das kantonale Verrechnungssteueramt prüft die bei ihm eingereichten Anträge, untersucht den Sachverhalt und trifft alle Massnahmen, welche die richtige Ermittlung des Rückerstattungsanspruchs nötig macht.

2 Nach Abschluss seiner Untersuchung trifft das Verrechnungssteueramt einen Entscheid über den Rückerstattungsanspruch [VwVG 5]; der Entscheid kann mit der Veranlagungsverfügung verbunden werden.

3 Wird dem Rückerstattungsantrag nicht oder nicht in vollem Umfange entsprochen, so ist der Entscheid kurz zu begründen.

4 Die vom Verrechnungssteueramt bewilligte Rückerstattung steht unter dem Vorbehalt einer Überprüfung des Anspruchs durch die Eidgenössische Steuerverwaltung gemäss Artikel 57.

b. Einsprache

53. 1 Gegen den Entscheid des kantonalen Verrechnungssteueramtes kann innert 30 Tagen nach der Eröffnung bei dieser Amtsstelle schriftlich Einsprache erhoben werden.

2 Auf das Einspracheverfahren finden die Bestimmungen der Artikel 42 und 44 sinngemässe Anwendung.

3 Vorbehalten bleibt Artikel 55.

Vgl.: VGG 32 II b.

c. Beschwerde an die kantonale Rekurskommission

54. 1 Gegen den Einspracheentscheid des kantonalen Verrechnungssteueramtes kann innert 30 Tagen nach der Eröffnung bei der kantonalen Rekurskommission schriftlich Beschwerde erhoben werden; die Beschwerde hat einen bestimmten Antrag zu enthalten und die zu seiner Begründung dienenden Tatsachen anzugeben. Vorbehalten bleibt Artikel 55.

2 Die Rekurskommission trifft die erforderlichen Untersuchungsmassnahmen; die Artikel 48–50 finden sinngemässe Anwendung.

3 Der Eidgenössischen Steuerverwaltung ist Gelegenheit zu geben, am Verfahren teilzunehmen und Anträge zu stellen.

4 Das Beschwerdeverfahren ist trotz Rückzug der Beschwerde weiterzuführen, wenn Anhaltspunkte dafür vorliegen, dass der Entscheid dem Gesetz nicht entspricht, oder wenn die Eidgenössische oder die kantonale Steuerverwaltung Anträge gestellt hat und aufrechterhält.

[5] Die Rekurskommission trifft den Beschwerdeentscheid auf Grund des Ergebnisses ihrer Untersuchung ohne Bindung an die gestellten Anträge.

[6] Der Beschwerdeentscheid ist zu begründen und hat eine Rechtsmittelbelehrung zu enthalten; er ist den von ihm unmittelbar Betroffenen sowie der kantonalen und der Eidgenössischen Steuerverwaltung schriftlich zu eröffnen.

d. Ergänzendes kantonales Recht

55. Der Kanton kann in seinen Vollzugsvorschriften bestimmen, dass sich das Einspracheverfahren und das Verfahren vor der kantonalen Rekurskommission nach den für die Anfechtung und Überprüfung der Steuerveranlagung massgebenden kantonalen Verfahrensvorschriften (einschliesslich der Fristen) richtet, wenn der Entscheid über den Rückerstattungsanspruch mit einer Veranlagungsverfügung verbunden worden ist.

e. Beschwerde an das Bundesgericht

56.[76] Der Entscheid der kantonalen Rekurskommission kann durch Beschwerde beim Bundesgericht angefochten werden.

Vgl.: BGG 82 ff.; RS ESTV Nr. 5, 24.3.2004, Parallelität Instanzenzug, S. 1998.

C. Abrechnung zwischen Bund und Kantonen
I. Rechnungstellung; Überprüfung; Kürzung

57. [1] Die Kantone stellen dem Bund Rechnung über die von ihnen zurückerstatteten Verrechnungssteuern.

[2] Die Eidgenössische Steuerverwaltung überprüft die Abrechnungen der Kantone; sie kann dabei in alle massgebenden Unterlagen der Kantone, Bezirke, Kreise und Gemeinden Einsicht nehmen, im Einzelfalle weitere Untersuchungsmassnahmen anordnen oder von den Untersuchungsbefugnissen eines Verrechnungssteueramtes selber Gebrauch machen.

[3] Ergibt die Überprüfung, dass die vom Verrechnungssteueramt gewährte Rückerstattung zu Unrecht erfolgt ist, so ordnet die Eidgenössische Steuerverwaltung vorsorglich eine entsprechende Kürzung des Betrages an, den der Kanton mit einer der nächsten Abrechnungen beansprucht.

[4] Nach Ablauf von drei Jahren seit Ende des Kalenderjahres, in dem der Entscheid des Verrechnungssteueramtes über die Rückerstattung rechtskräftig geworden ist, kann die Kürzung nur noch in Verbindung mit einem Strafverfahren angeordnet werden.

II. Folgen der Kürzung

58. [1] Ist gemäss Artikel 57 Absatz 3 vorsorglich eine Kürzung angeordnet worden, so kann das kantonale Verrechnungssteueramt von demjenigen, der in den Genuss der beanstandeten Rückerstattung gelangt ist, deren Rückleistung verlangen; der Rückleistungsanspruch des Kantons erlischt, wenn er nicht innert

---

[76] Fassung gemäss Anhang Ziff. 60 des Verwaltungsgerichtsgesetzes vom 17. Juni 2005, in Kraft seit 1. Jan. 2007 (AS **2006** 2197 1069; BBl **2001** 4202).

sechs Monaten seit Eröffnung der vorsorglichen Kürzung durch Entscheid geltend gemacht wird.

2 Gegen den Entscheid über die Rückleistungspflicht kann der Betroffene innert 30 Tagen seit der Eröffnung bei der kantonalen Rekurskommission [54] Beschwerde erheben; die Artikel 54 und 56 finden Anwendung.

3 Stellt der Beschwerdeentscheid fest, dass keine Rückleistungspflicht besteht, so fällt die vorsorgliche Kürzung [57 III] dahin; schützt er den Rückleistungsanspruch ganz oder zum Teil, so wird die Kürzung in diesem Umfange endgültig.

4 Macht das Verrechnungssteueramt ohne Zustimmung der Eidgenössischen Steuerverwaltung die Rückleistung nicht geltend oder hat es sie in seinem rechtskräftig gewordenen Entscheid nicht in der vollen Höhe geltend gemacht, so wird die vorsorgliche Kürzung endgültig, sofern sie der Kanton nicht innert neun Monaten nach ihrer Eröffnung durch Klage beim Bundesgericht anficht (Art. 120 des Bundesgerichtsgesetzes vom 17. Juni 2005[77]).[78]

5 Der rechtskräftige Rückleistungsentscheid des kantonalen Verrechnungssteueramtes oder der kantonalen Rekurskommission steht einem vollstreckbaren Gerichtsurteil im Sinne von Artikel 80 des Schuldbetreibungs- und Konkursgesetzes[79] gleich.

D. Revision und Erläuterung von Entscheiden[80]

59. 1 Auf die Revision und die Erläuterung von Entscheiden der Eidgenössischen Steuerverwaltung und der kantonalen Behörden werden die Artikel 66–69 des Verwaltungsverfahrensgesetzes vom 20. Dezember 1968[81] sinngemäss angewandt.[82]

2 …[83]

3 …[84]

---

77 SR **173.110**

78 Fassung gemäss Anhang Ziff. 60 des Verwaltungsgerichtsgesetzes vom 17. Juni 2005, in Kraft seit 1. Jan. 2007 (AS **2006** 2197 1069; BBl **2001** 4202).

79 SR **281.1**

80 Fassung gemäss Art. 52 des BG vom 27. Juni 1973 über die Stempelabgaben, in Kraft seit 1. Juli 1974 (AS **1974** 11; BBl **1972** II 1278).

81 SR **172.021**

82 Fassung gemäss Art. 52 des BG vom 27. Juni 1973 über die Stempelabgaben, in Kraft seit 1. Juli 1974 (AS **1974** 11; BBl **1972** II 1278).

83 Aufgehoben durch Art. 52 des BG vom 27. Juni 1973 über die Stempelabgaben, mit Wirkung seit 1. Juli 1974 (AS **1974** 11; BBl **1972** II 1278).

84 Aufgehoben durch Anhang Ziff. 60 des Verwaltungsgerichtsgesetzes vom 17. Juni 2005, mit Wirkung seit 1. Jan. 2007 (AS **2006** 2197 1069; BBl **2001** 4202).

E. Berichtigung von kantonalen Abrechnungen

60. [1] Rechnungsfehler und Schreibversehen in der Abrechnung der Kantone gemäss Artikel 57 können innert drei Jahren seit der Rechnungsstellung berichtigt werden.[85]

[2] Lässt sich der Anstand nicht erledigen, so trifft die zuständige Behörde einen Entscheid, der mit Einsprache und Beschwerde angefochten werden kann.

Vierter Abschnitt: Strafbestimmungen

A. Widerhandlungen
I. Hinterziehung

61.[86] Wer vorsätzlich [StGB 12 II] oder fahrlässig [StGB 12 III], zum eigenen oder zum Vorteil eines andern

a. dem Bunde Verrechnungssteuern vorenthält,
b. die Pflicht zur Meldung einer steuerbaren Leistung (Art. 19 und 20) nicht erfüllt oder eine unwahre Meldung erstattet,
c. eine ungerechtfertigte Rückerstattung der Verrechnungssteuer oder einen andern unrechtmässigen Steuervorteil erwirkt,

wird, sofern nicht die Strafbestimmung von Artikel 14 des Verwaltungsstrafrechtsgesetzes vom 22. März 1974[87] zutrifft, wegen Hinterziehung mit Busse bis zu 30 000 Franken oder, sofern dies einen höheren Betrag ergibt, bis zum Dreifachen der hinterzogenen Steuer oder des unrechtmässigen Vorteils bestraft.

Vgl.: StG 45; DBG 175; StHG 56 I.

Vgl. zu 61–64: StGB 333 i.V.m. 103 ff.

II. Steuergefährdung

62. [1] Wer die gesetzmässige Durchführung der Verrechnungssteuer gefährdet, indem er vorsätzlich [StGB 12 II] oder fahrlässig [StGB 12 III]:

a. im Steuererhebungsverfahren der Pflicht zur Anmeldung als Steuerpflichtiger [10], zur Einreichung von Steuererklärungen, Aufstellungen und Abrechnungen, zur Erteilung von Auskünften und zur Vorlage von Geschäftsbüchern und Belegen [38 f.] nicht nachkommt;
b. als Steuerpflichtiger oder an seiner Stelle eine unrichtige Abzugsbescheinigung aushändigt (Art. 14 Abs. 2);
c. in einer Aufstellung oder Abrechnung, in einer Meldung oder einem Affidavit (Art. 11) [11, 62 I c; VStV 34 ff.], in einem Antrag auf Rückerstattung der Steuer [29], in einem Gesuch um Steuererlass [18] oder -befreiung un-

---

85 Fassung gemäss Art. 52 des BG vom 27. Juni 1973 über die Stempelabgaben, in Kraft seit 1. Juli 1947 (AS **1974** 11; BBl **1972** II 1278).

86 Fassung gemäss Ziff. 10 des Anhangs zum VStrR, in Kraft seit 1. Jan. 1975 (AS **1974** 1857; BBl **1971** I 993).

87 SR **313.0**

wahre Angaben macht oder erhebliche Tatsachen verschweigt oder dabei unwahre Belege über erhebliche Tatsachen [38 II, 39] vorlegt;

d.[88] als Steuerpflichtiger, Antragsteller oder auskunftspflichtiger Dritter unrichtige Auskünfte erteilt [39, 48 f.];

e. Rückerstattungsansprüche geltend macht, die ihm nicht zustehen oder für die er bereits befriedigt worden ist;

f. der Pflicht zur ordnungsgemässen Führung und Aufbewahrung der Geschäftsbücher [OR 957 ff.], Register und Belege zuwiderhandelt [39], oder

g. die ordnungsgemässe Durchführung einer Buchprüfung oder andern amtlichen Kontrolle erschwert, behindert oder verunmöglicht [40, 50],

wird, sofern nicht eine der Strafbestimmungen der Artikel 14–16 des Verwaltungsstrafrechtsgesetzes vom 22. März 1974[89] zutrifft, mit Busse bis zu 20 000 Franken bestraft.[90]

2 Bei einer Widerhandlung im Sinne von Absatz 1 Buchstabe g bleibt die Strafverfolgung nach Artikel 285 des Strafgesetzbuches[91] vorbehalten.

Vgl.: StG 46.

III. Verletzung der Überwälzungsvorschrift

63. Wer vorsätzlich [StGB 12 II] oder fahrlässig [StGB 12 III] die Überwälzung der Verrechnungssteuer [14] unterlässt oder zu unterlassen verspricht, wird mit Busse bis zu 10 000 Franken bestraft.

IV. Ordnungswidrigkeiten

64. 1 Wer eine Bedingung, an welche eine besondere Bewilligung geknüpft wurde, nicht einhält, wer einer Vorschrift dieses Gesetzes, einer Ausführungsverordnung oder einer auf Grund solcher Vorschriften erlassenen allgemeinen Weisung oder unter Hinweis auf die Strafdrohung dieses Artikels an ihn gerichteten Einzelverfügung zuwiderhandelt, wird mit Busse bis zu 5000 Franken bestraft.

2 Strafbar ist auch die fahrlässige Begehung [StGB 12 III].

Vgl.: StG 47.

---

88 Fassung gemäss Ziff. 10 des Anhangs zum VStrR, in Kraft seit 1. Jan. 1975 (AS **1974** 1857; BBl **1971** I 993).

89 SR **313.0**

90 Fassung des letzten Satzes gemäss Ziff. 10 des Anhangs zum VStrR, in Kraft seit 1. Jan. 1975 (AS **1974** 1857; BBl **1971** I 993).

91 SR **311.0**

65. und **66.**[92]

B. Verhältnis zum Bundesgesetz über die Verwaltungsstrafrecht; Besonderheiten für Widerhandlungen im kantonalen Verfahren[93]

67. [1] Das Verwaltungsstrafrechtsgesetz vom 22. März 1974[94] findet Anwendung; verfolgende und urteilende Verwaltungsbehörde im Sinne jenes Gesetzes ist die Eidgenössische Steuerverwaltung.[95]

[2] Wird die Widerhandlung im Verfahren vor einer kantonalen Behörde begangen, so ist diese zur Anzeige an die Eidgenössische Steuerverwaltung verpflichtet.

[3] Die kantonale Behörde kann für Ordnungswidrigkeiten (Art. 64) Bussen bis zu 500 Franken verhängen; das Verfahren richtet sich nach den einschlägigen Bestimmungen der kantonalen Steuergesetzgebung.

Fünfter Abschnitt: Schluss- und Übergangsbestimmungen

68. …[96]

B. Übergangsrecht I. Für Ausländer

69. [1] Ausländische Inhaber von Obligationen, die von einer inländischen öffentlich-rechtlichen Körperschaft vor dem 10. Oktober 1921 mit dem Versprechen ausgegeben worden sind, dass die Zinsen ohne jeden Steuerabzug ausbezahlt werden, haben Anspruch auf Rückerstattung der von diesen Zinsen abgezogenen Verrechnungssteuer.

[2] …[97]

II. …

70.[98]

---

92 Aufgehoben durch Ziff. 10 des Anhangs zum VStrR, mit Wirkung seit 1. Jan. 1975 (AS **1974** 1857; BBl **1971** I 993).

93 Fassung gemäss Ziff. 10 des Anhangs zum VStrR, in Kraft seit 1. Jan. 1975 (AS **1974** 1857; BBl **1971** I 993).

94 SR **313.0**

95 Fassung gemäss Ziff. 10 des Anhangs zum VStrR, in Kraft seit 1. Jan. 1975 (AS **1974** 1857; BBl **1971** I 993).

96 Die Änderungen können unter AS **1966** 385 konsultiert werden.

97 Aufgehoben durch Anhang Ziff. II 8 des Kollektivanlagengesetzes vom 23. Juni 2006, mit Wirkung seit 1. Jan. 2007 (AS **2006** 5379; BBl **2005** 6395).

98 Aufgehoben durch Anhang Ziff. II 8 des Kollektivanlagengesetzes vom 23. Juni 2006, mit Wirkung seit 1. Jan. 2007 (AS **2006** 5379; BBl **2005** 6395).

III. Übergangsbestimmung zur Änderung vom 10. Oktober 1997[100]

70*a*.[99] Die Artikel 4*a*, 12 Absatz 1bis und 16 Absatz 2 sind auch auf Tatbestände anwendbar, welche vor Inkrafttreten dieser Bestimmungen eingetreten sind, es sei denn, die Steuerforderung sei verjährt oder bereits rechtskräftig festgesetzt.

IV. Übergangsbestimmung zur Änderung vom 15. Dezember 2000

70*b*.[101] Natürliche Personen haben ihren Antrag auf Rückerstattung der Verrechnungssteuer für die vor dem 1. Januar 2001 fälligen steuerbaren Einkünfte bei der Steuerbehörde desjenigen Kantons einzureichen, in dem sie zu Beginn des der Fälligkeit der steuerbaren Leistung folgenden Kalenderjahres Wohnsitz hatten.

V. Übergangsbestimmungen zur Änderung vom 30. September 2016

70*c*.[102] 1 Die Artikel 16 Absatz 2bis und 20 sind auch auf Sachverhalte anwendbar, die vor Inkrafttreten der Änderungen vom 30. September 2016 eingetreten sind, es sei denn, die Steuerforderung oder die Verzugszinsforderung sei verjährt oder bereits vor dem 1. Januar 2011 rechtskräftig festgesetzt worden.

2 Erfüllt die steuerpflichtige Person die Voraussetzungen nach Artikel 16 Absatz 2bis, so wird auf ihr Gesuch der bereits bezahlte Verzugszins ohne Vergütungszins zurückerstattet.

3 Das Gesuch ist innerhalb eines Jahres nach Inkrafttreten dieser Änderung zu stellen.

C. Aufhebung der Couponabgabe

71. 1 Die Stempelabgabe auf Coupons wird vom Inkrafttreten dieses Gesetzes an nicht mehr erhoben; die damit in Widerspruch stehenden Bestimmungen der Bundesgesetzgebung treten ausser Kraft.

2 Die ausser Kraft gesetzten Bestimmungen bleiben mit Bezug auf Abgabeforderungen, Tatsachen und Rechtsverhältnisse, die vor dem Inkrafttreten dieses Gesetzes entstanden oder eingetreten sind, auch nach diesem Zeitpunkt anwendbar.

3 Ist die Abgabe auf Coupons ausländischer Wertpapiere durch einmalige Pauschalzahlung entrichtet worden, so wird für Coupons, die nach dem Inkrafttreten dieses Gesetzes fällig werden, kein anteilmässiger Betrag zurückerstattet.

4 Die Coupons im Sinne des Bundesgesetzes vom 25. Juni 1921[103] betreffend die Stempelabgabe auf Coupons und die ihnen durch die eidgenössische Stempelgesetzgebung gleichgestellten

---

99 Eingefügt durch Ziff. I 4 des BG vom 10. Okt. 1997 über die Reform der Unternehmensbesteuerung 1997, in Kraft seit 1. Jan. 1998 (AS **1998** 669; BBl **1997** II 1164).

100 AS **1988** 669

101 Eingefügt durch Ziff. I 3 des BG vom 15. Dez. 2000 zur Koordination und Vereinfachung der Veranlagungsverfahren für die direkten Steuern im interkantonalen Verhältnis, in Kraft seit 1. Jan. 2001 (AS **2001** 1050; BBl **2000** 3898).

102 Eingefügt durch Ziff. I des BG vom 30. Sept. 2016, in Kraft seit 15. Febr. 2017 (AS **2017** 497; BBl **2015** 5331 5365).

103 [BS **127**]

Urkunden dürfen von den Kantonen nicht mit Stempelabgaben oder Registrierungsgebühren belegt werden.

D. Aufhebung bisherigen Rechts

72. 1 Mit dem Inkrafttreten dieses Gesetzes sind aufgehoben:

a. der Bundesratsbeschluss vom 1. September 1943[104] über die Verrechnungssteuer;

b. der Bundesratsbeschluss vom 13. Februar 1945[105] über die Sicherung der Steueransprüche bei Versicherungen;

c. die Artikel 34–40 und 48 des Bundesbeschlusses vom 22. Dezember 1938[106] über die Durchführung der Übergangsordnung des Finanzhaushaltes.

2 Die Artikel 35–40 und 48 des Bundesbeschlusses vom 22. Dezember 1938[107] über die Durchführung der Übergangsordnung des Finanzhaushaltes bleiben anwendbar auf alle während ihrer Gültigkeitsdauer eingetretenen Tatsachen.

E. Vollzug

73. 1 Der Bundesrat und die Kantone erlassen die erforderlichen Vollzugsvorschriften.

2 Kann ein Kanton die Vollzugsvorschriften nicht rechtzeitig erlassen, so trifft der Bundesrat vorläufig die erforderlichen Massnahmen.

F. Inkrafttreten

74. Der Bundesrat bestimmt den Zeitpunkt des Inkrafttretens dieses Gesetzes.

Datum des Inkrafttretens: 1. Januar 1967[108]

---

104 [BS **6** 326; AS **1949** II 1801 Art. 1 Bst. B Ziff. 1 Bst. d, **1950** II 1463 Art. 2 ad Art. 2, **1954** 1314 Art. 2, **1958** 362]

105 [BS **6** 345; AS **1949** II 1801 Art. 1 Bst. B Ziff. 1 Bst. e, **1950** II 1463 Art. 2 ad Art. 2, **1954** 1314 Art. 2]

106 [BS **6** 38 40; AS **1949** II 1801 Art. 1 Bst. A, **1950** II 1463 Art. 2 ad Art. 1, **1954** 1314 Art. 2]

107 [BS **6** 38 40; AS **1949** II 1801 Art. 1 Bst. A, **1950** II 1463 Art. 2 ad Art. 1, **1954** 1314 Art. 2]

108 BRB vom 28. Jan. 1966

Verordnung
über die Verrechnungssteuer (Verrechnungssteuerverordnung, VStV)[1] (SR 642.211)

vom 19. Dezember 1966 (Stand am 1. April 2017)

Der Schweizerische Bundesrat,

gestützt auf Artikel 73 Absatz 1 des Bundesgesetzes vom 13. Oktober 1965[2] über die Verrechnungssteuer (im folgenden Gesetz genannt),

beschliesst:

Erster Titel: Steuererhebung

Erster Abschnitt: Allgemeine Bestimmungen

I. Eidgenössische Steuerverwaltung

1. [1] Die Eidgenössische Steuerverwaltung erlässt die allgemeinen Weisungen und trifft die Einzelverfügungen, die für die Erhebung der Verrechnungssteuer erforderlich sind; sie bestimmt Form und Inhalt der Formulare für die Anmeldung als Steuerpflichtiger sowie für die Steuerabrechnungen, Steuererklärungen und Fragebogen.

[2] Sie ist zur Beschwerde an das Bundesgericht berechtigt.[3]

II. Mitwirkung des Steuerpflichtigen
1. Buchführung

2. [1] Der Steuerpflichtige hat seine Bücher so einzurichten und zu führen, dass sich aus ihnen die für die Steuerpflicht und Steuerbemessung massgebenden Tatsachen ohne besonderen Aufwand zuverlässig ermitteln und nachweisen lassen.

[2] Bedient sich der Steuerpflichtige für sein Rechnungswesen der automatischen oder elektronischen Datenverarbeitung, so wird diese Art der Buchführung für die Erhebung der Verrechnungssteuer nur zugelassen, wenn die vollständige und richtige Verarbeitung aller steuerlich wesentlichen Geschäftsvorfälle und Zahlen vom Urbeleg bis zur Jahresrechnung und Steuerabrechnung sichergestellt ist und wenn die zur Festsetzung der geschul-

AS **1966** 1585

[1] Fassung gemäss Ziff. I der V vom 24. Juni 2009, in Kraft seit 1. Jan. 2010 (AS **2009** 3471).

[2] SR **642.21**

[3] Eingefügt durch Ziff. II 46 der V vom 8. Nov. 2006 über die Anpassung von Bundesratsverordnungen an die Totalrevision der Bundesrechtspflege, in Kraft seit 1. Jan. 2007 (AS **2006** 4705).

deten Steuer erforderlichen Unterlagen übersichtlich angeordnet und lesbar sind.

3 Die Eidgenössische Steuerverwaltung kann unter den von ihr festzulegenden Bedingungen und Auflagen den Steuerpflichtigen gestatten, Belege in Form von Aufnahmen auf Mikrofilm aufzubewahren. In diesem Falle hat der Steuerpflichtige auf seine Kosten der Eidgenössischen Steuerverwaltung Rückvergrösserungen der von ihr bestimmten Belege beizubringen und ihr anlässlich der Buchprüfung gemäss Artikel 40 des Gesetzes auf Verlangen ein Lesegerät und die zu seiner Bedienung erforderlichen Hilfskräfte zur Verfügung zu stellen.

2. Abrechnung und Bescheinigung über den Steuerabzug

3. 1 Händigt der Steuerpflichtige dem Empfänger der steuerbaren Leistung eine Abrechnung aus, so sind darin die Fälligkeit dieser Leistung und ihr Bruttobetrag vor Abzug der Verrechnungssteuer und von Spesen anzugeben.

2 Verlangt der Empfänger der steuerbaren Leistung eine besondere Bescheinigung (Art. 14 Abs. 2 des Gesetzes), so sind darin anzugeben:

a. der Name und die dem Aussteller bekannte Adresse des Empfängers;
b. die Art und der Nennbetrag des Vermögenswertes, der die steuerbare Leistung abgeworfen hat;
c. der Bruttobetrag der steuerbaren Leistung, der Zeitraum, auf den sie sich bezieht, und das Fälligkeitsdatum;
d. der Betrag der abgezogenen Verrechnungssteuer;
e. das Datum der Ausstellung sowie Name und Adresse (Firmastempel) und Unterschrift des Ausstellers.

3 Für jede steuerbare Leistung darf nur eine Bescheinigung ausgestellt werden; Kopien oder Ersatzbescheinigungen sind als solche zu kennzeichnen.

4 Die Eidgenössische Steuerverwaltung kann unter den von ihr festzulegenden Bedingungen und Auflagen nicht unterschriebene Bescheinigungen und unmittelbar auf dem Rückerstattungsantrag angebrachte Bescheinigungen zulassen.

3. Leistung in ausländischer Währung

4. 1 Lautet die steuerbare Leistung auf eine ausländische Währung, so ist sie auf den Zeitpunkt ihrer Fälligkeit in Schweizer Franken umzurechnen.

2 In der Bescheinigung über den Steuerabzug (Art. 3 Abs. 2) sind die Bruttobeträge der Leistung in beiden Währungen und der Umrechnungskurs anzugeben.

3 Ist unter den Parteien kein bestimmter Umrechnungskurs vereinbart worden, so ist der Umrechnung das Mittel der Geld- und Briefkurse am letzten Werktage vor der Fälligkeit der Leistung zugrundezulegen.

4. Meldung bei Leistungsverzug u. dgl.

5. [1] Ist der Schuldner wegen Zahlungsunfähigkeit ausserstande, die steuerbare Leistung bei ihrer Fälligkeit zu erbringen, oder ist ihm auf Grund der Bundesgesetzgebung eine Stundung bewilligt worden, so hat er unaufgefordert der Eidgenössischen Steuerverwaltung diesen Sachverhalt und den voraussichtlichen Zeitpunkt, auf den die Leistung zahlbar gestellt wird, mitzuteilen.

[2] Wird über den Steuerpflichtigen der Konkurs eröffnet, so hat über die auf den Zeitpunkt der Konkurseröffnung fällig gewordene Steuer (Art. 16 Abs. 3 des Gesetzes) die Konkursverwaltung die vorgeschriebene Abrechnung zu erstellen und mit den Belegen der Eidgenössischen Steuerverwaltung einzureichen (Art. 38 Abs. 2 des Gesetzes).

III. Steuererhebungsverfahren
1. Einholen von Auskünften; Einvernahme

6. [1] Die Eidgenössische Steuerverwaltung kann Auskünfte schriftlich oder mündlich einholen und den Steuerpflichtigen zur Einvernahme laden.

[2] Wo es angezeigt erscheint, sind die Auskünfte in Gegenwart des Einvernommenen zu protokollieren; das Protokoll ist von diesem und vom einvernehmenden Beamten und vom allenfalls beigezogenen Protokollführer zu unterzeichnen.

[3] Vor jeder Einvernahme nach Absatz 2 ist der Einzuvernehmende zur Wahrheit zu ermahnen und auf die Folgen unrichtiger Auskünfte (Art. 62 Abs. 1 Buchst. *d* des Gesetzes) hinzuweisen.

2. Buchprüfung

7. [1] Der Steuerpflichtige ist berechtigt und auf Verlangen verpflichtet, der Buchprüfung (Art. 40 Abs. 2 des Gesetzes) beizuwohnen und die erforderlichen Aufschlüsse zu erteilen.

[2] Die Eidgenössische Steuerverwaltung ist nicht verpflichtet, die Buchprüfung zum voraus anzuzeigen.

IV. Bezug und Sicherung der Steuer
1. Zwangsvollstreckung

8. [1] Die Eidgenössische Steuerverwaltung ist zuständig, für die Forderungen des Bundes an Verrechnungssteuern, Zinsen, Kosten und Bussen die Betreibung anzuheben, sie in einem Konkurs einzugeben, die Aufhebung des Rechtsvorschlages zu verlangen und alle weiteren zur Sicherung oder Eintreibung der Forderung notwendigen Vorkehren zu treffen.

[2] Vorbehalten bleibt die Zuständigkeit der Eidgenössischen Finanzverwaltung zur Verwahrung von Verlustscheinen und zur Geltendmachung der in einem Verlustschein verurkundeten Forderung.

2. Sicherstellung
a. Durch Ausländer beherrschte Gesellschaften

9. [1] Sind am Grundkapital einer Aktiengesellschaft oder am Stammkapital einer Gesellschaft mit beschränkter Haftung zu mehr als 80 Prozent (direkt oder indirekt) Personen mit Wohnsitz im Ausland beteiligt, und befinden sich die Aktiven der Gesellschaft zur Hauptsache im Ausland oder bestehen sie überwiegend aus Forderungen oder anderen Rechten gegenüber Ausländern, und schüttet die Gesellschaft nicht alljährlich einen angemessenen Teil des Reinertrages als Dividende oder Gewinnanteil an die Inhaber der Aktien, Stammanteile oder Genussscheine aus, so kann die Eidgenössische Steuerverwaltung wegen Gefährdung des Steuerbezuges eine Sicherstellung verfügen (Art. 47 Abs. 1 Bst. *a* des Gesetzes).[4]

[2] Der sicherzustellende Betrag hat der Steuer zu entsprechen, die bei einer Liquidation der Gesellschaft zu entrichten wäre, und wird nötigenfalls alljährlich auf Grund der Jahresrechnung neu festgesetzt.

b. Sicherheitsleistung

10. [1] Die nach Artikel 47 des Gesetzes verfügte Sicherstellung ist gemäss der Verordnung vom 21. Juni 1957[5] über Sicherstellungen zugunsten der Eidgenossenschaft durch Realkaution, Bürgschaften, Garantien oder Kautionsversicherung zu leisten.

[2] Eine geleistete Sicherheit ist freizugeben, sobald die sichergestellten Steuern, Zinsen und Kosten bezahlt sind oder der Grund der Sicherstellung dahingefallen ist.

[3] …[6]

3. Löschung im Handelsregister

11. [1] Eine Aktiengesellschaft, Gesellschaft mit beschränkter Haftung oder Genossenschaft darf in Handelsregister erst dann gelöscht werden, wenn die Eidgenössische Steuerverwaltung dem kantonalen Handelsregisteramt angezeigt hat, dass die geschuldeten Verrechnungssteuern bezahlt sind.

[2] Auf die Löschung einer anderen Rechtseinheit im Sinne von Artikel 2 Buchstabe a der Handelsregisterverordnung vom 17. Oktober 2007[7] findet Absatz 1 Anwendung, wenn die Eidgenössische Steuerverwaltung dem kantonalen Handelsregisteramt mitgeteilt hat, dass die Rechtseinheit aufgrund des Gesetzes steuerpflichtig geworden ist.[8]

V. Rückerstattung der nicht geschuldeten Steuer

12. [1] Bezahlte Steuern und Zinsen, die nicht durch Entscheid der Eidgenössischen Steuerverwaltung festgesetzt worden sind, werden zurückerstattet, sobald feststeht, dass sie nicht geschuldet waren.

---

4 Fassung gemäss Ziff. I 2 der V vom 15. Okt. 2008, in Kraft seit 1. Jan. 2009 (AS **2008** 5073).

5 [AS **1957** 509, **1975** 2373 Art. 19 Abs. 1 Bst. b. AS **1986** 154 Art. 51 Ziff. 3]. Heute: gemäss Art. 49 der Finanzhaushaltverordnung vom 5. April 2006 (SR **611.01**).

6 Aufgehoben durch Anhang 3 Ziff. 14 der V vom 3. Febr. 1993 über Organisation und Verfahren eidgenössischer Rekurs- und Schiedskommissionen, mit Wirkung seit 1. Jan. 1994 (AS **1993** 879).

7 SR **221.411**

8 Fassung gemäss Ziff. I 2 der V vom 15. Okt. 2008, in Kraft seit 1. Jan. 2009 (AS **2008** 5073).

2 Ist eine nicht geschuldete Steuer schon überwälzt worden, (Art. 14 Abs. 1 des Gesetzes), so wird die Rückerstattung nur gewährt, wenn feststeht, dass der von der Überwälzung Betroffene die Rückerstattung nicht im ordentlichen Rückerstattungsverfahren erlangt hat und dass er in den Genuss der Rückerstattung gemäss Absatz 1 gebracht wird.

3 Die Rückerstattung ist insoweit ausgeschlossen, als nach dem Sachverhalt, den der Rückfordernde geltend macht, eine andere, wenn auch inzwischen verjährte Bundessteuer geschuldet war.

4 Der Rückerstattungsanspruch verjährt fünf Jahre nach Ablauf des Kalenderjahres, in dem die Zahlung geleistet worden ist.

5 Die Vorschriften des Gesetzes und der Verordnung über die Steuererhebung finden sinngemässe Anwendung; kommt der Gesuchsteller seinen Auskunftspflichten nicht nach, und kann der Anspruch ohne die von der Eidgenössischen Steuerverwaltung verlangten Auskünfte nicht abgeklärt werden, so wird das Gesuch abgewiesen.

VI. Verrechnung

13. Die Eidgenössische Steuerverwaltung kann eine gefährdete fällige Steuerforderung mit der Verrechnungssteuer, deren Rückerstattung der Zahlungspflichtige beansprucht, verrechnen.

Zweiter Abschnitt: Steuer auf Kapitalerträgen

A. Steuer auf dem Ertrag von Obligationen und Kundenguthaben

I. Gegenstand der Steuer
1. Steuerbarer Ertrag

14. 1 Steuerbarer Ertrag von Obligationen, Serienschuldbriefen, Seriengülten und Schuldbuchguthaben sowie von Kundenguthaben ist jede auf dem Schuldverhältnis beruhende geldwerte Leistung an den Gläubiger, die sich nicht als Rückzahlung der Kapitalschuld darstellt.

2 …[9]

1*a*. Guthaben im Konzern

14*a*.[10] 1 Zwischen Konzerngesellschaften bestehende Guthaben gelten weder als Obligationen nach Artikel 4 Absatz 1 Buchstabe a noch als Kundenguthaben nach Artikel 4 Absatz 1 Buchstabe d des Gesetzes; dies gilt unabhängig von ihrer Laufzeit, ihrer Währung und ihrem Zinssatz.

2 Als Konzerngesellschaften gelten Gesellschaften, deren Jahresrechnungen nach anerkannten Standards zur Rechnungsle-

9 Aufgehoben durch Ziff. I der V vom 22. Nov. 2000, mit Wirkung seit 1. Jan. 2001 (AS **2000** 2994). Siehe dazu die SchlB am Ende dieses Textes.

10 Eingefügt durch Ziff. I 2 der V vom 18. Juni 2010, in Kraft seit 1. Aug. 2010 (AS **2010** 2963).

gung in der Konzernrechnung voll- oder teilkonsolidiert werden.[11]

³ Absatz 1 ist nicht anwendbar, wenn:

a. eine inländische Konzerngesellschaft eine Obligation einer ausländischen Konzerngesellschaft garantiert; und
b. die von der ausländischen Konzerngesellschaft an die inländische Konzerngesellschaft weitergeleiteten Mittel per Bilanzstichtag den Umfang des Eigenkapitals der ausländischen Konzerngesellschaft übersteigen.[12]

2. Begriff der Obligationen und Serientitel

15. ¹ Obligationen sind auf den Inhaber, an Ordre oder auf den Namen lautende

a. Anleihensobligationen, mit Einschluss der Partialen von Anleihen, die durch Grundpfand sichergestellt sind, Rententitel, Pfandbriefe, Kassenobligationen, Kassen- und Depositenscheine;
b. in einer Mehrzahl ausgegebene wechselähnliche Schuldverschreibungen und andere Diskontopapiere, die zur Unterbringung im Publikum bestimmt sind.

² Serienschuldbriefe und Seriengülten sind in einer Mehrzahl zu gleichartigen Bedingungen ausgegebene Schuldbriefe und Gülten, die auf den Inhaber oder an Ordre gestellt oder mit auf den Inhaber oder an Ordre lautenden Coupons versehen sind und in ihrer wirtschaftlichen Bedeutung den Partialen von Anleihen gleichstehen.

3. Kundenguthaben

16.[13] Die Freigrenze nach Artikel 5 Absatz 1 Buchstabe c des Gesetzes gilt für Zinsbeträge, die für das Kundenguthaben einmal pro Kalenderjahr vergütet werden.

II. Anmeldung als Steuerpflichtiger

17. ¹ Der Inländer (Art. 9 Abs. 1 des Gesetzes), der Obligationen, Serienschuldbriefe oder Seriengülten ausgibt, sich öffentlich zur Annahme verzinslicher Gelder empfiehlt oder fortgesetzt Gelder gegen Zins entgegennimmt, hat sich, bevor er mit seinem Vorhaben beginnt, unaufgefordert bei der Eidgenössischen Steuerverwaltung anzumelden.[14]

² In der Anmeldung sind anzugeben: der Name (die Firma) und der Sitz des Unternehmens sowie aller inländischen Zweigniederlassungen, auf welche die Voraussetzungen von Ab-

---

11 Fassung gemäss Ziff. I der V vom 10. März 2017, in Kraft seit 1. April 2017 (AS **2017** 775).

12 Fassung gemäss Ziff. I der V vom 10. März 2017, in Kraft seit 1. April 2017 (AS **2017** 775).

13 Fassung gemäss Ziff. I der V vom 24. Juni 2009, in Kraft seit 1. Jan. 2010 (AS **2009** 3471).

14 Fassung gemäss Ziff. II der V vom 15. Febr. 2012, in Kraft seit 1. März 2012 (AS **2012** 791).

satz 1 zutreffen, oder, wenn es sich um eine juristische Person oder um eine Handelsgesellschaft ohne juristische Persönlichkeit mit statutarischem Sitz im Ausland handelt, die Firma und der Sitz der Hauptniederlassung und die Adresse der inländischen Leitung; die Art der Tätigkeit und das Datum ihrer Aufnahme; das Rechnungsjahr und die Zinstermine. Mit der Anmeldung sind die für die Überprüfung der Steuerpflicht erforderlichen Belege (Emissionsprospekt, Reglement für die Sparhefte oder Einlagen u.dgl.) einzureichen.

3 Nach Aufnahme der Geschäftstätigkeit eintretende Änderungen an den gemäss Absatz 2 zu meldenden Tatsachen und einzureichenden Belegen, insbesondere die Errichtung neuer Zweigniederlassungen und die Änderung der Reglemente, sind unaufgefordert der Eidgenössischen Steuerverwaltung zu melden.

4 Gibt ein Unternehmen, das bei der Eidgenössischen Steuerverwaltung als Steuerpflichtiger schon angemeldet ist, neue Titel aus, oder schafft es neue Anlagemöglichkeiten, deren Ertrag der Verrechnungssteuer unterliegt, so kann sich die Anmeldung auf diesen Sachverhalt beschränken.

III. Steuerabrechnung
1. Anleihensobligationen u.dgl.

18. Die Steuer auf dem Ertrag von Anleihensobligationen, der ihnen von der Eidgenössischen Steuerverwaltung für die Steuerabrechnung gleichgestellten Obligationen, Serienschuldbriefe und Seriengülten sowie von Schuldbuchguthaben ist aufgrund der Abrechnung nach amtlichem Formular innert 30 Tagen nach Fälligkeit des Ertrages (Coupontermin) unaufgefordert der Eidgenössischen Steuerverwaltung zu entrichten.

2. Kassenobligationen u.dgl.; Kundenguthaben

19. 1 Die Steuer auf dem Ertrag von Kassenobligationen, Kassen- und Depositenscheinen, wechselähnlichen Schuldverschreibungen und anderen Diskontopapieren, der ihnen von der Eidgenössischen Steuerverwaltung für die Steuerabrechnung gleichgestellten Obligationen, Serienschuldbriefe und Seriengülten sowie von Kundenguthaben bei Banken und Sparkassen ist aufgrund der Abrechnung nach amtlichem Formular innert 30 Tagen nach Ablauf des Geschäftsvierteljahres für die in diesem Zeitraum fällig gewordenen Zinsen und sonstigen Erträge unaufgefordert der Eidgenössischen Steuerverwaltung zu entrichten.

2 Um unverhältnismässige Umtriebe zu vermeiden, kann die Eidgenössische Steuerverwaltung eine von Absatz 1 abweichende Art der Steuerabrechnung gestatten oder anordnen; sie kann insbesondere zulassen,

a. dass die in den ersten drei Geschäftsvierteljahren fällig gewordenen Steuern annäherungsweise ermittelt werden und über die im ganzen Geschäftsjahr fällig gewordenen Steuern erst nach Ablauf des letzten Geschäftsvierteljahres genau abgerechnet wird;

b.[15] dass in Fällen, wo der Gesamtwert der Obligationen und Kundenguthaben im Sinne von Absatz 1 nicht mehr als 1 000 000 Franken beträgt, über die auf ihren Erträgen fällig gewordenen Steuern nur einmal jährlich abgerechnet wird.

3 Der Steuerpflichtige hat in seinen Geschäftsbüchern gesondert die folgenden Bestände mit den entsprechenden Erträgen auszuweisen: Kassenobligationen (mit Einschluss der ihnen für die Steuerabrechnung gleichgestellten Obligationen, Serienschuldbriefe und Seriengülten); wechselähnliche Schuldverschreibungen und andere Diskontopapiere sowie Kundenguthaben, unterteilt in Guthaben, deren Zinsen von der Steuer ausgenommen sind (Art. 5 Abs. 1 Bst. c des Gesetzes) und in Guthaben, deren Zinsen der Steuer unterliegen.[16]

B. Steuer auf dem Ertrag von Aktien, Stammanteilen an Gesellschaften mit beschränkter Haftung, Genossenschaftsanteilen und Genussscheinen[17]

I. Gegenstand der Steuer

20. 1 Steuerbarer Ertrag von Aktien, Stammanteilen an Gesellschaften mit beschränkter Haftung und Genossenschaftsanteilen ist jede geldwerte Leistung der Gesellschaft oder Genossenschaft an die Inhaber gesellschaftlicher Beteiligungsrechte oder an ihnen nahestehende Dritte, die sich nicht als Rückzahlung der im Zeitpunkt der Leistung bestehenden Anteile am einbezahlten Grund- oder Stammkapital darstellt (Dividenden, Boni, Gratisaktien, Gratis-Partizipationsscheine, Liquidationsüberschüsse und dergleichen).[18]

2 Steuerbarer Ertrag von Partizipations- und von Genussscheinen ist jede auf dem Partizipations- oder auf dem Genussrecht beruhende geldwerte Leistung an den Inhaber des Rechts; die Rückzahlung des Nennwertes von unentgeltlich ausgegebenen Partizipationsscheinen bildet nicht Bestandteil des steuerbaren Ertrags, wenn die Gesellschaft oder die Genossenschaft nachweist, dass sie die Verrechnungssteuer auf dem Nennwert bei der Ausgabe der Titel entrichtet hat.[19]

---

15 Fassung gemäss Ziff. I der V vom 22. Nov. 2000, in Kraft seit 1. Jan. 2001 (AS **2000** 2994).

16 Fassung gemäss Ziff. II der V vom 15. Febr. 2012, in Kraft seit 1. März 2012 (AS **2012** 791).

17 Fassung gemäss Ziff. I 2 der V vom 15. Okt. 2008, in Kraft seit 1. Jan. 2009 (AS **2008** 5073).

18 Fassung gemäss Ziff. I 2 der V vom 15. Okt. 2008, in Kraft seit 1. Jan. 2009 (AS **2008** 5073).

19 Fassung gemäss Ziff. I der V vom 20. Mai 1992, in Kraft seit 1. Juli 1992 (AS **1992** 1200).

[3] Eine auf Grund von Artikel 10 des Bundesratsbeschlusses vom 12. April 1957[20] betreffend vorsorgliche Schutzmassnahmen für juristische Personen, Personengesellschaften und Einzelfirmen wirksam werdende Sitzverlegung fällt nicht unter Artikel 4 Absatz 2 des Gesetzes.

II. Steuerabrechnung
1. Aktiengesellschaften und Gesellschaften mit beschränkter Haftung
a. Im allgemeinen

21. [1] Jede inländische Aktiengesellschaft oder Gesellschaft mit beschränkter Haftung (Art. 9 Abs. 1 des Gesetzes) hat unaufgefordert der Eidgenössischen Steuerverwaltung innert 30 Tagen nach Genehmigung der Jahresrechnung den Geschäftsbericht oder eine unterzeichnete Abschrift der Jahresrechnung (Bilanz und Gewinn- und Verlustrechnung) sowie eine Aufstellung nach amtlichem Formular einzureichen, woraus der Kapitalbestand am Ende des Geschäftsjahres, das Datum der Generalversammlung, die beschlossene Gewinnverteilung und ihre Fälligkeit ersichtlich sind, und die Steuer auf den mit Genehmigung der Jahresrechnung fällig gewordenen Erträgen zu entrichten, wenn:

a. die Bilanzsumme mehr als fünf Millionen Franken beträgt;
b. mit der beschlossenen Gewinnverteilung eine steuerbare Leistung vorliegt;
c. im Geschäftsjahr eine steuerbare Leistung vorgelegen ist;
d. die Gesellschaft aufgrund von Artikel 69 des Bundesgesetzes vom 14. Dezember 1990[21] über die direkte Bundessteuer oder Artikel 28 des Bundesgesetzes vom 14. Dezember 1990[22] über die Harmonisierung der direkten Steuern der Kantone und Gemeinden veranlagt wird; oder
e. die Gesellschaft ein Doppelbesteuerungsabkommen zwischen der Schweiz und einem anderen Staat in Anspruch genommen hat.[23]

[1bis] In den übrigen Fällen sind die Unterlagen auf Verlangen der Eidgenössischen Steuerverwaltung einzureichen.[24]

[2] Die Steuer auf Erträgen, die nicht mit Genehmigung der Jahresrechnung fällig oder die nicht auf Grund der Jahresrechnung ausgerichtet werden (Interimsdividenden, Bauzinsen, Gratisaktien, Liquidationsüberschüsse, Ablösung von Genussscheinen, geldwerte Leistungen anderer Art) ist auf Grund der Abrechnung nach amtlichem Formular innert 30 Tagen nach der Fälligkeit des Ertrages unaufgefordert der Eidgenössischen Steuerverwaltung zu entrichten.

---

20 SR **531.54**
21 SR **642.11**
22 SR **642.14**
23 Fassung gemäss Ziff. I 2 der V vom 15. Okt. 2008, in Kraft seit 1. Jan. 2009 (AS **2008** 5073).
24 Eingefügt durch Ziff. I 2 der V vom 15. Okt. 2008, in Kraft seit 1. Jan. 2009 (AS **2008** 5073).

3 Ist für den Ertrag ein Fälligkeitstermin nicht bestimmt, so beginnt die 30-tägige Frist am Tage, an dem die Ausrichtung beschlossen oder, mangels eines solchen Beschlusses, an dem der Ertrag ausgerichtet wird, zu laufen.

4 Wird die Jahresrechnung nicht innert sechs Monaten nach Ablauf des Geschäftsjahres genehmigt, so hat die Gesellschaft der Eidgenössischen Steuerverwaltung vor Ablauf des siebenten Monats den Grund der Verzögerung und den mutmasslichen Zeitpunkt der Rechnungsabnahme mitzuteilen.

b. Auflösung; Sitzverlegung ins Ausland

22. 1 Wird eine Aktiengesellschaft oder Gesellschaft mit beschränkter Haftung aufgelöst (Art. 736 und 820 OR[25]), so hat sie das unverzüglich der Eidgenössischen Steuerverwaltung mitzuteilen.

2 Die aufgelöste Gesellschaft hat der Eidgenössischen Steuerverwaltung eine unterzeichnete Abschrift der von den Liquidatoren aufgestellten Bilanz einzureichen und nach ihrer Anordnung regelmässig über den Stand der Liquidation und über die Verwendung der Aktiven Auskunft zu erteilen; nach Beendigung der Liquidation ist der Eidgenössischen Steuerverwaltung eine unterzeichnete Abschrift der Liquidationsrechnung mit einer Aufstellung über die Verteilung des Liquidationsüberschusses einzureichen.

3 Innert 30 Tagen nach jeder Verteilung eines Anteils am Liquidationsüberschuss hat die Gesellschaft unaufgefordert die auf diesem Anteil geschuldete Steuer auf Grund einer besonderen Abrechnung zu entrichten.

4 Bei einer Auflösung ohne Liquidation finden die Absätze 1–3 sinngemässe Anwendung.

5 Will eine Gesellschaft ihren Sitz ins Ausland verlegen, so hat sie dieses Vorhaben unverzüglich der Eidgenössischen Steuerverwaltung mitzuteilen, ihr eine auf den Tag der Sitzverlegung erstellte Bilanz und Gewinn- und Verlustrechnung einzureichen und gleichzeitig die auf dem Überschuss des Vermögens über das einbezahlte Grund- oder Stammkapital geschuldete Steuer zu entrichten. Das gilt auch, wenn eine Gesellschaft mit statutarischem Sitz im Ausland den Ort ihrer tatsächlichen Leitung ins Ausland verlegen will.

2. Genossenschaften

23. 1 Jede inländische Genossenschaft, deren Statuten Geldleistungen der Genossenschafter oder die Schaffung eines Genossenschaftskapitals durch Genossenschaftsanteile vorsehen, hat sich unverzüglich nach ihrer Eintragung in das Handelsregister oder nach Aufnahme entsprechender Bestimmungen in ihre Statuten unaufgefordert bei der Eidgenössischen Steuerverwal-

[25] SR **220**

tung anzumelden; der Anmeldung ist ein unterzeichnetes Exemplar der Statuten beizulegen.

[2] Für die Steuerabrechnung, die Einreichung der Jahresrechnung und die Auflösung der Genossenschaft finden die Artikel 21 und 22 sinngemäss Anwendung.[26]

[3–5] ...[27]

III. Meldung statt Steuerentrichtung
1. Fälle

24. [1] Der Gesellschaft oder Genossenschaft kann auf Gesuch hin gestattet werden, ihre Steuerpflicht durch Meldung der steuerbaren Leistung zu erfüllen (Art. 20 des Gesetzes),

a. wenn die anlässlich einer amtlichen Kontrolle oder Buchprüfung geltend gemachte Steuer eine Leistung betrifft, die in einem Vorjahre fällig geworden ist;
b. bei der Ausgabe oder Nennwerterhöhung von Aktien, Gesellschafts- oder Genossenschaftsanteilen zulasten der Reserven der Gesellschaft oder Genossenschaft (Gratisaktien u. dgl.);
c. bei der Ausrichtung von Naturaldividenden oder des Liquidationsüberschusses durch Abtretung von Aktiven;
d. bei der Verlegung des Sitzes ins Ausland.

[2] Das Meldeverfahren ist in allen Fällen nur zulässig, wenn feststeht, dass die Personen, auf die die Steuer zu überwälzen wäre (Leistungsempfänger), nach Gesetz oder Verordnung Anspruch auf Rückerstattung dieser Steuer hätten, und wenn ihre Zahl zwanzig nicht übersteigt.

2. Meldung beim Rückkauf eigener Beteiligungsrechte

24*a*.[28] Der Gesellschaft oder Genossenschaft kann auf Gesuch hin gestattet werden, ihre Steuerpflicht durch Meldung der steuerbaren Leistung zu erfüllen, wenn:

a. die Steuer auf Grund von Artikel 4*a* Absatz 2 des Gesetzes geschuldet ist;
b. die steuerpflichtige Gesellschaft oder Genossenschaft den Nachweis erbringt, dass die zurückgekauften Beteiligungsrechte aus dem Geschäftsvermögen des Verkäufers stammen;
c. der Verkäufer zum Zeitpunkt des Verkaufs im Inland unbeschränkt steuerpflichtig war; und
d. der Verkauf vom Verkäufer ordnungsgemäss verbucht worden ist.

---

26 Fassung gemäss Ziff. I 2 der V vom 15. Okt. 2008, in Kraft seit 1. Jan. 2009 (AS **2008** 5073).

27 Aufgehoben durch Ziff. I 2 der V vom 15. Okt. 2008, mit Wirkung seit 1. Jan. 2009 (AS **2008** 5073).

28 Eingefügt durch Ziff. I der V vom 22. Nov. 2000, in Kraft seit 1. Jan. 2001 (AS **2000** 2994). Siehe dazu die SchlB am Ende dieses Textes.

3. Gesuch; Bewilligung[29]

25. [1] Das Gesuch ist der Eidgenössischen Steuerverwaltung schriftlich einzureichen; im Gesuch sind anzugeben:

a. die Namen der Leistungsempfänger und der Ort ihres Wohnsitzes oder Aufenthalts im Zeitpunkt der Fälligkeit der Leistung;
b. Art und Bruttobetrag der einem jeden Leistungsempfänger zustehenden Leistung, das Fälligkeitsdatum und gegebenenfalls der Zeitraum, auf den sie sich bezieht.

[2] Die Eidgenössische Steuerverwaltung klärt den Sachverhalt ab und trifft ihren Entscheid; sie kann die Bewilligung des Gesuches an Bedingungen knüpfen und mit Auflagen verbinden. Betrifft der Entscheid noch nicht fällig gewordene Leistungen, so steht er unter dem Vorbehalt der Nachprüfung des Rückerstattungsanspruchs der Leistungsempfänger bei Fälligkeit.

[3] Die Bewilligung entbindet die Gesellschaft oder Genossenschaft nicht von der Pflicht, sich vor der Meldung zu vergewissern, ob der Leistungsempfänger auch noch bei Fälligkeit der Leistung im Inland Wohnsitz oder dauernden Aufenthalt hatte.

4. Meldung; nachträgliche Einforderung der Steuer[30]

26. [1] Die Meldung der steuerbaren Leistung hat die in Artikel 3 Absatz 2 genannten Angaben zu enthalten und ist der Eidgenössischen Steuerverwaltung mit je einem Doppel für jeden Leistungsempfänger innert der Frist von Artikel 21 und mit den dort vor geschriebenen Belegen einzureichen.

[2] Erfüllt das Gesuch im Sinne von Artikel 25 Absatz 1 nach Inhalt und Zahl der Exemplare die Erfordernisse von Absatz 1, so braucht keine neue Meldung eingereicht zu werden; andernfalls ist die anstelle einer nachträglichen Steuerentrichtung tretende Meldung (Art. 24 Abs. 1 Buchst. *a*) innert 30 Tagen nach der Bewilligung einzureichen.

[3] Die Eidgenössische Steuerverwaltung leitet die Meldungen an die zuständigen kantonalen Behörden weiter. Diese haben, sofern die Eidgenössische Steuerverwaltung es infolge eines Vorbehalts nach Artikel 25 Absatz 2 verfügt, ihr zu melden, ob der Leistungsempfänger die Rückerstattung der Steuer beanspruchen könnte.

[4] Hätte der Leistungsempfänger keinen Anspruch auf Rückerstattung der Steuer, so ist sie von der Eidgenössischen Steuerverwaltung bei der Gesellschaft oder Genossenschaft oder beim Mithaftenden einzufordern. Vorbehalten bleibt die Einleitung eines Strafverfahrens.

---

29 Fassung gemäss Ziff. I der V vom 22. Nov. 2000, in Kraft seit 1. Jan. 2001 (AS **2000** 2994).

30 Fassung gemäss Ziff. I der V vom 22. Nov. 2000, in Kraft seit 1. Jan. 2001 (AS **2000** 2994).

5. Meldung statt Steuerentrichtung für Dividenden im Konzernverhältnis

26*a*.[31] 1 Ist eine Kapitalgesellschaft, eine Genossenschaft, eine kollektive Kapitalanlage oder ein Gemeinwesen nach Artikel 24 Absatz 1 des Gesetzes unmittelbar zu mindestens 20 Prozent am Grund- oder Stammkapital einer Kapitalgesellschaft oder Genossenschaft beteiligt, so kann sie diese mittels eines amtlichen Formulars anweisen, ihr die Dividende ohne Abzug der Verrechnungssteuer auszurichten.[32]

2 Die steuerpflichtige Gesellschaft ihrerseits vervollständigt das Gesuch und reicht dieses der Eidgenössischen Steuerverwaltung innert 30 Tagen nach Fälligkeit der Dividende zusammen mit dem amtlichen Formular zur Jahresrechnung unaufgefordert ein. Artikel 21 findet Anwendung.

3 Das Meldeverfahren ist nur zulässig, wenn feststeht, dass die Kapitalgesellschaft, die Genossenschaft, die kollektive Kapitalanlage oder das Gemeinwesen, worauf die Steuer zu überwälzen wäre, nach Gesetz oder Verordnung Anspruch auf Rückerstattung dieser Steuer hätte.[33]

4 Ergibt die Nachprüfung durch die Eidgenössische Steuerverwaltung, dass vom Meldeverfahren zu Unrecht Gebrauch gemacht wurde, ist die Verrechnungssteuer nachzuerheben; wird die Steuerforderung bestritten, so trifft die Eidgenössische Steuerverwaltung einen entsprechenden Entscheid. Vorbehalten bleibt die Einleitung eines Strafverfahrens.

IV. Erlass

27. 1 Das Gesuch um Erlass der Steuerforderung gemäss Artikel 18 des Gesetzes ist spätestens mit der Abrechnung über die fällig gewordene Steuer (Art. 21) oder mit der Steuererklärung (Art. 23 Abs. 2) der Eidgenössischen Steuerverwaltung einzureichen.

2 Die Eidgenössische Steuerverwaltung kann vom Gesuchsteller über alle Tatsachen, die für den Erlass von Bedeutung sein können, die erforderlichen Auskünfte und Belege verlangen; kommt der Gesuchsteller seinen Auskunftspflichten nicht nach, so wird das Gesuch abgewiesen.

---

31 Eingefügt durch Ziff. I der V vom 22. Nov. 2000, in Kraft seit 1. Jan. 2001 (AS **2000** 2994).

32 Fassung gemäss Ziff. I 2 der V vom 15. Okt. 2008, in Kraft seit 1. Jan. 2009 (AS **2008** 5073).

33 Fassung gemäss Ziff. I 2 der V vom 15. Okt. 2008, in Kraft seit 1. Jan. 2009 (AS **2008** 5073).

C. Steuer auf dem Ertrag von Anteilen an kollektiven Kapitalanlagen[34]

I. Gegenstand der Steuer
1. Steuerbarer Ertrag

28.[35] [1] Steuerbarer Ertrag von Anteilen an einer kollektiven Kapitalanlage ist jede auf dem Anteil beruhende geldwerte Leistung an den Anteilsinhaber, die nicht über einen ausschliesslich der Ausschüttung von Kapitalgewinnen, von Erträgen aus direktem Grundbesitz oder der Rückzahlung der Kapitaleinzahlungen dienenden Coupon ausgerichtet wird (Art. 5 Abs. 1 Bst. b des Gesetzes).

[2] Bei der Rückzahlung von Anteilen wird die Steuer nur erhoben, wenn die Rückzahlung infolge Auflösung oder Liquidation der kollektiven Kapitalanlage erfolgt.

[3] Sind Anteilscheine ohne Coupons ausgegeben worden, wird die Leistung gegen Rückgabe des Anteilscheins erbracht oder bestehen keine Anteilscheine, so bleiben die ausgerichteten Kapitalgewinne, Kapitalauszahlungen und Erträge aus direktem Grundbesitz von der Steuer ausgenommen, wenn sie in der Abrechnung für den Anteilsinhaber gesondert ausgewiesen werden.

2. Verlegung von Verlusten und Kosten

29. Die in kollektiven Kapitalanlagen eingetretenen Verluste sowie die mit Kapitalgewinnen zusammenhängenden Kosten (Gewinnungskosten, Ausschüttungskommissionen usw.) sind zulasten der erzielten Kapitalgewinne und des Kapitals zu verbuchen.

Fondsleitung und Depotbank[36]

30. [1] …[37]

[2] Wo von Fondsleitung oder Depotbank die Rede ist, gelten die Vorschriften sinngemäss für alle Personen, welche diese Funktionen ausüben.

II. Anmeldung als Steuerpflichtiger

31. [1] Der nach Artikel 10 Absatz 2 des Gesetzes steuerpflichtige Inländer hat sich, bevor mit der Ausgabe von Anteilen begonnen wird, unaufgefordert bei der Eidgenössischen Steuerverwaltung anzumelden.[38]

[2] In der Anmeldung sind anzugeben: der Name (die Firma) und der Sitz der Fondsleitung und der Depotbank sowie, wenn sich Fondsleitung und Depotbank im Ausland befinden, des In-

---

[34] Ausdruck gemäss Ziff. I 2 der V vom 15. Okt. 2008, in Kraft seit 1. Jan. 2009 (AS **2008** 5073). Diese Änd. ist im ganzen Erlass berücksichtigt.

[35] Fassung gemäss Ziff. I 2 der V vom 15. Okt. 2008, in Kraft seit 1. Jan. 2009 (AS **2008** 5073).

[36] Fassung gemäss Ziff. I 2 der V vom 15. Okt. 2008, in Kraft seit 1. Jan. 2009 (AS **2008** 5073).

[37] Aufgehoben durch Ziff. I 2 der V vom 15. Okt. 2008, mit Wirkung seit 1. Jan. 2009 (AS **2008** 5073).

[38] Fassung gemäss Ziff. I 2 der V vom 15. Okt. 2008, in Kraft seit 1. Jan. 2009 (AS **2008** 5073).

länders, der sich mit ihnen zur Ausgabe der Anteilscheine verbunden hat, und aller inländischen Zahlstellen (Art. 10 Abs. 2 des Gesetzes); der Name des Anlagefonds; das Datum, von dem an Anteile ausgegeben werden; das Rechnungsjahr und die Dauer des Anlagefonds.[39]

2bis Mit der Anmeldung sind folgende Dokumente einzureichen:

a. der Kollektivanlagevertrag des vertraglichen Anlagefonds;
b. die Statuten und das Anlagereglement der Investmentgesellschaft mit variablem Kapital (SICAV);
c. der Gesellschaftsvertrag der Kommanditgesellschaft für kollektive Kapitalanlagen;
d. die Statuten und das Anlagereglement der Investmentgesellschaft mit festem Kapital (SICAF).[40]

3 Nach Aufnahme der Geschäftstätigkeit eintretende Änderungen an den Angaben und Dokumenten nach den Absätzen 2 und 2bis, insbesondere die Errichtung neuer Zahlstellen, sind unaufgefordert der Eidgenössischen Steuerverwaltung zu melden.[41]

4 Werden die Anteile von einem Ausländer in Verbindung mit einem Inländer ausgegeben, so ist der Inländer verpflichtet, die Bücher der kollektiven Kapitalanlage samt den Belegen der Eidgenössischen Steuerverwaltung auf Verlangen vorzulegen.

III. Steuerabrechnung
1. Im allgemeinen

32. 1 Der nach Artikel 10 Absatz 2 des Gesetzes Steuerpflichtige hat die Steuer auf Grund der Abrechnung nach amtlichem Formular innert 30 Tagen nach Fälligkeit des Ertrages (Coupontermin) unaufgefordert der Eidgenössischen Steuerverwaltung zu entrichten.

2 Innert sechs Monaten nach Ablauf des Rechnungsjahres hat der Steuerpflichtige unaufgefordert der Eidgenössischen Steuerverwaltung den Jahresbericht und die Jahresrechnung gemäss Kollektivanlagengesetz vom 23. Juni 2006[42] (KAG) einzureichen.[43]

3 In der gemäss Absatz 2 einzureichenden Jahresrechnung ist anzugeben, welcher Betrag der ausgewiesenen Kapitalgewinne in den zur kollektiven Kapitalanlage gehörenden Gesellschaften erzielt worden ist.

---

39 Fassung gemäss Ziff. I 2 der V vom 15. Okt. 2008, in Kraft seit 1. Jan. 2009 (AS **2008** 5073).
40 Eingefügt durch Ziff. I 2 der V vom 15. Okt. 2008, in Kraft seit 1. Jan. 2009 (AS **2008** 5073).
41 Fassung gemäss Ziff. I 2 der V vom 15. Okt. 2008, in Kraft seit 1. Jan. 2009 (AS **2008** 5073).
42 SR **951.31**
43 Fassung gemäss Ziff. I 2 der V vom 15. Okt. 2008, in Kraft seit 1. Jan. 2009 (AS **2008** 5073).

[4] Liegen der Jahresbericht und die Jahresrechnung innert sechs Monaten nach Ablauf des Rechnungsjahres noch nicht vor, so hat der Steuerpflichtige der Eidgenössischen Steuerverwaltung vor Ablauf des siebenten Monats den Grund der Verzögerung und den mutmasslichen Zeitpunkt der Erstellung des Jahresberichts und der Jahresrechnung mitzuteilen.[44]

2. Liquidation; Sitzverlegung ins Ausland

33. [1] Wird eine kollektive Kapitalanlage aufgelöst, so hat das der Steuerpflichtige, bevor er mit einer Liquidationshandlung beginnt, der Eidgenössischen Steuerverwaltung mitzuteilen.

[2] Auf den Zeitpunkt der Auflösung ist der Handel der Anteilscheine an einem Handelsplatz oder organisierten Handelssystem einzustellen.[45]

[3] Die Verteilung des Liquidationsergebnisses ist erst zulässig, nachdem die Eidgenössische Steuerverwaltung zugestimmt hat.

[4] Will der Steuerpflichtige seinen Sitz ins Ausland verlegen, und tritt an seiner Stelle nicht gemäss Artikel 10 Absatz 2 des Gesetzes ein anderer Inländer in die Steuerpflicht ein, so hat er sein Vorhaben unverzüglich der Eidgenössischen Steuerverwaltung mitzuteilen.

IV. Nichterhebung der Steuer gegen Domizilerklärung[46]
1. Voraussetzungen

34. [1] Macht der Steuerpflichtige glaubhaft, dass der steuerbare Ertrag von Anteilen an einer kollektiven Kapitalanlage voraussichtlich dauernd zu mindestens 80 Prozent ausländischen Quellen entstammen wird, so kann ihn die Eidgenössische Steuerverwaltung auf sein Gesuch hin ermächtigen, die Steuer insoweit nicht zu entrichten, als der Ertrag gegen Domizilerklärung (Affidavit) zugunsten eines Ausländers ausbezahlt, überwiesen oder gutgeschrieben wird.

[2] Die Ermächtigung wird erteilt, wenn der Steuerpflichtige für eine zuverlässige Überprüfung der Jahresrechnung und der ihm abgegebenen Domizilerklärungen Gewähr bietet; sie kann auf die Erklärung bestimmter Institute beschränkt werden.[47]

[3] Die Eidgenössische Steuerverwaltung hat die Ermächtigung zu widerrufen, wenn die Gewähr für ihren zuverlässigen Gebrauch oder für die Überprüfung nicht mehr besteht.

2. Befristung

35. [1] Nach Ablauf von drei Jahren seit dem Ende des Kalenderjahres, in dem der steuerbare Ertrag fällig geworden ist, darf er, auch wenn im übrigen die Voraussetzungen erfüllt wären,

---

44 Fassung gemäss Ziff. I 2 der V vom 15. Okt. 2008, in Kraft seit 1. Jan. 2009 (AS **2008** 5073).

45 Fassung gemäss Anhang 1 Ziff. 9 der Finanzmarktinfrastrukturverordnung vom 25. Nov. 2015, in Kraft seit 1. Jan. 2016 (AS **2015** 5413).

46 Ausdruck gemäss Ziff. I 2 der V vom 15. Okt. 2008, in Kraft seit 1. Jan. 2009 (AS **2008** 5073). Diese Änd. ist im ganzen Erlass berücksichtigt.

47 Fassung gemäss Ziff. I 2 der V vom 15. Okt. 2008, in Kraft seit 1. Jan. 2009 (AS **2008** 5073).

nicht mehr gegen Domizilerklärung steuerfrei ausgeschüttet werden.

2 Die Zahlstellen haften solidarisch mit dem Steuerpflichtigen für die Bezahlung der gemäss Absatz 1 zu Unrecht nicht entrichteten Steuer.

3. Domizilerklärung
a. Ausstellung

36. 1 Eine Domizilerklärung darf nur durch folgende Institute ausgestellt werden:

a. Banken im Sinne des Bankengesetzes vom 8. November 1934[48];
b. inländische Fondsleitungen im Sinne des KAG[49];
c. inländische Vermögensverwalter kollektiver Kapitalanlagen im Sinne des KAG;
d. inländische Depotstellen, die einer behördlichen Aufsicht unterstellt sind;
e. inländische Effektenhändler nach Artikel 3 Absatz 5 der Börsenverordnung vom 2. Dezember 1996[50].[51]

2 Das Institut hat in der Erklärung schriftlich zu bestätigen, dass:[52]

a. bei Fälligkeit des steuerbaren Ertrages ein Ausländer das Recht zur Nutzung am Anteil besitzt;
b. der Anteil bei Fälligkeit des steuerbaren Ertrages bei ihr im offenen Depot liegt;
c. der steuerbare Ertrag einem bei ihr für diesen Ausländer geführten Konto gutgeschrieben wird.

3 Die Eidgenössische Steuerverwaltung umschreibt den Kreis der Ausländer, zu deren Gunsten eine Domizilerklärung ausgestellt werden darf.

4 Ein Institut, das den Anteil bei Fälligkeit des steuerbaren Ertrages nicht im eigenen Depot hat, darf eine Domizilerklärung nur gestützt auf die entsprechende Erklärung eines anderen inländischen Instituts ausstellen.[53]

5 Die Eidgenössische Steuerverwaltung kann auch Domizilerklärungen einer ausländischen Bank oder Depotstelle zulassen, die der behördlichen Aufsicht unterstellt ist.[54]

---

48 SR **952.0**
49 SR **951.31**
50 SR **954.11**
51 Fassung gemäss Ziff. I 2 der V vom 15. Okt. 2008, in Kraft seit 1. Jan. 2009 (AS **2008** 5073).
52 Fassung gemäss Ziff. I 2 der V vom 15. Okt. 2008, in Kraft seit 1. Jan. 2009 (AS **2008** 5073).
53 Fassung gemäss Ziff. I 2 der V vom 15. Okt. 2008, in Kraft seit 1. Jan. 2009 (AS **2008** 5073).
54 Fassung gemäss Ziff. I 2 der V vom 15. Okt. 2008, in Kraft seit 1. Jan. 2009 (AS **2008** 5073).

[6] Domizilerklärungen in elektronischer Form dürfen nur ausgestellt werden, wenn die Eidgenössische Steuerverwaltung sie bewilligt hat.[55]

b. Überprüfung

37.[56] [1] Das Institut, das eine Domizilerklärung abgibt, hat die zu ihrer Überprüfung erforderlichen Unterlagen, einschliesslich der nötigenfalls zu beschaffenden Unterlagen der ausländischen Bank oder Depotstelle (Art. 36 Abs. 5), der Eidgenössischen Steuerverwaltung auf Verlangen vorzuweisen.

[2] Weigert sich das Institut, die Unterlagen vorzuweisen, sind seine Unterlagen ungenügend oder hat es eine unrichtige Erklärung abgegeben, so ist die betreffende Steuer zu entrichten. Die Eidgenössische Steuerverwaltung kann dem Institut untersagen, Erklärungen auszustellen; falls sie dies untersagt, unterrichtet sie die anderen Institute sowie den Steuerpflichtigen davon, dass künftige Erklärungen dieses Instituts unwirksam sind. Vorbehalten bleibt die Einleitung des Strafverfahrens.

4. Abrechnung

38. [1] Steht bei Fälligkeit der Steuer noch nicht fest, in welchem Betrage steuerbare Erträge ohne Domizilerklärung ausgeschüttet werden, so ist die Verrechnungssteuer vorläufig aufgrund einer Schätzung dieses Betrages zu entrichten.

[2] Die endgültige Abrechnung über die zu entrichtende Steuer ist sechs Monate nach ihrer Fälligkeit zu erstellen.

[3] Werden nach der endgültigen Abrechnung noch steuerbare Erträge gegen Domizilerklärung ausgeschüttet, so kann die auf diesen Erträgen schon entrichtete Verrechnungssteuer in der nächsten Abrechnung abgezogen werden.

V. Meldung statt Steuerentrichtung

38*a*.[57] [1] Sind die Anleger einer kollektiven Kapitalanlage ausschliesslich steuerbefreite inländische Einrichtungen der beruflichen Vorsorge, der gebundenen Vorsorge, Freizügigkeitseinrichtungen oder Sozialversicherungs- oder Ausgleichskassen sowie der Aufsicht des Bundes unterstellte Lebensversicherer oder inländische öffentlich-rechtliche Lebensversicherer, so kann die Eidgenössische Steuerverwaltung der kollektiven Kapitalanlage auf Gesuch hin gestatten, ihre Steuerpflicht durch Meldung der steuerbaren Ausschüttung zu erfüllen.

[2] Das Meldeverfahren ist in allen Fällen nur zulässig, wenn feststeht, dass die Leistungsempfänger, auf die die Steuer zu überwälzen wäre, nach Gesetz oder Verordnung Anspruch auf

55 Eingefügt durch Ziff. I 2 der V vom 15. Okt. 2008, in Kraft seit 1. Jan. 2009 (AS **2008** 5073).

56 Fassung gemäss Ziff. I 2 der V vom 15. Okt. 2008, in Kraft seit 1. Jan. 2009 (AS **2008** 5073).

57 Eingefügt durch Ziff. I 2 der V vom 15. Okt. 2008, in Kraft seit 1. Jan. 2009 (AS **2008** 5073).

Rückerstattung dieser Steuer hätten. Das Verfahren richtet sich sinngemäss nach den Artikeln 25 und 26 Absätze 1, 2 und 4.

Dritter Abschnitt: Steuer auf Lotteriegewinnen

I. Gegenstand der Steuer

39. 1 Erzielt ein Los oder Einsatz mehrere Geldtreffer, so ist für die Steuerpflicht ihr Gesamtbetrag massgebend.

2 Bei auf Teillose entfallenden Treffern ist für die Steuerpflicht der auf das Los gesamthaft entfallende Treffer massgebend.

3 Lotterieähnliche Veranstaltungen im Sinne von Artikel 6 Absatz 2 des Gesetzes sind die durch Artikel 43 der Verordnung vom 27. Mai 1924[58] zum Bundesgesetz betreffend die Lotterien und die gewerbsmässigen Wetten den Lotterien gleichgestellten Veranstaltungen, Preisausschreiben und Wettbewerbe.

II. Anmeldung als Steuerpflichtiger

40. 1 Wer im Inland eine Lotterie oder lotterieähnliche Veranstaltung, für die Geldtreffer von über 1000 Franken vorgesehen sind, durchführt oder gewerbsmässig Wetten abschliesst, hat sich, bevor er die Veranstaltung ankündigt, unaufgefordert bei der Eidgenössischen Steuerverwaltung anzumelden.[59]

2 In der Anmeldung sind anzugeben: der Name (die Firma) und der Sitz des Veranstalters und eines allfälligen Vertreters; die Bezeichnung der Veranstaltung; die Zahl der Serien; für jede Serie gesondert die Lotteriesumme, die Zahl der Lose, die Zahl und der Gesamtbetrag der Gewinne; die Durchführungsfrist; der Ziehungstermin; die Frist, nach deren Ablauf nicht bezogene Gewinne verfallen (Art. 12 des BG vom 8. Juni 1923[60] betreffend die Lotterien und die gewerbsmässigen Wetten).

3 Die für die Bewilligung der Veranstaltung zuständigen kantonalen Behörden haben die Veranstalter auf die Anmeldepflicht gemäss Absatz 1 hinzuweisen und der Eidgenössischen Steuerverwaltung jeweils ein Doppel ihrer dem Bundesamt für Polizei[61] übermittelten Aufstellung über die erteilten Bewilligungen zuzustellen.

III. Steuerentrichtung; Bescheinigung

41. 1 Die Steuer ist auf dem Gesamtbetrag der für verkaufte Lose oder für Einsätze gezogenen Geldtreffer von über 1000 Franken zu berechnen und aufgrund der Abrechnung auf amtli-

---

58 SR **935.511**

59 Fassung gemäss Ziff. I der V vom 31. Okt. 2012, in Kraft seit 1. Jan. 2013 (AS **2012** 6087).

60 SR **935.51**

61 Die Bezeichnung der Verwaltungseinheit wurde in Anwendung von Art. 16 Abs. 3 der Publikationsverordnung vom 17. Nov. 2004 (SR **170.512.1**) angepasst.

chem Formular innert 30 Tagen nach der Ziehung unaufgefordert der Eidgenössischen Steuerverwaltung zu entrichten.[62]

[2] Der Veranstalter hat der Eidgenössischen Steuerverwaltung Mitteilung zu machen, wenn er vor dem Verkauf der Lose oder bevor der Verkauf aller Lose abgeschlossen ist, zu einer Ziehung schreiten will. Die Eidgenössische Steuerverwaltung setzt hierauf die Zahlungstermine fest.

[3] Der Veranstalter oder die Zahlstellen haben die Empfänger der um die Steuer gekürzten Treffer darauf hinzuweisen, dass sie die Steuer nur auf Grund einer Bescheinigung gemäss Artikel 3 Absatz 2 zurückerhalten, und ihnen auf Verlangen die Bescheinigung auszustellen.

IV. Rückforderung der Steuer auf nicht bezogenen Gewinnen

42. [1] Ist die Frist, nach deren Ablauf nicht bezogene Gewinne verfallen, verstrichen, so kann der Veranstalter die auf den nicht bezogenen Gewinnen nachweisbar entrichtete Steuer bei der Eidgenössischen Steuerverwaltung zurückfordern oder, mit ihrer Zustimmung, in seiner nächsten Steuerabrechnung abziehen.

[2] Dem Rückforderungsbegehren oder der Steuerabrechnung ist eine Aufstellung beizulegen, die Auskunft gibt über die Bezeichnung der Veranstaltung, das Datum der Ziehung, die Nummer des nicht eingelösten Loses und die Höhe des Treffers vor Abzug der Steuer; gleichzeitig ist unterschriftlich zu bestätigen, dass die zurückerstattete oder verrechnete Steuer zugunsten des Zweckes der Lotterie verwendet und entsprechend verbucht wird.

[3] Die Rückforderung verjährt fünf Jahre nach Ablauf des Kalenderjahres, in dem die Steuer entrichtet worden ist.

Vierter Abschnitt: Steuer auf Versicherungsleistungen

I. Gegenstand der Steuer 1. Vorzeitige Auflösung der Versicherung; Abtretung u.dgl.

43. [1] Beruht eine Versicherungsleistung auf einer vorzeitigen Auflösung der Versicherung, so ist sie Gegenstand der Steuer, sofern der Versicherungsnehmer oder Anspruchsberechtigte im Zeitpunkt seines Auflösungsbegehrens (Rückkaufsbegehrens u.dgl.) oder bei der Auflösungserklärung des Versicherers Inländer ist.

[2] Wird eine Versicherung vorzeitig ganz oder teilweise aufgelöst, und übersteigt die Leistung des Versicherers allein oder zusammengerechnet mit den auf Grund der gleichen Versicherung schon ausgerichteten Beträgen 5000 Franken, so ist die Leistung mit Einschluss der noch nicht versteuerten früheren Leistungen Gegenstand der Steuer.

---

62 Fassung gemäss Ziff. I der V vom 31. Okt. 2012, in Kraft seit 1. Jan. 2013 (AS **2012** 6087).

[3] Wird eine Versicherung vom inländischen in einen ausländischen Versicherungsbestand übergeführt, oder tritt ein Inländer seine Versicherungsansprüche an einen Ausländer ab (Art. 7 Abs. 2 des Gesetzes), so ist die Steuer auf dem Höchstbetrage der Kapitalleistungen zu berechnen, die für den Eintritt des versicherten Ereignisses vereinbart sind, bei Renten und Pensionen auf dem Betrage ihres Barwertes am Tage des vereinbarten Beginns.

2. Gewinnanteile

44. [1] Gewinnanteile unterliegen der Steuer nicht, wenn sie als Prämie einer zusätzlichen Versicherung verwendet, fortlaufend mit geschuldeten Prämien verrechnet oder dem Berechtigten ausbezahlt werden.

[2] Werden Gewinnanteile den Berechtigten zur freien Verfügung fortgesetzt verzinslich gutgeschrieben, so begründen diese Gutschriften Kundenguthaben im Sinne von Artikel 4 Absatz 1 Buchstabe *d* des Gesetzes.

[3] Die übrigen Gewinnanteile unterliegen als Versicherungsleistung der Steuer im Zeitpunkt ihrer Ausrichtung.

3. Gruppenversicherung u.dgl.; Stellenwechsel versicherter Arbeitnehmer

45. [1] Um unverhältnismässige Umtriebe zu vermeiden, kann die Eidgenössische Steuerverwaltung unter den von ihr festzulegenden Bedingungen und Auflagen bei der Gruppenversicherung die Leistungen des Gruppenversicherers oder diejenigen des Gruppenversicherungsnehmers von der Steuerpflicht ausnehmen.

[2] Richtet der Gruppenversicherer seine Leistung unmittelbar an den Versicherten oder einen Anspruchsberechtigten aus, so hat er in seiner Meldung der steuerbaren Leistung auch den Gruppenversicherungsnehmer zu nennen.

[3] Die Ausnahme des Gruppenversicherers oder Gruppenversicherungsnehmers von der Steuerpflicht (Abs. 1) entbindet nicht von der Buchführungspflicht gemäss Artikel 2. Im Falle von Absatz 2 hat der Gruppenversicherungsnehmer der Eidgenössischen Steuerverwaltung seine Unterlagen über das Versicherungsverhältnis auf Verlangen vorzuweisen.

[4] Die Abgangsentschädigung an den versicherten Arbeitnehmer bei vorzeitiger Auflösung des Dienstverhältnisses bleibt von der Steuer ausgenommen, sofern sie von der Versicherungseinrichtung des bisherigen Arbeitgebers unmittelbar und zwecks Einkaufs an diejenige des neuen Arbeitgebers überwiesen wird.

[5] Auf Einzelversicherungen, die eine Fürsorgeeinrichtung als Versicherungsnehmer abschliesst, findet dieser Artikel sinngemässe Anwendung.

II. Anmeldung als Steuerpflichtiger

46. [1] Wer im Inlande Lebens-, Renten- oder Pensionsversicherungen übernimmt, hat sich, bevor er mit seinem Vorhaben beginnt, unaufgefordert bei der Eidgenössischen Steuerverwaltung anzumelden; die Anmeldung kann mit derjenigen für die Stempelabgabe auf Quittungen für Versicherungsprämien verbunden werden.

[2] Die konzessionierten Versicherungsunternehmen haben in der Anmeldung anzugeben: den Namen (die Firma) und den Sitz des Unternehmens; die Versicherungszweige und das Datum der Geschäftsaufnahme.

[3] Auf die Anstalten, Kassen und sonstigen Einrichtungen, die der Alters-, Invaliditäts- oder Hinterlassenenversicherung oder -fürsorge dienen, sowie auf Arbeitgeber und Berufsverbände, die Versicherungs- oder Fürsorgeeinrichtungen unterhalten, findet Absatz 2 sinngemässe Anwendung; sie haben mit der Anmeldung die Statuten, Reglemente und alle sonstigen für die Überprüfung der Steuerpflicht erforderlichen Belege einzureichen und gegebenenfalls den Gruppenversicherer zu nennen.

[4] Nach Aufnahme der Geschäftstätigkeit eintretende Änderungen an den gemäss den Absätzen 2 und 3 zu meldenden Tatsachen und einzureichenden Belegen, insbesondere neue Gruppenversicherer, sind unaufgefordert der Eidgenössischen Steuerverwaltung zu melden.

III. Meldung statt Steuerentrichtung
1. Meldung

47. [1] Der Versicherer hat die Meldungen gemäss Artikel 19 des Gesetzes auf den vorgeschriebenen Formularen und unaufgefordert zu erstatten.

[2] Die Eidgenössische Steuerverwaltung kann unter den von ihr festzulegenden Bedingungen und Auflagen nicht unterschriebene Meldungen zulassen.

[3] Sind auf Grund eines Versicherungsverhältnisses nacheinander mehrere Kapitalleistungen zu erbringen, so ist in der Meldung über die erste Leistung auf die später fällig werdenden Leistungen hinzuweisen.

[4] Zeitrenten sind bei der ersten Rentenzahlung als Kapitalleistung mit dem Barwert zu melden; die Berechnungsgrundlagen des Barwertes und die Fälligkeit der letzten Rentenzahlung sind anzugeben.

[5] Bei Leibrenten und Pensionen sind in der Meldung der ersten Rente der Beginn des Rentenlaufs, der Betrag der Jahresrente und die Fälligkeitsdaten der künftigen Renten anzugeben; eine neue Meldung ist jeweils nur zu erstatten, wenn der Rentenbetrag erhöht wird oder der Anspruchsberechtigte wechselt.

2. Einspruch gegen die Meldung

48. [1] Gegen die Meldung einer Rente aus Haftpflichtversicherung kann nur der geschädigte Dritte Einspruch erheben, es sei denn, die Versicherungsleistung werde mit seiner Einwilligung dem Versicherungsnehmer ausgerichtet.

[2] Weist der Inhaber einer Police, nach deren Bestimmungen der Versicherer an den Inhaber leisten darf, weder sich noch einen Dritten mit Namen und Adresse als Versicherungsnehmer oder Anspruchsberechtigten aus, oder gibt der Beauftragte oder

Willensvollstrecker des Versicherungsnehmers oder Versicherten dem Versicherer den Namen und die Adresse des Anspruchsberechtigten nicht bekannt, so steht diese Unterlassung dem Einspruch gegen die Meldung gleich.

IV. Steuerentrichtung
1. Abrechnung

49. Die Steuer auf Versicherungsleistungen, gegen deren Meldung Einspruch erhoben wurde, ist auf Grund der Abrechnung nach amtlichem Formular innert 30 Tagen nach Ablauf jedes Monats für die in diesem Monat erbrachten Leistungen unaufgefordert der Eidgenössischen Steuerverwaltung zu entrichten.

2. Bescheinigung über den Steuerabzug

50. 1 Der Versicherer hat den Empfänger einer um die Steuer gekürzten Versicherungsleistung darauf hinzuweisen, dass er die Steuer nur auf Grund einer Bescheinigung gemäss Artikel 3 Absatz 2 zurückerhält, und ihm auf Verlangen die Bescheinigung auf vorgeschriebenem Formular auszustellen.

2 Für die Steuer auf Leibrenten und Pensionen ist eine das ganze Kalenderjahr umfassende Bescheinigung auszustellen.

3 Wird die Versicherungsleistung anteilmässig mehreren Anspruchsberechtigten ausgerichtet, so kann jeder für seinen Teil eine besondere Bescheinigung verlangen, die als Teilbescheinigung zu kennzeichnen ist.

Zweiter Titel: Steuerrückerstattung

Erster Abschnitt: Anspruchsberechtigung

I. Berechtigte
1. Aufenthalter; beschränkt Steuerpflichtige

51. 1 Wer infolge blossen Aufenthalts nach der kantonalen Steuergesetzgebung unbeschränkt steuerpflichtig ist, hat Anspruch auf Rückerstattung der Verrechnungssteuer, wenn die steuerbare Leistung im Zeitraum seiner Steuerpflicht fällig wurde.

2 Eine natürliche Person, die nach der kantonalen Steuergesetzgebung nicht unbeschränkt steuerpflichtig ist, jedoch kraft gesetzlicher Vorschrift des Bundes, des Kantons oder der Gemeinde auf Einkünften, die der Verrechnungssteuer unterliegen, oder auf dem Vermögen, woraus solche Einkünfte fliessen, Einkommens- oder Vermögenssteuern zu entrichten verpflichtet ist, hat bis zum Betrag, den diese Steuern ausmachen, Anspruch auf Rückerstattung der von den Einkünften abgezogenen Verrechnungssteuer, wenn die steuerbare Leistung im Zeitraum ihrer Steuerpflicht fällig wurde.

3 Wer nach Absatz 1 oder 2 die Rückerstattung beansprucht, hat den Antrag bei der Steuerbehörde des Kantons einzureichen, der für die Veranlagung der Einkommens- oder Vermögenssteuern zuständig ist.

2. Bundesbedienstete im Ausland

52. [1] Bundesbedienstete, die bei Fälligkeit der steuerbaren Leistung ihren Wohnsitz oder Aufenthalt im Ausland hatten und dort auf Grund eines Vertrages oder völkerrechtlicher Übung von den direkten Steuern befreit waren, haben Anspruch auf Rückerstattung der von dieser Leistung abgezogenen Verrechnungssteuer.

[2] Der Antrag auf Rückerstattung ist auf dem amtlichen Formular der Eidgenössischen Steuerverwaltung einzureichen.

[3] Der Anspruch wird in bar oder durch Verrechnung mit der vom Antragsteller zu entrichtenden Wehrsteuer[63] befriedigt.

3. Versicherungskassen und Fürsorgeeinrichtungen

53. [1] Anstalten, Kassen und sonstige Einrichtungen, die der Alters-, Invaliditäts- oder Hinterlassenenversicherung oder -fürsorge dienen, haben Anspruch auf Rückerstattung der Verrechnungssteuer, die von den Erträgen ihrer im eigenen oder im Namen der Einleger unterhaltenen Anlagen abgezogen wurde.

[2] Der Antrag ist der Eidgenössischen Steuerverwaltung einzureichen; umfasst er Erträge von Anlagen, die im Namen der Einleger unterhalten werden, so ist ihm ein Verzeichnis beizulegen, das die Namen und Adressen dieser Einleger sowie den Betrag ihrer Anlagen und der auf sie entfallenden Bruttoerträge angibt.

[3] Dem einzelnen Einleger steht kein Anspruch auf Rückerstattung der gemäss Absatz 1 zurückzufordernden Verrechnungssteuer zu, und es darf ihm keine Bescheinigung zur Geltendmachung eines Rückerstattungsanspruchs ausgestellt werden.

[4] Auf die rechtlich nicht verselbständigten Einrichtungen findet Artikel 25 des Gesetzes über die Verwirkung des Rückerstattungsanspruchs mangels Verbuchung der Einkünfte sinngemässe Anwendung.

4. Sparvereine und Betriebssparkassen

54. [1] Ein Sparverein oder eine Betriebssparkasse im Sinne von Artikel 9 Absatz 2 des Gesetzes hat Anspruch auf Rückerstattung der Verrechnungssteuer für Rechnung des Einlegers, wenn dessen Anteil am Bruttoertrag 200 Franken im Kalenderjahr nicht übersteigt. Der Antrag ist bei der Eidgenössischen Steuerverwaltung einzureichen.[64]

[2] Übersteigt dieser Anteil 200 Franken, so muss der Verein oder die Kasse den Einleger darauf hinweisen, dass dieser die Rückerstattung der Verrechnungssteuer selbst zu beantragen hat und sie nur aufgrund einer Bescheinigung nach Artikel 3 Absatz 2 zurückerhält. Auf Verlangen des Einlegers muss der Verein oder die Kasse die Bescheinigung ausstellen.[65]

---

[63] Heute: direkte Bundessteuer

[64] Fassung gemäss Ziff. I der V vom 24. Juni 2009, in Kraft seit 1. Jan. 2010 (AS **2009** 3471).

[65] Fassung gemäss Ziff. I der V vom 24. Juni 2009, in Kraft seit 1. Jan. 2010 (AS **2009** 3471).

[3] Um unverhältnismässige Umtriebe zu vermeiden, kann die Eidgenössische Steuerverwaltung unter den von ihr festzulegenden Bedingungen und Auflagen einem Verein oder einer Kasse gestatten, die Rückerstattung der Verrechnungssteuer unbekümmert um die Höhe der Einlegeranteile zu beantragen.

5. Personenvereinigungen und Vermögensmassen ohne Rechtspersönlichkeit

55. Gleich den juristischen Personen haben Anspruch auf Rückerstattung der Verrechnungssteuer:

a.[66] Gemeinschaftsunternehmen (Baukonsortien und dgl.) und Stockwerkeigentümergemeinschaften (Art. 712*a* ff. Zivilgesetzbuch[67]) für den auf Teilhaber mit Domizil im Inland entfallenden Anteil, wenn die Verrechnungssteuer von Kapitalerträgen auf Vermögenswerten abgezogen wurde, die ausschliesslich für Zwecke des Gemeinschaftsunternehmens bzw. zur Finanzierung der gemeinsamen Kosten und Lasten der Stockwerkeigentümergemeinschaft eingesetzt werden und sofern dem Rückerstattungsantrag ein Verzeichnis aller Beteiligten (enthaltend Name, Adresse, Wohnsitz und Beteiligungsquote) beigelegt wird;

b. Personenvereinigungen, die das Recht der Persönlichkeit nicht erlangt haben, aber über eine eigene Organisation verfügen und ausschliesslich oder vorwiegend im Inland tätig sind, wenn die Mitglieder für ihren Anteil am Einkommen und Vermögen der Vereinigung nicht steuerpflichtig sind und für ihren Anteil an den Einkünften der Vereinigung persönlich keinen Rückerstattungsanspruch geltend machen;

c. im Inland verwaltete Vermögensmassen, die einem besonderen Zweck gewidmet sind, jedoch das Recht der Persönlichkeit nicht erlangt haben, wenn die Vermögenswerte und ihr Ertrag steuerlich nicht bestimmten Personen zugerechnet werden können.

II. Besondere Verhältnisse
1. Privatbankiers

56. [1] Die dem Bundesgesetz vom 8. November 1934[68] über die Banken und Sparkassen unterstellten Privatbankiers, die ihr Geschäft als Einzelfirma betreiben, haben den Antrag auf Rückerstattung der Verrechnungssteuer, die von Einkünften aus Geschäftsaktiven abgezogen wurde, bei der Eidgenössischen Steuerverwaltung einzureichen.

[2] Auf die von den Einkünften aus Geschäftsaktiven abgezogene Verrechnungssteuer findet die Vorschrift von Artikel 25 des Gesetzes über die Verwirkung des Rückerstattungsanspruchs mangels Verbuchung Anwendung.

---

66 Fassung gemäss Ziff. I der V vom 22. Nov. 2000, in Kraft seit 1. Jan. 2001 (AS **2000** 2994).

67 SR **210**

68 SR **952.0**

2. Steuervertreter und Steuernachfolger

57. [1] Wer für die mit der Verrechnungssteuer belasteten Einkünfte oder für das Vermögen, woraus diese Einkünfte fliessen, einen andern in der Steuerpflicht vertritt (Ehemann, Inhaber der elterlichen Gewalt u.dgl.) oder in die Steuerpflicht eines andern eingetreten ist, hat an Stelle des Vertretenen oder Rechtsvorgängers Anspruch auf Rückerstattung der Verrechnungssteuer.

[2] Die Rückerstattung richtet sich nach den für den Vertretenen oder Rechtsvorgänger massgebenden Bestimmungen.

3. Erbfälle
a. Anspruch

58. [1] Ist eine mit der Verrechnungssteuer belastete Leistung bei Lebzeiten des Erblassers fällig geworden, so steht der Anspruch auf Rückerstattung dieser Steuer an seiner Stelle den Erben zu, ohne Rücksicht auf ihren Wohnsitz oder Aufenthalt.

[2] Wird ein der Verrechnungssteuer unterliegender Ertrag eines Erbschaftsgegenstandes nach dem Tode des Erblassers und vor der Teilung der Erbschaft fällig, so steht jedem Erben, soweit er persönlich die Voraussetzungen erfüllt, nach Massgabe seiner Quote an der Erbschaft ein Anspruch auf Rückerstattung dieser Steuer zu.

[3] Ist nach der kantonalen Steuergesetzgebung eine Erbengemeinschaft als solche verpflichtet, auf den der Verrechnungssteuer unterliegenden Einkünften oder auf dem Vermögen, woraus solche Einkünfte fliessen, Einkommens- oder Vermögenssteuern zu entrichten, so findet Absatz 2 sinngemässe Anwendung.

b. Verfahren

59. [1] War der Erblasser bei seinem Tode im Inland unbeschränkt steuerpflichtig, so haben die Erben die Rückerstattung der Steuer entweder gemeinsam oder durch einen gemeinsamen Vertreter zu beantragen; im Antrag sind die Namen und Adressen aller Erben und ihre Quoten an der Erbschaft anzugeben.

[2] Der Antrag ist bei der am Veranlagungsort des Erblassers zuständigen kantonalen Steuerbehörde einzureichen mit je einem Doppel für jeden Kanton, in dem zur Erbengemeinschaft gehörende Erben steuerpflichtig sind. Die Behörde hat die Antragsdoppel mit ihren allfälligen Bemerkungen den für die Erben zuständigen kantonalen Behörden zuzuteilen.

[3] Die Kantone können in ihren Vollzugsvorschriften für die Rückerstattung der Verrechnungssteuer in Erbfällen, mit der sich nur Behörden ihres Kantons zu befassen haben, eine von den Absätzen 1 und 2 abweichende Ordnung vorsehen.

[4] War der Erblasser bei seinem Tode im Inland nicht unbeschränkt steuerpflichtig, so hat jeder Erbe, dem nach Artikel 58 Absatz 2 ein Rückerstattungsanspruch zusteht, den Antrag bei der für ihn persönlich zuständigen Behörde einzureichen.

4. Mehrheit von Anspruchsberechtigten (Investment-Klub, Sport-Toto-Klub, Versicherungsleistung)

60. [1] Haben sich nicht mehr als 20 Personen vertragsmässig miteinander verbunden, um gemeinsam Anlagen in Wertpapieren zu tätigen und zu verwalten (Investment-Klub), so kann ihnen die Eidgenössische Steuerverwaltung unter den von ihr festzulegenden Bedingungen und Auflagen gestatten, die Rückerstattung der Verrechnungssteuer, die vom Ertrag der Wertpapiere abgezogen wurde, durch gemeinsamen Antrag beim Bund geltend zu machen.

[2] Haben mehrere Personen durch gemeinsamen Einsatz einen um die Verrechnungssteuer gekürzten Lotteriegewinn erzielt (Sport-Toto-Klub u.dgl.), so ist die Rückerstattung von jedem Teilhaber nach Massgabe seines Anteils am Gewinn zu beantragen; dem Antrag ist eine vom Inhaber der Originalbescheinigung (Art. 41 Abs. 3) unterzeichnete Bescheinigung beizulegen, die alle Angaben der Originalbescheinigung enthält sowie den Gewinnanteil des Antragstellers nennt. Sind alle Teilhaber im gleichen Kanton steuerpflichtig, so kann ihnen die zuständige kantonale Behörde unter den von ihr festzulegenden Bedingungen und Auflagen gestatten, die Rückerstattung durch gemeinsamen Antrag geltend zu machen.

[3] Waren auf eine um die Verrechnungssteuer gekürzte Versicherungsleistung mehrere Personen anspruchsberechtigt, ist aber nur eine Abzugsbescheinigung ausgestellt worden, so kann die Rückerstattung der Steuer nur von demjenigen beantragt werden, der die Abzugsbescheinigung vorlegt.

[4] Enthält die Abzugsbescheinigung des Versicherers den Vermerk, dass der Versicherungsanspruch bei Erbringung der Leistung verpfändet war, so wird die Verrechnungssteuer dem Anspruchsberechtigten oder dem Pfandgläubiger je nur mit Zustimmung des andern zurückerstattet.

5. Treuhandverhältnis

61. [1] Die Verrechnungssteuer, die vom Ertrag treuhänderisch übereigneter Werte abgezogen wurde, wird nur zurückerstattet, wenn die Voraussetzungen zur Rückerstattung beim Treugeber erfüllt sind.

[2] Der Antrag auf Rückerstattung ist vom Treugeber einzureichen; er hat auf das Treuhandverhältnis hinzuweisen und die an ihm beteiligten Personen mit Namen und Adresse zu bezeichnen.

6. Termingeschäft an oder ausserhalb der Börse

62. Wird der Ertrag eines Wertpapiers, das Gegenstand eines an oder ausserhalb der Börse abgeschlossenen Termingeschäftes bildet, zwischen dem Abschluss- und dem Liquidationstag fällig, so steht der Anspruch auf Rückerstattung der von diesem Ertrag abgezogenen Verrechnungssteuer dem Terminverkäufer zu, wenn ihm bei Fälligkeit des Ertrages das Wertpapier und der Coupon gehörten, ansonsten dem Dritten, der bei Fälligkeit des Ertrages das Recht zur Nutzung des am Termin gelieferten Wertpapiers besass.

Zweiter Abschnitt: Rückerstattung durch den Bund

I. Eidgenössische Steuerverwaltung

63. [1] Die Eidgenössische Steuerverwaltung erlässt die allgemeinen Weisungen und trifft die Einzelverfügungen, die für die Rückerstattung der Verrechnungssteuer durch den Bund erforderlich sind; sie bestimmt Form und Inhalt der Antragsformulare und Fragebogen und bezeichnet die den Anträgen beizufügenden Belege.

[2] Die Artikel 6 und 7 über das Einholen von Auskünften, die Einvernahme und die Buchprüfung finden auf das Rückerstattungsverfahren sinngemässe Anwendung.

II. Pflichten des Antragstellers

64. [1] Der Rückerstattungsantrag ist der Eidgenössischen Steuerverwaltung auf dem amtlichen Formular einzureichen.

[2] Vom gleichen Rückerstattungsberechtigten wird ein Antrag in der Regel nur einmal jährlich entgegengenommen; vorbehalten bleiben Anträge gemäss den Artikeln 29 Absatz 3 und 32 Absatz 2 des Gesetzes.

[3] Buchführungspflichtige Antragsteller haben ihre Bücher so einzurichten und zu führen, dass sich aus ihnen die für den Rückerstattungsanspruch massgebenden Tatsachen ohne besonderen Aufwand zuverlässig ermitteln und nachweisen lassen; Artikel 2 Absätze 2 und 3 finden sinngemässe Anwendung.

III. Abschlagsrückerstattungen
1. Voraussetzungen und Verfahren[69]

65. [1] Macht der Berechtigte glaubhaft, dass sich sein für das ganze Jahr berechneter Rückerstattungsanspruch auf mindestens 4000 Franken belaufen wird, so gewährt ihm die Eidgenössische Steuerverwaltung auf Antrag Abschlagsrückerstattungen.

[2] ...[70]

[3] Wer Abschlagsrückerstattungen erhalten hat, ist verpflichtet, innert drei Monaten nach Ablauf des betreffenden Jahres einen vollständigen Rückerstattungsantrag einzureichen und in ihm die erhaltenen Abschlagsrückerstattungen anzugeben.

2. Bemessung

65*a*.[71] [1] Die Abschlagsrückerstattungen werden jeweils auf das Ende der ersten drei Vierteljahre geleistet und grundsätzlich so bemessen, dass sie annähernd je einem Viertel des voraussichtlichen Rückerstattungsanspruchs des betreffenden Kalender- oder Geschäftsjahres entsprechen.

[2] Falls die Fälligkeiten der mit der Verrechnungssteuer belasteten Erträge vorwiegend in einem Quartal des Kalender- oder

---

69 Fassung gemäss Ziff. I der V vom 22. Nov. 2000, in Kraft seit 1. Jan. 2001 (AS **2000** 2994).

70 Aufgehoben durch Ziff. I der V vom 22. Nov. 2000, mit Wirkung seit 1. Jan. 2001 (AS **2000** 2994).

71 Eingefügt durch Ziff. I der V vom 22. Nov. 2000, in Kraft seit 1. Jan. 2001 (AS **2000** 2994).

Geschäftsjahres eintreten, ist dies bei der Bemessung der Abschlagsrückerstattungen zu berücksichtigen.

3 Bei der Bemessung der Abschlagsrückerstattungen werden die Ansprüche auf Rückerstattung der Verrechnungssteuer insoweit nicht berücksichtigt, als die entsprechenden Verrechnungssteuerbeträge erst im folgenden Kalender- oder Geschäftsjahr zur Zahlung an die Eidgenössische Steuerverwaltung fällig werden.

Dritter Abschnitt: Rückerstattung durch den Kanton

I. Behörden
1. Eidgenössische Steuerverwaltung

66. 1 Die Aufsicht des Bundes über die Rückerstattung der Verrechnungssteuer durch die Kantone wird von der Eidgenössischen Steuerverwaltung ausgeübt.

2 Die Eidgenössische Steuerverwaltung sorgt für die gleichmässige Handhabung der Bundesvorschriften und erlässt die erforderlichen allgemeinen Weisungen an die kantonalen Behörden. Sie ist insbesondere befugt:

a. die Verwendung bestimmter Formulare vorzuschreiben;
b. bei den Steuerbehörden der Kantone, Bezirke, Kreise und Gemeinden in alle massgebenden Unterlagen Einsicht zu nehmen, im Einzelfalle Untersuchungsmassnahmen anzuordnen und selber von den Untersuchungsbefugnissen eines Verrechnungssteueramtes Gebrauch zu machen;
c. am Verfahren vor der kantonalen Rekurskommission teilzunehmen und Anträge zu stellen;
d. ein Begehren um Revision eines rechtskräftig abgeschlossenen Verfahrens zu stellen.

3 Die Eidgenössische Steuerverwaltung ist zur Beschwerde an das Bundesgericht berechtigt.[72]

2. Kantonale Behörden

67. 1 Die vom Kanton zu bezeichnende Behörde sorgt für die gleichmässige Anwendung der Bundesvorschriften im Gebiet ihres Kantons und übt die Aufsicht über die Amtsstellen aus, denen die Rückerstattung der Verrechnungssteuer obliegt.

2 Die Kantone haben die Formulare, mit denen der Rückerstattungsanspruch geltend zu machen ist, vor der Ausgabe der Eidgenössischen Steuerverwaltung zur Genehmigung zu unterbreiten.

3 Über die bewilligten Rückerstattungen ist ein besonderes Register zu führen; die behandelten Rückerstattungsanträge und die Beweismittel sind während fünf Jahren seit Ende des Kalen-

72 Fassung gemäss Ziff. II 46 der V vom 8. Nov. 2006 über die Anpassung von Bundesratsverordnungen an die Totalrevision der Bundesrechtspflege, in Kraft seit 1. Jan. 2007 (AS **2006** 4705).

derjahres, in dem der Entscheid über die Rückerstattung rechtskräftig geworden ist, geordnet aufzubewahren.

4 Will eine kantonale Behörde eine Steuerabzugsbescheinigung und die sie ergänzenden Auskünfte gemäss Artikel 50 Absatz 2 des Gesetzes beim Aussteller überprüfen lassen, so hat sie der Eidgenössischen Steuerverwaltung das Begehren schriftlich zu stellen.

II. Verfahren
1. Antrag

68. 1 Der Rückerstattungsantrag ist der zuständigen Behörde auf dem amtlichen Formular einzureichen.

2 Dem Antrag ist unaufgefordert eine Bescheinigung über den Steuerabzug (Art. 3 Abs. 2) beizulegen, wenn die Steuer, deren Rückerstattung beantragt wird, abgezogen wurde

a. von Lotteriegewinnen (Art. 41 Abs. 3 und 60 Abs. 2);
b. vom Ertrag der Anlagen eines Sparvereins oder einer Betriebssparkasse, sofern die Rückerstattung vom Einleger zu beantragen ist (Art. 54 Abs. 2).

2. …

69.[73]

Dritter Titel: Schlussbestimmung

Inkrafttreten

70. 1 Diese Verordnung tritt am 1. Januar 1967 in Kraft.

2 Auf den gleichen Zeitpunkt sind die Verfügungen des Eidgenössischen Finanz- und Zolldepartements Nr. 1 a vom 20. November 1944[74], Nr. 2 vom 30. Juni 1944[75], Nr. 3 vom 21. Januar 1946[76] und Nr. 4 b vom 19. Dezember 1951[77] über die Verrechnungssteuer sowie vom 31. August 1945[78] über die Sicherung der Steueransprüche bei Versicherungen aufgehoben.

---

73 Aufgehoben durch Anhang Ziff. 4 der V vom 14. Aug. 2013 über die zeitliche Bemessung der direkten Bundessteuer, mit Wirkung seit 1. Jan. 2014 (AS **2013** 2773).

74 [BS **6** 338]

75 [BS **6** 341]

76 [BS **6** 343]

77 [AS **1951** 1274]

78 [BS **6** 348]

Schlussbestimmungen der Änderung vom 22. November 2000[79]

1 Die geänderten Bestimmungen gelten für die nach dem 31. Dezember 2000 fällig werdenden steuerbaren Leistungen. Artikel 24*a* gilt für Fälle, in denen die Frist nach Artikel 4*a* Absatz 2 des Gesetzes nach dem 31. Dezember 2000 abläuft.

2 Die Aufhebung von Artikel 14 Absatz 2 gilt für die nach dem 31. Dezember 2000 neu ausgegebenen Obligationen, Serienschuldbriefe und Seriengülten.

Übergangsbestimmung zur Änderung vom 15. Oktober 2008[80]

Diese Änderung gilt für die nach dem 31. Dezember 2008 fällig werdenden steuerbaren Leistungen.

Übergangsbestimmung zur Änderung vom 18. Juni 2010[81]

Die geänderten Bestimmungen gelten für die nach dem 31. Juli 2010 fällig werdenden steuerbaren Leistungen.

---

79 AS **2000** 2994
80 AS **2008** 5073
81 AS **2010** 2963

Verordnung
über die Verzinsung ausstehender Verrechnungssteuern
(SR 642.212)

vom 29. November 1996 (Stand am 1. Januar 1997)

Das Eidgenössische Finanzdepartement,

gestützt auf Artikel 16 Absatz 2 des Bundesgesetzes vom 13. Oktober 1965[1] über die Verrechnungssteuer,

verordnet:

Art. 1

1 Der Verzugszins, der nach Artikel 16 Absatz 2 des Bundesgesetzes vom 13. Oktober 1965[2] über die Verrechnungssteuer bei verspäteter Entrichtung der Steuer geschuldet wird, beträgt ab 1. Januar 1997 jährlich 5 Prozent.

2 Auf den vor dem 1. Januar 1997 zur Zahlung fällig gewordenen, aber erst später entrichteten Steuerbeträgen findet für die Zeit bis zum 31. Dezember 1996 noch der Zinssatz von 6 Prozent Anwendung.

Art. 2

1 Die Verordnung vom 30. April 1990[3] über die Verzinsung ausstehender Verrechnungssteuern wird aufgehoben.

2 Diese Verordnung tritt am 1. Januar 1997 in Kraft.

AS **1996** 3432

1 SR **642.21**
2 SR **642.21**
3 [AS **1990** 1019]

Bundesgesetz
über die Stempelabgaben (StG) (SR 641.10)

vom 27. Juni 1973 (Stand am 1. Januar 2017)

Die Bundesversammlung der Schweizerischen Eidgenossenschaft,

gestützt auf Artikel 41bis Absätze 1 Buchstabe a, 2 und 3 der Bundesverfassung[1],[2]
nach Einsicht in eine Botschaft des Bundesrates vom 25. Oktober 1972[3],

beschliesst:

Anm.: Gem. BG vom 29.9.2017 wird der Ingress wie folgt geändert (Referendumsfrist läuft bis 18.1.2018, Inkrafttreten noch offen):

[gestützt auf die Artikel 132 Absatz 1 und 134 der Bundesverfassung,]

Einleitung

I. Gegenstand des Gesetzes

1. [1] Der Bund erhebt Stempelabgaben:

a.[4] auf der Ausgabe folgender inländischer Urkunden [5–12]:

1. Aktien,
2.[5] Stammanteile von Gesellschaften mit beschränkter Haftung und Anteilscheine von Genossenschaften,
2bis. Partizipationsscheine[6],

AS **1974** 11

1 [BS **1** 3; AS **1958** 362, **1985** 1026]. Den genannten Bestimmungen entsprechen heute die Artikel 132 Absatz 1 und 134 der BV vom 18. April 1999 (SR **101**).

2 Fassung gemäss Ziff. VI 1 des BG vom 24. März 2000 über die Schaffung und die Anpassung gesetzlicher Grundlagen für die Bearbeitung von Personendaten, in Kraft seit 1. Sept. 2000 (AS **2000** 1891; BBl **1999** 9005).

3 BBl **1972** II 1278

4 Fassung gemäss Ziff. I des BG vom 4. Okt. 1991, in Kraft seit 1. April 1993 (AS **1993** 222; BBl **1991** IV 497 521).

5 Fassung gemäss Anhang Ziff. 6 des BG vom 16. Dez. 2005 (GmbH-Recht sowie Anpassungen im Aktien-, Genossenschafts-, Handelsregister- und Firmenrecht), in Kraft seit 1. Jan. 2008 (AS **2007** 4791 4839; BBl **2002** 3148, **2004** 3969).

6 Von der Redaktionskommission der BVers an die Revision des Aktienrechts vom 4. Okt. 1991 angepasst (AS **1992** 733 und Art. 33 GVG –

3. Genussscheine,

4. und 5. …[7]

b.[8] auf dem Umsatz der folgenden inländischen und ausländischen Urkunden [13–20]:

1. Obligationen,
2. Aktien,

3.[9] Stammanteile von Gesellschaften mit beschränkter Haftung und Anteilscheine von Genossenschaften,

3bis. Partizipationsscheine[10],

4. Genussscheine,

5.[11] Anteile an kollektiven Kapitalanlagen gemäss Kollektivanlagengesetz vom 23. Juni 2006[12] (KAG),

6. Papiere, die dieses Gesetz den Urkunden nach den Ziffern 1–5 gleichstellt;

c. auf der Zahlung von Versicherungsprämien gegen Quittung [21–26].

[2] Werden bei den in Absatz 1 erwähnten Rechtsvorgängen keine Urkunden ausgestellt oder umgesetzt, so treten an ihre Stelle die der Feststellung der Rechtsvorgänge dienenden Geschäftsbücher oder sonstigen Urkunden.

II. …

2.[13]

AS **1974** 1051).

7 Aufgehoben durch Anhang Ziff. 2 des BG vom 30. Sept. 2011 (Stärkung der Stabilität im Finanzsektor), mit Wirkung seit 1. März 2012 (AS **2012** 811; BBl **2011** 4717).

8 Fassung gemäss Ziff. I des BG vom 4. Okt. 1991, in Kraft seit 1. April 1993 (AS **1993** 222; BBl **1991** IV 497 521).

9 Fassung gemäss Anhang Ziff. 6 des BG vom 16. Dez. 2005 (GmbH-Recht sowie Anpassungen im Aktien-, Genossenschafts-, Handelsregister- und Firmenrecht), in Kraft seit 1. Jan. 2008 (AS **2007** 4791 4839; BBl **2002** 3148, **2004** 3969).

10 Von der Redaktionskommission der BVers an die Revision des Aktienrechts vom 4. Okt. 1991 angepasst (AS **1992** 733 und Art. 33 GVG – AS **1974** 1051).

11 Fassung gemäss Anhang Ziff. II 4 des Kollektivanlagengesetzes vom 23. Juni 2006, in Kraft seit 1. Jan. 2007 (AS **2006** 5379; BBl **2005** 6395).

12 SR **951.31**

13 Aufgehoben durch Ziff. I des BG vom 5. Okt. 1984 (AS **1985** 1963; BBl **1981** III 737).

III. Verhältnis zum kantonalen Recht

3. [1] Urkunden, welche dieses Gesetz als Gegenstand einer Stempelabgabe oder steuerfrei erklärt, dürfen von den Kantonen nicht mit gleichgearteten Abgaben oder Registrierungsgebühren belastet werden. Anstände, die sich auf Grund dieser Bestimmung ergeben, beurteilt das Bundesgericht als einzige Instanz (Art. 116 des Bundesrechtspflegegesetzes vom 16. Dez. 1943 – OG[14]).

Vgl.: DBG 200; VStG 3 II; SchKG 16 II.

[2] Zu den steuerfreien Urkunden gehören auch die Frachturkunden im Gepäck-, Tier- und Güterverkehr der Schweizerischen Bundesbahnen und der vom Bund konzessionierten Transportunternehmen.[15]

IV. Begriffsbestimmungen

4. [1] Inländer ist, wer im Inland Wohnsitz [ZGB 23–26; DBG 3 II], dauernden Aufenthalt, statutarischen oder gesetzlichen Sitz hat oder als Unternehmen im inländischen Handelsregister eingetragen ist.

Vgl.: StG 9 I; Zollanschlussvertrag; KS ESTV Nr. 12, 10.3.2011, Umsatzabgabe, Ziff. 17, S. 1334.

---

14 [BS **3** 531; AS **1948** 485 Art. 86, **1955** 871 Art. 118, **1959** 902, **1969** 737 Art. 80 Bst. *b* 767, **1977** 237 Ziff. II 3 862 Art. 52 Ziff. 2 1323 Ziff. III, **1978** 688 Art. 88 Ziff. 3 1450, **1979** 42, **1980** 31 Ziff. IV 1718 Art. 52 Ziff. 2 1819 Art. 12 Abs. 1, **1982** 1676 Anhang Ziff. 13, **1983** 1886 Art. 36 Ziff. 1, **1986** 926 Art. 59 Ziff. 1, **1987** 226 Ziff. II 1 1665 Ziff. II, **1988** 1776 Anhang Ziff. II 1, **1989** 504 Art. 33 Bst. *a*, **1990** 938 Ziff. III Abs. 5, **1992** 288, **1993** 274 Art. 75 Ziff. 1 1945 Anhang Ziff. 1, **1995** 1227 Anhang Ziff. 3 4093 Anhang Ziff. 4, **1996** 508 Art. 36 750 Art. 17 1445 Anhang Ziff. 2 1498 Anhang Ziff. 2, **1997** 1155 Anhang Ziff. 6 2465 Anhang Ziff. 5, **1998** 2847 Anhang Ziff. 3 3033 Anhang Ziff. 2, **1999** 1118 Anhang Ziff. 1 3071 Ziff. I 2, **2000** 273 Anhang Ziff. 6 416 Ziff. I 2 505 Ziff. I 1 2355 Anhang Ziff. 1 2719, **2001** 114 Ziff. I 4 894 Art. 40 Ziff. 3 1029 Art. 11 Abs. 2, **2002** 863 Art. 35 1904 Art. 36 Ziff. 1 2767 Ziff. II 3988 Anhang Ziff. 1, **2003** 2133 Anhang Ziff. 7 3543 Anhang Ziff. II 4 Bst. *a* 4557 Anhang Ziff. II 1, **2004** 1985 Anhang Ziff. II 1 4719 Anhang Ziff. II 1, **2005** 5685 Anhang Ziff. 7. AS **2006** 1205 Art. 131 Abs. 1]. Siehe heute das Bundesgerichtsgesetz vom 17. Juni 2005 (SR **173.110**).

15 Eingefügt durch Ziff. I des BG vom 8. Okt. 1999 (AS **2000** 322; BBl **1999** 7922). Fassung gemäss Ziff. II 9 des BG vom 20. März 2009 über die Bahnreform 2, in Kraft seit 1. Jan. 2010 (AS **2009** 5597; BBl **2005** 2415, **2007** 2681).

[2] Investmentgesellschaften mit festem Kapital nach Artikel 110 KAG[16] werden in diesem Gesetz den Kapitalgesellschaften gleichgestellt.[17]

Vgl.: KS ESTV Nr. 24, 20.11.2017, KAG VSt/StG, S. 1509.

[3] Obligationen sind schriftliche, auf feste Beträge lautende Schuldanerkennungen, die zum Zwecke der kollektiven Kapitalbeschaffung oder Anlagegewährung oder der Konsolidierung von Verbindlichkeiten in einer Mehrzahl von Exemplaren ausgegeben werden, namentlich Anleihensobligationen mit Einschluss der Partialen von Anleihen, für welche ein Grundpfandrecht gemäss Artikel 875 des Zivilgesetzbuches[18] besteht, Rententitel, Pfandbriefe, Kassenobligationen, Kassen- und Depositenscheine sowie Schuldbuchforderungen.[19]

[4] Den Obligationen gleichgestellt sind:

a. in einer Mehrzahl ausgegebene Wechsel, wechselähnliche Schuldverschreibungen und andere Diskontpapiere, sofern sie zur Unterbringung im Publikum bestimmt sind;
b. Ausweise über Unterbeteiligungen an Darlehensforderungen;
c. in einer Mehrzahl ausgegebene, der kollektiven Kapitalbeschaffung dienende Buchforderungen.[20]

[5] Geldmarktpapiere sind Obligationen mit einer festen Laufzeit von nicht mehr als zwölf Monaten.[21]

Vgl.: KS ESTV Nr. 15, 3.10.2017, Obligationen und derivative Finanzinstrumente, S. 1177; KS ESTV Nr. 12, 10.3.2011, Umsatzabgabe, Ziff. 14–16, S. 1334; MB ESTV, 1.2000, Konsortialdarlehen, Schuldscheindarlehen, Wechsel und Unterbeteiligungen, S. 1954; MB ESTV, 4.1999, Geldmarktpapiere und Buchforderungen, S. 1966; MB ESTV, 4.1999, Obligationen, S. 1961.

---

16 SR **951.31**

17 Fassung gemäss Anhang Ziff. II 4 des Kollektivanlagengesetzes vom 23. Juni 2006, in Kraft seit 1. Jan. 2007 (AS **2006** 5379; BBl **2005** 6395).

18 SR **210**

19 Eingefügt durch Ziff. I des BG vom 4. Okt. 1991, in Kraft seit 1. April 1993 (AS **1993** 222; BBl **1991** IV 497 521).

20 Eingefügt durch Ziff. I des BG vom 4. Okt. 1991, in Kraft seit 1. April 1993 (AS **1993** 222; BBl **1991** IV 497 521).

21 Eingefügt durch Ziff. I des BG vom 4. Okt. 1991, in Kraft seit 1. April 1993 (AS **1993** 222; BBl **1991** IV 497 521).

Erster Abschnitt: Emissionsabgabe

I. Gegenstand der Abgabe

Beteiligungsrechte[22]

5. [1] Gegenstand der Abgabe sind:

a. die entgeltliche oder unentgeltliche Begründung und Erhöhung des Nennwertes von Beteiligungsrechten in Form von:
   - Aktien inländischer Aktiengesellschaften [OR 620 ff.] und Kommanditaktiengesellschaften [OR 764 ff.];
   - Stammanteilen inländischer Gesellschaften mit beschränkter Haftung [OR 772 ff.];[23]
   - Genossenschaftsanteilen inländischer Genossenschaften [OR 828 ff.];
   - Genussscheinen inländischer Gesellschaften oder Genossenschaften. Als Genussscheine gelten Urkunden über Ansprüche auf einen Anteil am Reingewinn oder am Liquidationsergebnis [OR 657 III, 774 a];
   - Partizipationsscheinen inländischer Gesellschaften, Genossenschaften oder gewerblicher Unternehmen des öffentlichen Rechts [OR 656 a];[24]

Vgl.: StV 9, 11, 12; KS ESTV Nr. 12, 10.3.2011, Umsatzabgabe, Ziff. 63, 87, 88, S. 1334.

b.[25] …

[2] Der Begründung von Beteiligungsrechten im Sinne von Absatz 1 Buchstabe *a* sind gleichgestellt:

a. die Zuschüsse, die die Gesellschafter oder Genossenschafter ohne entsprechende Gegenleistung an die Gesellschaft oder Genossenschaft erbringen, ohne dass das im Handelsregister eingetragene Gesellschaftskapital oder der einbezahlte Betrag der Genossenschaftsanteile erhöht wird;

b.[26] der Handwechsel der Mehrheit der Aktien, Stammanteilen oder Genossenschaftsanteile an einer inländischen

---

22 Fassung gemäss Ziff. I des BG vom 4. Okt. 1991, in Kraft seit 1. April 1993 (AS **1993** 222; BBl **1991** IV 497 521).

23 Fassung gemäss Anhang *Ziff.* 6 des *BG* vom 16. Dez. 2005 (GmbH-Recht sowie Anpassungen im Aktien-, Genossenschafts-, Handelsregister- und Firmenrecht), in Kraft seit 1. Jan. 2008 (AS **2007** 4791 4839; BBl **2002** 3148, **2004** 3969).

24 Fünfter Strich eingefügt durch Ziff. III Art. 7 Ziff. 1 des BG vom 4. Okt. 1991 über die Änderung des OR (Die Aktiengesellschaft), in Kraft seit 1. Juli 1992 (AS **1992** 733; BBl **1983** II 745).

25 Aufgehoben durch Ziff. I des BG vom 4. Okt. 1991 (AS **1993** 222; BBl **1991** IV 497 521).

26 Fassung gemäss Anhang Ziff. 6 des BG vom 16. Dez. 2005 (GmbH-Recht sowie Anpassungen im Aktien-, Genossenschafts-, Handelsregister- und Firmenrecht), in Kraft seit 1. Jan. 2008 (AS **2007** 4791 4839; BBl **2002** 3148, **2004** 3969).

Gesellschaft oder Genossenschaft, die wirtschaftlich liquidiert oder in liquide Form gebracht worden ist;

c.[27]...

Vgl.: 6; MB ESTV, 2.2001, Leistungsempfänger bei der Verrechnungssteuer, S. 1953.

5a.[28]

Ausnahmen

6. [1] Von der Abgabe sind ausgenommen:

a. die Beteiligungsrechte an Aktiengesellschaften, Kommanditaktiengesellschaften, Gesellschaften mit beschränkter Haftung oder Genossenschaften, die sich, ohne einen Erwerbszweck zu verfolgen, entweder der Fürsorge für Bedürftige und Kranke, der Förderung des Kultus, des Unterrichts sowie anderer gemeinnütziger Zwecke oder der Beschaffung von Wohnungen zu mässigen Mietzinsen oder der Gewährung von Bürgschaften widmen, sofern nach den Statuten

- die Dividende auf höchstens 6 Prozent des einbezahlten Gesellschafts- oder Genossenschaftskapitals beschränkt,
- die Ausrichtung von Tantiemen ausgeschlossen und
- bei der Auflösung der Gesellschaft oder Genossenschaft der nach Rückzahlung des einbezahlten Gesellschafts- oder Genossenschaftskapitals verbleibende Teil des Vermögens einem der erwähnten Zwecke zuzuwenden ist;

Vgl.: DBG 56 g–h.

a^bis.[29] Beteiligungsrechte, die in Durchführung von Beschlüssen über Fusionen oder diesen wirtschaftlich gleichkommende Zusammenschlüsse, Umwandlungen und Spaltungen von Aktiengesellschaften, Kommanditaktiengesellschaften, Gesellschaften mit beschränkter Haftung oder Genossenschaften begründet oder erhöht werden;

Vgl.: DBG 61; StHG 24 III; VStG 5 I a; KS ESTV Nr. 5, 1.6.2004, Umstrukturierungen, S. 1638; MB ESTV, 2.2001, Leistungsempfänger bei der Verrechnungssteuer, S. 1953.

---

[27] Aufgehoben durch Ziff. I des BG vom 4. Okt. 1991 (AS **1993** 222; BBl **1991** IV 497 521).

[28] Eingefügt durch Ziff. I des BG vom 4. Okt. 1991 (AS **1993** 222; BBl **1991** IV 497 521). Aufgehoben durch Anhang Ziff. 2 des BG vom 30. Sept. 2011 (Stärkung der Stabilität im Finanzsektor), mit Wirkung seit 1. März 2012 (AS **2012** 811; BBl **2011** 4717).

[29] Eingefügt durch Ziff. I des BG vom 4. Okt. 1991 (AS **1993** 222; BBl **1991** IV 497). Fassung gemäss Anhang Ziff. 6 des Fusionsgesetzes vom 3. Okt. 2003, in Kraft seit 1. Juli 2004 (AS **2004** 2617; BBl **2000** 4337).

b.[30] die Begründung oder Nennwerterhöhung von Beteiligungsrechten an Genossenschaften, soweit die Leistungen der Genossenschafter im Sinne von Artikel 5 gesamthaft eine Million Franken nicht übersteigen;

c.[31] die Beteiligungsrechte an Transportunternehmen, die aus Investitionsbeiträgen der öffentlichen Hand zu deren Gunsten begründet oder erhöht werden;

d. die Beteiligungsrechte, die unter Verwendung früherer Aufgelder und Zuschüsse der Gesellschafter oder Genossenschafter begründet oder erhöht werden, sofern die Gesellschaft oder Genossenschaft nachweist, dass sie auf diesen Leistungen die Abgabe entrichtet hat;

e. …[32]

f.[33] die Zuschüsse, welche die Gesellschafter oder Genossenschafter mit der Übertragung von Arbeitsbeschaffungsreserven nach Artikel 12 des Bundesgesetzes vom 20. Dezember 1985[34] über die Bildung steuerbegünstigter Arbeitsbeschaffungsreserven leisten;

g.[35] die Beteiligungsrechte, die unter Verwendung eines Partizipationskapitals begründet oder erhöht werden, sofern die Gesellschaft oder Genossenschaft nachweist, dass sie auf diesem Partizipationskapital die Abgabe entrichtet hat;

h.[36] die bei der Gründung oder Kapitalerhöhung einer Aktiengesellschaft, einer Kommanditaktiengesellschaft oder einer Gesellschaft mit beschränkter Haftung entgeltlich ausgegebenen Beteiligungsrechte, soweit die Leistungen der Gesellschafter gesamthaft eine Million Franken nicht übersteigen;

---

30 Fassung gemäss Ziff. II 1 des Unternehmenssteuerreformgesetzes II vom 23. März 2007, in Kraft seit 1. Jan. 2009 (AS **2008** 2893; BBl **2005** 4733).

31 Fassung gemäss Ziff. II 9 des BG vom 20. März 2009 über die Bahnreform 2, in Kraft seit 1. Jan. 2010 (AS **2009** 5597; BBl **2005** 2415, **2007** 2681).

32 Aufgehoben durch Ziff. I des BG vom 4. Okt. 1991 (AS **1993** 222; BBl **1991** IV 497 521).

33 Eingefügt durch Art. 24 des ABRG vom 20. Dez. 1985 (AS **1998** 1420; BBl **1984** I 1129). Fassung gemäss Ziff. I des BG vom 4. Okt. 1991, in Kraft seit 1. April 1993 (AS **1993** 222; BBl **1991** IV 497 521).

34 SR **823.33**

35 Eingefügt durch Ziff. III Art. 7 Ziff. 1 des BG vom 4. Okt. 1991 über die Änderung des OR (Die Aktiengesellschaft), in Kraft seit 1. Juli 1992 (SR **220** am Ende, SchlB zum Tit. XXVI).

36 Eingefügt durch Ziff. I des BG vom 24. März 1995 (AS **1995** 4259; BBl **1995** I 89). Fassung gemäss Ziff. I des BG vom 18. März 2005, in Kraft seit 1. Jan. 2006 (AS **2005** 3577; BBl **2004** 4899).

i.[37] die Begründung von Anteilen von kollektiven Kapitalanlagen gemäss KAG[38];

Vgl.: KS ESTV Nr. 24, 20.11.2017, KAG VSt/StG, S. 1509.

j.[39] Beteiligungsrechte, die zur Übernahme eines Betriebes oder Teilbetriebes [DBG 61 I b] einer Aktiengesellschaft, Kommanditaktiengesellschaft, Gesellschaft mit beschränkter Haftung oder Genossenschaft begründet oder erhöht werden, sofern gemäss letzter Jahresbilanz die Hälfte des Kapitals und der gesetzlichen Reserven dieser Gesellschaft oder Genossenschaft nicht mehr gedeckt ist [OR 725 I];

k.[40] die bei offenen Sanierungen vorgenommene Begründung von Beteiligungsrechten oder die Erhöhung von deren Nennwert bis zur Höhe vor der Sanierung sowie Zuschüsse von Gesellschaftern oder Genossenschaftern bei stillen Sanierungen, soweit:
- bestehende Verluste beseitigt werden, und
- die Leistungen der Gesellschafter oder Genossenschafter gesamthaft 10 Millionen Franken nicht übersteigen.

Vgl.: DBG 20 III; VStG 5 I^{bis}; StV 16; KS ESTV Nr. 32, 23.12.2010, Sanierungen, S. 1369.

l.[41] die Beteiligungsrechte an Banken, die unter Verwendung des Wandlungskapitals gemäss Artikel 13 Absatz 1 des Bankengesetzes vom 8. November 1934[42] begründet oder erhöht werden.

m.[43] die Beteiligungsrechte an Banken oder Konzerngesellschaften von Finanzgruppen, für die Massnahmen nach den Artikeln 28–32 des Bankengesetzes angeordnet werden können, die bei der Umwandlung von Fremd- in Eigenkapital nach Artikel 31 Absatz 3 des Bankengesetzes begründet oder erhöht werden.

---

37 Eingefügt durch Anhang Ziff. II 4 des Kollektivanlagengesetzes vom 23. Juni 2006, in Kraft seit 1. Jan. 2007 (AS **2006** 5379; BBl **2005** 6395).

38 SR **951.31**

39 Eingefügt durch Ziff. II 1 des Unternehmenssteuerreformgesetzes II vom 23. März 2007, in Kraft seit 1. Jan. 2009 (AS **2008** 2893; BBl **2005** 4733).

40 Eingefügt durch Ziff. II 1 des Unternehmenssteuerreformgesetzes II vom 23. März 2007, in Kraft seit 1. Jan. 2009 (AS **2008** 2893; BBl **2005** 4733).

41 Eingefügt durch Anhang Ziff. 2 des BG vom 30. Sept. 2011 (Stärkung der Stabilität im Finanzsektor), in Kraft seit 1. März 2012 (AS **2012** 811; BBl **2011** 4717). Fassung gemäss Ziff. II des BG vom 18. März 2016, in Kraft seit 1. Jan. 2017 (AS **2016** 3451; BBl **2015** 7083).

42 SR **952.0**

43 Eingefügt durch Ziff. II des BG vom 18. März 2016, in Kraft seit 1. Jan. 2017 (AS **2016** 3451; BBl **2015** 7083).

[2] Fallen die Voraussetzungen der Abgabebefreiung dahin, so ist auf den noch bestehenden Beteiligungsrechten die Abgabe zu entrichten.[44]

II. Entstehung der Abgabeforderung

7. [1] Die Abgabeforderung entsteht:

a.[45] bei Aktien, Partizipationsscheinen und bei Stammanteilen von Gesellschaften mit beschränkter Haftung: im Zeitpunkt der Eintragung der Begründung oder der Erhöhung der Beteiligungsrechte im Handelsregister;

a[bis].[46] bei Beteiligungsrechten, die im Verfahren der bedingten Kapitalerhöhung begründet werden: im Zeitpunkt ihrer Ausgabe;

b.[47] …

c. bei Genossenschaftsanteilen: im Zeitpunkt ihrer Begründung oder Erhöhung;

d. bei Genussscheinen: im Zeitpunkt ihrer Ausgabe oder Erhöhung;

e. bei Zuschüssen und bei einem Handwechsel der Mehrheit von Beteiligungsrechten: im Zeitpunkt des Zuschusses oder des Handwechsels;

f. …[48].

[2] …[49]

---

[44] Im Sinne einer Berichtigung nach Art. 33 Abs. 1 GVG (AS **1974** 1051) hat die Redaktionskommission der BVers den Passus «oder Anteilen an Anlagefonds» gestrichen.

[45] Fassung gemäss Anhang Ziff. 6 des BG vom 16. Dez. 2005 (GmbH-Recht sowie Anpassungen im Aktien-, Genossenschafts-, Handelsregister- und Firmenrecht), in Kraft seit 1. Jan. 2008 (AS **2007** 4791 4839; BBl **2002** 3148, **2004** 3969).

[46] Eingefügt durch Ziff. III Art. 7 Ziff. 1 des BG vom 4. Okt. 1991 über die Änderung des OR (Die Aktiengesellschaft), in Kraft seit 1. Juli 1992 (SR **220** am Ende, SchlB zum Tit. XXVI).

[47] Aufgehoben durch Ziff. I 3 des BG vom 10. Okt. 1997 über die Reform der Unternehmensbesteuerung 1997 (AS **1998** 669; BBl **1997** II 1164).

[48] Eingefügt durch Ziff. I des BG vom 4. Okt. 1991 (AS **1993** 222; BBl **1991** IV 497 521). Aufgehoben durch Anhang Ziff. 2 des BG vom 30. Sept. 2011 (Stärkung der Stabilität im Finanzsektor), mit Wirkung seit 1. März 2012 (AS **2012** 811; BBl **2011** 4717).

[49] Aufgehoben durch Ziff. I des BG vom 4. Okt. 1991, mit Wirkung seit 1. April 1993 (AS **1993** 222; BBl **1991** IV 497 521).

III. Abgabesätze und Berechnungsgrundlage

Beteiligungsrechte[50]

8. [1] Die Abgabe auf Beteiligungsrechten beträgt 1 Prozent und wird berechnet:[51]

a. bei der Begründung und Erhöhung von Beteiligungsrechten [5 I a]: vom Betrag, der der Gesellschaft oder Genossenschaft als Gegenleistung für die Beteiligungsrechte zufliesst, mindestens aber vom Nennwert;

Vgl.: 6.

b. auf Zuschüssen [5 II]: vom Betrag des Zuschusses;

c. beim Handwechsel der Mehrheit von Beteiligungsrechten [5 II b]: vom Reinvermögen, das sich im Zeitpunkt des Handwechsels in der Gesellschaft oder Genossenschaft befindet, mindestens aber vom Nennwert aller bestehenden Beteiligungsrechte.

[2] …[52]

[3] Sachen und Rechte sind zum Verkehrswert im Zeitpunkt ihrer Einbringung zu bewerten.

Besondere Fälle

9. [1] Die Abgabe beträgt:

a.[53] …

b.[54] …

c.[55] …

d.[56] auf unentgeltlich ausgegebenen Genussscheinen: 3 Franken je Genussschein;

e.[57] auf Beteiligungsrechten, die in Durchführung von Beschlüssen über die Fusion, Spaltung oder Umwandlung von Einzelunternehmen, Handelsgesellschaften ohne ju-

---

50 Fassung gemäss Ziff. I des BG vom 4. Okt. 1991, in Kraft seit 1. April 1993 (AS **1993** 222; BBl **1991** IV 497 521).

51 Fassung gemäss Ziff. I 3 des BG vom 10. Okt. 1997 über die Reform der Unternehmensbesteuerung 1997, in Kraft seit 1. April 1998 (AS **1998** 669; BBl **1997** II 1164).

52 Aufgehoben durch Ziff. I des BG vom 4. Okt. 1991, mit Wirkung seit 1. April 1993 (AS **1993** 222; BBl **1991** IV 497 521).

53 Aufgehoben durch Ziff. I des BG vom 4. Okt. 1991, mit Wirkung seit 1. April 1993 (AS **1993** 222; BBl **1991** IV 497 521).

54 Aufgehoben durch Ziff. I 3 des BG vom 10. Okt. 1997 über die Reform der Unternehmensbesteuerung 1997, mit Wirkung seit 1. April 1998 (AS **1998** 669; BBl **1997** II 1164).

55 Aufgehoben durch Ziff. I des BG vom 4. Okt. 1991, mit Wirkung seit 1. April 1993 (AS **1993** 222; BBl **1991** IV 497 521).

56 Fassung gemäss Ziff. III Art. 7 Ziff. 1 des BG vom 4. Okt. 1991 über die Änderung des OR (Die Aktiengesellschaft), in Kraft seit 1. Juli 1992 (SR **220** am Ende, SchlB zum Tit. XXVI).

57 Eingefügt durch Anhang Ziff. 6 des Fusionsgesetzes vom 3. Okt. 2003 (AS **2004** 2617; BBl **2000** 4337). Fassung gemäss Anhang Ziff. 6 des BG vom 16. Dez. 2005 (GmbH-Recht sowie Anpassungen im Aktien-, Ge-

ristische Persönlichkeit, Vereinen, Stiftungen oder Unternehmen des öffentlichen Rechts begründet oder erhöht werden, sofern der bisherige Rechtsträger während mindestens fünf Jahren bestand: 1 Prozent des Nennwerts, vorbehältlich der Ausnahmen in Artikel 6 Absatz 1 Buchstabe h. Über den Mehrwert wird nachträglich abgerechnet, soweit während den der Umstrukturierung nachfolgenden fünf Jahren die Beteiligungsrechte veräussert werden.

Vgl.: DBG 19 I; StHG 8 III.

2 Von den Einzahlungen, die während eines Geschäftsjahres auf das Genossenschaftskapital gemacht werden, wird die Abgabe nur soweit erhoben, als diese Einzahlungen die Rückzahlungen auf dem Genossenschaftskapital während des gleichen Geschäftsjahres übersteigen.

9*a*.[58]

IV. Abgabepflicht

10. 1 Für Beteiligungsrechte [5] ist die Gesellschaft oder Genossenschaft abgabepflichtig.[59] Für die beim Handwechsel der Mehrheit von Beteiligungsrechten (Art. 5 Abs. 2 Bst. *b*) geschuldete Abgabe haftet der Veräusserer der Beteiligungsrechte solidarisch [OR 144].

2 ...[60]

3 und 4 ...[61]

---

nossenschafts-, Handelsregister- und Firmenrecht), in Kraft seit 1. Jan. 2008 (AS **2007** 4791 4839; BBl **2002** 3148, **2004** 3969).

58 Eingefügt durch Ziff. I des BG vom 4. Okt. 1991 (AS **1993** 222; BBl **1991** IV 497 521). Aufgehoben durch Anhang Ziff. 2 des BG vom 30. Sept. 2011 (Stärkung der Stabilität im Finanzsektor), mit Wirkung seit 1. März 2012 (AS **2012** 811; BBl **2011** 4717).

59 Fassung gemäss Ziff. I des BG vom 4. Okt. 1991, in Kraft seit 1. April 1993 (AS **1993** 222; BBl **1991** IV 497 521).

60 Aufgehoben durch Ziff. I des BG vom 4. Okt. 1991, mit Wirkung seit 1. April 1993 (AS **1993** 222; BBl **1991** IV 497 521).

61 Eingefügt durch Ziff. I des BG vom 4. Okt. 1991 (AS **1993** 222; BBl **1991** IV 497 521). Aufgehoben durch Anhang Ziff. 2 des BG vom 30. Sept. 2011 (Stärkung der Stabilität im Finanzsektor), mit Wirkung seit 1. März 2012 (AS **2012** 811; BBl **2011** 4717).

V. Fälligkeit der Abgabeforderung

11. Die Abgabe wird fällig:

a.[62] auf Genossenschaftsanteilen: 30 Tage nach Geschäftsabschluss;

b.[63] auf Beteiligungsrechten: 30 Tage nach Ablauf des Vierteljahres, in dem die Abgabeforderung entstanden ist (Art. 7);

c. in allen andern Fällen: 30 Tage nach Entstehung der Abgabeforderung (Art. 7).

Vgl.: 29, 30; StV 9–12, 17b.

VI. Stundung und Erlass der Abgabeforderung

12. Wenn bei der offenen oder stillen Sanierung einer Aktiengesellschaft, Kommanditaktiengesellschaft, Gesellschaft mit beschränkter Haftung oder Genossenschaft die Erhebung der Emissionsabgabe eine offenbare Härte bedeuten würde, so soll die Abgabe gestundet oder erlassen werden.

Vgl.: StV 17; DBG 167 ff.

Vgl. zur Sanierung: 6 I j und k; DBG 67; StHG 25; KS ESTV Nr. 32, 23.12.2010, Sanierungen, S. 1369.

Zweiter Abschnitt: Umsatzabgabe

Vgl. zu 13–20: KS ESTV Nr. 12, 10.3.2011, Umsatzabgabe, S. 1334.

I. Gegenstand der Abgabe

Regel **13.** [1] Gegenstand der Abgabe ist die entgeltliche Übertragung von Eigentum [ZGB 641] an den in Absatz 2 bezeichneten Urkunden, sofern eine der Vertragsparteien oder einer der Vermittler Effektenhändler nach Absatz 3 ist.[64]

Vgl.: KS ESTV Nr. 13, 1.1.2018, Securities Lending, S. 1156; KS ESTV Nr. 12, 10.3.2011, Umsatzabgabe, Ziff. 6–8, 87, 88–101, 104–107, 109, 111, 112, 113, 114 f., 115 f., 117, S. 1334.

---

62 Fassung gemäss II 1 des Unternehmenssteuerreformgesetzes II vom 23. März 2007, in Kraft seit 1. Jan. 2009 (AS **2008** 2893; BBl **2005** 4733).

63 Fassung gemäss Anhang Ziff. 2 des BG vom 30. Sept. 2011 (Stärkung der Stabilität im Finanzsektor), in Kraft seit 1. März 2012 (AS **2012** 811; BBl **2011** 4717).

64 Fassung gemäss Ziff. I des BG vom 18. März 2005, in Kraft seit 1. Jan. 2006 (AS **2005** 3577; BBl **2004** 4899).

[2] Steuerbare Urkunden sind:

a. die von einem Inländer [4 I] ausgegebenen
   1. Obligationen (Art. 4 Abs. 3 und 4),
   2.[65] Aktien, Stammanteile von Gesellschaften mit beschränkter Haftung, Anteilscheine von Genossenschaften, Partizipationsscheine, Genussscheine [5 I a],
   3.[66] Anteile an kollektiven Kapitalanlagen gemäss KAG[67] [6 I i];

   Vgl.: KS ESTV Nr. 24, 20.11.2017, KAG VSt/StG, S. 1509.

b. die von einem Ausländer ausgegebenen Urkunden, die in ihrer wirtschaftlichen Funktion den Titeln nach Buchstabe a gleichstehen. Der Bundesrat hat die Ausgabe von ausländischen Titeln von der Abgabe auszunehmen, wenn die Entwicklung der Währungslage oder des Kapitalmarktes es erfordert;

c. Ausweise über Unterbeteiligungen an Urkunden der in Buchstaben a und b bezeichneten Arten.[68]

Vgl.: KS ESTV Nr. 15, 3.10.2017, Obligationen und derivative Finanzinstrumente, S. 1177; MB ESTV, 1.2000, Konsortialdarlehen, Schuldscheindarlehen, Wechsel und Unterbeteiligungen, S. 1954.

[3] Effektenhändler sind:

a.[69] die Banken, die bankähnlichen Finanzgesellschaften im Sinne des Bankengesetzes vom 8. November 1934[70], die Schweizerische Nationalbank sowie die zentralen Gegenparteien im Sinne des Finanzmarktinfrastrukturgesetzes vom 19. Juni 2015[71] [FinfraG 41].

Vgl.: 19 I; StV 23 I, 25a I; VStG 5 I h.

b. die nicht unter Buchstabe a fallenden inländischen [4 I] natürlichen und juristischen Personen und Personengesellschaften, inländischen Anstalten und Zweigniederlassungen ausländischer Unternehmen, deren Tätigkeit

---

65 Fassung gemäss Anhang Ziff. 6 des BG vom 16. Dez. 2005 (GmbH-Recht sowie Anpassungen im Aktien-, Genossenschafts-, Handelsregister- und Firmenrecht), in Kraft seit 1. Jan. 2008 (AS **2007** 4791 4839; BBl **2002** 3148, **2004** 3969).

66 Fassung gemäss Anhang Ziff. II 4 des Kollektivanlagengesetzes vom 23. Juni 2006, in Kraft seit 1. Jan. 2007 (AS **2006** 5379; BBl **2005** 6395).

67 SR **951.31**

68 Fassung gemäss Ziff. I des BG vom 4. Okt. 1991, in Kraft seit 1. April 1993 (AS **1993** 222; BBl **1991** IV 497 521).

69 Fassung gemäss Anhang Ziff. 5 des Finanzmarktinfrastrukturgesetzes vom 19. Juni 2015, in Kraft seit 1. Jan. 2016 (AS **2015** 5339; BBl **2014** 7483).

70 SR **952.0**

71 SR **958.1**

ausschliesslich oder zu einem wesentlichen Teil darin besteht,

1. für Dritte den Handel mit steuerbaren Urkunden [13 II] zu betreiben (Händler), oder
2. als Anlageberater oder Vermögensverwalter Kauf und Verkauf von steuerbaren Urkunden [13 II] zu vermitteln (Vermittler);

c.[72] …

d.[73] die nicht unter die Buchstaben a und b fallenden inländischen [4 I] Aktiengesellschaften, Kommanditaktiengesellschaften, Gesellschaften mit beschränkter Haftung und Genossenschaften sowie inländischen Einrichtungen der beruflichen Vorsorge und der gebundenen Vorsorge [13 IV], deren Aktiven nach Massgabe der letzten Bilanz zu mehr als 10 Millionen Franken aus steuerbaren Urkunden nach Absatz 2 bestehen;

Vgl.: KS ESTV Nr. 24, 20.11.2017, KAG VSt/StG, S. 1509.

e.[74]…

f.[75] der Bund, die Kantone und die politischen Gemeinden samt ihren Anstalten, sofern sie in ihrer Rechnung für mehr als 10 Millionen Franken steuerbare Urkunden nach Absatz 2 ausweisen, sowie die inländischen Einrichtungen der Sozialversicherung [13 V].[76]

Vgl.: StV 18–20 [Beginn Abgabepflicht] und 25 [Entlassung aus Abgabepflicht]; KS ESTV Nr. 12, 10.3.2011, Umsatzabgabe, Ziff. 5, 58, S. 1334.

4 Als inländische Einrichtungen der beruflichen Vorsorge und der gebundenen Vorsorge nach Absatz 3 Buchstabe d gelten:

a. die Einrichtungen nach Artikel 48 des Bundesgesetzes vom 25. Juni 1982[77] über die berufliche Alters-, Hinterlassenen- und Invalidenvorsorge (BVG) und nach Artikel

---

72 Aufgehoben durch Ziff. I des BG vom 18. März 2005, mit Wirkung seit 1. Jan. 2006 (AS **2005** 3577; BBl **2004** 4899).

73 Fassung gemäss Ziff. I des BG vom 18. März 2005, in Kraft seit 1. Jan. 2006 (AS **2005** 3577; BBl **2004** 4899).

74 Eingefügt durch Ziff. I des BB vom 19. März 1999 über dringliche Massnahmen im Bereich der Umsatzabgabe (AS **1999** 1287; BBl **1999** 1025). Aufgehoben durch Ziff. I des BG vom 19. März 2010, mit Wirkung seit 1. Juli 2010 (AS **2010** 3317; BBl **2009** 8745 8753).

75 Eingefügt durch Ziff. I des BG vom 15. Dez. 2000 über neue dringliche Massnahmen im Bereich der Umsatzabgabe (AS **2000** 2991; BBl **2000** 5835). Fassung gemäss Ziff. I des BG vom 18. März 2005, in Kraft seit 1. Jan. 2006 (AS **2005** 3577; BBl **2004** 4899).

76 Fassung gemäss Ziff. I des BG vom 4. Okt. 1991, in Kraft seit 1. April 1993 (AS **1993** 222; BBl **1991** IV 497 521).

77 SR **831.40**

331 des Obligationenrechts[78], der Sicherheitsfonds sowie die Auffangeinrichtung nach den Artikeln 56 und 60 BVG;

b. Freizügigkeitsstiftungen nach den Artikeln 10 Absatz 3 und 19 der Verordnung vom 3. Oktober 1994[79] über die Freizügigkeit in der beruflichen Alters-, Hinterlassenen- und Invalidenvorsorge;

c. die Träger der in Artikel 1 Absatz 1 Buchstabe b der Verordnung vom 13. November 1985[80] über die steuerliche Abzugsberechtigung für Beiträge an anerkannte Vorsorgeformen erwähnten gebundenen Vorsorgeversicherungen und Vorsorgevereinbarungen;

d. Anlagestiftungen, die sich der Anlage und der Verwaltung von Vermögen von Vorsorgeeinrichtungen nach den Buchstaben a–c widmen und unter der Stiftungsaufsicht des Bundes oder der Kantone stehen.[81]

5 Als inländische Einrichtungen der Sozialversicherung nach Absatz 3 Buchstabe f gelten: der Ausgleichsfonds der Alters- und Hinterlassenenversicherung sowie der Ausgleichsfonds der Arbeitslosenversicherung.[82]

Ausnahmen

14. 1 Von der Abgabe sind ausgenommen:

a.[83] die Ausgabe inländischer [4 I] Aktien, Stammanteile von Gesellschaften mit beschränkter Haftung und von Genossenschaften, Partizipationsscheine, Genussscheine, Anteile an kollektiven Kapitalanlagen gemäss KAG[84], Obligationen und Geldmarktpapiere, einschliesslich der Festübernahme durch eine Bank oder Beteiligungsgesellschaft und der Zuteilung bei einer nachfolgenden Emission;

Vgl.: 5, 6 I i; KS ESTV Nr. 24, 20.11.2017, KAG VSt/StG, S. 1509.

78 SR **220**

79 SR **831.425**

80 SR **831.461.3**

81 Eingefügt durch Ziff. I des BG vom 15. Dez. 2000 über neue dringliche Massnahmen im Bereich der Umsatzabgabe (AS **2000** 2991; BBl **2000** 5835). Fassung gemäss Ziff. I des BG vom 18. März 2005, in Kraft seit 1. Jan. 2006 (AS **2005** 3577; BBl **2004** 4899).

82 Eingefügt durch Ziff. I des BG vom 15. Dez. 2000 über neue dringliche Massnahmen im Bereich der Umsatzabgabe(AS **2000** 2991; BBl **2000** 5835). Fassung gemäss Ziff. I des BG vom 18. März 2005, in Kraft seit 1. Jan. 2006 (AS **2005** 3577; BBl **2004** 4899).

83 Fassung gemäss Anhang Ziff. II 4 des Kollektivanlagengesetzes vom 23. Juni 2006, in Kraft seit 1. Jan. 2007 (AS **2006** 5379; BBl **2005** 6395).

84 SR **951.31**

b.[85] die Sacheinlage von Urkunden zur Liberierung in- oder ausländischer Aktien, Stammanteile von Gesellschaften mit beschränkter Haftung, Genossenschaftsanteile, Partizipationsscheine und Anteile von kollektiven Kapitalanlagen gemäss KAG;

Vgl.: KS ESTV Nr. 24, 20.11.2017, KAG VSt/StG, S. 1509.

c.[86] …

d. der Handel mit Bezugsrechten;

e. die Rückgabe von Urkunden zur Tilgung;

Vgl.: KS ESTV Nr. 24, 20.11.2017, KAG VSt/StG, S. 1509.

f.[87] die Ausgabe von Obligationen ausländischer Schuldner, die auf eine fremde Währung lauten (Euroobligationen), sowie von Beteiligungsrechten an ausländischen Gesellschaften. Als Euroobligationen gelten ausschliesslich Titel, bei denen sowohl die Vergütung des Zinses als auch die Rückzahlung des Kapitals in einer fremden Währung erfolgen;

Vgl.: VO über die Aufhebung der Umsatzabgabe auf der Emission von Schweizerfranken-Anleihen ausländischer Schuldner, S. 374.

g.[88] der Handel mit in- und ausländischen Geldmarktpapieren;

h.[89] die Vermittlung oder der Kauf und Verkauf von ausländischen Obligationen, soweit der Käufer oder der Verkäufer eine ausländische Vertragspartei ist;

i.[90] die mit einer Umstrukturierung, insbesondere einer Fusion, Spaltung oder Umwandlung verbundene Übertragung steuerbarer Urkunden von der übernommenen, spaltenden oder umwandelnden Unternehmung auf die aufnehmende oder umgewandelte Unternehmung;

Vgl.: DBG 61; KS ESTV Nr. 12, 10.3.2011, Umsatzabgabe, Ziff. 102, S. 1334; KS ESTV Nr. 5, 1.6.2004, Umstrukturierungen, S. 1638.

---

85 Fassung gemäss Anhang Ziff. II 4 des Kollektivanlagengesetzes vom 23. Juni 2006, in Kraft seit 1. Jan. 2007 (AS **2006** 5379; BBl **2005** 6395).

86 Aufgehoben durch Ziff. I des BG vom 4. Okt. 1991, mit Wirkung seit 1. April 1993 (AS **1993** 222; BBl **1991** IV 497 521).

87 Eingefügt durch Ziff. I des BG vom 4. Okt. 1991, in Kraft seit 1. April 1993 (AS **1993** 222; BBl **1991** IV 497 521).

88 Eingefügt durch Ziff. I des BG vom 4. Okt. 1991, in Kraft seit 1. April 1993 (AS **1993** 222; BBl **1991** IV 497 521).

89 Eingefügt durch Ziff. I des BG vom 4. Okt. 1991 (AS **1993** 222; BBl **1991** IV 497 521). Fassung gemäss Ziff. I des BB vom 19. März 1999 über dringliche Massnahmen im Bereich der Umsatzabgabe (AS **1999** 1287; BBl **1999** 1025). Fassung gemäss Ziff. I des BG vom 18. März 2005, in Kraft seit 1. Jan. 2006 (AS **2005** 3577; BBl **2004** 4899).

90 Eingefügt durch Anhang Ziff. 6 des Fusionsgesetzes vom 3. Okt. 2003, in Kraft seit 1. Juli 2004 (AS **2004** 2617; BBl **2000** 4337).

j.[91] der Erwerb oder die Veräusserung von steuerbaren Urkunden im Rahmen von Umstrukturierungen nach den Artikeln 61 Absatz 3 und 64 Absatz 1bis des Bundesgesetzes vom 14. Dezember 1990[92] über die direkte Bundessteuer sowie bei der Übertragung von Beteiligungen von mindestens 20 Prozent am Grund- oder Stammkapital anderer Gesellschaften auf eine in- oder ausländische Konzerngesellschaft.

Vgl.: DBG 61; StHG 24 III ff.; VStG 5 I a; KS ESTV Nr. 12, 10.3.2011, Umsatzabgabe, Ziff. 60–67, 74, 76, 104–106, 109, 110, S. 1334; KS ESTV Nr. 5, 1.6.2004, Umstrukturierungen, S. 1638.

[2] ...[93]

[3] Der gewerbsmässige Effektenhändler gemäss Artikel 13 Absatz 3 Buchstabe a und b Ziffer 1 ist von dem auf ihn selbst entfallenden Teil der Abgaben befreit, soweit er Titel aus seinem Handelsbestand veräussert oder zur Äufnung dieses Bestandes erwirbt. Als Handelsbestand gelten die aus steuerbaren Urkunden [13 II] zusammengesetzten Titelbestände, die sich aus der Handelstätigkeit der gewerbsmässigen Händler ergeben, nicht aber Beteiligungen und Bestände mit Anlagecharakter.[94]

Vgl. zu III: StV 25a; KS ESTV Nr. 12, 10.3.2011, Umsatzabgabe, Ziff. 59–62, 73, S. 1334.

II. Entstehung der Abgabeforderung

15. [1] Die Abgabeforderung entsteht mit dem Abschluss des Geschäftes [OR 1].

[2] Bei bedingten [OR 151] oder ein Wahlrecht einräumenden Geschäften entsteht die Abgabeforderung mit der Erfüllung des Geschäftes.

Vgl.: KS ESTV Nr. 12, 10.3.2011, Umsatzabgabe, Ziff. 13, S. 1334.

---

91 Eingefügt durch Anhang Ziff. 6 des Fusionsgesetzes vom 3. Okt. 2003, in Kraft seit 1. Juli 2004 (AS **2004** 2617; BBl **2000** 4337).

92 SR **642.11**

93 Aufgehoben durch Ziff. I des BG vom 4. Okt. 1991, mit Wirkung seit 1. April 1993 (AS **1993** 222; BBl **1991** IV 497 521).

94 Eingefügt durch Ziff. I des BG vom 4. Okt. 1991, in Kraft seit 1. April 1993 (AS **1993** 222; BBl **1991** IV 497 521).

III. Abgabesatz und Berechnungsgrundlage

Regel[95]

16. [1] Die Abgabe wird auf dem Entgelt berechnet und beträgt:

a. 1,5 Promille[96] für von einem Inländer [4 I] ausgegebene Urkunden [13 II];

b. 3 Promille[97] für von einem Ausländer ausgegebene Urkunden [13 II].

[2] Besteht das Entgelt nicht in einer Geldsumme, so ist der Verkehrswert der vereinbarten Gegenleistung massgebend.

Vgl.: StV 22; KS ESTV Nr. 12, 10.3.2011, Umsatzabgabe, Ziff. 18, 75, S. 1334.

IV. Abgabepflicht

Regel

17. [1] Abgabepflichtig ist der Effektenhändler [13 III].

Vgl.: StV 21, 23; KS ESTV Nr. 12, 10.3.2011, Umsatzabgabe, Ziff. 51–53, 53 f, S. 1334.

[2] Er schuldet eine halbe Abgabe:

a. wenn er vermittelt: für jede Vertragspartei, die sich weder als registrierter Effektenhändler [13 III] noch als von der Abgabe befreiter Anleger [17a] ausweist;

b. wenn er Vertragspartei ist: für sich selbst und die Gegenpartei, die sich weder als registrierter Effektenhändler [13 III] noch als von der Abgabe befreiter Anleger [17a] ausweist.[98]

[3] Der Effektenhändler gilt als Vermittler, wenn er

a. mit seinem Auftraggeber zu den Originalbedingungen des mit der Gegenpartei abgeschlossenen Geschäftes abrechnet;

b. lediglich Gelegenheit zum Geschäftsabschluss [OR 412] nachweist;

c. die Urkunden [13 II] am Tage ihres Erwerbs weiterveräussert.

[4] …[99]

Vgl.: KS ESTV Nr. 12, 10.3.2011, Umsatzabgabe, Ziff. 77–83, 108, S. 1334.

---

95 Sachüberschrift eingefügt durch Ziff. I des BG vom 7. Okt. 1977, in Kraft seit 1. April 1978 (AS **1978** 201; BBl **1977** II 1453).

96 Abgabesatz gemäss Ziff. I des BG vom 7. Okt. 1977, in Kraft seit 1. April 1978 (AS **1978** 201; BBl **1977** II 1453).

97 Abgabesatz gemäss Ziff. I des BG vom 7. Okt. 1977, in Kraft seit 1. April 1978 (AS **1978** 201; BBl **1977** II 1453).

98 Fassung gemäss Ziff. I des BG vom 18. März 2005, in Kraft seit 1. Jan. 2006 (AS **2005** 3577; BBl **2004** 4899).

99 Eingefügt durch Ziff. I des BB vom 19. März 1999 über dringliche Massnahmen im Bereich der Umsatzabgabe (AS **1999** 1287; BBl **1999** 1025). Aufgehoben durch Ziff. I des BG vom 19. März 2010, mit Wirkung seit 1. Juli 2010 (AS **2010** 3317; BBl **2009** 8745 8753).

Von der Abgabe befreite Anleger

17*a*.[100] [1] Von der Abgabe nach Artikel 17 Absatz 2 befreit sind:

a. ausländische Staaten und Zentralbanken;

b.[101] inländische kollektive Kapitalanlagen nach Artikel 7 KAG[102];

Vgl.: KS ESTV Nr. 24, 20.11.2017, KAG VSt/StG, S. 1509.

c.[103] ausländische kollektive Kapitalanlagen nach Artikel 119 KAG;

Vgl.: KS ESTV Nr. 24, 20.11.2017, KAG VSt/StG, S. 1509.

d. ausländische Einrichtungen der Sozialversicherung [17a II];

e. ausländische Einrichtungen der beruflichen Vorsorge [17a III];

f. ausländische Lebensversicherer, die einer der Bundesaufsicht vergleichbaren ausländischen Regulierung unterstehen;

g. ausländische Gesellschaften, deren Aktien an einer anerkannten Börse kotiert sind, sowie ihre ausländischen konsolidierten Konzerngesellschaften.

[2] Als ausländische Einrichtungen der Sozialversicherung gelten Einrichtungen, welche die gleichen Aufgaben wie inländische Einrichtungen nach Artikel 13 Absatz 5 erfüllen und einer der Bundesaufsicht vergleichbaren Aufsicht unterstellt sind.

[3] Als ausländische Einrichtungen der beruflichen Vorsorge gelten Einrichtungen:

a. die der Alters-, Hinterlassenen- und Invalidenvorsorge dienen;

b. deren Mittel dauernd und ausschliesslich für die berufliche Vorsorge bestimmt sind; und

c. die einer der Bundesaufsicht vergleichbaren Aufsicht unterstellt sind.

Vgl.: KS ESTV Nr. 12, 10.3.2011, Umsatzabgabe, Ziff. 34–44, S. 1334.

Emissionsgeschäfte

18. [1] Der Effektenhändler [13 II] gilt als Vertragspartei, wenn er die Urkunden bei ihrer Emission fest übernimmt.

[2] Übernimmt der Effektenhändler die Urkunden als Unterbeteiligter von einem andern Effektenhändler und gibt er sie

---

[100] Eingefügt durch Ziff. I des BG vom 15. Dez. 2000 über neue dringliche Massnahmen im Bereich der Umsatzabgabe (AS **2000** 2991; BBl **2000** 5835). Fassung gemäss Ziff. I des BG vom 18. März 2005, in Kraft seit 1. Jan. 2006 (AS **2005** 3577; BBl **2004** 4899).

[101] Fassung gemäss Anhang Ziff. II 4 des Kollektivanlagengesetzes vom 23. Juni 2006, in Kraft seit 1. Jan. 2007 (AS **2006** 5379; BBl **2005** 6395).

[102] SR **951.31**

[103] Fassung gemäss Anhang Ziff. II 4 des Kollektivanlagengesetzes vom 23. Juni 2006, in Kraft seit 1. Jan. 2007 (AS **2006** 5379; BBl **2005** 6395).

während der Emission weiter, so ist er von dem auf ihn entfallenden Teil der Abgaben ausgenommen.

[3] Der Effektenhändler gilt ferner als Vertragspartei, wenn er Ausweise über Unterbeteiligungen an Darlehensforderungen ausgibt.[104]

Geschäfte mit ausländischen Banken und Börsenagenten

19.[105] [1] Ist beim Abschluss eines Geschäftes eine ausländische Bank, ein ausländischer Börsenagent oder eine zentrale Gegenpartei im Sinne des Finanzmarktinfrastrukturgesetzes vom 19. Juni 2015[106] [FinfraG 48 ff.] Vertragspartei, so entfällt die diese Partei betreffende halbe Abgabe.[107] Das Gleiche gilt für Titel, die von einer als Gegenpartei auftretenden Börse bei der Ausübung von standardisierten Derivaten übernommen oder geliefert werden.

Vgl.: 13 I a; VStG 5 I h.

[2] ...[108]

Vgl.: KS ESTV Nr. 12, 10.3.2011, Umsatzabgabe, Ziff. 19–22, 71, S. 1334.

Anm.: Gem. BG vom 29.9.2017 wird Art. 19a neu eingefügt (Referendumsfrist läuft bis 18.1.2018, Inkrafttreten noch offen):

[Zum Zweck der Steuersicherung zwischengeschaltete Organisationen

Wer im Wohnsitzstaat einer natürlichen Person einer staatlichen Bewilligungs- oder Kontrollpflicht untersteht und ausschliesslich die Melde- und Steuerpflichten für deren in der Schweiz gehaltene Vermögenswerte erfüllt, ist für die damit verbundenen Geschäfte von der Umsatzabgabe befreit.]

V. Fälligkeit der Abgabeforderung

20. Die Abgabe wird 30 Tage nach Ablauf des Vierteljahres fällig, in dem die Abgabeforderung entstanden ist (Art. 15).

Vgl.: 29, 30; StV 24; KS ESTV Nr. 12, 10.3.2011, Umsatzabgabe, Ziff. 54f., S. 1334.

---

104 Eingefügt durch Ziff. I des BG vom 4. Okt. 1991, in Kraft seit 1. April 1993 (AS **1993** 222; BBl **1991** IV 497 521).

105 Fassung gemäss Ziff. I des BG vom 18. März 2005, in Kraft seit 1. Jan. 2006 (AS **2005** 3577; BBl **2004** 4899).

106 SR **958.1**

107 Fassung gemäss Anhang Ziff. 5 des Finanzmarktinfrastrukturgesetzes vom 19. Juni 2015, in Kraft seit 1. Jan. 2016 (AS **2015** 5339; BBl **2014** 7483).

108 Aufgehoben durch Ziff. I des BG vom 19. März 2010, mit Wirkung seit 1. Juli 2010 (AS **2010** 3317; BBl **2009** 8745 8753).

Dritter Abschnitt: Abgabe auf Versicherungsprämien

I. Gegenstand der Abgabe

21. Gegenstand der Abgabe sind die Prämienzahlungen für Versicherungen, **Regel**

a. die zum inländischen [4 I] Bestand eines der Aufsicht des Bundes unterstellten oder eines inländischen öffentlich-rechtlichen Versicherers gehören;
b. die ein inländischer [4 I] Versicherungsnehmer mit einem nicht der Bundesaufsicht unterstellten ausländischen Versicherer abgeschlossen hat.

Vgl. zu 21–26: WL ESTV, 5.2001, Stempelabgabe auf Versicherungsprämien.

22. Von der Abgabe ausgenommen sind die Prämienzahlungen für die **Ausnahmen**

a.[109] nichtrückkaufsfähige Lebensversicherung sowie die rückkaufsfähige Lebensversicherung mit periodischer Prämienzahlung; der Bundesrat legt in einer Verordnung die notwendigen Abgrenzungen fest;

Vgl.: StV 26a und b.

a^{bis}.[110] Lebensversicherung, soweit diese der beruflichen Vorsorge im Sinne des BVG[111] dient;

a^{ter}.[112] Lebensversicherung, welche von einem Versicherungsnehmer mit Wohnsitz im Ausland abgeschlossen wird;

Vgl.: StV 30a.

b. Kranken- und Invaliditätsversicherung;
c. Unfallversicherung;
d. Transportversicherung für Güter;
e. Versicherung für Elementarschäden an Kulturland und Kulturen;
f. Arbeitslosenversicherung;
g. Hagelversicherung;
h. Viehversicherung;
i. Rückversicherung;

---

109 Fassung gemäss Ziff. I 3 des BG vom 10. Okt. 1997 über die Reform der Unternehmensbesteuerung 1997, in Kraft seit 1. April 1998 (AS **1998** 669; BBl **1997** II 1164).

110 Eingefügt durch Ziff. I 3 des BG vom 10. Okt. 1997 über die Reform der Unternehmensbesteuerung 1997, in Kraft seit 1. April 1998 (AS **1998** 669; BBl **1997** II 1164).

111 SR **831.40**

112 Eingefügt durch Ziff. I 3 des BG vom 10. Okt. 1997 über die Reform der Unternehmensbesteuerung 1997, in Kraft seit 1. April 1998 (AS **1998** 669; BBl **1997** II 1164).

k. Kaskoversicherung für die in der Verordnung[113] zu umschreibenden Luftfahrzeuge und Schiffe, die im Wesentlichen im Ausland der gewerbsmässigen Beförderung von Personen und Gütern dienen;

Vgl.: StV 27.

l. Feuer-, Diebstahl-, Glas-, Wasserschaden-, Kredit-, Maschinen- und Schmuckversicherung, sofern der Abgabepflichtige nachweist, dass sich die versicherte Sache im Ausland befindet.

II. Entstehung der Abgabeforderung

23. Die Abgabeforderung entsteht mit der Zahlung der Prämie.

III. Abgabesätze und Berechnungsgrundlage

24. [1] Die Abgabe beträgt 5 Prozent der Barprämie; für die Lebensversicherung beträgt sie 2,5 Prozent der Barprämie.[114]

[2] Die Abgabepflichtigen haben in ihren Büchern für jeden einzelnen Versicherungszweig die steuerbaren und die befreiten Prämien gesondert auszuweisen.

IV. Abgabepflicht

25. Abgabepflichtig ist der Versicherer. Ist die Versicherung mit einem ausländischen Versicherer abgeschlossen worden (Art. 21 Bst. *b*), so hat der inländische Versicherungsnehmer die Abgabe zu entrichten.

Vgl.: StV 26 und 28.

V. Fälligkeit der Abgabeforderung

26. Die Abgabe wird 30 Tage nach Ablauf des Vierteljahres fällig, in dem die Abgabeforderung entstanden ist (Art. 23).

Vgl.: 29 f.

---

113 V vom 3. Dez. 1973 über die Stempelabgaben (SR **641.101**).

114 Fassung gemäss Ziff. I 3 des BG vom 10. Okt. 1997 über die Reform der Unternehmensbesteuerung 1997, in Kraft seit 1. April 1998 (AS **1998** 669; BBl **1997** II 1164).

Vierter Abschnitt: Gemeinsame Bestimmungen für alle Abgaben

I. Festsetzung der Abgaben

27. 1 Für die Festsetzung der Abgaben ist der wirkliche Inhalt der Urkunden oder Rechtsvorgänge massgebend; von den Beteiligten gebrauchte unrichtige Bezeichnungen und Ausdrucksweisen fallen nicht in Betracht [OR 18 I].

2 Kann der für die Abgabepflicht oder für die Abgabebemessung massgebende Sachverhalt nicht eindeutig abgeklärt werden [34 ff.; StV 2 f.], so ist er durch Abwägung aller auf Grund pflichtgemässer Ermittlung festgestellten Umstände zu erschliessen.

II. Umrechnung ausländischer Währungen

28. 1 Lautet der für die Abgabeberechnung massgebende Betrag auf eine ausländische Währung, so ist er auf den Zeitpunkt der Entstehung der Abgabeforderung (Art. 7, 15, 23) in Schweizerfranken umzurechnen.

2 Ist unter den Parteien kein bestimmter Umrechnungskurs vereinbart worden, so ist der Umrechnung das Mittel der Geld- und Briefkurse am letzten Werktage vor der Entstehung der Abgabeforderung zugrunde zu legen.

III.[115] Verzugszins[116]

29. Auf Abgabebeträgen, die nach Ablauf der in den Artikeln 11, 20 und 26 geregelten Fälligkeitstermine ausstehen, ist ohne Mahnung ein Verzugszins geschuldet. Der Zinssatz wird vom Eidgenössischen Finanzdepartement bestimmt.

IV. Verjährung der Abgabeforderung

30. 1 Die Abgabeforderung verjährt fünf Jahre nach Ablauf des Kalenderjahres, in dem sie entstanden ist (Art. 7, 15, 23).

2 Die Verjährung beginnt nicht oder steht still, solange die Abgabeforderung sichergestellt [43] oder gestundet [12] ist oder keiner der Zahlungspflichtigen im Inland [4 I] Wohnsitz hat.

---

115 Fassung gemäss Ziff. I des BG vom 24. März 1995, in Kraft seit 1. Jan. 1996 (AS **1995** 4259; BBl **1995** I 89).

116 Berichtigt von der Redaktionskommission der BVers (Art. 33 GVG – AS **1974** 1051)].

3 Die Verjährung wird unterbrochen durch jede Anerkennung der Abgabeforderung von Seiten eines Zahlungspflichtigen [10, 17, 25] sowie durch jede auf Geltendmachung des Abgabeanspruches gerichtete Amtshandlung, die einem Zahlungspflichtigen zur Kenntnis gebracht wird; mit der Unterbrechung beginnt die Verjährung von neuem.

4 Stillstand und Unterbrechung wirken gegenüber allen Zahlungspflichtigen.

Fünfter Abschnitt: Behörden und Verfahren

A. Behörden

I. Eidgenössische Steuerverwaltung

31. Die Eidgenössische Steuerverwaltung erlässt für die Erhebung der Stempelabgaben alle Weisungen, Verfügungen und Entscheide [VwVG 5], die nicht ausdrücklich einer andern Behörde vorbehalten sind.

Vgl.: StV 1.

II. Amtshilfe

32. 1 Die Steuerbehörden der Kantone, Bezirke, Kreise und Gemeinden und die Eidgenössische Steuerverwaltung unterstützen sich gegenseitig in der Erfüllung ihrer Aufgabe; sie haben sich kostenlos die zweckdienlichen Meldungen zu erstatten, die benötigten Auskünfte zu erteilen und in amtliche Akten Einsicht zu gewähren.

2 Die Verwaltungsbehörden des Bundes und die andern als die in Absatz 1 genannten Behörden der Kantone, Bezirke, Kreise und Gemeinden sind gegenüber der Eidgenössischen Steuerverwaltung auskunftspflichtig, sofern die verlangten Auskünfte für die Durchführung dieses Gesetzes von Bedeutung sein können. Eine Auskunft darf nur verweigert werden, soweit ihr wesentliche öffentliche Interessen, insbesondere die innere oder äussere Sicherheit des Bundes oder der Kantone entgegenstehen, oder die Auskunft die angegangene Behörde in der Durchführung ihrer Aufgabe wesentlich beeinträchtigen würde. Das Post-, Telefon- und Telegrafengeheimnis ist zu wahren.

3 Anstände über die Auskunftspflicht von Verwaltungsbehörden des Bundes entscheidet der Bundesrat, Anstände über die Auskunftspflicht von Behörden der Kantone, Bezirke, Kreise und Gemeinden, sofern die kantonale Regierung das Auskunfts-

begehren abgelehnt hat, das Bundesgericht (Art. 120 des Bundesgerichtsgesetzes vom 17. Juni 2005[117]).[118]

4 Die mit öffentlich-rechtlichen Aufgaben betrauten Organisationen sind im Rahmen dieser Aufgaben gleich den Behörden zur Auskunft verpflichtet; Absatz 3 findet sinngemässe Anwendung.

Vgl.: VStG 36; DBG 111 f.; StHG 39 II ff.

II*a*.[119] Datenbearbeitung

32*a*. 1 Die Eidgenössische Steuerverwaltung betreibt zur Erfüllung der Aufgaben nach diesem Gesetz ein Informationssystem. Dieses kann besonders schützenswerte Personendaten über administrative und strafrechtliche Sanktionen enthalten, die steuerrechtlich wesentlich sind.

2 Die Eidgenössische Steuerverwaltung und die Behörden nach Artikel 32 Absatz 1 geben einander die Daten weiter, die für die Erfüllung ihrer Aufgaben dienlich sein können. Die Behörden nach Artikel 32 Absätze 2 und 4 geben der Eidgenössischen Steuerverwaltung die Daten weiter, die für die Durchführung dieses Gesetzes von Bedeutung sein können.

3 Die Daten werden einzeln, auf Listen oder auf elektronischen Datenträgern übermittelt. Sie können auch mittels eines Abrufverfahrens zugänglich gemacht werden. Diese Amtshilfe ist kostenlos.

4 Personendaten und die zu ihrer Bearbeitung verwendeten Einrichtungen wie Datenträger, EDV-Programme und Programmdokumentationen sind vor unbefugtem Verwenden, Verändern oder Zerstören sowie vor Diebstahl zu schützen.

5 Der Bundesrat kann Ausführungsbestimmungen erlassen, insbesondere über die Organisation und den Betrieb des Informationssystems, über die Kategorien der zu erfassenden Daten, über die Zugriffs- und Bearbeitungsberechtigung, über die Aufbewahrungsdauer sowie die Archivierung und Vernichtung der Daten.

Vgl.: BV 13 II; DSG 17 I; DBG 112a; StHG 39a; VStG 36a; MWSTG 76.

---

117 SR **173.110**

118 Fassung gemäss Anhang Ziff. 51 des Verwaltungsgerichtsgesetzes vom 17. Juni 2005, in Kraft seit 1. Jan. 2007 (AS **2006** 2197; BBl **2001** 4202).

119 Eingefügt durch Ziff. VI 1 des BG vom 24. März 2000 über die Schaffung und die Anpassung gesetzlicher Grundlagen für die Bearbeitung von Personendaten, in Kraft seit 1. Sept. 2000 (AS **2000** 1891; BBl **1999** 9005).

III. Schweigepflicht

33. [1] Wer mit dem Vollzug dieses Gesetzes betraut ist oder dazu beigezogen wird, hat gegenüber andern Amtsstellen und Privaten über die in Ausübung seines Amtes gemachten Wahrnehmungen Stillschweigen zu bewahren und den Einblick in amtliche Akten zu verweigern.

[2] Keine Geheimhaltungspflicht besteht:

a. bei Leistung von Amtshilfe nach Artikel 32 Absatz 1 und bei Erfüllung einer Pflicht zur Anzeige strafbarer Handlungen;
b. gegenüber Organen der Rechtspflege und der Verwaltung, die vom Bundesrat allgemein oder vom Eidgenössischen Finanzdepartement[120] im Einzelfalle zur Einholung amtlicher Auskünfte bei den mit dem Vollzug dieses Gesetzes betrauten Behörden ermächtigt worden sind.

Vgl.: DBG 110; StHG 39 I; VStG 37; StGB 320.

B. Verfahren

I. Abgabeerhebung

Anmeldung als Abgabepflichtiger; Selbstveranlagung

34. [1] Wer auf Grund dieses Gesetzes abgabepflichtig wird [10, 17 I, 25; StV 18], hat sich unaufgefordert bei der Eidgenössischen Steuerverwaltung anzumelden.

Vgl.: StV 19, 20, 26; KS ESTV Nr. 12, 10.3.2011, Umsatzabgabe, Ziff. 45–47, S. 1334.

[2] Der Abgabepflichtige hat der Eidgenössischen Steuerverwaltung bei Fälligkeit der Abgabe (Art. 11, 20, 26) unaufgefordert die vorgeschriebene Abrechnung mit den Belegen einzureichen und gleichzeitig die Abgabe zu entrichten.

[3] ...[121]

Auskunft des Abgabepflichtigen

35. [1] Der Abgabepflichtige [10, 17 I, 25; StV 18] hat der Eidgenössischen Steuerverwaltung über alle Tatsachen, die für die Abgabepflicht oder für die Abgabebemessung von Bedeutung sein können, nach bestem Wissen und Gewissen Auskunft zu erteilen; er hat insbesondere:

a. Steuerabrechnungen, Steuererklärungen und Fragebogen vollständig und genau auszufüllen;

---

120 Bezeichnung gemäss nicht veröffentlichtem BRB vom 19. Dez. 1997.

121 Aufgehoben durch Ziff. II 1 des Unternehmenssteuerreformgesetzes II vom 23. März 2007, mit Wirkung seit 1. Jan. 2009 (AS **2008** 2893; BBl **2005** 4733).

b. seine Geschäftsbücher [OR 957 ff.] ordnungsgemäss zu führen [StV 2] und sie, die Belege und andere Urkunden auf Verlangen beizubringen.

2 Die Bestreitung der Abgabepflicht entbindet nicht von der Auskunftspflicht.

3 Wird die Auskunftspflicht bestritten, so trifft die Eidgenössische Steuerverwaltung eine Verfügung [VwVG 5].[122]

Vgl.: DBG 125 f.; StHG 42; VStG 39.

Auskunft Dritter

36. 1 Die bei der Gründung oder Kapitalerhöhung einer Gesellschaft oder Genossenschaft mitwirkenden Personen (insbesondere Banken, Notare und Treuhänder) haben der Eidgenössischen Steuerverwaltung auf Verlangen über alle Tatsachen, die für die Abgabepflicht oder für die Bemessung der Emissionsabgabe von Bedeutung sein können, nach bestem Wissen und Gewissen Auskunft zu erteilen.

2 Wird die Auskunftspflicht bestritten, so findet Artikel 35 Absatz 3 Anwendung.

Vgl.: DBG 127; StHG 43.

Überprüfung

37. 1 Die Erfüllung der Pflicht zur Anmeldung als Abgabepflichtiger [34 I] sowie die Steuerabrechnungen und -ablieferungen [34 II] werden von der Eidgenössischen Steuerverwaltung überprüft.

2 Die Eidgenössische Steuerverwaltung kann zur Abklärung des Sachverhalts die Geschäftsbücher [OR 957 ff.], die Belege und andere Urkunden des Abgabepflichtigen an Ort und Stelle prüfen.

Vgl.: 4.

3 Ergibt sich, dass der Abgabepflichtige [10, 17 I, 25; StV 18] seinen gesetzlichen Pflichten [34 f.] nicht nachgekommen ist, so ist ihm Gelegenheit zu geben, zu den erhobenen Aussetzungen Stellung zu nehmen.

4 Lässt sich der Anstand nicht erledigen, so trifft die Eidgenössische Steuerverwaltung einen Entscheid [VwVG 5].

5 Die anlässlich einer Prüfung gemäss Absatz 1 oder 2 bei einer Bank oder Sparkasse im Sinne des Bankengesetzes vom 8. November 1934[123], bei der Schweizerischen Nationalbank oder bei einer Pfandbriefzentrale gemachten Feststellungen dürfen ausschliesslich für die Durchführung der Stempelabgaben verwendet werden. Das Bankgeheimnis [BankG 47 I] ist zu wahren.

---

122 Fassung gemäss Ziff. II 26 des BG vom 20. März 2008 zur formellen Bereinigung des Bundesrechts, in Kraft seit 1. Aug. 2008 (AS **2008** 3437; BBl **2007** 6121).

123 SR **952.0**

II. Entscheide der Eidgenössischen Steuerverwaltung

38. Die Eidgenössische Steuerverwaltung trifft alle Verfügungen und Entscheide [VwVG 5], welche die Abgabeerhebung notwendig macht; sie trifft einen Entscheid insbesondere dann, wenn

a. die Abgabeforderung oder die Mithaftung bestritten wird;
b. für einen bestimmten Fall vorsorglich die amtliche Feststellung der Abgabepflicht, der Grundlagen der Abgabebemessung oder der Mithaftung beantragt wird;
c. der Abgabepflichtige oder Mithaftende die gemäss Abrechnung geschuldete Abgabe nicht entrichtet.

III. Einsprache[124]

...[125] **39.** [1] Verfügungen und Entscheide [VwVG 5] der Eidgenössischen Steuerverwaltung können innert 30 Tagen nach der Eröffnung mit Einsprache angefochten werden.

[2] Die Einsprache ist schriftlich bei der Eidgenössischen Steuerverwaltung einzureichen; sie hat einen bestimmten Antrag zu enthalten und die zu seiner Begründung dienenden Tatsachen anzugeben.

[3] Ist gültig Einsprache erhoben worden, so hat die Eidgenössische Steuerverwaltung die Verfügung oder den Entscheid ohne Bindung an die gestellten Anträge zu überprüfen.

[4] Das Einspracheverfahren ist trotz Rückzug der Einsprache weiterzuführen, wenn Anhaltspunkte dafür vorliegen, dass die Verfügung oder der Entscheid dem Gesetz nicht entspricht.

[5] Der Einspracheentscheid ist zu begründen und hat eine Rechtsmittelbelehrung zu enthalten.

Vgl.: VGG 32 II a; VwVG 2 I, 4, 44 ff.; BGG 82 ff.

39*a*.[126]

40.[127]

---

124 Fassung gemäss Anhang Ziff. 51 des Verwaltungsgerichtsgesetzes vom 17. Juni 2005, in Kraft seit 1. Jan. 2007 (AS **2006** 2197; BBl **2001** 4202).

125 Aufgehoben durch Anhang Ziff. 51 des Verwaltungsgerichtsgesetzes vom 17. Juni 2005, mit Wirkung seit 1. Jan. 2007 (AS **2006** 2197; BBl **2001** 4202).

126 Eingefügt durch Anhang Ziff. 26 des BG vom 4. Okt. 1991 (AS **1992** 288; BBl **1991** II 465). Aufgehoben durch Anhang Ziff. 51 des Verwaltungsgerichtsgesetzes vom 17. Juni 2005, mit Wirkung seit 1. Jan. 2007 (AS **2006** 2197; BBl **2001** 4202).

127 Aufgehoben durch Anhang Ziff. 51 des Verwaltungsgerichtsgesetzes vom 17. Juni 2005, mit Wirkung seit 1. Jan. 2007 (AS **2006** 2197; BBl **2001** 4202).

IV. Kosten

41. [1] Im Veranlagungs- und im Einspracheverfahren werden in der Regel keine Kosten berechnet.

[2] Ohne Rücksicht auf den Ausgang des Verfahrens können die Kosten von Untersuchungsmassnahmen demjenigen auferlegt werden, der sie schuldhaft verursacht hat.

V. Zwangsvollstreckung

Betreibung

42. [1] Wird der Anspruch auf Abgaben, Zinsen und Kosten auf Mahnung hin nicht befriedigt, so ist Betreibung einzuleiten; vorbehalten bleibt die Eingabe in einem Konkurs.

Vgl.: StV 5.

[2] Ist die Abgabeforderung noch nicht rechtskräftig festgesetzt und wird sie bestritten, so unterbleibt ihre endgültige Kollokation [SchKG 146 ff.], bis ein rechtskräftiger Abgabeentscheid vorliegt.

Vgl.: VStG 45.

Sicherstellung

43. [1] Die Eidgenössische Steuerverwaltung kann Abgaben, Zinsen und Kosten, auch wenn sie weder rechtskräftig festgesetzt noch fällig sind, sicherstellen lassen, wenn

a. der Bezug als gefährdet erscheint;
b. der Zahlungspflichtige keinen Wohnsitz [ZGB 23] in der Schweiz hat oder Anstalten trifft, den Wohnsitz in der Schweiz aufzugeben oder sich im Handelsregister löschen zu lassen;
c. der Zahlungspflichtige mit der Zahlung der Abgabe in Verzug ist oder wiederholt in Verzug war.

[2] Die Sicherstellungsverfügung [VwVG 5] hat den Rechtsgrund der Sicherstellung, den sicherzustellenden Betrag und die Stelle, welche die Sicherheiten entgegennimmt, anzugeben. Wird die Sicherstellung aufgrund von Absatz 1 Buchstaben a oder b angeordnet, so gilt die Sicherstellungsverfügung als Arrestbefehl im Sinne von Artikel 274 des Bundesgesetzes über Schuldbetreibung und Konkurs[128]; die Einsprache gegen den Arrestbefehl ist ausgeschlossen.[129]

[3] Gegen Sicherstellungsverfügungen der Eidgenössischen Steuerverwaltung kann beim Bundesverwaltungsgericht Beschwerde geführt werden.[130]

---

128 SR **281.1**

129 Fassung gemäss Anhang Ziff. 10 des BG vom 16. Dez. 1994, in Kraft seit 1. Jan. 1997 (AS **1995** 1227 1307; BBl **1991** III 1).

130 Fassung gemäss Anhang Ziff. 51 des Verwaltungsgerichtsgesetzes vom 17. Juni 2005, in Kraft seit 1. Jan. 2007 (AS **2006** 2197; BBl **2001** 4202).

Vgl.: VGG 31; VwVG 44 ff.; BGG 82 ff..

[4] Beschwerden gegen Sicherstellungsverfügungen haben keine aufschiebende Wirkung.[131]

[5] ...[132]

Vgl.: VStG 47; VStV 9.

C. Revision und Erläuterung von Entscheiden

44. [1] Auf die Revision und die Erläuterung von Entscheiden der Eidgenössischen Steuerverwaltung werden die Artikel 66–69 des Verwaltungsverfahrensgesetzes vom 20. Dezember 1968[133] sinngemäss angewandt.

[2] ...[134]

Sechster Abschnitt: Strafbestimmungen

A. Widerhandlungen

I. Hinterziehung[135]

45. [1] Wer vorsätzlich [StGB 12 II] oder fahrlässig [StGB 12 III], zum eigenen oder zum Vorteil eines andern, dem Bunde Stempelabgaben vorenthält oder sich oder einem andern auf andere Weise einen unrechtmässigen Abgabevorteil verschafft, wird, sofern nicht die Strafbestimmung von Artikel 14 des Verwaltungsstrafrechtsgesetzes vom 22. März 1974[136] zutrifft, wegen Hinterziehung mit Busse bis zu 30000 Franken oder, sofern dies einen höheren Betrag ergibt, bis zum Dreifachen der hinterzogenen Abgabe oder des unrechtmässigen Vorteils bestraft.[137]

---

131 Eingefügt durch Anhang Ziff. 26 des BG vom 4. Okt. 1991 (AS **1992** 288; BBl **1991** II 465). Fassung gemäss Anhang Ziff. 51 des Verwaltungsgerichtsgesetzes vom 17. Juni 2005, in Kraft seit 1. Jan. 2007 (AS **2006** 2197; BBl **2001** 4202).

132 Eingefügt durch Anhang Ziff. 26 des BG vom 4. Okt. 1991 (AS **1992** 288; BBl **1991** II 465). Aufgehoben durch Anhang Ziff. 51 des Verwaltungsgerichtsgesetzes vom 17. Juni 2005, mit Wirkung seit 1. Jan. 2007 (AS **2006** 2197; BBl **2001** 4202).

133 SR **172.021**

134 Aufgehoben durch Anhang Ziff. 51 des Verwaltungsgerichtsgesetzes vom 17. Juni 2005, mit Wirkung seit 1. Jan. 2007 (AS **2006** 2197; BBl **2001** 4202).

135 Fassung gemäss Ziff. 8 des Anhangs zum VStrR, in Kraft seit 1. Jan. 1975 (AS **1974** 1857; BBl **1971** I 993).

136 SR **313.0**

137 Fassung gemäss Ziff. 8 des Anhangs zum VStrR, in Kraft seit 1. Jan. 1975 (AS **1974** 1857; BBl **1971** I 993).

2–4 …[138]

Vgl.: VStG 61; DBG 175; StHG 56 I.

Vgl. zu 45–47: StGB 333 i.V.m. 103 ff.

II. Abgabegefährdung

46. [1] Wer die gesetzmässige Erhebung der Stempelabgaben gefährdet, indem er vorsätzlich [StGB 12 II] oder fahrlässig [StGB 12 III]

a. der Pflicht zur Anmeldung als Abgabepflichtiger [10, 17 I, 25; StV 18], zur Einreichung von Steuererklärungen, Aufstellungen und Abrechnungen, zur Erteilung von Auskünften und zur Vorlage von Geschäftsbüchern, Registern und Belegen [34 II, 35] nicht nachkommt;
b. in einer Steuererklärung, Aufstellung oder Abrechnung, in einem Antrag auf Befreiung, Rückerstattung, Stundung oder Erlass von Abgaben unwahre Angaben macht oder erhebliche Tatsachen verschweigt oder dabei unwahre Belege über erhebliche Tatsachen vorlegt;
c.[139] als Abgabepflichtiger oder auskunftspflichtiger Dritter [36] unrichtige Auskünfte erteilt;
d. der Pflicht zur ordnungsgemässen Führung und Aufbewahrung der Geschäftsbücher [OR 957 ff.], Register und Belege zuwiderhandelt;
e. die ordnungsgemässe Durchführung einer Buchprüfung oder andern amtlichen Kontrolle erschwert, behindert oder verunmöglicht oder
f. wahrheitswidrig erklärt, Effektenhändler [13 III] zu sein oder nach Streichung im Register der Effektenhändler die abgegebenen Erklärungen nicht widerruft,

wird, sofern nicht eine der Strafbestimmungen der Artikel 14–16 des Verwaltungsstrafrechtsgesetzes vom 22. März 1974[140] zutrifft, mit Busse bis zu 20000 Franken bestraft.[141]

[2] Bei einer Widerhandlung im Sinne von Absatz 1 Buchstabe *e* bleibt die Strafverfolgung nach Artikel 285 des Strafgesetzbuches[142] vorbehalten.

Vgl.: VStG 62.

---

138 Aufgehoben durch Ziff. 8 des Anhangs zum VStrR, mit Wirkung seit 1. Jan. 1975 (AS **1974** 1857; BBl **1971** I 993).

139 Fassung gemäss Ziff. 8 des Anhangs zum VStrR, in Kraft seit 1. Jan. 1975 (AS **1974** 1857; BBl **1971** I 993).

140 SR **313.0**

141 Fassung des letzten Satzes gemäss Ziff. 8 des Anhangs zum VStrR, in Kraft seit 1. Jan. 1975 (AS **1974** 1857; BBl **1971** I 993).

142 SR **311.0**

III. Ordnungswidrigkeiten

47. [1] Wer eine Bedingung, an die eine besondere Bewilligung geknüpft wurde, nicht einhält,

wer einer Vorschrift dieses Gesetzes, einer Verordnung oder einer auf Grund solcher Vorschriften erlassenen allgemeinen Weisung oder unter Hinweis auf die Strafdrohung dieses Artikels an ihn gerichteten Einzelverfügung zuwiderhandelt,

wird mit Busse bis zu 5000 Franken bestraft.

[2] Strafbar ist auch die fahrlässige Begehung [StGB 12 III].

Vgl.: VStG 64.

IV. Allgemeine Bestimmungen

48–49.[143]

B. Verhältnis zum Verwaltungsstrafrechtsgesetz[144]

50. [1] Das Verwaltungsstrafrechtsgesetz vom 22. März 1974[145] findet Anwendung; verfolgende und urteilende Verwaltungsbehörde im Sinne jenes Gesetzes ist die Eidgenössische Steuerverwaltung.[146]

[2] ...[147]

Siebenter Abschnitt: Schluss- und Übergangsbestimmungen

I. Anrechnung bezahlter Emissionsabgaben

51.[148]

---

143 Aufgehoben durch Ziff. 8 des Anhangs zum VStrR, mit Wirkung seit 1. April 1975 (AS **1974** 1857; BBl **1971** I 993).

144 Fassung gemäss Ziff. 8 des Anhangs zum VStrR, in Kraft seit 1. Jan. 1975 (AS **1974** 1857; BBl **1971** I 993).

145 SR **313.0**

146 Fassung gemäss Ziff. 8 des Anhangs zum VStrR, in Kraft seit 1. Jan. 1975 (AS **1974** 1857; BBl **1971** I 993).

147 Aufgehoben durch Ziff. I des BG vom 5. Okt. 1984, mit Wirkung seit 1. April 1986 (AS **1985** 1963; BBl **1981** III 737).

148 Aufgehoben durch Ziff. I 3 des BG vom 10. Okt. 1997 über die Reform der Unternehmensbesteuerung 1997, mit Wirkung seit 1. April 1998 (AS **1998** 669; BBl **1997** II 1164).

II. Änderung des Verrechnungssteuergesetzes

52.
...[149]

III. Aufhebung bisherigen Rechts

53. [1] Mit dem Inkrafttreten dieses Gesetzes werden aufgehoben:

a. das Bundesgesetz vom 4. Oktober 1917[150] über die Stempelabgaben;
b. das Bundesgesetz vom 15. Februar 1921[151] betreffend Erlass und Stundung von Stempelabgaben;
c. das Bundesgesetz vom 24. Juni 1937[152] über Ergänzung und Abänderung der eidgenössischen Stempelgesetzgebung.

[2] Die ausser Kraft gesetzten Bestimmungen bleiben in Bezug auf Abgabeforderungen, Tatsachen und Rechtsverhältnisse, die vor dem Inkrafttreten dieses Gesetzes entstanden oder eingetreten sind, auch nach diesem Zeitpunkt anwendbar.

IV. Vollzug

54. Der Bundesrat erlässt die für den Vollzug erforderlichen Vorschriften.

V. Inkrafttreten

55. Der Bundesrat bestimmt den Zeitpunkt des Inkrafttretens dieses Gesetzes.

Datum des Inkrafttretens: 1. Juli 1974[153]
Art. 21–26: 1. Januar 1975

149 Die Änderungen können unter AS **1974** 11 konsultiert werden.
150 [BS **6** 101; AS **1966** 371 Art. 68 Ziff. I]
151 [BS **6** 126]
152 [BS **6** 165; AS **1966** 371 Art. 68 Ziff. II]
153 BRB vom 30. Okt. 1973

Verordnung
über die Stempelabgaben (StV)
(SR 641.101)

vom 3. Dezember 1973 (Stand am 1. Januar 2016)

Der Schweizerische Bundesrat,

gestützt auf die Artikel 22 Buchstabe a und 54 des Bundesgesetzes vom 27. Juni 1973[1] über die Stempelabgaben (im folgenden Gesetz genannt),[2]

verordnet:

1 Allgemeine Bestimmungen

Art. 1 Eidgenössische Steuerverwaltung

1 Die Eidgenössische Steuerverwaltung erlässt die allgemeinen Weisungen und trifft die Einzelverfügungen, die für die Erhebung der Stempelabgaben erforderlich sind; sie bestimmt Form und Inhalt der Formulare für die Anmeldung als Abgabepflichtiger sowie für die Steuerabrechnungen, Steuererklärungen, Register und Fragebogen.

2 Sie ist zur Beschwerde an das Bundesgericht berechtigt.[3]

Art. 2[4] Buchführung des Abgabepflichtigen

1 Der Abgabepflichtige hat seine Bücher so einzurichten und zu führen, dass sich aus ihnen die für die Abgabepflicht und Abgabebemessung massgebenden Tatsachen ohne besonderen Aufwand zuverlässig ermitteln und nachweisen lassen. Die abgabepflichtigen Effektenhändler, die gemäss Obligationenrecht nicht buchführungspflichtig sind, haben bei der Führung ihrer Umsatzregister die Bestimmungen der Geschäftsbücherverordnung vom 24. April 2002[5] sinngemäss anzuwenden.

2 Werden die Bücher elektronisch oder auf vergleichbare Weise geführt und aufbewahrt, müssen alle steuerlich wesentlichen Geschäftsvorfälle und Zahlen vom Urbeleg bis zur Jahresrechnung und Steuerabrechnung sichergestellt sein.

AS **1974** 33

1 SR **641.10**

2 Fassung gemäss Ziff. I der V vom 9. März 1998, in Kraft seit 1. April 1998 (AS **1998** 961).

3 Eingefügt durch Ziff. II 44 der V vom 8. Nov. 2006 über die Anpassung von Bundesratsverordnungen an die Totalrevision der Bundesrechtspflege, in Kraft seit 1. Jan. 2007 (AS **2006** 4705).

4 Fassung gemäss Ziff. I der V vom 24. Mai 2006, in Kraft seit 1. Juli 2006 (AS **2006** 2349).

5 SR **221.431**

[3] Die Bücher sind sorgfältig, geordnet und vor schädlichen Einwirkungen geschützt aufzubewahren. Sie müssen von der Eidgenössischen Steuerverwaltung innert angemessener Frist eingesehen und geprüft werden können.

[4] Soweit für die Buchprüfung erforderlich, sind das entsprechende Personal sowie die Geräte oder Hilfsmittel für die Eidgenössische Steuerverwaltung unentgeltlich verfügbar zu halten. Dabei muss die Möglichkeit bestehen, die Geschäftsunterlagen oder Teile davon der Eidgenössischen Steuerverwaltung auf deren Begehren auf Papier ausgedruckt zur Verfügung zu stellen.

Art. 3 Auskünfte; Gutachten von Sachverständigen; Einvernahme

[1] Die Eidgenössische Steuerverwaltung kann Auskünfte schriftlich oder mündlich einholen, Sachverständige beiziehen und den Abgabepflichtigen zur Einvernahme laden.

[2] Wo es angezeigt erscheint, sind die Auskünfte in Gegenwart des Einvernommenen zu protokollieren; das Protokoll ist von diesem und vom einvernehmenden Beamten und vom allenfalls beigezogenen Protokollführer zu unterzeichnen.

[3] Vor jeder Einvernahme nach Absatz 2 ist der Einzuvernehmende zur Wahrheit zu ermahnen und auf die Folgen unrichtiger Auskünfte (Art. 46 Abs. 1 Bst. *c* des Gesetzes) hinzuweisen.

Art. 4 Buchprüfung

[1] Der Abgabepflichtige ist berechtigt und auf Verlangen verpflichtet, der Buchprüfung (Art. 37 Abs. 2 des Gesetzes) beizuwohnen und die erforderlichen Aufschlüsse zu erteilen.

[2] Die Eidgenössische Steuerverwaltung ist nicht verpflichtet, die Buchprüfung zum voraus anzuzeigen.

Art. 5 Zwangsvollstreckung

[1] Die Eidgenössische Steuerverwaltung ist zuständig, für die Forderungen des Bundes an Stempelabgaben, Zinsen, Kosten und Bussen die Betreibung anzuheben, sie in einem Konkurs einzugeben, die Aufhebung des Rechtsvorschlages zu verlangen und alle weiteren zur Sicherung oder Eintreibung der Forderung notwendigen Vorkehren zu treffen.

[2] Vorbehalten bleibt die Zuständigkeit der Eidgenössischen Finanzverwaltung zur Verwahrung von Verlustscheinen und zur Geltendmachung der in einem Verlustschein verurkundeten Forderung.

Art. 6 Sicherheitsleistung

[1] Die nach Artikel 43 des Gesetzes verfügte Sicherstellung ist gemäss der Verordnung vom 21. Juni 1957[6] über Sicherstellungen zugunsten der

[6] [AS **1957** 509, **1975** 2373 Art. 19 Abs. 1 Bst. b. AS **1986** 154 Art. 51 Ziff. 3]. Heute: gemäss Art. 49 der Finanzhaushaltverordnung vom 5. April 2006 (SR **611.01**).

Eidgenossenschaft durch Realkaution, Bürgschaften, Garantien oder Kautionsversicherung zu leisten.

[2] Eine geleistete Sicherheit ist freizugeben, sobald die sichergestellten Abgaben, Zinsen und Kosten bezahlt sind oder der Grund der Sicherstellung dahingefallen ist.

[3] ...[7]

Art. 7 Löschung im Handelsregister

[1] Eine Aktiengesellschaft, Kommanditaktiengesellschaft, Gesellschaft mit beschränkter Haftung oder Genossenschaft darf im Handelsregister erst dann gelöscht werden, wenn die Eidgenössische Steuerverwaltung dem kantonalen Handelsregisteramt angezeigt hat, dass die geschuldeten Stempelabgaben bezahlt sind.

[2] Auf die Löschung einer anderen Rechtseinheit im Sinne von Artikel 2 Buchstabe a der Handelsregisterverordnung vom 17. Oktober 2007[8] findet Absatz 1 Anwendung, wenn die Eidgenössische Steuerverwaltung dem kantonalen Handelsregisteramt mitgeteilt hat, dass die Rechtseinheit aufgrund des Gesetzes steuerpflichtig geworden ist.[9]

Art. 8 Rückerstattung nicht geschuldeter Abgaben

[1] Bezahlte Abgaben und Zinsen, die nicht durch Entscheid der Eidgenössischen Steuerverwaltung festgesetzt worden sind, werden zurückerstattet, sobald feststeht, dass sie nicht geschuldet waren.

[2] Ist eine nicht geschuldete Abgabe überwälzt worden, so wird die Rückerstattung nur gewährt, wenn feststeht, dass der von der Überwälzung Betroffene in den Genuss der Rückerstattung gebracht wird.

[3] Die Rückerstattung ist insoweit ausgeschlossen, als nach dem Sachverhalt, den der Rückfordernde geltend macht, eine andere, wenn auch inzwischen verjährte Bundessteuer geschuldet war.

[4] Der Rückerstattungsanspruch verjährt fünf Jahre nach Ablauf des Kalenderjahres, in dem die Zahlung geleistet worden ist.

[5] Die Vorschriften des Gesetzes und der Verordnung über die Abgabeerhebung finden sinngemässe Anwendung; kommt der Gesuchsteller seinen Auskunftspflichten nicht nach und kann der Anspruch ohne die von der Eidgenössischen Steuerverwaltung verlangten Auskünfte nicht abgeklärt werden, so wird das Gesuch abgewiesen.

---

7 Aufgehoben durch Anhang 3 Ziff. 13 der V vom 3. Febr. 1993 über Organisation und Verfahren eidgenössischer Rekurs- und Schiedskommissionen, mit Wirkung seit 1. März 1993 (AS **1993** 879).

8 SR **221.411**

9 Fassung gemäss Ziff. I 1 der V vom 15. Okt. 2008, in Kraft seit 1. Jan. 2009 (AS **2008** 5073).

2 Emissionsabgabe

21 Abgabe auf Aktien, Partizipationsscheinen und Stammanteilen von Gesellschaften mit beschränkter Haftung[10]

Art. 9 Begründung und Erhöhung des Nennwertes von Beteiligungsrechten

1 Wird für eine inländische Aktiengesellschaft, Kommanditaktiengesellschaft oder Gesellschaft mit beschränkter Haftung beim kantonalen Handelsregisteramt die entgeltliche oder unentgeltliche Begründung oder Erhöhung des Nennwertes von Aktien, Partizipationsscheinen oder Stammanteilen angemeldet, so hat die Gesellschaft die Abgabe aufgrund der Abrechnung nach amtlichem Formular innert 30 Tagen nach der Eintragung im Handelsregister unaufgefordert der Eidgenössischen Steuerverwaltung zu entrichten. Für Beteiligungsrechte, die im Verfahren der bedingten Kapitalerhöhung ausgegeben werden, ist die Abgabe aufgrund der Abrechnung nach amtlichem Formular innert 30 Tagen nach Ablauf des Vierteljahres, in welchem die Beteiligungsrechte ausgegeben wurden, zu entrichten.[11]

2 Der Abrechnung sind die öffentliche Urkunde über die Gründung oder die Kapitalerhöhung, ein unterzeichnetes Exemplar der Statuten oder des Protokolls der Generalversammlung über die Statutenänderung, der Beschluss des Verwaltungsrates über die genehmigte Kapitalerhöhung, der Emissionsprospekt sowie bei Sacheinlagen der Sacheinlagevertrag, die Eingangsbilanz und eine Erklärung nach amtlichem Formular über den Verkehrswert der Sacheinlagen samt der Prüfungsbestätigung des Revisors beizulegen.[12]

3 ...[13]

4 Jede inländische Aktiengesellschaft, Kommanditaktiengesellschaft oder Gesellschaft mit beschränkter Haftung hat unaufgefordert der Eidgenössischen Steuerverwaltung innert 30 Tagen nach Genehmigung der Jahresrechnung den Geschäftsbericht oder eine unterzeichnete Abschrift der Jahresrechnung (Bilanz und Erfolgsrechnung) einzureichen, sofern die Bilanzsumme mehr als fünf Millionen Franken beträgt. In den übrigen Fällen sind die Unterlagen auf Verlangen der Eidgenössischen Steuerverwaltung einzureichen.[14]

---

10 Fassung gemäss Ziff. I 1 der V vom 15. Okt. 2008, in Kraft seit 1. Jan. 2009 (AS **2008** 5073).

11 Fassung gemäss Ziff. I 1 der V vom 15. Okt. 2008, in Kraft seit 1. Jan. 2009 (AS **2008** 5073).

12 Fassung gemäss Ziff. I der V vom 28. Okt. 1992, in Kraft seit 1. April 1993 (AS **1993** 228).

13 Aufgehoben durch Ziff. I der V vom 9. März 1998 mit Wirkung seit 1. April 1998 (AS **1998** 961).

14 Fassung gemäss Ziff. I 1 der V vom 15. Okt. 2008, in Kraft seit 1. Jan. 2009 (AS **2008** 5073).

5 …[15]

Art. 10 Zuschüsse; Handwechsel der Mehrheit von Beteiligungsrechten

1 Jede inländische Aktiengesellschaft, Kommanditaktiengesellschaft oder Gesellschaft mit beschränkter Haftung,

a. die von ihren Gesellschaftern Zuschüsse im Sinne von Artikel 5 Absatz 2 Buchstabe *a* des Gesetzes erhält oder

b. deren Beteiligungsrechte unter den in Artikel 5 Absatz 2 Buchstabe *b* des Gesetzes genannten Umständen zur Mehrheit die Hand gewechselt haben,

hat die Abgabe auf Grund der Abrechnung nach amtlichem Formular innert 30 Tagen nach dem Zuschuss oder dem Handwechsel unaufgefordert der Eidgenössischen Steuerverwaltung zu entrichten.

2 Der Abrechnung sind ein unterzeichnetes Exemplar der Beschlüsse und eine Erklärung nach amtlichem Formular über den Verkehrswert der Sacheinlagen beizulegen; beim Handwechsel der Mehrheit der Beteiligungsrechte ist überdies die dem Handwechsel zugrunde liegende Bilanz beizufügen.

22 Abgabe auf Genussscheinen von Aktiengesellschaften, Kommanditaktiengesellschaften und Gesellschaften mit beschränkter Haftung

Art. 11[16]

1 Jede inländische Aktiengesellschaft, Kommanditaktiengesellschaft oder Gesellschaft mit beschränkter Haftung, die beschliesst, dass Genussscheine begründet werden können, hat unaufgefordert der Eidgenössischen Steuerverwaltung innert 30 Tagen ein unterzeichnetes Exemplar der Beschlüsse einzureichen.

2 Die Abgabe ist auf Grund der Abrechnung nach amtlichem Formular unaufgefordert der Eidgenössischen Steuerverwaltung zu entrichten,

a. wenn die Emissionsfrist höchstens einen Monat beträgt: innert 30 Tagen nach Ablauf der Emissionsfrist;

b. wenn die Emissionsfrist einen Monat übersteigt: 30 Tage nach Ablauf jedes Geschäftsvierteljahres für die in diesem Zeitraum ausgegebenen Genussscheine.

3 Der Abrechnung sind die Beschlüsse über die Ausgabe von Genussscheinen sowie der Emissionsprospekt beizulegen.

---

15 Aufgehoben durch Ziff. I der V vom 28. Okt. 1992, mit Wirkung seit 1. April 1993 (AS **1993** 228).

16 Fassung gemäss Ziff. I der V vom 28. Okt. 1992, in Kraft seit 1. April 1993 (AS **1993** 228).

23 Abgabe auf Genossenschaftsanteilen und Genussscheinen von Genossenschaften

Art. 12

1 Jede inländische Genossenschaft, deren Statuten Geldleistungen der Genossenschafter oder die Schaffung eines Genossenschaftskapitals durch Genossenschaftsanteile oder von Genussscheinen vorsehen, hat sich unverzüglich nach ihrer Eintragung im Handelsregister oder nach Aufnahme solcher Bestimmungen in ihre Statuten unaufgefordert bei der Eidgenössischen Steuerverwaltung anzumelden; der Anmeldung ist ein unterzeichnetes Exemplar der geltenden Statuten beizulegen.

2 Die Genossenschaft hat unaufgefordert der Eidgenössischen Steuerverwaltung innert 30 Tagen nach Genehmigung der Jahresrechnung den Geschäftsbericht oder eine unterzeichnete Abschrift der Jahresrechnung (Bilanz und Erfolgsrechnung) einzureichen, sofern die Bilanzsumme mehr als fünf Millionen Franken beträgt. In den übrigen Fällen sind die Unterlagen auf Verlangen der Eidgenössischen Steuerverwaltung einzureichen.[17]

3 und 4 ...[18]

24 ...

Art. 13–15[19]

25 Abgabebefreiung; Guthaben im Konzern; Stundung und Erlass der Abgabeforderung[20]

Art. 16 Abgabebefreiung

1 Das Gesuch um Abgabebefreiung nach Artikel 6 Absatz 1 Buchstaben a, c, d, f, g, j und l des Gesetzes ist der Eidgenössischen Steuerverwaltung einzureichen. Es hat eine Begründung mit Angabe der Beweismittel zu enthalten; die als Beweismittel angerufenen Urkunden sind beizulegen.[21]

2 Die Eidgenössische Steuerverwaltung kann vom Gesuchsteller über alle Tatsachen, die für die Befreiung von Bedeutung sein können, die erforderlichen Auskünfte und Belege verlangen; erfüllt der Gesuchsteller die Auflage nicht, so wird das Gesuch abgewiesen.

---

17 Fassung gemäss Ziff. I 1 der V vom 15. Okt. 2008, in Kraft seit 1. Jan. 2009 (AS **2008** 5073).

18 Aufgehoben durch Ziff. I 1 der V vom 15. Okt. 2008, mit Wirkung seit 1. Jan. 2009 (AS **2008** 5073).

19 Aufgehoben durch Ziff. I der V vom 28. Okt. 1992 mit Wirkung seit 1. April 1993 (AS **1993** 228).

20 Fassung gemäss Ziff. I 1 der V vom 18. Juni 2010, in Kraft seit 1. Aug. 2010 (AS **2010** 2963).

21 Fassung gemäss Ziff. I der V vom 15. Febr. 2012, in Kraft seit 1. März 2012 (AS **2012** 791).

Art. 16*a*[22]

Art. 17 Stundung und Erlass der Abgabeforderung

[1] Das Gesuch um Stundung oder Erlass von Emissionsabgaben, die bei der offenen oder stillen Sanierung entstanden sind (Art. 12 des Gesetzes), ist bei der Eidgenössischen Steuerverwaltung einzureichen. Das Gesuch hat die Ursachen der Verluste und die zu ihrer Beseitigung getroffenen und vorgesehenen Massnahmen darzustellen; Unterlagen über die Sanierung, wie Rundschreiben, Rechenschaftsberichte, Generalversammlungsprotokolle sowie die Geschäftsberichte oder Jahresrechnungen der letzten Jahre und eine Aufstellung der Sanierungsbuchungen sind beizulegen. Mit besonderem amtlichem Formular sind die von den Gesellschaftern oder Genossenschaftern bei der Sanierung erlittenen Einbussen und ihre in Beteiligungsrechte umgewandelten Forderungen zu melden.

[2] Die Eidgenössische Steuerverwaltung kann vom Gesuchsteller über alle Tatsachen, die für die Stundung oder den Erlass von Bedeutung sein können, die erforderlichen Auskünfte und Belege verlangen; erfüllt der Gesuchsteller die Auflage nicht, so wird das Gesuch abgewiesen.

[3] Die Einspracheentscheide der Eidgenössischen Steuerverwaltung über Stundung und Erlass von Abgaben unterliegen der Beschwerde nach den allgemeinen Bestimmungen über die Bundesrechtspflege.[23]

26 …

Art. 17*a* und **17*b***[24]

3 Umsatzabgabe

Art. 18[25] Beginn der Abgabepflicht

[1] Die Abgabepflicht des Effektenhändlers beginnt mit der Aufnahme der Geschäftstätigkeit.

[2] Gesellschaften, Genossenschaften, Einrichtungen der beruflichen und gebundenen Vorsorge sowie die öffentliche Hand nach Artikel 13 Absatz 3 Buchstaben d und f des Gesetzes werden sechs Monate nach Ablauf des Geschäftsjahres, in dem die dort genannten Voraussetzungen eingetreten

---

22 Eingefügt durch Ziff. I 1 der V vom 18. Juni 2010 (AS **2010** 2963). Aufgehoben durch Ziff. I der V vom 15. Febr. 2012, mit Wirkung seit 1. März 2012 (AS **2012** 791).

23 Fassung gemäss Ziff. II 44 der V vom 8. Nov. 2006 über die Anpassung von Bundesratsverordnungen an die Totalrevision der Bundesrechtspflege, in Kraft seit 1. Jan. 2007 (AS **2006** 4705).

24 Eingefügt durch Ziff. I der V vom 28. Okt. 1992 (AS **1993** 228). Aufgehoben durch Ziff. I der V vom 15. Febr. 2012, mit Wirkung seit 1. März 2012 (AS **2012** 791).

25 Fassung gemäss Ziff. I der V vom 28. Okt. 1992, in Kraft seit 1. April 1993 (AS **1993** 228).

sind, abgabepflichtig. Nachweisbar treuhänderisch verwaltete Urkunden sind nicht Aktiven im Sinne jener Bestimmung, sofern sie in der Eidgenössischen Steuerverwaltung einzureichenden Bilanz gesondert ausgewiesen sind.[26]

Art. 19 Anmeldung als Abgabepflichtiger

1 Der Effektenhändler hat sich vor Beginn der Abgabepflicht (Art. 18) unaufgefordert bei der Eidgenössischen Steuerverwaltung anzumelden.

2 In der Anmeldung sind anzugeben: der Name (die Firma) und der Sitz des Unternehmens sowie aller inländischen Zweigniederlassungen, auf welche die Voraussetzungen der Abgabepflicht zutreffen, oder, wenn es sich um eine juristische Person oder um eine Handelsgesellschaft ohne juristische Persönlichkeit mit statutarischem Sitz im Ausland handelt, die Firma und der Sitz der Hauptniederlassung und die Adresse der inländischen Zweigniederlassungen; das Rechnungsjahr; das Datum des Beginns der Abgabepflicht. Mit der Anmeldung sind die für die Überprüfung der Abgabepflicht erforderlichen Belege (Statuten, Bilanzen, Beschlüsse über Kapitalerhöhungen u. dgl.) einzureichen.

3 Nach Beginn der Abgabepflicht eintretende Änderungen an den gemäss Absatz 2 zu meldenden Tatsachen und einzureichenden Belegen, insbesondere die Errichtung neuer Zweigniederlassungen, sind unaufgefordert der Eidgenössischen Steuerverwaltung zu melden.

Art. 20 Registrierung der Effektenhändler

Die Eidgenössische Steuerverwaltung registriert die Effektenhändler und gibt jedem die ihm zugeteilte Effektenhändler-Nummer bekannt.

Art. 21 Führung des Umsatzregisters

1 Der Effektenhändler hat für seinen Hauptsitz und für jede abgabepflichtige Zweigniederlassung je ein Umsatzregister zu führen. Wenn er seine Bücher so einrichtet, dass sich aus ihnen die für die Abgabebemessung massgebenden Tatsachen ohne besonderen Aufwand zuverlässig ermitteln und nachweisen lassen, kann ihn die Eidgenössische Steuerverwaltung von der Führung eines besonderen Umsatzregisters entbinden.

2 Das Register ist wie folgt der Reihe nach in Spalten zu gliedern:

1. Datum des Geschäftsabschlusses;
2. Art des Geschäftes;
3. Anzahl oder Nennwert der Titel;
4. Bezeichnung der Titel;
5.[27] Titelkurs, Währung sowie Umrechnungskurs bei Fremdwährungen;

---

[26] Fassung gemäss Ziff. I der V vom 24. Mai 2006, in Kraft seit 1. Juli 2006 (AS **2006** 2349).

[27] Fassung gemäss Ziff. I der V vom 28. Okt. 1992, in Kraft seit 1. April 1993 (AS **1993** 228).

6.[28] Name, Domizil, Ansässigkeitsstaat und Effektenhändler-Nummer des Verkäufers und des Käufers;

7. Entgelt in Schweizer Währung
   a. abgabebelastete Umsätze
      aa. inländische Titel
      bb. ausländische Titel,
   b. nicht abgabebelastete Umsätze.

³ Jedes Geschäft ist innert drei Tagen nach seinem Abschluss oder nach Eingang der Abrechnung im Register einzutragen, sofern es nicht gemäss Artikel 14 Absatz 1 Buchstaben a, b oder d–g des Gesetzes von der Abgabe ausgenommen ist. Der Zugriff auf die Daten der nicht einzutragenden Geschäfte ist für Kontrollzwecke der Eidgenössischen Steuerverwaltung auf deren Begehren zu gewährleisten.[29]

⁴ In der Spalte «Art des Geschäftes» ist das Geschäft, sofern es sich nicht um einen einfachen Kauf oder Verkauf handelt, nach seiner Art zu bezeichnen (z. B. Umwandlung, Unterbeteiligung, Report, Tausch). In der Spalte «Name, Domizil, Ansässigkeitsstaat und Effektenhändler-Nummer des Käufers und des Verkäufers» ist der Ansässigkeitsstaat aufzuführen (mindestens die Angabe Schweiz/Liechtenstein oder Ausland); das Domizil ist nur anzugeben, wenn keine Abgabe geschuldet ist.[30]

⁵ Um unverhältnismässige Umtriebe zu vermeiden, kann die Eidgenössische Steuerverwaltung eine von Absatz 2 abweichende Art der Eintragung gestatten. Der Antrag des Abgabepflichtigen ist unter Vorlage von Mustern zu begründen.

⁶ Das Entgelt für die abgabebelasteten Umsätze ist Seite für Seite oder Tag für Tag und auf Ende jedes Quartals zusammenzuzählen.[31]

⁷ Die Registerseiten sind fortlaufend zu nummerieren und geheftet oder in Büchern zusammengefasst während fünf Jahren nach Ablauf des Kalenderjahres, in dem die letzte Eintragung erfolgt ist, aufzubewahren. Die Aufbewahrung kann elektronisch erfolgen, sofern die in Artikel 2 erwähnten Voraussetzungen erfüllt sind.[32]

⁸ Effektenhändler nach Artikel 13 Absatz 3 Buchstaben b Ziffer 2 sowie d und f des Gesetzes müssen die mit inländischen Banken im Sinne des Bankengesetzes wie auch die mit inländischen Händlern nach Artikel 13 Absatz 3 Buchstabe b Ziffer 1 des Gesetzes getätigten Geschäfte nicht im

---

28 Fassung gemäss Ziff. I der V vom 24. Mai 2006, in Kraft seit 1. Juli 2006 (AS **2006** 2349).

29 Fassung gemäss Ziff. I der V vom 24. Mai 2006, in Kraft seit 1. Juli 2006 (AS **2006** 2349).

30 Fassung gemäss Ziff. I der V vom 24. Mai 2006, in Kraft seit 1. Juli 2006 (AS **2006** 2349).

31 Fassung gemäss Ziff. I der V vom 28. Okt. 1992, in Kraft seit 1. April 1993 (AS **1993** 228).

32 Fassung gemäss Ziff. I der V vom 24. Mai 2006, in Kraft seit 1. Juli 2006 (AS **2006** 2349).

Register eintragen, wenn sie sich beim Abschluss dieser Geschäfte nicht als Effektenhändler ausgewiesen haben.[33]

Art. 22 Eintragung des Entgelts

[1] Als Entgelt (Art. 16 Abs. 1 des Gesetzes) darf im Register eingetragen werden:

a. entweder der in der Abrechnung enthaltene Kurswert der gehandelten Urkunden, einschliesslich der Vergütung für laufende Zinsen oder für noch nicht abgetrennte Coupons;
b. oder der Endbetrag der Abrechnung.

[2] Die Art des Eintrages darf nur auf Beginn eines Geschäftsjahres gewechselt werden.

[3] Ein Entgelt in ausländischer Währung ist in Schweizerfranken umzurechnen (Art. 28 des Gesetzes) und einzutragen.

[4] Sind inländische und ausländische Urkunden in der Weise miteinander verbunden, dass sie nur als Einheit gehandelt werden können, so ist das ganze Entgelt in der Spalte «inländische Titel» einzutragen.

Art. 23[34] Abrechnung unter Effektenhändlern

[1] Die Banken im Sinne des Bankengesetzes vom 8. November 1934[35], die Schweizerische Nationalbank, die zentralen Gegenparteien im Sinne des Finanzmarktinfrastrukturgesetzes vom 19. Juni 2015[36] und die Pfandbriefzentralen gelten ohne besonderen Ausweis als registrierte Effektenhändler.[37]

[2] Alle sonstigen Effektenhändler haben sich gegenüber ihren Vertragsparteien mit einer Erklärung nach amtlichem Formular (Karte) als registrierte Effektenhändler auszuweisen. Die abgegebenen Karten sind zu nummerieren, über sie ist ein besonderes Verzeichnis anzulegen (mit Name und Adresse des Empfängers, Datum der Ausstellung, fortlaufende Nummer) und diese zur Verfügung der Eidgenössischen Steuerverwaltung zu halten.

[3] Die Effektenhändler nach Artikel 13 Absatz 3 Buchstaben b Ziffer 2 sowie d und f des Gesetzes können im geschäftlichen Verkehr mit inländischen Banken sowie mit inländischen Händlern nach Artikel 13 Absatz 3 Buchstabe b Ziffer 1 des Gesetzes davon absehen, sich als Effektenhändler auszuweisen (Art. 21 Abs. 8).[38]

---

33 Eingefügt durch Ziff. I der V vom 28. Okt. 1992 (AS **1993** 228). Fassung gemäss Ziff. I der V vom 24. Mai 2006, in Kraft seit 1. Juli 2006 (AS **2006** 2349).
34 Fassung gemäss Ziff. I der V vom 28. Okt. 1992, in Kraft seit 1. April 1993 (AS **1993** 228).
35 SR **952.0**
36 SR **958.1**
37 Fassung gemäss Anhang 1 Ziff. 7 der Finanzmarktinfrastrukturverordnung vom 25. Nov. 2015, in Kraft seit 1. Jan. 2016 (AS **2015** 5413).
38 Fassung gemäss Ziff. I der V vom 24. Mai 2006, in Kraft seit 1. Juli 2006 (AS **2006** 2349).

[4] Der Abgabepflichtige hat die ihm abgegebenen Karten geordnet nach den Effektenhändler-Nummern zur Verfügung der Eidgenössischen Steuerverwaltung zu halten.

Art. 24 Abgabeabrechnung

[1] Der Abgabepflichtige hat die Abgabe auf Grund der Abrechnung nach amtlichem Formular innert 30 Tagen nach Ablauf des Geschäftsvierteljahres für die in diesem Zeitraum abgeschlossenen oder erfüllten Geschäfte (Art. 15 Abs. 1 und 2 des Gesetzes) unaufgefordert der Eidgenössischen Steuerverwaltung zu entrichten.

[2] Um unverhältnismässige Umtriebe zu vermeiden, kann die Eidgenössische Steuerverwaltung ein von Absatz 1 abweichendes Abrechnungsverfahren gestatten oder anordnen.

Art. 25 Entlassung aus der Abgabepflicht

[1] Wer seine Geschäftstätigkeit aufgeben will oder die gesetzlichen Eigenschaften als Effektenhändler nicht mehr als erfüllt erachtet, hat das unverzüglich der Eidgenössischen Steuerverwaltung anzuzeigen.

[2] Die Eidgenössische Steuerverwaltung entscheidet auf Grund der Anzeige oder von Amtes wegen, ob und auf welchen Zeitpunkt die Abgabepflicht aufhört und die Streichung als registrierter Effektenhändler in Kraft tritt.

[3] Macht eine Gesellschaft, Genossenschaft, Einrichtung der beruflichen und gebundenen Vorsorge sowie die öffentliche Hand glaubhaft, dass sie die in Artikel 13 Absatz 3 Buchstaben d und f des Gesetzes umschriebenen Voraussetzungen bald wieder erfüllen werde, so kann sie auf ihr Ersuchen freiwillig als Effektenhändler registriert bleiben, jedoch längstens während zweier Jahre.[39]

[4] Der Betroffene hat auf das Datum seiner Streichung als registrierter Effektenhändler hin alle von ihm abgegebenen Erklärungen mit amtlichem Formular zu widerrufen und diesen Widerruf der Eidgenössischen Steuerverwaltung unter Beilage des in Artikel 23 Absatz 2 erwähnten Verzeichnisses zu melden.[40]

[5] Innert 30 Tagen nach der Streichung als registrierter Effektenhändler sind der Eidgenössischen Steuerverwaltung die Schlussabrechnung einzureichen und die geschuldeten Abgaben zu überweisen.

Art. 25*a*[41] Handelsbestand der gewerbsmässigen Händler

[1] Die Banken und die bankähnlichen Finanzgesellschaften im Sinne des Bankengesetzes vom 8. November 1934[42], Schweizerische Nationalbank

---

39 Fassung gemäss Ziff. I der V vom 24. Mai 2006, in Kraft seit 1. Juli 2006 (AS **2006** 2349).

40 Fassung gemäss Ziff. I der V vom 28. Okt. 1992, in Kraft seit 1. April 1993 (AS **1993** 228).

41 Eingefügt durch Ziff. I der V vom 28. Okt. 1992, in Kraft seit 1. April 1993 (AS **1993** 228).

42 SR **952.0**

und die zentralen Gegenparteien im Sinne des Finanzmarktinfrastrukturgesetzes vom 19. Juni 2015[43] sind gewerbsmässige Händler im Sinne von Artikel 14 Absatz 3 des Gesetzes.[44]

2 Effektenhändler nach Artikel 13 Absatz 3 Buchstabe b Ziffer 1 des Gesetzes können die Befreiung des Handelsbestandes erst beanspruchen, wenn sie der Eidgenössischen Steuerverwaltung den Nachweis erbracht haben, dass sie den Handel mit steuerbaren Urkunden gewerbsmässig betreiben.

3 Handelsbestand im Sinne von Artikel 14 Absatz 3 des Gesetzes ist die Gesamtheit der liberierten Titel, welche der gewerbsmässige Effektenhändler mit der Absicht der Weiterveräusserung für eigene Rechnung erworben hat. Die von der Schweizerischen Nationalbank zur Durchführung ihrer Geld- und Währungspolitik erworbenen Urkunden gelten als Handelsbestand der Nationalbank.

4 Nicht zum Handelsbestand gehören steuerbare Urkunden, die:

a. vom Effektenhändler gestützt auf Artikel 665 des Obligationenrechts[45] zu den Anschaffungskosten in die Bilanz eingestellt werden;

b.[46] zu den dauernden Beteiligungen im Sinne von Artikel 42 der Bankenverordnung vom 30. April 2014[47] gestützten Ausführungsbestimmungen der FINMA gehören;

c. nicht jederzeit und frei handelbar sind, insbesondere weil sie:
   1. als Garantie oder als Pfanddeckung dienen, insbesondere beim Lombard,
   2. vom Effektenhändler für fremde Rechnung gehalten werden,
   3. einen kommerziellen Kredit verkörpern;

d. vom Effektenhändler bei einer Emission fest übernommen werden.

5 Der gewerbsmässige Händler hat für sich eine halbe Umsatzabgabe zu entrichten für die Überführung von:

a. steuerfrei erworbenen Titeln aus dem Handelsbestand in einen anderen Bestand;

b. Titeln aus einem anderen Bestand in den Handelsbestand.

---

43 SR **958.1**

44 Fassung gemäss Anhang 1 Ziff. 7 der Finanzmarktinfrastrukturverordnung vom 25. Nov. 2015, in Kraft seit 1. Jan. 2016 (AS **2015** 5413).

45 SR **220**

46 Fassung gemäss Anhang 2 Ziff. 2 der Bankenverordnung vom 30. April 2014, in Kraft seit 1. Jan. 2015 (AS **2014** 1269).

47 SR **952.02**

4 Abgabe auf Versicherungsprämien

Art. 26 Anmeldung als Abgabepflichtiger

[1] Die der Aufsicht des Bundes unterstellten sowie die inländischen öffentlichrechtlichen Versicherer haben sich, bevor sie Versicherungen übernehmen, unaufgefordert bei der Eidgenössischen Steuerverwaltung anzumelden. Nicht verpflichtet zur Anmeldung sind Versicherer, die ausschliesslich Versicherungen übernehmen, deren Prämien von der Abgabe ausgenommen sind (Art. 22 des Gesetzes).

[2] In der Anmeldung sind anzugeben: der Name (die Firma) und der Sitz des Unternehmens sowie aller inländischen Zweigniederlassungen, auf welche die Voraussetzungen der Abgabepflicht (Art. 21 f. des Gesetzes) zutreffen, das Rechnungsjahr, das Datum der Aufnahme der Geschäftstätigkeit und die zu betreibenden Versicherungszweige.

[3] Nach Beginn der Abgabepflicht eintretende Änderungen an den gemäss Absatz 2 zu meldenden Tatsachen sind unaufgefordert der Eidgenössischen Steuerverwaltung zu melden.

[4] Der inländische Versicherungsnehmer, der mit einem nicht der Bundesaufsicht unterstellten ausländischen Versicherer Verträge abschliesst, deren Prämien der Abgabe unterliegen, hat sich nach Vertragsabschluss unaufgefordert bei der Eidgenössischen Steuerverwaltung anzumelden. In der Anmeldung sind der Name und die Adresse des Versicherungsnehmers, der Versicherungszweig, der ausländische Versicherer und das Fälligkeitsdatum der Prämie anzugeben.

Art. 26*a*[48] Rückkaufsfähige Lebensversicherung

[1] Als rückkaufsfähige Lebensversicherungen im Sinne von Artikel 22 Buchstabe a des Gesetzes gelten Lebensversicherungen, bei denen der Eintritt des versicherten Ereignisses gewiss ist. Darunter fallen insbesondere die gemischte Versicherung, die lebenslängliche Todesfallversicherung und die Rentenversicherung mit Prämienrückgewähr.

[2] Werden eine rückkaufsfähige und eine nicht rückkaufsfähige Versicherung in einem Vertrag miteinander kombiniert, so unterliegt nur die für die rückkaufsfähige Versicherung gesondert ausgewiesene Prämie der Abgabe.

Art. 26*b*[49] Periodische Prämienzahlung

[1] Als rückkaufsfähige Lebensversicherungen mit periodischer Prämienzahlung im Sinne von Artikel 22 Buchstabe a des Gesetzes gelten Versicherungen, die mit im wesentlichen gleich hohen, über die gesamte Vertragslaufzeit verteilten Jahresprämien finanziert werden. Darunter fallen auch:

a. Versicherungen mit regelmässig steigenden Prämien;

---

48 Eingefügt durch Ziff. I der V vom 9. März 1998, in Kraft seit 1. April 1998 (AS **1998** 961).

49 Eingefügt durch Ziff. I der V vom 9. März 1998, in Kraft seit 1. April 1998 (AS **1998** 961).

b. Versicherungen mit indexierten Prämien;
c. Versicherungen, bei denen die höchste der für die ersten fünf Jahre der Vertragslaufzeit vereinbarten Jahresprämien die tiefste um nicht mehr als 20 Prozent übersteigt;
d. lebenslängliche Todesfallversicherungen mit abgekürzter Prämienzahlung.

2 Keine periodische Prämienzahlung im Sinne von Artikel 22 Buchstabe a des Gesetzes liegt insbesondere vor, wenn:
a. die Vertragslaufzeit weniger als fünf Jahre beträgt; oder
b. trotz vertraglich vereinbarter periodischer Prämienzahlung in den ersten fünf Jahren der Vertragslaufzeit nicht fünf Jahresprämien bezahlt werden, es sei denn, dass:
   1. die Prämienzahlungspflicht wegen Tod oder Invalidität der versicherten Person erlischt, oder
   2. der Abfindungswert (Rückkaufswert einschliesslich sämtlicher Überschussbeteiligungen) tiefer als die bezahlten Prämien ist.

Art. 27 Fahrzeugkaskoversicherung

1 Als Fahrzeugkaskoversicherung im Sinne der Artikel 22 Buchstabe *k* und 24 Absatz 1 des Gesetzes gilt jede Versicherung gegen die Gefahr irgendeiner Beschädigung oder eines Diebstahls des Fahrzeuges.

2 Die Prämie der Kaskoversicherung für ein Luftfahrzeug gemäss Artikel 22 Buchstabe *k* des Gesetzes ist von der Abgabe ausgenommen, wenn sein Abfluggewicht 5700 kg übersteigt.

Art. 28 Abgabeabrechnung

1 Der Versicherer hat die Abgabe auf Grund der Abrechnung nach amtlichem Formular innert 30 Tagen nach Ablauf des Geschäftsvierteljahres für die in diesem Zeitraum vereinnahmten Prämien (Art. 23 des Gesetzes), gesondert nach Versicherungszweigen, unaufgefordert der Eidgenössischen Steuerverwaltung zu entrichten. Die Aufteilung auf Versicherungszweige erstreckt sich auch auf kombinierte Versicherungen, sofern die Prämienanteile verschiedenen Abgabesätzen unterliegen. Enthält die Prämienrechnung aufgrund gesetzlicher Bestimmungen eines Kantons oder des Bundes Forderungen, die nicht als Prämienzahlung für eine Versicherung qualifizieren, so sind diese eindeutig zu bezeichnen und gesondert aufzuführen; andernfalls ist die Abgabe auf dem Gesamtbetrag geschuldet.[50]

2 Wird eine Versicherung von mehreren Versicherern gemeinschaftlich übernommen (Mitversicherung), so hat jeder Versicherer die Abgabe nach Absatz 1 für den auf ihn entfallenden Prämienanteil zu entrichten. Sind an einem Mitversicherungsvertrag jedoch ausschliesslich der Aufsicht des Bundes unterstellte oder inländische öffentlich-rechtliche Versicherer be-

50 Fassung gemäss Ziff. I 1 der V vom 15. Okt. 2008, in Kraft seit 1. Jan. 2010 (AS **2008** 5073).

teiligt, so hat der federführende Versicherer die gesamte Abgabe zu entrichten.[51]

[3] Der abgabepflichtige inländische Versicherungsnehmer (Art. 25 Satz 2 des Gesetzes) hat die Abgabe innert 30 Tagen nach Ablauf jedes Quartals für die in diesem Zeitraum bezahlten Prämien mit amtlichem Formular unaufgefordert der Eidgenössischen Steuerverwaltung zu entrichten.

[4] Um unverhältnismässige Umtriebe zu vermeiden, kann die Eidgenössische Steuerverwaltung ein von den Absätzen 1 und 3 abweichendes Abgabeabrechnungsverfahren gestatten oder anordnen.

5 Übergangsbestimmungen

Art. 29 und **30**[52]

Art. 30*a*[53] Lebensversicherungen

Die Abgabe auf den Prämien für die rückkaufsfähige Lebensversicherung wird auf Versicherungen mit Versicherungsbeginn nach dem 31. März 1998 erhoben.

6 Schlussbestimmungen

Art. 31 Aufhebung bisherigen Rechts

Aufgehoben werden:

am 1. Juli 1974:

- die Vollziehungsverordnung vom 7. Juni 1928[54] zu den Bundesgesetzen über die Stempelabgaben, mit Ausnahme der Artikel 75–83;
- die Vollziehungsverordnung vom 1. Oktober 1937[55] zum Bundesgesetz vom 24. Juni 1937 über Ergänzung und Abänderung der eidgenössischen Stempelgesetzgebung;

am 1. Januar 1975:

- die Artikel 75–83 der Vollziehungsverordnung vom 7. Juni 1928[56] zu den Bundesgesetzen über die Stempelabgaben.

---

51 Fassung gemäss Ziff. I der V vom 24. Mai 2006, in Kraft seit 1. Juli 2006 (AS **2006** 2349).

52 Aufgehoben durch Ziff. I der V vom 24. Mai 2006, mit Wirkung seit 1. Juli 2006 (AS **2006** 2349).

53 Eingefügt durch Ziff. I der V vom 9. März 1998, in Kraft seit 1. April 1998 (AS **1998** 961).

54 [BS **6** 134; AS **1954** 1145 Ziff. I, **1958** 362 UeB Art. 7 Abs. 1, **1966** 371 Art. 71 Abs. 1 1688]

55 [BS **6** 170; AS **1954** 1145 Ziff. II]

56 [BS **6** 134; AS **1954** 1145 Ziff. I, **1958** 362 UeB Art. 7 Abs. 1, **1966** 371 Art. 71 Abs. 1 1688]

Art. 32 Inkrafttreten

Diese Verordnung tritt wie folgt in Kraft:
am 1. Juli 1974: die Artikel 1–25 und 29–31;
am 1. Januar 1975: die Artikel 26–28.

Schlussbestimmungen der Änderung vom 28. Oktober 1992[57]

1 Die Effektenhändlererklärungen, welche vor dem Inkrafttreten dieser Änderung abgegeben wurden, sind ab 1. April 1993 nicht mehr gültig.

2 Neben den in Artikel 23 Absatz 1 genannten Banken und Pfandbriefzentralen darf der Effektenhändler nur solche Gegenparteien zu den Effektenhändlern zählen, welche sich ihm gegenüber als Abgabepflichtige ausweisen, die nach der Änderung vom 4. Oktober 1991 des Gesetzes[58] registriert worden sind.

3 Für die in Artikel 13 Absatz 3 Buchstabe d des Gesetzes erwähnten Gesellschaften und Genossenschaften beginnt die Pflicht zur Entrichtung der Umsatzabgabe am 1. April 1993, sofern ihre letzte, vor oder auf den 30. September 1992 erstellte Bilanz steuerbare Urkunden von mehr als 10 Millionen Franken ausweist.

Übergangsbestimmung zur Änderung vom 18. Juni 2010[59]

Die geänderten Bestimmungen gelten für die nach dem 31. Juli 2010 fällig werdenden steuerbaren Leistungen.

---

57 AS **1993** 228
58 AS **1993** 222
59 AS **2010** 2963

Verordnung
über die Aufhebung der Umsatzabgabe auf der Emission von Schweizerfranken-Anleihen ausländischer Schuldner (SR 641.131)

vom 15. März 1993 (Stand am 1. April 1993)

Der Schweizerische Bundesrat,

gestützt auf Artikel 13 Absatz 2 Buchstabe b des Bundesgesetzes vom 27. Juni 1973[1] über die Stempelabgaben,

verordnet:

Art. 1

Die Ausgabe von Schweizerfranken-Anleihen ausländischer Schuldner wird von der Umsatzabgabe ausgenommen.

Art. 2

Diese Verordnung tritt am 1. April 1993 in Kraft.

AS 1993 1493

1 SR **641.10**

Verordnung über die Verzinsung ausstehender Stempelabgaben (SR 641.153)

vom 29. November 1996 (Stand am 1. Januar 1997)

Das Eidgenössische Finanzdepartement,

gestützt auf Artikel 29 des Bundesgesetzes vom 27. Juni 1973[1] über die Stempelabgaben,

verordnet:

Art. 1

1 Der Verzugszins, der nach Artikel 29 des Bundesgesetzes vom 27. Juni 1973[2] über die Stempelabgaben bei verspäteter Entrichtung der Abgabe geschuldet wird, beträgt ab 1. Januar 1997 jährlich 5 Prozent.

2 Auf den vor dem 1. Januar 1997 zur Zahlung fällig gewordenen, aber erst später entrichteten Abgabebeträgen findet für die Zeit bis zum 31. Dezember 1996 noch der Zinssatz von 6 Prozent Anwendung.

Art. 2

1 Die Verordnung vom 30. April 1990[3] über die Verzinsung ausstehender Stempelabgaben wird aufgehoben.

2 Diese Verordnung tritt am 1. Januar 1997 in Kraft.

AS **1996** 3370

1 SR **641.10**

2 SR **641.10**

3 [AS **1990** 1017]

Bundesgesetz
über die Mehrwertsteuer (Mehrwertsteuergesetz, MWSTG) (SR 641.20)

vom 12. Juni 2009 (Stand am 1. Januar 2018)*

Die Bundesversammlung der Schweizerischen Eidgenossenschaft,
gestützt auf Artikel 130 der Bundesverfassung[1],
nach Einsicht in die Botschaft des Bundesrates vom 25. Juni 2008[2],
beschliesst:

1. Titel: Allgemeine Bestimmungen

Gegenstand und Grundsätze

1. [1] Der Bund erhebt eine allgemeine Verbrauchssteuer nach dem System der Netto-Allphasensteuer mit Vorsteuerabzug (Mehrwertsteuer). Die Steuer bezweckt die Besteuerung des nicht unternehmerischen Endverbrauchs im Inland [3 a].

[2] Als Mehrwertsteuer erhebt er:
a. eine Steuer auf den im Inland von steuerpflichtigen Personen [10] gegen Entgelt [3 f] erbrachten Leistungen [3 c] (Inlandsteuer) [10 ff.];
b. eine Steuer auf dem Bezug von Leistungen [3 c] von Unternehmen mit Sitz im Ausland durch Empfänger und Empfängerinnen im Inland (Bezugsteuer) [45 ff.];
c. eine Steuer auf der Einfuhr von Gegenständen (Einfuhrsteuer) [50 ff.].

[3] Die Erhebung erfolgt nach den Grundsätzen:
a. der Wettbewerbsneutralität;
b. der Wirtschaftlichkeit der Entrichtung und der Erhebung;
c. der Überwälzbarkeit [6].

Vgl.: MWST-Info 01 (MWST in Kürze).

Verhältnis zum kantonalen Recht

2. [1] Billettsteuern und Handänderungssteuern, die von den Kantonen und Gemeinden erhoben werden, gelten nicht als

AS **2009** 5203
* Alle Änderungen berücksichtigt bis zur letzten Bundesratssitzung des Jahres vom 20. Dez. 2017.
1 SR **101**
2 BBl **2008** 6885

gleichartige Steuern im Sinne von Artikel 134 der Bundesverfassung.

2 Sie dürfen erhoben werden, soweit sie nicht die Mehrwertsteuer in ihre Bemessungsgrundlage einbeziehen.

Begriffe

3. Im Sinne dieses Gesetzes bedeuten:

a. Inland: das schweizerische Staatsgebiet mit den Zollanschlussgebieten nach Artikel 3 Absatz 2 des Zollgesetzes vom 18. März 2005[3] (ZG);

Vgl.: MWSTV 1; MWST-Info 06 (Ort der Leistungserbringung).

b. Gegenstände: bewegliche und unbewegliche Sachen sowie Elektrizität, Gas, Wärme, Kälte und Ähnliches;

c. Leistung: die Einräumung eines verbrauchsfähigen wirtschaftlichen Wertes an eine Drittperson in Erwartung eines Entgelts [3 f], auch wenn sie von Gesetzes wegen oder aufgrund behördlicher Anordnung erfolgt;

d. Lieferung:
   1. Verschaffen der Befähigung, im eigenen Namen über einen Gegenstand [3 b] wirtschaftlich zu verfügen,
   2. Abliefern eines Gegenstandes, an dem Arbeiten besorgt worden sind, auch wenn dieser Gegenstand dadurch nicht verändert, sondern bloss geprüft, geeicht, reguliert, in der Funktion kontrolliert oder in anderer Weise behandelt worden ist,
   3. Überlassen eines Gegenstandes zum Gebrauch oder zur Nutzung;

Vgl.: 9; MWSTV 2.

e. Dienstleistung: jede Leistung, die keine Lieferung [3 d] ist; eine Dienstleistung liegt auch vor, wenn:
   1. immaterielle Werte und Rechte überlassen werden,
   2. eine Handlung unterlassen oder eine Handlung beziehungsweise ein Zustand geduldet wird;

Vgl.: 9.

f. Entgelt: Vermögenswert, den der Empfänger oder die Empfängerin oder an seiner oder ihrer Stelle eine Drittperson für den Erhalt einer Leistung [3 c] aufwendet;

Vgl.: 24 I, 54 II.

g.[4] hoheitliche Tätigkeit: Tätigkeit eines Gemeinwesens [12] oder einer von einem Gemeinwesen eingesetzten Person oder Organisation, die nicht unternehmerischer Natur ist, namentlich nicht marktfähig ist und nicht im Wettbewerb

---

3 SR **631.0**

4 Fassung gemäss Ziff. I des BG vom 30. Sept. 2016, in Kraft seit 1. Jan. 2018 (AS **2017** 3575; BBl **2015** 2615).

mit Tätigkeiten privater Anbieter steht, selbst wenn für die Tätigkeit Gebühren, Beiträge oder sonstige Abgaben erhoben werden;

Vgl.: MWST-Branchen-Info 19 (Gemeinwesen).

h.[5] eng verbundene Personen:

1. die Inhaber und Inhaberinnen von mindestens 20 Prozent des Stamm- oder Grundkapitals eines Unternehmens oder von einer entsprechenden Beteiligung an einer Personengesellschaft oder ihnen nahestehende Personen,
2. Stiftungen und Vereine, zu denen eine besonders enge wirtschaftliche, vertragliche oder personelle Beziehung besteht; nicht als eng verbundene Personen gelten Vorsorgeeinrichtungen;

i.[6] Spende: freiwillige Zuwendung in der Absicht, den Empfänger oder die Empfängerin zu bereichern ohne Erwartung einer Gegenleistung im mehrwertsteuerlichen Sinne; eine Zuwendung gilt auch dann als Spende, wenn:

1. die Zuwendung in einer Publikation in neutraler Form einmalig oder mehrmalig erwähnt wird, selbst wenn dabei die Firma oder das Logo des Spenders oder der Spenderin verwendet wird,
2. es sich um Beiträge von Passivmitgliedern sowie von Gönnern und Gönnerinnen an Vereine oder an gemeinnützige Organisationen handelt; Beiträge von Gönnern und Gönnerinnen an gemeinnützige Organisationen [3 j] gelten auch dann als Spende, wenn die gemeinnützige Organisation ihren Gönnern und Gönnerinnen freiwillig Vorteile im Rahmen des statutarischen Zwecks gewährt, sofern sie dem Gönner oder der Gönnerin mitteilt, dass kein Anspruch auf die Vorteile besteht;

Vgl.: MWST-Info 05 (Spenden).

j. gemeinnützige Organisation: Organisation, die die Voraussetzungen erfüllt, welche gemäss Artikel 56 Buchstabe g des BG vom 14. Dezember 1990[7] über die direkte Bundessteuer (DBG) für die direkte Bundessteuer gelten;

k. Rechnung: jedes Dokument, mit dem gegenüber einer Drittperson über das Entgelt [3 f] für eine Leistung [3 c] abgerechnet wird, gleichgültig, wie dieses Dokument im Geschäftsverkehr bezeichnet wird.

Vgl.: 26; MWST-Info 16 (Buchführung).

---

5 Fassung gemäss Ziff. I des BG vom 30. Sept. 2016, in Kraft seit 1. Jan. 2018 (AS **2017** 3575; BBl **2015** 2615).

6 Fassung gemäss Ziff. I des BG vom 30. Sept. 2016, in Kraft seit 1. Jan. 2018 (AS **2017** 3575; BBl **2015** 2615).

7 SR **642.11**

Samnaun und Sampuoir

4. [1] Solange die Talschaften Samnaun und Sampuoir aus dem schweizerischen Zollgebiet ausgeschlossen sind, gilt dieses Gesetz in den beiden Talschaften nur für Dienstleistungen [3 e].[8]

[2] Die dem Bund aufgrund von Absatz 1 entstehenden Steuerausfälle sind durch die Gemeinden Samnaun und Valsot zu kompensieren.[9]

[3] Der Bundesrat regelt die Einzelheiten im Einvernehmen mit den Gemeinden Samnaun und Valsot. Er berücksichtigt dabei die Einsparungen infolge des geringeren Erhebungsaufwands angemessen.[10]

Vgl.: MWSTV 77 II d.

Indexierung

5. Der Bundesrat beschliesst die Anpassung der in den Artikeln 31 Absatz 2 Buchstabe c, 37 Absatz 1, 38 Absatz 1 und 45 Absatz 2 Buchstabe b genannten Frankenbeträge, sobald sich der Landesindex der Konsumentenpreise seit der letzten Festlegung um mehr als 30 Prozent erhöht hat.

Steuerüberwälzung

6. [1] Die Überwälzung der Steuer richtet sich nach privatrechtlichen Vereinbarungen.

[2] Zur Beurteilung von Streitigkeiten über die Steuerüberwälzung sind die Zivilgerichte zuständig.

Ort der Lieferung

7. [1] Als Ort einer Lieferung [3 d] gilt der Ort, an dem:

a. sich der Gegenstand [3 b] zum Zeitpunkt der Verschaffung der Befähigung, über ihn wirtschaftlich zu verfügen, der Ablieferung oder der Überlassung zum Gebrauch oder zur Nutzung befindet;

b. die Beförderung oder Versendung des Gegenstandes zum Abnehmer oder zur Abnehmerin oder in dessen oder deren Auftrag zu einer Drittperson beginnt.

[2] Als Ort der Lieferung von Elektrizität in Leitungen, Gas über das Erdgasverteilnetz und Fernwärme gilt der Ort, an dem der Empfänger oder die Empfängerin der Lieferung den Sitz der wirtschaftlichen Tätigkeit oder eine Betriebsstätte [MWSTV 5] hat, für welche die Lieferung erbracht wird, oder in Ermangelung eines solchen Sitzes oder einer solchen Betriebsstätte der Ort, an

---

8 Als Rechtsnachfolgerin der Gemeinde Tschlin hat Valsot ab dem 1. Januar 2013 die Kompensation der auf ihrem Teil des Zollausschlussgebiets ausgeführten steuerfreien Lieferungen an den Bund zu leisten (AS **2012** 3551).

9 Fassung gemäss Ziff. I des BG vom 30. Sept. 2016, in Kraft seit 1. Jan. 2018 (AS **2017** 3575; BBl **2015** 2615).

10 Fassung gemäss Ziff. I des BG vom 30. Sept. 2016, in Kraft seit 1. Jan. 2018 (AS **2017** 3575; BBl **2015** 2615).

dem die Elektrizität, das Gas oder die Fernwärme tatsächlich genutzt oder verbraucht wird.[11]

Vgl. zu II: 53 I g; MWST-Branchen-Info 07 (Elektrizität und Erdgas).

[3] Bei der Lieferung eines Gegenstands vom Ausland ins Inland gilt der Ort der Lieferung als im Inland gelegen, sofern der Leistungserbringer oder die Leistungserbringerin:

a. über eine Bewilligung der Eidgenössischen Steuerverwaltung (ESTV) verfügt, die Einfuhr im eigenen Namen vorzunehmen (Unterstellungserklärung), und im Zeitpunkt der Einfuhr nicht darauf verzichtet; oder

b.[12] …[13]

Vgl.: 9; MWSTV 3 f.; MWST-Info 06 (Ort der Leistungserbringung).

Anm.: Gem. BG über die Mehrwertsteuer vom 30.9.2016 wird Art. 7 Abs. 3 Bst. b per 1.1.2019 neu eingefügt:

[b. mit Gegenständen, die nach Artikel 53 Absatz 1 Buchstabe a aufgrund des geringfügigen Steuerbetrags von der Einfuhrsteuer befreit sind, Lieferungen nach Absatz 1 Buchstabe b des vorliegenden Artikels erbringt und daraus mindestens einen Umsatz von 100 000 Franken pro Jahr erzielt.]

Ort der Dienstleistung

8. [1] Als Ort der Dienstleistung [3 e] gilt unter Vorbehalt von Absatz 2 der Ort, an dem der Empfänger oder die Empfängerin der Dienstleistung den Sitz der wirtschaftlichen Tätigkeit oder eine Betriebsstätte [MWSTV 5] hat, für welche die Dienstleistung erbracht wird, oder in Ermangelung eines solchen Sitzes oder einer solchen Betriebsstätte der Wohnort oder der Ort seines oder ihres üblichen Aufenthaltes.

Vgl.: 45 I a.

[2] Als Ort der nachfolgend aufgeführten Dienstleistungen gilt:

a. bei Dienstleistungen, die typischerweise unmittelbar gegenüber physisch anwesenden natürlichen Personen erbracht werden, auch wenn sie ausnahmsweise aus der Ferne erbracht werden: der Ort, an dem die dienstleistende Person den Sitz der wirtschaftlichen Tätigkeit oder eine Betriebsstätte hat, oder in Ermangelung eines solchen Sitzes oder einer solchen Betriebsstätte der Wohnort oder der Ort, von dem aus sie tätig wird; als solche Dienstleistungen gelten namentlich: Heilbehandlungen, Therapien, Pflegeleistungen, Körperpflege, Ehe-, Familien- und Lebensberatung, Sozialleistungen und Sozialhilfeleistungen sowie Kinder- und Jugendbetreuung;

---

11 Fassung gemäss Ziff. I des BG vom 30. Sept. 2016, in Kraft seit 1. Jan. 2018 (AS **2017** 3575; BBl **2015** 2615).

12 Tritt am 1. Jan. 2019 in Kraft.

13 Eingefügt durch Ziff. I des BG vom 30. Sept. 2016, in Kraft seit 1. Jan. 2018 (AS **2017** 3575; BBl **2015** 2615).

Vgl.: 21 II 2 ff.; MWST-Branchen-Info 21 (Gesundheitswesen).

b. bei Dienstleistungen von Reisebüros und Organisatoren von Veranstaltungen [23 II 10]: der Ort, an dem die dienstleistende Person den Sitz der wirtschaftlichen Tätigkeit oder eine Betriebsstätte hat, oder in Ermangelung eines solchen Sitzes oder einer solchen Betriebsstätte der Wohnort oder der Ort, von dem aus sie tätig wird;

Vgl.: MWST-Branchen-Info 12 (Reisebüro).

c. bei Dienstleistungen auf dem Gebiet der Kultur, der Künste, des Sportes, der Wissenschaft, des Unterrichts, der Unterhaltung oder ähnlichen Leistungen, einschliesslich der Leistungen der jeweiligen Veranstalter und der gegebenenfalls damit zusammenhängenden Leistungen [21 II 10 ff.]: der Ort, an dem diese Tätigkeiten tatsächlich ausgeübt werden;

Vgl.: MWST-Branchen-Info 20 (Bildung), 23 (Kultur) und 24 (Sport).

d. bei gastgewerblichen Leistungen [25 III]: der Ort, an dem die Dienstleistung tatsächlich erbracht wird;

Vgl.: MWST-Branchen-Info 08 (Hotel- und Gastgewerbe).

e. bei Personenbeförderungsleistungen [MWSTV 6]: der Ort, an dem die Beförderung gemessen an der zurückgelegten Strecke tatsächlich stattfindet; der Bundesrat kann bestimmen, dass bei grenzüberschreitenden Beförderungen kurze inländische Strecken als ausländische und kurze ausländische Strecken als inländische Strecken gelten;

Vgl.: MWSTV 5a, 41 ff.; MWST-Branchen-Info 09 (Transportwesen).

f. bei Dienstleistungen im Zusammenhang mit einem Grundstück [ZGB 655]: der Ort, an dem das Grundstück gelegen ist; als solche Dienstleistungen gelten namentlich: Vermittlung, Verwaltung, Begutachtung und Schätzung des Grundstückes, Dienstleistungen im Zusammenhang mit dem Erwerb oder der Bestellung von dinglichen Rechten am Grundstück, Dienstleistungen im Zusammenhang mit der Vorbereitung oder der Koordinierung von Bauleistungen wie Architektur-, Ingenieur- und Bauaufsichtsleistungen, Überwachung von Grundstücken und Gebäuden sowie Beherbergungsleistungen;

Vgl.: MWST-Branchen-Info 17 (Liegenschaft).

g. bei Dienstleistungen im Bereich der internationalen Entwicklungszusammenarbeit und der humanitären Hilfe: der Ort, für den die Dienstleistung bestimmt ist.

Vgl.: MWST-Branchen-Info 22 (Hilfsorganisationen).

Vgl.: 9; MWST-Info 06 (Ort der Leistungserbringung).

9. Um Wettbewerbsverzerrungen durch Doppelbesteuerungen oder Nichtbesteuerungen bei grenzüberschreitenden Leistungen zu vermeiden, kann der Bundesrat die Abgrenzung zwischen Lieferungen und Dienstleistungen abweichend von Artikel 3 regeln sowie den Ort der Leistungserbringung abweichend von den Artikeln 7 und 8 bestimmen. **Vermeidung von Wettbewerbsverzerrungen**

Vgl.: MWSTV 6 f.

2. Titel: Inlandsteuer

1. Kapitel: Steuersubjekt

10. 1 Steuerpflichtig ist, wer unabhängig von Rechtsform, Zweck und Gewinnabsicht ein Unternehmen betreibt und: **Grundsatz**

a. mit diesem Unternehmen Leistungen im Inland erbringt; oder
b. Sitz, Wohnsitz oder Betriebsstätte im Inland hat.[14]

Vgl.: MWSTV 166a.

1bis Ein Unternehmen betreibt, wer:

a. eine auf die nachhaltige Erzielung von Einnahmen aus Leistungen [3 c] ausgerichtete berufliche oder gewerbliche Tätigkeit selbstständig ausübt, unabhängig von der Höhe des Zuflusses von Mitteln, die nach Artikel 18 Absatz 2 nicht als Entgelt gelten; und
b. unter eigenem Namen nach aussen auftritt.[15]

1ter Das Erwerben, Halten und Veräussern von Beteiligungen nach Artikel 29 Absätze 2 und 3 stellt eine unternehmerische Tätigkeit dar.[16]

2 Von der Steuerpflicht ist befreit [113 I], wer:

a. innerhalb eines Jahres im In- und Ausland weniger als 100 000 Franken Umsatz aus Leistungen erzielt, die nicht nach Artikel 21 Absatz 2 von der Steuer ausgenommen sind;
b. ein Unternehmen mit Sitz im Ausland betreibt, das im Inland, unabhängig vom Umsatz, ausschliesslich eine oder mehrere der folgenden Leistungsarten erbringt:

---

14 Fassung gemäss Ziff. I des BG vom 30. Sept. 2016, in Kraft seit 1. Jan. 2018 (AS **2017** 3575; BBl **2015** 2615).

15 Eingefügt durch Ziff. I des BG vom 30. Sept. 2016, in Kraft seit 1. Jan. 2018 (AS **2017** 3575; BBl **2015** 2615).

16 Eingefügt durch Ziff. I des BG vom 30. Sept. 2016, in Kraft seit 1. Jan. 2018 (AS **2017** 3575; BBl **2015** 2615).

1. von der Steuer befreite Leistungen,
2. Dienstleistungen, deren Ort sich nach Artikel 8 Absatz 1 im Inland befindet; nicht von der Steuerpflicht befreit ist jedoch, wer Telekommunikations- oder elektronische Dienstleistungen [MWSTV 10] an nicht steuerpflichtige Empfänger und Empfängerinnen erbringt,
3. Lieferung von Elektrizität in Leitungen, Gas über das Erdgasverteilnetz und Fernwärme an steuerpflichtige Personen im Inland;

c. als nicht gewinnstrebiger, ehrenamtlich geführter Sport- oder Kulturverein oder als gemeinnützige Institution innerhalb eines Jahres im In- und Ausland weniger als 150 000 Franken Umsatz aus Leistungen erzielt, die nicht nach Artikel 21 Absatz 2 von der Steuer ausgenommen sind.[17]

2bis Der Umsatz berechnet sich nach den vereinbarten Entgelten [39 I] ohne die Steuer.[18]

Vgl.: 14 III.

3 Der Sitz im Inland sowie alle inländischen Betriebsstätten [MWSTV 5] bilden zusammen ein Steuersubjekt.

Vgl. zu 10–17: MWSTV 7–25; MWST-Info 02 (Steuerpflicht) und 21 (Neue Steuerpflichtige).

Verzicht auf die Befreiung von der Steuerpflicht

11. 1 Wer ein Unternehmen betreibt und nach Artikel 10 Absatz 2 oder 12 Absatz 3 von der Steuerpflicht befreit ist, hat das Recht, auf die Befreiung von der Steuerpflicht zu verzichten.

2 Auf die Befreiung von der Steuerpflicht muss mindestens während einer Steuerperiode [34] verzichtet werden.

Vgl.: 14 IV und V, 93 II.

Gemeinwesen

12. 1 Steuersubjekte der Gemeinwesen sind die autonomen Dienststellen von Bund, Kantonen und Gemeinden und die übrigen Einrichtungen des öffentlichen Rechts.

2 Dienststellen können sich zu einem einzigen Steuersubjekt zusammenschliessen. Der Zusammenschluss kann auf den Beginn jeder Steuerperiode [34] gewählt werden. Er muss während mindestens einer Steuerperiode beibehalten werden.

Vgl.: MWSTV 97 IV.

3 Ein Steuersubjekt eines Gemeinwesens ist von der Steuerpflicht befreit, solange weniger als 100 000 Franken Umsatz pro Jahr aus steuerbaren Leistungen [18 I] an Nichtgemeinwesen

---

17 Fassung gemäss Ziff. I des BG vom 30. Sept. 2016, in Kraft seit 1. Jan. 2018 (AS **2017** 3575; BBl **2015** 2615).

18 Eingefügt durch Ziff. I des BG vom 30. Sept. 2016, in Kraft seit 1. Jan. 2018 (AS **2017** 3575; BBl **2015** 2615).

stammen. Der Umsatz bemisst sich nach den vereinbarten Entgelten [39 I] ohne die Steuer.[19]

Vgl.: 14 III.

4 Der Bundesrat bestimmt, welche Leistungen von Gemeinwesen als unternehmerisch und damit steuerbar gelten [MWSTV 14].

Vgl.: 3 g, 21 II 28; MWSTV 12 ff., 38; MWST-Branchen-Info 19 (Gemeinwesen).

Gruppenbesteuerung

13. 1 Rechtsträger mit Sitz oder Betriebsstätte [MWSTV 5] in der Schweiz, die unter einheitlicher Leitung eines Rechtsträgers miteinander verbunden sind, können sich auf Antrag zu einem einzigen Steuersubjekt zusammenschliessen (Mehrwertsteuergruppe). In die Gruppe können auch Rechtsträger, die kein Unternehmen [10 I] betreiben, und natürliche Personen einbezogen werden.

2 Der Zusammenschluss zu einer Mehrwertsteuergruppe kann auf den Beginn jeder Steuerperiode [34] gewählt werden. Die Beendigung einer Mehrwertsteuergruppe ist jeweils auf das Ende einer Steuerperiode möglich.

Vgl.: 15 I, 67 II; MWSTV 15 ff., 77 II c; MWST-Info 03 (Gruppenbesteuerung).

Beginn und Ende der Steuerpflicht und der Befreiung von der Steuerpflicht

14. 1 Die Steuerpflicht beginnt:

a. für Unternehmen mit Sitz, Wohnsitz oder Betriebsstätte im Inland: mit der Aufnahme der unternehmerischen Tätigkeit [10 I];
b. für alle anderen Unternehmen: mit dem erstmaligen Erbringen einer Leistung im Inland.[20]

2 Die Steuerpflicht endet:

a. für Unternehmen mit Sitz, Wohnsitz oder Betriebsstätte im Inland:
    1. mit der Beendigung der unternehmerischen Tätigkeit [10 I],
    2. bei Vermögensliquidation: mit Abschluss des Liquidationsverfahrens;
b. für alle anderen Unternehmen: am Schluss des Kalenderjahres, in dem letztmals eine Leistung im Inland erbracht wird.[21]

Vgl.: 66 II.

---

19 Fassung gemäss Ziff. I des BG vom 30. Sept. 2016, in Kraft seit 1. Jan. 2018 (AS **2017** 3575; BBl **2015** 2615).

20 Fassung gemäss Ziff. I des BG vom 30. Sept. 2016, in Kraft seit 1. Jan. 2018 (AS **2017** 3575; BBl **2015** 2615).

21 Fassung gemäss Ziff. I des BG vom 30. Sept. 2016, in Kraft seit 1. Jan. 2018 (AS **2017** 3575; BBl **2015** 2615).

[3] Die Befreiung von der Steuerpflicht endet, sobald das Total der im letzten Geschäftsjahr erzielten Umsätze die Grenze von Artikel 10 Absatz 2 Buchstabe a oder c oder 12 Absatz 3 erreicht hat oder absehbar ist, dass diese Grenze innerhalb von 12 Monaten nach der Aufnahme oder Ausweitung der unternehmerischen Tätigkeit überschritten wird.

[4] Der Verzicht auf die Befreiung von der Steuerpflicht [11] kann frühestens auf den Beginn der laufenden Steuerperiode [34] erklärt werden.

[5] Unterschreitet der massgebende Umsatz der steuerpflichtigen Person die Umsatzgrenze nach Artikel 10 Absatz 2 Buchstabe a oder c oder 12 Absatz 3 und ist zu erwarten, dass der massgebende Umsatz auch in der folgenden Steuerperiode [34] nicht mehr erreicht wird, so muss sich die steuerpflichtige Person abmelden [66]. Die Abmeldung ist frühestens möglich auf das Ende der Steuerperiode, in der der massgebende Umsatz nicht erreicht worden ist. Die Nichtabmeldung gilt als Verzicht auf die Befreiung von der Steuerpflicht nach Artikel 11. Der Verzicht gilt ab Beginn der folgenden Steuerperiode.

Vgl.: MWSTV 9 f.

Mithaftung

15. [1] Mit der steuerpflichtigen Person [10] haften solidarisch [OR 143 ff.]:

a. die Teilhaber und Teilhaberinnen an einer einfachen Gesellschaft [OR 530 ff.], Kollektiv- [OR 552 ff.] oder Kommanditgesellschaft [OR 594 ff.] im Rahmen ihrer zivilrechtlichen Haftbarkeit;

b. Personen, die eine freiwillige Versteigerung durchführen oder durchführen lassen;

c.[22] jede zu einer Mehrwertsteuergruppe (Art. 13) gehörende Person oder Personengesellschaft, mit Ausnahme von Vorsorgeeinrichtungen, für sämtliche von der Gruppe geschuldeten Steuern; tritt eine Person oder Personengesellschaft aus der Gruppe aus, so haftet sie nur noch für die Steuerforderungen, die sich aus ihren eigenen unternehmerischen Tätigkeiten [10 I] ergeben haben;

Vgl.: MWSTV 22.

d. bei der Übertragung eines Unternehmens: der bisherige Steuerschuldner oder die bisherige Steuerschuldnerin noch während dreier Jahre seit der Mitteilung oder Auskündigung der Übertragung für die vor der Übertragung entstandenen Steuerforderungen;

e. bei Beendigung der Steuerpflicht [14 II] einer aufgelösten juristischen Person, Handelsgesellschaft oder Personenge-

[22] Fassung gemäss Ziff. I des BG vom 30. Sept. 2016, in Kraft seit 1. Jan. 2018 (AS **2017** 3575; BBl **2015** 2615).

samtheit ohne Rechtspersönlichkeit: die mit der Liquidation betrauten Personen bis zum Betrag des Liquidationsergebnisses [15 II];

f. für die Steuer einer juristischen Person, die ihren Sitz ins Ausland verlegt: die geschäftsführenden Organe bis zum Betrag des reinen Vermögens der juristischen Person [15 II].

2 Die in Absatz 1 Buchstaben e und f bezeichneten Personen haften nur für Steuer-, Zins- und Kostenforderungen, die während ihrer Geschäftsführung entstehen oder fällig werden; ihre Haftung entfällt, soweit sie nachweisen, dass sie alles ihnen Zumutbare zur Feststellung und Erfüllung der Steuerforderung getan haben.

3 Die Haftung nach Artikel 12 Absatz 3 des Bundesgesetzes vom 22. März 1974[23] über das Verwaltungsstrafrecht (VStrR) bleibt vorbehalten.

4 Tritt eine steuerpflichtige Person [10] Forderungen aus ihrem Unternehmen an Dritte ab, so haften diese subsidiär für die mit den Forderungen mitzedierte Mehrwertsteuer, wenn im Zeitpunkt der Abtretung die Steuerschuld gegenüber der ESTV noch nicht entstanden ist und ein Verlustschein vorliegt.[24]

Vgl.: MWSTV 23 ff., 164.

5 Die mithaftende Person [15 I] hat im Verfahren die gleichen Rechte und Pflichten wie die steuerpflichtige Person [10].

Steuernachfolge

16. 1 Stirbt eine steuerpflichtige natürliche Person [10], so treten ihre Erben und Erbinnen [ZGB 457 ff.] in ihre Rechte und Pflichten ein. Sie haften solidarisch [OR 143 ff.] für die vom Erblasser oder von der Erblasserin geschuldeten Steuern bis zur Höhe ihrer Erbteile, mit Einschluss der Vorempfänge.

2 Wer ein Unternehmen übernimmt, tritt in die steuerlichen Rechte und Pflichten des Rechtsvorgängers oder der Rechtsvorgängerin ein.

Steuersubstitution

17. Die Erfüllung der Steuerpflicht ausländischer Handelsgesellschaften und ausländischer Personengesamtheiten ohne Rechtspersönlichkeit obliegt auch deren Teilhabern und Teilhaberinnen.

2. Kapitel: Steuerobjekt

Grundsatz

18. 1 Der Inlandsteuer unterliegen die im Inland [3 a] durch steuerpflichtige Personen [10] gegen Entgelt [3 f] erbrachten

23 SR **313.0**

24 Fassung gemäss Ziff. I des BG vom 30. Sept. 2016, in Kraft seit 1. Jan. 2018 (AS **2017** 3575; BBl **2015** 2615).

Leistungen [3 c]; sie sind steuerbar, soweit dieses Gesetz keine Ausnahme vorsieht.

[2] Mangels Leistung gelten namentlich die folgenden Mittelflüsse nicht als Entgelt [MWSTV 30 I]:

a. Subventionen und andere öffentlich-rechtliche Beiträge [MWSTV 29], auch wenn sie gestützt auf einen Leistungsauftrag oder eine Programmvereinbarung gemäss Artikel 46 Absatz 2 der Bundesverfassung ausgerichtet werden;

Vgl.: 33 II und MWSTV 30 II; 32 i.V.m. MWSTV 165 a.

b. Gelder, die Kur- und Verkehrsvereine ausschliesslich aus öffentlich-rechtlichen Tourismusabgaben erhalten und die sie im Auftrag von Gemeinwesen zugunsten der Allgemeinheit einsetzen;

Vgl.: 33 II und MWSTV 30 II; 32 i.V.m. MWSTV 165 a.

c. Beiträge aus kantonalen Wasser-, Abwasser- oder Abfallfonds an Entsorgungsanstalten oder Wasserwerke;

Vgl.: 33 II und MWSTV 30 II; 32 i.V.m. MWSTV 165 a.

d. Spenden [3 i];
e. Einlagen in Unternehmen, insbesondere zinslose Darlehen, Sanierungsleistungen und Forderungsverzichte;
f. Dividenden und andere Gewinnanteile;
g. vertraglich oder gesetzlich geregelte Kostenausgleichszahlungen, die durch eine Organisationseinheit, namentlich durch einen Fonds, an Akteure und Akteurinnen innerhalb einer Branche geleistet werden;
h. Pfandgelder, namentlich auf Umschliessungen und Gebinden;
i. Zahlungen für Schadenersatz, Genugtuung und dergleichen;
j. Entschädigungen für unselbstständig ausgeübte Tätigkeiten wie Verwaltungsrats- und Stiftungsratshonorare, Behördenentschädigungen oder Sold;
k. Erstattungen, Beiträge und Beihilfen bei Lieferungen ins Ausland, die nach Artikel 23 Absatz 2 Ziffer 1 von der Steuer befreit sind;
l. Gebühren, Beiträge oder sonstige Zahlungen, die für hoheitliche Tätigkeiten empfangen werden.

Vgl. zu 18–23: MWSTV 26–44; MWST-Info 04 (Steuerobjekt).

Mehrheit von Leistungen

19. [1] Voneinander unabhängige Leistungen [3 c] werden selbstständig behandelt.

[2] Mehrere voneinander unabhängige Leistungen, die zu einer Sachgesamtheit vereinigt sind oder als Leistungskombination angeboten werden, können einheitlich nach der überwiegenden

Leistung behandelt werden, wenn sie zu einem Gesamtentgelt erbracht werden und die überwiegende Leistung wertmässig mindestens 70 Prozent des Gesamtentgelts ausmacht (Kombination).

Vgl.: MWSTV 88 II und 112.

3 Leistungen, die wirtschaftlich eng zusammengehören und so ineinander greifen, dass sie als unteilbares Ganzes anzusehen sind, gelten als ein einheitlicher wirtschaftlicher Vorgang und sind nach dem Charakter der Gesamtleistung zu behandeln.

4 Nebenleistungen, namentlich Umschliessungen und Verpackungen, werden steuerlich gleich behandelt wie die Hauptleistung.

Vgl.: 52 III; MWSTV 31–33.

Zuordnung von Leistungen

20. 1 Eine Leistung [3 c] gilt als von derjenigen Person erbracht, die nach aussen als Leistungserbringerin auftritt.

2 Handelt eine Person im Namen und für Rechnung einer anderen Person, so gilt die Leistung als durch die vertretene Person getätigt, wenn die Vertreterin:

a. nachweisen kann, dass sie als Stellvertreterin handelt und die vertretene Person eindeutig identifizieren kann; und
b. das Bestehen eines Stellvertretungsverhältnisses dem Leistungsempfänger oder der Leistungsempfängerin ausdrücklich bekannt gibt oder sich dieses aus den Umständen ergibt.

3 Findet Absatz 1 in einem Dreiparteienverhältnis Anwendung, so wird das Leistungsverhältnis zwischen der nach aussen auftretenden Person und der die eigentliche Leistung erbringenden Person gleich qualifiziert wie das Leistungsverhältnis zwischen der nach aussen auftretenden Person und der leistungsempfangenden Person.

Von der Steuer ausgenommene Leistungen

21. 1 Eine Leistung [3 c], die von der Steuer ausgenommen ist [21 II] und für deren Versteuerung nicht nach Artikel 22 optiert wird, ist nicht steuerbar.

2 Von der Steuer ausgenommen sind:

1. die Beförderung von Gegenständen, die unter die reservierten Dienste nach Artikel 3 des Postgesetzes vom 30. April 1997[25] fällt;
2. die Spitalbehandlung und die ärztliche Heilbehandlung [MWSTV 34] in Spitälern im Bereich der Humanmedizin einschliesslich der damit eng verbundenen Leistungen, die von Spitälern sowie Zentren für ärztliche Heilbehandlung

25 [AS **1997** 2452, **2000** 2355 Anhang Ziff. 23, **2003** 4297, **2006** 2197 Anhang Ziff. 85, **2007** 5645. AS **2012** 4993 Anhang Ziff. I]. Siehe heute: Art. 18 des Postgesetzes vom 17. Dez. 2010 (SR **783.0**).

und Diagnostik erbracht werden. Die Abgabe von selbst hergestellten oder zugekauften Prothesen und orthopädischen Apparaten gilt als steuerbare Lieferung;

Vgl. zu Ziff. 2–6: MWST-Branchen-Info 21 (Gesundheitswesen).

3. die von Ärzten und Ärztinnen, Zahnärzten und Zahnärztinnen, Psychotherapeuten und Psychotherapeutinnen, Chiropraktoren und Chiropraktorinnen, Physiotherapeuten und Physiotherapeutinnen, Naturärzten und Naturärztinnen, Entbindungspflegern und Hebammen, Pflegefachmännern und Pflegefachfrauen oder Angehörigen ähnlicher Heil- und Pflegeberufe erbrachten Heilbehandlungen [MWSTV 34 f.] im Bereich der Humanmedizin, soweit die Leistungserbringer und Leistungserbringerinnen über eine Berufsausübungsbewilligung [MWSTV 35 I] verfügen; der Bundesrat bestimmt die Einzelheiten [MWSTV 34 f.]. Die Abgabe von selbst hergestellten oder zugekauften Prothesen und orthopädischen Apparaten gilt als steuerbare Lieferung;
4. die von Krankenpflegepersonen, Organisationen der Krankenpflege und der Hilfe zu Hause (Spitex) oder in Heimen erbrachten Pflegeleistungen [MWSTV 34 III e], sofern sie ärztlich verordnet sind;
5. die Lieferung von menschlichen Organen durch medizinisch anerkannte Institutionen und Spitäler sowie von menschlichem Vollblut durch Inhaber und Inhaberinnen einer hiezu erforderlichen Bewilligung;
6. die Dienstleistungen von Gemeinschaften, deren Mitglieder Angehörige der in Ziffer 3 aufgeführten Berufe sind, soweit diese Dienstleistungen anteilsmässig zu Selbstkosten an die Mitglieder für die unmittelbare Ausübung ihrer Tätigkeiten erbracht werden;
7. die Beförderung von kranken oder verletzten Personen oder Personen mit Behinderungen in dafür besonders eingerichteten Transportmitteln;

Vgl.: MWSTV 6; MWST-Branchen-Info 09 (Transportwesen) und 21 (Gesundheitswesen).

8.[26] Leistungen von Einrichtungen der Sozialhilfe und der sozialen Sicherheit, von gemeinnützigen Organisationen [3 j] der Krankenpflege und der Hilfe zu Hause (Spitex) und von Alters-, Wohn- und Pflegeheimen;

Vgl. zu Ziff. 8–10: MWST-Branchen-Info 22 (Hilfsorganisationen).

9. die mit der Kinder- und Jugendbetreuung verbundenen Leistungen durch dafür eingerichtete Institutionen;

---

26 Fassung gemäss Ziff. I des BG vom 30. Sept. 2016, in Kraft seit 1. Jan. 2018 (AS **2017** 3575; BBl **2015** 2615).

10. die mit der Kultur- und Bildungsförderung von Jugendlichen eng verbundenen Leistungen von gemeinnützigen Jugendaustauschorganisationen; Jugendliche im Sinne dieser Bestimmung sind Personen bis zum vollendeten 25. Altersjahr;
11. die folgenden Leistungen im Bereich der Erziehung und Bildung:[27]
    a. die Leistungen im Bereich der Erziehung von Kindern und Jugendlichen, des Unterrichts, der Ausbildung, der Fortbildung und der beruflichen Umschulung einschliesslich des von Privatlehrern und Privatlehrerinnen oder an Privatschulen erteilten Unterrichts,
    b. Kurse, Vorträge und andere Veranstaltungen wissenschaftlicher oder bildender Art; die Referententätigkeit ist von der Steuer ausgenommen, unabhängig davon, ob das Honorar der unterrichtenden Person oder ihrem Arbeitgeber ausgerichtet wird,
    c. im Bildungsbereich durchgeführte Prüfungen,
    d. Organisationsdienstleistungen (mit Einschluss der damit zusammenhängenden Nebenleistungen) der Mitglieder einer Einrichtung, die von der Steuer ausgenommene Leistungen nach den Buchstaben a–c erbringt, an diese Einrichtung,
    e. Organisationsdienstleistungen (mit Einschluss der damit zusammenhängenden Nebenleistungen) an Dienststellen von Bund, Kantonen und Gemeinden, die von der Steuer ausgenommene Leistungen nach den Buchstaben a–c entgeltlich oder unentgeltlich erbringen;

    Vgl.: MWSTV 10 II b; MWST-Branchen-Info 20 (Bildung) und 25 (F&E).

12. das Zurverfügungstellen von Personal durch religiöse oder weltanschauliche, nichtgewinnstrebige Einrichtungen für Zwecke der Krankenbehandlung, der Sozialhilfe und der sozialen Sicherheit, der Kinder- und Jugendbetreuung, der Erziehung und Bildung sowie für kirchliche, karitative und gemeinnützige Zwecke;

    Vgl. zu Ziff. 12–13: MWST-Branchen-Info 22 (Hilfsorganisationen).

13. die Leistungen, die nichtgewinnstrebige Einrichtungen mit politischer, gewerkschaftlicher, wirtschaftlicher, religiöser, patriotischer, weltanschaulicher, philanthropischer, ökologischer, sportlicher, kultureller oder staatsbürgerlicher Zielsetzung ihren Mitgliedern gegen einen statutarisch festgesetzten Beitrag erbringen;

---

27 Fassung gemäss Ziff. I des BG vom 30. Sept. 2016, in Kraft seit 1. Jan. 2018 (AS **2017** 3575; BBl **2015** 2615).

14. dem Publikum unmittelbar erbrachte oder, sofern nicht unmittelbar erbracht, von diesem unmittelbar wahrnehmbare kulturelle Dienstleistungen der nachstehend aufgeführten Arten:[28]
   a. Theater-, musikalische und choreographische Aufführungen sowie Filmvorführungen,
   b.[29] Darbietungen von Schauspielern und Schauspielerinnen, Musikern und Musikerinnen, Tänzern und Tänzerinnen und anderen ausübenden Künstlern und Künstlerinnen, Leistungen von Personen, die an solchen Darbietungen künstlerisch mitwirken, sowie Leistungen von Schaustellern und Schaustellerinnen, einschliesslich der von diesen angebotenen Geschicklichkeitsspiele,
   c. Besuche von Museen, Galerien, Denkmälern, historischen Stätten sowie botanischen und zoologischen Gärten,
   d. Dienstleistungen von Bibliotheken, Archiven und Dokumentationsstellen, namentlich die Einsichtgewährung in Text-, Ton- und Bildträger in ihren Räumlichkeiten; steuerbar ist jedoch die Lieferung [3 d] von Gegenständen [3 b] (einschliesslich Gebrauchsüberlassung) solcher Institutionen;

   Vgl.: 25 II c i.V.m. 22 I; MWST-Branchen-Info 23 (Kultur).

15. für sportliche Anlässe verlangte Entgelte [3 f] einschliesslich derjenigen für die Zulassung zur Teilnahme an solchen Anlässen (z. B. Startgelder) samt den darin eingeschlossenen Nebenleistungen;

   Vgl.: 25 II c i.V.m. 22 I; MWST-Branchen-Info 24 (Sport).

16.[30] kulturelle Dienstleistungen, die Lieferung von Werken kultureller Natur durch deren Urheber und Urheberinnen [MWSTV 36 II] wie Schriftsteller und Schriftstellerinnen, Komponisten und Komponistinnen, Filmschaffende, Kunstmaler und Kunstmalerinnen, Bildhauer und Bildhauerinnen sowie Dienstleistungen, die von den Verlegern und Verlegerinnen und den Verwertungsgesellschaften zur Verbreitung dieser Werke erbracht werden; dies gilt auch für Werke zweiter Hand nach Artikel 3 des Urheberrechtsgesetzes vom 9. Oktober 1992[31], die kultureller Natur sind;

---

28 Fassung gemäss Ziff. I des BG vom 30. Sept. 2016, in Kraft seit 1. Jan. 2018 (AS **2017** 3575; BBl **2015** 2615).

29 Fassung gemäss Ziff. I des BG vom 30. Sept. 2016, in Kraft seit 1. Jan. 2018 (AS **2017** 3575; BBl **2015** 2615).

30 Fassung gemäss Ziff. I des BG vom 30. Sept. 2016, in Kraft seit 1. Jan. 2018 (AS **2017** 3575; BBl **2015** 2615).

31 SR **231.1**

Vgl.: 25 II c i.V.m. 22 I; MWST-Branchen-Info 23 (Kultur).

17.[32] die Leistungen bei Veranstaltungen wie Basaren, Flohmärkten und Tombolas von Einrichtungen, die von der Steuer ausgenommene Tätigkeiten auf dem Gebiet des nichtgewinnstrebigen Sports und Kulturschaffens, auf dem Gebiet der Krankenbehandlung, der Sozialhilfe und der sozialen Sicherheit und der Kinder- und Jugendbetreuung ausüben, sowie von gemeinnützigen Organisationen [3 j] der Krankenpflege und der Hilfe zu Hause (Spitex) und von Alters-, Wohn- und Pflegeheimen, sofern die Veranstaltungen dazu bestimmt sind, diesen Einrichtungen eine finanzielle Unterstützung zu verschaffen, und ausschliesslich zu ihrem Nutzen durchgeführt werden; Leistungen von Einrichtungen der Sozialhilfe und der sozialen Sicherheit, die diese mittels Brockenhäusern ausschliesslich zu ihrem Nutzen erbringen;

Vgl.: MWST-Branchen-Info 22 (Hilfsorganisationen).

18.[33] im Versicherungsbereich:
   a. Versicherungs- und Rückversicherungsleistungen,
   b. Sozialversicherungsleistungen,
   c. die folgenden Leistungen im Bereich der Sozialversicherungen und Prävention:
      – Leistungen von Einrichtungen der Sozialversicherungen untereinander
      – Leistungen von Durchführungsorganen aufgrund gesetzlich vorgeschriebener Präventionsaufgaben
      – Leistungen, die der beruflichen Aus- und Weiterbildung dienen,
   d. Leistungen im Rahmen der Tätigkeit als Versicherungsvertreter oder Versicherungsvertreterin, als Versicherungsmakler oder Versicherungsmaklerin;

Vgl.: 22 II a; MWST-Branchen-Info 16 (Versicherungswesen).

19. die folgenden Umsätze im Bereich des Geld- und Kapitalverkehrs:
   a. die Gewährung und die Vermittlung von Krediten und die Verwaltung von Krediten durch die Kreditgeber und Kreditgeberinnen [MWSTV 2 III],
   b. die Vermittlung und die Übernahme von Verbindlichkeiten, Bürgschaften und anderen Sicherheiten und Garantien sowie die Verwaltung von Kreditsicherheiten durch die Kreditgeber und Kreditgeberinnen,

---

32 Fassung gemäss Ziff. I des BG vom 30. Sept. 2016, in Kraft seit 1. Jan. 2018 (AS **2017** 3575; BBl **2015** 2615).

33 Fassung gemäss Ziff. I des BG vom 30. Sept. 2016, in Kraft seit 1. Jan. 2018 (AS **2017** 3575; BBl **2015** 2615).

c. die Umsätze, einschliesslich Vermittlung, im Einlagengeschäft und Kontokorrentverkehr, im Zahlungs- und Überweisungsverkehr, im Geschäft mit Geldforderungen, Checks und anderen Handelspapieren; steuerbar ist jedoch die Einziehung von Forderungen im Auftrag des Gläubigers (Inkassogeschäft),

d. die Umsätze, einschliesslich Vermittlung, die sich auf gesetzliche Zahlungsmittel (in- und ausländische Valuten wie Devisen, Banknoten, Münzen) beziehen; steuerbar sind jedoch Sammlerstücke (Banknoten und Münzen), die normalerweise nicht als gesetzliches Zahlungsmittel verwendet werden,

e. die Umsätze (Kassa- und Termingeschäfte), einschliesslich Vermittlung, von Wertpapieren, Wertrechten und Derivaten sowie von Anteilen an Gesellschaften und anderen Vereinigungen; steuerbar sind jedoch die Verwahrung und die Verwaltung von Wertpapieren, Wertrechten und Derivaten sowie von Anteilen (namentlich Depotgeschäft) einschliesslich Treuhandanlagen,

f.[34] der Vertrieb von Anteilen an kollektiven Kapitalanlagen gemäss Artikel 3 Absatz 1 des Kollektivanlagengesetzes vom 23. Juni 2006[35] (KAG), Handlungen gemäss Artikel 3 Absatz 2 KAG und die Verwaltung von kollektiven Kapitalanlagen nach KAG durch Personen, die diese verwalten oder aufbewahren, die Fondsleitungen, die Depotbanken und deren Beauftragte; als Beauftragte werden alle natürlichen oder juristischen Personen betrachtet, denen die kollektiven Kapitalanlagen nach dem KAG Aufgaben delegieren können; der Vertrieb von Anteilen und die Verwaltung von Investmentgesellschaften mit festem Kapital nach Artikel 110 KAG richtet sich nach Buchstabe e;

Vgl.: 22 II a; MWST-Branchen-Info 14 (Finanzbereich) und 15 (Vorsteuerpauschale für Banken).

20. die Übertragung und die Bestellung von dinglichen Rechten an Grundstücken [ZGB 655] sowie die Leistungen von Stockwerkeigentümergemeinschaften an die Stockwerkeigentümer und Stockwerkeigentümerinnen [ZGB 712a ff.], soweit die Leistungen in der Überlassung des gemeinschaftlichen Eigentums zum Gebrauch, seinem Unterhalt, seiner Instandsetzung und sonstigen Verwaltung sowie der Lieferung von Wärme und ähnlichen Gegenständen bestehen;

---

34 Fassung gemäss Anhang Ziff. 2 des BG vom 28. Sept. 2012, in Kraft seit 1. März 2013 (AS **2013** 585; BBl **2012** 3639).

35 SR **951.31**

Vgl.: 22 II b, 22 i.V.m. 107 I a und MWSTV 150; MWSTV 104 a; MWST-Branchen-Info 17 (Liegenschaft).

21. die Überlassung von Grundstücken und Grundstücksteilen zum Gebrauch oder zur Nutzung; steuerbar sind jedoch:
    a. die Vermietung von Wohn- und Schlafräumen zur Beherbergung von Gästen sowie die Vermietung von Sälen im Hotel- und Gastgewerbe,
    b. die Vermietung von Campingplätzen,
    c. die Vermietung von nicht im Gemeingebrauch stehenden Plätzen für das Abstellen von Fahrzeugen, ausser es handle sich um eine unselbstständige Nebenleistung zu einer von der Steuer ausgenommenen Immobilienvermietung,
    d. die Vermietung und Verpachtung von fest eingebauten Vorrichtungen und Maschinen, die zu einer Betriebsanlage, nicht jedoch zu einer Sportanlage gehören,
    e. die Vermietung von Schliessfächern,
    f. die Vermietung von Messestandflächen und einzelner Räume in Messe- und Kongressgebäuden;

Vgl.: 22 II b, 22 i.V.m. 107 I a und MWSTV 150; MWST-Branchen-Info 17 (Liegenschaft).

22. die Lieferung von im Inland gültigen Postwertzeichen und sonstigen amtlichen Wertzeichen höchstens zum aufgedruckten Wert;
23. die Umsätze bei Wetten, Lotterien und sonstigen Glücksspielen mit Geldeinsatz, soweit sie einer Sondersteuer oder sonstigen Abgaben unterliegen;

Vgl: 22 II a.

24. die Lieferung gebrauchter beweglicher Gegenstände [3 b], die ausschliesslich zur Erbringung von nach diesem Artikel von der Steuer ausgenommenen Leistungen verwendet wurden;
25.[36] …
26. die Veräusserung von im eigenen Betrieb gewonnenen Erzeugnissen der Landwirtschaft, der Forstwirtschaft sowie der Gärtnerei durch Landwirte und Landwirtinnen, Forstwirte und Forstwirtinnen oder Gärtner und Gärtnerinnen sowie der Verkauf von Vieh durch Viehhändler und Viehhändlerinnen und der Verkauf von Milch durch Milchsammelstellen an milchverarbeitende Betriebe;

Vgl.: MWST-Branchen-Info 01 (Urproduktion) und 02 (Gärtner).

---

[36] Aufgehoben durch Ziff. I des BG vom 30. Sept. 2016, mit Wirkung seit 1. Jan. 2018 (AS **2017** 3575; BBl **2015** 2615).

27. Bekanntmachungsleistungen, die gemeinnützige Organisationen [3 j] zugunsten Dritter oder Dritte zugunsten gemeinnütziger Organisationen erbringen;

28.[37] Leistungen:

a. zwischen den Organisationseinheiten des gleichen Gemeinwesens [12],

b. zwischen privat- oder öffentlich-rechtlichen Gesellschaften, an denen ausschliesslich Gemeinwesen beteiligt sind, und den an der Gesellschaft beteiligten Gemeinwesen und deren Organisationseinheiten,

c. zwischen Anstalten oder Stiftungen, die ausschliesslich von Gemeinwesen gegründet wurden, und den an der Gründung beteiligten Gemeinwesen und deren Organisationseinheiten;

Vgl.: MWST-Branchen-Info 19 (Gemeinwesen).

28bis.[38] das Zurverfügungstellen von Personal durch Gemeinwesen an andere Gemeinwesen;

29. die Ausübung von Funktionen der Schiedsgerichtsbarkeit;

30.[39] Leistungen zwischen Bildungs- und Forschungsinstitutionen, die an einer Bildungs- und Forschungskooperation beteiligt sind, sofern sie im Rahmen der Kooperation erfolgen, unabhängig davon, ob die Bildungs- und Forschungskooperation als Mehrwertsteuersubjekt auftritt.

Vgl.: 22 i.V.m. MWSTV 77 III resp. 97 III.

[3] Ob eine in Absatz 2 genannte Leistung von der Steuer ausgenommen ist, bestimmt sich unter Vorbehalt von Absatz 4 ausschliesslich nach deren Gehalt und unabhängig davon, wer die Leistung erbringt oder empfängt.

[4] Ist eine Leistung in Absatz 2 entweder aufgrund von Eigenschaften des Leistungserbringers beziehungsweise der Leistungserbringerin oder des Leistungsempfängers beziehungsweise der Leistungsempfängerin von der Steuer ausgenommen, so gilt die Ausnahme nur für Leistungen, die von einer Person mit diesen Eigenschaften erbracht oder empfangen werden.

[5] Der Bundesrat bestimmt die von der Steuer ausgenommenen Leistungen näher [MWSTV 34 ff.]; dabei beachtet er das Gebot der Wettbewerbsneutralität [1 III a].

Vgl.: 8 II; MWSTV 34 ff.

---

37 Fassung gemäss Ziff. I des BG vom 30. Sept. 2016, in Kraft seit 1. Jan. 2018 (AS **2017** 3575; BBl **2015** 2615). Die Berichtigung der RedK der BVers vom 31. Aug. 2017 betrifft nur den französischen Text (AS **2017** 4857).

38 Eingefügt durch Ziff. I des BG vom 30. Sept. 2016, in Kraft seit 1. Jan. 2018 (AS **2017** 3575; BBl **2015** 2615).

39 Eingefügt durch Ziff. I des BG vom 30. Sept. 2016, in Kraft seit 1. Jan. 2018 (AS **2017** 3575; BBl **2015** 2615).

[6] Organisationseinheiten eines Gemeinwesens nach Absatz 2 Ziffer 28 sind dessen Dienststellen, dessen privat- und öffentlich-rechtliche Gesellschaften, sofern weder andere Gemeinwesen noch andere Dritte daran beteiligt sind, sowie dessen Anstalten und Stiftungen, sofern das Gemeinwesen sie ohne Beteiligung anderer Gemeinwesen oder anderer Dritter gegründet hat.[40]

[7] Der Bundesrat legt fest, welche Institutionen als Bildungs- und Forschungsinstitutionen nach Absatz 2 Ziffer 30 gelten.[41]

Anm.: Gem. Geldspielgesetz vom 29.9.2017 wird Art. 21 Abs. 2 Ziff. 23 wie folgt geändert (Referendumsfrist läuft bis 18.1.2018, Inkrafttreten noch offen):

[23. die Umsätze bei Geldspielen, soweit die Bruttospielerträge der Spielbankenabgabe nach Artikel 119 des Geldspielgesetzes vom 29. September 2017 unterliegen oder der damit erzielte Reingewinn vollumfänglich für gemeinnützige Zwecke im Sinne von Artikel 125 des genannten Gesetzes verwendet wird;]

Option für die Versteuerung der von der Steuer ausgenommenen Leistungen

22. [1] Die steuerpflichtige Person [10] kann unter Vorbehalt von Absatz 2 jede von der Steuer ausgenommene Leistung [21 II] durch offenen Ausweis der Steuer oder durch Deklaration in der Abrechnung versteuern (Option).[42]

[2] Die Option ist ausgeschlossen für:

a. Leistungen nach Artikel 21 Absatz 2 Ziffern 18, 19 und 23;

b.[43] Leistungen nach Artikel 21 Absatz 2 Ziffern 20 und 21, wenn der Gegenstand vom Empfänger oder von der Empfängerin ausschliesslich für Wohnzwecke genutzt wird oder genutzt werden soll.

Vgl.: 93 II; MWSTV 39, 77 III, 97 III.

Von der Steuer befreite Leistungen

23. [1] Ist eine Leistung [3 c] nach diesem Artikel von der Steuer befreit, so ist auf dieser Leistung keine Inlandsteuer geschuldet.

[2] Von der Steuer sind befreit:

1. die Lieferung [3 d] von Gegenständen [3 b] mit Ausnahme der Überlassung zum Gebrauch oder zur Nutzung [3 d 3], die direkt [23 III] ins Ausland befördert oder versendet werden;

   Vgl.: 18 II k.

---

40 Eingefügt durch Ziff. I des BG vom 30. Sept. 2016, in Kraft seit 1. Jan. 2018 (AS **2017** 3575; BBl **2015** 2615).

41 Eingefügt durch Ziff. I des BG vom 30. Sept. 2016, in Kraft seit 1. Jan. 2018 (AS **2017** 3575; BBl **2015** 2615).

42 Fassung gemäss Ziff. I des BG vom 30. Sept. 2016, in Kraft seit 1. Jan. 2018 (AS **2017** 3575; BBl **2015** 2615).

43 Fassung gemäss Ziff. I des BG vom 30. Sept. 2016, in Kraft seit 1. Jan. 2018 (AS **2017** 3575; BBl **2015** 2615).

2.[44] die Überlassung zum Gebrauch oder zur Nutzung [3 d 3], namentlich die Vermietung und Vercharterung, von Gegenständen [3 b], sofern die Gegenstände vom Lieferungsempfänger oder von der Lieferungsempfängerin selbst überwiegend im Ausland genutzt werden;

3.[45] die Lieferung [3 d] von Gegenständen [3 b], die im Rahmen eines Transitverfahrens (Art. 49 ZG[46]), Zolllagerverfahrens (Art. 50–57 ZG), Zollverfahrens der vorübergehenden Verwendung (Art. 58 ZG) oder der aktiven Veredelung (Art. 59 ZG) nachweislich im Inland unter Zollüberwachung standen, sofern das Verfahren ordnungsgemäss oder mit nachträglicher Bewilligung der Eidgenössischen Zollverwaltung (EZV) abgeschlossen wurde;

3bis.[47] die Lieferung von Gegenständen, die wegen Einlagerung in einem Zollfreilager (Art. 62–66 ZG) nachweislich im Inland [3 a] unter Zollüberwachung standen und diesen Zollstatus nicht rückwirkend verloren haben;

4. das Verbringen oder Verbringenlassen von Gegenständen [3 b] ins Ausland, das nicht im Zusammenhang mit einer Lieferung [3 d] steht;

5. das mit der Einfuhr von Gegenständen [52 I] im Zusammenhang stehende Befördern oder Versenden von Gegenständen und alle damit zusammenhängenden Leistungen [3 c] bis zum Bestimmungsort, an den die Gegenstände im Zeitpunkt der Entstehung der Steuerschuld nach Artikel 56 zu befördern sind; entsteht keine Steuerschuld, so gilt für den massgebenden Zeitpunkt Artikel 69 ZG sinngemäss;

6. das mit der Ausfuhr von Gegenständen [3 b] des zollrechtlich freien Verkehrs im Zusammenhang stehende Befördern oder Versenden von Gegenständen und alle damit zusammenhängenden Leistungen;

7.[48] Beförderungsleistungen und Nebentätigkeiten des Logistikgewerbes wie Beladen, Entladen, Umschlagen, Abfertigen oder Zwischenlagern:
   a. bei denen der Ort der Dienstleistung nach Artikel 8 Absatz 1 im Inland liegt, die Dienstleistung selbst aber ausschliesslich im Ausland ausgeführt wird, oder

44 Fassung gemäss Ziff. I des BG vom 30. Sept. 2016, in Kraft seit 1. Jan. 2018 (AS **2017** 3575; BBl **2015** 2615).

45 Fassung gemäss Ziff. I des BG vom 30. Sept. 2016, in Kraft seit 1. Jan. 2018 (AS **2017** 3575; BBl **2015** 2615).

46 SR **631.0**

47 Eingefügt durch Ziff. I des BG vom 30. Sept. 2016, in Kraft seit 1. Jan. 2018 (AS **2017** 3575; BBl **2015** 2615).

48 Fassung gemäss Ziff. I des BG vom 30. Sept. 2016, in Kraft seit 1. Jan. 2018 (AS **2017** 3575; BBl **2015** 2615).

b. die im Zusammenhang mit Gegenständen unter Zollüberwachung erbracht werden;

Vgl.: MWSTV 6; MWST-Branchen-Info 09 (Transportwesen).

8. die Lieferung von Luftfahrzeugen an Luftverkehrsunternehmen, die gewerbsmässige Luftfahrt im Beförderungs- oder Charterverkehr betreiben und deren Umsätze aus internationalen Flügen jene aus dem Binnenluftverkehr übertreffen; Umbauten, Instandsetzungen und Wartungen an Luftfahrzeugen, die solche Luftverkehrsunternehmen im Rahmen einer Lieferung erworben haben; Lieferungen, Instandsetzungen und Wartungen der in diese Luftfahrzeuge eingebauten Gegenstände oder der Gegenstände für ihren Betrieb; Lieferungen von Gegenständen zur Versorgung dieser Luftfahrzeuge sowie Dienstleistungen, die für den unmittelbaren Bedarf dieser Luftfahrzeuge und ihrer Ladungen bestimmt sind;

Vgl.: 53 I e; MWST-Branchen-Info 11 (Luftverkehr).

9. die Dienstleistungen von ausdrücklich in fremdem Namen und für fremde Rechnung handelnden Vermittlern und Vermittlerinnen, wenn die vermittelte Leistung entweder nach diesem Artikel von der Steuer befreit ist oder ausschliesslich im Ausland bewirkt wird; wird die vermittelte Leistung sowohl im Inland [3 a] als auch im Ausland bewirkt, so ist nur der Teil der Vermittlung von der Steuer befreit, der auf Leistungen im Ausland oder auf Leistungen, die nach diesem Artikel von der Steuer befreit sind, entfällt;
10. in eigenem Namen erbrachte Dienstleistungen von Reisebüros und Organisatoren von Veranstaltungen, soweit sie Lieferungen [3 d] und Dienstleistungen [3 e] Dritter in Anspruch nehmen, die von diesen im Ausland bewirkt werden; werden diese Leistungen Dritter sowohl im Inland [3 a] als auch im Ausland erbracht, so ist nur der Teil der Dienstleistung des Reisebüros oder des Organisators von der Steuer befreit, der auf Leistungen im Ausland entfällt;

Vgl.: 8 II b; MWST-Branchen-Info 12 (Reisebüro).

11.[49] die Lieferungen von Gegenständen nach Artikel 17 Absatz 1bis des ZG an ins Ausland abfliegende oder aus dem Ausland ankommende Reisende.

[3] Direkte Ausfuhr nach Absatz 2 Ziffer 1 liegt vor, wenn der Gegenstand [3 b] der Lieferung [3 d] ohne Ingebrauchnahme im Inland [3 a] ins Ausland ausgeführt oder in ein offenes Zolllager

[49] Eingefügt durch Ziff. I 2 des BG vom 17. Dez. 2010 über den Einkauf von Waren in Zollfreiläden auf Flughäfen, in Kraft seit 1. Juni 2011 (AS **2011** 1743; BBl **2010** 2169).

oder Zollfreilager ausgeführt wird. Bei Reihengeschäften erstreckt sich die direkte Ausfuhr auf alle beteiligten Lieferanten und Lieferantinnen. Der Gegenstand der Lieferung kann vor der Ausfuhr durch Beauftragte des nicht steuerpflichtigen Abnehmers oder der nicht steuerpflichtigen Abnehmerin bearbeitet oder verarbeitet werden.

4 Der Bundesrat kann zur Wahrung der Wettbewerbsneutralität [1 III a] Beförderungen im grenzüberschreitenden Luft-, Eisenbahn- und Busverkehr von der Steuer befreien [MWSTV 41 ff.].

5 Das Eidgenössische Finanzdepartement (EFD) regelt die Bedingungen, unter denen Inlandlieferungen zwecks Ausfuhr im Reiseverkehr von der Steuer befreit sind, und legt die hierfür erforderlichen Nachweise fest.

Vgl.: MWST-Info 06 (Ort der Leistungserbringung).

3. Kapitel: Bemessungsgrundlage und Steuersätze

Bemessungsgrundlage

24. 1 Die Steuer wird vom tatsächlich empfangenen Entgelt [3 f] berechnet. Zum Entgelt gehören namentlich auch der Ersatz aller Kosten, selbst wenn diese gesondert in Rechnung gestellt werden, sowie die von der steuerpflichtigen Person [10] geschuldeten öffentlich-rechtlichen Abgaben. Die Absätze 2 und 6 bleiben vorbehalten.

2 Bei Leistungen an eng verbundene Personen (Art. 3 Bst. h) gilt als Entgelt der Wert, der unter unabhängigen Dritten vereinbart würde.

Vgl.: MWSTV 94.

3 Bei Tauschverhältnissen gilt der Marktwert jeder Leistung [3 c] als Entgelt für die andere Leistung.

4 Bei Austauschreparaturen umfasst das Entgelt lediglich den Werklohn für die ausgeführte Arbeit.

5 Bei Leistungen an Zahlungs statt gilt als Entgelt der Betrag, der dadurch ausgeglichen wird.

6 Nicht in die Bemessungsgrundlage einbezogen werden:

a. Billettsteuern, Handänderungssteuern sowie die auf der Leistung geschuldete Mehrwertsteuer selbst;
b. Beträge, welche die steuerpflichtige Person von der die Leistung empfangenden Person als Erstattung der in deren Namen und für deren Rechnung getätigten Auslagen erhält, sofern sie diese gesondert ausweist (durchlaufende Posten);
c. der Anteil des Entgelts, der bei der Veräusserung eines unbeweglichen Gegenstandes auf den Wert des Bodens entfällt;

d. die im Preis für Entsorgungs- und Versorgungsleistungen eingeschlossenen kantonalen Abgaben an Wasser-, Abwasser- oder Abfallfonds, soweit diese Fonds daraus an Entsorgungsanstalten oder Wasserwerke Beiträge ausrichten.

Vgl. zu d: MWSTV 48.

Vgl. zu 24–25: MWSTV 45–56; MWST-Info 07 (Steuerbemessung).

Margenbesteuerung

24*a*.[50] 1 Hat die steuerpflichtige Person Sammlerstücke wie Kunstgegenstände, Antiquitäten und dergleichen erworben, so kann sie für die Berechnung der Steuer den Ankaufspreis vom Verkaufspreis abziehen, sofern sie auf dem Ankaufspreis keine Vorsteuern abgezogen hat (Margenbesteuerung). Ist der Ankaufspreis höher als der Verkaufspreis, so kann der Verlust verrechnet werden, indem die Differenz vom steuerbaren Umsatz abgezogen wird.

2 Werden solche Sammlerstücke durch den Wiederverkäufer oder die Wiederverkäuferin eingeführt, so kann die entrichtete Einfuhrsteuer zum Ankaufspreis hinzugerechnet werden.

3 Als Wiederverkäufer oder Wiederverkäuferin gilt, wer auf eigene Rechnung oder aufgrund eines Einkaufs- oder Verkaufskommissionsvertrages auf fremde Rechnung handelt.

4 Der Bundesrat legt fest, was als Sammlerstück gilt.

5 Werden mehrere Sammlerstücke zu einem Gesamtpreis bezogen, so kann die Steuer von der Gesamtdifferenz zwischen dem Gesamtverkaufspreis und dem Gesamtankaufspreis berechnet werden. Der Bundesrat regelt die Voraussetzungen.

Vgl.: 28a III, 115a; MWSTV 48a ff.

Steuersätze

25. 1 Die Steuer beträgt 7,7 Prozent (Normalsatz);[51] vorbehalten bleiben die Absätze 2 und 3.

2 Der reduzierte Steuersatz von 2,5 Prozent findet Anwendung:[52]

a. auf der Lieferung [3 d] folgender Gegenstände:
   1. Wasser in Leitungen,

---

50 Eingefügt durch Ziff. I des BG vom 30. Sept. 2016, in Kraft seit 1. Jan. 2018 (AS **2017** 3575; BBl **2015** 2615).

51 Fassung des ersten Teilsatzes gemäss Ziff. I der V vom 8. Nov. 2017 über die befristete Anhebung der Mehrwertsteuersätze zur Finanzierung des Ausbaus der Eisenbahninfrastruktur, in Kraft vom 1. Jan. 2018, längstens bis zum 31. Dez. 2030 (AS **2017** 6305).

52 Fassung gemäss Ziff. I der V vom 8. Nov. 2017 über die befristete Anhebung der Mehrwertsteuersätze zur Finanzierung des Ausbaus der Eisenbahninfrastruktur, in Kraft vom 1. Jan. 2018, längstens bis zum 31. Dez. 2030 (AS **2017** 6305).

2.[53] Lebensmittel nach dem Lebensmittelgesetz vom 20. Juni 2014[54], mit Ausnahme alkoholischer Getränke,
3. Vieh, Geflügel, Fische,
4. Getreide,
5. Sämereien, Setzknollen und -zwiebeln, lebende Pflanzen, Stecklinge, Pfropfreiser sowie Schnittblumen und Zweige, auch zu Arrangements, Sträussen, Kränzen und dergleichen veredelt; gesonderte Rechnungsstellung vorausgesetzt, unterliegt die Lieferung [3 d] dieser Gegenstände auch dann dem reduzierten Steuersatz, wenn sie in Kombination mit einer zum Normalsatz steuerbaren Leistung [18 I] erbracht wird,
6. Futtermittel, Silagesäuren, Streumittel für Tiere,
7. Dünger, Pflanzenschutzmittel, Mulch und anderes pflanzliches Abdeckmaterial,
8. Medikamente [MWSTV 49],

Vgl.: MWST-Branchen-Info 21 (Gesundheitswesen).

9. Zeitungen, Zeitschriften, Bücher und andere Druckerzeugnisse ohne Reklamecharakter der vom Bundesrat zu bestimmenden Arten;

Vgl.: MWSTV 50–52; MWST-Branchen-Info 03 (Druckerzeugnisse).

a[bis].[55] auf elektronische Zeitungen, Zeitschriften und Bücher ohne Reklamecharakter der vom Bundesrat zu bestimmenden Arten;

Vgl.: MWST 50a, 51a und 52.

b. auf den Dienstleistungen der Radio- und Fernsehgesellschaften, mit Ausnahme der Dienstleistungen mit gewerblichem Charakter;
c. auf den Leistungen nach Artikel 21 Absatz 2 Ziffern 14–16;
d. auf den Leistungen im Bereich der Landwirtschaft, die in einer mit der Urproduktion in unmittelbarem Zusammenhang stehenden Bearbeitung des Bodens oder Bearbeitung von mit dem Boden verbundenen Erzeugnissen der Urproduktion bestehen.

Vgl.: MWST-Branchen-Info 01 (Urproduktion).

[3] Für Lebensmittel, die im Rahmen von gastgewerblichen Leistungen abgegeben werden, gilt der Normalsatz. Als gastgewerbliche Leistung gilt die Abgabe von Lebensmitteln, wenn die

53 Fassung gemäss Anhang Ziff. II 3 des Lebensmittelgesetzes vom 20. Juni 2014, in Kraft seit 1. Mai 2017 (AS **2017** 249; BBl **2011** 5571).
54 SR **817.0**
55 Eingefügt durch Ziff. I des BG vom 30. Sept. 2016, in Kraft seit 1. Jan. 2018 (AS **2017** 3575; BBl **2015** 2615).

steuerpflichtige Person [10] sie beim Kunden oder bei der Kundin zubereitet beziehungsweise serviert oder wenn sie für deren Konsum an Ort und Stelle besondere Vorrichtungen bereithält. Sind Lebensmittel, mit Ausnahme alkoholischer Getränke, zum Mitnehmen oder zur Auslieferung bestimmt, so findet der reduzierte Steuersatz Anwendung, sofern geeignete organisatorische Massnahmen zur Abgrenzung dieser Leistungen von den gastgewerblichen Leistungen getroffen worden sind; andernfalls gilt der Normalsatz. Werden Lebensmittel, mit Ausnahme alkoholischer Getränke, in Verpflegungsautomaten angeboten, so findet der reduzierte Steuersatz Anwendung.[56]

Vgl.: 8 II d, 80 i.V.m. MWSTV 55 III und 90 III; MWSTV 53–56; MWST-Branchen-Info 08 (Hotel- und Gastgewerbe).

4 Die Steuer auf Beherbergungsleistungen beträgt 3,7 Prozent (Sondersatz). Der Sondersatz gilt bis zum 31. Dezember 2020 oder, sofern die Frist nach Artikel 196 Ziffer 14 Absatz 1 Bundesverfassung verlängert wird, bis längstens zum 31. Dezember 2027. Als Beherbergungsleistung gilt die Gewährung von Unterkunft einschliesslich der Abgabe eines Frühstücks, auch wenn dieses separat berechnet wird.[57]

Vgl.: 8 II f.; MWST-Branchen-Info 08 (Hotel- und Gastgewerbe).

5 Der Bundesrat bestimmt die in Absatz 2 bezeichneten Gegenstände und Dienstleistungen näher [MWSTV 49–56]; dabei beachtet er das Gebot der Wettbewerbsneutralität [1 III a].

Vgl.: MWST-Info 19 (Steuersatzänderung).

4. Kapitel: Rechnungsstellung und Steuerausweis

Rechnung

26. 1 Der Leistungserbringer oder die Leistungserbringerin hat dem Leistungsempfänger oder der Leistungsempfängerin auf Verlangen eine Rechnung [3 k] auszustellen, die den Anforderungen nach den Absätzen 2 und 3 genügt.

2 Die Rechnung muss den Leistungserbringer oder die Leistungserbringerin, den Leistungsempfänger oder die Leistungsempfängerin und die Art der Leistung [3 c] eindeutig identifizieren und in der Regel folgende Elemente enthalten:

a.[58] den Namen und den Ort des Leistungserbringers oder der Leistungserbringerin, wie er oder sie im Geschäftsverkehr auftritt, den Hinweis, dass er oder sie im Register der steu-

---

[56] Fassung gemäss Ziff. IV des BG vom 30. Sept. 2016, in Kraft seit 1. Jan. 2018 (AS **2017** 3575; BBl **2015** 2615).

[57] Fassung gemäss Ziff. 2 des BG vom 16. Juni 2017, in Kraft seit 1. Jan. 2018 (AS **2017** [im Zeitpunkt der Drucklegung noch unbekannt]; BBl **2017** 4207).

[58] Fassung gemäss Anhang Ziff. 2 des BG vom 18. Juni 2010 über die Unternehmens-Identifikationsnummer, in Kraft seit 1. Jan. 2011 (AS **2010** 4989; BBl **2009** 7855).

erpflichtigen Personen [66 I] eingetragen ist, sowie die Nummer, unter der er oder sie eingetragen ist;

b. den Namen und den Ort des Leistungsempfängers oder der Leistungsempfängerin, wie er oder sie im Geschäftsverkehr auftritt;

c. Datum oder Zeitraum der Leistungserbringung, soweit diese nicht mit dem Rechnungsdatum übereinstimmen;

d. Art, Gegenstand und Umfang der Leistung [3 c];

e. das Entgelt [3 f, 24 I] für die Leistung [3 c];

f. den anwendbaren Steuersatz [25] und den vom Entgelt [3 f, 24 I] geschuldeten Steuerbetrag; schliesst das Entgelt die Steuer ein, so genügt die Angabe des anwendbaren Steuersatzes.

Vgl.: 38 i.V.m. MWSTV 103.

3 Bei Rechnungen, die von automatisierten Kassen ausgestellt werden (Kassenzettel), müssen die Angaben über den Leistungsempfänger oder die Leistungsempfängerin nicht aufgeführt sein, sofern das auf dem Beleg ausgewiesene Entgelt [3 f] einen vom Bundesrat festzusetzenden Betrag nicht übersteigt [MWSTV 57].

Vgl.: MWST-Info 16 (Buchführung).

Unrichtiger oder unberechtigter Steuerausweis

27. 1 Wer nicht im Register der steuerpflichtigen Personen [66 I] eingetragen ist oder wer das Meldeverfahren nach Artikel 38 anwendet, darf in Rechnungen [3 k, 26] nicht auf die Steuer hinweisen.

2 Wer in einer Rechnung eine Steuer ausweist, obwohl er zu deren Ausweis nicht berechtigt ist, oder wer für eine Leistung [3 c] eine zu hohe Steuer ausweist, schuldet die ausgewiesene Steuer, es sei denn:

a. es erfolgt eine Korrektur der Rechnung nach Absatz 4; oder

b.[59] er oder sie macht glaubhaft, dass dem Bund kein Steuerausfall entstanden ist; kein Steuerausfall entsteht namentlich, wenn der Rechnungsempfänger oder die Rechnungsempfängerin keinen Vorsteuerabzug [28 ff.] vorgenommen hat oder die geltend gemachte Vorsteuer dem Bund zurückerstattet worden ist.

3 Die Rechtsfolgen von Absatz 2 treten auch bei Gutschriften ein, soweit der Gutschriftsempfänger oder die Gutschriftsempfängerin einer unberechtigt ausgewiesenen Steuer oder einem zu hohen Steuerbetrag nicht schriftlich widerspricht.[60]

4 Die nachträgliche Korrektur einer Rechnung kann innerhalb des handelsrechtlich Zulässigen durch ein empfangsbedürf-

---

59 Fassung gemäss Ziff. I des BG vom 30. Sept. 2016, in Kraft seit 1. Jan. 2018 (AS **2017** 3575; BBl **2015** 2615).

60 Fassung gemäss Ziff. I des BG vom 30. Sept. 2016, in Kraft seit 1. Jan. 2018 (AS **2017** 3575; BBl **2015** 2615).

tiges Dokument erfolgen, das auf die ursprüngliche Rechnung verweist und diese widerruft.

5. Kapitel: Vorsteuerabzug

Grundsatz

28. [1] Die steuerpflichtige Person [10] kann im Rahmen ihrer unternehmerischen Tätigkeit [10 I], unter Vorbehalt der Artikel 29 und 33, die folgenden Vorsteuern abziehen:

a. die ihr in Rechnung gestellte Inlandsteuer;

Vgl.: 10 ff.; MWSTV 59.

b. die von ihr deklarierte Bezugsteuer (Art. 45–49);

c. die von ihr entrichtete oder zu entrichtende Einfuhrsteuer [50 ff.], die mit unbedingter Forderung veranlagt wurde oder die mit bedingter Forderung veranlagt wurde und fällig geworden ist, sowie die von ihr für die Einfuhr von Gegenständen deklarierte Steuer (Art. 52 und 63).

[2] Hat die steuerpflichtige Person [10] bei nicht steuerpflichtigen Landwirten und Landwirtinnen, Forstwirten und Forstwirtinnen, Gärtnern und Gärtnerinnen, Viehhändlern und Viehhändlerinnen und Milchsammelstellen Erzeugnisse der Landwirtschaft, der Forstwirtschaft, der Gärtnerei, Vieh oder Milch [21 II 26] im Rahmen ihrer zum Vorsteuerabzug berechtigenden unternehmerischen Tätigkeit [10 I] bezogen, so kann sie als Vorsteuer 2,5 Prozent des ihr in Rechnung [3 k] gestellten Betrags abziehen.[61]

[3] Der Abzug der Vorsteuer nach Absatz 1 ist zulässig, wenn die steuerpflichtige Person [10] nachweist, dass sie die Vorsteuer bezahlt hat.[62]

Vgl. zu 28–33: MWSTV 58–75; MWST-Info 09 (Vorsteuerabzug) und 10 (Nutzungsänderungen).

Abzug fiktiver Vorsteuer

28*a*.[63] [1] Die steuerpflichtige Person [10] kann eine fiktive Vorsteuer abziehen, wenn:

a. sie im Rahmen ihrer zum Vorsteuerabzug [28] berechtigenden unternehmerischen Tätigkeit [10 I] einen individualisierbaren beweglichen Gegenstand [3 b] bezieht; und

b. ihr beim Bezug des Gegenstands keine Mehrwertsteuer offen überwälzt wird.

---

[61] Fassung gemäss Ziff. I der V vom 8. Nov. 2017 über die befristete Anhebung der Mehrwertsteuersätze zur Finanzierung des Ausbaus der Eisenbahninfrastruktur, in Kraft vom 1. Jan. 2018, längstens bis zum 31. Dez. 2030 (AS **2017** 6305).

[62] Ursprünglich: Abs. 4. Ursprünglicher Abs. 3 aufgehoben durch Ziff. I des BG vom 30. Sept. 2016, mit Wirkung seit 1. Jan. 2018 (AS **2017** 3575; BBl **2015** 2615).

[63] Eingefügt durch Ziff. I des BG vom 30. Sept. 2016, in Kraft seit 1. Jan. 2018 (AS **2017** 3575; BBl **2015** 2615).

2 Die fiktive Vorsteuer wird auf dem von der steuerpflichtigen Person [10] bezahlten Betrag berechnet. Der von ihr bezahlte Betrag versteht sich inklusive Steuer zu dem im Zeitpunkt des Bezugs anwendbaren Steuersatz [25].

3 Für Gegenstände, die der Margenbesteuerung nach Artikel 24*a* unterliegen, können keine fiktiven Vorsteuern abgezogen werden.

Vgl.: MWSTV 63, 90 II und IIbis.

Ausschluss des Anspruchs auf Vorsteuerabzug

29. 1 Kein Anspruch auf Vorsteuerabzug [28] besteht bei Leistungen [3 c] und bei der Einfuhr von Gegenständen [50 ff.], die für die Erbringung von Leistungen, die von der Steuer ausgenommenen sind [21] und für deren Versteuerung nicht optiert [22] wurde, verwendet werden.

1bis Der Vorsteuerabzug für Leistungen, die im Ausland erbracht wurden, ist im selben Umfang möglich, wie wenn sie im Inland erbracht worden wären und nach Artikel 22 für deren Versteuerung hätte optiert werden können.[64]

2 Ungeachtet von Absatz 1 besteht ein Anspruch auf Vorsteuerabzug im Rahmen der zum Vorsteuerabzug [28] berechtigenden unternehmerischen Tätigkeit [10 Iter] für das Erwerben, Halten und Veräussern von Beteiligungen sowie für Umstrukturierungen im Sinne von Artikel 19 oder 61 DBG[65].

3 Beteiligungen sind Anteile am Kapital anderer Unternehmen, die mit der Absicht dauernder Anlage gehalten werden und einen massgeblichen Einfluss vermitteln. Anteile von mindestens 10 Prozent am Kapital gelten als Beteiligung.

4 Holdinggesellschaften können zur Ermittlung der abziehbaren Vorsteuer auf die zum Vorsteuerabzug [28] berechtigende unternehmerische Tätigkeit [10 I] der von ihnen gehaltenen Unternehmen abstellen.[66]

Gemischte Verwendung

30. 1 Verwendet die steuerpflichtige Person [10] Gegenstände [3 b], Teile davon oder Dienstleistungen [3 e] auch ausserhalb ihrer unternehmerischen Tätigkeit [10 I] oder innerhalb ihrer unternehmerischen Tätigkeit sowohl für Leistungen, die zum Vorsteuerabzug [28] berechtigen, als auch für Leistungen, die vom Vorsteuerabzug ausgeschlossen sind [29], so hat sie den Vorsteuerabzug nach dem Verhältnis der Verwendung zu korrigieren.

2 Wird eine solche Vorleistung zu einem überwiegenden Teil im Rahmen der unternehmerischen Tätigkeit [10 I] verwendet für Leistungen [3 c], die zum Vorsteuerabzug [28] berechtigen, so

64 Eingefügt durch Ziff. I des BG vom 30. Sept. 2016, in Kraft seit 1. Jan. 2018 (AS **2017** 3575; BBl **2015** 2615).

65 SR **642.11**

66 Fassung gemäss Ziff. I des BG vom 30. Sept. 2016, in Kraft seit 1. Jan. 2018 (AS **2017** 3575; BBl **2015** 2615).

kann die Vorsteuer ungekürzt abgezogen und am Ende der Steuerperiode [34] korrigiert werden (Art. 31).

Vgl.: MWSTV 65 ff.

31. [1] Fallen die Voraussetzungen des Vorsteuerabzugs [28] nachträglich weg (Eigenverbrauch), so ist der Vorsteuerabzug in demjenigen Zeitpunkt zu korrigieren, in welchem die Voraussetzungen hierfür weggefallen sind. Die früher in Abzug gebrachte Vorsteuer, einschliesslich ihrer als Einlageentsteuerung [32] korrigierten Anteile, muss zurückerstattet werden. **Eigenverbrauch**

[2] Eigenverbrauch liegt namentlich vor, wenn die steuerpflichtige Person [10] aus ihrem Unternehmen [10 I] Gegenstände [3 b] oder Dienstleistungen [3 e] dauernd oder vorübergehend entnimmt, sofern sie beim Bezug oder der Einlage des Ganzen oder seiner Bestandteile einen Vorsteuerabzug vorgenommen hat oder die Gegenstände oder Dienstleistungen im Rahmen des Meldeverfahrens nach Artikel 38 bezogen hat, und die:

a. sie ausserhalb ihrer unternehmerischen Tätigkeit [10 I], insbesondere für private Zwecke, verwendet;
b. sie für eine unternehmerische Tätigkeit verwendet, die nach Artikel 29 Absatz 1 nicht zum Vorsteuerabzug berechtigt;
c. sie unentgeltlich abgibt, ohne dass ein unternehmerischer Grund besteht; bei Geschenken bis 500 Franken [5] pro Person und Jahr sowie bei Werbegeschenken und Warenmustern zur Erzielung steuerbarer [18 I] oder von der Steuer befreiter [23] Umsätze wird der unternehmerische Grund ohne weiteres vermutet;
d. sich bei Wegfall der Steuerpflicht [14 II und V] noch in ihrer Verfügungsmacht befinden.

[3] Wurde der Gegenstand [3 b] oder die Dienstleistung [3 e] in der Zeit zwischen dem Empfang der Leistung [3 c] und dem Wegfall der Voraussetzungen für den Vorsteuerabzug [28] in Gebrauch genommen, so ist der Vorsteuerabzug im Umfang des Zeitwerts des Gegenstandes oder der Dienstleistung zu korrigieren. Zur Ermittlung des Zeitwertes wird der Vorsteuerbetrag linear für jedes abgelaufene Jahr bei beweglichen Gegenständen und bei Dienstleistungen um einen Fünftel, bei unbeweglichen Gegenständen um einen Zwanzigstel reduziert. Die buchmässige Behandlung ist nicht von Bedeutung. Der Bundesrat kann in begründeten Fällen Abweichungen von den Abschreibungsvorschriften festlegen.

[4] Wird ein Gegenstand [3 b] nur vorübergehend ausserhalb der unternehmerischen Tätigkeit [10 I] oder für eine nicht zum Vorsteuerabzug berechtigende unternehmerische Tätigkeit [29] verwendet, so ist der Vorsteuerabzug im Umfang der Steuer, die auf einer einer unabhängigen Drittperson dafür in Rechnung gestellten Miete anfallen würde, zu korrigieren.

Vgl.: MWSTV 69 ff., 92 f.

Einlageentsteuerung

32. [1] Treten die Voraussetzungen des Vorsteuerabzugs [28] nachträglich ein (Einlageentsteuerung), so kann der Vorsteuerabzug in der Abrechnungsperiode [35] vorgenommen werden, in der die Voraussetzungen hierfür eingetreten sind. Die früher nicht in Abzug gebrachte Vorsteuer, einschliesslich ihrer als Eigenverbrauch [31] korrigierten Anteile, kann abgezogen werden.

[2] Wurde der Gegenstand [3 b] oder die Dienstleistung [3 e] in der Zeit zwischen dem Empfang der Leistung [3 c] oder der Einfuhr [52] und dem Eintritt der Voraussetzungen für den Vorsteuerabzug in Gebrauch genommen, so beschränkt sich die abziehbare Vorsteuer auf den Zeitwert des Gegenstandes oder der Dienstleistung. Zur Ermittlung des Zeitwertes wird der Vorsteuerbetrag linear für jedes abgelaufene Jahr bei beweglichen Gegenständen und bei Dienstleistungen um einen Fünftel, bei unbeweglichen Gegenständen um einen Zwanzigstel reduziert. Die buchmässige Behandlung ist nicht von Bedeutung. Der Bundesrat kann in begründeten Fällen Abweichungen von den Abschreibungsvorschriften festlegen.

[3] Wird ein Gegenstand nur vorübergehend für eine zum Vorsteuerabzug berechtigende unternehmerische Tätigkeit [10 I] verwendet, so kann der Vorsteuerabzug im Umfang der Steuer, die auf einer einer unabhängigen Drittperson dafür in Rechnung gestellten Miete anfallen würde, geltend gemacht werden.

Vgl.: 113 II; MWSTV 72 ff., 78 V, 165.

Kürzung des Vorsteuerabzugs

33. [1] Mittelflüsse, die nicht als Entgelte gelten (Art. 18 Abs. 2), führen unter Vorbehalt von Absatz 2 zu keiner Kürzung des Vorsteuerabzugs.

[2] Die steuerpflichtige Person [10] hat ihren Vorsteuerabzug [28] verhältnismässig zu kürzen, wenn sie Gelder nach Artikel 18 Absatz 2 Buchstaben a–c erhält.

Vgl.: 32 i.V.m. MWSTV 165; MWSTV 30 II, 75.

6. Kapitel: Ermittlung, Entstehung und Verjährung der Steuerforderung

1. Abschnitt: Zeitliche Bemessung

Steuerperiode

34. [1] Die Steuer wird je Steuerperiode erhoben.

[2] Als Steuerperiode gilt das Kalenderjahr.

[3] Die ESTV gestattet der steuerpflichtigen Person [10] auf Antrag, das Geschäftsjahr als Steuerperiode heranzuziehen.[67]

Vgl. zu III: 116 II; MWSTV 76.

Vgl. zu 34–44: MWSTV 76–108; MWST-Info 15 (Abrechnung).

---

67 Noch nicht in Kraft.

35. [1] Innerhalb der Steuerperiode [34] erfolgt die Abrechnung der Steuer:

Abrechnungsperiode

a. in der Regel vierteljährlich;
b. bei der Abrechnung nach Saldosteuersätzen (Art. 37 Abs. 1 und 2): halbjährlich;
c. bei regelmässigem Vorsteuerüberschuss: auf Antrag der steuerpflichtigen Person [10] monatlich.

[2] Auf Antrag gestattet die ESTV in begründeten Fällen andere Abrechnungsperioden und setzt die Bedingungen dafür fest.

2. Abschnitt: Umfang der Steuerforderung und Meldeverfahren

36. [1] Grundsätzlich ist nach der effektiven Abrechnungsmethode abzurechnen.

Effektive Abrechnungsmethode

[2] Bei Anwendung der effektiven Abrechnungsmethode berechnet sich die Steuerforderung nach der Differenz zwischen der geschuldeten Inlandsteuer, der Bezugsteuer (Art. 45) sowie der im Verlagerungsverfahren deklarierten Einfuhrsteuer (Art. 63) und dem Vorsteuerguthaben der entsprechenden Abrechnungsperiode [35].

Vgl.: 71 f.; MWSTV 126.

37. [1] Wer als steuerpflichtige Person [10] jährlich nicht mehr als 5005000 Franken [5] Umsatz aus steuerbaren Leistungen [18 I] erzielt und im gleichen Zeitraum nicht mehr als 103000 Franken [5] Steuern, berechnet nach dem für sie massgebenden Saldosteuersatz, zu bezahlen hat, kann nach der Saldosteuersatzmethode abrechnen.[68]

Abrechnung nach Saldo- und nach Pauschalsteuersätzen

Vgl.: 115 I.

[2] Bei Anwendung der Saldosteuersatzmethode wird die Steuerforderung durch Multiplikation des Totals aller in einer Abrechnungsperiode [35 I b] erzielten steuerbaren Entgelte [3 f], einschliesslich Steuer, mit dem von der ESTV bewilligten Saldosteuersatz ermittelt.

Vgl. zu II und III: VO Höhe SSS, S. 518.

---

68 Fassung gemäss Ziff. I der V vom 8. Nov. 2017 über die befristete Anhebung der Mehrwertsteuersätze zur Finanzierung des Ausbaus der Eisenbahninfrastruktur, in Kraft vom 1. Jan. 2018, längstens bis zum 31. Dez. 2030 (AS **2017** 6305).

[3] Die Saldosteuersätze berücksichtigen die branchenübliche Vorsteuerquote. Sie werden von der ESTV nach Konsultation der betroffenen Branchenverbände festgelegt.[69]

[4] Die Abrechnung nach der Saldosteuersatzmethode ist bei der ESTV zu beantragen und muss während mindestens einer Steuerperiode [34] beibehalten werden. Entscheidet sich die steuerpflichtige Person [10] für die effektive Abrechnungsmethode [36], so kann sie frühestens nach drei Jahren zur Saldosteuersatzmethode wechseln. Wechsel sind jeweils auf Beginn einer Steuerperiode [34] möglich.

Vgl.: 114; MWSTV 166 I.

[5] Gemeinwesen [12] und verwandte Einrichtungen, namentlich private Spitäler und Schulen oder konzessionierte Transportunternehmungen, sowie Vereine und Stiftungen können nach der Pauschalsteuersatzmethode abrechnen [MWSTV 77 II a]. Der Bundesrat regelt die Einzelheiten [MWSTV 97 ff.].

Vgl.: 71 f., 114; MWSTV 77 ff., 107, 127, 166; MWST-Info 12 (Saldosteuersätze) und 13 (Pauschalsteuersätze).

Meldeverfahren

38. [1] Übersteigt die auf dem Veräusserungspreis zum gesetzlichen Satz [25] berechnete Steuer 10000 Franken [5] oder erfolgt die Veräusserung an eine eng verbundene Person [3 h], so hat die steuerpflichtige Person [10] ihre Abrechnungs- und Steuerentrichtungspflicht [86] in den folgenden Fällen durch Meldung zu erfüllen:

a.[70] bei Umstrukturierungen nach Artikel 19 oder 61 DBG[71];

b.[72] bei anderen Übertragungen eines Gesamt- oder eines Teilvermögens [MWSTV 101] auf eine andere steuerpflichtige Person [10; MWSTV 102] im Rahmen einer Gründung, einer Liquidation, einer Umstrukturierung, einer Geschäftsveräusserung oder eines im Fusionsgesetz vom 3. Oktober 2003[73] geregelten Rechtsgeschäfts.

[2] Der Bundesrat kann bestimmen, in welchen anderen Fällen das Meldeverfahren anzuwenden ist oder angewendet werden kann.

[3] Die Meldungen sind im Rahmen der ordentlichen Abrechnung [71] vorzunehmen.

[4] Durch die Anwendung des Meldeverfahrens übernimmt der Erwerber oder die Erwerberin für die übertragenen Vermögens-

---

69 Fassung des zweiten Satzes gemäss Ziff. I des BG vom 30. Sept. 2016, in Kraft seit 1. Jan. 2018 (AS **2017** 3575; BBl **2015** 2615).

70 Fassung gemäss Ziff. I des BG vom 30. Sept. 2016, in Kraft seit 1. Jan. 2018 (AS **2017** 3575; BBl **2015** 2615).

71 SR **642.11**

72 Fassung gemäss Ziff. I des BG vom 30. Sept. 2016, in Kraft seit 1. Jan. 2018 (AS **2017** 3575; BBl **2015** 2615).

73 SR **221.301**

werte die Bemessungsgrundlage [24] und den zum Vorsteuerabzug [28] berechtigenden Verwendungsgrad des Veräusserers oder der Veräussererin.

5 Wurde in den Fällen von Absatz 1 das Meldeverfahren nicht angewendet und ist die Steuerforderung gesichert, so kann das Meldeverfahren nicht mehr angeordnet werden.

Vgl.: 28a i.V.m. MWSTV 63 III a, 83, 101 ff.; MWST-Info 11 (Meldeverfahren).

3. Abschnitt: Entstehung, Änderung und Verjährung der Steuerforderung

39. 1 Über die Steuer wird nach vereinbarten Entgelten abgerechnet. **Abrechnungsart**

Vgl.: 40 I.

2 Die ESTV gestattet der steuerpflichtigen Person [10] auf Antrag, über die Steuer nach vereinnahmten Entgelten abzurechnen.

Vgl.: 40 II.

3 Die gewählte Abrechnungsart muss während mindestens einer Steuerperiode [34] beibehalten werden.

4 Die ESTV kann die steuerpflichtige Person [10] verpflichten, nach vereinnahmten Entgelten abzurechnen, wenn:

a. diese zu einem erheblichen Teil Entgelte [3 f] erhält, bevor sie die Leistung [3 c] ausführt oder darüber Rechnung [3 k] stellt; oder
b. der begründete Verdacht besteht, dass die steuerpflichtige Person die Abrechnung nach vereinbarten Entgelten [39 I] missbraucht, um sich oder einer Drittperson einen unrechtmässigen Vorteil zu verschaffen.

Vgl.: MWSTV 79 IV, 81 VI, 106 f.; MWST-Info 15 (Abrechnung).

40. 1 Im Falle der Abrechnung nach vereinbarten Entgelten [39 I] entsteht der Anspruch auf Vorsteuerabzug [28] im Zeitpunkt des Empfangs der Rechnung [3 k]. Die Umsatzsteuerschuld entsteht: **Entstehung der Steuerforderung**

a. mit der Rechnungsstellung;
b. mit der Ausgabe der Teilrechnung oder mit der Vereinnahmung der Teilzahlung, wenn die Leistungen zu aufeinander folgenden Teilrechnungen oder Teilzahlungen Anlass geben;
c. mit der Vereinnahmung des Entgelts [3 f] bei Vorauszahlungen für nicht von der Steuer befreite Leistungen [23] sowie bei Leistungen ohne Rechnungsstellung.

[2] Im Falle der Abrechnung nach vereinnahmten Entgelten [39 II] entsteht der Anspruch auf Vorsteuerabzug im Zeitpunkt der Bezahlung. Die Umsatzsteuerschuld entsteht mit der Vereinnahmung des Entgelts.

[3] Der Anspruch auf Vorsteuerabzug aufgrund der Bezugsteuer [45 ff.] entsteht im Zeitpunkt der Abrechnung über diese Bezugsteuer (Art. 47).

[4] Der Anspruch auf Vorsteuerabzug aufgrund der Einfuhrsteuer [50 ff.] entsteht am Ende der Abrechnungsperiode [35], in der die Steuer festgesetzt wurde.

Nachträgliche Änderung der Umsatzsteuerschuld und des Vorsteuerabzugs

41. [1] Wird das vom Leistungsempfänger oder der Leistungsempfängerin bezahlte oder mit ihm oder ihr vereinbarte Entgelt [3 f] korrigiert, so ist im Zeitpunkt, in dem die Korrektur verbucht oder das korrigierte Entgelt vereinnahmt wird, eine Anpassung der Umsatzsteuerschuld vorzunehmen.

[2] Wird das von der steuerpflichtigen Person [10] aufgewendete Entgelt [3 f] korrigiert, so ist im Zeitpunkt, in dem die Korrektur verbucht oder das korrigierte Entgelt bezahlt wird, eine Anpassung des Vorsteuerabzuges vorzunehmen.

Festsetzungsverjährung

42. [1] Das Recht, eine Steuerforderung festzusetzen, verjährt fünf Jahre nach Ablauf der Steuerperiode [35], in der die Steuerforderung entstanden ist [40].

[2] Die Verjährung wird durch eine auf Festsetzung oder Korrektur der Steuerforderung gerichtete empfangsbedürftige schriftliche Erklärung, eine Verfügung [82], einen Einspracheentscheid oder ein Urteil unterbrochen. Zu einer entsprechenden Unterbrechung der Verjährung führen auch die Ankündigung einer Kontrolle nach Artikel 78 Absatz 3 oder der Beginn einer unangekündigten Kontrolle.

[3] Wird die Verjährung durch die ESTV oder eine Rechtsmittelinstanz unterbrochen, so beginnt die Verjährungsfrist neu zu laufen. Sie beträgt neu zwei Jahre.

[4] Die Verjährung steht still, solange für die entsprechende Steuerperiode ein Steuerstrafverfahren [96 ff.] nach diesem Gesetz durchgeführt wird und der zahlungspflichtigen Person dies mitgeteilt worden ist (Art. 104 Abs. 4).

[5] Unterbrechung und Stillstand wirken gegenüber allen zahlungspflichtigen Personen.

[6] Das Recht, die Steuerforderung festzusetzen, verjährt in jedem Fall zehn Jahre nach Ablauf der Steuerperiode, in der die Steuerforderung entstanden ist.

Rechtskraft der Steuerforderung

43. [1] Die Steuerforderung wird rechtskräftig durch:

a. eine in Rechtskraft erwachsene Verfügung, einen in Rechtskraft erwachsenen Einspracheentscheid oder ein in Rechtskraft erwachsenes Urteil;

b. die schriftliche Anerkennung oder die vorbehaltlose Bezahlung einer Einschätzungsmitteilung durch die steuerpflichtige Person [10];

c. den Eintritt der Festsetzungsverjährung [42].

[2] Bis zum Eintritt der Rechtskraft können die eingereichten und bezahlten Abrechnungen [35, 71] korrigiert werden.

Abtretung und Verpfändung der Steuerforderung

44. [1] Die steuerpflichtige Person [10] kann ihre Steuerforderung nach den Vorschriften des Zivilrechts abtreten [OR 164 ff.] und verpfänden [ZGB 899 ff.].

[2] Die Rechte der ESTV, namentlich deren Einreden und die Massnahmen zur Steuersicherung [93 f.], bleiben durch die Abtretung oder Verpfändung unberührt.[74]

Vgl. zu II: MWSTV 108.

Vgl.: 28a i.V.m. MWSTV 63 III c.

3. Titel: Bezugsteuer

Bezugsteuerpflicht

45. [1] Der Bezugsteuer unterliegen:

a.[75] Dienstleistungen [3 e], deren Ort sich nach Artikel 8 Absatz 1 im Inland befindet und die erbracht werden durch Unternehmen mit Sitz im Ausland, die nicht im Register der steuerpflichtigen Personen [66 I] eingetragen sind, mit Ausnahme von Telekommunikations- oder elektronischen Dienstleistungen an nicht steuerpflichtige Empfänger und Empfängerinnen;

b. die Einfuhr von Datenträgern ohne Marktwert [MWSTV 111] mit den darin enthaltenen Dienstleistungen und Rechten (Art. 52 Abs. 2);

c.[76] die Lieferung [3 d] von unbeweglichen Gegenständen im Inland [3 a], die nicht der Einfuhrsteuer [50 ff.] unterliegt und die erbracht wird durch Unternehmen mit Sitz im Ausland, die nicht im Register der steuerpflichtigen Personen [66 I] eingetragen sind, mit Ausnahme des Überlassens solcher Gegenstände zum Gebrauch oder zur Nutzung;

---

74 Fassung gemäss Ziff. I des BG vom 30. Sept. 2016, in Kraft seit 1. Jan. 2018 (AS **2017** 3575; BBl **2015** 2615).

75 Fassung gemäss Ziff. I des BG vom 30. Sept. 2016, in Kraft seit 1. Jan. 2018 (AS **2017** 3575; BBl **2015** 2615).

76 Fassung gemäss Ziff. I des BG vom 30. Sept. 2016, in Kraft seit 1. Jan. 2018 (AS **2017** 3575; BBl **2015** 2615).

d.[77] die Lieferung von Elektrizität in Leitungen, Gas über das Erdgasverteilnetz und Fernwärme durch Unternehmen mit Sitz im Ausland an steuerpflichtige Personen im Inland [7 II].

[2] Steuerpflichtig für Leistungen nach Absatz 1 ist deren Empfänger oder Empfängerin, sofern er oder sie:[78]

a. nach Artikel 10 steuerpflichtig ist; oder

b.[79] im Kalenderjahr solche Leistungen für mehr als 10 000 Franken [5] bezieht.

Vgl.: 10 II b; MWSTV 91.

Vgl. zu 45–49: MWSTV 109–111; MWST-Info 11 (Meldeverfahren).

Nicht der Bezugsteuer unterliegende Leistungen

45*a*.[80] Nicht der Bezugsteuer unterliegen Leistungen, die nach Artikel 21 von der Inlandsteuer ausgenommen oder nach Artikel 23 von der Inlandsteuer befreit sind.

Steuerbemessung und Steuersätze

46. Für die Steuerbemessung und die Steuersätze gelten die Bestimmungen der Artikel 24 und 25.

Steuer- und Abrechnungsperiode

47. [1] Für steuerpflichtige Personen nach Artikel 45 Absatz 2 Buchstabe a gelten die gleichen Steuer- und Abrechnungsperioden wie für die Inlandsteuer (Art. 34 und 35).

[2] Als Steuer- und Abrechnungsperiode für steuerpflichtige Personen nach Artikel 45 Absatz 2 Buchstabe b gilt das Kalenderjahr.

Vgl. zu II: 66 III.

Entstehung und Festsetzungsverjährung der Bezugsteuerschuld

48. [1] Die Bezugsteuerschuld entsteht:

a. mit der Zahlung des Entgelts [3 f] für die Leistung [3 c];

b. bei steuerpflichtigen Personen nach Artikel 45 Absatz 2 Buchstabe a, die nach vereinbarten Entgelten (Art. 40 Abs. 1) abrechnen: im Zeitpunkt des Empfangs der Rechnung [3 k] sowie bei Leistungen ohne Rechnungsstellung mit der Zahlung des Entgelts [3 f].

[2] Festsetzungsverjährung und Rechtskraft richten sich nach den Artikeln 42 und 43.

Mithaftung, Steuernachfolge und Substitution

49. Für die Mithaftung, die Steuernachfolge und die Substitution gelten die Bestimmungen der Artikel 15–17.

---

77 Eingefügt durch Ziff. I des BG vom 30. Sept. 2016, in Kraft seit 1. Jan. 2018 (AS **2017** 3575; BBl **2015** 2615).

78 Fassung gemäss Ziff. I des BG vom 30. Sept. 2016, in Kraft seit 1. Jan. 2018 (AS **2017** 3575; BBl **2015** 2615).

79 Fassung gemäss Ziff. I des BG vom 30. Sept. 2016, in Kraft seit 1. Jan. 2018 (AS **2017** 3575; BBl **2015** 2615).

80 Eingefügt durch Ziff. I des BG vom 30. Sept. 2016, in Kraft seit 1. Jan. 2018 (AS **2017** 3575; BBl **2015** 2615).

4. Titel: Einfuhrsteuer

Verwaltungsanweisungen der EZV: 18.85 Zoll- und Steuerbehandlung von inländischen Rückwaren; 18.86 Rückerstattung der Einfuhrabgaben wegen Wiederausfuhr; 52.01 Steuer auf der Einfuhr von Gegenständen (Einfuhrsteuer); 52.02 Werkvertragliche Lieferungen und Ablieferung von Gegenständen nach Bearbeitung im Inland; 52.03 Einfuhr eines Gegenstands durch ausländischen Lieferanten zum Verkauf auf der Strasse, an der Haustüre an einer Veranstaltung oder an einer Messe; 52.04 Einfuhr eines im Ausland ersteigerten oder zum Verkauf an einer Auktion im Inland bestimmten Gegenstands; 52.10 Einfuhrsteuer auf dem Entgelt für den Gebrauch von Gegenständen im Inland, nach dem Zollverfahren der vorübergehenden Verwendung veranlagt; 52.13 Mitteilung an ausländische Leistungserbringer; 52.15 Mehrwertsteuersätze; 52.21 Software; 52.22 Einfuhrsteuer auf Kunstwerken; 52.23 Heimtiere; 52.24 Umschliessungen und Gebinde (mit und ohne Pfandgeld); 52.25 Ort der Lieferung und Importeur bei Einfuhren.

Anwendbares Recht

50. Für die Steuer auf der Einfuhr von Gegenständen [3 b] gilt die Zollgesetzgebung, soweit die nachfolgenden Bestimmungen nichts anderes anordnen.

Vgl. zu 50–64: MWSTV 112–121.

Steuerpflicht

51. [1] Steuerpflichtig ist, wer nach Artikel 70 Absätze 2 und 3 ZG[81] Zollschuldner oder Zollschuldnerin ist.

[2] Die Solidarhaftung nach Artikel 70 Absatz 3 ZG ist für Personen, die gewerbsmässig Zollanmeldungen ausstellen (Art. 109 ZG), aufgehoben, wenn der Importeur oder die Importeurin:

a. zum Vorsteuerabzug (Art. 28) berechtigt ist;
b.[82] die Einfuhrsteuerschuld über das Konto des zentralisierten Abrechnungsverfahrens der EZV (ZAZ) belastet erhält; und
c. der Person, die gewerbsmässig Zollanmeldungen ausstellt, einen Auftrag zur direkten Stellvertretung erteilt hat.

[3] Die EZV kann von der Person, die gewerbsmässig Zollanmeldungen ausstellt, den Nachweis für ihre Vertretungsbefugnis verlangen.[83]

Steuerobjekt

52. [1] Der Steuer unterliegen:

a. die Einfuhr von Gegenständen [3 b] einschliesslich der darin enthaltenen Dienstleistungen [3 e] und Rechte;

---

[81] SR **631.0**
[82] Fassung gemäss Ziff. I des BG vom 30. Sept. 2016, in Kraft seit 1. Jan. 2018 (AS **2017** 3575; BBl **2015** 2615).
[83] Fassung gemäss Ziff. I des BG vom 30. Sept. 2016, in Kraft seit 1. Jan. 2018 (AS **2017** 3575; BBl **2015** 2615).

b. das Überführen von Gegenständen nach Artikel 17 Absatz 1bis des ZG[84] in den zollrechtlich freien Verkehr durch Reisende, die im Flugverkehr aus dem Ausland ankommen.[85]

2 Lässt sich bei der Einfuhr von Datenträgern kein Marktwert feststellen und ist die Einfuhr nicht nach Artikel 53 von der Steuer befreit, so ist hierauf keine Einfuhrsteuer geschuldet und die Bestimmungen über die Bezugsteuer (Art. 45–49) sind anwendbar.[86]

3 Bei einer Mehrheit von Leistungen gelten die Bestimmungen von Artikel 19.

Vgl. zu III: MWSTV 112.

Steuerbefreite Einfuhren

53. 1 Von der Steuer befreit ist die Einfuhr von:

a. Gegenständen in kleinen Mengen, von unbedeutendem Wert oder mit geringfügigem Steuerbetrag; das EFD erlässt die näheren Bestimmungen;

Vgl.: 7 III b.

b. menschlichen Organen durch medizinisch anerkannte Institutionen und Spitäler sowie von menschlichem Vollblut durch Inhaber und Inhaberinnen einer hierzu erforderlichen Bewilligung;

c. Kunstwerken, die von Kunstmalern und Kunstmalerinnen oder Bildhauern und Bildhauerinnen persönlich geschaffen wurden und von ihnen selbst oder in ihrem Auftrag ins Inland [3 a] verbracht werden, unter Vorbehalt von Artikel 54 Absatz 1 Buchstabe c;

d. Gegenständen, die nach Artikel 8 Absatz 2 Buchstaben b–d, g und i–l ZG[87] zollfrei sind;

e. Gegenständen nach Artikel 23 Absatz 2 Ziffer 8, die im Rahmen einer Lieferung von Luftverkehrsunternehmen nach Artikel 23 Absatz 2 Ziffer 8 eingeführt oder die von solchen Luftverkehrsunternehmen ins Inland [3 a] verbracht werden, sofern diese die Gegenstände vor der Einfuhr im Rahmen einer Lieferung [3 d] bezogen haben und nach der Einfuhr für eigene zum Vorsteuerabzug berechtigende unternehmerische Tätigkeiten (Art. 28) verwenden;

f. Gegenständen, die nach dem Ausfuhrverfahren (Art. 61 ZG) veranlagt worden sind und unverändert an den Absender oder die Absenderin im Inland [3 a] zurückgesandt werden, sofern sie nicht wegen der Ausfuhr von der Steuer befreit [23] worden sind; ist die Steuer beachtlich, so er-

84 SR **631.0**

85 Fassung gemäss Ziff. I 2 des BG vom 17. Dez. 2010 über den Einkauf von Waren in Zollfreiläden auf Flughäfen, in Kraft seit 1. Juni 2011 (AS **2011** 1743; BBl **2010** 2169).

86 Fassung gemäss Ziff. I des BG vom 30. Sept. 2016, in Kraft seit 1. Jan. 2018 (AS **2017** 3575; BBl **2015** 2615).

87 SR **631.0**

folgt die Steuerbefreiung durch Rückerstattung; die Bestimmungen von Artikel 59 gelten sinngemäss;

g.[88] Elektrizität in Leitungen, Gas über das Erdgasverteilnetz und Fernwärme;

Vgl.: 7 II.

h. Gegenständen, die in völkerrechtlichen Verträgen für steuerfrei erklärt werden;

i. Gegenständen, die nach den Artikeln 9 und 58 ZG zur vorübergehenden Verwendung oder nach den Artikeln 12 und 59 ZG zur aktiven Veredelung nach dem Verfahren mit Rückerstattungsanspruch ins Inland [3 a] eingeführt werden, unter Vorbehalt von Artikel 54 Absatz 1 Buchstabe d;

j. Gegenständen, die zur Lohnveredelung im Rahmen eines Werkvertrags von einer im Inland [3 a] als steuerpflichtig eingetragenen Person [66 I] vorübergehend ins Inland eingeführt und nach dem Verfahren der aktiven Veredelung mit bedingter Zahlungspflicht (Nichterhebungsverfahren) veranlagt werden (Art. 12 und 59 ZG);

k. Gegenständen, die nach den Artikeln 9 und 58 ZG zur vorübergehenden Verwendung oder nach den Artikeln 13 und 60 ZG zur passiven Lohnveredelung im Rahmen eines Werkvertrages aus dem Inland [3 a] ausgeführt und an den Absender oder die Absenderin im Inland zurückgesandt werden, unter Vorbehalt von Artikel 54 Absatz 1 Buchstabe e;

l. Gegenständen, die zur Lohnveredelung im Rahmen eines Werkvertrags nach dem Ausfuhrverfahren (Art. 61 ZG) ins Ausland verbracht worden sind und an den Absender oder die Absenderin im Inland [3 a] zurückgesandt werden, unter Vorbehalt von Artikel 54 Absatz 1 Buchstabe f.

2 Der Bundesrat kann Gegenstände, die er nach Artikel 8 Absatz 2 Buchstabe a ZG für zollfrei erklärt, von der Einfuhrsteuer befreien.

Vgl. zu II: MWSTV 113.

Bemessungsgrundlage[89]

54. 1 Die Steuer wird berechnet:

a. auf dem Entgelt [54 II], wenn die Gegenstände in Erfüllung eines Veräusserungs- oder Kommissionsgeschäfts eingeführt werden;

b. auf dem Entgelt [54 II] für werkvertragliche Lieferungen oder Arbeiten im Sinne von Artikel 3 Buchstabe d Zif-

---

88 Fassung gemäss Ziff. I des BG vom 30. Sept. 2016, in Kraft seit 1. Jan. 2018 (AS **2017** 3575; BBl **2015** 2615).

89 Fassung gemäss Ziff. I des BG vom 30. Sept. 2016, in Kraft seit 1. Jan. 2018 (AS **2017** 3575; BBl **2015** 2615).

fer 2, die unter Verwendung von in den zollrechtlich freien Verkehr übergeführten Gegenständen besorgt (Art. 48 ZG[90]) und durch eine im Inland [3 a] nicht als steuerpflichtig eingetragene Person ausgeführt werden;

c. auf dem Entgelt [54 II] für die im Auftrag von Kunstmalern und Kunstmalerinnen sowie Bildhauern und Bildhauerinnen an ihren eigenen Kunstwerken im Ausland besorgten Arbeiten (Art. 3 Bst. d Ziff. 2), sofern die Kunstwerke von ihnen selbst oder in ihrem Auftrag ins Inland [3 a] verbracht wurden [53 I c];

d. auf dem Entgelt [54 II] für den Gebrauch von Gegenständen, die nach den Artikeln 9 und 58 ZG zur vorübergehenden Verwendung eingeführt wurden, sofern die Steuer auf diesem Entgelt beachtlich ist [53 I i]; wird für den vorübergehenden Gebrauch kein oder ein ermässigtes Entgelt gefordert, so ist das Entgelt massgebend, das einer unabhängigen Drittperson berechnet würde;

e. auf dem Entgelt [54 II] für die im Ausland besorgten Arbeiten an Gegenständen (Art. 3 Bst. d Ziff. 2), die nach den Artikeln 9 und 58 ZG zur vorübergehenden Verwendung oder die nach den Artikeln 13 und 60 ZG zur passiven Lohnveredelung im Rahmen eines Werkvertrags ausgeführt wurden und an den Absender oder die Absenderin im Inland [3 a] zurückgesandt werden [53 I k];

f. auf dem Entgelt [54 II] für die im Ausland besorgten Arbeiten an Gegenständen (Art. 3 Bst. d Ziff. 2), sofern diese zur Lohnveredlung im Rahmen eines Werkvertrags nach dem Ausfuhrverfahren (Art. 61 ZG) ins Ausland verbracht worden sind und an den Absender oder die Absenderin im Inland [3 a] zurückgesandt werden [53 I l];

g.[91] auf dem Marktwert in den übrigen Fällen; als Marktwert gilt, was der Importeur oder die Importeurin auf der Stufe, auf der die Einfuhr bewirkt wird, an einen selbstständigen Lieferanten oder eine selbständige Lieferantin im Herkunftsland der Gegenstände zum Zeitpunkt der Entstehung der Einfuhrsteuerschuld nach Artikel 56 unter den Bedingungen des freien Wettbewerbs zahlen müsste, um die gleichen Gegenstände zu erhalten.

2 Richtet sich die Steuerberechnung nach dem Entgelt [54 I a–f], so ist das vom Importeur oder der Importeurin oder an seiner oder ihrer Stelle von einer Drittperson entrichtete oder zu entrichtende Entgelt nach Artikel 24 massgebend, unter Vorbe-

---

90 SR **631.0**

91 Die Berichtigung der RedK der BVers vom 28. April 2016, veröffentlicht am 10. Mai 2016, betrifft nur den französischen Text (AS **2016** 1357).

halt von Artikel 18 Absatz 2 Buchstabe h. Bei einer nachträglichen Änderung dieses Entgelts gilt Artikel 41 sinngemäss.

3 In die Bemessungsgrundlage [54 II] sind einzubeziehen, soweit nicht bereits darin enthalten:

a. die ausserhalb des Inlands [3 a] sowie aufgrund der Einfuhr geschuldeten Steuern, Zölle und sonstigen Abgaben, mit Ausnahme der zu erhebenden Mehrwertsteuer;

b.[92] die Kosten für das Befördern oder Versenden und alle damit zusammenhängenden Leistungen bis zum Bestimmungsort im Inland [3 a], an den die Gegenstände [3 b] zum Zeitpunkt der Entstehung der Einfuhrsteuerschuld nach Artikel 56 zu befördern sind; ist dieser Ort unbekannt, so gilt als Bestimmungsort der Ort, an dem das Umladen nach Entstehung der Einfuhrsteuerschuld im Inland erfolgt.

4 Bestehen Zweifel an der Richtigkeit der Zollanmeldung oder fehlen Wertangaben, so kann die EZV die Steuerbemessungsgrundlage nach pflichtgemässem Ermessen schätzen.

Vgl.: 79 i.V.m. 62 II.

5 Für die Ermittlung der Bemessungsgrundlage [54 II und III resp. 54 I g] herangezogene Preis- oder Wertangaben in ausländischer Währung sind nach dem am letzten Börsentag vor der Entstehung der Einfuhrsteuerschuld nach Artikel 56 notierten Devisenkurs (Verkauf) in Schweizerfranken umzurechnen.

Steuersätze

55.[93] 1 Die Steuer auf der Einfuhr von Gegenständen beträgt 7,7 Prozent; vorbehalten bleibt Absatz 2.

2 Auf der Einfuhr von Gegenständen nach Artikel 25 Absatz 2 Buchstaben a und a^{bis} beträgt die Steuer 2,5 Prozent.

Entstehung, Verjährung und Entrichtung der Einfuhrsteuerschuld

56. 1 Die Einfuhrsteuerschuld entsteht zur gleichen Zeit wie die Zollschuld (Art. 69 ZG[94]).

2 Der steuerpflichtigen Person nach Artikel 51, welche die Einfuhrsteuerschuld über das ZAZ begleicht, steht für die Bezahlung eine Frist von 60 Tagen nach Ausstellung der Rechnung [3 k] zu; ausgenommen sind Einfuhren im Reiseverkehr, die mündlich zur Zollveranlagung angemeldet werden.

---

92 Die Berichtigung der RedK der BVers vom 28. April 2016, veröffentlicht am 10. Mai 2016, betrifft nur den französischen Text (AS **2016** 1357).

93 Fassung gemäss Ziff. I der V vom 8. Nov. 2017 über die befristete Anhebung der Mehrwertsteuersätze zur Finanzierung des Ausbaus der Eisenbahninfrastruktur, in Kraft vom 1. Jan. 2018, längstens bis zum 31. Dez. 2030 (AS **2017** 6305).

94 SR **631.0**

[3] Hinsichtlich der Sicherstellung können Erleichterungen gewährt werden, wenn dadurch der Steuereinzug nicht gefährdet wird.

Vgl.: MWSTV 114 f.

[4] Die Einfuhrsteuerschuld verjährt zur gleichen Zeit wie die Zollschuld (Art. 75 ZG). Die Verjährung steht still, solange ein Steuerstrafverfahren nach diesem Gesetz durchgeführt wird und der zahlungspflichtigen Person dies mitgeteilt worden ist (Art. 104 Abs. 4).

[5] Ändert sich die Einfuhrsteuerschuld wegen nachträglicher Anpassung des Entgelts [54], namentlich aufgrund von Vertragsänderungen oder wegen Preisanpassungen zwischen verbundenen Unternehmen aufgrund anerkannter Richtlinien, so muss die zu niedrig bemessene Steuer innert 30 Tagen nach dieser Anpassung der EZV angezeigt werden. Die Meldung sowie die Anpassung der Steuerveranlagung können unterbleiben, wenn die nachzuentrichtende Steuer als Vorsteuer nach Artikel 28 abgezogen werden könnte.

Vgl. zu V: MWSTV 116.

Verzugszins

57. [1] Wird die Einfuhrsteuerschuld nicht fristgerecht bezahlt, so ist ein Verzugszins geschuldet.

[2] Die Verzugszinspflicht beginnt:

a. bei Bezahlung über das ZAZ: mit dem Ablauf der eingeräumten Zahlungsfrist;
b. bei Erhebung der Steuer auf dem Entgelt nach Artikel 54 Absatz 1 Buchstabe d: mit dem Ablauf der eingeräumten Zahlungsfrist;
c. bei nachträglicher Erhebung einer zu Unrecht erwirkten Rückerstattung von Steuern: mit dem Datum der Auszahlung;
d. in den übrigen Fällen: mit der Entstehung der Einfuhrsteuerschuld nach Artikel 56.

[3] Die Verzugszinspflicht besteht auch während eines Rechtsmittelverfahrens und bei Ratenzahlungen.

Ausnahmen von der Verzugszinspflicht

58. Kein Verzugszins wird erhoben, wenn:

a. die Einfuhrsteuerschuld durch Barhinterlage sichergestellt wurde;
b. in den zollrechtlich freien Verkehr übergeführte Gegenstände (Art. 48 ZG[95]) vorerst provisorisch veranlagt werden (Art. 39 ZG) und der Importeur oder die Importeurin im Zeitpunkt der Annahme der Zollanmeldung im Inland [3 a] als steuerpflichtige Person [10] eingetragen [66 I] war;

[95] SR **631.0**

c.[96] bedingt veranlagte Gegenstände (Art. 49, 51 Abs. 2 Bst. b, 58 und 59 ZG) unter Abschluss des Zollverfahrens:
1. wieder ausgeführt werden, oder
2. in ein anderes Zollverfahren übergeführt werden (Art. 47 ZG);

c[bis].[97] bei bedingt veranlagten Gegenständen der Importeur oder die Importeurin im Zeitpunkt der Annahme der Zollanmeldung im Inland als steuerpflichtige Person eingetragen war;

d. ...[98]

e. die Gegenstände periodisch zum Zollveranlagungsverfahren anzumelden sind (Art. 42 Abs. 1 Bst. c ZG) oder aufgrund eines vereinfachten Zollveranlagungsverfahrens nachträglich veranlagt werden (Art. 42 Abs. 2 ZG) und der Importeur oder die Importeurin im Zeitpunkt der Einfuhr im Inland [3 a] als steuerpflichtige Person [10] eingetragen [66 I] war.

Anspruch auf Steuerrückerstattung und Verjährung

59. [1] Für zu viel erhobene oder nicht geschuldete Steuern besteht ein Anspruch auf Rückerstattung.

[2] Nicht zurückerstattet werden zu viel erhobene, nicht geschuldete sowie wegen nachträglicher Veranlagung der Gegenstände nach den Artikeln 34 und 51 Absatz 3 ZG[99] oder wegen deren Wiederausfuhr nach den Artikeln 49 Absatz 4, 51 Absatz 3, 58 Absatz 3 und 59 Absatz 4 ZG nicht mehr geschuldete Steuern, wenn der Importeur oder die Importeurin im Inland als steuerpflichtige Person [10] eingetragen [66 I] ist und die der EZV zu entrichtende oder entrichtete Steuer als Vorsteuer nach Artikel 28 abziehen kann.

[3] Der Anspruch verjährt fünf Jahre nach Ablauf des Kalenderjahres, in dem er entstanden ist.

[4] Die Verjährung wird unterbrochen durch die Geltendmachung des Anspruchs gegenüber der EZV.

[5] Sie steht still, solange über den geltend gemachten Anspruch ein Rechtsmittelverfahren hängig ist.

[6] Der Anspruch auf Rückerstattung zu viel erhobener oder nicht geschuldeter Steuern verjährt in jedem Fall 15 Jahre nach Ablauf des Kalenderjahres, in dem er entstanden ist.

---

96 Fassung gemäss Ziff. I des BG vom 30. Sept. 2016, in Kraft seit 1. Jan. 2018 (AS **2017** 3575; BBl **2015** 2615).

97 Eingefügt durch Ziff. I des BG vom 30. Sept. 2016, in Kraft seit 1. Jan. 2018 (AS **2017** 3575; BBl **2015** 2615).

98 Aufgehoben durch Ziff. I des BG vom 30. Sept. 2016, mit Wirkung seit 1. Jan. 2018 (AS **2017** 3575; BBl **2015** 2615).

99 SR **631.0**

Rückerstattung wegen Wiederausfuhr

60. [1] Die bei der Einfuhr erhobene Steuer wird auf Antrag zurückerstattet, wenn die Voraussetzungen für den Vorsteuerabzug nach Artikel 28 fehlen und:

a. die Gegenstände ohne vorherige Übergabe an eine Drittperson im Rahmen einer Lieferung [3 d] im Inland [3 a] und ohne vorherige Ingebrauchnahme unverändert wieder ausgeführt werden; oder

b. die Gegenstände im Inland [3 a] in Gebrauch genommen wurden, aber wegen Rückgängigmachung der Lieferung [3 d] wieder ausgeführt werden; in diesem Fall wird die Rückerstattung gekürzt um den Betrag, welcher der Steuer auf dem Entgelt [3 f] für den Gebrauch der Gegenstände oder auf der durch den Gebrauch eingetretenen Wertverminderung sowie auf den nicht zurückerstatteten Einfuhrzollabgaben und Abgaben nach nichtzollrechtlichen Bundesgesetzen entspricht.

[2] Die Steuer wird nur zurückerstattet, wenn:

a. die Wiederausfuhr innert fünf Jahren nach Ablauf des Kalenderjahres erfolgt, in dem die Steuer erhoben worden ist; und

b. die Identität der ausgeführten mit den seinerzeit eingeführten Gegenständen nachgewiesen ist.

[3] Die Rückerstattung kann im Einzelfall von der ordnungsgemässen Anmeldung im Einfuhrland abhängig gemacht werden.

[4] Die Anträge auf Rückerstattung sind bei der Anmeldung zum Ausfuhrverfahren zu stellen. Nachträgliche Rückerstattungsanträge können berücksichtigt werden, wenn sie innert 60 Tagen seit Ausstellung des Ausfuhrdokuments, mit dem die Gegenstände nach dem Ausfuhrverfahren (Art. 61 ZG[100]) veranlagt worden sind, schriftlich bei der EZV eingereicht werden.

Vergütungszins

61. [1] Ein Vergütungszins wird bis zur Auszahlung ausgerichtet:

a. bei Rückerstattung einer zu viel erhobenen oder nicht geschuldeten Steuer nach Artikel 59: ab dem 61. Tag nach Eintreffen der schriftlichen Geltendmachung des Anspruchs bei der EZV;

b. bei Rückerstattung der Steuer wegen Wiederausfuhr nach Artikel 60: ab dem 61. Tag nach Eintreffen des Antrages [60 IV] bei der EZV;

c. bei Verfahren mit bedingter Zahlungspflicht (Art. 49, 51, 58 und 59 ZG[101]): ab dem 61. Tag nach ordnungsgemässem Abschluss des Verfahrens.

---

100 SR **631.0**

101 SR **631.0**

[2] Die zinslose Frist von 60 Tagen beginnt erst zu laufen, wenn:
a. sämtliche für die Feststellung des Sachverhalts und die Beurteilung des Begehrens notwendigen Unterlagen bei der EZV eingetroffen sind;
b. die Beschwerde gegen die Veranlagungsverfügung den Anforderungen von Artikel 52 des Bundesgesetzes vom 20. Dezember 1968[102] über das Verwaltungsverfahren (VwVG) genügt;
c. die Grundlagen für die Berechnung der Steuer auf dem Entgelt nach Artikel 54 Absatz 1 Buchstabe d der EZV bekannt sind.

[3] Kein Vergütungszins wird ausgerichtet beim Steuererlass nach Artikel 64.

Zuständigkeit und Verfahren

62. [1] Die Einfuhrsteuer wird durch die EZV erhoben. Diese trifft die erforderlichen Anordnungen und Verfügungen.

[2] Die Organe der EZV sind befugt, zur Prüfung der für die Steuerveranlagung wesentlichen Tatsachen alle erforderlichen Erhebungen vorzunehmen. Die Artikel 68–70, 73–75 und 79 gelten sinngemäss. Die EZV kann Erhebungen bei im Inland [3 a] als steuerpflichtig eingetragenen Personen [10, 66 I] im Einvernehmen mit der ESTV dieser übertragen.

Verlagerung der Steuerentrichtung

63. [1] Bei der ESTV registrierte [66 I] und nach der effektiven Methode [36] abrechnende steuerpflichtige Importeure und Importeurinnen können die auf der Einfuhr von Gegenständen geschuldete Steuer, statt sie der EZV zu entrichten, in der periodischen Steuerabrechnung [35, 71] mit der ESTV deklarieren (Verlagerungsverfahren), sofern sie regelmässig Gegenstände ein- und ausführen und sich daraus regelmässig beachtliche Vorsteuerüberschüsse ergeben.

[2] Werden die im Verlagerungsverfahren eingeführten Gegenstände nach der Einfuhr im Inland [3 a] noch bearbeitet oder verarbeitet, so kann die ESTV steuerpflichtigen Personen [10] bewilligen, die bearbeiteten oder verarbeiteten Gegenstände ohne Berechnung der Steuer an andere steuerpflichtige Personen zu liefern.

Vgl.: MWSTV 121.

[3] Der Bundesrat regelt die Einzelheiten des Verlagerungsverfahrens [MWSTV 117–121].

Vgl.: MWSTV 77 II b, 117 ff.

---

102 SR **172.021**

Steuererlass

64. [1] Die Einfuhrsteuer kann ganz oder teilweise erlassen werden, wenn:

a. im Gewahrsam der EZV stehende oder in ein Transitverfahren (Art. 49 ZG[103]), ein Zolllagerverfahren (Art. 50–57 ZG), ein Verfahren der vorübergehenden Verwendung (Art. 58 ZG) oder ein Verfahren der aktiven Veredelung (Art. 59 ZG) übergeführte Gegenstände durch Zufall, höhere Gewalt oder mit amtlicher Einwilligung ganz oder teilweise vernichtet werden;

b. in den zollrechtlich freien Verkehr übergeführte Gegenstände auf amtliche Verfügung hin ganz oder teilweise vernichtet oder wieder aus dem Inland [3 a] ausgeführt werden;

c. eine Nachforderung im Sinne von Artikel 85 ZG mit Rücksicht auf besondere Verhältnisse die steuerpflichtige Person nach Artikel 51 unverhältnismässig belasten würde;

d. die mit der Zollanmeldung beauftragte Person (z. B. der Spediteur) die Steuer wegen Zahlungsunfähigkeit des Importeurs oder der Importeurin nicht weiterbelasten kann und der Importeur oder die Importeurin im Zeitpunkt der Annahme der Zollanmeldung im Inland als steuerpflichtige Person [10] eingetragen [66 I] war; von der Zahlungsunfähigkeit des Importeurs oder der Importeurin ist auszugehen, wenn die Forderung der beauftragten Person ernsthaft gefährdet erscheint.

[2] Die Oberzolldirektion entscheidet über den Steuererlass auf schriftliches, mit den nötigen Nachweisen belegtes Gesuch.

[3] Die Frist für die Einreichung eines Gesuchs beträgt:

a. bei Veranlagung mit unbedingter Einfuhrsteuerschuld: ein Jahr seit der Ausstellung des Einfuhrdokuments, mit dem die Einfuhrsteuer veranlagt wurde;

b. bei Veranlagung mit bedingter Einfuhrsteuerschuld: ein Jahr seit Abschluss des gewählten Zollverfahrens.

Vgl.: 61 III.

5. Titel: Verfahrensrecht für die Inland- und die Bezugsteuer

1. Kapitel: Allgemeine Verfahrensbestimmungen

65. [1] Die ESTV ist für die Erhebung und den Einzug der Inland- [10 ff.] und der Bezugsteuer [45 ff.] zuständig.

[2] Für eine gesetzeskonforme Erhebung und den gesetzeskonformen Einzug der Steuer erlässt die ESTV alle erforderlichen

---

[103] SR **631.0**

Verfügungen, deren Erlass nicht ausdrücklich einer andern Behörde vorbehalten ist.

3 Sie veröffentlicht ohne zeitlichen Verzug alle Praxisfestlegungen, die nicht ausschliesslich verwaltungsinternen Charakter haben.

4 Sämtliche Verwaltungshandlungen sind beförderlich zu vollziehen.

5 Die steuerpflichtige Person [10] darf durch die Steuererhebung nur soweit belastet werden, als dies für die Durchsetzung dieses Gesetzes zwingend erforderlich ist.

2. Kapitel: Rechte und Pflichten der steuerpflichtigen Person

An- und Abmeldung als steuerpflichtige Person

66. 1 Personen, die nach Artikel 10 steuerpflichtig werden, haben sich unaufgefordert innert 30 Tagen nach Beginn ihrer Steuerpflicht [14 I] bei der ESTV schriftlich anzumelden. Diese teilt ihnen eine nicht übertragbare Nummer nach den Vorgaben des Bundesgesetzes vom 18. Juni 2010[104] über die Unternehmens-Identifikationsnummer zu, die registriert wird.[105]

2 Endet die Steuerpflicht nach Artikel 14 Absatz 2, so hat sich die steuerpflichtige Person [10] innert 30 Tagen nach der Beendigung der unternehmerischen Tätigkeit [10 I], spätestens aber mit dem Abschluss des Liquidationsverfahrens bei der ESTV schriftlich abzumelden.

3 Wer einzig aufgrund der Bezugsteuer steuerpflichtig wird (Art. 45 Abs. 2), hat sich innert 60 Tagen nach Ablauf des Kalenderjahres, für das er steuerpflichtig ist, schriftlich bei der ESTV anzumelden und gleichzeitig die bezogenen Leistungen zu deklarieren.

Vgl. zu 66–72: MWSTV 122–129.

Steuervertretung

67. 1 Steuerpflichtige Personen [10] ohne Wohn- oder Geschäftssitz im Inland [3 a] haben für die Erfüllung ihrer Verfahrenspflichten eine Vertretung zu bestimmen, die im Inland Wohn- oder Geschäftssitz hat.

2 Bei Gruppenbesteuerung (Art. 13) muss die Mehrwertsteuergruppe für die Erfüllung ihrer Verfahrenspflichten eine Vertretung mit Wohn- oder Geschäftssitz in der Schweiz bestimmen.

Vgl.: MWSTV 18 II und III, 19 II und III.

---

104 SR **431.03**

105 Fassung des zweiten Satzes gemäss Anhang Ziff. 2 des BG vom 18. Juni 2010 über die Unternehmens-Identifikationsnummer, in Kraft seit 1. Jan. 2011 (AS **2010** 4989; BBl **2009** 7855).

[3] Durch die Bestimmung einer Vertretung nach den Absätzen 1 und 2 wird keine Betriebsstätte nach den Bestimmungen über die direkten Steuern begründet.

Auskunftspflicht

68. [1] Die steuerpflichtige Person [10] hat der ESTV über alle Tatsachen, die für die Steuerpflicht oder für die Steuerbemessung [24 f.] von Bedeutung sein können, nach bestem Wissen und Gewissen Auskunft zu erteilen und die erforderlichen Unterlagen einzureichen.

[2] Das gesetzlich geschützte Berufsgeheimnis bleibt vorbehalten. Träger und Trägerinnen des Berufsgeheimnisses sind zur Vorlage der Bücher oder Aufzeichnungen verpflichtet, dürfen aber Namen und Adresse, nicht jedoch den Wohnsitz oder den Sitz der Klienten und Klientinnen abdecken oder durch Codes ersetzen. In Zweifelsfällen werden auf Antrag der ESTV oder der steuerpflichtigen Person vom Präsidenten oder der Präsidentin der zuständigen Kammer des Bundesverwaltungsgerichts ernannte neutrale Sachverständige als Kontrollorgane eingesetzt.

Auskunftsrecht

69. Auf schriftliche Anfrage der steuerpflichtigen Person [10] zu den mehrwertsteuerlichen Konsequenzen eines konkret umschriebenen Sachverhalts erteilt die ESTV innert angemessener Frist Auskunft. Die Auskunft ist für die anfragende steuerpflichtige Person und die ESTV rechtsverbindlich; sie kann auf keinen anderen Sachverhalt bezogen werden.

Buchführung und Aufbewahrung

70. [1] Die steuerpflichtige Person [10] hat ihre Geschäftsbücher und Aufzeichnungen nach den handelsrechtlichen Grundsätzen zu führen. Die ESTV kann ausnahmsweise darüber hinausgehende Aufzeichnungspflichten erlassen, wenn dies für die ordnungsgemässe Erhebung der Mehrwertsteuer unerlässlich ist.

[2] Die steuerpflichtige Person hat ihre Geschäftsbücher, Belege, Geschäftspapiere und sonstigen Aufzeichnungen bis zum Eintritt der absoluten Verjährung der Steuerforderung (Art. 42 Abs. 6) ordnungsgemäss aufzubewahren. Artikel 958*f* des Obligationenrechts[106] bleibt vorbehalten.[107]

Vgl.: VASR, S. 577.

[3] Geschäftsunterlagen, die im Zusammenhang mit der Berechnung der Einlageentsteuerung und des Eigenverbrauchs von unbeweglichen Gegenständen benötigt werden, sind während 20 Jahren aufzubewahren (Art. 31 Abs. 3 und 32 Abs. 2).

[4] Der Bundesrat regelt die Voraussetzungen, unter welchen Belege, die nach diesem Gesetz für die Durchführung der Steuer

---

106 SR **220**

107 Fassung des zweiten Satzes gemäss Anhang Ziff. 4 des BG vom 23. Dez. 2011 (Rechnungslegungsrecht), in Kraft seit 1. Jan. 2013 (AS **2012** 6679; BBl **2008** 1589).

nötig sind, papierlos übermittelt und aufbewahrt werden können [MWSTV 122].

Vgl.: MWST-Info 16 (Buchführung).

Einreichung der Abrechnung

71.[1] Die steuerpflichtige Person [10] hat gegenüber der ESTV innert 60 Tagen nach Ablauf der Abrechnungsperiode [35] unaufgefordert in der vorgeschriebenen Form über die Steuerforderung abzurechnen.

[2] Endet die Steuerpflicht [14 II und V], so läuft die Frist von diesem Zeitpunkt an.

Vgl.: MWSTV 126 ff.; MWST-Info 15 (Abrechnung).

Korrektur von Mängeln in der Abrechnung

72. [1] Stellt die steuerpflichtige Person [10] im Rahmen der Erstellung ihres Jahresabschlusses Mängel in ihren Steuerabrechnungen fest, so muss sie diese spätestens in der Abrechnung über jene Abrechnungsperiode [35] korrigieren, in die der 180. Tag seit Ende des betreffenden Geschäftsjahres fällt.

[2] Die steuerpflichtige Person ist verpflichtet, erkannte Mängel in Abrechnungen über zurückliegende Steuerperioden [34] nachträglich zu korrigieren, soweit die Steuerforderungen dieser Steuerperioden nicht in Rechtskraft erwachsen oder verjährt sind [102 IV].

[3] Die nachträglichen Korrekturen der Abrechnungen haben in der von der ESTV vorgeschriebenen Form zu erfolgen.

Vgl.: MWSTV 129.

[4] Bei schwierig ermittelbaren systematischen Fehlern kann die ESTV der steuerpflichtigen Person [10] eine Erleichterung nach Artikel 80 gewähren.

Vgl.: MWSTV 126 ff.; MWST-Info 15 (Abrechnung).

3. Kapitel: Auskunftspflicht von Drittpersonen

73. [1] Auskunftspflichtige Drittpersonen nach Absatz 2 haben der ESTV auf Verlangen kostenlos:

a. alle Auskünfte zu erteilen, die für die Feststellung der Steuerpflicht [10] oder für die Berechnung der Steuerforderung gegenüber einer steuerpflichtigen Person erforderlich sind;

b. Einblick in Geschäftsbücher, Belege, Geschäftspapiere und sonstige Aufzeichnungen zu gewähren, sofern die nötigen Informationen bei der steuerpflichtigen Person [10] nicht erhältlich sind.

[2] Auskunftspflichtige Drittperson ist, wer:

a. als steuerpflichtige Person [10] in Betracht fällt;
b. neben der steuerpflichtigen Person oder an ihrer Stelle für die Steuer haftet [15];
c. Leistungen [3 c] erhält oder erbracht hat [MWSTV 130];
d. an einer Gesellschaft, die der Gruppenbesteuerung [13] unterliegt, eine massgebende Beteiligung [3 h] hält.

[3] Das gesetzlich geschützte Berufsgeheimnis bleibt vorbehalten.

Vgl.: 78 I.

4. Kapitel: Rechte und Pflichten der Behörden

1. Abschnitt: Geheimhaltung und Amtshilfe[108]

Geheimhaltung

74. [1] Wer mit dem Vollzug dieses Gesetzes betraut ist oder dazu beigezogen wird, hat gegenüber anderen Behörden und Privaten über die in Ausübung seines Amtes gemachten Wahrnehmungen Stillschweigen zu bewahren und den Einblick in amtliche Akten zu verweigern.

[2] Keine Geheimhaltungspflicht besteht:

a. bei Leistung von Amtshilfe nach Artikel 75 und bei Erfüllung einer Pflicht zur Anzeige strafbarer Handlungen;
b. gegenüber Organen der Rechtspflege oder der Verwaltung, wenn die mit dem Vollzug dieses Gesetzes betraute Behörde durch das EFD zur Auskunftserteilung ermächtigt worden ist;
c. im Einzelfall gegenüber den Schuldbetreibungs- und Konkursbehörden oder bei der Anzeige von Schuldbetreibungs- und Konkursdelikten zum Nachteil der ESTV;
d.[109] für die folgenden im Register der steuerpflichtigen Personen [66 I] enthaltenen Informationen: Nummer, unter der er oder sie eingetragen ist, Adresse und wirtschaftliche Tätigkeit sowie Beginn und Ende der Steuerpflicht.

Vgl. zu 74–80: MWSTV 131–140.

Amtshilfe

75. [1] Die Steuerbehörden des Bundes, der Kantone, Bezirke, Kreise und Gemeinden unterstützen sich gegenseitig in der Erfüllung ihrer Aufgaben; sie haben sich kostenlos die zweckdienli-

---

[108] Eingefügt durch Ziff. I des BG vom 30. Sept. 2016, in Kraft seit 1. Jan. 2018 (AS **2017** 3575; BBl **2015** 2615).

[109] Fassung gemäss Anhang Ziff. 2 des BG vom 18. Juni 2010 über die Unternehmens-Identifikationsnummer, in Kraft seit 1. Jan. 2011 (AS **2010** 4989; BBl **2009** 7855).

chen Meldungen zu erstatten, die benötigten Auskünfte zu erteilen und Akteneinsicht zu gewähren.

2 Die Verwaltungsbehörden des Bundes und die autonomen eidgenössischen Anstalten und Betriebe sowie alle sonstigen nicht in Absatz 1 genannten Behörden der Kantone, Bezirke, Kreise und Gemeinden sind gegenüber der ESTV auskunftspflichtig, sofern die verlangten Auskünfte für die Durchführung dieses Gesetzes, für die Einforderung der Steuer gemäss diesem Gesetz sowie für die Erhebung der Unternehmensabgabe gemäss Bundesgesetz vom 24. März 2006[110] über Radio und Fernsehen von Bedeutung sein können; die Auskunftserteilung hat kostenlos zu erfolgen. Auf Wunsch sind der ESTV Unterlagen kostenlos zuzustellen.[111]

3 Eine Auskunft darf nur verweigert werden, soweit ihr wesentliche öffentliche Interessen entgegenstehen oder die Auskunft die angefragte Behörde in der Durchführung ihrer Aufgabe wesentlich beeinträchtigen würde. Das Post- und das Fernmeldegeheimnis ist zu wahren.

4 Über Streitigkeiten betreffend die Auskunftspflicht von Verwaltungsbehörden des Bundes entscheidet der Bundesrat. Über Streitigkeiten betreffend die Auskunftspflicht von Behörden der Kantone, Bezirke, Kreise und Gemeinden entscheidet das Bundesgericht (Art. 120 des Bundesgerichtsgesetzes vom 17. Juni 2005[112]), sofern die kantonale Regierung das Auskunftsbegehren abgelehnt hat.

5 Die mit öffentlich-rechtlichen Aufgaben betrauten Organisationen haben im Rahmen dieser Aufgaben die gleiche Auskunftspflicht wie die Behörden; Absatz 4 gilt sinngemäss.

Internationale Amtshilfe

75*a*.[113] 1 Die ESTV kann im Rahmen ihrer Zuständigkeit ausländischen Behörden auf deren Ersuchen Amtshilfe bei der Erfüllung ihrer Aufgaben leisten, namentlich bei der Sicherstellung der ordnungsgemässen Anwendung des Mehrwertsteuerrechts und bei der Verhütung, Aufdeckung und Verfolgung von Widerhandlungen gegen das Mehrwertsteuerrecht, sofern ein völkerrechtlicher Vertrag dies vorsieht.

2 Sie vollzieht die Amtshilfe in analoger Anwendung der Artikel 115*a*–115*i* ZG[114].

---

110 SR **784.40**

111 Fassung gemäss Anhang Ziff. 3 des BG vom 26. Sept. 2014, in Kraft seit 1. Juli 2016 (AS **2016** 2131; BBl **2013** 4975).

112 SR **173.110**

113 Eingefügt durch Anhang Ziff. 3 des Steueramtshilfegesetzes vom 28. Sept. 2012, in Kraft seit 1. Febr. 2013 (AS **2013** 231; BBl **2011** 6193).

114 SR **631.0**

2. Abschnitt: Datenschutz[115]

Datenbearbeitung

76.[116] [1] Die ESTV darf zur Erfüllung ihrer gesetzlichen Aufgaben besonders schützenswerte Personendaten und Persönlichkeitsprofile bearbeiten, einschliesslich Daten über administrative und strafrechtliche Verfolgungen und Sanktionen.

[2] Sie darf die Versichertennummer der Alters- und Hinterlassenenversicherung nach Artikel 50c des Bundesgesetzes vom 20. Dezember 1946[117] über die Alters- und Hinterlassenenversicherung für die Feststellung der Steuerpflicht systematisch verwenden.

Vgl.: MWSTV 131 ff.

Informationssystem

76*a*.[118] [1] Die ESTV betreibt ein Informationssystem zur Bearbeitung von Personendaten sowie von besonders schützenswerten Daten über administrative und strafrechtliche Verfolgungen und Sanktionen und von Persönlichkeitsprofilen.

[2] Das System dient den folgenden Zwecken:

a. Feststellen der Steuerpflicht von natürlichen und juristischen Personen und Personengesamtheiten;
b. Feststellen der steuerbaren Leistungen sowie Erheben und Überprüfen der darauf geschuldeten Steuer und der abziehbaren Vorsteuern;
c. Überprüfen der als von der Steuer ausgenommen geltend gemachten Leistungen und der in diesem Zusammenhang stehenden Vorsteuern;
d. Überprüfen der Steuerbefreiung von Leistungen, die von Gesetzes wegen der Steuer unterliegen oder für deren Versteuerung optiert wird;
e. Durchführen der für die Erhebung der Mehrwertsteuer relevanten Kontrollen von Einfuhr- und Ausfuhrbelegen;
f. Sicherstellen des Bezugs der geschuldeten Steuern bei den steuerpflichtigen und mithaftenden Personen;
g. Verhängen und Vollstrecken von administrativen oder strafrechtlichen Sanktionen;
h. Bearbeitung von Amts- und Rechtshilfeersuchen;
i. Deliktsbekämpfung im Steuerbereich;
j. Führen der für die Steuererhebung nötigen Statistiken;
k. Erstellen von Analysen und Risikoprofilen.

---

[115] Eingefügt durch Ziff. I des BG vom 30. Sept. 2016, in Kraft seit 1. Jan. 2018 (AS **2017** 3575; BBl **2015** 2615).
[116] Fassung gemäss Ziff. I des BG vom 30. Sept. 2016, in Kraft seit 1. Jan. 2018 (AS **2017** 3575; BBl **2015** 2615).
[117] SR **831.10**
[118] Eingefügt durch Ziff. I des BG vom 30. Sept. 2016, in Kraft seit 1. Jan. 2018 (AS **2017** 3575; BBl **2015** 2615).

[3] Das Informationssystem kann folgende Personendaten, einschliesslich besonders schützenswerter Personendaten, enthalten:

a. Angaben über die Identität von Personen;
b. Angaben über die wirtschaftlichen Tätigkeiten;
c. Angaben über die Einkommens- und Vermögensverhältnisse;
d. Angaben über die Steuerverhältnisse;
e. Angaben über die Schuldverhältnisse und Forderungszessionen;
f. Angaben über Betreibungs-, Konkurs- und Arrestverfahren;
g. Persönlichkeitsprofile nach Artikel 3 Buchstabe d des Bundesgesetzes vom 19. Juni 1992[119] über den Datenschutz;
h. Angaben über die Befolgung von steuerrechtlichen Pflichten;
i. Angaben über Verdacht auf Widerhandlungen;
j. Angaben über Straftaten, beschlagnahmte Gegenstände und Beweismittel;
k. Angaben über Administrativ- und Strafverfahren sowie Amts- und Rechtshilfeverfahren.

Datenbekanntgabe

76*b*.[120] [1] Die Eidgenössische Finanzkontrolle hat zur Erfüllung ihrer gesetzlichen Aufgaben nach Artikel 10 des Finanzkontrollgesetzes vom 28. Juni 1967[121] Zugang zum Informationssystem der ESTV.

[2] Die ESTV darf den in der EZV mit der Erhebung und dem Einzug der Mehrwertsteuer sowie mit der Durchführung von Straf- und Administrativverfahren betrauten Personen die Daten nach Artikel 76a Absatz 3 bekannt geben oder im Abrufverfahren zugänglich machen, sofern dies für die Erfüllung von deren Aufgaben nötig ist.

Aufbewahrung der Daten und Dokumente

76*c*.[122] [1] Daten und Dokumente, die in Anwendung dieses Gesetzes genutzt und bearbeitet werden, sind sorgfältig und systematisch aufzubewahren und vor schädlichen Einwirkungen zu schützen.

[2] Die gestützt auf diese Bestimmung aufbewahrten Dokumente sind den Originalen gleichgestellt.

---

119 SR **235.1**

120 Eingefügt durch Ziff. I des BG vom 30. Sept. 2016, in Kraft seit 1. Jan. 2018 (AS **2017** 3575; BBl **2015** 2615).

121 SR **614.0**

122 Eingefügt durch Ziff. I des BG vom 30. Sept. 2016, in Kraft seit 1. Jan. 2018 (AS **2017** 3575; BBl **2015** 2615).

Ausführungsbestimmungen

76*d*.[123] Der Bundesrat erlässt Ausführungsbestimmungen über:

a. das Informationssystem;
b. die Kategorien der bearbeiteten Personendaten;
c. den Katalog der besonders schützenswerten Daten über administrative und strafrechtliche Verfolgungen und Sanktionen;
d. die Zugriffs- und Bearbeitungsberechtigung;
e. die Aufbewahrungsdauer der Daten; und
f. die Archivierung und Vernichtung der Daten.

3. Abschnitt: Sicherstellung der korrekten Steuerentrichtung[124]

Überprüfung

77. Die Erfüllung der Pflicht zur Anmeldung als steuerpflichtige Person [66] sowie die Steuerabrechnungen [71] und -ablieferungen werden von der ESTV überprüft.

Kontrolle

78. [1] Die ESTV kann bei steuerpflichtigen Personen [10] Kontrollen durchführen, soweit dies zur Abklärung des Sachverhalts erforderlich ist. Zu diesem Zweck haben diese Personen der ESTV den Zugang zu ihrer Buchhaltung sowie zu den dazugehörigen Belegen zu gewähren. Dasselbe gilt für auskunftspflichtige Drittpersonen nach Artikel 73 Absatz 2.

Vgl.: 70.

[2] Als Kontrolle gilt auch das Einfordern und die Überprüfung von umfassenden Unterlagen durch die ESTV.

Vgl.: MWSTV 128 IV, 140.

[3] Eine Kontrolle ist schriftlich anzukündigen. In begründeten Fällen kann ausnahmsweise von der Ankündigung einer Kontrolle abgesehen werden.

Vgl.: 42 II.

[4] Die steuerpflichtige Person [10] kann mittels begründeten Gesuchs die Durchführung einer Kontrolle verlangen. Die Kontrolle ist innerhalb von zwei Jahren durchzuführen.

Vgl.: 116 II.

[5] Die Kontrolle ist innert 360 Tagen seit Ankündigung [78 III] mit einer Einschätzungsmitteilung abzuschliessen; diese hält den Umfang der Steuerforderung in der kontrollierten Periode fest.

---

123 Eingefügt durch Ziff. I des BG vom 30. Sept. 2016, in Kraft seit 1. Jan. 2018 (AS **2017** 3575; BBl **2015** 2615).

124 Eingefügt durch Ziff. I des BG vom 30. Sept. 2016, in Kraft seit 1. Jan. 2018 (AS **2017** 3575; BBl **2015** 2615).

[6] Die anlässlich einer Kontrolle nach den Absätzen 1–4 bei einer Bank oder Sparkasse im Sinne des Bankengesetzes vom 8. November 1934[125], bei der Schweizerischen Nationalbank, bei einer Pfandbriefzentrale, bei einem Effektenhändler im Sinne des Börsengesetzes vom 24. März 1995[126] oder bei einer Finanzmarktinfrastruktur im Sinne des Finanzmarktinfrastrukturgesetzes vom 19. Juni 2015[127] gemachten Feststellungen betreffend Dritte dürfen ausschliesslich für die Durchführung der Mehrwertsteuer verwendet werden. Die Berufsgeheimnisse des Bankengesetzes, des Börsengesetzes und des Finanzmarktinfrastrukturgesetzes sind zu wahren.[128]

79. [1] Liegen keine oder nur unvollständige Aufzeichnungen vor oder stimmen die ausgewiesenen Ergebnisse mit dem wirklichen Sachverhalt offensichtlich nicht überein, so schätzt die ESTV die Steuerforderung nach pflichtgemässem Ermessen ein. **Ermessenseinschätzung**

[2] Die Festsetzung der Steuerforderung erfolgt mit einer Einschätzungsmitteilung.

Vgl.: 70.

80. Erwachsen der steuerpflichtigen Person [10] aus der genauen Feststellung einzelner für die Bemessung der Steuer wesentlicher Tatsachen übermässige Umtriebe, so gewährt die ESTV Erleichterungen und lässt zu, dass die Steuer annäherungsweise ermittelt wird, sofern sich dadurch kein namhafter Steuerausfall oder -mehrertrag, keine beachtenswerte Verzerrung der Wettbewerbsverhältnisse und keine übermässige Erschwerung der Steuerabrechnung für andere steuerpflichtige Personen und der Steuerkontrolle ergeben. **Vereinfachungen**

Vgl.: MWSTV 55 III.

5. Kapitel: Verfügungs- und Rechtsmittelverfahren

81. [1] Die Vorschriften des VwVG[129] sind anwendbar. Artikel 2 Absatz 1 VwVG findet auf das Mehrwertsteuerverfahren keine Anwendung. **Grundsätze**

[2] Die Behörden stellen den rechtserheblichen Sachverhalt von Amtes wegen fest.

---

[125] SR **952.0**
[126] SR **954.1**
[127] SR **958.1**
[128] Fassung gemäss Anhang Ziff. 6 des Finanzmarktinfrastrukturgesetzes vom 19. Juni 2015, in Kraft seit 1. Jan. 2016 (AS **2015** 5339; BBl **2014** 7483).
[129] SR **172.021**

[3] Es gilt der Grundsatz der freien Beweiswürdigung. Es ist unzulässig, Nachweise ausschliesslich vom Vorliegen bestimmter Beweismittel abhängig zu machen.

Vgl. zu 81–85: 113 III; MWSTV 141–142.

Verfügungen der ESTV

82. [1] Die ESTV trifft von Amtes wegen oder auf Verlangen der steuerpflichtigen Person [10] alle für die Steuererhebung erforderlichen Verfügungen, insbesondere wenn:

a. Bestand oder Umfang der Steuerpflicht bestritten wird;
b. die Eintragung oder Löschung im Register der steuerpflichtigen Personen [66 I] bestritten wird;
c. Bestand oder Umfang der Steuerforderung, der Mithaftung [15 f.] oder des Anspruchs auf Rückerstattung von Steuern streitig ist;
d. die steuerpflichtige Person oder Mithaftende die Steuer nicht entrichten [86];
e. sonstige Pflichten nicht anerkannt oder nicht erfüllt werden, die sich aus diesem Gesetz oder aus gestützt darauf ergangenen Verordnungen ergeben;
f. für einen bestimmten Fall vorsorglich die amtliche Feststellung der Steuerpflicht, der Steuerforderung, der Grundlagen der Steuerbemessung, des anwendbaren Steuersatzes [25] oder der Mithaftung beantragt wird oder als geboten erscheint.

[2] Verfügungen werden der steuerpflichtigen Person schriftlich eröffnet. Sie müssen eine Rechtsmittelbelehrung sowie eine angemessene Begründung enthalten.

Einsprache

83. [1] Verfügungen der ESTV können innert 30 Tagen nach der Eröffnung mit Einsprache angefochten werden.

[2] Die Einsprache ist schriftlich bei der ESTV einzureichen. Sie hat den Antrag, dessen Begründung mit Angabe der Beweismittel sowie die Unterschrift des Einsprechers oder der Einsprecherin oder seiner oder ihrer Vertretung zu enthalten. Die Vertretung hat sich durch schriftliche Vollmacht auszuweisen. Die Beweismittel sind in der Einspracheschrift zu bezeichnen und ihr beizulegen.

[3] Genügt die Einsprache diesen Anforderungen nicht oder lässt der Antrag oder dessen Begründung die nötige Klarheit vermissen, so räumt die ESTV dem Einsprecher oder der Einsprecherin eine kurze Nachfrist zur Verbesserung ein. Sie verbindet diese Nachfrist mit der Androhung, nach unbenutztem Fristablauf aufgrund der Akten zu entscheiden oder, wenn Antrag, Begründung, Unterschrift oder Vollmacht fehlen, auf die Einsprache nicht einzutreten.

[4] Richtet sich die Einsprache gegen eine einlässlich begründete Verfügung der ESTV, so ist sie auf Antrag oder mit Zustim-

mung des Einsprechers oder der Einsprecherin als Beschwerde an das Bundesverwaltungsgericht weiterzuleiten.

5 Das Einspracheverfahren ist trotz Rückzugs der Einsprache weiterzuführen, wenn Anhaltspunkte dafür vorliegen, dass die angefochtene Verfügung den massgebenden Gesetzesbestimmungen nicht entspricht.

Kosten und Entschädigungen

84. 1 Im Verfügungs- [82] und im Einspracheverfahren [83] werden in der Regel keine Kosten erhoben. Es werden keine Parteientschädigungen ausgerichtet.

2 Ohne Rücksicht auf den Ausgang des Verfahrens können die Verfahrenskosten derjenigen Person oder Behörde auferlegt werden, die sie schuldhaft verursacht hat.

Revision, Erläuterung und Berichtigung

85. Auf die Revision, Erläuterung und Berichtigung von Einschätzungsmitteilungen, Verfügungen und Einspracheentscheiden der ESTV sind die Artikel 66–69 VwVG[130] anwendbar.

6. Kapitel: Bezug

Entrichtung der Steuer

86. 1 Innert 60 Tagen nach Ablauf der Abrechnungsperiode [35] hat die steuerpflichtige Person [10] die in diesem Zeitraum entstandene Steuerforderung [40] zu begleichen.

2 Erbringt die steuerpflichtige Person keine oder eine offensichtlich ungenügende Zahlung, so setzt die ESTV den für die jeweilige Abrechungsperiode provisorisch geschuldeten Steuerbetrag nach vorgängiger Mahnung in Betreibung. Liegt keine oder eine offensichtlich ungenügende Abrechnung der steuerpflichtigen Person vor, so bestimmt die ESTV den provisorisch geschuldeten Steuerbetrag vorgängig nach pflichtgemässem Ermessen.

Vgl.: 79.

3 Durch Rechtsvorschlag eröffnet die steuerpflichtige Person das Verfahren um Rechtsöffnung. Für die Beseitigung des Rechtsvorschlages ist die ESTV im Verfügungs- [82] und Einspracheverfahren [83] zuständig.

Vgl.: 89 III.

4 Die Verfügung betreffend den Rechtsvorschlag kann innert 10 Tagen nach der Eröffnung mit Einsprache [83] bei der ESTV angefochten werden. Der Einspracheentscheid ist unter Vorbehalt von Absatz 5 endgültig.

5 Hat die ESTV den in Betreibung gesetzten provisorisch geschuldeten Steuerbetrag nach pflichtgemässem Ermessen bestimmt, so kann gegen den Einspracheentscheid beim Bundes-

130 SR **172.021**

verwaltungsgericht Beschwerde geführt werden. Die Beschwerde hat keine aufschiebende Wirkung, es sei denn, das Gericht ordne diese auf begründetes Ersuchen hin an. Das Bundesverwaltungsgericht entscheidet endgültig.

6 Artikel 85*a* des Bundesgesetzes vom 11. April 1889[131] über Schuldbetreibung und Konkurs (SchKG) ist nicht anwendbar.

7 Der Einzug eines Steuerbetrags nach Absatz 2 berührt die Festsetzung nach den Artikeln 72, 78 und 82 der endgültigen Steuerforderung nicht. Unterbleibt die Festsetzung der Steuerforderung wegen Untätigkeit der steuerpflichtigen Person, insbesondere weil diese weder Mängel nach Artikel 72 korrigiert noch eine Verfügung nach Artikel 82 verlangt, so gelten mit Eintritt der Festsetzungsverjährung auch die von der ESTV nach Absatz 2 bestimmten Steuerbeträge als Steuerforderung.[132]

8 Anstelle einer Zahlung des Steuerbetrags kann die steuerpflichtige Person auch Sicherheiten gemäss Artikel 93 Absatz 7 leisten.

9 Unmittelbar nach Eingang der Zahlung oder der Sicherheitsleistung zieht die ESTV die Betreibung zurück.

Vgl. zu IX: MWSTV 142.

Vgl. zu 86–88: MWST-Info 15 (Steuerentrichtung).

Verzugszins

87. 1 Bei verspäteter Zahlung wird ohne Mahnung ein Verzugszins geschuldet.

2 Kein Verzugszins ist geschuldet bei einer Nachbelastung, wenn diese auf einem Fehler beruht, der bei richtiger Abwicklung beim Bund zu keinem Steuerausfall geführt hätte.

Vergütungen an die steuerpflichtige Person

88. 1 Ergibt sich aus der Steuerabrechnung ein Überschuss zugunsten der steuerpflichtigen Person [10], so wird dieser ausbezahlt.

2 Vorbehalten bleiben:

a. die Verrechnung dieses Überschusses mit Einfuhrsteuerschulden, selbst wenn diese noch nicht fällig sind;
b. die Verwendung des Überschusses zur Steuersicherung nach Artikel 94 Absatz 1;
c. die Verwendung des Überschusses zur Verrechnung unter Bundesstellen.

3 Die steuerpflichtige Person kann bezahlte, aber nicht geschuldete Steuern zurückfordern, sofern die Steuerforderung noch nicht rechtskräftig ist.[133]

---

131 SR **281.1**

132 Fassung gemäss Ziff. I des BG vom 30. Sept. 2016, in Kraft seit 1. Jan. 2018 (AS **2017** 3575; BBl **2015** 2615).

133 Fassung gemäss Ziff. I des BG vom 30. Sept. 2016, in Kraft seit 1. Jan. 2018 (AS **2017** 3575; BBl **2015** 2615).

[4] Erfolgt die Auszahlung des Überschusses nach Absatz 1 oder die Rückerstattung nach Absatz 3 später als 60 Tage nach Eintreffen der Steuerabrechnung beziehungsweise der schriftlichen Geltendmachung des Anspruches bei der ESTV, so wird für die Zeit vom 61. Tag bis zur Auszahlung oder Rückerstattung ein Vergütungszins ausgerichtet.

Betreibung

89. [1] Wird der Anspruch auf Steuern, Zinsen, Kosten und Bussen nicht befriedigt, so leitet die ESTV die Betreibung ein und trifft alle zweckdienlichen zivil- und vollstreckungsrechtlichen Vorkehrungen.

[2] Ist die Steuerforderung noch nicht rechtskräftig und wird sie bestritten, so erlässt die ESTV eine Verfügung. Bis eine rechtskräftige Verfügung vorliegt, unterbleibt die endgültige Kollokation.[134]

Vgl.: 111; SchKG 219 IV e.

[3] Wird in der Betreibung Recht vorgeschlagen, so eröffnet die steuerpflichtige Person das Verfahren um Rechtsöffnung. Für die Beseitigung des Rechtsvorschlages ist die ESTV zuständig.

Vgl.: 86 III.

[4] …[135]

[5] Die ESTV muss die Steuerforderung in die öffentlichen Inventare oder auf Rechnungsrufe eingeben.[136]

[6] Die im Rahmen von Zwangsvollstreckungsverfahren anfallenden Steuern stellen Verwertungskosten dar.

[7] Die ESTV kann in begründeten Fällen auf den Einzug der Steuer verzichten, wenn die Durchführung eines Betreibungsverfahrens keinen Erfolg bringen würde.

Zahlungserleichterungen

90. [1] Ist die Zahlung der Steuer, Zinsen und Kosten innert der vorgeschriebenen Frist für die zahlungspflichtige Person mit einer erheblichen Härte verbunden, so kann die ESTV mit der steuerpflichtigen Person die Erstreckung der Zahlungsfrist oder Ratenzahlungen vereinbaren.

[2] Zahlungserleichterungen können von einer angemessenen Sicherheitsleistung abhängig gemacht werden.

Vgl.: 93 f.

[3] Zahlungserleichterungen fallen dahin, wenn ihre Voraussetzungen wegfallen oder wenn die Bedingungen, an die sie geknüpft sind, nicht erfüllt werden.

---

134 Fassung gemäss Ziff. I des BG vom 30. Sept. 2016, in Kraft seit 1. Jan. 2018 (AS **2017** 3575; BBl **2015** 2615).

135 Aufgehoben durch Ziff. I des BG vom 30. Sept. 2016, mit Wirkung seit 1. Jan. 2018 (AS **2017** 3575; BBl **2015** 2615).

136 Fassung gemäss Ziff. I des BG vom 30. Sept. 2016, in Kraft seit 1. Jan. 2018 (AS **2017** 3575; BBl **2015** 2615).

[4] Die Einreichung eines Antrags um Vereinbarung von Zahlungserleichterung hemmt die Vollstreckung nicht.

Bezugsverjährung

91. [1] Das Recht, die Steuerforderung, Zinsen und Kosten geltend zu machen, verjährt fünf Jahre, nachdem der entsprechende Anspruch rechtskräftig geworden ist.

[2] Die Verjährung steht still, solange die zahlungspflichtige Person in der Schweiz nicht betrieben werden kann.

[3] Die Verjährung wird unterbrochen durch jede Einforderungshandlung und jede Stundung seitens der ESTV sowie durch jede Geltendmachung des Anspruchs seitens der steuerpflichtigen Person.

[4] Unterbrechung und Stillstand wirken gegenüber allen zahlungspflichtigen Personen.

[5] Die Verjährung tritt in jedem Fall zehn Jahre nach Ablauf des Jahres ein, in dem der Anspruch rechtskräftig geworden ist.

[6] Wird über eine Steuerforderung ein Verlustschein ausgestellt, so richtet sich die Bezugsverjährung nach den Bestimmungen des SchKG[137].

Steuererlass

92. [1] Die ESTV kann rechtskräftig festgesetzte Steuern ganz oder teilweise erlassen, wenn die steuerpflichtige Person [10]:

a. die Steuer aus einem entschuldbaren Grund nicht in Rechnung gestellt [3 k, 26] und eingezogen hat, eine nachträgliche Überwälzung [6] nicht möglich oder nicht zumutbar ist und die Bezahlung der Steuer eine grosse Härte bedeuten würde;
b. die Steuer einzig aufgrund der Nichteinhaltung von formellen Vorschriften oder aufgrund von Abwicklungsfehlern schuldet und erkennbar ist oder die steuerpflichtige Person nachweist, dass für den Bund kein Steuerausfall entstanden ist; oder
c. aus einem entschuldbaren Grund ihren Veranlagungspflichten nicht nachkommen konnte, nachträglich aber nachweisen oder glaubhaft machen kann, dass die durch die ESTV vorgenommene Ermessenseinschätzung zu hoch ausgefallen ist; in diesem Falle ist ein Steuererlass nur bis zur Höhe des zu viel veranlagten Betrages möglich.

Vgl. zu c: 79.

[2] Die ESTV kann ferner im Rahmen eines gerichtlichen Nachlassverfahrens einem Steuererlass zustimmen beziehungsweise auf die Sicherstellung ihrer Forderung verzichten.

Vgl.: 93 f.

[3] Das Erlassgesuch muss schriftlich begründet und mit den nötigen Beweismitteln versehen bei der ESTV eingereicht wer-

---

[137] SR **281.1**

den. Die Einsprache gegen die Verfügung der ESTV ist ausgeschlossen. Gegen die Verfügung kann beim Bundesverwaltungsgericht Beschwerde geführt werden.

4 Die Einreichung eines Gesuchs um Steuererlass hemmt die Vollstreckung der rechtskräftig festgesetzten Steuern nicht.

5 Das Steuererlassverfahren ist kostenfrei. Dem Gesuchsteller oder der Gesuchstellerin können indessen die Kosten ganz oder teilweise auferlegt werden, wenn er oder sie ein offensichtlich unbegründetes Gesuch eingereicht hat.

6 …[138]

7. Kapitel: Steuersicherung

Sicherstellung

93. 1 Die ESTV kann Steuern, Zinsen und Kosten, auch wenn sie weder rechtskräftig festgesetzt noch fällig sind, sicherstellen lassen, wenn:

a. deren rechtzeitige Bezahlung [86] als gefährdet erscheint;
b. die zahlungspflichtige Person Anstalten trifft, ihren Wohn- oder Geschäftssitz oder ihre Betriebsstätte in der Schweiz aufzugeben oder sich im schweizerischen Handelsregister löschen zu lassen;
c. die zahlungspflichtige Person mit ihrer Zahlung in Verzug ist;
d. die steuerpflichtige Person ein Unternehmen, über das der Konkurs eröffnet worden ist, ganz oder teilweise übernimmt;
e. die steuerpflichtige Person offensichtlich zu tiefe Abrechnungen einreicht.

2 Verzichtet die steuerpflichtige Person [10] auf die Befreiung von der Steuerpflicht (Art. 11) oder optiert sie für die Versteuerung von ausgenommenen Leistungen (Art. 22), so kann die ESTV von ihr die Leistung von Sicherheiten gemäss Absatz 7 verlangen.

3 Die Sicherstellungsverfügung hat den Rechtsgrund der Sicherstellung, den sicherzustellenden Betrag und die Stelle, welche die Sicherheiten entgegennimmt, anzugeben; sie gilt als Arrestbefehl im Sinne von Artikel 274 SchKG[139]. Die Einsprache gegen die Sicherstellungsverfügung ist ausgeschlossen.

4 Gegen die Verfügung kann beim Bundesverwaltungsgericht Beschwerde geführt werden.

5 Beschwerden gegen Sicherstellungsverfügungen haben keine aufschiebende Wirkung.

138 Aufgehoben durch Ziff. I des BG vom 30. Sept. 2016, mit Wirkung seit 1. Jan. 2018 (AS **2017** 3575; BBl **2015** 2615).
139 SR **281.1**

[6] Die Zustellung einer Verfügung über die Steuerforderung gilt als Anhebung der Klage nach Artikel 279 SchKG. Die Frist für die Einleitung der Betreibung beginnt mit dem Eintritt der Rechtskraft der Verfügung über die Steuerforderung zu laufen.

[7] Die Sicherstellung ist zu leisten durch Barhinterlage, solvente Solidarbürgschaften, Bankgarantien, Schuldbriefe und Grundpfandverschreibungen, Lebensversicherungspolicen mit Rückkaufswert, kotierte Frankenobligationen von schweizerischen Schuldnern oder Kassenobligationen von schweizerischen Banken.

Andere Sicherungsmassnahmen

94. [1] Ein Überschuss aus der Steuerabrechnung zugunsten der steuerpflichtigen Person kann:

a. mit Schulden für frühere Perioden [34] verrechnet werden;

b. zur Verrechnung mit zu erwartenden Schulden für nachfolgende Perioden [34] gutgeschrieben werden, sofern die steuerpflichtige Person [10] mit der Steuerentrichtung [86] im Rückstand ist oder andere Gründe eine Gefährdung der Steuerforderung wahrscheinlich erscheinen lassen; der gutgeschriebene Betrag wird vom 61. Tag nach Eintreffen der Steuerabrechnung bei der ESTV bis zum Zeitpunkt der Verrechnung zum Satz verzinst, der für den Vergütungszins gilt; oder

   Vgl.: 88 IV.

c. mit einer von der ESTV geforderten Sicherstellungsleistung [93] verrechnet werden.

Vgl.: 88 II b.

[2] Bei steuerpflichtigen Personen [10] ohne Wohn- oder Geschäftssitz in der Schweiz kann die ESTV ausserdem Sicherstellung der voraussichtlichen Schulden durch Leistung von Sicherheiten nach Artikel 93 Absatz 7 verlangen.

[3] Bei wiederholtem Zahlungsverzug kann die ESTV die zahlungspflichtige Person dazu verpflichten, künftig monatliche oder halbmonatliche Vorauszahlungen zu leisten.

Löschung im Handelsregister

95. Eine juristische Person oder eine Betriebsstätte eines ausländischen Unternehmens darf im schweizerischen Handelsregister erst dann gelöscht werden, wenn die ESTV dem für die Führung des Registers zuständigen Amt angezeigt hat, dass die geschuldete Steuer bezahlt oder sichergestellt ist.

6. Titel: Strafbestimmungen

Steuerhinterziehung

96. [1] Mit Busse bis zu 400 000 Franken wird bestraft, wer vorsätzlich oder fahrlässig die Steuerforderung zulasten des Staates verkürzt, indem er:

a. in einer Steuerperiode [34] nicht sämtliche Einnahmen, zu hohe Einnahmen aus von der Steuer befreiten Leistungen [23], nicht sämtliche der Bezugsteuer [45 ff.] unterliegenden Ausgaben oder zu hohe zum Vorsteuerabzug [28] berechtigende Ausgaben deklariert;
b. eine unrechtmässige Rückerstattung erwirkt; oder
c. einen ungerechtfertigten Steuererlass [64, 92] erwirkt.

2 Die Busse beträgt bis zu 800000 Franken, wenn die hinterzogene Steuer in den in Absatz 1 genannten Fällen in einer Form überwälzt wird, die zum Vorsteuerabzug berechtigt.

3 Mit Busse bis zu 200000 Franken wird bestraft, wer die Steuerforderung zulasten des Staates verkürzt, indem er die für die Steuerfestsetzung relevanten Faktoren zwar wahrheitsgetreu deklariert, aber steuerlich falsch qualifiziert, sofern er vorsätzlich klare gesetzliche Bestimmungen, Anordnungen der Behörden oder publizierte Praxisfestlegungen nicht richtig anwendet und die Behörden darüber nicht vorgängig schriftlich in Kenntnis setzt. Bei fahrlässiger Begehung beträgt die Busse bis zu 20000 Franken.

4 Mit Busse bis zu 800000 Franken wird bestraft, wer die Steuerforderung zulasten des Staates verkürzt, indem er:

a. vorsätzlich oder fahrlässig bei der Einfuhr Waren nicht oder unrichtig anmeldet oder verheimlicht;
b. vorsätzlich im Rahmen einer behördlichen Kontrolle [78] oder eines Verwaltungsverfahrens, das auf die Festsetzung der Steuerforderung oder den Steuererlass [64, 92] gerichtet ist, auf entsprechende Nachfrage hin keine, unwahre oder unvollständige Angaben macht.

5 Der Versuch ist strafbar.

6 Wird der Steuervorteil aufgrund einer fehlerhaften Abrechnung erzielt, so ist die Steuerhinterziehung erst strafbar, wenn die Frist zur Korrektur von Mängeln in der Abrechnung (Art. 72 Abs. 1) abgelaufen ist und der Fehler nicht korrigiert wurde.

Vgl.: 101 II und III, 105 I b und c.

Strafzumessung und qualifizierte Steuerhinterziehung

97. 1 Die Busse wird in Anwendung von Artikel 106 Absatz 3 des Strafgesetzbuches[140] (StGB) bemessen; dabei kann Artikel 34 StGB sinngemäss herangezogen werden. Sofern der durch die Tat erzielte Steuervorteil höher ist als die Strafdrohung, kann die Busse bei vorsätzlicher Begehung bis zum Doppelten des Steuervorteils erhöht werden.

2 Bei erschwerenden Umständen wird das Höchstmass der angedrohten Busse um die Hälfte erhöht. Zugleich kann auf eine Freiheitsstrafe von bis zu zwei Jahren erkannt werden. Als erschwerende Umstände gelten:

140 SR **311.0**

a. das Anwerben einer oder mehrerer Personen für eine Widerhandlung gegen das Mehrwertsteuerrecht;
b. das gewerbsmässige Verüben von Widerhandlungen gegen das Mehrwertsteuerrecht.

Vgl.: 101 II und III, 105 I b und c.

Verletzung von Verfahrenspflichten

98. Mit Busse wird bestraft, sofern die Tat nicht nach einer anderen Bestimmung mit höherer Strafe bedroht ist, wer vorsätzlich oder fahrlässig:

a. die Anmeldung als steuerpflichtige Person [66] nicht vornimmt;

   Vgl.: 101 II.

b. trotz Mahnung eine Steuerabrechnung nicht fristgerecht einreicht [71];
c. die Steuer nicht periodengerecht deklariert [34];
d. Sicherheiten nicht gehörig leistet;

   Vgl.: 93 f.

e. Geschäftsbücher, Belege, Geschäftspapiere und sonstige Aufzeichnungen nicht ordnungsgemäss führt, ausfertigt, aufbewahrt oder vorlegt;

   Vgl.: 70.

f. trotz Mahnung nicht oder nicht richtig Auskunft erteilt oder die für die Steuererhebung oder für die Überprüfung der Steuerpflicht [10] massgebenden Daten und Gegenstände nicht oder nicht richtig deklariert;

   Vgl.: 68, 73.

g. in Rechnungen [3 k, 26] eine nicht oder nicht in dieser Höhe geschuldete Mehrwertsteuer ausweist;
h. durch Angabe einer Registernummer eine Eintragung im Register der steuerpflichtigen Personen vortäuscht [66 I];
i. trotz Mahnung die ordnungsgemässe Durchführung einer Kontrolle [78] erschwert, behindert oder verunmöglicht.

Steuerhehlerei

99. Wer Gegenstände [3 b], von denen er weiss oder annehmen muss, dass die darauf geschuldete Einfuhrsteuer [50 ff.] vorsätzlich hinterzogen worden ist, erwirbt, sich schenken lässt, zu Pfand oder sonst wie in Gewahrsam nimmt, verheimlicht, absetzen hilft oder in Verkehr bringt, wird nach der Strafandrohung, die auf den Täter oder die Täterin Anwendung findet, bestraft.

Vgl.: 105 I c.

Widerhandlung im Geschäftsbetrieb

100. Fällt eine Busse von höchstens 100 000 Franken in Betracht und würde die Ermittlung der nach Artikel 6 VStrR[141] strafbaren Personen Untersuchungsmassnahmen bedingen, die im Hinblick auf die verwirkte Strafe unverhältnismässig wären, so kann die Behörde von einer Verfolgung dieser Personen absehen und an ihrer Stelle den Geschäftsbetrieb (Art. 7 VStrR) zur Bezahlung der Busse verurteilen.

Konkurrenz

101. [1] Die Artikel 7, 9, 11 und 12 Absatz 4 und 13 VStrR[142] sind nicht anwendbar.

[2] Eine Bestrafung nach Artikel 98 Buchstabe a dieses Gesetzes schliesst eine Bestrafung nach den Artikeln 96 und 97 nicht aus.

[3] Eine Bestrafung nach Artikel 14 VStrR schliesst eine zusätzliche Bestrafung wegen derselben Tat nach den Artikeln 96 und 97 des vorliegenden Gesetzes aus.

[4] Erfüllt eine Handlung sowohl den Tatbestand einer Hinterziehung der Einfuhrsteuer oder einer Steuerhehlerei [99] als auch einer durch die EZV zu verfolgenden Widerhandlung gegen andere Abgabenerlasse des Bundes, so wird die Strafe für die schwerste Widerhandlung verhängt; diese kann angemessen erhöht werden.

[5] Hat der Täter oder die Täterin durch eine oder mehrere Handlungen die Voraussetzungen für mehrere Strafen erfüllt, die in den Zuständigkeitsbereich der ESTV fallen, so wird die Strafe für die schwerste Widerhandlung verhängt; diese kann angemessen erhöht werden.

Selbstanzeige

102. [1] Zeigt die steuerpflichtige Person [10] eine Widerhandlung gegen dieses Gesetz an, bevor sie der zuständigen Behörde bekannt wird, wird von einer Strafverfolgung abgesehen, wenn:

a. sie die Behörde bei der Festsetzung der geschuldeten oder rückzuerstattenden Steuer in zumutbarer Weise unterstützt; und
b. sie sich ernstlich um die Bezahlung der geschuldeten oder rückzuerstattenden Steuer bemüht.

[2] Zeigt eine nicht steuerpflichtige Person, die eine Widerhandlung gegen dieses Gesetz begangen oder an einer solchen teilgenommen hat, die Widerhandlung an, so wird von einer Strafverfolgung abgesehen.

[3] Die Selbstanzeige einer juristischen Person erfolgt durch ihre Organe oder Vertreter und Vertreterinnen. Die Solidarhaftung gemäss Artikel 12 Absatz 3 VStrR[143] der Organe oder der

141 SR **313.0**
142 SR **313.0**
143 SR **313.0**

Vertreter und Vertreterinnen wird aufgehoben und von einer Strafverfolgung wird abgesehen.

[4] Eine Korrektur der Abrechnung nach Artikel 72 Absatz 2 gilt als Selbstanzeige.

Strafverfolgung

103. [1] Auf die Strafverfolgung ist mit Ausnahme der Artikel 63 Absätze 1 und 2, 69 Absatz 2, 73 Absatz 1 letzter Satz sowie 77 Absatz 4 das VStrR[144] anwendbar.

[2] Die Strafverfolgung obliegt bei der Inlandsteuer [10 ff.] und bei der Bezugsteuer [45 ff.] der ESTV, bei der Einfuhrsteuer [50 ff.] der EZV.

[3] In Strafsachen mit engem Sachzusammenhang, bei denen sowohl die Zuständigkeit der ESTV als auch die der EZV gegeben ist, kann die ESTV im Einvernehmen mit der EZV die Vereinigung der Strafverfolgung bei einer der beiden Behörden beschliessen.

[4] Die Strafverfolgung kann unterbleiben, wenn Schuld und Tatfolgen gering sind (Art. 52 StGB[145]). In diesen Fällen wird eine Nichtanhandnahme- oder Einstellungsverfügung erlassen.

[5] Hat die zuständige Behörde auch andere strafbare Handlungen, für welche das VStrR anwendbar ist, zu untersuchen oder zu beurteilen, so gilt Absatz 1 für alle strafbaren Handlungen.

Verfahrensgarantien

104. [1] Die beschuldigte Person hat Anspruch auf ein faires Strafverfahren gemäss der Bundesverfassung und den einschlägigen Strafverfahrensgesetzen.

[2] Die beschuldigte Person ist nicht verpflichtet, sich in einem Strafverfahren selbst zu belasten.

[3] Die von der beschuldigten Person im Steuererhebungsverfahren erteilten Auskünfte (Art. 68 und 73) oder Beweismittel aus einer Kontrolle nach Artikel 78 dürfen in einem Strafverfahren nur dann verwendet werden, wenn die beschuldigte Person in diesem hierzu ihre Zustimmung erteilt.

[4] Die Eröffnung einer Strafuntersuchung ist der beschuldigten Person unverzüglich schriftlich mitzuteilen, soweit nicht wichtige Gründe entgegenstehen.

Verfolgungsverjährung

105. [1] Das Recht, eine Strafuntersuchung einzuleiten, verjährt:

a. bei Verletzung von Verfahrenspflichten [98]: im Zeitpunkt der Rechtskraft der Steuerforderung [43], welche im Zusammenhang mit dieser Tat steht;

---

[144] SR **313.0**
[145] SR **311.0**

b.[146] im Bereich der Inland- und der Bezugsteuer:
1. bei Übertretungen nach Artikel 96 Absätze 1–3: sechs Monate nach Eintritt der Rechtskraft der entsprechenden Steuerforderung,
2. bei der Steuerhinterziehung nach Artikel 96 Absatz 4: zwei Jahre nach Eintritt der Rechtskraft der entsprechenden Steuerforderung,
3. bei Vergehen nach Artikel 97 Absatz 2 sowie bei Vergehen nach den Artikeln 14–17 VStrR[147]: sieben Jahre nach Ablauf der betreffenden Steuerperiode [35];

c.[148] im Bereich der Einfuhrsteuer: für alle Vergehen und Übertretungen nach den Artikeln 96, 97 Absatz 2 und 99 sowie bei Vergehen nach den Artikeln 14–17 VStrR: in sieben Jahren;

d. und e.[149] …

[2] Die Verfolgungsverjährung tritt nicht mehr ein, wenn vor Ablauf der Verjährungsfrist eine Strafverfügung oder ein erstinstanzliches Urteil ergangen ist.

[3] Die Verjährung für die Leistungs- und Rückleistungspflicht gemäss Artikel 12 VStrR richtet sich:

a. grundsätzlich nach Artikel 42;
b. falls ein Tatbestand der Artikel 96 Absatz 4, 97 Absatz 2 oder 99 oder nach den Artikeln 14–17 VStrR erfüllt ist, nach den Absätzen 1 und 2.

[4] Das Recht, eine eingeleitete Strafuntersuchung durchzuführen, verjährt in fünf Jahren; die Verjährung ruht, solange sich die beschuldigte Person im Ausland befindet.

Bezug und Verjährung der Bussen und Kosten

106. [1] Die im Steuerstrafverfahren auferlegten Bussen und Kosten werden im Verfahren nach den Artikeln 86–90 bezogen. Artikel 36 StGB[150] ist anwendbar.

[2] Die Bezugsverjährung richtet sich nach Artikel 91.

---

146 Fassung gemäss Ziff. I des BG vom 30. Sept. 2016, in Kraft seit 1. Jan. 2018 (AS **2017** 3575; BBl **2015** 2615).

147 SR **313.0**

148 Fassung gemäss Ziff. I des BG vom 30. Sept. 2016, in Kraft seit 1. Jan. 2018 (AS **2017** 3575; BBl **2015** 2615).

149 Aufgehoben durch Ziff. I des BG vom 30. Sept. 2016, mit Wirkung seit 1. Jan. 2018 (AS **2017** 3575; BBl **2015** 2615).

150 SR **311.0**

7. Titel: Schlussbestimmungen

1. Kapitel: Ausführungsbestimmungen

Bundesrat

107. [1] Der Bundesrat:

a. regelt die Entlastung von der Mehrwertsteuer für Begünstigte nach Artikel 2 des Gaststaatgesetzes vom 22. Juni 2007[151], die von der Steuerpflicht befreit sind;

Vgl.: MWSTV 143 ff.; MWST-Info 17 (dipl. Vertretungen).

b. bestimmt, unter welchen Voraussetzungen den Abnehmern und Abnehmerinnen mit Wohn- oder Geschäftssitz im Ausland die Steuer auf den an sie im Inland [3 a] ausgeführten Leistungen [3 c] sowie auf ihren Einfuhren bei Gewährung des Gegenrechts durch das Land ihres Wohn- oder Geschäftssitzes vergütet werden kann; dabei haben grundsätzlich die gleichen Anforderungen zu gelten, wie sie bei inländischen steuerpflichtigen Personen in Bezug auf den Vorsteuerabzug bestehen;

Vgl.: MWSTV 151 ff.; MWST-Info 18 (Vergütungsverfahren).

c.[152] regelt die mehrwertsteuerrechtliche Behandlung von Leistungen an Personen, die zum Personal gehören und zugleich eng verbundene Personen sind; er beachtet dabei die Behandlung dieser Leistungen bei der direkten Bundessteuer und kann Ausnahmen von Artikel 24 Absatz 2 festlegen.

[2] Der Bundesrat kann von diesem Gesetz abweichende Bestimmungen über die Besteuerung der Umsätze und der Einfuhr von Münz- und Feingold erlassen [MWSTV 44, 61, 113 g].

[3] Der Bundesrat erlässt die Vollzugsvorschriften.

Eidgenössisches Finanzdepartement

108. Das EFD:

a. legt marktübliche Verzugs- und Vergütungszinssätze fest und passt diese periodisch an;

b. legt die Fälle fest, in denen kein Verzugszins erhoben wird;

c. regelt, bis zu welchem Betrag geringfügige Verzugs- und Vergütungszinsen nicht erhoben werden oder nicht zu entrichten sind.

Konsultativgremium

109. [1] Der Bundesrat kann ein Konsultativgremium, bestehend aus Vertretern und Vertreterinnen der steuerpflichtigen

---

151 SR **192.12**

152 Eingefügt durch Ziff. I des BG vom 30. Sept. 2016, in Kraft seit 1. Jan. 2018 (AS **2017** 3575; BBl **2015** 2615).

Personen, der Kantone, der Wissenschaft, der Steuerpraxis und der Konsumenten und Konsumentinnen, einsetzen.[153]

2 Das Konsultativgremium berät Anpassungen dieses Gesetzes sowie der gestützt darauf erlassenen Ausführungsbestimmungen und Praxisfestlegungen bezüglich der Auswirkungen auf die steuerpflichtigen Personen und die Volkswirtschaft.

3 Es nimmt zu den Entwürfen Stellung und kann selbstständig Empfehlungen für Änderungen abgeben.

Vgl.: MWSTV 157 ff.

2. Kapitel: Aufhebung und Änderung bisherigen Rechts

Aufhebung bisherigen Rechts

110. Das Mehrwertsteuergesetz vom 2. September 1999[154] wird aufgehoben.

Änderung bisherigen Rechts

111. Die nachstehenden Bundesgesetze werden wie folgt geändert:

…[155]

3. Kapitel: Übergangsbestimmungen

Anwendung bisherigen Rechts

112. 1 Die bisherigen gesetzlichen Bestimmungen sowie die darauf gestützt erlassenen Vorschriften bleiben, unter Vorbehalt von Artikel 113, weiterhin auf alle während ihrer Geltungsdauer eingetretenen Tatsachen und entstandenen Rechtsverhältnisse anwendbar. Die Verjährung richtet sich weiterhin nach den Artikeln 49 und 50 des bisherigen Rechts.

2 Für Leistungen, die vor Inkrafttreten dieses Gesetzes erbracht worden sind, sowie für Einfuhren von Gegenständen, bei denen die Einfuhrsteuerschuld vor Inkrafttreten dieses Gesetzes entstanden ist, gilt das bisherige Recht.

3 Leistungen, die teilweise vor Inkrafttreten dieses Gesetzes erbracht worden sind, sind für diesen Teil nach bisherigem Recht zu versteuern. Leistungen, die teilweise ab Inkrafttreten dieses Gesetzes erbracht werden, sind für diesen Teil nach neuem Recht zu versteuern.

---

153 Fassung gemäss Ziff. I des BG vom 30. Sept. 2016, in Kraft seit 1. Jan. 2018 (AS **2017** 3575; BBl **2015** 2615).

154 [AS **2000** 1300 1134, **2001** 3086, **2002** 1480, **2004** 4719 Anhang Ziff. II 5, **2005** 4545 Anhang Ziff. 2, **2006** 2197 Anhang Ziff. 52 2673 5379 Anhang Ziff. II 5, **2007** 1411 Anhang Ziff. 7 3425 Anhang Ziff. 1 6637 Anhang Ziff. II 5]

155 Die Änderungen können unter AS **2009** 5203 konsultiert werden.

Anwendung des neuen Rechts

113. [1] Für die Feststellung, ob die Befreiung von der Steuerpflicht nach Artikel 10 Absatz 2 mit dem Inkrafttreten dieses Gesetzes besteht, ist das neue Recht auf die in den vorangegangenen zwölf Monaten vor dem Inkrafttreten erzielten, nach diesem Gesetz steuerbaren Leistungen [18 I] anzuwenden.

[2] Die Bestimmungen über die Einlageentsteuerung nach Artikel 32 gelten auch für Leistungen, für die vor dem Inkrafttreten des neuen Rechts kein Anspruch auf Vorsteuerabzug gegeben war.

[3] Unter Vorbehalt von Artikel 91 ist das neue Verfahrensrecht auf sämtliche im Zeitpunkt des Inkrafttretens hängigen Verfahren anwendbar.

Wahlmöglichkeiten

114. [1] Die steuerpflichtigen Personen [10] können mit dem Inkrafttreten dieses Gesetzes von den in diesem Gesetz vorgesehenen Wahlmöglichkeiten erneut Gebrauch machen. Sofern die Wahlmöglichkeiten an bestimmte Fristen geknüpft sind, beginnen diese mit dem Datum des Inkrafttretens neu zu laufen.

[2] Äussert sich die steuerpflichtige Person nicht innert 90 Tagen nach Inkrafttreten des Gesetzes zu den Wahlmöglichkeiten, so wird vermutet, dass sie ihre bisherige Wahl beibehält, sofern dies rechtlich weiterhin möglich ist.

Vgl.: 37; MWSTV 166.

Änderung der Steuersätze

115. [1] Bei einer Änderung der Steuersätze gelten die Artikel 112 und 113 sinngemäss. Der Bundesrat passt die in Artikel 37 Absatz 1 festgelegten Höchstbeträge angemessen an.[156]

[2] Für die Abrechnung der Steuerbeträge mit den bisherigen Sätzen sind den steuerpflichtigen Personen genügend lange Fristen einzuräumen, die sich nach der Natur der Liefer- und Dienstleistungsverträge richten.

Übergangsbestimmung zur Änderung vom 30. September 2016

115*a*.[157] Auf Sammlerstücken wie Kunstgegenständen, Antiquitäten und dergleichen, für die bei Inkrafttreten der Änderung vom 30. September 2016 bereits Vorsteuer abgezogen wurde, ist der Vorsteuerabzug nicht rückgängig zu machen, sofern der Verkauf im Inland erfolgt und auf dem gesamten Verkaufspreis die Mehrwertsteuer entrichtet wird.

---

156 Fassung gemäss Ziff. I des BG vom 30. Sept. 2016, in Kraft seit 1. Jan. 2018 (AS **2017** 3575; BBl **2015** 2615).

157 Eingefügt durch Ziff. I des BG vom 30. Sept. 2016, in Kraft seit 1. Jan. 2018 (AS **2017** 3575; BBl **2015** 2615).

4. Kapitel: Referendum und Inkrafttreten

116. [1] Dieses Gesetz untersteht dem fakultativen Referendum.[158]

[2] Es tritt unter Vorbehalt von Absatz 3 am 1. Januar 2010 in Kraft. Der Bundesrat bestimmt das Inkrafttreten der Artikel 34 Absatz 3 und 78 Absatz 4.[159]

[3] Wird das Referendum ergriffen und wird das Gesetz in der Volksabstimmung angenommen, so bestimmt der Bundesrat das Inkrafttreten.

Übergangsbestimmung zur Änderung vom 19. März 2010[160]

Bis zum Inkrafttreten einer entsprechenden Bestimmung im Mehrwertsteuergesetz sind von der Mehrwertsteuer ausgenommen Leistungen von Durchführungsorganen der Arbeitslosenversicherung untereinander sowie Leistungen, die diese Durchführungsorgane aufgrund der ihnen gesetzlich übertragenen Aufgaben erbringen oder die der beruflichen und sozialen Vorsorge sowie der beruflichen Aus- und Weiterbildung dienen.

---

158 Die Referendumsfrist für dieses Gesetz ist am 1. Oktober 2009 unbenützt abgelaufen (BBl **2009** 4407).

159 Art. 78 Abs. 4 tritt am 1. Jan. 2012 in Kraft (AS **2011** 4737).

160 AS **2011** 1167; BBl **2008** 7733

Mehrwertsteuerverordnung (MWSTV)
(SR 641.201)

vom 27. November 2009 (Stand am 1. Januar 2018)*

Der Schweizerische Bundesrat,
gestützt auf das Mehrwertsteuergesetz vom 12. Juni 2009[1] (MWSTG),
verordnet:

1. Titel: Allgemeine Bestimmungen

Art. 1 Schweizerisches Staatsgebiet
(Art. 3 Bst. a MWSTG)

Schweizerische Hochseeschiffe gelten nicht als schweizerisches Staatsgebiet im Sinn von Artikel 3 Buchstabe a MWSTG.

Art. 2 Verpfändung und besondere Verhältnisse beim Verkauf
(Art. 3 Bst. d MWSTG)

1 Der Verkauf eines Gegenstands stellt auch dann eine Lieferung dar, wenn ein Eigentumsvorbehalt eingetragen wird.

2 Die Übertragung eines Gegenstands im Rahmen einer Sicherungsübereignung oder einer Verpfändung stellt keine Lieferung dar. Wird das Recht aus der Sicherungsübereignung oder aus der Verpfändung in Anspruch genommen, so findet eine Lieferung statt.

3 Der Verkauf eines Gegenstands bei dessen gleichzeitiger Rücküberlassung zum Gebrauch an den Verkäufer oder die Verkäuferin (Sale-and-lease-back-Geschäft) gilt nicht als Lieferung, wenn im Zeitpunkt des Vertragsschlusses eine Rückübereignung vereinbart wird. In diesem Fall gilt die Leistung des Leasinggebers oder der Leasinggeberin nicht als Gebrauchsüberlassung des Gegenstands, sondern als Finanzierungsdienstleistung nach Artikel 21 Absatz 2 Ziffer 19 Buchstabe a MWSTG.

AS **2009** 6743

* Alle Änderungen berücksichtigt bis zur letzten Bundesratssitzung des Jahres vom 20. Dez. 2017.

1 SR **641.20**

Art. 3 Unterstellungserklärung bei Einfuhr eines Gegenstands
(Art. 7 Abs. 3 Bst. a MWSTG)[2]

1 …[3]

2 Wird die Einfuhr aufgrund der Unterstellungserklärung im eigenen Namen vorgenommen, so gelten bei Reihengeschäften die vorangehenden Lieferungen als im Ausland und die nachfolgenden als im Inland ausgeführt.

3 Verzichtet der Leistungserbringer oder die Leistungserbringerin darauf, die Einfuhr im eigenen Namen vorzunehmen, so muss er oder sie auf der Rechnung an den Abnehmer oder die Abnehmerin darauf hinweisen.[4]

Art. 4[5] Lieferung eines aus dem Ausland ins Inland verbrachten Gegenstands ab Lager im Inland
(Art. 7 Abs. 1 MWSTG)

Bei Gegenständen, die aus dem Ausland in ein Lager im Inland verbracht und ab diesem Lager geliefert werden, liegt der Ort der Lieferung im Ausland, wenn der Lieferungsempfänger oder die Lieferungsempfängerin und das zu entrichtende Entgelt beim Verbringen der Gegenstände ins Inland feststehen und sich die Gegenstände im Zeitpunkt der Lieferung im zollrechtlich freien Verkehr befinden.

Art. 5 Betriebsstätte
(Art. 7 Abs. 2, 8 und 10 Abs. 3 MWSTG)

1 Als Betriebsstätte gilt eine feste Geschäftseinrichtung, durch welche die Tätigkeit eines Unternehmens ganz oder teilweise ausgeübt wird.

2 Als Betriebsstätten gelten namentlich:

a. Zweigniederlassungen;
b. Fabrikationsstätten;
c. Werkstätten;
d. Einkaufs- oder Verkaufsstellen;
e. ständige Vertretungen;
f. Bergwerke und andere Stätten der Ausbeutung von Bodenschätzen;
g. Bau- und Montagestellen von mindestens zwölf Monaten Dauer;
h. land-, weide- oder waldwirtschaftlich genutzte Grundstücke.

---

2 Fassung gemäss Ziff. I der V vom 18. Okt. 2017, in Kraft seit 1. Jan. 2018 (AS **2017** 6307).

3 Aufgehoben durch Ziff. I der V vom 18. Okt. 2017, mit Wirkung seit 1. Jan. 2018 (AS **2017** 6307).

4 Fassung gemäss Ziff. I der V vom 18. Okt. 2017, in Kraft seit 1. Jan. 2018 (AS **2017** 6307).

5 Fassung gemäss Ziff. I der V vom 30. Okt. 2013, in Kraft seit 1. Jan. 2014 (AS **2013** 3839).

[3] Nicht als Betriebsstätten gelten namentlich:

a. reine Auslieferungslager;
b. Beförderungsmittel, die entsprechend ihrem ursprünglichen Zweck eingesetzt werden;
c. Informations-, Repräsentations- und Werbebüros von Unternehmen, die nur zur Ausübung von entsprechenden Hilfstätigkeiten befugt sind.

Art. 5*a*[6] Schiffsverkehr auf dem Bodensee, dem Untersee und dem Rhein bis zur Schweizer Grenze unterhalb Basel
(Art. 8 Abs. 2 Bst. e MWSTG)

Die Beförderung von Personen mit Schiffen auf dem Bodensee, dem Untersee sowie dem Rhein zwischen dem Untersee und der Schweizer Grenze unterhalb Basel gilt als im Ausland erbracht.

Art. 6 Beförderungsleistungen
(Art. 9 MWSTG)

Eine Beförderungsleistung liegt auch vor, wenn ein Beförderungsmittel mit Bedienungspersonal zu Beförderungszwecken zur Verfügung gestellt wird.

Art. 6*a*[7] Ort der Leistung für gastgewerbliche, kulturelle und ähnliche Leistungen im Rahmen einer Personenbeförderung im Grenzgebiet
(Art. 9 MWSTG)

[1] Werden Leistungen nach Artikel 8 Absatz 2 Buchstaben c und d MWSTG im Rahmen einer Personenbeförderung erbracht, die im Grenzgebiet teilweise im Inland und teilweise im Ausland oder auf dem Bodensee stattfindet, und lässt sich der Ort der Leistung nicht eindeutig als im Inland oder im Ausland liegend bestimmen, so gilt die Leistung als am Ort erbracht, an dem die dienstleistende Person den Sitz der wirtschaftlichen Tätigkeit oder eine Betriebsstätte hat, oder in Ermangelung eines solchen Sitzes oder einer solchen Betriebsstätte am Wohnort oder am Ort, von dem aus sie tätig wird.

[2] Weist die steuerpflichtige Person nach, dass eine Leistung nach Absatz 1 im Ausland erbracht worden ist, so gilt Artikel 8 Absatz 2 Buchstaben c und d MWSTG.

---

6 Eingefügt durch Ziff. I der V vom 12. Okt. 2011, in Kraft seit 1. Jan. 2012 (AS **2011** 4739).

7 Eingefügt durch Ziff. I der V vom 12. Okt. 2011, in Kraft seit 1. Jan. 2012 (AS **2011** 4739).

2. Titel: Inlandsteuer

1. Kapitel: Steuersubjekt

1. Abschnitt: Unternehmerische Tätigkeit und Umsatzgrenze

Art. 7 Betriebsstätten von ausländischen Unternehmen
(Art. 10 MWSTG)

Alle inländischen Betriebsstätten eines Unternehmens mit Sitz im Ausland gelten zusammen als ein einziges selbstständiges Steuersubjekt.

Art. 8[8]

Art. 9[9] Befreiung und Ende der Befreiung von der Steuerpflicht bei inländischen Unternehmen
(Art. 10 Abs. 2 Bst. a und c sowie 14 Abs. 1 Bst. a und 3 MWSTG)

1 Unternehmen mit Sitz, Wohnsitz oder Betriebsstätte im Inland, die ihre Tätigkeit aufnehmen oder durch Geschäftsübernahme oder Eröffnung eines neuen Betriebszweiges ausweiten, sind von der Steuerpflicht befreit, wenn zu diesem Zeitpunkt nach den Umständen anzunehmen ist, dass innerhalb der folgenden zwölf Monate die Umsatzgrenze nach Artikel 10 Absatz 2 Buchstabe a oder c MWSTG aus Leistungen im In- und Ausland nicht erreicht wird. Kann zu diesem Zeitpunkt noch nicht beurteilt werden, ob die Umsatzgrenze erreicht wird, so ist spätestens nach drei Monaten eine erneute Beurteilung vorzunehmen.

2 Ist aufgrund der erneuten Beurteilung anzunehmen, dass die Umsatzgrenze erreicht wird, so endet die Befreiung von der Steuerpflicht wahlweise auf den Zeitpunkt:

a. der Aufnahme oder der Ausweitung der Tätigkeit; oder
b. der erneuten Beurteilung, spätestens aber mit Beginn des vierten Monats.

3 Bei bisher von der Steuerpflicht befreiten Unternehmen endet die Befreiung von der Steuerpflicht nach Ablauf des Geschäftsjahres, in dem die Umsatzgrenze erreicht wird. Wurde die für die Steuerpflicht massgebende Tätigkeit nicht während eines ganzen Jahres ausgeübt, so ist der Umsatz auf ein volles Jahr umzurechnen.

---

8 Aufgehoben durch Ziff. I der V vom 18. Okt. 2017, mit Wirkung seit 1. Jan. 2018 (AS **2017** 6307).

9 Fassung gemäss Ziff. I der V vom 18. Okt. 2017, in Kraft seit 1. Jan. 2018 (AS **2017** 6307).

Art. 9a[10] Befreiung und Ende der Befreiung von der Steuerpflicht bei ausländischen Unternehmen
(Art. 10 Abs. 2 Bst. a und c sowie 14 Abs. 1 Bst. b und 3 MWSTG)

[1] Unternehmen ohne Sitz, Wohnsitz oder Betriebsstätte im Inland, die erstmals eine Leistung im Inland erbringen, sind von der Steuerpflicht befreit, wenn zu diesem Zeitpunkt nach den Umständen anzunehmen ist, dass innerhalb der folgenden zwölf Monate die Umsatzgrenze nach Artikel 10 Absatz 2 Buchstabe a oder c MWSTG aus Leistungen im In- und Ausland nicht erreicht wird. Kann zu diesem Zeitpunkt noch nicht beurteilt werden, ob die Umsatzgrenze erreicht wird, so ist spätestens nach drei Monaten eine erneute Beurteilung vorzunehmen.

[2] Ist aufgrund der erneuten Beurteilung anzunehmen, dass die Umsatzgrenze erreicht wird, so endet die Befreiung von der Steuerpflicht wahlweise auf den Zeitpunkt:

a. des erstmaligen Erbringens einer Leistung im Inland; oder
b. der erneuten Beurteilung, spätestens aber mit Beginn des vierten Monats.

[3] Bei bisher von der Steuerpflicht befreiten Unternehmen endet die Befreiung von der Steuerpflicht nach Ablauf des Geschäftsjahres, in dem die Umsatzgrenze erreicht wird. Wurde die für die Steuerpflicht massgebende Tätigkeit nicht während eines ganzen Jahres ausgeübt, so ist der Umsatz auf ein volles Jahr umzurechnen.

Art. 10 Telekommunikations- und elektronische Dienstleistungen
(Art. 10 Abs. 2 Bst. b MWSTG)

[1] Als Telekommunikations- und elektronische Dienstleistungen gelten namentlich:

a. Radio- und Fernsehdienstleistungen;
b. das Verschaffen von Zugangsberechtigungen, namentlich zu Festnetzen und Mobilfunknetzen und zur Satellitenkommunikation sowie zu anderen Informationsnetzen;
c. das Bereitstellen und Zusichern von Datenübertragungskapazitäten;
d. das Bereitstellen von Websites, Webhosting, Fernwartung von Programmen und Ausrüstungen;
e. das elektronische Bereitstellen von Software und deren Aktualisierung;
f. das elektronische Bereitstellen von Bildern, Texten und Informationen sowie das Bereitstellen von Datenbanken;
g. das elektronische Bereitstellen von Musik, Filmen und Spielen, einschliesslich Glücksspielen und Lotterien.

[2] Nicht als Telekommunikations- oder elektronische Dienstleistung gelten namentlich:

---

[10] Eingefügt durch Ziff. I der V vom 12. Nov. 2014 (AS **2014** 3847). Fassung gemäss Ziff. I der V vom 18. Okt. 2017, in Kraft seit 1. Jan. 2018 (AS **2017** 6307).

a. die blosse Kommunikation zwischen leistungserbringender und leistungsempfangender Person über Draht, Funk, optische oder sonstige elektromagnetische Medien;
b. Bildungsleistungen im Sinn von Artikel 21 Absatz 2 Ziffer 11 MWSTG in interaktiver Form;
c. die blosse Gebrauchsüberlassung von genau bezeichneten Anlagen oder Anlageteilen für die alleinige Verfügung des Mieters oder der Mieterin zwecks Übertragung von Daten.

Art. 11[11]

2. Abschnitt: Gemeinwesen

Art. 12 Steuersubjekt
(Art. 12 Abs. 1 MWSTG)

1 Die Unterteilung eines Gemeinwesens in Dienststellen richtet sich nach der Gliederung des finanziellen Rechnungswesens (Finanzbuchhaltung), soweit dieses dem organisatorischen und funktionalen Aufbau des Gemeinwesens entspricht.

2 Übrige Einrichtungen des öffentlichen Rechts nach Artikel 12 Absatz 1 MWSTG sind:

a. in- und ausländische öffentlich-rechtliche Körperschaften wie Zweckverbände;
b. öffentlich-rechtliche Anstalten mit eigener Rechtspersönlichkeit;
c. öffentlich-rechtliche Stiftungen mit eigener Rechtspersönlichkeit;
d. einfache Gesellschaften von Gemeinwesen.

3 Im Rahmen der grenzüberschreitenden Zusammenarbeit können auch ausländische Gemeinwesen in Zweckverbände und einfache Gesellschaften aufgenommen werden.

4 Eine Einrichtung nach Absatz 2 ist als Ganzes ein Steuersubjekt.

Art. 13[12]

Art. 14 Unternehmerische Leistungen eines Gemeinwesens
(Art. 12 Abs. 4 MWSTG)

Als unternehmerisch und damit steuerbar gelten Leistungen eines Gemeinwesens, die nicht hoheitliche Tätigkeiten nach Artikel 3 Buchstabe g MWSTG sind. Namentlich die folgenden Leistungen von Gemeinwesen sind unternehmerischer Natur:[13]

---

11 Aufgehoben durch Ziff. I der V vom 18. Okt. 2017, mit Wirkung seit 1. Jan. 2018 (AS **2017** 6307).

12 Aufgehoben durch Ziff. I der V vom 18. Okt. 2017, mit Wirkung seit 1. Jan. 2018 (AS **2017** 6307).

13 Fassung gemäss Ziff. I der V vom 18. Juni 2010, in Kraft seit 1. Jan. 2010 (AS **2010** 2833).

1. Dienstleistungen im Bereich von Radio und Fernsehen, Telekommunikationsdienstleistungen sowie elektronische Dienstleistungen;
2. Lieferung von Wasser, Gas, Elektrizität, thermischer Energie, Ethanol, Vergällungsmitteln und ähnlichen Gegenständen;
3. Beförderung von Gegenständen und Personen;
4. Dienstleistungen in Häfen und auf Flughäfen;
5. Lieferung von zum Verkauf bestimmten neuen Fertigwaren;
6.[14] …
7. Veranstaltung von Messen und Ausstellungen mit gewerblichem Charakter;
8. Betrieb von Sportanlagen wie Badeanstalten und Kunsteisbahnen;
9. Lagerhaltung;
10. Tätigkeiten gewerblicher Werbebüros;
11. Tätigkeiten von Reisebüros;
12. Leistungen von betrieblichen Kantinen, Personalrestaurants, Verkaufsstellen und ähnlichen Einrichtungen;
13. Tätigkeiten von Amtsnotaren und Amtsnotarinnen;
14. Tätigkeiten von Vermessungsbüros;
15. Tätigkeiten im Entsorgungsbereich;
16. Tätigkeiten, die durch vorgezogene Entsorgungsgebühren gestützt auf Artikel 32*a*bis des Umweltschutzgesetzes vom 7. Oktober 1983[15] (USG) finanziert werden;
17. Tätigkeiten im Rahmen der Erstellung von Verkehrsanlagen;
18. Rauchgaskontrollen;
19. Werbeleistungen.

3. Abschnitt: Gruppenbesteuerung

Art. 15 Einheitliche Leitung
(Art. 13 MWSTG)

Eine einheitliche Leitung liegt vor, wenn durch Stimmenmehrheit, Vertrag oder auf andere Weise das Verhalten eines Rechtsträgers kontrolliert wird.

Art. 16 Gruppenmitglieder
(Art. 13 MWSTG)

1 Nicht rechtsfähige Personengesellschaften sind Rechtsträgern im Sinn von Artikel 13 MWSTG gleichgestellt.

---

14 Aufgehoben durch Ziff. I der V vom 18. Okt. 2017, mit Wirkung seit 1. Jan. 2018 (AS **2017** 6307).

15 SR **814.01**

2 Versicherungsvertreter und Versicherungsvertreterinnen können Mitglieder einer Gruppe sein.

3 ...[16]

Art. 17 Gruppenbildung
(Art. 13 MWSTG)

1 Der Kreis der Mitglieder der Mehrwertsteuergruppe kann, innerhalb der zur Teilnahme an der Gruppenbesteuerung Berechtigten, frei bestimmt werden.

2 Die Bildung mehrerer Teilgruppen ist zulässig.

Art. 18 Bewilligung der Gruppenbesteuerung
(Art. 13 und 67 Abs. 2 MWSTG)

1 Die ESTV erteilt auf entsprechendes Gesuch hin die Bewilligung zur Gruppenbesteuerung, sofern die massgebenden Voraussetzungen erfüllt sind.

2 Dem Gesuch sind schriftliche Erklärungen der einzelnen Mitglieder beizulegen, in denen sich diese mit der Gruppenbesteuerung und deren Wirkungen sowie der gemeinsamen Vertretung durch das darin bestimmte Gruppenmitglied oder die darin bestimmte Person einverstanden erklären.

3 Das Gesuch ist von der Gruppenvertretung einzureichen. Gruppenvertretung kann sein:

a. ein in der Schweiz ansässiges Mitglied der Mehrwertsteuergruppe; oder
b. eine Person, die nicht Mitglied ist, mit Wohn- oder Geschäftssitz in der Schweiz.

Art. 19 Änderungen der Gruppenvertretung
(Art. 13 MWSTG)

1 Ein Rücktritt von der Vertretung einer Mehrwertsteuergruppe ist nur auf das Ende einer Steuerperiode möglich. Dabei ist der Rücktritt mindestens einen Monat im Voraus der ESTV schriftlich anzuzeigen.

2 Tritt die bisherige Gruppenvertretung zurück und wird der ESTV nicht bis einen Monat vor Ende der Steuerperiode eine neue Gruppenvertretung schriftlich gemeldet, so kann die ESTV nach vorgängiger Mahnung eines der Gruppenmitglieder zur Gruppenvertretung bestimmen.

3 Die Gruppenmitglieder können gemeinsam der Gruppenvertretung das Mandat entziehen, sofern sie gleichzeitig eine neue Gruppenvertretung bestimmen. Absatz 1 gilt sinngemäss.

---

16 Aufgehoben durch Ziff. I der V vom 12. Nov. 2014, mit Wirkung seit 1. Jan. 2015 (AS **2014** 3847).

Art. 20 Änderungen im Bestand der Gruppe
(Art. 13 MWSTG)

1 Erfüllt ein Mitglied die Voraussetzungen nicht mehr, um an der Gruppenbesteuerung teilzunehmen, so muss die Gruppenvertretung dies der ESTV schriftlich melden.

2 Auf Gesuch hin kann ein Rechtsträger in eine bestehende Gruppe eintreten oder ein Mitglied aus einer Gruppe austreten. Die ESTV bewilligt den Ein- oder den Austritt auf den Beginn der folgenden beziehungsweise auf das Ende der laufenden Steuerperiode.

3 Erfüllt ein Rechtsträger, bei dem die Voraussetzungen zur Teilnahme an der Gruppenbesteuerung bisher nicht gegeben waren, neu diese Voraussetzungen, so kann der Eintritt in eine bestehende Mehrwertsteuergruppe auch während der laufenden Steuerperiode verlangt werden, sofern das entsprechende Gesuch der ESTV innert 30 Tagen nach Bekanntgabe der massgebenden Änderung im Handelsregister beziehungsweise nach Eintritt der Voraussetzungen schriftlich eingereicht wird.

Art. 21 Administrative und buchhalterische Erfordernisse
(Art. 13 MWSTG)

1 Die Mitglieder müssen ihre Buchhaltung am gleichen Bilanzstichtag abschliessen; davon ausgenommen sind Holdinggesellschaften, wenn diese aus Gründen der Rechnungslegung einen anderen Bilanzstichtag aufweisen.

2 Jedes Mitglied muss eine interne Mehrwertsteuerabrechnung erstellen, die in der Abrechnung der Mehrwertsteuergruppe zu konsolidieren ist.

Art. 22 Mithaftung bei Gruppenbesteuerung
(Art. 15 Abs. 1 Bst. c MWSTG)

1 Die Mithaftung eines Mitglieds einer Mehrwertsteuergruppe erstreckt sich auf alle Steuer-, Zins- und Kostenforderungen, die während dessen Zugehörigkeit zur Gruppe entstehen, ausgenommen Bussen.

2 Wurde gegenüber einem Gruppenmitglied eine Betreibung eingeleitet, bei der Gruppenvertretung eine Steuernachforderung mittels Einschätzungsmitteilung geltend gemacht oder wurde eine Kontrolle angekündigt, so kann sich ein Gruppenmitglied nicht durch Austritt aus der Gruppe der Mithaftung entziehen.

4. Abschnitt: Haftung bei der Zession von Forderungen

Art. 23 Umfang der Abtretung
(Art. 15 Abs. 4 MWSTG)

Bei der Abtretung eines Teilbetrags einer Forderung auf ein Entgelt gilt die Mehrwertsteuer als anteilig mitzediert. Die Abtretung der Nettoforderung ohne Mehrwertsteuer ist nicht möglich.

Art. 24 Umfang der Haftung
(Art. 15 Abs. 4 MWSTG)

1 Die Haftung nach Artikel 15 Absatz 4 MWSTG beschränkt sich auf die Höhe des Mehrwertsteuerbetrags, der während eines Zwangsvollstreckungsverfahrens gegen die steuerpflichtige Person ab dem Zeitpunkt der Pfändung beziehungsweise ab dem Zeitpunkt der Konkurseröffnung durch den Zessionar oder die Zessionarin tatsächlich vereinnahmt worden ist.

2 Im Rahmen eines Pfändungs- oder Pfandverwertungsverfahrens gegen eine steuerpflichtige Person muss die ESTV den Zessionar oder die Zessionarin nach Erhalt der Pfändungsurkunde unverzüglich über seine oder ihre Haftung informieren.

3 Nach der Eröffnung des Konkurses über eine steuerpflichtige Person kann die ESTV die Haftung des Zessionars oder der Zessionarin unabhängig von einer vorgängigen Mitteilung in Anspruch nehmen.

Art. 25 Befreiung von der Haftung
(Art. 15 Abs. 4 MWSTG)

Durch Weiterleitung der mit der Forderung mitzedierten und vereinnahmten Mehrwertsteuer an die ESTV befreit sich der Zessionar oder die Zessionarin im entsprechenden Umfang von der Haftung.

2. Kapitel: Steuerobjekt

1. Abschnitt: Leistungsverhältnis

Art. 26 Leistungen an eng verbundene Personen
(Art. 18 Abs. 1 MWSTG)

Das Erbringen von Leistungen an eng verbundene Personen gilt als Leistungsverhältnis. Die Bemessung richtet sich nach Artikel 24 Absatz 2 MWSTG.

Art. 27 Vorgezogene Entsorgungsgebühren
(Art. 18 Abs. 1 MWSTG)

Private Organisationen im Sinn von Artikel 32*a*^{bis} USG[17] erbringen durch ihre Tätigkeiten Leistungen gegenüber den Herstellern und Importeuren. Die vorgezogenen Entsorgungsgebühren sind Entgelt für diese Leistungen.

---

17 SR **814.01**

Art. 28 Grenzüberschreitende Entsendung von Mitarbeitenden im Konzern
(Art. 18 MWSTG)

Kein Leistungsverhältnis bei grenzüberschreitender Entsendung von Mitarbeitenden innerhalb eines Konzerns liegt vor, wenn:

a. ein ausländischer Arbeitgeber einen Arbeitnehmer oder eine Arbeitnehmerin in einem zum gleichen Konzern gehörenden Einsatzbetrieb im Inland einsetzt oder ein inländischer Arbeitgeber einen Arbeitnehmer oder eine Arbeitnehmerin in einem zum gleichen Konzern gehörenden ausländischen Einsatzbetrieb einsetzt;
b. der Arbeitnehmer oder die Arbeitnehmerin die Arbeitsleistung dem Einsatzbetrieb erbringt, jedoch den Arbeitsvertrag mit dem entsendenden Unternehmen beibehält; und
c. die Löhne, Sozialabgaben und dazugehörenden Spesen vom entsendenden Arbeitgeber ohne Zuschläge dem Einsatzbetrieb belastet werden.

Art. 29 Subventionen und andere öffentlich-rechtliche Beiträge
Art. 18 Abs. 2 Bst. a MWSTG)

Als Subventionen oder andere öffentlich-rechtliche Beiträge gelten namentlich die von Gemeinwesen ausgerichteten:

a. Finanzhilfen im Sinn von Artikel 3 Absatz 1 des Subventionsgesetzes vom 5. Oktober 1990[18] (SuG);
b. Abgeltungen im Sinn von Artikel 3 Absatz 2 Buchstabe a SuG, sofern kein Leistungsverhältnis vorliegt;
c. Forschungsbeiträge, sofern dem Gemeinwesen kein Exklusivrecht auf die Resultate der Forschung zusteht;
d. mit den Buchstaben a–c vergleichbaren Mittelflüsse, die gestützt auf kantonales und kommunales Recht ausgerichtet werden.

Art. 30 Weiterleiten von Mittelflüssen, die nicht als Entgelte gelten
(Art. 18 Abs. 2 MWSTG)

1 Das Weiterleiten von Mittelflüssen, die nach Artikel 18 Absatz 2 MWSTG nicht als Entgelte gelten, namentlich innerhalb von Bildungs- und Forschungskooperationen, unterliegt nicht der Steuer.

2 Die Kürzung des Vorsteuerabzugs nach Artikel 33 Absatz 2 MWSTG erfolgt beim letzten Zahlungsempfänger oder der letzten Zahlungsempfängerin.

---

18 SR **616.1**

2. Abschnitt: Mehrheit von Leistungen

Art. 31 Spezialwerkzeuge
(Art. 19 Abs. 1 MWSTG)

1 Spezialwerkzeuge, die eine steuerpflichtige Person eigens für die Ausführung eines Fabrikationsauftrages zukauft, anfertigen lässt oder selbst anfertigt, gelten als Teil der Lieferung des damit hergestellten Gegenstands. Unerheblich ist, ob die Spezialwerkzeuge:

a. dem Leistungsempfänger oder der Leistungsempfängerin allenfalls gesondert fakturiert oder in den Preis der Erzeugnisse eingerechnet werden;
b. nach Ausführung des Fabrikationsauftrages dem Leistungsempfänger oder der Leistungsempfängerin oder einer von ihm oder ihr bezeichneten Drittperson abgeliefert werden oder nicht.

2 Als Spezialwerkzeuge gelten namentlich Klischees, Fotolithos und Satz, Stanz- und Ziehwerkzeuge, Lehren, Vorrichtungen, Press- und Spritzformen, Gesenke, Giessereimodelle, Kokillen und Filme für gedruckte Schaltungen.

Art. 32[19] Sachgesamtheiten und Leistungskombinationen
(Art. 19 Abs. 2 MWSTG)

Für die Bestimmung, ob der Ort der Leistung bei Leistungskombinationen im Inland oder im Ausland liegt, ist Artikel 19 Absatz 2 MWSTG sinngemäss anwendbar.

Art. 33 Geltung der Einfuhrsteuerveranlagung für die Inlandsteuer
(Art. 19 Abs. 2 MWSTG)

Eine Einfuhrsteuerveranlagung nach Artikel 112 ist auch für die Inlandsteuer massgebend, sofern nach der Einfuhrveranlagung keine Bearbeitung oder Veränderung der Leistungskombination vorgenommen wurde.

3. Abschnitt: Von der Steuer ausgenommene Leistungen

Art. 34 Heilbehandlungen
(Art. 21 Abs. 2 Ziff. 3 MWSTG)

1 Als Heilbehandlungen gelten die Feststellung und Behandlung von Krankheiten, Verletzungen und anderen Störungen der körperlichen und seelischen Gesundheit des Menschen sowie Tätigkeiten, die der Vorbeugung von Krankheiten und Gesundheitsstörungen des Menschen dienen.

2 Den Heilbehandlungen gleichgestellt sind:

a. besondere Leistungen bei Mutterschaft, wie Kontrolluntersuchungen, Geburtsvorbereitung oder Stillberatung;

---

19 Fassung gemäss Ziff. I der V vom 18. Okt. 2017, in Kraft seit 1. Jan. 2018 (AS **2017** 6307).

b. Untersuchungen, Beratungen und Behandlungen, die mit künstlicher Befruchtung, Empfängnisverhütung oder Schwangerschaftsabbruch im Zusammenhang stehen;
c. Lieferungen und Dienstleistungen eines Arztes, einer Ärztin, eines Zahnarztes oder einer Zahnärztin für die Erstellung eines medizinischen Berichts oder Gutachtens zur Abklärung sozialversicherungsrechtlicher Ansprüche.

3 Nicht als Heilbehandlungen gelten namentlich:

a. Untersuchungen, Beratungen und Behandlungen, die lediglich der Hebung des Wohlbefindens oder der Leistungsfähigkeit dienen oder lediglich aus ästhetischen Gründen vorgenommen werden, ausser die Untersuchung, Beratung oder Behandlung erfolge durch einen Arzt, eine Ärztin, einen Zahnarzt oder eine Zahnärztin, die im Inland zur Ausübung der ärztlichen oder zahnärztlichen Tätigkeit berechtigt sind;
b. die zur Erstellung eines Gutachtens vorgenommenen Untersuchungen, die nicht mit einer konkreten Behandlung der untersuchten Person im Zusammenhang stehen, ausser in Fällen nach Absatz 2 Buchstabe c;
c. die Abgabe von Medikamenten oder von medizinischen Hilfsmitteln, es sei denn, diese werden von der behandelnden Person im Rahmen einer Heilbehandlung verwendet;
d. die Abgabe von selbst hergestellten oder zugekauften Prothesen und orthopädischen Apparaten, auch wenn diese im Rahmen einer Heilbehandlung erfolgt; als Prothese gilt ein Körper-Ersatz, der ohne operativen Eingriff vom Körper entfernt und wieder eingesetzt oder angebracht werden kann;
e. Massnahmen der Grundpflege; diese gelten als Pflegeleistungen nach Artikel 21 Absatz 2 Ziffer 4 MWSTG.

Art. 35 Voraussetzung für die Anerkennung als Erbringer oder Erbringerin einer Heilbehandlung
(Art. 21 Abs. 2 Ziff. 3 MWSTG)

1 Ein Leistungserbringer oder eine Leistungserbringerin verfügt über eine Berufsausübungsbewilligung im Sinn von Artikel 21 Absatz 2 Ziffer 3 MWSTG, wenn er oder sie:

a. im Besitz der nach kantonalem Recht erforderlichen Bewilligung zur selbstständigen Berufsausübung ist; oder
b. zur Ausübung der Heilbehandlung nach der kantonalen Gesetzgebung zugelassen ist.

2 Als Angehörige von Heil- und Pflegeberufen im Sinn von Artikel 21 Absatz 2 Ziffer 3 MWSTG gelten namentlich:

a. Ärzte und Ärztinnen;
b. Zahnärzte und Zahnärztinnen;
c. Zahnprothetiker und Zahnprothetikerinnen;

c[bis].[20] Dentalhygieniker und Dentalhygienikerinnen;
d. Psychotherapeuten und Psychotherapeutinnen;
e. Chiropraktoren und Chiropraktorinnen;
f. Physiotherapeuten und Physiotherapeutinnen;
g. Ergotherapeuten und Ergotherapeutinnen;
h. Naturärzte, Naturärztinnen, Heilpraktiker, Heilpraktikerinnen, Naturheilpraktiker und Naturheilpraktikerinnen;
i. Entbindungspfleger und Hebammen;
j. Pflegefachmänner und Pflegefachfrauen;
k. medizinische Masseure und Masseurinnen;
l. Logopäden und Logopädinnen;
m. Ernährungsberater und Ernährungsberaterinnen;
n. Podologen und Podologinnen.

Art. 36 Kulturelle Leistungen
(Art. 21 Abs. 2 Ziff. 14 und 16 MWSTG)

1 ...[21]

2 Als Urheber und Urheberinnen im Sinn von Artikel 21 Absatz 2 Ziffer 16 MWSTG gelten Urheber und Urheberinnen von Werken nach den Artikeln 2 und 3 URG, soweit sie kulturelle Dienstleistungen und Lieferungen erbringen.

Art. 37[22]

Art. 38[23] Zusammenarbeit zwischen Gemeinwesen
(Art. 21 Abs. 2 Ziff. 28 Bst. b und c MWSTG)

1 Als Beteiligung von Gemeinwesen an privat- oder öffentlichrechtlichen Gesellschaften im Sinn von Artikel 21 Absatz 2 Ziffer 28 Buchstabe b MWSTG gilt sowohl eine direkte als auch eine indirekte Beteiligung.

2 Als von Gemeinwesen gegründete Anstalten und Stiftungen im Sinn von Artikel 21 Absatz 2 Ziffer 28 Buchstabe c MWSTG gelten sowohl direkt als auch indirekt von Gemeinwesen gegründete Anstalten und Stiftungen.

3 Die Steuerausnahme erstreckt sich auf:

a. die Leistungen zwischen privat- oder öffentlich-rechtlichen Gesellschaften, an denen ausschliesslich Gemeinwesen beteiligt sind, und den ausschliesslich von diesen Gesellschaften direkt oder indirekt

---

20 Eingefügt durch Ziff. I der V vom 30. Okt. 2013, in Kraft seit 1. Jan. 2014 (AS **2013** 3839).
21 Aufgehoben durch Ziff. I der V vom 18. Okt. 2017, mit Wirkung seit 1. Jan. 2018 (AS **2017** 6307).
22 Aufgehoben durch Ziff. I der V vom 18. Okt. 2017, mit Wirkung seit 1. Jan. 2018 (AS **2017** 6307).
23 Fassung gemäss Ziff. I der V vom 18. Okt. 2017, in Kraft seit 1. Jan. 2018 (AS **2017** 6307).

gehaltenen Gesellschaften oder direkt oder indirekt gegründeten Anstalten und Stiftungen;

b. die Leistungen zwischen ausschliesslich von Gemeinwesen gegründeten Anstalten oder Stiftungen und den ausschliesslich von diesen Anstalten oder Stiftungen direkt oder indirekt gehaltenen Gesellschaften oder direkt oder indirekt gegründeten Anstalten und Stiftungen.

Art. 38*a*[24] Bildungs- und Forschungsinstitutionen
(Art. 21 Abs. 7 MWSTG)

1 Als Bildungs- und Forschungsinstitutionen gelten:

a. Institutionen des Hochschulwesens, die von Bund und Kantonen im Rahmen von Artikel 63*a* der Bundesverfassung[25] gestützt auf eine gesetzliche Grundlage gefördert werden;

b. gemeinnützige Organisationen nach Artikel 3 Buchstabe j MWSTG sowie Gemeinwesen nach Artikel 12 MWSTG;

c. öffentliche Spitäler unabhängig von ihrer Rechtsform.

2 Unternehmen der Privatwirtschaft gelten nicht als Bildungs- oder Forschungsinstitutionen.

Art. 39[26] Option für die Versteuerung der von der Steuer ausgenommenen Leistungen
(Art. 22 MWSTG)

Die Option durch Deklaration in der Abrechnung muss in der Steuerperiode ausgeübt werden, in der die Umsatzsteuerschuld entstanden ist. Nach Ablauf der Finalisierungsfrist gemäss Artikel 72 Absatz 1 MWSTG ist eine Ausübung der Option oder ein Verzicht auf eine ausgeübte Option nicht mehr möglich.

4. Abschnitt: Von der Steuer befreite Leistungen

Art. 40[27]

Art. 41 Steuerbefreiung des internationalen Luftverkehrs
(Art. 23 Abs. 4 MWSTG)

1 Von der Steuer sind befreit:

a. Beförderungen im Luftverkehr, bei denen entweder der Ankunfts- oder der Abflugsort im Inland liegt;

---

24 Eingefügt durch Ziff. I der V vom 18. Okt. 2017, in Kraft seit 1. Jan. 2018 (AS **2017** 6307).

25 SR **101**

26 Fassung gemäss Ziff. I der V vom 18. Okt. 2017, in Kraft seit 1. Jan. 2018 (AS **2017** 6307).

27 Aufgehoben durch Ziff. I der V vom 18. Okt. 2017, mit Wirkung seit 1. Jan. 2018 (AS **2017** 6307).

b. Beförderungen im Luftverkehr von einem ausländischen Flughafen zu einem anderen ausländischen Flughafen über inländisches Gebiet.

2 Inlandstrecken im internationalen Luftverkehr sind von der Steuer befreit, wenn der Flug im Inland lediglich durch eine technische Zwischenlandung oder zum Umsteigen auf einen Anschlussflug unterbrochen wird.

Art. 42 Steuerbefreiung des internationalen Eisenbahnverkehrs
(Art. 23 Abs. 4 MWSTG)

1 Beförderungen im grenzüberschreitenden Eisenbahnverkehr sind unter Vorbehalt von Absatz 2 von der Steuer befreit, soweit es sich um Strecken handelt, wofür ein internationaler Fahrausweis besteht. Darunter fallen:

a. Beförderungen auf Strecken, bei denen entweder der Abgangs- oder der Ankunftsbahnhof im Inland liegt;
b. Beförderungen auf inländischen Strecken, die im Transit benutzt werden, um die im Ausland liegenden Abgangs- und Ankunftsbahnhöfe zu verbinden.

2 Für eine Steuerbefreiung muss der Fahrpreisanteil der ausländischen Strecke grösser sein als die wegen der Steuerbefreiung entfallende Mehrwertsteuer.

3 Für den Verkauf von Pauschalfahrausweisen, namentlich Generalabonnementen und Halbtax-Abonnementen, die ganz oder teilweise für steuerbefreite Beförderungen verwendet werden, wird keine Steuerbefreiung gewährt.

Art. 43 Steuerbefreiung des internationalen Busverkehrs
(Art. 23 Abs. 4 MWSTG)

1 Von der Steuer befreit sind die Beförderungen von Personen mit Autobussen auf Strecken, die:

a. überwiegend über ausländisches Gebiet führen; oder
b. im Transit benutzt werden, um die im Ausland liegenden Abgangs- und Ankunftsorte zu verbinden.

2 Von der Steuer befreit sind Personenbeförderungen auf reinen Inlandstrecken, die allein für das unmittelbare Zubringen einer Person zu einer Beförderungsleistung nach Absatz 1 bestimmt sind, sofern diese gemeinsam mit der Beförderungsleistung nach Absatz 1 in Rechnung gestellt wird.

Art. 44 Steuerbefreite Umsätze von Münz- und Feingold
(Art. 107 Abs. 2 MWSTG)

1 Von der Steuer sind befreit die Umsätze von:

a. staatlich geprägten Goldmünzen der Zolltarifnummern 7118.9010 und 9705.0000[28];

---

[28] SR **632.10** Anhang

b.[29] Gold zu Anlagezwecken im Mindestfeingehalt von 995 Tausendsteln, in Form von:
   1. gegossenen Barren, versehen mit der Angabe des Feingehalts und dem Stempelzeichen eines anerkannten Prüfer-Schmelzers, oder
   2. gestanzten Plättchen, versehen mit der Angabe des Feingehalts und dem Stempelzeichen eines anerkannten Prüfer-Schmelzers oder einer in der Schweiz registrierten Verantwortlichkeitsmarke;

c.[30] Gold in Form von Granalien im Mindestfeingehalt von 995 Tausendsteln, die von einem anerkannten Prüfer-Schmelzer verpackt und versiegelt wurden;

d. Gold in Rohform oder in Form von Halbzeug, das zur Raffination oder Wiedergewinnung bestimmt ist;

e. Gold in Form von Abfällen und Schrott.

2 Als Gold im Sinn von Absatz 1 Buchstaben d und e gelten auch Legierungen, die zwei oder mehr Gewichtsprozent Gold oder, wenn Platin enthalten ist, mehr Gold als Platin aufweisen.

3. Kapitel: Bemessungsgrundlage und Steuersätze

1. Abschnitt: Bemessungsgrundlage

Art. 45 Entgelte in ausländischer Währung
(Art. 24 Abs. 1 MWSTG)

1 Zur Berechnung der geschuldeten Mehrwertsteuer sind Entgelte in ausländischer Währung im Zeitpunkt der Entstehung der Steuerforderung in Landeswährung umzurechnen.

2 Ein Entgelt in ausländischer Währung liegt vor, wenn die Rechnung oder Quittung in ausländischer Währung ausgestellt ist. Wird keine Rechnung oder Quittung ausgestellt, so ist die Verbuchung beim Leistungserbringer oder bei der Leistungserbringerin massgebend. Unerheblich ist, ob in Landes- oder in ausländischer Währung bezahlt wird und in welcher Währung das Retourgeld ausbezahlt wird.

3 Die Umrechnung erfolgt nach dem von der ESTV veröffentlichten Wechselkurs, wobei wahlweise der Monatsmittelkurs oder der Tageskurs für den Verkauf von Devisen verwendet werden kann.[31]

---

29 Fassung gemäss Ziff. I der V vom 30. Okt. 2013, in Kraft seit 1. Jan. 2014 (AS **2013** 3839).

30 Fassung gemäss Ziff. I der V vom 30. Okt. 2013, in Kraft seit 1. Jan. 2014 (AS **2013** 3839).

31 Fassung gemäss Ziff. I der V vom 18. Okt. 2017, in Kraft seit 1. Jan. 2018 (AS **2017** 6307).

[3bis] Bei ausländischen Währungen, für welche die ESTV keinen Kurs veröffentlicht, gilt der publizierte Tageskurs für den Verkauf von Devisen einer inländischen Bank.[32]

[4] Steuerpflichtige Personen, die Teil eines Konzerns sind, können für die Umrechnung ihren Konzernumrechnungskurs verwenden. Dieser ist sowohl für die Leistungen innerhalb des Konzerns als auch im Verhältnis zu Dritten anzuwenden.[33]

[5] Das gewählte Vorgehen (Monatsmittel-, Tages- oder Konzernkurs) ist während mindestens einer Steuerperiode beizubehalten.

Art. 46 Kreditkartenkommissionen und Scheckgebühren
(Art. 24 Abs. 1 MWSTG)

Nicht als Entgeltsminderungen gelten Kreditkartenkommissionen, Scheckgebühren, WIR-Einschläge und dergleichen.

Art. 47 Leistungen an das Personal
(Art. 24 MWSTG)

[1] Bei entgeltlichen Leistungen an das Personal ist die Steuer vom tatsächlich empfangenen Entgelt zu berechnen. Artikel 24 Absätze 2 und 3 MWSTG bleibt vorbehalten.

[2] Leistungen des Arbeitgebers an das Personal, die im Lohnausweis zu deklarieren sind, gelten als entgeltlich erbracht. Die Steuer ist von dem Betrag zu berechnen, der auch für die direkten Steuern massgebend ist.

[3] Leistungen, die im Lohnausweis nicht zu deklarieren sind, gelten als nicht entgeltlich erbracht und es wird vermutet, dass ein unternehmerischer Grund besteht.

[4] Soweit bei den direkten Steuern Pauschalen für die Ermittlung von Lohnanteilen zulässig sind, die auch für die Bemessung der Mehrwertsteuer dienlich sind, können diese für die Mehrwertsteuer ebenfalls angewendet werden.

[5] Für die Anwendung der Absätze 2–4 ist nicht erheblich, ob es sich dabei um eng verbundene Personen nach Artikel 3 Buchstabe h MWSTG handelt.

Art. 48 Kantonale Abgaben an Wasser-, Abwasser- oder Abfallfonds
(Art. 24 Abs. 6 Bst. d MWSTG)

[1] Die ESTV legt für jeden Fonds den Umfang des Abzuges in Prozenten fest, der für die einzelnen angeschlossenen Entsorgungsanstalten und Wasserwerke gilt.

[2] Sie berücksichtigt dabei, dass:

---

32 Eingefügt durch Ziff. I der V vom 18. Okt. 2017, in Kraft seit 1. Jan. 2018 (AS **2017** 6307).

33 Fassung gemäss Ziff. I der V vom 18. Okt. 2017, in Kraft seit 1. Jan. 2018 (AS **2017** 6307).

a. der Fonds nicht alle eingenommenen Abgaben wieder ausrichtet; und
b. die steuerpflichtigen Bezüger und Bezügerinnen von Entsorgungsdienstleistungen und Wasserlieferungen die ihnen darauf in Rechnung gestellte Steuer vollumfänglich als Vorsteuer abgezogen haben.

1*a*. Abschnitt:[34] Margenbesteuerung

Art. 48*a* Kunstgegenstände, Antiquitäten und andere Sammlerstücke (Art. 24*a* Abs. 4 MWSTG)

[1] Als Kunstgegenstände gelten folgende körperliche Werke von Urhebern und Urheberinnen nach Artikel 21 Absatz 2 Ziffer 16 MWSTG:

a. vom Künstler oder von der Künstlerin persönlich geschaffene Bildwerke wie Ölgemälde, Aquarelle, Pastelle, Zeichnungen, Collagen und dergleichen; ausgenommen sind Baupläne und -zeichnungen, technische Zeichnungen und andere Pläne und Zeichnungen zu Gewerbe-, Handels-, topografischen oder ähnlichen Zwecken, bemalte oder verzierte gewerbliche Erzeugnisse, bemalte Gewebe für Theaterdekorationen, Atelierhintergründe und dergleichen;
b. Originalstiche, -schnitte und -steindrucke, die unmittelbar in begrenzter Stückzahl von einer oder mehreren vom Künstler oder von der Künstlerin vollständig handgearbeiteten Platten nach einem beliebigen, jedoch nicht mechanischen oder fotomechanischen Verfahren auf ein beliebiges Material in Schwarz-Weiss oder farbig abgezogen wurden;
c. Serigrafien, die die Merkmale eines künstlerisch individuell gestalteten Originalwerks aufweisen, in begrenzter Stückzahl hergestellt und von vom Urheber oder von der Urheberin vollständig handgearbeiteten Vervielfältigungsformen abgezogen worden sind;
d. Originalwerke der Bildhauerkunst, die vollständig vom Künstler oder von der Künstlerin geschaffen wurden, sowie unter Aufsicht des Künstlers oder der Künstlerin beziehungsweise deren Rechtsnachfolger hergestellte Bildgüsse in begrenzter Stückzahl;
e. handgearbeitete Tapisserien und Textilwaren für Wandbekleidung nach Originalentwürfen von Künstlern und Künstlerinnen in begrenzter Stückzahl;
f. Originalwerke aus Keramik, die vollständig vom Künstler oder von der Künstlerin geschaffen und von ihm oder ihr signiert wurden;
g. Werke der Emaillekunst in begrenzter Stückzahl, die vollständig von Hand geschaffen wurden, nummeriert und mit der Signatur des Künstlers oder der Künstlerin oder des Kunstateliers versehen sind;

---

[34] Eingefügt durch Ziff. I der V vom 18. Okt. 2017, in Kraft seit 1. Jan. 2018 (AS **2017** 6307).

h. vom Künstler oder von der Künstlerin aufgenommene Fotografien, die von ihm oder ihr oder unter deren Aufsicht in begrenzter Stückzahl abgezogen sowie zertifiziert oder von ihm oder ihr signiert wurden;
i. in den Buchstaben a–h nicht genannte, vom Künstler oder von der Künstlerin persönlich geschaffene Kunstgegenstände in begrenzter Stückzahl.

2 Als Antiquitäten gelten bewegliche Gegenstände, die mehr als 100 Jahre alt sind.

3 Als Sammlerstücke gelten namentlich auch:

a. Briefmarken, Stempelmarken, Steuerzeichen, Ersttagsbriefe, Ganzsachen und dergleichen, entwertet oder nicht entwertet, die nicht zum Umlauf vorgesehen sind;
b. zoologische, botanische, mineralogische oder anatomische Sammlerstücke und Sammlungen; Sammlerstücke von geschichtlichem, archäologischem, paläontologischem, völkerkundlichem oder münzkundlichem Wert;
c. Motorfahrzeuge, deren erste Inverkehrsetzung beim Ankauf länger als 30 Jahre zurückliegt;
d. Weine und andere Alkoholika, die mit Jahrgang versehen sind und mittels Nummerierung oder auf andere Art und Weise individualisierbar sind;
e. Gegenstände aus Edelmetallen, Edelmetallplattierungen, Edelsteinen, Schmucksteinen und dergleichen wie Bijouterie, Juwelierwaren, Uhren und Münzen, die einen Sammlerwert haben.

Art. 48*b* Margenbesteuerung bei zu einem Gesamtpreis erworbenen Gegenständen
(Art. 24*a* Abs. 5 MWSTG)

1 Hat der Wiederverkäufer oder die Wiederverkäuferin Sammlerstücke zu einem Gesamtpreis erworben, so muss er oder sie für den Verkauf sämtlicher dieser Sammlerstücke die Margenbesteuerung anwenden.

2 Das Entgelt aus dem Wiederverkauf einzelner zu einem Gesamtpreis erworbener Sammlerstücke ist in der Abrechnungsperiode, in der es erzielt wurde, zu deklarieren. Sobald die Entgelte zusammen den Gesamtpreis übersteigen, sind sie zu versteuern.

3 Werden Sammlerstücke zusammen mit anderen Gegenständen zu einem Gesamtpreis erworben, so ist die Margenbesteuerung nur anwendbar, wenn der Anteil am Ankaufspreis, der auf die Sammlerstücke entfällt, annäherungsweise ermittelt werden kann.

Art. 48*c* Rechnungsstellung
(Art. 24*a* MWSTG)

Weist die steuerpflichtige Person die Steuer beim Wiederverkauf von Sammlerstücken offen aus, so schuldet sie die Steuer und kann weder die Margenbesteuerung anwenden noch die fiktive Vorsteuer abziehen.

Art. 48*d* Aufzeichnungen
(Art. 24*a* MWSTG)

Die steuerpflichtige Person muss über die Sammlerstücke eine Bezugs- und Verkaufskontrolle führen. Bei zu einem Gesamtpreis erworbenen Gegenständen sind pro Gesamtheit separate Aufzeichnungen zu führen.

2. Abschnitt: Steuersätze

Art. 49[35] Medikamente
(Art. 25 Abs. 2 Bst. a Ziff. 8 MWSTG)

Als Medikamente gelten:

a. nach Artikel 9 Absatz 1 des Heilmittelgesetzes vom 15. Dezember 2000[36] (HMG) zugelassene verwendungsfertige Arzneimittel und Tierarzneimittel-Vormischungen sowie die entsprechenden galenisch fertigen Produkte;
b. verwendungsfertige Arzneimittel, die nach Artikel 9 Absatz 2 HMG keiner Zulassung bedürfen, mit Ausnahme von menschlichem und tierischem Vollblut;
c. verwendungsfertige Arzneimittel, die nach Artikel 9 Absatz 4 HMG eine befristete Bewilligung erhalten haben;
d. nicht zugelassene verwendungsfertige Arzneimittel nach Artikel 36 Absätze 1–3 der Arzneimittel-Bewilligungsverordnung vom 17. Oktober 2001[37] sowie nach Artikel 7 der Tierarzneimittelverordnung vom 18. August 2004[38].

Art. 50 Zeitungen und Zeitschriften ohne Reklamecharakter
(Art. 25 Abs. 2 Bst. a Ziff. 9 MWSTG)

Als Zeitungen und Zeitschriften ohne Reklamecharakter gelten Druckerzeugnisse, welche die folgenden Voraussetzungen erfüllen:

a. Sie erscheinen periodisch, mindestens zweimal pro Jahr.
b. Sie dienen der laufenden Orientierung über Wissenswertes oder der Unterhaltung.
c. Sie tragen einen gleich bleibenden Titel.
d. Sie enthalten eine fortlaufende Nummerierung sowie die Angabe des Erscheinungsdatums und der Erscheinungsweise.
e. Sie sind äusserlich als Zeitungen oder Zeitschriften aufgemacht.
f. Sie weisen nicht überwiegend Flächen zur Aufnahme von Eintragungen auf.

---

35 Fassung gemäss Ziff. I der V vom 18. Juni 2010, in Kraft seit 1. Jan. 2010 (AS **2010** 2833).
36 SR **812.21**
37 SR **812.212.1**
38 SR **812.212.27**

Art. 50a[39] Elektronische Zeitungen und Zeitschriften ohne Reklamecharakter
(Art. 25 Abs. 2 Bst. abis MWSTG)

[1] Als elektronische Zeitungen und Zeitschriften ohne Reklamecharakter gelten elektronische Erzeugnisse, die:

a. auf elektronischem Weg übermittelt oder auf Datenträgern angeboten werden;
b. überwiegend text- oder bildbasiert sind; und
c. im Wesentlichen die gleiche Funktion wie gedruckte Zeitungen und Zeitschriften nach Artikel 50 erfüllen.

[2] Zu den elektronischen Zeitungen und Zeitschriften ohne Reklamecharakter gehören auch Hörzeitungen und -zeitschriften, die inhaltlich überwiegend dem Originalwerk entsprechen.

Art. 51 Bücher und andere Druckerzeugnisse ohne Reklamecharakter
(Art. 25 Abs. 2 Bst. a Ziff. 9 MWSTG)

Als Bücher und andere Druckerzeugnisse ohne Reklamecharakter gelten Druckerzeugnisse, welche die folgenden Voraussetzungen erfüllen:

a. Sie weisen Buch-, Broschüren- oder Loseblattform auf; Loseblattwerke gelten als Bücher, wenn sie sich aus einer Einbanddecke, versehen mit einer Schraub-, Spiral- oder Schnellheftung, und den darin einzuordnenden losen Blättern zusammensetzen, als vollständiges Werk mindestens 16 Seiten umfassen und der Titel des Werks auf der Einbanddecke erscheint.
b. Sie weisen inklusive Umschlag und Deckseiten mindestens 16 Seiten auf, mit Ausnahme von Kinderbüchern, gedruckten Musikalien und Teilen zu Loseblattwerken.
c. Sie weisen einen religiösen, literarischen, künstlerischen, unterhaltenden, erzieherischen, belehrenden, informierenden, technischen oder wissenschaftlichen Inhalt auf.
d. Sie sind nicht zur Aufnahme von Eintragungen oder Sammelbildern bestimmt, mit Ausnahme von Schul- und Lehrbüchern sowie bestimmten Kinderbüchern wie Übungsheften mit Illustrationen und ergänzendem Text und Zeichen- und Malbüchern mit Vorgaben und Anleitungen.

Art. 51a[40] Elektronische Bücher ohne Reklamecharakter
(Art. 25 Abs. 2 Bst. abis MWSTG)

[1] Als elektronische Bücher ohne Reklamecharakter gelten elektronische Erzeugnisse, die:

---

[39] Eingefügt durch Ziff. I der V vom 18. Okt. 2017, in Kraft seit 1. Jan. 2018 (AS **2017** 6307).

[40] Eingefügt durch Ziff. I der V vom 18. Okt. 2017, in Kraft seit 1. Jan. 2018 (AS **2017** 6307).

a. auf elektronischem Weg übermittelt oder auf Datenträgern angeboten werden;
b. in sich geschlossene, überwiegend text- oder bildbasierte und nicht interaktive Einzelwerke sind; und
c. im Wesentlichen die gleiche Funktion wie gedruckte Bücher nach Artikel 51 erfüllen.

2 Zu den elektronischen Büchern ohne Reklamecharakter gehören auch Hörbücher, die inhaltlich überwiegend dem Originalwerk entsprechen.

Art. 52[41] Reklamecharakter
(Art. 25 Abs. 2 Bst. a Ziff. 9 und Bst. abis MWSTG)

1 Druck- und elektronische Erzeugnisse haben Reklamecharakter, wenn bei ihrem Inhalt die Werbung für die geschäftlichen Tätigkeiten der Herausgeberschaft oder einer hinter dieser stehenden Drittperson im Vordergrund steht.

2 Als hinter der Herausgeberschaft stehende Drittpersonen gelten:
a. Personen und Unternehmen, für die die Herausgeberschaft handelt oder die die Herausgeberschaft beherrscht; oder
b. sonstige mit der Herausgeberschaft eng verbundene Personen im Sinn von Artikel 3 Buchstabe h MWSTG.

3 Als Werbung gelten sowohl die direkte Werbung, wie Reklame oder Inserate, als auch die indirekte Werbung, wie Publireportagen oder Publimitteilungen.

Art. 53 Zubereitung vor Ort und Servierleistung
(Art. 25 Abs. 3 MWSTG)

1 Als Zubereitung gelten namentlich das Kochen, Erwärmen, Mixen, Rüsten und Mischen von Lebensmitteln[42]. Nicht als Zubereitung gilt das blosse Bewahren der Temperatur konsumbereiter Lebensmittel.

2 Als Servierleistung gelten namentlich das Anrichten von Speisen auf Tellern, das Bereitstellen von kalten oder warmen Buffets, der Ausschank von Getränken, das Decken und Abräumen von Tischen, das Bedienen der Gäste, die Leitung oder Beaufsichtigung des Service-Personals sowie die Betreuung und Versorgung von Selbstbedienungsbuffets.

Art. 54 Besondere Konsumvorrichtungen an Ort und Stelle
(Art. 25 Abs. 3 MWSTG)

1 Als besondere Vorrichtungen zum Konsum von Lebensmitteln an Ort und Stelle (Konsumvorrichtungen) gelten namentlich Tische, Stehtische, Theken und andere für den Konsum zur Verfügung stehende Abstellflä-

---

41 Fassung gemäss Ziff. I der V vom 18. Okt. 2017, in Kraft seit 1. Jan. 2018 (AS **2017** 6307).

42 Ausdruck gemäss Anhang Ziff. 1 der Lebensmittel- und Gebrauchsgegenständeverordnung vom 16. Dez. 2016, in Kraft seit 1. Mai 2017 (AS **2017** 283). Diese Änd. wurde im ganzen Erlass berücksichtigt.

chen oder entsprechende Vorrichtungen, namentlich in Beförderungsmitteln. Unerheblich ist:

a. wem die Vorrichtungen gehören;
b. ob der Kunde oder die Kundin die Vorrichtung tatsächlich benutzt;
c. ob die Vorrichtungen ausreichen, um sämtlichen Kunden und Kundinnen den Konsum an Ort und Stelle zu ermöglichen.

2 Nicht als Konsumvorrichtungen gelten:

a. blosse Sitzgelegenheiten ohne dazugehörige Tische, die in erster Linie als Ausruhmöglichkeit dienen;
b. bei Kiosks oder Restaurants auf Campingplätzen: die Zelte und Wohnwagen der Mieter und Mieterinnen.

Art. 55 Zum Mitnehmen oder zur Auslieferung bestimmte Lebenssmittel
(Art. 25 Abs. 3 MWSTG)

1 Als Auslieferung gilt die Lieferung von Lebensmitteln durch die steuerpflichtige Person an ihre Kundschaft an deren Domizil oder an einen andern von ihr bezeichneten Ort ohne jede weitere Zubereitung oder Servierleistung.

2 Als zum Mitnehmen bestimmte Lebensmittel gelten Lebensmittel, die der Kunde oder die Kundin nach dem Kauf an einen anderen Ort verbringt und nicht im Betrieb des Leistungserbringers oder der Leistungserbringerin konsumiert. Für das Mitnehmen spricht namentlich:

a. der durch den Kunden oder die Kundin bekannt gegebene Wille zum Mitnehmen der Lebenssmittel;
b. die Abgabe der Lebensmittel in einer speziellen, für den Transport geeigneten Verpackung;
c. die Abgabe von Lebensmitteln, die nicht für den unmittelbaren Verzehr geeignet sind.

3 Für bestimmte Betriebe und Anlässe sieht die ESTV Vereinfachungen im Sinn von Artikel 80 MWSTG vor.

Art. 56 Geeignete organisatorische Massnahme
(Art. 25 Abs. 3 MWSTG)

Eine geeignete organisatorische Massnahme ist namentlich das Ausstellen von Belegen, anhand derer festgestellt werden kann, ob eine gastgewerbliche Leistung oder eine Auslieferung beziehungsweise eine Lieferung zum Mitnehmen erbracht wurde.

4. Kapitel: Rechnungsstellung und Steuerausweis

(Art. 26 Abs. 3 MWSTG)

Art. 57

Kassenzettel für Beträge bis 400 Franken müssen keine Angaben über den Leistungsempfänger oder die Leistungsempfängerin enthalten. Solche Kassenzettel berechtigen nicht zu einer Steuerrückerstattung im Vergütungsverfahren.

5. Kapitel: Vorsteuerabzug

1. Abschnitt: Allgemeines

Art. 58 Vorsteuerabzug bei ausländischer Währung
(Art. 28 MWSTG)

Für die Berechnung der abziehbaren Vorsteuern gilt Artikel 45 sinngemäss.

Art. 59 Nachweis
(Art. 28 Abs. 1 Bst. a MWSTG)

1 Die Inlandsteuer gilt als in Rechnung gestellt, wenn der Leistungserbringer oder die Leistungserbringerin für den Leistungsempfänger oder die Leistungsempfängerin erkennbar von diesem oder dieser die Mehrwertsteuer eingefordert hat.

2 Der Leistungsempfänger oder die Leistungsempfängerin muss nicht prüfen, ob die Mehrwertsteuer zu Recht eingefordert wurde. Weiss er oder sie aber, dass die Person, die die Mehrwertsteuer überwälzt hat, nicht als steuerpflichtige Person eingetragen ist, so ist der Vorsteuerabzug ausgeschlossen.

| **Art. 60**[43]

Art. 61 Vorsteuerabzug bei Münz- und Feingold
(Art. 107 Abs. 2 MWSTG)

Die Steuer auf den Lieferungen von Gegenständen und auf den Dienstleistungen, die für Umsätze nach Artikel 44 und Einfuhren nach Artikel 113 Buchstabe g verwendet werden, kann als Vorsteuer abgezogen werden.

---

43 Aufgehoben durch Ziff. I der V vom 18. Okt. 2017, mit Wirkung seit 1. Jan. 2018 (AS **2017** 6307).

2. Abschnitt:[44] Abzug fiktiver Vorsteuer

Art. 62 Edelmetalle und Edelsteine
(Art. 28*a* Abs. 1 Bst. a MWSTG)

Nicht als individualisierbare bewegliche Gegenstände gelten Edelmetalle der Zolltarifnummern 7106–7112[45] und Edelsteine der Zolltarifnummern 7102–7105.

Art. 63 Berechtigung zum Abzug der fiktiven Vorsteuer
(Art. 28*a* Abs. 1 und 2 MWSTG)

1 Werden ausschliesslich individualisierbare bewegliche Gegenstände zu einem Gesamtpreis erworben, so ist ein Abzug der fiktiven Vorsteuer zulässig.

2 Der Abzug der fiktiven Vorsteuer ist ausgeschlossen, wenn im Gesamtpreis Sammlerstücke (Art. 48*a*) oder nicht individualisierbare bewegliche Gegenstände enthalten sind und der Anteil am Ankaufspreis, der auf Gegenstände nach Artikel 28*a* MWSTG entfällt, nicht annährungsweise ermittelt werden kann.

3 Der Abzug der fiktiven Vorsteuer ist ausgeschlossen, wenn:

a. beim Erwerb des Gegenstands das Meldeverfahren nach Artikel 38 MWSTG zur Anwendung kam;
b. die steuerpflichtige Person den Gegenstand eingeführt hat;
c. Gegenstände nach Artikel 44 Absatz 1 Buchstaben a und b und Absatz 2 erworben wurden;
d. die steuerpflichtige Person weiss oder wissen müsste, dass der Gegenstand steuerbefreit eingeführt wurde.

4 Bei Zahlungen im Rahmen der Schadenregulierung ist der Abzug der fiktiven Vorsteuer nur auf dem tatsächlichen Wert des Gegenstandes im Zeitpunkt der Übernahme zulässig.

Art. 64

Aufgehoben

---

44 Fassung gemäss Ziff. I der V vom 18. Okt. 2017, in Kraft seit 1. Jan. 2018 (AS **2017** 6307).

45 SR **632.10** Anhang

3. Abschnitt: Korrektur des Vorsteuerabzugs

Art. 65 Methoden zur Berechnung der Korrektur
(Art. 30 MWSTG)

Die Korrektur des Vorsteuerabzugs kann berechnet werden:
a. nach dem effektiven Verwendungszweck;
b. anhand von Pauschalmethoden mit von der ESTV festgelegten Pauschalen;
c. gestützt auf eigene Berechnungen.

Art. 66 Pauschalmethoden
(Art. 30 MWSTG)

Die ESTV legt namentlich Pauschalen fest für:
a. Tätigkeiten von Banken;
b. die Tätigkeit von Versicherungsgesellschaften;
c. Tätigkeiten von spezialfinanzierten Dienststellen von Gemeinwesen;
d. die Gewährung von Krediten sowie für Zinseinnahmen und Einnahmen aus dem Handel mit Wertpapieren;
e. die Verwaltung von eigenen Immobilien, für deren Versteuerung nicht nach Artikel 22 MWSTG optiert wird;
f. Transportunternehmen des öffentlichen Verkehrs.

Art. 67 Eigene Berechnungen
(Art. 30 MWSTG)

Stützt die steuerpflichtige Person die Korrektur des Vorsteuerabzugs auf eigene Berechnungen, so muss sie die Sachverhalte, die ihren Berechnungen zugrunde liegen, umfassend belegen sowie eine Plausibilitätsprüfung durchführen.

Art. 68 Wahl der Methode
(Art. 30 MWSTG)

1 Die steuerpflichtige Person kann zur Berechnung der Korrektur des Vorsteuerabzugs eine oder mehrere Methoden anwenden, sofern dies zu einem sachgerechten Ergebnis führt.

2 Als sachgerecht gilt jede Anwendung einer oder mehrerer Methoden, die den Grundsatz der Erhebungswirtschaftlichkeit berücksichtigt, betriebswirtschaftlich nachvollziehbar ist und die Vorsteuern nach Massgabe der Verwendung für eine bestimmte Tätigkeit zuteilt.

4. Abschnitt: Eigenverbrauch

Art. 69 Grundsätze
(Art. 31 MWSTG)

1 Der Vorsteuerabzug ist auf nicht in Gebrauch genommenen Gegenständen und Dienstleistungen vollumfänglich zu korrigieren.

2 Der Vorsteuerabzug ist auf in Gebrauch genommenen Gegenständen und Dienstleistungen zu korrigieren, die im Zeitpunkt des Wegfalls der Voraussetzungen des Vorsteuerabzugs noch vorhanden sind und einen Zeitwert haben. Bei Dienstleistungen in den Bereichen Beratung, Buchführung, Personalbeschaffung, Management und Werbung wird vermutet, dass sie bereits im Zeitpunkt ihres Bezugs verbraucht und nicht mehr vorhanden sind.

3 Bei selbst hergestellten Gegenständen ist für die Ingebrauchnahme der Infrastruktur ein Pauschalzuschlag von 33 Prozent auf den Vorsteuern auf Material und allfälligen Drittarbeiten bei Halbfabrikaten vorzunehmen. Vorbehalten bleibt der effektive Nachweis der Vorsteuern, die auf die Ingebrauchnahme der Infrastruktur entfallen.

4 Fallen die Voraussetzungen des Vorsteuerabzugs nur teilweise weg, so ist die Korrektur im Ausmass der nicht mehr zum Vorsteuerabzug berechtigenden Nutzung vorzunehmen.

Art. 70 Ermittlung des Zeitwerts
(Art. 31 Abs. 3 MWSTG)

1 Zu berechnen ist der Zeitwert auf der Grundlage des Anschaffungspreises, bei Immobilien ohne Wert des Bodens, sowie der wertvermehrenden Aufwendungen. Nicht zu berücksichtigen sind die werterhaltenden Aufwendungen. Werterhaltende Aufwendungen sind solche, die lediglich dazu dienen, den Wert eines Gegenstands sowie seine Funktionsfähigkeit zu erhalten, namentlich Service-, Unterhalts-, Betriebs-, Reparatur- und Instandstellungskosten.

2 Bei der Ermittlung des Zeitwerts von in Gebrauch genommenen Gegenständen und Dienstleistungen ist in der ersten Steuerperiode der Ingebrauchnahme der Wertverlust für die ganze Steuerperiode zu berücksichtigen. In der letzten noch nicht abgelaufenen Steuerperiode ist hingegen keine Abschreibung vorzunehmen, ausser die Nutzungsänderung tritt am letzten Tag der Steuerperiode ein.

Art. 71 Grossrenovationen von Liegenschaften
(Art. 31 MWSTG)

Übersteigen die Renovationskosten einer Bauphase insgesamt 5 Prozent des Gebäudeversicherungswerts vor der Renovation, so muss der Vorsteuerabzug um die gesamten Kosten korrigiert werden, unabhängig davon, ob es sich um Kosten für wertvermehrende oder für werterhaltende Aufwendungen handelt.

5. Abschnitt: Einlageentsteuerung

Art. 72 Grundsätze
(Art. 32 MWSTG)

[1] Der Vorsteuerabzug kann auf nicht in Gebrauch genommenen Gegenständen und Dienstleistungen vollumfänglich korrigiert werden.

[2] Der Vorsteuerabzug kann auf in Gebrauch genommenen Gegenständen und Dienstleistungen korrigiert werden, die im Zeitpunkt des Eintritts der Voraussetzungen des Vorsteuerabzugs noch vorhanden sind und einen Zeitwert haben. Bei Dienstleistungen in den Bereichen Beratung, Buchführung, Personalbeschaffung, Management und Werbung wird vermutet, dass sie bereits im Zeitpunkt ihres Bezugs verbraucht und nicht mehr vorhanden sind.

[3] Bei selbst hergestellten Gegenständen kann für die Ingebrauchnahme der Infrastruktur ein Pauschalzuschlag von 33 Prozent auf den Vorsteuern auf Material und allfälligen Drittarbeiten bei Halbfabrikaten vorgenommen werden. Vorbehalten bleibt der effektive Nachweis der Vorsteuern, die auf die Ingebrauchnahme der Infrastruktur entfallen.

[4] Treten die Voraussetzungen des Vorsteuerabzugs nur teilweise ein, so kann die Korrektur nur im Ausmass der nun zum Vorsteuerabzug berechtigenden Nutzung vorgenommen werden.

Art. 73 Ermittlung des Zeitwerts
(Art. 32 Abs. 2 MWSTG)

[1] Zu berechnen ist der Zeitwert auf der Grundlage des Anschaffungspreises, bei Immobilien ohne Wert des Bodens, sowie der wertvermehrenden Aufwendungen. Nicht zu berücksichtigen sind die werterhaltenden Aufwendungen. Werterhaltende Aufwendungen sind solche, die lediglich dazu dienen, den Wert eines Gegenstands sowie seine Funktionsfähigkeit zu erhalten, namentlich Service-, Unterhalts-, Betriebs-, Reparatur- und Instandstellungskosten.

[2] Bei der Ermittlung des Zeitwerts von in Gebrauch genommenen Gegenständen und Dienstleistungen ist in der ersten Steuerperiode der Ingebrauchnahme der Wertverlust für die ganze Steuerperiode zu berücksichtigen. In der letzten noch nicht abgelaufenen Steuerperiode ist hingegen keine Abschreibung vorzunehmen, ausser die Nutzungsänderung tritt am letzten Tag der Steuerperiode ein.

Art. 74 Grossrenovationen von Liegenschaften
(Art. 32 MWSTG)

Übersteigen die Renovationskosten einer Bauphase insgesamt 5 Prozent des Gebäudeversicherungswerts vor der Renovation, so kann der Vorsteuerabzug um die gesamten Kosten korrigiert werden, unabhängig davon, ob es sich um Kosten für wertvermehrende oder für werterhaltende Aufwendungen handelt.

6. Abschnitt: Kürzung des Vorsteuerabzugs

(Art. 33 Abs. 2 MWSTG)

Art. 75

1 Keine Vorsteuerabzugskürzung ist vorzunehmen, soweit die Mittel nach Artikel 18 Absatz 2 Buchstaben a–c MWSTG einem Tätigkeitsbereich zuzuordnen sind, für den keine Vorsteuer anfällt oder für den kein Anspruch auf Vorsteuerabzug besteht.

2 Soweit die Mittel nach Artikel 18 Absatz 2 Buchstaben a–c MWSTG einem bestimmten Tätigkeitsbereich zugeordnet werden können, ist nur die Vorsteuer auf den Aufwendungen für diesen Tätigkeitsbereich zu kürzen.

3 Werden die Mittel nach Artikel 18 Absatz 2 Buchstaben a–c MWSTG zur Deckung eines Betriebsdefizits entrichtet, so ist die Vorsteuer gesamthaft im Verhältnis dieser Mittel zum Gesamtumsatz exklusive Mehrwertsteuer zu kürzen.

6. Kapitel: Ermittlung und Entstehung der Steuerforderung

1. Abschnitt: Geschäftsabschluss

(Art. 34 Abs. 3 MWSTG)

Art. 76[46]

2. Abschnitt: Saldosteuersatzmethode

Art. 77 Grundsätze
(Art. 37 Abs. 1–4 MWSTG)

1 Bei der Abklärung, ob die Voraussetzungen nach Artikel 37 MWSTG erfüllt sind, sind die im Inland gegen Entgelt erbrachten steuerbaren Leistungen zu berücksichtigen.

2 Die Saldosteuersatzmethode kann nicht gewählt werden von steuerpflichtigen Personen, die:

a. nach Artikel 37 Absatz 5 MWSTG nach der Pauschalsteuersatzmethode abrechnen können;
b. das Verlagerungsverfahren nach Artikel 63 MWSTG anwenden;
c. die Gruppenbesteuerung nach Artikel 13 MWSTG anwenden;
d. ihren Sitz oder eine Betriebsstätte in den Talschaften Samnaun oder Sampuoir haben;

46 Tritt zu einem späteren Zeitpunkt in Kraft.

e.[47] mehr als 50 Prozent ihres Umsatzes aus steuerbaren Leistungen an andere steuerpflichtige, nach der effektiven Abrechnungsmethode abrechnende Personen erzielen, sofern die beteiligten Personen unter einheitlicher Leitung stehen.

3 Steuerpflichtige Personen, die mit der Saldosteuersatzmethode abrechnen, können nicht für die Versteuerung von Leistungen nach Artikel 21 Absatz 2 Ziffern 1–24, 27, 29 und 30 MWSTG optieren. Wird die Steuer gleichwohl in Rechnung gestellt, so ist die ausgewiesene Steuer unter Vorbehalt von Artikel 27 Absatz 2 MWSTG der ESTV abzuliefern.[48]

Art. 78 Unterstellung unter die Saldosteuersatzmethode bei Beginn der Steuerpflicht

(Art. 37 Abs. 1–4 MWSTG)

1 Neu ins Register der steuerpflichtigen Personen (Mehrwertsteuerregister) eingetragene Personen, die sich der Saldosteuersatzmethode unterstellen wollen, müssen dies der ESTV innert 60 Tagen nach Zustellung der Mehrwertsteuernummer schriftlich melden.

2 Die ESTV bewilligt die Anwendung der Saldosteuersatzmethode, wenn in den ersten 12 Monaten sowohl der erwartete Umsatz als auch die erwarteten Steuern die Grenzen von Artikel 37 Absatz 1 MWSTG nicht überschreiten.

3 Erfolgt keine Meldung innert der Frist von Absatz 1, so muss die steuerpflichtige Person mindestens drei Jahre nach der effektiven Abrechnungsmethode abrechnen, bevor sie sich der Saldosteuersatzmethode unterstellen kann. Ein früherer Wechsel ist bei jeder Anpassung des betreffenden Saldosteuersatzes möglich, die nicht auf eine Änderung der Steuersätze nach den Artikeln 25 und 55 MWSTG zurückzuführen ist.[49]

4 Die Absätze 1–3 gelten auch bei rückwirkenden Eintragungen sinngemäss.

5 Die bei Beginn der Steuerpflicht auf dem Warenlager, den Betriebsmitteln und den Anlagegütern lastende Mehrwertsteuer wird mit der Anwendung der Saldosteuersatzmethode berücksichtigt. Eine Einlageentsteuerung kann nicht vorgenommen werden.

Art. 79 Wechsel von der effektiven Abrechungsmethode zur Saldosteuersatzmethode

(Art. 37 Abs. 1–4 MWSTG)

1 Steuerpflichtige Personen, die von der effektiven Abrechnungsmethode zur Saldosteuersatzmethode wechseln wollen, müssen dies der ESTV bis spätestens 60 Tage nach Beginn der Steuerperiode schriftlich melden, ab

---

47 Fassung gemäss Ziff. I der V vom 18. Okt. 2017, in Kraft seit 1. Jan. 2018 (AS **2017** 6307).

48 Fassung gemäss Ziff. I der V vom 18. Okt. 2017, in Kraft seit 1. Jan. 2018 (AS **2017** 6307).

49 Fassung gemäss Ziff. I der V vom 18. Okt. 2017, in Kraft seit 1. Jan. 2018 (AS **2017** 6307).

welcher der Wechsel erfolgen soll. Bei verspäteter Meldung erfolgt der Wechsel auf den Beginn der nachfolgenden Steuerperiode.

2 Die ESTV bewilligt die Anwendung der Saldosteuersatzmethode, wenn in der vorangegangenen Steuerperiode keine der Grenzen von Artikel 37 Absatz 1 MWSTG überschritten wurde.

3 Beim Wechsel von der effektiven Abrechnungsmethode zur Saldosteuersatzmethode erfolgen keine Korrekturen auf dem Warenlager, den Betriebsmitteln und den Anlagegütern. Vorbehalten bleibt eine Korrektur nach Artikel 93, wenn unbewegliche Gegenstände ab dem Wechsel in geringerem Umfang für eine zum Vorsteuerabzug berechtigende Tätigkeit verwendet werden.[50]

4 Wird gleichzeitig mit der Unterstellung unter die Saldosteuersatzmethode auch die Abrechnungsart nach Artikel 39 MWSTG geändert, so sind folgende Korrekturen vorzunehmen:

a. Wird von vereinbarten auf vereinnahmte Entgelte gewechselt, so schreibt die ESTV der steuerpflichtigen Person auf den im Zeitpunkt der Umstellung von ihr in Rechnung gestellten, aber noch nicht bezahlten steuerbaren Leistungen (Debitorenposten) die Steuer zum entsprechenden gesetzlichen Steuersatz gut und belastet gleichzeitig die Vorsteuer auf den ihr in Rechnung gestellten, aber noch nicht bezahlten steuerbaren Leistungen (Kreditorenposten).

b. Wird von vereinnahmten auf vereinbarte Entgelte gewechselt, so belastet die ESTV die Steuer auf den im Zeitpunkt der Umstellung bestehenden Debitorenposten zum entsprechenden gesetzlichen Steuersatz und schreibt gleichzeitig die auf den Kreditorenposten lastende Vorsteuer gut.

Art. 80 Entzug der Bewilligung
(Art. 37 Abs. 1–4 MWSTG)

Steuerpflichtigen Personen, denen die Anwendung der Saldosteuersatzmethode aufgrund falscher Angaben gewährt wurde, kann die ESTV die Bewilligung rückwirkend bis auf den Zeitpunkt der Gewährung dieser Abrechnungsmethode entziehen.

Art. 81 Wechsel von der Saldosteuersatzmethode zur effektiven Abrechnungsmethode
(Art. 37 Abs. 1–4 MWSTG)

1 Steuerpflichtige Personen, die von der Saldosteuersatzmethode zur effektiven Methode wechseln wollen, müssen dies der ESTV bis spätestens 60 Tage nach Beginn der Steuerperiode schriftlich melden, ab welcher der Wechsel erfolgen soll. Bei verspäteter Meldung erfolgt der Wechsel auf den Beginn der nachfolgenden Steuerperiode.

2 Wer eine oder beide der in Artikel 37 Absatz 1 MWSTG festgelegten Grenzen in zwei aufeinander folgenden Steuerperioden um höchstens 50

50 Fassung gemäss Ziff. I der V vom 18. Okt. 2017, in Kraft seit 1. Jan. 2018 (AS **2017** 6307).

Prozent überschreitet, muss auf den Beginn der folgenden Steuerperiode zur effektiven Abrechnungsmethode wechseln.

3 Wer eine oder beide der in Artikel 37 Absatz 1 MWSTG festgelegten Grenzen um mehr als 50 Prozent überschreitet, muss auf den Beginn der folgenden Steuerperiode zur effektiven Abrechnungsmethode wechseln. Werden die Grenzen bereits in den ersten 12 Monaten der Unterstellung unter die Saldosteuersatzmethode überschritten, so wird die Bewilligung rückwirkend entzogen.

4 Ist die Überschreitung einer oder beider Grenzen um mehr als 50 Prozent auf die Übernahme eines Gesamt- oder Teilvermögens im Meldeverfahren zurückzuführen, so kann die steuerpflichtige Person entscheiden, ob sie rückwirkend auf den Beginn der Steuerperiode, in der die Übernahme erfolgte, oder auf den Beginn der nachfolgenden Steuerperiode zur effektiven Abrechnungsmethode wechseln will.

5 Beim Wechsel von der Saldosteuersatzmethode zur effektiven Abrechnungsmethode erfolgen keine Korrekturen auf dem Warenlager, den Betriebsmitteln und den Anlagegütern. Vorbehalten bleibt eine Einlageentsteuerung nach Artikel 32 MWSTG, wenn Warenlager, Betriebsmittel oder Anlagegüter ab dem Wechsel in grösserem Umfang für eine zum Vorsteuerabzug berechtigende Tätigkeit verwendet werden.[51]

6 Wird gleichzeitig mit dem Wechsel zur effektiven Abrechnungsmethode auch die Abrechnungsart nach Artikel 39 MWSTG geändert, so sind folgende Korrekturen vorzunehmen:

a. Wird von vereinbarten auf vereinnahmte Entgelte gewechselt, so schreibt die ESTV der steuerpflichtigen Person auf den im Zeitpunkt der Umstellung bestehenden Debitorenposten die Steuer zu den bewilligten Saldosteuersätzen gut. Auf den Kreditorenposten sind keine Korrekturen vorzunehmen.
b. Wird von vereinnahmten auf vereinbarte Entgelte gewechselt, so belastet die ESTV die Steuer auf den im Zeitpunkt der Umstellung bestehenden Debitorenposten zu den bewilligten Saldosteuersätzen. Auf den Kreditorenposten sind keine Korrekturen vorzunehmen.

Art. 82 Ende der Steuerpflicht
(Art. 37 Abs. 1–4 MWSTG)

1 Stellt eine nach der Saldosteuersatzmethode abrechnende steuerpflichtige Person ihre Geschäftstätigkeit ein oder wird sie infolge Unterschreitens der Umsatzgrenze von Artikel 10 Absatz 2 Buchstabe a MWSTG von der Steuerpflicht befreit, so sind die bis zur Löschung aus dem Mehrwertsteuerregister erzielten Umsätze, die angefangenen Arbeiten und bei Abrechnung nach vereinnahmten Entgelten auch die Debitorenposten mit den bewilligten Saldosteuersätzen abzurechnen.

51 Fassung gemäss Ziff. I der V vom 18. Okt. 2017, in Kraft seit 1. Jan. 2018 (AS **2017** 6307).

[2] Im Zeitpunkt der Löschung aus dem Mehrwertsteuerregister ist die Steuer auf dem Zeitwert der unbeweglichen Gegenstände zum in diesem Zeitpunkt geltenden Normalsatz abzurechnen, wenn:[52]

a. der Gegenstand von der steuerpflichtigen Person erworben, erbaut oder umgebaut wurde, als sie nach der effektiven Methode abrechnete, und sie den Vorsteuerabzug vorgenommen hat;

b.[53] der Gegenstand von der steuerpflichtigen Person im Rahmen des Meldeverfahrens von einer effektiv abrechnenden steuerpflichtigen Person erworben wurde.

[3] Zur Ermittlung des Zeitwerts der unbeweglichen Gegenstände wird für jedes abgelaufene Jahr linear ein Zwanzigstel abgeschrieben.

Art. 83 Übernahme von Vermögen im Meldeverfahren
(Art. 37 Abs. 1–4 MWSTG)

[1] Verwendet eine nach der Saldosteuersatzmethode abrechnende steuerpflichtige Person ein im Meldeverfahren nach Artikel 38 MWSTG übernommenes Gesamt- oder Teilvermögen ab der Übernahme nicht oder zu einem geringeren Anteil als der Veräusserer oder die Veräusserin für eine zum Vorsteuerabzug berechtigende Tätigkeit, so ist wie folgt vorzugehen:[54]

a. Rechnet der Veräusserer oder die Veräusserin nach der Saldosteuersatzmethode ab, so sind keine Korrekturen vorzunehmen.

b. Rechnet der Veräusserer oder die Veräusserin nach der effektiven Methode ab, so ist auf dem Teil des übernommenen Vermögens, der neu für eine nicht zum Vorsteuerabzug berechtigende Tätigkeit verwendet wird, der Eigenverbrauch im Sinn von Artikel 31 MWSTG unter Berücksichtigung von Artikel 38 Absatz 4 MWSTG abzurechnen.

[2] Verwendet eine nach der Saldosteuersatzmethode abrechnende steuerpflichtige Person ein im Meldeverfahren nach Artikel 38 MWSTG übernommenes Gesamt- oder Teilvermögen zu einem grösseren Anteil als der Veräusserer oder die Veräusserin für eine zum Vorsteuerabzug berechtigende Tätigkeit, so kann keine Korrektur vorgenommen werden.

Art. 84 Abrechnung nach Saldosteuersätzen
(Art. 37 Abs. 1–4 MWSTG)

[1] Steuerpflichtige Personen müssen ihre Tätigkeiten zu den von der ESTV bewilligten Saldosteuersätzen abrechnen.

[2] Wird eine Tätigkeit aufgegeben oder eine neue aufgenommen oder verändern sich die Umsatzanteile der Tätigkeiten derart, dass eine Neuzu-

---

52 Fassung gemäss Ziff. I der V vom 18. Okt. 2017, in Kraft seit 1. Jan. 2018 (AS **2017** 6307).

53 Fassung gemäss Ziff. I der V vom 18. Okt. 2017, in Kraft seit 1. Jan. 2018 (AS **2017** 6307).

54 Fassung gemäss Ziff. I der V vom 18. Okt. 2017, in Kraft seit 1. Jan. 2018 (AS **2017** 6307).

teilung der Saldosteuersätze notwendig wird, so muss sich die steuerpflichtige Person mit der ESTV in Verbindung setzen.

3 Steuerpflichtige Personen, denen zwei verschiedene Saldosteuersätze bewilligt wurden, müssen die Erträge für jeden der beiden Saldosteuersätze separat verbuchen.

Art. 85 Bewilligung der Anwendung eines einzigen Saldosteuersatzes
(Art. 37 Abs. 1–4 MWSTG)

Der steuerpflichtigen Person wird die Anwendung eines einzigen Saldosteuersatzes bewilligt, ausser es liegt ein Fall nach Artikel 86 Absatz 1 oder 89 Absatz 3 oder 5 vor.

Art. 86 Bewilligung der Anwendung von zwei Saldosteuersätzen
(Art. 37 Abs. 1–4 MWSTG)

1 Der steuerpflichtigen Person wird die Anwendung von zwei Saldosteuersätzen bewilligt, wenn:

a. sie zwei oder mehr Tätigkeiten ausübt, deren von der ESTV festgelegte Saldosteuersätze sich unterscheiden; und

b.[55] mindestens zwei dieser Tätigkeiten einen Anteil von je mehr als 10 Prozent am Gesamtumsatz aus steuerbaren Leistungen haben.

2 Die 10-Prozent-Grenze wird berechnet:

a. bei Personen, die neu steuerpflichtig werden, und bei steuerpflichtigen Personen, die eine neue Tätigkeit aufnehmen: gestützt auf die voraussichtlichen Umsätze;

b. bei den übrigen steuerpflichtigen Personen: gestützt auf den Umsatz in den vorangegangenen zwei Steuerperioden.

3 Die Umsätze von Tätigkeiten mit gleichem Saldosteuersatz sind bei der Abklärung, ob die 10-Prozent-Grenze überschritten wird, zusammenzuzählen.

4 Überschreiten bei einer steuerpflichtigen Person, der die Anwendung von zwei Saldosteuersätzen bewilligt wurde, während zwei aufeinander folgenden Steuerperioden nur noch eine Tätigkeit beziehungsweise mehrere Tätigkeiten, für die derselbe Saldosteuersatz vorgesehen ist, die 10-Prozent-Grenze, so fällt die Bewilligung für die Anwendung des zweiten Saldosteuersatzes auf den Beginn der dritten Steuerperiode dahin.

Art. 87 Höhe der bewilligten Saldosteuersätze
(Art. 37 Abs. 1–4 MWSTG)

1 Überschreiten nur zwei Tätigkeiten der steuerpflichtigen Person die 10-Prozent-Grenze, so wird die Anwendung der zwei für diese Tätigkeiten vorgesehenen Saldosteuersätze bewilligt.

---

55 Fassung gemäss Ziff. I der V vom 18. Okt. 2017, in Kraft seit 1. Jan. 2018 (AS **2017** 6307).

2 Überschreiten mehr als zwei Tätigkeiten die 10-Prozent-Grenze, so wird die Anwendung der folgenden Saldosteuersätze bewilligt:

a. der höchste der Saldosteuersätze, die für die entsprechenden Tätigkeiten, deren Anteil am Gesamtumsatz mehr als 10 Prozent beträgt, vorgesehen sind;
b. ein zweiter Saldosteuersatz, den die steuerpflichtige Person unter jenen Sätzen wählt, die für ihre übrigen Tätigkeiten, deren Anteil am Gesamtumsatz mehr als 10 Prozent beträgt, vorgesehen sind.

Art. 88 Versteuerung der einzelnen Tätigkeiten
(Art. 37 Abs. 1–4 MWSTG)

1 Die Umsätze aus Tätigkeiten der steuerpflichtigen Person, der die Anwendung von zwei Saldosteuersätzen bewilligt worden sind, sind zu versteuern:

a. zum höheren bewilligten Saldosteuersatz, wenn der für die betreffende Tätigkeit vorgesehene Saldosteuersatz über dem tieferen bewilligten Satz liegt;
b. zum tieferen bewilligten Satz in den übrigen Fällen.

2 In Fällen von Artikel 19 Absatz 2 MWSTG kann das Gesamtentgelt mit dem bewilligten Saldosteuersatz abgerechnet werden, der für die überwiegende Leistung gilt. Unterliegen die Leistungen jedoch alle dem gleichen Steuersatz nach Artikel 25 MWSTG, so ist das Gesamtentgelt zum höheren bewilligten Saldosteuersatz abzurechnen, ausser die steuerpflichtige Person kann nachweisen, welcher Anteil der Gesamtleistung auf die einzelnen Teilleistungen entfällt.[56]

Art. 89 Sonderregelung für Mischbranchen
(Art. 37 Abs. 1–4 MWSTG)

1 Mischbranchen sind Branchen, in denen üblicherweise mehrere Tätigkeiten ausgeübt werden, die für sich allein betrachtet zu unterschiedlichen Saldosteuersätzen abzurechnen wären.

2 Die ESTV legt in einer Verordnung fest:

a. den für die jeweilige Mischbranche anwendbaren Saldosteuersatz;
b. die in der jeweiligen Mischbranche üblichen Haupt- und Nebentätigkeiten.

3 Überschreitet der Anteil einer branchenüblichen Nebentätigkeit oder mehrerer branchenüblichen Nebentätigkeiten, für die nach der Verordnung der ESTV derselbe Saldosteuersatz anwendbar wäre, 50 Prozent des Umsatzes aus der steuerbaren Haupttätigkeit und den steuerbaren branchenüblichen Nebentätigkeiten, so gelten für die Abrechnung nach Saldosteuersätzen die Artikel 86–88.[57]

4 Die 50-Prozent-Grenze wird berechnet:

---

56 Eingefügt durch Ziff. I der V vom 18. Okt. 2017, in Kraft seit 1. Jan. 2018 (AS **2017** 6307).
57 Fassung gemäss Ziff. I der V vom 18. Okt. 2017, in Kraft seit 1. Jan. 2018 (AS **2017** 6307).

a. bei Personen, die neu steuerpflichtig werden, und bei steuerpflichtigen Personen, die eine neue Tätigkeit aufnehmen: gestützt auf die voraussichtlichen Umsätze;
b. bei den übrigen steuerpflichtigen Personen: gestützt auf den Umsatz in den vorangegangenen zwei Steuerperioden.

5 Übt eine steuerpflichtige Person, die in einer Mischbranche tätig ist, noch branchenfremde Tätigkeiten aus, so richtet sich die Abrechnung nach Saldosteuersätzen für diese Tätigkeiten nach den Artikeln 86–88.

Art. 90 Besondere Verfahren
(Art. 37 Abs. 1–4 MWSTG)

1 Die ESTV stellt den nach der Saldosteuersatzmethode abrechnenden steuerpflichtigen Personen ein Verfahren zur annäherungsweisen Abgeltung der angefallenen Vorsteuern zur Verfügung bei:
a. Lieferungen von Gegenständen ins Ausland, sofern der Gegenstand selbst hergestellt oder steuerbelastet eingekauft worden ist;
b. Leistungen an Begünstigte nach Artikel 2 des Gaststaatgesetzes vom 22. Juni 2007[58] (GSG), sofern der Ort der Leistung im Inland liegt und bei Lieferungen der Gegenstand selbst hergestellt oder steuerbelastet eingekauft worden ist.

2 Nach der Saldosteuersatzmethode abrechnende steuerpflichtige Personen, die individualisierbare bewegliche Gegenstände ohne offen überwälzte Steuer beziehen, können beim Verkauf dieser Gegenstände das von der ESTV zur Verfügung gestellte Verfahren zur Abgeltung der fiktiven Vorsteuer anwenden. Nicht anwendbar ist das Verfahren für gebrauchte Automobile bis zu einem Gesamtgewicht von 3500 kg sowie für Gegenstände:
a. welche die steuerpflichtige Person im Meldeverfahren von einer effektiv abrechnenden Person übernommen hat;
b. von denen die steuerpflichtige Person weiss oder wissen müsste, dass sie steuerbefreit eingeführt wurden;
c. welche die steuerpflichtige Person im Inland steuerbefreit bezogen hat; oder
d. welche die steuerpflichtige Person im Rahmen einer Schadenregulierung übernommen hat, wenn die ausgerichteten Zahlungen den tatsächlichen Wert des Gegenstandes im Zeitpunkt der Übernahme übersteigen.[59]

2bis Das Verfahren nach Absatz 2 ist sinngemäss anwendbar, wenn Sammlerstücke (Art. 48*a*) verkauft werden.[60]

58 SR **192.12**
59 Fassung gemäss Ziff. I der V vom 18. Okt. 2017, in Kraft seit 1. Jan. 2018 (AS **2017** 6307).
60 Eingefügt durch Ziff. I der V vom 18. Okt. 2017, in Kraft seit 1. Jan. 2018 (AS **2017** 6307).

[3] Für Betriebe und Anlässe nach Artikel 55 Absatz 3 sieht die ESTV eine Pauschalregelung zur annäherungsweisen Aufteilung der Umsätze auf die beiden Saldosteuersätze vor.

Art. 91 Abrechnung der Bezugsteuer
(Art. 37 Abs. 1–4 MWSTG)

Nach der Saldosteuersatzmethode abrechnende steuerpflichtige Personen, die Leistungen von Unternehmen mit Sitz im Ausland nach den Artikeln 45–49 MWSTG beziehen, müssen die Bezugsteuer halbjährlich zum entsprechenden gesetzlichen Steuersatz entrichten.

Art. 92 Eigenverbrauch
(Art. 37 Abs. 1–4 MWSTG)

Der Eigenverbrauch ist, mit Ausnahme von Artikel 83 Absatz 1 Buchstabe b, mit der Anwendung der Saldosteuersatzmethode berücksichtigt.

Art. 93 Korrekturen bei unbeweglichen Gegenständen
(Art. 37 Abs. 1–4 MWSTG)

[1] Wird ein unbeweglicher Gegenstand nicht mehr im Rahmen der unternehmerischen Tätigkeit der steuerpflichtigen Person oder neu für eine nach Artikel 21 Absatz 2 MWSTG von der Steuer ausgenommene Tätigkeit verwendet, so ist auf dem Zeitwert die Steuer zum in diesem Zeitpunkt geltenden Normalsatz zu belasten, wenn:[61]

a. der Gegenstand von der steuerpflichtigen Person erworben, erbaut oder umgebaut wurde, als sie nach der effektiven Methode abrechnete, und sie den Vorsteuerabzug vorgenommen hat;

b.[62] der Gegenstand von der steuerpflichtigen Person im Rahmen des Meldeverfahrens von einer effektiv abrechnenden steuerpflichtigen Person erworben wurde.

[2] Zur Ermittlung des Zeitwerts der unbeweglichen Gegenstände wird für jedes abgelaufene Jahr linear ein Zwanzigstel abgeschrieben.

Art. 94 Leistungen an eng verbundene Personen und an das Personal
(Art. 37 Abs. 1–4 MWSTG)

[1] Leistungen an eng verbundene Personen sind, unter Vorbehalt von Artikel 93, bei der Abrechnung mit Saldosteuersätzen wie folgt zu behandeln:

a. und b.[63] …

---

[61] Fassung gemäss Ziff. I der V vom 18. Okt. 2017, in Kraft seit 1. Jan. 2018 (AS **2017** 6307).

[62] Fassung gemäss Ziff. I der V vom 18. Okt. 2017, in Kraft seit 1. Jan. 2018 (AS **2017** 6307).

[63] Aufgehoben durch Ziff. I der V vom 18. Okt. 2017, mit Wirkung seit 1. Jan. 2018 (AS **2017** 6307).

c.[64] Gegenstände und Dienstleistungen sind zum bezahlten Entgelt, mindestens aber zum Wert, der unter unabhängigen Dritten vereinbart würde, mit dem bewilligten Saldosteuersatz abzurechnen.

d. Wird mit zwei Saldosteuersätzen abgerechnet und kann die Leistung nicht einer Tätigkeit zugeordnet werden, so kommt der höhere Satz zur Anwendung.

2 Leistungen an das Personal sind bei der Abrechnung mit Saldosteuersätzen wie folgt zu behandeln:

a. Entgeltlich abgegebene Gegenstände und entgeltlich erbrachte Dienstleistungen an das Personal sind mit dem bewilligten Saldosteuersatz abzurechnen.

b. Wird mit zwei Saldosteuersätzen abgerechnet und kann die Leistung nicht einer Tätigkeit zugeordnet werden, so kommt der höhere Satz zur Anwendung.

3 Für eng verbundene Personen, die zum Personal gehören, gilt Absatz 2.[65]

4 Leistungen, die im Lohnausweis zuhanden der direkten Steuern aufgeführt werden müssen, gelten immer als entgeltlich erbracht. Die Steuer ist auf dem Betrag zu berechnen, der auch für die direkten Steuern massgebend ist.[66]

Art. 95[67] Verkäufe von Betriebsmitteln und Anlagegütern
(Art. 37 Abs. 1–4 MWSTG)

Verkäufe von Betriebsmitteln und Anlagegütern, die nicht ausschliesslich zur Erbringung von Leistungen, die von der Steuer ausgenommen sind, eingesetzt wurden, sind zum bewilligten Saldosteuersatz zu versteuern. Wird mit zwei Saldosteuersätzen abgerechnet und wurde das Betriebsmittel oder das Anlagegut für beide Tätigkeiten verwendet, so sind die Entgelte zum höheren Saldosteuersatz abzurechnen.

Art. 96 Rechnungsstellung zu einem zu hohen Steuersatz
(Art. 37 Abs. 1–4 MWSTG)

Stellt eine mit Saldosteuersätzen abrechnende steuerpflichtige Person eine Leistung zu einem zu hohen Steuersatz in Rechnung, so muss sie zusätzlich zu der mit dem Saldosteuersatz berechneten Mehrwertsteuer auch die Differenz zwischen der nach dem ausgewiesenen Steuersatz berechneten Steuer und der nach dem Steuersatz nach Artikel 25 MWSTG berechneten Steuer entrichten. Dabei wird das Entgelt als inklusive Mehrwertsteuer betrachtet.

---

64 Fassung gemäss Ziff. I der V vom 18. Okt. 2017, in Kraft seit 1. Jan. 2018 (AS **2017** 6307).
65 Fassung gemäss Ziff. I der V vom 18. Okt. 2017, in Kraft seit 1. Jan. 2018 (AS **2017** 6307).
66 Fassung gemäss Ziff. I der V vom 18. Okt. 2017, in Kraft seit 1. Jan. 2018 (AS **2017** 6307).
67 Fassung gemäss Ziff. I der V vom 18. Okt. 2017, in Kraft seit 1. Jan. 2018 (AS **2017** 6307).

3. Abschnitt: Pauschalsteuersatzmethode

Art. 97 Grundsätze
(Art. 37 Abs. 5 MWSTG)

1 Verwandte Einrichtungen nach Artikel 37 Absatz 5 MWSTG sind namentlich Gemeindezweckverbände und andere Zusammenschlüsse von Gemeinwesen, Kirchgemeinden, private Schulen und Internate, private Spitäler, Zentren für ärztliche Heilbehandlungen, Rehabilitationszentren, Kurhäuser, private Spitexorganisationen, Altersheime, Pflegeheime, Seniorenresidenzen, sozial tätige Unternehmen wie Behindertenwerkstätten, Wohnheime und Sonderschulen, von Gemeinwesen subventionierte Betreiber von Sportanlagen und Kulturzentren, kantonale Gebäudeversicherungen, Wassergenossenschaften, Transportunternehmen des öffentlichen Verkehrs, von Gemeinwesen subventionierte privatrechtliche Waldkorporationen, Veranstalter und Veranstalterinnen von nicht wiederkehrenden Anlässen in den Bereichen Kultur und Sport, Vereine nach den Artikeln 60–79 des Zivilgesetzbuchs[68] (ZGB) und Stiftungen nach den Artikeln 80–89bis ZGB.

2 Es bestehen keine betragsmässigen Grenzen für die Anwendung der Pauschalsteuersatzmethode.

3 Steuerpflichtige Personen, die mit der Pauschalsteuersatzmethode abrechnen, können nicht für die Versteuerung von Leistungen nach Artikel 21 Absatz 2 Ziffern 1–24, 27, 29 und 30 MWSTG optieren. Wird die Steuer gleichwohl in Rechnung gestellt, so ist die ausgewiesene Steuer unter Vorbehalt von Artikel 27 Absatz 2 MWSTG der ESTV abzuliefern.[69]

4 Autonome Dienststellen nach Artikel 12 Absatz 1 MWSTG, die sich zu einem einzigen Steuersubjekt zusammenschliessen (Art. 12 Abs. 2 MWSTG), können die Pauschalsteuersatzmethode anwenden.[70]

Art. 98 Unterstellung unter die Pauschalsteuersatzmethode und Wechsel der Abrechnungsmethode
(Art. 37 Abs. 5 MWSTG)

1 Gemeinwesen sowie verwandte Einrichtungen nach Artikel 97 Absatz 1, die nach der Pauschalsteuersatzmethode abrechnen wollen, müssen dies der ESTV schriftlich melden.

2 Die Pauschalsteuersatzmethode muss während mindestens dreier Steuerperioden beibehalten werden. Entscheidet sich die steuerpflichtige Person für die effektive Abrechnungsmethode, so kann sie frühestens nach zehn Jahren zur Pauschalsteuersatzmethode wechseln. Ein früherer Wechsel ist bei jeder Anpassung des betreffenden Pauschalsteuersatzes möglich,

---

68 SR **210**

69 Fassung gemäss Ziff. I der V vom 18. Okt. 2017, in Kraft seit 1. Jan. 2018 (AS **2017** 6307).

70 Eingefügt durch Ziff. I der V vom 18. Okt. 2017, in Kraft seit 1. Jan. 2018 (AS **2017** 6307).

die nicht auf eine Änderung der Steuersätze nach den Artikeln 25 und 55 MWSTG zurückzuführen ist.[71]

3 Wechsel der Abrechnungsmethode sind auf den Beginn einer Steuerperiode möglich. Sie müssen der ESTV bis spätestens 60 Tage nach Beginn der Steuerperiode schriftlich gemeldet werden, ab welcher der Wechsel erfolgen soll. Bei verspäteter Meldung erfolgt der Wechsel auf den Beginn der nachfolgenden Steuerperiode.

Art. 99 Pauschalsteuersätze
(Art. 37 Abs. 5 MWSTG)

1 Bei Anwendung der Pauschalsteuersatzmethode wird die Steuerforderung durch Multiplikation des Totals der in einer Abrechnungsperiode erzielten steuerbaren Entgelte, einschliesslich der Steuer, mit dem von der ESTV bewilligten Pauschalsteuersatz ermittelt.

2 Die ESTV legt die Pauschalsteuersätze unter Berücksichtigung der branchenüblichen Vorsteuerquote fest. Eine Tätigkeit, für die kein Pauschalsteuersatz festgelegt wurde, ist mit dem bei der Saldosteuersatzmethode geltenden Satz abzurechnen.

3 Die steuerpflichtige Person muss jede ihrer Tätigkeiten zum massgebenden Pauschalsteuersatz abrechnen. Die Anzahl der anwendbaren Pauschalsteuersätze ist nicht beschränkt.

Art. 99*a*[72] Abrechnung der Bezugsteuer
(Art. 37 Abs. 5 MWSTG)

Nach der Pauschalsteuersatzmethode abrechnende steuerpflichtige Personen, die Leistungen von Unternehmen mit Sitz im Ausland nach den Artikeln 45–49 MWSTG beziehen, müssen die Bezugsteuer vierteljährlich zum entsprechenden gesetzlichen Steuersatz entrichten.

Art. 100 Anwendbarkeit der Regeln der Saldosteuersatzmethode
(Art. 37 Abs. 5 MWSTG)

Soweit dieser Abschnitt keine Regelung enthält, gelten ergänzend die Artikel 77–96.

4. Abschnitt: Meldeverfahren

Art. 101 Teilvermögen
(Art. 38 Abs. 1 MWSTG)

Als Teilvermögen gilt jede kleinste für sich lebensfähige Einheit eines Unternehmens.

---

71 Fassung gemäss Ziff. I der V vom 18. Okt. 2017, in Kraft seit 1. Jan. 2018 (AS **2017** 6307).

72 Eingefügt durch Ziff. I der V vom 18. Okt. 2017, in Kraft seit 1. Jan. 2018 (AS **2017** 6307).

Art. 102 Steuerpflicht des Erwerbers oder der Erwerberin
(Art. 38 Abs. 1 MWSTG)

Das Meldeverfahren ist auch dann anzuwenden, wenn der Erwerber oder die Erwerberin erst im Zusammenhang mit der Übertragung des Gesamt- oder Teilvermögens steuerpflichtig wird.

Art. 103 Rechnung
(Art. 38 Abs. 1 MWSTG)

Wird das Meldeverfahren angewendet, so muss dies auf der Rechnung vermerkt werden.

Art. 104 Freiwillige Anwendung des Meldeverfahrens
(Art. 38 Abs. 2 MWSTG)

Unter der Voraussetzung, dass beide Parteien steuerpflichtig sind oder werden, kann das Meldeverfahren angewendet werden:

a. bei der Übertragung eines Grundstücks oder von Grundstücksteilen;
b. auf Gesuch der übertragenden Person, sofern gewichtige Interessen vorliegen.

Art. 105 Verwendungsgrad
(Art. 38 Abs. 4 MWSTG)

Es wird vermutet, dass der Veräusserer oder die Veräusserin die übertragenen Vermögenswerte vollumfänglich für zum Vorsteuerabzug berechtigende Tätigkeiten verwendet hat. Ein anderer Verwendungsgrad ist vom Erwerber oder der Erwerberin nachzuweisen.

5. Abschnitt: Abrechnungsart und Abtretung der Steuerforderung

Art. 106 Wechsel der Abrechnungsart bei Abrechnung nach der effektiven Methode
(Art. 39 MWSTG)

1 Beim Wechsel von der Abrechnung nach vereinnahmten Entgelten zur Abrechnung nach vereinbarten Entgelten muss die steuerpflichtige Person in der auf den Wechsel folgenden Abrechnungsperiode:

a. die Steuer auf den im Zeitpunkt des Wechsels bestehenden Debitorenposten abrechnen; und
b. die Vorsteuern auf den im Zeitpunkt des Wechsels bestehenden Kreditorenposten im Rahmen der zum Vorsteuerabzug berechtigenden unternehmerischen Tätigkeit abziehen.

2 Beim Wechsel von der Abrechnung nach vereinbarten Entgelten zur Abrechnung nach vereinnahmten Entgelten muss die steuerpflichtige Person in der auf den Wechsel folgenden Abrechnungsperiode:

a. die im Zeitpunkt des Wechsels bestehenden Debitorenposten von den in dieser Abrechnungsperiode vereinnahmten Entgelten abziehen; und
b. die Vorsteuern auf den im Zeitpunkt des Wechsels bestehenden Kreditorenposten von den in dieser Abrechnungsperiode bezahlten Vorsteuern abziehen.

3 Wird gleichzeitig mit dem Wechsel der Abrechnungsart auch die Abrechnungsmethode nach den Artikeln 36 und 37 MWSTG geändert, so gilt Artikel 79 Absatz 4 beziehungsweise Artikel 81 Absatz 6 dieser Verordnung.

Art. 107 Wechsel der Abrechnungsart bei Abrechnung nach der Saldosteuersatzmethode oder der Pauschalsteuersatzmethode
(Art. 39 MWSTG)[73]

1 Beim Wechsel von der Abrechnung nach vereinnahmten Entgelten zur Abrechnung nach vereinbarten Entgelten muss die steuerpflichtige Person in der auf den Wechsel folgenden Abrechnungsperiode die im Zeitpunkt des Wechsels bestehenden Forderungen mit den bewilligten Saldosteuersätzen beziehungsweise Pauschalsteuersätzen abrechnen.[74]

2 Beim Wechsel von der Abrechnung nach vereinbarten Entgelten zur Abrechnung nach vereinnahmten Entgelten muss die steuerpflichtige Person in der auf den Wechsel folgenden Abrechnungsperiode die im Zeitpunkt des Wechsels bestehenden Debitorenposten von den in dieser Abrechnungsperiode vereinnahmten Entgelten abziehen.

3 Wird gleichzeitig mit dem Wechsel der Abrechnungsart auch die Abrechnungsmethode geändert, so gilt Artikel 79 Absatz 4 beziehungsweise Artikel 81 Absatz 6.

Art. 108 Abtretung und Verpfändung der Steuerforderung
(Art. 44 Abs. 2 MWSTG)

Bei der Abtretung und der Verpfändung der Steuerforderung gelten die Bestimmungen über die Geheimhaltung nach Artikel 74 MWSTG nicht.

---

73 Fassung gemäss Ziff. I der V vom 18. Okt. 2017, in Kraft seit 1. Jan. 2018 (AS **2017** 6307).
74 Fassung gemäss Ziff. I der V vom 18. Okt. 2017, in Kraft seit 1. Jan. 2018 (AS **2017** 6307).

3. Titel: Bezugsteuer

Art. 109 und **110**[75]

Art. 111 Datenträger ohne Marktwert
(Art. 45 Abs. 1 Bst b und 52 Abs. 2 MWSTG)

1 Als Datenträger ohne Marktwert gilt, unabhängig vom Trägermaterial oder der Art der Datenspeicherung, jeder Träger von Daten, der in der Art und Beschaffenheit, wie er eingeführt wird:

a. nicht gegen Entrichtung eines im Zeitpunkt der Einfuhr feststehenden Entgelts erworben werden kann; und
b. nicht gegen Entrichtung einer einmaligen, im Zeitpunkt der Einfuhr feststehenden Lizenzgebühr vertragsmässig genutzt werden kann.

2 Der Datenträger kann namentlich Computerprogramme und -dateien, deren Updates und Upgrades sowie Ton- und Bilddaten enthalten.

3 Massgebend für die Beurteilung, ob ein Datenträger ohne Marktwert vorliegt, ist der Träger selbst mit den darin enthaltenen Dienstleistungen und den damit verbundenen Rechten ohne Berücksichtigung des zur Einfuhr führenden Rechtsgeschäfts.

4 Den Datenträgern ohne Marktwert sind namentlich die folgenden Gegenstände gleichgestellt, sofern der Gegenstand dem Auftraggeber oder der Auftraggeberin aufgrund eines selbstständigen Rechtsgeschäftes übergeben oder überlassen wird:

a. Pläne, Zeichnungen und Illustrationen namentlich von Architekten und Architektinnen, Ingenieuren und Ingenieurinnen, Grafikern und Grafikerinnen sowie Designern und Designerinnen;
b. Rechtsschriften von Anwälten und Anwältinnen, Gutachten von Sachverständigen, Übersetzungen, Forschungs- und Versuchsergebnisse sowie Ergebnisse aus Analysen, Bewertungen und Ähnlichem;
c. verbriefte Rechte und immaterielle Werte.

4. Titel: Einfuhrsteuer

1. Kapitel: Mehrheit von Leistungen und Befreiung von der Einfuhrsteuer

Art. 112 Sachgesamtheiten und Leistungskombinationen
(Art. 52 Abs. 3 und 19 Abs. 2 MWSTG)

1 Wird bei der Einfuhr die Veranlagung nach Artikel 19 Absatz 2 MWSTG verlangt, so muss im Zeitpunkt der Zollanmeldung eine Kostenkalkulation eingereicht werden.

2 Aus der Kostenkalkulation müssen ersichtlich sein:

a. die Selbstkosten der einzelnen Leistungen;

---

75 Aufgehoben durch Ziff. I der V vom 18. Okt. 2017, mit Wirkung seit 1. Jan. 2018 (AS **2017** 6307).

b. das Gesamtentgelt.

[3] Kostenbestandteile, die den einzelnen Leistungen nicht vollständig zugeordnet werden können, wie Gemeinkosten, Gewinn oder Beförderungskosten, sind wertanteilig auf die einzelnen Leistungen aufzuteilen.

[4] Die Eidgenössische Zollverwaltung (EZV) kann im Einzelfall zur Überprüfung der Kalkulation weitere Unterlagen einfordern.

Art. 113 Befreiung von der Einfuhrsteuer
(Art. 53 Abs. 2 und 107 Abs. 2 MWSTG)

Von der Einfuhrsteuer sind befreit:

a. Gegenstände für Staatsoberhäupter sowie für diplomatische, konsularische und internationale Stellen und deren Mitglieder, die nach Artikel 6 der Zollverordnung vom 1. November 2006[76] (ZV) zollfrei sind;
b. Särge, Urnen und Trauerschmuck, die nach Artikel 7 ZV zollfrei sind;
c. Ehrenpreise, Erinnerungszeichen und Ehrengaben, die nach Artikel 8 ZV zollfrei sind;
d. Speisewagenvorräte, die nach Artikel 10 ZV zollfrei sind;
e. Vorräte, Ersatzteile und Ausrüstungsgegenstände auf Schiffen, die nach Artikel 11 ZV zollfrei sind;
f. Vorräte, Ersatzteile und Ausrüstungsgegenstände an Bord von Luftfahrzeugen, die nach Artikel 12 ZV zollfrei sind;
g. Münz- und Feingold nach Artikel 44.

2. Kapitel: Bestimmung und Sicherstellung der Einfuhrsteuerschuld

Art. 114 Sicherheit bei Bezahlung der Steuer über das zentralisierte Abrechnungsverfahren der EZV
(Art. 56 Abs. 3 MWSTG)

Wird die Steuer über das zentralisierte Abrechnungsverfahren (ZAZ) bezahlt, so kann die EZV aufgrund ihrer Risikobeurteilung eine pauschale Sicherheit verlangen. Diese berechnet sich wie folgt:

a. mindestens 20 Prozent der innerhalb einer Periode von 60 Tagen aufgelaufenen Steuer, sofern der Importeur oder die Importeurin bei der ESTV als steuerpflichtige Person eingetragen ist und die Bedingungen des ZAZ eingehalten werden;
b. 100 Prozent der innerhalb einer Periode von 60 Tagen aufgelaufenen Steuer, sofern der Importeur oder die Importeurin bei der ESTV nicht als steuerpflichtige Person eingetragen ist oder die Bedingungen des ZAZ nicht eingehalten werden.

---

[76] SR **631.01**

Art. 115 Höhe der Sicherheit bei bedingt entstandener Steuerforderung und bei Zahlungserleichterungen
(Art. 56 Abs. 3 MWSTG)

1 Die Höhe der Sicherheit beträgt bei bedingt entstandenen Steuerforderungen oder in Fällen, in denen Zahlungserleichterungen nach Artikel 76 Absatz 1 ZG[77] gewährt werden:

a. 100 Prozent bei der Lagerung von Massengütern;

abis.[78] höchstens 10 Prozent für den nach Artikel 42*a* ZG zugelassenen Wirtschaftsbeteiligten («Authorised Economic Operator», AEO);

b. mindestens 25 Prozent in den übrigen Fällen.

2 Bei internationalen Transiten richtet sich die Höhe der Sicherheit nach den völkerrechtlichen Verträgen.

Art. 116 Nachträgliche Anpassung der Entgelte
(Art. 56 Abs. 5 MWSTG)

1 Die Meldung einer nachträglichen Anpassung der Entgelte muss folgende Informationen enthalten:

a. Anfangs- und Enddatum der Periode, für welche die Entgelte nachträglich angepasst werden;
b. die in dieser Periode berechneten Entgelte;
c. das Total der Entgeltsanpassungen;
d. die Aufteilung der Entgeltsanpassung auf die verschiedenen Steuersätze.

2 Für die Ermittlung der Entgeltsanpassung herangezogene Preis- oder Wertangaben in ausländischer Währung sind nach dem durchschnittlichen Devisenkurs (Verkauf) der Periode in Schweizerfranken umzurechnen.

3 Die EZV kann im Einzelfall zur Bestimmung der Einfuhrsteuerschuld weitere Unterlagen einfordern.

3. Kapitel: Verlagerung der Steuerentrichtung

Art. 117 Verlagerung der Entrichtung der Einfuhrsteuer
(Art. 63 MWSTG)

1 Wer Steuern im Verlagerungsverfahren entrichten will, bedarf einer Bewilligung der ESTV.

2 Bestehen Zweifel darüber, ob die Voraussetzungen für die Verlagerung der Einfuhrsteuer erfüllt sind, so erhebt die EZV die Steuer.

3 Die Verjährung der verlagerten Einfuhrsteuerschuld richtet sich nach Artikel 42 MWSTG.

4 Die ESTV regelt den Vollzug im Einvernehmen mit der EZV.

---

77 SR **631.0**

78 Eingefügt durch Anhang Ziff. 2 der V vom 18. Nov. 2015, in Kraft seit 1. Jan. 2016 (AS **2015** 4917).

Art. 118 Bewilligungsvoraussetzungen
(Art. 63 MWSTG)

1 Die Bewilligung wird erteilt, wenn die steuerpflichtige Person:

a. die Mehrwertsteuer nach der effektiven Methode abrechnet;
b. im Rahmen ihrer unternehmerischen Tätigkeit regelmässig Gegenstände importiert und exportiert;
c. über diese Gegenstände eine detaillierte Einfuhr-, Lager- und Ausfuhrkontrolle führt;
d.[79] in ihren periodischen Steuerabrechnungen mit der ESTV regelmässig Vorsteuerüberschüsse aus Ein- und Ausfuhren von Gegenständen nach Buchstabe b von mehr als 10 000 Franken pro Jahr ausweist, die aus der Entrichtung der Einfuhrsteuer an die EZV herrühren; und
e. Gewähr bietet für einen ordnungsgemässen Ablauf des Verfahrens.

2 Die Erteilung oder Aufrechterhaltung der Bewilligung kann von der Leistung von Sicherheiten in Höhe der mutmasslichen Ansprüche abhängig gemacht werden.

Art. 119 Wegfall der Bewilligungsvoraussetzungen
(Art. 63 MWSTG)

Fällt eine der Voraussetzungen der Bewilligung nach Artikel 118 Absatz 1 Buchstaben a–d weg, so muss die steuerpflichtige Person die ESTV unverzüglich schriftlich benachrichtigen.

Art. 120 Entzug der Bewilligung
(Art. 63 MWSTG)

Die Bewilligung wird entzogen, wenn die steuerpflichtige Person nicht mehr Gewähr für einen ordnungsgemässen Ablauf des Verfahrens bietet.

Art. 121 Nichterhebung der Inlandsteuer
(Art. 63 Abs. 2 MWSTG)

Für die Bewilligung nach Artikel 63 Absatz 2 MWSTG gelten die Artikel 118–120 sinngemäss.

---

79 Fassung gemäss Ziff. I der V vom 18. Okt. 2017, in Kraft seit 1. Jan. 2018 (AS **2017** 6307).

5. Titel: Verfahrensrecht für die Inland- und die Bezugsteuer

1. Kapitel: Rechte und Pflichten der steuerpflichtigen Person

1. Abschnitt:[80] Verzicht auf die Anmeldung als steuerpflichtige Person

(Art. 66 Abs. 1 MWSTG)

Art. 121*a*

Unternehmen, die im Inland ausschliesslich von der Steuer ausgenommene Leistungen erbringen, können auf die Anmeldung bei der ESTV als steuerpflichtige Person verzichten. Bei Unternehmen ohne Sitz, Wohnsitz oder Betriebsstätte im Inland gilt dies auch, wenn sie zudem Leistungen erbringen, für die sie nach Artikel 10 Absatz 2 Buchstabe b MWSTG von der Steuerpflicht befreit sind.

1*a*. Abschnitt:[81] Papierlose Belege

Anm.: Gem. V des EFD über elektronische Daten und Informationen (ElDI-V) vom 8. Oktober 2017 wird die ElDI-V per 1.1.2018 aufgehoben. Durch ihre Übergangsbestimmung ist sie noch begrenzt anwendbar:

[Übergangsbestimmung zur Aufhebung vom 18. Oktober 2017
Zertifikate, die nach der Verordnung des EFD vom 11. Dezember 2009 über elektronische Daten und Informationen in der bis 31. Dezember 2016 gültigen Fassung ausgestellt wurden, behalten ihre Gültigkeit bis zum Ende ihrer Gültigkeitsdauer, längstens aber bis zum 31. Dezember 2019.]

Art. 122 Grundsatz
(Art. 70 Abs. 4 MWSTG)

Für die Übermittlung und Aufbewahrung papierloser Belege gelten die Artikel 957–958*f* des Obligationenrechts[82] und die Geschäftsbücherverordnung vom 24. April 2002[83].

Art. 123–125

Aufgehoben

---

80 Eingefügt durch Ziff. I der V vom 18. Okt. 2017, in Kraft seit 1. Jan. 2018 (AS **2017** 6307).
81 Titel eingefügt durch Ziff. I der V vom 18. Okt. 2017, in Kraft seit 1. Jan. 2018 (AS **2017** 6307).
82 SR **220**
83 SR **221.431**

2. Abschnitt: Abrechnung

Art. 126 Effektive Abrechnungsmethode
(Art. 71 und 72 MWSTG)

[1] Bei der effektiven Abrechnungsmethode muss die steuerpflichtige Person für die Abrechnung mit der ESTV die folgenden Werte in geeigneter Weise festhalten:

a. das Total aller der Inlandsteuer unterliegenden Entgelte; dieses umfasst namentlich die Entgelte für:
   1. besteuerte Leistungen, aufgeteilt nach Steuersätzen,
   2. Leistungen, die nach Artikel 22 MWSTG freiwillig versteuert werden (Option),
   3. Leistungen, die nach Artikel 23 MWSTG von der Steuer befreit sind,
   4. Leistungen an Begünstigte nach Artikel 2 GSG[84], die nach Artikel 143 dieser Verordnung von der Mehrwertsteuer befreit sind,
   5. Leistungen, für die das Meldeverfahren nach Artikel 38 MWSTG angewendet wurde,
   6. Leistungen, die nach Artikel 21 MWSTG von der Steuer ausgenommen sind;

b. Minderungen des Entgelts bei Abrechnung nach vereinbarten Entgelten, soweit sie nicht in einer anderen Position berücksichtigt sind;

c. die nicht im Anwendungsbereich der Mehrwertsteuer liegenden:
   1. Entgelte aus Leistungen, deren Ort nach den Artikeln 7 und 8 MWSTG im Ausland liegt,
   2. nicht als Entgelte geltenden Mittelflüsse nach Artikel 18 Absatz 2 Buchstaben a–c MWSTG,
   3. anderen nicht als Entgelte geltenden Mittelflüsse nach Artikel 18 Absatz 2 Buchstaben d–l MWSTG;

d. das Total der Entgelte für der Bezugsteuer unterliegende Leistungen, aufgeteilt nach Steuersätzen;

e. das Total aller abziehbaren Vorsteuern, vor den Korrekturen und Kürzungen nach Buchstabe f, aufgeteilt in:
   1. Vorsteuer auf Material- und Dienstleistungsaufwand,
   2. Vorsteuer auf Investitionen und übrigem Betriebsaufwand,
   3. Einlageentsteuerung;

f. die Beträge, um die der Vorsteuerabzug korrigiert oder gekürzt werden muss infolge:
   1. gemischter Verwendung nach Artikel 30 MWSTG,
   2. Eigenverbrauchs nach Artikel 31 MWSTG,
   3. Erhalts von Mittelflüssen, die nicht als Entgelt gelten, nach Artikel 33 Absatz 2 MWSTG;

g. das Total der im Verlagerungsverfahren abgerechneten Einfuhrsteuer.

---

[84] SR **192.12**

[2] Die ESTV kann mehrere Werte nach Absatz 1 unter einer Ziffer des Abrechnungsformulars zusammenfassen oder darauf verzichten, sie im Rahmen der periodischen Abrechnung zu verlangen.

Art. 127 Abrechnung nach der Saldosteuersatz- oder der Pauschalsteuersatzmethode
(Art. 71 und 72 MWSTG)

[1] Bei der Saldosteuersatz- und der Pauschalsteuersatzmethode muss die steuerpflichtige Person für die Abrechnung mit der ESTV die folgenden Werte in geeigneter Weise festhalten:

a. das Total aller der Inlandsteuer unterliegenden Entgelte; dieses umfasst namentlich die Entgelte für:
   1. besteuerte Leistungen, aufgeteilt nach Saldosteuersätzen beziehungsweise Pauschalsteuersätzen,
   2. Leistungen, die nach Artikel 23 MWSTG von der Steuer befreit sind,
   3. Leistungen an Begünstigte nach Artikel 2 GSG[85], die nach Artikel 143 dieser Verordnung von der Mehrwertsteuer befreit sind,
   4. Leistungen, für die das Meldeverfahren nach Artikel 38 MWSTG angewendet wurde,
   5. Leistungen, die nach Artikel 21 MWSTG von der Steuer ausgenommen sind;
b. Minderungen des Entgelts bei Abrechnung nach vereinbarten Entgelten, soweit sie nicht in einer anderen Position berücksichtigt sind;
c. die nicht im Anwendungsbereich der Mehrwertsteuer liegenden:
   1. Entgelte aus Leistungen, deren Ort nach den Artikeln 7 und 8 MWSTG im Ausland liegt,
   2. nicht als Entgelte geltenden Mittelflüsse nach Artikel 18 Absatz 2 Buchstaben a–c MWSTG,
   3. anderen nicht als Entgelte geltenden Mittelflüsse nach Artikel 18 Absatz 2 Buchstaben d–l MWSTG;
d. das Total der Entgelte für der Bezugsteuer unterliegende Leistungen, aufgeteilt nach Steuersätzen;
e. Steueranrechnungen aus der Anwendung eines von der ESTV zur Verfügung gestellten besonderen Verfahrens nach Artikel 90 Absätze 1 und 2;
f. Zeitwert der unbeweglichen Gegenstände nach Artikel 93, die nicht mehr im Rahmen der unternehmerischen Tätigkeit oder neu für eine nach Artikel 21 Absatz 2 MWSTG von der Steuer ausgenommene Tätigkeit verwendet werden.

[2] Die ESTV kann mehrere Werte nach Absatz 1 unter einer Ziffer des Abrechnungsformulars zusammenfassen oder darauf verzichten, sie im Rahmen der periodischen Abrechnung zu verlangen.

---

85 SR **192.12**

Art. 128 Zusätzliche Unterlagen
(Art. 71 und 72 MWSTG)

[1] Die ESTV kann von der steuerpflichtigen Person die Einreichung namentlich folgender Unterlagen verlangen:

a. eine Zusammenfassung der in Artikel 126 beziehungsweise 127 genannten Angaben für die gesamte Steuerperiode (Deklaration für die Steuerperiode);
b. die rechtsgültig unterzeichnete Jahresrechnung oder, wenn die steuerpflichtige Person nicht buchführungspflichtig ist, eine Aufstellung über die Einnahmen und Ausgaben sowie über das Geschäftsvermögen zu Beginn und am Ende der Steuerperiode;
c. den Revisionsbericht, soweit für die steuerpflichtige Person ein solcher zu erstellen ist;
d. eine Umsatzabstimmung nach Absatz 2;
e. bei steuerpflichtigen Personen, die nach der effektiven Methode abrechnen, eine Vorsteuerabstimmung nach Absatz 3;
f. bei steuerpflichtigen Personen, die nach der effektiven Methode abrechnen, eine Aufstellung über die Berechnung der vorgenommenen Vorsteuerkorrekturen und -kürzungen, aus der die Vorsteuerkorrekturen nach Artikel 30 MWSTG, die Eigenverbrauchstatbestände nach Artikel 31 MWSTG und die Vorsteuerabzugskürzungen nach Artikel 33 Absatz 2 MWSTG ersichtlich sind.

[2] Aus der Umsatzabstimmung muss ersichtlich sein, wie die Deklaration für die Steuerperiode unter Berücksichtigung der verschiedenen Steuersätze beziehungsweise der Saldo- oder Pauschalsteuersätze mit dem Jahresabschluss in Übereinstimmung gebracht wird. Namentlich zu berücksichtigen sind:

a. der in der Jahresrechnung ausgewiesene Betriebsumsatz;
b. die Erträge, die auf Aufwandkonten verbucht wurden (Aufwandminderungen);
c. die konzerninternen Verrechnungen, die nicht im Betriebsumsatz enthalten sind;
d. die Verkäufe von Betriebsmitteln;
e. die Vorauszahlungen;
f. die übrigen Zahlungseingänge, die nicht im ausgewiesenen Betriebsumsatz enthalten sind;
g. die geldwerten Leistungen;
h. die Erlösminderungen;
i. die Debitorenverluste; und
j. die Abschlussbuchungen wie die zeitlichen Abgrenzungen, die Rückstellungen und internen Umbuchungen, die nicht umsatzrelevant sind.

[3] Aus der Vorsteuerabstimmung muss ersichtlich sein, dass die Vorsteuern gemäss Vorsteuerkonti oder sonstigen Aufzeichnungen mit den deklarierten Vorsteuern abgestimmt wurden.

[4] Die Einforderung zusätzlicher Unterlagen nach den Absätzen 1–3 stellt kein Einfordern von umfassenden Unterlagen im Sinn von Artikel 78 Absatz 2 MWSTG dar.

Art. 129 Korrektur
(Art. 72 MWSTG)

Die Korrektur von Mängeln in zurückliegenden Abrechnungen muss getrennt von den ordentlichen Abrechnungen erfolgen.

2. Kapitel: Auskunftspflicht von Drittpersonen (Art. 73 Abs. 2 Bst. c MWSTG)

Art. 130

Die Auskunftspflicht von Drittpersonen nach Artikel 73 Absatz 2 Buchstabe c MWSTG gilt nicht für Unterlagen, die:

a. der auskunftspflichtigen Person zur Erbringung ihrer Leistung anvertraut worden sind;
b. die auskunftspflichtige Person zur Erbringung ihrer Leistung selbst erstellt hat.

3. Kapitel: Rechte und Pflichten der Behörden

1. Abschnitt: Datenschutz[86]

Art. 131[87] Datenschutzberatung
(Art. 76 Abs. 1 MWSTG)

[1] Die ESTV bezeichnet eine für die Datenschutz- und Datensicherheitsberatung verantwortliche Person.

[2] Diese überwacht die Einhaltung der Datenschutzbestimmungen und sorgt insbesondere für eine regelmässige Überprüfung der Richtigkeit und Sicherheit der Daten.

[3] Sie sorgt ausserdem dafür, dass regelmässige Kontrollen betreffend die Richtigkeit und die vollständige Übertragung der erhobenen Daten auf Datenträger stattfinden.

---

86 Fassung gemäss Ziff. I der V vom 18. Okt. 2017, in Kraft seit 1. Jan. 2018 (AS **2017** 6307).

87 Fassung gemäss Ziff. I der V vom 18. Okt. 2017, in Kraft seit 1. Jan. 2018 (AS **2017** 6307).

Art. 132 Datenbearbeitung
(Art. 76 Abs. 1 und 76*a* Abs. 1 und 2 MWSTG)[88]

1 Die Bearbeitung von Daten erfolgt im Rahmen der Erfüllung der gesetzlich vorgeschriebenen Aufgaben ausschliesslich durch Mitarbeitende der ESTV oder durch von der ESTV kontrolliertes Fachpersonal.

2 Die ESTV kann Daten, die sie selbst erhebt oder zusammenstellt oder von Verfahrensbeteiligten, Drittpersonen oder Behörden erhält, in elektronischer oder anderer Form bearbeiten.[89]

3 ...[90]

Art. 133[91] Verantwortlichkeit für das Informationssystem
(Art. 76*a* Abs. 1 und 76*d* Bst. a MWSTG)

Die ESTV ist verantwortlich für den sicheren Betrieb und den Unterhalt des Informationssystems und die Rechtmässigkeit der Datenbearbeitung.

Art. 134[92] Datenkategorien
(Art. 76*a* Abs. 1 und 3 sowie 76*d* Bst. b und c MWSTG)

Die Daten, welche die ESTV nach Artikel 76*a* Absatz 3 MWSTG bearbeiten kann, sind die folgenden:

a. Angaben über die Identität von Personen: insbesondere Namen, Rechtsform, Handelsregistereintrag, Geburtsdatum oder Gründungszeitpunkt, Adresse, Wohn- und Geschäftssitz, Telekommunikationsnummern, E-Mail-Adresse, Heimatort, Bankverbindung, rechtlicher Vertreter oder rechtliche Vertreterin, AHV-Versichertennummer;

b. Angaben über die wirtschaftlichen Tätigkeiten: Art der Geschäftstätigkeit, erzielte oder voraussichtliche Umsätze, Eintragungs- und Löschungszeitpunkt, Ort der Leistungserbringung sowie für die Erhebung der Mehrwertsteuer erforderliche Angaben über das Verbringen sowie die Ein- und Ausfuhr von Waren;

c. Angaben über die Einkommens- und Vermögensverhältnisse: insbesondere Angaben aus Geschäftsbüchern, betriebswirtschaftliche Zahlen, Liegenschaften, Barschaft, Post- und Bankkonten, Wertpapiere und sonstige bewegliche Wertsachen sowie unverteilte Erbschaften;

d. Angaben über die Steuerverhältnisse: Steuerabrechnungen;

---

88 Fassung gemäss Ziff. I der V vom 18. Okt. 2017, in Kraft seit 1. Jan. 2018 (AS **2017** 6307).

89 Fassung gemäss Ziff. I der V vom 18. Okt. 2017, in Kraft seit 1. Jan. 2018 (AS **2017** 6307).

90 Aufgehoben durch Ziff. I der V vom 18. Okt. 2017, mit Wirkung seit 1. Jan. 2018 (AS **2017** 6307).

91 Fassung gemäss Ziff. I der V vom 18. Okt. 2017, in Kraft seit 1. Jan. 2018 (AS **2017** 6307).

92 Fassung gemäss Ziff. I der V vom 18. Okt. 2017, in Kraft seit 1. Jan. 2018 (AS **2017** 6307).

e. Angaben über Schuldverhältnisse und Forderungszessionen: Dauer und Umfang von Forderungszessionen, Höhe steuerbarer zedierter Forderungen;
f. Angaben über Betreibungs-, Konkurs- und Arrestverfahren: Betreibungs-, Konkurs-, Nachlass- und Arrestverfahren, gerichtliche und aussergerichtliche auf den Bezug von Forderungen gerichtete Handlungen;
g. Angaben über die Befolgung von steuerrechtlichen Pflichten: Befolgung steuerrechtlicher Mitwirkungspflichten, fristgerechte Entrichtung geschuldeter Abgaben, Buchführungspflichten, Feststellungen, die im Rahmen einer Kontrolle gemacht wurden, sowie Angaben, die für das Sicherstellen des Bezugs der geschuldeten Steuern bei den steuerpflichtigen und mithaftenden Personen benötigt werden;
h. Angaben über den Verdacht auf Widerhandlungen, über Straftaten, beschlagnahmte Gegenstände und Beweismittel sowie über Strafverfahren: begründeter Verdacht auf Widerhandlungen, beschlagnahmte Gegenstände und Beweismittel, Straftaten sowie die daraus resultierenden Sanktionen und Nachforderungen nach Artikel 12 des Bundesgesetzes vom 22. März 1974[93] über das Verwaltungsstrafrecht;
i. Angaben über Administrativverfahren: Daten über Verwaltungs- und Steuerjustizverfahren, die für das Ausstellen von Einschätzungsmitteilungen sowie für die Beurteilung von Steuerrückerstattungsansprüchen und Gesuchen um Steuererlass erforderlich sind;
j. Angaben über Amts- und Rechtshilfeverfahren: ersuchende Behörde, Datum und Gegenstand des Ersuchens, betroffene Personen, Verlauf des Verfahrens sowie Art der Massnahmen.

Art. 135[94] Statistiken
(Art. 76*a* Abs. 2 Bst. j MWSTG)

1 Die ESTV erstellt und führt Statistiken, soweit es zur Erfüllung ihrer gesetzlichen Aufgaben erforderlich ist.

2 Sie kann den Behörden des Bundes und der Kantone sowie weiteren interessierten Personen Daten zu statistischen Zwecken abgeben, sofern diese anonymisiert sind und keine Rückschlüsse auf die betroffenen Personen erlauben. Artikel 10 Absätze 4 und 5 des Bundesstatistikgesetzes vom 9. Oktober 1992[95] bleibt vorbehalten.

3 Nicht anonymisierte Daten dürfen für interne Geschäftskontrollen und für die interne Geschäftsplanung verwendet werden.

93 SR **313.0**
94 Fassung gemäss Ziff. I der V vom 18. Okt. 2017, in Kraft seit 1. Jan. 2018 (AS **2017** 6307).
95 SR **431.01**

Art. 136[96] Bekanntgabe von Daten an die EZV
(Art. 76*b* Abs. 2 MWSTG)

Die ESTV macht den in der EZV mit der Erhebung und dem Einzug der Mehrwertsteuer betrauten Personen die Daten nach Artikel 134 in einem Abrufverfahren zugänglich, soweit diese Daten für die korrekte und vollständige Veranlagung der Einfuhrsteuer oder für die Durchführung von Straf- oder Administrativverfahren erforderlich sind.

Art. 137[97] Aufbewahrungsdauer, Vernichtung und Archivierung der Daten
(Art. 76*c* Abs. 1 und 76*d* Bst. e und f MWSTG)

1 Die ESTV vernichtet die Daten spätestens nach Ablauf der in Artikel 70 Absätze 2 und 3 MWSTG beziehungsweise der in Artikel 105 MWSTG festgesetzten Fristen. Ausgenommen sind Daten, die für die Erhebung der Mehrwertsteuer immer wieder benötigt werden.

2 Vor der Vernichtung werden die Daten dem Bundesarchiv nach dem Archivierungsgesetz vom 26. Juni 1998[98] zur Archivierung angeboten.

Art. 138[99] Auswertung des Internetangebots der ESTV
(Art. 76*d* MWSTG)

1 Zur Auswertung ihres Internetangebots kann die ESTV die Daten von Personen bearbeiten, die von diesem Angebot Gebrauch machen (Logfiles).

2 Die Daten dürfen nur für diese Auswertung und nur so lange wie nötig bearbeitet werden. Sie sind nach der Auswertung zu vernichten oder zu anonymisieren.

Art. 139[100]

2. Abschnitt: Kontrolle

(Art. 78 Abs. 2 MWSTG)

Art. 140

Ein Einfordern von umfassenden Unterlagen liegt vor, wenn die Geschäftsbücher eines Geschäftsjahres verlangt werden, sei es mit oder ohne die dazugehörigen Buchungsbelege.

---

96 Fassung gemäss Ziff. I der V vom 18. Okt. 2017, in Kraft seit 1. Jan. 2018 (AS **2017** 6307).
97 Fassung gemäss Ziff. I der V vom 18. Okt. 2017, in Kraft seit 1. Jan. 2018 (AS **2017** 6307).
98 SR **152.1**
99 Fassung gemäss Ziff. I der V vom 18. Okt. 2017, in Kraft seit 1. Jan. 2018 (AS **2017** 6307).
100 Aufgehoben durch Ziff. I der V vom 18. Okt. 2017, mit Wirkung seit 1. Jan. 2018 (AS **2017** 6307).

4. Kapitel: Verfügungs- und Rechtsmittelverfahren

Art. 141 Beschwerdeverfahren
(Art. 81 MWSTG)

Die ESTV ist im Sinn von Artikel 89 Absatz 2 Buchstabe a des Bundesgerichtsgesetzes vom 17. Juni 2005[101] zur Beschwerde an das Bundesgericht berechtigt.

Art. 142 Betreibungskosten
(Art. 86 MWSTG)

Wird die Betreibung nach Artikel 86 Absatz 9 MWSTG zurückgezogen, so trägt die steuerpflichtige Person die angefallenen Betreibungskosten.

6. Titel: Entlastung von der Mehrwertsteuer für Begünstigte, die nach dem GSG von der Mehrwertsteuer befreit sind

Art. 143 Anspruchsberechtigung für die Steuerentlastung
(Art. 107 Abs. 1 Bst. a MWSTG)

1 Anspruch auf Entlastung von der Mehrwertsteuer haben institutionelle Begünstigte und begünstigte Personen.

2 Als institutionelle Begünstigte gelten:

a. Begünstigte nach Artikel 2 Absatz 1 GSG[102], die aufgrund des Völkerrechts, einer mit dem Bundesrat abgeschlossenen Vereinbarung über die Befreiung von den indirekten Steuern oder eines Entscheids des Eidgenössischen Departements für auswärtige Angelegenheiten (EDA) nach Artikel 26 Absatz 3 GSG von den indirekten Steuern befreit sind;
b. Begünstigte nach Artikel 2 Absatz 1 GSG mit Sitz im Ausland, sofern sie durch die Gründungsakte, ein Protokoll über die Vorrechte und Immunitäten oder sonstige völkerrechtliche Vereinbarungen von den indirekten Steuern befreit sind.

3 Als begünstigte Personen gelten:

a. Staatsoberhäupter sowie Regierungschefs und Regierungschefinnen während der tatsächlichen Ausübung einer offiziellen Funktion in der Schweiz sowie die zu ihrer Begleitung berechtigten Personen, die den diplomatischen Status geniessen;
b. diplomatische Vertreter und Vertreterinnen, Konsularbeamte und Konsularbeamtinnen sowie die zu ihrer Begleitung berechtigten Personen, sofern sie in der Schweiz denselben diplomatischen Status wie diese geniessen;
c. hohe Beamte und Beamtinnen von institutionellen Begünstigten nach Absatz 2 Buchstabe a, die in der Schweiz diplomatischen Status geniessen, sowie die zu ihrer Begleitung berechtigten Personen, so-

101 SR **173.110**
102 SR **192.12**

fern sie denselben diplomatischen Status geniessen, wenn sie aufgrund einer Vereinbarung zwischen dem Bundesrat oder dem EDA und dem betreffenden institutionellen Begünstigten oder aufgrund eines einseitigen Entscheids des Bundesrates oder des EDA von den indirekten Steuern befreit sind;

d. die Delegierten internationaler Konferenzen, die diplomatischen Status geniessen, wenn die internationale Konferenz, an der sie teilnehmen, in Übereinstimmung mit Absatz 2 Buchstabe a selbst von den indirekten Steuern befreit ist;

e. die ein internationales Mandat ausübenden Persönlichkeiten nach Artikel 2 Absatz 2 Buchstabe b GSG, die in der Schweiz diplomatischen Status geniessen und aufgrund eines Entscheids des Bundesrates von den indirekten Steuern befreit sind, sowie die zu ihrer Begleitung berechtigten Personen, sofern sie denselben diplomatischen Status geniessen.

4 Keinen Anspruch auf Steuerentlastung haben Personen mit Schweizer Bürgerrecht.

5 Die Entlastung von der Mehrwertsteuer wird durch die Steuerbefreiung an der Quelle nach den Artikeln 144 und 145 und ausnahmsweise durch die Rückerstattung nach Artikel 146 bewirkt.

Art. 144 Steuerbefreiung
(Art. 107 Abs. 1 Bst. a MWSTG)

1 Von der Steuer befreit sind:

a. die Lieferungen von Gegenständen und die Dienstleistungen im Inland durch steuerpflichtige Personen an institutionelle Begünstigte und begünstigte Personen;

b.[103] der Bezug von Leistungen von Unternehmen mit Sitz im Ausland durch institutionelle Begünstigte und begünstigte Personen.

2 Die Steuerbefreiung gilt nur für Lieferungen und Dienstleistungen:

a. an begünstigte Personen, wenn sie ausschliesslich zum persönlichen Gebrauch bestimmt sind;

b. an institutionelle Begünstigte, wenn sie ausschliesslich zum amtlichen Gebrauch bestimmt sind.

Art. 145 Voraussetzungen für die Steuerbefreiung
(Art. 107 Abs. 1 Bst. a MWSTG)

1 Ein institutioneller Begünstigter, der die Steuerbefreiung beanspruchen will, muss vor jedem Bezug von Leistungen auf dem amtlichen Formular bescheinigen, dass die bezogenen Leistungen zum amtlichen Gebrauch bestimmt sind.

2 Eine begünstigte Person, welche die Steuerbefreiung beanspruchen will, muss sich vor jedem Bezug von Leistungen von dem institutionellen Begünstigten, dem sie angehört, auf dem amtlichen Formular bescheinigen

103 Fassung gemäss Ziff. I der V vom 18. Okt. 2017, in Kraft seit 1. Jan. 2018 (AS **2017** 6307).

lassen, dass sie den Status nach Artikel 143 Absatz 3 geniesst, der sie zum steuerfreien Bezug berechtigt. Die begünstigte Person muss das eigenhändig unterzeichnete amtliche Formular dem Leistungserbringer oder der Leistungserbringerin übergeben und sich bei jedem Bezug von Leistungen mit der von der zuständigen eidgenössischen Behörde ausgestellten Legitimationskarte ausweisen.

3 Die Steuerbefreiung nach Artikel 144 Absatz 1 Buchstabe a kann nur in Anspruch genommen werden, wenn der effektive Bezugspreis der in der Rechnung oder einem gleichwertigen Dokument ausgewiesenen Leistungen insgesamt mindestens 100 Franken einschliesslich Steuer beträgt. Dieser Mindestbetrag gilt nicht für Telekommunikations- und elektronische Dienstleistungen nach Artikel 10 sowie für Lieferungen von Wasser in Leitungen, Gas und Elektrizität durch Versorgungsbetriebe.

4 Die Voraussetzungen nach den Absätzen 1–3 für die Beanspruchung einer Steuerbefreiung gelten nicht für Bezüge von Treibstoff, für die der institutionelle Begünstigte oder die begünstigte Person auf Grund der Artikel 26–28 der Mineralölsteuerverordnung vom 20. November 1996[104], der Artikel 30 und 31 der Verordnung vom 23. August 1989[105] über Zollvorrechte der diplomatischen Missionen in Bern und der konsularischen Posten in der Schweiz sowie der Artikel 28 und 29 der Verordnung vom 13. November 1985[106] über Zollvorrechte der internationalen Organisationen, der Staaten in ihren Beziehungen zu diesen Organisationen und der Sondermissionen fremder Staaten die Befreiung von der Mineralölsteuer beanspruchen kann. In diesem Fall muss der Leistungserbringer oder die Leistungserbringerin nachweisen können, dass die EZV die Mineralölsteuer nicht erhoben oder rückvergütet hat.

Art. 146 Steuerrückerstattung
(Art. 107 Abs. 1 Bst. a MWSTG)

1 In begründeten Einzelfällen kann die ESTV auf Antrag bereits bezahlte Steuerbeträge, für die ein Anspruch auf Steuerentlastung besteht, zurückerstatten; sie kann dafür, im Einvernehmen mit dem EDA, eine Bearbeitungsgebühr erheben.

2 Für die Steuerrückerstattung gilt Artikel 145 Absatz 3 sinngemäss.

3 Ein institutioneller Begünstigter kann pro Kalenderjahr höchstens zwei Anträge auf Steuerrückerstattung stellen. Er muss dafür das amtliche Formular benutzen.

4 Begünstigte Personen können pro Kalenderjahr höchstens einen Antrag auf Steuerrückerstattung stellen. Die Anträge der begünstigten Personen sind durch die Einrichtung, der sie angehören, zur einmaligen jährlichen Einreichung zusammenzustellen.

5 Die ESTV kann, im Einvernehmen mit dem EDA, einen Mindestrückerstattungsbetrag pro Antrag festsetzen. Auf Rückerstattungsbeträgen wird kein Vergütungszins ausgerichtet.

---

104 SR **641.611**
105 SR **631.144.0**
106 SR **631.145.0**

Art. 147 Aufbewahrungspflicht
(Art. 107 Abs. 1 Bst. a MWSTG)

Die steuerpflichtige Person muss die verwendeten amtlichen Formulare im Original zusammen mit den übrigen Belegen vollständig nach Artikel 70 Absatz 2 MWSTG aufbewahren. Bezüglich elektronisch übermittelter und aufbewahrter amtlicher Formulare gelten die Artikel 122–125 sinngemäss.

Art. 148 Vorsteuerabzug
(Art. 107 Abs. 1 Bst. a MWSTG)

Die Steuer auf den Lieferungen und den Einfuhren von Gegenständen sowie den Dienstleistungen, die zur Bewirkung von steuerfreien Leistungen an institutionelle Begünstigte und begünstigte Personen verwendet werden, kann als Vorsteuer abgezogen werden.

Art. 149 Steuernachbezug und Widerhandlungen
(Art. 107 Abs. 1 Bst. a MWSTG)

1 Sind die Voraussetzungen der Steuerbefreiung nach den Artikeln 144 und 145 nicht gegeben oder entfallen sie nachträglich, so ist in Fällen der Steuerbefreiung nach Artikel 144 Absatz 1 Buchstabe a der institutionelle Begünstigte oder die begünstigte Person verpflichtet, der steuerpflichtigen Person den auf die Steuer entfallenden Betrag zu bezahlen. Wird dieser Betrag nicht bezahlt, so wird er von der steuerpflichtigen Person geschuldet, sofern diese ein Verschulden trifft. Beim Bezug von Dienstleistungen von Unternehmen mit Sitz im Ausland sind die institutionellen Begünstigten und begünstigten Personen verpflichtet, die Steuer nachzuentrichten.

2 Die Bestimmungen der Wiener Übereinkommen vom 18. April 1961[107] über diplomatische Beziehungen und vom 24. April 1963[108] über konsularische Beziehungen sowie der Sitzabkommen bleiben vorbehalten.

Art. 150 Freiwillige Versteuerung von ausgenommenen Leistungen
(Art. 107 Abs. 1 Bst. a MWSTG)

Die ESTV kann die freiwillige Versteuerung der in Artikel 21 Absatz 2 Ziffern 20 und 21 MWSTG genannten Leistungen, ohne den Wert des Bodens, bewilligen, sofern diese gegenüber institutionellen Begünstigten nach Artikel 143 Absatz 2 Buchstabe a erbracht werden, unabhängig davon, ob der institutionelle Begünstigte im Inland steuerpflichtig ist oder nicht. Diese Option ist beschränkt auf Grundstücke und Grundstücksteile, die administrativen Zwecken dienen, namentlich für Büros, Konferenzsäle, Lager, Parkplätze, oder die ausschliesslich für die Residenz des Chefs oder der Chefin einer diplomatischen Mission, einer ständigen Mission oder anderen Vertretung bei zwischenstaatlichen Organisationen oder eines konsularischen Postens bestimmt sind.

---

107 SR **0.191.01**
108 SR **0.191.02**

7. Titel: Vergütung der Mehrwertsteuer an Abnehmer und Abnehmerinnen mit Wohn- oder Geschäftssitz im Ausland

Art. 151 Anspruchsberechtigte
(Art. 107 Abs. 1 Bst. b MWSTG)

1 Anspruch auf Vergütung der angefallenen Steuern nach Artikel 28 Absatz 1 Buchstaben a und c MWSTG hat, wer Gegenstände einführt oder sich in der Schweiz Leistungen gegen Entgelt erbringen lässt und zudem:[109]

a. Wohnsitz, Geschäftssitz oder Betriebsstätte im Ausland hat;
b. im Inland nicht steuerpflichtige Person ist;
c. unter Vorbehalt von Absatz 2 im Inland keine Leistungen erbringt; und
d. seine oder ihre Unternehmereigenschaft im Land des Wohnsitzes, des Geschäftssitzes oder der Betriebsstätte gegenüber der ESTV nachweist.

2 Der Anspruch auf Steuervergütung bleibt gewahrt, wenn die Person nach Artikel 10 Absatz 2 Buchstabe b MWSTG von der Steuerpflicht befreit ist und nicht auf diese Befreiung verzichtet.[110]

3 Die Steuervergütung setzt voraus, dass der Staat des Wohn- oder Geschäftssitzes beziehungsweise der Betriebsstätte des antragstellenden ausländischen Unternehmens ein entsprechendes Gegenrecht gewährt.

Art. 152 Gegenrecht
(Art. 107 Abs. 1 Bst. b MWSTG)

1 Gegenrecht gilt als gewährt, wenn:

a. Unternehmen mit Wohn- oder Geschäftssitz in der Schweiz im betreffenden ausländischen Staat für die auf dort bezogenen Leistungen bezahlte Mehrwertsteuer ein Vergütungsanspruch zusteht, der bezüglich Umfang und Einschränkungen dem Vorsteuerabzugsrecht entspricht, das im ausländischen Staat ansässige Unternehmen geniessen;
b. im betreffenden ausländischen Staat keine mit der schweizerischen Mehrwertsteuer vergleichbare Steuer erhoben wird; oder
c. im betreffenden ausländischen Staat eine andere Art von Umsatzsteuer als die schweizerische Mehrwertsteuer erhoben wird, die Unternehmen mit Wohn- oder Geschäftssitz im ausländischen Staat gleich belastet wie Unternehmen mit Wohn- oder Geschäftssitz in der Schweiz.

2 Die ESTV führt eine Liste mit den Staaten, mit denen nach Absatz 1 Buchstabe a eine Gegenrechtserklärung ausgetauscht wurde.

---

109 Fassung gemäss Ziff. I der V vom 18. Okt. 2017, in Kraft seit 1. Jan. 2018 (AS **2017** 6307).

110 Fassung gemäss Ziff. I der V vom 18. Okt. 2017, in Kraft seit 1. Jan. 2018 (AS **2017** 6307).

Art. 153 Umfang der Steuervergütung
(Art. 107 Abs. 1 Bst. b MWSTG)

[1] Die Steuervergütung entspricht bezüglich Umfang und Einschränkungen dem Vorsteuerabzugsrecht nach den Artikeln 28–30 und 33 Absatz 2 MWSTG. Eine Vergütung erfolgt höchstens in der Höhe des für die Leistung gesetzlich vorgesehenen Steuersatzes. Bezahlte Mehrwertsteuer auf Leistungen, die nach dem MWSTG nicht der Mehrwertsteuer unterliegen oder davon befreit sind, wird nicht vergütet.[111]

[2] Reisebüros und Organisatoren von Veranstaltungen mit Sitz im Ausland haben keinen Anspruch auf Vergütung der Steuern, die ihnen in der Schweiz beim Bezug von Lieferungen und Dienstleistungen, die sie den Kunden und Kundinnen weiterfakturieren, in Rechnung gestellt worden sind.[112]

[3] Rückzahlbare Steuern werden nur vergütet, wenn deren Betrag in einem Kalenderjahr mindestens 500 Franken erreicht.

Art. 154 Vergütungsperiode
(Art. 107 Abs. 1 Bst. b MWSTG)

Der Vergütungsantrag ist innerhalb von sechs Monaten nach Ablauf des Kalenderjahrs zu stellen, in dem für die erbrachte Leistung eine den Anspruch auf Vergütung begründende Rechnung gestellt wurde.

Art. 155 Verfahren
(Art. 107 Abs. 1 Bst. b MWSTG)

[1] Der Antrag auf Steuervergütung ist mit den Originalrechnungen der Leistungserbringer und Leistungserbringerinnen beziehungsweise mit den Veranlagungsverfügungen der EZV an die ESTV zu richten. Die Originalrechnungen müssen die Anforderungen nach Artikel 26 Absatz 2 MWSTG erfüllen und auf den Namen des Antragstellers oder der Antragstellerin lauten.

[2] Für den Antrag ist das Formular der ESTV zu verwenden.

[3] Der Antragsteller oder die Antragstellerin muss eine Vertretung mit Wohn- oder Geschäftssitz in der Schweiz bestellen.

[4] Die auf Kassenzetteln ausgewiesene Steuer kann nicht rückerstattet werden.

[5] Die ESTV kann weitere Angaben und Unterlagen verlangen.

Art. 156 Vergütungszins
(Art. 107 Abs. 1 Bst. b MWSTG)

Wird die Steuervergütung später als 180 Tage nach Eintreffen des vollständigen Antrags bei der ESTV ausgezahlt, so wird für die Zeit vom 181.

---

[111] Fassung gemäss Ziff. I der V vom 18. Okt. 2017, in Kraft seit 1. Jan. 2018 (AS **2017** 6307).

[112] Fassung gemäss Ziff. I der V vom 18. Okt. 2017, in Kraft seit 1. Jan. 2018 (AS **2017** 6307).

Tag bis zur Auszahlung ein vom EFD festzusetzender Vergütungszins ausgerichtet, sofern der entsprechende Staat Gegenrecht gewährt.

8. Titel: Mehrwertsteuer-Konsultativgremium[113]

Art. 157[114] Stellung
(Art. 109 MWSTG)

Das Mehrwertsteuer-Konsultativgremium (Konsultativgremium) ist eine ausserparlamentarische Kommission nach Artikel 57*a* des Regierungs- und Verwaltungsorganisationsgesetzes vom 21. März 1997[115].

Art. 158[116] Zusammensetzung des Konsultativgremiums
(Art. 109 MWSTG)

Das Konsultativgremium setzt sich aus vierzehn ständigen Mitgliedern zusammen.

Art. 159 Arbeitsweise und Sekretariat
(Art. 109 MWSTG)

1 Das Konsultativgremium tagt nach Bedarf. Die Einladung erfolgt durch den Vorsitzenden oder die Vorsitzende.

1bis Die ESTV nimmt beratend an den Sitzungen des Konsultativgremiums teil.[117]

2 Die ESTV übernimmt die administrativen Sekretariatsaufgaben und führt das Protokoll; dieses enthält die Empfehlungen des Konsultativgremiums und allfällige Mehrheits- und Minderheitsmeinungen.[118]

Art. 160[119] Stellungnahmen und Empfehlungen
(Art. 109 MWSTG)

Das Konsultativgremium richtet seine Stellungnahmen und Empfehlungen an das EFD. Es kann darin die Mehrheits- und Minderheitsmeinungen kenntlich machen.

---

113 Fassung gemäss Ziff. I der V vom 12. Okt. 2011, in Kraft seit 1. Jan. 2012 (AS **2011** 4739).
114 Fassung gemäss Ziff. I der V vom 12. Okt. 2011, in Kraft seit 1. Jan. 2012 (AS **2011** 4739).
115 SR **172.010**
116 Fassung gemäss Ziff. I der V vom 18. Okt. 2017, in Kraft seit 1. Jan. 2018 (AS **2017** 6307).
117 Eingefügt durch Ziff. I der V vom 18. Okt. 2017, in Kraft seit 1. Jan. 2018 (AS **2017** 6307).
118 Fassung gemäss Ziff. I der V vom 18. Okt. 2017, in Kraft seit 1. Jan. 2018 (AS **2017** 6307).
119 Fassung gemäss Ziff. I der V vom 18. Okt. 2017, in Kraft seit 1. Jan. 2018 (AS **2017** 6307).

Art. 161 Entscheidkompetenz
(Art. 109 MWSTG)

1 Das Konsultativgremium hat keine Entscheidkompetenz.

2 Der Entscheid über die Festlegung der Praxis liegt bei der ESTV.[120]

Art. 162[121] Information der Öffentlichkeit

1 Die Beratungen sowie die Dokumente, die dem Konsultativgremium vorgelegt oder von ihm erstellt werden, sind vertraulich. Davon ausgenommen sind Entwürfe von Praxisfestlegungen der ESTV; diese werden gleichzeitig mit dem Versand der Einladung zur Sitzung des Konsultativgremiums, an der sie voraussichtlich behandelt werden, auf der Website der ESTV[122] veröffentlicht.

2 Mit Zustimmung der ESTV darf das Konsultativgremium über seine Geschäfte öffentlich informieren.

9. Titel: Schlussbestimmungen

1. Kapitel: Aufhebung und Änderung bisherigen Rechts

Art. 163

Die Verordnung vom 29. März 2000[123] zum Bundesgesetz über die Mehrwertsteuer wird aufgehoben.

2. Kapitel: Übergangsbestimmungen

Art. 164 Subsidiäre Haftung bei der Zession
(Art. 15 Abs. 4 MWSTG)

Der Zessionar oder die Zessionarin haftet nur für die Mehrwertsteuer auf Forderungen, die er oder sie gestützt auf eine nach dem 1. Januar 2010 zustande gekommene Zession oder Globalzession erwirbt.

---

120 Fassung gemäss Ziff. I der V vom 18. Okt. 2017, in Kraft seit 1. Jan. 2018 (AS **2017** 6307).

121 Fassung gemäss Ziff. I der V vom 18. Okt. 2017, in Kraft seit 1. Jan. 2018 (AS **2017** 6307).

122 www.estv.admin.ch > Mehrwertsteuer > Fachinformationen > Konsultativgremium.

123 [AS **2000** 1347, **2001** 3294 Ziff. II 4, **2004** 5387, **2006** 2353 4705 Ziff. II 45, **2007** 1469 Anhang 4 Ziff. 24 6657 Anhang Ziff. 9]

Art. 165 Einlageentsteuerung
(Art. 32 MWSTG)

Die Bestimmungen über die Einlageentsteuerung sind nicht anwendbar bei:

a.[124] nicht als Entgelt geltenden Mittelflüssen (Art. 18 Abs. 2 MWSTG), die mit Inkrafttreten des neuen Rechts nach Artikel 33 Absatz 1 MWSTG nicht mehr zu einer Kürzung des Vorsteuerabzugs führen;

b. im Rahmen des Baueigenverbrauchs nach Artikel 9 Absatz 2 des Mehrwertsteuergesetzes vom 2. September 1999[125] besteuerten Eigenleistungen.

Art. 166 Wahlmöglichkeiten
(Art. 37 und 114 MWSTG)

1 Mit dem Inkrafttreten des MWSTG beginnen die Fristen nach Artikel 37 Absatz 4 MWSTG für die Wechsel von der effektiven Abrechnungsmethode zur Saldosteuersatzmethode und umgekehrt neu zu laufen.

2 Mit dem Inkrafttreten des MWSTG beginnen die Fristen nach Artikel 98 Absatz 2 dieser Verordnung für die Wechsel von der effektiven Abrechnungsmethode zur Pauschalsteuersatzmethode und umgekehrt neu zu laufen.

3 Für Fälle, in denen Artikel 114 Absatz 2 MWSTG eine Frist von 90 Tagen vorsieht, geht diese Frist der 60-Tage-Frist nach den Artikeln 79, 81 und 98 dieser Verordnung vor.[126]

Art. 166*a*[127] Übergangsbestimmung zur Änderung vom 18. Oktober 2017
(Art. 10 Abs. 1 Bst. a MWSTG)

Für ausländische Unternehmen ohne Betriebsstätte im Inland, die in den zwölf Monaten vor Inkrafttreten dieser Verordnung steuerbare Leistungen im Inland erbracht haben, endet die Befreiung von der Steuerpflicht nach Artikel 9*a* mit Inkrafttreten dieser Verordnung, wenn sie in diesen zwölf Monaten die Umsatzgrenze nach Artikel 10 Absatz 2 Buchstabe a oder c MWSTG aus nicht von der Steuer ausgenommenen Leistungen im In- oder Ausland erreicht haben und anzunehmen ist, dass sie auch in den zwölf Monaten ab Inkrafttreten steuerbare Leistungen im Inland erbringen werden. Wurden die Leistungen nicht während der gesamten zwölf Monate vor Inkrafttreten erbracht, so ist der Umsatz auf ein volles Jahr umzurechnen.

---

124 Fassung gemäss Ziff. I der V vom 18. Juni 2010, in Kraft seit 1. Jan. 2010 (AS **2010** 2833).
125 [AS **2000** 1300]
126 Fassung gemäss Ziff. I der V vom 30. Okt. 2013, in Kraft seit 1. Jan. 2014 (AS **2013** 3839).
127 Eingefügt durch Ziff. I der V vom 18. Okt. 2017, in Kraft seit 1. Jan. 2018 (AS **2017** 6307).

3. Kapitel: Inkrafttreten

Art. 167

[1] Diese Verordnung tritt mit Ausnahme von Artikel 76 am 1. Januar 2010 in Kraft.

[2] Artikel 76 wird zu einem späteren Zeitpunkt in Kraft gesetzt.

Verordnung
des EFD über die Steuerbefreiung von Inlandlieferungen von Gegenständen zwecks Ausfuhr im Reiseverkehr (SR 641.202.2)

vom 24. März 2011 (Stand am 1. Mai 2011)

Das Eidgenössische Finanzdepartement (EFD),
gestützt auf Artikel 23 Absatz 5 des Mehrwertsteuergesetzes vom 12. Juni 2009[1],
verordnet:

Art. 1 Voraussetzungen für die Steuerbefreiung

Inlandlieferungen von Gegenständen zwecks Ausfuhr im Reiseverkehr sind von der Mehrwertsteuer befreit, wenn die folgenden Voraussetzungen erfüllt sind:

a. Die Gegenstände sind für den privaten Gebrauch des Abnehmers oder der Abnehmerin oder für Geschenkzwecke bestimmt.
b. Der Preis der Gegenstände beträgt je Ausfuhrdokument und Abnehmer oder Abnehmerin mindestens 300 Franken (mit Einschluss der Mehrwertsteuer).
c. Der Abnehmer oder die Abnehmerin hat nicht im Inland Wohnsitz.
d. Die Gegenstände werden innert 30 Tagen nach ihrer Übergabe an den Abnehmer oder die Abnehmerin ins Zollausland verbracht.

Art. 2 Nachweis für die Steuerbefreiung

1 Die Voraussetzungen nach Artikel 1 gelten als erfüllt, wenn der Lieferant oder die Lieferantin der Eidgenössischen Steuerverwaltung (ESTV) vorlegt:

a. ein bestätigtes Ausfuhrdokument nach den Artikeln 3–5; oder
b. ein Ausfuhrdokument zusammen mit einer Einfuhrveranlagung nach Artikel 6.

2 Für Reisegruppen gilt Artikel 7.

Art. 3 Ausfuhrdokument

1 Das Ausfuhrdokument muss enthalten:

a. Aufdruck «Ausfuhrdokument im Reiseverkehr»;

AS **2011** 1245
1 SR **641.20**

b. Name und Ort des Lieferanten oder der Lieferantin, wie er oder sie im Geschäftsverkehr auftritt, sowie die Nummer, unter der er oder sie im Mehrwertsteuerregister eingetragen ist;
c. Name und Anschrift des Abnehmers oder der Abnehmerin;
d. Nummer eines amtlichen Ausweises des Abnehmers oder der Abnehmerin und Art dieses Ausweises;
e. Datum der Lieferung der Gegenstände;
f. genaue Beschreibung und Preis der Gegenstände;
g. Feld für die Bestätigung nach den Artikeln 4 und 5.

2 Der Lieferant oder die Lieferantin sowie der Abnehmer oder die Abnehmerin müssen mit ihrer Unterschrift bestätigen, dass sie die Voraussetzungen für eine Steuerbefreiung kennen und dass die Angaben auf dem Dokument richtig sind.

Art. 4 Bestätigung durch die Eidgenössische Zollverwaltung bei der Ausfuhr

1 Werden die im Ausfuhrdokument aufgeführten Gegenstände über eine besetzte Zollstelle ins Zollausland verbracht, so muss der Abnehmer oder die Abnehmerin sie unter Vorlage des Ausfuhrdokuments bei der Zollstelle mündlich anmelden.

2 Die Zollstelle bestätigt die Ausfuhr auf dem Ausfuhrdokument.

3 Der Abnehmer oder die Abnehmerin ist für die Zustellung des bestätigten Ausfuhrdokuments an den Lieferanten oder die Lieferantin verantwortlich.

Art. 5 Nachträgliche Bestätigung

1 Erfolgt die Ausfuhr nicht nach Artikel 4, so können die folgenden Stellen auf dem Ausfuhrdokument bestätigen, dass die Gegenstände im Ausland sind:

a. eine ausländische Zollbehörde;
b. eine schweizerische Botschaft oder ein schweizerisches Konsulat im Wohnsitzstaat des Abnehmers oder der Abnehmerin.

2 Der Abnehmer oder die Abnehmerin muss dem Lieferanten oder der Lieferantin das bestätigte Ausfuhrdokument zustellen.

Art. 6 Einfuhrveranlagung

1 Ist das Ausfuhrdokument nicht bestätigt, so kann es zusammen mit einer Einfuhrveranlagung einer ausländischen Zollbehörde als Nachweis nach Artikel 2 Absatz 1 eingereicht werden.

2 Die Einfuhrveranlagung muss in einer Schweizer Landessprache oder in Englisch oder in einer beglaubigten Übersetzung in eine dieser Sprachen vorliegen.

Art. 7 Steuerbefreiung von Lieferungen an Reisegruppen

1 Lieferanten und Lieferantinnen, die steuerfreie Inlandlieferungen an Teilnehmende von geführten Gruppenreisen im Inland erbringen wollen, benötigen eine Bewilligung der ESTV.

2 Inlandlieferungen an Teilnehmende von geführten Gruppenreisen sind von der Mehrwertsteuer befreit, wenn die Voraussetzungen nach Artikel 1 erfüllt sind und der Lieferant oder die Lieferantin:

a. über eine Liste der Reiseteilnehmenden mit Angaben zu Beginn und Ende der Reise, Reiseprogramm und Reiseroute sowie zum Zeitpunkt der Ein- und Ausreise verfügt;
b. über eine durch die Unterschrift des Reiseveranstalters oder der Reiseveranstalterin bestätigte Erklärung verfügt, dass alle Reiseteilnehmenden Wohnsitz im Ausland haben, gemeinsam ins Inland eingereist sind und gemeinsam ausreisen werden; und
c. für alle Abnehmer und Abnehmerinnen Ausfuhrdokumente nach Artikel 3 ausstellt und sie um eine Kopie der amtlichen Ausweise der Abnehmer und Abnehmerinnen ergänzt.

3 Der Lieferant oder die Lieferantin muss die Dokumente nach Absatz 2 in einem Dossier zusammenfassen und auf Verlangen der ESTV vorweisen.

Art. 8 Aufhebung bisherigen Rechts

Die Verordnung des EFD vom 11. Dezember 2009[2] über die Steuerbefreiung von Inlandlieferungen von Gegenständen zwecks Ausfuhr im Reiseverkehr wird aufgehoben.

Art. 9 Inkrafttreten

Diese Verordnung tritt am 1. Mai 2011 in Kraft.

2 [AS **2009** 6813]

Verordnung
der ESTV über die Höhe der Saldosteuersätze nach Branchen und Tätigkeiten (SR 641.202.62)

vom 6. Dezember 2010 (Stand am 1. Januar 2018)*

Die Eidgenössische Steuerverwaltung (ESTV),

gestützt auf Artikel 37 Absatz 3 des Mehrwertsteuergesetzes vom 12. Juni 2009[1] (MWSTG),

verordnet:

Art. 1 Saldosteuersätze nach Branchen und Tätigkeiten

[1] Die Saldosteuersätze (SSS) nach Branchen und Tätigkeiten richten sich nach der Tabelle im Anhang.

[2] Die Mischbranchen sind mit einem Stern gekennzeichnet. Die branchenübliche Haupttätigkeit steht in der ersten Tabellenspalte. Die branchenüblichen Nebentätigkeiten, für welche die 50-Prozent-Regel nach Artikel 89 Absatz 3 der Mehrwertsteuerverordnung vom 27. November 2009[2] gilt, stehen in der zweiten Tabellenspalte.

[3] Die für Herstellungsbranchen und -tätigkeiten geltenden Saldosteuersätze sind nur anwendbar, wenn im Preis für die Leistung auch das Material eingeschlossen ist. Für Akkordarbeiten, Lohnarbeiten, Montagearbeiten und die reine Bearbeitung von Gegenständen gelten die dafür vorgesehenen Saldosteuersätze.

[4] Beim Grosshandel kommt der Saldosteuersatz zur Anwendung, der für den Detailhandel mit gleichartigen Gegenständen gilt.

Art. 2 Aufhebung bisherigen Rechts

Die Verordnung der ESTV vom 8. Dezember 2009[3] über die Höhe der Saldosteuersätze nach Branchen und Tätigkeiten wird aufgehoben.

Art. 3 Inkrafttreten

Diese Verordnung tritt am 1. Januar 2011 in Kraft.

AS **2010** 6105

* Alle Änderungen berücksichtigt bis zur letzten Bundesratssitzung des Jahres vom 20. Dez. 2017.

1 SR **641.20**

2 SR **641.201**

3 [AS **2009** 6815]

Anhang[4]
(Art. 1)

Liste der Saldosteuersätze nach Branchen und Tätigkeiten

Branchen und Tätigkeiten	*Nebentätigkeiten bei Mischbranchen*	SSS
Abbruchunternehmen		4,3 %
Abdichtungen aller Art		4,3 %
Abschleppdienst		4,3 %
Akkordunternehmen/ Anschläger im Baugewerbe		6,5 %
Alarmaufschaltungen: alle Umsätze einschliesslich Entschädigungen für Fehlalarme		5,9 %
Alkoholische Getränke: Handel, sofern mit offen überwälzter Steuer bezogen		1,2 %
Alkoholische Getränke: Handel, sofern ohne offen überwälzte Steuer bezogen		6,5 %
Altmaterial: Handel		4,3 %
Anbieten von kostenpflichtigen Mehrwertdiensten, namentlich unter 0900-Nummern		4,3 %
Anhängerbau		2,8 %
Antennenbau		3,5 %
Antikschreinerei		5,1 %
Antiquitäten: Handel		5,1 %
Anwaltsbüro		5,9 %
Apotheke*	*Handel mit Parfümerieartikeln*	0,6 %
Apparatebau		3,5 %
Architekturbüro, einschliesslich Bauleitung		5,9 %
Arztpraxis: Verkauf von Medikamenten und Verbandsmaterial*	*Lieferung von Gegenständen, die zum Normalsatz steuerbar sind*	0,6 %
Aufzüge: Service und Unterhalt		5,1 %
Auto-Elektro-Werkstatt		2,8 %

4 Fassung gemäss Ziff. I der V der ESTV vom 27. Sept. 2017, in Kraft seit 1. Jan. 2018 (AS **2017** 5587).

Branchen und Tätigkeiten	*Nebentätigkeiten bei Mischbranchen*	SSS
Auto-Karosseriespenglerei*	*Mechanische und elektrische Arbeiten an Fahrzeugen; Pneuhandel*	4,3 %
Auto-Malerei/Auto-Spritzwerk*	*Mechanische und elektrische Arbeiten an Fahrzeugen; Pneuhandel*	4,3 %
Auto-Neuwagen: Handel		0,6 %
Auto-Occasionen bis 3,5 t: Handel		0,6 %
Auto-Reparaturwerkstätte*	*Karosseriearbeiten; Automalerarbeiten; Pneuhandel*	2,8 %
Autoverwertung		4,3 %
Autowaschanlage		3,5 %
Bäckerei*	*Lieferung von Gegenständen, die zum Normalsatz steuerbar sind*	0,6 %
Baggerunternehmen		4,3 %
Bankdienstleistungen/ Finanzdienstleistungen		5,9 %
Bar: Leistungen, die zum Normalsatz steuerbar sind		5,1 %
Baugeschäft		4,3 %
Baumaschinen und Baugeräte: Handel*	*Reparatur- und Servicearbeiten; Vermietungen; Handel mit gebrauchten Gegenständen*	1,2 %
Baumaterial: Handel		2,0 %
Bäume/Sträucher: Pflege, Schnitt		4,3 %
Baumschule: Verkauf von im eigenen Betrieb gewonnenen Erzeugnissen der Urproduktion, die zum reduzierten Satz steuerbar sind		0,6 %
Bautrocknung		4,3 %
Bearbeiten von zum Normalsatz steuerbaren Gegenständen, soweit nicht anderswo genannt		5,9 %
Bearbeiten von zum reduzierten Satz steuerbaren Gegenständen, soweit nicht anderswo genannt		1,2 %
Beherbergung in Hotellerie und Parahotellerie: Übernachtung mit Frühstück		2,0 %
Beizwerkstatt		5,9 %

Branchen und Tätigkeiten	*Nebentätigkeiten bei Mischbranchen*	SSS
Beratung, soweit nicht anderswo genannt		5,9 %
Bergführertätigkeit		5,9 %
Berufssport		5,9 %
Bestattungen		3,5 %
Betäubungsmittel: Handel		6,5 %
Betäubungsmittel: Herstellung		6,5 %
Bibliothek: Ausleihe von Büchern		0,6 %
Bibliothek: zum Normalsatz steuerbare Leistungen wie die Ausleihe von DVDs, CDs und Videokassetten		3,5 %
Bijouterie-/Uhrengeschäft*	*Reparatur- und Servicearbeiten*	2,0 %
Bildhauerei aller Art: reine Bearbeitungen		5,9 %
Billardcenter		5,1 %
Blitzschutzanlagen: Lieferung mit Installation		3,5 %
Blumengeschäft*	*Lieferung von Gegenständen, die zum Normalsatz steuerbar sind*	0,6 %
Boden- und Teppichbeläge: Lieferung mit Verlegen		3,5 %
Bodenschätze: Abbaurecht		6,5 %
Body-Piercing		5,1 %
Bohrunternehmen		4,3 %
Boote und Zubehör: Handel		2,0 %
Boote: Herstellung, Reparaturen, Über- winterung, Ein- und Auswasserung		3,5 %
Bootsplatzvermietung		3,5 %
Brauerei: Brauen von alkoholfreiem Bier		0,1 %
Brauerei: Brauen von alkoholhaltigem Bier		2,8 %
Brennerei ohne Lohnbrennerei		3,5 %
Briefmarken: Handel		5,1 %
Buch-Antiquariat: Handel mit gebrauchten Büchern		0,6 %
Buchbinderei: Binden von zum Normalsatz steuerbaren Gegenständen		5,1 %

Branchen und Tätigkeiten	*Nebentätigkeiten bei Mischbranchen*	SSS
Buchbinderei: Binden von zum reduzierten Satz steuerbaren Gegenständen		1,2 %
Bücherrestaurationsatelier		1,2 %
Buchhaltungsbüro		5,9 %
Buchhandlung*	*Handel mit Gegenständen, die zum Normalsatz steuerbar sind*	0,6 %
Buchverlag: Leistungen, die zum reduzierten Satz steuerbar sind		0,1 %
Büromaschinen: Handel*	*Reparatur- und Servicearbeiten; Vermietungen; Handel mit gebrauchten Gegenständen*	2,0 %
Bus- und Carunternehmen		4,3 %
Callcenter		5,1 %
Camping: gastgewerbliche Leistungen		5,1 %
Camping: sämtliche campingbezogenen Tätigkeiten ohne gastgewerbliche Leistungen		2,0 %
Cheminée-Bau		2,8 %
Chemische Produkte: Herstellung		3,5 %
Chemische Reinigung		5,1 %
Coiffeursalon*	*Handel*	5,1 %
Computerhardware- und -software: Handel*	*Reparatur- und Servicearbeiten; Vermietungen; Handel mit gebrauchten Gegenständen*	1,2 %
Dachdeckergeschäft		3,5 %
Datenbank: Verkauf von Daten und Informationen aller Art		5,9 %
Deckenverkleidungen: Lieferung mit Montage		3,5 %
Décolletage: Drehen, Fräsen, Bohren, wobei das Material von der Kundin oder vom Kunden zur Verfügung gestellt wird		5,1 %
Detektei		5,9 %
Dienstleistungen, sofern zum Normalsatz steuerbar und soweit nicht anderswo genannt		5,9 %

Branchen und Tätigkeiten	*Nebentätigkeiten bei Mischbranchen*	SSS
Dienstleistungen, sofern zum reduzierten Satz steuerbar und soweit nicht anderswo genannt		1,2 %
Digitalisierung von Gegenständen wie Schallplatten, Filme, Druckerzeugnisse und Pläne		4,3 %
Dolmetschleistungen		6,5 %
Drechslerei		3,5 %
Drogerie*	*Lieferung von Parfümeriewaren*	1,2 %
Druckerei: Leistungen, die zum Normalsatz steuerbar sind		4,3 %
Druckerei: Leistungen, die zum reduzierten Satz steuerbar sind		0,1 %
Druckvorstufenbetrieb		5,1 %
Dünger: Handel		0,1 %
Dünger: Herstellung		0,1 %
Edelsteinfasserei		5,9 %
EDV-Serviceleistungen/ EDV-Beratungen		6,5 %
Einrahmungen		4,3 %
Eisenlegen: Akkordarbeiten		6,5 %
Eisenwaren- und Haushaltartikelgeschäft		2,0 %
Elektroinstallationsgeschäft		4,3 %
Elektronik: Herstellung von elektronischen Bauteilen, Steuerungen, Geräten und anderen Elektronikartikeln		3,5 %
Energie, namentlich in Form von Elektrizität, Gas und Fernwärme: Lieferung		2,8 %
Engineeringbüro/Technisches Büro		5,9 %
Entschädigung wegen Auflösung oder Verletzung eines Vertrags, sofern steuerbar		6,5 %
Entsorgungsleistungen		2,8 %
Erotikdienstleistungen ohne eigene Räumlichkeiten		6,5 %
Erotiketablissement/ Erotiksauna		5,9 %

Branchen und Tätigkeiten	*Nebentätigkeiten bei Mischbranchen*	SSS
Events, Kongresse, Messen und andere Veranstaltungen: Durchführen und Veranstalten in eigenem Namen		2,0 %
Fahrten mit Fahrzeugen wie Pferdekutschen und Pferdeschlitten		5,1 %
Fahrzeugbau, eingeschlossen Handel		2,8 %
Fahrzeuge: Vermietung mit Bedienung		4,3 %
Ferienwohnungen: Vermietung		2,0 %
Feuerlöscher: Lieferung und Unterhalt		4,3 %
Film- und Videoproduktion		3,5 %
Film- und Videoverleih		3,5 %
Fitness-Center: sämtliche branchen- üblichen Leistungen		4,3 %
Flugbetrieb: Flüge mit Fluggeräten wie Flugzeug, Helikopter, Ballon oder Gleitschirm		2,8 %
Flugzeugunterhalt		2,8 %
Formenbau		4,3 %
Forschung		5,1 %
Forstwirtschaftliche Arbeiten		4,3 %
Fotogeschäft*	*Alle branchenüblichen Leistungen, die nicht den Handel mit neuen Gegenständen betreffen*	2,0 %
Fotografinnen und Fotografen		5,1 %
Fotokopien		4,3 %
Foto-Labor		3,5 %
Foto-Lithos		5,1 %
Fotoreporterinnen und Fotoreporter		5,1 %
Foto-Satz		5,1 %
Foto-Studio		5,1 %
Führungen, namentlich in Museen und Städten		6,5 %
Fundgegenstände: Verkauf		6,5 %
Fusspflege/Pedicure		5,1 %
Futtermittel: Handel		0,1 %

Branchen und Tätigkeiten	*Nebentätigkeiten bei Mischbranchen*	SSS
Futtermittel: Herstellung		0,1 %
Galerie: Handel im eigenen Namen		5,1 %
Galerie: Handel im fremden Namen und auf fremde Rechnung		5,9 %
Galvanische Werkstätte		4,3 %
Garagentore: Lieferung mit Montage		2,8 %
Garderobe		5,1 %
Gartenbau: Leistungen mit Ausnahme der gesondert fakturierten Pflanzenlieferungen		4,3 %
Gartenbau: Pflanzenlieferungen, wenn gesondert fakturiert		0,6 %
Gartenunterhalt		4,3 %
Gärtnerei: Verkauf von im eigenen Betrieb gewonnenen Erzeugnissen der Urproduktion, die zum reduzierten Satz steuerbar sind*	*Lieferung von Gegenständen, die zum Normalsatz steuerbar sind*	0,1 %
Gas wie Propan oder Butan: Handel in Flaschen		2,0 %
Gastgewerblicher Betrieb: Leistungen, die zum Normalsatz steuerbar sind		5,1 %
Gastgewerblicher Betrieb: Leistungen, die zum Sondersatz für Beherbergung steuerbar sind		2,0 %
Gebäudereinigungen		5,9 %
Gebrauchtwaren: Handel		4,3 %
Geigenbau		4,3 %
Gemüse: Handel		0,6 %
Gemüsebaubetrieb: Verkauf von im eigenen Betrieb gewonnenen Erzeugnissen der Urproduktion, die zum reduzierten Satz steuerbar sind		0,1 %
Generalunternehmen (GU) im Baugewerbe: Leistungen aufgrund eines GU-Vertrags		2,8 %
Geometerbüro		5,9 %

Branchen und Tätigkeiten	*Nebentätigkeiten bei Mischbranchen*	SSS
Gerüstbau: Vermietung mit Montage		5,1 %
Geschicklichkeitsspiel-automaten, Musikautomaten: Betrieb		3,5 %
Getränke: Handel*	*Lieferung von Gegenständen, die zum Normalsatz steuerbar sind und mit offen überwälzter Steuer bezogen wurden*	0,6 %
Giesserei		3,5 %
Gipserei		5,1 %
Glasbläserei		3,5 %
Glaserei: Lieferung mit Einbau		3,5 %
Goldschmiede-Atelier		3,5 %
Grabstein-Bildhauerei: Lieferung mit Bearbeitung		4,3 %
Grabunterhalt		4,3 %
Grafikatelier		5,9 %
Gravier-Atelier: Gravuren		5,1 %
Gravier-Atelier: Handel mit Gegenständen, einschliesslich der Kosten der Gravur		2,8 %
Hafnerei		2,8 %
Handel mit zum Normalsatz steuerbaren Gegenständen, soweit nicht anderswo genannt		2,0 %
Handel mit zum reduzierten Satz steuerbaren Gegenständen, soweit nicht anderswo genannt		0,6 %
Haushaltgeräte: Handel*	*Reparatur- und Servicearbeiten; Vermietungen; Handel mit gebrauchten Gegenständen*	2,0 %
Haushalthilfe		5,9 %
Hauswartungen		5,9 %
Heizöl: Handel		0,6 %
Heizungen und Lüftungen: Lieferung mit Montage*	*Reparatur- und Servicearbeiten*	2,8 %
Herstellung von zum Normalsatz steuerbaren Gegenständen, soweit nicht anderswo genannt; gilt nicht für reine Bearbei-tungen und Lohnarbeiten		3,5 %

Branchen und Tätigkeiten	*Nebentätigkeiten bei Mischbranchen*	SSS
Herstellung von zum reduzierten Satz steuerbaren Gegenständen, soweit nicht anderswo genannt; gilt nicht für reine Bearbeitungen und Lohnarbeiten		0,1 %
Holz aus eigenem Wald: Verkauf		2,8 %
Holz: Handel		2,8 %
Holzbildhauerei/Holzschnitzerei: Lieferung mit Bearbeitung		5,1 %
Holzschnitzel, die zum Normalsatz steuerbar sind: Handel		2,8 %
Holzschnitzel, die zum reduzierten Satz steuerbar sind: Handel		0,6 %
Hörgeräte: Verkauf mit Service sowie Beratung		3,5 %
Hotel: Leistungen, die zum Normalsatz steuerbar sind		5,1 %
Hotel: Leistungen, die zum Sondersatz für Beherbergung steuerbar sind		2,0 %
Hufschmiede		0,1 %
Hundesalon		5,1 %
Hundezucht		5,1 %
Indoor-Freizeitaktivitäten, soweit nicht anderswo genannt: Anbieten		3,5 %
Informatikdienstleistungen		6,5 %
Ingenieurbüro, einschliesslich Bauleitung		5,9 %
Inkassobüro		5,9 %
Innenarchitekturbüro		5,9 %
Innendekorationen		3,5 %
Inneneinrichtungen: Handel		2,0 %
Internet: Werbeeinnahmen		5,9 %
Internet-Anbieter/Provider		2,0 %
Internet-Café		5,1 %
Internet-Dienstleistungen wie Web-Design, Hosting, Domain-Registrierung, Betreiben einer Datenbank		5,9 %

Branchen und Tätigkeiten	*Nebentätigkeiten bei Mischbranchen*	SSS
Isolierungen		4,3 %
Journalismus		5,9 %
Kabelnetzbetreiber		2,0 %
Kalibrieren von Gegenständen aller Art		5,9 %
Kälte- und Klimaanlagen: Lieferung mit Montage*	*Reparatur- und Servicearbeiten*	2,8 %
Kaminfeger-Geschäft		5,9 %
Kaminsanierungen		2,8 %
Kanalfernsehen/ Videoinspektionen		4,3 %
Kanalisationsreinigung und -entleerung		4,3 %
Kartografie		5,1 %
Käserei*	*Handel mit Gegenständen, die zum reduzierten Satz steuerbar sind*	0,1 %
Kernbohrungen		4,3 %
Kieferorthopädische Praxis: Herstellung		5,1 %
Kieferorthopädische Praxis: mit offen überwälzter Steuer bezogene Leistungen, die ohne Zuschlag und gesondert weiterfakturiert werden		0,1 %
Kies- und Betonwerk		2,8 %
Kieswerk: Gewinnung von Steinen, Schotter, Kies und Sand		2,8 %
Kinesiologiepraxis		5,9 %
Kiosk: alle branchenüblichen Umsätze mit Ausnahme der Einnahmen aus Provisionen und Agenturtätigkeit		0,6 %
Kiosk: Einnahmen aus Provisionen und Agenturtätigkeit		6,5 %
Klavierstimmen, eingeschlossen Reparaturen		5,1 %
Kleideränderungsatelier		5,1 %
Klima- und Lüftungsanlagen: Reinigen		5,1 %

Branchen und Tätigkeiten	*Nebentätigkeiten bei Mischbranchen*	SSS
Kolonialwaren: Handel*	*Lieferung von Gegenständen, die zum Normalsatz steuerbar sind*	0,6 %
Konditorei*	*Lieferung von Gegenständen, die zum Normalsatz steuerbar sind*	0,6 %
Konfektionsgeschäft: Handel mit Bekleidung		2,0 %
Körpertherapie, soweit nicht anderswo genannt		5,9 %
Körpertraining mit Instruktion wie Aqua-Fit, Aerobic, Pilates, Zumba, Yoga		5,9 %
Kosmetiksalon		5,1 %
Kosmetische Produkte: Handel		2,0 %
Kosmetische Produkte: Herstellung		3,5 %
Kostümverleih		5,1 %
Küchenbau: Lieferung mit Montage von Möbeln, Abdeckplatten und Geräten		3,5 %
Küferei		3,5 %
Kunsthandel: Handel im eigenen Namen		5,1 %
Kunsthandel: Handel im fremden Namen und auf fremde Rechnung		5,9 %
Kunsthandwerk		5,1 %
Kunststoffe und Kunststoffwaren: Herstellung		3,5 %
Kürschnerei		3,5 %
Labor		5,1 %
Lagerung von Gegenständen aller Art		4,3 %
Landmaschinen: Vermietung		2,8 %
Landmaschinen-Werkstatt: sämtliche branchenüblichen Tätigkeiten*	*Reparatur- und Servicearbeiten*	1,2 %
Landwirtschaftliche Genossenschaft*	*Lieferung von Gegenständen, die zum Normalsatz steuerbar sind*	0,1 %

Branchen und Tätigkeiten	*Nebentätigkeiten bei Mischbranchen*	SSS
Landwirtschaftliche Lohnarbeiten: zum reduzierten Satz steuerbare Arbeiten mit eigenen Maschinen		0,1 %
Landwirtschaftliche Lohnarbeiten: zum reduzierten Satz steuerbare Arbeiten ohne eigene Maschinen		1,2 %
Landwirtschaftsbetrieb: Verkauf von im eigenen Betrieb gewonnenen Erzeugnissen der Urproduktion, die zum reduzierten Satz steuerbar sind		0,1 %
Lebensmittel, mit Ausnahme von alkoholischen Getränken: Fabrikation		0,1 %
Lebensmittel, mit Ausnahme von alkoholischen Getränken: Handel*	*Lieferung von Gegenständen, die zum Normalsatz steuerbar sind*	0,6 %
Lederwaren/Reiseartikel: Handel		2,0 %
Lehrmittel, die zum reduzierten Satz steuerbar sind: Handel		0,6 %
Leitungsisolierungen		4,3 %
Lichtpausen: Herstellung		4,3 %
Liegenschaften: Vermittlung		5,9 %
Liegenschaften: Verwaltung		5,9 %
Lizenzeinnahmen		5,1 %
Lizenzen: Handel		2,0 %
Lohnarbeiten ausserhalb des Baugewerbes, sofern zum Normalsatz steuerbar		5,9 %
Lohnarbeiten im Baugewerbe		6,5 %
Lohnarbeiten, sofern zum reduzierten Satz steuerbar und soweit nicht anderswo genannt		1,2 %
Lohnbrennerei		5,1 %
Lohnkelterei		5,1 %
Lohnmetzgerei/Störmetzgerei		1,2 %
Lohnmosterei für Süssmost		1,2 %
Lohnsägerei		5,1 %

Branchen und Tätigkeiten	*Nebentätigkeiten bei Mischbranchen*	SSS
Mahlzeiten-Kurierdienst: Lieferung von alkoholischen Getränken		1,2 %
Mahlzeiten-Kurierdienst: Lieferung von Lebensmitteln mit Ausnahme von alkoholischen Getränken		0,1 %
Malerei/Tapeziererei		5,1 %
Markt-Kaufleute: Handel mit Gegen- ständen, die zum Normalsatz steuerbar sind		2,0 %
Markt-Kaufleute: Handel mit Gegen- ständen, die zum reduzierten Satz steuerbar sind		0,6 %
Marroni: Verkauf		0,6 %
Maschinen: Vermietung mit Bedienung		4,3 %
Maschinenbau		3,5 %
Massagepraxen aller Art		5,9 %
Maurerarbeiten		4,3 %
Maurerarbeiten: Akkordarbeiten		6,5 %
Mechanische Werkstätte*	*Handel; Lohnarbeiten*	3,5 %
Melkmaschinen: Lieferung mit Installation		2,0 %
Messungen aller Art		5,9 %
Metallbau		3,5 %
Metzgerei*	*Handel mit Gegenständen, die zum reduzierten Satz steuerbar sind*	0,1 %
Möbelgeschäft		2,0 %
Modellbau		5,1 %
Modellschreinerei		5,1 %
Moderatorinnen und Moderatoren		5,9 %
Molkerei*	*Handel mit Gegenständen, die zum reduzierten Satz steuerbar sind*	0,1 %
Montagearbeiten ausserhalb des Baugewerbes		5,9 %
Motoren: Handel*	*Reparatur- und Servicearbeiten; Vermietungen; Handel mit gebrauchten Gegenständen*	2,0 %

Branchen und Tätigkeiten	*Nebentätigkeiten bei Mischbranchen*	SSS
Motorgeräte: Handel*	*Reparatur- und Servicearbeiten; Vermietungen; Handel mit gebrauchten Gegenständen*	2,0 %
Mühle		0,1 %
Musikinstrumente: Bau		4,3 %
Musikinstrumente: Handel*	*Reparatur- und Servicearbeiten; Stimmen; Vermietungen; Handel mit Musikalien; Handel mit gebrauchten Gegenständen*	2,0 %
Nachtclub: Leistungen, die zum Normalsatz steuerbar sind		5,1 %
Nagelstudio		5,1 %
Nähmaschinen: Handel*	*Reparatur- und Servicearbeiten; Handel mit gebrauchten Gegenständen*	2,8 %
Naturheilarztpraxis: Behandlungen		5,9 %
Naturheilarztpraxis: Heilmittelverkauf		2,0 %
Niederspannungskontrollen		5,9 %
Notariat		5,9 %
Oberflächenveredelung, -bearbeitung von Uhrenbestandteilen und Schmuck		5,9 %
Oberflächenveredelung, soweit nicht anderswo genannt		4,3 %
Ofenbau		2,8 %
Öl- und Gasbrennerservice, eingeschlossen Installationen		4,3 %
Optikergeschäft: sämtliche branchenüblichen Tätigkeiten		3,5 %
Orgelbau, eingeschlossen Reparaturen		4,3 %
Orgelstimmen, eingeschlossen Reparaturen		4,3 %
Orientteppiche: Handel		2,0 %
Orthopädische Werkstätte: Handel		2,0 %
Orthopädische Werkstätte: Herstellung		4,3 %

Branchen und Tätigkeiten	*Nebentätigkeiten bei Mischbranchen*	SSS
Outdoor-Freizeitaktivitäten, soweit nicht anderswo genannt: Anbieten		3,5 %
Paintball: Anbieten		3,5 %
Papeterie*	*Lieferung von Gegenständen, die zum reduzierten Satz steuerbar sind*	2,0 %
Parahotellerie: Leistungen, die zum Normalsatz steuerbar sind		5,1 %
Parahotellerie: Leistungen, die zum Sondersatz für Beherbergung steuerbar sind		2,0 %
Parfümerie: Handel		2,0 %
Parkett: Lieferung mit Verlegen		3,5 %
Parkplätze im Freien oder in Unterständen: Vermietung		5,1 %
Parkplätze in und auf Gebäuden: Vermietung		3,5 %
Party-Service/Catering: Lieferung von alkoholischen Getränken ohne Serviceleistung bei der Kundin oder beim Kunden		1,2 %
Party-Service/Catering: Lieferung von Lebensmitteln mit Ausnahme von alkoholischen Getränken, ohne Serviceleistung bei der Kundin oder beim Kunden		0,1 %
Party-Service/Catering: mit Serviceleistung bei der Kundin oder beim Kunden		5,1 %
Patente: Handel		2,0 %
Patenteinnahmen		5,1 %
Pelzhandel und Kürschnerei*	*Kürschnerarbeiten*	2,8 %
Personalverleih		6,5 %
Perücken: Herstellung		3,5 %
Pferde: Handel		0,6 %
Pferde: Pension		4,3 %
Pflanzenschutzmittel, die im Pflanzenschutzmittelverzeichnis aufgeführt sind: Herstellung		0,1 %
Plakatwände: Nutzungsrecht		5,1 %

Branchen und Tätigkeiten	*Nebentätigkeiten bei Mischbranchen*	SSS
Plattenlegerei		4,3 %
Plattenlegerei: Lohnarbeiten		6,5 %
Pneu: Handel*	*Montagearbeiten; Reparaturarbeiten*	2,0 %
Polierwerkstatt		5,9 %
Polsterei		3,5 %
Postagentur: Vergütung durch die Schweizerische Post		5,9 %
Publicrelations-Büro/PR-Tätigkeiten		5,9 %
Quartierladen*	*Lieferung von Gegenständen, die zum Normalsatz steuerbar sind*	0,6 %
Radio- und Fernsehstudio: Werbeeinnahmen		4,3 %
Radio-/TV-Geschäft*	*Reparatur- und Servicearbeiten; Antennenbau; Vermietungen; Handel mit gebrauchten Gegenständen*	2,0 %
Raucherwaren: Handel		1,2 %
Raucherwaren: Provisionseinnahmen		6,5 %
Raumplanungsbüro/ Stadtplanungsbüro		5,9 %
Rechte: Einräumen oder Übertragen		5,1 %
Rechte: Handel		2,0 %
Reinigungsunternehmen		5,9 %
Reisebüro: reiner Retailer		0,6 %
Reiseveranstalter		2,0 %
Reitstall		4,3 %
Reparaturen aller Art, soweit nicht anderswo genannt		4,3 %
Restaurant: Leistungen, die zum Normalsatz steuerbar sind		5,1 %
Restaurationsatelier		5,1 %
Rollladen, Storen, Fensterläden: Lieferung mit Montage*	*Reparatur- und Servicearbeiten*	2,8 %
Sägerei		3,5 %
Sandstrahlerei		4,3 %
Sanitäre Installationen: Lieferung mit Montage*	*Reparatur- und Servicearbeiten*	2,8 %

Branchen und Tätigkeiten	*Nebentätigkeiten bei Mischbranchen*	SSS
Sanitätsgeschäft: Handel mit Gehhilfen, Rollstühlen, Badehilfen, Verbandsmaterial und anderen Sanitätsartikeln*	*Reparatur- und Servicearbeiten*	2,0 %
Sattlerei		3,5 %
Sauna, ohne Erotiksauna		3,5 %
Schädlingsbekämpfung		5,1 %
Schaufensterdekorationsatelier		4,3 %
Schleifwerkstätte		4,3 %
Schliess-/Sicherheitsanlagen: Lieferung mit Montage sowie Nachmachen von Schlüsseln		3,5 %
Schlosserei		3,5 %
Schmiede		3,5 %
Schneeräumung		4,3 %
Schneiderei		5,1 %
Schreinerei		3,5 %
Schriftenmalerei		4,3 %
Schuhgeschäft: nur Handel		2,0 %
Schuhmacherei: Reparaturen sowie Nachmachen von Schlüsseln		3,5 %
Schweiss-, Lötwerkstätte		3,5 %
Second-Hand-Boutique		5,1 %
Seilbahn		3,5 %
Seilerei		3,5 %
Sicherheitsdienstleistungen		5,9 %
Silberschmuck: Herstellung		3,5 %
Ski-/Snowboardservice		5,1 %
Skilift		3,5 %
Software: Programmierung/ Entwicklung		6,5 %
Solarium		3,5 %
Souvenirartikel und Geschenke: Handel		2,0 %
Spenglerei		3,5 %
Spielsalon		5,1 %
Spinnerei		2,8 %
Sponsoringeinnahmen		5,9 %

Branchen und Tätigkeiten	*Nebentätigkeiten bei Mischbranchen*	SSS
Sportanlagen wie Schwimmbad, Kunsteisbahn, Minigolfanlage, Kartbahn: alle branchenüblichen Leistungen mit Ausnahme der gastgewerblichen Leistungen		3,5 %
Sportgeschäft*	*Reparatur- und Servicearbeiten; Vermietungen; Handel mit gebrauchten Gegenständen*	2,0 %
Stadion-/Bandenwerbung: Einnahmen		5,1 %
Standbau; gilt nicht für reine Montage		3,5 %
Steinbildhauerei: Lieferung mit Bearbeitung		4,3 %
Steinbruch		4,3 %
Stickerei		4,3 %
Strassenmarkierungs-unternehmen		4,3 %
Strassenreinigungsunternehmen		4,3 %
Take-away mit Konsumations-möglichkeit		5,1 %
Take-away ohne Konsumations-möglichkeit*	*Lieferung von Gegenständen, die zum Normalsatz steuerbar sind*	0,6 %
Tankrevisionsunternehmen		5,1 %
Tätowierungsstudio		5,1 %
Taxiunternehmen		5,1 %
Taxi-Zentrale		5,1 %
Tea-Room: Leistungen, die zum Normalsatz steuerbar sind		5,1 %
Temporärfirma		6,5 %
Teppich- und Polsterreinigung		5,1 %
Teppiche: Handel		2,0 %
Textilien: Handel		2,0 %
Textilveredelung		3,5 %
Tierarztpraxis: Behandlung von Kleintieren		5,1 %
Tierarztpraxis: Behandlung von Vieh und Medikamentenverkauf		0,6 %
Tiere ohne Vieh: Dressur, Ausbildung, Training		5,9 %
Tiere, ausschliesslich Vieh: Dressur, Ausbildung, Training		1,2 %

Branchen und Tätigkeiten	*Nebentätigkeiten bei Mischbranchen*	SSS
Tierfriedhof		3,5 %
Tierheim/Tierhotel		5,1 %
Tierkrematorium		3,5 %
Tierpräparations-Atelier		5,1 %
Tiersalon		5,1 %
Tonaufnahmestudio		3,5 %
Tonträger: Handel mit neuen Tonträgern wie CDs und Kassetten		2,0 %
Töpferei		5,1 %
Tourenbegleitung		5,9 %
Transport von Gegenständen, sofern zu Fuss oder mit Hilfe von Fahrrädern, Mofas oder Motorrädern erbracht		5,9 %
Transport von Gegenständen, soweit nicht anderswo genannt		4,3 %
Traxunternehmen		4,3 %
Treibstoffverkauf auf Provisionsbasis		5,9 %
Treibstoffverkauf im eigenen Namen		0,1 %
Treuhandbüro		5,9 %
Übersetzungsbüro		6,5 %
Überwachungsfirma		5,9 %
Uhren, Uhrenteile: Montage		5,9 %
Uhrmacherei: Reparaturen		5,1 %
Unterlagsböden		3,5 %
Unternehmensberatung		5,9 %
Velo- und Motogeschäft: sämtliche branchenüblichen Tätigkeiten		2,0 %
Veranstaltungstechnik: Vermietung mit Installation und allenfalls Bedienung		3,5 %
Vergoldungsarbeiten		4,3 %
Verlag von Gegenständen, die zum Normalsatz steuerbar sind		3,5 %
Verlag: Inserateeinnahmen		3,5 %
Verlag: Leistungen, die zum reduzierten Satz steuerbar sind		0,1 %

Branchen und Tätigkeiten	*Nebentätigkeiten bei Mischbranchen*	SSS
Vermietung von zum Normalsatz steuerbaren Gegenständen, soweit nicht anderswo genannt		2,8 %
Vermietung von zum reduzierten Satz steuerbaren Gegenständen, soweit nicht anderswo genannt		1,2 %
Vermittlung von Dienstleistungen, soweit nicht anderswo genannt		5,9 %
Vermittlung von Gegenständen aller Art		5,9 %
Vermittlung von Personal/ Stellen/Arbeit		5,9 %
Vermögensverwaltung		5,9 %
Verpackungsleistungen		4,3 %
Verzinkerei		4,3 %
Video-Studio: Aufnahmen und Überspielungen		3,5 %
Videothek		3,5 %
Vieh: Handel		0,6 %
Waffengeschäft*	*Reparatur- und Servicearbeiten*	2,0 %
Waffenmechanische Werkstätte		3,5 %
Wäscherei/Glätterei		5,1 %
Wasseraufbereitungsanlagen: Lieferung mit Montage*	*Reparatur- und Servicearbeiten*	2,8 %
WC-Anlagen: Benutzungsgebühr		5,1 %
Weberei		2,8 %
Weinbau		4,3 %
Werbeagentur		5,9 %
Werbetextbüro		5,9 %
Werkzeugbau		4,3 %
Werkzeug-Schärferei		4,3 %
Zahnarztpraxis: mit offen überwälzter Steuer bezogene Leistungen, die ohne Zuschlag und gesondert weiterfakturiert werden		0,1 %
Zahntechnisches Labor		5,1 %
Zäune: Herstellung, Lieferung mit Montage sowie Reparaturen		3,5 %
Zeitschriftenverlag: Inserateeinnahmen		3,5 %

Branchen und Tätigkeiten	*Nebentätigkeiten bei Mischbranchen*	SSS
Zeitschriftenverlag: Leistungen, die zum reduzierten Satz steuerbar sind		0,1 %
Zeitungsverlag: Inserateeinnahmen		3,5 %
Zeitungsverlag: Leistungen, die zum reduzierten Satz steuerbar sind		0,1 %
Zeltbau: Vermietung mit Montage		3,5 %
Zimmerei		3,5 %
Zoo-Handlung: Handel mit zum Normalsatz steuerbaren Tieren und Gegenständen		2,0 %
Zoo-Handlung: Handel mit zum reduzierten Satz steuerbaren Gegenständen		0,1 %
Zügelunternehmen		4,3 %
Zurverfügungstellen von Personal		6,5 %
Zwirnerei		2,8 %

Bundesbeschluss
über die Anhebung der Mehrwertsteuersätze für die AHV/IV (SR 641.203)

vom 20. März 1998 (Stand am 1. Januar 1999)

Die Bundesversammlung der Schweizerischen Eidgenossenschaft,

gestützt auf Artikel 41ter Absatz 3bis der Bundesverfassung[1],
nach Einsicht in die Botschaft des Bundesrates vom 1. Mai 1997[2],

beschliesst:

Art. 1 Anhebung der Steuersätze

Zur Sicherstellung der Finanzierung der Alters-, Hinterlassenen- und Invalidenvorsorge werden die Mehrwertsteuersätze wie folgt angehoben:

a. um einen Prozentpunkt beim ordentlichen Steuersatz nach den Artikeln 8 Absatz 2 Buchstabe e Ziffer 3 und 8bis der Übergangsbestimmungen der Bundesverfassung[3];
b. um 0,3 Prozentpunkte beim reduzierten Steuersatz nach den Artikeln 8 Absatz 2 Buchstabe e Ziffern 1 und 2 sowie Buchstabe h Ziffer 3 und 8bis der Übergangsbestimmungen der Bundesverfassung;
c. um 0,5 Prozentpunkte beim Sondersatz für Beherbergungsleistungen nach dem Bundesbeschluss vom 22. März 1996[4] über einen Sondersatz der Mehrwertsteuer für Beherbergungsleistungen.

Art. 2 Verwendung des Ertrags

1 Der gesamte Ertrag aus der Anhebung der Mehrwertsteuersätze geht, unter Vorbehalt von Absatz 3, an die Alters- und Hinterlassenenversicherung.

2 17 Prozent des Ertrags aus der Anhebung der Mehrwertsteuersätze werden laufend der Rückstellung des Bundes für die Alters- und Hinterlassenenversicherung gutgeschrieben. Diese Rückstellung wird nicht verzinst.

3 Der Bundesrat kann bestimmen, dass höchstens 10 Prozent des Gesamtertrags aus der Anhebung der Mehrwertsteuersätze zur Finanzierung des demographiebedingten Kostenwachstums der Invalidenversicherung verwendet werden. Von diesem Anteil werden jeweils 37,5 Prozent der Rückstellung des Bundes für die Invalidenversicherung gutgeschrieben.

AS **1998** 1803
1 SR **101**
2 BBl **1997** III 741
3 SR **101**
4 SR **641.202**

[4] Der Bundesrat regelt das Verfahren zur Überweisung der einzelnen Ertragsanteile an den Ausgleichsfonds der Alters- und Hinterlassenenversicherung.

Art. 3 Schlussbestimmungen

[1] Dieser Beschluss ist allgemeinverbindlich; er untersteht dem fakultativen Referendum.

[2] Er tritt am 1. Januar 1999 in Kraft.

[3] Die Bundesversammlung setzt den Beschluss auf Antrag des Bundesrates ausser Kraft, wenn die Voraussetzungen nach Artikel 41ter Absatz 3bis der Bundesverfassung[5] nicht mehr erfüllt sind.

[5] SR **101**

Verordnung des EFD

über die steuerbefreite Einfuhr von Gegenständen in kleinen Mengen, von unbedeutendem Wert oder mit geringfügigem Steuerbetrag (SR 641.204)

vom 2. April 2014 (Stand am 1. Juli 2014)

Das Eidgenössische Finanzdepartement (EFD),

gestützt auf Artikel 53 Absatz 1 Buchstabe a des Mehrwertsteuergesetzes vom 12. Juni 2009[1],

verordnet:

Art. 1 Steuerbefreiung Von der Einfuhrsteuer sind befreit:

a. Geschenke, die eine Privatperson mit Wohnsitz im Ausland an eine Privatperson mit Wohnsitz im Inland sendet: bis zu einem Wert von 100 Franken pro Sendung, mit Ausnahme von Tabakfabrikaten und alkoholischen Getränken;

b. persönliche Gebrauchsgegenstände und Reiseproviant, die nach den Artikeln 63 und 64 der Zollverordnung vom 1. November 2006[2] zollfrei sind;

c. Waren des Reiseverkehrs nach Artikel 16 Absatz 2 des Zollgesetzes vom 18. März 2005[3]: bis zu einem Gesamtwert von 300 Franken pro Person (Wertfreigrenze); die Gegenstände nach Buchstabe b werden für die Berechnung des Gesamtwertes nicht berücksichtigt;

d. Gegenstände, bei denen der Steuerbetrag je Veranlagungsverfügung nicht mehr als 5 Franken beträgt.

Art. 2 Gewährung der Wertfreigrenze für Waren des Reiseverkehrs

[1] Die Wertfreigrenze nach Artikel 1 Buchstabe c wird der reisenden Person nur für Gegenstände gewährt, welche sie zu ihrem privaten Gebrauch oder zum Verschenken einführt. Sie wird der gleichen Person nur einmal täglich gewährt.

[2] Übersteigt der Gesamtwert der Gegenstände 300 Franken pro Person, so ist die ganze eingeführte Menge steuerpflichtig.

AS **2014** 987

1 SR **641.20**

2 SR **631.01**

3 SR **631.0**

[3] Ein Gegenstand im Wert von über 300 Franken ist immer steuerpflichtig.

[4] Die Bestimmungen von Artikel 3 des Abkommens vom 4. Juni 1954[4] über die Zollerleichterungen im Reiseverkehr bleiben vorbehalten.

Art. 3 Aufhebung eines anderen Erlasses

Die Verordnung des EFD vom 11. Dezember 2009[5] über die steuerbefreite Einfuhr von Gegenständen in kleinen Mengen, von unbedeutendem Wert oder mit geringfügigem Steuerbetrag wird aufgehoben.

Art. 4 Inkrafttreten

Diese Verordnung tritt am 1. Juli 2014 in Kraft.

---

4 SR **0.631.250.21**

5 [AS **2009** 6833]

Verordnung
des EFD über die Verzugs- und die Vergütungszinssätze (SR 641.207.1)

vom 11. Dezember 2009 (Stand am 1. Januar 2018)*

Das Eidgenössische Finanzdepartement (EFD),

gestützt auf Artikel 74 Absatz 4 des Zollgesetzes vom 18. März 2005[1] (ZG),
auf die Artikel 187 Absatz 1 und 188 Absatz 2 der Zollverordnung vom 1. November 2006[2] (ZV)
und auf Artikel 108 des Mehrwertsteuergesetzes vom 12. Juni 2009[3] (MWSTG)
und auf Artikel 22 Absatz 3 des Mineralölsteuergesetzes vom 21. Juni 1996[4] (MinöStG),[5]

verordnet:

Art. 1 Verzugszins

[1] Ein Verzugszins ist geschuldet:

a. bei verspäteter Zahlung der Steuer nach den Artikeln 57 und 87 MWSTG;
b. bei verspäteter Zahlung der Zollabgaben nach Artikel 74 Absatz 1 ZG und Artikel 186 ZV;
c. bei verspäteter Entrichtung der Steuer aufgrund des Mehrwertsteuergesetzes vom 2. September 1999[6];
d. bei verspäteter Entrichtung der Steuer aufgrund der Mehrwertsteuerverordnung vom 22. Juni 1994[7];

AS **2009** 6835

* Alle Änderungen berücksichtigt bis zur letzten Bundesratssitzung des Jahres vom 20. Dez. 2017.

1 SR **631.0**

2 SR **631.01**

3 SR **641.20**

4 SR **641.61**

5 Fassung gemäss Art. 13 der V des EFD vom 22. Nov. 2013 über die Steuerbegünstigungen bei der Mineralölsteuer, in Kraft seit dem 1. Jan. 2014 (AS **2013** 4489).

6 [AS **2000** 1134 1300, **2001** 3086, **2002** 1480, **2004** 4719 Anhang Ziff. II 5, **2005** 4545 Anhang Ziff. 2, **2006** 2197 Anhang Ziff. 52 2673 5379 Anhang Ziff. II 5, **2007** 1411 Anhang Ziff. 7 3425 Anhang Ziff. 1 6637 Anhang Ziff. II 5. **2009** 5203 Art. 110]

7 [AS **1994** 1464, **1995** 4669, **1996** 2378, **1997** 2779 Ziff. II 37, **1998** 1801]

e. bei verspäteter Entrichtung der Steuer aufgrund des Bundesratsbeschlusses vom 29. Juli 1941[8] über die Warenumsatzsteuer.

f.[9] bei verspäteter Entrichtung der Steuer aufgrund des MinöStG.

g.[10] bei verspäteter Entrichtung der Steuer aufgrund des Bundesgesetzes vom 21. Juni 1932[11] über die gebrannten Wasser.

[2] Der Zinssatz beträgt pro Jahr:

a. 4,0% ab dem 1. Januar 2012;

b. 4,5% ab dem 1. Januar 2010 bis zum 31. Dezember 2011;

c. 5% vom 1. Januar 1995 bis zum 31. Dezember 2009;

d. 6% vom 1. Juli 1990 bis zum 31. Dezember 1994;

e. 5% bis zum 30. Juni 1990.[12]

[3] Verzugszinsen werden erst ab einem Zinsbetrag von 100 Franken erhoben. Vorbehalten bleiben Verzugszinsen für Forderungen, die im Rahmen des Zwangsvollstreckungsverfahrens geltend gemacht werden.[13]

[4] Kein Verzugszins nach Absatz 1 Buchstabe a, c oder d wird erhoben bei einer Nachforderung der Einfuhrsteuer, wenn der Importeur oder die Importeurin im Zeitpunkt der Einfuhr im Inland als steuerpflichtige Person eingetragen war und die der Eidgenössischen Zollverwaltung nachzuentrichtende Steuer als Vorsteuer hätte abziehen können.[14]

Art. 2 Vergütungszins

[1] Ein Vergütungszins wird ausbezahlt:

a. bei verspäteter Rückerstattung der Steuer nach den Artikeln 61 und 88 Absatz 4 MWSTG;

b. bei verspäteter Rückerstattung der Zollabgaben nach Artikel 74 Absatz 3 ZG und Artikel 188 ZV;

c. bei verspäteter Rückerstattung der Steuer aufgrund des Mehrwertsteuergesetzes vom 2. September 1999[15];

d. bei verspäteter Rückerstattung der Steuer aufgrund der Mehrwertsteuerverordnung vom 22. Juni 1994[16].

---

8 [BS **6** 173; AS **1950** 1467 Art. 4, 5, **1954** 1316 Art. 2, **1958** 471, **1959** 1343 Art. 11 Ziff. IV 1625 Ziff. I Bst. B 1699, **1971** 941, **1973** 644 Ziff. II 2 1061, **1974** 1857 Anhang Ziff. 28, **1982** 142, **1987** 2474, **1992** 288 Anhang Ziff. 27. AS **1994** 1464 Art. 82]

9 Eingefügt durch Art. 13 der V des EFD vom 22. Nov. 2013 über die Steuerbegünstigungen bei der Mineralölsteuer, in Kraft seit 1. Jan. 2014 (AS **2013** 4489).

10 Eingefügt durch Anhang 2 Ziff. II 8 der Alkoholverordnung vom 15. Sept. 2017, in Kraft seit 1. Jan. 2018 (AS **2017** 5161).

11 SR **680**

12 Fassung gemäss Ziff. I der V des EFD vom 24. Nov. 2011, in Kraft seit dem 1. Jan. 2012 (AS **2011** 6203).

13 Fassung gemäss Ziff. I der V des EFD vom 13. Sept. 2016, in Kraft seit 1. Jan. 2017 (AS **2016** 3573).

14 Eingefügt durch Ziff. I der V des EFD vom 13. Sept. 2016, in Kraft seit 1. Jan. 2017 (AS **2016** 3573).

15 [AS **2000** 1134 1300, **2001** 3086, **2002** 1480, **2004** 4719 Anhang Ziff. II 5, **2005** 4545 Anhang Ziff. 2, **2006** 2197 Anhang Ziff. 52 2673 5379 Anhang Ziff. II 5, **2007** 1411 Anhang Ziff. 7 3425 Anhang Ziff. 1 6637 Anhang Ziff. II 5. AS **2009** 5203 Art. 110]

16 [AS **1994** 1464, **1995** 4669, **1996** 2378, **1997** 2779 Ziff. II 37, **1998** 1801]

e.[17] bei verspäteter Rückerstattung der Mineralölsteuer beziehungsweise des Mineralölsteuerzuschlags auf Treibstoffen nach Artikel 106*a* der Mineralölsteuerverordnung vom 20. November 1996[18].

f.[19] bei verspäteter Rückerstattung der Steuer auf gebrannte Wasser nach Artikel 73 der Alkoholverordnung vom 15. September 2017[20].

[2] Der Zinssatz beträgt pro Jahr:

a. 4,0% ab dem 1. Januar 2012;

b. 4,5% ab dem 1. Januar 2010 bis zum 31. Dezember 2011;

c. 5% vom 1. Januar 1995 bis zum 31. Dezember 2009.[21]

[3] Vergütungszinsen werden erst ab einem Zinsbetrag von 100 Franken ausgerichtet.

Art. 3 Aufhebung bisherigen Rechts

Die Verordnung des EFD vom 4. April 2007[22] über die Verzugs- und Vergütungszinssätze wird aufgehoben.

Art. 4 Inkrafttreten

Diese Verordnung tritt am 1. Januar 2010 in Kraft.

---

17 Eingefügt durch Art. 13 der V des EFD vom 22. Nov. 2013 über die Steuerbegünstigungen bei der Mineralölsteuer, in Kraft seit 1. Jan. 2014 (AS **2013** 4489).

18 SR **641.611**

19 Eingefügt durch Anhang 2 Ziff. II 8 der Alkoholverordnung vom 15. Sept. 2017, in Kraft seit 1. Jan. 2018 (AS **2017** 5161).

20 SR **680.11**

21 Fassung gemäss Ziff. I der V des EFD vom 24. Nov. 2011, in Kraft seit dem 1. Jan. 2012 (AS **2011** 6203).

22 [AS **2007** 1801]

Bundesgesetz
betreffend die Ergänzung des Schweizerischen Zivilgesetzbuches (Fünfter Teil: Obligationenrecht) [Auszug] (SR 220)

vom 30. März 1911 (Stand am 1. April 2017)

Die Bundesversammlung der Schweizerischen Eidgenossenschaft,

nach Einsicht in die Botschaften des Bundesrates vom 3. März 1905 und 1. Juni 1909[1],

beschliesst:

…

Sechsundzwanzigster Titel:[2] Die Aktiengesellschaft

Erster Abschnitt: Allgemeine Bestimmungen

…

N. Eigene Aktien
I. Einschränkung des Erwerbs

659.[3] 1 Die Gesellschaft darf eigene Aktien nur dann erwerben, wenn frei verwendbares Eigenkapital in der Höhe der dafür nötigen Mittel vorhanden ist und der gesamte Nennwert dieser Aktien 10 Prozent des Aktienkapitals nicht übersteigt.

2 Werden im Zusammenhang mit einer Übertragbarkeitsbeschränkung Namenaktien erworben, so beträgt die Höchstgrenze 20 Prozent. Die über 10 Prozent des Aktienkapitals hinaus erworbenen eigenen Aktien sind innert zweier Jahre zu veräussern oder durch Kapitalherabsetzung zu vernichten.

II. Folgen des Erwerbs

659*a*.[4] 1 Das Stimmrecht und die damit verbundenen Rechte eigener Aktien ruhen.

2 Die Gesellschaft hat für die eigenen Aktien einen dem Anschaffungswert entsprechenden Betrag gesondert als Reserve auszuweisen.

AS **27** 317 und BS **2** 199

1 BBl **1905** II 1, **1909** III 725, **1911** I 845

2 Siehe auch die SchlB. zu diesem Tit. am Ende des OR.

3 Fassung gemäss Ziff I des BG vom 4. Okt. 1991, in Kraft seit 1. Juli 1992 (AS **1992** 733; BBl **1983** II 745).

4 Eingefügt durch Ziff. I des BG vom 4. Okt. 1991, in Kraft seit 1. Juli 1992 (AS **1992** 733; BBl **1983** II 745).

III. Erwerb durch Tochtergesellschaften

659*b*.[5] 1 Ist eine Gesellschaft an Tochtergesellschaften mehrheitlich beteiligt, so gelten für den Erwerb ihrer Aktien durch diese Tochtergesellschaften die gleichen Einschränkungen und Folgen wie für den Erwerb eigener Aktien.

2 Erwirbt eine Gesellschaft die Mehrheitsbeteiligung an einer anderen Gesellschaft, die ihrerseits Aktien der Erwerberin hält, so gelten diese Aktien als eigene Aktien der Erwerberin.

3 Die Reservebildung obliegt der Gesellschaft, welche die Mehrheitsbeteiligung hält.

Zweiter Abschnitt: Rechte und Pflichten der Aktionäre

…

662.[6]

662*a*.[7]

663.[8]

663*a*. und **663*b*.**[9]

B.[11] **Geschäftsbericht**
I. Zusätzliche Angaben bei Gesellschaften mit kotierten Aktien
1. Vergütungen

663*b*bis.[10] 1 Gesellschaften, deren Aktien an einer Börse kotiert sind, haben im Anhang zur Bilanz anzugeben:

1. alle Vergütungen, die sie direkt oder indirekt an gegenwärtige Mitglieder des Verwaltungsrates ausgerichtet haben;
2. alle Vergütungen, die sie direkt oder indirekt an Personen ausgerichtet haben, die vom Verwaltungsrat ganz oder

---

5 Eingefügt durch Ziff. I des BG vom 4. Okt. 1991, in Kraft seit 1. Juli 1992 (AS **1992** 733; BBl **1983** II 745).

6 Aufgehoben durch Ziff. I 1 des BG vom 23. Dez. 2011 (Rechnungslegungsrecht), mit Wirkung seit 1. Jan. 2013 (AS **2012** 6679; BBl **2008** 1589).

7 Eingefügt durch Ziff. I des BG vom 4. Okt. 1991 (AS **1992** 733; BBl **1983** II 745). Aufgehoben durch Ziff. I 1 des BG vom 23. Dez. 2011 (Rechnungslegungsrecht), mit Wirkung seit 1. Jan. 2013 (AS **2012** 6679; BBl **2008** 1589).

8 Aufgehoben durch Ziff. I 1 des BG vom 23. Dez. 2011 (Rechnungslegungsrecht), mit Wirkung seit 1. Jan. 2013 (AS **2012** 6679; BBl **2008** 1589).

9 Eingefügt durch Ziff. I des BG vom 4. Okt. 1991 (AS **1992** 733; BBl **1983** II 745). Aufgehoben durch Ziff. I 1 des BG vom 23. Dez. 2011 (Rechnungslegungsrecht), mit Wirkung seit 1. Jan. 2013 (AS **2012** 6679; BBl **2008** 1589).

10 Eingefügt durch Ziff. I des BG vom 7. Okt. 2005 (Transparenz betreffend Vergütungen an Mitglieder des Verwaltungsrates und der Geschäftsleitung), in Kraft seit 1. Jan. 2007 (AS **2006** 2629; BBl **2004** 4471).

11 Fassung gemäss Ziff. I 1 des BG vom 23. Dez. 2011 (Rechnungslegungsrecht), in Kraft seit 1. Jan. 2013 (AS **2012** 6679; BBl **2008** 1589).

zum Teil mit der Geschäftsführung betraut sind (Geschäftsleitung);
3. alle Vergütungen, die sie direkt oder indirekt an gegenwärtige Mitglieder des Beirates ausgerichtet haben;
4. Vergütungen, die sie direkt oder indirekt an frühere Mitglieder des Verwaltungsrates, der Geschäftsleitung und des Beirates ausgerichtet haben, sofern sie in einem Zusammenhang mit der früheren Tätigkeit als Organ der Gesellschaft stehen oder nicht marktüblich sind;
5. nicht marktübliche Vergütungen, die sie direkt oder indirekt an Personen ausgerichtet haben, die den in den Ziffern 1–4 genannten Personen nahe stehen.

2 Als Vergütungen gelten insbesondere:
1. Honorare, Löhne, Bonifikationen und Gutschriften;
2. Tantiemen, Beteiligungen am Umsatz und andere Beteiligungen am Geschäftsergebnis;
3. Sachleistungen;
4. die Zuteilung von Beteiligungen, Wandel- und Optionsrechten;
5. Abgangsentschädigungen;
6. Bürgschaften, Garantieverpflichtungen, Pfandbestellungen zugunsten Dritter und andere Sicherheiten;
7. der Verzicht auf Forderungen;
8. Aufwendungen, die Ansprüche auf Vorsorgeleistungen begründen oder erhöhen;
9. sämtliche Leistungen für zusätzliche Arbeiten.

3 Im Anhang zur Bilanz sind zudem anzugeben:
1. alle Darlehen und Kredite, die den gegenwärtigen Mitgliedern des Verwaltungsrates, der Geschäftsleitung und des Beirates gewährt wurden und noch ausstehen;
2. Darlehen und Kredite, die zu nicht marktüblichen Bedingungen an frühere Mitglieder des Verwaltungsrates, der Geschäftsleitung und des Beirates gewährt wurden und noch ausstehen;
3. Darlehen und Kredite, die zu nicht marktüblichen Bedingungen an Personen, die den in den Ziffern 1 und 2 genannten Personen nahe stehen, gewährt wurden und noch ausstehen.

4 Die Angaben zu Vergütungen und Krediten müssen umfassen:
1. den Gesamtbetrag für den Verwaltungsrat und den auf jedes Mitglied entfallenden Betrag unter Nennung des Namens und der Funktion des betreffenden Mitglieds;
2. den Gesamtbetrag für die Geschäftsleitung und den höchsten auf ein Mitglied entfallenden Betrag unter Nennung des Namens und der Funktion des betreffenden Mitglieds;

3. den Gesamtbetrag für den Beirat und den auf jedes Mitglied entfallenden Betrag unter Nennung des Namens und der Funktion des betreffenden Mitglieds.

[5] Vergütungen und Kredite an nahe stehende Personen sind gesondert auszuweisen. Die Namen der nahe stehenden Personen müssen nicht angegeben werden. Im Übrigen finden die Vorschriften über die Angaben zu Vergütungen und Krediten an Mitglieder des Verwaltungsrates, der Geschäftsleitung und des Beirates entsprechende Anwendung.

2. Beteiligungen[13]

663*c*.[12] [1] Gesellschaften, deren Aktien[14] an einer Börse kotiert sind, haben im Anhang zur Bilanz bedeutende Aktionäre und deren Beteiligungen anzugeben, sofern diese ihnen bekannt sind oder bekannt sein müssten.

[2] Als bedeutende Aktionäre gelten Aktionäre und stimmrechtsverbundene Aktionärsgruppen, deren Beteiligung 5 Prozent aller Stimmrechte übersteigt. Enthalten die Statuten eine tiefere prozentmässige Begrenzung der Namenaktien (Art. 685*d* Abs. 1), so gilt für die Bekanntgabepflicht diese Grenze.

[3] Anzugeben sind weiter die Beteiligungen an der Gesellschaft sowie die Wandel- und Optionsrechte jedes gegenwärtigen Mitglieds des Verwaltungsrates, der Geschäftsleitung und des Beirates mit Einschluss der Beteiligungen der ihm nahe stehenden Personen unter Nennung des Namens und der Funktion des betreffenden Mitglieds.[15]

663*d*.–663*h*.[16]

664. und **665.**[17]

665*a*.[18]

---

[12] Eingefügt durch Ziff. I des BG vom 4. Okt. 1991, in Kraft seit 1. Juli 1992 (AS **1992** 733; BBl **1983** II 745).

[13] Fassung gemäss Ziff. I 1 des BG vom 23. Dez. 2011 (Rechnungslegungsrecht), in Kraft seit 1. Jan. 2013 (AS **2012** 6679; BBl **2008** 1589).

[14] Berichtigt von der Redaktionskommission der BVers [Art. 33 GVG – AS **1974** 1051].

[15] Eingefügt durch Ziff. I des BG vom 7. Okt. 2005 (Transparenz betreffend Vergütungen an Mitglieder des Verwaltungsrates und der Geschäftsleitung), in Kraft seit 1. Jan. 2007 (AS **2006** 2629; BBl **2004** 4471).

[16] Eingefügt durch Ziff. I des BG vom 4. Okt. 1991 (AS **1992** 733; BBl **1983** II 745). Aufgehoben durch Ziff. I 1 des BG vom 23. Dez. 2011 (Rechnungslegungsrecht), mit Wirkung seit 1. Jan. 2013 (AS **2012** 6679; BBl **2008** 1589).

[17] Aufgehoben durch Ziff. I 1 des BG vom 23. Dez. 2011 (Rechnungslegungsrecht), mit Wirkung seit 1. Jan. 2013 (AS **2012** 6679; BBl **2008** 1589).

[18] Eingefügt durch Ziff. I des BG vom 4. Okt. 1991 (AS **1992** 733; BBl **1983** II 745). Aufgehoben durch Ziff. I 1 des BG vom 23. Dez. 2011

666. und **667.** [19]

668.[20]

669.[21]

II. Bewertung. Aufwertung[23]

670.[22] [1] Ist die Hälfte des Aktienkapitals und der gesetzlichen Reserven infolge eines Bilanzverlustes nicht mehr gedeckt, so dürfen zur Beseitigung der Unterbilanz Grundstücke oder Beteiligungen, deren wirklicher Wert über die Anschaffungs- oder Herstellungskosten gestiegen ist, bis höchstens zu diesem Wert aufgewertet werden. Der Aufwertungsbetrag ist gesondert als Aufwertungsreserve auszuweisen.

[2] Die Aufwertung ist nur zulässig, wenn ein zugelassener Revisor zuhanden der Generalversammlung schriftlich bestätigt, dass die gesetzlichen Bestimmungen eingehalten sind.[24]

...

Dritter Abschnitt: Organisation der Aktiengesellschaft

...

(Rechnungslegungsrecht), mit Wirkung seit 1. Jan. 2013 (AS **2012** 6679; BBl **2008** 1589).

19 Aufgehoben durch Ziff. I 1 des BG vom 23. Dez. 2011 (Rechnungslegungsrecht), mit Wirkung seit 1. Jan. 2013 (AS **2012** 6679; BBl **2008** 1589).

20 Aufgehoben durch Ziff I des BG vom 4. Okt. 1991, mit Wirkung seit 1. Juli 1992 (AS **1992** 733; BBl **1983** II 745).

21 Aufgehoben durch Ziff. I 1 des BG vom 23. Dez. 2011 (Rechnungslegungsrecht), mit Wirkung seit 1. Jan. 2013 (AS **2012** 6679; BBl **2008** 1589).

22 Fassung gemäss Ziff. I des BG vom 4. Okt. 1991, in Kraft seit 1. Juli 1992 (AS **1992** 733; BBl **1983** II 745).

23 Fassung gemäss Ziff. I des BG vom 23. Dez. 2011 (Rechnungslegungsrecht), in Kraft seit 1. Jan. 2013 (AS **2012** 6679; BBl **2008** 1589).

24 Fassung gemäss Ziff. I 3 des BG vom 16. Dez. 2005 (GmbH-Recht sowie Anpassungen im Aktien-, Genossenschafts-, Handelsregister- und Firmenrecht), in Kraft seit 1. Jan. 2008 (AS **2007** 4791; BBl **2002** 3148, **2004** 3969).

B. Der Verwaltungsrat[25]

…

VII. Kapitalverlust und Überschuldung
1. Anzeigepflichten

725.[26] [1] Zeigt die letzte Jahresbilanz, dass die Hälfte des Aktienkapitals und der gesetzlichen Reserven nicht mehr gedeckt ist, so beruft der Verwaltungsrat unverzüglich eine Generalversammlung ein und beantragt ihr Sanierungsmassnahmen.

[2] Wenn begründete Besorgnis einer Überschuldung besteht, muss eine Zwischenbilanz erstellt und diese einem zugelassenen Revisor zur Prüfung vorgelegt werden.[27] Ergibt sich aus der Zwischenbilanz, dass die Forderungen der Gesellschaftsgläubiger weder zu Fortführungs- noch zu Veräusserungswerten gedeckt sind, so hat der Verwaltungsrat den Richter zu benachrichtigen, sofern nicht Gesellschaftsgläubiger im Ausmass dieser Unterdeckung im Rang hinter alle anderen Gesellschaftsgläubiger zurücktreten.

[3] Verfügt die Gesellschaft über keine Revisionsstelle, so obliegen dem zugelassenen Revisor die Anzeigepflichten der eingeschränkt prüfenden Revisionsstelle.[28]

Anm.: Gem. BG vom 17.3.2017 wird in Art. 725 Abs. 2 das Wort «Richter» durch «Gericht» ersetzt, mit den nötigen grammatikalischen Anpassungen (Referendumsfrist unbenutzt abgelaufen, Inkrafttreten noch offen).

2. Eröffnung oder Aufschub des Konkurses

725*a*.[29] [1] Der Richter eröffnet auf die Benachrichtigung hin den Konkurs. Er kann ihn auf Antrag des Verwaltungsrates oder eines Gläubigers aufschieben, falls Aussicht auf Sanierung besteht; in diesem Falle trifft er Massnahmen zur Erhaltung des Vermögens.

[2] Der Richter kann einen Sachwalter bestellen und entweder dem Verwaltungsrat die Verfügungsbefugnis entziehen oder dessen Beschlüsse von der Zustimmung des Sachwalters abhängig machen. Er umschreibt die Aufgaben des Sachwalters.

---

[25] Fassung gemäss Ziff. I des BG vom 4. Okt. 1991, in Kraft seit 1. Juli 1992 (AS **1992** 733; BBl **1983** II 745).

[26] Fassung gemäss Ziff. I des BG vom 4. Okt. 1991, in Kraft seit 1. Juli 1992 (AS **1992** 733; BBl **1983** II 745).

[27] Fassung gemäss Ziff. I 3 des BG vom 16. Dez. 2005 (GmbH-Recht sowie Anpassungen im Aktien-, Genossenschafts-, Handelsregister- und Firmenrecht), in Kraft seit 1. Jan. 2008 (AS **2007** 4791; BBl **2002** 3148, **2004** 3969).

[28] Eingefügt durch Ziff. I 3 des BG vom 16. Dez. 2005 (GmbH-Recht sowie Anpassungen im Aktien-, Genossenschafts-, Handelsregister- und Firmenrecht), in Kraft seit 1. Jan. 2008 (AS **2007** 4791; BBl **2002** 3148, **2004** 3969).

[29] Eingefügt durch Ziff I des BG vom 4. Okt. 1991, in Kraft seit 1. Juli 1992 (AS **1992** 733; BBl **1983** II 745).

[3] Der Konkursaufschub muss nur veröffentlicht werden, wenn dies zum Schutze Dritter erforderlich ist.

Anm.: Gem. BG vom 17.3.2017 wird in Art. 725*a* Abs. 1 und 2 das Wort «Richter» durch «Gericht» ersetzt, mit den nötigen grammatikalischen Anpassungen (Referendumsfrist unbenutzt abgelaufen, Inkrafttreten noch offen).

…

C.[30] Revisionsstelle

I. Revisionspflicht
1. Ordentliche Revision

727 [1] Folgende Gesellschaften müssen ihre Jahresrechnung und gegebenenfalls ihre Konzernrechnung durch eine Revisionsstelle ordentlich prüfen lassen:

1. Publikumsgesellschaften; als solche gelten Gesellschaften, die:
   a. Beteiligungspapiere an einer Börse kotiert haben,
   b. Anleihensobligationen ausstehend haben,
   c. mindestens 20 Prozent der Aktiven oder des Umsatzes zur Konzernrechnung einer Gesellschaft nach Buchstabe a oder b beitragen;
2.[31] Gesellschaften, die zwei der nachstehenden Grössen in zwei aufeinander folgenden Geschäftsjahren überschreiten:
   a. Bilanzsumme von 20 Millionen Franken,
   b. Umsatzerlös von 40 Millionen Franken,
   c. 250 Vollzeitstellen im Jahresdurchschnitt;
3. Gesellschaften, die zur Erstellung einer Konzernrechnung verpflichtet sind.

[2] Eine ordentliche Revision muss auch dann vorgenommen werden, wenn Aktionäre, die zusammen mindestens 10 Prozent des Aktienkapitals vertreten, dies verlangen.

[3] Verlangt das Gesetz keine ordentliche Revision der Jahresrechnung, so können die Statuten vorsehen oder kann die Generalversammlung beschliessen, dass die Jahresrechnung ordentlich geprüft wird.

---

30 Fassung gemäss Ziff. I 1 des BG vom 16. Dez. 2005 (GmbH-Recht sowie Anpassungen im Aktien-, Genossenschafts-, Handelsregister- und Firmenrecht), in Kraft seit 1. Jan. 2008 (AS **2007** 4791; BBl **2002** 3148, **2004** 3969).

31 Fassung gemäss Ziff. I des BG vom 17. Juni 2011 (Revisionsrecht), in Kraft seit 1. Jan. 2012 (AS **2011** 5863; BBl **2008** 1589). Siehe auch die UeB dieser Änd. hiernach.

2. Eingeschränkte Revision

727*a* [1] Sind die Voraussetzungen für eine ordentliche Revision nicht gegeben, so muss die Gesellschaft ihre Jahresrechnung durch eine Revisionsstelle eingeschränkt prüfen lassen.

[2] Mit der Zustimmung sämtlicher Aktionäre kann auf die einge- schränkte Revision verzichtet werden, wenn die Gesellschaft nicht mehr als zehn Vollzeitstellen im Jahresdurchschnitt hat.

[3] Der Verwaltungsrat kann die Aktionäre schriftlich um Zustimmung ersuchen. Er kann für die Beantwortung eine Frist von mindestens 20 Tagen ansetzen und darauf hinweisen, dass das Ausbleiben einer Antwort als Zustimmung gilt.

[4] Haben die Aktionäre auf eine eingeschränkte Revision verzichtet, so gilt dieser Verzicht auch für die nachfolgenden Jahre. Jeder Aktionär hat jedoch das Recht, spätestens zehn Tage vor der Generalversammlung eine eingeschränkte Revision zu verlangen. Die Generalversammlung muss diesfalls die Revisionsstelle wählen.

[5] Soweit erforderlich passt der Verwaltungsrat die Statuten an und meldet dem Handelsregister die Löschung oder die Eintragung der Revisionsstelle an.

II. Anforderungen an die Revisionsstelle
2. Bei ordentlicher Revision

727*b* [1] Publikumsgesellschaften müssen als Revisionsstelle ein staatlich beaufsichtigtes Revisionsunternehmen nach den Vorschriften des Revisionsaufsichtsgesetzes vom 16. Dezember 2005[32] bezeichnen. Sie müssen Prüfungen, die nach den gesetzlichen Vorschriften durch einen zugelassenen Revisor oder einen zugelassenen Revisionsexperten vorzunehmen sind, ebenfalls von einem staatlich beaufsichtigten Revisionsunternehmen durchführen lassen.

[2] Die übrigen Gesellschaften, die zur ordentlichen Revision verpflichtet sind, müssen als Revisionsstelle einen zugelassenen Revisionsexperten nach den Vorschriften des Revisionsaufsichtsgesetzes vom 16. Dezember 2005 bezeichnen. Sie müssen Prüfungen, die nach den gesetzlichen Vorschriften durch einen zugelassenen Revisor vorzunehmen sind, ebenfalls von einem zugelassenen Revisionsexperten durchführen lassen.

2. Bei eingeschränkter Revision

727*c* Die Gesellschaften, die zur eingeschränkten Revision verpflichtet sind, müssen als Revisionsstelle einen zugelassenen Revisor nach den Vorschriften des Revisionsaufsichtsgesetzes vom 16. Dezember 2005[33] bezeichnen.

III. Ordentliche Revision
1. Unabhängigkeit der Revisionsstelle

728 [1] Die Revisionsstelle muss unabhängig sein und sich ihr Prüfungsurteil objektiv bilden. Die Unabhängigkeit darf weder tatsächlich noch dem Anschein nach beeinträchtigt sein.

---

[32] SR **221.302**
[33] SR **221.302**

[2] Mit der Unabhängigkeit nicht vereinbar ist insbesondere:
1. die Mitgliedschaft im Verwaltungsrat, eine andere Entscheidfunktion in der Gesellschaft oder ein arbeitsrechtliches Verhältnis zu ihr;
2. eine direkte oder bedeutende indirekte Beteiligung am Aktienkapital oder eine wesentliche Forderung oder Schuld gegenüber der Gesellschaft;
3. eine enge Beziehung des leitenden Prüfers zu einem Mitglied des Verwaltungsrats, zu einer anderen Person mit Entscheidfunktion oder zu einem bedeutenden Aktionär;
4. das Mitwirken bei der Buchführung sowie das Erbringen anderer Dienstleistungen, durch die das Risiko entsteht, als Revisionsstelle eigene Arbeiten überprüfen zu müssen;
5. die Übernahme eines Auftrags, der zur wirtschaftlichen Abhängigkeit führt;
6. der Abschluss eines Vertrags zu nicht marktkonformen Bedingungen oder eines Vertrags, der ein Interesse der Revisionsstelle am Prüfergebnis begründet;
7. die Annahme von wertvollen Geschenken oder von besonderen Vorteilen.

[3] Die Bestimmungen über die Unabhängigkeit gelten für alle an der Revision beteiligten Personen. Ist die Revisionsstelle eine Personengesellschaft oder eine juristische Person, so gelten die Bestimmungen über die Unabhängigkeit auch für die Mitglieder des obersten Leitungs- oder Verwaltungsorgans und für andere Personen mit Entscheidfunktion.

[4] Arbeitnehmer der Revisionsstelle, die nicht an der Revision beteiligt sind, dürfen in der zu prüfenden Gesellschaft weder Mitglied des Verwaltungsrates sein noch eine andere Entscheidfunktion ausüben.

[5] Die Unabhängigkeit ist auch dann nicht gegeben, wenn Personen die Unabhängigkeitsvoraussetzungen nicht erfüllen, die der Revisionsstelle, den an der Revision beteiligten Personen, den Mitgliedern des obersten Leitungs- oder Verwaltungsorgans oder anderen Personen mit Entscheidfunktion nahe stehen.

[6] Die Bestimmungen über die Unabhängigkeit erfassen auch Gesellschaften, die mit der zu prüfenden Gesellschaft oder der Revisionsstelle unter einheitlicher Leitung stehen.

2. Aufgaben der Revisionsstelle
a. Gegenstand und Umfang der Prüfung

728*a* [1] Die Revisionsstelle prüft, ob:
1. die Jahresrechnung und gegebenenfalls die Konzernrechnung den gesetzlichen Vorschriften, den Statuten und dem gewählten Regelwerk entsprechen;
2. der Antrag des Verwaltungsrats an die Generalversammlung über die Verwendung des Bilanzgewinnes den gesetzlichen Vorschriften und den Statuten entspricht;
3. ein internes Kontrollsystem existiert.

[2] Die Revisionsstelle berücksichtigt bei der Durchführung und bei der Festlegung des Umfangs der Prüfung das interne Kontrollsystem.

[3] Die Geschäftsführung des Verwaltungsrats ist nicht Gegenstand der Prüfung durch die Revisionsstelle.

b. Revisionsbericht

728*b* [1] Die Revisionsstelle erstattet dem Verwaltungsrat einen umfassenden Bericht mit Feststellungen über die Rechnungslegung, das interne Kontrollsystem sowie die Durchführung und das Ergebnis der Revision.

[2] Die Revisionsstelle erstattet der Generalversammlung schriftlich einen zusammenfassenden Bericht über das Ergebnis der Revision. Dieser Bericht enthält:

1. eine Stellungnahme zum Ergebnis der Prüfung;
2. Angaben zur Unabhängigkeit;
3. Angaben zu der Person, welche die Revision geleitet hat, und zu deren fachlicher Befähigung;
4. eine Empfehlung, ob die Jahresrechnung und die Konzernrechnung mit oder ohne Einschränkung zu genehmigen oder zurückzuweisen ist.

[3] Beide Berichte müssen von der Person unterzeichnet werden, die die Revision geleitet hat.

c. Anzeigepflichten

728*c* [1] Stellt die Revisionsstelle Verstösse gegen das Gesetz, die Statuten oder das Organisationsreglement fest, so meldet sie dies schriftlich dem Verwaltungsrat.

[2] Zudem informiert sie die Generalversammlung über Verstösse gegen das Gesetz oder die Statuten, wenn:

1. diese wesentlich sind; oder
2. der Verwaltungsrat auf Grund der schriftlichen Meldung der Revisionsstelle keine angemessenen Massnahmen ergreift.

[3] Ist die Gesellschaft offensichtlich überschuldet und unterlässt der Verwaltungsrat die Anzeige, so benachrichtigt die Revisionsstelle das Gericht.

IV. Eingeschränkte Revision (Review)
1. Unabhängigkeit der Revisionsstelle

729 [1] Die Revisionsstelle muss unabhängig sein und sich ihr Prüfungsurteil objektiv bilden. Die Unabhängigkeit darf weder tatsächlich noch dem Anschein nach beeinträchtigt sein.

[2] Das Mitwirken bei der Buchführung und das Erbringen anderer Dienstleistungen für die zu prüfende Gesellschaft sind zulässig. Sofern das Risiko der Überprüfung eigener Arbeiten entsteht, muss durch geeignete organisatorische und personelle Massnahmen eine verlässliche Prüfung sichergestellt werden.

2. Aufgaben der Revisionsstelle
a. Gegenstand und Umfang der Prüfung

729*a* 1 Die Revisionsstelle prüft, ob Sachverhalte vorliegen, aus denen zu schliessen ist, dass:
1. die Jahresrechnung nicht den gesetzlichen Vorschriften und den Statuten entspricht;
2. der Antrag des Verwaltungsrats an die Generalversammlung über die Verwendung des Bilanzgewinnes nicht den gesetzlichen Vorschriften und den Statuten entspricht.

2 Die Prüfung beschränkt sich auf Befragungen, analytische Prüfungshandlungen und angemessene Detailprüfungen.

3 Die Geschäftsführung des Verwaltungsrats ist nicht Gegenstand der Prüfung durch die Revisionsstelle.

b. Revisionsbericht

729*b* 1 Die Revisionsstelle erstattet der Generalversammlung schriftlich einen zusammenfassenden Bericht über das Ergebnis der Revision. Dieser Bericht enthält:
1. einen Hinweis auf die eingeschränkte Natur der Revision;
2. eine Stellungnahme zum Ergebnis der Prüfung;
3. Angaben zur Unabhängigkeit und gegebenenfalls zum Mitwirken bei der Buchführung und zu anderen Dienstleistungen, die für die zu prüfende Gesellschaft erbracht wurden;
4. Angaben zur Person, welche die Revision geleitet hat, und zu deren fachlicher Befähigung.

2 Der Bericht muss von der Person unterzeichnet werden, die die Revision geleitet hat.

c. Anzeigepflicht

729*c* Ist die Gesellschaft offensichtlich überschuldet und unterlässt der Verwaltungsrat die Anzeige, so benachrichtigt die Revisionsstelle das Gericht.

V. Gemeinsame Bestimmungen
1. Wahl der Revisionsstelle

730 1 Die Generalversammlung wählt die Revisionsstelle.

2 Als Revisionsstelle können eine oder mehrere natürliche oder juristische Personen oder Personengesellschaften gewählt werden.

3 Finanzkontrollen der öffentlichen Hand oder deren Mitarbeiter können als Revisionsstelle gewählt werden, wenn sie die Anforderungen dieses Gesetzes erfüllen. Die Vorschriften über die Unabhängigkeit gelten sinngemäss.

4 Wenigstens ein Mitglied der Revisionsstelle muss seinen Wohnsitz, seinen Sitz oder eine eingetragene Zweigniederlassung in der Schweiz haben.

2. Amtsdauer der Revisionsstelle

730*a* 1 Die Revisionsstelle wird für ein bis drei Geschäftsjahre gewählt. Ihr Amt endet mit der Abnahme der letzten Jahresrechnung. Eine Wiederwahl ist möglich.

2 Bei der ordentlichen Revision darf die Person, die die Revision leitet, das Mandat längstens während sieben Jahren ausfüh-

ren. Sie darf das gleiche Mandat erst nach einem Unterbruch von drei Jahren wieder aufnehmen.

3 Tritt eine Revisionsstelle zurück, so hat sie den Verwaltungsrat über die Gründe zu informieren; dieser teilt sie der nächsten Generalversammlung mit.

4 Die Generalversammlung kann die Revisionsstelle jederzeit mit sofortiger Wirkung abberufen.

3. Auskunft und Geheimhaltung

730*b* 1 Der Verwaltungsrat übergibt der Revisionsstelle alle Unterlagen und erteilt ihr die Auskünfte, die sie für die Erfüllung ihrer Aufgaben benötigt, auf Verlangen auch schriftlich.

2 Die Revisionsstelle wahrt das Geheimnis über ihre Feststellungen, soweit sie nicht von Gesetzes wegen zur Bekanntgabe verpflichtet ist. Sie wahrt bei der Berichterstattung, bei der Erstattung von Anzeigen und bei der Auskunftserteilung an die Generalversammlung die Geschäftsgeheimnisse der Gesellschaft.

4. Dokumentation und Aufbewahrung

730*c* 1 Die Revisionsstelle muss sämtliche Revisionsdienstleistungen dokumentieren und Revisionsberichte sowie alle wesentlichen Unterlagen mindestens während zehn Jahren aufbewahren. Elektronische Daten müssen während der gleichen Zeitperiode wieder lesbar gemacht werden können.

2 Die Unterlagen müssen es ermöglichen, die Einhaltung der gesetzlichen Vorschriften in effizienter Weise zu prüfen.

5. Abnahme der Rechnung und Gewinnverwendung

731 1 Bei Gesellschaften, die verpflichtet sind, ihre Jahresrechnung und gegebenenfalls ihre Konzernrechnung durch eine Revisionsstelle prüfen zu lassen, muss der Revisionsbericht vorliegen, bevor die Generalversammlung die Jahresrechnung und die Konzernrechnung genehmigt und über die Verwendung des Bilanzgewinns beschliesst.

2 Wird eine ordentliche Revision durchgeführt, so muss die Revisionsstelle an der Generalversammlung anwesend sein. Die Generalversammlung kann durch einstimmigen Beschluss auf die Anwesenheit der Revisionsstelle verzichten.

3 Liegt der erforderliche Revisionsbericht nicht vor, so sind die Beschlüsse zur Genehmigung der Jahresrechnung und der Konzernrechnung sowie zur Verwendung des Bilanzgewinnes nichtig. Werden die Bestimmungen über die Anwesenheit der Revisionsstelle missachtet, so sind diese Beschlüsse anfechtbar.

6. Besondere Bestimmungen

731*a* 1 Die Statuten und die Generalversammlung können die Organisation der Revisionsstelle eingehender regeln und deren Aufgaben erweitern.

2 Der Revisionsstelle dürfen weder Aufgaben des Verwaltungsrates, noch Aufgaben, die ihre Unabhängigkeit beeinträchtigen, zugeteilt werden.

[3] Die Generalversammlung kann zur Prüfung der Geschäftsführung oder einzelner Teile Sachverständige ernennen.

…

Zweiunddreissigster Titel:[34] Kaufmännische Buchführung und Rechnungslegung

Erster Abschnitt: Allgemeine Bestimmungen

A. Pflicht zur Buchführung und Rechnungslegung

957. [1] Der Pflicht zur Buchführung und Rechnungslegung gemäss den nachfolgenden Bestimmungen unterliegen:

1. Einzelunternehmen und Personengesellschaften, die einen Umsatzerlös von mindestens 500 000 Franken im letzten Geschäftsjahr erzielt haben;
2. juristische Personen.

[2] Lediglich über die Einnahmen und Ausgaben sowie über die Vermögenslage müssen Buch führen:

1. Einzelunternehmen und Personengesellschaften mit weniger als 500 000 Franken Umsatzerlös im letzten Geschäftsjahr;
2. diejenigen Vereine und Stiftungen, die nicht verpflichtet sind, sich ins Handelsregister eintragen zu lassen;
3. Stiftungen, die nach Artikel 83*b* Absatz 2 ZGB[35] von der Pflicht zur Bezeichnung einer Revisionsstelle befreit sind.

[3] Für die Unternehmen nach Absatz 2 gelten die Grundsätze ordnungsmässiger Buchführung sinngemäss.

B. Buchführung

957*a*. [1] Die Buchführung bildet die Grundlage der Rechnungslegung. Sie erfasst diejenigen Geschäftsvorfälle und Sachverhalte, die für die Darstellung der Vermögens-, Finanzierungs- und Ertragslage des Unternehmens (wirtschaftliche Lage) notwendig sind.

[2] Sie folgt den Grundsätzen ordnungsmässiger Buchführung. Namentlich sind zu beachten:

1. die vollständige, wahrheitsgetreue und systematische Erfassung der Geschäftsvorfälle und Sachverhalte;
2. der Belegnachweis für die einzelnen Buchungsvorgänge;
3. die Klarheit;
4. die Zweckmässigkeit mit Blick auf die Art und Grösse des Unternehmens;
5. die Nachprüfbarkeit.

---

34 Fassung gemäss Ziff. I 2 des BG vom 23. Dez. 2011 (Rechnungslegungsrecht), in Kraft seit 1. Jan. 2013 (AS **2012** 6679; BBl **2008** 1589). Siehe auch die UeB dieser Änd. am Schluss des Textes.

35 SR **210**

[3] Als Buchungsbeleg gelten alle schriftlichen Aufzeichnungen auf Papier oder in elektronischer oder vergleichbarer Form, die notwendig sind, um den einer Buchung zugrunde liegenden Geschäftsvorfall oder Sachverhalt nachvollziehen zu können.

[4] Die Buchführung erfolgt in der Landeswährung oder in der für die Geschäftstätigkeit wesentlichen Währung.

[5] Sie erfolgt in einer der Landessprachen oder in Englisch. Sie kann schriftlich, elektronisch oder in vergleichbarer Weise geführt werden.

C. Rechnungslegung
I. Zweck und Bestandteile

958. [1] Die Rechnungslegung soll die wirtschaftliche Lage des Unternehmens so darstellen, dass sich Dritte ein zuverlässiges Urteil bilden können.

[2] Die Rechnungslegung erfolgt im Geschäftsbericht. Dieser enthält die Jahresrechnung (Einzelabschluss), die sich aus der Bilanz, der Erfolgsrechnung und dem Anhang zusammensetzt. Die Vorschriften für grössere Unternehmen und Konzerne bleiben vorbehalten.

[3] Der Geschäftsbericht muss innerhalb von sechs Monaten nach Ablauf des Geschäftsjahres erstellt und dem zuständigen Organ oder den zuständigen Personen zur Genehmigung vorgelegt werden. Er ist vom Vorsitzenden des obersten Leitungs- oder Verwaltungsorgans und der innerhalb des Unternehmens für die Rechnungslegung zuständigen Person zu unterzeichnen.

II. Grundlagen der Rechnungslegung
1. Annahme der Fortführung

958*a*. [1] Die Rechnungslegung beruht auf der Annahme, dass das Unternehmen auf absehbare Zeit fortgeführt wird.

[2] Ist die Einstellung der Tätigkeit oder von Teilen davon in den nächsten zwölf Monaten ab Bilanzstichtag beabsichtigt oder voraussichtlich nicht abwendbar, so sind der Rechnungslegung für die betreffenden Unternehmensteile Veräusserungswerte zugrunde zu legen. Für die mit der Einstellung verbundenen Aufwendungen sind Rückstellungen zu bilden.

[3] Abweichungen von der Annahme der Fortführung sind im Anhang zu vermerken; ihr Einfluss auf die wirtschaftliche Lage ist darzulegen.

2. Zeitliche und sachliche Abgrenzung

958*b*. [1] Aufwände und Erträge müssen voneinander in zeitlicher und sachlicher Hinsicht abgegrenzt werden.

[2] Sofern die Nettoerlöse aus Lieferungen und Leistungen oder die Finanzerträge 100 000 Franken nicht überschreiten, kann auf die zeitliche Abgrenzung verzichtet und stattdessen auf Ausgaben und Einnahmen abgestellt werden.

III. Grundsätze ordnungsmässiger Rechnungslegung

958*c*. [1] Für die Rechnungslegung sind insbesondere die folgenden Grundsätze massgebend:

1. Sie muss klar und verständlich sein.
2. Sie muss vollständig sein.

3. Sie muss verlässlich sein.
4. Sie muss das Wesentliche enthalten.
5. Sie muss vorsichtig sein.
6. Es sind bei der Darstellung und der Bewertung stets die gleichen Massstäbe zu verwenden.
7. Aktiven und Passiven sowie Aufwand und Ertragdürfen nicht miteinander verrechnet werden.

2 Der Bestand der einzelnen Positionen in der Bilanz und im Anhang ist durch ein Inventar oder auf andere Art nachzuweisen.

3 Die Rechnungslegung ist unter Wahrung des gesetzlichen Mindestinhalts den Besonderheiten des Unternehmens und der Branche anzupassen.

IV. Darstellung, Währung und Sprache

958*d*. 1 Die Bilanz und die Erfolgsrechnung können in Konto- oder in Staffelform dargestellt werden. Positionen, die keinen oder nur einen unwesentlichen Wert aufweisen, brauchen nicht separat aufgeführt zu werden.

2 In der Jahresrechnung sind neben den Zahlen für das Geschäftsjahr die entsprechenden Werte des Vorjahres anzugeben.

3 Die Rechnungslegung erfolgt in der Landeswährung oder in der für die Geschäftstätigkeit wesentlichen Währung. Wird nicht die Landeswährung verwendet, so müssen die Werte zusätzlich in der Landeswährung angegeben werden. Die verwendeten Umrechnungskurse sind im Anhang offenzulegen und gegebenenfalls zu erläutern.

4 Die Rechnungslegung erfolgt in einer der Landessprachen oder in Englisch.

D. Offenlegung und Einsichtnahme

958*e*. 1 Jahresrechnung und Konzernrechnung sind nach der Genehmigung durch das zuständige Organ mit den Revisionsberichten entweder im Schweizerischen Handelsamtsblatt zu veröffentlichen oder jeder Person, die es innerhalb eines Jahres nach der Genehmigung verlangt, auf deren Kosten in einer Ausfertigung zuzustellen, wenn das Unternehmen:

1. Anleihensobligationen ausstehend hat; oder
2. Beteiligungspapiere an einer Börse kotiert hat.

2 Die übrigen Unternehmen müssen den Gläubigern, die ein schutzwürdiges Interesse nachweisen, Einsicht in den Geschäftsbericht und in die Revisionsberichte gewähren. Im Streitfall entscheidet das Gericht.

E. Führung und Aufbewahrung der Geschäftsbücher

958*f*. 1 Die Geschäftsbücher und die Buchungsbelege sowie der Geschäftsbericht und der Revisionsbericht sind während zehn Jahren aufzubewahren. Die Aufbewahrungsfrist beginnt mit dem Ablauf des Geschäftsjahres.

2 Der Geschäftsbericht und der Revisionsbericht sind schriftlich und unterzeichnet aufzubewahren.

³ Die Geschäftsbücher und die Buchungsbelege können auf Papier, elektronisch oder in vergleichbarer Weise aufbewahrt werden, soweit dadurch die Übereinstimmung mit den zugrunde liegenden Geschäftsvorfällen und Sachverhalten gewährleistet ist und wenn sie jederzeit wieder lesbar gemacht werden können.

⁴ Der Bundesrat erlässt die Vorschriften über die zu führenden Geschäftsbücher, die Grundsätze zu deren Führung und Aufbewahrung sowie über die verwendbaren Informationsträger.

Zweiter Abschnitt: Jahresrechnung

A. Bilanz I. Zweck der Bilanz, Bilanzierungspflicht und Bilanzierungsfähigkeit

959. ¹ Die Bilanz stellt die Vermögens- und Finanzierungslage des Unternehmens am Bilanzstichtag dar. Sie gliedert sich in Aktiven und Passiven.

² Als Aktiven müssen Vermögenswerte bilanziert werden, wenn aufgrund vergangener Ereignisse über sie verfügt werden kann, ein Mittelzufluss wahrscheinlich ist und ihr Wert verlässlich geschätzt werden kann. Andere Vermögenswerte dürfen nicht bilanziert werden.

³ Als Umlaufvermögen müssen die flüssigen Mittel bilanziert werden sowie andere Aktiven, die voraussichtlich innerhalb eines Jahres ab Bilanzstichtag oder innerhalb des normalen Geschäftszyklus zu flüssigen Mitteln werden oder anderweitig realisiert werden. Als Anlagevermögen müssen alle übrigen Aktiven bilanziert werden.

⁴ Als Passiven müssen das Fremd- und das Eigenkapital bilanziert werden.

⁵ Verbindlichkeiten müssen als Fremdkapital bilanziert werden, wenn sie durch vergangene Ereignisse bewirkt wurden, ein Mittelabfluss wahrscheinlich ist und ihre Höhe verlässlich geschätzt werden kann.

⁶ Als kurzfristig müssen die Verbindlichkeiten bilanziert werden, die voraussichtlich innerhalb eines Jahres ab Bilanzstichtag oder innerhalb des normalen Geschäftszyklus zur Zahlung fällig werden. Als langfristig müssen alle übrigen Verbindlichkeiten bilanziert werden.

⁷ Das Eigenkapital ist der Rechtsform entsprechend auszuweisen und zu gliedern.

II. Mindestgliederung

959*a*. ¹ Unter den Aktiven müssen ihrem Liquiditätsgrad entsprechend mindestens folgende Positionen einzeln und in der vorgegebenen Reihenfolge ausgewiesen werden:

1. Umlaufvermögen:
   a. flüssige Mittel und kurzfristig gehaltene Aktiven mit Börsenkurs,
   b. Forderungen aus Lieferungen und Leistungen,
   c. übrige kurzfristige Forderungen,

d. Vorräte und nicht fakturierte Dienstleistungen,
e. aktive Rechnungsabgrenzungen;

2. Anlagevermögen:
a. Finanzanlagen,
b. Beteiligungen,
c. Sachanlagen,
d. immaterielle Werte,
e. nicht einbezahltes Grund-, Gesellschafter- oder Stiftungskapital.

2 Unter den Passiven müssen ihrer Fälligkeit entsprechend mindestens folgende Positionen einzeln und in der vorgegebenen Reihenfolge ausgewiesen werden:

1. kurzfristiges Fremdkapital:
a. Verbindlichkeiten aus Lieferungen und Leistungen,
b. kurzfristige verzinsliche Verbindlichkeiten,
c. übrige kurzfristige Verbindlichkeiten,
d. passive Rechnungsabgrenzungen;

2. langfristiges Fremdkapital:
a. langfristige verzinsliche Verbindlichkeiten,
b. übrige langfristige Verbindlichkeiten,
c. Rückstellungen sowie vom Gesetz vorgesehene ähnliche Positionen;

3. Eigenkapital:
a. Grund-, Gesellschafter- oder Stiftungskapital, gegebenenfalls gesondert nach Beteiligungskategorien,
b. gesetzliche Kapitalreserve,
c. gesetzliche Gewinnreserve,
d. freiwillige Gewinnreserven oder kumulierte Verluste als Minusposten,
e. eigene Kapitalanteile als Minusposten.

3 Weitere Positionen müssen in der Bilanz oder im Anhang einzeln ausgewiesen werden, sofern dies für die Beurteilung der Vermögens- oder Finanzierungslage durch Dritte wesentlich oder aufgrund der Tätigkeit des Unternehmens üblich ist.

4 Forderungen und Verbindlichkeiten gegenüber direkt oder indirekt Beteiligten und Organen sowie gegenüber Unternehmen, an denen direkt oder indirekt eine Beteiligung besteht, müssen jeweils gesondert in der Bilanz oder im Anhang ausgewiesen werden.

B. Erfolgsrechnung; Mindestgliederung

959*b*. 1 Die Erfolgsrechnung stellt die Ertragslage des Unternehmens während des Geschäftsjahres dar. Sie kann als Produktionserfolgsrechnung oder als Absatzerfolgsrechnung dargestellt werden.

2 In der Produktionserfolgsrechnung (Gesamtkostenverfahren) müssen mindestens folgende Positionen je einzeln und in der vorgegebenen Reihenfolge ausgewiesen werden:

1. Nettoerlöse aus Lieferungen und Leistungen;
2. Bestandesänderungen an unfertigen und fertigen Erzeugnissen sowie an nicht fakturierten Dienstleistungen;
3. Materialaufwand;
4. Personalaufwand;
5. übriger betrieblicher Aufwand;
6. Abschreibungen und Wertberichtigungen auf Positionen des Anlagevermögens;
7. Finanzaufwand und Finanzertrag;
8. betriebsfremder Aufwand und betriebsfremder Ertrag;
9. ausserordentlicher, einmaliger oder periodenfremder Aufwand und Ertrag;
10. direkte Steuern;
11. Jahresgewinn oder Jahresverlust.

3 In der Absatzerfolgsrechnung (Umsatzkostenverfahren) müssen mindestens folgende Positionen je einzeln und in der vorgegebenen Reihenfolge ausgewiesen werden:

1. Nettoerlöse aus Lieferungen und Leistungen;
2. Anschaffungs- oder Herstellungskosten der verkauften Produkte und Leistungen;
3. Verwaltungsaufwand und Vertriebsaufwand;
4. Finanzaufwand und Finanzertrag;
5. betriebsfremder Aufwand und betriebsfremder Ertrag;
6. ausserordentlicher, einmaliger oder periodenfremder Aufwand und Ertrag;
7. direkte Steuern;
8. Jahresgewinn oder Jahresverlust.

4 Bei der Absatzerfolgsrechnung müssen im Anhang zudem der Personalaufwand sowie in einer Position Abschreibungen und Wertberichtigungen auf Positionen des Anlagevermögens ausgewiesen werden.

5 Weitere Positionen müssen in der Erfolgsrechnung oder im Anhang einzeln ausgewiesen werden, sofern dies für die Beurteilung der Ertragslage durch Dritte wesentlich oder aufgrund der Tätigkeit des Unternehmens üblich ist.

C. Anhang

959*c*. 1 Der Anhang der Jahresrechnung ergänzt und erläutert die anderen Bestandteile der Jahresrechnung. Er enthält:

1. Angaben über die in der Jahresrechnung angewandten Grundsätze, soweit diese nicht vom Gesetz vorgeschrieben sind;
2. Angaben, Aufschlüsselungen und Erläuterungen zu Positionen der Bilanz und der Erfolgsrechnung;

3. den Gesamtbetrag der aufgelösten Wiederbeschaffungsreserven und der darüber hinausgehenden stillen Reserven, soweit dieser den Gesamtbetrag der neugebildeten derartigen Reserven übersteigt, wenn dadurch das erwirtschaftete Ergebnis wesentlich günstiger dargestellt wird;
4. weitere vom Gesetz verlangte Angaben.

2 Der Anhang muss weiter folgende Angaben enthalten, sofern diese nicht bereits aus der Bilanz oder der Erfolgsrechnung ersichtlich sind:

1. Firma oder Name sowie Rechtsform und Sitz des Unternehmens;
2. eine Erklärung darüber, ob die Anzahl Vollzeitstellen im Jahresdurchschnitt nicht über 10, über 50 beziehungsweise über 250 liegt;
3. Firma, Rechtsform und Sitz der Unternehmen, an denen direkte oder wesentliche indirekte Beteiligungen bestehen, unter Angabe des Kapital- und des Stimmenanteils;
4. Anzahl eigener Anteile, die das Unternehmen selbst und die Unternehmen, an denen es beteiligt ist, halten;
5. Erwerb und Veräusserung eigener Anteile und die Bedingungen, zu denen sie erworben oder veräussert wurden;
6. der Restbetrag der Verbindlichkeiten aus kaufvertragsähnlichen Leasinggeschäften und anderen Leasingverpflichtungen, sofern diese nicht innert zwölf Monaten ab Bilanzstichtag auslaufen oder gekündigt werden können;
7. Verbindlichkeiten gegenüber Vorsorgeeinrichtungen;
8. der Gesamtbetrag der für Verbindlichkeiten Dritter bestellten Sicherheiten;
9. je der Gesamtbetrag der zur Sicherung eigener Verbindlichkeiten verwendeten Aktiven sowie der Aktiven unter Eigentumsvorbehalt;
10. rechtliche oder tatsächliche Verpflichtungen, bei denen ein Mittelabfluss entweder als unwahrscheinlich erscheint oder in der Höhe nicht verlässlich geschätzt werden kann (Eventualverbindlichkeit);
11. Anzahl und Wert von Beteiligungsrechten oder Optionen auf solche Rechte für alle Leitungs- und Verwaltungsorgane sowie für die Mitarbeitenden;
12. Erläuterungen zu ausserordentlichen, einmaligen oder periodenfremden Positionen der Erfolgsrechnung;
13. wesentliche Ereignisse nach dem Bilanzstichtag;
14. bei einem vorzeitigen Rücktritt der Revisionsstelle: die Gründe, die dazu geführt haben.

3 Einzelunternehmen und Personengesellschaften können auf die Erstellung des Anhangs verzichten, wenn sie nicht zur Rechnungslegung nach den Vorschriften für grössere Unternehmen verpflichtet sind. Werden in den Vorschriften zur Mindestgliede-

rung von Bilanz und Erfolgsrechnung zusätzliche Angaben gefordert und wird auf die Erstellung eines Anhangs verzichtet, so sind diese Angaben direkt in der Bilanz oder in der Erfolgsrechnung auszuweisen.

4 Unternehmen, die Anleihensobligationen ausstehend haben, müssen Angaben zu deren Beträgen, Zinssätzen, Fälligkeiten und zu den weiteren Konditionen machen.

D. Bewertung
I. Grundsätze

960. 1 Aktiven und Verbindlichkeiten werden in der Regel einzeln bewertet, sofern sie wesentlich sind und aufgrund ihrer Gleichartigkeit für die Bewertung nicht üblicherweise als Gruppe zusammengefasst werden.

2 Die Bewertung muss vorsichtig erfolgen, darf aber die zuverlässige Beurteilung der wirtschaftlichen Lage des Unternehmens nicht verhindern.

3 Bestehen konkrete Anzeichen für eine Überbewertung von Aktiven oder für zu geringe Rückstellungen, so sind die Werte zu überprüfen und gegebenenfalls anzupassen.

II. Aktiven
1. Im Allgemeinen

960*a*. 1 Bei ihrer Ersterfassung müssen die Aktiven höchstens zu den Anschaffungs- oder Herstellungskosten bewertet werden.

2 In der Folgebewertung dürfen Aktiven nicht höher bewertet werden als zu den Anschaffungs- oder Herstellungskosten. Vorbehalten bleiben Bestimmungen für einzelne Arten von Aktiven.

3 Der nutzungs- und altersbedingte Wertverlust muss durch Abschreibungen, anderweitige Wertverluste müssen durch Wertberichtigungen berücksichtigt werden. Abschreibungen und Wertberichtigungen müssen nach den allgemein anerkannten kaufmännischen Grundsätzen vorgenommen werden. Sie sind direkt oder indirekt bei den betreffenden Aktiven zulasten der Erfolgsrechnung abzusetzen und dürfen nicht unter den Passiven ausgewiesen werden.

4 Zu Wiederbeschaffungszwecken sowie zur Sicherung des dauernden Gedeihens des Unternehmens dürfen zusätzliche Abschreibungen und Wertberichtigungen vorgenommen werden. Zu den gleichen Zwecken kann davon abgesehen werden, nicht mehr begründete Abschreibungen und Wertberichtigungen aufzulösen.

2. Aktiven mit beobachtbaren Marktpreisen

960*b*. 1 In der Folgebewertung dürfen Aktiven mit Börsenkurs oder einem anderen beobachtbaren Marktpreis in einem aktiven Markt zum Kurs oder Marktpreis am Bilanzstichtag bewertet werden, auch wenn dieser über dem Nennwert oder dem Anschaffungswert liegt. Wer von diesem Recht Gebrauch macht, muss alle Aktiven der entsprechenden Positionen der Bilanz, die einen beobachtbaren Marktpreis aufweisen, zum Kurs oder Marktpreis am Bilanzstichtag bewerten. Im Anhang muss auf diese Bewertung hingewiesen werden. Der Gesamtwert der entsprechenden Aktiven muss für Wertschriften und übrige Aktiven mit beobachtbarem Marktpreis je gesondert offengelegt werden.

2 Werden Aktiven zum Börsenkurs oder zum Marktpreis am Bilanzstichtag bewertet, so darf eine Wertberichtigung zulasten der Erfolgsrechnung gebildet werden, um Schwankungen im Kursverlauf Rechnung zu tragen. Solche Wertberichtigungen sind jedoch nicht zulässig, wenn dadurch sowohl der Anschaffungswert als auch der allenfalls tiefere Kurswert unterschritten würden. Der Betrag der Schwankungsreserven ist insgesamt in der Bilanz oder im Anhang gesondert auszuweisen.

3. Vorräte und nicht fakturierte Dienstleistungen

960*c*. 1 Liegt in der Folgebewertung von Vorräten und nicht fakturierten Dienstleistungen der Veräusserungswert unter Berücksichtigung noch anfallender Kosten am Bilanzstichtag unter den Anschaffungs- oder Herstellungskosten, so muss dieser Wert eingesetzt werden.

2 Als Vorräte gelten Rohmaterial, Erzeugnisse in Arbeit, fertige Erzeugnisse und Handelswaren.

4. Anlagevermögen

960*d*. 1 Als Anlagevermögen gelten Werte, die in der Absicht langfristiger Nutzung oder langfristigen Haltens erworben werden.

2 Als langfristig gilt ein Zeitraum von mehr als zwölf Monaten.

3 Als Beteiligungen gelten Anteile am Kapital eines anderen Unternehmens, die langfristig gehalten werden und einen massgeblichen Einfluss vermitteln. Dieser wird vermutet, wenn die Anteile mindestens 20 Prozent der Stimmrechte gewähren.

III. Verbindlichkeiten

960*e*. 1 Verbindlichkeiten müssen zum Nennwert eingesetzt werden.

2 Lassen vergangene Ereignisse einen Mittelabfluss in künftigen Geschäftsjahren erwarten, so müssen die voraussichtlich erforderlichen Rückstellungen zulasten der Erfolgsrechnung gebildet werden.

3 Rückstellungen dürfen zudem insbesondere gebildet werden für:

1. regelmässig anfallende Aufwendungen aus Garantieverpflichtungen;
2. Sanierungen von Sachanlagen;
3. Restrukturierungen;
4. die Sicherung des dauernden Gedeihens des Unternehmens.

4 Nicht mehr begründete Rückstellungen müssen nicht aufgelöst werden.

Dritter Abschnitt: Rechnungslegung für grössere Unternehmen

A. Zusätzliche Anforderungen an den Geschäftsbericht

961. Unternehmen, die von Gesetzes wegen zu einer ordentlichen Revision verpflichtet sind, müssen:
1. zusätzliche Angaben im Anhang der Jahresrechnung machen;
2. als Teil der Jahresrechnung eine Geldflussrechnung erstellen;
3. einen Lagebericht verfassen.

B. Zusätzliche Angaben im Anhang zur Jahresrechnung

961*a*. Im Anhang der Jahresrechnung müssen zusätzlich Angaben gemacht werden:
1. zu den langfristigen verzinslichen Verbindlichkeiten, aufgeteilt nach Fälligkeit innerhalb von einem bis fünf Jahren und nach fünf Jahren;
2. zum Honorar der Revisionsstelle je gesondert für Revisionsdienstleistungen und andere Dienstleistungen.

C. Geldflussrechnung

961*b*. Die Geldflussrechnung stellt die Veränderung der flüssigen Mittel aus der Geschäftstätigkeit, der Investitionstätigkeit und der Finanzierungstätigkeit je gesondert dar.

D. Lagebericht

961*c*. 1 Der Lagebericht stellt den Geschäftsverlauf und die wirtschaftliche Lage des Unternehmens sowie gegebenenfalls des Konzerns am Ende des Geschäftsjahres unter Gesichtspunkten dar, die in der Jahresrechnung nicht zum Ausdruck kommen.

2 Der Lagebericht muss namentlich Aufschluss geben über:
1. die Anzahl Vollzeitstellen im Jahresdurchschnitt;
2. die Durchführung einer Risikobeurteilung;
3. die Bestellungs- und Auftragslage;
4. die Forschungs- und Entwicklungstätigkeit;
5. aussergewöhnliche Ereignisse;
6. die Zukunftsaussichten.

3 Der Lagebericht darf der Darstellung der wirtschaftlichen Lage in der Jahresrechnung nicht widersprechen.

E. Erleichterung infolge Konzernrechnung

961*d*. 1 Auf die zusätzlichen Angaben im Anhang zur Jahresrechnung, die Geldflussrechnung und den Lagebericht kann verzichtet werden, wenn das Unternehmen selbst oder eine juristische Person, die das Unternehmen kontrolliert, eine Konzernrechnung nach einem anerkannten Standard zur Rechnungslegung erstellt.

2 Es können eine Rechnungslegung nach den Vorschriften dieses Abschnitts verlangen:
1. Gesellschafter, die mindestens 10 Prozent des Grundkapitals vertreten;

2. 10 Prozent der Genossenschafter oder 20 Prozent der Vereinsmitglieder;
3. jeder Gesellschafter oder jedes Mitglied, das einer persönlichen Haftung oder einer Nachschusspflicht unterliegt.

Vierter Abschnitt: Abschluss nach anerkanntem Standard zur Rechnungslegung

A. Im Allgemeinen

962. [1] Es müssen zusätzlich zur Jahresrechnung nach diesem Titel einen Abschluss nach einem anerkannten Standard zur Rechnungslegung erstellen:
1. Gesellschaften, deren Beteiligungspapiere an einer Börse kotiert sind, wenn die Börse dies verlangt;
2. Genossenschaften mit mindestens 2000 Genossenschaftern;
3. Stiftungen, die von Gesetzes wegen zu einer ordentlichen Revision verpflichtet sind.

[2] Es können zudem einen Abschluss nach einem anerkannten Standard verlangen:
1. Gesellschafter, die mindestens 20 Prozent des Grundkapitals vertreten;
2. 10 Prozent der Genossenschafter oder 20 Prozent der Vereinsmitglieder;
3. Gesellschafter oder Mitglieder, die einer persönlichen Haftung oder einer Nachschusspflicht unterliegen.

[3] Die Pflicht zur Erstellung eines Abschlusses nach einem anerkannten Standard entfällt, wenn eine Konzernrechnung nach einem anerkannten Standard erstellt wird.

[4] Das oberste Leitungs- oder Verwaltungsorgan ist für die Wahl des anerkannten Standards zuständig, sofern die Statuten, der Gesellschaftsvertrag oder die Stiftungsurkunde keine anderslautenden Vorgaben enthalten oder das oberste Organ den anerkannten Standard nicht festlegt.

B. Anerkannte Standards zur Rechnungslegung

962*a*. [1] Wird ein Abschluss nach einem anerkannten Standard zur Rechnungslegung erstellt, so muss dieser im Abschluss angegeben werden.

[2] Der gewählte anerkannte Standard muss in seiner Gesamtheit und für den ganzen Abschluss übernommen werden.

[3] Die Einhaltung des anerkannten Standards muss durch einen zugelassenen Revisionsexperten geprüft werden. Es ist eine ordentliche Revision des Abschlusses durchzuführen.

[4] Der Abschluss nach einem anerkannten Standard muss dem obersten Organ anlässlich der Genehmigung der Jahresrechnung vorgelegt werden, bedarf aber keiner Genehmigung.

5 Der Bundesrat bezeichnet die anerkannten Standards. Er kann die Voraussetzungen festlegen, die für die Wahl eines Standards oder den Wechsel von einem Standard zum andern erfüllt sein müssen.

Fünfter Abschnitt: Konzernrechnung

A. Pflicht zur Erstellung

963. 1 Kontrolliert eine rechnungslegungspflichtige juristische Person ein oder mehrere rechnungslegungspflichtige Unternehmen, so muss sie im Geschäftsbericht für die Gesamtheit der kontrollierten Unternehmen eine konsolidierte Jahresrechnung (Konzernrechnung) erstellen.

2 Eine juristische Person kontrolliert ein anderes Unternehmen, wenn sie:

1. direkt oder indirekt über die Mehrheit der Stimmen im obersten Organ verfügt;
2. direkt oder indirekt über das Recht verfügt, die Mehrheit der Mitglieder des obersten Leitungs- oder Verwaltungsorgans zu bestellen oder abzuberufen; oder
3. aufgrund der Statuten, der Stiftungsurkunde, eines Vertrags oder vergleichbarer Instrumente einen beherrschenden Einfluss ausüben kann.

3 Ein nach Artikel 963*b* anerkannter Standard kann den Kreis der zu konsolidierenden Unternehmen definieren.

4 Vereine, Stiftungen und Genossenschaften können die Pflicht zur Erstellung einer Konzernrechnung an ein kontrolliertes Unternehmen übertragen, wenn das betreffende kontrollierte Unternehmen durch Stimmenmehrheit oder auf andere Weise sämtliche weiteren Unternehmen unter einheitlicher Leitung zusammenfasst und nachweist, dass es die Beherrschung tatsächlich ausübt.

B. Befreiung von der Pflicht zur Erstellung

963*a*. 1 Eine juristische Person ist von der Pflicht zur Erstellung einer Konzernrechnung befreit, wenn sie:

1. zusammen mit den kontrollierten Unternehmen zwei der nachstehenden Grössen in zwei aufeinander folgenden Geschäftsjahren nicht überschreitet:
   a. Bilanzsumme von 20 Millionen Franken,
   b. Umsatzerlös von 40 Millionen Franken,
   c. 250 Vollzeitstellen im Jahresdurchschnitt;
2. von einem Unternehmen kontrolliert wird, dessen Konzernrechnung nach schweizerischen oder gleichwertigen ausländischen Vorschriften erstellt und ordentlich geprüft worden ist; oder

3. die Pflicht zur Erstellung einer Konzernrechnung an ein kontrolliertes Unternehmen nach Artikel 963 Absatz 4 übertragen hat.

2 Eine Konzernrechnung ist dennoch zu erstellen, wenn:
1. dies für eine möglichst zuverlässige Beurteilung der wirtschaftlichen Lage notwendig ist;
2. Gesellschafter, die mindestens 20 Prozent des Grundkapitals vertreten oder 10 Prozent der Genossenschafter oder 10 Prozent der Vereinsmitglieder dies verlangen;
3. ein Gesellschafter oder ein Vereinsmitglied, der oder das einer persönlichen Haftung oder einer Nachschusspflicht unterliegt, dies verlangt; oder
4. die Stiftungsaufsichtsbehörde dies verlangt.

3 Verzichtet eine juristische Person gemäss Absatz 1 Ziffer 2 auf die Erstellung der Konzernrechnung für den Unterkonzern, so muss sie die Konzernrechnung des Oberkonzerns nach den Vorschriften für die eigene Jahresrechnung bekannt machen.

C. Anerkannte Standards zur Rechnungslegung

963*b*. 1 Die Konzernrechnung folgender Unternehmen muss nach einem anerkannten Standard zur Rechnungslegung erstellt werden:
1. Gesellschaften, deren Beteiligungspapiere an einer Börse kotiert sind, wenn die Börse dies verlangt;
2. Genossenschaften mit mindestens 2000 Genossenschaftern;
3. Stiftungen, die von Gesetzes wegen zu einer ordentlichen Revision verpflichtet sind.

2 Artikel 962*a* Absätze 1–3 und 5 ist sinngemäss anwendbar.

3 Die Konzernrechnung von übrigen Unternehmen untersteht den Grundsätzen ordnungsmässiger Rechnungslegung. Im Anhang zur Konzernrechnung nennt das Unternehmen die Bewertungsregeln. Weicht es davon ab, so weist es im Anhang darauf hin und vermittelt in anderer Weise die für den Einblick in die Vermögens-, Finanzierungs- und Ertragslage des Konzerns nötigen Angaben.

4 Eine Konzernrechnung ist dennoch nach einem anerkannten Standard zur Rechnungslegung zu erstellen, wenn:
1. Gesellschafter, die mindestens 20 Prozent des Grundkapitals vertreten oder 10 Prozent der Genossenschafter oder 20 Prozent der Vereinsmitglieder dies verlangen;
2. ein Gesellschafter oder ein Vereinsmitglied, der oder das einer persönlichen Haftung oder einer Nachschusspflicht unterliegt, dies verlangt; oder
3. die Stiftungsaufsichtsbehörde dies verlangt.

964.[36]

...

Übergangsbestimmungen der Änderung vom 23. Dezember 2011[37]

A. Allgemeine Regel

1. 1 Die Bestimmungen des Schlusstitels des Zivilgesetzbuches[38] gelten für dieses Gesetz, soweit die folgenden Bestimmungen nichts anderes vorsehen.

2 Die Bestimmungen der Gesetzesänderung vom 23. Dezember 2011 werden mit ihrem Inkrafttreten auf bestehende Unternehmen anwendbar.

B. Kaufmännische Buchführung und Rechnungslegung

2. 1 Die Vorschriften des 32. Titels finden erstmals Anwendung für das Geschäftsjahr, das zwei Jahre nach Inkrafttreten dieser Gesetzesänderung beginnt.

2 Für die Anwendung der Bestimmungen zur Rechnungslegung von grösseren Unternehmen sind die Bilanzsumme, der Umsatzerlös und die Vollzeitstellen im Jahresdurchschnitt in den zwei vor dem Inkrafttreten dieser Gesetzesänderung vorangegangenen Geschäftsjahren massgebend.

3 Die Bestimmungen zur Konzernrechnung finden erstmals Anwendung auf das Geschäftsjahr, das drei Jahre nach Inkrafttreten dieser Gesetzesänderung beginnt. Für die Befreiung von der Pflicht zur Erstellung einer Konzernrechnung sind die zwei vorangehenden Geschäftsjahre massgebend.

4 Bei erstmaliger Anwendung der Vorschriften zur Rechnungslegung kann auf die Nennung der Zahlen der Vorjahre verzichtet werden. Bei der zweiten Anwendung müssen nur die Zahlen des Vorjahres angegeben werden. Werden Zahlen der vorgängigen Geschäftsjahre genannt, so kann auf die Stetigkeit der Darstellung und die Gliederung verzichtet werden. Im Anhang ist auf diesen Umstand hinzuweisen.

---

36 Aufgehoben durch Ziff. I des BG vom 22. Dez. 1999, mit Wirkung seit 1. Juni 2002 (AS **2002** 949; BBl **1999** 5149).

37 AS **2012** 6679; BBl **2008** 1589

38 SR **210**

Verordnung
über die Führung und Aufbewahrung der Geschäftsbücher (Geschäftsbücherverordnung; GeBüV) (SR 221.431)

vom 24. April 2002 (Stand am 1. Januar 2013)

Der Schweizerische Bundesrat,

gestützt auf Artikel 958*f* Absatz 4 des Obligationenrechts[1],[2]

verordnet:

1. Abschnitt: Zu führende Bücher

Art. 1

[1] Wer buchführungspflichtig ist, muss ein Hauptbuch und, je nach Art und Umfang des Geschäfts, auch Hilfsbücher führen.

[2] Das Hauptbuch besteht aus:

a. den Konten (sachlogische Gliederung aller verbuchten Geschäftsvorfälle), auf deren Basis Betriebsrechnung und Bilanz erstellt werden;
b. dem Journal (chronologische Erfassung aller verbuchten Geschäftsvorfälle).

[3] Die Hilfsbücher müssen in Ergänzung zum Hauptbuch die Angaben enthalten, die zur Feststellung der Vermögenslage des Geschäftes und der mit dem Geschäftsbetrieb zusammenhängenden Schuld- und Forderungsverhältnisse sowie der Betriebsergebnisse der einzelnen Geschäftsjahre nötig sind. Darunter fallen insbesondere die Lohnbuchhaltung, die Debitoren- und Kreditorenbuchhaltung sowie die fortlaufende Führung der Warenbestände bzw. der nicht fakturierten Dienstleistungen.

AS **2002** 1399
1 SR **220**
2 Fassung gemäss Anhang der V vom 21. Nov. 2012 über die anerkannten Standards zur Rechnungslegung, in Kraft seit 1. Jan. 2013 (AS **2012** 6709).

2. Abschnitt: Allgemeine Grundsätze

Art. 2 Grundsätze ordnungsgemässer Führung und Aufbewahrung der Bücher

1 Bei der Führung der Geschäftsbücher und der Erfassung der Buchungsbelege sind die anerkannten kaufmännischen Grundsätze einzuhalten (ordnungsgemässe Buchführung).

2 Werden die Geschäftsbücher elektronisch oder auf vergleichbare Weise geführt und aufbewahrt und die Buchungsbelege elektronisch oder auf vergleichbare Weise erfasst und aufbewahrt, so sind die Grundsätze der ordnungsgemässen Datenverarbeitung einzuhalten.[3]

3 Die Ordnungsmässigkeit der Führung und der Aufbewahrung der Bücher richtet sich nach den anerkannten Standards zur Rechnungslegung, sofern die Gesetzgebung, insbesondere der 32. Titel des Obligationenrechts und diese Verordnung, nichts anderes vorsehen.[4]

Art. 3[5] Integrität (Echtheit und Unverfälschbarkeit)

Die Geschäftsbücher müssen so geführt und aufbewahrt und die Buchungsbelege müssen so erfasst und aufbewahrt werden, dass sie nicht geändert werden können, ohne dass sich dies feststellen lässt.

Art. 4 Dokumentation

1 Je nach Art und Umfang des Geschäfts sind die Organisation, die Zuständigkeiten, die Abläufe und Verfahren und die Infrastruktur (Maschinen und Programme), die bei der Führung und Aufbewahrung der Geschäftsbücher zur Anwendung gekommen sind, in Arbeitsanweisungen so zu dokumentieren, dass die Geschäftsbücher und die Buchungsbelege verstanden werden können.[6]

2 Arbeitsanweisungen sind zu aktualisieren und nach den gleichen Grundsätzen und gleich lang aufzubewahren wie die Geschäftsbücher, die danach geführt wurden.

---

3 Fassung gemäss Anhang der V vom 21. Nov. 2012 über die anerkannten Standards zur Rechnungslegung, in Kraft seit 1. Jan. 2013 (AS **2012** 6709).

4 Fassung gemäss Anhang der V vom 21. Nov. 2012 über die anerkannten Standards zur Rechnungslegung, in Kraft seit 1. Jan. 2013 (AS **2012** 6709).

5 Fassung gemäss Anhang der V vom 21. Nov. 2012 über die anerkannten Standards zur Rechnungslegung, in Kraft seit 1. Jan. 2013 (AS **2012** 6709).

6 Fassung gemäss Anhang der V vom 21. Nov. 2012 über die anerkannten Standards zur Rechnungslegung, in Kraft seit 1. Jan. 2013 (AS **2012** 6709).

3. Abschnitt: Grundsätze für die ordnungsgemässe Aufbewahrung

Art. 5[7] Allgemeine Sorgfaltspflicht

Die Geschäftsbücher und die Buchungsbelege sind sorgfältig, geordnet und vor schädlichen Einwirkungen geschützt aufzubewahren.

Art. 6 Verfügbarkeit

1 Die Geschäftsbücher und die Buchungsbelege müssen so aufbewahrt werden, dass sie bis zum Ende der Aufbewahrungsfrist von einer berechtigten Person innert angemessener Frist eingesehen und geprüft werden können.[8]

2 Soweit es für die Einsicht und die Prüfung erforderlich ist, sind das entsprechende Personal sowie die Geräte oder Hilfsmittel verfügbar zu halten.

3 Im Rahmen des Einsichtsrechts muss die Möglichkeit bestehen, die Geschäftsbücher auf Begehren einer berechtigten Person auch ohne Hilfsmittel lesbar zu machen.

Art. 7 Organisation

1 Archivierte Informationen sind von aktuellen Informationen zu trennen bzw. so zu kennzeichnen, dass eine Unterscheidung möglich ist. Die Verantwortung für die archivierten Informationen ist klar zu regeln und zu dokumentieren.

2 Auf archivierte Daten muss innert nützlicher Frist zugegriffen werden können.

Art. 8 Archiv

Die Informationen sind systematisch zu inventarisieren und vor unbefugtem Zugriff zu schützen. Zugriffe und Zutritte sind aufzuzeichnen. Diese Aufzeichnungen unterliegen derselben Aufbewahrungspflicht wie die Datenträger.

4. Abschnitt: Informationsträger

Art. 9 Zulässige Informationsträger

1 Zur Aufbewahrung von Unterlagen sind zulässig:

a. unveränderbare Informationsträger, namentlich Papier, Bildträger und unveränderbare Datenträger;

b. veränderbare Informationsträger, wenn:

---

7 Fassung gemäss Anhang der V vom 21. Nov. 2012 über die anerkannten Standards zur Rechnungslegung, in Kraft seit 1. Jan. 2013 (AS **2012** 6709).

8 Fassung gemäss Anhang der V vom 21. Nov. 2012 über die anerkannten Standards zur Rechnungslegung, in Kraft seit 1. Jan. 2013 (AS **2012** 6709).

1. technische Verfahren zur Anwendung kommen, welche die Integrität der gespeicherten Informationen gewährleisten (z.B. digitale Signaturverfahren),
2. der Zeitpunkt der Speicherung der Informationen unverfälschbar nachweisbar ist (z.B. durch «Zeitstempel»),
3. die zum Zeitpunkt der Speicherung bestehenden weiteren Vorschriften über den Einsatz der betreffenden technischen Verfahren eingehalten werden, und
4. die Abläufe und Verfahren zu deren Einsatz festgelegt und dokumentiert sowie die entsprechenden Hilfsinformationen (wie Protokolle und Log files) ebenfalls aufbewahrt werden.

2 Informationsträger gelten als veränderbar, wenn die auf ihnen gespeicherten Informationen geändert oder gelöscht werden können, ohne dass die Änderung oder Löschung auf dem Datenträger nachweisbar ist (wie Magnetbänder, magnetische oder magnetooptische Disketten, Fest- oder Wechselplatten, solid state-Speicher).

Art. 10 Überprüfung und Datenmigration

1 Die Informationsträger sind regelmässig auf ihre Integrität und Lesbarkeit zu prüfen.

2 Die Daten können in andere Formate oder auf andere Informationsträger übertragen werden (Datenmigration), wenn sichergestellt wird, dass:

a. die Vollständigkeit und die Richtigkeit der Informationen gewährleistet bleiben; und
b. die Verfügbarkeit und die Lesbarkeit den gesetzlichen Anforderungen weiterhin genügen.

3 Die Übertragung von Daten von einem Informationsträger auf einen anderen ist zu protokollieren. Das Protokoll ist zusammen mit den Informationen aufzubewahren.

5. Abschnitt: Schlussbestimmungen

Art. 11 Aufhebung bisherigen Rechts

Die Verordnung vom 2. Juni 1976[9] über die Aufzeichnung von aufzubewahrenden Unterlagen wird aufgehoben.

Art. 12 Inkrafttreten

Diese Verordnung tritt am 1. Juni 2002 in Kraft.

---

9 [AS **1976** 1334]

Verordnung über die anerkannten Standards zur Rechnungslegung (VASR) (SR 221.432)

vom 21. November 2012 (Stand am 1. Janaur 2015)

Der Schweizerische Bundesrat,

gestützt auf Artikel 962*a* Absatz 5 des Obligationenrechts (OR)[1] sowie Artikel 6*b* Absätze 1 und 2 des Bankengesetzes vom 8. November 1934[2], Artikel 16 Absatz 2 des Börsengesetzes vom 24. März 1995[3] und Artikel 87 des Kollektivanlagengesetzes vom 23. Juni 2006[4]

verordnet:

Art. 1 Anerkannte Standards zur Rechnungslegung

1 Für Unternehmen, die der Pflicht zur Buchführung und Rechnungslegung gemäss Artikel 957 OR unterliegen, werden die folgenden Regelwerke als anerkannte Standards zur Rechnungslegung bezeichnet:

a. die «International Financial Reporting Standards» (IFRS) des International Accounting Standards Board (IASB)[5];
b. der «International Financial Reporting Standard for Small and Medium-sized Entities» (IFRS for SMEs) des IASB;
c. die «Fachempfehlungen zur Rechnungslegung» (Swiss GAAP FER) der Stiftung für Fachempfehlungen zur Rechnungslegung[6];
d. die «United States Generally Accepted Accounting Principles» (US GAAP) des Financial Accounting Standards Board[7];
e. die «International Public Sector Accounting Standards» (IPSAS) des International Public Sector Standards Board[8].

2 Der Herausgeber des Regelwerks bestimmt die autorisierten sprachlichen Fassungen.

AS **2012** 6709
1 SR **220**
2 SR **952.0**
3 SR **954.1**
4 SR **951.31**
5 www.ifrs.org
6 www.fer.ch
7 www.fasb.org
8 www.ifac.org/public-sector

Art. 2 Rechnungslegungsvorschriften der FINMA

[1] Für Banken gemäss Bankengesetz vom 8. November 1934 und für Effektenhändler gemäss Börsengesetz vom 24. März 1995 sind die Rechnungslegungsvorschriften der Eidgenössischen Finanzmarktaufsicht (FINMA) für Banken und Effektenhändler (Art. 25 – 42 der Bankenverordnung vom 30. April 2014[9]) einem anerkannten Standard zur Rechnungslegung gleichgestellt.[10]

[2] Für kollektive Kapitalanlagen gemäss dem Kollektivanlagengesetz vom 23. Juni 2006[11] (KAG) sind die Rechnungslegungsvorschriften der FINMA für kollektive Kapitalanlagen (Art. 91 des KAG) einem anerkannten Standard zur Rechnungslegung gleichgestellt.

Art. 3 Änderung bisherigen Rechts

Die Änderung bisherigen Rechts wird im Anhang geregelt.

Art. 4 Inkrafttreten

Diese Verordnung tritt am 1. Januar 2013 in Kraft.

---

9 SR **952.02**
10 Fassung gemäss Anhang 2 Ziff. 1 der Verordnung vom 30. April 2014 über die Banken und Sparkassen, in Kraft seit 1. Jan. 2015 (AS **2014** 1269).
11 SR **951.31**

Bundesgesetz über das Verwaltungsstrafrecht (VStrR) (SR 313.0)

vom 22. März 1974 (Stand am 1. Oktober 2016)

Die Bundesversammlung der Schweizerischen Eidgenossenschaft,

gestützt auf die Artikel 64bis, 106 und 114 der Bundesverfassung[1,2] nach Einsicht in eine Botschaft des Bundesrates vom 21. April 1971[3],

beschliesst:

Erster Titel: Geltungsbereich des Gesetzes

Geltungsbereich

1. Ist die Verfolgung und Beurteilung von Widerhandlungen einer Verwaltungsbehörde des Bundes übertragen, so findet dieses Gesetz Anwendung.

Zweiter Titel: Verwaltungsstrafrecht

Erster Abschnitt: Allgemeine Bestimmungen

A. Anwendung des Schweizerischen Strafgesetzbuches

2. Die allgemeinen Bestimmungen des Strafgesetzbuches[4] gelten für Taten, die in der Verwaltungsgesetzgebung des Bundes mit Strafe bedroht sind, soweit dieses Gesetz oder das einzelne Verwaltungsgesetz nichts anderes bestimmt.

B. Ordnungswidrigkeit

3. Ordnungswidrigkeit im Sinne dieses Gesetzes ist die vom einzelnen Verwaltungsgesetz als solche bezeichnete oder die mit Ordnungsbusse bedrohte Übertretung.

AS **1974** 1857

1 [BS **1** 3]. Den genannten Bestimmungen entsprechen heute die Art. 123, 188 und 190 (nach Inkrafttreten des BB vom 8. Okt. 1999 über die Reform der Justiz – BBl **1999** 8633 – Art. 123, 188 und 189) der BV vom 18. April 1999 (SR **101**).

2 Fassung gemäss Ziff. I des BG vom 22. Dez. 1999, in Kraft seit 1. Okt. 2000 (AS **2000** 2141; BBl **1998** 1529).

3 BBl **1971** I 993

4 SR **311.0**

C. Abweichungen vom Strafgesetzbuch
I. Jugendliche

4.[5] Begeht ein Jugendlicher vor Vollendung des 15. Altersjahres eine mit Strafe bedrohte Tat, so wird er nicht strafrechtlich verfolgt.

II. Teilnahme

5. Anstiftung und Gehilfenschaft zu einer Übertretung, ausgenommen zu einer Ordnungswidrigkeit, sind strafbar.

III. Widerhandlungen in Geschäftsbetrieben, durch Beauftragte u. dgl.
1. Regel

6. [1] Wird eine Widerhandlung beim Besorgen der Angelegenheiten einer juristischen Person, Kollektiv- oder Kommanditgesellschaft, Einzelfirma oder Personengesamtheit ohne Rechtspersönlichkeit oder sonst in Ausübung geschäftlicher oder dienstlicher Verrichtungen für einen andern begangen, so sind die Strafbestimmungen auf diejenigen natürlichen Personen anwendbar, welche die Tat verübt haben.

[2] Der Geschäftsherr, Arbeitgeber, Auftraggeber oder Vertretene, der es vorsätzlich oder fahrlässig in Verletzung einer Rechtspflicht unterlässt, eine Widerhandlung des Untergebenen, Beauftragten oder Vertreters abzuwenden oder in ihren Wirkungen aufzuheben, untersteht den Strafbestimmungen, die für den entsprechend handelnden Täter gelten.

[3] Ist der Geschäftsherr, Arbeitgeber, Auftraggeber oder Vertretene eine juristische Person, Kollektiv- oder Kommanditgesellschaft, Einzelfirma oder Personengesamtheit ohne Rechtspersönlichkeit, so wird Absatz 2 auf die schuldigen Organe, Organmitglieder, geschäftsführenden Gesellschafter, tatsächlich leitenden Personen oder Liquidatoren angewendet.

2. Sonderordnung bei Bussen bis zu 5000 Franken

7. [1] Fällt eine Busse von höchstens 5000 Franken in Betracht und würde die Ermittlung der nach Artikel 6 strafbaren Personen Untersuchungsmassnahmen bedingen, die im Hinblick auf die verwirkte Strafe unverhältnismässig wären, so kann von einer Verfolgung dieser Personen Umgang genommen und an ihrer Stelle die juristische Person, die Kollektiv- oder Kommanditgesellschaft oder die Einzelfirma zur Bezahlung der Busse verurteilt werden.

[2] Für Personengesamtheiten ohne Rechtspersönlichkeit gilt Absatz 1 sinngemäss.

IV. Strafzumessung
1. Bussen

8. Bussen bis zu 5000 Franken sind nach der Schwere der Widerhandlung und des Verschuldens zu bemessen; andere Strafzumessungsgründe müssen nicht berücksichtigt werden.

2. Zusammentreffen von strafbaren Handungen oder von Strafbestimmungen

9. Die Vorschriften von Artikel 68 des Strafgesetzbuches[6] über das Zusammentreffen von strafbaren Handlungen oder Strafbestimmungen gelten nicht für Bussen und Umwandlungsstrafen.

---

[5] Fassung gemäss Art. 44 Ziff. 2 des Jugendstrafgesetzes vom 20. Juni 2003, in Kraft seit 1. Jan. 2007 (AS **2006** 3545; BBl **1999** 1979).

[6] SR **311.0**. Heute: von Art. 49.

V. Umwandlung der Busse

10. [1] Soweit eine Busse nicht eingebracht werden kann, wird sie vom Richter in Haft, bei Jugendlichen in Einschliessung umgewandelt. Die Busse wegen einer Ordnungswidrigkeit unterliegt der Umwandlung nicht.

[2] Der Richter kann für die Umwandlungsstrafe unter den Voraussetzungen von Artikel 41 des Strafgesetzbuches[7] den bedingten Strafvollzug gewähren oder, sofern der Verurteilte nachweist, dass er schuldlos ausserstande ist, die Busse zu bezahlen, die Umwandlung ausschliessen. Der Ausschluss der Umwandlung oder die Gewährung des bedingten Strafvollzuges sind jedoch nicht zulässig, wenn der Verurteilte die Widerhandlung vorsätzlich begangen hat und wenn zur Zeit der Tat noch nicht fünf Jahre vergangen sind, seit er wegen einer Widerhandlung gegen das gleiche Verwaltungsgesetz, die nicht eine blosse Ordungswidrigkeit war, verurteilt worden ist.

[3] Im Falle der Umwandlung werden 30 Franken einem Tag Haft oder Einschliessung gleichgesetzt, jedoch darf die Umwandlungsstrafe die Dauer von drei Monaten nicht übersteigen. Sind Teilzahlungen entrichtet worden, so setzt der Richter die Umwandlungsstrafe im Verhältnis dieser Teilzahlungen zum ganzen Bussenbetrag herab.

[4] Wird die Busse, nachdem sie umgewandelt worden ist, bezahlt, so fällt die Umwandlungsstrafe, soweit sie noch nicht vollzogen ist, dahin.

VI. Verjährung

11. [1] Eine Übertretung verjährt in zwei Jahren.

[2] Besteht jedoch die Übertretung in einer Hinterziehung oder Gefährdung von Abgaben oder im unrechtmässigen Erlangen einer Rückerstattung, Ermässigung oder eines Erlasses von Abgaben, so beträgt die Verjährungsfrist fünf Jahre; sie kann durch Unterbrechung nicht um mehr als die Hälfte hinausgeschoben werden.

[3] Die Verjährung ruht bei Vergehen und Übertretungen während der Dauer eines Einsprache-, Beschwerde- oder gerichtlichen Verfahrens über die Leistungs- oder Rückleistungspflicht oder über eine andere nach dem einzelnen Verwaltungsgesetz zu beurteilende Vorfrage oder solange der Täter im Ausland eine Freiheitsstrafe verbüsst.

[4] Die Strafe einer Übertretung verjährt in fünf Jahren.

D. Hinterziehung; Erschleichen eines Beitrages u.dgl.
I. Leistungs- und Rückleistungspflicht

12. [1] Ist infolge einer Widerhandlung gegen die Verwaltungsgesetzgebung des Bundes zu Unrecht

a. eine Abgabe nicht erhoben, zurückerstattet, ermässigt oder erlassen worden, oder
b. vom Bund, von einem Kanton, einer Gemeinde, einer Anstalt oder Körperschaft des öffentlichen Rechts oder von

[7] SR **311.0**. Heute: von Art. 42.

einer mit öffentlich-rechtlichen Aufgaben betrauten Organisation eine Vergütung oder ein Beitrag gewährt oder eine Forderung nicht geltend gemacht worden,

so sind die Abgabe, die Vergütung, der Beitrag oder der nicht eingeforderte Betrag und der Zins, ohne Rücksicht auf die Strafbarkeit einer bestimmten Person, nachzuentrichten oder zurückzuerstatten.

2 Leistungs- oder rückleistungspflichtig ist, wer in den Genuss des unrechtmässigen Vorteils gelangt ist, insbesondere der zur Zahlung der Abgabe Verpflichtete oder der Empfänger der Vergütung oder des Beitrages.

3 Wer vorsätzlich die Widerhandlung begangen oder an ihr teilgenommen hat, haftet für den nachzuentrichtenden oder zurückzuerstattenden Betrag solidarisch mit den nach Absatz 2 Zahlungspflichtigen.

4 Leistungs- und Rückleistungspflicht verjähren nicht, solange die Strafverfolgung und Strafvollstreckung nicht verjährt sind.

II. Selbstanzeige

13. Hat der Täter die Widerhandlung, die eine Leistungs- oder Rückleistungspflicht begründet, aus eigenem Antrieb angezeigt, hat er überdies, soweit es ihm zumutbar war, über die Grundlagen der Leistungs- oder Rückleistungspflicht vollständige und genaue Angaben gemacht, zur Abklärung des Sachverhalts beigetragen und die Pflicht, wenn sie ihm obliegt, erfüllt, und hat er bisher noch nie wegen einer vorsätzlichen Widerhandlung der gleichen Art Selbstanzeige geübt, so bleibt er straflos.

Zweiter Abschnitt: Besondere Bestimmungen

A. Strafbare Handlungen[8]
I. Leistungs- und Abgabebetrug

14. 1 Wer die Verwaltung, eine andere Behörde oder einen Dritten durch Vorspiegelung oder Unterdrückung von Tatsachen arglistig irreführt oder sie in einem Irrtum arglistig bestärkt und so für sich oder einen andern unrechtmässig eine Konzession, eine Bewilligung oder ein Kontingent, einen Beitrag, die Rückerstattung von Abgaben, eine andere Leistung des Gemeinwesens erschleicht, oder bewirkt, dass der Entzug einer Konzession, einer Bewilligung oder eines Kontingents unterbleibt, wird mit Gefängnis oder mit Busse bestraft.[9]

2 Bewirkt der Täter durch sein arglistiges Verhalten, dass dem Gemeinwesen unrechtmässig und in einem erheblichen Betrag eine Abgabe, ein Beitrag oder eine andere Leistung vorenthalten

---

8 Ab 1. Jan. 2007 sind die angedrohten Strafen und die Verjährungsfristen in Anwendung von Art. 333 Abs. 2–6 des Strafgesetzbuches (SR **311.0**) in der Fassung des BG vom 13. Dez. 2002 (AS **2006** 3459; BBl **1999** 1797) zu interpretieren beziehungsweise umzurechnen.

9 Fassung gemäss Ziff. III des BG vom 17. Juni 1994, in Kraft seit 1. Jan. 1995 (AS **1994** 2290; BBl **1991** II 969).

oder dass es sonst am Vermögen geschädigt wird, so ist die Strafe Gefängnis bis zu einem Jahr oder Busse bis zu 30 000 Franken.

3 Sieht das einzelne Verwaltungsgesetz für die entsprechende nicht arglistig begangene Widerhandlung einen höheren Höchstbetrag der Busse vor, so gilt dieser auch in den Fällen der Absätze 1 und 2.

4 Wer gewerbsmässig oder im Zusammenwirken mit Dritten Widerhandlungen nach Absatz 1 oder 2 in Abgaben- oder Zollangelegenheiten begeht und sich oder einem andern dadurch in besonders erheblichem Umfang einen unrechtmässigen Vorteil verschafft oder das Gemeinwesen am Vermögen oder an andern Rechten besonders erheblich schädigt, wird mit Freiheitsstrafe bis zu fünf Jahren oder Geldstrafe bestraft. Mit der Freiheitsstrafe ist eine Geldstrafe zu verbinden.[10]

II. Urkundenfälschung; Erschleichen einer falschen Beurkundung

15. 1. Wer in der Absicht, sich oder einem andern einen nach der Verwaltungsgesetzgebung des Bundes unrechtmässigen Vorteil zu verschaffen oder das Gemeinwesen am Vermögen oder an andern Rechten zu schädigen, eine Urkunde fälscht oder verfälscht oder die echte Unterschrift oder das echte Handzeichen eines andern zur Herstellung einer unwahren Urkunde benützt oder eine Urkunde dieser Art zur Täuschung gebraucht,

wer durch Täuschung bewirkt, dass die Verwaltung oder eine andere Behörde oder eine Person öffentlichen Glaubens eine für die Durchführung der Verwaltungsgesetzgebung des Bundes erhebliche Tatsache unrichtig beurkundet, und wer eine so erschlichene Urkunde zur Täuschung der Verwaltung oder einer anderen Behörde gebraucht,

wird mit Gefängnis oder Busse bis zu 30 000 Franken bestraft.

2. Ziffer 1 gilt auch für Urkunden des Auslandes.

III. Unterdrückung von Urkunden

16. 1 Wer in der Absicht, sich oder einem andern einen nach der Verwaltungsgesetzgebung des Bundes unrechtmässigen Vorteil zu verschaffen oder das Gemeinwesen am Vermögen oder an andern Rechten zu schädigen, Urkunden, die er nach dieser Gesetzgebung aufzubewahren verpflichtet ist, beschädigt, vernichtet oder beiseite schafft, wird mit Gefängnis oder Busse bis zu 30 000 Franken bestraft.

2 Offenbart der Täter die beiseite geschafften Urkunden aus eigenem Antrieb und bevor die Verwaltung die Untersuchung abgeschlossen hat, so kann von einer Bestrafung Umgang genommen werden.

---

10 Eingefügt durch Ziff. I 2 des BG vom 3. Okt. 2008 zur Umsetzung der revidierten Empfehlungen der Groupe d'action financière (AS **2009** 361; BBl **2007** 6269). Fassung gemäss Ziff. I 5 des BG vom 12. Dez. 2014 zur Umsetzung der 2012 revidierten Empfehlungen der Groupe d'action financière, in Kraft seit 1. Jan. 2016 (AS **2015** 1389; BBl **2014** 605).

[3] Die Absätze 1 und 2 gelten auch für Urkunden des Auslandes.

IV. Begünstigung

17.[11] 1. Wer in einem Verwaltungsstrafverfahren jemanden der Strafverfolgung oder dem Strafvollzug, soweit dieser der beteiligten Verwaltung obliegt, entzieht,

wer dazu beiträgt, einem Täter oder Teilnehmer die Vorteile einer Widerhandlung gegen die Verwaltungsgesetzgebung des Bundes zu sichern,

wird mit Freiheitsstrafe bis zu drei Jahren oder Geldstrafe bestraft. Die auf den Täter anwendbare Strafdrohung darf dabei nicht überschritten werden.

2. Wer dazu beiträgt, den Vollzug einer verwaltungsstrafrechtlichen Massnahme widerrechtlich zu verunmöglichen, wird mit Gefängnis bis zu einem Jahr oder Busse bis zu 30000 Franken bestraft.

3. Steht der Begünstiger in so nahen Beziehungen zum Begünstigten, dass sein Verhalten entschuldbar ist, so kann von einer Bestrafung Umgang genommen werden.

B. Gleichstellung der mit öffentlich-rechtlichen Aufgaben betrauten Organisationen

18. Soweit mit öffentlich-rechtlichen Aufgaben betraute Organisationen und ihre Organe oder Beauftragten die Verwaltungsgesetzgebung des Bundes anzuwenden haben, stehen sie in den Artikeln 14–17 dem Gemeinwesen und seiner Verwaltung gleich.

Dritter Titel: Verwaltungsstrafverfahren

Erster Abschnitt: Behörden; allgemeine Verfahrensvorschriften

A. Behörden
I. Anzeige und dringliche Massnahmen

19. [1] Strafanzeigen wegen Widerhandlungen gegen ein Verwaltungsgesetz des Bundes sind einem Beamten der beteiligten Bundesverwaltung oder einer Polizeistelle zu erstatten.

[2] Die Bundesverwaltung und die Polizei der Kantone und Gemeinden, deren Organe in ihrer dienstlichen Tätigkeit eine Widerhandlung wahrnehmen oder von einer solchen Kenntnis erhalten, sind verpflichtet, sie der beteiligten Verwaltung anzuzeigen.

[3] Die Organe der Bundesverwaltung und der Polizei, die Zeugen der Widerhandlung sind oder unmittelbar nach der Tat dazukommen, sind bei Gefahr im Verzuge berechtigt, den Täter vorläufig festzunehmen, die mit der Widerhandlung in Zusammenhang stehenden Gegenstände vorläufig zu beschlagnahmen und zu diesem Zweck den Täter oder den Inhaber des Gegenstandes in

[11] Fassung gemäss Ziff. I 2 des BG vom 3. Okt. 2008 zur Umsetzung der revidierten Empfehlungen der Groupe d'action financière, in Kraft seit 1. Febr. 2009 (AS **2009** 361; BBl **2007** 6269).

Wohnungen und andere Räume sowie in unmittelbar zu einem Hause gehörende umfriedete Liegenschaften hinein zu verfolgen.

4 Ein vorläufig Festgenommener ist sofort dem untersuchenden Beamten der beteiligten Verwaltung zuzuführen; beschlagnahmte Gegenstände sind unverzüglich abzuliefern.

II. Untersuchung

20. 1 Für die Untersuchung ist die beteiligte Verwaltung zuständig. Mit der Durchführung von Einvernahmen, Augenscheinen und Zwangsmassnahmen sind besonders ausgebildete Beamte zu betrauen.

2 Die Polizei der Kantone und Gemeinden unterstützt die Verwaltung in ihrer Untersuchung; insbesondere darf der untersuchende Beamte polizeiliche Hilfe in Anspruch nehmen, wenn ihm bei einer Untersuchungshandlung, die innerhalb seiner Amtsbefugnisse liegt, Widerstand geleistet wird.

3 Sind in einer Strafsache sowohl die Zuständigkeit der beteiligten Verwaltung als auch Bundesgerichtsbarkeit oder kantonale Gerichtsbarkeit gegeben, so kann das Departement, dem die beteiligte Verwaltung angehört, die Vereinigung der Strafverfolgung in der Hand der bereits mit der Sache befassten Strafverfolgungsbehörde anordnen, sofern ein enger Sachzusammenhang besteht und die Strafverfolgungsbehörde der Vereinigung vorgängig zugestimmt hat.[12]

III. Beurteilung
1. Sachliche Zuständigkeit

21. 1 Für die Beurteilung ist die beteiligte Verwaltung zuständig; hält jedoch das übergeordnete Departement die Voraussetzungen einer Freiheitsstrafe, einer freiheitsentziehenden Massnahme oder einer Landesverweisung nach Artikel 66a oder 66a^{bis} des Strafgesetzbuchs[13] für gegeben, so ist das Gericht zuständig.[14]

2 Der von der Strafverfügung der Verwaltung Betroffene kann die Beurteilung durch das Gericht verlangen.

3 Dem Bundesrat steht in allen Fällen die Überweisung der Strafsache an das Bundesstrafgericht frei.

4 Die zur Ausfällung der Hauptstrafe zuständige Behörde erkennt auch über Nebenstrafen, Massnahmen und Kosten.

2. Örtliche Zuständigkeit

22. 1 Der Gerichtsstand ist bei dem Gericht begründet, das nach den Artikeln 31–37 der Strafprozessordnung vom 5. Oktober 2007[15] (StPO) zuständig ist oder in dessen Bezirk der Be-

---

12 Eingefügt durch Ziff. I des BG vom 22. Dezember 1999, in Kraft seit 1. Okt. 2000 (AS **2000** 2141; BBl **1998** 1529).

13 SR **311.0**

14 Fassung gemäss Ziff. 6 des BG vom 20. März 2015 (Umsetzung von Art. 121 Abs. 3–6 BV über die Ausschaffung krimineller Ausländerinnen und Ausländer), in Kraft seit 1. Okt. 2016 (AS **2016** 2329; BBl **2013** 5975).

15 SR **312.0**

schuldigte wohnt.[16] Die Verwaltung wählt zwischen den beiden Gerichtsständen.

[2] Artikel 40 Absatz 2 StPO gilt sinngemäss.[17] Das Bundesstrafgericht[18] ist in seinem Entscheid nicht an die von der Verwaltung getroffene Wahl gebunden.

IV. Verfahren gegen Jugendliche

23. [1] Begeht ein Jugendlicher nach Vollendung des 15., aber vor Vollendung des 18. Altersjahres eine mit Strafe bedrohte Tat, so sind für die Untersuchung und Beurteilung die Vorschriften dieses Gesetzes massgebend. Erscheinen jedoch besondere Erhebungen für die Beurteilung des Jugendlichen oder die Anordnung jugendrechtlicher Massnahmen als geboten oder stellt die zuständige kantonale Behörde der Jugendrechtspflege ein dahinlautendes Begehren oder hat der von der Strafverfügung der Verwaltung betroffene Jugendliche die gerichtliche Beurteilung verlangt, so hat die Verwaltung die Weiterführung des Verfahrens der zuständigen kantonalen Behörde der Jugendrechtspflege zu übertragen, gegebenenfalls unter Trennung des Verfahrens von demjenigen gegen andere Beschuldigte; die Artikel 73–83 dieses Gesetzes gelten sinngemäss.[19]

[2] In Abweichung von Artikel 22 bestimmt sich der Gerichtsstand nach Artikel 10 der Jugendstrafprozessordnung vom 20. März 2009[20].[21]

[3] Der urteilsfähige Minderjährige kann neben dem Inhaber der elterlichen Sorge, dem Vormund oder dem Beistand selbständig die Rechtsmittel ergreifen.[22]

V. Staatsanwaltschaft des Bundes

24.[23] Die Staatsanwaltschaft des Bundes kann in jedem gerichtlichen Verfahren auftreten.

---

16 Fassung gemäss Anhang 1 Ziff. II 11 der Strafprozessordnung vom 5. Okt. 2007, in Kraft seit 1. Jan. 2011 (AS **2010** 1881; BBl **2006** 1085).

17 Fassung gemäss Anhang 1 Ziff. II 11 der Strafprozessordnung vom 5. Okt. 2007, in Kraft seit 1. Jan. 2011 (AS **2010** 1881; BBl **2006** 1085).

18 Ausdruck gemäss Anhang Ziff. 10 des Strafgerichtsgesetzes vom 4. Okt. 2002, in Kraft seit 1. April 2004 (AS **2003** 2133 2131; BBl **2001** 4202).

19 Fassung gemäss Art. 44 Ziff. 2 des Jugendstrafgesetzes vom 20. Juni 2003, in Kraft seit 1. Jan. 2007 (AS **2006** 3545; BBl **1999** 1979).

20 SR **312.1**

21 Fassung gemäss Anhang Ziff. 2 der Jugendstrafprozessordnung vom 20. März 2009, in Kraft seit 1. Jan. 2011 (AS **2010** 1573; BBl **2006** 1085, **2008** 3121).

22 Fassung gemäss Anhang Ziff. 15 des BG vom 19. Dez. 2008 (Erwachsenenschutz, Personenrecht und Kindesrecht), in Kraft seit 1. Jan. 2013 (AS **2011** 725, BBl **2006** 7001).

23 Fassung gemäss Anhang 1 Ziff. II 11 der Strafprozessordnung vom 5. Okt. 2007, in Kraft seit 1. Jan. 2011 (AS **2010** 1881; BBl **2006** 1085).

25. [1] Die Beschwerdekammer des Bundesstrafgerichts[25] entscheidet über die ihr nach diesem Gesetz zugewiesenen Beschwerden und Anstände.

VI. Beschwerdekammer[24]

[2] Wenn es für ihren Entscheid erforderlich ist, ordnet die Beschwerdekammer eine Beweisaufnahme an; sie kann dabei die Dienste der beteiligten Verwaltung und des für das betreffende Sprachgebiet gewählten eidgenössischen Untersuchungsrichters in Anspruch nehmen.

[3] Wo es zur Wahrung wesentlicher öffentlicher oder privater Interessen nötig ist, hat die Beschwerdekammer von einem Beweismittel unter Ausschluss des Beschwerdeführers oder Antragstellers Kenntnis zu nehmen.

[4] Die Kostenpflicht im Beschwerdeverfahren vor der Beschwerdekammer bestimmt sich nach Artikel 73 des Strafbehördenorganisationsgesetzes vom 19. März 2010[26].[27]

B. Beschwerde gegen Untersuchungshandlungen
I. Bei Zwangsmassnahmen

26. [1] Gegen Zwangsmassnahmen (Art. 45 ff.) und damit zusammenhängende Amtshandlungen und Säumnis kann bei der Beschwerdekammer des Bundesstrafgerichts Beschwerde geführt werden.

[2] Die Beschwerde ist einzureichen:

a. wenn sie gegen eine kantonale Gerichtsbehörde oder gegen den Direktor oder Chef der beteiligten Verwaltung gerichtet ist: bei der Beschwerdekammer;
b. in den übrigen Fällen: beim Direktor oder Chef der beteiligten Verwaltung.

[3] Berichtigt der Direktor oder Chef der beteiligten Verwaltung in den Fällen von Absatz 2 Buchstabe *b* die Amtshandlung oder Säumnis im Sinne der gestellten Anträge, so fällt die Beschwerde dahin; andernfalls hat er sie mit seiner Äusserung spätestens am dritten Werktag nach ihrem Eingang an die Beschwerdekammer weiterzuleiten.

II. Bei sonstigen Untersuchungshandlungen

27. [1] Soweit nicht die Beschwerde nach Artikel 26 gegeben ist, kann gegen Amtshandlungen sowie gegen Säumnis des untersuchenden Beamten beim Direktor oder Chef der beteiligten Verwaltung Beschwerde geführt werden.

---

24 Ausdruck gemäss Anhang Ziff. 10 des Strafgerichtsgesetzes vom 4. Okt. 2002, in Kraft seit 1. April 2004 (AS **2003** 2133 2131; BBl **2001** 4202). Diese Änd. ist im ganzen Erlass berücksichtigt.

25 Ausdruck gemäss Anhang Ziff. 10 des Strafgerichtsgesetzes vom 4. Okt. 2002, in Kraft seit 1. April 2004 (AS **2003** 2133 2131; BBl **2001** 4202). Diese Änderung ist im ganzen Erlass berücksichtigt.

26 SR **173.71**

27 Fassung gemäss Anhang Ziff. II 9 des Strafbehördenorganisationsgesetzes vom 19. März 2010, in Kraft seit 1. Jan. 2011 (AS **2010** 3267; BBl **2008** 8125).

[2] Der Beschwerdeentscheid ist dem Beschwerdeführer schriftlich mitzuteilen und hat eine Rechtsmittelbelehrung zu enthalten.

[3] Gegen den Beschwerdeentscheid kann bei der Beschwerdekammer des Bundesstrafgerichts Beschwerde geführt werden, jedoch nur wegen Verletzung von Bundesrecht, einschliesslich Überschreitung oder Missbrauch des Ermessens.

[4] Für Beschwerden wegen Untersuchungshandlungen und Säumnis von Organen der mit öffentlich-rechtlichen Aufgaben des Bundes betrauten Organisationen gelten die Absätze 1–3 sinngemäss; erste Beschwerdeinstanz ist jedoch das übergeordnete Departement.

III. Gemeinsame Bestimmungen

28. [1] Zur Beschwerde ist berechtigt, wer durch die angefochtene Amtshandlung, die gerügte Säumnis oder den Beschwerdeentscheid (Art. 27 Abs. 2) berührt ist und ein schutzwürdiges Interesse an der Aufhebung oder Änderung hat; zur Beschwerde gegen die Freilassung eines vorläufig Festgenommenen oder Verhafteten durch die kantonale Gerichtsbehörde (Art. 51 Abs. 5, 59 Abs. 3) ist auch der Direktor oder Chef der beteiligten Verwaltung befugt.

[2] Mit der Beschwerde kann die Verletzung von Bundesrecht, die unrichtige oder unvollständige Feststellung des rechtserheblichen Sachverhalts oder die Unangemessenheit gerügt werden; vorbehalten bleibt Artikel 27 Absatz 3.

[3] Die Beschwerde gegen eine Amtshandlung oder gegen einen Beschwerdeentscheid ist innert drei Tagen, nachdem der Beschwerdeführer von der Amtshandlung Kenntnis erhalten hat oder ihm der Beschwerdeentscheid eröffnet worden ist, bei der zuständigen Behörde schriftlich mit Antrag und kurzer Begründung einzureichen; befindet sich der Beschwerdeführer in Haft, so genügt die Aushändigung der Beschwerde an die Gefängnisleitung, die zur sofortigen Weiterleitung verpflichtet ist.

[4] Die bei der unzuständigen Behörde eingereichte Beschwerde ist unverzüglich der zuständigen Behörde zu überweisen; rechtzeitige Einreichung der Beschwerde bei der unzuständigen Behörde wahrt die Beschwerdefrist.

[5] Die Beschwerde hat, wenn es das Gesetz nicht anders bestimmt, keine aufschiebende Wirkung, soweit sie ihr nicht durch vorsorgliche Verfügung der Beschwerdeinstanz oder ihres Präsidenten verliehen wird.

C. Allgemeine Verfahrensbestimmungen
I. Ausstand

29. [1] Beamte, die eine Untersuchung zu führen, einen Entscheid zu treffen oder diesen vorzubereiten haben, sowie Sachverständige, Übersetzer und Dolmetscher treten in Ausstand, wenn sie

a. in der Sache ein persönliches Interesse haben;
b.[28] mit dem Beschuldigten durch Ehe oder eingetragene Partnerschaft verbunden sind oder mit ihm eine faktische Lebensgemeinschaft führen;
b^bis.[29] mit dem Beschuldigten in gerader Linie oder bis zum dritten Grade in der Seitenlinie verwandt oder verschwägert sind;
c. aus anderen Gründen in der Sache befangen sein könnten.

2 Ist der Ausstand streitig, so entscheidet darüber, unter Vorbehalt der Beschwerde an die Beschwerdekammer des Bundesstrafgerichts (Art. 27 Abs. 3), der Vorgesetzte des betreffenden Beamten oder desjenigen, der den Sachverständigen, Übersetzer oder Dolmetscher beigezogen hat.

3 Der Ausstand im gerichtlichen Verfahren sowie von kantonalen Beamten und Angestellten richtet sich nach dem einschlägigen eidgenössischen oder kantonalen Recht.

II. Rechtshilfe

30. 1 Die Verwaltungsbehörden des Bundes, der Kantone und der Gemeinden haben den mit der Verfolgung und Beurteilung von Verwaltungsstrafsachen betrauten Behörden in der Erfüllung ihrer Aufgabe Rechtshilfe zu leisten; sie haben ihnen insbesondere die benötigten Auskünfte zu erteilen und Einsicht zu gewähren in amtliche Akten, die für die Strafverfolgung von Bedeutung sein können.

2 Die Rechtshilfe darf nur verweigert werden, soweit ihr wesentliche öffentliche Interessen, insbesondere die innere oder äussere Sicherheit des Bundes oder der Kantone, entgegenstehen oder wenn die Rechtshilfe die angegangene Behörde in der Durchführung ihrer Aufgabe wesentlich beeinträchtigen würde. Berufsgeheimnisse im Sinne der Artikel 171–173 StPO[30] sind zu wahren.[31]

3 Im Übrigen sind für die Rechtshilfe die Artikel 43–48 StPO anwendbar.[32]

4 Die mit öffentlich-rechtlichen Aufgaben betrauten Organisationen sind im Rahmen dieser Aufgaben gleich den Behörden zur Rechtshilfe verpflichtet.

5 Anstände unter Bundesbehörden entscheidet der Bundesrat, Anstände zwischen Bund und Kantonen oder zwischen Kan-

---

28 Fassung gemäss Anhang Ziff. 21 des Partnerschaftsgesetzes vom 18. Juni 2004, in Kraft seit 1. Jan. 2007 (AS **2005** 5685; BBl **2003** 1288).

29 Eingefügt durch Anhang Ziff. 21 des Partnerschaftsgesetzes vom 18. Juni 2004, in Kraft seit 1. Jan. 2007 (AS **2005** 5685; BBl **2003** 1288).

30 SR **312.0**

31 Fassung zweiter Satz gemäss Anhang 1 Ziff. II 11 der Strafprozessordnung vom 5. Okt. 2007, in Kraft seit 1. Jan. 2011 (AS **2010** 1881; BBl **2006** 1085).

32 Fassung gemäss Anhang 1 Ziff. II 11 der Strafprozessordnung vom 5. Okt. 2007, in Kraft seit 1. Jan. 2011 (AS **2010** 1881; BBl **2006** 1085).

tonen die Beschwerdekammer des Bundesstrafgerichts. Bis der Entscheid erfolgt, sind angeordnete Sicherheitsmassregeln aufrechtzuerhalten.

III. Fristen

31. [1] Für die Berechnung der Fristen, die Fristverlängerung und die Wiederherstellung gegen die Folgen der Fristversäumnis gelten die Artikel 20–24 des Verwaltungsverfahrensgesetzes vom 20. Dezember 1968[33] sinngemäss.

[2] Die Fristen im gerichtlichen Verfahren richten sich nach der StPO[34].[35]

Zweiter Abschnitt: Untersuchung und Strafverfügung der Verwaltung

Erster Unterabschnitt: Allgemeine Bestimmungen

A. Verteidiger
I. Bestellung

32. [1] Der Beschuldigte kann in jeder Lage des Verfahrens einen Verteidiger bestellen.

[2] Als berufsmässige Verteidiger im Verfahren der Verwaltung werden zugelassen:

a. die ihren Beruf in einem Kanton ausübenden patentierten Rechtsanwälte;

b. Angehörige von Berufen, die der Bundesrat unter bestimmten Bedingungen zur Verteidigung in Verwaltungsstrafsachen ermächtigt hat.

[3] Ausnahmsweise und unter Vorbehalt des Gegenrechts kann die beteiligte Verwaltung auch einen ausländischen Verteidiger zulassen.

[4] Die Behörde kann den Verteidiger auffordern, sich durch schriftliche Vollmacht auszuweisen.

II. Amtlicher Verteidiger

33. [1] Sofern der Beschuldigte nicht anderweitig verbeiständet ist, bestellt ihm die beteiligte Verwaltung von Amtes wegen aus dem Kreis der in Artikel 32 Absatz 2 Buchstabe *a* genannten Personen unter tunlicher Berücksichtigung seiner Wünsche einen amtlichen Verteidiger:

a. wenn der Beschuldigte offensichtlich nicht imstande ist, sich zu verteidigen;

b. für die Dauer der Untersuchungshaft, wenn diese nach Ablauf von drei Tagen aufrechterhalten wird.

---

[33] SR **172.021**

[34] SR **312.0**

[35] Fassung gemäss Anhang 1 Ziff. II 11 der Strafprozessordnung vom 5. Okt. 2007, in Kraft seit 1. Jan. 2011 (AS **2010** 1881; BBl **2006** 1085).

[2] Kann der Beschuldigte wegen Bedürftigkeit keinen Verteidiger beiziehen, so wird auf sein Verlangen ebenfalls ein amtlicher Verteidiger bestellt. Ausgenommen sind Fälle, bei denen nur eine Busse unter 2000 Franken in Betracht fällt.

[3] Die Entschädigung des amtlichen Verteidigers wird auf Grund eines vom Bundesrat aufzustellenden Tarifs, unter Vorbehalt der Beschwerde an die Beschwerdekammer des Bundesstrafgerichts (Art. 25 Abs. 1), durch die beteiligte Verwaltung festgesetzt und gehört zu den Verfahrenskosten; der Beschuldigte, dem Kosten auferlegt werden, hat dem Bund diese Entschädigung in den Fällen von Absatz 1 zurückzuerstatten, wenn ihm nach seinem Einkommen oder Vermögen der Beizug eines Verteidigers zumutbar gewesen wäre.

B. Zustellungsdomizil

34. [1] Der Beschuldigte, der nicht in der Schweiz wohnt, kann hier ein Zustellungsdomizil bezeichnen.

[2] Hat der landesabwesende Beschuldigte in einem Staate, dessen Rechtshilfe nicht in Anspruch genommen werden kann, ein bekanntes Domizil, so ist ihm, wenn nicht besondere Gründe entgegenstehen, die Eröffnung des Strafverfahrens durch eingeschriebenen Brief bekannt zu geben und gleichzeitig mitzuteilen, dass er, sofern er im Verfahren Parteirechte ausüben will, in der Schweiz ein Zustellungsdomizil zu verzeigen habe. Wird dieser Einladung innert 30 Tagen nicht entsprochen, so ist das Verfahren in gleicher Weise durchzuführen wie gegen einen Beschuldigten mit unbekanntem Aufenthalt.

[3] Für den von der Einziehung Betroffenen gelten diese Vorschriften sinngemäss.

C. Teilnahme an Beweisaufnahmen

35. [1] Der untersuchende Beamte gestattet dem Beschuldigten und seinem Verteidiger, an Beweisaufnahmen teilzunehmen, wenn das Gesetz die Teilnahme nicht ausschliesst und keine wesentlichen öffentlichen oder privaten Interessen entgegenstehen.

[2] Der untersuchende Beamte darf die Teilnahme des Beschuldigten und des Verteidigers an einer Beweisaufnahme ausschliessen, wenn ihre Anwesenheit die Untersuchung beeinträchtigt.

D. Akteneinsicht

36. Die Artikel 26–28 des Verwaltungsverfahrensgesetzes vom 20. Dezember 1968[36] gelten sinngemäss.

---

[36] SR **172.021**

Zweiter Unterabschnitt: Untersuchung

A. Umfang

37. [1] Der untersuchende Beamte der beteiligten Verwaltung erforscht den Sachverhalt und sichert den Beweis.

[2] Der Beschuldigte kann jederzeit die Vornahme bestimmter Untersuchungshandlungen beantragen.

[3] Sind besondere Untersuchungshandlungen nicht nötig, so wird sogleich nach Artikel 61 das Schlussprotokoll aufgenommen.

[4] Vorbehalten bleiben die Vorschriften von Artikel 65 über den Strafbescheid im abgekürzten Verfahren.

B. Protokollierung

38. [1] Die Eröffnung der Untersuchung, ihr Verlauf und die dabei gewonnenen wesentlichen Feststellungen sollen aus den amtlichen Akten ersichtlich sein.

[2] Das Protokoll über eine Einvernahme wird während der Verhandlung niedergeschrieben und ist unmittelbar nach Schluss der Einvernahme vom Einvernommenen, nachdem es ihm zur Kenntnis gebracht worden ist, und vom untersuchenden Beamten durch Unterschrift als richtig zu bestätigen; fehlt die Unterschrift des Einvernommenen, so ist der Grund anzugeben.

[3] Das Protokoll über eine andere Untersuchungshandlung ist sobald als möglich, spätestens am folgenden Werktag aufzunehmen; seine Richtigkeit ist vom untersuchenden Beamten durch Unterschrift zu bestätigen.

[4] In jedem Protokoll sind Ort und Zeit der Untersuchungshandlung und die Namen der Beteiligten anzugeben. Ferner ist kenntlich zu machen, was auf eigener Wahrnehmung des untersuchenden Beamten und was auf Mitteilung Dritter beruht.

C. Einvernahmen, Auskünfte
I. Beschuldigter

39. [1] Der Beschuldigte wird vorerst über Name, Alter, Beruf, Heimat und Wohnort befragt.

[2] Der untersuchende Beamte teilt dem Beschuldigten mit, welcher Tat er beschuldigt wird. Er fordert ihn auf, sich über die Beschuldigung auszusprechen und Tatsachen und Beweismittel zu seiner Verteidigung anzuführen.

[3] Der Beschuldigte kann, sofern es sich nicht um seine erste Vernehmung handelt, verlangen, dass der Verteidiger zugegen sei; dieser hat das Recht, über den untersuchenden Beamten Ergänzungsfragen zu stellen.

[4] Weigert sich der Beschuldigte auszusagen, so ist das aktenkundig zu machen.

[5] Zwang, Drohung, Versprechungen, unwahre Angaben und verfängliche Fragen oder ähnliche Mittel sind dem untersuchenden Beamten untersagt.

II. Auskünfte

40. Der untersuchende Beamte kann mündliche oder schriftliche Auskünfte einholen oder Auskunftspersonen einvernehmen; wer auf Grund des Zeugnisverweigerungsrechts die Aussage verweigern kann, ist vorher darauf aufmerksam zu machen.

III. Zeugen

41. [1] Lässt sich der Sachverhalt auf andere Weise nicht hinreichend abklären, so können Zeugen einvernommen werden.

[2] Auf die Vernehmung und die Entschädigung der Zeugen sind die Artikel 163–166 und 168–176 StPO[37] und Artikel 48 des Bundesgesetzes vom 4. Dezember 1947[38] über den Bundeszivilprozess sinngemäss anwendbar; verweigert ein Zeuge ohne gesetzlichen Grund die Aussage, zu der er unter Hinweis auf Artikel 292 des Strafgesetzbuches[39] und dessen Strafdrohung aufgefordert worden ist, so ist er wegen Ungehorsams gegen diese Verfügung an den Strafrichter zu überweisen.[40]

[3] Der Beschuldigte und sein Verteidiger haben Anspruch darauf, den Zeugeneinvernahmen beizuwohnen und über den untersuchenden Beamten Ergänzungsfragen zu stellen.

IV. Vorladung und Vorführung

42. [1] Beschuldigte und Zeugen werden in der Regel schriftlich vorgeladen. Sie sind auf die gesetzlichen Folgen des Ausbleibens hinzuweisen.

[2] Bleibt der gehörig Vorgeladene ohne genügende Entschuldigung aus, so kann er polizeilich vorgeführt werden. Der Vorführungsbefehl wird vom untersuchenden Beamten schriftlich erteilt.

[3] Dem unentschuldigt Ausgebliebenen können die Kosten auferlegt werden, die durch sein Ausbleiben entstanden sind.

D. Sachverständige

43. [1] Setzt die Feststellung oder Beurteilung von Tatsachen besondere Fachkenntnisse voraus, so können Sachverständige beigezogen werden.

[2] Dem Beschuldigten ist Gelegenheit zu geben, sich zur Wahl und zu den vorzulegenden Fragen zu äussern.[41] Im Übrigen gelten für die Ernennung der Sachverständigen sowie für ihre Rechte und Pflichten die Artikel 183–185, 187, 189 sowie 191 StPO[42] und Artikel 61 des Bundesgesetzes vom 4. Dezember 1947[43] über den Bundeszivilprozess sinngemäss.[44]

---

37 SR **312.0**

38 SR **273**

39 SR **311.0**

40 Fassung gemäss Anhang 1 Ziff. II 11 der Strafprozessordnung vom 5. Okt. 2007, in Kraft seit 1. Jan. 2011 (AS **2010** 1881; BBl **2006** 1085).

41 Fassung gemäss Anhang Ziff. 10 des Strafgerichtsgesetzes vom 4. Okt. 2002, in Kraft seit 1. April. 2004 (AS **2003** 2133 2131; BBl **2001** 4202).

42 SR **312.0**

43 SR **273**

44 Fassung zweiter Satz gemäss Anhang 1 Ziff. II 11 der Strafprozessordnung vom 5. Okt. 2007, in Kraft seit 1. Jan. 2011 (AS **2010** 1881; BBl **2006** 1085).

E. Augenschein

44. [1] Der untersuchende Beamte ordnet einen Augenschein an, wenn dies zur Aufklärung des Sachverhaltes beitragen kann. Der Beschuldigte und sein Verteidiger haben Anspruch darauf, dem Augenschein beizuwohnen.

[2] Werden Geschäfts- und Betriebseinrichtungen einem Augenschein unterzogen, so ist auf die berechtigten Interessen des Inhabers Rücksicht zu nehmen.

F. Zwangsmassnahmen
I. Allgemeine Bestimmungen

45. [1] Bei einer Beschlagnahme, Durchsuchung, vorläufigen Festnahme oder Verhaftung ist mit der dem Betroffenen und seinem Eigentum gebührenden Schonung zu verfahren.

[2] Im Falle einer Ordnungswidrigkeit sind Zwangsmassnahmen nicht zulässig.

II. Beschlagnahme
1. Gegenstand

46. [1] Vom untersuchenden Beamten sind mit Beschlag zu belegen:

a. Gegenstände, die als Beweismittel von Bedeutung sein können;
b. Gegenstände und andere Vermögenswerte, die voraussichtlich der Einziehung unterliegen;
c. die dem Staate verfallenden Geschenke und anderen Zuwendungen.

[2] Andere Gegenstände und Vermögenswerte, die zur Begehung der Widerhandlung gedient haben oder durch die Widerhandlung hervorgebracht worden sind, können beschlagnahmt werden, wenn es zur Verhinderung neuer Widerhandlungen oder zur Sicherung eines gesetzlichen Pfandrechtes als erforderlich erscheint.

[3] Gegenstände und Unterlagen aus dem Verkehr einer Person mit ihrem Anwalt dürfen nicht beschlagnahmt werden, sofern dieser nach dem Anwaltsgesetz vom 23. Juni 2000[45] zur Vertretung vor schweizerischen Gerichten berechtigt ist und im gleichen Sachzusammenhang nicht selber beschuldigt ist.[46]

2. Verfahren

47. [1] Der Inhaber eines beschlagnahmten Gegenstandes oder Vermögenswertes ist verpflichtet, ihn dem untersuchenden Beamten gegen Empfangsbescheinigung oder ein Doppel des Beschlagnahmeprotokolls herauszugeben.

[2] Die beschlagnahmten Gegenstände und Vermögenswerte werden im Beschlagnahmeprotokoll verzeichnet und sind zu verwahren.

[3] Gegenstände, die schneller Wertverminderung ausgesetzt sind oder einen kostspieligen Unterhalt erfordern, kann die Ver-

---

45 SR **935.61**

46 Eingefügt durch Ziff. I 7 des BG vom 28. Sept. 2012 über die Anpassung von verfahrensrechtlichen Bestimmungen zum anwaltlichen Berufsgeheimnis, in Kraft seit 1. Mai 2013 (AS **2013** 847; BBl **2011** 8181).

waltung öffentlich versteigern lassen und in dringenden Fällen freihändig verkaufen.

III. Durchsuchung von Wohnungen und Personen 1. Gründe, Zuständigkeit

48. 1 Wohnungen und andere Räume sowie unmittelbar zu einem Hause gehörende umfriedete Liegenschaften dürfen nur durchsucht werden, wenn es wahrscheinlich ist, dass sich der Beschuldigte darin verborgen hält oder dass sich Gegenstände oder Vermögenswerte, die der Beschlagnahme unterliegen, oder Spuren der Widerhandlung darin befinden.

2 Der Beschuldigte darf nötigenfalls durchsucht werden. Die Durchsuchung ist von einer Person des gleichen Geschlechts oder von einem Arzt vorzunehmen.

3 Die Durchsuchung erfolgt auf Grund eines schriftlichen Befehls des Direktors oder Chefs der beteiligten Verwaltung oder, soweit die Untersuchung zu einem Dienstbereich gehört, des Zollkreisdirektors.[47]

4 Ist Gefahr im Verzuge und kann ein Durchsuchungsbefehl nicht rechtzeitig eingeholt werden, so darf der untersuchende Beamte von sich aus eine Durchsuchung anordnen oder vornehmen. Die Massnahme ist in den Akten zu begründen.

2. Durchführung

49. 1 Vor Beginn der Durchsuchung hat sich der untersuchende Beamte auszuweisen.

2 Der anwesende Inhaber der Räume ist über den Grund ihrer Durchsuchung zu unterrichten und zu dieser beizuziehen; anstelle des abwesenden Inhabers ist ein Verwandter oder Hausgenosse beizuziehen. Im weitern ist die von der zuständigen kantonalen Behörde bezeichnete Amtsperson oder, falls der untersuchende Beamte von sich aus durchsucht, ein Mitglied der Gemeindebehörde oder ein Kantons-, Bezirks- oder Gemeindebeamter beizuziehen, der darüber wacht, dass sich die Massnahme nicht von ihrem Zweck entfernt. Ist Gefahr im Verzuge oder stimmt der Inhaber der Räume zu, so kann der Beizug von Amtspersonen, Hausgenossen oder Verwandten unterbleiben.

3 An Sonn- und allgemeinen Feiertagen und zur Nachtzeit darf im Allgemeinen nur in wichtigen Fällen und bei dringender Gefahr eine Durchsuchung stattfinden.

4 Das Protokoll über die Durchsuchung wird im Beisein der Beteiligten sofort aufgenommen; auf Verlangen ist den Beteiligten ein Doppel des Durchsuchungsbefehls und des Protokolls auszuhändigen.

IV. Durchsuchung von Papieren

50. 1 Papiere sind mit grösster Schonung der Privatgeheimnisse zu durchsuchen; insbesondere sollen Papiere nur dann durch-

---

47 Fassung gemäss Anhang Ziff. 8 des Postorganisationsgesetzes vom 30. April 1997, in Kraft seit 1. Jan. 1998 (AS **1997** 2465; BBl **1996** III 1306).

sucht werden, wenn anzunehmen ist, dass sich Schriften darunter befinden, die für die Untersuchung von Bedeutung sind.

2 Bei der Durchsuchung sind das Amtsgeheimnis sowie Geheimnisse, die Geistlichen, Rechtsanwälten, Notaren, Ärzten, Apothekern, Hebammen und ihren beruflichen Gehilfen in ihrem Amte oder Beruf anvertraut wurden, zu wahren.

3 Dem Inhaber der Papiere ist wenn immer möglich Gelegenheit zu geben, sich vor der Durchsuchung über ihren Inhalt auszusprechen. Erhebt er gegen die Durchsuchung Einsprache, so werden die Papiere versiegelt und verwahrt, und es entscheidet die Beschwerdekammer des Bundesstrafgerichts über die Zulässigkeit der Durchsuchung (Art. 25 Abs. 1).

V. Vorläufige Festnahme und Vorführung vor den Richter

51. 1 Der untersuchende Beamte kann den einer Widerhandlung dringend Verdächtigen vorläufig festnehmen, wenn ein Haftgrund nach Artikel 52 angenommen werden muss und Gefahr im Verzuge ist.

2 Der Festgenommene oder der nach Artikel 19 Absatz 4 Zugeführte ist unverzüglich einzuvernehmen; dabei ist ihm Gelegenheit zu geben, den bestehenden Verdacht und die Gründe der Festnahme zu entkräften.

3 Muss nach wie vor ein Haftgrund angenommen werden, so ist der Festgenommene unverzüglich der zur Ausstellung von Haftbefehlen ermächtigten kantonalen Gerichtsbehörde zuzuführen. Ist die Festnahme in abgelegenem oder unwegsamem Gebiet erfolgt oder ist die zuständige kantonale Gerichtsbehörde nicht sogleich erreichbar, so hat die Zuführung innert 48 Stunden zu erfolgen.

4 Die Gerichtsbehörde prüft, ob ein Haftgrund bestehe; der untersuchende Beamte und der Festgenommene sind dazu anzuhören.

5 Hierauf verfügt die Gerichtsbehörde die Verhaftung oder die Freilassung, gegebenenfalls gegen Sicherheitsleistung. Der Entscheid kann mit Beschwerde angefochten werden (Art. 26).

6 Meldet der untersuchende Beamte gegen eine Freilassung sogleich die Beschwerde an, so wird die Festnahme vorläufig aufrecht erhalten. Der Direktor oder Chef der beteiligten Verwaltung hat der Gerichtsbehörde innert 24 Stunden mitzuteilen, ob er die Beschwerde aufrechterhalte. Hält er sie aufrecht, so bleibt die Festnahme bis zum Entscheid der Beschwerdekammer bestehen; vorbehalten bleibt die gegenteilige Anordnung der Beschwerdekammer oder ihres Präsidenten.

VI. Verhaftung
1. Zulässigkeit

52. 1 Ist der Beschuldigte einer Widerhandlung dringend verdächtigt, so darf gegen ihn ein Haftbefehl erlassen werden, wenn bestimmte Umstände den Verdacht begründen, dass

a. er sich der Strafverfolgung oder dem Strafvollzug entziehen werde oder dass

b. er Spuren der Tat verwischen, Beweisgegenstände beseitigen, Zeugen oder Mitbeschuldigte zu falschen Aussagen verleiten oder auf ähnliche Weise den Zweck der Untersuchung gefährden werde.

2 Ein Haftbefehl darf nicht erlassen werden, wenn dies zu der Bedeutung der Sache in einem Missverhältnis stehen würde.

2. Haftbefehl
a. Zuständigkeit; Form

53. 1 Der untersuchende Beamte kann einen Haftbefehl beantragen.

2 Zum Erlass des Haftbefehls sind zuständig:

a. wenn der Beschuldigte vorläufig festgenommen ist: die am Orte der Festnahme zuständige kantonale Gerichtsbehörde;
b. in allen andern Fällen: die nach Artikel 22 zuständige kantonale Gerichtsbehörde.

3 Der Haftbefehl ist schriftlich zu erlassen und hat anzugeben: die Personalien des Beschuldigten und die Tat, deren er beschuldigt wird; die Strafbestimmungen; den Haftgrund; das Untersuchungsgefängnis, in das der Verhaftete einzuliefern ist; eine Belehrung über die Rechtsmittel, die Parteirechte, die Freilassung gegen Sicherheitsleistung und über das Recht zur Benachrichtigung der Angehörigen.

b. Vollzug; Fahndung

54. 1 Dem Beschuldigten ist bei der Verhaftung ein Doppel des Haftbefehls auszuhändigen.

2 Der Verhaftete ist der zuständigen kantonalen Behörde unter gleichzeitiger Aushändigung eines Doppels des Haftbefehls zu übergeben.

3 Kann der Haftbefehl nicht vollzogen werden, so ist die Fahndung anzuordnen. Der Haftbefehl kann öffentlich bekannt gemacht werden.

c. Einvernahme des Verhafteten

55. 1 Die Behörde, die den Haftbefehl erliess, hat den Beschuldigten, sofern dieser nicht bereits einvernommen wurde (Art. 51 Abs. 4), spätestens am ersten Werktag nach der Verhaftung einzuvernehmen, um abzuklären, ob ein Haftgrund weiter bestehe; der untersuchende Beamte ist dazu anzuhören.

2 Wird die Haft aufrechterhalten, so sind dem Beschuldigten die Gründe zu eröffnen; wird der Beschuldigte freigelassen, so gilt Artikel 51 Absatz 6 sinngemäss.

3. Mitteilung an die Angehörigen

56. Der Verhaftete hat das Recht, wenn es der Zweck der Untersuchung nicht verbietet, seinen nächsten Angehörigen die Verhaftung durch den untersuchenden Beamten sogleich mitteilen zu lassen.

4. Dauer der Haft

57. 1 Wird die Haft aufrechterhalten, so ist die Untersuchung möglichst zu beschleunigen. Die Haft darf in jedem Falle die voraussichtliche Dauer einer Freiheits- oder Umwandlungsstrafe nicht übersteigen.

2 Eine nach Artikel 52 Absatz 1 Buchstabe *b* verfügte Untersuchungshaft darf nur mit besonderer Bewilligung der Behörde, die den Haftbefehl ausstellte, länger als 14 Tage aufrecht erhalten werden.

5. Durchführung der Haft

58. 1 Die kantonale Behörde hat für den richtigen Vollzug der Haft zu sorgen. Der Verhaftete darf in seiner Freiheit nicht weiter beschränkt werden, als es der Zweck der Haft und die Ordnung im Untersuchungsgefängnis erfordern.

2 Der mündliche oder schriftliche Verkehr des Verhafteten mit seinem Verteidiger bedarf der Bewilligung des untersuchenden Beamten, der ihn nur beschränken oder ausschliessen kann, wenn es der Zweck der Untersuchung erfordert. Eine Beschränkung oder ein Ausschluss dieses Verkehrs für mehr als drei Tage bedarf der Zustimmung der Behörde, die den Haftbefehl ausstellte; diese Zustimmung darf jeweils höchstens für zehn Tage erteilt werden.

3 Der Vollzug der Haft richtet sich im Übrigen nach den Artikeln 234–236 StPO[48].[49]

6. Haftentlassung

59. 1 Der untersuchende Beamte hat den Verhafteten freizulassen, sobald kein Haftgrund mehr besteht.

2 Der Verhaftete kann jederzeit ein Haftentlassungsgesuch einreichen.

3 Solange die Akten nicht zur gerichtlichen Beurteilung überwiesen sind, entscheidet über das Gesuch die Behörde, die den Haftbefehl erliess. Sie hat den untersuchenden Beamten oder die Amtsstelle, bei der die Sache hängig ist, zum Gesuch anzuhören; die Vorschriften von Artikel 51 Absätze 5 und 6 gelten sinngemäss.

7. Freilassung gegen Sicherheitsleistung

60. 1 Der Beschuldigte, der auf Grund von Artikel 52 Absatz 1 Buchstabe *a* zu verhaften wäre oder verhaftet ist, kann auf sein Verlangen gegen Sicherheitsleistung in Freiheit gelassen werden.

2 Für die Freilassung gegen Sicherheitsleistung gelten die Artikel 238–240 StPO[50] sinngemäss.[51] Die Sicherheit ist jedoch beim Eidgenössischen Finanzdepartement[52] zu leisten; sie verfällt auch, wenn sich der Beschuldigte der Vollstreckung der ausge-

48 SR **312.0**

49 Eingefügt durch Anhang 1 Ziff. II 11 der Strafprozessordnung vom 5. Okt. 2007, in Kraft seit 1. Jan. 2011 (AS **2010** 1881; BBl **2006** 1085).

50 SR **312.0**

51 Fassung gemäss Anhang 1 Ziff. II 11 der Strafprozessordnung vom 5. Okt. 2007, in Kraft seit 1. Jan. 2011 (AS **2010** 1881; BBl **2006** 1085).

52 Bezeichnung gemäss nicht veröffentlichtem BRB vom 19. Dez. 1997.

sprochenen Busse entzieht, wobei der Überschuss bei Verwendung der verfallenen Sicherheit dem Bunde zufällt.

G. Schlussprotokoll

61. [1] Erachtet der untersuchende Beamte die Untersuchung als vollständig und liegt nach seiner Ansicht eine Widerhandlung vor, so nimmt er ein Schlussprotokoll auf; dieses enthält die Personalien des Beschuldigten und umschreibt den Tatbestand der Widerhandlung.

[2] Der untersuchende Beamte eröffnet das Schlussprotokoll dem Beschuldigten und gibt ihm Gelegenheit, sich sogleich dazu auszusprechen, die Akten einzusehen und eine Ergänzung der Untersuchung zu beantragen.

[3] Ist der Beschuldigte bei Aufnahme des Schlussprotokolls nicht zugegen oder stellt der anwesende Beschuldigte ein entsprechendes Begehren oder lassen es die Umstände, insbesondere die Schwere des Falles, sonst als geboten erscheinen, so sind das Schlussprotokoll und die nach Absatz 2 erforderlichen Mitteilungen schriftlich zu eröffnen unter Bekanntgabe des Ortes, wo die Akten eingesehen werden können. Die Frist, sich zu äussern und Anträge zu stellen, endigt in diesem Falle zehn Tage nach Zustellung des Schlussprotokolls; sie kann erstreckt werden, wenn zureichende Gründe vorliegen und das Erstreckungsgesuch innert der Frist gestellt wird.

[4] Gegen die Eröffnung des Schlussprotokolls und seinen Inhalt ist keine Beschwerde zulässig. Die Ablehnung eines Antrages auf Ergänzung der Untersuchung kann nur in Verbindung mit dem Strafbescheid angefochten werden.

[5] Einem Beschuldigten, der, ohne in der Schweiz einen Vertreter oder ein Zustellungsdomizil zu haben, unbekannten Aufenthaltes ist oder im Ausland Wohnsitz oder Aufenthalt hat, müssen das Schlussprotokoll und die nach Absatz 2 gebotenen Mitteilungen nicht eröffnet werden.

Dritter Unterabschnitt: Entscheid der Verwaltung

A. Art des Entscheids
I. Im Strafverfahren

62. [1] Die Verwaltung erlässt einen Strafbescheid oder stellt das Verfahren ein; vorbehalten bleibt die Überweisung zur gerichtlichen Beurteilung (Art. 21 Abs. 1 und 3).

[2] Die Einstellung des Verfahrens ist allen Personen mitzuteilen, die als Beschuldigte am bisherigen Verfahren teilgenommen haben. Eine mündlich mitgeteilte Einstellung ist auf Verlangen schriftlich zu bestätigen.

II. Über die Leistungs- oder Rückleistungspflicht

63. [1] Die nachzuentrichtenden oder zurückzuerstattenden Abgaben, Vergütungen, Beiträge, Forderungsbeträge und Zinsen werden gemäss den Zuständigkeits- und Verfahrensvorschriften des betreffenden Verwaltungsgesetzes geltend gemacht.

[2] Ist die Verwaltung befugt, über die Leistungs- und Rückleistungspflicht zu entscheiden, so kann sie ihren Entscheid mit dem Strafbescheid verbinden; der Entscheid unterliegt aber in jedem Falle der Überprüfung nur in dem Verfahren, welches das betreffende Verwaltungsgesetz für seine Anfechtung vorsieht, und hat die entsprechende Rechtsmittelbelehrung zu enthalten.

[3] Fusst ein Strafbescheid auf einem Entscheid über die Leistungs- oder Rückleistungspflicht und wird lediglich dieser nach Absatz 2 angefochten und in der Folge geändert oder aufgehoben, so entscheidet die Verwaltung neu gemäss Artikel 62.

B. Strafbescheid I. Im ordentlichen Verfahren

64. [1] Der Strafbescheid ist schriftlich zu erlassen und stellt fest:
- den Beschuldigten;
- die Tat;
- die gesetzlichen Bestimmungen, die angewendet werden;
- die Strafe, die Mithaftung nach Artikel 12 Absatz 3 und die besonderen Massnahmen;
- die Kosten;
- die Verfügung über beschlagnahmte Gegenstände;
- das Rechtsmittel.

[2] Weicht der Strafbescheid zum Nachteil des Beschuldigten wesentlich vom Schlussprotokoll ab, so sind diese Abweichungen anzugeben und kurz zu begründen.

[3] Der Strafbescheid ist dem Beschuldigten durch eingeschriebenen Brief zu eröffnen oder gegen Empfangsbescheinigung auszuhändigen; er kann durch Publikation im Bundesblatt eröffnet werden, wenn der Beschuldigte, ohne in der Schweiz einen Vertreter oder ein Zustellungsdomizil zu haben, unbekannten Aufenthaltes ist. Artikel 34 Absatz 2 ist anwendbar.

II. Im abgekürzten Verfahren

65. [1] Ist die Widerhandlung offenkundig, beträgt die Busse nicht mehr als 2000 Franken und verzichtet der Beschuldigte nach Bekanntgabe der Höhe der Busse und der Leistungs- oder Rückleistungspflicht ausdrücklich auf jedes Rechtsmittel, so kann der Strafbescheid ohne vorherige Aufnahme eines Schlussprotokolls erlassen werden.[53]

[2] Der vom Beschuldigten und dem untersuchenden Beamten unterzeichnete Strafbescheid im abgekürzten Verfahren steht einem rechtskräftigen Urteil gleich; verweigert der Beschuldigte die Unterzeichnung, so fällt der gemäss Absatz 1 erlassene Strafbescheid dahin.

III. Selbständige Einziehung

66. [1] Führt das Strafverfahren nicht zu einem Strafbescheid oder zur Überweisung des Beschuldigten an das Strafgericht, sind aber nach Gesetz Gegenstände oder Vermögenswerte einzuzie-

---

53 Fassung gemäss Anhang Ziff. 3 des Zollgesetzes vom 18. März 2005, in Kraft seit 1. Mai 2007 (AS **2007** 1411; BBl **2004** 567).

hen, Geschenke oder andere Zuwendungen verfallen zu erklären oder ist an Stelle einer solchen Massnahme auf eine Ersatzforderung zu erkennen, so wird ein selbständiger Einziehungsbescheid erlassen.

2 Ein solcher Bescheid wird auch dann erlassen, wenn die Massnahme andere Personen als den Beschuldigten beschwert.

3 Artikel 64 gilt sinngemäss. Der Einziehungsbescheid ist den unmittelbar Betroffenen zu eröffnen.

C. Einsprache
I. Einreichung

67. 1 Gegen den Straf- oder Einziehungsbescheid kann der Betroffene innert 30 Tagen seit der Eröffnung Einsprache erheben.

2 Wird innert der gesetzlichen Frist nicht Einsprache erhoben, so steht der Straf- oder Einziehungsbescheid einem rechtskräftigen Urteil gleich.

II. Einreichestelle und Form

68. 1 Die Einsprache ist schriftlich bei der Verwaltung einzureichen, die den angefochtenen Bescheid erlassen hat.

2 Die Einsprache hat einen bestimmten Antrag zu enthalten und die zur Begründung dienenden Tatsachen anzugeben; die Beweismittel sollen bezeichnet und, soweit möglich, beigelegt werden.

3 Genügt die Einsprache den in Absatz 2 umschriebenen Anforderungen nicht, oder lassen die Begehren des Einsprechers oder deren Begründung die nötige Klarheit vermissen und stellt sich die Einsprache nicht als offensichtlich unzulässig heraus, so wird dem Einsprecher eine kurze Nachfrist zur Verbesserung eingeräumt.

4 Die Verwaltung verbindet diese Nachfrist mit der Androhung, nach unbenutztem Fristablauf auf Grund der Akten zu entscheiden oder, wenn Begehren, Begründung oder Unterschrift fehlen, auf die Einsprache nicht einzutreten.

III. Verfahren

69. 1 Ist Einsprache erhoben, so hat die Verwaltung den angefochtenen Bescheid mit Wirkung für alle durch ihn Betroffenen zu überprüfen; sie kann eine mündliche Verhandlung anordnen und die Untersuchung ergänzen.

2 Fusst der angefochtene Bescheid auf einem Entscheid über die Leistungs- oder Rückleistungspflicht und ist dieser angefochten worden, so wird, bis darüber rechtskräftig entschieden ist, das Einspracheverfahren ausgesetzt.

IV. Strafverfügung

70. 1 Auf Grund der Ergebnisse ihrer neuen Prüfung trifft die Verwaltung eine Einstellungs-, Straf- oder Einziehungsverfügung. Sie ist dabei nicht an die gestellten Anträge gebunden, darf jedoch die Strafe gegenüber dem Strafbescheid nur dann verschärfen, wenn im Verfahren nach Artikel 63 Absatz 2 auf eine höhere

Leistungs- oder Rückleistungspflicht erkannt worden ist. In diesem Fall ist ein Rückzug der Einsprache unbeachtlich.

[2] Die Verfügung ist zu begründen; im Übrigen gelten die Vorschriften von Artikel 64 über Inhalt und Eröffnung des Strafbescheides sinngemäss.

V. Überspringen des Einspracheverfahrens

71. Auf Antrag oder mit Zustimmung des Einsprechers kann die Verwaltung eine Einsprache als Begehren um Beurteilung durch das Strafgericht behandeln.

D. Begehren um gerichtliche Beurteilung

72. [1] Der von der Straf- oder Einziehungsverfügung Betroffene kann innert zehn Tagen seit der Eröffnung die Beurteilung durch das Strafgericht verlangen.

[2] Das Begehren um gerichtliche Beurteilung ist schriftlich bei der Verwaltung einzureichen, welche die Straf- oder Einziehungsverfügung getroffen hat.

[3] Wird innert der gesetzlichen Frist die Beurteilung durch das Strafgericht nicht verlangt, so steht die Straf- oder Einziehungsverfügung einem rechtskräftigen Urteil gleich.

Dritter Abschnitt: Gerichtliches Verfahren

A. Verfahren vor den kantonalen Gerichten
I. Einleitung

73. [1] Ist die gerichtliche Beurteilung verlangt worden oder hält das übergeordnete Departement die Voraussetzungen einer Freiheitsstrafe, einer freiheitsentziehenden Massnahme oder einer Landesverweisung nach Artikel 66a oder 66a^{bis} des Strafgesetzbuchs[54] für gegeben, so überweist die beteiligte Verwaltung die Akten der kantonalen Staatsanwaltschaft zuhanden des zuständigen Strafgerichts.[55] Solange über die Leistungs- oder Rückleistungspflicht, die dem Strafverfahren zugrunde liegt, nicht rechtskräftig entschieden oder sie nicht durch vorbehaltlose Zahlung anerkannt ist, unterbleibt die Überweisung.

[2] Die Überweisung gilt als Anklage. Sie hat den Sachverhalt und die anwendbaren Strafbestimmungen zu enthalten oder auf die Strafverfügung zu verweisen.

[3] Eine Untersuchung gemäss StPO[56] findet nicht statt; vorbehalten bleibt die Ergänzung der Akten gemäss Artikel 75 Absatz 2.[57]

---

54 SR **311.0**

55 Fassung gemäss Ziff. 6 des BG vom 20. März 2015 (Umsetzung von Art. 121 Abs. 3–6 BV über die Ausschaffung krimineller Ausländerinnen und Ausländer), in Kraft seit 1. Okt. 2016 (AS **2016** 2329; BBl **2013** 5975).

56 SR **312.0**

57 Fassung gemäss Anhang 1 Ziff. II 11 der Strafprozessordnung vom 5. Okt. 2007, in Kraft seit 1. Jan. 2011 (AS **2010** 1881; BBl **2006** 1085).

74. [1] Parteien im gerichtlichen Verfahren sind der Beschuldigte, die Staatsanwaltschaft des betreffenden Kantons oder des Bundes und die beteiligte Verwaltung.[58]

II. Parteien

[2] Dem von der Einziehung Betroffenen stehen die gleichen Parteirechte und Rechtsmittel zu wie einem Beschuldigten.

75. [1] Das Gericht gibt den Parteien vom Eingang der Akten Kenntnis. Es prüft, ob ein rechtzeitig eingereichtes Begehren um gerichtliche Beurteilung vorliegt.

III. Vorbereitung der Hauptverhandlung

[2] Das Gericht kann von sich aus oder auf Antrag einer Partei die Akten vor der Hauptverhandlung ergänzen oder ergänzen lassen.

[3] Die Parteien sind rechtzeitig von der Hauptverhandlung zu benachrichtigen.

[4] Die Vertreter der Staatsanwaltschaft des Bundes und der Verwaltung müssen nicht persönlich erscheinen.[59]

[5] Der Beschuldigte kann auf sein Ersuchen vom Erscheinen befreit werden.

76. [1] Die Hauptverhandlung kann auch stattfinden, wenn der Beschuldigte trotz ordnungsgemässer Vorladung ohne genügende Entschuldigung nicht erschienen ist. Ein Verteidiger ist zuzulassen.

IV. Säumnisurteil

[2] Der in Abwesenheit Verurteilte kann innert zehn Tagen, seitdem ihm das Urteil zur Kenntnis gelangt ist, die Wiedereinsetzung anbegehren, wenn er durch ein unverschuldetes Hindernis abgehalten worden ist, zur Hauptverhandlung zu erscheinen. Wird das Gesuch bewilligt, so findet eine neue Hauptverhandlung statt.

[3] Das Gesuch um Wiedereinsetzung hemmt den Vollzug des Urteils nur, wenn das Gericht oder sein Präsident es verfügt.

[4] Für den von der Einziehung Betroffenen gelten diese Vorschriften sinngemäss.

77. [1] Die Akten der Verwaltung über die von ihr erhobenen Beweise dienen auch dem Gericht als Beweismittel; dieses kann von sich aus oder auf Antrag einer Partei weitere zur Aufklärung des Sachverhalts erforderliche Beweise aufnehmen oder Beweisaufnahmen der Verwaltung wiederholen.

V. Hauptverhandlung

[2] Wo es zur Wahrung wesentlicher öffentlicher oder privater Interessen, insbesondere von Amts-, Berufs- oder Geschäftsgeheimnissen einer Partei oder eines Dritten nötig ist, hat das Ge-

58 Fassung gemäss Anhang 1 Ziff. II 11 der Strafprozessordnung vom 5. Okt. 2007, in Kraft seit 1. Jan. 2011 (AS **2010** 1881; BBl **2006** 1085).

59 Fassung gemäss Anhang 1 Ziff. II 11 der Strafprozessordnung vom 5. Okt. 2007, in Kraft seit 1. Jan. 2011 (AS **2010** 1881; BBl **2006** 1085).

richt die Öffentlichkeit der Verhandlungen und Beratungen ganz oder teilweise auszuschliessen.

3 Das Gericht würdigt die Beweise frei.

4 Der rechtskräftige Entscheid über die Leistungs- oder Rückleistungspflicht ist für das Gericht verbindlich; handelt es sich um einen Entscheid der Verwaltung und findet das Gericht, er beruhe auf offensichtlicher Gesetzesverletzung oder auf einem Ermessensmissbrauch, so setzt es die Hauptverhandlung aus und weist die Akten zum neuen Entscheid an die beteiligte Verwaltung zurück. Artikel 63 Absatz 3 gilt sinngemäss.

VI. Rückzug der Strafverfügung oder des Begehrens um gerichtliche Beurteilung

78. 1 Die Verwaltung kann die Straf- oder Einziehungsverfügung mit Zustimmung der Staatsanwaltschaft des Bundes zurückziehen, solange das Urteil erster Instanz nicht eröffnet ist.[60]

2 Bis zu diesem Zeitpunkte kann auch der Beschuldigte das Begehren um gerichtliche Beurteilung zurückziehen.

3 In diesen Fällen wird das gerichtliche Verfahren eingestellt.

4 Die Kosten des gerichtlichen Verfahrens trägt die Partei, die den Rückzug erklärt.

VII. Inhalt des Urteils

79. 1 Das Urteil stellt fest:
- den Beschuldigten;
- die Tat;
- die gesetzlichen Bestimmungen, die angewendet werden;
- die Strafe, die Mithaftung nach Artikel 12 Absatz 3 und die besonderen Massnahmen;
- die Kosten des gerichtlichen und des Verwaltungsverfahrens;
- den Entschädigungsanspruch (Art. 99 und 101);
- die Verfügung über beschlagnahmte Gegenstände.

2 Das Urteil ist mit den wesentlichen Entscheidungsgründen den Parteien schriftlich zu eröffnen, unter Angabe der Fristen für die Rechtsmittel und der Behörden, an die es weitergezogen werden kann.

VIII. Rechtsmittel

80.[61] 1 Gegen Entscheide der kantonalen Gerichte können die Rechtsmittel der StPO[62] ergriffen werden.

2 Auch die Staatsanwaltschaft des Bundes und die beteiligte Verwaltung können diese Rechtsmittel je selbstständig ergreifen.

B. Verfahren vor dem Bundesstrafgericht

81. Die Bestimmungen über das gerichtliche Verfahren gelten sinngemäss auch für das Verfahren vor dem Bundesstrafgericht.

---

60 Fassung gemäss Anhang 1 Ziff. II 11 der Strafprozessordnung vom 5. Okt. 2007, in Kraft seit 1. Jan. 2011 (AS **2010** 1881; BBl **2006** 1085).

61 Fassung gemäss Anhang 1 Ziff. II 11 der Strafprozessordnung vom 5. Okt. 2007, in Kraft seit 1. Jan. 2011 (AS **2010** 1881; BBl **2006** 1085).

62 SR **312.0**

C. Ergänzende Vorschriften

82.[63] Soweit die Artikel 73–81 nichts anderes bestimmen, gelten für das Verfahren vor den kantonalen Gerichten und das Verfahren vor dem Bundesstrafgericht die entsprechenden Vorschriften der StPO[64].

83.[65]

Vierter Abschnitt: Revision

A. Entscheide der Verwaltung
I. Revisionsgründe

84. 1 Ein durch Strafbescheid, Strafverfügung oder Einstellungsverfügung der Verwaltung rechtskräftig abgeschlossenes Strafverfahren kann auf Antrag oder von Amtes wegen wieder aufgenommen werden:

a. auf Grund erheblicher Tatsachen oder Beweismittel, die der Verwaltung zur Zeit des früheren Verfahrens nicht bekannt waren;
b. wenn nachträglich gegen einen Teilnehmer ein Strafurteil ausgefällt wurde, das mit dem Strafbescheid oder der Strafverfügung in unvereinbarem Widerspruch steht;
c. wenn durch eine strafbare Handlung auf den Entscheid der Verwaltung eingewirkt worden ist.

2 Die Revision zugunsten des Beschuldigten ist jederzeit zulässig. Einer neuen Verurteilung steht die nach der Rechtskraft des beanstandeten Entscheids eingetretene Verfolgungsverjährung nicht entgegen.

3 Die Revision zu Ungunsten des Beschuldigten ist nur zulässig auf Grund von Absatz 1 Buchstaben *a* und *c* und solange die Verfolgung der Widerhandlung nicht verjährt ist. Die Verjährung beginnt mit der Widerhandlung zu laufen; der frühere Entscheid ist kein Unterbrechungsgrund.

4 Für den Einziehungsbescheid und die Einziehungsverfügung gelten die Vorschriften der Artikel 84–88 sinngemäss.

II. Einleitung des Verfahrens
1. Auf Antrag

85. 1 Die Revision können nachsuchen der Beschuldigte und, wenn er verstorben ist, sein Ehegatte, seine eingetragene Partnerin oder sein eingetragener Partner, seine Verwandten in gerader Linie und seine Geschwister.[66]

---

63 Fassung gemäss Anhang 1 Ziff. II 11 der Strafprozessordnung vom 5. Okt. 2007, in Kraft seit 1. Jan. 2011 (AS **2010** 1881; BBl **2006** 1085).
64 SR **312.0**
65 Aufgehoben durch Anhang 1 Ziff. II 11 der Strafprozessordnung vom 5. Okt. 2007, mit Wirkung seit 1. Jan. 2011 (AS **2010** 1881; BBl **2006** 1085).
66 Fassung gemäss Anhang Ziff. 21 des Partnerschaftsgesetzes vom 18. Juni 2004, in Kraft seit 1. Jan. 2007 (AS **2005** 5685; BBl **2003** 1288).

[2] Das Revisionsgesuch ist schriftlich und unter Angabe der Gründe und Beweismittel bei der Verwaltung einzureichen, die den beanstandeten Entscheid getroffen hat.

[3] Das Gesuch hemmt den Vollzug des beanstandeten Entscheides nur, wenn die Verwaltung es verfügt; sie kann den Vollzug gegen Sicherheitsleistung aufschieben oder andere vorsorgliche Verfügungen treffen.

[4] Die Verwaltung kann die Untersuchung ergänzen und eine mündliche Verhandlung anordnen.

2. Von Amtes wegen

86. Leitet die Verwaltung die Revision von Amtes wegen ein, so kann sie die Untersuchung wieder eröffnen; den Betroffenen ist Gelegenheit zu geben, sich zum Revisionsgrund und zu der in Aussicht genommenen Änderung des Entscheides zu äussern.

III. Entscheid
1. Aufhebung des früheren Entscheides

87. [1] Liegt ein Revisionsgrund vor, so hebt die Verwaltung den früheren Entscheid auf und trifft eine Einstellungs-, Straf- oder Einziehungsverfügung; sie entscheidet gleichzeitig über die Rückleistung von Bussen, Kosten und eingezogenen Vermögenswerten. Vorbehalten bleibt die Überweisung zur gerichtlichen Beurteilung (Art. 21 Abs. 1 und 3).

[2] Die Verfügung ist zu begründen; im Übrigen gilt Artikel 64 über Inhalt und Eröffnung des Strafbescheides sinngemäss.

[3] Gegen die Straf- oder Einziehungsverfügung kann gemäss Artikel 72 die gerichtliche Beurteilung verlangt werden.

[4] Der richterlichen Überprüfung unterliegt auch das Vorliegen eines Revisionsgrundes im Sinne von Artikel 84.

2. Verneinung des Revisionsgrundes

88. [1] Liegt kein Revisionsgrund vor, so trifft die Verwaltung einen entsprechenden Entscheid.

[2] Bei Abweisung eines Revisionsgesuches können die Verfahrenskosten dem Gesuchsteller auferlegt werden.

[3] Der Entscheid ist zu begründen und den am Revisionsverfahren Beteiligten durch eingeschriebenen Brief zu eröffnen.

[4] Der Gesuchsteller kann gegen den abweisenden Entscheid innert 30 Tagen seit der Eröffnung bei der Beschwerdekammer des Bundesstrafgerichts Beschwerde führen (Art. 25 Abs. 1); die Verfahrensvorschriften von Artikel 28 Absätze 2–5 gelten sinngemäss.

B. Urteile der Strafgerichte

89.[67] [1] Für die Revision rechtskräftiger Urteile kantonaler Gerichte oder des Bundesstrafgerichts gelten die Artikel 379–392 sowie die Artikel 410–415 StPO[68].

---

[67] Fassung gemäss Anhang 1 Ziff. II 11 der Strafprozessordnung vom 5. Okt. 2007, in Kraft seit 1. Jan. 2011 (AS **2010** 1881; BBl **2006** 1085).

[68] SR **312.0**

Fünfter Abschnitt: Vollzug

A. Zuständigkeit

90. 1 Die Bescheide und Verfügungen der Verwaltung und die Urteile der Strafgerichte, soweit diese nicht auf Freiheitsstrafen oder freiheitsentziehende Massnahmen lauten, werden von der beteiligten Verwaltung vollstreckt.

2 Die Kantone vollziehen die Freiheitsstrafen und die freiheitsentziehenden Massnahmen. Der Bund hat die Oberaufsicht über den Vollzug.

B. Vollstreckung von Bussen

91. 1 Soweit die Busse nicht eingebracht werden kann, wird sie auf Antrag der Verwaltung nach Artikel 10 in Haft oder Einschliessung umgewandelt.

2 Zuständig zur Umwandlung ist der Richter, der die Widerhandlung beurteilt hat oder zur Beurteilung zuständig gewesen wäre (Art. 22 und 23 Abs. 2).

C. Rückgabe beschlagnahmter Gegenstände; Verwertung

92. 1 Mit Beschlag belegte Gegenstände und Vermögenswerte, die weder eingezogen noch dem Staate verfallen sind und an denen nicht ein gesetzliches Pfandrecht besteht, sind dem Berechtigten zurückzugeben. Wenn dieser nicht bekannt ist und der Wert der Gegenstände es rechtfertigt, erfolgt eine öffentliche Ausschreibung.

2 Meldet sich innert 30 Tagen kein Berechtigter, so kann die Verwaltung die Gegenstände öffentlich versteigern lassen. Meldet sich der Berechtigte nach der Verwertung, so wird ihm der Verwertungserlös unter Abzug der Verwertungskosten ausgehändigt.

3 Der Anspruch auf Rückgabe der Gegenstände oder Aushändigung des Erlöses erlischt fünf Jahre nach der öffentlichen Ausschreibung.

4 Ist streitig, welchem von mehreren Ansprechern die Sache zurückzugeben oder der Erlös auszuhändigen sei, so kann sich die Verwaltung durch gerichtliche Hinterlegung befreien.

D. Verwendung der Bussen, eingezogenen Vermögenswerte usw.

93. 1 Wenn die Gesetzgebung nichts anderes bestimmt, fallen Bussen, eingezogene Gegenstände, Vermögenswerte, Geschenke und andere Zuwendungen, als Massnahme auferlegte Geldzahlungen sowie der Erlös aus den eingezogenen oder nach Artikel 92 verwerteten Gegenständen dem Bunde zu.

2 Lehnt die beteiligte Verwaltung einen nach Artikel 59 Ziffer 1 Absatz 2 des Strafgesetzbuches[69] beanspruchten Anteil am Verwertungserlös eines eingezogenen Gegenstandes oder Vermö-

69 SR **311.0**. Heute: nach Art. 70 Abs. 1.

genswertes ab, so erlässt sie eine Verfügung nach dem Bundesgesetz vom 20. Dezember 1968[70] über das Verwaltungsverfahren.[71]

Sechster Abschnitt: Kosten, Entschädigung und Rückgriff

A. Kosten
I. Im Verfahren der Verwaltung
1. Arten

94. [1] Die Kosten des Verfahrens der Verwaltung bestehen in den Barauslagen, mit Einschluss der Kosten der Untersuchungshaft und der amtlichen Verteidigung, in einer Spruchgebühr und in den Schreibgebühren.

[2] Die Höhe der Spruch- und der Schreibgebühr bestimmt sich nach einem vom Bundesrat aufzustellenden Tarif.

2. Auferlegung

95. [1] Im Entscheid der Verwaltung werden die Kosten in der Regel dem Verurteilten auferlegt; aus Gründen der Billigkeit kann er von ihnen ganz oder teilweise befreit werden.

[2] Wird das Verfahren eingestellt, so können dem Beschuldigten Kosten ganz oder teilweise auferlegt werden, wenn er die Untersuchung schuldhaft verursacht oder das Verfahren mutwillig wesentlich erschwert oder verlängert hat.

[3] Mehrere Beschuldigte haften solidarisch für die Kosten, wenn der Strafbescheid oder die Strafverfügung nichts anderes bestimmt.

3. Beschwerde gegen Kostenerkenntnis

96. [1] Der mit Kosten beschwerte Beschuldigte kann, wenn das Verfahren eingestellt wurde oder wenn er die gerichtliche Beurteilung nicht verlangt, gegen das Kostenerkenntnis innert 30 Tagen seit Eröffnung des Entscheides bei der Beschwerdekammer des Bundesstrafgerichts Beschwerde führen (Art. 25 Abs. 1); die Verfahrensvorschriften von Artikel 28 Absätze 2–5 gelten sinngemäss.

[2] Wird innert der gesetzlichen Frist keine Beschwerde eingereicht oder eine Beschwerde abgewiesen, so steht das Kostenerkenntnis einem gerichtlichen Urteil gleich.

II. Im gerichtlichen Verfahren

97. [1] Die Kosten des gerichtlichen Verfahrens und deren Verlegung bestimmen sich, vorbehältlich Artikel 78 Absatz 4, nach den Artikeln 417–428 StPO[72].[73]

[2] Im Urteil können die Kosten des Verfahrens der Verwaltung gleich wie die Kosten des gerichtlichen Verfahrens verlegt werden.

---

70 SR **172.021**

71 Fassung gemäss Anhang Ziff. 10 des Strafgerichtsgesetzes vom 4. Okt. 2002, in Kraft seit 1. April 2004 (AS **2003** 2133 2131; BBl **2001** 4202).

72 SR **312.0**

73 Fassung gemäss Anhang 1 Ziff. II 11 der Strafprozessordnung vom 5. Okt. 2007, in Kraft seit 1. Jan. 2011 (AS **2010** 1881; BBl **2006** 1085).

III. Kostenvergütung an den Kanton

98. [1] Der Kanton kann vom Bund die Erstattung der Prozess- und Vollzugskosten fordern, zu denen der Beschuldigte nicht verurteilt worden ist oder die der Verurteilte nicht bezahlen kann. Besoldungen und Taggelder von Beamten sowie Gebühren und Stempel sind ausgenommen.

[1bis] Sind durch die Übertragung von Verfahren nach Artikel 20 Absatz 3 ausserordentliche Kosten entstanden, so kann der Bund sie den Kantonen auf Gesuch hin ganz oder teilweise vergüten.[74]

[2] Anstände zwischen dem Bund und einem Kanton über die Vergütung der Kosten entscheidet die Beschwerdekammer des Bundesstrafgerichts (Art. 25 Abs. 1).

B. Entschädigung
I. Im Verfahren der Verwaltung
1. Anspruch

99. [1] Dem Beschuldigten, gegen den das Verfahren eingestellt oder der nur wegen Ordnungswidrigkeit bestraft wird, ist auf Begehren eine Entschädigung für die Untersuchungshaft und für andere Nachteile, die er erlitten hat, auszurichten; sie kann jedoch ganz oder teilweise verweigert werden, wenn er die Untersuchung schuldhaft verursacht oder das Verfahren mutwillig erschwert oder verlängert hat.

[2] Dem Inhaber eines beschlagnahmten Gegenstandes oder einer durchsuchten Wohnung, der nicht als Beschuldigter ins Verfahren einbezogen worden ist, steht ein Anspruch auf Entschädigung zu, insoweit er unverschuldet einen Nachteil erlitten hat.

[3] Die Entschädigung geht zu Lasten des Bundes.

2. Geltendmachung

100. [1] Der Entschädigungsanspruch des Beschuldigten erlischt, wenn er nicht innert eines Jahres nach Eröffnung der Einstellung oder nach Eintritt der Rechtskraft des Entscheides geltend gemacht wird.

[2] Der Entschädigungsanspruch nach Artikel 99 Absatz 2 erlischt, wenn er nicht innert eines Jahres seit der Durchsuchung oder, im Falle einer Beschlagnahme, seit der Rückgabe des beschlagnahmten Gegenstandes oder der Aushändigung des Verwertungserlöses geltend gemacht wird.

[3] Das Entschädigungsbegehren ist der beteiligten Verwaltung schriftlich einzureichen und hat einen bestimmten Antrag sowie dessen Begründung zu enthalten.

[4] Über das Begehren trifft die Verwaltung spätestens innert drei Monaten einen Entscheid. Gegen den Entscheid kann innert 30 Tagen seit der Eröffnung bei der Beschwerdekammer des Bundesstrafgerichts Beschwerde geführt werden (Art. 25 Abs. 1); die Verfahrensvorschriften von Artikel 28 Absätze 2–5 gelten sinngemäss.

---

[74] Eingefügt durch Ziff. I des BG vom 22. Dez. 1999, in Kraft seit 1. Okt. 2000 (AS **2000** 2141; BBl **1998** 1529).

II. Im gerichtlichen Verfahren

101. [1] Im gerichtlichen Verfahren gilt Artikel 99 sinngemäss. Das Gericht entscheidet auch über die Entschädigung für Nachteile im Verfahren vor der Verwaltung.

[2] Bevor das Gericht eine Entschädigung festsetzt, hat es der beteiligten Verwaltung Gelegenheit zu geben, sich zum Anspruch und seiner Höhe zu äussern und Anträge zu stellen.

III. Rückgriffsanspruch

102. [1] Wer das Verfahren durch Arglist veranlasst hat, kann verpflichtet werden, dem Bunde die nach Artikel 99 oder 101 auszurichtenden Entschädigungen ganz oder teilweise zu ersetzen.

[2] Über den Rückgriffsanspruch entscheidet die beteiligte Verwaltung.

[3] Gegen den Entscheid kann innert 30 Tagen seit der Eröffnung bei der Beschwerdekammer des Bundesstrafgerichts Beschwerde geführt werden (Art. 25 Abs. 1); die Verfahrensvorschriften von Artikel 28 Absätze 2–5 gelten sinngemäss. Wird innert der gesetzlichen Frist nicht Beschwerde erhoben, so steht der Entscheid einem rechtskräftigen Urteil gleich.

[4] Der Rückgriffsanspruch erlischt, wenn er nicht innert drei Monaten seit Rechtskraft des Entscheids oder Urteils über den Entschädigungsanspruch geltend gemacht wird.

Siebenter Abschnitt: Abwesenheitsverfahren

103. [1] Ist der Beschuldigte, ohne in der Schweiz ein Zustellungsdomizil zu haben, unbekannten Aufenthaltes, so kann das Verfahren von der Verwaltung und den Gerichten in seiner Abwesenheit durchgeführt werden. Artikel 34 Absatz 2 ist anwendbar.

[2] Wenn der Beschuldigte sich stellt oder ergriffen wird, so kann er innert 30 Tagen, seitdem er vom Strafbescheid, von der Strafverfügung oder vom Urteil Kenntnis erhalten hat, bei der Behörde, die zuletzt gesprochen hat, die Wiedereinsetzung verlangen.

[3] Wird das Gesuch rechtzeitig gestellt, so ist das ordentliche Verfahren durchzuführen.

[4] Bei Einziehung und Umwandlung der Busse in Freiheitsstrafe gelten die Absätze 1–3 sinngemäss.

Vierter Titel: Schlussbestimmungen

A. Änderung von Bundeserlassen

104. [1] Änderungen des geltenden Bundesrechts finden sich im Anhang, der Bestandteil dieses Gesetzes ist.

[2] Der Bundesrat wird ermächtigt, die Vollziehungsverordnung vom 27. November 1934[75] zum Bundesratsbeschluss vom 4. August 1934 über die eidgenössische Getränkesteuer diesem Gesetz anzupassen.

B. Neue Zuständigkeiten

105. Wo nach bisherigem Recht Strafverfügungen vom Bundesrat auszugehen hatten, wird diese Zuständigkeit den Departementen zugewiesen; der Bundesrat kann sie auf die den Departementen unmittelbar nachgeordneten Amtsstellen übertragen.

C. Übergangsbestimmungen

106. [1] Strafverfahren, in denen die Strafverfügung der Verwaltung nach Artikel 293 oder 324 des Bundesstrafrechtspflegegesetzes vom 15. Juni 1934[76] vor dem Inkrafttreten der neuen Vorschriften getroffen worden ist, werden nach bisherigem Recht fortgesetzt.

[2] Strafbarkeit und Mithaftung des Vertretenen, Auftraggebers oder Geschäftsherrn wegen Widerhandlungen, die vor Inkrafttreten dieses Gesetzes begangen worden sind, richten sich ausschliesslich nach dem alten Recht.

D. Ausführung. Inkrafttreten

107. [1] Der Bundesrat erlässt die erforderlichen Ausführungsbestimmungen.

[2] Er bestimmt das Inkrafttreten dieses Gesetzes.

Datum des Inkrafttretens: 1. Januar 1975[77]

---

75 [BS **6** 283; AS **1974** 1955, **2007** 1469 Anhang 4 Ziff. 27. AS **2007** 2909 Art. 23 Ziff. 1]. Siehe heute: die Biersteuerverordnung vom 15. Juni 2007 (SR **641.411.1**).

76 [BS **3** 303; AS **1971** 777 Ziff. III 4, **1974** 1857 Anhang Ziff. 2, **1978** 688 Art. 88 Ziff. 4, **1979** 1170, **1992** 288 Anhang Ziff. 15 2465 Anhang Ziff. 2, **1993** 1993, **1997** 2465 Anhang Ziff. 7, **2000** 505 Ziff. I 3 2719 Ziff. II 3 2725 Ziff. II, **2001** 118 Ziff. I 3 3071 Ziff. II 1 3096 Anhang Ziff. 2 3308, **2003** 2133 Anhang Ziff. 9, **2004** 1633 Ziff. I 4, **2005** 5685 Anhang Ziff. 19, **2006** 1205 Anhang Ziff. 10, **2007** 6087, **2008** 1607 Anhang Ziff. 1 4989 Anhang 1 Ziff. 6 5463 Anhang Ziff. 3, **2009** 6605 Anhang Ziff II 3. AS **2010** 1881 Anhang 1 Ziff. I 1].

77 BRB vom 25. Nov. 1974

Bundesgesetz
über Regionalpolitik
(SR 901.0)

vom 6. Oktober 2006 (Stand am 1. Januar 2013)

Die Bundesversammlung der Schweizerischen Eidgenossenschaft,

gestützt auf Artikel 103 der Bundesverfassung[1],
nach Einsicht in die Botschaft des Bundesrates vom 16. November 2005[2],

beschliesst:

1. Abschnitt: Allgemeine Bestimmungen

Zweck

1. Dieses Gesetz soll die Wettbewerbsfähigkeit einzelner Regionen stärken und deren Wertschöpfung erhöhen und so zur Schaffung und Erhaltung von Arbeitsplätzen in den Regionen, zur Erhaltung einer dezentralen Besiedlung und zum Abbau regionaler Disparitäten beitragen.

Grundsätze

2. Die Regionalpolitik beruht auf folgenden Grundsätzen:

a. Die Anforderungen an eine nachhaltige Entwicklung werden berücksichtigt.
b. Die Regionen entwickeln eigene Initiativen zur Verbesserung der Wettbewerbsfähigkeit und zur Erhöhung der Wertschöpfung.
c. Die regionalen Zentren bilden die Entwicklungsmotoren.
d. Die Kantone sind die zentralen Ansprechpartner des Bundes und stellen die Zusammenarbeit mit den Regionen sicher.
e. Die Bundesstellen pflegen untereinander und mit in- und ausländischen Institutionen und Organisationen eine enge Zusammenarbeit.

Regionen

3. [1] Als Regionen gelten Gruppen von Kantonen und Gemeinden sowie Zusammenschlüsse von Kantonen oder Gemeinden mit anderen öffentlich-rechtlichen oder privaten Körperschaften oder Verbänden.

[2] Bei der Bildung von Regionen ist der geografischen Verbundenheit, der wirtschaftlichen Funktionalität und dem Ziel der

---

AS **2007** 681

1 SR **101**
2 BBl **2006** 231

gemeinsamen Aufgabenlösung gegenüber institutionellen Grenzen Priorität einzuräumen.

[3] Den bestehenden regionalen Strukturen ist Rechnung zu tragen, soweit sie sich zur Erfüllung des Zweckes dieses Gesetzes eignen.

[4] Es obliegt den Regionen zu entscheiden, welche organisatorischen Einheiten sie zur Erfüllung ihrer Aufgaben schaffen wollen.

2. Abschnitt: Massnahmen

Förderung von Initiativen, Programmen und Projekten

4. [1] Finanzhilfen können gewährt werden an die Vorbereitung, die Durchführung und die Evaluation von Initiativen, Programmen und Projekten, die:

a. das unternehmerische Denken und Handeln in einer Region fördern;
b. die Innovationsfähigkeit in einer Region stärken;
c. regionale Potenziale ausschöpfen und Wertschöpfungssysteme aufbauen oder verbessern; oder
d. die Zusammenarbeit unter öffentlichen und privaten Institutionen, unter Regionen und mit den Agglomerationen fördern.

[2] Die Finanzhilfen werden nur gewährt, wenn:

a. die Initiativen, Programme und Projekte für die betroffene Region Innovationscharakter haben; und
b. der Nutzen der geförderten Initiativen, Programme und Projekte zum grössten Teil in Regionen anfällt, die mehrheitlich spezifische Entwicklungsprobleme und Entwicklungsmöglichkeiten des Berggebietes und des weiteren ländlichen Raumes aufweisen.

Förderung von Entwicklungsträgern, regionalen Geschäftsstellen und anderen regionalen Akteuren

5. Finanzhilfen können den Entwicklungsträgern, regionalen Geschäftsstellen und anderen regionalen Akteuren gewährt werden für:

a. die Erarbeitung und die Realisierung mehrjähriger Förderstrategien; oder
b. die Koordination und die Begleitung der Initiativen, Programme und Projekte ihrer Region.

Förderung der grenzüberschreitenden Zusammenarbeit

6. [1] Mit Finanzhilfen kann die schweizerische Beteiligung an Programmen, Projekten und innovativen Aktionen der grenzüberschreitenden Zusammenarbeit gefördert werden, sofern:

a. dadurch die Wertschöpfung einer Grenzregion mittelbar oder unmittelbar erhöht wird; oder
b. ihr aus nationaler Sicht strategische Bedeutung zukommt.

² Beteiligungen von nationaler strategischer Bedeutung sind in Zusammenarbeit mit den Kantonen durch den Bund zu koordinieren.

³ An Bauprojekte werden keine Finanzhilfen gewährt.

⁴ Bei der Förderung der grenzüberschreitenden Zusammenarbeit sind die europäische und die nationale territoriale Zusammenarbeit sowie ihre Umsetzung und ihr Zeitplan zu berücksichtigen.

Darlehen für Infrastrukturvorhaben

7. ¹ Der Bund kann zinsgünstige oder zinslose Darlehen für die Finanzierung von Infrastrukturvorhaben gewähren, soweit diese:

a. in einem direkten Zusammenhang mit der Realisierung und der Weiterführung von Vorhaben nach Artikel 4 stehen;
b. Bestandteil eines Wertschöpfungssystems sind und zu dessen Stärkung beitragen; oder
c. unmittelbar Nachfolgeinvestitionen in anderen Wirtschaftsbereichen einer Region induzieren.

² Diese Darlehen können nur für Infrastrukturvorhaben gewährt werden:

a. deren Nutzen zum grössten Teil in Regionen anfällt, die mehrheitlich spezifische Entwicklungsprobleme und Entwicklungsmöglichkeiten des Berggebietes und des weiteren ländlichen Raumes aufweisen;
b. an deren Finanzierung sich der Kanton mindestens gleichwertig beteiligt; und
c. die der Bund nicht schon auf andere Weise unterstützt.

Verzinsung, Rückzahlung der Darlehen und Darlehensverluste

8. ¹ Bei der Festlegung des Zinssatzes ist den finanziellen Möglichkeiten des Darlehensnehmers oder der Darlehensnehmerin Rechnung zu tragen.

² Die gewährten Darlehen müssen nach höchstens 25 Jahren zurückbezahlt sein. Bei der Festlegung der Laufzeit ist die Lebensdauer der geförderten Infrastruktureinrichtung zu berücksichtigen.

³ Allfällige Verluste aus gewährten Darlehen sind zur Hälfte vom Kanton zu tragen, der sie dem Darlehensnehmer oder der Darlehensnehmerin zugesprochen hat.

Allgemeine Voraussetzungen und Bedingungen

9. ¹ Alle Empfängerinnen und Empfänger von Finanzhilfen nach den Artikeln 4–6 und von Darlehen nach Artikel 7 haben sich angemessen mit eigenen Mitteln am Vorhaben zu beteiligen.

² Sie ergreifen geeignete Massnahmen zur Überwachung der Realisierung und zur Evaluation der geförderten Vorhaben.

³ Den Zielen der raumrelevanten Sektoralpolitiken des Bundes und der Raumplanung ist soweit möglich Rechnung zu tragen.

4 Die Finanzhilfen und die Darlehen können im Einzelfall von weiteren Bedingungen abhängig gemacht oder mit weiteren Auflagen verknüpft werden.

Berggebiet und weiterer ländlicher Raum

10. Der Bundesrat legt zusammen mit den Kantonen das Gebiet fest, welches mehrheitlich spezifische Entwicklungsprobleme und Entwicklungsmöglichkeiten des Berggebietes und des weiteren ländlichen Raumes aufweist (Art. 4 Abs. 2 Bst. b und 7 Abs. 2 Bst. a).

Ausrichtung der Finanzhilfen und Darlehen

11. 1 Die Finanzhilfen nach den Artikeln 4–6 und die Darlehen nach Artikel 7 werden auf der Grundlage von Programmvereinbarungen in Form von Pauschalbeträgen ausgerichtet.

2 Die Höhe der Finanzhilfen und Darlehen richtet sich nach der Gesamtwirkung der Programme und Massnahmen.

Steuererleichterungen

12. 1 Soweit ein Kanton Steuererleichterungen nach Artikel 23 Absatz 3 des Bundesgesetzes vom 14. Dezember 1990[3] über die Harmonisierung der direkten Steuern der Kantone und Gemeinden gewährt, kann der Bund für die direkte Bundessteuer ebenfalls Steuererleichterungen gewähren.

2 Steuererleichterungen bei der direkten Bundessteuer werden nur gewährt, soweit:

a. ein industrielles Unternehmen oder ein produktionsnaher Dienstleistungsbetrieb neue Arbeitsplätze schafft oder bestehende neu ausrichtet;
b. das Vorhaben die regionalwirtschaftlichen Anforderungen dieses Gesetzes erfüllt;
c. der Kanton die Nachzahlung von missbräuchlich beanspruchten Steuererleichterungen verlangt.

3 Der Bundesrat legt, nach Konsultation der Kantone, die Gebiete fest, in denen Unternehmen von diesen Erleichterungen profitieren können, und regelt die Modalitäten der Finanzaufsicht, insbesondere die Pflicht, Informationen über die Wirkung der gewährten Steuererleichterungen einzuholen und weiterzuleiten.

Flankierende Massnahmen

13. Der Bund kann Massnahmen treffen für:

a. die Stärkung der Kooperation sowie die Nutzung von Synergien zwischen der Regionalpolitik und den anderen Sektoralpolitiken des Bundes;
b. die Förderung von Regionen mit besonderen Problemen;
c. die Schaffung und den Betrieb eines Wissenssystems zur Regionalentwicklung;
d. die Qualifizierung der regionalen Geschäftsführerinnen und Geschäftsführer und der anderen regionalen Akteure

---

3 SR **642.14**

sowie der Verantwortlichen für die Vorbereitung und Realisierung von Initiativen, Programmen und Projekten.

3. Abschnitt: Umsetzung

Mehrjahresprogramm

14. [1] Die Bundesversammlung legt in einem Mehrjahresprogramm fest:

a. die Förderschwerpunkte und Förderinhalte für die Regionalpolitik;

b. die Schwerpunkte der flankierenden Massnahmen nach Artikel 13.

[2] Das Mehrjahresprogramm umfasst acht Jahre.

[3] Die Kantone bringen bei der Ausarbeitung des Mehrjahresprogramms ihre Bedürfnisse und strategischen Überlegungen ein und tragen dabei auch den Bedürfnissen ihrer Regionen Rechnung.

Aufgaben der Kantone

15. [1] Die Kantone erarbeiten gestützt auf die Vorgaben des Mehrjahresprogramms zusammen mit ihren Entwicklungsträgern, regionalen Geschäftsstellen oder anderen regionalen Akteuren mehrjährige kantonale Umsetzungsprogramme und aktualisieren sie periodisch.

[2] Sie stellen zusammen mit den Entwicklungsträgern und den regionalen Geschäftsstellen oder anderen regionalen Akteuren die Koordination der regions- und kantonsübergreifenden sowie der grenzüberschreitenden Vorhaben sicher.

[3] Sie entscheiden im Rahmen der verfügbaren Mittel, für welche Vorhaben Finanzhilfen oder Darlehen gewährt werden.

Programmvereinbarungen und finanzielle Beteiligung der Kantone

16. [1] Der Bund schliesst gestützt auf die kantonalen Umsetzungsprogramme mit den Kantonen mehrjährige Programmvereinbarungen ab. Diese bilden die Grundlage für einen pauschal bemessenen Beitrag des Bundes.

[2] Die Kantone haben sich an der Realisierung ihrer Umsetzungsprogramme im gleichen Ausmass finanziell zu beteiligen wie der Bund.

Überwachung

17. [1] Der Kanton sorgt für geeignete Massnahmen zur Überwachung der Realisierung der geförderten Initiativen, Programme, Projekte und Infrastrukturvorhaben.

[2] Der Bund trifft geeignete Massnahmen zur Überwachung der Realisierung des Mehrjahresprogramms.

Evaluation des Mehrjahresprogramms

18. Der Bundesrat sorgt für die wissenschaftliche Evaluation des Mehrjahresprogramms und erstattet der Bundesversammlung Bericht.

Gesuche um Steuererleichterungen und Verfahren

19. [1] Der Kanton entscheidet über die Gewährung kantonaler Steuererleichterungen. Er leitet das Gesuch mit seinen Entscheiden und Anträgen an das Staatssekretariat für Wirtschaft (SECO) weiter.

[2] Das SECO prüft die Gesuche zuhanden des Eidgenössischen Departements für Wirtschaft, Bildung und Forschung (WBF)[4]. Dieses entscheidet über die Einräumung und das Ausmass von Steuererleichterungen bei der direkten Bundessteuer.

[3] Die Steuererleichterungen bei der direkten Bundessteuer werden, nach Massgabe des vom WBF getroffenen Entscheides und im Einvernehmen mit dem Eidgenössischen Finanzdepartement, von der für die Veranlagung der Unternehmen zuständigen kantonalen Behörde verfügt.

Zusammenarbeit

20. Der Bundesrat entscheidet, wie die Zusammenarbeit mit den Kantonen, dem Berggebiet und dem weiteren ländlichen Raum organisatorisch sichergestellt wird.

4. Abschnitt: Finanzierung

Fonds für Regionalentwicklung

21. [1] Der Bund äufnet zur Finanzierung der Massnahmen nach diesem Gesetz einen Fonds für Regionalentwicklung.

[2] Die jährlichen Zinserträge, Rückzahlungen und Garantieleistungen aus den Darlehen, welche nach dem Bundesgesetz vom 21. März 1997[5] über Investitionshilfe für Berggebiete (IHG) zugesichert und ausbezahlt worden sind, und aus den Darlehen, die nach Artikel 7 gewährt werden, sind dem Fonds für Regionalentwicklung gutzuschreiben.

[3] Die Fondsentnahmen und Darlehenskonditionen sind unter Berücksichtigung der Verluste aus laufenden Darlehen, den Zinserträgen und der Teuerung festzulegen. Soweit möglich ist eine längerfristige Werterhaltung des Fonds anzustreben.

Bereitstellung der Mittel

22. [1] Die Bundesversammlung bewilligt mit einfachem Bundesbeschluss einen auf acht Jahre befristeten Zahlungsrahmen für weitere Einlagen in den Fonds für Regionalentwicklung.

[2] Bei der Festlegung des Zahlungsrahmens ist dem im Mehrjahresprogramm ausgewiesenen Bedarf, den aus dem Fonds für Regionalentwicklung verfügbaren Mitteln sowie der Finanzlage des Bundes Rechnung zu tragen.

---

4 Ausdruck gemäss Ziff. I 26 der V vom 15. Juni 2012 (Neugliederung der Departemente), in Kraft seit 1. Jan. 2013 (AS **2012** 3655). Diese Änd. wurde im ganzen Erlass berücksichtigt.

5 [AS **1997** 2995, **2000** 179 187 Art. 9, **2002** 290 2504, **2003** 267, **2004** 3439 Art. 1, **2006** 2197 Anhang Ziff. 122 2359 Art. 1]

5. Abschnitt: Rechtsschutz

23. Entscheide von Bundesverwaltungsbehörden sowie letztinstanzliche kantonale Entscheide unterliegen der Beschwerde an das Bundesverwaltungsgericht.

6. Abschnitt: Schlussbestimmungen

Aufhebung und Änderung bisherigen Rechts

24. Die Aufhebung und die Änderung bisherigen Rechts werden im Anhang geregelt.

Übergangsbestimmungen

25. [1] Die Mittel des Investitionshilfefonds nach Artikel 14 IHG[6] werden auf den Zeitpunkt des Inkrafttretens dieses Gesetzes in den Fonds für Regionalentwicklung überführt.

[2] Für die Investitionshilfedarlehen gelten bis zu deren vollständiger Rückzahlung die Bestimmungen des IHG.

[3] Die Auszahlung der Verpflichtungen, welche gestützt auf das IHG, das Bundesgesetz vom 8. Oktober 1999[7] über die Förderung der schweizerischen Beteiligung an die Gemeinschaftsinitiative für grenzüberschreitende, transnationale und interregionale Zusammenarbeit (INTERREG III) in den Jahren 2000–2006, den Bundesbeschluss vom 21. März 1997[8] über die Unterstützung des Strukturwandels im ländlichen Raum und den Artikel 6*a* des Bundesbeschlusses vom 6. Oktober 1995[9] zugunsten wirtschaftlicher Erneuerungsgebiete vom Bund eingegangen wurden, wird nach Inkrafttreten dieses Gesetzes durch den Fonds für Regionalentwicklung sichergestellt.

Referendum und Inkrafttreten

26. [1] Dieses Gesetz untersteht dem fakultativen Referendum.
[2] Der Bundesrat bestimmt das Inkrafttreten.

Datum des Inkrafttretens: 1. Jan. 2008[10]

Art. 14 und 22: 15. März 2007[11]

---

6 [AS **1997** 2995, **2000** 179 187 Art. 9, **2002** 290 2504, **2003** 267, **2004** 3439 Art. 1, **2006** 2197 Anhang Ziff. 122 2359 Art. 1]
7 [AS **2000** 609, **2006** 4275]
8 [AS **1997** 1610, **2000** 187 Art. 11, **2006** 2197 Anhang Ziff. 124 4297]
9 [AS **1996** 1918, **2001** 1911, **2006** 2197 Anhang Ziff. 144 4301]
10 V vom 28. November 2007 (AS **2007** 6861)
11 BRB vom 28. Febr. 2007

Anhang
(Art. 24)

Aufhebung und Änderung bisherigen Rechts

I

Folgende Erlasse werden aufgehoben:

1. Bundesgesetz vom 8. Oktober 1999[12] über die Förderung der schweizerischen Beteiligung an der Gemeinschaftsinitiative für grenzüberschreitende, transnationale und interregionale Zusammenarbeit (INTERREG III) in den Jahren 2000–2006.
2. Bundesgesetz vom 21. März 1997[13] über Investitionshilfe für Berggebiete.
3. Bundesbeschluss vom 21. März 1997[14] über die Unterstützung des Strukturwandels im ländlichen Raum.
4. Bundesbeschluss vom 6. Oktober 1995[15] zugunsten wirtschaftlicher Erneuerungsgebiete

II

...[16]

---

12 [AS **2000** 609, **2006** 4275]
13 [AS **1997** 2995, **2000** 179 187 Art. 9, **2002** 290 2504, **2003** 267, **2004** 3439 Art. 1, **2006** 2197 Anhang Ziff. 122 2359 Art. 1]
14 [AS **1997** 1610, **2000** 187 Art. 11, **2006** 2197 Anhang Ziff. 124 4297]
15 [AS **1996** 1918, **2001** 1911, **2006** 2197 Anhang Ziff. 144 4301]
16 Diese Änderung kann unter AS **2007** 681 konsultiert werden.

Verordnung
über die Gewährung von Steuererleichterungen im Rahmen der Regionalpolitik (SR 901.022)

vom 3. Juni 2016 (Stand am 1. Juli 2016)

Der Schweizerische Bundesrat,

gestützt auf Artikel 12 Absatz 3 des Bundesgesetzes vom 6. Oktober 2006[1] über Regionalpolitik,

verordnet:

1. Abschnitt: Grundsatz und Anwendungsgebiete

Art. 1 Grundsatz

[1] Im Rahmen der Regionalpolitik kann der Bund industriellen Unternehmen und produktionsnahen Dienstleistungsbetrieben (Unternehmen) Steuererleichterungen gewähren für Vorhaben, die:

a. die Voraussetzungen nach dem Gesetz und dieser Verordnung erfüllen; und

b. in einer Gemeinde der Anwendungsgebiete realisiert werden.

[2] Das Eidgenössische Departement für Wirtschaft, Bildung und Forschung (WBF) umschreibt die Unternehmen gemäss Absatz 1.

Art. 2 Begriffe

In dieser Verordnung gelten als:

a. ländliches Zentrum: Gemeinde im ländlichen Raum mit:
   1. wichtigen zentralörtlichen Funktionen für das Umland und die umliegenden Gemeinden,
   2. einer gewissen Distanz zur Agglomeration, und
   3. je nach Distanz, zwischen 2000 und 10 000 Einwohnerinnen und Einwohnern;

b. kleinstädtisches Zentrum: Stadt, die:

AS **2016** 2173

[1] SR **901.0**

1. eine wichtige Zentrumsfunktion auf regionaler Ebene hat,
2. mindestens zehn Kilometer von einem grösseren Zentrum entfernt liegt oder die Kerngemeinde einer Agglomeration bildet, und
3. zusammengezählt mindestens 8500 Einwohnerinnen und Einwohner und mindestens 3500 Beschäftigte aufweist;

c. mittelstädtisches Zentrum: Stadt, die:
1. eine wichtige Zentrumsfunktion auf regionaler und nationaler Ebene hat,
2. mindestens zehn Kilometer von einem grösseren Zentrum entfernt liegt oder die Kerngemeinde einer Agglomeration bildet, und
3. mindestens 40 000 Einwohnerinnen, Einwohner und Beschäftigte aufweist;

d. suburbaner Raum: Gemeinden, die:
1. ein mittel- oder kleinstädtisches Zentrum umgeben,
2. an den urbanen Raum angrenzen,
3. mit dem Zentrum in einer engen funktionalen Beziehung stehen;

e. grossstädtisches Zentrum: Stadt, die auf nationaler Ebene eine wichtige Zentrumsfunktion hat und zusammengezählt mindestens 70 000 Einwohnerinnen, Einwohner und Beschäftigte aufweist;

f. metropolitanes Zentrum: Stadt, die auf nationaler, aber auch internationaler Ebene eine wichtige Zentrumsfunktion hat und zusammengezählt mindestens 200 000 Einwohnerinnen, Einwohner und Beschäftigte aufweist.

Art. 3 Anwendungsgebiete

1 Steuererleichterungen können in einer Gemeinde gewährt werden, die folgende Anforderungen erfüllt:

a. Sie ist:
1. ein mittel- oder kleinstädtisches Zentrum oder gehört als suburbane Gemeinde zu einem solchen Zentrum,
2. ein ländliches Zentrum, oder
3. ein kleineres, weniger urbanes Zentrum, das dennoch eine Zentrumsfunktion wahrnimmt.

b. Sie gehört hinsichtlich der Arbeitslosigkeit, des Einkommens, der Wirtschaft und der Bevölkerung zu den strukturschwächsten Gebieten der Schweiz.

2 Diese Anwendungsgebiete dürfen zusammen höchstens zehn Prozent der Schweizer Bevölkerung umfassen.

3 Das WBF legt die Gemeinden, die zu den Anwendungsgebieten gehören, nach Anhörung der Kantone fest.

Art. 4 Gemeindefusionen

[1] Fusioniert eine Gemeinde mit einer in einem Anwendungsgebiet liegenden Gemeinde, so gehört die fusionierte Gemeinde bis zur nächsten Aktualisierung zu den Anwendungsgebieten.

[2] Die fusionierte Gemeinde scheidet aus den Anwendungsgebieten aus, wenn ein mittelstädtisches Zentrum ausserhalb der Anwendungsgebiete oder ein grossstädtisches oder metropolitanes Zentrum an der Fusion beteiligt ist.

[3] Die Aufnahme einer zusätzlichen Gemeinde in die Anwendungsgebiete infolge einer Fusion ändert für die Gemeinden der Anwendungsgebiete nichts.

Art. 5 Berichterstattung, Aktualisierung und Überprüfung

[1] Das WBF erstattet dem Bundesrat einmal pro Legislaturperiode über die Festlegung der Anwendungsgebiete Bericht.

[2] Es aktualisiert die Liste der in den Anwendungsgebieten liegenden Gemeinden einmal pro Legislaturperiode.

[3] Es überprüft jede zweite Legislaturperiode:

a. die Kriterien zur Festlegung der Gemeinden nach Artikel 3 Absatz 1 Buchstabe a;
b. die Kriterien und deren Gewichtung zur Aufnahme von Gemeinden in die Anwendungsgebiete.

2. Abschnitt: Voraussetzungen

Art. 6 Voraussetzungen für die Gewährung von Steuererleichterungen

[1] Steuererleichterungen können nur gewährt werden, wenn:

a. der Kanton für das Vorhaben ebenfalls Steuererleichterungen gewährt;
b. das Vorhaben:
    1. vorsieht, dass im Unternehmen neue Arbeitsplätze geschaffen oder bestehende Arbeitsplätze neu so ausgerichtet werden, dass sie langfristig erhalten bleiben, und
    2. eine besondere regionalwirtschaftliche Bedeutung aufweist.

[2] Handelt es sich beim Gesuchsteller um einen produktionsnahen Dienstleistungsbetrieb, so kann der Bund Steuererleichterungen nur dann gewähren, wenn das Vorhaben mindestens zehn neue Arbeitsplätze vorsieht.

[3] Bei Vorhaben, die zu einer Verschiebung von Arbeitsplätzen von einem Kanton in einen anderen führen, können für die Steuererleichterungen nur die neu geschaffenen Arbeitsplätze berücksichtigt werden.

4 Für Vorhaben, die im Unternehmen oder in Unternehmen derselben Gruppe insgesamt zu einer Verringerung der Anzahl Arbeitsplätze führen, werden keine Steuererleichterungen gewährt.

5 Die Gewährung einer Steuererleichterung kann aus staatspolitischen Gründen abgelehnt werden, namentlich wenn ein Vorhaben in Konflikt mit anderen Zielen des Bundes steht.

6 Das WBF kann die Voraussetzungen für die Gewährung von Steuererleichterungen näher umschreiben.

Art. 7 Bemessung der Zahl der Arbeitsplätze

1 Die Zahl der vorgesehenen oder neu auszurichtenden Arbeitsplätze bemisst sich nach dem Total der Stellenprozente. 100 Stellenprozente entsprechen dabei einem Arbeitsplatz.

2 Massgebend sind die Stellenprozente aus befristeten oder unbefristeten Arbeitsverträgen nach schweizerischem Recht, die durch das Unternehmen selbst oder durch die Muttergesellschaft in der Schweiz abgeschlossen werden.

Art. 8 Regionalwirtschaftliche Bedeutung

1 Die besondere regionalwirtschaftliche Bedeutung eines Vorhabens bestimmt sich insbesondere nach folgenden Kriterien:

a. Einbettung in eine kantonale Wirtschaftsentwicklungsstrategie oder ähnliche Grundlagen;
b. zu schaffende oder neu auszurichtende Arbeitsplätze innerhalb des Anwendungsgebiets;
c. geplante Investitionen innerhalb des Anwendungsgebiets;
d. geplante oder getätigte Einkäufe oder Bestellungen oder nachgefragte Dienstleistungen innerhalb des Anwendungsgebiets;
e. Zusammenarbeit mit Forschungsinstituten und Bildungseinrichtungen, die einen direkten Bezug zum geplanten Vorhaben aufweist;
f. geplante Ausbildungsmöglichkeiten innerhalb des Anwendungsgebiets;
g. neuartige Lösung zur Verbesserung von Produkten, Produktionsprozessen oder betriebswirtschaftlichen Prozessen;
h. Absatzmarkt, der über die Grenze des Anwendungsgebiets hinausreicht.

2 Als Investitionen im Sinne von Absatz 1 Buchstabe c gelten:

a. Sachanlagen, die nach den Rechnungslegungsstandards Swiss GAAP FER[2] (FER) oder den International Accounting Standards[3] (IAS) aktiviert werden können;

---

2 www.fer.ch
3 www.ifrs.org

b. immaterielle Werte gemäss den Rechnungslegungsstandards FER oder IAS.

Art. 9 Form des kantonalen Steuererleichterungsentscheids

Der kantonale Steuererleichterungsentscheid muss folgende Elemente enthalten:

a. die Dauer der kantonalen Steuererleichterung;
b. den für die gesamte Dauer der Steuererleichterung gewährten Höchstbetrag;
c. Rückforderungsgrundsätze für unrechtmässig beanspruchte Steuererleichterungen.

3. Abschnitt: Dauer und Höhe der Steuererleichterungen

Art. 10 Beginn und Dauer

1 Die Steuererleichterung des Bundes wird höchstens für die Dauer der kantonalen Steuererleichterung und höchstens für zehn Kalenderjahre gewährt.

2 Das WBF regelt den Beginn der Steuererleichterung des Bundes.

Art. 11 Höhe

1 Die Steuererleichterung des Bundes entspricht dem kleineren der beiden folgenden Beträge:

a. den für das betreffende Unternehmen erwarteten Steuerersparnissen auf kantonaler und kommunaler Ebene;
b. dem Höchstbetrag der Steuererleichterungen, den der Kanton für die Bundessteuer beantragt.

2 Sie übersteigt aber in keinem Fall den vom Bund festgelegten Höchstbetrag.

3 Das WBF regelt die Ansätze und die Berechnung des Höchstbetrags für die Steuererleichterungen des Bundes. Es stellt dabei sicher, dass die Steuerersparnisse und die Arbeitsplätze, die geschaffen oder neu ausgerichtet werden sollen, in einem angemessenen Verhältnis stehen.

4. Abschnitt: Verfahren

Art. 12 Gesuch des Unternehmens

1 Das Unternehmen richtet das Gesuch um Steuererleichterung des Bundes an den Kanton, in dem das Vorhaben umgesetzt werden soll.

2 Das Gesuch muss einen Geschäftsplan zum Vorhaben einschliesslich folgender Angaben enthalten:

a. eine Beschreibung der Ziele des Vorhabens;
b. eine Beschreibung der Phasen und des Vorgehens bei der Umsetzung des Vorhabens;
c. eine Planbilanz und eine Planerfolgsrechnung für die gesamte Dauer der beantragten Steuererleichterung;
d. das geplante Investitionsvolumen; und
e. eine Aufstellung der Arbeitsplätze, die jährlich geschaffen oder neu ausgerichtet werden sollen.

Art. 13 Antrag des Kantons

1 Entscheidet der Kanton, dem gesuchstellenden Unternehmen eine kantonale Steuererleichterung zu gewähren, so kann er das vollständige Dossier mit seinem Entscheid und seinem Antrag auf Gutheissung des Gesuchs an das Staatssekretariat für Wirtschaft (SECO) weiterleiten.

3 Der Antrag des Kantons muss die folgenden Angaben enthalten:

a. den kantonalen Steuererleichterungsentscheid;
b. eine Bestätigung, dass sein Entscheid mit Artikel 23 Absatz 3 des Bundesgesetzes vom 14. Dezember 1990[4] über die Harmonisierung der direkten Steuern der Kantone und Gemeinden übereinstimmt;
c. eine Schätzung der nach seinem Entscheid für das gesuchstellende Unternehmen zu erwartenden Steuerersparnisse auf kantonaler und kommunaler Ebene;
d. den für die Steuererleichterung beantragten Höchstbetrag;
e. den für die Steuererleichterung beantragten Beginn;
f. den ohne die Steuererleichterung für die beantragte Dauer zu erwartenden Bundessteuerbetrag;
g. den Geschäftsplan;
h. eine Darstellung der besonderen regionalwirtschaftlichen Bedeutung des Vorhabens.

3 Der Kanton muss seinen Antrag spätestens 270 Kalendertage nach Beginn der Steuerpflicht beim SECO unter Verwendung des vorgegebenen Formulars einreichen. Für Vorhaben von bestehenden Unternehmen muss der Antrag spätestens im selben Kalenderjahr eingereicht werden, in dem zum ersten Mal ein Umsatz durch das Vorhaben generiert wird.

4 Reicht der Kanton den Antrag nicht formgerecht ein, so räumt ihm das SECO eine Nachfrist zur Verbesserung ein. Es verbindet diese Nachfrist mit der Androhung, nach unbenutztem Fristablauf nicht auf den Antrag einzutreten. Das SECO infor-

4 SR **642.14**

miert gleichzeitig das gesuchstellende Unternehmen über die Nachfrist.

5 Reicht der Kanton den Antrag nicht fristgerecht ein, so wird darauf nicht eingetreten.

6 Das SECO kann weitere Angaben verlangen.

Art. 14 Zuständigkeit

Der Kanton bestimmt die kantonale Stelle, die für die Antragsstellung, die Verlängerung und die Aufsicht des Vollzugs zuständig ist.

Art. 15 Verfügung des WBF

1 Das WBF entscheidet über das Gesuch gestützt auf den Antrag des Kantons und die Beurteilung des SECO.

2 Der Antrag des Kantons wird nach dem im Zeitpunkt seiner vollständigen Einreichung beim SECO geltenden Bundesrecht beurteilt.

3 In seiner Verfügung legt das WBF insbesondere folgende Elemente fest:

a. den Höchstbetrag der Steuererleichterung;
b. den Beginn, die Dauer und das Ende der Steuererleichterung;
c. die Bedingungen und Auflagen.

4 Die Verfügung des WBF wird dem gesuchstellenden Unternehmen eröffnet.

5 Das WBF informiert den antragstellenden Kanton sowie die für die Veranlagung zuständige kantonale Behörde über die dem Unternehmen eingeräumte Bundessteuererleichterung. Es informiert ebenfalls die Eidgenössische Steuerverwaltung (ESTV).

6 Das SECO kann einem Unternehmen auf dessen Antrag gestatten, die Nutzung der Steuererleichterung während deren Dauer ganz oder teilweise aufzuschieben. Betrag und Dauer der gewährten Steuererleichterung bleiben dadurch unberührt.

Art. 16 Aufsicht

1 Das SECO überprüft die Einhaltung der Bedingungen und Auflagen.

2 Die ESTV übermittelt dem SECO jährlich die vom Kanton erhaltenen Daten über die Höhe der steuerbaren Reingewinne, für die die direkte Bundessteuer nicht erhoben wurde.

3 Die Kantone liefern dem SECO spätestens zwölf Monate nach Geschäftsabschluss des Unternehmens die Daten zur Entwicklung der Arbeitsplätze sowie alle anderen Daten und Dokumente, die für die Überprüfung der Einhaltung der Bedingungen und Auflagen sowie für die Evaluation der Auswirkungen der gewährten Steuererleichterungen erforderlich sind.

[4] Sie melden dem SECO Abweichungen vom ursprünglichen Vorhaben, die sich möglicherweise auf die Steuererleichterungsverfügung auswirken, sobald sie davon Kenntnis erhalten.

Art. 17 Revisionsstelle

Unternehmen, die der Revisionspflicht nach Artikel 727 oder 727a des Obligationenrechts (OR)[5] unterstehen, müssen die Daten zur Entwicklung der Arbeitsplätze jährlich durch die Revisionsstelle bestätigen lassen und diese an die Kantone und den Bund weiterleiten.

Art. 18 Information

Das SECO veröffentlicht jährlich:

a. die aggregierten Daten der gesamtschweizerisch tatsächlich gewährten Steuererleichterungen;
b. je Vorhaben, für das Steuererleichterungen gewährt werden:
   1. den Namen des Unternehmens,
   2. den Durchführungsort,
   3. die Grössenordnung der Zahl der Arbeitsplätze, die dadurch geschaffen oder neu ausgerichtet werden sollen.

5. Abschnitt: Widerruf und unrechtmässige Beanspruchung

Art. 19 Widerruf

[1] Das WBF widerruft seine Verfügung betreffend Bundessteuererleichterungen, sofern ein Kanton seinen entsprechenden kantonalen Steuererleichterungsentscheid widerruft. Die Widerrufsverfügung des WBF richtet sich materiell am kantonalen Widerrufsentscheid aus, insbesondere enthält sie gleichartige Nachzahlungsmodalitäten.

[2] Zudem widerruft das WBF seine Verfügung betreffend Bundessteuererleichterungen ganz oder teilweise, unabhängig von einem kantonalen Entscheid, insbesondere wenn:

a. die in der Verfügung festgelegten Mindestanforderungen nicht erfüllt sind;
b. die in der Verfügung festgelegten Bedingungen oder Auflagen nicht oder nicht mehr erfüllt sind; oder
c. die Steuererleichterung unrechtmässig beansprucht wurde.

[3] Im Fall eines Widerrufs nach Absatz 2 muss der Betrag der gewährten Steuererleichterung entrichtet werden.

---

5 SR **220**

[4] Das WBF kann seine Verfügungen gemäss Absatz 1 oder 2 nur während einer Frist widerrufen, die der anderthalbfachen Dauer der Bundessteuererleichterung entspricht.

Art. 20 Unrechtmässig beanspruchte Steuererleichterungen

Eine Steuererleichterung gilt namentlich als unrechtmässig beansprucht, wenn:

a. die Voraussetzungen für die Gewährung der Steuererleichterung an das Vorhaben nicht oder nicht mehr erfüllt sind; oder
b. das Unternehmen die Steuererleichterung missbräuchlich beansprucht hat, namentlich indem es falsche Angaben gemacht hat.

6. Abschnitt: Schlussbestimmungen

Art. 21 Aufhebung eines anderen Erlasses

Die Verordnung vom 28. November 2007[6] über die Gewährung von Steuererleichterungen im Rahmen der Regionalpolitik wird aufgehoben.

Art. 22 Übergangsbestimmungen für die Steuererleichterungen

[1] Steuererleichterungen, die nach altem Recht gewährt wurden, bleiben bis zum Ende ihrer Laufzeit gültig.

[2] Das WBF kann Steuererleichterungen, die nach altem Recht gewährt wurden, bis zum Ende ihrer Laufzeit gemäss dem zum Zeitpunkt der Verfügung anwendbaren alten Recht ändern. Vorbehalten bleibt Absatz 3.

[3] Änderungen bezüglich des Orts des Vorhabens werden gemäss den zum Zeitpunkt des geplanten Umzugs geltenden Anwendungsgebieten beurteilt. Bei einem Umzug innerhalb desselben Kantons kann die Verfügung geändert werden. Bei einem Umzug in einen anderen Kanton ist ein neues Gesuch um Steuererleichterung, insbesondere unter Berücksichtigung von Artikel 6 Absatz 3, einzureichen.

[4] Artikel 17 gilt nicht für Unternehmen, die der Revisionspflicht nach Artikel 727 oder 727a OR[7] unterstehen und denen nach altem Recht Steuererleichterungen gewährt wurden.

[5] Das SECO veröffentlicht die Angaben nach Artikel 18 Buchstabe b nicht zu Unternehmen, denen nach altem Recht Steuererleichterungen gewährt wurden.

---

6 [AS **2007** 6865]
7 SR **220**

Art. 23 Übergangsbestimmungen für Bürgschaften

1 Für Bürgschaften, die aufgrund des Bundesgesetzes vom 6. Oktober 1995[8] zugunsten wirtschaftlicher Erneuerungsgebiete und vor Inkrafttreten der Verordnung vom 28. November 2007[9] über die Gewährung von Steuererleichterungen im Rahmen der Regionalpolitik gewährt wurden, gelten bis zu ihrem Auslaufen die Übergangsbestimmungen nach Artikel 22.

2 Bürgschaften, die vor Inkrafttreten der Verordnung vom 28. November 2007 über die Gewährung von Steuererleichterungen im Rahmen der Regionalpolitik beschlossen wurden, können auf maximal acht Jahre verlängert werden.

3 Widerruft ein Kanton einen Rückbürgschaftsbeschluss, so widerruft der Bund den entsprechenden Bürgschaftsentscheid ebenfalls.

4 Der Widerruf des Bürgschaftsentscheids des WBF richtet sich materiell am kantonalen Widerrufsentscheid aus.

Art. 24 Inkrafttreten

Diese Verordnung tritt am 1. Juli 2016 in Kraft.

---

8 [AS **1996** 1918, **2001** 1911, **2006** 2197 4301, **2007** 681]
9 [AS **2007** 6865]

Verordnung des WBF
über die Festlegung der zu den Anwendungsgebieten für Steuererleichterungen gehörenden Gemeinden
(SR 901.022.1)

vom 3. Juni 2016 (Stand am 1. Juli 2016)

Das Eidgenössische Departement für Wirtschaft, Bildung und Forschung (WBF),

gestützt auf Artikel 3 Absatz 3 der Verordnung vom 3. Juni 2016[1] über die Gewährung von Steuerleichterungen im Rahmen der Regionalpolitik,

verordnet:

Art. 1 Anwendungsgebiete

Als Anwendungsgebiete gelten folgende Gemeinden:

a. im Kanton Aargau: Menziken, Reinach;

b. im Kanton Appenzell Ausserrhoden: Bühler, Heiden, Herisau, Waldstatt, Wolfhalden;

c. im Kanton Appenzell Innerrhoden: Gonten, Schlatt-Haslen, Schwende;

d. im Kanton Bern: Arch, Biglen, Corgémont, Court, Frutigen, Herzogenbuchsee, Huttwil, Lengnau, Loveresse, Lützelflüh, Meiringen, Moutier, Münsingen, Oberdiessbach, Péry-La Heutte, Reconvilier, Reichenbach im Kandertal, Saint-Imier, Schwarzenburg, Sonceboz-Sombeval, Sumiswald, Tavannes, Tramelan, Worb;

e. im Kanton Basel-Landschaft: Oberdorf;

f. im Kanton Freiburg: Billens-Hennens, Düdingen, La Folliaz, Mézières, Romont, Villaz-Saint-Pierre;

g. im Kanton Glarus: Glarus, Glarus Nord, Glarus Süd;

h. im Kanton Graubünden: Albula/Alvra, Bregaglia, Brusio, Cazis, Davos, Disentis/Mustér, Fideris, Furna, Ilanz/Glion, Jenaz, Küblis, Luzein, Poschiavo, Roveredo, Schiers, Schluein, Seewis im Prättigau, Trun, Val Müstair, Zernez;

i. im Kanton Jura: Alle, Cornol, Courgenay, Courrendlin, Courroux, Courtedoux, Courtételle, Delémont, Haute-Sorne, Porrentruy, Rossemaison;

j. im Kanton Luzern: Schüpfheim, Willisau, Wolhusen;

AS **2016** 2183

[1] SR **901.022**

k. im Kanton Neuenburg: La Chaux-de-Fonds, Le Landeron, Le Locle, Val-de-Travers;
l. im Kanton St.Gallen: Bütschwil-Ganterschwil, Ebnat-Kappel, Flums, Goldach, Kirchberg, Mels, Oberbüren, Oberuzwil, Rheineck, Rorschach, Rorschacherberg, Steinach, Thal, Tübach, Uzwil, Wattwil;
m. im Kanton Solothurn: Balsthal, Grenchen;
n. im Kanton Thurgau: Amriswil, Arbon, Bischofszell, Hefenhofen, Horn, Roggwil;
o. im Kanton Tessin: Ascona, Biasca, Brione sopra Minusio, Giubiasco, Gordola, Gudo, Locarno, Losone, Minusio, Muralto, Orselina, Sementina, Tenero-Contra, Terre di Pedemonte;
p. im Kanton Uri: Altdorf, Andermatt, Bürglen, Erstfeld, Flüelen, Gurtnellen, Schattdorf, Seedorf, Silenen;
q. im Kanton Waadt: Aigle, Bex, Château-d'Oex, Cheseaux-Noréaz, Grandson, Lavey-Morcles, Montagny-près-Yverdon, Moudon, Rennaz, Sainte-Croix, Valeyres-sous-Montagny, Vallorbe, Yverdon-les-Bains;
r. im Kanton Wallis: Bitsch, Brig-Glis, Collombey-Muraz, Gampel-Bratsch, Leuk, Massongex, Monthey, Naters, Niedergesteln, Raron, Saint-Maurice, Sierre, St.Niklaus, Steg-Hohtenn, Turtmann-Unterems;
s. im Kanton Zürich: Dürnten, Rüti.

Art. 2 Aufhebung eines anderen Erlasses

Die Verordnung vom 28. November 2007[2] über die Festlegung der Anwendungsgebiete für Steuererleichterungen wird aufgehoben.

Art. 3 Inkrafttreten

Diese Verordnung tritt am 1. Juli 2016 in Kraft.

---

2 [AS **2007** 6871, **2012** 3631]

Anwendungsgebiete gemäss Verordnung über die Festlegung der zu den Anwendungsgebieten für Steuererleichterungen gehörenden Gemeinden (Stand per 01.07.2016)

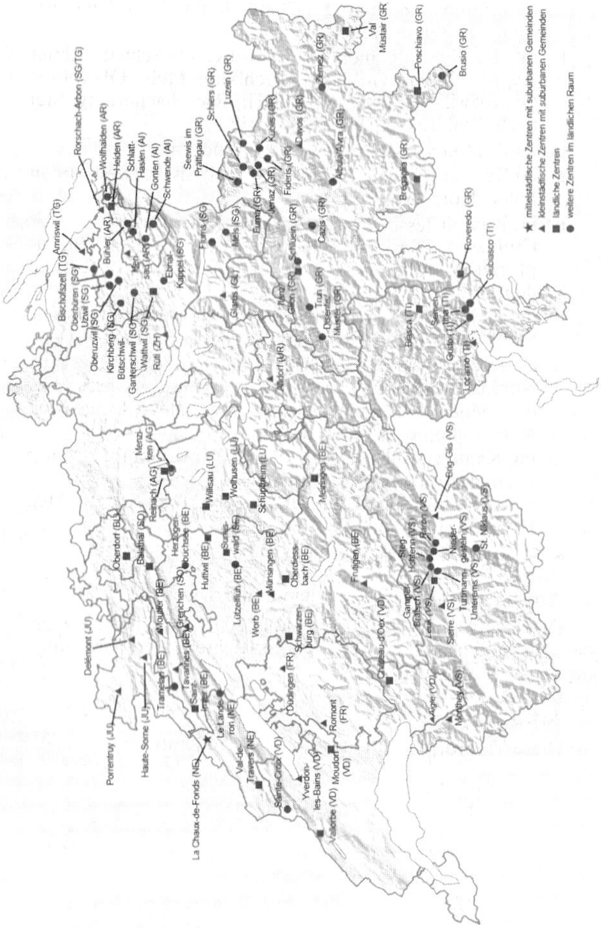

Bundesgesetz
über Glücksspiele und Spielbanken (Spielbankengesetz, SBG) [Auszug] (SR 935.52)

vom 18. Dezember 1998 (Stand am 27. Dezember 2006)

[**Anm.:** Gem. Geldspielgesetz vom 29.9.2017 wird das Spielbankengesetz (SBG) aufgehoben (Referendumsfrist läuft bis 18.1.2018, Inkrafttreten noch offen).]

Die Bundesversammlung der Schweizerischen Eidgenossenschaft,

gestützt auf Artikel 35 der Bundesverfassung[1],
nach Einsicht in die Botschaft des Bundesrates vom 26. Februar 1997[2],

beschliesst:

...

5. Abschnitt: Spielbankenabgabe

40. 1 Der Bund erhebt auf den Bruttospielerträgen eine Abgabe (Spielbankenabgabe). **Grundsatz**

2 Der Bruttospielertrag ist die Differenz zwischen den Spieleinsätzen und den ausbezahlten Spielgewinnen.

41. 1 Der Bundesrat legt den Abgabesatz so fest, dass nach betriebswirtschaftlichen Grundsätzen geführte Spielbanken eine angemessene Rendite auf dem investierten Kapital erzielen können. **Abgabesätze**

2 Er kann für beide Kategorien von Spielbanken unterschiedliche Abgabesätze festlegen und diese progressiv gestalten.

3 Der Abgabesatz beträgt mindestens 40 und höchstens 80 Prozent.

4 Der Abgabesatz kann während den ersten vier Betriebsjahren einer Spielbank bis auf 20 Prozent reduziert werden. Bei der Festlegung berücksichtigt der Bundesrat die wirtschaftlichen Rahmenbedingungen der einzelnen Spielbank. Eine Reduktion muss jährlich in Würdigung aller Umstände für die einzelnen oder für mehrere Spielbanken zusammen neu festgelegt werden.

AS **2000** 677

1 [BS **1** 3; AS **1959** 224]. Der genannten Bestimmung entspricht heute Art. 106 der BV vom 18. April 1999 (SR **101**).

2 BBl **1997** III 145

Abgabe-ermässigungen

42. [1] Der Bundesrat kann für Kursäle den nach Artikel 41 festgelegten Abgabesatz um höchstens einen Viertel reduzieren, sofern die Erträge der Spielbank in wesentlichem Umfang für öffentliche Interessen der Region, namentlich zur Förderung kultureller Tätigkeiten, oder für gemeinnützige Zwecke verwendet werden.

[2] Ist die Standortregion des Kursaales wirtschaftlich von ausgeprägt saisonalem Tourismus abhängig, so kann der Bundesrat den Abgabesatz höchstens um einen Drittel reduzieren.

[3] Bei Kumulation der beiden Reduktionsgründe kann er den Abgabesatz höchstens um die Hälfte reduzieren.

Reduktion der Abgabe bei Erhebung einer gleichartigen Abgabe durch den Kanton

43. [1] Der Bundesrat reduziert die Abgabe für Kursäle, soweit der Standortkanton für diese eine gleichartige Abgabe erhebt.

[2] Die Reduktion entspricht dem Betrag der kantonalen Abgabe, darf aber nicht mehr als 40 Prozent vom Gesamttotal der dem Bund auf dem Bruttospielertrag zustehenden Spielbankenabgabe ausmachen.

Veranlagung und Bezug

44. [1] Für die Veranlagung und den Bezug der Abgabe ist die Kommission zuständig. Der Bundesrat regelt das Verfahren.

[2] Auf Ersuchen des Kantons kann die Kommission Veranlagung und Bezug der kantonalen Abgabe auf dem Bruttospielertrag übernehmen.

Nach- und Strafsteuern

45. [1] Ergibt sich auf Grund von Tatsachen oder Beweismitteln, die der Kommission nicht bekannt waren, dass eine Veranlagung zu Unrecht unterblieben ist oder eine rechtskräftige Veranlagung unvollständig vorgenommen wurde, so sind die nicht erhobenen Abgaben samt Zinsen als Nachsteuer zu entrichten. Wenn der Grund dafür in einem Vergehen oder Verbrechen liegt, ist zusätzlich eine Strafsteuer zu entrichten; diese beträgt höchstens das Fünffache der Nachsteuer.

[2] Hat die Spielbank die der Spielbankenabgabe unterliegenden Beträge in ihrer Steuererklärung vollständig und genau angegeben und waren der Kommission die für die Bewertung der einzelnen Bestandteile erforderlichen Grundlagen bekannt, so kann keine Nachsteuer erhoben werden.

[3] Das Recht, ein Nachsteuerverfahren einzuleiten, erlischt zehn Jahre nach Ablauf der Steuerperiode, für die eine Veranlagung zu Unrecht unterblieben oder eine rechtskräftige Veranlagung unvollständig ist.

[4] Die Eröffnung der Strafverfolgung nach den Artikeln 55 und 56 gilt zugleich als Einleitung des Nachsteuerverfahrens. Das Recht, eine Nachsteuer festzusetzen, erlischt 15 Jahre nach Ablauf der Steuerperiode, auf die sie sich bezieht.

…

6. Kapitel: Strafbestimmungen[3]

55. [1] Mit Gefängnis bis zu einem Jahr oder mit Busse bis zu 1 Million Franken wird bestraft, wer vorsätzlich: **Vergehen**

a. eine Spielbank errichtet, betreibt, dazu Raum gibt oder Spieleinrichtungen beschafft, ohne dass die dafür notwendigen Konzessionen oder Bewilligungen vorliegen;

b. durch unwahre Angaben oder auf andere Weise die Erteilung einer Konzession oder Bewilligung erschleicht;

c. die in diesem Gesetz vorgesehenen Sorgfaltspflichten gegen die Geldwäscherei verletzt;

d. die Spielbankenabgabe hinterzieht.

[2] In schweren Fällen ist die Strafe Zuchthaus bis zu fünf Jahren oder Gefängnis nicht unter einem Jahr. Damit kann zusätzlich eine Busse bis zu 2 Millionen Franken verbunden werden.

[3] Wer fahrlässig handelt, wird mit Busse bis zu 500000 Franken bestraft.

56. [1] Mit Haft oder mit Busse bis zu 500000 Franken wird bestraft, wer: **Übertretungen**

a. Glücksspiele ausserhalb konzessionierter Spielbanken organisiert oder gewerbsmässig betreibt;

b. in einem Konzessions- oder Bewilligungsverfahren unwahre Angaben macht oder auf andere Weise widerrechtlich auf das Verfahren einwirkt;

c. Spielsysteme oder Glücksspielautomaten ohne Prüfung, Konformitätsbewertung oder Zulassung zum Zweck des Betriebs aufstellt;

d. Spielsysteme oder Glücksspielautomaten, die Gegenstand einer Prüfung, Konformitätsbewertung oder Zulassung sind, abändert und zum Zweck des Betriebs aufstellt;

e. eine vorgeschriebene Meldung an die Kommission unterlässt;

f. einer Aufforderung der Kommission, den ordnungsgemässen Zustand wieder herzustellen oder die Missstände zu beseitigen, nicht nachkommt;

g. Personen spielen lässt, die dem Spielverbot nach Artikel 21 unterliegen;

h. betroffene Personen oder Dritte darüber informiert, dass eine Mitteilung an die Überwachungsbehörden oder an die zuständigen Strafverfolgungsbehörden ergangen ist oder eine Untersuchung eingeleitet worden ist;

---

[3] Ab 1. Jan. 2007 sind die angedrohten Strafen und die Verjährungsfristen in Anwendung von Art. 333 Abs. 2–6 des Strafgesetzbuches (SR **311.0**) in der Fassung des BG vom 13. Dez. 2002 (AS **2006** 3459) zu interpretieren beziehungsweise umzurechnen.

i. durch unwahre Angaben oder auf andere Weise die unzutreffende Veranlagung der Spielbankenabgabe herbeiführt.

[2] Wer fahrlässig handelt, wird mit Busse bis zu 250000 Franken bestraft.

Verhältnis zum Verwaltungsstrafrecht

57. [1] Das Verwaltungsstrafrechtsgesetz vom 22. März 1974[4] ist anwendbar. Verfolgende Behörde ist das Sekretariat, urteilende Behörde die Kommission.

[2] Die Übertretung verjährt nach fünf Jahren.

...

Datum des Inkrafttretens: 1. April 2000[5]
Art. 46 und 47: 1. Mai 1999[6]

...

---

4 SR **313.0**
5 BRB vom 23 Febr. 2000 (AS **2000** 692).
6 Nicht veröffentlichter BRB vom 28. April 1999.

Verordnung über Glücksspiele und Spielbanken (Spielbankenverordnung, VSBG) [Auszug] (SR 935.521)

vom 24. September 2004 (Stand am 1. März 2017)

Der Schweizerische Bundesrat,

gestützt auf die Artikel 58 und 59 des Spielbankengesetzes vom 18. Dezember 1998[1] (SBG), in Ausführung des Bundesgesetzes vom 6. Oktober 1995[2] über die technischen Handelshemmnisse,

verordnet:

...

9. Kapitel: Besteuerung

1. Abschnitt: Gegenstand und Abgabesatz

Art. 77 Steuerobjekt
(Art. 40 SBG)

Steuerobjekt ist der Bruttospielertrag.

Art. 78 Bruttospielertrag der Spiele

1 Der Bruttospielertrag der Spiele ist die Differenz zwischen den Spieleinsätzen und den von der Spielbank rechtmässig ausbezahlten Gewinnen.

2 Als rechtmässig gilt ein Gewinn, der unter Einhaltung der Spielregeln, der technischen Vorschriften und der Gewinntabellen erzielt wurde.

3 Die von der Spielbank bei Tischspielen erhobenen Kommissionen (droits de table) bei Baccara, Poker und den anderen Spielen sind Bestandteil des Bruttospielertrages.

4 Der Tronc (Trinkgelder) ist nicht Bestandteil des Bruttospielertrages. Er ist mit einer gesonderten Abrechnung zu erfassen und zu belegen.

5 Die Spielbanken legen die Verteilung des Tronc in einem Reglement fest. Sie teilen dieses Reglement den Mitarbeiterinnen und Mitarbeitern sowie der Kommission mit.

AS **2004** 4395

1 SR **935.52**
2 SR **946.51**

Art. 79 Abrechnungen und Dokumentationspflicht bei Tischspielen

1 Die Spielbanken legen in einem Reglement das Abrechnungsverfahren für die Tischspiele fest. Sie unterbreiten es der Kommission zur Genehmigung.

2 Zur Überprüfung des Bruttospielertrags der Tischspiele erstellen die Spielbanken täglich Abrechnungen.

3 Die Spielbanken erstellen jeden Monat eine Gesamtabrechnung und stellen sie der Kommission zu.

4 Die Kommission legt den Inhalt der Gesamtabrechnung sowie die Modalitäten der Übermittlung fest. Sie kann andere Periodizitäten für die Übermittlung der Gesamtabrechnung festlegen, wenn sie es für notwendig erachtet.

5 Die Spielbanken müssen die Gesamtabrechnungen während fünf Jahren nach Überweisung der Spielbankenabgabe aufbewahren, sofern andere Bundesgesetze keine längeren Fristen vorschreiben.

Art. 80 Dokumentationspflicht und Abrechnungen bei Glücksspielautomaten

1 Die Spielbanken legen in einem Reglement das Abrechnungsverfahren für die Glücksspielautomaten fest. Sie unterbreiten es der Kommission zur Genehmigung.

2 Zur Überprüfung des Bruttospielertrags protokollieren die Spielbanken täglich mittels des EAKS die nach den Bestimmungen der GSV[3] zu erhebenden Daten. Die Aufbewahrung der Daten richtet sich nach Artikel 24.

3 Sie protokollieren mindestens einmal pro Monat die elektronischen, elektromechanischen und EAKS-Zählerstände. Sie registrieren Abweichungen gegenüber den Daten nach den Bestimmungen der GSV und melden sie der Kommission. Sie ermitteln zudem die Ursache für die Abweichungen und die korrekten Daten.

4 Sie erstellen jeden Monat eine Gesamtabrechnung und stellen sie der Kommission zu.

5 Die Kommission legt den Inhalt und die Modalitäten der Übermittlung fest.

Art. 81 Gratisspielmarken

1 Gibt eine Spielbank zu Werbezwecken Spielmarken gratis ab oder ermöglicht sie durch andere Mittel die unentgeltliche Teilnahme an Glücksspielen, so unterbreitet sie der Kommission ein Verfahren zur Aussonderung dieser Einsätze vom Bruttospielertrag zur Genehmigung.

2 Die Kommission legt die Bedingungen der Gratisabgabe von Spielmarken fest.

3 Die unentgeltliche Teilnahme an Glücksspielen darf nicht mit der Leistung eines Eintrittspreises verbunden werden.

3 SR **935.521.21**

Art. 82[4] Abgabesatz für Spielbanken
(Art. 41 Abs. 2 und 3 SBG)

[1] Für Spielbanken beträgt der Basisabgabesatz 40 Prozent. Er wird auf Bruttospielerträgen bis 10 Millionen Franken erhoben.

[2] Für jede weitere Million Franken Bruttospielertrag steigt der Grenzabgabesatz um 0,5 Prozent bis zum Höchstsatz von 80 Prozent.

Art. 83[5]

Art. 84 Reduktion in den ersten vier Betriebsjahren
(Art. 41 Abs. 4 SBG)

Die Rechtsnachfolge oder der Wechsel der Konzessionsinhaberin begründen keinen Anspruch auf die Reduktion nach Artikel 41 Absatz 4 SBG.

Art. 85 Ermässigung wegen Verwendung des Ertrags für öffentliche Interessen oder gemeinnützige Zwecke
(Art. 42 Abs. 1 SBG)

[1] Von der Ermässigung nach Artikel 42 Absatz 1 SBG können Spielbanken mit einer Konzession B profitieren, die auf Grund ihrer Statuten, auf Grund gesetzlicher Bestimmungen oder anderer verbindlicher Regelungen ihre Erträge in wesentlichem Umfang für öffentliche Interessen der Region oder für gemeinnützige Zwecke verwenden.

[2] Der Bundesrat legt die Abgabenermässigung in der Konzession fest; er berücksichtigt dabei die Statuten, die gesetzlichen Bestimmungen und die anderen verbindlichen Regelungen, auf Grund derer die Spielbank ihre Erträge für öffentliche Interessen der Region oder für gemeinnützige Zwecke einsetzt, und hört zuvor den Standortkanton an.

[3] Die Ermässigung entspricht dem tatsächlich aufgewendeten Betrag. Sie beträgt jedoch höchstens 25 Prozent der geschuldeten Abgabe. Der Bundesrat legt das Verfahren und die Art der Berechnung der Ermässigung in der Konzession fest. Er berücksichtigt insbesondere das Verhältnis zwischen dem Ertrag der Spielbank und dem Betrag, der in Projekte für öffentliche Interessen der Region oder für gemeinnützige Zwecke investiert wird.

[4] Als im öffentlichen Interesse der Region oder zu Gunsten gemeinnütziger Zwecke gilt insbesondere die Unterstützung:

a. der Kultur im weiteren Sinn wie die Unterstützung künstlerischen Schaffens und kultureller Veranstaltungen;
b. des Sports und sportlicher Veranstaltungen;
c. von Massnahmen im sozialen Bereich, im Bereich der öffentlichen Gesundheit und der Bildung;

---

4 Fassung gemäss Ziff. I der V vom 11. Sept. 2009, in Kraft seit 1. Jan. 2010 (AS **2009** 5037).

5 Aufgehoben durch Ziff. I der V vom 11. Sept. 2009, mit Wirkung seit 1. Jan. 2010 (AS **2009** 5037).

d. des Tourismus.

5 Bei der jährlichen definitiven Veranlagung prüft die Kommission, ob die Bedingungen für die Gewährung der Steuerermässigung weiterhin erfüllt sind.

Art. 86 Vom saisonalen Tourismus abhängige Spielbanken mit einer Konzession B
(Art. 42 Abs. 2 SBG)

1 Von der Abgabeermässigung nach Artikel 42 Absatz 2 SBG können Spielbanken mit einer Konzession B profitieren, die in einer Standortregion angesiedelt sind, in welcher der Tourismus eine wesentliche Rolle spielt, einen ausgeprägt saisonalen Charakter aufweist und die Spielbank direkt vom saisonalen Tourismus abhängig ist.

2 Der Bundesrat legt die Abgabeermässigung in der Konzession fest; er berücksichtigt dabei die Bedeutung sowie die Dauer der Touristensaison.

3 Er berücksichtigt auch die Dauer der Betriebsferien der Spielbanken mit einer Konzession B sowie die Art und Weise der Entlöhnung des Personals ausserhalb der Saison.

2. Abschnitt: Veranlagung und Erhebung

Art. 87 Abgabeperiode
(Art. 44 SBG)

1 Die Kommission erhebt für jede Abgabeperiode die Spielbankenabgabe (Abgabe).

2 Die Abgabeperiode entspricht dem Kalenderjahr. Die Abgabepflicht beginnt mit der Aufnahme des Spielbetriebs und endet mit dessen Aufgabe.

3 Das ordentliche Geschäftsjahr entspricht dem Kalenderjahr.

4 Beginnt oder endet die Steuerpflicht im Laufe des Kalenderjahres, so wird der Bruttospielertrag für die Satzbestimmung auf zwölf Monate umgerechnet. Die Umrechnung erfolgt nach der Dauer der unterjährigen Abgabeperiode.

Art. 88 Veranlagungsverfahren

1 Die Spielbank reicht der Kommission auf das Ende jedes Kalendermonats eine Monatsabrechnung über die im betreffenden Monat erzielten Bruttospielerträge ein.

2 Sie reicht der Kommission auf das Ende jedes Kalenderquartals und jeder Abgabeperiode eine Abgabeerklärung über die im betreffenden Quartal bzw. in der Abgabeperiode erzielten Bruttospielerträge ein.

3 Die Kommission legt das Verfahren und die Anforderungen zur Sicherstellung einer vollständigen und exakten Abgabenerhebung fest. Sie bestimmt Form und Inhalt der Abgabeerklärungen sowie die Frist, innert welcher diese einzureichen sind.

4 Hat die Spielbank trotz Mahnung eine Abgabeerklärung nicht eingereicht oder können die Bruttospielerträge mangels zuverlässiger Unterlagen nicht einwandfrei ermittelt werden, so bestimmt die Kommission den Bruttospielertrag und nimmt die amtliche Veranlagung vor.

5 Der Betrag für die Entschädigung der Kosten für die Abgabenerhebung entspricht 20 Prozent der nicht durch die Gebühren nach den Artikeln 112–117 gedeckten Kosten der Kommission. Er wird jährlich vom Betrag, der zu Gunsten des Ausgleichsfonds der AHV entrichtet wird, entnommen.

6 Sind durch eine schuldhafte Verletzung von Verfahrenspflichten besondere Untersuchungsmassnahmen oder der Beizug von Sachverständigen erforderlich, so können die daraus resultierenden Kosten ganz oder teilweise der Spielbank auferlegt werden.

7 Das Departement kann das Veranlagungs- und das Erhebungsverfahren näher regeln.

Art. 89 Verjährung

1 Das Recht, eine Abgabe zu verlangen, verjährt fünf Jahre nach Ablauf der Abgabeperiode. Vorbehalten bleibt die Eröffnung eines Nachsteuerverfahrens nach Artikel 45 SBG.

2 Abgabeforderungen verjähren fünf Jahre, nachdem die Veranlagung rechtskräftig geworden ist.

3 Betreffend Stillstand und Unterbrechung der Verjährung sind die Artikel 120 und 121 des Bundesgesetzes vom 14. Dezember 1990[6] über die direkte Bundessteuer sinngemäss anwendbar.

Art. 90 Fälligkeit und Entrichtung
(Art. 44 SBG)

1 Die Abgabe ist jedes Jahr am 31. Januar fällig.

2 Die Abgabe wird von der Kommission erhoben und ist direkt dem Bund abzuliefern.

Art. 91 Akontozahlung
(Art. 44 SBG)

1 Die Spielbanken leisten Akontozahlungen. Diese werden auf Grund der Quartalsabgabeerklärungen unter Anwendung des Abgabesatzes der vorangehenden Abgabeperiode erhoben. Steht der Abgabesatz der vorangehenden Abgabeperiode nicht fest, so wird auf den von der Kommission geschätzten Satz für die laufende Abgabeperiode abgestellt.

2 Die Akontozahlungen sind 30 Tage nach dem Ende des Kalenderquartals fällig.

3 Die Akontozahlungen werden von der Kommission erhoben und sind direkt dem Bund abzuliefern.

---

6 SR **642.11**

[4] Die geleisteten Akontozahlungen werden von der definitiv geschuldeten Abgabe abgezogen. Übersteigen die Akontozahlungen die geschuldete Abgabe, so wird der Überschuss an die Spielbank zurückerstattet.

Art. 92 Zinsen

[1] Bei verspäteter Zahlung von Akontozahlungen und Abgaben wird ohne Mahnung ein Verzugszins geschuldet.

[2] Auf zu viel bezogenen Akontozahlungen und Abgaben wird ab Fälligkeit der Abgaben ein Rückerstattungszins gewährt.

[3] Die Zinssätze für Verzugs- und Rückerstattungszinsen entsprechen den vom Eidgenössischen Finanzdepartement in der Verordnung vom 10. Dezember 1992[7] über Fälligkeit und Verzinsung der direkten Bundessteuer festgelegten Sätzen.

Art. 93 Veranlagung und Erhebung der kantonalen Abgabe
(Art. 44 Abs. 2 SBG)

Erhebt die Kommission auf Ersuchen eines Kantons auch die kantonale Abgabe, so gelten die Artikel 87–92 sinngemäss. Die Kommission überweist die kantonale Abgabe direkt dem Kanton.

3. Abschnitt: Verbuchung und Überweisung an die AHV

Art. 94

[1] Das gestützt auf die Artikel 87–90 während eines Jahres erhobene Nettosteueraufkommen wird in der Finanzrechnung des Bundes als zweckgebundene Einnahmen zu Gunsten des Ausgleichsfonds der AHV verbucht.

[2] Das Nettosteueraufkommen bezeichnet den Steuerbetrag abzüglich der Kosten für die Abgabenerhebung nach Artikel 88 Absatz 5 und der Rückerstattungszinse.

[3] Der Bund überweist den Gesamtertrag nach Absatz 1 jeweils zu Beginn des übernächsten Jahres an den Ausgleichsfonds der AHV.

...

[7] SR **642.124**

14. Kapitel: Schlussbestimmungen

…

Art. 127 Inkrafttreten

[1] Diese Verordnung tritt unter Vorbehalt von Absatz 2 am 1. November 2004 in Kraft.

[2] Die Artikel 83, 88 Absatz 5 sowie 11. Kapitel, 1.–3. Abschnitt (Art. 106–111) treten rückwirkend auf den 1. Januar 2004 in Kraft.[8]

---

[8] Diese Bestimmungen ersetzen die Art. 80 und 103–107 der Spielbankenverordnung vom 23. Febr. 2000 (AS **2000** 766).

Verordnung
über Gebühren für Verfügungen und Dienstleistungen der Eidgenössischen Steuerverwaltung (Gebührenverordnung ESTV, GebV-ESTV) (SR 642.31)

vom 21. Mai 2014 (Stand am 1. Juli 2014)

Der Schweizerische Bundesrat,

gestützt auf Artikel 46*a* des Regierungs- und Verwaltungsorganisationsgesetzes vom 21. März 1997[1],

auf Artikel 84 Absatz 2 des Mehrwertsteuergesetzes vom 12. Juni 2009[2]

sowie auf die Artikel 183 und 195 des Bundesgesetzes vom 14. Dezember 1990[3] über die direkte Bundessteuer (DBG),

verordnet:

Art. 1 Grundsätze

[1] Die Eidgenössische Steuerverwaltung (ESTV) erhebt Gebühren namentlich für folgende Dienstleistungen:

a. Gutachten und schriftliche Auskünfte;
b. Schulungen;
c. umfangreiche oder komplexe Auskünfte, die von der anfragenden Person wirtschaftlich weiterverwendet werden können;
d. umfangreiche oder komplexe Statistiken, die speziell erstellt werden müssen;
e. Reproduktion von Dokumenten und Daten bei Gesuchen um Akteneinsicht, einschliesslich der Gesuche um Akteneinsicht bei besonderen Untersuchungsmassnahmen nach den Artikeln 190–195 DBG.

[2] Sie erhebt im Bereich der Mehrwertsteuer auch Gebühren für:

a. Verfügungen, zu deren Erlass aufwendige, durch die steuerpflichtige Person verschuldete Beweisverfahren durchgeführt wurden;
b. unnötige Verrichtungen, die die steuerpflichtige Person verursacht hat.

[3] Sie erhebt keine Gebühren für verbindliche Auskünfte zu einem konkreten Sachverhalt betreffend eine bestimmte Person, es sei denn, die Anfrage übersteige das übliche Ausmass.

AS **2014** 1333

1 SR **172.010**
2 SR **641.20**
3 SR **642.11**

Art. 2 Anwendbarkeit anderer Verordnungen

[1] Soweit diese Verordnung keine besondere Regelung enthält, gelten die Bestimmungen der Allgemeinen Gebührenverordnung vom 8. September 2004[4] (AllgGebV).

[2] Für die Kosten der besonderen Untersuchungsmassnahmen nach den Artikeln 190–195 DBG, die neben den Reproduktionskosten nach Artikel 1 Absatz 1 Buchstabe e dieser Verordnung anfallen, gilt die Verordnung vom 25. November 1974[5] über Kosten und Entschädigungen im Verwaltungsstrafverfahren.

Art. 3 Gebührenbemessung

[1] Die Gebühren werden nach Zeitaufwand festgelegt.

[2] Der Stundenansatz beträgt je nach erforderlicher Sachkenntnis 100–250 Franken.

[3] Für Verfügungen und Dienstleistungen von aussergewöhnlichem Umfang, besonderer Schwierigkeit oder Dringlichkeit kann die ESTV Zuschläge bis zu 50 Prozent der ordentlichen Gebühr erheben.

[4] Für die Reproduktion von Dokumenten und Daten nach Artikel 1 Absatz 1 Buchstabe e werden die Gebühren nach dem Anhang erhoben.

Art. 4 Auslagen

[1] Als Auslagen gelten die Kosten, die im Zusammenhang mit einer gebührenpflichtigen Tätigkeit zusätzlich anfallen, insbesondere die Auslagen nach Artikel 6 Allg-GebV[6] sowie Zeugenentschädigungen.

[2] Die Zeugenentschädigung beträgt:

a. 30–100 Franken, wenn die Inanspruchnahme einschliesslich Reisezeit bis zu einem halben Tag dauert;

b. 50–150 Franken pro Tag, wenn die Inanspruchnahme einschliesslich Reisezeit länger als einen halben Tag dauert.

[3] Für Erwerbsausfall beträgt die Entschädigung in der Regel 25–150 Franken pro Stunde. Wenn besondere Verhältnisse es rechtfertigen, kann der tatsächliche Erwerbsausfall entschädigt werden. Ausserordentlich hoher Erwerbsausfall wird nicht berücksichtigt.

[4] Auskunftspersonen und andere Dritte, die von Beweismassnahmen betroffen sind, werden wie Zeugen und Zeuginnen entschädigt.

Art. 5 Aufhebung bisherigen Rechts

Die Verordnung vom 23. August 1989[7] über Gebühren für Dienstleistungen der Eidgenössischen Steuerverwaltung wird aufgehoben.

---

4 SR **172.041.1**
5 SR **313.32**
6 SR **172.041.1**
7 [AS **1989** 1769, **1993** 1494, **2006** 4705 Ziff. II 47]

Art. 6 Inkrafttreten

Diese Verordnung tritt am 1. Juli 2014 in Kraft.

Anhang
(Art. 3 Abs. 4)

Gebühren für die Reproduktion von Dokumenten und Daten bei Gesuchen um Akteneinsicht

	Franken pro Stück
Reproduktion von Dokumenten in Papierform	
– Kopien A4 schwarz-weiss	0.20
Kopien A3 schwarz-weiss	0.40
Kopien A4 farbig	1.–
Kopien A3 farbig	1.20
– Kopien A4 ab gebundenen oder gehefteten Vorlagen oder pro Seite bei besonderen Formaten	2.–
– Kopien A3 ab gebundenen oder gehefteten Vorlagen oder pro Seite bei besonderen Formaten	2.20
Reproduktion von Daten in elektronischer Form	
– Trägermedium, abhängig von der Grösse des Speichermediums	5.– bis 80.–

Bundesgesetz über die berufliche Alters-, Hinterlassenen- und Invalidenvorsorge (BVG) [Auszug] (SR 831.40)

vom 25. Juni 1982 (Stand am 1. Januar 2018)*

Die Bundesversammlung der Schweizerischen Eidgenossenschaft,

gestützt auf Artikel 34quater der Bundesverfassung und auf Artikel 11 der Übergangsbestimmungen der Bundesverfassung[1],[2]
nach Einsicht in eine Botschaft des Bundesrates vom 19. Dezember 1975[3],

beschliesst:

Erster Teil: Zweck und Geltungsbereich

Zweck

1.[4] [1] Berufliche Vorsorge umfasst alle Massnahmen auf kollektiver Basis, die den älteren Menschen, den Hinterbliebenen und Invaliden beim Eintreten eines Versicherungsfalles (Alter, Tod oder Invalidität) zusammen mit den Leistungen der eidgenössischen Alters-, Hinterlassenen- und Invalidenversicherung (AHV/IV) die Fortsetzung der gewohnten Lebenshaltung in angemessener Weise erlauben.

[2] Der in der beruflichen Vorsorge versicherbare Lohn oder das versicherbare Einkommen der Selbständigerwerbenden darf das AHV-beitragspflichtige Einkommen nicht übersteigen.

[3] Der Bundesrat präzisiert die Grundsätze der Angemessenheit, der Kollektivität, der Gleichbehandlung, der Planmässigkeit sowie des Versicherungsprinzips. Er kann ein Mindestalter für den vorzeitigen Altersrücktritt festlegen.

AS **1983** 797

* Alle Änderungen berücksichtigt bis zur letzten Bundesratssitzung des Jahres vom 20. Dez. 2017.

1 [BS **1** 3; AS **1973** 429]. Den genannten Bestimmungen entsprechen heute die Art. 111–113 und 196 Ziff. 10 und 11 der BV vom 18. April 1999 (SR **101**).

2 Fassung gemäss Ziff. I des BG vom 23. Juni 2000, in Kraft seit dem 1. Jan. 2001 (AS **2000** 2689; BBl **2000** 255).

3 BBl **1976** I 149

4 Fassung gemäss Ziff. I des BG vom 3. Okt. 2003 (1. BVG-Revision), in Kraft seit 1. Jan. 2006 (AS **2004** 1677; BBl **2000** 2637).

Obligatorische Versicherung der Arbeitnehmer und der Arbeitslosen

2.[5] 1 Arbeitnehmer, die das 17. Altersjahr überschritten haben und bei einem Arbeitgeber einen Jahreslohn von mehr als 21 150 Franken[6] beziehen (Art. 7), unterstehen der obligatorischen Versicherung.

2 Ist der Arbeitnehmer weniger als ein Jahr lang bei einem Arbeitgeber beschäftigt, so gilt als Jahreslohn der Lohn, den er bei ganzjähriger Beschäftigung erzielen würde.

3 Bezüger von Taggeldern der Arbeitslosenversicherung unterstehen für die Risiken Tod und Invalidität der obligatorischen Versicherung.

4 Der Bundesrat regelt die Versicherungspflicht für Arbeitnehmer in Berufen mit häufig wechselnden oder befristeten Anstellungen. Er bestimmt, welche Arbeitnehmer aus besonderen Gründen nicht der obligatorischen Versicherung unterstellt sind.

Obligatorische Versicherung von Selbständigerwerbenden

3. Berufsgruppen von Selbständigerwerbenden können vom Bundesrat auf Antrag ihrer Berufsverbände der obligatorischen Versicherung allgemein oder für einzelne Risiken unterstellt werden. Voraussetzung ist, dass in den entsprechenden Berufen die Mehrheit der Selbständigerwerbenden dem Verband angehören.

Freiwillige Versicherung

4. 1 Arbeitnehmer und Selbständigerwerbende, die der obligatorischen Versicherung nicht unterstellt sind, können sich nach diesem Gesetz freiwillig versichern lassen.

2 Die Bestimmungen über die obligatorische Versicherung, insbesondere die in Artikel 8 festgesetzten Einkommensgrenzen, gelten sinngemäss für die freiwillige Versicherung.

3 Selbständigerwerbende haben ausserdem die Möglichkeit, sich ausschliesslich bei einer Vorsorgeeinrichtung im Bereich der weiter gehenden Vorsorge, insbesondere auch bei einer Vorsorgeeinrichtung, die nicht im Register für die berufliche Vorsorge eingetragen ist, zu versichern. In diesem Fall finden die Absätze 1 und 2 keine Anwendung.[7]

4 Die von den Selbstständigerwerbenden geleisteten Beiträge und Einlagen in die Vorsorgeeinrichtung müssen dauernd der beruflichen Vorsorge dienen.[8]

---

5 Fassung gemäss Ziff. I des BG vom 3. Okt. 2003 (1. BVG-Revision), in Kraft seit 1. Jan. 2005 (AS **2004** 1677; BBl **2000** 2637).

6 Betrag gemäss Art. 5 der V vom 18. April 1984 über die berufliche Alters-, Hinterlassenen- und Invalidenvorsorge in der Fassung der Änd. vom 15. Okt. 2014, in Kraft seit 1. Jan. 2015 (AS **2014** 3343).

7 Eingefügt durch Ziff. I des BG vom 3. Okt. 2003 (1. BVG-Revision), in Kraft seit 1. Jan. 2005 (AS **2004** 1677; BBl **2000** 2637).

8 Eingefügt durch Ziff. I des BG vom 3. Okt. 2003 (1. BVG-Revision), in Kraft seit 1. Jan. 2005 (AS **2004** 1677; BBl **2000** 2637).

Gemeinsame Bestimmungen

5. [1] Dieses Gesetz gilt nur für Personen, die bei der eidgenössischen Alters- und Hinterlassenenversicherung (AHV) versichert sind.[9]

[2] Es gilt für die registrierten Vorsorgeeinrichtungen nach Artikel 48. Die Artikel 56 Absatz 1 Buchstaben c und d und 59 Absatz 2 sowie die Bestimmungen über die finanzielle Sicherheit (Art. 65 Abs. 1, 2 und 2bis, 65*c*, 65*d* Abs. 1, 2 und 3 Bst. a zweiter Satz und b, Art. 65*e*, 67, 71 und 72*a*–72*g*) gelten auch für die nicht registrierten Vorsorgeeinrichtungen, die dem Freizügigkeitsgesetz vom 17. Dezember 1993[10] (FZG) unterstellt sind.[11]

Mindestvorschriften

6. Der zweite Teil dieses Gesetzes enthält Mindestvorschriften.

Zweiter Teil: Versicherung

Erster Titel: Obligatorische Versicherung der Arbeitnehmer

1. Kapitel: Voraussetzungen der obligatorischen Versicherung

Mindestlohn und Alter

7. [1] Arbeitnehmer, die bei einem Arbeitgeber einen Jahreslohn von mehr als 21 150 Franken[12] beziehen, unterstehen ab 1. Januar nach Vollendung des 17. Altersjahres für die Risiken Tod und Invalidität, ab 1. Januar nach Vollendung des 24. Altersjahres auch für das Alter der obligatorischen Versicherung.[13]

[2] Dieser Lohn entspricht dem massgebenden Lohn nach dem Bundesgesetz vom 20. Dez. 1946[14] über die Alters- und Hinterlassenenversicherung (AHVG). Der Bundesrat kann Abweichungen zulassen.

---

9 Fassung gemäss Ziff. I des BG vom 3. Okt. 2003 (1. BVG-Revision), in Kraft seit 1. Jan. 2005 (AS **2004** 1677; BBl **2000** 2637).

10 SR **831.42**

11 Fassung gemäss Ziff. I des BG vom 17. Dez. 2010 (Finanzierung von Vorsorgeeinrichtungen öffentlich-rechtlicher Körperschaften), in Kraft seit 1. Jan. 2012 (AS **2011** 3385; BBl **2008** 8411).

12 Betrag gemäss Art. 5 der V vom 18. April 1984 über die berufliche Alters-, Hinterlassenen- und Invalidenvorsorge in der Fassung der Änd. vom 15. Okt. 2014, in Kraft seit 1. Jan. 2015 (AS **2014** 3343).

13 Fassung gemäss Ziff. I des BG vom 3. Okt. 2003 (1. BVG-Revision), in Kraft seit 1. Jan. 2005 (AS **2004** 1677; BBl **2000** 2637).

14 SR **831.10**

Koordinierter Lohn

8. [1] Zu versichern ist der Teil des Jahreslohnes von 24675 bis und mit 84600 Franken[15]. Dieser Teil wird koordinierter Lohn genannt.[16]

[2] Beträgt der koordinierte Lohn weniger als 3525 Franken[17] im Jahr, so muss er auf diesen Betrag aufgerundet werden.[18]

[3] Sinkt der Jahreslohn vorübergehend wegen Krankheit, Unfall, Arbeitslosigkeit, Mutterschaft oder aus ähnlichen Gründen, so behält der bisherige koordinierte Lohn mindestens solange Gültigkeit, als die Lohnfortzahlungspflicht des Arbeitgebers nach Artikel 324*a* des Obligationenrechts[19] bestehen würde oder ein Mutterschaftsurlaub nach Artikel 329*f* des Obligationenrechts dauert. Die versicherte Person kann jedoch die Herabsetzung des koordinierten Lohnes verlangen.[20]

Anpassung an die AHV

9. Der Bundesrat kann die in den Artikeln 2, 7, 8 und 46 erwähnten Grenzbeträge den Erhöhungen der einfachen minimalen Altersrente der AHV anpassen. Bei der obern Grenze des koordinierten Lohnes kann dabei auch die allgemeine Lohnentwicklung berücksichtigt werden.

Beginn und Ende der obligatorischen Versicherung

10. [1] Die obligatorische Versicherung beginnt mit dem Antritt des Arbeitsverhältnisses, für Bezüger von Taggeldern der Arbeitslosenversicherung mit dem Tag, für den erstmals eine Arbeitslosenentschädigung ausgerichtet wird.[21]

[2] Unter Vorbehalt von Artikel 8 Absatz 3 endet die Versicherungspflicht, wenn:

a. das ordentliche Rentenalter erreicht wird (Art. 13);
b. das Arbeitsverhältnis aufgelöst wird;
c. der Mindestlohn unterschritten wird;

---

15 Beträge gemäss Art. 5 der V vom 18. April 1984 über die berufliche Alters-, Hinterlassenen- und Invalidenvorsorge in der Fassung der Änd. vom 15. Okt. 2014, in Kraft seit 1. Jan. 2015 (AS **2014** 3343).

16 Fassung gemäss Ziff. I des BG vom 3. Okt. 2003 (1. BVG-Revision), in Kraft seit 1. Jan. 2005 (AS **2004** 1677; BBl **2000** 2637).

17 Betrag gemäss Art. 5 der V vom 18. April 1984 über die berufliche Alters-, Hinterlassenen- und Invalidenvorsorge in der Fassung der Änd. vom 15. Okt. 2014, in Kraft seit 1. Jan. 2015 (AS **2014** 3343).

18 Fassung gemäss Ziff. I des BG vom 3. Okt. 2003 (1. BVG-Revision), in Kraft seit 1. Jan. 2005 (AS **2004** 1677; BBl **2000** 2637).

19 SR **220**

20 Fassung gemäss Anhang Ziff. 2 des BG vom 3. Okt. 2003, in Kraft seit 1. Juli 2005 (AS **2005** 1429; BBl **2002** 7522, **2003** 1112 2923).

21 Fassung gemäss Art. 117*a* des Arbeitslosenversicherungsgesetzes vom 26. Juni 1982, in Kraft seit 1. Juli 1997 (AS **1982** 2184; BBl **1980** III 489).

d.[22] der Anspruch auf Taggelder der Arbeitslosenversicherung endet.[23]

[3] Für die Risiken Tod und Invalidität bleibt der Arbeitnehmer während eines Monats nach Auflösung des Vorsorgeverhältnisses bei der bisherigen Vorsorgeeinrichtung versichert.[24] Wird vorher ein neues Vorsorgeverhältnis begründet, so ist die neue Vorsorgeeinrichtung zuständig.[25]

…

4. Kapitel: Freizügigkeitsleistung und Wohneigentumsförderung[26]

1. Abschnitt: Freizügigkeitsleistung[27]

27.[28]

Für die Freizügigkeitsleistung gilt das FZG[29].

28.–30.[30]

2. Abschnitt:[31] Wohneigentumsförderung

Begriff **30*a*.** Als Vorsorgeeinrichtung im Sinne dieses Abschnittes gelten alle Einrichtungen, die im Register für die berufliche Vorsor-

---

22 Fassung gemäss Ziff. I des BG vom 19. März 2010 (Strukturreform), in Kraft seit 1. Jan. 2012 (AS **2011** 3393; BBl **2007** 5669).

23 Fassung gemäss Ziff. I des BG vom 3. Okt. 2003 (1. BVG-Revision), in Kraft seit 1. Jan. 2005 (AS **2004** 1677; BBl **2000** 2637).

24 Fassung gemäss Anhang Ziff. 3 des Freizügigkeitsgesetzes vom 17. Dez. 1993, in Kraft seit 1. Jan. 1995 (AS **1994** 2386; BBl **1992** III 533).

25 Fassung des Satzes gemäss Art. 117*a* des Arbeitslosenversicherungsgesetzes vom 26. Juni 1982, in Kraft seit 1. Juli 1997 (AS **1982** 2184; BBl **1980** III 489).

26 Fassung gemäss Ziff. I des BG vom 17. Dez. 1993 über die Wohneigentumsförderung mit Mitteln der beruflichen Vorsorge, in Kraft seit 1. Jan. 1995 (AS **1994** 2372; BBl **1992** VI 237).

27 Eingefügt durch Ziff. I des BG vom 17. Dez. 1993 über die Wohneigentumsförderung mit Mitteln der beruflichen Vorsorge, in Kraft seit 1. Jan. 1995 (AS **1994** 2372; BBl **1992** VI 237).

28 Fassung gemäss Anhang Ziff. 3 des Freizügigkeitsgesetzes vom 17. Dez. 1993, in Kraft seit 1. Jan. 1995 (AS **1994** 2386; BBl **1992** III 533).

29 SR **831.42**

30 Aufgehoben durch Anhang Ziff. 3 des Freizügigkeitsgesetzes vom 17. Dez. 1993, mit Wirkung seit dem 1. Jan. 1995 (AS **1994** 2386; BBl **1992** III 533).

31 Eingefügt durch Ziff. I des BG vom 17. Dez. 1993 über die Wohneigentumsförderung mit Mitteln der beruflichen Vorsorge, in Kraft seit 1. Jan. 1995 (AS **1994** 2372; BBl **1992** VI 237).

ge eingetragen sind oder die den Vorsorgeschutz nach Artikel 1 des FZG[32] in anderer Form erhalten.

Verpfändung

30*b*. Der Versicherte kann den Anspruch auf Vorsorgeleistungen oder einen Betrag bis zur Höhe seiner Freizügigkeitsleistung nach Artikel 331d des Obligationenrechts[33] verpfänden.

Vorbezug

30*c*. [1] Der Versicherte kann bis drei Jahre vor Entstehung des Anspruchs auf Altersleistungen von seiner Vorsorgeeinrichtung einen Betrag für Wohneigentum zum eigenen Bedarf geltend machen.

[2] Versicherte dürfen bis zum 50. Altersjahr einen Betrag bis zur Höhe der Freizügigkeitsleistung beziehen. Versicherte, die das 50. Altersjahr überschritten haben, dürfen höchstens die Freizügigkeitsleistung, auf die sie im 50. Altersjahr Anspruch gehabt hätten, oder die Hälfte der Freizügigkeitsleistung im Zeitpunkt des Bezuges in Anspruch nehmen.

[3] Der Versicherte kann diesen Betrag auch für den Erwerb von Anteilscheinen einer Wohnbaugenossenschaft oder ähnlicher Beteiligungen verwenden, wenn er eine dadurch mitfinanzierte Wohnung selbst benutzt.

[4] Mit dem Bezug wird gleichzeitig der Anspruch auf Vorsorgeleistungen entsprechend den jeweiligen Vorsorgereglementen und den technischen Grundlagen der Vorsorgeeinrichtung gekürzt. Um eine Einbusse des Vorsorgeschutzes durch eine Leistungskürzung bei Tod oder Invalidität zu vermeiden, bietet die Vorsorgeeinrichtung eine Zusatzversicherung an oder vermittelt eine solche.

[5] Ist der Versicherte verheiratet oder lebt er in eingetragener Partnerschaft, so sind der Bezug und jede nachfolgende Begründung eines Grundpfandrechts nur zulässig, wenn sein Ehegatte oder sein eingetragener Partner schriftlich zustimmt. Kann der Versicherte die Zustimmung nicht einholen oder wird sie ihm verweigert, so kann er das Zivilgericht anrufen.[34]

[6] Wird vor Eintritt eines Vorsorgefalles die Ehe geschieden oder die eingetragene Partnerschaft gerichtlich aufgelöst, so gilt der Vorbezug als Freizügigkeitsleistung und wird nach Artikel

---

32 SR **831.42**

33 SR **220**

34 Fassung gemäss Anhang Ziff. 4 des BG vom 19. Juni 2015 (Vorsorgeausgleich bei Scheidung), in Kraft seit 1. Jan. 2017 (AS **2016** 2313; BBl **2013** 4887).

123 ZGB[35], den Artikeln 280 und 281 der Zivilprozessordnung[36] und den Artikeln 22–22*b* FZG[37] geteilt.[38]

[7] Wird durch den Vorbezug oder die Verpfändung die Liquidität der Vorsorgeeinrichtung in Frage gestellt, so kann diese die Erledigung der entsprechenden Gesuche aufschieben. Sie legt in ihrem Reglement eine Prioritätenordnung für das Aufschieben dieser Vorbezüge beziehungsweise Verpfändungen fest. Der Bundesrat regelt die Einzelheiten.

Rückzahlung

30*d*. [1] Der bezogene Betrag muss vom Versicherten oder von seinen Erben an die Vorsorgeeinrichtung zurückbezahlt werden, wenn:

a. das Wohneigentum veräussert wird;
b. Rechte an diesem Wohneigentum eingeräumt werden, die wirtschaftlich einer Veräusserung gleichkommen; oder
c. beim Tod des Versicherten keine Vorsorgeleistung fällig wird.

[2] Der Versicherte kann im Übrigen den bezogenen Betrag unter Beachtung der Bedingungen von Absatz 3 jederzeit zurückbezahlen.

[3] Die Rückzahlung ist zulässig bis:

a. drei Jahre vor Entstehung des Anspruchs auf Altersleistungen;
b. zum Eintritt eines anderen Vorsorgefalls; oder
c. zur Barauszahlung der Freizügigkeitsleistung.

[4] Will der Versicherte den aus einer Veräusserung des Wohneigentums erzielten Erlös im Umfang des Vorbezugs innerhalb von zwei Jahren wiederum für sein Wohneigentum einsetzen, so kann er diesen Betrag auf eine Freizügigkeitseinrichtung überweisen.

[5] Bei Veräusserung des Wohneigentums beschränkt sich die Rückzahlungspflicht auf den Erlös. Als Erlös gilt der Verkaufspreis abzüglich der hypothekarisch gesicherten Schulden sowie der dem Verkäufer vom Gesetz auferlegten Abgaben.

[6] Zurückbezahlte Beträge werden im gleichen Verhältnis wie beim Vorbezug dem Altersguthaben nach Artikel 15 und dem übrigen Vorsorgeguthaben zugeordnet.[39]

---

35 SR **210**
36 SR **272**
37 SR **831.42**
38 Fassung gemäss Anhang Ziff. 4 des BG vom 19. Juni 2015 (Vorsorgeausgleich bei Scheidung), in Kraft seit 1. Jan. 2017 (AS **2016** 2313; BBl **2013** 4887).
39 Fassung gemäss Anhang Ziff. 4 des BG vom 19. Juni 2015 (Vorsorgeausgleich bei Scheidung), in Kraft seit 1. Jan. 2017 (AS **2016** 2313; BBl **2013** 4887).

Sicherung des Vorsorgezwecks

30*e*. 1 Der Versicherte oder seine Erben dürfen das Wohneigentum nur unter Vorbehalt von Artikel 30*d* veräussern. Als Veräusserung gilt auch die Einräumung von Rechten, die wirtschaftlich einer Veräusserung gleichkommen. Nicht als Veräusserung gilt hingegen die Übertragung des Wohneigentums an einen vorsorgerechtlich Begünstigten. Dieser unterliegt aber derselben Veräusserungsbeschränkung wie der Versicherte.

2 Die Veräusserungsbeschränkung nach Absatz 1 ist im Grundbuch anzumerken. Die Vorsorgeeinrichtung hat die Anmerkung dem Grundbuchamt gleichzeitig mit der Auszahlung des Vorbezugs beziehungsweise mit der Pfandverwertung des Vorsorgeguthabens anzumelden.

3 Die Anmerkung darf gelöscht werden:

a. drei Jahre vor Entstehung des Anspruchs auf Altersleistungen;
b. nach Eintritt eines anderen Vorsorgefalles;
c. bei Barauszahlung der Freizügigkeitsleistung; oder
d. wenn nachgewiesen wird, dass der in das Wohneigentum investierte Betrag gemäss Artikel 30*d* an die Vorsorgeeinrichtung des Versicherten oder auf eine Freizügigkeitseinrichtung überwiesen worden ist.

4 Erwirbt der Versicherte mit dem Vorbezug Anteilscheine einer Wohnbaugenossenschaft oder ähnliche Beteiligungen, so hat er diese zur Sicherstellung des Vorsorgezwecks zu hinterlegen.

5 Der Versicherte mit Wohnsitz im Ausland hat vor der Auszahlung des Vorbezugs beziehungsweise vor der Verpfändung des Vorsorgeguthabens nachzuweisen, dass er die Mittel der beruflichen Vorsorge für sein Wohneigentum verwendet.

6 Die Pflicht und das Recht zur Rückzahlung bestehen bis drei Jahre vor Entstehung des Anspruchs auf Altersleistungen, bis zum Eintritt eines anderen Vorsorgefalles oder bis zur Barauszahlung.

Einschränkungen während einer Unterdeckung

30*f*.[40] 1 Die Vorsorgeeinrichtung kann in ihrem Reglement vorsehen, dass während der Dauer einer Unterdeckung die Verpfändung, der Vorbezug und die Rückzahlung zeitlich und betragsmässig eingeschränkt oder ganz verweigert werden können.

2 Der Bundesrat legt die Voraussetzungen fest, unter denen die Einschränkungen nach Absatz 1 zulässig sind, und bestimmt deren Umfang.

---

40 Eingefügt durch Ziff. I des BG vom 18. Juni 2004, in Kraft seit 1. Jan. 2005 (AS **2004** 4635; BBl **2003** 6399).

Ausführungsbestimmungen

30*g*.[41] Der Bundesrat bestimmt:
a. die zulässigen Verwendungszwecke und den Begriff «Wohneigentum zum eigenen Bedarf» (Art. 30*c* Abs. 1);
b. welche Voraussetzungen beim Erwerb von Anteilscheinen einer Wohnbaugenossenschaft oder ähnlicher Beteiligungen zu erfüllen sind (Art. 30*c* Abs. 3);
c. den Mindestbetrag für den Bezug (Art. 30*c* Abs. 1);
d. die Modalitäten der Verpfändung, des Vorbezugs, der Rückzahlung und der Sicherstellung des Vorsorgezwecks (Art. 30*b*–30*e*);
e. die Pflicht der Vorsorgeeinrichtungen, die Versicherten im Falle der Verpfändung oder des Vorbezugs über die Auswirkungen auf ihre Vorsorgeleistungen, über die Möglichkeit der Zusatzversicherung für die Risiken Tod oder Invalidität und über die steuerlichen Folgen zu informieren.

...

5*a*. Kapitel:[42] Erleichterung der Arbeitsmarktbeteiligung älterer Arbeitnehmer

Weiterversicherung des bisherigen versicherten Verdienstes

33*a*. [1] Die Vorsorgeeinrichtung kann in ihrem Reglement vorsehen, dass für Versicherte, deren Lohn sich nach dem 58. Altersjahr um höchstens die Hälfte reduziert, auf Verlangen der versicherten Person die Vorsorge für den bisherigen versicherten Verdienst weitergeführt wird.

[2] Die Weiterversicherung des bisherigen versicherten Verdienstes kann höchstens bis zum ordentlichen reglementarischen Rentenalter erfolgen.

[3] Die Beiträge zur Weiterversicherung des bisherigen versicherten Verdienstes sind von der Beitragsparität nach den Artikeln 66 Absatz 1 dieses Gesetzes und 331 Absatz 3 des Obligationenrechts[43] ausgenommen. Das Reglement kann Beiträge des Arbeitgebers für diese Weiterversicherung nur mit dessen Zustimmung vorsehen.

Erwerbstätigkeit nach dem ordentlichen Rentenalter

33*b*. Die Vorsorgeeinrichtung kann in ihrem Reglement vorsehen, dass auf Verlangen der versicherten Person deren Vorsorge bis zum Ende der Erwerbstätigkeit, höchstens jedoch bis zur Vollendung des 70. Altersjahres, weitergeführt wird.

...

---

41 Ursprünglich Art. 30*f*.

42 Eingefügt durch Ziff. I des BG vom 11. Dez. 2009 (Massnahmen zur Erleichterung der Arbeitsmarktbeteiligung älterer Arbeitnehmender), in Kraft seit 1. Jan. 2011 (AS **2010** 4427; BBl **2007** 5669).

43 SR **220**

Zweiter Titel: Obligatorische Versicherung der Selbständigerwerbenden

42. Sind die Selbständigerwerbenden obligatorisch für Alter, Tod und Invalidität versichert, so sind die Bestimmungen über die obligatorische Versicherung der Arbeitnehmer sinngemäss anwendbar. **Versicherung von Alter, Tod und Invalidität**

43. 1 Umfasst die obligatorische Versicherung nur die Risiken Tod und Invalidität, so kann der Bundesrat ein Leistungssystem zulassen, das von demjenigen in der obligatorischen Versicherung der Arbeitnehmer abweicht. **Versicherung einzelner Risiken**

2 Die Bestimmungen über den Sicherheitsfonds sind nicht anwendbar.

Dritter Titel: Freiwillige Versicherung

1. Kapitel: Selbständigerwerbende

44 1 Selbständigerwerbende können sich bei der Vorsorgeeinrichtung ihres Berufes oder ihrer Arbeitnehmer versichern lassen. **Recht auf Versicherung**

2 Wer sich nicht bei einer Vorsorgeeinrichtung versichern lassen kann, ist berechtigt, sich bei der Auffangeinrichtung versichern zu lassen.

45 1 Für die Risiken Tod und Invalidität darf ein Vorbehalt aus gesundheitlichen Gründen für höchstens drei Jahre gemacht werden. **Vorbehalt**

2 Dieser Vorbehalt ist unzulässig, wenn der Selbständigerwerbende mindestens sechs Monate obligatorisch versichert war und sich innert Jahresfrist freiwillig versichert.

2. Kapitel: Arbeitnehmer

46. 1 Der nicht obligatorisch versicherte Arbeitnehmer, der im Dienste mehrerer Arbeitgeber steht und dessen gesamter Jahreslohn 21 150 Franken[44] übersteigt, kann sich entweder bei der Auffangeinrichtung oder bei der Vorsorgeeinrichtung, der einer seiner Arbeitgeber angeschlossen ist, freiwillig versichern lassen, sofern deren reglementarische Bestimmungen es vorsehen.[45] **Erwerbstätigkeit im Dienste mehrerer Arbeitgeber**

---

44 Betrag gemäss Art. 5 der V vom 18. April 1984 über die berufliche Alters-, Hinterlassenen- und Invalidenvorsorge in der Fassung der Änd. vom 15. Okt. 2014, in Kraft seit 1. Jan. 2015 (AS **2014** 3343).

45 Fassung gemäss Ziff. I des BG vom 3. Okt. 2003 (1. BVG-Revision), in Kraft seit 1. Jan. 2005 (AS **2004** 1677; BBl **2000** 2637).

[2] Ist der Arbeitnehmer bereits bei einer Vorsorgeeinrichtung obligatorisch versichert, kann er sich bei ihr, falls ihre reglementarischen Bestimmungen es nicht ausschliessen, oder bei der Auffangeinrichtung für den Lohn zusätzlich versichern lassen, den er von den anderen Arbeitgebern erhält.

[3] Dem Arbeitnehmer, der Beiträge direkt an eine Vorsorgeeinrichtung bezahlt, schuldet jeder Arbeitgeber jeweils die Hälfte der Beiträge, die auf den bei ihm bezogenen Lohn entfallen. Die Höhe des Arbeitgeber-Beitrages ergibt sich aus einer Bescheinigung der Vorsorgeeinrichtung.

[4] Die Vorsorgeeinrichtung übernimmt auf Begehren des Arbeitnehmers das Inkasso gegenüber den Arbeitgebern.

Ausscheiden aus der obligatorischen Versicherung

47.[46] [1] Scheidet der Versicherte aus der obligatorischen Versicherung aus, so kann er die Vorsorge oder bloss die Altersvorsorge im bisherigen Umfang bei derselben Vorsorgeeinrichtung, wenn deren Reglement dies zulässt, oder bei der Auffangeinrichtung weiterführen.

[2] Der aus der obligatorischen Versicherung nach Artikel 2 Absatz 3 ausscheidende Versicherte kann die Vorsorge für die Risiken Tod und Invalidität im bisherigen Umfang bei der Auffangeinrichtung weiterführen.[47]

…

Sechster Teil: Umfang der Leistungen, Steuerrecht und besondere Bestimmungen[48]

Erster Titel: Umfang der Leistungen[49]

Geltungsbereich

79*a*.[50] Die Bestimmungen dieses Titels gelten für alle Vorsorgeverhältnisse, unabhängig davon, ob die Vorsorgeeinrichtung im Register für die berufliche Vorsorge eingetragen ist oder nicht.

---

46 Fassung gemäss Art. 117*a* des Arbeitslosenversicherungsgesetzes vom 26. Juni 1982, in Kraft seit 1. Juli 1997 (AS **1982** 2184; BBl **1980** III 489).

47 Fassung gemäss Ziff. I des BG vom 19. März 2010 (Strukturreform), in Kraft seit 1. Jan. 2012 (AS **2011** 3393; BBl **2007** 5669).

48 Fassung gemäss Ziff. I 10 des BG vom 19. März 1999 über das Stabilisierungsprogramm 1998, in Kraft seit 1. Jan. 2001 (AS **1999** 2374; BBl **1999** 4).

49 Fassung gemäss Ziff. I 10 des BG vom 19. März 1999 über das Stabilisierungsprogramm 1998, in Kraft seit 1. Jan. 2001 (AS **1999** 2374; BBl **1999** 4).

50 Eingefügt durch Ziff. I 10 des BG vom 19. März 1999 über das Stabilisierungsprogramm 1998 (AS **1999** 2374; BBl **1999** 4). Fassung gemäss Ziff. I des BG vom 3. Okt. 2003 (1. BVG-Revision), in Kraft seit 1. Jan. 2006 (AS **2004** 1677; BBl **2000** 2637).

79*b*.[51] Einkauf

1 Die Vorsorgeeinrichtung darf den Einkauf höchstens bis zur Höhe der reglementarischen Leistungen ermöglichen.

2 Der Bundesrat regelt die Fälle der Personen, die im Zeitpunkt, in dem sie den Einkauf verlangt haben, noch nie einer Vorsorgeeinrichtung angehört haben.

3 Wurden Einkäufe getätigt, so dürfen die daraus resultierenden Leistungen innerhalb der nächsten drei Jahre nicht in Kapitalform aus der Vorsorge zurückgezogen werden. Wurden Vorbezüge für die Wohneigentumsförderung getätigt, so dürfen freiwillige Einkäufe erst vorgenommen werden, wenn die Vorbezüge zurückbezahlt sind.

4 Von der Begrenzung ausgenommen sind die Wiedereinkäufe im Falle der Ehescheidung oder gerichtlichen Auflösung einer eingetragenen Partnerschaft nach Artikel 22*c* FZG[52].[53]

79*c*.[54] Versicherbarer Lohn und versicherbares Einkommen

Der nach dem Reglement der Vorsorgeeinrichtung versicherbare Lohn der Arbeitnehmer oder das versicherbare Einkommen der Selbständigerwerbenden ist auf den zehnfachen oberen Grenzbetrag nach Artikel 8 Absatz 1 beschränkt.

Zweiter Titel: Steuerrechtliche Behandlung der Vorsorge[55]

80. Vorsorgeeinrichtungen

1 Die Bestimmungen dieses Titels gelten auch für die Vorsorgeeinrichtungen, die nicht im Register für die berufliche Vorsorge eingetragen sind.

2 Die mit Rechtspersönlichkeit ausgestatteten Vorsorgeeinrichtungen des privaten und des öffentlichen Rechts sind, soweit ihre Einkünfte und Vermögenswerte ausschliesslich der beruflichen Vorsorge dienen, von den direkten Steuern des Bundes, der Kantone und der Gemeinden und von Erbschafts- und Schenkungssteuern der Kantone und Gemeinden befreit.

3 Liegenschaften dürfen mit Grundsteuern, insbesondere Liegenschaftensteuern vom Bruttowert der Liegenschaft und Handänderungssteuern belastet werden.

4 Mehrwerte aus der Veräusserung von Liegenschaften können entweder mit der allgemeinen Gewinnsteuer oder mit einer speziellen Grundstückgewinnsteuer erfasst werden. Bei Fusionen

51 Eingefügt durch Ziff. I des BG vom 3. Okt. 2003 (1. BVG-Revision), in Kraft seit 1. Jan. 2006 (AS **2004** 1677; BBl **2000** 2637).

52 SR **831.42**. Heute: Art. 22*d* FZG.

53 Eingefügt durch Art. 37 Ziff. 3 des Partnerschaftsgesetzes vom 18. Juni 2004, in Kraft seit 1. Jan. 2007 (AS **2005** 5269; BBl **2003** 3789).

54 Eingefügt durch Ziff. I des BG vom 3. Okt. 2003 (1. BVG-Revision), in Kraft seit 1. Jan. 2006 (AS **2004** 1677; BBl **2000** 2637).

55 Eingefügt durch Ziff. I 10 des BG vom 19. März 1999 über das Stabilisierungsprogramm 1998, in Kraft seit 1. Jan. 2001 (AS **1999** 2374; BBl **1999** 4).

und Aufteilungen von Vorsorgeeinrichtungen dürfen keine Gewinnsteuern erhoben werden.

Abzug der Beiträge

81. [1] Die Beiträge der Arbeitgeber an die Vorsorgeeinrichtung und die Einlagen in die Arbeitgeberbeitragsreserven, einschliesslich derjenigen nach Artikel 65*e*, gelten bei den direkten Steuern des Bundes, der Kantone und Gemeinden als Geschäftsaufwand.[56]

[2] Die von den Arbeitnehmern und Selbständigerwerbenden an Vorsorgeeinrichtungen nach Gesetz oder reglementarischen Bestimmungen geleisteten Beiträge sind bei den direkten Steuern des Bundes, der Kantone und Gemeinden abziehbar.

[3] Für den versicherten Arbeitnehmer sind die vom Lohn abgezogenen Beiträge im Lohnausweis anzugeben; andere Beiträge sind durch die Vorsorgeeinrichtungen zu bescheinigen.

Abzug des Beitrags der Rentnerinnen und Rentner

81*a*.[57] Der Beitrag der Rentnerinnen und Rentner zur Behebung einer Unterdeckung nach Artikel 65*d* Absatz 3 Buchstabe b ist bei den direkten Steuern des Bundes, der Kantone und Gemeinden abziehbar.

Gleichstellung anderer Vorsorgeformen

82. [1] Arbeitnehmer und Selbständigerwerbende können auch Beiträge für weitere, ausschliesslich und unwiderruflich der beruflichen Vorsorge dienende, anerkannte Vorsorgeformen abziehen.

[2] Der Bundesrat legt in Zusammenarbeit mit den Kantonen die anerkannten Vorsorgeformen und die Abzugsberechtigung für Beiträge fest.

Besteuerung der Leistungen

83. Die Leistungen aus Vorsorgeeinrichtungen und Vorsorgeformen nach den Artikeln 80 und 82 sind bei den direkten Steuern des Bundes, der Kantone und der Gemeinden in vollem Umfang als Einkommen steuerbar.

Steuerliche Behandlung der Wohneigentumsförderung

83*a*.[58] [1] Der Vorbezug und der aus einer Pfandverwertung des Vorsorgeguthabens erzielte Erlös sind als Kapitalleistung aus Vorsorge steuerbar.

[2] Bei Wiedereinzahlung des Vorbezugs oder des Pfandverwertungserlöses kann der Steuerpflichtige verlangen, dass ihm die beim Vorbezug oder bei der Pfandverwertung für den entsprechenden Betrag bezahlten Steuern zurückerstattet werden. Für

---

56 Fassung gemäss Ziff. I des BG vom 18. Juni 2004, in Kraft seit 1. Jan. 2005 (AS **2004** 4635; BBl **2003** 6399).

57 Eingefügt durch Ziff. I des BG vom 18. Juni 2004, in Kraft seit 1. Jan. 2005 (AS **2004** 4635; BBl **2003** 6399).

58 Eingefügt durch Ziff. I des BG vom 17. Dez. 1993 über die Wohneigentumsförderung mit Mitteln der beruflichen Vorsorge, in Kraft seit 1. Jan. 1995 (AS **1994** 2372; BBl **1992** VI 237).

solche Wiedereinzahlungen ist ein Abzug zur Ermittlung des steuerbaren Einkommens ausgeschlossen.

3 Das Recht auf Rückerstattung der bezahlten Steuern erlischt nach Ablauf von drei Jahren seit Wiedereinzahlung des Vorbezugs oder des Pfandverwertungserlöses an eine Einrichtung der beruflichen Vorsorge.

4 Alle Vorgänge gemäss den Absätzen 1–3 sind der Eidgenössischen Steuerverwaltung von der betreffenden Vorsorgeeinrichtung unaufgefordert zu melden.

5 Die Bestimmungen dieses Artikels gelten für die direkten Steuern von Bund, Kantonen und Gemeinden.

Ansprüche aus Vorsorge

84. Vor ihrer Fälligkeit sind die Ansprüche aus Vorsorgeeinrichtungen und Vorsorgeformen nach den Artikeln 80 und 82 von den direkten Steuern des Bundes, der Kantone und der Gemeinden befreit.

…

Siebenter Teil:[59] Verhältnis zum europäischen Recht

Geltungsbereich

89*a*.[60] 1 In Bezug auf Personen, für die die Rechtsvorschriften der sozialen Sicherheit der Schweiz oder eines oder mehrerer EU-Mitgliedstaaten gelten oder galten und die Staatsangehörige der Schweiz oder eines EU-Mitgliedstaates sind, auf Flüchtlinge oder Staatenlose mit Wohnort in der Schweiz oder einem EU-Mitgliedstaat sowie auf die Familienangehörigen und Hinterlassenen dieser Personen sind auf die Leistungen im Geltungsbereich des vorliegenden Gesetzes folgende Erlasse in der für die Schweiz verbindlichen Fassung von Anhang II, Abschnitt A, des Abkommens vom 21. Juni 1999[61] zwischen der Schweizerischen Eidgenossenschaft einerseits und der Europäischen Gemeinschaft und ihren Mitgliedstaaten andererseits über die Freizügigkeit (Freizügigkeitsabkommen) anwendbar:

a. Verordnung (EG) Nr. 883/2004[62];

---

59 Eingefügt durch Ziff. I 7 des BG vom 8. Okt. 1999 zum Abk. zwischen der Schweizerischen Eidgenossenschaft einerseits und der EG sowie ihren Mitgliedstaaten andererseits über die Freizügigkeit (AS **2002** 701; BBl **1999** 6128). Fassung gemäss Ziff. I des BG vom 3. Okt. 2003 (1. BVG-Revision), in Kraft seit 1. Jan. 2005 (AS **2004** 1677; BBl **2000** 2637).

60 Fassung gemäss Anhang Ziff. 4 des BB vom 17. Juni 2016 (Ausdehnung des Freizügigkeitsabkommens auf die Republik Kroatien), in Kraft seit 1. Jan. 2017 (AS **2016** 5233; BBl **2016** 2223).

61 SR **0.142.112.681**

62 Verordnung (EG) Nr. 883/2004 des Europäischen Parlaments und des Rates vom 29. April 2004 zur Koordinierung der Systeme der sozialen Sicherheit (SR **0.831.109.268.1**).

b. Verordnung (EG) Nr. 987/2009[63];
c. Verordnung (EWG) Nr. 1408/71[64];
d. Verordnung (EWG) Nr. 574/72[65].

2 In Bezug auf Personen, für die die Rechtsvorschriften der sozialen Sicherheit der Schweiz, Islands, Norwegens oder Liechtensteins gelten oder galten und die Staatsangehörige der Schweiz, Islands, Norwegens oder Liechtensteins sind oder die als Flüchtlinge oder Staatenlose Wohnort in der Schweiz oder auf dem Gebiet Islands, Norwegens oder Liechtensteins haben, sowie auf die Familienangehörigen und Hinterlassenen dieser Personen sind auf die Leistungen im Geltungsbereich des vorliegenden Gesetzes folgende Erlasse in der für die Schweiz verbindlichen Fassung von Anlage 2 zu Anhang K des Übereinkommens vom 4. Januar 1960[66] zur Errichtung der Europäischen Freihandelsassoziation (EFTA-Übereinkommen) anwendbar:
a. Verordnung (EG) Nr. 883/2004;
b. Verordnung (EG) Nr. 987/2009;
c. Verordnung (EWG) Nr. 1408/71;
d. Verordnung (EWG) Nr. 574/72.

3 Der Bundesrat passt die Verweise auf die in den Absätzen 1 und 2 aufgeführten Rechtsakte der Europäischen Union jeweils an, wenn eine Anpassung des Anhangs II des Freizügigkeitsabkommens und der Anlage 2 zu Anhang K des EFTA-Übereinkommens beschlossen wurde.

4 Die Ausdrücke «Mitgliedstaaten der Europäischen Union», «Mitgliedstaaten der Europäischen Gemeinschaft», «Staaten der Europäischen Union» und «Staaten der Europäischen Gemeinschaft» im vorliegenden Gesetz bezeichnen die Staaten, für die das Freizügigkeitsabkommen gilt.

---

63 Verordnung (EG) Nr. 987/2009 des Europäischen Parlaments und des Rates vom 16. September 2009 zur Festlegung der Modalitäten für die Durchführung der Verordnung (EG) Nr. 883/2004 über die Koordinierung der Systeme der sozialen Sicherheit (SR **0.831.109.268.11**).

64 Verordnung (EWG) Nr. 1408/71 des Rates vom 14. Juni 1971 zur Anwendung der Systeme der sozialen Sicherheit auf Arbeitnehmer und Selbstständige sowie deren Familienangehörige, die innerhalb der Gemeinschaft zu- und abwandern; in der jeweils gültigen Fassung des Freizügigkeitsabkommens (AS **2004** 121, **2008** 4219 4273, **2009** 4831) bzw. des revidierten EFTA-Übereinkommens.

65 Verordnung (EWG) Nr. 574/72 des Rates vom 21. März 1972 über die Durchführung der Verordnung (EWG) Nr. 1408/71 zur Anwendung der Systeme der sozialen Sicherheit auf Arbeitnehmer und Selbstständige sowie deren Familienangehörige, die innerhalb der Gemeinschaft zu- und abwandern; in der jeweils gültigen Fassung des Freizügigkeitsabkommens (AS **2005** 3909, **2008** 4273, **2009** 621 4845) bzw. des revidierten EFTA-Übereinkommens.

66 SR **0.632.31**

89*b*. [1] Personen, die in der Schweiz oder im Gebiete eines Mitgliedstaates der Europäischen Gemeinschaft wohnen und für die Artikel 89*a* Absatz 1 gilt, haben, soweit das Freizügigkeitsabkommen[67] nichts anderes vorsieht, die gleichen Rechte und Pflichten auf Grund dieses Gesetzes wie Schweizer Staatsangehörige. **Gleichbehandlung**

[2] Personen, die in der Schweiz, Island, Liechtenstein oder Norwegen wohnen und für die Artikel 89*a* Absatz 2 gilt, haben, soweit das revidierte EFTA-Abkommen[68] nichts anderes vorsieht, die gleichen Rechte und Pflichten auf Grund dieses Gesetzes wie Schweizer Staatsangehörige.

89*c*. Der Anspruch auf Geldleistungen, der nach diesem Gesetz besteht, darf: **Verbot von Wohnortsklauseln**

a. soweit das Freizügigkeitsabkommen[69] nichts anderes vorsieht, nicht deshalb gekürzt, geändert, zum Ruhen gebracht, entzogen oder beschlagnahmt werden, weil die berechtigte Person im Gebiet eines Mitgliedstaates der Europäischen Gemeinschaft wohnt;
b. soweit das revidierte EFTA-Abkommen[70] nichts anderes vorsieht, nicht deshalb gekürzt, geändert, zum Ruhen gebracht, entzogen oder beschlagnahmt werden, weil die berechtigte Person im Gebiet von Island, Liechtenstein oder Norwegen wohnt.

89*d*. Leistungsansprüche im Anwendungsbereich dieses Gesetzes werden ausschliesslich auf Grund der Bestimmungen dieses Gesetzes festgestellt. **Leistungsberechnung**

...

Dritter Titel: Vollzug und Inkrafttreten

...

98. [1] Dieses Gesetz untersteht dem fakultativen Referendum. **Inkrafttreten**

[2] Der Bundesrat bestimmt den Zeitpunkt des Inkrafttretens und berücksichtigt dabei insbesondere die sozialen und wirtschaftlichen Verhältnisse. Er kann einzelne Vorschriften vor diesem Zeitpunkt in Kraft setzen.

[3] Die Vorschriften in Artikel 81 Absätze 2 und 3 und in den Artikeln 82 und 83 sind innerhalb dreier Jahre nach Inkrafttreten des Gesetzes in Kraft zu setzen.

---

67 SR **0.142.112.681**
68 SR **0.632.31**
69 SR **0.142.112.681**
70 SR **0.632.31**

[4] Artikel 83 findet keine Anwendung auf Renten und Kapitalabfindungen aus Vorsorgeeinrichtungen und Vorsorgeformen im Sinne der Artikel 80 und 82, die:

a. vor Inkrafttreten von Artikel 83 zu laufen beginnen oder fällig werden oder
b. innerhalb von 15 Jahren seit Inkrafttreten von Artikel 83 zu laufen beginnen oder fällig werden und auf einem Vorsorgeverhältnis beruhen, das bei Inkrafttreten bereits besteht.

Datum des Inkrafttretens:[71] 1. Januar 1985
Art. 54, 55, 61, 63, 64 und 97: 1. Juli 1983
Art. 48 und 93: 1. Januar 1984
Art. 60: 1. Juli 1984
Art. 81 Abs. 2 und 3, 82 und 83: 1. Januar 1987

...

[71] Art. 1 der V vom 29. Juni 1983 (AS **1983** 827)

Verordnung
über die Wohneigentumsförderung mit Mitteln der beruflichen Vorsorge (WEFV) (SR 831.411)

vom 3. Oktober 1994 (Stand am 1. Oktober 2017)

Der Schweizerische Bundesrat,

gestützt auf die Artikel 30*c* Absatz 7, 30*f* und 97 Absatz 1 des Bundesgesetzes vom 25. Juni 1982[1] über die berufliche Alters-, Hinterlassenen- und Invalidenvorsorge (BVG)
sowie Artikel 331*d* Absatz 7 des Obligationenrechts (OR)[2],

verordnet:

1. Kapitel: Allgemeine Bestimmungen

Art. 1 Zulässige Verwendungszwecke

1 Die Mittel der beruflichen Vorsorge dürfen verwendet werden für:

a. Erwerb und Erstellung von Wohneigentum;
b. Beteiligungen am Wohneigentum;
c. Rückzahlung von Hypothekardarlehen.

2 Die versicherte Person darf die Mittel der beruflichen Vorsorge gleichzeitig nur für ein Objekt verwenden.

Art. 2 Wohneigentum

1 Zulässige Objekte des Wohneigentums sind:

a. die Wohnung;
b. das Einfamilienhaus.

2 Zulässige Formen des Wohneigentums sind:

a. das Eigentum;
b. das Miteigentum, namentlich das Stockwerkeigentum;

AS **1994** 2379
1 SR **831.40**
2 SR **220**

c.[3] das Eigentum der versicherten Person mit ihrem Ehegatten oder mit der eingetragenen Partnerin oder dem eingetragenen Partner zu gesamter Hand;
d. das selbständige und dauernde Baurecht.

Art. 3 Beteiligungen Zulässige Beteiligungen sind:
a. der Erwerb von Anteilscheinen an einer Wohnbaugenossenschaft;
b. der Erwerb von Aktien einer Mieter-Aktiengesellschaft;
c. die Gewährung von partiarischen Darlehen an einen gemeinnützigen Wohnbauträger.

Art. 4 Eigenbedarf

1 Als Eigenbedarf gilt die Nutzung durch die versicherte Person an ihrem Wohnsitz oder an ihrem gewöhnlichen Aufenthalt.

2 Wenn die versicherte Person nachweist, dass die Nutzung vorübergehend nicht möglich ist, so ist die Vermietung während dieser Zeit zulässig.

2. Kapitel: Modalitäten

1. Abschnitt: Vorbezug

Art. 5 Mindestbetrag und Begrenzung

1 Der Mindestbetrag für den Vorbezug beträgt 20000 Franken.

2 Dieser Mindestbetrag gilt nicht für den Erwerb von Anteilscheinen an Wohnbaugenossenschaften und von ähnlichen Beteiligungen sowie für Ansprüche gegenüber Freizügigkeitseinrichtungen.

3 Ein Vorbezug kann alle fünf Jahre geltend gemacht werden.

4 Hat die versicherte Person das Alter 50 überschritten, darf sie höchstens den grösseren der beiden nachfolgenden Beträge beziehen:
a. den im Alter 50 ausgewiesenen Betrag der Freizügigkeitsleistung, erhöht um die nach dem Alter 50 vorgenommenen Rückzahlungen und vermindert um den Betrag, der aufgrund von Vorbezügen oder Pfandverwertungen nach dem Alter 50 für das Wohneigentum eingesetzt worden ist.
b. die Hälfte der Differenz zwischen der Freizügigkeitsleistung im Zeitpunkt des Vorbezugs und der für das Wohneigentum in diesem Zeitpunkt bereits eingesetzten Freizügigkeitsleistung.

---

3 Fassung gemäss Ziff. I 1 der V vom 29. Sept. 2006 über die Umsetzung des Partnerschaftsgesetzes vom 18. Juni 2004 in der beruflichen Alters-, Hinterlassenen- und Invalidenvorsorge, in Kraft seit 1. Jan. 2007 (AS **2006** 4155).

Art. 6 Auszahlung

1 Die Vorsorgeeinrichtung zahlt den Vorbezug spätestens nach sechs Monaten aus, nachdem die versicherte Person ihren Anspruch geltend gemacht hat.[4]

2 Die Vorsorgeeinrichtung zahlt den Vorbezug gegen Vorweis der entsprechenden Belege und im Einverständnis der versicherten Person direkt an den Verkäufer, Ersteller, Darlehensgeber oder an die nach Artikel 1 Absatz 1 Buchstabe b Berechtigten aus.

3 Absatz 2 gilt sinngemäss für die Auszahlung aufgrund einer Verwertung der verpfändeten Freizügigkeitsleistung.

4 Ist eine Auszahlung innerhalb von sechs Monaten aus Liquiditätsgründen nicht möglich oder zumutbar, so erstellt die Vorsorgeeinrichtung eine Prioritätenordnung, die der Aufsichtsbehörde zur Kenntnis zu bringen ist.

5–6 ...[5]

Art. 6*a*[6] Beschränkung der Auszahlung bei Unterdeckung

1 Sofern das Reglement dies vorsieht, kann die Vorsorgeeinrichtung bei Unterdeckung die Auszahlung des Vorbezugs zeitlich und betragsmässig einschränken oder ganz verweigern, wenn der Vorbezug der Rückzahlung von Hypothekardarlehen dient.

2 Die Einschränkung oder Verweigerung der Auszahlung ist nur für die Dauer der Unterdeckung möglich. Die Vorsorgeeinrichtung muss die versicherte Person, welcher die Auszahlung eingeschränkt oder verweigert wird, über die Dauer und das Ausmass der Massnahme informieren.

Art. 7 Rückzahlung

1 Der Mindestbetrag für eine Rückzahlung beträgt 10 000 Franken.[7]

2 Ist der ausstehende Vorbezug kleiner als der Mindestbetrag, so ist die Rückzahlung in einem einzigen Betrag zu leisten.

3 Die Vorsorgeeinrichtung hat der versicherten Person die Rückzahlung des Vorbezugs auf dem von der Eidgenössischen Steuerverwaltung herausgegebenen Formular zu bescheinigen.

---

4 Fassung gemäss Anhang Ziff. 2 der V vom 27. Okt. 2004, in Kraft seit 1. Jan. 2005 (AS **2004** 4643).

5 Eingefügt durch Ziff. III der V vom 21. Mai 2003 (AS **2003** 1725). Aufgehoben durch Anhang Ziff. 2 der V vom 27. Okt. 2004, mit Wirkung seit 1. Jan. 2005 (AS **2004** 4643).

6 Eingefügt durch Anhang Ziff. 2 der V vom 27. Okt. 2004, in Kraft seit 1. Jan. 2005 (AS **2004** 4643).

7 Fassung gemäss Ziff. I der V vom 30. Aug. 2017, in Kraft seit 1. Okt. 2017 (AS **2017** 5017).

2. Abschnitt: Verpfändung

Art. 8 Begrenzung

1 Der Anspruch auf Verpfändung eines Betrages maximal in der Höhe der Freizügigkeitsleistung ist für eine versicherte Person vor dem Alter 50 auf die Freizügigkeitsleistung im Zeitpunkt der Pfandverwertung begrenzt.

2 Der Anspruch auf Verpfändung der Freizügigkeitsleistung einer versicherten Person, die das Alter 50 überschritten hat, richtet sich sinngemäss nach Artikel 5 Absatz 4.

Art. 9 Zustimmung des Pfandgläubigers

1 Die schriftliche Zustimmung des Pfandgläubigers ist, soweit die Pfandsumme betroffen ist, erforderlich für:

a. die Barauszahlung der Freizügigkeitsleistung;

b. die Auszahlung der Vorsorgeleistung;

c.[8] die Übertragung eines Teils der Freizügigkeitsleistung infolge Scheidung oder gerichtlicher Auflösung einer eingetragenen Partnerschaft auf eine Vorsorgeeinrichtung des anderen Ehegatten oder der anderen eingetragenen Partnerin oder des anderen eingetragenen Partners (Art. 22 und 22*d* des Freizügigkeitsgesetzes vom 17. Dezember 1993[9]).

2 Verweigert der Pfandgläubiger die Zustimmung, so hat die Vorsorgeeinrichtung den entsprechenden Betrag sicherzustellen.

3 Wechselt die versicherte Person die Vorsorgeeinrichtung, so muss die bisherige Vorsorgeeinrichtung dem Pfandgläubiger mitteilen, an wen und in welchem Umfang die Freizügigkeitsleistung übertragen wird.

3. Abschnitt: Nachweis und Information

Art. 10 Nachweis

Macht die versicherte Person ihren Anspruch auf Vorbezug oder Verpfändung geltend, so hat sie gegenüber der Vorsorgeeinrichtung den Nachweis zu erbringen, dass die Voraussetzungen dafür erfüllt sind.

Art. 11 Information der versicherten Person

Die Vorsorgeeinrichtung informiert die versicherte Person bei einem Vorbezug, bei einer Verpfändung oder auf ihr schriftliches Gesuch hin über:

a. das ihr für das Wohneigentum zur Verfügung stehende Vorsorgekapital;

b. die mit einem Vorbezug oder mit einer Pfandverwertung verbundene Leistungskürzung;

---

8 Fassung gemäss Ziff. I 1 der V vom 29. Sept. 2006 über die Umsetzung des Partnerschaftsgesetzes vom 18. Juni 2004 in der beruflichen Alters-, Hinterlassenen- und Invalidenvorsorge, in Kraft seit 1. Jan. 2007 (AS **2006** 4155).

9 SR **831.42**

c. die Möglichkeit zur Schliessung einer durch den Vorbezug oder durch die Pfandverwertung entstehenden Lücke im Vorsorgeschutz für Invalidität oder Tod;
d. die Steuerpflicht bei Vorbezug oder bei Pfandverwertung;
e. den bei Rückzahlung des Vorbezugs oder den bei Rückzahlung nach einer vorgängig erfolgten Pfandverwertung bestehenden Anspruch auf Rückerstattung der bezahlten Steuern sowie über die zu beachtende Frist.

Art. 11*a*[10] Freizügigkeitsleistung im Zeitpunkt des Vorbezugs

Die Vorsorgeeinrichtung muss den Zeitpunkt des Vorbezugs und die Höhe der bis zu diesem Zeitpunkt erworbenen Freizügigkeitsleistung festhalten.

Art. 12[11] Mitteilungspflicht der bisherigen Vorsorgeeinrichtung

1 Die bisherige Vorsorgeeinrichtung muss der neuen Vorsorgeeinrichtung unaufgefordert mitteilen, in welchem Umfang die Freizügigkeits- oder die Vorsorgeleistung verpfändet ist oder Mittel vorbezogen wurden.

2 Sie muss der neuen Vorsorgeeinrichtung zudem den Zeitpunkt des Vorbezugs und die Höhe der bis zu diesem Zeitpunkt erworbenen Freizügigkeitsleistung mitteilen.

3. Kapitel: Steuerliche Bestimmungen

Art. 13 Meldepflichten

1 Die Vorsorgeeinrichtung hat den Vorbezug oder die Pfandverwertung der Freizügigkeitsleistung sowie die Rückzahlung an die Vorsorgeeinrichtung der Eidgenössischen Steuerverwaltung innerhalb von 30 Tagen auf dem dafür vorgesehenen Formular zu melden.

2 Die Eidgenössische Steuerverwaltung führt Buch über die gemeldeten Vorbezüge und Pfandverwertungen sowie über die Rückzahlungen der Vorbezüge.

3 Sie bestätigt der versicherten Person auf deren schriftliches Ersuchen hin die Höhe der ausstehenden Vorbezüge und weist sie auf die für die Rückerstattung der bezahlten Steuern zuständige Behörde hin.

---

10 Eingefügt durch Anhang Ziff. 2 der V vom 10. Juni 2016, in Kraft seit 1. Jan. 2017 (AS **2016** 2347).

11 Fassung gemäss Anhang Ziff. 2 der V vom 10. Juni 2016, in Kraft seit 1. Jan. 2017 (AS **2016** 2347).

Art. 14 Steuerliche Behandlung

1 ...[12]

2 Bei Rückzahlung des Vorbezugs wird der bezahlte Steuerbetrag ohne Zins zurückerstattet. Liegen mehrere Vorbezüge vor, so erfolgt bei deren Rückzahlung die Rückerstattung der bezahlten Steuern in der Reihenfolge der ausbezahlten Vorbezüge. Die gleiche Reihenfolge gilt, wenn mehrere Kantone betroffen sind.

3 Für die Rückerstattung des Steuerbetrages ist ein schriftliches Gesuch an diejenige Behörde zu richten, die ihn erhoben hat. Der Gesuchsteller hat eine Bescheinigung einzureichen über:

a. die Rückzahlung;
b. das im Wohneigentum investierte Vorsorgekapital;
c. den für den Bund, den Kanton und die Gemeinde aufgrund eines Vorbezugs oder einer Pfandverwertung bezahlten Steuerbetrag.

4. Kapitel: Besondere Bestimmungen

Art. 15 Berechnung des Verkaufserlöses

Für die Berechnung des Verkaufserlöses nach Artikel 30*d* Absatz 5 BVG werden die innerhalb von zwei Jahren vor dem Verkauf des Wohneigentums eingegangenen Darlehensverpflichtungen nicht berücksichtigt, es sei denn, die versicherte Person weise nach, dass diese zur Finanzierung ihres Wohneigentums notwendig gewesen sind.

Art. 16 Beteiligung an Wohnbaugenossenschaften und an ähnlichen Formen

1 Das Reglement der Wohnbaugenossenschaft muss vorsehen, dass die von der versicherten Person für den Erwerb von Anteilscheinen einbezahlten Vorsorgegelder bei Austritt aus der Genossenschaft entweder einer anderen Wohnbaugenossenschaft oder einem anderen Wohnbauträger, von dem die versicherte Person eine Wohnung selbst benutzt, oder einer Einrichtung der beruflichen Vorsorge überwiesen werden.

2 Absatz 1 gilt sinngemäss für Beteiligungen nach Artikel 3 Buchstaben b und c.

3 Anteilscheine und ähnliche Beteiligungspapiere sind bis zur Rückzahlung oder bis zum Eintritt des Vorsorgefalles oder der Barauszahlung bei der betreffenden Vorsorgeeinrichtung zu hinterlegen.

Art. 17 Kosten der Zusatzversicherung

Die Kosten der Zusatzversicherung nach Artikel 30*c* Absatz 4 BVG und Artikel 331*e* Absatz 4 OR trägt die versicherte Person.

---

12 Aufgehoben durch Anhang Ziff. 1 der V vom 10. Juni 2005, mit Wirkung seit 1. Jan. 2006 (AS **2005** 4279).

5. Kapitel: Schlussbestimmungen

Art. 18[13]

Art. 19 Aufhebung bisherigen Rechts

Die Verordnung vom 7. Mai 1986[14] über die Wohneigentumsförderung mit den Mitteln der beruflichen Altersvorsorge wird aufgehoben.

Art. 20 Änderung bisherigen Rechts

...[15]

Art. 20*a*[16] Übergangsbestimmung zur Änderung vom 10. Juni 2016

Wurde der Vorbezug vor Inkrafttreten der Änderung vom 10. Juni 2016 vorgenommen und lässt sich der Anteil des Altersguthabens (Art. 15 BVG) am vorbezogenen Betrag nicht mehr ermitteln, so wird der zurückbezahlte Betrag dem Altersguthaben und dem übrigen Vorsorgeguthaben in dem Verhältnis zugeordnet, das zwischen diesen beiden Guthaben unmittelbar vor der Rückzahlung bestand.

Art. 21 Inkrafttreten

Diese Verordnung tritt am 1. Januar 1995 in Kraft.

Schlussbestimmung der Änderung vom 27. Oktober 2004[17]

Für Gesuche um einen Vorbezug, die vor dem 1. Januar 2005 eingereicht wurden, gelten bezüglich der Einschränkung oder Verweigerung der Auszahlung bei Unterdeckung die Bestimmungen des bisherigen Rechts.

---

13 Aufgehoben durch Ziff. IV 47 der V vom 22. Aug. 2007 zur formellen Bereinigung des Bundesrechts, mit Wirkung seit 1. Jan. 2008 (AS **2007** 4477).
14 [AS **1986** 864]
15 Die Änderung kann unter AS **1994** 2379 konsultiert werden.
16 Eingefügt durch Anhang Ziff. 2 der V vom 10. Juni 2016, in Kraft seit 1. Jan. 2017 (AS **2016** 2347).
17 AS **2004** 4643 Anhang Ziff. 2

Bundesgesetz
über die Freizügigkeit in der beruflichen Alters-, Hinterlassenen- und Invalidenvorsorge (Freizügigkeitsgesetz, FZG) (SR 831.42)

vom 17. Dezember 1993 (Stand am 1. Oktober 2017)

Die Bundesversammlung der Schweizerischen Eidgenossenschaft,
gestützt auf die Artikel 34^{quater} und 64 der Bundesverfassung[1,2]
nach Einsicht in die Botschaft des Bundesrates vom 26. Februar 1992[3],
beschliesst:

1. Abschnitt: Geltungsbereich

1. [1] Dieses Gesetz regelt im Rahmen der beruflichen Alters-, Hinterlassenen- und Invalidenvorsorge die Ansprüche der Versicherten im Freizügigkeitsfall.

[2] Es ist anwendbar auf alle Vorsorgeverhältnisse, in denen eine Vorsorgeeinrichtung des privaten oder des öffentlichen Rechts aufgrund ihrer Vorschriften (Reglement) bei Erreichen der Altersgrenze, bei Tod oder bei Invalidität (Vorsorgefall) einen Anspruch auf Leistungen gewährt.

[3] Es ist sinngemäss anwendbar auf Ruhegehaltsordnungen, nach denen die Versicherten im Vorsorgefall Anspruch auf Leistungen haben.

2. Abschnitt: Rechte und Pflichten der Vorsorgeeinrichtung bei Austritt von Versicherten

Austrittsleistung

2. [1] Versicherte, welche die Vorsorgeeinrichtung verlassen, bevor ein Vorsorgefall eintritt (Freizügigkeitsfall), haben Anspruch auf eine Austrittsleistung.

AS **1994** 2386

1 [BS **1** 3; AS **1973** 429]. Den genannten Bestimmungen entsprechen heute die Art. 111–113 und 122 der BV vom 18. April 1999 (SR **101**).

2 Fassung gemäss Ziff. I des BG vom 23. Juni 2000, in Kraft seit 1. Jan. 2001 (AS **2000** 2693; BBl **2000** 255).

3 BBl **1992** III 533

1bis Versicherte können auch eine Austrittsleistung beanspruchen, wenn sie die Vorsorgeeinrichtung zwischen dem frühestmöglichen und dem ordentlichen reglementarischen Rentenalter verlassen und die Erwerbstätigkeit weiterführen oder als arbeitslos gemeldet sind. Bestimmt das Reglement kein ordentliches Rentenalter, so ist das Alter nach Artikel 13 Absatz 1 des Bundesgesetzes vom 25. Juni 1982[4] über die berufliche Alters-, Hinterlassenen- und Invalidenvorsorge (BVG) massgebend.[5]

1ter Ebenso haben Versicherte, deren Rente der Invalidenversicherung nach Verminderung des Invaliditätsgrades herabgesetzt oder aufgehoben wird, am Ende der provisorischen Weiterversicherung und Aufrechterhaltung des Leistungsanspruchs nach Artikel 26*a* Absätze 1 und 2 BVG Anspruch auf eine Austrittsleistung.[6]

2 Die Vorsorgeeinrichtung bestimmt in ihrem Reglement die Höhe der Austrittsleistung; diese muss mindestens so hoch sein wie die nach den Bestimmungen des 4. Abschnitts berechnete Austrittsleistung.

3 Die Austrittsleistung wird fällig mit dem Austritt aus der Vorsorgeeinrichtung. Ab diesem Zeitpunkt ist sie nach Artikel 15 Absatz 2 BVG zu verzinsen.[7]

4 Überweist die Vorsorgeeinrichtung die fällige Austrittsleistung nicht innert 30 Tagen, nachdem sie die notwendigen Angaben erhalten hat, so ist ab Ende dieser Frist ein Verzugszins nach Artikel 26 Absatz 2 zu bezahlen.[8]

Übertragung an die neue Vorsorgeeinrichtung

3. 1 Treten Versicherte in eine neue Vorsorgeeinrichtung ein, so hat die frühere Vorsorgeeinrichtung die Austrittsleistung an die neue zu überweisen.

2 Muss die frühere Vorsorgeeinrichtung Hinterlassenen- oder Invalidenleistungen erbringen, nachdem sie die Austrittsleistung an die neue Vorsorgeeinrichtung überwiesen hat, so ist ihr diese Austrittsleistung soweit zurückzuerstatten, als dies zur Auszahlung der Hinterlassenen- oder Invalidenleistungen nötig ist.

3 Die Hinterlassenen- und Invalidenleistungen der früheren Vorsorgeeinrichtung können gekürzt werden, soweit eine Rückerstattung unterbleibt.

---

4 SR **831.40**

5 Eingefügt durch Ziff. I des BG vom 12. Juni 2009, in Kraft seit 1. Jan. 2010 (AS **2009** 5187; BBl **2009** 1101 1109).

6 Eingefügt durch Anhang Ziff. 7 des BG vom 18. März 2011 (6. IV-Revision, erstes Massnahmepaket), in Kraft seit 1. Jan. 2012 (AS **2011** 5659; BBl **2010** 1817).

7 Fassung gemäss Ziff. I des BG vom 12. Juni 2009, in Kraft seit 1. Jan. 2010 (AS **2009** 5187; BBl **2009** 1101 1109).

8 Eingefügt durch Anhang Ziff. 3 des BG vom 3. Okt. 2003 (1. BVG-Revision), in Kraft seit 1. Jan. 2005 (AS **2004** 1677; BBl **2000** 2637).

Erhaltung des Vorsorgeschutzes in anderer Form

4. [1] Versicherte, die nicht in eine neue Vorsorgeeinrichtung eintreten, haben ihrer Vorsorgeeinrichtung mitzuteilen, in welcher zulässigen Form sie den Vorsorgeschutz erhalten wollen.

[2] Bleibt diese Mitteilung aus, so hat die Vorsorgeeinrichtung frühestens sechs Monate, spätestens aber zwei Jahre nach dem Freizügigkeitsfall die Austrittsleistung samt Zins der Auffangeinrichtung (Art. 60 BVG[9]) zu überweisen.[10]

[2bis] Treten die Versicherten in eine neue Vorsorgeeinrichtung ein, so müssen die Freizügigkeitseinrichtungen das Vorsorgekapital für die Erhaltung des Vorsorgeschutzes der neuen Vorsorgeeinrichtung überweisen. Die Versicherten melden:

a. der Freizügigkeitseinrichtung den Eintritt in die neue Vorsorgeeinrichtung;

b. der neuen Vorsorgeeinrichtung die bisherige Freizügigkeitseinrichtung sowie die Form des Vorsorgeschutzes.[11]

[3] Bei der Ausübung der Aufgabe gemäss Absatz 2 wird die Auffangeinrichtung als Freizügigkeitseinrichtung für die Führung von Freizügigkeitskonten tätig.

Barauszahlung

5. [1] Versicherte können die Barauszahlung der Austrittsleistung verlangen, wenn:

a.[12] sie die Schweiz endgültig verlassen; vorbehalten bleibt Artikel 25*f*;

b. sie eine selbständige Erwerbstätigkeit aufnehmen und der obligatorischen beruflichen Vorsorge nicht mehr unterstehen; oder

c. die Austrittsleistung weniger als ihr Jahresbeitrag beträgt.

[2] An Anspruchsberechtigte, die verheiratet sind oder in eingetragener Partnerschaft leben, ist die Barauszahlung nur zulässig, wenn der Ehegatte, die eingetragene Partnerin oder der eingetragene Partner schriftlich zustimmt.[13]

[3] Kann die Zustimmung nicht eingeholt werden oder wird sie ohne triftigen Grund verweigert, so kann das Zivilgericht angerufen werden.[14]

---

9 SR **831.40**

10 Fassung gemäss Anhang Ziff. 3 des BG vom 3. Okt. 2003 (1. BVG-Revision), in Kraft seit 1. Jan. 2005 (AS **2004** 1677; BBl **2000** 2637).

11 Eingefügt durch Ziff. I 11 des BG vom 19. März 1999 über das Stabilisierungsprogramm 1998, in Kraft seit 1. Jan. 2001 (AS **1999** 2374; BBl **1999** 4).

12 Fassung gemäss Anhang Ziff. 3 des BG vom 3. Okt. 2003 (1. BVG-Revision), in Kraft seit 1. Jan. 2005 (AS **2004** 1677; BBl **2000** 2637).

13 Fassung gemäss Anhang Ziff. 30 des Partnerschaftsgesetzes vom 18. Juni 2004, in Kraft seit 1. Jan. 2007 (AS **2005** 5685; BBl **2003** 1288).

14 Fassung gemäss Anhang Ziff. 5 des BG vom 19. Juni 2015 (Vorsorgeausgleich bei Scheidung), in Kraft seit 1. Jan. 2017 (AS **2016** 2313; BBl **2013** 4887).

5*a*.[15]

Nicht eingebrachte Eintrittsleistung und Erhöhungsbeiträge

6. [1] Haben sich Versicherte bei Eintritt in die Vorsorgeeinrichtung verpflichtet, einen Teil der Eintrittsleistung selber zu bezahlen, so ist dieser Teil bei der Berechnung der Austrittsleistung mitzuberücksichtigen, selbst wenn er nicht oder nur teilweise beglichen wurde. Der noch nicht beglichene Teil kann jedoch samt Zinsen von der Austrittsleistung abgezogen werden.

[2] Haben Versicherte infolge einer Leistungsverbesserung Erhöhungsbeiträge zu entrichten, so ist die Austrittsleistung aufgrund der verbesserten Leistungen zu berechnen. Die noch nicht beglichenen Erhöhungsbeiträge können jedoch von der Austrittsleistung abgezogen werden.

Vom Arbeitgeber oder von der Arbeitgeberin übernommene Eintrittsleistung

7. [1] Hat der Arbeitgeber oder die Arbeitgeberin die Eintrittsleistung von Versicherten ganz oder teilweise übernommen, so kann die Vorsorgeeinrichtung den entsprechenden Betrag von der Austrittsleistung abziehen.

[2] Der Abzug vermindert sich mit jedem Beitragsjahr um mindestens einen Zehntel des vom Arbeitgeber oder von der Arbeitgeberin übernommenen Betrags. Der nicht verbrauchte Teil fällt an ein Beitragsreservenkonto des Arbeitgebers oder der Arbeitgeberin.

Abrechnung und Information

8. [1] Im Freizügigkeitsfall muss die Vorsorgeeinrichtung den Versicherten eine Abrechnung über die Austrittsleistung erstellen. Daraus müssen die Berechnung der Austrittsleistung, die Höhe des Mindestbetrages (Art. 17) und die Höhe des Altersguthabens (Art. 15 BVG[16]) ersichtlich sein.

[2] Die Vorsorgeeinrichtung muss die Versicherten auf alle gesetzlich und reglementarisch vorgesehenen Möglichkeiten der Erhaltung des Vorsorgeschutzes hinweisen; namentlich hat sie die Versicherten darauf aufmerksam zu machen, wie diese den Vorsorgeschutz für den Todes- und Invaliditätsfall beibehalten können.

---

15 Eingefügt durch Ziff. I 8 des BG vom 8. Okt. 1999 zum Abk. zwischen der Schweizerischen Eidgenossenschaft einerseits und der EG sowie ihren Mitgliedstaaten andererseits über die Freizügigkeit (AS **2002** 701; BBl **1999** 6128). Aufgehoben durch Anhang Ziff. 3 des BG vom 3. Okt. 2003 (1. BVG-Revision), mit Wirkung seit 1. Jan. 2005 (AS **2004** 1677; BBl **2000** 2637).

16 SR **831.40**

3. Abschnitt: Rechte und Pflichten der Vorsorgeeinrichtung bei Eintritt der Versicherten

Aufnahme in die reglementarischen Leistungen

9. [1] Die Vorsorgeeinrichtung muss den eintretenden Versicherten ermöglichen, ihren Vorsorgeschutz aufrechtzuerhalten und weiter aufzubauen, und ihnen die mitgebrachten Austrittsleistungen gutschreiben.

[2] Hält die Vorsorgeeinrichtung ihre Leistungen in einem Leistungsplan fest, so hat sie den Versicherten zu ermöglichen, sich bis zu ihren vollen reglementarischen Leistungen einzukaufen. Vorbehalten bleibt Artikel 79*b* BVG[17].[18]

[3] Bei der Bemessung ihrer Leistungen darf die Vorsorgeeinrichtung nicht unterscheiden, ob die Leistungen auf Beiträge oder auf Eintrittsleistungen zurückzuführen sind.

Bemessung und Fälligkeit der Eintrittsleistung

10. [1] Die Vorsorgeeinrichtung bestimmt in ihrem Reglement die Höhe der Eintrittsleistung. Diese darf den höheren der Beträge nicht übersteigen, der aus dem Vergleich zwischen ihrer Austrittsleistung nach Artikel 15 und 16 und derjenigen nach ihrer Tabelle, die Artikel 17 sinngemäss darstellt, resultiert.

[2] Die Eintrittsleistung wird fällig mit dem Eintritt in die Vorsorgeeinrichtung. Ab diesem Zeitpunkt ist ein Verzugszins zu zahlen.

[3] Die Amortisation und Verzinsung jenes Teils der Eintrittsleistung, der durch die Austrittsleistung der früheren Vorsorgeeinrichtung nicht gedeckt ist und der auch nicht sofort bezahlt wird, richtet sich nach den reglementarischen Bestimmungen oder einer Vereinbarung zwischen der versicherten Person und der Vorsorgeeinrichtung.

Recht auf Einsicht und Einforderung

11. [1] Die Versicherten haben der Vorsorgeeinrichtung Einsicht in die Abrechnungen über die Austrittsleistung aus dem früheren Vorsorgeverhältnis zu gewähren.

[2] Die Vorsorgeeinrichtung kann die Austrittsleistung aus dem früheren Vorsorgeverhältnis sowie das Vorsorgekapital aus einer Form der Vorsorgeschutzerhaltung für Rechnung der Versicherten einfordern.[19]

---

17 SR **831.40**

18 Satz eingefügt durch Ziff. I 11 des BG vom 19. März 1999 über das Stabilisierungsprogramm 1998 (AS **1999** 2374; BBl **1999** 4). Fassung gemäss Ziff. II 2 des BG vom 19. März 2010 (Strukturreform), in Kraft seit 1. Jan. 2012 (AS **2011** 3393; BBl **2007** 5669).

19 Fassung gemäss Ziff. I 11 des BG vom 19. März 1999 über das Stabilisierungsprogramm 1998, in Kraft seit 1. Jan. 2001 (AS **1999** 237; BBl **1999** 4).

12. [1] Mit dem Eintritt in die Vorsorgeeinrichtung sind die Versicherten zu den Leistungen versichert, die ihnen nach dem Reglement aufgrund der einzubringenden Eintrittsleistung zustehen. **Vorsorgeschutz**

[2] Haben sich Versicherte bei Eintritt in die Vorsorgeeinrichtung verpflichtet, einen Teil der Eintrittsleistung selber zu bezahlen, und haben sie diesen Teil bei Eintritt eines Vorsorgefalls nicht oder nur teilweise beglichen, so stehen ihnen die reglementarischen Leistungen gleichwohl zu. Der noch nicht bezahlte Teil kann jedoch samt Zinsen von den Leistungen abgezogen werden.

13. [1] Verbleibt ein Teil der eingebrachten Austrittsleistung, nachdem sich die Versicherten in die vollen reglementarischen Leistungen eingekauft haben, so können sie damit den Vorsorgeschutz in einer anderen zulässigen Form erhalten. **Nicht verwendete Austrittsleistung**

[2] Die Versicherten können mit dem verbleibenden Teil der eingebrachten Austrittsleistung auch künftige reglementarisch höhere Leistungen erwerben. Die Vorsorgeeinrichtung hat jährlich darüber abzurechnen.

14. [1] Der Vorsorgeschutz, der mit den eingebrachten Austrittsleistungen erworben wird, darf nicht durch einen neuen gesundheitlichen Vorbehalt geschmälert werden. **Gesundheitliche Vorbehalte**

[2] Die bei der früheren Vorsorgeeinrichtung abgelaufene Zeit eines Vorbehalts ist auf die neue Vorbehaltsdauer anzurechnen. Für die Versicherten günstigere Bedingungen der neuen Vorsorgeeinrichtung gehen vor.

4. Abschnitt: Berechnung der Austrittsleistung und Anspruch auf freie Mittel[20]

15. [1] Bei Spareinrichtungen entsprechen die Ansprüche der Versicherten dem Sparguthaben; bei versicherungsmässig geführten Beitragsprimatkassen entsprechen sie dem Deckungskapital. **Ansprüche im Beitragsprimat**

[2] Das Sparguthaben ist die Summe aller im Hinblick auf Altersleistungen gutgeschriebenen Beiträge des Arbeitgebers oder der Arbeitgeberin und der versicherten Person sowie der sonstigen Einlagen; sämtliche Zinsen sind zu berücksichtigen.

[3] Das Deckungskapital ist nach anerkannten Regeln der Versicherungsmathematik im Anwartschaftsdeckungsverfahren gemäss dem Grundsatz der Bilanzierung in geschlossener Kasse zu berechnen.

[20] Fassung gemäss Anhang Ziff. 5 des BG vom 19. Juni 2015 (Vorsorgeausgleich bei Scheidung), in Kraft seit 1. Jan. 2017 (AS **2016** 2313; BBl **2013** 4887).

[4] Beiträge für Sondermassnahmen und Solidaritätsleistungen sind zu berücksichtigen, wenn sie das persönliche Sparguthaben oder das Deckungskapital erhöht haben.

Ansprüche im Leistungsprimat

16. [1] Bei Vorsorgeeinrichtungen im Leistungsprimat entsprechen die Ansprüche der Versicherten dem Barwert der erworbenen Leistungen.

[2] Die erworbenen Leistungen werden wie folgt berechnet:

$$\text{versicherte Leistungen} \times \frac{\text{anrechenbare Versicherungsdauer}}{\text{mögliche Versicherungsdauer}}$$

[3] Die versicherten Leistungen sind im Reglement niedergelegt. Sie bestimmen sich aufgrund der möglichen Versicherungsdauer. Temporäre Leistungen gemäss Artikel 17 Absatz 2 können bei der Barwertbestimmung weggelassen werden, wenn sie nicht nach dem Deckungskapitalverfahren finanziert werden.

[4] Die anrechenbare Versicherungsdauer setzt sich zusammen aus der Beitragsdauer und der eingekauften Versicherungsdauer. Sie beginnt frühestens mit der Leistung von Beiträgen an die Altersvorsorge.

[5] Die mögliche Versicherungsdauer beginnt zur gleichen Zeit wie die anrechenbare Versicherungsdauer und endet mit der ordentlichen reglementarischen Altersgrenze.

[6] Der Barwert ist nach anerkannten Regeln der Versicherungsmathematik zu ermitteln. Die Barwerte sind im Reglement tabellarisch darzustellen.

Mindestbetrag bei Austritt aus der Vorsorgeeinrichtung

17. [1] Bei Austritt aus der Vorsorgeeinrichtung hat die versicherte Person zumindest Anspruch auf die eingebrachten Eintrittsleistungen samt Zinsen sowie auf die von ihr während der Beitragsdauer geleisteten Beiträge samt einem Zuschlag von 4 Prozent pro Altersjahr ab dem 20. Altersjahr, höchstens aber von 100 Prozent. Das Alter ergibt sich aus der Differenz zwischen dem Kalenderjahr und dem Geburtsjahr.

[2] Beiträge zur Finanzierung von Leistungen und zur Deckung von Kosten können von den Beiträgen der versicherten Person nur abgezogen werden, wenn die Höhe der verschiedenen Beiträge im Reglement festgelegt und der Bedarf in der Jahresrechnung oder in deren Anhang ausgewiesen ist. Abgezogen werden dürfen:

a. Beitrag zur Finanzierung der Ansprüche auf Invalidenleistungen bis zum Erreichen der ordentlichen Altersgrenze;
b. Beitrag zur Finanzierung der Ansprüche auf Hinterlassenenleistungen, die vor Erreichen der ordentlichen Altersgrenze entstehen;
c. Beitrag zur Finanzierung der Ansprüche auf Überbrückungsrenten bis zum Erreichen der ordentlichen Alters-

grenze. Der Bundesrat setzt die näheren Bedingungen für diese Abzugsmöglichkeit fest;
d. Beitrag für Verwaltungskosten;
e. Beitrag für Kosten des Sicherheitsfonds;
f. Beitrag zur Behebung einer Unterdeckung.[21]

[3] Sofern das Reglement diesen Abzug in Beitragsprozenten vorsieht, können auch im Reglement vorgesehene Aufwendungen zur Finanzierung der Anpassung der laufenden Renten an die Preisentwicklung nach Artikel 36 BVG[22] sowie der Mindestleistungen für Versicherungsfälle während der Übergangszeit nach Artikel 33 BVG von den Beiträgen der versicherten Person abgezogen werden.[23]

[4] Beiträge zur Finanzierung von Leistungen nach Absatz 2 Buchstaben a–c können nur dann von den Beiträgen der versicherten Person abgezogen werden, wenn der nicht für die Leistungen und Kosten nach den Absätzen 2 und 3 verwendete Teil der Beiträge verzinst wird.[24]

[5] Von den gesamten reglementarischen Beiträgen, die der Arbeitgeber oder die Arbeitgeberin und der Arbeitnehmer oder die Arbeitnehmerin leisten, ist mindestens ein Drittel als Arbeitnehmerbeitrag zu betrachten.

[6] Für Beiträge nach Artikel 33*a* BVG wird kein Zuschlag von 4 Prozent pro Altersjahr ab dem 20. Altersjahr nach Absatz 1 berechnet.[25]

Gewährleistung der obligatorischen Vorsorge

18. Registrierte Vorsorgeeinrichtungen haben den austretenden Versicherten mindestens das Altersguthaben nach Artikel 15 des BVG[26] mitzugeben.

Teil- oder Gesamtliquidation

18*a*.[27] [1] Bei einer Teil- oder Gesamtliquidation der Vorsorgeeinrichtung besteht neben dem Anspruch auf die Austrittsleistung ein individueller oder kollektiver Anspruch auf freie Mittel.

---

21 Fassung gemäss Anhang Ziff. 5 des BG vom 18. Juni 2004, in Kraft seit 1. Jan. 2005 (AS **2004** 4635; BBl **2003** 6399).

22 SR **831.40**

23 Fassung gemäss Anhang Ziff. 3 des BG vom 3. Okt. 2003 (1. BVG-Revision), in Kraft seit 1. Jan. 2005 (AS **2004** 1677; BBl **2000** 2637).

24 Fassung gemäss Anhang Ziff. 5 des BG vom 18. Juni 2004, in Kraft seit 1. Jan. 2005 (AS **2004** 4635; BBl **2003** 6399).

25 Eingefügt durch Ziff. II 2 des BG vom 11. Dez. 2009 (Massnahmen zur Erleichterung der Arbeitsmarktbeteiligung älterer Arbeitnehmender), in Kraft seit 1. Jan. 2011 (AS **2010** 4427; BBl **2007** 5669).

26 SR **831.40**

27 Ursprünglich Art. 23. Fassung gemäss Anhang Ziff. 3 des BG vom 3. Okt. 2003 (1. BVG-Revision), in Kraft seit 1. Jan. 2005 (AS **2004** 1677; BBl **2000** 2637).

[2] Die Teil- oder Gesamtliquidation richtet sich nach den Artikeln 53*b*–53*d*, 72*a* Absatz 4 und 72*c* Absatz 1 Buchstaben b und c BVG[28].[29]

Versicherungstechnischer Fehlbetrag

19.[30] [1] Im Freizügigkeitsfall dürfen Vorsorgeeinrichtungen keine versicherungstechnischen Fehlbeträge von der Austrittsleistung abziehen.

[2] Im Fall einer Teil- oder Gesamtliquidation dürfen versicherungstechnische Fehlbeträge abgezogen werden. Von Vorsorgeeinrichtungen öffentlich-rechtlicher Körperschaften im System der Teilkapitalisierung dürfen versicherungstechnische Fehlbeträge nur so weit abgezogen werden, als sie einen Ausgangsdeckungsgrad nach Artikel 72*a* Absatz 1 Buchstabe b BVG[31] unterschreiten.[32]

Ansprüche bei Wahl der Anlagestrategie durch die versicherte Person

19*a*.[33] [1] Vorsorgeeinrichtungen, die ausschliesslich Lohnanteile über dem anderthalbfachen oberen Grenzbetrag nach Artikel 8 Absatz 1 BVG[34] versichern und unterschiedliche Anlagestrategien anbieten, können vorsehen, dass den austretenden Versicherten in Abweichung von den Artikeln 15 und 17 der effektive Wert des Vorsorgeguthabens im Zeitpunkt des Austritts mitgegeben wird. In diesem Fall müssen sie mindestens eine Strategie mit risikoarmen Anlagen anbieten. Der Bundesrat umschreibt die risikoarmen Anlagen näher.

[2] Die Vorsorgeeinrichtung muss die versicherte Person bei der Wahl einer Anlagestrategie über die verschiedenen Anlagestrategien und die damit verbundenen Risiken und Kosten informieren. Die versicherte Person muss schriftlich bestätigen, dass sie diese Informationen erhalten hat.

[3] Die Austrittsleistung wird ab dem Zeitpunkt der Fälligkeit nicht verzinst.

---

28 SR **831.40**

29 Fassung gemäss Ziff. II 3 des BG vom 17. Dez. 2010 (Finanzierung von Vorsorgeeinrichtungen öffentlich-rechtlicher Körperschaften), in Kraft seit 1. Jan. 2012 (AS **2011** 3385; BBl **2008** 8411).

30 Fassung gemäss Ziff. II 3 des BG vom 17. Dez. 2010 (Finanzierung von Vorsorgeeinrichtungen öffentlich-rechtlicher Körperschaften), in Kraft seit 1. Jan. 2012 (AS **2011** 3385; BBl **2008** 8411).

31 SR **831.40**

32 Fassung gemäss Anhang Ziff. 5 des BG vom 19. Juni 2015 (Vorsorgeausgleich bei Scheidung), in Kraft seit 1. Jan. 2017 (AS **2016** 2313; BBl **2013** 4887).

33 Eingefügt durch Ziff. I des BG vom 18. Dez. 2015, in Kraft seit 1. Okt. 2017 (AS **2017** 5019; BBl **2015** 1793).

34 SR **831.40**

5. Abschnitt: Erhaltung des Vorsorgeschutzes in besonderen Fällen

Änderung des Beschäftigungsgrades

20. 1 Ändern Versicherte ihren Beschäftigungsgrad für die Dauer von mindestens sechs Monaten, so hat die Vorsorgeeinrichtung wie im Freizügigkeitsfall abzurechnen.

2 Sieht das Reglement eine für die Versicherten mindestens ebenso günstige Regelung oder die Berücksichtigung des durchschnittlichen Beschäftigungsgrades vor, so kann eine Abrechnung unterbleiben.

Wechsel innerhalb der Vorsorgeeinrichtung

21. 1 Sind zwei Arbeitgeber[35] der gleichen Vorsorgeeinrichtung angeschlossen und wechselt die versicherte Person vom einen zum anderen, so ist wie im Freizügigkeitsfall abzurechnen, sofern die versicherte Person das Vorsorgewerk oder den Vorsorgeplan wechselt.

2 Sieht das Reglement eine für die versicherte Person mindestens ebenso günstige Regelung vor, so kann eine Abrechnung unterbleiben.

5*a*. Abschnitt: Ehescheidung und gerichtliche Auflösung der eingetragenen Partnerschaft[36]

Grundsatz

22.[37] 1 Bei Ehescheidung werden die Austrittsleistungen und Rentenanteile nach den Artikeln 122–124*e* des Zivilgesetzbuches (ZGB)[38] sowie den Artikeln 280 und 281 der Zivilprozessordnung (ZPO)[39] geteilt; die Artikel 3–5 sind auf den zu übertragenden Betrag sinngemäss anwendbar.

Berechnung der zu teilenden Austrittsleistung

22*a*.[40] 1 Die zu teilende Austrittsleistung eines Ehegatten entspricht der Differenz zwischen der Austrittsleistung zuzüglich allfälliger Freizügigkeitsguthaben im Zeitpunkt der Einleitung

---

35 Da die Verwendung von Paarformen die Lesbarkeit des vorliegenden Artikels erschwert, wird die männliche Personenbezeichnung als Ausdruck gewählt, der sich auf Personen beider Geschlechter bezieht.

36 Eingefügt durch Anhang Ziff. 5 des BG vom 19. Juni 2015 (Vorsorgeausgleich bei Scheidung), in Kraft seit 1. Jan. 2017 (AS **2016** 2313; BBl **2013** 4887).

37 Fassung gemäss Anhang Ziff. 5 des BG vom 19. Juni 2015 (Vorsorgeausgleich bei Scheidung), in Kraft seit 1. Jan. 2017 (AS **2016** 2313; BBl **2013** 4887).

38 SR **210**

39 SR **272**

40 Eingefügt durch Anhang Ziff. 7 des BG vom 26. Juni 1998 (AS **1999** 1118; BBl **1996** I 1). Fassung gemäss Anhang Ziff. 5 des BG vom 19. Juni 2015 (Vorsorgeausgleich bei Scheidung), in Kraft seit 1. Jan. 2017 (AS **2016** 2313; BBl **2013** 4887).

des Scheidungsverfahrens und der Austrittsleistung zuzüglich allfälliger Freizügigkeitsguthaben im Zeitpunkt der Eheschliessung. Die Austrittsleistung und das Freizügigkeitsguthaben im Zeitpunkt der Eheschliessung sind auf den Zeitpunkt der Einleitung des Scheidungsverfahrens aufzuzinsen. Barauszahlungen und Kapitalabfindungen während der Ehedauer werden nicht berücksichtigt.

2 Anteile einer Einmaleinlage, die ein Ehegatte während der Ehe aus Mitteln finanziert hat, die unter dem Güterstand der Errungenschaftsbeteiligung von Gesetzes wegen sein Eigengut wären (Art. 198 ZGB[41]), sind zuzüglich Zins von der zu teilenden Austrittsleistung abzuziehen.

3 Haben während der Ehe Vorbezüge für Wohneigentum nach den Artikeln 30*c* BVG[42] und 331*e* des Obligationenrechts[43] stattgefunden, so werden der Kapitalabfluss und der Zinsverlust anteilsmässig dem vor der Eheschliessung und dem danach bis zum Bezug geäufneten Vorsorgeguthaben belastet.

4 Der Bundesrat regelt die Berechnung bei laufenden Invalidenrenten und in Fällen, in denen zwischen der Einleitung des Scheidungsverfahrens und dem rechtskräftigen Entscheid über den Vorsorgeausgleich der Vorsorgefall Alter eintritt.

Berechnung der zu teilenden Austrittsleistung bei Heirat vor dem 1. Januar 1995

22*b*.[44] 1 Haben die Ehegatten vor dem 1. Januar 1995 geheiratet, so wird die Austrittsleistung im Zeitpunkt der Eheschliessung aufgrund einer vom Eidgenössischen Departement des Innern erstellten Tabelle berechnet. Hat jedoch ein Ehegatte von der Eheschliessung bis zum 1. Januar 1995 nie die Vorsorgeeinrichtung gewechselt und steht fest, wie hoch nach neuem Recht die Austrittsleistung im Zeitpunkt der Eheschliessung gewesen wäre, so ist dieser Betrag für die Berechnung nach Artikel 22*a* Absatz 1 massgebend.

2 Für die Berechnung der Austrittsleistung im Zeitpunkt der Eheschliessung anhand der Tabelle ist von folgenden Eckwerten auszugehen:

a. Zeitpunkt und Höhe der ersten, nach Artikel 24 von Gesetzes wegen mitgeteilten Austrittsleistung; ist zwischen der Eheschliessung und dem Zeitpunkt der mitgeteilten Austrittsleistung eine Austrittsleistung fällig geworden, so sind deren Höhe und der Zeitpunkt ihrer Fälligkeit für die Berechnung massgebend;

---

41 SR **210**

42 SR **831.40**

43 SR **220**

44 Eingefügt durch Anhang Ziff. 7 des BG vom 26. Juni 1998 (AS **1999** 1118; BBl **1996** I 1). Fassung gemäss Anhang Ziff. 5 des BG vom 19. Juni 2015 (Vorsorgeausgleich bei Scheidung), in Kraft seit 1. Jan. 2017 (AS **2016** 2313; BBl **2013** 4887).

b. Zeitpunkt und Höhe der letzten, vor der Eheschliessung bekannten Eintrittsleistung in ein neues Vorsorgeverhältnis; ist keine solche Eintrittsleistung bekannt, so gelten das Datum des Beginns des Vorsorgeverhältnisses und der Wert Null.

3 Vom Wert nach Absatz 2 Buchstabe a werden der Wert nach Absatz 2 Buchstabe b und allfällige dazwischen liegende Einmaleinlagen samt Zins bis zum Zeitpunkt nach Absatz 2 Buchstabe a abgezogen. Die Tabelle gibt an, welcher Teil des errechneten Betrags als Austrittsleistung im Zeitpunkt der Eheschliessung gilt. Zu dem aus der Tabelle resultierenden Betrag sind die in Abzug gebrachte Eintrittsleistung nach Absatz 2 Buchstabe b und die Einmaleinlagen, die vor der Eheschliessung erbracht worden sind, samt Zins bis zur Heirat hinzuzurechnen.

4 Die Tabelle berücksichtigt die Beitragsdauer zwischen der Erbringung der Eintrittsleistung nach Absatz 2 Buchstabe b und der Austrittsleistung nach Absatz 2 Buchstabe a sowie die in dieser Beitragsdauer liegende Ehedauer.

5 Die Absätze 1–3 gelten sinngemäss für Freizügigkeitsguthaben, die vor dem 1. Januar 1995 erworben worden sind.

Übertragung der Austrittsleistung und der lebenslangen Rente

22*c*.[45] 1 Die zu übertragende Austrittsleistung wird bei der Vorsorge- oder Freizügigkeitseinrichtung des verpflichteten Ehegatten im Verhältnis des Altersguthabens nach Artikel 15 BVG[46] zum übrigen Vorsorgeguthaben belastet. Für die Übertragung einer lebenslangen Rente nach Artikel 124*a* ZGB[47] gilt dies sinngemäss.

2 Die übertragene Austrittsleistung oder Rente wird bei der Vorsorge- oder Freizügigkeitseinrichtung des berechtigten Ehegatten im Verhältnis, in dem sie in der Vorsorge des verpflichteten Ehegatten belastet wurde, dem obligatorischen und dem übrigen Guthaben gutgeschrieben.

3 Der Bundesrat regelt die Modalitäten der Übertragung der Rente in die Vorsorge oder Freizügigkeitseinrichtung des berechtigten Ehegatten. Die Vorsorgeeinrichtung des verpflichteten Ehegatten und der berechtigte Ehegatte können anstelle der Rentenübertragung eine Überweisung in Kapitalform vereinbaren.

4 Die Vorsorge- und Freizügigkeitseinrichtungen halten fest, wie sich die Austrittsleistung oder Rente auf das Altersguthaben und das übrige Vorsorgeguthaben verteilt. Sie leiten diese Infor-

---

45 Eingefügt durch Anhang Ziff. 7 des BG vom 26. Juni 1998 (AS **1999** 1118; BBl **1996** I 1). Fassung gemäss Anhang Ziff. 5 des BG vom 19. Juni 2015 (Vorsorgeausgleich bei Scheidung), in Kraft seit 1. Jan. 2017 (AS **2016** 2313; BBl **2013** 4887).

46 SR **831.40**

47 SR **210**

mation bei der Übertragung an eine andere Vorsorge- oder Freizügigkeitseinrichtung weiter.

Wiedereinkauf nach Scheidung

22*d*.[48] 1 Die Vorsorgeeinrichtung muss nach der Scheidung dem verpflichteten Ehegatten die Möglichkeit gewähren, sich im Rahmen der übertragenen Austrittsleistung wieder einzukaufen. Die Bestimmungen über den Eintritt in die Vorsorgeeinrichtung gelten sinngemäss. Die wieder einbezahlten Beträge werden im gleichen Verhältnis wie bei der Belastung nach Artikel 22*c* Absatz 1 dem Altersguthaben nach Artikel 15 BVG[49] und dem übrigen Vorsorgeguthaben zugeordnet.

2 Kein Anspruch auf Wiedereinkauf besteht nach der Übertragung eines Betrages nach Artikel 124 Absatz 1 ZGB[50].

Auszahlung aufgrund von Alter oder Invalidität

22*e*.[51] 1 Hat der berechtigte Ehegatte Anspruch auf eine volle Invalidenrente oder hat er das Mindestalter für den vorzeitigen Altersrücktritt (Art. 1 Abs. 3 BVG[52]) erreicht, so kann er die Auszahlung der lebenslangen Rente nach Artikel 124*a* ZGB[53] verlangen.

2 Hat er das Rentenalter nach Artikel 13 Absatz 1 BVG erreicht, so wird ihm die lebenslange Rente ausbezahlt. Er kann deren Überweisung in seine Vorsorgeeinrichtung verlangen, wenn er sich nach deren Reglement noch einkaufen kann.

Entschädigung

22*f*.[54] 1 Wird einem Ehegatten eine angemessene Entschädigung nach Artikel 124*e* Absatz 1 ZGB[55] zugesprochen, so kann das Gericht im Scheidungsurteil bestimmen, dass ein Teil der Austrittsleistung auf Anrechnung an die Entschädigung übertragen wird.

2 Es teilt der Vorsorgeeinrichtung den zu übertragenden Betrag mit den nötigen Angaben über die Erhaltung des Vorsorgeschutzes von Amtes wegen mit; für die Übertragung sind die Artikel 3–5 sinngemäss anwendbar.

3 Wird ein Ehegatte zur Zahlung einer Kapitalabfindung nach Artikel 124*d* oder 124*e* Absatz 1 ZGB verpflichtet, so kann das

---

48 Eingefügt durch Anhang Ziff. 5 des BG vom 19. Juni 2015 (Vorsorgeausgleich bei Scheidung), in Kraft seit 1. Jan. 2017 (AS **2016** 2313; BBl **2013** 4887).

49 SR **831.40**

50 SR **210**

51 Eingefügt durch Anhang Ziff. 5 des BG vom 19. Juni 2015 (Vorsorgeausgleich bei Scheidung), in Kraft seit 1. Jan. 2017 (AS **2016** 2313; BBl **2013** 4887).

52 SR **831.40**

53 SR **210**

54 Eingefügt durch Anhang Ziff. 5 des BG vom 19. Juni 2015 (Vorsorgeausgleich bei Scheidung), in Kraft seit 1. Jan. 2017 (AS **2016** 2313; BBl **2013** 4887).

55 SR **210**

Gericht im Scheidungsurteil bestimmen, dass dieser Betrag in die Vorsorgeeinrichtung des berechtigten Ehegatten oder, wenn dies nicht möglich ist, in eine Einrichtung zur Erhaltung des Vorsorgeschutzes eingezahlt wird. Absatz 2 gilt sinngemäss.

Eingetragene Partnerschaft

23.[56] Die Bestimmungen über die Scheidung sind bei gerichtlicher Auflösung einer eingetragenen Partnerschaft sinngemäss anwendbar.

6. Abschnitt: Information der Versicherten und Dokumentation im Hinblick auf eine Scheidung[57]

24. 1 Die Vorsorgeeinrichtung hat dem Versicherten jährlich die reglementarische Austrittsleistung nach Artikel 2 mitzuteilen.[58]

2 Heiratet der Versicherte oder geht er eine eingetragene Partnerschaft ein, so hat ihm die Vorsorgeeinrichtung auf diesen Zeitpunkt seine Austrittsleistung mitzuteilen.[59] Die Vorsorgeeinrichtung hat diese Angabe in ihren Unterlagen festzuhalten und bei Austritt des Versicherten der neuen Vorsorge- oder einer allfälligen Freizügigkeitseinrichtung zu übermitteln.[60]

3 Im Falle der Ehescheidung oder gerichtlichen Auflösung einer eingetragenen Partnerschaft hat die Vorsorgeeinrichtung auf Verlangen der versicherten Person oder dem Gericht Auskunft zu geben über:

a. die Höhe der Guthaben, die für die Berechnung der zu teilenden Austrittsleistung massgebend sind;
b. den Anteil des Altersguthabens nach Artikel 15 BVG[61] am gesamten Guthaben der versicherten Person.[62]

4 Der Bundesrat regelt die weiteren Informationspflichten.[63]

---

56 Ursprünglich Art. 22*d*. Eingefügt durch Anhang Ziff. 30 des Partnerschaftsgesetzes vom 18. Juni 2004, in Kraft seit 1. Jan. 2007 (AS **2005** 5685; BBl **2003** 1288).

57 Fassung gemäss Anhang Ziff. 7 des BG vom 26. Juni 1998, in Kraft seit 1. Jan. 2000 (AS **1999** 1118; BBl **1996** I 1).

58 Fassung gemäss Anhang Ziff. 3 des BG vom 3. Okt. 2003 (1. BVG-Revision), in Kraft seit 1. Jan. 2005 (AS **2004** 1677; BBl **2000** 2637).

59 Fassung gemäss Anhang Ziff. 30 des Partnerschaftsgesetzes vom 18. Juni 2004, in Kraft seit 1. Jan. 2007 (AS **2005** 5685; BBl **2003** 1288).

60 Eingefügt durch Anhang Ziff. 7 des BG vom 26. Juni 1998, in Kraft seit 1. Jan. 2000 (AS **1999** 1118; BBl **1996** I 1).

61 SR **831.40**

62 Eingefügt durch Anhang Ziff. 7 des BG vom 26. Juni 1998 (AS **1999** 1118; BBl **1996** I 1). Fassung gemäss Anhang Ziff. 5 des BG vom 19. Juni 2015 (Vorsorgeausgleich bei Scheidung), in Kraft seit 1. Jan. 2017 (AS **2016** 2313; BBl **2013** 4887).

63 Eingefügt durch Anhang Ziff. 5 des BG vom 19. Juni 2015 (Vorsorgeausgleich bei Scheidung), in Kraft seit 1. Jan. 2017 (AS **2016** 2313;

6*a*. Abschnitt:[64] Meldepflichten, Zentralstelle 2. Säule

Anm.: Gem. Änderung des Schweizerischen Zivilgesetzbuches (Kindesunterhalt) vom 20.3.2015 und der Berichtigung vom 8.12.2015 wird der Gliederungstitel 6a wie folgt geändert (Referendumsfrist unbenützt abgelaufen, Inkrafttreten noch offen):

[6a. Abschnitt: Meldepflichten, Zentralstelle 2. Säule, Massnahmen bei Vernachlässigung der Unterhaltspflicht]

Meldepflicht der Einrichtungen

24*a*.[65] Vorsorgeeinrichtungen und Einrichtungen, welche Freizügigkeitskonten oder -policen führen, melden der Zentralstelle 2. Säule jährlich bis Ende Januar alle Personen, für die im Dezember des Vorjahres ein Guthaben geführt wurde.

24*b*.[66]

Umfang der Meldepflicht

24*c*. Die Meldung umfasst:

a. Name und Vorname des Versicherten;
b. seine AHV-Versichertennummer;
c. sein Geburtsdatum;
d. Name der Vorsorgeeinrichtung oder der Einrichtung, welche die Freizügigkeitskonten oder -policen führt.

Zentralstelle 2. Säule

24*d*. [1] Die Zentralstelle 2. Säule ist die Verbindungsstelle zwischen den Vorsorgeeinrichtungen, den Einrichtungen, welche Freizügigkeitskonten oder -policen führen, und den Versicherten.

[2] Sie meldet der Zentralen Ausgleichsstelle der AHV die vergessenen Guthaben, um die zur Identifikation und Lokalisierung der Berechtigten erforderlichen Angaben zu erhalten.

[3] Die Zentrale Ausgleichsstelle der AHV liefert der Zentralstelle 2. Säule folgende Angaben, sofern diese in den zentralen Registern oder elektronischen Dossiers enthalten sind:

a. für in der Schweiz wohnhafte Personen den Namen der AHV-Ausgleichskasse, welche die Rente auszahlt;
b. die Adressen von Personen im Ausland.

[4] Die Zentralstelle 2. Säule leitet die erhaltenen Angaben an die zuständige Einrichtung weiter. Sie nimmt Anfragen einzelner Versicherter betreffend deren Vorsorgeguthaben entgegen und

---

BBl **2013** 4887).

[64] Eingefügt durch Ziff. I des BG vom 18. Dez. 1998, in Kraft seit 1. Mai 1999 (AS **1999** 1384; BBl **1998** 5569).

[65] Fassung gemäss Anhang Ziff. 5 des BG vom 19. Juni 2015 (Vorsorgeausgleich bei Scheidung), in Kraft seit 1. Jan. 2017 (AS **2016** 2313; BBl **2013** 4887).

[66] Aufgehoben durch Anhang Ziff. 5 des BG vom 19. Juni 2015 (Vorsorgeausgleich bei Scheidung), mit Wirkung seit 1. Jan. 2017 (AS **2016** 2313; BBl **2013** 4887).

gibt ihnen die erforderlichen Angaben zur Geltendmachung ihrer Ansprüche.

5 Die Vorsorgeeinrichtungen und die Einrichtungen, welche Freizügigkeitskonten oder -policen führen, arbeiten mit der Zentralstelle 2. Säule zusammen.

Verfahren

24*e*. 1 Das zuständige Departement regelt das Verfahren.

2 Das zuständige Bundesamt kann technische Weisungen erlassen. Diese sind verbindlich:

a. für die kantonalen Aufsichtsbehörden;

b. für die diesem Gesetz unterstehenden Vorsorgeeinrichtungen und Einrichtungen, welche Freizügigkeitskonten oder -policen führen.

Aktenaufbewahrung

24*f*. Die Zentralstelle 2. Säule bewahrt die Meldungen auf. Die Aufbewahrungspflicht erlischt mit Ablauf von zehn Jahren, nachdem der Versicherte das Rentenalter im Sinne von Artikel 13 Absatz 1 BVG[67] erreicht hat.

Anm.: Gem. Änderung des Schweizerischen Zivilgesetzbuches (Kindesunterhalt) vom 20.3.2015 und der Berichtigung vom 8.12.2015 soll Art. 24*f*bis neu eingefügt werden. (Referendumsfrist unbenützt abgelaufen; Inkrafttreten noch offen):

[Massnahmen bei Vernachlässigung der Unterhaltspflicht

24f.bis 1 Befindet sich eine versicherte Person mit regelmässig zu erbringenden Unterhaltszahlungen im Umfang von mindestens vier monatlichen Zahlungen in Verzug, so kann die vom kantonalen Recht bezeichnete Fachstelle nach den Artikeln 131 Absatz 1 und 290 ZGB dies der Freizügigkeitseinrichtung melden.

2 Im Freizügigkeitsfall muss die bisherige Vorsorge- oder Freizügigkeitseinrichtung die Meldung der Fachstelle an die neue Vorsorge- oder Freizügigkeitseinrichtung weiterleiten. Trifft die Meldung ein, nachdem die Austrittsleistung überwiesen wurde, so muss sie innert zehn Arbeitstagen an die neue Vorsorge- oder Freizügigkeitseinrichtung weitergeleitet werden.

3 Die Meldungen nach den Absätzen 1 und 2 entfalten ihre Wirkung mit Abschluss der Verarbeitung, spätestens jedoch fünf Arbeitstage nach ihrer Zustellung.

4 Die Freizügigkeitseinrichtung muss der Fachstelle den Eintritt der Fälligkeit folgender Ansprüche der ihr gemeldeten Versicherten unverzüglich melden:

a. Auszahlung der Leistung als einmalige Kapitalabfindung in der Höhe von mindestens 1000 Franken;

b. Barauszahlung nach Artikel 5 in der Höhe von mindestens 1000 Franken;

c. Vorbezug zur Wohneigentumsförderung nach Artikel 30c BVG.

5 Sie muss der Fachstelle auch die Verpfändung von Vorsorgeguthaben dieser Versicherten nach Artikel 30b BVG sowie die Pfandverwertung dieses Guthabens melden.

---

67 SR **831.40**

[6] Die Meldungen nach den Absätzen 1, 4 und 5 haben schriftlich durch eingeschriebene Postsendung oder auf andere Weise gegen Empfangsbestätigung zu erfolgen.

[7] Die Freizügigkeitseinrichtung darf eine Überweisung nach Absatz 4 frühestens 30 Tage nach Zustellung der Meldung an die Fachstelle vornehmen.]

6*b*. Abschnitt:[68] Verjährung von Ansprüchen und Aufbewahrung von Vorsorgeunterlagen

24*g*. Für die Verjährung von Ansprüchen und die Aufbewahrung von Vorsorgeunterlagen gilt Artikel 41 BVG[69] sinngemäss.

7. Abschnitt: Anwendbarkeit des BVG[70]

Grundsatz

25.[71] Die Bestimmungen des BVG[72] betreffend die systematische Verwendung der Versichertennummer der AHV, die Rechtspflege, das Bearbeiten und die Bekanntgabe von Personendaten, die Akteneinsicht, die Schweigepflicht sowie die Amts- und Verwaltungshilfe sind sinngemäss anwendbar.

Verfahren bei Scheidung

25*a*.[73] [1] Kann im Scheidungsverfahren nicht nach Artikel 280 oder 281 ZPO[74] über den Vorsorgeausgleich entschieden werden, so führt das am Ort der Scheidung nach Artikel 73 Absatz 1 BVG[75] zuständige Gericht gestützt auf den vom Scheidungsgericht bestimmten Teilungsschlüssel die Teilung von Amtes wegen durch, nachdem ihm die Streitsache überwiesen worden ist (Art. 281 Abs. 3 ZPO). Bei einem Verfahren um Ergänzung eines ausländischen Scheidungsurteils gilt als Ort der Scheidung der Ort des Ergänzungsverfahrens (Art. 64 des BG vom 18. Dez. 1987[76] über das Internationale Privatrecht).[77]

---

68 Eingefügt durch Anhang Ziff. 3 des BG vom 3. Okt. 2003 (1. BVG-Revision), in Kraft seit 1. Jan. 2005 (AS **2004** 1677; BBl **2000** 2637).

69 SR **831.40**

70 Fassung gemäss Ziff. I des BG vom 23. Juni 2000, in Kraft seit 1. Jan. 2001 (AS **2000** 2693; BBl **2000** 255).

71 Fassung gemäss Anhang Ziff. 10 des BG vom 23. Juni 2006 (Neue AHV-Versicherten-nummer), in Kraft seit 1. Dez. 2007 (AS **2007** 5259; BBl **2006** 501).

72 SR **831.40**

73 Eingefügt durch Anhang Ziff. 7 des BG vom 26. Juni 1998, in Kraft seit 1. Jan. 2000 (AS **1999** 1118; BBl **1996** I 1).

74 SR **272**

75 SR **831.40**

76 SR **291**

77 Fassung gemäss Anhang Ziff. 5 des BG vom 19. Juni 2015 (Vorsorgeausgleich bei Scheidung), in Kraft seit 1. Jan. 2017 (AS **2016** 2313; BBl **2013** 4887).

2 Die Ehegatten und die Einrichtungen der beruflichen Vorsorge haben in diesem Verfahren Parteistellung. Das Gericht setzt ihnen eine angemessene Frist, um Anträge zu stellen.

8. Abschnitt:[78] Verhältnis zum europäischen Recht

Geltungsbereich

25*b*.[79] 1 In Bezug auf Personen, für die die Rechtsvorschriften der sozialen Sicherheit der Schweiz oder eines oder mehrerer EU-Mitgliedstaaten gelten oder galten und die Staatsangehörige der Schweiz oder eines EU-Mitgliedstaates sind, auf Flüchtlinge oder Staatenlose mit Wohnort in der Schweiz oder einem EU-Mitgliedstaat sowie auf die Familienangehörigen und Hinterlassenen dieser Personen sind auf die Leistungen im Geltungsbereich des vorliegenden Gesetzes folgende Erlasse in der für die Schweiz verbindlichen Fassung von Anhang II, Abschnitt A, des Abkommens vom 21. Juni 1999[80] zwischen der Schweizerischen Eidgenossenschaft einerseits und der Europäischen Gemeinschaft und ihren Mitgliedstaaten andererseits über die Freizügigkeit (Freizügigkeitsabkommen) anwendbar:

a. Verordnung (EG) Nr. 883/2004[81];
b. Verordnung (EG) Nr. 987/2009[82];
c. Verordnung (EWG) Nr. 1408/71[83];
d. Verordnung (EWG) Nr. 574/72[84].

---

78 Eingefügt durch Ziff. I 8 des BG vom 8. Okt. 1999 zum Abk. zwischen der Schweizerischen Eidgenossenschaft einerseits und der EG sowie ihren Mitgliedstaaten andererseits über die Freizügigkeit (AS **2002** 701; BBl **1999** 6128). Fassung gemäss Anhang Ziff. 3 des BG vom 3. Okt. 2003 (1. BVG-Revision), in Kraft seit 1. Jan. 2005 (AS **2004** 1677; BBl **2000** 2637).

79 Fassung gemäss Anhang Ziff. 5 des BB vom 17. Juni 2016 (Ausdehnung des Freizügigkeitsabkommens auf die Republik Kroatien), in Kraft seit 1. Jan. 2017 (AS **2016** 5233; BBl **2016** 2223).

80 SR **0.142.112.681**

81 Verordnung (EG) Nr. 883/2004 des Europäischen Parlaments und des Rates vom 29. April 2004 zur Koordinierung der Systeme der sozialen Sicherheit, (SR **0.831.109.268.1**).

82 Verordnung (EG) Nr. 987/2009 des Europäischen Parlaments und des Rates vom 16. September 2009 zur Festlegung der Modalitäten für die Durchführung der Verordnung (EG) Nr. 883/2004 über die Koordinierung der Systeme der sozialen Sicherheit, (SR **0.831.109.268.11**).

83 Verordnung (EWG) Nr. 1408/71 des Rates vom 14. Juni 1971 zur Anwendung der Systeme der sozialen Sicherheit auf Arbeitnehmer und Selbstständige sowie deren Familienangehörige, die innerhalb der Gemeinschaft zu- und abwandern; in der jeweils gültigen Fassung des Freizügigkeitsabkommens (AS **2004** 121, **2008** 4219 4273, **2009** 4831) bzw. des revidierten EFTA-Übereinkommens.

84 Verordnung (EWG) Nr. 574/72 des Rates vom 21. März 1972 über die Durchführung der Verordnung (EWG) Nr. 1408/71 zur Anwendung der Systeme der sozialen Sicherheit auf Arbeitnehmer und Selbststän-

² In Bezug auf Personen, für die die Rechtsvorschriften der sozialen Sicherheit der Schweiz, Islands, Norwegens oder Liechtensteins gelten oder galten und die Staatsangehörige der Schweiz, Islands, Norwegens oder Liechtensteins sind oder die als Flüchtlinge oder Staatenlose Wohnort in der Schweiz oder auf dem Gebiet Islands, Norwegens oder Liechtensteins haben, sowie auf die Familienangehörigen und Hinterlassenen dieser Personen sind auf die Leistungen im Geltungsbereich des vorliegenden Gesetzes folgende Erlasse in der für die Schweiz verbindlichen Fassung von Anlage 2 zu Anhang K des Übereinkommens vom 4. Januar 1960[85] zur Errichtung der Europäischen Freihandelsassoziation (EFTA-Übereinkommen) anwendbar:

a. Verordnung (EG) Nr. 883/2004;
b. Verordnung (EG) Nr. 987/2009;
c. Verordnung (EWG) Nr. 1408/71;
d. Verordnung (EWG) Nr. 574/72.

³ Der Bundesrat passt die Verweise auf die in den Absätzen 1 und 2 aufgeführten Rechtsakte der Europäischen Union jeweils an, wenn eine Anpassung des Anhangs II des Freizügigkeitsabkommens und der Anlage 2 zu Anhang K des EFTA-Übereinkommens beschlossen wurde.

⁴ Die Ausdrücke «Mitgliedstaaten der Europäischen Union», «Mitgliedstaaten der Europäischen Gemeinschaft», «Staaten der Europäischen Union» und «Staaten der Europäischen Gemeinschaft» im vorliegenden Gesetz bezeichnen die Staaten, für die das Freizügigkeitsabkommen gilt.

Gleichbehandlung

25*c*. ¹ Personen, die in der Schweiz oder im Gebiet eines Mitgliedstaates der Europäischen Gemeinschaft wohnen und für die Artikel 25*b* Absatz 1 gilt, haben, soweit das Freizügigkeitsabkommen[86] nichts anderes vorsieht, die gleichen Rechte und Pflichten auf Grund dieses Gesetzes wie Schweizer Staatsangehörige.

² Personen, die in der Schweiz, Island, Liechtenstein oder Norwegen wohnen und für die Artikel 25*b* Absatz 2 gilt, haben, soweit das revidierte EFTA-Abkommen[87] nichts anderes vorsieht, die gleichen Rechte und Pflichten auf Grund dieses Gesetzes wie Schweizer Staatsangehörige.

Verbot von Wohnortsklauseln

25*d*. Der Anspruch auf Geldleistungen, der nach diesem Gesetz besteht, darf:

---

dige sowie deren Familienangehörige, die innerhalb der Gemeinschaft zu- und abwandern; in der jeweils gültigen Fassung des Freizügigkeitsabkommens (AS **2005** 3909, **2008** 4273, **2009** 621 4845) bzw. des revidierten EFTA-Übereinkommens.

85 SR **0.632.31**
86 SR **0.142.112.681**
87 SR **0.632.31**

a. soweit das Freizügigkeitsabkommen[88] nichts anderes vorsieht, nicht deshalb gekürzt, geändert, zum Ruhen gebracht, entzogen oder beschlagnahmt werden, weil die berechtigte Person im Gebiet eines Mitgliedstaates der Europäischen Gemeinschaft wohnt;
b. soweit das revidierte EFTA-Abkommen[89] nichts anderes vorsieht, nicht deshalb gekürzt, geändert, zum Ruhen gebracht, entzogen oder beschlagnahmt werden, weil die berechtigte Person im Gebiet von Island, Liechtenstein oder Norwegen wohnt.

Leistungsberechnung

25*e*. Leistungsansprüche im Anwendungsbereich dieses Gesetzes werden ausschliesslich auf Grund der Bestimmungen dieses Gesetzes festgestellt.

Einschränkung von Barauszahlungen in die Mitgliedstaaten der Europäischen Gemeinschaft, nach Island, Liechtenstein oder Norwegen

25*f*. 1 Versicherte können die Barauszahlung nach Artikel 5 Absatz 1 Buchstabe a im Umfang des bis zum Austritt aus der Vorsorgeeinrichtung erworbenen Altersguthabens nach Artikel 15 BVG[90] nicht verlangen, wenn sie:
a. nach den Rechtsvorschriften eines Mitgliedstaates der Europäischen Gemeinschaft für die Risiken Alter, Tod und Invalidität weiterhin obligatorisch versichert sind;
b. nach den isländischen oder norwegischen Rechtsvorschriften für die Risiken Alter, Tod und Invalidität weiterhin obligatorisch versichert sind;
c. in Liechtenstein wohnen.

2 Absatz 1 Buchstabe a tritt fünf Jahre nach Inkrafttreten des Freizügigkeitsabkommens[91] in Kraft.

3 Absatz 1 Buchstabe b tritt fünf Jahre nach Inkrafttreten des revidierten EFTA-Abkommens[92] in Kraft.

9. Abschnitt:[93] Schlussbestimmungen

Vollzug

26. 1 Der Bundesrat erlässt die Ausführungsvorschriften und regelt die zulässigen Formen der Erhaltung des Vorsorgeschutzes.

2 Er setzt den Verzugszinssatz fest und bestimmt einen Zinsrahmen für den technischen Zinssatz von mindestens einem Prozent. Bei der Bestimmung des Zinsrahmens sind die tatsächlich verwendeten technischen Zinssätze zu berücksichtigen.

---

88 SR **0.142.112.681**
89 SR **0.632.31**
90 SR **831.40**
91 SR **0.142.112.681**
92 SR **0.632.31**
93 Ursprünglich 8. Abschn.

[3] Der Bundesrat bestimmt den Zinssatz, zu dem die im Zeitpunkt der Eheschliessung erworbenen Austritts- und Freizügigkeitsleistungen und die Einmaleinlagen für die Berechnung der aufzuteilenden Austrittsleistungen nach Artikel 22*a* aufgezinst werden.[94]

Übergangsbestimmungen

27. [1] Die Eintritts- und die Austrittsleistung berechnen sich nach dem Recht, das zum Zeitpunkt des Eintritts in eine Vorsorgeeinrichtung beziehungsweise des Austritts aus einer solchen gilt.

[2] und [3] …[95]

Referendum und Inkrafttreten

28. [1] Dieses Gesetz untersteht dem fakultativen Referendum.

[2] Der Bundesrat bestimmt das Inkrafttreten.

Datum des Inkrafttretens: 1. Januar 1995[96]

Schlussbestimmung der Änderung vom 18. Dez. 1998[97]

Die Artikel 24*a* und 24*b* des Freizügigkeitsgesetzes vom 17. Dezember 1993 gelten sinngemäss für Vorsorgeeinrichtungen, die Vorsorge- oder Freizügigkeitsguthaben führen, welche aus der Zeit vor dem Inkrafttreten dieser Änderung des Freizügigkeitsgesetzes stammen.

Schlussbestimmungen der Änderung vom 14. Dezember 2001[98]

[1] Artikel 5*a* Buchstaben a und b Ziffer 1 tritt fünf Jahre nach Inkrafttreten des Freizügigkeitsabkommens[99] in Kraft.

[2] Artikel 5*a* Buchstaben a und b Ziffer 2 tritt fünf Jahre nach Inkrafttreten des revidierten EFTA-Abkommens[100] in Kraft.

---

94 Eingefügt durch Anhang Ziff. 7 des BG vom 26. Juni 1998 (AS **1999** 1118; BBl **1996** I 1). Fassung gemäss Anhang Ziff. 5 des BG vom 19. Juni 2015 (Vorsorgeausgleich bei Scheidung), in Kraft seit 1. Jan. 2017 (AS **2016** 2313; BBl **2013** 4887).

95 Aufgehoben durch Ziff. II 42 des BG vom 20. März 2008 zur formellen Bereinigung des Bundesrechts, mit Wirkung seit 1. Aug. 2008 (AS **2008** 3437; BBl **2007** 6121).

96 BRB vom 3. Okt. 1994

97 AS **1999** 1384; BBl **1998** 5569

98 AS **2002** 685; BBl **2001** 4963

99 SR **0.142.112.681**

100 SR **0.632.31**

Anhang

Änderung des bisherigen Rechts

…[101]

[101] Die Änderungen können unter AS **1994** 2386 konsultiert werden.

Verordnung
über die berufliche Alters-, Hinterlassenen- und Invalidenvorsorge (BVV 2) [Auszug] (SR 831.441.1)

vom 18. April 1984 (Stand am 1. Oktober 2017)

Der Schweizerische Bundesrat,

gestützt auf Artikel 97 Absatz 1 des Bundesgesetzes vom 25. Juni 1982[1] über die berufliche Alters-, Hinterlassenen- und Invalidenvorsorge (BVG),
Artikel 26 Absatz 1 des Freizügigkeitsgesetzes vom 17. Dezember 1993[2] (FZG)
sowie die Artikel 124 Absatz 3 und 124a Absatz 3 des Zivilgesetzbuches (ZGB)[3],[4]

verordnet:

1. Kapitel:[5] Grundsätze der beruflichen Vorsorge

1. Abschnitt: Angemessenheit

Art. 1 Beiträge und Leistungen
(Art. 1 Abs. 2 und 3 BVG)

1 Ein Vorsorgeplan gilt als angemessen, wenn die Bedingungen nach den Absätzen 2 und 3 erfüllt sind.

2 Gemäss Berechnungsmodell:

a. überschreiten die reglementarischen Leistungen nicht 70 Prozent des letzten versicherbaren AHV-pflichtigen Lohns oder Einkommens vor der Pensionierung; oder

b. betragen die gesamten reglementarischen Beiträge von Arbeitgeber und Arbeitnehmern, die der Finanzierung der Altersleistungen dienen, nicht mehr als 25 Prozent aller versicherbaren AHV-pflichtigen Löhne beziehungsweise die Beiträge der Selbständigerwerbenden

---

AS **1984** 543

1 SR **831.40**

2 SR **831.42**

3 SR **210**

4 Fassung gemäss Ziff. I der V vom 10. Juni 2016, in Kraft seit 1. Jan. 2017 (AS **2016** 2347).

5 Eingefügt durch Ziff. I der V vom 10. Juni 2005, in Kraft seit 1. Jan. 2006 (AS **2005** 4279).

nicht mehr als 25 Prozent des versicherbaren AHV-pflichtigen Einkommens pro Jahr.

3 Bei Löhnen, die über dem oberen Grenzbetrag nach Artikel 8 Absatz 1 BVG liegen, betragen gemäss Berechnungsmodell die Altersleistungen aus der beruflichen Vorsorge und der AHV zusammen nicht mehr als 85 Prozent des letzten versicherbaren AHV-pflichtigen Lohns oder Einkommens vor der Pensionierung.

4 Sieht der Vorsorgeplan Kapitalleistungen vor, so sind für die Bewertung der Angemessenheit die entsprechenden Rentenleistungen zugrunde zu legen, wie sie sich bei Anwendung des reglementarischen Umwandlungssatzes und, falls kein reglementarischer Umwandlungssatz vorgesehen ist, des Mindestumwandlungssatzes nach Artikel 14 Absatz 2 BVG ergeben.

5 Ein Vorsorgeplan mit Wahl der Anlagestrategie nach Artikel 1*e* gilt als angemessen, wenn:

a. die Bedingungen nach Absatz 2 Buchstabe b erfüllt sind; und
b. bei der Berechnung des Höchstbetrages der Einkaufssumme keine höheren Beiträge als durchschnittlich 25 Prozent des versicherten Lohns pro mögliches Beitragsjahr ohne Aufzinsung berücksichtigt werden.[6]

Art. 1*a* Angemessenheit bei mehreren Vorsorgeverhältnissen
(Art. 1 Abs. 2 und 3 BVG)

1 Schliesst ein Arbeitgeber Anschlussverträge mit mehreren Vorsorgeeinrichtungen ab, die so gestaltet sind, dass Versicherte gleichzeitig bei mehreren Einrichtungen versichert sind, so hat er Vorkehrungen zu treffen, dass Artikel 1 sinngemäss für die Gesamtheit der Vorsorgeverhältnisse eingehalten wird.

2 Selbstständigerwerbende, die ihr Einkommen in mehreren Vorsorgeeinrichtungen versichern lassen, müssen die notwendigen Massnahmen treffen, dass Artikel 1 sinngemäss für die Gesamtheit ihrer Vorsorgeverhältnisse eingehalten wird.

Art. 1*b* Vorzeitiger Altersrücktritt
(Art. 1 Abs. 3 BVG)

1 Die Vorsorgeeinrichtung kann in ihrem Reglement vorsehen, dass die versicherte Person über den Einkauf in die vollen reglementarischen Leistungen im Sinn von Artikel 9 Absatz 2 FZG hinaus zusätzliche Einkäufe tätigen darf, um Kürzungen beim Vorbezug der Altersleistungen ganz oder teilweise auszugleichen.

2 Vorsorgeeinrichtungen, welche Einkäufe für den vorzeitigen Altersrücktritt nach Absatz 1 zulassen, haben ihre Vorsorgepläne so auszugestalten, dass bei einem Verzicht auf den vorzeitigen Altersrücktritt das reglementarische Leistungsziel höchstens um 5 Prozent überschritten wird.

6 Eingefügt durch Ziff. I der V vom 30. Aug. 2017, in Kraft seit 1. Okt. 2017 (AS **2017** 5021).

2. Abschnitt: Kollektivität

Art. 1*c* Vorsorgepläne
(Art. 1 Abs. 3 BVG)

1 Der Grundsatz der Kollektivität ist eingehalten, wenn die Vorsorgeeinrichtung oder das Vorsorgewerk in ihrem Reglement eines oder mehrere Kollektive von Versicherten vorsehen. Die Zugehörigkeit zu einem Kollektiv muss sich nach objektiven Kriterien richten wie insbesondere nach der Anzahl der Dienstjahre, der ausgeübten Funktion, der hierarchischen Stellung im Betrieb, dem Alter oder der Lohnhöhe.

2 Die Kollektivität ist auch im Fall der Versicherung einer einzelnen Person eingehalten, wenn gemäss Reglement die Aufnahme weiterer Personen grundsätzlich möglich ist. Dies gilt jedoch nicht für die freiwillige Versicherung von Selbständigerwerbenden nach Artikel 44 BVG.

Art. 1*d* Wahlmöglichkeiten zwischen Vorsorgeplänen
(Art. 1 Abs. 3 BVG)

1 Die Vorsorgeeinrichtung oder das Vorsorgewerk können für die Versicherten jedes Kollektivs bis zu drei Vorsorgepläne anbieten.

2 Die Summe der Beitragsanteile von Arbeitgeber und Arbeitnehmern in Lohnprozenten muss beim Vorsorgeplan mit den niedrigsten Beitragsanteilen mindestens ⅔ der Beitragsanteile beim Vorsorgeplan mit den höchsten Beitragsanteilen betragen. Der Beitragssatz des Arbeitgebers muss in jedem Plan gleich hoch sein.

Art. 1*e*[7] Wahl der Anlagestrategien
(Art. 1 Abs. 3 BVG)

1 Nur Vorsorgeeinrichtungen, die ausschliesslich Lohnanteile über dem anderthalbfachen oberen Grenzbetrag nach Artikel 8 Absatz 1 BVG versichern, dürfen innerhalb eines Vorsorgeplans unterschiedliche Anlagestrategien anbieten.

2 Die Vorsorgeeinrichtung darf höchstens zehn Anlagestrategien pro Vorsorgewerk anbieten.

3 Das Vorsorgeguthaben einer versicherten Person darf nicht aufgeteilt und nach unterschiedlichen Strategien oder unterschiedlichen Gewichtungen innerhalb einer Strategie angelegt werden.

4 Vorsorgeeinrichtungen können den angeschlossenen Vorsorgewerken für eine Anlagestrategie mehrere externe Vermögensverwalterinnen oder -verwalter anbieten. Die Vorsorgewerke dürfen nur aus den von der Vorsorgeeinrichtung angebotenen Vermögensverwalterinnen und -verwaltern auswählen.

5 Innerhalb eines Kollektivs müssen die Anlagestrategien allen Versicherten angeboten werden. Das Anlageergebnis einer Anlagestrategie muss den Guthaben derjenigen Versicherten eines Kollektivs, die diese

---

7 Fassung gemäss Ziff. I der V vom 30. Aug. 2017, in Kraft seit 1. Okt. 2017 (AS **2017** 5021).

Strategie gewählt haben, nach einheitlichen Kriterien zugeschrieben werden.

3. Abschnitt: Gleichbehandlung
(Art. 1 Abs. 3 BVG)

Art. 1*f*

Der Grundsatz der Gleichbehandlung ist eingehalten, wenn für alle Versicherten eines Kollektivs die gleichen reglementarischen Bedingungen im Vorsorgeplan gelten.

4. Abschnitt: Planmässigkeit
(Art. 1 Abs. 3 BVG)

Art. 1*g*

Der Grundsatz der Planmässigkeit ist eingehalten, wenn die Vorsorgeeinrichtung in ihrem Reglement die verschiedenen Leistungen, die Art ihrer Finanzierung und die Anspruchsvoraussetzungen, die Vorsorgepläne sowie die verschiedenen Versichertenkollektive, für welche unterschiedliche Pläne gelten, genau festlegt. Der Vorsorgeplan muss sich auf Parameter stützen, die nach fachlich anerkannten Grundsätzen festgelegt werden.

5. Abschnitt: Versicherungsprinzip
(Art. 1 Abs. 3 BVG)

Art. 1*h*[8]

1 Das Versicherungsprinzip ist eingehalten, wenn mindestens 6 Prozent aller Beiträge zur Finanzierung der Leistungen für die Risiken Tod und Invalidität bestimmt sind; massgebend für die Berechnung dieses Mindestanteils ist die Gesamtheit der Beiträge für alle Kollektive und Pläne eines angeschlossenen Arbeitgebers in einer Vorsorgeeinrichtung. Sind einer Vorsorgeeinrichtung mehrere Arbeitgeber angeschlossen, so sind für die Berechnung des Mindestanteils jeweils die Beiträge für die Kollektive und Pläne eines einzelnen Arbeitgebers in dieser Vorsorgeeinrichtung massgebend.

2 In Vorsorgeeinrichtungen, welche ausschliesslich die weitergehende und ausserobligatorische Vorsorge betreiben, ist das Versicherungsprinzip auch dann eingehalten, wenn gemäss Reglement das Altersguthaben ohne Risikoschutz geäufnet wird in Fällen, in denen sich aufgrund einer ärztlichen Gesundheitsprüfung ein wesentlich erhöhtes Risiko ergibt und deshalb die Versicherung der Risiken Tod und Invalidität abgelehnt wird. In diesen Fällen kann die Altersleistung nur in Rentenform bezogen werden.

8 Siehe auch Bst. c SchlB Änd. 10.6.2005 vor dem Anhang.

6. Abschnitt: Mindestalter für den Altersrücktritt
(Art. 1 Abs. 3 BVG)

Art. 1*i*[9]

[1] Die Reglemente der Vorsorgeeinrichtungen können einen Altersrücktritt frühestens ab dem vollendeten 58. Altersjahr vorsehen.

[2] Frühere Altersrücktritte als nach Absatz 1 sind zulässig:

a. bei betrieblichen Restrukturierungen

b. bei Arbeitsverhältnissen, in denen frühere Altersrücktritte aus Gründen der öffentlichen Sicherheit vorgesehen sind.

1*a*. Kapitel:[10] Obligatorische Versicherung der Arbeitnehmer

1. Abschnitt: Versicherter Personenkreis und koordinierter Lohn

Art. 1*j*[11] Von der obligatorischen Versicherung ausgenommene Arbeitnehmer
(Art. 2 Abs. 2 und 4 BVG)[12]

[1] Folgende Arbeitnehmer sind der obligatorischen Versicherung nicht unterstellt:

a. Arbeitnehmer, deren Arbeitgeber gegenüber der AHV nicht beitragspflichtig ist;

b.[13] Arbeitnehmer mit einem befristeten Arbeitsvertrag von höchstens drei Monaten; vorbehalten ist Artikel 1*k*;

c. Arbeitnehmer, die nebenberuflich tätig sind und bereits für eine hauptberufliche Erwerbstätigkeit obligatorisch versichert sind oder im Hauptberuf eine selbständige Erwerbstätigkeit ausüben;

d.[14] Personen, die im Sinne der IV zu mindestens 70 Prozent invalid sind, sowie Personen, die provisorisch weiterversichert werden nach Artikel 26*a* BVG;

e.[15] die folgenden Familienglieder der Betriebsleiterin oder des Betriebsleiters, die in einem landwirtschaftlichen Betrieb mitarbeiten:

---

9 Siehe auch Bst. d SchlB Änd. 10.6.2005 vor dem Anhang.

10 Ursprünglich 1. Kap.

11 Ursprünglich Art. 1.

12 Fassung gemäss Ziff. I der V vom 25. Juni 2008, in Kraft seit 1. Jan. 2009 (AS **2008** 3551).

13 Fassung gemäss Ziff. I der V vom 25. Juni 2008, in Kraft seit 1. Jan. 2009 (AS **2008** 3551).

14 Fassung gemäss Anhang Ziff. 2 der V vom 16. Nov. 2011, in Kraft seit 1. Jan. 2012 (AS **2011** 5679).

15 Fassung gemäss Ziff. I 3 der V vom 29. Sept. 2006 über die Umsetzung des Partnerschaftsgesetzes vom 18. Juni 2004 in der beruflichen Alters-, Hinterlassenen- und Invalidenvorsorge, in Kraft seit 1. Jan. 2007 (AS **2006** 4155).

1. die Verwandten der Betriebsleiterin oder des Betriebsleiters in auf- und absteigender Linie sowie ihre Ehegatten oder eingetragenen Partnerinnen oder Partner,
2. die Schwiegertöchter oder Schwiegersöhne der Betriebsleiterin oder des Betriebsleiters, die voraussichtlich den Betrieb zur Selbstbewirtschaftung übernehmen werden.

2 Arbeitnehmer, die nicht oder voraussichtlich nicht dauernd in der Schweiz tätig sind und im Ausland genügend versichert sind, werden von der obligatorischen Versicherung befreit, wenn sie ein entsprechendes Gesuch an die Vorsorgeeinrichtung stellen.

3 Arbeitnehmer, die nach Absatz 1 Buchstaben a und e der obligatorischen Versicherung nicht unterstellt sind, können sich zu den gleichen Bedingungen wie Selbständigerwerbende freiwillig versichern lassen.

4 Arbeitnehmer, die nach Absatz 1 Buchstaben b und c der obligatorischen Versicherung nicht unterstellt sind, können sich im Rahmen von Artikel 46 BVG versichern lassen.

Art. 1*k*[16] Befristet angestellte Arbeitnehmer
(Art. 2 Abs. 4 BVG)

Arbeitnehmer mit befristeten Anstellungen oder Einsätzen sind der obligatorischen Versicherung unterstellt, wenn:

a. das Arbeitsverhältnis ohne Unterbruch über die Dauer von drei Monaten hinaus verlängert wird: In diesem Fall ist der Arbeitnehmer von dem Zeitpunkt an versichert, in dem die Verlängerung vereinbart wurde;
b. mehrere aufeinanderfolgende Anstellungen beim gleichen Arbeitgeber oder Einsätze für das gleiche verleihende Unternehmen insgesamt länger als drei Monate dauern und kein Unterbruch drei Monate übersteigt: In diesem Fall ist der Arbeitnehmer ab Beginn des insgesamt vierten Arbeitsmonats versichert; wird jedoch vor dem ersten Arbeitsantritt vereinbart, dass die Anstellungs- oder Einsatzdauer insgesamt drei Monate übersteigt, so ist der Arbeitnehmer ab Beginn des Arbeitsverhältnisses versichert.

16 Eingefügt durch Ziff. I der V vom 25. Juni 2008, in Kraft seit 1. Jan. 2009 (AS **2008** 3551).

Art. 2[17] Personalverleih
(Art. 2 Abs. 4 BVG)

Arbeitnehmer, welche im Rahmen eines Personalverleihs gemäss dem Bundesgesetz vom 6. Oktober 1989[18] über die Arbeitsvermittlung und den Personalverleih in einem Einsatzbetrieb beschäftigt sind, gelten als Angestellte des verleihenden Unternehmens.

Art. 3 Bestimmung des koordinierten Lohnes
(Art. 7 Abs. 2 und 8 BVG)

1 Die Vorsorgeeinrichtung kann in ihrem Reglement vom massgebenden Lohn der AHV abweichen, indem sie:

a. Lohnbestandteile weglässt, die nur gelegentlich anfallen;
b. den koordinierten Jahreslohn zum voraus aufgrund des letzten bekannten Jahreslohnes bestimmt; sie muss dabei die für das laufende Jahr bereits vereinbarten Änderungen berücksichtigen;
c. bei Berufen, in denen der Beschäftigungsgrad oder die Einkommenshöhe stark schwanken, die koordinierten Löhne pauschal nach dem Durchschnittslohn der jeweiligen Berufsgruppe festsetzt.

2 Die Vorsorgeeinrichtung kann bei der Bestimmung des koordinierten Lohnes ferner vom Jahreslohn abweichen und dafür auf den für eine bestimmte Zahlungsperiode ausgerichteten Lohn abstellen. Die in den Artikeln 2, 7, 8 und 46 BVG aufgeführten Beträge werden dann auf die entsprechende Zahlungsperiode umgerechnet. Sinkt der Lohn vorübergehend unter den gesetzlichen Mindestbetrag, so bleibt der Arbeitnehmer dennoch der obligatorischen Versicherung unterstellt.

Art. 3*a*[19] Mindestbetrag des versicherten Lohnes
(Art. 8 BVG)

1 Für Personen, die gemäss Artikel 2 BVG obligatorisch zu versichern sind und die bei einem Arbeitgeber einen massgebenden AHV-Lohn von mehr als 21 150 Franken beziehen, muss ein Betrag in der Höhe von mindestens 3525 Franken versichert werden.[20]

2 Der versicherte Mindestlohn nach Absatz 1 gilt auch für die obligatorische Versicherung von Personen, bei denen die Grenzbeträge nach Artikel 4 gekürzt werden.

---

17 Fassung gemäss Ziff. I der V vom 18. Aug. 2004, in Kraft seit 1. Jan. 2005 (AS **2004** 4279 4653).
18 SR **823.11**
19 Eingefügt durch Ziff. I der V vom 18. Aug. 2004, in Kraft seit 1. Jan. 2005 (AS **2004** 4279 4653).
20 Fassung gemäss Ziff. I der V vom 15. Okt. 2014, in Kraft seit 1. Jan. 2015 (AS **2014** 3343).

Art. 4[21] Koordinierter Lohn teilinvalider Versicherter
(Art. 8 und 34 Abs. 1 Bst. b BVG)

Für Personen, die im Sinne des Bundesgesetzes vom 19. Juni 1959[22] über die Invalidenversicherung teilweise invalid sind, werden die Grenzbeträge nach den Artikeln 2, 7, 8 Absatz 1 und 46 BVG folgendermassen gekürzt:

Rentenanspruch in Bruchteilen einer ganzen Rente	Kürzung der Grenzbeträge
¼	¼
½	½
¾	¾

Art. 5[23] Anpassung an die AHV
(Art. 9 BVG)

Die Grenzbeträge nach den Artikeln 2, 7, 8 und 46 BVG werden wie folgt erhöht:

Bisherige Beträge Franken	Neue Beträge Franken
21 060	21 150
24 570	24 675
84 240	84 600
3 510	3 525

Art. 6[24] Beginn der Versicherung
(Art. 10 Abs. 1 BVG)

1 Die Versicherung beginnt an dem Tag, an dem das Arbeitsverhältnis anfängt oder erstmals Lohnanspruch besteht, in jedem Fall aber im Zeitpunkt, da der Arbeitnehmer sich auf den Weg zur Arbeit begibt.

2 Für arbeitslose Personen beginnt die Versicherung mit dem Tag, an dem erstmals die Anspruchsvoraussetzungen nach Artikel 8 des Bundesgesetzes vom 25. Juni 1982[25] über die obligatorische Arbeitslosenversicherung und die Insolvenzentschädigung (Arbeitslosenversicherungsgesetz, AVIG) erfüllt sind oder Entschädigungen nach Artikel 29 AVIG bezogen werden.

…

---

21 Fassung gemäss Ziff. I der V vom 18. Aug. 2004, in Kraft seit 1. Jan. 2005 (AS **2004** 4279 4653).

22 SR **831.20**

23 Fassung gemäss Ziff. I der V vom 15. Okt. 2014, in Kraft seit 1. Jan. 2015 (AS **2014** 3343).

24 Fassung gemäss Anhang Ziff. 1. der V vom 9. Nov. 2016, in Kraft seit 1. Jan. 2017 (AS **2016** 4393).

25 SR **837.0**

5. Kapitel:[26] Einkauf, versicherbarer Lohn und versicherbares Einkommen

Art. 60*a* Einkauf
(Art. 1 Abs. 3 und 79*b* Abs. 1 BVG)

1 Für die Berechnung des Einkaufs müssen die gleichen, nach fachlich anerkannten Grundsätzen festgelegten Parameter eingehalten werden wie für die Festlegung des Vorsorgeplans (Art. 1*g*).

2 Der Höchstbetrag der Einkaufssumme reduziert sich um ein Guthaben in der Säule 3a, soweit es die aufgezinste Summe der jährlichen gemäss Artikel 7 Absatz 1 Buchstabe a der Verordnung vom 13. November 1985[27] über die steuerliche Abzugsberechtigung für Beiträge an anerkannte Vorsorgeformen vom Einkommen höchstens abziehbaren Beiträge ab vollendetem 24. Altersjahr der versicherten Person übersteigt. Bei der Aufzinsung kommen die jeweils gültigen BVG-Mindestzinssätze zur Anwendung.

3 Hat eine versicherte Person Freizügigkeitsguthaben, die sie nicht nach Artikel 3 und 4 Absatz 2bis FZG in eine Vorsorgeeinrichtung übertragen musste, reduziert sich der Höchstbetrag der Einkaufssumme um diesen Betrag.

Art. 60*b*[28] Sonderfälle
(Art. 79*b* Abs. 2 BVG)

1 Für Personen, die aus dem Ausland zuziehen und die noch nie einer Vorsorgeeinrichtung in der Schweiz angehört haben, darf in den ersten fünf Jahren nach Eintritt in eine schweizerische Vorsorgeeinrichtung die jährliche Zahlung in Form eines Einkaufs 20 Prozent des reglementarischen versicherten Lohnes nicht überschreiten. Nach Ablauf der fünf Jahre muss die Vorsorgeeinrichtung den Versicherten, die sich noch nicht in die vollen reglementarischen Leistungen eingekauft haben, ermöglichen, einen solchen Einkauf vorzunehmen.

2 Lässt die versicherte Person im Ausland erworbene Vorsorgeansprüche oder -guthaben übertragen, so gilt die Einkaufslimite nach Absatz 1 erster Satz nicht, sofern:

a. diese Übertragung direkt von einem ausländischen System der beruflichen Vorsorge in eine schweizerische Vorsorgeeinrichtung erfolgt;
b. die schweizerische Vorsorgeeinrichtung eine Übertragung zulässt; und
c. die versicherte Person für diese Übertragung keinen Abzug bei den direkten Steuern des Bundes, der Kantone und Gemeinden geltend macht.

Art. 60*c* Versicherbarer Lohn und versicherbares Einkommen

---

26 Eingefügt durch Ziff. I der V vom 27. Nov. 2000 (AS **2000** 3086). Fassung gemäss Ziff. I der V vom 10. Juni 2005, in Kraft seit 1. Jan. 2006 (AS **2005** 4279).

27 SR **831.461.3**

28 Fassung gemäss Ziff. I der V vom 24. Sept. 2010, in Kraft seit 1. Jan. 2011 (AS **2010** 4587).

(Art. 79*c* BVG)

[1] Die Begrenzung des versicherbaren Lohnes oder des versicherbaren Einkommens nach Artikel 79*c* BVG gilt für die Gesamtheit aller Vorsorgeverhältnisse, die ein Versicherter bei einer oder mehreren Vorsorgeeinrichtungen hat.

[2] Hat der Versicherte mehrere Vorsorgeverhältnisse und überschreitet die Summe aller seiner AHV-pflichtigen Löhne und Einkommen das Zehnfache des oberen Grenzbetrages nach Artikel 8 Absatz 1 BVG, so muss er jede seiner Vorsorgeeinrichtungen über die Gesamtheit seiner Vorsorgeverhältnisse sowie die darin versicherten Löhne und Einkommen informieren. Die Vorsorgeeinrichtung weist den Versicherten auf seine Informationspflicht hin.

[3] Für Versicherte, die am 1. Januar 2006 das 50. Altersjahr vollendet haben, gilt bei zu diesem Zeitpunkt bestehenden Vorsorgeverhältnissen die Begrenzung des versicherbaren Lohns oder des versicherbaren Einkommens für die Risiken Tod und Invalidität nach Artikel 79*c* BVG nicht.

Art. 60*d* Einkauf und Wohneigentumsvorbezug
(Art. 79*b* Abs. 3 BVG)

In den Fällen, in denen eine Rückzahlung des Vorbezugs für die Wohneigentumsförderung nach Artikel 30*d* Absatz 3 Buchstabe a BVG nicht mehr zulässig ist, darf das Reglement der Vorsorgeeinrichtung freiwillige Einkäufe zulassen, soweit sie zusammen mit den Vorbezügen die reglementarisch maximal zulässigen Vorsorgeansprüche nicht überschreiten.

…

Übergangsbestimmung zur Änderung vom 30. August 2017[29]

[1] Vorsorgeeinrichtungen, die am 1. Oktober 2017 bereits unterschiedliche Anlagestrategien anbieten, müssen ihre Reglemente und Anlagestrategien bis zum 31. Dezember 2019 dieser Änderung anpassen.

[2] Solange diese Vorsorgeeinrichtungen ihren Versicherten keine Strategie mit risikoarmen Anlagen (Art. 53*a*) anbieten, dürfen sie bei einem Austritt einer versicherten Person aus der Vorsorgeeinrichtung nicht von den Artikeln 15 und 17 FZG abweichen.

[29] AS **2017** 5021

Verordnung über die steuerliche Abzugsberechtigung für Beiträge an anerkannte Vorsorgeformen (BVV 3) (SR 831.461.3)

vom 13. November 1985 (Stand am 1. Januar 2009)

Der Schweizerische Bundesrat,

gestützt auf Artikel 82 Absatz 2 des Bundesgesetzes vom 25. Juni 1982[1] über die berufliche Alters-, Hinterlassenen- und Invalidenvorsorge (BVG) und Artikel 99 des Versicherungsvertragsgesetzes vom 2. April 1908 (VVG)[2],

verordnet:

1. Abschnitt: Anerkannte Vorsorgeformen

Art. 1 Vorsorgeformen

1 Als anerkannte Vorsorgeformen im Sinne von Artikel 82 BVG gelten:

a. die gebundene Vorsorgeversicherung bei Versicherungseinrichtungen;

b. die gebundene Vorsorgevereinbarung mit Bankstiftungen.

2 Als gebundene Vorsorgeversicherungen gelten besondere Kapital- und Rentenversicherungen auf den Erlebens-, Invaliditäts- oder Todesfall, einschliesslich allfälliger Zusatzversicherungen für Unfalltod oder Invalidität, die[3]

a. mit einer der Versicherungsaufsicht unterstellten oder mit einer öffentlichrechtlichen Versicherungseinrichtung gemäss Artikel 67 Absatz 1 BVG abgeschlossen werden und

b. ausschliesslich und unwiderruflich der Vorsorge dienen.

3 Als gebundene Vorsorgevereinbarungen gelten besondere Sparverträge, die mit Bankstiftungen abgeschlossen werden und ausschliesslich und unwiderruflich der Vorsorge dienen. Sie können durch eine Risiko-Vorsorgeversicherung ergänzt werden.

4 Vertragsmodelle für gebundene Vorsorgeversicherungen und -vereinbarungen sind der Eidgenössischen Steuerverwaltung einzureichen. Diese prüft, ob Form und Inhalt den gesetzlichen Vorschriften entsprechen und teilt das Ergebnis mit.

AS **1985** 1778

1 SR **831.40**

2 SR **221.229.1**

3 AS **1986** 326

Art. 2 Begünstigte Personen

1 Als Begünstigte sind folgende Personen zugelassen:

a. im Erlebensfall der Vorsorgenehmer;

b.[4] nach dessen Ableben die folgenden Personen in nachstehender Reihenfolge:

1.[5] der überlebende Ehegatte oder die überlebende eingetragene Partnerin oder der überlebende eingetragene Partner,

2. die direkten Nachkommen sowie die natürlichen Personen, die von der verstorbenen Person in erheblichem Masse unterstützt worden sind, oder die Person, die mit dieser in den letzten fünf Jahren bis zu ihrem Tod ununterbrochen eine Lebensgemeinschaft geführt hat oder die für den Unterhalt eines oder mehrerer gemeinsamer Kinder aufkommen muss,

3. die Eltern,

4. die Geschwister,

5. die übrigen Erben.

2 Der Vorsorgenehmer kann eine oder mehrere begünstigte Personen unter den in Absatz 1 Buchstabe b Ziffer 2 genannten Begünstigten bestimmen und deren Ansprüche näher bezeichnen.[6]

3 Der Vorsorgenehmer hat das Recht, die Reihenfolge der Begünstigten nach Absatz l Buchstabe b Ziffern 3–5 zu ändern und deren Ansprüche näher zu bezeichnen.[7]

Art. 3 Ausrichtung der Leistungen

1 Die Altersleistungen dürfen frühestens fünf Jahre vor dem ordentlichen Rentenalter der AHV (Art. 21 Abs. 1 des BG vom 20. Dez. 1946[8] über die Alters- Hinterlassenen- und Invalidenversicherung; AHVG) ausgerichtet werden. Sie werden bei Erreichen des ordentlichen Rentenalters der AHV fällig. Weist der Vorsorgenehmer nach, dass er weiterhin erwerbstätig ist, kann der Bezug bis höchstens fünf Jahre nach Erreichen des ordentlichen Rentenalters der AHV aufgeschoben werden.[9]

2 Eine vorzeitige Ausrichtung der Altersleistungen ist zulässig bei Auflösung des Vorsorgeverhältnisses aus einem der folgenden Gründe:

---

4 Fassung gemäss Anhang Ziff. 4 der V vom 27. Okt. 2004, in Kraft seit 1. Jan. 2005 (AS **2004** 4643).

5 Fassung gemäss Ziff. I 4 der V vom 29. Sept. 2006 über die Umsetzung des Partnerschaftsgesetzes vom 18. Juni 2004 in der beruflichen Alters-, Hinterlassenen- und Invalidenvorsorge, in Kraft seit 1. Jan. 2007 (AS **2006** 4155).

6 Fassung gemäss Anhang Ziff. 2 der V vom 10. Juni 2005, in Kraft seit 1. Jan. 2006 (AS **2005** 4279).

7 Eingefügt durch Anhang Ziff. 2 der V vom 10. Juni 2005, in Kraft seit 1. Jan. 2006 (AS **2005** 4279).

8 SR **831.10**

9 Fassung gemäss Ziff. I der V vom 17. Okt. 2007, in Kraft seit 1. Jan. 2008 (AS **2007** 5177).

a. wenn der Vorsorgenehmer eine ganze Invalidenrente der eidgenössischen Invalidenversicherung bezieht und das Invaliditätsrisiko nicht versichert ist;

b. wenn der Vorsorgenehmer die ausgerichtete Leistung für den Einkauf in eine steuerbefreite Vorsorgeeinrichtung oder für eine andere anerkannte Vorsorgeform verwendet;

c. wenn der Vorsorgenehmer seine bisherige selbständige Erwerbstätigkeit aufgibt und eine andersartige selbständige Erwerbstätigkeit aufnimmt;

d.[10] wenn die Vorsorgeeinrichtung nach Artikel 5 des Freizügigkeitsgesetzes vom 17. Dezember 1993[11] zur Barauszahlung verpflichtet ist.

[3] Die Altersleistung kann ferner vorher ausgerichtet werden für:

a. Erwerb und Erstellung von Wohneigentum zum Eigenbedarf;

b. Beteiligungen am Wohneigentum zum Eigenbedarf;

c. Rückzahlung von Hypothekardarlehen.[12]

[4] Eine solche Ausrichtung kann alle fünf Jahre geltend gemacht werden.[13]

[5] Die Begriffe Wohneigentum, Beteiligungen und Eigenbedarf richten sich nach den Artikeln 2–4 der Verordnung vom 3. Oktober 1994[14] über die Wohneigentumsförderung mit Mitteln der beruflichen Vorsorge.[15]

[6] Ist die versicherte Person verheiratet oder lebt sie in eingetragener Partnerschaft, so ist die vorzeitige Ausrichtung der Altersleistungen nach den Absätzen 2 Buchstaben c und d sowie 3 nur zulässig, wenn der Ehegatte, die eingetragene Partnerin oder der eingetragene Partner schriftlich zustimmt. Kann die Zustimmung nicht eingeholt werden oder wird sie verweigert, so kann die versicherte Person das Gericht anrufen.[16]

Art. 4 Abtretung, Verpfändung und Verrechnung

[1] Für die Abtretung, Verpfändung und Verrechnung von Leistungsansprüchen gilt Artikel 39 BVG sinngemäss.[17]

---

[10] Fassung gemäss Art. 22 Ziff. 2 der Freizügigkeitsverordnung vom 3. Okt. 1994, in Kraft seit 1. Jan. 1995 (SR **831.425**).

[11] SR **831.42**

[12] Eingefügt durch Ziff. I der V vom 18. Sept. 1989 (AS **1989** 1903). Fassung gemäss Art. 20 der V vom 3. Okt. 1994 über die Wohneigentumsförderung mit Mitteln der beruflichen Vorsorge, in Kraft seit 1. Januar 1995 (SR **831.411**).

[13] Eingefügt durch Art. 20 der V vom 3. Okt. 1994 über die Wohneigentumsförderung mit Mitteln der beruflichen Vorsorge, in Kraft seit 1. Januar 1995 (SR **831.411**).

[14] SR **831.411**

[15] Eingefügt durch Art. 20 der V vom 3. Okt. 1994 über die Wohneigentumsförderung mit Mitteln der beruflichen Vorsorge, in Kraft seit 1. Januar 1995 (SR **831.411**).

[16] Eingefügt durch Ziff. I 4 der V vom 29. Sept. 2006 über die Umsetzung des Partnerschaftsgesetzes vom 18. Juni 2004 in der beruflichen Alters-, Hinterlassenen- und Invalidenvorsorge, in Kraft seit 1. Jan. 2007 (AS **2006** 4155).

[17] Fassung gemäss Art. 20 der V vom 3. Okt. 1994 über die Wohneigentumsförderung mit Mitteln der beruflichen Vorsorge, in Kraft seit 1. Januar 1995 (SR **831.411**).

2 Für die Verpfändung des Vorsorgekapitals oder des Anspruchs auf Vorsorgeleistungen für das Wohneigentum der versicherten Person gilt Artikel 30*b* BVG oder Artikel 331*d* des Obligationenrechts[18] und die Artikel 8–10 der Verordnung vom 3. Oktober 1994[19] über die Wohneigentumsförderung mit Mitteln der beruflichen Vorsorge sinngemäss.[20]

3 Ansprüche auf Altersleistungen können dem Ehegatten ganz oder teilweise vom Vorsorgenehmer abgetreten oder vom Gericht zugesprochen werden, wenn der Güterstand anders als durch Tod aufgelöst wird. Die Einrichtung des Vorsorgenehmers hat den zu übertragenden Betrag an eine vom Ehegatten bezeichnete Einrichtung nach Artikel 1 Absatz 1 oder an eine Vorsorgeeinrichtung zu überweisen; vorbehalten bleibt Artikel 3.[21]

4 Absatz 3 gilt sinngemäss bei der gerichtlicher Auflösung einer eingetragenen Partnerschaft, wenn die beiden Partnerinnen oder Partner vereinbart haben, dass das Vermögen gemäss den Bestimmungen über die Errungenschaftsbeteiligung geteilt wird (Art. 25 Abs. 1 zweiter Satz des Partnerschaftsgesetzes vom 18. Juni 2004[22]).[23]

Art. 5[24] Anlagevorschriften

1 Die Gelder der gebundenen Vorsorgevereinbarung sind als Spareinlagen (Kontolösung) bei einer dem Bankengesetz vom 8. November 1934[25] unterstellten Bank anzulegen, bei Anlagen in der Form der anlagegebundenen Sparlösung (Wertschriftensparen) durch Vermittlung einer solchen Bank.

2 Gelder, welche die Bankstiftung im eigenen Namen bei einer Bank anlegt, gelten als Spareinlagen jedes einzelnen Vorsorgenehmers im Sinne des Bankengesetzes vom 8. November 1934.

3 Für die Anlage der Gelder der gebundenen Vorsorgevereinbarung gelten beim Wertschriftensparen die Artikel 49–58 der Verordnung vom 18. April 1984[26] über die berufliche Alters-, Hinterlassenen- und Invalidenvorsorge (BVV 2) sinngemäss. Abweichend davon kann vollständig in ein kapitalerhaltendes Produkt oder eine Obligation guter Bonität investiert werden.

---

18 SR **220**
19 SR **831.411**
20 Eingefügt durch Art. 20 der V vom 3. Okt. 1994 über die Wohneigentumsförderung mit Mitteln der beruflichen Vorsorge, in Kraft seit 1. Januar 1995 (SR **831.411**).
21 Eingefügt durch Ziff. I der V vom 9. Dez. 1996 (AS **1996** 3455).
22 SR **211.231**
23 Eingefügt durch Ziff. I 4 der V vom 29. Sept. 2006 über die Umsetzung des Partnerschaftsgesetzes vom 18. Juni 2004 in der beruflichen Alters-, Hinterlassenen- und Invalidenvorsorge, in Kraft seit 1. Jan. 2007 (AS **2006** 4155).
24 Fassung gemäss Anhang Ziff. 2 der V vom 19. Sept. 2008, in Kraft seit 1. Jan. 2009 (AS **2008** 4651).
25 SR **952.0**
26 SR **831.441.1**

2. Abschnitt: Steuerliche Behandlung

Art. 6 Bankstiftungen

Bankstiftungen, deren Einkünfte und Vermögenswerte ausschliesslich der Vorsorge im Sinne dieser Verordnung dienen, sind für die Steuerpflicht den Vorsorgeeinrichtungen nach Artikel 80 BVG gleichgestellt.

Art. 7 Abzugsberechtigung für Beiträge

1 Arbeitnehmer und Selbständigerwerbende können bei den direkten Steuern von Bund, Kantonen und Gemeinden ihre Beiträge an anerkannte Vorsorgeformen in folgendem Umfang von ihrem Einkommen abziehen:

a. jährlich bis 8 Prozent des oberen Grenzbetrages nach Artikel 8 Absatz 1 BVG, wenn sie einer Vorsorgeeinrichtung nach Artikel 80 BVG angehören;
b. jährlich bis 20 Prozent des Erwerbseinkommens, jedoch höchstens bis 40 Prozent des oberen Grenzbetrages nach Artikel 8 Absatz 1 BVG, wenn sie keiner Vorsorgeeinrichtung nach Artikel 80 BVG angehören.

2 Sind beide Ehegatten oder beide eingetragenen Partnerinnen oder Partner erwerbstätig und leisten sie Beiträge an eine anerkannte Vorsorgeform, so können beide diese Abzüge für sich beanspruchen.[27]

3 Beiträge an anerkannte Vorsorgeformen können längstens bis fünf Jahre nach Erreichen des ordentlichen Rentenalters der AHV (Art. 21 Abs. 1 AHVG[28]) geleistet werden.[29]

4 Im Jahr, in dem die Erwerbstätigkeit beendet wird, kann der volle Beitrag geleistet werden.[30]

Art. 8 Bescheinigungspflichten

Versicherungseinrichtungen und Bankstiftungen müssen den Vorsorgenehmern die erbrachten Beiträge und Leistungen bescheinigen.

3. Abschnitt: Inkrafttreten

Art. 9

1 Diese Verordnung tritt mit Ausnahme von Artikel 6 am 1. Januar 1987 in Kraft.

2 Artikel 6 tritt rückwirkend auf den 1. Januar 1985 in Kraft.

---

27 Fassung gemäss Ziff. I 4 der V vom 29. Sept. 2006 über die Umsetzung des Partnerschaftsgesetzes vom 18. Juni 2004 in der beruflichen Alters-, Hinterlassenen- und Invalidenvorsorge, in Kraft seit 1. Jan. 2007 (AS **2006** 4155).

28 SR **831.10**

29 Eingefügt durch Ziff. I der V vom 21. Febr. 2001 (AS **2001** 1068). Fassung gemäss Ziff. I der V vom 17. Okt. 2007, in Kraft seit 1. Jan. 2008 (AS **2007** 5177).

30 Eingefügt durch Ziff. I der V vom 21. Febr. 2001 (AS **2001** 1068). Fassung gemäss Ziff. I der V vom 17. Okt. 2007, in Kraft seit 1. Jan. 2008 (AS **2007** 5177).

Schlussbestimmung der Änd. vom 21. Febr. 2001[31]

Den Vorsorgenehmerinnen der Jahrgänge 1944, 1945 und 1946 dürfen Altersleistungen frühestens sechs Jahre vor Erreichen des ordentlichen Rentenalters der AHV (Art. 21 Abs. 1 AHVG[32]) ausgerichtet werden.

Schlussbestimmung der Änderung vom 19. September 2008[33]

Die Anlage der Gelder der gebundenen Vorsorgevereinbarung ist bis zum 1. Januar 2011 an die Bestimmungen dieser Änderung anzupassen.

31 AS **2001** 1068
32 SR **831.10**
33 AS **2008** 4651

Steuergesetz (StG)[43]
(LS 631.1)

(vom 8. Juni 1997)[1]

Erster Teil: Staatssteuern

Erster Abschnitt: Allgemeine Bestimmungen

I. Steuerarten

§ **1.** [StHG 2 I] Der Kanton erhebt als Staatssteuern jährlich:
a. Einkommens- und Vermögenssteuern von natürlichen Personen [StHG 3 ff., 13 ff.]*,
b. Gewinn- und Kapitalsteuern von juristischen Personen [StHG 20 ff., 29 f.],
c. Quellensteuern von bestimmten natürlichen und juristischen Personen [StHG 32 ff.].

II. Steuerfuss

§ **2.** [1] Die aufgrund der in diesem Gesetz festgelegten Steuersätze berechnete Steuer ist die einfache Staatssteuer.

[2] Der Kantonsrat setzt für je zwei Kalenderjahre den Steuerfuss in Prozenten der einfachen Staatssteuer fest. Der Regierungsrat beantragt innerhalb der Steuerfussperiode Erhöhungen des Steuerfusses zur Deckung höchstens der Hälfte der in seinem Voranschlagsentwurf eingestellten Abschreibungen eines Finanzfehlbetrags.[33]

[3] Der Steuerfuss gilt gleichmässig für alle Steuerarten.

Zweiter Abschnitt: Besteuerung der natürlichen Personen

A. Steuerpflicht

I. Persönliche Zugehörigkeit

§ **3.** [1] [StHG 3 I] Natürliche Personen sind auf Grund persönlicher Zugehörigkeit steuerpflichtig, wenn sie ihren steuerrechtlichen Wohnsitz oder Aufenthalt im Kanton haben.

[2] [StHG 3 II] Einen steuerrechtlichen Wohnsitz im Kanton hat eine Person, wenn sie sich hier mit der Absicht dauernden Verbleibens aufhält oder wenn ihr das Bundesrecht hier einen besonderen gesetzlichen Wohnsitz zuweist.

---

* Unabhängig davon, ob im Einzelnen weibliche oder männliche Formulierungen verwendet werden, gelten die personenbezogenen Formulierungen im Steuergesetz für weibliche und männliche Personen, ausser wenn sich aus der Natur der Sache ergibt, dass ein Begriff ausschliesslich auf Angehörige eines bestimmten Geschlechts ausgelegt werden kann.

³ [StHG 3 I] Einen steuerrechtlichen Aufenthalt im Kanton hat eine Person, wenn sie sich hier, ungeachtet vorübergehender Unterbrechung, bei Ausübung einer Erwerbstätigkeit während mindestens 30 Tagen, ohne Ausübung einer Erwerbstätigkeit während mindestens 90 Tagen aufhält [StHG 32].

II. Wirtschaftliche Zugehörigkeit

§ **4.** ¹ [StHG 4 I] Natürliche Personen ohne steuerrechtlichen Wohnsitz oder Aufenthalt im Kanton sind auf Grund wirtschaftlicher Zugehörigkeit steuerpflichtig, wenn sie

a. im Kanton Geschäftsbetriebe oder Betriebsstätten unterhalten,
b. an Grundstücken im Kanton Eigentum, dingliche Rechte oder diesen wirtschaftlich gleichkommende persönliche Nutzungsrechte haben.

² [StHG 4 II] Natürliche Personen ohne steuerrechtlichen Wohnsitz oder Aufenthalt in der Schweiz sind auf Grund wirtschaftlicher Zugehörigkeit steuerpflichtig, wenn sie

a. im Kanton eine Erwerbstätigkeit ausüben [StHG 35 I a–b],
b.[70] als Mitglieder der Verwaltung oder Geschäftsführung von juristischen Personen mit Sitz oder Betriebsstätte im Kanton Tantiemen, Sitzungsgelder, feste Entschädigungen, Mitarbeiterbeteiligungen oder ähnliche Vergütungen beziehen [StHG 35 I c–d],
c. Gläubiger oder Nutzniesser von Forderungen sind, die durch Grund- oder Faustpfand auf Grundstücken im Kanton gesichert sind [StHG 35 I e],
d. im Kanton gelegene Grundstücke vermitteln oder damit handeln [StHG 4 I],
e. Pensionen, Ruhegehälter oder andere Leistungen erhalten, die aufgrund eines früheren öffentlich-rechtlichen Arbeitsverhältnisses von einem Arbeitgeber oder einer Vorsorgeeinrichtung mit Sitz im Kanton ausgerichtet werden [StHG 35 I f],
f. Leistungen aus schweizerischen privatrechtlichen Einrichtungen der beruflichen Vorsorge oder aus anerkannten Formen der gebundenen Selbstvorsorge mit Sitz oder Betriebsstätte im Kanton erhalten [StHG 35 I g],
g. für Arbeit im internationalen Verkehr an Bord eines Schiffes oder eines Luftfahrzeuges oder bei einem Transport auf der Strasse Lohn oder andere Vergütungen von einem Arbeitgeber mit Sitz oder Betriebsstätte im Kanton erhalten [StHG 35 I h].

III. Umfang der Steuerpflicht und Steuerausscheidung

§ **5.** ¹ Bei persönlicher Zugehörigkeit ist die Steuerpflicht unbeschränkt; sie erstreckt sich aber nicht auf Geschäftsbetriebe, Betriebsstätten und Grundstücke ausserhalb des Kantons.

[2] Bei wirtschaftlicher Zugehörigkeit beschränkt sich die Steuerpflicht auf die Teile des Einkommens und Vermögens, für die gemäss § 4 eine Steuerpflicht im Kanton besteht.

[3] Die Steuerausscheidung für Geschäftsbetriebe, Betriebsstätten und Grundstücke erfolgt im Verhältnis zu anderen Kantonen und zum Ausland nach den Grundsätzen des Bundesrechts über das Verbot der interkantonalen Doppelbesteuerung. Vorbehalten bleibt jedoch Abs. 4.

[4] Steuerpflichtige ohne steuerrechtlichen Wohnsitz oder Aufenthalt in der Schweiz haben für Geschäftsbetriebe und Betriebsstätten das im Kanton erzielte Einkommen und das im Kanton gelegene Vermögen zu versteuern.

IV. Steuerberechnung bei beschränkter Steuerpflicht

§ 6. [1] Steuerpflichtige, die im Kanton nur für einen Teil ihres Einkommens und Vermögens steuerpflichtig sind, entrichten die Steuern für die im Kanton steuerbaren Werte nach dem Steuersatz, der ihrem gesamten Einkommen und Vermögen entspricht; steuerfreie Beträge werden ihnen anteilmässig gewährt. Vorbehalten bleibt jedoch Abs. 2.

[2] Steuerpflichtige ohne steuerrechtlichen Wohnsitz oder Aufenthalt in der Schweiz entrichten die Steuern für Geschäftsbetriebe und Betriebsstätten im Kanton zu dem Steuersatz, der dem im Kanton erzielten Einkommen und dem im Kanton gelegenen Vermögen entspricht.

V. Ehegatten; eingetragene Partnerinnen oder Partner; Kinder unter elterlicher Sorge[43]

§ 7. [1] [StHG 3 III] Einkommen und Vermögen der Ehegatten, die in rechtlich und tatsächlich ungetrennter Ehe leben, werden ohne Rücksicht auf den Güterstand zusammengerechnet [StHG 11 I, 32 II, 40].

[1bis] [StHG 3 IV] Einkommen und Vermögen von Personen, die in rechtlich und tatsächlich ungetrennter eingetragener Partnerschaft leben, werden zusammengerechnet.[42]

[1ter] [StHG 3 IV] Die Stellung eingetragener Partnerinnen und Partner entspricht in diesem Gesetz derjenigen von Ehegatten. Dies gilt auch bezüglich der Unterhaltsbeiträge während des Bestehens der eingetragenen Partnerschaft sowie bezüglich der Unterhaltsbeiträge und der vermögensrechtlichen Auseinandersetzung bei Getrenntleben und Auflösung einer eingetragenen Partnerschaft [StHG 40].[42]

[2] Leben Ehegatten in rechtlich und tatsächlich ungetrennter Ehe, hat jedoch nur ein Ehegatte seinen steuerrechtlichen Wohnsitz oder Aufenthalt im Kanton, während der andere Ehegatte in einem anderen Kanton wohnt, richtet sich die Steuerpflicht des im Kanton wohnhaften Ehegatten nach den Grundsätzen des Bundesrechts über das Verbot der interkantonalen Doppelbesteuerung. Wohnt der andere Ehegatte im Ausland, ist der im Kanton wohnhafte Ehegatte für sein gesamtes Einkommen und Vermögen steuerpflichtig; vorbehalten bleiben auch in diesem Fall die auf eine ausserkantonale Liegenschaft oder Betriebsstät-

te entfallenden Einkommens- und Vermögenswerte oder eine Einschränkung durch ein Doppelbesteuerungsabkommen. Für den Steuersatz ist, unter Anwendung des Verheiratetentarifs und der Sozialabzüge für Verheiratete, auf das gesamte eheliche Einkommen und Vermögen abzustellen.

3 [StHG 3 III] Einkommen und Vermögen von Kindern unter elterlicher Sorge werden bis zum Beginn des Jahres, in dem sie volljährig werden, dem Inhaber der elterlichen Sorge zugerechnet. Bei Kindern unter gemeinsamer Sorge nicht gemeinsam besteuerter Eltern erfolgt die Zurechnung bei demjenigen Elternteil, dem der Kinderabzug im Sinn von § 34 Abs. 1 lit. a zusteht. Vorbehalten bleibt das Erwerbseinkommen, für welches das unmündige Kind selbstständig besteuert wird.[63]

VI. Besteuerung von Personengemeinschaften
1. Einfache Gesellschaften, Kollektiv- und Kommanditgesellschaften; ausländische Handelsgesellschaften und andere ausländische Personengesamtheiten

§ 8. 1 Einfache Gesellschaften, Kollektiv- und Kommanditgesellschaften sind als solche nicht steuerpflichtig; ihr Einkommen und Vermögen wird den Teilhabern und Kommanditären zugerechnet.

2 Ausländische Handelsgesellschaften und andere ausländische Personengesamtheiten ohne juristische Persönlichkeit, die auf Grund wirtschaftlicher Zugehörigkeit steuerpflichtig sind, entrichten ihre Steuern nach den Bestimmungen für die juristischen Personen.

2. Erbengemeinschaften

§ 9. 1 Erbengemeinschaften sind als solche nicht steuerpflichtig; ihr Einkommen und Vermögen wird den einzelnen Erben oder Bedachten zugerechnet.

2 Ist die Erbfolge ungewiss, wird die Erbengemeinschaft als Ganzes nach den für natürliche Personen geltenden Bestimmungen besteuert.

3. Kollektive Kapitalanlagen

§ 9*a*.[47] Einkommen und Vermögen der kollektiven Kapitalanlagen gemäss dem Kollektivanlagengesetz vom 23. Juni 2006 (KAG)[21] werden den Anlegern anteilsmässig zugerechnet; ausgenommen hiervon sind die kollektiven Kapitalanlagen mit direktem Grundbesitz [StHG 7 III].

VII. Beginn und Ende der Steuerpflicht

§ 10. 1 Die Steuerpflicht beginnt mit dem Zeitpunkt, in welchem der Steuerpflichtige [StHG 3 f.] im Kanton steuerrechtlichen Wohnsitz oder Aufenthalt nimmt oder im Kanton steuerbare Werte erwirbt.

2 Die Steuerpflicht endet mit dem Tod oder dem Wegzug des Steuerpflichtigen aus dem Kanton oder mit dem Wegfall der im Kanton steuerbaren Werte.

[3] Die Folgen des Beginns, der Änderung und des Endes der Steuerpflicht auf Grund persönlicher und wirtschaftlicher Zugehörigkeit werden im interkantonalen Verhältnis durch das Bundesgesetz über die Harmonisierung der direkten Steuern der Kantone und Gemeinden[15] sowie durch die Grundsätze des Bundesrechts über das Verbot der interkantonalen Doppelbesteuerung bestimmt.[22]

VIII. Steuernachfolge

§ **11.** [1] Stirbt der Steuerpflichtige [StHG 3 f.], treten seine Erben in seine Rechte und Pflichten ein. Sie haften solidarisch für die vom Erblasser geschuldeten Steuern bis zur Höhe ihrer Erbteile, einschliesslich der Vorempfänge.

[2] Der überlebende Ehegatte haftet mit seinem Erbteil und dem Betrag, den er auf Grund ehelichen Güterrechts vom Vorschlag oder Gesamtgut über den gesetzlichen Anteil nach schweizerischem Recht hinaus erhält.

[3] Die überlebende eingetragene Partnerin oder der überlebende eingetragene Partner haftet mit ihrem bzw. seinem Erbteil und dem Betrag, den sie bzw. er auf Grund einer vermögensrechtlichen Regelung im Sinne von Art. 25 Abs. 1 des Partnerschaftsgesetzes vom 18. Juni 2004[10] erhalten hat.[42]

IX. Haftung

§ **12.** [1] Die in rechtlich und tatsächlich ungetrennter Ehe lebenden Ehegatten haften solidarisch für die Gesamtsteuer. Jeder Gatte haftet jedoch nur für seinen Anteil an der Gesamtsteuer, wenn einer von beiden zahlungsunfähig ist. Ferner haften sie solidarisch für denjenigen Teil an der Gesamtsteuer, der auf das Kindereinkommen entfällt.

[2] Mit dem Steuerpflichtigen haften solidarisch:

a.[23] die unter seiner elterlichen Sorge stehenden Kinder bis zum Betrag des auf sie entfallenden Anteils an der Gesamtsteuer,

b. die in der Schweiz wohnenden Teilhaber an einer einfachen Gesellschaft, Kollektiv- oder Kommanditgesellschaft bis zum Betrag ihrer Gesellschaftsanteile für die Steuern der im Ausland wohnenden Teilhaber,

c. Käufer und Verkäufer einer im Kanton gelegenen Liegenschaft bis zu 3 Prozent der Kaufsumme für die vom Händler oder Vermittler aus dieser Tätigkeit geschuldeten Steuern, wenn der Händler oder der Vermittler in der Schweiz keinen steuerrechtlichen Wohnsitz hat; Käufer und Verkäufer haften jedoch nur, soweit sie einem Händler oder Vermittler mit steuerrechtlichem Wohnsitz im Ausland einen entsprechenden Auftrag erteilt haben,

d. die Personen, die Geschäftsbetriebe oder Betriebsstätten im Kanton auflösen oder im Kanton gelegene Grundstücke oder durch solche gesicherte Forderungen veräussern oder verwerten, bis zum Betrag des Reinerlöses, wenn der

Steuerpflichtige [StHG 3 f.] keinen steuerrechtlichen Wohnsitz in der Schweiz hat.

3 Mit dem Steuernachfolger haften für die Steuer des Erblassers solidarisch der Erbschaftsverwalter und der Willensvollstrecker bis zum Betrag, der nach dem Stand des Nachlassvermögens im Zeitpunkt des Todes auf die Steuer entfällt. Die Haftung entfällt, wenn der Haftende nachweist, dass er alle nach den Umständen gebotene Sorgfalt angewendet hat.

§ 13.[79]

X.[78] **Angehörige diplomatischer und konsularischer Vertretungen**

§ 14. 1 Die Angehörigen der bei der Eidgenossenschaft beglaubigten diplomatischen und konsularischen Vertretungen sowie die Angehörigen der in der Schweiz niedergelassenen internationalen Organisationen und der bei ihnen bestehenden Vertretungen werden insoweit nicht besteuert, als das Bundesrecht eine Steuerbefreiung vorsieht.

2 Bei teilweiser Steuerpflicht gilt § 6 Abs. 1.

XI.[78] **Steuererleichterungen für Unternehmen**

§ 15. [StHG 5, 23 III] Für Personenunternehmen, die neu eröffnet werden und dem volkswirtschaftlichen Interesse des Kantons dienen, kann der Regierungsrat im Einvernehmen mit der zuständigen Gemeinde höchstens für das Eröffnungsjahr und die neun folgenden Jahre angemessene Steuererleichterungen gewähren. Eine wesentliche Änderung der betrieblichen Tätigkeit kann einer Neueröffnung gleichgestellt werden.

B. Einkommenssteuer

I. Steuerbare Einkünfte
1. Allgemeines

§ 16. 1 [StHG 7 I] Der Einkommenssteuer unterliegen alle wiederkehrenden und einmaligen Einkünfte.

2 Als Einkommen gelten auch Naturalbezüge jeder Art, insbesondere freie Verpflegung und Unterkunft sowie der Wert selbst verbrauchter Erzeugnisse und Waren des eigenen Betriebs.

3 Die Kapitalgewinne aus der Veräusserung von Privatvermögen sind steuerfrei. Vorbehalten bleibt die Grundstückgewinnsteuer [StHG 7 IV b, 7a, 8 I, 12 II a und b].

2. Unselbständige Erwerbstätigkeit
a. Grundsatz

§ 17. 1 Steuerbar sind alle Einkünfte aus privatrechtlichem oder öffentlich-rechtlichem Arbeitsverhältnis mit Einschluss der Nebeneinkünfte, wie Entschädigungen für Sonderleistungen, Provisionen, Zulagen, Dienstalters- und Jubiläumsgeschenke, Gratifikationen, Trinkgelder, Tantiemen, geldwerte Vorteile aus Mitarbeiterbeteiligungen und andere geldwerte Vorteile.[70]

2 [StHG 7 I] Die vom Arbeitgeber getragenen Kosten der berufsorientierten Aus- und Weiterbildung, einschliesslich Umschu-

lungskosten, stellen unabhängig von deren Höhe keinen anderen geldwerten Vorteil im Sinne von Abs. 1 dar.[80]

[3] Kapitalabfindungen aus einer mit dem Arbeitsverhältnis Verbundenen Vorsorgeeinrichtung oder gleichartige Kapitalabfindungen des Arbeitgebers werden nach § 37 besteuert.[81]

b. Mitarbeiterbeteiligungen

§ **17*a*.**[69] [StHG 7c] [1] Als echte Mitarbeiterbeteiligungen gelten:

a. Aktien, Genussscheine, Partizipationsscheine, Genossenschaftsanteile oder Beteiligungen anderer Art, die der Arbeitgeber, dessen Muttergesellschaft oder eine andere Konzerngesellschaft den Mitarbeitern abgibt,

b. Optionen auf den Erwerb von Beteiligungen nach lit. a.

[2] Als unechte Mitarbeiterbeteiligungen gelten Anwartschaften auf blosse Bargeldabfindungen.

c. Einkünfte aus echten Mitarbeiterbeteiligungen

§ **17*b*.**[69] [StHG 7d] [1] Geldwerte Vorteile aus echten Mitarbeiterbeteiligungen, ausser aus gesperrten oder nicht börsenkotierten Optionen, sind im Zeitpunkt des Erwerbs als Einkommen aus unselbstständiger Erwerbstätigkeit steuerbar. Die steuerbare Leistung entspricht deren Verkehrswert, vermindert um einen allfälligen Erwerbspreis.

[2] Bei Mitarbeiteraktien sind für die Berechnung der steuerbaren Leistung Sperrfristen mit einem Diskont von 6 Prozent pro Sperrjahr auf deren Verkehrswert zu berücksichtigen. Dieser Diskont gilt längstens für zehn Jahre.

[3] Geldwerte Vorteile aus gesperrten oder nicht börsenkotierten Mitarbeiteroptionen werden im Zeitpunkt der Ausübung besteuert. Die steuerbare Leistung entspricht dem Verkehrswert der Aktie bei Ausübung, vermindert um den Ausübungspreis.

d. Einkünfte aus unechten Mitarbeiterbeteiligungen

§ **17*c*.**[69] [StHG 7e] Geldwerte Vorteile aus unechten Mitarbeiterbeteiligungen sind im Zeitpunkt ihres Zuflusses steuerbar.

e. Anteilmässige Besteuerung

§ **17*d*.**[69] [StHG 7f] Hatte der Steuerpflichtige nicht während der gesamten Zeitspanne zwischen Erwerb und Entstehen des Ausübungsrechts der gesperrten Mitarbeiteroptionen (§ 17 b Abs. 3) steuerrechtlichen Wohnsitz oder Aufenthalt in der Schweiz, so werden die geldwerten Vorteile daraus anteilmässig im Verhältnis zwischen der gesamten zu der in der Schweiz verbrachten Zeitspanne besteuert.

3. Selbstständige Erwerbstätigkeit
a. Grundsatz

§ **18.** [1] [StHG 7 I, 8] Steuerbar sind alle Einkünfte aus einem Handels-, Industrie-, Gewerbe-, Land- und Forstwirtschaftsbetrieb, aus einem freien Beruf sowie aus jeder anderen selbstständigen Erwerbstätigkeit.

2 [StHG 8 I] Zu den Einkünften aus selbstständiger Erwerbstätigkeit zählen auch alle Kapitalgewinne aus Veräusserung, Verwertung oder buchmässiger Aufwertung von Geschäftsvermögen. Der Veräusserung gleichgestellt ist die Überführung von Geschäftsvermögen in das Privatvermögen oder in ausländische Betriebe oder Betriebsstätten.[23]

3 [StHG 8 II] Als Geschäftsvermögen gelten alle Vermögenswerte, die ganz oder vorwiegend der selbstständigen Erwerbstätigkeit dienen. Gleiches gilt für Beteiligungen von mindestens 20 Prozent am Grund- oder Stammkapital einer Kapitalgesellschaft oder Genossenschaft, sofern der Eigentümer sie im Zeitpunkt des Erwerbs zum Geschäftsvermögen erklärt.[22]

4 Für Steuerpflichtige, die eine ordnungsgemässe Buchhaltung führen, gilt § 64 sinngemäss.

5 Gewinne auf Grundstücken des Geschäftsvermögens werden in dem Umfang den steuerbaren Einkünften zugerechnet, in dem Erwerbspreis und wertvermehrende Aufwendungen, einschliesslich der Baukreditzinsen, den Einkommenssteuerwert übersteigen.

b. Aufschubtatbestände

§ **18*a*.**[76] 1 [StHG 8 II^{ter}] Die Verpachtung eines Geschäftsbetriebs gilt nur auf Antrag der steuerpflichtigen Person als Überführung in das Privatvermögen.

2 [StHG 8 II^{quater}] Wird bei einer Erbteilung der Geschäftsbetrieb nicht von allen Erben fortgeführt, wird die Besteuerung der stillen Reserven auf Gesuch der den Betrieb übernehmenden Erben bis zur späteren Realisierung aufgeschoben, soweit diese Erben die bisherigen für die Einkommenssteuer massgebenden Werte übernehmen.

c. Umstrukturierungen

§ **19.**[37] 1 [StHG 8 III] Stille Reserven eines Personenunternehmens (Einzelfirma, Personengesellschaft) werden bei Umstrukturierungen, insbesondere im Fall der Fusion, Spaltung oder Umwandlung, nicht besteuert, soweit die Steuerpflicht in der Schweiz fortbesteht und die bisher für die Einkommenssteuer massgeblichen Werte übernommen werden:

a. bei der Übertragung von Vermögenswerten auf ein anderes Personenunternehmen,
b. bei der Übertragung eines Betriebs oder eines Teilbetriebs auf eine juristische Person,
c. beim Austausch von Beteiligungs- oder Mitgliedschaftsrechten anlässlich von Umstrukturierungen im Sinne von § 67 Abs. 1 oder von fusionsähnlichen Zusammenschlüssen.

2 [StHG 8 IIIbis] Bei einer Umstrukturierung nach Abs. 1 lit. b werden die übertragenen stillen Reserven im Nachsteuerverfahren nach den §§ 160–162 nachträglich besteuert, soweit während den der Umstrukturierung nachfolgenden fünf Jahren Beteili-

gungs- oder Mitgliedschaftsrechte zu einem über dem übertragenen steuerlichen Eigenkapital liegenden Preis veräussert werden; die juristische Person kann in diesem Fall entsprechende, als Gewinn versteuerte stille Reserven geltend machen.

4. Bewegliches Vermögen
a. Allgemein[47]

§ **20.** [1] [StHG 7 I] Steuerbar sind die Erträge aus beweglichem Vermögen, insbesondere:

a.[23] Zinsen aus Guthaben, einschliesslich ausbezahlter Erträge aus rückkaufsfähigen Kapitalversicherungen mit Einmalprämie im Erlebensfall oder bei Rückkauf, ausser wenn diese Kapitalversicherungen der Vorsorge dienen. Als der Vorsorge dienend gilt die Auszahlung der Versicherungsleistung ab dem vollendeten 60. Altersjahr des Versicherten auf Grund eines mindestens fünfjährigen Vertragsverhältnisses, das vor Vollendung des 66. Altersjahres begründet wurde. In diesem Fall ist die Leistung steuerfrei [StHG 7 I^ter, 78a],

b. Einkünfte aus der Veräusserung oder Rückzahlung von Obligationen mit überwiegender Einmalverzinsung (globalverzinsliche Obligationen, Diskont-Obligationen), die dem Inhaber anfallen,

c.[23] Dividenden, Gewinnanteile, Liquidationsüberschüsse, Kapitalrückzahlungen für Gratisaktien und geldwerte Vorteile aus Beteiligungen aller Art. Ein bei der Rückgabe von Beteiligungsrechten im Sinn von Art. 4a des Bundesgesetzes über die Verrechnungssteuer[16] an die Kapitalgesellschaft oder Genossenschaft erzielter Liquidationsüberschuss gilt in dem Jahr als realisiert, in welchem die Verrechnungssteuerforderung entsteht (Art. 12 Abs. 1 und 1bis des Bundesgesetzes über die Verrechnungssteuer[16]) [StHG 7 I^bis],

d. Einkünfte aus Vermietung, Verpachtung, Nutzniessung oder sonstiger Nutzung beweglicher Sachen oder nutzbarer Rechte,

e.[48] Einkünfte aus Anteilen an kollektiven Kapitalanlagen, soweit die Gesamterträge die Erträge aus direktem Grundbesitz übersteigen [StHG 7 III],

f. Einkünfte aus immateriellen Gütern.

[2] Der Erlös aus Bezugsrechten gilt nicht als Vermögensertrag, sofern sie zum Privatvermögen des Steuerpflichtigen gehören [StHG 7 IV a].

[3] [StHG 7b] Die Rückzahlung von Einlagen, Aufgeldern und Zuschüssen, die von den Inhabern der Beteiligungsrechte nach dem 31. Dezember 1996 geleistet worden sind, wird gleichbehandelt wie die Rückzahlung von Grund- oder Stammkapital. Vorbehalten bleibt die Rückzahlung von Gratisaktien.[76]

b. Besondere Fälle

§ **20*a*.**[47] [1] Als Vermögensertrag im Sinne von § 20 Abs. 1 gilt auch:

a. [StHG 7a I a] der Erlös aus dem Verkauf einer Beteiligung von mindestens 20 Prozent am Grund- oder Stammkapital einer Kapitalgesellschaft oder Genossenschaft aus dem Privatvermögen in das Geschäftsvermögen einer anderen natürlichen oder einer juristischen Person, soweit innert fünf Jahren nach dem Verkauf, unter Mitwirkung des Verkäufers, nicht betriebsnotwendige Substanz ausgeschüttet wird, die im Zeitpunkt des Verkaufs bereits vorhanden und handelsrechtlich ausschüttungsfähig war; dies gilt sinngemäss auch, wenn innert fünf Jahren mehrere Beteiligte eine solche Beteiligung gemeinsam verkaufen oder Beteiligungen von insgesamt mindestens 20 Prozent verkauft werden; ausgeschüttete Substanz wird beim Verkäufer gegebenenfalls im Verfahren nach den §§ 160 Abs. 1, 161 und 162 nachträglich besteuert,

b. [StHG 7a I b] der Erlös aus der Übertragung einer Beteiligung von mindestens 5 Prozent am Grund- oder Stammkapital einer Kapitalgesellschaft oder Genossenschaft aus dem Privatvermögen in das Geschäftsvermögen einer Personenunternehmung oder einer juristischen Person, an welcher der Veräusserer oder Einbringer nach der Übertragung zu mindestens 50 Prozent am Kapital beteiligt ist, soweit die gesamthaft erhaltene Gegenleistung den Nennwert der übertragenen Beteiligung übersteigt; dies gilt sinngemäss auch, wenn mehrere Beteiligte die Übertragung gemeinsam vornehmen.

[2] [StHG 7a II] Mitwirkung im Sinne von Abs. 1 lit. a liegt vor, wenn der Verkäufer weiss oder wissen muss, dass der Gesellschaft zwecks Finanzierung des Kaufpreises Mittel entnommen und nicht wieder zugeführt werden.

5. Unbewegliches Vermögen

§ **21.** [1] [StHG 7 I] Steuerbar sind alle Erträge aus unbeweglichem Vermögen, insbesondere:

a. alle Einkünfte aus Vermietung, Verpachtung, Nutzniessung oder sonstiger Nutzung,

b. der Mietwert von Liegenschaften oder Liegenschaftsteilen, die dem Steuerpflichtigen auf Grund von Eigentum oder eines unentgeltlichen Nutzungsrechts für den Eigengebrauch zur Verfügung stehen,

c. Einkünfte aus Baurechtsverträgen,

d. Einkünfte aus der Ausbeutung von Kies, Sand und anderen Bestandteilen des Bodens.

[2] Der Regierungsrat erlässt die für die durchschnittlich gleichmässige Bemessung des Eigenmietwertes selbst bewohnter Liegenschaften oder Liegenschaftsteile notwendigen Dienstanweisungen. Dabei kann eine schematische, formelmässige Bewertung

der Eigenmietwerte vorgesehen werden. Es sind jedoch folgende Leitlinien zu beachten:

a.[25] der Eigenmietwert ist unter Berücksichtigung der Förderung von Eigentumsbildung und Selbstvorsorge auf maximal 70 Prozent des Marktwertes festzulegen,

b. Qualitätsmerkmalen der Liegenschaften oder Liegenschaftsteile, die im Falle der Vermietung auch den Mietzins massgeblich beeinflussen würden, ist im Rahmen einer schematischen, formelmässigen Bewertung der Eigenmietwerte angemessen Rechnung zu tragen,

c. bei am Wohnsitz selbst bewohnten Liegenschaften oder Liegenschaftsteilen ist der Eigenmietwert zudem unter Berücksichtigung der tatsächlichen Nutzung festzulegen.

6. Einkünfte aus Vorsorge

§ **22.**[23] [1] [StHG 7 I] Steuerbar sind alle Einkünfte aus der Alters-, Hinterlassenen- und Invalidenversicherung, aus Einrichtungen der beruflichen Vorsorge und aus anerkannten Formen der gebundenen Selbstvorsorge, mit Einschluss der Kapitalabfindungen und Rückzahlungen von Einlagen, Prämien und Beiträgen.

[2] Als Einkünfte aus der beruflichen Vorsorge gelten insbesondere Leistungen aus Vorsorgekassen, aus Spar- und Gruppenversicherungen sowie aus Freizügigkeitspolicen.

[3] [StHG 7 II] Leibrenten sowie Einkünfte aus Verpfründung sind zu 40 Prozent steuerbar.

[4] Die Einkünfte aus einem mit einer Nutzniessung oder einem Wohnrecht belasteten Vermögen werden dem Nutzniesser oder Wohnrechtsberechtigten zugerechnet.

7. Übrige Einkünfte

§ **23.** Steuerbar sind auch:

a. alle anderen Einkünfte, die an die Stelle des Einkommens aus Erwerbstätigkeit treten,

b. einmalige oder wiederkehrende Zahlungen bei Tod sowie für bleibende körperliche oder gesundheitliche Nachteile,

c. Entschädigungen für die Aufgabe oder Nichtausübung einer Tätigkeit,

d. Entschädigungen für die Nichtausübung eines Rechtes,

e.[73] die einzelnen Gewinne von über Fr. 1000 aus einer Lotterie oder einer lotterieähnlichen Veranstaltung [StHG 7 IV m],

f.[23] Unterhaltsbeiträge, die ein Steuerpflichtiger bei Scheidung, gerichtlicher oder tatsächlicher Trennung für sich erhält, sowie Unterhaltsbeiträge, die ein Elternteil für die unter seiner elterlichen Sorge oder Obhut stehenden Kinder erhält.

II. Steuerfreie Einkünfte

§ 24. [StHG 7 IV] Der Einkommenssteuer sind nicht unterworfen:

a. der Vermögensanfall infolge Erbschaft, Vermächtnis, Schenkung oder güterrechtlicher Auseinandersetzung [StHG 7 IV c],

b. der Vermögensanfall aus rückkaufsfähiger privater Kapitalversicherung, ausgenommen aus Freizügigkeitspolicen. § 20 Abs. 1 lit. a bleibt vorbehalten [StHG 7 IV d],

c. die Kapitalzahlungen, die bei Stellenwechsel vom Arbeitgeber oder von Einrichtungen der beruflichen Vorsorge ausgerichtet werden, wenn sie der Empfänger innert Jahresfrist zum Einkauf in eine Einrichtung der beruflichen Vorsorge oder zum Erwerb einer Freizügigkeitspolice verwendet [StHG 7 IV e],

d. die Unterstützungen aus öffentlichen oder privaten Mitteln [StHG 7 IV f],

e. die Leistungen in Erfüllung familienrechtlicher Verpflichtungen, ausgenommen die Unterhaltsbeiträge gemäss § 23 lit. f [StHG 7 IV g],

f.[48] der Sold für Militär- und Schutzdienst sowie das Taschengeld für Zivildienst [StHG 7 IV h],

g.[71] der Sold der Milizfeuerwehrleute bis zum Betrag von jährlich Fr. 8000 für Dienstleistungen im Zusammenhang mit der Erfüllung der Kernaufgaben der Feuerwehr (Übungen, Pikettdienste, Kurse, Inspektionen und Ernstfalleinsätze zur Rettung, Brandbekämpfung, allgemeinen Schadenwehr, Elementarschadenbewältigung und dergleichen); ausgenommen sind Pauschalzulagen für Kader, Funktionszulagen sowie Entschädigungen für administrative Arbeiten und für Dienstleistungen, welche die Feuerwehr freiwillig erbringt [StHG 7 IV h^{bis}],

h. die Zahlung von Genugtuungssummen [StHG 7 IV i],

i. die Einkünfte auf Grund der Bundesgesetzgebung über Ergänzungsleistungen zur Alters-, Hinterlassenen- und Invalidenversicherung [StHG 7 IV k],

j.[22] die bei Glücksspielen in Spielbanken im Sinn des Spielbankengesetzes vom 18. Dezember 1998[20] erzielten Gewinne [StHG 7 IV l].

k.[72] die einzelnen Gewinne bis zu einem Betrag von Fr. 1000 aus einer Lotterie oder einer lotterieähnlichen Veranstaltung [StHG 7 IV m].

III. Ermittlung des Reineinkommens
1. Grundsatz

§ 25. [StHG 9 I] Zur Ermittlung des Reineinkommens werden von den gesamten steuerbaren Einkünften [StHG 7] die zu ihrer Erzielung notwendigen Aufwendungen (§§ 26–30) [StHG 10] und die allgemeinen Abzüge (§§ 31 und 32) [StHG 9 II-III, 72d] abgezogen.

2. Unselbständige Erwerbstätigkeit

§ 26.[89] ¹ [StHG 9 I] Als Berufskosten werden abgezogen:
a. die notwendigen Kosten bis zu einem Höchstbetrag von Fr. 5000 für Fahrten zwischen Wohn- und Arbeitsstätte,
b. die notwendigen Mehrkosten für Verpflegung ausserhalb der Wohnstätte und bei Schichtarbeit,
c. die übrigen für die Ausübung des Berufes erforderlichen Kosten; § 31 Abs. 1 lit. k bleibt vorbehalten.[81]

² Für die Berufskosten gemäss Abs. 1 lit. a–c legt die Finanzdirektion Pauschalsätze fest. Im Falle von Abs. 1 lit. a und c steht dem Steuerpflichtigen der Nachweis höherer Kosten offen; der Höchstbetrag gemäss Abs. 1 lit. a bleibt vorbehalten.

3. Selbstständige Erwerbstätigkeit
a. Allgemeines

§ 27. ¹ [StHG 10 I] Bei selbstständiger Erwerbstätigkeit werden die geschäfts- oder berufsmässig begründeten Kosten abgezogen.

² Dazu gehören insbesondere:
a. die ausgewiesenen Abschreibungen des Geschäftsvermögens [StHG 10 I a],
b. die verbuchten Rückstellungen für Verpflichtungen, deren Höhe noch unbestimmt ist, oder für unmittelbar drohende Verlustrisiken sowie die Rücklagen für Forschungs- und Entwicklungsaufträge an Dritte bis zu 10 Prozent des steuerbaren Geschäftsertrags, insgesamt jedoch höchstens bis zu 1 Million Franken [StHG 10 I b],
c. die eingetretenen und verbuchten Verluste auf dem Geschäftsvermögen [StHG 10 I c],
d. die Zuwendungen an Vorsorgeeinrichtungen zu Gunsten des eigenen Personals, sofern jede zweckwidrige Verwendung ausgeschlossen ist [StHG 10 I d, 9 II d],
e.[22] Zinsen auf Geschäftsschulden (ohne Baukreditzinsen für Grundstücke im Geschäftsvermögen) sowie Zinsen, die auf Beteiligungen nach § 18 Abs. 3 entfallen [StHG 10 I e].
f.[80] [StHG 10 I f] die Kosten der berufsorientierten Aus- und Weiterbildung, einschliesslich Umschulungskosten, des eigenen Personals.

³ [StHG 10 I^{bis}] Nicht abziehbar sind Zahlungen von Bestechungsgeldern im Sinn des schweizerischen Strafrechts an schweizerische oder fremde Amtsträger.[22]

b. Ersatzbeschaffungen

§ 28. ¹ [StHG 8 IV] Werden Gegenstände des betriebsnotwendigen Anlagevermögens ersetzt, können die stillen Reserven auf die als Ersatz erworbenen Anlagegüter übertragen werden, wenn diese ebenfalls betriebsnotwendig sind und sich in der Schweiz befinden. Vorbehalten bleibt die Besteuerung beim Ersatz von Liegenschaften durch Gegenstände des beweglichen Vermögens [StHG 12 III d].[77]

² Findet die Ersatzbeschaffung nicht im gleichen Geschäftsjahr statt, kann im Umfang der stillen Reserven eine Rückstel-

lung gebildet werden. Diese Rückstellung ist innert angemessener Frist zur Abschreibung auf dem Ersatzobjekt zu verwenden oder zu Gunsten der Erfolgsrechnung aufzulösen.

3 Als betriebsnotwendig gilt nur Anlagevermögen, das dem Betrieb unmittelbar dient; ausgeschlossen sind insbesondere Vermögensteile, die dem Unternehmen nur als Vermögensanlage oder nur durch ihren Ertrag dienen.

c. Verluste

§ 29. 1 [StHG 10 II] Verluste aus den sieben der Steuerperiode vorangegangenen Geschäftsjahren können abgezogen werden, soweit sie bei der Berechnung des steuerbaren Einkommens dieser Jahre nicht berücksichtigt werden konnten.

2 [StHG 10 III] Mit Leistungen Dritter, die zum Ausgleich einer Unterbilanz im Rahmen einer Sanierung erbracht werden, können auch Verluste verrechnet werden, die in früheren Geschäftsjahren entstanden und noch nicht mit Einkommen verrechnet werden konnten.

4. Privatvermögen

§ 30. 1 Bei beweglichem Privatvermögen können die Kosten der Verwaltung durch Dritte und die weder rückforderbaren noch anrechenbaren ausländischen Quellensteuern abgezogen werden.

2 [StHG 9 III] Bei Liegenschaften im Privatvermögen können die Unterhaltskosten, die Kosten der Instandstellung von neu erworbenen Liegenschaften, die Versicherungsprämien und die Kosten der Verwaltung durch Dritte abgezogen werden. Den Unterhaltskosten sind Investitionen gleichgestellt, die dem Energiesparen und dem Umweltschutz dienen, soweit sie bei der direkten Bundessteuer abzugsfähig sind.[56]

3 Die den Erträgen aus Liegenschaften gegenüberstehenden Baurechtszinsen können abgezogen werden.

4 [StHG 9 III] Abzugsfähig sind ferner die Kosten denkmalpflegerischer Arbeiten, die der Steuerpflichtige auf Grund gesetzlicher Vorschriften, im Einvernehmen mit den Behörden oder auf deren Anordnung hin vorgenommen hat, soweit diese Arbeiten nicht subventioniert sind.

5 Der Steuerpflichtige kann für Liegenschaften des Privatvermögens anstelle der tatsächlichen Kosten und Prämien einen Pauschalabzug geltend machen. Die Finanzdirektion regelt diesen Pauschalabzug.

5. Allgemeine Abzüge a. Von der Höhe des Einkommens unabhängige Abzüge

§ 31. 1 [StHG 9 II] Von den Einkünften werden abgezogen:

a.[77] [StHG 9 II a] die privaten Schuldzinsen im Umfang der nach den §§ 20, 20 a und 21 steuerbaren Vermögenserträge und weiterer Fr. 50 000,

b.[23] [StHG 9 II b] die dauernden Lasten sowie 40 Prozent der bezahlten Leibrenten, c.[23] [StHG 9 II c] die Unterhaltsbeiträge an den geschiedenen, gerichtlich oder tatsächlich getrennt lebenden Ehegatten sowie die Unterhaltsbeiträge an einen Elternteil für die unter dessen elterlicher Sorge oder Obhut stehenden Kinder, nicht jedoch Leistungen in Erfüllung anderer familienrechtlicher Unterhalts- oder Unterstützungspflichten,

d.[48] [StHG 9 II d] die gemäss Gesetz, Statut oder Reglement geleisteten Einlagen, Prämien und Beiträge an die Alters-, Hinterlassenen- und Invalidenversicherung und an Einrichtungen der beruflichen Vorsorge,

e. [StHG 9 II e] Einlagen, Prämien und Beiträge zum Erwerb von vertraglichen Ansprüchen aus anerkannten Formen der gebundenen Selbstvorsorge im Sinn und im Umfang von Art. 82 BVG[18],

f. [StHG 9 II f] die Prämien und Beiträge für die Erwerbsersatzordnung, die Arbeitslosenversicherung und die obligatorische Unfallversicherung,

g.[75] [StHG 9 II g] die Einlagen, Prämien und Beiträge für die Lebens-, die Kranken und die nicht unter lit. f fallende Unfallversicherung sowie die Zinsen von Sparkapitalien des Steuerpflichtigen und der von ihm unterhaltenen Personen, bis zum Gesamtbetrag von Fr. 5200 für in ungetrennter Ehe lebende Steuerpflichtige und von Fr. 2600 für die übrigen Steuerpflichtigen. Für Steuerpflichtige ohne Beiträge gemäss lit. d und e erhöhen sich diese Abzüge um die Hälfte. Zudem erhöhen sich diese Abzüge um Fr. 1300 für jedes Kind oder jede unterstützungsbedürftige Person, für die der Steuerpflichtige einen Abzug gemäss § 34 Abs. 1 geltend machen kann. Wird bei nicht gemeinsam besteuerten Eltern der Kinderabzug gemäss § 34 Abs. 1 lit. a hälftig aufgeteilt, gilt dies auch für die Erhöhung der Abzüge für jedes Kind um Fr. 1300,

h.[60] [StHG 9 II i] die Mitgliederbeiträge und Zuwendungen bis zum Gesamtbetrag von Fr. 20 000 für in ungetrennter Ehe lebende Steuerpflichtige und von Fr. 10 000 für die übrigen Steuerpflichtigen an politische Parteien, die

1. im Parteienregister nach Art. 76 a des Bundesgesetzes vom 17. Dezember 1976 über die politischen Rechte[8] eingetragen sind,
2. in einem kantonalen Parlament vertreten sind oder
3. in einem Kanton bei den letzten Wahlen des kantonalen Parlaments mindestens 3 Prozent der Stimmen erreicht haben,

i.[31] [StHG 9 II h^{bis}] die behinderungsbedingten Kosten des Steuerpflichtigen und der von ihm unterhaltenen Personen mit Behinderungen im Sinne des Behindertengleichstellungsgesetzes vom 13. Dezember 2002, soweit der Steuerpflichtige die Kosten selber trägt.

j.[64] [StHG 9 II m] die nachgewiesenen Kosten, jedoch höchstens Fr. 10 100, für die Drittbetreuung jedes Kindes, das das 14. Altersjahr noch nicht vollendet hat und mit der steuerpflichtigen Person, die für seinen Unterhalt sorgt, im gleichen Haushalt lebt, soweit diese Kosten in direktem kausalem Zusammenhang mit der Erwerbstätigkeit, Ausbildung oder Erwerbsunfähigkeit der steuerpflichtigen Person stehen.

k.[80] [StHG 9 II o] die Kosten der berufsorientierten Aus- und Weiterbildung, einschliesslich Umschulungskosten, bis zum Gesamtbetrag von Fr. 12 000, sofern:
1. ein erster Abschluss auf der Sekundarstufe II vorliegt oder
2. das 20. Lebensjahr vollendet ist und es sich nicht um die Ausbildungskosten bis zum ersten Abschluss auf der Sekundarstufe II handelt.

2 [StHG 9 II k] Leben Ehegatten in rechtlich und tatsächlich ungetrennter Ehe, werden vom Erwerbseinkommen, das ein Ehegatte unabhängig vom Beruf, Geschäft oder Gewerbe des anderen Ehegatten erzielt, Fr. 5900 abgezogen; ein gleicher Abzug ist zulässig bei erheblicher Mitarbeit eines Ehegatten im Beruf, Geschäft oder Gewerbe des anderen Ehegatten.[59]

3 [StHG 9 II n] Von den einzelnen Gewinnen aus Lotterien oder lotterieähnlichen Veranstaltungen (§ 23 lit. e) werden 5 Prozent, jedoch höchstens Fr. 5000, als Einsatzkosten abgezogen.[72]

b. Von der Höhe des Einkommens abhängige Abzüge

§ 32. Von den Einkünften werden ferner abgezogen:

a.[32] [StHG 9 II h] die Krankheits- und Unfallkosten des Steuerpflichtigen und der von ihm unterhaltenen Personen, soweit der Steuerpflichtige die Kosten selber trägt und diese 5 Prozent der um die Aufwendungen gemäss §§ 26–31 verminderten steuerbaren Einkünfte übersteigen,

b.[48] [StHG 9 II i] die freiwilligen Leistungen von Geld und übrigen Vermögenswerten an den Bund und seine Anstalten, an Kantone und ihre Anstalten, an Gemeinden und ihre Anstalten und an andere juristische Personen mit Sitz in der Schweiz, die im Hinblick auf öffentliche oder ausschliesslich gemeinnützige Zwecke von der Steuerpflicht befreit sind, wenn die Zuwendungen in der Steuerperiode Fr. 100 erreichen und insgesamt 20 Prozent der um die Aufwendungen gemäss §§ 26–31 verminderten steuerbaren Einkünfte nicht übersteigen.

6. Nichtabzugsfähige Kosten und Aufwendungen

§ 33. Nicht abzugsfähig sind die übrigen Kosten und Aufwendungen [StHG 9 IV], insbesondere:

a. die Aufwendungen für den Unterhalt des Steuerpflichtigen und seiner Familie sowie der durch die berufliche Stellung des Steuerpflichtigen bedingte Privataufwand,

b. …[82]
c. die Aufwendungen für Schuldentilgung,
d. die Aufwendungen für die Anschaffung, Herstellung oder Wertvermehrung von Vermögensgegenständen,
e. Einkommens-, Grundstückgewinn-, Handänderungs- und Vermögenssteuern von Bund, Kantonen und Gemeinden und gleichartige ausländische Steuern.

IV. Sozialabzüge

§ **34.**[65] [1] Vom Reineinkommen werden für die Steuerberechnung abgezogen:

a.[75] [StHG 9 IV] als Kinderabzug:
für minderjährige Kinder unter elterlicher Sorge oder Obhut des Steuerpflichtigen sowie für volljährige Kinder, die in der beruflichen Erstausbildung stehen und deren Unterhalt der Steuerpflichtige zur Hauptsache bestreitet, je Fr. 9000
Bei nicht gemeinsam besteuerten Eltern wird der Kinderabzug hälftig aufgeteilt, wenn das Kind unter gemeinsamer elterlicher Sorge steht und keine Unterhaltsbeiträge nach § 31 Abs. 1 lit. c für das Kind geltend gemacht werden.

b. [StHG 9 IV] als Unterstützungsabzug:
für erwerbsunfähige oder beschränkt erwerbsfähige Personen, an deren Unterhalt der Steuerpflichtige mindestens in der Höhe des Abzugs beiträgt, je Fr. 2700
Der Abzug kann nicht beansprucht werden für den Ehegatten und für Kinder, für die ein Abzug gemäss lit. a oder § 31 Abs. 1 lit. c gewährt wird.

[2] Die Sozialabzüge gemäss Abs. 1 werden nach den Verhältnissen am Ende der Steuerperiode oder der Steuerpflicht festgelegt.

[3] Besteht die Steuerpflicht nur während eines Teils der Steuerperiode, werden die Sozialabzüge gemäss Abs. 1 anteilmässig gewährt. Für die Satzbestimmung werden sie voll angerechnet.

V. Steuerberechnung
1. Steuertarife

§ **35.**[59] [1] Die Einkommenssteuer beträgt (Grundtarif):

0% für die ersten	Fr.	6700
2% für die weiteren	Fr.	4700
3% für die weiteren	Fr.	4700
4% für die weiteren	Fr.	7600
5% für die weiteren	Fr.	9300
6% für die weiteren	Fr.	10700
7% für die weiteren	Fr.	12400

8% für die weiteren	Fr. 16 900
9% für die weiteren	Fr. 32 500
10% für die weiteren	Fr. 32 200
11% für die weiteren	Fr. 51 000
12% für die weiteren	Fr. 66 200
13% für Einkommensteile über	Fr. 254 900

2 [StHG 11 I] Für Ehegatten, die in rechtlich und tatsächlich ungetrennter Ehe leben, sowie für verwitwete, gerichtlich oder tatsächlich getrennt lebende, geschiedene und ledige Steuerpflichtige, die mit Kindern im Sinn von § 34 Abs. 1 lit. a zusammenleben, beträgt die Einkommenssteuer (Verheiratetentarif):

0% für die ersten	Fr. 13 500
2% für die weiteren	Fr. 6 100
3% für die weiteren	Fr. 7 700
4% für die weiteren	Fr. 9 400
5% für die weiteren	Fr. 10 700
6% für die weiteren	Fr. 13 900
7% für die weiteren	Fr. 30 800
8% für die weiteren	Fr. 30 800
9% für die weiteren	Fr. 46 400
10% für die weiteren	Fr. 55 400
11% für die weiteren	Fr. 60 100
12% für die weiteren	Fr. 69 300
13% für Einkommensteile über	Fr. 354 100

2bis Bei nicht gemeinsam besteuerten Eltern, die mit Kindern unter gemeinsamer elterlicher Sorge zusammenleben und denen der Kinderabzug je zur Hälfte zusteht, hat derjenige Elternteil Anspruch auf den Verheiratetentarif, der aus seinen versteuerten Einkünften den Unterhalt des Kindes zur Hauptsache bestreitet.[74]

3 Der Tarif wird nach den Verhältnissen am Ende der Steuerperiode oder der Steuerpflicht festgelegt.

4 Ausgeschüttete Gewinne aus Kapitalgesellschaften und Genossenschaften mit Sitz in der Schweiz werden zur Hälfte des für das steuerbare Gesamteinkommen anwendbaren Steuersatzes besteuert, sofern die steuerpflichtige Person mit wenigstens 10 Prozent am Aktien-,Grund- oder Stammkapital beteiligt ist.[46]

2. Sonderfälle a. Kapitalabfindungen für wiederkehrende Leistungen

§ **36.** [StHG 11 II] Gehören zu den Einkünften Kapitalabfindungen für wiederkehrende Leistungen, wird die Einkommenssteuer unter Berücksichtigung der übrigen Einkünfte zu dem Steuersatz berechnet, der sich ergäbe, wenn anstelle der einmaligen Leistung eine entsprechende jährliche Leistung ausgerichtet würde [StHG 7 I].

§ **37.** [1] [StHG 11 III] Kapitalleistungen gemäss § 22 sowie Zahlungen bei Tod und für bleibende körperliche oder gesundheitliche Nachteile werden gesondert zu dem Steuersatz berechnet, der sich ergäbe, wenn anstelle der einmaligen eine jährliche Leistung von einem Zehntel der Kapitalleistung ausgerichtet würde; die einfache Staatssteuer beträgt jedoch mindestens 2 Prozent. Es wird stets eine volle Jahressteuer erhoben [StHG 7 I].

b. Kapitalleistungen aus Vorsorge

[2] Die Sozialabzüge gemäss § 34 werden nicht gewährt.

§ **37*a*.**[47] [1] [StHG 11 IV] Für kleine Arbeitsentgelte aus unselbstständiger Erwerbstätigkeit ist die Steuer ohne Berücksichtigung der übrigen Einkünfte, allfälliger Berufskosten und Sozialabzüge zu einem Satz von 4,5 Prozent zu erheben. Voraussetzung ist, dass Arbeitgeberinnen und Arbeitgeber die Steuer im Rahmen des vereinfachten Abrechnungsverfahrens nach den Art. 2 und 3 des Bundesgesetzes gegen die Schwarzarbeit vom 17. Juni 2005[17] entrichten. Damit sind die Einkommenssteuern von Kanton und Gemeinden abgegolten.

VI. Vereinfachtes Abrechungsverfahren

[2] [StHG 11 IV] Die Steuern sind periodisch der zuständigen AHV-Ausgleichskasse abzuliefern. Diese stellt dem Steuerpflichtigen eine Aufstellung oder eine Bestätigung über den Steuerabzug aus. Sie überweist dem kantonalen Steueramt die einkassierten Steuerzahlungen. Die AHV-Ausgleichskasse erhält eine Bezugsprovision. Die Bestimmungen von § 92 Abs. 1 lit. a sowie Abs. 2 und 3 gelten sinngemäss.

[3] Der Regierungsrat regelt die Verteilung der Steuerbeträge auf Kanton und Gemeinden.

§ **37*b*.**[76] [StHG 11 V] [1] Wird die selbstständige Erwerbstätigkeit nach dem vollendeten 55. Altersjahr oder wegen Unfähigkeit zur Weiterführung infolge Invalidität definitiv aufgegeben, ist die Summe der in den letzten zwei Geschäftsjahren realisierten stillen Reserven getrennt vom übrigen Einkommen zu besteuern. Einkaufsbeiträge gemäss § 31 Abs. 1 lit. d sind abziehbar. Werden keine solchen Einkäufe vorgenommen, wird der Betrag der realisierten stillen Reserven, für den der Steuerpflichtige die Zulässigkeit eines Einkaufs gemäss § 31 Abs. 1 lit. d nachweist, wie eine Kapitalleistung gemäss § 37 besteuert. Der Restbetrag der realisierten stillen Reserven wird getrennt, jedoch ebenfalls gemäss § 37 besteuert.

VII. Liquidationsgewinne

[2] Abs. 1 gilt auch für den überlebenden Ehegatten, die anderen Erben und die Vermächtnisnehmer, sofern sie das übernommene Unternehmen nicht fortführen. Die steuerliche Abrechnung erfolgt spätestens fünf Kalenderjahre nach Ablauf des Todesjahres des Erblassers.

C. Vermögenssteuer

I. Steuerobjekt

§ 38. 1 [StHG 13 I] Der Vermögenssteuer unterliegt das gesamte Reinvermögen.

2 [StHG 13 II] Nutzniessungsvermögen wird dem Nutzniesser zugerechnet.

3 [StHG 13 III] Bei Anteilen an kollektiven Kapitalanlagen mit direktem Grundbesitz ist die Wertdifferenz zwischen den Gesamtaktiven der kollektiven Kapitalanlage und deren direktem Grundbesitz steuerbar.[48]

4 [StHG 13 IV] Hausrat und persönliche Gebrauchsgegenstände werden nicht besteuert.

II. Bewertung

§ 39. 1 [StHG 14 I] Das Vermögen wird zum Verkehrswert bewertet.

2 [StHG 14 III] Immaterielle Güter und bewegliches Vermögen, die zum Geschäftsvermögen der steuerpflichtigen Person gehören, werden zu dem für die Einkommenssteuer massgeblichen Wert bewertet.[77]

3 Der Regierungsrat erlässt die für eine gleichmässige Bewertung von Grundstücken notwendigen Dienstanweisungen. Es kann eine schematische, formelmässige Bewertung vorgesehen werden, wobei jedoch den Qualitätsmerkmalen der Grundstücke, die im Falle der Veräusserung auch den Kaufpreis massgeblich beeinflussen würden, angemessen Rechnung zu tragen ist. Die Formel ist so zu wählen, dass die am oberen Rand der Bandbreite liegenden Schätzungen nicht über dem effektiven Marktwert liegen.[25]

4 Führt in Einzelfällen die formelmässige Bewertung dennoch zu einem höheren Vermögenssteuerwert, ist eine individuelle Schätzung vorzunehmen und dabei ein Wert von 90 Prozent des effektiven Marktwertes anzustreben.[24]

III. Mitarbeiterbeteiligungen

§ 39*a*.[69] [StHG 14a] 1 Mitarbeiterbeteiligungen nach § 17 b Abs. 1 sind zum Verkehrswert einzusetzen. Allfällige Sperrfristen sind in Anwendung von § 17 b Abs. 2 zu berücksichtigen.

2 Mitarbeiterbeteiligungen nach §§ 17 b Abs. 3 und 17 c sind bei Zuteilung ohne Steuerwert zu deklarieren.

IV.[70] Landwirtschaftliche Grundstücke

§ 40. [StHG 14 II] Land- oder forstwirtschaftlich genutzte Grundstücke werden mit Einschluss der erforderlichen Gebäude zum Ertragswert bewertet.

§ **41.** [StHG 14 II] Wird ein Grundstück, das zum Ertragswert bewertet wurde, ganz oder teilweise veräussert oder der bisherigen land- oder forstwirtschaftlichen Bewirtschaftung entfremdet, wird vom Eigentümer eine ergänzende Vermögenssteuer erhoben.

V.[70] **Ergänzende Vermögenssteuer für landwirtschaftliche Grundstücke**
1. Steuerpflicht

§ **42.** Die ergänzende Vermögenssteuer wird aufgeschoben bei:

2. Aufschub der Besteuerung

a. Eigentumswechsel durch Erbgang (Erbfolge, Erbteilung, Vermächtnis), Erbvorbezug oder Schenkung,
b.[23] Handänderungen unter Ehegatten im Zusammenhang mit dem Güterrecht sowie zur Abgeltung ausserordentlicher Beiträge eines Ehegatten an den Unterhalt der Familie (Art. 165 ZGB[9]) und scheidungsrechtlicher Ansprüche, sofern beide Ehegatten einverstanden sind,
c. Landumlegungen zwecks Güterzusammenlegung, Quartierplanung, Grenzbereinigung, Abrundung landwirtschaftlicher Heimwesen sowie bei Landumlegungen im Enteignungsverfahren oder angesichts drohender Enteignung,
d. vollständiger oder teilweiser Veräusserung eines land- oder forstwirtschaftlichen Grundstücks, soweit der Erlös innert angemessener Frist zum Erwerb eines selbst bewirtschafteten Ersatzgrundstückes oder zur Verbesserung der eigenen, selbstbewirtschafteten land- oder forstwirtschaftlichen Grundstücke im Kanton verwendet wird.

§ **43.** [1] [StHG 14 II] Die ergänzende Vermögenssteuer wird entsprechend der Besitzesdauer, jedoch höchstens für 20 Jahre, erhoben. Ist die Veranlagung aufgeschoben worden, gilt § 219 Abs. 2–5 sinngemäss.

3. Steuerberechnung

[2] Das steuerbare Vermögen berechnet sich nach der Differenz zwischen dem Mittel der Ertragswerte und dem Mittel der tatsächlichen Verkehrswerte des Grundstücks je am Anfang und am Ende der massgebenden Besitzesdauer.

[3] Die ergänzende Vermögenssteuer wird bezogen zum Steuersatz von 1 Promille und zum Steuerfuss, der im Jahr der Veräusserung oder der Beendigung der land- oder forstwirtschaftlichen Nutzung Geltung hatte.

§ **44.** Die ergänzende Vermögenssteuer wird in einem besonderen, vom ordentlichen Einschätzungsverfahren unabhängigen Verfahren festgesetzt.

4. Verfahren

VI.[70] **Lebens- und Rentenversicherungen**

§ **45.**[75] Lebensversicherungen unterliegen der Vermögenssteuer mit ihrem Rückkaufswert. Ihnen gleichgestellt sind rückkaufsfähige Rentenversicherungen.

VII.[70] **Abzug von Schulden**

§ **46.** Schulden, für die der Steuerpflichtige [StHG 3 f.] allein haftet, werden voll abgezogen; andere Schulden, wie Solidar- und Bürgschaftsschulden, nur insoweit, als sie vom Steuerpflichtigen getragen werden müssen.

VIII.[70] **Steuertarif**

§ **47.**[59] ¹ Die Vermögenssteuer beträgt (Grundtarif):

0 ‰	für die ersten	Fr. 77 000
½ ‰	für die weiteren	Fr. 231 000
1 ‰	für die weiteren	Fr. 386 000
1½ ‰	für die weiteren	Fr. 616 000
2 ‰	für die weiteren	Fr. 925 000
2½ ‰	für die weiteren	Fr. 923 000
3 ‰	für Vermögensteile über	Fr. 3 158 000

² [StHG 11 I] Für Ehegatten, die in rechtlich und tatsächlich ungetrennter Ehe leben, sowie für verwitwete, gerichtlich oder tatsächlich getrennt lebende, geschiedene und ledige Steuerpflichtige, die mit Kindern im Sinn von § 34 Abs. 1 lit. a zusammenleben, beträgt die Vermögenssteuer (Verheiratetentarif):

0 ‰	für die ersten	Fr. 154 000
½ ‰	für die weiteren	Fr. 231 000
1 ‰	für die weiteren	Fr. 385 000
1½ ‰	für die weiteren	Fr. 616 000
2 ‰	für die weiteren	Fr. 925 000
2½ ‰	für die weiteren	Fr. 924 000
3 ‰	für Vermögensteile über	Fr. 3 235 000

²ᵇⁱˢ Bei nicht gemeinsam besteuerten Eltern, die mit Kindern unter gemeinsamer elterlicher Sorge zusammenleben und denen der Kinderabzug je zur Hälfte zusteht, hat derjenige Elternteil Anspruch auf den Verheiratetentarif, der den Unterhalt des Kindes aus seinen versteuerten Einkünften zur Hauptsache bestreitet.[74]

³ Der Tarif wird nach den Verhältnissen am Ende der Steuerperiode oder der Steuerpflicht festgelegt.

D. Ausgleich der kalten Progression

Ausgleich der kalten Progression

§ **48.**[67] ¹ Die Folgen der kalten Progression werden durch gleichmässige Anpassung der allgemeinen Abzüge gemäss § 31, der Sozialabzüge gemäss § 34 und der Tarifstufen gemäss §§ 35 und 47 ausgeglichen. Die Beträge sind auf- oder abzurunden.

[2] Die Finanzdirektion passt die Abzüge und die Tarifstufen auf Beginn jeder Steuerfussperiode an den Landesindex der Konsumentenpreise an. Massgebend ist der Indexstand im Monat Mai vor Beginn der Steuerfussperiode. Bei negativem Teuerungsverlauf erfolgt keine Anpassung. Der auf eine negative Teuerung folgende Ausgleich erfolgt auf der Grundlage des letzten Ausgleichs.

E. Zeitliche Bemessung

I. Steuerperiode

§ 49. [1] [StHG 15 II, 16] Die Steuern vom Einkommen und Vermögen werden für jede Steuerperiode festgesetzt und erhoben.

[2] [StHG 15 I] Als Steuerperiode gilt das Kalenderjahr.

[3] [StHG 15 III] Besteht die Steuerpflicht nur während eines Teils der Steuerperiode, wird die Steuer auf den in diesem Zeitraum erzielten Einkünften erhoben. Dabei bestimmt sich der Steuersatz für regelmässig fliessende Einkünfte nach dem auf zwölf Monate berechneten Einkommen; nicht regelmässig fliessende Einkünfte werden für die Satzbestimmung nicht umgerechnet. § 37 bleibt vorbehalten.

[4] Für die Abzüge gilt Abs. 3 sinngemäss.

II. Bemessungsperiode

§ 50. [1] [StHG 16 I] Das steuerbare Einkommen bemisst sich nach den Einkünften in der Steuerperiode [StHG 15 II].

[2] [StHG 16 II] Für die Ermittlung des Einkommens aus selbstständiger Erwerbstätigkeit ist das Ergebnis der in die Steuerperiode [StHG 15 II] fallenden Geschäftsabschlüsse massgebend.

[3] [StHG 16 III] Steuerpflichtige mit selbstständiger Erwerbstätigkeit müssen in jeder Steuerperiode [StHG 15 II] und am Ende der Steuerpflicht einen Geschäftsabschluss [StHG 42 III] erstellen. Kein Geschäftsabschluss ist zu erstellen, wenn die Erwerbstätigkeit erst im letzten Quartal der Steuerperiode aufgenommen wird.

III. Vermögensbesteuerung

§ 51. [1] [StHG 17 I] Das steuerbare Vermögen bemisst sich nach dem Stand am Ende der Steuerperiode [15 II] oder der Steuerpflicht.

[2] [StHG 17 II] Für Steuerpflichtige mit selbstständiger Erwerbstätigkeit, deren Geschäftsjahr nicht mit dem Kalenderjahr übereinstimmt, bestimmt sich das steuerbare Geschäftsvermögen nach dem Eigenkapital am Ende des in der Steuerperiode [15 II] abgeschlossenen Geschäftsjahres.

[3] [StHG 17 IV] Besteht die Steuerpflicht nur während eines Teils der Steuerperiode, wird die diesem Zeitraum entsprechende Steuer erhoben.

4 [StHG 17 III] Erbt der Steuerpflichtige [StHG 3 f.] während der Steuerperiode Vermögen oder entfällt die wirtschaftliche Zugehörigkeit zu einem anderen Kanton während der Steuerperiode, gilt Abs. 3 sinngemäss.

IV. Volljährigkeit; Begründung und Auflösung der Ehe[63]

§ 52. 1 Steuerpflichtige werden erstmals für die Steuerperiode, in der sie volljährig werden, selbstständig eingeschätzt. Vorbehalten bleibt eine selbstständige Einschätzung, soweit sie ein Erwerbseinkommen erzielen oder nicht unter elterlicher Gewalt stehen.[63]

2 Bei Heirat werden die Ehegatten für die ganze Steuerperiode gemeinsam besteuert.[84]

3 Bei Scheidung und bei rechtlicher oder tatsächlicher Trennung wird jeder Ehegatte für die ganze Steuerperiode getrennt besteuert.

4 Bei Tod eines Ehegatten werden die Ehegatten bis zum Todestag gemeinsam besteuert. Der Tod gilt als Beendigung der Steuerpflicht beider Ehegatten und als Beginn der Steuerpflicht des überlebenden Ehegatten.

Anm. zu 52 I Satz 1: StHG 18 I geht dieser Bestimmung vor.

V. Steuerfüsse

§ 53. Anwendbar sind die am Ende der Steuerperiode geltenden Steuerfüsse.

Dritter Abschnitt: Besteuerung der juristischen Personen

A. Steuerpflicht

I. Begriff der juristischen Person

§ 54. 1 [StHG 20 I] Als juristische Personen werden besteuert:

a. die Kapitalgesellschaften (Aktiengesellschaften, Kommanditaktiengesellschaften, Gesellschaften mit beschränkter Haftung) und die Genossenschaften,
b. die Vereine, die Stiftungen und die übrigen juristischen Personen.

2 [StHG 20 I] Den übrigen juristischen Personen gleichgestellt sind die kollektiven Kapitalanlagen mit direktem Grundbesitz nach Art. 58 KAG[21]. Die Investmentgesellschaften mit festem Kapital nach Art. 110 KAG[21] werden wie Kapitalgesellschaften besteuert.[48]

3 [StHG 20 II] Ausländische juristische Personen sowie gemäss § 8 Abs. 2 steuerpflichtige ausländische Handelsgesellschaften und andere ausländische Personengesamtheiten ohne juristische Persönlichkeit werden den inländischen juristischen Personen gleichgestellt, denen sie rechtlich oder tatsächlich am ähnlichsten sind [StHG 4, 8].

II. Steuerliche Zugehörigkeit
1. Persönliche Zugehörigkeit

§ 55. [StHG 20 I] Juristische Personen sind auf Grund persönlicher Zugehörigkeit steuerpflichtig, wenn sich ihr Sitz oder ihre tatsächliche Verwaltung im Kanton befindet.

2. Wirtschaftliche Zugehörigkeit

§ 56. [1] [StHG 21 I] Juristische Personen mit Sitz oder mit tatsächlicher Verwaltung ausserhalb des Kantons sind steuerpflichtig, wenn sie
a. Teilhaber an Geschäftsbetrieben im Kanton sind,
b. im Kanton Betriebsstätten unterhalten,
c. an Grundstücken im Kanton Eigentum, dingliche Rechte oder diesen wirtschaftlich gleichkommende persönliche Nutzungsrechte haben.

[2] [StHG 21 II] Juristische Personen mit Sitz und tatsächlicher Verwaltung im Ausland sind ausserdem steuerpflichtig, wenn sie
a. Gläubiger oder Nutzniesser von Forderungen sind, die durch Grund- oder Faustpfand auf Grundstücken im Kanton gesichert sind [StHG 35 I e],
b. im Kanton gelegene Grundstücke vermitteln oder damit handeln.

3. Umfang der Steuerpflicht und Steuerausscheidung

§ 57. [1] Bei persönlicher Zugehörigkeit ist die Steuerpflicht unbeschränkt; sie erstreckt sich aber nicht auf Geschäftsbetriebe, Betriebsstätten und Grundstücke ausserhalb des Kantons.

[2] Bei wirtschaftlicher Zugehörigkeit beschränkt sich die Steuerpflicht auf die Teile des Gewinns und Kapitals, für die gemäss § 56 eine Steuerpflicht im Kanton besteht.

[3] Die Steuerausscheidung für Geschäftsbetriebe, Betriebsstätten und Grundstücke erfolgt im Verhältnis zu anderen Kantonen und zum Ausland nach den Grundsätzen des Bundesrechts über das Verbot der interkantonalen Doppelbesteuerung. Vorbehalten bleibt jedoch Abs. 4.

[4] Steuerpflichtige ohne Sitz oder tatsächliche Verwaltung in der Schweiz haben für Geschäftsbetriebe und Betriebsstätten den im Kanton erzielten Gewinn und das im Kanton gelegene Kapital zu versteuern.

4. Steuerberechnung bei beschränkter Steuerpflicht

§ 58. [1] Juristische Personen, die im Kanton nur für einen Teil ihres Gewinns und Kapitals steuerpflichtig sind, entrichten die Steuern für die im Kanton steuerbaren Werte nach dem Steuersatz, der ihrem gesamten Gewinn und Kapital entspricht. Vorbehalten bleibt jedoch Abs. 2.

[2] Steuerpflichtige ohne Sitz oder tatsächliche Verwaltung in der Schweiz entrichten die Steuern für Geschäftsbetriebe und Betriebsstätten im Kanton zu dem Steuersatz, der dem im Kanton erzielten Gewinn und dem im Kanton gelegenen Kapital entspricht.

III. Beginn und Ende der Steuerpflicht

§ 59. [1] Die Steuerpflicht beginnt mit der Gründung der juristischen Person, mit der Verlegung ihres Sitzes oder ihrer tatsächlichen Verwaltung in den Kanton oder mit dem Erwerb von im Kanton steuerbaren Werten.

[2] Die Steuerpflicht endet mit dem Abschluss der Liquidation, mit der Verlegung des Sitzes oder der tatsächlichen Verwaltung aus dem Kanton oder mit dem Wegfall der im Kanton steuerbaren Werte.

[3] Überträgt eine juristische Person Aktiven und Passiven auf eine andere juristische Person, sind die von ihr geschuldeten Steuern von der übernehmenden juristischen Person zu entrichten.

[4] [StHG 22] Die Folgen des Beginns, der Änderung und des Endes der Steuerpflicht auf Grund persönlicher und wirtschaftlicher Zugehörigkeit werden im interkantonalen Verhältnis durch das Bundesgesetz über die Harmonisierung der direkten Steuern der Kantone und Gemeinden[15] sowie durch die Grundsätze des Bundesrechts über das Verbot der interkantonalen Doppelbesteuerung bestimmt.[22]

IV. Mithaftung

§ 60. [1] Endet die Steuerpflicht einer juristischen Person, haften die mit ihrer Verwaltung und die mit ihrer Liquidation betrauten Personen solidarisch für die von ihr geschuldeten Steuern bis zum Betrag des Liquidationsergebnisses oder, falls die juristische Person ihren Sitz oder die tatsächliche Verwaltung ins Ausland verlegt, bis zum Betrag des Reinvermögens der juristischen Person. Die Haftung entfällt, wenn der Haftende nachweist, dass er alle nach den Umständen gebotene Sorgfalt angewendet hat.

[2] Für die Steuern einer auf Grund wirtschaftlicher Zugehörigkeit steuerpflichtigen juristischen Person haften solidarisch bis zum Betrag des Reinerlöses Personen, die

a. Geschäftsbetriebe oder Betriebsstätten im Kanton auflösen,
b. Grundstücke im Kanton oder durch solche Grundstücke gesicherte Forderungen veräussern oder verwerten.

[3] Käufer und Verkäufer einer im Kanton gelegenen Liegenschaft haften für die aus der Vermittlungstätigkeit geschuldeten Steuern solidarisch bis zu 3 Prozent der Kaufsumme, wenn die die Liegenschaft vermittelnde juristische Person in der Schweiz weder ihren Sitz noch ihre tatsächliche Verwaltung hat; Käufer und Verkäufer haften jedoch nur solidarisch, soweit sie einer juristischen Person mit Sitz im Ausland einen entsprechenden Auftrag erteilt haben.

[4] Für Steuern ausländischer Handelsgesellschaften und anderer ausländischer Personengesamtheiten ohne juristische Persönlichkeit haften die Teilhaber solidarisch.

V. Ausnahmen von der Steuerpflicht

§ **61.** Von der Steuerpflicht sind befreit:

a. [StHG 23 I a] der Bund und seine Anstalten nach Massgabe des Bundesrechts,

b. [StHG 23 I b] der Kanton und seine Anstalten,

c.[44, 51] [StHG 23 I c] die von der Verfassung[2] anerkannten kirchlichen Körperschaften sowie die von der Verfassung[2] anerkannten jüdischen Gemeinden,

d. [StHG 23 I c] die zürcherischen Gemeinden und ihre Anstalten,

e. [StHG 23 I d] die Einrichtungen der beruflichen Vorsorge von Unternehmen mit Wohnsitz, Sitz oder Betriebsstätte in der Schweiz und von ihnen nahestehenden Unternehmen, sofern die Mittel der Einrichtung dauernd und ausschliesslich der Personalvorsorge dienen,

f. [StHG 23 I e] die inländischen Sozialversicherungs- und Ausgleichskassen, insbesondere Arbeitslosen-, Krankenversicherungs-, Alters-, Invaliden- und Hinterlassenenversicherungskassen, mit Ausnahme der konzessionierten Versicherungsgesellschaften,

g. [StHG 23 I f] die juristischen Personen, die öffentliche oder gemeinnützige Zwecke verfolgen, für den Gewinn und das Kapital, die ausschliesslich und unwiderruflich diesen Zwecken gewidmet sind. Unternehmerische Zwecke sind grundsätzlich nicht gemeinnützig. Der Erwerb und die Verwaltung von wesentlichen Kapitalbeteiligungen an Unternehmen gelten als gemeinnützig, wenn das Interesse an der Unternehmenserhaltung dem gemeinnützigen Zweck untergeordnet ist und keine geschäftsleitenden Tätigkeiten ausgeübt werden,

h. im Kantonsrat vertretene politische Parteien,

i. [StHG 23 I g] die juristischen Personen, die kantonal oder gesamtschweizerisch Kultuszwecke verfolgen, für den Gewinn und das Kapital, die ausschliesslich und unwiderruflich diesen Zwecken gewidmet sind,

j. [StHG 23 I h] die ausländischen Staaten für ihre ausschliesslich dem unmittelbaren Gebrauch der diplomatischen und konsularischen Vertretungen bestimmten Liegenschaften, unter Vorbehalt des Gegenrechts,

k.[47] [StHG 23 I i] die kollektiven Kapitalanlagen mit direktem Grundbesitz, sofern deren Anleger ausschliesslich steuerbefreite Einrichtungen der beruflichen Vorsorge nach lit. e oder steuerbefreite inländische Sozialversicherungs- und Ausgleichskassen nach lit. f sind.

l.[71] [StHG 23 I j] vom Bund konzessionierte Verkehrs- und Infrastrukturunternehmen, die für diese Tätigkeit Abgeltungen erhalten oder aufgrund ihrer Konzession einen ganzjährigen Betrieb von nationaler Bedeutung aufrechterhalten müssen; die Steuerbefreiung erstreckt sich auch auf Gewinne aus der konzessionierten Tätigkeit, die frei verfügbar sind; von der Steuerbefreiung ausgenommen sind jedoch Nebenbetriebe und Liegenschaften, die keine notwendige Beziehung zur konzessionierten Tätigkeit haben.

VI. Steuererleichterungen für Unternehmen

§ **62.** [StHG 23 III] Für Unternehmen von juristischen Personen, die neu eröffnet werden und dem volkswirtschaftlichen Interesse des Kantons dienen, kann der Regierungsrat im Einvernehmen mit der zuständigen Gemeinde höchstens für das Eröffnungsjahr und die neun folgenden Jahre angemessene Steuererleichterungen gewähren. Eine wesentliche Änderung der betrieblichen Tätigkeit kann einer Neueröffnung gleichgestellt werden.

B. Gewinnsteuer

I. Steuerobjekt
1. Grundsatz

§ **63.** [StHG 24 I] Gegenstand der Gewinnsteuer ist der Reingewinn.

2. Berechnung des Reingewinns
a. Allgemeines

§ **64.** [1] Der steuerbare Reingewinn setzt sich zusammen aus:

1. dem Saldo der Erfolgsrechnung unter Berücksichtigung des Saldovortrags des Vorjahres;
2. [StHG 24 I a] allen vor Berechnung des Saldos der Erfolgsrechnung ausgeschiedenen Teilen des Geschäftsergebnisses, die nicht zur Deckung von geschäftsmässig begründetem Aufwand verwendet werden, wie insbesondere:
   a. Kosten für die Anschaffung, Herstellung oder Wertvermehrung von Gegenständen des Anlagevermögens,
   b. geschäftsmässig nicht begründete Abschreibungen und Rückstellungen,
   c. Einlagen in die Reserven,
   d. Einzahlungen auf das Eigenkapital aus Mitteln der juristischen Person, soweit sie nicht aus als Gewinn versteuerten Reserven erfolgen,
   e. offene und verdeckte Gewinnausschüttungen und geschäftsmässig nicht begründete Zuwendungen an Dritte;
3. [StHG 24 I b] den der Erfolgsrechnung nicht gutgeschriebenen Erträgen, mit Einschluss der Kapital-, Aufwertungs- und Liquidationsgewinne, vorbehältlich § 68. Der Liquidation ist die Verlegung des Sitzes, der Verwaltung, eines Geschäftsbetriebs oder einer Betriebsstätte ins Ausland gleichgestellt;
4. [StHG 24 I c] den Zinsen auf verdecktem Eigenkapital (§ 80);

5.[77] geschäftsmässig nicht mehr begründeten Abschreibungen und Wertberichtigungen auf den Gestehungskosten von Beteiligungen im Sinn von § 72 a Abs. 1.

2 Der steuerbare Reingewinn juristischer Personen, die keine Erfolgsrechnung erstellen, bestimmt sich sinngemäss nach Abs. 1.

3 Gewinne auf Grundstücken sind in dem Umfang als Gewinn steuerbar, in dem Erwerbspreis und wertvermehrende Aufwendungen, einschliesslich der Baukreditzinsen, den Gewinnsteuerwert übersteigen.

b. Geschäftsmässig begründeter Aufwand

§ 65. 1 Zum geschäftsmässig begründeten Aufwand [StHG 25] gehören auch:

a. [StHG 25 I a] die Steuern, nicht aber Steuerbussen,

b. [StHG 25 I b] die Zuwendungen an Vorsorgeeinrichtungen zu Gunsten des eigenen Personals, sofern jede zweckwidrige Verwendung ausgeschlossen ist,

c.[48] [StHG 25 I c] die freiwilligen Leistungen von Geld und übrigen Vermögenswerten bis zu 20 Prozent des Reingewinns an den Bund und seine Anstalten, an Kantone und ihre Anstalten, an Gemeinden und ihre Anstalten und an andere juristische Personen mit Sitz in der Schweiz, die im Hinblick auf öffentliche oder ausschliesslich gemeinnützige Zwecke von der Steuerpflicht befreit sind [StHG 23 I],

d. [StHG 25 I d] die Rabatte, Skonti, Umsatzbonifikationen und Rückvergütungen auf dem Entgelt für Lieferungen und Leistungen sowie zur Verteilung an die Versicherten bestimmte Überschüsse von Versicherungsgesellschaften,

e. die Rücklagen für künftige Forschungs- und Entwicklungsaufträge an Dritte bis zu 10 Prozent des steuerbaren Gewinns, insgesamt jedoch höchstens bis 1 Million Franken.

f.[80] [StHG 25 I e] die Kosten der berufsorientierten Aus- und Weiterbildung, einschliesslich Umschulungskosten, des eigenen Personals.

2 [StHG 25 I^{bis}] Nicht zum geschäftsmässig begründeten Aufwand gehören Zahlungen von Bestechungsgeldern im Sinn des schweizerischen Strafrechts an schweizerische oder fremde Amtsträger.[22]

c. Erfolgsneutrale Vorgänge

§ 66. Kein steuerbarer Gewinn entsteht durch:

a. [StHG 24 II a] Kapitaleinlagen von Mitgliedern von Kapitalgesellschaften und Genossenschaften, einschliesslich Aufgelder und Leistungen à fonds perdu,

b. [StHG 24 II b] Verlegung des Sitzes, der Verwaltung, eines Geschäftsbetriebs oder einer Betriebsstätte innerhalb der Schweiz, soweit keine Veräusserungen oder buchmässigen Aufwertungen vorgenommen werden,

c. [StHG 24 II c] Kapitalzuwachs aus Erbschaft, Vermächtnis oder Schenkung.

d. Umstrukturierungen

§ 67.[37] ¹ [StHG 24 III] Stille Reserven einer juristischen Person werden bei Umstrukturierungen, insbesondere im Fall der Fusion, Spaltung oder Umwandlung, nicht besteuert, soweit die Steuerpflicht in der Schweiz fortbesteht und die bisher für die Gewinnsteuer massgeblichen Werte übernommen werden:

a. bei der Umwandlung in ein Personenunternehmen oder in eine andere juristische Person [StHG 24 III a],
b. bei der Auf- oder Abspaltung einer juristischen Person, sofern ein oder mehrere Betriebe oder Teilbetriebe übertragen werden und soweit die nach der Spaltung bestehenden juristischen Personen einen Betrieb oder Teilbetrieb weiterführen [StHG 24 III b],
c. beim Austausch von Beteiligungs- oder Mitgliedschaftsrechten anlässlich von Umstrukturierungen oder von fusionsähnlichen Zusammenschlüssen [StHG 24 III c],
d. bei der Übertragung von Betrieben oder Teilbetrieben sowie von Gegenständen des betrieblichen Anlagevermögens auf eine inländische Tochtergesellschaft. Als Tochtergesellschaft gilt eine Kapitalgesellschaft oder Genossenschaft, an der die übertragende Kapitalgesellschaft oder Genossenschaft zu mindestens 20 Prozent am Grund- oder Stammkapital beteiligt ist [StHG 24 III d].

² [StHG 24 III^ter] Bei einer Übertragung auf eine Tochtergesellschaft nach Abs. 1 lit. d werden die übertragenen stillen Reserven im Nachsteuerverfahren nach den §§ 160–162 nachträglich besteuert, soweit während den der Umstrukturierung nachfolgenden fünf Jahren die übertragenen Vermögenswerte oder Beteiligungs- oder Mitgliedschaftsrechte an der Tochtergesellschaft veräussert werden; die Tochtergesellschaft kann in diesem Fall entsprechende, als Gewinn versteuerte stille Reserven geltend machen.

³ [StHG 24 III^quater, 12 IV] Zwischen inländischen Kapitalgesellschaften und Genossenschaften, welche nach dem Gesamtbild der tatsächlichen Verhältnisse durch Stimmenmehrheit oder auf andere Weise unter einheitlicher Leitung einer Kapitalgesellschaft oder Genossenschaft zusammengefasst sind, können direkt oder indirekt gehaltene Beteiligungen von mindestens 20 Prozent am Grund- oder Stammkapital einer anderen Kapitalgesellschaft oder Genossenschaft, Betriebe oder Teilbetriebe sowie Gegenstände des betrieblichen Anlagevermögens zu den bisher für die Gewinnsteuer massgeblichen Werten übertragen werden. Vorbehalten bleiben:

a. die Übertragung auf eine Tochtergesellschaft nach Abs. 1 lit. d [StHG 24 III d],
b. die Übertragung von Gegenständen des betrieblichen Anlagevermögens, ausgenommen zürcherisches Grundeigentum, auf eine Gesellschaft, die nach den §§ 73 oder 74 beziehungsweise Art. 28 Abs. 2–4 des Bundesgesetzes über

die Harmonisierung der direkten Steuern der Kantone und Gemeinden[15] besteuert wird. In diesen Fällen werden die stillen Reserven im Zeitpunkt der Übertragung besteuert.

4 [StHG 24 III^{quinquies}] Werden im Fall einer Übertragung nach Abs. 3 während der nachfolgenden fünf Jahre die übertragenen Vermögenswerte veräussert oder wird während dieser Zeit die einheitliche Leitung aufgegeben, so werden die übertragenen stillen Reserven im Nachsteuerverfahren nach den §§ 160–162 nachträglich besteuert. Die begünstigte juristische Person kann in diesem Fall entsprechende, als Gewinn versteuerte stille Reserven geltend machen. Die im Zeitpunkt der Sperrfristverletzung unter einheitlicher Leitung zusammengefassten inländischen Kapitalgesellschaften und Genossenschaften haften für die Nachsteuer solidarisch.

5 Entsteht durch die Übernahme der Aktiven und Passiven einer Kapitalgesellschaft oder einer Genossenschaft, deren Beteiligungsrechte der übernehmenden Kapitalgesellschaft oder Genossenschaft gehören, ein Buchverlust auf der Beteiligung, so kann dieser steuerlich nicht abgezogen werden; ein allfälliger Buchgewinn auf der Beteiligung wird besteuert.

e. Ersatzbeschaffungen

§ 68. 1 [StHG 24 IV] Werden Gegenstände des betriebsnotwendigen Anlagevermögens ersetzt, können die stillen Reserven auf die als Ersatz erworbenen Anlagegüter übertragen werden, wenn diese ebenfalls betriebsnotwendig sind und sich in der Schweiz befinden. Vorbehalten bleibt die Besteuerung beim Ersatz von Liegenschaften durch Gegenstände des beweglichen Vermögens.[77]

2 [StHG 24 IVbis, 28 I^{bis}] Beim Ersatz von Beteiligungen können die stillen Reserven auf eine neue Beteiligung übertragen werden, sofern die veräusserte Beteiligung mindestens 10 Prozent des Grund- oder Stammkapitals oder mindestens 10 Prozent des Gewinns und der Reserven der anderen Gesellschaft ausmacht und diese Beteiligung während mindestens eines Jahres im Besitz der Kapitalgesellschaft oder Genossenschaft war.[77]

3 Findet die Ersatzbeschaffung nicht im gleichen Geschäftsjahr statt, kann im Umfang der stillen Reserven eine Rückstellung gebildet werden. Diese Rückstellung ist innert angemessener Frist zur Abschreibung auf dem Ersatzobjekt zu verwenden oder zu Gunsten der Erfolgsrechnung aufzulösen.

4 Als betriebsnotwendig gilt nur Anlagevermögen, das dem Betrieb unmittelbar dient; ausgeschlossen sind insbesondere Vermögensobjekte, die dem Unternehmen nur als Vermögensanlage oder nur durch ihren Ertrag dienen.

f. Gewinne von Vereinen, Stiftungen und kollektiven Kapitalanlagen[48]

§ 69. [1] [StHG 26 I] Die Mitgliederbeiträge an die Vereine und die Einlagen in das Vermögen der Stiftungen werden nicht zum steuerbaren Gewinn gerechnet.

[2] [StHG 26 II] Von den steuerbaren Erträgen der Vereine können die zu deren Erzielung erforderlichen Aufwendungen in vollem Umfang abgezogen werden, andere Aufwendungen nur insoweit, als sie die Mitgliederbeiträge übersteigen.

[3] [StHG 26 III] Die kollektiven Kapitalanlagen mit direktem Grundbesitz unterliegen der Gewinnsteuer für den Ertrag aus direktem Grundbesitz.[48]

g. Gewinne von juristischen Personen mit ideellen Zwecken

§ 69*a*.[87] Gewinne von juristischen Personen mit ideellen Zwecken werden nicht besteuert, sofern sie höchstens Fr. 20000 betragen und ausschliesslich und unwiderruflich diesen Zwecken gewidmet sind.

h.[88] **Verluste**

§ 70. [1] [StHG 25 II] Vom Reingewinn der Steuerperiode [StHG 31 II] können Verluste aus sieben der Steuerperiode vorangegangenen Geschäftsjahren abgezogen werden, soweit sie bei der Berechnung des steuerbaren Reingewinns dieser Jahre nicht berücksichtigt werden konnten.

[2] [StHG 25 III] Mit Leistungen zum Ausgleich einer Unterbilanz im Rahmen einer Sanierung, die nicht Kapitaleinlagen gemäss § 66 lit. a [StHG 24 II a] sind, können auch Verluste verrechnet werden, die in früheren Geschäftsjahren entstanden sind und noch nicht mit Gewinnen verrechnet werden konnten.

II. Steuerberechnung
1. Kapitalgesellschaften und Genossenschaften

§ 71.[28] [StHG 27 I] Die Gewinnsteuer der Kapitalgesellschaften und Genossenschaften beträgt 8 Prozent des steuerbaren Reingewinns.

2. Beteiligungsabzug
a. Grundsatz

§ 72. [1] [StHG 28 I] Die Gewinnsteuer einer Kapitalgesellschaft oder Genossenschaft ermässigt sich im Verhältnis des Nettoertrages aus den Beteiligungsrechten zum gesamten Reingewinn, wenn die Gesellschaft oder Genossenschaft:[77]

a. zu mindestens 10 Prozent am Grund- oder Stammkapital einer anderen Gesellschaft beteiligt ist;
b. zu mindestens 10 Prozent am Gewinn und an den Reserven einer anderen Gesellschaft beteiligt ist; oder
c. Beteiligungsrechte im Verkehrswert von mindestens einer Million Franken hält.

[2] [StHG 28 I] Der Nettoertrag aus Beteiligungen entspricht dem Ertrag aus Beteiligungen, vermindert um den anteiligen Verwaltungsaufwand von 5 Prozent oder um den tieferen tatsächlichen Verwaltungsaufwand sowie um den anteiligen Finanzierungsaufwand.

3 [StHG 28 I] Als Finanzierungsaufwand gelten Schuldzinsen sowie weiterer Aufwand, der wirtschaftlich den Schuldzinsen gleichzustellen ist. Der Ertrag aus einer Beteiligung wird bei der Berechnung der Ermässigung nicht berücksichtigt, soweit auf der gleichen Beteiligung eine Abschreibung vorgenommen wird, die mit der Gewinnausschüttung im Zusammenhang steht.

b. Kapital- und Aufwertungsgewinne

§ 72*a*. 1 [StHG 28 I^bis] Der Beteiligungsabzug wird ebenfalls gewährt für Kapitalgewinne auf Beteiligungen, Erlöse aus dazugehörigen Bezugsrechten und Buchgewinne auf Beteiligungen infolge Aufwertung gemäss Art. 670 OR[11], wenn die Beteiligung mindestens 10 Prozent des Grund- oder Stammkapitals einer anderen Gesellschaft betrug oder einen Anspruch auf mindestens 10 Prozent des Gewinns und der Reserven einer anderen Gesellschaft begründete. Fällt die Beteiligungsquote infolge Teilveräusserung unter 10 Prozent, kann die Ermässigung für jeden folgenden Veräusserungsgewinn nur beansprucht werden, wenn die Beteiligung am Ende der Steuerperiode vor dem Verkauf einen Verkehrswert von mindestens 1 Million Franken hatte.[77]

2 [StHG 28 I^bis] Kapitalgewinne und Buchgewinne infolge Aufwertung gemäss Art. 670 OR[11] werden bei der Berechnung der Ermässigung gemäss § 72 nur berücksichtigt,

a. soweit der Erlös oder die Aufwertung die Gestehungskosten übersteigt

b. und sofern die veräusserte oder aufgewertete Beteiligung während wenigstens eines Jahres im Besitz der Kapitalgesellschaft oder Genossenschaft war.

3 [StHG 28 I^bis] Die Gestehungskosten werden nach einer Aufwertung gemäss Art. 670 OR[11] um den dem Beteiligungsabzug unterliegenden Betrag der Aufwertung erhöht und um die vorgenommenen Abschreibungen herabgesetzt, soweit diese eine Kürzung der Ermässigung gemäss § 72 Abs. 3 zur Folge hatten. Bei Beteiligungen, die bei einer steuerneutralen Umstrukturierung zu Gewinnsteuerwerten übertragen worden sind, wird auf die ursprünglichen Gestehungskosten abgestellt.

4 Transaktionen, die im Konzern eine ungerechtfertigte Steuerersparnis bewirken, führen zu einer Berichtigung des steuerbaren Reingewinns oder zu einer Kürzung der Ermässigung. Eine ungerechtfertigte Steuerersparnis liegt vor, wenn Kapitalgewinne und Kapitalverluste oder Abschreibungen auf Beteiligungen in kausalem Zusammenhang stehen.

3. Holdinggesellschaften

§ 73. 1 [StHG 28 II] Kapitalgesellschaften und Genossenschaften, deren statutarischer Zweck zur Hauptsache in der dauernden Verwaltung von Beteiligungen besteht und die in der Schweiz keine Geschäftstätigkeit ausüben, entrichten keine Gewinnsteuer, sofern die Beteiligungen oder die Erträge aus den Beteiligungen längerfristig mindestens zwei Drittel der gesamten Aktiven oder Erträge ausmachen.

2 [StHG 28 II] Erträge aus zürcherischem Grundeigentum solcher Gesellschaften und Genossenschaften werden zum ordentlichen Tarif besteuert. Dabei werden auch die einer üblichen hypothekarischen Belastung entsprechenden Abzüge gewährt.

3 [StHG 28 V] Von der Freistellung ausgeschlossen sind Einkünfte, für die eine Entlastung von ausländischen Quellensteuern beansprucht wird und für die das Doppelbesteuerungsabkommen die ordentliche Besteuerung in der Schweiz voraussetzt.[22]

4. Domizil- und gemischte Gesellschaften

§ 74.[23] 1 [StHG 28 III] Kapitalgesellschaften, Genossenschaften und Stiftungen, die in der Schweiz eine Verwaltungstätigkeit, aber keine Geschäftstätigkeit ausüben, entrichten die Gewinnsteuer wie folgt:

a. Erträge aus Beteiligungen gemäss § 72 sowie Kapital- und Aufwertungsgewinne auf solchen Beteiligungen sind steuerfrei,
b. die übrigen Einkünfte aus der Schweiz werden ordentlich besteuert,
c. die übrigen Einkünfte aus dem Ausland werden nach der Bedeutung der Verwaltungstätigkeit in der Schweiz ordentlich besteuert,
d. der geschäftsmässig begründete Aufwand, der mit bestimmten Einkünften in wirtschaftlichem Zusammenhang steht, wird von diesen vorweg abgezogen. Verluste auf Beteiligungen im Sinn von lit. a können nur mit Erträgen gemäss lit. a verrechnet werden.

2 [StHG 28 IV] Kapitalgesellschaften und Genossenschaften, deren Geschäftstätigkeit überwiegend auslandsbezogen ist und die in der Schweiz nur eine untergeordnete Geschäftstätigkeit ausüben, entrichten die Gewinnsteuer gemäss Abs. 1. Die übrigen Einkünfte aus dem Ausland gemäss Abs. 1 lit. c werden nach Massgabe des Umfangs der Geschäftstätigkeit in der Schweiz besteuert.

3 [StHG 28 V] Von der Freistellung oder der Ermässigung ausgeschlossen sind Einkünfte, für die eine Entlastung von ausländischen Quellensteuern beansprucht wird und für die das Doppelbesteuerungsabkommen die ordentliche Besteuerung in der Schweiz voraussetzt.

5. Gesonderte Besteuerung von Kapital- und Aufwertungsgewinnen auf Beteiligungen und Immaterialgüterrechten

§ 75.[23] 1 Wird eine Kapitalgesellschaft oder Genossenschaft neu zu einer nach den §§ 73 und 74 besteuerten Gesellschaft, und werden schon vor dem Statuswechsel gehaltene Beteiligungen gemäss § 72 innert zehn Jahren veräussert oder aufgewertet, oder wird die Kapitalgesellschaft oder Genossenschaft liquidiert, wird eine Jahressteuer von 6 Prozent auf demjenigen Teil des Kapital- oder Aufwertungsgewinns erhoben, welcher der Differenz zwischen den Gestehungskosten und dem Buchwert entspricht. Auf diesem Gewinn werden keine Abzüge gewährt. § 282 b Abs. 4 bleibt vorbehalten.

2 Wird eine Kapitalgesellschaft oder Genossenschaft neu zu einer nach den §§ 73 und 74 besteuerten Gesellschaft, und werden schon vor dem Statuswechsel gehaltene Immaterialgüterrechte innert zehn Jahren veräussert oder aufgewertet, oder wird die Kapitalgesellschaft oder Genossenschaft liquidiert, wird eine Jahressteuer von 6 Prozent des Kapital- oder Aufwertungsgewinns erhoben. Auf diesem Gewinn werden keine Abzüge gewährt.

3 Der Liquidation gleichgestellt ist die Sitzverlegung ins Ausland oder in einen anderen Kanton. Der Gewinn, der sich nach den Abs. 1 und 2 ergibt, wird jedoch nicht besteuert, soweit er auf stille Reserven entfällt, die nach dem Statuswechsel entstanden sind.

6. Vereine, Stiftungen und übrige juristische Personen

§ 76. 1 Die Gewinnsteuer der Vereine, Stiftungen und übrigen juristischen Personen beträgt 4 Prozent des Reingewinns.

2 Gewinne, die auf ein Jahr berechnet Fr. 10000 nicht erreichen, werden nicht besteuert.

7. Kollektive Kapitalanlagen

§ 77.[48] Die Gewinnsteuer der kollektiven Kapitalanlagen mit direktem Grundbesitz beträgt 4 Prozent des steuerbaren Reingewinns.

C. Kapitalsteuer

I. Steuerobjekt
1. Grundsatz

§ 78. [StHG 29 I] Gegenstand der Kapitalsteuer ist das Eigenkapital.

2. Kapitalgesellschaften und Genossenschaften
a. Allgemeines

§ 79. 1 [StHG 29 II a und b] Das steuerbare Eigenkapital besteht bei Kapitalgesellschaften und Genossenschaften aus dem einbezahlten Aktien-, Grund- oder Stammkapital, den in der Handelsbilanz ausgewiesenen Einlagen, Aufgeldern und Zuschüssen im Sinn von § 20 Abs. 3, dem Partizipationskapital, den offenen und den aus versteuertem Gewinn gebildeten stillen Reserven. Bei Holding- sowie Domizil- und gemischten Gesellschaften [StHG 28 II bis IV] kommt jener Teil der stillen Reserven hinzu, der im Fall der Gewinnbesteuerung aus versteuertem Gewinn gebildet worden wäre.[77]

2 Steuerbar ist mindestens das einbezahlte Aktien-, Grund- oder Stammkapital, einschliesslich des einbezahlten Partizipationskapitals.

b. Verdecktes Eigenkapital

§ 80. [StHG 29a] Das steuerbare Eigenkapital von Kapitalgesellschaften und Genossenschaften wird um jenen Teil des Fremdkapitals erhöht, dem wirtschaftlich die Bedeutung von Eigenkapital zukommt.

3. Vereine, Stiftungen und übrige juristische Personen

§ 81. [1] Als steuerbares Eigenkapital gilt bei

a.[48] den kollektiven Kapitalanlagen der auf den direkten Grundbesitz entfallende Anteil am Reinvermögen,

b. [StHG 29 II c] den Vereinen, Stiftungen und übrigen juristischen Personen das Reinvermögen.

[2] Die Vermögenswerte werden nach den für die Vermögenssteuer natürlicher Personen geltenden Grundsätzen bewertet.

[3] Bei Veräusserung oder Zweckentfremdung von zum Ertragswert bewerteten land- oder forstwirtschaftlichen Liegenschaften wird eine ergänzende Kapitalsteuer zum Steuersatz von 0,75 Promille erhoben; im Übrigen werden die Bestimmungen über die ergänzende Vermögenssteuer natürlicher Personen sinngemäss angewendet.[28]

II. Steuerberechnung

§ 82. [1] Die Kapitalsteuer beträgt für Korporationen mit Teilrechten sowie für Holding-, Domizil- und gemischte Gesellschaften 0,15 Promille, für alle anderen juristischen Personen 0,75 Promille des steuerbaren Eigenkapitals.[28]

[2] Eigenkapital der Vereine, Stiftungen und übrigen juristischen Personen, einschliesslich der kollektiven Kapitalanlagen mit direktem Grundbesitz, unter Fr. 100000 wird nicht besteuert.[48]

D. Zeitliche Bemessung

I. Steuerperiode

§ 83. [1] [StHG 31 I] Die Steuern vom Reingewinn und vom Eigenkapital werden für jede Steuerperiode festgesetzt und erhoben.

[2] [StHG 31 II] Als Steuerperiode gilt das Geschäftsjahr [StHG 47 I].

[3] [StHG 31 II] In jedem Kalenderjahr, ausgenommen im Gründungsjahr, muss ein Geschäftsabschluss mit Bilanz und Erfolgsrechnung erstellt werden. Ausserdem ist ein Geschäftsabschluss erforderlich bei Verlegung des Sitzes, der Verwaltung, eines Geschäftsbetriebs oder einer Betriebsstätte ins Ausland sowie bei Abschluss der Liquidation.

II. Bemessung des Reingewinns

§ 84.[48] [1] [StHG 31 III] Der steuerbare Reingewinn bemisst sich nach dem Ergebnis der Steuerperiode.

[2] Wird eine juristische Person aufgelöst oder verlegt sie ihren Sitz, die Verwaltung, einen Geschäftsbetrieb oder eine Betriebsstätte ins Ausland, werden die aus nicht versteuertem Gewinn gebildeten stillen Reserven zusammen mit dem Reingewinn des letzten Geschäftsjahrs besteuert.

§ 85. [1] [StHG 31 IV] Das steuerbare Eigenkapital bemisst sich nach dem Stand am Ende der Steuerperiode.

III. Bemessung des Eigenkapitals

[2] Bei über- oder unterjährigen Geschäftsabschlüssen bestimmt sich die Höhe der Kapitalsteuer nach der Dauer des Geschäftsjahrs.

§ 86. Anwendbar sind die am Ende der Steuerperiode geltenden Tarife und Steuerfüsse.

IV. Tarife und Steuerfüsse

Vierter Abschnitt: Quellensteuern für natürliche und juristische Personen

A. Natürliche Personen mit steuerrechtlichem Wohnsitz oder Aufenthalt im Kanton

§ 87. [1] [StHG 32 I] Ausländische Arbeitnehmer, welche die fremdenpolizeiliche Niederlassungsbewilligung nicht besitzen, im Kanton jedoch steuerrechtlichen Wohnsitz oder Aufenthalt haben [StHG 3 I und II], werden für ihr Einkommen aus unselbstständiger Erwerbstätigkeit einem Steuerabzug an der Quelle unterworfen.

I. Der Quellensteuer unterworfene- Personen

[2] [StHG 32 II] Ehegatten, die in rechtlich und tatsächlich ungetrennter Ehe leben, werden im ordentlichen Verfahren eingeschätzt, wenn einer der Ehegatten das Schweizer Bürgerrecht oder die Niederlassungsbewilligung besitzt.

§ 88. [1] [StHG 32 III] Die Quellensteuer wird von den Bruttoeinkünften [StHG 7 I] berechnet.

II. Steuerbare Leistungen

[2] [StHG 32 III] Steuerbar sind alle Einkünfte aus Arbeitsverhältnis, einschliesslich der Nebeneinkünfte, wie Entschädigungen für Sonderleistungen, Provisionen, Zulagen, Dienstalters- und Jubiläumsgeschenke, Gratifikationen, Trinkgelder, Tantiemen, geldwerte Vorteile aus Mitarbeiterbeteiligungen und andere geldwerte Vorteile sowie Ersatzeinkünfte wie Taggelder aus Kranken- und Unfallversicherung und Arbeitslosenversicherung.[70]

[3] Naturalleistungen und Trinkgelder werden in der Regel nach den für die eidgenössische Alters- und Hinterlassenenversicherung geltenden Ansätzen bewertet.

§ 89. [1] [StHG 33 I] Die Finanzdirektion berechnet die Steuertarife entsprechend den für die Einkommenssteuer geltenden Steuersätzen [StHG 11] und den Steuerfüssen. Im ganzen Kanton gelten die gleichen Tarife.

III. Steuertarife 1. Grundlage

[2] [StHG 33 I] Der Steuerabzug umfasst die Staats-, Personal- und Gemeindesteuern sowie die direkte Bundessteuer.

[3] Der Anteil für die Gemeindesteuern berechnet sich nach dem gewogenen Mittel der Gemeindesteuern im Kanton.

2. Ausgestaltung

§ 90. 1 [StHG 33 III] Bei der Festsetzung der Steuertarife werden Pauschalen für Berufskosten (§ 26) und Versicherungsprämien (§ 31 Abs. 1 lit. d, f und g) sowie Abzüge für Familienlasten (§§ 34 und 35) berücksichtigt [StHG 9].

2 [StHG 33 II] Der Steuerabzug für die in rechtlich und tatsächlich ungetrennter Ehe lebenden Ehegatten, die beide erwerbstätig sind, richtet sich nach Tarifen, die ihrem Gesamteinkommen (§ 7 Abs. 1) Rechnung tragen [StHG 11 I] und die Pauschalen und Abzüge nach Abs. 1 sowie den Abzug bei Erwerbstätigkeit beider Ehegatten (§ 31 Abs. 2) berücksichtigen.

IV. Abgegoltene Steuer

§ 91. [StHG 32 I] Der Steuerabzug tritt an die Stelle der im ordentlichen Verfahren [StHG 40 ff.] vom Erwerbseinkommen zu veranlagenden Steuern. § 93 bleibt vorbehalten.

V. Pflichten des Schuldners der steuerbaren Leistung

§ 92. 1 Der Schuldner der steuerbaren Leistung ist verpflichtet,

a. bei Fälligkeit von Geldleistungen die geschuldete Steuer zurückzubehalten und bei anderen Leistungen (insbesondere Naturalleistungen und Trinkgeldern) die geschuldete Steuer vom Arbeitnehmer einzufordern,
b. dem Steuerpflichtigen eine Aufstellung oder eine Bestätigung über den Steuerabzug auszustellen,
c. die Steuern periodisch dem kantonalen Steueramt abzuliefern, mit ihm darüber abzurechnen und ihm zur Kontrolle der Steuererhebung Einblick in alle Unterlagen zu gewähren.

2 Der Steuerabzug ist auch dann vorzunehmen, wenn der Arbeitnehmer in einem anderen Kanton steuerpflichtig ist.

3 Der Schuldner der steuerbaren Leistung haftet für die Entrichtung der Quellensteuer.

4 Er erhält eine Bezugsprovision.

VI. Vorbehalt der ordentlichen Einschätzung

§ 93. 1 [StHG 34 I] Die der Quellensteuer unterliegenden Personen werden für ihr Einkommen, das dem Steuerabzug an der Quelle nicht unterworfen ist, sowie für ihr Vermögen [StHG 13 f.] im ordentlichen Verfahren [StHG 40 ff.] eingeschätzt. Für den Steuersatz gilt § 6 sinngemäss.

2 [StHG 34 II] Betragen die dem Steuerabzug an der Quelle unterworfenen Bruttoeinkünfte eines Steuerpflichtigen in einem Kalenderjahr mehr als den durch die Finanzdirektion festgelegten Betrag, wird eine nachträgliche Einschätzung durchgeführt. Die an der Quelle abgezogene Steuer wird dabei angerechnet.

3 Auf die Erhebung der Quellensteuer kann verzichtet werden, wenn ohnehin eine nachträgliche Einschätzung durchzuführen ist und der Arbeitgeber hinreichende Sicherheit leistet.

B. Natürliche und juristische Personen ohne steuerrechtlichen Wohnsitz oder Aufenthalt in der Schweiz

I. Arbeitnehmer

§ 94. [StHG 35 I a] Wer ohne steuerrechtlichen Wohnsitz oder Aufenthalt in der Schweiz [StHG 3 I, II] für kurze Dauer oder als Grenzgänger oder Wochenaufenthalter in unselbstständiger Stellung im Kanton erwerbstätig ist, entrichtet für sein Erwerbseinkommen die Quellensteuer gemäss §§ 88–90.

II. Künstler, Sportler und Referenten

§ 95. 1 [StHG 35 I b] Im Ausland wohnhafte Künstler, wie Bühnen-, Film-, Rundfunk- oder Fernsehkünstler, Musiker und Artisten, sowie Sportler und Referenten sind für Einkünfte aus ihrer im Kanton ausgeübten persönlichen Tätigkeit und für weitere damit verbundene Entschädigungen steuerpflichtig. Dies gilt auch für Einkünfte und Entschädigungen, die nicht dem Künstler, Sportler oder Referenten selber, sondern einem Dritten zufliessen, der dessen Tätigkeit organisiert hat.

2 Die Steuer beträgt 10 Prozent der steuerbaren Leistungen.

3 Als steuerbare Leistungen gelten die Bruttoeinkünfte, einschliesslich aller Zulagen und Nebenbezüge, nach Abzug der Gewinnungskosten.

4 Die Finanzdirektion kann für die abzugsfähigen Gewinnungskosten einen Pauschalabzug festlegen.

5 Der mit der Organisation der Darbietung im Kanton beauftragte Veranstalter ist für die Steuer solidarisch haftbar.

III. Verwaltungsräte

§ 96.[70] 1 [StHG 35 I c] Im Ausland wohnhafte Mitglieder der Verwaltung oder der Geschäftsführung von juristischen Personen mit Sitz oder tatsächlicher Verwaltung im Kanton sind für die ihnen ausgerichteten Tantiemen, Sitzungsgelder, festen Entschädigungen, Mitarbeiterbeteiligungen und ähnlichen Vergütungen steuerpflichtig.

2 [StHG 35 I d] Im Ausland wohnhafte Mitglieder der Verwaltung oder der Geschäftsführung ausländischer Unternehmen, welche im Kanton Betriebsstätten unterhalten, sind für die ihnen zulasten dieser Betriebsstätten ausgerichteten Tantiemen, Sitzungsgelder, festen Entschädigungen, Mitarbeiterbeteiligungen und ähnlichen Vergütungen steuerpflichtig.

3 Die Steuer beträgt 20 Prozent der Bruttoeinkünfte.

IV. Hypothekargläubiger

§ 97. 1 [StHG 35 I e] Im Ausland wohnhafte Gläubiger oder Nutzniesser von Forderungen, die durch Grund- oder Faustpfand auf Grundstücken im Kanton gesichert sind, sind für die ihnen ausgerichteten Zinsen steuerpflichtig.

2 Als Gläubiger oder Nutzniesser gelten auch juristische Personen ohne Sitz oder tatsächliche Verwaltung in der Schweiz.

3 Die Steuer beträgt 14 Prozent der Bruttoeinkünfte.

V. Empfänger von Vorsorgeleistungen aus öffentlichrechtlichem Arbeitsverhältnis

§ 98.[23] 1 [StHG 35 I f] Im Ausland wohnhafte Empfänger von Pensionen, Ruhegehältern oder anderen Vergütungen, die sie auf Grund eines früheren öffentlichrechtlichen Arbeitsverhältnisses von einem Arbeitgeber oder einer Vorsorgeeinrichtung mit Sitz im Kanton erhalten, sind für diese Leistungen steuerpflichtig.

2 Die Steuer beträgt 6 Prozent der Bruttoeinkünfte.

VI. Empfänger von privatrechtlichen Vorsorgeleistungen

§ 99. 1 [StHG 35 I g] Im Ausland wohnhafte Empfänger von Leistungen aus privatrechtlichen Einrichtungen der beruflichen Vorsorge oder aus anerkannten Formen der gebundenen Selbstvorsorge mit Sitz oder Betriebsstätte im Kanton sind hiefür steuerpflichtig.

2 Die Steuer beträgt 6 Prozent der Bruttoeinkünfte.

VII. Arbeitnehmer bei internationalen Transporten

§ 100. [StHG 35 I h] Im Ausland wohnhafte Arbeitnehmer, die für Arbeit im internationalen Verkehr an Bord eines Schiffes oder eines Luftfahrzeuges oder bei einem Transport auf der Strasse Lohn oder andere Vergütungen von einem Arbeitgeber mit Sitz oder Betriebsstätte im Kanton erhalten, werden für diese Leistungen nach den §§ 88–90 besteuert.

VIII. Empfänger von Mitarbeiterbeteiligungen

§ 100*a*.[69] [StHG 35 I i] 1 Personen, die im Zeitpunkt des Zuflusses von geldwerten Vorteilen aus gesperrten Mitarbeiteroptionen (§ 17 b Abs. 3) im Ausland wohnhaft sind, werden für den geldwerten Vorteil anteilmässig nach § 17 d steuerpflichtig.

2 Die Steuer beträgt 20 Prozent des geldwerten Vorteils.

IX.[70] Direkte Bundessteuer

§ 101. Der Steuerabzug gemäss §§ 95–99 erhöht sich um die entsprechenden Ansätze für die direkte Bundessteuer.

X.[70] Pflichten des Schuldners der steuerbaren Leistung

§ 102. 1 Der Schuldner der steuerbaren Leistung ist verpflichtet,

a. [StHG 37 I a] bei Fälligkeit von Geldleistungen die geschuldete Steuer zurückzubehalten und bei anderen Leistungen (insbesondere Naturalleistungen und Trinkgeldern) die geschuldete Steuer vom Steuerpflichtigen einzufordern,

b. [StHG 37 I b] dem Steuerpflichtigen eine Aufstellung oder eine Bestätigung über den Steuerabzug auszustellen,

c. [StHG 37 I c] die Steuern periodisch dem Steueramt der Einschätzungsgemeinde gemäss § 109 abzuliefern, mit ihm darüber abzurechnen und ihm zur Kontrolle der Steuererhebung Einblick in alle Unterlagen zu gewähren.

d.[69] die anteilmässigen Steuern auf im Ausland ausgeübten Mitarbeiteroptionen zu entrichten; der Arbeitgeber schuldet die anteilmässige Steuer auch dann, wenn der geldwerte Vorteil von einer ausländischen Konzerngesellschaft ausgerichtet wird.

2 [StHG 37 II] Der Steuerabzug ist auch dann vorzunehmen, wenn der Gläubiger der steuerbaren Leistung in einem anderen Kanton steuerpflichtig [StHG 3] ist.

3 [StHG 37 I] Der Schuldner der steuerbaren Leistung haftet für die Entrichtung der Quellensteuer.

4 [StHG 37 III] Er erhält eine Bezugsprovision.

XI. Verteilung der Steuer

§ 103.[70] 1 Der Steuerbetrag, der sich gemäss §§ 95–99 ergibt, fällt zu zwei Fünfteln an den Kanton und zu drei Fünfteln an die politische Gemeinde.

2 Der Regierungsrat regelt die Verteilung des Steuerbetrags gemäss § 100 a an Kanton und Gemeinden.

C. Erhebung der Quellensteuer im interkantonalen Verhältnis

I. Ausserkantonale Gläubiger

§ 104. [StHG 38 I] Ist der Gläubiger der steuerbaren Leistung nicht im Kanton steuerpflichtig, überweist das kantonale Steueramt oder das Steueramt der Einschätzungsgemeinde gemäss § 109 die eingegangenen Steuerbeträge der Steuerbehörde des Kantons, in welchem der Gläubiger steuerpflichtig ist.

II. Ausserkantonale Schuldner

§ 105. 1 Gläubiger mit ausserkantonalen Schuldnern unterliegen der Quellensteuer nach diesem Gesetz.

2 [StHG 38 III] Die vom ausserkantonalen Schuldner abgezogene und überwiesene Steuer wird an die nach diesem Gesetz geschuldete Steuer angerechnet.

3 [StHG 38 III] Dem Gläubiger werden zuviel bezogene Steuern zurückerstattet; zuwenig bezogene werden von ihm nachgefordert.

Fünfter Abschnitt: Verfahrensrecht

A. Steuerverwaltungsbehörden

I. Verwaltungsbehörden

§ 106. 1 Die Durchführung des Gesetzes obliegt, soweit nicht besondere Behörden bezeichnet sind, im Kanton dem kantonalen Steueramt, in den Gemeinden dem Gemeindesteueramt.

2 Die Organisation des kantonalen Steueramtes, einschliesslich der Zuständigkeiten der Steuerkommissäre, Revisoren, juristischen Sekretäre und weiterer Mitarbeiter des kantonalen Steueramtes, wird durch den Regierungsrat, die Organisation des Gemeindesteueramtes durch die Gemeinde geregelt.

3 Der Gemeindevorstand[86] bestimmt, wer namens der Gemeinde Einsprache, Rekurs oder Beschwerde erheben kann.

II. Zuständigkeit zur Einschätzung

§ **107.** [1] Das kantonale Steueramt nimmt die Einschätzung vor.

[2] Die Gemeindesteuerämter sind verpflichtet, bei der Einschätzung mitzuwirken. Die Finanzdirektion erlässt Weisungen, in welchen Fällen die Gemeindesteuerämter in Vertretung des kantonalen Steueramtes zur Einschätzung berechtigt und verpflichtet sind.

III. Einschätzungsgemeinde
1. Bei Besteuerung im ordentlichen Verfahren

§ **108.**[84] [1] Die Einschätzung erfolgt in der Gemeinde, in welcher der Steuerpflichtige am Ende der Steuerperiode oder der Steuerpflicht seinen steuerrechtlichen Wohnsitz oder Aufenthalt, seinen Sitz oder seine tatsächliche Verwaltung hat. Vorbehalten bleibt § 190 Abs. 2.

[2] Für Steuerpflichtige mit steuerrechtlichem Wohnsitz oder Aufenthalt, Sitz oder tatsächlicher Verwaltung ausserhalb des Kantons erfolgt die Einschätzung in der Gemeinde, in der sich am Ende der Steuerperiode oder der Steuerpflicht die steuerbaren Werte oder deren Hauptteile befinden.

[3] In Zweifelsfällen bezeichnet das kantonale Steueramt die Einschätzungsgemeinde.

2. Bei Quellensteuern

§ **109.** [1] Bei den Steuern, die an der Quelle bezogen werden, ist Einschätzungsgemeinde die Gemeinde, in der

a. die im Kanton unbeschränkt steuerpflichtigen ausländischen Arbeitnehmer ihren steuerrechtlichen Wohnsitz oder Aufenthalt haben,
b. die im Ausland wohnhaften Arbeitnehmer, Künstler, Sportler oder Referenten ihre Tätigkeit ausüben,
c. das Grundpfand liegt.

[2] In den übrigen Fällen ist Einschätzungsgemeinde die Gemeinde, in welcher der Schuldner der steuerbaren Leistung bei Fälligkeit Sitz oder Betriebsstätte hat.

[3] In Zweifelsfällen bezeichnet das kantonale Steueramt die Einschätzungsgemeinde.

IV. Steuerregister und Datenaustausch
1. Kommunales Steuerregister

§ **109*a*.**[39] [1] Das Gemeindesteueramt führt das kommunale Steuerregister. Dieses erfasst:

a. die Steuerpflichtigen, für welche die Gemeinde als Einschätzungsgemeinde zuständig ist;
b. die in der Gemeinde Steuerpflichtigen, für die eine andere zürcherische Gemeinde als Einschätzungsgemeinde zuständig ist.

[2] Das Gemeindesteueramt führt das Steuererklärungsverfahren und den Steuerbezug auf Grund des kommunalen Steuerregisters durch.

[3] Die Einwohnerkontrollen der betreffenden Gemeinden sind für die Erteilung und die Kontrolle der Zugriffsberechtigungen sowie für die Ausübung der Zugriffe verantwortlich. Sie beschränken die Zahl der Zugriffsberechtigten.[83]

[4] Die Einwohnerkontrollen der betreffenden Gemeinden schützen den Zugriff und sorgen für dessen Protokollierung. Sie unterziehen Infrastruktur und technische Massnahmen regelmässigen Risikoüberprüfungen.[83]

2. Kantonales Steuerregister

§ **109*b*.**[39] [1] Das kantonale Steueramt führt das kantonale Steuerregister. Dieses erfasst alle im Kanton steuerpflichtigen Personen. Für die Erfassung dieser Personen stützt sich das kantonale Steueramt auf die kommunalen Steuerregister.

[2] Das kantonale Steuerregister dient dem kantonalen Steueramt als Grundlage für die Erfüllung seiner Aufgaben.

3. Kantonale Vorschriften a. Elektronischer Datenaustausch

§ **109*c*.**[39] [1] Die Finanzdirektion kann Vorschriften über den elektronischen Datenaustausch zwischen den kommunalen Steuerregistern und dem kantonalen Steuerregister erlassen. Gegenstand solcher Vorschriften bilden:

a. die auszutauschenden Daten;
b. die Schnittstellen, die von den Gemeindesteuerämtern für die Entgegennahme von Daten des kantonalen Steueramtes bereitzustellen sind;
c. die Schnittstellen, die von den Gemeindesteuerämtern zu beachten sind bei der Lieferung von Daten an das kantonale Steueramt.

[2] Hält ein Gemeindesteueramt diese Vorschriften nicht ein, kann der Kanton die ihm daraus entstehenden Mehrkosten der Gemeinde auferlegen. Die Finanzdirektion setzt der Gemeinde eine angemessene Frist für die Erfüllung ihrer Pflichten und macht sie auf die Kostenpflicht aufmerksam.

[3] Die Finanzdirektion kann auch Vorschriften über den elektronischen Datenaustausch zwischen den Steuerpflichtigen und den Steuerbehörden, einschliesslich der elektronischen Einreichung der Steuererklärung, erlassen.[61]

b. Elektronische Erfassung, Aufbewahrung und Vernichtung von Steuerakten

§ **109*d*.**[62] [1] Die Finanzdirektion kann Vorschriften erlassen über

a. die elektronische Erfassung und Aufbewahrung der Steuererklärungen sowie weiterer Steuerakten durch die Gemeindesteuerämter und das kantonale Steueramt,
b. die Vernichtung der Steuererklärungen und weiterer Steuerakten nach der elektronischen Erfassung,
c. die Weiterleitung der elektronisch erfassten Steuerdaten von den Gemeindesteuerämtern an das kantonale Steueramt.

[2] Für die Weiterleitung gelten § 109 c Abs. 1 lit. c und Abs. 2 sinngemäss.

V. Aufsicht[40]
1. Aufsichtsbehörde

§ 110. Die Verwaltungs- und Einschätzungsbehörden stehen unter der Aufsicht der Finanzdirektion.

2. Aufsichtsbeschwerde

§ 111. [1] Gegen pflichtwidrige Amtsführung, Rechtsverweigerung oder Rechtsverzögerung durch Verwaltungs- und Einschätzungsbehörden kann innert 30 Tagen nach Entdeckung des Grundes Beschwerde bei der Finanzdirektion erhoben werden.

[2] Gegen den Entscheid der Finanzdirektion kann innert 30 Tagen nach Zustellung Beschwerde beim Regierungsrat erhoben werden.

[3] Wird die Beschwerde durch die Finanzdirektion oder den Regierungsrat abgewiesen, können den Beschwerdeführern Kosten auferlegt werden.

B. Steuerrekursgericht[58]

I. Sitz

§ 112.[58] Der Kantonsrat bestimmt den Sitz des Steuerrekursgerichts (StRG).

II. Zusammensetzung und Wahl

§ 113.[58] [1] Der Kantonsrat legt nach Anhörung des Verwaltungsgerichts die Zahl der Mitglieder und deren Beschäftigungsgrad sowie die Zahl der Ersatzmitglieder fest.

[2] Er wählt den Präsidenten, die weiteren Mitglieder und die Ersatzmitglieder. Für einen Drittel der Ersatzmitglieder steht dem Steuerrekursgericht ein Vorschlagsrecht zu.

[3] Als Mitglied oder Ersatzmitglied ist wählbar, wer im Kanton Zürich stimmberechtigt ist.

III. Unvereinbarkeit; Offenlegung von Interessenbindungen

§ 113*a*.[58] [1] Das Amt eines Mitglieds des Steuerrekursgerichts ist mit der berufsmässigen Vertretung Dritter vor dem Steuerrekursgericht und dem Verwaltungsgericht unvereinbar.

[2] Für die Offenlegung von Interessenbindungen gilt § 7 des Gesetzes über die Gerichts- und Behördenorganisation im Zivil- und Strafprozess vom 10. Mai 2010[5] sinngemäss.

IV. Besetzung

§ 114.[58] [1] Das Steuerrekursgericht trifft seinen Entscheid in Dreierbesetzung.

[2] Die voll- oder teilamtlichen Mitglieder entscheiden als Einzelrichter

a. über Rekurse, die offensichtlich unzulässig sind, durch Rückzug oder Anerkennung erledigt werden oder gegenstandslos geworden sind,
b. in Fällen, in denen der Streitwert Fr. 20 000 nicht übersteigt.

[3] In Fällen von grundsätzlicher Bedeutung kann die Sache einer Dreierbesetzung zum Entscheid unterbreitet werden.

[4] Als Streitwert gilt jener Steuerbetrag, der vom Streit betroffen ist. Soweit sich ein solcher nicht ziffernmässig ermitteln lässt, fällt das Geschäft in die Zuständigkeit einer Dreierbesetzung.

V. Verfahren

§ **115.**[58] Die Bestimmungen über die Verfahrensgrundsätze gelten sinngemäss auch für das Verfahren vor Steuerrekursgericht. Ergänzend gelten die Bestimmungen des Verwaltungsrechtspflegegesetzes vom 24. Mai 1959[4] über den Rekurs.

VI. Unabhängigkeit und Aufsicht

§ **116.**[58] [1] Das Steuerrekursgericht ist in seiner rechtsprechenden Tätigkeit unabhängig.

[2] Es ist administrativ dem Verwaltungsgericht unterstellt.

VII. Juristisches und administratives Personal

§ **117.**[58] [1] Das Verwaltungsgericht bestimmt nach Anhörung des Steuerrekursgerichts die Zahl der Stellen des juristischen und administrativen Personals.

[2] Das Steuerrekursgericht stellt das Personal an.

VIII. Verordnungen

§ **118.**[58] Das Verwaltungsgericht regelt nach Anhörung des Steuerrekursgerichts durch Verordnung

a. die Organisation und den Geschäftsgang,

b. die Gebühren, Kosten und Entschädigungen.

IX. Geschäftsordnung

§ **118*a*.**[57] [1] Das Steuerrekursgericht erlässt eine Geschäftsordnung.

[2] Die Geschäftsordnung bedarf der Genehmigung durch das Verwaltungsgericht.

C. Allgemeine Verfahrensgrundsätze

I. Amtspflichten
1. Ausstand

§ **119.**[54] [1] Wer beim Vollzug dieses Gesetzes in einer Sache zu entscheiden oder an einer Verfügung oder Entscheidung in massgeblicher Stellung mitzuwirken hat, ist verpflichtet, in Ausstand zu treten, wenn er

a. an der Sache ein persönliches Interesse hat,

b.[43] mit einer Partei durch Ehe oder eingetragene Partnerschaft verbunden ist oder mit ihr in faktischer Lebensgemeinschaft lebt,

b^{bis}.[42] mit einer Partei in gerader Linie oder bis zum dritten Grad in der Seitenlinie verwandt oder verschwägert ist,

c. Vertreter einer Partei ist oder für eine Partei in der gleichen Sache tätig war,

d. aus andern Gründen in der Sache befangen sein könnte.

[2] Der Ausstandsgrund kann von allen am Verfahren Beteiligten angerufen werden.

[3] Ist der Ausstand streitig, entscheidet darüber die Amtsleitung des kantonalen Steueramtes, bei Mitgliedern einer Kollegialbehörde die Kollegialbehörde unter Ausschluss des betreffenden Mitglieds.

[4] Der Entscheid kann nach den Vorschriften des Verwaltungsrechtspflegegesetzes vom 24. Mai 1959[4] mit Rekurs und Beschwerde angefochten werden.

2. Amtsgeheimnis

§ 120. [1] [StHG 39 I] Wer mit dem Vollzug dieses Gesetzes betraut ist oder dazu beigezogen wird, muss über Tatsachen, die ihm in Ausübung seines Amtes bekannt werden, und über die Verhandlungen in den Behörden Stillschweigen bewahren und Dritten den Einblick in amtliche Akten verweigern.

[2] Eine Auskunft, einschliesslich der Öffnung von Akten, ist zulässig, wenn hiefür eine ausdrückliche gesetzliche Grundlage im Recht des Bundes oder des Kantons gegeben ist. Fehlt eine solche Grundlage, ist eine Auskunft nur zulässig, soweit sie im öffentlichen Interesse geboten ist. Über entsprechende Begehren entscheidet die Finanzdirektion.

3. Auskunftspflichten von Verwaltungsbehörden und Gerichten

§ 121. [1] [StHG 39 III] Verwaltungsbehörden, Strafuntersuchungsbehörden und Gerichte haben ungeachtet einer allfälligen Geheimhaltungspflicht den Steuerbehörden auf Verlangen aus ihren Akten Auskunft zu erteilen; sie haben von sich aus den Steuerbehörden Mitteilung zu machen, wenn nach Wahrnehmungen in ihrer amtlichen Tätigkeit die Wahrscheinlichkeit einer unvollständigen Versteuerung besteht.

[2] Diese Bestimmungen finden keine Anwendung auf die Notare in ihrer Tätigkeit als Urkundspersonen, die Behörden und das Personal der Kantonalbank sowie der Sparkassen und Banken von Gemeinden und die staatlichen Sparkassenkontrolleure.

4. Steuerausweise

§ 122.[54] [1] Die Gemeindesteuerämter stellen gegen Gebühr Ausweise über das steuerbare Einkommen und Vermögen, den steuerbaren Reingewinn und das steuerbare Kapital gemäss letzter rechtskräftiger Einschätzung oder auf Grund der letzten Steuererklärung aus. Ausnahmsweise können auch Ausweise über frühere Einschätzungen ausgestellt werden.

[2] Die Bestimmungen des Gesetzes über die Information und den Datenschutz[3, 50] bleiben vorbehalten.

[3] Sind die Daten im Steuerregister gesperrt, kann ein Steuerausweis nur ausgestellt werden, wenn die gesuchstellende Person glaubhaft macht, dass die Sperrung sie in der Verfolgung eigener Rechte gegenüber dem Steuerpflichtigen behindert. Das Begehren ist dem Steuerpflichtigen zur Stellungnahme zu unterbreiten.

[4] Der Entscheid des Gemeindesteueramtes kann von der gesuchstellenden Person und vom Steuerpflichtigen mit Rekurs an die Finanzdirektion weitergezogen werden. Der Entscheid der

Finanzdirektion ist mit Beschwerde beim Verwaltungsgericht anfechtbar.

5 Der Steuerausweis wird erst ausgestellt, wenn über die Zulässigkeit der Ausstellung ein rechtskräftiger Entscheid vorliegt.

II. Verfahrensrechtliche Stellung der Ehegatten

§ 123. 1 [StHG 40 I] Ehegatten, die in rechtlich und tatsächlich ungetrennter Ehe leben, üben die nach diesem Gesetz dem Steuerpflichtigen zukommenden Verfahrensrechte und Verfahrenspflichten gemeinsam aus.

2 [StHG 40 II] Sie unterschreiben die Steuererklärung gemeinsam.

3 [StHG 40 III] Rechtsmittel und andere Eingaben gelten als rechtzeitig eingereicht, wenn ein Ehegatte innert Frist handelt.

4 Mitteilungen der Steuerbehörden an verheiratete Steuerpflichtige, die in rechtlich und tatsächlich ungetrennter Ehe leben, werden an die Ehegatten gemeinsam gerichtet. Zustellungen an Ehegatten, die in gerichtlich oder tatsächlich getrennter Ehe leben, erfolgen an jeden Ehegatten gesondert.

III. Verfahrensrechte des Steuerpflichtigen
1. Akteneinsicht

§ 124. 1 Steuerpflichtige sind berechtigt, in die von ihnen eingereichten oder von ihnen unterzeichneten Akten Einsicht zu nehmen. Gemeinsam einzuschätzenden Ehegatten steht ein gegenseitiges Akteneinsichtsrecht zu.

2 Die übrigen Akten stehen dem Steuerpflichtigen zur Einsicht offen, sofern die Ermittlung des Sachverhalts abgeschlossen ist und soweit nicht öffentliche oder private Interessen entgegenstehen.

3 Wird einem Steuerpflichtigen die Einsichtnahme in ein Aktenstück verweigert, darf darauf zum Nachteil des Steuerpflichtigen nur abgestellt werden, wenn ihm die Behörde von dem für die Sache wesentlichen Inhalt mündlich oder schriftlich Kenntnis und ausserdem Gelegenheit gegeben hat, sich zu äussern und Gegenbeweismittel zu bezeichnen.

2. Beweisabnahme

§ 125. Die vom Steuerpflichtigen angebotenen Beweise werden abgenommen, soweit sie geeignet sind, die für die Einschätzung erheblichen Tatsachen festzustellen.

3. Mitteilung von Entscheiden

§ 126. 1 [StHG 46 II] Entscheide werden den Beteiligten mit Begründung schriftlich mitgeteilt. Bei Einschätzungsentscheiden werden die Abweichungen von der Steuererklärung [StHG 42 I] bekannt gegeben.[40]

2 Ist die Einsprache, der Rekurs oder die Beschwerde zulässig, werden im Entscheid die Art des Rechtsmittels, die Behörde, bei welcher das Rechtsmittel einzureichen ist, und die Frist für die Ergreifung des Rechtsmittels angegeben.

³ Fehlen diese Angaben und ist ein Rechtsmittel nicht oder verspätet ergriffen worden, wird auf Begehren die Frist zur Ergreifung des Rechtsmittels wiederhergestellt.

⁴ Der Entscheid über eine der Steuererklärung entsprechende oder vom Steuerpflichtigen im Laufe des Einschätzungs- oder Einspracheverfahrens unterschriftlich anerkannte Einschätzung wird ihm durch die Schlussrechnung angezeigt.

4. Vertragliche Vertretung

§ 127. 1 Der Steuerpflichtige kann sich vor den mit dem Vollzug dieses Gesetzes betrauten Behörden vertreten lassen, soweit seine persönliche Mitwirkung nicht notwendig ist.

2 Hat der Steuerpflichtige einen Vertreter bestimmt, sind Verfügungen und Entscheide in der Regel dem Vertreter zuzustellen; doch ist auch die Zustellung an den Steuerpflichtigen gültig.

3 Mitteilungen der Gemeinden, wie Steuererklärung, provisorische und Schlussrechnung, können dem Steuerpflichtigen direkt zugestellt werden, auch wenn er einen Vertreter bestimmt hat.

5. Notwendige Vertretung

§ 128. Die Steuerbehörden können von einem Steuerpflichtigen mit Wohnsitz oder Sitz im Ausland verlangen, dass er einen Vertreter in der Schweiz bezeichnet.

IV. Fristen

§ 129. Die gesetzlichen Fristen können nicht erstreckt werden. Die Verordnung regelt, inwieweit eine behördliche Frist erstreckt und eine abgelaufene Frist wiederhergestellt werden kann.

V. Verjährung
1. Veranlagungsverjährung

§ 130. 1 [StHG 47 I] Das Recht, eine Steuer zu veranlagen [StHG 46 I], verjährt fünf Jahre nach Ablauf der Steuerperiode [StHG 15 I, 19, 31 II]. Vorbehalten bleibt die Erhebung von Nachsteuern und Bussen.

2 Die Verjährung beginnt nicht oder steht still,
a. während eines Einsprache-, Rekurs-, Beschwerde- oder Revisionsverfahrens,
b. solange die Steuerforderung sichergestellt oder gestundet ist,
c. solange weder der Steuerpflichtige noch der Mithaftende in der Schweiz steuerrechtlichen Wohnsitz oder Aufenthalt haben.

3 Die Verjährung beginnt neu mit
a. jeder auf Feststellung oder Geltendmachung der Steuerforderung gerichteten Amtshandlung, die einem Steuerpflichtigen oder Mithaftenden zur Kenntnis gebracht wird,
b. jeder ausdrücklichen Anerkennung der Steuerforderung durch den Steuerpflichtigen oder den Mithaftenden,
c. der Einreichung eines Erlassgesuchs,

d. der Einleitung einer Strafverfolgung wegen vollendeter Steuerhinterziehung oder wegen Steuervergehens.

4 Das Recht, eine Steuer zu veranlagen, ist 15 Jahre nach Ablauf der Steuerperiode auf jeden Fall verjährt.

2. Bezugsverjährung

§ 131. 1 [StHG 47 II] Steuerforderungen verjähren fünf Jahre, nachdem die Einschätzung rechtskräftig geworden ist.

2 Stillstand und Unterbrechung der Verjährung richten sich nach § 130 Abs. 2 und 3.

3 Die Verjährung tritt in jedem Fall zehn Jahre nach Ablauf des Jahres ein, in dem die Steuern rechtskräftig festgesetzt worden sind.

D. Einschätzung im ordentlichen Verfahren

I. Verfahrenspflichten
1. Aufgaben der Steuerbehörden

§ 132. 1 Die Steuerbehörden stellen zusammen mit dem Steuerpflichtigen die für eine vollständige und richtige Besteuerung massgebenden tatsächlichen und rechtlichen Verhältnisse fest.

2 Sie können insbesondere Sachverständige beiziehen, Augenscheine durchführen, Geschäftsbücher und Belege an Ort und Stelle einsehen und, mit deren Einverständnis, Zeugen einvernehmen. Die sich daraus ergebenden Kosten können ganz oder teilweise dem Steuerpflichtigen oder jeder andern zur Auskunft verpflichteten Person auferlegt werden, die diese Kosten durch eine schuldhafte Verletzung von Verfahrenspflichten notwendig gemacht haben.

2. Pflichten des Steuerpflichtigen
a. Steuererklärung

§ 133. 1 Die Steuerpflichtigen werden vom Gemeindesteueramt durch öffentliche Bekanntgabe oder Zustellung des amtlichen Formulars aufgefordert, die Steuererklärung einzureichen. Steuerpflichtige, die kein Formular erhalten, müssen es bei der zuständigen Behörde verlangen.

2 Der Steuerpflichtige muss das amtliche Formular für die Steuererklärung wahrheitsgemäss und vollständig ausfüllen, persönlich unterzeichnen und samt den vorgeschriebenen Beilagen fristgemäss der zuständigen Behörde einreichen. Vorbehalten bleiben abweichende Vorschriften zur elektronischen Einreichung gemäss § 109c Abs. 3.[62]

b. Beilagen zur Steuererklärung

§ 134. 1 Natürliche Personen müssen der Steuererklärung insbesondere beilegen:

a. Lohnausweise über alle Einkünfte aus unselbstständiger Erwerbstätigkeit,
b. Ausweise über Bezüge als Mitglied der Verwaltung oder eines anderen Organs einer juristischen Person,

c. Verzeichnisse über sämtliche Wertschriften, Forderungen und Schulden,
d. Bescheinigungen über geleistete Beiträge an Einrichtungen der beruflichen Vorsorge und an die ihr gleichgestellten anderen Vorsorgeformen, sofern diese nicht mit dem Lohnausweis bescheinigt sind.

[2] Natürliche Personen mit Einkommen aus selbstständiger Erwerbstätigkeit und juristische Personen müssen der Steuererklärung beilegen:[85]

a. die unterzeichneten Jahresrechnungen (Bilanzen, Erfolgsrechnungen) der Steuerperiode oder
b. bei vereinfachter Buchführung nach Art. 957 Abs. 2 OR[11]: Aufstellungen über Einnahmen und Ausgaben, über Vermögenslage sowie über Privatentnahmen und -einlagen der Steuerperiode.

c. Weitere Mitwirkungspflichten

§ 135. [1] [StHG 42 I] Der Steuerpflichtige muss alles tun, um eine vollständige und richtige Einschätzung zu ermöglichen [StHG 43 ff., 46 III, 55 ff.].

[2] [StHG 42 II] Er muss auf Verlangen der Steuerbehörde insbesondere mündlich oder schriftlich Auskunft erteilen und Geschäftsbücher, Belege und weitere Bescheinigungen sowie Urkunden über den Geschäftsverkehr vorlegen.

[3] [StHG 42 III] Natürliche Personen mit Einkommen aus selbstständiger Erwerbstätigkeit und juristische Personen müssen Urkunden und sonstige Belege, die mit ihrer Tätigkeit in Zusammenhang stehen, während zehn Jahren aufbewahren. Die Art und Weise der Führung und der Aufbewahrung richtet sich nach Art. 957–958 f OR[11].[85]

[4] [StHG 45 d] Die kollektiven Kapitalanlagen mit direktem Grundbesitz müssen für jede Steuerperiode eine Bescheinigung über alle Verhältnisse einreichen, die für die Besteuerung des Grundbesitzes und dessen Erträge massgeblich sind.[47]

3. Bescheinigungspflicht Dritter

§ 136. [1] [StHG 43 I] Gegenüber dem Steuerpflichtigen sind zur Ausstellung schriftlicher Bescheinigungen verpflichtet:

a. Arbeitgeber über ihre Leistungen an Arbeitnehmer sowie über Art und Höhe der vom Lohn abgezogenen Beiträge an Einrichtungen der beruflichen Vorsorge,
b. [StHG 45 a] juristische Personen über ihre Leistungen an Mitglieder der Verwaltung oder anderer Organe,
c. Gläubiger und Schuldner über Bestand, Höhe, Verzinsung und Sicherstellung von Forderungen,
d. Versicherer über den Rückkaufswert von Versicherungen und über die aus dem Versicherungsverhältnis ausbezahlten oder geschuldeten Leistungen,

e. [StHG 45 a] Stiftungen über die Leistungen an Begünstigte,
f. [StHG 45 b] Einrichtungen der beruflichen Vorsorge, Versicherungseinrichtungen und Bankstiftungen über Beiträge und Leistungen auf Grund von Vorsorgeverhältnissen,
g. [StHG 43 I] Treuhänder, Vermögensverwalter, Pfandgläubiger, Beauftragte und andere Personen, die Vermögen des Steuerpflichtigen in Besitz oder in Verwaltung haben oder hatten, über dieses Vermögen und seine Erträgnisse,
h. [StHG 43 I] Personen, die mit dem Steuerpflichtigen Geschäfte tätigen oder getätigt haben, über die beiderseitigen Ansprüche und Leistungen.

2 [StHG 43 II] Reicht der Steuerpflichtige trotz Mahnung die nötigen Bescheinigungen nicht ein, kann sie die Steuerbehörde vom Dritten einfordern. Das gesetzlich geschützte Berufsgeheimnis bleibt vorbehalten.

4. Auskunftspflicht Dritter

§ **137.** [StHG 44, 45 c] Gesellschafter, Miteigentümer und Gesamteigentümer müssen auf Verlangen den Steuerbehörden über ihr Rechtsverhältnis zum Steuerpflichtigen Auskunft erteilen, insbesondere über dessen Anteile, Ansprüche und Bezüge.

5. Meldepflicht bei Mitarbeiterbeteiligungen

§ **137*a*.**[69] [StHG 45 e] Arbeitgeber, die ihren Arbeitnehmern Mitarbeiterbeteiligungen einräumen, müssen dem kantonalen Steueramt eine Bescheinigung über alle für deren Einschätzung notwendigen Angaben einreichen. Die vom Bundesrat gestützt auf Art. 129 Abs. 1 Bst. d des Bundesgesetzes vom 14. Dezember 1990 über die direkte Bundessteuer[14] erlassenen Bestimmungen gelten sinngemäss.

II. Einschätzung
1. Vorbereitung

§ **138.** 1 [StHG 46 I] Das kantonale Steueramt prüft die Steuererklärung und nimmt die erforderlichen Untersuchungen vor.

2 Der Steuerpflichtige ist berechtigt, seine Steuererklärung vor dem kantonalen Steueramt mündlich zu vertreten.

2. Durchführung

§ **139.** 1 Das kantonale Steueramt setzt die Steuerfaktoren und den Steuertarif fest. Steuerfaktoren sind das steuerbare Einkommen und Vermögen, der steuerbare Reingewinn und das steuerbare Kapital.

2 [StHG 46 III] Hat der Steuerpflichtige trotz Mahnung seine Verfahrenspflichten [StHG 42] nicht erfüllt oder können die Steuerfaktoren mangels zuverlässiger Unterlagen nicht einwandfrei ermittelt werden, nimmt das kantonale Steueramt die Einschätzung nach pflichtgemässem Ermessen vor. Es kann dabei Erfahrungszahlen, Vermögensentwicklung und Lebensaufwand des Steuerpflichtigen berücksichtigen.

III. Einsprache
1. Frist und Voraussetzungen

§ 140. 1 [StHG 48 I] Gegen den Einschätzungsentscheid können der Steuerpflichtige und die Gemeinde innert 30 Tagen nach Zustellung beim kantonalen Steueramt schriftlich Einsprache erheben.

2 [StHG 48 II] Eine Einschätzung nach pflichtgemässem Ermessen kann der Steuerpflichtige nur wegen offensichtlicher Unrichtigkeit anfechten. Die Einsprache ist zu begründen und muss allfällige Beweismittel nennen [StHG 46 III, 55].

2. Einspracheverfahren

§ 141. 1 [StHG 48 III] Im Einspracheverfahren hat das kantonale Steueramt die gleichen Befugnisse wie im Einschätzungsverfahren [StHG 39, 42 ff., 55].

2 Der Steuerpflichtige ist berechtigt, seine Einsprache vor dem kantonalen Steueramt mündlich zu vertreten.

3 Einem Rückzug der Einsprache wird keine Folge gegeben, wenn nach den Umständen anzunehmen ist, dass die Einschätzung unrichtig war, oder wenn die Gemeinde Anträge gestellt hat.

3. Entscheid

§ 142. 1 [StHG 48 IV] Das kantonale Steueramt entscheidet gestützt auf die Untersuchung über die Einsprache. Es kann die Steuerfaktoren neu festsetzen und, nach Anhören des Steuerpflichtigen, die Einschätzung auch zu dessen Nachteil ändern.

2 Das Einspracheverfahren ist kostenfrei. Die Kosten dieses Verfahrens können jedoch dem Steuerpflichtigen oder jeder andern zur Auskunft verpflichteten Person auferlegt werden, die diese Kosten durch eine schuldhafte Verletzung von Verfahrenspflichten notwendig gemacht haben.

E. Verfahren bei der Erhebung der Quellensteuer

I. Verfahrenspflichten

§ 143. [StHG 49 I] Der Steuerpflichtige und der Schuldner der steuerbaren Leistung müssen den zuständigen Steuerbehörden auf Verlangen über die für die Erhebung der Quellensteuer massgebenden Verhältnisse mündlich oder schriftlich Auskunft erteilen. Die §§ 132–137 gelten sinngemäss.

II. Entscheid

§ 144. 1 [StHG 49 II] Ist der Steuerpflichtige, der Schuldner der steuerbaren Leistung oder die Gemeinde mit dem Steuerabzug nicht einverstanden, können sie bis Ende März des auf die Fälligkeit der Leistung folgenden Kalenderjahres vom kantonalen Steueramt einen Entscheid [StHG 41 III] über Bestand und Umfang der Steuerpflicht verlangen.

2 Der Schuldner der steuerbaren Leistung bleibt bis zum rechtskräftigen Entscheid zum Steuerabzug verpflichtet.

§ **145.** 1 [StHG 49 III] Hat der Schuldner der steuerbaren Leistung den Steuerabzug nicht oder ungenügend vorgenommen, verpflichtet ihn das Gemeindesteueramt oder das kantonale Steueramt zur Nachzahlung. Der Rückgriff des Schuldners auf den Steuerpflichtigen [StHG 32, 35] bleibt vorbehalten.

III. Nachforderung und Rückerstattung

2 [StHG 49 IV] Hat der Schuldner der steuerbaren Leistung einen zu hohen Steuerabzug vorgenommen, muss er dem Steuerpflichtigen die Differenz zurückzahlen.

§ **146.** [StHG 49 II] Gegen einen Entscheid über die Quellensteuer können der Steuerpflichtige, der Schuldner der steuerbaren Leistung und die Gemeinde Einsprache nach § 140 erheben.

IV. Einsprache

F. Rekurs- und Beschwerdeverfahren

§ **147.** 1 [StHG 50 I] Gegen den Einspracheentscheid des kantonalen Steueramtes können der Steuerpflichtige und die Gemeinde innert 30 Tagen nach Zustellung schriftlich Rekurs beim Steuerrekursgericht[58] erheben.

I. Rekursverfahren
1. Frist und Voraussetzungen

2 Im Verfahren bei Erhebung der Quellensteuer steht das Rekursrecht auch dem Schuldner der steuerbaren Leistung zu.

3 [StHG 50 II] Mit dem Rekurs können alle Mängel des angefochtenen Entscheids und des vorangegangenen Verfahrens gerügt werden.

4 Die Rekursschrift muss einen Antrag und eine Begründung [StHG 50 II] enthalten. Genügt sie diesen Erfordernissen nicht, wird dem Rekurrenten eine kurze, nicht erstreckbare Nachfrist zur Behebung des Mangels angesetzt unter der Androhung, sonst auf den Rekurs nicht einzutreten. Die Beweismittel sollen der Rekursschrift beigelegt oder, soweit dies nicht möglich ist, genau bezeichnet werden.

§ **148.** 1 Die Rekursschrift ist, sofern sich der Rekurs nicht offensichtlich als unzulässig erweist, den Rekursgegnern zur Beantwortung zuzustellen. Dem Rekurrenten wird auf Verlangen ein Doppel der Rekursantwort zugestellt.

2. Verfahren

2 Ausnahmsweise kann ein weiterer Schriftenwechsel oder eine mündliche Verhandlung angeordnet werden.

3 Dem Steuerrekursgericht[58] stehen dieselben Befugnisse zu wie den Steuerbehörden im Einschätzungsverfahren.

§ **149.**[58] 1 Das Steuerrekursgericht entscheidet innert 60 Tagen seit Abschluss der Sachverhaltsermittlungen, der den Parteien angezeigt wird. Kann diese Frist nicht eingehalten werden, wird den Parteien unter Angabe der Gründe mitgeteilt, wann der Entscheid vorliegt.

3. Entscheid

[2] Das Steuerrekursgericht ist in seinem Entscheid nicht an die Anträge der Parteien gebunden. Es kann nach Anhören des Steuerpflichtigen die Einschätzung auch zu dessen Ungunsten ändern. Es führt das Verfahren trotz Rückzug oder Anerkennung des Rekurses weiter, sofern Anhaltspunkte dafür vorliegen, dass der angefochtene Entscheid oder die übereinstimmenden Anträge dem Gesetz widersprechen, oder eine Gegenpartei einen abweichenden Antrag gestellt hat.

[3] Ausnahmsweise kann es zur Wahrung des gesetzlichen Instanzenzugs die Sache zur Neubeurteilung an die Vorinstanz zurückweisen, namentlich wenn zu Unrecht noch kein materieller Entscheid getroffen wurde oder dieser an einem schwerwiegenden Verfahrensmangel leidet.

4. Mitteilung

§ 150.[58] Der Entscheid wird den Parteien schriftlich mitgeteilt. Er enthält die Besetzung des Steuerrekursgerichts, eine Begründung, das Dispositiv und eine Rechtsmittelbelehrung.

5. Vereinfachtes Verfahren

§ 150*a*.[57] [1] Bei offensichtlich unbegründeten und offensichtlich begründeten Rechtsmitteln kann bei Einstimmigkeit auf dem Zirkulationsweg entschieden werden.

[2] Bei offensichtlich unzulässigen, gegenstandslos gewordenen, offensichtlich unbegründeten und offensichtlich begründeten Rechtsmitteln kann das Steuerrekursgericht den Entscheid summarisch begründen.

[3] Über Rekurse, die durch Rückzug oder Anerkennung erledigt werden oder gegenstandslos geworden sind, kann ohne Begründung entschieden werden, wenn den Verfahrensbeteiligten angezeigt wird, dass sie innert zehn Tagen seit der Mitteilung schriftlich eine Begründung verlangen können; die Rechtsmittelfrist beginnt mit Zustellung des begründeten Entscheids zu laufen.

6. Gerichtsgebühr

§ 150*b*.[57] [1] Das Steuerrekursgericht legt die Gerichtsgebühr nach seinem Zeitaufwand, nach der Schwierigkeit des Falls und nach dem Streitwert oder dem tatsächlichen Streitinteresse fest.

[2] Die Gerichtsgebühr beträgt in der Regel Fr. 500 bis Fr. 50 000.

7. Kostenauferlegung

§ 151.[58] [1] Die Kosten des Verfahrens vor dem Steuerrekursgericht werden der unterliegenden Partei auferlegt. Wird der Rekurs teilweise gutgeheissen, werden sie anteilmässig aufgeteilt.

[2] Dem obsiegenden Rekurrenten werden die Kosten ganz oder teilweise auferlegt, wenn er bei pflichtgemässem Verhalten schon im Einschätzungs- oder Einspracheverfahren zu seinem Recht gekommen wäre oder wenn er die Untersuchung des Steuerrekursgerichts durch trölerisches Verhalten erschwert hat.

[3]Wenn besondere Verhältnisse es rechtfertigen, kann von einer Kostenauflage abgesehen werden.

8.[58] Parteientschädigung

§ 152. Für die Zusprechung einer Parteientschädigung gilt das Verwaltungsrechtspflegegesetz[4] sinngemäss.

II. Beschwerdeverfahren vor Verwaltungsgericht

§ 153. [1] [StHG 50 III] Gegen den Entscheid des Steuerrekursgerichts können der Steuerpflichtige, das kantonale Steueramt und die Gemeinde innert 30 Tagen nach Zustellung Beschwerde beim Verwaltungsgericht erheben.[58]

[2] Im Verfahren bei Erhebung der Quellensteuer steht das Beschwerderecht auch dem Schuldner der steuerbaren Leistung zu.

[3] Mit der Beschwerde können alle Rechtsverletzungen, einschliesslich Überschreitung oder Missbrauch des Ermessens, und die unrichtige oder unvollständige Feststellung des rechtserheblichen Sachverhalts geltend gemacht werden.

[4] Im Übrigen gelten die Bestimmungen über das Rekursverfahren vor dem Steuerrekursgericht sinngemäss.[58]

III. Beschwerde an das Bundesgericht

§ 154. [1] [StHG 73 I, II] Gegen den Entscheid des Verwaltungsgerichts können der Steuerpflichtige, das kantonale Steueramt, die Gemeinde und die Eidgenössische Steuerverwaltung Beschwerde beim Bundesgericht erheben.[54]

[2] Im Verfahren bei Erhebung der Quellensteuer steht das Beschwerderecht auch dem Schuldner der steuerbaren Leistung zu.

G. Änderung rechtskräftiger Entscheide

I. Revision
1. Gründe

§ 155. [1] [StHG 51 I] Ein rechtskräftiger Entscheid kann auf Antrag oder von Amtes wegen zu Gunsten des Steuerpflichtigen revidiert werden,

a. wenn erhebliche Tatsachen oder entscheidende Beweismittel entdeckt werden,
b. wenn die erkennende Behörde erhebliche Tatsachen oder entscheidende Beweismittel, die ihr bekannt waren oder bekannt sein mussten, ausser acht gelassen oder in anderer Weise wesentliche Verfahrensgrundsätze verletzt hat,
c. wenn ein Verbrechen oder ein Vergehen den Entscheid beeinflusst hat.

[2] [StHG 51 II] Die Revision ist ausgeschlossen, wenn der Antragsteller als Revisionsgrund vorbringt, was er bei der ihm zumutbaren Sorgfalt schon im ordentlichen Verfahren hätte geltend machen können [StHG 42].

2. Frist

§ 156. [StHG 51 III] Das Revisionsbegehren muss innert 90 Tagen nach Entdeckung des Revisionsgrundes, spätestens aber innert zehn Jahren nach Mitteilung des Entscheids eingereicht werden.

3. Revisionsbegehren

§ **157.** [1] [StHG 51 IV] Das Revisionsbegehren ist schriftlich der Behörde einzureichen, die den Entscheid getroffen hat.

[2] Das Revisionsbegehren muss enthalten:

a. die genaue Bezeichnung der einzelnen Revisionsgründe,
b. einen Antrag, in welchem Umfang der frühere Entscheid aufzuheben und wie neu zu entscheiden sei.

[3] Die Beweismittel für die Revisionsgründe sowie für die Behauptung, dass seit Entdeckung der Revisionsgründe noch nicht 90 Tage verflossen sind, sollen dem Revisionsbegehren beigelegt oder, sofern dies nicht möglich ist, genau bezeichnet werden.

4. Verfahren und Entscheid

§ **158.** [1] Das Revisionsbegehren ist, sofern es sich nicht offensichtlich als unzulässig erweist, den Beteiligten zur Vernehmlassung zuzustellen.

[2] Erachtet die Behörde das Revisionsbegehren als begründet, hebt sie den früheren Entscheid auf und fällt einen neuen Entscheid.

[3] Gegen die Abweisung eines Revisionsbegehrens oder gegen den bei Zulassung der Revision neu gefällten Entscheid können die gleichen Rechtsmittel wie gegen den früheren Entscheid ergriffen werden.

[4] Im Übrigen werden die Vorschriften über das Verfahren angewendet, in dem der frühere Entscheid ergangen ist. § 150 gilt sinngemäss.

II. Berichtigung von Rechnungsfehlern und Schreibversehen

§ **159.** [1] [StHG 52] Rechnungsfehler und Schreibversehen in rechtskräftigen Entscheiden können innert fünf Jahren nach Mitteilung auf Antrag oder von Amtes wegen von der Behörde, der sie unterlaufen sind, berichtigt werden.

[2] Gegen die Berichtigung oder ihre Ablehnung können die gleichen Rechtsmittel erhoben werden wie gegen den früheren Entscheid.

III. Nachsteuer
1. Ordentliche Nachsteuer[62]

§ **160.** [1] [StHG 53 I] Ergibt sich auf Grund von Tatsachen oder Beweismitteln, die der Steuerbehörde nicht bekannt waren, dass eine Einschätzung zu Unrecht unterblieben oder eine rechtskräftige Einschätzung unvollständig ist, oder ist eine unterbliebene oder unvollständige Einschätzung auf ein Verbrechen oder ein Vergehen gegen die Steuerbehörde zurückzuführen, wird die nicht erhobene Steuer samt Zins als Nachsteuer eingefordert.

[2] Hat der Steuerpflichtige Einkommen, Vermögen, Reingewinn oder Eigenkapital in seiner Steuererklärung vollständig und genau angegeben und haben die Steuerbehörden die Bewertung

anerkannt, kann keine Nachsteuer erhoben werden, selbst wenn die Bewertung ungenügend war.

2. Verwirkung

§ 161. 1 [StHG 53 II] Das Recht, ein Nachsteuerverfahren einzuleiten, erlischt zehn Jahre nach Ablauf der Steuerperiode, für die eine Einschätzung zu Unrecht unterblieben oder eine rechtskräftige Einschätzung unvollständig ist.

2 [StHG 53 III] Das Recht, die Nachsteuer festzusetzen, erlischt 15 Jahre nach Ablauf der Steuerperiode, auf die sie sich bezieht.

3. Verfahren

§ 162.[54] 1 Die Einleitung des Nachsteuerverfahrens wird dem Steuerpflichtigen unter Angabe des Grundes schriftlich mitgeteilt. Ist die Einleitung eines Strafverfahrens wegen Steuerhinterziehung möglich, wird er bei der Einleitung eines Nachsteuerverfahrens darauf hingewiesen.

2 Mit der staatlichen wird gleichzeitig auch die kommunale Nachsteuer ermittelt.

3 Gegen den Einspracheentscheid des kantonalen Steueramtes kann Rekurs beim Verwaltungsgericht erhoben werden. Im Übrigen gelten die Bestimmungen über die Verfahrensgrundsätze, das Einschätzungs- und das Rekursverfahren sinngemäss.

4. Vereinfachte Nachbesteuerung von Erben

§ 162*a*.[61] 1 Alle Erben haben unabhängig voneinander Anspruch auf eine vereinfachte Nachbesteuerung der vom Erblasser hinterzogenen Bestandteile von Vermögen und Einkommen, wenn

a. die Hinterziehung keiner Steuerbehörde bekannt ist,
b. sie die Behörden bei der Feststellung der hinterzogenen Vermögens- und Einkommenselemente vorbehaltlos unterstützen und
c. sie sich ernstlich um die Bezahlung der geschuldeten Nachsteuer bemühen.

2 Die Nachsteuer wird für die letzten drei vor dem Todesjahr abgelaufenen Steuerperioden nach den Vorschriften über die ordentliche Veranlagung berechnet und samt Zins nachgefordert.

3 Die vereinfachte Nachbesteuerung ist ausgeschlossen, wenn die Erbschaft amtlich oder konkursamtlich liquidiert wird.

4 Auch der Willensvollstrecker oder der Erbschaftsverwalter kann um eine vereinfachte Nachbesteuerung ersuchen.

H. Inventar

I. Inventarpflicht

§ 163. 1 [StHG 54 I] Nach dem Tod eines Steuerpflichtigen wird innert zwei Wochen ein amtliches Inventar aufgenommen.

2 [StHG 54 I] Die Inventaraufnahme kann unterbleiben, wenn anzunehmen ist, dass kein Vermögen vorhanden ist.

II. Gegenstand

§ 164. 1 [StHG 54 II] In das Inventar wird das am Todestag bestehende Vermögen des Erblassers, seines in ungetrennter Ehe lebenden Ehegatten und der unter seiner elterlichen Sorge stehenden minderjährigen Kinder aufgenommen [StHG 3 III und IV].[23]

2 [StHG 54 III] Tatsachen, die für die Einschätzung von Bedeutung sind, werden festgestellt und im Inventar vorgemerkt.

III. Sicherung der Inventaraufnahme

§ 165. 1 Die Erben und die Personen, die das Nachlassvermögen verwalten oder verwahren, dürfen über dieses vor Aufnahme des Inventars nur mit Zustimmung der Inventarbehörde verfügen.

2 Zur Sicherung des Inventars kann die Inventarbehörde die sofortige Siegelung vornehmen. Diese Massnahme kann auch das kantonale Steueramt ergreifen.

IV. Mitwirkungspflichten

§ 166. 1 Die Erben, die gesetzlichen Vertreter von Erben, die Erbschaftsverwalter und die Willensvollstrecker sind verpflichtet,

a. über alle Verhältnisse, die für die Feststellung der Steuerfaktoren des Erblassers von Bedeutung sein können, wahrheitsgemäss Auskunft zu erteilen,

b. alle Bücher, Urkunden, Ausweise und Aufzeichnungen, die über den Nachlass Aufschluss verschaffen können, vorzuweisen,

c. alle Räumlichkeiten und Behältnisse zu öffnen, die dem Erblasser zur Verfügung gestanden haben.

2 Erben und gesetzliche Vertreter von Erben, die mit dem Erblasser in einem gemeinsamen Haushalt gelebt oder Vermögensgegenstände des Erblassers verwahrt oder verwaltet haben, müssen auch Einsicht in ihre Räume und Behältnisse gewähren.

3 Erhält ein Erbe, ein gesetzlicher Vertreter von Erben, ein Erbschaftsverwalter oder ein Willensvollstrecker nach Aufnahme des Inventars Kenntnis von Gegenständen des Nachlasses, die nicht im Inventar verzeichnet sind, muss er diese innert zehn Tagen der Inventarbehörde bekanntgeben.

4 Der Inventaraufnahme müssen mindestens ein handlungsfähiger Erbe und der gesetzliche Vertreter minderjähriger Erben oder Erben unter umfassender Beistandschaft.[63]

V. Auskunfts- und Bescheinigungspflicht

§ 167. 1 Dritte, die Vermögenswerte des Erblassers verwahrten oder verwalteten oder denen gegenüber der Erblasser geldwerte Rechte oder Ansprüche hatte, sind verpflichtet, den Erben zuhanden der Inventarbehörde auf Verlangen schriftlich alle damit zusammenhängenden Auskünfte zu erteilen.

2 Stehen der Erfüllung dieser Auskunftspflicht wichtige Gründe entgegen, kann der Dritte die verlangten Angaben direkt der Inventarbehörde machen.

3 Im Übrigen gelten die §§ 136 und 137 sinngemäss.

VI. Mitteilung

§ 168. Dem Willensvollstrecker oder dem von den Erben bezeichneten Vertreter und dem kantonalen Steueramt wird eine Ausfertigung des Inventars zugestellt.

VII. Inventarbehörde

§ 169. 1 Die Inventaraufnahme erfolgt durch das Steueramt der Einschätzungsgemeinde. Hat jedoch der Erblasser im Todesjahr seinen Wohnsitz in eine andere zürcherische Gemeinde verlegt, ist das Steueramt dieser Gemeinde zuständig. Das kantonale Steueramt kann sich bei der Inventaraufnahme vertreten lassen.

2 Ordnet die Kindes- und Erwachsenenschutzbehörde oder das Gericht eine Inventaraufnahme an, wird eine Ausfertigung des Inventars der Inventarbehörde zugestellt. Diese kann es übernehmen oder nötigenfalls ergänzen.[63]

I. Verfahren bei Steuerbefreiungen

I. Gesuch

§ 170. 1 Gesuche um Steuerbefreiung sind beim kantonalen Steueramt einzureichen.

2 Das kantonale Steueramt stellt sie der Gemeinde zur Vernehmlassung zu.

II. Verfahren

§ 171. 1 Bei Abweisung eines Gesuchs um Steuerbefreiung können Kosten auferlegt werden.

2 Im Übrigen gelten die Bestimmungen über die Verfahrensgrundsätze, das Einschätzungs-, das Rekurs- und Beschwerdeverfahren sinngemäss.

III. Verzeichnis der steuerbefreiten Institutionen

§ 171*a*.[61] Das kantonale Steueramt veröffentlicht ein Verzeichnis der wegen Verfolgung von öffentlichen oder gemeinnützigen Zwecken steuerbefreiten juristischen Personen (§ 61 lit. g). Die betroffene juristische Person kann ihren Eintrag durch schriftliche Mitteilung an das kantonale Steueramt sperren lassen.

Sechster Abschnitt: Steuerbezug und Steuererlass

A. Steuerbezug

I. Behörde

§ 172. Die Quellensteuern auf dem Einkommen aus unselbstständiger Erwerbstätigkeit von im Kanton steuerpflichtigen ausländischen Arbeitnehmern sowie die staatlichen und kommunalen Nachsteuern werden durch das kantonale Steueramt, alle übrigen Steuern durch das Gemeindesteueramt bezogen.

II. Periodische Steuern
1. Provisorische Rechnung und Schlussrechnung

§ 173. [1] In der Steuerperiode, bei vom Kalenderjahr abweichenden Steuerperioden im Kalenderjahr, in dem die Steuerperiode endet, wird eine provisorische Rechnung zugestellt. Vorbehalten bleibt § 181.

[2] Grundlage der provisorischen Rechnung sind die Steuerfaktoren der letzten Steuererklärung oder der letzten Einschätzung oder der mutmassliche Steuerbetrag für die laufende Steuerperiode.

[3] Nach Vornahme der Einschätzung wird die Schlussrechnung zugestellt.

2. Zinsen

§ 174. [1] In der Schlussrechnung werden in der Regel Zinsen berechnet:

a. zugunsten des Steuerpflichtigen auf sämtlichen Zahlungen, die bis zur Schlussrechnung geleistet werden. Anstelle dieser Zinsen können auch Skonti gewährt werden,
b. zulasten des Steuerpflichtigen ab einem Verfalltag in der Steuerperiode.

[2] Die Einzelheiten, einschliesslich des Verfalltags in der Steuerperiode, werden durch Verordnung festgelegt.

III. Nicht periodische Steuern

§ 175. [1] Die Fälligkeiten und Zahlungsfristen für nicht periodische Steuern werden durch Verordnung festgelegt.

[2] Für vorzeitige Zahlungen werden in der Regel Vergütungszinsen berechnet. Für verspätete Zahlungen werden Verzugszinsen erhoben.

[3] Auf Steuerrückerstattungen werden Vergütungszinsen gewährt.

IV. Zuständigkeit des Regierungsrates

§ 176. Der Regierungsrat legt den Zinsfuss fest. Er bestimmt zudem, inwieweit auf Zinsen zu Gunsten wie zu Ungunsten des Steuerpflichtigen wegen Geringfügigkeit verzichtet werden kann.

V. Zahlungserleichterungen

§ 177. [1] Liegen besondere Verhältnisse vor, kann das Gemeindesteueramt fällige Beträge vorübergehend stunden oder Ratenzahlungen bewilligen.

² Zahlungserleichterungen werden widerrufen, wenn ihre Voraussetzungen wegfallen oder wenn die Bedingungen, an die sie geknüpft sind, nicht erfüllt werden.

VI. Einsprache und Rekurs

§ 178.[54] ¹ Gegen die Schlussrechnung oder den Entscheid über eine Zahlungserleichterung kann beim Gemeindesteueramt Einsprache, gegen den Einspracheentscheid Rekurs beim kantonalen Steueramt erhoben werden. Gegen den Entscheid des kantonalen Steueramtes kann Beschwerde beim Verwaltungsgericht erhoben werden.

² Die Bestimmungen über das Einsprache-, Rekurs- und Beschwerdeverfahren bei Einschätzungen für die Staatssteuern gelten sinngemäss.

VII. Steuerrückerstattungen
1. An ungetrennt lebende Ehegatten

§ 179. ¹ Bei Steuerrückerstattungen an Ehegatten, die in tatsächlich und rechtlich ungetrennter Ehe leben, gilt jeder Ehegatte als berechtigt, Zahlungen entgegenzunehmen.

² Steuerrückerstattungen können auch mit provisorischen Rechnungen oder mit Schlussrechnungen verrechnet werden.

2. An geschiedene oder getrennt lebende Ehegatten

§ 180. ¹ Wurden die Ehegatten geschieden oder haben sie sich tatsächlich oder rechtlich getrennt und sind in der Folge Steuerbeträge zurückzuerstatten, die noch auf Grund von provisorischen Rechnungen oder Schlussrechnungen zuhanden beider Ehegatten geleistet wurden, erfolgt die Rückerstattung je zur Hälfte an jeden der beiden Ehegatten.

² Solche Steuerrückerstattungen können auch verrechnet werden

a. entweder mit provisorischen Rechnungen oder mit Schlussrechnungen zuhanden beider Ehegatten
b. oder je zur Hälfte mit provisorischen Rechnungen oder mit Schlussrechnungen zuhanden jedes Ehegatten.

³ Im Übrigen bleibt vorbehalten, dass die Ehegatten von sich aus dem zuständigen Steueramt eine anderweitige Vereinbarung bekanntgegeben haben.

B. Steuersicherung

I. Sicherstellung

§ 181. ¹ Hat der Steuerpflichtige keinen Wohnsitz in der Schweiz oder erscheint die Bezahlung der von ihm geschuldeten Steuer als gefährdet, kann das Gemeindesteueramt oder das kantonale Steueramt auch vor der rechtskräftigen Einschätzung die Sicherstellung des mutmasslich geschuldeten Steuerbetrags verlangen. Die Sicherstellungsverfügung gibt den sicherzustellenden Betrag an und ist sofort vollstreckbar. Sie hat im Betreibungsverfahren die gleichen Wirkungen wie ein vollstreckbares Gerichtsurteil.

² Die Sicherstellung muss in Geld, durch Hinterlegung sicherer, marktgängiger Wertschriften oder durch Bürgschaft geleistet werden.

³ Der Steuerpflichtige kann gegen die Sicherstellungsverfügung Rekurs beim Verwaltungsgericht erheben. Die Bestimmungen über das Rekursverfahren bei Einschätzungen für die Staatssteuern gelten sinngemäss.

⁴ Der Rekurs hemmt die Vollstreckung der Sicherstellungsverfügung nicht.

II. Arrest

§ 182. ¹ [StHG 78] Die Sicherstellungsverfügung gilt als Arrestbefehl nach Art. 274 des Bundesgesetzes über Schuldbetreibung und Konkurs[13]. Der Arrest wird durch das zuständige Betreibungsamt vollzogen.

² Die Einsprache gegen den Arrestbefehl nach Art. 278 des Bundesgesetzes über Schuldbetreibung und Konkurs[13] ist nicht zulässig.

C. Steuererlass

I. Voraussetzungen

§ 183. Steuerpflichtigen, deren Leistungsfähigkeit durch besondere Verhältnisse, wie aussergewöhnliche Belastung durch den Unterhalt der Familie, andauernde Arbeitslosigkeit oder Krankheit, Unglücksfälle, Verarmung, Erwerbsunfähigkeit oder andere Umstände beeinträchtigt ist, können Steuern ganz oder teilweise erlassen werden.

II. Erlassverfahren
1. Entscheid der Gemeinde

§ 184. ¹ Der Entscheid über den Steuererlass steht der Gemeinde zu.

² Der Gemeindevorstand[86] bezeichnet die zuständige Behörde.

³ Der Entscheid ist dem Steuerpflichtigen und, wenn Steuererlass gewährt wird, dem kantonalen Steueramt mitzuteilen.

2. Rekurs

§ 185.[54] ¹ Gegen den Entscheid der Gemeinde können der Steuerpflichtige und das kantonale Steueramt innert 30 Tagen nach Zustellung Rekurs bei der Finanzdirektion erheben. Dem kantonalen Steueramt steht das Recht zur Rekurserhebung nur zu, sofern die erlassenen Steuern einen vom Regierungsrat zu bestimmenden Betrag übersteigen. Gegen den Entscheid der Finanzdirektion können der Steuerpflichtige und die Gemeinde innert 30 Tagen nach Zustellung Beschwerde beim Verwaltungsgericht erheben.

² Die Bestimmungen über das Rekurs- und Beschwerdeverfahren bei Einschätzungen für die Staatssteuern gelten sinngemäss.

§ 186.[55]

Zweiter Teil: Gemeindesteuern

Erster Abschnitt: Allgemeine Gemeindesteuern

A. Allgemeine Bestimmungen

I. Steuerpflicht
1. Steuerarten

§ **187.** 1 Die Gemeinden erheben als Gemeindesteuern jährlich:

a. Einkommens- und Vermögenssteuern von natürlichen Personen,
b. Gewinn- und Kapitalsteuern von juristischen Personen,
c. Quellensteuern von bestimmten natürlichen Personen mit steuerrechtlichem Wohnsitz oder Aufenthalt im Kanton.

2 Die politische Gemeinde erhebt zudem eine jährliche Personalsteuer sowie von bestimmten natürlichen und juristischen Personen ohne steuerrechtlichen Wohnsitz oder Aufenthalt in der Schweiz Quellensteuern.

2. Steuerfuss

§ **188.** Die Gemeinden setzen jedes Kalenderjahr den Steuerfuss in Prozenten der einfachen Staatssteuer fest.

3. Bestand und Umfang der Steuerpflicht
a. Im Allgemeinen

§ **189.** 1 Die Bestimmungen über die Steuerpflicht für die Staatssteuern gelten unter Vorbehalt der nachfolgenden Bestimmungen auch für die Gemeindesteuern.

2 Die für die Staatssteuern getroffenen Entscheide über Bestand und Umfang der Steuerpflicht gelten auch für die Gemeindesteuern.

b. Bei Verlegung des Wohnsitzes oder Sitzes

§ **190.**[84] 1 Verlegt ein Steuerpflichtiger seinen steuerrechtlichen Wohnsitz oder seinen Sitz in eine andere zürcherische Gemeinde, kommt die Steuerhoheit für die laufende Steuerperiode der Zuzugsgemeinde zu.

2 Kapitalleistungen gemäss § 37 sind in der Gemeinde steuerbar, in welcher der Steuerpflichtige im Zeitpunkt der Fälligkeit der Leistung seinen Wohnsitz hat.

c. Bei Steuerpflicht in mehreren Gemeinden

§ **191.** 1 Ist eine Person in mehreren zürcherischen Gemeinden steuerpflichtig, wird zwischen den beteiligten Gemeinden eine Steuerausscheidung vorgenommen, wenn der auf eine Gemeinde, in welcher nur eine beschränkte Steuerpflicht besteht, entfallende Teil der einfachen Staatssteuer mindestens Fr. 2000 beträgt.

2 Der Wohnsitz- oder Sitzgemeinde ist zum voraus ein Fünftel der einfachen Staatssteuer zuzuweisen. Die restlichen vier Fünftel sind auf die beteiligten Gemeinden im Verhältnis der auf diese Gemeinden entfallenden Anteile am Gesamteinkommen und an den Gesamtaktiven zu verlegen.

II. Verfahren
1. Steuerhoheit

§ 192. [1] Ist die kommunale Steuerhoheit streitig, entscheidet das Steueramt der betreffenden Gemeinde über die Gemeindesteuerpflicht.

[2] Gegen diesen Entscheid kann Einsprache erhoben werden. Die Bestimmungen über das Einspracheverfahren bei Einschätzungen für die Staatssteuern gelten sinngemäss.

2. Steuerausscheidung
a. Anmeldung

§ 193. Gemeinden, die erstmals eine Steuerausscheidung verlangen, haben ihren Anspruch gegenüber dem Steuerpflichtigen und der Einschätzungsgemeinde in der Steuerperiode oder der darauf folgenden Periode anzumelden. Später angemeldete Ansprüche sind verwirkt.

b. Ermittlung der Grundlagen

§ 194. [1] Das Steueramt der Einschätzungsgemeinde oder, auf sein Verlangen, das kantonale Steueramt ermittelt die Ausscheidungsgrundlagen gestützt auf die Einschätzung für die Staatssteuer und allfällige weitere Erhebungen.

[2] Die Bestimmungen über das Einschätzungsverfahren für die Staatssteuern gelten sinngemäss.

c. Einsprache

§ 195. Gegen die Festsetzung der Ausscheidungsgrundlagen können der Steuerpflichtige und die beteiligten Gemeinden Einsprache erheben. Die Bestimmungen über das Einspracheverfahren bei Einschätzungen für die Staatssteuern gelten sinngemäss.

3. Rechtsmittel

§ 196. Für die Anfechtung des Einspracheentscheids über Bestand und Umfang der Gemeindesteuerpflicht gelten die Bestimmungen über das Rekurs- und Beschwerdeverfahren bei Einschätzungen für die Staatssteuern sinngemäss.

III. Steuerbezug und Steuererlass
1. Im Allgemeinen

§ 197. [1] Die Bestimmungen über Steuerbezug und Steuererlass für die Staatssteuern werden entsprechend angewendet.

[2] Ein für die Staatssteuer bewilligter Steuererlass bewirkt einen entsprechenden Erlass der Gemeindesteuer.

2. Im Ausscheidungsverfahren

§ 198. Bei Steuerausscheidungen besorgt das Steueramt der Einschätzungsgemeinde den Steuerbezug und rechnet mit dem Steuerpflichtigen und den beteiligten Gemeinden ab.

B. Besondere Bestimmungen

I. Personalsteuer
1. Steuerpflicht

§ 199. [1] Die politischen Gemeinden erheben von den steuerpflichtigen natürlichen Personen, die in ihrem Gebiet steuerrechtlichen Wohnsitz oder Aufenthalt haben, eine Personalsteuer.

[2] Ehegatten schulden je die volle Personalsteuer.

[3] Die Steuerpflicht beginnt mit dem Jahr, in welchem der Steuerpflichtige volljährig wird.[63]

§ **200.** Die Personalsteuer beträgt Fr. 24.

2. Steuersatz

§ **201.** [1] Die Kirchgemeinden der kantonalen kirchlichen Körperschaften können nach Massgabe dieses Gesetzes Steuern erheben.[51]

II. Kirchensteuer
1. Steuerpflicht
a. Im Allgemeinen

[2] Juristische Personen, welche konfessionelle Zwecke verfolgen, haben die Kirchensteuer nur der Kirchgemeinde dieser Konfession zu entrichten.

§ **202.** [1] Gehören bei konfessionell gemischten Ehen beide Ehegatten der Konfession einer staatlich anerkannten Kirchgemeinde an, wird die Kirchensteuer je zur Hälfte erhoben.

b. Besteuerung konfessionell gemischter Ehen

[2] Gehört nur ein Ehegatte der Konfession einer staatlich anerkannten Kirchgemeinde an, wird die Kirchensteuer zur Hälfte erhoben.

§ **203.**[51] [1] Bestehen im gleichen Gebiet Kirchgemeinden der kantonalen kirchlichen Körperschaften mit verschiedenen Konfessionen, erheben sie die Kirchensteuer von juristischen Personen anteilmässig, soweit diese nicht konfessionelle oder religiöse Zwecke verfolgen.

c. Besteuerung juristischer Personen durch mehrere Kirchgemeinden

[2] Die Anteile berechnen sich nach der Zahl der steuerpflichtigen Personen, welche den einzelnen Kirchgemeinden angehören.

[3] Besteht zwischen Kirchgemeinden ein Zweckverband zur Vereinheitlichung des Steuerfusses, erfolgt die Ausscheidung nach dem gleichen Grundsatz im Gebiet des Zweckverbandes.

§ **204.** [1] Die zuständige Kirchenbehörde entscheidet über Bestand und Umfang der Kirchensteuerpflicht.

2. Verfahren

[2] Ihr Entscheid kann gemäss den Bestimmungen weitergezogen werden, die für Entscheide über Gemeindesteuern gelten.

Zweiter Abschnitt: Grundsteuern

A. Allgemeine Bestimmungen

§ **205.**[29] [StHG 2 II] Die politischen Gemeinden erheben eine Grundstückgewinnsteuer.

I. Steuerarten

§ **206.** Die Bestimmungen über die Staatssteuern gelten sinngemäss unter Vorbehalt der nachfolgenden Bestimmungen auch für die Grundsteuern.

II. Anwendung von Bestimmungen über die Staatssteuern

§ **207.** [1] Als Grundstücke im Sinn der nachfolgenden Bestimmungen gelten:

III. Grundstücke

a. die Liegenschaften,

b. die in das Grundbuch aufgenommenen selbstständigen und dauernden Rechte,
c. die Bergwerke,
d. die Miteigentumsanteile an Grundstücken.

2 Zugehör fällt ausser Betracht.

IV. Steuerpfandrecht an Grundstücken

§ 208. Für Grundsteuern steht den Gemeinden an den bezüglichen Grundstücken ein gesetzliches Pfandrecht zu.

V. Einschätzungsverfahren
1. Vorbereitung der Einschätzung

§ 209. 1 Die Vorbereitung der Einschätzung obliegt dem Gemeindesteueramt.

2 Die Notariate und Grundbuchämter haben nach den Bestimmungen des Gesetzes und der Verordnung an der Vorbereitung und Durchführung der Einschätzung mitzuwirken und aus ihren Akten Auskunft zu erteilen.

2. Entscheid

§ 210. 1 Die Einschätzung erfolgt durch den Gemeindevorstand[86] oder eine von ihm gewählte, unter dem Vorsitz eines seiner Mitglieder amtende Kommission.

2 Die für die Einschätzung zuständige Behörde entscheidet auch über Steuerbefreiungen, Nachsteuern, Bussen sowie über Bestand und Umfang des gesetzlichen Pfandrechts für Grundsteuern.

3. Einsprache

§ 211. Der Steuerpflichtige kann gegen den Entscheid der Gemeindebehörde Einsprache erheben. Die Bestimmungen über das Einspracheverfahren bei Einschätzungen für die Staatssteuern gelten sinngemäss.

VI. Rechtsmittel
1. Rekurs

§ 212. Gegen den Einspracheentscheid kann der Steuerpflichtige Rekurs beim Steuerrekursgericht[58] erheben. Die Bestimmungen über das Rekursverfahren bei Einschätzungen für die Staatssteuern gelten sinngemäss. Vorbehalten bleibt § 252.

2. Beschwerde an das Verwaltungsgericht

§ 213. Gegen den Entscheid des Steuerrekursgerichts[58] können der Steuerpflichtige und die Gemeinde Beschwerde beim Verwaltungsgericht erheben. Die Bestimmungen über das Beschwerdeverfahren vor Verwaltungsgericht bei Einschätzungen für die Staatssteuern gelten sinngemäss.

3. Beschwerde an das Bundesgericht

§ 214.[54] [StHG 73 I, II] Das Recht, eine Beschwerde über einen Grundstückgewinnsteuerentscheid des Verwaltungsgerichts beim Bundesgericht zu erheben, steht dem Steuerpflichtigen, der Gemeinde, dem kantonalen Steueramt und der Eidgenössischen Steuerverwaltung zu.

VII. Verjährung

§ 215. 1 Das Recht, Grundsteuern zu veranlagen, verjährt fünf Jahre nach Ablauf des Jahres, in dem die Handänderung stattfand. Vorbehalten bleibt die Erhebung von Nachsteuern und Bussen.[23]

2 Im Übrigen gelten die §§ 130 und 131 sinngemäss.

B. Grundstückgewinnsteuer

I. Steuertatbestand

§ **216.** 1 [StHG 12 I, 23 IV] Die Grundstückgewinnsteuer wird erhoben von den Gewinnen, die sich bei Handänderungen an Grundstücken oder Anteilen von solchen ergeben.

2 [StHG 12 II] Handänderungen an Grundstücken sind gleichgestellt:

a. Rechtsgeschäfte, die in bezug auf die Verfügungsgewalt über ein Grundstück wirtschaftlich wie eine Handänderung wirken [StHG 12 II a, 7 IV b],

b. die Belastung eines Grundstücks mit privatrechtlichen Dienstbarkeiten oder öffentlichrechtlichen Eigentumsbeschränkungen, wenn diese die unbeschränkte Bewirtschaftung oder den Veräusserungswert des Grundstücks dauernd und wesentlich beeinträchtigen und dafür ein Entgelt entrichtet wird [StHG 12 II c].

3 [StHG 12 III] Die Grundstückgewinnsteuer wird aufgeschoben bei:

a. Eigentumswechsel durch Erbgang (Erbfolge, Erbteilung, Vermächtnis), Erbvorbezug oder Schenkung [StHG 12 III a],

b.[23] Handänderungen unter Ehegatten im Zusammenhang mit dem Güterrecht sowie zur Abgeltung ausserordentlicher Beiträge eines Ehegatten an den Unterhalt der Familie (Art. 165 ZGB[9]) und scheidungsrechtlicher Ansprüche, sofern beide Ehegatten einverstanden sind [StHG 12 III b],

c. Landumlegungen zwecks Güterzusammenlegung, Quartierplanung, Grenzbereinigung, Abrundung landwirtschaftlicher Heimwesen sowie bei Landumlegungen im Enteignungsverfahren oder angesichts drohender Enteignung [StHG 12 III c],

d.[37] Umstrukturierungen im Sinne der §§ 19 Abs. 1 sowie 67 Abs. 1 und 3. Vorbehalten bleibt eine nachträgliche Erhebung der Grundstückgewinnsteuer im Nachsteuerverfahren nach den §§ 160–162 in Verbindung mit § 206, wenn die Voraussetzungen gemäss §§ 19 Abs. 2 sowie 67 Abs. 2 und 4 erfüllt sind [StHG 12 IV a],

e. und f. …[38]

g.[77] vollständiger oder teilweiser Veräusserung eines zum betriebsnotwendigen Anlagevermögen gehörenden Grundstücks, soweit der Erlös innert angemessener Frist zum Erwerb oder zur Verbesserung eines zum betriebsnotwendigen

Anlagevermögen gehörenden Ersatzgrundstücks im Kanton verwendet wird [StHG 8 IV, 24 IV],

h. vollständiger oder teilweiser Veräusserung eines land- oder forstwirtschaftlichen Grundstücks, soweit der Erlös innert angemessener Frist zum Erwerb eines selbst bewirtschafteten Ersatzgrundstücks oder zur Verbesserung der eigenen, selbst bewirtschafteten land- oder forstwirtschaftlichen Grundstücke im Kanton verwendet wird [StHG 12 III d],

i. Veräusserung einer dauernd und ausschliesslich selbst genutzten Wohnliegenschaft (Einfamilienhaus oder Eigentumswohnung), soweit der Erlös innert angemessener Frist zum Erwerb oder zum Bau einer gleichgenutzten Ersatzliegenschaft im Kanton verwendet wird [StHG 12 III e].

II. Steuersubjekt

§ 217. Steuerpflichtig ist der Veräusserer.

III. Steuerbefreiung

§ 218. [StHG 23 I] Von der Grundstückgewinnsteuer befreit sind nur Gewinne bei Handänderungen an Grundstücken:

a. des Bundes und seiner Anstalten nach Massgabe des Bundesrechts,

b. des Kantons und seiner Anstalten, der zürcherischen Gemeinden und ihrer Anstalten sowie der Zweckverbände von Gemeinden im Sinn des Gemeinderechts, sofern die Grundstücke unmittelbar öffentlichen oder gemeinnützigen Zwecken oder Kultuszwecken gedient haben,

c.[45, 51] von ausländischen Staaten im Rahmen von § 61 lit. j.

d.[71] der vom Bund konzessionierten Verkehrs- und Infrastrukturunternehmen gemäss § 61 lit. l, insoweit die Gewinne in einem Zeitraum anfielen, während dessen die Grundstücke eine notwendige Beziehung zur konzessionierten Tätigkeit hatten.

IV. Steuerobjekt
1. Grundstückgewinn

§ 219. [1] Grundstückgewinn ist der Betrag, um welchen der Erlös die Anlagekosten übersteigt.

[2] Massgebend für die Berechnung des Gewinns und der Besitzesdauer ist die letzte Handänderung.

[3] Bei Erwerb infolge Erbgangs (Erbfolge, Erbteilung, Vermächtnis), Erbvorbezugs oder Schenkung, infolge Begründung, Fortsetzung oder Aufhebung der ehelichen Gütergemeinschaft, infolge Scheidungsurteils oder gerichtlich genehmigter Scheidungskonvention oder infolge Umwandlung, Zusammenschlusses oder Aufteilung von Personenunternehmen oder juristischen Personen gemäss § 216 Abs. 3 ist auf die frühere, nicht auf solche Ursachen zurückzuführende Handänderung abzustellen.

[4] Bei Erwerb infolge Landumlegungen zwecks Güterzusammenlegung, Quartierplanung, Grenzbereinigung, Abrundung landwirtschaftlicher Heimwesen sowie bei Landumlegun-

gen im Enteignungsverfahren oder angesichts drohender Enteignung ist auf den Erwerb der bei dieser Handänderung tauschweise abgetretenen, bei Ersatzbeschaffungen gemäss § 216 Abs. 3 auf den Erwerb der bei dieser Handänderung veräusserten Grundstücke abzustellen.

5 Liegen die tauschweise abgetretenen oder die anlässlich der Ersatzbeschaffung veräusserten Grundstücke in einer andern Gemeinde, wird mit dieser Gemeinde keine Steuerausscheidung vorgenommen.

2. Erwerbspreis

§ 220. 1 Als Erwerbspreis gilt der Kaufpreis mit Einschluss aller weiteren Leistungen des Erwerbers.

2 Liegt die massgebende Handänderung mehr als zwanzig Jahre zurück, darf der Steuerpflichtige den Verkehrswert des Grundstücks vor zwanzig Jahren in Anrechnung bringen.

3 Hat der Steuerpflichtige das Grundstück im Zwangsverwertungsverfahren erworben und ist er dabei als Pfandgläubiger oder Pfandbürge zu Verlust gekommen, darf er als Erwerbspreis den Verkehrswert im Zeitpunkt des Erwerbs in Anrechnung bringen.

3. Aufwendungen

§ 221. 1 Als Aufwendungen sind anrechenbar:

a. Aufwendungen für Bauten, Umbauten, Meliorationen und andere dauernde Verbesserungen des Grundstücks, nach Abzug allfälliger Versicherungsleistungen und Beiträge von Bund, Kanton oder Gemeinde,
b. Grundeigentümerbeiträge, wie Strassen-, Trottoir-, Dolen-, Werkleitungs- oder Perimeterbeiträge,
c. übliche Mäklerprovisionen und Insertionskosten für Erwerb und Veräusserung,
d. mit der Handänderung verbundene Abgaben,
e. Baukreditzinsen bei Liegenschaften im Geschäftsvermögen.

2 Natürliche und juristische Personen, welche mit Liegenschaften handeln, können weitere mit der Liegenschaft zusammenhängende Aufwendungen geltend machen, soweit sie auf deren Berücksichtigung bei der Einkommens- oder Gewinnsteuer ausdrücklich verzichtet haben.

3 Anrechenbar sind die in der massgebenden Besitzesdauer gemachten Aufwendungen.

4. Erlös

§ 222. Als Erlös gilt der Kaufpreis mit Einschluss aller weiteren Leistungen des Erwerbers.

5. Gesamtveräusserung

§ 223. Werden zu verschiedenen Zeiten erworbene Grundstücke oder Anteile an solchen zusammen veräussert, ist der Gewinn je gesondert zu ermitteln. Der Grundtarif (§ 225 Abs. 1) bemisst sich jedoch nach dem gesamten Gewinn.

6. Teilveräusserung

§ 224. [1] Bei parzellenweiser Veräusserung ist der Gesamterwerbspreis nach dem Wertverhältnis im Zeitpunkt des Erwerbs anteilmässig anzurechnen.

[2] Aufwendungen sind anrechenbar, soweit sie die veräusserte Parzelle betreffen; unausscheidbare Aufwendungen sind anteilmässig anrechenbar.

[3] Verluste aus Teilveräusserungen können nach vollständiger Veräusserung des Grundstücks den Anlagekosten der mit Gewinn veräusserten Parzellen anteilmässig zugerechnet werden.

V. Steuersätze

§ 225. [1] Die Grundstückgewinnsteuer beträgt:

10% für die ersten	Fr. 4000
15% für die weiteren	Fr. 6000
20% für die weiteren	Fr. 8000
25% für die weiteren	Fr. 12000
30% für die weiteren	Fr. 20000
35% für die weiteren	Fr. 50000
40% für die Gewinnteile über	Fr. 100000

[2] Die gemäss Abs. 1 berechnete Grundstückgewinnsteuer erhöht sich bei einer anrechenbaren Besitzesdauer

von weniger als 1 Jahr um 50 Prozent,

von weniger als 2 Jahren um 25 Prozent.

[3] Die gemäss Abs. 1 berechnete Grundstückgewinnsteuer ermässigt sich bei einer anrechenbaren Besitzesdauer von

vollen 5 Jahren um	5%
vollen 6 Jahren um	8%
vollen 7 Jahren um	11%
vollen 8 Jahren um	14%
vollen 9 Jahren um	17%
vollen 10 Jahren um	20%
vollen 11 Jahren um	23%
vollen 12 Jahren um	26%
vollen 13 Jahren um	29%
vollen 14 Jahren um	32%
vollen 15 Jahren um	35%
vollen 16 Jahren um	38%
vollen 17 Jahren um	41%
vollen 18 Jahren um	44%
vollen 19 Jahren um	47%
vollen 20 Jahren und mehr um	50%

[4] Als anrechenbare Besitzesdauer gilt bei Grundstücken der vom Bund konzessionierten Verkehrs- und Infrastrukturunternehmen der Zeitraum, während dessen die Grundstücke keine notwendige Beziehung zur konzessionierten Tätigkeit hatten.[71]

[5] Grundstückgewinne unter Fr. 5000 werden nicht besteuert.

§ **226.** Der Steuerpflichtige hat dem Gemeindesteueramt innert 30 Tagen nach der Handänderung eine Steuererklärung einzureichen. Diese Frist ist erstreckbar.

VI. Steuererklärung

§ **226*a*.**[22] 1 Bei Ersatzbeschaffung im Sinn von § 216 Abs. 3 lit. g–i in einem andern Kanton wird die Grundstückgewinnsteuer in gleicher Weise aufgeschoben, wie wenn das Ersatzgrundstück im Kanton liegen würde.

VII. Ersatzbeschaffung in einem andern Kanton

2 Die aufgeschobene Grundstückgewinnsteuer wird nachveranlagt, wenn das ausserkantonale Ersatzgrundstück innert 20 Jahren seit der Handänderung am ersten Grundstück veräussert wird.

3 Das Recht zur Vornahme der Nachveranlagung verjährt fünf Jahre nach Ablauf des Jahres, in dem das ausserkantonale Ersatzgrundstück veräussert wurde. Im Übrigen gilt § 215.

C. Handänderungssteuer

§§ **227–233.**[30]

Dritter Teil: Steuerstrafrecht

A. Verletzung von Verfahrenspflichten und Steuerhinterziehung

§ **234.** [StHG 55] Wer einer Pflicht, die ihm nach den Bestimmungen dieses Gesetzes oder nach einer auf Grund dieses Gesetzes getroffenen Anordnung obliegt, trotz Mahnung vorsätzlich oder fahrlässig nicht nachkommt, wird mit Busse bis zu Fr. 1000, in schweren Fällen oder im Wiederholungsfall bis zu Fr. 10 000 bestraft.

I. Verletzung von Verfahrenspflichten

§ **235.**[62] 1 [StHG 56 I] Wer als Steuerpflichtiger vorsätzlich oder fahrlässig bewirkt, dass eine Einschätzung zu Unrecht unterbleibt oder dass eine rechtskräftige Einschätzung unvollständig ist,

II. Steuerhinterziehung
1. Vollendete Steuerhinterziehung

wer als zum Steuerabzug an der Quelle Verpflichteter vorsätzlich oder fahrlässig einen Steuerabzug nicht oder nicht vollständig vornimmt,

wer als Steuerpflichtiger oder als zum Steuerabzug an der Quelle Verpflichteter vorsätzlich oder fahrlässig eine unrechtmässige Rückerstattung oder einen ungerechtfertigten Erlass erwirkt,

wird mit Busse bestraft.

2 [StHG 56 I] Die Busse beträgt in der Regel das Einfache der hinterzogenen Steuer. Sie kann bei leichtem Verschulden bis auf

einen Drittel ermässigt, bei schwerem Verschulden bis auf das Dreifache erhöht werden.

3 [StHG 56 I] Zeigt die steuerpflichtige Person erstmals eine Steuerhinterziehung selbst an, wird von einer Strafverfolgung abgesehen (straflose Selbstanzeige), wenn

a. die Hinterziehung keiner Steuerbehörde bekannt ist,
b. sie die Behörden bei der Feststellung der hinterzogenen Vermögens- und Einkommenselemente vorbehaltlos unterstützt und
c. sie sich ernstlich um die Bezahlung der geschuldeten Nachsteuer bemüht.

4 Bei jeder weiteren Selbstanzeige wird die Busse unter den Voraussetzungen nach Abs. 3 auf einen Fünftel der hinterzogenen Steuer ermässigt.

2. Versuchte Steuerhinterziehung

§ 236. 1 [StHG 56 II] Der Versuch einer Steuerhinterziehung ist strafbar.

2 [StHG 56 II] Die Busse beträgt zwei Drittel der Busse, die bei vollendeter Steuerhinterziehung festzusetzen wäre.

3. Mitwirkung Dritter

§ 237. 1 [StHG 56 III] Wer vorsätzlich zu einer Steuerhinterziehung anstiftet oder Hilfe leistet,

wer vorsätzlich als Vertreter des Steuerpflichtigen eine Steuerhinterziehung bewirkt oder an einer solchen mitwirkt,

wird ohne Rücksicht auf die Strafbarkeit des Steuerpflichtigen mit Busse bestraft.

2 [StHG 56 III] Die Busse beträgt bis zu Fr. 10 000, in schweren Fällen oder im Wiederholungsfall bis zu Fr. 50 000.

3 Der mitwirkende Dritte haftet überdies für die Nachsteuer solidarisch bis zum Betrag der hinterzogenen Steuer.

4 Zeigt sich eine Person nach Abs. 1 erstmals selbst an, wird von einer Strafverfolgung abgesehen und die Solidarhaftung entfällt, wenn[61]

a. die Hinterziehung keiner Steuerbehörde bekannt ist und
b. sie die Behörden bei der Feststellung der hinterzogenen Vermögens- und Einkommenselemente vorbehaltlos unterstützt.

4. Verheimlichung oder Beiseiteschaffung von Nachlasswerten im Inventarverfahren

§ 238.[62] 1 [StHG 56 IV] Ohne Rücksicht auf die Strafbarkeit des Steuerpflichtigen wird mit Busse bestraft, wer

a. Nachlasswerte, zu deren Bekanntgabe er im Inventarverfahren verpflichtet ist, verheimlicht oder beiseiteschafft in der Absicht, sie der Inventaraufnahme zu entziehen,
b. zu einer solchen Handlung anstiftet oder dazu Hilfe leistet.

2 [StHG 56 IV] Die Busse beträgt bis zu Fr. 10 000, in schweren Fällen oder im Wiederholungsfall bis zu Fr. 50 000.

³ [StHG 56 IV] Der Versuch einer Verheimlichung oder Beiseiteschaffung von Nachlasswerten ist strafbar.

⁴ Zeigt sich eine Person nach Abs. 1 oder 3 erstmals selbst an, wird von einer Strafverfolgung wegen Verheimlichung oder Beiseiteschaffung von Nachlasswerten im Inventarverfahren und wegen allfälliger anderer in diesem Zusammenhang begangener Straftaten abgesehen (straflose Selbstanzeige), wenn

a. die Widerhandlung keiner Steuerbehörde bekannt ist und
b. die Person die Behörden bei der Berichtigung des Inventars vorbehaltlos unterstützt.

§ **239.**[49]

6. Steuerhinterziehung von Ehegatten

§ **240.** [1] [StHG 57 IV] Der in rechtlich oder tatsächlich ungetrennter Ehe lebende Steuerpflichtige [StHG 3 III] wird nur für die Hinterziehung seiner eigenen Steuerfaktoren gebüsst. Vorbehalten bleibt § 237.

[2] Das Unterzeichnen der Steuererklärung vermag für sich allein bezüglich der Faktoren des andern Ehegatten keine Mitwirkung im Sinn von § 237 Abs. 1 zu begründen.

III. Juristische Personen
1. Allgemein[61]

§ **241.** [1] [StHG 57 I] Werden mit Wirkung für eine juristische Person Verfahrenspflichten verletzt, Steuern hinterzogen oder Steuern zu hinterziehen versucht, wird die juristische Person gebüsst.

[2] [StHG 57 II] Werden im Geschäftsbereich einer juristischen Person Teilnahmehandlungen (Anstiftung, Gehilfenschaft, Mitwirkung) an Steuerhinterziehungen Dritter begangen, ist § 237 auf die juristische Person anwendbar.

[3] [StHG 57 I] Die Bestrafung der handelnden Organe oder Vertreter nach § 237 bleibt vorbehalten.

[4] Bei Körperschaften und Anstalten des ausländischen Rechts und bei ausländischen Personengesamtheiten ohne juristische Persönlichkeit gelten die Abs. 1–3 sinngemäss.

2. Selbstanzeige

§ **241*a*.** [61] [1] Zeigt eine steuerpflichtige juristische Person erstmal seine in ihrem Geschäftsbetrieb begangene Steuerhinterziehung selbst an, wird von einer Strafverfolgung abgesehen (straflose Selbstanzeige),wenn

a. die Hinterziehung keiner Steuerbehörde bekannt ist,
b. sie die Behörden bei der Festsetzung der Nachsteuer vorbehaltlos unterstützt und
c. sie sich ernstlich um die Bezahlung der geschuldeten Nachsteuer bemüht.

[2] Die straflose Selbstanzeige kann auch eingereicht werden

a. nach einer Änderung der Firma oder einer Verlegung des Sitzes innerhalb der Schweiz,

b. nach einer Umwandlung nach den Art. 53–68 des Fusionsgesetzes vom 3. Oktober 2003 (FusG)[12] durch die neue juristische Person für die vor der Umwandlung begangenen Steuerhinterziehungen,

c. nach einer Absorption (Art. 3 Abs. 1 Bst. a FusG[12]) oder Abspaltung (Art. 29 Bst. b FusG[12]) durch die weiterbestehende juristische Person für die vor der Absorption oder Abspaltung begangenen Steuerhinterziehungen.

3 Die straflose Selbstanzeige muss von den Organen oder Vertretern der juristischen Person eingereicht werden. Von einer Strafverfolgung gegen diese Organe oder Vertreter wird abgesehen und ihre Solidarhaftung entfällt.

4 Zeigt ein ausgeschiedenes Organmitglied oder ein ausgeschiedener Vertreter der juristischen Person diese wegen Steuerhinterziehung erstmals an und ist die Steuerhinterziehung keiner Steuerbehörde bekannt, wird von einer Strafverfolgung der juristischen Person, sämtlicher aktueller und ausgeschiedener Mitglieder der Organe und sämtlicher aktueller und ausgeschiedener Vertreter abgesehen. Ihre Solidarhaftung entfällt.

5 Bei jeder weiteren Selbstanzeige wird die Busse unter den Voraussetzungen nach Abs. 1 auf einen Fünftel der hinterzogenen Steuer ermässigt.

6 Nach Beendigung der Steuerpflicht einer juristischen Person in der Schweiz kann keine Selbstanzeige mehr eingereicht werden.

IV. Verjährung der Strafverfolgung

§ **242.**[85] [StHG 58 I] 1 Die Strafverfolgung wegen Verletzung von Verfahrenspflichten [StHG 55] verjährt drei Jahre und diejenige wegen versuchter Steuerhinterziehung [StHG 56 II] sechs Jahre nach dem rechtskräftigen Abschluss des Verfahrens, in dem die Verfahrenspflichten verletzt oder die Steuern zu hinterziehen versucht wurden.

2 [StHG 58 II] Die Strafverfolgung wegen vollendeter Steuerhinterziehung [StHG 56 I] verjährt zehn Jahre nach Ablauf:

a. der Steuerperiode, für welche die steuerpflichtige Person nicht oder unvollständig veranlagt wurde oder der Steuerabzug an der Quelle nicht gesetzmässig erfolgte,

b. des Kalenderjahres, in dem eine unrechtmässige Rückerstattung oder ein ungerechtfertigter Erlass erwirkt wurde oder Nachlasswerte im Inventarverfahren verheimlicht oder beiseite geschafft wurden.

3 Die Verjährung tritt nicht mehr ein, wenn die zuständige Behörde gemäss § 243 vor Ablauf der Verjährungsfrist einen Strafbescheid erlassen hat.

V. Strafverfahren
1. Untersuchung und Strafbescheid der Steuerbehörden
a. Zuständigkeit

§ 243. 1 Soweit Verletzungen von Verfahrenspflichten und Steuerhinterziehungen die Staats- und Gemeindesteuern sowie die Quellensteuern betreffen, werden sie durch das kantonale Steueramt geahndet.

2 Bei Verletzungen von Verfahrenspflichten und Steuerhinterziehungen im Bereich der Grundsteuern obliegen die Einleitung des Strafverfahrens und die Untersuchung dem Gemeindesteueramt. Dieses stellt der für die Einschätzung der Grundsteuern zuständigen Gemeindebehörde Antrag.

b. Eröffnung des Verfahrens

§ 244. 1 [StHG 57a I] Die Einleitung des Strafverfahrens wegen Steuerhinterziehung wird dem Angeschuldigten unter Angabe des Anfangsverdachts schriftlich eröffnet. Der Angeschuldigte wird auf sein Recht hingewiesen, die Aussage und seine Mitwirkung zu verweigern.[54]

2 Die Einleitung des Strafverfahrens wegen Verletzung von Verfahrenspflichten kann direkt durch Erlass eines Strafbescheids erfolgen.

c. Verteidigung

§ 245. 1 Der Angeschuldigte kann jederzeit einen Verteidiger beiziehen.

2 Handelt es sich beim Gegenstand des Strafverfahrens nicht um einen Bagatellfall und bietet dieser in tatsächlicher oder rechtlicher Hinsicht Schwierigkeiten, denen der Angeschuldigte nicht gewachsen ist, wird diesem auf sein Begehren hin ein amtlicher Verteidiger bestellt, wenn er nicht über die Mittel zur Bezahlung eines Verteidigers verfügt.

3 Über das Begehren um Bestellung eines amtlichen Verteidigers entscheidet bis zum Eingang eines allfälligen Begehrens um gerichtliche Beurteilung die Finanzdirektion. Nach Eingang eines solchen Begehrens obliegt der Entscheid dem Verwaltungsgericht.[54]

d. Dolmetscher

§ 246. Kann der Angeschuldigte dem Strafverfahren wegen Steuerhinterziehung nicht folgen, weil er die deutsche Sprache nicht versteht, wird, soweit nötig, ein Dolmetscher beigezogen.

e. Protokollierung

§ 247. Über die wesentlichen Verhandlungen und die Verfügungen werden fortlaufend Protokolle geführt, welche über Inhalt, Ort und Zeit der Handlungen und die Namen der anwesenden Personen Auskunft geben.

f. Untersuchung

§ 248. 1 Das kantonale Steueramt oder das Gemeindesteueramt untersucht den Sachverhalt. Insbesondere können der Angeschuldigte befragt und Zeugen einvernommen werden.

2 Beweismittel aus einem Nachsteuerverfahren dürfen in einem Strafverfahren wegen Steuerhinterziehung nur dann verwendet werden, wenn sie weder unter Androhung einer Ein-

schätzung nach pflichtgemässem Ermessen im Sinne von § 139 Abs. 2 noch unter Androhung einer Busse wegen Verletzung von Verfahrenspflichten beschafft wurden.[53]

[3] Der Angeschuldigte kann in die Akten Einsicht nehmen, sobald dies ohne Gefährdung des Untersuchungszwecks möglich ist. Im Übrigen gelten die im ordentlichen Einschätzungsverfahren anwendbaren Bestimmungen über die Verfahrensrechte des Steuerpflichtigen und die Mitwirkungspflichten von Drittpersonen und Amtsstellen sinngemäss.

g. Zeugeneinvernahmen

§ 249. [1] Für die Einvernahme von Zeugen gelten die Bestimmungen der Strafprozessordnung sinngemäss. Die Anordnung der Beugehaft sowie die Untersuchung des Geisteszustandes von Zeugen sind ausgeschlossen.

[2] Dem Angeschuldigten wird insbesondere Gelegenheit gegeben, den Zeugeneinvernahmen beizuwohnen und den Zeugen Ergänzungsfragen zu stellen.

[3] Das Bankgeheimnis bleibt vorbehalten.

h. Abschluss der Untersuchung

§ 250. [1] Nach Abschluss der Untersuchung wird das Strafverfahren eingestellt oder ein Strafbescheid erlassen.

[2] [StHG 57a I] Vor Erlass eines Strafbescheids wegen Steuerhinterziehung wird dem Angeschuldigten Gelegenheit zur Stellungnahme eingeräumt.

i. Strafbescheid

§ 251. [1] Der Strafbescheid wird schriftlich erlassen [StHG 57bis I]; er nennt den Angeschuldigten, die Tat, die massgebliche Strafbestimmung, die Beweismittel, die Strafe und weist auf das Recht auf Einspracheerhebung hin. Zudem werden Kosten berechnet.[54]

[2] Der Strafbescheid ist kurz zu begründen.

j. Einsprache

§ 251*a*.[53] [1] Gegen den Strafbescheid können der Angeschuldigte und die Gemeinde innert 30 Tagen nach Zustellung beim kantonalen Steueramt schriftlich Einsprache erheben. Die Gemeinde kann auch gegen eine Einstellungsverfügung Einsprache erheben.

[2] Erhebt die Gemeinde Einsprache, muss diese einen Antrag und eine Begründung enthalten.

[3] Im Bereich der Grundsteuern steht das Recht, Einsprache zu erheben, dem Angeschuldigten zu; die Einsprache ist beim Gemeindesteueramt einzureichen.

[4] Im Einspracheentscheid wird auf das Recht auf gerichtliche Beurteilung hingewiesen. Über die Kosten wird neu entschieden. Im Übrigen gelten die Bestimmungen über Untersuchung und Strafbescheid (§§ 245–251) sinngemäss.

[5] Wird innert Frist keine Einsprache erhoben oder wird diese zurückgezogen, entspricht der Strafbescheid oder die Einstellungsverfügung einem rechtskräftigen Urteil.

2. Gerichtliche Beurteilung durch das Verwaltungsgericht
a. Begehren um gerichtliche Beurteilung

§ 252.[54] 1 [StHG 57bis II] Der Angeschuldigte und die Gemeinde können innert 30 Tagen nach Zustellung des Einspracheentscheides beim kantonalen Steueramt schriftlich Beurteilung durch das Verwaltungsgericht verlangen.

2 Im Bereich der Grundsteuern steht das Recht, Beurteilung durch das Verwaltungsgericht zu verlangen, dem Angeschuldigten zu; das Begehren ist beim Gemeindesteueramt einzureichen.

3 Stellt die Gemeinde ein Begehren um gerichtliche Beurteilung, muss dieses einen Antrag und eine Begründung enthalten.

4 Ein Begehren um gerichtliche Beurteilung kann bis zur Urteilsverkündung zurückgezogen werden.

5 Wird innert Frist ein Begehren um gerichtliche Beurteilung nicht gestellt oder wird es zurückgezogen, entspricht der Einspracheentscheid einem rechtskräftigen Urteil.

b. Überweisung der Akten und Anklage

§ 253. 1 Das Begehren um gerichtliche Beurteilung wird mit den Akten unverzüglich an das Verwaltungsgericht überwiesen.

2 Als Anklage gilt:[54]

a. der Einspracheentscheid,
b. das Begehren, wenn es von der Gemeinde gestellt und damit eine Bestrafung oder eine höhere Strafe beantragt wird.

c. Vorbereitung der Hauptverhandlung

§ 254. 1 Das Verwaltungsgericht orientiert die Parteien über den Eingang des Begehrens um gerichtliche Beurteilung.

2 Das Verwaltungsgericht trifft von sich aus oder auf Antrag einer Partei die nötigen Vorkehren zur Ergänzung der Untersuchung.

d. Hauptverhandlung

§ 255. 1 Die Verhandlung ist mündlich und öffentlich. Zur Wahrung wesentlicher öffentlicher oder privater Interessen kann das Verwaltungsgericht von sich aus oder auf Antrag einer Partei die Öffentlichkeit von den Verhandlungen ganz oder teilweise ausschliessen.

2 Soweit erforderlich führt das Verwaltungsgericht ein Beweisverfahren durch.

3 Das Verwaltungsgericht würdigt die Beweise frei. Es ist an einen Entscheid über die Nachsteuer nicht gebunden.

4 Die Urteilsverkündung ist öffentlich.

e. Erscheinungspflicht des Angeschuldigten

§ 256. 1 Der Angeschuldigte hat persönlich vor dem Verwaltungsgericht zu erscheinen. Das Verwaltungsgericht kann das persönliche Erscheinen aus wichtigen Gründen erlassen.[54]

2 Bleibt der Angeschuldigte der Verhandlung fern, ohne dass ihm das persönliche Erscheinen erlassen worden ist, wird Rückzug seines Begehrens um gerichtliche Beurteilung angenommen.

[3] War der Angeschuldigte unverschuldet verhindert, an der Hauptverhandlung teilzunehmen, kann er beim Verwaltungsgericht innert fünf Tagen seit Wegfall des Hindernisses erneut das Begehren um gerichtliche Beurteilung stellen.

f. Verweisung auf das Rekursverfahren

§ 257. Soweit die vorstehenden Bestimmungen nichts anderes vorschreiben, gelten die Bestimmungen über das Rekursverfahren bei Einschätzungen für die Staatssteuern sinngemäss.

3. Beschwerde an das Bundesgericht

§ 258.[54] [StHG 57bis II] Gegen den Entscheid des Verwaltungsgerichts können der Verurteilte, die Gemeinde, das kantonale Steueramt und die Eidgenössische Steuerverwaltung Beschwerde beim Bundesgericht erheben.

4. Anfechtung der Kostenauflage

§ 259. Werden der Strafbescheid oder die Einstellungsverfügung nur hinsichtlich der Kostenauflage angefochten, kann Rekurs beim Verwaltungsgericht erhoben werden. Die Bestimmungen über das Rekursverfahren bei Einschätzungen für die Staatssteuern gelten sinngemäss.

VI. Bezug und Erlass von Bussen

§ 260. [1] Die in den Bereich der Grundsteuern fallenden Bussen werden durch das Gemeindesteueramt bezogen und kommen der betreffenden Gemeinde zu.

[2] Alle übrigen Bussen werden durch das kantonale Steueramt bezogen und fallen in die Staatskasse.

[3] Die Bestimmungen über den Steuerbezug und den Steuererlass für die Staatssteuern gelten sinngemäss.[54]

B. Steuervergehen

I. Steuerbetrug

§ 261. [1] [StHG 59 I] Wer zum Zweck der Steuerhinterziehung im Sinn von §§ 235–237 gefälschte, verfälschte oder inhaltlich unwahre Urkunden wie Geschäftsbücher, Bilanzen, Erfolgsrechnungen oder Lohnausweise und andere Bescheinigungen Dritter zur Täuschung gebraucht, wird mit Freiheitsstrafe bis zu drei Jahren oder Geldstrafe bestraft. Eine bedingte Strafe kann mit Busse bis zu Fr. 10 000 verbunden werden.[85]

[2] [StHG 59 II] Die Bestrafung wegen Steuerhinterziehung bleibt vorbehalten.

[3] Liegt eine straflose Selbstanzeige nach den §§ 235 Abs. 3, 237 Abs. 4 oder 241 a Abs. 1, 3 oder 4 vor, wird von einer Strafverfolgung wegen allen anderen Straftaten abgesehen, die zum Zweck dieser Steuerhinterziehung begangen wurden.[61]

II. Veruntreuung von Quellensteuern

§ 262. [1] Wer zum Steuerabzug an der Quelle verpflichtet ist und abgezogene Steuern zu seinem oder eines andern Nutzen verwendet, wird mit Freiheitsstrafe bis zu drei Jahren oder Geldstrafe bestraft. Eine bedingte Strafe kann mit Busse bis zu Fr. 10000 verbunden werden.[85]

2 Werden Quellensteuern im Geschäftsbereich einer juristischen Person, eines Personenunternehmens, einer Körperschaft oder Anstalt des öffentlichen Rechts veruntreut, ist Abs. 1 auf die Personen anwendbar, die für sie gehandelt haben oder hätten handeln sollen.

3 Zeigt eine Person erstmals eine Veruntreuung von Quellensteuern selbst an und sind die Voraussetzungen der straflosen Selbstanzeige nach §§ 235 Abs. 3, 237 Abs. 4 oder 241 a Abs. 1, 3 oder 4 sinngemäss erfüllt, wird von einer Strafverfolgung wegen Veruntreuung von Quellensteuern und anderen Straftaten, die zum Zweck der Veruntreuung von Quellensteuern begangen wurden, abgesehen.[61]

III. Verfahren

§ 263. 1 [StHG 61] Das Verfahren richtet sich nach der Strafprozessordnung.

2 [StHG 61] Letztinstanzliche Entscheide unterliegen der Beschwerde in Strafsachen an das Bundesgericht.[54]

IV. Verjährung der Strafverfolgung

§ 264.[85] 1 [StHG 60 I] Die Strafverfolgung der Steuervergehen verjährt 15 Jahre, nachdem der Täter die letzte strafbare Handlung ausgeführt hat.

2 [StHG 60 II] Die Verjährung tritt nicht mehr ein, wenn vor Ablauf der Verjährungsfrist ein erstinstanzliches Urteil ergangen ist.

Vierter Teil: Schlussbestimmungen

I. Ausführungsbestimmungen

§ 265. Der Regierungsrat erlässt die zur Ausführung dieses Gesetzes erforderlichen Verordnungen.

II. Änderung oder Kündigung des Konkordates über den Ausschluss von Steuerabkommen

§ 266. Der Regierungsrat ist ermächtigt, mit Genehmigung des Kantonsrates Änderungen des Konkordates über den Ausschluss von Steuerabkommen vom 10. Dezember 1948[7] zuzustimmen oder dieses Konkordat zu kündigen.

III. Mitwirkung kantonaler Behörden

§ 267. Ist bei Bundessteuern sowie für Steueranrechnungen und für Steuerrückerstattungen im internationalen Verhältnis die Mitwirkung kantonaler Behörden vorgesehen, ist der Regierungsrat ermächtigt, die zuständigen Behörden zu bezeichnen und im Rahmen des Bundesrechts die erforderlichen Ausführungsbestimmungen zu erlassen.

IV. Übergangsbestimmungen
1. Aufhebung bisherigen Rechts

§ 268. Mit dem Inkrafttreten dieses Gesetzes wird das Steuergesetz vom 8. Juli 1951 aufgehoben. Vorbehalten bleiben die nachstehenden Bestimmungen.

2. Steuerjahre bis und mit 1999

§ 269. 1 Das neue Recht findet erstmals Anwendung auf die im Kalenderjahr 1999 zu Ende gehende Steuerperiode. Einschätzungen bis und mit Steuerjahr 1998 werden nach altem Recht vorgenommen. Vorbehalten bleiben die nachstehenden Bestimmungen.

2 Die Beurteilung von Strafsteuertatbeständen, die vor Inkrafttreten dieses Gesetzes erfüllt wurden, erfolgt nach altem Recht, sofern nicht das neue Recht eine für den Steuerpflichtigen günstigere Lösung bringt.

3 Die Ermittlung und Festsetzung der Nach- und Strafsteuern für die Steuerjahre bis und mit 1998 obliegen dem kantonalen Steueramt. Im Übrigen ist für das Verfahren und den Bezug das neue Recht, unter Einschluss von § 255 Abs. 3, anwendbar.

3. Renten und Kapitalzahlungen aus Einrichtungen der beruflichen Vorsorge

§ 270. 1 Renten und Kapitalzahlungen aus Einrichtungen der beruflichen Vorsorge, die vor dem 1. Januar 1987 zu laufen begannen oder fällig wurden oder die vor dem 1. Januar 2002 zu laufen beginnen oder fällig werden und auf einem Vorsorgeverhältnis beruhen, das am 31. Dezember 1985 bereits bestand, werden zu vier Fünfteln ihres Betrags besteuert, wenn sie teilweise, mindestens aber zu 20 Prozent aus eigenen Mitteln erworben worden sind.

2 Renten und Kapitalzahlungen aus Einrichtungen der beruflichen Vorsorge von Selbstständigerwerbenden, die vor dem 1. Januar 1987 zu laufen begannen oder fällig wurden oder die vor dem 1. Januar 2002 zu laufen beginnen oder fällig werden und auf einem Vorsorgeverhältnis beruhen, das am 31. Dezember 1985 bereits bestand, werden zu vier Fünfteln besteuert.

4. Renten aus obligatorischer Unfallversicherung

§ 271. Renten auf Grund des Bundesgesetzes über die Unfallversicherung für Nichtberufsunfälle[19], die vor dem 1. Januar 1986 eintraten, werden zu drei Fünfteln besteuert, wenn die Rente ausschliesslich aus eigenen Mitteln erworben worden ist; ist sie teilweise, mindestens aber zu 20 Prozent aus eigenen Mitteln erworben worden, wird sie zu vier Fünfteln besteuert.

5. Beiträge an Einrichtungen der beruflichen Vorsorge für den Einkauf von Beitragsjahren

§ 272. Beiträge des Vorsorgenehmers an Einrichtungen der beruflichen Vorsorge für den Einkauf von Beitragsjahren sind nicht von den steuerbaren Einkünften abziehbar, wenn das Vorsorgeverhältnis am 31. Dezember 1985 bereits bestand und nach Gesetz, Statuten oder Reglement der Vorsorgeeinrichtung das reglementarische ordentliche Rücktrittsalter vor dem 1. Januar 2002 erreicht wird.

§ **273.** Die Einkommens- und Vermögenssteuern für die Steuerperiode 1999 (Übergangsperiode) werden nur nach neuem Recht erhoben.

6. Wechsel der zeitlichen Bemessung für die natürlichen Personen
a. Grundsatz

§ **274.** [1] Im Kalenderjahr 1999 ist eine nach dem alten Steuergesetz in der Ende 1998 massgeblichen Fassung ausgefüllte Steuererklärung einzureichen.

b. Provisorische Rechnung

[2] Gestützt auf diese Steuererklärung, jedoch in Anwendung der neuen Sozialabzüge und Tarife gemäss §§ 34, 35 und 47 wird im Kalenderjahr 1999 eine provisorische Rechnung im Sinn von § 173 Abs. 1 zugestellt.

§ **275.** [1] Ausserordentliche Einkünfte im Sinn von Abs. 2, die im Kalenderjahr 1998 oder in einem in diesem abgeschlossenen Geschäftsjahr erzielt wurden und nach altem Recht zusammen mit dem übrigen Einkommen im Steuerjahr 1999 zu besteuern gewesen wären, unterliegen in der Steuerperiode 1999 einer separaten Jahressteuer, soweit sie die mit ihrer Erzielung zusammenhängenden oder ausserordentlichen Aufwendungen sowie die verrechenbaren Verluste übersteigen.

c. Ausserordentliche Einkünfte

[2] Als ausserordentliche Einkünfte gelten Kapitalabfindungen für wiederkehrende Leistungen, aperiodische Vermögenserträge wie Einkünfte aus der Veräusserung oder Rückzahlung von Obligationen mit überwiegender Einmalverzinsung und Substanzdividenden, Lotteriegewinne und realisierte stille Reserven wie Kapital- und Aufwertungsgewinne auf geschäftlichen Vermögenswerten, die Auflösung von Rückstellungen und die Unterlassung geschäftsmässig begründeter Abschreibungen und Rückstellungen.

[3] Für den Satz der Jahressteuer ist auf das Gesamteinkommen abzustellen, das sich nach dem alten Steuergesetz in der Ende 1998 massgeblichen Fassung ergibt. Im Übrigen gelten jedoch die neuen Sozialabzüge und Tarife gemäss §§ 34 und 35.

§ **276.** [1] Die Gewinn- und Kapitalsteuern für die im Kalenderjahr 1999 zu Ende gehende Steuerperiode (Übergangsperiode) werden nur nach neuem Recht erhoben.

7. Wechsel der zeitlichen Bemessung für die juristischen Personen
a. Grundsatz

[2] Soweit die Übergangsperiode in das Steuerjahr 1998 zurückreicht, werden die auf diesen Zeitraum entfallenden Steuern des Steuerjahres 1998 an die für den gleichen Zeitraum berechneten Steuern der Übergangsperiode angerechnet; ein Überschuss wird nicht zurückerstattet.

§ **277.** [1] Im Kalenderjahr 1999 ist eine nach dem alten Steuergesetz in der Ende 1998 massgeblichen Fassung ausgefüllte Steuererklärung einzureichen.

b. Provisorische Rechnung

² Gestützt auf diese Steuererklärung, jedoch in Anwendung der §§ 71, 76 und 82, wird im Kalenderjahr 1999 eine provisorische Rechnung im Sinn von § 173 Abs. 1 zugestellt.

c. Ausserordentliche Einkünfte

§ 278. ¹ Ausserordentliche Einkünfte im Sinn von Abs. 2, die in einem im Kalenderjahr 1998 abgeschlossenen Geschäftsjahr erzielt wurden und nach altem Recht zusammen mit dem übrigen Gewinn im Steuerjahr 1999 zu besteuern gewesen wären, unterliegen in der Steuerperiode 1999 einer separaten Jahressteuer, soweit sie die mit ihrer Erzielung zusammenhängenden oder ausserordentlichen Aufwendungen sowie die verrechenbaren Verluste übersteigen.

² Als ausserordentliche Einkünfte gelten realisierte stille Reserven wie Kapital- und Aufwertungsgewinne, die Auflösung von Rückstellungen und die Unterlassung geschäftsmässig begründeter Abschreibungen und Rückstellungen.

³ Für den Satz der Jahressteuer ist auf die Gesamtrendite abzustellen, die sich nach dem alten Steuergesetz in der Ende 1998 massgeblichen Fassung ergibt.

⁴ Im Übrigen gelten jedoch die §§ 71, 76 und 82.

8. Grundsteuern

§ 279. ¹ Grundstückgewinn- und Handänderungssteuern werden nach neuem Recht erhoben, wenn die Handänderung nach dem 31. Dezember 1998 vollzogen wird.

² Der Regierungsrat ist ermächtigt, mit anderen Kantonen Vereinbarungen über die gegenseitige Ausdehnung der Steueraufschubstatbestände im Bereich der Grundsteuern im Zusammenhang mit Ersatzbeschaffungen auf das Gebiet des anderen Kantons abzuschliessen.

9. Einsprache- und Rechtsmittelverfahren

§ 280. ¹ Am 1. Januar 1999 hängige Einspracheverfahren werden in jedem Fall durch das kantonale Steueramt erledigt.

² Die Rekurskommissionen übernehmen alle Geschäfte, die am 1. Januar 1999 vor der Finanzdirektion hängig sind und nach neuem Recht in die Zuständigkeit der Rekurskommissionen fallen, und führen sie weiter. Das weitere Verfahren richtet sich nach neuem Recht. Vorbehalten bleibt § 282.

³ Rekurs- und Beschwerdefälle, die am 1. Januar 1999 vor dem Verwaltungsgericht hängig sind, werden von diesem weitergeführt. Das Rekurs- oder Beschwerdeverfahren richtet sich nach altem Recht.

10. Steuerbezug

§ 281. Das Verfahren und die Zuständigkeiten für den Steuerbezug, einschliesslich der Festsetzung der Steuertarife und der Sozialabzüge, in den Steuerjahren bis und mit 1998 richten sich vollumfänglich nach dem alten Recht.

§ 282.[55]

12. Kapitalversicherungen mit Einmalprämie

§ **282*a*.**[22] Auszahlungen aus rückkaufsfähigen Kapitalversicherungen mit Einmalprämie werden nach § 20 Abs. 1 lit. a besteuert, wenn diese Versicherungen nach dem 31. Dezember 1998 abgeschlossen wurden. Auszahlungen aus solchen Versicherungen, die vor dem 1. Januar 1999 abgeschlossen wurden, bleiben in jedem Fall steuerfrei [StHG 7 I[ter], 78a].

13. Ausdehnung des Beteiligungsabzugs auf Kapital- und Aufwertungsgewinne

§ **282*b*.**[22] [1] Kapital- und Aufwertungsgewinne auf Beteiligungen sowie die Erlöse aus dem Verkauf von dazugehörigen Bezugsrechten werden bei der Berechnung des Nettoertrags nach den §§ 72 Abs. 2 und 72 a nicht berücksichtigt, wenn die betreffenden Beteiligungen schon vor dem 1. Januar 1997 im Besitz der Kapitalgesellschaft oder Genossenschaft waren und die erwähnten Gewinne vor dem 1. Januar 2007 erzielt werden. Sie werden ferner nicht berücksichtigt, soweit sie auf eine verdeckte Einlage in das Eigenkapital der Kapitalgesellschaft oder Genossenschaft zurückzuführen sind, welche zwischen dem 1. Januar 1997 und dem Beginn des im Kalenderjahr 2001 endenden Geschäftsjahres erfolgt ist, und vor dem 1. Januar 2007 erzielt werden.

[2] Für Beteiligungen, die vor dem 1. Januar 1997 im Besitz der Kapitalgesellschaft oder Genossenschaft waren, gelten die Gewinnsteuerwerte zu Beginn des Geschäftsjahres, das im Kalenderjahr 1997 endet, als Gestehungskosten.

[3] Überträgt eine Kapitalgesellschaft oder Genossenschaft eine Beteiligung von mindestens 20 Prozent am Grund- oder Stammkapital anderer Gesellschaften, die vor dem 1. Januar 1997 in ihrem Besitz war, auf eine ausländische Konzerngesellschaft, wird die Differenz zwischen dem Verkehrs- und dem Gewinnsteuerwert der Beteiligung zum steuerbaren Reingewinn gerechnet. In diesem Fall gehören die betreffenden Beteiligungen weiterhin zum Bestand der vor dem 1. Januar 1997 gehaltenen Beteiligungen. Gleichzeitig ist die Kapitalgesellschaft oder Genossenschaft berechtigt, in der Höhe dieser Differenz eine unbesteuerte Reserve zu bilden. Diese Reserve ist steuerlich wirksam aufzulösen, wenn die übertragene Beteiligung an einen konzernfremden Dritten veräussert wird, die Gesellschaft, deren Beteiligungsrechte übertragen wurden, ihre Aktiven und Passiven im wesentlichen Umfang veräussert oder sie liquidiert wird. Die Kapitalgesellschaft oder Genossenschaft hat jeder Steuererklärung ein Verzeichnis der Beteiligungen beizulegen, für die eine solche unbesteuerte Reserve besteht. Am 31. Dezember 2006 wird die unbesteuerte Reserve steuerneutral aufgelöst.

[4] Werden Beteiligungen gemäss § 72, die vor dem 1. Januar 1997 zu Gewinnsteuerwerten in eine nach den §§ 73 und 74 besteuerte Kapitalgesellschaft oder Genossenschaft gelangt sind, innert zehn Jahren veräussert oder aufgewertet, wird eine Jahressteuer von 6 Prozent des Kapital- oder Aufwertungsgewinnes erhoben. Auf diesem Gewinn werden keine Abzüge gewährt.

§ 283.[68]

VI. Änderung bisherigen Rechts

§ 284. Das EG zum ZGB vom 2. April 1911[6] wird wie folgt geändert: …

VII. Inkrafttreten des neuen Gesetzes

§ 285. Dieses Gesetz untersteht der Volksabstimmung. Es tritt am 1. Januar 1999 in Kraft.

Übergangsbestimmung gemäss G über die Unterstellung der Steuerrekurskommissionen und der Baurekurskommissionen unter das Verwaltungsgericht vom 13. September 2010 (OS 65, 960)

Bisherige Mitglieder der Steuerrekurskommissionen

§ 1. [1] Die bisherigen Mitglieder der Steuerrekurskommissionen bleiben bis zum Ablauf der Amtsdauer nach bisherigem Recht im Amt.

[2] Der Lohn und die übrigen Anstellungsbedingungen richten sich nach bisherigem Recht.

Übergangsbestimmung zur Änderung vom 4. Juli 2011 (OS 66, 834)

Auf Erbgänge, die vor dem 1. Januar 2010 eröffnet wurden, sind die Bestimmungen über die Nachsteuer nach bisherigem Recht anwendbar.

Übergangsbestimmung zur Änderung vom 17. September 2012 (OS 68, 46)

Ausgleich der kalten Progression

Der Ausgleich der kalten Progression gemäss geändertem § 48 erfolgt erstmals auf den Beginn der Steuerfussperiode, die auf das Inkrafttreten dieser Änderung folgt. Beim Ausgleich ist vom Stand des Landesindexes der Konsumentenpreise auszugehen, bis zu dem letztmals die kalte Progression ausgeglichen wurde.

Übergangsbestimmung zur Änderung vom 5. Mai 2014 (OS 69, 403)

Höhere Beträge infolge Ausgleichsder kalten Progression in § 31 Abs. 1 lit. g und § 34 Abs. 1 lit. a im Zeitpunkt des Inkrafttretens der Änderung vom 5. Mai 2014 bleiben vorbehalten.

---

1 OS 54, 193.
2 LS 101.
3 LS 170.4.

4 LS 175.2.
5 LS 211.1.
6 LS 230.
7 LS 671.1.
8 SR 161.1.
9 SR 210.
10 SR 211.231.
11 SR 220.
12 SR 221.301.
13 SR 281.1.
14 SR 642.11.
15 SR 642.14.
16 SR 642.21.
17 SR 822.41.
18 SR 831.40.
19 SR 832.20.
20 SR 935.52.
21 SR 951.31.
22 Eingefügt durch G vom 11. September 2000 (OS 56, 415). In Kraft seit 1. Januar 2001.
23 Fassung gemäss G vom 11. September 2000 (OS 56, 415). In Kraft seit 1. Januar 2001.
24 Eingefügt durch G vom 8. Januar 2001 (OS 56, 517). In Kraft seit 1. Januar 2003 (OS 57, 276).
25 Fassung gemäss G vom 8. Januar 2001 (OS 56, 517). In Kraft seit 1. Januar 2003 (OS 57, 276).
26 Fassung gemäss G vom 25. August 2003 (OS 58, 365). In Kraft seit 1. Januar 2004 (OS 58, 366).
27 Fassung gemäss G vom 10. Mai 2004 (OS 59, 240; ABl 2003, 2275). In Kraft seit 1. Oktober 2004 (OS 59, 241).
28 Fassung gemäss G vom 10. Februar 2003 (OS 58, 100; ABl 2002, 247). In Kraft seit 1. Januar 2005 (OS 58, 186).
29 Fassung gemäss G vom 30. November 2003 (OS 59, 51; ABl 2003, 2122). In Kraft seit 1. Januar 2005 (OS 59, 52).
30 Aufgehoben durch G vom 30. November 2003 (OS 59, 51; ABl 2003, 2122). In Kraft seit 1. Januar 2005 (OS 59, 52).
31 Eingefügt durch G vom 13. Dezember 2004 (OS 60, 137; ABl 2004, 505). In Kraft seit 1. Januar 2005.
32 Fassung gemäss G vom 13. Dezember 2004 (OS 60, 137; ABl 2004, 505). In Kraft seit 1. Januar 2005.
33 Fassung gemäss G vom 25. August 2003 (OS 58, 371; ABl 2002, 1404). In Kraft seit 1. Juli 2005 (OS 59, 289).
34 Fassung gemäss G vom 25. August 2003 (OS 58, 367; ABl 2001, 1382). In Kraft seit 1. Januar 2006 (OS 59, 3).
35 Fassung gemäss G vom 25. April 2005 (OS 60, 332; ABl 2004, 830). In Kraft seit 1. Januar 2006.
36 Eingefügt durch G vom 27. Juni 2005 (OS 60, 349; ABl 2005, 233). In Kraft seit 1. Januar 2006.
37 Fassung gemäss G vom 27. Juni 2005 (OS 60, 349; ABl 2005, 233). In Kraft seit 1. Januar 2006.
38 Aufgehoben durch G vom 27. Juni 2005 (OS 60, 349; ABl 2005, 233). In Kraft seit 1. Januar 2006.
39 Eingefügt durch G vom 25. April 2005 (OS 60, 319; ABl 2004, 810). In Kraft seit 1. Juli 2006.
40 Fassung gemäss G vom 25. April 2005 (OS 60, 319; ABl 2004, 810). In Kraft seit 1. Juli 2006.

41 Fassung gemäss G über die Anpassung an den geänderten allgemeinen Teil des Strafgesetzbuches und an das neue Jugendstrafgesetz vom 19. Juni 2006 (OS 61, 391; ABl 2005, 1483). In Kraft seit 1. Januar 2007.

42 Eingefügt durch G über die Anpassung des kantonalen Rechts an das Partnerschaftsgesetz des Bundes vom 9. Juli 2007 (OS 62, 429; ABl 2006, 1703). In Kraft seit 1. Januar 2008.

43 Fassung gemäss G über die Anpassung des kantonalen Rechts an das Partnerschaftsgesetz des Bundes vom 9. Juli 2007 (OS 62, 429; ABl 2006, 1703). In Kraft seit 1. Januar 2008.

44 Eingefügt durch G über die anerkannten jüdischen Gemeinden vom 9. Juli 2007 (OS 62, 476; ABl 2006, 634). In Kraft seit 1. Januar 2008.

45 Fassung gemäss G über die anerkannten jüdischen Gemeinden vom 9. Juli 2007 (OS 62, 476; ABl 2006, 634). In Kraft seit 1. Januar 2008.

46 Eingefügt durch G vom 9. Juli 2007 (OS 63, 7; ABl 2007, 465). In Kraft seit 1. Januar 2008.

47 Eingefügt durch G vom 5. November 2007 (OS 63, 65; ABl 2007, 14). In Kraft seit 1. Januar 2008.

48 Fassung gemäss G vom 5. November 2007 (OS 63, 65; ABl 2007, 14). In Kraft seit 1. Januar 2008.

49 Aufgehoben durch G vom 5. November 2007 (OS 63, 65; ABl 2007, 14). In Kraft seit 1. Januar 2008.

50 Fassung gemäss G über die Information und den Datenschutz vom 12. Februar 2007 (OS 62, 121; ABl 2005, 1283). In Kraft seit 1. Oktober 2008 (OS 63, 317).

51 Fassung gemäss Kirchengesetz vom 9. Juli 2007 (OS 62, 482; ABl 2006, 573). In Kraft seit 1. Januar 2010 (OS 63, 152).

52 Aufgehoben durch G vom 8. Februar 2009 (OS 64, 122; ABl 2008, 2342). In Kraft seit 1. Januar 2010.

53 Eingefügt durch G über die Anpassung des kantonalen Verwaltungsverfahrensrechts vom 22. März 2010 (OS 65, 390; ABl 2009, 801). In Kraft seit 1. Juli 2010.

54 Fassung gemäss G über die Anpassung des kantonalen Verwaltungsverfahrensrechts vom 22. März 2010 (OS 65, 390; ABl 2009, 801). In Kraft seit 1. Juli 2010.

55 Aufgehoben durch G über die Anpassung des kantonalen Verwaltungsverfahrensrechts vom 22. März 2010 (OS 65, 390; ABl 2009, 801). In Kraft seit 1. Juli 2010.

56 Fassung gemäss G vom 7. Juni 2010 (OS 65, 632; ABl 2009, 716). In Kraft seit 1. Januar 2011.

57 Eingefügt durch G über die Unterstellung der Steuerrekurskommissionen und der Baurekurskommissionen unter das Verwaltungsgericht vom 13. September 2010 (OS 65, 953; ABl 2010, 266). In Kraft seit 1. Januar 2011.

58 Fassung gemäss G über die Unterstellung der Steuerrekurskommissionen und der Baurekurskommissionen unter das Verwaltungsgericht vom 13. September 2010 (OS 65, 953; ABl 2010, 266). In Kraft seit 1. Januar 2011.

59 Fassung gemäss V über den Ausgleich der kalten Progression bei der Einkommens- und Vermögenssteuer ab 1. Januar 2012 vom 22. Juni 2011 (OS 66, 508; ABl 2011, 1912). In Kraft seit 1. Januar 2012.

60 Fassung gemäss G vom 4. Juli 2011 (OS 66, 832; ABl 2010, 1468). In Kraft seit 1. Januar 2012.

61 Eingefügt durch G vom 4. Juli 2011 (OS 66, 834; ABl 2010, 1940). In Kraft seit 1. Januar 2012.

62 Fassung gemäss G vom 4. Juli 2011 (OS 66, 834; ABl 2010, 1940). In Kraft seit 1. Januar 2012.

63 Fassung gemäss Einführungsgesetz zum Kindes- und Erwachsenenschutzrecht vom 25. Juni 2012 (OS 67, 443; ABl 2011, 2567). In Kraft seit 1. Januar 2013.
64 Eingefügt durch G vom 17. September 2012 (OS 68, 42; ABl 2012, 327). In Kraft seit 1. Januar 2013.
65 Fassung gemäss G vom 17. September 2012 (OS 68, 42; ABl 2012, 327). In Kraft seit 1. Januar 2013.
66 Fassung gemäss G vom 17. September 2012 (OS 68, 44; ABl 2012-07-06). In Kraft seit 1. Januar 2013.
67 Fassung gemäss G vom 17. September 2012 (OS 68, 46; ABl 2001, 3254). In Kraft seit 1. Januar 2013.
68 Aufgehoben durch G vom 17. September 2012 (OS 68, 46; ABl 2011, 3254). In Kraft seit 1. Januar 2013.
69 Eingefügt durch G vom 17. September 2012 (OS 68, 48; ABl 2011, 3263). In Kraft seit 1. Januar 2013.
70 Fassung gemäss G vom 17. September 2012 (OS 68, 48; ABl 2011, 3263). In Kraft seit 1. Januar 2013.
71 Eingefügt durch G vom 28. Oktober 2013 (OS 69, 294; ABl 2012-10-12). In Kraft seit 1. Januar. 2015.
72 Eingefügt durch G vom 9. Dezember 2013 (OS 69, 296; ABl 2013-02-08). In Kraft seit 1. Januar. 2015.
73 Fassung gemäss G vom 9. Dezember 2013 (OS 69, 296; ABl 2013-02-08). In Kraft seit 1. Januar. 2015.
74 Eingefügt durch G vom 5. Mai 2014 (OS 69, 403; ABl 2013-05-17). In Kraft seit 1. Januar. 2015.
75 Fassung gemäss G vom 5. Mai 2014 (OS 69, 403; ABl 2013-05-17). In Kraft seit 1. Januar. 2015.
76 Eingefügt durch G vom 5. Mai 2014 (OS 69, 406; ABl 2013-03-08). In Kraft seit 1. Januar. 2015.
77 Fassung gemäss G vom 5. Mai 2014 (OS 69, 406; ABl 2013-03-08). In Kraft seit 1. Januar. 2015.
78 Fassung gemäss G vom 20. Oktober 2014 (OS 70, 94; ABl 2014-03-21). In Kraft seit 1. Januar. 2016.
79 Aufgehoben durch G vom 20. Oktober 2014 (OS 70, 94; ABl 2014-03-21). In Kraft seit 1. Januar 2016.
80 Eingefügt durch G vom 8. Dezember 2014 (OS 70, 249; ABl 2014-06-06). In Kraft seit 1. Januar 2016.
81 Fassung gemäss G vom 8. Dezember 2014 (OS 70, 249; ABl 2014-06-06). In Kraft seit 1. Januar 2016.
82 Aufgehoben durch G vom 8. Dezember 2014 (OS 70, 249; ABl 2014-06-06). In Kraft seit 1. Januar 2016.
83 Eingefügt durch G über das Meldewesen und die Einwohnerregister vom 11. Mai 2015 (OS 70, 407; ABl 2014-10-31). In Kraft seit 1. Januar 2016.
84 Fassung gemäss G vom 19. Oktober 2015 (OS 71, 175; ABl 2015-01-09). In Kraft seit 1. Januar 2017.
85 Fassung gemäss G vom 4. April 2016 (OS 71, 443; ABl 2015-05-15). In Kraft seit 1. Januar 2017.
86 Fassung gemäss Gemeindegesetz vom 20. April 2015 (OS 72, 183; ABl 2013-04-19). In Kraft seit 1. Januar 2018.
87 Eingefügt durch G vom 12. Dezember 2016 (OS 72, 421; ABl 2017-04-21). In Kraft seit 1. Januar 2018.
88 Fassung gemäss G vom 12. Dezember 2016 (OS 72, 421; ABl 2017-04-21). In Kraft seit 1. Januar 2018.
89 Fassung gemäss G vom 24. April 2017 (OS 72, 547; ABl 2016-07-08). In Kraft seit 1. Januar 2018.

Verordnung
zum Steuergesetz (LS 631.11)

(vom 1. April 1998)[1]

Erster Teil: Staatssteuern

Erster Abschnitt: Besteuerung nach dem Aufwand

Besteuerung nach dem Aufwand

§ **1.** [1] Bei der Besteuerung nach dem Aufwand werden ein dem Aufwand entsprechendes Einkommen und ein ebensolches Vermögen festgelegt.

[2] Bei der Festlegung des dem Aufwand entsprechenden Einkommens findet die Verordnung über die Besteuerung nach dem Aufwand bei der direkten Bundessteuer vom 15. März 1993[5] sinngemässe Anwendung.

[3] Das dem Aufwand entsprechende Vermögen wird unter Berücksichtigung des dem Aufwand entsprechenden Einkommens festgelegt; es entspricht mindestens dem Gesamtbetrag, der sich aus den in § 13 Abs. 3 Steuergesetz (StG[2]) erwähnten Vermögenswerten ergibt.

Zweiter Abschnitt: Verfahrensgrundsätze

A. Allgemeine Bestimmungen

1. Fehlende Unterschrift

§ **2.** Fehlt einer Eingabe eine gültige Unterschrift oder ist sie von einer Drittperson ohne Vollmacht eingereicht worden, wird dem Steuerpflichtigen Gelegenheit gegeben, den Mangel zu beheben.

2. Fehlende Vertretung eines Steuerpflichtigen mit Wohnsitz oder Sitz im Ausland

§ **3.** Unterlässt es ein Steuerpflichtiger mit Wohnsitz oder Sitz im Ausland auf Aufforderung hin, einen Vertreter in der Schweiz zu bezeichnen, kann die Zustellung durch öffentliche Bekanntmachung im kantonalen Amtsblatt ersetzt werden oder mit der gleichen Wirkung unterbleiben.

3. Protokoll

§ **4.** [1] Die Steuerbehörden erstellen über wesentliche Amtshandlungen, die aktenmässig keinen anderweitigen Niederschlag finden, ein kurzes Protokoll. Dieses ist unterschriftlich zu bestätigen, wenn Erklärungen des Steuerpflichtigen oder eines Dritten festgehalten werden.

[2] Eingaben und Kopien der ausgehenden Mitteilungen an den Steuerpflichtigen werden geordnet aufbewahrt.

4. Notwendige Ankündigung von Rechtsnachteilen

§ **5.** Bei Verfügungen treten die gesetzlich mit ihrer Nichtbeachtung verbundenen Rechtsnachteile, wie Einschätzung nach pflichtgemässem Ermessen, Auflage einer Busse wegen Verletzung von Verfahrenspflichten, nur ein:
a) wenn der Adressat zur Erfüllung der Aufforderung gemahnt worden ist,
b) wenn die Rechtsnachteile in der ersten Aufforderung und in der Mahnung ausdrücklich erwähnt worden sind.

B. Beweismittel

1. Einvernahme von Zeugen

§ **6.** [1] Zeugen werden zur Wahrheit ermahnt und auf die Straffolgen des falschen Zeugnisses aufmerksam gemacht.

[2] Zeugen werden unter sinngemässer Anwendung der Bestimmungen der ZPO[4] einvernommen. Vorbehalten bleibt § 249 StG[2].[11]

[3] Den Parteien ist Gelegenheit zu geben, der Zeugeneinvernahme beizuwohnen.

2. Beizug von Sachverständigen

§ **7.**[11] Soweit die Steuerbehörden Sachverständige beiziehen, finden die Art. 183–188 ZPO[4] sinngemässe Anwendung. Für den Ausstand ist § 119 StG[2] zu beachten.

C. Form und Zustellung von Verfügungen und Entscheiden

1. Formelle Anforderungen

§ **8.** [1] Aufforderungen und Mahnungen zur Einreichung einer Steuererklärung sowie Steuerrechnungen und Zahlungsaufforderungen können durch Formular erfolgen und bedürfen keiner Unterschrift. Auflagen, Einschätzungs- und Einspracheentscheide sowie Entscheide über die Festsetzung der interkommunalen Ausscheidungsgrundlagen können ebenfalls ohne Unterschrift eröffnet werden.[7]

[2] Andere Verfügungen sowie Entscheide werden vom handelnden Beamten oder Behördemitglied oder vom Sekretär oder Protokollführer der Behörde unterzeichnet.

2. Zustellung

§ **9.** [1] Die Zustellung von Verfügungen und Entscheiden gilt als vollzogen, wenn sie an den Adressaten selbst oder an ein zu seiner Haushaltung gehörendes erwachsenes Familienmitglied oder an eine Person mit Postvollmacht erfolgt und von diesen Personen für den Adressaten entgegengenommen wird.

[2] Wird die Zustellung einer eingeschriebenen Sendung vom Adressaten schuldhaft verhindert, gilt sie als am letzten Tag der von der Post angesetzten Abholungsfrist erfolgt.

[3] Bei Adressänderungen des Steuerpflichtigen oder bevollmächtigten Vertreters während des Verfahrens sind Zustellungen an diese als erfolgt zu betrachten, wenn sie durch die Post an die zuletzt bekannte Adresse gemacht worden und nicht als unzustellbar zurückgekommen sind.

3. Zustellung bei Vertretung

§ 10. Hat der Steuerpflichtige einen Vertreter bestimmt, sind Verfügungen und Entscheide in der Regel dem Vertreter zuzustellen; doch ist auch die Zustellung an den Steuerpflichtigen gültig. Kann aber infolge Zustellung an den Steuerpflichtigen eine Frist nicht eingehalten werden, bleibt deren Wiederherstellung nach § 15 vorbehalten.

4. Öffentliche Bekanntmachung

§ 11. [1] Ist die Zustellung unmöglich, kann sie durch öffentliche Bekanntmachung im Amtsblatt ersetzt werden.

[2] Entscheide werden nur im Dispositiv veröffentlicht.

D. Fristen

1. Berechnung einer Frist

§ 12. [1] Der Tag der Eröffnung einer Frist oder der Tag der Zustellung einer Verfügung oder eines Entscheides wird bei der Berechnung der Frist nicht mitgezählt.

[2] Ist der letzte Tag der Frist ein Samstag oder ein öffentlicher Ruhetag, endet sie am nächsten Werktag. Samstage und öffentliche Ruhetage im Laufe der Frist werden mitgezählt.

[3] Die Frist gilt als eingehalten, wenn die Handlung innerhalb derselben vorgenommen wird. Schriftliche Eingaben müssen spätestens am letzten Tag der Frist an die Behörde gelangt oder der Post übergeben sein.

[4] Trägt eine der Post übergebene Eingabe den Poststempel des auf den Ablauf der Frist folgenden Tages, ist die Frist verwirkt, sofern der Einsender nicht nachweist, dass er die Eingabe vor 24 Uhr des vorhergehenden Tages der Post übergeben hat.

§ 13.[12]

3. Eingaben an eine unrichtige Amtsstelle

§ 14. Eingaben an eine unzuständige Amtsstelle werden von Amtes wegen an die zuständige Behörde überwiesen. Für die Einhaltung der Fristen ist der Zeitpunkt der Einreichung bei der unzuständigen Behörde massgebend.

§ [1] **15.** Hat ein Steuerpflichtiger eine Frist für die Geltendmachung eines Rechtes versäumt, ist Wiederherstellung zu gewähren, wenn er nachweist, dass er oder sein Vertreter ohne Verschulden entweder von der Fristansetzung nicht rechtzeitig Kenntnis erhalten hat oder durch schwerwiegende Gründe an der Einhaltung der Frist verhindert worden ist. Als schwerwiegende Gründe gelten z. B. Krankheit, Todesfall in der Familie, Landesabwesenheit oder Militärdienst.

4. Wiederherstellung einer Frist

[2] Das Wiederherstellungsgesuch ist schriftlich und spätestens innert 30 Tagen nach Kenntnisnahme von der Fristansetzung oder nach Wegfall des Hindernisses einzureichen. Innert der gleichen Frist ist die versäumte Handlung vorzunehmen.

[3] Über die Wiederherstellung entscheidet die Behörde, die in der Sache selbst zuständig ist.

E. Verfahrenskosten in Verwaltungsverfahren

§ **16.** [1] Ist eine Aufsichtsbeschwerde offensichtlich unbegründet, werden die Kosten dem Beschwerdeführer auferlegt.

1. Aufsichtsbeschwerdeverfahren

[2] Unterliegt der Beschwerdeführer im Beschwerdeverfahren vor dem Regierungsrat, werden ihm die Kosten auferlegt.

§ **17.** Ist es für die Beurteilung eines bestimmten Sachverhaltes, wie etwa für eine Bewertung, unerlässlich, dass ein Gutachten eines Sachverständigen eingeholt wird, und unterlässt es der Steuerpflichtige trotz Mahnung, ein solches Gutachten einzureichen, können ihm ausnahmsweise gestützt auf § 132 Abs. 2 Satz 2 StG[2] die Kosten für einen Sachverständigen auferlegt werden.

2. Gutachten im Einschätzungsverfahren

§ **18.** Gestützt auf § 142 Abs. 2 Satz 2 StG[2] werden insbesondere die Kosten des Einspracheverfahrens dem Steuerpflichtigen auferlegt, wenn sich die Einsprache gegen eine Einschätzung oder Schätzung nach pflichtgemässem Ermessen richtet, die wegen schuldhafter Verletzung von Verfahrenspflichten vorgenommen werden musste.

3. Einsprache gegen eine Einschätzung nach pflichtgemässem Ermessen

§ **19.** In den Rekursverfahren gemäss §§ 178 Abs. 1 und 185 Abs. 1 StG[2] können dem unterliegenden Rekurrenten die Kosten auferlegt werden.

4. Rekursverfahren betreffend Schlussrechnung, Zahlungserleichterung und Steuererlass

§ **20.** Übersteigen schriftliche Auskünfte an Steuerpflichtige das übliche Mass, können hiefür Kosten auferlegt werden.

5. Schriftliche Auskünfte

6. Umfang der Kosten a) Allgemein

§ 21. ¹ Können Kosten auferlegt werden, umfassen diese, vorbehältlich von Abs. 3, eine Staatsgebühr sowie die Barauslagen.

² Die Staatsgebühr beträgt, vorbehältlich von § 22, zwischen Fr. 100 und Fr. 3500. Sie richtet sich nach Umfang und Bedeutung des Verfahrens.

³ Soweit gestützt auf § 132 Abs. 2 Satz 2 StG[2] Kosten auferlegt werden können, werden nur die Barauslagen berechnet.

b) Staatsgebühr für Strafbescheide

§ [1] **22.** Für Strafbescheide beträgt die Staatsgebühr in der Regel bei Bussen

		bis	600	Fr.		bis	100
von mehr als Fr.	600	"	1300	"	100	"	300
von mehr als Fr.	1300	"	7000	"	300	"	700
von mehr als Fr.	7000	"	26000	"	700	"	2000
von mehr als Fr.	26000	"	70000	"	2000	"	3500
von mehr als Fr	70000	"	140000	"	3500	"	4600
von mehr als Fr	140000	"	350000	"	4600	"	8000
von mehr als Fr.	350000	"	1200000	"	8000	"	11500
von mehr als Fr.	1200000	"		"	11500	"	35000

² In Fällen, die besonders umfangreich oder weitläufig sind, kann der Höchstansatz der Staatsgebühr bis auf das Doppelte erhöht werden.

7. Verhältnis zwischen Staatsgebühr und Barauslagen

§ 23. Mit der Staatsgebühr werden auch die Ausfertigungskosten abgedeckt. Alle übrigen Kosten gelten als Barauslagen. Auf die Berechnung der Barauslagen kann jedoch wegen Geringfügigkeit verzichtet werden.

8. Vorschuss

§ 24. ¹ Wo Zweifel über die Erhältlichkeit einer Gebühr bestehen, kann ein angemessener Vorschuss verlangt werden.

² Für Barauslagen kann in jedem Fall ein ausreichender Kostenvorschuss verlangt werden.

9. Kostenerlass wegen Bedürftigkeit

§ 25. Bedürftigen können auf Gesuch hin die Kosten erlassen werden, soweit sie diese nicht durch offensichtlich unbegründete Begehren verursacht haben.

10. Kosten in Verfahren vor kommunalen Steuerbehörden

§ 26. ¹ Die Gebühr für das Ausstellen von Steuerausweisen beträgt pro Ausweis und Steuerperiode zwischen Fr. 30 und Fr. 300.

² Im übrigen gelten die vorstehenden Bestimmungen, einschliesslich derjenigen über die Höhe der Gebühren, sinngemäss auch in Verfahren vor kommunalen Steuerbehörden.

³ Die Gebühren fallen in die Kasse der politischen Gemeinde.

F. Meldepflichten

§ 27. Die Finanzdirektion ist befugt, allgemeine Weisungen über das Meldeverfahren der zur Auskunft und Anzeige verpflichteten Verwaltungsbehörden, Gerichte und Beamten zu erlassen.

1. Weisungen der Finanzdirektion

§ 28. Die Steuerbehörden melden strafbare Handlungen, die sie in Ausübung ihres Amtes feststellen, der Finanzdirektion. Vorbehalten bleiben die besonderen Zuständigkeiten bei der Ahndung von Steuerdelikten.

2. Meldungen über strafbare Handlungen

Dritter Abschnitt: Das Einschätzungsverfahren

A. Die Anlage der Register und Akten

§ 29. 1 Das Gemeindesteueramt legt in jedem Kalenderjahr für alle Fälle, in denen die Gemeinde als Einschätzungsgemeinde in Betracht kommt, ein Staatssteuerregister über alle sicher oder mutmasslich steuerpflichtigen Personen an.

1. Staatssteuerregister

2 In das Register werden eingetragen:

a) natürliche Personen, die zu Beginn der Steuerperiode in der Gemeinde steuerpflichtig sind. Später in die Steuerpflicht eintretende natürliche Personen werden nachgetragen,
b) juristische Personen, die zu Beginn der Steuerperiode in der Gemeinde steuerpflichtig sind und deren Steuerperiode im Kalenderjahr endet. Nach dem 1. Januar in die Steuerpflicht eintretende juristische Personen werden nachgetragen; sie werden später jedoch in das Register des nachfolgenden Kalenderjahres übertragen, wenn das Geschäftsjahr erst im folgenden Kalenderjahr endet.

§ 30. Das kantonale Steueramt legt das Taxationsregister an.

2. Taxationsregister

§ 31. Die Gemeindesteuerämter haben dem kantonalen Steueramt die von diesem zu bestimmenden Informationen über die persönlichen und wirtschaftlichen Verhältnisse der Steuerpflichtigen zu liefern sowie alle Tatsachen, die eine Änderung der Steuerpflicht verursachen, wie Wegzug aus der Gemeinde, Tod des Steuerpflichtigen, Auflösung und Liquidation einer juristischen Person, Aufgabe der steuerbaren Werte, sofort nach amtlicher Feststellung zu melden.

3. Informationsaustausch

B. Das Steuererklärungsverfahren

1. Aufforderung zur Einreichung der Steuererklärung

§ 32. [1] Das Steuererklärungsverfahren wird durch eine vom kantonalen Steueramt formulierte öffentliche Aufforderung zur Einreichung der Steuererklärung eingeleitet.

[2] Die Veröffentlichung erfolgt im kantonalen Amtsblatt durch das kantonale Steueramt, in den Publikationsorganen der Gemeinden durch die Gemeindesteuerämter.

[3] Haben mehrere Gemeinden das gleiche Publikationsorgan, erfolgt die Veröffentlichung durch eine gemeinsame Anzeige.

2. Zustellung der Steuererklärungsformulare
a) Allgemeine Regel

§ 33. [1] Die allgemeine Zustellung der Steuererklärungsformulare erfolgt jeweils spätestens bis Ende Januar an die steuerpflichtigen natürlichen und juristischen Personen für die im vergangenen Kalenderjahr abgeschlossene Steuerperiode.

[2] Ein weiteres Steuererklärungsformular wird zugestellt, wenn im laufenden Kalenderjahr die kantonale Steuerpflicht endet. Das Steuererklärungsformular bezieht sich diesfalls auf die laufende Steuerperiode bis zur Beendigung der kantonalen Steuerpflicht.

b) Volljährigkeit[13]

§ 34. Steuerpflichtigen natürlichen Personen wird erstmals bis Ende Januar des Kalenderjahres, in dem sie das 19. Altersjahr zurücklegen, ein Steuererklärungsformular für die vergangene Steuerperiode zugestellt. Vorbehalten bleibt § 52 Abs. 1 Satz 2 StG[2].

c) Heirat

§ 35. Zur Vornahme der ersten gemeinsamen Einschätzung nach der Heirat für die auf diese folgende Steuerperiode wird den Ehegatten erstmals im übernächsten Kalenderjahr ein gemeinsames Steuererklärungsformular zugestellt.

d) Scheidung oder Trennung

§ 36. Zur Vornahme der getrennten Einschätzungen für die Steuerperiode, in der eine Scheidung oder eine Trennung erfolgte, werden den Ehegatten im folgenden Kalenderjahr getrennte Steuererklärungen zugestellt.

e) Tod eines Ehegatten

§ 37. [1] Bei Tod eines Ehegatten wird dem überlebenden Ehegatten für sich und zuhanden der Erben ein Steuererklärungsformular für die laufende Steuerperiode zugestellt, wie wenn beide Ehegatten im Zeitpunkt des Todes des verstorbenen Ehegatten aus der Steuerpflicht ausgeschieden wären.

[2] Dem überlebenden Ehegatten wird zudem bis Ende Januar des folgenden Kalenderjahres ein Steuererklärungsformular zugestellt, wie wenn er im Zeitpunkt des Todes des verstorbenen Ehegattens neu in die Steuerpflicht eingetreten wäre.

3. Fehlende Zustellung des Steuererklärungsformulars

§ **38.** Wer kein Steuererklärungsformular erhält, hat ein solches zu verlangen.

4. Fristerstreckung

§ **39.** [1] Gesuche um Erstreckung der Frist zur Einreichung der Steuererklärung sind vor Ablauf der Frist mit schriftlicher Begründung dem Gemeindesteueramt einzureichen.

[2] Bei Verweigerung der Fristerstreckung steht dem Steuerpflichtigen die Aufsichtsbeschwerde an die Finanzdirektion zu.

5. Prüfung auf Vollständigkeit

§ **40.** Die eingegangenen Steuererklärungen und Beilagen werden durch das Gemeindesteueramt auf ihre Vollständigkeit und formelle Richtigkeit geprüft.

6. Mahnverfahren

§ **41.** [1] Steuerpflichtige, welche die Steuererklärung nicht rechtzeitig eingereicht oder die vom Gemeindesteueramt zur Behebung formeller Mängel angesetzte Frist missachtet haben, werden vom Gemeindesteueramt unter Hinweis auf die Folgen der Unterlassung gemahnt, die Verfahrenspflichten innerhalb einer letzten Frist von zehn Tagen vollständig und richtig zu erfüllen.

[2] Die Mahnfrist ist nicht erstreckbar.

7. Weiterleitung an das kantonale Steueramt

§ **42.** [1] Die eingegangenen Steuererklärungen und Beilagen werden vom Gemeindesteueramt dem kantonalen Steueramt zugestellt.

[2] Beobachtungen über materiell unrichtige Steuererklärungen sind durch einen Vermerk oder in besonderen Berichten dem kantonalen Steueramt zu melden.

[3] Ist die Steuererklärung trotz Mahnung nicht oder nicht mehr eingegangen, reicht das Gemeindesteueramt dem kantonalen Steueramt einen summarischen Einschätzungsantrag ein.

[4] Vorbehalten bleibt § 43 Abs. 1.

8. Einschätzungen durch das Gemeindesteueramt

§ **43.** [1] Die Finanzdirektion erlässt Weisungen, in welchen Fällen das Gemeindesteueramt in Vertretung des kantonalen Steueramtes zur Einschätzung berechtigt und verpflichtet ist. Sie bestimmt zudem, innert welcher Frist diese Einschätzungen vorzunehmen sind. Vorbehalten bleibt § 45.

[2] Das kantonale Steueramt kann zur Mitwirkung des Gemeindesteueramtes weitere Weisungen erlassen. Es bestimmt auch in den Fällen, in denen die Einschätzung dem kantonalen Steueramt obliegt, den Termin für die Ablieferung der Steuererklärungen und Einschätzungsanträge.

C. Einschätzungsverfahren

1. Einschätzungsvorschlag und -entscheid

§ **44.** Bei Abweichungen von der Steuererklärung erstellt das kantonale oder kommunale Steueramt eine spezifizierte Aufstellung über steuerbares Einkommen und Vermögen oder Gewinn und Kapital. Es unterbreitet sie dem Steuerpflichtigen als Einschätzungsvorschlag oder eröffnet sie als Einschätzungsentscheid.

2. Erledigung der Einsprachen

§ **45.** Die Erledigung der Einsprachen obliegt in allen Fällen dem kantonalen Steueramt.

Vierter Abschnitt: Der Steuerbezug

A. Allgemeine Bestimmungen

1. Zuständigkeiten

§ **46.** Der Steuerbezug obliegt dem Steueramt der Einschätzungsgemeinde. Vorbehalten bleibt der Bezug der Quellensteuern auf dem Einkommen aus unselbständiger Erwerbstätigkeit von im Kanton steuerpflichtigen ausländischen Arbeitnehmern sowie der staatlichen und kommunalen Nachsteuern durch das kantonale Steueramt.

2. Bezugsregister

§ **47.** Das Gemeindesteueramt legt das Bezugsregister an.

3. Rechnungsformulare

§ **48.** [1] Das kantonale Steueramt erlässt Weisungen über die Durchführung des Steuerbezugs und setzt die Formulare für die Steuerrechnungen fest.

[2] Will ein Gemeindesteueramt eigene Formulare verwenden, bedarf es hiefür der Genehmigung des kantonalen Steueramtes.

B. Periodische Steuern

1. Verfalltag

§ **49.** [1] Als Verfalltag im Sinn von § 174 Abs. 1 lit. b StG[2] gilt für die Staatssteuer:

a. wenn die Steuerpflicht schon vor dem 1. Januar bestanden hat, der 30. September in der Steuerperiode, bei vom Kalenderjahr abweichenden Steuerperioden der 30. September im Kalenderjahr, in dem die Steuerperiode endet,
b. bei Beginn der Steuerpflicht nach dem 31. Dezember des Vorjahres der 30. September gemäss lit. a, sofern bis zum 30. Juni eine provisorische Rechnung zugestellt wird; in den übrigen Fällen verschiebt sich der Verfalltag auf den 1. Januar des folgenden Kalenderjahres,
c. bei Beendigung der Steuerpflicht vor dem 31. Dezember der 30. September gemäss lit. a.

[2] Bei Tod eines Ehegatten wird der Verfalltag so bestimmt, wie wenn die Steuerpflicht beider Ehegatten am Todestag enden und der überlebende Ehegatte am folgenden Tag neu in die Steuerpflicht eintreten würde.

2. Bezug der provisorischen Rechnung in Raten

§ 50. [1] Der Bezug des in der provisorischen Rechnung ausgewiesenen Betrags erfolgt in drei Raten per 30. Juni, 30. September und 31. Dezember.

[2] Die Gemeinden können den in der provisorischen Rechnung ausgewiesenen Betrag auch in sieben Raten per 30. Juni, 31. Juli, 31. August, 30. September, 31. Oktober, 30. November und 31. Dezember beziehen.

[3] Soweit die Bezahlung des gesamten, in der provisorischen Rechnung ausgewiesenen Betrags bis zum 30. Juni erfolgt, kann in Anwendung der Zinsregelung gemäss § 174 Abs. 1 StG[2] ein Skonto gewährt werden.

3. Schlussrechnung mit Einschluss der Abrechnung über die Zinsen

§ 51. [1] Mit der Schlussrechnung wird auch über die Zinsen abgerechnet.

[2] Wird die Einschätzung in einem Rechtsmittelverfahren geändert, erfolgt eine neue Schlussrechnung, wobei auch die Zinsen neu berechnet werden.

[3] Die Schlussrechnung ist innert 30 Tagen nach Zustellung zu begleichen. Bei verspäteten Zahlungen können in Anwendung von § 174 Abs. 1 StG[2] Zinsen nachbezogen werden.

4. Nachsteuern

§ 52. Nachsteuern sind ab dem Verfalltag der jeweiligen Steuerperiode zu verzinsen.

C. Nicht periodische Steuern

1. Fälligkeit und Zahlungsfrist

§ 53. [1] Vorbehältlich der besonderen Bestimmungen für die Grundsteuern werden nicht periodische Steuern (Kapitalleistungen aus Vorsorge, ergänzende Vermögenssteuer, gesonderte Besteuerung von Kapital- und Aufwertungsgewinnen, Auflösung von Arbeitsbeschaffungsreserven) mit der Zustellung der definitiven, auf der Einschätzung beruhenden Steuerrechnung fällig.

[2] Die Zahlungsfrist beträgt 30 Tage nach Eintritt der Fälligkeit. Allfällige Rechtsmittelverfahren hemmen die Zahlungsfrist nicht.

2. Zinsen

§ 54. [1] Für verspätete Zahlungen werden Verzugszinsen erhoben.

[2] Auf Zahlungen vor Eintritt der Fälligkeit sowie auf Steuerrückerstattungen werden Vergütungszinsen berechnet.

D. Abrechnung

1. Aufteilung der Zahlungseingänge

§ 55. Zahlungen für Staats- und Gemeindesteuern werden anteilmässig auf Staat und Gemeinden verlegt.

2. Vorschriften der Finanzdirektion

§ 56. [1] Die Finanzdirektion erlässt Vorschriften über die Abrechnung der Gemeindesteuerämter mit dem Kanton und die Ablieferung der Steuerbeträge.

[2] Bei verspäteter Ablieferung kann von der Gemeinde ein Verzugszins erhoben werden, dessen Höhe von der Finanzdirektion bestimmt wird.

3. Ersatzvornahme durch das kantonale Steueramt

§ 57. Missachtet eine Gemeinde trotz Mahnung die Bezugsvorschriften, kann die Finanzdirektion rückständige Arbeiten auf Kosten der Gemeinde durch das kantonale Steueramt ausführen lassen.

E. Vereinfachtes Abrechnungsverfahren für kleine Arbeitsentgelte[8]

Verteilung der Steuern

§ 57*a*.[8] Die Steuern, die von den AHV-Ausgleichskassen im vereinfachten Abrechnungsverfahren für kleine Arbeitsentgelte nach den Art. 2 und 3 des Bundesgesetzes vom 17. Juni 2005 gegen die Schwarzarbeit[6] bezogen und an das kantonale Steueramt abgeliefert werden, werden gemäss §§ 36 und 37 der Verordnung über die Quellensteuer für ausländische Arbeitnehmer (Quellensteuerverordnung I) vom 2. Februar 1994[3] auf Kanton und Gemeinden aufgeteilt.

Fünfter Abschnitt: Das Inventar

1. Todesfallmeldung

§ 58. Das Zivilstandsamt meldet den Todesfall dem Gemeindesteueramt. Dieses leitet die Todesfallmeldung an das kantonale Steueramt sowie in den Fällen, in denen eine andere Gemeinde als Einschätzungsgemeinde in Betracht kommt, an das Steueramt dieser Gemeinde weiter.

2. Bewilligungspflicht für Verfügungen über das zu inventierende Vermögen

§ 59. Nach Bekanntwerden des Todesfalles teilt das Gemeindesteueramt als Inventarbehörde den Erben und dem Willensvollstrecker sofort mit, dass ohne ausdrückliche Bewilligung der Inventarbehörde keine Verfügung über das zu inventierende Vermögen getroffen werden darf.

3. Siegelung

§ 60. Die Siegelung umfasst den Verschluss von Wohnungen, Geschäftsräumen oder Behältnissen und die Verfügungssperre über das zu inventierende Vermögen oder einzelne Bestandteile desselben mit Einschluss der Sperre von Guthaben, Depots und gemieteten Fächern.

4. Formulare

§ **61.** Das kantonale Steueramt setzt die für die Todesfallmeldung und für die Inventaraufnahme erforderlichen Formulare fest.

5. Frist für die Inventaraufnahme

§ **62.** 1 Das Inventar wird spätestens innert zwei Monaten nach der Inventaraufnahme ausgefertigt.

2 Das kantonale Steueramt kann ausnahmsweise die Frist zur Einreichung des Inventars erstrecken.

3 Mit dem Inventar sind dem kantonalen Steueramt alle zur Prüfung nötigen Belege einzureichen.

6. Inventare der Kindes- und Erwachsenenschutzbehörden oder der Gerichte

§ **63.**[13] Stellt das kommunale oder kantonale Steueramt fest, dass ein durch die Kindes- und Erwachsenenschutzbehörde oder das Gericht angeordnetes Inventar unvollständig ist, macht es der Behörde oder dem Gericht Mitteilung.

Zweiter Teil: Gemeindesteuern

Erster Abschnitt: Allgemeine Gemeindesteuern

1. Verweisung auf den ersten Teil

§ **64.** Für die Erhebung der Gemeindesteuern sind die Vorschriften des ersten Teils dieser Verordnung sinngemäss anwendbar.

2. Personalsteuer

§ **65.** Von erwerbsunfähigen Personen ohne Einkommen und Vermögen wird keine Personalsteuer erhoben.

3. Kirchensteuern

§ **66.** Die Kirchensteuern werden in der Steuerrechnung gesondert ausgewiesen.

Zweiter Abschnitt: Grundsteuern

1. Melde- und Auskunftspflichten der Notariate und Grundbuchämter

§ **67.** 1 Die Notariate und Grundbuchämter melden den Gemeindesteuerämtern jede öffentliche Beurkundung eines auf die Übereignung einer Liegenschaft gerichteten Vertrages, jede Handänderung sowie jede Errichtung einer Dienstbarkeit oder Anmerkung einer öffentlich-rechtlichen Eigentumsbeschränkung, sofern sie gegen Entgelt von mehr als Fr. 2000 erfolgt.

2 Auf besonderes Verlangen ist auch hinsichtlich früherer Beurkundungen, Handänderungen und ihnen gleichgestellter Rechtsgeschäfte Auskunft zu erteilen.

3 Die Anzeigen erfolgen nach einem vom kantonalen Steueramt festzusetzenden Formular und sind unentgeltlich.

2. Haftung des gesetzlichen Pfandrechts

§ 68. Das gesetzliche Pfandrecht für die Grundsteuern erstreckt sich auch auf die Zinsen gemäss §§ 71 und 72.

3. Pflicht zur Information über das gesetzliche Grundpfandrecht

§ 69.[7] [1] Die Notariate und Grundbuchämter machen die Parteien ausdrücklich auf das Bestehen und die Tragweite des gesetzlichen Grundpfandrechts für die Grundsteuern aufmerksam. Insbesondere erwähnen sie, dass das Grundstück des Erwerbers allenfalls für sämtliche Grundsteuern haftet

a) aus früheren zivilrechtlichen Handänderungen, soweit die Eintragung des gesetzlichen Grundpfandrechts innerhalb von drei Jahren nach der Handänderung erfolgt,

b) sowie aus früheren wirtschaftlichen Handänderungen, soweit die Eintragung des gesetzlichen Grundpfandrechts innerhalb von drei Jahren nach der Wahrnehmung der Handänderung durch die für die Einschätzung zuständige Steuerbehörde erfolgt und die Steuer im Zeitpunkt der Eintragung noch nicht verjährt ist.

[2] Die Notariate und Grundbuchämter machen den Erwerber ferner darauf aufmerksam, dass er mit amtlichem Formular beim Gemeindesteueramt Auskunft über die noch nicht veranlagten und noch nicht bezahlten Grundsteuern verlangen kann.

[3] Die Tatsache, dass die Hinweise erfolgt sind, muss in der Urkunde festgehalten werden.

[4] Die Notariate und Grundbuchämter übergeben dem Erwerber auf dessen Verlangen das amtliche Formular für Auskünfte. Die Gemeindesteuerämter sind dem Erwerber zur Auskunft verpflichtet.

[5] Der Erwerber ist berechtigt, vom Veräusserer für den mutmasslichen Betrag der Grundstückgewinnsteuer Sicherstellung zu verlangen; die Notare sind verpflichtet, eine Sicherstellung auf Verlangen entgegenzunehmen.

4. Steuererklärungsformular für die Grundstückgewinnsteuer

§ 70. Die Notariate und Grundbuchämter übergeben bei einer Handänderung oder einem ihr gleichgestellten Rechtsgeschäft dem Steuerpflichtigen ein Steuererklärungsformular für die Grundstückgewinnsteuer.

5. Verfalltag für die Grundstückgewinnsteuer

§ 71. [1] Die Grundstückgewinnsteuer verfällt am 90. Tag nach der zivilrechtlichen oder wirtschaftlichen Handänderung. Ab dem 91. Tag werden Zinsen erhoben.

[2] Im übrigen gilt § 54 sinngemäss. Rückerstattungen aus Verlustverrechnungen gemäss § 224 Abs. 3 StG[2] sind jedoch nicht zu verzinsen.

§ 72.[10]

6. Mitteilungspflicht der Grundsteuerbehörden[9]

§ 73. Die für die Einschätzung zuständige Behörde stellt dem kantonalen Steueramt von allen Entscheiden, einschliesslich der Einspracheentscheide und Strafbescheide, für jeden Steuerpflichtigen je eine Ausfertigung zu.

§ 74.[10]

Dritter Teil: Steuerstrafrecht

1. Bezug der Bussen

§ 75. [1] Die in den Bereich der Grundsteuern fallenden Bussen wegen Verletzung von Verfahrenspflichten und Steuerhinterziehung werden durch das Gemeindesteueramt bezogen und kommen der betreffenden Gemeinde zu.

[2] Alle übrigen Bussen wegen Verletzung von Verfahrenspflichten und Steuerhinterziehung werden durch das kantonale Steueramt bezogen und fallen in die Staatskasse.

[3] Die Bussen sind innert 30 Tagen nach Zustellung des Strafbescheids zu entrichten. Das Ergreifen eines ordentlichen Rechtsmittels hemmt die Zahlungsfrist.[9]

[4] Für verspätete Zahlungen werden Verzugszinsen erhoben. Auf vorzeitige Zahlungen sowie auf Rückerstattungen werden Vergütungszinsen berechnet.

2. Strafanzeige wegen Steuervergehen

§ 76. [1] Besteht nach den Feststellungen einer Steuerbehörde der begründete Verdacht, dass ein Steuervergehen begangen worden ist, sind die Akten der Strafuntersuchungsbehörde zu überweisen.

[2] Bezieht sich die strafbare Handlung gleichzeitig auf Staats- und Gemeindesteuern, erstattet das kantonale Steueramt die Strafanzeige und vertritt die Geschädigten im Strafverfahren.

[3] Bezieht sich die strafbare Handlung nur auf Gemeindesteuern, erstattet das Gemeindesteueramt die Strafanzeige und vertritt die Geschädigten im Strafverfahren.

Vierter Teil: Schlussbestimmungen

Erster Abschnitt: Wechsel der zeitlichen Bemessung

1. Separate Jahressteuer

§ 77. Der Bezug der separaten Jahressteuer gemäss §§ 275 und 278 StG[2] richtet sich nach den §§ 53 und 54.

2. Steueranrechnung im Falle einer Überlappung bei juristischen Personen

§ 78. Die Anrechnung in den Fällen, in denen die Übergangsperiode in das Steuerjahr 1998 zurückreicht, gemäss § 276 Abs. 2 StG[2] setzt voraus, dass die Einschätzung für dieses Steuerjahr rechtskräftig ist; sie erfolgt in der Regel ohne Verzinsung in der Schlussrechnung.

Zweiter Abschnitt: Übergangsbestimmungen

1. Übergangsrecht

§ 79. Die im Zeitpunkt des Inkrafttretens des neuen Rechts hängigen Verfahren werden verfahrensrechtlich nach den Bestimmungen des neuen Rechts fortgeführt, jedoch materiell nach den Bestimmungen des bisherigen Rechts erledigt. Im übrigen gelten die Übergangsbestimmungen des Steuergesetzes sinngemäss.

2. Inkrafttreten

§ 80. Die Verordnung tritt am 1. Januar 1999 in Kraft. Auf den gleichen Zeitpunkt wird die Vollziehungsverordnung zum Steuergesetz vom 26. November 1951 aufgehoben.

---

1 OS 54, 526.
2 LS 631.1.
3 LS 631.41.
4 SR 272.
5 SR 642.123.
6 SR 822.41.
7 Fassung gemäss RRB vom 1. November 2000 (OS 56, 339). In Kraft seit 1. Januar 2001.
8 Eingefügt durch RRB vom 30. Juni 2010 (OS 65, 465; ABl 2010, 1481). In Kraft seit 1. August 2010.
9 Fassung gemäss RRB vom 30. Juni 2010 (OS 65, 465; ABl 2010, 1481). In Kraft seit 1. August 2010.
10 Aufgehoben durch RRB vom 30. Juni 2010 (OS 65, 465; ABl 2010, 1481). In Kraft seit 1. August 2010.
11 Fassung gemäss RRB vom 3. November 2010 (OS 65, 805; ABl 2010, 2429). In Kraft seit 1. Januar 2011.
12 Aufgehoben durch RRB vom 2. Februar 2011 (OS 66, 329; ABl 2011, 392). In Kraft seit 1. Juni 2011.
13 Fassung gemäss RRB vom 7. November 2012 (OS 67, 613; ABl 2012–11–16). In Kraft seit 1. Januar 2013.

Erbschafts- und Schenkungssteuergesetz (ESchG)[12]

(LS 632.1)

(vom 28. September 1986)[1]

1. Abschnitt: Steuerpflicht

A. Allgemeine Bestimmungen

I. Gegenstand des Gesetzes

§ **1.** Der Kanton erhebt eine Erbschafts- und Schenkungssteuer.

II. Anwendungsbereich

§ **2.** [1] Die Steuerpflicht besteht, wenn
a. der Erblasser seinen letzten Wohnsitz im Kanton hatte oder der Erbgang im Kanton eröffnet worden ist,
b. der Schenker im Zeitpunkt der Zuwendung seinen Wohnsitz im Kanton hat,
c. im Kanton gelegene Grundstücke oder Rechte an solchen übergehen.

[2] Im internationalen Verhältnis besteht die Steuerpflicht ferner, wenn im Kanton gelegenes bewegliches Vermögen übergeht, das nach Staatsvertrag dem Betriebsstätte- oder dem Belegenheitsstaat zur Besteuerung zugewiesen wird.

B. Objektive Steuerpflicht

I. Gegenstand der Steuer
1. Erbschaftssteuer

§ **3.** [1] Der Erbschaftssteuer unterliegen alle Vermögensübergänge (Erbanfälle und Zuwendungen) kraft gesetzlichen Erbrechts oder auf Grund einer Verfügung von Todes wegen.

[2] Zu den steuerbaren Vermögensübergängen gehören insbesondere solche auf Grund von Erbeinsetzung, Vermächtnis, Erbvertrag, Schenkung auf den Todesfall und Errichtung einer Stiftung auf den Todesfall.

[3] Zuwendungen von Versicherungsbeträgen, die mit oder nach dem Tode des Erblassers fällig werden, unterliegen der Erbschaftssteuer, soweit sie nicht als Einkommen besteuert werden.

2. Schenkungssteuer

§ **4.** [1] Der Schenkungssteuer unterliegen Zuwendungen unter Lebenden, mit denen der Empfänger aus dem Vermögen eines andern ohne entsprechende Gegenleistung bereichert wird.

[2] Zu den steuerbaren Zuwendungen gehören insbesondere Vorempfänge in Anrechnung an die künftige Erbschaft, Schen-

kungen unter Lebenden an Erben oder Nichterben und die Errichtung einer Stiftung zu Lebzeiten.

3 Zuwendungen von Versicherungsbeträgen, die zu Lebzeiten des Schenkers fällig werden, sind der Schenkungssteuer unterworfen, soweit sie nicht als Einkommen besteuert werden.

3. Leistungen des Arbeitgebers

§ 5. Leistungen des Arbeitgebers an den Arbeitnehmer oder dessen Erben, die ihren Grund im Dienstverhältnis haben, wie Pensionen, Renten, Kapitalabfindungen, Gratifikationen und Dienstaltersgeschenke, unterliegen nicht der Erbschafts- und Schenkungssteuer, soweit sie als Einkommen besteuert werden.

II. Inhalt des Vermögensübergangs

§ 6. Steuerbar sind alle übergehenden Vermögensrechte, wie die Rechte aus Eigentum, beschränkte dingliche Rechte, Forderungen, Nutzniessungen, Rechte auf Renten und andere periodische Leistungen.

III. Zeitpunkt der Entstehung des Steueranspruchs

§ 7. Der Steueranspruch entsteht bei Vermögensübergängen
a. auf den Todesfall im Zeitpunkt, in dem der Erbgang eröffnet wird,
b. aus Nacherbschaft im Zeitpunkt, in dem die Vorerbschaft endigt,
c. aus Schenkung im Zeitpunkt des Vollzugs der Schenkung,
d. mit aufschiebender Bedingung im Zeitpunkt des Eintritts der Bedingung.

C. Subjektive Steuerpflicht

I. Im Allgemeinen

§ 8. 1 Steuerpflichtig ist der Empfänger des übergehenden Vermögens (Erbe, Vermächtnisnehmer, Beschenkter, Berechtigter, Begünstigter).

2 Bei Übergang von Nutzniessungen und periodischen Leistungen ist der Nutzniesser oder der Leistungsempfänger steuerpflichtig.

3 Bei Nacherbeneinsetzung sind sowohl der Vor- als auch der Nacherbe steuerpflichtig.

II. Eintritt und Haftung von Erben

§ 9. 1 In die Rechte und Pflichten eines verstorbenen Steuerpflichtigen treten seine Erben ein.

2 Für die Steuerschuld eines verstorbenen Steuerpflichtigen haften seine Erben solidarisch bis zum Betrag ihres Erbteils.

D. Ausnahmen von der Steuerpflicht

I. Subjektive Steuerbefreiungen
1. Körperschaften und Anstalten mit besonderen Zwecken

§ **10.**[13, 14] [1] Von der Steuerpflicht sind befreit:
a. der Bund und seine Anstalten nach Massgabe des Bundesrechts,
b. der Kanton sowie seine Gebietskörperschaften und Anstalten,
c. die von der Verfassung[2] anerkannten kirchlichen Körperschaften sowie die von der Verfassung[2] anerkannten jüdischen Gemeinden,
d. die Gemeinden sowie ihre Zweckverbände und Anstalten,
e.[15] Einrichtungen der beruflichen Vorsorge von Unternehmen mit Sitz oder Betriebsstätte in der Schweiz und von ihnen nahestehenden Unternehmen, die gestützt auf § 61 lit. e des Steuergesetzes vom 8. Juni 1997 (StG)[4] von der Steuerpflicht befreit sind,
f.[15] andere juristische Personen mit Sitz im Kanton, die gestützt auf § 61 lit. f–i StG[4] von der Steuerpflicht im Kanton befreit sind.

[2] Ausserkantonale juristische Personen gemäss Abs. 1 lit. b–f sind steuerfrei, wenn Gegenrecht gehalten wird.

[3] Der Regierungsrat kann Gegenrechtsvereinbarungen abschliessen.

2. Ehegatte, eingetragene Partnerin oder eingetragener Partner und Nachkommen

§ **11.**[12] Der Ehegatte, der eingetragene Partner und die Nachkommen des Erblassers oder Schenkers sind von der Steuerpflicht befreit.

II. Objektive Steuerbefreiungen

§ **12.** Steuerfrei sind:
a.[9]
b.[9]
c.[8] übliche Gelegenheitsgeschenke, die den Wert von je Fr. 5000 nicht übersteigen,
d. die Beherbergung von Verwandten im Haushalt des Schenkers.

2. Abschnitt: Steuerbemessung

A. Bewertung des Steuerobjekts

I. Grundsatz

§ **13.** [1] Die Steuer wird vom Verkehrswert des übergegangenen Vermögens im Zeitpunkt der Entstehung des Steueranspruchs berechnet.

[2] Beim Übergang von noch nicht fälligen Versicherungen wird die Steuer vom Rückkaufswert der Versicherung im Zeitpunkt der Entstehung des Steueranspruchs berechnet.

II. Besondere Fälle
1. Nutzniessungen und periodische Leistungen

§ 14. [1] Nutzniessungen und Ansprüche auf periodische Leistungen werden nach ihrem Kapitalwert bewertet. Der Kapitalwert einer Nutzniessung darf drei Viertel des Verkehrswertes der Vermögenssubstanz nicht übersteigen.

[2] Ist ein Anfall oder eine Zuwendung mit einer Nutzniessung oder einer Verpflichtung zu einer periodischen Leistung belastet, so wird der Kapitalwert der Belastung abgezogen.

[3] ...[9]

2. Land- und forstwirtschaftliche Grund stücke

§ 15. Land- und forstwirtschaftliche Grundstücke werden zum Ertragswert bewertet.

3. Grundstücke, die einem Geschäftsbetrieb dienen

§ 16.[9]

III. Nachveranlagung
1. Steuerpflicht

§ 17. [1] Wird ein Grundstück im Sinn von § 15 innert 20 Jahren ganz oder teilweise veräussert oder fallen innert dieser Frist die Voraussetzungen der Vorzugsbewertung dahin, so wird die Steuer nachträglich vom damaligen Verkehrswert, höchstens jedoch vom erzielten Erlös berechnet.[8]

[2] Steuerpflichtig ist der Veräusserer oder der Eigentümer des Grundstücks.

2. Ausnahmen von der Steuerpflicht

§ 18. [1] Nicht als Veräusserungen gelten Handänderungen infolge

a. Erbvorbezug, Erbfolge oder Erbteilung,
b. Schenkung oder Vermächtnis, soweit die Gegenleistung den bisherigen Vorzugswert nicht übersteigt,
c. Güterzusammenlegung, Grenzbereinigung oder Rechtsgeschäften zur Abrundung landwirtschaftlicher Heimwesen.

[2] Bei vollständiger oder teilweiser Veräusserung von land- und forstwirtschaftlichen Grundstücken entfällt die Steuerpflicht anteilmässig bezogen auf den Verkehrswert im Zeitpunkt des Vermögensübergangs, soweit der Erlös innert angemessener Frist verwendet wird

a. zum Erwerb von ertragsmässig gleichwertigen Liegenschaften im Kanton,
b. zur Erstellung von ertragsmässig gleichwertigen Gebäuden im Kanton,
c. zur notwendigen Ausbesserung eines vom Veräusserer beim gleichen Vermögensübergang übernommenen Ge-

bäudes des von ihm betriebenen landwirtschaftlichen Gewerbes.

B. Abzüge

I. Schulden und Kosten

§ 19. [1] Vor Festlegung der Anteile der Erben und Vermächtnisnehmer werden von der Erbschaft abgezogen:

a. die darauf lastenden Schulden des Erblassers,

b. die Erbgangsschulden,

c. die Grabunterhaltskosten und die Kosten der Testamentsvollstreckung.

[2] Vom Anteil der Erben oder Vermächtnisnehmer werden die Gerichts- und Anwaltskosten für Ungültigkeits-, Herabsetzungs- und Erbschaftsklagen abgezogen.

II. Aufwendungen des Steuerpflichtigen

§ 20. Hat ein Steuerpflichtiger zu Lebzeiten des Erblassers für den ihm zukommenden Anfall oder die Zuwendung Aufwendungen gemacht, so ist deren Wert bei Feststellung seines steuerpflichtigen Anteils in Abzug zu bringen.

C. Steuerberechnung

I. Steuerfreie Beträge

§ 21.[8] [1] Von den steuerbaren Vermögensübergängen werden bei der Steuerberechnung abgezogen:

a. Fr. 200 000 für den Elternteil des Erblassers oder Schenkers,

b. Fr. 15 000 für den Bruder, die Schwester oder den Grosselternteil des Erblassers oder Schenkers,

c. Fr. 15 000 für den Verlobten des Erblassers oder Schenkers,

d.[12] Fr. 15 000 für das Stiefkind, das Kind des eingetragenen Partners, das Patenkind oder das Pflegekind des Erblassers oder Schenkers sowie für Hausangestellte mit mehr als zehn Dienstjahren, sofern kein Abzug im Sinne von lit. a-c erfolgt,

e. Fr. 50 000 für die Lebenspartnerin oder den Lebenspartner, die oder der während mindestens fünf Jahren mit dem Erblasser oder Schenker im gleichen Haushalt zusammengelebt hat, sofern kein weiterer Abzug im Sinn von lit. a-d geltend gemacht wird.

[2] Ausserdem werden abgezogen:

a.[9]

b.[8] Fr. 30 000 für alle übrigen erwerbsunfähigen oder beschränkt erwerbsfähigen unterstützungsbedürftigen Personen.

[3] Mehrere Vermögensübergänge an den gleichen Empfänger durch den nämlichen Erblasser oder Schenker werden zusammengerechnet, und es wird der Steuerfreibetrag insgesamt nur einmal gewährt unter Anrechnung auf die erste oder die ersten Zuwendungen.

[4] Ist ein Empfänger nur für einen Teil des Vermögensübergangs im Kanton steuerpflichtig, ist für die Festsetzung des steuerfreien Betrags die gesamte Zuwendung massgebend.

II. Steuersätze
1. Grundtarif

§ 22. [1] Die einfache Steuer beträgt:[8]

für die ersten steuerpflichtigen	Fr. 30 000	2%
für die folgenden steuerpflichtigen	Fr. 60 000	3%
für die folgenden steuerpflichtigen	Fr. 90 000	4%
für die folgenden steuerpflichtigen	Fr. 180 000	5%
für die folgenden steuerpflichtigen	Fr. 480 000	6%
für die folgenden steuerpflichtigen	Fr. 660 000	7%

[2] Für steuerpflichtige Beträge über Fr. 1 500 000 beträgt die einfache Steuer sechs Prozent des Gesamtbetrages.[8]

[3] Für Vermögensübergänge an ausserkantonale juristische Personen im Sinne von § 10 Abs. 1 lit. b-f, für die nicht Gegenrecht gehalten wird, wird eine Steuer von 12% berechnet.[13, 14]

2. Zuschläge

§ 23. [1] Von der nach § 22 Abs. 1 berechneten Steuer schulden:

a.[8]	Eltern	den einfachen Betrag,
b.	Grosseltern und Stiefkinder	den doppelten Betrag,
c.	Geschwister	den dreifachen Betrag,
d.	Stiefeltern	den vierfachen Betrag,
e.	Onkel, Tanten und Nachkommen von Geschwistern	den fünffachen Betrag,
f.	übrige erbberechtigte Personen und Nichtverwandte	den sechsfachen Betrag.

[2] Nacherben entrichten die Steuer nach dem Verwandtschaftsverhältnis zum ersten Erblasser.

[3] Die Betragsfaktoren für Stiefverwandte nach Abs. 1 lit. b und d gelten sinngemäss für Partnerschaftsverwandte.[11]

3. Berechnungsregeln

§ 24. [1] Bei mehreren Vermögensübergängen an den gleichen Empfänger durch den nämlichen Erblasser oder Schenker richtet sich der Steuersatz nach dem Gesamtbetrag.

[2] Ist ein Empfänger nur für einen Teil des Vermögensübergangs im Kanton steuerpflichtig, bestimmt sich die Steuer nach dem Steuersatz für die gesamte Zuwendung.

[3] Wird vom Erblasser die Bezahlung der Steuer dem Nachlass überbunden oder wird sie vom Schenker selbst übernommen, erhöhen sich die für die Berechnung massgebenden Anfälle und Zuwendungen um die entsprechenden Steuerbeträge.

III. Adoptivverwandtschaft

§ 25. Die durch Adoption begründete Verwandtschaft ist der auf Abstammung beruhenden gleichgestellt.

IV. Ermässigung bei Unternehmensnachfolge
1. Grundsatz

§ 25*a*.[7] [1] Die nach den vorstehenden Bestimmungen berechnete Steuer ermässigt sich um 80 Prozent, soweit den Empfängern

a. Geschäftsvermögen von Unternehmungen mit Sitz in der Schweiz zugewendet oder diesen bei der Erbteilung zugeschieden wird, das ganz oder vorwiegend der selbstständigen Erwerbstätigkeit der Empfänger dient,
b. eine Beteiligung an einer Kapitalgesellschaft oder Genossenschaft mit Sitz in der Schweiz, die einen Geschäftsbetrieb führt, zugewendet oder diesen bei der Erbteilung zugeschieden wird und die Empfänger im Geschäftsbetrieb als Arbeitnehmer in leitender Funktion tätig sind.

[2] Nicht als Geschäftsvermögen im Sinn von Abs. 1 lit. a gelten land- und forstwirtschaftliche Grundstücke, die zum Ertragswert bewertet werden. Im Übrigen ist für die Beurteilung, ob Geschäftsvermögen vorliegt, auf das Einkommenssteuerrecht abzustellen.

[3] Eine Beteiligung im Sinn von Abs. 1 lit. b liegt vor, wenn sie mindestens 51 Prozent des einbezahlten Grund-, Stamm- oder Einlagekapitals ausmacht oder die Beteiligten nach den Stimmrechtsverhältnissen über mindestens 51 Prozent des Kapitals bestimmen.

2. Nachveranlagung

§ 25*b*.[7] [1] Der Betrag, um den die Steuer ermässigt wurde, wird vollumfänglich nachveranlagt, wenn innert 10 Jahren

a. die selbstständige Erwerbstätigkeit aufgegeben wird,
b. die unselbstständige Erwerbstätigkeit im Sinn von § 25 a Abs. 1 lit. b aufgegeben wird,
c. die Beteiligung im Sinn von § 25 a Abs. 3 sich auf weniger als 51 Prozent reduziert,
d. der Sitz der Unternehmung, Kapitalgesellschaft oder Genossenschaft im Sinn von § 25 a Abs. 1 lit. a und b an einen Ort ausserhalb der Schweiz verlegt wird.

[2] Der Betrag, um den die Steuer ermässigt wurde, wird anteilmässig nachveranlagt, wenn und soweit innert 10 Jahren

a. zugewendetes oder zugeschiedenes Geschäftsvermögen, das die Ermässigung bewirkt hat, liquidiert oder einer Person, die für sich keine Ermässigung der Steuer beanspruchen kann, zu Lebzeiten zugewendet wird oder in das Privatvermögen überführt wird,
b. die zugewendete oder zugeschiedene Beteiligung, welche die Ermässigung bewirkt hat, veräussert oder einer Person, die für sich keine Ermässigung der Steuer beanspruchen kann, zu Lebzeiten zugewendet wird oder infolge einer Substanzdividende unter den ursprünglichen Wert fällt.

3. Abschnitt: Verfahrensrecht

A. Steuerbehörden

I. Verwaltungsbehörden

§ 26. [1] Der Vollzug des Gesetzes obliegt, soweit nicht besondere Behörden bezeichnet sind, der Finanzdirektion.

[2] Die Gemeinden sind im Rahmen des Gesetzes zur Mitwirkung verpflichtet.

II. Veranlagung

§ 27. [1] Die Erbschafts- und Schenkungssteuern werden von der Finanzdirektion veranlagt.[15]

[2] …[16]

B. Allgemeine Verfahrensgrundsätze

I. Amtsgeheimnis

§ 28. [1] Die mit dem Vollzug des Gesetzes betrauten Personen und amtlich bestellte Sachverständige sind verpflichtet, über die zu ihrer Kenntnis gelangten Verhältnisse der Steuerpflichtigen sowie über die Verhandlungen in den Behörden Stillschweigen zu bewahren und Dritten keine Einsicht in Steuerakten zu gewähren.

[2] Die Finanzdirektion ist befugt, Verwaltungsbehörden und Gerichten Steuerakten zu öffnen oder Mitglieder, Beamte und Angestellte der Steuerbehörden und amtlich bestellte Sachverständige zur Auskunft gegenüber Verwaltungsbehörden und Gerichten zu ermächtigen, soweit die Bekanntgabe im öffentlichen Interesse geboten ist.

[3] Die Verletzung des Amtsgeheimnisses wird nach den Bestimmungen des Schweizerischen Strafgesetzbuches[6] bestraft.

II. Auskunfts- und Anzeigepflichten
1. Von Verwaltungsbehörden und Gerichten

§ 29. [1] Verwaltungsbehörden, Gerichte und Beamte haben ungeachtet einer allfälligen Geheimhaltungspflicht den Steuerbehörden auf Verlangen aus ihren Akten Auskunft zu erteilen; sie haben von sich aus den Steuerbehörden Mitteilung zu machen, wenn nach Wahrnehmungen in ihrer amtlichen Tätigkeit Anhaltspunkte zu einer unvollständigen Versteuerung bestehen.

[2] Diese Auskunfts- und Anzeigepflichten bestehen nicht für die Notare in ihrer Tätigkeit als Urkundspersonen, die Behörden und Beamten der Kantonalbank sowie der Sparkassen und Banken von Gemeinden und die staatlichen Sparkassenkontrolleure.

2. Von Grundbuchämtern

§ 30. Die Grundbuchämter teilen alle Handänderungen von Liegenschaften infolge Erbvorbezugs, Erbgangs (Erbfolge, Erbteilung, Vermächtnis) oder Schenkung und alle Handänderungen von Liegenschaften, welche im Erbschafts- und Schenkungssteuerverfahren bevorzugt bewertet worden sind, der Finanzdirektion von Amtes wegen mit.

III. Verfahrensrechte
1. Akteneinsicht

§ 31. Der Steuerpflichtige und der Willensvollstrecker sind berechtigt, in die von ihnen eingereichten oder von ihnen unterzeichneten Akten Einsicht zu nehmen. Die übrigen Akten, die für die Veranlagung wesentlich sind, insbesondere die Inventarakten, stehen ihnen nach Ermittlung des Sachverhalts offen, soweit nicht öffentliche oder private Interessen die Geheimhaltung erfordern.

2. Mitteilung der Veranlagungsverfügung

§ 32. 1 Die Veranlagungsverfügung wird dem Steuerpflichtigen schriftlich und mit Begründung mitgeteilt.

2 Betrifft eine Verfügung gleichzeitig mehrere Steuerpflichtige, genügt die Zustellung an den Willensvollstrecker oder an die von den Steuerpflichtigen als Vertreter bezeichnete Person. Ist kein Willensvollstrecker ernannt und kein Vertreter bezeichnet worden, wird als zustellungsbevollmächtigt betrachtet, wer bei der Inventaraufnahme mitgewirkt oder die Steuererklärung für die Schenkung eingereicht hat. Erklärt ein Steuerpflichtiger, dass er von der Verfügung keine Kenntnis erhalten habe, so wird ihm auf sein Begehren nachträglich eine Ausfertigung der Verfügung zugestellt und die Einsprachefrist wiederhergestellt.

3 Die Vermächtnisnehmer und Versicherungsbegünstigten erhalten von der Verfügung durch einen sie betreffenden Auszug Kenntnis.

IV. Verfahrenspflichten
1. Allgemeines

§ 33. 1 Die Steuerpflichtigen haben bei der Veranlagung mitzuwirken.

2 Sie haben den Steuerbehörden schriftlich oder mündlich wahrheitsgetreu Auskunft zu geben, die für die richtige Veranlagung notwendigen Unterlagen beizubringen und alles zu tun, um eine gesetzmässige Veranlagung zu ermöglichen.

2. Steuererklärung

§ 34. 1 Personen, die eine steuerbare Schenkung erhalten haben, sind verpflichtet, innert drei Monaten nach Vollzug der Schenkung unaufgefordert eine Steuererklärung einzureichen.

2 Dieselbe Pflicht haben Personen, denen eine Steuerermässigung im Sinn von § 25 a gewährt wurde, innert drei Monaten nach Eintritt der Voraussetzungen für eine Nachveranlagung im Sinn von § 25 b zu erfüllen.[7]

3 Hat der Steuerpflichtige die Steuererklärung nicht oder verspätet eingereicht, kann ein Ausgleichszins erhoben werden.[8]

C. Inventarisation

I. Erbschaftssteuerinventar
1. Im Allgemeinen

§ 35. 1 Hat ein Todesfall voraussichtlich eine Erbschaftssteuerpflicht zur Folge, nimmt die Inventarbehörde ein Inventar auf.

2 In das Inventar aufgenommen werden der Nachlass und das Vermögen der durch den Erblasser in der Steuerpflicht vertrete-

nen Personen sowie alle Tatsachen, die für die Veranlagung der Erbschaftssteuer von Bedeutung sind.

2. In besondern Fällen

§ 36. Wird bereits nach andern öffentlichrechtlichen Bestimmungen oder nach Massgabe des Zivilrechts ein Inventar aufgenommen, bildet dieses die Grundlage für die Erstellung des Erbschaftssteuerinventars.

II. Verweisung auf die Bestimmungen des Steuergesetzes

§ 37. Die Bestimmungen des Steuergesetzes[4] und der zugehörigen Ausführungsvorschriften[5] über das Inventar gelten sinngemäss.

4. Abschnitt: Veranlagungs- und Rechtsmittelverfahren

A. Veranlagung

I. Grundlagen

§ 38. [1] Das Erbschaftssteuerinventar oder die Steuererklärung des Beschenkten bilden Grundlage für die Berechnung der Erbschafts- und Schenkungssteuer.

[2] Die Finanzdirektion überprüft das Inventar und nimmt die sich daraus ergebenden Berichtigungen vor.[15]

II. Veranlagung nach Ermessen

§ 39. Die Veranlagung wird nach pflichtgemässem Ermessen vorgenommen, soweit der Steuerpflichtige trotz Mahnung seine Verfahrenspflichten nicht erfüllt hat oder die für die Steuer massgebenden Sachverhalte mangels zuverlässiger Unterlagen nicht einwandfrei ermittelt werden können.

III. Verjährung

§ 40. [1] Das Recht, eine Steuer zu veranlagen, verjährt zehn Jahre nach Entstehung des Steuer- oder Nachveranlagungsanspruchs.

[2] Die Verjährungsfrist beginnt nicht oder steht still während der Dauer eines Prozesses, dessen Ausgang für die Steuerveranlagung wesentlich sein kann.

B. Einsprache

I. Verfahren

§ 41. [1] Gegen die Veranlagungsverfügung kann der Steuerpflichtige innert 30 Tagen nach Zustellung bei der Finanzdirektion schriftlich Einsprache erheben.

[2] Die Einspracheschrift muss einen Antrag und eine Begründung enthalten. Genügt sie diesen Erfordernissen nicht, wird dem Einsprecher eine kurze, nicht erstreckbare Nachfrist zur Behebung des Mangels angesetzt unter der Androhung, dass sonst auf die Einsprache nicht eingetreten wird. Die Beweismittel sollen

der Einspracheschrift beigelegt oder, soweit dies nicht möglich ist, genau bezeichnet werden.

[3] Ein nach pflichtgemässem Ermessen eingeschätzter Steuerpflichtiger hat im Einspracheverfahren die Unrichtigkeit der Einschätzung nachzuweisen.

[4] Die Finanzdirektion entscheidet über die Einsprache. Sie ist nicht an die Anträge des Steuerpflichtigen gebunden und führt trotz Rückzugs einer Einsprache das Verfahren weiter, sofern Anhaltspunkte dafür vorliegen, dass die Veranlagung dem Gesetz nicht entspricht. Sie kann nach Anhörung des Steuerpflichtigen die Veranlagung zu seinen Ungunsten ändern.

II. Kosten

§ **42.** Hat der Steuerpflichtige schuldhaft durch Verletzung von Verfahrenspflichten oder verspätete Geltendmachung von Verfahrensrechten ein Einspracheverfahren veranlasst, werden ihm die Kosten dieses Verfahrens auferlegt.

C. Rekurs und Beschwerdeverfahren[15]

I. Verfahren

§ **43.**[15] [1] Gegen den Einspracheentscheid kann der Steuerpflichtige Rekurs beim Steuerrekursgericht[17] erheben.

[2] Gegen den Rekursentscheid können der Steuerpflichtige und die Finanzdirektion Beschwerde beim Verwaltungsgericht erheben.

[3] Die Bestimmungen des Steuergesetzes über das Rekurs- und Beschwerdeverfahren bei Einschätzungen für die Staatssteuer (§§ 147–153 StG[4]) gelten sinngemäss.

§ **44.**[16]

5. Abschnitt: Änderung rechtskräftiger Entscheide

A. Revision und Berichtigung

I. Revision
1. Revisionsgründe

§ **45.** [1] Ein rechtskräftiger Entscheid kann auf Antrag zu Gunsten des Steuerpflichtigen revidiert werden,

a. wenn durch Strafurteil festgestellt ist, dass der Entscheid durch ein Verbrechen oder Vergehen beeinflusst wurde,
b. wenn erhebliche Tatsachen oder Beweismittel entdeckt werden,
c. wenn die entscheidende Behörde erhebliche Tatsachen oder Beweismittel, die ihr bekannt waren oder hätten bekannt sein müssen, ausser Acht gelassen oder in anderer Weise wesentliche Verfahrensgrundsätze verletzt hat.

[2] Die Revision nach Abs. 1 lit. b und c ist ausgeschlossen, wenn der Steuerpflichtige das, was er als Revisionsgrund vorbringt, bei

der ihm zumutbaren Sorgfalt schon im ordentlichen Verfahren hätte geltend machen können.

2. Revisionsfrist

§ 46. Das Revisionsbegehren ist vom Steuerpflichtigen innert drei Monaten nach Entdeckung des Revisionsgrundes, spätestens aber innert zehn Jahren nach Zustellung des Entscheides zu stellen.

3. Revisionsverfahren

§ 47. [1] Das Revisionsbegehren ist schriftlich der Behörde einzureichen, die den Entscheid getroffen hat.

[2] Das Revisionsbegehren muss enthalten:

a. die genaue Bezeichnung der einzelnen Revisionsgründe,
b. einen Antrag, in welchem Umfang der frühere Entscheid aufzuheben und wie neu zu entscheiden sei.

[3] Die Beweismittel für die Revisionsgründe sowie für die Behauptung, dass seit Entdeckung der Revisionsgründe noch nicht drei Monate verflossen sind, sollen dem Revisionsbegehren beigelegt oder, soweit dies nicht möglich ist, genau bezeichnet werden.

4. Entscheid

§ 48. Erachtet die Behörde das Revisionsbegehren als begründet, hebt sie ihren früheren Entscheid auf und entscheidet von neuem.

5. Kosten

§ 49. Die Bestimmungen des Rekursverfahrens über die Verfahrenskosten gelten sinngemäss.

II. Berichtigung von Rechnungs- und Schreibfehlern

§ 50. Rechnungsfehler und Schreibversehen in rechtskräftigen Entscheiden können innert fünf Jahren seit der Eröffnung auf Antrag oder von Amtes wegen von der Behörde berichtigt werden, der sie unterlaufen sind.

III. Rechtsmittel

§ 51. Gegen den Entscheid über das Revisionsbegehren und gegen den neuen Entscheid sowie gegen die Berichtigung können die gleichen Rechtsmittel wie gegen den früheren Entscheid ergriffen werden.

B. Nachsteuer

I. Voraussetzungen und Verwirkung

§ 52. [1] Ergibt sich auf Grund von Tatsachen oder Beweismitteln, welche der Steuerbehörde nicht bekannt waren, dass eine rechtskräftige Veranlagung unvollständig oder zu Unrecht unterblieben ist, so wird die zu wenig veranlagte Steuer mit Einschluss des Zinses als Nachsteuer erhoben.

[2] Nachsteueransprüche verwirken zehn Jahre nach Ablauf des Kalenderjahres, in welchem der Steueranspruch entstanden ist.

§ **53.** Die Finanzdirektion setzt die Nachsteuer fest. Die Bestimmungen über das Veranlagungsverfahren gelten sinngemäss. **II. Nachsteuerverfahren**

§ **54.**[15] Gegen den Einspracheentscheid der Finanzdirektion kann Rekurs beim Verwaltungsgericht erhoben werden. § 162 Abs. 3 StG[4] gilt sinngemäss. **III. Rechtsmittel**

6. Abschnitt: Steuerbezug

I. Behörde

§ **55.** [1] Die Steuern werden durch die Finanzdirektion bezogen.

[2] Die Bestimmungen des Steuergesetzes[4] über Steuerbezug und Steuererlass für die Staatssteuern gelten sinngemäss unter Vorbehalt der nachfolgenden Bestimmungen auch für die Erbschafts- und Schenkungssteuer.[15]

II. Zahlungspflicht

§ **56.** [1] Die Steuer ist vom Steuerpflichtigen geschuldet.

[2] Beim Nutzniessungsverhältnis ist die Steuer des Eigentümers für das belastete Vermögen aus dem Nutzniessungsvermögen zu entrichten.

[3] Die Steuer auf dem Kapitalwert der Nutzniessung ist vom Nutzniesser aus dem Nutzniessungsvermögen zu entrichten.

III. Haftung

§ **57.** [1] Für die Erbschaftssteuer haftet jeder Empfänger solidarisch im Umfang seiner Bereicherung.

[2] Der Nutzniesser haftet solidarisch für die Steuer des Eigentümers bis zur Höhe des Nutzniessungsvermögens, auch wenn er selbst nicht Steuersubjekt ist.

[3] Für die Schenkungssteuer haftet der Schenker solidarisch mit dem Steuerpflichtigen.

IV. Sicherstellung

§ **58.** Besteht Gefahr, dass der Steueranspruch nicht mit Erfolg geltend gemacht werden kann, können die Inventarbehörde und die Finanzdirektion Erbschaftsgegenstände in der Höhe des mutmasslichen Steuerbetrags in Verwahrung nehmen oder sperren lassen, bis der Steuerpflichtige ausreichende Sicherheit geleistet hat.

V. Fälligkeit

§ **59.** [1] Steuerforderungen werden mit der Zustellung der Steuerverfügung fällig.

[2] Für fällige Steuerforderungen besteht eine Zahlungsfrist von einem Monat.

VI. Vergütungs- und Verzugszinsen

§ **60.** [1] Für vorzeitig bezahlte Steuern können Vergütungszinsen ausgerichtet werden.

[2] Für Steuern, die bis zum Ablauf der Zahlungsfrist nicht entrichtet werden, sind ohne Mahnung Verzugszinsen geschuldet. Die Zahlungsfrist wird durch Einreichung von Rechtsmitteln und von Stundungs- oder Erlassgesuchen nicht unterbrochen.

[3] Die Finanzdirektion setzt die Zinssätze fest.

VII. Zahlungserleichterungen

§ 61.[15] [1] Liegen besondere Verhältnisse vor, können fällige Steuerbeträge vorübergehend gestundet oder Ratenzahlungen bewilligt werden.

[2] Gegen den Entscheid über eine Zahlungserleichterung kann Einsprache, gegen den Einspracheentscheid Rekurs bei der Finanzdirektion, gegen den Rekursentscheid Beschwerde beim Verwaltungsgericht erhoben werden. § 178 Abs. 2 StG[4] gilt sinngemäss.

VIII. Erlass

§ 62. Bedeutet die Bezahlung der Steuern für den Steuerschuldner infolge besonderer Verhältnisse eine grosse Härte, kann die Finanzdirektion die Steuerschuld ganz oder teilweise erlassen.

IX. Bezugsverjährung

§ 63. [1] Rechtskräftig festgesetzte Steuern verjähren fünf Jahre nach Eintritt der Rechtskraft der Steuerverfügung.

[2] Die Verjährung ruht, solange rechtskräftig festgesetzte Steuern ganz oder teilweise gestundet sind oder der Steuerschuldner in der Schweiz nicht betrieben werden kann.

[3] Die Verjährung tritt in jedem Fall spätestens zehn Jahre nach Ablauf des Jahres ein, in dem die Steuern rechtskräftig festgesetzt worden sind. Vorbehalten bleiben die Wirkungen des Verlustscheins.

X. Rekurs

§ 64. [1] Gegen Sicherstellungsverfügungen der Inventarbehörde oder der Finanzdirektion im Sinne von § 58 kann der Steuerpflichtige innert 30 Tagen nach Zustellung Rekurs beim Verwaltungsgericht erheben.[15]

[2] Gegen Entscheide über einen Steuererlass kann der Steuerpflichtige innert 30 Tagen nach Zustellung Rekurs bei der Finanzdirektion erheben. Der Rekursentscheid kann mit Beschwerde beim Verwaltungsgericht angefochten werden.[15]

[3] Die Rekursschrift muss einen Antrag und eine Begründung enthalten. Genügt sie diesen Anforderungen nicht, wird dem Rekurrenten eine kurze, nicht erstreckbare Nachfrist zur Behebung des Mangels angesetzt unter der Androhung, dass sonst auf den Rekurs nicht eingetreten wird. Die Beweismittel sollen der Rekursschrift beigelegt oder, soweit dies nicht möglich ist, genau bezeichnet werden.

[4] Der Rekurs hat keine aufschiebende Wirkung, soweit nicht die Rekursinstanz etwas anderes verfügt.

7. Abschnitt: Strafbestimmungen

A. Steuerwiderhandlung

I. Busse

§ 65. 1 Wer den Bestimmungen dieses Gesetzes über die Verfahrenspflichten schuldhaft zuwiderhandelt, wer dazu anstiftet oder dabei vorsätzlich Hilfe leistet, wird mit Busse von Fr. 10 bis Fr. 2000, in schweren Fällen und bei Rückfall mit Busse bis Fr. 10 000 bestraft.

2 Wird die Widerhandlung durch Organe einer juristischen Person begangen, so haftet diese solidarisch für die verhängte Busse.

II. Verjährung

§ 66. 1 Das Recht, eine Strafverfolgung einzuleiten, erlischt ein Jahr nach rechtskräftigem Abschluss des Verfahrens, in dem die Verfahrenspflichten verletzt worden sind.

2 Die Strafverfolgung wegen Verletzung von Verfahrenspflichten verjährt zwei Jahre nach Ablauf des Kalenderjahres, in dem sie eingeleitet worden ist. Die Verjährung wird durch jede Strafverfolgungshandlung unterbrochen. Sie beginnt mit jeder Unterbrechung von neuem, kann aber insgesamt höchstens um ihre ursprüngliche Dauer hinausgeschoben werden.

III. Verfahren

§ 67. 1 Die Busse wird durch die Finanzdirektion festgesetzt und bezogen.

2 Die Bestimmungen des Steuergesetzes über das Strafverfahren und den Bezug von Bussen (§§ 243–260 StG[4]) gelten sinngemäss.[15]

3 …[16]

B. Steuerhinterziehung

I. Strafsteuer und Busse

§ 68. 1 Wer als Steuerpflichtiger vorsätzlich oder fahrlässig bewirkt, dass er unvollständig eingeschätzt wird, hat eine Strafsteuer zu bezahlen, die ein Viertel bis das Dreifache, in der Regel das Einfache der hinterzogenen Steuer beträgt; bei Selbstanzeige wird die Strafsteuer auf ein Viertel der hinterzogenen Steuer ermässigt.

2 Wer zu einer Steuerhinterziehung anstiftet, vorsätzlich dazu Hilfe leistet oder als Vertreter des Steuerpflichtigen oder als Testamentsvollstrecker vorsätzlich eine Steuerhinterziehung bewirkt oder an einer solchen mitwirkt, wird ohne Rücksicht auf die Strafbarkeit des Steuerpflichtigen mit einer Busse bis zu Fr. 10 000, in schweren Fällen oder bei Rückfall bis zu Fr. 50 000 bestraft.

II. Hinterziehungsversuch

§ 69. Wer versucht, eine Steuerhinterziehung zu begehen, wird mit einer Busse bestraft, die zwei Drittel der Strafsteuer gemäss § 68 beträgt.

III. Verjährung

§ 70. Die Strafverfolgung wegen vollendeter Steuerhinterziehung verjährt nicht, solange die hinterzogene Steuer nicht verjährt ist, diejenige wegen versuchter Steuerhinterziehung zwei Jahre nach dem rechtskräftigen Abschluss des Verfahrens, in welchem die versuchte Steuerhinterziehung begangen wurde.

IV. Verfahren

§ 71. [1] Strafsteuer und Bussen werden von der Finanzdirektion festgesetzt und bezogen.

[2] Die Bestimmungen des Steuergesetzes über das Strafverfahren und den Bezug von Bussen (§§ 243–260 StG[4]) gelten sinngemäss.[15]

[3] …[16]

C. Juristische Personen und Erbenhaftung

I. Juristische Personen

§ 72. Werden mit Wirkung für eine juristische Person Verfahrenspflichten verletzt, Steuern hinterzogen oder Steuern zu hinterziehen versucht, so wird die juristische Person bestraft. Die handelnden Organe oder Vertreter können zudem nach § 65 Abs. 1 und § 68 Abs. 2 bestraft werden.

II. Erbenhaftung

§ 73. [1] Die Erben des Steuerpflichtigen, der eine Steuerwiderhandlung oder eine Steuerhinterziehung begangen hat, haften ohne Rücksicht auf eigenes Verschulden für die rechtskräftig festgesetzte Busse und Strafsteuer solidarisch bis zum Betrag ihres Anteils am Nachlass mit Einschluss der Vorempfänge.

[2] Ist das Steuerwiderhandlungs- oder Hinterziehungsverfahren beim Tode des Steuerpflichtigen noch nicht rechtskräftig abgeschlossen oder ist es erst nach dem Tode des Steuerpflichtigen eingeleitet worden, so entfällt die Haftung des Erben.

D. Steuerbetrug

I. Tatbestand

§ 74. [1] Wer zum Zweck der Steuerhinterziehung gefälschte, verfälschte oder inhaltlich unwahre Urkunden zur Täuschung gebraucht, wird unabhängig von der Festsetzung einer Strafsteuer mit Freiheitsstrafe bis zu drei Jahren oder Geldstrafe bestraft.[10]

[2] Wird der Steuerbetrug durch Organe einer juristischen Person begangen, so haftet diese solidarisch für die verhängte Busse.

§ **75.** [1] Das Verfahren richtet sich nach der Strafprozessordnung[3].[15]

II. Verfahren; Verjährung

[2] Die Strafverfolgung wegen Steuerbetrugs verjährt zehn Jahre nach Entstehung des Steueranspruchs gemäss § 7, auf den sie sich bezieht.

§ **76.** Besteht nach den Feststellungen einer Steuerbehörde der begründete Verdacht, dass ein Steuerbetrug begangen worden ist, so erstattet die Finanzdirektion Strafanzeige und vertritt den Staat im Strafverfahren.

III. Anzeigepflicht

8. Abschnitt: Schlussbestimmungen

§ **77.** Das Gesetz über die Erbschafts- und Schenkungssteuer vom 26. April 1936 wird aufgehoben.

I. Aufhebung bisherigen Rechts

§ **78.** [1] Für Steuerfälle, in denen der Steueranspruch vor Inkrafttreten dieses Gesetzes entstanden ist, gelten die Bestimmungen des bisherigen Rechts.

II. Übergangsbestimmungen

[2] Die Bestimmungen über das Verfahrensrecht, über das Veranlagungs- und Rechtsmittelverfahren, über die Änderung rechtskräftiger Entscheide sowie über den Steuerbezug finden mit Inkrafttreten dieses Gesetzes Anwendung, auch wenn der Todesfall vor dessen Inkrafttreten eingetreten ist oder die Schenkung vor diesem Zeitpunkt vollzogen wurde.

[3] Die Bestimmungen über die Rechtsmittelfristen finden erstmals Anwendung auf Fristen, die nach Inkrafttreten dieses Gesetzes zu laufen beginnen.

[4] Die Strafbestimmungen dieses Gesetzes sind anwendbar, wenn die Steuerwiderhandlung, die Steuerhinterziehung oder der Steuerbetrug nach Inkrafttreten begangen wurde, auch wenn der Todesfall vor Inkrafttreten eingetreten ist oder die Schenkung vor diesem Zeitpunkt vollzogen wurde.

---

1 OS 49, 810. Inkrafttreten: 1. Januar 1987 (OS 49, 827).
2 LS 101.
3 LS 321.
4 LS 631.1.
5 LS 631.11.
6 SR 311.0.
7 Eingefügt durch G vom 23. August 1999 (OS 56, 48). In Kraft seit 1. Januar 2000 (OS 56, 57).
8 Fassung gemäss G vom 23. August 1999 (OS 56, 48). In Kraft seit 1. Januar 2000 (OS 56, 57).

III. Inkrafttreten

§ 79. Dieses Gesetz untersteht der Volksabstimmung. Der Regierungsrat bestimmt den Zeitpunkt des Inkrafttretens.

---

9 Aufgehoben durch G vom 23. August 1999 (OS 56, 48). In Kraft seit 1. Januar 2000 (OS 56, 57).

10 Fassung gemäss G über die Anpassung an den geänderten allgemeinen Teil des Strafgesetzbuches und an das neue Jugendstrafgesetz vom 19. Juni 2006 (OS 61, 391; ABl 2005, 1483). In Kraft seit 1. Januar 2007.

11 Eingefügt durch G über die Anpassung des kantonalen Rechts an das Partnerschaftsgesetz des Bundes vom 9. Juli 2007 (OS 62, 429; ABl 2006, 1703). In Kraft seit 1. Januar 2008.

12 Fassung gemäss G über die Anpassung des kantonalen Rechts an das Partnerschaftsgesetz des Bundes vom 9. Juli 2007 (OS 62, 429; ABl 2006, 1703). In Kraft seit 1. Januar 2008.

13 Fassung gemäss G über die anerkannten jüdischen Gemeinden vom 9. Juli 2007 (OS 62, 476; ABl 2006, 634). In Kraft seit 1. Januar 2008.

14 Fassung gemäss Kirchengesetz vom 9. Juli 2007 (OS 62, 482; ABl 2006, 573). In Kraft seit 1. Januar 2010 (OS 63, 152).

15 Fassung gemäss G über die Anpassung des kantonalen Verwaltungsverfahrensrechts vom 22. März 2010 (OS 65, 390; ABl 2009, 801). In Kraft seit 1. Juli 2010.

16 Aufgehoben durch G über die Anpassung des kantonalen Verwaltungsverfahrensrechts vom 22. März 2010 (OS 65, 390; ABl 2009, 801). In Kraft seit 1. Juli 2010.

17 Fassung gemäss G über die Unterstellung der Steuerrekurskommissionen und der Baurekurskommissionen unter das Verwaltungsgericht vom 13. September 2010 (OS 65, 953; ABl 2010, 266). In Kraft seit 1. Januar 2011.

Verordnung
zum Erbschafts- und Schenkungssteuergesetz (OS 632.11)

(vom 12. November 1986)[1]

Der Regierungsrat beschliesst:

A. Steuerbehörden und Verfahrensgrundsätze

I. Vollzug

§ **1.**[7] [1] Das kantonale Steueramt vollzieht das Erbschafts- und Schenkungssteuergesetz (ESchG) vom 28. September 1986[4], soweit nachfolgend nichts Abweichendes geregelt ist.

[2] Die Finanzdirektion entscheidet über Rekurse gemäss §§ 61 Abs. 2 und 64 Abs. 2 ESchG[4].

II. Verweisung

§ **2.**[6] Es gelten sinngemäss:

a) § 119 des Steuergesetzes[2] über den Ausstand,

b) §§ 2–15, § 21 Abs. 1 und 2 sowie §§ 23–25 der Verordnung zum Steuergesetz[3].

B. Ausgleichs- und Nachsteuerzins

I. Grundsatz

§ **3.** Ausgleichs- und Nachsteuerzinsen werden wie Steuern behandelt und im Veranlagungsverfahren festgesetzt.

II. Ausgleichszins
1. Erhebung

§ **4.** [1] Hat der Empfänger einer steuerbaren Schenkung die Steuererklärung für die Schenkungssteuer nicht oder verspätet eingereicht, wird ein Ausgleichszins erhoben, wenn die Steuererklärung bis 31. März des auf den Vollzug der Schenkung folgenden Kalenderjahres nicht eingereicht wird.[6]

[2] Absatz 1 gilt sinngemäss, wenn Personen, denen eine Steuerermässigung im Sinn von § 25 a des Gesetzes[4] gewährt wurde, nach Eintritt der Voraussetzungen für eine Nachveranlagung nicht innert Frist eine Steuererklärung einreichen.[5]

2. Berechnung

§ **5.**[6] Der Ausgleichszins wird ab 1. April des auf den Vollzug der Schenkung oder den Eintritt der Voraussetzungen für die Nachveranlagung folgenden Kalenderjahres bis zum Eingangsdatum der Steuererklärung oder bei unterlassener Einreichung bis zum Tag der Veranlagung berechnet.

III. Nachsteuerzins

§ 6. Der Nachsteuerzins wird ab dem Zeitpunkt des Eintritts der Rechtskraft der Veranlagung bis zum Zeitpunkt der Einleitung des Nachsteuerverfahrens berechnet. Bei Selbstanzeige wird der Nachsteuerzins nur bis zum Datum ihres Eingangs berechnet.

IV. Zinssätze

§ 7. [1] Die Zinssätze für Ausgleichs- und Nachsteuerzinsen werden durch die Finanzdirektion festgesetzt.

[2] Die Finanzdirektion bestimmt, inwieweit wegen Geringfügigkeit auf die Erhebung von Ausgleichs- und Nachsteuerzinsen verzichtet wird.

C. Steuerbezug

I. Vergütungszinsen

§ 8. [1] Vergütungszinsen auf Erbschafts- und Schenkungssteuervorauszahlungen werden im Umfang der veranlagten Steuer ausgerichtet.

[2] Die Vorauszahlung wird vom Tag der Steuerzahlung an bis zum Tag der Veranlagung zu den in den jeweiligen Zeiträumen gültigen Sätzen verzinst.

II. Steuerrückerstattungen

§ 9.[7] Die Steuerrückerstattungen infolge Herabsetzung des Steuerbetrags im Rechtsmittelverfahren werden vom Tag der Zahlung an, frühestens aber nach Ablauf der Zahlungsfrist, bis zum Tag der Steuerrückerstattung verzinst.

III. Zinssätze

§ 10.[7] Die Finanzdirektion setzt die Zinssätze für Vergütungs- und Verzugszinsen sowie für Zinsen auf Steuerrückerstattungen fest.

IV. Zahlungserleichterungen

§ 11. [1] Stundung und Ratenzahlungen sind nur zu bewilligen, wenn die Zahlung des Steuerbetrags für den Steuerpflichtigen eine Härte bedeutet und ausreichende Sicherheit durch Hinterlegen guter Wertpapiere, Grundpfandverschreibung oder Solidarbürgschaft geleistet wird.

[2] Auf Sicherstellung kann verzichtet werden, wenn das der Erbschafts- oder Schenkungssteuer unterliegende Vermögen seit dem Übergang auf den Steuerpflichtigen ohne sein Verschulden einen erheblichen Wertzerfall erfahren hat und der Steuerpflichtige nicht über genügend andere Mittel verfügt.

[3] Dem Empfänger einer periodischen Leistung, ausgenommen Nutzniessungsberechtigten, sind Ratenzahlungen zu bewilligen, wenn der Steuerpflichtige nicht über genügend andere Mittel für die Zahlung des Steuerbetrags verfügt.[7]

D. Schlussbestimmungen

I. Übergangs bestimmung

§ 12. [1] Die Bestimmungen dieser Verordnung finden nach ihrem Inkrafttreten auf sämtliche Erbschafts- und Schenkungssteuerverfahren Anwendung.

[2] Ausgleichszinsen werden frühestens ab 1. April 1989 berechnet.

[3] Nachsteuerzinsen werden nur bei den nach Inkrafttreten dieser Verordnung eingeleiteten Nachsteuerverfahren und frühestens ab 1. Januar 1987 erhoben.

II. Inkrafttreten

§ 13. Die Verordnung tritt am 1. Januar 1987 in Kraft.

---

1 OS 49, 828.
2 LS 631.1.
3 LS 631.11.
4 LS 632.1.
5 Eingefügt durch RRB vom 13. September 2000 (OS 56, 303). In Kraft seit 1. Oktober 2000.
6 Fassung gemäss RRB vom 13. September 2000 (OS 56, 303). In Kraft seit 1. Oktober 2000.
7 Fassung gemäss RRB vom 30. Juni 2010 (OS 65, 468; ABl 2010, 1481). In Kraft seit 1. August 2010.

Model Convention with Respect to Taxes on Income and on Capital*

Condensed Version
18 December 2017

* OECD (2017), Model Tax Convention on Income and on Capital: Condensed Version 2017, OECD Publishing
http://dx.doi.org/10.1787/mtc_cond-2017-en

SUMMARY OF THE CONVENTION

Title and Preamble

Chapter I

SCOPE OF THE CONVENTION

Chapter II

DEFINITIONS

Chapter III

TAXATION OF INCOME

Chapter IV

TAXATION OF CAPITAL

Chapter V

METHODS FOR ELIMINATION OF DOUBLE TAXATION

Chapter VI

SPECIAL PROVISIONS

Chapter VII

FINAL PROVISIONS

TITLE OF THE CONVENTION

Convention between (State A) and (State B)
for the elimination of double taxation with respect to taxes on income and on capital and the prevention of tax evasion and avoidance

PREAMBLE TO THE CONVENTION

(State A) and (State B),

Desiring to further develop their economic relationship and to enhance their co-operation in tax matters,

Intending to conclude a Convention for the elimination of double taxation with respect to taxes on income and on capital without creating opportunities for non-taxation or reduced taxation through tax evasion or avoidance (including through treaty-shopping arrangements aimed at obtaining reliefs provided in this Convention for the indirect benefit of residents of third States),

Have agreed as follows:

Chapter I

SCOPE OF THE CONVENTION

ARTICLE 1

PERSONS COVERED

1. This Convention shall apply to persons who are residents of one or both of the Contracting States.

2. For the purposes of this Convention, income derived by or through an entity or arrangement that is treated as wholly or partly fiscally transparent under the tax law of either Contracting State shall be considered to be income of a resident of a Contracting State but only to the extent that the income is treated, for purposes of taxation by that State, as the income of a resident of that State.

3. This Convention shall not affect the taxation, by a Contracting State, of its residents except with respect to the benefits granted under paragraph 3 of Article 7, paragraph 2 of Article 9 and Articles 19, 20, 23 [A] [B], 24, 25 and 28.

ARTICLE 2

TAXES COVERED

1. This Convention shall apply to taxes on income and on capital imposed on behalf of a Contracting State or of its political subdivisions or local authorities, irrespective of the manner in which they are levied.

2. There shall be regarded as taxes on income and on capital all taxes imposed on total income, on total capital, or on elements of income or of capital, including taxes on gains from the alienation of movable or immovable property, taxes on the total amounts of wages or salaries paid by enterprises, as well as taxes on capital appreciation.

3. The existing taxes to which the Convention shall apply are in particular:

   a) (in State A): ....

   b) (in State B): ....

4. The Convention shall apply also to any identical or substantially similar taxes that are imposed after the date of signature of the Convention in addition to, or in place of, the existing taxes. The competent authorities of the Contracting States shall notify each other of any significant changes that have been made in their taxation laws.

Chapter II

DEFINITIONS

ARTICLE 3

GENERAL DEFINITIONS

1. For the purposes of this Convention, unless the context otherwise requires:

a) the term "person" includes an individual, a company and any other body of persons;

b) the term "company" means any body corporate or any entity that is treated as a body corporate for tax purposes;

c) the term "enterprise" applies to the carrying on of any business;

d) the terms "enterprise of a Contracting State" and "enterprise of the other Contracting State" mean respectively an enterprise carried on by a resident of a Contracting State and an enterprise carried on by a resident of the other Contracting State;

e) the term "international traffic" means any transport by a ship or aircraft except when the ship or aircraft is operated solely between places in a Contracting State and the enterprise that operates the ship or aircraft is not an enterprise of that State;

f) the term "competent authority" means:

(i) (in State A): ....

(ii) (in State B): ....

g) the term "national", in relation to a Contracting State, means:

(i) any individual possessing the nationality or citizenship of that Contracting State; and

(ii) any legal person, partnership or association deriving its status as such from the laws in force in that Contracting State;

h) the term "business" includes the performance of professional services and of other activities of an independent character.

i) the term "recognised pension fund" of a State means an entity or arrangement established in that State that is treated as a separate person under the taxation laws of that State and:

(i) that is established and operated exclusively or almost exclusively to administer or provide retirement benefits and ancillary or incidental benefits to individuals and that is regulated as such by that State or one of its political subdivisions or local authorities; or

(ii) that is established and operated exclusively or almost exclusively to invest funds for the benefit of entities or arrangements referred to in subdivision (i).

2. As regards the application of the Convention at any time by a Contracting State, any term not defined therein shall, unless the context otherwise requires or the competent authorities agree to a different meaning pursuant to the provisions of Article 25, have the meaning that it has at that time under the law of that State for the purposes of the taxes to which the Convention applies, any meaning under the applicable tax laws of that State prevailing over a meaning given to the term under other laws of that State.

ARTICLE 4

RESIDENT

1. For the purposes of this Convention, the term "resident of a Contracting State" means any person who, under the laws of that State, is liable to tax therein by reason of his domicile, residence, place of management or any other criterion of a similar nature, and also includes that State and any political subdivision or local authority thereof as well as a recognised pension fund of that State. This term, however, does not include any person who is liable to tax in that State in respect only of income from sources in that State or capital situated therein.

2. Where by reason of the provisions of paragraph 1 an individual is a resident of both Contracting States, then his status shall be determined as follows:

a) he shall be deemed to be a resident only of the State in which he has a permanent home available to him; if he has a permanent home available to him in both States, he shall be deemed to be a resident only of the State with which his personal and economic relations are closer (centre of vital interests);

b) if the State in which he has his centre of vital interests cannot be determined, or if he has not a permanent home available to him in either State, he shall be deemed to be a resident only of the State in which he has an habitual abode;

c) if he has an habitual abode in both States or in neither of them, he shall be deemed to be a resident only of the State of which he is a national;

d) if he is a national of both States or of neither of them, the competent authorities of the Contracting States shall settle the question by mutual agreement.

3. Where by reason of the provisions of paragraph 1 a person other than an individual is a resident of both Contracting States, the competent authorities of the Contracting States shall endeavour to determine by mutual agreement the Contracting State of which such person shall be deemed to be a resident for the purposes of the Convention, having regard to its place of effective management, the place where it is incorporated or otherwise constituted and any other relevant factors. In the absence of such agreement, such person shall not be entitled to any relief or exemption from tax provided by this Convention except to the extent and in such manner as may be agreed upon by the competent authorities of the Contracting States.

ARTICLE 5

PERMANENT ESTABLISHMENT

1. For the purposes of this Convention, the term "permanent establishment" means a fixed place of business through which the business of an enterprise is wholly or partly carried on.

2. The term "permanent establishment" includes especially:

a) a place of management;

b) a branch;

c) an office;

d) a factory;

e) a workshop, and

f) a mine, an oil or gas well, a quarry or any other place of extraction of natural resources.

3. A building site or construction or installation project constitutes a permanent establishment only if it lasts more than twelve months.

4. Notwithstanding the preceding provisions of this Article, the term "permanent establishment" shall be deemed not to include:

a) the use of facilities solely for the purpose of storage, display or delivery of goods or merchandise belonging to the enterprise;

b) the maintenance of a stock of goods or merchandise belonging to the enterprise solely for the purpose of storage, display or delivery;

c) the maintenance of a stock of goods or merchandise belonging to the enterprise solely for the purpose of processing by another enterprise;

d) the maintenance of a fixed place of business solely for the purpose of purchasing goods or merchandise or of collecting information, for the enterprise;

e) the maintenance of a fixed place of business solely for the purpose of carrying on, for the enterprise, any other activity;

f) the maintenance of a fixed place of business solely for any combination of activities mentioned in subparagraphs *a)* to *e)*,

provided that such activity or, in the case of subparagraph *f)*, the overall activity of the fixed place of business, is of a preparatory or auxiliary character.

4.1 Paragraph 4 shall not apply to a fixed place of business that is used or maintained by an enterprise if the same enterprise or a closely related enterprise carries on business activities at the same place or at another place in the same Contracting State and

a) that place or other place constitutes a permanent establishment for the enterprise or the closely related enterprise under the provisions of this Article, or

b) the overall activity resulting from the combination of the activities carried on by the two enterprises at the same place, or by the same enterprise or closely related enterprises at the two places, is not of a preparatory or auxiliary character,

provided that the business activities carried on by the two enterprises at the same place, or by the same enterprise or closely related enterprises at the two places, constitute complementary functions that are part of a cohesive business operation.

5. Notwithstanding the provisions of paragraphs 1 and 2 but subject to the provisions of paragraph 6, where a person is acting in a Contracting State on behalf of an enterprise and, in doing so, habitually concludes contracts, or habitually plays the principal role leading to the conclusion of contracts that are routinely concluded without material modification by the enterprise, and these contracts are

a) in the name of the enterprise, or

b) for the transfer of the ownership of, or for the granting of the right to use, property owned by that enterprise or that the enterprise has the right to use, or

c) for the provision of services by that enterprise,

that enterprise shall be deemed to have a permanent establishment in that State in respect of any activities which that person undertakes for the enterprise, unless the activities of such person are limited to those mentioned in paragraph 4 which, if exercised through a fixed place of business (other than a fixed place of business to which paragraph 4.1 would apply), would not make this fixed place of business a permanent establishment under the provisions of that paragraph.

6. Paragraph 5 shall not apply where the person acting in a Contracting State on behalf of an enterprise of the other Contracting State carries on business in the first-mentioned State as an independent agent and acts for the enterprise in the ordinary course of that business. Where, however, a person acts exclusively or almost exclusively on behalf of one or more enterprises to which it is closely related, that person shall not be considered to be an independent agent within the meaning of this paragraph with respect to any such enterprise.

7. The fact that a company which is a resident of a Contracting State controls or is controlled by a company which is a resident of the other Contracting State, or which carries on business in that other State (whether through a permanent establishment or otherwise), shall not of itself constitute either company a permanent establishment of the other.

8. For the purposes of this Article, a person or enterprise is closely related to an enterprise if, based on all the relevant facts and circumstances, one has control of the other or both are under the control of the same persons or enterprises. In any case, a person or enterprise shall be considered to be closely related to an enterprise if one

possesses directly or indirectly more than 50 per cent of the beneficial interest in the other (or, in the case of a company, more than 50 per cent of the aggregate vote and value of the company's shares or of the beneficial equity interest in the company) or if another person or enterprise possesses directly or indirectly more than 50 per cent of the beneficial interest (or, in the case of a company, more than 50 per cent of the aggregate vote and value of the company's shares or of the beneficial equity interest in the company) in the person and the enterprise or in the two enterprises.

Chapter III

TAXATION OF INCOME

ARTICLE 6

INCOME FROM IMMOVABLE PROPERTY

1. Income derived by a resident of a Contracting State from immovable property (including income from agriculture or forestry) situated in the other Contracting State may be taxed in that other State.

2. The term "immovable property" shall have the meaning which it has under the law of the Contracting State in which the property in question is situated. The term shall in any case include property accessory to immovable property, livestock and equipment used in agriculture and forestry, rights to which the provisions of general law respecting landed property apply, usufruct of immovable property and rights to variable or fixed payments as consideration for the working of, or the right to work, mineral deposits, sources and other natural resources; ships and aircraft shall not be regarded as immovable property.

3. The provisions of paragraph 1 shall apply to income derived from the direct use, letting, or use in any other form of immovable property.

4. The provisions of paragraphs 1 and 3 shall also apply to the income from immovable property of an enterprise.

ARTICLE 7

BUSINESS PROFITS

1. Profits of an enterprise of a Contracting State shall be taxable only in that State unless the enterprise carries on business in the other Contracting State through a permanent establishment situated therein. If the enterprise carries on business as aforesaid, the profits that are attributable to the permanent establishment in accordance with the provisions of paragraph 2 may be taxed in that other State.

2. For the purposes of this Article and Article [23 A] [23 B], the profits that are attributable in each Contracting State to the permanent establishment referred to in paragraph 1 are the profits it might be expected to make, in particular in its dealings with other parts of the enterprise, if it were a separate and independent enterprise engaged in the same or similar activities under the same or similar conditions, taking into account the functions performed, assets used and risks assumed by the enterprise through the permanent establishment and through the other parts of the enterprise.

3. Where, in accordance with paragraph 2, a Contracting State adjusts the profits that are attributable to a permanent establishment of an enterprise of one of the Contracting States and taxes accordingly profits of the enterprise that have been charged to tax in the other State, the other State shall, to the extent necessary to eliminate double taxation on these profits, make an appropriate adjustment to the amount of the tax charged on those profits. In determining such adjustment, the competent authorities of the Contracting States shall if necessary consult each other.

4. Where profits include items of income which are dealt with separately in other Articles of this Convention, then the provisions of those Articles shall not be affected by the provisions of this Article.

ARTICLE 8

INTERNATIONAL SHIPPING AND AIR TRANSPORT

1. Profits of an enterprise of a Contracting State from the operation of ships or aircraft in international traffic shall be taxable only in that State.

2. The provisions of paragraph 1 shall also apply to profits from the participation in a pool, a joint business or an international operating agency.

ARTICLE 9

ASSOCIATED ENTERPRISES

1. Where

a) an enterprise of a Contracting State participates directly or indirectly in the management, control or capital of an enterprise of the other Contracting State, or

b) the same persons participate directly or indirectly in the management, control or capital of an enterprise of a Contracting State and an enterprise of the other Contracting State,

and in either case conditions are made or imposed between the two enterprises in their commercial or financial relations which differ from those which would be made between independent enterprises, then any profits which would, but for those conditions, have accrued to one of the enterprises, but, by reason of those conditions, have not so accrued, may be included in the profits of that enterprise and taxed accordingly.

2. Where a Contracting State includes in the profits of an enterprise of that State — and taxes accordingly — profits on which an enterprise of the other Contracting State has been charged to tax in that other State and the profits so included are profits which would have accrued to the enterprise of the first-mentioned State if the conditions made between the two enterprises had been those which would have been made between independent enterprises, then that other State shall make an appropriate adjustment to the amount of the tax charged therein on those profits. In determining such adjustment, due regard shall be had to the other provisions of this Convention and the competent authorities of the Contracting States shall if necessary consult each other.

ARTICLE 10

DIVIDENDS

1. Dividends paid by a company which is a resident of a Contracting State to a resident of the other Contracting State may be taxed in that other State.

2. However, dividends paid by a company which is a resident of a Contracting State may also be taxed in that State according to the laws of that State, but if the beneficial owner of the dividends is a resident of the other Contracting State, the tax so charged shall not exceed:

a) 5 per cent of the gross amount of the dividends if the beneficial owner is a company which holds directly at least 25 per cent of the capital of the company paying the dividends throughout a 365 day period that includes the day of the payment of the dividend (for the purpose of computing that period, no account shall be taken of changes of ownership that would directly result from a corporate reorganisation, such as a merger or divisive reorganisation, of the company that holds the shares or that pays the dividend);

b) 15 per cent of the gross amount of the dividends in all other cases.

The competent authorities of the Contracting States shall by mutual agreement settle the mode of application of these limitations. This paragraph shall not affect the taxation of the company in respect of the profits out of which the dividends are paid.

3. The term "dividends" as used in this Article means income from shares, "jouissance" shares or "jouissance" rights, mining shares, founders' shares or other rights, not being debt-claims, participating in profits, as well as income from other corporate rights which is subjected to the same taxation treatment as income from shares by the laws of the State of which the company making the distribution is a resident.

4. The provisions of paragraphs 1 and 2 shall not apply if the beneficial owner of the dividends, being a resident of a Contracting State, carries on business in the other Contracting State of which the company paying the dividends is a resident through a

permanent establishment situated therein and the holding in respect of which the dividends are paid is effectively connected with such permanent establishment. In such case the provisions of Article 7 shall apply.

5. Where a company which is a resident of a Contracting State derives profits or income from the other Contracting State, that other State may not impose any tax on the dividends paid by the company, except insofar as such dividends are paid to a resident of that other State or insofar as the holding in respect of which the dividends are paid is effectively connected with a permanent establishment situated in that other State, nor subject the company's undistributed profits to a tax on the company's undistributed profits, even if the dividends paid or the undistributed profits consist wholly or partly of profits or income arising in such other State.

ARTICLE 11

INTEREST

1. Interest arising in a Contracting State and paid to a resident of the other Contracting State may be taxed in that other State.

2. However, interest arising in a Contracting State may also be taxed in that State according to the laws of that State, but if the beneficial owner of the interest is a resident of the other Contracting State, the tax so charged shall not exceed 10 per cent of the gross amount of the interest. The competent authorities of the Contracting States shall by mutual agreement settle the mode of application of this limitation.

3. The term "interest" as used in this Article means income from debt-claims of every kind, whether or not secured by mortgage and whether or not carrying a right to participate in the debtor's profits, and in particular, income from government securities and income from bonds or debentures, including premiums and prizes attaching to such securities, bonds or debentures. Penalty charges for late payment shall not be regarded as interest for the purpose of this Article.

4. The provisions of paragraphs 1 and 2 shall not apply if the beneficial owner of the interest, being a resident of a Contracting State, carries on business in the other Contracting State in which the interest arises through a permanent establishment situated therein and the debt-claim in respect of which the interest is paid is effectively connected with such permanent establishment. In such case the provisions of Article 7 shall apply.

5. Interest shall be deemed to arise in a Contracting State when the payer is a resident of that State. Where, however, the person paying the interest, whether he is a resident of a Contracting State or not, has in a Contracting State a permanent establishment in connection with which the indebtedness on which the interest is paid was incurred, and such interest is borne by such permanent establishment, then such interest shall be deemed to arise in the State in which the permanent establishment is situated.

6. Where, by reason of a special relationship between the payer and the beneficial owner or between both of them and some other person, the amount of the interest, having regard to the debt-claim for which it is paid, exceeds the amount which would have been agreed upon by the payer and the beneficial owner in the absence of such relationship, the provisions of this Article shall apply only to the last-mentioned amount. In such case, the excess part of the payments shall remain taxable according to the laws of each Contracting State, due regard being had to the other provisions of this Convention.

ARTICLE 12

ROYALTIES

1. Royalties arising in a Contracting State and beneficially owned by a resident of the other Contracting State shall be taxable only in that other State.

2. The term "royalties" as used in this Article means payments of any kind received as a consideration for the use of, or the right to use, any copyright of literary, artistic or scientific work including cinematograph films, any patent, trade mark, design or model, plan, secret formula or process, or for information concerning industrial, commercial or scientific experience.

3. The provisions of paragraph 1 shall not apply if the beneficial owner of the royalties, being a resident of a Contracting State, carries on business in the other Contracting State in which the royalties arise through a permanent establishment situated therein and the right or property in respect of which the royalties are paid is effectively connected with such permanent establishment. In such case the provisions of Article 7 shall apply.

4. Where, by reason of a special relationship between the payer and the beneficial owner or between both of them and some other person, the amount of the royalties, having regard to the use, right or information for which they are paid, exceeds the amount which would have been agreed upon by the payer and the beneficial owner in the absence of such relationship, the provisions of this Article shall apply only to the last-mentioned amount. In such case, the excess part of the payments shall remain taxable according to the laws of each Contracting State, due regard being had to the other provisions of this Convention.

ARTICLE 13

CAPITAL GAINS

1. Gains derived by a resident of a Contracting State from the alienation of immovable property referred to in Article 6 and situated in the other Contracting State may be taxed in that other State.

2. Gains from the alienation of movable property forming part of the business property of a permanent establishment which an enterprise of a Contracting State has in the other Contracting State, including such gains from the alienation of such a permanent establishment (alone or with the whole enterprise), may be taxed in that other State.

3. Gains that an enterprise of a Contracting State that operates ships or aircraft in international traffic derives from the alienation of such ships or aircraft, or of movable property pertaining to the operation of such ships or aircraft, shall be taxable only in that State.

4. Gains derived by a resident of a Contracting State from the alienation of shares or comparable interests, such as interests in a partnership or trust, may be taxed in the other Contracting State if, at any time during the 365 days preceding the alienation, these shares or comparable interests derived more than 50 per cent of their value directly or indirectly from immovable property, as defined in Article 6, situated in that other State.

5. Gains from the alienation of any property, other than that referred to in paragraphs 1, 2, 3 and 4, shall be taxable only in the Contracting State of which the alienator is a resident.

[ARTICLE 14 - INDEPENDENT PERSONAL SERVICES]

[DELETED]

ARTICLE 15

INCOME FROM EMPLOYMENT

1. Subject to the provisions of Articles 16, 18 and 19, salaries, wages and other similar remuneration derived by a resident of a Contracting State in respect of an employment shall be taxable only in that State unless the employment is exercised in the other Contracting State. If the employment is so exercised, such remuneration as is derived therefrom may be taxed in that other State.

2. Notwithstanding the provisions of paragraph 1, remuneration derived by a resident of a Contracting State in respect of an employment exercised in the other Contracting State shall be taxable only in the first-mentioned State if:

a) the recipient is present in the other State for a period or periods not exceeding in the aggregate 183 days in any twelve month period commencing or ending in the fiscal year concerned, and

b) the remuneration is paid by, or on behalf of, an employer who is not a resident of the other State, and

c) the remuneration is not borne by a permanent establishment which the employer has in the other State.

3. Notwithstanding the preceding provisions of this Article, remuneration derived by a resident of a Contracting State in respect of an employment, as a member of the regular complement of a ship or aircraft, that is exercised aboard a ship or aircraft operated in international traffic, other than aboard a ship or aircraft operated solely within the other Contracting State, shall be taxable only in the first-mentioned State.

ARTICLE 16

DIRECTORS' FEES

Directors' fees and other similar payments derived by a resident of a Contracting State in his capacity as a member of the board of directors of a company which is a resident of the other Contracting State may be taxed in that other State.

ARTICLE 17

ENTERTAINERS AND SPORTSPERSONS

1. Notwithstanding the provisions of Article 15, income derived by a resident of a Contracting State as an entertainer, such as a theatre, motion picture, radio or television artiste, or a musician, or as a sportsperson, from that resident's personal activities as such exercised in the other Contracting State, may be taxed in that other State.

2. Where income in respect of personal activities exercised by an entertainer or a sportsperson acting as such accrues not to the entertainer or sportsperson but to another person, that income may, notwithstanding the provisions of Article 15, be taxed in the Contracting State in which the activities of the entertainer or sportsperson are exercised.

ARTICLE 18

PENSIONS

Subject to the provisions of paragraph 2 of Article 19, pensions and other similar remuneration paid to a resident of a Contracting State in consideration of past employment shall be taxable only in that State.

ARTICLE 19

GOVERNMENT SERVICE

1\. *a)* Salaries, wages and other similar remuneration paid by a Contracting State or a political subdivision or a local authority thereof to an individual in respect of services rendered to that State or subdivision or authority shall be taxable only in that State.

b) However, such salaries, wages and other similar remuneration shall be taxable only in the other Contracting State if the services are rendered in that State and the individual is a resident of that State who:

(i) is a national of that State; or

(ii) did not become a resident of that State solely for the purpose of rendering the services.

2\. *a)* Notwithstanding the provisions of paragraph 1, pensions and other similar remuneration paid by, or out of funds created by, a Contracting State or a political subdivision or a local authority thereof to an individual in respect of services rendered to that State or subdivision or authority shall be taxable only in that State.

b) However, such pensions and other similar remuneration shall be taxable only in the other Contracting State if the individual is a resident of, and a national of, that State.

3\. The provisions of Articles 15, 16, 17, and 18 shall apply to salaries, wages, pensions, and other similar remuneration in respect of services rendered in connection with a business carried on by a Contracting State or a political subdivision or a local authority thereof.

ARTICLE 20

STUDENTS

Payments which a student or business apprentice who is or was immediately before visiting a Contracting State a resident of the other Contracting State and who is present in the first-mentioned State solely for the purpose of his education or training receives for the purpose of his maintenance, education or training shall not be taxed in that State, provided that such payments arise from sources outside that State.

ARTICLE 21

OTHER INCOME

1. Items of income of a resident of a Contracting State, wherever arising, not dealt with in the foregoing Articles of this Convention shall be taxable only in that State.

2. The provisions of paragraph 1 shall not apply to income, other than income from immovable property as defined in paragraph 2 of Article 6, if the recipient of such income, being a resident of a Contracting State, carries on business in the other Contracting State through a permanent establishment situated therein and the right or property in respect of which the income is paid is effectively connected with such permanent establishment. In such case the provisions of Article 7 shall apply.

Chapter IV

TAXATION OF CAPITAL

ARTICLE 22

CAPITAL

1. Capital represented by immovable property referred to in Article 6, owned by a resident of a Contracting State and situated in the other Contracting State, may be taxed in that other State.

2. Capital represented by movable property forming part of the business property of a permanent establishment which an enterprise of a Contracting State has in the other Contracting State may be taxed in that other State.

3. Capital of an enterprise of a Contracting State that operates ships or aircraft in international traffic represented by such ships or aircraft, and by movable property pertaining to the operation of such ships or aircraft, shall be taxable only in that State.

4. All other elements of capital of a resident of a Contracting State shall be taxable only in that State.

Chapter V

METHODS FOR ELIMINATION OF DOUBLE TAXATION

ARTICLE 23 A

EXEMPTION METHOD

1. Where a resident of a Contracting State derives income or owns capital which may be taxed in the other Contracting State in accordance with the provisions of this Convention (except to the extent that these provisions allow taxation by that other State solely because the income is also income derived by a resident of that State or because the capital is also capital owned by a resident of that State), the first-mentioned State shall, subject to the provisions of paragraphs 2 and 3, exempt such income or capital from tax.

2. Where a resident of a Contracting State derives items of income which may be taxed in the other Contracting State in accordance with the provisions of Articles 10 and 11 (except to the extent that these provisions allow taxation by that other State solely because the income is also income derived by a resident of that State), the first-mentioned State shall allow as a deduction from the tax on the income of that resident an amount equal to the tax paid in that other State. Such deduction shall not, however, exceed that part of the tax, as computed before the deduction is given, which is attributable to such items of income derived from that other State.

3. Where in accordance with any provision of the Convention income derived or capital owned by a resident of a Contracting State is exempt from tax in that State, such State may nevertheless, in calculating the amount of tax on the remaining income or capital of such resident, take into account the exempted income or capital.

4. The provisions of paragraph 1 shall not apply to income derived or capital owned by a resident of a Contracting State where the other Contracting State applies the provisions of this Convention to exempt such income or capital from tax or applies the provisions of paragraph 2 of Article 10 or 11 to such income.

ARTICLE 23 B

CREDIT METHOD

1. Where a resident of a Contracting State derives income or owns capital which may be taxed in the other Contracting State in accordance with the provisions of this Convention (except to the extent that these provisions allow taxation by that other State solely because the income is also income derived by a resident of that State or because the capital is also capital owned by a resident of that State), the first-mentioned State shall allow:

a) as a deduction from the tax on the income of that resident, an amount equal to the income tax paid in that other State;

b) as a deduction from the tax on the capital of that resident, an amount equal to the capital tax paid in that other State.

Such deduction in either case shall not, however, exceed that part of the income tax or capital tax, as computed before the deduction is given, which is attributable, as the case may be, to the income or the capital which may be taxed in that other State.

2. Where in accordance with any provision of the Convention income derived or capital owned by a resident of a Contracting State is exempt from tax in that State, such State may nevertheless, in calculating the amount of tax on the remaining income or capital of such resident, take into account the exempted income or capital.

Chapter VI

SPECIAL PROVISIONS

ARTICLE 24

NON-DISCRIMINATION

1. Nationals of a Contracting State shall not be subjected in the other Contracting State to any taxation or any requirement connected therewith, which is other or more burdensome than the taxation and connected requirements to which nationals of that other State in the same circumstances, in particular with respect to residence, are or may be subjected. This provision shall, notwithstanding the provisions of Article 1, also apply to persons who are not residents of one or both of the Contracting States.

2. Stateless persons who are residents of a Contracting State shall not be subjected in either Contracting State to any taxation or any requirement connected therewith, which is other or more burdensome than the taxation and connected requirements to which nationals of the State concerned in the same circumstances, in particular with respect to residence, are or may be subjected.

3. The taxation on a permanent establishment which an enterprise of a Contracting State has in the other Contracting State shall not be less favourably levied in that other State than the taxation levied on enterprises of that other State carrying on the same activities. This provision shall not be construed as obliging a Contracting State to grant to residents of the other Contracting State any personal allowances, reliefs and reductions for taxation purposes on account of civil status or family responsibilities which it grants to its own residents.

4. Except where the provisions of paragraph 1 of Article 9, paragraph 6 of Article 11, or paragraph 4 of Article 12, apply, interest, royalties and other disbursements paid by an enterprise of a Contracting State to a resident of the other Contracting State shall,

for the purpose of determining the taxable profits of such enterprise, be deductible under the same conditions as if they had been paid to a resident of the first-mentioned State. Similarly, any debts of an enterprise of a Contracting State to a resident of the other Contracting State shall, for the purpose of determining the taxable capital of such enterprise, be deductible under the same conditions as if they had been contracted to a resident of the first-mentioned State.

5. Enterprises of a Contracting State, the capital of which is wholly or partly owned or controlled, directly or indirectly, by one or more residents of the other Contracting State, shall not be subjected in the first-mentioned State to any taxation or any requirement connected therewith which is other or more burdensome than the taxation and connected requirements to which other similar enterprises of the first-mentioned State are or may be subjected.

6. The provisions of this Article shall, notwithstanding the provisions of Article 2, apply to taxes of every kind and description.

ARTICLE 25

MUTUAL AGREEMENT PROCEDURE

1. Where a person considers that the actions of one or both of the Contracting States result or will result for him in taxation not in accordance with the provisions of this Convention, he may, irrespective of the remedies provided by the domestic law of those States, present his case to the competent authority of either Contracting State. The case must be presented within three years from the first notification of the action resulting in taxation not in accordance with the provisions of the Convention.

2. The competent authority shall endeavour, if the objection appears to it to be justified and if it is not itself able to arrive at a satisfactory solution, to resolve the case by mutual agreement with the competent authority of the other Contracting State, with a view to the avoidance of taxation which is not in accordance with the Convention. Any agreement reached shall be implemented notwithstanding any time limits in the domestic law of the Contracting States.

3. The competent authorities of the Contracting States shall endeavour to resolve by mutual agreement any difficulties or doubts arising as to the interpretation or application of the Convention. They may also consult together for the elimination of double taxation in cases not provided for in the Convention.

4. The competent authorities of the Contracting States may communicate with each other directly, including through a joint commission consisting of themselves or their representatives, for the purpose of reaching an agreement in the sense of the preceding paragraphs.

5. Where,

a) under paragraph 1, a person has presented a case to the competent authority of a Contracting State on the basis that the actions of one or both of the Contracting States have resulted for that person in taxation not in accordance with the provisions of this Convention, and

b) the competent authorities are unable to reach an agreement to resolve that case pursuant to paragraph 2 within two years from the date when all the information required by the competent authorities in order to address the case has been provided to both competent authorities,

any unresolved issues arising from the case shall be submitted to arbitration if the person so requests in writing. These unresolved issues shall not, however, be submitted to arbitration if a decision on these issues has already been rendered by a court or administrative tribunal of either State. Unless a person directly affected by the case does not accept the mutual agreement that implements the arbitration decision, that decision shall be binding on both Contracting States and shall be implemented notwithstanding any time limits in the domestic laws of these States. The competent authorities of the Contracting States shall by mutual agreement settle the mode of application of this paragraph.

ARTICLE 26

EXCHANGE OF INFORMATION

1. The competent authorities of the Contracting States shall exchange such information as is foreseeably relevant for carrying out the provisions of this Convention or to the administration or enforcement of the domestic laws concerning taxes of every kind and description imposed on behalf of the Contracting States, or of their political subdivisions or local authorities, insofar as the taxation thereunder is not contrary to the Convention. The exchange of information is not restricted by Articles 1 and 2.

2. Any information received under paragraph 1 by a Contracting State shall be treated as secret in the same manner as information obtained under the domestic laws of that State and shall be disclosed only to persons or authorities (including courts and administrative bodies) concerned with the assessment or collection of, the enforcement or prosecution in respect of, the determination of appeals in relation to the taxes referred to in paragraph 1, or the oversight of the above. Such persons or authorities shall use the information only for such purposes. They may disclose the information in public court proceedings or in judicial decisions. Notwithstanding the foregoing, information received by a Contracting State may be used for other purposes when such information may be used for such other purposes under the laws of both States and the competent authority of the supplying State authorises such use.

3. In no case shall the provisions of paragraphs 1 and 2 be construed so as to impose on a Contracting State the obligation:

a) to carry out administrative measures at variance with the laws and administrative practice of that or of the other Contracting State;

b) to supply information which is not obtainable under the laws or in the normal course of the administration of that or of the other Contracting State;

c) to supply information which would disclose any trade, business, industrial, commercial or professional secret or trade process, or information the disclosure of which would be contrary to public policy (*ordre public*).

4. If information is requested by a Contracting State in accordance with this Article, the other Contracting State shall use its information gathering measures to obtain the requested information, even though that other State may not need such information for its own tax purposes. The obligation contained in the preceding sentence is subject to the limitations of paragraph 3 but in no case shall such limitations be construed to permit a Contracting State to decline to supply information solely because it has no domestic interest in such information.

5. In no case shall the provisions of paragraph 3 be construed to permit a Contracting State to decline to supply information solely because the information is held by a bank, other financial institution, nominee or person acting in an agency or a fiduciary capacity or because it relates to ownership interests in a person.

ARTICLE 27

ASSISTANCE IN THE COLLECTION OF TAXES[1]

1. The Contracting States shall lend assistance to each other in the collection of revenue claims. This assistance is not restricted by Articles 1 and 2. The competent authorities of the Contracting States may by mutual agreement settle the mode of application of this Article.

2. The term "revenue claim" as used in this Article means an amount owed in respect of taxes of every kind and description imposed on behalf of the Contracting States, or of their political subdivisions or local authorities, insofar as the taxation thereunder is not contrary to this Convention or any other instrument to which the Contracting States are parties, as well as interest, administrative penalties and costs of collection or conservancy related to such amount.

1 In some countries, national law, policy or administrative considerations may not allow or justify the type of assistance envisaged under this Article or may require that this type of assistance be restricted, e.g. to countries that have similar tax systems or tax administrations or as to the taxes covered. For that reason, the Article should only be included in the Convention where each State concludes that, based on the factors described in paragraph 1 of the Commentary on the Article, they can agree to provide assistance in the collection of taxes levied by the other State.

3. When a revenue claim of a Contracting State is enforceable under the laws of that State and is owed by a person who, at that time, cannot, under the laws of that State, prevent its collection, that revenue claim shall, at the request of the competent authority of that State, be accepted for purposes of collection by the competent authority of the other Contracting State. That revenue claim shall be collected by that other State in accordance with the provisions of its laws applicable to the enforcement and collection of its own taxes as if the revenue claim were a revenue claim of that other State.

4. When a revenue claim of a Contracting State is a claim in respect of which that State may, under its law, take measures of conservancy with a view to ensure its collection, that revenue claim shall, at the request of the competent authority of that State, be accepted for purposes of taking measures of conservancy by the competent authority of the other Contracting State. That other State shall take measures of conservancy in respect of that revenue claim in accordance with the provisions of its laws as if the revenue claim were a revenue claim of that other State even if, at the time when such measures are applied, the revenue claim is not enforceable in the first-mentioned State or is owed by a person who has a right to prevent its collection.

5. Notwithstanding the provisions of paragraphs 3 and 4, a revenue claim accepted by a Contracting State for purposes of paragraph 3 or 4 shall not, in that State, be subject to the time limits or accorded any priority applicable to a revenue claim under the laws of that State by reason of its nature as such. In addition, a revenue claim accepted by a Contracting State for the purposes of paragraph 3 or 4 shall not, in that State, have any priority applicable to that revenue claim under the laws of the other Contracting State.

6. Proceedings with respect to the existence, validity or the amount of a revenue claim of a Contracting State shall not be brought before the courts or administrative bodies of the other Contracting State.

7. Where, at any time after a request has been made by a Contracting State under paragraph 3 or 4 and before the other Contracting State has collected and remitted the relevant revenue claim to the first-mentioned State, the relevant revenue claim ceases to be

a) in the case of a request under paragraph 3, a revenue claim of the first-mentioned State that is enforceable under the laws of that State and is owed by a person who, at that time, cannot, under the laws of that State, prevent its collection, or

b) in the case of a request under paragraph 4, a revenue claim of the first-mentioned State in respect of which that State may, under its laws, take measures of conservancy with a view to ensure its collection

the competent authority of the first-mentioned State shall promptly notify the competent authority of the other State of that fact and, at the option of the other State, the first-mentioned State shall either suspend or withdraw its request.

8. In no case shall the provisions of this Article be construed so as to impose on a Contracting State the obligation:

a) to carry out administrative measures at variance with the laws and administrative practice of that or of the other Contracting State;

b) to carry out measures which would be contrary to public policy (*ordre public*);

c) to provide assistance if the other Contracting State has not pursued all reasonable measures of collection or conservancy, as the case may be, available under its laws or administrative practice;

d) to provide assistance in those cases where the administrative burden for that State is clearly disproportionate to the benefit to be derived by the other Contracting State.

ARTICLE 28

MEMBERS OF DIPLOMATIC MISSIONS AND CONSULAR POSTS

Nothing in this Convention shall affect the fiscal privileges of members of diplomatic missions or consular posts under the general rules of international law or under the provisions of special agreements.

ARTICLE 29

ENTITLEMENT TO BENEFITS[1]

1. [Provision that, subject to paragraphs 3 to 5, restricts treaty benefits to a resident of a Contracting State who is a "qualified person" as defined in paragraph 2].

2. [Definition of situations where a resident is a qualified person, which covers

— an individual;

— a Contracting State, its political subdivisions and their agencies and instrumentalities;

— certain publicly-traded companies and entities;

1 The drafting of this Article will depend on how the Contracting States decide to implement their common intention, reflected in the preamble of the Convention and incorporated in the minimum standard agreed to as part of the OECD/G20 Base Erosion and Profit Shifting Project, to eliminate double taxation without creating opportunities for non-taxation or reduced taxation through tax evasion or avoidance, including through treaty-shopping arrangements. This may be done either through the adoption of paragraph 9 only, through the adoption of the detailed version of paragraphs 1 to 7 that is described in the Commentary on Article 29 together with the implementation of an anti-conduit mechanism as described in paragraph 187 of that Commentary, or through the adoption of paragraph 9 together with any variation of paragraphs 1 to 7 described in the Commentary on Article 29.

— certain affiliates of publicly-listed companies and entities;

— certain non-profit organisations and recognised pension funds;

— other entities that meet certain ownership and base erosion requirements;

— certain collective investment vehicles.]

3. [Provision that provides treaty benefits to certain income derived by a person that is not a qualified person if the person is engaged in the active conduct of a business in its State of residence and the income emanates from, or is incidental to, that business].

4. [Provision that provides treaty benefits to a person that is not a qualified person if at least more than an agreed proportion of that entity is owned by certain persons entitled to equivalent benefits].

5. [Provision that provides treaty benefits to a person that qualifies as a "headquarters company"].

6. [Provision that allows the competent authority of a Contracting State to grant certain treaty benefits to a person where benefits would otherwise be denied under paragraph 1].

7. [Definitions applicable for the purposes of paragraphs 1 to 7].

8. *a)* Where

(i) an enterprise of a Contracting State derives income from the other Contracting State and the first-mentioned State treats such income as attributable to a permanent establishment of the enterprise situated in a third jurisdiction, and

(ii) the profits attributable to that permanent establishment are exempt from tax in the first-mentioned State,

the benefits of this Convention shall not apply to any item of income on which the tax in the third jurisdiction is less than the lower of [rate to be determined bilaterally] of the amount of that item of income and 60 per cent of the tax that would be imposed in the first-mentioned State on that item of income if that permanent establishment were situated in the first-mentioned State. In such a case any income to which the provisions of this paragraph apply shall remain taxable according to the domestic law of the other State, notwithstanding any other provisions of the Convention.

b) The preceding provisions of this paragraph shall not apply if the income derived from the other State emanates from, or is incidental to, the active conduct of a business carried on through the permanent establishment (other than the business of making, managing or simply holding investments for the enterprise's own account, unless these activities are banking, insurance or securities activities carried on by a bank, insurance enterprise or registered securities dealer, respectively).

c) If benefits under this Convention are denied pursuant to the preceding provisions of this paragraph with respect to an item of income derived by a resident of a Contracting State, the competent authority of the other Contracting State may, nevertheless, grant these benefits with respect to that item of income if, in response to a request by such resident, such competent authority determines that granting such benefits is justified in light of the reasons such resident did not satisfy the requirements of this paragraph (such as the existence of losses). The competent authority of the Contracting State to which a request has been made under the preceding sentence shall consult with the competent authority of the other Contracting State before either granting or denying the request

9. Notwithstanding the other provisions of this Convention, a benefit under this Convention shall not be granted in respect of an item of income or capital if it is reasonable to conclude, having regard to all relevant facts and circumstances, that obtaining that benefit was one of the principal purposes of any arrangement or transaction that resulted directly or indirectly in that benefit, unless it is established that granting that benefit in these circumstances would be in accordance with the object and purpose of the relevant provisions of this Convention.

ARTICLE 30

TERRITORIAL EXTENSION[1]

1. This Convention may be extended, either in its entirety or with any necessary modifications [to any part of the territory of (State A) or of (State B) which is specifically excluded from the application of the Convention or], to any State or territory for whose international relations (State A) or (State B) is responsible, which imposes taxes substantially similar in character to those to which the Convention applies. Any such extension shall take effect from such date and subject to such modifications and conditions, including conditions as to termination, as may be specified and agreed between the Contracting States in notes to be exchanged through diplomatic channels or in any other manner in accordance with their constitutional procedures.

2. Unless otherwise agreed by both Contracting States, the termination of the Convention by one of them under Article 32 shall also terminate, in the manner provided for in that Article, the application of the Convention [to any part of the territory of (State A) or of (State B) or] to any State or territory to which it has been extended under this Article.

1 The words between brackets are of relevance when, by special provision, a part of the territory of a Contracting State is excluded from the application of the Convention.

Chapter VII

FINAL PROVISIONS

ARTICLE 31

ENTRY INTO FORCE

1. This Convention shall be ratified and the instruments of ratification shall be exchanged at .... as soon as possible.

2. The Convention shall enter into force upon the exchange of instruments of ratification and its provisions shall have effect:

a) (in State A): ....

b) (in State B): ....

ARTICLE 32

TERMINATION

This Convention shall remain in force until terminated by a Contracting State. Either Contracting State may terminate the Convention, through diplomatic channels, by giving notice of termination at least six months before the end of any calendar year after the year ...... In such event, the Convention shall cease to have effect:

a) (in State A): ....

b) (in State B): ....

TERMINAL CLAUSE[1]

1 The terminal clause concerning the signing shall be drafted in accordance with the constitutional procedure of both Contracting States.

OECD-Musterabkommen

auf dem Gebiete der Steuern vom Einkommen und vom Vermögen (OECD-MA 2014)

Stand: 15. Juli 2014

Amtliche deutsche Übersetzung der OECD-MC 2003 durch das Deutsche Bundesministerium für Finanzen, das Österreichische Finanzministerium und die Eidg. Steuerverwaltung mit inoffizieller Übersetzung der Updates vom 15. Juli 2005, vom 17. Juli 2008, vom 22. Juli 2010 und vom 15. Juli 2014.

Anm.: Am 18. Dezember 2017 hat die OECD die sog. Condensed Version des OECD Model Tax Convention 2017 – Textes vom 21. November 2017 publiziert. Dieser Musterabkommenstext existiert derzeit lediglich in englischer Sprache und weicht erheblich vom bisher abgedruckten deutschsprachigen OECD-MA 2014 (siehe Titel oben) ab. Wir haben aus diesem Grunde darauf verzichtet, diese nicht mehr aktuelle Fassung abzudrucken.

Multilaterales[1] Übereinkommen
zur Umsetzung steuerabkommensbezogener Massnahmen zur Verhinderung der Gewinnverkürzung und Gewinnverlagerung

[**Anm.:** Übereinkommen von der Schweiz am 7. Juni 2017 unterzeichnet; in der Vernehmlassung bis am 9. April 2018; Inkraftreten noch offen.]

Die Vertragsparteien dieses Übereinkommens –

in der Erkenntnis, dass den Regierungen aufgrund aggressiver internationaler Steuerplanung, durch die Gewinne künstlich an Orte verlagert werden, an denen sie nicht oder reduziert[2] besteuert werden, erhebliche Unternehmensteuereinnahmen entgehen;

eingedenk der Tatsache, dass Gewinnverkürzung und Gewinnverlagerung («Base Erosion and Profit Shifting», im Folgenden als «BEPS» bezeichnet) nicht nur für Industrieländer, sondern auch für Schwellen- und Entwicklungsländer ein vordringliches Problem darstellen;

in Anerkennung dessen, dass es wichtig ist, sicherzustellen, dass Gewinne an dem Ort besteuert werden, an dem die tatsächliche wirtschaftliche Tätigkeit, mit der die Gewinne erzielt werden, ausgeübt wird und an dem die Wertschöpfung stattfindet;

erfreut über das im Rahmen des BEPS-Projekts der OECD/G20 erarbeitete Massnahmenpaket (im

Folgenden als «BEPS-Paket der OECD/G20» bezeichnet);

in Anbetracht dessen, dass das BEPS-Paket der OECD/G20 steuerabkommensbezogene Massnahmen zur Bekämpfung bestimmter hybrider Gestaltungen, Verhinderung von Abkommensmissbrauch, Bekämpfung der künstlichen Umgehung des Betriebsstättenstatus sowie Verbesserung der Streitbeilegung enthielt;

im Bewusstsein der Notwendigkeit, eine rasche, abgestimmte und einheitliche Umsetzung der steuerabkommensbezogenen BEPS-Massnahmen in einem multilateralen Zusammenhang sicherzustellen;

angesichts der Notwendigkeit, sicherzustellen, dass bestehende Abkommen zur Vermeidung der Doppelbesteuerung von Einkommen so ausgelegt werden, dass in Bezug auf die unter diese Abkommen fallenden Steuern eine Doppelbesteuerung beseitigt wird, ohne Möglichkeiten zur Nichtbe-

---

1 Für DE: Mehrseitiges
2 Für DE: niedrig

steuerung oder reduzierten Besteuerung[3] durch Steuerhinterziehung[4] oder -umgehung (unter anderem durch missbräuchliche Gestaltungen mit dem Ziel des Erhalts von in diesen Abkommen vorgesehenen Erleichterungen zum mittelbaren Nutzen von in Drittstaaten oder -gebieten ansässigen Personen) zu schaffen;

in Erkenntnis der Notwendigkeit eines wirksamen Mechanismus, mit dem vereinbarte Änderungen im gesamten Netz bestehender Abkommen zur Vermeidung der Doppelbesteuerung von Einkommen effizient und zeitlich aufeinander abgestimmt umgesetzt werden können, ohne dass jedes einzelne dieser Abkommen bilateral nachverhandelt werden muss –

sind wie folgt übereingekommen:

Teil I
Geltungsbereich und Auslegung von Ausdrücken

Artikel 1
Geltungsbereich des Übereinkommens

Durch dieses Übereinkommen werden alle unter das Übereinkommen fallenden Steuerabkommen, wie sie in Artikel 2 (Auslegung von Ausdrücken) Absatz 1 Buchstabe a bestimmt sind, geändert.

Artikel 2
Auslegung von Ausdrücken

(1) Im Sinne dieses Übereinkommens gelten folgende Begriffsbestimmungen:

a) Der Ausdruck «unter das Übereinkommen fallendes Steuerabkommen» bedeutet eine Übereinkunft zur Vermeidung der Doppelbesteuerung auf dem Gebiet der Steuern vom Einkommen (unabhängig davon, ob sie auch für andere Steuern gilt),

   i) die in Kraft ist zwischen zwei oder mehr

      A) Vertragsparteien dieses Übereinkommens und/oder

      B) Gebieten oder Hoheitsgebieten, die Vertragsparteien einer derartigen Übereinkunft sind und für deren internationale Beziehungen eine Vertragspartei dieses Übereinkommens verantwortlich ist, sowie

---

3 Für DE: zur Nicht- oder Niedrigbesteuerung
4 Für DE: Steuerverkürzung

ii) in Bezug auf welche jede dieser Vertragsparteien dieses Übereinkommens dem Depositar[5] eine Notifikation übermittelt hat, in der die Übereinkunft sowie sämtliche dazugehörigen Änderungs- und Begleitübereinkünfte (unter Angabe des Titels, der Namen der Vertragsparteien, des Datums der Unterzeichnung und – sofern zum Zeitpunkt der Notifikation gegeben – des Datums des Inkrafttretens) als Abkommen aufgeführt sind, das nach dem Wunsch der Vertragspartei dieses Übereinkommens unter das Übereinkommen fällt.

b) Der Ausdruck «Vertragspartei dieses Übereinkommens» bedeutet

i) einen Staat, für den dieses Übereinkommen nach Artikel 34 (Inkrafttreten) in Kraft ist, oder

ii) ein Gebiet, das dieses Übereinkommen nach Artikel 27 (Unterzeichnung und Ratifikation, Annahme oder Genehmigung) Absatz 1 Buchstabe b oder c unterzeichnet hat und für das dieses Übereinkommen nach Artikel 34 (Inkrafttreten) in Kraft ist.

c) Der Ausdruck «Vertragsstaat» bedeutet eine Vertragspartei eines unter das Übereinkommen fallenden Steuerabkommens.

d) Der Ausdruck «Unterzeichner» bedeutet einen Staat oder ein Gebiet, der beziehungsweise das dieses Übereinkommen unterzeichnet hat, für den beziehungsweise das dieses Übereinkommen jedoch noch nicht in Kraft ist.

(2) Bei jeder Anwendung dieses Übereinkommens durch eine Vertragspartei des Übereinkommens hat jeder nicht darin bestimmte Ausdruck, sofern der Zusammenhang nichts anderes erfordert, die Bedeutung, die ihm zum jeweiligen Zeitpunkt nach dem einschlägigen unter das Übereinkommen fallenden Steuerabkommen zukommt.

Teil II

Hybride Gestaltungen

Artikel 3

Transparente Rechtsträger

(1) Im Sinne eines unter das Übereinkommen fallenden Steuerabkommens gelten Einkünfte, die durch oder über Rechtsträger oder Gebilde bezogen werden, die nach dem Steuerrecht eines der Vertragsstaaten als vollständig oder teilweise steuerlich transparent behandelt werden, als Einkünfte einer in einem Vertragsstaat ansässigen Person, jedoch nur, so-

5 Für DE hier und im Folgenden: Verwahrer

weit die Einkünfte für Zwecke der Besteuerung durch diesen Vertragsstaat als Einkünfte einer in diesem Vertragsstaat ansässigen Person behandelt werden.

(2) Bestimmungen eines unter das Übereinkommen fallenden Steuerabkommens, nach denen ein Vertragsstaat verpflichtet ist, Einkünfte einer in diesem Vertragsstaat ansässigen Person, die nach dem unter das Übereinkommen fallenden Steuerabkommen im anderen Vertragsstaat besteuert werden können, von der Steuer vom Einkommen zu befreien oder für derartige Einkünfte einen Abzug oder eine Anrechnung in Höhe der dafür entrichteten Steuer vom Einkommen zu gewähren, gelten nicht, soweit nach diesen Bestimmungen der andere Vertragsstaat die Einkünfte nur besteuern darf, weil es sich auch um Einkünfte einer in diesem anderen Vertragsstaat ansässigen Person handelt.

(3) Bei unter das Übereinkommen fallenden Steuerabkommen, für die eine oder mehrere Vertragsparteien dieses Übereinkommens den Vorbehalt nach Artikel 11 (Anwendung von Steuerabkommen zur Einschränkung des Rechtes einer Vertragspartei dieses Übereinkommens auf Besteuerung der in ihrem Gebiet ansässigen Personen) Absatz 3 Buchstabe a angebracht haben, wird am Ende des Absatzes 1 folgender Satz angefügt: «Dieser Absatz ist nicht so auszulegen, als berühre er das Recht eines Vertragsstaats, die in diesem Vertragsstaat ansässigen Personen zu besteuern.»

(4) Absatz 1 (in der gegebenenfalls durch Absatz 3 geänderten Fassung) gilt anstelle oder in Ermangelung von Bestimmungen eines unter das Übereinkommen fallenden Steuerabkommens, soweit diese regeln, ob Einkünfte, die durch oder über Rechtsträger oder Gebilde bezogen werden, die nach dem Steuerrecht eines der Vertragsstaaten als steuerlich transparent behandelt werden (sei es durch eine allgemeine Vorschrift oder durch eine ausführliche Regelung der Behandlung bestimmter Sachverhalte sowie Arten von Rechtsträgern oder Gebilden), als Einkünfte einer in einem Vertragsstaat ansässigen Person behandelt werden.

(5) Eine Vertragspartei dieses Übereinkommens kann sich vorbehalten,

a) dass dieser gesamte Artikel nicht für ihre unter das Übereinkommen fallenden Steuerabkommen gilt;

b) dass Absatz 1 nicht für ihre unter das Übereinkommen fallenden Steuerabkommen gilt, die bereits eine in Absatz 4 beschriebene Bestimmung enthalten;

c) dass Absatz 1 nicht für ihre unter das Übereinkommen fallenden Steuerabkommen gilt, die bereits eine in Absatz 4 beschriebene Bestimmung enthalten, nach der im Fall von Einkünften, die durch oder über einen in einem Drittstaat oder -gebiet errichteten Rechtsträger oder ein ebensolches Gebilde bezogen werden, Abkommensvergünstigungen versagt werden;

d) dass Absatz 1 nicht für ihre unter das Übereinkommen fallenden Steuerabkommen gilt, die bereits eine in Absatz 4 beschriebene Bestimmung enthalten, in der die Behandlung konkreter Sachverhalte sowie Arten von Rechtsträgern oder Gebilden ausführlich geregelt ist;

e) dass Absatz 1 nicht für ihre unter das Übereinkommen fallenden Steuerabkommen gilt, die bereits eine in Absatz 4 beschriebene Bestimmung enthalten, in der die Behandlung bestimmter Sachverhalte sowie Arten von Rechtsträgern oder Gebilden ausführlich geregelt ist und nach der im Fall von Einkünften, die durch oder über einen in einem Drittstaat oder -gebiet errichteten Rechtsträger oder ein ebensolches Gebilde bezogen werden, Abkommensvergünstigungen versagt werden;

f) dass Absatz 2 nicht für ihre unter das Übereinkommen fallenden Steuerabkommen gilt;

g) dass Absatz 1 nur für ihre unter das Übereinkommen fallenden Steuerabkommen gilt, die bereits eine in Absatz 4 beschriebene Bestimmung enthalten, in der die Behandlung bestimmter Sachverhalte sowie Arten von Rechtsträgern oder Gebilden ausführlich geregelt ist.

(6) Jede Vertragspartei dieses Übereinkommens, die keinen Vorbehalt nach Absatz 5 Buchstabe a oder b angebracht hat, notifiziert dem Depositar, ob ihre unter das Übereinkommen fallenden Steuerabkommen jeweils eine in Absatz 4 beschriebene Bestimmung enthalten, die nicht einem Vorbehalt nach Absatz 5 Buchstaben c bis e unterliegt, und, sofern dies der Fall ist, jeweils die Nummer des Artikels und des Absatzes dieser Bestimmung. Hat eine Vertragspartei dieses Übereinkommens den Vorbehalt nach Absatz 5 Buchstabe g angebracht, so ist die Notifikation nach Satz 1 auf unter das Übereinkommen fallende Steuerabkommen zu beschränken, die diesem Vorbehalt unterliegen. Haben alle Vertragsstaaten eine entsprechende Notifikation in Bezug auf eine Bestimmung eines unter das Übereinkommen fallenden Steuerabkommens abgegeben, so wird diese Bestimmung durch Absatz 1 (in der gegebenenfalls durch Absatz 3 geänderten Fassung) ersetzt, soweit in Absatz 4 vorgesehen. Anderenfalls geht Absatz 1 (in der gegebenenfalls durch Absatz 3 geänderten Fassung) den Bestimmungen des unter das Übereinkommen fallenden Steuerabkommens nur insoweit vor, als diese mit Absatz 1 (in der gegebenenfalls durch Absatz 3 geänderten Fassung) unvereinbar sind.

Artikel 4

Rechtsträger mit doppelter Ansässigkeit

(1) Ist aufgrund eines unter das Übereinkommen fallenden Steuerabkommens eine andere als eine natürliche Person in mehr als einem Vertragsstaat ansässig, so werden sich die zuständigen Behörden der Vertragsstaa-

ten bemühen, durch Verständigung den Vertragsstaat zu bestimmen, in dem diese Person unter Berücksichtigung des Ortes ihrer tatsächlichen Geschäftsleitung, ihres Gründungsorts sowie sonstiger massgeblicher Faktoren im Sinne des unter das Übereinkommen fallenden Steuerabkommens als ansässig gilt. Ohne eine solche Verständigung hat diese Person nur in dem Umfang und der Weise, die von den zuständigen Behörden der Vertragsstaaten vereinbart werden, Anspruch auf die in dem unter das Übereinkommen fallenden Steuerabkommen vorgesehenen Steuererleichterungen oder -befreiungen.

(2) Absatz 1 gilt anstelle oder in Ermangelung von Bestimmungen eines unter das Übereinkommen fallenden Steuerabkommens, in denen vorgeschrieben ist, wie zu bestimmen ist, ob eine andere als eine natürliche Person in Fällen, in denen sie anderenfalls als in mehr als einem Vertragsstaat ansässig gelten würde, als in einem der Vertragsstaaten ansässig gilt. Absatz 1 gilt jedoch nicht für Bestimmungen eines unter das Übereinkommen fallenden Steuerabkommens, die sich ausdrücklich mit der Ansässigkeit von Gesellschaften, die Teil einer zweifach eingetragenen Unternehmensstruktur sind, befassen.

(3) Eine Vertragspartei dieses Übereinkommens kann sich vorbehalten,

a) dass dieser gesamte Artikel nicht für ihre unter das Übereinkommen fallenden Steuerabkommen gilt;

b) dass dieser gesamte Artikel nicht für ihre unter das Übereinkommen fallenden Steuerabkommen gilt, in denen Fälle, in denen eine andere als eine natürliche Person in mehr als einem Vertragsstaat ansässig ist, bereits dadurch geregelt sind, dass die zuständigen Behörden der Vertragsstaaten verpflichtet sind, sich um eine Verständigung auf einen einzigen Vertragsstaat als Ansässigkeitsstaat zu bemühen;

c) dass dieser gesamte Artikel nicht für ihre unter das Übereinkommen fallenden Steuerabkommen gilt, in denen Fälle, in denen eine andere als eine natürliche Person in mehr als einem Vertragsstaat ansässig ist, bereits dadurch geregelt sind, dass Abkommensvergünstigungen versagt werden, ohne dass die zuständigen Behörden der Vertragsstaaten verpflichtet sind, sich um eine Verständigung auf einen einzigen Vertragsstaat als Ansässigkeitsstaat zu bemühen;

d) dass dieser gesamte Artikel nicht für ihre unter das Übereinkommen fallenden Steuerabkommen gilt, in denen Fälle, in denen eine andere als eine natürliche Person in mehr als einem Vertragsstaat ansässig ist, bereits dadurch geregelt sind, dass die zuständigen Behörden der Vertragsstaaten verpflichtet sind, sich um eine Verständigung auf einen einzigen Vertragsstaat als Ansässigkeitsstaat zu bemühen, und welche die Behandlung dieser Person im Rahmen des unter das Übereinkommen fallenden Steuerabkommens festlegen für den Fall, dass eine derartige Verständigung nicht erzielt werden kann;

e) Absatz 1 Satz 2 für die Zwecke ihrer unter das Übereinkommen fallenden Steuerabkommen durch folgenden Wortlaut zu ersetzen: «Ohne eine solche Verständigung hat diese Person keinen Anspruch auf die in dem unter das Übereinkommen fallenden Steuerabkommen vorgesehenen Steuererleichterungen oder -befreiungen.»;

f) dass dieser gesamte Artikel nicht für ihre unter das Übereinkommen fallenden Steuerabkommen mit Vertragsparteien dieses Übereinkommens gilt, die den Vorbehalt nach Buchstabe e angebracht haben.

(4) Jede Vertragspartei dieses Übereinkommens, die keinen Vorbehalt nach Absatz 3 Buchstabe a angebracht hat, notifiziert dem Depositar, ob ihre unter das Übereinkommen fallenden Steuerabkommen jeweils eine in Absatz 2 beschriebene Bestimmung enthalten, die nicht einem Vorbehalt nach Absatz 3 Buchstaben b bis d unterliegt, und, sofern dies der Fall ist, jeweils die Nummer des Artikels und des Absatzes dieser Bestimmung. Haben alle Vertragsstaaten eine entsprechende Notifikation in Bezug auf eine Bestimmung eines unter das Übereinkommen fallenden Steuerabkommens abgegeben, so wird diese Bestimmung durch Absatz 1 ersetzt. Anderenfalls geht Absatz 1 den Bestimmungen des unter das Übereinkommen fallenden Steuerabkommens nur insoweit vor, als diese mit Absatz 1 unvereinbar sind.

Artikel 5

Anwendung von Methoden zur Beseitigung der Doppelbesteuerung

(1) Eine Vertragspartei dieses Übereinkommens kann sich für die Anwendung entweder der Absätze 2 und 3 (Option A) oder der Absätze 4 und 5 (Option B) oder der Absätze 6 und 7 (Option C) oder für die Anwendung keiner der genannten Optionen entscheiden. Entscheiden sich die Vertragsstaaten eines unter das Übereinkommen fallenden Steuerabkommens jeweils für unterschiedliche Optionen (oder entscheidet sich ein Vertragsstaat für die Anwendung einer Option und der andere für die Anwendung keiner der Optionen), so gilt die von jedem Vertragsstaat gewählte Option für die in seinem Gebiet ansässigen Personen.

Option A

(2) Bestimmungen eines unter das Übereinkommen fallenden Steuerabkommens, nach denen anderenfalls Einkünfte oder Vermögen einer in einem Vertragsstaat ansässigen Person in diesem Vertragsstaat von der Steuer befreit würden, um eine Doppelbesteuerung zu beseitigen, gelten nicht, wenn der andere Vertragsstaat die Bestimmungen des unter das Übereinkommen fallenden Steuerabkommens so anwendet, dass diese Einkünfte oder dieses Vermögen von der Steuer befreit sind beziehungsweise ist oder

der Satz, mit dem diese Einkünfte oder dieses Vermögen besteuert werden können, begrenzt ist. In letzterem Fall gewährt der erstgenannte Vertragsstaat von der Steuer vom Einkommen oder Vermögen dieser ansässigen Person einen Abzug in Höhe der im anderen Vertragsstaat entrichteten Steuer. Dieser Abzug darf jedoch den Teil der vor Gewährung des Abzugs berechneten Steuer nicht übersteigen, der den Einkünften oder Vermögenswerten zugerechnet werden kann, die im anderen Vertragsstaat besteuert werden können.

(3) Absatz 2 gilt für ein unter das Übereinkommen fallendes Steuerabkommen, nach dem ein Vertragsstaat anderenfalls die in Absatz 2 beschriebenen Einkünfte oder das dort beschriebene Vermögen von der Steuer befreien müsste.

Option B

(4) Bestimmungen eines unter das Übereinkommen fallenden Steuerabkommens, nach denen anderenfalls Einkünfte einer in einem Vertragsstaat ansässigen Person in diesem Vertragsstaat von der Steuer befreit würden, um eine Doppelbesteuerung zu beseitigen, weil diese Einkünfte von diesem Vertragsstaat als Dividende betrachtet werden, gelten nicht, wenn diese Einkünfte bei der Ermittlung der steuerpflichtigen Gewinne einer im anderen Vertragsstaat ansässigen Person nach dem Recht dieses anderen Vertragsstaats zu einem Abzug führen. In diesem Fall gewährt der erstgenannte Vertragsstaat von der Steuer vom Einkommen dieser ansässigen Person einen Abzug in Höhe der im anderen Vertragsstaat entrichteten Steuer vom Einkommen. Dieser Abzug darf jedoch den Teil der vor Gewährung des Abzugs berechneten Steuer vom Einkommen nicht übersteigen, der den Einkünften zugerechnet werden kann, die im anderen Vertragsstaat besteuert werden können.

(5) Absatz 4 gilt für ein unter das Übereinkommen fallendes Steuerabkommen, nach dem ein Vertragsstaat anderenfalls die in Absatz 4 beschriebenen Einkünfte von der Steuer befreien müsste.

Option C

(6) a) Bezieht eine in einem Vertragsstaat ansässige Person Einkünfte oder hat sie Vermögen, die beziehungsweise das nach einem unter das Übereinkommen fallenden Steuerabkommen im anderen Vertragsstaat besteuert werden können beziehungsweise kann (es sei denn, dass nach diesem Abkommen der andere Vertragsstaat die Einkünfte nur besteuern darf, weil es sich auch um Einkünfte einer in diesem anderen Vertragsstaat ansässigen Person handelt), so gewährt der erstgenannte Vertragsstaat

i) einen Abzug von der Steuer vom Einkommen dieser ansässigen Person in Höhe der in diesem anderen Vertragsstaat entrichteten Steuer vom Einkommen;

ii) einen Abzug von der Steuer vom Vermögen dieser ansässigen Person in Höhe der in diesem anderen Vertragsstaat entrichteten Steuer vom Vermögen.

Dieser Abzug darf jedoch den Teil der vor Gewährung des Abzugs berechneten Steuer vom Einkommen oder Steuer vom Vermögen nicht übersteigen, der den Einkünften oder dem Vermögen zugerechnet werden kann, die beziehungsweise das im anderen Vertragsstaat besteuert werden können beziehungsweise kann.

b) Sind nach dem unter das Übereinkommen fallenden Steuerabkommen Einkünfte oder Vermögen einer in einem Vertragsstaat ansässigen Person in diesem Vertragsstaat von der Steuer befreit, so kann dieser Vertragsstaat die steuerbefreiten Einkünfte beziehungsweise das steuerbefreite Vermögen gleichwohl bei der Berechnung der Höhe der Steuer vom übrigen Einkommen oder Vermögen dieser ansässigen Person berücksichtigen.

(7) Absatz 6 gilt anstelle von Bestimmungen eines unter das Übereinkommen fallenden Steuerabkommens, nach denen zur Beseitigung einer Doppelbesteuerung ein Vertragsstaat verpflichtet ist, in diesem Vertragsstaat Einkünfte oder Vermögen einer in diesem Vertragsstaat ansässigen Person, die beziehungsweise das nach dem unter das Übereinkommen fallenden Steuerabkommen im anderen Vertragsstaat besteuert werden können beziehungsweise kann, von der Steuer zu befreien.

(8) Eine Vertragspartei dieses Übereinkommens, die sich nicht für die Anwendung einer Option nach Absatz 1 entscheidet, kann sich vorbehalten, dass dieser gesamte Artikel in Bezug auf ein oder mehrere benannte unter das Übereinkommen fallende Steuerabkommen (oder alle ihre unter das Übereinkommen fallenden Steuerabkommen) nicht gilt.

(9) Eine Vertragspartei dieses Übereinkommens, die sich nicht für die Anwendung der Option C entscheidet, kann sich in Bezug auf ein oder mehrere benannte unter das Übereinkommen fallende Steuerabkommen (oder alle ihre unter das Übereinkommen fallenden Steuerabkommen) vorbehalten, dem anderen Vertragsstaat beziehungsweise den anderen Vertragsstaaten die Anwendung der Option C nicht zu gestatten.

(10) Jede Vertragspartei dieses Übereinkommens, die sich für die Anwendung einer Option nach Absatz 1 entscheidet, notifiziert dem Depositar die gewählte Option. Diese Notifikation muss ausserdem Folgendes umfassen:

a) im Fall einer Vertragspartei dieses Übereinkommens, die sich für die Anwendung der Option A entscheidet, die Liste ihrer unter das Übereinkommen fallenden Steuerabkommen, die eine in Absatz 3 beschriebene Bestimmung enthalten, sowie jeweils die Nummer des Artikels und des Absatzes dieser Bestimmung;

b) im Fall einer Vertragspartei dieses Übereinkommens, die sich für die Anwendung der Option B entscheidet, die Liste ihrer unter das Übereinkommen fallenden Steuerabkommen, die eine in Absatz 5 beschriebene Bestimmung enthalten, sowie jeweils die Nummer des Artikels und des Absatzes dieser Bestimmung;

c) im Fall einer Vertragspartei dieses Übereinkommens, die sich für die Anwendung der Option C entscheidet, die Liste ihrer unter das Übereinkommen fallenden Steuerabkommen, die eine in Absatz 7 beschriebene Bestimmung enthalten, sowie jeweils die Nummer des Artikels und des Absatzes dieser Bestimmung.

Eine Option gilt nur dann in Bezug auf eine Bestimmung eines unter das Übereinkommen fallenden Steuerabkommens, wenn die Vertragspartei dieses Übereinkommens, die sich für die Anwendung dieser Option entschieden hat, in Bezug auf diese Bestimmung eine entsprechende Notifikation abgegeben hat.

Teil III

Abkommensmissbrauch

Artikel 6

Zweck eines unter das Übereinkommen fallenden Steuerabkommens

(1) Ein unter das Übereinkommen fallendes Steuerabkommen wird dahingehend geändert, dass die Präambel den folgenden Wortlaut enthält:

«in der Absicht, in Bezug auf die unter dieses Abkommen fallenden Steuern eine Doppelbesteuerung zu beseitigen, ohne Möglichkeiten zur Nichtbesteuerung oder reduzierten Besteuerung[6] durch Steuerhinterziehung[7] oder -umgehung (unter anderem durch missbräuchliche Gestaltungen mit dem Ziel des Erhalts von in diesem Abkommen vorgesehenen Erleichterungen zum mittelbaren Nutzen von in Drittstaaten oder -gebieten ansässigen Personen) zu schaffen,».

(2) Der in Absatz 1 genannte Wortlaut wird in ein unter das Übereinkommen fallendes Steuerabkommen aufgenommen anstelle oder in Ermangelung einer Formulierung in der Präambel des unter das Übereinkommen fallenden Steuerabkommens, die Bezug nimmt auf die Absicht, eine Doppelbesteuerung zu beseitigen, unabhängig davon, ob in dieser Formulierung auch Bezug genommen wird auf die Absicht, keine Möglichkeiten zur Nichtbesteuerung oder reduzierten Besteuerung[8] zu schaffen.

---

6 Für DE: zur Nicht- oder Niedrigbesteuerung
7 Für DE: Steuerverkürzung
8 Für DE: zur Nicht- oder Niedrigbesteuerung

(3) Eine Vertragspartei dieses Übereinkommens kann sich ausserdem entscheiden, bei ihren unter das Übereinkommen fallenden Steuerabkommen, deren Präambel keine Formulierung enthält, die Bezug nimmt auf den Wunsch, wirtschaftliche Beziehungen weiterzuentwickeln oder die Zusammenarbeit in Steuersachen zu vertiefen, folgenden Wortlaut in die Präambel aufzunehmen:

> «von dem Wunsch geleitet, ihre wirtschaftlichen Beziehungen weiterzuentwickeln und ihre Zusammenarbeit in Steuersachen zu vertiefen,».

(4) Eine Vertragspartei dieses Übereinkommens kann sich vorbehalten, dass Absatz 1 nicht für ihre unter das Übereinkommen fallenden Steuerabkommen gilt, deren Präambel bereits eine Formulierung enthält, mit der die Vertragsstaaten ihre Absicht bekunden, eine Doppelbesteuerung zu beseitigen, ohne Möglichkeiten zur Nichtbesteuerung oder reduzierten Besteuerung[9] zu schaffen, unabhängig davon, ob diese Formulierung auf Fälle von Steuerhinterziehung[10] oder -umgehung (unter anderem durch missbräuchliche Gestaltungen mit dem Ziel des Erhalts von in dem Abkommen vorgesehenen Erleichterungen zum mittelbaren Nutzen von in Drittstaaten oder -gebieten ansässigen Personen) beschränkt ist oder einen weiteren Geltungsbereich hat.

(5) Jede Vertragspartei dieses Übereinkommens notifiziert dem Depositar, ob die Präambel ihrer unter das Übereinkommen fallenden Steuerabkommen, die nicht unter einen Vorbehalt nach Absatz 4 fallen, jeweils eine Formulierung nach Absatz 2 enthält, und, sofern dies der Fall ist, den Wortlaut des jeweiligen Beweggrunds. Haben alle Vertragsstaaten eine entsprechende Notifikation in Bezug auf diese Formulierung in der Präambel abgegeben, so wird diese Formulierung durch den in Absatz 1 genannten Wortlaut ersetzt. Anderenfalls wird der in Absatz 1 genannte Wortlaut zusätzlich zur bestehenden Formulierung in der Präambel aufgenommen.

(6) Jede Vertragspartei dieses Übereinkommens, die sich für die Anwendung des Absatzes 3 entscheidet, notifiziert dem Depositar ihre Entscheidung. Diese Notifikation muss ausserdem die Liste ihrer unter das Übereinkommen fallenden Steuerabkommen umfassen, deren Präambel noch keine Formulierung enthält, die Bezug nimmt auf den Wunsch, wirtschaftliche Beziehungen weiterzuentwickeln oder die Zusammenarbeit in Steuersachen zu vertiefen. Der in Absatz 3 genannte Wortlaut wird nur dann in ein unter das Übereinkommen fallendes Steuerabkommen aufgenommen, wenn alle Vertragsstaaten sich für die Anwendung des Absatzes 3 entschieden und in Bezug auf das unter das Übereinkommen fallende Steuerabkommen eine entsprechende Notifikation abgegeben haben.

---

9 Für DE: zur Nicht- oder Niedrigbesteuerung

10 Für DE: Steuerverkürzung

Artikel 7
Verhinderung von Abkommensmissbrauch

(1) Ungeachtet eines unter das Übereinkommen fallenden Steuerabkommens wird eine Vergünstigung nach dem unter das Übereinkommen fallenden Steuerabkommen nicht für bestimmte Einkünfte oder Vermögenswerte gewährt, wenn unter Berücksichtigung aller massgeblichen Tatsachen und Umstände die Feststellung gerechtfertigt ist, dass der Erhalt dieser Vergünstigung einer der Hauptzwecke einer Gestaltung oder Transaktion war, die unmittelbar oder mittelbar zu dieser Vergünstigung geführt hat, es sei denn, es wird nachgewiesen, dass die Gewährung dieser Vergünstigung unter diesen Umständen mit dem Ziel und Zweck der einschlägigen Bestimmungen des unter das Übereinkommen fallenden Steuerabkommens im Einklang steht.

(2) Absatz 1 gilt anstelle oder in Ermangelung von Bestimmungen eines unter das Übereinkommen fallenden Steuerabkommens, nach denen die Vergünstigungen, die anderenfalls nach dem unter das Übereinkommen fallenden Steuerabkommen gewährt würden, vollständig oder teilweise versagt werden, wenn der Hauptzweck oder einer der Hauptzwecke einer Gestaltung oder Transaktion oder einer an einer Gestaltung oder Transaktion beteiligten Person der Erhalt dieser Vergünstigungen war.

(3) Eine Vertragspartei dieses Übereinkommens, die nicht den in Absatz 15 Buchstabe a beschriebenen Vorbehalt angebracht hat, kann sich auch entscheiden, in Bezug auf ihre unter das Übereinkommen fallenden Steuerabkommen Absatz 4 anzuwenden.

(4) Wird einer Person eine Vergünstigung, die ein unter das Übereinkommen fallendes Steuerabkommen vorsieht, aufgrund von Bestimmungen des unter das Übereinkommen fallenden Steuerabkommens (in der gegebenenfalls durch dieses Übereinkommen geänderten Fassung) versagt, nach denen die Vergünstigungen, die anderenfalls nach dem unter das Übereinkommen fallenden Steuerabkommen gewährt würden, vollständig oder teilweise versagt werden, wenn der Hauptzweck oder einer der Hauptzwecke einer Gestaltung oder Transaktion oder einer an einer Gestaltung oder Transaktion beteiligten Person der Erhalt dieser Vergünstigungen war, so betrachtet die zuständige Behörde des Vertragsstaats, die diese Vergünstigung anderenfalls gewährt hätte, diese Person gleichwohl als anspruchsberechtigt in Bezug auf diese Vergünstigung oder auf andere Vergünstigungen für bestimmte Einkünfte oder Vermögenswerte, sofern diese zuständige Behörde auf Antrag dieser Person und nach Prüfung der massgeblichen Tatsachen und Umstände feststellt, dass dieser Person diese Vergünstigungen ohne die Transaktion oder Gestaltung gewährt worden wären. Die zuständige Behörde des Vertragsstaats, bei der eine im anderen Vertragsstaat ansässige Person nach diesem Absatz einen Antrag gestellt hat, konsultiert die zuständige Behörde dieses anderen Vertragsstaats, bevor sie den Antrag ablehnt.

(5) Absatz 4 gilt für Bestimmungen eines unter das Übereinkommen fallenden Steuerabkommens (in der gegebenenfalls durch dieses Übereinkommen geänderten Fassung), nach denen die Vergünstigungen, die anderenfalls nach dem unter das Übereinkommen fallenden Steuerabkommen gewährt würden, vollständig oder teilweise versagt werden, wenn der Hauptzweck oder einer der Hauptzwecke einer Gestaltung oder Transaktion oder einer an einer Gestaltung oder Transaktion beteiligten Person der Erhalt dieser Vergünstigungen war.

(6) Eine Vertragspartei dieses Übereinkommens kann sich auch entscheiden, die Absätze 8 bis 13 (im Folgenden als «vereinfachte Bestimmung zur Beschränkung von Vergünstigungen» bezeichnet) auf ihre unter das Übereinkommen fallenden Steuerabkommen anzuwenden, indem sie die Notifikation nach Absatz 17 Buchstabe c abgibt. Die vereinfachte Bestimmung zur Beschränkung von Vergünstigungen gilt nur dann in Bezug auf ein unter das Übereinkommen fallendes Steuerabkommen, wenn sich alle Vertragsstaaten für ihre Anwendung entschieden haben.

(7) In Fällen, in denen sich einige, jedoch nicht alle Vertragsstaaten eines unter das Übereinkommen fallenden Steuerabkommens nach Absatz 6 für die Anwendung der vereinfachten Bestimmung zur Beschränkung von Vergünstigungen entscheiden, gilt die vereinfachte Bestimmung zur Beschränkung von Vergünstigungen ungeachtet des Absatzes 6 in Bezug auf die Gewährung von Vergünstigungen nach dem unter das Übereinkommen fallenden Steuerabkommen

a) durch alle Vertragsstaaten, sofern alle Vertragsstaaten, die sich nicht nach Absatz 6 für die Anwendung der vereinfachten Bestimmung zur Beschränkung von Vergünstigungen entscheiden, einer derartigen Anwendung zustimmen, indem sie sich für die Anwendung dieses Buchstabens entscheiden und dies dem Depositar notifizieren, oder

b) ausschliesslich durch die Vertragsstaaten, die sich für die Anwendung der vereinfachten Bestimmung zur Beschränkung von Vergünstigungen entscheiden, sofern alle Vertragsstaaten, die sich nicht nach Absatz 6 für die Anwendung der vereinfachten Bestimmung zur Beschränkung von Vergünstigungen entscheiden, einer derartigen Anwendung zustimmen, indem sie sich für die Anwendung dieses Buchstabens entscheiden und dies dem Depositar notifizieren.

Vereinfachte Bestimmung zur Beschränkung von Vergünstigungen

(8) Sofern die vereinfachte Bestimmung zur Beschränkung von Vergünstigungen nichts anderes vorsieht, hat eine in einem Vertragsstaat eines unter das Übereinkommen fallenden Steuerabkommens ansässige Person keinen Anspruch auf eine Vergünstigung, die anderenfalls durch das unter das Übereinkommen fallende Steuerabkommen gewährt würde, mit Ausnah-

me von Vergünstigungen nach Bestimmungen des unter das Übereinkommen fallenden Steuerabkommens,

a) in denen die Ansässigkeit einer anderen als einer natürlichen Person geregelt ist, die aufgrund der Bestimmungen des unter das Übereinkommen fallenden Steuerabkommens, die den Begriff «in einem Vertragsstaat ansässige Person» bestimmen, in mehr als einem Vertragsstaat ansässig ist,

b) die vorsehen, dass ein Vertragsstaat, nachdem der andere Vertragsstaat in Übereinstimmung mit dem unter das Übereinkommen fallenden Steuerabkommen eine Erstberichtigung vorgenommen hat, einem Unternehmen des erstgenannten Vertragsstaats eine entsprechende Gegenberichtigung des Steuerbetrags gewährt, der in diesem Vertragsstaat von den Gewinnen eines verbundenen Unternehmens erhoben wird, oder

c) nach denen in einem Vertragsstaat ansässige Personen beantragen können, dass die zuständige Behörde dieses Vertragsstaats Fälle von nicht dem unter das Übereinkommen fallenden Steuerabkommen entsprechender Besteuerung prüft,

es sei denn, diese Person ist zu dem Zeitpunkt, zu dem die Vergünstigung gewährt würde, eine «berechtigte Person» im Sinne des Absatzes 9.

(9) Eine in einem Vertragsstaat eines unter das Übereinkommen fallenden Steuerabkommens ansässige Person ist zu einem Zeitpunkt, zu dem anderenfalls durch das unter das Übereinkommen fallende Steuerabkommen eine Vergünstigung gewährt würde, eine berechtigte Person, wenn sie zu diesem Zeitpunkt

a) eine natürliche Person ist;

b) dieser Vertragsstaat oder eine seiner Gebietskörperschaften oder eine Behörde oder Einrichtung dieses Vertragsstaats oder dieser Gebietskörperschaft ist;

c) eine Gesellschaft oder ein sonstiger Rechtsträger ist, sofern die Hauptgattung ihrer beziehungsweise seiner Anteile regelmässig an einer oder mehreren anerkannten Börsen gehandelt wird;

d) eine andere als eine natürliche Person ist, die

i) eine keinen Erwerbszweck verfolgende Organisation einer Art ist, auf die sich die Vertragsstaaten durch einen diplomatischen Notenwechsel verständigen, oder

ii) ein in diesem Vertragsstaat errichteter Rechtsträger oder ein in diesem Vertragsstaat errichtetes Gebilde ist, der beziehungsweise das nach dem Steuerrecht dieses Vertragsstaats als eigenständige Person gilt und

A) ausschliesslich oder fast ausschliesslich errichtet und betrieben wird, um für natürliche Personen Altersversorgungsleistungen und Zusatz- oder Nebenleistungen zu verwalten oder zu erbringen, und als solcher beziehungsweise solches durch diesen Vertragsstaat oder eine seiner Gebietskörperschaften gesetzlich geregelt wird oder

B) ausschliesslich oder fast ausschliesslich errichtet und betrieben wird, um für unter Grossbuchstabe A genannte Rechtsträger oder Gebilde Mittel anzulegen;

e) eine andere als eine natürliche Person ist, sofern an mindestens der Hälfte der Tage eines Zeitraums von zwölf Monaten, in den der Zeitpunkt fällt, zu dem die Vergünstigung anderenfalls gewährt würde, mindestens 50 Prozent der Anteile an der Person unmittelbar oder mittelbar in diesem Vertragsstaat ansässigen Personen gehören, die nach den Buchstaben a bis d Anspruch auf die Vergünstigungen des unter das Übereinkommen fallenden Steuerabkommens haben.

(10) a) Eine in einem Vertragsstaat eines unter das Übereinkommen fallenden Steuerabkommens ansässige Person hat unabhängig davon, ob sie eine berechtigte Person ist, Anspruch auf Vergünstigungen des unter das Übereinkommen fallenden Steuerabkommens für bestimmte aus dem anderen Vertragsstaat bezogene Einkünfte, wenn sie im erstgenannten Vertragsstaat aktiv eine Geschäftstätigkeit ausübt und die aus dem anderen Vertragsstaat bezogenen Einkünfte aus dieser Geschäftstätigkeit stammen oder mit ihr verbunden sind. Im Sinne der vereinfachten Bestimmung zur Beschränkung von Vergünstigungen umfasst der Ausdruck «aktiv eine Geschäftstätigkeit ausüben» nicht folgende Tätigkeiten oder eine Kombination derselben:

i) Ausübung der Funktion einer Holdinggesellschaft,

ii) Gesamtaufsicht über oder -verwaltung eines Konzerns,

iii) Konzernfinanzierung (einschliesslich Cash-Pooling) oder

iv) Vornahme oder Verwaltung von Kapitalanlagen, es sei denn, diese Tätigkeiten werden von einer Bank, einem Versicherungsunternehmen oder einem zugelassenen Wertpapierhändler im Rahmen ihrer beziehungsweise seiner ordentlichen Geschäftstätigkeit ausgeübt.

b) Bezieht eine in einem Vertragsstaat eines unter das Übereinkommen fallenden Steuerabkommens ansässige Person bestimmte Einkünfte aus einer im anderen Vertragsstaat von ihr ausgeübten Geschäftstätigkeit oder bezieht sie bestimmte im anderen Vertragsstaat erzielte Einkünfte von einer verbundenen Person, so gelten die Voraussetzungen nach Buchstabe a nur dann als für diese Einkünfte erfüllt, wenn die von der ansässigen Person im erstgenannten Vertragsstaat ausgeübte Geschäftstätigkeit, mit der die Einkünfte in Zusammenhang stehen, im Verhältnis zu der gleichen Tätigkeit oder einer ergänzenden Geschäftstätigkeit, die von der ansässigen Person oder der verbundenen Person im anderen Vertragsstaat ausgeübt wird, erheblich ist. Ob eine Geschäftstätigkeit im Sinne dieses Buchstabens erheblich ist, wird anhand aller Tatsachen und Umstände festgestellt.

c) Für die Anwendung dieses Absatzes gelten Tätigkeiten verbundener Personen in Bezug auf eine in einem Vertragsstaat eines unter das Übereinkommen fallenden Steuerabkommens ansässige Person als Tätigkeiten dieser ansässigen Person.

(11) Eine in einem Vertragsstaat eines unter das Übereinkommen fallenden Steuerabkommens ansässige Person, die keine berechtigte Person ist, hat auch Anspruch auf eine Vergünstigung, die anderenfalls durch das unter das Übereinkommen fallende Steuerabkommen für bestimmte Einkünfte gewährt würde, sofern an mindestens der Hälfte der Tage eines Zeitraums von zwölf Monaten, in den der Zeitpunkt fällt, zu dem die Vergünstigung anderenfalls gewährt würde, mindestens 75 Prozent der Eigentumsrechte an der ansässigen Person unmittelbar oder mittelbar Personen gehören, die gleichberechtigte Begünstigte sind.

(12) Wenn eine in einem Vertragsstaat eines unter das Übereinkommen fallenden Steuerabkommens ansässige Person weder nach Absatz 9 eine berechtigte Person ist noch nach Absatz 10 oder 11 Anspruch auf Vergünstigungen hat, kann die zuständige Behörde des anderen Vertragsstaats unter Berücksichtigung des Ziels und Zwecks des unter das Übereinkommen fallenden Steuerabkommens gleichwohl die Vergünstigungen des unter das Übereinkommen fallenden Steuerabkommens oder Vergünstigungen für bestimmte Einkünfte gewähren, jedoch nur, sofern die Person zur hinreichenden Überzeugung dieser zuständigen Behörde nachweist, dass weder einer der Hauptzwecke ihrer Errichtung, ihres Erwerbs oder ihrer Unterhaltung noch einer der Hauptzwecke der Ausübung ihrer Geschäfte darin bestand, Vergünstigungen nach dem unter das Übereinkommen fallenden Steuerabkommen zu erhalten. Bevor sie dem Antrag, den eine in einem Vertragsstaat ansässige Person nach diesem Absatz gestellt hat, stattgibt oder diesen ablehnt, konsultiert die zuständige Behörde des anderen Vertragsstaats, bei welcher der Antrag gestellt wurde, die zuständige Behörde des erstgenannten Vertragsstaats.

(13) Im Sinne der vereinfachten Bestimmung zur Beschränkung von Vergünstigungen

a) bedeutet der Ausdruck «anerkannte Börse»

i) jede Börse, die nach dem Recht eines der beiden Vertragsstaaten als solche errichtet wurde und gesetzlich geregelt wird, und

ii) jede andere von den zuständigen Behörden der Vertragsstaaten vereinbarte Börse;

b) bedeutet der Ausdruck «Hauptgattung von Anteilen» die Gattung oder Gattungen der Anteile einer Gesellschaft, welche die Mehrheit der Gesamtstimmrechte und des Gesamtwerts der Gesellschaft darstellt beziehungsweise darstellen, oder die Gattung oder Gattungen von Eigentumsrechten eines Rechtsträgers, die insgesamt eine Mehrheit der Gesamtstimmrechte und des Gesamtwerts des Rechtsträgers darstellt beziehungsweise darstellen;

c) bedeutet der Ausdruck «gleichberechtigter Begünstigter» eine Person, die in Bezug auf bestimmte Einkünfte Anspruch auf Vergünstigungen hätte, die durch einen Vertragsstaat eines unter das Übereinkommen fallenden Steuerabkommens nach dessen innerstaatlichem Recht[11], dem unter das Übereinkommen fallenden Steuerabkommen oder einer anderen völkerrechtlichen Übereinkunft gewährt werden und den nach dem unter das Übereinkommen fallenden Steuerabkommen für diese Einkünfte zu gewährenden Vergünstigungen entsprechen oder vorteilhafter als diese sind; um festzustellen, ob eine Person in Bezug auf Dividenden ein gleichberechtigter Begünstigter ist, wird die Person so behandelt, als hielte sie genau das gleiche Kapital der die Dividenden zahlenden Gesellschaft, das die Gesellschaft hält, welche die Vergünstigung für die Dividenden fordert;

d) bedeutet der Ausdruck «Anteile» bei Rechtsträgern, die keine Gesellschaften sind, mit Anteilen vergleichbare Rechte;

e) sind zwei Personen «verbundene Personen», wenn einer der beiden Personen mindestens 50 Prozent der Eigentumsrechte an der anderen Person (oder bei einer Gesellschaft mindestens 50 Prozent der Gesamtstimmrechte und des Gesamtwerts der Anteile der Gesellschaft) unmittelbar oder mittelbar gehören oder einer weiteren Person mindestens 50 Prozent der Eigentumsrechte an jeder Person (oder bei einer Gesellschaft mindestens 50 Prozent der Gesamtstimmrechte und des Gesamtwerts der Anteile der Gesellschaft) unmittelbar oder mittelbar gehören; in jedem Fall ist eine Person mit einer anderen Person verbunden, wenn allen massgebli-

---

11 Anm. d. Übers.: im Fall von Gebieten oder Hoheitsgebieten: internem Recht

chen Tatsachen und Umständen zufolge die eine die andere beherrscht oder beide von derselben Person oder denselben Personen beherrscht werden.

(14) Die vereinfachte Bestimmung zur Beschränkung von Vergünstigungen gilt anstelle oder in Ermangelung von Bestimmungen eines unter das Übereinkommen fallenden Steuerabkommens, nach denen die Vergünstigungen des unter das Übereinkommen fallenden Steuerabkommens (oder Vergünstigungen bis auf jene nach den Bestimmungen des unter das Übereinkommen fallenden Steuerabkommens zur Ansässigkeit, zu verbundenen Unternehmen oder zur Gleichbehandlung oder jene, die nicht nur auf die in einem Vertragsstaat ansässigen Personen begrenzt sind) nur auf eine ansässige Person beschränkt sind, die Anspruch auf diese Vergünstigungen hat, weil sie ein oder mehrere eindeutige Kriterien erfüllt.

(15) Eine Vertragspartei dieses Übereinkommens kann sich vorbehalten,

a) dass Absatz 1 nicht für ihre unter das Übereinkommen fallenden Steuerabkommen gilt, sofern sie beabsichtigt, eine ausführliche Bestimmung zur Beschränkung von Vergünstigungen entweder in Verbindung mit Vorschriften zur Bekämpfung von Durchlauffinanzierungsstrukturen oder mit einem Hauptzweck-Kriterium anzuwenden und dadurch den Mindeststandard zur Verhinderung von Abkommensmissbrauch nach dem BEPS- Paket der OECD/G20 zu erfüllen; in solchen Fällen werden sich die Vertragsstaaten bemühen, eine für alle Seiten zufriedenstellende Lösung herbeizuführen, die den Mindeststandard erfüllt;

b) dass Absatz 1 (und Absatz 4 bei einer Vertragspartei dieses Übereinkommens, die sich für dessen Anwendung entschieden hat) nicht für ihre unter das Übereinkommen fallenden Steuerabkommen gilt, die bereits Bestimmungen enthalten, nach denen alle Vergünstigungen, die anderenfalls nach dem unter das Übereinkommen fallenden Steuerabkommen gewährt würden, versagt werden, wenn der Hauptzweck oder einer der Hauptzwecke einer Gestaltung oder Transaktion oder einer an einer Gestaltung oder Transaktion beteiligten Person der Erhalt dieser Vergünstigungen war;

c) dass die vereinfachte Bestimmung zur Beschränkung von Vergünstigungen nicht für ihre unter das Übereinkommen fallenden Steuerabkommen gilt, die bereits die in Absatz 14 beschriebenen Bestimmungen enthalten.

(16) Soweit die vereinfachte Bestimmung zur Beschränkung von Vergünstigungen nicht nach Absatz 7 für die Gewährung von Vergünstigungen aufgrund eines unter das Übereinkommen fallenden Steuerabkommens durch eine oder mehrere Vertragsparteien dieses Übereinkommens gilt, kann sich eine Vertragspartei dieses Übereinkommens, die sich nach Absatz 6 für die Anwendung der vereinfachten Bestimmung zur Beschränkung von Ver-

günstigungen entscheidet, vorbehalten, dass dieser gesamte Artikel nicht in Bezug

(17) auf ihre unter das Übereinkommen fallenden Steuerabkommen gilt, bei denen sich einer oder mehrere der anderen Vertragsstaaten nicht für die Anwendung der vereinfachten Bestimmung zur Beschränkung von Vergünstigungen entschieden haben. In solchen Fällen werden sich die Vertragsstaaten bemühen, eine für alle Seiten zufriedenstellende Lösung herbeizuführen, die den Mindeststandard zur Verhinderung von Abkommensmissbrauch nach dem BEPS-Paket der OECD/G20 erfüllt.

(17) a) Jede Vertragspartei dieses Übereinkommens, die nicht den in Absatz 15 Buchstabe a beschriebenen Vorbehalt angebracht hat, notifiziert dem Depositar, ob ihre unter das Übereinkommen fallenden Steuerabkommen, die nicht einem in Absatz 15 Buchstabe b beschriebenen Vorbehalt unterliegen, jeweils eine in Absatz 2 beschriebene Bestimmung enthalten, und, sofern dies der Fall ist, jeweils die Nummer des Artikels und des Absatzes dieser Bestimmung. Haben alle Vertragsstaaten eine entsprechende Notifikation in Bezug auf eine Bestimmung eines unter das Übereinkommen fallenden Steuerabkommens abgegeben, so wird diese Bestimmung durch Absatz 1 (und gegebenenfalls Absatz 4) ersetzt. Anderenfalls geht Absatz 1 (und gegebenenfalls Absatz 4) den Bestimmungen des unter das Übereinkommen fallenden Steuerabkommens nur insoweit vor, als diese mit Absatz 1 (und gegebenenfalls Absatz 4) unvereinbar sind. Eine Vertragspartei dieses Übereinkommens, die nach diesem Buchstaben eine Notifikation abgibt, kann darin auch eine Erklärung aufnehmen, dass sie zwar die übergangsweise Anwendung allein des Absatzes 1 akzeptiert, jedoch beabsichtigt, nach Möglichkeit durch bilaterale Verhandlungen zusätzlich zu Absatz 1 oder anstelle des Absatzes 1 eine Bestimmung zur Beschränkung von Vergünstigungen zu beschliessen.

b) Jede Vertragspartei dieses Übereinkommens, die sich für die Anwendung des Absatzes 4 entscheidet, notifiziert dem Depositar ihre Entscheidung. Absatz 4 gilt nur dann für ein unter das Übereinkommen fallendes Steuerabkommen, wenn alle Vertragsstaaten eine entsprechende Notifikation abgegeben haben.

c) Jede Vertragspartei dieses Übereinkommens, die sich nach Absatz 6 für die Anwendung der vereinfachten Bestimmung zur Beschränkung von Vergünstigungen entscheidet, notifiziert dem Depositar ihre Entscheidung. Sofern diese Vertragspartei nicht den Vorbehalt nach Absatz 15 Buchstabe c angebracht hat, muss diese Notifikation auch die Liste ihrer unter das Übereinkommen fallenden Steuerabkommen umfassen, die eine in Absatz 14 beschriebene Bestimmung enthalten, sowie jeweils die Nummer des Artikels und des Absatzes dieser Bestimmung.

d) Jede Vertragspartei dieses Übereinkommens, die sich nicht nach Absatz 6 für die Anwendung der vereinfachten Bestimmung zur Beschränkung von Vergünstigungen, sondern für die Anwendung des Absatzes 7 Buchstabe a oder b entscheidet, notifiziert dem Depositar den gewählten Buchstaben. Sofern diese Vertragspartei nicht den Vorbehalt nach Absatz 15 Buchstabe c angebracht hat, muss diese Notifikation auch die Liste ihrer unter das Übereinkommen fallenden Steuerabkommen umfassen, die eine in Absatz 14 beschriebene Bestimmung enthalten, sowie jeweils die Nummer des Artikels und des Absatzes dieser Bestimmung.

e) Haben alle Vertragsstaaten eine Notifikation nach Buchstabe c oder d in Bezug auf eine Bestimmung eines unter das Übereinkommen fallenden Steuerabkommens abgegeben, so wird diese durch die vereinfachte Bestimmung zur Beschränkung von Vergünstigungen ersetzt. Anderenfalls geht die vereinfachte Bestimmung zur Beschränkung von Vergünstigungen den Bestimmungen des unter das Übereinkommen fallenden Steuerabkommens nur insoweit vor, als diese mit der vereinfachten Bestimmung zur Beschränkung von Vergünstigungen unvereinbar sind.

Artikel 8

Transaktionen zur Übertragung von Dividenden

(1) Bestimmungen eines unter das Übereinkommen fallenden Steuerabkommens, nach denen die von einer in einem Vertragsstaat ansässigen Gesellschaft gezahlten Dividenden von der Steuer befreit werden oder der Satz begrenzt wird, mit dem diese Dividenden besteuert werden können, sofern der Nutzungsberechtigte oder der Empfänger eine im anderen Vertragsstaat ansässige Gesellschaft ist, die als Eigentümerin oder Inhaberin über mehr als eine bestimmte Menge des Kapitals, der Anteile, der Aktien, der Stimmanteile, Stimmrechte oder ähnlicher Eigentumsrechte an der die Dividenden zahlenden Gesellschaft verfügt, diese hält oder beherrscht, gelten nur, wenn die in diesen Bestimmungen beschriebenen Eigentums- oder Inhaberschaftsvoraussetzungen während eines Zeitraums von 365 Tagen einschliesslich des Tages der Dividendenzahlung erfüllt sind (bei der Berechnung dieses Zeitraums bleiben Änderungen der Eigentums- oder Inhaberschaftsverhältnisse unberücksichtigt, die sich unmittelbar aus einer Umstrukturierung, wie einer Fusion oder Spaltung, der die Anteile haltenden oder die Dividenden zahlenden Gesellschaft ergeben würden).

(2) Die in Absatz 1 vorgesehene Mindesthaltedauer gilt anstelle oder in Ermangelung einer Mindesthaltedauer in Bestimmungen eines unter das Übereinkommen fallenden Steuerabkommens, die in Absatz 1 beschrieben sind.

(3) Eine Vertragspartei dieses Übereinkommens kann sich vorbehalten,

a) dass dieser gesamte Artikel nicht für ihre unter das Übereinkommen fallenden Steuerabkommen gilt;

b) dass dieser gesamte Artikel nicht für ihre unter das Übereinkommen fallenden Steuerabkommen gilt, soweit die in Absatz 1 beschriebenen Bestimmungen bereits Folgendes enthalten:

i) eine Mindesthaltedauer,

ii) eine Mindesthaltedauer, die kürzer ist als 365 Tage, oder

iii) eine Mindesthaltedauer, die länger ist als 365 Tage.

(4) Jede Vertragspartei dieses Übereinkommens, die keinen Vorbehalt nach Absatz 3 Buchstabe a angebracht hat, notifiziert dem Depositar, ob ihre unter das Übereinkommen fallenden Steuerabkommen jeweils eine in Absatz 1 beschriebene Bestimmung enthalten, die nicht einem Vorbehalt nach Absatz 3 Buchstabe b unterliegt, und, sofern dies der Fall ist, jeweils die Nummer des Artikels und des Absatzes dieser Bestimmung. Absatz 1 gilt nur dann in Bezug auf eine Bestimmung eines unter das Übereinkommen fallenden Steuerabkommens, wenn alle Vertragsstaaten in Bezug auf diese Bestimmung eine entsprechende Notifikation abgegeben haben.

Artikel 9

Gewinne aus der Veräusserung von Anteilen oder Rechten an Rechtsträgern, deren Wert hauptsächlich auf unbeweglichem Vermögen beruht

(1) Bestimmungen eines unter das Übereinkommen fallenden Steuerabkommens, nach denen Gewinne, die eine in einem Vertragsstaat ansässige Person aus der Veräusserung von Anteilen oder sonstigen Beteiligungsrechten an einem Rechtsträger erzielt, im anderen Vertragsstaat besteuert werden können, sofern der Wert dieser Anteile oder Rechte zu mehr als einem bestimmten Teil auf unbeweglichem Vermögen (Grundvermögen) beruht, das in diesem anderen Vertragsstaat belegen ist (oder sofern mehr als ein bestimmter Teil des Vermögens des Rechtsträgers aus derartigem unbeweglichem Vermögen (Grundvermögen) besteht),

a) gelten, wenn die massgebende Wertgrenze zu irgendeinem Zeitpunkt während der 365 Tage vor der Veräusserung erreicht wird, und

b) gelten für Anteile oder vergleichbare Rechte, wie Rechte an einer Personengesellschaft oder einem Trust (soweit diese Anteile oder Rechte nicht bereits unter die Bestimmungen fallen), zusätzlich zu bereits unter die Bestimmungen fallenden Anteilen oder Rechten.

(2) Der in Absatz 1 Buchstabe a vorgesehene Zeitraum gilt anstelle oder in Ermangelung eines vorgegebenen Zeitraums für die Feststellung, ob die massgebende Wertgrenze nach den Bestimmungen eines unter das Über-

einkommen fallenden Steuerabkommens, die in Absatz 1 beschrieben sind, erreicht wurde.

(3) Eine Vertragspartei dieses Übereinkommens kann sich auch entscheiden, in Bezug auf ihre unter das Übereinkommen fallenden Steuerabkommen Absatz 4 anzuwenden.

(4) Für die Zwecke eines unter das Übereinkommen fallenden Steuerabkommens können Gewinne, die eine in einem Vertragsstaat ansässige Person aus der Veräusserung von Anteilen oder vergleichbaren Rechten, wie Rechten an einer Personengesellschaft oder einem Trust, erzielt, im anderen Vertragsstaat besteuert werden, sofern der Wert dieser Anteile oder vergleichbaren Rechte zu irgendeinem Zeitpunkt während der 365 Tage vor der Veräusserung zu mehr als 50 Prozent unmittelbar oder mittelbar auf in diesem anderen Vertragsstaat belegenem unbeweglichem Vermögen (Grundvermögen) beruhte.

(5) Absatz 4 gilt anstelle oder in Ermangelung von Bestimmungen eines unter das Übereinkommen fallenden Steuerabkommens, nach denen Gewinne, die eine in einem Vertragsstaat ansässige Person aus der Veräusserung von Anteilen oder sonstigen Beteiligungsrechten an einem Rechtsträger erzielt, im anderen Vertragsstaat besteuert werden können, sofern der Wert dieser Anteile oder Rechte zu mehr als einem bestimmten Teil auf in diesem anderen Vertragsstaat belegenem unbeweglichem Vermögen (Grundvermögen) beruht oder sofern mehr als ein bestimmter Teil des Vermögens des Rechtsträgers aus derartigem unbeweglichem Vermögen (Grundvermögen) besteht.

(6) Eine Vertragspartei dieses Übereinkommens kann sich vorbehalten,

a) dass Absatz 1 nicht für ihre unter das Übereinkommen fallenden Steuerabkommen gilt;

b) dass Absatz 1 Buchstabe a nicht für ihre unter das Übereinkommen fallenden Steuerabkommen gilt;

c) dass Absatz 1 Buchstabe b nicht für ihre unter das Übereinkommen fallenden Steuerabkommen gilt;

d) dass Absatz 1 Buchstabe a nicht für ihre unter das Übereinkommen fallenden Steuerabkommen gilt, die bereits eine Bestimmung der in Absatz 1 beschriebenen Art enthalten, die einen Zeitraum für die Feststellung beinhaltet, ob die massgebende Wertgrenze erreicht wurde;

e) dass Absatz 1 Buchstabe b nicht für ihre unter das Übereinkommen fallenden Steuerabkommen gilt, die bereits eine Bestimmung der in Absatz 1 beschriebenen Art enthalten, die für die Veräusserung anderer Rechte als Anteile gilt;

f) dass Absatz 4 nicht für ihre unter das Übereinkommen fallenden Steuerabkommen gilt, die bereits die in Absatz 5 beschriebenen Bestimmungen enthalten.

(7) Jede Vertragspartei dieses Übereinkommens, die nicht den Vorbehalt nach Absatz 6 Buchstabe a angebracht hat, notifiziert dem Depositar, ob ihre unter das Übereinkommen fallenden Steuerabkommen jeweils eine in Absatz 1 beschriebene Bestimmung enthalten, und, sofern dies der Fall ist, jeweils die Nummer des Artikels und des Absatzes dieser Bestimmung. Absatz 1 gilt nur dann in Bezug auf eine Bestimmung eines unter das Übereinkommen fallenden Steuerabkommens, wenn alle Vertragsstaaten in Bezug auf diese Bestimmung eine Notifikation abgegeben haben.

(8) Jede Vertragspartei dieses Übereinkommens, die sich für die Anwendung des Absatzes 4 entscheidet, notifiziert dem Depositar ihre Entscheidung. Absatz 4 gilt nur dann für ein unter das Übereinkommen fallendes Steuerabkommen, wenn alle Vertragsstaaten eine entsprechende Notifikation abgegeben haben. In diesem Fall gilt Absatz 1 nicht in Bezug auf dieses unter das Übereinkommen fallende Steuerabkommen. Im Fall einer Vertragspartei dieses Übereinkommens, die nicht den Vorbehalt nach Absatz 6 Buchstabe f angebracht hat und die den Vorbehalt nach Absatz 6 Buchstabe a angebracht hat, muss diese Notifikation auch die Liste ihrer unter das Übereinkommen fallenden Steuerabkommen umfassen, die eine in Absatz 5 beschriebene Bestimmung enthalten, sowie jeweils die Nummer des Artikels und des Absatzes dieser Bestimmung. Haben alle Vertragsstaaten nach diesem Absatz oder nach Absatz 7 eine Notifikation in Bezug auf eine Bestimmung eines unter das Übereinkommen fallenden Steuerabkommens abgegeben, so wird diese durch Absatz 4 ersetzt. Anderenfalls geht Absatz 4 den Bestimmungen des unter das Übereinkommen fallenden Steuerabkommens nur insoweit vor, als diese mit Absatz 4 unvereinbar sind.

Artikel 10

Vorschrift zur Missbrauchsbekämpfung für in Drittstaaten oder -gebieten gelegene Betriebsstätten

(1) Wenn

a) ein Unternehmen eines Vertragsstaats eines unter das Übereinkommen fallenden Steuerabkommens Einkünfte aus dem anderen Vertragsstaat bezieht und der erstgenannte Vertragsstaat diese Einkünfte als Einkünfte betrachtet, die einer in einem Drittstaat oder -gebiet gelegenen Betriebsstätte des Unternehmens zugerechnet werden können, sowie

b) die Gewinne, die dieser Betriebsstätte zugerechnet werden können, im erstgenannten Vertragsstaat von der Steuer befreit sind,

gelten die Vergünstigungen des unter das Übereinkommen fallenden Steuerabkommens nicht für Einkünfte, auf die im Drittstaat oder -gebiet weniger als 60 Prozent der Steuer erhoben wird, die im erstgenannten Vertragsstaat von diesen Einkünften erhoben würde, wenn diese Betriebsstätte im erstgenannten Vertragsstaat gelegen wäre. In diesem Fall können Einkünfte, für die dieser Absatz gilt, ungeachtet der sonstigen Bestimmungen des unter das Übereinkommen fallenden Steuerabkommens weiterhin nach dem innerstaatlichen Recht[12] des anderen Vertragsstaats besteuert werden.

(2) Absatz 1 gilt nicht, wenn die in Absatz 1 beschriebenen Einkünfte aus dem anderen Vertragsstaat im Zusammenhang mit einer durch die Betriebsstätte aktiv ausgeübten Geschäftstätigkeit bezogen werden oder mit einer solchen Geschäftstätigkeit verbunden sind (mit Ausnahme der Vornahme, der Verwaltung oder des blossen Besitzes von Kapitalanlagen für eigene Rechnung des Unternehmens, es sei denn, es handelt sich dabei um Bank-, Versicherungs- oder Wertpapiergeschäfte einer Bank, eines Versicherungsunternehmens beziehungsweise eines zugelassenen Wertpapierhändlers).

(3) Werden Vergünstigungen nach einem unter das Übereinkommen fallenden Steuerabkommen in Bezug auf bestimmte Einkünfte einer in einem Vertragsstaat ansässigen Person aufgrund des Absatzes 1 versagt, so kann die zuständige Behörde des anderen Vertragsstaats diese Vergünstigungen gleichwohl für diese Einkünfte gewähren, wenn diese zuständige Behörde auf einen Antrag dieser ansässigen Person hin feststellt, dass die Gewährung dieser Vergünstigungen angesichts der Gründe, aus denen diese ansässige Person die Voraussetzungen der Absätze 1 und 2 nicht erfüllt hat, gerechtfertigt ist. Die zuständige Behörde des Vertragsstaats, bei der eine im anderen Vertragsstaat ansässige Person nach Satz 1 einen Antrag gestellt hat, konsultiert die zuständige Behörde des anderen Vertragsstaats, bevor sie dem Antrag stattgibt oder ihn ablehnt.

(4) Die Absätze 1 bis 3 gelten anstelle oder in Ermangelung von Bestimmungen eines unter das Übereinkommen fallenden Steuerabkommens, nach denen Vergünstigungen versagt oder eingeschränkt werden, die einem Unternehmen eines Vertragsstaats, das Einkünfte aus dem anderen Vertragsstaat bezieht, die einer in einem Drittstaat oder -gebiet gelegenen Betriebsstätte des Unternehmens zugerechnet werden können, anderenfalls gewährt würden.

(5) Eine Vertragspartei dieses Übereinkommens kann sich vorbehalten,

a) dass dieser gesamte Artikel nicht für ihre unter das Übereinkommen fallenden Steuerabkommen gilt;

b) dass dieser gesamte Artikel nicht für ihre unter das Übereinkommen fallenden Steuerabkommen gilt, die bereits die in Absatz 4 beschriebenen Bestimmungen enthalten;

---

12 Anm. d. Übers.: im Fall von Gebieten oder Hoheitsgebieten hier und im Folgenden: internen Recht

c) dass dieser Artikel nur für ihre unter das Übereinkommen fallenden Steuerabkommen gilt, die bereits die in Absatz 4 beschriebenen Bestimmungen enthalten.

(6) Jede Vertragspartei dieses Übereinkommens, die nicht den Vorbehalt nach Absatz 5 Buchstabe a oder b angebracht hat, notifiziert dem Depositar, ob ihre unter das Übereinkommen fallenden Steuerabkommen jeweils eine in Absatz 4 beschriebene Bestimmung enthalten, und, sofern dies der Fall ist, jeweils die Nummer des Artikels und des Absatzes dieser Bestimmung. Haben alle Vertragsstaaten eine entsprechende Notifikation in Bezug auf eine Bestimmung eines unter das Übereinkommen fallenden Steuerabkommens abgegeben, so wird diese durch die Absätze 1 bis 3 ersetzt. Anderenfalls gehen die Absätze 1 bis 3 den Bestimmungen des unter das Übereinkommen fallenden Steuerabkommens nur insoweit vor, als diese mit den genannten Absätzen unvereinbar sind.

Artikel 11

Anwendung von Steuerabkommen zur Einschränkung des Rechtes einer Vertragspartei dieses Übereinkommens auf Besteuerung der in ihrem Gebiet ansässigen Personen

(1) Ein unter das Übereinkommen fallendes Steuerabkommen berührt nicht die Besteuerung der in einem Vertragsstaat ansässigen Personen durch diesen Vertragsstaat, ausser in Bezug auf die Vergünstigungen, die nach Bestimmungen des unter das Übereinkommen fallenden Steuerabkommens gewährt werden,

a) nach denen dieser Vertragsstaat verpflichtet ist, nachdem der andere Vertragsstaat in Übereinstimmung mit dem unter das Übereinkommen fallenden Steuerabkommen eine Erstberichtigung vorgenommen hat, einem Unternehmen des erstgenannten Vertragsstaats eine entsprechende Gegenberichtigung des Steuerbetrags zu gewähren, der in diesem Vertragsstaat von den Gewinnen einer Betriebsstätte des Unternehmens oder den Gewinnen eines verbundenen Unternehmens erhoben wird,

b) welche die Art und Weise berühren können, wie dieser Vertragsstaat eine in diesem Vertragsstaat ansässige natürliche Person besteuert, wenn diese natürliche Person Einkünfte für dem anderen Vertragsstaat oder einer Gebietskörperschaft oder anderen vergleichbaren Körperschaft dieses Vertragsstaats geleistete Dienste bezieht,

c) welche die Art und Weise berühren können, wie dieser Vertragsstaat eine in diesem Vertragsstaat ansässige natürliche Person besteuert, wenn diese natürliche Person auch ein Schüler, Student, Auszubildender oder Trainee beziehungsweise Lehrer, Professor, Dozent, Ausbilder, Forscher oder Forschungsstipendiat ist, der die

Voraussetzungen des unter das Übereinkommen fallenden Steuerabkommens erfüllt,

d) nach denen dieser Vertragsstaat verpflichtet ist, in diesem Vertragsstaat ansässigen Personen in Bezug auf die Einkünfte, die der andere Vertragsstaat nach dem unter das Übereinkommen fallenden Steuerabkommen besteuern kann (einschliesslich Gewinnen, die nach dem unter das Übereinkommen fallenden Steuerabkommen einer im anderen Vertragsstaat gelegenen Betriebsstätte zugerechnet werden können), eine Steueranrechnung oder -befreiung zu gewähren,

e) durch die in diesem Vertragsstaat ansässige Personen vor bestimmten diskriminierenden Besteuerungsmethoden dieses Vertragsstaats geschützt werden,

f) nach denen in einem Vertragsstaat ansässige Personen beantragen können, dass die zuständige Behörde dieses oder eines der beiden Vertragsstaaten Fälle von nicht dem unter das Übereinkommen fallenden Steuerabkommen entsprechender Besteuerung prüft,

g) welche die Art und Weise berühren können, wie dieser Vertragsstaat eine in diesem Vertragsstaat ansässige natürliche Person besteuert, wenn diese natürliche Person Mitglied einer diplomatischen Mission oder konsularischen Vertretung des anderen Vertragsstaats oder einer Vertretung des anderen Vertragsgebiets ist,

h) nach denen Ruhegehälter und sonstige Zahlungen, die aufgrund des Sozialversicherungsrechts des anderen Vertragsstaats geleistet werden, nur in diesem anderen Vertragsstaat besteuert werden können,

i) nach denen aus dem anderen Vertragsstaat stammende Ruhegehälter und ähnliche Zahlungen, Renten, Unterhaltszahlungen an den geschiedenen Ehegatten oder sonstige Unterhaltszahlungen nur in diesem anderen Vertragsstaat besteuert werden können oder

j) durch die anderweitig das Recht eines Vertragsstaats auf Besteuerung der in seinem Gebiet ansässigen Personen ausdrücklich eingeschränkt wird oder die ausdrücklich vorsehen, dass der Vertragsstaat, aus dem Einkünfte stammen, das ausschliessliche Recht auf Besteuerung dieser Einkünfte hat.

(2) Absatz 1 gilt anstelle oder in Ermangelung von Bestimmungen eines unter das Übereinkommen fallenden Steuerabkommens, nach denen das unter das Übereinkommen fallende Steuerabkommen nicht die Besteue-

rung der in einem Vertragsstaat ansässigen Personen durch diesen Vertragsstaat berührt.

(3) Eine Vertragspartei dieses Übereinkommens kann sich vorbehalten,

a) dass dieser gesamte Artikel nicht für ihre unter das Übereinkommen fallenden Steuerabkommen gilt;

b) dass dieser gesamte Artikel nicht für ihre unter das Übereinkommen fallenden Steuerabkommen gilt, die bereits die in Absatz 2 beschriebenen Bestimmungen enthalten.

(4) Jede Vertragspartei dieses Übereinkommens, die nicht den in Absatz 3 Buchstabe a oder b beschriebenen Vorbehalt angebracht hat, notifiziert dem Depositar, ob ihre unter das Übereinkommen fallenden Steuerabkommen jeweils eine in Absatz 2 beschriebene Bestimmung enthalten, und, sofern dies der Fall ist, jeweils die Nummer des Artikels und des Absatzes dieser Bestimmung. Haben alle Vertragsstaaten eine entsprechende Notifikation in Bezug auf eine Bestimmung eines unter das Übereinkommen fallenden Steuerabkommens abgegeben, so wird diese durch Absatz 1 ersetzt. Anderenfalls geht Absatz 1 den Bestimmungen des unter das Übereinkommen fallenden Steuerabkommens nur insoweit vor, als diese mit Absatz 1 unvereinbar sind.

Teil IV

Umgehung des Betriebsstättenstatus

Artikel 12

Künstliche Umgehung des Betriebsstättenstatus durch Kommissionärsmodelle und ähnliche Strategien

(1) Ungeachtet der Bestimmungen eines unter das Übereinkommen fallenden Steuerabkommens, die den Ausdruck «Betriebsstätte» bestimmen, jedoch vorbehaltlich des Absatzes 2, wird, wenn eine Person in einem Vertragsstaat eines unter das Übereinkommen fallenden Steuerabkommens für ein Unternehmen tätig ist und dabei gewöhnlich Verträge schliesst oder gewöhnlich die führende Rolle beim Abschluss von Verträgen einnimmt, die regelmässig ohne wesentliche Änderung durch das Unternehmen geschlossen werden, und es sich dabei um Verträge

a) im Namen des Unternehmens oder

b) zur Übertragung des Eigentums an oder zur Gewährung des Nutzungsrechts für Vermögen, das diesem Unternehmen gehört oder für das es das Nutzungsrecht besitzt, oder

c) zur Erbringung von Dienstleistungen durch dieses Unternehmen handelt, das Unternehmen so behandelt, als habe es in Bezug auf alle von dieser Person für das Unternehmen ausgeübten Tätigkeiten eine Betriebsstätte in diesem Vertragsstaat, es sei denn, diese Tätigkeiten, würden sie vom Unternehmen durch eine in diesem Vertragsstaat gelegene feste Geschäftseinrichtung dieses Unternehmens ausgeführt, würden nicht dazu führen, dass diese feste Geschäftseinrichtung als Betriebsstätte im Sinne der in dem unter das Übereinkommen fallenden Steuerabkommen (in der gegebenenfalls durch dieses Übereinkommen geänderten Fassung) enthaltenen Bestimmung des Begriffs «Betriebsstätte» behandelt würde.

(2) Absatz 1 gilt nicht, wenn die in einem Vertragsstaat eines unter das Übereinkommen fallenden Steuerabkommens für ein Unternehmen des anderen Vertragsstaats tätige Person im erstgenannten Vertragsstaat eine Geschäftstätigkeit als unabhängiger Vertreter ausübt und im Rahmen dieser ordentlichen Geschäftstätigkeit für das Unternehmen handelt. Ist eine Person jedoch ausschliesslich oder nahezu ausschliesslich für ein oder mehrere Unternehmen tätig, mit dem beziehungsweise denen sie eng verbunden ist, so gilt diese Person in Bezug auf dieses beziehungsweise diese Unternehmen nicht als unabhängiger Vertreter im Sinne dieses Absatzes.

(3) a) Absatz 1 gilt anstelle von Bestimmungen eines unter das Übereinkommen fallenden Steuerabkommens, in denen die Voraussetzungen beschrieben sind, unter denen ein Unternehmen so behandelt wird, als habe es in Bezug auf eine von einer anderen Person als einem unabhängigen Vertreter für das Unternehmen ausgeübte Tätigkeit eine Betriebsstätte in einem Vertragsstaat (oder eine Person so behandelt wird, als sei sie in Bezug auf eine derartige Tätigkeit eine Betriebsstätte in einem Vertragsstaat), jedoch nur insoweit, als in diesen Bestimmungen der Fall geregelt ist, in dem diese Person in diesem Vertragsstaat eine Vollmacht für den Abschluss von Verträgen im Namen des Unternehmens besitzt und gewöhnlich ausübt.

b) Absatz 2 gilt anstelle von Bestimmungen eines unter das Übereinkommen fallenden Steuerabkommens, nach denen ein Unternehmen nicht so behandelt wird, als habe es in Bezug auf eine von einem unabhängigen Vertreter für das Unternehmen ausgeübte Tätigkeit eine Betriebsstätte in einem Vertragsstaat.

(4) Eine Vertragspartei dieses Übereinkommens kann sich vorbehalten, dass dieser gesamte Artikel nicht für ihre unter das Übereinkommen fallenden Steuerabkommen gilt.

(5) Jede Vertragspartei dieses Übereinkommens, die keinen Vorbehalt nach Absatz 4 angebracht hat, notifiziert dem Depositar, ob ihre unter das Übereinkommen fallenden Steuerabkommen jeweils eine in Absatz 3 Buchstabe a beschriebene Bestimmung enthalten, sowie jeweils die Nummer des Artikels und des Absatzes dieser Bestimmung. Absatz 1 gilt nur dann in Bezug auf eine Bestimmung eines unter das Übereinkommen fal-

lenden Steuerabkommens, wenn alle Vertragsstaaten in Bezug auf diese Bestimmung eine Notifikation abgegeben haben.

(6) Jede Vertragspartei dieses Übereinkommens, die keinen Vorbehalt nach Absatz 4 angebracht hat, notifiziert dem Depositar, ob ihre unter das Übereinkommen fallenden Steuerabkommen jeweils eine in Absatz 3 Buchstabe b beschriebene Bestimmung enthalten, sowie jeweils die Nummer des Artikels und des Absatzes dieser Bestimmung. Absatz 2 gilt nur dann in Bezug auf eine Bestimmung eines unter das Übereinkommen fallenden Steuerabkommens, wenn alle Vertragsstaaten in Bezug auf diese Bestimmung eine entsprechende Notifikation abgegeben haben.

Artikel 13
Künstliche Umgehung des Betriebsstättenstatus durch die Ausnahme bestimmter Tätigkeiten

(1) Eine Vertragspartei dieses Übereinkommens kann sich entscheiden, Absatz 2 (Option A), Absatz 3 (Option B) oder keine der beiden Optionen anzuwenden.

Option A

(2) Ungeachtet der Bestimmungen eines unter das Übereinkommen fallenden Steuerabkommens, die den Ausdruck «Betriebsstätte» bestimmen, gelten folgende Fälle als nicht von dem Ausdruck «Betriebsstätte» umfasst:

a) die Tätigkeiten, die in dem unter das Übereinkommen fallenden Steuerabkommen (vor Änderung durch das Übereinkommen) ausdrücklich als nicht als Betriebsstätte geltende Tätigkeiten aufgeführt sind, unabhängig davon, ob diese Ausnahme vom Betriebsstättenstatus voraussetzt, dass die Tätigkeit vorbereitender Art ist oder eine Hilfstätigkeit darstellt,

b) eine feste Geschäftseinrichtung, die ausschliesslich zu dem Zweck unterhalten wird, für das Unternehmen eine nicht unter Buchstabe a beschriebene Tätigkeit auszuüben,

c) eine feste Geschäftseinrichtung, die ausschliesslich zu dem Zweck unterhalten wird, mehrere der unter den Buchstaben a und b genannten Tätigkeiten auszuüben,

sofern diese Tätigkeit oder im Fall des Buchstabens c die Gesamttätigkeit der festen Geschäftseinrichtung vorbereitender Art ist oder eine Hilfstätigkeit darstellt.

Option B

(3) Ungeachtet der Bestimmungen eines unter das Übereinkommen fallenden Steuerabkommens, die den Ausdruck «Betriebsstätte» bestimmen, gelten folgende Fälle als nicht von dem Ausdruck «Betriebsstätte» umfasst:

a) die Tätigkeiten, die in dem unter das Übereinkommen fallenden Steuerabkommen (vor Änderung durch das Übereinkommen) ausdrücklich als nicht als Betriebsstätte geltende Tätigkeiten aufgeführt sind, unabhängig davon, ob diese Ausnahme vom Betriebsstättenstatus voraussetzt, dass die Tätigkeit vorbereitender Art ist oder eine Hilfstätigkeit darstellt, soweit die einschlägige Bestimmung des unter das Übereinkommen fallenden Steuerabkommens nicht ausdrücklich vorsieht, dass eine bestimmte Tätigkeit nicht als Betriebsstätte gilt, sofern die Tätigkeit vorbereitender Art ist oder eine Hilfstätigkeit darstellt;

b) eine feste Geschäftseinrichtung, die ausschliesslich zu dem Zweck unterhalten wird, für das Unternehmen eine nicht unter Buchstabe a beschriebene Tätigkeit auszuüben, sofern diese Tätigkeit vorbereitender Art ist oder eine Hilfstätigkeit darstellt;

c) eine feste Geschäftseinrichtung, die ausschliesslich zu dem Zweck unterhalten wird, mehrere der unter den Buchstaben a und b genannten Tätigkeiten auszuüben, sofern die sich daraus ergebende Gesamttätigkeit der festen Geschäftseinrichtung vorbereitender Art ist oder eine Hilfstätigkeit darstellt.

(4) Eine Bestimmung eines unter das Übereinkommen fallenden Steuerabkommens (in der gegebenenfalls durch Absatz 2 oder 3 geänderten Fassung), in der bestimmte Tätigkeiten aufgeführt sind, die nicht als Betriebsstätte gelten, gilt nicht für eine von einem Unternehmen genutzte oder unterhaltene feste Geschäftseinrichtung, wenn dasselbe Unternehmen oder ein eng verbundenes Unternehmen an demselben Ort oder an einem anderen Ort in demselben Vertragsstaat eine Geschäftstätigkeit ausübt und

a) dieser Ort oder der andere Ort für das Unternehmen oder das eng verbundene Unternehmen nach den Bestimmungen eines unter das Übereinkommen fallenden Steuerabkommens, die den Begriff «Betriebsstätte» bestimmen, eine Betriebsstätte darstellt, oder

b) die Gesamttätigkeit, die sich aus den von den beiden Unternehmen an demselben Ort oder von demselben Unternehmen oder eng verbundenen Unternehmen an den beiden Orten ausgeübten Tätigkeiten ergibt, weder vorbereitender Art ist noch eine Hilfstätigkeit darstellt,

sofern die von den beiden Unternehmen an demselben Ort oder von demselben Unternehmen oder eng verbundenen Unternehmen an den beiden Orten ausgeübten Geschäftstätigkeiten sich ergänzende Aufgaben darstellen, die Teil eines zusammenhängenden Geschäftsbetriebs sind.

(5) a) Absatz 2 oder 3 gilt anstelle der einschlägigen Passagen von Bestimmungen eines unter das Übereinkommen fallenden Steuerabkommens, in denen bestimmte Tätigkeiten aufgeführt sind, die

nicht als Betriebsstätte gelten, selbst wenn die Tätigkeit durch eine feste Geschäftseinrichtung ausgeübt wird (oder von Bestimmungen eines unter das Übereinkommen fallenden Steuerabkommens, die auf vergleichbare Weise wirken).

b) Absatz 4 gilt für Bestimmungen eines unter das Übereinkommen fallenden Steuerabkommens (in der gegebenenfalls durch Absatz 2 oder 3 geänderten Fassung), in denen bestimmte Tätigkeiten aufgeführt sind, die nicht als Betriebsstätte gelten, selbst wenn die Tätigkeit durch eine feste Geschäftseinrichtung ausgeübt wird (oder für Bestimmungen eines unter das Übereinkommen fallenden Steuerabkommens, die auf vergleichbare Weise wirken).

(6) Eine Vertragspartei dieses Übereinkommens kann sich vorbehalten,

a) dass dieser gesamte Artikel nicht für ihre unter das Übereinkommen fallenden Steuerabkommen gilt;

b) dass Absatz 2 nicht für ihre unter das Übereinkommen fallenden Steuerabkommen gilt, in denen ausdrücklich erklärt wird, dass die in einer Liste aufgeführten bestimmten Tätigkeiten nur dann nicht als Betriebsstätte gelten, wenn jede einzelne dieser Tätigkeiten vorbereitender Art ist oder eine Hilfstätigkeit darstellt;

c) dass Absatz 4 nicht für ihre unter das Übereinkommen fallenden Steuerabkommen gilt.

(7) Jede Vertragspartei dieses Übereinkommens, die sich nach Absatz 1 für die Anwendung einer Option entscheidet, notifiziert dem Depositar die gewählte Option. Diese Notifikation muss auch die Liste ihrer unter das Übereinkommen fallenden Steuerabkommen umfassen, die eine in Absatz 5 Buchstabe a beschriebene Bestimmung enthalten, sowie jeweils die Nummer des Artikels und des Absatzes dieser Bestimmung. Eine Option gilt nur dann in Bezug auf eine Bestimmung eines unter das Übereinkommen fallenden Steuerabkommens, wenn sich alle Vertragsstaaten für die Anwendung derselben Option entschieden haben und in Bezug auf diese Bestimmung eine entsprechende Notifikation abgegeben haben.

(8) Jede Vertragspartei dieses Übereinkommens, die keinen Vorbehalt nach Absatz 6 Buchstabe a oder c angebracht hat und sich nicht nach Absatz 1 für die Anwendung einer Option entscheidet, notifiziert dem Depositar, ob ihre unter das Übereinkommen fallenden Steuerabkommen jeweils eine in Absatz 5 Buchstabe b beschriebene Bestimmung enthalten, sowie jeweils die Nummer des Artikels und des Absatzes dieser Bestimmung. Absatz 4 gilt nur dann in Bezug auf eine Bestimmung eines unter das Übereinkommen fallenden Steuerabkommens, wenn alle Vertragsstaaten nach diesem Absatz oder nach Absatz 7 in Bezug auf diese Bestimmung eine Notifikation abgegeben haben.

Artikel 14
Aufteilung von Verträgen

(1) Ausschliesslich zu dem Zweck, festzustellen, ob der Zeitraum (oder die Zeiträume) überschritten wurde (beziehungsweise wurden), der (beziehungsweise die) in einer Bestimmung eines unter das Übereinkommen fallenden Steuerabkommens genannt wird (beziehungsweise werden), in der ein Zeitraum (oder Zeiträume) festgelegt ist (beziehungsweise sind), nach dessen (beziehungsweise deren) Überschreitung bestimmte Projekte oder Tätigkeiten eine Betriebsstätte darstellen,

a) wenn ein Unternehmen eines Vertragsstaats im anderen Vertragsstaat Tätigkeiten an einem Ort ausübt, der eine Baustelle, eine Bauausführung, eine Montage oder ein sonstiges in der einschlägigen Bestimmung des unter das Übereinkommen fallenden Steuerabkommens bezeichnetes bestimmtes Projekt darstellt, oder im Zusammenhang mit einem derartigen Ort Aufsichts- oder Beratungstätigkeiten ausübt, falls in einer Bestimmung eines unter das Übereinkommen fallenden Steuerabkommens derartige Tätigkeiten genannt werden, und wenn diese Tätigkeiten während eines oder mehrerer Zeiträume ausgeübt werden, die insgesamt 30 Tage überschreiten, ohne den in der einschlägigen Bestimmung des unter das Übereinkommen fallenden Steuerabkommens genannten Zeitraum beziehungsweise die dort genannten Zeiträume zu überschreiten, und

b) wenn miteinander zusammenhängende Tätigkeiten im anderen Vertragsstaat am Ort (oder, wenn die einschlägige Bestimmung des unter das Übereinkommen fallenden Steuerabkommens für Aufsichts- oder Beratungstätigkeiten gilt, im Zusammenhang mit) derselben Baustelle oder derselben Bauausführung oder Montage oder an einem sonstigen in der einschlägigen Bestimmung des unter das Übereinkommen fallenden Steuerabkommens bezeichneten Ort während verschiedener Zeiträume, die jeweils 30 Tage überschreiten, durch ein oder mehrere eng mit dem erstgenannten Unternehmen verbundene Unternehmen ausgeübt werden,

werden diese verschiedenen Zeiträume dem Gesamtzeitraum hinzugerechnet, während dessen das erstgenannte Unternehmen am Ort dieser Baustelle, dieser Bauausführung oder Montage oder an diesem sonstigen in der einschlägigen Bestimmung des unter das Übereinkommen fallenden Steuerabkommens bezeichneten Ort Tätigkeiten ausgeübt hat.

(2) Absatz 1 gilt anstelle oder in Ermangelung von Bestimmungen eines unter das Übereinkommen fallenden Steuerabkommens, soweit in diesen Bestimmungen die Aufteilung von Verträgen in mehrere Teile zur Vermeidung der Überschreitung eines Zeitraums oder von Zeiträumen in Bezug auf das Bestehen einer Betriebsstätte für bestimmte in Absatz 1 beschriebene Projekte oder Tätigkeiten geregelt wird.

(3) Eine Vertragspartei dieses Übereinkommens kann sich vorbehalten,

a) dass dieser gesamte Artikel nicht für ihre unter das Übereinkommen fallenden Steuerabkommen gilt;

b) dass dieser gesamte Artikel nicht für Bestimmungen ihrer unter das Übereinkommen fallenden Steuerabkommen gilt, die sich auf das Aufsuchen oder die Ausbeutung von natürlichen Ressourcen beziehen.

(4) Jede Vertragspartei dieses Übereinkommens, die keinen Vorbehalt nach Absatz 3 Buchstabe a angebracht hat, notifiziert dem Depositar, ob ihre unter das Übereinkommen fallenden Steuerabkommen jeweils eine in Absatz 2 beschriebene Bestimmung enthalten, die nicht einem Vorbehalt nach Absatz 3 Buchstabe b unterliegt, und, sofern dies der Fall ist, jeweils die Nummer des Artikels und des Absatzes dieser Bestimmung. Haben alle Vertragsstaaten eine entsprechende Notifikation in Bezug auf eine Bestimmung eines unter das Übereinkommen fallenden Steuerabkommens abgegeben, so wird diese durch Absatz 1 ersetzt, soweit in Absatz 2 vorgesehen. Anderenfalls geht Absatz 1 den Bestimmungen des unter das Übereinkommen fallenden Steuerabkommens nur insoweit vor, als diese mit Absatz 1 unvereinbar sind.

Artikel 15

Bestimmung des Begriffs der mit einem Unternehmen eng verbundenen Person

(1) Im Sinne eines durch Artikel 12 (Künstliche Umgehung des Betriebsstättenstatus durch Kommissionärsmodelle und ähnliche Strategien) Absatz 2, Artikel 13 (Künstliche Umgehung des Betriebsstättenstatus durch die Ausnahme bestimmter Tätigkeiten) Absatz 4 oder Artikel 14 (Aufteilung von Verträgen) Absatz 1 geänderten unter das Übereinkommen fallenden Steuerabkommens ist eine Person mit einem Unternehmen eng verbunden, wenn allen massgeblichen Tatsachen und Umständen zufolge die Person das Unternehmen oder das Unternehmen die Person beherrscht oder beide von denselben Personen oder Unternehmen beherrscht werden. In jedem Fall gilt eine Person als mit einem Unternehmen eng verbunden, wenn einer von beiden mittelbar oder unmittelbar mehr als 50 Prozent der Eigentumsrechte am anderen (oder bei einer Gesellschaft mehr als 50 Prozent der Gesamtstimmrechte und des Gesamtwerts der Anteile der Gesellschaft oder der Eigentumsrechte an der Gesellschaft) besitzt oder wenn eine weitere Person mittelbar oder unmittelbar mehr als 50 Prozent der Eigentumsrechte an der Person und dem Unternehmen (oder bei einer Gesellschaft mehr als 50 Prozent der Gesamtstimmrechte und des Gesamtwerts der Anteile der Gesellschaft oder der Eigentumsrechte an der Gesellschaft) besitzt.

(2) Eine Vertragspartei dieses Übereinkommens, welche die in Artikel 12 (Künstliche Umgehung des Betriebsstättenstatus durch Kommissionärs-

modelle und ähnliche Strategien) Absatz 4, Artikel 13 (Künstliche Umgehung des Betriebsstättenstatus durch die Ausnahme bestimmter Tätigkeiten) Absatz 6 Buchstabe a oder c und Artikel 14 (Aufteilung von Verträgen) Absatz 3 Buchstabe a beschriebenen Vorbehalte angebracht hat, kann sich vorbehalten, dass dieser gesamte Artikel nicht für die unter das Übereinkommen fallenden Steuerabkommen gilt, für die diese Vorbehalte gelten.

Teil V
Verbesserung der Streitbeilegung

Artikel 16
Verständigungsverfahren

(1) Ist eine Person der Auffassung, dass die Massnahmen eines oder beider Vertragsstaaten für sie zu einer Besteuerung führen oder führen werden, die dem unter das Übereinkommen fallenden Steuerabkommen nicht entspricht, so kann sie ungeachtet der im innerstaatlichen Recht dieser Vertragsstaaten vorgesehenen Rechtsbehelfe den Fall der zuständigen Behörde eines der beiden Vertragsstaaten vorlegen. Der Fall muss innerhalb von drei Jahren nach der ersten Mitteilung der Massnahme vorgelegt werden, die zu einer dem unter das Übereinkommen fallenden Steuerabkommen nicht entsprechenden Besteuerung führt.

(2) Hält die zuständige Behörde die Einwendung für berechtigt und ist sie selbst nicht in der Lage, eine zufriedenstellende Lösung herbeizuführen, so wird sie sich bemühen, den Fall durch Verständigung mit der zuständigen Behörde des anderen Vertragsstaats so zu regeln, dass eine dem unter das Übereinkommen fallenden Steuerabkommen nicht entsprechende Besteuerung vermieden wird. Jede erzielte Verständigungsregelung ist ungeachtet jeglicher im innerstaatlichen Recht der Vertragsstaaten vorgesehener Fristen umzusetzen.

(3) Die zuständigen Behörden der Vertragsstaaten werden sich bemühen, Schwierigkeiten oder Zweifel hinsichtlich der Auslegung oder Anwendung des unter das Übereinkommen fallenden Steuerabkommens durch Verständigung auszuräumen. Sie können auch gemeinsam beraten, um eine Doppelbesteuerung in Fällen, die in dem unter das Übereinkommen fallenden Steuerabkommen nicht vorgesehen sind, zu beseitigen.

(4) a) i) Absatz 1 Satz 1 gilt anstelle oder in Ermangelung von Bestimmungen eines unter das Übereinkommen fallenden Steuerabkommens (oder Teilen davon), nach denen eine Person, wenn sie der Auffassung ist, dass die Massnahmen eines oder beider Vertragsstaaten für sie zu einer Besteuerung führen oder führen werden, die dem unter das Übereinkommen fallenden Steuerabkommen nicht entspricht, ungeachtet der im innerstaatlichen Recht dieser Vertragsstaaten vorgesehenen Rechtsbehelfe den Fall der zuständigen Behörde des Vertragsstaats, in

dem sie ansässig ist, vorlegen kann, einschliesslich Bestimmungen, nach denen der Fall der zuständigen Behörde des Vertragsstaats vorgelegt werden kann, dessen Staatsangehörige die Person ist, sofern der von ihr vorgelegte Fall den Bestimmungen eines unter das Übereinkommen fallenden Steuerabkommens zur Gleichbehandlung aufgrund der Staatsangehörigkeit unterliegt.

ii) Absatz 1 Satz 2 gilt anstelle von Bestimmungen eines unter das Übereinkommen fallenden Steuerabkommens, nach denen ein in Absatz 1 Satz 1 genannter Fall innerhalb einer bestimmten Frist von weniger als drei Jahren nach der ersten Mitteilung der Massnahme, die zu einer dem unter das Übereinkommen fallenden Steuerabkommen nicht entsprechenden Besteuerung führt, vorgelegt werden muss, oder in Ermangelung einer Bestimmung eines unter das Übereinkommen fallenden Steuerabkommens, in der eine Frist festgelegt wird, innerhalb derer ein derartiger Fall vorgelegt werden muss.

b) i) Absatz 2 Satz 1 gilt in Ermangelung von Bestimmungen eines unter das Übereinkommen fallenden Steuerabkommens, nach denen die zuständige Behörde, welcher der Fall von der in Absatz 1 genannten Person vorgelegt wird, sich bemühen wird – sofern sie die Einwendung für berechtigt hält und selbst nicht in der Lage ist, eine zufriedenstellende Lösung herbeizuführen – den Fall durch Verständigung mit der zuständigen Behörde des anderen Vertragsstaats so zu regeln, dass eine dem unter das Übereinkommen fallenden Steuerabkommen nicht entsprechende Besteuerung vermieden wird.

ii) Absatz 2 Satz 2 gilt in Ermangelung von Bestimmungen eines unter das Übereinkommen fallenden Steuerabkommens, nach denen eine erzielte Verständigungsregelung ungeachtet jeglicher im innerstaatlichen Recht der Vertragsstaaten vorgesehener Fristen umzusetzen ist.

c) i) Absatz 3 Satz 1 gilt in Ermangelung von Bestimmungen eines unter das Übereinkommen fallenden Steuerabkommens, nach denen die zuständigen Behörden der Vertragsstaaten sich bemühen werden, Schwierigkeiten oder Zweifel hinsichtlich der Auslegung oder Anwendung des unter das Übereinkommen fallenden Steuerabkommens durch Verständigung auszuräumen.

ii) Absatz 3 Satz 2 gilt in Ermangelung von Bestimmungen eines unter das Übereinkommen fallenden Steuerabkommens, nach denen die zuständigen Behörden der Vertragsstaaten auch gemeinsam beraten können, um eine Doppelbesteuerung in Fällen, die in dem unter das Übereinkommen fallenden Steuerabkommen nicht vorgesehen sind, zu beseitigen.

(5) Eine Vertragspartei dieses Übereinkommens kann sich vorbehalten,

a) dass Absatz 1 Satz 1 nicht für ihre unter das Übereinkommen fallenden Steuerabkommen gilt, da sie beabsichtigt, den Mindeststandard für die Verbesserung der Streitbeilegung nach dem BEPS-Paket der OECD/G20 zu erfüllen, indem sie sicherstellt, dass nach jedem ihrer unter das Übereinkommen fallenden Steuerabkommen (mit Ausnahme der unter das Übereinkommen fallenden Steuerabkommen, nach denen eine Person einen Fall der zuständigen Behörde eines der beiden Vertragsstaaten vorlegen darf) eine Person, wenn sie der Auffassung ist, dass die Massnahmen eines oder beider Vertragsstaaten für sie zu einer Besteuerung führen oder führen werden, die dem unter das Übereinkommen fallenden Steuerabkommen nicht entspricht, ungeachtet der im innerstaatlichen Recht dieser Vertragsstaaten vorgesehenen Rechtsbehelfe den Fall der zuständigen Behörde des Vertragsstaats, in dem sie ansässig ist, oder, sofern der von dieser Person vorgelegte Fall einer Bestimmung eines unter das Übereinkommen fallenden Steuerabkommens zur Gleichbehandlung aufgrund der Staatsangehörigkeit unterliegt, der zuständigen Behörde des Vertragsstaats, dessen Staatsangehörige sie ist, vorlegen kann; ausserdem wird die zuständige Behörde dieses Vertragsstaats ein bilaterales[13] Notifikations- oder Konsultationsverfahren mit der zuständigen Behörde des anderen Vertragsstaats für Fälle durchführen, in denen die zuständige Behörde, welcher der Fall, der Gegenstand eines Verständigungsverfahrens sein soll, vorgelegt wurde, die Einwendung des Steuerpflichtigen für unberechtigt hält;

b) dass Absatz 1 Satz 2 nicht für ihre unter das Übereinkommen fallenden Steuerabkommen gilt, die für die Vorlage des in Absatz 1 Satz 1 genannten Falles keine bestimmte Frist vorsehen, da sie beabsichtigt, den Mindeststandard für die Verbesserung der Streitbeilegung nach dem BEPS-Paket der OECD/G20 zu erfüllen, indem sie sicherstellt, dass dem in Absatz 1 genannten Steuerpflichtigen für die Zwecke aller derartigen unter das Übereinkommen fallenden Steuerabkommen gestattet ist, den Fall innerhalb einer Frist von mindestens drei Jahren nach der ersten Mitteilung der Massnahme vorzulegen, die zu einer dem unter das Übereinkommen fallenden Steuerabkommen nicht entsprechenden Besteuerung führt;

c) dass Absatz 2 Satz 2 nicht für ihre unter das Übereinkommen fallenden Steuerabkommen gilt, da für die Zwecke aller ihrer unter das Übereinkommen fallenden Steuerabkommen

---

[13] Für DE: zweiseitiges

i) eine im Wege des Verständigungsverfahrens erzielte Verständigungsregelung ungeachtet jeglicher im innerstaatlichen Recht der Vertragsstaaten vorgesehener Fristen im innerstaatlichen Recht der Vertragsstaaten umzusetzen ist oder

ii) die Vertragspartei dieses Übereinkommens beabsichtigt, den Mindeststandard für die Verbesserung der Streitbeilegung nach dem BEPS-Paket der OECD/G20 zu erfüllen, indem sie in ihren bilateralen[14] Vertragsverhandlungen eine Vertragsbestimmung annimmt, nach der

A) die Vertragsstaaten keine Berichtigung der Gewinne, die einer Betriebsstätte eines Unternehmens eines der Vertragsstaaten zugerechnet werden können, vornehmen nach dem Ablauf einer zwischen den beiden Vertragsstaaten durch Verständigung vereinbarten Frist ab dem Ende des Steuerjahrs, in dem die Gewinne der Betriebsstätte hätten zugerechnet werden können (diese Bestimmung ist nicht anzuwenden im Fall von Betrug, grober Fahrlässigkeit oder vorsätzlicher Unterlassung), und

B) die Vertragsstaaten den Gewinnen eines Unternehmens nicht die Gewinne zurechnen und entsprechend besteuern, die das Unternehmen erzielt hätte, aufgrund der in einer Bestimmung des unter das Übereinkommen fallenden Steuerabkommens in Bezug auf verbundene Unternehmen genannten Bedingungen jedoch nicht erzielt hat, nach dem Ablauf einer zwischen den beiden Vertragsstaaten durch Verständigung vereinbarten Frist ab dem Ende des Steuerjahrs, in dem das Unternehmen die Gewinne erzielt hätte (diese Bestimmung ist nicht anzuwenden im Fall von Betrug, grober Fahrlässigkeit oder vorsätzlicher Unterlassung).

(6) a) Jede Vertragspartei dieses Übereinkommens, die keinen Vorbehalt nach Absatz 5 Buchstabe a angebracht hat, notifiziert dem Depositar, ob ihre unter das Übereinkommen fallenden Steuerabkommen jeweils eine in Absatz 4 Buchstabe a Ziffer i beschriebene Bestimmung enthalten, und, sofern dies der Fall ist, jeweils die Nummer des Artikels und des Absatzes dieser Bestimmung. Haben alle Vertragsstaaten eine Notifikation in Bezug auf eine Bestimmung eines unter das Übereinkommen fallenden Steuerabkommens abgegeben, so wird diese durch Absatz 1 Satz 1 ersetzt. Anderenfalls geht Absatz 1 Satz 1 den Bestimmungen des unter das Übereinkommen fallenden Steuerabkommen nur insoweit vor, als diese mit Absatz 1 Satz 1 unvereinbar sind.

---

14 Für DE: zweiseitigen

b) Jede Vertragspartei dieses Übereinkommens, die nicht den Vorbehalt nach Absatz 5 Buchstabe b angebracht hat, notifiziert dem Depositar

i) die Liste ihrer unter das Übereinkommen fallenden Steuerabkommen, die eine Bestimmung enthalten, nach der ein in Absatz 1 Satz 1 genannter Fall innerhalb einer bestimmten Frist von weniger als drei Jahren nach der ersten Mitteilung der Massnahme, die zu einer dem unter das Übereinkommen fallenden Steuerabkommen nicht entsprechenden Besteuerung führt, vorgelegt werden muss, sowie jeweils die Nummer des Artikels und des Absatzes dieser Bestimmung; eine Bestimmung eines unter das Übereinkommen fallenden Steuerabkommens wird durch Absatz 1 Satz 2 ersetzt, wenn alle Vertragsstaaten eine entsprechende Notifikation in Bezug auf diese Bestimmung abgegeben haben; anderenfalls, jedoch vorbehaltlich der Ziffer ii geht Absatz 1 Satz 2 den Bestimmungen des unter das Übereinkommen fallenden Steuerabkommens nur insoweit vor, als diese mit Absatz 1 Satz 2 unvereinbar sind;

ii) die Liste ihrer unter das Übereinkommen fallenden Steuerabkommen, die eine Bestimmung enthalten, nach der ein in Absatz 1 Satz 1 genannter Fall innerhalb einer bestimmten Frist von mindestens drei Jahren nach der ersten Mitteilung der Massnahme, die zu einer dem unter das Übereinkommen fallenden Steuerabkommen nicht entsprechenden Besteuerung führt, vorgelegt werden muss, sowie jeweils die Nummer des Artikels und des Absatzes dieser Bestimmung; Absatz 1 Satz 2 gilt nicht für ein unter das Übereinkommen fallendes Steuerabkommen, wenn ein Vertragsstaat eine entsprechende Notifikation in Bezug auf diese abgegeben hat.

c) Jede Vertragspartei dieses Übereinkommens notifiziert dem Depositar

i) die Liste ihrer unter das Übereinkommen fallenden Steuerabkommen, die keine in Absatz 4 Buchstabe b Ziffer i beschriebene Bestimmung enthalten; Absatz 2 Satz 1 gilt nur dann für ein unter das Übereinkommen fallendes Steuerabkommen, wenn alle Vertragsstaaten eine entsprechende Notifikation in Bezug auf diese abgegeben haben;

ii) die Liste ihrer unter das Übereinkommen fallenden Steuerabkommen, die keine in Absatz 4 Buchstabe b Ziffer ii beschriebene Bestimmung enthalten, wenn sie nicht den Vorbehalt nach Absatz 5 Buchstabe c angebracht hat; Absatz 2 Satz 2 gilt nur dann für ein unter das Übereinkommen fallendes Steuerabkommen, wenn alle Vertragsstaaten eine entsprechende Notifikation in Bezug auf dieses abgegeben haben.

d) Jede Vertragspartei dieses Übereinkommens notifiziert dem Depositar

i) die Liste ihrer unter das Übereinkommen fallenden Steuerabkommen, die keine in Absatz 4 Buchstabe c Ziffer i beschriebene Bestimmung enthalten; Absatz 3 Satz 1 gilt nur dann für ein unter das Übereinkommen fallendes Steuerabkommen, wenn alle Vertragsstaaten eine entsprechende Notifikation in Bezug auf dieses abgegeben haben;

ii) die Liste ihrer unter das Übereinkommen fallenden Steuerabkommen, die keine in Absatz 4 Buchstabe c Ziffer ii beschriebene Bestimmung enthalten; Absatz 3 Satz 2 gilt nur dann für ein unter das Übereinkommen fallendes Steuerabkommen, wenn alle Vertragsstaaten eine entsprechende Notifikation in Bezug auf dieses abgegeben haben.

Artikel 17
Gegenberichtigung

(1) Rechnet ein Vertragsstaat den Gewinnen eines Unternehmens dieses Vertragsstaats Gewinne zu, mit denen ein Unternehmen des anderen Vertragsstaats in diesem anderen Vertragsstaat besteuert worden ist, und besteuert diese Gewinne entsprechend und handelt es sich bei den zugerechneten Gewinnen um solche, die das Unternehmen des erstgenannten Vertragsstaats erzielt hätte, wenn die zwischen den beiden Unternehmen vereinbarten Bedingungen die gleichen gewesen wären, die unabhängige Unternehmen miteinander vereinbart hätten, so nimmt dieser andere Vertragsstaat eine entsprechende Berichtigung der Höhe der dort von diesen Gewinnen erhobenen Steuer vor. Bei der Ermittlung dieser Berichtigung sind die übrigen Bestimmungen des unter das Übereinkommen fallenden Steuerabkommens zu berücksichtigen und erforderlichenfalls konsultieren die zuständigen Behörden der Vertragsstaaten einander.

(2) Absatz 1 gilt anstelle oder in Ermangelung einer Bestimmung, nach der ein Vertragsstaat verpflichtet ist, eine entsprechende Berichtigung der Höhe der dort von den Gewinnen eines Unternehmens dieses Vertragsstaats erhobenen Steuer vorzunehmen, wenn der andere Vertragsstaat diese Gewinne den Gewinnen eines Unternehmens dieses anderen Vertragsstaats zurechnet und diese Gewinne entsprechend besteuert und es sich bei den zugerechneten Gewinnen um solche handelt, die das Unternehmen dieses anderen Vertragsstaats erzielt hätte, wenn die zwischen den beiden Unternehmen vereinbarten Bedingungen die gleichen gewesen wären, die unabhängige Unternehmen miteinander vereinbart hätten.

(3) Eine Vertragspartei dieses Übereinkommens kann sich vorbehalten,

a) dass dieser gesamte Artikel nicht für ihre unter das Übereinkommen fallenden Steuerabkommen gilt, die bereits eine in Absatz 2 beschriebene Bestimmung enthalten;

b) dass dieser gesamte Artikel nicht für ihre unter das Übereinkommen fallenden Steuerabkommen gilt, da in Ermangelung einer in Absatz 2 genannten Bestimmung in ihrem unter das Übereinkommen fallenden Steuerabkommen

   i) sie die in Absatz 1 genannte entsprechende Berichtigung vornimmt oder

   ii) ihre zuständige Behörde sich bemühen wird, den Fall nach den Bestimmungen eines unter das Übereinkommen fallenden Steuerabkommens in Bezug auf das Verständigungsverfahren zu regeln;

c) dass dieser gesamte Artikel nicht für ihre unter das Übereinkommen fallenden Steuerabkommen gilt, wenn sie einen Vorbehalt nach Artikel 16 (Verständigungsverfahren) Absatz 5 Buchstabe c Ziffer ii angebracht hat, da sie in ihren bilateralen[15] Vertragsverhandlungen eine Vertragsbestimmung der in Absatz 1 beschriebenen Art annimmt, sofern die Vertragsstaaten eine Verständigungsregelung über diese Bestimmung und die in Artikel 16 (Verständigungsverfahren) Absatz 5 Buchstabe c Ziffer ii beschriebenen Bestimmungen erzielen konnten.

(4) Jede Vertragspartei dieses Übereinkommens, die keinen Vorbehalt nach Absatz 3 angebracht hat, notifiziert dem Depositar, ob ihre unter das Übereinkommen fallenden Steuerabkommen jeweils eine in Absatz 2 beschriebene Bestimmung enthalten, und, sofern dies der Fall ist, jeweils die Nummer des Artikels und des Absatzes dieser Bestimmung. Haben alle Vertragsstaaten eine entsprechende Notifikation in Bezug auf eine Bestimmung eines unter das Übereinkommen fallenden Steuerabkommens abgegeben, so wird diese durch Absatz 1 ersetzt. Anderenfalls geht Absatz 1 den Bestimmungen des unter das Übereinkommen fallenden Steuerabkommens nur insoweit vor, als diese mit Absatz 1 unvereinbar sind.

Teil VI

Schiedsverfahren

Artikel 18

Entscheidung für die Anwendung des Teiles VI

Eine Vertragspartei dieses Übereinkommens kann sich entscheiden, diesen Teil in Bezug auf ihre unter das Übereinkommen fallenden Steuerabkom-

[15] Für DE: zweiseitigen

men anzuwenden, und notifiziert dies dem Depositar. Dieser Teil gilt nur dann für zwei Vertragsstaaten in Bezug auf ein unter das Übereinkommen fallendes Steuerabkommen, wenn beide Vertragsstaaten eine entsprechende Notifikation abgegeben haben.

Artikel 19

Obligatorisches verbindliches Schiedsverfahren

(1) Wenn

a) eine Person aufgrund einer Bestimmung eines unter das Übereinkommen fallenden Steuerabkommens (in der gegebenenfalls durch Artikel 16 (Verständigungsverfahren) Absatz 1 geänderten Fassung), nach der eine Person einen Fall einer zuständigen Behörde eines Vertragsstaats vorlegen kann, wenn sie der Auffassung ist, dass die Massnahmen eines oder beider Vertragsstaaten für sie zu einer Besteuerung führen oder führen werden, die dem unter das Übereinkommen fallenden Steuerabkommen (in der gegebenenfalls durch das Übereinkommen geänderten Fassung) nicht entspricht, der zuständigen Behörde eines Vertragsstaats einen Fall vorgelegt hat, weil die Massnahmen eines oder beider Vertragsstaaten für sie zu einer dem unter das Übereinkommen fallenden Steuerabkommen (in der gegebenenfalls durch das Übereinkommen geänderten Fassung) nicht entsprechenden Besteuerung geführt haben, und

b) die zuständigen Behörden nicht innerhalb von zwei Jahren ab dem in Absatz 8 oder, je nach Sachlage, Absatz 9 genannten Fristbeginn (es sei denn, die zuständigen Behörden der Vertragsstaaten haben vor Ablauf dieser Frist eine andere Frist für diesen Fall vereinbart und die Person, die den Fall vorgelegt hat, darüber unterrichtet) eine Verständigungsregelung zur Regelung des Falles nach einer Bestimmung eines unter das Übereinkommen fallenden Steuerabkommens (in der gegebenenfalls durch Artikel 16 (Verständigungsverfahren) Absatz 2 geänderten Fassung) erzielen können, die vorsieht, dass sich die zuständige Behörde bemühen wird, den Fall durch Verständigung mit der zuständigen Behörde des anderen Vertragsstaats zu regeln,

werden auf schriftlichen Antrag der Person noch offene Fragen des Falles auf die in diesem Teil beschriebene Weise und im Einklang mit den von den zuständigen Behörden der Vertragsstaaten nach Absatz 10 vereinbarten Vorschriften oder Verfahren einem Schiedsverfahren unterworfen.

(2) Hat eine zuständige Behörde das in Absatz 1 erwähnte Verständigungsverfahren ausgesetzt, da bei einem Gericht ein Fall betreffend eine oder mehrere gleiche Fragen anhängig ist, so steht die in Absatz 1 Buchsta-

be b vorgesehene Frist still[16], bis entweder eine abschliessende Gerichtsentscheidung ergangen ist

oder der Fall eingestellt oder zurückgezogen wurde. Auch wenn eine Person, die einen Fall vorgelegt hat, und eine zuständige Behörde eine Aussetzung des Verständigungsverfahrens vereinbart haben, steht die in Absatz 1 Buchstabe b vorgesehene Frist still[17], bis die Aussetzung aufgehoben wurde.

(3) Kommen beide zuständigen Behörden überein, dass eine unmittelbar von dem Fall betroffene Person es versäumt hat, zusätzliche wesentliche Informationen, die nach Beginn der in Absatz 1 Buchstabe b vorgesehenen Frist von einer der beiden zuständigen Behörden angefordert wurden, rechtzeitig bereitzustellen, so wird die in Absatz 1 Buchstabe b vorgesehene Frist um eine Dauer verlängert, die dem Zeitraum entspricht, der an dem Tag beginnt, bis zu dem die Informationen angefordert waren, und an dem Tag endet, an dem sie bereitgestellt wurden.

(4) a) Der Schiedsspruch über die einem Schiedsverfahren unterworfenen Fragen wird durch die Verständigungsregelung in Bezug auf den in Absatz 1 genannten Fall umgesetzt. Der Schiedsspruch ist endgültig.

b) Der Schiedsspruch ist für beide Vertragsstaaten verbindlich, es sei denn,

i) eine unmittelbar von dem Fall betroffene Person erkennt die Verständigungsregelung, durch die der Schiedsspruch umgesetzt wird, nicht an. In diesem Fall kommt der Fall für eine weitere Prüfung durch die zuständigen Behörden nicht in Betracht. Die Verständigungsregelung, durch die der Schiedsspruch über den Fall umgesetzt wird, gilt als von einer unmittelbar von dem Fall betroffenen Person nicht anerkannt, sofern nicht eine unmittelbar von dem Fall betroffene Person innerhalb von 60 Tagen nach Übermittlung der Mitteilung über die Verständigungsregelung an die Person alle in der Verständigungsregelung, durch die der Schiedsspruch umgesetzt wird, geklärten Fragen von der Prüfung durch ein Gericht zurückzieht oder alle gegebenenfalls anhängigen Gerichtsverfahren und aussergerichtlichen Rechtsbehelfsverfahren in Bezug auf diese Fragen in einer mit dieser Verständigungsregelung übereinstimmenden Weise beendet;

ii) der Schiedsspruch wird in einer abschliessenden Entscheidung der Gerichte eines der Vertragsstaaten für ungültig erklärt. In diesem Fall gilt der Schiedsantrag nach Absatz 1 als nicht ge-

16 Für DE: so ist der Lauf der in Absatz 1 Buchstabe b vorgesehenen Frist gehemmt
17 Für DE: ist der Lauf der in Absatz 1 Buchstabe b vorgesehenen Frist gehemmt

stellt und das Schiedsverfahren als nicht durchgeführt (ausser für die Zwecke der Artikel 21 (Vertraulichkeit von Schiedsverfahren) und 25 (Kosten von Schiedsverfahren). In diesem Fall kann ein neuer Schiedsantrag gestellt werden, sofern die zuständigen Behörden nicht übereinkommen, dass ein solcher neuer Antrag nicht zulässig sein soll;

iii) eine unmittelbar von dem Fall betroffene Person strengt ein Gerichtsverfahren zu den in der Verständigungsregelung, durch die der Schiedsspruch umgesetzt wird, geklärten Fragen an.

(5) Die zuständige Behörde, bei welcher der ursprüngliche Antrag auf ein Verständigungsverfahren nach Absatz 1 Buchstabe a eingegangen ist, übermittelt innerhalb von zwei Kalendermonaten nach Eingang des Antrags

a) eine Mitteilung über den Eingang des Antrags an die Person, die den Fall vorgelegt hat, sowie

b) eine Mitteilung über diesen Antrag mit einer Abschrift desselben an die zuständige Behörde des anderen Vertragsstaats.

(6) Innerhalb von drei Kalendermonaten, nachdem eine zuständige Behörde den Antrag auf ein Verständigungsverfahren (oder eine Abschrift desselben von der zuständigen Behörde des anderen Vertragsstaats) erhalten hat, wird sie

a) entweder der Person, die den Fall vorgelegt hat, und der anderen zuständigen Behörde mitteilen, dass sie die für eine sachliche Prüfung des Falles erforderlichen Informationen erhalten hat, oder

b) zu diesem Zweck von dieser Person zusätzliche Informationen anfordern.

(7) Haben nach Absatz 6 Buchstabe b eine oder beide zuständigen Behörden von der Person, die den Fall vorgelegt hat, zusätzliche Informationen angefordert, die für eine sachliche Prüfung des Falles erforderlich sind, so teilt die zuständige Behörde, welche die zusätzlichen Informationen angefordert hat, dieser Person und der anderen zuständigen Behörde innerhalb von drei Kalendermonaten nach Erhalt der zusätzlichen Informationen von dieser Person entweder mit,

a) dass sie die angeforderten Informationen erhalten hat

b) oder dass einige der angeforderten Informationen noch fehlen.

(8) Hat keine der beiden zuständigen Behörden nach Absatz 6 Buchstabe b zusätzliche Informationen angefordert, so ist der in Absatz 1 genannte Fristbeginn der frühere der beiden folgenden Tage:

a) der Tag, an dem beide zuständigen Behörden der Person, die den Fall vorgelegt hat, eine Mitteilung nach Absatz 6 Buchstabe a übermittelt haben, oder

b) der Tag, der drei Kalendermonate nach der Mitteilung an die zuständige Behörde des anderen Vertragsstaats nach Absatz 5 Buchstabe b liegt.

(9) Wurden nach Absatz 6 Buchstabe b zusätzliche Informationen angefordert, so ist der in Absatz 1 genannte Fristbeginn der frühere der beiden folgenden Tage:

a) der letzte Tag, an dem die zuständigen Behörden, die zusätzliche Informationen angefordert haben, der Person, die den Fall vorgelegt hat, und der anderen zuständigen Behörde eine Mitteilung nach Absatz 7 Buchstabe a übermittelt haben, oder

b) der Tag, der drei Kalendermonate nach dem Zeitpunkt liegt, zu dem beide zuständigen Behörden von der Person, die den Fall vorgelegt hat, alle von einer der beiden zuständigen Behörden angeforderten Informationen erhalten haben.

Übermitteln jedoch eine oder beide zuständigen Behörden die Mitteilung nach Absatz 7 Buchstabe b, so gilt diese als Anforderung zusätzlicher Informationen nach Absatz 6 Buchstabe b.

(10) Die zuständigen Behörden der Vertragsstaaten regeln durch Verständigung (nach dem Artikel der einschlägigen unter das Übereinkommen fallenden Steuerabkommen, der sich auf Verständigungsverfahren bezieht), wie dieser Teil anzuwenden ist und welche Informationen jede zuständige Behörde für eine sachliche Prüfung des Falles mindestens benötigt. Diese Verständigungsregelung ist vor dem Tag zu treffen, an dem noch offene Fragen im Rahmen eines Falles erstmals in Betracht kommen, einem Schiedsverfahren unterworfen zu werden, und kann danach erforderlichenfalls geändert werden.

(11) Für die Anwendung dieses Artikels auf ihre unter das Übereinkommen fallenden Steuerabkommen kann sich eine Vertragspartei dieses Übereinkommens vorbehalten, die in Absatz 1 Buchstabe b vorgesehene Frist von zwei Jahren durch eine Frist von drei Jahren zu ersetzen.

(12) Eine Vertragspartei dieses Übereinkommens kann sich vorbehalten, dass ungeachtet der Absätze 1 bis 11 in Bezug auf ihre unter das Übereinkommen fallenden Steuerabkommen folgende Vorschriften gelten:

a) Eine noch offene Frage die sich aus einem Fall ergibt, der Gegenstand eines Verständigungsverfahrens ist und der anderenfalls in den Anwendungsbereich des in diesem Übereinkommen vorgesehenen Schiedsverfahrens fallen würde, darf nicht einem Schiedsverfahren unterworfen werden, wenn in einem der beiden Vertragsstaaten bereits eine Gerichtsentscheidung zu dieser Frage ergangen ist.

b) Wenn zu irgendeinem Zeitpunkt nach Stellung eines Schiedsantrags und vor Übermittlung des Schiedsspruchs an die zuständigen Behörden der Vertragsstaaten durch die Schiedsstelle in einem der Vertragsstaaten eine Gerichtsentscheidung zu der Frage ergeht, endet das Schiedsverfahren.

Artikel 20

Bestellung der Schiedsrichter

(1) Soweit sich die zuständigen Behörden der Vertragsstaaten nicht auf andere Vorschriften verständigen, gelten für die Zwecke dieses Teiles die Absätze 2 bis 4.

(2) Für die Bestellung der Mitglieder einer Schiedsstelle gelten folgende Vorschriften:

a) Die Schiedsstelle besteht aus drei Einzelmitgliedern mit Fachkenntnis oder Erfahrung auf dem Gebiet internationaler Steuersachen.

b) Jede zuständige Behörde bestellt innerhalb von 60 Tagen nach dem Tag des aufgrund des Artikels 19 (Obligatorisches verbindliches Schiedsverfahren) Absatz 1 gestellten Schiedsantrags ein Mitglied der Schiedsstelle. Die beiden auf diese Weise bestellten Mitglieder der Schiedsstelle bestellen innerhalb von 60 Tagen nach der letzten dieser beiden Bestellungen ein drittes Mitglied, das den Vorsitz der Schiedsstelle ausübt. Der Vorsitzende darf nicht Staatsangehöriger eines der beiden Vertragsstaaten oder in einem der beiden Vertragsstaaten ansässig sein.

c) Jedes bestellte Mitglied der Schiedsstelle muss zum Zeitpunkt der Annahme einer Bestellung unparteilich und von den zuständigen Behörden, Steuerverwaltungen und Finanzministerien der Vertragsstaaten sowie allen unmittelbar von dem Fall betroffenen Personen (und deren Beratern) unabhängig sein, während des gesamten Verfahrens seine Unparteilichkeit und Unabhängigkeit wahren und während eines angemessenen Zeitraums danach jedes Verhalten vermeiden, das Anlass zu Zweifeln an der Unparteilichkeit und Unabhängigkeit der Schiedsrichter in Bezug auf das Verfahren geben kann.

(3) Versäumt es die zuständige Behörde eines Vertragsstaats, in der Weise und innerhalb der Frist, die in Absatz 2 genannt oder zwischen den zuständigen Behörden der Vertragsstaaten vereinbart sind, ein Mitglied der Schiedsstelle zu bestellen, so wird durch den ranghöchsten Funktionsträger

des Zentrums für Steuerpolitik und -verwaltung der Organisation für wirtschaftliche Zusammenarbeit und Entwicklung, der nicht Staatsangehöriger eines der beiden Vertragsstaaten ist, im Namen dieser zuständigen Behörde ein Mitglied bestellt.

(4) Versäumen es die beiden ersten Mitglieder der Schiedsstelle, in der Weise und innerhalb der Frist, die in Absatz 2 genannt oder zwischen den zuständigen Behörden der Vertragsstaaten vereinbart sind, den Vorsitzenden zu bestellen, so wird der Vorsitzende durch den ranghöchsten Funktionsträger des Zentrums für Steuerpolitik und -verwaltung der Organisation für wirtschaftliche Zusammenarbeit und Entwicklung bestellt, der nicht Staatsangehöriger eines der beiden Vertragsstaaten ist.

Artikel 21

Vertraulichkeit von Schiedsverfahren

(1) Mitglieder der Schiedsstelle und höchstens drei Mitarbeiter je Mitglied (sowie vorgesehene Schiedsrichter, jedoch nur, soweit dies für die Überprüfung ihrer Fähigkeit zur Erfüllung der Voraussetzungen für eine Tätigkeit als Schiedsrichter erforderlich ist) gelten ausschliesslich für die Anwendung dieses Teiles und der betreffenden unter das Übereinkommen fallenden Steuerabkommen sowie der innerstaatlichen Rechtsvorschriften[18] der Vertragsstaaten in Bezug auf Informationsaustausch, Vertraulichkeit und Amtshilfe als Personen oder Behörden, an die Informationen weitergegeben werden dürfen. Informationen, welche die Schiedsstelle oder vorgesehene Schiedsrichter erhalten, sowie Informationen, welche die zuständigen Behörden von der Schiedsstelle erhalten, gelten als nach den Bestimmungen des unter das Übereinkommen fallenden Steuerabkommens in Bezug auf Informationsaustausch und Amtshilfe ausgetauschte Informationen.

(2) Die zuständigen Behörden der Vertragsstaaten stellen sicher, dass Mitglieder der Schiedsstelle und ihre Mitarbeiter sich vor ihrem Tätigwerden im Rahmen eines Schiedsverfahrens schriftlich verpflichten, Informationen zum Schiedsverfahren im Einklang mit den in den Bestimmungen des unter das Übereinkommen fallenden Steuerabkommens in Bezug auf Informationsaustausch und Amtshilfe beschriebenen und den im anwendbaren Recht der Vertragsstaaten vorgesehenen Vertraulichkeits- und Geheimhaltungspflichten zu behandeln.

Artikel 22

Regelung eines Falles vor Abschluss des Schiedsverfahrens

Für die Zwecke dieses Teiles und der Bestimmungen des betreffenden unter das Übereinkommen fallenden Steuerabkommens zur Regelung von Fällen durch Verständigung enden das Verständigungsverfahren und das

[18] Anm. d. Übers.: im Fall von Gebieten oder Hoheitsgebieten hier und im Folgenden: internen Rechtsvorschriften

Schiedsverfahren in Bezug auf einen Fall, wenn zu irgendeinem Zeitpunkt nach Stellung eines Schiedsantrags und vor Übermittlung des Schiedsspruchs an die zuständigen Behörden der Vertragsstaaten durch die Schiedsstelle

a) die zuständigen Behörden der Vertragsstaaten den Fall durch Verständigung regeln oder

b) die Person, die den Fall vorgelegt hat, den Schiedsantrag oder den Antrag auf ein Verständigungsverfahren zurückzieht.

Artikel 23

Art des Schiedsverfahrens

(1) Soweit sich die zuständigen Behörden der Vertragsstaaten nicht auf andere Vorschriften verständigen, gelten bei einem Schiedsverfahren nach diesem Teil folgende Vorschriften:

a) Nachdem ein Fall einem Schiedsverfahren unterworfen wurde, legt die zuständige Behörde jedes Vertragsstaats der Schiedsstelle bis zu einem vereinbarten Tag einen Regelungsvorschlag vor, in dem alle noch offenen Fragen des Falles behandelt werden (unter Berücksichtigung aller zuvor zwischen den zuständigen Behörden der Vertragsstaaten in diesem Fall erzielten Verständigungsregelungen). Der Regelungsvorschlag ist für jede Berichtigung oder vergleichbare Frage des Falles auf die Festlegung bestimmter Geldbeträge (zum Beispiel von Einkünften oder Aufwendungen) oder, wenn angegeben, des höchsten aufgrund des unter das Übereinkommen fallenden Steuerabkommens erhobenen Steuersatzes zu beschränken. Konnten die zuständigen Behörden der Vertragsstaaten in einem Fall über eine Frage betreffend die Voraussetzungen für die Anwendung einer Bestimmung des betreffenden unter das Übereinkommen fallenden Steuerabkommens (im Folgenden als «Schwellenfrage" bezeichnet) keine Verständigungsregelung erzielen, zum Beispiel darüber, ob eine natürliche Person eine ansässige Person ist oder ob eine Betriebsstätte besteht, so können die zuständigen Behörden alternative Regelungsvorschläge zu Fragen vorlegen, bei denen die Entscheidung von der Regelung dieser Schwellenfragen abhängt.

b) Die zuständige Behörde jedes Vertragsstaats kann ausserdem ein erläuterndes Positionspapier zur Prüfung durch die Schiedsstelle vorlegen. Jede zuständige Behörde, die einen Regelungsvorschlag oder ein erläuterndes Positionspapier vorlegt, übermittelt der anderen zuständigen Behörde bis zu dem Tag, bis zu dem der Regelungsvorschlag und das erläuternde Positionspapier vorgelegt werden müssen, eine Abschrift. Jede zuständige Behörde kann der Schiedsstelle ausserdem bis zu einem vereinbarten Tag eine Erwiderung zu dem von der anderen zuständigen Behörde vorgelegten

Regelungsvorschlag und erläuternden Positionspapier übermitteln. Der anderen zuständigen Behörde wird bis zu dem Tag, bis zu dem die Erwiderung vorgelegt werden muss, eine Abschrift davon übermittelt.

c) Die Schiedsstelle wählt als Entscheidung einen der von den zuständigen Behörden in Bezug auf jede Frage und eventuelle Schwellenfragen vorgelegten Regelungsvorschläge für den Fall aus und nimmt in ihre Entscheidung keine Begründung oder sonstige Erläuterung auf. Der Schiedsspruch wird mit einfacher Mehrheit der Mitglieder der Schiedsstelle erlassen. Die Schiedsstelle übermittelt den zuständigen Behörden der Vertragsstaaten schriftlich ihre Entscheidung. Der Schiedsspruch hat keine Präzedenzwirkung.

(2) Für die Anwendung dieses Artikels in Bezug auf ihre unter das Übereinkommen fallenden Steuerabkommen kann sich eine Vertragspartei dieses Übereinkommens vorbehalten, dass Absatz 1 nicht für ihre unter das Übereinkommen fallenden Steuerabkommen gilt. In diesem Fall gelten für ein Schiedsverfahren folgende Vorschriften, soweit sich die zuständigen Behörden der Vertragsstaaten nicht auf andere Vorschriften verständigen:

a) Nachdem ein Fall einem Schiedsverfahren unterworfen wurde, stellt die zuständige Behörde jedes Vertragsstaats allen Mitgliedern der Schiedsstelle unverzüglich die für den Schiedsspruch gegebenenfalls erforderlichen Informationen zur Verfügung. Sofern die zuständigen Behörden der Vertragsstaaten nichts anderes vereinbaren, werden Informationen, die den beiden zuständigen Behörden vor Eingang des Schiedsantrags bei ihnen nicht zur Verfügung standen, bei der Entscheidung nicht berücksichtigt.

b) Die Schiedsstelle entscheidet über die dem Schiedsverfahren unterworfenen Fragen in Übereinstimmung mit den einschlägigen Bestimmungen des unter das Übereinkommen fallenden Steuerabkommens und vorbehaltlich dieser Bestimmungen nach den innerstaatlichen Rechtsvorschriften der Vertragsstaaten. Die Mitglieder der Schiedsstelle berücksichtigen ausserdem alle anderen gegebenenfalls von den zuständigen Behörden der Vertragsstaaten durch Verständigung ausdrücklich benannten Quellen.

c) Der Schiedsspruch wird den zuständigen Behörden der Vertragsstaaten schriftlich übermittelt und enthält Angaben zu den zugrunde gelegten Rechtsquellen sowie zu der Argumentation, die zu dem Ergebnis geführt hat. Der Schiedsspruch wird mit einfacher Mehrheit der Mitglieder der Schiedsstelle erlassen. Der Schiedsspruch hat keine Präzedenzwirkung.

(3) Eine Vertragspartei dieses Übereinkommens, die nicht den Vorbehalt nach Absatz 2 angebracht hat, kann sich vorbehalten, dass die Absätze 1 und 2 nicht für ihre unter das Übereinkommen fallenden Steuerabkommen

mit Vertragsparteien dieses Übereinkommens gelten, die diesen Vorbehalt angebracht haben. In diesem Fall werden sich die zuständigen Behörden der Vertragsstaaten jedes derartigen unter das Übereinkommen fallenden Steuerabkommens bemühen, eine Verständigungsregelung über die Art des Schiedsverfahrens zu erzielen, die für das betreffende unter das Übereinkommen fallende Steuerabkommen gilt. Artikel 19 (Obligatorisches verbindliches Schiedsverfahren) gilt erst dann in Bezug auf ein unter das Übereinkommen fallendes Steuerabkommen, wenn eine solche Verständigungsregelung erzielt wurde.

(4) Eine Vertragspartei dieses Übereinkommens kann sich ausserdem entscheiden, Absatz 5 in Bezug auf ihre unter das Übereinkommen fallenden Steuerabkommen anzuwenden, und notifiziert dies dem Depositar. Absatz 5 gilt für zwei Vertragsstaaten in Bezug auf ein unter das Übereinkommen fallendes Steuerabkommen, wenn einer der Vertragsstaaten eine entsprechende Notifikation abgegeben hat.

(5) Vor Beginn eines Schiedsverfahrens stellen die zuständigen Behörden der Vertragsstaaten eines unter das Übereinkommen fallenden Steuerabkommens sicher, dass jede Person, die den Fall vorgelegt hat, und ihre Berater sich schriftlich verpflichten, im Laufe des Schiedsverfahrens von einer der zuständigen Behörden oder der Schiedsstelle erhaltene Informationen nicht an eine andere Person weiterzugeben. Das Verständigungsverfahren nach dem unter das Übereinkommen fallenden Steuerabkommen sowie das Schiedsverfahren nach diesem Teil enden in Bezug auf den Fall, wenn nach Stellung eines Schiedsantrags und vor Übermittlung des Schiedsspruchs an die zuständigen Behörden der Vertragsstaaten durch die Schiedsstelle eine Person, die den Fall vorgelegt hat, oder einer der Berater dieser Person erheblich gegen diese Erklärung verstösst.

(6) Ungeachtet des Absatzes 4 kann sich eine Vertragspartei dieses Übereinkommens, die sich nicht für die Anwendung des Absatzes 5 entscheidet, vorbehalten, dass Absatz 5 in Bezug auf ein oder mehrere benannte unter das Übereinkommen fallende Steuerabkommen oder alle ihre unter das Übereinkommen fallenden Steuerabkommen nicht gilt.

(7) Eine Vertragspartei dieses Übereinkommens, die sich für die Anwendung des Absatzes 5 entscheidet, kann sich vorbehalten, dass dieser Teil in Bezug auf alle unter das Übereinkommen fallenden Steuerabkommen, zu denen der andere Vertragsstaat einen Vorbehalt nach Absatz 6 anbringt, nicht gilt.

Artikel 24

Verständigung auf eine andere Regelung

(1) Für die Zwecke der Anwendung dieses Teiles in Bezug auf ihre unter das Übereinkommen fallenden Steuerabkommen kann sich eine Vertragspartei dieses Übereinkommens entscheiden, Absatz 2 anzuwenden, und notifiziert dies dem Depositar. Absatz 2 gilt nur dann für zwei Vertragsstaa-

ten in Bezug auf ein unter das Übereinkommen fallendes Steuerabkommen, wenn beide Vertragsstaaten eine entsprechende Notifikation abgegeben haben.

(2) Ungeachtet des Artikels 19 (Obligatorisches verbindliches Schiedsverfahren) Absatz 4 ist ein nach diesem Teil ergangener Schiedsspruch für die Vertragsstaaten eines unter das Übereinkommen fallenden Steuerabkommens nicht verbindlich und wird nicht umgesetzt, wenn sich die zuständigen Behörden der Vertragsstaaten innerhalb von drei Kalendermonaten, nachdem ihnen der Schiedsspruch übermittelt wurde, auf eine andere Regelung aller noch offenen Fragen verständigen.

(3) Eine Vertragspartei dieses Übereinkommens, die sich für die Anwendung des Absatzes 2 entscheidet, kann sich vorbehalten, dass dieser nur für ihre unter das Übereinkommen fallenden Steuerabkommen gilt, für die Artikel 23 (Art des Schiedsverfahrens) Absatz 2 gilt.

Artikel 25

Kosten von Schiedsverfahren

In einem Schiedsverfahren nach diesem Teil werden die Vergütungen und Aufwendungen der Mitglieder der Schiedsstelle sowie sämtliche den Vertragsstaaten im Zusammenhang mit dem Schiedsverfahren entstandenen Kosten von den Vertragsstaaten in einer zwischen den zuständigen Behörden der Vertragsstaaten durch Verständigung zu regelnden Weise getragen. In Ermangelung einer entsprechenden Verständigungsregelung trägt jeder Vertragsstaat seine eigenen Aufwendungen und die seines bestellten Mitglieds der Schiedsstelle. Die Kosten des Vorsitzenden der Schiedsstelle und sonstige mit der Durchführung des Schiedsverfahrens verbundene Aufwendungen tragen die Vertragsstaaten zu gleichen Teilen.

Artikel 26

Vereinbarkeit

(1) Vorbehaltlich des Artikels 18 (Entscheidung für die Anwendung des Teiles VI) gilt dieser Teil anstelle oder in Ermangelung von Bestimmungen eines unter das Übereinkommen fallenden Steuerabkommens, die für noch offene Fragen, die sich aus einem Fall ergeben, der Gegenstand eines Verständigungsverfahrens ist, ein Schiedsverfahren vorsehen. Jede Vertragspartei dieses Übereinkommens, die sich für die Anwendung dieses Teiles entscheidet, notifiziert dem Depositar, ob ihre unter das Übereinkommen fallenden Steuerabkommen, die nicht unter einen Vorbehalt nach Absatz 4 fallen, jeweils eine derartige Bestimmung enthalten, und, sofern dies der Fall ist, jeweils die Nummer des Artikels und des Absatzes dieser Bestimmung. Haben zwei Vertragsstaaten eine Notifikation in Bezug auf eine Bestimmung eines unter das Übereinkommen fallenden Steuerabkommens abgegeben, so wird diese zwischen diesen Vertragsstaaten durch diesen Teil ersetzt.

(2) Jede noch offene Frage, die sich aus einem Fall ergibt, der Gegenstand eines Verständigungsverfahrens ist und der anderenfalls in den Anwendungsbereich des in diesem Teil vorgesehenen Schiedsverfahrens fallen würde, wird nicht einem Schiedsverfahren unterworfen, wenn die Frage im Rahmen eines Falles zu betrachten ist, für den in Übereinstimmung mit einer bilateralen oder multilateralen[19] Übereinkunft, die für noch offene Fragen, die sich aus einem Fall ergeben, der Gegenstand eines Verständigungsverfahrens ist, ein obligatorisches verbindliches Schiedsverfahren vorsieht, bereits eine Schiedsstelle oder ein ähnliches Gremium eingerichtet wurde.

(3) Vorbehaltlich des Absatzes 1 berührt dieser Teil nicht die Erfüllung weiter reichender Verpflichtungen, die sich in Bezug auf das Schiedsverfahren für noch offene Fragen im Rahmen eines Verständigungsverfahrens aus anderen Übereinkünften, denen die Vertragsstaaten als Vertragsparteien angehören oder angehören werden, ergeben können.

(4) Eine Vertragspartei dieses Übereinkommens kann sich vorbehalten, dass dieser Teil in Bezug auf ein oder mehrere benannte unter das Übereinkommen fallende Steuerabkommen (oder alle ihre unter das Übereinkommen fallenden Steuerabkommen) nicht gilt, die für noch offene Fragen, die sich aus einem Fall ergeben, der Gegenstand eines Verständigungsverfahrens ist, bereits ein obligatorisches verbindliches Schiedsverfahren vorsehen.

Teil VII

Schlussbestimmungen

Artikel 27

Unterzeichnung und Ratifikation, Annahme oder Genehmigung

(1) Dieses Übereinkommen liegt ab dem 31. Dezember 2016 zur Unterzeichnung auf für

a) alle Staaten,

b) Guernsey (Vereinigtes Königreich Grossbritannien und Nordirland), die Insel Man (Vereinigtes Königreich Grossbritannien und Nordirland), Jersey (Vereinigtes Königreich Grossbritannien und Nordirland) und

c) jedes andere Gebiet, das durch einen einvernehmlichen Beschluss der Vertragsparteien und Unterzeichner dieses Übereinkommens befugt ist, Vertragspartei dieses Übereinkommens zu werden.

(2) Das Übereinkommen bedarf der Ratifikation, Annahme oder Genehmigung.

---

[19] Für DE: zweiseitigen oder mehrseitigen

Artikel 28
Vorbehalte

(1) Vorbehaltlich des Absatzes 2 sind Vorbehalte zu diesem Übereinkommen nur zulässig, wenn sie ausdrücklich in den folgenden Bestimmungen vorgesehen sind:

a) Artikel 3 (Transparente Rechtsträger) Absatz 5,

b) Artikel 4 (Rechtsträger mit doppelter Ansässigkeit) Absatz 3,

c) Artikel 5 (Anwendung von Methoden zur Beseitigung der Doppelbesteuerung) Absätze 8 und 9,

d) Artikel 6 (Zweck eines unter das Übereinkommen fallenden Steuerabkommens) Absatz 4,

e) Artikel 7 (Verhinderung von Abkommensmissbrauch) Absätze 15 und 16,

f) Artikel 8 (Transaktionen zur Übertragung von Dividenden) Absatz 3,

g) Artikel 9 (Gewinne aus der Veräusserung von Anteilen oder Rechten an Rechtsträgern, deren Wert hauptsächlich auf unbeweglichem Vermögen beruht) Absatz 6,

h) Artikel 10 (Vorschrift zur Missbrauchsbekämpfung für in Drittstaaten oder -gebieten gelegene Betriebsstätten) Absatz 5,

i) Artikel 11 (Anwendung von Steuerabkommen zur Einschränkung des Rechtes einer Vertragspartei dieses Übereinkommens auf Besteuerung der in ihrem Gebiet ansässigen Personen) Absatz 3,

j) Artikel 12 (Künstliche Umgehung des Betriebsstättenstatus durch Kommissionärsmodelle und ähnliche Strategien) Absatz 4,

k) Artikel 13 (Künstliche Umgehung des Betriebsstättenstatus durch die Ausnahme bestimmter Tätigkeiten) Absatz 6,

l) Artikel 14 (Aufteilung von Verträgen) Absatz 3,

m) Artikel 15 (Bestimmung des Begriffs der mit einem Unternehmen eng verbundenen Person) Absatz 2,

n) Artikel 16 (Verständigungsverfahren) Absatz 5,

o) Artikel 17 (Gegenberichtigung) Absatz 3,

p) Artikel 19 (Obligatorisches verbindliches Schiedsverfahren) Absätze 11 und 12,

q) Artikel 23 (Art des Schiedsverfahrens) Absätze 2, 3, 6 und 7,

r) Artikel 24 (Verständigung auf eine andere Regelung) Absatz 3,

s) Artikel 26 (Vereinbarkeit) Absatz 4,

t) Artikel 35 (Wirksamwerden) Absätze 6 und 7 sowie

u) Artikel 36 (Wirksamwerden des Teiles VI) Absatz 2.

(2) a) Ungeachtet des Absatzes 1 kann eine Vertragspartei dieses Übereinkommens, die sich nach Artikel 18 (Entscheidung für die Anwendung des Teiles VI) für die Anwendung des Teiles VI (Schiedsverfahren) entscheidet, einen oder mehrere Vorbehalte in Bezug auf die Art der Fälle anbringen, die nach Teil VI (Schiedsverfahren) einem Schiedsverfahren unterworfen werden können. Für eine Vertragspartei dieses Übereinkommens, die sich nach Artikel 18 (Entscheidung für die Anwendung des Teiles VI) für die Anwendung des Teiles VI (Schiedsverfahren) entscheidet, nachdem sie Vertragspartei dieses Übereinkommens geworden ist, sind Vorbehalte nach diesem Buchstaben gleichzeitig mit der Notifikation dieser Vertragspartei an den Depositar nach Artikel 18 (Entscheidung für die Anwendung des Teiles VI) anzubringen.

b) Vorbehalte nach Buchstabe a bedürfen der Annahme. Ein Vorbehalt nach Buchstabe a gilt als von einer Vertragspartei dieses Übereinkommens angenommen, wenn diese bis zum Ablauf von zwölf Kalendermonaten nach der Notifikation des Vorbehalts durch den Depositar oder bis zu dem Zeitpunkt der Hinterlegung ihrer Ratifikations-, Annahme- oder Genehmigungsurkunde, wenn dies der spätere ist, dem Depositar nicht notifiziert hat, dass sie Einspruch gegen den Vorbehalt erhebt. Für eine Vertragspartei dieses Übereinkommens, die sich nach Artikel 18 (Entscheidung für die Anwendung des Teiles VI) für die Anwendung des Teiles VI (Schiedsverfahren) entscheidet, nachdem sie Vertragspartei dieses Übereinkommens geworden ist, können Einsprüche gegen zuvor von anderen Vertragsparteien dieses Übereinkommens nach Buchstabe a angebrachte Vorbehalte gleichzeitig mit der Notifikation der erstgenannten Vertragspartei an den Depositar nach Artikel 18 (Entscheidung für die Anwendung des Teiles VI) erhoben werden. Erhebt eine Vertragspartei dieses Übereinkommens Einspruch gegen einen Vorbehalt nach Buchstabe a, so gilt der gesamte Teil VI (Schiedsverfahren) nicht zwischen der den Einspruch erhebenden und der den Vorbehalt anbringenden Vertragspartei.

(3) Sofern in den entsprechenden Bestimmungen dieses Übereinkommens nicht ausdrücklich etwas anderes vorgesehen ist, werden durch einen nach Absatz 1 oder 2 angebrachten Vorbehalt

a) für die den Vorbehalt anbringende Vertragspartei dieses Übereinkommens in ihren Beziehungen zu einer anderen Vertragspartei dieses Übereinkommens die Bestimmungen dieses Übereinkommens, auf die sich der Vorbehalt bezieht, nach Massgabe des Vorbehalts geändert und

b) diese Bestimmungen in gleichem Masse für die andere Vertragspartei dieses Übereinkommens in ihrem Verhältnis zu der den Vorbehalt anbringenden Vertragspartei dieses Übereinkommens geändert.

(4) Vorbehalte, die auf unter das Übereinkommen fallende Steuerabkommen anwendbar sind, die durch ein oder im Namen eines Gebiets oder Hoheitsgebiets geschlossen wurden, für dessen internationale Beziehungen eine Vertragspartei dieses Übereinkommens verantwortlich ist, werden, wenn dieses Gebiet oder Hoheitsgebiet nicht nach Artikel 27 (Unterzeichnung und Ratifikation, Annahme oder Genehmigung) Absatz 1 Buchstabe b oder c Vertragspartei des Übereinkommens ist, von der verantwortlichen Vertragspartei angebracht und können sich von den Vorbehalten dieser Vertragspartei in Bezug auf ihre eigenen unter das Übereinkommen fallenden Steuerabkommen unterscheiden.

(5) Vorbehaltlich der Absätze 2, 6 und 9 sowie des Artikels 29 (Notifikationen) Absatz 5 sind Vorbehalte bei der Unterzeichnung oder bei der Hinterlegung der Ratifikations-, Annahme- oder Genehmigungsurkunde anzubringen. Für eine Vertragspartei dieses Übereinkommens, die sich nach Artikel 18 (Entscheidung für die Anwendung des Teiles VI) für die Anwendung des Teiles VI (Schiedsverfahren) entscheidet, nachdem sie Vertragspartei dieses Übereinkommens geworden ist, sind Vorbehalte nach Absatz 1 Buchstaben p, q, r und s jedoch gleichzeitig mit der Notifikation dieser Vertragspartei an den Depositar nach Artikel 18 (Entscheidung für die Anwendung des Teiles VI) anzubringen.

(6) Vorbehaltlich der Absätze 2 und 9 sowie des Artikels 29 (Notifikationen) Absatz 5 sind bei der Unterzeichnung angebrachte Vorbehalte bei der Hinterlegung der Ratifikations-, Annahme- oder Genehmigungsurkunde zu bestätigen, es sei denn, in dem Dokument, das die Vorbehalte enthält, ist ausdrücklich angegeben, dass es als endgültig anzusehen ist.

(7) Werden bei der Unterzeichnung keine Vorbehalte angebracht, so ist dem Depositar zu diesem Zeitpunkt eine vorläufige Liste der zu erwartenden Vorbehalte vorzulegen.

(8) Beim Anbringen eines Vorbehalts nach jeder der nachstehenden Bestimmungen ist eine Liste der nach Artikel 2 (Auslegung von Ausdrücken)

Absatz 1 Buchstabe a Ziffer ii notifizierten Abkommen vorzulegen, die im Sinne der jeweiligen Bestimmung unter den Vorbehalt fallen (sowie, im Fall eines Vorbehalts nach einer anderen der folgenden Bestimmungen als den unter den Buchstaben c, d und n genannten, jeweils die Nummer des Artikels und des Absatzes dieser Bestimmung):

a) Artikel 3 (Transparente Rechtsträger) Absatz 5 Buchstaben b, c, d, e und g,

b) Artikel 4 (Rechtsträger mit doppelter Ansässigkeit) Absatz 3 Buchstaben b, c und d,

c) Artikel 5 (Anwendung von Methoden zur Beseitigung der Doppelbesteuerung) Absätze 8 und 9,

d) Artikel 6 (Zweck eines unter das Übereinkommen fallenden Steuerabkommens) Absatz 4,

e) Artikel 7 (Verhinderung von Abkommensmissbrauch) Absatz 15 Buchstaben b und c,

f) Artikel 8 (Transaktionen zur Übertragung von Dividenden)Absatz 3 Buchstabe b Ziffern i, ii, und iii,

g) Artikel 9 (Gewinne aus der Veräusserung von Anteilen oder Rechten an Rechtsträgern, deren Wert hauptsächlich auf unbeweglichem Vermögen beruht) Absatz 6 Buchstaben d, e und f,

h) Artikel 10 (Vorschrift zur Missbrauchsbekämpfung für in Drittstaaten oder -gebieten gelegene Betriebsstätten) Absatz 5 Buchstaben b und c,

i) Artikel 11 (Anwendung von Steuerabkommen zur Einschränkung des Rechtes einer Vertragspartei dieses Übereinkommens auf Besteuerung der in ihrem Gebiet ansässigen Personen) Absatz 3 Buchstabe b,

j) Artikel 13 (Künstliche Umgehung des Betriebsstättenstatus durch die Ausnahme bestimmter Tätigkeiten) Absatz 6 Buchstabe b,

k) Artikel 14 (Aufteilung von Verträgen) Absatz 3 Buchstabe b,

l) Artikel 16 (Verständigungsverfahren) Absatz 5 Buchstabe b,

m) Artikel 17 (Gegenberichtigung) Absatz 3 Buchstabe a,

n) Artikel 23 (Art des Schiedsverfahrens) Absatz 6 und

o) Artikel 26 (Vereinbarkeit)Absatz 4.

Die unter den Buchstaben a bis o genannten Vorbehalte gelten nicht für unter das Übereinkommen fallende Steuerabkommen, die nicht in der in diesem Absatz beschriebenen Liste enthalten sind.

(9) Jede Vertragspartei dieses Übereinkommens, die nach Absatz 1 oder 2 einen Vorbehalt angebracht hat, kann ihn durch eine an den Depositar gerichtete Notifikation jederzeit zurücknehmen oder durch einen stärker eingeschränkten Vorbehalt ersetzen. Die betreffende Vertragspartei gibt zusätzliche Notifikationen, die aufgrund der Rücknahme oder Ersetzung des Vorbehalts gegebenenfalls erforderlich sind, nach Artikel 29 (Notifikationen) Absatz 6 ab. Vorbehaltlich des Artikels 35 (Wirksamwerden) Absatz 7 wird die Rücknahme oder Ersetzung wirksam

a) im Fall eines unter das Übereinkommen fallenden Steuerabkommens ausschliesslich mit Staaten oder Gebieten, die Vertragsparteien des Übereinkommens sind, zu dem Zeitpunkt des Eingangs der Notifikation über die Rücknahme oder Ersetzung des Vorbehalts beim Depositar, und zwar

   i) bei Vorbehalten in Bezug auf Bestimmungen über an der Quelle[20] erhobene Steuern, wenn das Ereignis, das zu derartigen Steuern führt, am oder nach dem 1. Januar des Jahres eintritt, das auf einen Zeitabschnitt von sechs Kalendermonaten ab dem Tag der Mitteilung des Depositars über die Notifikation der Rücknahme oder Ersetzung des Vorbehalts folgt, und

   ii) bei Vorbehalten in Bezug auf alle anderen Bestimmungen für Steuern, die für Veranlagungszeiträume erhoben werden, die am oder nach dem 1. Januar des Jahres beginnen, das auf einen Zeitabschnitt von sechs Kalendermonaten ab dem Tag der Mitteilung des Depositars über die Notifikation der Rücknahme oder Ersetzung des Vorbehalts folgt, und

c) im Fall eines unter das Übereinkommen fallenden Steuerabkommens mit einem oder mehreren Vertragsstaaten, die nach Eingang der Notifikation der Rücknahme oder Ersetzung beim Depositar Vertragspartei dieses Übereinkommens werden, an dem letzten der Tage, an denen das Übereinkommen für die betreffenden Vertragsstaaten jeweils in Kraft tritt.

Artikel 29
Notifikationen

(1) Vorbehaltlich der Absätze 5 und 6 sowie des Artikels 35 (Wirksamwerden) Absatz 7 sind Notifikationen nach den folgenden Bestimmungen bei der Unterzeichnung oder bei der Hinterlegung der Ratifikations-, Annahme- oder Genehmigungsurkunde abzugeben:

---

20 Für DE: im Abzugsweg

a) Artikel 2 (Auslegung von Ausdrücken) Absatz 1 Buchstabe a Ziffer ii,

b) Artikel 3 (Transparente Rechtsträger) Absatz 6,

c) Artikel 4 (Rechtsträger mit doppelter Ansässigkeit) Absatz 4,

d) Artikel 5 (Anwendung von Methoden zur Beseitigung der Doppelbesteuerung) Absatz 10,

e) Artikel 6 (Zweck eines unter das Übereinkommen fallenden Steuerabkommens) Absätze 5 und 6,

f) Artikel 7 (Verhinderung von Abkommensmissbrauch) Absatz 17,

g) Artikel 8 (Transaktionen zur Übertragung von Dividenden) Absatz 4,

h) Artikel 9 (Gewinne aus der Veräusserung von Anteilen oder Rechten an Rechtsträgern, deren Wert hauptsächlich auf unbeweglichem Vermögen beruht) Absätze 7 und 8,

i) Artikel 10 (Vorschrift zur Missbrauchsbekämpfung für in Drittstaaten oder -gebieten gelegene Betriebsstätten) Absatz 6,

j) Artikel 11 (Anwendung von Steuerabkommen zur Einschränkung des Rechtes einer Vertragspartei dieses Übereinkommens auf Besteuerung der in ihrem Gebiet ansässigen Personen) Absatz 4,

k) Artikel 12 (Künstliche Umgehung des Betriebsstättenstatus durch Kommissionärsmodelle und ähnliche Strategien) Absätze 5 und 6,

l) Artikel 13 (Künstliche Umgehung des Betriebsstättenstatus durch die Ausnahme bestimmter Tätigkeiten) Absätze 7 und 8,

m) Artikel 14 (Aufteilung von Verträgen) Absatz 4,

n) Artikel 16 (Verständigungsverfahren) Absatz 6,

o) Artikel 17 (Gegenberichtigung) Absatz 4,

p) Artikel 18 (Entscheidung für die Anwendung des Teiles VI),

q) Artikel 23 (Art des Schiedsverfahrens) Absatz 4,

r) Artikel 24 (Verständigung auf eine andere Regelung) Absatz 1,

s) Artikel 26 (Vereinbarkeit) Absatz 1 und

t) Artikel 35 (Wirksamwerden) Absätze 1, 2, 3, 5, und 7.

(2) Notifikationen in Bezug auf unter das Übereinkommen fallende Steuerabkommen, die durch ein oder im Namen eines Gebiets oder Hoheitsgebiets geschlossen wurden, für dessen internationale Beziehungen eine Vertragspartei dieses Übereinkommens verantwortlich ist, werden, wenn dieses Gebiet oder Hoheitsgebiet nicht nach Artikel 27 (Unterzeichnung und Ratifikation, Annahme oder Genehmigung) Absatz 1 Buchstabe b oder c Vertragspartei des Übereinkommens ist, von der verantwortlichen Vertragspartei abgegeben und können sich von den Notifikationen dieser Vertragspartei in Bezug auf ihre eigenen unter das Übereinkommen fallenden Steuerabkommen unterscheiden.

(3) Vorbehaltlich der Absätze 5 und 6 sowie des Artikels 35 (Wirksamwerden) Absatz 7 sind bei der Unterzeichnung abgegebene Notifikationen bei der Hinterlegung der Ratifikations-, Annahme- oder Genehmigungsurkunde zu bestätigen, es sei denn, in dem Dokument, das die Notifikationen enthält, ist ausdrücklich angegeben, dass es als endgültig anzusehen ist.

(4) Werden bei der Unterzeichnung keine Notifikationen abgegeben, so ist zu diesem Zeitpunkt eine vorläufige Liste der zu erwartenden Notifikationen vorzulegen.

(5) Eine Vertragspartei dieses Übereinkommens kann die Liste der nach Artikel 2 (Auslegung von Ausdrücken) Absatz 1 Buchstabe a Ziffer ii notifizierten Abkommen jederzeit durch eine an den Depositar gerichtete Notifikation erweitern. In dieser Notifikation gibt die Vertragspartei an, ob das Abkommen unter einen oder mehreren der von der Vertragspartei angebrachten Vorbehalte fällt, die in Artikel 28 (Vorbehalte) Absatz 8 aufgeführt sind. Die Vertragspartei kann auch einen neuen Vorbehalt nach Artikel 28 (Vorbehalte) Absatz 8 anbringen, wenn das zusätzliche Abkommen das erste wäre, das unter diesen Vorbehalt fällt. Die Vertragspartei gibt ausserdem alle zusätzlichen Notifikationen an, die nach Absatz 1 Buchstaben b bis s gegebenenfalls erforderlich sind, um der Aufnahme der zusätzlichen Abkommen Rechnung zu tragen. Führt die Erweiterung zur erstmaligen Aufnahme eines Steuerabkommens, das durch ein oder im Namen eines Gebiets oder Hoheitsgebiets geschlossen wurde, für dessen internationale Beziehungen eine Vertragspartei dieses Übereinkommens verantwortlich ist, so gibt die Vertragspartei darüber hinaus alle Vorbehalte (nach Artikel 28 (Vorbehalte) Absatz 4) und Notifikationen (nach Absatz 2) an, die auf unter das Übereinkommen fallende Steuerabkommen anwendbar sind, die durch dieses oder im Namen dieses Gebiets oder Hoheitsgebiets geschlossen wurden. Ab dem Tag, an dem die hinzugefügten und nach Artikel 2 (Auslegung von Ausdrücken) Absatz 1 Buchstabe a Ziffer ii notifizierten Abkommen zu unter das Übereinkommen fallenden Steuerabkommen werden, wird der Tag, an dem die Änderungen der unter das Übereinkommen fallenden Steuerabkommen wirksam werden, durch Artikel 35 (Wirksamwerden) bestimmt.

(6) Eine Vertragspartei dieses Übereinkommens kann durch eine an den Depositar gerichtete Notifikation zusätzliche Notifikationen nach Absatz 1 Buchstaben b bis s abgeben. Diese Notifikationen werden wirksam

a) im Fall von unter das Übereinkommen fallenden Steuerabkommen ausschliesslich mit Staaten oder Gebieten, die Vertragsparteien des Übereinkommens sind, zu dem Zeitpunkt des Eingangs der zusätzlichen Notifikation beim Depositar, und zwar

   i) bei Notifikationen in Bezug auf Bestimmungen über an der Quelle[21] erhobene Steuern, wenn das Ereignis, das zu derartigen Steuern führt, am oder nach dem 1. Januar des Jahres eintritt, das auf einen Zeitabschnitt von sechs Kalendermonaten ab dem Tag der Mitteilung des Depositars über die zusätzliche Notifikation folgt, und

   ii) bei Notifikationen in Bezug auf alle anderen Bestimmungen für Steuern, die für Veranlagungszeiträume erhoben werden, die am oder nach dem 1. Januar des Jahres beginnen, das auf einen Zeitabschnitt von sechs Kalendermonaten ab dem Tag der Mitteilung des Depositars über die zusätzliche Notifikation folgt, und

b) im Fall eines unter das Übereinkommen fallenden Steuerabkommens mit einem oder mehreren Vertragsstaaten, die nach Eingang der zusätzlichen Notifikation beim Depositar Vertragspartei dieses Übereinkommens werden, an dem letzten der Tage, an denen das Übereinkommen für die betreffenden Vertragsstaaten jeweils in Kraft tritt.

Artikel 30
Nachträgliche Änderungen von unter das Übereinkommen fallenden Steuerabkommen

Dieses Übereinkommen berührt nicht nachträgliche Änderungen eines unter das Übereinkommen fallenden Steuerabkommens, die zwischen den Vertragsstaaten des unter das Übereinkommen fallenden Steuerabkommens vereinbart werden können.

Artikel 31
Konferenz der Vertragsparteien

(1) Die Vertragsparteien dieses Übereinkommens können zur Fassung von Beschlüssen oder zur Wahrnehmung von Aufgaben, die aufgrund des Übereinkommens gegebenenfalls erforderlich oder zweckdienlich sind, eine Konferenz der Vertragsparteien einberufen.

[21] Für DE: im Abzugsweg

(2) Die Konferenz der Vertragsparteien wird durch den Depositar unterstützt.

(3) Jede Vertragspartei dieses Übereinkommens kann durch Übermittlung eines Ersuchens an den Depositar um eine Konferenz der Vertragsparteien ersuchen. Der Depositar unterrichtet alle Vertragsparteien dieses Übereinkommens von jedem Ersuchen. Anschliessend beruft der Depositar eine Konferenz der Vertragsparteien ein, sofern das Ersuchen innerhalb von sechs Kalendermonaten nach Mitteilung des Ersuchens durch den Depositar von einem Drittel der Vertragsparteien befürwortet wird.

Artikel 32

Auslegung und Durchführung

(1) Über Fragen zur Auslegung oder Durchführung von Bestimmungen eines unter das Übereinkommen fallenden Steuerabkommens in der durch dieses Übereinkommen geänderten Fassung wird nach den Bestimmungen des unter das Übereinkommen fallenden Steuerabkommens (in der gegebenenfalls durch dieses Übereinkommen geänderten Fassung) in Bezug auf die Regelung von Fragen der Auslegung oder der Anwendung des unter das Übereinkommen fallenden Steuerabkommens durch Verständigung entschieden.

(2) Jegliche Fragen hinsichtlich der Auslegung oder Durchführung dieses Übereinkommens können von einer nach Artikel 31 (Konferenz der Vertragsparteien) Absatz 3 einberufenen Konferenz der Vertragsparteien behandelt werden.

Artikel 33

Änderungen

(1) Jede Vertragspartei dieses Übereinkommens kann eine Änderung dieses Übereinkommens vorschlagen, indem sie dem Depositar den Änderungsvorschlag vorlegt.

(2) Zur Prüfung des Änderungsvorschlags kann nach Artikel 31 (Konferenz der Vertragsparteien) Absatz 3 eine Konferenz der Vertragsparteien einberufen werden.

Artikel 34

Inkrafttreten

(1) Dieses Übereinkommen tritt am ersten Tag des Monats in Kraft, der auf einen Zeitabschnitt von drei Kalendermonaten ab Hinterlegung der fünften Ratifizierungs-, Annahme- oder Genehmigungsurkunde folgt.

(2) Für jeden Unterzeichner, der dieses Übereinkommen nach Hinterlegung der fünften Ratifikations-, Annahme- oder Genehmigungsurkunde

ratifiziert, annimmt oder genehmigt, tritt es am ersten Tag des Monats in Kraft, der auf einen Zeitabschnitt von drei Kalendermonaten ab Hinterlegung der Ratifikations-, Annahme- oder Genehmigungsurkunde durch diesen Unterzeichner folgt.

Artikel 35
Wirksamwerden

(1) Dieses Übereinkommen wird in jedem Vertragsstaat in Bezug auf ein unter das Übereinkommen fallendes Steuerabkommen wirksam

a) bei den an der Quelle[22] erhobenen Steuern auf Beträge, die nicht ansässigen Personen gezahlt oder gutgeschrieben werden, wenn das Ereignis, das zu diesen Steuern führt, am oder nach dem ersten Tag des nächsten Kalenderjahrs eintritt, das am oder nach dem letzten der Tage, an denen das Übereinkommen für die Vertragsstaaten des unter das Übereinkommen fallenden Steuerabkommens jeweils in Kraft tritt, beginnt, und

b) bei allen anderen durch diesen Vertragsstaat erhobenen Steuern für Steuern, die für Veranlagungszeiträume erhoben werden, die nach einem Zeitabschnitt von sechs Kalendermonaten (oder nach einem kürzeren Zeitabschnitt, wenn alle Vertragsstaaten dem Depositar notifizieren, dass sie beabsichtigen, einen entsprechenden kürzeren Zeitabschnitt anzuwenden) ab dem letzten der Tage, an denen das Übereinkommen für die Vertragsstaaten des unter das Übereinkommen fallenden Steuerabkommens jeweils in Kraft tritt, beginnen.

(2) Eine Vertragspartei dieses Übereinkommens kann sich ausschliesslich zum Zweck ihrer eigenen Anwendung des Absatzes 1 Buchstabe a und des Absatzes 5 Buchstabe a entscheiden, das Wort «Veranlagungszeitraum» durch das Wort «Kalenderjahr» zu ersetzen, und notifiziert dies dem Depositar.

(3) Eine Vertragspartei dieses Übereinkommens kann sich ausschliesslich zum Zweck ihrer eigenen Anwendung des Absatzes 1 Buchstabe b und des Absatzes 5 Buchstabe b entscheiden, die Bezugnahme auf «Veranlagungszeiträume [...], die nach einem Zeitabschnitt von» durch eine Bezugnahme auf «Veranlagungszeiträume [...], die am oder nach dem 1. Januar des nächsten Jahres, das nach einem Zeitabschnitt von [...] beginnt,» zu ersetzen, und notifiziert dies dem Depositar.

(4) Ungeachtet der Absätze 1 bis 3 wird Artikel 16 (Verständigungsverfahren) in Bezug auf ein unter das Übereinkommen fallendes Steuerabkommen für einen der zuständigen Behörde eines Vertragsstaats vorgelegten Fall am oder nach dem letzten der Tage, an denen das Übereinkommen für

---

[22] Für DE: im Abzugsweg

die Vertragsstaaten des unter das Übereinkommen fallenden Steuerabkommens jeweils in Kraft tritt, wirksam, mit Ausnahme der Fälle, deren Vorlage bis zu diesem Tag im Rahmen des unter das Übereinkommen fallenden Steuerabkommens vor dessen Änderung durch das Übereinkommen nicht möglich war, unabhängig von dem Veranlagungszeitraum, auf den sich der Fall bezieht.

(5) Für ein neues unter das Übereinkommen fallendes Steuerabkommen, dessen Hinzufügung auf eine nach Artikel 29 (Notifikationen) Absatz 5 erfolgte Erweiterung der Liste der nach Artikel 2 (Auslegung von Ausdrücken) Absatz 1 Buchstabe a Ziffer ii notifizierten Abkommen zurückzuführen ist, wird das Übereinkommen in jedem Vertragsstaat wirksam

a) bei den an der Quelle[23] erhobenen Steuern auf Beträge, die nicht ansässigen Personen gezahlt oder gutgeschrieben werden, wenn das Ereignis, das zu diesen Steuern führt, am oder nach dem ersten Tag des nächsten Kalenderjahrs eintritt, das am oder nach dem 30. Tag nach dem Tag der Mitteilung des Depositars über die Notifikation der Erweiterung der Liste der Abkommen beginnt, und

b) bei allen anderen durch diesen Vertragsstaat erhobenen Steuern für Steuern, die für Veranlagungszeiträume erhoben werden, die nach einem Zeitabschnitt von neun Kalendermonaten (oder nach einem kürzeren Zeitabschnitt, wenn alle Vertragsstaaten dem Depositar notifizieren, dass sie beabsichtigen, einen entsprechenden kürzeren Zeitabschnitt anzuwenden) ab dem Tag der Mitteilung des Depositars über die Notifikation der Erweiterung der Liste der Abkommen beginnen.

(6) Eine Vertragspartei dieses Übereinkommens kann sich vorbehalten, dass Absatz 4 nicht in Bezug auf ihre unter das Übereinkommen fallenden Steuerabkommen gilt.

(7) a) Eine Vertragspartei dieses Übereinkommens kann sich vorbehalten,

i) die Bezugnahmen auf «dem letzten der Tage, an denen das Übereinkommen für die Vertragsstaaten des unter das Übereinkommen fallenden Steuerabkommens jeweils in Kraft tritt,» in den Absätzen 1 und 4 und

ii) die Bezugnahmen auf «dem Tag der Mitteilung des Depositars über die Notifikation der Erweiterung der Liste der Abkommen» in Absatz 5

durch Bezugnahmen auf «dem 30. Tag, nachdem die letzte der Notifikationen der einzelnen Vertragsstaaten, die den in Artikel 35 (Wirksamwerden) Absatz 7 beschriebenen Vorbehalt anbringen,

---

[23] Für DE: im Abzugsweg

über den Abschluss ihrer innerstaatlichen Verfahren[24] für das Wirksamwerden dieses Übereinkommens in Bezug auf das betreffende unter das Übereinkommen fallende Steuerabkommen beim Depositar eingegangen ist,» zu ersetzen;

iii) die Bezugnahmen auf «dem Tag der Mitteilung des Depositars über die Notifikation der Rücknahme oder Ersetzung des Vorbehalts» in Artikel 28 (Vorbehalte) Absatz 9 Buchstabe a und

iv) die Bezugnahme auf «dem letzten der Tage, an denen das Übereinkommen für die betreffenden Vertragsstaaten jeweils in Kraft tritt,» in Artikel 28 (Vorbehalte) Absatz 9 Buchstabe b

durch Bezugnahmen auf «dem 30. Tag, nachdem die letzte der Notifikationen der einzelnen Vertragsstaaten, die den in Artikel 35 (Wirksamwerden) Absatz 7 beschriebenen Vorbehalt anbringen, über den Abschluss ihrer innerstaatlichen Verfahren für das Wirksamwerden der Rücknahme oder Ersetzung des Vorbehalts in Bezug auf das betreffende unter das Übereinkommen fallende Steuerabkommen beim Depositar eingegangen ist,» zu ersetzen;

v) die Bezugnahmen auf «dem Tag der Mitteilung des Depositars über die zusätzliche Notifikation» in Artikel 29 (Notifikationen) Absatz 6 Buchstabe a und

vi) die Bezugnahme auf «dem letzten der Tage, an denen das Übereinkommen für die betreffenden Vertragsstaaten jeweils in Kraft tritt,» in Artikel 29 (Notifikationen) Absatz 6 Buchstabe b

durch Bezugnahmen auf «dem 30. Tag, nachdem die letzte der Notifikationen der einzelnen Vertragsstaaten, die den in Artikel 35 (Wirksamwerden) Absatz 7 beschriebenen Vorbehalt anbringen, über den Abschluss ihrer innerstaatlichen Verfahren für das Wirksamwerden der zusätzlichen Notifikation in Bezug auf das betreffende unter das Übereinkommen fallende Steuerabkommen beim Depositar eingegangen ist,» zu ersetzen;

vii) die Bezugnahmen auf «dem letzten der Tage, an denen das Übereinkommen für die einzelnen Vertragsstaaten des unter das Übereinkommen fallenden Steuerabkommens jeweils in Kraft tritt,» in Artikel 36 (Wirksamwerden des Teiles VI) Absätze 1 und 2

durch Bezugnahmen auf «dem 30. Tag, nachdem die letzte der Notifikationen der einzelnen Vertragsstaaten, die den in Artikel 35 (Wirksamwerden) Absatz 7 beschriebenen Vorbehalt anbringen,

---

24 Anm. d. Übers.: im Fall von Gebieten oder Hoheitsgebieten hier und im Folgenden: internen Verfahren

über den Abschluss ihrer innerstaatlichen Verfahren für das Wirksamwerden dieses Übereinkommens in Bezug auf das betreffende unter das Übereinkommen fallende Steuerabkommen beim Depositar eingegangen ist,» zu ersetzen;

viii) die Bezugnahme auf den «Tag der Mitteilung des Depositars über die Notifikation der Erweiterung der Liste der Abkommen» in Artikel 36 (Wirksamwerden des Teiles VI) Absatz 3,

ix) die Bezugnahmen auf den «Tag der Mitteilung des Depositars über die Notifikation der Rücknahme des Vorbehalts», den «Tag der Mitteilung des Depositars über die Notifikation der Ersetzung des Vorbehalts» und den «Tag der Mitteilung des Depositars über die Notifikation der Rücknahme des Einspruchs gegen den Vorbehalt» in Artikel 36 (Wirksamwerden des Teiles VI) Absatz 4 und

x) die Bezugnahme auf den «Tag der Mitteilung des Depositars über die zusätzliche Notifikation» in Artikel 36 (Wirksamwerden des Teiles VI) Absatz 5 durch Bezugnahmen auf den «30. Tag, nachdem die letzte der Notifikationen der einzelnen Vertragsstaaten, die den in Artikel 35 (Wirksamwerden) Absatz 7 beschriebenen Vorbehalt anbringen, über den Abschluss ihrer innerstaatlichen Verfahren für das Wirksamwerden des Teiles VI (Schiedsverfahren) in Bezug auf das betreffende unter das Übereinkommen fallende Steuerabkommen beim Depositar eingegangen ist,» zu ersetzen.

b) Eine Vertragspartei dieses Übereinkommens, die einen Vorbehalt nach Buchstabe a anbringt, notifiziert zeitgleich dem Depositar und den anderen Vertragsstaaten die Bestätigung des Abschlusses ihrer innerstaatlichen Verfahren.

c) Bringen ein oder mehrere Vertragsstaaten eines unter das Übereinkommen fallenden Steuerabkommens einen Vorbehalt nach diesem Absatz an, so wird der Tag des Wirksamwerdens des Übereinkommens, der Rücknahme oder Ersetzung eines Vorbehalts, einer zusätzlichen Notifikation in Bezug auf dieses unter das Übereinkommen fallende Steuerabkommen oder des Teiles VI (Schiedsverfahren) für alle Vertragsstaaten des unter das Übereinkommen fallenden Steuerabkommens durch diesen Absatz bestimmt.

Artikel 36

Wirksamwerden des Teiles VI

(1) Ungeachtet des Artikels 28 (Vorbehalte) Absatz 9, des Artikels 29 (Notifikationen) Absatz 6 und des Artikels 35 (Wirksamwerden) Absätze 1 bis 6 wird Teil VI (Schiedsverfahren) in Bezug auf zwei Vertragsstaaten eines unter das Übereinkommen fallenden Steuerabkommens wirksam

a) bei Fällen, die der zuständigen Behörde eines Vertragsstaats (nach Artikel 19 (Obligatorisches verbindliches Schiedsverfahren) Absatz 1 Buchstabe a) vorgelegt werden, am oder nach dem letzten der Tage, an denen dieses Übereinkommen für die Vertragsstaaten des unter das Übereinkommen fallenden Steuerabkommens jeweils in Kraft tritt, und

b) bei Fällen, die der zuständigen Behörde eines Vertragsstaats vor dem letzten der Tage, an denen das Übereinkommen für die Vertragsstaaten des unter das Übereinkommen fallenden Steuerabkommens jeweils in Kraft tritt, vorgelegt werden, an dem Tag, an dem beide Vertragsstaaten dem Depositar notifiziert haben, dass sie eine Verständigungsregelung nach Artikel 19 (Obligatorisches verbindliches Schiedsverfahren) Absatz 10 erzielt haben, zusammen mit Angaben zu dem Tag oder den Tagen, an dem beziehungsweise denen diese Fälle nach dieser Verständigungsregelung als der zuständigen Behörde eines Vertragsstaats (nach Artikel 19 (Obligatorisches verbindliches Schiedsverfahren) Absatz 1 Buchstabe a) vorgelegt gelten.

(2) Eine Vertragspartei dieses Übereinkommens kann sich vorbehalten, dass Teil VI (Schiedsverfahren) nur insoweit für einen Fall gilt, welcher der zuständigen Behörde eines Vertragsstaats vor dem letzten der Tage, an denen dieses Übereinkommen für die Vertragsstaaten des unter das Übereinkommen fallenden Steuerabkommens jeweils in Kraft tritt, vorgelegt wird, als die zuständigen Behörden beider Vertragsstaaten übereinkommen, dass er für diesen bestimmten Fall gilt.

(3) Im Fall eines neuen unter das Übereinkommen fallenden Steuerabkommens, dessen Hinzufügung auf eine nach Artikel 29 (Notifikationen) Absatz 5 erfolgte Erweiterung der Liste der nach Artikel 2 (Auslegung von Ausdrücken) Absatz 1 Buchstabe a Ziffer ii notifizierten Abkommen zurückzuführen ist, werden in den Absätzen 1 und 2 die Bezugnahmen auf den «letzten der Tage, an denen dieses Übereinkommen für die Vertragsstaaten des unter das Übereinkommen fallenden Steuerabkommens jeweils in Kraft tritt,» durch Bezugnahmen auf den «Tag der Mitteilung des Depositars über die Notifikation der Erweiterung der Liste der Abkommen» ersetzt.

(4) Eine Rücknahme oder Ersetzung eines nach Artikel 26 (Vereinbarkeit) Absatz 4 angebrachten Vorbehalts aufgrund des Artikels 28 (Vorbehalte) Absatz 9 oder die Rücknahme eines Einspruchs gegen einen nach Artikel 28 (Vorbehalte) Absatz 2 angebrachten Vorbehalt, die zur Anwendung des Teiles VI (Schiedsverfahren) zwischen den beiden Vertragsstaaten eines unter das Übereinkommen fallenden Steuerabkommens führt, wird nach Absatz 1 Buchstaben a und b wirksam, wobei die Bezugnahmen auf den «letzten der Tage, an denen dieses Übereinkommen für die Vertragsstaaten des unter das Übereinkommen fallenden Steuerabkommens jeweils in Kraft tritt,» durch Bezugnahmen auf den «Tag der Mitteilung des

Depositars über die Notifikation der Rücknahme des Vorbehalts», den «Tag der Mitteilung des Depositars über die Notifikation der Ersetzung des Vorbehalts» oder den «Tag der Mitteilung des Depositars über die Notifikation der Rücknahme des Einspruchs gegen den Vorbehalt» ersetzt werden.

(5) Eine zusätzliche Notifikation nach Artikel 29 (Notifikationen) Absatz 1 Buchstabe p wird nach Absatz 1 Buchstaben a und b wirksam, wobei in den Absätzen 1 und 2 die Bezugnahmen auf den «letzten der Tage, an denen dieses Übereinkommen für die Vertragsstaaten des unter das Übereinkommen fallenden Steuerabkommens jeweils in Kraft tritt,» durch Bezugnahmen auf den «Tag der Mitteilung des Depositars über die zusätzliche Notifikation» ersetzt werden.

Artikel 37

Rücktritt

(1) Jede Vertragspartei dieses Übereinkommens kann durch eine an den Depositar gerichtete Notifikation jederzeit von diesem Übereinkommen zurücktreten.

(2) Ein Rücktritt nach Absatz 1 wird bei Eingang der Notifikation beim Depositar wirksam. In Fällen, in denen dieses Übereinkommen in Bezug auf alle Vertragsstaaten eines unter das Übereinkommen fallenden Steuerabkommens vor dem Wirksamwerden des Rücktritts einer Vertragspartei dieses Übereinkommens in Kraft getreten ist, verbleibt dieses unter das Übereinkommen fallende Steuerabkommen in seiner durch das Übereinkommen geänderten Fassung.

Artikel 38

Verhältnis zu Protokollen

(1) Dieses Übereinkommen kann durch ein oder mehrere Protokolle ergänzt werden.

(2) Um Vertragspartei eines Protokolls zu werden, muss ein Staat oder Gebiet auch Vertragspartei dieses Übereinkommens sein.

(3) Eine Vertragspartei dieses Übereinkommens ist nur dann durch ein Protokoll gebunden, wenn sie nach dessen Bestimmungen Vertragspartei des Protokolls wird.

Artikel 39

Depositar

(1) Der Generalsekretär der Organisation für wirtschaftliche Zusammenarbeit und Entwicklung ist Depositar dieses Übereinkommens und der Protokolle nach Artikel 38 (Verhältnis zu Protokollen).

(2) Der Depositar notifiziert den Vertragsparteien und Unterzeichnern dieses Übereinkommens innerhalb eines Kalendermonats

a) jede Unterzeichnung nach Artikel 27 (Unterzeichnung und Ratifikation, Annahme oder Genehmigung),

b) die Hinterlegung jeder Ratifikations-, Annahme- oder Genehmigungsurkunde nach Artikel 27 (Unterzeichnung und Ratifikation, Annahme oder Genehmigung),

c) jeden Vorbehalt und jede Rücknahme oder Ersetzung eines Vorbehalts nach Artikel 28 (Vorbehalte),

d) jede Notifikation oder zusätzliche Notifikation nach Artikel 29 (Notifikationen),

e) jeden Änderungsvorschlag in Bezug auf dieses Übereinkommen nach Artikel 33 (Änderungen),

f) jeden Rücktritt von dem Übereinkommen nach Artikel 37 (Rücktritt) und

g) jede andere Mitteilung im Zusammenhang mit dem Übereinkommen.

(3) Der Depositar führt öffentlich verfügbare Listen

a) der unter das Übereinkommen fallenden Steuerabkommen,

b) der von den Vertragsparteien dieses Übereinkommens angebrachten Vorbehalte und

c) der von den Vertragsparteien dieses Übereinkommens abgegebenen Notifikationen.

Zu Urkund dessen haben die hierzu gehörig befugten Unterzeichneten dieses Übereinkommen unterschrieben.

Geschehen zu Paris am 24. November 2016 in englischer und französischer Sprache, wobei jeder Wortlaut gleichermassen verbindlich ist, in einer Urschrift, die im Archiv der Organisation für wirtschaftliche Zusammenarbeit und Entwicklung hinterlegt wird.

Übersetzung[1]

Schweizerische Eidgenossenschaft

[**Anm.:** BEPS-Übereinkommen von der Schweiz am 7. Juni 2017 unterzeichnet; in der Vernehmlassung bis am 9. April 2017; Inkraftreten noch offen.]

Status der Liste der Vorbehalte und Notifikationen zum Zeitpunkt der Unterzeichnung

Dieses Dokument enthält eine bei der Hinterlegung der Ratifikations-, Annahme oder Genehmigungserklärung nach den Artikeln 28 Absatz 6 und 29 Absatz 3 des Übereinkommens zu bestätigenden Liste der Vorbehalte und Notifikationen der Schweizerischen Eidgenossenschaft.

1 Übersetzung des französischen Originaltexts.

Artikel 2 – Auslegung von Ausdrücken

Notifikationen - unter das Übereinkommen fallende Steuerabkommen

Gestützt auf Artikel 2 Absatz 1 Buchstabe a Ziffer ii des Übereinkommens fallen nach dem Wunsch der Schweizerischen Eidgenossenschaft folgende Abkommen unter das Übereinkommen:

Nr.	Titel	Anderer Vertragsstaat	Original/ Folgeurkun-de(n)	Datum der Unterzeich-nung	Datum des Inkrafttretens
1	Convention entre la Confédération suisse et la République d'Afrique du Sud en vue d'éviter les doubles impositions en matière d'impôts sur le revenu (**Originaltext**) *Abkommen zwischen der Schweizerischen Eidgenossenschaft und der Republik Südafrika zur Vermeidung der Doppelbesteuerung auf dem Gebiet der Steuern vom Einkommen* (**Übersetzung**)	Südafrika	Original	08.05.2007	27.01.2009
2	Convention entre la Confédération suisse et la République argentine en vue d'éviter les doubles impositions en matière d'impôts sur le revenu et sur la fortune (**Originaltext**) *Abkommen zwischen der Schweizerischen Eidgenossenschaft und der Republik Argentinien zur Vermeidung der Doppelbesteuerung auf dem Gebiet der Steuern vom Einkommen und vom Vermögen* (**Übersetzung**)	Argentinien	Original	20.03.2014	27.11.2015
3	Abkommen zwischen der Schweizerischen Eidgenossenschaft und der Republik Österreich zur Vermeidung der Doppelbesteuerung auf dem Gebiete der Steuern vom Einkommen und vom Vermögen **(Originaltext)**	Österreich	Original	30.01.1974	04.12.1974
			Folgeurk. a)	18.01.1994	01.05.1995
			Folgeurk. b)	20.07.2000	13.09.2001
			Folgeurk. c)	21.03.2006	02.02.2007
			Folgeurk. d) (inkl. Notenaustausch vom 03.09.2009)	03.09.2009	01.03.2011
			Folgeurk. e)	04.06.2012	14.11.2012

Nr.	Titel	Anderer Vertragsstaat	Original/ Folgeurkunde(n)	Datum der Unterzeichnung	Datum des Inkrafttretens
4	Convention entre la Confédération suisse et la République du Chili en vue d'éviter les doubles impositions en matière d'impôts sur le revenu et sur la fortune (**Originaltext**) *Abkommen zwischen der Schweizerischen Eidgenossenschaft und der Republik Chile zur Vermeidung der Doppelbesteuerung auf dem Gebiet der Steuern vom Einkommen und vom Vermögen* (**Übersetzung**)	Chile	Original	02.04.2008	05.05.2010
5	Abkommen zwischen der Schweize- rischen Eidgenossenschaft und der Republik Indien zur Vermeidung der Doppelbesteuerung auf dem Gebiet der Steuern vom Einkommen **(Originaltext)**	Indien	Original	02.11.1994	29.12.1994
			Folgeurk. a)	16.02.2000	20.12.2000
			Folgeurk. b)	30.08.2010	07.10.2011
6	Abkommen zwischen der Schweizerischen Eidgenossenschaft und Island zur Vermeidung der Doppelbesteuerung auf dem Gebiet der Steuern vom Einkommen und vom Vermögen **(Originaltext)**	Island	Original	10.07.2014	06.11.2015
7	Convenzione tra la Confederazione Svizzera e la Repubblica Italiana per evitare le doppie imposizioni e per regolare talune altre questioni in materia di imposte sul reddito e sul patrimonio **(Originaltext)** *Abkommen zwischen der Schweizerischen Eidgenossenschaft und der Italienischen Republik zur Vermeidung der Doppelbesteuerung und zur Regelung einiger anderer Fragen auf dem Gebiete der Steuern vom Einkommen und vom Vermögen* **(Übersetzung)**	Italien	Original	09.03.1976	27.03.1979
			Folgeurk. a)	28.04.1978	27.03.1979
			Folgeurk. b)	23.02.2015	13.07.2016

Nr.	Titel	Anderer Vertragsstaat	Original/ Folgeurkunde(n)	Datum der Unterzeichnung	Datum des Inkrafttretens
8	Abkommen zwischen der Schweizeri-schen Eidgenossenschaft und dem Fürstentum Liechtenstein zur Vermeidung der Doppelbesteuerung auf dem Gebiet der Steuern vom Einkommen und vom Vermögen **(Originaltext)**	Liechtenstein	Original	10.07.2015	22.12.2016
9	Abkommen zwischen dem Schweizeri- schen Bundesrat und der Regierung der Republik Litauen zur Vermeidung der Doppelbesteuerung auf dem Gebiet der Steuern vom Einkommen und vom Vermögen (**Originaltext**)	Litauen	Original	27.05.2002	18.12.2002
10	Convention entre la Confédération suisse et le Grand-Duché de Luxembourg en vue d'éviter les doubles impositions en matière d'impôts sur le revenu et sur la fortune (**Originaltext**) *Abkommen zwischen der Schweizerischen Eidgenossenschaft und dem Grossherzogtum von Luxemburg zur Vermeidung der Doppelbesteuerung auf dem Gebiete der Steuern vom Einkommen und vom Vermögen* (**Übersetzung**)	Luxemburg	Original	21.01.1993	19.02.1994
			Folgeurk. a)	25.08.2009	19.11.2010
			Folgeurk. b)	11.07.2012	11.07.2013
11	Abkommen zwischen der Schweizeri- schen Eidgenossenschaft und der Republik Polen zur Vermeidung der Doppelbesteuerung auf dem Gebiet der Steuern vom Einkommen und vom Vermögen **(Originaltext)**	Polen	Original	02.09.1991	25.09.1992
			Folgeurk. a)	20.04.2010	17.10.2011

Nr.	Titel	Anderer Vertragsstaat	Original/ Folgeurkunde(n)	Datum der Unterzeichnung	Datum des Inkrafttretens
12	Convention entre la Suisse et le Portugal en vue d'éviter les doubles impositions en matière d'impôts sur le revenu et sur la fortune (**Originaltext**) *Abkommen zwischen der Schweiz und Portugal zur Vermeidung der Doppelbesteuerung auf dem Gebiete der Steuern vom Einkommen und vom Vermögen* (**Übersetzung**)	Portugal	Original	26.09.1974	17.12.1975
			Folgeurk. a)	25.06.2012	21.10.2013
			Folgeurk. a)	08.02.2011	08.08.2012
13	Abkommen zwischen dem Schwei- zerischen Bundesrat und der Regierung der Tschechischen Republik zur Vermeidung der Doppel- besteuerung auf dem Gebiet der Steuern vom Einkommen und vom Vermögen **(Originaltext)**	Tschechien	Original	04.12.1995	23.10.1996
			Folgeurk. a)	11.09.2012	11.10.2013
14	Convention entre la Confédération suisse et la République de Turquie en vue d'éviter les doubles impositions en matière d'impôts sur le revenu (**Originaltext**) Abkommen zwischen der Schweizerischen Eidgenossen- schaft und der Republik Türkei zur Vermeidung der Doppelbesteuerung auf dem Gebiet der Steuern vom Einkommen	Türkei	Original	18.06.2010	08.02.2012

Artikel 3 – Transparente Rechtsträger

Vorbehalte

Gestützt auf Artikel 3 Absatz 5 Buchstabe a des Übereinkommens behält die Schweizerische Eidgenossenschaft sich vor, dass der gesamte Artikel 3 nicht für ihre unter das Übereinkommen fallenden Steuerabkommen gilt.

Artikel 4 – Rechtsträger mit doppelter Ansässigkeit

Vorbehalte

Gestützt auf Artikel 4 Absatz 3 Buchstabe a des Übereinkommens behält die Schweizerische Eidgenossenschaft sich vor, dass der gesamte Artikel 4 nicht für ihre unter das Übereinkommen fallenden Steuerabkommen gilt.

Artikel 5 – Anwendung von Methoden zur Beseitigung der Doppelbesteuerung

Vorbehalte

Gestützt auf Artikel 5 Absatz 9 des Übereinkommens behält die Schweizerische Eidgenossenschaft sich in Bezug auf alle ihre unter das Übereinkommen fallenden Steuerabkommen vor, den anderen Vertragsstaaten die Anwendung der Option C nicht zu gestatten.

Notifikation in Bezug auf getroffene Entscheidung

Gestützt auf Artikel 5 Absatz 10 des Übereinkommens entscheidet die Schweizerische Eidgenossenschaft sich hiermit für die Anwendung der Option A nach Artikel 5 Absatz 1.

Notifikation in Bezug auf die einschlägigen Bestimmungen von unter das Übereinkommen fallenden Steuerabkommen

Gestützt auf Artikel 5 Absatz 10 des Übereinkommens enthalten nach Auffassung der Schweizerischen Eidgenossenschaft folgende Abkommen eine in Artikel 5 Absatz 3 beschriebene Bestimmung. Die Nummern des Artikels und des Absatzes der einschlägigen Bestimmungen sind nachfolgend aufgeführt.

Nr. des unter das Übereinkommen fallenden Abkommens	Anderer Vertragsstaat	Bestimmung
1	Südafrika	Art. 22 Abs. 2 Bst. a
2	Argentinien	Art. 22 Abs. 2
3	Österreich	Art. 23 Abs. 1
4	Chile	Art. 22 Abs. 2 Bst. a
5	Indien	Art. 23 Abs. 2 Bst. a (gemäss Änderung durch Art. 12 Abs. 1 von a)
6	Island	Art. 23 Abs. 2 Bst. a
7	Italien	Art. 24 Abs. 3
8	Liechtenstein	Art. 23 Abs. 2 Bst. a
9	Litauen	Art. 23 Abs. 2 Bst. a
10	Luxemburg	Art. 23 Abs. 2 Bst. a

Nr. des unter das Übereinkommen fallenden Abkommens	Anderer Vertragsstaat	Bestimmung
11	Polen	Art. 23 Abs. 2 Bst. a (gemäss Änderung durch Art. VIII Abs. 2 von a)
12	Portugal	Art. 23 Abs. 3 (gemäss Änderung durch Art. XIII von a)
13	Tschechien	Art. 23 Abs. 2 Bst. a (gemäss Änderung von Art. VIII Abs. 2 von a)
14	Türkei	Art. 22 Abs. 1 Bst. a

Artikel 6 – Zweck eines unter das Übereinkommen fallenden Steuerabkommens

Notifikation in Bezug auf getroffene Entscheidung

Gestützt auf Artikel 6 Absatz 6 des Übereinkommens entscheidet die Schweizerische Eidgenossenschaft sich hiermit für die Anwendung von Artikel 6 Absatz 3.

Notifikation in Bezug auf die unter das Übereinkommen fallenden Steuerabkommen, deren Präambel keine Formulierung enthält

Gestützt auf Artikel 6 Absatz 6 des Übereinkommens enthalten nach Auffassung der Schweizerischen Eidgenossenschaft folgende Abkommen keine Formulierung in der Präambel, die Bezug nimmt auf den Wunsch, wirtschaftliche Beziehungen weiterzuentwickeln oder die Zusammenarbeit in Steuersachen zu vertiefen.

Nr. des unter das Übereinkommen fallenden Abkommens	Anderer Vertragsstaat
1	Südafrika
2	Argentinien
3	Österreich
4	Chile
5	Indien
6	Island
8	Liechtenstein
9	Litauen
10	Luxemburg
11	Polen
12	Portugal
13	Tschechien
14	Türkei

Artikel 7 – Verhinderung von Abkommensmissbrauch

Notifikation in Bezug auf die einschlägigen Bestimmungen von unter das Übereinkommen fallende Steuerabkommen

Gestützt auf Artikel 7 Absatz 17 Buchstabe a des Übereinkommens enthalten nach Auffassung der Schweizerischen Eidgenossenschaft folgende Abkommen, die nicht einem in Artikel 7 Absatz 15 Buchstabe b beschriebenen Vorbehalt unterliegen, eine in Artikel 7 Absatz 2 beschriebene Bestimmung. Die Nummern des Artikels und des Absatzes der einschlägigen Bestimmungen sind nachfolgend aufgeführt.

Nr. des unter das Übereinkommen fallenden Abkommens	Anderer Vertragsstaat	Bestimmung
4	Chile	Protokoll Ziff. 5
5	Indien	Protokoll Ziff. 5 die beiden ersten Sätze (gemäss Änderung durch Art. 15 von a und Art. 11 von b)
6	Island	Protokoll Ziff. 4
7	Italien	Art. 23
8	Liechtenstein	Protokoll Ziff. 4
12	Portugal	Art. 27 Abs. 3
13	Tschechien	Protokoll Ziff. 8 (gemäss Änderung durch Art. XI von a)

Artikel 8 – Transaktionen zur Übertragung von Dividenden

Vorbehalte

Gestützt auf Artikel 8 Absatz 3 Buchstabe a des Übereinkommens behält die Schweizerische Eidgenossenschaft sich vor, dass der gesamte Artikel 8 nicht für ihre unter das Übereinkommen fallenden Steuerabkommen gilt.

Artikel 9 – Gewinne aus der Veräusserung von Anteilen oder Rechten an Rechtsträgern, deren Wert hauptsächlich auf unbeweglichem Vermögen beruht

Vorbehalte

Gestützt auf Artikel 9 Absatz 6 Buchstabe a des Übereinkommens behält die Schweizerische Eidgenossenschaft sich vor, dass Artikel 9 Absatz 1 nicht für ihre unter das Übereinkommen fallenden Steuerabkommen gilt.

Artikel 10 – Vorschrift zur Missbrauchsbekämpfung für in Drittstaaten oder -gebieten gelegene Betriebsstätten

Vorbehalte

Gestützt auf Artikel 10 Absatz 5 Buchstabe a des Übereinkommens behält die Schweizerische Eidgenossenschaft sich vor, dass der gesamte Artikel 10 nicht für ihre unter das Übereinkommen fallenden Steuerabkommen gilt.

Artikel 11 – Anwendung von Steuerabkommen zur Einschränkung des Rechtes einer Vertragspartei dieses Übereinkommens auf Besteuerung der in ihrem Gebiet ansässigen Personen

Vorbehalte

Gestützt auf Artikel 11 Absatz 3 Buchstabe a des Übereinkommens behält die Schweizerische Eidgenossenschaft sich vor, dass der gesamte Artikel 11 nicht für ihre unter das Übereinkommen fallenden Steuerabkommen gilt.

Artikel 12 – Künstliche Umgehung des Betriebsstättenstatus durch Kommissionärsmodelle und ähnliche Strategien

Vorbehalt für die Zwecke dieses Artikels

Gestützt auf Artikel 12 Absatz 4 des Übereinkommens behält die Schweizerische Eidgenossenschaft sich vor, dass der gesamte Artikel 12 nicht für ihre unter das Übereinkommen fallenden Steuerabkommen gilt.

Artikel 13 – Künstliche Umgehung des Betriebsstättenstatus durch die Ausnahme bestimmter Tätigkeiten

Vorbehalte

Gestützt auf Artikel 13 Absatz 6 Buchstabe a des Übereinkommens behält die Schweizerische Eidgenossenschaft sich vor, dass der gesamte Artikel 13 nicht für ihre unter das Übereinkommen fallenden Steuerabkommen gilt.

Artikel 14 – Aufteilung von Verträgen

Vorbehalte

Gestützt auf Artikel 14 Absatz 3 Buchstabe a des Übereinkommens behält die Schweizerische Eidgenossenschaft sich vor, dass der gesamte Artikel 14 nicht für ihre unter das Übereinkommen fallenden Steuerabkommen gilt.

Artikel 15 – Bestimmung des Begriffs der mit einem Unternehmen eng verbundenen Person

Vorbehalt

Gestützt auf Artikel 15 Absatz 2 des Übereinkommens behält die Schweizerische Eidgenossenschaft sich vor, dass der gesamte Artikel 15 nicht für ihre unter das Übereinkommen fallenden Steuerabkommen gilt, für die sie die in Artikel 12 Absatz 4, Artikel 13 Absatz 6 Buchstabe a oder c und Artikel 14 Absatz 3 Buchstabe a beschriebenen Vorbehalte angebracht hat.

Artikel 16 – Verständigungsverfahren

Vorbehalte

Gestützt auf Artikel 16 Absatz 5 Buchstabe c des Übereinkommens behält die Schweizerische Eidgenossenschaft sich vor, dass Artikel 16 Absatz 2 zweiter Satz nicht für ihre unter das Übereinkommen fallenden Steuerabkommen gilt, sofern die Schweizerische Eidgenossenschaft für die Zwecke aller ihrer unter das Abkommen fallenden Steuerabkommen beabsichtigt, den Mindeststandard für die Verbesserung der Streitbeilegung nach dem BEPS-Paket der OECD/G20 zu erfüllen, indem sie in ihren bilateralen Vertragsverhandlungen eine Vertragsbestimmung annimmt, nach der

A) die Vertragsstaaten keine Berichtigung der Gewinne, die einer Betriebsstätte eines Unternehmens eines der Vertragsstaaten zugerechnet werden können, vornehmen nach dem Ablauf einer zwischen den beiden Vertragsstaaten durch Verständigung vereinbarten Frist ab dem Ende des Steuerjahrs, in dem die Gewinne der Betriebsstätte hätten zugerechnet werden können (diese Bestimmung ist nicht anzuwenden im Fall von Betrug, grober Fahrlässigkeit oder vorsätzlicher Unterlassung); und

B) die Vertragsstaaten den Gewinnen eines Unternehmens nicht die Gewinne zurechnen und entsprechend besteuern, die das Unternehmen erzielt hätte, aufgrund der in einer Bestimmung des unter das Übereinkommen fallenden Steuerabkommens in Bezug auf verbundene Unternehmen genannten Bedingungen jedoch nicht erzielt hat, nach dem Ablauf einer zwischen den beiden Vertragsstaaten durch Verständigung vereinbarten Frist ab dem Ende des Steuerjahrs, in dem das Unternehmen die Gewinne erzielt hätte (diese Bestimmung ist nicht anzuwenden im Fall von Betrug, grober Fahrlässigkeit oder vorsätzlicher Unterlassung).

Notifikation in Bezug auf die einschlägigen Bestimmungen von unter das Übereinkommen fallenden Steuerabkommen

Gestützt auf Artikel 16 Absatz 6 Buchstabe a des Übereinkommens enthalten nach der Auffassung der Schweizerischen Eidgenossenschaft folgende Abkommen eine in Artikel 16 Absatz 4 Buchstabe a Ziffer i beschriebene Bestimmung. Die Nummern des Artikels und des Absatzes der einschlägigen Bestimmungen sind nachfolgend aufgeführt.

Nr. des unter das Übereinkommen fallenden Abkommens	Anderer Vertragsstaat	Bestimmung
1	Südafrika	Art. 24 Abs. 1 erster Satz
2	Argentinien	Art. 24 Abs. 1 erster Satz
3	Österreich	Art. 25 Abs. 1
4	Chile	Art. 24 Abs. 1 erster Satz
5	Indien	Art. 25 Abs. 1 erster Satz (gemäss Änderung durch Art. 14 von a)
6	Island	Art. 25 Abs. 1 erster Satz
7	Italien	Art. 26 Abs. 1 erster Satz
8	Liechtenstein	Art. 25 Abs. 1 erster Satz
9	Litauen	Art. 25 Abs. 1 erster Satz
10	Luxemburg	Art. 25Abs. 1 erster Satz
11	Polen	Art. 25 Abs. 1 erster Satz
12	Portugal	Art. 25 Abs. 1 erster Satz
13	Tschechien	Art. 25 Abs. 1 erster Satz
14	Türkei	Art. 24 Abs. 1

Gestützt auf Artikel 16 Absatz 6 Buchstabe b Ziffer i des Übereinkommens enthalten nach Auffassung der Schweizerischen Eidgenossenschaft folgende Abkommen eine Bestimmung, nach der ein in Artikel 16 Absatz 1 erster Satz genannter Fall innerhalb einer bestimmten Frist von weniger als drei Jahren nach der ersten Mitteilung der Massnahme, die zu einer dem unter das Übereinkommen fallenden Steuerabkommen nicht entsprechenden Besteuerung führt, vorgelegt werden muss. Die Nummern des Artikels und des Absatzes der einschlägigen Bestimmungen sind nachfolgend aufgeführt.

Nr. des unter das Übereinkommen fallenden Abkommens	Andere Vertragspartei	Bestimmung
12	Portugal	Art. 25 Abs. 1 zweiter Satz

Gestützt auf Artikel 16 Absatz 6 Buchstabe b Ziffer ii des Übereinkommens enthalten nach Auffassung der Schweizerischen Eidgenossenschaft folgende Abkommen eine Bestimmung, nach der ein in Artikel 16 Absatz 1 erster Satz genannter Fall innerhalb einer bestimmten Frist von mindestens drei Jahren nach der ersten Mitteilung der Massnahme, die zu einer dem unter das Übereinkommen fallenden Steuerabkommen nicht entsprechenden Besteuerung führt, vorgelegt werden muss. Die Nummern des Artikels und des Absatzes der einschlägigen Bestimmungen sind nachfolgend aufgeführt.

Nr. des unter das Übereinkommen fallenden Abkommens	Andere Vertragspartei	Bestimmung
1	Südafrika	Art. 24 Abs. 1 zweiter Satz
2	Argentinien	Art. 24 Abs. 1 zweiter Satz
4	Chile	Art. 24 Abs. 1 zweiter Satz
5	Indien	Art. 25 Abs. 1 zweiter Satz (gemäss Änderung durch Art. 14 von a)
6	Island	Art. 25 Abs. 1 zweiter Satz
7	Italien	Art. 26 Abs. 1 zweiter Satz
8	Liechtenstein	Art. 25 Abs. 1 zweiter Satz
9	Litauen	Art. 25 Abs. 1 zweiter Satz
10	Luxemburg	Art. 25 Abs. 1 zweiter Satz
11	Polen	Art. 25 Abs. 1 zweiter Satz
13	Tschechien	Art. 25 Abs. 1 zweiter Satz

Notifikation von unter das Übereinkommen fallenden Steuerabkommen, die keine Bestimmung enthalten

Gestützt auf Artikel 16 Absatz 6 Buchstabe d Ziffer ii des Übereinkommens enthalten nach Auffassung der Schweizerischen Eidgenossenschaft folgende Abkommen keine in Artikel 16 Absatz 4 Buchstabe c Ziffer ii beschriebene Bestimmung.

Nr. des unter das Übereinkommen fallenden Abkommens	Andere Vertragspartei
4	Chile

Artikel 17 – Gegenberichtigung

Notifikation in Bezug auf einschlägige Bestimmungen von unter das Übereinkommen fallenden Steuerabkommen

Gestützt auf Artikel 17 Absatz 4 des Übereinkommens enthalten nach Auffassung der Schweizerischen Eidgenossenschaft folgende Abkommen eine in Artikel 17 Absatz 2 beschriebene Bestimmung. Die Nummern des Artikels und des Absatzes der einschlägigen Bestimmungen sind nachfolgend aufgeführt.

Nr. des unter das Übereinkommen fallenden Abkommens	Anderer Vertragsstaat	Bestimmung
1	Südafrika	Art. 9 Abs. 2
2	Argentinien	Art. 9 Abs. 2
4	Chile	Art. 9 Abs. 2
5	Indien	Art. 9 Abs. 2 (gemäss Änderung durch Art. 5 Abs. 2 von a)
6	Island	Art. 9 Abs. 2
8	Liechtenstein	Art. 9 Abs. 2
9	Litauen	Art. 9 Abs. 2
10	Luxemburg	Art. 9 Abs. 2
11	Polen	Art. 9 Abs. 2
12	Portugal	Art. 9 Abs. 2 (gemäss Änderung durch Art. V von a)
13	Tschechien	Art. 9 Abs. 2
14	Türkei	Art. 9 Abs. 2

Artikel 18 – Entscheidung für die Anwendung des Teiles VI

Notifikation in Bezug auf getroffene Entscheidung

Gestützt auf Artikel 18 des Übereinkommens entscheidet die Schweizerische Eidgenossenschaft sich hiermit für die Anwendung von Teil VI.

Artikel 19 –Obligatorisches verbindliches Schiedsverfahren

Vorbehalte

Gestützt auf Artikel 19 Absatz 11 des Übereinkommens behält die Schweizerische Eidgenossenschaft sich für die die Anwendung des Artikels 19 auf ihre unter das Übereinkommen fallenden Steuerabkommen vor, die in Artikel 19 Absatz 1 Buchstabe b vorgesehene Frist von zwei Jahren durch eine Frist von drei Jahren zu ersetzen.

Artikel 24 – Verständigung auf eine andere Regelung

Notifikation in Bezug auf getroffene Entscheidung

Gestützt auf Artikel 24 Absatz 1 des Übereinkommens entscheidet die Schweizerische Eidgenossenschaft sich hiermit für die Anwendung von Artikel 24 Absatz 2.

Vorbehalt

Gestützt auf Artikel 24 Absatz 3 des Übereinkommens behält die Schweizerische Eidgenossenschaft sich vor, dass Artikel 24 Absatz 2 nur für ihre unter das Übereinkommen fallenden Steuerabkommen gilt, für die Artikel 23 Absatz 2 gilt.

Artikel 26 – Vereinbarkeit

Notifikation in Bezug auf die einschlägigen Bestimmungen von unter das Übereinkommen fallenden Steuerabkommen

Gestützt auf Artikel 26 Absatz 1 des Übereinkommens enthalten nach Auffassung der Schweizerischen Eidgenossenschaft folgende Abkommen, die nicht unter einen Vorbehalt nach Artikel 26 Absatz 4 fallen, eine Bestimmung, die für noch offene Fragen, die sich aus einem Fall ergeben, der Gegenstand eines Verständigungsverfahrens ist, ein obligatorisches verbindliches Schiedsverfahren vorsehen. Die Nummern des Artikels und des Absatzes der einschlägigen Bestimmungen sind nachfolgend aufgeführt.

Nr. des unter das Übereinkommen fallenden Abkommens	Andere Vertragspartei	Bestimmung
1	Südafrika	Art. 24 Abs. 5
3	Österreich	Art. 25 Abs. 5 (gemäss Änderung durch Art. I von d)
5	Island	Art. 25 Abs. 5 und 6
8	Liechtenstein	Art. 25 Abs. 5 und 6
10	Luxemburg	Art. 25 Abs. 5 (gemäss Änderung durch Art. IV von b)
11	Polen	Art. 25 Abs. 5 (gemäss Änderung durch Art. IX von a)

Artikel 35 – Wirksamwerden

Vorbehalt

Gestützt auf Artikel 35 Absatz 7 Buchstabe a des Übereinkommens behält die Schweizerische Eidgenossenschaft sich vor,

i) die Bezugnahmen auf «dem letzten der Tage, an denen das Übereinkommen für die Vertragsstaaten des unter das Übereinkommen fallenden Steuerabkommens jeweils in Kraft tritt,» in Artikel 35 Absätze 1 und 4 und

ii) die Bezugnahmen auf «dem Tag der Mitteilung des Depositars über die Notifikation der Erweiterung der Liste der Abkommen» in Artikel 35 Absatz 5

durch Bezugnahmen auf «dem 30. Tag, nachdem die letzte der Notifikationen der einzelnen Vertragsstaaten, die den in Artikel 35 Absatz 7 beschriebenen Vorbehalt anbringen, über den Abschluss ihrer innerstaatlichen Verfahren für das Wirksamwerden dieses Übereinkommens in Bezug auf das betreffende unter das Übereinkommen fallende Steuerabkommen beim Depositar eingegangen ist» zu ersetzen;

iii) die Bezugnahmen auf «dem Tag der Mitteilung des Depositars über die Notifikation der Rücknahme oder Ersetzung des Vorbehalts» in Artikel 28 Absatz 9 Buchstabe a und

iv) die Bezugnahme auf «dem letzten der Tage, an denen das Übereinkommen für die betreffenden Vertragsstaaten jeweils in Kraft tritt» in Artikel 28 Absatz 9 Buchstabe b

durch Bezugnahmen auf «dem 30. Tag, nachdem die letzte der Notifikationen der einzelnen Vertragsstaaten, die den in Artikel 35 Absatz 7 beschriebenen Vorbehalt anbringen, über den Abschluss ihrer innerstaatlichen Verfahren für das Wirksamwerden der Rücknahme oder Ersetzung des Vorbehalts in Bezug auf das betreffende unter das Übereinkommen fallende Steuerabkommen beim Depositar eingegangen ist» zu ersetzen;

v) die Bezugnahmen auf «dem Tag der Mitteilung des Depositars über die zusätzliche Notifikation» in Artikel 29 Absatz 6 Buchstabe a und

vi) die Bezugnahme auf «dem letzten der Tage, an denen das Übereinkommen für die betreffenden Vertragsstaaten jeweils in Kraft tritt» in Artikel 29 Absatz 6 Buchstabe b

durch Bezugnahmen auf dem «30. Tag, nachdem die letzte der Notifikationen der einzelnen Vertragsstaaten, die den in Artikel 35 Absatz 7 beschriebenen Vorbehalt anbringen, über den Abschluss ihrer innerstaatlichen Verfahren für das Wirksamwerden der zusätzlichen Notifikation in Bezug auf das betreffende unter das Übereinkommen fallende Steuerabkommen beim Depositar eingegangen ist» zu ersetzen;

vii) die Bezugnahmen auf «dem letzten der Tage, an denen das Übereinkommen für die einzelnen Vertragsstaaten des unter das Übereinkommen fallenden Steuerabkommens jeweils in Kraft tritt» in Artikel 36 (Wirksamwerden des Teiles VI) Absätze 1 und 2

durch Bezugnahmen auf «dem 30. Tag, nachdem die letzte der Notifikationen der einzelnen Vertragsstaaten, die den in Artikel 35 Absatz 7 beschriebenen Vorbehalt anbringen, über den Abschluss ihrer innerstaatlichen Verfahren für das Wirksamwerden dieses Übereinkommens in Bezug auf das betreffende unter das Übereinkommen fallende Steuerabkommen beim Depositar eingegangen ist», zu ersetzen;

viii) die Bezugnahme auf den «Tag der Mitteilung des Depositars über die Notifikation der Erweiterung der Liste der Abkommen» in Artikel 36 (Wirksamwerden des Teiles VI) Absatz 3,

ix) die Bezugnahmen auf den «Tag der Mitteilung des Depositars über die Notifikation der Rücknahme des Vorbehalts», den «Tag der Mitteilung des Depositars über die Notifikation der Ersetzung des Vorbehalts» und den «Tag der Mitteilung des Depositars über die Notifikation der Rücknahme des Einspruchs gegen den Vorbehalt» in Artikel 36 (Wirksamwerden des Teiles VI) Absatz 4 und

x) die Bezugnahme auf den «Tag der Mitteilung des Depositars über die zusätzliche Notifikation» in Artikel 36 (Wirksamwerden des Teiles VI) Absatz 5

durch Bezugnahmen auf den «30. Tag, nachdem die letzte der Notifikationen der einzelnen Vertragsstaaten, die den in Artikel 35 Absatz 7 beschriebenen Vorbehalt anbringen, über den Abschluss ihrer innerstaatlichen Verfahren für das Wirksamwerden des Teiles VI (Schiedsverfahren) in Bezug auf das betreffende unter das Übereinkommen fallende Steuerabkommen beim Depositar eingegangen ist,» zu ersetzen.

Originaltext

Abkommen
zwischen der Schweizerischen Eidgenossenschaft und der Europäischen Union über den automatischen Informationsaustausch über Finanzkonten zur Förderung der Steuerehrlichkeit bei internationalen Sachverhalten (SR 0.641.926.81)

Abgeschlossen am 26. Oktober 2004
Von der Bundesversammlung genehmigt am 17. Dezember 2004[1]
In Kraft getreten durch Notenaustausch am 1. Juli 2005[2]
Geändert durch Protokoll am 27. Mai 2015[3]
Von der Bundesversammlung genehmigt am 17. Juni 2016[4]
In Kraft getreten durch Notenaustausch am 1. Januar 2017

(Stand am 1. Januar 2017)

Die Schweizerische Eidgenossenschaft,
im Folgenden als «Schweiz» bezeichnet,
und
die Europäische Union,
im Folgenden beide als «Vertragspartei» oder beide zusammen als «Vertragsparteien» bezeichnet,

im Hinblick auf die Anwendung des OECD-Standards für den automatischen Informationsaustausch über Finanzkonten (im Folgenden «globaler Standard») im Rahmen einer Zusammenarbeit, die den legitimen Interessen beider Vertragsparteien Rechnung trägt,

---

AS **2005** 2571; BBl **2004** 5965

1 Art. 1 Abs. 1 Bst. a des BB vom 17. Dez. 2004 (AS **2005** 2557).

2 Angewendet ab dem 1. Juli 2005 gemäss dem letzten Abs. des Abk. in Form eines Briefwechsels vom 26. Okt. 2004 zwischen der Europäischen Gemeinschaft und der Schweizerischen Eidgenossenschaft über den Zeitpunkt der Anwendung des Abkommens zwischen der Europäischen Gemeinschaft und der Schweizerischen Eidgenossenschaft über Regelungen, die den in der Richtlinie 2003/48/EG des Rates vom 3. Juni 2003 im Bereich der Besteuerung von Zinserträgen festgelegten Regelungen gleichwertig sind (SR **0.641.926.811**).

3 AS **2016** 5003; BBl **2015** 9199

4 AS **2016** 5001

in der Erwägung, dass die Vertragsparteien seit Langem enge Beziehungen im Bereich der gegenseitigen Unterstützung in Steuersachen, insbesondere bei der Anwendung von Regelungen, die den in der Richtlinie 2003/48/EG des Rates im Bereich der Besteuerung von Zinserträgen[5] festgelegten Regelungen gleichwertig sind, unterhalten und von dem Wunsch geleitet sind, die Steuerehrlichkeit bei internationalen Sachverhalten durch den weiteren Ausbau dieser Beziehungen zu fördern,

in der Erwägung, dass die Vertragsparteien von dem Wunsch geleitet sind, eine Vereinbarung zu schliessen zur Förderung der Steuerehrlichkeit bei internationalen Sachverhalten auf der Grundlage eines gegenseitigen automatischen Informationsaustauschs, vorbehaltlich bestimmter Vertraulichkeitsvorschriften und sonstiger Schutzvorkehrungen, unter anderem der Bestimmungen zur eingeschränkten Verwendungsfähigkeit der ausgetauschten Informationen,

in der Erwägung, dass Artikel 10 des Abkommens zwischen der Schweizerischen Eidgenossenschaft und der Europäischen Gemeinschaft über Regelungen, die den in der Richtlinie 2003/48/EG des Rates im Bereich der Besteuerung von Zinserträgen festgelegten Regelungen gleichwertig sind (im Folgenden «Abkommen»), der in der Fassung vor seiner Änderung durch dieses Änderungsprotokoll vorsieht, dass der Informationsaustausch auf Ersuchen auf Handlungen beschränkt ist, die als Steuerbetrug gelten oder ein ähnliches Delikt darstellen, an den OECD-Standard für Steuertransparenz und steuerlichen Informationsaustausch angepasst werden sollte,

in der Erwägung, dass die Vertragsparteien ihre Datenschutzgesetze und ihre Datenschutzpraxis auf die Verarbeitung personenbezogener Daten anwenden werden, die nach Massgabe des Abkommens in der durch dieses Änderungsprotokoll geänderten Fassung ausgetauscht werden, und sich verpflichten, im Falle einer inhaltlichen Änderung dieser Gesetze und dieser Praxis einander ohne übermässige Verzögerung zu unterrichten,

in der Erwägung, dass die Mitgliedstaaten und die Schweiz i) geeignete Schutzvorkehrungen getroffen haben, um zu gewährleisten, dass die nach dem Abkommen in der durch dieses Änderungsprotokoll geänderten Fassung erhaltenen Informationen vertraulich behandelt und ausschliesslich von den hierfür zuständigen Personen oder Behörden für die Zwecke der steuerlichen Veranlagung, Erhebung, Einziehung, Vollstreckung oder Strafverfolgung oder der Entscheidung über steuerliche Rechtsbehelfe oder der Aufsicht darüber sowie für andere zulässige Zwecke verwendet werden, und über ii) die Infrastruktur für eine wirksame Austauschbeziehung verfügen (darunter bestehende Verfahren zur Gewährleistung eines fristgerechten, fehlerfreien, sicheren und vertraulichen Informationsaustauschs, wirksame und zuverlässige Übertragungswege sowie Ressourcen für die zügige Klärung von Fragen und Anliegen zum Austausch oder zu Auskunftsersuchen sowie für die Durchführung von Artikel 4 des Abkommens in der durch dieses Änderungsprotokoll geänderten Fassung),

---

5 ABl. L 157 vom 26.6.2003, S. 38.

in der Erwägung, dass mit den Kategorien meldender Finanzinstitute und meldepflichtiger Konten, die von dem Abkommen in der durch dieses Änderungsprotokoll geänderten Fassung erfasst sind, die Möglichkeiten der Steuerpflichtigen eingeschränkt werden sollen, die Meldung zu vermeiden, indem sie Vermögen auf Finanzinstitute verlagern oder in Finanzprodukte investieren, die nicht in den Anwendungsbereich des Abkommens in der durch dieses Änderungsprotokoll geänderten Fassung fallen. Allerdings sollten einige Finanzinstitute und Konten, bei denen ein geringes Risiko besteht, dass sie zur Steuerhinterziehung missbraucht werden, vom Anwendungsbereich ausgenommen werden. Es sollten allgemein keine Schwellenwerte aufgenommen werden, da diese leicht umgangen werden könnten, indem Konten auf verschiedene Finanzinstitute aufgeteilt werden. Die Finanzinformationen, die gemeldet und ausgetauscht werden müssen, sollten nicht nur die entsprechenden Einkünfte (Zinsen, Dividenden und ähnliche Einkünfte), sondern auch Kontosalden und Erlöse aus der Veräusserung von Finanzvermögen betreffen, um Situationen Rechnung zu tragen, in denen ein Steuerpflichtiger Kapital zu verstecken versucht, das selbst Einkünfte oder Vermögenwerte darstellt, die Gegenstand einer Steuerhinterziehung sind. Daher ist die Verarbeitung von Informationen auf der Grundlage des Abkommens in der durch dieses Änderungsprotokoll geänderten Fassung notwendig und verhältnismässig, um den Steuerverwaltungen der Mitgliedstaaten und der Schweiz zu ermöglichen, die betreffenden Steuerpflichtigen korrekt und zweifelsfrei zu ermitteln, ihr Steuerrecht bei grenzüberschreitenden Sachverhalten anzuwenden und durchzusetzen, die Wahrscheinlichkeit einer vorliegenden Steuerhinterziehung zu beurteilen und unnötige weitere Untersuchungen zu vermeiden,

sind wie folgt übereingekommen:

Art. 1 Begriffsbestimmungen

1) Im Sinne dieses Abkommens bedeutet:

a) «Europäische Union» die durch den Vertrag über die Europäische Union errichtete Union und schliesst die Gebiete ein, in denen der Vertrag über die Arbeitsweise der Europäischen Union unter den dort festgelegten Bedingungen Anwendung findet;

b) «Mitgliedstaat» einen Mitgliedstaat der Europäischen Union;

c) «Schweiz» das Hoheitsgebiet der Schweizerischen Eidgenossenschaft, wie es durch deren Recht im Einklang mit dem Völkerrecht bestimmt ist;

d) «Zuständige Behörden der Schweiz» und «Zuständige Behörden der Mitgliedstaaten» die in Anhang III unter Buchstabe a bzw. unter den Buchstaben b bis ac aufgeführten Behörden. Anhang III ist Bestandteil dieses Abkommens. Die Liste der zuständigen Behörden in Anhang III kann durch einfache Mitteilung an die andere Vertragspartei durch die Schweiz in Bezug auf die unter Buchstabe a aufgeführte Behörde und durch die Europäische Union in Bezug auf die anderen unter den Buchstaben b bis ac aufgeführten Behörden geändert werden;

e) «Mitgliedstaatliches Finanzinstitut»
   i) ein in einem Mitgliedstaat ansässiges Finanzinstitut, jedoch nicht Zweigniederlassungen dieses Finanzinstituts, die sich ausserhalb dieses Mitgliedstaats befinden, und
   ii) eine Zweigniederlassung eines nicht in diesem Mitgliedstaat ansässigen Finanzinstituts, wenn sich die Zweigniederlassung in diesem Mitgliedstaat befindet;

f) «Schweizerisches Finanzinstitut»
   i) ein in der Schweiz ansässiges Finanzinstitut, jedoch nicht Zweigniederlassungen dieses Finanzinstituts, die sich ausserhalb der Schweiz befinden, und
   ii) eine Zweigniederlassung eines nicht in der Schweiz ansässigen Finanzinstituts, wenn sich die Zweigniederlassung in der Schweiz befindet;

g) «Meldendes Finanzinstitut» je nach Zusammenhang ein Mitgliedstaatliches Finanzinstitut oder ein Schweizerisches Finanzinstitut, bei dem es sich nicht um ein nicht meldendes Finanzinstitut handelt;

h) «Meldepflichtiges Konto» je nach Zusammenhang ein Mitgliedstaatliches Meldepflichtiges Konto oder ein Schweizerisches Meldepflichtiges Konto, sofern es nach den in dem betreffenden Mitgliedstaat beziehungsweise in der Schweiz eingerichteten Verfahren zur Erfüllung der Sorgfaltspflichten nach den Anhängen I und II als solches identifiziert wurde;

i) «Mitgliedstaatliches Meldepflichtiges Konto» ein von einem Meldenden Schweizerischen Finanzinstitut geführtes Finanzkonto, dessen Kontoinhaber eine oder mehrere Meldepflichtige Personen eines Mitgliedstaats sind oder ein passiver NFE, der von einer oder mehreren Meldepflichtigen Personen eines Mitgliedstaats beherrscht wird;

j) «Schweizerisches Meldepflichtiges Konto» ein von einem Meldenden Mitgliedstaatlichen Finanzinstitut geführtes Finanzkonto, dessen Kontoinhaber eine oder mehrere Schweizerische Meldepflichtige Personen sind oder ein Passiver NFE, der von einer oder mehreren Schweizerischen Meldepflichtigen Personen beherrscht wird;

k) «Person eines Mitgliedstaats» eine natürliche Person oder einen Rechtsträger, die beziehungsweise der von einem Meldenden Schweizerischen Finanzinstitut anhand von Verfahren zur Erfüllung der Sorgfaltspflichten nach den Anhängen I und II als in einem Mitgliedstaat ansässig identifiziert wird, oder einen Nachlass einer in einem Mitgliedstaat ansässigen Person;

l) «Schweizerische Person» eine natürliche Person oder einen Rechtsträger, die beziehungsweise der von einem Meldenden Mitgliedstaatlichen Finanzinstitut anhand von Verfahren zur Erfüllung der Sorgfaltspflichten nach den Anhängen I und II als in der Schweiz ansässig identifiziert wird, oder einen Nachlass einer in der Schweiz ansässigen Person.

2) Jeder in diesem Abkommen nicht anderweitig definierte grossgeschriebene Ausdruck hat die Bedeutung, die ihm zum jeweiligen Zeitpunkt:

i) für die Mitgliedstaaten nach der Richtlinie 2011/16/EU über die Zusammenarbeit der Verwaltungsbehörden im Bereich der Besteuerung[6] oder gegebenenfalls nach dem innerstaatlichen Recht des Mitgliedstaats, der das Abkommen anwendet; und
ii) für die Schweiz nach ihrem innerstaatlichen Recht zukommt, wobei diese Bedeutung mit der in den Anhängen I und II festgelegten Bedeutung übereinstimmt.

Jeder in diesem Abkommen oder in den Anhängen I und II nicht anderweitig definierte Ausdruck hat, sofern der Zusammenhang nichts anderes erfordert oder die Zuständigen Behörden eines Mitgliedstaats und die Zuständigen Behörden der Schweiz sich nicht gemäss Artikel 7 (im Rahmen ihres innerstaatlichen Rechts) auf eine gemeinsame Bedeutung einigen, die Bedeutung, die ihm zum jeweiligen Zeitpunkt nach dem Recht des dieses Abkommen anwendenden Staates:
i) für die Mitgliedstaaten nach der Richtlinie 2011/16/EU über die Zusammenarbeit der Verwaltungsbehörden im Bereich der Besteuerung oder gegebenenfalls nach dem innerstaatlichen Recht des betreffenden Mitgliedstaats; und
ii) für die Schweiz nach ihrem innerstaatlichen Recht zukommt, wobei die Bedeutung nach dem in dem betreffenden Staat (einem Mitgliedstaat oder der Schweiz) geltenden Steuerrecht Vorrang hat vor einer Bedeutung, die dem Ausdruck nach dem sonstigen Recht dieses Staates zukommt.

Art. 2 Automatischer Informationsaustausch in Bezug auf meldepflichtige Konten

1. Nach diesem Artikel und im Einklang mit den geltenden Melde- und Sorgfaltsvorschriften nach den Anhängen I und II, die Bestandteil dieses Abkommens sind, werden die zuständige Behörde der Schweiz und jede zuständige Behörde der Mitgliedstaaten die nach diesen Vorschriften beschafften und in Absatz 2 genannten Informationen jährlich untereinander automatisch austauschen.

2. Die auszutauschenden Informationen sind im Fall eines Mitgliedstaats in Bezug auf jedes schweizerische meldepflichtige Konto und im Fall der Schweiz in Bezug auf jedes mitgliedstaatliche meldepflichtige Konto:
a) Name, Anschrift, Steueridentifikationsnummer, Geburtsdatum und -ort (bei natürlichen Personen) jeder meldepflichtigen Person, die Inhaber des Kontos ist, sowie bei einem Rechtsträger, der Kontoinhaber ist und für den nach Anwendung von Verfahren zur Erfüllung der Sorgfaltspflichten nach den Anhängen I und II eine oder mehrere beherrschende Personen ermittelt wurden, die meldepflichtige Personen sind, Name, Anschrift und Steueridentifikationsnummer des Rechtsträgers sowie Name, Anschrift, Steueridentifikationsnummer, Geburtsdatum und -ort jeder meldepflichtigen Person;
b) Kontonummer (oder funktionale Entsprechung, wenn keine Kontonummer vorhanden);

[6] ABl. L 64 vom 11.3.2011, S. 1.

c) Name und (gegebenenfalls) Identifikationsnummer des meldenden Finanzinstituts;
d) Kontosaldo oder -wert (einschliesslich des Barwerts oder Rückkaufwerts bei rückkaufsfähigen Versicherungs- oder Rentenversicherungsverträgen) zum Ende des betreffenden Kalenderjahrs oder eines anderen geeigneten Meldezeitraums oder, wenn das Konto im Laufe des Jahres beziehungsweise Zeitraums aufgelöst wurde, die Auflösung des Kontos;
e) bei Verwahrkonten:
   i) Gesamtbruttobetrag der Zinsen, Gesamtbruttobetrag der Dividenden und Gesamtbruttobetrag anderer Einkünfte, die mittels der auf dem Konto vorhandenen Vermögenswerte erzielt und jeweils auf das Konto (oder in Bezug auf das Konto) im Laufe des Kalenderjahrs oder eines anderen geeigneten Meldezeitraums eingezahlt oder dem Konto gutgeschrieben wurden, sowie
   ii) Gesamtbruttoerlöse aus der Veräusserung oder dem Rückkauf von Finanzvermögen, die während des Kalenderjahrs oder eines anderen geeigneten Meldezeitraums auf das Konto eingezahlt oder dem Konto gutgeschrieben wurden und für die das meldende Finanzinstitut als Verwahrstelle, Makler, Bevollmächtigter oder anderweitig als Vertreter für den Kontoinhaber tätig war;
f) bei Einlagenkonten der Gesamtbruttobetrag der Zinsen, die während des Kalenderjahrs oder eines anderen geeigneten Meldezeitraums auf das Konto eingezahlt oder dem Konto gutgeschrieben wurden; und
g) bei allen Konten, die nicht unter Buchstabe e oder f fallen, der Gesamtbruttobetrag, der in Bezug auf das Konto während des Kalenderjahrs oder eines anderen geeigneten Meldezeitraums an den Kontoinhaber gezahlt oder ihm gutgeschrieben wurde und für den das meldende Finanzinstitut Schuldner ist, einschliesslich der Gesamthöhe aller Einlösungsbeträge, die während des Kalenderjahrs oder eines anderen geeigneten Meldezeitraums an den Kontoinhaber geleistet wurden.

Art. 3 Zeitraum und Form des automatischen Informationsaustauschs

1. Für die Zwecke des Informationsaustauschs nach Artikel 2 können der Betrag und die Einordnung von Zahlungen zugunsten eines meldepflichtigen Kontos nach den Grundsätzen des Steuerrechts des die Informationen austauschenden Staates (eines Mitgliedstaats oder der Schweiz) bestimmt werden.

2. Für die Zwecke des Informationsaustauschs nach Artikel 2 wird in den ausgetauschten Informationen die Währung genannt, auf die die jeweiligen Beträge lauten.

3. Im Hinblick auf Artikel 2 Absatz 2 sind für das erste Jahr, das mit Inkrafttreten des am 27. Mai 2015 unterzeichneten Änderungsprotokolls beginnt, und alle Folgejahre Informationen auszutauschen; der Austausch

erfolgt innerhalb von neun Monaten nach Ablauf des Kalenderjahrs, auf das sie sich beziehen.

4. Die zuständigen Behörden tauschen die in Artikel 2 beschriebenen Informationen automatisch in einem XML-Schema für den gemeinsamen Meldestandard aus.

5. Die zuständigen Behörden verständigen sich über ein oder mehrere Datenübertragungsverfahren einschliesslich Verschlüsselungsstandards.

Art. 4 Zusammenarbeit bei der Einhaltung und Durchsetzung des Abkommens

Die zuständige Behörde eines Mitgliedstaats unterrichtet die zuständige Behörde der Schweiz und die zuständige Behörde der Schweiz unterrichtet die zuständige Behörde eines Mitgliedstaats, wenn die erstgenannte (unterrichtende) zuständige Behörde Grund zu der Annahme hat, dass ein Fehler zu einer unrichtigen oder unvollständigen Informationsübermittlung nach Artikel 2 geführt hat oder dass ein meldendes Finanzinstitut die geltenden Meldepflichten und Verfahren zur Erfüllung der Sorgfaltspflichten nach den Anhängen I und II nicht einhält. Die unterrichtete zuständige Behörde ergreift sämtliche nach ihrem innerstaatlichen Recht zur Verfügung stehenden geeigneten Massnahmen, um gegen die in der Unterrichtung beschriebenen Fehler oder Fälle von Nichteinhaltung vorzugehen.

Art. 5 Informationsaustausch auf Ersuchen

1. Unbeschadet des Artikels 2 und anderer Vereinbarungen zwischen der Schweiz und einem Mitgliedstaat über den Informationsaustausch auf Ersuchen tauschen die zuständige Behörde der Schweiz und die zuständigen Behörden der Mitgliedstaaten auf Ersuchen die Informationen aus, die zur Durchführung dieses Abkommens oder zur Verwaltung oder Durchsetzung des innerstaatlichen Rechts über Steuern jeder Art und Bezeichnung, die für Rechnung der Schweiz und der Mitgliedstaaten oder ihrer politischen Unterabteilungen oder ihrer lokalen Körperschaften erhoben werden, voraussichtlich erheblich sind, soweit die diesem Recht entsprechende Besteuerung nicht einem geltenden Doppelbesteuerungsabkommen zwischen der Schweiz und dem betreffenden Mitgliedstaat widerspricht.

2. Absatz 1 und Artikel 6 sind nicht so auszulegen, als verpflichteten sie die Schweiz oder einen Mitgliedstaat,

a) Verwaltungsmassnahmen durchzuführen, die von den Gesetzen und der Verwaltungspraxis der Schweiz oder des Mitgliedstaats abweichen;
b) Informationen zu erteilen, die nach den Gesetzen oder im üblichen Verwaltungsverfahren der Schweiz oder des Mitgliedstaats nicht beschafft werden können;
c) Informationen zu erteilen, die ein Handels-, Geschäfts-, Industrie-, Gewerbe- oder Berufsgeheimnis oder ein Geschäftsverfahren preisgeben würden oder deren Erteilung der öffentlichen Ordnung *(ordre public)* widerspräche.

3. Ersucht ein Mitgliedstaat oder die Schweiz in Übereinstimmung mit diesem Artikel um Erteilung von Informationen, so nutzt der ersuchte Staat (die Schweiz oder ein Mitgliedstaat) zur Beschaffung der Informationen seine Ermittlungsmassnahmen, selbst wenn er die Informationen für seine eigenen steuerlichen Zwecke nichtbenötigt. Die im vorstehenden Satz enthaltene Verpflichtung unterliegt den Beschränkungen des Absatzes 2; diese sind jedoch in keinem Fall so auszulegen, als erlaubten sie dem ersuchten Staat, die Erteilung der Informationen nur deshalb abzulehnen, weil er kein innerstaatliches Interesse an solchen Informationen hat.

4. Absatz 2 ist in keinem Fall so auszulegen, als erlaube er der Schweiz oder einem Mitgliedstaat, die Erteilung von Informationen nur deshalb abzulehnen, weil sie sich im Besitz einer Bank, eines sonstigen Finanzinstituts, eines Beauftragten, Bevollmächtigten oder Treuhänders befinden oder weil sie sich auf Beteiligungen an einer Person beziehen.

5. Die zuständigen Behörden verständigen sich über die zu verwendenden Standardformulare sowie über ein oder mehrere Datenübertragungsverfahren einschliesslich Verschlüsselungsstandards.

Art. 6 Vertraulichkeit und Schutz personenbezogener Daten

1. Alle Informationen, die ein Staat (ein Mitgliedstaat oder die Schweiz) nach diesem Abkommen erhalten hat, werden vertraulich behandelt und in derselben Weise geschützt wie Informationen, die der betreffende Staat nach seinem innerstaatlichen Recht erlangt hat, und zwar, soweit für den Schutz personenbezogener Daten erforderlich, im Einklang mit dem anwendbaren innerstaatlichen Recht und Schutzvorkehrungen, die von dem die Informationen erteilenden Staat nach Massgabe seines innerstaatlichen Rechts angegeben werden können.

2. Diese Informationen dürfen in jedem Fall nur den Personen oder Behörden (einschliesslich der Gerichte und der Verwaltungs- oder Aufsichtsorgane) zugänglich gemacht werden, die mit der Veranlagung, Erhebung, Einziehung, Vollstreckung oder Strafverfolgung oder mit der Entscheidung über Rechtsmittel hinsichtlich der Steuern des betreffenden Staates (eines Mitgliedstaats oder der Schweiz) oder mit der Aufsicht darüber befasst sind. Nur die vorgenannten Personen oder Behörden dürfen die Informationen verwenden, und zwar nur für die im vorstehenden Satz genannten Zwecke. Sie dürfen die Informationen ungeachtet des Absatzes 1 in einem öffentlichen Gerichtsverfahren oder in einer Gerichtsentscheidung im Zusammenhang mit diesen Steuern offenlegen.

3. Ungeachtet der vorstehenden Absätze können Informationen, die ein Staat (ein Mitgliedstaat oder die Schweiz) erhalten hat, für andere Zwecke verwendet werden, sofern diese Informationen nach dem Recht des die Informationen erteilenden Staates (der Schweiz beziehungsweise eines Mitgliedstaats) für diese anderen Zwecke verwendet werden dürfen und die zuständige Behörde dieses Staates diese Verwendung genehmigt. Informationen, die ein Staat (ein Mitgliedstaat oder die Schweiz) einem anderen Staat (der Schweiz beziehungsweise einem Mitgliedstaat) erteilt, können von Letzterem an einen dritten Staat (einen anderen Mitgliedstaat) weitergeleitet werden, sofern dies von der zuständigen Behörde des erstgenann-

ten Staates, aus dem die Informationen stammen, vorab genehmigt wurde. Informationen, die ein Mitgliedstaat einem anderen Mitgliedstaat auf der Grundlage seiner geltenden Rechtsvorschriften zur Umsetzung der Richtlinie 2011/16/EU des Rates über die Zusammenarbeit der Verwaltungsbehörden im Bereich der Besteuerung erteilt, können an die Schweiz weitergeleitet werden, sofern dies von der zuständigen Behörde des Mitgliedstaats, aus dem die Informationen stammen, vorab genehmigt wurde.

4. Jede zuständige Behörde eines Mitgliedstaats oder der Schweiz wird die andere zuständige Behörde (der Schweiz beziehungsweise des betreffenden Mitgliedstaats) umgehend über alle Verstösse gegen die Vertraulichkeitsvorschriften und jedes Versagen der Schutzvorkehrungen sowie alle daraufhin verhängten Sanktionen und ergriffenen Gegenmassnahmen unterrichten.

Art. 7 Konsultationen und Aussetzung des Abkommens

1. Treten bei der Durchführung oder Auslegung dieses Abkommens Schwierigkeiten auf, so kann jede zuständige Behörde der Schweiz oder eines Mitgliedstaats um Konsultationen zwischen der zuständigen Behörde der Schweiz und einer oder mehreren zuständigen Behörden von Mitgliedstaaten zur Ausarbeitung geeigneter Massnahmen bitten, durch die die Einhaltung des Abkommens sichergestellt wird. Diese zuständigen Behörden unterrichten unverzüglich die Europäische Kommission und die zuständigen Behörden der anderen Mitgliedstaaten vom Ergebnis ihrer Konsultationen. Auf Ersuchen einer der zuständigen Behörden kann die Europäische Kommission an Konsultationen zu Auslegungsfragen teilnehmen.

2. Geht es bei der Konsultation um eine erhebliche Nichteinhaltung dieses Abkommens und bietet das in Absatz 1 beschriebene Verfahren keine angemessene Lösung, so kann die zuständige Behörde eines Mitgliedstaats oder der Schweiz den nach diesem Abkommen bestehenden Informationsaustausch mit der Schweiz beziehungsweise einem bestimmten Mitgliedstaat durch schriftliche Mitteilung an die betreffende zuständige Behörde aussetzen. Diese Aussetzung hat sofortige Wirkung. Im Sinne dieses Absatzes umfasst die erhebliche Nichteinhaltung unter anderem die Nichteinhaltung der Vertraulichkeits- und Datenschutzbestimmungen dieses Abkommens, die nicht fristgerechte oder angemessene Bereitstellung von Informationen nach diesem Abkommen durch die zuständige Behörde eines Mitgliedstaats oder der Schweiz sowie eine dem Abkommenszweck entgegenstehende Festlegung des Status von Rechtsträgern oder Konten als nicht meldende Finanzinstitute beziehungsweise ausgenommene Konten.

Art. 8 Änderungen

1. Die Vertragsparteien konsultieren einander jedes Mal, wenn auf Ebene der OECD der globale Standard in einem wichtigen Punkt geändert wird, oder – falls die Vertragsparteien dies als notwendig erachten – um das technische Funktionieren dieses Abkommens zu verbessern oder um andere internationale Entwicklungen zu beurteilen und nachzuvollziehen. Die

Konsultationen erfolgen innerhalb eines Monats nach Antragstellung durch eine Vertragspartei oder in dringenden Fällen so schnell wie möglich.

2. Auf der Grundlage eines solchen Kontakts können die Vertragsparteien einander konsultieren, um zu prüfen, ob eine Änderung dieses Abkommens notwendig ist.

3. Für die Zwecke der in den Absätzen 1 und 2 genannten Konsultationen unterrichtet jede Vertragspartei die andere Vertragspartei über mögliche Entwicklungen, die das ordnungsgemässe Funktionieren dieses Abkommens beeinträchtigen könnten. Hierzu gehören auch einschlägige Abkommen zwischen einer Vertragspartei und einem Drittstaat.

4. Nach den Konsultationen kann dieses Abkommen im Wege eines Protokolls oder eines neuen Abkommens zwischen den Vertragsparteien geändert werden.

5. Hat eine Vertragspartei eine von der OECD beschlossene Änderung am globalen Standard umgesetzt und möchte sie Anhang I und/oder Anhang II dieses Abkommens entsprechend ändern, so teilt sie dies der anderen Vertragspartei mit. Innerhalb eines Monats nach der Mitteilung findet zwischen den Vertragsparteien ein Konsultationsverfahren statt. Haben sich die Vertragsparteien im Rahmen des Konsultationsverfahrens über eine Änderung des Anhangs I und/oder des Anhangs II dieses Abkommens verständigt, so kann die Vertragspartei, die die Änderung beantragt hat, ungeachtet des Absatzes 4 die im Konsultationsverfahren gebilligte geänderte Fassung des Anhangs I und/oder des Anhangs II ab dem ersten Januar des Jahres, das auf den Abschluss des vorgenannten Verfahrens folgt, so lange vorläufig anwenden, wie dies erforderlich ist, um eine förmliche Änderung dieses Abkommens herbeizuführen.

Eine von der OECD beschlossene Änderung des globalen Standards gilt als von einer Vertragspartei umgesetzt, wenn:

a) in Bezug auf die Mitgliedstaaten die Änderung in die Richtlinie 2011/16/EU des Rates über die Zusammenarbeit der Verwaltungsbehörden im Bereich der Besteuerung aufgenommen worden ist;
b) in Bezug auf die Schweiz die Änderung in ein Abkommen mit einem Drittstaat oder in das innerstaatliche Recht aufgenommen worden ist.

Art. 9 Zahlungen von Dividenden, Zinsen und Lizenzgebühren zwischen Unternehmen

1. Unbeschadet der Anwendung der innerstaatlichen oder auf Abkommen beruhenden Vorschriften in der Schweiz und in den Mitgliedstaaten zur Verhütung von Betrug und Missbrauch werden Dividendenzahlungen von Tochtergesellschaften an Muttergesellschaften im Quellenstaat nicht besteuert, wenn:

- die Muttergesellschaft mindestens zwei Jahre lang eine direkte Beteiligung von mindestens 25 Prozent am Gesellschaftskapital der Tochtergesellschaft hält; und
- die eine Gesellschaft in einem Mitgliedstaat und die andere Gesellschaft in der Schweiz steuerlich ansässig ist; und

- nach den Doppelbesteuerungsabkommen mit Drittstaaten keine der beiden Gesellschaften in diesem Drittstaat steuerlich ansässig ist, und
- beide Gesellschaften ohne Befreiung der Körperschaftsteuer unterliegen und beide die Form einer Kapitalgesellschaft[7] aufweisen.

2. Unbeschadet der Anwendung der innerstaatlichen und auf Abkommen beruhenden Vorschriften in der Schweiz und in den Mitgliedstaaten zur Verhütung von Betrug und Missbrauch werden Zahlungen von Zinsen und Lizenzgebühren zwischen verbundenen Gesellschaften oder ihren Betriebsstätten im Quellenstaat nicht besteuert, wenn:

- diese Gesellschaften mindestens zwei Jahre lang durch eine direkte Beteiligung von mindestens 25 Prozent miteinander verbunden sind oder sich beide im Besitz einer dritten Gesellschaft befinden, die mindestens zwei Jahre lang eine direkte Beteiligung von mindestens 25 Prozent am Gesellschaftskapital der ersten und der zweiten Gesellschaft hält; und
- die eine Gesellschaft in einem Mitgliedstaat steuerlich ansässig ist oder dort eine Betriebsstätte unterhält und die andere Gesellschaft in der Schweiz steuerlich ansässig ist oder dort eine Betriebsstätte unterhält; und
- nach den Doppelbesteuerungsabkommen mit Drittstaaten keine der Gesellschaften in diesem Drittstaat steuerlich ansässig ist und keine der Betriebsstätten in diesem Drittstaat gelegen ist; und
- alle Gesellschaften insbesondere in Bezug auf Zinsen und Lizenzgebühren ohne Befreiung der Körperschaftsteuer unterliegen und jede die Form einer Kapitalgesellschaft[8] aufweist.

3. Bestehende Doppelbesteuerungsabkommen zwischen der Schweiz und den Mitgliedstaaten, die eine günstigere steuerliche Behandlung von Zahlungen von Dividenden, Zinsen und Lizenzgebühren vorsehen, bleiben unberührt.

Art. 10 Kündigung

Jede Vertragspartei kann dieses Abkommen durch schriftliche Notifikation an die andere Vertragspartei kündigen. Die Kündigung wird am ersten Tag des Monats wirksam, der auf einen Zeitabschnitt von 12 Monaten nach dem Tag der Notifikation folgt. Im Falle einer Kündigung werden alle bis zu

---

7 Für die Schweiz umfasst der Begriff «Kapitalgesellschaft» die:
- société anonyme/Aktiengesellschaft/società anonima;
- société à responsabilité limitée/Gesellschaft mit beschränkter Haftung/società a responsabilità limitata;
- société en commandite par actions/Kommanditaktiengesellschaft/società in accomandita per azioni.

8 Für die Schweiz umfasst der Begriff «Kapitalgesellschaft» die:
- société anonyme/Aktiengesellschaft/società anonima;
- société à responsabilité limitée/Gesellschaft mit beschränkter Haftung/società a responsabilità limitata;
- société en commandite par actions/Kommanditaktiengesellschaft/società in accomandita per azioni.

diesem Zeitpunkt nach diesem Abkommen erhaltenen Informationen vertraulich behandelt und unterliegen weiterhin Artikel 6 dieses Abkommens.

Art. 11 Räumlicher Geltungsbereich

Dieses Abkommen gilt für die Gebiete der Mitgliedstaaten, in denen der Vertrag über die Europäische Union und der Vertrag über die Arbeitsweise der Europäischen Union angewendet werden, nach Massgabe jener Verträge einerseits sowie für die Schweiz andererseits.

Zu Urkund dessen haben die unterzeichneten Bevollmächtigten ihre Unterschriften unter dieses Änderungsprotokoll gesetzt.

Geschehen zu Brüssel am siebenundzwanzigsten Mai zweitausendfünfzehn.

Für die
Schweizerische Eidgenossenschaft:

Jacques de Watteville

Für die
Europäische Gemeinschaft:

Janis Reirs et
Pierre Moscovici

Anhang I

[…]

Anhang II

[…]

Anhang III

Liste der zuständigen Behörden der Vertragsparteien

Für die Zwecke dieses Abkommens gelten als «zuständige Behörden»:

a) in der Schweiz: Der Vorsteher oder die Vorsteherin des Eidgenössischen Finanzdepartements oder die zu seiner oder ihrer Vertretung bevollmächtigte Person / Le chef du Département fédéral des finances ou son représentant autorisé / Il capo del Dipartimento federale delle finanze o la persona autorizzata a rappresentarlo;
b) im Königreich Belgien: De Minister van Financiën / Le Ministre des Finances oder ein Beauftragter;
c) in der Republik Bulgarien: Изпълнителният директор на Националната агенция за приходите oder ein Beauftragter;
d) in der Tschechischen Republik: Ministr financí oder ein Beauftragter;
e) im Königreich Dänemark: Skatteministeren oder ein Beauftragter;
f) in der Bundesrepublik Deutschland: Der Bundesminister der Finanzen oder ein Beauftragter;
g) in der Republik Estland: Rahandusminister oder ein Beauftragter;
h) in der Griechischen Republik: Ο Υπουργός των Οικονομικών oder ein Beauftragter;
i) im Königreich Spanien: El Ministro de Economía y Hacienda oder ein Beauftragter;
j) in der Französischen Republik: Le Ministre chargé du budget oder ein Beauftragter;
k) in der Republik Kroatien: Ministar financija oder ein Beauftragter;
l) in Irland: The Revenue Commissioners oder ihr Beauftragter;
m) in der Italienischen Republik: Il Capo del Dipartimento per le Politiche Fiscali oder ein Beauftragter;
n) in der Republik Zypern: Ο Υπουργός Οικονομικώνoder ein Beauftragter;
o) in der Republik Lettland: Finanšu ministrs oder ein Beauftragter;
p) in der Republik Litauen: Finansų ministras oder ein Beauftragter;
q) im Grossherzogtum Luxemburg: Le Ministre des Finances oder ein Beauftragter;
r) in Ungarn: Ein pénzügyminiszter oder ein Beauftragter;
s) in der Republik Malta: Il-Ministru responsabbli għall-Finanzi oder ein Beauftragter;

t) im Königreich der Niederlande: De Minister van Financiën oder ein Beauftragter;
u) in der Republik Österreich: Der Bundesminister für Finanzen oder ein Beauftragter;
v) in der Republik Polen: Minister Finansów oder ein Beauftragter;
w) in der Portugiesischen Republik: O Ministro das Finanças oder ein Beauftragter;
x) in Rumänien: Preşedintele Agenţiei Naţionale de Administrare Fiscală oder ein Beauftragter;
y) in der Republik Slowenien: Minister za finance oder ein Beauftragter;
z) in der Slowakischen Republik: Minister financií oder ein Beauftragter;
aa) in der Republik Finnland: Valtiovarainministeriö/Finansministeriet oder ein Beauftragter;
ab) im Königreich Schweden: Chefen för Finansdepartementet oder ein Beauftragter;
ac) im Vereinigten Königreich Grossbritannien und Nordirland und den europäischen Hoheitsgebieten, für deren Aussenbeziehungen das Vereinigte Königreich verantwortlich ist: die Commissioners of Inland Revenue oder ihr Beauftragter und die zuständige Behörde in Gibraltar, welche das Vereinigte Königreich benennen wird gemäss der am 19. April 2000 den Mitgliedstaaten und den Organen der Europäischen Union notifizierten Regelung betreffend die Behörden Gibraltars im Rahmen der EU- und EG-Rechtsakte und damit in Beziehung stehende Verträge («Agreed Arrangements relating to Gibraltar authorities in the context of EU and EC instruments and related treaties»), von der der Schweiz eine Kopie durch das Generalsekretariat des Rates der Europäischen Union notifiziert wird und welche auf dieses Abkommen Anwendung findet.

Protokoll

Anlässlich der Unterzeichnung des Änderungsprotokolls zwischen der Schweizerischen Eidgenossenschaft und der Europäischen Union haben die hierzu gehörig befugten Unterzeichnungsbevollmächtigten folgende Bestimmungen vereinbart, die Bestandteil des durch das Änderungsprotokoll geänderten Abkommens sind:

1. Es besteht Einvernehmen darüber, dass erst dann um einen Informationsaustausch nach Artikel 5 dieses Abkommens nachgesucht wird, wenn der ersuchende Staat (ein Mitgliedstaat oder die Schweiz) alle nach dem innerstaatlichen Steuerverfahren verfügbaren regulären Informationsquellen ausgeschöpft hat.

2. Es besteht Einvernehmen darüber, dass die zuständige Behörde des ersuchenden Staates (eines Mitgliedstaats oder der Schweiz) der zuständigen Behörde des ersuchten Staates (der Schweiz beziehungsweise eines

Mitgliedstaats) bei einem Informationsersuchen nach Artikel 5 dieses Abkommens folgende Informationen mitteilt:

i) die Identität der in eine Überprüfung oder Untersuchung einbezogenen Person;

ii) den Zeitraum, für den die Informationen angefordert werden;

iii) eine Beschreibung der angeforderten Informationen sowie Angaben hinsichtlich der Art und Form, in der der ersuchende Staat diese Informationen vom ersuchten Staat zu erhalten wünscht;

iv) den Steuerzweck, für den die Informationen angefordert werden;

v) soweit bekannt, Name und Anschrift jeder Person, von der angenommen wird, dass sie über die gewünschten Informationen verfügt.

3. Es besteht Einvernehmen darüber, dass die Bezugnahme auf den Standard der «voraussichtlichen Erheblichkeit» einen möglichst umfassenden Informationsaustausch nach Artikel 5 dieses Abkommens ermöglichen und zugleich klarstellen soll, dass es den Mitgliedstaaten und der Schweiz nicht gestattet ist, Beweisausforschungen («fishing expeditions») anzustellen oder Informationen anzufordern, bei denen unwahrscheinlich ist, dass sie für die Steuerbelange eines bestimmten Steuerpflichtigen erheblich sind. Absatz 2 enthält zwar wichtige verfahrenstechnische Anforderungen, die gewährleisten sollen, dass es nicht zu Beweisausforschungen kommt, doch ist Absatz 2 Ziffern i bis v nicht so auszulegen, dass ein wirksamer Informationsaustausch behindert wird. Dem Standard der «voraussichtlichen Erheblichkeit» kann sowohl bei einem (anhand des Namens oder anderer Kriterien identifizierten) Steuerpflichtigen als auch bei mehreren (anhand des Namens oder anderer Kriterien identifizierten) Steuerpflichtigen entsprochen werden.

4. Es besteht Einvernehmen darüber, dass der spontane Informationsaustausch nicht Teil dieses Abkommens ist.

5. Es besteht Einvernehmen darüber, dass im Falle eines Informationsaustauschs nach Artikel 5 dieses Abkommens die im ersuchten Staat (in einem Mitgliedstaat oder der Schweiz) vorgesehenen verwaltungsrechtlichen Verfahrensvorschriften in Bezug auf die Rechte von Steuerpflichtigen anwendbar bleiben. Es besteht des Weiteren Einvernehmen darüber, dass diese Bestimmungen dazu dienen, den Steuerpflichtigen ein ordnungsgemässes Verfahren zu gewähren, und nicht bezwecken, den Informationsaustausch zu verhindern oder übermässig zu verzögern.

Erklärungen der Vertragsparteien

Gemeinsame Erklärung der Vertragsparteien zum Inkrafttreten des Änderungsprotokolls

Die Vertragsparteien erklären, dass ihrer Erwartung nach die verfassungsrechtlichen Anforderungen der Schweiz und die rechtlichen Anforderungen der Europäischen Union in Bezug auf den Abschluss internationaler Übereinkünfte rechtzeitig erfüllt sein werden, damit das Änderungsprotokoll am ersten Tag des Januar 2017 in Kraft treten kann. Sie werden alle ihnen zu Gebote stehenden Massnahmen ergreifen, um dies zu erreichen.

Gemeinsame Erklärung der Vertragsparteien zum Abkommen und zu den Anhängen

Die Vertragsparteien kommen überein, dass die Kommentare zu dem OECD-Muster für eine Vereinbarung zwischen den zuständigen Behörden und zu dem gemeinsamen Meldestandard bei der Durchführung des Abkommens und der Anhänge als Referenz oder zur Auslegung herangezogen werden sollten, um eine einheitliche Anwendung zu gewährleisten.

Gemeinsame Erklärung der Vertragsparteien zu Artikel 5 des Abkommens

Die Vertragsparteien kommen überein, dass der Kommentar zu Artikel 26 des OECD-Musterabkommens zur Vermeidung der Doppelbesteuerung auf dem Gebiet der Steuern vom Einkommen und vom Vermögen bei der Anwendung von Artikel 5 über den Informationsaustausch auf Ersuchen zur Auslegung herangezogen werden sollte.

Erklärung der Schweiz zu Artikel 5 des Abkommens

Die schweizerische Delegation hat der Europäischen Kommission mitgeteilt, dass die Schweiz keine Informationen im Zusammenhang mit einem Ersuchen austauschen wird, das auf rechtswidrig erlangten Daten beruht. Die Europäische Kommission hat vom Standpunkt der Schweiz Kenntnis genommen.

Übersetzung[1]

Übereinkommen
über die gegenseitige Amtshilfe in Steuersachen (SR 0.652.1)

Abgeschlossen am 25. Januar 1988, geändert durch das Protokoll vom 27. Mai 2010

Von der Bundesversammlung genehmigt am 18. Dezember 2015[2]

Schweizerische Ratifikationsurkunde hinterlegt am 26. September 2016

Für die Schweiz in Kraft getreten am 1. Januar 2017

(Stand am 27. Juni 2017)

Präambel

Die Mitgliedstaaten des Europarats und die Mitgliedstaaten der Organisation für wirtschaftliche Zusammenarbeit und Entwicklung (OECD), die dieses Übereinkommen unterzeichnen,

in der Erwägung, dass durch die – ansonsten höchst nützliche – Entwicklung des internationalen Personen-, Kapital-, Waren- und Dienstleistungsverkehrs auch die Möglichkeiten der Steuervermeidung und Steuerhinterziehung zugenommen haben und daher eine verstärkte Zusammenarbeit zwischen den Steuerbehörden erforderlich ist;

erfreut über die vielfältigen Anstrengungen, die in den letzten Jahren zur Bekämpfung der Steuervermeidung und Steuerhinterziehung auf internationaler Ebene zweiseitig oder mehrseitig unternommen worden sind;

in der Erwägung, dass zwischen den Staaten abgestimmte Anstrengungen erforderlich sind, um alle Formen der Amtshilfe im Zusammenhang mit Steuern jeder Art zu fördern und zugleich einen angemessenen Schutz der Rechte der Steuerpflichtigen zu gewährleisten;

in der Erkenntnis, dass internationale Zusammenarbeit eine wichtige Rolle dabei spielen kann, die ordnungsgemässe Ermittlung der Steuerpflicht zu erleichtern und die Steuerpflichtigen bei der Wahrnehmung ihrer Rechte zu unterstützen;

in der Erwägung, dass die Grundprinzipien, nach denen jede Person bei der Feststellung ihrer Rechte und Pflichten Anspruch auf ein ordnungsgemässes rechtliches Verfahren hat, in allen Staaten als für Steuersachen geltend anerkannt werden sollen und dass sich die Staaten bemühen sollen, die berechtigten Interessen der Steuerpflichtigen zu schützen und auch einen angemessenen Schutz gegen Ungleichbehandlung und Doppelbesteuerung zu gewähren;

AS **2016** 5071; BBl **2015** 5585

1 Übersetzung des französischen Originaltextes.

2 AS **2016** 5095

in der Überzeugung demzufolge, dass die Staaten Massnahmen ergreifen oder Informationen erteilen sollen, wobei der Notwendigkeit, die Vertraulichkeit der Informationen zu wahren, Rechnung zu tragen ist und die völkerrechtlichen Übereinkünfte zum Schutz der Privatsphäre und des Verkehrs personenbezogener Daten zu berücksichtigen sind;

in der Erwägung, dass ein neues Umfeld für die Zusammenarbeit entstanden ist und dass es wünschenswert ist, eine mehrseitige Übereinkunft verfügbar zu machen, um einer möglichst grossen Anzahl von Staaten die Nutzung der Vorteile des neuen Umfelds für die Zusammenarbeit und gleichzeitig die Umsetzung der höchsten internationalen Standards für die Zusammenarbeit im Steuerbereich zu gestatten;

von dem Wunsch geleitet, ein Übereinkommen über die gegenseitige Amtshilfe in Steuersachen zu schliessen,

haben Folgendes vereinbart:

Kapitel I: Geltungsbereich des Übereinkommens

Art. 1 Ziel des Übereinkommens und unter das Übereinkommen fallende Personen

1. Vorbehaltlich des Kapitels IV leisten die Vertragsparteien einander Amtshilfe in Steuersachen. Diese Amtshilfe kann gegebenenfalls auch Massnahmen von Justizbehörden umfassen.
2. Diese Amtshilfe umfasst:
   a. den Informationsaustausch, einschliesslich gleichzeitiger Steuerprüfungen und der Teilnahme an Steuerprüfungen im Ausland;
   b. die Amtshilfe bei der Vollstreckung, einschliesslich Sicherungsmassnahmen; und
   c. die Zustellung von Schriftstücken.
3. Eine Vertragspartei leistet Amtshilfe unabhängig davon, ob die betroffene Person in einer Vertragspartei oder in einem anderen Staat ansässig ist oder die Staatsangehörigkeit einer Vertragspartei oder eines anderen Staates besitzt.

Art. 2 Unter das Übereinkommen fallende Steuern

1. Dieses Übereinkommen gilt:
   a. für die folgenden Steuern:
      i. Steuern vom Einkommen oder vom Gewinn,
      ii. Steuern von Gewinnen aus der Veräusserung von Vermögen, die getrennt von der Steuer vom Einkommen oder vom Gewinn erhoben werden,
      iii. Steuern vom Vermögen,

   die für Rechnung einer Vertragspartei erhoben werden; und
   b. für die folgenden Steuern:
      i. Steuern, die für Rechnung der politischen Unterabteilungen oder lokalen Gebietskörperschaften einer Vertragspartei vom

Einkommen, vom Gewinn, von Gewinnen aus der Veräusserung von Vermögen oder vom Vermögen erhoben werden,

ii. Pflichtbeiträge zur Sozialversicherung, die an den Staat oder an öffentlich-rechtliche Sozialversicherungseinrichtungen zu zahlen sind,

iii. Steuern anderer Art, ausgenommen Zölle, die für Rechnung einer Vertragspartei erhoben werden, nämlich:

A. Nachlass-, Erbschafts- und Schenkungssteuern,

B. Steuern vom unbeweglichen Vermögen,

C. allgemeine Verbrauchssteuern wie Mehrwert- und Umsatzsteuern,

D. besondere Steuern auf Waren und Dienstleistungen wie Verbrauchssteuern,

E. Steuern für die Benutzung von oder das Eigentum an Kraftfahrzeugen,

F. Steuern für die Benutzung von oder das Eigentum an beweglichem Vermögen mit Ausnahme von Kraftfahrzeugen,

G. alle anderen Steuern,

iv. die unter die in Ziffer iii genannten Kategorien fallenden Steuern, die für Rechnung der politischen Unterabteilungen oder lokalen Gebietskörperschaften einer Vertragspartei erhoben werden.

2. Die bestehenden Steuern, für die das Übereinkommen gilt, sind in Anlage A unter den in Absatz 1 genannten Kategorien aufgelistet.

3. Die Vertragsparteien notifizieren dem Generalsekretär des Europarats oder dem Generalsekretär der OECD (im Folgenden als «Verwahrer» bezeichnet) jede Änderung der Anlage A, die wegen einer Änderung der in Absatz 2 erwähnten Liste vorzunehmen ist. Die Änderung wird am ersten Tag des Monats wirksam, der auf einen Zeitabschnitt von drei Monaten nach Eingang der Notifikation bei dem Verwahrer folgt.

4. Das Übereinkommen gilt auch für alle Steuern gleicher oder im Wesentlichen ähnlicher Art – und zwar mit Wirkung vom Zeitpunkt ihrer Einführung –, die in einer Vertragspartei nach dem Inkrafttreten des Übereinkommens für diese Vertragspartei neben den in Anlage A aufgelisteten bestehenden Steuern oder an deren Stelle erhoben werden; in diesem Fall notifiziert die betreffende Vertragspartei einem der Verwahrer die Einführung der betreffenden Steuer.

Kapitel II: Allgemeine Begriffsbestimmungen

Art. 3 Begriffsbestimmungen

1. Im Sinne dieses Übereinkommens, wenn der Zusammenhang nichts anderes erfordert:

a. bedeuten die Ausdrücke «ersuchender Staat» und «ersuchter Staat» eine Vertragspartei, die um Amtshilfe in Steuersachen ersucht, beziehungsweise eine Vertragspartei, die um solche Amtshilfe ersucht wird;

b. bedeutet der Ausdruck «Steuer» jede Steuer oder jeden Sozialversicherungsbeitrag, für die beziehungsweise den das Übereinkommen nach Artikel 2 gilt;

c. bedeutet der Ausdruck «Steuerforderung» jeden Steuerbetrag, die darauf entfallenden Zinsen sowie die damit zusammenhängenden Geldbussen und Vollstreckungskosten, die geschuldet werden und noch nicht gezahlt worden sind;

d. bedeutet der Ausdruck «zuständige Behörde» die in Anlage B aufgelisteten Personen und Behörden;

e. bedeutet der Ausdruck «Staatsangehöriger» in Bezug auf eine Vertragspartei:

   i. alle natürlichen Personen, welche die Staatsangehörigkeit der betreffenden Vertragspartei besitzen, und

   ii. alle juristischen Personen, Personengesellschaften oder anderen Personenvereinigungen sowie alle Rechtsträger, die nach dem in der betreffenden Vertragspartei geltenden Recht errichtet worden sind.

Für jede Vertragspartei, die eine diesbezügliche Erklärung abgegeben hat, haben die vorstehenden Ausdrücke die Bedeutung, die sich aus der jeweiligen Begriffsbestimmung in Anlage C ergibt.

2. Bei der Anwendung des Übereinkommens durch eine Vertragspartei hat, wenn der Zusammenhang nichts anderes erfordert, jeder im Übereinkommen nicht definierte Ausdruck die Bedeutung, die ihm nach dem Recht der betreffenden Vertragspartei über die Steuern zukommt, die unter das Übereinkommen fallen.

3. Die Vertragsparteien notifizieren einem der Verwahrer jede Änderung, die an den Anlagen B und C vorzunehmen ist. Die Änderung wird am ersten Tag des Monats wirksam, der auf einen Zeitabschnitt von drei Monaten nach Eingang der Notifikation bei dem betreffenden Verwahrer folgt.

Kapitel III: Formen der Amtshilfe

Abschnitt I: Informationsaustausch

Art. 4 Allgemeine Bestimmungen

1. Die Vertragsparteien tauschen alle Informationen aus, insbesondere wie in diesem Abschnitt vorgesehen, die für die Anwendung beziehungsweise Durchsetzung ihres innerstaatlichen Rechts betreffend die unter dieses Übereinkommen fallenden Steuern voraussichtlich erheblich sind.

2. *Gestrichen*

3. Jede Vertragspartei kann durch eine an einen der Verwahrer gerichtete Erklärung anzeigen, dass ihre Behörden in Übereinstimmung

mit ihren innerstaatlichen Rechtsvorschriften die betroffene ansässige Person oder den betroffenen Staatsangehörigen unterrichten können, bevor sie nach den Artikeln 5 und 7 Informationen über sie beziehungsweise ihn übermitteln.

Art. 5 Informationsaustausch auf Ersuchen

1. Auf Ersuchen des ersuchenden Staates erteilt der ersuchte Staat dem ersuchenden Staat alle in Artikel 4 genannten Informationen über bestimmte Personen oder Transaktionen.
2. Reichen die in den Steuerakten des ersuchten Staates vorhandenen Informationen nicht aus, um dem Informationsersuchen zu entsprechen, so trifft dieser Staat alle erforderlichen Massnahmen, um dem ersuchenden Staat die erbetenen Informationen zu erteilen.

Art. 6 Automatischer Informationsaustausch

Für Fallkategorien und nach Verfahren, die sie einvernehmlich festlegen, tauschen zwei oder mehr Vertragsparteien die in Artikel 4 genannten Informationen automatisch aus.

Art. 7 Spontaner Informationsaustausch

1. In den folgenden Fällen übermittelt eine Vertragspartei einer anderen Vertragspartei ohne vorheriges Ersuchen Informationen, die ihr bekannt geworden sind:
   a. wenn die eine Vertragspartei Gründe für die Vermutung einer Steuerverkürzung in der anderen Vertragspartei hat;
   b. wenn ein Steuerpflichtiger in der einen Vertragspartei eine Steuerermässigung oder Steuerbefreiung erhält, die eine Steuererhöhung oder eine Besteuerung in der anderen Vertragspartei zur Folge haben würde;
   c. bei Geschäftsbeziehungen zwischen einem Steuerpflichtigen einer Vertragspartei und einem Steuerpflichtigen einer anderen Vertragspartei, die über ein oder mehrere weitere Länder in einer Weise geleitet werden, die in einer der beiden oder in beiden Vertragsparteien zur Steuerersparnis führen kann;
   d. wenn eine Vertragspartei Gründe für die Vermutung einer Steuerersparnis durch künstliche Gewinnverlagerungen innerhalb eines Konzerns hat;
   e. wenn im Zusammenhang mit Informationen, die der einen Vertragspartei von der anderen Vertragspartei übermittelt worden sind, ein Sachverhalt ermittelt worden ist, der für die Steuerfestsetzung in der anderen Vertragspartei erheblich sein kann.
2. Jede Vertragspartei trifft die Massnahmen und führt die Verfahren durch, die erforderlich sind, um sicherzustellen, dass die in Absatz 1 genannten Informationen für die Weiterleitung an eine andere Vertragspartei zur Verfügung gestellt werden.

Art. 8 Gleichzeitige Steuerprüfungen

1. Zwei oder mehr Vertragsparteien konsultieren einander auf Ersuchen einer von ihnen, um die Fälle, in denen gleichzeitige Steuerprüfungen stattfinden sollen, und die entsprechenden Verfahren festzulegen. Jede betroffene Vertragspartei entscheidet, ob sie an einer bestimmten gleichzeitigen Steuerprüfung teilnehmen will.
2. Im Sinne dieses Übereinkommens bedeutet «gleichzeitige Steuerprüfung» eine Vereinbarung zwischen zwei oder mehr Vertragsparteien, gleichzeitig im jeweils eigenen Hoheitsgebiet die steuerlichen Verhältnisse einer Person oder mehrerer Personen, an denen sie ein gemeinsames oder ergänzendes Interesse haben, zu prüfen, um die auf diesem Wege gewonnenen sachdienlichen Informationen auszutauschen.

Art. 9 Steuerprüfungen im Ausland

1. Auf Ersuchen der zuständigen Behörde des ersuchenden Staates kann die zuständige Behörde des ersuchten Staates gestatten, dass Vertreter der zuständigen Behörde des ersuchenden Staates während des relevanten Teils einer Steuerprüfung im ersuchten Staat anwesend sind.
2. Ist dem Ersuchen stattgegeben worden, so unterrichtet die zuständige Behörde des ersuchten Staates so bald wie möglich die zuständige Behörde des ersuchenden Staates über Zeitpunkt und Ort der Prüfung, über die mit der Durchführung der Prüfung beauftragte Behörde oder den damit beauftragten Bediensteten sowie über die vom ersuchten Staat für die Durchführung der Prüfung vorgeschriebenen Verfahren und Bedingungen. Alle Entscheidungen im Zusammenhang mit der Durchführung der Steuerprüfung trifft der ersuchte Staat.
3. Eine Vertragspartei kann einen der Verwahrer von ihrer Absicht unterrichten, Ersuchen nach Absatz 1 in der Regel nicht anzunehmen. Eine solche Erklärung kann jederzeit abgegeben oder widerrufen werden.

Art. 10 Widersprüchliche Informationen

Erhält eine Vertragspartei von einer anderen Vertragspartei Informationen über die steuerlichen Verhältnisse einer Person, die nach ihrer Auffassung zu den ihr zur Verfügung stehenden Informationen in Widerspruch stehen, so unterrichtet sie davon die Vertragspartei, welche die Informationen erteilt hat.

Abschnitt II: Amtshilfe bei der Vollstreckung

Art. 11 Vollstreckung von Steuerforderungen

1. Auf Ersuchen des ersuchenden Staates trifft der ersuchte Staat vorbehaltlich der Artikel 14 und 15 die erforderlichen Massnahmen, um

die Steuerforderungen des erstgenannten Staates zu vollstrecken, als handele es sich um seine eigenen Steuerforderungen.

2. Absatz 1 gilt nur für Steuerforderungen, für die ein Titel besteht, der ihre Vollstreckung im ersuchenden Staat ermöglicht, und die, sofern zwischen den betreffenden Vertragsparteien nichts anderes vereinbart ist, nicht angefochten werden. Richtet sich die Forderung jedoch gegen eine Person, die nicht im ersuchenden Staat ansässig ist, so gilt Absatz 1 nur, sofern zwischen den betreffenden Vertragsparteien nichts anderes vereinbart ist, wenn die Forderung nicht mehr angefochten werden kann.
3. Die Verpflichtung zur Amtshilfe bei der Vollstreckung von Steuerforderungen betreffend einen Erblasser oder seinen Nachlass beschränkt sich auf den Wert des Nachlasses oder desjenigen Teils des Vermögens, der auf jeden Nachlassbegünstigten entfällt, je nachdem, ob die Forderung aus dem Nachlass oder von den Nachlassbegünstigten zu vollstrecken ist.

Art. 12 Sicherungsmassnahmen

Auf Ersuchen des ersuchenden Staates trifft der ersuchte Staat zum Zweck der Vollstreckung eines Steuerbetrags Sicherungsmassnahmen, selbst wenn die Forderung angefochten wird oder für sie noch kein Vollstreckungstitel besteht.

Art. 13 Dem Ersuchen beizufügende Schriftstücke

1. Dem Amtshilfeersuchen nach diesem Abschnitt ist Folgendes beizufügen:
   a. eine Erklärung, dass die Steuerforderung eine unter das Übereinkommen fallende Steuer betrifft und, im Fall der Vollstreckung, dass die Steuerforderung vorbehaltlich des Artikels 11 Absatz 2 nicht angefochten wird oder nicht angefochten werden kann;
   b. eine amtliche Ausfertigung des Titels, der die Vollstreckung im ersuchenden Staat ermöglicht; und
   c. sonstige für die Vollstreckung beziehungsweise die Sicherungsmassnahmen erforderliche Schriftstücke.
2. Der Titel, der die Vollstreckung im ersuchenden Staat ermöglicht, wird gegebenenfalls und in Übereinstimmung mit den im ersuchten Staat geltenden Bestimmungen nach Eingang des Amtshilfeersuchens so bald wie möglich angenommen, anerkannt, ergänzt oder ersetzt durch einen Titel, der die Vollstreckung im ersuchten Staat ermöglicht.

Art. 14 Fristen

1. Fragen im Zusammenhang mit den Fristen, nach deren Ablauf Steuerforderungen nicht mehr vollstreckt werden können, werden nach dem Recht des ersuchenden Staates geregelt. Das Amtshilfeersuchen muss genaue Angaben über diese Fristen enthalten.

2. Die vom ersuchten Staat aufgrund eines Amtshilfeersuchens durchgeführten Vollstreckungsmassnahmen, die nach dem Recht dieses Staates eine Hemmung oder Unterbrechung der in Absatz 1 genannten Fristen bewirken würden, entfalten diese Wirkung auch nach dem Recht des ersuchenden Staates. Der ersuchte Staat unterrichtet den ersuchenden Staat über derartige Massnahmen.
3. Der ersuchte Staat ist in keinem Fall verpflichtet, einem Amtshilfeersuchen nachzukommen, das später als 15 Jahre ab dem Datum des ursprünglichen Vollstreckungstitels übermittelt wird.

Art. 15 Bevorzugung

Steuerforderungen, bei deren Vollstreckung Amtshilfe geleistet wird, geniessen im ersuchten Staat nicht die Bevorzugung, die den Steuerforderungen dieses Staates besonders gewährt wird, selbst wenn das angewandte Vollstreckungsverfahren demjenigen für seine eigenen Steuerforderungen entspricht.

Art. 16 Zahlungsaufschub

Der ersuchte Staat kann einen Zahlungsaufschub oder Ratenzahlungen gestatten, wenn sein Recht oder seine Verwaltungspraxis dies in ähnlichen Fällen zulässt; er unterrichtet hierüber jedoch den ersuchenden Staat im Voraus.

Abschnitt III: Zustellung von Schriftstücken

Art. 17 Zustellung von Schriftstücken

1. Auf Ersuchen des ersuchenden Staates stellt der ersuchte Staat dem Empfänger die Schriftstücke, einschliesslich derjenigen zu Gerichtsentscheidungen, zu, die aus dem ersuchenden Staat stammen und eine unter das Übereinkommen fallende Steuer betreffen.
2. Der ersuchte Staat nimmt die Zustellung von Schriftstücken wie folgt vor:
   a. in einer Form, die sein innerstaatliches Recht für die Zustellung im Wesentlichen ähnlicher Schriftstücke vorschreibt;
   b. soweit möglich in einer besonderen vom ersuchenden Staat gewünschten Form oder in einer dieser am nächsten kommenden Form, die das innerstaatliche Recht des ersuchten Staates vorsieht.
3. Eine Vertragspartei kann die Zustellung von Schriftstücken an eine Person im Hoheitsgebiet einer anderen Vertragspartei unmittelbar durch die Post vornehmen.
4. Dieses Übereinkommen ist nicht so auszulegen, als bewirke es die Nichtigkeit einer durch eine Vertragspartei in Übereinstimmung mit ihrem Recht vorgenommenen Zustellung von Schriftstücken.
5. Wird ein Schriftstück nach diesem Artikel zugestellt, so braucht keine Übersetzung beigefügt zu werden. Ist jedoch der ersuchte Staat

überzeugt, dass der Empfänger die Sprache, in der das Schriftstück abgefasst ist, nicht versteht, so veranlasst der ersuchte Staat die Übersetzung in seine Amtssprache oder eine seiner Amtssprachen oder die Anfertigung einer Kurzfassung in seiner Amtssprache oder einer seiner Amtssprachen. Andernfalls kann er den ersuchenden Staat bitten, das Schriftstück entweder in eine der Amtssprachen des ersuchten Staates, des Europarats oder der OECD übersetzen oder eine Kurzfassung in einer dieser Sprachen beifügen zu lassen.

Kapitel IV: Für alle Formen der Amtshilfe geltende Bestimmungen

Art. 18 Vom ersuchenden Staat zu erteilende Informationen

1. Ein Amtshilfeersuchen enthält, soweit erforderlich:
   a. Angaben über die Behörde oder Stelle, von der das durch die zuständige Behörde gestellte Ersuchen ausgeht;
   b. den Namen, die Anschrift oder alle sonstigen Angaben, welche die Identifizierung der Person, derentwegen das Ersuchen gestellt wird, ermöglichen;
   c. bei einem Informationsersuchen Angaben über die Form, in welcher der ersuchende Staat die Informationen erteilt bekommen möchte, damit sie seinen Erfordernissen entsprechen;
   d. bei einem Ersuchen um Amtshilfe bei der Vollstreckung oder bei Sicherungsmassnahmen Angaben über die Art der Steuerforderung, die Bestandteile der Steuerforderung und die Vermögenswerte, aus denen die Steuerforderung vollstreckt werden kann;
   e. bei einem Ersuchen um Zustellung von Schriftstücken Angaben über die Art und den Gegenstand des zuzustellenden Schriftstücks;
   f. Angaben darüber, ob das Ersuchen dem Recht und der Verwaltungspraxis des ersuchenden Staates entspricht und ob es unter Berücksichtigung der Erfordernisse des Artikels 21 Absatz 2 Buchstabe g gerechtfertigt ist.
2. Sobald dem ersuchenden Staat weitere im Zusammenhang mit dem Amtshilfeersuchen sachdienliche Informationen zur Kenntnis gelangen, übermittelt er sie dem ersuchten Staat.

Art. 19

Gestrichen

Art. 20 Beantwortung des Amtshilfeersuchens

1. Wird dem Amtshilfeersuchen entsprochen, so unterrichtet der ersuchte Staat den ersuchenden Staat so bald wie möglich über die getroffenen Massnahmen und das Ergebnis der Amtshilfe.
2. Wird das Ersuchen abgelehnt, so unterrichtet der ersuchte Staat den ersuchenden Staat so bald wie möglich über seine Entscheidung und deren Gründe.

3. Hat der ersuchende Staat bei einem Informationsersuchen angegeben, in welcher Form er die Informationen erteilt haben möchte, und ist der ersuchte Staat in der Lage, dem zu entsprechen, so erteilt der ersuchte Staat die Informationen in der gewünschten Form.

Art. 21 Schutz der Person und Grenzen der Verpflichtung zur Leistung von Amtshilfe

1. Dieses Übereinkommen berührt nicht die Rechte und Sicherheiten, die Personen durch das Recht oder die Verwaltungspraxis des ersuchten Staates gewährt werden.
2. Mit Ausnahme des Artikels 14 ist dieses Übereinkommen nicht so auszulegen, als verpflichte es den ersuchten Staat:
   a. Massnahmen durchzuführen, die von seinem eigenen Recht oder seiner eigenen Verwaltungspraxis oder dem Recht oder der Verwaltungspraxis des ersuchenden Staates abweichen;
   b. Massnahmen durchzuführen, die der öffentlichen Ordnung (*ordre public*) widersprächen;
   c. Informationen zu erteilen, die nach seinem eigenen Recht oder seiner eigenen Verwaltungspraxis oder nach dem Recht des ersuchenden Staates oder dessen Verwaltungspraxis nicht beschafft werden können;
   d. Informationen zu erteilen, die ein Handels-, Industrie-, Gewerbe- oder Berufsgeheimnis oder ein Geschäftsverfahren preisgeben würden oder deren Preisgabe der öffentlichen Ordnung (*ordre public*) widerspräche;
   e. Amtshilfe zu leisten, wenn und soweit nach seiner Auffassung die Besteuerung im ersuchenden Staat im Widerspruch zu allgemein anerkannten Besteuerungsgrundsätzen, zu einem Abkommen zur Vermeidung der Doppelbesteuerung oder zu einem anderen Abkommen, das der ersuchte Staat mit dem ersuchenden Staat geschlossen hat, steht;
   f. für die Zwecke der Anwendung beziehungsweise Durchsetzung einer Bestimmung des Steuerrechts des ersuchenden Staates oder der Erfüllung einer damit zusammenhängenden Verpflichtung Amtshilfe zu leisten, die einen Staatsangehörigen des ersuchten Staates gegenüber einem Staatsangehörigen des ersuchenden Staates, der sich in der gleichen Situation befindet, benachteiligt;
   g. Amtshilfe zu leisten, wenn der ersuchende Staat nicht alle angemessenen und nach seinem Recht oder seiner Verwaltungspraxis zur Verfügung stehenden Massnahmen ausgeschöpft hat, es sei denn, das Zurückgreifen auf diese Massnahmen würde unverhältnismässig grosse Schwierigkeiten mit sich bringen;
   h. Amtshilfe bei der Vollstreckung in den Fällen zu leisten, in denen der Verwaltungsaufwand für diesen Staat in einem eindeutigen Missverhältnis zu dem Nutzen steht, den der ersuchende Staat dadurch erlangt.

3. Ersucht der ersuchende Staat nach diesem Übereinkommen um Informationen, so nutzt der ersuchte Staat die ihm zur Verfügung stehenden Möglichkeiten zur Beschaffung der erbetenen Informationen, selbst wenn der ersuchte Staat diese Informationen für seine eigenen steuerlichen Zwecke nicht benötigt. Die im vorstehenden Satz enthaltene Verpflichtung unterliegt den in dem Übereinkommen enthaltenen Beschränkungen, jedoch sind diese Beschränkungen, insbesondere diejenigen der Absätze 1 und 2, in keinem Fall so auszulegen, dass ein ersuchter Staat die Erteilung von Informationen nur deshalb ablehnen kann, weil er kein innerstaatliches Interesse an diesen Informationen hat.
4. Die Bestimmungen dieses Übereinkommens, insbesondere diejenigen der Absätze 1 und 2, sind in keinem Fall so auszulegen, dass ein ersuchter Staat die Erteilung von Informationen nur deshalb ablehnen kann, weil sich die Informationen bei einer Bank, einem sonstigen Finanzinstitut, einem Bevollmächtigten, Vertreter oder Treuhänder befinden oder sich auf Eigentumsanteile an einer Person beziehen.

Art. 22 Geheimhaltung

1. Alle Informationen, die eine Vertragspartei nach diesem Übereinkommen erhalten hat, sind ebenso geheim zu halten und zu schützen wie die Informationen, die sie nach ihrem innerstaatlichen Recht erhalten hat; soweit dies für die Sicherstellung des erforderlichen Schutzniveaus der personenbezogenen Daten notwendig ist, sind die Informationen ferner nach den Schutzbestimmungen geheim zu halten und zu schützen, die von der erteilenden Vertragspartei als nach ihrem innerstaatlichen Recht erforderlich bezeichnet werden können.
2. Diese Informationen dürfen in jedem Fall nur den Personen oder Behörden (einschliesslich der Gerichte und Verwaltungs- oder Aufsichtsbehörden) zugänglich gemacht werden, die mit der Festsetzung, Erhebung, Vollstreckung oder Strafverfolgung oder der Entscheidung über Rechtsmittel hinsichtlich der Steuern dieser Vertragspartei oder mit der Aufsicht darüber befasst sind. Nur die genannten Personen oder Behörden dürfen die Informationen verwenden, und zwar nur für diese Zwecke. Sie dürfen sie jedoch ungeachtet des Absatzes 1 in einem öffentlichen Gerichtsverfahren oder in einer Gerichtsentscheidung im Zusammenhang mit diesen Steuern offenlegen.
3. Hat eine Vertragspartei einen in Artikel 30 Absatz 1 Buchstabe a vorgesehenen Vorbehalt angebracht, so verwenden alle anderen Vertragsparteien, die Informationen von dieser Vertragspartei erhalten, diese nicht für eine Steuer einer Kategorie, die unter diesen Vorbehalt fällt. Ebenso verwendet die Vertragspartei, die den Vorbehalt angebracht hat, aufgrund des Übereinkommens erhaltene Informationen nicht für eine Steuer einer Kategorie, die unter diesen Vorbehalt fällt.

4. Ungeachtet der Absätze 1, 2 und 3 können Informationen, die eine Vertragspartei erhalten hat, auch für andere Zwecke verwendet werden, sofern diese Informationen nach dem Recht der erteilenden Vertragspartei für diese anderen Zwecke verwendet werden dürfen und die zuständige Behörde dieser Vertragspartei diese Verwendung gestattet. Informationen, die eine Vertragspartei einer anderen Vertragspartei erteilt, können von letzterer nach vorheriger Zustimmung durch die zuständige Behörde der erstgenannten Vertragspartei an eine dritte Vertragspartei weitergeleitet werden.

Art. 23 Rechtsbehelfe

1. Rechtsbehelfe gegen die vom ersuchten Staat nach diesem Übereinkommen ergriffenen Massnahmen sind nur bei der zuständigen Stelle dieses Staates einzulegen.
2. Rechtsbehelfe gegen die vom ersuchenden Staat nach diesem Übereinkommen ergriffenen Massnahmen, insbesondere diejenigen, die hinsichtlich der Vollstreckung das Bestehen oder die Höhe der Steuerforderung oder den Vollstreckungstitel betreffen, sind nur bei der zuständigen Stelle dieses Staates einzulegen. Wird ein solcher Rechtsbehelf eingelegt, so unterrichtet der ersuchende Staat den ersuchten Staat; dieser setzt das Vollstreckungsverfahren aus, bis die Entscheidung der betreffenden Stelle vorliegt. Auf Wunsch des ersuchenden Staates trifft jedoch der ersuchte Staat Sicherungsmassnahmen zur Gewährleistung der Vollstreckung. Der ersuchte Staat kann auch von jedem Beteiligten von dem Rechtsbehelf unterrichtet werden. Nach Eingang der entsprechenden Mitteilung konsultiert der ersuchte Staat in dieser Angelegenheit gegebenenfalls den ersuchenden Staat.
3. Sobald eine endgültige Entscheidung über den Rechtsbehelf getroffen ist, unterrichtet der ersuchte beziehungsweise der ersuchende Staat den jeweils anderen Staat von der Entscheidung und ihren Auswirkungen auf das Amtshilfeersuchen.

Kapitel V: Besondere Bestimmungen

Art. 24 Durchführung des Übereinkommens

1. Zur Durchführung dieses Übereinkommens verkehren die Vertragsparteien durch ihre jeweiligen zuständigen Behörden miteinander. Die zuständigen Behörden können zu diesem Zweck unmittelbar miteinander verkehren und nachgeordneten Behörden gestatten, für sie zu handeln. Die zuständigen Behörden von zwei oder mehr Vertragsparteien können sich über die Modalitäten der Anwendung des Übereinkommens untereinander einigen.
2. Ist der ersuchte Staat der Auffassung, dass die Anwendung dieses Übereinkommens in einem bestimmten Fall schwerwiegende und unerwünschte Folgen haben würde, so konsultieren die zuständigen Behörden des ersuchten und des ersuchenden Staates einander und

bemühen sich, die Situation in gegenseitigem Einvernehmen zu regeln.

3. Ein Koordinierungsgremium, das sich aus Vertretern der zuständigen Behörden der Vertragsparteien zusammensetzt, überwacht unter der Leitung der OECD die Durchführung und Entwicklung dieses Übereinkommens. Zu diesem Zweck spricht das Koordinierungsgremium Empfehlungen über Massnahmen aus, die den allgemeinen Zielen des Übereinkommens förderlich sein können. Insbesondere dient es als Forum für die Untersuchung neuer Methoden und Verfahren zur Intensivierung der internationalen Zusammenarbeit in Steuersachen und kann gegebenenfalls Revisionen oder Änderungen des Übereinkommens empfehlen. Staaten, die das Übereinkommen unterzeichnet, aber noch nicht ratifiziert, angenommen oder genehmigt haben, sind berechtigt, bei den Sitzungen des Koordinierungsgremiums als Beobachter vertreten zu sein.
4. Eine Vertragspartei kann bei dem Koordinierungsgremium Stellungnahmen zur Auslegung des Übereinkommens anfordern.
5. Ergeben sich zwischen zwei oder mehr Vertragsparteien Schwierigkeiten oder Zweifel bezüglich der Durchführung oder Auslegung des Übereinkommens, so bemühen sich die zuständigen Behörden dieser Vertragsparteien, die Angelegenheit in gegenseitigem Einvernehmen zu regeln. Die Vereinbarung wird dem Koordinierungsgremium mitgeteilt.
6. Der Generalsekretär der OECD unterrichtet die Vertragsparteien und die Unterzeichnerstaaten, die das Übereinkommen noch nicht ratifiziert, angenommen oder genehmigt haben, von den nach Absatz 4 von dem Koordinierungsgremium abgegebenen Stellungnahmen und den nach Absatz 5 in gegenseitigem Einvernehmen getroffenen Vereinbarungen.

Art. 25 Sprache

Amtshilfeersuchen und die entsprechenden Antworten werden in einer der Amtssprachen der OECD und des Europarats oder in einer anderen von den betreffenden Vertragsparteien zweiseitig vereinbarten Sprache abgefasst.

Art. 26 Kosten

Wenn die betreffenden Vertragsparteien zweiseitig nichts anderes vereinbart haben:

a. gehen übliche bei der Leistung von Amtshilfe entstehende Kosten zu Lasten des ersuchten Staates;
b. gehen aussergewöhnliche bei der Leistung von Amtshilfe entstehende Kosten zu Lasten des ersuchenden Staates.

Kapitel VI: Schlussbestimmungen

Art. 27 Andere völkerrechtliche Übereinkünfte

1. Die in diesem Übereinkommen vorgesehenen Möglichkeiten der Amtshilfe beschränken nicht die Möglichkeiten, die in bestehenden oder künftigen völkerrechtlichen Übereinkünften zwischen den betroffenen Vertragsparteien oder in sonstigen die Zusammenarbeit in Steuersachen betreffenden Rechtsinstrumenten vorgesehen sind, noch werden sie von diesen beschränkt.
2. Ungeachtet des Absatzes 1 können die Vertragsparteien, die Mitgliedstaaten der Europäischen Union sind, in ihren gegenseitigen Beziehungen die durch das Übereinkommen vorgesehenen Möglichkeiten der Amtshilfe insoweit anwenden, als diese eine umfassendere Zusammenarbeit gestatten als die Möglichkeiten, die durch die anzuwendenden Regeln der Europäischen Union geboten werden.

Art. 28 Unterzeichnung und Inkrafttreten des Übereinkommens

1. Dieses Übereinkommen liegt für die Mitgliedstaaten des Europarats und die Mitgliedstaaten der OECD zur Unterzeichnung auf. Es bedarf der Ratifikation, Annahme oder Genehmigung. Die Ratifikations-, Annahme- oder Genehmigungsurkunden werden bei einem der Verwahrer hinterlegt.
2. Dieses Übereinkommen tritt am ersten Tag des Monats in Kraft, der auf einen Zeitabschnitt von drei Monaten nach dem Tag folgt, an dem fünf Staaten nach Absatz 1 ihre Zustimmung ausgedrückt haben, durch das Übereinkommen gebunden zu sein.
3. Für jeden Mitgliedstaat des Europarats beziehungsweise jeden Mitgliedstaat der OECD, der später seine Zustimmung ausdrückt, durch dieses Übereinkommen gebunden zu sein, tritt das Übereinkommen am ersten Tag des Monats in Kraft, der auf einen Zeitabschnitt von drei Monaten nach Hinterlegung der Ratifikations-, Annahme- oder Genehmigungsurkunde folgt.
4. Jeder Mitgliedstaat des Europarats beziehungsweise jeder Mitgliedstaat der OECD, der nach dem Inkrafttreten des am 27. Mai 2010 zur Unterzeichnung aufgelegten Protokolls zur Änderung des Übereinkommens (im Folgenden als «Protokoll von 2010» bezeichnet) Vertragspartei des Übereinkommens wird, ist Vertragspartei des Übereinkommens in der durch das genannte Protokoll geänderten Fassung, sofern er nicht in einer an einen der Verwahrer gerichteten schriftlichen Mitteilung eine andere Absicht bekundet.
5. Nach Inkrafttreten des Protokolls von 2010 kann jeder Staat, der nicht Mitglied des Europarats oder der OECD ist, darum ersuchen, zur Unterzeichnung und Ratifikation dieses Übereinkommens in der durch das Protokoll von 2010 geänderten Fassung eingeladen zu werden. Jedes diesbezügliche Ersuchen ist an einen der Verwahrer zu richten, der es an die Vertragsparteien weiterleitet. Der Verwahrer unterrichtet zudem das Ministerkomitee des Europarats und den

Rat der OECD. Die Entscheidung, ersuchende Staaten einzuladen, Vertragsparteien des Übereinkommens zu werden, wird einvernehmlich von den Vertragsparteien des Übereinkommens durch das Koordinierungsgremium getroffen. Für jeden Staat, der das Übereinkommen in der durch das Protokoll von 2010 geänderten Fassung in Übereinstimmung mit diesem Absatz ratifiziert, tritt es am ersten Tag des Monats in Kraft, der auf einen Zeitabschnitt von drei Monaten nach Hinterlegung der Ratifikationsurkunde bei einem der Verwahrer folgt.

6. Dieses Übereinkommen in der durch das Protokoll von 2010 geänderten Fassung gilt für die Amtshilfe im Zusammenhang mit Besteuerungszeiträumen, die am oder nach dem 1. Januar des Jahres beginnen, das auf das Jahr folgt, in dem das Übereinkommen in der durch das Protokoll von 2010 geänderten Fassung für eine Vertragspartei in Kraft getreten ist, oder, wenn es keinen Besteuerungszeitraum gibt, für die Amtshilfe im Zusammenhang mit Steuerverbindlichkeiten, die am oder nach dem 1. Januar des Jahres entstehen, das auf das Jahr folgt, in dem das Übereinkommen in der durch das Protokoll von 2010 geänderten Fassung für eine Vertragspartei in Kraft getreten ist. Zwei oder mehr Vertragsparteien können in gegenseitigem Einvernehmen vereinbaren, dass das Übereinkommen in der durch das Protokoll von 2010 geänderten Fassung für die Amtshilfe im Zusammenhang mit früheren Besteuerungszeiträumen oder Steuerverbindlichkeiten gilt.
7. Ungeachtet des Absatzes 6 gilt dieses Übereinkommen in der durch das Protokoll von 2010 geänderten Fassung für Steuersachen im Zusammenhang mit vorsätzlichem Verhalten, das nach dem Strafrecht der ersuchenden Vertragspartei der strafrechtlichen Verfolgung unterliegt, und zwar ab dem Zeitpunkt des Inkrafttretens für eine Vertragspartei im Zusammenhang mit früheren Besteuerungszeiträumen oder Steuerverbindlichkeiten.

Art. 29 Räumlicher Geltungsbereich des Übereinkommens

1. Jeder Staat kann bei der Unterzeichnung oder bei der Hinterlegung seiner Ratifikations-, Annahme- oder Genehmigungsurkunde einzelne oder mehrere Hoheitsgebiete bezeichnen, auf die dieses Übereinkommen Anwendung findet.
2. Jeder Staat kann jederzeit danach durch eine an einen der Verwahrer gerichtete Erklärung die Anwendung dieses Übereinkommens auf jedes weitere in der Erklärung bezeichnete Hoheitsgebiet erstrecken. Das Übereinkommen tritt für dieses Hoheitsgebiet am ersten Tag des Monats in Kraft, der auf einen Zeitabschnitt von drei Monaten nach Eingang der Erklärung bei dem Verwahrer folgt.
3. Jede nach den Absätzen 1 und 2 abgegebene Erklärung kann in Bezug auf jedes darin bezeichnete Hoheitsgebiet durch eine an einen der Verwahrer gerichtete Notifikation zurückgenommen werden. Die Rücknahme wird am ersten Tag des Monats wirksam, der auf

einen Zeitabschnitt von drei Monaten nach Eingang der Notifikation bei dem Verwahrer folgt.

Art. 30 Vorbehalte

1. Jeder Staat kann bei der Unterzeichnung oder bei der Hinterlegung seiner Ratifikations-, Annahme- oder Genehmigungsurkunde oder jederzeit danach erklären, dass er sich das Recht vorbehält:
   a. in keiner Form Amtshilfe zu leisten hinsichtlich Steuern anderer Vertragsparteien, die unter eine der in Artikel 2 Absatz 1 Buchstabe b aufgelisteten Kategorien fallen, es sei denn, er hat innerstaatliche Steuern, die unter die betreffende Kategorie fallen, in Anlage A des Übereinkommens aufgenommen;
   b. in Bezug auf alle in Artikel 2 Absatz 1 aufgelisteten Steuern oder nur in Bezug auf Steuern, die unter eine oder mehrere der in Artikel 2 Absatz 1 aufgelisteten Kategorien fallen, keine Amtshilfe zu leisten bei der Vollstreckung jeglicher Steuerforderungen oder bei der Vollstreckung von Geldbussen;
   c. keine Amtshilfe zu leisten in Bezug auf jegliche Steuerforderungen, die im Zeitpunkt des Inkrafttretens des Übereinkommens für diesen Staat oder die, wenn früher ein Vorbehalt nach Buchstabe a oder b angebracht worden ist, im Zeitpunkt der Rücknahme dieses Vorbehalts hinsichtlich Steuern der betreffenden Kategorie bestehen;
   d. in Bezug auf alle in Artikel 2 Absatz 1 aufgelisteten Steuern oder nur in Bezug auf Steuern, die unter eine oder mehrere der in Artikel 2 Absatz 1 aufgelisteten Kategorien fallen, keine Amtshilfe zu leisten bei der Zustellung von Schriftstücken;
   e. die in Artikel 17 Absatz 3 vorgesehene Zustellung von Schriftstücken durch die Post nicht zu gestatten;
   f. Artikel 28 Absatz 7 ausschliesslich auf Amtshilfe im Zusammenhang mit Besteuerungszeiträumen anzuwenden, die am oder nach dem 1. Januar des dritten Jahres vor dem Jahr beginnen, in dem das Übereinkommen in der durch das Protokoll von 2010 geänderten Fassung für eine Vertragspartei in Kraft getreten ist, oder, wenn es keinen Besteuerungszeitraum gibt, auf Amtshilfe im Zusammenhang mit Steuerverbindlichkeiten, die am oder nach dem 1. Januar des dritten Jahres entstehen, das dem Jahr vorangeht, in dem das Übereinkommen in der durch das Protokoll von 2010 geänderten Fassung für eine Vertragspartei in Kraft getreten ist.
2. Weitere Vorbehalte sind nicht zulässig.
3. Nach dem Inkrafttreten des Übereinkommens für eine Vertragspartei kann diese einen oder mehrere der in Absatz 1 aufgeführten Vorbehalte anbringen, den beziehungsweise die sie bei der Ratifikation, der Annahme oder der Genehmigung nicht angebracht hat. Diese Vorbehalte treten am ersten Tag des Monats in Kraft, der auf einen Zeitabschnitt von drei Monaten nach Eingang des Vorbehalts bei einem der Verwahrer folgt.

4. Jede Vertragspartei, die einen Vorbehalt nach den Absätzen 1 und 3 angebracht hat, kann ihn durch eine an einen der Verwahrer gerichtete Notifikation ganz oder teilweise zurücknehmen. Die Rücknahme wird mit dem Eingang der Notifikation bei dem betreffenden Verwahrer wirksam.
5. Eine Vertragspartei, die einen Vorbehalt zu einer Bestimmung dieses Übereinkommens angebracht hat, kann nicht verlangen, dass eine andere Vertragspartei diese Bestimmung anwendet; sie kann jedoch, wenn es sich um einen Teilvorbehalt handelt, die Anwendung der betreffenden Bestimmung insoweit verlangen, als sie selbst sie angenommen hat.

Art. 31 Kündigung

1. Jede Vertragspartei kann dieses Übereinkommen jederzeit durch eine an einen der Verwahrer gerichtete Notifikation kündigen.
2. Die Kündigung wird am ersten Tag des Monats wirksam, der auf einen Zeitabschnitt von drei Monaten nach Eingang der Notifikation bei dem Verwahrer folgt.
3. Jede Vertragspartei, die das Übereinkommen kündigt, bleibt durch Artikel 22 gebunden, solange sie Schriftstücke oder Informationen in ihrem Besitz behält, die sie aufgrund des Übereinkommens erhalten hat.

Art. 32 Die Verwahrer und ihre Aufgaben

1. Der Verwahrer, dem eine Handlung, Notifikation oder Mitteilung zur Kenntnis gebracht worden ist, notifiziert den Mitgliedstaaten des Europarats und den Mitgliedstaaten der OECD und jeder Vertragspartei dieses Übereinkommens:
   a. jede Unterzeichnung;
   b. jede Hinterlegung einer Ratifikations-, Annahme- oder Genehmigungsurkunde;
   c. jeden Zeitpunkt des Inkrafttretens dieses Übereinkommens nach den Artikeln 28 und 29;
   d. jede nach Artikel 4 Absatz 3 oder Artikel 9 Absatz 3 abgegebene Erklärung und die Rücknahme jeder dieser Erklärungen;
   e. jeden nach Artikel 30 angebrachten Vorbehalt und jede nach Artikel 30 Absatz 4 erfolgte Rücknahme eines Vorbehalts;
   f. jede nach Artikel 2 Absatz 3 oder 4, Artikel 3 Absatz 3, Artikel 29 oder Artikel 31 Absatz 1 eingegangene Notifikation;
   g. jede andere Handlung, Notifikation oder Mitteilung im Zusammenhang mit diesem Übereinkommen.
2. Der Verwahrer, bei dem nach Absatz 1 eine Mitteilung eingeht oder der nach Absatz 1 eine Notifikation vornimmt, unterrichtet den anderen Verwahrer unverzüglich hiervon.

Zu Urkund dessen haben die hierzu gehörig befugten Unterzeichneten dieses Übereinkommen unterschrieben.

Geschehen durch die Verwahrer am 1. Juni 2011 nach Artikel X.4 des Änderungsprotokolls zum Übereinkommen über die gegenseitige Amtshilfe in Steuersachen in französischer und englischer Sprache, wobei jeder Wortlaut gleichermassen verbindlich ist, in zwei Urschriften, von denen je eine im Archiv jeden Verwahrers hinterlegt wird. Die Verwahrer übermitteln allen Vertragsparteien des Übereinkommens in der durch das Protokoll geänderten Fassung sowie allen zum Beitritt berechtigten Staaten beglaubigte Abschriften.

Geltungsbereich am 27. Juni 2017[3]

Vertragsstaaten	Ratifikation		Inkrafttreten	
Albanien*	8. August	2013	1. Dezember	2013
Andorra*	28. August	2016	1. Dezember	2016
Argentinien*	13. September	2012	1. Januar	2013
Aserbaidschan*	29. Mai	2015	1. September	2015
Australien*	30. August	2012	1. Dezember	2012
Barbados*	4. Juli	2016	1. November	2016
Belgien*	8. Dezember	2014	1. April	2015
Belize*	29. Mai	2013	1. September	2013
Brasilien*	1. Juni	2016	1. Oktober	2016
Bulgarien*	14. März	2016	1. Juli	2016
Chile*	7. Juli	2016	1. November	2016
China*	16. Oktober	2015	1. Februar	2016
Cook-Inseln*	29. Mai	2017	1. September	2017
Costa Rica*	5. April	2013	1. August	2013
Deutschland*	28. August	2015	1. Dezember	2015
Dänemark*	28. Januar	2011	1. Juni	2011
Färöer	28. Januar	2011	1. Juni	2011
Grönland	28. Januar	2011	1. Juni	2011
Estland*	8. Juli	2014	1. November	2014
Finnland*	21. Dezember	2010	1. Juni	2011
Frankreich*	13. Dezember	2011	1. April	2012
Georgien*	28. Februar	2011	1. Juni	2011
Ghana*	29. Mai	2013	1. September	2013
Griechenland*	29. Mai	2013	1. September	2013
Guatemala*	9. Juni	2017	1. Oktober	2017

3 AS **2016** 5071 und **2017** 3729. Eine aktualisierte Fassung des Geltungsbereiches findet sich auf der Internetseite des EDA (www.eda.admin.ch/vertraege).

Vertragsstaaten	Ratifikation		Inkrafttreten	
Indien*	21. Februar	2012	1. Juni	2012
Indonesien*	21. Januar	2015	1. Mai	2015
Irland*	29. Mai	2013	1. September	2013
Island*	28. Oktober	2011	1. Februar	2012
Israel*	31. August	2016	1. Dezember	2016
Italien*	17. Januar	2012	1. Mai	2012
Japan*	28. Juni	2013	1. Oktober	2013
Kamerun*	30. Juni	2015	1. Oktober	2015
Kanada*	21. November	2013	1. März	2014
Kasachstan*	8. April	2015	1. August	2015
Kolumbien*	19. März	2014	1. Juli	2014
Korea (Süd-)*	26. März	2012	1. Juli	2012
Kroatien*	28. Februar	2014	1. Juni	2014
Lettland*	15. Juli	2014	1. November	2014
Libanon*	12. Mai	2017	1. September	2017
Liechtenstein*	22. August	2016	1. Dezember	2016
Litauen*	4. Februar	2014	1. Juni	2014
Luxemburg*	11. Juli	2014	1. November	2014
Malaysia*	3. Januar	2017	1. Mai	2017
Malta*	29. Mai	2013	1. September	2013
Marschallinseln*	22. Dezember	2016	1. April	2017
Mauritius*	31. August	2015	1. Dezember	2015
Mexiko*	23. Mai	2012	1. September	2012
Moldau*	24. November	2011	1. März	2012
Monaco*	14. Dezember	2016	1. Mai	2017
Nauru*	28. Juni	2016	1. Oktober	2016
Neuseeland*	21. November	2013	1. März	2014
Niederlande*	29. Mai	2013	1. September	2013
Aruba*	29. Mai	2013	1. September	2013
Curaçao*	29. Mai	2013	1. September	2013
Karibische Gebiete (Bonaire, Sint Eustatius und Saba)*	29. Mai	2013	1. September	2013
Sint Maarten*	29. Mai	2013	1. September	2013
Nigeria*	29. Mai	2015	1. September	2015
Niue*	6. Juni	2016	1. Oktober	2016
Norwegen*	18. Februar	2011	1. Juni	2011
Österreich*	28. August	2014	1. Dezember	2014
Pakistan*	14. Dezember	2016	1. Mai	2017

Vertragsstaaten	Ratifikation		Inkrafttreten	
Panama*	16. März	2017	1. Juli	2017
Polen*	22. Juni	2011	1. Oktober	2011
Portugal*	17. November	2014	1. März	2015
Rumänien*	11. Juli	2014	1. November	2014
Russland*	4. März	2015	1. Juli	2015
Samoa*	31. August	2016	1. Dezember	2016
San Marino*	28. August	2015	1. Dezember	2015
Saudi-Arabien*	17. Dezember	2015	1. April	2016
Schweden*	27. Mai	2011	1. September	2011
Schweiz*	26. September	2016	1. Januar	2017
Senegal*	25. August	2016	1. Dezember	2016
Seychellen*	25. Juni	2015	1. Oktober	2015
Singapur*	20. Januar	2016	1. Mai	2016
Slowakei*	21. November	2013	1. März	2014
Slowenien*	31. Januar	2011	1. Mai	2011
Spanien*	28. September	2012	1. Januar	2013
St. Kitts und Nevis*	25. August	2016	1. Dezember	2016
St. Lucia*	21. November	2016	1. März	2017
St. Vincent und die Grenadinen*	31. August	2016	1. Dezember	2016
Südafrika*	21. November	2013	1. März	2014
Tschechische Republik*	11. Oktober	2013	1. Februar	2014
Tunesien*	31. Oktober	2013	1. Februar	2014
Uganda*	26. Mai	2016	1. September	2016
Ukraine*	22. Mai	2013	1. September	2013
Ungarn*	7. November	2014	1. März	2015
Uruguay*	31. August	2016	1. Dezember	2016
Vereinigtes Königreich*	30. Juni	2011	1. Oktober	2011
Anguilla*	1. März	2014	1. März	2014
Bermudas*	1. März	2014	1. März	2014
Britische Jungferninseln*	1. März	2014	1. März	2014
Gibraltar*	1. März	2014	1. März	2014
Guernsey*	1. August	2014	1. August	2014
Insel Man*	1. März	2014	1. März	2014
Jersey*	1. Juni	2014	1. Juni	2014
Kaimaninseln*	1. Januar	2014	1. Januar	2014
Montserrat*	1. Oktober	2013	1. Oktober	2013
Turks- und Caicosinseln*	1. Dezember	2013	1. Dezember	2013

Vertragsstaaten	Ratifikation		Inkrafttreten	
Vereinigte Staaten[4]				
Zypern* **	19. Dezember	2014	1. April	2015

* Vorbehalte und Erklärungen.

** Einwendungen
Die Vorbehalte, Erklärungen und Einwendungen werden in der AS nicht veröffentlicht, mit Ausnahme jener der Schweiz. Die französischen und englischen Texte können auf der Internetseite des Europarates: http://conventions.coe.int eingesehen oder bei der Direktion für Völkerrecht, Sektion Staatsverträge, 3003 Bern bezogen werden.

4 Ratifiziert wurde nur das Übereinkommen über die gegenseitige Amtshilfe in Steuersachen vom 25.1.1988. Der französische und englische Text können auf der Internetseite des Europarates eingesehen werden: www.coe.int/fr/web/conventions/full-list/-/conventions/treaty/127.

Vorbehalte und Erklärungen

Schweiz[5]

Vorbehalte zu Art. 2 Abs. 1, 11–17 und 28 Abs. 7 des Übereinkommens:

1. Gestützt auf Artikel 30 Absatz 1 Buchstabe a leistet die Schweiz keine Amtshilfe hinsichtlich Steuern, die unter eine der in Artikel 2 Absatz 1 Buchstabe b Ziffern ii bis iv des Übereinkommens aufgeführten Kategorien fallen.
2. Gestützt auf Artikel 30 Absatz 1 Buchstabe b leistet die Schweiz keine Amtshilfe bei der Vollstreckung von Steuerforderungen gemäss den Artikeln 11 bis 16 hinsichtlich Steuern, die in Artikel 2 Absatz 1 des Übereinkommens aufgeführt sind.
3. Gestützt auf Artikel 30 Absatz 1 Buchstabe c leistet die Schweiz keine Amtshilfe in Bezug auf Steuerforderungen, die im Zeitpunkt des Inkrafttretens des Übereinkommens für die Schweiz bestehen; bei der Rücknahme eines Vorbehalts gemäss den Ziffern 1 und 2 leistet die Schweiz keine Amtshilfe in Bezug auf Steuerforderungen, die im Zeitpunkt der Rücknahme des Vorbehalts hinsichtlich Steuern der betreffenden Kategorie bestehen.
4. Gestützt auf Artikel 30 Absatz 1 Buchstabe d leistet die Schweiz keine Amtshilfe bei der Zustellung von Schriftstücken gemäss Artikel 17 Absatz 1 des Übereinkommens im Zusammenhang mit Steuern, die in Artikel 2 Absatz 1 aufgelistet sind.
5. Gestützt auf Artikel 30 Absatz 1 Buchstabe f wendet die Schweiz Artikel 28 Absatz 7 des Übereinkommens nur an:
   a. wenn es einen Besteuerungszeitraum gibt, auf Amtshilfe im Zusammenhang mit Besteuerungszeiträumen, die am oder nach dem 1. Januar des dritten Jahres vor dem Jahr beginnen, in dem das Übereinkommen für eine Vertragspartei in Kraft getreten ist;
   b. wenn es keinen Besteuerungszeitraum gibt, auf Amtshilfe im Zusammenhang mit Steuerverbindlichkeiten, die am oder nach dem 1. Januar des dritten Jahres entstehen, das dem Jahr vorangeht, in dem das Übereinkommen für eine Vertragspartei in Kraft getreten ist.

Erklärungen zu Art. 4 Abs. 3 und 9 Abs. 3 des Übereinkommens:

1. Die zuständige Schweizer Behörde kann die betroffenen Personen unterrichten, bevor sie gemäss den Artikeln 5 und 7 Informationen über sie übermittelt.
2. Die Schweiz nimmt Ersuchen, dass Vertreter der zuständigen Behörde des ersuchenden Staates während Steuerprüfungen in der Schweiz anwesend sind, nicht an.

---

5 BB vom 18. Dez. 2015 (AS **2016** 5059)

Mitteilungen:

1. Folgende Steuerkategorien sind für die Schweiz in Anlage A des Übereinkommens aufzulisten:
   a. Artikel 2 Absatz 1 Buchstabe a Ziffer i:
      - vom Bund erhobene Steuern vom Einkommen (Gesamteinkommen, Erwerbseinkommen, Vermögensertrag, Geschäftsertrag, Kapitalgewinn und andere Einkünfte);
   b. Artikel 2 Absatz 1 Buchstabe b Ziffer i:
      - von Kantonen und Gemeinden erhobene Steuern vom Einkommen (Gesamteinkommen, Erwerbseinkommen, Vermögensertrag, Geschäftsertrag, Kapitalgewinn und andere Einkünfte),
      - von Kantonen und Gemeinden erhobene Steuern vom Vermögen (Gesamtvermögen, bewegliches und unbewegliches Vermögen, Geschäftsvermögen, Kapital und Reserven und andere Vermögensteile).
2. Als zuständige Schweizer Behörde ist in Anlage B des Übereinkommens der «Vorsteher des Eidgenössischen Finanzdepartements oder sein Stellvertreter» aufzuführen (Wiederholung der Mitteilung der Schweiz vom 22. Januar 2016).

Bundesbeschluss

über die Genehmigung und die Umsetzung des Übereinkommens des Europarats und der OECD über die gegenseitige Amtshilfe in Steuersachen

vom 18. Dezember 2015

Die Bundesversammlung der Schweizerischen Eidgenossenschaft,

gestützt auf die Artikel 54 Absatz 1 und 166 Absatz 2 der Bundesverfassung (BV)[1], nach Einsicht in die Botschaft des Bundesrates vom 5. Juni 2015[2],

beschliesst:

Art. 1

[1] Das Übereinkommen des Europarats und der Organisation für wirtschaftliche Zusammenarbeit und Entwicklung (OECD) vom 25. Januar 1988 über die gegenseitige Amtshilfe in Steuersachen in seiner revidierten und am 1. Juni 2011[3] in Kraft getretenen Fassung (Amtshilfeübereinkommen) wird genehmigt.

[2] Der Bundesrat wird ermächtigt, das Amtshilfeübereinkommen zu ratifizieren.

[3] Er bringt, gestützt auf Artikel 30 Absatz 1 Buchstaben a, b, c, d und f des Amtshilfeübereinkommens, bei der Ratifikation folgende Vorbehalte an:

Vorbehalte zu Artikel 2 Absatz 1, den Artikeln 11–17 und Artikel 28 Absatz 7 des Amtshilfeübereinkommens:

1. Die Schweiz leistet hinsichtlich der Steuern nach Artikel 2 Absatz 1 Buchstabe b Ziffern ii–iv des Amtshilfeübereinkommens in keiner Form Amtshilfe.
2. Die Schweiz leistet hinsichtlich der Steuern nach Artikel 2 Absatz 1 des Amtshilfeübereinkommens keine Amtshilfe bei der Vollstreckung nach den Artikeln 11–16 des Amtshilfeübereinkommens.
3. Die Schweiz leistet keine Amtshilfe in Bezug auf jegliche Steuerforderungen, die im Zeitpunkt des Inkrafttretens des Amtshilfeübereinkommens für die Schweiz bestehen; bei Rücknahme eines Vorbehalts nach Ziffer 1 oder 2 leistet die Schweiz keine Amtshilfe in Bezug auf Steuerforderungen, die im Zeitpunkt der Rücknahme des

---

AS **2016** 5059

1 SR **101**
2 BBl **2015** 5585
3 SR **0.652.1**; BBl **2015** 5645

entsprechenden Vorbehalts hinsichtlich Steuern der betreffenden Kategorie bestehen.

4. Die Schweiz leistet hinsichtlich der Steuern nach Artikel 2 Absatz 1 des Amtshilfeübereinkommens keine Amtshilfe bei der Zustellung von Schriftstücken nach Artikel 17 Absatz 1 des Amtshilfeübereinkommens.
5. Die Schweiz wendet Artikel 28 Absatz 7 des Amtshilfeübereinkommens ausschliesslich an:

a. wenn es einen Besteuerungszeitraum gibt: auf Amtshilfe im Zusammenhang mit Besteuerungszeiträumen, die am oder nach dem 1. Januar des dritten Jahres vor dem Jahr beginnen, in dem das Amtshilfeübereinkommen für eine Vertragspartei in Kraft getreten ist;
b. wenn es keinen Besteuerungszeitraum gibt: auf Amtshilfe im Zusammenhang mit Steuerverbindlichkeiten, die am oder nach dem 2. Januar des dritten Jahres entstehen, das dem Jahr vorangeht, in dem das Amtshilfeübereinkommen für eine Vertragspartei in Kraft getreten ist.

Art. 2

Der Bundesrat gibt anlässlich der Ratifikation gegenüber der Generalsekretärin oder dem Generalsekretär des Europarats oder der OECD (Verwahrer) folgende Erklärungen ab:

a. die Erklärung nach Artikel 4 Absatz 3 des Amtshilfeübereinkommens[4], wonach die zuständige Behörde der Schweiz betroffene Personen in Übereinstimmung mit den Artikeln 5 und 7 des Amtshilfeübereinkommens informieren kann, bevor sie Informationen übermittelt;
b. die Erklärung nach Artikel 9 Absatz 3 des Amtshilfeübereinkommens, wonach die Schweiz Ersuchen nicht stattgeben wird, dass Vertreterinnen und Vertreter der zuständigen Behörde des ersuchenden Staates während Steuerprüfungen in der Schweiz anwesend sind.

Art. 3

[1] Der Bundesrat teilt einem der Verwahrer anlässlich der Ratifikation mit, dass die Steuern nach Artikel 2 Absatz 2 des Amtshilfeübereinkommens[5], für die das Übereinkommen gilt, für die Schweiz auf folgende Steuern anwendbar ist:

a. die von Bund, Kantonen und Gemeinden erhobenen Steuern vom Einkommen (Gesamteinkommen, Erwerbseinkommen, Vermögensertrag, Geschäftsertrag, Kapitalgewinne und andere Einkünfte);
b. die von Kantonen und Gemeinden erhobenen Steuern vom Vermögen (Gesamtvermögen, bewegliches und unbewegliches Vermögen, Geschäftsvermögen, Kapital und Reserven und andere Vermögensteile).

---

4 SR **0.652.1**; BBl **2015** 5645
5 SR **0.652.1**; BBl **2015** 5645

[2] Er meldet nach Artikel 2 Absatz 3 des Amtshilfeübereinkommens einem der Verwahrer alle vorzunehmenden Änderungen.

[3] Er teilt nach Artikel 3 Absatz 1 Buchstabe d des Amtshilfeübereinkommens einem der Verwahrer anlässlich der Ratifikation mit, dass der Vorsteher oder die Vorsteherin des Eidgenössischen Finanzdepartements oder die zu seiner oder ihrer Vertretung bevollmächtigte Person die zuständige Behörde der Schweiz ist.

[4] Er meldet nach Artikel 3 Absatz 3 des Amtshilfeübereinkommens einem der Verwahrer alle vorzunehmenden Änderungen.

Art. 4

Der Bundesrat kann nach Artikel 28 Absatz 6 des Amtshilfeübereinkommens[6] mit einer oder mehreren Vertragsparteien vereinbaren, dass das Amtshilfeübereinkommen für die Amtshilfe im Zusammenhang mit Besteuerungszeiträumen oder Steuerverbindlichkeiten ab dem Inkrafttreten des Amtshilfeübereinkommens für die Schweiz gilt.

Art. 5

Die Änderung des Steueramtshilfegesetzes vom 28. September 2012[7] wird in der Fassung gemäss Anhang angenommen.

Art. 6

[1] Dieser Beschluss untersteht dem fakultativen Referendum (Art. 141 Abs. 1 Bst. d Ziff. 3 und 141*a* Abs. 2 BV).

[2] Der Bundesrat bestimmt das Inkrafttreten des Erlasses gemäss Anhang.

---

6 SR **0.652.1**; BBl **2015** 5645

7 SR **651.1**

Bundesgesetz
über die internationale Amtshilfe in Steuersachen (Steueramtshilfegesetz, StAhiG) (SR 651.1)

vom 28. September 2012 (Stand am 1. Januar 2017)

Die Bundesversammlung der Schweizerischen Eidgenossenschaft,
gestützt auf Artikel 173 Absatz 2 der Bundesverfassung[1], nach Einsicht in die Botschaft des Bundesrates vom 6. Juli 2011[2],
beschliesst:

1. Kapitel: Allgemeine Bestimmungen[3]

Gegenstand und Geltungsbereich

1. [1] Dieses Gesetz regelt den Vollzug der Amtshilfe beim Informationsaustausch auf Ersuchen sowie beim spontanen Informationsaustausch:[4]

a. nach den Abkommen zur Vermeidung der Doppelbesteuerung;
b. nach anderen internationalen Abkommen, die einen auf Steuersachen bezogenen Informationsaustausch vorsehen.

[2] Vorbehalten sind die abweichenden Bestimmungen des im Einzelfall anwendbaren Abkommens.

Zuständigkeit

2.[5] Die Eidgenössische Steuerverwaltung (ESTV) ist für den Vollzug der Amtshilfe Zuständig.

AS **2013** 231
1 SR **101**
2 BBl **2011** 6193
3 Fassung gemäss Anhang des BB vom 18. Dez. 2015 über die Genehmigung und die Umsetzung des Übereinkommens des Europarats und der OECD über die gegenseitige Amtshilfe in Steuersachen, in Kraft seit 1. Jan. 2017 (AS **2016** 5059; BBl **2015** 5585).
4 Fassung gemäss Anhang des BB vom 18. Dez. 2015 über die Genehmigung und die Umsetzung des Übereinkommens des Europarats und der OECD über die gegenseitige Amtshilfe in Steuersachen, in Kraft seit 1. Jan. 2017 (AS **2016** 5059; BBl **2015** 5585).
5 Fassung gemäss Anhang des BB vom 18. Dez. 2015 über die Genehmigung und die Umsetzung des Übereinkommens des Europarats und der OECD über die gegenseitige Amtshilfe in Steuersachen, in Kraft seit 1. Jan. 2017 (AS **2016** 5059; BBl **2015** 5585).

Begriffe

3. In diesem Gesetz gelten als:

a.[6] *betroffene Person:* Person, über die im Amtshilfeersuchen Informationen verlangt werden, oder Person, deren Steuersituation Gegenstand des spontanen Informationsaustauschs ist;

b. *Informationsinhaberin oder Informationsinhaber:* Person, die in der Schweiz über die verlangten Informationen verfügt.

b^bis^.[7] Informationsaustausch auf Ersuchen: Austausch von Informationen gestützt auf ein Amtshilfeersuchen;

c.[8] *Gruppenersuchen:* Amtshilfeersuchen, mit welchen Informationen über mehrere Personen verlangt werden, die nach einem identischen Verhaltensmuster vorgegangen sind und anhand präziser Angaben identifizierbar sind.

d.[9] spontaner Informationsaustausch: unaufgeforderter Austausch von bei der ESTV oder den kantonalen Steuerverwaltungen vorhandenen Informationen, die für die zuständige ausländische Behörde voraussichtlich von Interesse sind.

Grundsätze

4. [1] …[10]

[2] Das Amtshilfeverfahren wird zügig durchgeführt.

[3] Die Übermittlung von Informationen zu Personen, die nicht betroffene Personen sind, ist unzulässig, wenn diese Informationen für die Beurteilung der Steuersituation der betroffenen Person nicht voraussichtlich relevant sind oder wenn berechtigte Interessen von Personen, die nicht betroffene Personen sind, das Interesse der ersuchenden Seite an der Übermittlung der Informationen überwiegen.[11]

---

6 Fassung gemäss Anhang des BB vom 18. Dez. 2015 über die Genehmigung und die Umsetzung des Übereinkommens des Europarats und der OECD über die gegenseitige Amtshilfe in Steuersachen, in Kraft seit 1. Jan. 2017 (AS **2016** 5059; BBl **2015** 5585).

7 Eingefügt durch den Anhang des BB vom 18. Dez. 2015 über die Genehmigung und die Umsetzung des Übereinkommens des Europarats und der OECD über die gegenseitige Amtshilfe in Steuersachen, in Kraft seit 1. Jan. 2017 (AS **2016** 5059; BBl **2015** 5585).

8 Eingefügt durch Ziff. I des BG vom 21. März 2014, in Kraft seit 1. Aug. 2014 (AS **2014** 2309; BBl **2013** 8369).

9 Eingefügt durch den Anhang des BB vom 18. Dez. 2015 über die Genehmigung und die Umsetzung des Übereinkommens des Europarats und der OECD über die gegenseitige Amtshilfe in Steuersachen, in Kraft seit 1. Jan. 2017 (AS **2016** 5059; BBl **2015** 5585).

10 Aufgehoben durch den Anhang des BB vom 18. Dez. 2015 über die Genehmigung und die Umsetzung des Übereinkommens des Europarats und der OECD über die gegenseitige Amtshilfe in Steuersachen, mit Wirkung seit 1. Jan. 2017 (AS **2016** 5059; BBl **2015** 5585).

11 Fassung gemäss Anhang des BB vom 18. Dez. 2015 über die Genehmigung und die Umsetzung des Übereinkommens des Europarats und

Anwendbares Verfahrensrecht

5. [1] Soweit dieses Gesetz nichts anderes bestimmt, ist das Verwaltungsverfahrensgesetz vom 20. Dezember 1968[12] (VwVG) anwendbar.

[2] Artikel 22*a* Absatz 1 VwVG über den Stillstand der Fristen ist nicht anwendbar.

Vereinbarungen über den Datenschutz

5*a*.[13] Sieht das anwendbare Abkommen vor, dass die informierende Behörde Datenschutzbestimmungen bezeichnen kann, die von der empfangenden Behörde einzuhalten sind, so kann der Bundesrat Vereinbarungen über den Datenschutz abschliessen. Die einzuhaltenden Datenschutzbestimmungen müssen mindestens dem Schutzniveau des Bundesgesetzes vom 19. Juni 1992[14] über den Datenschutz entsprechen.

2. Kapitel: Informationsaustausch auf Ersuchen[15]

1. Abschnitt: Ausländische Amtshilfeersuchen[16]

Ersuchen

6. [1] Das Ersuchen eines ausländischen Staates muss schriftlich in einer schweizerischen Amtssprache oder in Englisch gestellt werden und die im anwendbaren Abkommen vorgesehenen Angaben enthalten.

[2] Enthält das anwendbare Abkommen keine Bestimmungen über den Inhalt eines Ersuchens und lässt sich aus dem Abkommen nichts anderes ableiten, so muss das Ersuchen folgende Angaben enthalten:

a. die Identität der betroffenen Person, wobei diese Identifikation auch auf andere Weise als durch Angabe des Namens und der Adresse erfolgen kann;
b. eine Beschreibung der verlangten Informationen sowie Angaben zur Form, in der der ersuchende Staat diese Informationen zu erhalten wünscht;

---

der OECD über die gegenseitige Amtshilfe in Steuersachen, in Kraft seit 1. Jan. 2017 (AS **2016** 5059; BBl **2015** 5585).

12 SR **172.021**

13 Eingefügt durch den Anhang des BB vom 18. Dez. 2015 über die Genehmigung und die Umsetzung des Übereinkommens des Europarats und der OECD über die gegenseitige Amtshilfe in Steuersachen, in Kraft seit 1. Jan. 2017 (AS **2016** 5059; BBl **2015** 5585).

14 SR **235.1**

15 Eingefügt durch den Anhang des BB vom 18. Dez. 2015 über die Genehmigung und die Umsetzung des Übereinkommens des Europarats und der OECD über die gegenseitige Amtshilfe in Steuersachen, in Kraft seit 1. Jan. 2017 (AS **2016** 5059; BBl **2015** 5585).

16 Fassung gemäss Anhang des BB vom 18. Dez. 2015 über die Genehmigung und die Umsetzung des Übereinkommens des Europarats und der OECD über die gegenseitige Amtshilfe in Steuersachen, in Kraft seit 1. Jan. 2017 (AS **2016** 5059; BBl **2015** 5585).

c. den Steuerzweck, für den die Informationen verlangt werden;
d. die Gründe zur Annahme, dass die verlangten Informationen sich im ersuchten Staat oder im Besitz oder unter der Kontrolle einer Informationsinhaberin oder eines Informationsinhabers befinden, die oder der im ersuchten Staat ansässig ist;
e. den Namen und die Adresse der mutmasslichen Informationsinhaberin oder des mutmasslichen Informationsinhabers, soweit bekannt;
f. die Erklärung, dass das Ersuchen den gesetzlichen und reglementarischen Vorgaben sowie der Verwaltungspraxis des ersuchenden Staates entspricht, sodass die ersuchende Behörde diese Informationen, wenn sie sich in ihrer Zuständigkeit befinden würden, in Anwendung ihres Rechts oder im ordentlichen Rahmen ihrer Verwaltungspraxis erhalten könnte;
g. die Erklärung, welche präzisiert, dass der ersuchende Staat die nach seinem innerstaatlichen Steuerverfahren üblichen Auskunftsquellen ausgeschöpft hat.

2bis Der Bundesrat bestimmt den erforderlichen Inhalt eines Gruppenersuchens.[17]

3 Sind die Voraussetzungen nach den Absätzen 1 und 2 nicht erfüllt, so teilt die ESTV dies der ersuchenden Behörde schriftlich mit und gibt ihr Gelegenheit, ihr Ersuchen schriftlich zu ergänzen.[18]

Nichteintreten

7. Auf das Ersuchen wird nicht eingetreten, wenn:
a. es zum Zweck der Beweisausforschung gestellt worden ist;
b. Informationen verlangt werden, die von den Amtshilfebestimmungen des anwendbaren Abkommens nicht erfasst sind; oder
c. es den Grundsatz von Treu und Glauben verletzt, insbesondere wenn es auf Informationen beruht, die durch nach schweizerischem Recht strafbare Handlungen erlangt worden sind.

17 Eingefügt durch Ziff. I des BG vom 21. März 2014, in Kraft seit 1. Aug. 2014 (AS **2014** 2309; BBl **2013** 8369).
18 Fassung gemäss Ziff. I des BG vom 21. März 2014, in Kraft seit 1. Aug. 2014 (AS **2014** 2309; BBl **2013** 8369).

2. Abschnitt: Informationsbeschaffung[19]

Grundsätze

8. [1] Zur Beschaffung von Informationen dürfen nur Massnahmen durchgeführt werden, die nach schweizerischem Recht zur Veranlagung und Durchsetzung der Steuern, die Gegenstand des Ersuchens sind, durchgeführt werden könnten.

[2] Informationen, die sich im Besitz einer Bank, eines anderen Finanzinstituts, einer beauftragten oder bevollmächtigten Person, einer Treuhänderin oder eines Treuhänders befinden oder die sich auf Beteiligungen an einer Person beziehen, können verlangt werden, wenn das anwendbare Abkommen ihre Übermittlung vorsieht.

[3] Die ESTV wendet sich zur Beschaffung der Informationen an die Personen und Behörden nach den Artikeln 9–12, von denen sie annehmen kann, dass sie über die Informationen verfügen.

[4] Die ersuchende Behörde hat keinen Anspruch auf Akteneinsicht oder Anwesenheit bei den Verfahrenshandlungen in der Schweiz.

[5] Die Kosten aus der Informationsbeschaffung werden nicht erstattet.

[6] Anwältinnen und Anwälte, die nach dem Anwaltsgesetz vom 23. Juni 2000[20] (BGFA) zur Vertretung vor schweizerischen Gerichten berechtigt sind, können die Herausgabe von Unterlagen und Informationen verweigern, die durch das Anwaltsgeheimnis geschützt sind.

Beschaffung von Informationen bei der betroffenen Person

9. [1] Ist die betroffene Person in der Schweiz beschränkt oder unbeschränkt steuerpflichtig, so verlangt die ESTV von ihr die Herausgabe der Informationen, die voraussichtlich für die Beantwortung des Ersuchens erforderlich sind. Sie setzt hierfür eine Frist.

[2] Sie informiert die betroffene Person über den Inhalt des Ersuchens, soweit dies für die Informationsbeschaffung notwendig ist.

[3] Die betroffene Person muss alle relevanten Informationen herausgeben, die sich in ihrem Besitz oder unter ihrer Kontrolle befinden.

[4] Die ESTV führt Verwaltungsmassnahmen wie Buchprüfungen oder Augenscheine durch, soweit dies für die Beantwortung des Ersuchens erforderlich ist. Sie informiert die für die Veranlagung der betroffenen Person zuständige kantonale Steuerverwal-

---

[19] Fassung gemäss Anhang des BB vom 18. Dez. 2015 über die Genehmigung und die Umsetzung des Übereinkommens des Europarats und der OECD über die gegenseitige Amtshilfe in Steuersachen, in Kraft seit 1. Jan. 2017 (AS **2016** 5059; BBl **2015** 5585).

[20] SR **935.61**

tung über die Massnahmen und gibt ihr Gelegenheit, an deren Durchführung teilzunehmen.

5 …[21]

Beschaffung von Informationen bei der Informationsinhaberin oder dem Informationsinhaber

10. 1 Die ESTV verlangt von der Informationsinhaberin oder dem Informationsinhaber die Herausgabe der Informationen, die voraussichtlich für die Beantwortung des Ersuchens erforderlich sind. Sie setzt hierfür eine Frist.

2 Sie informiert die Informationsinhaberin oder den Informationsinhaber über den Inhalt des Ersuchens, soweit dies für die Informationsbeschaffung notwendig ist.

3 Die Informationsinhaberin oder der Informationsinhaber muss alle relevanten Informationen herausgeben, die sich in eigenem Besitz oder unter eigener Kontrolle befinden.

4 …[22]

Beschaffung von Informationen im Besitz der kantonalen Steuerverwaltungen

11. 1 Die ESTV verlangt von den zuständigen kantonalen Steuerverwaltungen die Übermittlung der Informationen, die voraussichtlich für die Beantwortung des Ersuchens erforderlich sind. Soweit notwendig, kann sie die Übermittlung des vollständigen Steuerdossiers verlangen.

2 Sie übermittelt den kantonalen Steuerverwaltungen den vollständigen Inhalt des Ersuchens und setzt für die Übermittlung der Informationen eine Frist.

Beschaffung von Informationen im Besitz anderer schweizerischer Behörden

12. 1 Die ESTV verlangt von den Behörden des Bundes, der Kantone und der Gemeinden die Übermittlung der Informationen, die voraussichtlich für die Beantwortung des Ersuchens erforderlich sind.

2 Sie informiert die Behörden über den wesentlichen Inhalt des Ersuchens und setzt für die Übermittlung eine Frist.

Zwangsmassnahmen

13. 1 Zwangsmassnahmen können angeordnet werden:

a. wenn das schweizerische Recht die Durchführung von Zwangsmassnahmen vorsieht; oder
b. zur Einforderung von Informationen nach Artikel 8 Absatz 2.

2 Die ESTV kann zur Beschaffung von Informationen ausschliesslich folgende Zwangsmassnahmen anwenden:

---

21 Aufgehoben durch den Anhang des BB vom 18. Dez. 2015 über die Genehmigung und die Umsetzung des Übereinkommens des Europarats und der OECD über die gegenseitige Amtshilfe in Steuersachen, mit Wirkung seit 1. Jan. 2017 (AS **2016** 5059; BBl **2015** 5585).

22 Aufgehoben durch den Anhang des BB vom 18. Dez. 2015 über die Genehmigung und die Umsetzung des Übereinkommens des Europarats und der OECD über die gegenseitige Amtshilfe in Steuersachen, mit Wirkung seit 1. Jan. 2017 (AS **2016** 5059; BBl **2015** 5585).

a. die Durchsuchung von Räumen oder von Gegenständen und Unterlagen in Schriftform oder auf Bild- oder Datenträgern;
b. die Beschlagnahme von Gegenständen und Unterlagen in Schriftform oder auf Bild- oder Datenträgern;
c. die polizeiliche Vorführung gehörig vorgeladener Zeuginnen und Zeugen.

[3] Die Zwangsmassnahmen sind vom Direktor oder von der Direktorin der ESTV oder von der zur Stellvertretung befugten Person anzuordnen.

[4] Ist Gefahr im Verzug und kann eine Zwangsmassnahme nicht rechtzeitig angeordnet werden, so darf die mit dem Vollzug der Informationsbeschaffung betraute Person von sich aus eine Zwangsmassnahme durchführen. Diese Zwangsmassnahme hat nur Bestand, wenn sie vom Direktor oder von der Direktorin der ESTV oder von der zur Stellvertretung befugten Person innert drei Werktagen genehmigt wird.

[5] Die Polizeibehörden der Kantone und Gemeinden sowie andere Behörden unterstützen die ESTV bei der Durchführung der Zwangsmassnahmen.

[6] Die betroffenen kantonalen Steuerverwaltungen können an der Durchführung der Zwangsmassnahmen teilnehmen.

[7] Im Übrigen sind die Artikel 42 sowie 45–50 Absätze 1 und 2 des Bundesgesetzes vom 22. März 1974[23] über das Verwaltungsstrafrecht anwendbar.

Information der beschwerdeberechtigten Personen

14. [1] Die ESTV informiert die betroffene Person über die wesentlichen Teile des Ersuchens.[24]

[2] Sie informiert die weiteren Personen, von deren Beschwerdeberechtigung nach Artikel 19 Absatz 2 sie aufgrund der Akten ausgehen muss, über das Amtshilfeverfahren.[25]

[3] Ist eine Person nach Absatz 1 oder 2 (beschwerdeberechtigte Person) im Ausland ansässig, so ersucht die ESTV die Informationsinhaberin oder den Informationsinhaber, diese Person aufzufordern, in der Schweiz eine zur Zustellung bevollmächtigte Person zu bezeichnen. Sie setzt hierfür eine Frist.

[4] Sie kann die im Ausland ansässige beschwerdeberechtigte Person direkt informieren, wenn:
a. es zulässig ist, Schriftstücke im betreffenden Staat durch die Post zuzustellen; oder

[23] SR **313.0**
[24] Fassung gemäss Ziff. I des BG vom 21. März 2014, in Kraft seit 1. Aug. 2014 (AS **2014** 2309; BBl **2013** 8369).
[25] Fassung gemäss Ziff. I des BG vom 21. März 2014, in Kraft seit 1. Aug. 2014 (AS **2014** 2309; BBl **2013** 8369).

b. die ersuchende Behörde diesem Vorgehen im Einzelfall ausdrücklich zustimmt.[26]

[5] Kann eine beschwerdeberechtigte Person nicht erreicht werden, so informiert die ESTV sie auf dem Weg der ersuchenden Behörde oder durch Veröffentlichung im Bundesblatt über das Ersuchen. Sie fordert sie auf, eine zur Zustellung bevollmächtigte Person zu bezeichnen. Sie setzt hierfür eine Frist von zehn Tagen.[27]

Information bei Gruppenersuchen

14*a*.[28] [1] Auf Verlangen der ESTV muss die Informationsinhaberin oder der Informationsinhaber die von einem Gruppenersuchen betroffenen Personen identifizieren.

[2] Die ESTV informiert die beschwerdeberechtigten Personen mit Sitz oder Wohnsitz in der Schweiz über das Ersuchen.

[3] Sie ersucht die Informationsinhaberin oder den Informationsinhaber darum, die beschwerdeberechtigten Personen mit Sitz oder Wohnsitz im Ausland über das Ersuchen zu informieren und sie gleichzeitig aufzufordern, eine zur Zustellung bevollmächtigte Person in der Schweiz zu bezeichnen.

[3bis] Sie kann die im Ausland ansässige beschwerdeberechtigte Person direkt informieren, wenn:[29]

a. es zulässig ist, Schriftstücke im betreffenden Staat durch die Post zuzustellen; oder
b. die ersuchende Behörde diesem Vorgehen im Einzelfall ausdrücklich zustimmt.

[4] Sie informiert zudem die vom Gruppenersuchen betroffenen Personen ohne Namensnennung durch Publikation im Bundesblatt:

a. über den Eingang und den Inhalt des Ersuchens;
b.[30] über ihre Pflicht, der ESTV eine der folgenden Adressen anzugeben:

---

26 Fassung gemäss Anhang des BB vom 18. Dez. 2015 über die Genehmigung und die Umsetzung des Übereinkommens des Europarats und der OECD über die gegenseitige Amtshilfe in Steuersachen, in Kraft seit 1. Jan. 2017 (AS **2016** 5059; BBl **2015** 5585).

27 Fassung des dritten Satzes gemäss Anhang des BB vom 18. Dez. 2015 über die Genehmigung und die Umsetzung des Übereinkommens des Europarats und der OECD über die gegenseitige Amtshilfe in Steuersachen, in Kraft seit 1. Jan. 2017 (AS **2016** 5059; BBl **2015** 5585).

28 Eingefügt durch Ziff. I des BG vom 21. März 2014, in Kraft seit 1. Aug. 2014 (AS **2014** 2309; BBl **2013** 8369).

29 Eingefügt durch den Anhang des BB vom 18. Dez. 2015 über die Genehmigung und die Umsetzung des Übereinkommens des Europarats und der OECD über die gegenseitige Amtshilfe in Steuersachen, in Kraft seit 1. Jan. 2017 (AS **2016** 5059; BBl **2015** 5585).

30 Fassung gemäss Anhang des BB vom 18. Dez. 2015 über die Genehmigung und die Umsetzung des Übereinkommens des Europarats und der OECD über die gegenseitige Amtshilfe in Steuersachen, in Kraft seit 1. Jan. 2017 (AS **2016** 5059; BBl **2015** 5585).

1. ihre inländische Adresse, sofern sie ihren Sitz oder Wohnsitz in der Schweiz haben,
2. ihre ausländische Adresse, sofern es zulässig ist, Schriftstücke im betreffenden Staat durch die Post zuzustellen, oder
3. die Adresse einer zur Zustellung bevollmächtigten Person in der Schweiz;

c. über das vereinfachte Verfahren nach Artikel 16; und
d. darüber, dass eine Schlussverfügung für jede beschwerdeberechtigte Person erlassen wird, sofern diese nicht dem vereinfachten Verfahren zugestimmt hat.

5 Die Frist zur Angabe der Adresse nach Absatz 4 Buchstabe b beträgt 20 Tage. Sie beginnt am Tag nach der Publikation im Bundesblatt zu laufen.[31]

6 Kann die ESTV eine Schlussverfügung den beschwerdeberechtigten Personen nicht zustellen, so notifiziert sie diesen die Verfügung ohne Namensnennung durch Mitteilung im Bundesblatt. Die Beschwerdefrist beginnt am Tag nach der Notifikation im Bundesblatt zu laufen.

Mitwirkungsrecht und Akteneinsicht

15. 1 Die beschwerdeberechtigten Personen können sich am Verfahren beteiligen und Einsicht in die Akten nehmen.

2 Soweit die ausländische Behörde Geheimhaltungsgründe hinsichtlich gewisser Aktenstücke glaubhaft macht, kann die ESTV einer beschwerdeberechtigten Person die Einsicht in die entsprechenden Aktenstücke nach Artikel 27 VwVG[32] verweigern.[33]

3. Abschnitt: Verfahren[34]

Vereinfachtes Verfahren

16. 1 Stimmen die beschwerdeberechtigten Personen der Übermittlung der Informationen an die ersuchende Behörde zu, so teilen sie dies der ESTV schriftlich mit. Diese Zustimmung ist unwiderruflich.

---

31 Fassung gemäss Anhang des BB vom 18. Dez. 2015 über die Genehmigung und die Umsetzung des Übereinkommens des Europarats und der OECD über die gegenseitige Amtshilfe in Steuersachen, in Kraft seit 1. Jan. 2017 (AS **2016** 5059; BBl **2015** 5585).

32 SR **172.021**

33 Fassung gemäss Ziff. I des BG vom 21. März 2014, in Kraft seit 1. Aug. 2014 (AS **2014** 2309; BBl **2013** 8369).

34 Fassung gemäss Anhang des BB vom 18. Dez. 2015 über die Genehmigung und die Umsetzung des Übereinkommens des Europarats und der OECD über die gegenseitige Amtshilfe in Steuersachen, in Kraft seit 1. Jan. 2017 (AS **2016** 5059; BBl **2015** 5585).

[2] Die ESTV schliesst das Verfahren ab, indem sie die Informationen unter Hinweis auf die Zustimmung der beschwerdeberechtigten Personen an die ersuchende Behörde übermittelt.

[3] Betrifft die Zustimmung nur einen Teil der Informationen, so wird für die übrigen Informationen das ordentliche Verfahren durchgeführt.

Ordentliches Verfahren

17. [1] Die ESTV eröffnet jeder beschwerdeberechtigten Person eine Schlussverfügung, in der die Amtshilfeleistung begründet und der Umfang der zu übermittelnden Informationen bestimmt werden.

[2] Informationen, die voraussichtlich nicht erheblich sind, dürfen nicht übermittelt werden. Sie werden von der ESTV ausgesondert oder unkenntlich gemacht.

[3] Einer im Ausland ansässigen beschwerdeberechtigten Person eröffnet die ESTV die Schlussverfügung über die zur Zustellung bevollmächtigte Person oder direkt, sofern es zulässig ist, Schriftstücke im betreffenden Staat durch die Post zuzustellen. Andernfalls eröffnet sie die Verfügung durch Veröffentlichung im Bundesblatt.[35]

[4] Über den Erlass und den Inhalt der Schlussverfügung informiert sie gleichzeitig die betroffenen kantonalen Steuerverwaltungen.

Kosten

18. [1] Die Amtshilfeersuchen werden ohne Kostenauferlegung ausgeführt.

[2] Die ESTV kann Kosten, die ihr im Zusammenhang mit dem Informationsaustausch erwachsen, der betroffenen Person, der Informationsinhaberin oder dem Informationsinhaber ganz oder teilweise auferlegen, wenn:

a. die Kosten einen ausserordentlichen Umfang erreichen; und
b. die betroffene Person, die Informationsinhaberin oder der Informationsinhaber durch eigenes Fehlverhalten wesentlich zur Entstehung der Kosten beigetragen hat.

[3] Der Bundesrat umschreibt die Voraussetzungen nach Absatz 2 näher und regelt die Einzelheiten.

Beschwerdeverfahren

19. [1] Jede der Schlussverfügung vorangehende Verfügung, einschliesslich einer Verfügung über Zwangsmassnahmen, ist sofort vollstreckbar und kann nur zusammen mit der Schlussverfügung angefochten werden.

---

35 Fassung gemäss Anhang des BB vom 18. Dez. 2015 über die Genehmigung und die Umsetzung des Übereinkommens des Europarats und der OECD über die gegenseitige Amtshilfe in Steuersachen, in Kraft seit 1. Jan. 2017 (AS **2016** 5059; BBl **2015** 5585).

[2] Zur Beschwerde berechtigt sind die betroffene Person sowie weitere Personen unter den Voraussetzungen von Artikel 48 VwVG[36].

[3] Die Beschwerde hat aufschiebende Wirkung. Artikel 55 Absätze 2–4 VwVG ist anwendbar.

[4] Es findet grundsätzlich nur ein Schriftenwechsel statt.

[5] Im Übrigen gelten die Bestimmungen über die Bundesrechtspflege.

Abschluss des Verfahrens

20. [1] Ist die Schlussverfügung oder der Beschwerdeentscheid rechtskräftig geworden, so übermittelt die ESTV die zum Austausch bestimmten Informationen an die ersuchende Behörde.

[2] Sie weist die ersuchende Behörde auf die Einschränkung der Verwendbarkeit der übermittelten Informationen sowie auf die Geheimhaltungspflichten nach den Amtshilfebestimmungen des anwendbaren Abkommens hin.

[3] Sieht das anwendbare Abkommen vor, dass die im Rahmen des Amtshilfeverfahrens erhaltenen Informationen auch für andere Zwecke als für Steuerzwecke verwendet oder an einen Drittstaat weitergeleitet werden dürfen, sofern die zuständige Behörde des ersuchten Staates dieser Verwendung oder Weiterleitung zustimmt, so erteilt die ESTV nach entsprechender Prüfung ihre Zustimmung.[37] Sollen die erhaltenen Informationen an Strafbehörden weitergeleitet werden, so erteilt die ESTV die Zustimmung im Einvernehmen mit dem Bundesamt für Justiz.

Verwendung der Informationen zur Durchsetzung des schweizerischen Steuerrechts

21. [1] Zur Durchsetzung des schweizerischen Steuerrechts dürfen nur die der ersuchenden Behörde übermittelten Informationen verwendet werden.

[2] Bankinformationen dürfen nur weiterverwendet werden, soweit sie nach schweizerischem Recht hätten beschafft werden können.

[3] Wurden die Informationen aufgrund der Mitwirkungspflicht einer Person erlangt, so dürfen sie in einem Strafverfahren gegen diese Person nur verwendet werden, wenn die Person zustimmt oder die Informationen auch ohne ihre Mitwirkung hätten erlangt werden können.

36 SR **172.021**

37 Fassung gemäss Anhang des BB vom 18. Dez. 2015 über die Genehmigung und die Umsetzung des Übereinkommens des Europarats und der OECD über die gegenseitige Amtshilfe in Steuersachen, in Kraft seit 1. Jan. 2017 (AS **2016** 5059; BBl **2015** 5585).

Verfahren mit nachträglicher Information der beschwerdeberechtigten Personen[39]

21*a*.[38] [1] Die ESTV informiert die beschwerdeberechtigten Personen ausnahmsweise erst nach Übermittlung der Informationen mittels Verfügung über ein Ersuchen, wenn die ersuchende Behörde glaubhaft macht, dass der Zweck der Amtshilfe und der Erfolg ihrer Untersuchung durch die vorgängige Information vereitelt würden.

[2] Wird gegen die Verfügung Beschwerde erhoben, so kann lediglich die Feststellung der Rechtswidrigkeit verlangt werden.

[3] Die ESTV informiert die Informationsinhaberinnen, Informationsinhaber und Behörden, denen das Ersuchen zur Kenntnis gebracht wurde, über den Informationsaufschub. Diese Personen und Behörden dürfen die beschwerdeberechtigten Personen bis zu deren nachträglicher Information nicht über das Ersuchen informieren.

[4] und [5]...[40]

4. Abschnitt: Schweizerische Amtshilfeersuchen[41]

22. [1] Die interessierten Steuerbehörden richten ihr Ersuchen um internationale Amtshilfe an die ESTV.

[2] Die ESTV prüft das Ersuchen und entscheidet, ob die Voraussetzungen nach den Amtshilfebestimmungen des anwendbaren Abkommens erfüllt sind. Sind die Voraussetzungen nicht erfüllt, so teilt sie dies der ersuchenden Behörde schriftlich mit und gibt ihr Gelegenheit, ihr Ersuchen schriftlich zu ergänzen.

[3] Die ESTV leitet das Ersuchen an die zuständige ausländische Behörde weiter und begleitet das Amtshilfeverfahren bis zu seinem Abschluss.

[4] Gegen schweizerische Ersuchen um internationale Amtshilfe kann keine Beschwerde erhoben werden.

[5] Die ESTV leitet die aus dem Ausland erhaltenen Informationen an die interessierten Steuerbehörden weiter und verweist gleichzeitig auf die Einschränkungen bei deren Verwendung und

---

38 Eingefügt durch Ziff. 1 des BG vom 21. März 2014, in Kraft seit 1. Aug. 2014 (AS **2014** 2309; BBl **2013** 8369).

39 Eingefügt durch den Anhang des BB vom 18. Dez. 2015 über die Genehmigung und die Umsetzung des Übereinkommens des Europarats und der OECD über die gegenseitige Amtshilfe in Steuersachen, in Kraft seit 1. Jan. 2017 (AS **2016** 5059; BBl **2015** 5585).

40 Aufgehoben durch Anhang des BB vom 18. Dez. 2015 über die Genehmigung und die Umsetzung des Übereinkommens des Europarats und der OECD über die gegenseitige Amtshilfe in Steuersachen, mit Wirkung seit 1. Jan. 2017 (AS **2016** 5059; BBl **2015** 5585).

41 Fassung gemäss Anhang des BB vom 18. Dez. 2015 über die Genehmigung und die Umsetzung des Übereinkommens des Europarats und der OECD über die gegenseitige Amtshilfe in Steuersachen, in Kraft seit 1. Jan. 2017 (AS **2016** 5059; BBl **2015** 5585).

die Geheimhaltungspflichten nach den Amtshilfebestimmungen des anwendbaren Abkommens.

5bis Die ESTV prüft, ob die aus dem Ausland erhaltenen Informationen für weitere schweizerische Behörden von Interesse sind, und leitet die Informationen an diese weiter, sofern dies nach dem anwendbaren Abkommen zulässig und nach schweizerischem Recht vorgesehen ist. Sie holt gegebenenfalls die Zustimmung der zuständigen Behörde des ersuchten Staates ein.[42]

6 Amtshilfeersuchen zu Bankinformationen dürfen nur gestellt werden, soweit diese Informationen nach schweizerischem Recht beschafft werden könnten.

7 Absatz 6 gilt nicht in Bezug auf Staaten, von denen die Schweiz Informationen ohne vorgängiges Ersuchen erhalten kann.[43]

3. Kapitel:[44] Spontaner Informationsaustausch

Grundsätze

22*a*. 1 Der Bundesrat regelt die Pflichten im Zusammenhang mit dem spontanen Informationsaustausch im Einzelnen. Er orientiert sich dabei an den internationalen Standards und an der Praxis anderer Staaten.

2 Die ESTV und die kantonalen Steuerverwaltungen treffen die notwendigen Massnahmen, damit die Fälle identifiziert werden, in denen spontan Informationen auszutauschen sind.

3 Die kantonalen Steuerverwaltungen stellen der ESTV die zur Übermittlung an die zuständigen ausländischen Behörden vorgesehenen Informationen unaufgefordert und fristgerecht zu.

4 Die ESTV prüft diese Informationen und entscheidet, welche Informationen übermittelt werden.

5 Das Eidgenössische Finanzdepartement (EFD) kann Weisungen erlassen; insbesondere kann es den kantonalen Steuerverwaltungen die Verwendung bestimmter Formulare vorschrei-

---

42 Eingefügt durch den Anhang des BB vom 18. Dez. 2015 über die Genehmigung und die Umsetzung des Übereinkommens des Europarats und der OECD über die gegenseitige Amtshilfe in Steuersachen, in Kraft seit 1. Jan. 2017 (AS **2016** 5059; BBl **2015** 5585).

43 Eingefügt durch Art. 40 des BG vom 18. Dez. 2015 über den internationalen automatischen Informationsaustausch in Steuersachen (AS **2016** 1297; BBl **2015** 5437). Fassung gemäss Anhang des BB vom 18. Dez. 2015 über die Genehmigung und die Umsetzung des Übereinkommens des Europarats und der OECD über die gegenseitige Amtshilfe in Steuersachen, in Kraft seit 1. Jan. 2017 (AS **2016** 5059; BBl **2015** 5585).

44 Eingefügt durch den Anhang des BB vom 18. Dez. 2015 über die Genehmigung und die Umsetzung des Übereinkommens des Europarats und der OECD über die gegenseitige Amtshilfe in Steuersachen, in Kraft seit 1. Jan. 2017 (AS **2016** 5059; BBl **2015** 5585).

ben und verlangen, dass gewisse Formulare ausschliesslich in elektronischer Form eingereicht werden

Information der beschwerdeberechtigten Personen

22*b*. 1 Die ESTV informiert die betroffene Person und weitere Personen, von deren Beschwerdeberechtigung nach Artikel 48 VwVG[45] sie aufgrund der Akten ausgehen muss, über den vorgesehenen spontanen Informationsaustausch.

2 Sie informiert diese Personen ausnahmsweise erst nach dem spontanen Informationsaustausch über dessen Durchführung, wenn der Zweck der Amtshilfe und der Erfolg einer Untersuchung durch die vorgängige Information vereitelt würden. Im Übrigen gilt Artikel 21a Absätze 2 und 3 sinngemäss.

3 Kann eine beschwerdeberechtigte Person nicht erreicht werden, so informiert die ESTV sie durch Veröffentlichung im Bundesblatt über die vorgesehene Übermittlung von Informationen. Sie fordert sie auf, eine zur Zustellung bevollmächtigte Person zu bezeichnen. Sie setzt hierfür eine Frist.

Mitwirkungsrecht und Akteneinsicht der beschwerdeberechtigten Personen

22*c*. Für das Mitwirkungsrecht und die Akteneinsicht gilt Artikel 15 sinngemäss.

Verfahren

22*d*. Für die Verfahren gelten die Artikel 16, 17, 19 und 20 sinngemäss.

Vom Ausland spontan übermittelte Informationen

22*e*. 1 Die ESTV leitet Informationen, die ihr andere Staaten spontan übermittelt haben, zur Anwendung und Durchsetzung des schweizerischen Steuerrechts den interessierten Steuerbehörden weiter. Sie weist diese Behörden auf die Einschränkungen bei der Verwendung der übermittelten Informationen sowie auf die Geheimhaltungspflichten nach den Amtshilfebestimmungen des anwendbaren Abkommens hin.

2 Sie leitet die von einem anderen Staat spontan übermittelten Informationen weiteren schweizerischen Behörden, für die die Informationen von Interesse sind, weiter, sofern dies nach dem anwendbaren Abkommen zulässig und nach schweizerischem Recht vorgesehen ist. Sie holt gegebenenfalls die Zustimmung der zuständigen Behörde des informierenden Staates ein.

---

[45] SR **172.021**

4. Kapitel:[46] Datenbearbeitung, Schweigepflicht und Statistik

Datenbearbeitung

22*f*. Die ESTV kann zur Erfüllung ihrer Aufgaben nach den anwendbaren Abkommen und diesem Gesetz Personendaten, einschliesslich Personendaten über administrative und strafrechtliche Verfolgungen und Sanktionen in Steuersachen, bearbeiten.

Informationssystem

22*g*. [1] Die ESTV betreibt ein Informationssystem zur Bearbeitung von Personendaten, einschliesslich Personendaten über administrative und strafrechtliche Verfolgungen und Sanktionen in Steuersachen, die sie gestützt auf die anwendbaren Abkommen und dieses Gesetz erhalten hat.

[2] Die Daten dürfen nur durch Mitarbeiter und Mitarbeiterinnen der ESTV oder durch von der ESTV kontrollierte Fachpersonen bearbeitet werden.

[3] Das Informationssystem dient der ESTV zur Erfüllung ihrer Aufgaben nach den anwendbaren Abkommen und diesem Gesetz. Es darf namentlich verwendet werden, um:

a. Informationen nach Massgabe der anwendbaren Abkommen und des schweizerischen Rechts zu empfangen und weiterzuleiten;
b. Rechtsverfahren im Zusammenhang mit den anwendbaren Abkommen und diesem Gesetz zu bearbeiten;
c. administrative und strafrechtliche Sanktionen zu verhängen und zu vollstrecken;
d. Amts- und Rechtshilfeersuchen zu bearbeiten;
e. die Begehung von Steuerdelikten zu bekämpfen;
f. Statistiken zu erstellen.

[4] Der Bundesrat legt die Einzelheiten fest, insbesondere über:

a. die Organisation und Führung des Informationssystems;
b. die Kategorien der bearbeiteten Personendaten;
c. den Katalog der Daten über administrative und strafrechtliche Verfolgungen und Sanktionen;
d. die Zugriffs- und Bearbeitungsberechtigungen;
e. die Dauer der Aufbewahrung, die Archivierung und die Vernichtung der Daten.

Geheimhaltungspflicht

22*h*. [1] Wer mit dem Vollzug eines anwendbaren Abkommens und dieses Gesetzes betraut ist oder zu deren Vollzug beigezogen wird, hat gegenüber anderen Amtsstellen und Privaten über die

---

[46] Eingefügt durch den Anhang des BB vom 18. Dez. 2015 über die Genehmigung und die Umsetzung des Übereinkommens des Europarats und der OECD über die gegenseitige Amtshilfe in Steuersachen, in Kraft seit 1. Jan. 2017 (AS **2016** 5059; BBl **2015** 5585).

in Ausübung dieser Tätigkeit gemachten Wahrnehmungen Stillschweigen zu bewahren.

[2] Keine Geheimhaltungspflicht besteht:

a. bei der Übermittlung von Informationen und bei Bekanntmachungen nach dem anwendbaren Abkommen und diesem Gesetz;
b. gegenüber Organen der Rechtspflege und der Verwaltung, die das EFD ermächtigt hat, im Einzelfall amtliche Auskünfte bei den mit dem Vollzug dieses Gesetzes betrauten Behörden einzuholen;
c. soweit das anwendbare Abkommen die Aufhebung der Geheimhaltungspflicht zulässt und im schweizerischen Recht eine gesetzliche Grundlage für diese Aufhebung besteht.

Statistiken

22i. [1] Die ESTV veröffentlicht die für die Länderüberprüfung des Global Forum über Transparenz und Informationsaustausch für Steuerzwecke erforderlichen Statistiken.

[2] Es besteht kein Recht auf Zugang zu weiter gehenden als den nach Absatz 1 veröffentlichten Informationen.

5. Kapitel:[47] Strafbestimmungen

Widerhandlungen gegen behördliche Anordnungen

22j. Leistet die betroffene Person, der Informationsinhaber oder die Informationsinhaberin einer von der ESTV unter Hinweis auf die Strafdrohung dieser Bestimmung ergangenen vollstreckbaren Verfügung zur Herausgabe der Informationen nach Artikel 9 oder 10 vorsätzlich nicht Folge, so wird er oder sie mit Busse bis zu 10000 Franken bestraft.

Verstoss gegen das Informationsverbot

22k. Mit Busse bis zu 10000 Franken wird bestraft, wer vorsätzlich oder fahrlässig gegen das Informationsverbot nach Artikel 21a Absatz 3 verstösst.

Verfahren

22l. [1] Für die Verfolgung und Beurteilung von Widerhandlungen gegen dieses Gesetz ist das Bundesgesetz vom 22. März 1974[48] über das Verwaltungsstrafrecht anwendbar.

[2] Verfolgende und urteilende Behörde ist die ESTV.

---

[47] Eingefügt durch den Anhang des BB vom 18. Dez. 2015 über die Genehmigung und die Umsetzung des Übereinkommens des Europarats und der OECD über die gegenseitige Amtshilfe in Steuersachen, in Kraft seit 1. Jan. 2017 (AS **2016** 5059; BBl **2015** 5585).

[48] SR **313.0**

6. Kapitel: Schlussbestimmungen[49]

23. Die Änderung bisherigen Rechts wird im Anhang geregelt. **Änderung bisherigen Rechts**

24. Die Ausführungsbestimmungen, die sich auf den Bundesbeschluss vom 22. Juni 1951[50] über die Durchführung von zwischenstaatlichen Abkommen des Bundes zur Vermeidung der Doppelbesteuerung stützen, gelten weiter für die Amtshilfeersuchen, die beim Inkrafttreten dieses Gesetzes bereits eingereicht waren. **Übergangsbestimmung**

24*a*.[51] Übergangsbestimmungen zur Änderung vom 21. März 2014

¹ Die Artikel 6 Absatz 2bis und 14*a* gelten für Gruppenersuchen, die seit dem 1. Februar 2013 eingereicht worden sind.

² Die Artikel 14 Absätze 1 und 2, 15 Absatz 2 sowie 21*a* der Änderung vom 21. März 2014 des vorliegenden Gesetzes gelten auch für Amtshilfeersuchen, die im Zeitpunkt des Inkrafttretens der Änderung vom 21. März 2014 bereits eingereicht waren.

25. ¹ Dieses Gesetz untersteht dem fakultativen Referendum. **Inkrafttreten**

² Der Bundesrat bestimmt das Inkrafttreten.

Datum des Inkrafttretens: 1. Februar 2013[52]

---

49 Fassung gemäss Anhang des BB vom 18. Dez. 2015 über die Genehmigung und die Umsetzung des Übereinkommens des Europarats und der OECD über die gegenseitige Amtshilfe in Steuersachen, in Kraft seit 1. Jan. 2017 (AS **2016** 5059; BBl **2015** 5585).

50 SR **672.2**

51 Eingefügt durch Ziff. I des BG vom 21. März 2014, in Kraft seit 1. Aug. 2014 (AS **2014** 2309; BBl **2013** 8369).

52 BRB vom 16. Jan. 2013

Verordnung
über die internationale Amtshilfe in Steuersachen (Steueramtshilfeverordnung, StAhiV) (SR 651.11)

vom 23. November 2016 (Stand am 1. Januar 2017)

Der Schweizerische Bundesrat,

gestützt auf die Artikel 6 Absatz 2bis, 18 Absatz 3 und 22*a* Absatz 1 des Steueramtshilfegesetzes vom 28. September 2012[1] (StAhiG),

verordnet:

1. Abschnitt: Gegenstand

Art. 1

Diese Verordnung regelt den Vollzug der internationalen Amtshilfe in Steuersachen beim Informationsaustausch auf Ersuchen sowie beim spontanen Informationsaustausch.

2. Abschnitt: Informationsaustausch auf Ersuchen

Art. 2 Gruppenersuchen

1 Gruppenersuchen nach Artikel 3 Buchstabe c StAhiG sind zulässig für Informationen über Sachverhalte, welche die Zeit seit dem 1. Februar 2013 betreffen.

2 Vorbehalten sind die abweichenden Bestimmungen des im Einzelfall anwendbaren Abkommens.

Art. 3 Inhalt eines Gruppenersuchens

1 Ein Gruppenersuchen muss folgende Angaben enthalten:

a. eine detaillierte Umschreibung der Gruppe und der dem Ersuchen zugrunde liegenden Tatsachen und Umstände;
b. eine Beschreibung der verlangten Informationen sowie Angaben zur Form, in der der ersuchende Staat diese Informationen zu erhalten wünscht;
c. den Steuerzweck, für den die Informationen verlangt werden;

AS **2016** 4877
1 SR **651.1**

d. die Gründe zur Annahme, dass die verlangten Informationen sich im ersuchten Staat oder im Besitz oder unter der Kontrolle einer Informationsinhaberin oder eines Informationsinhabers befinden, die oder der im ersuchten Staat ansässig ist;
e. soweit bekannt, den Namen und die Adresse der mutmasslichen Informationsinhaberin oder des mutmasslichen Informationsinhabers;
f. eine Erläuterung des anwendbaren Rechts;
g. eine klare und auf Tatsachen gestützte Begründung der Annahme, dass die Steuerpflichtigen der Gruppe, über welche die Informationen verlangt werden, das anwendbare Recht nicht eingehalten haben;
h. eine Darlegung, dass die verlangten Informationen helfen würden, die Rechtskonformität der Steuerpflichtigen der Gruppe zu bestimmen;
i. sofern die Informationsinhaberin oder der Informationsinhaber oder eine andere Drittpartei aktiv zum nicht rechtskonformen Verhalten der Steuerpflichtigen der Gruppe beigetragen hat, eine Darlegung dieses Beitrages;
j. die Erklärung, dass das Ersuchen den gesetzlichen und reglementarischen Vorgaben sowie der Verwaltungspraxis des ersuchenden Staates entspricht, sodass die ersuchende Behörde diese Informationen, wenn sie sich in ihrer Zuständigkeit befinden würden, in Anwendung ihres Rechts oder im ordentlichen Rahmen ihrer Verwaltungspraxis erhalten könnte;
k. die Erklärung, dass der ersuchende Staat die nach seinem innerstaatlichen Steuerverfahren üblichen Auskunftsquellen ausgeschöpft hat.

2 Sind diese Voraussetzungen nicht erfüllt, so teilt die Eidgenössische Steuerverwaltung (ESTV) dies der ersuchenden Behörde schriftlich mit und gibt ihr Gelegenheit, ihr Ersuchen schriftlich zu ergänzen.

Art. 4 Kosten

1 Kosten von ausserordentlichem Umfang liegen insbesondere vor, wenn sie auf Ersuchen zurückzuführen sind, die einen überdurchschnittlichen Aufwand verursacht haben, besonders schwierig zu bearbeiten oder dringlich waren.

2 Die Kosten setzen sich zusammen aus:

a. den direkten Personalkosten;
b. den direkten Arbeitsplatzkosten;
c. einem Zuschlag von 20 Prozent auf den direkten Personalkosten zur Deckung der Gemeinkosten;
d. den direkten Material- und Betriebskosten;
e. den Auslagen.

[3] Die Auslagen setzen sich zusammen aus:

a. den Reise- und Transportkosten;
b. den Kosten für beigezogene Dritte.

[4] Soweit diese Verordnung keine besondere Regelung enthält, gelten die Bestimmungen der Allgemeinen Gebührenverordnung vom 8. September 2004[2].

3. Abschnitt: Spontaner Informationsaustausch

Art. 5 Ausnahmen für Bagatellfälle

[1] Vom spontanen Informationsaustausch können Bagatellfälle ausgenommen werden.

[2] Als Bagatellfälle gelten insbesondere Fälle, in denen die steuerlich relevanten Beträge und die potenziellen Steuererträge des Empfängerstaates in einem offensichtlichen Missverhältnis zum Aufwand für den spontanen Informationsaustausch stehen.

Art. 6 Zusammenarbeit der Behörden

Das Staatssekretariat für internationale Finanzfragen (SIF), die ESTV und die kantonalen Steuerverwaltungen arbeiten zusammen, um einen schweizweit einheitlichen spontanen Informationsaustausch zu gewährleisten.

Art. 7 Organisationseinheiten für den spontanen Informationsaustausch

[1] Die ESTV und die kantonalen Steuerverwaltungen bezeichnen die für den spontanen Informationsaustausch zuständigen Organisationseinheiten.

[2] Die Organisationseinheiten stellen die Verbindung mit der für den Informationsaustausch in Steuersachen zuständigen Abteilung der ESTV (zuständige Abteilung der ESTV) sowie die Durchführung des spontanen Informationsaustauschs in ihrer Steuerverwaltung sicher.

Art. 8 Steuervorbescheid: Definition

Als Steuervorbescheid gilt eine Auskunft, Bestätigung oder Zusicherung einer Steuerverwaltung:

a. die diese einer steuerpflichtigen Person gegeben hat;
b. die die steuerlichen Folgen eines von der steuerpflichtigen Person dargelegten Sachverhalts betrifft; und
c. auf die sich die steuerpflichtige Person berufen kann.

---

2 SR **172.041.1**

Art. 9 Steuervorbescheid: Verpflichtung zum spontanen Informationsaustausch

1 Ein spontaner Informationsaustausch ist durchzuführen, sofern ein Steuervorbescheid:

a. Sachverhalte nach Artikel 28 Absätze 2–4 des Bundesgesetzes vom 14. Dezember 1990[3] über die Harmonisierung der direkten Steuern der Kantone und Gemeinden betrifft, eine Steuerermässigung für Erträge aus Immaterialgütern oder vergleichbaren Rechten oder eine internationale Steuerausscheidung von Prinzipalgesellschaften zum Gegenstand hat;

b. mit grenzüberschreitendem Bezug Verrechnungspreise zwischen nahestehenden Personen oder eine Verrechnungspreismethodik zum Gegenstand hat, die die zuständige Schweizer Behörde ohne Beizug der zuständigen Behörden anderer Staaten festgelegt hat;

c. mit grenzüberschreitendem Bezug eine Reduktion des in der Schweiz steuerbaren Gewinns ermöglicht, die in der Jahresrechnung und der Konzernrechnung nicht ersichtlich ist;

d. feststellt, dass in der Schweiz oder im Ausland eine Betriebsstätte besteht oder nicht besteht oder welche Gewinne einer Betriebsstätte zugewiesen werden; oder

e. einen Sachverhalt zum Gegenstand hat, der die Ausgestaltung grenzüberschreitender Finanzierungsflüsse oder Einkünfte über schweizerische Rechtsträger an nahestehende Personen in anderen Staaten betrifft.

2 Als einander nahestehend gelten Personen, wenn eine Person zu mindestens 25 Prozent an der anderen beteiligt ist oder wenn eine dritte Person je zu mindestens 25 Prozent an beiden Personen beteiligt ist. Als an einer Person beteiligt gilt, wer direkt oder indirekt über einen entsprechenden Anteil der Stimmrechte oder des Grund- oder Gesellschaftskapitals dieser Person verfügt.

3 Die Verpflichtung zum spontanen Informationsaustausch besteht unabhängig davon, ob der dem Steuervorbescheid zugrunde gelegte Sachverhalt sich verwirklicht hat.

Art. 10 Steuervorbescheid: Empfängerstaaten

1 Erfüllt ein Steuervorbescheid mindestens eine der Voraussetzungen nach Artikel 9 Absatz 1, so ist ein spontaner Informationsaustausch mit den zuständigen Behörden der Sitzstaaten der direkt kontrollierenden Gesellschaft und der Konzernobergesellschaft durchzuführen.

---

3 SR **642.14**

2 Der spontane Informationsaustausch ist zudem in den folgenden Fällen mit den nachfolgenden Staaten durchzuführen:

a. sofern ein Steuervorbescheid nach Artikel 9 Absatz 1 Buchstabe a vorliegt: mit den Sitzstaaten von nahestehenden Personen, mit welchen die steuerpflichtige Person Transaktionen durchführt, die zu einer Besteuerung gemäss dem Steuervorbescheid führen oder die bei der steuerpflichtigen Person zu Einkünften vonseiten nahestehender Personen führen, die gemäss dem Steuervorbescheid besteuert werden;
b. sofern ein Steuervorbescheid nach Artikel 9 Absatz 1 Buchstabe b oder c vorliegt: mit den Sitzstaaten von nahestehenden Personen, mit welchen die steuerpflichtige Person Transaktionen durchführt, deren Steuerfolgen Gegenstand des Steuervorbescheids sind;
c. sofern ein Steuervorbescheid nach Artikel 9 Absatz 1 Buchstabe d vorliegt: mit dem Staat, in dem sich die ausländische Betriebsstätte befindet, oder mit dem Sitzstaat der Person, die in der Schweiz eine Betriebsstätte hat;
d. sofern ein Steuervorbescheid nach Artikel 9 Absatz 1 Buchstabe e vorliegt: mit den Sitzstaaten von nahestehenden Personen, die direkt oder indirekt Zahlungen an die steuerpflichtige Person vornehmen, sowie mit dem Sitzstaat der an diesen Zahlungen endgültig berechtigten Person.

3 Ist ein an einer Transaktion oder Zahlung nach Absatz 2 Buchstabe a, b oder d beteiligter Rechtsträger eine Betriebsstätte einer in einem anderen Staat ansässigen Person, so ist der spontane Informationsaustausch jeweils sowohl mit dem Staat, in dem sich die Betriebsstätte befindet, als auch mit dem Sitzstaat der Person durchzuführen, die über die Betriebsstätte verfügt.

4 Die zuständige Abteilung der ESTV kann die Übermittlung auf diejenigen Staaten beschränken, die sich zum Standard der OECD betreffend den spontanen Informationsaustausch über Steuervorbescheide bekennen.

Art. 11 An die zuständige Abteilung der ESTV zu übermittelnde Informationen

1 Liegt ein Steuervorbescheid vor, so sind der zuständigen Abteilung ESTV folgende Informationen zu übermitteln:

a. eine Kopie des Steuervorbescheids;
b. das Datum, an dem der Steuervorbescheid erteilt worden ist;
c. Angaben zur Identifikation der steuerpflichtigen Person, einschliesslich deren Adresse;

d. die Steueridentifikationsnummer der steuerpflichtigen Person sowie der Name der Unternehmensgruppe, der sie angehört;
e. die Steuerjahre, für die der Steuervorbescheid gilt;
f. die Voraussetzungen nach Artikel 9 Absatz 1, die der Steuervorbescheid erfüllt;
g. eine kurze Zusammenfassung des Inhalts des Steuervorbescheids, falls möglich in französischer oder englischer Sprache, andernfalls in deutscher oder italienischer Sprache;
h. Angaben zum Sitz der direkt kontrollierenden Gesellschaft und der Konzernobergesellschaft, einschliesslich deren Adresse;
i. sofern es sich um einen Steuervorbescheid nach Artikel 9 Absatz 1 Buchstabe a handelt: Angaben zu nahestehenden Personen oder Betriebsstätten, mit welchen die steuerpflichtige Person Transaktionen durchführt, die zu einer Besteuerung gemäss dem Steuervorbescheid führen oder die bei der steuerpflichtigen Person zu Einkünften vonseiten nahestehender Personen oder Betriebsstätten führen, die gemäss dem Steuervorbescheid besteuert werden, einschliesslich deren Name und Adresse;
j. sofern es sich um einen Steuervorbescheid nach Artikel 9 Absatz 1 Buchstabe b oder c handelt: Angaben zu nahestehenden Personen oder Betriebsstätten, mit welchen die steuerpflichtige Person Transaktionen durchführt, die Gegenstand des Steuervorbescheids sind, einschliesslich deren Name und Adresse;
k. sofern es sich um einen Steuervorbescheid nach Artikel 9 Absatz 1 Buchstabe d handelt: Angaben zur ausländischen Betriebsstätte oder zur ausländischen Person, deren Tätigkeit in der Schweiz eine Betriebsstätte begründet, einschliesslich deren Name und Adresse;
l. sofern es sich um einen Steuervorbescheid nach Artikel 9 Absatz 1 Buchstabe e handelt: Angaben zu nahestehenden Personen oder Betriebsstätten, die direkt oder indirekt Zahlungen an die steuerpflichtige Person vornehmen, sowie zu der an diesen Zahlungen endgültig berechtigten Person, einschliesslich deren Name und Adresse;
m. eine Liste der Empfängerstaaten nach Artikel 10;
n. weitere Informationen, die für die zuständige Abteilung der ESTV notwendig sein könnten, um zu beurteilen, ob die Informationen spontan auszutauschen sind.

2 Sofern vorhanden, sind der zuständigen Abteilung der ESTV zudem folgende Informationen zu übermitteln:

a. die Referenznummer des Steuervorbescheids;
b. die Steueridentifikationsnummer der direkt kontrollierenden Gesellschaft und der Konzernobergesellschaft;

c. in den Fällen nach Absatz 1 Buchstaben i–l: die Steueridentifikationsnummern der betreffenden Personen oder Betriebsstätten.

3 Der zuständigen Abteilung der ESTV können zudem folgende Informationen übermittelt werden:

a. Angaben zur hauptsächlichen Geschäftstätigkeit der steuerpflichtigen Person;
b. Angaben zum Transaktionsvolumen, zum Umsatz und zum Gewinn der steuerpflichtigen Person.

4 In den übrigen Fällen von spontanem Informationsaustausch gestützt auf das im Einzelfall anwendbare Abkommen sind der zuständigen Abteilung der ESTV folgende Informationen zu übermitteln:

a. die für die Übermittlung an den Empfängerstaat vorgesehenen Informationen;
b. eine kurze Zusammenfassung des Sachverhalts, falls möglich in französischer oder englischer Sprache, andernfalls in deutscher oder italienischer Sprache, und die Gründe, weshalb diese Informationen spontan auszutauschen sind;
c. eine Liste der Staaten, für welche die Informationen voraussichtlich von Interesse sind;
d. weitere Informationen, die für die zuständige Abteilung der ESTV notwendig sein könnten, um zu beurteilen, ob die Informationen spontan auszutauschen sind.

Art. 12 Fristen

Die Organisationseinheiten für den spontanen Informationsaustausch stellen der zuständigen Abteilung der ESTV die zu übermittelnden Informationen fortlaufend, spätestens aber innerhalb folgender Fristen zu:

a. bei Vorliegen eines Steuervorbescheids: 60 Tage nach Erteilung des Steuervorbescheids;
b. in den übrigen Fällen: 60 Tage nach rechtskräftiger Veranlagung des Sachverhalts.

Art. 13 Übermittlung an Empfängerstaaten

1 Liegt ein Steuervorbescheid vor, so übermittelt die zuständige Abteilung der ESTV die nach Artikel 11 Absätze 1 Buchstaben b–l, 2 und 3 erhaltenen Informationen innerhalb von drei Monaten nach deren Erhalt an die Empfängerstaaten. Diese Frist verlängert sich, sofern Gründe nach den Artikeln 22*b*–22*d* StAhiG dies erfordern.

2 In den übrigen Fällen übermittelt die zuständige Abteilung der ESTV die nach Artikel 11 Absatz 4 Buchstaben a und b erhaltenen Informationen an die Empfängerstaaten.

Art. 14 Falsche oder nicht relevante Informationen

1 Erweisen sich an die zuständige Abteilung der ESTV übermittelte Informationen nachträglich als falsch oder als für die Veranlagung der steuerpflichtigen Person nicht relevant, so informiert die betreffende Steuerverwaltung die zuständige Abteilung der ESTV umgehend darüber und übermittelt ihr die entsprechend berichtigten Informationen.

2 Die zuständige Abteilung der ESTV übermittelt die berichtigten Informationen an die betroffenen Empfängerstaaten.

4. Abschnitt: Schlussbestimmungen

Art. 15 Aufhebung eines anderen Erlasses

Die Steueramtshilfeverordnung vom 20. August 2014[4] wird aufgehoben.

Art. 16 Übergangsbestimmungen

1 Die Bestimmungen über den spontanen Informationsaustausch gelten auch für Steuervorbescheide, die zwischen dem 1. Januar 2010 und dem Inkrafttreten dieser Verordnung erteilt worden sind und sich auf Steuerjahre beziehen, für die die staatsvertragliche Norm anwendbar ist, welche die Schweiz zum spontanen Informationsaustausch verpflichtet.

2 Liegt ein solcher Steuervorbescheid vor, so übermittelt die betreffende Steuerverwaltung der zuständigen Abteilung der ESTV alle bei ihr vorhandenen Informationen nach Artikel 11 Absätze 1–3 laufend innerhalb von neun Monaten nach Beginn der Anwendbarkeit der staatsvertraglichen Norm, welche die Schweiz zum spontanen Informationsaustausch verpflichtet. Sofern einer Steuerverwaltung nicht alle Informationen nach Artikel 11 Absätze 1 und 2 vorliegen, übermittelt sie die bei ihr vorhandenen Informationen und informiert die zuständige Abteilung der ESTV hierüber.

3 Die zuständige Abteilung der ESTV übermittelt den Empfängerstaaten diese Informationen innerhalb von zwölf Monaten nach Beginn der Anwendbarkeit der staatsvertraglichen Norm, welche die Schweiz zum spontanen Informationsaustausch verpflichtet. Diese Frist verlängert sich, sofern Gründe nach den Artikeln *22b*–*22d* StAhiG dies erfordern.

4 Für Steuervorbescheide, die nach Inkrafttreten dieser Verordnung, aber vor dem Beginn der Anwendbarkeit der staatsvertraglichen Norm, welche die Schweiz zum spontanen Informationsaustausch verpflichtet, erteilt wurden, beginnt die Frist nach Artikel 12 Buchstabe a am Tag der Anwendbarkeit dieser staats-

---

4 AS **2014** 2753, **2015** 4939

vertraglichen Norm. Für die Frist in den übrigen Fällen nach Artikel 12 Buchstabe b gilt dieser Absatz sinngemäss.

Art. 17 Inkrafttreten

Diese Verordnung tritt am 1. Januar 2017 in Kraft.

Übersetzung[1]

Multilaterale Vereinbarung der zuständigen Behörden über den automatischen Informationsaustausch über Finanzkonten (SR 0.653.1)

Abgeschlossen am 29. Oktober 2014
Von der Bundesversammlung genehmigt am 18. Dezember 2015[2]
In Kraft getreten am 1. Januar 2017

(Stand am 4. Mai 2017)

In der Erwägung, dass die Staaten der Unterzeichner der multilateralen Vereinbarung der zuständigen Behörden über den automatischen Informationsaustausch über Finanzkonten («Vereinbarung») Vertragsparteien des Übereinkommens über die gegenseitige Amtshilfe in Steuersachen beziehungsweise des Übereinkommens über die gegenseitige Amtshilfe in Steuersachen in der durch das Protokoll zur Änderung des Übereinkommens über die gegenseitige Amtshilfe in Steuersachen geänderten Fassung («Amtshilfeübereinkommen»)[3] oder darunter fallende Hoheitsgebiete sind oder das Amtshilfeübereinkommen unterzeichnet oder ihre entsprechende Absicht bekundet haben und anerkennen, dass das Amtshilfeübereinkommen vor dem ersten Austausch von Informationen über Finanzkonten für sie in Kraft und wirksam sein muss;

in der Erwägung, dass die Staaten beabsichtigen, die Steuerehrlichkeit bei internationalen Sachverhalten durch den weiteren Ausbau ihrer Beziehungen im Bereich der gegenseitigen Unterstützung in Steuersachen zu fördern;

in der Erwägung, dass der gemeinsame Meldestandard von der OECD zusammen mit den G20-Staaten zur Bekämpfung der Steuervermeidung und -hinterziehung sowie zur Förderung der Steuerehrlichkeit entwickelt wurde;

in der Erwägung, dass ein Land, welches das Amtshilfeübereinkommen unterzeichnet oder seine entsprechende Absicht bekundet hat, erst ein Staat im Sinne von Abschnitt 1 dieser Vereinbarung werden wird, wenn es Vertragspartei des Amtshilfeübereinkommens geworden ist;

in der Erwägung, dass das Recht der jeweiligen Staaten Finanzinstitute verpflichtet oder verpflichten soll, gemäss dem Austauschumfang, der in Abschnitt 2 dieser Vereinbarung und in den im gemeinsamen Meldestandard

AS **2016** 4721; BBl **2015** 5437
1 Übersetzung des französischen Originaltextes
2 AS **2016** 4717
3 SR **0.652.1**

dargelegten Verfahren zur Erfüllung der Melde- und Sorgfaltspflichten vorgesehen ist, Informationen über bestimmte Konten zu melden und entsprechende Verfahren zur Erfüllung der Sorgfaltspflichten einzuhalten;

in der Erwägung, dass das Recht der Staaten voraussichtlich von Zeit zu Zeit geändert wird, um Aktualisierungen des gemeinsamen Meldestandards Rechnung zu tragen, und dass, sobald diese Änderungen von einem Staat in Kraft gesetzt wurden, die Bestimmung des Begriffs «gemeinsamer Meldestandard» für diesen Staat als Bezugnahme auf die aktualisierte Fassung gelten wird;

in der Erwägung, dass Kapitel III des Amtshilfeübereinkommens die Grundlage für den Informationsaustausch zu Steuerzwecken einschliesslich des automatischen Informationsaustauschs schafft sowie den zuständigen Behörden der Staaten gestattet, den Umfang und die Modalitäten dieses automatischen Austauschs zu vereinbaren;

in der Erwägung, dass Artikel 6 des Amtshilfeübereinkommens vorsieht, dass zwei oder mehr Vertragsparteien einen automatischen Informationsaustausch einvernehmlich vereinbaren können und der Informationsaustausch bilateral zwischen den zuständigen Behörden erfolgen wird;

in der Erwägung, dass die Staaten zum Zeitpunkt des ersten Austauschs über (i) geeignete Schutzvorkehrungen zur Sicherstellung der vertraulichen Behandlung der nach dieser Vereinbarung erhaltenen Informationen und deren ausschliesslicher Verwendung für die im Amtshilfeübereinkommen genannten Zwecke sowie (ii) die Infrastruktur für eine wirksame Austauschbeziehung (einschliesslich bestehender Verfahren zur Gewährleistung eines fristgerechten, fehlerfreien und vertraulichen Informationsaustauschs, wirksame und zuverlässige Übertragungswege sowie Ressourcen für die zügige Klärung von Fragen und Anliegen zum Austausch oder zu Austauschersuchen sowie für die Durchführung von Abschnitt 4 dieser Vereinbarung) verfügen oder verfügen sollen;

in der Erwägung, dass die zuständigen Behörden der Staaten beabsichtigen, eine Vereinbarung zu schliessen zur Förderung der Steuerehrlichkeit bei internationalen Sachverhalten auf der Grundlage eines automatischen Austauschs nach dem Amtshilfeübereinkommen, unbeschadet (etwaiger) innerstaatlicher Gesetzgebungsverfahren, unter Einhaltung des EU-Rechts (sofern anwendbar) und vorbehaltlich der im Amtshilfeübereinkommen vorgesehenen Vertraulichkeitsvorschriften und sonstigen Schutzvorkehrungen einschliesslich der Bestimmungen, welche die Verwendung der danach ausgetauschten Informationen einschränken;

sind die zuständigen Behörden wie folgt übereingekommen:

Abschnitt 1: Begriffsbestimmungen

1. Im Sinne dieser Vereinbarung haben die nachstehenden Ausdrücke folgende Bedeutung:

   a) der Ausdruck «Staat» bedeutet ein Land oder ein Hoheitsgebiet, für welches das Amtshilfeübereinkommen in Kraft und wirksam ist, entweder durch Unterzeichnung und Ratifikation nach Artikel 28 oder durch räumliche Erstreckung nach Artikel 29, und das ein Unterzeichner dieser Vereinbarung ist;

   b) der Ausdruck «zuständige Behörde» bedeutet für den jeweiligen Staat die in Anhang B des Amtshilfeübereinkommens aufgeführten Personen und Behörden;

   c) der Ausdruck «Finanzinstitut eines Staates» bedeutet für den jeweiligen Staat (i) ein in dem Staat ansässiges Finanzinstitut, jedoch nicht Zweigniederlassungen dieses Finanzinstituts, die sich ausserhalb des Staates befinden, und (ii) eine Zweigniederlassung eines nicht in dem Staat ansässigen Finanzinstituts, wenn diese sich in dem Staat befindet;

   d) der Ausdruck «meldendes Finanzinstitut» bedeutet ein Finanzinstitut eines Staates, bei dem es sich nicht um ein nicht meldendes Finanzinstitut handelt;

   e) der Ausdruck «meldepflichtiges Konto» bedeutet ein von einem meldenden Finanzinstitut geführtes Finanzkonto, das anhand von Verfahren zur Erfüllung der Sorgfaltspflichten nach dem gemeinsamen Meldestandard als ein Konto identifiziert wurde, dessen Kontoinhaber eine oder mehrere Personen sind, die gegenüber einem anderen Staat meldepflichtige Personen sind, oder ein passiver NFE, der von einer oder mehreren einem anderen Staat gegenüber meldepflichtigen Personen beherrscht wird;

   f) der Ausdruck «gemeinsamer Meldestandard» bedeutet den von der OECD zusammen mit den G20-Staaten entwickelten Standard für den automatischen Informationsaustausch über Finanzkonten in Steuersachen (einschliesslich der Kommentare);

   g) der Ausdruck «Sekretariat des Koordinierungsgremiums» bedeutet das OECD-Sekretariat, das gemäss Artikel 24 Absatz 3 des Amtshilfeübereinkommens das aus Vertretern der zuständigen Behörden der Vertragsparteien des Amtshilfeübereinkommens zusammengesetzte Koordinierungsgremium unterstützt;

   h) der Ausdruck «wirksame Vereinbarung» bedeutet in Bezug auf zwei zuständige Behörden, dass beide zuständigen Behörden ihre Absicht bekundet haben, miteinander automatisch Informationen auszutauschen, und die in Abschnitt 7 Absatz 2.1 dieser Vereinbarung genannten weiteren Voraussetzungen erfüllt haben. Die zuständigen

Behörden, für die diese Vereinbarung wirksam ist, sind in Anhang E aufgeführt.

2. Jeder [im englischen und im französischen Wortlaut] grossgeschriebene und in dieser Vereinbarung nicht definierte Ausdruck wird die Bedeutung haben, die ihm zum jeweiligen Zeitpunkt nach dem Recht des die Vereinbarung anwendenden Staates zukommt, wobei diese Bedeutung mit der im gemeinsamen Meldestandard festgelegten Bedeutung übereinstimmt. Jeder in dieser Vereinbarung oder im gemeinsamen Meldestandard nicht definierte Ausdruck wird, sofern der Zusammenhang nichts anderes erfordert und die zuständigen Behörden sich nicht (im Rahmen ihres innerstaatlichen Rechts) auf eine gemeinsame Bedeutung einigen, die Bedeutung haben, die ihm zum jeweiligen Zeitpunkt nach dem Recht des diese Vereinbarung anwendenden Staates zukommt, wobei die Bedeutung nach dem in diesem Staat geltenden Steuerrecht Vorrang hat vor einer Bedeutung, die dem Ausdruck nach dem sonstigen Recht dieses Staates zukommt.

Abschnitt 2:[4] Austausch von Informationen in Bezug auf meldepflichtige Konten

1.1 Gemäss den Artikeln 6 und 22 des Amtshilfeübereinkommens und vorbehaltlich der geltenden Melde- und Sorgfaltsvorschriften nach dem gemeinsamen Meldestandard wird jede zuständige Behörde die gemäss diesen Vorschriften beschafften und in Absatz 2 genannten Informationen jährlich mit den anderen zuständigen Behörden automatisch austauschen, in Bezug auf die diese Vereinbarung wirksam ist.

1.2 Ungeachtet des Absatzes 1.1 werden die zuständigen Behörden der in Anhang A aufgeführten Staaten die in Absatz 2 genannten Informationen übermitteln, jedoch nicht erhalten. Die zuständigen Behörden der nicht in Anhang A aufgeführten Staaten werden die in Absatz 2 genannten Informationen stets erhalten. Die zuständigen Behörden werden diese Informationen nicht an die zuständigen Behörden der in Anhang A aufgeführten Staaten übermitteln.

2. Die für jedes meldepflichtige Konto eines anderen Staates auszutauschenden Informationen sind:

a) Name, Anschrift, Steueridentifikationsnummer, Geburtsdatum und -ort (bei natürlichen Personen) jeder meldepflichtigen Person, die Inhaber des Kontos ist, sowie bei einem Rechtsträger, der Kontoinhaber ist und für den nach Anwendung von Verfahren zur Erfüllung der Sorgfaltspflichten gemäss dem gemeinsamen Meldestandard eine oder mehrere beherrschende Personen ermittelt wurden, die meldepflichtige Personen sind, Name, Anschrift und Steueridentifikationsnummer des Rechtsträgers sowie Name, Anschrift, Steueri-

4 Siehe die Notifikation der Schweiz vom 4. Mai 2017 dazu am Schluss des Textes.

dentifikationsnummer, Geburtsdatum und -ort jeder meldepflichtigen Person;

b) Kontonummer (oder funktionale Entsprechung, wenn keine Kontonummer vorhanden);

c) Name und (gegebenenfalls) Identifikationsnummer des meldenden Finanzinstituts;

d) Kontosaldo oder -wert (einschliesslich des Barwerts oder Rückkaufwerts bei rückkaufsfähigen Versicherungs- oder Rentenversicherungsverträgen) zum Ende des betreffenden Kalenderjahrs oder eines anderen geeigneten Meldezeitraums oder, wenn das Konto im Laufe des Jahres beziehungsweise Zeitraums aufgelöst wurde, die Auflösung des Kontos;

e) bei Verwahrkonten:

   (1) Gesamtbruttobetrag der Zinsen, Gesamtbruttobetrag der Dividenden und Gesamtbruttobetrag anderer Einkünfte, die mittels der auf dem Konto vorhandenen Vermögenswerte erzielt und jeweils auf das Konto (oder in Bezug auf das Konto) im Laufe des Kalenderjahrs oder eines anderen geeigneten Meldezeitraums eingezahlt oder dem Konto gutgeschrieben wurden, sowie

   (2) Gesamtbruttoerlöse aus der Veräusserung oder dem Rückkauf von Finanzvermögen, die während des Kalenderjahrs oder eines anderen geeigneten Meldezeitraums auf das Konto eingezahlt oder dem Konto gutgeschrieben wurden und für die das meldende Finanzinstitut als Verwahrstelle, Makler, Bevollmächtigter oder anderweitig als Vertreter für den Kontoinhaber tätig war;

f) bei Einlagenkonten der Gesamtbruttobetrag der Zinsen, die während des Kalenderjahrs oder eines anderen geeigneten Meldezeitraums auf das Konto eingezahlt oder dem Konto gutgeschrieben wurden; und

g) bei allen Konten, die nicht unter Buchstabe e oder f fallen, der Gesamtbruttobetrag, der in Bezug auf das Konto während des Kalenderjahrs oder eines anderen geeigneten Meldezeitraums an den Kontoinhaber gezahlt oder ihm gutgeschrieben wurde und für den das meldende Finanzinstitut Schuldner ist, einschliesslich der Gesamthöhe aller Einlösungsbeträge, die während des Kalenderjahrs oder eines anderen geeigneten Meldezeitraums an den Kontoinhaber geleistet wurden.

Abschnitt 3: Zeitraum und Form des Informationsaustauschs

1. Für die Zwecke des Informationsaustauschs nach Abschnitt 2 dieser Vereinbarung können der Betrag und die Einordnung von Zahlungen zugunsten eines meldepflichtigen Kontos nach den Grundsätzen des Steuerrechts des die Informationen austauschenden Staates bestimmt werden.

2. Für die Zwecke des Informationsaustauschs nach Abschnitt 2 dieser Vereinbarung wird in den ausgetauschten Informationen die Währung genannt werden, auf welche die jeweiligen Beträge lauten.

3. Im Hinblick auf Abschnitt 2 Absatz 2 und vorbehaltlich der in Abschnitt 7 dieser Vereinbarung vorgesehenen Notifikation einschliesslich der darin genannten Zeitpunkte sind Informationen ab den in Anhang F genannten Jahren innerhalb von neun Monaten nach Ablauf des Kalenderjahrs auszutauschen, auf das sie sich beziehen. Ungeachtet des Satzes 1 sind Informationen für ein Kalenderjahr nur dann auszutauschen, wenn diese Vereinbarung für beide zuständigen Behörden wirksam ist und in ihren jeweiligen Staaten Rechtvorschriften bestehen, denen zufolge Meldungen für dieses Kalenderjahr gemäss dem in Abschnitt 2 dieser Vereinbarung und in den im gemeinsamen Meldestandard enthaltenen Verfahren zur Erfüllung der Melde- und Sorgfaltspflichten vorgesehenen Austauschumfang erfolgen müssen.

4. *gestrichen*

5. Die zuständigen Behörden werden die in Abschnitt 2 dieser Vereinbarung beschriebenen Informationen in einem XML-Schema für den gemeinsamen Meldestandard automatisch austauschen.

6. Die zuständigen Behörden werden auf ein oder mehrere Datenübertragungsverfahren einschliesslich Verschlüsselungsstandards hinwirken und sich auf diese verständigen, um eine möglichst weitgehende Standardisierung zu erzielen sowie Komplexität und Kosten möglichst gering zu halten, und sie in Anhang B aufführen.

Abschnitt 4: Zusammenarbeit bei Einhaltung und Durchsetzung der Vereinbarung

Eine zuständige Behörde wird die andere zuständige Behörde unterrichten, wenn die erstgenannte (unterrichtende) zuständige Behörde Grund zu der Annahme hat, dass ein Fehler zu einer unrichtigen oder unvollständigen Informationsmeldung geführt hat oder dass ein meldendes Finanzinstitut die geltenden Meldepflichten und Verfahren zur Erfüllung der Sorgfaltspflichten nach dem gemeinsamen Meldestandard nicht einhält. Die unterrichtete zuständige Behörde wird sämtliche nach ihrem innerstaatlichen Recht zur Verfügung stehenden geeigneten Massnahmen ergreifen, um gegen die in der Unterrichtung beschriebenen Fehler oder Fälle von Nichteinhaltung vorzugehen.

Abschnitt 5: Vertraulichkeit und Datenschutzvorkehrungen

1. Alle ausgetauschten Informationen unterliegen den im Amtshilfeübereinkommen vorgesehenen Vertraulichkeitsvorschriften und sonstigen Schutzvorkehrungen einschliesslich der Bestimmungen, welche die Verwendung der ausgetauschten Informationen einschränken, und werden,

soweit für die Gewährleistung des notwendigen Schutzes personenbezogener Daten erforderlich, im Einklang mit den gegebenenfalls von der übermittelnden zuständigen Behörde nach Massgabe ihres innerstaatlichen Rechts festgelegten und in Anhang C aufgeführten Schutzvorkehrungen ausgetauscht.

2. Eine zuständige Behörde wird das Sekretariat des Koordinierungsgremiums unverzüglich über alle Verstösse gegen die Vertraulichkeitsvorschriften und jedes Versagen der Schutzvorkehrungen sowie alle daraufhin verhängten Sanktionen und ergriffenen Gegenmassnahmen unterrichten. Das Sekretariat des Koordinierungsgremiums wird sämtliche zuständigen Behörden unterrichten, für die diese Vereinbarung eine wirksame Vereinbarung mit der erstgenannten zuständigen Behörde darstellt.

Abschnitt 6: Konsultationen und Änderungen

1. Treten bei der Durchführung oder Auslegung dieser Vereinbarung Schwierigkeiten auf, so kann eine zuständige Behörde um Konsultationen mit einer oder mehreren der zuständigen Behörden zur Ausarbeitung geeigneter Massnahmen ersuchen, durch welche die Einhaltung der Vereinbarung sichergestellt wird. Die zuständige Behörde, die um die Konsultationen ersucht hat, stellt gegebenenfalls sicher, dass das Sekretariat des Koordinierungsgremiums über alle ausgearbeiteten Massnahmen unterrichtet wird, und das Sekretariat des Koordinierungsgremiums wird sämtliche zuständigen Behörden, auch diejenigen, die nicht an den Konsultationen teilgenommen haben, über sämtliche ausgearbeiteten Massnahmen unterrichten.

2. Diese Vereinbarung kann mittels Konsens durch schriftliche Übereinkunft aller zuständigen Behörden geändert werden, für die diese Vereinbarung wirksam ist. Sofern nichts anderes vereinbart wurde, wird diese Änderung am ersten Tag des Monats wirksam, der auf einen Zeitabschnitt von einem Monat nach der letzten Unterzeichnung dieser schriftlichen Übereinkunft folgt.

Abschnitt 7: Geltungsdauer der Vereinbarung

1. Eine zuständige Behörde muss zum Zeitpunkt der Unterzeichnung dieser Vereinbarung oder sobald wie möglich nach Einführung der zur Umsetzung des gemeinsamen Meldestandards erforderlichen Rechtsvorschriften in ihrem Staat eine Notifikation an das Sekretariat des Koordinierungsgremiums übermitteln:

a) in der angegeben ist, dass ihr Staat über die zur Umsetzung des gemeinsamen Meldestandards erforderlichen Rechtsvorschriften verfügt, und in der die jeweils massgeblichen Zeitpunkte für bestehende Konten, Neukonten sowie Anwendung oder Abschluss der Verfahren zur Erfüllung der Melde- und Sorgfaltspflichten genannt sind;

b) in der bestätigt wird, ob der Staat in Anhang A aufzuführen ist;

c) in der ein oder mehrere Datenübertragungsverfahren einschliesslich Verschlüsselung genannt sind (Anhang B);

d) in der gegebenenfalls Vorkehrungen zum Schutz personenbezogener Daten genannt sind (Anhang C);

e) in der angegeben ist, dass sie über geeignete Massnahmen zur Gewährleistung der Einhaltung der vorgeschriebenen Standards für Vertraulichkeit und Datenschutzvorkehrungen verfügt, und welcher der ausgefüllte und in Anhang D aufzunehmende Fragebogen zu Vertraulichkeit und Datenschutzvorkehrungen beigefügt ist; und

f) eine Liste der Staaten der zuständigen Behörden, mit denen sie dieser Vereinbarung im Einklang mit (etwaigen) innerstaatlichen Gesetzgebungsverfahren Wirksamkeit zu verleihen beabsichtigt.

Die zuständigen Behörden müssen dem Sekretariat des Koordinierungsgremiums umgehend jede an den oben genannten Anhängen vorzunehmende nachträgliche Änderung notifizieren.

2.1 Diese Vereinbarung wird zum späteren der folgenden Zeitpunkte zwischen zwei zuständigen Behörden wirksam werden: (i) dem Tag, an dem die zweite der beiden zuständigen Behörden die Notifikation nach Absatz 1 an das Sekretariat des Koordinierungsgremiums übermittelt hat, in der unter anderem gemäss Absatz 1 Buchstabe f der Staat der anderen zuständigen Behörde aufgeführt ist, oder, sofern zutreffend, (ii) dem Tag, an dem das Amtshilfeübereinkommen für beide Staaten in Kraft getreten und wirksam ist.

2.2 Das Sekretariat des Koordinierungsgremiums wird eine auf der OECD-Webseite zu veröffentlichende Liste der zuständigen Behörden führen, welche die Vereinbarung unterzeichnet haben und zwischen denen diese Vereinbarung eine wirksame Vereinbarung darstellt (Anhang E).

2.3 Das Sekretariat des Koordinierungsgremiums wird die von den zuständigen Behörden gemäss Absatz 1 Buchstaben a und b übermittelten Informationen auf der OECD-Webseite veröffentlichen. Die gemäss Absatz 1 Buchstaben c-f übermittelten Informationen werden den anderen Unterzeichnern auf schriftliche Anfrage an das Sekretariat des Koordinierungsgremiums zur Verfügung gestellt werden.

3. Eine zuständige Behörde kann den Informationsaustausch nach dieser Vereinbarung aussetzen, indem sie einer anderen zuständigen Behörde schriftlich ihre Feststellung mitteilt, dass die letztgenannte zuständige Behörde diese Vereinbarung in erheblichem Umfang nicht einhält oder nicht eingehalten hat. Diese Aussetzung wird unmittelbar wirksam sein. Im Sinne dieses Absatzes umfasst die erhebliche Nichteinhaltung unter anderem die Nichteinhaltung der Vertraulichkeits- und Datenschutzbestimmungen dieser Vereinbarung und des Amtshilfeübereinkommens, die nicht fristgerechte oder angemessene Bereitstellung von Informationen nach

dieser Vereinbarung durch die zuständige Behörde sowie eine dem Zweck des gemeinsamen Meldestandards entgegenstehende Festlegung des Status von Rechtsträgern oder Konten als nicht meldende Finanzinstitute beziehungsweise ausgenommene Konten.

4. Eine zuständige Behörde kann ihre Teilnahme an dieser Vereinbarung oder in Bezug auf eine bestimmte zuständige Behörde gegenüber dem Sekretariat des Koordinierungsgremiums schriftlich kündigen. Die Kündigung wird am ersten Tag des Monats wirksam werden, der auf einen Zeitabschnitt von zwölf Monaten nach der Kündigung folgt. Im Fall einer Kündigung werden alle bis zu diesem Zeitpunkt nach dieser Vereinbarung erhaltenen Informationen weiterhin vertraulich behandelt werden und den Bestimmungen des Amtshilfeübereinkommens unterliegen.

Abschnitt 8: Sekretariat des Koordinierungsgremiums

1. Sofern in der Vereinbarung nichts anderes vorgesehen ist, wird das Sekretariat des Koordinierungsgremiums sämtliche zuständigen Behörden über alle nach dieser Vereinbarung bei ihm eingegangenen Notifikationen unterrichten und sämtliche Unterzeichner der Vereinbarung in Kenntnis setzen, wenn eine neue zuständige Behörde die Vereinbarung unterzeichnet.

2. Alle Unterzeichner der Vereinbarung werden sich jährlich zu gleichen Teilen an den Kosten der Verwaltung der Vereinbarung durch das Sekretariat des Koordinierungsgremiums beteiligen. Ungeachtet des Satzes 1 werden berechtigte Länder nach Artikel X der Geschäftsordnung des Koordinierungsgremiums des Amtshilfeübereinkommens von der Kostenbeteiligung befreit sein.

Geschehen in französischer und englischer Sprache, wobei jeder Wortlaut gleichermassen verbindlich ist.

(Es folgen die Unterschriften)

Beilage

Gemeinsamer Melde- und Sorgfaltsstandard für Informationen über Finanzkonten

[...]

Notifikation der Schweiz nach Abschnitt 7 Absatz 1 Buchstabe d[5]

Die zuständige Behörde der Schweiz notifiziert hiermit dem Sekretariat des Koordinierungsgremiums, dass sie die in Abschnitt 2 dieser Vereinbarung festgelegten Informationen gemäss der Datenschutzgesetzgebung der Schweiz übermittelt, vorausgesetzt:

- die übermittelten Informationen werden ausschliesslich für die im Übereinkommen über die gegenseitige Amtshilfe in Steuersachen vom 25. Januar 1988 in der mit dem Protokoll vom 27. Mai 2010 revidierten Fassung[6] und in der multilateralen Vereinbarung der zuständigen Behörden über den automatischen Informationsaustausch über Finanzkonten festgelegten Zwecke verwendet, für welche die Übermittlung dieser Daten vorgesehen ist. Die Verwendung dieser Daten zu anderen Zwecken ist nur mit vorgängiger Zustimmung der zuständigen Behörde der Schweiz möglich;
- die von der zuständigen Behörde der Schweiz übermittelten Informationen dürfen in keinem Fall von der zuständige Behörde, welche die Informationen erhält, in Verfahren verwendet oder veröffentlicht werden, welche die Verhängung oder Vollstreckung der Todesstrafe oder eine andere schwere Verletzung der Menschenrechte wie Folter zur Folge hätten; und
- für einen anderen als von der Schweiz oder analogieweise von der Europäischen Union[7] hinsichtlich der Datenschutzregelung als angemessen erachteten Staat gelten folgende Garantien bezüglich der von der Schweiz übermittelten Personendaten:

---

5 AS **2017** 3533. Diese Notifikation ersetzt diejenige vom 21. Dez. 2016 (in der AS nicht veröffentlicht) und bleibt gültig, bis das Sekretariat des Koordinierungsgremiums über eine Änderung unterrichtet wird.

6 SR **0.652.1**

7 Die Schweiz verfügt über eine Angemessenheitsentscheidung der Europäischen Kommission gemäss Artikel 25 Absatz 6 der Richtlinie 95/46/EG vom 24. Oktober 1995 des Europäischen Parlaments und des Rates zum Schutz natürlicher Personen bei der Verarbeitung personenbezogener Daten und zum freien Datenverkehr.

Recht auf Auskunft, Berichtigung und Löschung der Daten

Jede natürliche Person, die ihre Identität ausweist, hat das Recht auf Auskunft über ihre von der zuständigen Behörde, welche die Informationen erhält, bearbeiteten Daten, sofern:

- ihre Ersuchen aufgrund ihrer unzumutbaren Häufigkeit, ihrer Zahl, Wiederholung oder Systematik nicht offensichtlich missbräuchlich sind; oder
- die Ersuchen das Bearbeiten der Daten, die Veranlagung, Prüfung, Erhebung oder Vollstreckung der Steuern durch den Staat, der die Informationen erhält, nicht gefährden.

Jede natürliche Person, die ihre Identität ausweist, kann die Korrektur, die Änderung oder die Löschung ihrer Personendaten verlangen, wenn diese unzutreffend sind. Bei begründeten Zweifeln an der Rechtmässigkeit des Ersuchens kann die zuständige Behörde, welche die Informationen erhält, weitere Belege verlangen, bevor sie dem Ersuchen stattgibt.

Informiert die zuständige Behörde der Schweiz die zuständige Behörde, welche die Informationen erhält, dass sie eine unzutreffende Information übermittelt hat, so wird diese unzutreffende Information durch die zuständige Behörde, die die Informationen erhalten hat, entsprechend korrigiert, geändert oder gelöscht.

Die Person, deren Personendaten übermittelt werden, muss gemäss den im Recht des die Daten übermittelnden Staates dafür vorgesehenen Verfahren in allgemeiner Weise über die Sammlung dieser Daten informiert werden.

Beschwerderecht

Jede natürliche Person muss das Recht haben, bei Schäden aus der fehlerhaften Verwendung von der zuständigen Behörde der Schweiz übermittelter Personendaten durch die zuständige Behörde, welche die Informationen erhält, in geeigneter Weise Beschwerde einzulegen.

Datensicherheit

Die zuständige Behörde, welche die Informationen von der zuständigen Behörde der Schweiz erhält, muss Massnahmen zum Schutz der übermittelten Informationen ergreifen, so insbesondere gegen den unbefugten Zugriff auf diese Daten sowie gegen jegliche unbefugte Änderung und Weitergabe dieser Daten.

Datenaufbewahrung

Die zuständige Behörde, welche die Informationen erhält, sorgt für die Aufbewahrung der Personendaten in einer Form, welche die Identifikation der betroffenen Personen nur so lange zulässt, wie es für die Zwecke, für die sie beschafft oder weiterbearbeitet werden, erforderlich ist.

Begriffsbestimmungen

Im Sinne dieser Erklärung:

a) umfasst der Ausdruck *«Personendaten»* alle Informationen über eine bestimmte oder bestimmbare natürliche Person; als bestimmbar wird eine Person angesehen, die direkt oder indirekt identifiziert werden kann, insbesondere durch Zuordnung zu einer Kennnummer oder zu einem oder mehreren besonderen Merkmalen, die Ausdruck ihrer physischen, physiologischen, psychischen, wirtschaftlichen, kulturellen oder sozialen Identität sind;
b) hat der Ausdruck *«zuständige Behörde»* die im Übereinkommen über die gegenseitige Amtshilfe in Steuersachen in der revidierten Fassung definierte und verwendete Bedeutung;
c) verstehen sich die Ausdrücke *«Staat»* und *«wirksame Vereinbarung»* im Sinne der Definition der multilateralen Vereinbarung der zuständigen Behörden über den automatischen Informationsaustausch über Finanzkonten; und
d) sind die Listen der Staaten, deren Regelung zum Schutz der Personendaten von der Schweiz oder der Europäischen Kommission als angemessen erachtet werden, unter folgenden Adressen abrufbar:

   www.edoeb.admin.ch/datenschutz/00626/00753/index.html

   https://secure.edps.europa.eu/EDPSWEB/edps/site/mySite/lang/de/pid/71#adequacy_decision

Geltungsbereich am 1. Januar 2017

Die Schweiz ist durch die Bestimmungen der Multilateralen Vereinbarung über den automatischen Informationsaustausch über Finanzkonten in Bezug auf die folgenden Staaten und Gebiete gebunden, gemäss Abschnitt 7 Absatz 2.1 dieser Vereinbarung:

	Wirksam ab
Australien[8]	1. Januar 2017
Kanada[9]	1. Januar 2017
Korea[10]	1. Januar 2017
Guernsey[11]	1. Januar 2017
Insel Man[12]	1. Januar 2017
Island[13]	1. Januar 2017
Japan[14]	1. Januar 2017
Jersey[15]	1. Januar 2017
Norwegen[16]	1. Januar 2017

8 BB vom 31. Mai 2016 (AS **2016** 4795)
9 BB vom 12. Dez. 2016 (AS 2016 5307)
10 BB vom 12. Dez. 2016 (AS 2016 5309)
11 BB vom 12. Dez. 2016 (AS 2016 5311)
12 BB vom 12. Dez. 2016 (AS 2016 5313)
13 BB vom 12. Dez. 2016 (AS 2016 5315)
14 BB vom 12. Dez. 2016 (AS 2016 5317)
15 BB vom 12. Dez. 2016 (AS 2016 5319)
16 BB vom 12. Dez. 2016 (AS 2016 5321)

Bundesgesetz
über den internationalen automatischen Informationsaustausch in Steuersachen (AIAG) (SR 653.1)

vom 18. Dezember 2015 (Stand am 1. Januar 2017)

Die Bundesversammlung der Schweizerischen Eidgenossenschaft,

gestützt auf Artikel 173 Absatz 2 der Bundesverfassung[1],
nach Einsicht in die Botschaft des Bundesrates vom 5. Juni 2015[2],

beschliesst:

1. Abschnitt: Allgemeine Bestimmungen

Art. 1 Gegenstand

[1] Dieses Gesetz regelt die Umsetzung des automatischen Informationsaustauschs in Steuersachen (automatischer Informationsaustausch) zwischen der Schweiz und einem Partnerstaat:

a. nach der multilateralen Vereinbarung vom 29. Oktober 2014[3] der zuständigen Behörden über den automatischen Informationsaustausch über Finanzkonten (AIA-Vereinbarung) einschliesslich ihrer Beilage;
b. nach anderen internationalen Abkommen, die einen automatischen Informationsaustausch über Finanzkonten vorsehen.

[2] Vorbehalten sind die abweichenden Bestimmungen des im Einzelfall anwendbaren Abkommens.

Art. 2 Begriffe

[1] In diesem Gesetz bedeuten:

a. *anwendbares Abkommen:* eine Vereinbarung oder ein Abkommen nach Artikel 1 Absatz 1, die oder das im Einzelfall anwendbar ist;
b. *gemeinsamer Meldestandard (GMS):* der gemeinsame Melde- und Sorgfaltsstandard der Organisation für wirtschaftliche Zusammenarbeit und Entwicklung (OECD) für Informationen über Finanzkonten;

AS **2016** 1297
1 SR **101**
2 BBl **2015** 5437
3 SR **0.653.1**

c. *Partnerstaat:* Staat oder Hoheitsgebiet, mit dem die Schweiz den automatischen Informationsaustausch vereinbart hat;
d. *schweizerisches Finanzinstitut:*
   1. ein in der Schweiz ansässiges Finanzinstitut, jedoch nicht eine Zweigniederlassung dieses Finanzinstituts, die sich ausserhalb der Schweiz befindet, oder
   2. eine Zweigniederlassung eines nicht in der Schweiz ansässigen Finanzinstituts, die sich in der Schweiz befindet;
e. *nicht dokumentiertes Konto:* ein bestehendes Konto natürlicher Personen, bei welchem ein meldendes schweizerisches Finanzinstitut in Anwendung der Bestimmungen des anwendbaren Abkommens die steuerliche Ansässigkeit des Kontoinhabers oder der Kontoinhaberin nicht feststellen kann;
f. *schweizerische Steueridentifikationsnummer für natürliche Personen:* die AHV-Versichertennummer nach dem Bundesgesetz vom 20. Dezember 1946[4] über die Alters- und Hinterlassenenversicherung;
g. *schweizerische Steueridentifikationsnummer für Rechtsträger (UID):* die Unternehmens-Identifikationsnummer nach dem Bundesgesetz vom 18. Juni 2010[5] über die Unternehmens-Identifikationsnummer;
h. *ausländische Steueridentifikationsnummer:* die Identifikationsnummer einer steuerpflichtigen Person nach dem Recht des Staates oder Hoheitsgebiets, in dem sie steuerlich ansässig ist;
i. *bestehendes Konto:* ein Finanzkonto, das am Tag vor Beginn der Anwendbarkeit des automatischen Informationsaustauschs mit einem Partnerstaat von einem meldenden schweizerischen Finanzinstitut geführt wird;
j. *Neukonto:* ein von einem meldenden schweizerischen Finanzinstitut geführtes Finanzkonto, das am Tag der Anwendbarkeit des automatischen Informationsaustauschs mit einem Partnerstaat oder später eröffnet wird;
k. *Konto von geringerem Wert:* ein bestehendes Konto einer natürlichen Person, das am 31. Dezember vor Beginn der Anwendbarkeit des automatischen Informationsaustauschs mit einem Partnerstaat einen Gesamtsaldo oder Gesamtwert von höchstens einer Million Franken aufweist;
l. *Konto von hohem Wert:* ein bestehendes Konto einer natürlichen Person, das am 31. Dezember vor Beginn der Anwendbarkeit des automatischen Informationsaustauschs mit einem Partnerstaat oder am 31. Dezember eines Folgejahres einen Gesamtsaldo oder Gesamtwert von mehr als einer Million Franken aufweist.

2 Der Bundesrat kann den in den anwendbaren Abkommen verwendeten Begriff «teilnehmender Staat» für eine befristete Dauer breiter definieren als die Abkommen.

---

4 SR **831.10**
5 SR **431.03**

Art. 3 Nicht meldende Finanzinstitute

1 Als nicht meldendes Finanzinstitut, das ein staatlicher Rechtsträger ist, gelten namentlich:

a. die Schweizerische Eidgenossenschaft;

b. die Kantone und die Gemeinden;

c. die Einrichtungen und Vertretungen, die sich im Alleineigentum einer Einheit nach Buchstabe a oder b befinden, insbesondere die Institutionen, Einrichtungen und Fonds des Sozialversicherungssystems auf Bundes-, Kantons- und Gemeindeebene.

2 Als nicht meldendes Finanzinstitut, das eine internationale Organisation ist, gelten namentlich:

a. Partnerorganisationen eines internationalen Sitzabkommens mit der Schweizerischen Eidgenossenschaft;

b. diplomatische Missionen, ständige Missionen oder andere Vertretungen bei internationalen Organisationen, konsularische Vertretungen oder Sondermissionen, deren Status, Privilegien und Immunitäten im Wiener Übereinkommen vom 18. April 1961[6] über diplomatische Beziehungen, im Wiener Übereinkommen von 24. April 1963[7] über konsularische Beziehungen oder im Übereinkommen vom 8. Dezember 1969[8] über Sondermissionen festgelegt sind.

3 Als nicht meldendes Finanzinstitut, das eine Zentralbank ist, gelten namentlich die Schweizerische Nationalbank und die sich in ihrem Alleineigentum befindenden Einrichtungen.

4 Finanzinstitute nach den Absätzen 1–3 sind meldende Finanzinstitute in Bezug auf Zahlungen, die aus einer Verpflichtung im Zusammenhang mit gewerblichen Finanzaktivitäten stammen, die denen einer spezifizierten Versicherungsgesellschaft, eines Verwahrinstituts oder eines Einlageinstituts entsprechen.

5 Als nicht meldendes Finanzinstitut, das ein Altersvorsorgefonds mit breiter Beteiligung, ein Altersvorsorgefonds mit geringer Beteiligung, ein Pensionsfonds eines staatlichen Rechtsträgers, einer internationalen Organisation oder einer Zentralbank oder ein Rechtsträger ist, bei dem ein geringes Risiko besteht, dass er zur Steuerhinterziehung missbraucht wird, und der im Wesentlichen ähnliche Eigenschaften aufweist wie die nicht meldenden Finanzinstitute nach dem anwendbaren Abkommen, gelten namentlich die folgenden Institute der beruflichen Vorsorge:

a.[9] die Vorsorgeeinrichtungen und anderen Vorsorgeformen, die gestützt auf die Artikel 48 und 49 des Bundesgesetzes vom 25. Juni 1982[10] über die berufliche Alters-, Hinterlassenen- und Invalidenvorsorge (BVG), Artikel 89*a* Absatz 6 oder 7 des Zivilgesetzbuches

6 SR **0.191.01**
7 SR **0.191.02**
8 SR **0.191.2**
9 Siehe Art. 41.
10 SR **831.40**

(ZGB)[11] oder Artikel 331 Absatz 1 des Obligationenrechts (OR)[12] in der Schweiz errichtet worden sind;

b. die Freizügigkeitseinrichtungen, die in Umsetzung der Artikel 4 Absatz 1 und 26 Absatz 1 des Freizügigkeitsgesetzes vom 17. Dezember 1993[13] (FZG) errichtet worden sind;

c. die Auffangeinrichtung nach Artikel 60 BVG;

d. der Sicherheitsfonds nach den Artikeln 56–59 BVG;

e. Einrichtungen der anerkannten Vorsorgeformen nach Artikel 82 BVG;

f. die Anlagestiftungen nach den Artikeln 53*g*–53*k* BVG, sofern sämtliche an der Anlagestiftung Beteiligten Pensionseinrichtungen oder andere Vorsorgeformen nach den Buchstaben a–e sind.

6 Sieht das anwendbare Abkommen keine Frist vor, so gilt ein Kreditkartenanbieter als qualifizierter Kreditkartenanbieter und somit als nicht meldendes Finanzinstitut, wenn er bei Inkrafttreten dieses Gesetzes die Voraussetzungen nach dem anwendbaren Abkommen erfüllt. Nimmt ein Kreditkartenanbieter die Geschäftstätigkeit nach Inkrafttreten dieses Gesetzes auf, so gilt er als nicht meldendes Finanzinstitut, wenn er die Voraussetzungen nach dem anwendbaren Abkommen spätestens sechs Monate nach Aufnahme der Geschäftstätigkeit erfüllt.

7 Als nicht meldendes Finanzinstitut, das ein ausgenommener Organismus für gemeinsame Anlagen ist, gelten namentlich schweizerische kollektive Kapitalanlagen, die dem Kollektivanlagengesetz vom 23. Juni 2006[14] unterstehen und die Voraussetzungen im anwendbaren Abkommen betreffend Beteiligungen am Organismus für gemeinsame Anlagen sowie betreffend Anteilsscheine, die als auf den Inhaber oder die Inhaberin lautende Wertpapiere ausgestaltet sind, erfüllen. Der Bundesrat legt die Kriterien fest, nach denen ein Organismus für gemeinsame Anlagen als nicht meldendes Finanzinstitut gilt. Er bezeichnet die Organismen.

8 Sieht das anwendbare Abkommen keine Frist vor, so erfüllen Organismen für gemeinsame Anlagen die Voraussetzung betreffend Anteilsscheine, die als auf den Inhaber oder die Inhaberin lautende Wertpapiere ausgestaltet sind, wenn sie:

a. ab Inkrafttreten dieses Gesetzes keine Anteilscheine ausgeben, die als auf den Inhaber oder die Inhaberin lautende Wertpapiere ausgestaltet sind; und

b. über Massnahmen und Verfahren verfügen, die sicherstellen, dass Anteilsscheine, die als auf den Inhaber oder die Inhaberin lautende Wertpapiere ausgestaltet sind, so bald wie möglich, spätestens jedoch zwei Jahre nach Inkrafttreten dieses Gesetzes eingelöst werden oder nicht mehr verkehrsfähig sind.

9 Sieht das anwendbare Abkommen es vor, so gilt ein Trust als nicht meldendes Finanzinstitut, soweit der Treuhänder oder die Treuhänderin

11 SR **210**
12 SR **220**
13 SR **831.42**
14 SR **951.31**

des Trusts (Trustee) ein meldendes Finanzinstitut ist und sämtliche nach dem anwendbaren Abkommen zu meldenden Informationen zu sämtlichen meldepflichtigen Konten des Trusts meldet.

10 Als nicht meldendes Finanzinstitut, das ein Rechtsträger ist, bei dem ein geringes Risiko besteht, dass er zur Steuerhinterziehung missbraucht wird, und der im Wesentlichen ähnliche Eigenschaften aufweist wie die nicht meldenden Finanzinstitute nach dem anwendbaren Abkommen, gelten aufgrund von Artikel 712*l* Absatz 2 ZGB errichtete Stockwerkeigentümergemeinschaften. Der Bundesrat legt die Kriterien fest, nach denen eine Stockwerkeigentümergemeinschaft als nicht meldendes Finanzinstitut gilt.

11 Der Bundesrat kann weitere Rechtsträger als nicht meldende Finanzinstitute bezeichnen, wenn bei diesen ein geringes Risiko besteht, dass sie zur Steuerhinterziehung missbraucht werden, und die im Wesentlichen ähnliche Eigenschaften aufweisen wie die nicht meldenden Finanzinstitute nach dem anwendbaren Abkommen. Er legt die Kriterien fest, nach denen weitere Rechtsträger als nicht meldende Finanzinstitute gelten.

Art. 4 Ausgenommene Konten

1 Als ausgenommenes Konto, das ein Altersvorsorgekonto oder ein Konto ist, bei dem ein geringes Risiko besteht, dass es zur Steuerhinterziehung missbraucht wird, und das im Wesentlichen ähnliche Eigenschaften aufweist wie die ausgenommenen Konten nach dem anwendbaren Abkommen, gelten namentlich:

a. Konten im Rahmen der beruflichen Vorsorge, einschliesslich Gruppenversicherungsverträge, die von einem oder mehreren nicht meldenden schweizerischen Finanzinstituten geführt oder gehalten werden;
b. zulässige Formen zur Erhaltung des Vorsorgeschutzes, Freizügigkeitspolicen und -konten, die gestützt auf die Artikel 4 Absatz 1 und 26 Absatz 1 FZG[15] errichtet worden sind;
c. anerkannte Formen der Vorsorge, gebundene Vorsorgeversicherungen bei Versicherungseinrichtungen und gebundene Vorsorgevereinbarungen mit Bankstiftungen, die gestützt auf Artikel 82 Absatz 2 BVG[16] errichtet worden sind.

2 Als ausgenommenes Konto, bei dem ein geringes Risiko besteht, dass es zur Steuerhinterziehung missbraucht wird, und das im Wesentlichen ähnliche Eigenschaften aufweist wie die ausgenommenen Konten nach dem anwendbaren Abkommen, gelten namentlich:

a. Konten, die von einem oder mehreren nicht meldenden schweizerischen Finanzinstituten geführt oder gehalten werden;
b. Mietzinskautionskonten nach Artikel 257*e* OR[17].

3 Der Bundesrat kann weitere Konten als ausgenommene Konten bezeichnen, wenn bei diesen ein geringes Risiko besteht, dass sie zur Steuer-

15 SR **831.42**
16 SR **831.40**
17 SR **220**

hinterziehung missbraucht werden, und die im Wesentlichen ähnliche Eigenschaften aufweisen wie die ausgenommenen Konten nach dem anwendbaren Abkommen. Er legt die Kriterien fest, nach denen weitere Konten als ausgenommene Konten gelten.

Art. 5 Ansässigkeit von Finanzinstituten in der Schweiz

1 Als in der Schweiz ansässig gelten Finanzinstitute, die in der Schweiz steuerpflichtig sind.

2 Finanzinstitute, die in keinem Staat oder Hoheitsgebiet steuerlich ansässig sind, gelten als in der Schweiz ansässig, wenn sie:

a. nach schweizerischem Recht eingetragen sind;
b. den Ort ihrer Geschäftsleitung einschliesslich ihrer tatsächlichen Verwaltung in der Schweiz haben; oder
c. der schweizerischen Finanzmarktaufsicht unterstehen.

3 Ist ein Finanzinstitut in der Schweiz und in einem oder mehreren anderen Staaten oder Hoheitsgebieten ansässig, so gilt es als schweizerisches Finanzinstitut in Bezug auf die Finanzkonten, die es in der Schweiz führt.

4 Ein Finanzinstitut in der Form eines Trusts gilt für die Zwecke des anwendbaren Abkommens und dieses Gesetzes als in der Schweiz ansässig, wenn mindestens einer oder eine der Trustees in der Schweiz ansässig ist. Die Ansässigkeit des Trustees oder der Trustee bestimmt sich nach den Absätzen 1–3.

5 Der Bundesrat legt die Kriterien fest, nach denen ein Finanzinstitut als ansässig im Sinne von Absatz 1 gilt. Er bezeichnet zudem die steuerbefreiten Finanzinstitute, die als ansässig im Sinne von Absatz 1 gelten.

Art. 6 Vereinbarungen über den Datenschutz

Sieht das anwendbare Abkommen vor, dass die informierende Behörde Datenschutzbestimmungen bezeichnen kann, die von der empfangenden Behörde einzuhalten sind, so kann der Bundesrat Vereinbarungen über den Datenschutz abschliessen. Die einzuhaltenden Datenschutzbestimmungen müssen mindestens dem Schutzniveau des Bundesgesetzes vom 19. Juni 1992[18] über den Datenschutz (DSG) und dieses Gesetzes entsprechen.

2. Abschnitt: Gemeinsamer Meldestandard

Art. 7 Anwendung und Weiterentwicklung der AIA-Vereinbarung

1 Die Rechte und Pflichten der meldenden schweizerischen Finanzinstitute richten sich im Rahmen der Umsetzung der AIA-Vereinbarung[19] nach der Beilage zur AIAVereinbarung und nach diesem Gesetz.

2 Der Bundesrat kann Änderungen des GMS in die Beilage zur AIA-Vereinbarung aufnehmen, wenn diese von beschränkter Tragweite sind. Er

18 SR **235.1**
19 SR **0.653.1**

unterbreitet der Bundesversammlung die übrigen Änderungen zur Genehmigung.

3 Als Änderungen von beschränkter Tragweite gelten namentlich solche, die:

a. für meldepflichtige Personen und meldende schweizerische Finanzinstitute keine neuen Pflichten begründen oder keine bestehenden Rechte aufheben;
b. sich in erster Linie an die Behörden richten, administrativ-technische Fragen regeln oder keine bedeutenden finanziellen Aufwendungen verursachen.

Art. 8 Kommentare der OECD

Änderungen der OECD-Kommentare zum Muster für eine Vereinbarung zwischen den zuständigen Behörden und zum GMS sind für die meldenden schweizerischen Finanzinstitute erst umzusetzen, wenn sie in ein Bundesgesetz, in eine Verordnung oder in eine Weisung der Eidgenössischen Steuerverwaltung (ESTV) aufgenommen worden sind.

Art. 9 Erleichterungen bei der Erfüllung der Melde- und Sorgfaltspflichten

1 Meldende schweizerische Finanzinstitute können:

a. dritte Dienstleister zur Erfüllung ihrer Melde- und Sorgfaltspflichten beiziehen; sie bleiben für die Erfüllung der Pflichten verantwortlich;
b. die für Konten von hohem Wert geltenden Verfahren zur Erfüllung ihrer Sorgfaltspflichten auf bestimmte oder alle Konten von geringerem Wert anwenden;
c. die für Neukonten geltenden Verfahren zur Erfüllung ihrer Sorgfaltspflichten auf bestimmte oder alle bestehenden Konten anwenden; die übrigen Vorschriften für bestehende Konten sind weiterhin anwendbar;
d. bei bestimmten oder allen bestehenden Konten von Rechtsträgern auf eine Überprüfung, Identifizierung und Meldung verzichten, wenn diese Konten am 31. Dezember vor Beginn der Anwendbarkeit des automatischen Informationsaustauschs mit einem Partnerstaat einen Gesamtsaldo oder Gesamtwert von höchstens 250 000 Franken aufweisen;
e. bei bestimmten oder allen bestehenden Konten von geringerem Wert von natürlichen Personen für die Identifizierung meldepflichtiger Konten das Hausanschriftverfahren oder die Suche in ihren elektronischen Datensätzen anwenden;
f. in Erfüllung ihrer Sorgfaltspflichten bei bestehenden Konten von Rechtsträgern als Beleg jede Einstufung in ihren Unterlagen in Bezug auf den Kontoinhaber oder die Kontoinhaberin verwenden, die auf der Grundlage eines standardisierten nationalen oder internationalen Branchenkodierungssystems ermittelt wurde und die sie im Einklang mit ihrer üblichen Geschäftspraxis für die Zwecke von Verfahren zur Bekämpfung der Geldwäscherei oder zu anderen ge-

setzlichen Zwecken, ausser zu Steuerzwecken, dokumentieren und vor dem Datum eingeführt haben, an dem das Finanzkonto als bestehendes Konto eingestuft wurde, sofern ihnen nicht bekannt ist oder nicht bekannt sein müsste, dass diese Einstufung nicht zutreffend oder unglaubwürdig ist;

g. bestimmte oder alle Finanzkonten, die frühestens im Zeitpunkt des Inkrafttretens dieses Gesetzes eröffnet werden, als Neukonten behandeln; sie können bei der Kontoeröffnung die ausländische Steueridentifikationsnummer erheben.

2 Sie können den Kreis der Begünstigten eines Trusts, die als beherrschende Personen des Trusts betrachtet werden, gleich bestimmen wie den Kreis der Begünstigten eines Trusts, die als meldepflichtige Personen eines Trusts, der ein Finanzinstitut ist, betrachtet werden. Sie müssen dabei angemessene organisatorische Massnahmen treffen, die sicherstellen, dass sie Ausschüttungen an die Begünstigten identifizieren können.

3 Der Bundesrat legt fest, welche im OECD-Kommentar zum GMS enthaltenen Alternativbestimmungen anwendbar sind.

Art. 10 Präzisierung der allgemeinen Meldepflichten

1 Ist der Saldo oder Wert eines Finanzkontos oder ein sonstiger Betrag in einer anderen als der vom meldenden schweizerischen Finanzinstitut nach Artikel 12 Absatz 4 verwendeten Währung angegeben, so muss das meldende schweizerische Finanzinstitut den Betrag unter Verwendung eines Kassakurses in die entsprechende Währung umrechnen. Zum Zweck der Meldung eines Kontos ermittelt das meldende schweizerische Finanzinstitut den Kassakurs zum letzten Tag des Kalenderjahres oder eines anderen geeigneten Zeitraums, für welches oder für welchen das Konto gemeldet wird.

2 Der Bundesrat legt die Kriterien fest, nach denen:

a. der Betrag und die Einordnung von Zahlungen zugunsten eines meldepflichtigen Kontos zu bestimmen sind;
b. die verschiedenen Typen von Konten den im anwendbaren Abkommen definierten Kategorien von Finanzkonten zuzuweisen sind.

3 Stirbt eine meldepflichtige Person, so behandelt das meldende schweizerische Finanzinstitut ihr Konto so wie vor dem Tod, bis ihm der Nachlass mit eigener Rechtspersönlichkeit oder die berechtigten Erben und Erbinnen mitgeteilt werden.

Art. 11 Präzisierung der Sorgfaltspflichten

1 Eine Selbstauskunft ist so lange gültig, bis eine Änderung der Gegebenheiten eintritt, aufgrund der dem meldenden schweizerischen Finanzinstitut bekannt ist oder bekannt sein müsste, dass die Selbstauskunft nicht zutreffend oder unglaubwürdig ist.

2 Bestehende Konten natürlicher Personen müssen ab Beginn der Anwendbarkeit des automatischen Informationsaustauschs mit einem Partnerstaat innerhalb folgender Fristen überprüft werden:

a. Konten von hohem Wert: innerhalb eines Jahres;
b. Konten von geringerem Wert: innerhalb zweier Jahre.

[3] Bestehende Konten von Rechtsträgern müssen innerhalb von zwei Jahren nach Beginn der Anwendbarkeit des automatischen Informationsaustauschs mit einem Partnerstaat überprüft werden.

[4] Das meldende schweizerische Finanzinstitut kann die Fristen nach den Absätzen 2 und 3 ab Inkrafttreten dieses Gesetzes anwenden.

[5] Eine Adresse, die gestützt auf die Artikel 3 und 4 des Geldwäschereigesetzes vom 10. Oktober 1997[20] (GwG) mit einem Formular erhoben wurde, das darauf hinweist, dass die Erteilung einer falschen Auskunft mit Strafe bedroht ist, gilt im Rahmen des Hausanschriftverfahrens als auf Belegen beruhend.

[6] Bei den folgenden bestehenden Konten natürlicher Personen gilt die in den Unterlagen des meldenden schweizerischen Finanzinstituts erfasste Adresse im Rahmen des Hausanschriftverfahrens als aktuell:

a. bei Konten, die nach Artikel 37*l* Absatz 4 des Bankengesetzes vom 8. November 1934[21] als nachrichtenlose Konten gelten;
b. bei anderen Konten, bei denen es sich nicht um Rentenversicherungsverträge handelt, wenn:
   1. der Kontoinhaber oder die Kontoinhaberin in den letzten drei Jahren keine Transaktion in Bezug auf dieses oder ein anderes seiner beziehungsweise ihrer Konten beim meldenden schweizerischen Finanzinstitut vorgenommen hat,
   2. der Kontoinhaber oder die Kontoinhaberin in den letzten sechs Jahren mit dem meldenden schweizerischen Finanzinstitut, das dieses Konto führt, keinen Kontakt in Bezug auf dieses oder ein anderes seiner beziehungsweise ihrer Konten bei diesem Finanzinstitut hatte, und
   3. im Falle eines rückkaufsfähigen Versicherungsvertrages das meldende schweizerische Finanzinstitut in den letzten sechs Jahren mit dem Kontoinhaber oder der Kontoinhaberin keinen Kontakt in Bezug auf dieses oder ein anderes Konto dieser Person bei diesem Finanzinstitut hatte.

[7] Meldende schweizerische Finanzinstitute müssen angemessene organisatorische Massnahmen treffen, die sicherstellen, dass ihnen alle Informationen vorliegen, die nach dem anwendbaren Abkommen und diesem Gesetz im Rahmen der Kontoeröffnung erhoben werden müssen, insbesondere dass die Selbstauskunft erteilt wird.

[8] Liegen einem meldenden schweizerischen Finanzinstitut 90 Tage nach Eröffnung eines Neukontos Name, Anschrift und Geburtsdatum des Kontoinhabers oder der Kontoinhaberin und der beherrschenden Personen nicht vor, so schliesst es das Konto. Es steht ihm ein ausserordentliches Kündigungsrecht zu. Vorbehalten ist Artikel 9 GwG.

---

20 SR **955.0**
21 SR **952.0**

[9] Liegen einem meldenden schweizerischen Finanzinstitut 90 Tage nach Eröffnung eines Neukontos die nach dem anwendbaren Abkommen und diesem Gesetz notwendigen Informationen nicht vor, so bleibt das Konto für alle Zu- und Abgänge so lange gesperrt, bis ihm alle Informationen vorliegen. Das meldende schweizerische Finanzinstitut kann die Frist von 90 Tagen auf maximal ein Jahr verlängern, wenn besondere Gründe für das Nichtvorliegen der Informationen bestehen.

[10] Der Bundesrat regelt die Ausnahmen zu den Absätzen 8 und 9.

Art. 12 Präzisierung der besonderen Sorgfaltsvorschriften

[1] Ein Konto mit einem negativen Saldo oder Wert gilt als ein Konto mit einem Saldo oder Wert von null.

[2] Der Bundesrat legt die Beträge in Franken fest, die den Beträgen in US-Dollar im anwendbaren Abkommen und in den anwendbaren Alternativbestimmungen des OECD-Kommentars zum GMS entsprechen.

[3] Er kann die Beträge nach den Artikeln 2 Absatz 1 Buchstaben k und l und 9 Absatz 1 Buchstabe d anpassen, wenn besondere Umstände dies erfordern.

[4] Meldende schweizerische Finanzinstitute können wählen, ob sie die Beträge in US-Dollar oder in Franken anwenden wollen. Die Wahl gilt für alle Konten des Finanzinstituts und kann jeweils auf den 1. Januar eines folgenden Jahres geändert werden.

3. Abschnitt: Registrierungspflicht der meldenden schweizerischen Finanzinstitute

Art. 13

[1] Wer zu einem meldenden schweizerischen Finanzinstitut nach einem Abkommen nach Artikel 1 Absatz 1 und nach diesem Gesetz wird, hat sich unaufgefordert bei der ESTV anzumelden.

[2] In der Anmeldung hat das meldende schweizerische Finanzinstitut anzugeben:

a. seinen Namen oder seine Firma sowie seinen Sitz oder Wohnsitz; handelt es sich um eine juristische Person oder um eine Gesellschaft ohne juristische Persönlichkeit mit statutarischem Sitz im Ausland oder um ein Einzelunternehmen mit Sitz im Ausland, so sind der Name oder die Firma, der Ort der Hauptniederlassung und die Adresse der inländischen Leitung anzugeben;
b. die UID;
c. die Art der Tätigkeit;
d. das Datum der Aufnahme der Tätigkeit.

[3] Endet die Eigenschaft als meldendes schweizerisches Finanzinstitut nach einem Abkommen nach Artikel 1 Absatz 1 und nach diesem Gesetz oder wird die Geschäftstätigkeit aufgegeben, so hat sich das Finanzinstitut bei der ESTV unaufgefordert abzumelden.

4. Abschnitt: Informationspflicht der meldenden schweizerischen Finanzinstitute

Art. 14

[1] Die meldenden schweizerischen Finanzinstitute informieren die meldepflichtigen Personen direkt oder über ihre Vertragspartei spätestens am 31. Januar des Jahres, in dem erstmals sie betreffende Informationen an einen Partnerstaat übermittelt werden, über:

a. ihre Eigenschaft als meldendes schweizerisches Finanzinstitut;
b. die Abkommen nach Artikel 1 Absatz 1 und deren Inhalt, insbesondere über die aufgrund der Abkommen auszutauschenden Informationen;
c. die Liste der Partnerstaaten der Schweiz und den Ort der Veröffentlichung der jeweils aktualisierten Liste;
d. die in Anwendung der Abkommen nach Artikel 1 Absatz 1 zulässige Nutzung dieser Informationen;
e. die Rechte der meldepflichtigen Personen nach dem DSG[22] und diesem Gesetz.

[2] Bei meldepflichtigen Konten, die geschlossen worden sind, erfolgt die Information einmalig an die letzte bekannte Adresse. Bei Konten, die die Kriterien nach Artikel 11 Absatz 6 Buchstabe a oder b erfüllen, kann die Information ausbleiben.

[3] Die meldenden schweizerischen Finanzinstitute veröffentlichen auf ihrer Website eine jährlich am 31. Januar aktualisierte Liste der Partnerstaaten der Schweiz oder verweisen auf die Liste des Eidgenössischen Finanzdepartements (EFD).

[4] Das meldende schweizerische Finanzinstitut stellt dem Inhaber oder der Inhaberin des Kontos, das Gegenstand der Meldung ist, auf Ersuchen eine Kopie der Meldung zu.

5. Abschnitt: Meldepflichten und Meldeermächtigung

Art. 15 Übermittlung und Verwendung der Informationen

[1] Die meldenden schweizerischen Finanzinstitute übermitteln die nach dem anwendbaren Abkommen zu übermittelnden Informationen sowie die Informationen über ihre nicht dokumentierten Konten jährlich innerhalb von sechs Monaten nach Ablauf des betreffenden Kalenderjahres elektronisch an die ESTV. Führt ein meldendes schweizerisches Finanzinstitut keine meldepflichtigen Konten, so meldet es diesen Umstand der ESTV innerhalb derselben Frist.

[2] Die ESTV übermittelt die von den meldenden schweizerischen Finanzinstituten nach dem anwendbaren Abkommen an sie übermittelten Informationen innerhalb der im anwendbaren Abkommen festgelegten Fristen an die zuständigen Behörden der Partnerstaaten.

22 SR **235.1**

3 Sie weist die zuständigen Behörden der Partnerstaaten auf die Einschränkungen bei der Verwendung der übermittelten Informationen sowie auf die Geheimhaltungspflichten nach den Amtshilfebestimmungen des anwendbaren Abkommens hin.

4 Sieht das anwendbare Abkommen vor, dass die im Rahmen des automatischen Informationsaustauschs übermittelten Informationen von der empfangenden Behörde für andere Zwecke als für Steuerzwecke verwendet oder von dieser an einen Drittstaat weitergeleitet werden dürfen, sofern die zuständige Behörde des Staates, der die Informationen übermittelt hat, dieser Verwendung oder Weiterleitung zustimmt, so erteilt die ESTV nach entsprechender Prüfung ihre Zustimmung. Sollen die Informationen an Strafbehörden weitergeleitet werden, so erteilt die ESTV die Zustimmung im Einvernehmen mit dem Bundesamt für Justiz.

5 Informationen, die der ESTV nach Absatz 1 übermittelt werden, dürfen zur Anwendung und Durchsetzung des schweizerischen Steuerrechts nur weiterverwendet werden, wenn sie nach schweizerischem Recht hätten beschafft werden können.

Art. 16 Verjährung

1 Der Anspruch gegenüber dem meldenden schweizerischen Finanzinstitut auf Übermittlung der Meldung verjährt fünf Jahre nach Ablauf des Kalenderjahres, in dem die Meldung zu übermitteln war.

2 Die Verjährung wird durch jede auf die Geltendmachung der Meldung gerichtete Amtshandlung unterbrochen, die einem meldenden schweizerischen Finanzinstitut zur Kenntnis gebracht wird. Mit der Unterbrechung beginnt die Verjährung von Neuem.

3 Die Verjährung tritt spätestens zehn Jahre nach Ablauf des Kalenderjahres ein, in dem die Meldung zu übermitteln war.

Art. 17 In einem anderen Staat als meldendes Finanzinstitut geltender Trust

Gilt ein Trust in einem anderen Staat nach dessen Recht als meldendes Finanzinstitut, so ist jeder oder jede in der Schweiz ansässige Trustee ermächtigt, für den Trust die Meldung an die zuständige Behörde dieses Staates vorzunehmen.

6. Abschnitt: Rechte und Pflichten der meldepflichtigen Personen

Art. 18 Mitteilungspflicht bei einer Änderung der Gegebenheiten bei Selbstauskunft

Wer eine Selbstauskunft nach dem anwendbaren Abkommen und diesem Gesetz erteilt hat, muss dem meldenden schweizerischen Finanzinstitut bei einer Änderung der Gegebenheiten die neu zutreffenden Angaben im Rahmen der Selbstauskunft mitteilen.

Art. 19 Ansprüche und Verfahren im Datenschutz

1 In Bezug auf Informationen, die von meldenden schweizerischen Finanzinstituten gesammelt werden, und auf deren Übermittlung an die zuständigen Behörden der Partnerstaaten stehen den meldepflichtigen Personen die Rechte nach dem DSG[23] zu.

2 Gegenüber der ESTV können meldepflichtige Personen ausschliesslich das Auskunftsrecht geltend machen und verlangen, dass unrichtige Daten, die auf Übermittlungsfehlern beruhen, berichtigt werden. Sofern die Übermittlung der Daten für die meldepflichtige Person Nachteile zur Folge hätte, die ihr aufgrund fehlender rechtsstaatlicher Garantien nicht zugemutet werden können, stehen ihr die die Ansprüche nach Artikel 25*a* des Verwaltungsverfahrensgesetzes vom 20. Dezember 1968[24] zu.

3 Werden die der zuständigen Behörde eines Partnerstaates übermittelten Informationen infolge eines rechtskräftigen Entscheids berichtigt, so übermittelt das meldende schweizerische Finanzinstitut die berichtigten Informationen der ESTV. Diese leitet die berichtigten Informationen der betroffenen Behörde weiter.

7. Abschnitt: Vom Ausland automatisch übermittelte Informationen

Art. 20 Verwendung der schweizerischen Steueridentifikationsnummer für natürliche Personen

Meldende Finanzinstitute und die zuständigen Behörden eines Partnerstaates verwenden im Rahmen der Übermittlung der für den automatischen Informationsaustausch erforderlichen Informationen betreffend natürliche Personen die AHV-Versichertennummer.

Art. 21 Weiterleitung von Informationen

1 Die ESTV leitet Informationen, die ihr andere Staaten automatisch übermittelt haben, zur Anwendung und Durchsetzung des schweizerischen Steuerrechts den schweizerischen Behörden weiter, die für die Festsetzung und Erhebung der in den Anwendungsbereich des anwendbaren Abkommens fallenden Steuern zuständig sind. Sie weist diese Behörden auf die Einschränkungen bei der Verwendung der übermittelten Informationen sowie auf die Geheimhaltungspflichten nach den Amtshilfebestimmungen des anwendbaren Abkommens hin.

2 Sie leitet die von einem anderen Staat automatisch übermittelten Informationen anderen schweizerischen Behörden, für die die Informationen von Interesse sind, weiter, sofern dies nach dem anwendbaren Abkommen zulässig und nach schweizerischem Recht vorgesehen ist. Sie holt gegebenenfalls die Zustimmung der zuständigen Behörde des informierenden Staates ein.

---

23 SR **235.1**
24 SR **172.021**

8. Abschnitt: Organisation und Verfahren

Art. 22 Aufgaben der ESTV

1 Die ESTV sorgt für die richtige Anwendung der anwendbaren Abkommen und dieses Gesetzes.

2 Sie erlässt alle Verfügungen und trifft alle Entscheide, die für die Anwendung notwendig sind.

3 Sie kann die Verwendung bestimmter Formulare vorschreiben und verlangen, dass gewisse Formulare ausschliesslich in elektronischer Form eingereicht werden.

4 Sie kann Weisungen erlassen. Diese orientieren sich an den OECD-Kommentaren zum Muster für eine Vereinbarung zwischen den zuständigen Behörden und zum GMS.

Art. 23 Datenbearbeitung

1 Die ESTV kann zur Erfüllung ihrer Aufgaben nach den anwendbaren Abkommen und diesem Gesetz Personendaten, einschliesslich Personendaten über administrative und strafrechtliche Verfolgungen und Sanktionen in Steuersachen, bearbeiten.

2 Sie kann die Steueridentifikationsnummern nach Artikel 2 Absatz 1 Buchstaben f–h für die Erfüllung ihrer Aufgaben nach den anwendbaren Abkommen und diesem Gesetz systematisch verwenden.

Art. 24 Informationssystem

1 Die ESTV betreibt ein Informationssystem zur Bearbeitung von Personendaten, einschliesslich Personendaten über administrative und strafrechtliche Verfolgungen und Sanktionen in Steuersachen, die sie gestützt auf die anwendbaren Abkommen und dieses Gesetz erhalten hat.

2 Die Daten dürfen nur durch Mitarbeiter und Mitarbeiterinnen der ESTV oder durch von der ESTV kontrollierte Fachpersonen bearbeitet werden.

3 Das Informationssystem dient der ESTV zur Erfüllung ihrer Aufgaben nach den anwendbaren Abkommen und diesem Gesetz. Es darf namentlich verwendet werden, um:

a. Informationen nach Massgabe der anwendbaren Abkommen und des schweizerischen Rechts zu empfangen und weiterzuleiten;
b. ein Register der meldenden schweizerischen Finanzinstitute zu führen;
c. Rechtsverfahren im Zusammenhang mit den anwendbaren Abkommen und diesem Gesetz zu bearbeiten;
d. die Überprüfungen nach Artikel 28 durchzuführen;
e. administrative und strafrechtliche Sanktionen zu verhängen und zu vollstrecken;
f. Amts- und Rechtshilfeersuchen zu bearbeiten;
g. die Begehung von Steuerdelikten zu bekämpfen;
h. Statistiken zu erstellen.

4 Der Bundesrat legt die Einzelheiten fest, insbesondere über:

a. die Organisation und Führung des Informationssystems;
b. die Kategorien der bearbeiteten Personendaten;
c. den Katalog der Daten über administrative und strafrechtliche Verfolgungen und Sanktionen;
d. die Zugriffs- und Bearbeitungsberechtigungen;
e. die Dauer der Aufbewahrung, die Archivierung und die Vernichtung der Daten.

5 Die ESTV kann den schweizerischen Behörden, denen sie nach Artikel 21 Absatz 1 Informationen weiterleitet, im Abrufverfahren Zugriff auf die Daten im System gewähren, die diese zur Erfüllung ihrer gesetzlichen Aufgaben benötigen. Der Bundesrat legt fest, welchen Behörden die ESTV für welche Daten Zugriff gewähren darf.

Art. 25 Auskunftspflicht

Personen und Behörden, denen die ESTV nach den anwendbaren Abkommen und diesem Gesetz aus dem Ausland erhaltene Informationen übermittelt, sowie schweizerische Finanzinstitute müssen der ESTV Auskunft über alle Tatsachen erteilen, die für die Umsetzung der Abkommen und dieses Gesetzes relevant sind.

Art. 26 Geheimhaltungspflicht

1 Wer mit dem Vollzug eines anwendbaren Abkommens und dieses Gesetzes betraut ist oder zu deren Vollzug beigezogen wird, hat gegenüber anderen Amtsstellen und Privaten über die in Ausübung dieser Tätigkeit gemachten Wahrnehmungen Stillschweigen zu bewahren.

2 Keine Geheimhaltungspflicht besteht:

a. bei der Übermittlung von Informationen und bei Bekanntmachungen nach dem anwendbaren Abkommen und diesem Gesetz;
b. gegenüber Organen der Rechtspflege und der Verwaltung, die das EFD ermächtigt hat, im Einzelfall amtliche Auskünfte bei den mit dem Vollzug dieses Gesetzes betrauten Behörden einzuholen;
c. soweit das anwendbare Abkommen die Aufhebung der Geheimhaltungspflicht zulässt und im schweizerischen Recht eine gesetzliche Grundlage für diese Aufhebung besteht.

3 Feststellungen über Dritte, die anlässlich einer Überprüfung nach Artikel 28 gemacht werden, dürfen nur für die Durchführung des anwendbaren Abkommens verwendet werden.

Art. 27 Statistiken

1 Die ESTV veröffentlicht die für die Länderüberprüfung des Global Forum über Transparenz und Informationsaustausch für Steuerzwecke erforderlichen Statistiken.

2 Es besteht kein Recht auf Zugang zu weiter gehenden als den nach Absatz 1 veröffentlichten Informationen.

Art. 28 Überprüfung

[1] Die ESTV überprüft die schweizerischen Finanzinstitute hinsichtlich der Erfüllung ihrer Pflichten nach den anwendbaren Abkommen und diesem Gesetz.

[2] Sie kann zur Abklärung des Sachverhaltes:

a. die Geschäftsbücher, die Belege und andere Urkunden des Finanzinstituts an Ort und Stelle überprüfen oder deren Herausgabe verlangen;
b. schriftliche und mündliche Auskünfte einholen.

[3] Stellt sie fest, dass das Finanzinstitut seinen Pflichten nicht oder mangelhaft nachgekommen ist, so gibt sie ihm Gelegenheit, zu den festgestellten Mängeln Stellung zu nehmen.

[4] Können sich das Finanzinstitut und die ESTV nicht einigen, so erlässt die ESTV eine Verfügung.

[5] Auf Antrag erlässt die ESTV eine Feststellungsverfügung über:

a. die Eigenschaft als Finanzinstitut nach den anwendbaren Abkommen und diesem Gesetz;
b. den Inhalt der Meldungen nach den anwendbaren Abkommen und diesem Gesetz.

Art. 29 Anwendbares Verfahrensrecht

Soweit dieses Gesetz nichts anderes bestimmt, ist das Verwaltungsverfahrensgesetz vom 20. Dezember 1968[25] anwendbar.

Art. 30 Rechtsmittel

[1] Gegen Verfügungen der ESTV nach den Artikeln 22–29 kann innert 30 Tagen nach der Eröffnung schriftlich Einsprache erhoben werden.

[2] Die Einsprache hat die Anträge zu enthalten und die zur Begründung dienenden Tatsachen anzugeben.

[3] Ist gültig Einsprache erhoben worden, so überprüft die ESTV die Verfügung ohne Bindung an die gestellten Anträge und erlässt einen begründeten Einspracheentscheid.

[4] Der Einspracheentscheid unterliegt der Beschwerde nach den allgemeinen Bestimmungen über die Bundesrechtspflege.

9. Abschnitt: Aussetzung und Kündigung

Art. 31

Die zuständige schweizerische Behörde darf nur mit Zustimmung des Bundesrates handeln, wenn sie gestützt auf das anwendbare Abkommen:

a. den automatischen Informationsaustaustauch gegenüber einem Partnerstaat aussetzt oder kündigt;
b. das Abkommen kündigt.

---

25 SR **172.021**

10. Abschnitt: Strafbestimmungen

Art. 32 Verletzung der Melde und Sorgfaltspflichten

Mit Busse bis zu 250 000 Franken wird bestraft, wer vorsätzlich:

a. die im anwendbaren Abkommen und in den Artikeln 9–12 genannten Sorgfaltspflichten betreffend die Überprüfung der Konten und die Identifizierung der meldepflichtigen Personen verletzt;
b. die Registrierungspflicht nach Artikel 13 verletzt;
c. die Informationspflicht nach Artikel 14 Absätze 1 und 3 verletzt;
d. die Meldepflichten nach Artikel 15 Absatz 1 verletzt.

Art. 33 Widerhandlungen gegen behördliche Anordnungen

Mit Busse bis zu 50 000 Franken wird bestraft, wer im Rahmen einer Überprüfung nach Artikel 28 einer an ihn oder sie gerichteten amtlichen Verfügung, die auf die Strafdrohung dieses Artikels hinweist, vorsätzlich nicht Folge leistet.

Art. 34 Widerhandlungen in Geschäftsbetrieben

Fällt eine Busse von höchstens 50 000 Franken in Betracht und würde die Ermittlung der nach Artikel 6 des Bundesgesetzes vom 22. März 1974[26] über das Verwaltungsstrafrecht (VStrR) strafbaren Personen Untersuchungsmassnahmen bedingen, die im Hinblick auf die angedrohte Strafe unverhältnismässig wären, so kann von einer Verfolgung dieser Personen abgesehen und an ihrer Stelle der Geschäftsbetrieb (Art. 7 VStrR) zur Bezahlung der Busse verurteilt werden.

Art. 35 Falsche Selbstauskunft

Mit Busse bis zu 10 000 Franken wird bestraft, wer einem schweizerischen Finanzinstitut vorsätzlich eine falsche Selbstauskunft erteilt, Änderungen der Gegebenheiten nicht mitteilt oder über Änderungen der Gegebenheiten falsche Angaben macht.

Art. 36 Selbstanzeige

1 Zeigt der Täter oder die Täterin eine Pflichtverletzung aus eigenem Antrieb an, so bleibt er oder sie straflos, wenn er oder sie:

a. über den tatsächlichen Umfang und den Inhalt der Verpflichtungen vollständige und genaue Angaben gemacht hat;
b. zur Abklärung des Sachverhalts und zur Pflichterfüllung beigetragen hat; und
c. bisher noch nie wegen einer vorsätzlichen Widerhandlung der gleichen Art Selbstanzeige erstattet hat.

2 Die Straflosigkeit des Täters oder der Täterin hat auch Wirkung für die Teilnehmer und Teilnehmerinnen.

---

26 SR **313.0**

Art. 37 Verfahren

1 Für die Verfolgung und Beurteilung von Widerhandlungen gegen dieses Gesetz ist das VStrR[27] anwendbar.

2 Verfolgende und urteilende Behörde ist die ESTV.

Art. 38 Wahl der Partnerstaaten

Der Bundesrat analysiert die in den möglichen Partnerstaaten anwendbaren Datenschutzbestimmungen sowie die Regularisierungsmöglichkeiten, bevor er der Bundesversammlung die Einführung des automatischen Informationsaustauschs mit diesen Staaten unterbreitet. Er fasst die Ergebnisse seiner Analyse in der Botschaft zusammen.

11. Abschnitt: Schlussbestimmungen

Art. 39* Genehmigungskompetenz

Die Bundesversammlung genehmigt mit einfachem Bundesbeschluss:

a. die Aufnahme eines Staates in die Liste nach Abschnitt 7 Absatz 1 Buchstabe f der AIA-Vereinbarung[28];
b. in ihre Zuständigkeit fallende völkerrechtliche Verträge mit Staaten, die in diese Liste aufgenommen werden sollen, über den Marktzugang für Finanzdienstleister und über die Regularisierung der Steuersituation von Steuerpflichtigen.

Art. 40 Änderung eines anderen Erlasses

…[29]

Art. 41 Koordination mit der Änderung vom 25. September 2015 des ZGB (Personalfürsorgestiftungen)

Mit Inkrafttreten der Änderung vom 25. September 2015[30] *des ZGB*[31] *(Personalfürsorgestiftungen) lautet Art. 3 Abs. 5 Bst. a des vorliegenden Gesetzes wie folgt:*

…[32]

---

27 SR **313.0**
* Gemäss BG über den internationalen automatischen Informationsaustausch in Steuersachen (AIAG) (AS **2016** 1297) ist Art. 39 bereits am 27. Mai 2016 in Kraft getreten.
28 SR **0.653.1**
29 Die Änderung kann unter AS **2016** 1297 konsultiert werden.
30 AS **2016** 935
31 SR **210**
32 Eingefügt hiervor.

Art. 42 Referendum und Inkrafttreten

[1] Dieses Gesetz untersteht dem fakultativen Referendum.

[2] Der Bundesrat bestimmt das Inkrafttreten.

Datum des Inkrafttretens:[33] 1. Januar 2017
Art. 39: 27. Mai 2016

33 BRB vom 20. April 2016.

Verordnung
über den internationalen automatischen Informationsaustausch in Steuersachen (AIAV) (SR 653.11)

vom 23. November 2016 (Stand am 1. Januar 2017)

Der Schweizerische Bundesrat,

gestützt auf das Bundesgesetz vom 18. Dezember 2015[1] über den internationalen automatischen Informationsaustausch im Steuersachen (AIAG),

verordnet:

1. Abschnitt: Teilnehmende Staaten

Art. 1

Als teilnehmende Staaten nach Artikel 2 Absatz 2 AIAG gelten zusätzlich zu den Partnerstaaten nach Artikel 2 Absatz 1 Buchstabe c AIAG die übrigen Staaten, die sich gegenüber dem Global Forum über Transparenz und Informationsaustausch für Steuerzwecke dazu bekannt haben, den automatischen Informationsaustausch (AIA) umzusetzen.

2. Abschnitt: Nicht meldende Finanzinstitute

Art. 2 Organismen für gemeinsame Anlagen

1 Als nicht meldende Finanzinstitute nach Artikel 3 Absatz 7 AIAG gelten die folgenden Organismen für gemeinsame Anlagen, sofern sämtliche Beteiligungen von oder über natürliche Personen oder Rechtsträger, die keine meldepflichtigen Personen sind, gehalten werden und die Voraussetzungen nach Artikel 3 Absatz 8 AIAG erfüllt sind:

a. vertragliche Anlagefonds nach den Artikeln 25–35 des Kollektivanlagengesetzes vom 23. Juni 2006[2] (KAG);
b. Investmentgesellschaften mit variablem Kapital nach den Artikeln 36–52 KAG;
c. Kommanditgesellschaften für kollektive Kapitalanlagen nach den Artikeln 98–109 KAG;

AS **2016** 4885

1 SR **653.1**
2 SR **951.31**

d. Investmentgesellschaften mit festem Kapital nach den Artikeln 110–118 KAG;
e. an einer Schweizer Börse kotierte Investmentgesellschaften in Form von schweizerischen Aktiengesellschaften nach Artikel 2 Absatz 3 KAG.

2 Diese Organismen gelten jedoch als meldende Finanzinstitute, sofern Beteiligungen von oder über passive Non Financial Entities (NFEs) nach dem gemeinsamen Meldestandard (GMS) gehalten werden, deren beherrschende Personen meldepflichtig sind.

Art. 3 In der Vermögensverwaltung oder Anlageberatung tätige Rechtsträger

Als nicht meldende Finanzinstitute nach Artikel 3 Absatz 11 AIAG gelten in der Vermögensverwaltung oder Anlageberatung tätige Rechtsträger, die ausschliesslich gestützt auf eine Vollmacht einer Kundin oder eines Kunden oder als Organ einer Gesellschaft oder Stiftung Vermögen verwalten, das im Namen der Kundin oder des Kunden, der Gesellschaft oder der Stiftung bei einem Finanzinstitut im In- oder Ausland liegt.

Art. 4 Zentralverwahrer

Als nicht meldende Finanzinstitute nach Artikel 3 Absatz 11 AIAG gelten Zentralverwahrer nach Artikel 61 des Finanzmarktinfrastrukturgesetzes vom 19. Juni 2015[3] für nach diesem Gesetz bewilligungspflichtige Tätigkeiten, sofern es sich bei den Kontoinhaberinnen und Kontoinhabern um folgende Personen oder Rechtsträger handelt:

a. natürliche Personen oder Rechtsträger, die keine meldepflichtigen Personen sind; oder
b. passive NFEs, die von nicht meldepflichtigen Personen beherrscht werden.

Art. 5 Vereine

Als nicht meldende Finanzinstitute nach Artikel 3 Absatz 11 AIAG gelten in der Schweiz errichtete und organisierte Vereine, die nicht wirtschaftliche Zwecke verfolgen.

Art. 6 Stiftungen

Als nicht meldende Finanzinstitute nach Artikel 3 Absatz 11 AIAG gelten in der Schweiz errichtete und organisierte Stiftungen, die:

a. öffentliche oder gemeinnützige Zwecke verfolgen und ihre Gewinne ausschliesslich und unwiderruflich diesen Zwecken widmen; oder
b. ideelle Zwecke verfolgen, Gewinne von höchstens 20000 Franken erzielen und diese ausschliesslich und unwiderruflich diesen Zwecken widmen.

---

3 SR **958.1**

Art. 7 Miteigentümergemeinschaften

Als nicht meldende Finanzinstitute nach Artikel 3 Absätze 10 und 11 AIAG gelten Miteigentümergemeinschaften, sofern:

a. die Miteigentumsanteile nach Artikel 23 der Grundbuchverordnung vom 23. September 2011[4] im Grundbuch aufgenommen sind;
b. die Miteigentümerinnen und Miteigentümer eine Nutzungs- und Verwaltungsordnung nach Artikel 647 des Zivilgesetzbuches (ZGB)[5] vereinbart haben, in der festgelegt wird, dass die von der Miteigentümergemeinschaft verwalteten finanziellen Vermögenswerte ausschliesslich für Aufwendungen im Zusammenhang mit der im Miteigentum stehenden Sache verwendet werden; und
c. diese Nutzungs- und Verwaltungsordnung nach Artikel 649*a* Absatz 2 ZGB im Grundbuch angemerkt ist.

3. Abschnitt: Ausgenommene Konten

Art. 8 Konten von Anwältinnen und Anwälten oder Notarinnen und Notaren

1 Als ausgenommene Konten nach Artikel 4 Absatz 3 AIAG gelten Einlagen- oder Verwahrkonten, die von in der Schweiz zugelassenen Anwältinnen und Anwälten oder Notarinnen und Notaren oder einer in Gesellschaftsform organisierten Firma dieser Personen gehalten werden und an deren Vermögenswerten Klientinnen oder Klienten wirtschaftlich berechtigt sind.

2 Die Vermögenswerte, die auf solchen Konten gehalten werden dürfen, und die Voraussetzungen, unter denen solche Konten gehalten werden dürfen, richten sich nach dem Abkommen vom 14. Februar 2013[6] zwischen der Schweiz und den Vereinigten Staaten von Amerika über die Zusammenarbeit für eine erleichterte Umsetzung von FATCA.

Art. 9 Kapitaleinzahlungskonten

Meldende schweizerische Finanzinstitute können Kapitaleinzahlungskonten als ausgenommene Konten nach Artikel 4 Absatz 3 AIAG behandeln, sofern:

a. die Konten ausschliesslich zur Hinterlegung des Kapitals bei Gründung oder Kapitalerhöhung einer Gesellschaft verwendet werden;
b. die Konten nach der Gründung oder Kapitalerhöhung aufgelöst oder in Konten überführt werden, die auf die Gesellschaft lauten; und
c. allfällige Rückzahlungen aufgrund nicht erfolgter Gründung oder Kapitalerhöhung oder zu viel einbezahlten Kapitals ausschliesslich an die Personen gehen, die das Kapital einbezahlt haben.

4 SR **211.432.1**
5 SR **210**
6 SR **0.672.933.63**

Art. 10 Konten von Vereinen

Meldende schweizerische Finanzinstitute können Konten von in der Schweiz errichteten und organisierten Vereinen, die nicht wirtschaftliche Zwecke verfolgen, als ausgenommene Konten nach Artikel 4 Absatz 3 AIAG behandeln.

Art. 11 Konten von Stiftungen

Meldende schweizerische Finanzinstitute können Konten von in der Schweiz errichteten und organisierten Stiftungen als ausgenommene Konten nach Artikel 4 Absatz 3 AIAG behandeln, sofern die Stiftungen die Voraussetzungen nach Artikel 6 Buchstaben a und b dieser Verordnung erfüllen.

Art. 12 Konten von Miteigentümergemeinschaften

Meldende schweizerische Finanzinstitute können Konten von Miteigentümergemeinschaften als ausgenommene Konten nach Artikel 4 Absatz 3 AIAG behandeln, sofern die Miteigentümergemeinschaften die Voraussetzungen nach Artikel 7 Buchstaben a–c dieser Verordnung erfüllen.

Art. 13 Konten von Stockwerkeigentümergemeinschaften

Meldende schweizerische Finanzinstitute können Konten von Stockwerkeigentümergemeinschaften als ausgenommene Konten nach Artikel 4 Absatz 3 AIAG behandeln, sofern die Stockwerkeigentümergemeinschaften die Voraussetzungen nach Artikel 712*l* Absatz 2 ZGB[7] erfüllen.

Art. 14 Nachrichtenlose Konten

Meldende schweizerische Finanzinstitute können nachrichtenlose Konten nach Artikel 11 Absatz 6 Buchstaben a und b AIAG, bei denen der Kontostand oder -wert zum Ende des Kalenderjahres oder eines anderen geeigneten Meldezeitraums oder zum Zeitpunkt der Kontoauflösung höchstens 1000 Franken beträgt, als ausgenommene Konten nach Artikel 4 Absatz 3 AIAG behandeln.

Art. 15 Nach dem Ansässigkeitsstaat der Kontoinhaberin oder des Kontoinhabers ausgenommene Konten

Meldende schweizerische Finanzinstitute können Konten, die von meldenden schweizerischen Finanzinstituten geführt werden und die nach der Gesetzgebung des Ansässigkeitsstaates der Kontoinhaberin oder des Kontoinhabers zur Umsetzung des GMS als ausgenommene Konten gelten, als ausgenommene Konten nach Artikel 4 Absatz 3 AIAG behandeln.

Art. 16 E-Geld-Konten

1 Meldende schweizerische Finanzinstitute können E-Geld-Konten als ausgenommene Konten nach Artikel 4 Absatz 3 AIAG behandeln, sofern:

---

7 SR **210**

a. die Konten ausschliesslich für E-Geld-Zahlungsmittel zum bargeldlosen Bezahlen von Waren und Dienstleistungen, zum Bargeldbezug oder zum bargeldlosen Zahlungsverkehr zwischen Privatpersonen, bei denen ein elektronisch gespeichertes Guthaben Voraussetzung für die Transaktion ist, verwendet werden;
b. eine vertraglich vereinbarte Guthabenlimite von höchstens 10 000 Franken oder US-Dollar oder Euro gilt;
c. jede Überzahlung über 10 000 Franken oder US-Dollar oder Euro hinaus der Kontoinhaberin oder dem Kontoinhaber innerhalb von 60 Tagen zurückerstattet wird; und
d. den Konten keine Zinsen gutgeschrieben werden.

2 Als E-Geld gilt jeder elektronisch gespeicherte monetäre Wert in Form einer Forderung gegenüber dem Herausgeber von E-Geld, der gegen Zahlung eines Geldbetrags ausgestellt wird, um damit Zahlungsvorgänge durchzuführen, und der auch von anderen natürlichen oder juristischen Personen als dem Herausgeber von E-Geld angenommen wird.

Art. 17 Konten von Erblasserinnen und Erblassern

Meldende schweizerische Finanzinstitute können Konten von Erblasserinnen und Erblassern bis zur Auflösung der Erbengemeinschaft wie Konten, deren ausschliesslicher Inhaber ein Nachlass mit eigener Rechtspersönlichkeit ist, und damit als ausgenommene Konten behandeln, sofern ihnen der Tod der Erblasserin oder des Erblassers durch ein eröffnetes Testament, eine Todesurkunde oder in anderer geeigneter Form mitgeteilt worden ist.

4. Abschnitt: Ansässigkeit von Finanzinstituten in der Schweiz

Art. 18 Steuerpflichtige und steuerbefreite Finanzinstitute

Als in der Schweiz ansässig nach Artikel 5 Absatz 1 AIAG gelten:

a. Finanzinstitute, die in der Schweiz unbeschränkt steuerpflichtig sind oder eine wirtschaftliche Zugehörigkeit nach Artikel 4 Absatz 1 Buchstabe b oder Artikel 51 Absatz 1 Buchstabe b des Bundesgesetzes vom 14. Dezember 1990[8] über die direkte Bundessteuer begründen;
b. steuerbefreite Finanzinstitute, die nach schweizerischem Recht errichtet worden sind.

Art. 19 Im Ausland regulierte Trusts

Trusts, die im Ausland als Organismen für gemeinsame Anlagen reguliert sind, gelten unabhängig von der Ansässigkeit der Trustees nicht als in der Schweiz ansässig.

8 SR **642.11**

Art. 20 Ort der Geschäftsleitung

Als Ort der Geschäftsleitung nach Artikel 5 Absatz 2 Buchstabe b AIAG gilt der Ort der tatsächlichen Verwaltung in der Schweiz.

5. Abschnitt: Alternativbestimmungen des OECD-Kommentars zum GMS

Art. 21

Die Alternativbestimmungen des OECD-Kommentars zum GMS sind im Anhang enthalten. Sie gelten, sofern das im Einzelfall anwendbare Abkommen ihre Anwendung nicht ausschliesst.

6. Abschnitt: Präzisierung der allgemeinen Meldepflichten

Art. 22 Betrag und Einordnung von Zahlungen

1 Meldende schweizerische Finanzinstitute melden die Zahlungen zugunsten eines meldepflichtigen Kontos als:

a. Zinsen;
b. Dividenden;
c. Veräusserungs- oder Rückkaufserlöse;
d. andere Einkünfte.

2 Als Zinsen gelten insbesondere Zinsen aus Obligationen, Serienschuldbriefen, Seriengülten, Schuldbuchguthaben sowie Kundenguthaben.

3 Als Dividenden gelten insbesondere Ausschüttungen von Gewinnanteilen, Liquidationsüberschüssen und geldwerten Vorteilen aus Beteiligungen aller Art, einschliesslich Gratisaktien, Gratisnennwerterhöhungen und dergleichen.

4 Als Veräusserungs- oder Rückkaufserlöse gelten insbesondere Erlöse aus der Veräusserung oder Rückzahlung von:

a. Obligationen, soweit die Erlöse keine Zinsen darstellen;
b. Beteiligungspapieren jeglicher Art;
c. derivativen Produkten jeglicher Art, soweit die Erlöse keine Zinsen oder Dividenden darstellen;
d. Anteilen an kollektiven Kapitalanlagen.

5 Als andere Einkünfte gelten Einkünfte, die nicht als Zinsen, Dividenden oder Veräusserungs- oder Rückkaufserlöse gelten, einschliesslich Leistungen aus meldepflichtigen Versicherungen sowie von einer kollektiven Kapitalanlage weitergeleitete Zahlungen nach Absatz 1.

Art. 23 Kategorien von Finanzkonten

1 Als Einlagenkonten gelten auch:

a. Kapitalisationsgeschäfte von Lebensversicherern nach Anhang 1 Versicherungszweig A6 der Aufsichtsverordnung vom 9. November 2005[9] (AVO);
b. Tontinengeschäfte von Lebensversicherern nach Anhang 1 Versicherungszweig A7 AVO;
c. Prämienvorauszahlungen und Prämiendepots, die auf einem separaten Vertragsverhältnis beruhen.

2 Als rückkaufsfähige Versicherungsverträge gelten auch Versicherungen, bei denen der Eintritt des versicherten Ereignisses gewiss ist, die der Versicherer jedoch noch nicht ganz oder teilweise zurückkaufen muss.

3 Für die Qualifikation eines Vertrags als Rentenversicherungsvertrag ist unerheblich, ob der Vertrag die Langlebigkeit temporär oder zeitlich unbegrenzt absichert. Nicht kapitalbildende Verträge gelten nicht als Rentenversicherungsverträge.

Art. 24 Rückerstattung nicht verbrauchter Prämien als Bestandteil des Barwerts

Ein meldendes schweizerisches Finanzinstitut kann die Rückerstattung nicht verbrauchter Prämien aus einem nicht an Kapitalanlagen gebundenen rückkaufsfähigen Versicherungsvertrag oder Rentenversicherungsvertrag als Bestandteil des Barwerts behandeln.

Art. 25 Rückkaufswert bei Rentenversicherungen

1 Als Rückkaufswert einer Rentenversicherung gilt für die Zwecke des anwendbaren Abkommens der Rückkaufswert des Versicherungsvertrags. Einen Rückkaufswert von null haben kapitalbildende Rentenversicherungen, die:
a. noch nicht oder nicht mehr rückkaufsfähig sind;
b. nicht rückkaufsfähig sind.

2 Ein meldendes schweizerisches Finanzinstitut kann als Rückkaufswert einer Rentenversicherung für die Zwecke des anwendbaren Abkommens anstelle des Rückkaufswerts das Inventardeckungskapital verwenden.

Art. 26 Währung bei der Meldung

1 Die meldenden schweizerischen Finanzinstitute müssen in den Meldungen die Währung nennen, auf die die Beträge lauten.

2 Sie können die Beträge in den folgenden Währungen angeben:
a. in der Währung, in der das Finanzkonto geführt wird;
b. in der Referenzwährung, die die Kontoinhaberin oder der Kontoinhaber bestimmt hat;
c. in Franken; oder
d. in US-Dollar.

9 SR **961.011**

7. Abschnitt: Präzisierung der Sorgfaltspflichten

Art. 27 Eröffnung von Neukonten

1 Fehlt einem meldenden schweizerischen Finanzinstitut 90 Tage nach der Eröffnung eines meldepflichtigen Neukontos die Steueridentifikationsnummer der Kontoinhaberin oder des Kontoinhabers oder der beherrschenden Person des Rechtsträgers, so muss das Konto nicht allein deshalb für alle Zu- und Abgänge gesperrt werden.

2 Das Finanzinstitut muss bis zum Ablauf des zweiten Kalenderjahres nach Eröffnung des Kontos angemessene Anstrengungen unternehmen, um die Steueridentifikationsnummer von der Kontoinhaberin oder dem Kontoinhaber oder der beherrschenden Person des Rechtsträgers zu beschaffen.

Art. 28 Auflösung von Konten

1 Wird ein bestehendes Konto einer natürlichen Person oder eines Rechtsträgers vor Ablauf der Frist nach Artikel 11 Absatz 2 oder 3 AIAG aufgelöst und ist die Überprüfung des Kontos durch das meldende schweizerische Finanzinstitut bis zum Zeitpunkt der Auflösung noch nicht abgeschlossen, so kann das Finanzinstitut es als nicht meldepflichtiges Konto betrachten.

2 Wird ein Neukonto einer natürlichen Person oder eines Rechtsträgers aufgelöst und konnte die steuerliche Ansässigkeit der Kontoinhaberin oder des Kontoinhabers oder der beherrschenden Person des Rechtsträgers vom meldenden schweizerischen Finanzinstitut bis zum Zeitpunkt der Auflösung nicht festgestellt werden, so kann das Finanzinstitut es als nicht meldepflichtiges Konto betrachten.

3 Wird ein bestehendes Konto oder ein Neukonto einer natürlichen Person oder eines Rechtsträgers nach einer Änderung der Gegebenheiten aufgelöst und ist die sich aus der Änderung der Gegebenheiten ergebende Nachprüfung des Kontos im Zeitpunkt der Auflösung noch nicht abgeschlossen, so muss das meldende schweizerische Finanzinstitut die Änderung der Gegebenheiten für die Meldung nicht berücksichtigen.

Art. 29 Ansprüche Dritter aus rückkaufsfähigen Versicherungsverträgen und Rentenversicherungsverträgen bei Fälligkeit

1 Wird ein Anspruch aus einem rückkaufsfähigen Versicherungsvertrag oder einem Rentenversicherungsvertrag fällig und handelt es sich bei der anspruchsberechtigten natürlichen Person oder dem anspruchsberechtigten Rechtsträger nicht um die bisherige Kontoinhaberin oder den bisherigen Kontoinhaber, so ist diese anspruchsberechtigte Drittperson wie eine Kontoinhaberin oder ein Kontoinhaber eines Neukontos zu behandeln.

2 Das meldende schweizerische Finanzinstitut muss vor Erfüllung des fälligen Anspruchs über eine Selbstauskunft der anspruchsberechtigten Drittperson verfügen. Vorbehalten sind Fälle, in denen das Finanzinstitut:

a. anhand von ihm vorliegenden oder öffentlich verfügbaren Informationen feststellen kann, dass der anspruchsberechtigte Rechtsträger keine meldepflichtige Person ist;
b. nach den anwendbaren besonderen Sorgfaltspflichten des GMS das alternative Verfahren für Finanzkonten begünstigter natürlicher Personen eines rückkaufsfähigen Versicherungsvertrags oder eines Rentenversicherungsvertrags anwenden kann.

3 Kann das meldende schweizerische Finanzinstitut den fälligen Anspruch aus dem Vertrag infolge fehlender Selbstauskunft nicht erfüllen, so kommt die anspruchsberechtigte Drittperson in Gläubigerverzug. Die Verzugsfolgen werden beim Finanzinstitut bis zum Erhalt der Selbstauskunft aufgeschoben.

4 Artikel 11 Absätze 8 und 9 AIAG ist nicht anwendbar.

Art. 30 Umrechnung von Beträgen

Das Eidgenössische Finanzdepartement (EFD) legt die Beträge in Franken fest, die den Beträgen in US-Dollar im anwendbaren Abkommen und in den anwendbaren Alternativbestimmungen des OECD-Kommentars zum GMS entsprechen.

8. Abschnitt: Registrierungspflicht der meldenden schweizerischen Finanzinstitute

Art. 31

1 Ein schweizerisches Finanzinstitut muss sich bei der Eidgenössischen Steuerverwaltung (ESTV) spätestens bis zum Ende des Kalenderjahres anmelden, in dem es zu einem meldenden schweizerischen Finanzinstitut wird.

2 Ein meldendes schweizerisches Finanzinstitut muss sich bei der ESTV spätestens bis zum Ende des Kalenderjahres abmelden, in dem die Eigenschaft als meldendes schweizerisches Finanzinstitut endet oder die Geschäftstätigkeit aufgegeben wird.

3 Nicht als Abmeldung gilt die Mitteilung des meldenden schweizerischen Finanzinstituts an die ESTV, dass es keine meldepflichtigen Finanzkonten führt.

9. Abschnitt: Vom Ausland automatisch übermittelte Informationen

Art. 32

1 Die Kantone melden der ESTV innerhalb von zwei Monaten nach Ende jedes Kalenderjahres:
a. die AHV-Versichertennummer der im Kanton unbeschränkt steuerpflichtigen natürlichen Personen;
b. die Unternehmens-Identifikationsnummer der im Kanton unbeschränkt steuerpflichtigen Rechtsträger.

[2] Die ESTV ordnet die vom Ausland automatisch übermittelten Informationen aufgrund dieser Meldungen sowie nötigenfalls aufgrund weiterer nach dem anwendbaren Abkommen zur Identifikation erforderlicher Angaben den Kantonen zu.

[3] Sie macht die vom Ausland automatisch übermittelten Informationen im Abrufverfahren der zur Festsetzung und Erhebung der direkten Steuern zuständigen Behörde des Kantons zugänglich, in dem die meldepflichtige Person unbeschränkt steuerpflichtig ist.

[4] Mitarbeiterinnen und Mitarbeiter dieser Behörde haben nur dann auf diese Informationen Zugriff im Abrufverfahren, wenn sie sich durch zwei Faktoren authentifizieren, wobei einer der Faktoren ein physisches, eindeutiges und fälschungssicheres Identifikationsmerkmal sein muss.

10. Abschnitt: Informationssystem

Art. 33 Organisation und Führung des Informationssystems

[1] Das Informationssystem der ESTV wird als eigenständiges Informationssystem auf der Plattform des Bundesamtes für Informatik und Telekommunikation im Auftrag der ESTV betrieben.

[2] Werden gleiche Daten von verschiedenen Organisationseinheiten der ESTV bearbeitet, so können die entsprechenden Informationssysteme zum Austausch von Stammdaten vernetzt werden, soweit dies für eine effiziente Datenbearbeitung notwendig ist.

[4] Das EFD kann die Organisation und den Betrieb des Informationssystems der ESTV im Einzelnen regeln.

Art. 34 Kategorien der bearbeiteten Personendaten

Die ESTV kann die ihr gemäss dem anwendbaren Abkommen übermittelten Personendaten bearbeiten.

Art. 35 Vernichtung der Daten

Die ESTV vernichtet die Daten spätestens 20 Jahre nach Ablauf des Kalenderjahres, in dem sie diese erhalten hat.

11. Abschnitt: Inkrafttreten

Art. 36

Diese Verordnung tritt am 1. Januar 2017 in Kraft.

Anhang
(Art. 21)

Alternativbestimmungen des OECD-Kommentars zum GMS

1. In Ergänzung zu dem im GMS oder in einem anwendbaren Abkommen festgelegten alternativen Verfahren für Finanzkonten begünstigter natürlicher Personen eines rückkaufsfähigen Versicherungsvertrags oder eines Rentenversicherungsvertrags gilt Folgendes:

   «Ein meldendes Finanzinstitut kann ein Finanzkonto, das den Anteil eines Mitgliedes an einem rückkaufsfähigen Gruppenversicherungsvertrag oder einem Gruppenrentenversicherungsvertrag darstellt, bis zu dem Zeitpunkt, zu dem die Zahlung eines Betrags an den Arbeitnehmer/Inhaber des Versicherungsscheins oder Begünstigten fällig wird, als ein nicht meldepflichtiges Konto behandeln, sofern das Finanzkonto, das den Anteil eines Mitglieds an einem rückkaufsfähigen Gruppenversicherungsvertrag oder einem Gruppenrentenversicherungsvertrag darstellt, die folgenden Anforderungen erfüllt:

   a) der rückkaufsfähige Gruppenversicherungsvertrag oder der Gruppenrentenversicherungsvertrag ist auf einen Arbeitgeber ausgestellt und erstreckt sich auf mindestens 25 Arbeitnehmer/Versicherungsscheininhaber;

   b) die Arbeitnehmer/Versicherungsscheininhaber haben Anspruch auf einen ihrem Anteil entsprechenden Vertragswert und dürfen Begünstigte benennen, an die die Leistungen im Falle des Ablebens des Arbeitnehmers zu zahlen sind; und

   c) der an einen Arbeitnehmer/Versicherungsscheininhaber oder Begünstigten zu zahlende Gesamtbetrag beträgt höchstens 1 000 000 US-Dollar.

   Der Ausdruck «rückkaufsfähiger Gruppenversicherungsvertrag» bedeutet einen rückkaufsfähigen Versicherungsvertrag, der (i) eine Deckung für natürliche Personen vorsieht, die über einen Arbeitgeber, einen Berufsverband, eine Arbeitnehmerorganisation oder eine andere Vereinigung oder Gruppe angeschlossen sind, und (ii) für jedes Mitglied der Gruppe (oder Mitglied einer Kategorie innerhalb dieser Gruppe) die Zahlung eines Versicherungsbeitrags vorsieht, der unabhängig von den Gesundheitsmerkmalen der natürlichen Person – mit Ausnahme von Alter, Geschlecht und Tabakkonsum des Mitglieds (oder der Mitgliederkategorie) der Gruppe – festgelegt wird.

   Der Ausdruck «Gruppenrentenversicherungsvertrag» bedeutet einen Rentenversicherungsvertrag, bei dem die Anspruchsberechtigten natürliche Personen sind, die über einen Arbeitgeber, einen Berufsverband, eine Arbeitnehmerorganisation oder eine andere Vereinigung oder Gruppe angeschlossen sind.»

2. Anstelle des im GMS oder in einem anwendbaren Abkommen definierten Ausdrucks «bestehendes Konto» gilt Folgendes:

   «Der Ausdruck «bestehendes Konto» bedeutet:

   d) ein Finanzkonto, das zum [xx.xx.xxxx] von einem meldenden Finanzinstitut geführt wird;

   e) jedes Finanzkonto eines Kontoinhabers, ungeachtet des Zeitpunkts der Eröffnung dieses Finanzkontos, wenn:

      i. der Kontoinhaber auch Inhaber eines Finanzkontos bei dem meldenden Finanzinstitut (oder einem verbundenen Rechtsträger in demselben Staat wie das meldende Finanzinstitut) ist, das ein bestehendes Konto nach Unterabschnitt C Nummer 9 Buchstabe a ist,

      ii. das meldende Finanzinstitut (und gegebenenfalls der verbundene Rechtsträger in demselben Staat wie das meldende Finanzinstitut) diese beiden Finanzkonten und alle weiteren Finanzkonten des Kontoinhabers, die als bestehende Konten nach Buchstabe b behandelt werden, für die Zwecke der Erfüllung der in Abschnitt VII Unterabschnitt A genannten Anforderungen in Bezug auf den Kenntnisstand und für die Zwecke der Ermittlung des Saldos oder Werts eines der Finanzkonten bei der Anwendung eines der kontospezifischen Schwellenwerte als ein einziges Finanzkonto behandelt,

      iii. das meldende Finanzinstitut in Bezug auf ein Finanzkonto, das den Verfahren zur Bekämpfung der Geldwäsche (AML/KYC) unterliegt, die Anforderungen dieser Verfahren in Bezug auf das Finanzkonto erfüllen darf, indem es sich auf die Verfahren zur Bekämpfung der Geldwäsche (AML/KYC) verlässt, die für das unter Unterabschnitt C Nummer 9 Buchstabe a beschriebene bestehende Konto durchgeführt wurden, und

      iv. die Eröffnung des Finanzkontos – ausser für die Zwecke des gemeinsamen Meldestandards – keine Bereitstellung neuer, zusätzlicher oder geänderter Kundeninformationen durch den Kontoinhaber erfordert.»

3. Anstelle des im GMS oder in einem anwendbaren Abkommen definierten Ausdrucks «verbundener Rechtsträger» gilt Folgendes:

   «Ein Rechtsträger ist ein «verbundener Rechtsträger» eines anderen Rechtsträgers, wenn (i) einer der beiden Rechtsträger den anderen beherrscht, (ii) die beiden Rechtsträger der gleichen Beherrschung unterliegen oder (iii) die beiden Rechtsträger Investmentunternehmen im Sinne des Unterabschnitts A Nummer 6 Buchstabe b sind, eine gemeinsame Geschäftsleitung haben und diese Geschäftsleitung die Sorgfaltspflichten solcher Investmentunternehmen einhält. Für diesen Zweck umfasst Beherrschung unmittelbares oder mittelbares Eigentum an mehr als 50 Prozent der Stimmrechte und des Wertes eines Rechtsträgers.»

Übersetzung

Multilaterale Vereinbarung der zuständigen Behörden über den Austausch länderbezogener Berichte (SR 0.654.1)

Abgeschlossen am 27. Januar 2016
Von der Bundesversammlung genehmigt am 16. Juni 2017[1]
In Kraft getreten am 1. Dezember 2017

In der Erwägung, dass die Staaten der Unterzeichner der Multilateralen Vereinbarung der zuständigen Behörden über den Austausch länderbezogener Berichte («Vereinbarung») Vertragsparteien des Übereinkommens über die gegenseitige Amtshilfe in Steuersachen oder des Übereinkommens über die gegenseitige Amtshilfe in Steuersachen in der durch das Protokoll geänderten Fassung («Amtshilfeübereinkommen»)[2] oder darunter fallende Hoheitsgebiete sind oder das Amtshilfeübereinkommen unterzeichnet oder ihre entsprechende Absicht bekundet haben und anerkennen, dass das Amtshilfeübereinkommen vor dem Beginn des automatischen Austauschs länderbezogener Berichte für sie in Kraft und wirksam sein muss;

in der Erwägung, dass ein Land, welches das Amtshilfeübereinkommen unterzeichnet oder seine entsprechende Absicht bekundet hat, erst ein Staat im Sinne von Abschnitt 1 dieser Vereinbarung wird, wenn es Vertragspartei des Amtshilfeübereinkommens geworden ist;

in der Erwägung, dass die Staaten vom Wunsch geleitet sind, durch den automatischen Austausch jährlicher länderbezogener Berichte die internationale steuerliche Transparenz zu erhöhen und den Zugang ihrer jeweiligen Steuerbehörden zu Informationen über die weltweite Verteilung der Gewinne und der bezahlten Steuern sowie bestimmte Indikatoren für die Orte wirtschaftlicher Tätigkeit in den Steuergebieten, in denen multinationale Konzerne tätig sind, zu verbessern, um erhebliche Verrechnungspreisrisiken und andere Risiken im Zusammenhang mit Gewinnverkürzung und Gewinnverlagerung zu bewerten, einschliesslich gegebenenfalls zwecks wirtschaftlicher und statistischer Analysen;

in der Erwägung, dass das Recht der jeweiligen Staaten den berichtenden Rechtsträger eines multinationalen Konzerns verpflichtet oder verpflichten müsste, jährlich einen länderbezogenen Bericht vorzulegen;

in der Erwägung, dass der länderbezogene Bericht Teil einer dreistufigen Struktur sein soll, zusammen mit einer globalen Hauptdokumentation («master file») und einer landesspezifischen Dokumentation («local file»), wobei diese drei Teile gemeinsam einen standardisierten Ansatz für die

AS 20017 7247

[1] AS **2017** 7243
[2] SR **0.652.1**

Verrechnungspreisdokumentation darstellen, durch den die Steuerverwaltungen sachdienliche und verlässliche Informationen zur Durchführung einer effizienten und belastbaren Bewertungsanalyse des Verrechnungspreisrisikos erhalten werden;

in der Erwägung, dass Kapitel III des Amtshilfeübereinkommens die Grundlage für den Informationsaustausch zu Steuerzwecken einschliesslich des automatischen Informationsaustauschs schafft sowie den zuständigen Behörden der Staaten gestattet, den Umfang und die Modalitäten dieses automatischen Austauschs zu vereinbaren;

in der Erwägung, dass Artikel 6 des Amtshilfeübereinkommens vorsieht, dass zwei oder mehr Vertragsparteien einen automatischen Informationsaustausch einvernehmlich vereinbaren können, selbst wenn der eigentliche Informationsaustausch bilateral zwischen den zuständigen Behörden erfolgen wird;

in der Erwägung, dass die Staaten zum Zeitpunkt des ersten Austauschs länderbezogener Berichte über Folgendes verfügen oder verfügen müssten:

i) Schutzvorkehrungen um sicherzustellen, dass die nach dieser Vereinbarung erhaltenen Informationen vertraulich behandelt und für die Bewertung erheblicher Verrechnungspreisrisiken und anderer Risiken im Zusammenhang mit Gewinnverkürzung und Gewinnverlagerung sowie gegebenenfalls für wirtschaftliche und statistische Analysen gemäss Abschnitt 5 verwendet werden,

ii) die Infrastruktur für eine wirksame Austauschbeziehung (einschliesslich bestehender Verfahren, um einen fristgerechten, fehlerfreien und vertraulichen Informationsaustausch, wirksame und zuverlässige Übertragungswege sowie Ressourcen für die zügige Klärung von Fragen und Anliegen zum Austausch oder zu Austauschersuchen sowie die Durchführung von Abschnitt 4 zu gewährleisten) und

iii) Rechtsvorschriften, um die berichtenden Rechtsträger zur Vorlage länderbezogener Berichte zu verpflichten;

in der Erwägung, dass die Staaten entschlossen sind, sich gemäss Artikel 24 Absatz 2 des Amtshilfeübereinkommens und Abschnitt 6 Absatz 1 dieser Vereinbarung zu beraten mit dem Ziel, Fälle unerwünschter wirtschaftlicher Ergebnisse, auch für Einzelunternehmen, zu regeln;

in der Erwägung, dass Verständigungsverfahren, beispielsweise auf der Grundlage eines zwischen den Staaten der zuständigen Behörden geschlossenen Doppelbesteuerungsabkommens, weiterhin Anwendung finden, wenn länderbezogene Berichte aufgrund dieser Vereinbarung ausgetauscht wurden;

in der Erwägung, dass die zuständigen Behörden der Staaten beabsichtigen, diese Vereinbarung zu schliessen, unbeschadet innerstaatlicher Gesetzgebungsverfahren, und unter Vorbehalt der im Amtshilfeübereinkommen vorgesehenen Vertraulichkeitsvorschriften und sonstigen Schutzvorkehrungen einschliesslich der Bestimmungen, welche die Verwendung der demgemäss ausgetauschten Informationen einschränken;

sind die zuständigen Behörden wie folgt übereingekommen:

Abschnitt 1: Begriffsbestimmungen

1. Im Sinne dieser Vereinbarung haben die nachstehenden Ausdrücke folgende Bedeutung:
   a. Der Ausdruck «Staat» bedeutet ein Land oder ein Hoheitsgebiet, für welches das Amtshilfeübereinkommen in Kraft und wirksam ist, entweder durch Unterzeichnung und Ratifikation nach Artikel 28 oder durch räumliche Erstreckung nach Artikel 29, und das ein Unterzeichner dieser Vereinbarung ist.
   b. Der Ausdruck «zuständige Behörde» bedeutet für den jeweiligen Staat die in Anhang B des Amtshilfeübereinkommens aufgeführten Personen und Behörden.
   c. Der Ausdruck «Konzern» bedeutet eine Gruppe von Unternehmen, die durch Eigentum oder Beherrschung so verbunden sind, dass die Gruppe entweder nach den geltenden Rechnungslegungsgrundsätzen zur Aufstellung eines Konzernabschlusses für Rechnungslegungszwecke verpflichtet ist oder dazu verpflichtet wäre, wenn Eigenkapitalbeteiligungen an einem der Unternehmen an einer Börse gehandelt würden.
   d. Der Ausdruck «multinationaler Konzern» bedeutet einen Konzern, der:
      i) zwei oder mehr Unternehmen umfasst, die in verschiedenen Staaten steuerlich ansässig sind, oder ein Unternehmen, das in einem Staat steuerlich ansässig ist und in einem anderen Staat mit der durch eine Betriebsstätte ausgeübten Geschäftstätigkeit steuerpflichtig ist; und
      ii) kein freigestellter multinationaler Konzern ist.
   e. Der Ausdruck «freigestellter multinationaler Konzern» bedeutet einen Konzern, der nicht zur Vorlage eines länderbezogenen Berichts verpflichtet ist, da der jährliche konsolidierte Umsatz des Konzerns im Steuerjahr, das dem Berichtssteuerjahr unmittelbar voranging, laut seinem Konzernabschluss für dieses vorangegangene Steuerjahr unter dem Schwellenwert liegt, der im innerstaatlichen Recht vom Staat festgelegt wurde und dem Bericht von 2015 in der nach der darin vorgesehenen Überprüfung im Jahr 2020 gegebenenfalls geänderten Fassung entspricht.
   f. Der Ausdruck «konstitutiver Rechtsträger» bedeutet:
      i) eine eigenständige Geschäftseinheit eines multinationalen Konzerns, die für Rechnungslegungszwecke in den Konzernabschluss einbezogen wird oder darin einbezogen würde, wenn Eigenkapitalbeteiligungen an dieser Geschäftseinheit eines multinationalen Konzerns an einer Börse gehandelt würden;
      ii) eine eigenständige Geschäftseinheit, die nur aufgrund ihrer Grösse oder aus Wesentlichkeitsgründen nicht in den Konzernabschluss des multinationalen Konzerns einbezogen wird; oder
      iii) eine Betriebsstätte einer unter Ziffer i oder ii fallenden eigenständigen Geschäftseinheit eines multinationalen Konzerns, sofern die Geschäftseinheit für Rechnungslegungs-, Aufsichts-,

Steuer- oder interne Steuerungszwecke einen Einzelabschluss für diese Betriebsstätte aufstellt.

g. Der Ausdruck «berichtender Rechtsträger» bedeutet den konstitutiven Rechtsträger, der aufgrund des innerstaatlichen Rechts im Staat seiner steuerlichen Ansässigkeit den länderbezogenen Bericht im Namen des multinationalen Konzerns in seiner entsprechenden Eigenschaft vorlegt.

h. Der Ausdruck «länderbezogener Bericht» bedeutet den vom berichtenden Rechtsträger nach dem Recht des Staates seiner steuerlichen Ansässigkeit jährlich vorzulegenden länderbezogenen Bericht mit den nach diesem Recht zu meldenden Informationen zu den Posten und in dem Format, die im Bericht von 2015 in der nach der darin vorgesehenen Überprüfung im Jahr 2020 gegebenenfalls geänderten Fassung dargelegt sind.

i. Der Ausdruck «Bericht von 2015» bedeutet den konsolidierten Bericht mit dem Titel «Verrechnungspreisdokumentation und länderbezogene Berichterstattung» zu Aktionspunkt 13 des OECD/G20-Aktionsplans zur Bekämpfung der Gewinnverkürzung und Gewinnverlagerung.

j. Der Ausdruck «Koordinierungsgremium» bedeutet das Koordinierungsgremium des Amtshilfeübereinkommens, das sich gemäss Artikel 24 Absatz 3 des Amtshilfeübereinkommens aus Vertreterinnen und Vertretern der zuständigen Behörden der Vertragsparteien des Amtshilfeübereinkommens zusammensetzt.

k. Der Ausdruck «Sekretariat des Koordinierungsgremiums» bedeutet das OECD-Sekretariat, das gemäss Artikel 24 Absatz 3 des Amtshilfeübereinkommens das Koordinierungsgremium unterstützt.

l. Der Ausdruck «wirksame Vereinbarung» bedeutet in Bezug auf zwei zuständige Behörden, dass beide zuständigen Behörden ihre Absicht bekundet haben, miteinander automatisch Informationen auszutauschen, und die in Abschnitt 8 Absatz 2 genannten weiteren Voraussetzungen erfüllt haben. Auf der OECD-Website ist eine Liste der zuständigen Behörden zu veröffentlichen, zwischen denen diese Vereinbarung wirksam ist.

2. Bei der Anwendung dieser Vereinbarung durch eine zuständige Behörde eines Staates hat jeder in dieser Vereinbarung nicht definierte Ausdruck, wenn der Zusammenhang nichts anderes erfordert und die zuständigen Behörden sich nicht (im Rahmen ihres innerstaatlichen Rechts) auf eine gemeinsame Bedeutung einigen, die Bedeutung, die ihm im Anwendungszeitpunkt nach dem Recht des diese Vereinbarung anwendenden Staates zukommt, wobei die in der Steuergesetzgebung geltende Bedeutung derjenigen nach anderen Gesetzen des gleichen Staates vorgeht.

Abschnitt 2: Austausch von Informationen über multinationale Konzerne

1. Gemäss den Artikeln 6, 21 und 22 des Amtshilfeübereinkommens tauscht jede zuständige Behörde die von den einzelnen in ihrem Staat steuerlich ansässigen berichtenden Rechtsträgern erhaltenen länderbezogenen Berichte jährlich mit allen anderen zuständigen Behörden von Staaten automatisch aus, für die diese Vereinbarung wirksam ist und in denen laut Informationen im länderbezogenen Bericht ein oder mehrere konstitutive Rechtsträger des multinationalen Konzerns des berichtenden Rechtsträgers entweder steuerlich ansässig oder mit der durch eine Betriebsstätte ausgeübten Geschäftstätigkeit steuerpflichtig sind.

2. Ungeachtet des Absatzes 1 übermitteln die zuständigen Behörden der Staaten, die in ihrer Notifikation nach Abschnitt 8 Absatz 1 Buchstabe b angegeben haben, dass sie als Staaten ohne Gegenseitigkeit aufzuführen sind, länderbezogene Berichte gemäss Absatz 1, erhalten jedoch keine länderbezogenen Berichte nach dieser Vereinbarung. Die zuständigen Behörden der nicht als Staaten ohne Gegenseitigkeit aufgeführten Staaten übermitteln und erhalten die in Absatz 1 genannten Informationen. Sie übermitteln diese Informationen jedoch nicht an die zuständigen Behörden der in der besagten Liste der Staaten ohne Gegenseitigkeit aufgeführten Staaten.

Abschnitt 3: Zeitraum und Form des Informationsaustauschs

1. Für die Zwecke des Informationsaustauschs nach Abschnitt 2 wird die Währung der im länderbezogenen Bericht enthaltenen Beträge angegeben.

2. Im Hinblick auf Abschnitt 2 Absatz 1 ist ein länderbezogener Bericht erstmalig für das Steuerjahr des multinationalen Konzerns, das an oder nach dem von der zuständigen Behörde in der Notifikation nach Abschnitt 8 Absatz 1 Buchstabe a angegebenen Datum beginnt, so bald wie möglich, spätestens aber 18 Monate nach dem letzten Tag dieses Steuerjahrs auszutauschen. Ungeachtet der vorstehenden Bestimmungen ist ein länderbezogener Bericht nur dann auszutauschen, wenn diese Vereinbarung für beide zuständigen Behörden wirksam ist und in ihren jeweiligen Staaten Rechtsvorschriften bestehen, denen zufolge länderbezogene Berichte für das Steuerjahr, auf das sich der länderbezogene Bericht bezieht, vorgelegt werden müssen und die mit dem in Abschnitt 2 vorgesehenen Austauschumfang vereinbar sind.

3. Unter Vorbehalt von Absatz 2 ist der länderbezogene Bericht so bald wie möglich auszutauschen, spätestens aber 15 Monate nach dem letzten Tag des Steuerjahrs des multinationalen Konzerns, auf den er sich bezieht.

4. Die zuständigen Behörden tauschen die länderbezogenen Berichte über ein gemeinsames XML-Schema automatisch aus.

5. Sie wirken auf ein oder mehrere elektronische Datenübertragungsverfahren einschliesslich Verschlüsselungsstandards hin und verständigen sich auf diese, um eine möglichst weit gehende Standardisierung zu erzielen sowie Komplexität und Kosten möglichst gering zu halten, und notifizieren

dem Sekretariat des Koordinierungsgremiums diese standardisierten Übertragungs- und Verschlüsselungsverfahren.

Abschnitt 4: Zusammenarbeit bei der Einhaltung und Durchsetzung der Vereinbarung

Eine zuständige Behörde benachrichtigt die andere zuständige Behörde, wenn sie in Bezug auf einen im Staat der anderen zuständigen Behörde steuerlich ansässigen berichtenden Rechtsträger Grund zur Annahme hat, dass ein Fehler zu einer Übermittlung unrichtiger oder unvollständiger Informationen geführt haben könnte oder dass ein berichtender Rechtsträger seine Verpflichtung zur Vorlage eines länderbezogenen Berichts nicht einhält. Die benachrichtigte zuständige Behörde ergreift nach ihrem innerstaatlichen Recht verfügbare geeignete Massnahmen, um gegen die in der Nachricht beschriebenen Fehler oder Fälle von Nichteinhaltung vorzugehen.

Abschnitt 5: Vertraulichkeit, Datenschutzvorkehrungen und sachgemässe Verwendung

1. Alle ausgetauschten Informationen unterliegen den im Amtshilfeübereinkommen vorgesehenen Vertraulichkeitsvorschriften und sonstigen Schutzvorkehrungen einschliesslich der Bestimmungen, welche die Verwendung der ausgetauschten Informationen einschränken.

2. Zusätzlich zu den Einschränkungen nach Absatz 1 dürfen die Informationen ausschliesslich zu den nach diesem Absatz zulässigen Zwecken verwendet werden. Insbesondere können die Informationen des länderbezogenen Berichts für die Bewertung erheblicher Risiken im Zusammenhang mit Verrechnungspreisen, Gewinnverkürzung und Gewinnverlagerung sowie gegebenenfalls für wirtschaftliche und statistische Analysen verwendet werden. Die Informationen dürfen nicht als Ersatz für eine eingehende Verrechnungspreisanalyse einzelner Geschäftsvorfälle und Preise auf der Grundlage einer umfassenden Funktionsanalyse und einer umfassenden Vergleichbarkeitsanalyse verwendet werden. Es besteht Einvernehmen, dass die Informationen im länderbezogenen Bericht für sich genommen nicht erlauben, abschliessend zu bestimmen, ob die Verrechnungspreise korrekt berechnet wurden oder nicht, und dass sie folglich nicht als Grundlage für Verrechnungspreiskorrekturen verwendet werden dürfen. In Widerhandlung gegen diesen Absatz vorgenommene unangemessene Korrekturen örtlicher Steuerverwaltungen werden in jedem Verfahren der zuständigen Behörden zurückgenommen. Ungeachtet der vorstehenden Bestimmungen ist es nicht untersagt, die Informationen des länderbezogenen Berichts im Rahmen einer Steuerprüfung als Grundlage für weitere Untersuchungen der Verrechnungspreisgestaltungen des multinationalen Konzerns oder anderer Steuerfragen zu verwenden, und infolgedessen kann der steuerbare Gewinn eines konstitutiven Rechtsträgers angemessen korrigiert werden.

3. Soweit das innerstaatliche Recht dies zulässt, benachrichtigt eine zuständige Behörde das Sekretariat des Koordinierungsgremiums unverzüglich über alle Widerhandlungen gegen die Absätze 1 und 2, einschliesslich der Gegenmassnahmen und aller anderen sich daraus ergebenden Massnahmen. Das Sekretariat des Koordinierungsgremiums benachrichtigt sämtliche zuständigen Behörden, für die diese Vereinbarung eine wirksame Vereinbarung mit der erstgenannten zuständigen Behörde darstellt.

Abschnitt 6: Konsultationen

1. Falls eine Korrektur des steuerbaren Gewinns eines konstitutiven Rechtsträgers als Folge weiterer Untersuchungen auf Grundlage der Informationen im länderbezogenen Bericht zu unerwünschten wirtschaftlichen Ergebnissen führt, dies auch im Fall eines einzelnen Unternehmens, konsultieren die zuständigen Behörden der Ansässigkeitsstaaten der betroffenen konstitutiven Rechtsträger einander und beraten sich mit dem Ziel, den Fall zu regeln.

2. Treten bei der Anwendung oder Auslegung dieser Vereinbarung Schwierigkeiten auf, so kann eine zuständige Behörde Konsultationen mit einer oder mehreren der zuständigen Behörden zur Ausarbeitung geeigneter Massnahmen verlangen, durch welche die Durchführung der Vereinbarung sichergestellt wird. Insbesondere konsultiert eine zuständige Behörde die andere zuständige Behörde, bevor sie feststellt, dass ein systemisches Scheitern des Austauschs länderbezogener Berichte mit der anderen Behörde vorliegt. Trifft die erstgenannte zuständige Behörde eine solche Feststellung, so benachrichtigt sie das Sekretariat des Koordinierungsgremiums; dieses benachrichtigt die betroffene andere zuständigen Behörde und danach alle zuständigen Behörden. Soweit das anwendbare Recht dies zulässt, kann jede zuständige Behörde, auf ihren Wunsch auch über das Sekretariat des Koordinierungsgremiums, andere zuständige Behörden, für die diese Vereinbarung wirksam ist, beteiligen, um eine annehmbare Lösung für die Angelegenheit zu finden.

3. Die zuständige Behörde, die nach Absatz 2 die Konsultationen verlangt hat, sorgt gegebenenfalls dafür, dass das Sekretariat des Koordinierungsgremiums über alle Beschlüsse und Massnahmen oder darüber benachrichtigt wird, dass kein Beschluss gefasst oder keine Massnahme ausgearbeitet wurde; das Sekretariat des Koordinierungsgremiums benachrichtigt sämtliche zuständigen Behörden, auch diejenigen, die nicht an den Konsultationen teilgenommen haben, über diese Beschlüsse oder Massnahmen. Informationen über einzelne Steuerpflichtige einschliesslich Informationen, die deren Identität erkennen lassen, dürfen nicht mitgeteilt werden.

Abschnitt 7: Änderungen

Diese Vereinbarung kann mittels Konsens durch schriftliche Übereinkunft aller zuständigen Behörden geändert werden, für die diese Vereinbarung wirksam ist. Sofern nichts anderes vereinbart wurde, wird diese Änderung am ersten Tag des Monats wirksam, der auf einen Zeitabschnitt von einem Monat nach der letzten Unterzeichnung dieser schriftlichen Übereinkunft folgt.

Abschnitt 8: Geltungsdauer der Vereinbarung

1. Eine zuständige Behörde muss zum Zeitpunkt der Unterzeichnung dieser Vereinbarung oder so bald wie möglich danach dem Sekretariat des Koordinierungsgremiums eine Notifikation übermitteln:
   a. in der angegeben ist, dass ihr Staat über die erforderlichen Rechtsvorschriften verfügt, um die berichtenden Rechtsträger zu verpflichten einen länderbezogenen Bericht vorzulegen, und dass ihr Staat von berichtenden Rechtsträgern verlangt, länderbezogene Berichte für die Steuerjahre vorzulegen, die an oder nach dem in der Notifikation genannten Datum beginnen;
   b. in der angegeben ist, ob der Staat in die Liste der Staaten ohne Gegenseitigkeit aufzunehmen ist;
   c. in der ein oder mehrere elektronische Datenübertragungsverfahren einschliesslich Verschlüsselung genannt sind;
   d. in der angegeben ist, dass sie über den erforderlichen Rechtsrahmen und die erforderliche Infrastruktur verfügt, um die nach Artikel 22 des Amtshilfeübereinkommens und Abschnitt 5 Absatz 1 dieser Vereinbarung vorgeschriebenen Standards für Vertraulichkeit und Datenschutzvorkehrungen sowie die in Abschnitt 5 Absatz 2 umschriebene sachgemässe Verwendung der Informationen in den länderbezogenen Berichten zu gewährleisten, und welcher der ausgefüllte und dieser Vereinbarung als Anhang angehängte Fragebogen zu Vertraulichkeit und Datenschutzvorkehrungen beigefügt ist; und
   e. die i) eine Liste der Staaten der zuständigen Behörden enthält, mit denen sie dieser Vereinbarung im Einklang mit (etwaigen) innerstaatlichen Gesetzgebungsverfahren für das Inkrafttreten Wirksamkeit zu verleihen beabsichtigt, oder ii) eine Erklärung der zuständigen Behörde, dass sie beabsichtigt diese Vereinbarung mit allen anderen zuständigen Behörden, die eine Notifikation nach diesem Buchstaben übermitteln, wirksam werden zu lassen.

   Die zuständigen Behörden verpflichten sich dem Sekretariat des Koordinierungsgremiums umgehend jede an dem oben genannten Inhalt der Notifikation vorzunehmende Änderung zu notifizieren.
2. Diese Vereinbarung wird zwischen zwei zuständigen Behörden zum späteren der folgenden Zeitpunkte wirksam:

i) dem Tag, an dem die zweite der beiden zuständigen Behörden dem Sekretariat des Koordinierungsgremiums die Notifikation nach Absatz 1 übermittelt hat, die gemäss Absatz 1 Buchstabe e den Staat der anderen zuständigen Behörde bezeichnet; oder

ii) dem Tag, an dem das Amtshilfeübereinkommen für beide Staaten in Kraft getreten und wirksam geworden ist.

3. Das Sekretariat des Koordinierungsgremiums führt und veröffentlicht auf der OECD-Website eine Liste der zuständigen Behörden, welche die Vereinbarung unterzeichnet haben und zwischen denen diese Vereinbarung eine wirksame Vereinbarung darstellt. Darüber hinaus veröffentlicht das Sekretariat des Koordinierungsgremiums auf der OECD-Website die von den zuständigen Behörden gemäss Absatz 1 Buchstaben a und b übermittelten Informationen.

4. Die gemäss Absatz 1 Buchstaben c–e übermittelten Informationen werden den anderen Unterzeichnern auf schriftliche Anfrage an das Sekretariat des Koordinierungsgremiums zur Verfügung gestellt.

5. Eine zuständige Behörde kann den Informationsaustausch nach dieser Vereinbarung vorübergehend aussetzen, indem sie einer anderen zuständigen Behörde schriftlich ihre Feststellung mitteilt, dass diese andere zuständige Behörde die Vereinbarung in erheblichem Umfang nicht einhält oder nicht eingehalten hat. Vor einer solchen Feststellung konsultiert sie die andere zuständige Behörde. Als erhebliche Nichteinhaltung im Sinne dieses Absatzes gilt die Nichteinhaltung von Abschnitt 5 Absätze 1 und 2 sowie von Abschnitt 6 Absatz 1 oder der entsprechenden Bestimmungen des Amtshilfeübereinkommens sowie die nicht fristgerechte oder nicht angemessene Bereitstellung von Informationen nach dieser Vereinbarung durch die zuständige Behörde. Eine Aussetzung wird unmittelbar wirksam und bleibt bestehen, bis die andere zuständige Behörde in einer für beide zuständigen Behörden annehmbaren Weise nachweist, dass keine erhebliche Nichteinhaltung vorliegt oder dass sie geeignete Massnahmen ergriffen hat, um die erhebliche Nichteinhaltung zu beheben. Soweit das anwendbare Recht dies zulässt, kann jede zuständige Behörde, auf ihren Wunsch auch über das Sekretariat des Koordinierungsgremiums, andere zuständige Behörden, für die diese Vereinbarung wirksam ist, beteiligen, um eine annehmbare Lösung für die Angelegenheit zu finden.

6. Eine zuständige Behörde kann ihre Teilnahme an dieser Vereinbarung oder in Bezug auf eine andere zuständige Behörde gegenüber dem Sekretariat des Koordinierungsgremiums schriftlich kündigen. Die Kündigung wird am ersten Tag des Monats wirksam, der auf einen Zeitabschnitt von 12 Monaten nach der Kündigung folgt. Alle bis zu diesem Zeitpunkt nach dieser Vereinbarung erhaltenen Informationen werden im Fall einer Kündigung weiterhin vertraulich behandelt und unterliegen den Bestimmungen des Amtshilfeübereinkommens.

Abschnitt 9: Sekretariat des Koordinierungsgremiums

Sofern die Vereinbarung nichts anderes vorsieht, benachrichtigt das Sekretariat des Koordinierungsgremiums sämtliche zuständigen Behörden über alle nach dieser Vereinbarung bei ihm eingegangenen Notifikationen und setzt sämtliche Unterzeichner der Vereinbarung in Kenntnis, wenn eine neue zuständige Behörde die Vereinbarung unterzeichnet.

Geschehen in englischer und französischer Sprache, wobei jeder Wortlaut gleichermassen verbindlich ist.

Bundesgesetz
über den internationalen automatischen Austausch länderbezogener Berichte multinationaler Konzerne (ALBAG) (SR 654.1)

vom 16. Juni 2017 (Stand am 1. Dezember 2017)

Die Bundesversammlung der Schweizerischen Eidgenossenschaft,

gestützt auf Artikel 173 Absatz 2 der Bundesverfassung[1],
nach Einsicht in die Botschaft des Bundesrates vom 23. November 2016[2],

beschliesst:

1. Abschnitt: Allgemeine Bestimmungen

Art. 1 Gegenstand

1 Dieses Gesetz regelt die Umsetzung des automatischen Austauschs länderbezogener Berichte multinationaler Konzerne zwischen der Schweiz und ihren Partnerstaaten:

a. nach der Multilateralen Vereinbarung der zuständigen Behörden vom 27. Januar 2016[3] über den Austausch länderbezogener Berichte (ALBA-Vereinbarung);
b. nach anderen internationalen Abkommen, die einen automatischen Austausch länderbezogener Berichte vorsehen.

2 Vorbehalten sind die abweichenden Bestimmungen des im Einzelfall anwendbaren Abkommens.

Art. 2 Begriffe In diesem Gesetz bedeuten:

a. *anwendbares Abkommen:* die im Einzelfall anwendbare Vereinbarung nach Artikel 1 Absatz 1 Buchstabe a oder das im Einzelfall anwendbare Abkommen nach Artikel 1 Absatz 1 Buchstabe b;
b. *Partnerstaat:* Staat oder Hoheitsgebiet, mit dem die Schweiz übereingekommen ist, länderbezogene Berichte automatisch auszutauschen;
c. *Konzern*: eine Gruppe von Unternehmen, die von einer juristischen Person kontrolliert werden, die für diese Gruppe zur Erstellung

AS **2017** 5907
1 SR **101**
2 BBl **2017** 33
3 SR **0.654.1**; BBl **2017** 103

einer Konzernrechnung nach Artikel 963 Absätze 1–3 des Obligationenrechts (OR)[4] verpflichtet ist;

d. *konstitutiver Rechtsträger:*
   1. eine eigenständige Geschäftseinheit eines multinationalen Konzerns, die für Rechnungslegungszwecke in den Konzernabschluss einbezogen wird oder darin einbezogen würde, wenn Eigenkapitalbeteiligungen an dieser Geschäftseinheit eines multinationalen Konzerns an einer Börse gehandelt würden,
   2. eine eigenständige Geschäftseinheit, die nur aufgrund ihrer Grösse oder aus Wesentlichkeitsgründen nicht in den Konzernabschluss des multinationalen Konzerns einbezogen wird, oder
   3. eine Betriebsstätte einer unter Ziffer 1 oder 2 fallenden eigenständigen Geschäftseinheit eines multinationalen Konzerns, sofern die Geschäftseinheit für Rechnungslegungs-, Aufsichts-, Steuer- oder interne Steuerungszwecke einen Einzelabschluss für diese Betriebsstätte aufstellt;

e. *in der Schweiz ansässiger konstitutiver Rechtsträger:*
   1. ein konstitutiver Rechtsträger, der nach Artikel50 des Bundesgesetzes vom 14. Dezember 1990[5] über die direkte Bundessteuer (DBG) und Artikel 20 Absatz 1 des Bundesgesetzes vom 14. Dezember 1990[6] über die Harmonisierung der direkten Steuern der Kantone und Gemeinden (StHG) steuerpflichtig ist, oder
   2. eine Betriebsstätte, die nach Artikel 51 Absatz 1 Buchstabe b DBG und Artikel 21 Absatz 1 Buchstabe b StHG steuerpflichtig ist;

f. *Konzernobergesellschaft:* der konstitutive Rechtsträger eines multinationalen Konzerns, der aufgrund des Anteils seiner direkten oder indirekten Beteiligung an anderen konstitutiven Rechtsträgern dieses multinationalen Konzerns nach den Rechnungslegungsgrundsätzen im Staat oder Hoheitsgebiet, in dem er steuerlich ansässig ist, zur Erstellung einer Konzernrechnung verpflichtet ist oder dazu verpflichtet wäre, wenn die Beteiligung an einer Börse gehandelt würde und kein anderer konstitutiver Rechtsträger dieses multinationalen Konzerns direkt oder indirekt eine solche Beteiligung hielte;

g. *in der Schweiz ansässige Konzernobergesellschaft:* ein nach Artikel 50 DBG und Artikel 20 Absatz 1 StHG steuerpflichtiger konstitutiver Rechtsträger, der zur Erstellung einer Konzernrechnung nach Artikel 963 Absätze 1–3 OR verpflichtet ist und nicht nach Artikel 963*a* Absatz 1 Ziffer 2 OR von dieser Pflicht befreit ist;

h. *substituierende Konzernobergesellschaft:* ein nach Artikel 50 DBG und Artikel 20 Absatz 1 StHG oder nach dem Recht des Ansässigkeitsstaats steuerpflichtiger konstitutiver Rechtsträger, der als Stellvertreter der Konzernobergesellschaft zur Einreichung des länder

---

4 SR **220**
5 SR **642.11**
6 SR **642.14**

bezogenen Berichts im Namen des multinationalen Konzerns verpflichtet ist;

i. *berichtender Rechtsträger:* die in der Schweiz ansässige Konzernobergesellschaft oder substituierende Konzernobergesellschaft, die zur Einreichung des länderbezogenen Berichts im Namen des multinationalen Konzerns verpflichtet ist;

j. *Berichtssteuerperiode:* die Steuerperiode nach Artikel 79 Absatz 2 DBG und Artikel 31 Absatz 2 StHG, für welche die Angaben im länderbezogenen Bericht festgehalten werden;

k. *schweizerische Steueridentifikationsnummer für Rechtsträger (UID):* die Unternehmens-Identifikationsnummer nach dem Bundesgesetz vom 18. Juni 2010[7] über die Unternehmens-Identifikationsnummer;

l. *systemisches Scheitern*: Zustand, der eintritt, wenn der Partnerstaat der Pflicht zum automatischen Austausch der länderbezogenen Berichte aus Gründen, die sich nicht durch das anwendbare Abkommen rechtfertigen lassen, anhaltend nicht nachkommt.

2. Abschnitt: Länderbezogener Bericht

Art. 3 Inhalt

[1] Ein länderbezogener Bericht enthält, gegliedert nach den Staaten und Hoheitsgebieten, in denen der multinationale Konzern tätig ist, Angaben über die Umsätze, die entrichteten Steuern, andere Kennzahlen sowie Angaben über die wichtigsten wirtschaftlichen Tätigkeiten der konstitutiven Rechtsträger des multinationalen Konzerns.

[2] Der Bundesrat legt den erforderlichen Inhalt eines länderbezogenen Berichts fest; er berücksichtigt dabei die internationalen Standards.

Art. 4 Sprache

Der länderbezogene Bericht ist in einer Amtssprache des Bundes oder in Englisch zu erstellen.

Art. 5 Währung

Der länderbezogene Bericht enthält die finanziellen Angaben in der Landeswährung oder in der für die Geschäftstätigkeit des multinationalen Konzerns wesentlichen Währung.

7 SR **431.03**

3. Abschnitt: Pflichten und Rechte der konstitutiven Rechtsträger

Art. 6 Pflicht zur Erstellung eines länderbezogenen Berichts

1 Multinationale Konzerne, deren Konzernobergesellschaft in der Schweiz ansässig ist und deren jährlicher konsolidierter Umsatz in der Steuerperiode unmittelbar vor der Berichtssteuerperiode einen bestimmten Schwellenwert überschreitet, sind verpflichtet, einen länderbezogenen Bericht zu erstellen.

2 Der Bundesrat legt den Schwellenwert fest; er berücksichtigt dabei die internationalen Standards.

Art. 7 Einreichungspflicht des berichtenden Rechtsträgers

Der berichtende Rechtsträger ist verpflichtet, den länderbezogenen Bericht bei der Eidgenössischen Steuerverwaltung (ESTV) einzureichen.

Art. 8 Einreichungspflicht eines anderen in der Schweiz ansässigen konstitutiven Rechtsträgers

1 Die ESTV kann jeden anderen in der Schweiz ansässigen konstitutiven Rechtsträger eines multinationalen Konzerns, dessen jährlicher konsolidierter Umsatz den nach Artikel 6 festgelegten Schwellenwert überschreitet, zur Einreichung des länderbezogenen Berichts verpflichten, wenn:

a. der Staat oder das Hoheitsgebiet, in dem die Konzernobergesellschaft steuerlich ansässig ist, kein Partnerstaat ist; oder

b. beim Partnerstaat, in dem die Konzernobergesellschaft steuerlich ansässig ist, ein systemisches Scheitern eingetreten ist.

2 Die ESTV verlangt vom in der Schweiz ansässigen konstitutiven Rechtsträger keinen länderbezogenen Bericht, wenn die substituierende Konzernobergesellschaft in einem Partnerstaat einen solchen eingereicht hat.

Art. 9 Substituierende Konzernobergesellschaft

1 Ein in der Schweiz ansässiger konstitutiver Rechtsträger, der nicht die Konzernobergesellschaft ist, kann als substituierende Konzernobergesellschaft bestimmt werden.

2 Ein im Ausland ansässiger konstitutiver Rechtsträger, der nicht die Konzernobergesellschaft ist, kann als substituierende Konzernobergesellschaft bestimmt werden, wenn:

a. sein Ansässigkeitsstaat ein Partnerstaat ist;

b. beim Ansässigkeitsstaat kein systemisches Scheitern eingetreten ist; und

c. der Ansässigkeitsstaat vom konstitutiven Rechtsträger die Meldung über dessen Eigenschaft als substituierende Konzernobergesellschaft erhalten hat.

Art. 10 Anmeldepflicht

[1] Der berichtende Rechtsträger hat sich unaufgefordert bei der ESTV anzumelden und dabei anzugeben:

a. seine Eigenschaft als Konzernobergesellschaft oder als substituierende Konzernobergesellschaft;
b. die Firma sowie den Sitz;
c. die UID;
d. das Datum der Aufnahme seiner Tätigkeit.

[2] Hat der berichtende Rechtsträger seinen statutarischen Sitz im Ausland und den Ort der tatsächlichen Verwaltung in der Schweiz, so hat die Geschäftsleitung den berichtenden Rechtsträger bei der ESTV anzumelden und dabei anzugeben:

a. die Eigenschaft des berichtenden Rechtsträgers als Konzernobergesellschaft oder als substituierende Konzernobergesellschaft;
b. die Firma, den Ort des Hauptsitzes sowie die Adresse der Geschäftsleitung in der Schweiz;
c. die UID;
d. das Datum der Aufnahme der Tätigkeit des berichtenden Rechtsträgers.

[3] Der Bundesrat kann vorschreiben, dass jeder andere in der Schweiz ansässige konstitutive Rechtsträger der ESTV Informationen zur Firma, Adresse und Ansässigkeit des zur Einreichung des länderbezogenen Berichts verpflichteten konstitutiven Rechtsträgers liefert.

[4] Die Anmeldepflicht ist bis spätestens 90 Tage nach Ablauf der Berichtssteuerperiode zu erfüllen.

[5] Endet die Eigenschaft als berichtender Rechtsträger, so hat sich dieser unaufgefordert bei der ESTV abzumelden.

Art. 11 Einreichungsfrist für den länderbezogenen Bericht

[1] Der berichtende Rechtsträger hat den länderbezogenen Bericht jährlich spätestens zwölf Monate nach dem Ende der Berichtssteuerperiode an die ESTV zu übermitteln.

[2] In Fällen nach Artikel 8 Absatz 1 beginnt die Einreichungsfrist an dem Tag zu laufen, an dem die ESTV dem in der Schweiz ansässigen konstitutiven Rechtsträger die schriftliche Aufforderung zugestellt hat, den länderbezogenen Bericht einzureichen.

Art. 12 Verwaltungssanktion bei Säumnis

Versäumt der zur Einreichung des länderbezogenen Berichts verpflichtete Rechtsträger die Einreichungsfrist, so wird er für jeden Tag zwischen dem Ende der Frist und dem Eingang des länderbezogenen Berichts bei der ESTV mit einem Betrag von 200 Franken belastet, höchstens jedoch mit 50 000 Franken.

4. Abschnitt: Übermittlung länderbezogener Berichte und Verjährung

Art. 13 Übermittlung und Verwendung der länderbezogenen Berichte

1 Die ESTV übermittelt die von den berichtenden Rechtsträgern erhaltenen länderbezogenen Berichte innerhalb der im anwendbaren Abkommen festgelegten Fristen an die zuständigen Behörden der Partnerstaaten, in denen konstitutive Rechtsträger desselben multinationalen Konzerns ansässig sind.

2 Sie übermittelt die länderbezogenen Berichte, die sie aufgrund der Artikel 7 und 8 erhalten hat, an die für die Festsetzung und Erhebung der direkten Steuern zuständigen Behörden der Kantone, in denen konstitutive Rechtsträger dieses multinationalen Konzerns ansässig sind.

3 Sie weist die zuständigen Behörden der Partnerstaaten und die für die Festsetzung und Erhebung der direkten Steuern zuständigen kantonalen Behörden auf die Einschränkungen bei der Verwendung der länderbezogenen Berichte sowie auf die Geheimhaltungspflichten nach den Amtshilfebestimmungen des anwendbaren Abkommens hin.

4 Die länderbezogenen Berichte, welche die ESTV aufgrund von Artikel 8 Absatz 1 erhält, unterliegen denselben Einschränkungen bei der Verwendung, wie wenn sie diese aufgrund der ALBA-Vereinbarung[8] erhalten hätte.

Art. 14 Verjährung

1 Der Anspruch der ESTV gegenüber dem berichtenden Rechtsträger auf Einreichung des länderbezogenen Berichts verjährt fünf Jahre nach Ablauf des Kalenderjahrs, in dem dieser einzureichen war.

2 Die Verjährung wird durch jede auf die Geltendmachung des Anspruchs auf den länderbezogenen Bericht gerichtete Amtshandlung unterbrochen, die einem berichtenden Rechtsträger zur Kenntnis gebracht wird. Mit der Unterbrechung beginnt die Verjährungsfrist neu zu laufen.

3 Die Verjährung tritt spätestens zehn Jahre nach Ablauf des Kalenderjahres ein, in dem der länderbezogene Bericht einzureichen war.

5. Abschnitt: Von den Partnerstaaten erhaltene länderbezogene Berichte

Art. 15

1 Die ESTV übermittelt länderbezogene Berichte, die sie von Partnerstaaten erhalten hat, den für die Festsetzung und Erhebung der direkten Steuern zuständigen kantonalen Behörden.

2 Sie weist diese Behörden auf die Einschränkungen bei der Verwendung der übermittelten länderbezogenen Berichte sowie auf die Geheimhaltungspflichten nach den Amtshilfebestimmungen des anwendbaren Abkommens hin.

---

8 SR **0.654.1**; BBl **2017** 103

6. Abschnitt: Organisation und Verfahren

Art. 16 Aufgaben der ESTV

1 Die ESTV sorgt für die richtige Anwendung des anwendbaren Abkommens sowie dieses Gesetzes.

2 Sie trifft alle Massnahmen und Vorkehrungen, die dafür notwendig sind.

3 Sie kann die Verwendung bestimmter Formulare vorschreiben und verlangen, dass gewisse Formulare ausschliesslich in elektronischer Form eingereicht werden.

Art. 17 Datenbearbeitung

1 Die ESTV kann zur Erfüllung ihrer Aufgaben nach dem anwendbaren Abkommen und diesem Gesetz Personendaten, einschliesslich Personendaten über administrative und strafrechtliche Verfolgungen und Sanktionen in Steuersachen, bearbeiten.

2 Sie kann die UID für die Erfüllung ihrer Aufgaben nach dem anwendbaren Abkommen und diesem Gesetz systematisch verwenden.

Art. 18 Informationssystem

1 Die ESTV betreibt ein Informationssystem zur Bearbeitung der Daten der länderbezogenen Berichte, einschliesslich Personendaten über administrative und strafrechtliche Verfolgungen und Sanktionen in Steuersachen, die sie gestützt auf das anwendbare Abkommen und dieses Gesetz erhalten hat.

2 Die Daten dürfen nur durch Mitarbeiter und Mitarbeiterinnen der ESTV oder durch von der ESTV kontrollierte Fachpersonen bearbeitet werden.

3 Das Informationssystem dient der ESTV zur Erfüllung ihrer Aufgaben nach dem anwendbaren Abkommen und diesem Gesetz. Es darf namentlich verwendet werden, um:

a. länderbezogene Berichte nach Massgabe des anwendbaren Abkommens und des schweizerischen Rechts zu empfangen und zu übermitteln;
b. ein Register der in der Schweiz ansässigen konstitutiven Rechtsträger zu führen;
c. Rechtsverfahren im Zusammenhang mit dem anwendbaren Abkommen und diesem Gesetz zu bearbeiten;
d. die Überprüfung nach Artikel 22 durchzuführen;
e. administrative und strafrechtliche Sanktionen zu verhängen und zu vollstrecken;
f. Amts- und Rechtshilfeersuchen zu bearbeiten;
g. die Begehung von Steuerdelikten zu bekämpfen;
h. Statistiken zu erstellen.

4 Der Bundesrat legt die Einzelheiten fest, insbesondere über:

a. die Organisation und Führung des Informationssystems;

b. die Kategorien der bearbeiteten Personendaten;
c. die Zugriffs- und Bearbeitungsberechtigungen; und
d. die Dauer der Aufbewahrung, die Archivierung und die Vernichtung der Daten.

5 Die ESTV kann den für die Festsetzung und Erhebung der direkten Steuern zuständigen kantonalen Behörden, denen sie nach Artikel 13 Absatz 2 und Artikel 15 Absatz 1 länderbezogene Berichte übermittelt, im Abrufverfahren Zugriff auf die Daten im Informationssystem gewähren, die diese zur Erfüllung ihrer gesetzlichen Aufgaben benötigen.

Art. 19 Auskunftspflicht

Berichtende Rechtsträger müssen der ESTV auf Verlangen Auskunft über alle Tatsachen erteilen, die für die Umsetzung des anwendbaren Abkommens und dieses Gesetzes erheblich sind.

Art. 20 Geheimhaltungspflicht

1 Wer mit dem Vollzug des anwendbaren Abkommens und dieses Gesetzes betraut ist oder zu deren Vollzug beigezogen wird, hat gegenüber anderen Amtsstellen und Dritten über die in Ausübung dieser Tätigkeit gemachten Wahrnehmungen Stillschweigen zu bewahren.

2 Keine Geheimhaltungspflicht besteht:

a. bei der Übermittlung von Informationen und Bekanntmachungen nach dem anwendbaren Abkommen und diesem Gesetz;
b. gegenüber Organen der Rechtspflege und der Verwaltung zur Einholung amtlicher Auskünfte bei den mit dem Vollzug dieses Gesetzes betrauten Behörden;
c. soweit das anwendbare Abkommen die Aufhebung der Geheimhaltungspflicht zulässt und im schweizerischen Recht eine gesetzliche Grundlage für diese Aufhebung besteht.

3 Feststellungen über Dritte, die anlässlich einer Überprüfung nach Artikel 22 gemacht werden, dürfen nur für die Durchführung des anwendbaren Abkommens verwendet werden.

Art. 21 Statistiken

1 Die ESTV ist befugt, gestützt auf die Angaben in den länderbezogenen Berichten anonymisierte Statistiken zu erstellen und zu veröffentlichen.

2 Es besteht kein Recht auf Zugang zu weiter gehenden als den nach Absatz 1 veröffentlichten Informationen.

Art. 22 Überprüfung

1 Die ESTV überprüft gestützt auf die vorliegenden Informationen die Erfüllung der Pflichten nach dem anwendbaren Abkommen und diesem Gesetz auf deren Vollständigkeit und Konformität mit dem internationalen Standard.

2 Stellt sie fest, dass ein in der Schweiz ansässiger konstitutiver Rechtsträger seinen Pflichten nicht oder mangelhaft nachgekommen ist, so setzt sie ihm unter Hinweis auf die Massnahmen nach Absatz 3 eine angemessene Frist zur Behebung der Mängel.

3 Behebt der Rechtsträger die Mängel nicht fristgerecht, so kann sie:

a. die Herausgabe von Geschäftsbüchern, Belegen und anderen Urkunden des Rechtsträgers verlangen oder diese Unterlagen an Ort und Stelle überprüfen;
b. schriftliche und mündliche Auskünfte einholen.

4 Im Streitfall erlässt sie eine Verfügung.

5 Auf Antrag erlässt sie eine Feststellungsverfügung über:

a. die Eigenschaft des Rechtsträgers als berichtender Rechtsträger nach dem anwendbaren Abkommen und diesem Gesetz;
b. den Inhalt des länderbezogenen Berichts nach dem anwendbaren Abkommen und diesem Gesetz.

7. Abschnitt: Aussetzung und Kündigung

Art. 23 Zuständigkeit

Das Eidgenössische Finanzdepartement (EFD) darf nur mit Ermächtigung durch den Bundesrat handeln, wenn es gestützt auf das anwendbare Abkommen:

a. den automatischen Austausch länderbezogener Berichte gegenüber einem Partnerstaat aussetzt oder kündigt;
b. das Abkommen kündigt.

Art. 24 Antrag eines berichtenden Rechtsträgers

1 Ein berichtender Rechtsträger kann beim EFD die Aussetzung des automatischen Austauschs länderbezogener Berichte mit einem Partnerstaat beantragen, wenn er glaubhaft macht, dass der Partnerstaat die im anwendbaren Abkommen vorgesehenen Bestimmungen betreffend Geheimhaltung und Einschränkungen bei der Verwendung der länderbezogenen Berichte verletzt.

2 Hält das EFD den Antrag für begründet, so unterbreitet es den Antrag dem Bundesrat zum Entscheid. Der Bundesrat entscheidet endgültig.

3 Hält das EFD den Antrag für unbegründet, so erlässt es eine Feststellungsverfügung, darüber, ob der Partnerstaat die im anwendbaren Abkommen vorgesehenen Bestimmungen betreffend Geheimhaltung und Einschränkungen bei der Verwendung der länderbezogenen Berichte verletzt. Heisst die Beschwerdeinstanz eine dagegen erhobene Beschwerde gut, so unterbreitet das EFD den Antrag dem Bundesrat zum Entscheid. Der Bundesrat entscheidet endgültig.

8. Abschnitt: Strafbestimmungen

Art. 25 Unwahre oder unvollständige Berichterstattung

1 Wer im länderbezogenen Bericht vorsätzlich unwahre oder unvollständige Angaben macht, welche die gewünschten Informationen wesentlich verfälschen und ein falsches Bild der tatsächlichen Verhältnisse wiedergeben, wird mit Busse bis zu 100 000 Franken bestraft.

2 Fällt eine Busse von höchstens 25 000 Franken in Betracht und würde die Ermittlung der nach Artikel 6 des Bundesgesetzes vom 22. März 1974[9] über das Verwaltungsstrafrecht (VStrR) strafbaren Personen Untersuchungsmassnahmen bedingen, die im Hinblick auf die angedrohte Strafe unverhältnismässig wären, so kann von einer Verfolgung dieser Personen abgesehen und an ihrer Stelle der Geschäftsbetrieb (Art. 7 VStrR) zur Bezahlung der Busse verurteilt werden.

Art. 26 Widerhandlungen gegen amtliche Verfügungen

Wer im Rahmen einer Überprüfung nach Artikel 22 einer amtlichen Verfügung, die auf die Strafdrohung dieses Artikels hinweist, vorsätzlich nicht Folge leistet, wird mit Busse bis zu 10 000 Franken bestraft.

Art. 27 Verfahren

1 Für die Verfolgung und Beurteilung von Widerhandlungen gegen dieses Gesetz ist das VStrR[10] anwendbar.

2 Verfolgende und urteilende Behörde ist die ESTV.

9. Abschnitt: Schlussbestimmungen

Art. 28 Genehmigungskompetenz

Der Bundesrat ist für die Aufnahme eines Staates oder Hoheitsgebiets in die Liste nach Abschnitt 8 Absatz 1 Buchstabe e der ALBA-Vereinbarung[11] zuständig.

Art. 29 Änderung des anwendbaren Abkommens

Die Bundesversammlung genehmigt alle Änderungen des anwendbaren Abkommens mit einfachem Bundesbeschluss. Erfüllt eine Änderung die Voraussetzungen nach Artikel 141 Absatz 1 Buchstabe d Ziffer 3 der Bundesverfassung, so untersteht der Genehmigungsbeschluss dem fakultativen Referendum.

---

9 SR **313.0**
10 SR **313.0**
11 SR **0.654.1**; BBl **2017** 103

Art. 30 Übermittlung länderbezogener Berichte über vor dem Inkrafttreten dieses Gesetzes liegende Steuerperioden

1 Die ESTV übermittelt nach der ALBA-Vereinbarung[12] die bei ihr seit dem Inkrafttreten dieses Gesetzes von einer in der Schweiz ansässigen Konzernobergesellschaft freiwillig eingereichten länderbezogenen Berichte über vor dem Inkrafttreten dieses Gesetzes liegende Steuerperioden an die zuständigen Behörden der Partnerstaaten, in denen konstitutive Rechtsträger desselben multinationalen Konzerns ansässig sind.

2 Sie weist die zuständigen Behörden der Partnerstaaten auf die Einschränkungen bei der Verwendung der übermittelten länderbezogenen Berichte sowie auf die Geheimhaltungspflichten nach der ALBA-Vereinbarung hin.

3 Die Anmeldung nach Artikel 10 Absätze 1 und 2 erfolgt spätestens im Zeitpunkt der freiwilligen Einreichung des länderbezogenen Berichts.

4 Die Einreichungsfrist nach Artikel 11 Absatz 1 gilt sinngemäss.

Art. 31 Beginn der Pflicht zur Erstellung des länderbezogenen Berichts

Die Pflicht zur Erstellung eines länderbezogenen Berichts entsteht mit den Berichtssteuerperioden, die frühestens am ersten Tag des Kalenderjahres nach dem Inkrafttreten dieses Gesetzes beginnen.

Art. 32 Referendum und Inkrafttreten

1 Dieses Gesetz untersteht dem fakultativen Referendum. 2 Der Bundesrat bestimmt das Inkrafttreten.

Ständerat, 16. Juni 2017

Der Präsident: Ivo Bischofberger
Die Sekretärin: Martina Buol

Nationalrat, 16. Juni 2017

Der Präsident: Jürg Stahl
Der Sekretär: Pierre-Hervé Freléchoz

Ablauf der Referendumsfrist und Inkraftsetzung

1 Die Referendumsfrist für dieses Gesetz ist am 5. Oktober 2017 unbenützt abgelaufen.[13]

2 Es wird auf den 1. Dezember 2017 in Kraft gesetzt.

18. Oktober 2017

Im Namen des Schweizerischen Bundesrates

Die Bundespräsidentin: Doris Leuthard
Der Bundeskanzler: Walter Thurnherr

12 SR **0.654.1**; BBl **2017** 103
13 BBl **2017** 4241

Verordnung
über den internationalen automatischen Austausch länderbezogener Berichte multinationaler Konzerne (ALBAV) (SR 654.11)

vom 29. September 2017 (Stand am 1. Dezember 2017)

Der Schweizerische Bundesrat,

gestützt auf das Bundesgesetz vom 16. Juni 2017[1] über den internationalen automatischen Austausch länderbezogener Berichte multinationaler Konzerne (ALBAG),

verordnet:

Art. 1 Inhalt eines länderbezogenen Berichts
(Art. 3 Abs. 1 ALBAG)

Der länderbezogene Bericht enthält, gegliedert nach Staaten und Hoheitsgebieten (Steuerhoheitsgebieten):

a. eine Auflistung der folgenden Angaben zur Summe der konstitutiven Rechtsträger des multinationalen Konzerns im Steuerhoheitsgebiet (Tabelle 1 des Anhangs):
   1. Umsatzerlöse durch Geschäftsvorfälle mit nicht verbundenen Unternehmen,
   2. Umsatzerlöse durch Geschäftsvorfälle mit verbundenen Unternehmen,
   3. Umsatzerlöse insgesamt,
   4. Gewinn oder Verlust vor Steuern,
   5. entrichtete Gewinnsteuern auf Kassenbasis,
   6. aufgelaufene Gewinnsteuern im laufenden Jahr,
   7. ausgewiesenes Kapital,
   8. einbehaltener Gewinn vor Gewinnverwendung,
   9. Beschäftigtenzahl,
   10. materielle Vermögenswerte ohne flüssige Mittel;

b. eine Auflistung aller konstitutiven Rechtsträger des multinationalen Konzerns mit den folgenden Angaben zu ihren wichtigsten Geschäftstätigkeiten in den Steuerhoheitsgebieten, in denen sie ansässig sind oder gegründet oder ins Handelsregister eingetragen wurden (Tabelle 2 des Anhangs):
   1. Forschung und Entwicklung,

AS **2017** 5919

1 SR **654.1**

2. Besitz oder Verwaltung von geistigem Eigentum,
3. Einkauf oder Beschaffung,
4. Verarbeitung oder Produktion,
5. Verkauf, Marketing oder Vertrieb,
6. Verwaltungs-, Management- oder Supportdienstleistungen,
7. Erbringung von Dienstleistungen für nicht verbundene Dritte,
8. konzerninterne Finanzierung,
9. regulierte Finanzdienstleistungen,
10. Versicherung,
11. Besitz von Aktien oder anderen Wertpapieren mit Beteiligungscharakter,
12. ruhend,
13. sonstige Tätigkeiten;

c. zusätzliche Informationen, die der berichtende Rechtsträger als notwendig oder nützlich erachtet, sowie Angaben zur Art der sonstigen Tätigkeiten (Tabelle 3 des Anhangs).

Art. 2 Wahlmöglichkeiten
(Art. 3 Abs. 2 ALBAG)

Sehen die OECD-Leitlinien vom 6. September 2017[2] für den länderbezogenen Bericht Wahlmöglichkeiten vor, so können diese von jedem berichtenden Rechtsträger in Anspruch genommen werden.

Art. 3 Schwellenwert für die Pflicht zur Erstellung eines länderbezogenen Berichts
(Art. 6 ALBAG)

Der Schwellenwert, über dem die Pflicht zur Erstellung eines länderbezogenen Berichts besteht, beträgt 900 Millionen Franken.

Art. 4 Einreichungspflicht eines anderen in der Schweiz ansässigen konstitutiven Rechtsträgers
(Art. 8 Abs. 1 ALBAG)

Verpflichtet die Eidgenössische Steuerverwaltung (ESTV) einen anderen in der Schweiz ansässigen konstitutiven Rechtsträger eines multinationalen Konzerns zur Einreichung des länderbezogenen Berichts und will dieser den Bericht nicht selber einreichen, so fordert sie ihn auf, ihr innert 30 Tagen mitzuteilen, welcher in der Schweiz ansässige konstitutive Rechtsträger des multinationalen Konzerns den Bericht einreichen wird.

2 Die OECD-Leitlinien können bei der ESTV kostenlos abgerufen werden unter www.estv.admin.ch > Internationales Steuerrecht > Fachinformationen > Country-by-Country-Reporting CbCR > Publikationen > Dokumente der OECD.

Art. 5 Zuordnung länderbezogener Berichte und Abrufverfahren
(Art. 13 Abs. 2 und 15 Abs. 1 ALBAG)

[1] Die Kantone melden der ESTV innerhalb von zwei Monaten nach Ende jedes Kalenderjahres die Unternehmens-Identifikationsnummer der in der Schweiz ansässigen konstitutiven Rechtsträger nach Artikel 2 Buchstabe e ALBAG.

[2] Die ESTV ordnet die erhaltenen Berichte aufgrund der Unternehmens-Identifikationsnummer sowie nötigenfalls aufgrund weiterer nach dem anwendbaren Abkommen zur Identifikation erforderlicher Angaben den Kantonen zu.

[3] Sie macht die Berichte im Abrufverfahren der zur Festsetzung und Erhebung der direkten Steuern zuständigen Behörde des Kantons zugänglich, in dem die in der Schweiz ansässigen konstitutiven Rechtsträger steuerpflichtig sind.

[4] Mitarbeiterinnen und Mitarbeiter dieser Behörde haben nur dann auf diese Informationen Zugriff im Abrufverfahren, wenn sie sich durch zwei Faktoren authentifizieren, wobei einer der Faktoren ein physisches, eindeutiges und fälschungssicheres Identifikationsmerkmal sein muss.

Art. 6 Organisation und Führung des Informationssystems
(Art. 18 Abs. 1 ALBAG)

[1] Das Informationssystem der ESTV wird als eigenständiges Informationssystem auf der Plattform des Bundesamts für Informatik und Telekommunikation im Auftrag der ESTV betrieben.

[2] Werden gleiche Daten von verschiedenen Organisationseinheiten der ESTV bearbeitet, so können die entsprechenden Informationssysteme zum Austausch von Stammdaten vernetzt werden, soweit dies für eine effiziente Datenbearbeitung notwendig ist.

[3] Das Eidgenössische Finanzdepartement regelt die Organisation und den Betrieb des Informationssystems der ESTV im Einzelnen.

Art. 7 Kategorien der bearbeiteten Personendaten
(Art. 18 Abs. 4 Bst. b ALBAG)

Die ESTV kann die ihr nach dem anwendbaren Abkommen und dem ALBAG übermittelten Personendaten bearbeiten.

Art. 8 Vernichtung der Daten
(Art. 18 Abs. 4 Bst. d ALBAG)

Die ESTV vernichtet die Daten spätestens 20 Jahre nach Ablauf des Kalenderjahres, in dem sie diese erhalten hat.

Art. 9 Anträge auf Aussetzung des automatischen Austauschs länderbezogener Berichte mit einem Partnerstaat
(Art. 24 Abs. 1 ALBAG)

Anträge auf Aussetzung des automatischen Austauschs länderbezogener Berichte mit einem Partnerstaat sind an das Staatssekretariat für internationale Finanzfragen zu richten.

Art. 10 Inkrafttreten

Diese Verordnung tritt am 1. Dezember 2017 in Kraft.

29. September 2017

Im Namen des Schweizerischen Bundesrates

Die Bundespräsidentin: Doris Leuthard
Der Bundeskanzler: Walter Thurnherr

Anhang
(Art. 1)

Inhalt eines länderbezogenen Berichts

Tabelle 1

Name des multinationalen Konzerns *[Name of the MNE group]*: Berichtssteuerperiode *[Fiscal year concerned]*: Währung der angegebenen Beträge *[Currency used]*:										
Steuerhoheitsgebiet *[Tax Jurisdiction]*	Umsatzerlöse *[Revenues]*			Gewinn/Verlust vor Steuern *[Profit (Loss) before Income Tax]*	Entrichtete Gewinnsteuern auf Kassenbasis *[Income Tax Paid (on Cash Basis)]*	Aufgelaufene Gewinnsteuern im laufenden Jahr *[Income Tax Accrued – Current Year]*	Ausgewiesenes Kapital *[Stated Capital]*	Einbehaltener Gewinn vor Gewinnverwendung *[Accumulated Earnings]*	Beschäftigtenzahl *[Number of Employees]*	Materielle Vermögenswerte ohne flüssige Mittel *[Tangible Assets other than Cash and Cash Equivalents]*
	durch Geschäftsvorfälle mit nicht verbundenen Unternehmen *[Unrelated Party]*	durch Geschäftsvorfälle mit verbundenen Unternehmen *[Related Party]*	Insgesamt *[Total]*							

Tabelle 2

Name des multinationalen Konzerns [*Name of the MNE group*]:
Berichtssteuerperiode [*Fiscal year concerned*]:

Steuerhoheitsgebiet [*Tax Jurisdiction*]	Im Steuerhoheitsgebiet ansässige konstitutive Rechtsträger des multinationalen Konzerns [*Constituent Entities Resident in the Tax Jurisdiction*]	Steuerhoheitsgebiet nach dessen Recht der konstitutive Rechtsträger gegründet oder ins Handelsregister eingetragen wurde, sofern abweichend vom Ansässigkeitsstaat [*Tax Jurisdiction of Organisation or Incorporation if Different from Tax Jurisdiction of Residence*]	Wichtigste Geschäftstätigkeit(en)												
			Forschung und Entwicklung [*Research and Development*]	Besitz oder Verwaltung von geistigem Eigentum [*Holding or Managing Intellectual Property*]	Einkauf oder Beschaffung [*Purchasing or Procurement*]	Verarbeitung oder Produktion [*Manufacturing or Production*]	Verkauf, Marketing oder Vertrieb [*Sales, Marketing or Distribution*]	Verwaltungs-, Management- oder Supportdienstleistungen [*Administrative, Management or Support Services*]	Erbringung von Dienstleistungen für fremde Dritte [*Provision of Services to Unrelated Parties*]	Konzerninterne Finanzierung [*Internal Group Finance*]	Regulierte Finanzdienstleistungen [*Regulated Financial Services*]	Versicherung [*Insurance*]	Besitz von Aktien oder anderen Wertpapieren mit Beteiligungscharakter [*Holding Shares or Other Equity instruments*]	Ruhend [*Dormant*]	Sonstige Tätigkeiten[3] [*other*]
	1.														
	2.														
	3.														
	1.														
	2.														
	3.														

3 Die Art der sonstigen Tätigkeiten des konstitutiven Rechtsträgers des multinationalen Konzerns ist als zusätzliche Information in Tabelle 3 anzugeben.

Tabelle 3

Name des multinationalen Konzerns *[Name of the MNE group]*: Berichtssteuerperiode *[Fiscal year concerned]*:
Bitte geben Sie hier kurz alle weiteren Informationen oder Erläuterungen an, die Sie für notwendig erachten oder die das Verständnis der vorgeschriebenen Informationen im länderbezogenen Bericht erleichtern können. *[Please include any further brief information or explanation you consider necessary or that would facilitate the understanding of the compulsory information provided in the Country-by-Country Report.]*

Bundesgesetz über die Durchführung von zwischenstaatlichen Abkommen des Bundes zur Vermeidung der Doppelbesteuerung[1] (SR 672.2)

vom 22. Juni 1951 (Stand am 1. Dezember 2017)

Die Bundesversammlung der Schweizerischen Eidgenossenschaft,

gestützt auf die Artikel 54 Absatz 1 und 172 Absatz 1 der Bundesverfassung[2],[3] nach Einsicht in eine Botschaft des Bundesrates vom 29. Mai 1951[4],

beschliesst:

Art. 1

Die Ausführungsbestimmungen für die Durchführung eines von der Schweizerischen Eidgenossenschaft mit einem fremden Staate abgeschlossenen Abkommens zur Vermeidung der Doppelbesteuerung werden vom Bundesrat aufgestellt.

Art. 2

1 Der Bundesrat ist insbesondere zuständig:

a. das Verfahren zu ordnen, das bei einer staatsvertraglich zugesicherten Rückerstattung an der Quelle erhobener schweizerischer Steuern auf Kapitalerträgen einzuhalten ist;

b. Massnahmen zu treffen, um zu verhindern, dass die vom andern Vertragsstaat zugesicherte Herabsetzung von an der Quelle erhobenen Steuern Personen zugute kommt, die darauf nach dem Abkommen keinen Anspruch gaben;

c. im Rahmen des Abkommens zu treffende Entscheidungen und Verfügungen der Eidgenössischen Steuerverwaltung, welche Steuern des andern Vertragsstaates zum Gegenstande haben, der eidgenössischen Verwaltungsgerichtsbarkeit zu unterstellen und sie in bezug auf ihre Vollstreckbarkeit den Entscheidungen über Bundessteuern gleichzustellen;

AS **1951** 889

1 Fassung gemäss Anhang Ziff. 5 des Steueramtshilfegesetzes vom 28. Sept. 2012, in Kraft seit 1. Febr. 2013 (AS **2013** 231; BBl **2011** 6193).

2 SR **101**

3 Fassung gemäss Ziff. I des BG vom 17. Juni 2016, in Kraft seit 1. Dez. 2017 (AS **2017** 5517; BBl **2015** 7831).

4 BBl **1951** II 296

d.[5] …

e. zu bestimmen, wie eine staatsvertraglich vereinbarte Anrechnung von Steuern des andern Vertragsstaates auf die in der Schweiz geschuldeten Steuern durchzuführen ist;

f. auf die Widerhandlungen gegen die Ausführungsvorschriften die Strafbestimmungen der eidgenössischen Steuergesetze anwendbar zu erklären.

2 Er kann den Erlass von Verfahrensbestimmungen dem Eidgenössischen Finanzdepartement (EFD) übertragen.[6]

Art. 2*a*[7]

Das EFD ist insbesondere dafür zuständig, im Einvernehmen mit den Kantonen deren Beteiligung an Zahlungen festzulegen, die die Schweiz dem andern Vertragsstaat im Abkommen zugesichert hat. Es regelt das Verfahren.

Art. 3[8]

1 Der Bundesrat wird beauftragt, nach den Bestimmungen des Bundesgesetzes vom 17. Juni 1874[9] betreffend Volksabstimmung über Bundesgesetze und Bundesbeschlüsse die Bekanntmachung dieses Bundesgesetzes zu veranlassen.

2 Er setzt den Zeitpunkt des Inkrafttretens des Bundesgesetzes fest.

Datum des Inkrafttretens: 1. Januar 1951[10]

---

5 Aufgehoben durch Anhang Ziff. 5 des Steueramtshilfegesetzes vom 28. Sept. 2012, mit Wirkung seit 1. Febr. 2013 (AS **2013** 231; BBl **2011** 6193).

6 Fassung gemäss Ziff. I des BG vom 17. Juni 2016, in Kraft seit 1. Dez. 2017 (AS **2017** 5517; BBl **2015** 7831).

7 Eingefügt durch Ziff. I des BG vom 17. Juni 2016, in Kraft seit 1. Dez. 2017 (AS **2017** 5517; BBl **2015** 7831).

8 Fassung gemäss Anhang Ziff. 5 des Steueramtshilfegesetzes vom 28. Sept. 2012, in Kraft seit 1. Febr. 2013 (AS **2013** 231; BBl **2011** 6193).

9 BS **1** 73; AS **1962** 789

10 BRB vom 28. Sept. 1951

Verordnung über die pauschale Steueranrechnung[1] (SR 672.201)

vom 22. August 1967 (Stand am 1. Januar 2009)

Der Schweizerische Bundesrat,

gestützt auf die Artikel 1 und 2 Absatz 1 Buchstaben e und f des Bundesbeschlusses vom 22. Juni 1951[2] über die Durchführung von zwischenstaatlichen Abkommen des Bundes zur Vermeidung der Doppelbesteuerung,

in Ausführung der vom Bund abgeschlossenen Abkommen zur Vermeidung der Doppelbesteuerung, die für die in der Schweiz ansässigen Empfänger von ausländischen Erträgnissen zum Ausgleich der im Ausland erhobenen Steuern eine Entlastung von den schweizerischen Steuern vorsehen,

verordnet:

I. Allgemeine Bestimmungen

1. Geltungsbereich

Art. 1

1 Diese Verordnung gilt für Erträgnisse (Abs. 2) aus Staaten (Vertragsstaaten), mit denen die Schweiz zwischenstaatliche Abkommen zur Vermeidung der Doppelbesteuerung (Doppelbesteuerungsabkommen) abgeschlossen hat, die für diese Erträgnisse eine Entlastung von den schweizerischen Steuern vorsehen.

2 Als Erträgnisse im Sinne dieser Verordnung gelten Dividenden, Zinsen und Lizenzgebühren, die im Vertragsstaat, aus dem sie stammen, gemäss dem internen Recht dieses Vertragsstaates und in Übereinstimmung mit dem mit diesem Vertragsstaat abgeschlossenen Doppelbesteuerungsabkommen tatsächlich einer begrenzten Steuer unterliegen. Sieht ein Doppelbesteuerungsabkommen für bestimmte Erträgnisse ausdrücklich vor, dass für die Entlastung eine nach einem festen Satz bemessene Steuer in Rechnung zu stellen ist, so gelten diese Erträgnisse, ohne Rücksicht auf die tatsächliche Besteuerung im Vertragsstaat, als zu diesem Satze besteuert.

AS **1967** 1129

1 Fassung des Tit. gemäss Ziff. I der V vom 7. Dez. 1981 (AS **1981** 1996).

2 SR **672.2**

2. Entlastung in der Schweiz

Art. 2

[1] In der Schweiz ansässige natürliche und juristische Personen können für die in Übereinstimmung mit einem Doppelbesteuerungsabkommen in einem Vertragsstaat erhobene begrenzte Steuer von aus diesem Vertragsstaat stammenden Erträgnissen eine pauschale Steueranrechnung beantragen.

[2] Fliessen die Erträgnisse einer Kollektiv- oder Kommanditgesellschaft zu, so steht der Anspruch auf pauschale Steueranrechnung der Gesellschaft zu.

[3] Wer die pauschale Steueranrechnung nicht beantragt oder darauf gemäss den Artikeln 3–7 keinen Anspruch hat, kann verlangen, dass bei der Veranlagung zu den schweizerischen Steuern vom Einkommen die im Vertragsstaat in Übereinstimmung mit dem Doppelbesteuerungsabkommen erhobenen Steuern vom Bruttobetrag der Erträgnisse abgezogen werden.

3. Allgemeine Voraussetzungen der pauschalen Steueranrechnung

Art. 3

[1] Die pauschale Steueranrechnung kann nur für Erträgnisse beansprucht werden, die den Einkommenssteuern des Bundes, der Kantone und der Gemeinden unterliegen.

[2] Unterliegen Erträgnisse entweder nur der Einkommenssteuer des Bundes oder nur den Einkommenssteuern der Kantone und der Gemeinden, so kann die pauschale Steueranrechnung nur für einen Teil der in einem Vertragsstaat von diesen Erträgnissen erhobenen Steuer beansprucht werden. Artikel 12 findet sinngemäss Anwendung.

[3] Erträgnisse, für die die pauschale Steueranrechnung beansprucht wird, sind ohne Abzug der Steuer des Vertragsstaates zu deklarieren; gehören sie indessen zum Ertrag eines zur Führung kaufmännischer Bücher verpflichteten Unternehmens, so sind die Nettoerträgnisse, der Betrag der vom Vertragsstaat gewährten Steuerrückerstattung und der Betrag der pauschalen Steueranrechnung als Ertrag zu verbuchen.

4. Sonderfälle

a.[3] Natürliche Personen im Genuss einer Steuer nach dem Aufwand

Art. 4

[1] Natürliche Personen, die an Stelle der ordentlichen Einkommenssteuern des Bundes, der Kantone und der Gemeinden eine Steuer nach dem

3 Fassung gemäss Ziff. I der V vom 9. März 2001, in Kraft seit 1. Jan. 2001 (AS **2001** 1060).

Aufwand (z. B. Art. 14 des BG vom 14. Dezember 1990[4] über die direkte Bundessteuer, DBG, und ähnliche Bestimmungen des kantonalen Steuerrechts) entrichten, können die pauschale Steueranrechnung nicht beantragen.

2 Natürliche Personen, die entweder nur an Stelle der ordentlichen Einkommenssteuer des Bundes oder nur an Stelle der ordentlichen Einkommenssteuern der Kantone und der Gemeinden eine Steuer nach dem Aufwand entrichten, können die pauschale Steueranrechnung nur für einen Teil der in einem Vertragsstaat erhobenen Steuer beanspruchen. Artikel 12 ist sinngemäss anwendbar.

3 Natürliche Personen, die im Genuss einer Steuer nach dem Aufwand stehen, aber auf allen Einkünften aus bestimmten Vertragsstaaten die vollen Steuern zum Satze des Gesamteinkommens entrichten, können für die aus diesen bestimmten Vertragsstaaten stammenden Erträgnisse (Art. 1 Abs. 2) die pauschale Steueranrechnung beanspruchen. Indessen können durch den Abzug der nach den Artikeln 20 und 21 dem Bund, den Kantonen und den Gemeinden zu belastenden Anteile die geschuldeten schweizerischen Einkommenssteuern nicht unter den Betrag der Steuer gesenkt werden, die nach dem Aufwand oder nach höheren anderen Einkommensbestandteilen zu bemessen ist, jedoch unter Ausnahme derjenigen, für die die pauschale Steueranrechnung gewährt wird.

b. Dividenden aus Beteiligungen und sonstige Ermässigungen bei der Gewinn- und Einkommenssteuer[5]

Art. 5[6]

1 Dividenden, für die bei den Gewinnsteuern des Bundes, der Kantone und der Gemeinden eine besondere Steuerermässigung (Art. 69 des DBG[7] und ähnliche Bestimmungen des kantonalen Steuerrechts) gewährt wird, gelten für die Anwendung dieser Verordnung als nicht besteuerte Erträgnisse.

2 Unterliegen diese Dividenden jedoch voll entweder der Gewinnsteuer des Bundes oder den Gewinnsteuern der Kantone und der Gemeinden, so kann die pauschale Steueranrechnung nur für einen Teil der in einem Vertragsstaat von diesen Dividenden erhobenen Steuer beansprucht werden. Artikel 12 findet sinngemäss Anwendung.

3 Für Erträge von Kapitalgesellschaften, Genossenschaften und Stiftungen, die im Sinne von Artikel 28 Absatz 3 Buchstabe c und Absatz 4 des Bundesgesetzes vom 14. Dezember 1990[8] über die Harmonisierung der direkten Steuern der Kantone und Gemeinden (StHG) und ähnlichen Be-

---

4 SR **642.11**

5 Fassung gemäss Ziff. I 3 der V vom 15. Okt. 2008, in Kraft seit 1. Jan. 2009 (AS **2008** 5073).

6 Fassung gemäss Ziff. I der V vom 9. März 2001, in Kraft seit 1. Jan. 2001 (AS **2001** 1060).

7 SR **642.11**

8 SR **642.14**

stimmungen des kantonalen Steuerrechts bei den Kantons- und Gemeindesteuern nach der Bedeutung der Verwaltungstätigkeit oder nach Massgabe des Umfangs der Geschäftstätigkeit in der Schweiz besteuert werden, ist der Maximalbetrag für die Steuern des Bundes einerseits und für die Steuern der Kantone und Gemeinden anderseits gesondert zu berechnen. Die Artikel 12 und 20 sind sinngemäss anwendbar. Artikel 6 bleibt vorbehalten.

4 Dividenden und diesen gleichgestellte Erträge, die nur einer Teilbesteuerung unterliegen (Art. 18*b* und 20 Abs. 1bis DBG und kantonale Bestimmungen gestützt auf Art. 7 Abs. 1 zweiter Satz StHG), gelten für den Teil, der von der Bemessung der Einkommenssteuer ausgenommen wird, als nicht besteuerte Erträge. Nehmen Bund, Kantone und Gemeinden die Teilbesteuerung nicht nach derselben Methode oder nicht im gleichen Ausmass vor, so wird für diese Erträge der Maximalbetrag für die Steuern des Bundes einerseits und für die Steuern der Kantone und Gemeinden anderseits gesondert berechnet. Diese Bestimmungen gelten sinngemäss für die Entlastung durch Reduktion des Steuersatzes. Die Artikel 12 und 20 sind sinngemäss anwendbar.[9]

c. Ausschluss von Abkommensvorteilen

Art. 6

1 Personen, denen aufgrund eines Doppelbesteuerungsabkommens oder des Bundesratsbeschlusses vom 14. Dezember 1962[10] betreffend Massnahmen gegen die ungerechtfertigte Inanspruchnahme von Doppelbesteuerungsabkommen des Bundes kein Anspruch auf Begrenzung der in einem Vertragsstaat erhobenen Steuer von aus diesem Staat stammenden Erträgnissen zusteht, können für diese Erträgnisse auch keine pauschale Steueranrechnung beanspruchen.[11]

2 Das Eidgenössische Finanzdepartement[12] kann für bestimmte Fälle Ausnahmen vorsehen.[13]

---

9 Eingefügt durch Ziff. I 3 der V vom 15. Okt. 2008, in Kraft seit 1. Jan. 2009 (AS **2008** 5073).

10 SR **672.202**

11 Siehe jedoch Art. 1 der V 2 vom 12. Febr. 1973 über die pauschale Steueranrechnung (SR **672.201.3**).

12 Bezeichnung gemäss Art. 1 des nicht veröffentlichten BRB vom 23. April 1980 über die Anpassung von bundesrechtlichen Erlassen an die neuen Bezeichnungen der Departemente und Ämter. Diese Änderung ist im ganzen Erlass berücksichtigt.

13 Eingefügt durch Art. 12 der V vom 7. Febr. 1973 zum schweizerisch-deutschen Doppelbesteuerungsabkommen [AS **1973** 296].

d. Bagatellfälle

Art. 7[14]

Die pauschale Steueranrechnung wird nur gewährt, wenn die Steuern der Vertragsstaaten von den aus diesen Vertragsstaaten stammenden Erträgnissen (Art. 1 Abs. 2) insgesamt den Gegenwert von 50 Franken übersteigen.

II. Betrag der pauschalen Steueranrechung

1. Grundsatz

Art. 8

1 Die pauschale Steueranrechnung erfolgt für die von Bund, Kantonen und Gemeinden erhobenen Steuern gesamthaft und wird in einem Betrag vergütet.

2 Der Betrag der pauschalen Steueranrechnung entspricht, vorbehältlich des Artikels 12, der Summe der Steuern, die in den Vertragsstaaten von den im Laufe eines Jahres (Fälligkeitsjahres) fällig gewordenen Erträgnissen in Übereinstimmung mit den anwendbaren Doppelbesteuerungsabkommen erhoben worden sind, höchstens aber der Summe der auf diese Erträgnisse entfallenden schweizerischen Steuern (Maximalbetrag).

3 Der Betrag der pauschalen Steueranrechnung wird nicht verzinst.

2. Maximalbetrag

a.[15] Berechnung für natürliche Personen

Art. 9

1 Der Berechnung des Maximalbetrags sind die Steuersätze zugrunde zu legen, die bei der Berechnung der für das Fälligkeitsjahr geschuldeten Einkommenssteuern angewandt werden. Dabei sind die Steuersätze des Bundes, des Wohnsitzkantons und der Wohnsitzgemeinde zusammenzurechnen. Zuschläge für Kirchensteuern sind nicht zu berücksichtigen.

2 Die Kantone können für die Berechnung des Maximalbetrages eigene Tarife vorsehen, unter Berücksichtigung der durchschnittlichen kantonalen und kommunalen Steuerbelastung, unter Ausschluss der Kirchensteuern und mit Einschluss der Bundessteuer. Der Bestimmung von Artikel 11 Absatz 1 StHG[16] ist Rechnung zu tragen. Die Tarife sind dem Eidgenössischen Finanzdepartement zur Genehmigung zu unterbreiten.

---

14 Fassung gemäss Ziff. I der V vom 9. März 2001, in Kraft seit 1. Jan. 2001 (AS **2001** 1060).

15 Fassung gemäss Ziff. I der V vom 9. März 2001, in Kraft seit 1. Jan. 2001 (AS **2001** 1060).

16 SR **642.14**

[3] Wurde der Maximalbetrag auf Grund eines kantonalen Tarifs berechnet und weist der Antragsteller nach, dass die Berechnung gemäss Absatz 1 zu einem höheren Anrechnungsbetrag geführt hätte, so ist ihm die Differenz zu vergüten. Der Nachweis und die Geltendmachung der Differenz müssen innert eines Jahres nach der definitiven Eröffnung des entsprechenden Entscheides über die pauschale Steueranrechnung in schriftlicher Form bei der zuständigen Behörde erfolgen.

[4] Der Maximalbetrag kann nicht höher sein als die Summe der schweizerischen Einkommenssteuern, die auf dem Einkommen des Fälligkeitsjahres berechnet werden.

b.[17] Berechnung für juristische Personen sowie für Kollektiv- und Kommanditgesellschaften

Art. 10

[1] Für die Berechnung des Maximalbetrags sind die einzelnen Steuern des Bundes, der Kantone und Gemeinden massgebend, die auf dem Gewinn des Fälligkeitsjahres berechnet werden, unter Ausschluss der Kirchensteuern.

[2] Der Maximalbetrag entspricht der Summe der Teilbeträge der einzelnen in Absatz 1 genannten Steuern vom Gewinn.

[3] Der Teilbetrag der Gewinnsteuer, der auf die aus den Vertragsstaaten stammenden Erträgnisse entfällt, wird ermittelt, indem die Steuer im Verhältnis der aus den Vertragsstaaten stammenden Erträgnisse (allenfalls nach Abzug der Schuldzinsen, Unkosten und anderen Abzüge gemäss Art. 11) zum gesamten dieser Steuer unterliegenden Reingewinn des Fälligkeitsjahres aufgeteilt wird. Der Teilbetrag kann nicht höher sein als die tatsächlich geschuldete Steuer.

c. Berücksichtigung von Schuldzinsen, Unkosten und anderen Abzügen[18]

Art. 11

[1] Für die Berechnung des Maximalbetrags können die Erträgnisse um die Schuldzinsen, die auf sie entfallen, und um die Unkosten, die mit der Erzielung der Erträgnisse zusammenhängen, gekürzt werden.

[2] Das Eidgenössische Finanzdepartement kann für Dividenden und Lizenzgebühren pauschale Abzüge vorsehen.[19]

[3] Ist der gesamte steuerbare Reingewinn eines Unternehmens durch den Abzug von Abschreibungen, Rückstellungen, Aufwendungen oder Verlusten erheblich gemindert worden und würde die Besteuerung anderer

---

[17] Fassung gemäss Ziff. I der V vom 9. März 2001, in Kraft seit 1. Jan. 2001 (AS **2001** 1060).

[18] Fassung gemäss Ziff. I der V vom 7. Dez. 1981 (AS **1981** 1996).

[19] Fassung gemäss Ziff. I der V vom 7. Dez. 1981 (AS **1981** 1996).

Nettoerträge des Unternehmens durch die Gewährung der pauschalen Steueranrechnung in ungerechtfertigter Weise herabgesetzt, so können für die Ermittlung des Maximalbetrags diese Abzüge angemessen in Rechnung gestellt werden.[20] Das Eidgenössische Finanzdepartement regelt die Einzelheiten.[21]

3. Herabsetzung bei teilweiser Versteuerung

Art. 12[22]

1 Unterliegen die aus den Vertragsstaaten stammenden Erträgnisse nur den ordentlichen Einkommens- oder Gewinnsteuern der Kantone und der Gemeinden, so ist der Betrag der pauschalen Steueranrechnung auf zwei Drittel der Summe der in den Vertragsstaaten erhobenen Steuern begrenzt. Für die Berechnung des Maximalbetrags sind nur die Einkommens- oder Gewinnsteuern des Kantons und der Gemeinden zu berücksichtigen.

2 Unterliegen die aus den Vertragsstaaten stammenden Erträgnisse nur der ordentlichen Einkommens- oder Gewinnsteuer des Bundes, so ist der Betrag der pauschalen Steueranrechnung auf ein Drittel der Summe der in den Vertragsstaaten erhobenen Steuern begrenzt. Für die Berechnung des Maximalbetrags ist nur die Einkommens- oder Gewinnsteuer des Bundes zu berücksichtigen.

III. Geltendmachung des Anspruchs auf pauschale Steueranrechnung

1. Antrag

Art. 13

1 Die pauschale Steueranrechnung wird nur auf Antrag gewährt.

2 Der Antrag ist auf einem besonderen Formular (Ergänzungsblatt pauschale Steueranrechnung zum Wertschriftenverzeichnis) der zuständigen Amtsstelle desjenigen Kantons einzureichen, in dem der Antragsteller am Ende der Steuerperiode, in der die Erträgnisse fällig wurden, ansässig war.[23]

3 Die Erträgnisse des Geschäftsvermögens, die im selben Geschäftsjahr fällig wurden, sind in einem Antrag zusammenzufassen.[24]

---

20 Fassung gemäss Ziff. I der V vom 9. März 2001, in Kraft seit 1. Jan. 2001 (AS **2001** 1060).

21 Eingefügt durch Ziff. I der V vom 7. Dez. 1981 (AS **1981** 1996).

22 Fassung gemäss Ziff. I der V vom 9. März 2001, in Kraft seit 1. Jan. 2001 (AS **2001** 1060).

23 Fassung gemäss Ziff. I der V vom 9. März 2001, in Kraft seit 1. Jan. 2001 (AS **2001** 1060).

24 Eingefügt durch Ziff. I der V vom 9. März 2001, in Kraft seit 1. Jan. 2001 (AS **2001** 1060).

2. Fristen

Art. 14[25]

1 Der Antrag auf pauschale Steueranrechnung kann frühestens nach Ablauf der Steuerperiode, in der die Erträgnisse fällig geworden sind, gestellt werden.

2 Der Anspruch auf pauschale Steueranrechnung erlischt, wenn der Antrag nicht innert drei Jahren nach Ablauf der Steuerperiode, in der die Erträgnisse fällig geworden sind, gestellt wird.

IV. Behörden und Verfahren

1. Behörden

Art. 15

Die Durchführung der pauschalen Steueranrechnung obliegt den Kantonen. Sie bestimmen die Amtsstellen, die für die Entgegennahme und Entscheidung der Anträge auf pauschale Steueranrechnung zuständig sind.

2. Verfahren

a. Pflichten des Antragstellers

Art. 16

Wer die pauschale Steueranrechnung beansprucht, hat der zuständigen Amtsstelle über alle Tatsachen, die für die Beurteilung des Anspruchs von Bedeutung sein können, nach bestem Wissen und Gewissen Auskunft zu erteilen. Artikel 48 des Bundesgesetzes vom 13. Oktober 1965[26] über die Verrechnungssteuer (im folgenden Verrechnungssteuergesetz genannt) findet sinngemäss Anwendung.

b. Entscheid

Art. 17

1 Die zuständige Amtsstelle prüft die eingereichten Anträge. Es stehen ihr hiefür die gleichen Befugnisse zu wie für die Prüfung der Anträge auf Rückerstattung der eidgenössischen Verrechnungssteuer (Art. 50 Abs. 1 und 3 des Verrechnungssteuergesetzes[27]).

---

25 Fassung gemäss Ziff. I der V vom 9. März 2001, in Kraft seit 1. Jan. 2001 (AS **2001** 1060).
26 SR **642.21**
27 SR **642.21**

[2] Wird dem Antrag nicht oder nicht in vollem Umfange entsprochen, so ist der Entscheid kurz zu begründen.

[3] Der von der zuständigen Amtsstelle festgesetzte Betrag der pauschalen Steueranrechnung steht unter dem Vorbehalt einer Überprüfung des Anspruchs durch die Eidgenössische Steuerverwaltung (Art. 20 Abs. 4).[28]

c. Einsprache und Beschwerde

Art. 18

Die Entscheide über die pauschale Steueranrechnung unterliegen den gleichen Rechtsmitteln wie die Entscheide über die Rückerstattung der eidgenössischen Verrechnungssteuer durch die Kantone (Art. 53–56 des Verrechnungssteuergesetzes[29]).

d. Auszahlung oder Verrechnung des Betrags der pauschalen Steueranrechnung

Art. 19

[1] Der von der zuständigen Amtsstelle festgesetzte Betrag der pauschalen Steueranrechnung wird entweder ausbezahlt oder mit Steuern des Bundes, des Kantons oder der Gemeinde verrechnet.

[2] Die Kantone führen besondere Register über die pauschale Steueranrechnung.

3. Abrechnung zwischen Bund und Kantonen

a. Belastung des Bundes

Art. 20

[1] Ein Drittel der Beträge der pauschalen Steueranrechnung geht, vorbehältlich der Absätze 2 und 3, zu Lasten des Bundes.

[2] Die Belastung des Bundes entfällt, wenn der Betrag der pauschalen Steueranrechnung gemäss Artikel 12 Absatz 1 auf zwei Drittel der in den Vertragsstaaten erhobenen Steuern begrenzt ist.

[3] Der Betrag der pauschalen Steueranrechnung ist voll dem Bund zu belasten, wenn er gemäss Artikel 12 Absatz 2 auf ein Drittel der in den Vertragsstaaten erhobenen Steuern begrenzt ist.

[4] Auf die Abrechnung der Kantone mit dem Bund und auf die Pflicht zur Rückleistung zu Unrecht erfolgter Auszahlungen oder Verrechnungen

---

28 Eingefügt durch Ziff. I der V vom 7. Dez. 1981 (AS **1981** 1996). Fassung gemäss Ziff. I der V vom 9. März 2001, in Kraft seit 1. Jan. 2001 (AS **2001** 1060).

29 SR **642.21**

(Art. 19) finden die Artikel 57 und 58 des Verrechnungssteuergesetzes[30] entsprechende Anwendung, wobei Artikel 58 Absätze 1, 2 und 5 gleichermassen für die zu Lasten des Bundes wie für die zu Lasten des Kantons gewährten Anrechnungsbeträge gelten.

b. Belastung der Kantone und Gemeinden

Art. 21

Die Aufteilung des dem Bund gemäss Artikel 20 nicht zu belastenden Teils der Beträge der pauschalen Steueranrechnung auf den Kanton und die Gemeinden ist Sache der Kantone.

4. Revision und Berichtigung von Entscheiden

Art. 22

Die Revision und Berichtigung von Entscheiden über die pauschale Steueranrechnung richten sich nach den Artikeln 59 und 60 des Verrechnungssteuergesetzes[31].

V. Strafbestimmungen

Art. 23[32]

1 Wer vorsätzlich oder fahrlässig, zum eigenen oder zum Vorteil eines anderen, eine ungerechtfertigte pauschale Steuerabrechnung erwirkt, unterliegt den Strafdrohungen des Artikels 61 des Verrechnungssteuergesetzes[33].

2 Wer, ohne dass der Tatbestand von Absatz 1 erfüllt ist,

a. in einem Antrag auf pauschale Steueranrechnung unwahre Angaben macht, erhebliche Tatsachen verschweigt oder unwahre Belege über erhebliche Tatsachen vorlegt,
b. als Antragsteller unrichtige Auskünfte erteilt,
c. Ansprüche geltend macht, die ihm nicht zustehen oder für die er bereits befriedigt worden ist,
d. die ordnungsgemässe Durchführung einer Buchführung oder anderen amtlichen Kontrolle erschwert, behindert oder verunmöglicht,

unterliegt den Strafdrohungen des Artikels 62 des Verrechnungssteuergesetzes.

---

30 SR **642.21**
31 SR **642.21**
32 Fassung gemäss Ziff. I des BRB vom 25. Nov. 1974, in Kraft seit 1. Jan. 1975 (AS **1974** 1958).
33 SR **642.21**

[3] Im Übrigen finden auf die Widerhandlungen die Vorschriften der Artikel 64 und 67 des Verrechnungssteuergesetzes sinngemäss Anwendung.

VI. Schlussbestimmungen

1. Durchführung

Art. 24

[1] Das Eidgenössische Finanzdepartement erlässt die für die pauschale Steueranrechnung erforderlichen Verfahrensvorschriften.

[2] Es genehmigt insbesondere die für natürliche Personen anwendbaren kantonalen Tarife (Art. 9 Abs. 2) und veröffentlicht die Liste der in den Vertragsstaaten erhobenen abkommensmässigen Steuersätze, für welche die pauschale Steueranrechnung beansprucht werden kann.[34]

2. Inkrafttreten

Art. 25

[1] Diese Verordnung tritt am 1. September 1967 in Kraft.

[2] Sie findet auf Erträgnisse Anwendung, die nach dem 31. Dezember 1966 fällig geworden sind, sofern nicht ein Doppelbesteuerungsabkommen die Entlastung (Art. 1) ausdrücklich für später fällig werdende Erträgnisse vorsieht.

[3] ...[35]

Schlussbestimmungen der Änderung vom 7. Dezember 1981[36]

Schlussbestimmungen der Änderung vom 9. März 2001[37]

II

Kantone, welche die Steuern der natürlichen Personen auch nach dem 1. Januar 2001 im System der zweijährigen Pränumerandobesteuerung veranlagen, können bis zum Systemwechsel zur einjährigen Postnumerandobesteuerung für die in ihrem Kanton wohnhaften natürlichen Personen und für die Kollektiv- und Kommanditgesellschaften mit Sitz in ihrem Kanton den Maximalbetrag gemäss vereinfachter Berechnung im Sinne des

---

34 Fassung gemäss Ziff. I der V vom 9. März 2001, in Kraft seit 1. Jan. 2001 (AS **2001** 1060).

35 Aufgehoben durch Art. 12 der V vom 7. Febr. 1973 zum schweizerisch-deutschen Doppelbesteuerungsabkommen [AS **1973** 296].

36 AS **1981** 1996. Aufgehoben durch Ziff. IV 16 der V vom 22. Aug. 2007 zur formellen Bereinigung des Bundesrechts, mit Wirkung seit 1. Jan. 2008 (AS **2007** 4477).

37 AS **2001** 1060

Artikels 9 vor Änderung vom 9. März 2001 und des darauf beruhenden Anrechnungtarifs festlegen.

III

1 Diese Änderung findet auf Erträgnisse Anwendung, die nach dem 31. Dezember 2000 fällig werden.

2 Sie tritt rückwirkend auf den 1. Januar 2001 in Kraft.

Übergangsbestimmung zur Änderung vom 15. Oktober 2008[38]

Diese Änderung gilt für Erträge, die nach dem 31. Dezember 2008 fällig werden.

38 AS **2008** 5073

Verordnung 1 des EFD
über die pauschale Steueranrechnung[1] (SR 672.201.1)

vom 6. Dezember 1967 (Stand am 1. Februar 2017)

Das Eidgenössische Finanz- und Zolldepartement (EFD)[2],

gestützt auf die Artikel 9, 10, 11 und 24 der Verordnung vom 22. August 1967[3] über die pauschale Steueranrechnung (im folgenden Verordnung des Bundesrates genannt),[4]

verordnet:

Art. 1 – 3[5]

Art. 4[6]

1 Zu den Unkosten (Art. 11 Abs. 1 der Verordnung des Bundesrates) gehören auch Geschäftsführungs- und allgemeine Verwaltungskosten sowie die auf die Erträgnisse entfallenden Steuern, die nach dem anwendbaren Recht vom Reinertrag abgezogen werden können.

2 Für die Berechnung des Maximalbetrags wird bei Dividenden, die Kapitalgesellschaften und Genossenschaften zugeflossen sind, der Abzug für Unkosten auf 5 Prozent der verbuchten Dividenden festgesetzt.[7] Der Nachweis, dass der Anteil an den Unkosten und anderen Abzügen wesentlich höher oder niedriger ist, bleibt vorbehalten.

3 Für die Berechnung des Maximalbetrags wird bei Lizenzgebühren der Abzug für Schuldzinsen und Unkosten (Art. 11 Abs. 1 der Verordnung des Bundesrates) auf die Hälfte der Bruttobeträge dieser Erträgnisse festge-

AS **1967** 1711

1 Fassung gemäss Ziff. I der V des EFD vom 14. Dez. 1981, in Kraft seit 1. Jan. 1982 (AS **1981** 1999).

2 Neue Bezeichnung gemäss BRB vom 19. Dez. 1997 (nicht veröffentlicht). Diese Änd. ist im ganzen Erlass berücksichtigt.

3 SR **672.201**

4 Fassung gemäss Ziff. I der V des EFD vom 14. Dez. 1981, in Kraft seit 1. Jan. 1982 (AS **1981** 1999).

5 Aufgehoben durch Ziff. I der V des EFD vom 23. März 2001, mit Wirkung seit 1. Jan. 2001 (AS **2001** 1065).

6 Fassung gemäss Ziff. I der V des EFD vom 14. Dez. 1981, in Kraft seit 1. Jan. 1982 (AS **1981** 1999). Diese Änd. findet auf Erträgnisse Anwendung, die nach dem 31. Dezember 1980 fällig werden.

7 Fassung gemäss Ziff. I der V des EFD vom 23. März 2001, in Kraft seit 1. Jan. 2001 (AS **2001** 1065). Diese Änd. findet auf Erträgnisse Anwendung, die nach dem 31. Dezember 2000 fällig werden.

setzt.[8] Der Nachweis, dass der Anteil an den Schuldzinsen, Unkosten und anderen Abzügen wesentlich höher oder niedriger ist, bleibt vorbehalten.

4 Werden die in Artikel 11 Absatz 3 der Verordnung des Bundesrates genannten Abzüge für die Ermittlung des Maximalbetrags mitberücksichtigt, so können Abschreibungen und Kapitalverluste mit entsprechenden Aufwertungen und Kapitalgewinnen verrechnet werden.

Art. 5[9]

Die in Ziffer II des Anhangs zu dieser Verordnung enthaltene Liste der Vertragsstaaten kann vom Staatssekretariat für internationale Finanzfragen nach Bedarf dem neuesten Stand der Entwicklung angepasst werden.

Art. 6

Diese Verordnung tritt am 1. Januar 1968 in Kraft.

---

8 Fassung gemäss Ziff. I der V des EFD vom 23. März 2001, in Kraft seit 1. Jan. 2001 (AS **2001** 1065). Diese Änd. findet auf Erträgnisse Anwendung, die nach dem 31. Dezember 2000 fällig werden.

9 Fassung gemäss Ziff. I der V des EFD vom 30. Okt. 2012, in Kraft seit 1. Jan. 2013 (AS **2012** 5983).

Anhang

I.[10] Anrechnungstarif für Kantone mit zweijähriger Pränumerandobesteuerung

Für natürliche Personen und Kollektiv- und Kommanditgesellschaften

Für die direkte Bundessteuer massgebendes Einkommen Fr.	Für den Maximalbetrag massgebender Steuersatz %
unter 10 000	3*)
von 10 000 bis 12 499	5
von 12 500 bis 14 999	6
von 15 000 bis 17 499	7
von 17 500 bis 19 999	8
von 20 000 bis 22 999	9
von 23 000 bis 25 999	10
von 26 000 bis 28 999	11
von 29 000 bis 31 999	12
von 32 000 bis 35 999	13
von 36 000 bis 39 999	14
von 40 000 bis 43 999	15
von 44 000 bis 49 999	16
von 50 000 bis 56 999	17
von 57 000 bis 63 999	18
von 64 000 bis 70 999	19
von 71 000 bis 78 999	20
von 79 000 bis 87 999	21
von 88 000 bis 96 999	22
von 97 000 bis 106 999	23
von 107 000 bis 116 999	24
von 117 000 bis 127 999	25
von 128 000 bis 138 999	26
von 139 000 bis 151 999	27
von 152 000 bis 165 999	28

10 Fassung gemäss Ziff. I der V des EFD vom 10. März 1988 (AS **1988** 604). Der neue Tarif findet auf Erträgnisse Anwendung, die nach dem 31. Dez. 1986 fällig werden. Bereinigt gemäss Ziff. II der V des EFD vom 23. März 2001, in Kraft seit 1. Jan. 2001 (AS **2001** 1065).

Für die direkte Bundessteuer massgebendes Einkommen Fr.		Für den Maximalbetrag massgebender Steuersatz %
von 166 000	bis 182 999	29
von 183 000	bis 204 999	30
von 205 000	bis 229 999	31
von 230 000	bis 254 999	32
von 255 000	bis 286 999	33
von 287 000	bis 331 999	34
32 000	und mehr	35

*) Nur zu Lasten der Kantone

II.[11] Liste der Vertragsstaaten

(Gilt für die im Jahr 2016 fällig gewordenen Erträgnisse)[12]

Die pauschale Steueranrechnung ist zurzeit aufgrund der in der nachstehenden Liste genannten Doppelbesteuerungsabkommen anzuwenden und wird für die zu jedem Vertragsstaat angeführten Erträgnisse und Steuern gewährt.[13]

Vertragsstaaten Datum des Abkommens	Erträgnisse [A1][14]	Nicht rückforderbare Steuern der Vertragsstaaten% [A2]
Ägypten	Dividenden	
20.5.1987	– von Tochtergesellschaften (ab 25%)	5
	– übrige Dividenden	10 [B1]
	Zinsen	15 [C1] [C2]
	Lizenzgebühren	9.75 [D22]
Albanien	Dividenden	
12.11.1999	– von Tochtergesellschaften (ab 25%)	5
	– übrige Dividenden	15
	Zinsen	5
	Lizenzgebühren	5
Algerien	Dividenden	
3.6.2006	– von Tochtergesellschaften (ab 20%)	5
	– übrige Dividenden	15
	Zinsen	10 [C1]
	Lizenzgebühren	10 [D23]
Argentinien	Dividenden	10 [B4]
20.3.2014	Zinsen	12 [C1]
	Lizenzgebühren	15 [D6]
	Vergütungen für technische Dienstleistungen	15
Armenien	Dividenden	
12.6.2006	– von Tochtergesellschaften (ab 25%)	5 [B5]
	– übrige Dividenden	10 [B1]

[11] Fassung gemäss Ziff. I der V des SIF vom 21. Dez. 2016, in Kraft seit 1. Febr. 2017 (AS **2017** 75).

[12] Für die 2015 fällig gewordenen Erträgnisse siehe AS **2016** 291.

[13] Die vorliegende Übersicht stellt die Steuerentlastungen aufgrund der von der Schweiz abgeschlossenen Doppelbesteuerungsabkommen dar. Art. 15 des Zinsbesteuerungsabkommens vom 26. Okt. 2004 zwischen der Schweiz und der EG (SR **0.641.926.81**) sieht unter bestimmten Voraussetzungen ein ausschliessliches Besteuerungsrecht im Ansässigkeitsstaat der empfangenden Person für zwischen verbundenen Gesellschaften gezahlte Dividenden, Zinsen und Lizenzgebühren vor. Es versteht sich von selbst, dass eine schweizerische Gesellschaft, die aufgrund von Art. 15 des obgenannten Zinsbesteuerungsabkommens von der Quellensteuer befreite Dividenden, Zinsen, Lizenzgebühren vereinnahmt, für diese Einkünfte keine pauschale Steueranrechnung geltend machen kann.

[14] Die Anmerkungen finden sich am Schluss der Liste.

Vertragsstaaten Datum des Abkommens	Erträgnisse [A1]	Nicht rückforderbare Steuern der Vertragsstaaten% [A2]
	Zinsen	10 [C1] [C29]
	Lizenzgebühren	5
Aserbaidschan	Dividenden	
23.2.2006	– von Tochtergesellschaften (ab 20%)	5 [B6]
	– übrige Dividenden	10 [B1]
	Zinsen	10 [C1] [C3]
	Lizenzgebühren	10 [D4]
Australien	Dividenden	[B7]
30.7.2013	Zinsen	10 [C1]
	Lizenzgebühren	5
Bangladesch	Dividenden	
10.12.2007	– von Tochtergesellschaften (ab 20%)	10
	– übrige Dividenden	15
	Zinsen	10 [C1] [C23]
	Lizenzgebühren	10
Belarus	Dividenden	
26.4.1999	– von Tochtergesellschaften (ab 25%)	5
	– übrige Dividenden	13 [B1]
	Zinsen	8 [C1] [C3]
	Lizenzgebühren	
	– für Patente und Know-How	3
	– Leasinggebühren	5
	– übrige Lizenzgebühren	10
Belgien	Dividenden	
28.8.1978	– von Tochtergesellschaften (ab 25%)	10
	– übrige Dividenden	15
	Zinsen	10 [C1]
Bulgarien	Dividenden	
28.10.1991	– von Tochtergesellschaften (ab 10%)	0
	– übrige Dividenden	5 [B2]
	Zinsen	10 [C1]
Chile	Dividenden	15 [B8]
2.4.2008	Zinsen	15 [C8]
	Lizenzgebühren	
	– Leasing	5
	– übrige Lizenzgebühren	10
China	Dividenden	
25.9.2013	– von Tochtergesellschaften (ab 25%)	5
	– übrige Dividenden	10
	Zinsen	10 [C1]
	Lizenzgebühren	9

Vertragsstaaten Datum des Abkommens	Erträgnisse [A1]	Nicht rückforderbare Steuern der Vertragsstaaten % [A2]
Chinesisches Taipei (Taiwan)	Dividenden	
8.10.2007 [A3]	– von Tochtergesellschaften (ab 20%)	10
	– übrige Dividenden	15
	Zinsen	10 [C1]
	Lizenzgebühren	10
Dänemark	Dividenden	
23.11.1973	– von Tochtergesellschaften (ab 10%)	0
	– übrige Dividenden	15
Deutschland	Dividenden	
11.8.1971	– von Grenzkraftwerken	5
	– von Tochtergesellschaften (ab 10%)	0
	– Einkünfte aus Genussrechten, Gewinnobligationen, stillen Beteiligungen und partiarischen Darlehen	26,375 [B9]
	– übrige Dividenden	15
Ecuador	Dividenden	[B10]
28.11.1994	Zinsen	10 [C1] [C7]
	Lizenzgebühren	10
Elfenbeinküste	Dividenden	10 [B11]
23.11.1987	Zinsen	15 [C1] [C27] [C10]
	Lizenzgebühren	10
Estland	Dividenden	[B12]
11.6.2002		
Finnland	Dividenden	
16.12.1991	– von Tochtergesellschaften (ab 10%)	0
	– übrige Dividenden	10
Frankreich	Dividenden	
9.9.1966	– von Tochtergesellschaften (ab 10%)	0 [B13]
	– übrige Dividenden	15
	Lizenzgebühren	5
Georgien	Dividenden	
15.6.2010	– von Tochtergesellschaften (ab 10%)	0
	– übrige Dividenden	5 [B2]
Ghana	Dividenden	
23.7.2008	– von Tochtergesellschaften (ab 10%)	5
	– übrige Dividenden	8 [B1]
	Zinsen	8 [C1] [C4]
	Lizenzgebühren	8
	Dienstleistungsvergütungen	8 [E1]

Vertragsstaaten Datum des Abkommens	Erträgnisse [A1]	Nicht rückforderbare Steuern der Vertragsstaaten% [A2]
Griechenland	Dividenden	
16.6.1983	– von Tochtergesellschaften (ab 25%)	5
	– übrige Dividenden	10 [B1]
	Zinsen	7
	Lizenzgebühren	5
Hongkong	Lizenzgebühren	3
4.11.2011		
Indien	Dividenden	[B2]
2.11.1994	Zinsen	10 [C1]
	Lizenzgebühren (inkl. Leasing)	10
	Gebühren für technische Dienstleistungen	10
Indonesien	Dividenden	
29.8.1988	– von Tochtergesellschaften (ab 25%)	10
	– übrige Dividenden	15
	Zinsen	10
	Lizenzgebühren	10
	Dienstleistungsvergütungen	5
Iran	Dividenden	[B14]
27.10.2002	Zinsen	3 [C1] [C4]
	Lizenzgebühren	5
Island	Dividenden	
10.7.2014	– von Tochtergesellschaften (ab 10%)	0
	– übrige Dividenden	15
	Lizenzgebühren	5
Israel	Dividenden	
2.7.2003	– von Tochtergesellschaften (ab 10%)	5
	– von Tochtergesellschaften (ab 10%), jedoch keine ordentliche Besteuerung der ausschüttenden israelischen Gesellschaft	10
	– übrige Dividenden	15
	Zinsen	10 [C1] [C3] [C28]
	Lizenzgebühren	5
Italien	Dividenden	15
9.3.1976	Zinsen	12,5 [C30]
	Lizenzgebühren (inkl. Leasing)	5
Jamaika	Dividenden	
6.12.1994	– von Tochtergesellschaften (ab 10%)	10
	– übrige Dividenden	15
	Zinsen	10 [C1] [C2] [C3]
	Lizenzgebühren	10 [D5] [D8]
	Dienstleistungsvergütungen	10 [E2]

Vertragsstaaten Datum des Abkommens	Erträgnisse [A1]	Nicht rückforderbare Steuern der Vertragsstaaten% [A2]
Japan	Dividenden	
19.1.1971	– von Tochtergesellschaften (ab 50%)	0
	– von Tochtergesellschaften (ab 10%)	5
	– übrige Dividenden	10
	Zinsen	10 [C1]
Kanada	Dividenden	
5.5.1997	– von Tochtergesellschaften (ab 10%)	5
	– übrige Dividenden	15
	Zinsen	
	– an verbundene Personen	10 [C1]
	– an unverbundene Personen	0
	Lizenzgebühren	10 [D1]
Kasachstan	Dividenden	
21.10.1999	– von Tochtergesellschaften (ab 10%)	5 [B17] [B39]
	– übrige Dividenden	15
	Zinsen	10 [C1]
	Lizenzgebühren (inkl. Leasing)	10 [D9]
Katar	Dividenden	[B16]
24.9.2009		
Kirgisistan	Dividenden	
26.1.2001	– von Tochtergesellschaften (ab 25%)	5
	– übrige Dividenden	10 [B1]
	Zinsen	5
	Lizenzgebühren	5
Kolumbien	Dividenden	[B38]
26.10.2007	Zinsen	10 [C1] [C26]
	Lizenzgebühren	10
Korea (Süd)	Dividenden	
12.2.1980	– von Tochtergesellschaften (ab 10%)	5
	– übrige Dividenden	15
	Zinsen	10 [C1] [C3]
	Lizenzgebühren	5
Kuwait	Dividenden	[B1]
16.2.1999	Zinsen	[C4]
	Lizenzgebühren	[D2]
Kroatien	Dividenden	
12.3.1999	– von Tochtergesellschaften (ab 25%)	5
	– übrige Dividenden	12 [B1]
	Zinsen	5
Lettland	Dividenden	
31.1.2002	– von Tochtergesellschaften (ab 20%)	0 [B3]
	– an juristische Personen	0 [B1]

Vertragsstaaten Datum des Abkommens	Erträgnisse [A1]	Nicht rückforderbare Steuern der Vertragsstaaten% [A2]
	– übrige Dividenden	10 [B1]
	Zinsen	
	– an juristische Personen	0 [C4]
	– andere	10 [C1] [C13]
	Lizenzgebühren	
	– an juristische Personen	0 [D2]
	– andere	10 [D3]
Litauen	Dividenden	
27.5.2002	– von Tochtergesellschaften (ab 20%)	5
	– übrige Dividenden	15
	Zinsen	10 [C1] [C13]
	Lizenzgebühren	10 [D3]
Luxemburg	Dividenden	
21.1.1993	– von Tochtergesellschaften (ab 10%)	0 [B18] [B19]
	– übrige Dividenden	15 [B19]
Malaysia	Dividenden	[B20]
30.12.1974	Zinsen	10 [C24]
	Lizenzgebühren	10 [D11]
Malta	Dividenden	[B1] [B21]
25.2.2011		
Marokko	Dividenden	
31.3.1993	– von Tochtergesellschaften (ab 25%)	7
	– übrige Dividenden	15
	Zinsen	10 [C2]
	Lizenzgebühren	10
Mazedonien	Dividenden	
14.4.2000	– von Tochtergesellschaften (ab 25%)	5
	– übrige Dividenden	10 [B1]
	Zinsen	10 [C1]
Mexiko	Dividenden	
3.8.1993	– von Tochtergesellschaften (ab 10%)	0
	– übrige Dividenden	10 [B1]
	Zinsen	[C1] [C15]
	– an Börsen in Mexiko oder in einem Land, mit dem Mexiko ein DBA abgeschlossen hat, gehandelte Wertpapiere	4,9
	– andere	10
	Lizenzgebühren	10 [D24]
Moldau	Dividenden	
13.1.1999	– von Tochtergesellschaften (ab 25%)	5
	– übrige Dividenden	6 [B1]
	Zinsen	10 [C1]

Vertragsstaaten Datum des Abkommens	Erträgnisse [A1]	Nicht rückforderbare Steuern der Vertragsstaaten% [A2]
Mongolei 20.9.1999	Dividenden	
	– von Tochtergesellschaften (ab 25%)	5
	– übrige Dividenden	15
	Zinsen	10 [C1]
Montenegro 13.4.2005	Dividenden	
	– von Tochtergesellschaften (ab 20%)	5
	– übrige Dividenden	9 [B1]
	Zinsen	9 [C4]
Neuseeland 6.6.1980	Dividenden	15
	Zinsen	10 [C16]
	Lizenzgebühren	10
Niederlande 26.2.2010	Dividenden	[B19]
	– von Tochtergesellschaften (ab 10%)	0
	– übrige Dividenden	15
Norwegen 7.9.1987	Dividenden	
	– von Tochtergesellschaften (ab 10%)	0
	– übrige Dividenden	15
Österreich 30.1.1974	Dividenden	
	– von Tochtergesellschaften (ab 20%)	0
	– übrige Dividenden	15
Pakistan 19.7.2005	Dividenden	
	– von Tochtergesellschaften (ab 20%)	10
	– übrige Dividenden	10 [B22]
	Zinsen	10 [C17]
	Lizenzgebühren	10
	Gebühren für technische Dienstleistungen	6 bis 7.5 [E3]
Peru 21.9.2012	Dividenden	6,8 [B37]
	Zinsen	15 [C25]
	Lizenzgebühren	15
	Vergütungen für technische und numerische Dienste	10
Philippinen 24.6.1998	Dividenden	
	– von Tochtergesellschaften (ab 10%)	10
	– übrige Dividenden	15
	Zinsen	10
	Lizenzgebühren	10 [D12]
Polen 2.9.1991	Dividenden	
	– von Tochtergesellschaften (ab 10%)	0
	– übrige Dividenden	15
	Zinsen	5 [C6] [C18]
	Lizenzgebühren	5 [D13] [D14]

Vertragsstaaten Datum des Abkommens	Erträgnisse [A1]	Nicht rückforderbare Steuern der Vertragsstaaten% [A2]
Portugal	Dividenden	
26.9.1974	– von Tochtergesellschaften (ab 25%)	5 [B35]
	– übrige Dividenden	15
	Zinsen	10 [C1]
	Lizenzgebühren	5
Rumänien	Dividenden	
25.10.1993	– von Tochtergesellschaften (ab 25%)	0
	– übrige Dividenden	15
	Zinsen	5 [C1] [C6]
Russland	Dividenden	
15.11.1995	– von Tochtergesellschaften (ab 20%)	5 [B5]
	– übrige Dividenden	15
Schweden	Dividenden	
7.5.1965	– von Tochtergesellschaften (ab 10%)	0
	– übrige Dividenden	15
Serbien	Dividenden	
13.4.2005	– von Tochtergesellschaften (ab 20%)	5
	– übrige Dividenden	15
	Zinsen	10
Singapur	Dividenden	[B23]
25.11.1975	Zinsen	5 [C14]
	Lizenzgebühren	5 [D15]
Slowakische Republik	Dividenden	[B24]
14.2.1997	Zinsen	5 [C1] [C6]
	Lizenzgebühren	5 [D1] [D13]
Slowenien	Dividenden	
12.6.1996	– von Tochtergesellschaften (ab 25%)	0
	– übrige Dividenden	15
	Zinsen	5 [C1] [C6]
	Lizenzgebühren	5 [D1] [D13]
Spanien	Dividenden	
26.4.1966	– von Tochtergesellschaften (ab 10%)	0 [B25]
	– übrige Dividenden	15
	Lizenzgebühren	5 [D16]
Sri Lanka	Dividenden	
11.1.1983	– von Tochtergesellschaften (ab 25%)	10
	– übrige Dividenden	10 [B1]
	Zinsen	10 [C3]
	Lizenzgebühren	10
	Dienstleistungsvergütungen	5

Vertragsstaaten Datum des Abkommens	Erträgnisse [A1]	Nicht rückforderbare Steuern der Vertragsstaaten% [A2]
Südafrika	Dividenden	
8.5.2007	– von Tochtergesellschaften (ab 20%)	5
	– übrige Dividenden	15 [B26]
	Zinsen	5
Tadschikistan	Dividenden	
23.6.2010	– von Tochtergesellschaften (ab 20%)	5 [B40]
	– übrige Dividenden	12 [B1] [B40]
	Zinsen	10 [C1]
	Lizenzgebühren	5
Thailand	Dividenden	
12.2.1996	– von Tochtergesellschaften (ab 10%)	10 [B27]
	– übrige Dividenden	10 [B1] [B27]
	Zinsen	15 [C1] [C9] [C19] [C20]
	Lizenzgebühren (inkl. Leasing)	10 [D17] [D18] [D19]
Trinidad und Tobago	Dividenden	10 [B28]
1.2.1973	Zinsen	10 [C2]
	Lizenzgebühren	10
	Geschäftsleitungsvergütungen	5
Tschechische Republik	Dividenden	
	– von Tochtergesellschaften (ab 10%)	0
4.12.1995	– übrige Dividenden	15
	Lizenzgebühren	5
Tunesien	Dividenden	5 [B36]
10.2.1994	Zinsen	10 [C2] [C21]
	Lizenzgebühren	10 [D8]
Türkei	Dividenden	
18.6.2010	– von Tochtergesellschaften (ab 20%)	5
	– übrige Dividenden	15
	Zinsen	10 [C22]
	Lizenzgebühren	10 [D20]
	Ausgeschüttete Gewinne einer Betriebsstätte	5 [B15]
Turkmenistan	Dividenden	
8.10.2012	– von Tochtergesellschaften (ab 25%)	5
	– übrige Dividenden	15
	Zinsen	10
	Lizenzgebühren	10

Vertragsstaaten Datum des Abkommens	Erträgnisse [A1]	Nicht rückforderbare Steuern der Vertragsstaaten% [A2]
Ukraine	Dividenden	
30.10.2000	– von Tochtergesellschaften (ab 20%)	5
	– übrige Dividenden an juristische Personen	15
	– übrige Dividenden an natürliche Personen	5 [B1]
	Zinsen	
	– an juristische Personen	10 [C1]
	– andere	15 [C1]
	Lizenzgebühren	10 [D1] [D21]
Ungarn	Dividenden	
9.4.1981	– von Tochtergesellschaften (ab 10%)	0
	– übrige Dividenden an juristische Personen	0 [B1]
	– übrige Dividenden an natürliche Personen	15
Uruguay	Dividenden	
18.10.2010	– von Tochtergesellschaften (ab 25%)	5
	– übrige Dividenden	7 [B1]
	Zinsen	10 [C11]
USA	Dividenden	
2.10.1996	– von Tochtergesellschaften (ab 10%)	5 [B29]
	– übrige Dividenden	15 [B29]
Usbekistan	Dividenden	
3.4.2002	– von Tochtergesellschaften (ab 20%)	5
	– übrige Dividenden	10 [B1]
	Zinsen	5 [C1]
	Lizenzgebühren	5
Venezuela	Dividenden	[B30]
20.12.1996	Zinsen	5 [C1]
	Lizenzgebühren	5
Vereinigte Arabische Emirate 6.10.2011	Dividenden	[B31]
Vereinigtes Königreich 8.12.1977	Dividenden	[B32]
Vietnam	Dividenden	[B33] [B34]
6.5.1996	– an Gesellschaften	0
	– an natürliche Personen	5
	Zinsen	
	– an Gesellschaften	5 [C1] [C4] [C12]

Vertragsstaaten Datum des Abkommens	Erträgnisse [A1]	Nicht rückforderbare Steuern der Vertragsstaaten % [A2]
	– an natürliche Personen	5 [C12]
	Lizenzgebühren (inkl. Leasing)	
	– an Gesellschaften	10 [D10]
	– an natürliche Personen	5 [D2] [D10]
Zypern 25.7.2014	Dividenden	[B1]

Anmerkungen

A. *Allgemein*

[1] Bei Dividenden von Tochtergesellschaften wird in Klammern die Mindestbeteiligung angegeben.

[2] Die Steuersätze gelten für den Normalfall. In einigen Fällen sind die effektiv erhobenen Steuern niedriger. Einzelne Gesetzgebungen sehen für bestimmte Erträgnisse Steuerermässigungen oder -befreiungen vor; in diesen Fällen wird die pauschale Steueranrechnung nur für die tatsächlich erhobene Steuer gewährt. Ausnahmen gelten für Ägypten, China, Jamaika, Malaysia, Marokko, Pakistan, Singapur, Thailand, Trinidad und Tobago, Tunesien, Türkei und Vietnam (s. Anm. [C10] [B23] [C24, D11] [D15] [C2, D8, E2] [B14] [B1] [B27, C20, D19] [B33, C12, D10] [C17] [D2] [C22, D20]).

[3] Zwischen der Schweiz und dem Chinesischen Taipei besteht kein Doppelbesteuerungsabkommen. Es besteht lediglich eine private Doppelbesteuerungsvereinbarung. Diese wurde vom Bundesrat am 9. Dezember 2011 anerkannt. Ihre Bestimmungen sind seit dem 1. Januar 2011 anwendbar.

B. *Dividenden*

[1] Berechtigung des Quellenstaats nach DBA zur Erhebung einer Quellensteuer von 15%.

[2] Berechtigung des Quellenstaats nach DBA zur Erhebung einer Quellensteuer von 10%.

[3] Berechtigung des Quellenstaats nach DBA zur Erhebung einer Quellensteuer von 5%.

[4] Argentinien erhebt eine Quellensteuer von 10% auf Dividenden. Nach DBA wäre Argentinien berechtigt, eine Quellensteuer von 15% bzw. 10% bei einer Beteiligung von mindestens 25% des Kapitals zu erheben.

[5] Vorausgesetzt, das ausländisch investierte Kapital übersteigt CHF 200 000 oder deren Gegenwert in anderer Währung.

[6] Vorausgesetzt, die getätigten Investitionen betragen mindestens USD 200 000.

[7] In gewissen Fällen («unfranked dividends») wird eine Quellensteuer von 30% erhoben. In diesen Fällen wird eine pauschale Steueranrechnung von 15% gewährt, bei Dividenden von Tochtergesellschaften bei einer Beteiligung von mindestens 10% jedoch nur 5%, und bei einer Beteiligung von mindestens 80% wird in der Regel gar keine pauschale Steueranrechnung gewährt.

[8] Anrechnung, soweit die chilenische Gutschrift der Steuer erster Kategorie auf der chilenischen zusätzlichen Steuer gewährt wird.

[9] Gilt nur, wenn diese Beträge bei der Gewinnermittlung des Schuldners abzugsfähig sind (inkl. Solidaritätszuschlag). Deutschland wäre nach DBA berechtigt, eine Quellensteuer von 30% zu erheben.

[10] Ecuador erhebt keine Quellensteuern auf Dividenden, wenn sie aus besteuerten Gewinnen ausbezahlt werden. Nach DBA wäre es berechtigt, eine Quellensteuer von 15% zu erheben.

[11] 10% auf ausgeschütteten Dividenden von kotierten Gesellschaften, 15% auf ausgeschütteten Dividenden von nicht kotierten Gesellschaften, wenn die Gewinne der Gewinnsteuer unterliegen. Keine pauschale Steueranrechnung wird gewährt für die ivorische Quellensteuer von 15% auf Dividenden, die aus nicht der Gesellschaftssteuer unterworfenen Gewinnen stammen.

[12] Estland erhebt keine Quellensteuern auf Dividenden. Nach DBA wäre es berechtigt, eine Quellensteuer auf Dividenden von 10% bzw. 0% bei einer Beteiligung von mindestens 10% des Kapitals zu erheben.

[13] Bei wesentlichen ausländischen Interessen von nicht in der EU ansässigen Personen an der schweizerischen Gesellschaft allenfalls 15% (Art. 11 Abs. 2 Bst. B (iii)).

[14] Iran erhebt keine Quellensteuern auf Dividendenzahlungen an nicht ansässige Personen. Nach DBA wäre er berechtigt, eine Quellensteuer von 15% bzw. 5% bei einer Beteiligung von mindestens 15% am Kapital zu erheben.

[15] In der Türkei kann auf den Gewinnen einer Betriebsstätte eine Quellensteuer in Höhe von maximal 5% («branch profits tax») erhoben werden (nach innerstaatlichem türkischem Recht: 15%), sofern diese Gewinne in der Schweiz (Sitzstaat des Unternehmens) steuerbefreit sind. Die Steuerbefreiung der Betriebsstätten ist in Artikel 52 DBG und in den einschlägigen kantonalen Bestimmungen verankert.

[16] Katar erhebt keine Quellensteuern auf Dividenden. Nach DBA wäre es berechtigt, je nachdem eine Quellensteuer von 5%, 10% bzw. 15% zu erheben.

[17] Keine Quellensteuer für Dividenden aus Beteiligungen ab 50% und im Mindestwert von 1 Mio. USD, sofern die Investition von der Regierung Kasachstans genehmigt worden ist und seitens der Schweiz vollumfänglich garantiert oder versichert ist.

[18] Wenn die Beteiligung, aufgrund derer die Dividende bezahlt wird, nicht während eines ununterbrochenen Zeitraums von zwei Jahren vor der Zahlung der Dividende gehalten worden ist, beträgt die nicht rückforderbare Steuer 5%.

[19] Zinsen aus Gewinnobligationen werden wie Dividenden behandelt.

[20] Malaysia erhebt keine Quellensteuern auf Dividenden. Nach DBA wäre es berechtigt, eine Quellensteuer von 15% bzw. 5% bei einer Beteiligung von mindestens 25% zu erheben.

[21] Malta erhebt zurzeit keine Quellensteuern auf Dividenden.

[22] Pakistan wäre nach DBA berechtigt, eine Quellensteuer von 20% zu erheben. Verschiedene Dividenden werden zu Sätzen über oder unter 10% besteuert, weshalb im Einzelfall Anrechnungen von bis zu 20% gewährt werden müssen.

[23] Singapur erhebt auf Dividenden, mit Ausnahme von Dividenden von REIT («Real Estate Investment Trusts»), keine Quellensteuern. Nach DBA wäre es berechtigt, eine Quellensteuer von 15% bzw. 5% bei einer Beteiligung von mindestens 10% am Kapital zu erheben.

[24] Die Slowakische Republik erhebt keine Quellensteuern auf Dividenden. Nach DBA wäre sie berechtigt, eine Quellensteuer von 15% zu erheben, es sei denn, es liegt eine Beteiligung von mindestens 10% vor.

[25] Keine Sockelsteuer, wenn die Bedingungen von Artikel 10 Absatz 2 Buchstabe B erfüllt sind. Keine pauschale Steueranrechnung für Dividenden von Beteiligungen ab 10%, die ab dem 24. August 2013 fällig wurden und somit vom Nullsatz gemäss Abkommen profitieren.

[26] Für natürliche Personen gewährt die «secondary tax on companies» Anspruch auf eine Anrechnung im Umfang des tieferen Betrags entweder der effektiven erhobenen Zweitsteuer oder von 15% des Bruttobetrags der Dividenden. Diese «secondary tax on companies» ist per 1. April 2012 durch eine gewöhnliche «dividends tax» ersetzt worden.

[27] Bei Dividenden, die nach dem «Investment Promotion Act» (B.E. 2520) oder nach dem «Revenue Code» (B.E. 2481) oder nach einer anderen besonderen Gesetzgebung zur Förderung der Wirtschaft von der thailändischen Steuer befreit sind oder niedriger besteuert werden als zu dem im Abkommen vorgesehenen Satz, beträgt die pauschale Steueranrechnung 10%.

[28] 5%, falls die erhaltende Gesellschaft 50% der bezahlenden Gesellschaft hält.

[29] Keine pauschale Steueranrechnung für Einkünfte aus den USA, die aufgrund von Artikel 10 Absatz 2, von Artikel 11 Absatz 6 oder von Artikel 22 des Abkommens der amerikanischen Quellensteuer zum Satz von 30% unterliegen.

[30] Venezuela erhebt keine Quellensteuern auf Dividenden, wenn sie aus besteuerten Gewinnen ausbezahlt werden. Nach DBA wäre es berechtigt, eine Quellensteuer von 10% zu erheben, ausser es besteht eine Beteiligung von 25% am Kapital.

[31] Die Vereinigten Arabischen Emirate erheben zurzeit keine Quellensteuern auf Dividenden. Nach DBA wären sie berechtigt, eine Quellensteuer von 15% bzw. 5% bei einer Beteiligung von mindestens 10% des Kapitals zu erheben.

[32] Das Vereinigte Königreich erhebt keine Quellensteuern auf Dividenden mit Ausnahme von Dividenden von REIT («Real Estate Investment Trusts»). Nach DBA wäre es berechtigt, eine Quellensteuer von 15% zu erheben, ausser es besteht eine Beteiligung von 10% am Kapital.

[33] Bei Dividenden, die zum Zweck der Wirtschaftsförderung in Vietnam nicht oder zu einem niedrigeren als im Abkommen vorgesehenen Satz besteuert werden, wird die pauschale Steueranrechnung entsprechend den im Abkommen vorgesehenen Sätzen gewährt.

[34] Vietnam wäre nach DBA berechtigt, eine Quellensteuer wie folgt zu erheben: 7% bei Dividenden an Gesellschaften mit einer Beteiligung ab 50% an der ausschüttenden Gesellschaft, 10% bei Dividenden an Gesellschaften mit einer Beteiligung ab 25% an der ausschüttenden Gesellschaft und 15% in den übrigen Fällen.

[35] 0%, wenn die Gesellschaft, welche die Dividenden erhält, direkt und während mindestens zwei Jahren mindestens 25% des Kapitals an der die Dividenden zahlenden Gesellschaft hält, beide Gesellschaften der Steuer unterstellt sind, ohne von einer Steuer nach Artikel 2 des Abkommens befreit zu sein, keine dieser Gesellschaften gemäss einem mit einem Drittstaat abgeschlossenen Doppelbesteuerungsabkommen in diesem Drittstaat ansässig ist und beide Gesellschaften die Rechtsform einer Kapitalgesellschaft aufweisen.

[36] Tunesien erhebt eine Quellensteuer auf Dividenden, soweit sie auf Gewinnen beruhen, die ab 2014 erzielt wurden. Nach dem DBA wäre Tunesien berechtigt, eine Quellensteuer von 10% zu erheben.

[37] Auf Dividenden erhebt Peru eine Quellensteuer von 6,8%. Nach DBA wäre es berechtigt, eine Quellensteuer von 15% zu erheben, ausser es besteht eine Be-

teiligung von 10% am Kapital. In diesem Fall darf die Quellensteuer 10% nicht übersteigen.

[38] Kolumbien erhebt keine Quellensteuern auf Dividenden, wenn sie aus besteuerten Gewinnen ausbezahlt werden. Nach DBA wäre es berechtigt, eine Quellensteuer von 15% zu erheben, ausser es besteht eine Beteiligung von 20% am Kapital.

[39] Nach kasachischem Recht wird keine Steuer erhoben, sofern die Beteiligung, für die die Dividenden bezahlt wird, vor der Bezahlung während dreier Jahren ununterbrochen gehalten wurde, die ausschüttende Gesellschaft keine Bodenschätze ausbeutet und auch nicht zu mehr als 50% von einer Gesellschaft gehalten wird, die Bodenschätze ausbeutet.

[40] In den ersten fünf Jahren der Kotierung an der Börse wird keine Quellensteuer für Dividenden erhoben, die von börsenkotierten Gesellschaften ausgerichtet werden.

C. Zinsen

[1] Für Zinsen, die unter dem Abkommen von der Steuer im Quellenstaat befreit sind, wird keine pauschale Steueranrechnung gewährt.

[2] Ohne Rücksicht auf den Betrag der tatsächlich abgezogenen Steuer, wenn das Abkommen eine fiktive Steueranrechnung vorsieht; der Bruttoertrag entspricht dann 10/9 des Nettoertrags.

[3] 5% auf Zinsen von Bankdarlehen.

[4] Berechtigung des Quellenstaats nach DBA zur Erhebung einer Quellensteuer von 10%.

[5] […]

[6] 0% zwischen verbundenen Unternehmen.

[7] Der ecuadorianische Quellensteuersatz beträgt 0% auf Zinsen, die an private internationale oder multilaterale Finanzinstitute bezahlt werden.

[8] 0% auf Zinsen, die von einem Finanzinstitut in Chile an eine Bank, an ein ausländisches Finanzinstitut oder an ein internationales Finanzinstitut gezahlt werden. 4% auf Kontokorrentkonten oder Termingeldanlagen bei autorisierten Finanzinstituten und für Zinsen auf Darlehen, die durch Banken oder autorisierte internationale Finanzinstitute gewährt werden.

[9] Sofern es sich nicht um Zinsen für ein durch ein Finanzinstitut oder ein Versicherungsunternehmen gewährtes Darlehen handelt (vgl. [C19]), kann Thailand unter dem Abkommen eine Steuer von 15% erheben. Die Anrechnung beträgt 10% der Bruttozinsen. Als weitere Entlastung müssen nur 95% des Bruttobetrags der Zinsen versteuert werden.

[10] 5% für Staatsanleihen mit einer Laufzeit von 3 bis 5 Jahren; 10% für Staatsanleihen mit einer Laufzeit von bis zu 12 Monaten.

[11] 3% Zinsen, die von Finanzinstitutionen auf Einlagen in uruguayischer Währung bezahlt wurden oder auf «indexed units» mit Verfalldatum von mehr als einem Jahr; 3% auf Zinsen aus Obligationen mit Verfalldatum von mehr als 3 Jahren, die durch eine öffentliche Ausschreibung herausgegeben wurden und börsenkotiert sind; 5% auf Zinsen von Einlagen während einer Dauer von einem Jahr oder weniger; 12% in allen anderen Fällen.

[12] Bei Zinsen, die zum Zweck der Wirtschaftsförderung in Vietnam nicht oder zu einem niedrigeren als im Abkommen vorgesehenen Satz besteuert werden, wird die pauschale Steueranrechnung entsprechend den im Abkommen vorgesehenen Sätzen gewährt.

[13] Volle Entlastung im Quellenstaat auf Zinsen im Zusammenhang mit Kreditverkäufen zwischen nicht verbundenen Unternehmen.

[14] Für zwischen Banken bezahlte Zinsen ist keine Anrechnung möglich. Bei Zinsen, die bis zum 1. August 2017 aufgrund genehmigter Verträge gezahlt werden und unter dem Abkommen steuerbefreit sind, beträgt die Anrechnung 10%.

[15] Die mexikanische Quellensteuer auf Bankzinsen beträgt 4,9%.

[16] Keine pauschale Steueranrechnung, wenn anstelle der Quellensteuer eine «approved issuers levy» von 2% erhoben wird.

[17] Steueranrechnung von 10% der Bruttozinsen eines genehmigten Kredits. [18] Gilt seit dem 1. Juli 2013. Zuvor 10% auf Zinsen.

[19] 10% für Zinsen auf Darlehen, die durch ein Finanzinstitut oder eine Versicherungsgesellschaft gewährt werden.

[20] Bei Zinsen, die nach dem «Investment Promotion Act» (B.E. 2520) oder nach dem «Revenue Code» (B.E. 2481) oder nach einer anderen besonderen Gesetzgebung zur Förderung der Wirtschaft von der thailändischen Steuer befreit sind oder niedriger besteuert werden als zu dem im Abkommen vorgesehenen Satz, beträgt die pauschale Steueranrechnung 10%.

[21] 5% für Zinsen, die an Banken mit Sitz ausserhalb Tunesiens bezahlt werden.

[22] Mit der Türkei wurden für die Quellenbesteuerung der Zinsen folgende Steuersätze vereinbart: 0% für Zinsen, die einem Vertragsstaat oder seiner Zentralbank bezahlt werden; 5% für Zinsen, die aufgrund eines von einer Export-Import-Bank oder einer ähnlichen Einrichtung, die die Exportförderung bezweckt, gewährten, garantierten oder versicherten Darlehens oder Kredits gezahlt werden; 10% in allen anderen Fällen. Bezieht eine in der Schweiz ansässige Person Zinsen, die aufgrund des türkischen Rechts von der türkischen Steuer befreit sind oder ihr zu einem Satz unterliegen, der niedriger ist als die in Artikel 11 Absatz 2 vorgesehenen Sätze, so wird angenommen, die türkische Steuer auf diesen Zinsen sei erhoben worden zum Satz von 5% (fiktive Steueranrechnung oder «tax sparing»).

Die Bestimmungen dieses Schreibens gelten nur während der ersten 5 Jahre, in denen das Abkommen Anwendung findet (das heisst bis 31.12.2017), vgl. Artikel 22 Absatz 1 Buchstabe c des Abkommens.

[23] 5% für Zinsen auf Bankeinlagen.

[24] Gilt auch für unter dem Abkommen in Malaysia steuerbefreite Zinsen, die für von den malaysischen Behörden genehmigte Darlehen bezahlt werden.

[25] 4,99% für Zinsen, die von peruanischen Banken und Finanzinstituten auf ausländischen Darlehen gezahlt werden, sowie Zinsen auf Obligationen, die durch peruanische Banken und Finanzinstitute herausgegeben werden.

[26] 5% auf Darlehen von mindestens 8 Jahren Laufzeit im Rahmen von öffentlich-privaten Partnerschaften.

[27] Es sind nur 95% des Bruttoertrags der Zinsen zu versteuern. Der Betrag der pauschalen Steueranrechnung entspricht 10% des vollen Bruttoertrags.

[28] Es bestehen zahlreiche Befreiungen in Israel. Insbesondere Zinsen an natürliche Personen werden in Israel nicht besteuert.

[29] 0% auf Zinsen von gewissen Staatsobligationen in ausländischer Währung.

[30] Der Quellensteuersatz kann in gewissen Fällen, wie z.B. für Zinsen aus gewissen Obligationen, niedriger sein als 12,5%.

D. Lizenzgebühren

[1] Für Lizenzgebühren, die unter dem Abkommen von der Steuer im Quellenstaat befreit sind, wird keine pauschale Steueranrechnung gewährt.

[2] Berechtigung des Quellenstaates nach DBA zur Erhebung einer Quellensteuer von 10%.

[3] 5% für Leasingzahlungen.

[4] 5% auf die Bezahlung für Patente, Muster oder Modelle, Pläne, geheime Formeln oder Verfahren sowie Knowhow.

[5] Es wird nur auf 60% des Bruttobetrags der Einkünfte aus Leasing eine Quellensteuer erhoben.

[6] 10% für die Benützung oder das Recht zur Benützung von industriellen, kaufmännischen oder wissenschaftlichen Ausrüstungen oder von Informationen über industrielle oder wissenschaftliche Erfahrung; 5% für die Benützung oder das Recht zur Benützung von Urheberrechten an literarischen, dramaturgischen, musikalischen oder anderen künstlerischen Werken, sofern die nutzungsberechtigte Person der Urheber oder dessen Erbe ist; 3% für die Benützung oder das Recht zur Benützung von Nachrichten; keine pauschale Steueranrechnung für Leasinggebühren im Zusammenhang mit Kaufoptionen.

[7] […]

[8] Ohne Rücksicht auf den Betrag der tatsächlich abgezogenen Steuer, wenn das Abkommen eine fiktive Steueranrechnung vorsieht; der Bruttoertrag entspricht dann 10/9 des Nettoertrags.

[9] Für Leasinggebühren Optionsrecht auf Nettobesteuerung (Art. 12 Abs. 4 DBA). In diesem Fall keine pauschale Steueranrechnung.

[10] Bei Lizenzgebühren, die zum Zweck der Wirtschaftsförderung in Vietnam nicht oder zu einem niedrigeren als im Abkommen vorgesehenen Satz besteuert werden, wird die pauschale Steueranrechnung entsprechend den im Abkommen vorgesehenen Sätzen gewährt.

[11] Gilt auch für die (aufgrund genehmigter Verträge gezahlten) Lizenzgebühren, die unter dem Abkommen steuerbefreit sind.

[12] Es sind nur 95% des Bruttoertrags der Lizenzgebühren zu versteuern. Der Betrag der pauschalen Steueranrechnung entspricht 10% des vollen Bruttoertrags.

[13] 0% zwischen verbundenen Unternehmen.

[14] Gilt seit dem 1. Juli 2013. Zuvor 0% auf Lizenzgebühren.

[15] Gilt auch für bis zum 1. August 2017 bezahlte genehmigte Lizenzgebühren, wenn die Lizenzgebühren unter dem Abkommen von der singapurischen Steuer befreit sind.

[16] 0%, wenn die Bedingungen von Artikel 12 Absatz 7 DBA erfüllt sind (verbundene Unternehmen).

[17] Bei Finanzleasing beträgt die Quellensteuer 1%.

[18] 5% bei Lizenzen für literarische, künstlerische oder wissenschaftliche Werke.

[19] Bei Lizenzgebühren, die nach dem «Investment Promotion Act» (B.E. 2520) oder nach dem «Revenue Code» (B.E. 2481) oder nach einer anderen besonderen Gesetzgebung zur Förderung der Wirtschaft von der thailändischen Steuer befreit sind oder niedriger besteuert werden als zu dem im Abkommen vorgesehenen Satz, beträgt die pauschale Steueranrechnung 10%.

[20] Bezieht eine in der Schweiz ansässige Person Lizenzgebühren, die aufgrund des türkischen Rechts von der türkischen Steuer befreit sind oder ihr zu einem Satz unterliegen, der niedriger ist als die in Artikel 12 Absatz 2 vorgesehenen Sätze, so wird angenommen, die türkische Steuer auf diesen Lizenzgebühren sei erhoben worden zum Satz von (fiktive Steueranrechnung oder «tax sparing»): 5% im Falle von Leasingzahlungen und 10% im Falle aller anderen Lizenzgebühren.

Die Bestimmungen dieses Schreibens gelten nur während der ersten 5 Jahre, in denen das Abkommen Anwendung findet (das heisst bis 31.12.2017), vgl. Artikel 22 Absatz 1 Buchstabe c des Abkommens.

[21] Volle Entlastung im Quellenstaat betreffend Lizenzgebühren für Urheberrechte an wissenschaftlichen Werken, für Patente, Marken, Muster oder Modelle, geheime Formeln oder Verfahren oder für die Mitteilung gewerblicher, kaufmännischer oder wissenschaftlicher Erfahrungen.

[22] Es sind nur 97,5% des Bruttoertrags der Lizenzgebühren zu versteuern. Der Betrag der pauschalen Steueranrechnung entspricht 10% des vollen Bruttoertrags.

[23] Die algerische Quellensteuer beträgt 4,8% auf Software.

[24] 5% für die Benützung oder das Recht zur Benützung von Eisenbahnwagen.

E. *Dienstleistungsvergütungen*

[1] Dienstleistungsentschädigungen für Geschäftsleitungsaufgaben, technische Dienstleistungen oder Beratung, die an eine natürliche Person ausgerichtet werden (mit Ausnahme von Angestellten der Person, die die Entschädigungen zahlt).

[2] Ohne Rücksicht auf den Betrag der tatsächlich abgezogenen Steuer, wenn das Abkommen eine fiktive Steueranrechnung vorsieht; der Bruttoertrag entspricht dann 10/9 des Nettoertrags.

[3] Pakistan darf gemäss DBA auf Dienstleistungsentgelten eine Steuer von 7,5% erheben, wobei für die Bemessung Aufwendungen im Umfang von maximal 20% der Entgelte abgezogen werden können.

III.[15] Bisheriger Artikel 9 der Verordnung des Bundesrates in der Fassung vom 6. Dezember 1967

Art. 9

[1] Der Berechnung des Maximalbetrags ist, vorbehältlich des Artikels 10, der Steuersatz zugrunde zu legen, der der Belastung des Empfängers der Erträgnisse mit für das Fälligkeitsjahr geschuldeten schweizerischen Einkommenssteuern entspricht.

[2] Der nach Absatz 1 massgebende Steuersatz wird wie folgt ermittelt:

a. für Aktiengesellschaften, Kommanditaktiengesellschaften, Gesellschaften mit beschränkter Haftung, Genossenschaften, Vereine und Stiftungen: durch Zusammenrechnung der Steuersätze der für das Fälligkeitsjahr in der Sitzgemeinde geschuldeten Einkommenssteuern des Bundes, des Kantons und der Gemeinde;

b. für natürliche Personen und Kollektiv- und Kommanditgesellschaften: aufgrund eines einheitlichen Tarifs, der vom Eidgenössischen Finanzdepartement unter Berücksichtigung der durchschnittlichen Steuerbelastung in der Schweiz aufzustellen ist; für Kantone und Gemeinden mit wesentlichen Abweichungen von der durchschnittlichen Steuerbelastung können vom Eidgenössischen Finanzdepartement im Benehmen mit den betroffenen Kantonen Korrekturfaktoren vorgesehen werden.

[3] Bestand die Steuerpflicht nur während eines Teils des Fälligkeitsjahres, so ist der Maximalbetrag auf den diesem Zeitraum entsprechenden Teilbetrag herabzusetzen.

[4] Der vereinfacht berechnete Maximalbetrag kann nicht höher sein als die Summe der für das Fälligkeitsjahr geschuldeten schweizerischen Einkommenssteuern.

---

15 Eingefügt durch Ziff. II der V des EFD vom 23. März 2001, in Kraft seit 1. Jan. 2001 (AS **2001** 1065).

Verordnung 2 des EFD
über die pauschale Steueranrechnung[1] (SR 672.201.3)

vom 12. Februar 1973

Das Eidgenössische Finanz- und Zolldepartement,

gestützt auf Artikel 6 Absatz 2 der Verordnung vom 22. August 1967[2] über die pauschale Steueranrechnung (im folgenden Verordnung des Bundesrates genannt),[3]

verordnet:

Art. 1

[1] Abweichend von Artikel 6 Absatz 1 der Verordnung des Bundesrates wird die pauschale Steueranrechnung für deutsche Dividenden im Sinne des Artikels 10 Absatz 6 des Abkommens vom 11. August 1971[4] zwischen der Schweizerischen Eidgenossenschaft und der Bundesrepublik Deutschland zur Vermeidung der Doppelbesteuerung auf dem Gebiete der Steuern vom Einkommen und vom Vermögen (Abkommen) gewährt:

a. den natürlichen und juristischen Personen, die auf Grund des Artikels 4 Absätze 3, 4 und 9 des Abkommens nicht die in Artikel 10 Absätze 2–5[5] des Abkommens vorgesehene Entlastung von der deutschen Steuer beanspruchen können, und
b. den schweizerischen Kollektiv- oder Kommanditgesellschaften, an denen nicht in der Schweiz ansässige Personen beteiligt sind, denen mehr als ein Viertel der Gewinne der Gesellschaft zufliessen.

[2] In diesen Fällen ist der Betrag der deutschen Steuer, für den die pauschale Steueranrechnung verlangt werden kann, auf den Betrag begrenzt, den die Bundesrepublik Deutschland erheben dürfte, wenn Artikel 10 Absätze 2–5[6] des Abkommens anzuwenden wären.

Art. 2

[1] Diese Verordnung tritt am 1. März 1973 in Kraft.

[2] Sie findet auf deutsche Dividenden Anwendung, die nach dem 31. Dezember 1971 fällig geworden sind.

AS **1973** 294

1 Fassung gemäss Ziff. II der V des EFD vom 14. Dez. 1981 (AS **1981** 1999).
2 SR **672.201**
3 Fassung gemäss Ziff. II der V des EFD vom 14. Dez. 1981 (AS **1981** 1999).
4 SR **0.672.913.62.** Heute: im Sinne des Art. 10 Abs. 4
5 Heute: Art. 10 Abs. 2 und 3
6 Heute: Art. 10 Abs. 2 und 3

Verordnung über die Steuerentlastung schweizerischer Dividenden aus wesentlichen Beteiligungen ausländischer Gesellschaften (SR 672.203)

vom 22. Dezember 2004 (Stand am 1. Januar 2007)

Der Schweizerische Bundesrat,

gestützt auf die Artikel 1 und 2 Absatz 1 Buchstabe a des Bundesbeschlusses vom 22. Juni 1951[1] über die Durchführung von zwischenstaatlichen Abkommen des Bundes zur Vermeidung der Doppelbesteuerung,
in Ausführung der vom Bund abgeschlossenen Abkommen zur Vermeidung der Doppelbesteuerung (Doppelbesteuerungsabkommen) und anderer Staatsverträge, die ebenfalls die Besteuerung von Dividenden zum Gegenstand haben (anderer Staatsvertrag),

verordnet:

Art. 1 Gegenstand und Geltungsbereich

[1] Diese Verordnung regelt das Meldeverfahren, mit dem die in einem Doppelbesteuerungsabkommen oder in einem anderen Staatsvertrag für wesentliche Beteiligungen vorgesehene Steuerentlastung von Dividenden an der Quelle erfolgt.

[2] Sie gilt für schweizerische Gesellschaften, die nach dem Bundesgesetz vom 13. Oktober 1965[2] über die Verrechnungssteuer Steuern auf Dividenden zu erheben haben und an denen eine Kapitalgesellschaft wesentlich beteiligt ist, die in einem Staat ansässig ist, mit dem die Schweiz ein Doppelbesteuerungsabkommen oder einen anderen Staatsvertrag abgeschlossen hat (ausländische Gesellschaft).

Art. 2 Wesentliche Beteiligung

[1] Eine ausländische Gesellschaft ist dann wesentlich an der schweizerischen Gesellschaft beteiligt, wenn sie mindestens über die Beteiligung verfügt, die sie nach dem massgebenden Doppelbesteuerungsabkommen oder einem anderen Staatsvertrag zur Beanspruchung einer zusätzlichen oder vollständigen Entlastung von der Verrechnungssteuer berechtigt.

[2] Enthält das massgebende Doppelbesteuerungsabkommen oder der andere Staatsvertrag keine Bestimmung über die zusätzliche oder vollständige Entlastung bei wesentlichen Beteiligungen, so muss die ausländische

AS **2005** 15
[1] SR **672.2**
[2] SR **642.21**

Gesellschaft unmittelbar über mindestens 20 Prozent des Kapitals der schweizerischen Gesellschaft verfügen.

Art. 3 Bewilligung des Meldeverfahrens

1 Die Eidgenössische Steuerverwaltung (ESTV) kann der schweizerischen Gesellschaft auf Gesuch hin die Bewilligung erteilen, auf die an eine ausländische Gesellschaft ausgerichteten Dividenden direkt die im massgebenden Doppelbesteuerungsabkommen oder in einem anderen Staatsvertrag für wesentliche Beteiligungen vorgesehene Entlastung von der Verrechnungssteuer vorzunehmen.

2 Das Gesuch ist vor Fälligkeit der Dividenden mit amtlichem Formular einzureichen.

3 Die ESTV prüft, ob die ausländische Gesellschaft nach dem massgebenden Doppelbesteuerungsabkommen oder dem anderen Staatsvertrag Anspruch auf die Entlastung hat.

4 Die Bewilligung wird schriftlich mitgeteilt und gilt drei Jahre.

5 Wird das Gesuch ganz oder teilweise abgelehnt, so kann die schweizerische Gesellschaft von der ESTV einen Entscheid verlangen.

Art. 4 Wegfall der Bewilligungsvoraussetzungen

Die die Dividenden zahlende schweizerische Gesellschaft muss der ESTV unverzüglich Meldung erstatten, sobald die Voraussetzungen für die Beanspruchung des Meldeverfahrens nicht mehr erfüllt sind.

Art. 5 Meldung an die ESTV

1 Verfügt die die Dividenden zahlende schweizerische Gesellschaft über eine Bewilligung, so meldet sie die Ausrichtung der Dividende unaufgefordert und innert 30 Tagen mit Formular 108. Dieses ist zusammen mit dem amtlichen Erhebungsformular bei der ESTV einzureichen.

2 Absatz 1 gilt auch, wenn die Bewilligung noch nicht erteilt oder das Gesuch aus wichtigen Gründen nicht rechtzeitig eingereicht wurde. Im letzteren Fall ist das Formular 108 zusammen mit dem Gesuch nachzureichen. Ergibt die Prüfung nach Artikel 3 Absatz 3, dass vom Meldeverfahren zu Unrecht Gebrauch gemacht wurde, so werden die Verrechnungssteuer und ein allfälliger Verzugszins nacherhoben. Wird die Nacherhebung bestritten, so trifft die ESTV einen Entscheid.

Art. 6[3] Rechtsmittel

1 Entscheide der ESTV unterliegen der Beschwerde nach den allgemeinen Bestimmungen über die Bundesrechtspflege.

2 Zur Beschwerde an das Bundesgericht ist auch die ESTV berechtigt.

---

3 Fassung gemäss Ziff. II 50 der V vom 8. Nov. 2006 über die Anpassung von Bundesratsverordnungen an die Totalrevision der Bundesrechtspflege, in Kraft seit 1. Jan. 2007 (AS **2006** 4705).

Art. 7 Informationsaustausch

Die ESTV kann den zuständigen ausländischen Steuerbehörden Doppel der Formulare 108 übermitteln.

Art. 8 Reziprozität

1 Die ESTV entscheidet darüber, inwieweit das Meldeverfahren nur auf Staaten angewendet wird, die Gegenseitigkeit gewähren.

2 Staaten, auf die das Meldeverfahren nicht angewendet wird, werden in einem Anhang dieser Verordnung aufgeführt. Die ESTV passt diese Liste nach Bedarf dem neuesten Stand der Entwicklung an.

Art. 9 Inkrafttreten

Diese Verordnung tritt am 1. Januar 2005 in Kraft.

Verordnung über Massnahmen gegen die ungerechtfertigte Inanspruchnahme von Doppelbesteuerungsabkommen des Bundes[1] (SR 672.202)

vom 14. Dezember 1962 (Stand am 1. Juli 2017)

Der Schweizerische Bundesrat,

gestützt auf das Bundesgesetz vom 22. Juni 1951[2] über die Durchführung von zwischenstaatlichen Abkommen des Bundes zur Vermeidung der Doppelbesteuerung, in Ausführung der vom Bund abgeschlossenen Abkommen zur Vermeidung der Doppelbesteuerung,[3]

bestimmt:

I. Ungerechtfertigte Inanspruchnahme einer Steuerentlastung

1. Im allgemeinen

1. [1] Die in einem zwischenstaatlichen Abkommen des Bundes zur Vermeidung der Doppelbesteuerung (im folgenden Abkommen genannt) vom andern Vertragsstaat zugesicherte Herabsetzung von an der Quelle erhobenen Steuern (im folgenden Steuerentlastung genannt) darf nicht Personen zugute kommen, die darauf nach dem Abkommen keinen Anspruch haben (im folgenden nicht abkommensberechtigte Personen genannt).

[2] Als ungerechtfertigt gilt die Inanspruchnahme einer Steuerentlastung:

a.[4] …

b. wenn sie missbräuchlich erfolgt.

2. Missbräuchliche Inanspruchnahme einer Steuerentlastung

2. [1] Eine Steuerentlastung wird von einer natürlichen oder juristischen Person oder Personengesellschaft mit Wohnsitz oder Sitz in der Schweiz missbräuchlich beansprucht, wenn die Inanspruchnahme dazu führen würde, dass die Steuerentlastung zu einem wesentlichen Teil direkt oder indirekt nicht abkommensberechtigten Personen zugute kommt.

[2] Eine Steuerentlastung wird insbesondere dann missbräuchlich beansprucht, wenn sie Einkünfte betrifft,

AS **1962** 1622

1 Fassung gemäss Ziff. I der V vom 24. Mai 2017, in Kraft seit 1. Juli 2017 (AS **2017** 3343).

2 SR **672.2**

3 Fassung gemäss Ziff. I der V vom 24. Mai 2017, in Kraft seit 1. Juli 2017 (AS **2017** 3343).

4 Aufgehoben durch Ziff. I der V vom 24. Mai 2017, mit Wirkung seit 1. Juli 2017 (AS **2017** 3343).

a. die zu einem wesentlichen Teil direkt oder indirekt zur Erfüllung von Ansprüchen nicht abkommensberechtigter Personen verwendet werden; der Erfüllung von Ansprüchen ist in der Regel gleichgestellt die Verwendung der Einkünfte zur Abschreibung von Vermögenswerten, deren Gegenwert direkt oder indirekt nicht abkommensberechtigten Personen zugekommen ist oder zukommt;
b. die einer juristischen Person mit Sitz in der Schweiz zugute kommen, an der nicht abkommensberechtigte Personen zu einem wesentlichen Teil direkt oder indirekt durch Beteiligung oder in anderer Weise interessiert sind und die keine angemessenen Gewinnausschüttungen vornimmt;
c. die auf Grund eines Treuhandverhältnisses einem nicht abkommensberechtigten Treugeber zugute kommen;
d. die einer Familienstiftung mit Sitz in der Schweiz oder einer Personengesellschaft mit Sitz aber ohne geschäftlichen Betrieb in der Schweiz zugute kommen, an denen nicht abkommensberechtigte Personen zu einem wesentlichen Teil interessiert sind.

II. Verfahren
1. Abklärung des Sachverhalts

3. Die Steuerbehörden der Kantone und des Bundes sind befugt, von Personen, die einen Antrag auf Steuerentlastung stellen oder denen die Steuerentlastung zugute kommt, die erforderlichen Auskünfte, Bescheinigungen und Belege zu verlangen.

2. Massnahmen

4. [1] Stellt die zuständige Steuerbehörde selbst oder auf Grund der Meldung einer in- oder ausländischen Steuerbehörde fest, dass eine Steuerentlastung ungerechtfertigterweise beansprucht wird oder beansprucht worden ist, so hat sie
a. die angeforderte Bescheinigung auf dem Antragsformular zu verweigern;
b. die Weiterleitung des Antragsformulars zu verweigern oder zu untersagen;
c. eine bereits abgegebene Bescheinigung zu widerrufen;
d. die Quellensteuer des Vertragsstaates im Ausmass der ungerechtfertigterweise beanspruchten Steuerentlastung zu Handen der Steuerbehörde dieses Vertragsstaates einzufordern;
e. der Steuerbehörde des Vertragsstaates von der Tatsache der ungerechtfertigten Inanspruchnahme einer Steuerentlastung Kenntnis zu geben, sofern auf andere Weise weder der Mangel behoben noch eine künftige ungerechtfertigte Inanspruchnahme der Steuerentlastung wirkungsvoll verhindert werden kann.

[2] Die Steuerbehörden der Kantone und des Bundes melden sich gegenseitig die von ihnen festgestellten ungerechtfertigten Steuerentlastungen und die von ihnen beabsichtigten oder getroffenen Massnahmen.

[3] Der Verkehr mit ausländischen Steuerbehörden (Abs. 1 Buchst. c und e) und die Einforderung ausländischer Quellensteuern (Abs. 1 Buchst. d) sind ausschliesslich Sache der Eidgenössischen Steuerverwaltung.

[4] Vorbehalten bleiben weitergehende Bestimmungen in Bundesratsbeschlüssen oder in Vereinbarungen mit ausländischen Behörden über die Durchführung von Abkommen sowie die strafrechtliche Verfolgung gemäss Artikel 6.

3. Entscheide und Rechtsmittel

5.[5] [1] Beabsichtigt die zuständige Steuerbehörde, eine Bescheinigung zu verweigern, einen Antrag nicht weiterzuleiten, eine erteilte Bescheinigung zu widerrufen, eine ausländische Steuer einzufordern oder einer ausländischen Steuerbehörde von der Tatsache der ungerechtfertigten Inanspruchnahme einer Steuerentlastung Kenntnis zu geben, so hat sie dies dem Betroffenen schriftlich mitzuteilen. Erhebt der Betroffene Einwendungen, so erlässt die zuständige Steuerbehörde einen Entscheid. Dieser ist zu begründen und hat eine Rechtsmittelbelehrung zu enthalten.

[2] Der Entscheid der Eidgenössischen Steuerverwaltung unterliegt der Beschwerde nach den allgemeinen Bestimmungen über die Bundesrechtspflege.

[3] Rechtskräftige Entscheide der Eidgenössischen Steuerverwaltung über die Einforderung einer ausländischen Steuer (Art. 4 Abs. 1 Bst. d) stehen vollstreckbaren Gerichtsurteilen im Sinne von Artikel 80 des Bundesgesetzes vom 11. April 1889[6] über Schuldbetreibung und Konkurs gleich.

III. Strafbestimmungen

6. [1] Wer vorsätzlich oder fahrlässig, zum eigenen oder zum Vorteil eines anderen, eine ungerechtfertigte Steuerentlastung erwirkt, unterliegt den Strafdrohungen des Artikels 61 des Verrechnungssteuergesetzes.

[2] Wer ohne dass der Tatbestand von Absatz 1 erfüllt ist,

a. in einem Antrag auf Steuerentlastung unwahre Angaben macht, erhebliche Tatsachen verschweigt oder unwahre Belege über erhebliche Tatsachen vorlegt,
b. als Antragsteller unrichtige Auskünfte erteilt,
c. Ansprüche geltend macht, die ihm nicht zustehen,
d. die ordnungsgemässe Durchführung einer Buchprüfung oder anderen amtlichen Kontrolle erschwert, behindert oder verunmöglicht,
e. den Anordnungen über die Wiedereinzahlung ausländischer Quellensteuern nicht nachkommt,

---

[5] Fassung gemäss Ziff. II 49 der V vom 8. Nov. 2006 über die Anpassung von Bundesratsverordnungen an die Totalrevision der Bundesrechtspflege, in Kraft seit 1. Jan. 2007 (AS **2006** 4705).

[6] SR **281.1**

unterliegt den Strafdrohungen des Artikels 62 des Verrechnungssteuergesetzes.

³ Im Übrigen finden auf die Widerhandlungen die Vorschriften der Artikel 64 und 67 des Verrechnungssteuergesetzes sinngemäss Anwendung.

IV. Schlussbestimmungen
1. Durchführung

7. ¹ Das Eidgenössische Finanz- und Zolldepartement ist befugt, die erforderlichen Verfahrensvorschriften aufzustellen.

² Die Eidgenössische Steuerverwaltung trifft die für die gleichmässige und richtige Durchführung dieser Verordnung erforderlichen Massnahmen und Anordnungen.[7]

2. …

8.[8]

3. Inkrafttreten

9. ¹ Diese Verordnung[9] tritt am 31. Dezember 1962 in Kraft.

² Sie findet auf Steuerentlastungen Anwendung, die für nach dem 31. Dezember 1961 fällig gewordene Einkünfte beansprucht werden.

³ Abweichend von Absatz 2 finden Anwendung

a. Artikel 6 auf alle Tatbestände, die nach dem Inkrafttreten dieser Verordnung eingetreten sind;

b. Artikel 8 auf alle Entscheide der Eidgenössischen Steuerverwaltung, die nach dem Inkrafttreten dieser Verordnung eröffnet werden.

---

7 Fassung gemäss Ziff. I der V vom 24. Mai 2017, in Kraft seit 1. Juli 2017 (AS **2017** 3343).

8 Aufgehoben durch Ziff. IV 17 der V vom 22. Aug. 2007 zur formellen Bereinigung des Bundesrechts, mit Wirkung seit 1. Jan. 2008 (AS **2007** 4477).

9 Ausdruck gemäss Ziff. I der V vom 24. Mai 2017, in Kraft seit 1. Juli 2017 (AS **2017** 3343). Die Anpassung wurde im ganzen Artikel vorgenommen.

Massnahmen gegen die ungerechtfertigte Inanspruchnahme von Doppelbesteuerungsabkommen des Bundes

Sehr geehrte Herren,

Am 14. Dezember 1962 hat der Bundesrat gestützt auf den Bundesbeschluss vom 22. Juni 1951 über die Durchführung von zwischenstaatlichen Abkommen des Bundes zur Vermeidung der Doppelbesteuerung (AS 1951, 889) einen Beschluss betreffend Massnahmen gegen die ungerechtfertigte Inanspruchnahme von Doppelbesteuerungsabkommen des Bundes erlassen (AS 1962, 1622; BRB). Wir erlauben uns, Ihnen den BRB zuzustellen und bitten Sie, dafür besorgt zu sein, dass ihm in Ihrem Kanton Nachachtung verschafft wird.

Im Interesse einer einheitlichen Durchführung des BRB sehen wir uns veranlasst, zuhanden der Amtsstellen, die den Beschluss anzuwenden haben, nachfolgende Erläuterungen zu geben.

Vorbemerkung

Es ist selbstverständlich, dass die Vorteile der Doppelbesteuerungsabkommen nur Personen zugute kommen dürfen, die darauf nach den Abkommen Anspruch haben. Dies trifft insbesondere für die von den Vertragsstaaten zugesicherte Herabsetzung von an der Quelle erhobenen Steuern (Steuerentlastung) zu.

Als ungerechtfertigt gilt die Inanspruchnahme einer Steuerentlastung nicht nur, wenn die hiefür im Abkommen umschriebenen Voraussetzungen nicht erfüllt sind und sie deshalb offensichtlich unrechtmässig ist (Art. 1, Abs. 2, Buchstabe a BRB), sondern auch, wenn sie missbräuchlich erfolgt (Art. 1, Abs. 2, Buchstabe b BRB).

I. Die offensichtlich unrechtmässige Inanspruchnahme einer Steuerentlastung

Wer eine Steuerentlastung beansprucht, hat darzutun, dass die hiefür in den Abkommen umschriebenen subjektiven und objektiven Voraussetzungen erfüllt sind. Dazu gehören: Steuerlich massgeblicher Wohnsitz oder Sitz in der Schweiz, uneingeschränktes Nutzungsrecht an den Vermögenswerten, die die in Rede stehenden Erträge abwerfen, sowie allfällige weitere Bedingungen, die in den Abkommen und den zugehörenden Ausführungsvorschriften vorgesehen sind.

Wird auf Grund einer amtlichen Bescheinigung oder gestützt auf eine schweizerische Adresse eine Steuerentlastung beansprucht, so haben die Steuerbehörden ohne Verzug, spätestens jedoch im Zeitpunkt der Veranlagung des Empfängers der Einkünfte in der Schweiz, genau zu prüfen, ob die Voraussetzungen erfüllt sind. Dabei ist im besonderen folgendes zu beachten:

- Wer in der Schweiz nur zum Schein Wohnsitz nimmt, hat keinen Anspruch auf Steuerentlastung; die Zahlung schweizerischer Steuern begründet für sich allein keinen steuerlich massgeblichen Wohnsitz.

- Wer zwar einen steuerlich massgeblichen Wohnsitz in der Schweiz aufweist, aber kein oder nur ein beschränktes Nutzungsrecht an den Vermögenswerten hat, die die in Rede stehenden Erträge abwerfen, kann hiefür keine Steuerentlastung beanspruchen, dies auch dann nicht, wenn er auf den Erträgen die schweizerischen Steuern bezahlt oder nachweist, dass der tatsächlich Berechtigte dem Quellenstaat gegenüber aus andern Gründen eine gleichwertige Steuerentlastung geltend machen könnte.

II. Die missbräuchliche Inanspruchnahme einer Steuerentlastung

Neben der offensichtlich unrechtmässigen gilt auch die missbräuchliche Inanspruchnahme einer Steuerentlastung als ungerechtfertigt. Eine solche liegt vor, wenn die von einer natürlichen oder juristischen Person oder Personengesellschaft mit Wohnsitz oder Sitz in der Schweiz beanspruchte Steuerentlastung dazu führen würde, dass sie zu einem wesentlichen Teil direkt oder indirekt nicht abkommensberechtigten Personen zugute kommt (Art. 2, Abs. 1 BRB). Der BRB (Art. 2, Abs. 2) unterscheidet insbesondere vier Tatbestände, bei denen eine missbräuchliche Inanspruchnahme einer Steuerentlastung im Sinne der vorstehenden Generalklausel als gegeben anzusehen ist.

Allen diesen Tatbeständen ist gemeinsam, dass nicht abkommensberechtigte Personen in der Schweiz domizilierte natürliche oder juristische Personen oder Personengesellschaften vorschieben, um dadurch in den Genuss von Steuerentlastungen zu kommen. Dabei ist zu beachten, dass in einem Einzelfall die Merkmale verschiedener der in Artikel 2, Absatz 2, Buchstaben a - d BRB beispielsweise erwähnten Tatbestände erfüllt sein können. Deshalb entfällt der Vorwurf der missbräuchlichen Inanspruchnahme einer Steuerentlastung und damit die Anwendung von Artikel 2 BRB in einem konkreten Einzelfall nur dann, wenn die Merkmale keines der erwähnten Tatbestände zutreffen und auch sonst kein Verhalten vorliegt, das im Sinne der Generalklausel als Missbrauch zu werten wäre.

1. Artikel 2, Absatz 2, Buchstabe a BRB betrifft die Fälle, in denen in der Schweiz domizilierte natürliche oder juristische Personen oder Personengesellschaften ausländische Einkünfte, für die sie eine Steuerentlastung beanspruchen, zu einem wesentlichen Teil zur Verzinsung von Schulden oder zur Erfüllung anderer Verpflichtungen gegenüber nicht abkommensberechtigten Personen verwenden. Hierher gehören vor allem die ausländisch beherrschten Lizenzverwertungs- und Vermögensverwaltungsgesellschaften, durch die die Einkünfte im wesentlichen nur durchlaufen (sog. Durchlaufgesellschaften).

Es ist nicht leicht, allgemein zu umschreiben, wann die Verwendung von vereinnahmten abkommensbegünstigten Einkünften zur Erfüllung von Verpflichtungen gegenüber nicht abkommensberechtigte Personen zu einer missbräuchlichen Inanspruchnahme einer Steuerentlastung führt. Der BRB hält einzig fest, ein Missbrauch liege dann vor, wenn ein wesentlicher Teil der Einkünfte hierzu Verwendung findet. Beim heutigen Stand der Erfahrung trifft dies zu, wenn mehr als die Hälfte der Einkünfte zur Erfüllung der erwähnten Ansprüche verwendet werden.

Die Steuerentlastung gilt in der Regel dann nicht als im Sinne von Artikel 2, Absatz 2, Buchstabe a BRB missbräuchlich beansprucht, wenn die nachstehenden Richtlinien eingehalten werden:

- Die Einkünfte, für die eine Steuerentlastung beansprucht wird, sind in der Ertragsrechnung auszuweisen.
- Von den Einkünften, für die eine Steuerentlastung beansprucht wird, dürfen höchstens 50 Prozent zur Erfüllung von Ansprüchen nicht abkommensberechtigter Personen verwendet werden. Dabei bleiben allfällige kantonale und eidgenössische Vorschriften, die diesen Abzug weiter einschränken (Gläubigernachweis, Besteuerung verdeckter Gewinnausschüttungen, zulässige Höchstsätze für Abschreibungen und für die Verzinsung von Schulden usw.), ausdrücklich vorbehalten. Als Erfüllung von Ansprüchen gilt insbesondere die Bezahlung von Schuldzinsen, Lizenzgebühren, Entwicklungs-, Werbe-, Einführungs- und Reisespesen; der Erfüllung ist in der Regel die Vornahme von Abschreibungen auf von nicht

abkommensberechtigten Personen erworbenen Vermögenswerten jeder Art, einschliesslich immaterieller Güterrechte, Verfahren usw. gleichgestellt.

- Der verbleibende Teil der Einkünfte ist im Rahmen der kantonalen und eidgenössischen Steuergesetze als Einkommen oder Ertrag zu deklarieren. Es dürfen davon nur die auf diese Einkünfte entfallenden Verwaltungskosten und Steuern in Abzug gebracht werden.
- Bei der Untersuchung darüber, ob und in welchem Umfang abkommensbegünstigte Einkünfte für die Erfüllung von Ansprüchen nicht abkommensberechtigter Personen verwendet werden, ist zu beachten, dass Aufwendungen, die mit den abkommensbegünstigten Einkünften in Zusammenhang stehen, ausschliesslich aus diesen zu decken sind. Aufwendungen, die mit bestimmten andern Einkünften zusammenhängen, sind nur von diesen in Abzug zu bringen und dürfen nicht aus abkommensbegünstigten Einkünften gedeckt werden. Kapitalgewinne und verbuchte Wertvermehrungen dürfen nicht zur Deckung der Ansprüche verwendet werden.
- Die aufgestellten Bedingungen sind auch zu beachten, wenn die abkommens-begünstigten Einkünfte mittelbar - durch Dazwischentreten von weiteren natürlichen oder juristischen Personen - zur Erfüllung von Ansprüchen nicht abkommens-berechtigter Personen verwendet werden. Sie gelten für alle Steuerentlastungen, auch für solche, die von juristischen Personen und Personengesellschaften beansprucht werden, die vor Inkrafttreten des BRB gegründet worden sind.

2. Als missbräuchlich gilt die Inanspruchnahme einer Steuerentlastung durch Kapitalgesellschaften oder Genossenschaften nicht nur dann, wenn die abkommens-begünstigten Einkünfte im wesentlichen durchlaufen, sondern auch dann, wenn sie zu Gunsten von nicht abkommensberechtigten Personen, die an der Kapitalgesellschaft oder Genossenschaft ein wesentliches Interesse haben, aufgespeichert werden (Art. 2, Abs. 2, Buchstabe b BRB). Dank ihres Einflusses haben es diese nicht abkommensberechtigten Personen in der Hand, die aufgespeicherten, abkommens-begünstigten Einkünfte früher oder später in irgend einer Form an sich zu ziehen, so dass derartige Gewinnauffanggesellschaften im Zeitpunkt ihrer Liquidation über keinerlei im Inland verwertbare Aktiven mehr verfügen. Diese Gefahr besteht nicht und der Vorwurf des Missbrauchs entfällt, wenn solche Kapitalgesellschaften und Genossenschaften ihre abkommensbegünstigten Einkünfte laufend in angemessener Weise als Gewinn ausschütten.

Artikel 2, Absatz 2, Buchstabe b BRB bestimmt daher, dass ein Abkommens-missbrauch auch dann vorliegt, wenn die abkommensbegünstigten Einkünfte einer schweizerischen Kapitalgesellschaft oder Genossenschaft zugute kommen, an der nicht abkommensberechtigte Personen zu einem wesentlichen Teil direkt oder indirekt durch Beteiligung oder auf andere Weise interessiert sind und die keine angemessenen Gewinnausschüttungen vornimmt. Hierzu ist folgendes festzuhalten:

- Von einer Beteiligung nicht abkommensberechtigter Personen an den unter Artikel 2, Absatz 2, Buchstabe b BRB fallenden Kapitalgesellschaften und Genossenschaften ist nicht nur die Rede, wenn diese Personen Aktionäre, Gesellschafter oder Genossenschafter sind, sondern auch, wenn eine sogenannte stille Beteiligung vorliegt. Das Bestehen eines Vertrages kann genügen, wenn sich daraus ein wesentliches Interesse an der Unternehmung ergibt. Beteiligungen über eine oder mehrere Drittpersonen gehören ebenfalls hierher. Als zu einem wesentlichen Teil an einer Kapitalgesellschaft oder Genossenschaft interessiert haben nicht abkommensberechtigte Personen dann zu gelten, wenn ihnen einzeln oder zusammen unmittelbar oder mittelbar die rechtliche oder tatsächliche Möglichkeit zusteht, in den Genuss der von der Kapitalgesellschaft oder Genossenschaft beanspruchten Steuerentlastung zu kommen.
- Die ungewöhnliche Finanzierung eines Unternehmens kann zu einer miss-bräuchlichen Steuerentlastung führen. Dies trifft bei Kapitalgesellschaften und Genossenschaften, an denen nicht abkommensberechtigte Personen zu einem wesentlichen Teil interessiert sind, insbesondere dann zu, wenn die verzinslichen Kreditoren mehr als das Sechsfache des Grund- oder Stammkapitals und der offenen Reserven ausmachen oder wenn die Schulden zu einem 5 Prozent1) übersteigenden Satz verzinst werden.

- Beziehen Kapitalgesellschaften und Genossenschaften auch verrechnungs-steuerbelastete Einkünfte, so gelten für diese und allfällige nicht abkommens-begünstigte Einkünfte die Verrechnungssteuerrichtlinien (vgl. Kreisschreiben Nr. 2215 der Bankiervereinigung vom 1. Juli 1953; kann bei der Eidg. Steuerverwaltung bezogen werden); vorbehalten bleibt Ziffer 1, Lemma 4, Satz 2, hievor.
- Die Kapitalgesellschaften und Genossenschaften haben je Geschäftsjahr mindestens 25 Prozent des Bruttobetrages der abkommensbegünstigten Einkünfte als Gewinn auszuschütten. Fliessen die Ausschüttungen zuerst an eine oder mehrere hintereinandergeschaltete Gesellschaften in der Schweiz, so sind sie von diesen, nach Abzug allfälliger Steuern, mit dem gleichen Betrag weiterzuleiten. Die Deckung geschäftsmässig begründeter Verluste bleibt vorbehalten.

3. Nach Artikel 2, Absatz 2, Buchstabe c BRB entfällt jeglicher Anspruch auf Steuerentlastung, wenn diese Einkünfte betrifft, die auf Grund eines Treuhand-verhältnisses nicht abkommensberechtigten Personen zukommen.

4. Nach Artikel 2, Absatz 2, Buchstabe d BRB haben Familienstiftungen sowie Personengesellschaften ohne geschäftlichen Betrieb in der Schweiz keinen Anspruch auf Steuerentlastung, wenn an ihnen zu einem wesentlichen Teil nicht abkommens-berechtigte Personen interessiert sind. Eine Steuerentlastung ist demzufolge ausgeschlossen:
- bei Familienstiftungen: wenn der Stifter oder die Mehrheit der Begünstigten nicht abkommensberechtigte Personen sind und die abkommensbegünstigten Einkünfte zu mehr als der Hälfte nicht abkommensberechtigten Personen zugute kommen oder zugute kommen sollen;
- bei Personengesellschaften ohne geschäftlichen Betrieb in der Schweiz: wenn die abkommensbegünstigten Einkünfte zu mehr als der Hälfte nicht abkommens-berechtigten Personen gutgeschrieben werden.

Daran vermag der Umstand, dass die Einkünfte, für die die Steuerentlastung beansprucht wird, in der Schweiz voll als Einkommen versteuert werden, nichts zu ändern.

Wir bitten Sie, in allen Fällen, in denen Sie feststellen, dass eine Steuerentlastung ungerechtfertigterweise beansprucht wird, die notwendigen Massnahmen zu ergreifen (Art. 3 ff BRB). Für Auskünfte steht Ihnen die Abteilung für internationales Steuerrecht und Doppelbesteuerungssachen der Eidgenössischen Steuerverwaltung zur Verfügung.

Mit vorzüglicher Hochachtung

Eidg. Steuerverwaltung
Der Direktor:

sig. Grosheintz

1) der z.Zt. gültige Zinssatz ist identisch mit dem im Merkblatt der ESTV S-02.111 unter Ziffer 2.2 publizierten Satz

Eidgenössische Steuerverwaltung
Administration fédérale des contributions
Amministrazione federale delle contribuzioni

3003 Bern
Eigerstrasse 65
031 / 322 71 30
Telefax 031 / 324 83 71

17. Dezember 1998 (inkl. Ergänzung vom Dezember 2001)

Ihr Zeichen
Votre signe
Vostro segno

Ihre Nachricht vom
Votre communication du
Vostra comunicazione del

Unser Zeichen
Notre signe
Nostro segno
D3.Allg.67.1 - H
pool-dba\korrespo\ks99

An die kantonalen Steuerverwaltungen

Massnahmen gegen die ungerechtfertigte Inanspruchnahme von Doppelbesteuerungsabkommen des Bundes (BRB1962/KS1999)

Sehr geehrte Damen und Herren,

Am 14. Dezember 1962 hat der Bundesrat gestützt auf den Bundesbeschluss vom 22. Juni 1951 über die Durchführung von zwischenstaatlichen Abkommen des Bundes zur Vermeidung der Doppelbesteuerung (SR 672.2) einen Beschluss betreffend Massnahmen gegen die ungerechtfertigte Inanspruchnahme von Doppelbesteuerungsabkommen des Bundes erlassen (SR 672.202, nachfolgend BRB1962). Dieser Bundesratsbeschluss hat sich bei der Bekämpfung und Verhinderung von Abkommensmissbräuchen bewährt. In letzter Zeit haben sich jedoch die Verhältnisse, insbesondere wegen der zu nehmenden internationalen Verflechtung und der Bildung von neuen bedeutenden Wirtschaftsräumen, derart verändert, dass gewisse Anpassungen der Praxis zum BRB1962 an die heutige Situation angezeigt erscheinen.

Das vorliegende neue Kreisschreiben (KS1999) stellt nicht einen Ersatz, sondern lediglich eine Modifikation des Kreisschreibens aus dem Jahre 1962 dar. Soweit sich nicht aus den nachfolgenden Ausführungen Änderungen ergeben, bleibt das KS 1962 weiterhin in Kraft.
Mit diesem Kreisschreiben wird ein erster Schritt zur Anpassung der Interpretation von Artikel 2 des BRB1962 an die neuen Gegebenheiten vollzogen. Weitergehende Überlegungen zum Konzept der Verhinderung des Missbrauchs von Doppelbesteuerungsabkommen des Bundes werden zur Zeit angestellt und zu gegebener Zeit umgesetzt.
Dieses Kreisschreiben konkretisiert die in diesem Jahr vom Bundesrat gegenüber dem Parlament abgegebenen Zusicherungen.

1. Besondere Bestimmungen für aktiv tätige Gesellschaften

Gesellschaften, die in der Schweiz eine *aktive* Geschäftstätigkeit ausüben, dürfen zur Erfüllung von Ansprüchen nicht abkommensberechtigter Personen mehr als 50 Prozent der abkommensbegünstigten Erträge verwenden, sofern diese Aufwendungen geschäftsmässig begründet sind und belegt werden können. Bei diesen Gesellschaften gilt ein Gewinnausschüttungsverhalten solange als angemessen i.S.v. Artikel 2, Absatz 2, Buchstabe b BRB1962, als keine Gefährdung des Steuerbezuges gemäss Artikel 47 Absatz 1 Buchstabe a des Bundesgesetzes über die Verrechnungssteuer (VStG; SR 642.21) in Verbindung mit Artikel 9 Absatz 1 der Vollziehungsverordnung zum VStG (VStV; SR 642.211) gegeben ist.

Als aktive Geschäftstätigkeit gilt eine unabhängige, auf Gewinnerzielung gerichtete unternehmerische Tätigkeit, welche die Herstellung oder den Vertrieb von Gütern bzw. den Handel mit Gütern oder die Erbringung von Dienstleistungen durch eigenes Personal in einem dafür eingerichteten Geschäftsbetrieb umfasst.

[1]) Gelingt der Nachweis einer aktiven Geschäftstätigkeit nicht, dürfen zur Erfüllung von Ansprüchen nicht abkommensberechtigter Personen **nicht mehr als 50 Prozent** der abkommensbegünstigten Erträge verwendet werden. Die Angemessenheit von Gewinnausschüttungen richtet sich nach den gleichen Kriterien wie für aktiv tätige Gesellschaften.

=> *Der Nachweis der aktiven Geschäftstätigkeit obliegt in jedem Fall der Gesellschaft.*

[1]) Ergänzung vom Dezember 2001

2. Besondere Bestimmungen für börsenkotierte Gesellschaften

Den aktiv tätigen Gesellschaften werden gleichgestellt:

- 2.1. Gesellschaften, bei denen die Mehrheit der ausgegebenen Aktien nach Stimmkraft und Nennwerten an einer (oder mehreren) anerkannten Börse(n) kotiert ist und regelmässig gehandelt wird.
- 2.2. Gesellschaften, bei denen die Mehrheit der ausgegebenen Aktien nach Stimmkraft und Nennwerten unmittelbar durch eine (oder mehrere) im Inland ansässige Gesellschaft(en) im Sinne von Ziffer 2.1 gehalten wird.

=> *Der Nachweis der Börsenkotierung gemäss den vorstehenden Grundsätzen obliegt in jedem Fall der Gesellschaft.*
Als anerkannte Börse gilt die Schweizer Börse oder eine ausländische Börse, deren Kotierungsreglement gleiche oder vergleichbare Vorschriften und Mindestanforderungen enthält wie das Kotierungsreglement der Schweizer Börse.

3. Besondere Bestimmungen für Holdinggesellschaften

- 3.1. Holdinggesellschaften, die ausschliesslich oder fast ausschliesslich Beteiligungen verwalten und finanzieren, dürfen zur Erfüllung von Ansprüchen nicht abkommensberechtigter Personen mehr als 50 Prozent der abkommensbegünstigten Erträge verwenden, sofern diese Aufwendungen geschäftsmässig begründet sind und belegt werden können. Auch bei diesen Gesellschaften gilt ein Gewinnausschüttungsverhalten solange als angemessen i.S.v. Artikel 2, Absatz 2, Buchstabe b BRB1962, als keine Gefährdung des Steuerbezuges gemäss Artikel 47 Absatz 1 Buchstabe a VStG in Verbindung mit Artikel 9 Absatz 1 VStV gegeben ist.

=> *Der Nachweis der ausschliesslichen oder fast ausschliesslichen Verwaltung und Finanzierung von Beteiligungen obliegt in jedem Fall der Gesellschaft.*

- 3.2. Holdinggesellschaften, die neben der Verwaltung und Finanzierung von Beteiligungen noch andere Aktivitäten ausüben (z.B. Lizenzverwertung, Refakturierung, usw.), dürfen zur Erfüllung von Ansprüchen nicht abkommensberechtigter Personen *nicht* mehr als 50 Prozent der abkommensbegünstigten Erträge verwenden. Die Angemessenheit von Gewinnausschüttungen richtet sich nach den gleichen Kriterien wie bei den Holdinggesellschaften, die ausschliesslich oder fast ausschliesslich Beteiligungen verwalten und finanzieren.

4. Finanzierungsvorschriften und Höchstzinssätze

Im Sinne einer Vereinfachung werden die im Kreisschreiben von 1962 erwähnten Bestimmungen bezüglich des Verhältnisses Eigenkapital/Fremdkapital sowie die Vorschriften betreffend Maximalsätze für die Verzinsung ausländischer Kreditoren nicht mehr angewandt. Es gelten generell die Finanzierungs- und Verzinsungsrichtlinien der Hauptabteilung Direkte Bundessteuer, Verrechnungssteuer und Stempelabgaben (siehe Merkblatt S-02.111 sowie Kreisschreiben Nr. 6 vom 6. Juni 1997).

5. Verhältnis zu den Missbrauchsbestimmungen in einigen Doppelbesteuerungsabkommen

Dieses Kreisschreiben schränkt die in einigen Doppelbesteuerungsabkommen der Schweiz enthaltenen Missbrauchsbestimmungen nicht ein. Solche besonderen Missbrauchsbestimmungen finden sich gegenwärtig in den Abkommen mit *Belgien, Deutschland, Frankreich und Italien*. Im Verhältnis mit diesen Ländern gehen die besonderen Bestimmungen des jeweiligen Abkommens diesem Kreisschreiben vor. Dies bedeutet, dass im Verhältnis mit diesen Ländern die Weiterleitungs- und Ausschüttungsvorschriften des jeweiligen Doppelbesteuerungsabkommens von *allen* ausländisch beherrschten Gesellschaften, unabhängig von Börsenkotierung, Geschäftstätigkeit und Steuerstatus, einzuhalten sind.

Der BRB1962 und die dazu ergangenen Kreisschreiben finden keine Anwendung auf das Doppelbesteuerungsabkommen mit den USA, das eigene Missbrauchsbestimmungen enthält.

Wir bitten Sie, in allen Fällen, in denen Sie feststellen, dass eine Steuerentlastung in ungerechtfertigter Weise beansprucht wird oder worden ist, die notwendigen Massnahmen zu ergreifen (Art. 3 u. ff BRB1962). Für Auskünfte steht Ihnen die Abteilung für internationales Steuerrecht und Doppelbesteuerungssachen der Eidgenössischen Steuerverwaltung zur Verfügung.

Mit vorzüglicher Hochachtung

EIDG. STEUERVERWALTUNG
Abteilung für internationales Steuerrecht
und Doppelbesteuerungssachen

Prof. Dr. R. Waldburger

Aktualisierte ESTV-Praxis – Stand am 1. August 2010

Häufig gestellte Fragen (FAQ) zum Kreisschreiben 1999 (KS 1999)

Ziffer 1 des Kreisschreibens (aktive Geschäftstätigkeit)

Was bedeutet generell der Begriff «aktive Geschäftstätigkeit»?

Unter dem Begriff «aktive Geschäftstätigkeit» ist das Gegenstück zur Ausübung einer rein passiven, verwaltenden und ausführenden Funktion zu verstehen. Demzufolge ist entscheidend, dass die in der Schweiz im Zusammenhang mit den abkommensbegünstigten Erträgen ausgeübten Tätigkeiten zur wirtschaftlichen Wertschöpfung beitragen, und nicht blosse Hilfs- und/oder Administrationstätigkeiten sind. Die in der Schweiz beschäftigten Mitarbeiter müssen somit aktiv und in direkter Weise an der operativen Geschäftsführung beteiligt sein. Diese Tätigkeiten müssen sich klar von Tätigkeiten unterscheiden, die lediglich passiven, verwaltenden oder gar Hilfscharakter haben.

Eine aktive Geschäftstätigkeit beinhaltet somit eine echte, wertschöpfungsorientierte betriebliche Aktivität mit dem Ziel, angemessene Gewinne zu erwirtschaften.

Was bedeutet «durch eigenes Personal» im Sinne von Ziffer 1 des KS 1999?

Das KS 1999 sieht unter Ziffer 1 vor, dass eine aktive Geschäftstätigkeit durch eigenes Personal erbracht werden muss. Künftig ist im Einzelfall eine weiter gefasste Auslegung möglich. Bei der Beurteilung, ob es sich um eigenes Personal handelt, kann die gesamte Struktur der Gruppe in der Schweiz berücksichtigt werden. Somit können für eine Gesellschaft tätige Mitarbeitende als eigenes Personal dieser Gesellschaft gelten, auch wenn sie von einer anderen Gesellschaft der Gruppe in der Schweiz angestellt sind.

In der Praxis können auch andere als rein steuerliche Gründe dazu führen, dass in der Schweiz bei einer Gruppengesellschaft tätiges Personal bei einer anderen Gesellschaft dieser Gruppe in der Schweiz angestellt ist (z.B. Zentralisierung der Human Resources). Die von diesem Personal ausgeübten Tätigkeiten und erbrachten Dienstleistungen müssen selbstredend gruppenintern nach dem Grundsatz des Drittvergleichs verrechnet werden. Der Begriff der Gruppe ist im Sinne des Bundesgesetzes über die direkte Bundessteuer auszulegen (vgl. Art. 61 Abs. 3 DBG) und besteht aus inländischen Kapitalgesellschaften oder Genossenschaften, welche nach dem Gesamtbild der tatsächlichen Verhältnisse durch Stimmenmehrheit oder auf andere Weise unter einheitlicher Leitung einer Kapitalgesellschaft oder Genossenschaft zusammengefasst sind.

Somit können für eine Gesellschaft tätige Mitarbeitende, die bei einer anderen Gesellschaft der gleichen Gruppe in der Schweiz angestellt sind, als eigenes Personal der Gesellschaft gelten, für die sie die Tätigkeiten ausüben. Das Personal muss aber über die nötigen Fähigkeiten und Funktionen verfügen, um die aktive Geschäftstätigkeit auszuüben.

Muss zwischen der aktiven Geschäftstätigkeit unserer Gesellschaft und den vereinnahmten abkommensbegünstigten Erträgen ein Zusammenhang bestehen?

Die abkommensbegünstigten Erträge müssen im Zusammenhang mit der aktiven Geschäftstätigkeit angefallen sein. Das KS 1999 bezieht sich in allen Belangen immer nur auf die abkommensbegünstigten Einkünfte einer Gesellschaft. Der sogenannte Aktivitätstest ist daher ebenfalls in diesem (auf die abkommensbegünstigten Einkünfte bezogenen) Zusammenhang zu sehen. Wenn dem nicht so wäre, könnten gewisse Gesellschaften versucht sein, durch eine «vorgeschobene» aktive Tätigkeit in den Genuss der besonderen Bestimmungen des KS 1999 zu gelangen.

Worauf wird bei der Beurteilung, ob es sich um eine aktive Geschäftstätigkeit handelt, in erster Linie abgestellt?

Es wird primär auf die Art und die Qualität der Tätigkeiten abgestellt und weniger auf das äussere Auftreten der Gesellschaft. Die Anzahl der Mitarbeiter oder die Zahl der Räumlichkeiten sind zwar Indizien, jedoch für sich allein nicht ausschlaggebend.

Refakturierungsgesellschaften beschäftigen in der Regel eine grosse Anzahl Mitarbeiter(innen) in zum Teil eigenen Räumlichkeiten. Ist dadurch das Kriterium der aktiven Geschäftstätigkeit erfüllt?

Die reine Refakturierung gilt nicht als aktive Tätigkeit. Es handelt sich um eine abhängige, passive und verwaltende Funktion (Hilfs- und/oder Administrationstätigkeit mit beschränkter Eigenständigkeit). Eigene Räumlichkeiten und eine grosse Anzahl von Angestellten sind in einem solchen Fall nicht massgebend.

Gilt die Erbringung von Dienstleistungen an Mitglieder der eigenen Unternehmensgruppe als aktive Geschäftstätigkeit?

Echte Dienstleistungen (auch an Mitglieder der eigenen Unternehmungsgruppe) gelten als aktive Tätigkeiten, sofern echte Mehrwerte geschaffen werden, die eine (zumindest theoretische) lebensfähige Einheit auch ausserhalb der Konzernstruktur erlauben würde. Eine solche lebensfähige Einheit wird nur durch eine ausreichende Unabhängigkeit (Entscheidung, Führung, Überwachung usw.) erreicht.

Wo hat die aktive Geschäftstätigkeit zur Hauptsache zu erfolgen?

Die aktive Geschäftstätigkeit hat gemäss KS 1999 in der Schweiz zu erfolgen. Demgemäss ist das sogenannte Ursprungsraum(oder -ort)-Prinzip massgebend. Eine aktive Geschäftstätigkeit gilt dann als in der Schweiz ausgeübt, wenn der Ursprungsort der Tätigkeit in der Schweiz liegt. Dies ergibt sich aus dem Umstand, dass das KS 1999 zwingend eine genügende Substanz in der Schweiz (eigenes Personal, eigene Räumlichkeiten usw.) verlangt. Von einer in der Schweiz ausgeübten aktiven Geschäftstätigkeit kann somit dann ausgegangen werden, wenn die entsprechenden Handlungen zur Hauptsache in der Schweiz vorgenommen werden.

Ob sich dieWirkung dieser Tätigkeiten (sogenanntes Wirkungsraum-Prinzip) inner- oder ausserhalb der Schweiz entfaltet, ist nur von sekundärer Bedeutung. Die Geschäftstätigkeit einer ausländischen Betriebsstätte ist somit an sich nicht schädlich, begründet jedoch für sich alleine keine aktive Geschäftstätigkeit in der Schweiz.

Gilt die Vermarktung von Lizenzen, Marken oder Knowhow als aktive Geschäftstätigkeit?

Eine Gesellschaft, die Tätigkeiten zur Verwertung von Lizenzen oder Marken vornimmt und zur Führung und Ausübung dieser Tätigkeiten einen oder mehrere qualifizierte Angestellte hat, gilt als aktiv, wenn die Aktivitäten über die blosse Verwaltung hinausgehen und einen echten Mehrwert schaffen wie Verwertung und Betreuung bestehender Lizenzen, Eintrag neuer Lizenzen und Marken, deren Schutz usw. oder wenn die Patente in der Schweiz entwickelt werden. Es muss somit eine aktive Bewirtschaftung der Lizenzen oder Marken stattfinden (ständige Neu- und Weiterentwicklung, Betrieb von Service-Centern, Aus- undWeiterbildungsprogramme, Marketing, Ausstellungen, Kongresse usw.). Um den tatsächlichen Gegebenheiten Rechnung zu tragen und Ungleichbehandlungen zu vermeiden, kann es in gewissen Fällen vorkommen, dass nur ein Teil der mit den abkommensbegünstigten Erträgen im Zusammenhang stehenden Tätigkeiten als aktiv im Sinne des KS 1999 anerkannt werden kann.

Gilt die Gruppenfinanzierung als aktive Geschäftstätigkeit?

Eine Gesellschaft, die Finanztätigkeiten für die Gruppe vornimmt und zur Führung und Ausübung dieser Tätigkeiten einen oder mehrere qualifizierte Angestellte hat, gilt als aktiv, wenn die Aktivitäten über die blosse Verwaltung hinausgehen, beispielsweise durch die Bewirtschaftung von Darlehen und Risiken oder Krediten, eine aktive Bankenbeziehung, Investitions- und Liquiditätsplanung usw. Die Anzahl der Angestellten ist dabei nicht ausschlaggebend. Bei der Beurteilung, ob es sich um eine aktiv tätige Gesellschaft handelt, zählen primär die aktiven Tätigkeiten der Gesellschaft, die getragenen Risiken, die ausgeübten Funktionen und die

Kompetenzen des/der Angestellten in direktem Zusammenhang mit dem Zweck und den Tätigkeiten der Gesellschaft.

Fragen zu Ziffer 3 des KS 1999 (Besondere Bestimmungen für Holdinggesellschaften)

Was ist unter dem Begriff «reine Holdinggesellschaft» zu verstehen?

Eine reine Holding im Sinne des KS 1999 ist eine Gesellschaft, die sich ausschliesslich oder fast ausschliesslich mit dem Halten, der Verwaltung und Finanzierung ihrer Beteiligungen befasst. Der Zweck der Holding hat somit vor allem in der Leitung und Verwaltung von verbundenen Unternehmen, die eine wirtschaftliche Einheit bilden, zu bestehen. Um als reine Holding zu gelten, muss die Gesellschaft folgende Voraussetzungen erfüllen: In der Regel müssen mindestens 90 Prozent der Anteile an Kapitalgesellschaften in der Bilanz der Holding Beteiligungen von mindestens 20 Prozent am Grund- oder Stammkapital der Untergesellschaft sein. Ab 1. Januar 2011 wird diese Mindestbeteiligung der Holding an den Tochtergesellschaften auf 10 Prozent gesenkt. Als Nebentätigkeiten sind nur solche zugelassen, die mit dem Hauptzweck zusammenhängen oder aber von untergeordneter Bedeutung sind. Die Höhe der insgesamt zulässigen Nebeneinkünfte darf in der Regel maximal 5 Prozent der Gesamterträge betragen.

Unsere Gesellschaft übt zwar eine Holdingtätigkeit im obigen Sinne aus, scheitert jedoch an der 90/20-Beteiligungshürde (ab 1. Januar 2011 90/10). In welche Kategorie fällt sie?

Gesellschaften, die den Kriterien für reine Holdings gemäss KS 1999 nicht genügen, gelten als «gemischte Holdinggesellschaften» (Ziff. 3.2. KS 1999).

Frage zum Gewinnausschüttungsverhalten (Ziffern 1 und 3 des KS 1999)

Unsere Gesellschaft fällt unter Artikel 47 Absatz 1 Buchstabe a VStG in Verbindung mit Artikel 9 Absatz 1 VStV. Dividendenausschüttungen sind nicht vorgesehen. Sie hat jedoch mit der ESTV eine Sicherstellungsvereinbarung bezüglich der Verrechnungssteuer getroffen. Gilt das Gewinnausschüttungsverhalten unserer Gesellschaft somit als angemessen?

Nein. Massgebend ist der Umstand, dass die Gesellschaft unter Artikel 47 Absatz 1 Buchstabe a VStG bzw. Artikel 9 Absatz 1 VStV fällt. In den Ziffern 1 und 3 des KS 1999 ist lediglich von der Gefährdung des Steuerbezugs die Rede, mit einem entsprechenden Hinweis auf Artikel 47 Absatz 1 Buchstabe a VStG in Verbindung mit Artikel 9 Absatz 1 VStV, nicht jedoch von Sicherstellungsvereinbarungen bezüglich der Verrechnungssteuer. Das

KS 1999 stellt in diesem Zusammenhang eine eigene, dem Zweck und dem Wortlaut des BRB 1962 entsprechende Rechtsfolge auf, nämlich die Pflicht zur angemessenen Gewinnausschüttung. Die Sicherstellung der Verrechnungssteuer mittels einer Sicherstellungsvereinbarung hat daher auf die Angemessenheit von Gewinnausschüttungen im Sinne von Artikel 2 Absatz 2 Buchstabe b BRB 1962 keinen Einfluss, das heisst die Pflicht zur Ausschüttung bleibt auch im Falle einer Sicherstellungsvereinbarung bestehen.

Die Gesellschaft muss daher jährlich 6 Prozent des Eigenkapitals ausschütten (dadurch fällt sie nicht mehr unter Art. 47 Abs. 1 Bst. a VStG bzw. Art. 9 Abs. 1 VStV). Alternativ können (für die Belange der DBA) 25 Prozent der abkommensbegünstigten Einkünfte als Dividende ausgeschüttet werden. Die Sicherstellungsproblematik der Verrechnungssteuer wäre damit jedoch noch nicht vollständig vom Tisch. Diese Ausschüttung könnte jedoch in der Sicherstellungsvereinbarung berücksichtigt werden.

Fragen zum Formular R-Mb KS 1999 (Selbstdeklaration bezüglich Gesellschaftsart und Tätigkeit)

Weshalb muss das Formular R-Mb KS 1999 ausgefüllt werden?

Die erleichterten Bestimmungen gemäss KS 1999 erfordern andere bzw. erweiterte Kontrollmechanismen seitens der Steuerbehörden. Die Selbstdeklaration der Gesellschaft mittels Formular R-Mb KS 1999 ermöglicht der ESTV eine vorläufige Klassifizierung der Gesellschaft. Dies trägt erheblich zu einem beschleunigten Ablauf des Verfahrens bei.

Wann muss das Formular R-Mb KS 1999 ausgefüllt werden?

Sobald eine Gesellschaft aufgrund des schweizerischen Abkommensnetzes in den Genuss von Entlastungen von ausländischen Quellensteuern gekommen ist oder kommen kann. Die Erklärungen R-Mb KS 1999 gelten für höchstens drei Jahre und sind danach zu erneuern.

Gemäss KS 1999 und R-Mb KS 1999 obliegt der Nachweis über die aktive Tätigkeit oder die Holdingfunktion der Gesellschaft. Welche Nachweise müssen der ESTV beigebracht werden?

Es sind alle Unterlagen, Beweismittel usw. sachdienlich, die mithelfen, eindeutige Rückschlüsse auf den Status der Gesellschaft in Bezug auf das KS 1999 zu ziehen.

Als Nachweise können beispielsweise in Frage kommen:

- Bei aktiver Geschäftstätigkeit:
  - Angaben über die im Zusammenhang mit den abkommensbegünstigten Erträgen ausgeübten Tätigkeiten, die zur wirtschaftlichenWertschöpfung beitragen, das heisst es muss eine deutliche

Abgrenzung zu blossen Hilfs- und/oder Administrationstätigkeiten nachgewiesen werden.
- Als Nachweise über die in der Schweiz beschäftigten Mitarbeiter, die in irgendeiner Form aktiv und in direkterWeise an der operativen Geschäftsführung beteiligt sind, können Stellenbeschriebe (Pflichtenhefte), Angaben über die für diese Tätigkeiten erforderlichen Qualifikationen usw. dienen.
- Sofern die Jahresrechnungen einer Gesellschaft genügend Einzelheiten aufweisen, sind auch aus diesen bereits gewisse Rückschlüsse auf Personalbestand, Tätigkeit und Infrastruktur möglich.

- Bei Börsenkotierung direkt und indirekt:

  Geschäftsberichte der börsenkotierten Gesellschaft oder ein anderweitiger Nachweis, der belegt, dass die Mehrheit der ausgegebenen Aktien nach Stimmkraft und Nennwerten an einer anerkannten Börse kotiert ist und regelmässig gehandelt wird.

- Bei reinen Holdinggesellschaften:

  Zum Beispiel detaillierte Jahresrechnungen, die belegen, dass in der Regel 90 Prozent der Anteile an Kapitalgesellschaften in der Bilanz der Holding aus Beteiligungen von mindestens 20 Prozent (ab 1. Januar 2011 10 Prozent) am Grund- oder Stammkapital der Untergesellschaft bestehen. Ferner muss nachgewiesen werden, dass allfällige Nebentätigkeiten mit dem Hauptzweck der Holding zusammenhängen oder aber von untergeordneter Bedeutung sind (maximal 5 Prozent der Gesamterträge).

Schweizerische Eidgenossenschaft
Confédération suisse
Confederazione Svizzera
Confederaziun svizra

Eidgenössisches Finanzdepartement EFD
Eidgenössische Steuerverwaltung ESTV

Bern, 1. August 2010

An die kantonalen
Steuerverwaltungen

Kreisschreiben 2010

Massnahmen gegen die ungerechtfertigte Inanspruchnahme von Doppelbesteuerungsabkommen des Bundes (BRB 1962 / KS 1999 mit Ergänzungen 2001)

Sehr geehrte Damen und Herren

Am 14. Dezember 1962 hat der Bundesrat gestützt auf den Bundesbeschluss vom 22. Juni 1951 über die Durchführung von zwischenstaatlichen Abkommen des Bundes zur Vermeidung der Doppelbesteuerung (SR 672.2) einen Beschluss betreffend Massnahmen gegen die ungerechtfertigte Inanspruchnahme von Doppelbesteuerungsabkommen des Bundes erlassen (SR 672.202, nachfolgend BRB 1962). Mit diesem Bundesratsbeschluss soll der Abkommensmissbrauch bekämpft und verhindert werden.

In den letzten Jahren hat die Schweiz neue Doppelbesteuerungsabkommen abgeschlossen, die besondere Bestimmungen gegen den Abkommensmissbrauch ausdrücklich enthalten, oder in bestehenden Doppelbesteuerungsabkommen solche Bestimmungen eingeführt. Am 13. März 2009 hat der Bundesrat entschieden, den Vorbehalt der Schweiz hinsichtlich des Informationsaustausches nach dem Musterabkommen der Organisation für wirtschaftliche Zusammenarbeit und Entwicklung (OECD) zurückzuziehen. Dieser Entscheid hat die Durchführung von Revisionen von zahlreichen Doppelbesteuerungsabkommen und den Abschluss von neuen Abkommen beschleunigt. Dabei nimmt die Schweiz in ihren Abkommen tendenziell vermehrt Missbrauchsbestimmungen auf. Folglich steigt die Zahl der Abkommen, die Missbrauchsbestimmungen enthalten.

In diesem Zusammenhang ist eine Anpassung der Praxis der Eidgenössischen Steuerverwaltung (ESTV) in Bezug auf den BRB 1962 und die Kreisschreiben von 1962 und 1999 nötig geworden. Diese Revision modernisiert die ESTV-Praxis und passt sie dem aktuellen wirtschaftlichen Umfeld an.

Dieses neue Kreisschreiben (KS 2010) ändert die früheren von 1962 und 1999 nur bezüglich Ziffer 5 («Verhältnis zu den Missbrauchsbestimmungen in einigen

Eigerstrasse 65
3003 Bern
www.estv.admin.ch

Doppelbesteuerungsabkommen»). Wo die untenstehenden Punkte zu keinen Änderungen führen, bleiben die Kreisschreiben von 1962 und 1999 unverändert anwendbar.

5. Verhältnis zwischen Missbrauchsbestimmungen in Doppelbesteuerungsabkommen und BRB 1962

Sofern Doppelbesteuerungsabkommen Missbrauchsbestimmungen enthalten, haben diese Vorrang vor den Bestimmungen des BRB 1962 und der Kreisschreiben von 1962 und 1999. Die Aufnahme solcher Sonderbestimmungen in bilateral mit einem Vertragsstaat abgeschlossene Abkommen gilt gegenüber den internen Regelungen der Schweiz als *Lex specialis*.

Somit sind Artikel 2 Absatz 2 des BRB 1962 und die Kreisschreiben von 1962 und 1999 nicht mehr anwendbar, sofern Doppelbesteuerungsabkommen Bestimmungen gegen den Missbrauch des Abkommens oder einzelner Regelungen (unter anderem zu Dividenden, Zinsen und Lizenzgebühren) enthalten.

Bei offenkundigen, von den Missbrauchsbestimmungen des Abkommens allenfalls nicht abgedeckten Fällen von Missbrauch kommt aber der Grundsatz des impliziten, ungeschriebenen Missbrauchsverbots aus der Auslegung der Abkommen[1] zum Tragen (vgl. BGE vom 28. November 2005 / 2A.239/2005).

Auf Abkommen, die keine besonderen Missbrauchsbestimmungen enthalten oder die auf das innerstaatliche Recht der Vertragsstaaten verweisen, sind Artikel 2 Absatz 2 BRB 1962 und die Kreisschreiben von 1962 und von 1999 weiterhin anwendbar.

Die ESTV stellt eine Liste der geltenden Abkommen bereit, die besondere Missbrauchsbestimmungen enthalten und auf die Artikel 2 Absatz 2 des BRB 1962 und die Kreisschreiben von 1962 und 1999 nicht mehr anwendbar sind. Die Liste wird jährlich nachgeführt.

Dieses Kreisschreiben ist ab 1. August 2010 anwendbar. Massgebend ist das Datum der Fälligkeit der abkommensbegünstigten Erträge.

Abteilung für Internationales

Jürg Giraudi

---

[1] Ein Doppelbesteuerungsabkommen wird nach den Grundsätzen des Wiener Übereinkommens vom 23. Mai 1969 über das Recht der Verträge (Wiener Übereinkommen; VRK; SR 0.111) ausgelegt und angewendet.

Anhang

Inhaltsverzeichnis

Anhang

Verwaltungsanweisungen zur direkten Bundessteuer, Verrechnungssteuer und zu den Stempelabgaben

Die mit einer Seitenzahl versehenen Dokumente finden sich im Anhang. Die im allgemeinen Inhaltsverzeichnis, vorne, mit Stern versehenen Dokumente sind hier nicht abgedruckt und können im Internet unter www.estv.admin.ch abgerufen werden. Die Verwaltungsanweisungen sind innerhalb der Kategorien KS, MB und RS primär absteigend nach Daten geordnet, beginnend mit den jüngsten Dokumenten.

Kreisschreiben ESTV

Merkblätter ESTV

Rundschreiben ESTV

Verwaltungsanweisungen zu den direkten kantonalen Steuern

Kreisschreiben SSK

Analysen SSK

Praxishinweise SSK

Wegleitungen ESTV/SSK

Services

Steuerbelastungen in den Kantonen

Schweizerische Doppelbesteuerungsabkommen

Abkommen zum automatischen Informationsaustauch über Finanzkonten (AIA)

Adressen und Verzeichnisse

Schweizerische Eidgenossenschaft
Confédération suisse
Confederazione Svizzera
Confederaziun svizra

Eidgenössisches Finanzdepartement EFD
Eidgenössische Steuerverwaltung ESTV
Hauptabteilung Direkte Bundessteuer,
Verrechnungssteuer, Stempelabgaben

Direkte Bundessteuer
Verrechnungssteuer
Stempelabgaben

Bern, 1. Januar 2018

Kreisschreiben Nr. 13

Securities Lending and Borrowing-Geschäft sowie Repo-Geschäft als Gegenstand der Verrechnungssteuer, ausländischer Quellensteuern, der Stempelabgaben und der direkten Bundessteuer

Inhaltsverzeichnis **Seite**

Eigerstrasse 65
3003 Bern
www.estv.admin.ch

1-013-DVS-2018-d

1 Ausgangslage

Aufgrund der Entwicklungen im Bereich des Securities Lending and Borrowing (SLB) hat die Eidgenössische Steuerverwaltung (ESTV) die ursprünglich im Kreisschreiben Nr. 13 vom 1. September 2006 publizierten und von einer gemischten Arbeitsgruppe aus Vertretern der ESTV und der Schweizerischen Bankiervereinigung erarbeiteten Regelungen einer Prüfung unterzogen.

Dabei wurde festgestellt, dass die im Kreisschreiben vom 1. September 2006 enthaltene Bestimmung, wonach einem ausländischen Borger im Falle eines Long Borrowing die Rückerstattungsberechtigung der Verrechnungssteuer zugesprochen wird, auch Anlass zu einem Marktverhalten gab, welches von der gemischten Arbeitsgruppe nicht beabsichtigt war. Die fragliche Regelung war ursprünglich als pragmatischer Lösungsansatz für die Problemstellung eines versehentlich überhöhten Wertschriftenbestandes im Zeitpunkt der Ertragsfälligkeit („Überborgung") vorgesehen gewesen. Durch das gezielte Verleihen von Schweizer Wertschriften an ausländische Borger über den Dividenden- bzw. Zinstermin wurden sogenannte „Treaty Shopping"-Tatbestände verwirklicht. Um diesen Entwicklungen entgegenzutreten, sind die Regeln betreffend die Rückerstattung der Verrechnungssteuer im Zusammenhang mit dem Verleih von Schweizer Wertschriften an im Ausland ansässige Borger im vorliegenden Kreisschreiben grundlegend überarbeitet worden.

Die in diesem Kreisschreiben für das Securities Lending aufgestellten Regeln gelten sinngemäss auch für Repo-Geschäfte (Repurchase Agreements).

Bei anderen Geschäften mit vergleichbarem wirtschaftlichem Gehalt (bestimmte Swap-Geschäfte, Collateral in Form von Wertschriften etc.), bei denen es ebenfalls zu einer Weiterleitung von Ertragszahlungen kommt, gelangen für die Frage der Rückerstattung der Verrechnungssteuer die allgemeinen Vorschriften betreffend Nutzungsberechtigung zur Anwendung. Eine Pflicht zur Erhebung einer Verrechnungssteuer auf Ausgleichszahlungen ist jedoch nur bei SLB- und Repo-Geschäften im Sinne der Ziff. 8.2. und 8.3 des Kreisschreibens Nr. 12[1] gegeben.

2 Begriffe

2.1 Originalzahlung, Ausgleichszahlung

Unter Originalzahlung wird die echte, auf einem Anleihensschuld- oder Beteiligungsverhältnis beruhende Zins- bzw. Dividendenzahlung nach Abzug der Verrechnungssteuer bzw. der ausländischen Quellensteuer verstanden.

Bei SLB-Geschäften werden Wertschriften zivilrechtlich von einer Partei auf eine andere übertragen, wobei im Regelfall die während der Dauer solcher Transaktionen beim formalen Eigentümer (Borger) anfallenden Erträge aufgrund einer vertraglichen Vereinbarung der anderen Partei (Lender) vergütet werden. Diese Vergütung wird in diesem Kreisschreiben generell als „Ausgleichszahlung" bezeichnet, unabhängig davon, ob es sich um die Weiterleitung einer echten Ertragszahlung (wie z.B. beim Long Borrowing), um die Weiterleitung einer Ertragsersatzzahlung (wie oft beim Reihengeschäft) oder um eine vom Borger selbst finanzierte Zahlung handelt (im Falle der Weiterveräusserung). Die von den Parteien gewählte Bezeichnung ist für steuerliche Zwecke unerheblich.

2.2 Lending Fee

Als Lending Fee wird die Vergütung bezeichnet, die der Borger dem Lender für das Überlassen der Titel bezahlt. Sie beinhaltet in diesem Zusammenhang keine Ertragsersatzkomponenten.

[1] Kreisschreiben ESTV Nr. 12 vom 10. März 2011 (Umsatzabgabe; 1-012-S-2011)

2.3 Weiterveräusserung

In Fällen der Weiterveräusserung werden die Titel vom Borger an einen Dritten veräussert oder in Erfüllung einer Lieferverpflichtung aus einer vorgängig erfolgten Veräusserung geliefert. Dieser Dritte hat mit dem SLB-Geschäft nichts zu tun. Seine Stellung ist davon unberührt.

2.4 Reihengeschäfte

2.4.1 „Principal"-Struktur

Bei der „Principal"-Struktur werden zwei (oder mehrere) SLB-Geschäfte aneinandergereiht. Der Borger des ersten Geschäfts wird zum Lender des zweiten Geschäfts. Rechtlich bestehen unabhängige SLB-Verträge, auf die jeweils die in diesem Kreisschreiben dargelegten Grundsätze zur Anwendung kommen.

2.4.2 „Agent"-Struktur

Bei der „Agent"-Struktur wird ein SLB-Geschäft durch einen Stellvertreter zwischen dem Lender und dem Borger vermittelt.

a) *Direkte Stellvertretung*
Wird das Geschäft zwischen Lender und Borger im Sinne einer direkten Stellvertretung (Offenlegung der Vertragsparteien) vermittelt, kommen die in diesem Kreisschreiben dargelegten Grundsätze direkt auf den Borger und den Lender zur Anwendung.

b) *Indirekte Stellvertretung*
Handelt eine Person mit Sitz oder Wohnsitz im Inland bei der Vermittlung in eigenem Namen, jedoch auf Rechnung und Gefahr eines Dritten, so sind auf sie die Bestimmungen für die „Principal"-Struktur anwendbar, d.h. sie gilt gegenüber dem Lender als Borger und gegenüber dem Borger als Lender.

2.5 Long Borrowing

Beim Long Borrowing werden die ausgeliehenen Titel vom Borger nicht weitergegeben.

3 Securities Lending mit Schweizer Wertschriften

3.1 Borger im Inland

3.1.1 Weiterveräusserung

Bei der Weiterveräusserung borgt eine Person mit Sitz oder Wohnsitz im Inland von einer in- oder ausländischen Gegenpartei Wertschriften, deren Erträge der Verrechnungssteuer unterliegen. Nutzt die betreffende Person mit Sitz oder Wohnsitz im Inland diese Wertschriften zur Erfüllung einer Lieferverpflichtung oder veräussert sie die Wertschriften anschliessend weiter, hat sie auf der an den Lender zu leistenden Ausgleichszahlung die Verrechnungssteuer, berechnet auf dem Bruttoertrag (Originalzahlung plus Verrechnungssteuer bzw. ausländische Quellensteuer), zu erheben.

Der Lender hat gestützt auf die anwendbare Rechtsgrundlage (vgl. Bundesgesetz über die Verrechnungssteuer vom 13. Oktober 1965 [VStG; SR 642.21] oder allfällig anwendbares Doppelbesteuerungsabkommen [nachfolgend DBA]) Anspruch auf Rückerstattung der auf der Ausgleichszahlung erhobenen Verrechnungssteuer. Der Umfang der Rückerstattung zugunsten eines im Ausland ansässigen Lenders wird in Anwendung des jeweiligen DBA unter Berücksichtigung der Natur der Originalzahlung berechnet.

Zum Nachweis des Rückerstattungsanspruchs hat der Lender der für die Rückerstattung zuständigen Behörde eine Bescheinigung nach Ziffer 3.3. vorzulegen.

3.1.2 Reihengeschäfte

Borgt eine Person mit Sitz oder Wohnsitz im Inland (B) von einer in- oder ausländischen Gegenpartei (A) Wertschriften, deren Erträge der Verrechnungssteuer unterliegen und verleiht sie diese weiter (an C), hat sie (B) auf der an den Lender (A) zu leistenden Ausgleichszahlung (AZ II) die Verrechnungssteuer, berechnet auf dem Bruttoertrag (Originalzahlung plus Verrechnungssteuer bzw. ausländische Quellensteuer), zu erheben, unabhängig von der Höhe der Ausgleichszahlung, die sie selbst vereinnahmt (AZ I).

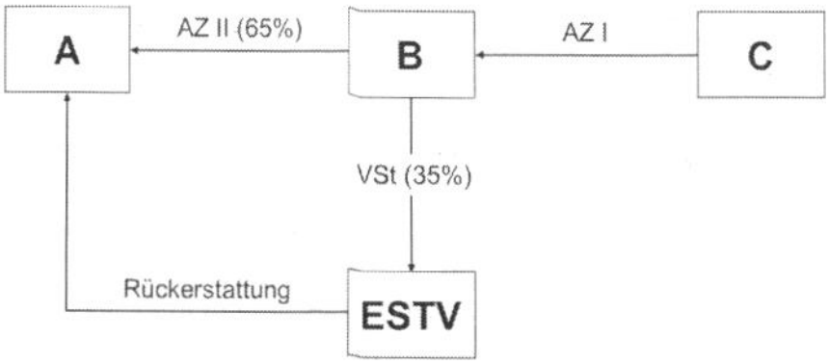

Stammt die der Person mit Sitz oder Wohnsitz im Inland (B) gegenüber gemachte Ausgleichszahlung von einer Schweizer Gegenpartei (C) und ist auf dieser Zahlung die Verrechnungssteuer erhoben worden, ist die Anerkennung einer Pflicht zur Ablieferung der Verrechnungssteuer auf der Ausgleichszahlung (AZ II) an den Lender (A, berechnet auf dem Bruttoertrag [Originalzahlung plus Verrechnungssteuer bzw. ausländische Quellensteuer]) Voraussetzung für den Anspruch des Borgers auf Rückerstattung der auf der vorangehenden Ausgleichszahlung (AZ I) erhobenen Verrechnungssteuer. Der Borger (B) ist berechtigt, die geschuldete Verrechnungssteuer auf der Ausgleichszahlung (AZ II) mit dem Anspruch auf Rückerstattung der auf der vorangehenden Ausgleichszahlung (AZ I) erhobenen Verrechnungssteuer zu verrechnen.

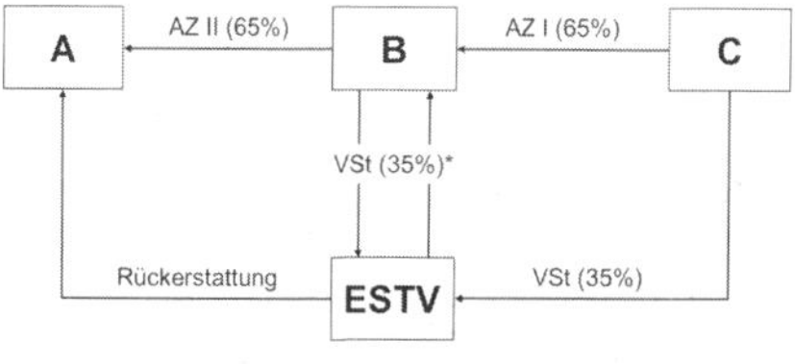

* Verrechnung des Rückerstattungsanspruchs mit der Pflicht zur Ablieferung der VSt auf AZ II

Der ursprüngliche Lender (A) hat Anspruch auf Rückerstattung der auf der (durch ihn vereinnahmten) Ausgleichszahlung erhobenen Verrechnungssteuer im Rahmen des VStG bzw. allfällig anwendbaren DBA. Der Umfang der Rückerstattung zugunsten eines im Ausland ansässigen Lenders wird in Anwendung des jeweiligen DBA unter Berücksichtigung der Natur der Originalzahlung berechnet.

Zum Nachweis des Rückerstattungsanspruchs hat der Lender der für die Rückerstattung zuständigen Behörde eine Bescheinigung nach Ziffer 3.3. vorzulegen. Vereinnahmt der Lender die Ausgleichszahlung nicht unmittelbar von einer zur Ablieferung der Verrechnungssteuer verpflichteten Gegenpartei, hat er den Nachweis zu erbringen, dass ihm eine der Verrechnungssteuer unterliegende Ausgleichszahlung weitergeleitet wurde.

3.1.3 Long Borrowing

Borgt eine Person mit Sitz oder Wohnsitz im Inland von einer in- oder ausländischen Gegenpartei Wertschriften, deren Erträge der Verrechnungssteuer unterliegen, hat sie auf der an die Gegenpartei (Lender) zu leistenden Ausgleichszahlung die Verrechnungssteuer, berechnet auf dem Bruttoertrag (Originalzahlung plus Verrechnungssteuer bzw. ausländische Quellensteuer), zu erheben.

Die Anerkennung der Pflicht zur Ablieferung der Verrechnungssteuer auf der Ausgleichszahlung ist Voraussetzung für den Anspruch des Borgers auf Rückerstattung der auf der Originalzahlung erhobenen Verrechnungssteuer. Der Borger ist berechtigt, die geschuldete Verrechnungssteuer auf der Ausgleichszahlung mit dem Anspruch auf Rückerstattung der auf der Originalzahlung erhobenen Verrechnungssteuer zu verrechnen.

Der Lender hat gestützt auf die anwendbare Rechtsgrundlage (VStG oder DBA) Anspruch auf Rückerstattung der auf der Ausgleichszahlung erhobenen Verrechnungssteuer. Der Umfang der Rückerstattung zugunsten eines im Ausland ansässigen Lenders wird in Anwendung des jeweiligen DBA unter Berücksichtigung der Natur der Originalzahlung berechnet.

Zum Nachweis des Rückerstattungsanspruchs hat der Lender der für die Rückerstattung zuständigen Behörde eine Bescheinigung nach Ziffer 3.3. vorzulegen.

3.2 Borger im Ausland

3.2.1 Weiterveräusserung

Bei der Weiterveräusserung borgt eine im Ausland ansässige Person von einer in- oder ausländischen Gegenpartei Wertschriften, deren Erträge der Verrechnungssteuer unterliegen. Dienen diese Wertschriften der Erfüllung einer Lieferverpflichtung oder werden sie anschliessend weiterveräussert, haben weder der Borger noch der Lender Anspruch auf Rückerstattung der auf der Originalzahlung erhobenen Verrechnungssteuer. Die Person, welcher die Wertschriften in Erfüllung einer Lieferverpflichtung oder infolge Veräusserung übertragen wurden, kann gestützt auf die anwendbare Rechtsgrundlage (VStG oder DBA) den Anspruch auf Rückerstattung der auf der Originalzahlung erhobenen Verrechnungssteuer geltend machen.

3.2.2 Reihengeschäfte

Borgt eine im Ausland ansässige Person von einer in- oder ausländischen Gegenpartei Wertschriften, deren Erträge der Verrechnungssteuer unterliegen, und verleiht sie diese an eine ebenfalls im Ausland ansässige Gegenpartei weiter, sind folgende Konstellationen zu unterscheiden:

a) *Long Borrowing*
Sofern der letzte Borger in der Transaktionskette die geborgten Wertschriften nicht weitergibt, steht der Anspruch auf Rückerstattung der auf der Originalzahlung erhobenen Verrechnungssteuer grundsätzlich dem ursprünglichen Lender
im Rahmen des VStG bzw. allfällig anwendbaren DBA zu.
Zur Geltendmachung des Rückerstattungsanspruchs hat der ursprüngliche Lender den Nachweis zu erbringen, dass ihm eine der Verrechnungssteuer unterliegende Originalzahlung weitergeleitet wurde.

b) *Weiterveräusserung*
Sofern der letzte Borger in der Transaktionskette die geborgten Wertschriften zur Erfüllung einer Lieferverpflichtung verwendet oder veräussert, kann keine der in der Transaktionskette involvierten Parteien einen Anspruch auf Rückerstattung der auf der Originalzahlung erhobenen Verrechnungssteuer geltend machen. Der Anspruch auf Rückerstattung der auf der Originalzahlung erhobenen Verrechnungssteuer steht grundsätzlich der Person zu, welcher die Wertschriften vom letzten Borger in Erfüllung einer Lieferverpflichtung oder infolge Veräusserung übertragen wurden.

3.2.3 Long Borrowing

Borgt eine im Ausland ansässige Person von einer in- oder ausländischen Gegenpartei Wertschriften, deren Erträge der Verrechnungssteuer unterliegen, hat der Borger keinen Anspruch auf Rückerstattung der auf der Originalzahlung erhobenen Verrechnungssteuer.

Der Lender hat gestützt auf die anwendbare Rechtsgrundlage (VStG oder DBA) grundsätzlich Anspruch auf Rückerstattung der auf der Originalzahlung erhobenen Verrechnungssteuer.

Zur Geltendmachung des Rückerstattungsanspruchs hat der Lender den Nachweis zu erbringen, dass ihm vom Borger eine der Verrechnungssteuer unterliegende Originalzahlung weitergeleitet wurde.

3.3 Bescheinigung der Ausgleichszahlung

Der inländische Borger hat im Sinne von Artikel 3 der Verordnung über die Verrechnungssteuer vom 19. Dezember 1966 (VStV; SR 642.211) die Ausgleichszahlung zu bescheinigen. Aus der Bescheinigung muss ferner hervorgehen:

- dass es sich um eine Ausgleichszahlung handelt;
- auf welche Originalzahlung sich die Ausgleichszahlung bezieht;
- der Betrag der erhobenen Verrechnungssteuer.

4 Securities Lending mit ausländischen Wertschriften / ausländische Quellensteuern

4.1 Weiterveräusserung

Borgt eine Person mit Sitz oder Wohnsitz im Inland von einer in- oder ausländischen Gegenpartei Wertschriften zur Erfüllung einer Lieferverpflichtung oder veräussert sie die Wertschriften anschliessend, kann die Höhe der an den Lender zu leistenden Ausgleichszahlung von den beteiligten Parteien frei vereinbart werden. Die Zahlung muss aber so bescheinigt werden, dass daraus hervorgeht:

- dass es sich um eine Ausgleichszahlung handelt;
- auf welche Originalzahlung sich die Ausgleichszahlung bezieht.

Auf der Bescheinigung der Ausgleichszahlung darf keine ausländische Quellensteuer ausgewiesen werden.

4.2 Reihengeschäft

Borgt eine Person mit Sitz oder Wohnsitz im Inland (B) von einer in- oder ausländischen Gegenpartei Wertschriften und verleiht diese weiter (an C), kann die Höhe der an den Lender (A) zu leistenden Ausgleichszahlung (AZ II) von den beteiligten Parteien (A und B) frei vereinbart werden.

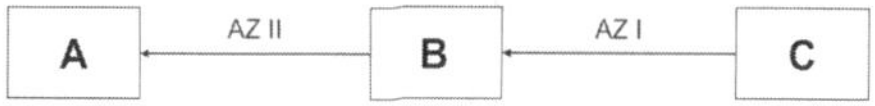

Die Zahlung muss aber so bescheinigt werden, dass daraus hervorgeht:

- dass es sich um eine Ausgleichszahlung handelt;
- auf welche Originalzahlung sich die Ausgleichszahlung bezieht.

Auf der Bescheinigung der Ausgleichszahlung darf keine ausländische Quellensteuer ausgewiesen werden.

Ist der im Ausland ansässige Empfänger der weiterverliehenen Wertschriften (C) aufgrund seines internen Rechts verpflichtet, auf der von ihm (an B) geleisteten Ausgleichszahlung (AZ I) eine Quellensteuer zu erheben, gelten für die Rückforderung/Entlastung dieser Quellensteuer durch B die unter Ziffer 4.3. für das Long Borrowing gemachten Ausführungen.

4.3 Long Borrowing

Borgt eine Person mit Sitz oder Wohnsitz im Inland von einer in- oder ausländischen Gegenpartei ausländische Wertschriften und fällt während der Dauer des Geschäfts ein an der Quelle besteuerter Ertrag auf diesen Wertschriften an, ist für die Zuweisung von allfälligen Entlastungsansprüchen die im Quellenstaat gültige Praxis massgebend.

Die Höhe der an die Gegenpartei (Lender) zu leistenden Ausgleichszahlung kann von den beteiligten Parteien frei vereinbart werden. Die Zahlung muss aber so bescheinigt werden, dass daraus hervorgeht:

- dass es sich um eine Ausgleichszahlung handelt;
- auf welche Originalzahlung sich die Ausgleichszahlung bezieht.

Auf der Bescheinigung der Ausgleichszahlung darf keine ausländische Quellensteuer ausgewiesen werden.

5 Einkommens- und Gewinnsteuer

5.1 Lending Fee

Privatvermögen

Die von einem inländischen Lender vereinnahmte Lending Fee stellt steuerbares Einkommen dar (vgl. Art. 23 Bst. d DBG).

Bei der Abzugsfähigkeit der bezahlten Lending Fee wird wie folgt differenziert:

- *Long Borrowing und Reihengeschäft*
  Bei der vom inländischen Borger bezahlten Lending Fee handelt es sich um notwendigen Aufwand zur Erzielung von steuerbaren Einkünften (Gewinnungskosten). Sie ist deshalb abzugsfähig.
- *Weiterveräusserung*
  Die vom inländischen Borger bezahlte Lending Fee ist bei diesem nicht abzugsfähig, da sie nicht Gewinnungskosten darstellt.

Geschäftsvermögen

Die von einem inländischen Lender vereinnahmte Lending Fee stellt bei diesem steuerbares Einkommen bzw. steuerbaren Ertrag dar (vgl. Art. 18 Abs. 1 bzw. Art. 58 Abs. 1 DBG).

Die vom inländischen Borger bezahlte Lending Fee stellt bei diesem geschäftsmässig begründeten Aufwand dar (vgl. Art. 27 Abs. 1 bzw. Art. 58 Abs. 1 DBG).

5.2 Originaldividenden und -zinsen bzw. Ausgleichszahlungen

Privatvermögen

Originaldividenden und -zinsen stellen beim Borger bzw. beim Dritten steuerbares Einkommen dar (vgl. Art. 20 Abs. 1 Bst. a und c DBG).

Die Ausgleichszahlung wird beim Lender ebenfalls als Einkommen besteuert (vgl. Art. 20 Abs. 1 Bst. d DBG).

Bei der Abzugsfähigkeit der bezahlten Ausgleichszahlung wird wie folgt differenziert:

- *Long Borrowing und Reihengeschäft*
  Bei der vom inländischen Borger bezahlten Ausgleichszahlung handelt es sich um abzugsfähige Gewinnungskosten.
- *Weiterveräusserung*
  Die vom inländischen Borger bezahlte Ausgleichszahlung ist bei diesem nicht abzugsfähig, da sie nicht Gewinnungskosten darstellt.

Geschäftsvermögen

Originaldividenden und -zinsen stellen beim Borger bzw. beim Dritten steuerbares Einkommen bzw. steuerbaren Ertrag dar (vgl. Art. 18 Abs. 1 bzw. Art. 58 Abs. 1 DBG).

Der Beteiligungsabzug steht dem Borger zu, sofern er der zivilrechtliche Eigentümer ist und ihm die Originaldividende zufliesst. Demgegenüber stellt die Ausgleichszahlung beim Lender ordentlich steuerbaren Ertrag dar. Der Beteiligungsertrag gemäss Artikel 69 ff. DBG kann nicht geltend gemacht werden[2].

Die Ausgleichszahlung wird beim Lender ebenfalls als steuerbares Einkommen bzw. steuerbarer Ertrag besteuert (vgl. Art. 18 Abs. 1 bzw. Art. 58 Abs. 1 DBG). Die vom Borger bezahlte Ausgleichszahlung stellt bei diesem geschäftsmässig begründeten Aufwand dar (vgl. Art. 27 Abs. 1 bzw. Art. 58 Abs. 1 DBG).

Finden SLB-Transaktionen über den Dividenden- bzw. Zinstermin statt, ist der Prüfung des Vorliegens einer Steuerumgehung besondere Beachtung zu schenken.

6 Umsatzabgabe

Da es sich beim Securities Lending and Borrowing lediglich um eine Titelleihe handelt, entfällt mangels Entgelt die Abgabepflicht. Dies gilt auch beim Repo-Geschäft, bei welchem es sich in erster Linie um ein Finanzierungsgeschäft handelt[3].

7 Verrechnungssteuer auf Zinsen von Cash-Collaterals und Repo-Geschäften

Zinsen auf Cash-Collaterals und Repo-Zinsen, welche von einer Bank im Sinne von Artikel 9 Absatz 2 VStG bezahlt werden, unterliegen grundsätzlich der Verrechnungssteuer. Davon ausgenommen sind Zinszahlungen von Guthaben, welche in- und ausländische Banken oder Broker für eigene Rechnung bei der inländischen Bank begründet haben. Diese Zinsempfänger müssen der Banken- oder Börsenaufsicht des Heimatlandes unterstehen.

8 Gültigkeit

Dieses Kreisschreiben tritt per 1. Januar 2018 in Kraft und ersetzt das Kreisschreiben Nr. 13 vom 1. September 2006. Es findet auch auf in diesem Zeitpunkt bereits laufende SLB- sowie Repo-Geschäfte für Ertragsfälligkeiten ab 1. Januar 2018 Anwendung.

---

[2] Kreisschreiben ESTV Nr. 27 vom 17. Dezember 2009 (Steuerermässigung auf Beteiligungserträgen von Kapitalgesellschaften und Genossenschaften; 1-027-D-2009)

[3] Kreisschreiben ESTV Nr. 12 vom 10. März 2011 (Umsatzabgabe; 1-1012-S-2011)

		Long Borrowing / Reihengeschäft		Weiterveräusserung		
		① Der Borger hat die Titel nicht veräussert. Empfänger der Originaldividende ist der letzte Borger ② Der Borger vergütet dem Lender eine Ausgleichszahlung		① Der Borger hat die Titel veräussert, somit ist der Dritte Empfänger der Original-Dividende ② Der Borger vergütet dem Lender eine Ausgleichszahlung		
		Lender	Borger	Lender	Borger	Dritter
Einkommenssteuer (Privatvermögen)	① Dividende		Steuerbarer Vermögensertrag			Steuerbarer Vermögensertrag
	② Ausgleichszahlung	Steuerbarer Vermögensertrag	Abzugsfähige Gewinnungskosten	Steuerbarer Vermögensertrag	Nicht abzugsfähig	
	Lending Fee	Steuerbarer Vermögensertrag	Abzugsfähige Gewinnungskosten	Steuerbarer Vermögensertrag	Nicht abzugsfähig	
Einkommenssteuer (Geschäftsvermögen)	① Dividende		Steuerbarer Wertschriftenertrag			Steuerbarer Wertschriftenertrag
	② Ausgleichszahlung	Steuerbarer Ertrag	Geschäftsmässig begründeter Aufwand	Steuerbarer Ertrag	Geschäftsmässig begründeter Aufwand	
	Lending Fee	Steuerbarer Ertrag	Geschäftsmässig begründeter Aufwand	Steuerbarer Ertrag	Geschäftsmässig begründeter Aufwand	
Gewinnsteuer	① Dividende		Steuerbarer Beteiligungsertrag Beteiligungsabzug *			Steuerbarer Beteiligungsertrag Beteiligungsabzug*
	② Ausgleichszahlung	Steuerbarer Ertrag Ohne Beteiligungsabzug	Geschäftsmässig begründeter Aufwand	Steuerbarer Ertrag Ohne Beteiligungsabzug	Geschäftsmässig begründeter Aufwand	
	Lending Fee	Steuerbarer Ertrag	Geschäftsmässig begründeter Aufwand	Steuerbarer Ertrag	Geschäftsmässig begründeter Aufwand	

* Der Beteiligungsabzug kann nur vom Empfänger der Originaldividende beansprucht werden.

Schweizerische Eidgenossenschaft
Confédération suisse
Confederazione Svizzera
Confederaziun svizra

Eidgenössisches Finanzdepartement EFD
Eidgenössische Steuerverwaltung ESTV
Hauptabteilung Direkte Bundessteuer,
Verrechnungssteuer, Stempelabgaben

Direkte Bundessteuer
Bern, 30. November 2017

Kreisschreiben Nr. 42

Steuerliche Behandlung der berufsorientierten Aus- und Weiterbildungskosten

Inhaltsverzeichnis

Eidgenössische Steuerverwaltung ESTV
Eigerstrasse 65
3003 Bern
www.estv.admin.ch

1 Gesetzliche Grundlage sowie Gegenstand des Kreisschreibens

Mit dem Bundesgesetz vom 27. September 2013 über die steuerliche Behandlung der berufsorientierten Aus- und Weiterbildungskosten wurde die steuerliche Abzugsfähigkeit der Kosten für die Aus- und Weiterbildung neu geregelt (vgl. Amtliche Sammlung des Bundesrechts [AS] Jahrgang 2014, Seite 1105 ff. sowie Bundesblatt [BBl] Jahrgang 2011, Seite 2607 ff.). Gestützt darauf sind alle berufsorientierten Aus- und Weiterbildungskosten nach dem ersten Abschluss auf der Sekundarstufe II abzugsfähig. Liegt kein erster Abschluss auf der Sekundarstufe II vor, sind alle berufsorientierten Aus- und Weiterbildungskosten ab dem vollendeten 20. Lebensjahr abzugsfähig, sofern es sich dabei nicht um die Ausbildungskosten bis und mit dem ersten Abschluss auf der Sekundarstufe II handelt.

Der Abzug gemäss Artikel 33 Absatz 1 Buchstabe j des Bundesgesetzes vom 14. Dezember 1990 über die direkte Bundessteuer (DBG, SR 642.11) ist auf höchstens 12 000 Franken pro Person und Steuerperiode beschränkt.

Nicht abzugsfähig sind Kosten für Aus- und Weiterbildungen, die nicht berufsorientiert sind (Liebhaberei, Hobby).

Der Bundesrat setzte das Bundesgesetz über die steuerliche Behandlung der berufsorientierten Aus-und Weiterbildungskosten per 1. Januar 2016 in Kraft (vgl. AS 2014 1107). Damit gelten neu die Artikel 17 Absatz 1bis, Artikel 27 Absatz 2 Buchstabe e, Artikel 33 Absatz 1 Buchstabe j und Artikel 59 Absatz 1 Buchstabe e DBG. Der Artikel 26 Absatz 1 Buchstabe c DBG wurde geändert, und die Artikel 26 Absatz 1 Buchstabe d, Artikel 34 Buchstabe b DBG und Artikel 8 der Berufskostenverordnung wurden aufgehoben.

Das vorliegende Kreisschreiben legt die neue gesetzliche Regelung dar und regelt gewisse Einzelfragen.

Mit dem vorliegenden Kreisschreiben wird gleichzeitig die Ziffer 3 des Kreisschreibens Nr. 26 der Eidgenössischen Steuerverwaltung vom 22. September 1995 betreffend den Abzug von Berufskosten der unselbständigen Erwerbstätigkeit hinfällig.

2 Bildungssystem in der Schweiz

Der neue Abzug orientiert sich am schweizerischen Bildungssystem und übernimmt insbesondere dessen Begrifflichkeit. Das Bildungssystem in der Schweiz umfasst grundsätzlich die folgenden Stufen bzw. Bereiche (vgl. dazu die Ausführungen des Schweizer Medieninstituts für Bildung und Kultur im Auftrag des Staatssekretariats für Bildung, Forschung und Innovation und der Schweizerischen Konferenz der kantonalen Erziehungsdirektoren):

– Primarstufe: Die Primarstufe – inklusive zwei Jahre Kindergarten oder die ersten beiden Jahre einer Eingangsstufe – umfasst acht Jahre. Die Kantone mit ihren Gemeinden sind zuständig für die Organisation und Finanzierung der Primarstufe. Träger der Schulen sind die Gemeinden. Der Schulbesuch ist für alle Kinder obligatorisch und kostenlos. Beim Eintritt in die Primarstufe sind die Kinder in der Regel zwischen vier und fünf Jahre alt.

– Sekundarstufe I: Die Sekundarstufe I folgt auf die Primarstufe und dauert in der Regel drei Jahre (neuntes bis elftes Schuljahr). Die Sekundarstufe I vermittelt eine grundlegende Allgemeinbildung und bereitet auf die berufliche Grundbildung oder auf den Übertritt an allgemeinbildende Schulen der Sekundarstufe II vor. Die Kantone mit ihren Gemeinden sind zuständig für die Organisation und Finanzierung der Sekundarstufe I. Die Gemeinden, teilweise auch die Kantone, sind Träger dieser Schulen. Der Schulbesuch ist obligatorisch und kostenlos. Die Schülerinnen und Schüler der Sekundarstufe I sind in der Regel zwischen 12 und 15 Jahre alt.

– Sekundarstufe II: Nach der obligatorischen Schule treten die Jugendlichen in die Sekundarstufe II über. Unterteilen lässt sich die Sekundarstufe II in allgemeinbildende und in berufsbildende

Ausbildungsgänge. Allgemeinbildende Ausbildungsgänge bieten die gymnasialen Maturitätsschulen (Gymnasien) und Fachmittelschulen (FMS) an. Die berufliche Grundbildung kann in Lehrbetrieben mit ergänzendem Unterricht in den Berufsfachschulen und überbetrieblichen Kursen oder in einem schulischen Vollzeitangebot wie Lehrwerkstätten oder beruflichen Vollzeitschulen absolviert werden. Es können folgende Ausbildungsgänge der beruflichen Grundbildung unterschieden werden: Zweijährige berufliche Grundbildung mit einem eidgenössischen Berufsattest (früher: Anlehre), drei- oder vierjährige berufliche Grundbildung mit eidgenössischem Fähigkeitszeugnis, Berufsmaturitätsbildung ergänzend zur drei- oder vierjährigen beruflichen Grundbildung. In der nachfolgenden Grafik wird die berufliche Grundbildung zusammenfassend als „Berufliche Grundausbildung" bezeichnet.

– Tertiärstufe: Die Tertiärstufe umfasst Ausbildungen im Rahmen der höheren Berufsbildung und im Rahmen der Hochschulen: Die höhere Berufsbildung umfasst die eidgenössischen Berufsprüfungen, eidgenössische höhere Fachprüfungen sowie die höheren Fachschulen (HF). Zu den Hochschulen zählen die universitären Hochschulen (kantonale universitäre Hochschulen sowie Eidgenössische Technische Hochschulen [ETH]), die Fachhochschulen (FH), einschliesslich Kunst- und Musikhochschulen, sowie die Pädagogischen Hochschulen (PH).

Graphischer Überblick über das schweizerische Bildungswesen (vgl. auch Schweizer Medieninstitut für Bildung und Kultur; http://bildungssystem.educa.ch/de):

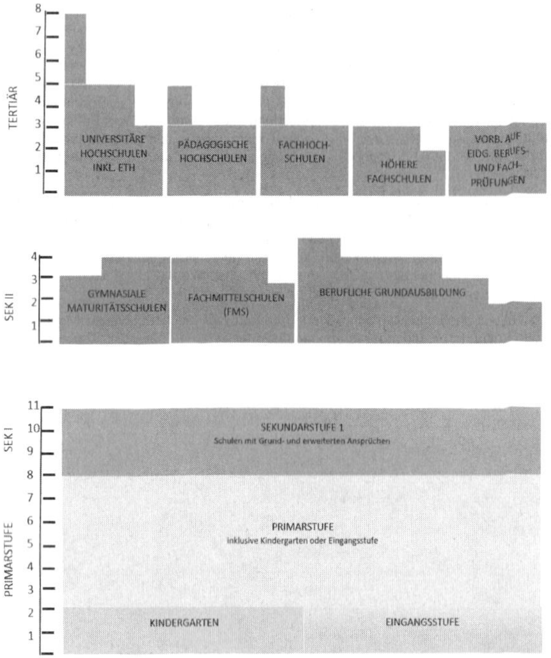

3 Schematischer Überblick über die Abzugsfähigkeit (Grundzüge)

	Abzugsfähig gemäss Artikel 33 Absatz 1 Buchstabe j DBG				
	bis 31. Dezember 2015	ab 1. Januar 2016			
		über 20 Jahre alt, mit erstem Sek II-Abschluss	über 20 Jahre alt, ohne ersten Sek II-Abschluss	unter 20 Jahre alt, mit erstem Sek II-Abschluss	unter 20 Jahre alt, ohne ersten Sek II-Abschluss
Ausbildung bis und mit erstem Abschluss auf	Nein		Nein		Nein

der Sekundarstufe II					
Ausbildung für weiteren Abschluss auf Sekundarstufe II	Nein	Ja		Ja	
Ausbildung ab Tertiärstufe	Nein	Ja		Ja	
Weiterbildung (z.B. zur besseren Berufsausübung, zur Anpassung an neue Anforderungen)	Ja	Ja	Ja	Ja	Nein
Umschulung in eine höhere berufliche Stellung oder in einen neuen Beruf	Nein	Ja	Ja, ausser Ausbildungskosten bis zum ersten Sek II-Abschluss	Ja	Nein
Wiedereinstieg	Ja	Ja	Ja, ausser Ausbildungskosten bis zum ersten Sek II-Abschluss	Ja	Nein
Liebhaberei, Hobby	Nein	Nein	Nein	Nein	Nein

grau = nicht mögliche Sachverhaltskonstellation

4 Steuerliche Behandlung der berufsorientierten Aus- und Weiterbildungskosten

4.1 Allgemeines

Artikel 33 Absatz 1 Buchstabe j DBG trat am 1. Januar 2016 in Kraft und lautet folgendermassen:

> *„Von den Einkünften werden abgezogen:*
>
> *j. die Kosten der berufsorientierten Aus- und Weiterbildung, einschliesslich der Umschulungskosten, bis zum Gesamtbetrag von 12 000 Franken, sofern:*
>
> *1. ein erster Abschluss auf der Sekundarstufe II vorliegt, oder*
>
> *2. das 20. Lebensjahr vollendet ist und es sich nicht um die*
>
> *Ausbildungskosten bis zum ersten Abschluss auf der Sekundarstufe II*

handelt."

Nach dem Wortlaut dieser Bestimmung kann bei Vorliegen eines Abschlusses auf der Sekundarstufe II ein allgemeiner Abzug für alle berufsorientierten Aus- und Weiterbildungskosten geltend gemacht werden. Dieser umfasst die Kosten für die Weiterbildung im bisherigen Beruf, für die Umschulung, für den Wiedereinstieg und für den Berufsaufstieg.

Ab dem vollendeten 20. Lebensjahr können steuerpflichtige Personen auch ohne einen Abschluss auf der Sekundarstufe II ihre anfallenden berufsorientierten Aus- und Weiterbildungskosten abziehen, sofern diese nicht im Hinblick auf den ersten Abschluss auf der Sekundarstufe II aufgewendet werden.

Mit dieser schematischen Abgrenzung, die dem Wortlaut von Artikel 33 Absatz 1 Buchstabe j DBG zugrunde liegt, können sämtliche berufsorientierten Aus- und Weiterbildungskosten von Bildungsaktivitäten sowohl auf der Sekundarstufe II (nach dem ersten Abschluss auf derselben) und der Tertiärstufe als auch ausserhalb des formalen Bildungssystems in Abzug gebracht werden. Unter formaler Bildung wird gemeinhin die institutionalisierte, kontinuierliche Aus- und Weiterbildung in den staatlichen Bildungsinstitutionen (wie Schule, Universität, Institutionen der Berufsbildung) verstanden. Sie ist ein strukturierter, hierarchisch gegliederter Prozess und gekennzeichnet durch klare Lernziele, Lehrpläne, Lernsettings und Zertifizierungen.

Der Abzug ist bei Altersrentnerinnen und Altersrentnern nur möglich, falls diese eine aktuelle oder zukünftige Erwerbstätigkeit glaubhaft machen.

Die Kosten bis und mit dem ersten Abschluss auf der Sekundarstufe II gelten als Lebenshaltungskosten und sind nicht abzugsfähig. Ebenso sind sämtliche berufsorientierten Aus- und Weiterbildungskosten, die vor Vollendung des 20. Lebensjahres anfallen, nicht abzugsfähig, sofern kein Abschluss auf Sekundarstufe II vorliegt.

Beispiele:

- *Der ungelernte, über 20jährige Automechaniker kann zwar sämtliche Kosten für Kurse, die dem Erwerb vertiefter Kenntnisse bei der Reparatur von bestimmten Automarken dienen, bis zum Höchstbetrag von 12 000 Franken pro Steuerperiode von seinen steuerbaren Einkünften in Abzug bringen. Sollte er sich aber im Alter von 30 Jahren entscheiden, den Lehrabschluss nachzuholen, wird er die dadurch verursachten Kosten steuerlich nicht geltend machen können.*
- *Eine Studentin finanziert sich ihr Studium an der Universität mit einer Teilzeitstelle. Sie kommt persönlich für die Semestergebühren auf und kauft die für das Studium notwendigen Bücher. Zusätzlich wird sie für den Lebensunterhalt von ihren Eltern mit einem monatlichen Beitrag unterstützt. Die Auslagen für das Studium (z.B. Semestergebühren, Bücherkosten) kann die Studentin im Rahmen ihres Einkommens bis zum festgelegten Höchstbetrag steuerlich als Aus- und Weiterbildungskosten in Abzug bringen. Die Eltern ihrerseits können keinen Aus- und Weiterbildungskostenabzug für ihre Tochter geltend machen. Allenfalls steht ihnen der Kinder- oder der Unterstützungsabzug für ihre Tochter zu.*
- *Tritt eine Person mit 16 Jahren eine kaufmännische Lehre bei einer international tätigen Bank an, die in der Regel drei Jahre dauert, kann sie die Kosten für einen Sprachaufenthalt in England, welchen sie in den Sommerferien am Ende des zweiten Lehrjahres absolviert, steuerlich nicht zum Abzug bringen. Wenn sie allerdings denselben Sprachkurs nach dem Lehrabschluss besucht, sind die Kosten – sofern sie berufsorientiert sind – steuerlich abzugsfähig, auch wenn sie das 20. Lebensjahr noch nicht vollendet hat.*

4.2 Allgemeiner Abzug

Der Abzug für die Aus- und Weiterbildungskosten gemäss Artikel 33 Absatz 1 Buchstabe j DBG stellt einen allgemeinen Abzug dar, mit dem den tatsächlichen Aufwendungen der steuerpflichtigen Person bis zu einem Gesamtbetrag von höchstens 12 000 Franken Rechnung getragen wird. Der Abzug ist kein Pauschalabzug. Bei Ehegatten, die in rechtlich und tatsächlich ungetrennter Ehe leben, und bei Personen, die in einer eingetragenen Partnerschaft leben, steht dieser Abzug jedem Ehegatten, jeder eingetragenen Partnerin und jedem eingetragenen Partner zu. Aufgrund dieser gesetzlichen Konzeption ist für dessen Geltendmachung kein Zusammenhang mit Erwerbseinkünften erforderlich. Dies bedeutet, dass der Abzug auch dann geltend gemacht werden kann, wenn in der entsprechenden Steuerperiode kein Erwerbseinkommen erzielt wurde. Es ist zudem darauf hinzuweisen, dass die Verordnung des Eidgenössischen Finanzdepartements vom 10. Februar 1993 über den Abzug der Berufskosten unselbstständig Erwerbstätiger bei der direkten Bundessteuer (SR 642.118.1; Berufskostenverordnung) daher keine direkte Anwendung findet. Auch bei einer unterjährigen Steuerpflicht können effektive Aufwendungen bis zum maximal zulässigen Betrag von 12 000 Franken in Abzug gebracht werden. Für die Berechnung des satzbestimmenden Einkommens sind die effektiven Aufwendungen nicht umzurechnen.

Die steuerpflichtige Person kann allerdings nur diejenigen Kosten abziehen, die sie selbst für ihre berufsorientierte Aus- oder Weiterbildung leisten muss.

4.3 Obergrenze des Abzuges

Der zulässige Abzug ist auf einen Gesamtbetrag von höchstens 12 000 Franken pro Steuerperiode begrenzt (vgl. Art. 33 Abs. 1 Bst. j DBG).

Der jeweilige Maximalbetrag kann von jeder steuerpflichtigen Person pro Steuerperiode für ihre selbst getragenen Aus- und Weiterbildungskosten geltend gemacht werden. Der genannte Maximalabzug steht somit sowohl jedem Ehegatten als auch jedem eingetragenen Partner, resp. jeder eingetragenen Partnerin einzeln zu. Die Begrenzung der abzugsfähigen Kosten bezieht sich dabei nicht auf die Kosten des einzelnen Lehrganges, sondern auf die während der Steuerperiode gesamthaft für die Aus- und Weiterbildung verwendeten Mittel.

Allfällige weitere direkt oder indirekt mit diesem Abzug zusammenhängende Kosten – etwa für Fahrten zwischen dem Wohn- respektive Arbeitsort an den Ort der Weiterbildung – können ausschliesslich im Rahmen des jährlich zulässigen Gesamtbetrags geltend gemacht werden, sofern es sich um notwendige Kosten handelt. Nicht notwendige Kosten sind der privaten Lebenshaltung zuzuordnen und berechtigen nicht zum Abzug. Allenfalls muss eine anteilsmässige Aufteilung der geltend gemachten Kosten vorgenommen werden.

4.4 Berufsorientierte Aus- und Weiterbildung nach Abschluss auf Sekundarstufe II

Berufsorientierte Aus- und Weiterbildung beinhaltet, durch organisiertes Lernen bestehende berufliche Qualifikationen zu erneuern, zu vertiefen und zu erweitern oder neue berufliche Qualifikationen zu erwerben, um damit die berufliche Flexibilität zu unterstützen. Dabei ist es unerheblich, ob die berufsorientierte Aus- und Weiterbildung zu einer selbstständigen oder unselbstständigen Erwerbstätigkeit führt. Es spielt auch keine Rolle, ob die berufsorientierte Aus- oder Weiterbildung im direkten Zusammenhang mit der Erzielung des gegenwärtigen Erwerbseinkommens steht. Jedoch verlangt das Kriterium der Berufsorientierung eine gewisse Qualität der Wissensvermittlung und der methodischen Vorgehensweise, um als berufsorientiert im Sinne der direkten Bundessteuer zu gelten.

Um die anfallenden Kosten als berufsorientierte Aus- und Weiterbildungskosten steuerlich in Abzug bringen zu können, ist es nicht erforderlich, den Abschluss des entsprechenden Bildungslehrganges auch tatsächlich zu erwerben. Sind die Voraussetzungen der Berufsorientierung erfüllt, genügt es, dass der steuerpflichtigen Person Kosten anfallen.

Als berufsorientierte Aus- und Weiterbildungen gelten dabei insbesondere Kurse, Seminare, Kongresse und andere Veranstaltungen wissenschaftlicher oder bildender Art, die entweder einen direkten Bezug zur aktuellen Berufsausübung haben oder im Hinblick auf eine beabsichtigte zukünftige Berufsausübung besucht werden.

4.5 Keine berufsorientierte Aus- und Weiterbildung

Damit eine Aus- und Weiterbildung einen berufsorientierten Charakter hat, muss ihr in erster Linie verfolgtes Ziel die Vermittlung von beruflichem Wissen im Sinne von Ziffer 4.4 hiervor sein. Berufsorientierte Aus- und Weiterbildungen sind deshalb von denjenigen Bildungsveranstaltungen abzugrenzen, deren primäres Ziel nicht die berufliche Wissensvermittlung ist.

4.5.1 Beratungsleistungen, Berufs-, Studien- und Karriereberatung, Coaching, Training

Im Gegensatz zur berufsorientierten Aus- und Weiterbildung erschöpft sich die Beratungsleistung nicht in der Vermittlung von Wissen. Vielmehr liegt das in erster Linie verfolgte Ziel in der Lösung eines konkreten Problems. Oft beinhaltet eine Beratungsleistung sowohl Elemente der Schulung als auch Elemente der Beratung. Die Beurteilung, ob eine solche Dienstleistung als Bildungsleistung oder als Beratung zu qualifizieren ist, wird aufgrund des abgeschlossenen Vertrags vorgenommen. Überwiegt der Beratungscharakter, sind die angefallenen Kosten gesamthaft nicht als eine berufsorientierte Aus- und Weiterbildung im Sinne von Artikel 33 Absatz 1 Buchstabe j DBG zu qualifizieren.

Eine Beratungsleistung, die keine berufsorientierte Aus- und Weiterbildung darstellt, liegt insbesondere dann vor, wenn das vertragliche Verhältnis individuell auf den Auftraggeber zugeschnitten ist, auf einer vorgängigen Analyse der entsprechenden Situation beim Auftraggeber beruht und darin besteht, konkrete Problemlösungsvorschläge auszuarbeiten sowie eventuell umzusetzen.

Deshalb stellen Berufs-, Studien- und Karriereberatungen, Coaching und Training grundsätzlich keine berufsorientierten Aus- und Weiterbildungen dar.

4.5.2 Anlässe im Bereich Unterhaltung, Erlebnis, Geselligkeit, Sport und Hobby

Anlässe im Bereich Unterhaltung, Vergnügung, Freizeitbeschäftigung, Geselligkeit, Entspannung, gemeinsame Ausübung einer Tätigkeit, sportliche Betätigung usw. stellen selbst dann keine berufsorientierten Aus- und Weiterbildungen im Sinne von Artikel 33 Absatz 1 Buchstabe j DBG dar, wenn sie noch ein (untergeordnetes) Bildungselement enthalten. Als Beispiele können genannt werden:

Kurse, Vorträge, Referate, Seminare, Symposien, Kongresse, Workshops und andere Veranstaltungen mit überwiegendem Hobbycharakter wie Handarbeitskurse, Garten- und Handwerkskurse, Astrologie, Feng-Shui, Weinseminare, Riverrafting, Aktivferien (Malferien, Reitferien, Wanderwochen usw.), geführte Berg-, Ski- oder Biketouren, Aktivitäten zur Förderung des Teamgeistes, Fallschirmsprünge oder Tauchgänge, Sportkurse (Tennis, Karate, Reiten, Tauchen etc.), Schnupperflüge, Gymnastik, Aerobic, Pump, (Nordic-)Walking, Yogakurse, Bodybuilding, Krafttraining usw., aber auch Fahrstunden, Erste Hilfe Kurse, Nothilfekurse sowie Reanimationskurse, usw.; Sportkurse, die nicht in erster Linie der Bildung, sondern der Fitness, dem Training, der sportlichen Ertüchtigung / Sportanimation oder der Gesundheit dienen; Instruktionen, die überwiegend der Freizeitbeschäftigung dienen, usw.

4.6 Abzugsmöglichkeiten für Arbeitgeber und selbständig Erwerbstätige

Arbeitgeber können nach Artikel 27 Absatz 2 Buchstabe e DBG bzw. Artikel 59 Absatz 1 Buchstabe e DBG die von ihnen getragenen Kosten der berufsorientierten Aus- und Weiterbildung für das eigene Personal steuerlich zum Abzug bringen. Arbeitgeber, die Kosten der betriebsinternen Aus- und Weiterbildung für ihr eigenes Personal tragen, können diese nach den ordentlichen Bestimmungen steuerlich ebenfalls geltend machen. Gleiches gilt grundsätzlich auch für Leistungen des neuen Arbeitgebers bei Stellenantritt für Kosten von bereits abgeschlossenen berufsorientierten Aus- und Weiterbildungen der steuerpflichtigen Person. Qualifizieren Kosten einer Aus- und Weiterbildung bei der steuerpflichtigen natürlichen Person nicht als Kosten der berufsorientierten Aus- und Weiterbildung, können sie beim Arbeitgeber dennoch geschäftsmässig begründeten Aufwand darstellen. Die Qualifikation als geldwerte Leistung an Nahestehende bleibt vorbehalten.

Arbeitgeber, die Kosten der berufsorientierten Aus- und Weiterbildung für ihr eigenes Personal tragen, haben – falls die Rechnung auf den Arbeitnehmer lautet – die übernommenen Kosten im Lohnausweis in Ziffer 13.3 zu bescheinigen. Lautet die Rechnung auf den Arbeitgeber, müssen die übernommenen Kosten im Lohnausweis nicht bescheinigt werden. Arbeitgeber, die betriebsinterne Aus- und Weiterbildungen für ihr eigenes Personal durchführen und finanzieren, müssen die diesbezüglich entstandenen Kosten im Lohnausweis ebenfalls nicht bescheinigen.

Selbständig erwerbstätige steuerpflichtige Personen können auch ihre eigenen berufsorientierten Aus- und Weiterbildungskosten – sofern diese geschäftsmässig begründeten Aufwand darstellen – im Jahr des Aufwands nach Artikel 27 Absatz 1 DBG steuerlich zum Abzug bringen.

Die selbständig erwerbstätige steuerpflichtige Person verfügt zudem über die Möglichkeit, die von ihr zusätzlich getragenen Kosten der berufsorientierten Aus- und Weiterbildung nach Artikel 33 Absatz 1 Buchstabe j DBG zum Abzug zu bringen.

4.7 Vom Arbeitgeber bezahlte berufsorientierte Aus- und Weiterbildungskosten

Grundsätzlich stellen geldwerte Vorteile, welche vom Arbeitgeber an den Arbeitnehmer fliessen, gemäss Artikel 17 Absatz 1 DBG steuerbares Einkommen dar:

> *„Steuerbar sind alle Einkünfte aus privatrechtlichem oder öffentlich-rechtlichem Arbeitsverhältnis mit Einschluss der Nebeneinkünfte wie Entschädigungen für Sonderleistungen, Provisionen, Zulagen, Dienstalters- und Jubiläumsgeschenke, Gratifikationen, Trinkgelder, Tantiemen, geldwerte Vorteile aus Mitarbeiterbeteiligungen und andere geldwerte Vorteile."*

Eine Ausnahme besteht nur für die vom Arbeitgeber bezahlten Kosten der berufsorientierten Aus- und Weiterbildung, die aufgrund der Gesetzesbestimmung in Artikel 17 Absatz 1bis DBG beim Arbeitnehmer keine steuerbaren Einkünfte darstellen:

> *„Die vom Arbeitgeber getragenen Kosten der berufsorientierten Aus- und Weiterbildung einschliesslich Umschulungskosten, stellen unabhängig von deren Höhe keinen anderen geldwerten Vorteil im Sinne von Absatz 1 dar."*

4.7.1 Vom Arbeitgeber an den Arbeitnehmer oder direkt an das Bildungsinstitut geleistete Zahlungen an die berufsorientierte Aus- und Weiterbildung

Ist der Zusammenhang mit einer berufsorientierten Aus- und Weiterbildung des Arbeitnehmers klar erstellt und belegt, qualifizieren solche Leistungen des Arbeitgebers nach Artikel 17 Absatz 1bis DBG nicht als steuerbares Einkommen. Dies gilt unabhängig davon, ob die Leistung des Arbeitgebers an den Arbeitnehmer oder an das Bildungsinstitut erfolgt.

Lautet dabei die Rechnung auf den Arbeitnehmer, bescheinigt der Arbeitgeber diese Vergütung im Lohnausweis in Ziffer 13.3 (vgl. Ziff. 4.6).

4.7.2 Rückzahlung von ursprünglich vom Arbeitgeber getragenen berufsorientierten Aus- und Weiterbildungskosten durch den Arbeitnehmer

Muss der Arbeitnehmer die vom Arbeitgeber zunächst übernommenen berufsorientierten Aus- und Weiterbildungskosten (ganz oder teilweise) an diesen zurückbezahlen (z.B. aufgrund einer Rückzahlungsklausel in der Ausbildungsvereinbarung bei vorzeitigem Stellenwechsel), kann er dafür im Zeitpunkt der Rückzahlung den Abzug gemäss Artikel 33 Absatz 1 Buchstabe j DBG geltend machen. Wenn der Arbeitgeber die berufsorientierten Aus- und Weiterbildungskosten über mehrere Kalenderjahre übernommen hat, kann der Arbeitnehmer im Jahr der Rückzahlung einen Abzug gemäss Artikel 33 Absatz 1 Buchstabe j DBG bis höchstens 12 000 Franken pro Kalenderjahr, in dem die entsprechenden Kosten angefallen sind, geltend machen.

4.7.3 Vergütung von ursprünglich vom Arbeitnehmer getragenen berufsorientierten Aus- und Weiterbildungskosten durch den Arbeitgeber

Der Arbeitnehmer kann gemäss Artikel 33 Absatz 1 Buchstabe j DBG die selbst getragenen berufsorientierten Aus- und Weiterbildungskosten im Zeitpunkt der Zahlung geltend machen.

Werden die vom Arbeitnehmer bereits in Abzug gebrachten berufsorientierten Aus- und Weiterbildungskosten in einer späteren Steuerperiode vom Arbeitgeber (teilweise) vergütet, hat der Arbeitnehmer die Kosten im entsprechenden Umfang letztlich nicht getragen. Aufgrund von Artikel 17 Absatz 1bis DBG i.V.m. Artikel 33 Absatz 1 Buchstabe j DBG sind dem Arbeitnehmer deshalb die von ihm in der Vorperiode bzw. den Vorperioden in Abzug gebrachten berufsorientierten Aus- und Weiterbildungskosten, die ihm der Arbeitgeber nun nachträglich entschädigt hat, im Jahr der Rückvergütung als steuerbares Einkommen im Sinne von Artikel 16 Absatz 1 DBG aufzurechnen. (Beispiel 1). Berufsorientierte Aus- und Weiterbildungskosten, welche aufgrund der Obergrenze von maximal 12 000 Franken in der Vorperiode bzw. den Vorperioden nicht in Abzug gebracht werden konnten, können berücksichtigt werden (Beispiel 2).

Wird dem Arbeitnehmer weniger als die von ihm in der Vorperiode bzw. den Vorperioden in Abzug gebrachten berufsorientierten Aus- und Weiterbildungskosten vergütet, so fliesst ihm lediglich in der Höhe der Rückvergütung steuerbares Einkommen zu (Beispiel 3).

Der Arbeitgeber hat die Rückvergütungen im Lohnausweis in Ziffer 13.3 als Beiträge des Arbeitgebers für die berufsorientierte Aus- und Weiterbildung zu bescheinigen.

Beispiele:

Beispiel 1	**N1**	**N2**	**N3**	**N4**	
ARBEITNEHMER/IN					
Angefallene Kosten	12'000	10'000	8'000		
Abzug	**12'000**	**10'000**	**8'000**		**30'000 *** steuerbar Art. 16 Abs. 1 DBG
ARBEITGEBER/IN				Zahlung 30'000	

* CHF 30'000 sind als steuerbares Einkommen im Sinne von Artikel 16 Absatz 1 DBG aufzurechnen, da die berufsorientierten Aus- und Weiterbildungskosten in diesem Umfang nicht (mehr) selbst getragen sind.

Beispiel 2	**N1**	**N2**	**N3**	**N4**	
ARBEITNEHMER/IN					
Angefallene Kosten	20'000	10'000	8'000		
Abzug	**12'000** (8'000)	**10'000**	**8'000**		**19'000 *** (27'000 - 8'000) steuerbar Art. 16 Abs. 1 DBG
ARBEITGEBER/IN				Zahlung 27'000	

* CHF 19'000 (nicht mehr selbst getragene Kosten von CHF 27'000 abzüglich noch nicht geltend gemachte selbst getragene Kosten von CHF 8'000) sind als steuerbares Einkommen im Sinne von Artikel 16 Absatz 1 DBG aufzurechnen, da die berufsorientierten Aus- und Weiterbildungskosten in diesem Umfang nicht (mehr) selbst getragen sind.

Beispiel 3	**N1**	**N2**	**N3**	**N4**	
ARBEITNEHMER/IN					
Angefallene Kosten	12'000	10'000	8'000		
Abzug	**12'000**	**10'000**	**8'000**		**20'000 *** steuerbar Art. 16 Abs. 1 DBG
ARBEITGEBER/IN				Zahlung 20'000	

* CHF 20'000 (insgesamt selbst getragene Kosten von CHF 30'000 abzüglich weiterhin selbst getragene Kosten von CHF 10'000) sind als steuerbares Einkommen im Sinne von Artikel 16 Absatz 1 DBG aufzurechnen, da die berufsorientierten Aus- und Weiterbildungskosten in diesem Umfang nicht (mehr) selbst getragen sind.

4.8 Leistungen des neuen Arbeitgebers bei Stellenantritt für bereits geleistete berufsorientierte Aus- und Weiterbildungskosten

Entschädigungen des neuen Arbeitgebers für Kosten von bereits abgeschlossenen berufsorientierten Aus- und Weiterbildungen stellen grundsätzlich steuerbare Einkünfte gemäss Artikel 17 Absatz 1 DBG dar. Dies gilt unabhängig davon, ob der neue Arbeitgeber vom Arbeitnehmer direkt geleistete Kosten entschädigt oder allfällige aufgrund eines Ausbildungsvertrags bestehende Rückzahlungsverpflichtungen des Arbeitnehmers ausgleicht. Für Entschädigungen des neuen Arbeitgebers für Kosten von noch andauernden berufsorientierten Aus- und Weiterbildungen gelten die Ausführungen gemäss Ziffer 4.7.3 sinngemäss.

4.9 Zahlungen des Staatssekretariats für Bildung, Forschung und Innovation (SBFI) im Zusammenhang mit der Subjektfinanzierung von vorbereitenden Kursen auf eidgenössische Prüfungen

Der Bund kann nach dem 1. Januar 2018 an Absolventinnen und Absolventen von Kursen, die auf eidgenössische Berufsprüfungen oder eidgenössische höhere Fachprüfungen vorbereiten, Beiträge leisten, sofern dafür die entsprechenden Voraussetzungen erfüllt sind. Entsprechende Zahlungen des SBFI stellen für den Kursteilnehmer steuerbares Einkommen gemäss Artikel 16 Absatz 1 DBG dar. Das SBFI meldet den kantonalen Steuerbehörden die Höhe der gewährten Beiträge.

5 Quellensteuerpflichtige Personen

Quellensteuerpflichtige Personen können den Abzug für berufsorientierte Aus- und Weiterbildungskosten im Rahmen einer nachträglichen Korrektur geltend machen, sofern die Voraussetzungen dafür erfüllt sind. Der Korrekturantrag ist jeweils bis am 31. März des Folgejahres bei der zuständigen kantonalen Steuerbehörde einzureichen (vgl. Art. 137 DBG).

Schweizerische Eidgenossenschaft
Confédération suisse
Confederazione Svizzera
Confederaziun svizra

Eidgenössisches Finanzdepartement EFD

Eidgenössische Steuerverwaltung ESTV
Hauptabteilung Direkte Bundessteuer,
Verrechnungssteuer, Stempelabgaben

Direkte Bundessteuer
Verrechnungssteuer
Stempelabgaben

Bern, 3. Oktober 2017

Kreisschreiben Nr. 15

Obligationen und derivative Finanzinstrumente als Gegenstand der direkten Bundessteuer, der Verrechnungssteuer sowie der Stempelabgaben

Inhaltsverzeichnis **Seite**

Eigerstrasse 65
3003 Bern
www.estv.admin.ch

1 Einleitung

Im Kreisschreiben Nr. 4 vom 12. April 1999 (KS 4) und den Anhängen I, II, und III hat die Eidg. Steuerverwaltung (ESTV) erstmals in Zusammenarbeit mit der Kommission für Steuern und Finanzfragen der Schweiz. Bankiervereinigung (SBVg) und mit Zustimmung der Konferenz staatlicher Steuerbeamter (Vorgängerorganisation der heutigen Schweiz. Steuerkonferenz SSK) die verschiedenen Arten von Obligationen, die herkömmlichen derivativen Finanzinstrumente, die bekannten Kombinationen von Obligationen und derivativen Finanzinstrumenten sowie Spezialfälle mitsamt ihrer steuerlichen Behandlung im Rahmen des Privatvermögens unter dem Aspekt der direkten Bundessteuer, der Verrechnungssteuer sowie der Stempelabgaben in umfassender Weise dargestellt. Das KS 4 konkretisierte die steuerlichen Bestimmungen im Bereich des beweglichen privaten Kapitalvermögens und hatte insbesondere zum Ziel, sachgerechte Grundlagen zu schaffen, um auch bei nicht trennbaren kombinierten Produkten dem schweizerischen Steuersystem entsprechend zwischen steuerbaren Erträgen aus Kapitalanlagen (Art. 20 Abs. 1 Bst. a und b des Bundesgesetzes vom 14. Dezember 1990 über die direkte Bundessteuer [DBG]) und steuerfreien Kapitalgewinnen aus Termingeschäften und Optionen (Art. 16 Abs. 3 DBG) unterscheiden zu können. Als wesentliche Neuerung gegenüber der früheren Praxis führte die ESTV deshalb zu diesem Zweck die Unterscheidung in sog. transparente und nicht transparente Produkte ein. Dass die im KS 4 vorgesehene Transparentmachung von nicht trennbaren kombinierten Produkten für Steuerzwecke grundsätzlich *bundesrechtskonform* ist, wurde sowohl vom Verwaltungsgericht des Kantons Zürich mit Entscheid vom 24. August 2005 (SB.2004.00077) als auch vom Bundesgericht mit Urteil vom 8. Februar 2006 (2A.438/2005 und 2P.181/2005) bestätigt.

Im Unterschied zu heute stand zum Zeitpunkt der Publikation des KS 4 weder der Bond-FloorPricing-Service der SIX Financial Information AG (hienach BFP-Service) als Hilfsmittel zur Verfügung, noch war der Swap-Satz als Behelf zur verobjektivierten Bestimmung der marktkonformen Verzinsung des Anlageteils von kombinierten Produkten bei den Marktteilnehmern bereits allgemein anerkannt. Diese Hilfsmittel ermöglichen es heute grundsätzlich, alle gängigen, nicht trennbaren kombinierten Produkte auch ohne entsprechende Angaben der Emittenten nachträglich transparent zu machen. Von dieser Möglichkeit haben die Steuerpflichtigen in der Schweiz, wie auch die Emittenten und Vertriebskanäle, in den vergangenen Jahren regen Gebrauch gemacht und somit von der unter den gegebenen Umständen für sie vorteilhaften steuerlichen Trennung von Anlage- und Options-/Wandelgeschäft profitiert.

Das Kreisschreiben Nr. 15 der ESTV in der Version vom 7. Februar 2007 (KS 15, Nachfolge-Kreisschreiben des KS 4) erläuterte deshalb insbesondere die aktuelle Praxis im Bereich der *nachträglichen* Herstellung der Transparenz von nicht trennbaren kombinierten Produkten, dessen Ausführungen im KS 4 überholt waren. Das vorliegende Kreisschreiben trägt der seit der Publikation des KS 15 erfolgten Gesetzesänderung im Bereich der Stempelabgaben (Abschaffung der Emissionsabgabe auf Fremdkapital) Rechnung. Neben weiteren Aktualisierungen und Präzisierungen gibt es den seinerzeitigen Inhalt der KS 4 und 15 wieder, die zur Rechtssicherheit bei der steuerlichen Behandlung von strukturierten Finanzinstrumenten beitrugen. Ergänzender Bestandteil des vorliegenden Kreisschreibens bildet nach wie vor auch das Gutachten der Kommission für Steuern und Finanzfragen der SBVg vom November 2006 (vgl. Anhang IV), welches dazu dient, den Nachweis zu erbringen, dass der BFP-Service inkl. dessen Grundlagen geeignet sind, die diesen Hilfsmitteln zugedachte Aufgabe zu erfüllen.

2 Begriffe

2.1 Obligationen *(vgl. Übersicht in Anhang I)*

2.1.1 Gewöhnliche Obligationen

Was unter einer Obligation zu verstehen ist, wurde für die Verrechnungssteuer und die Stempelabgaben gesetzlich geregelt (Art. 4 Abs. 3 bis 5 des Bundesgesetzes vom 27. Juni 1973 über die Stempelabgaben [StG]; Art. 15 der Verordnung vom 19. Dezember 1966 über die Verrechnungssteuer [VStV]). Die direkte Bundessteuer hat diesen steuerrechtlichen Obligationenbegriff übernommen, der weiter geht als derjenige des Wertpapierrechts (Art. 965 ff. des Obligationenrechts vom 30. März 1911 [OR]) und auch darüber hinaus, was im Handel und im Bankgeschäft unter einer Obligation verstanden wird. Obligationen sind demnach schriftliche, auf feste Beträge lautende Schuldanerkennungen, die zwecks kollektiver Beschaffung von Fremdkapital, kollektiver Anlagegewährung oder Konsolidierung von Verbindlichkeiten in einer Mehrzahl von Exemplaren zu gleichartigen Bedingungen ausgegeben werden und dem Gläubiger zum Nachweis, zur Geltendmachung oder zur Übertragung der Forderung dienen.

Die Ausgabe und die Rückzahlung erfolgt in der Regel zu pari. Der Obligationär hat Anspruch auf eine Entschädigung für das hingegebene Kapital, welche periodisch ausbezahlt wird.

Unter einer periodischen Verzinsung sind die vom Schuldner im Zeitpunkt der Emission garantierten Geldflüsse zu verstehen. Zur rechnerischen Bestimmung, ob der Anlageteil überwiegend einmalverzinslich ist oder nicht, können nur die garantierten Geldflüsse herangezogen werden, und zwar zum jeweiligen Zeitpunkt, in welchem der Investor seinen Rechtsanspruch durchsetzen kann. Dabei ist die Summe der Barwerte der garantierten Zahlungen während der Laufzeit der Einmalentschädigung gegenüberzustellen.

2.1.2 Diskont- und globalverzinsliche Obligationen

Diskontobligationen werden mit Einschlag, d.h. unter pari, emittiert (Emissionsdisagio), und die Rückzahlung erfolgt zum Nennwert. Globalverzinsliche Obligationen werden demgegenüber zum Nennwert emittiert und die Rückzahlung erfolgt über pari (Rückzahlungsagio). In beiden Fällen kann zwischen reinen und gemischten Diskont- oder globalverzinslichen Obligationen unterschieden werden. Reine Diskontobligationen und globalverzinsliche Obligationen, auch Zerobonds genannt, gewähren dem Investor keine periodischen Zinsvergütungen. Vielmehr wird das gesamte Nutzungsentgelt ausschliesslich als Einmalentschädigung bei Rückzahlung der Obligation vergütet. Bei gemischten Diskont- und globalverzinslichen Obligationen erhält der Investor neben der Einmalentschädigung bei Rückzahlung der Obligation zusätzlich periodische Zinsvergütungen, die naturgemäss unter dem Zinssatz für ausschliesslich periodisch verzinste Anlagen liegen.

2.1.3 Geldmarktpapiere

Geldmarktpapiere sind Obligationen mit einer festen Laufzeit von nicht mehr als zwölf Monaten (Art. 4 Abs. 5 StG). Unter diese Kategorie fallen u.a. auch die sog. Geldmarktbuchforderungen des Bundes, der Kantone und der Gemeinden, die Treasury Bills und die Bankers Acceptances.

2.1.4 Obligationen mit überwiegender Einmalverzinsung

Eine überwiegende Einmalverzinsung der Obligation ist gegeben, wenn der überwiegende Teil des gesamten Nutzungsentgeltes im Emissionszeitpunkt bzw. aufgrund der Emissionsbedingungen auf dem Emissionsdisagio oder dem Rückzahlungsagio beruht.

Reine Zerobonds sowie in der Regel Geldmarktpapiere sind ausschliesslich einmalverzinslich ausgestaltet und fallen damit ohne weitere Abklärungen unter diese Kategorie von Obligationen.

Erfolgt die Entschädigung sowohl in Form von periodischen Zinsen als auch in Form einer Einmalentschädigung, ist finanzmathematisch zu analysieren, ob die Einmalverzinsung oder die periodische Verzinsung überwiegt. Massgebend sind die Verhältnisse im Zeitpunkt der Emission. Es sind dabei folgende Faktoren zu berücksichtigen: Emissionspreis, periodisches, gleichbleibendes Nutzungsentgelt, Rückzahlungswert und Laufzeit. Details zur Berechnungsmethode finden sich im Anhang II (siehe Beispiele Nrn. 1 und 2).

Von den auf Diskontbasis emittierten Zerobonds und den gemischten Diskontobligationen mit überwiegender Einmalverzinsung zu unterscheiden sind Anleihen mit grundsätzlich periodischer Verzinsung, die jedoch aufgrund des markttechnischen Zinsumfeldes bei Emission keine oder sogar eine negative Rendite und folglich weder einen Coupon > 0 % noch einen Diskont aufweisen. Solche Anleihen qualifizieren steuerlich nicht als Titel mit überwiegender oder ausschliesslicher Einmalverzinsung.

2.2 Derivative Finanzinstrumente *(vgl. Übersicht in Anhang I)*

2.2.1 Allgemeines

Derivative Finanzinstrumente sind dadurch charakterisiert, dass ihr Wert abhängig ist von demjenigen eines anderen Produktes (Basiswert). Als Basiswerte kommen Aktien, Obligationen, Edelmetalle, Währungen, Zinssätze, Aktienindizes etc. in Betracht. Derivative Finanzinstrumente dienen der Absicherung und Übertragung von Risiken, der Spekulation sowie der Herstellung eines Fristen- oder Währungsausgleiches für Forderungen und Verpflichtungen. Zu den herkömmlichen Derivaten zählen insbesondere Termingeschäfte (Futures) und Optionen.

2.2.2 Termingeschäfte (Futures)

Ein Termingeschäft ist ein Vertrag zwischen zwei Parteien. Er beinhaltet die wechselseitige Verpflichtung, eine festgelegte Menge eines bestimmten Gutes (Basiswert) zu einem vereinbarten Preis (Terminpreis) in einem festgelegten Zeitpunkt in der Zukunft zu übernehmen (Terminkäufer) oder zu liefern (Terminverkäufer).

Mit Futures sind an Börsen gehandelte Termingeschäfte gemeint, die hinsichtlich Menge des Basiswertes und Verfalltag standardisiert sind. Over the counter (OTC)-Termingeschäfte (auch Forwards genannt) sind Kontrakte, die nicht an der Börse gehandelt werden.

Beim Abschluss eines Future-Kontrakts fallen im Gegensatz zu einem Options-Kontrakt keine Kosten in Form von Prämien an. Sowohl Käufer wie Verkäufer tragen die gleichen

Rechte und Pflichten (symmetrische Risikostruktur). Die Vertragsparteien müssen daher eine Vorschusszahlung leisten, die als Sicherheitshinterlage dient. Diese Vorschusszahlung wird dem Margin Account gutgeschrieben und als Initial Margin bezeichnet. Sie beträgt nur einen Bruchteil des Kontraktwertes (i.d.R. fünf bis zwanzig Prozent) und kann je nach Volatilität des Basiswertes nach oben oder unten korrigiert werden.

2.2.3 Optionen

Ein Optionsgeschäft ist ein bedingtes Termingeschäft und somit ebenfalls ein Vertrag zwischen zwei Parteien. Der Käufer einer Option erwirbt gegen Bezahlung des Optionspreises (Prämie) das Recht, nicht aber die Verpflichtung, eine festgelegte Menge eines bestimmten Gutes (Basiswert) an bzw. bis zu einem festgelegten Zeitpunkt (Verfalltermin) zu einem vereinbarten Preis (Ausübungspreis) zu kaufen (Call-Option) oder zu verkaufen (Put-Option).

Die Einzelheiten der Optionsverträge werden entweder zwischen den Parteien individuell vereinbart (OTC-Optionen) oder sie sind standardisiert (Traded Options). Erstere sind nicht an einer Börse kotiert und nur erschwert übertragbar. Als Warrants (oder Optionsscheine) werden in Wertpapiere verbriefte Optionen bezeichnet.

Optionen amerikanischen Stils können grundsätzlich jederzeit während der Laufzeit der Optionen ausgeübt werden; dies im Gegensatz zu Optionen europäischen Stils, welche nur bei Verfall der Option ausgeübt werden können. Wird die Option ausgeübt und kommt es zu einer Lieferung von z.B. Wertschriften, liegt ein gewöhnlicher Kauf oder Verkauf eines Sachwertes vor. Bei der Ausübung von Optionen, die sich auf abstrakte Basiswerte beziehen (z.B. einen Aktienindex), kommt es nicht zu einer Lieferung eines Gutes, sondern zu einer Geldleistung (cash-settlement), was am zugrunde liegenden Sachverhalt aber nichts ändert.

Eine spezielle Art von Call-Optionen stellen die von der Eurex Zürich AG emittierten sog. Low Exercise Price Options (LEPO) auf Namenaktien und alle Eurex-Titel mit einer Laufzeit von bis zu zwölf Monaten dar. Beim Erwerb dieser Optionen entrichtet der Investor anstelle der üblichen Optionsprämien annähernd den Wert der zugrunde liegenden Wertschriften, um im Verfallzeitpunkt die Basiswerte zu beziehen. LEPO können deshalb auch als atypische, weil im Voraus finanzierte Termingeschäfte bezeichnet werden. Diese spezielle Art von Optionen ist hier lediglich der Vollständigkeit halber aufgeführt. LEPO sind nicht gemeint, wenn hier im weiteren von Optionen die Rede ist (vgl. hingegen für die steuerliche Behandlung von LEPO Anhang III Ziffer 4).

2.3 Kombinierte Produkte *(vgl. Übersicht in Anhang I)*

2.3.1 Kapitalgarantierte Derivate und nicht klassische Options- und Wandelanleihen

Kapitalgarantierte Derivate und Options- und Wandelanleihen bestehen aus einer Kombination von verschiedenen Finanzinstrumenten, in der Regel einer Obligation mit einer Option oder einem Wandelrecht. Sowohl Option wie Wandelrecht ermöglichen es dem Investor, an der Entwicklung eines oder mehrerer Basiswerte zu partizipieren. Die Obligation garantiert ihm die Rückzahlung des ganzen oder eines wesentlichen Teiles seiner Investition.

Zu den kapitalgarantierten Derivaten zählen beispielsweise die sog. CPU(N) (Capital Protected Unit/Note. Die Laufzeit der Obligation beträgt hier – im Unterschied zu den Options- und Wandelanleihen – in der Regel bloss ein bis zwei Jahre.

Kombinierte Produkte in der Form von Obligation und Option, die in zwei separat handelbaren Papieren ausgegeben werden, weisen drei Valorennummern auf: Eine Valorennummer steht für das kombinierte Produkt (cum), eine Valorennummer für die Obligation ohne Optionsschein (ex) und eine dritte für den Optionsschein. Kapitalgarantierte Derivate können aber auch in einem einzigen Papier zusammengefasst sein, so dass die verschiedenen Komponenten nicht separat handelbar sind (sog. nicht trennbare kombinierte Produkte).

Im Unterschied zu den kapitalgarantierten Derivaten und den Optionsanleihen ist das Wandelrecht bei den Wandelanleihen untrennbar mit der Obligation verbunden und kann deshalb nicht separat gehandelt werden. Durch die Ausübung des Wandelrechtes geht das Schuldverhältnis aus der Obligation unter und der Obligationär wird zum Inhaber eines Beteiligungsrechts.

2.3.2 Klassische Options- und Wandelanleihen

Sog. *klassische* Optionsanleihen und *klassische* Wandelanleihen liegen nur dann vor, wenn das Options- und Wandelrecht auf den Bezug von neu geschaffenen Beteiligungsrechten der die Anleihe emittierenden *schweizerischen* Gesellschaft oder eines mit dieser verbundenen in- oder ausländischen Unternehmens lautet. Klassische Optionsanleihen (cum Option) und klassische Wandelanleihen müssen zu pari oder mit einem Agio emittiert und jeweils zu pari zurückbezahlt werden. Ist eine der genannten Voraussetzungen nicht erfüllt, entfällt die Qualifikation des Finanzinstruments als *klassische* Options- oder Wandelanleihe und es liegt aus steuerlicher Sicht eine nicht klassische Anleihe vor.

2.3.3 Produkte mit Geld- oder Titellieferung (Reverse Convertibles)

2.3.3.1 Reverse Convertibles ohne Kapitalschutz

Auch bei den Reverse Convertibles handelt es sich um eine Kombination aus Obligation und Option. Im Fall des Reverse Convertible ohne Kapitalschutz erwirbt der Anleger vorab eine Obligation. Er tritt sodann gleichzeitig als Verkäufer/Schreiber einer Put-Option auf und – falls er noch an einem allfälligen Anstieg des Basiswertes partizipiert – als Käufer einer Call-Option. Aufgrund der an den Emittenten verkauften Put-Option kann der Anleger gegebenenfalls verpflichtet sein, bei Fälligkeit der Obligation den Basiswert (in der Regel eine Aktie) zum Ausübungspreis (in der Regel in der Höhe des Nominalwertes der Obligation) zu übernehmen. Dies wird dann der Fall sein, wenn der Basiswert am Verfalltag unter dem Ausübungspreis liegt. Liegt hingegen der Preis des Basiswertes am Verfalltag über dem Ausübungspreis, wird der Emittent seine Put-Option nicht ausüben. Der Anleger erhält den Nominalwert seiner Obligation zurückbezahlt, übt gegebenenfalls seine Call-Option aus und erhält so zusätzlich die darin verbriefte (anteilmässige) Beteiligung am Anstieg des Basiswertes in bar ausbezahlt.

Die garantierten Zahlungen des Emittenten an den Anleger während der Laufzeit des Produkts bestehen einerseits aus einer marktüblichen Verzinsung der Obligation und anderseits aus der vom Emittenten geschuldeten Put-Optionsprämie (gegebenenfalls verrechnet mit der vom Investor geschuldeten Prämie für die Call-Option), welche – für Optionsprämien an sich unüblich – ebenfalls über die Laufzeit verteilt zur Auszahlung gelangen kann.

2.3.3.2 Reverse Convertibles mit Kapitalschutz

Reverse Convertibles mit Kapitalschutz unterscheiden sich von denjenigen ohne Kapitalschutz dadurch, dass ergänzend zur Obligationenanlage und zu den genannten Optionsgeschäften ein weiteres Optionsgeschäft hinzukommt, indem nicht nur der Investor gegenüber dem Emittenten als Verkäufer einer Put-Option auftritt, sondern auch der Emittent dem Investor eine Put-Option verkauft. Nachdem der Emittent mittels Ausübung seiner Put-Option dem Investor bei Verfall den im Kurs gefallenen Basiswert zum (in der Regel) Preis des investierten Betrages der Obligation geliefert hat, wird der Investor seinerseits die erworbene Put-Option ausüben und dem Emittenten den erhaltenen Basiswert gegen Forderung des vereinbarten (vergleichsweise tieferen) Ausübungspreises (= Kapitalschutz) zurück verkaufen können. Letzteres wird dann der Fall sein, wenn der Preis des Basiswertes am Verfalltag auch unter diesem Ausübungspreis liegt.

Der Kapitalschutz bei diesen Reverse Convertibles stellt kein Rückzahlungsversprechen im Sinne einer Obligation dar. Er ist vielmehr – im Unterschied zum kapitalgarantierten Derivat – auf die im Produkt enthaltene (zusätzliche) Option zurückzuführen. Die vom Emittenten und Investor gegenseitig zu bezahlenden Optionsprämien werden im Normalfall wiederum miteinander verrechnet, was sich in – im Vergleich zum Reverse Convertible ohne Kapitalschutz – geringeren garantierten Zahlungen an den Investor niederschlägt.

3 Grundsätze der Besteuerung

3.1 Obligationen und gemischte Diskontpapiere ohne überwiegende Einmalverzinsung

Direkte Bundessteuer

Zinsen in periodischer Form oder in der Form von Einmalentschädigungen auf Obligationen (Emissionsdisagio oder Rückzahlungsagio als Differenz zwischen Ausgabe- und Rückzahlungswert) stellen gemäss Artikel 20 Absatz 1 Buchstabe a DBG steuerbaren Vermögensertrag dar. Zinsen in periodischer Form werden nach dem allgemeinen Fälligkeitsprinzip, Einmalentschädigungen im Zeitpunkt der Rückzahlung besteuert.

Nicht unter die steuerbaren Erträgnisse im Sinne von Artikel 20 Absatz 1 Buchstabe a DBG fallen die sog. Marchzinsen. Sie sind Bestandteil des vom Käufer an den Verkäufer der Obligation bezahlten Kaufpreises. Unter Marchzinsen sind laufende, noch nicht fällige Zinsen zu verstehen, wie sie für die Zeit vom Fälligkeitsdatum des letzten eingelösten Coupons bis zum Verkauf der betreffenden Obligation auflaufen.

Verrechnungssteuer

Gegenstand der Verrechnungssteuer sind sämtliche Erträge der von einem Inländer ausgegebenen Obligationen, soweit sie vom Schuldner geleistet werden, gleichgültig ob in Form von periodischen Zinszahlungen oder als Einmalentschädigungen (Art. 4 Abs. 1 Bst. a des Bundesgesetzes vom 13. Oktober 1965 über die Verrechnungssteuer [VStG]). Die Steuerforderung entsteht im Zeitpunkt, in dem die steuerbare Leistung fällig wird (Art. 12 Abs. 1 VStG).

Nach feststehender Praxis sind Anleihen ausländischer Konzerngesellschaften mit Garantie einer verbundenen schweizerischen Konzernobergesellschaft dann als inländische Anleihen zu qualifizieren, wenn der Anleihensbetrag direkt oder indirekt an die schweizerische Gesellschaft zurückfliesst. In diesem Fall unterliegen die Erträge solcher Anleihen der Verrechnungssteuer (vgl. auch das Rundschreiben der SBVg Nr. 6746 vom 29. Juni 1993).

Der Mittelrückfluss ins Inland ist steuerlich zulässig, wenn die von der ausländischen Konzerngesellschaft (Emittentin) an die inländische Konzerngesellschaft weitergeleiteten Mittel per Bilanzstichtag den Umfang des Eigenkapitals der ausländischen Konzerngesellschaft nicht übersteigen (Art. 14a Abs. 3 VStV).

Stempelabgaben

Der Handel mit in- und ausländischen Obligationen unterliegt – vorbehältlich der Ausnahmen gemäss Artikel 14 und 19 StG – der Umsatzabgabe (Art. 13 ff. StG).

3.2 Obligationen und Diskontpapiere mit überwiegender oder ausschliesslicher Einmalverzinsung

Direkte Bundessteuer

Allfällige periodische Zinsen stellen steuerbaren Vermögensertrag dar (Art. 20 Abs. 1 Bst. a DBG).

Des Weiteren gelangen gemäss Artikel 20 Absatz 1 Buchstabe b DBG sämtliche tatsächlichen Einkünfte bei Veräusserung oder Rückzahlung der Obligation zur Besteuerung (sog. *reine Differenzbesteuerung*). Massgeblich ist die Differenz zwischen Anschaffungsbetrag und Verkaufs- bzw. Rückzahlungsbetrag, in beiden Fällen zum jeweiligen Tageskurs in Schweizerfranken umgerechnet. Steuerlich wirksam werden damit insbesondere die vom Käufer an den Verkäufer bezahlten aufgelaufenen Zinsen sowie die sich aus allfälligen Veränderungen des allgemeinen Zinsniveaus oder aus Schwankungen der Wechselkurse ergebenden Einflüsse auf den jeweiligen Wert der Papiere (siehe Beispiel Nr. 3 in Anhang II). Die bei Käufen und Verkäufen anfallenden Bankspesen sind dabei als Gewinnungskosten zu würdigen und damit ertragsmindernd zu berücksichtigen, soweit sie auf die steuerbare Kapitalanlage entfallen. Im Hinblick auf die Besteuerung sind die Kauf- und Verkaufsbelege solcher Titel vom Steuerpflichtigen aufzubewahren.

Die steuerliche Behandlung von allfälligen negativen Differenzen zwischen Anschaffungs- und Veräusserungs- oder Rückzahlungsbeträgen ist gesetzlich nicht geregelt. Diese Situation tritt insbesondere bei Anlagen in fremder Währung auf, wenn sich der Wechselkurs der Fremdwährung während der Laufzeit gegenüber dem Schweizerfranken verschlechtert. Sie kann auch bei einem Anstieg des allgemeinen Zinsniveaus für vergleichbare Anlagen eintreten. Da es den Grundsätzen unseres Steuersystems widersprechen würde, wenn Verluste aus (überwiegend) einmalverzinslichen Anlagen generell unberücksichtigt blieben, akzeptiert die ESTV seit Inkrafttreten der Bestimmung von Artikel 20 Absatz 1 Buchstabe b DBG eine Verrechnung der realisierten Verluste und Gewinne (zuzüglich deren periodischen Erträge) aus anderen in- oder ausländischen Obligationen mit überwiegender Einmalverzinsung. Die Berücksichtigung solcher Verluste bleibt indessen innerhalb einer Bemessungsperiode auf Anwendungsfälle von Artikel 20 Absatz 1 Buchstabe b DBG beschränkt; eine Verrechnung mit anderen Erträgen oder Einkommensteilen ist ausgeschlossen.

Verrechnungssteuer und Stempelabgaben

In Bezug auf die Verrechnungssteuer sowie die Umsatzabgabe kann auf das unter Ziffer 3.1. Gesagte verwiesen werden. Zu beachten gilt, dass die Verrechnungssteuer auch bei überwiegend einmalverzinslichen Papieren auf dem Originaldiskont erhoben wird.

3.3 Derivative Finanzinstrumente

Direkte Bundessteuer

Gewinne aus Termingeschäften sind steuerlich gleich zu behandeln wie solche aus Kassageschäften und stellen deshalb Kapitalgewinne dar (BGE 110 Ia 1 ff.). Kapitalgewinne aus Termingeschäften (Futures und Optionen) sind im Privatvermögen steuerfrei (Art. 16 Abs. 3 DBG), sofern sie nicht durch das Gesetz ausdrücklich erfasst werden. Entsprechende Verluste im Privatvermögen sind steuerlich unbeachtlich. Dies gilt grundsätzlich auch für strukturierte Produkte wie beispielsweise Mini-Futures, es sei denn, der Grad der Vorausfinanzierung übersteige die zulässige Grenze von 25 % des Kontraktwerts oder es handle sich beim Basiswert nicht um kapitalgewinnfähige Basiswerte wie beispielsweise Obligationen.

Optionsprämien sind grundsätzlich einkommenssteuerlich nicht relevant. Dies gilt auch für Optionsprämien, die ein Verkäufer/Schreiber von Optionen im Rahmen eines kombinierten Produktes erhält.

Verrechnungssteuer

Gewinne aus dem Handel mit Termingeschäften und Optionen unterliegen nicht der Verrechnungssteuer (Umkehrschluss aus Art. 4 Abs. 1 VStG).

Stempelabgaben

Optionen und Futures sind keine steuerbaren Urkunden im Sinne des Stempelgesetzes. Emission und Handel unterliegen demnach weder der Emissionsabgabe noch der Umsatzabgabe. Die Umsatzabgabe ist lediglich dann geschuldet, wenn die Erfüllung (Future) oder Ausübung (Option) zu einer Lieferung (Eigentumsübertragung) von steuerbaren Urkunden führt (Art. 15 Abs. 2 StG).

3.4 Kapitalgarantierte Derivate und nicht klassische Options- und Wandelanleihen

Für die Besteuerung von kombinierten Produkten, und damit auch von kapitalgarantierten Derivaten sowie von nicht klassischen Options- und Wandelanleihen, ist massgebend, ob es sich um ein sog. *transparentes* oder um ein *nicht transparentes* Produkt handelt.

Als transparent gilt ein Produkt, wenn alternativ

a) bei Emission die dem Instrument zugrundeliegenden Komponenten (Obligation und derivative Finanzinstrumente) trennbar sind und tatsächlich separat gehandelt werden (vgl. Ziffer 2.3.1. hievor);

b) der Emittent des Produkts die verschiedenen Komponenten im „Termsheet" wertmässig mittels finanzmathematischer Berechnung separat darstellt und die Überprüfung dieser Berechnung durch die ESTV die Richtigkeit dieser Darstellung ergeben hat; oder

c) die verschiedenen Komponenten des Produkts von der ESTV nachträglich analytisch nachvollzogen und in ihrem Wert berechnet werden können.

Zu a. hievor: Für Instrumente, bei denen die einzelnen Komponenten separat handelbar sind und ein Handel effektiv stattfindet, ist als Emissionspreis der Obligation der erste Schlusskurs ex-Option massgebend um zu bestimmen, ob eine überwiegende Einmalverzinsung vorliegt oder nicht. Bei überwiegend einmalverzinslichen Papieren ist für die Ermittlung des steuerbaren Ertrages bei Handänderungen in der Regel auf die Kurse ex-Option abzustellen.

Zu b. hievor: In diesem Fall sind im „Termsheet" des Emittenten die Werte der Anlage- und der Optionskomponenten sowie der für die Berechnung herangezogene (marktkonforme) Zinssatz ausgewiesen. Die Überprüfung der Berechnung durch die ESTV muss die Richtigkeit der dargestellten Werte ergeben (vgl. die nachstehenden Ausführungen zu Bst. c). Im Gegensatz zu Buchstabe c hienach gilt ein Produkt auch dann als transparent, wenn die emittierende Gesellschaft über eine Bonität verfügt, die schlechter ist als ein Single-A-Rating; dies unter der Voraussetzung, dass der schuldnerspezifische Risikozuschlag zweifelsfrei feststeht.

Zu c. hievor: Für Instrumente, bei denen die einzelnen Komponenten nicht separat handelbar sind oder, die zwar separat gehandelt werden können, bei denen jedoch tatsächlich keine Trennung der einzelnen Komponenten im Markt stattfindet, erfolgt die Separierung der einzelnen Komponenten des Produktes mit Hilfe der sog. *analytischen Methode*. Diese Methode ist im BFP-Service technisch umgesetzt (vgl. Anhang IV). Ziel dieser finanzmathematischen oder *analytischen Berechnungsmethode ist es*, den Wert der im kombinierten Produkt enthaltenen Obligation und Option(en) zu ermitteln. Sie besteht im Wesentlichen darin, dass der garantierte Rückzahlungsbetrag der im Produkt enthaltenen Obligation zu dem vom Emittenten berücksichtigten und vergleichbaren Anlagen (Laufzeit, Währung, Bonität) entsprechenden und damit marktkonformen Zinssatz diskontiert wird. Aus Gründen der Verwaltungsökonomie sowie der Rechtssicherheit und Rechtsgleichheit wird dafür der jeweilige mittlere Swapsatz (Zinssatz für risikofreie Anlagen) der entsprechenden Währung und Laufzeit im Zeitpunkt der Emission als objektive Vergleichsbasis für die Frage der Verzinsung der im Produkt enthaltenen Obligation herangezogen.

Alle Produkte mit gängigen Strukturen (insbes. kapitalgarantierte Derivate, Options- und Wandelanleihen, Reverse Convertibles) werden mit Hilfe der analytischen Methode von Veranlagungsbehörden oder Banken und anderen Vertriebskanälen auch ohne die entsprechenden Angaben des Emittenten nachträglich transparent gemacht, wenn folgende Voraussetzungen erfüllt sind:

1. Die emittierende Gesellschaft muss mindestens ein Single-A-Rating aufweisen, weil der jeweilige mittlere Swapsatz als standardisierter und objektiver Massstab für eine marktkonforme Verzinsung des Anlageteils gilt. Aus verwaltungsökonomischen Gründen ist es ausgeschlossen, die Berechnungen einzelfallweise unter Berücksichtigung von individuellen Bonitäts- bzw. Risikozuschlägen vorzunehmen.
2. Das fragliche Produkt muss entweder an einer handelsüblichen Börse kotiert sein, oder es muss zumindest von einem Market Maker ein liquider Handel gewährleistet werden, damit die Eckdaten des Gesamtproduktes (wie Emissionspreis, Nennwert bzw. Rückzahlungspreis, Laufzeit und allfällige periodische Zinsen) zweifelsfrei feststehen.

Sind die hiervor umschriebenen Voraussetzungen hinsichtlich Transparenz nicht erfüllt, liegt in steuerlicher Hinsicht ein nicht transparentes Produkt vor. Dabei ist auch zu beachten, dass nur das auf der marktkonformen Verzinsung beruhende theoretische Emissionsdisagio für eine Qualifikation als transparent bewertbar ist. Weitere Entschädigungen, denen steuerbarer Ertragscharakter zukommt (z.B. ein garantierter Inflationsausgleich), können demgegenüber dem jeweiligen Investor bei Handänderungen während der Laufzeit nicht anteilmässig zugerechnet werden. Solche Produkte gelten deshalb als nicht transparent.

3.4.1 Transparente Produkte

Direkte Bundessteuer und Verrechnungssteuer

Bei den transparenten Instrumenten ist steuerlich zwischen Anlage- und Optionsgeschäft zu unterscheiden. Die mit der Option erzielten Gewinne und Verluste stellen im Privatvermögen steuerlich nicht zu berücksichtigende Kapitalgewinne und Kapitalverluste dar (Art. 16 Abs. 3 DBG). Der Obligationenteil des transparenten kapitalgarantierten Derivates wird beim Investor nach den für Obligationen und Diskontpapiere geltenden Regeln besteuert (vgl. Ziffern 3.1. oder 3.2. hievor). Es ist also auch hier wesentlich, ob eine überwiegende Einmalverzinsung gegeben ist. Der Einkommens- und gegebenenfalls der Verrechnungssteuer unterliegen die periodischen Zinsen sowie die (überwiegende oder nicht überwiegende) einmalverzinsliche Komponente (Art. 20 Abs. 1 Bst. a und b DBG; Art. 4 Abs. 1 Bst. a VStG). Der garantierte Rückzahlungsbetrag gilt als Nennwert der Obligation.

Bei *überwiegend einmalverzinslichen* Papieren, bei denen kein separater Handel der einzelnen Komponenten stattfindet, müssen in der Folge auch die Einkünfte aus der Veräusserung oder Rückzahlung der Obligationen bei Handänderungen analytisch ermittelt werden, da die jeweiligen Kurse sich nicht nur auf den Obligationenteil beziehen, sondern auch den Wert der Option beinhalten. Weil zudem das Zinsniveau nicht konstant bleibt, muss die rechnerische Ermittlung der Anschaffungs- und Veräusserungswerte zusätzlich modifiziert werden. Hierbei wird der Originalzinssatz für die jeweilige Emission vierteljährlich der Entwicklung auf dem Geld- und Kapitalmarkt unter Bezugnahme auf den 5-jährigen Swapsatz der fraglichen Währung angepasst. Diese sog. *modifizierte Differenzbesteuerung* gemäss Artikel 20 Absatz 1 Buchstabe b DBG wird technisch im BFP-Service der SIX Financial Information AG umgesetzt (vgl. Anhang IV). Dies ergibt die einkommenssteuerlich relevante Differenz zwischen dem Wert der Obligation im Zeitpunkt der Veräusserung und jenem im Zeitpunkt des Erwerbs oder zwischen dem Rückzahlungsbetrag und dem Wert der Obligation bei Erwerb. Zu beachten gilt, dass die Verrechnungssteuer auch bei überwiegend einmalverzinslichen Papieren ausschliesslich auf dem Originaldiskont erhoben wird (siehe Beispiel Nr. 4 in Anhang II). Ausführungen zu den Mitwirkungs- und Auskunftspflichten der Banken in diesem Zusammenhang finden sich unter Ziffer 4.2. hienach.

Stempelabgaben

In Bezug auf die Umsatzabgabe kann auf das unter Ziffer 3.1. Gesagte verwiesen werden.

3.4.2 Nicht transparente Produkte

Direkte Bundessteuer und Verrechnungssteuer

Liegt ein nicht transparentes Instrument vor, stellt die Option oder das Wandelrecht die variable Komponente eines Ertrags aus dem Anlagegeschäft dar. Alles, was der Investor bei Verfall von Coupons, auf Grund eines Options- oder Wandelrechts sowie bei Auflösung des Schuldverhältnisses über das ursprünglich investierte Kapital hinaus erhält, unterliegt der Einkommenssteuer und – soweit das Produkt von einem Inländer emittiert wurde – der Verrechnungssteuer (Art. 20 Abs. 1 Bst. a oder b DBG, Art. 4 Abs. 1 Bst. a VStG).

Nicht transparente Instrumente sind in der Regel Anwendungsfälle von Artikel 20 Absatz 1 Buchstabe b DBG; steuerbar im Falle von Handänderungen ist stets die Differenz zwischen Kauf- und Verkaufspreis (bzw. Rückzahlungswert) des Gesamtinstruments (*reine Differenzbesteuerung*).

Stempelabgaben

Der Handel mit in- und ausländischen, nicht transparenten Instrumenten unterliegt wie bei gewöhnlichen Obligationen der Umsatzabgabe.

3.5 Klassische Options- und Wandelanleihen

Direkte Bundessteuer und Verrechnungssteuer

Auch die klassischen Options- und Wandelanleihen sind – wie unter Ziffer 2.3.1. und 2.3.2. hievor ausgeführt – zusammengesetzte, kapitalgarantierte Finanzinstrumente. Klassische Options- und Wandelanleihen, die von einem Inländer emittiert werden, geniessen aber eine andere steuerliche Behandlung, jedenfalls solange angenommen werden kann, dass die vom Emittenten üblicherweise erzielte Zinsersparnis seinen steuerbaren Gewinn entsprechend erhöht: Die Differenz zwischen dem Wert der Obligation ex-Option im Emissionszeitpunkt und dem garantierten Rückzahlungsbetrag wird weder von der direkten Bundessteuer noch von der Verrechnungssteuer erfasst. Es erfolgt auch keine Besteuerung bei Handänderungen nach Artikel 20 Absatz 1 Buchstabe b DBG. Die periodischen Zinsen sind indessen steuerbar (Art. 20 Abs. 1 Bst. a DBG; Art. 4 Abs. 1 Bst. a VStG).

Stempelabgaben

Für die Umsatzabgabe gilt das bezüglich Obligationen unter Ziffer 3.1. hievor Gesagte.

3.6 Produkte mit Geld- oder Titellieferungen (Reverse Convertibles)

Direkte Bundessteuer und Verrechnungssteuer

Produkte mit Geld- oder Titellieferung (Reverse Convertibles) sind regelmässig transparente Produkte (vgl. Ziffern 3.4. und 3.4.1. hievor; siehe auch Beispiel Nr. 5 in Anhang II). Steuerlich ist deshalb zwischen Anlage- und Optionsgeschäft zu unterscheiden.

Einkommens- und gegebenenfalls verrechnungssteuerlich relevant sind die auf dem Obligationenteil erzielten Zinsen, wie sie für eine vergleichbare Anlage mit der vergleichbaren Laufzeit, Währung etc. (Marktkonformität) vom Emittenten des Produkts zu bezahlen wären (Art. 20 Abs. 1 Bst. a resp. b DBG; Art. 4 Abs. 1 Bst. a VStG). Die vom Emittenten dem Investor bezahlten Optionsprämien sind von einer Besteuerung auszunehmen (siehe Ziffer 3.3. hievor). Erfolgt die Verzinsung ausschliesslich oder überwiegend in Form einer Einmalentschädigung, wird der Obligationenteil nach den für transparente Instrumente geltenden Regeln bei jeder Handänderung besteuert (modifizierte Differenzbesteuerung gemäss Art. 20 Abs. 1 Bst. b DBG; siehe Ziffer 3.4.1. hievor).

Nennwert der in diesen Produkten verpackten Obligation ist in der Regel der investierte Betrag für das Gesamtprodukt, bei auf Diskontbasis emittierten Reverse Convertibles der Kassakurs des Basiswertes (Spot). Soweit ein Reverse Convertible einen Kapitalschutz enthält, stellt dieser nicht den Nominalwert der (eigentlichen) Obligation dar; der Kapitalschutz ist vielmehr das Ergebnis der Produktekonstruktion in Form einer (weiteren) Option (vgl. Ziffer 2.3.3.2. hievor).

Stempelabgaben

Für die Umsatzabgabe gilt das bezüglich Obligationen unter Ziffer 3.1. hievor Gesagte.

3.7 Negativzinsen

Der untechnische Begriff „Negativzins" wird für die Kommission oder Prämie verwendet, die der Anleger für die Sicherheit seiner Anlage zu akzeptieren bereit ist. Der in Prozenten ausgedrückte negative Zins entspricht demnach einer negativen Rentabilität. Die Hinnahme einer negativen Rentabilität stellt eine Prämie dar. Diese Prämie kann im Bereich des Privatvermögens grundsätzlich nicht als Aufwand vom Einkommen in Abzug gebracht werden, bzw. nicht mit Aktivzinsen oder anderen Einkommensbestandteilen verrechnet werden, sondern qualifiziert steuerlich als Kapitalverlust. Als Schuldzinsen gemäss Artikel 33 Absatz 1 Buchstabe a DBG sind nur diejenigen Zinsen abzugsfähig, die ein Schuldner dem Gläubiger vergütet, was bei Negativzinsen nicht gegeben ist.

Negativzinsen auf *Guthaben* im Privatvermögen (verursacht durch die negative Verzinsung von Einlagen bei der Schweizerischen Nationalbank) können jedoch gestützt auf Artikel 32 Absatz1 DBG als Gewinnungskosten zum Abzug gebracht werden. Unter den erwähnten Guthaben im Privatvermögen sind Einlagen bei Banken oder Sparkassen zu verstehen (Spar-, Einlage-, Depositen- und Kontokorrentguthaben, Lohnkonten sowie Festgelder und Callgelder). Bei diesen Guthaben ist der Ausweis von Negativzinsen ohne Weiteres möglich, da Höhe, Periode und somit der Betrag des Negativzinses zweifelsfrei feststehen. Dies ist im Falle von handelbaren *Forderungspapieren* (irrelevant, ob IUP oder nicht IUP) nicht möglich, da die Kursbildung dieser Titel von verschiedenen Einflussfaktoren bestimmt wird und die genaue Zuordnung des Anteils der zu belastenden Negativzinsen für die individuelle Haltedauer nicht möglich ist.

4 Kennzeichnung der Obligationen in der Kursliste der ESTV Mitwirkungs- und Auskunftspflicht der Banken bezüglich der analytischen Ermittlung des steuerbaren Ertrags

4.1 Kennzeichnung der Obligationen sowie der kombinierten Produkte mit überwiegender Einmalverzinsung

Die ESTV (Team Wertschriften und Finanzderivate) wird wie bisher alle in- und ausländischen an Schweizer Börsen kotierten Obligationen sowie die transparenten kombinierten Produkte, die sich als ausschliesslich oder überwiegend einmalverzinslich erweisen, in der Kursliste mit der Bezeichnung IUP (= intérêt unique prédominant) kennzeichnen. Sie gibt damit bekannt, dass diese Papiere nach Artikel 20 Absatz 1 Buchstabe b DBG zu besteuern sind (grundsätzlich reine Differenzbesteuerung; vorbehältlich Ziffer 4.2. hienach).

4.2 Separate Kennzeichnung der Instrumente, die der modifizierten Differenzbesteuerung unterliegen

Für Instrumente, die der modifizierten Differenzbesteuerung basierend auf Artikel 20 Absatz 1 Buchstabe b DBG unterliegen, wird die Kursliste – neben der Bezeichnung IUP – noch zusätzlich den analytisch berechneten Emissionspreis der Obligation und die massgebliche Originalrendite aufführen. Die Banken haben die bei Erwerb, Handänderungen und Rückzahlung massgeblichen Werte in den Börsenabrechnungen zu bescheinigen, nämlich die im BFP-Service der SIX Financial Information AG publizierten Tageskurse der Anlageteile (Bondfloor) der in Frage stehenden Produkte (vgl. Ziffer 3.4.1. hievor).

4.3 Nicht an Schweizer Börsen kotierte Papiere

Bei getrennt gehandelten, kapitalgarantierten Derivaten und nicht klassischen Optionsanleihen mit (überwiegender) Einmalverzinsung, die nicht an Schweizer Börsen gehandelt werden, ist, falls eruierbar, primär der erste Schlusskurs ex-Option an der ausländischen Börse massgebend. Andernfalls ist die Transparenz des Produktes nach den Ausführungen von Ziffer 3.4. hievor herzustellen unter entsprechender Mitteilung an die ESTV, welche die Aufnahme des Produktes in ihr Berechnungssystem veranlasst und die Werte im Fall von überwiegend einmalverzinslichen Anlagekomponenten an die SIX Financial Information AG zur Erfassung im BFP-Service weiterleitet.

5 Spezialfälle und Produkteentwicklungen

Die ESTV informiert auf Ersuchen mittels schriftlicher Auskünfte die kantonalen Steuerverwaltungen, Steuerpflichtige oder sonstige Interessenten im Sinne einer Stellungnahme für die direkte Bundessteuer über die steuerliche Behandlung von Spezialfällen und neuen Produkten. Produkteinnovationen sind im Anhang III zu diesem Kreisschreiben zusammengefasst. Der Anhang III wird laufend fortgeführt.

6 Inkrafttreten

Dieses Kreisschreiben tritt mit seiner Publikation in Kraft und hat Gültigkeit für Ertragsfälligkeiten ab 1. Januar 2018. Es ersetzt das Kreisschreiben Nr. 15 vom 7. Februar 2007.

Anhang I: Übersicht über die verschiedenen Arten von Obligationen, die herkömmlichen derivativen Finanzinstrumente und die im Kreisschreiben behandelten kombinierten Produkte

Anhang II: Beispiele

Anhang III: Spezialfälle und Produkteentwicklungen

Anhang IV: Gutachten der Kommission für Steuern und Finanzfragen der Schweizerischen Bankiervereinigung vom November 2006

Anhang I zum Kreisschreiben Nr. 15

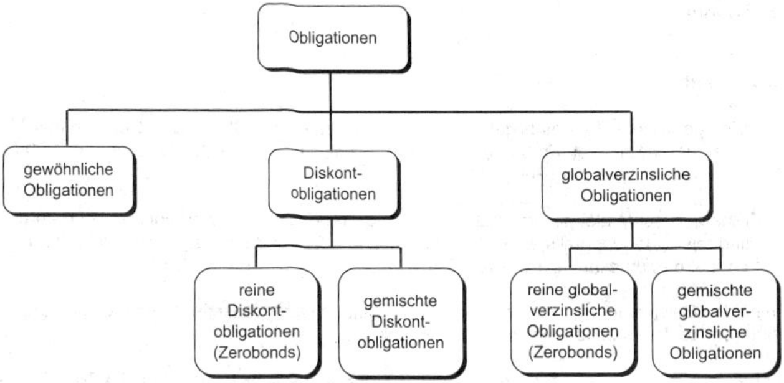

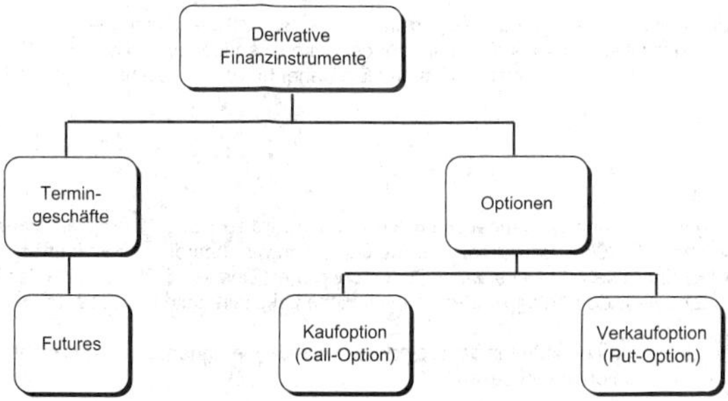

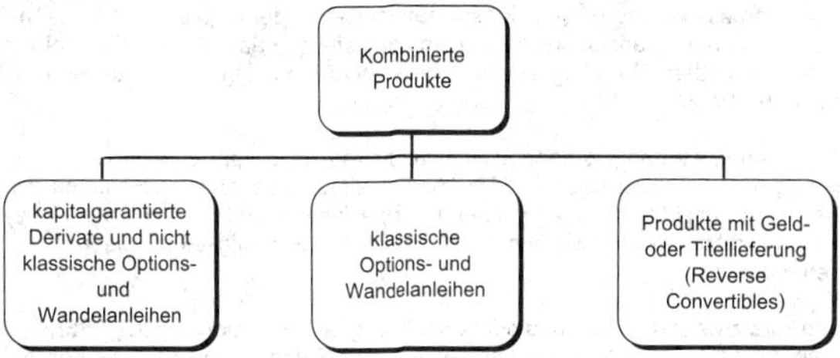

Anhang II zum Kreisschreiben Nr. 15

Beispiele

Nrn. 1 und 2

- Eine gemischte Diskontobligation, die unter pari zu Fr. 788.80 emittiert wurde, bietet einen Jahreszins von Fr. 30.- und soll nach sechs Jahren zum Nennwert von Fr. 1'000.- zurückbezahlt werden (Beispiel 1);
- Eine gemischte globalverzinsliche Obligation wurde zum Nennwert von Fr. 1'000.- emittiert; sie bietet ebenfalls einen Jahreszins von Fr. 30.- und soll nach sechs Jahren zu Fr. 1'326.- zurückbezahlt werden (Beispiel 2).

In beiden Beispielen ergibt die vorzunehmende finanzmathematische Berechnung eine Gesamtrendite der Obligationen von 7,5% pro Jahr.

In Beispiel 1 beträgt der Jahreszins von Fr. 30.- 3,8% des Anlagewertes von Fr. 788.80; das ist mehr als die Hälfte der gesamten Rendite von 7,5%. Diese Obligation fällt deshalb nicht unter Art. 20 Abs. 1 Bst. b DBG.

In Beispiel 2 beträgt dagegen der Jahreszins von Fr. 30.- 3% des Anlagewertes von Fr. 1'000.-; das ist weniger als die Hälfte der gesamten Rendite von 7,5%. Diese Obligation ist damit überwiegend einmalverzinslich und fällt daher unter Art. 20 Abs. 1 Bst. b DBG.

Nr. 3

Eine Obligation mit überwiegender Einmalverzinsung wird zu $ 826.40 emittiert und sieben Jahre später zu $ 1'000.- zurückbezahlt. Die Obligation wirft überdies einen jährlichen, gemäss Artikel 20 Absatz 1 Buchstabe a DBG steuerbaren Zins von $ 20.- ab (2% des Nennwertes oder 2.42% des Anlagewertes). Die jährliche Originalrendite beträgt somit 5%.

Ende des dritten und des fünften Jahres erfolgen Handänderungen; Ende des siebten Jahres wird die Obligation zurückbezahlt.

Annahmen:

a) Das als Bezugsgrösse herangezogene Zinsniveau im Geld- oder Kapitalmarkt für $-Anleihen bleibt während der ganzen siebenjährigen Laufzeit unverändert. Der Wechselkurs zwischen dem $ und dem SFr. bleibt ebenfalls während der ganzen Laufzeit unverändert und beträgt 1.50 SFr./$.

b) Das als Bezugsgrösse herangezogene Zinsniveau beträgt im Zeitpunkt der ersten Handänderung (vier Jahre vor Verfall) 115% und im Zeitpunkt der zweiten Handänderung (zwei Jahre vor Verfall) 80% des entsprechenden Zinsniveaus am Emissionstag (100%). Es wird vorausgesetzt, dass der Markt mit mathematischer Genauigkeit auf diese Änderungen reagiert.

c) Der Wechselkurs zwischen dem $ und dem SFr. beträgt am Emissionstag 1.50 SFr./$, drei Jahre später 1.60 SFr./$, fünf Jahre später 1.45 SFr./$ und sieben Jahre später (bei Verfall) wiederum 1.50 SFr./$.

d) Es treten kumulativ die unter Bst. b und c erwähnten Veränderungen ein.

Steuerbare Einkünfte (bzw. zu berücksichtigende Verluste gemäss Art. 20 Abs. 1 Bst. b DBG; vgl. Ziffer 3.2. des Kreisschreibens) liegen wie folgt vor:

- beim ersten Investor (vier Jahre vor Verfall):
  a) ($ 893.60 x 1.50) - ($ 826.40 x 1.50) = Sfr. 100.80
  b) ($ 869.30 x 1.50) - ($ 826.40 x 1.50) = Sfr. 64.35
  c) ($ 893.60 x 1.60) - ($ 826.40 x 1.50) = Sfr. 190.15
  d) ($ 869.30 x 1.60) - ($ 826.40 x 1.50) = Sfr. 151.30

- beim zweiten Investor (zwei Jahre vor Verfall):
  a) ($ 944.20 x 1.50) - ($ 893.60 x 1.50) = Sfr. 75.90
  b) ($ 962.30 x 1.50) - ($ 869.30 x 1.50) = Sfr. 139.50
  c) ($ 944.20 x 1.45) - ($ 893.60 x 1.60) = – Sfr. 60.60
  d) ($ 962.30 x 1.45) - ($ 869.30 x 1.60) = Sfr. 4.45

- bei dritten Investor (bei Rückzahlung) :
  a) ($ 1'000.- x 1.50) - ($ 944.20 x 1.50) = Sfr. 83.70
  b) ($ 1'000.- x 1.50) - ($ 962.30 x 1.50) = Sfr. 56.55
  c) ($ 1'000.- x 1.50) - ($ 944.20 x 1.45) = Sfr. 130.90
  d) ($ 1'000.- x 1.50) - ($ 962.30 x 1.45) = Sfr. 104.65

Nr. 4

Eine IUP-Obligation mit integrierter Option bzw. integriertem Wandelrecht weist aufgrund ihrer fünfjährigen Laufzeit, der jährlichen Zinsfälligkeit von Fr. 20.- (2% des Nennwertes von Fr. 1'000.-) und der jährlichen marktkonformen Originalrendite von 6% einen faktischen Emissionspreis für die blosse Obligation von Fr. 831.50 auf. Im Zeitpunkt der Emission beträgt das als Bezugsgrösse herangezogene Zinsniveau im Geld- und Kapitalmarkt 5.75%.

Im Zeitpunkt der ersten Handänderung, 2 Jahre und 8 Monate oder 973 Tage nach der Emission, stellt man fest, dass die Bezugsgrösse "Zinsniveau" von 5.75% auf 6.325% (+ 10%) gestiegen ist, was eine Veränderung der Originalrendite für die Restlaufzeit von 6% auf 6.6% (+ 10%) bewirkt.

Im Zeitpunkt der zweiten Handänderung, drei Jahre und 9 1/2 Monate oder 1'384 Tage nach der Emission, stellt man fest, dass die Bezugsgrösse "Zinsniveau" von 5.75% auf 5.37625% (- 6.5%) gefallen ist, was eine Veränderung der Originalrendite für die Restlaufzeit von 6% auf 5.61% bewirkt.

Aufgrund der analytischen Methode sind die bezahlten Preise für IUP-Obligationen mit integrierter Option bzw. integriertem Wandelrecht nicht massgebend. Der steuerlich massgebende Wert im Zeitpunkt der einzelnen Handänderungen entspricht dem Barwert der blossen Obligation, wie er jeweils aufgrund der den Marktverhältnissen angepassten Originalrendite für die Restlaufzeit resultiert :

- erste Handänderung (2 Jahre und 4 Monate oder 852 Tage vor Verfall):
  (Fr. 1'000.- + Fr. 20.-) : 1.066 = Fr. 956.85
  (Fr. 956.85 + Fr. 20.-) : 1.066 = Fr. 916.35
  (Fr. 916.35 + Fr. 20.-) : $1.066^{(122:365)}$ = Fr. 916.55 (innerer Wert der Obligation nach 2 Jahren und 8 Monaten)

- zweite Handänderung (1 Jahr und 2 1/2 Monate oder 441 Tage vor Verfall) :
  (Fr. 1'000.- + Fr. 20.-) : 1.0561 = Fr. 965.80
  (Fr. 965.80 + Fr. 20.-) : 1.0561 $^{(76:365)}$ = Fr. 974.65 (innerer Wert der Obligation nach 3 Jahren und 9 ½ Monaten)

Steuerbare Einkünfte im Sinne von Art. 20 Abs. 1 Bst. b DBG fallen damit wie folgt an:

- Fr. 916.55 ./. Fr. 831.50 = Fr. 85.05 beim ersten Investor;
- Fr. 974.65 ./. Fr. 916.55 = Fr. 58.10 beim zweiten Investor;
- Fr. 1'000.- ./. Fr. 974.65 = Fr. 25.35 beim dritten und letzten Investor.

Die Verrechnungssteuer wird bei Fälligkeit, d.h. am Ende der fünfjährigen Laufzeit, nicht nur auf dem fünften Coupon von Fr. 20.-- erhoben, sondern auch auf dem Originaldiskont von Fr. 168.50.

Nr. 5

Das kombinierte Produkt mit dem Namen REVEXUS mit einer Laufzeit von drei Jahren wird zu Fr. 10'000.- emittiert. Basiswert des Produktes bilden 31 CSG Namenaktien; der Ausübungspreis wird mit Fr. 322.58 pro Aktie festgelegt. Der Emittent leistet dem Investor jährliche Zahlungen von Fr. 800.-: Bereits bei Emission bezeichnet er einen Anteil davon im Betrag von Fr. 225.- (2,25% pro Fr. 10'000.-) als Zinskomponente, den Anteil von Fr. 575.- (5,75% pro Fr. 10'000.-) als Optionsprämie. Die Rückzahlung der Anlage von Fr. 10'000.- hängt vom Schlussfixierungskurs der CSG Namenaktie bei Verfall ab: Liegt die Schlussfixierung höher als Fr. 322.58 (Ausübungspreis), wird pro Revexus Fr. 10'000.- zurückbezahlt; liegt die Schlussfixierung gleich oder tiefer als Fr. 322.58, erfolgt die physische Lieferung von 31 CSG Namenaktien.

Der Emittent hat im folgenden Fall sein Produkt transparent ausgestaltet und die Überprüfung vorab des Zinssatzes auf der Obligation durch die ESTV ergibt, dass es sich dabei um eine mit Bezug auf Währung, Laufzeit etc. marktkonforme Verzinsung handelt. Die vorliegend im kombinierten Produkt enthaltene Obligation wird zu pari emittiert und weist eine ausschliesslich periodische Verzinsung auf. Der Zinsanteil von Fr. 225.- pro Jahr unterliegt der direkten Bundessteuer und gegebenenfalls der Verrechnungssteuer. Dass der Emittent dem Investor bei Verfall nicht den Nominalwert der Obligation zurückbezahlen muss, sondern seine Schuldverpflichtung mittels physischer Lieferung von 31 CSG Namenaktien erfüllen kann, ist darauf zurückzuführen, dass der Emittent sich mit Revexus vom Investoren eine Put-Option verkaufen liess. Für diese hat er dem Investor einerseits eine Optionsprämie zu bezahlen; anderseits versetzt ihn die Option in die Lage, diese bei Verfall von Revexus auszuüben und damit bei Fälligkeit der Obligation seine Schuldverpflichtung dadurch zu erfüllen, dass er dem Investor die CSG Namenaktien zum vereinbarten Ausübungspreis von Fr. 322.58 pro Aktie liefert (31 Aktien pro Revexus à Fr. 322.58/Aktie = Fr. 10'000.-) und diesen mit dem Guthaben des Investors aus der Obligation verrechnet. Die Optionsprämie, die der Investor in jährlichen Zahlungen vergütet erhält, ist der Teil des spekulativen Geschäftes dieser Anlage, und ist für den privaten Anleger steuerlich nicht beachtlich.

Anhang III zum Kreisschreiben Nr. 15, Stand 3. Oktober 2017

Spezialfälle und Produkteentwicklungen

1 Index- und Basketzertifikate auf Aktien

a) Klassische Index- und Basketzertifikate

Die Index- und Basketzertifikate entsprechen wirtschaftlich einer Investition in die jeweiligen Aktienmärkte (Indexzertifikate) bzw. in speziell zusammengesetzte Aktienkörbe (Basketzertifikate). Sie ermöglichen dem Anleger nach dem Grundsatz der Risikoverteilung eine diversifizierte Anlage im Vermögensbereich Aktien, weshalb ihnen mindestens fünf verschiedene Aktientitel zugrunde liegen müssen, andernfalls ist das Vorliegen eines LEPO zu prüfen (vgl. Ziffer 4 hienach). Dabei bleibt die Zusammensetzung bei klassischen Zertifikaten während der gesamten Laufzeit unverändert. Die Ausgabe erfolgt ohne Nennwert. Der Investor bezahlt den Index- oder Basketstand im Emissionszeitpunkt und erhält bei Verfall des Zertifikates wiederum den aktuellen Index- oder Basketstand ausbezahlt. Mit dem Kauf eines Aktienzertifikates erwirbt der Anleger somit das Recht, an der Wertentwicklung des betreffenden Indexes oder Baskets direkt teilzunehmen. Die Investoren gehen damit die gleichen Chancen und Risiken ein wie bei direkten Investitionen in die den Zertifikaten zugrunde liegenden Aktien. Bei gewissen Zertifikaten verspricht der Emittent dem Anleger neben der vom Verlauf des Indexes oder Baskets abhängigen Rückzahlung eine zusätzliche Leistung. Dabei handelt es sich um Ausgleichszahlungen (in periodischer Form oder als Einmalentschädigung) als (teilweisen) Ersatz für die dem Investor im Vergleich mit einer direkten Aktieninvestition entgehenden Dividenden.

Auch bei der jüngeren Generation von Index- und Basketzertifikaten entwickelt sich der Kurs des Zertifikates exakt mit dem Kurs des Basisinstrumentes (z.B. dem Swiss Market Index), allerdings in der entgegengesetzten Richtung: Fällt der Basiswert, gewinnt das Zertifikat; steigt der Basiswert, fällt der Kurs des Zertifikates. Der Investor spekuliert auf ein Sinken des Basiswertes. Die Chancen und Risiken des Investors sind indessen die gleichen wie bei Zertifikaten, deren Kursverlauf vollumfänglich dem Kursverlauf der Bezugsgrösse entspricht (Spekulation auf ein Ansteigen des Basiswertes). Steuerlich sind die beiden Fälle deshalb gleich zu behandeln.

Eine wirtschaftliche Betrachtung müsste bei Aktienzertifikaten zu einer Qualifikation als (Direkt-) Investition in Aktien führen mit entsprechender steuerlicher Behandlung. Im Sinne einer Ausnahmeregelung werden klassische Index- und Basketzertifikate auf Aktien aber steuerlich als eine eigene Kategorie von Finanzinstrumenten behandelt: Die mit den Zertifikaten erzielten Gewinne und Verluste, die auf den Basiswerten beruhen, gelten (wie bei den übrigen derivativen Finanzinstrumenten) steuerlich als Kapitalgewinne oder Kapitalverluste

(Art. 16 Abs. 3 DBG). Allfällige Ausgleichszahlungen stellen steuerbaren Vermögensertrag gemäss Artikel 20 Absatz 1 Buchstabe a DBG dar, dies ungeachtet dessen, ob es sich bei den Ausschüttungen der zugrundeliegenden Aktien um normale Dividenden, Nennwertrückzahlungen oder Rückzahlungen von Reserven aus Kapitaleinlagen handelt. Bei periodischen Zahlungen werden sie nach dem allgemeinen Fälligkeitsprinzip erfasst. Bei Ausgleichszahlungen in Form eines Diskonts bei der Emission oder eines Agios bei der Rückzahlung erfolgt die Besteuerung immer im Zeitpunkt der Rückzahlung. Bei Zertifikaten ohne feste Laufzeit erfolgt die Besteuerung bei Wiederanlage der Erträge, somit i.d.R. jährlich. Bei Zertifikaten auf Performance-Indizes oder -baskets (Total Return) entspricht die Dividendenrendite des Basiswertes dem steuerbaren Vermögensertrag und gilt steuerlich am 31.12. als Wiederanlage.

Die gleiche steuerliche Behandlung gilt bei Einhaltung der gleichen Bedingungen auch für Index- und Basketzertifikate auf Edelmetalle und Rohstoffe.

Die Zertifikate stellen weder steuerbare Urkunden im Sinne des Stempelabgaberechts dar, noch bilden deren Erträge Gegenstand der Verrechnungssteuer.

b) Dynamische Index- und Basketzertifikate auf Aktien

Auch die dynamischen Index- und Basketzertifikate haben in wirtschaftlicher Hinsicht eine Investition in Aktienmärkte oder Aktienkörbe zum Gegenstand. Im Unterschied zu den „klassischen" werden die den „dynamischen" Zertifikaten zugrunde liegenden Werte *aktiv* bewirtschaftet, indem die Zusammensetzung des bei Emission definierten Indexes oder Baskets während der Laufzeit der Papiere geändert werden kann.

Solche Zertifikate sind einkommenssteuerlich als Instrumente der kollektiven Kapitalanlage zu behandeln. Mit Bezug auf die verrechnungssteuerliche und stempelabgaberechtliche Behandlung wird auf Ziffer 3 hienach verwiesen.

Werden indessen die folgenden Bedingungen kumulativ eingehalten und werden dynamische Index- und Basketzertifikate damit (lediglich) *passiv* bewirtschaftet, geniessen sie die gleiche steuerliche Beurteilung wie klassische Zertifikate (vgl. Ziffer 1 Buchstabe a hievor):

1. Die im Index oder Basket enthaltenen Aktien werden während der Laufzeit des Zertifikates nach genau definierten und im voraus festgelegten **objektiven** Kriterien (wie z.B. Marktkapitalisierung, Liquidität, P/E-Ratio usw.) selektioniert und bewirtschaftet.
2. Diese Kriterien sind in den Index- oder Basketspezifikationen festzuhalten und bleiben während der Laufzeit des Zertifikates unverändert.

c) Index- und Basketzertifikate auf Aktien ohne feste Laufzeit (open end)

Im Unterschied zu den klassischen und dynamischen Index- und Basketzertifikaten auf Aktien ist die Laufzeit dieser Zertifikate unbefristet. Solche Zertifikate werden nur dann als Termingeschäfte im Sinne des Kreisschreibens Nr. 15, Ziffer 2.2.2., qualifiziert, wenn sie dem Investor ein jährliches Kündigungsrecht einräumen. Sind die übrigen Kriterien der klassischen oder der dynamischen Index- und Basketzertifikate erfüllt, richtet sich die steuerliche Behandlung nach Ziffer 1 Buchstabe a) oder b) hievor.

2 Index- und Basketzertifikate auf Obligationen oder Geldmarktpapiere (Bond-Zertifikate)

Mit Bond-Zertifikaten engagieren sich Investoren in Obligationenmärkten. Die Referenztitel bleiben während der Laufzeit der Zertifikate in der Regel unverändert. Der Ausgabepreis der Zertifikate entspricht dem Gegenwert der im Index oder Basket enthaltenen Bonds. Bei Verfall dieser Zertifikate hat der Anleger, nach Abzug der Transaktionskosten, Anspruch auf Rückzahlung

a) des aktuellen Verkaufspreises der den Zertifikaten als Basiswert zugrunde gelegten Obligationen oder Geldmarktpapiere (inkl. allfällige in den Basiswert reinvestierte Zinsen resp. die in diesem Zeitpunkt aufgelaufenen Zinsen), sowie

b) der während der Laufzeit der Zertifikate auf diesen Obligationen oder Geldmarktpapieren ausbezahlten Zinsen.

Der Zertifikatsinhaber trägt die gleichen Risiken und Chancen eines steigenden allgemeinen Zinsniveaus und/oder sinkender Wechselkurse wie ein gewöhnlicher Obligationär. Die Tatsache, dass sich Bond-Zertifikate auf Obligationen oder Geldmarktpapiere beziehen, impliziert für den Investor, dass er damit in gleicher Weise einen Anspruch auf Rückzahlung seiner Investition erhält, wie wenn er direkt in das Underlying investiert hätte. Bondzertifikate qualifizieren damit selber als Obligationen und unterliegen der entsprechenden Besteuerung (vgl. Kreisschreiben Nr. 15, Ziffern 3.1. ff.). Für die Zwecke der Stempelabgaben ist nicht die Laufzeit des Basiswertes, sondern diejenige des Zertifikats entscheidend.

3 Index- und Basketzertifikate auf ausschüttende oder thesaurierende kollektive Kapitalanlagen

Den Basiswert dieser Zertifikate bilden eine oder mehrere kollektive Kapitalanlagen gemäss Kollektivanlagegesetz vom 23. Juni 2006 (KAG). Der Ausgabe- und Rückgabepreis der Zertifikate entspricht dem Reinvermögenswert (Net Asset Value) der Basiswerte. Im Unterschied zu den klassischen Basketzertifikaten erfolgt die (aktive) Bewirtschaftung der Basiswerte in diesen Fällen durch die Fondsleitungen der jeweiligen kollektiven Kapitalanlagen nach den Bestimmungen des Fondsreglements und dem Ermessensspielraum der Fondsleitungen.

Der Investor partizipiert damit wirtschaftlich wie ein Anteilsinhaber im vollen Umfang an der Entwicklung der im Zertifikat gebündelten kollektiven Kapitalanlagen. In der Folge richtet sich die steuerliche Behandlung von Index- und Basketzertifikaten auf kollektive Kapitalanlagen nach den Regeln, die für Instrumente der kollektiven Kapitalanlagen gelten.

Konkret bedeutet dies, dass sowohl die Ausschüttungen als auch die thesaurierten Gewinne der kollektiven Kapitalanlagen beim Zertifikatsinhaber alljährlich der direkten Bundessteuer unterliegen (Art. 20 Abs. 1 Bst. e DBG), es sei denn, die Ausschüttungen oder thesaurierten Gewinne stammen aus Kapitalgewinnen der kollektiven Kapitalanlagen. Als Kapitalgewinne sind sie dann steuerfrei (Art. 16 Abs. 3 DBG), wenn sie im Falle der Ausschüttung mittels separater Coupons erfolgen und wenn die Fondsbuchhaltung in beiden Fällen eine klare Unterscheidung zwischen (steuerfreien) Kapitalgewinnen und (steuerbaren) Vermögenserträgen zulässt. Gewinne aus dem Verkauf von Zertifikaten gelten steuerlich ebenfalls als Kapitalgewinne. Bei Verfall oder Kündigung der Zertifikate durch die Emittentin unterliegt das Liquidationsbetreffnis in dem Umfang der direkten Bundessteuer, als dieses die Auszahlung von noch nicht besteuerten Vermögenserträgen umfasst.

Das KAG zählt die Formen der kollektiven Kapitalanlagen abschliessend auf (vgl. Art. 7 bis 9 KAG). Diese Aufzählung umfasst die strukturierten Produkte grundsätzlich nicht. Da Artikel 4 Absatz 1 Buchstabe c VStG explizit Bezug auf das KAG nimmt, besteht für die Erhebung der Verrechnungssteuer auf Erträgen der von einem Inländer ausgegebenen Index- und Basketzertifikate auf kollektive Kapitalanlagen in der Regel keine Rechtsgrundlage. Vorbehalten bleiben Fälle von Steuerumgehungen.

Die gleiche Ausgangslage besteht im Bereich der Stempelabgaben. Der revidierte Artikel 13 Absatz 2 Buchstabe a StG nimmt ebenfalls direkt Bezug auf das KAG, was zur Folge hat, dass die von einem Inländer ausgegebenen Index- und Basketzertifikate auf kollektive Kapitalanlagen keine steuerbaren Urkunden im Sinne des Stempelabgabenrechts darstellen.

Demgegenüber qualifizieren die von einem Ausländer ausgegebenen Basketzertifikate auf kollektiven Kapitalanlagen als steuerbare Urkunden, weshalb sowohl Primär- als auch Sekundärmarkttransaktionen gestützt auf Artikel 119 KAG und Artikel 13 Absatz 2 Buchstabe b StG Gegenstand der Umsatzabgabe sind.

Sofern der in- oder ausländische Emittent oder Vertreiber solcher Index- und Basketzertifikate der ESTV alljährlich die aggregierten Vermögenserträge und Kapitalgewinne bzw. – verluste mitteilt und die entsprechenden Jahresrechnungen einreicht, damit die ESTV die Unterscheidung zwischen Vermögenserträgen und Kapitalgewinnen überprüfen und die Betreffnisse in der Kursliste publizieren kann, unterliegen einzig die Vermögenserträge der direkten Bundessteuer. Andernfalls erfolgt eine Veranlagung nach Ermessen.

Dies bedeutet, dass der Veranlagung eine marktgerechte Rendite (unter Berücksichtigung der Anlageklassen, in welche das Zertifikatsvermögen angelegt ist) auf dem Nettoanlagevermögen (NAV, Net Asset Value) per Abschlussdatum zugrunde gelegt wird.

4 Low Exercise Price Options (LEPO) und Mini-Futures auf Aktien, Edelmetalle und Rohstoffe

a) Low Exercise Price Options (LEPO)

LEPO sind Call-Optionen auf Aktien mit Ausübungspreis sehr nahe bei null. Sie werden deshalb auch als atypische, weil im Voraus finanzierte Termingeschäfte aufgefasst (vgl. Kreisschreiben Nr. 15, Ziffer 2.2.3.). Gemäss Praxis der ESTV liegt ein LEPO dann vor, wenn der Basiswert im Emissionszeitpunkt zu mindestens 50 Prozent im Voraus finanziert wird, d.h. wenn im Zeitpunkt der Emission des LEPO der Ausübungspreis weniger als 50 % des Werts des Basiswerts beträgt. LEPO werden auf Diskontbasis emittiert und sehen während ihrer Laufzeit keine Zahlungen an den Investor vor. Bei Verfall der LEPO kommt es in der Regel zur physischen Lieferung des Basiswertes.

Aus verwaltungs- und verfahrensökonomischen Gründen werden die Zinskomponenten von LEPO mit *Laufzeiten von nicht mehr als zwölf Monaten* auf Zusehen hin steuerfrei belassen. Bei *überjährigen* Laufzeiten werden hingegen die Zinskomponenten im Zeitpunkt der Rückzahlung bzw. Ausübung als steuerbarer Vermögensertrag gemäss Artikel 20 Absatz 1 Buchstabe a DBG erfasst. Mangels gesetzlicher Grundlage wird keine Verrechnungssteuer erhoben und fällt bei der Ausgabe der LEPO auch keine Emissionsabgabe an. Jedoch unterliegen überjährige LEPO auf Aktien im Sekundärmarkt der Umsatzabgabe, da sie als „Unterbeteiligungen" an Aktien im Sinne von Artikel 13 Absatz 2 Buchstabe c StG qualifizieren.

Den LEPO steuerlich gleichgestellt werden Aktienzertifikate auf weniger als fünf Aktien.

b) Mini-Futures auf Aktien, Edelmetalle und Rohstoffe

Grundsätzlich ermöglichen Mini-Futures eine volle Partizipation an der Kursentwicklung des Basiswerts, wobei sowohl auf steigende (Mini Long) als auch auf fallende Kurse (Mini Short) gesetzt werden kann. Da sie keinen Volatilitätseinflüssen unterliegen, wird die Performance des Basiswerts zudem linear abgebildet. Mini-Futures weisen in der Regel eine unbegrenzte Laufzeit (open end) auf, sind aber mit einer Sicherheitsbarriere (Stop-Loss-Level) ausgestattet, welche garantiert, dass der maximale Verlust stets auf das investierte Kapital beschränkt bleibt (keine Nachschusspflicht). Wird nämlich die Sicherheitsbarriere eines Mini-Futures erreicht, so wird die Position automatisch aufgelöst und der Restwert an die Investoren rückvergütet. Ein wichtiges Merkmal von Futures-Kontrakten ist der grösstenteils fremdfinanzierte (Termin-) Kauf des jeweiligen Basiswerts. Beim Erwerb des Mini-Futures wird von den Anlegern regelmässig nur ein geringer Teil des Kaufpreises aus eigenen Mitteln aufgebracht, der überwiegende Teil der Investition wird kreditfinanziert. Dadurch entsteht ein Hebel (Leverage), der eine überproportionale Partizipation an der Entwicklung des Basiswerts zur Folge hat. So kann beispielsweise mit einem Mini-Future, welcher im Zeitpunkt der Emission einen Hebel von 5 aufweist, bei einem Kursanstieg des Basiswerts von 1 % eine Wertsteigerung von 5 % erzielt werden. Weil der Hebel in beide Richtungen wirkt, kann es bei fallenden Kursen entsprechend aber auch zu einem überproportionalen Wertverlust kommen.

In steuerlicher Hinsicht ist grundsätzlich dann von einem echten Future-Kontrakt und somit von einem Termingeschäft im Sinne des Kreisschreibens Nr. 15, Ziffer 2.2.2. auszugehen, wenn der Hebel im Zeitpunkt der Emission mindestens 4 beträgt. Ein späteres Unterschreiten dieses Hebels aufgrund der Kursentwicklung des Basiswerts ist steuerlich nicht relevant. Liegt hingegen kein echtes Termingeschäft vor, insbesondere weil der Hebel im Zeitpunkt der Emission weniger als 4 beträgt, hängt die Besteuerung des Finanzinstruments entscheidend von der Kontraktlaufzeit ab: Aus verwaltungs- und verfahrensökonomischen Gründen werden die Zinskomponenten bei *Laufzeiten von nicht mehr als zwölf Monaten* auf Zusehen hin steuerfrei belassen. Bei *überjährigen und unbegrenzten* Laufzeiten werden hingegen die Zinskomponenten bei Verfall bzw. bei Erreichen der Sicherheitsbarriere (vorzeitiges Auflösen der Position) als steuerbarer Vermögensertrag gemäss Artikel 20 Absatz 1 Buchstabe a DBG erfasst. Die Höhe der steuerbaren Zinskomponente wird basierend auf einem marktgerechten Zinssatz ermittelt. Darunter ist die LIBOR- bzw. Swaprate in der entsprechenden Währung und für die entsprechende Laufzeit zu verstehen.

Mangels gesetzlicher Grundlage wird keine Verrechnungssteuer erhoben. Jedoch unterliegen überjährige (Mini-) Futures auf Aktien (im Gegensatz zu solchen auf Rohstoffe), die nicht als echte Termingeschäfte qualifizieren, im Sekundärmarkt der Umsatzabgabe, da sie als „Unterbeteiligungen" auf Aktien im Sinne von Artikel 13 Absatz 2 Buchstabe c StG gelten.

c) Termingeschäfte mit Zinsen als Basiswert

Unterjährige Laufzeit: Bei Produkten ohne garantierte Zahlungen und mit Laufzeiten von nicht mehr als zwölf Monaten gelten die erzielten Gewinne und Verluste (wie bei den übrigen derivativen Finanzinstrumenten) – auf Zusehen hin – als steuerfrei. Bei Vorausfinanzierungsgraden, die höher als 25% sind, wird die Zinskomponente besteuert. Als Bemessungsgrundlage gilt der Emissionspreis. Die steuerbare Zinskomponente wird aufgrund der Währung und Laufzeit des Produktes mittels entsprechender Libor-Rate ermittelt, gegebenenfalls unter Berücksichtigung eines schuldnerspezifischen Risikozuschlags.

Überjährige Laufzeit: Bei Produkten mit Laufzeiten von mehr als zwölf Monaten unterliegt die Zinskomponente unabhängig vom Vorausfinanzierungsgrad der Besteuerung. Als Bemessungsgrundlage gilt der Emissionspreis. Die steuerbare Zinskomponente wird aufgrund der Währung und Laufzeit des Produktes mittels entsprechender Swap-Rate ermittelt, gegebenenfalls unter Berücksichtigung eines schuldnerspezifischen Risikozuschlags. Sekundärmarkttransaktionen unterliegen grundsätzlich der Umsatzabgabe (Art. 13 Abs. 2 Bst. c StG).

5 Spezialfälle im Bereich der Reverse Convertibles

a) Reverse Convertibles auf Aktien, Edelmetalle und Rohstoffe ohne garantierte Zahlungen und mit Laufzeiten von nicht mehr als zwölf Monaten

Im Unterschied zu den im Kreisschreiben Nr. 15 genannten Reverse Convertibles (RC) enthalten die unter der Bezeichnung Discount Certificate (nachfolgend Diskont-Zertifikat) etc. emittierten Produkte keine garantierten Zahlungen seitens des Emittenten und haben Laufzeiten von nicht mehr als zwölf Monaten. Aufgrund einer wirtschaftlichen Betrachtungsweise steht bei diesen RC aus der Sicht des Investors nicht die Kapitalanlage, sondern der Kauf des Basiswertes (Aktie, Index) im Vordergrund. Als atypische, nämlich im Voraus finanzierte Termingeschäfte sind sie damit mit den bis anhin steuerfrei belassenen LEPO vergleichbar. Entsprechend erfolgt die Emission auf Diskontbasis. Die Differenz zwischen aktuellem Verkehrswert des Basiswertes und Emissionspreis des fraglichen Produkts umfasst eine (steuerfreie) Zinskomponente für die Vorausfinanzierung des Basiswertes sowie eine Optionsprämie für das Schreiben einer Call-Option. Die vom Investor dem Emittenten verkaufte Call-Option sichert dem Emittenten das Recht, dem Investor den zu liefernden Basiswert gegebenenfalls zum Ausübungspreis wiederum abnehmen zu können. Anstelle der physischen Lieferung des Basiswertes kann auch ein Barausgleich vorgesehen sein (Cash-Settlement).

Die mit Diskont-Zertifikaten ohne garantierte Zahlungen und mit Laufzeiten von nicht mehr als zwölf Monaten erzielten Gewinne und Verluste gelten (wie bei den übrigen derivativen Finanzinstrumenten) – auf Zusehen hin – als steuerfrei.

Nichts ändert sich an der steuerlichen Behandlung dieser RC, wenn sie – zurückzuführen auf weitere Optionsstrategien – z.B. zusätzlich:

- den Investor bis zu einem bestimmten Punkt (Cap) doppelt vom Kursanstieg des dem Produkt zugrunde liegenden Basiswertes profitieren lassen (sog. „Bull-Call-Spread");
- dem Investor für den Fall einer negativen Kursentwicklung innerhalb einer gewissen Spanne eine Rückzahlungsgarantie einräumen (bedingter Kapitalschutz), allenfalls unterhalb der Verlustschwelle immer eine bessere Rendite als der entsprechende Basiswert versprechen (beschränkter Kapitalschutz).

Diese Reverse Convertibles stellen weder steuerbare Urkunden im Sinne des Stempelabgabenrechts dar noch sind deren Erträge Gegenstand der Verrechnungssteuer.

b) Überjährige Reverse Convertibles mit bedingtem Kapitalschutz (Barrier Reverse Convertibles)

Die im Markt anzutreffenden, als Certificate Plus bezeichnete Produkte mit mehr als einjähriger Laufzeit kombinieren grundsätzlich wie beim gewöhnlichen RC Anlage- und Optionsgeschäft. Diese RC-Varianten werden aber mit sog. „Down-and-In-Puts" (exotische Option) emittiert: Darunter sind Put-Optionen zu verstehen, die erst bei Erreichen oder Unterschreiten eines bestimmten Aktienkurses („Kick-In Level") aktiviert werden. Der Einsatz einer Down-and-In- Put-Option mit einem „Kick-In Level" von beispielsweise 70 Prozent des Ausübungspreises anstelle einer herkömmlichen Put-Option ändert den Rückzahlungsmodus des Produkts: Notiert die Aktie bei Verfall unter dem Ausübungspreis, wird der Titel nur dann geliefert, wenn der Kurs während der Laufzeit mindestens einmal den „Kick-In Level" erreicht oder unterschritten hat. Der Anleger wählt damit eine defensivere Strategie als bei einem herkömmlichen RC, indem er einen bedingten Kapitalschutz erhält. Angeboten werden zudem RC, bei denen der Anleger auch an einer Aufwärtsbewegung der Aktie partizipieren kann, indem zusätzliche Optionskontrakte (Call-Optionen) abgeschlossen werden. Werden die Barrieren (unter Berücksichtigung der Volatilität des Basiswertes) zu tief angesetzt, resultiert ein faktischer Kapitalschutz und entfällt die Möglichkeit zur Aufteilung der Entschädigung in eine Zinskomponente und Optionsprämie.

c) Überjährige Reverse Convertibles mit bedingtem Kapitalschutz, bedingten ansteigenden Coupons und vorzeitiger Rückzahlungsmöglichkeit

Auch die unter den Bezeichnungen wie Step-up-, Autocall-, Callable Return-, Callable Yield- oder Express-Zeritifikate emittierten Produkte kombinieren wie die gewöhnlichen RC Anlage- und Optionsgeschäfte. Anstelle von herkömmlichen Put-Optionen kommen auch bei dieser Kategorie exotische Optionen (Down-and-In-Puts) zum Einsatz. Die Step-up-Produkte charakterisieren sich neben einem bedingten Kapitalschutz (Schutzpuffer, der zum Teil deutlich unter dem Kurs des Basiswertes bei Emission liegt) durch jährlich ansteigende Coupons sowie durch zusätzliche Call-Optionen, die dem Emittenten das Recht einräumen, die Produkte vorzeitig zurückzukaufen. Die spezifische Kombination von Anlage- und Optionsgeschäften führt zu folgender Funktionsweise: Als Basiswert für die Optionskontrakte dient meistens ein Aktienindex (bzw. mehrere Aktienindizes), wobei der Indexstand bei Emission als Startniveau definiert wird. Der Emittent legt dann für die gesamte Laufzeit i.d.R. jährliche Beobachtungs- oder Bewertungszeitpunkte fest und bestimmt die Höhe des Coupons. Liegt nun der Basiswert am ersten Beobachtungstag auf oder über dem Startniveau, wird das Produkt sofort zurückbezahlt und der Anleger erhält sein ursprünglich investiertes Kapital und den im Voraus festgelegten Coupon ausbezahlt. Liegt hingegen der Basiswert unter dem Startniveau, läuft das Produkt bis zum nächsten Beobachtungszeitpunkt weiter. Sollte jetzt der Basiswert am oder über dem Startniveau notieren, erhält der Anleger das eingesetzte Kapital zuzüglich des doppelten Coupons zurückbezahlt. Ist dies erneut nicht der Fall, läuft das Zertifikat wiederum bis zum nächsten Beobachtungszeitpunkt, usw. – unter Umständen bis zum Endverfall. Üblicherweise haben Step-up-Produkte eine Laufzeit von vier bis fünf Jahren. Tritt der Fall ein, dass der Basiswert auch am letzten Beobachtungstag das Startniveau nicht erreicht, führt dies zur Aktivierung des bedingten Kapitalschutzes. Wird bei Verfall die Schutzbarriere des Basiswerts unterschritten, realisiert der Anleger den Wertverlust des Basiswerts. Bei mehreren Basiswerten bemisst sich die Rückzahlung nach dem Basiswert, der die schlechteste Performance aufweist (sog. „Rainbow-Option").

Nebst der klassischen Form gibt es noch weitere Varianten von Step-up-Produkten. Beispielsweise defensivere Strategien, bei denen der Basiswert am jeweiligen Beobachtungstag nicht sein Startniveau, sondern bloss einen – zum Beispiel um 20 Prozent – darunter liegenden Wert erreichen muss.

Im Unterschied zu den herkömmlichen RC mit im Voraus festgelegten, garantierten und periodisch ausgerichteten Coupons werden bei der RC-Variante nach Buchstabe b) in aller Regel keine garantierten Coupons ausbezahlt. Dies führt dazu, dass der Anlageteil als Obligation mit ausschliesslicher Einmalverzinsung qualifiziert wird. Bei der RC-Variante nach Buchstabe c) gelten die von Jahr zu Jahr ansteigenden bedingten Coupons steuerlich als Kapitalgewinne. Auch hier liegen folglich Obligationen mit ausschliesslicher Einmalverzinsung vor. Da Anlage und Optionsteil nicht getrennt handelbar sind, unterliegen die RC-Varianten gemäss Buchstaben b) und c) der modifizierten Differenzbesteuerung.

Die besonderen RC-Varianten gemäss Buchstaben b) und c) hievor werden verrechnungssteuerlich und stempelabgaberechtlich gleich behandelt wie die gewöhnlichen RC (vgl.

Kreisschreiben Nr. 15, Ziffer 2.3.3. i.V.m. Ziffer 3.6.). Die Steuerfolgen bleiben deshalb immer dieselben, weil RC zu den transparenten kombinierten Finanzinstrumenten gehören und sich die Höhe der steuerlich relevanten, marktkonformen Verzinsung der Obligation durch den Einsatz von exotischen und/oder zusätzlichen Optionen nicht verändert. Für die Bestimmung der marktkonformen Verzinsung bei Produkten mit vorzeitiger Rückzahlungsmöglichkeit ist stets die maximal mögliche Laufzeit entscheidend.

6 Spezialfälle im Bereich der kapitalgarantierten Derivate

Strukturierte Produkte mit Kapitalschutz bestehen aus einer festverzinslichen Anlage (Obligation, Geldmarktpapier) und einer (oder mehreren) Option(en). Der garantierte Rückzahlungsbetrag entspricht dem Nennwert des Anlageteils, wobei die garantierte Rückzahlung auch unter dem investierten Betrag liegen kann (vgl. Kreisschreiben Nr. 15, Ziffer 2.3.1.).

a) Obligationen mit bedingten Coupons

Kapitalgeschützte Produkte können vorsehen, dass ausschliesslich oder teilweise von der Wertentwicklung eines Basiswertes (Aktien) abhängige jährliche Zahlungen an den Investor erfolgen. So können beispielsweise die jährlichen Zahlungen an den Investor von der Entwicklung des vom Emittenten zusammengestellten Aktienbaskets abhängen und sich innerhalb einer Bandbreite zwischen null Prozent und einem gegen oben fixierten Prozentsatz bewegen. Denkbar ist auch, dass der Emittent eine bestimmte Mindestverzinsung des Kapitals garantiert und darüber erst bei Verfall der Obligation auf der Grundlage der effektiv erfolgten, basiswertbezogenen jährlichen Zahlungen abgerechnet wird. Nach einer weiteren Variante werden in den ersten zwei Jahren der Laufzeit jährliche Zahlungen noch garantiert; in den Folgejahren hängen die periodischen Zahlungen aber wiederum von der Entwicklung eines Basiswertes ab. Schliesslich kommt es auch vor, dass der Emittent eine jährliche Mindestverzinsung des Kapitals während der ganzen Laufzeit garantiert; darüber hinausgehende weitere Entschädigungen hängen wiederum von der Entwicklung eines Basiswertes ab.

Die beschriebenen Produktemechanismen sind das Resultat einer Kombination von gemischter Diskontobligation, gemischter globalverzinslicher Obligation oder Zerobond und Option(en). Die sog. bedingten Coupons ergeben sich aus der (bzw. den) vom Investor erworbenen Call-Option(en). Aus ihr (bzw. ihnen) resultierende Zahlungen stellen im Privatvermögen steuerfreie Kapitalgewinne dar. Die im Voraus garantierten, fixen Zahlungen qualifizieren dagegen als steuerbarer Vermögensertrag. Zur rechnerischen Bestimmung, ob der Anlageteil überwiegend einmalverzinslich ist oder nicht, können nur die garantierten Geldflüsse herangezogen werden, und zwar zum jeweiligen Zeitpunkt, in welchem der Investor seinen Rechtsanspruch durchsetzen kann. Dabei ist die Summe der Barwerte der garantierten Zahlungen während der Laufzeit der Einmalentschädigung gegenüberzustellen. Auch kapitalgeschützte strukturierte Produkte, die in Kombination mit entsprechender Optionsgestaltung zu sog. bedingten Couponzahlungen führen, gelten im Sinne des Kreisschreibens Nr. 15 als transparent und es finden die entsprechenden Regeln gemäss Ziffer 3.4. Anwendung.

b) Obligationen in Kombination mit exotischen Optionen

Kapitalgeschützte Produkte können auch mit sog. exotischen Optionen kombiniert sein. Im Gegensatz zu gewöhnlichen Call- und Put-Optionen („Plain-Vanilla Options") gelten für exotische Optionen zusätzliche Bedingungen und Vereinbarungen. Aufgrund ihrer besonderen Ausgestaltung kann der Kursverlauf markant von demjenigen gewöhnlicher Optionen abweichen.

Als Beispiele können die sog. *„Barrier Options"* und *„Digital" oder „Binary Options"* genannt werden: Bei ersteren werden Kaufs- und Verkaufsrechte erst aktiviert, wenn der Kurs des Basiswertes innerhalb eines bestimmten Zeitraums eine festgelegte Grenze („Barrier") erreicht (sog. „Knock-in" oder „Kick-in" Barrier Options). Bei „Knock-out" oder „Kick-out" Barrier Options erlöschen hingegen die Kaufs- und Verkaufsrechte, wenn der Kurs des Basiswertes innerhalb dieses Zeitraums die festgelegte Grenze erreicht. „Double-Barrier Options" haben einen oberen und einen unteren Grenzpunkt und können als „Knock-in" und als „Knock-out" Barrier Options vorkommen. *Digital oder Binary Options* können als Formen der sog. „Payout Optionen" genannt werden. Payout Optionen geben Anspruch auf einen im Voraus fixierten, festen Betrag. Bei einer Digital oder Binary Option erfolgt die Auszahlung, wenn der Kurs des Basiswertes während eines bestimmten Zeitraums einmal („One-Touch Digital Option") oder genau am Verfalltag („All-or-Nothing Option") einen festgelegten Wert erreicht. Die Auszahlung des Betrags erfolgt bei der One-Touch Digital Option entweder sofort bei Erreichen der „Barrier" oder erst am Verfalltag („Lock-in Option"). Bei einer „Lock-out Option" kommt der fixierte Betrag nur zur Auszahlung, wenn der Kurs des Basiswertes während eines bestimmten Zeitraums eine gesetzte „Barrier" nicht erreicht.

Auch kapitalgeschützte strukturierte Produkte, die mit exotischen Optionen untrennbar kombiniert sind, gelten im Sinne des Kreisschreibens Nr. 15 als transparent. Sämtliche Zahlungen, die aus der Optionenanlage resultieren, sind im Privatvermögen steuerlich unbeachtlich. Und es finden auch für diese Produkte die Regeln gemäss Ziffer 3.4. des Kreisschreibens Nr. 15 Anwendung.

7 Obligationen mit "Money back" Optionen

Optionsanleihen, bei denen die Option nicht nur auf den Bezug des Basiswertes lautet, sondern alternativ den Anspruch auf eine Geldsumme gibt, werden grundsätzlich steuerlich wie Anleihen ohne alternativen Baranspruch behandelt. Wird allerdings der Geldanspruch geltend gemacht, stellt dieser im Zeitpunkt der Ausübung vollumfänglich steuerbaren Zinsertrag gemäss Artikel 20 Absatz 1 Buchstabe a DBG dar und unterliegt im Falle eines inländischen Schuldners der Verrechnungssteuer gemäss Artikel 4 Absatz 1 Buchstabe a VStG.

8 Wandelanleihen mit Put-Option zwecks vorzeitiger Rückzahlung

Die Put-Option räumt dem Gläubiger das unwiderrufliche Recht ein, an einem bestimmten Stichtag – u.U. mehrere Jahre vor dem Ablauf der Originallaufzeit – die vorzeitige Rückzahlung zu einem über dem Emissionspreis liegenden Wert zu verlangen. Solche Wandelanleihen gelten immer als nicht-klassisch (vgl. Ziffer 2.3.2. des Kreisschreibens Nr. 15).

Entgegen den in der 1. Auflage dieses Anhangs III gemachten Ausführungen, ist die Put-Option bei der Frage, ob es sich um eine einmalverzinsliche Anleihe handelt oder nicht, irrelevant. Dies deshalb, weil im System einer transparenten Besteuerung nur die Eckwerte der Bondkomponente steuerlich massgebend sind. Es finden deshalb auch für diese Wandelanleihen die Regeln gemäss den Ziffern 3.4., 3.4.1. sowie 3.4.2. des Kreisschreibens Nr. 15 Anwendung.

9 Strukturierte Kredit- und Schadenderivate

Im Bereich der Kredit- und Schadenderivate kann ebenfalls zwischen strukturierten (kombinierten) und nicht strukturierten (reinen) Produkten unterschieden werden. Basiswert der Kreditderivate bilden eine oder mehrere Kreditrisiken. Kreditderivate sind Finanzinstrumente, die sich je nach Ausgestaltung zur Übertragung eines Ausfallrisikos, eines Rating- oder des gesamten Spreadrisikos eignen. Basiswert der Schadenderivate bilden Naturkatastrophen oder durch sie verursachte Schäden (Erdbeben, Hagel, Wirbelstürme usw.). Mit Schadenderivaten werden solche Risiken übertragen. Für die reinen Kreditderivate (Credit Default Swap, Total Return Swap, Spread-Optionen und Spread-Forwards) und die reinen Schadenderivate kann auf Ziffer 2.2. des Kreisschreibens Nr. 15 verwiesen werden.

Die strukturierten Kredit- und Schadenderivate kombinieren eine Obligation mit einem Termingeschäft (Credit/Insurance-Default-Swap). Solche Produkte, bekannt unter der Bezeichnung „Credit Linked Notes“ bzw. „Insurance Linked Securities“, charakterisieren sich dadurch, dass der Emittent (= Sicherungskäufer) ein genau bezeichnetes Kredit- oder Schadensrisiko (= Basiswert) gegen Entschädigung (= Risikoprämie) auf den Anleger (= Sicherungsverkäufer) überträgt und sich gleichzeitig durch Verkauf einer Obligation mit gleicher Laufzeit für den Kreditausfall bzw. den Schadenseintritt absichert. Solange kein Kreditausfall bzw. Schaden eintritt, hat der Anleger Anspruch auf Verzinsung und Rückzahlung seiner Obligation. Kommt es hingegen zum definierten Kreditausfall oder Schadenseintritt, ist der Sicherungskäufer berechtigt, den entsprechenden finanziellen Schaden auf den Sicherungsverkäufer zu überwälzen.

Kredit- und Schadenderivate weisen dieselbe Struktur auf wie RC ohne Kapitalschutz (vgl. Ziffer 2.3.3.1. des Kreisschreibens Nr. 15). Indessen erfahren nur die Schadenderivate dieselbe steuerliche Behandlung (vgl. 3.6. des Kreisschreibens Nr. 15). Bei strukturierten Kreditderivaten ist die Risikoprämie mit dem Bonitätsrisiko des übertragenen Kreditrisikos gleichzusetzen, welches sich in einer höheren Verzinsung niederschlägt. Dies hat zur Folge, dass sämtliche Entschädigungen im Bereich von Credit Linked Notes steuerbaren Obligationenertrag darstellen (vgl. Ziffer 3.1. und 3.2. des Kreisschreibens Nr. 15).

10 Aufstockungen von inländischen und ausländischen Anleihensobligationen

Per 1. Januar 2001 wurde Artikel 14 Absatz 2 VStV ersatzlos aufgehoben. Diese Bestimmung besagte, dass die Verrechnungssteuer auf Vorausvergütungen, die u.a. bei der Ausgabe von Obligationen abgezogen werden und verteilt auf jedes volle Jahr der vertraglichen Mindestlaufzeit nicht mehr als ein halbes Prozent des Nennwertes ausmachen, nicht erhoben wird. Die Streichung dieser Bestimmung erwies sich für Anleihensaufstockungen als problematisch. Bei Anleihensaufstockungen werden die Eckwerte der Grundanleihe (Zinssatz der jährlichen Couponzahlungen, Laufzeit der Anleihe, Rückzahlungsbetrag und Stückelung) übernommen. Dieses Vorgehen entspricht internationaler Usanz, und so geben alle Informationssysteme wie Bloomberg, Reuters, etc. auch im Falle von aufgestockten Anleihen ausschliesslich über die Eckdaten der Grundanleihe Auskunft. Im Rückzahlungszeitpunkt kann in der Folge zwischen der zu pari ausgegebenen Grundanleihe und der unter pari emittierten Aufstockungstranche nicht mehr unterschieden werden. Damit kann die Verrechnungssteuer im Rückzahlungszeitpunkt nicht auf den Gläubiger überwälzt werden, womit beim Emittenten eine Aufrechnung ins Hundert erfolgt.

Bei Aufstockungen mit Emissionsdisagi, die mehr betrugen als ein halbes Prozent des Nennwertes pro Jahr der noch verbleibenden Laufzeit, war ein Emittent bereits vor Aufhebung von Artikel 14 Absatz 2 VStV gezwungen, die mangels Überwälzung ins Hundert aufgerechnete Verrechnungssteuer zu tragen (seltene Fälle). Solange Artikel 14 Absatz 2 VStV in Kraft war, bestand für die Anleihensemittenten zumindest die Möglichkeit, eine mangels Überwälzung ins Hundert aufgerechnete Verrechnungssteuerbelastung zu vermeiden, indem nur solche Anleihen aufgestockt wurden, die in den Anwendungsbereich von Artikel 14 Absatz 2 VStV fielen. Je nach steuerlicher Situation im Ausland scheinen demgegenüber ausländische Emittenten Aufstockungstranchen mit beträchtlichen Emissionsdisagi geradezu systematisch zu emittieren. Damit ist die direktsteuerliche Erfassung dieser Vermögenserträge offensichtlich gefährdet.

Die ESTV hat deshalb rückwirkend auf den 1. Januar 2001 für den Bereich der Aufstockungen folgende Praxis festgelegt:

- Werden inländische Anleihen, die zu oder über pari emittiert und zu pari zurückbezahlt werden, aufgestockt und beträgt das Emissionsdisagio der Aufstockungstranche nicht mehr als ein halbes Prozent pro Jahr der Restlaufzeit (sog. Toleranzgrenze), wird auf die Erhebung der Verrechnungssteuer verzichtet. Diese Praxis gilt in analoger Weise für die direkte Bundessteuer. Bei der Ermittlung der Toleranzgrenze werden nicht nur ganze, sondern auch angebrochene Jahre berücksichtigt, und zwar taggenau. In allen anderen Fällen qualifiziert das gewogene Mittel der Emissionsdisagi von Erstemission und Aufstockung(en) bei Rückzahlung der Anleihe sowohl verrechnungssteuerrechtlich wie auch einkommenssteuerrechtlich als relevanter Ertrag, welcher in der Kursliste der ESTV publiziert wird.
- Für ausländische Anleihen gilt: Aufstockungen von Anleihen, die zu oder über pari emittiert und zu pari zurückbezahlt werden und deren Emissionsdisagi nicht mehr als ein halbes Prozent pro Jahr der Restlaufzeit betragen, profitieren in gleicher Weise von der Steuerfreiheit dieser Emissionsdisagi wie die inländischen Aufstockungen.

Grundanleihen, die vor dem 1. Januar 2001 emittiert wurden und in den Anwendungsbereich von Artikel 14 Absatz 2 VStV fielen, werden im Rahmen dieser ab 1. Januar 2001 geltenden Regelung wie zu pari emittierte Anleihen behandelt. Aufstockungen solcher Grundanleihen kommen deshalb ebenfalls in den Genuss der rückwirkend vorzunehmenden Praxisfestlegung.

SwissBanking

November 2006

Bond Floor Pricing

Gutachten der Kommission für Steuern und Finanzfragen der Schweizerischen Bankiervereinigung

• Schweizerische Bankiervereinigung
Association suisse des banquiers
Associazione Svizzera dei Banchieri
Swiss Bankers Association

Aeschenplatz 7
Postfach 4182
CH-4002 Basel

T +41 61 295 93 93
F +41 61 272 53 82
office@sba.ch
www.swissbanking.org

•SwissBanking

Verfasser

Dieses Gutachten wurde durch die Geschäftsstelle und die Kommission für Steuern und Finanzfragen der Schweizerischen Bankiervereinigung erstellt.

SwissBanking

Inhaltsverzeichnis

•SwissBanking

Gutachten

I. Ausgangslage

Im April 1999 hat die Eidg. Steuerverwaltung das Kreisschreiben Nr. 4 betreffend Obligationen und derivative Finanzinstrumente als Gegenstand der direkten Bundessteuer, der Verrechnungssteuer sowie der Stempelabgaben publiziert. Darin wurde bezüglich derjenigen kombinierten Produkte, bei welchen die einzelnen Teile (des kombinierten Produkts) nicht separat handelbar sind oder bei denen die einzelnen Teile - trotz Handelbarkeit - de facto nicht separat gehandelt werden, eine neue Methode zur Ermittlung des steuerbaren Vermögensertrages eingeführt. Diese neu geschaffene, als modifizierte Differenzbesteuerung bezeichnete Methode bezweckt die "richtige" Ermittlung des auf den Anleihensteil zurückzuführenden steuerbaren Vermögensertrags. Diese Methode gelangt bei nicht klassischen Wandelanleihen sowie weiteren kombinierten Produkten zur Anwendung, die steuerlich als Kombination einer überwiegend einmalverzinslichen Anleihe und einer Option bzw. einer Optionsstrategie qualifiziert werden.

Die Anwendung der modifizierten Differenzbesteuerung setzt voraus, dass das kombinierte Produkt (für steuerliche Zwecke) transparent gemacht wird. Dies geschieht, indem der Wert des Anleihensteils im Zeitpunkt der Emission berechnet und offen gelegt wird. Die Berechnung des Wertes des Anleihensteils im Emissionszeitpunkt (auch Bond Floor genannt) wird mittels der Swap-Rate für die entsprechende Währung und Laufzeit aufgrund der folgenden Eckwerte vorgenommen:

- Emissions- und Mindest-Rückzahlungsbetrag
- Laufzeit (Liberierungs- und Rückzahlungsdatum)
- allfällige periodische Verzinsung

Mit dieser Berechnung wird letztlich ermittelt, zu welchem Preis der Anleihensteil von einem Schuldner mit einem bestimmten Rating emittiert worden wäre, wenn der Anleihensteil separat (vom Optionsteil) emittiert worden wäre.

Während der Laufzeit des kombinierten Produktes wird von Telekurs für jeden Tag der Laufzeit ein (neuer) Wert für den Anleihensteil berechnet. Diese Berechnungen basieren auf dem Bond Floor zum Emissionszeitpunkt, wobei quartalsweise eine Anpassung mittels der 5-Jahres-Swap-Rate für die entsprechende Währung vorgenommen wird, um dem sich ändernden Zinsumfeld Rechung zu tragen.

Das Verwaltungsgericht des Kantons Zürich hat in einem Entscheid vom 24. August 2005 die Anwendung der modifizierten Differenzbesteuerung grundsätzlich bejaht. Allerdings hat es die Frage offen gelassen, ob die zur Anwendung gelangenden komplexen finanzmathematischen Berechnungen in jedem Fall geeignet seien, den steuerbaren Vermögensertrag in rechtsgenügender Weise zu ermitteln. Ferner wurde in diesem Entscheid festgehalten, dass es denn auch grundsätzlich der Veranlagungsbehörde obliege, ihre Berechnungen und deren Grundlagen im Einzelfall ausreichend zu substanziieren und gegebenenfalls - zum Beispiel durch ein Sachverständigengutachten - den Nachweis zu leisten, dass das Berechnungsprogramm die ihm zugedachte Aufgabe erfüllen könne. Insoweit ihr dies nicht gelinge, laufe sie Gefahr, den geltend gemachten steuerbaren Vermögensertrag nicht rechtsgenügend nachweisen zu können.

II. Auftrag

Die Schweizerische Bankiervereinigung ist von der Eidgenössischen Steuerverwaltung gebeten worden, zur Frage Stellung zu nehmen, ob die bei der modifizierten Differenzbesteuerung zur Anwendung gelangenden finanzmathematischen Formeln in jedem Fall geeignet sind, den Vermögensertrag bei kombinierten Produkten in rechtsgenügender Weise zu ermitteln.

III. Beurteilung

1. Vorbemerkungen

Die nachfolgenden Ausführungen beziehen sich ausschliesslich auf die Besteuerung von in der Schweiz ansässigen natürlichen Personen, welche das kombinierte Produkt im Privatvermögen halten.

Bei der modifizierten Differenzbesteuerung ist der steuerbare Vermögensertrag grundsätzlich gleich wie bei der reinen Differenzbesteuerung zu ermitteln, indem vom Wert des Anleihensteils im Zeitpunkt der Veräusserung bzw. der Rückzahlung der Wert des Anleihensteils bei Erwerb in Abzug gebracht wird. Bei der modifizierten Differenzbesteuerung ist allerdings - mangels eines Marktpreises für den Anleihensteil des kombinierten Produktes - auf berechnete Werte abzustellen.

2. Bestimmung des Wertes des Anleihensteils im Zeitpunkt der Emission

Der Bond Floor zum Emissionszeitpunkt wird berechnet, indem der Mindestrückzahlungsbetrag (des Anleihensteils des kombinierten Produktes) - unter Berücksichtigung von allfälligen (fest zugesicherten) periodischen Zinszahlungen - mittels der Swap-Rate für die entsprechende Währung und Laufzeit abdiskontiert wird. Diese Vorgehensweise - mit Ausnahme des für die Abdiskontierung verwendeten Zinssatzes - entspricht generell der Vorgehensweise für die Bestimmung des Emissionspreises von Anleihen. Für die Abdiskontierung wird die Swap-Rate für die entsprechende Währung und Laufzeit verwendet. Bei der Swap-Rate handelt es sich um den Zinssatz, der im Rahmen eines Interest-Rate-Swaps von Banken mit einem AA/AAA-Rating auf gesicherter Basis offeriert wird.

Demgegenüber bestimmt sich der Zinssatz, den der Schuldner einer „reinen" Anleihe (bei Emission) zu versprechen hat, aufgrund des risikofreien Zinssatzes für die entsprechende Währung und Laufzeit zuzüglich seines (individuellen) Credit Spreads.

Auch bei der modifizierten Differenzbesteuerung wäre es - zumindest theoretisch - denkbar, den Wert des Anleihensteils basierend auf dem risikofreien Zinssatz und dem individuellen Credit Spread des Schuldners zu berechnen. Dies würde allerdings voraussetzen, dass nicht bloss das Credit Rating (wie beispielsweise A, AA, AAA), sondern insbesondere der Credit Spread des entsprechenden Emittenten im jeweiligen Emissionszeitpunkt bekannt wäre. Ein solches Vorgehen wäre aufgrund der schwierigen Datenermittlung nicht nur für die Emittenten aufwendiger, sondern auch für die Steuerbehörde kaum mehr zu überprüfen. Die Anwendung des schuldnerspezifischen Zinssatzes für die Ermittlung des Bond Floors würde nicht zu wesentlich anderen Ergebnissen führen. Daher erachten wir es unter dem Aspekt der Verhältnismässigkeit als vertretbar, die Berechnung des Wertes des Anleihensteils zum Zeitpunkt der Emission aufgrund der Swap-Rate für die entsprechende Währung und Laufzeit vorzunehmen.

In der Praxis hat sich gezeigt, dass sich für die Emittenten (in der Regel schweizerische oder international operierende Banken) mit diesem Ansatz keine nennenswerten Probleme ergeben.

3. Bestimmung des Wertes des Anleihensteils während der Laufzeit

Während der Laufzeit eines kombinierten, transparenten Produktes wird sowohl vom System der Telekurs (Bond Floor Pricing) als auch vom Berechnungstool der Eidgenössischen Steuerverwaltung (Programm Derivate) für jeden Tag der Laufzeit - mit Ausnahme des Liberierungs- und des Rückzahlungstags - der Wert des Anleihensteils berechnet. Diese Berechnungen werden von beiden Systemen basierend auf dem Wert des Anleihensteils zum Emissionszeitpunkt unter quartalsweiser Anpassung mittels der 5-Jahres-Swap-Rate für die entsprechende Währung vorgenommen.

Bei der angewandten Methode wird der Veränderung des Zinsumfelds dadurch Rechnung getragen, dass der bei Emission für die Abdiskontierung verwendete Zinssatz (i_0) im Verhältnis der 5-Jahres-Swap-Rate zum Zeitpunkt der Emission (S_{Q0}) zu jener zum Zeitpunkt der Handänderung (S_{Q1}) angepasst wird. Für diese Anpassung wird die 5-Jahres-Swap-Rate am ersten Tag des entsprechenden Quartals angewendet*.

$i_1 = i_0 * s_{Q1} / s_{Q0}$

i_1: Modifizierter Abdiskontierungssatz für die Berechnung des Anleihensteils während der Laufzeit

i_0: Swap-Rate für die entsprechende Währung und Laufzeit zum Emissionszeitpunkt

s_{Q0}: 5-Jahres-Swap-Rate der entsprechenden Währung im Quartal des Emissionszeitpunkts

s_{Q1}: 5-Jahres-Swap-Rate der entsprechenden Währung im entsprechenden Quartal während der Laufzeit

* vgl. auch Beispiele im Anhang II des KS 15

Veränderungen des Credit Spreads, d.h. des schuldnerspezifischen Zinszuschlags zum risikofreien Zinssatz, werden bei der von der Telekurs und der ESTV angewendeten Methode grundsätzlich nicht berücksichtigt. Sofern jedoch der effektive Wert des kombinierten Produktes infolge einer massiven Verschlechterung der Bonität des Emittenten bzw. einer massiven Erhöhung des Credit Spreads des Emittenten unter den Bond Floor bei Emission sinkt, wird nicht mehr auf die berechneten Werte des Anleihensteils, sondern auf den effektiven Wert des kombinierten Produkts abgestellt. Damit wird ausserordentlichen Situationen Rechnung getragen und vermieden, dass auf nicht sachgerechte Werte für die Ermittlung des steuerbaren Vermögensertrages abgestellt wird.

In der Theorie bestimmt sich der Wert einer Anleihe während der Laufzeit (im Wesentlichen) aufgrund des risikofreien Zinssatzes für die Restlaufzeit und Währung sowie der Bonität des Schuldners. Somit wäre der Wert des Anleihenteils eines kombinierten Produkts (zum Verkaufszeitpunkt) durch Abdiskontierung mittels des risikofreien Zinssatzes für die entsprechende Währung und Restlaufzeit sowie des aktuellen individuellen Credit Spreads des Schuldners zu ermitteln. Die Umsetzung einer solchen Methode wäre aus folgenden Gründen extrem aufwendig und daher letztlich nicht mehr praktikabel:

- Beim risikofreien Zinssatz handelt es sich im Prinzip um die Zinskurve, welche sich aus Staatspapieren ableitet. Dieser entspricht somit nicht der Swap-Rate, welche bereits einen gewissen Credit Spread beinhaltet. Für nicht "standardisierte" Laufzeiten wie beispielsweise 4 Jahre 3 Monate und 12 Tage werden die risikofreien Zinssätze nicht publiziert und müssten daher durch Interpolation täglich ermittelt werden.

- Die Credit Spreads der Emittenten müssten ebenfalls täglich nachgeführt werden. Dabei wäre zudem zu berücksichtigen, dass für unterschiedliche Restlaufzeiten unterschiedliche Credit Spreads anzuwenden wären.

Obschon das Abstellen auf die Veränderung der 5-Jahres-Swap-Rate für die Quantifizierung der Veränderung des Zinsniveaus ein relativ grobes Mittel darstellt und Veränderung des Credit Spreads grundsätzlich nicht berücksichtigt werden, führt das von der Telekurs und der ESTV angewendete System grundsätzlich zu wirklichkeitsnahen Werten. Bezüglich der Veränderung der Credit Spreads ist noch zu erwähnen, dass diese in der Praxis nicht besonders relevant sind, weil es sich bei den Emittenten in der überwiegenden Mehrheit um Banken mit einem Rating von mindestens Single A handelt und erfahrungsgemäss deren Credit Spreads nicht erheblich schwanken. Daher sind wir der Ansicht, dass die zur Anwendung gelangenden finanzmathematischen Formeln geeignet sind, den Vermögensertrag bei kombinierten Produkten in rechtsgenügender Weise zu ermitteln.

4. Fazit

4.1 Ohne Handänderung während der Laufzeit

Die Ermittlung des Bond Floors mittels der Swap-Rate für die entsprechende Währung und Laufzeit führt in der Praxis zu sachgerechten Resultaten.

Änderungen des Zinsumfelds und des Credit Ratings des Schuldners haben bei Investoren, welche das kombinierte Produkt aus Emission erwerben und bis Endverfall halten, grundsätzlich keine Auswirkung auf die Höhe des steuerbaren Vermögensertrags.

4.2. Mit Handänderung während der Laufzeit

Der bei der Ermittlung des Werts des Anleihensteils bei Handänderungen während der Laufzeit zur Anwendung gelangende Mechanismus berücksichtigt Veränderungen des Zinsumfelds (quartalsweise Anpassung mittels 5-Jahres-Swap-Rate) und damit das grundsätzlich wesentlichste Element für die Bestimmung des Wertes von Anleihen. Die weiteren relevanten, jedoch grundsätzlich bei weitem nicht so stark ins Gewicht fallenden Elemente wie Veränderungen des individuellen Credit Spreads des Emittenten und Markteinflüsse, bleiben hingegen unberücksichtigt. Dennoch lässt sich festhalten, dass der zur Anwendung gelangende Mechanismus geeignet ist, den Wert des Anleihensteils von kombinierten Produkten, welche der modifizierten Differenzbesteuerung unterliegen, zuverlässig zu ermitteln. Daher sind wir der Ansicht, dass die zur Anwendung gelangenden finanzmathematischen Formeln geeignet sind, den steuerbaren Vermögensertrag in rechtsgenügender Weise zu ermitteln.

Schweizerische Eidgenossenschaft
Confédération suisse
Confederazione Svizzera
Confederaziun svizra

Eidgenössisches Finanzdepartement EFD
Eidgenössische Steuerverwaltung ESTV
Hauptabteilung Direkte Bundessteuer,
Verrechnungssteuer, Stempelabgaben

Direkte Bundessteuer
Verrechnungssteuer
Stempelabgaben

Bern, 9. September 2015

Kreisschreiben Nr. 29a

Kapitaleinlageprinzip neues Rechnungslegungsrecht

Inhaltsverzeichnis

Eidgenössische Steuerverwaltung ESTV
Eigerstrasse 65
3003 Bern
www.estv.admin.ch

1-029a-DVS-2015-d

1. Gegenstand des Kreisschreibens

Mit dem Bundesgesetz vom 23. März 2007 über die Verbesserung der steuerlichen Rahmenbedingungen für unternehmerische Tätigkeiten und Investitionen (Unternehmenssteuerreformgesetz II) wurden in Artikel 20 Absatz 3 und Artikel 125 Absatz 3 des Bundesgesetzes vom 14. Dezember 1990 über die direkte Bundessteuer (DBG; SR 642.11) und in Artikel 5 Absatz 1bis des Bundesgesetzes vom 13. Oktober 1965 über die Verrechnungssteuer (VStG; SR 642.21) die Rückzahlung von Einlagen, Aufgeldern und Zuschüssen von Inhabern der Beteiligungsrechte neu geregelt. Danach werden Kapitaleinlagen von Inhabern von Beteiligungsrechten dem Grund- oder Stammkapital gleichgestellt (Kapitaleinlageprinzip).

Im DBG und im VStG wurden folgende Bestimmungen aufgenommen:

DBG

Art. 20
3 Die Rückzahlung von Einlagen, Aufgeldern und Zuschüssen, die von den Inhabern der Beteiligungsrechte nach dem 31. Dezember 1996 geleistet worden sind, wird gleich behandelt wie die Rückzahlung von Grund- oder Stammkapital.

Art. 125
3 Zudem haben Kapitalgesellschaften und Genossenschaften das ihrer Veranlagung zur Gewinnsteuer dienende Eigenkapital am Ende der Steuerperiode oder der Steuerpflicht auszuweisen. Dieses besteht aus dem einbezahlten Grund- oder Stammkapital, den in der Handelsbilanz ausgewiesenen Einlagen, Aufgeldern und Zuschüssen im Sinne von Artikel 20 Absatz 3, den offenen und den aus versteuertem Gewinn gebildeten stillen Reserven sowie aus jenem Teil des Fremdkapitals, dem wirtschaftlich die Bedeutung von Eigenkapital zukommt.

VStG

Art. 5
1bis Die Rückzahlung von Einlagen, Aufgeldern und Zuschüssen, die von den Inhabern der Beteiligungsrechte nach dem 31. Dezember 1996 geleistet worden sind, wird gleich behandelt wie die Rückzahlung von Grund- oder Stammkapital, wenn die Einlagen, Aufgelder und Zuschüsse von der Kapitalgesellschaft oder Genossenschaft in der Handelsbilanz auf einem gesonderten Konto ausgewiesen werden und die Gesellschaft jede Veränderung auf diesem Konto der Eidgenössischen Steuerverwaltung meldet.

2. Kapitaleinlagen

2.1. Grundsätze

Als Kapitaleinlagen im Sinne von Artikel 20 Absatz 3 DBG und Artikel 5 Absatz 1bis VStG gelten Einlagen, Aufgelder und Zuschüsse, welche direkt von Inhabern der Beteiligungsrechte geleistet wurden und in der Handelsbilanz der empfangenden Kapitalgesellschaft oder Genossenschaft verbucht und offen ausgewiesen sind (offene Kapitaleinlagen). Das gesonderte Konto für Reserven aus Kapitaleinlagen gemäss Artikel 5 Absatz 1bis VStG ist unter den gesetzlichen Kapitalreserven auszuweisen.

Für Kapitalgesellschaften und Genossenschaften, die der Verrechnungssteuer gemäss Artikel 9 Absatz 1 VStG unterliegen, ist die steuerliche Beurteilung der Kapitaleinlagen durch die Verrechnungssteuer auch für die direkten Steuern massgeblich.

2.2. Spezialfälle

2.2.1. Vorteilszuwendungen unter Schwestergesellschaften

Bei einer Vorteilszuwendung unter Schwestergesellschaften erhalten die Beteiligten aus wirtschaftlicher Sicht einen geldwerten Vorteil von der leistenden Gesellschaft, den sie in die begünstigte Gesellschaft einlegen. Unter dem Kapitaleinlageprinzip qualifizieren Vorteilszuwendungen unter Schwestergesellschaften jedoch nicht als Einlagen in die Reserven aus Kapitaleinlagen, da sie nicht direkt durch die Inhaber der Beteiligungsrechte geleistet werden und die übertragenen Mehrwerte in der übernehmenden Kapitalgesellschaft oder Genossenschaft nur als Aufwertung offen gelegt werden können.

2.2.2. Liberierung neuer Beteiligungsrechte durch Tochtergesellschaften

Bei der Liberierung von Beteiligungsrechten durch Tochtergesellschaften kann das bei späterer Drittplatzierung durch die Muttergesellschaft realisierte Aufgeld (Agio) den Reserven aus Kapitaleinlagen gutgeschrieben werden.

2.2.3. Kapitaleinlagen aus Sanierungen

Kapitaleinlagen, welche im Rahmen einer Sanierung geleistet werden (unechter Sanierungsertrag), sind mit bestehenden Verlusten zu verrechnen, um in den Genuss des Freibetrages gemäss Artikel 6 Absatz 1 Buchstabe k des Bundesgesetzes vom 27. Juni 1973 über die Stempelabgaben (StG; SR 641.10) zu kommen. Für Kapitaleinlagen, welche diesen Freibetrag übersteigen, kann, falls die entsprechenden Voraussetzungen erfüllt sind, der Erlass von der Emissionsabgabe gemäss Artikel 12 StG geltend gemacht werden. Soweit derartige Kapitaleinlagen nicht durch die Ausbuchung von handelsrechtlichen Verlustvorträgen vernichtet werden, gelten diese steuerrechtlich als Reserven aus Kapitaleinlagen gemäss Artikel 20 Absatz 3 DBG bzw. Artikel 5 Absatz 1bis VStG.

3. Reserven

3.1. Reserven aus Kapitaleinlagen

Offene Kapitaleinlagen der Beteiligungsinhaber können steuerneutral den Reserven aus Kapitaleinlagen gutgeschrieben werden und sind dem einbezahlten Grund- oder Stammkapital gleichgestellt. Verluste, die den Reserven aus Kapitaleinlagen belastet wurden, vermindern die Reserven aus Kapitaleinlagen definitiv. Dies gilt auch für offene Kapitaleinlagen, die von den Inhabern der Beteiligungsrechte nach dem 31. Dezember 1996 und vor dem Inkrafttreten der Artikel 20 Absatz 3 DBG und 5 Absatz 1bis VStG am 1. Januar 2011 geleistet wurden (vgl. Ziff. 7.1. hienach).

3.2. Übrige Reserven

Die laufenden und thesaurierten Gewinne, verdeckte Kapitaleinlagen sowie offene Kapitaleinlagen, welche nicht direkt von den Beteiligungsinhabern stammen, gelten steuerlich als übrige Reserven. Gleiches gilt für offene Kapitaleinlagen, die in der Handelsbilanz nicht gesondert ausgewiesen wurden. Eine Umqualifikation von übrigen Reserven in Reserven aus Kapitaleinlagen ist unzulässig und wird steuerlich nicht anerkannt.

4. Ausschüttungen / Rückzahlungen

4.1. Grundsätze

Die Aufteilung der Ausschüttungen der Kapitalgesellschaft oder Genossenschaft in Rückzahlung aus Reserven aus Kapitaleinlagen und Ausschüttungen aus übrigen Reserven erfolgt im freien Ermessen der ausschüttenden Kapitalgesellschaft oder Genossenschaft aufgrund der Verbuchung und Qualifikation der Reserven in der Handelbilanz der ausschüttenden Gesellschaft (quellenmässige Betrachtungsweise).

Für Kapitalgesellschaften und Genossenschaften, die der Verrechnungssteuer gemäss Artikel 9 Absatz 1 VStG unterliegen, ist die steuerliche Beurteilung der Ausschüttungen durch die Verrechnungssteuer auch für die direkten Steuern massgeblich.

Ausschüttungen von Kapitalgesellschaften oder Genossenschaften sind in dem Umfang steuerbar, als sie auf die Ausschüttung von übrigen Reserven entfallen. Für die Berechnung des steuerbaren Teils der Ausschüttung wird die gesamte Ausschüttung um den Anteil gekürzt, welcher gemäss Gewinnverwendungsbeschluss der Generalversammlung den Reserven aus Kapitaleinlagen belastet wird.

Der so ermittelte steuerbare Teil der Ausschüttung gilt für sämtliche ausschüttungsberechtigten Anteile.

Beispiel:

Gewinnvortrag	100		
Jahresgewinn	1'700		
Auflösung Kapitalreserven	**300**	(Reserven aus Kapitaleinlagen)	
Auflösung Gewinnreserven	100	(übrige Reserven)	
Total zur Verfügung der Generalversammlung	2'200		
Dividende	**2'000**		
Vortrag auf neue Rechung	200		
Total Ausschüttung	2'000		100%
./. Anteil Reserven aus Kapitaleinlagen	- 300		15%
Anteil übrige Reserven	1'700		85%

Die Rückzahlungen von Reserven aus Kapitaleinlagen sind gemäss Artikel 5 Absatz 1bis VStG und Artikel 3 Absatz 1 der Verodnung vom 19. Dezember 1966 über die Verrechnungssteuer (VStV; SR 642.211) in der Abrechnung gesondert auszuweisen und über einen nur diesem Zweck dienenden Coupon auszurichten.

Liegen keine detaillierten Angaben über die Aufteilung der Ausschüttung vor, wird sie steuerlich vorab als Ausschüttung von übrigen Reserven qualifiziert.

Rückzahlungen aus Reserven aus Kapitaleinlagen einer Kapitalgesellschaft oder Genossenschaft unterliegen weder der Einkommenssteuer (Art. 20 Abs. 3 DBG) noch der Verrechnungssteuer (Art. 5 Abs. 1bis VStG).

Ausschüttungen aus übrigen Reserven einer Kapitalgesellschaft oder Genossenschaft sind nach Artikel 20 Absatz 1 Buchstabe c DBG oder Artikel 20 Absatz 1bis DBG steuerbar und unterliegen nach Artikel 4 Absatz 1 Buchstabe b VStG der Verrechnungssteuer.

Verdeckte Gewinnausschüttungen qualifizieren als Ausschüttungen aus übrigen Reserven und sind nach Artikel 20 Absatz 1 Buchstabe c oder 20 Absatz 1bis DBG steuerbar und unterliegen nach Artikel 4 Absatz 1 Buchstabe b VStG der Verrechnungssteuer.

Die gesetzlichen Bestimmungen im DBG über Rückzahlungen von Reserven aus Kapitaleinlagen gelten für in- und ausländische Gesellschaften. Ohne gesonderten Ausweis der Reserven aus Kapitaleinlagen in der Handelsbilanz oder einem auf andere Art erbrachten Nachweis über das Vorliegen und die Rückzahlung von qualifizierenden Kapitaleinlagen durch die in der Schweiz ansässigen Beteiligungsinhaber unterliegen Ausschüttungen von ausländischen Kapitalgesellschaften oder Genossenschaften der direkten Bundessteuer (Einkommenssteuer) nach Artikel 20 Absatz 1 Buchstabe c oder 20 Absatz 1bis DBG.

Stehen Ausschüttungen aus Kapitalgesellschaften und Genossenschaften nicht sämtlichen Ausschüttungsberechtigten gleichermassen zu, so darf die Rückzahlung von Reserven aus Kapitaleinlagen gemessen an der gesamten Ausschüttung für jeden Berechtigten höchstens dem proportionalen Anteil der Reserven aus Kapitaleinlagen an den gesamten Reserven der Kapitalgesellschaft oder Genossenschaft entsprechen.

4.2. Spezialfälle

4.2.1. Gratisaktien und Gratisnennwerterhöhungen

Soweit Gratisaktien oder Gratisnennwerterhöhungen zu Lasten von übrigen Reserven liberiert werden, unterliegen sie der direkten Bundessteuer (Einkommenssteuer) nach Artikel 20 Absatz 1 Buchstabe c oder 20 Absatz 1bis DBG und der Verrechnungssteuer nach Artikel 4 Absatz 1 Buchstabe b VStG. Soweit die Liberierung zu Lasten der Reserven aus Kapitaleinlagen erfolgt, unterliegen Gratisaktien oder Gratisnennwerterhöhungen weder der Einkommenssteuer (Art. 20 Abs. 3 DBG) noch der Verrechnungssteuer (Art. 5 Abs. 1bis VStG). Der steuerbare Anteil der Liberierung ist nach den in Ziffer 4.1. festgehaltenen Grundsätzen zu berechnen.

4.2.2. Direkte Teilliquidation

Der steuerbare Anteil des Liquidationserlöses ist nach den in Ziffer 4.1. festgehaltenen Grundsätzen zu berechnen.

4.2.3. Rückkauf eigener Beteiligungsrechte

Werden Beteiligungsrechte, deren Rückkauf bereits zu einer sofortigen oder aufgeschobenen Besteuerung als Teilliquidation geführt hat, wieder ausgegeben, so stellt der Teil des Ausgabepreises, der über dem Nennwert liegt, eine offene Kapitaleinlage dar. Das ausgewiesene Agio qualifiziert als Reserve aus Kapitaleinlagen (vgl. Kreisschreiben Nr. 5 der ESTV vom 19.8.1999 Ziffer 6).

Der nach Artikel 959a Absatz 2 Ziffer 3 Buchstabe e OR notwendige Ausweis der eigenen Kapitalanteile kann als Minusposten unter den gesetzlichen Kapitalreserven erfolgen, wobei nur der Ausweis unter den gesetzlichen Kapitalreserven bewirkt, dass bei einer Vernichtung der Anteile oder bei einem Fristenablauf gemäss Artikel 4a VStG sich weder Einkommens- noch Verrechnungssteuerfolgen ergeben. Zurückgekaufte eigene Kapitalanteile, die innerhalb der Fristen gemäss Artikel 4a VStG weiterveräussert werden, verändern den Minusposten für eigene Kapitalanteile, nicht aber den Bestand der Reserven aus Kapitaleinlagen. Werden eigene Kapitalanteile nicht innerhalb der Frist nach Artikel 4a VStG weiterveräussert, erfolgt die Besteuerung aufgrund des Ausweises der eigenen Kapitalanteile als Minusposten im Zeitpunkt des Erwerbs unter den Gewinn- oder den Kapitalreserven.
Für eigene Kapitalanteile, die vor dem 1. Januar 2011 zurückgekauft wurden, wird auf den Ausweis der gesonderten Reserven für eigene Aktien in der Handelsbilanz 2011 bzw. 2010/2011 abgestellt.
Bestehende Reserven für eigene Aktien gemäss Artikel 659a Absatz 2 OR, welche zu Lasten der Reserven aus Kapitaleinlagen gebildet wurden, können im Zeitpunkt der Umstellung auf die neue Rechnungslegung gemäss Artikel 957 ff OR ohne Steuerfolgen auf das gesonderte Konto für Reserven aus Kapitaleinlagen unter den gesetzlichen Kapitalreserven gebucht werden.

4.2.4. Indirekte Teilliquidation

Die Besteuerung des Vermögensertrags aus einer indirekten Teilliquidation nach Artikel 20a Absatz 1 Buchstabe a DBG richtet sich nach der Verbuchung der Ausschüttung in der Kapitalgesellschaft oder Genossenschaft, deren Beteiligungsrechte verkauft worden sind. Der steuerbare Anteil ist nach den in Ziffer 4.1. festgehaltenen Grundsätzen zu berechnen.

4.2.5. Transponierung

In Artikel 20a Absatz 1 Buchstabe b DBG werden die Steuerfolgen der Übertragung einer

Beteiligung von mindestens 5 Prozent am Grund- oder Stammkapital einer Kapitalgesellschaft oder Genossenschaft aus dem Privat- ins Geschäftsvermögen einer Personenunternehmung oder juristischen Person, an welcher der Veräusserer oder Einbringer nach der Übertragung zu mindestens 50 Prozent am Kapital beteiligt ist, geregelt. Wirtschaftlich stellt diese Übertragung keine Veräusserung, sondern eine Vermögensumschichtung dar. Dieser als Transponierung bezeichnete Tatbestand führt im Nominalwertprinzip dazu, dass der den Nennwert übersteigende Erlös als Ertrag aus beweglichem Vermögen qualifiziert.

Unter dem Kapitaleinlageprinzip ist der Nennwert-Begriff gemäss Artikel 20a Absatz 1 Buchstabe b DBG in Bezug auf die Festsetzung des steuerbaren Vermögensertrags nach Artikel 20 Absatz 1 Buchstabe c DBG weiter zu fassen. Als Ertrag aus beweglichem Vermögen im Sinne von Artikel 20a Absatz 1 Buchstabe b DBG gilt der Erlös, welcher den (einbezahlten) Nennwert zuzüglich der anteiligen Reserven aus Kapitaleinlagen der Gesellschaft oder Genossenschaft, deren Beteiligungsrechte übertragen werden, übersteigt.

Wird die Beteiligung zu einem Wert übertragen, welcher den Nennwert zuzüglich der anteiligen Reserven aus Kapitaleinlagen übersteigt, und wird dieser Mehrwert dem Nominalkapital und/oder den Reserven der übernehmenden Kapitalgesellschaft oder Genossenschaft gutgeschrieben, ergeben sich je nach der Verbuchung unterschiedliche Steuerfolgen:

- Wird der Mehrwert dem Nominalkapital und/oder den Reserven aus Kapitaleinlagen gutgeschrieben, ist beim Einleger die Zunahme des Nominalkapitals und der Reserven aus Kapitaleinlagen als Ertrag aus beweglichem Vermögen nach Artikel 20a Absatz 1 Buchstabe b DBG in Verbindung mit Artikel 20 Absatz 3 DBG steuerbar (Kapitaleinlagen sind dem Grund- oder Stammkapital gleichgestellt). Betreffend die Berechnung des steuerbaren Ertrages siehe Beispiele im Anhang dieses Kreisschreibens.

- Wird der Mehrwert den übrigen Reserven gutgeschrieben, bleibt die latente Ausschüttungslast erhalten und die Übertragung ist steuerneutral.

Für sämtliche Beteiligungsübertragungen vor dem 1. Januar 1997 qualifiziert der Ausweis des gesamten über dem Nennwert liegenden Mehrwertes als übrige Reserve.

Für Beteiligungsübertragungen nach dem 31. Dezember 1996 bis zum 31. Dezember 2010 gelten die gleichen Grundsätze wie für Übertragungen nach dem 31. Dezember 2010. Somit qualifiziert der Ausweis des gesamten über dem Nennwert zuzüglich der Reserven aus Kapitaleinlagen im Zeitpunkt der Übertragung liegenden Mehrwertes als übrige Reserve.

Für Beteiligungsübertragungen nach dem 31. Dezember 2006, die nicht als Ertrag aus beweglichem Vermögen gemäss Artikel 20a Absatz 1 Buchstabe b DBG gelten, kann der gesamte über dem Nennwert liegende Mehrwert der Reserve aus Kapitaleinlagen gutgeschrieben werden.

5. Umstrukturierungen

5.1. Übertragung eines Betriebes oder Teilbetriebes einer Personenunternehmung auf eine juristische Person

Der handelsrechtliche Aktivenüberschuss der übertragenen Vermögenswerte (Buchwertübernahme) kann in der Handelsbilanz der übernehmenden Kapitalgesellschaft oder Genossenschaft steuerneutral als Reserve aus Kapitaleinlage ausgewiesen werden, soweit er das Grund- oder Stammkapital übersteigt.

Werden infolge Sperrfristverletzung die übertragenen stillen Reserven nach Artikel 19 Absatz 2 DBG im Nachsteuerverfahren besteuert, kann in der Handelsbilanz der übernehmenden Kapitalgesellschaft oder Genossenschaft keine Reserve aus Kapitaleinlagen ausgewiesen werden.

5.2. Zusammenschluss (Fusion)

5.2.1. Echte und unechte Fusion unabhängiger Gesellschaften

a) Direkte Bundessteuer (Einkommenssteuer)

Das Fusionsagio stellt nur in dem Umfang eine ausweisbare Reserve aus Kapitaleinlage dar, als es aus einbezahltem Grund- oder Stammkapital oder bestehenden Reserven aus Kapitaleinlagen der übernommenen Gesellschaft stammt.

Bei einer Fusion erzielen beteiligte Privatpersonen in dem Umfange Vermögensertrag, als ihnen höherer Nennwert, Ausgleichszahlungen oder andere geldwerte Vorteile zu Lasten der übrigen Reserven zufliessen.

Nennwertgewinne und -verluste sowie Gewinne und Verluste von Reserven aus Kapitaleinlagen können miteinander und gegenseitig verrechnet werden.

b) Verrechnungssteuer

Reserven, die bei einer Umstrukturierung in die übrigen Reserven einer inländischen Kapitalgesellschaft oder Genossenschaft übergehen, sind nach Artikel 5 Absatz 1 Buchstabe a VStG von der Verrechnungssteuer ausgenommen. Dabei wird vorausgesetzt, dass das übertragene Verrechnungssteuersubstrat erhalten bleibt.

Die bei einer Fusion den Inhabern der Beteiligungsrechte oder diesen nahestehenden Dritten zukommenden Ausgleichszahlungen, Gratisaktien, Gratisnennwerterhöhungen und sonstigen Erträge unterliegen nach Artikel 4 Absatz 1 Buchstabe b VStG der Verrechnungssteuer, sofern sie zu Lasten der übrigen Reserven einer inländischen Kapitalgesellschaft oder Genossenschaft erfolgen.

Nennwertgewinne und -verluste sowie Gewinne und Verluste von Reserven aus Kapitaleinlagen können miteinander und gegenseitig verrechnet werden.

5.2.2. *Echte und unechte Fusion verbundener Gesellschaften*

Siehe Ausführungen unter Ziffer 5.2.1. hievor unter Beachtung folgender Besonderheiten:

a) Direkte Bundessteuer (Einkommenssteuer)

Übernimmt eine Gesellschaft mit echter Unterbilanz durch Absorption die Aktiven und Passiven einer von den gleichen Gesellschaftern (Privatpersonen) beherrschten Gesellschaft mit Reserven und Gewinnvortrag, so erlangen die Gesellschafter durch diese Sanierung nur dann einen geldwerten Vorteil nach Artikel 20 Absatz 1 Buchstabe c oder 20 Absatz 1bis DBG, wenn und soweit durch die Fusion übrige Reserven vernichtet werden.

Gleiches gilt für Vorteilszuwendungen an eine Schwestergesellschaft mit echter Unterbilanz.

b) Verrechnungssteuer

Übernimmt eine Kapitalgesellschaft oder Genossenschaft mit echter Unterbilanz eine über Reserven verfügende Kapitalgesellschaft oder Genossenschaft oder umgekehrt, gilt die Dreieckstheorie.

5.2.3. *Absorption einer Tochtergesellschaft („Up-Stream Merger")*

a) Direkte Bundessteuer (Gewinnsteuer)

Entsteht durch die Übernahme von Aktiven und Passiven der übertragenden Gesellschaft ein Buchgewinn, so ist dieser Gewinn Bestandteil des steuerbaren Reingewinns. In der aufnehmenden Gesellschaft ist dieser Gewinn aus Fusion den übrigen Reserven zuzurechnen (Art. 61 Abs. 5 DBG).

b) Verrechnungssteuer

Analog zur direkten Bundessteuer qualifiziert der ausgewiesene Buchgewinn als übrige Reserve.

5.2.4. *Absorption der Muttergesellschaft („Reverse Merger")*

a) Direkte Bundessteuer (Gewinnsteuer)

Bei einer Absorption der Muttergesellschaft erzielen beteiligte Privatpersonen in dem Umfang Beteiligungsertrag, als ihnen höherer Nennwert, höhere Reserven aus Kapitaleinlagen, Ausgleichszahlungen oder andere geldwerte Vorteile zufliessen. Nennwertgewinne und der Zuwachs an Reserven aus Kapitaleinlagen können mit entsprechenden Verlusten bzw. Abnahmen verrechnet werden.

Ein allfälliges Fusionsagio stellt nur in dem Umfang eine ausweisbare Reserve aus Kapitaleinlage dar, soweit es dem einbezahlten Grund- oder Stammkapital und den bestehenden Reserven aus Kapitaleinlagen der übernommenen Muttergesellschaft entspricht und das bereits bestehende Aktienkapital und die Reserven aus Kapitaleinlagen der Tochtergesellschaft übersteigt.

b) Verrechnungssteuer

Bei einer Absorption der Muttergesellschaft den Inhabern der Beteiligungsrechte zukommende höhere Nennwerte, höhere Reserven aus Kapitaleinlagen, Ausgleichszahlungen oder andere geldwerte Vorteile unterliegen nach Artikel 4 Absatz 1 Buchstabe b VStG der Verrechnungssteuer. Nennwertgewinne und der Zuwachs an Reserven aus Kapitaleinlagen können mit entsprechenden Verlusten/Abnahmen verrechnet werden.

Ein allfälliges Fusionsagio stellt nur in dem Umfang eine ausweisbare Reserve aus Kapitaleinlage dar, soweit es dem einbezahlten Grund- oder Stammkapital und den bestehenden Reserven aus Kapitaleinlagen der übernommenen Muttergesellschaft entspricht und das bereits bestehende Aktienkapital und die Reserven aus Kapitaleinlagen der Tochtergesellschaft übersteigt.

5.2.5. Quasifusion

a) Direkte Bundessteuer

Werden im Rahmen einer Quasifusion Beteiligungsrechte in eine Kapitalgesellschaft oder Genossenschaft eingebracht, qualifiziert die gesamte Sacheinlage als offene Kapitaleinlage. Der die Erhöhung des Grund- oder Stammkapitals übersteigende Teil dieser offenen Kapitaleinlage kann in der Handelsbilanz als Reserve aus Kapitaleinlage ausgewiesen werden. Dabei ist aber die Regelung der Transponierung in Artikel 20a Absatz 1 Buchstabe b DBG zu beachten (vgl. Ziff. 4.2.5. hievor).

b) Verrechnungssteuer

Mit Ausnahme der Transponierung ergeben sich die gleichen Steuerfolgen wie bei der direkten Bundessteuer. Erfolgt die Einbringung einer Beteiligung an einer inländischen Kapitalgesellschaft oder Genossenschaft durch einen Aktionär mit Sitz/Wohnsitz im Ausland ist der Vorgang unter dem Aspekt von Artikel 21 Absatz 2 VStG (Steuerumgehung) zu prüfen.

5.3. Umwandlung

5.3.1. Umwandlung einer Kapitalgesellschaft oder Genossenschaft in eine andere Kapitalgesellschaft oder Genossenschaft

a) Direkte Bundessteuer (Einkommenssteuer)

Bei einer Umwandlung erzielen beteiligte Privatpersonen in dem Umfang Beteiligungsertrag, als ihnen höherer Nennwert, Ausgleichszahlungen oder andere geldwerte Vorteile zu Lasten der übrigen Reserven der umgewandelten Gesellschaft oder Genossenschaft zufliessen.

b) Verrechnungssteuer

Die bei einer Umwandlung den Inhabern der Beteiligungsrechte oder diesen nahestehenden Dritten zukommenden Ausgleichszahlungen, Gratisaktien, Gratisnennwerterhöhungen und sonstigen Erträge unterliegen nach Artikel 4 Absatz 1 Buchstabe b VStG der Verrechnungssteuer, sofern sie zu Lasten der übrigen Reserven einer inländischen Kapitalgesellschaft oder Genossenschaft erfolgen.

5.3.2. Umwandlung einer Kapitalgesellschaft oder Genossenschaft in einen Verein, in eine Stiftung oder eine übrige juristische Person

a) Direkte Bundessteuer (Einkommenssteuer)

Die Umwandlung kommt steuerlich einer Liquidation gleich. Der Liquidationsüberschuss (Verkehrswert des Aktivenüberschusses abzüglich des Nennwertes und der Reserven aus Kapitaleinlagen) unterliegt bei den bisher beteiligten natürlichen Personen der Einkommenssteuer.

b) Verrechnungssteuer

Die Umwandlung einer Kapitalgesellschaft oder Genossenschaft in einen Verein, in eine Stiftung oder in eine übrige juristische Person kommt steuerlich einer Liquidation gleich. Auf dem Liquidationsüberschuss (Verkehrswert des Aktivenüberschusses abzüglich des Nennwertes und der Reserven aus Kapitaleinlagen) ist die Verrechnungssteuer geschuldet.

5.3.3. Umwandlung eines Vereins, einer Stiftung oder einer übrigen juristischen Person in eine Kapitalgesellschaft oder Genossenschaft

a) Direkte Bundessteuer (Einkommenssteuer)

Bei einer Umwandlung eines Vereins, einer Stiftung oder einer übrigen juristischen Person in eine Kapitalgesellschaft oder Genossenschaft erzielen Privatpersonen, die sich an der neuen Kapitalgesellschaft oder Genossenschaft beteiligen, in dem Umfange Beteiligungsertrag, als ihnen gratis Nennwert („Gratisaktien", Art. 20 Abs. 1 Bst. c DBG) zufliesst. Die ausgewiesenen offenen Reserven stellen übrige Reserven dar.

b) Verrechnungssteuer

Die bei einer Umwandlung eines Vereins, einer Stiftung oder einer übrigen juristischen Person in eine Kapitalgesellschaft oder Genossenschaft ausgegebenen Beteiligungsrechte unterliegen nicht der Verrechnungssteuer, da sie zu Lasten des Aktivenüberschusses einer nicht verrechnungssteuerpflichtigen juristischen Person (Verein, Stiftung oder übrige juristische Person) begründet werden. Die ausgewiesenen offenen Reserven stellen übrige Reserven dar.

5.3.4. Umwandlung eines Instituts des öffentlichen Rechts in eine Kapitalgesellschaft oder in eine Genossenschaft

a) Direkte Bundessteuer

Bei einer direkten Umwandlung eines Instituts des öffentlichen Rechts in eine Kapitalgesellschaft oder in eine Genossenschaft durch Rechtskleidwechsel (Art. 99 – 101 des Bundesgesetzes vom 3. Oktober 2003 über Fusion, Spaltung, Umwandlung und Vermögensübertragung; FusG; SR 221.301) können keine Reserven aus Kapitaleinlagen gebildet werden.

Bei einer indirekten Umwandlung durch Sacheinlagegründung kann der ausgewiesene Aktivenüberschuss der Vermögenswerte in der Handelsbilanz der Kapitalgesellschaft oder Genossenschaft steuerneutral als Reserve aus Kapitaleinlage ausgewiesen werden, soweit er das Grund- oder Stammkapital übersteigt.

b) Verrechnungssteuer

Die bei einer Umwandlung eines Instituts des öffentlichen Rechts in eine Kapitalgesellschaft oder Genossenschaft ausgegebenen Beteiligungsrechte sowie die gebildeten Reserven aus Kapitaleinlagen unterliegen nicht der Verrechnungssteuer, da sie zu Lasten des Aktivenüberschusses einer nicht verrechnungssteuerpflichtigen Körperschaft begründet werden.

5.3.5. Umwandlung einer Kapitalgesellschaft oder Genossenschaft in eine Personenunternehmung

a) Direkte Bundessteuer (Einkommenssteuer)

Bei der Umwandlung findet eine Liquidation der Kapitalgesellschaft oder Genossenschaft statt. Der Liquidationsüberschuss (Verkehrswert des Aktivenüberschusses abzüglich des Nennwertes und der Reserven aus Kapitaleinlagen) unterliegt bei den bisher beteiligten natürlichen Personen der Einkommenssteuer.

b) Verrechnungssteuer

Die Umwandlung einer Kapitalgesellschaft oder Genossenschaft in eine Personenunternehmung kommt steuerlich einer Liquidation gleich. Auf dem Liquidationsüberschuss (Verkehrswert des Aktivenüberschusses abzüglich des Nennwertes und der Reserven aus Kapitaleinlagen) ist die Verrechnungssteuer geschuldet.

5.4. Spaltung

a) Direkte Bundessteuer (Einkommenssteuer)

Die bei einer Spaltung den Inhabern der gesellschaftlichen Beteiligungsrechte an der übernehmenden Gesellschaft zukommenden Gratisaktien und Gratisnennwerterhöhungen unterliegen nach Artikel 20 Absatz 1 Buchstabe c DBG der Einkommenssteuer, soweit sie nicht zu Lasten des Nennwertes der Beteiligungsrechte oder von Reserven aus Kapitaleinlagen der übertragenden Gesellschaft erfolgen.

Erfolgt die Spaltung nicht gewinnsteuerneutral, liegt eine Vorteilszuwendung unter Schwestergesellschaften (vgl. Ziff. 2.2.1. hievor) vor.

b) Verrechnungssteuer

Die bei einer Spaltung den Inhabern der Beteiligungsrechte an der übernehmenden Gesellschaft zukommenden Gratisaktien und Gratisnennwerterhöhungen unterliegen nach Artikel 4 Absatz 1 Buchstabe b VStG der Verrechnungssteuer, soweit sie nicht zu Lasten des Nennwertes der Beteiligungsrechte oder der Reserven aus Kapitaleinlagen der übertragenden Gesellschaft erfolgen.

Erfolgt eine Abspaltung auf eine sanierungsbedürftige Schwestergesellschaft gilt die Dreieckstheorie. Erfolgt die Spaltung nicht gewinnsteuerneutral, liegt eine Vorteilszuwendung unter Schwestergesellschaften vor (vgl. Ziff. 2.2.1. hievor).

5.5. *Ausgliederung*

a) Direkte Bundessteuer (Einkommenssteuer)

Nicht betroffen.

b) Direkte Bundessteuer (Gewinnsteuer)

Der übertragene und ausgewiesene Aktivenüberschuss der Vermögenswerte kann in der Handelsbilanz der übernehmenden Kapitalgesellschaft oder Genossenschaft steuerneutral als Reserve aus Kapitaleinlage ausgewiesen und/oder für die Liberierung von Grund- oder Stammkapital verwendet werden.
Werden infolge Sperrfristverletzung die übertragenen stillen Reserven nach Artikel 61 Absatz 2 DBG im Nachsteuerverfahren besteuert, kann in der Handelsbilanz der übernehmenden Kapitalgesellschaft oder Genossenschaft keine Reserve aus Kapitaleinlagen ausgewiesen werden.

c) Verrechnungssteuer

Der übertragene und ausgewiesene Aktivenüberschuss der Vermögenswerte kann in der Handelsbilanz der übernehmenden Kapitalgesellschaft oder Genossenschaft als Reserve aus Kapitaleinlage ausgewiesen und/oder für die Liberierung von Grund- oder Stammkapital verwendet werden.

5.6. *Übertragung zwischen inländischen Konzerngesellschaften*

a) Direkte Bundessteuer (Einkommenssteuer)

Nicht betroffen.

b) Direkte Bundessteuer (Gewinnsteuer)

Erfolgt die steuerneutrale Übertragung zu Lasten der offenen Reserven einer Tochtergesellschaft an die Muttergesellschaft, stellt der erhaltene Aktivenüberschuss einen Beteiligungsertrag dar. Falls der Aktivenüberschuss nicht über die Erfolgsrechnung, sondern direkt über die Reserven verbucht wird, qualifiziert der Zugang als übrige Reserve.

Erfolgt eine steuerneutrale Übertragung zu Lasten der Reserven der übertragenden Gesellschaft, verbucht die übernehmende Schwestergesellschaft den erhaltenen Aktivenüberschuss spiegelbildlich zu Gunsten ihrer Reserven. Dies gilt für übrige Reserven als auch für Reserven aus Kapitaleinlagen.

c) Verrechnungssteuer

Erfolgt die steuerneutrale Übertragung zu Lasten der offenen Reserven einer Tochtergesellschaft an die Muttergesellschaft und wird der erhaltene Aktivenüberschuss nicht über die Erfolgsrechnung, sondern direkt über die Reserven verbucht, qualifiziert der Zugang als übrige Reserve.

Erfolgt eine steuerneutrale Übertragung zu Lasten der Reserven der übertragenden Gesellschaft, verbucht die übernehmende Schwestergesellschaft den erhaltenen Aktivenüberschuss spiegelbildlich zu Gunsten ihrer Reserven. Dies gilt für übrige Reserven als auch für Reserven aus Kapitaleinlagen.

6. Zuzug einer juristischen Person aus dem Ausland

Verlegt eine juristische Person ihren Sitz oder die tatsächliche Verwaltung vom Ausland in die Schweiz, ändert sich die Qualifikation der übrigen Reserven auch unter dem Kapitaleinlageprinzip nicht.

Werden dagegen im Rahmen einer grenzüberschreitenden Quasifusion (Immigrations-Quasifusion) Beteiligungsrechte an einer ausländischen Kapitalgesellschaft oder Genossenschaft in eine inländische Kapitalgesellschaft oder Genossenschaft eingebracht, qualifiziert die gesamte Sacheinlage als offene Kapitaleinlage. Der die Erhöhung des Grund- oder Stammkapitals übersteigende Teil dieser offenen Kapitaleinlage kann in der Handelsbilanz als Reserve aus Kapitaleinlage ausgewiesen werden. Dabei ist aber für die in der Schweiz ansässigen Inhaber der Beteiligungsrechte die Regelung der Transponierung in Artikel 20a Absatz 1 Buchstabe b DBG zu beachten (vgl. Ziff. 4.2.5. hievor).

7. Ausweis im Jahresabschluss und Meldung von Veränderungen

7.1. Ausweis im Jahresabschluss

Einlagen, Aufgelder und Zuschüsse, die nach dem 31. Dezember 1996 geleistet worden sind, werden nach Artikel 5 Absatz 1bis VStG nur dann wie die Rückzahlung von Grund- oder Stammkapital behandelt, wenn sie in der Handelsbilanz auf einem gesonderten Konto ausgewiesen werden und die Kapitalgesellschaft oder Genossenschaft jede Veränderung auf diesem Konto der ESTV meldet.

Offene Kapitaleinlagen, die von Inhabern der Beteiligungsrechte nach dem 31. Dezember 1996 geleistet und der ESTV bisher nicht gemeldet wurden, können in der handelsrechtlichen Bilanz auf dem gesonderten Konto (Ziff. 2.1) ausgewiesen werden, sofern die Nachmeldung der Kapitaleinlagen erfolgt ist und eine Zustimmung der ESTV vorliegt. Verluste, die solchen Reserven aus Kapitaleinlagen belastet wurden, verminderten diese definitiv.

7.2. Deklaration für die direkte Bundessteuer

Kapitalgesellschaften und Genossenschaften haben nach Artikel 125 Absatz 3 DBG den Bestand der Reserven aus Aufgeldern und Zuschüssen im Sinne von Artikel 20 Absatz 3 DBG am Ende der Steuerperiode oder der Steuerpflicht in der Steuererklärung gesondert auszuweisen.

7.3. Meldung für die Verrechnungssteuer

a) Ordentliches Verfahren

Der Geschäftsbericht oder die unterzeichnete Abschrift der Jahresrechnung ist unter Berücksichtigung des unter Ziffer 7.1. erläuterten gesonderten Ausweises von Einlagen, Aufgeldern und Zuschüssen der ESTV unaufgefordert innert 30 Tagen nach Genehmigung der Jahresrechnung einzureichen.

Gleiches gilt für das Formular 170, sofern im betreffenden Geschäftsjahr nur Einlagen in die Reserven aus Kapitaleinlagen erfolgten.

Erfolgen Rückzahlungen von Reserven aus Kapitaleinlagen, sind diese innert 30 Tagen nach der Generalversammlung oder spätestens 30 Tage nach der Rückzahlung mittels

Formular 170 unaufgefordert zu melden. Allenfalls erfolgte Einlagen in die Reserven aus Kapitaleinlagen des laufenden Geschäftsjahres sind mit dem gleichen Formular zu melden.

Erfahren die Reserven aus Kapitaleinlagen in einem Geschäftsjahr keine Veränderungen, entfällt die Einreichung des Formulars 170. Der Geschäftsbericht oder die unterzeichnete Jahresrechnung ist jedoch jedes Jahr einzureichen.

Das Formular 170 steht auf der Homepage der ESTV zum Download zur Verfügung (www.estv.admin.ch).

b) Nachmeldung von Reserven aus Kapitaleinlagen

Reserven aus Kapitaleinlagen vergangener Geschäftsjahre, welche durch Einlagen, Aufgelder oder Zuschüsse seit dem 1. Januar 1997 geäufnet und bisher nicht gemeldet wurden, können der ESTV, Hauptabteilung DVS, nachgemeldet werden.

Für sämtliche Geschäftsjahre ab der ersten gemeldeten Einlage sind die Jahresrechnungen lückenlos einzureichen und das handelsrechtlich massgebende Eigenkapital detailliert nachzuweisen. Sämtliche Einlagen sind zudem durch sachdienliche Unterlagen (Sacheinlageverträge, Beschlüsse usw.) zu belegen. Aus den eingereichten Belegen müssen alle Angaben zum Verständnis der getroffenen Buchungen vorliegen.

Zusätzlich ist ein vollständig ausgefülltes und unterzeichnetes Formular 170 zur Nachmeldung des Bestands des gesonderten Kontos bei der Hauptabteilung DVS einzureichen.

c) Rückmeldung der ESTV

Die gemeldeten Reserven aus Kapitaleinlagen werden durch die ESTV überprüft. Die ESTV teilt anschliessend den zulässigen Bestand an Reserven aus Kapitaleinlagen der einreichenden Gesellschaft oder deren Vertretung mit.

8. Inkrafttreten

Dieses Kreisschreiben tritt sofort in Kraft.

Anhang 1: Beispiele zur Transponierung

1. Einbringung in eine vollständig beherrschte Gesellschaft

A ist zu 100% an der A AG sowie der H AG beteiligt. Er bringt die Beteiligung an der A AG zum Verkehrswert in die H AG ein. Die Agioeinlage von 1000 weist die H AG nach der Einlage als Reserven aus Kapitaleinlagen aus. Die Gesellschaften weisen vor der Übertragung folgende Werte auf:

	Nominalkapital	Reserven aus Kapitaleinlagen	übrige Reserven	Verkehrswert
A AG	100	200	500	1000
H AG	100	50	150	400

Zunahme Reserven aus Kapitaleinlagen H AG aus Einlage Beteiligung	1000
./. Nominalkapital und Reserven aus Kapitaleinlagen A vor Einbringung	-300
steuerbarer Ertrag aus Transponierung	700

A hat einen steuerbaren Ertrag aus Transponierung gemäss Artikel 20a Absatz 1 Buchstabe b DBG von **700** zu versteuern.

2. Einbringung in eine mehrheitlich beherrschte Gesellschaft

A ist zu 90% an der A AG beteiligt. Er bringt die Beteiligung an der A AG zum Verkehrswert von 900 in die H AG ein. Vor der Einbringung war A bereits zu 20% an der H AG beteiligt. Durch die Einlage wird das Aktienkapital der H AG auf 400 erhöht. Der Rest von 600 wird als Agioeinlage eingebucht, welche als Reserve aus Kapitaleinlagen ausgewiesen wird. Die Gesellschaften weisen vor der Übertragung folgende Werte auf:

	Nominalkapital	Reserven aus Kapitaleinlagen	übrige Reserven	Verkehrswert
A AG	100	200	500	1000
H AG	100	50	150	400

Zunahme Nominalkapital und Reserven aus Kapitaleinlagen H AG	900
./. Nominalkapital und Reserven aus Kapitaleinlagen A vor Einbringung	-270
steuerbarer Ertrag aus Transponierung	630

A hat einen steuerbaren Ertrag aus Transponierung gemäss Artikel 20a Absatz 1 Buchstabe b DBG von **630** zu versteuern.

3. Einbringung in eine nicht beherrschte Gesellschaft

A ist zu 30% an der A AG beteiligt. Er bringt die Beteiligung an der A AG zum Verkehrswert von 300 in die H AG ein. Durch die Einlage wird das Aktienkapital der H AG auf 175 erhöht. Der Rest von 225 wird als Agioeinlage eingebucht, welche als Reserve aus Kapitaleinlagen ausgewiesen wird. Die Gesellschaften weisen vor der Übertragung folgende Werte auf:

	Nominalkapital	Reserven aus Kapitaleinlagen	übrige Reserven	Verkehrswert
A AG	100	200	500	1000
H AG	100	50	150	400

Zunahme Nominalkapital und Reserven aus Kapitaleinlagen H AG	300
./. Nominalkapital und Reserven aus Kapitaleinlagen A vor Einbringung	- 90
Ertrag aus Transponierung	210

Bei A können die **210** nicht als steuerbarer Ertrag aus Transponierung gemäss Artikel 20a Absatz 1 Buchstabe b DBG besteuert werden, da er die H AG durch seine Beteiligung von 42,9% am Grundkapital nicht beherrscht.

Anhang 2: Alternativer Ausweis eigener Kapitalanteile

Gemäss Kreisschreiben 29a über das Kapitaleinlageprinzip neues Rechnungslegungsrecht der ESTV vom 9. September 2015 bewirkt nur der Ausweis der eigenen Beteiligungsrechte als Minusposten unter den gesetzlichen Kapitalreserven, dass sich bei Vernichtung von eigenen Kapitalanteilen oder bei Fristablauf gemäss Artikel 4a VStG weder Einkommens- noch Verrechnungssteuerfolgen ergeben. Die Mindestgliederung des Obligationenrechtes (OR) nach Artikel 959a Absatz 2 Ziffer 3 litera e OR verlangt demgegenüber einen Ausweis der eigenen Kapitalanteile als Minusposten am Schluss des Eigenkapitals.
Die ESTV und die Kommission für Rechnungslegung der EXPERTsuisse haben sich auf folgenden alternativen Ausweis geeinigt, sofern die nachstehenden Voraussetzungen kumulativ erfüllt sind:

- Es liegen steuerlich anerkannte Reserven aus Kapitaleinlagen (KER) gemäss Artikel 5 Absatz 1bis VStG vor, welche verbucht sind und unter den gesetzlichen Kapitalreserven ausgewiesen werden;
- im Zeitpunkt des Erwerbs der eigenen Kapitalanteile lagen auch tatsächlich Reserven aus Kapitaleinlagen vor, die betragsmässig mindestens dem Total der eigenen Kapitalanteile zur Verrechnung mit KER entsprechen.

Nach Ansicht der ESTV und der Kommission für Rechnungslegung der EXPERTsuisse beachtet folgender beispielhafter Ausweis die handelsrechtlichen Vorschriften und genügt den steuerlichen Anforderungen:

Aktienkapital		20
Gesetzliche Kapitalreserven		
- Reserven aus Kapitaleinlagen	40	
- Übrige Kapitalreserven	160	200
Gesetzliche Gewinnreserven		30
Freiwillige Gewinnreserven / kum. Verluste		50
Eigene Kapitalanteile		
- Gegen Reserven aus Kapitaleinlagen	-40	
- Übrige	-10	-50
Total Eigenkapital		**250**

Erklärungen

- Wie bis anhin werden Kapitaleinlagereserven gesondert auf einem Konto in der Handelsbilanz ausgewiesen, in der Gliederung des neuen Rechnungslegungsrechtes unter der Position „Gesetzliche Kapitalreserven". Im Beispiel beträgt der Bestand an Kapitaleinlagereserven 40.
- Eigene Kapitalanteile, deren steuerliche Behandlung nach Artikel 5 Absatz 1bis VStG erfolgen soll, sind in der Handelsbilanz auf einem gesonderten Konto unter der Position „Eigene Kapitalanteile" auszuweisen. Im Beispiel wird der gesamte Betrag der Kapitaleinlagereserven (40) den eigenen Kapitalanteilen zugewiesen.

Mit diesem Ausweis ist einerseits die Verbindung zwischen Kapitaleinlagereserven nach Artikel 5 Absatz 1bis VStG und eigenen Kapitalanteilen, deren steuerliche Behandlung nach Artikel 5 Absatz 1bis VStG erfolgen soll, klar dargestellt und sind andererseits die Gliederungsbestimmungen des Obligationenrechts eingehalten. Zudem wird die Kenngrösse „Hälfte des Aktienkapitals und der gesetzlichen Reserven" welche zur Bestimmung eines Kapitalverlustes nach Artikel 725 Absatz 1 OR verwendet wird, nicht verändert.

Der Ausweis von eigenen Kapitalanteilen, welche zur steuerlichen Verrechnung mit Kapitaleinlagereserven berechtigen, hat einen hohen qualitativen Stellenwert. Ein solcher Ausweis ist nur zulässig, wenn nachgewiesen werden kann, dass die damit verbundenen steuerlichen Bedingungen, insbesondere auch das Vorhandensein von entsprechenden Kapitaleinlagereserven bereits im Zeitpunkt des Erwerbs der eigenen Kapitalanteile (was insbesondere auch bei unterjähriger Bildung von Kapitaleinlagereserven relevant ist), uneingeschränkt erfüllt sind. Andernfalls liegt ein Gesetzesverstoss vor.

Schweizerische Eidgenossenschaft
Confédération suisse
Confederazione Svizzera
Confederaziun svizra

Eidgenössisches Finanzdepartement EFD
Eidgenössische Steuerverwaltung ESTV
Hauptabteilung Direkte Bundessteuer,
Verrechnungssteuer, Stempelabgaben

Direkte Bundessteuer

Bern, 18. September 2014

Kreisschreiben Nr. 41

Freizügigkeit in der beruflichen Alters-, Hinterlassenen- und Invalidenvorsorge

Inhaltsverzeichnis

1. Allgemeines und Inkrafttreten

Im vorliegenden Kreisschreiben werden steuerliche Fragen im Zusammenhang mit dem Bundesgesetz vom 17. Dezember 1993 über die Freizügigkeit in der beruflichen Alters-, Hinterlassenen- und Invalidenvorsorge (Freizügigkeitsgesetz, [FZG]; SR 831.42) und der entsprechenden Ausführungsverordnung (Verordnung vom 3. Oktober 1994 über die Freizügig-

Eidgenössische Steuerverwaltung ESTV
Eigerstrasse 65
3003 Bern
www.estv.admin.ch

keit in der beruflichen Alters-, Hinterlassenen- und Invalidenvorsorge [Freizügigkeitsverordnung FZV; SR 831.425]) erläutert. Die Ausführungen zu Ehegatten gelten in analoger Weise jeweils auch für Partner oder Partnerinnen einer eingetragener Partnerschaft (Art. 22*d* FZG).

Verschiedene Gesetzesänderungen sowie die Rechtsprechung haben eine Überarbeitung des Kreisschreibens Nr. 22 der Eidgenössischen Steuerverwaltung (ESTV) vom 4. Mai 1995 nötig gemacht. Das vorliegende Kreisschreiben ersetzt somit das Kreisschreiben Nr. 22 der ESTV vom 4. Mai 1995 über die Freizügigkeit in der beruflichen Alters-, Hinterlassenen- und Invalidenvorsorge und tritt mit seiner Publikation in Kraft.

2. Freizügigkeit

2.1. Zweck und Inhalt

Das Freizügigkeitsgesetz regelt im Rahmen der beruflichen Vorsorge die Ansprüche der versicherten Person im Freizügigkeitsfall. Der Freizügigkeitsfall tritt ein, wenn die versicherte Person die Vorsorgeeinrichtung verlässt, bevor ein Vorsorgefall eingetreten ist (Art. 2 Abs. 1 FZG). In diesem Fall hat die versicherte Person Anspruch auf eine Austrittsleistung. Die Freizügigkeitsverordnung regelt insbesondere den Erhalt des Vorsorgeschutzes, wenn die versicherte Person aus der bisherigen Vorsorgeeinrichtung austritt und nicht unmittelbar in eine neue eintritt. Der Vorsorgeschutz wird im Freizügigkeitsfall durch eine Freizügigkeitspolice oder durch ein Freizügigkeitskonto erhalten, wobei die versicherte Person die Austrittsleistung maximal an zwei Freizügigkeitseinrichtungen übertragen lassen darf (Art. 12 Abs. 1 FZV).

Grundsätzlich gilt somit, dass die Austrittsleistung (Freizügigkeitsleistung) von der bisherigen Vorsorgeeinrichtung an die Vorsorgeeinrichtung des neuen Arbeitgebers übertragen werden muss. Die Übertragung der Austrittsleistung auf eine Freizügigkeitspolice oder auf ein Freizügigkeitskonto ist nur dann zulässig, wenn die versicherte Person keiner neuen Vorsorgeeinrichtung beitritt. Wird in der neuen Vorsorgeeinrichtung nicht die gesamte mitgebrachte Austrittsleistung zum Einkauf der versicherten Person in die vollen reglementarischen Leistungen benötigt, kann die Differenz ebenfalls auf eine Freizügigkeitseinrichtung übertragen werden (vgl. dazu nachstehende Ziff. 2.2.1).

Sieht die Vorsorgeeinrichtung die Möglichkeit einer vorzeitigen Pensionierung vor, tritt der Vorsorgefall nicht erst mit dem Erreichen des reglementarischen Schlussalters (z.B. Alter 64 für Frauen bzw. Alter 65 für Männer) ein, sondern grundsätzlich bereits im Zeitpunkt, in dem das Arbeitsverhältnis aufgelöst wird; vorausgesetzt, die Kündigung des Arbeitsvertrages erfolgt in einem Alter, in dem bereits ein reglementarischer Anspruch auf Altersleistungen besteht. Bei einer reglementarischen, vorzeitigen Pensionierung liegt daher kein Freizügigkeitsfall vor, weshalb das Alterskapital nicht auf eine Freizügigkeitsform übertragen werden darf. Vielmehr wird diesfalls die Altersleistung fällig und ist auszurichten (vgl. dazu nachstehende Ziff. 2.2.4). Verlässt die versicherte Person die Vorsorgeeinrichtung zwischen dem frühestmöglichen und dem ordentlichen reglementarischen Rentenalter und führt sie die Erwerbstätigkeit weiter oder ist als arbeitslos gemeldet, liegt hingegen ein Freizügigkeitsfall vor und die versicherte Person hat die Möglichkeit, eine Austrittsleistung zu verlangen (Art. 2 Abs. 1bis FZG).

Bei Barauszahlung der Austrittsleistung durch die Vorsorgeeinrichtung bzw. Freizügigkeitseinrichtung wird der Vorsorgeschutz aufgehoben. Daher kann der Barauszahlungsbetrag später nicht mehr auf ein (neues oder bestehendes) Freizügigkeitskonto oder eine Freizügigkeitspolice eingebracht werden, es sei denn, es besteht eine Rückzahlungsverpflichtung gemäss Artikel 30*d* des Bundesgesetzes vom 25. Juni 1982 über die berufliche Alters-, Hinterlassenen- und Invalidenvorsorge (BVG; SR 831.40) und der Verordnung vom 3. Oktober 1994 über die Wohneigentumsförderung mit Mitteln der beruflichen Vorsorge (WEFV; SR 831.411).

2.2. *Steuerliche Auswirkungen*

2.2.1. *Übertrag der Austrittsleistung auf eine neue Vorsorgeeinrichtung oder auf eine Freizügigkeitseinrichtung*

Wird die Austrittsleistung auf die Vorsorgeeinrichtung des neuen Arbeitgebers, auf eine Freizügigkeitspolice oder ein Freizügigkeitskonto übertragen, handelt es sich dabei aus Sicht des Vorsorgenehmers um steuerneutrale Vorgänge. Das Vorsorgeguthaben bleibt in diesen Fällen nach wie vor in der zweiten Säule gebunden und der Verfügung des Vorsorgenehmers entzogen, weshalb folgerichtig auch eine Besteuerung unterbleibt.

2.2.2 *Einkauf von Beitragsjahren in die Vorsorgeeinrichtung bei bestehenden Freizügigkeitspolicen und -konten*

Hat eine versicherte Person Freizügigkeitsguthaben, die sie nicht nach den Artikeln 3 und 4 Absatz 2bis FZG in die Vorsorgeeinrichtung übertragen musste, reduziert sich der Höchstbetrag der Einkaufssumme um diesen Betrag (Art. 60*a* Abs. 3 der Verordnung vom 18. April 1984 über die berufliche Alters-, Hinterlassenen- und Invalidenvorsorge [BVV 2; SR 831.441.1]). Die steuerpflichtige Person hat auf Verlangen der Steuerbehörde über allfällig bestehende Freizügigkeitsguthaben Auskunft zu erteilen.

In diesem Zusammenhang ist darauf hinzuweisen, dass ein Einkauf ausschliesslich bei einer Vorsorgeeinrichtung möglich ist, da diese ihre Leistungen in einem Vorsorgeplan festhält (Art. 9 Abs. 2 FZG; Art 79*b* Abs. 1 BVG). Bei einem Freizügigkeitskonto oder einer Freizügigkeitspolice wird kein Vorsorgeplan berechnet. Das Freizügigkeitskonto oder die Freizügigkeitspolice dient lediglich der Erhaltung des Vorsorgeschutzes (Art. 10 FZV). Systembedingt ergibt sich daher weder bei einem Freizügigkeitskonto noch bei einer Freizügigkeitspolice ein Einkaufsbedarf, weshalb ein faktischer Einkauf in eine Freizügigkeitseinrichtung steuerrechtlich nicht geltend gemacht werden kann.

2.2.3 *Einkauf von Beitragsjahren nach Wiederaufnahme einer Erwerbstätigkeit im Rentenalter*

Ein Einkauf in die vollen reglementarischen Leistungen einer frühpensionierten Person, die wieder erwerbstätig ist, wird nur unter der Voraussetzung möglich, dass das Altersguthaben, über welches diese versicherte Person im Zeitpunkt des frühzeitigen Altersrücktritts verfügte, bei der Berechnung des notwendigen Einkaufsbetrages angerechnet wird. Die Hinzurechnungspflicht ergibt sich sowohl aus dem Grundsatz der Angemessenheit der Vorsorge als auch daraus, dass im Falle einer Frühpensionierung mit Weiterarbeit faktisch ein Freizügigkeitsfall vorliegt und daher die Altersleistung materiell wie eine Freizügigkeitsleistung zu behandeln ist (vgl. Mitteilung des Bundesamtes für Sozialversicherungen über die berufliche Vorsorge Nr. 97 vom 15. Februar 2007, Rz 568). Nur der so berechnete Einkauf kann vom steuerbaren Einkommen in Abzug gebracht werden.

Für die Berücksichtigung eines fiktiven Einkaufs nach Artikel 37*b* Absatz 1 des Bundesgesetzes vom 14. Dezember 1990 über die direkte Bundessteuer (DBG; SR 642.11) wird auf das Kreisschreiben Nr. 28 der ESTV vom 3. November 2010 über die Besteuerung der Liquidationsgewinne bei definitiver Aufgabe der selbständigen Erwerbstätigkeit, Ziffer 5.5, verwiesen.

2.2.4 ***Auszahlung des Vorsorgeguthabens***

Kommt es zur Auszahlung des Vorsorgeguthabens, sei dies im Vorsorgefall (Alter, Tod oder Invalidität), oder im Fall der Barauszahlung gemäss Artikel 5 FZG oder Artikel 30*a* BVG, wird die entsprechende Leistung gemäss Artikel 22 Absatz 2 DBG besteuert. Gemäss Artikel 16 FZV kann die Altersleistung vom Freizügigkeitskonto oder von der Freizügigkeitspolice frühestens fünf Jahre vor Erreichen des Rentenalters nach Artikel 13 Absatz 1 BVG ordentlich (d.h. voraussetzungslos) ausbezahlt werden. Das Freizügigkeitsguthaben darf ferner, unabhängig von einer Erwerbstätigkeit, bis fünf Jahre nach dem ordentlichen AHV-Rentenalter stehen gelassen werden.

Das ausbezahlte Vorsorgeguthaben wird entweder im Rahmen der gesonderten Besteuerung einer vollen Jahressteuer gemäss Artikel 38 DBG unterstellt oder – bei ausländischem Wohnsitz des Empfängers – im Rahmen der Besteuerung an der Quelle gemäss Artikel 95f. DBG erfasst.

Die Jahressteuer wird für die Zwecke der direkten Bundessteuer zu einem Fünftel des anwendbaren Tarifs berechnet und für das Steuerjahr festgesetzt, in welchem die entsprechende Kapitalleistung zugeflossen ist, d.h. ausbezahlt oder gutgeschrieben wurde (Art. 38 DBG).

Die Besteuerung an der Quelle erfolgt aufgrund der entsprechenden Bestimmungen der Verordnung des EFD vom 19. Oktober 1993 über die Quellensteuer bei der direkten Bundessteuer (Quellensteuerverordnung [QStV; SR 642.118.2]). Gemäss Artikel 11 QStV wird die Kapitalleistung des im Ausland ansässigen Empfängers ungeachtet staatsvertraglicher Regelung stets der Quellensteuer unterstellt; der bezahlte Quellensteuerbetrag wird jedoch unter gewissen Bedingungen wieder zurückerstattet (so etwa dann, wenn gemäss Doppelbesteuerungsabkommen das Besteuerungsrecht beim Ansässigkeitsstaat liegt und der Empfänger der seinerzeitigen Leistung belegen kann, dass die zuständige ausländische Steuerbehörde von der Kapitalleistung Kenntnis hat; massgebend ist in jedem Fall das zum Zeitpunkt der Fälligkeit der Leistung geltende Doppelbesteuerungsabkommen). In Ziffer 3 des Anhangs zur QStV sind die massgebenden Quellensteuersätze festgelegt, welche in die kantonalen Quellensteuertarife integriert sind.

Sowohl im Rahmen der ordentlichen Besteuerung wie bei der Besteuerung an der Quelle ist die Vorschrift von Artikel 204 DBG anwendbar. Demnach werden Renten, die bis und mit dem 31. Dezember 2001 zu laufen begannen oder fällig wurden und auf einem Vorsorgeverhältnis beruhen, welches am 31. Dezember 1986 bereits bestand, im Regelfall nur im Umfang von 80 Prozent zur Besteuerung herangezogen.

Dabei ist zu beachten, dass ein Bezug "in Tranchen" (Teilkapitalbezug) steuerlich unbeachtlich ist. Tritt ein entsprechender Vorsorgefall oder Barauszahlungstatbestand (mit Barauszahlungsbegehren) ein, wird steuerlich stets über das ganze Vorsorgeguthaben abgerechnet. Ausnahmen, in welchen nur der ausgerichtete (Teil-)Betrag zur Besteuerung kommt, sind ausschliesslich im Rahmen des Vorbezugs für die Wohneigentumsförderung sowie bei Anwendbarkeit von Artikel 25*f* FZG bei definitivem Verlassen der Schweiz (vgl. dazu auch Rundschreiben Quellensteuer der ESTV vom 18. November 2009) möglich.

Die dreijährige Sperrfrist gemäss Artikel 79*b* Absatz 3 BVG aufgrund eines Einkaufs in die vorherige Vorsorgeeinrichtung ist auch nach der Übertragung der Austrittsleistung an die neue Vorsorgeeinrichtung oder allenfalls die Freizügigkeitseinrichtung zu beachten (vgl. dazu auch Mitteilung des Bundesamtes für Sozialversicherungen über die berufliche Vorsorge Nr. 97, Rz 568).

2.2.5 *Auszahlung und Einkauf innert 12 Monaten*

In Analogie zu Artikel 24 Buchstabe c DBG sind Kapitalleistungen aus Vorsorge steuerfrei, wenn diese innert 12 Monaten seit Bezug zum Einkauf in eine Vorsorgeeinrichtung verwendet werden. Im Gegenzug ist der Einkauf bis zur Höhe des Kapitalbezugs nicht vom steuerbaren Einkommen abziehbar.

2.2.6 *Aufnahme einer selbständigen Erwerbstätigkeit und Investitionen in den eigenen Betrieb*

Gemäss Artikel 5 Absatz 1 Buchstabe b FZG kann bei Aufnahme einer selbständigen Erwerbstätigkeit die Barauszahlung der Austrittsleistung verlangt werden. In diesem Falle muss das Vorsorgeverhältnis beendet werden und die gesamte Austrittsleitung unterliegt grundsätzlich der Besteuerung. Wird allerdings nur ein Teil der Austrittsleistung für die Aufnahme der selbständigen Erwerbstätigkeit benötigt und der restliche Teil der Austrittsleistung auf eine Freizügigkeitspolice oder ein Freizügigkeitskonto überwiesen, so unterliegt nur der bar ausbezahlte (Teil-)Betrag der Besteuerung.

Selbständig erwerbstätige Personen dürfen zudem während der Ausübung der selbständigen Erwerbstätigkeit für Investitionen im Unternehmen einen einmaligen, vorzeitigen Bezug von Vorsorgegeldern aus der zweiten Säule tätigen (vgl. BGE 134 V 170 sowie Mitteilung des Bundesamtes für Sozialversicherungen über die berufliche Vorsorge Nr. 106, Rz 643). Voraussetzung für den Bezug zugunsten betrieblicher Investitionen ist gemäss bundesgerichtlicher Rechtsprechung, dass die selbständig erwerbstätige Person den Vorsorgevertrag kündigt und die vertragliche Beziehung mit der Vorsorgeeinrichtung dadurch beendet. Ein Teilbezug ist nicht zulässig (vgl. BGE 135 V 418 sowie Mitteilung des Bundesamtes für Sozialversicherungen über die berufliche Vorsorge Nr. 116 vom 28. Januar 2010, Rz 725).

Die dreijährige Sperrfrist gemäss Artikel 79*b* Absatz 3 BVG ist in den beiden oben genannten Fällen ebenfalls anwendbar.

2.2.7 *Unzulässige Auszahlung des Vorsorgeguthabens*

Wird die Austrittsleistung der versicherten Person bar ausgerichtet, obwohl der Barauszahlungsgrund von Anfang an nicht gegeben war, oder wird die Barauszahlung nicht zweckentsprechend verwendet, ist die Barauszahlung als unzulässig zu betrachten. In solchen Fällen ist der steuerpflichtigen Person die Möglichkeit einzuräumen, die Vorsorgeeinrichtung um Rückabwicklung der Zahlung zu ersuchen oder die zweckentfremdet verwendete Barauszahlung wieder ihrem ursprünglichen Zweck zuzuführen. Erfolgt keine Rückabwicklung der unzulässigen Auszahlung oder wird diese nicht wieder ihrem Zweck (gemäss Auszahlungsgrund) zugeführt, wird die Kapitalleistung zusammen mit dem übrigen Einkommen ordentlich besteuert (vgl. Urteil des Bundesgerichts 2C_156/2010 vom 7. Juni 2011).

Schweizerische Eidgenossenschaft
Confédération suisse
Confederazione Svizzera
Confederaziun svizra

Eidgenössisches Finanzdepartement EFD
Eidgenössische Steuerverwaltung ESTV
Hauptabteilung Direkte Bundessteuer,
Verrechnungssteuer, Stempelabgaben

Verrechnungssteuer

Bern, 11. März 2014

Kreisschreiben Nr. 40

Verwirkung des Anspruchs von natürlichen Personen auf Rückerstattung der Verrechnungssteuer gemäss Artikel 23 VStG

1. Einführung

Das Bundesgericht hat mit den Urteilen 2C_95/2011 vom 11. Oktober 2011 und 2C_80/2012 vom 16. Januar 2013 die Voraussetzungen präzisiert, welche gemäss Artikel 23 des Bundesgesetzes vom 13. Oktober 1965 über die Verrechnungssteuer (SR 642.21; VStG) zur Verwirkung des Anspruchs von natürlichen Personen auf Rückerstattung der Verrechnungssteuer führen.

Aus dieser bundesgerichtlichen Rechtsprechung geht hervor, dass das Kreisschreiben Nr. 8 der Eidgenössischen Steuerverwaltung (ESTV) vom 8. Dezember 1978 über die teilweise Änderung der Praxis bezüglich der Verwirkung des Anspruchs auf Rückerstattung der Verrechnungssteuer (nachfolgend als Kreisschreiben Nr. 8 bezeichnet) sowie das Kreisschreiben Nr. 14 vom 29. Dezember 1988 der ESTV über die teilweise Änderung der Praxis betreffend die Verwirkung des Anspruchs auf Rückerstattung der Verrechnungssteuer bei Ermessensveranlagung; Nachtrag zum Kreisschreiben Nr. 8 vom 8. Dezember 1978 (nachfolgend als Kreisschreiben Nr. 14 bezeichnet) in gewissen Fällen nicht mit Artikel 23 VStG zu vereinbaren sind. Dies ist der Fall, wenn die steuerpflichtige Person in den Genuss einer Rückerstattung gelangen kann, ohne ihre Pflicht zur ordnungsgemässen Deklaration ausreichend erfüllt zu haben.

Das vorliegende Kreisschreiben berücksichtigt die vom Bundesgericht in den Urteilen vom 11. Oktober 2011 und vom 16. Januar 2013 festgehaltenen Grundsätze und umschreibt die Anforderungen an eine ordnungsgemässe Deklaration im Sinne von Artikel 23 VStG.

2. Gesetzliche Grundlage

Gemäss Artikel 23 VStG verwirkt den Anspruch auf Rückerstattung, wer mit der Verrechnungssteuer belastete Einkünfte oder Vermögen, woraus solche Einkünfte fliessen, entgegen gesetzlicher Vorschrift der zuständigen Steuerbehörde nicht angibt.

Eidgenössische Steuerverwaltung ESTV
Eigerstrasse 65
3003 Bern
www.estv.admin.ch

Diese Deklarationspflicht ergibt sich aus Artikel 124 Absatz 2 und Artikel 125 des Bundesgesetzes vom 14. Dezember 1990 über die direkte Bundessteuer (SR 642.11; DBG).

3. Auslegung der gesetzlichen Grundlage

Da der Wortlaut von Artikel 23 VStG bezüglich des Zeitpunkts sowie der Art und Weise der Deklaration von mit der Verrechnungssteuer belasteten Einkünften Interpretationsspielraum offen lässt, werden nachfolgend die Anforderungen an eine ordnungsgemässe Deklaration im Sinne der Erwägungen des Bundesgerichts näher umschrieben.

3.1 Ordnungsgemässe Deklaration im Sinne von Artikel 23 VStG

Die mit der Verrechnungssteuer belasteten Einkünfte sowie das Vermögen, woraus solche Einkünfte fliessen, gelten dann als ordnungsgemäss deklariert, wenn die steuerpflichtige Person sie in der ersten Steuererklärung, welche nach Fälligkeit der steuerbaren Leistung bei der zuständigen Steuerbehörde einzureichen ist, deklariert.

Ausserdem gelten die mit der Verrechnungssteuer belasteten Einkünfte, welche spontan von der steuerpflichtigen Person nach Einreichung der Steuerklärung, aber spätestens bis zum Eintritt der Rechtskraft der ordentlichen Veranlagung deklariert werden, ebenfalls noch als im Sinne von Artikel 23 VStG ordnungsgemäss deklariert (vgl. auch Urteil des Bundesgerichts 2C_80/2012, Erw. 2.2). Diese Regel findet jedoch keine Anwendung, wenn die steuerpflichtige Person der Steuerbehörde Einkommens- oder Vermögensbestandteile vorsätzlich oder in Hinterziehungsabsicht nicht deklariert hat und dieser Umstand durch die Steuerbehörden entdeckt worden ist (vgl. insbes. Urteil des Bundesgerichts vom 4. Dezember 1996, publ. im Archiv für Schweizerisches Abgaberecht [ASA] 66, 166).

Die steuerpflichtige Person, welche die der Verrechnungssteuer unterliegenden Einkünfte gemäss den vorstehenden Ausführungen der zuständigen Steuerbehörde angibt, hat diese im Sinne von Artikel 23 VStG ordnungsgemäss deklariert. Unter dem Vorbehalt, dass die übrigen Voraussetzungen gemäss dem VStG und der Verordnung vom 19. Dezember 1966 über die Verrechnungssteuer (VStV; SR 642.211) allesamt erfüllt sind, steht ihr ein Rückerstattungsanspruch zu.

3.2 Nicht ordnungsgemässe Deklaration im Sinne von Artikel 23 VStG

Eine Deklaration von mit der Verrechnungssteuer belasteten Einkünften, die nicht den unter Ziffer 3.1 hievor erwähnten Voraussetzungen genügt, gilt nicht mehr als ordnungsgemäss. Demzufolge ist die Rückerstattung der Verrechnungssteuer in solchen Fällen zu verweigern.

Als nicht mehr ordnungsgemässe Deklarationen im Sinne von Artikel 23 VStG gelten insbesondere folgende Sachverhalte:

- Die Deklaration der mit der Verrechnungssteuer belasteten Einkünfte erfolgt nach Eintritt der Rechtskraft der ordentlichen Veranlagung.
- Die Deklaration der mit der Verrechnungssteuer belasteten Einkünfte erfolgt aufgrund einer Anfrage, Anordnung oder sonstigen Intervention der Steuerbehörde im Zusammenhang mit diesen Einkünften. Rein rechnerische Korrekturen von bereits deklarierten Erträgen durch die Steuerbehörde (Schreibfehler, Deklaration von Nettoerträgen, Anpassung von geschäftsmässig nicht begründeten privaten Unkostenanteilen der Beteiligungsinhaber, Bewertungsdifferenzen etc.) führen noch nicht zu einer Verwirkung des Rückerstattungsanspruchs auf dem aufgerechneten Teilbetrag.

- Die Deklaration der mit der Verrechnungssteuer belasteten Einkünfte durch die steuerpflichtige Person oder durch deren Erben erfolgt im Rahmen einer spontanen Selbstanzeige gemäss Artikel 153a, Artikel 175 Absätze 3 und 4 DBG sowie Artikel 53a und Artikel 56 Absätze 1bis und 1ter des Bundesgesetzes vom 14. Dezember 1990 über die Harmonisierung der direkten Steuern der Kantone und Gemeinden (StHG; SR 642.14). Die Deklaration von mit der Verrechnungssteuer belasteten Einkünften nach Eintritt der Rechtskraft der ordentlichen Veranlagung (siehe Ziffer 3.1 hiervor) gilt als nicht ordnungsgemässe Deklaration im Sinne von Artikel 23 VStG. Der Verzicht auf die Eröffnung eines Strafverfahrens im Bereich der direkten Steuern lässt den Anspruch auf Rückerstattung der Verrechnungssteuer nicht wieder aufleben.

Im Übrigen entbindet die Tatsache, dass die Steuerbehörden von sich aus eine unvollständige Deklaration hätten feststellen können und sich den Zugang zu den fehlenden Informationen mittels Vergleich mit Steuerunterlagen von Drittpersonen oder durch Rückfragen bei der steuerpflichtigen Person, bei anderen Steuerbehörden oder Dritten hätten beschaffen können, die steuerpflichtige Person nicht davon, ihrer Deklarationspflicht bezüglich der mit der Verrechnungssteuer belasteten Einkünfte im Sinne von Ziffer 3.1 des vorliegenden Kreisschreibens nachzukommen.

3.3 Ermessenstaxation

Kommt die steuerpflichtige Person ihren Verfahrenspflichten nicht nach, indem sie keine Steuererklärung einreicht oder indem sie ihre Einkünfte nur teilweise deklariert, nimmt die Veranlagungsbehörde die Veranlagung nach pflichtgemässem Ermessen im Sinne von Artikel 130 DBG und Artikel 46 Absatz 3 StHG vor.

Die Einreichung der Steuererklärung als Beweismittel im Rahmen eines Einspracheverfahrens gemäss Artikel 132 Absatz 3 DBG und Artikel 48 Absatz 2 StHG unter vollständiger und korrekter Deklaration des beweglichen Vermögens und seines Ertrages kann einer ordnungsgemässen Deklaration im Sinne von Ziffer 3.1 hievor gleichgestellt werden, sofern auf die Einsprache einzutreten ist.

Bezieht sich die Ermessenstaxation auf eine teilweise unvollständige Deklaration der Einkommensbestandteile, gelten die Grundsätze gemäss Ziffern 3.1 und 3.2 dieses Kreisschreibens. Gehören zu den in der Steuererklärung bereits deklarierten Einkommensbestandteilen die mit der Verrechnungssteuer belasteten Erträge, besteht ein Anspruch auf Rückerstattung der Verrechnungssteuer unter der Bedingung, dass die übrigen Voraussetzungen gemäss VStG und VStV erfüllt sind.

Hat die steuerpflichtige Person gar keine Steuererklärung eingereicht, ist der Anspruch auf Rückerstattung der Verrechnungssteuer in jedem Fall verwirkt.

4. Meldeverfahren

Die Gewährung des Meldeverfahrens durch die ESTV an eine verrechnungssteuerpflichtige Gesellschaft im Sinne von Artikel 20 VStG und der Artikel 24ff. VStV entbindet die Leistungsempfängerin nicht von ihrer Pflicht, den Ertrag persönlich gemäss den Ziffern 3.1 und 3.3 des vorliegenden Kreisschreibens zu deklarieren.

5. Inkrafttreten

Das vorliegende Kreisschreiben tritt mit seiner Publikation in Kraft. Gleichzeitig werden die Kreisschreiben Nr. 8 und Nr. 14 aufgehoben.

Schweizerische Eidgenossenschaft
Confédération suisse
Confederazione Svizzera
Confederaziun svizra

Eidgenössisches Finanzdepartement EFD
Eidgenössische Steuerverwaltung ESTV
Hauptabteilung Direkte Bundessteuer,
Verrechnungssteuer, Stempelabgaben

Direkte Bundessteuer
Verrechnungssteuer
Stempelabgaben

Bern, 23. Dezember 2013

Kreisschreiben Nr. 39

Besteuerung von Aktionärsoptionen

1. Einleitung

Als Aktionärsoptionen gelten in diesem Kreisschreiben ausschliesslich Call- oder Putoptionen, welche eine Aktiengesellschaft (nachfolgend AG oder Emittentin) ihren Aktionären unentgeltlich oder zu einem unter dem Verkehrswert liegenden Preis abgibt. Bei Call- oder Putoptionen auf eigene Aktien wird zudem unterschieden, ob diese im Zusammenhang mit einer Kapitalerhöhung oder -herabsetzung emittiert werden oder nicht. Ist der den Aktionärsoptionen zugrunde liegende Basiswert nicht an einer Börse kotiert, ist der Sachverhalt und die Verkehrswertberechnung der Aktionärsoption der Eidg. Steuerverwaltung (ESTV), Abteilung Externe Prüfung, zur Genehmigung vorzulegen.

Die vorliegenden Regeln gelten für die Abgabe von Optionen einer Gesellschaft an die Aktionäre in ihrer Aktionärseigenschaft. Werden Optionen nicht wegen des Beteiligungsverhältnisses, sondern auf Grund des Arbeitsverhältnisses an Mitarbeitende der Gesellschaft oder einer ihrer Gruppengesellschaften abgegeben, gelangen die Regeln über Mitarbeiteroptionen zur Anwendung (vgl. Kreisschreiben Nr. 37 der ESTV vom 22.07.2013 über die Besteuerung von Mitarbeiterbeteiligungen).

Die Regelungen des vorliegenden Kreisschreibens gelten in analoger Weise auch für andere Kapitalgesellschaften und deren Beteiligte.

Eidgenössische Steuerverwaltung ESTV
Eigerstrasse 65
3003 Bern
www.estv.admin.ch

2. Steuerliche Qualifikation

2.1. Grundsätze

Direkte Bundessteuer, Verrechnungssteuer und Stempelabgaben

Call- und Putoptionen verfügen stets über einen Verkehrswert, sofern sie bei der Zuteilung bewertbar sind. Gibt eine Emittentin solche Optionen ihren Aktionären unentgeltlich oder zu einem unter dem Verkehrswert liegenden Preis ab, erbringt sie grundsätzlich in der Differenz zwischen dem jeweiligen Verkehrswert und dem Ausgabepreis eine geldwerte Leistung. Diese wird im Zeitpunkt der Zuteilung realisiert und ist vom inländischen Leistungsempfänger (natürliche Person) als Vermögensertrag zu versteuern. Sind die Voraussetzungen erfüllt, gelangt die Teilbesteuerung gemäss Artikel 18b des Bundesgesetzes vom 14. Dezember 1990 über die direkte Bundessteuer (DBG) oder Artikel 20 Absatz 1bis DBG zur Anwendung.

Im Umfang der geldwerten Leistung wird gleichzeitig der steuerbare Ertrag der Emittentin erhöht, vorbehältlich der Bildung einer geschäftsmässig begründeten Rückstellung (vgl. Art. 58 Abs. 1 Bst. b DBG; Art. 4 Abs. 1 Bst. b des Bundesgesetzes vom 13. Oktober 1965 über die Verrechnungssteuer [VStG] i.V.m. Art. 20 Abs. 1 der Vollziehungsverordnung vom 19. Dezember 1966 zum VStG [Verrechnungssteuerverordnung [VStV]). Eine Ausnahme zu diesem Grundsatz stellen Aktionärs-Calloptionen dar, welche dem Bezugsrecht des Aktionärs gemäss Artikel 652 b des Bundesgesetzes vom 30. März 1911 betreffend die Ergänzung des Schweizerischen Zivilgesetzbuches (Fünfter Teil: Obligationenrecht [OR]) entsprechen sowie Aktionärs-Putoptionen, welche im Zusammenhang mit einer Kapitalherabsetzung stehen (vgl. Ziff. 2.2.1. und Ziff. 2.2.3.hienach).

Aufwendungen der Emittentin im Zusammenhang mit der Ausgabe sowie der Ausübung oder dem Verfall der Optionen stellen geschäftsmässig begründeten Aufwand dar (vgl. Art. 59 Abs. 1 DBG).

Hält der inländische Begünstigte die Optionen im Geschäftsvermögen, so stellen entsprechende Wertberichtigungen sowohl während der Laufzeit als auch bei Verfall der Optionen geschäftsmässig begründeten Aufwand dar (vgl. Art. 29 und Art. 59 DBG). Befinden sich die Optionen im Zeitpunkt der Ausübung im Geschäftsvermögen, so entsprechen die Gestehungskosten der neuen Beteiligungsrechte dem Betrag des allfälligen Optionspreises, der geldwerten Leistung aus der Zuteilung der Optionen sowie dem Ausübungspreis.

Liegt der Ausgabepreis einer Aktionärsoption über dem Verkehrswert, stellt die Differenz zwischen dem Ausgabepreis und dem Verkehrswert bei der inländischen Emittentin einen steuerbaren Zuschuss dar, der gemäss Artikel 5 Absatz 2 Buchstabe a des Bundesgesetzes vom 27. Juni 1973 über die Stempelabgaben der Emissionsabgabe unterliegt.

Diese steuerliche Behandlung gilt unter Vorbehalt abweichender Regelungen gemäss Ziffer 2.2. hienach.

2. 2. Einzelfälle
2.2.1. Ausgabe von Aktionärs-Calloptionen mit Kapitalerhöhung
2.2.1.1. Ausgangslage

Die AG gibt entweder im Hinblick auf eine Kapitalerhöhung oder gestützt auf einen Beschluss der Generalversammlung über die Erhöhung des Aktienkapitals Calloptionen aus. Diese Calloptionen werden den Aktionären im Umfang des ihnen jeweils zustehenden gesetzlichen Bezugsrechts (vgl. Art. 652 b OR) unentgeltlich oder zu einem unter dem Verkehrswert liegenden Preis abgegeben.

2.2.1.2. *Steuerliche Würdigung*

Die Ausgabe von Aktionärs-Calloptionen bleibt unter den nachstehenden kumulativen Voraussetzungen für die Belange der Verrechnungssteuer sowie der direkten Bundessteuer ohne Folgen:

a) Die Ausgabe von Aktionärs-Calloptionen steht im Zusammenhang mit einer durchzuführenden Kapitalerhöhung. Die Aktionärs-Calloptionen verkörpern das den Aktionären gesetzlich zustehende Bezugsrecht im Sinne von Artikel 652*b* OR. Sie geben jedem Aktionär im Umfang seiner bisherigen Beteiligung das Recht, Aktien von der Gesellschaft zu einem festgelegten Preis während eines bestimmten, in der Regel über die Geltungsdauer des herkömmlichen Bezugsrechts hinausgehenden Zeitraums zu erwerben.

b) Die Aktionärs-Calloptionen können nicht zu einem garantierten Preis an die Gesellschaft (inkl. Mutter-/Tochtergesellschaften etc.) verkauft werden; die Optionen enthalten ferner keinen Barabgeltungsanspruch. Ein in den Optionen enthaltener Barabgeltungsanspruch führt sowohl bei der Zuteilung als auch bei der Ausübung bei Inländern im Privatvermögen dann nicht zu Steuerfolgen, wenn der Anspruch auf Barabgeltung mittels Rückzahlung von Einlagen, Aufgeldern und Zuschüssen gemäss Artikel 5 Absatz 1bis VStG getilgt wird.

Sind alle vorstehenden Voraussetzungen erfüllt, so verkörpert die Zuteilung derartiger Calloptionen nichts anderes als das den Aktionären bereits handelsrechtlich zustehende Bezugsrecht (vgl. Art. 652 b OR). Die Zuteilung hat deshalb bei Inländern weder für das Privatvermögen noch für das Geschäftsvermögen steuerliche Folgen. Ist eine der oben genannten Voraussetzungen jedoch nicht erfüllt, so ergeben sich die gleichen steuerlichen Folgen wie unter Ziffer 2.1 hievor.

Liegt der Ausübungspreis zum Bezug der Aktien wesentlich (33 1/3 % oder mehr) unter dem aktuellen Verkehrswert, ist zu prüfen, ob eine Steuerumgehung vorliegt.

Soweit die neuen Aktien aus den allgemeinen Reserven (übrige Reserven) der Emittentin liberiert werden, liegt in diesem Umfang anteilsmässig eine der Verrechnungssteuer unterliegende Ausschüttung vor (Art. 4 Abs. 1 Bst. b VStG). Diese stellt einen steuerbaren Vermögensertrag zu Gunsten der inländischen Aktionäre dar, welche die Beteiligungen im Privatvermögen halten (Art. 20 Abs. 1 Bst. c DBG). Erfolgt die Liberierung durch Reserven aus Kapitaleinlagen, ist diese Ausschüttung von der Verrechnungssteuer ausgenommen (vgl. Art. 5 Abs. 1bis VStG). In diesem Fall liegt kein steuerbarer Vermögensertrag zu Gunsten des inländischen Aktionärs vor, welcher die Beteiligungen im Privatvermögen hält (vgl. Art. 20 Abs. 3 DBG). Für Aktionäre, welche die Beteiligungen im Geschäftsvermögen halten, hat die Ausübung dieser Optionen für die Einkommens- und die Gewinnsteuer keine Steuerfolgen, sofern die Einkommens- und Gewinnsteuerwerte unverändert bleiben.

Aktionärs-Calloptionen auf Vorratsaktien, welche zum Nominalwert liberiert wurden, verkörpern das dem Aktionär in der Vergangenheit entzogene Bezugsrecht gemäss Artikel 652*b* OR. Daher können sie ohne verrechnungs- und einkommenssteuerliche Folgen ausgegeben werden, sofern die Voraussetzungen gemäss oben genannten Bst. a) und b) erfüllt sind. Als Vorratsaktien werden in diesem Zusammenhang ausschliesslich Aktien bezeichnet, die noch nie ausgegeben wurden. Die Emissionsabgabe ist einerseits bei der Schaffung von Vorratsaktien auf dem jeweiligen Nennwert geschuldet sowie andererseits im Zeitpunkt der Platzierung auch auf einem allfälligen Mehrerlös (Agio) der aufgrund der Optionsrechte begebenen Vorratsaktien (Art. 5 Abs. 1 Bst. a StG).

Calloptionen, die im Hinblick auf eine Kapitalerhöhung ausgegeben, jedoch bei der Ausübung nicht durch neue Aktien (Kapitalerhöhung/Vorratsaktien) aus dem Primärmarkt, sondern durch Aktien aus dem Sekundärmarkt abgegolten werden, sind nach Ziffer 2.1. hievor zu beurteilen.

2.2.2. Ausgabe von Aktionärs-Calloptionen ohne Kapitalerhöhung
2.2.2.1. Ausgangslage

Die AG emittiert Calloptionen an ihre Aktionäre, wobei diese Ausgabe weder gestützt auf einen Beschluss der Generalversammlung über die Erhöhung des Aktienkapitals noch im Hinblick auf eine Kapitalerhöhung erfolgt.

2.2.2.2. Steuerliche Würdigung

Die Differenz zwischen dem jeweiligen Marktpreis der Optionen und deren Ausgabepreis stellt eine steuerbare geldwerte Leistung der Emittentin an ihre Aktionäre dar (vgl. Ziff. 2.1. hievor).

Die Ausübung dieser Optionen zieht weder auf der Ebene der Verrechnungssteuer noch für die Einkommens- und Gewinnsteuer Folgen nach sich.

2.2.3. Ausgabe von Aktionärs-Putoptionen mit Kapitalherabsetzung
2.2.3.1. Ausgangslage

Die AG gibt entweder im Hinblick auf eine Kapitalherabsetzung oder gestützt auf einen Beschluss über die Herabsetzung des Aktienkapitals Putoptionen aus. Diese Putoptionen werden den Aktionären unentgeltlich oder zu einem unter dem Verkehrswert liegenden Preis abgegeben. Die Ausübungsmodalitäten sind dabei so gestaltet, dass die Ausgabe der Putoptionen eine Massnahme zur Wahrung der Beteiligungsquote aller bisherigen Aktionäre darstellt.

2.2.3.2. Steuerliche Würdigung

Die unentgeltliche oder unterpreisliche Ausgabe von Putoptionen an die Aktionäre im Hinblick auf eine nachfolgende Kapitalherabsetzung zieht unter den nachstehenden, kumulativ zu erfüllenden Voraussetzungen weder für die Verrechnungssteuer noch für die direkte Bundessteuer Folgen nach sich:

a) Die Ausgabe der Putoptionen ist auf die nachfolgende Kapitalherabsetzung ausgerichtet und steht mit ihr in einem engen zeitlichen Zusammenhang, d.h. die Kapitalherabsetzung erfolgt anlässlich der nächsten ordentlichen Generalversammlung, spätestens aber innerhalb eines Jahres nach der Ausgabe der Putoptionen.

b) Die Ausgabe der Putoptionen kommt ausschliesslich den Aktionären der Emittentin zugute.

c) Die Putoptionen können nicht zu einem garantierten Preis an die Gesellschaft (inkl. Mutter-/Tochtergesellschaften etc.) verkauft werden; die Optionen enthalten ferner keinen Barabgeltungsanspruch. Ein in den Optionen enthaltener Barabgeltungsanspruch führt sowohl bei der Zuteilung als auch bei der Ausübung bei Inländern im Privatvermögen dann nicht zu Steuerfolgen, wenn der Anspruch auf Barabgeltung mittels Rückzahlung von Einlagen, Aufgeldern und Zuschüssen gemäss Artikel 5 Absatz 1bis VStG getilgt wird.

Sind alle diese Voraussetzungen erfüllt, so ist die geplante Rückkaufaktion als eine Massnahme zur Wahrung der Rechtsgleichheit zwischen den Aktionären einzustufen, da sie vorrangig dazu bestimmt ist, den Beteiligungsinhabern eine Entschädigung für den drohenden Substanzverlust zu gewährleisten bzw. die mit der Kapitalherabsetzung verbundene Reservenverwässerung abzugelten (vgl. auch Entscheid des Bundesgerichts vom 4. Mai 1999 publiziert in: Archiv für Schweizerisches Abgaberecht, Bd. 68, S. 739 ff.).

Ist eine der oben genannten Voraussetzungen nicht erfüllt, stellt die Differenz zwischen dem jeweiligen Marktpreis und dem Ausgabepreis der Putoption eine geldwerte Leistung der AG an ihre Aktionäre im Zeitpunkt der Zuteilung der Optionen dar. Es ergeben sich die gleichen steuerlichen Folgen wie gemäss Ziffer 2.1 hievor.

Liegt der Ausübungspreis zum Verkauf der Aktien wesentlich (33 1/3 % oder mehr) über dem aktuellen Verkehrswert, ist zu prüfen, ob eine Steuerumgehung vorliegt.

Werden die Putoptionen ausgeübt, liegt in der Differenz zwischen dem Ausübungspreis und dem einbezahlten Nominalwert eine der Verrechnungssteuer unterliegende Teilliquidation vor (vgl. Art. 4a VStG). Beim inländischen Aktionär unterliegt im Privatvermögen die Differenz zwischen dem Rückkaufspreis und dem einbezahlten Nennwert der Einkommensbesteuerung (vgl. Art. 20 Abs. 1 Bst. c DBG). Im Geschäftsvermögen bildet die Differenz zwischen dem Rückkaufspreis und dem steuerlich massgebenden Buchwert Bestandteil des steuerbaren Ertrags (vgl. Art. 18 Abs. 1 und 2 sowie Art. 58 Abs. 1 Bst. a DBG). Erfüllt der Aktionär die entsprechenden Voraussetzungen, kann er den Beteiligungsabzug gemäss Artikel 69 ff. DBG geltend machen.

Keine Verrechnungssteuer ist geschuldet, wenn basierend auf einem Generalversammlungsbeschluss, der Teilliquidationserlös aus dem Rückkauf der eigenen Aktien zwecks Kapitalreduktion den Reserven aus Kapitaleinlagen belastet wird. Folglich liegt beim inländischen Aktionär, welcher die Beteiligungen im Privatvermögen hält, kein steuerbarer Vermögensertrag vor (vgl. Art. 20 Abs. 3 DBG).

Werden im Hinblick auf eine Kapitalherabsetzung Putoptionen zugeteilt, jedoch nach deren Ausübung die zurückgekauften Aktien nicht für eine Kapitalherabsetzung verwendet, so ergeben sich für die Putoptionen die gleichen steuerlichen Folgen wie unter Ziffer 2.1 hievor.

2.2.4. Ausgabe von Aktionärs-Putoptionen ohne Kapitalherabsetzung

2.2.4.1. Ausgangslage

Die AG emittiert Putoptionen an ihre Aktionäre, wobei diese Ausgabe weder gestützt auf einen Beschluss über die Herabsetzung des Aktienkapitals noch im Hinblick auf eine Kapitalherabsetzung erfolgt.

2.2.4.2. Steuerliche Würdigung

Wenn die ausgebende Gesellschaft keine Kapitalherabsetzung beabsichtigt, führt die unentgeltliche oder unterpreisliche Ausgabe von Putoptionen an die Aktionäre zu denselben steuerlichen Folgen wie unter Ziffer 2.1 hievor.

Führt die Ausübung der Putoptionen in der Folge gleichwohl zum Rückkauf eigener Aktien durch die Gesellschaft, sind die steuerlichen Regeln im Zusammenhang mit dem Erwerb eigener Aktien zu beachten (vgl. für die direkte Bundessteuer und die Verrechnungssteuer das Kreisschreiben Nr. 5 der ESTV vom 19. August 1999). Die Differenz zwischen dem höheren Ausübungspreis und dem tieferen Verkehrswert stellt bei der rückkaufenden Gesellschaft geschäftsmässig begründeten Aufwand – und damit keine geldwerte Leistung – dar, da dieser überpreisliche Rückkauf nicht auf dem Beteiligungsrecht, sondern auf der Verpflichtung aus dem Optionsgeschäft beruht. Allfällig gebildete Rückstellungen sind erfolgswirksam aufzulösen. Im Rahmen der Teilliquidation (beispielsweise infolge Ablauf der 6-jährigen Haltefrist gemäss Art. 4a Abs. 2 VStG) unterliegen die Aktien bei inländischen Aktionären im Umfang der Differenz zwischen dem Verkehrswert der Aktien im Zeitpunkt der Ausübung der Putoption und dem Nennwert der Verrechnungssteuer sowie der Einkommens- oder Gewinnsteuer, sofern im Zeitpunkt des Rückkaufs der eigenen Aktien die Reserven für eigene Aktien nicht zulasten der Reserven aus Kapitaleinlagen gebildet worden sind. (vgl. Art. 4a Abs. 2 VStG; Art. 20 Abs. 1 Bst. c, Art. 18 Abs. 1 und 2 sowie Art. 58 Abs. 1 Bst. a DBG). Sind die entsprechenden Voraussetzungen erfüllt, gelangt die Teilbesteuerung gemäss Artikel 18b DBG oder Artikel 20 Absatz 1bis DBG zur Anwendung.

3. Überwälzung der Verrechnungssteuer

Die Überwälzung der Verrechnungssteuer auf steuerbaren Call- und Putoptionen ist gleich vorzunehmen wie in anderen Fällen des Verzichts einer Gesellschaft auf einen marktüblichen Verkaufspreis zu Gunsten ihrer Aktionäre. Im Falle einer Kapitalherabsetzung infolge Ausübung von Putoptionen ist die Verrechnungssteuer vom Rückzahlungsbetrag in Abzug zu bringen. Falls im Zeitpunkt der Zuteilung von steuerbaren Call- und Putoptionen die Verrechnungssteuer nicht auf den Leistungsempfänger überwälzt wird, ist eine Aufrechnung ins Hundert vorzunehmen.

4. Rückerstattung der Verrechnungssteuer

Als Grundvoraussetzung für die Rückerstattung der Verrechnungssteuer ist das uneingeschränkte Recht zur Nutzung an den zur Kapitalherabsetzung angedienten Aktien massgebend (Art. 21 Abs. 1 Bst. a VStG). Die ESTV behält sich vor, die Rückerstattungsberechtigung auch unter dem Aspekt einer allfälligen Steuerumgehung im Sinne von Artikel 21 Absatz 2 VStG zu prüfen.

Von einer Steuerumgehung ist insbesondere dann auszugehen, wenn ein Rückerstattungsberechtigter gezielt Beteiligungsrechte von inländischen natürlichen Personen oder von im Ausland ansässigen (natürlichen oder juristischen) Personen erwirbt, um diese anschliessend an die zu einer Kapitalherabsetzung schreitende Gesellschaft zurückzugeben.

Werden Beteiligungsrechte zwecks echter Arbitrage und unter Wahrung der Anonymität der Börse erworben, liegt in der Regel keine Steuerumgehung vor.

5. Inkrafttreten

Das vorliegende Kreisschreiben tritt mit seiner Publikation in Kraft und ist für ab diesem Tag zugeteilte Aktionärsoptionen anwendbar. Es ersetzt das Merkblatt der ESTV betreffend Aktionärs- oder Gratisoptionen vom 16. Januar 1996.

Schweizerische Eidgenossenschaft
Confédération suisse
Confederazione Svizzera
Confederaziun svizra

Eidgenössisches Finanzdepartement EFD
Eidgenössische Steuerverwaltung ESTV
Hauptabteilung Direkte Bundessteuer,
Verrechnungssteuer, Stempelabgaben

Direkte Bundessteuer

Bern, 22. Juli 2013

Kreisschreiben Nr. 37[1]

Besteuerung von Mitarbeiterbeteiligungen

Inhaltsverzeichnis

[1] Angepasst an das Bundesgesetz über die formelle Bereinigung der zeitlichen Bemessung der direkten Steuern bei den natürlichen Personen vom 22. März 2013 (in Kraft seit 1. Januar 2014).

Eidgenössische Steuerverwaltung ESTV
Eigerstrasse 65
3003 Bern
www.estv.admin.ch

10. Übersicht Mitarbeiterbeteiligungen

1 Allgemeines und Gegenstand des Kreisschreibens

Mit dem Bundesgesetz vom 17. Dezember 2010 über die Besteuerung von Mitarbeiterbeteiligungen (vgl. Sammlung der Eidg. Gesetze [AS] 2011 3259) wurden für die Besteuerung von Mitarbeiterbeteiligungen verschiedene Neuerungen eingeführt. In ihrer Gesamtheit zielen die neuen Bestimmungen darauf ab, die Rechtssicherheit wiederherzustellen und zwar insbesondere in Bezug auf den jeweiligen Besteuerungszeitpunkt und – in Anlehnung an den Kommentar zum OECD-Musterabkommen zur Vermeidung der Doppelbesteuerung auf dem Gebiete der Steuern vom Einkommen und vom Vermögen (nachfolgend OECD-Kommentar) – die Steuerbemessung bei internationalen Sachverhalten. In diesem Zusammenhang ist insbesondere Artikel 15 des OECD-Musterabkommens 2010 zur Vermeidung der Doppelbesteuerung auf dem Gebiete der Steuern vom Einkommen und vom Vermögen (nachfolgend OECD-MA) zu berücksichtigen.

Die in Artikel 129 Absatz 1 Buchstabe d des Bundesgesetzes vom 14. Dezember 1990 über die direkte Bundessteuer (DBG, SR 642.11) vorgesehenen neuen Bescheinigungs- und Meldepflichten werden in der Verordnung vom 27. Juni 2012 über die Bescheinigungspflichten bei Mitarbeiterbeteiligungen (Mitarbeiterbeteiligungsverordnung [MBV], SR 642.115.325.1) näher ausgeführt.

Die Botschaft (vgl. Bundesblatt [BBl] 2005 575) zum neuen Bundesgesetz datiert bereits vom 17. November 2004. Damit vermag der neue Erlass den in der Zwischenzeit eingetretenen Entwicklungen im Bereich der Mitarbeiterbeteiligungen nicht mehr in allen Punkten Rechnung zu tragen. Das vorliegende Kreisschreiben sowie die Anhänge I bis IV sollen einen Überblick über die steuerlichen Auswirkungen der neuen Bestimmungen verschaffen.

2 Begriffe

2.1 Mitarbeitende

Als Mitarbeitende im Sinne dieses Kreisschreibens gelten Arbeitnehmende, die im Dienste eines Arbeitgebers stehen (vgl. Art. 319 Abs. 1 des Bundesgesetzes betreffend die Ergänzung des Schweizerischen Zivilgesetzbuches [Fünfter Teil: Obligationenrecht; OR, SR 220] und Art. 17 DBG) sowie Mitglieder der Verwaltung oder der Geschäftsführung ungeachtet deren Wohnsitz respektive Ansässigkeit. Massgebend ist dabei, ob die Einkünfte aus dem zugrundeliegenden Rechtsverhältnis als Einkommen aus unselbständiger Erwerbstätigkeit gemäss Artikel 17 Absatz 1 DBG qualifizieren.

Ebenfalls als Mitarbeitende gelten künftige Angestellte, wenn der künftige Arbeitgeber ihnen mit Blick auf das bevorstehende Arbeitsverhältnis bereits Mitarbeiterbeteiligungen einräumt, bzw. ehemalige Mitarbeitende, denen der ehemalige Arbeitgeber während der Anstellungsdauer Mitarbeiterbeteiligungen eingeräumt hat.

Nicht als Mitarbeitende gelten Unternehmer (vgl. Art. 363 OR), Beauftragte, Mäkler oder Generalagenten im Sinne von Artikel 394 ff. OR sowie Aktionäre, die in keinem Arbeitsverhältnis zum Unternehmen stehen.

2.2 Arbeitgeber

Als Arbeitgeber im Sinne dieses Kreisschreibens gilt die Gesellschaft, eine Gruppengesellschaft oder Betriebsstätte, bei welcher der Mitarbeitende angestellt ist. Darunter fallen auch sogenannte faktische Arbeitgeber. Zu denken ist dabei etwa an Sachverhalte, bei welchen ein Mitarbeitender einer ausländischen Tochtergesellschaft zur Muttergesellschaft in die Schweiz entsandt wird, welche die Kosten für den Mitarbeitenden übernimmt. Diesfalls wird die schweizerische Muttergesellschaft zur faktischen Arbeitgeberin.

2.3 *Mitarbeiterbeteiligungen*

Ist das Beteiligungsrecht auf das ehemalige, das aktuelle oder das künftige Arbeitsverhältnis mit dem Arbeitgeber zurückzuführen, dann qualifiziert es entweder als echte oder unechte Mitarbeiterbeteiligung.

Wird die Beteiligung dem Mitarbeitenden nicht durch den Arbeitgeber, sondern durch eine natürliche Person (z.B. aus dem Eigenbestand eines Aktionärs) abgegeben, handelt es sich zwar nicht um eine Mitarbeiterbeteiligung nach Artikel 17a DBG im engeren Sinne. Es rechtfertigt sich aber, für die Bemessung des geldwerten Vorteils die Bestimmungen für Mitarbeiterbeteiligungen sinngemäss anzuwenden.

2.3.1 Echte Mitarbeiterbeteiligungen

Echte Mitarbeiterbeteiligungen beteiligen den Mitarbeitenden im Ergebnis am Eigenkapital des Arbeitgebers. Die Beteiligung kann dabei direkt mittels Einräumung von Beteiligungspapieren erfolgen oder indirekt mittels Einräumung von Optionen oder Anwartschaften zum Bezug von Beteiligungspapieren.

Häufigste Formen echter Mitarbeiterbeteiligungen sind Mitarbeiteraktien und Mitarbeiteroptionen.

2.3.1.1 Mitarbeiteraktien

Als Mitarbeiteraktien im Sinne dieses Kreisschreibens gelten Aktien des Arbeitgebers oder ihm nahestehender Gesellschaften (vgl. Art. 17a Abs. 1 Bst. a DBG und Art. 1 Abs. 2 Bst. a MBV), die dem Mitarbeitenden von seinem Arbeitgeber aufgrund seines Arbeitsverhältnisses in der Regel zu Vorzugsbedingungen übertragen werden.

Andere Beteiligungspapiere, die den Mitarbeitenden direkt am Gesellschaftskapital beteiligen – insbesondere Partizipationsscheine oder Genossenschaftsanteile – werden wie Mitarbeiteraktien behandelt. Nachfolgend wird der Einfachheit halber ausschliesslich von Mitarbeiteraktien gesprochen.

2.3.1.1.1 Freie Mitarbeiteraktien

Als freie Mitarbeiteraktien gelten Mitarbeiteraktien, über welche ein Mitarbeitender ohne Einschränkung verfügen kann.

2.3.1.1.2 Gesperrte Mitarbeiteraktien

Als gesperrte Mitarbeiteraktien gelten Mitarbeiteraktien mit einer in der Regel zeitlich befristeten Verfügungssperre (Sperrfrist), während welcher der Mitarbeitende diese Aktien weder veräussern, verpfänden noch anderweitig belasten darf. Der Rechtsgrund für die Sperrfrist ist regelmässig das Beteiligungsreglement bzw. der Kaufvertrag zwischen dem Arbeitgeber und dem Mitarbeitenden. Nicht als Sperrfristen gelten blosse Zeitfenster, während welchen der Mitarbeitende beispielsweise aus betriebsinternen oder börsenrechtlichen Gründen (sog. closed window period) die Aktien nicht veräussern darf.

2.3.1.2 Mitarbeiteroptionen

Eine Mitarbeiteroption ist das einem Mitarbeitenden aufgrund seines ehemaligen, aktuellen oder künftigen Arbeitsverhältnisses in der Regel zu Vorzugsbedingungen eingeräumte Recht, ein Beteiligungspapier des Arbeitgebers innerhalb eines definierten Zeitraums (Ausübungsfrist) zu einem bestimmten Preis (Ausübungspreis) zu erwerben, um sich am Gesellschaftskapital des Arbeitgebers zu beteiligen.

2.3.1.2.1 Freie Mitarbeiteroptionen

Freie Mitarbeiteroptionen können nach ihrer Abgabe ohne Einschränkung ausgeübt oder verkauft werden.

2.3.1.2.2 Börsenkotierte Mitarbeiteroptionen

Eine Mitarbeiteroption gilt im Sinne dieses Kreisschreibens als börsenkotiert, wenn sie an einer Börse notiert ist und einen liquiden Handel aufweist, wobei sich der Handel nicht nur auf Mitarbeitende beschränken darf.

2.3.1.2.3 Gesperrte Mitarbeiteroptionen

Gesperrte Mitarbeiteroptionen können nach ihrer Abgabe während einer bestimmten Zeit (Sperrfrist) weder veräussert noch ausgeübt werden.

2.3.1.3 Anwartschaften auf Mitarbeiteraktien

Anwartschaften auf Mitarbeiteraktien stellen dem Mitarbeitenden in Aussicht, in einem späteren Zeitpunkt eine bestimmte Anzahl Aktien entweder unentgeltlich oder zu Vorzugsbedingungen erwerben zu können. Die Übertragung der Aktien wird dabei in der Regel von Bedingungen abhängig gemacht, wie beispielsweise vom Bestehen eines Arbeitsverhältnisses. Mithin enthalten Anwartschaften auf Mitarbeiteraktien eine Entschädigung für künftige Leistungen, weshalb sie den echten Mitarbeiteroptionen gleichgestellt werden können (vgl. hierzu auch Ziff. 2.3.1 hievor). Restricted Stock Units (RSU) sind typische Anwendungsfälle solcher Anwartschaften.

2.3.2 Unechte Mitarbeiterbeteiligungen

Als unechte Mitarbeiterbeteiligungen gelten eigenkapital- bzw. aktienkursbezogene Anreizsysteme, welche dem Mitarbeitenden im Ergebnis keine Beteiligung am Eigenkapital des Arbeitgebers, sondern in der Regel nur eine Geldleistung in Aussicht stellen, welche sich an der Wertentwicklung des Basistitels bestimmt. Weil diese Instrumente dem Mitarbeitenden regelmässig keine weiteren Rechte wie Stimm- und Dividendenrechte einräumen, gelten die unechten Mitarbeiterbeteiligungen bis zu ihrer Realisation steuerlich als blosse Anwartschaften.

Als häufigste Formen unechter Mitarbeiterbeteiligungen gelten die sog. Phantom Stocks (synthetische Aktien) und die sog. Stock Appreciation Rights (synthetische Optionen) sowie Formen von Co-Investments.

2.3.2.1 Phantom Stocks

Die Phantomaktie (Phantom Stock) ist ein fiktives Beteiligungspapier, welches eine bestimmte Aktie wertmässig spiegelt und dessen Inhaber vermögensrechtlich einem Aktionär gleichstellt. Dementsprechend erhält der Inhaber in der Regel Zahlungen, welche betragsmässig den jeweiligen Dividendenausschüttungen entsprechen. Die Phantomaktie repräsentiert jedoch keine Beteiligung am Eigenkapital des Arbeitgebers und daher auch keine Mitgliedschaftsrechte, wie diese ein Beteiligungsinhaber besitzt.

2.3.2.2 Stock Appreciation Rights

Ein Stock Appreciation Right (SAR) berechtigt die Mitarbeitenden, den Wertzuwachs eines bestimmten Basistitels in einem zukünftigen Zeitpunkt vom Arbeitgeber in bar ausbezahlt zu erhalten. Im Unterschied zu den Phantomaktien erfolgen hier in der Regel keine Zahlungen, welche betragsmässig den jeweiligen Dividenden entsprechen. Die physische Lieferung von Aktien – und damit die Beteiligung am Eigenkapital des Arbeitgebers – entfallen.

2.3.2.3 Co-Investments

Co-Investments von Mitarbeitenden sind insbesondere anzutreffen im Rahmen von Private Equity-Strukturen. Dabei werden häufig Instrumente zugeteilt, welche den Mitarbeitenden in der Regel erst dann entschädigen, wenn der Arbeitgeber verkauft wird oder an die Börse gebracht werden kann. Solche Co-Investments gelten insbesondere dann als unechte Mitarbeiterbeteiligungen, wenn die Beteiligungstitel dem Mitarbeitenden keine umfassenden Eigentümerrechte (unbeschränktes Stimm- und Dividendenrecht, Recht auf Gewinn- und Liquidationsanteil) am Arbeitgeber einräumen.

2.3.3 Künftige Entwicklungen

Die Eidgenössische Steuerverwaltung (nachfolgend ESTV) kann neue Arten von Mitarbeiterbeteiligungen, welche ihr nach Inkrafttreten des vorliegenden Kreisschreibens unterbreitet werden, in Anwendung von Artikel 16 MBV in einem separaten Anhang auflisten und die entsprechende Liste publizieren.

2.4 *Sperrfrist sowie Vesting / Vestingperiode*

Unter einer Sperrfrist ist eine in der Regel zeitlich befristete Verfügungssperre auf vertraglicher Basis zu verstehen, während welcher der Mitarbeitende die betreffenden Mitarbeiterbeteiligungen insbesondere weder ausüben, veräussern, verpfänden noch anderweitig belasten darf.

Die Vestingperiode stellt die Zeitspanne dar, während welcher der Mitarbeitende eine Option verdienen bzw. „abverdienen" muss, insbesondere indem er gewisse berufliche Ziele erfüllt oder auch indem er seinen Arbeitsvertrag nicht vor Ablauf einer bestimmten Dauer kündigt. Das Ende dieser Zeitspanne wird als „Vesting" bezeichnet (vgl. Urteil des Bundesgerichts 2C_138/2010 vom 2. Juni 2010, Erw. 2.2) Dementsprechend gelten solche Mitarbeiterbeteiligungen bis zum Eintritt des Vesting lediglich als aufschiebend bedingt zugeteilt.

Das Vesting, also das Ende der Vestingperiode, wird in der Regel im jeweiligen Beteiligungsplan bzw. -vertrag festgehalten, ebenso wie die Gründe, welche zu einem vorzeitigen Vesting führen können. Läuft die Vestingperiode ab und werden sämtliche Vestingbedingungen erfüllt, führt dies zum Erwerb des Rechtsanspruchs an der entsprechenden Mitarbeiterbeteiligung. Der Besteuerungszeitpunkt richtet sich dabei nach Ziffer 3 ff. dieses Kreisschreibens.

2.5 *Realisation*

Wird in diesem Kreisschreiben von Realisation von Mitarbeiterbeteiligungen gesprochen, dann deckt dies insbesondere die Ausübung oder den Verkauf von Mitarbeiteroptionen ab, ebenso wie die Umwandlung von Anwartschaften in Aktien sowie den Bezug von Bargeld aus aktienkursbezogenen Bargeldanreizsystemen (vgl. Anhang I, Übersicht über Mitarbeiterbeteiligungen).

2.6 *Umrechnung von Fremdwährungen*

Lautet eine Mitarbeiterbeteiligung auf eine ausländische Währung, so sind die jeweils zu bescheinigenden Angaben in Schweizerfranken (nachfolgend Franken) umzurechnen. Der Umrechnung ist das Mittel der Geld- und Briefschlusskurse am Tage der Abgabe, dem Erwerb oder der Realisation des geldwerten Vorteils aus der Mitarbeiterbeteiligung zu Grunde zu legen. In begründeten Fällen und in Absprache mit der zuständigen Steuerbehörde kann von dieser Umrechnung abgewichen werden.

3 Besteuerung von Mitarbeiteraktien (Art. 17b DBG)

3.1 *Grundsatz*

Werden Mitarbeiteraktien unentgeltlich oder zu Vorzugsbedingungen abgegeben, stellt die positive Differenz zwischen dem Verkehrswert und dem Abgabepreis bei den Mitarbeitenden einen geldwerten Vorteil und damit Einkommen aus unselbständiger Erwerbstätigkeit dar (vgl. Art. 17 Abs. 1 DBG). Mitarbeiteraktien sind bei Abgabe, d.h. im Zeitpunkt des Rechtserwerbs zu besteuern.

3.2 *Verkehrswert*

3.2.1 Börsenkotierte Mitarbeiteraktien

Bei börsenkotierten Mitarbeiteraktien gilt als Verkehrswert grundsätzlich der Börsenschlusskurs am Tage des Rechtserwerbs.

Der Rechtserwerb von Mitarbeiteraktien erfolgt regelmässig in einem Zeitpunkt, in welchem der Mitarbeitende das Angebot des Arbeitgebers zum Bezug von Aktien annimmt. Insbesondere aus administrativen Gründen kann der Beteiligungsplan eine bestimmte Bezugsfrist vorsehen, während welcher der Mitarbeitende die Annahme der Offerte bestätigen muss. Liegen solche Bezugsfristen vor, gilt Folgendes:

- Bei Bezugsfristen von mehr als 60 Kalendertagen gilt als steuerlich massgebender Verkehrswert der Schlusskurs am Tage der Annahme der Offerte.

- Bei Bezugsfristen von bis zu 60 Kalendertagen gilt als steuerlich massgebender Verkehrswert der Schlusskurs des ersten Tages der Bezugsfrist. In begründeten Fällen und in Absprache mit der zuständigen Steuerbehörde kann von dieser Verkehrswertberechnung abgewichen werden.

3.2.2 Nicht börsenkotierte Mitarbeiteraktien

Bei nicht an einer Börse kotierten Mitarbeiteraktien fehlt es in der Regel an einem Verkehrswert. Daher gilt als massgeblicher Wert grundsätzlich der nach einer für den entsprechenden Arbeitgeber tauglichen und anerkannten Methode ermittelte Formelwert. Die einmal gewählte Berechnungsmethode muss für den entsprechenden Mitarbeiterbeteiligungsplan zwingend beibehalten werden.

Wird der Formelwert nur einmal pro Jahr berechnet, gilt er nur dann als steuerlich massgebender Wert, wenn die Abgabe der Mitarbeiteraktien innert sechs Monaten nach dem betreffenden Bewertungsstichtag erfolgt. Andernfalls ist der Formelwert des kommenden Bewertungsstichtags angemessen zu berücksichtigen.

Ist für nicht börsenkotierte Aktien ausnahmsweise ein Verkehrswert verfügbar, ist grundsätzlich dieser anwendbar. Im Einzelfall kann auf entsprechenden Antrag des Arbeitgebers trotz Verfügbarkeit eines Verkehrswerts auf einen Formelwert abgestellt werden. Dies setzt voraus, dass der Arbeitgeber ein unbeschränktes Kaufrecht hat, die Mitarbeiteraktien zum identisch berechneten Formelwert zurück zu kaufen.

> <u>Beispiel</u>:
> A und B gründen die Newtec AG mit einem AK von 100'000 Franken (100 Aktien à nom. 1'000 Franken). Im Zuge einer Kapitalerhöhung zeichnet die Z Bank als Investorin weitere 100 Aktien à nom. 1'000 Franken zuzüglich eines Agios von 9'000 Franken pro Aktie. Damit beträgt der Verkehrswert 10'000 Franken pro Aktie.
>
> Ein halbes Jahr später möchte die Newtec AG ihren Mitarbeiter C mittels einer unentgeltlichen Abgabe von 10 Aktien beteiligen. Bei einem Verkehrswert von 10'000 Franken pro Aktie würde dies bei C zu einem steuerbaren Einkommen von 100'000 Franken führen.
>
> Weil sein übriger Lohn sehr bescheiden ist, wäre C nicht in der Lage, die durch die Mitarbeiterbeteiligung anfallenden Einkommenssteuern zu bezahlen. Aus diesem Grunde beantragt die Newtec AG bei der zuständigen Steuerbehörde, den Verkehrswert zu negieren und statt dessen zu Steuerzwecken inskünftig auf den Formelwert abzustellen. Dieses Vorgehen wird von den Steuerbehörden akzeptiert, wenn der Arbeitgeber ein unbe-

schränktes Kaufrecht hat, die Mitarbeiteraktien zum identisch berechneten Formelwert zurück zu kaufen.

3.3 Ermittlung des steuerbaren Einkommens

Der Besteuerung unterliegt die positive Differenz zwischen dem Verkehrswert der Mitarbeiteraktien und deren Abgabepreis.

Gesperrte Mitarbeiteraktien weisen gegenüber frei verfügbaren Aktien einen Minderwert auf. Artikel 17b Absatz 2 DBG trägt diesem Umstand mit einem Diskont von sechs Prozent pro Sperrjahr Rechnung, wobei maximal zehn Sperrjahre berücksichtigt werden können. Dies führt zur folgenden Diskontierungstabelle:

Sperrfrist	Einschlag	Reduzierter Verkehrswert
1 Jahr	5,660 %	94,340 %
2 Jahre	11,000 %	89,000 %
3 Jahre	16,038 %	83,962 %
4 Jahre	20,791 %	79,209 %
5 Jahre	25,274 %	74,726 %
6 Jahre	29,504 %	70,496 %
7 Jahre	33,494 %	66,506 %
8 Jahre	37,259 %	62,741 %
9 Jahre	40,810 %	59,190 %
10 Jahre	44,161 %	55,839 %

Angebrochene Sperrfristjahre werden pro rata temporis berücksichtigt (vgl. Art. 11 Abs. 3 und Art. 12 Abs. 2 MBV). Der reduzierte (prozentuale) Verkehrswert berechnet sich nach der Formel ($100 : 1.06^{n}$), wobei (^{n}) der Anzahl am Bewertungsstichtag noch ausstehender Sperrjahre entspricht.

Die positive Differenz zwischen dem reduzierten Verkehrswert und dem tieferen Erwerbspreis stellt beim Mitarbeitenden steuerbares Einkommen aus unselbständiger Erwerbstätigkeit dar (Art. 17b Abs. 1 DBG).

3.4 Besondere Fälle

3.4.1 Vorzeitiger Wegfall der Sperrfrist (Art. 11 MBV)

Fällt die Sperrfrist vorzeitig weg, realisiert der Mitarbeitende in diesem Zeitpunkt einen im Arbeitsverhältnis begründeten geldwerten Vorteil, d.h. Einkommen aus unselbständiger Erwerbstätigkeit (Art. 17 Abs. 1 DBG). Der Grund für den vorzeitigen Wegfall der Sperrfrist ist ebenso wenig von Bedeutung wie die allfällige Tatsache, dass die Mitarbeiteraktie seinerzeit zu einem über dem steuerlich diskontierten Verkehrswert bezogen wurde.

Das steuerbare Einkommen entspricht der Differenz zwischen dem nicht diskontierten Verkehrswert der Aktie im Zeitpunkt des Wegfalls der Sperrfrist und dem entsprechend der verbleibenden Restsperrfrist diskontierten Wert. Angebrochene Restsperrfristjahre sind pro rata temporis zu berücksichtigen.

> Beispiel:
> Mitarbeiter A hat am 15. März 2010 eine für 10 Jahre gesperrte Mitarbeiteraktie unentgeltlich zugeteilt erhalten. Am 30. September 2013 geht Mitarbeiter A vorzeitig in Pension. Entsprechend dem Beteiligungsplan fällt bei diesem Ereignis eine noch bestehende Sperrfrist vorzeitig weg. Damit wird per 30. September 2013 die grundsätzlich noch bis zum 15. März 2020 gesperrte Mitarbeiteraktie sofort frei verfügbar. Anders ausgedrückt wird in diesem Zeitpunkt die noch für 6,46 Jahre (^{n}) gesperrte Aktie in eine ungesperrte Aktie umgewandelt. Beträgt der (volle) Börsenkurs am

30. September 2013 beispielsweise Fr 1'500.00 pro Aktie (x), dann beträgt der – unter Berücksichtigung der noch ausstehenden 6,46 Sperrfristjahre – reduzierte Verkehrswert in Anwendung von Artikel 17b Absatz 2 DBG lediglich 68,632 Prozent (100 : 1,06 ^{6,46}) des vollen Verkehrswerts, d.h. 1'029.50 Franken. Diese Differenz zwischen dem vollen Verkehrswert (1'500) und dem reduzierten Verkehrswert (1'029.50) stellt das im Zeitpunkt des vorzeitigen Wegfalls der Sperrfrist zu bescheinigende steuerbare Erwerbseinkommen von 470.50 Franken dar. Mathematisch entspricht diese Berechnung der Formel (x – x : 1,06 ^{n}), bzw. (1'500 – 1'500 : 1,06 ^{6,46}).

	Datum	Sperrung bei Ausgabe	(Rest-) Sperrfrist	Verkehrswert	Einschlag	CHF
Wegfall Sperrfrist per	30.09.2013			1'500	-	1'500
Diskontierung per	30.09.2013	10 Jahre	6.46 Jahre	1'500	68.632%	1'029
steuerbares Erwerbseinkommen						471

3.4.2 Rückgabe von Mitarbeiteraktien (Art. 12 MBV)

Muss ein Mitarbeitender bei Beendigung des Arbeitsverhältnisses aufgrund einer reglementarischen bzw. vertraglichen Verpflichtung Mitarbeiteraktien an seinen Arbeitgeber zurückgeben, kann daraus entweder eine im Arbeitsverhältnis begründete Vermögenseinbusse oder steuerbares Einkommen resultieren. In der positiven Differenz zwischen dem Rücknahmepreis und dem (entsprechend der Restsperrfrist diskontierten) Verkehrs- resp. Formelwert realisiert der Mitarbeitende steuerbares Einkommen aus Erwerbstätigkeit und nicht etwa einen steuerfreien privaten Kapitalgewinn. Deshalb ist in diesen Fällen eine Bescheinigung sinngemäss mit den Angaben nach Artikel 11 Absatz 4 MBV zu erstellen. Das steuerbare Einkommen im Zeitpunkt der Rückgabe bemisst sich diesfalls nach der Differenz zwischen dem (entsprechend der Restsperrfrist diskontierten) Verkehrs- resp. Formelwert der zurückgegebenen Mitarbeiteraktien und dem höheren Rückgabepreis. Im Falle einer entschädigungslosen oder unter dem aktuellen Verkehrswert liegenden Rückgabe der Mitarbeiteraktien kann der Mitarbeitende die Vermögenseinbusse in der Steuerperiode der Rückgabe der Mitarbeiteraktien durch einen Gewinnungskostenabzug vom Einkommen geltend machen (vgl. Art. 12 Abs. 1 MBV).

Beispiel:
Mitarbeiter A hat am 15. März 2010 eine für 10 Jahre gesperrte Mitarbeiteraktie erworben. Am 30. September 2013 kündigt der Mitarbeiter A sein Arbeitsverhältnis. Entsprechend dem Beteiligungsplan hat er die Aktie zum ursprünglichen Erwerbspreis von 800 Franken zurückzugeben. Könnte Mitarbeiter A frei über die Mitarbeiteraktie verfügen, würde die noch für 6,46 Jahre (n) gesperrte Aktie in eine ungesperrte Aktie umgewandelt. Beträgt der (volle) Börsenkurs am 30. September 2013 beispielsweise 1'500 Franken pro Aktie (x), dann beträgt der – unter Berücksichtigung der noch ausstehenden 6,46 Sperrfristjahre – reduzierte Verkehrswert in Anwendung von Artikel 17b Absatz 2 DBG lediglich 68,632 Prozent (100 : 1,06 ^{6,46}) des vollen Verkehrswertes, d.h. 1'029 Franken. Da er die Mitarbeiteraktie zum Preis von 800 Franken (y) zurückzugeben hat, kann er in der Steuererklärung die Differenz von 229 Franken als Gewinnungskosten abziehen. Mathematisch entspricht diese Berechnung der Formel (x : 1,06 ^{n} – y), bzw. (1'500 : 1,06 ^{6,46} – 800).

	Datum	Sperrfrist	(Rest-) Sperrfrist	Verkehrs-wert	Rückgabe-preis	Ein-schlag	Reduzierter Verkehrs-wert
Zuteilung	15.03.2010	10 Jahre					
Kündigung	30.09.2013	-	6.46 Jahre	1'500	800	68.637% (= 1'029)	1'029
Da der Rückgabepreis 800 Franken und der reduzierte Verkehrswert 1'029 Franken betragen, belaufen sich die steuerlich massgebenden Gewinnungskosten auf 229 Franken.							

3.4.3 Veräusserung von im Privatvermögen gehaltenen Mitarbeiteraktien

Aus der Veräusserung von im Privatvermögen gehaltenen Mitarbeiteraktien resultiert für die Belange der direkten Steuern grundsätzlich ein steuerfreier privater Kapitalgewinn (vgl. Art. 16 Abs. 3 DBG) oder ein steuerlich unbeachtlicher Kapitalverlust. Der Umfang des steuerfreien Kapitalgewinns entspricht der Differenz zwischen dem Verkehrswert im Zeitpunkt der Abgabe und dem Verkehrswert im Zeitpunkt der Veräusserung bzw. der Differenz zwischen dem Formelwert im Zeitpunkt der Abgabe und dem nach der gleichen Bewertungsmethode ermittelten Formelwert im Zeitpunkt der Veräusserung. Ein allfälliger Mehrwert, der beispielsweise auf eine veränderte Bewertungsmethodik oder auf einen Wechsel vom Formel- zum Verkehrswertprinzip zurückzuführen ist, ist in der Regel als Einkommen im Zeitpunkt der Veräusserung zu besteuern. Dies gilt insbesondere bei folgendem Sachverhalt: Bei der Ermittlung des steuerbaren Einkommens aus der Zuteilung von nicht kotierten Mitarbeiteraktien wurde auf einen Formelwert der Mitarbeiteraktien abgestellt, und die Mitarbeiteraktien werden später durch den Arbeitgeber zu einem Preis zurückgekauft, welcher sich auf eine andere Berechnungsmethode stützt.

4 Besteuerung von Mitarbeiteroptionen (Art. 17b DBG)

4.1 Freie börsenkotierte Mitarbeiteroptionen

Freie börsenkotierte Mitarbeiteroptionen werden im Zeitpunkt der Abgabe besteuert. Werden solche Mitarbeiteroptionen unentgeltlich oder zu Vorzugsbedingungen abgegeben, stellt die positive Differenz zwischen dem Verkehrswert und dem Abgabepreis bei den Mitarbeitenden einen geldwerten Vorteil und damit Einkommen aus unselbständiger Erwerbstätigkeit dar (vgl. Art. 17b Abs. 1 DBG).

In Bezug auf den Verkehrswert der Mitarbeiteroptionen gelten die Bestimmungen gemäss Ziffer 3.2.1 dieses Kreisschreibens sinngemäss.

4.2 Übrige Mitarbeiteroptionen

Sämtliche Mitarbeiteroptionen, die nicht gemäss Ziffer 4.1 hievor bei Abgabe zu besteuern sind, werden im Zeitpunkt der Veräusserung oder der Ausübung besteuert (vgl. Art. 17b Abs. 3 DBG). Steuerbar ist der gesamte Veräusserungserlös bzw. Ausübungsgewinn nach Abzug allfälliger Gestehungskosten.

5 Besteuerung von Anwartschaften auf Mitarbeiteraktien

Anwartschaften auf Mitarbeiteraktien werden im Zeitpunkt der Umwandlung in Mitarbeiteraktien besteuert. Die Besteuerung richtet sich in diesem Zeitpunkt nach den für die Mitarbeiteraktien geltenden Vorgaben (vgl. Ziff. 3 hievor).

6 Besteuerung von unechten Mitarbeiterbeteiligungen (Art. 17c DBG)

Geldwerte Vorteile aus der Einräumung von unechten Mitarbeiterbeteiligungen sind im Zeitpunkt ihres Zuflusses steuerbar. Als Erwerbseinkommen unterliegt der gesamte geldwerte Vorteil der Einkommenssteuer, d.h. aus unechten Mitarbeiterbeteiligungen kann diesfalls kein steuerfreier privater Kapitalgewinn resultieren.

7 Besteuerung von Mitarbeiterbeteiligungen im internationalen Verhältnis (Art. 7 bis 9 MBV)

7.1 Allgemeines

Die anteilsmässige Besteuerung, welche in den Artikeln 17d DBG sowie 7 und 8 MBV festgehalten wird, ist auf zwei Sachverhalte anwendbar. Der erste Sachverhalt betrifft Fälle, in welchen der Mitarbeitende aus dem Ausland in die Schweiz zuzieht (Zuzug; Art. 7 MBV). Der Zweite betrifft Mitarbeitende, die aus der Schweiz ins Ausland ziehen (Wegzug; Art. 8 MBV). Dabei werden die Mitarbeiterbeteiligungen jeweils in einem Land abgegeben und in einem anderen Land realisiert. Bei diesen Mitarbeiterbeteiligungen handelt es sich in der Regel um Mitarbeiteroptionen, Anwartschaften auf Mitarbeiteraktien oder um unechte Mitarbeiterbeteiligungen.

Aufgrund verschiedener Doppelbesteuerungsabkommen (DBA) kann die Schweiz in der Regel nicht den gesamten geldwerten Vorteil aus der Realisation besteuern. Die Besteuerung ist vielmehr aufgrund der Arbeitstage auf die Länder zu verteilen, in denen der Mitarbeitende seit der Zuteilung der Mitarbeiterbeteiligung bis zum Entstehen des Ausübungsrechts ansässig war (Art. 7 und 8 MBV). Keine Rolle spielt dabei, ob ein anderes Land den geldwerten Vorteil anteilsmässig besteuert oder nicht. Vielmehr ist entscheidend, welches Land das anteilige Besteuerungsrecht für das Einkommen aus der zugrundeliegenden Erwerbstätigkeit besitzt.

Artikel 7 wie auch Artikel 8 MBV schreiben dem Arbeitgeber vor, welche Angaben er in den Fällen der anteilsmässigen Besteuerung nach Artikel 17d DBG zu bescheinigen hat. Anzumerken ist, dass die Artikel 7 und 8 MBV auf Grund des ausdrücklichen Verweises in Artikel 9 MBV in analoger Weise auch auf weitere Sachverhalte anzuwenden sind, wie beispielsweise, wenn ein Mitarbeitender aus dem Ausland in die Schweiz zuzieht, für kurze Zeit hier ansässig ist und noch vor dem Vesting wieder wegzieht oder umgekehrt. Die örtliche Zuständigkeit der Besteuerung richtet sich nach den Artikeln 107 und 105 DBG. Die Bescheinigung bei Wegzug eines Mitarbeitenden ist der nach diesen Bestimmungen zuständigen kantonalen Behörde zuzustellen. Der Arbeitgeber hat in seiner Eigenschaft als Schuldner der steuerbaren Leistung die Quellensteuer jeweils bloss auf dem schweizerischen Anteil abzurechnen.

Als Arbeitstage im Sinne von Artikel 7 und 8 MBV gilt der Zeitraum, in welchem zwischen einem Mitarbeitenden und seinem Arbeitgeber ein Arbeitsvertragsverhältnis besteht. Die in diese Zeitspanne fallenden Ferien, Wochenenden, gesetzlichen Feiertage und sonstigen Abwesenheiten (Reisetage, Krankheit, Militärdienst, Mutterschaftsurlaub etc.) werden dabei nicht in Abzug gebracht.

Generell vorbehalten bleiben Bestimmungen in DBA oder weiteren Abkommen mit anderen Staaten, die das Besteuerungsrecht der Schweiz beschränken oder aufheben (so etwa Art. 15a DBA Deutschland über die Besteuerung von Grenzgängern).

7.2 *Quellenbesteuerung von Mitarbeiteraktien und freien börsenkotierten Mitarbeiteroptionen*

7.2.1 Allgemeines

Mitarbeiteraktien im Sinne von Artikel 1 Absatz 2 Buchstabe a MBV sind gemäss Artikel 17b Absatz 1 DBG immer im Zeitpunkt des Erwerbs als Einkommen aus unselbstständiger Erwerbstätigkeit steuerbar. Allfällige Sperrfristen werden mit einem Diskont von 6 Prozent pro Sperrjahr auf deren Verkehrswert berücksichtigt (vgl. auch Ziff. 3.3 hievor). Eine anteilsmässige Besteuerung ist ausgeschlossen, da Mitarbeiteraktien mit ihrer Abgabe erworben werden. Vorbehalten bleiben Fälle, in welchen die Mitarbeiteraktien als Entschädigung für eine im Ausland erbrachte Arbeitsleistung (Bonus) abgegeben werden.

Freie börsenkotierte Mitarbeiteroptionen im Sinne von Artikel 1 Absatz 2 Buchstabe b MBV sind ebenfalls gemäss Artikel 17b Absatz 1 DBG im Zeitpunkt des Erwerbs als Einkommen aus unselbständiger Erwerbstätigkeit zu besteuern.

7.2.2 Quellenbesteuerung

Im internationalen Verhältnis ist zu berücksichtigen, dass der Empfänger der Mitarbeiteraktien im Zeitpunkt des Erwerbs seine Ansässigkeit entweder in der Schweiz oder im Ausland haben kann. In beiden Fällen kann die Besteuerung an der Quelle erfolgen, sofern die Voraussetzungen der Artikel 83 respektive 91 oder 97 DBG erfüllt sind. Daraus ergeben sich folgende Möglichkeiten der Besteuerung:

Art der Erwerbstätigkeit im Besteuerungszeitpunkt	steuerrechtlicher Wohnsitz im Zeitpunkt der Besteuerung	
	Schweiz	Ausland[2]
Ausschliesslich Arbeitnehmer (AN)	Fälle von Art. 83 DBG: Einkünfte aus Mitarbeiteraktien sind zusammen mit dem übrigen Einkommen aus unselbstständiger Erwerbstätigkeit an der Quelle zu besteuern.	Fälle von Art. 91 oder 97 DBG: Einkünfte aus Mitarbeiteraktien sind zusammen mit dem übrigen Einkommen aus unselbstständiger Erwerbstätigkeit an der Quelle zu besteuern. Vorbehalten bleibt eine anteilsmässige Besteuerung von Mitarbeiterbeteiligungen, die als Bonus abgegeben werden (sinngemäss Art. 17d DBG)
Ausschliesslich Verwaltungsrat (VR)	Fälle von Art. 83 DBG: Einkünfte aus Mitarbeiteraktien sind zusammen mit dem übrigen Einkommen aus unselbstständiger Erwerbstätigkeit an der Quelle zu besteuern.	Fälle von Art. 93 DBG: Verwaltungsräte, die Mitarbeiteraktien erhalten, werden für diese Leistung an der Quelle besteuert werden.

[2] Massgebend, ob die Besteuerung nach internem Recht erfolgen kann, ist die Zuweisung der Besteuerungshoheit durch ein allfällig anwendbares DBA und weitere bilaterale Abkommen mit anderen Staaten. Im Falle eines Wegzugs aus der Schweiz ist somit eine Besteuerung durch die Schweiz dennoch nicht ausgeschlossen.

Zugleich Arbeitnehmer (AN) und Verwaltungsrat (VR)	Fälle von Art. 83 DBG: Einkünfte aus Mitarbeiteraktien sind zusammen mit dem übrigen Einkommen aus unselbstständiger Erwerbstätigkeit an der Quelle zu besteuern.	Fälle von Art. 91 oder 97 sowie 93 DBG: In diesen Fällen ist vorgängig zu bestimmen, für welche Art der Erwerbstätigkeit (AN oder VR) die Mitarbeiteraktien ausgegeben werden. Die Besteuerung richtet sich anschliessend nach der Art der Erwerbstätigkeit. Vorbehalten bleibt eine anteilsmässige Besteuerung bei Mitarbeiterbeteiligungen, die als Bonus abgegeben werden (sinngemäss Art. 17d DBG).

7.3 ***Besteuerung von gesperrten oder nicht börsenkotierten Mitarbeiteroptionen, Anwartschaften auf Mitarbeiteraktien sowie unechten Mitarbeiterbeteiligungen im internationalen Verhältnis***

7.3.1 Allgemeines

Geldwerte Vorteile aus gesperrten oder nicht börsenkotierten Mitarbeiteroptionen, aus Anwartschaften auf Mitarbeiteraktien sowie aus unechten Mitarbeiterbeteiligungen werden im Zeitpunkt ihrer Realisation besteuert (vgl. auch Ziff. 4.2, Ziff. 5 und Ziff. 6 hievor).

7.3.2 „Import“ von Mitarbeiterbeteiligungen (Art. 7 MBV)

Als „importierte“ Mitarbeiterbeteiligungen gelten Mitarbeiteroptionen, Anwartschaften auf Mitarbeiteraktien oder unechte Mitarbeiterbeteiligungen, die der Mitarbeitende während einer Zeit erworben hat, in der er im Ausland ansässig war, und welche er nach seinem Zuzug in die Schweiz hier realisiert (vgl. Art. 7 Abs. 1 MBV).

„Importierte“ Mitarbeiterbeteiligungen, die nach schweizerischem Recht im Zeitpunkt der Abgabe besteuert werden (vgl. Ziff. 2.3.1.1.1 und 2.3.1.1.2, sowie Ziff. 4.1 hievor), können in der Schweiz steuerfrei realisiert werden. Die Besteuerung von Erwerbseinkünften infolge vorzeitigen Wegfalls der Sperrfrist bleibt vorbehalten.

7.3.2.1 „Import“ von Mitarbeiterbeteiligungen mit Ansässigkeitswechsel

Das Erwerbseinkommen von „importierten“ Mitarbeiterbeteiligungen, die nach schweizerischem Recht im Zeitpunkt der Realisation besteuert werden, wird – unter Progressionsvorbehalt – nur anteilsmässig besteuert, sofern zwischen dem Zeitpunkt der Abgabe und der Realisation der Mitarbeiterbeteiligung ein Ansässigkeitswechsel erfolgt ist. Der in der Schweiz steuerbare geldwerte Vorteil berechnet sich dabei wie folgt (Art. 17d DBG):

$$\frac{\text{Gesamthaft erhaltener geldwerter Vorteil} \times \text{Anzahl Arbeitstage in der Schweiz innerhalb der Vestingperiode}}{\text{Anzahl Tage der Vestingperiode}}$$

Die Besteuerung kann dabei im ordentlichen Verfahren oder im Quellensteuerverfahren erfolgen und es sind die Bescheinigungen gemäss Artikel 7 MBV beizubringen.

Zur Veranschaulichung dienen die Fallbeispiele 1 und 3 im Anhang II dieses Kreisschreibens.

7.3.2.2 „Import" von Mitarbeiterbeteiligungen ohne Ansässigkeitswechsel

Das Erwerbseinkommen von „importierten" Mitarbeiterbeteiligungen, die nach schweizerischem Recht im Zeitpunkt der Realisation besteuert werden, wird – unter Progressionsvorbehalt – auch bei unveränderter Ansässigkeit im Ausland anteilsmässig besteuert, sofern sich der Mitarbeitende zwischen dem Zeitpunkt der Abgabe und Realisation einer Mitarbeiterbeteiligung bei einem Arbeitgeber mit Sitz in der Schweiz anstellen lässt. In diesen Fällen erfolgt die anteilsmässige Besteuerung nach dem Verhältnis der Arbeitsverträge (Arbeitstage) Schweiz / Ausland innerhalb der Vestingperiode (sinngemässe Anwendung von Art. 17d DBG). Die in diese Zeitspanne fallenden Ferien, Wochenenden, gesetzlichen Feiertage und sonstigen Abwesenheiten (Reisetage, Krankheiten, Militärdienst, Mutterschaftsurlaub etc.) sind für die Berechnung der massgebenden Arbeitstage unerheblich. Die Arbeitstage Schweiz sind um allfällige Drittstaattage zu kürzen. Die Berechnung ist wie folgt vorzunehmen:

$$\frac{\text{Gesamthaft erhaltener geldwerter Vorteil} \times \text{Anzahl Arbeitstage* in der Schweiz innerhalb der Vestingperiode}}{\text{Anzahl Tage der Vestingperiode}}$$

* allenfalls unter Berücksichtigung von Drittstaattagen

Da der Mitarbeitende in der Schweiz bloss beschränkt steuerpflichtig ist, hat die Besteuerung des geldwerten Vorteils aus Mitarbeiterbeteiligungen im Quellensteuerverfahren zu erfolgen. Die Vorschriften in den verschiedenen DBA oder weiteren Abkommen mit anderen Staaten, die das Besteuerungsrecht der Schweiz beschränken oder aufheben (so etwa in Art. 15a DBA Deutschland über die Besteuerung von Grenzgängern), sind zu beachten.

7.3.3 „Export" von Mitarbeiterbeteiligungen (Art. 8 MBV)

Als „exportierte" Mitarbeiterbeteiligungen gelten Mitarbeiteroptionen, Anwartschaften auf Mitarbeiteraktien oder unechten Mitarbeiterbeteiligungen, die der Mitarbeitende während einer Zeit zugeteilt erhalten hat, in der er in der Schweiz ansässig war, und die er nach seinem Wegzug ins Ausland dort realisiert (vgl. Art. 8 Abs. 1 MBV).

Der „Export" von Mitarbeiterbeteiligungen, die nach schweizerischem Recht im Zeitpunkt der Abgabe besteuert werden (vgl. Ziff. 2.3.1.1.1 und 2.3.1.1.2, sowie Ziff. 4.1 hievor), ist steuerlich unbeachtlich. Vorbehalten bleiben diejenigen Fälle, in welchen die Mitarbeiterbeteiligungen als Bonus für die in der Schweiz erbrachte Leistung ausgerichtet werden und dementsprechend der Quellensteuer unterliegen.

Die Besteuerung hat in jedem Fall über das Quellensteuerverfahren zu erfolgen und der Quellensteuerabrechnung sind die Bescheinigungen gemäss Artikel 8 MBV beizulegen.

7.3.3.1 „Export" von Mitarbeiterbeteiligungen mit Ansässigkeitswechsel

Der „Export" von Mitarbeiterbeteiligungen, welche nach schweizerischem Recht bei Realisation besteuert werden, zieht in diesem Zeitpunkt in der Schweiz Einkommenssteuerfolgen nach sich. Verlegt dabei der Mitarbeitende vor Realisation der Mitarbeiterbeteiligungen seinen Wohnsitz ins Ausland, hat die Quellenbesteuerung in Anwendung von Artikel 97a DBG zu erfolgen. Der in der Schweiz steuerbare geldwerte Vorteil berechnet sich dabei wie folgt (vgl. Art. 17d DBG):

$$\frac{\text{Gesamthaft erhaltener geldwerter Vorteil} \times \text{Anzahl Arbeitstage in der Schweiz innerhalb der Vestingperiode}}{\text{Anzahl Tage der Vestingperiode}}$$

Die Steuer (Anteil direkte Bundessteuer) beträgt 11,5 Prozent des in der Schweiz steuerbaren geldwerten Vorteils (Art. 97a Abs. 2 DBG).

Die anfallenden Steuern sind als Quellensteuer – diese wird auch als erweiterte Quellensteuer bezeichnet – durch den (ehemaligen) schweizerischen Arbeitgeber abzuführen. Diese Verpflichtung gilt insbesondere auch dann, wenn der geldwerte Vorteil von einer ausländischen Konzerngesellschaft ausgerichtet wird. Der Quellensteuerabrechnung ist die Bescheinigung über die Mitarbeiterbeteiligung beizulegen (vgl. Art. 10 MBV).

Die Besteuerung hat trotz Ansässigkeitswechsel nicht nach Artikel 97a DBG zu erfolgen, wenn der Mitarbeitende bei Realisation der Mitarbeiterbeteiligung weiterhin beim gleichen Leistungsschuldner angestellt bzw. als Verwaltungsrat tätig ist. In diesen Fällen hat die Quellenbesteuerung gemäss den Artikeln 91, 97 und 93 DBG zu erfolgen. Eine Ausscheidung gemäss Artikel 17d DBG hat dabei zu unterbleiben (vgl. Art. 13 Abs. 1 und Art. 14 Abs. 1 MBV). Vorbehalten bleiben die Bestimmungen in den Doppelbesteuerungsabkommen oder weiteren Abkommen mit anderen Staaten, die das Besteuerungsrecht der Schweiz beschränken oder aufheben (so etwa in Art. 15a DBA Deutschland über die Besteuerung von Grenzgängern).

7.3.3.2 „Export" von Mitarbeiterbeteiligungen ohne Ansässigkeitswechsel

Die Quellenbesteuerung hat nach den Artikeln 91, 97 und 93 DBG zu erfolgen, wenn der Mitarbeitende bereits bei Abgabe der Mitarbeiterbeteiligungen im Ausland ansässig war und zwischen dem Zeitpunkt der Abgabe und Realisation der Mitarbeiterbeteiligung kein Ansässigkeitswechsel stattgefunden hat.

Bestand das Arbeitsverhältnis während der ganzen Vestingperiode unverändert in der Schweiz, so sind einzig allfällige Drittstaattage (d.h. Arbeitstage ausserhalb der Schweiz) von der Besteuerung auszuscheiden. Dies trifft vor allem auf die Fälle zu, bei welchen der Steuerpflichtige nach Artikel 91 DBG quellensteuerpflichtig ist. Bei der Besteuerung nach Artikel 97 DBG sind in der Regel Drittstaattage nur für bestimmte Fallgruppen auszuscheiden (etwa Fälle im internationalen Transportgewerbe), währenddem die Quellenbesteuerung gemäss Artikel 93 DGB uneingeschränkt vorgenommen werden kann.

Hat der im Ausland ansässige Mitarbeitende innerhalb der Vestingperiode einen Arbeitgeberwechsel ins Ausland vollzogen bzw. sein Arbeitsverhältnis in der Schweiz beendet, so hat die Quellenbesteuerung gemäss den Artikeln 91 und 97 DBG anteilsmässig zu erfolgen. Dies gilt dementsprechend auch für Fälle, die nach Artikel 93 DBG quellensteuerpflichtig sind. Die Besteuerung ist dabei nach dem Verhältnis der Arbeitstage (Tage des Verwaltungsratsmandats) Schweiz / Ausland während der Vestingperiode anteilsmässig vorzunehmen (sinngemässe Anwendung von Art. 17d DBG). Die in diese Zeitspanne fallenden Ferien, Wochenenden, gesetzlichen Feiertage und sonstigen Abwesenheiten (Reisetage, Krankheiten, Militärdienst, Mutterschaftsurlaub etc.) sind für die Berechnung der massgebenden Arbeitstage unerheblich. Die Arbeitstage Schweiz sind allenfalls noch um allfällige Drittstaattage zu kürzen (vgl. voranstehender Absatz). Die Berechnung ist wie folgt vorzunehmen:

$$\frac{\text{Gesamthaft erhaltener geldwerter Vorteil} \times \text{Anzahl Arbeitstage* Schweiz innerhalb der Vestingperiode}}{\text{Anzahl Tage der Vestingperiode}}$$

* allenfalls unter Berücksichtigung von Drittstaattagen

Generell vorbehalten bleiben Bestimmungen in den DBA oder weiteren Abkommen mit anderen Staaten, die das Besteuerungsrecht der Schweiz beschränken oder aufheben (so etwa Art. 15a DBA Deutschland über die Besteuerung von Grenzgängern).

Zur Veranschaulichung dient das Fallbeispiel 5 im Anhang II dieses Kreisschreibens.

7.3.4 Überblick zur Quellenbesteuerung von geldwerten Vorteilen aus Mitarbeiterbeteiligungen, die erst bei Realisierung steuerbar sind

Im internationalen Verhältnis ist zu berücksichtigen, dass der Empfänger von Mitarbeiterbeteiligungen, welche im Zeitpunkt der Realisation steuerbar sind, dannzumal seine Ansässigkeit entweder in der Schweiz oder im Ausland haben kann. In beiden Fällen kann die Besteuerung an der Quelle erfolgen, sofern die Voraussetzungen der Artikel 83 bzw. Artikel 91, 97 oder 93 sowie des Artikel 97a DBG erfüllt sind. Daraus ergeben sich folgende Möglichkeiten zur Besteuerung:

Art der Erwerbstätigkeit im Besteuerungszeitpunkt	steuerrechtlicher Wohnsitz im Zeitpunkt der Besteuerung	
	Schweiz	Ausland[3]
Ausschliesslich Arbeitnehmer (AN)	Fälle von Art. 83 DBG: Einkünfte aus diesen Mitarbeiterbeteiligungen sind zusammen mit dem übrigen Einkommen aus unselbstständiger Erwerbstätigkeit an der Quelle zu besteuern. Eine anteilsmässige Besteuerung (Art. 17d DBG) kann nur dann erfolgen, wenn die steuerpflichtige Person nicht während der ganzen Zeitspanne für ihr Einkommen in der Schweiz steuerpflichtig war.	Fälle von Art. 91 und 97 DBG: Einkünfte aus diesen Mitarbeiterbeteiligungen sind zusammen mit dem übrigen Einkommen aus unselbstständiger Erwerbstätigkeit an der Quelle zu besteuern. Die Besteuerung erfolgt nach Art. 84 DBG, wobei eine anteilsmässige Besteuerung gemäss Art. 17d DBG ausgeschlossen ist (vgl. Art. 13 Abs. 1 MBV). Vorbehalten bleiben Bestimmungen aus DBA oder Abkommen mit anderen Staaten.

[3] Massgebend, ob die Besteuerung nach internem Recht erfolgen kann, ist die Zuweisung der Besteuerungshoheit durch ein allfällig anwendbares DBA und weitere bilaterale Abkommen mit anderen Staaten. Im Falle eines Wegzugs aus der Schweiz ist somit eine Besteuerung durch die Schweiz dennoch nicht ausgeschlossen.

Ausschliesslich Verwaltungsrat (VR)	Fälle von Art. 83 DBG: Einkünfte aus diesen Mitarbeiterbeteiligungen sind zusammen mit dem übrigen Einkommen aus unselbstständiger Erwerbstätigkeit an der Quelle zu besteuern. Eine anteilsmässige Besteuerung (Art. 17d DBG) kann nur dann erfolgen, wenn die steuerpflichtige Person nicht während der ganzen Zeitspanne für ihr Einkommen in der Schweiz steuerpflichtig war.	Fälle von Art. 93 DBG: Einkünfte aus Mitarbeiterbeteiligungen sind zusammen mit den anderen Einkünften aus Verwaltungsratstätigkeit quellensteuerpflichtig, sofern die Abgabe der Mitarbeiterbeteiligung im Zusammenhang mit dem Verwaltungsratsmandat erfolgte. Die Besteuerung erfolgt nach Art. 93 DBG, wobei eine anteilsmässige Besteuerung gemäss Art. 17d DBG (Art. 14 Abs. 1 MBV) ausgeschlossen ist. Auch die Bestimmungen aus DBA oder Abkommen mit anderen Staaten weisen die Besteuerung dem Staat zu, in welchem der Leistungsschuldner seinen Sitz hat.
Zugleich Arbeitnehmer (AN) und Verwaltungsrat (VR)	Fälle von Art. 83 DBG: Einkünfte aus diesen Mitarbeiterbeteiligungen sind zusammen mit dem übrigen Einkommen aus unselbstständiger Erwerbstätigkeit an der Quelle zu besteuern. Eine anteilsmässige Besteuerung (Art. 17d DBG) kann nur dann erfolgen, wenn die steuerpflichtige Person nicht während der ganzen Zeitspanne für ihr Einkommen in der Schweiz steuerpflichtig war.	Fälle von Art. 91, 97 oder 93 DBG: In diesen Fällen ist vorgängig zu bestimmen, für welche Art der Erwerbstätigkeit (AN oder VR) die Mitarbeiterbeteiligungen ausgegeben wurde. Die Besteuerung richtet sich anschliessend nach der Art der Erwerbstätigkeit, d.h. im Zusammenhang mit einem Arbeitsverhältnis nach Art. 91, 97 DBG bzw. in Zusammenhang mit einem Verwaltungsratsmandat nach Art. 93 DBG.

Weder Arbeitnehmer (AN) noch Verwaltungsrat (VR)	Fälle von Art. 83 DBG: Bei quellensteuerpflichtigen Personen, die im Zeitpunkt der Realisation einer Mitarbeiterbeteiligung weder Arbeitnehmer noch Verwaltungsrat des Leistungsschuldners sind, erfolgt die Besteuerung durch den seinerzeitigen Leistungsschuldner in Anwendung von Art. 83 DBG. Eine anteilsmässige Besteuerung (Art. 17d DBG) kann nur dann erfolgen, wenn die steuerpflichtige Person nicht während der ganzen Zeitspanne für ihr Einkommen in der Schweiz steuerpflichtig war.	Fälle von Art. 97a DBG: In diesen Fällen sind geldwerten Vorteile aus „exportierten" Mitarbeiterbeteiligungen gemäss Art. 97a DBG quellensteuerpflichtig, sofern der Wohnsitz vor Realisierung ins Ausland verlegt wurde. Eine anteilsmässige Besteuerung ist in Anwendung von Art. 17d DBG sicherzustellen. Massgebend sind die in der Vestingperiode der Schweiz zuzurechnenden „Arbeitstage" und dies im Vergleich zur gesamten Anzahl Tage während der Vestingperiode. Liegt kein entsprechender Ansässigkeitswechsel vor, erfolgt die Besteuerung gemäss Art. 91, 97 oder 93 DBG.

8 Mitwirkungs- und Bescheinigungspflichten

8.1 Arbeitgeber

8.1.1 Allgemeines

Der Arbeitgeber unterliegt ab dem 1. Januar 2013 im Zusammenhang mit Mitarbeiterbeteilgungen einer besonderen Bescheinigungspflicht nach Artikel 129 Absatz 1 Buchstabe d DBG. Einzelheiten hat der Bundesrat in der MBV geregelt. Danach hat der Arbeitgeber sowohl für jede Steuerperiode eine Bescheinigung auszustellen, in welcher er dem Mitarbeitenden Mitarbeiterbeteiligungen einräumt, als auch für jede Steuerperiode in welcher der Mitarbeitende Mitarbeiterbeteiligungen einkommenssteuerlich relevant realisiert (vgl. Ziff. 3 bis 6 hievor). Diese Verpflichtung gilt auch dann, wenn der Mitarbeiterbeteiligungsplan von einer ausländischen Konzerngesellschaft oder durch einen Dritten verwaltet wird.

Die Bescheinigung dient insbesondere dazu, die Berechnungsgrundlagen für die im Lohnausweis ausgewiesene geldwerte Leistung rechnerisch nachvollziehbar offen zu legen. Gemäss Artikel 129 Absatz 1 Buchstabe d DBG müssen Arbeitgeber den Veranlagungsbehörden für jede Steuerperiode eine Bescheinigung einreichen, in welcher sie ihren Angestellten Mitarbeiterbeteiligungen einräumen. Ferner hat der Arbeitgeber die Bescheinigung dem Mitarbeitenden als Beilage zum Lohnausweis abzugeben bzw. der Quellensteuerabrechnung beizulegen (vgl. Art. 10 MBV). Vorbehalten bleiben hiervon abweichende kantonale Regelungen. Eine direkte Zustellung an die kantonale Steuerbehörde des Wohnsitzkantons des Mitarbeitenden ist aber immer dann notwendig, wenn der geldwerte Vorteil aus Mitarbeiterbeteiligungen nach Beendigung des Arbeitsverhältnisses realisiert wird (vgl. Art. 15 MBV).

Die Arbeitgeber sind in der Gestaltung der Bescheinigung grundsätzlich frei, soweit diese die Minimalanforderungen gemäss der MBV erfüllt. Musterbescheinigungen finden sich im Anhang III dieses Kreisschreibens. Die ESTV und die kantonalen Steuerbehörden können zusätzlich zu den in der MBV vorgeschriebenen Angaben weitere Informationen von den Arbeitgebern verlangen, soweit dies für die vorschriftsgemässe Veranlagung notwendig ist (vgl. Art. 17 MBV).

Sofern ein Vorbescheid betreffend die Besteuerung der Mitarbeiterbeteiligungen vorliegt, sind auf der Bescheinigung die kantonale Amtsstelle, die den Vorbescheid getroffen hat und das Datum der Vereinbarung (Abschlussdatum) zu vermerken.

8.1.2 Bescheinigungen bei Mitarbeiteraktien (Art. 4 MBV)

Bei Mitarbeiteraktien muss die Bescheinigung für die Steuerperiode erstellt werden, in welcher der Mitarbeitende die Mitarbeiteraktien erwirbt. Sie muss die Angaben nach Artikel 4 MBV enthalten.

Wird bei nicht börsenkotierten Mitarbeiteraktien ein Verkehrswert ausgewiesen, dann muss auf der Bescheinigung vermerkt sein, aus welcher Transaktion sich dieser Verkehrswert ableitet. Wird demgegenüber ein Formelwert ausgewiesen, muss auf der Bescheinigung die angewandte Bewertungsformel angegeben werden.

Ausnahmsweise drängt sich bei Mitarbeiteraktien eine weitere Bescheinigung auf. Das ist namentlich dann der Fall, wenn sich während der Haltedauer der Aktien ein einkommenssteuerlich relevanter Sachverhalt ereignet. Solche Anwendungsfälle werden nachfolgend dargestellt.

8.1.2.1 Freigabe von Mitarbeiteraktien vor Ablauf der Sperrfrist (Art. 11 MBV)

Die Bescheinigung bei Freigabe von Mitarbeiteraktien vor Ablauf der Sperrfirst muss für die Steuerperiode erstellt werden, in welcher die Sperrfrist vorzeitig wegfällt. Sie muss die Angaben nach Artikel 11 MBV enthalten.

8.1.2.2 Rückgabe von Mitarbeiteraktien (Art. 12 MBV)

Bei der Rückgabe von Mitarbeiteraktien muss die Bescheinigung für diejenige Steuerperiode erstellt werden, in welcher der Mitarbeitende die Mitarbeiteraktien entweder überpreislich oder aber unentgeltlich/unterpreislich zurückzugeben hat. Die Bescheinigung muss die Angaben nach Artikel 12 MBV enthalten.

Im Falle einer unterpreislichen Rückgabe darf der Arbeitgeber den geldwerten Nachteil jedoch nicht im Sinne eines Minuslohnes in den Lohnausweis einfliessen lassen und mit anderen steuerbaren Erwerbseinkünften verrechnen. Vielmehr dient diese Bescheinigung dem Mitarbeiter dafür, diesen geldwerten Nachteil in seiner Steuererklärung als Gewinnungskosten geltend zu machen.

8.1.3 Bescheinigung über Mitarbeiteroptionen, Anwartschaften auf Mitarbeiteraktien und unechte Mitarbeiterbeteiligungen (Art. 5 und 6 MBV)

8.1.3.1 Freie, börsenkotierte Mitarbeiteroptionen

Für freie, börsenkotierte Mitarbeiteroptionen, die im Zeitpunkt der Abgabe besteuert werden, genügt in der Regel eine einzige Bescheinigung. Sie erfolgt für die Steuerperiode, in welcher der Mitarbeitende die Mitarbeiteroptionen erwirbt und muss die Angaben nach Artikel 5 MBV enthalten.

Eine weitere Bescheinigung wäre nur dann angezeigt, wenn Mitarbeiteroptionen während ihrer Haltedauer inhaltlich zugunsten des Mitarbeitenden abgeändert würden, was beispielsweise bei einem Repricing der Fall ist.

8.1.3.2 Übrige Mitarbeiteroptionen, Anwartschaften auf Mitarbeiteraktien und unechte Mitarbeiterbeteiligungen

Für Mitarbeiteroptionen, Anwartschaften auf Mitarbeiteraktien und unechte Mitarbeiterbeteiligungen, die im Zeitpunkt der Realisation des geldwerten Vorteils besteuert werden, sind für die Belange der direkten Bundessteuer stets zwei Bescheinigungen erforderlich: Die Erste im Zeitpunkt der Abgabe der Mitarbeiterbeteiligung und die Zweite im Zeitpunkt der Realisation (vgl. Art. 5 Abs. 2 Bst. a und b MBV).

Im internationalen Verhältnis ist es unter Umständen möglich, dass diese Mitarbeiterbeteiligungsformen nur anteilsmässig besteuert werden. Sind die entsprechenden Voraussetzungen als Folge eines Zuzugs in die Schweiz (vgl. Ziff. 7.3.2.1) erfüllt, stellt der Arbeitgeber dem Mitarbeitenden im Zeitpunkt der Realisation des geldwerten Vorteils eine Bescheinigung aus, welche die Vorgaben von Artikel 7 MBV erfüllt. Dabei ist zu beachten, dass in den Lohnausweis stets die volle geldwerte Leistung einfliessen muss. Der auf das Ausland entfallende Anteil kann der Mitarbeitende erst in seiner Steuererklärung als „im Ausland steuerbare Einkünfte" in Abzug bringen.

Sind die entsprechenden Voraussetzungen als Folge eines Wegzugs aus der Schweiz (vgl. Ziff. 7.3.3.1) erfüllt, ist die Bescheinigung entsprechend den Vorgaben von Artikel 8 MBV der Quellensteuerabrechnung beizulegen. Eine eigenständige, isolierte Meldung der Realisation an die kantonale Steuerbehörde ist nicht notwendig.

8.1.4 Weitere Auskünfte (Art. 17 MBV)

Der Arbeitgeber ist verpflichtet, jederzeit weitere Angaben zu der abgegebenen Mitarbeiterbeteiligung zu machen. Für die Beurteilung eines Mitarbeiterbeteiligungsplans können Aktionärsbindungsverträge, Verträge mit Drittinvestoren oder mit kreditgebenden Banken u. dgl. von Bedeutung sein.

8.2 ***Steuerpflichtige***

Die Steuerpflichtigen sind für die vollständige und richtige Deklaration von erhaltenen Mitarbeiterbeteiligungen in der Steuererklärung und für die Einreichung der Bescheinigung des Arbeitgebers verantwortlich.

Sämtliche echten und unechten Mitarbeiterbeteiligungen sind im Wertschriften- und Guthabenverzeichnis zu deklarieren. Diese Deklarationspflicht gilt insbesondere auch dann, wenn die Einkommensbesteuerung (noch) nicht aktuell bevorsteht.

9 Vorbescheid zwischen dem Arbeitgeber und der Steuerbehörde (Ruling)

9.1 ***Allgemeines***

Die Einholung eines Vorbescheids bezweckt nicht nur die einheitliche Veranlagung der Mitarbeitenden, sondern auch die steuerlich korrekte Handhabung des Mitarbeiterbeteiligungsplanes durch den Arbeitgeber in interkantonalen und internationalen Beziehungen mit den Steuerbehörden. Im Ergebnis sollen sich die Mitarbeitenden, der Arbeitgeber und die Steuerbehörden auf die zugesicherten steuerlichen Konsequenzen verlassen können.

9.2 ***Voraussetzungen***

Der zuständigen Steuerbehörde sind für die Einholung eines Vorbescheids sämtliche relevanten Plan- bzw. Vertragsunterlagen einzureichen. Aufgrund dieser Unterlagen ist unter genauem Verweis auf die massgebenden Unterlagen vom Arbeitgeber eine steuerliche Beurteilung vorzunehmen und ein entsprechender Antrag zu stellen.

Der Vorbescheid der Steuerbehörde bezieht sich einzig auf den im Antrag dargestellten Sachverhalt. Eine darüber hinaus gehende Prüfung des Beteiligungsplans durch die Steuerbehörde findet grundsätzlich nicht statt.

9.3 *Zuständigkeit*

Für einen Vorbescheid ist grundsätzlich die kantonale Steuerbehörde des Sitzkantons des Arbeitgebers zuständig. Ein Vorbescheid der kantonalen Steuerbehörde ist für andere Kantone nicht zwingend verbindlich. Sind Mitarbeitende mit Wohnsitz in mehreren Kantonen betroffen, empfiehlt sich zusätzlich, den Vorbescheid auch der ESTV einzureichen, welche gegebenenfalls ihr Einverständnis im Sinne einer allgemeinen Stellungnahme für die Zwecke der direkten Bundessteuer abgibt.

10 Inkrafttreten, Aufhebungen und Übergangsrecht

Dieses Kreisschreiben tritt auf den 1. Januar 2013 in Kraft. Gleichzeitig werden das Kreisschreiben Nr. 5 der ESTV vom 30. April 1997 über die Besteuerung von Mitarbeiteraktien und Mitarbeiteroptionen und das Rundschreiben vom 6. Mai 2003 der ESTV über die Besteuerung von Mitarbeiteroptionen mit Vesting-Klauseln aufgehoben.

Das vorliegende Kreisschreiben gilt für:

- sämtliche nach dem 1. Januar 2013 abgegebenen Mitarbeiterbeteiligungen;
- sämtliche vor dem 1. Januar 2013 abgegebenen Mitarbeiterbeteiligungen, bei denen auch nach bisherigem Recht der geldwerte Vorteil erst bei Realisation (nach dem 1. Januar 2013) der Einkommensbesteuerung unterliegt sowie
- sämtliche vor dem 1. Januar 2013 abgegebenen Mitarbeiterbeteiligungen, die nach bisherigem Recht im Zeitpunkt der Abgabe oder beim Rechtserwerb (Vesting) hätten besteuert werden müssen, aus irgendwelchen Gründen jedoch nicht besteuert wurden, sofern die Veranlagungsverjährung noch nicht eingetreten ist und kein Nachsteuergrund gemäss Artikel 151 DBG vorliegt.

Altrechtliche Vorbescheide (Rulings), die einem Arbeitgeber und ihren Mitarbeitenden für Mitarbeiteroptionen die Zuteilungs- oder Vestingbesteuerung zusicherten, behalten ihre Gültigkeit insoweit die Besteuerung (bei Zuteilung oder Vesting) bis und mit Steuerperiode 2012 erfolgte; d.h. ab der Steuerperiode 2013 ist bei Mitarbeiteroptionen keine derartige (altrechtliche) Zuteilungs- oder Vestingbesteuerung mehr zulässig.

Altrechtliche Vorbescheide (Rulings), die dem Inhalt dieses Kreisschreibens nicht entsprechen, entfalten ab der Steuerperiode 2013 keine Wirkung mehr.

Anhang I: Übersicht über Mitarbeiterbeteiligungen

Anhang II: Beispiele

Anhang III: Musterbescheinigungen

Anhang IV: Fallbeispiele zur Quellenbesteuerung

Schweizerische Eidgenossenschaft
Confédération suisse
Confederazione Svizzera
Confederaziun svizra

Eidgenössisches Finanzdepartement EFD
Eidgenössische Steuerverwaltung ESTV
Hauptabteilung Direkte Bundessteuer,
Verrechnungssteuer, Stempelabgaben

Anhang I zum Kreisschreiben Nr. 37 vom 22. Juli 2013

Übersicht über Mitarbeiterbeteiligungen

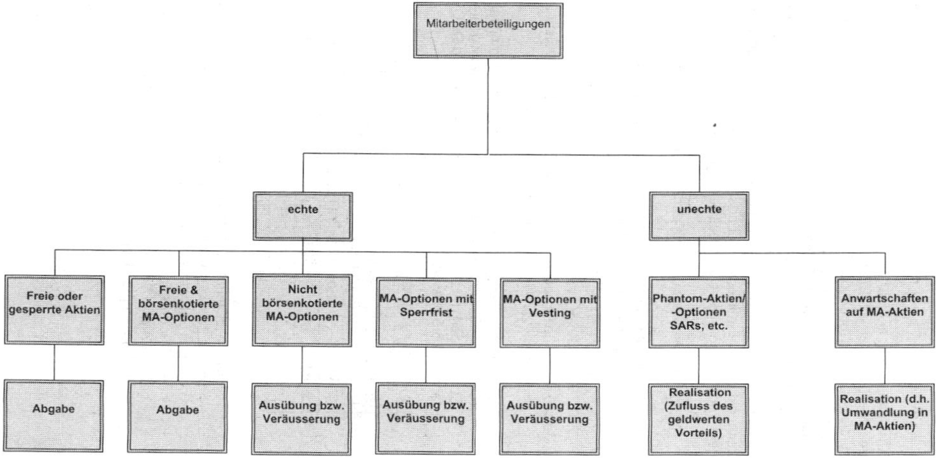

Anhang II zum Kreisschreiben Nr. 37 vom 22. Juli 2013

Beispiele

Fallbeispiel 1: Allgemeines zur Besteuerung von Mitarbeiteroptionen im internationalen Verhältnis.

Sachverhalt:

X ist Mitarbeitender einer ausländischen Muttergesellschaft und erhält am 1. Januar 2013 unentgeltlich Mitarbeiteroptionen, deren Rechtserwerb am Ende der fünfjährigen Sperrfrist stattfindet. Im Zeitpunkt der Abgabe wohnt und arbeitet X im Land A. Zwei Jahre später, am 1. Januar 2015, wird X in die Schweiz entsandt, um für die schweizerische Tochtergesellschaft tätig zu sein. In der Folge arbeitet X mehr als drei Jahre, bis 31. Dezember 2018, für diese Gesellschaft. X könnte also in der Schweiz die Mitarbeiteroptionen ausüben. Weil der Aktienkurs seiner Meinung nach noch nicht hoch genug ist, wartet er mit der Ausübung noch zu. Erst im Laufe des siebten Jahres, 2019, übt X seine Mitarbeiteroptionen aus. In diesem Zeitpunkt wohnt er mittlerweile aber seit 1. Januar 2019 im Land B und arbeitet für eine andere Tochtergesellschaft. Der realisierte geldwerte Vorteil beträgt 50 Franken pro Option.

a) In welchem Zeitpunkt erfolgt die Besteuerung ?

b) Kommt eine anteilsmässige Besteuerung gemäss Artikel 17d DBG zur Anwendung ? Und falls ja, in welchem Umfang?

Lösung:

a) Die Mitarbeiteroptionen werden im Zeitpunkt ihrer Ausübung besteuert, weil sie weder frei verfügbar noch börsenkotiert sind.

b) X hat die Mitarbeiteroptionen während den ersten fünf Jahren verdient. Weil X während dieser Zeitdauer nur drei Jahre in der Schweiz gearbeitet hat, besteuert die Schweiz den geldwerten Vorteil gemäss Artikel 17d DBG nur anteilsmässig im Umfang von 3/5 bzw. von 30 Franken pro Option.

Ansässigkeit	Von	Bis	Tage Vestingperiode (2013-17)	Anteil	Geldwerter Vorteil pro Option
Land A	01.01.2013	31.12.2014	730	= 2/5	20 (=2/5)
Schweiz	01.01.2015	31.12.2018	1'096	= 3/5	30 (=3/5)
Land B	01.01.2019				
Total			1'826	= 5/5	50 (=5/5)

Weil X im Zeitpunkt der Realisation seinen Wohnsitz nicht mehr in der Schweiz hat, muss die schweizerische Tochtergesellschaft auf dem in der Schweiz steuerbaren anteiligen geldwerten Vorteil von 30 Franken pro Option Quellensteuern der zuständigen Steuerbehörde ihres Sitzkantons abliefern. Die direkte Bundessteuer beträgt gemäss Artikel 97a Absatz 2 DBG 11,5% des anteiligen geldwerten Vorteils bzw. 3.45 Franken pro Option.

Fallbeispiel 2: Berechnung des steuerbaren Erwerbseinkommens aus importierten Mitarbeiteroptionen (nicht in der Schweiz verdient)

Sachverhalt:

X erhält am 15. Januar 2013 Mitarbeiteroptionen. Die Vestingperiode endet am 1. Januar 2016. Im Juli 2016 realisiert X einen geldwerten Vorteil von 90'000 Franken. Vom 1. Januar 2013 bis 31. März 2016 wohnte und arbeitete X in den Vereinigten Arabischen Emiraten (VAE) für die Z Gruppe. Seit dem 1. April 2016 wohnt und arbeitet X in der Schweiz für die Z Gruppe.

Kommt eine anteilsmässige Besteuerung gemäss Artikel 17d DBG in der Schweiz zur Anwendung und falls ja, in welchem Umfang?

Lösung:

Die Vestingperiode dauert 1'081 Tage (15. Januar 2013 – 1. Januar 2016). Hiervon arbeitete X keinen Tag in der Schweiz, weshalb der Schweiz in Bezug auf den realisierten Gewinn kein Besteuerungsrecht zukommt. Dementsprechend werden die 90'000 Franken in der Steuerperiode 2016 nur im Rahmen der Progression berücksichtigt.

Dauer Vestingperiode	
	Datum
Beginn (Zuteilung)	15.01.2013
Ende (Ablauffrist)	01.01.2016
Total Dauer in Tagen	1‘081

Ansässigkeitsland	Von	Bis	Total Dauer in Tagen
VAE	01.01.2013	31.03.2016	1‘186
Schweiz (pro memoriam)	01.04.2016	-	0

Fallbeispiel 3: Berechnung des steuerbaren Erwerbseinkommens aus „importierten“ Mitarbeiteroptionen (teilweise in der Schweiz verdient)

Sachverhalt :

X erhält am 15. Januar 2013 Mitarbeiteroptionen. Die Vestingperiode endet am 1. Januar 2016. Im Juli 2016 realisiert X einen geldwerten Vorteil von 90'000 Franken. Vom 1. Januar 2013 bis 10. Dezember 2013 wohnte und arbeitete X in den VAE für die Z Gruppe und vom 11. Dezember 2013 bis 20. Oktober 2014 wohnte und arbeitete X in Brasilien für die Z Gruppe. Seit dem 21. Oktober 2014 wohnt und arbeitet X in der Schweiz für die Z Gruppe.

Kommt eine anteilsmässige Besteuerung gemäss Artikel 17d DBG in der Schweiz zur Anwendung und falls ja, in welchem Umfang?

Lösung :

Die Vestingperiode dauert 1'081 Tage (15. Januar 2013 - 1. Januar 2016). Hiervon arbeitete X während 437 Tagen (21. Oktober 2014 – 1. Januar 2016) in der Schweiz. Die anteilige Besteuerung gemäss Artikel 17d DBG berechnet sich damit wie folgt: 90'000 Franken * 437 Arbeitstage : 1'081 Tage. Die Schweiz besteuert somit 36'383 Franken zum Satz von 90'000 Franken.

Dauer Vestingperiode	
	Datum
Beginn (Zuteilung)	15.01.2013
Ende (Ablauffrist)	01.01.2016
Total Dauer in Tagen	1'081

Ansässigkeitsland	Von	Bis	Tage Vestingperiode (2013-16)	In % von 1'081 Tagen	geldwerter Vorteil in Franken
VAE	01.01.2013	10.12.2013	330	30.527	27'475
Brasilien	11.12.2013	20.10.2014	314	29.047	26'142
Schweiz	21.10.2014	01.01.2016	437	40.426	36'383
Dauer Total			1'081		

Zu beachten ist, dass die Arbeitgeberin in Ziffer 5 des Lohnausweises den gesamten geldwerten Vorteil von 90'000 Franken einfliessen lassen muss. Die 53'617 Franken (Anteile VAE und Brasilien) kann X in seiner Steuererklärung als nicht in der Schweiz steuerbare ausländische Einkünfte in Abzug bringen.

<u>Fallbeispiel 4: Berechnung des steuerbaren Erwerbseinkommens aus exportierten Mitarbeiteroptionen (vollumfänglich in der Schweiz verdient)</u>

<u>Sachverhalt:</u>

X erhält am 15. Januar 2013 Mitarbeiteroptionen. Die Vestingperiode endet am 1. Januar 2016. Im Juli 2016 realisiert X einen geldwerten Vorteil von 90'000 Franken. Vom 1. Januar 2013 bis 31. März 2016 wohnte und arbeitete X in der Schweiz für die Z Gruppe. Seit dem 1. April 2016 wohnt und arbeitet X in Brasilien für die Z Gruppe.

Kommt eine anteilsmässige Besteuerung gemäss Artikel 17d DBG in der Schweiz zur Anwendung und falls ja, in welchem Umfang?

<u>Lösung:</u>

Die Vestingperiode dauert 1'081 Tage (15. Januar 2013 – 1. Januar 2016). Hiervon arbeitete X sämtliche 1'081 Tage in der Schweiz, weshalb der Schweiz in Bezug auf den realisierten Gewinn das volle Besteuerungsrecht zukommt. Dementsprechend besteuert die Schweiz die 90'000 Franken in der Steuerperiode 2016.

Dauer Vestingperiode	
	Datum
Beginn (Zuteilung)	15.01.2013
Ende (Ablauffrist)	01.01.2016
Total Tage Vestingperiode	1'081

Ansässigkeitsland	Von	Bis	Tage Vestingperiode (2013-16)	In % von 1'081 Tagen	geldwerter Vorteil in Franken
Schweiz	01.01.2013	31.03.2016	1'081	100%	90'000
Brasilien (pro memoriam)	01.04.2016	-	-		

Weil X im Zeitpunkt der Realisation seinen Wohnsitz nicht mehr in der Schweiz hat, muss die schweizerische Tochtergesellschaft den in der Schweiz steuerbaren geldwerten Vorteil von 90'000 Franken als Quellensteuer der zuständigen Steuerbehörde ihres Sitzkantons abliefern. Die direkte Bundessteuer beträgt gemäss Artikel 97a Absatz 2 DBG 11,5% des anteiligen geldwerten Vorteils bzw. 10'350 Franken.

Fallbeispiel 5: Berechnung des steuerbaren Erwerbseinkommens aus exportierten Mitarbeiteroptionen (teilweise in der Schweiz verdient)

Sachverhalt:

X erhält am 15. Januar 2013 Mitarbeiteroptionen. Die Vestingperiode endet am 1. Januar 2016. Im Juli 2016 realisiert X einen geldwerten Vorteil von 90'000 Franken. Vom 1. Januar 2013 bis 10. Dezember 2013 wohnte und arbeitete X in der Schweiz für die Z Gruppe. Vom 11. Dezember 2013 bis 20. Oktober 2014 wohnte und arbeitete X in den VAE für die Z Gruppe. Seit dem 21. Oktober 2014 wohnt und arbeitet X in Brasilien für die Z Gruppe.

Kommt eine anteilsmässige Besteuerung gemäss Artikel 17d DBG in der Schweiz zur Anwendung und falls ja, in welchem Umfang?

Lösung:

Die Vestingperiode dauert 1'081 Tage (15. Januar 2013 - 1. Januar 2016). Hiervon arbeitete X während 330 Tagen (15. Januar 2013 – 10. Dezember 2013) in der Schweiz. Die anteilige Besteuerung gemäss Artikel 17d DBG berechnet sich damit wie folgt: 90'000 Franken * 330 Arbeitstage : 1'081 Tage. Die Schweiz besteuert somit 27'475 Franken.

Dauer Vestingperiode	
	Datum
Beginn (Zuteilung)	15.01.2013
Ende (Ablauffrist)	01.01.2016
Total Tage Vestingperiode	1'081

Ansässigkeitsland	Von	Bis	Tage Vestingperiode (2013-16)	In % von 1'081 Tagen	geldwerter Vorteil in Franken
Schweiz	01.01.2013	10.12.2013	330	30.527	27'475
VAE	11.12.2013	20.10.2014	314	29.047	26'142
Brasilien	21.10.2014	01.01.2016	437	40.426	36'383
Dauer Total			1'081		

Weil X im Zeitpunkt der Realisation seinen Wohnsitz nicht mehr in der Schweiz hat, muss die schweizerische Tochtergesellschaft auf dem in der Schweiz steuerbaren anteiligen geldwerten Vorteil von 27'475 Franken als Quellensteuern der zuständigen Steuerbehörde ihres Sitzkantons abliefern. Die direkte Bundessteuer beträgt gemäss Artikel 97a Absatz 2 DBG 11,5% des anteiligen geldwerten Vorteils bzw. 3'160 Franken.

Fallbeispiel 6: Berechnung des steuerbaren Erwerbseinkommens aus exportierten und anschliessend reimportierten Mitarbeiteroptionen

Sachverhalt:

X erhält am 15. Januar 2013 Mitarbeiteroptionen. Die Vestingperiode endet am 1. Januar 2016. Im Juli 2016 realisiert X einen geldwerten Vorteil von 90'000 Franken. Vom 1. Januar 2013 bis 10. Dezember 2013 wohnte und arbeitete X in der Schweiz für die Z Gruppe. Vom 11. Dezember 2013 bis 20. Oktober 2014 wohnte und arbeitete X in den VAE für die Z Gruppe. Seit dem 21. Oktober 2014 wohnt und arbeitet X wiederum in der Schweiz für die Z Gruppe.

Kommt eine anteilsmässige Besteuerung gemäss Artikel 17d DBG in der Schweiz zur Anwendung und falls ja, in welchem Umfang?

Lösung:

Die Vestingperiode dauert 1'081 Tage (15. Januar 2013 - 1. Januar 2016). Hiervon arbeitete X während 767 Tagen (15. Januar 2013 – 10. Dezember 2013 und 21. Oktober 2014 – 1. Januar 2016) in der Schweiz. Die anteilige Besteuerung gemäss Artikel 17d DBG berechnet sich damit wie folgt: 90'000 Franken * 767 Arbeitstage : 1'081 Tage. Die Schweiz besteuert somit 63'858 Franken zum Satz von 90'000 Franken.

Dauer Vestingperiode	
	Datum
Beginn (Zuteilung)	15.01.2013
Ende (Ablauffrist)	01.01.2016
Total Tage Vestingperiode	1'081

Ansässigkeitsland	Von	Bis	Tage Vestingperiode (2013-16)	In % von 1'081 Tagen	geldwerter Vorteil in Franken
Schweiz	01.01.2013	10.12.2013	330	30.527	27'475
VAE	11.12.2013	20.10.2014	314	29.047	26'142
Schweiz	21.10.2014	01.01.2016	437	40.426	36'383
Dauer Total			1'081		

Zu beachten ist, dass die Arbeitgeberin in Ziffer 5 des Lohnausweises den gesamten geldwerten Vorteil von 90'000 Franken einfliessen lassen muss. Die 26'142 Franken kann X in seiner Steuererklärung als nicht in der Schweiz steuerbare ausländische Einkünfte in Abzug bringen.

Fallbeispiel 7: Berechnung des steuerbaren Erwerbseinkommens bei importierten und reexportierten Mitarbeiteroptionen

Sachverhalt:

X erhält am 15. Januar 2013 Mitarbeiteroptionen. Die Vestingperiode endet am 1. Januar 2016. Im Juli 2016 realisiert X einen geldwerten Vorteil von 90'000 Franken. Vom 1. Januar 2013 bis 10. Dezember 2013 wohnte und arbeitete X in den VAE für die Z Gruppe. Vom 11. Dezember 2013 bis 20. Oktober 2014 wohnte und arbeitete X in der Schweiz für die Z Gruppe. Seit dem 21. Oktober 2014 wohnt und arbeitet X in Brasilien für die Z Gruppe.

Kommt eine anteilsmässige Besteuerung gemäss Artikel 17d DBG in der Schweiz zur Anwendung und falls ja, in welchem Umfang?

Lösung:

Die Vestingperiode dauert 1'081 Tage (15. Januar 2013 - 1. Januar 2016). Hiervon arbeitete X während 314 Tagen (11. Dezember 2013 – 20. Oktober 2014) in der Schweiz. Die anteilige Besteuerung gemäss Artikel 17d DBG berechnet sich damit wie folgt: 90'000 Franken * 314 Arbeitstage : 1'081 Tage. Die Schweiz besteuert somit 26'142 Franken.

Dauer Vestingperiode	
	Datum
Beginn (Zuteilung)	15.01.2013
Ende (Ablauffrist)	01.01.2016
Total Dauer in Tagen	1'081

Ansässigkeitsland während Vesting	Von	Bis	Tage Vestingperiode (2013-16)	In % von 1'081 Tagen	geldwerter Vorteil in Franken
VAE	01.01.2013	10.12.2013	330	30.527	27'475
Schweiz	11.12.2013	20.10.2014	314	29.047	26'142
Brasilien	21.10.2014	01.01.2016	437	40.426	36'383
Dauer Total			1'081		

Weil X im Zeitpunkt der Realisation seinen Wohnsitz nicht mehr in der Schweiz hat, muss die schweizerische Tochtergesellschaft auf dem in der Schweiz steuerbaren anteiligen geldwerten Vorteil von 26'142 Franken als Quellensteuern der zuständigen Steuerbehörde ihres Sitzkantons abliefern. Die direkte Bundessteuer beträgt gemäss Artikel 97a Absatz 2 DBG 11,5% des anteiligen geldwerten Vorteils bzw. 3'006 Franken.

Anhang III zum Kreisschreiben Nr. 37

Musterbescheinigungen

Mitarbeiteraktien - SACHVERHALT I

Beispiele I - A & B

Am 1. Juli 2013 erhält der in der Schweiz wohnhafte A unentgeltlich 3000 für 3 Jahre gesperrte Aktien. Der Verkehrswert der Aktie beträgt EUR 120. Es wird ein durchschnittlicher Geld- und Briefschlusskurs am Tage der Abgabe EUR/CHF von 1.22 angenommen.

Am 31. Dezember 2013 beträgt der Verkehrswert der Aktie EUR 130. Es wird ein Devisenkurs (ESTV) EUR/CHF von 1.25 angenommen.

Beispiel I - C

Am 15. März 2008 hat A 100 für 10 Jahre gesperrte Mitarbeiteraktien unentgeltlich zugeteilt erhalten.

Am 30. September 2013 geht er vorzeitig in Pension. Entsprechend dem Beteiligungsplan fällt bei diesem Ereignis eine noch bestehende Sperrfrist vorzeitig weg. Damit werden per 30. September 2013 die grundsätzlich noch bis zum 15. März 2018 gesperrten Aktien sofort frei verfügbar. Anders ausgedrückt werden in diesem Zeitpunkt die noch für 4,46 Jahre gesperrten Aktien in ungesperrte Aktien umgewandelt. Der Börsenkurs am 30. September 2013 beträgt 1500 Franken pro Aktie.

Beispiel I - D

Am 15. März 2008 hat A 100 für 10 Jahre gesperrte Mitarbeiteraktien erhalten.

Am 30. September 2013 kündigt er sein Arbeitsverhältnis. Entsprechend dem Beteiligungsplan hat er die Aktien zum ursprünglichen Erwerbspreis von 800 Franken zurückzugeben.

Der Börsenkurs am 30. September 2013 beträgt 1500 Franken pro Aktie.

Mitarbeiteroptionen - SACHVERHALT II & III

Beispiele II – A & B – freie börsenkotierte Mitarbeiteroptionen

Am 1. Juli 2013 erhält der in der Schweiz wohnhafte A unentgeltlich 3000 freie börsenkotierte Optionen. Der Verkehrswert der Option beträgt EUR 120. Es wird ein durchschnittlicher Geld- und Briefschlusskurs am Tage der Abgabe EUR/CHF von 1.22 angenommen.

Am 31. Dezember 2013 beträgt der Verkehrswert der Option EUR 130. Es wird ein Devisenkurs (ESTV) EUR/CHF von 1.25 angenommen.

SACHVERHALT III – A & B – gesperrte oder nicht börsenkotierte Mitarbeiteroptionen (Zuzug)

A ist in Frankreich wohnhaft und arbeitet seit 1. Januar 2007 für die französische Y-Gesellschaft. Am 1. Januar 2013 erhält er 9000 Mitarbeiteroptionen. Das Vesting tritt nach zwei Jahren am Abgabedatum ein. Der Ausübungspreis ist auf EUR 50 festgelegt.

Am 1. Juli 2013 wird A in die Schweizer Tochtergesellschaft entsendet.

Am 1. Juli 2015 übt A 2000 der 2013 zugeteilten 9000 Optionen aus. Der Verkehrswert der zugrunde liegenden Aktie beträgt EUR 120. Es wird ein durchschnittlicher Geld- und Briefschlusskurs am Tage der Abgabe EUR/CHF von 1.22 angenommen.

Beispiele III (2) – A & B – nicht kotierte und gesperrte Mitarbeiteroptionen (Wegzug)

Am 1. Januar 2016 verlässt A die Schweiz und lässt sich in Grossbritannien nieder.

Am 1. Juli 2017 übt er 7000 der 2013 zugeteilten Optionen aus. Der Verkehrswert der zugrunde liegenden Aktie beträgt zu diesem Zeitpunkt EUR 130. Es wird ein durchschnittlicher Geld- und Briefschlusskurs am Tage der Abgabe EUR/CHF von 1.26 angenommen.

Anwartschaften – SACHVERHALT IV

Beispiele IV – A & B – Anwartschaften auf Aktien

A ist in Frankreich wohnhaft und arbeitet seit 1. Januar 2007 für die französische Gesellschaft Y. Am 1. Januar 2013 erhält er unentgeltlich 9000 RSU. Zum Vestingzeitpunkt werden die RSU automatisch in Y-Aktien umgewandelt, wenn die Bedingungen bezüglich der Anstellungsdauer in der Gesellschaft erfüllt sind.

Am 1. Juli 2013 wird A in die Schweizer Tochtergesellschaft entsendet.

Am 1. Januar 2015 erfolgt das Vesting von 3000 RSU. Der Verkehrswert der zugrunde liegenden Aktie beträgt EUR 120. Es wird ein durchschnittlicher Geld- und Briefschlusskurs am Tage der Abgabe EUR/CHF von 1.22 angenommen.

Name der Gesellschaft
Bezeichnung des Mitarbeiterbeteiligungsplans

Bescheinigung über Mitarbeiterbeteiligungen

Mitarbeiteraktien
SACHVERHALT I

AHV-Nr.	xxx.xxx.xxx.xxx
Name und Vorname	Herr A
Strasse	Rue X
Ort	Genève

Steuerperiode 1.1.2013 bis 31.12.2013

BEISPIEL I - A: BEI ABGABE AUSZUFÜLLEN UND DEM LOHNAUSWEIS DES BETREFFENDEN STEUERJAHRS BEIZULEGEN

Aktien: Ermittlung des steuerbaren Einkommens für Abgaben in dieser Periode (vgl. Artikel 4 MBV)

Datum des Erwerbs	Anzahl erworbener Mitarbeiteraktien	Verkehrswert der kotierten Aktie (oder Formelwert bei nicht kotierter Aktie) beim Rechtserwerb (Währung)	Datum (Daten) des Sperrfristablaufs	Dauer allfälliger Rückgabe-verpflichtung(en)	Dauer allfälliger Sperrfristen (in Jahren mit drei Kommastellen)	Einschlag nach Dauer der Sperrfrist (%)	Allenfalls vereinbarter Erwerbspreis (Währung)	Geldwerter Vorteil (Währung)	Wechselkurs (Mittel der Geld- und Briefschlusskurse am Tage des Rechtserwerbs)	Im Lohnausweis bescheinigtes steuerbares Einkommen (CHF)
01.07.2013	3000	120	01.07.2016	N/A	3.000	16.038	0	302'263	1.220	368'761

*LA = Lohnausweis

STEUERBARES EINKOMMEN (Ziff. 5 LA*) 368'761

Ruling tt.mm.jjjj
Mitarbeiteraktien

ausgefüllt durch GESELLSCHAFT, PERSON
Tel. : XXX XXX XX XX
Datum : TT.MM.JJJJ

Beilage zum Lohnausweis
Druckdatum: 18.07.2013; Seite 1/12

Name der Gesellschaft
Bezeichnung des Mitarbeiterbeteiligungsplans

Bescheinigung über Mitarbeiterbeteiligungen

Mitarbeiteraktien
SACHVERHALT I

AHV-Nr.	xxx.xxx.xxx.xxx
Name und Vorname	Herr A
Strasse	Rue X
Ort	Genève

Steuerperiode 1.1.2013 bis 31.12.2013

Beispiel I - B: JEDES JAHR FÜR ALLE MITARBEITENDEN MIT DIESEM BETEILIGUNGSPLAN AUSZUFÜLLEN UND DEM LOHNAUSWEIS DES BETREFFENDEN STEUERJAHRS BEIZULEGEN

Verlauf der Aktien und Stand am Ende der Periode[2], per: 31.12.2013 *

* *im Wertschriftenverzeichnis der Steuererklärung pro memoria anzugeben - Vermögenssteuer*

Anzahl erworbener Aktien / Datum (Daten) der Abgabe	Anzahl gesperrter Aktien (gegebenenfalls pro Tranche)	Datum (Daten) der Freigabe	Dauer der verbleibenden Sperrfrist (in Jahren[1])	Anzahl gehaltener Aktien am Ende der Periode	Verkehrswert der kotierten Aktie (oder Formelwert bei nicht kotierter Aktie) am Ende der Periode (Währung)	Einschlag nach Dauer der Sperrfrist (%)	Wechselkurs am Ende der Periode	Steuerbares Vermögen in der Schweiz (CHF)
				Abgabe 1				
3'000								
01.07.2013	3'000	01.07.2016	1.48630	3'000	130.00	8.30	1.25	447'057
Stand steuerbares Vermögen bezüglich Mitarbeiteraktien am Ende der Periode								447'057

[1] Angebrochene Sperrjahre sind anteilsmässig zu berücksichtigen (z.B. 4 3/4 Jahre).
[2] Als Ende der Periode gilt das Ende der Steuerpflichtperiode, der 31. Dezember des Steuerjahrs oder früheres Datum bei Wegzug aus der Schweiz oder Todesfall

Ruling tt.mm.jjjj
Mitarbeiteraktien

ausgefüllt durch GESELLSCHAFT, PERSON
Tel. : XXX XXX XX XX
Datum : TT.MM.JJJJ

Beilage zum Lohnausweis
Druckdatum: 18.07.2013; Seite 2/12

Name der Gesellschaft
Bezeichnung des Mitarbeiterbeteiligungsplans

Bescheinigung über Mitarbeiterbeteiligungen

Mitarbeiteraktien
SACHVERHALT I

AHV-Nr.	xxx.xxx.xxx.xxx	Steuerperiode 1.1.2013 bis 31.12.2013
Name und Vorname	Herr A	
Strasse	Rue X	
Ort	Genève	

Beispiel I - C: BEI FREIGABE VOR ABLAUF DER SPERRFRIST AUSZUFÜLLEN UND DEM LOHNAUSWEIS DES BETREFFENDEN SEUERJAHRS BEIZULEGEN

Aktien: Ermittlung des steuerbaren Einkommens bei Freigabe vor Ablauf der Sperrfrist (vgl. Art. 11 MBV)

Anzahl vor Ablauf der Sperrfrist freigegebener Mitarbeiteraktien	Verkehrswert der kotierten Aktie (oder Formelwert bei nicht kotierter Aktie) bei Freigabe vor Ablauf der Sperrfrist (Währung)	Datum (Daten) des ordentlichen Ablaufs der Sperrfrist	Datum (Daten) der Freigabe vor Ablauf der Sperrfrist	Dauer der verbleibenden Sperrfrist (in Jahren[1])	Einschlag nach Dauer der verbleibenden Sperrfrist	Reduzierter Verkehrswert nach verbleibender Sperrfrist	Geldwerter Vorteil pro Mitarbeiteraktie (Währung)	Wechselkurs (Mittel der Geld- und Brief-schlusskurse am Tag des vorzeitigen Ablaufs der Sperrfrist)	Im Lohnausweis bescheinigtes steuerbares Einkommen (CHF)
100	1'500	15.03.2018	30.09.2013	4.46	22.8745	1'156.9	343.1	N/A	34'312

STEUERBARES EINKOMMEN (Ziff. 5 LA*) 34'312

*LA = Lohnausweis
1 Angebrochene Sperrjahre sind anteilsmässig zu berücksichtigen (z.B. 4 3/4 Jahre)

Ruling tt.mm.jjjj
Mitarbeiteraktien

ausgefüllt durch GESELLSCHAFT, PERSON
Tel. : XXX XXX XX XX
Datum : TT.MM.JJJJ

Beilage zum Lohnausweis
Druckdatum: 18.07.2013; Seite 3/12

Name der Gesellschaft
Bezeichnung des Mitarbeiterbeteiligungsplans

Bescheinigung über Mitarbeiterbeteiligungen

Mitarbeiteraktien
SACHVERHALT I

AHV-Nr.	xxx.xxx.xxx.xxx	Steuerperiode 1.1.2013 bis 31.12.2013
Name und Vorname	Herr A	
Strasse	Rue X	
Ort	Genève	

Beispiel I - D: BEI RÜCKGABE VON MITARBEITERAKTIEN AUSZUFÜLLEN UND DEM LOHNAUSWEIS DES BETREFFENDEN STEUERJAHRS BEIZULEGEN

Aktien: Ermittlung des Steuerabzugs für die Rückgabe von Mitarbeiteraktien (vgl. Art. 12 MBV)

Datum der Rückgabe	Anzahl zurückgegebener Mitarbeiteraktien	Verkehrswert der kotierten Aktie (oder Formelwert bei nicht kotierter Aktie) am Rückgabedatum (Währung)	Datum (Daten) des ordentlichen Ablaufs der Sperrfrist	Rückgabepreis (Währung)	Dauer der verbleibenden Sperrfrist (in Jahren[1])	Einschlag nach Dauer der verbleibenden Sperrfrist	Reduzierter Verkehrswert nach verbleibender Sperrfrist	Steuerabzug oder geldwerter Vorteil pro Mitarbeiteraktie (Währung)	Wechselkurs (Mittel der Geld- und Briefschlusskurse am Tag der Rückgabe)	Steuerabzug oder im Lohnausweis bescheinigtes steuerbares Einkommen (CHF)
30.09.2013	100	1'500	15.03.2018	800	4.46	22.8745	1'156.9	(357)	N/A	(35'688)
									STEUERABZUG (Ziff. 15 LA*)	(35'688)
									STEUERBARES EINKOMMEN (Ziff. 5 LA)	

*LA = Lohnausweis

1 Angebrochene Sperrjahre sind anteilsmässig zu berücksichtigen (z.B. 4 3/4 Jahre)

Ruling tt.mm.jjjj
Mitarbeiteraktien

ausgefüllt durch GESELLSCHAFT, PERSON
Tel. : XXX XXX XX XX
Datum : TT.MM.JJJJ

Beilage zum Lohnausweis
Druckdatum: 18.07.2013; Seite 4/12

Name der Gesellschaft
Bezeichnung des Mitarbeiterbeteiligungsplans

Bescheinigung über Mitarbeiterbeteiligungen

Freie börsenkotierte Mitarbeiteroptionen
SACHVERHALT II

AHV-Nr.	xxx.xxx.xxx.xxx	Steuerperiode 01.01.2013 bis 31.12.2013
Name und Vorname	Herr A	
Strasse	Rue X	
Ort	Genève	

Beispiel II - A: BEI ABGABE AUSZUFÜLLEN UND DEM LOHNAUSWEIS DES BETREFFENDEN STEUERJAHRS BEIZULEGEN

Freie börsenkotierte Optionen: Ermittlung des steuerbaren Einkommens für Abgaben in dieser Periode (vgl. Art. 5 Abs. 1 MBV)

Datum der Abgabe	Anzahl erworbener börsenkotierter freier Mitarbeiteroptionen	Verkehrswert der Option beim Erwerb (Währung)	Allenfalls vereinbarter Erwerbspreis (Währung)	Geldwerter Vorteil (Währung)	Wechselkurs bei der Abgabe (Mittel der Geld- und Briefschlusskurse am Tage des Rechtserwerbs)	Im Lohnausweis bescheinigtes steuerbares *Einkommen* (CHF)
01.07.2013	3000	120	0	360'000	1.22	439'200

*LA = Lohnausweis

STEUERBARES EINKOMMEN 439'200 (Ziff. 5 LA*)

Ruling tt.mm.jjjj
Börsenkotierte freie Mitarbeiteroptionen

ausgefüllt durch GESELLSCHAFT, PERSON
Tel. : XXX XXX XX XX
Datum : TT.MM.JJJJ

Beilage zum Lohnausweis
Druckdatum: 18.07.2013; Seite 5/12

Name der Gesellschaft
Bezeichnung des Mitarbeiterbeteiligungsplans

Bescheinigung über Mitarbeiterbeteiligungen

Freie börsenkotierte Mitarbeiteroptionen
SACHVERHALT II

AHV-Nr.	xxx.xxx.xxx.xxx
Name und Vorname	Herr A
Strasse	Rue X
Ort	Genève

Steuerperiode 01.01.2013 bis 31.12.2013

Beispiel II - B: JEDES JAHR FÜR ALLE MITARBEITENDEN MIT DIESEM BETEILIGUNGSPLAN AUSZUFÜLLEN UND DEM LOHNAUSWEIS DES BETREFFENDEN STEUERJAHRS BEIZULEGEN

Verlauf der börsenkotierten freien Mitarbeiteroptionen und Stand am Ende der Periode[1], per: 31.12.2013 *

** im Wertschriftenverzeichnis der Steuererklärung pro memoria anzugeben - Vermögenssteuer*

Anzahl erworbene freie börsenkotierte Optionen	Datum (Daten) der Abgabe	Verkehrswert der kotierten Option am Ende der Periode (Währung)	Wechselkurs am Ende der Periode	Steuerbares Vermögen in der Schweiz (CHF)
3000	01.07.2013	130	1.25	487'500
0	*0*			
0	*0*			
0	*0*			
0	*0*			
0	*0*			
0	*0*			
Stand steuerbares Vermögen bezüglich börsenkotierter und freier Mitarbeiteroptionen am Ende der Periode				***487'500***

[1] Als Ende der Periode gilt das Ende der Steuerpflichtperiode, der 31. Dezember des Steuerjahrs oder früheres Datum bei Wegzug aus der Schweiz oder Todesfall

Ruling tt.mm.jjjj
Börsenkotierte freie Mitarbeiteroptionen

ausgefüllt durch GESELLSCHAFT, PERSON
Tel. : XXX XXX XX XX
Datum : TT.MM.JJJJ

Beilage zum Lohnausweis
Druckdatum: 18.07.2013; Seite 6/12

Name der Gesellschaft
Bezeichnung des Mitarbeiterbeteiligungsplans

Bescheinigung über Mitarbeiterbeteiligungen

Mitarbeiteroptionen
SACHVERHALT III

AHV-Nr.	xxx.xxx.xxx.xxx
Name und Vorname	Herr A
Strasse	Rue X
Ort	Genève

Steuerperiode von ... bis ...	01.01.2015	31.12.2015
Datum des **Zuzugs** in die Schweiz (Ansässigkeit)		01.07.2013
Beginn des Arbeitsverhältnisses (mit Konzern)		01.01.2007
Beginn der Arbeitsverhältnisses mit Tochtergesellschaft in der Schweiz		01.07.2013
Ende des Arbeitsverhältnisses mit Tochtergesellschaft in der Schweiz		N/A
Ende des Arbeitsverhältnisses (mit Konzern)		N/A
Datum des **Wegzugs** aus der Schweiz (Ansässigkeit)		N/A
Zielland (Ansässigkeit oder Arbeit)	N/A	

Beispiel III - A: BEI AUSÜBUNG AUSZUFÜLLEN UND DEM LOHNAUSWEIS DES BETREFFENDEN STEUERJAHRS BEIZULEGEN

Optionen: Bemessung des steuerbaren Einkommens für in dieser Periode ausgeübten oder verkauften Optionen (vgl. Art. 5 Abs. 2 Bst. b MBV)

Datum der Ausübung oder des Verkaufs der Option	Anzahl in der Periode ausgeübter oder verkaufter Optionen	Datum der Abgabe	Datum der Entstehung des Ausübungsrechts (Vesting)	Ausübungspreis (Währung)	Verkehrswert der zugrunde liegenden kotierten Aktie (oder Formelwert bei nicht kotierter Aktie) bei der Ausübung oder der Verkaufspreis (Währung)	Geldwerter Vorteil (Währung)	Wechselkurs (Mittel der Geld- und Briefschlusskurse am Tage des Rechtserwerbs)	Anteil des gegebenenfalls auf die Schweiz entfallenden geldwerten Vorteils (vgl. Art. 7 & 8 MBV - siehe Anhang III-A)	Steuerbares Einkommen im Ausland, für den Satz (CHF)	Steuerbares Einkommen in der Schweiz (CHF)	Ansässigkeitsland bei der Ausübung oder dem Verkauf
01.07.2015	2'000	01.01.2013	01.01.2015	50.00	120.00	140'000	1.22	75.21%	42'349	128'451	Schweiz

*LA = Lohnausweis

STEUERBARES EINKOMMEN 170'800 (Ziff. 5 LA*)

DAVON STEUERBARES EINKOMMEN IM AUSLAND (für den Satz anzugeben) 42'349

Ruling tt.mm.jjjj
Optionen

ausgefüllt durch GESELLSCHAFT, PERSON
Tel.: XXX XXX XX XX
Datum: TT.MM.JJJJ

Beilage zum Lohnausweis
Druckdatum: 18.07.2013; Seite 7/12

Name der Gesellschaft
Bezeichnung des Mitarbeiterbeteiligungsplans

Bescheinigung über Mitarbeiterbeteiligungen

Mitarbeiteroptionen
SACHVERHALT III

AHV-Nr.	xxx.xxx.xxx.xxx
Name und Vorname	Herr A
Strasse	Rue X
Ort	Genève

Steuerperiode von … bis …	01.01.2015	31.12.2015
Datum des **Zuzugs** in die Schweiz (Ansässigkeit)		01.07.2013
Beginn des Arbeitsverhältnisses (mit Konzern)		01.01.2007
Beginn der Arbeitsverhältnisses mit Tochtergesellschaft in der Schweiz		01.07.2013
Ende des Arbeitsverhältnisses mit Tochtergesellschaft in der Schweiz		N/A
Ende des Arbeitsverhältnisses (mit Konzern)		N/A
Datum des **Wegzugs** aus der Schweiz (Ansässigkeit)		N/A
Zielland (Ansässigkeit oder Arbeit)	N/A	

Beispiel III - B: JEDES JAHR FÜR ALLE MITARBEITEDEN MIT DIESEM BETEILIGUNGSPLAN AUSZUFÜLLEN UND DEM LOHNAUSWEIS DES BETREFFENDEN STEUERJAHRS BEIZULEGEN

Verlauf der Optionen und Stand am Ende der Periode, per: 31.12.2015 **(im Wertschriftenverzeichnis der Steuererklärung pro memoria [Vermögenssteuer] anzugeben - vgl. Art. 5 Abs. 2 Bst. a und Art. 17 MBV)**

Anzahl abgegebener Optionen / Datum (Daten) der Abgabe / jeweiliges Ansässigkeitsland	Anzahl abgegebener Optionen mit Angabe des allfälligen Vestingzeitpunkts	Datum (Daten) der Entstehung des Ausübungsrechts (Vesting)	Ansässigkeitsland bei Entstehung des Ausübungsrechts	Anzahl gevesteter Optionen	Ausübungspreis (Währung)	Anzahl ausgeübt (oder annulliert) seit der Abgabe	Anzahl in der Schweiz verbrachter Tage zwischen Zuteilung und Rechtserwerb (Vesting)	Total Tage zwischen Zuteilung und Rechtserwerb (Vesting)	Anteil des auf die Schweiz entfallenden geldwerten Vorteils bei der Ausübung (vgl. Art. 7 & 8 MBV)	Anzahl gehaltener Optionen am Ende der Periode
Abgabe 1										
9'000					50.00	2000	leer lassen			7'000
01.01.2013	9'000	01.01.2015	Schweiz	9'000	leer lassen		549	730	75.21%	
	-	-	-	-						
Frankreich	-	-	-	-						
	-	-	-	-						
	-	-	-	-						
Abgabe 2										
							leer lassen			0
Datum					leer lassen					
Land										
Abgabe 3										
							leer lassen			0
Datum					leer lassen					
Land										
Stand der Optionen im Besitz des Mitarbeitenden am Ende der Periode										7000

Ruling tt.mm.jjjj
Optionen

ausgefüllt durch GESELLSCHAFT, PERSON
Tel.: XXX XXX XX XX
Datum: TT.MM.JJJJ

Beilage zum Lohnausweis
Druckdatum: 18.07.2013; Seite 8/12

Name der Gesellschaft
Bezeichnung des Mitarbeiterbeteiligungsplans

Bescheinigung über Mitarbeiterbeteiligungen

Mitarbeiteroptionen
SACHVERHALT III

AHV-Nr.	xxx.xxx.xxx.xxx
Name und Vorname	Herr A
Strasse	X-Road
Ort	London

Steuerperiode von ... bis ...	01.01.2014	31.12.2014
Datum des **Zuzugs** in die Schweiz (Ansässigkeit)		01.07.2013
Beginn des Arbeitsverhältnisses (mit Konzern)		01.01.2007
Beginn des Arbeitsverhältnisses mit Tochtergesellschaft in der Schweiz		01.07.2013
Ende des Arbeitsverhältnisses mit Tochtergesellschaft in der Schweiz		N/A
Ende des Arbeitsverhältnisses (mit Konzern)		N/A
Datum des **Wegzugs** aus der Schweiz (Ansässigkeit)		N/A
Zielland (Ansässigkeit oder Arbeit)	Grossbritannien	

Beispiel III - A: BEI AUSÜBUNG AUSZUFÜLLEN UND DEM LOHNAUSWEIS DES BETREFFENDEN STEUERJAHRS BEIZULEGEN

Optionen: Bemessung des steuerbaren Einkommens für in dieser Periode ausgeübte oder verkaufte Optionen (vgl. Art. 5 Abs. 2 Bst. b MBV)

Datum der Ausübung oder des Verkaufs der Option	Anzahl in der Periode ausgeübter oder verkaufter Optionen	Datum der Abgabe	Datum der Entstehung des Ausübungs-rechts (Vesting)	Ausübungs-preis (Währung)	Verkehrswert der zugrunde liegenden kotierten Aktie (oder Formelwert bei nicht kotierter Aktie) bei der Ausübung oder der Verkaufspreis (Währung)	Geldwerter Vorteil (Währung)	Wechselkurs (Mittel der Geld- und Briefschluss-kurse am Tage der Abgabe)	Anteil des gegebenenfalls auf die Schweiz entfallenden geldwerten Vorteils (vgl. Art. 7 & 8 MBV - siehe Anhang III-A	Steuerbares Einkommen im Ausland, für den Satz (CHF)	Steuerbares Einkommen in der Schweiz (CHF)	Ansässigkeitsland bei der Ausübung oder dem Verkauf
01.07.2017	7'000	01.01.2013	01.01.2015	50.00	130.00	560'000.00	1.26	75.21%	174'950	530'650	Grossbritannien
						0.00					

*LA = Lohnausweis

STEUERBARES EINKOMMEN 705'600 (Ziff. 5 LA*)

DAVON STEUERBARES EINKOMMEN IM AUSLAND (für den Satz anzugeben) 174'950

Ruling tt.mm.jjjj
Optionen

ausgefüllt durch GESELLSCHAFT, PERSON
Tel.: XXX XXX XX XX
Datum : TT.MM.JJJJ

Beilage zum Lohnausweis
Druckdatum: 18.07.2013; Seite 9/12

Name der Gesellschaft
Bezeichnung des Mitarbeiterbeteiligungsplans

Bescheinigung über Mitarbeiterbeteiligungen

Mitarbeiteroptionen
SACHVERHALT III

AHV-Nr.	xxx.xxx.xxx.xxx
Name und Vorname	Herr A
Strasse	X-Road
Ort	London

Steuerperiode von ... bis ...	01.01.2014	31.12.2014
Datum des **Zuzugs** in die Schweiz (Ansässigkeit)		01.07.2013
Beginn des Arbeitsverhältnisses (mit Konzern)		01.01.2007
Beginn des Arbeitsverhältnisses mit Tochtergesellschaft in der Schweiz		01.07.2013
Ende des Arbeitsverhältnisses mit Tochtergesellschaft in der Schweiz		N/A
Ende des Arbeitsverhältnisses (mit Konzern)		N/A
Datum des **Wegzugs** aus der Schweiz (Ansässigkeit)		N/A
Zielland (Ansässigkeit oder Arbeit)	Grossbritannien	

Beispiel III - B: JEDES JAHR FÜR ALLE MITARBEITER MIT DIESEM BETEILIGUNGSPLAN AUSZUFÜLLEN UND DEM LOHNAUSWEIS DES BETREFFENDEN STEUERJAHRS BEIZULEGEN

Verlauf der Optionen und Stand am Ende der Periode, per: 31.12.2014 **(im Wertschriftenverzeichnis der Steuererklärung pro memoria [Vermögenssteuer] anzugeben - vgl. Art. 5 Abs. 2 Bst. a und Art. 17 MBV)**

Anzahl abgegebener Optionen / Datum (Daten) der Abgabe / jeweiliges Ansässigkeitsland	Anzahl abgegebener Optionen mit Angabe des allfälligen Vestingzeitpunkts	Datum (Daten) der Entstehung des Ausübungsrechts (Vesting)	Ansässigkeitsland bei Entstehung des Ausübungsrechts	Anzahl gevesteter Optionen	Ausübungspreis (Währung)	Anzahl ausgeübt (oder annulliert) seit der Abgabe	Anzahl in der Schweiz verbrachter Tage zwischen Zuteilung und Rechtserwerb (Vesting)	Total Tage zwischen Zuteilung und Rechtserwerb (Vesting)	Anteil des auf die Schweiz entfallenden geldwerten Vorteils bei der Ausübung (vgl. Art. 7 & 8 MBV)	Anzahl gehaltener Optionen am Ende der Periode
Abgabe 1										
9'000					**50.00**	**9000**		*leer lassen*		0
01.01.2013	*9'000*	*01.01.2015*	*Schweiz*	*9'000*	*leer lassen*	*2'000*	549	730	**75.21%**	
	-	-	-	-		*7000*	549	730	**75.21%**	
Frankreich	-	-	-	-						
	-	-	-	-						
Abgabe 2										
								leer lassen		0
Datum					*leer lassen*					
Land										
Abgabe 3										
								leer lassen		0
Datum					*leer lassen*					
Land										
Stand der Optionen im Besitz des Mitarbeitenden am Ende der Periode										*0*

Ruling tt.mm.jjjj
Optionen

ausgefüllt durch GESELLSCHAFT, PERSON
Tel.: XXX XXX XX XX
Datum : TT.MM.JJJJ

Beilage zum Lohnausweis
Druckdatum: 18.07.2013; Seite 10/12

Name der Gesellschaft
Bezeichnung des Mitarbeiterbeteiligungsplans

Bescheinigung über Mitarbeiterbeteiligungen

Anwartschaften auf Bargeld oder Mitarbeiteraktien
SACHVERHALT IV

AHV-Nr.	xxx.xxx.xxx.xxx
Name und Vorname	Herr A
Strasse	Rue X
Ort	Genève

Steuerperiode von … bis …	01.01.2013	31.12.2013
Datum des **Zuzugs** in die Schweiz (Ansässigkeit)		01.07.2013
Beginn des Arbeitsverhältnisses (mit Konzern)		01.01.2007
Beginn des Arbeitsverhältnisses mit Tochtergesellschaft in der Schweiz		01.07.2013
Ende des Arbeitsverhältnisses mit Tochtergesellschaft in der Schweiz		N/A
Ende des Arbeitsverhältnisses (mit Konzern)		N/A
Datum des **Wegzugs** aus der Schweiz (Ansässigkeit)		N/A
Zielland (Ansässigkeit oder Arbeit)	N/A	

Beispiel IV - A: BEI UMWANDLUNG AUSZUFÜLLEN UND DEM LOHNAUSWEIS DES BETREFFENDEN STEUERJAHRS BEIZULEGEN

Anwartschaften auf Bargeld/Mitarbeiteraktien: Bemessung des steuerbaren Einkommens bei der Realisation des geldwerten Vorteils in dieser Periode (vgl. Art. 5 Abs. 2 Bst. b und Art. 6 MBV)

Datum (Daten) der Umwandlung der Mitarbeiteraktien	Anzahl umgewandelter Mitarbeiterbeteiligungen in der Periode	Datum der Abgabe	Allenfalls vereinbarter Umwandlungspreis (Währung)	Verkehrswert der zugrunde liegenden kotierten Aktie (oder Formelwert bei nicht kotierter Aktie) bei der Umwandlung (Währung)	Geldwerter Vorteil (Währung)	Wechselkurs (Mittel der Geld- und Briefschlusskurse am Tage der Umwandlung)	Anteil des auf die Schweiz entfallenden geldwerten Vorteils bei der Umwandlung (vgl. Art. 7 & 8 MBV - siehe Anhang IV-A)	Steuerbares Einkommen im Ausland, für den Satz (CHF)	Steuerbares Einkommen in *der Schweiz* (CHF)	Ansässigkeitsland bei der Umwandlung
01.01.2015	3'000	01.01.2013	**0.00**	120.00	360'000.00	1.22	75.21%	108'897.53	330'302.47	Schweiz
					0.00			0.00	0.00	
					0.00			0.00	0.00	

*LA = Lohnausweis

STEUERBARES EINKOMMEN **439'200.00** (Ziff. 5 LA*)

DAVON STEUERBARES EINKOMMEN IM AUSLAND (für den Satz anzugeben) **108'897.53**

Name der Gesellschaft
Bezeichnung des Mitarbeiterbeteiligungsplans

Bescheinigung über Mitarbeiterbeteiligungen

Anwartschaften auf Bargeld oder Mitarbeiteraktien
SACHVERHALT IV

AHV-Nr.	xxx.xxx.xxx.xxx
Name und Vorname	Herr A
Strasse	Rue X
Ort	Genève

Steuerperiode von … bis …	01.01.2013	31.12.2013
Datum des **Zuzugs** in die Schweiz (Ansässigkeit)		01.07.2013
Beginn des Arbeitsverhältnisses (mit Konzern)		01.01.2007
Beginn des Arbeitsverhältnisses mit Tochtergesellschaft in der Schweiz		01.07.2013
Ende des Arbeitsverhältnisses mit Tochtergesellschaft in der Schweiz		N/A
Ende des Arbeitsverhältnisses (mit Konzern)		N/A
Datum des **Wegzugs** aus der Schweiz (Ansässigkeit)		N/A
Zielland (Ansässigkeit oder Arbeit)	N/A	

Beispiel IV - B: JEDES JAHR FÜR ALLE MITARBEITENDEN MIT DIESEM BETEILIGUNGSPLAN AUSZUFÜLLEN UND DEM LOHNAUSWEIS DES BETREFFENDEN STEUERJAHRS BEIZULEGEN

Verlauf der Anwartschaften auf Bargeld/Aktien und Stand am Ende der Periode, per 31.12.2013 **(im Wertschriftenverzeichnis der Steuererklärung pro memoria [Vermögenssteuer] anzugeben - vgl. Art. 5 Abs. 2 Bst. a. Art. 6 und Art. 17 MBV)**

Anzahl abgegebener Anwartschaften / Datum (Daten) der Abgabe / jeweiliges Ansässigkeitsland	Anzahl Anwartschaften pro Umwandlungs-tranche	Datum (Daten) der Umwandlung (Vesting)	Ansässigkeits land bei der Umwandlung	Anzahl umgewandelter Anwart-schaften	Allenfalls vereinbarter Umwandlungspreis (Währung)	Anzahl freigegebener (oder annullierter) Anwartschaften seit der Abgabe	In der Schweiz verbrachte Tage zwischen Zuteilung und Vesting	Total Tage zwischen Zuteilung und Umwandlung	Anteil des auf die Schweiz entfallenden geldwerten Vorteils bei der Umwandlung - vgl. Art. 7 & 8 MBV)	Anzahl gehaltener Anwartschaften am Ende der Periode
Abgabe 1										
9'000					0.00	9000	leer lassen			0
	9'000	*01.01.2015*	*Schweiz*	*9'000*	leer lassen	*9000*	549	730	75.21%	*0*
01.01.2013										*0*
Frankreich										
Abgabe 2							leer lassen			0
Datum					leer lassen					
Land										
Abgabe 3							leer lassen			0
Datum					leer lassen					
Land										
Abgabe 4							leer lassen			*0*
Datum					leer lassen					
Land										
Stand der Anwartschaften im Besitz des Mitarbeitenden am Ende der Periode										0

Fallbeispiele zur Quellenbesteuerung von geldwerten Vorteilen aus Mitarbeiterbeteiligungen (gültig ab 1. Januar 2013)

1. Fallgruppe: Beispiele zu Artikel 97a DBG (mit „Export")

Grundsätzliches:

- Der internationale Ansässigkeitswechsel zwischen Abgabe und Ausübung der Mitarbeiterbeteiligung löst die Besteuerung gemäss Artikel 97a DBG aus. Die Bestimmung der Ansässigkeit stützt sich im Allgemeinen auf die Kriterien von Artikel 4 Absatz 2 OECD-MA. Auf die Ermittlung des steuerbaren Einkommens hat der internationale Ansässigkeitswechsel nur insoweit Auswirkungen, als dieser innerhalb der Vestingperiode erfolgt (Art. 17d DBG).
- Ausnahme: Der internationale Ansässigkeitswechsel führt nicht zu einer Besteuerung nach Artikel 97a DBG, wenn innerhalb des Zeitraums zwischen Abgabe und Ausübung der Mitarbeiterbeteiligung unverändert das Vertragsverhältnis zum Leistungsschuldner mit Sitz in der Schweiz weiterbesteht.
- Die Begriffe „Import" und „Export" leiten sich aus den Bestimmungen der Artikel 7 MBV (Zuzug) und Artikel 8 MBV (Wegzug) ab.

- Legende:
  AV Schweiz = Arbeitsverhältnis mit einem schweizerischen Arbeitgeber
  AV Ausland = Arbeitsverhältnis mit einem ausländischen Arbeitgeber
  int. TP = internationaler Transport
  VR = Verwaltungsrat

Besteuerung:

1.1.

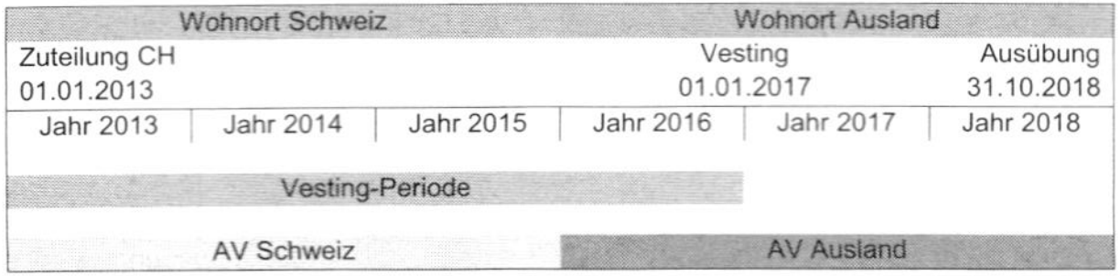

3/4 der geldwerten Leistung können bei deren Fälligkeit durch die Schweiz besteuert werden (Art. 97a DBG und Art. 8 MBV).

1.2.

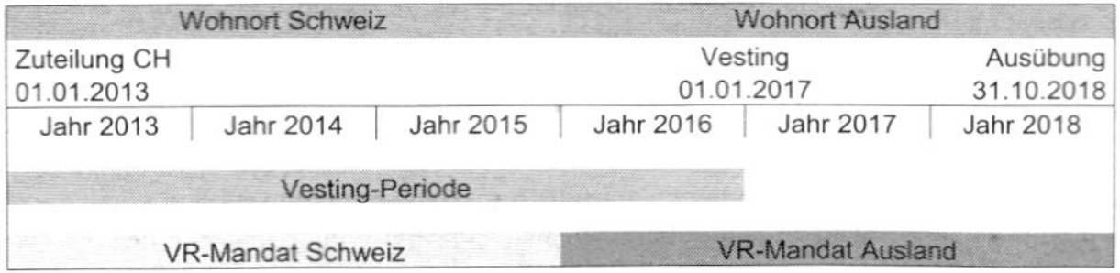

3/4 der geldwerten Leistung können bei deren Fälligkeit durch die Schweiz besteuert werden (Art. 97a DBG und Art. 8 MBV); Artikel 93 DBG ist nicht abwendbar.

1.3.

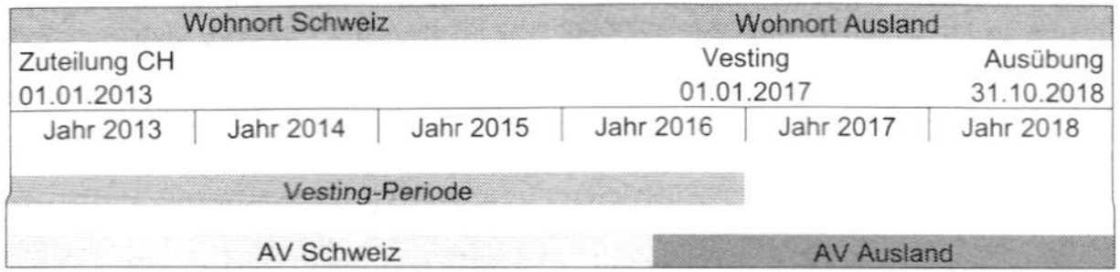

7/8 der geldwerten Leistung können bei deren Fälligkeit durch die Schweiz besteuert werden (Art. 97a DBG und Art. 8 MBV).

1/8 (erstes Halbjahr 2016) in sinngemässer Anwendung von Artikel 17d DBG, aber unter Ausscheidung von allfälligen Drittstaattagen gemäss DBA.

Besteuerung:

1.4.

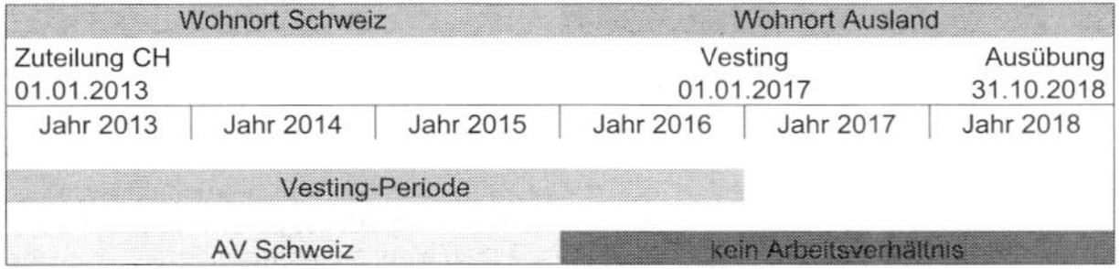

3/4 der geldwerten Leistung können bei deren Fälligkeit durch die Schweiz besteuert werden (Art. 97a DBG und Art. 8 MBV).

1.5.

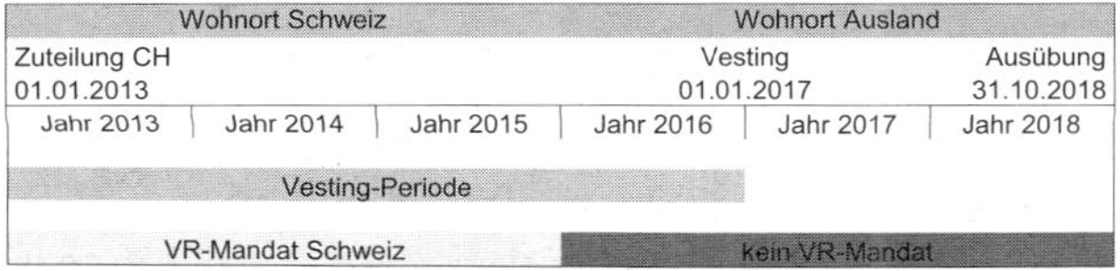

3/4 der geldwerten Leistung können bei deren Fälligkeit durch die Schweiz besteuert werden (Art. 97a DBG und Art. 8 MBV); Artikel 93 DBG ist <u>nicht</u> *abwendbar.*

Fallbeispiele zur Quellenbesteuerung von geldwerten Vorteilen aus Mitarbeiterbeteiligungen (gültig ab 1. Januar 2013)

2. Fallgruppe: Beispiele zu den Artikel 91 / 93 / 97 DBG (ohne „Export")

Grundsätzliches:

- Solange kein internationaler Ansässigkeitswechsel zwischen Abgabe und Ausübung der Mitarbeiterbeteiligung erfolgt, sind die Artikel 97a DBG resp. Artikel 17d DBG nicht anwendbar. Die Bestimmung der Ansässigkeit stützt sich im Allgemeinen auf die Kriterien von Artikel 4 Absatz 2 OECD-MA. Der internationale Ansässigkeitswechsel führt ausnahmsweise nicht zu einer Besteuerung nach Artikel 97a DBG, wenn innerhalb des Zeitraums zwischen Abgabe und Ausübung der Mitarbeiterbeteiligung unverändert das Vertragsverhältnis zum Leistungsschuldner mit Sitz in der Schweiz weiterbesteht.
- Im Ausland ansässige Verwaltungsräte sind immer nach den Bestimmungen des anwendbaren DBA zu besteuern (vgl. Art. 93 DBG i.V.m. Art. 14 MBV).
- Die Begriffe „Import" und „Export" leiten sich aus den Bestimmungen der Artikel 7 MBV (Zuzug) und Artikel 8 MBV (Wegzug) ab;
- Arbeitstage im Ausland (Drittstaattage) sind im Verhältnis zu einem DBA-Land bei einer Quellensteuerpflicht gemäss Artikel 91 DBG und zum Teil auch gemäss Artikel 97 DBG auszuscheiden.
- Generell vorbehalten bleiben die Bestimmungen in den Doppelbesteuerungsabkommen oder weiterer Abkommen mit anderen Staaten, die das Besteuerungsrecht der Schweiz beschränken oder aufheben (z.B. Art. 15a DBA CH-D).

- Legende:
  AV Schweiz = Arbeitsverhältnis mit einem schweizerischen Arbeitgeber
  AV Ausland = Arbeitsverhältnis mit einem ausländischen Arbeitgeber
  int. TP = internationaler Transport
  VR = Verwaltungsrat

Besteuerung:

2.1.

durchgehender Wohnort im Ausland (Grenzgänger / Wochenaufenthalter)					
Zuteilung CH 01.01.2013			Vesting 01.01.2017		Ausübung 31.10.2018
Jahr 2013	Jahr 2014	Jahr 2015	Jahr 2016	Jahr 2017	Jahr 2018
Vesting-Periode					
AV Schweiz					

Zusammen mit dem Lohn im Monat der Fälligkeit der geldwerten Leistung (Art. 91 DBG i.V.m. Art. 13 MBV).
Hinweis: Im Verhältnis zu einem DBA-Land sind allfällige Drittstaattage auszuscheiden.

2.2.

durchgehender Wohnort im Ausland (internationaler Transport)					
Zuteilung CH 01.01.2013			Vesting 01.01.2017		Ausübung 31.10.2018
Jahr 2013	Jahr 2014	Jahr 2015	Jahr 2016	Jahr 2017	Jahr 2018
Vesting-Periode					
AV Schweiz im int. TP					

Zusammen mit dem Lohn im Monat der Fälligkeit der geldwerten Leistung (Art. 97 DBG i.V.m. Art. 13 MBV).
Hinweis: Im Verhältnis zu einem DBA-Land sind teilweise allfällige Drittstaattage auszuscheiden.

2.3.

durchgehender Wohnort im Ausland (Verwaltungsrat)					
Zuteilung CH 01.01.2013			Vesting 01.01.2017		Ausübung 31.10.2018
Jahr 2013	Jahr 2014	Jahr 2015	Jahr 2016	Jahr 2017	Jahr 2018
Vesting-Periode					
VR-Mandat Schweiz					

Zusammen mit dem VR-Honorar im Monat der Fälligkeit der geldwerten Leistung gemäss Artikel 93 DBG i.V.m. Artikel 14 MBV .
Hinweis: Es sind auch im Verhältnis zu einem DBA-Land allfällige Drittstaattage nicht auszuscheiden.

Besteuerung:

2.4.

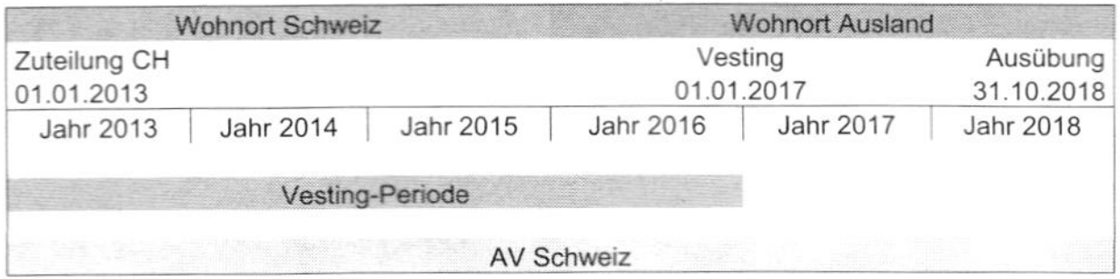

Wegen Aufrechterhaltung des Arbeitsverhältnisses ist Artikel 97a DBG nicht anwendbar; Besteuerung gemäss Artikel 91 DBG unter Ausscheidung allfälliger Drittstaattage.

2.5.

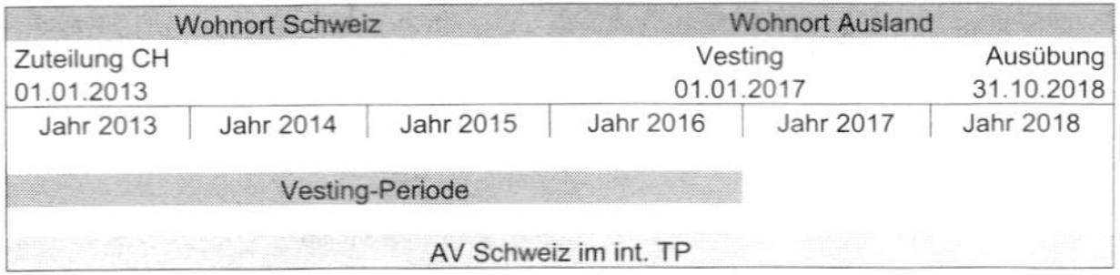

Wegen Aufrechterhaltung des Arbeitsverhältnisses ist Artikel 97a DBG nicht anwendbar; Besteuerung gemäss Artikel 97 DBG unter Ausscheidung allfälliger Drittstaattage.

2.6.

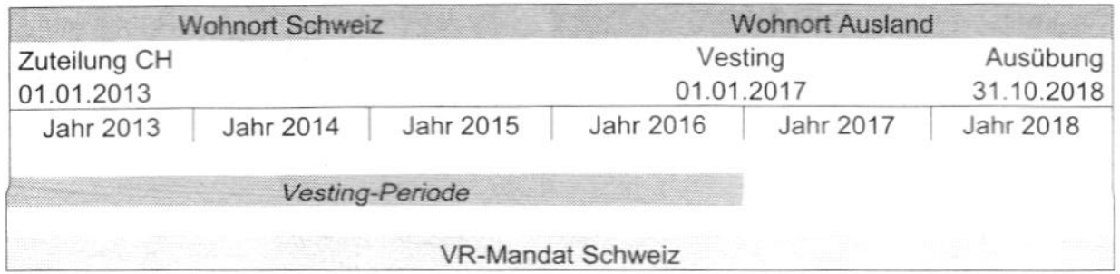

Wegen Aufrechterhaltung des Verwaltungsrats-Mandates ist Artikel 97a DBG nicht anwendbar; Besteuerung gemäss Artikel 93 DBG.

Besteuerung:

2.7.

durchgehender Wohnort im Ausland (Grenzgänger / Wochenaufenthalter)					
Zuteilung CH 01.01.2013	Wechsel zu Auslandstochter 01.01.2015		Vesting 01.01.2017		Ausübung 31.10.2018
Jahr 2013	Jahr 2014	Jahr 2015	Jahr 2016	Jahr 2017	Jahr 2018
Vesting-Periode					
AV Schweiz		AV Ausland			

Wegen fehlendem Ansässigkeitswechsel ist Artikel 97a DBG nicht anwendbar; Besteuerung gemäss Artikel 91 DBG unter Ausscheidung der Arbeitsverhältnisse Schweiz/Ausland während der Vestingperiode (sinngemässe Anwendung von Art. 17d DBG, d.h. im Verhältnis 2 : 2).
Hinweis: Im Verhältnis zu einem DBA-Land sind allfällige Drittstaattage auszuscheiden.

2.8.

durchgehender Wohnort im Ausland (internationaler Transport)					
Zuteilung CH 01.01.2013	Wechsel zu Auslandstochter 01.01.2015		Vesting 01.01.2017		Ausübung 31.10.2018
Jahr 2013	Jahr 2014	Jahr 2015	Jahr 2016	Jahr 2017	Jahr 2018
Vesting-Periode					
AV Schweiz im int. TP		AV Ausland im int. TP			

Wegen fehlendem Ansässigkeitswechsel ist Artikel 97a DBG nicht anwendbar; Besteuerung gemäss Artikel 97 DBG unter Ausscheidung der Arbeitsverhältnisse Schweiz/Ausland während der Vestingperiode (sinngemässe Anwendung von Art. 17d DBG, d.h. im Verhältnis 2 : 2).
Hinweis: Im Verhältnis zu einem DBA-Land sind teilweise allfällige Drittstaattage auszuscheiden.

2.9.

durchgehender Wohnort im Ausland (Verwaltungsrat)					
Zuteilung CH 01.01.2013	Wechsel zu Auslandstochter 01.01.2015		Vesting 01.01.2017		Ausübung 31.10.2018
Jahr 2013	Jahr 2014	Jahr 2015	Jahr 2016	Jahr 2017	Jahr 2018
Vesting-Periode					
VR-Mandat Schweiz		VR-Mandat im Ausland			

Wegen fehlendem Ansässigkeitswechsel ist Artikel 97a DBG nicht anwendbar; Besteuerung gemäss Artikel 93 DBG i.V.m. Artikel 14 MBV unter Ausscheidung der VR-Mandate Schweiz / Ausland während der Vestingperiode (sinngemäss Anwendung von Art. 17d DBG, d.h. im Verhältnis 2 : 2).
Hinweis: Es sind auch im Verhältnis zu einem DBA-Land allfällige Drittstaattage nicht auszuscheiden.

Besteuerung:

2.10.

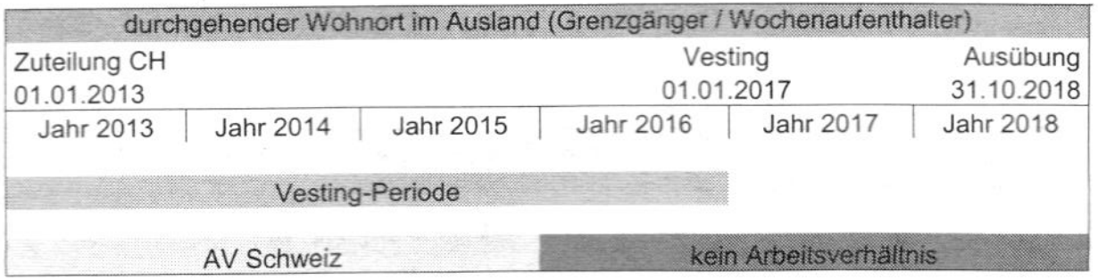

Wegen fehlendem Ansässigkeitswechsel ist Artikel 97a DBG nicht anwendbar; Besteuerung gemäss Artikel 91 DBG, jedoch ohne anteilsmässige Ausscheidung, da kein Arbeitsverhältnis im Ausland besteht.
Hinweis: Im Verhältnis zu einem DBA-Land sind allfällige Drittstaattage auszuscheiden.

2.11.

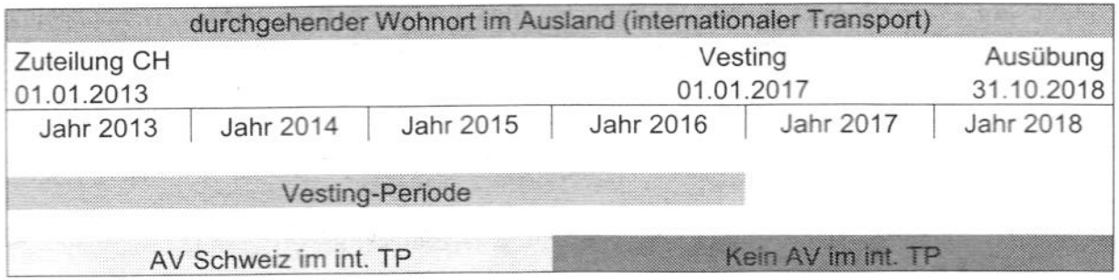

Wegen fehlendem Ansässigkeitswechsel ist Artikel 97a DBG nicht anwendbar; Besteuerung gemäss Artikel 97 DBG, jedoch ohne anteilsmässige Ausscheidung, da kein Arbeitsverhältnis im Ausland besteht.
Hinweis: Im Verhältnis zu einem DBA-Land sind teilweise allfällige Drittstaattage auszuscheiden.

2.12.

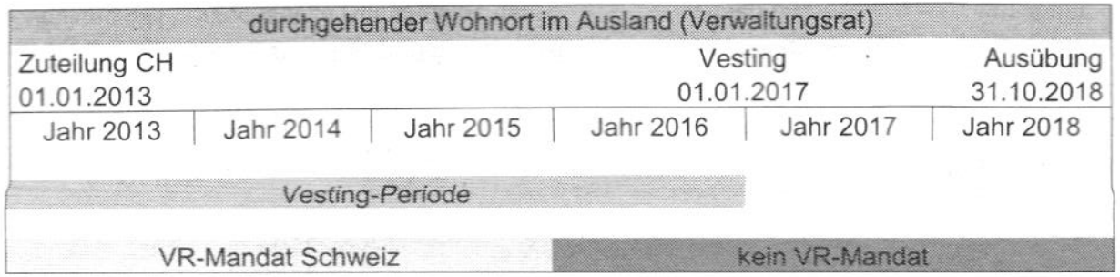

Wegen fehlendem Ansässigkeitswechsel ist Artikel 97a DBG nicht anwendbar; Besteuerung gemäss Artikel 93 DBG i.V.m. Artikel 14 MBV ohne anteilsmässige Ausscheidung, da kein VR-Mandat im Ausland besteht.
Hinweis: Es sind auch im Verhältnis zu einem DBA-Land allfällige Drittstaattage nicht auszuscheiden.

Besteuerung:

2.13.

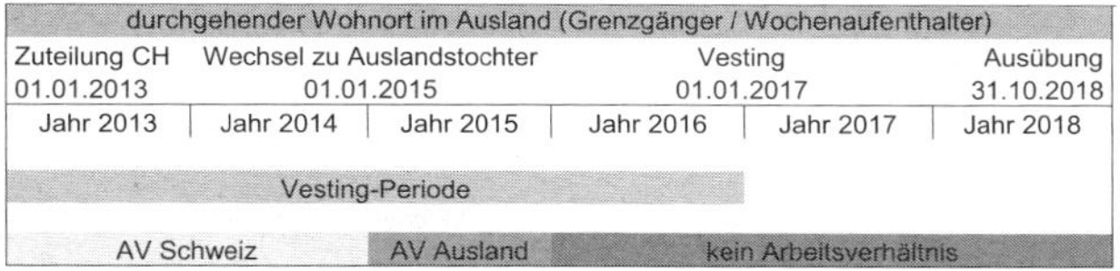

Wegen fehlendem Ansässigkeitswechsel ist Artikel 97a DBG nicht anwendbar; Besteuerung gemäss Artikel 91 DBG unter Ausscheidung der Arbeitsverhältnisse Schweiz / Ausland während der Vestingperiode, d.h. im Verhältnis 3 : 1.
Hinweis: Im Verhältnis zu einem DBA-Land sind allfällige Drittstaattage auszuscheiden.

2.14.

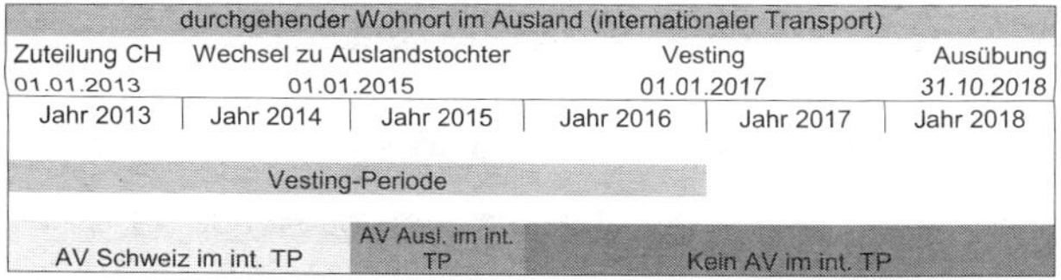

Wegen fehlendem Ansässigkeitswechsel ist Artikel 97a DBG nicht anwendbar; Besteuerung gemäss Artikel 97 DBG unter Ausscheidung der Arbeitsverhältnisse Schweiz / Ausland während der Vestingperiode, d.h. im Verhältnis 3 : 1.
Hinweis: Im Verhältnis zu einem DBA-Land sind teilweise allfällige Drittstaattage auszuscheiden.

2.15.

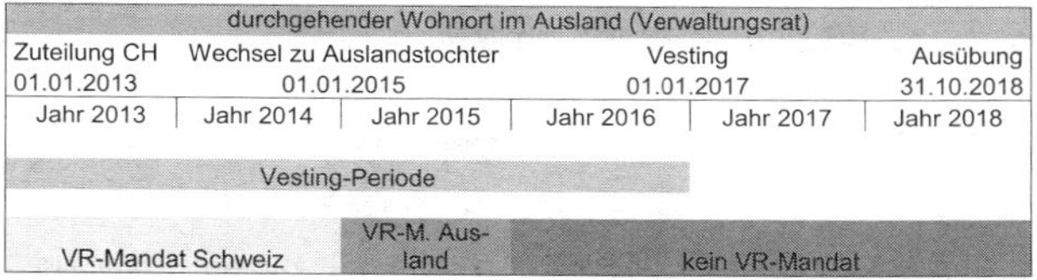

Wegen fehlendem Ansässigkeitswechsel ist Artikel 97a DBG nicht anwendbar; Besteuerung gemäss Artikel 93 DBG i.V.m. Artikel 14 MBV unter Ausscheidung der Verwaltungsratsmandate Schweiz / Ausland während der Vestingperiode, d.h. im Verhältnis 3 : 1.
Hinweis: Es sind auch im Verhältnis zu einem DBA-Land allfällige Drittstaattage nicht auszuscheiden.

2.16.

durchgehender Wohnort im Ausland (Grenzgänger / Wochenaufenthalter)					
Zuteilung CH 01.01.2013		Wechsel zu Auslandstochter 01.01.2015		Vesting 01.01.2017	Ausübung 31.10.2018
Jahr 2013	Jahr 2014	Jahr 2015	Jahr 2016	Jahr 2017	Jahr 2018
Vesting-Periode					
AV Schweiz		AV Ausland	AV Schweiz		

Besteuerung:

Wegen fehlendem Ansässigkeitswechsel Artikel 97a DBG nicht anwendbar; Besteuerung gemäss Artikel 91 DBG unter Ausscheidung der Arbeitsverhältnisse Schweiz / Ausland während der Vestingperiode, d.h. im Verhältnis von 3 : 1.
Hinweis: Im Verhältnis zu einem DBA-Land sind allfällige Drittstaattage auszuscheiden.

2.17.

durchgehender Wohnort im Ausland (internationaler Transport)					
Zuteilung CH 01.01.2013		Wechsel zu Auslandstochter 01.01.2015		Vesting 01.01.2017	Ausübung 31.10.2018
Jahr 2013	Jahr 2014	Jahr 2015	Jahr 2016	Jahr 2017	Jahr 2018
Vesting-Periode					
AV Schweiz im int. TP		AV Ausl. im int. TP	AV Schweiz im int. TP		

Wegen fehlendem Ansässigkeitswechsel Artikel 97a DBG nicht anwendbar; Besteuerung gemäss Artikel 97 DBG unter Ausscheidung der Arbeitsverhältnisse Schweiz / Ausland während der Vestingperiode, d.h. im Verhältnis 3 : 1.
Hinweis: Im Verhältnis zu einem DBA-Land sind teilweise allfällige Drittstaattage auszuscheiden.

2.18.

durchgehender Wohnort im Ausland (Verwaltungsrat)					
Zuteilung CH 01.01.2013		Wechsel zu Auslandstochter 01.01.2015		Vesting 01.01.2017	Ausübung 31.10.2018
Jahr 2013	Jahr 2014	Jahr 2015	Jahr 2016	Jahr 2017	Jahr 2018
Vesting-Periode					
VR-Mandat Schweiz		VR-M. Ausland	VR-Mandat Schweiz		

Wegen fehlendem Ansässigkeitswechsel Artikel 97a DBG nicht anwendbar; Besteuerung gemäss Artikel 93 DBG i.V.m. Artikel 14 MBV unter Ausscheidung der VR-Mandate Schweiz / Ausland während der Vestingperiode, d.h. im Verhältnis 3 : 1.
Hinweis: Es sind auch im Verhältnis zu einem DBA-Land allfällige Drittstaattage nicht auszuscheiden.

Schweizerische Eidgenossenschaft
Confédération suisse
Confederazione Svizzera
Confederaziun svizra

Eidgenössisches Finanzdepartement EFD

Eidgenössische Steuerverwaltung ESTV
Hauptabteilung Direkte Bundessteuer,
Verrechnungssteuer, Stempelabgaben

Direkte Bundessteuer

Bern, 17. Juli 2013

Kreisschreiben Nr. 38[1]

Besteuerung von Kapitalgewinnen aufgrund einer Veräusserung von in der Bauzone gelegenen Grundstücken im Geschäftsvermögen von Landwirten

Inhaltsverzeichnis

[1] Ergänzt mit Anhang 2 vom 29. September 2017 im Auftrag der Kommission für Wirtschaft und Abgaben des Ständerates (WAK-S) betreffend Kapitalgewinnbesteuerung Bauland

Eidgenössische Steuerverwaltung ESTV
Eigerstrasse 65
3003 Bern
www.estv.admin.ch

1 Gegenstand des Kreisschreibens

Das Bundesgericht befasste sich in seinem Urteil 2C_11/2011 vom 2. Dezember 2011 im Wesentlichen mit der Frage, wie die Überführung eines Baulandgrundstücks vom Geschäftsvermögen eines Landwirts in dessen Privatvermögen bei der kantonalen Einkommenssteuer zu beurteilen ist.

Kapitalgewinne, die sich bei Veräusserung eines *land- und forstwirtschaftlichen Grundstücks* sowie von Anteilen daran ergeben, unterliegen gemäss Artikel 12 Absatz 1 des Bundesgesetzes vom 14. Dezember 1990 über die Harmonisierung der direkten Steuern der Kantone und Gemeinden (StHG; SR 642.14) der kantonalen Grundstückgewinnsteuer, soweit der Erlös die Anlagekosten (Erwerbspreis oder Ersatzwert zuzüglich Aufwendungen) übersteigt.

Gemäss dem Bundesgerichtsurteil 2C_11/2011 vom 2. Dezember 2011 harmonieren die kantonalen Bestimmungen über die Grundstückgewinnsteuer mit Artikel 8 Absatz 1 beziehungsweise mit Artikel 12 Absatz 1 StHG. Als Konsequenz der Unterstellung der Kapitalgewinne unter die kantonale Grundstückgewinnsteuer werden diese bei der Einkommenssteuer ausgeklammert. So werden gemäss Artikel 18 Absatz 4 des Bundesgesetzes vom 14. Dezember 1990 über die direkte Bundessteuer (DBG; SR 642.11) die Gewinne aus der Veräusserung von *land- und forstwirtschaftlichen Grundstücken* den steuerbaren Einkünften nur bis zur Höhe der Anlagekosten zugerechnet.

Die auf *land- und forstwirtschaftlichen Grundstücken* erzielten Veräusserungsgewinne nehmen demzufolge eine Sonderstellung ein (vgl. Botschaft vom 25. Mai 1983 zu Bundesgesetzen über die Harmonisierung der direkten Steuern der Kantone und Gemeinden sowie über die direkte Bundessteuer [Bundesblatt (BBl) 1983 III 36 f. u. 162]). Zur Zeit des Bundesratsbeschlusses vom 9. Dezember 1940 über die Erhebung einer direkten Bundessteuer (BdBSt) waren die Landwirte regelmässig nicht eintragungs- bzw. buchführungs- und somit auch nicht kapitalgewinnsteuerpflichtig. Übrig geblieben ist in den heute massgeblichen Regelungen des Bundesgesetzes über die direkte Bundessteuer einzig, dass nur die wieder eingebrachten Abschreibungen der Einkommenssteuer von Bund und Kanton unterliegen, wogegen der eigentliche Wertzuwachsgewinn ausschliesslich der kantonalen Grundstückgewinnsteuer unterliegt und auf Bundesebene nicht besteuert wird. Dies stellt eine privilegierende Ausnahmeregelung dar.

Das vorliegende Kreisschreiben soll die im Bundesgerichtsurteil 2C_11/2011 vom 2. Dezember 2011 verwendeten einschlägigen Begriffe erläutern und einen Überblick über die steuerlichen Auswirkungen des Urteils 2C_11/2011 vom 2. Dezember 2011 bezüglich der Besteuerung von Kapitalgewinnen aus der Veräusserung von in der Bauzone gelegenen Grundstücken im Geschäftsvermögen von Landwirten verschaffen.

2 Begriffe

2.1 Definition des land- und forstwirtschaftlichen Grundstücks

2.1.1 Definition des Grundstücks durch den Gesetzgeber

Sowohl das DBG als auch das StHG kennen keine eigenständige Definition des Begriffs des Grundstücks. Der in Artikel 18 Absatz 4 DBG sowie in Artikel 12 Absatz 1 StHG verwendete Begriff des Grundstücks deckt sich mit der zivilrechtlichen Definition von Artikel 655 des Schweizerischen Zivilgesetzbuches vom 10. Dezember 1907 (ZGB; SR 210). Nach Artikel 655 ZBG sind Grundstücke:

- Liegenschaften;

- die in das Grundbuch aufgenommenen selbständigen und dauernden Rechte;
- die Bergwerke;
- die Miteigentumsanteile an Grundstücken.

2.1.2 Definition des *land- und forstwirtschaftlichen Grundstücks* durch den Gesetzgeber

Die bestehende steuerrechtliche Praxis zur Definition des *land- und forstwirtschaftlichen Grundstücks* basiert weitgehend auf dem Bundesgesetz vom 4. Oktober 1991 über das bäuerliche Bodenrecht (BGBB; SR 211.412.11). Als landwirtschaftlich gilt gemäss Artikel 6 Absatz 1 BGBB ein Grundstück, das für die landwirtschaftliche oder gartenbauliche Nutzung geeignet ist. Als landwirtschaftliche Grundstücke gelten auch Anteils- und Nutzungsrechte an Allmenden, Alpen, Wald und Weiden, die im Eigentum von Allmendgenossenschaften, Alpgenossenschaften, Waldkorporationen oder ähnlichen Körperschaften stehen (vgl. Art. 6 Abs. 2 BGBB).

Als landwirtschaftliches Gewerbe gilt eine Gesamtheit von landwirtschaftlichen Grundstücken, Bauten und Anlagen, die als Grundlage der landwirtschaftlichen Produktion dient und zu deren Bewirtschaftung, wenn sie landesüblich ist, mindestens eine Standardarbeitskraft nötig ist (vgl. Art. 7 Abs. 1 BGBB). Auch die für längere Dauer zugepachteten Grundstücke können als dem landwirtschaftlichen Gewerbe dienend und damit gemäss Artikel 7 Absatz 4 Buchstabe c BGBB als landwirtschaftliche Grundstücke angesehen werden.

Die Bestimmungen über die einzelnen landwirtschaftlichen Grundstücke finden gemäss Artikel 8 Absatz 1 BGBB auf ein landwirtschaftliches Gewerbe Anwendung, wenn es:

a) seit mehr als sechs Jahren rechtmässig ganz oder weitgehend parzellenweise verpachtet ist und diese Verpachtung im Sinne von Artikel 31 Absatz 2 Buchstabe e und f des Bundesgesetzes vom 4. Oktober 1985 über die landwirtschaftliche Pacht (LPG; SR 221.213.2) weder vorübergehenden Charakter hat noch aus persönlichen Gründen erfolgt ist oder

b) unabhängig von seiner Grösse wegen einer ungünstigen Betriebsstruktur nicht mehr erhaltungswürdig ist.

2.2 Definition des *land- und forstwirtschaftlichen Grundstücks* durch das Bundesgericht

Das Bundesgericht hält in seinem Urteil 2C_11/2011 vom 2. Dezember 2011 fest, dass der Begriff des *land- und forstwirtschaftlichen Grundstücks* weder im DBG noch im StHG definiert oder näher bestimmt wird. Vielmehr sind für eine solche Begriffsbestimmung der *land- und forstwirtschaftlichen Grundstücke* gemäss Bundesgericht das Bundesgesetz über das bäuerliche Bodenrecht, das Bundesgesetz vom 22. Juni 1979 über die Raumplanung (RPG; SR 700) und das Bundesgesetz vom 29. April 1998 über die Landwirtschaft (LwG; SR 910.1) zu berücksichtigen. Diesen Gesetzen sei unter anderem der Zweck gemeinsam, das Eigentum des landwirtschaftlichen Bodens, der einen volkswirtschaftlich wesentlichen Produktionsfaktor darstelle, zu Gunsten landwirtschaftlicher Betriebe zu erhalten. Der steuerrechtliche Begriff müsse daher im Einklang mit dem Anwendungs- und Schutzbereich sowie den Veräusserungsbeschränkungen, wie sie sich aus dem bäuerlichen Bodenrecht ergeben, konkretisiert werden.

Von einem steuerlich privilegierten Grundstück im Sinne von Artikel 18 Absatz 4 DBG kann demnach gesprochen werden, wenn die für die Anwendung des BGBB gültigen Voraussetzungen (vgl. Ziff. 2.1.2 hiervor) erfüllt sind. Das ist gemäss Bundesgericht nach Massgabe von Artikel 2 Absatz 1 BGBB hauptsächlich dann der Fall, wenn es sich um einzelne oder zu einem landwirtschaftlichen Gewerbe gehörende Grundstücke handelt, die ausserhalb einer Bauzone nach Artikel 15 RPG liegen und für welche die landwirtschaftliche Nutzung zulässig ist. Darüber hinaus gelten gemäss Bundesgerichtsurteil 2C_11/2011 vom 2. Dezember 2011 vier weitere spezifisch in Artikel 2 Absatz 2 BGBB genannte Fälle als steuerlich privilegierte Grundstücke:

a) Grundstücke und Grundstücksteile mit landwirtschaftlichen Gebäuden und Anlagen, einschliesslich angemessenem Umschwung, die in einer Bauzone liegen und zu einem landwirtschaftlichen Gewerbe gehören;

b) Waldgrundstücke, die zu einem landwirtschaftlichen Gewerbe gehören;

c) Grundstücke, die teilweise innerhalb einer Bauzone liegen, solange sie nicht entsprechend den Nutzungszonen aufgeteilt sind;

d) Grundstücke mit gemischter Nutzung, die nicht in einen landwirtschaftlichen und einen nichtlandwirtschaftlichen Teil aufgeteilt sind.

Von *land- und forstwirtschaftlichen Grundstücken* gemäss Artikel 18 Absatz 4 DBG kann nach Massgabe von Artikel 2 Absatz 1 BGBB hauptsächlich gesprochen werden, wenn es sich um einzelne oder zu einem landwirtschaftlichen Gewerbe gehörende Grundstücke handelt, die ausserhalb der Bauzone nach Artikel 15 RPG liegen und für welche die landwirtschaftliche Nutzung zulässig ist.

Ein Grundstück mit landwirtschaftlichen Gebäuden und Anlagen innerhalb einer Bauzone einschliesslich angemessenem Umschwung (vgl. Ziff. 2.4 nachfolgend) fällt in den Anwendungs- und Schutzbereich des bäuerlichen Bodenrechts (vgl. Art. 2 Abs. 2 Bst. a BGBB) und erfüllt gemäss Bundesgericht somit die Definition des *land- und forstwirtschaftlichen Grundstücks*, wenn es zusätzlich folgende Bedingungen kumulativ erfüllt:

- Das Grundstück muss gemäss Artikel 6 BGBB landwirtschaftlich genutzt werden und
- es muss zu einem landwirtschaftlichen Gewerbe gemäss Artikel 7 BGBB gehören.[2]

2.3 Unterteilung der Liegenschaften im Anlagevermögen in *land- und forstwirtschaftliche* sowie in nicht *land- und forstwirtschaftliche Grundstücke*

Für ein unüberbautes und vollumfänglich in einer Bauzone gelegenes Grundstück, welches aber nicht *angemessenen Umschwung* eines Grundstücks mit landwirtschaftlichen Gebäuden und Anlagen im Sinne von Artikel 2 Absatz 2 BGBB bildet, kann gemäss Bundesgericht die privilegierte Ausnahmeregelung nicht zur Anwendung kommen. Die fehlende Überbauung schliesst die steuerliche Privilegierung von vornherein aus, ohne dass überhaupt noch zu prüfen wäre, ob das Grundstück landwirtschaftlich genutzt wird und zu einem landwirtschaftlichen Gewerbe gehört.[3]

Die steuerliche Erfassung durch die Ausnahmeregelung gemäss Artikel 18 Absatz 4 DBG ist nicht deshalb zu verweigern, weil das Grundstück in der Bauzone liegt, sondern weil es als

[2] Vgl. BGer 2C_11/2011, E. 2.2.2 sowie BGer 2C_539/2010.

[3] Vgl. BGer 2C_11/2011, E. 2.2 und 2.3.

unüberbautes Grundstück vollumfänglich dort gelegen ist, ohne zum angemessenen Umschwung eines Grundstücks mit landwirtschaftlichen Gebäuden und Anlagen zu gehören.[4]

Demnach stellen Grundstücke in der Bauzone, welche die Bedingungen nach Ziffer 2.1 sowie Ziffer 2.2 des vorliegenden Kreisschreibens nicht erfüllen, keine *land- und forstwirtschaftlichen Grundstücke* dar.

2.4 Angemessener Umschwung

2.4.1 Definition des angemessenen Umschwungs gemäss Kommentar zum Bundesgesetz über das bäuerliche Bodenrecht[5]

Der Umfang des angemessenen Umschwungs bemisst sich nach den örtlichen und betrieblichen Verhältnissen. Zum angemessenen Umschwung gehören namentlich:

- Die für den Betrieb notwendigen Verkehrsflächen; die Zufahrten zu den Ökonomiegebäuden müssen mit Lastwagen befahren werden können;
- Abstellflächen im Verhältnis zur notwendigen Remisenfläche, damit Maschinen und Fahrzeuge des Betriebes während der Saison nicht nach jedem Gebrauch in den Gebäuden untergebracht werden müssen;
- Auf Betrieben mit Tierhaltung die Laufhöfe, mit denen die Anforderungen der Tierschutzverordnung vom 23. April 2008 (TSchV; SR 455.1) bezüglich der Bewegungsmöglichkeiten für die Tiere befriedigt werden können. Die Lagerstätten für Hofdünger und Siloballen zählen zu den Bauten und Anlagen;
- Der Hausgarten, sowohl für den Anbau von Gemüse und Blumen für die Selbstversorgung als auch die angemessene Fläche für den Aufenthalt der Familie im Freien (Sitzplatz);
- Abstellplätze für ein bis zwei Autos der Familie oder von Besuchern ausserhalb der Garagen.

Weitere Grundstücke oder Teile davon zählen nicht zum angemessenen Umschwung.

2.4.2 Feststellung des angemessenen Umschwungs

Bestehen Zweifel über die Betriebsnotwendigkeit oder die Gewerbezugehörigkeit kann eine Feststellungsverfügung im Sinne von Artikel 84 BGBB erwirkt werden. Die Vollzugsbehörde betreffend BGBB hat die Kompetenz, Feststellungsverfügungen zu erlassen (vgl. Art. 84 BGBB).

Fallbeispiel 4 im Anhang

2.5 Zonengemischte Grundstücke

Gestützt auf Artikel 2 Absatz 2 Buchstabe c BGBB werden auch diejenigen Grundstücke dem bäuerlichen Bodenrecht unterstellt, welche teilweise innerhalb einer Bauzone liegen, solange sie nicht entsprechend den Nutzungszonen aufgeteilt sind. Vorsorglich werden Grund-

---

[4] Vgl. BGer 2C_11/2011, E. 2.3.1.

[5] Kommentar zum Bundesgesetz über das bäuerliche Bodenrecht vom 4. Oktober 1991, Schweiz. Bauernverband (Hrsg.), 2. Auflage, Brugg 2011, Art. 2 BGBB N 23.

stücke auf der Zonengrenze mit Teilen, welche dem BGBB unterstehen, diesem ganz unterstellt (vgl. BGer 2C_11/2011, E. 2.2.1 sowie Kommentar zum Bundesgesetz über das bäuerliche Bodenrecht, Art. 2 BGBB N 27).

3 Besteuerung von Kapitalgewinnen aufgrund einer Veräusserung von in der Bauzone gelegenen Grundstücken im Geschäftsvermögen von Landwirten

3.1 Ausführungen zu steuerbaren Einkünften aus selbständiger Erwerbstätigkeit

3.1.1 Veräusserung

Der Begriff der Veräusserung gemäss Artikel 12 Absatz 1 StHG umfasst grundsätzlich jede zivilrechtlich vorgesehene Art der Eigentumsübertragung sowie die aufgrund des öffentlichen Rechts vorgesehenen Formen des Eigentumsübergangs, bei welchen kein Steuerbefreiungs- respektive kein Steueraufschubtatbestand vorgesehen ist. Die wichtigsten Fälle der Veräusserung sind der Kauf, der Tausch, die Einbringung eines Grundstücks in eine Personengesellschaft, in eine Kapitalgesellschaft oder in eine Genossenschaft, die Einbringung eines dem Privatvermögen angehörenden Grundstücks in eine einfache Gesellschaft oder in eine Kollektiv- oder Kommanditgesellschaft. Dabei ist nur diejenige Eigentumsübertragung gemeint, welche entgeltlich ist und einen Kapitalgewinn abwirft.

Artikel 18 Absatz 2 DBG rechnet vorab die Kapitalgewinne aus Veräusserung zu den Einkünften aus selbständiger Erwerbstätigkeit. Der Begriff der Veräusserung umschreibt diejenigen Geschäftsvorfälle, die zur Realisation von Kapitalgewinnen führen. Die entgeltliche Veräusserung führt zur Verwirklichung eines steuerbaren Kapitalgewinns. Steuerobjekt bildet aber nicht die Veräusserung, sondern der Gewinn, der anlässlich der Veräusserung gemeinhin erzielt wird (vgl. Art. 16 und 18 DBG).

3.1.2 Einkünfte aus selbständiger Erwerbstätigkeit: Grundsatz

Grundsätzlich zählen gemäss Artikel 18 Absatz 2 DBG zu den Einkünften aus selbständiger Erwerbstätigkeit auch alle Kapitalgewinne aus Veräusserung, Verwertung oder buchmässiger Aufwertung von Geschäftsvermögen. Der Veräusserung gleichgestellt ist die Überführung von Geschäftsvermögen in das Privatvermögen, in ausländische Betriebe oder in Betriebsstätten. Als Geschäftsvermögen gelten alle Vermögenswerte, die ganz oder vorwiegend der selbständigen Erwerbstätigkeit dienen.

3.1.3 Sondernorm für *land- und forstwirtschaftliche Grundstücke*

Artikel 18 Absatz 4 DBG statuiert gegenüber Artikel 18 Absatz 2 DBG eine Sondernorm. Kapitalgewinne aus der Veräusserung von *land- und forstwirtschaftlichen Grundstücken* werden den steuerbaren Einkünften nur bis zur Höhe der Anlagekosten zugerechnet. Artikel 18 Absatz 4 DBG nimmt die Gewinne aus *land- und forstwirtschaftlichen Grundstücken* von der Einkommenssteuer aus, soweit der Veräusserungsgewinn die Anlagekosten übersteigt.

3.2 Verkehrswert von Grundstücken: Grundsatz

Der Verkehrswert eines Grundstücks entspricht dem unter normalen Verhältnissen erzielbaren Kaufpreis ohne Rücksicht auf ungewöhnliche oder persönliche Verhältnisse. Er wird unter Würdigung der Wirtschaftlichkeit aus Real- und Ertragswert bestimmt.

Als Verkehrswert gilt der mittlere Preis, zu dem Grundstücke gleicher oder ähnlicher Grösse, Lage und Beschaffenheit in der betreffenden Gegend unter normalen Umständen verkauft werden (vgl. BGE 103 la 103 E. 3a).

3.2.1 Verkehrswert von Grundstücken unter bäuerlichem Bodenrecht ausserhalb der Bauzone

Der Erwerb von landwirtschaftlichen Grundstücken bedarf einer Bewilligung. Diese Bewilligung wird gestützt auf Artikel 63 BGBB verweigert, wenn ein übersetzter Preis vereinbart wurde. Der Erwerbspreis gilt gemäss Artikel 66 BGBB dann als übersetzt, wenn er die Preise für vergleichbare landwirtschaftliche Grundstücke in der betreffenden Gegend im Mittel der letzten fünf Jahre um mehr als fünf Prozent übersteigt. Die Kantone können in ihrer Gesetzgebung diesen Prozentsatz auf maximal 15 Prozent erhöhen (vgl. Art. 66 BGBB). In jedem Kanton führt die Bewilligungsbehörde eine Verkaufsstatistik um diese Erfahrungswerte jederzeit abrufen zu können. Der höchste bewilligte Verkaufspreis, stellt den Verkehrswert des landwirtschaftlichen Grundstücks nach BGBB dar.

3.2.2 Verkehrswert von Grundstücken unter bäuerlichem Bodenrecht in der Bauzone

Der Anteil des in der Bauzone liegenden Grundstücks wird wie Bauland bewertet und nach den handelsüblichen Werten bemessen.

3.3 Zeitpunkt der Einzonung in die Bauzone

3.3.1 Einzonungszeitpunkt liegt in einer bereits definitiv veranlagten Steuerperiode

Liegt der Einzonungszeitpunkt in einer bereits definitiv veranlagten Steuerperiode, hatte das Grundstück bei der damaligen Einzonung in die Bauzone einen Verkehrswert nach bäuerlichem Bodenrecht. Die Differenz zwischen den Anlagekosten und dem landwirtschaftlichen Verkehrswert (vgl. 3.2.1) im Zeitpunkt der Einzonung stellt den maximal möglichen Kapitalgewinn dar, der unter dem bäuerlichen Bodenrecht realisierbar war (vgl. Art. 66 BGBB). Auf Antrag wird dieser Kapitalgewinn von der direkten Bundessteuer freigestellt.[6] Auf der Wertvermehrung infolge der Einzonung ist in diesem Zeitpunkt die Einkommenssteuer für die direkte Bundessteuer zu erheben.

3.3.2 Einzonungszeitpunkt liegt in einem offenen Veranlagungsverfahren

Liegt der Einzonungszeitpunkt in einem offenen Veranlagungsverfahren, kann die steuerpflichtige Person im Jahr der Einzonung die steuerfreie Aufwertung im Rahmen der Differenz

[6] Art. 18 Abs. 4 DBG.

zwischen den Anlagekosten und dem neuen steuerlichen Buchwert (Verkehrswert BGBB vor Einzonung) nach Ziffer 3.1.3 des vorliegenden Kreisschreibens verlangen.[7]

Durch die Einzonung fällt das Grundstück aus dem Schutzbereich des BGBB. Auf der Wertvermehrung infolge der Einzonung ist in diesem Zeitpunkt die Einkommenssteuer zu erheben.[8]

Fallbeispiele 1 und 2 im Anhang

3.4 Schematische Darstellung

An einem Beispiel sollen die Auswirkungen des soeben in Ziffer 3.1 bis 3.3 Ausgeführten aufgezeigt werden:

Ein Landwirt hat das *land- und forstwirtschaftliche Grundstück* bei der Hofübernahme für CHF 0.50 pro m² gekauft. Einige Zeit später wird das Grundstück in die Bauzone eingezont. Das Landwirtschaftsamt (LWA) als zuständige Bewilligungsbehörde legt aufgrund von ähnlichen Verkäufen in der betreffenden Gegend in den fünf Jahren vor der Einzonung den Verkehrswert gemäss BGBB auf CHF 7.50 pro m² fest. Unmittelbar nach der Einzonung wird ein ähnliches Grundstück in der Bauzone verkauft. Der Verkehrswert pro m² beträgt dort CHF 207.50. Einige Jahre später verkauft der Landwirt sein Grundstück für CHF 307.50 pro m². Auf dem Grundstück stehen keine Gebäude und der steuerliche Buchwert beträgt beim Verkauf immer noch CHF 0.50 pro m² (entsprechend den Anlagekosten).

Schematische Darstellung:

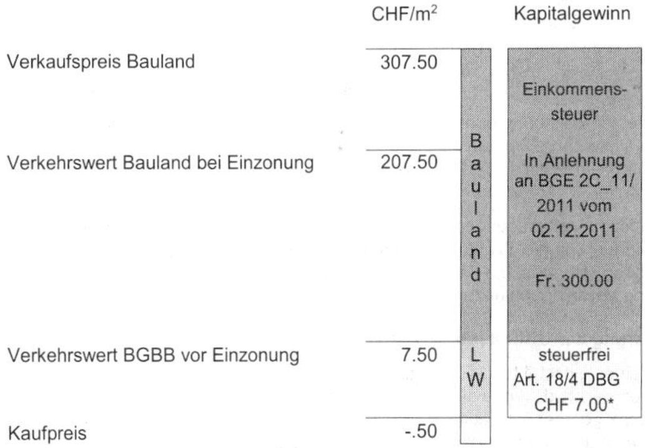

[7] Art. 18 Abs. 4 DBG.

[8] Vgl. BGer 2C_11/2011, E. 2.4.

*Hierbei handelt es sich um einen Wert nach bäuerlichem Bodenrecht. Deshalb ist diese Differenz (CHF 7.50 – 0.50) gemäss Artikel 18 Absatz 4 DBG steuerfrei.

Der Kapitalgewinn entspricht grundsätzlich der Differenz zwischen dem steuerlichen Buchwert (= Anlagekosten CHF 0.50/m^2) und dem Verkaufspreis (CHF 307.50/m^2). Von dem so errechneten Kapitalgewinn bleibt auf Antrag jener Teil steuerfrei, der unter dem BGBB beim Verkauf als *land- und forstwirtschaftliches Grundstück* gemäss Artikel 18 Absatz 4 DBG im Zeitpunkt der Einzonung realisierbar gewesen wäre (= CHF 7/m^2). Der übrige Kapitalgewinn (= CHF 300/m^2) qualifiziert als steuerbares Einkommen aus selbständiger Erwerbstätigkeit gemäss Artikel 18 Absatz 2 DBG.

3.5 Gewinnanspruch

Allfällige Kapitalgewinne aus Veräusserung eines *land- und forstwirtschaftlichen Grundstücks* fallen vollständig beim Veräusserer an. Die gewinnanspruchsberechtigten Personen erhalten die Netto-Gewinnanteile als steuerfreien Vermögenszufluss.[9] Die Zahlungen der Netto-Gewinnanteile dürfen nicht erfolgswirksam verbucht werden.

3.6 Besondere Fälle

3.6.1 Aufschub wegen Verpachtung

Der Steueraufschub infolge Verpachtung eines landwirtschaftlichen Grundstücks bewirkt, dass zum Zeitpunkt des Realisationstatbestandes keine steuerlich relevante Realisierung eines Gewinnes angenommen wird. Diese Ausnahme von der Realisierung ist abschliessend geregelt. Der Realisationstatbestand, anlässlich welchem ein Steueraufschub gewährt wurde, bildet nicht Ausgangspunkt der Steuerberechnung. Vielmehr ist von der letzten steuerbaren Veräusserung oder Einbringung ins Geschäftsvermögen auszugehen (vgl. Art. 18 Abs. 2 DBG sowie Kreisschreiben Nr. 31 der ESTV vom 22. Dezember 2010).

3.6.1.1 Vor Einführung der Unternehmenssteuerreform II (UStR II; bis 31.12.2010)

In der Regel fand bei einer Stilllegung oder endgültigen Verpachtung eines Landwirtschaftsbetriebes bis zum 31. Dezember 2010 eine Überführung der Liegenschaft vom Geschäfts- ins Privatvermögen statt. Damit fiel auch die Besteuerung der steuersystematisch realisierten stillen Reserven an.

Bezüglich der noch offenen Veranlagungen ist im Einzelfall zu prüfen, ob durch einen Revers zum Aufschub der Überführung nicht zugleich die steuerlichen Folgen verbindlich geregelt wurden. Ist dies nicht der Fall, so ist die neue Praxis des Bundesgerichts vom 2. Dezember 2011 auf die offene Veranlagung anzuwenden.

3.6.1.2 Nach Einführung der UStR II (ab 1.01.2011)

Bei der Verpachtung eines Geschäftsbetriebes gilt mit der Einführung des Artikels 18a Absatz 2 DBG im Rahmen der UStR II neu die gesetzliche Vermutung, dass die verpachteten Güter im Geschäftsvermögen des Verpächters bleiben. Dies gilt auch für Betriebe, deren bewegliches Vermögen an den Pächter verkauft wird. Die Verpachtung eines Geschäftsbetriebes wird nur noch aufgrund einer ausdrücklichen Erklärung der steuerpflichtigen Person als Überführung ins Privatvermögen betrachtet. Erfolgt keine solche Erklärung, so gilt der daraus

[9] Art. 16 Abs. 3 oder Art. 24 Bst. a DBG.

fliessende Ertrag als Einkommen aus selbständiger Erwerbstätigkeit (vgl. Ziff. 4.3 des Kreisschreiben Nr. 31 der ESTV vom 22. Dezember 2010 sowie Kreisschreiben Nr. 26 der ESTV vom 16. Dezember 2009).

Fallbeispiel 3 im Anhang

3.6.2 Ersatzbeschaffung

Werden Gegenstände des betriebsnotwendigen Anlagevermögens ersetzt, so können gemäss Artikel 30 Absatz 1 DBG die stillen Reserven auf die als Ersatz erworbenen Anlagegüter übertragen werden, wenn diese ebenfalls betriebsnotwendig sind und sich in der Schweiz befinden. Vorbehalten bleibt die Besteuerung beim Ersatz von Liegenschaften durch Gegenstände des beweglichen Vermögens. Anlagegüter werden nicht zum Zweck der Veräusserung, sondern zur wiederholten Nutzung und zum Verbrauch beschafft. Betriebsnotwendige Anlagegüter dienen nach ihrer Zweckbestimmung unmittelbar der Leistungserstellung des Betriebes und können ohne Beeinträchtigung des betrieblichen Leistungserstellungsprozesses nicht veräussert werden. Die betriebsnotwendigen Vermögenswerte bilden unerlässliche Bestandteile der betrieblichen Einheit (vgl. Urteil des Bundesgerichts 2A.122/2005 vom 16. September 2005 in: Zürcher Steuerpraxis [ZStP] 2005, 378).

Bei der Ersatzbeschaffung wird das veräusserte Grundstück ersetzt, wobei der steuerbare, jedoch aufgeschobene Gewinn auf das ersatzweise erworbene Grundstück übertragen werden muss. Bei einer späteren Veräusserung von ersatzbeschafften Grundstücken und Grundstücksteilen mit landwirtschaftlichen Gebäuden und Anlagen (einschliesslich angemessenem Umschwung), die in einer Bauzone liegen und zu einem landwirtschaftlichen Gewerbe gehören, unterliegt der Wertzuwachsgewinn der kantonalen Grundstückgewinnsteuer und ist von der direkten Bundessteuer ausgenommen. Der restliche Wertzuwachsgewinn (Anteil nicht angemessener Umschwung) sowie die wiedereingebrachten Abschreibungen, welche aufgeschoben wurden, unterliegen der Einkommenssteuer.

Fallbeispiele 4 und 5 im Anhang

4 Fazit aus dem Urteil des Bundesgerichts 2C_11/2011

Das Bundesgericht hat in seinem Entscheid 2C_11/2011 erstmals die Definition des *land- und forstwirtschaftlichen Grundstücks* im Zusammenhang mit der Veräusserung eines Grundstücks in der Bauzone und dem daraus resultierenden steuerbaren Kapitalgewinn festgelegt. Diese Definition ist eng gefasst. Die neue Rechtsprechung führt deshalb zu einer Ausweitung der Besteuerung von Kapitalgewinnen bei selbständig erwerbenden Landwirten.

5 Umsetzung des Urteils des Bundesgerichts 2C_11/2011

5.1 Anwendung auf alle offenen Veranlagungen betreffend die direkte Bundessteuer

Die neue Bundesgerichtspraxis gemäss dem Urteil 2C_11/2011 vom 2. Dezember 2011 ist auf alle im Zeitpunkt des Inkrafttreten des vorliegenden Kreisschreibens noch offenen Veranlagungen anzuwenden.

Auf eine rechtskräftige Veranlagung kann in einem Nachsteuerverfahren gemäss Artikel 151 Absatz 1 DBG zurückgekommen werden, wenn sich aufgrund von Tatsachen oder Beweismitteln, die der Steuerbehörde nicht bekannt waren, ergibt, dass eine Veranlagung zu Unrecht unterblieben oder eine rechtskräftige Veranlagung unvollständig ist, oder eine unterbliebene oder unvollständige Veranlagung auf ein Verbrechen oder ein Vergehen gegen die

Steuerbehörde zurückzuführen ist. Somit kommt das Nachsteuerverfahren dann zum Tragen, wenn sich im Nachhinein herausstellt, dass die Entscheidgrundlage von Anfang an falsch war.

Aufgrund des Bundesgerichtsentscheids vom 2. Dezember 2011 liegen keine neuen Tatsachen oder Unvollständigkeiten nach Artikel 151 DBG vor. Deshalb ist bei bereits rechtskräftigen Veranlagungen kein Nachsteuerverfahren möglich.

5.2 Verhältnis zu den Kantons- und Gemeindesteuern

Sind die kantonalen und kommunalen Steuerveranlagungen bereits in Rechtskraft erwachsen, haben diese keinen Einfluss auf die offene Veranlagung der direkten Bundessteuer.

6 Inkrafttreten

Dieses Kreisschreiben gilt ab dem 17. Juli 2013. Es findet auf alle im Zeitpunkt seines Inkrafttretens offenen Veranlagungen Anwendung.

Anhang 1: Fallbeispiele

Fallbeispiel 1: Teileinzonung einer Parzelle, Abparzellierung, Verkauf: Landwirtschaftsbetrieb ist ein Gewerbe im Sinne des BGBB

Landwirt Hans Muster bewirtschaftet einen Landwirtschaftsbetrieb, der gemäss BGBB ein landwirtschaftliches Gewerbe darstellt. Im Jahr 2006 wurde eine gut erschlossene, am Dorfrand gelegene unüberbaute Parzelle (Total 150 Aren) von Hans Muster zu einem Drittel eingezont. Die eingezonte Fläche beträgt 50 Aren und die Restfläche der Parzelle 100 Aren.

Im Jahr 2013 parzelliert Hans Muster den Baulandteil von 50 Aren ab und veräussert diesen.
Die Anlagekosten für die Parzelle betragen CHF 0.50/m^2.
Der Verkehrswert nach BGBB beträgt vor der Einzonung CHF 7.50/m^2.
Der Verkehrswert des Baulandes beträgt nach der Einzonung 2006 CHF 207.50/ m^2.
Der Verkehrswert des Baulandes beträgt im Jahr 2013 CHF 307.50/m^2.

Fragen:

1. Steuerliche Folgen bei der Einzonung?
2. Steuerliche Folgen bei der Parzellierung?
3. Steuerliche Folgen beim Verkauf im 2013?

Antworten:

1. Steuerliche Folgen bei der Einzonung

Keine Auswirkungen im Zeitpunkt der Einzonung.

2. Steuerliche Folgen bei der Parzellierung

Keine Auswirkungen im Zeitpunkt der Parzellierung.

3. Steuerliche Folgen beim Verkauf

Vorliegend ist die Parzelle nicht mehr dem BGBB unterstellt und fällt somit nicht mehr unter die privilegierte Besteuerung gemäss Artikel 18 Absatz 4 DBG. Demzufolge unterliegen die Veräusserungsgewinne aus Baulandparzellen gemäss dem Bundesgerichtsurteil 2C_11/2011 vom 2. Dezember 2011 der direkten Bundessteuer.

Berechnung:			
Verkaufspreis: 5 000 m² zu CHF 307.50/m²		CHF	1 537 500
Abzüglich Anlagekosten: 5 000 m² zu CHF 0.50/m²	-	CHF	2 500
Veräusserungsgewinn brutto		CHF	1 535 000
Steuerlich privilegiert gemäss Art. 18 Abs. 4 DBG:			
Gewinn bis zum Verkehrswert BGBB: 5 000 m² zu CHF 7/m²	-	CHF	35 000
Der direkten Bundessteuer gemäss Art. 18 Abs. 2 DBG unterliegend (vor Abzug AHV-Beitrag)		CHF	1 500 000

Fallbeispiel 2: Teileinzonung einer Parzelle, Abparzellierung, Verkauf: Landwirtschaftsbetrieb ist <u>kein</u> Gewerbe im Sinne des BGBB

Sachverhalt analog Fallbeispiel 1. Der Landwirtschaftsbetrieb stellt aber gemäss BGBB **kein** landwirtschaftliches Gewerbe dar.

Fragen:

1. Steuerliche Folgen bei der Einzonung?
2. Steuerliche Folgen bei der Parzellierung?
3. Steuerliche Folgen beim Verkauf im 2013?

Antworten:

Die Antworten sind **gleich wie in Fallbeispiel 1.**

Fallbeispiel 3: Einzonung ganze Parzelle, Verpachtung, Überführung vom Geschäftsvermögen ins Privatvermögen: Landwirtschaftsbetrieb ist ein Gewerbe im Sinne des BGBB

Landwirt Hans Muster bewirtschaftet einen Landwirtschaftsbetrieb, der gemäss BGBB ein landwirtschaftliches Gewerbe darstellt. Im Jahr 2006 wurde eine gut erschlossene, am Dorfrand gelegene unüberbaute Parzelle von 50 Aren eingezont.

Im Jahr 2013 verpachtet Hans Muster seinen Hof. Er beantragt die Überführung ins Privatvermögen.

Die Anlagekosten für die Parzelle betragen CHF 0.50/m^2.
Der Verkehrswert nach BGBB beträgt vor der Einzonung CHF 7.50/m^2.
Der Verkehrswert des Baulandes beträgt nach der Einzonung CHF 207.50/m^2.
Der Verkehrswert des Baulandes beträgt im Jahr 2013 CHF 307.50/m^2.

Frage:

Steuerliche Folgen der Verpachtung?

Antworten:

Da Hans Muster im Zeitpunkt der Verpachtung gemäss Artikel 18a Absatz 2 DBG die Überführung des Anlagevermögens ins Privatvermögen verlangt, muss über die stillen Reserven abgerechnet werden. Die Parzelle liegt vollständig in der Bauzone und unterliegt gemäss Artikel 2 Absatz 1 Buchstabe a BGBB nicht dem bäuerlichen Bodenrecht. Sie kann somit nicht vollständig nach Artikel 18 Absatz 4 DBG privilegiert besteuert werden.

Berechnung:			
Überführungswert: 5 000 m^2 zu CHF 307.50/m^2		CHF	1 537 500
Abzüglich Anlagekosten: 5 000 m^2 zu CHF 0.50/m^2	-	CHF	2 500
Überführungsgewinn brutto		CHF	1 535 000
Steuerlich privilegiert gemäss Art 18 Abs. 4 DBG:			
Gewinn bis zum Verkehrswert BGBB: 5 000 m^2 zu CHF 7/m^2	-	CHF	35 000
Der direkten Bundessteuer gemäss Art. 18 Abs. 2 DBG unterliegend (vor Abzug AHV-Beiträge)		CHF	1 500 000

Der Steuerpflichtige kann gemäss Artikel 18a Absatz 1 DBG den Aufschub der Besteuerung des Wertzuwachsgewinnes (neuer Einkommenssteuerwert CHF 37 500; entspricht den Anlagekosten von CHF 2 500 zuzüglich dem steuerfreien Betrag von CHF 35 000) bis zur Veräusserung des Baulandes beantragen. Massgebend ist diesfalls der Verkehrswert im Zeitpunkt der Veräusserung (nicht CHF 1 537 500).

Fallbeispiel 4: Aussiedlung mit Ersatzbeschaffung aus Verkauf Hofparzelle – Nicht angemessener Umschwung: Landwirtschaftsbetrieb ist ein Gewerbe im Sinne des BGBB

Nach der Aussiedlung (innerhalb der Ersatzbeschaffungsfrist) veräussert Landwirt Heinz Schmid seine Hofparzelle mit Wohnhaus, Scheune und Remise mit einer totalen Grundstücksfläche von 41.50 Aren gleich nach der Einzonung. Die aktuelle Veranlagung der direkten Bundessteuer ist noch offen. Diese Hofparzelle liegt vollumfänglich in der Bauzone. Der Landwirtschaftsbetrieb stellt gemäss Artikel 7 BGBB ein landwirtschaftliches Gewerbe dar.

Die Anlagekosten der Parzelle betragen: CHF 2 075 (0.50/m^2) für das Land und CHF 400 000 für die Gebäude (ohne Land).

Die steuerlichen Buchwerte der Parzelle betragen: CHF 2 075 (0.50/m^2) für das Land und CHF 300 000 für die Gebäude (ohne Land).

Der Verkehrswert nach BGBB beträgt für das nicht überbaute Land vor der Einzonung CHF 7.50/m^2 sowie für die Gebäude CHF 600 000.

Die Verkaufspreise betragen für die Gebäude CHF 1 000 000 und CHF 307.50/m^2 für das Bauland.

Skizze Hofparzelle: Total 41.50 Aren eingezont

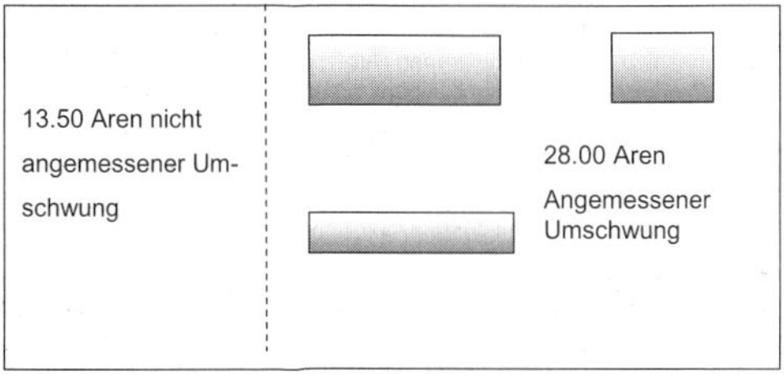

Fragen:

1. Wie gross ist der nicht angemessene Umschwung der Hofparzelle?
2. Ist eine Ersatzbeschaffung möglich?
3. Steuerliche Folgen?

Antworten:

1. Wie gross ist der nicht angemessene Umschwung der Hofparzelle?

Der nicht angemessene Umschwung muss gemäss BGer 2C_11/2011 ermittelt werden, weil nur der angemessene Umschwung unter die Ausnahmeregelung gemäss Erwägung 2.2.1 fällt:

„..von einem steuerlich privilegierten Grundstück (kann) nur dann gesprochen werden, wenn die für die Anwendung des BGBB gültigen Voraussetzungen erfüllt sind. Das ist nach Massgabe von Art. 2 Abs. 1 BGBB hauptsächlich dann der Fall, wenn es sich um einzelne oder zu einem landwirtschaftlichen Gewerbe gehörende Grundstücke handelt, die ausserhalb einer Bauzone nach Art. 15 RPG liegen und für welche die landwirtschaftliche Nutzung zulässig ist. **Darüber hinaus gilt** die Anwendung des BGBB (und somit auch die besagte steuerliche Ausnahmeregelung) für vier weitere, spezifisch in Art. 2 Abs. 2 BGBB genannte Fälle, nämlich:

a) Grundstücke und Grundstücksteile mit landwirtschaftlichen Gebäuden und Anlagen, einschliesslich angemessenem Umschwung, die in einer Bauzone liegen und zu einem landwirtschaftlichen Gewerbe gehören;

b) ...

c) ...

d) ..."

Die Aufteilung des Umschwungs (angemessener Teil - nicht angemessener Teil) erfolgt nach den Grundsätzen des vorliegenden Kreisschreibens unter Ziffer 2.4 hiervor.

Im vorliegenden Beispiel wurde unter Berücksichtigung von Artikel 2 Absatz 2 BGBB der angemessene Umschwung der Hofparzelle mit den landwirtschaftlichen Gebäuden und Anlagen auf 28.00 Aren und die Baulandreserve (nicht angemessener Umschwung) auf 13.50 Aren festgelegt (vgl. Skizze Hofparzelle).

2. Ist eine Ersatzbeschaffung möglich?

Die Ersatzbeschaffung von betriebsnotwendigem immobilem Anlagevermögen ist zulässig. Die Berechnung und Zuteilung der aufgeschobenen Steuern ist den nachfolgenden Antworten zu entnehmen.

3. Steuerliche Folgen

Die Parzelle liegt vollständig in der Bauzone und unterliegt gemäss Artikel 2 Absatz 1 Buchstabe a BGBB dem bäuerlichen Bodenrecht. Der nicht angemessene Umschwung kann nicht nach Artikel 18 Absatz 4 DBG privilegiert besteuert werden. Da es sich um ein landwirtschaftliches Gewerbe im Sinne des BGBB handelt, ist der Wertzuwachsgewinn auf den Gebäuden und dem angemessenen Umschwung (vgl. BGer 2C_11/2011, E. 2.2.1) gemäss Artikel 18 Absatz 4 DBG steuerfrei.

Berechnung:			
Verkaufspreis Gebäude		CHF	1 000 000
Verkaufspreis Land: 4 150 m² zu CHF 307.50/m²		CHF	1 276 125
Abzüglich steuerlicher Buchwerte von Gebäuden und Land	-	CHF	302 075
Veräusserungsgewinn brutto		CHF	1 974 050
Steuerlich privilegiert gemäss Art. 18 Abs. 4 DBG:			
Gewinn bis Verkehrswert BGBB Land: 4 150 m² zu CHF 7/m²	-	CHF	29 050
Wertzuwachsgewinn Gebäude CHF 1 000 000 abzüglich der Anlagekosten von CHF 400 000	-	CHF	600 000
Wertzuwachsgewinn angem. Umschwung 2 800 m² zu CHF 300/m²	-	CHF	840 000
Total steuerfreier Gewinn		CHF	1 469 050
Aufgeschobener Gewinn: Übertrag auf Ersatzobjekt		CHF	505 000

Die CHF 505 000 setzen sich aus den wiedereingebrachten Abschreibungen von CHF 100 000 sowie dem steuerbaren Gewinn auf dem Bauland von CHF 405 000 (1 350 m² x CHF 300) zusammen. Bei der Ersatzbeschaffung sind die CHF 505 000 als Abschreibungen auf dem erworbenen Anlagegut zu verbuchen.

Fallbeispiel 5: Aussiedlung mit Ersatzbeschaffung aus Verkauf Hofparzelle – Nicht angemessener Umschwung: Alter Landwirtschaftsbetrieb ist <u>kein</u> Gewerbe im Sinne des BGBB

Die Hofparzelle von Landwirt Heinz Schmid befindet sich in der Bauzone und hat eine Grundstücksfläche von 86.80 Aren. Die Einzonung erfolgte vor zehn Jahren. Auf der Hofparzelle stehen Wohnhaus, Scheune und Remise mit landwirtschaftlichen Anlagen. Der Betrieb (4 ha) stellt im Sinne des BGBB kein landwirtschaftliches Gewerbe dar. Der Betrieb wurde seit Generationen im Nebenerwerb bewirtschaftet und präponderiert als Geschäftsvermögen.

Landwirt Heinz Schmid wird mit dem Verkaufserlös den Neubau einer Siedlung sowie Zukauf von Kulturland finanzieren. Er macht Ersatzbeschaffung geltend. Der neue Betrieb stellt ein Gewerbe im Sinne des BGBB dar.

Die Anlagekosten der Hofparzelle betragen: CHF 4 340 (0.50/m^2) für das Land und CHF 400 000 für die Gebäude (ohne Land).

Die steuerlichen Buchwerte der Hofparzelle betragen: CHF 4 340 (0.50/m^2) für das Land und CHF 300 000 für die Gebäude (ohne Land).

Der Verkehrswert nach BGBB betrug bei der Einzonung für das nicht überbaute Land CHF 7.50/m^2 und für die Gebäude vor der Einzonung CHF 600 000.

Die Verkaufspreise betragen für die Gebäude CHF 1 000 000 und für das nicht überbaute Bauland CHF 307.50/m^2.

Fragen:

1. Wie gross ist der nicht angemessene Umschwung der Hofparzelle?
2. Ist eine Ersatzbeschaffung möglich?
3. Steuerliche Folgen?

Antworten:

1. Wie gross ist der nicht angemessene Umschwung der Hofparzelle?

Da es sich um kein landwirtschaftliches Gewerbe im Sinne des bäuerlichen Bodenrechts handelt, kommt die Ausnahmeregelung gemäss BGer 2C_11/2011 E. 2.2.1 nicht zur Anwendung. Es muss daher keine Aufteilung vorgenommen werden.

2. Ist eine Ersatzbeschaffung möglich?

Die Ersatzbeschaffung in betriebsnotwendiges immobiles Anlagevermögen ist möglich. Die Berechnung und Zuteilung der aufgeschobenen Steuern ist den nachfolgenden Antworten zu entnehmen.

3. Steuerliche Folgen

Die Parzelle liegt vollständig in der Bauzone und unterliegt gemäss Artikel 2 Absatz 1 Buchstabe a BGBB nicht dem bäuerlichen Bodenrecht. Da es sich beim Verkaufsobjekt um kein landwirtschaftliches Gewerbe im Sinne des BGBB handelt, ist der Wertzuwachsgewinn auf den Gebäuden und auch auf dem angemessenen Umschwung steuerbar (vgl. BGer 2C_11/2011 E. 2.2.1).

Berechnung:			
Verkaufspreis Gebäude		CHF	1 000 000
Verkaufspreis Bauland: 8 680 m^2 zu CHF 307.50/m^2		CHF	2 669 100
Abzüglich steuerlicher Buchwerte von Gebäuden und Land	-	CHF	304 340
Veräusserungsgewinn brutto		CHF	3 364 760
Steuerlich privilegiert gemäss Art. 18 Abs. 4 DBG:			
Gewinn bis Verkehrswert BGBB Land: 8 680 m^2 zu CHF 7/m^2	-	CHF	60 760
Gewinn bis Verkehrswert BGBB Gebäude (Verkehrswert CHF 600 000 – Anlagekosten CHF 400 000)	-	CHF	200 000
Aufgeschobener Gewinn: Übertrag auf Ersatzobjekt		CHF	3 104 000

Bei einem späteren Verkauf müsste der aufgeschobene Gewinn von CHF 3 104 000 als wiedereingebrachte Abschreibung versteuert werden.

Anhang 2 vom 29. September 2017

„Regelung Härtefälle" im Auftrag der WAK-S betreffend Kapitalgewinnbesteuerung Bauland

Inhaltsverzeichnis

1 Präponderanz eines erworbenen Baulandgrundstücks (Ergänzung)

Der Grundsatz der wirtschaftlichen Einheit (Land, Wohn- und Ökonomiegebäude, Pflanzen), wie ihn das bäuerliche Bodenrecht kennt, ist auch für steuerliche Zwecke zu befolgen. So kann der Betrieb z.B. mehr als ein Wohn- oder Ökonomiegebäude umfassen.

Erwirbt ein Landwirt unbebautes Bauland, so stellt dieses in der Regel nicht landwirtschaftliches Geschäftsvermögen dar. Die geplante Nutzung ist für die Zuteilung zum Geschäftsvermögen oder Privatvermögen entscheidend. Die fehlende Unterstellung unter das BGBB ist bloss ein Indiz für Privatvermögen.

Wenn ein Landwirt Bauland als Kapitalanlage kauft oder später für private Zwecke überbaut, stellt dies die Hauptnutzung dar. Die vorübergehende landwirtschaftliche Nutzung ist untergeordnet. Das Grundstück stellt daher kein Geschäftsvermögen des Landwirtschaftsbetriebes dar.

Geerbte Grundstücke im Geschäftsvermögen verbleiben im Geschäftsvermögen.

1.1 Die Zuordnung eines verpachteten oder vermieteten Grundstücks in der Bauzone bei Erwerb

Die Vermietung oder Verpachtung stellt eine private Nutzung des Gegenstandes dar. Das Grundstück gehört somit nicht zum landwirtschaftlichen Geschäftsvermögen.

Das Grundstück wird nur landwirtschaftliches Geschäftsvermögen, wenn darauf betriebsnotwendige Gebäude stehen oder erstellt werden, die der Selbstbewirtschaftung dienen.

1.2 Selber landwirtschaftlich genutztes Grundstück

Falls der Landwirt das Grundstück als Landreserve für einen geplanten Bau einer Geschäftsliegenschaft oder eine andere landwirtschaftliche Nutzung erwirbt, muss er das Grundstück als Geschäftsvermögen bilanzieren.

2 Ersatzbeschaffung (Art. 30 DBG, Präzisierung)

Der Verkauf von Bauland aus dem betriebsnotwendigen Geschäftsvermögen eines Landwirts berechtigt zum Aufschub der Besteuerung der realisierten stillen Reserven mittels Ersatzbeschaffung.

Die Übertragung der stillen Reserven auf ein neu erworbenes Baulandgrundstück als Ersatzgut ist nur möglich, wenn eine vorhandene Baute oder ein geplantes Bauvorhaben auf diesem Grundstück zu Geschäftsvermögen führt (z.B. Betriebsleiterwohnung, Schweine- oder Geflügelstall etc.). Eine Übertragung der stillen Reserven auf eine Kapitalanlageliegenschaft oder Privatvermögen ist ausgeschlossen.

3 Aufschubstatbestände

3.1 Aufschub der Besteuerung des Wertzuwachsgewinns bei der Überführung ins Privatvermögen (Art. 18a Abs. 1 DBG, Ergänzung)

Der im Gesetz vorgesehene Aufschub der Besteuerung kann solange verlangt werden, wie es das Rechtsmittelverfahren zulässt. Das KS Nr. 26 der ESTV Ziffer 2.1 ist uneingeschränkt für Baulandgrundstücke im Geschäftsvermögen und im Eigentum eines Landwirts anwendbar.

3.2 Aufschub wegen Verpachtung (Art. 18a Abs. 2 DBG, Präzisierung)

Baulandgrundstücke werden in der Regel nicht verpachtet. Das landwirtschaftliche Pachtgesetz ist für diese Grundstücke nicht anwendbar. Ein Aufschub kann mangels Verpachtung nicht gewährt werden.

Ein Aufschub ist nur möglich, wenn ein formeller Pachtvertrag vorliegt.

3.3 Aufschub der Besteuerung der stillen Reserven bei Fortführung des Geschäftsbetriebs durch nur einen Erben (Art. 18a Abs. 3 DBG, Ergänzung)

Auf Gesuch kann der Erwerber die stillen Reserven übernehmen, wenn er Folgendes einhält:

- das Bauland im Geschäftsvermögen führt,
- die Buchwerte und Anlagekosten des Vorbesitzers bilanziert und
- sämtliche stillen Reserven übernimmt.

3.4 Aufschub der Besteuerung der stillen Reserven bei Fortführung des Geschäftsbetriebs durch den Ehepartner oder durch Nachkommen (Ergänzung)

Wenn der neue Geschäftsinhaber den Geschäftsbetrieb unter dem Verkehrswert erwirbt, kann er die stillen Reserven übernehmen, wenn er Folgendes einhält:

- das Bauland im Geschäftsvermögen führt,
- die Buchwerte und Anlagekosten des Vorbesitzers bilanziert und
- sämtliche stillen Reserven übernimmt.

4 Tod eines Landwirts (Ergänzung)

Die Erben übernehmen im Erbgang Geschäftsvermögen infolge Universalsukzession (inkl. Bauland). Dieser Vorgang löst keine steuersystematische Realisierung aus.

4.1 Aufschub der Besteuerung des Wertzuwachsgewinns bei der Überführung ins Privatvermögen (Art. 18a Abs. 1 DBG)

Der im Gesetz vorgesehene Aufschub der Besteuerung kann auch von der Erbengemeinschaft solange verlangt werden, wie es das Rechtsmittelverfahren zulässt. Das KS Nr. 26 der

ESTV Ziffer 2.1 ist uneingeschränkt für Baulandgrundstücke im Eigentum eines Landwirts resp. seiner Erbengemeinschaft anwendbar.

4.2 Überführung ins Privatvermögen (Art. 37b Abs. 2 DBG)

Führen die Erben das übernommene Unternehmen nicht fort, erfolgt die steuerliche Abrechnung spätestens fünf Kalenderjahre nach Ablauf des Todesjahres.

Führt die Erbengemeinschaft den Geschäftsbetrieb fort, stehen ihr alle Aufschubsmöglichkeiten der Ziffer 3 zur Verfügung.

Schweizerische Eidgenossenschaft
Confédération suisse
Confederazione Svizzera
Confederaziun svizra

Eidgenössisches Finanzdepartement EFD
Eidgenössische Steuerverwaltung ESTV
Hauptabteilung Direkte Bundessteuer,
Verrechnungssteuer, Stempelabgaben

Direkte Bundessteuer

Bern, 27. Juli 2012

Kreisschreiben Nr. 36

Gewerbsmässiger Wertschriftenhandel

Inhaltsverzeichnis

Eidgenössische Steuerverwaltung ESTV
Eigerstrasse 65
3003 Bern
www.estv.admin.ch

1. Gegenstand des Kreisschreibens

Dieses Kreisschreiben dient als Hilfsmittel zur Abgrenzung einer selbständigen Erwerbstätigkeit (Quasi-Wertschriftenhandel) von der privaten Vermögensverwaltung. Es stützt sich auf die Rechtsprechung des Bundesgerichtes bis zum 31. Dezember 2011 und betrifft ausschliesslich die Bewirtschaftung eines Wertschriftenportefeuilles (Ziff. 4).

Um den Steuerpflichtigen Rechtssicherheit zu gewährleisten, wurden Kriterien ausgearbeitet, anhand derer im Rahmen einer Vorprüfung gewerbsmässiger Wertschriftenhandel ausgeschlossen werden kann (Ziff. 3). Sind diese Kriterien nicht kumulativ erfüllt, liegt nicht zwingend gewerbsmässiger Wertschriftenhandel vor, sondern es ist aufgrund der Umstände des Einzelfalls nach der bundesgerichtlichen Rechtsprechung zu beurteilen, ob private Vermögensverwaltung oder selbständige Erwerbstätigkeit vorliegt (Ziff. 4).

2. Rechtliche Grundlagen

2.1 Steuerbare Einkünfte – Steuerfreiheit der Kapitalgewinne auf Privatvermögen (Art. 16 Abs. 1 und 3 DBG)

Gemäss Artikel 16 Absatz 1 des Bundesgesetzes vom 14. Dezember 1990[1] über die direkte Bundessteuer (DBG) sind „alle wiederkehrenden und einmaligen Einkünfte" steuerbar. Mit dieser Generalklausel hat der Gesetzgeber den Grundsatz der Gesamtreineinkommenssteuer festgehalten. Ausgenommen von der Einkommensbesteuerung sind Einkünfte nur, wenn dies eine ausdrückliche Gesetzesnorm anordnet. Als eine solche Ausnahme erweist sich die Bestimmung von Artikel 16 Absatz 3 DBG, wonach Kapitalgewinne aus der Veräusserung von Privatvermögen steuerfrei sind.

2.2 Steuerbarkeit der Kapitalgewinne als Einkünfte aus selbständiger Erwerbstätigkeit (Art. 18 DBG)

Artikel 18 Absatz 1 DBG hält fest, dass alle Einkünfte aus einem Handels-, Industrie-, Gewerbe-, Land- und Forstwirtschaftsbetrieb, aus einem freien Beruf sowie aus jeder anderen selbständigen Erwerbstätigkeit steuerbar sind. Zu den Einkünften aus selbständiger Erwerbstätigkeit gehören nach Artikel 18 Absatz 2 DBG auch alle Kapitalgewinne aus Veräusserung, Verwertung oder buchmässiger Aufwertung von Geschäftsvermögen.

2.3 Absicht des Gesetzgebers im Stabilisierungsprogramm 1998

Die Eidgenössischen Räte haben in den Beratungen des Bundesgesetzes über das Stabilisierungsprogramm 1998[2] versucht, den gewerbsmässigen Wertschriftenhandel im Gesetz explizit zu regeln. Dieses Vorhaben scheiterte jedoch auf Grund der Komplexität dieser Materie. Es wurde daher beschlossen, im Gesetz nichts zu regeln und es beim bisherigen Recht (Praxis und Rechtsprechung zum BdBSt) zu belassen. Somit stand der "Wille des Gesetzgebers" eindeutig fest.

Aus den Beratungen des Bundesgesetzes über das Stabilisierungsprogramm 1998 geht jedoch hervor, dass die Praxis zum gewerbsmässigen Wertschriftenhandel nicht ausgedehnt

---

[1] SR 642.11

[2] AS **1999** 2374

werden darf[3]. Eine "dynamische" private Vermögensverwaltung soll nach wie vor möglich sein[4]. Als stärkstes Indiz des gewerbsmässigen Wertschriftenhandels gilt der Einsatz fremder Mittel[5].

3. Vorprüfung

Ob in einem konkreten Einzelfall eine selbständige Erwerbstätigkeit, d.h. ein gewerbsmässiger Wertschriftenhandel vorliegt, ist auf Grund sämtlicher Umstände des jeweiligen Einzelfalls zu beurteilen.

Um der Mehrheit der Steuerpflichtigen eine angemessene Rechtssicherheit zu gewährleisten, wurden für die Rechtsanwendung **Kriterien** ausgearbeitet, anhand derer im Rahmen einer Vorprüfung **gewerbsmässiger Wertschriftenhandel ausgeschlossen** werden kann.

Die Steuerbehörden gehen **in jedem Fall** von einer privaten Vermögensverwaltung bzw. von steuerfreien privaten Kapitalgewinnen aus, wenn die nachfolgenden **Kriterien kumulativ erfüllt** sind.

1. Die Haltedauer der veräusserten Wertschriften beträgt mindestens 6 Monate.

2. Das Transaktionsvolumen (entspricht der Summe aller Kaufpreise und Verkaufserlöse) pro Kalenderjahr beträgt gesamthaft nicht mehr als das Fünffache des Wertschriften- und Guthabenbestands zu Beginn der Steuerperiode.

3. Das Erzielen von Kapitalgewinnen aus Wertschriftengeschäften bildet keine Notwendigkeit, um fehlende oder wegfallende Einkünfte zur Lebenshaltung zu ersetzen. Das ist regelmässig dann der Fall, wenn die realisierten Kapitalgewinne weniger als 50% des Reineinkommens in der Steuerperiode betragen.

4. Die Anlagen sind nicht fremdfinanziert *oder* die steuerbaren Vermögenserträge aus den Wertschriften (wie z.B. Zinsen, Dividenden, usw.) sind grösser als die anteiligen Schuldzinsen.

5. Der Kauf und Verkauf von Derivaten (insbesondere Optionen) beschränkt sich auf die Absicherung von eigenen Wertschriftenpositionen.

Sind diese Kriterien nicht kumulativ erfüllt, kann gewerbsmässiger Wertschriftenhandel nicht ausgeschlossen werden. Die entsprechende Beurteilung erfolgt hierbei auf Grund sämtlicher Umstände des konkreten Einzelfalls (vgl. Ziff. 4).

---

[3] Votum Villiger, Bundesrat, Amtliches Bulletin, Ständerat 10.3.1999, S. 140: "... Es sind im allgemeinen seltene Fälle, und dabei wird es bleiben. Das ist auch im Interesse des Fiskus, denn der Fiskus trägt bei der gewerbsmässigen Besteuerung auch ein Risiko, weil er dann nämlich auch Verluste zum Abzug zulassen muss; ..."

[4] Votum Villiger, Bundesrat, Amtliches Bulletin, Ständerat 3.3.1999, S. 47: "... Wir wollen keine Kapitalgewinnsteuer für alle Normalanleger und -sparer, oder wie immer Sie diese bezeichnen, auch wenn sie nach modernsten Methoden ein gutes Portefeuille bewirtschaften. Da will der Fiskus nicht "zuschlagen". Das wäre eine Kapitalgewinnsteuer durch die Hintertüre. ..."; vgl. auch BGE vom 3.7.1998, in: StE 1998, B 23.1 Nr. 39

[5] Votum Gemperli, Amtliches Bulletin, Ständerat 2.3.1999, S. 43: "... In der Regel kann man im Wertschriftenbereich die geschäftliche Tätigkeit bereits wegen der Beanspruchung von Fremdmitteln feststellen. ...".

4. Die selbständige Erwerbstätigkeit mit Wertschriften (Gewerbsmässiger Wertschriftenhandel)

4.1 Grundsatz: Übernahme der unter dem BdBSt entwickelten Praxis für das DBG (BGE vom 2. Dezember 1999)

Mit Entscheid vom 2. Dezember 1999 bestätigte das Bundesgericht, dass die bisherige Praxis zu Artikel 21 Absatz 1 Buchstabe a BdBSt grundsätzlich auch unter der Herrschaft des DBG gilt (ASA 69, 788). Danach erzielt die steuerpflichtige Person steuerbares Einkommen aus selbständiger Erwerbstätigkeit, wenn sie An- und Verkäufe von Vermögensgegenständen in einer Art tätigt, die über die schlichte Verwaltung von Privatvermögen hinausgeht. Erforderlich hierzu ist, dass sie eine Tätigkeit entfaltet, die in ihrer Gesamtheit auf Erwerb gerichtet ist, bzw. dass sie solche Geschäfte systematisch mit der Absicht der Gewinnerzielung betreibt. Für eine solche selbständige Erwerbstätigkeit wird nicht vorausgesetzt, dass die steuerpflichtige Person nach aussen sichtbar am wirtschaftlichen Verkehr teilnimmt oder die Tätigkeit in einem eigentlichen, organisierten Betrieb ausübt (ASA 73, 299).

4.2 Wertschriften

Wertschriften im Sinne dieses Kreisschreibens sind Wertpapiere sowie nicht verurkundete Rechte mit gleicher Funktion (Wertrechte). Zu den Wertschriften gehören einmal jene Wertpapiere im zivilrechtlichen Sinn, die entweder volle Mitgliedschaftsrechte (z.B. Aktien, Anteile von Genossenschaften) oder bloss beteiligungsrechtliche Vermögensrechte (z.B. Partizipationsscheine, Genussscheine, Anteile an kollektiven Kapitalanlagen) verkörpern sowie Forderungsrechte (Obligationen). Sodann umfassen die Wertschriften im Sinn dieses Kreisschreibens auch bloss buchmässig registrierte Mitgliedschafts- und Forderungsrechte. Schliesslich zählen zu den Wertschriften auch Futures und die Derivate, deren Wert von einem bestimmten Basiswert (Aktien, Obligationen, Devisen, Edelmetalle, Rohwaren, Indizes, usw.) abgeleitet wird. Zu den derivativen Finanzinstrumenten zählen insbesondere Optionen und Swaps.

4.3 Abgrenzung der selbständigen Erwerbstätigkeit mit Wertschriften zur privaten Vermögensverwaltung

4.3.1 Allgemeine Kriterien

Nach der **Rechtsprechung** werden Kapitalgewinne auf beweglichen Vermögenswerten, namentlich Wertschriften, als Einkommen aus selbständiger Erwerbstätigkeit qualifiziert, sofern die steuerpflichtige Person An- und Verkäufe von Vermögensgegenständen in einer Art tätigt, die über die schlichte Verwaltung von Privatvermögen hinausgeht (ASA 71, 627; 66, 224). Hingegen bleiben Kapitalgewinne aus der Veräusserung von beweglichen Vermögenswerten so lange steuerfrei, als sie im Rahmen der privaten Vermögensverwaltung oder in Ausnützung einer sich zufällig bietenden Gelegenheit erzielt werden.

Nach ständiger Rechtsprechung des Bundesgerichts ist immer auf Grund der **Gesamtheit der Umstände des Einzelfalls** zu beurteilen, ob private Vermögensverwaltung oder selbständige Erwerbstätigkeit vorliegt (ASA 71, 627; 69, 652 und 788, mit Hinweisen). Eine schematisierte Vorgehensweise führt „nur in denjenigen Fällen zu einem sachgerechten Ergebnis, bei denen die Verhältnisse klar und eindeutig sind. In den übrigen Fällen ist die Tätigkeit jeweils nach wie vor in ihrem gesamten Erscheinungsbild rechtlich zu beurteilen." (2C_868/2008).

Für die Beurteilung einer selbständigen Erwerbstätigkeit sind verschiedene Indizien in Betracht zu ziehen, von denen jedes zusammen mit anderen, im Einzelfall jedoch unter

Umständen auch bereits alleine zur Annahme einer selbständigen Erwerbstätigkeit ausreichen kann. Der Umstand, dass einzelne typische Elemente der selbständigen Erwerbstätigkeit im Einzelfall fehlen (z.B. die grosse Häufigkeit der Transaktionen oder der Einsatz fremder Mittel), kann durch andere Elemente kompensiert werden, die mit besonderer Intensität vorliegen (ASA 73, 299). Für die Beurteilung des „nebenberuflichen Beteiligungshandels" hat das Bundesgericht festgehalten, dass die allgemeinen Indizien nach wie vor vollumfänglich anzuwenden sind (2C_385/2011, E. 2.2).

4.3.2 Besonderheiten für Wertschriftenportefeuilles

Mit Entscheid vom 23. Oktober 2009 (2C.868/2008) hält das Bundesgericht an diesen Grundsätzen fest. Zusätzlich präzisiert es in diesem Entscheid die Praxis dahingehend, dass die Indizien des systematischen und planmässigen Vorgehens sowie des Einsatzes spezieller Fachkenntnisse nur noch untergeordnete Bedeutung hätten. Das Transaktionsvolumen und die Fremdfinanzierung treten hingegen in den Vordergrund. Diese Präzisierung ist auf die Bewirtschaftung von Portfolioanlagen zugeschnitten (2C_766/2010 und 2C_385/2011).

Sind bei der Bewirtschaftung eines Wertschriftenportefeuilles die Kriterien nach Ziffer 3 hievor nicht erfüllt, so ist gemäss Bundesgericht die Prüfung einer selbständigen Erwerbstätigkeit anhand der folgenden Gewichtung vorzunehmen:

Im Vordergrund stehende Kriterien:

- *Höhe des Transaktionsvolumens (Häufigkeit der Geschäfte und kurze Besitzdauer)*

  Eine kurze Besitzdauer deutet darauf hin, dass die steuerpflichtige Person nicht vorwiegend Anlagezwecke verfolgt, sondern vielmehr an einer raschen Erzielung eines Gewinns interessiert ist (ASA 69, 652 und 788; 63, 43; 59, 709). Unter Umständen kann schon eine einzige Transaktion dazu führen, dass eine selbständige Erwerbstätigkeit vorliegt (2A.23/2004; ASA 69, 652).

  Die Häufigkeit der Geschäfte und die Kürze der Besitzdauer der Wertschriften sind Indizien dafür, dass die steuerpflichtige Person keine zumindest mittelfristige Kapitalanlage anstrebt, sondern auf eine rasche Erzielung eines Kapitalgewinns angewiesen ist und auch in Kauf nimmt, dass bedeutende Verluste entstehen könnten (ASA 71, 627).

- *Einsatz erheblicher fremder Mittel zur Finanzierung der Geschäfte*

  Der Einsatz von erheblichen Fremdmitteln in der privaten Vermögensverwaltung ist eher atypisch. Normalerweise wird bei der gewöhnlichen Anlage von privatem Vermögen darauf geachtet, dass die Erträge den Aufwand übersteigen (ASA 69, 788). Ist aber eine Fremdfinanzierung vorhanden, trägt die steuerpflichtige Person ein erhöhtes Risiko, welches ein Indiz für eine selbständige Erwerbstätigkeit darstellt. Sofern die Schuldzinsen und Spesen nicht durch periodische Einkünfte gedeckt werden können, sondern mittels Veräusserungsgewinnen beglichen werden müssen, kann von einer privaten Vermögensverwaltung nicht mehr die Rede sein (ASA 69, 788).

  Der Umstand, dass die steuerpflichtige Person auf die Geltendmachung des Schuldzinsen- und Schuldenabzugs verzichtet, hat nicht automatisch zur Folge, dass die durch fremde Mittel finanzierten Wertschriften als Privatvermögen qualifiziert werden. Vielmehr ist im Einklang mit der einschlägigen Rechtsprechung auf Grund der Gesamtheit der Umstände des Einzelfalls zu beurteilen, ob die Wertschriften dem Privat- oder Geschäftsvermögen zuzuordnen sind.

- *Einsatz von Derivaten*

  Ein Handel mit Derivaten kann der Absicherung namentlich des Aktienvermögens dienen. Übersteigt der Einsatz von Derivaten aber die Absicherung von Risiken und wird im Verhältnis zum Gesamtvermögen ein grosses Volumen umgesetzt, so ist der Handel mit Derivaten als spekulativ zu qualifizieren, was auf gewerbsmässiges Vorgehen hindeutet.

Indizien von untergeordneter Bedeutung:

- *die systematische oder planmässige Art und Weise des Vorgehens*

  Die steuerpflichtige Person wird aktiv wertvermehrend tätig oder ist bemüht, die Entwicklung eines Marktes zur Gewinnerzielung auszunützen (ASA 69, 652 und 788; 67, 483). Für die Annahme einer selbständigen Erwerbstätigkeit mit Wertschriften ist nach der Rechtsprechung des Bundesgerichts weder erforderlich, dass die steuerpflichtige Person diese Tätigkeit in einem eigentlichen, organisierten Unternehmen ausübt (ASA 71, 627; 69, 788), noch dass sie nach aussen sichtbar am wirtschaftlichen Verkehr teilnimmt (ASA 69, 652; 67, 483; 66, 224).

  Die Wiederanlage der erzielten Gewinne in gleichartige Vermögensgegenstände kann als Teil eines planmässigen Vorgehens betrachtet werden. Die Tatsache, dass die erzielten Gewinne in gleichartige Vermögensgegenstände investiert werden, ist auch ein Indiz dafür, dass eine selbständige Erwerbstätigkeit mit Wertschriften vorliegt (ASA 69, 652 und 788; 67, 483; 66, 224).

- *der enge Zusammenhang der Geschäfte mit der beruflichen Tätigkeit der steuerpflichtigen Person sowie der Einsatz spezieller Fachkenntnisse*

  Der enge Zusammenhang der Geschäfte mit der beruflichen Tätigkeit der steuerpflichtigen Person kann auch ein Indiz dafür sein, dass diese nicht wie eine Privatperson handelt, sondern eben wie eine haupt- oder nebenberuflich selbständig erwerbende Person versucht, Gewinne zu erzielen (ASA 66, 224).

Diesen beiden Indizien ist durch den Entscheid des Bundesgerichts vom 23. Oktober 2009 (2C.868/2008) eine untergeordnete Bedeutung zugewiesen worden. Sie begründen für sich alleine keine selbständige Erwerbstätigkeit, dienen aber der Bestärkung, wenn eines der im Vordergrund stehenden Kriterien erfüllt ist.

Schliesslich ist es unerheblich, ob die steuerpflichtige Person Wertschriftengeschäfte selbst oder über einen bevollmächtigten Dritten (Bank, Treuhänder, usw.) abwickelt (ASA 71, 627; 69, 652 und 788; 67, 483; 66, 224). Das Verhalten dieser bevollmächtigten Personen, welche als Hilfspersonen gelten, wird der steuerpflichtigen Person zugerechnet. Dies wird damit begründet, dass sich der Erfolg (oder Misserfolg) der getätigten Geschäfte letztlich in der wirtschaftlichen Leistungsfähigkeit der (auftraggebenden) steuerpflichtigen Person einstellt (ASA 63, 43). Das Bundesgericht hat den Grundsatz, dass die Handlungen von bevollmächtigten Dritten der steuerpflichtigen Person zuzurechnen sind, in der neusten Rechtsprechung ausdrücklich bestätigt (2C_868/2008, E. 3.4).

4.4 Bemessungsgrundlage

Der Gewinn aus der Veräusserung von Wertschriften wird definiert als positive Differenz zwischen dem Veräusserungserlös und den Gestehungskosten der Wertschriften, abzüglich der Kosten der Veräusserung. Der Nachweis der Gestehungskosten obliegt dem Steuerpflichtigen.

Von den steuerbaren Einkünften aus selbständiger Erwerbstätigkeit werden gemäss Artikel 27 Absatz 1 DBG die geschäfts- oder berufsmässig begründeten Kosten abgezogen. Dazu gehören insbesondere die eingetretenen und verbuchten Verluste auf Geschäftsvermögen (Art. 27 Abs. 2 Bst. b DBG). Geschäftsverluste können grundsätzlich nur dann steuerlich anerkannt werden, wenn sie verbucht worden sind. Dies setzt voraus, dass der Steuerpflichtige Bücher führt. Ist der Steuerpflichtige handelsrechtlich nicht zur Führung einer kaufmännischen Buchhaltung verpflichtet, schliesst dies nicht aus, dass die erlittenen Verluste abgezogen werden können. Wertschriftenverluste, die im Zusammenhang mit einer selbständigen Erwerbstätigkeit entstanden sind, können grundsätzlich ungeachtet der Buchführungspflicht (im handelsrechtlichen Sinn) berücksichtigt werden (ASA 58, 666). Wenn eine kaufmännische Buchhaltung fehlt, muss der Steuerpflichtige Aufstellungen über Aktiven und Passiven, Einnahmen und Ausgaben sowie Privatentnahmen und Privateinlagen beibringen (vgl. Art. 125 Abs. 2 DBG). Die Anforderungen an diese Aufstellungen richten sich nach den Umständen des Einzelfalls, insbesondere nach der Art der Geschäftstätigkeit und deren Umfang. Erforderlich sind in jedem Fall geeignete Aufzeichnungen, die Gewähr für die vollständige und zuverlässige Erfassung des Geschäftseinkommens und -vermögens bieten sowie eine zumutbare Überprüfung durch die Steuerbehörden ermöglichen (StE 2004, B 23.9 Nr. 7).

5. Beurteilungszeitpunkt

5.1 Grundsatz

Die steuerpflichtige Person übt eine über die private Verwaltung hinausgehende selbständige Erwerbstätigkeit mit Wertschriften in derjenigen Steuerperiode aus, in welcher die von der Rechtsprechung aufgeführten Indizien erfüllt sind. Somit liegt Geschäftsvermögen vor.

Ordentlicher Anknüpfungspunkt für die Beurteilung der Frage, ob die steuerpflichtige Person eine auf Erwerb gerichtete Tätigkeit ausübt, ist das Vorliegen einer oder mehrerer Veräusserungen. Erst in diesem Zeitpunkt sind alle Umstände bekannt, die für die Beurteilung massgeblich sind.

Mit Blick auf die Unsicherheit und Volatilität der Wertschriftenmärkte ist es in der Praxis schwierig, im Voraus die Haltedauer von Wertschriften, den Zeitpunkt und die Anzahl der Transaktionen über eine längere Zeitdauer verbindlich festzulegen. Die Steuerbehörden sind daher nur in eindeutigen Fällen in der Lage, zur Frage der Gewerbsmässigkeit des Wertschriftenhandels verbindliche Rechtsauskünfte abzugeben.

5.2 Schuldzinsen

Nach Artikel 33 Absatz 1 Buchstabe a DBG sind die privaten Schuldzinsen nur bis zur Höhe des Bruttovermögensertrags und weiterer 50'000 Franken abziehbar. Hingegen werden die geschäftlichen Schuldzinsen unbeschränkt zum Abzug zugelassen. Werden Schuldzinsen durch die Veranlagungsbehörde aufgerechnet, bedeutet dies implizit, dass die fremdfinanzierten Wertschriften für die betreffende Steuerperiode dem Privatvermögen zugeordnet werden. Diese (implizite) Qualifikation kann angepasst werden, wenn sich der Sachverhalt verändert hat. Ob nach der Beendigung der Schuldzinsenaufrechnung ein realisierter Wertzuwachs als Einkommen aus selbständiger Erwerbstätigkeit zu erfassen ist, wird nach der Gesamtheit der Umstände im Zeitpunkt der Veräusserung beurteilt (vgl. Kreisschreiben Nr. 22 der ESTV vom 16. Dezember 2008).

Die Abgrenzung zwischen privaten und geschäftlichen Schuldzinsen erfolgt auf Grund der von der steuerpflichtigen Person nachgewiesenen Verwendung der fremden Mittel. Fehlt der Nachweis der Mittelverwendung, erfolgt die Abgrenzung nach dem Verhältnis der Aktiven (proportionale Aufteilung, vgl. Kreisschreiben Nr. 22 der ESTV vom 16. Dezember 2008).

5.3 Geerbte Wertschriften

Bei geerbten Wertschriften besteht die beim Erblasser geltende steuerliche Qualifikation (Privatvermögen oder Geschäftsvermögen) bei den Erben weiter (vgl. Kreisschreiben Nr. 22 der ESTV vom 16. Dezember 2008).

6. Inkrafttreten

Dieses Kreisschreiben gilt ab dem Datum seiner Publikation auf der Website der ESTV. Es ersetzt das Kreisschreiben Nr. 8 vom 21. Juni 2005.

Schweizerische Eidgenossenschaft
Confédération suisse
Confederazione Svizzera
Confederaziun svizra

Eidgenössisches Finanzdepartement EFD
Eidgenössische Steuerverwaltung ESTV
Hauptabteilung Direkte Bundessteuer,
Verrechnungssteuer, Stempelabgaben

Verrechnungssteuer

Bern, 26. Juli 2011

Kreisschreiben Nr. 34

Kundenguthaben

Einleitung

Die Eidgenössische Steuerverwaltung passt mit diesem Kreisschreiben im Sinne einer administrativen Vereinfachung die Richtlinien im Bereich Kundenguthaben an. Die Änderung trägt zudem auch der veränderten Marktsituation Rechnung.

1. Begriff der Kundenguthaben

Bei Kundenguthaben handelt es sich um Einlagen bei einer inländischen Bank oder Sparkasse begründeten Forderungen. Kundenguthaben können beispielsweise sein: Spar-, Einlage-, Depositen- und Kontokorrentguthaben, Festgelder, Callgelder, Lohnkonti, Aktionärsdarlehen usw.

2. Begriff der Bank oder Sparkasse

Als Bank oder Sparkasse gilt, wer sich **öffentlich zur Annahme verzinslicher Gelder empfiehlt** (Bank nach Bankengesetz) oder **fortgesetzt Gelder gegen Zins entgegennimmt** (Bank im Sinne von Art. 9 Abs. 2 des Bundesgesetzes vom 13. Oktober 1965 über die Verrechnungssteuer; VStG).

3. Inländerbegriff

Inländer ist, wer im Inland Wohnsitz, dauernden Aufenthalt, statutarischen oder gesetzlichen Sitz hat oder als Unternehmen im inländischen Handelsregister eingetragen ist (Art. 9 Abs. 1 VStG).

4. Beginn der Steuerpflicht

a) Bank oder Sparkasse im Sinne des Bankengesetzes

Bei Banken oder Sparkassen, die sich öffentlich zur Annahme verzinslicher Gelder empfehlen, beginnt die Steuerpflicht mit der **Aufnahme der Geschäftstätigkeit** und **ohne Rücksicht** auf die Zahl der Gläubiger. Bezüglich der Interbankguthaben verweisen wir auf das Merkblatt "Verrechnungssteuer auf Zinsen von Bankguthaben, deren Gläubiger Banken sind" vom 22. September 1986 (S-02.123).

Eidgenössische Steuerverwaltung ESTV
Eigerstrasse 65
3003 Bern
www.estv.admin.ch

b) Bank oder Sparkasse im Sinne des Verrechnungssteuergesetzes
Bei Banken oder Sparkassen, die fortgesetzt Gelder gegen Zins entgegennehmen, beginnt die Steuerpflicht, sobald der **Bestand an Gläubigern die Zahl 100** übersteigt und die gesamte Schuldsumme **mindestens 5'000'000 Franken** beträgt.
Bei der Ermittlung der Anzahl Gläubiger sind die in- und ausländischen Banken im Sinne der an ihrem Sitz geltenden Bankengesetzgebung **nicht** mitzuzählen.
Wer zur Bank oder Sparkasse im Sinne des Verrechnungssteuergesetzes wird, darf sich nach den Vorschriften des Bankengesetzes **nicht** als Bank bezeichnen.

5. Anmeldepflicht

Wer auf Grund der vorstehenden Bestimmungen abgabepflichtig wird, hat sich unaufgefordert bei der Eidg. Steuerverwaltung anzumelden (vgl. Art. 38 Abs. 1 VStG)

6. Steuererhebung

Gegenstand der Verrechnungssteuer auf dem Ertrag beweglichen Kapitalvermögens sind die Zinsen, Renten, Gewinnanteile und sonstigen Erträge der Kundenguthaben bei inländischen Banken und Sparkassen (Art. 4 Abs. 1 lit. d VStG).
Steuerpflichtig ist der inländische Schuldner der steuerbaren Leistung (Art. 10 Abs. 1 VStG).

7. Abrechnungsverfahren

Die Steuer auf dem Ertrag von **Kundenguthaben bei Banken und Sparkassen** ist mit dem amtlichen Formular wie folgt abzurechnen und zu entrichten (Art. 19 Abs. 1 und 2 der Vollziehungsverordnung vom 19. Dezember 1966 über die Verrechnungssteuer VStV):

- in einem annäherungsweise ermittelten Betrag innert 30 Tagen nach Ablauf des Geschäftsvierteljahres für die in diesem Zeitraum fällig gewordenen Erträge (Zinsen);
- im genau ermittelten Betrag innert 30 Tagen nach Ablauf des letzten Geschäftsvierteljahres für die im ganzen Geschäftsjahr fällig gewordenen Erträge (Zinsen), abzüglich der für die ersten drei Quartale abgelieferten Steuern.

8. Geldmarktpapiere und Buchforderungen

Bezüglich der **Geldmarktpapiere und Buchforderungen** verweisen wir auf das Merkblatt "Geldmarktpapiere und Buchforderungen inländischer Schuldner" (S-02.130.1).

9. Inkrafttreten

Das vorliegende Kreisschreiben Nr. 34 tritt mit dessen Publikation in Kraft und ersetzt das Merkblatt S-02.122.2 vom April 1999.

Schweizerische Eidgenossenschaft
Confédération suisse
Confederazione Svizzera
Confederaziun svizra

Eidgenössisches Finanzdepartement EFD
Eidgenössische Steuerverwaltung ESTV
Hauptabteilung Direkte Bundessteuer, Verrechnungssteuer, Stempelabgaben

Stempelabgaben

Bern, 10. März 2011

Kreisschreiben Nr. 12

Umsatzabgabe

Inhaltsverzeichnis Seite

Eidgenössische Steuerverwaltung ESTV
Eigerstrasse 65
3003 Bern
www.estv.admin.ch

1-012-S-2011-d

Abkürzungen

Abs.	Absatz
Art.	Artikel
Bst.	Buchstabe
BEHG	Bundesgesetz über die Börsen und den Effektenhandel (SR 954.1)
BVG	Bundesgesetz über die berufliche Alters-, Hinterlassenen- und Invalidenvorsorge (SR 831.40)
DBG	Bundesgesetz über die direkten Bundessteuern (SR 642.11)
ESTV	Eidgenössische Steuerverwaltung
EU	Europäische Union
FINMA	Eidgenössische Finanzmarktaufsicht (FINMA)
FusG	Bundesgesetz über Fusion, Spaltung, Umwandlung und Vermögensübertragung (SR 221.301)
GmbH	Gesellschaft mit beschränkter Haftung
IPO	Initial Public Offering
KAG	Bundesgesetz über die kollektiven Kapitalanlagen (SR 951.31)
KS	Kreisschreiben
OR	Obligationenrecht (SR 220)
SBVg	Schweizerische Bankiervereinigung
SICAV	Société d'investissement à capital variable
StG	Bundesgesetz über die Stempelabgaben (SR 641.10)
StV	Verordnung zum Bundesgesetz über die Stempelabgaben (SR 641.101)
UNO	Vereinte Nationen
ZGB	Zivilgesetzbuch (SR 210)

1 Einleitung

1.1 Zeitlicher Geltungsbereich

Die vorliegende Version des Kreisschreibens Nr. 12 ersetzt die Ausgabe vom 20. Dezember 2005 und tritt mit ihrer Publikation in Kraft. Es erhebt keinen Anspruch auf Vollständigkeit, sondern soll gewisse Punkte erläutern, die in der Praxis Schwierigkeiten bereiten könnten. 1

Diese Ausgabe des Kreisschreibens zur Umsatzabgabe beinhaltet die notwendigen redaktionellen und materiellen Anpassungen aufgrund der Inkraftsetzung des KAG vom 1. Januar 2007, von Änderungen des StG für ausländische Mitglieder einer inländischen Börse (Remote members) vom 1. Juli 2010 sowie von Änderungen der StV für Guthaben im Konzern vom 1. August 2010. Die Anpassungen resp. Änderungen sind in diesem Dokument auf der linken Seite mit einem Balken gekennzeichnet. 2

1.2 Geltung des Stempelsteuerrechts im Fürstentum Liechtenstein 3

Gemäss Zollanschlussvertrag vom 29. März 1923 ist das eidgenössische Stempelsteuerrecht auch im Fürstentum Liechtenstein anwendbar. Die liechtensteinischen Effektenhändler sind den schweizerischen Effektenhändlern gleichgestellt. Somit sind z.B. liechtensteinische kollektive Kapitalanlagen stempelsteuerlich den schweizerischen gleichgesetzt.

1.3 Präzisierungen gegenüber den früheren Kreisschreiben 4

Nebst den vorerwähnten Änderungen erfolgten zudem die folgenden, zusätzlichen Anpassungen:

- Klassifizierung der steuerbaren Urkunden (Ziffer 10)
- indirekte Transaktionen (Ziffer 42)
- Umschreibung der Ersatzbeschaffung (Ziffer 103)

2 Besteuerungsgrundsätze

2.1 Abgabepflichtige Effektenhändler 5

Das BEHG kennt - wie das StG - den Begriff des Effektenhändlers. Der vom Aufsichtsrecht verwendete Begriff deckt sich jedoch nicht mit demjenigen des Umsatzabgaberechts Effektenhändler, die von der ESTV der Umsatzabgabepflicht unterstellt werden, sind daher nicht zwangsläufig Effektenhändler im Sinne des BEHG.

Effektenhändler im Sinne von Artikel 13 Absatz 3 StG sind:

a) die Banken im Sinne des Bankengesetzes vom 8. November 1934 sowie die Schweizerische Nationalbank;

b) die nicht unter Buchstabe a fallenden inländischen natürlichen und juristischen Personen und Personengesellschaften, inländischen Anstalten und Zweigniederlassungen ausländischer Unternehmen, deren Tätigkeit ausschliesslich oder zu einem wesentlichen Teil darin besteht:

1) für Dritte den Handel mit steuerbaren Urkunden zu betreiben (*Händler*) oder

2) als Anlageberater oder Vermögensverwalter Kauf und Verkauf von steuerbaren Urkunden zu vermitteln (*Vermittler*).

Den Effektenhändlern gleichgestellt sind:

d) die nicht unter die Buchstaben a und b fallenden inländischen Aktiengesellschaften, Kommanditaktiengesellschaften, GmbH und Genossenschaften sowie inländische Einrichtungen der beruflichen Vorsorge und der gebundenen Vorsorge, deren Aktiven nach Massgabe der letzten Bilanz zu mehr als 10 Millionen Franken (Buchwert) aus steuerbaren Urkunden bestehen. Nur die Aktivseite der Bilanz ist massgebend. Die Passiven (Rückstellungen etc.) werden nicht berücksichtigt.

f) der Bund, die Kantone und die politischen Gemeinden samt ihren Anstalten, sofern sie in ihrer Rechnung für mehr als 10 Millionen Franken steuerbare Urkunden nach Artikel 13 Absatz 2 StG ausweisen, sowie die inländischen Einrichtungen der Sozialversicherung.

Als inländische Einrichtungen der beruflichen Vorsorge und der gebundenen Vorsorge gelten (Art. 13 Abs. 4 StG):

a) Vorsorgeeinrichtungen (Stiftungen, Genossenschaften oder Einrichtungen des öffentlichen Rechts) die den obligatorischen Teil der beruflichen Altersvorsorge gemäss BVG versichern. Dazu zählen auch die Einrichtungen die den überobligatorischen Bereich abdecken;

b) Freizügigkeitsstiftungen der beruflichen Alters-, Hinterlassenen- und Invalidenvorsorge;

c) Bankstiftungen, die im Rahmen der Säule 3a Gelder zur Altersvorsorge entgegennehmen;

d) Anlagestiftungen, die sich der Anlage von Vermögen der vorerwähnten Einrichtungen widmen.

Als inländische Einrichtungen der Sozialversicherung gelten:

die Ausgleichsfonds der AHV und Arbeitslosenversicherung *(Art. 13 Abs. 5 StG)*.

2.2 Abgabeobjekt (Art. 13 Abs. 1 StG) 6

Gegenstand der Abgabe ist die entgeltliche Übertragung von Eigentum an steuerbaren Urkunden, sofern eine der Vertragsparteien oder einer der Vermittler Effektenhändler ist.

2.2.1 Eigentumsübertragung 7

Steuerbar ist das auf Eigentumsübertragung gerichtete Geschäft.

Mangels Eigentumsübertragung ist somit abgabefrei z.B.

- die Verpfändung oder Hinterlegung von steuerbaren Urkunden (echtes Lombardgeschäft);
- die Titelleihe (Securities Lending and Borrowing);
- die Übergabe von Treugut zwecks blosser Verwaltung und dessen Aushändigung an den Treugeber;
- das standardisierte Repo-Geschäft (vgl. Ziffer 97).

2.2.2 Entgeltlichkeit 8

Die Abgabe ist geschuldet, wenn die Übertragung des Eigentums an einer steuerbaren Urkunde in irgendeiner Form gegen Entgelt erfolgt. Das Entgelt kann aus Geld, Forderungen, Wertpapieren, Edelmetallen, Sachwerten oder einer anderen Form bestehen. Besteht es nicht in einer Geldsumme, so ist der Verkehrswert der vereinbarten Gegenleistung massgebend (für unentgeltliche Geschäfte vgl. Ziffer 111).

2.2.3 Steuerbare Urkunden (Art. 13 Abs. 2 StG) 9

Steuerbar sind:

a) die von einem Inländer ausgegebenen
- Beteiligungsrechte, Partizipationsscheine, Genussscheine;
- Obligationen;
- Anteile an kollektiven Kapitalanlagen.

b) die von einem Ausländer ausgegebenen Urkunden, die in ihrer wirtschaftlichen Funktion den unter Buchstabe a) bezeichneten Titeln gleichstehen.

c) die Ausweise über Unterbeteiligungen an Urkunden der in Buchstaben a) und b) bezeichneten Titel.

Werden steuerbare Urkunden physisch nicht ausgestellt oder umgesetzt, so treten an ihre Stelle die der Feststellung der Rechtsvorgänge dienenden Geschäftsbücher oder sonstigen Urkunden (Art. 1 Abs. 2 StG), wie z.B.

- nicht ausgestellte, sondern nur eingebuchte Kassenobligationen;
- Aktienregister von Familiengesellschaften;
- Schuldbuchforderungen;
- nur eingebuchte Anteile von kollektiven Kapitalanlagen.

Entscheidet sich ein Effektenhändler, auf die Valorendaten eines von der ESTV anerkannten Datenlieferanten abzustellen, ist im Sinne einer einheitlichen Umsetzung des StG Folgendes zu beachten: 10

- Der inländische Effektenhändler kann sich einmal pro Kalenderjahr entscheiden, ob er

sich auf die Daten von einem anerkannten Datenlieferanten beziehen will oder nicht.
- Die gewählte Methode ist für mindestens ein Jahr beizubehalten.
- Bei der Wahl des Bezugs der Daten von einem anerkannten Datenlieferanten muss sich der inländische Effektenhändler konsequent an diese Klassifizierung halten.

Hat ein inländischer Effektenhändler für die Stempelabgaben auf die Valorendaten eines anerkannten Datenlieferanten abgestellt, nimmt die ESTV bei der Aufdeckung einer unrichtigen Klassifizierung auf Zusehen hin keine nachträglichen Korrekturen der Umsatzabgabe vor. Die ESTV wird grundsätzlich, einerseits weder rückwirkende Umsatzabgabebelastungen, noch andererseits entsprechende Vergütungen vornehmen.

Der inländische Effektenhändler, der sich nicht für die Verwendung der Klassifizierung durch einen anerkannten Datenlieferanten entschieden hat, ist nach wie vor vollumfänglich selber für die korrekte Klassifizierung verantwortlich (vgl. Mitteilung der ESTV betreffend Umsatzabgabe vom 10. Oktober 2007 über die Klassifizierung von steuerbaren Urkunden).

2.3 Abgabesatz und Berechnungsgrundlage (Art. 16 StG) 11

Die Abgabe wird auf dem Entgelt berechnet und beträgt:

1,5 o/oo für eine **inländische Urkunde** (bzw. 0,75 o/oo je Vertragspartei);

3,0 o/oo für eine **ausländische Urkunde** (bzw. 1,5 o/oo je Vertragspartei).

2.4 Überwälzung 12

Das StG enthält keine Vorschrift darüber, wer die geschuldete Abgabe zu tragen hat. Unter dem Titel «Umsatzabgabe» darf jedoch den Kontrahenten nicht mehr als die geschuldete Abgabe belastet werden.

2.5 Entstehung der Abgabeforderung (Art. 15 StG) 13

Die Abgabeforderung entsteht in der Regel mit dem Abschluss des Geschäftes. Bei bedingten oder ein Wahlrecht einräumenden Geschäften (Options- und Prämien-Geschäfte) entsteht die Abgabeforderung im Zeitpunkt der Erfüllung.

2.6 Begriffserläuterungen

2.6.1 Obligationen (Art. 4 Abs. 3 und 4 StG) 14

Als Obligationen gelten schriftliche, auf feste Beträge lautende Schuldanerkennungen, die zum Zweck der kollektiven Beschaffung von Fremdkapital, der kollektiven Anlagegewährung oder Konsolidierung von Verbindlichkeiten in einer Mehrzahl von Exemplaren ausgegeben werden:

- Anleihensobligationen (mit Einschluss von Partialen von Anleihen, für welche ein Grundpfandrecht gemäss Art. 875 ZGB besteht);
- Rententitel;
- Pfandbriefe;
- Kassenobligationen, Kassen- und Depositenscheine und
- Schuldbuchforderungen

ferner in einer Mehrzahl ausgegebene und der kollektiven Kapitalbeschaffung dienende

- Wechsel, wechselähnliche Schuldverschreibungen, andere Diskontpapiere und Ausweise über Unterbeteiligungen an solchen Urkunden, sofern sie zur Unterbringung im Publikum bestimmt sind;
- Ausweise über Unterbeteiligungen an Darlehensforderungen einschliesslich Schuldscheindarlehen sowie Buchforderungen (vgl. Ziffern 84-86).

Guthaben zwischen Konzerngesellschaften gelten mit Wirkung ab dem 1. August 2010 weder als Obligationen noch als
Geldmarktpapiere sofern eine inländische Konzerngesellschaft keine Obligationen einer zum Konzern gehörenden ausländischen Gesellschaft garantiert (Art. 16a StV).

2.6.2 Kollektive Mittelbeschaffung 15

Kollektive Mittelbeschaffung liegt vor,

(= **Anleihensobligationen**)
- wenn ein Schuldner bei mehr als 10 Gläubigern gegen Ausgabe von Schuldanerkennungen zu identischen Bedingungen Geld aufnimmt. Die gesamte Kreditsumme muss mindestens 500'000 Franken betragen;

(= **Kassenobligationen**)
- wenn eine Bank im Sinne des Bankengesetzes fortlaufend Schuldanerkennungen zu variablen Bedingungen, ohne Rücksicht auf die Anzahl der Gläubiger, ausgibt;
- wenn ein inländischer Schuldner, welcher nicht Bank gemäss Bankengesetz ist, bei mehr als 20 Gläubigern fortlaufend gegen Ausgabe von Schuldanerkennungen Geld zu gleichartigen Bedingungen aufnimmt. Die gesamte Kreditsumme muss mindestens 500'000 Franken betragen.

Bei der Ermittlung der Anzahl Gläubiger für Anleihens- und Kassenobligationen sind die in- und ausländischen Banken im Sinne der an ihrem Sitz geltenden Bankengesetzgebung nicht mitzuzählen.

Die Kriterien für Obligationen gelten auch für Konsortialdarlehen und Unterbeteiligungen an Darlehen sowie Buchforderungen, aber auch für Wechsel, wechselähnliche Schuldverschreibungen und andere Diskontpapiere. Sie alle sind steuerbar, sobald sie die für

Obligationen geltenden Erfordernisse erfüllen. Die äussere Aufmachung, Bezeichnung, Mantel und Couponsbogen, Laufzeit sowie verschiedene Nennwerte sind unerheblich.

2.6.3 Geldmarktpapiere (Art. 4 Abs. 5 StG) 16

Weisen die Obligationen und die ihnen gleichgestellten Schuldverhältnisse eine vertragliche Laufzeit von nicht mehr als 12 Monaten (360/365 Tage resp. nächster Werktag) auf, sind sie hinsichtlich der Stempelabgaben den Geldmarktpapieren zuzuordnen (vgl. Ziffer 76).

2.6.4 Inländer bzw. Ausländer (Art. 4 Abs. 1 StG) 17

Inländer ist, wer im Inland (d.h. in der Schweiz oder im Fürstentum Liechtenstein) Wohnsitz, dauernden Aufenthalt, statutarischen oder gesetzlichen Sitz hat oder als Unternehmen im Handelsregister eingetragen ist.

Als Ausländer gilt dementsprechend, wer die Bedingungen eines Inländers nicht erfüllt.

2.6.5 In- und ausländische Urkunden 18

Als inländische Urkunden gelten Titel, deren Schuldner Inländer sind (bei Ausweisen über Unterbeteiligungen an Darlehensforderungen und Wechseln deren Emittenten).
Sofern miteinander verbundene inländische und ausländische Urkunden nur als Einheit gehandelt werden können, gelten sie ebenfalls als inländische Urkunden (Art. 22 Abs. 4 StV).

Als inländische Urkunden gelten ebenso im Ausland kotierte Titel inländischer Gesellschaften.

Für Obligationen EUROFIMA siehe Ziffer 75.

Als ausländische Urkunden gelten dementsprechend Titel, welche die Bedingungen für inländische Urkunden nicht erfüllen.

2.6.6 Ausländische Bank (Art. 19 StG)

Als ausländische Banken werden ***anerkannt***: 19

- Zentral- und Notenbanken sowie Institute mit gleichartiger Funktion;
- Die Bank für internationalen Zahlungsausgleich (BIZ);
- Staatliche oder interstaatliche Währungsfonds;
- Entwicklungsbanken;
- Institute, die der geltenden Bankengesetzgebung des Domizillandes vollumfänglich unterstellt sind, sofern sie in diesem Land eine wirkliche Banktätigkeit als Hauptzweck

ausüben, und zwar mit eigenem Personal, eigenen Büroräumlichkeiten, Kommunikationsmitteln und Entscheidungsbefugnissen;

- Institute in Ländern ohne Bankengesetzgebung, sofern sie nachweisbar im Domizilland eine wirkliche Banktätigkeit ausüben und alle im letzten Absatz hiervor erwähnten Bedingungen erfüllen.

Als ausländische Banken werden ***nicht anerkannt***: 20

- Domizilgesellschaften (Briefkastenfirmen) ohne eigene Infrastruktur und dies selbst dann, wenn eine Banklizenz vorhanden ist;
- Finanz-, Holding- und Vermögensverwaltungsgesellschaften;
- Privatpersonen (Ausnahme: anerkannte Privatbanquiers);
- Bankholdinggesellschaften ohne effektive Banktätigkeit.

2.6.7 Ausländischer Börsenagent (Art. 19 StG)

Als ausländische Börsenagenten (Broker) werden ***anerkannt***: 21

- Die an einer ausländischen Börse zugelassenen und tätigen Wertpapierhändler;
- Natürliche und juristische Personen und Personengesellschaften, welche (ohne einen Sitz an einer Börse zu haben) dieselbe Tätigkeit wie ein Börsenagent (z.B. Market Maker) ausüben, sofern sie das Wertschriftengeschäft mit eigenem Personal, eigenen Kommunikationsmitteln und anderen notwendigen Einrichtungen selbständig und in eigener Kompetenz betreiben;
- Die über die Ausgabe ausländischer Fondsanteile/-aktien etc. abrechnende ausländische Vertragspartei, welche in ihrer Funktion einer inländischen Fondsleitung gleichgestellt werden kann.

Als ausländische Börsenagenten (Broker) werden insbesondere ***nicht anerkannt***: 22

- Finanz-, Beteiligungs-, Holding- und Vermögensverwaltungsgesellschaften;
- Domizilgesellschaften («Briefkastenfirmen»), die weder eigenes Personal noch eigene Geschäftslokale besitzen und folglich selbst keinerlei Geschäftstätigkeit ausüben können. Solche Gesellschaften können sich nicht darauf berufen, ihre Muttergesellschaft besitze den Status eines ausländischen Brokers.

2.7 Ausnahmen (Art. 14 StG)

Der Umsatzabgabe unterliegen nicht:

- Die Ausgabe inländischer Aktien, Stammanteile von GmbH und von Genossenschaften, Partizipationsscheine, Genussscheine, Anteile von kollektiven Kapitalanlagen, Obligationen und Geldmarktpapiere, einschliesslich der Festübernahme durch eine Bank oder Beteiligungsgesellschaft und der Zuteilung bei einer nachfolgenden Emission; 23

- Die Sacheinlage von Urkunden zur Liberierung in- oder ausländischer Aktien, Stammeinlagen von GmbH, Genossenschaftsanteilen, Partizipationsscheinen und Anteilen von kollektiven Kapitalanlagen (abgabepflichtig ist die Sacheinlage in eine Anlagestiftung); **24**
- Der Handel mit Bezugsrechten, Anrechten und Optionen; **25**
- Die Rückgabe von Urkunden zur Tilgung; **26**
- Die Ausgabe von Obligationen ausländischer Schuldner sowie von Beteiligungsrechten an ausländischen Gesellschaften; **27**
- Die Ausgabe und der Handel mit in- und ausländischen Geldmarktpapieren; **28**
- Die Vermittlung oder der Kauf und Verkauf von ausländischen Obligationen, soweit der Käufer oder Verkäufer eine ausländische Vertragspartei ist (d.h. die Abgabe entfällt nur für die ausländische Vertragspartei); **29**
- Die mit einer Umstrukturierung, insbesondere einer Fusion, Spaltung oder Umwandlung verbundene Übertragung steuerbarer Urkunden von der übernommenen, spaltenden oder umwandelnden Unternehmung auf die aufnehmende oder umgewandelte Unternehmung; **30**
- Der Erwerb oder die Veräusserung von steuerbaren Urkunden im Rahmen von Umstrukturierungen nach den Artikeln 61 Absatz 3 und 64 Absatz 1bis DGB. Eine Verletzung der Sperrfrist gemäss DBG löst keine Umsatzabgabe aus. **31**
- Bei der Übertragung von Beteiligungen von mindestens 20% am Grund- oder Stammkapital anderer Gesellschaften auf eine in- oder ausländische Konzerngesellschaft. Jede einzelne Transaktion muss 20% und mehr des nominellen Aktienkapitals beinhalten. **32**
- Geschäfte für den Handelsbestand eines gewerbsmässigen Effektenhändlers gemäss Artikel 13 Absatz 3 Buchstabe a und b Ziffer 1 StG: dieser ist von dem auf ihn selbst entfallenden Teil der Abgabe befreit, soweit er Titel aus seinem Handelsbestand (vgl. Ziffer 60) veräussert oder zur Äufnung dieses Bestandes erwirbt. **33**

2.7.1 Befreite Anleger (Art. 17a StG)

Von der Umsatzabgabe befreite Anleger (Art. 17a Abs. 1 StG)

1. Inländische kollektive Kapitalanlagen nach Artikel 7 KAG **34**

   Diese kollektiven Kapitalanlagen haben eine Bewilligung der FINMA. Eine Liste ist abrufbar auf:

   www.finma.ch

   Anteile an internen Sondervermögen sind keine steuerbaren Urkunden. Sie bilden kein Gegenstand der Umsatzabgabe. Interne Sondervermögen sind nicht Effektenhändler, qualifizieren jedoch auch nicht als befreite Anleger im Sinne von Artikel 17a StG. Massgeblich für die Erhebung der Umsatzabgabe ist die umsatzabgaberechtliche Qualifikation der Anleger.

2. Ausländische kollektive Kapitalanlagen nach Artikel 119 KAG **35**

   Als ausländische kollektive Kapitalanlage gelten:

a) Anlageformen, welche in der Schweiz zum Vertrieb zugelassen sind; *oder*

b) Anlageformen, welche im Ausland einer Aufsicht über kollektive Kapitalanlagen unterstehen; *oder*

c) vertraglich oder gesellschaftsrechtlich ausgestaltete offene Anlageformen,
   - deren Zweck die kollektive Kapitalanlage ist; *und*
   - die ihren Sitz im Ausland haben; *und*
   - deren Anleger gegenüber der Anlageform oder einer ihr nahe stehenden Gesellschaft einen Rechtsanspruch auf Rückzahlung ihrer Anteile zum Nettoinventarwert haben; *oder*

d) vertragliche oder gesellschaftsrechtlich ausgestaltete geschlossene Anlageformen,
   - deren Zweck die kollektive Kapitalanlage ist; *und*
   - die ihren Sitz im Ausland haben.

Für weitere detaillierte Erläuterungen vgl. Kreisschreiben Nr. 24 der ESTV vom 1. Januar 2009 betreffend kollektive Kapitalanlagen als Gegenstand der Verrechnungssteuer und der Stempelabgaben, insbesondere der Entscheidungsbaum in Anhang VI.

3. Ausländische Staaten **36**

Als abgabebefreite Anleger gelten die Mitgliedstaaten der UNO sowie anerkannte Staaten ohne UNO-Mitgliedschaft wie der Vatikan und Taiwan. Dazu sind auch staatliche Institutionen zu zählen, die ausschliesslich das Staatsvermögen verwalten. Steuerbar bleiben Geschäfte für die rechtlich selbständigen Anstalten, Einrichtungen und Regiebetriebe dieser Länder.
Nicht befreit sind: Abhängige Gebiete mit grosser Autonomie wie Jersey, Cayman, Labuan oder Hongkong; ebenso wenig Teilstaaten und Provinzen wie die deutschen Bundesländer, die kanadischen Provinzen oder die US-Gliedstaaten.

4. Ausländische Zentralbanken **37**

Als solche sind abgabefrei, sofern folgende Voraussetzungen erfüllt sind:

a) Der statutarische Zweck muss die Wahrnehmung von geld- und währungspolitischen Aufgaben des entsprechenden Staates sein;

b) Nebst der europäischen Zentralbank sind auch die einzelnen Zentralbanken der EU-Mitglieder befreit, sofern Buchstabe a zutrifft. Dies ist nicht nur für die EU anwendbar.

5. Ausländische Einrichtungen der Sozialversicherung **38**

Hier sind diejenigen Einrichtungen dazuzuzählen, denen gleiche Aufgaben zukommen wie den inländischen Einrichtungen der Sozialversicherungen. Sie müssen zudem einer der schweizerischen vergleichbaren Aufsicht unterstehen. Lediglich Gemeinnützigkeit oder Wohltätigkeit reichen nicht aus.

6. Ausländische Einrichtungen der beruflichen Vorsorge **39**

Dazu zählen Einrichtungen der Alters-, Hinterlassenen- und Invalidenvorsorge, deren Mittel dauernd und ausschliesslich der beruflichen Vorsorge gewidmet sind. Auch sie müssen einer der schweizerischen vergleichbaren Aufsicht unterstehen.

7. Ausländische Lebensversicherer **40**

Das Geschäft muss nachweislich für den Lebensversicherungsbereich abgeschlossen sein.

8. Ausländische Gesellschaften **41**

Damit für die als Gegenpartei auftretende Gesellschaft als von der Abgabe befreit betrachtet werden kann, müssen folgende Bedingungen erfüllt sein:

- Das Domizil der Gesellschaft muss im Ausland sein
- Die Aktien dieser Gesellschaft müssen an einer anerkannten Börse kotiert sein (lediglich gehandelt genügt nicht)
- Wenn die Aktien der Gegenpartei nicht selbst an einer anerkannten Börse kotiert sind, sie jedoch einem ausländischen Konzern zugeordnet werden können und deren Aktien wiederum an einer anerkannten Börse kotiert sind.
  Geschäfte mit einer ausländischen konsolidierten Konzerngesellschaft werden dann als abgabefrei anerkannt, wenn aus dem Geschäftsbericht des Konzerns hervorgeht, dass diese Gesellschaft im Konzern, deren Aktien kotiert sind, konsolidiert wird.

ACHTUNG: Es entfällt nur die halbe Abgabe für die ausländische Gesellschaft. Es ist nicht das ganze Geschäft von der Abgabe befreit.

9. Indirekte Transaktionen („Dreiecksgeschäfte") **42**

Indirekte Transaktionen sind Geschäfte für einen der vorerwähnten abgabebefreiten Anleger, die nicht direkt, sondern über eine weitere ausländische Stelle (z. B. Vermögensverwalter im Ausland) abgerechnet werden.

Macht die ausländische Vertragspartei (z. B. Vermögensverwalter) des Effektenhändlers geltend, sie handle für Rechnung eines abgabebefreiten Anlegers, so ist sie verpflichtet, die Angaben genügend (Name/Firma/Branche/Domizil) offen zu legen. Nur diejenigen Transaktionen können abgabefrei behandelt werden,

- die gemäss Abrechnung der ausländischen Vertragspartei die Angaben des Anlegers genügend erwähnen, oder
- die gemäss Abrechnung der ausländischen Vertragspartei mit einer Referenzbezeichnung (Konto-Nr. oder Chiffre des Anlegers) versehen sind. Die ausländische Vertragspartei stellt in solchen Fällen dem Effektenhändler zuhanden der Kontrollorgane der ESTV ein Verzeichnis zur Verfügung, das über die Referenz genügende Auskunft über den Anleger geben muss. Dieses Verzeichnis muss von der Revisionsstelle der ausländischen Vertragspartei unterzeichnet sein.

Generelle Bestätigungen, wonach die ausländische Vertragspartei ausschliesslich für abgabebefreite Anleger handle, können nicht akzeptiert werden.

Anerkannte Börsen 43

Die Liste der anerkannten Börsen wird von der FINMA laufend nachgeführt, ist auf deren Internetseite abrufbar (www.finma.ch).

Die Nachweispflicht des Effektenhändlers 44

Der Effektenhändler muss jederzeit mit aussagekräftigen Dokumenten nachweisen können, dass für die unter Ziffer 34 bis 42 erwähnten Kundenkategorien berechtigterweise abgabefrei abgerechnet wurde.

3 Erläuterungen verfahrensrechtlicher Art

3.1 Anmeldung als Abgabepflichtiger (Art. 34 Abs. 1 StG) 45

Wer aufgrund des StG abgabepflichtig wird, hat sich vor Beginn der Abgabepflicht unaufgefordert bei der ESTV anzumelden. Nach Beginn der Abgabepflicht eintretende Änderungen an den zu meldenden Tatsachen, insbesondere die Errichtung von Zweigniederlassungen, sind unaufgefordert der ESTV zu melden.

3.1.1 Registrierung als Effektenhändler (Art. 20 StV) 46

Die ESTV registriert den Effektenhändler und gibt die ihm zugeteilte Nummer bekannt. Diese Nummer entspricht der Dossiernummer. Sie ist vom Steuerpflichtigen gegenüber der ESTV in allen Abrechnungen und Korrespondenzen aufzuführen.

3.1.2 Beginn der Abgabepflicht (Art. 18 StV) 47

Die Abgabepflicht des Effektenhändlers beginnt:

a) In der Regel mit der Aufnahme der Geschäftstätigkeit;

b) Bei Aktiengesellschaften, Kommanditaktiengesellschaften, GmbH, Genossenschaften, der öffentlichen Hand sowie inländischen Einrichtungen der beruflichen Vorsorge und der gebundenen Vorsorge mit mehr als 10 Millionen Franken steuerbaren Urkunden in den Aktiven der Bilanz: Sechs Monate nach Ablauf des Geschäftsjahres, in dem die eben genannte Voraussetzung eingetreten ist. Nachweisbar treuhänderisch verwaltete Urkunden sind nicht Aktiven im Sinne dieser Bestimmung, sofern sie in der Bilanz gesondert ausgewiesen werden.

3.2 Erhebungsverfahren (Art. 17 StG)

Abgabepflichtig ist der Effektenhändler (für abgabefreie Geschäfte vgl. Ziffer 23-42). 48

Er schuldet (je) eine halbe Abgabe:

- wenn er vermittelt: für jede Vertragspartei, die sich ihm gegenüber weder als registrierter Effektenhändler noch von der Abgabe befreiter Anleger ausweist;
- wenn er Vertragspartei ist: für sich und für die Gegenpartei, die sich ihm gegenüber weder als registrierter Effektenhändler noch von der Abgabe befreiter Anleger ausweist.

Die Form des Ausweises des abgabebefreiten Anlegers ist nicht vorgeschrieben. Das Kundendossier beim Effektenhändler soll die erforderlichen Angaben enthalten. Mangels genügender Angaben oder für Zweifelsfälle ist dem Effektenhändler empfohlen, sich ein Frage-/ Antwortformular von einer Aufsichts- oder Amtsstelle bestätigen zu lassen. **49**

Der Effektenhändler gilt als Vermittler: **50**

- wenn er im Auftrag eines Kunden steuerbare Urkunden erwirbt oder veräussert und mit diesem zu Originalkonditionen abrechnet;
- wenn er für eigene Rechnung erworbene Titel am Tage ihres Erwerbs (zu gleichen oder veränderten Konditionen) weiterveräussert;
- wenn er, ohne als Käufer oder Verkäufer von Titeln aufzutreten, lediglich Gelegenheit zum Geschäftsabschluss nachweist.

3.2.1 Abrechnung unter Effektenhändlern (Art. 23 StV) **51**

Die inländischen Banken, die Schweizerische Nationalbank und die Pfandbriefzentralen gelten ohne besondere Erklärung als Effektenhändler.

Die gewerbsmässigen Effektenhändler (Art. 13 Abs. 3 Bst. b Ziff. 1 StG) haben sich sowohl bei inländischen Banken als auch unter sich selbst mittels von der ESTV bezogenen Effektenhändlererklärungen auszuweisen.

Über die abgegebenen Erklärungen ist ein besonderes Verzeichnis anzulegen (mit Namen und Adressen der Empfänger sowie Datum der Ausstellung) und zur Verfügung der ESTV zu halten.

Der Abgabepflichtige hat die ihm abgegebenen Erklärungen geordnet nach den Effektenhändler-Nummern aufzubewahren.

3.2.2 Delegation der Abgabepflicht **52**

Folgende Effektenhändler können ihre Abgabepflicht an inländische Banken oder Händler delegieren:

- Anlageberater oder Vermögensverwalter;
- juristische Personen sowie inländische Einrichtungen der beruflichen Vorsorge und der gebundenen Vorsorge, deren Bilanzaktiven zu mehr als 10 Mio. Franken aus steuerbaren Urkunden bestehen;

- der Bund, die Kantone und die politischen Gemeinden;
- die inländischen Einrichtungen der Sozialversicherung.

Weist sich jedoch ein solcher als Effektenhändler aus, hat er seine Steuerpflicht selbst zu erfüllen und ein eigenes Umsatzregister zu führen. Darin sind sämtliche steuerbaren Geschäfte einzutragen.

Weist er sich nicht aus, so wird ihn die inländische Bank oder der Händler als Kunden behandeln, d.h. die Abgaben auf den mit ihm abgeschlossenen Geschäften der ESTV entrichten. In diesem Fall sind nur die mit anderen Gegenparteien (z.B. im Ausland domizilierte Banken etc.) getätigten Transaktionen im Umsatzregister einzutragen und zu versteuern.

3.2.3 Internationale Organisationen 53

Von der Umsatzabgabe befreite internationale Organisationen können wie Effektenhändler behandelt werden, sofern sie sich mittels der entsprechenden Ermächtigung der ESTV ausweisen.

Die Steuerbefreiung muss sich auf einen Bundesbeschluss abstützen. Die internationalen Organisationen müssen die Abgabebefreiung bei der ESTV beantragen.

3.3 Abgabeabrechnung (Art. 24 StV) 54

Der Abgabepflichtige hat die Abgabe aufgrund der Abrechnung nach amtlichem Formular (Form. 9) innert 30 Tagen nach Ablauf des Geschäftsvierteljahres für die in diesem Zeitraum abgeschlossenen oder erfüllten Geschäfte unaufgefordert der ESTV zu entrichten.

Um unverhältnismässige Umtriebe zu vermeiden, gestattet die ESTV auf Gesuch hin jährliche Abrechnung (die Limite liegt zurzeit bei Fr. 5'000.- Umsatzabgabe pro Jahr).

Das Formular ist auch dann einzureichen, wenn keine Abgabe geschuldet ist.

3.3.1 Verzugszins (Art. 29 StG) 55

Auf Abgabebeträgen, die nach Ablauf der gesetzlichen Fälligkeitstermine ausstehen, ist ohne Mahnung ein Verzugszins geschuldet.

3.4 Umsatzregister (Art. 21 StV) 56

Der Effektenhändler hat ein Umsatzregister zu führen.

Das Register ist wie folgt der Reihe nach in Spalten zu gliedern:

1) Datum des Geschäftsabschlusses
2) Art des Geschäftes
   In dieser Spalte ist das Geschäft, sofern es sich nicht um einen einfachen Kauf oder Verkauf handelt, nach seiner Art zu bezeichnen.
3) Anzahl oder Nennwert der Titel
4) Bezeichnung der Titel (inkl. ISIN- oder Valoren-Nummer)
5) Titelkurs, Währung sowie (bei Fremdwährungen) Umrechnungskurs
6) Name, Domizil und Effektenhändlernummer des Verkäufers und des Käufers. Das Domizil ist ausnahmslos anzugeben, wenn keine Abgabe geschuldet ist.
   Bei den abgabebefreiten Anlegern gemäss Artikel 17a StG (vgl. Ziffer 34-41) ist zusätzlich deren Name aufzuführen. Ist eine Vertragspartei eine Bank oder ein Börsenagent, so kann auf die Angabe der Effektenhändlernummer verzichtet werden.
7) Entgelt in Schweizerfranken, aufgeteilt in
   a) abgabebelastete Umsätze
      - inländische Titel
      - ausländische Titel
   b) nicht abgabebelastete Umsätze.

Jede Abweichung in der Form und im Inhalt bedarf der schriftlichen Zustimmung der ESTV.

3.4.1 Registerführung 57

Jedes der Umsatzabgabe unterliegende Geschäft ist innert drei Tagen nach seinem Abschluss bzw. nach Eingang der Abrechnung im Register einzutragen. Zu beachten ist jedoch, dass abgabebefreite Sekundärmarktgeschäfte mit ausländischen Obligationen, Geschäfte mit den von der Abgabe befreiten Anlegern sowie Transaktionen im Rahmen von Umstrukturierungen im Register eingetragen werden müssen (Art. 21 Abs. 3 StV).

Die ESTV akzeptiert aber auch das Führen von einem Register mit ausschliesslich den von der Umsatzabgabe erfassten Geschäften sowie ein zweites Register, in welchem alle Geschäfte mit steuerbaren Urkunden, die der Umsatzabgabe nicht unterliegen, aufgelistet sind.

Als **Entgelt** darf im Register eingetragen werden:

a) entweder der in der Abrechnung enthaltene Kurswert der gehandelten Urkunden, einschliesslich der Vergütung für laufende Zinsen oder für noch nicht abgetrennte Coupons,
   oder
b) der Endbetrag der Abrechnung.

Die Art des Eintrages darf nur auf Beginn eines Geschäftsjahres gewechselt werden.

Ein Entgelt in ausländischer Währung ist in Schweizerfranken umzurechnen. Wurde unter den Parteien kein bestimmter **Umrechnungskurs** vereinbart (d.h. Abrechnung in fremder Währung), muss der Devisenmittelkurs des letzten Werktages vor der Entstehung der Abgabeforderung angewendet werden. Zulässig sind auch der Mittelkurs oder der Geld- bzw. Briefkurs des Abschlusstages.

Das Entgelt für die abgabebelasteten Umsätze ist Seite für Seite und auf Ende jedes Quartals zusammenzuzählen. Das Führen getrennter Register («Börse Inland», «Börse Ausland» usw.) ist ohne besondere Bewilligung erlaubt. Pro Quartal ist ein Zusammenzug zu erstellen. Die Registerseiten sind fortlaufend zu nummerieren und geheftet oder in Büchern zusammengefasst während fünf Jahren nach Ablauf des Kalenderjahres, in dem die letzte Eintragung erfolgt ist, aufzubewahren. Eine papierlose Datenablage muss jederzeit auf Papier zur Einsicht zur Verfügung gestellt werden können.

Effektenhändler, welche die Erfüllung ihrer Abgabepflicht an inländische Banken delegieren, können vom Eintrag dieser Transaktionen absehen (vgl. Ziffer 52).

3.5 Entlassung aus der Abgabepflicht (Art. 25 StV) 58

Wer seine Geschäftstätigkeit aufgeben will oder die gesetzlichen Eigenschaften als Effektenhändler nicht mehr als erfüllt erachtet, hat dies unverzüglich der ESTV anzuzeigen. Die ESTV entscheidet aufgrund der Anzeige oder von Amtes wegen, ob und ab welchem Zeitpunkt die Abgabepflicht aufhört und die Streichung als registrierter Effektenhändler wirksam wird.

Der Betroffene hat auf das Datum seiner Entlassung als registrierter Effektenhändler alle von ihm abgegebenen Effektenhändler-Erklärungen zu widerrufen und dies der ESTV unter Beilage des Effektenhändler-Verzeichnisses zu melden.
Innert 30 Tagen nach der Entlassung sind der ESTV die Schlussabrechnung einzureichen und die geschuldeten Abgaben zu überweisen.

Macht eine Gesellschaft oder Genossenschaft glaubhaft, dass sie die Unterstellungskriterien bald wieder erfüllen wird, kann sie auf ihr Ersuchen hin freiwillig als Effektenhändler registriert bleiben.

4 Handelsbestand

Gewerbsmässige Effektenhändler können einen Handelsbestand im Sinne von 59
Artikel 14 Absatz 3 StG halten:

a) ohne besonderen Nachweis:

   die Banken im Sinne des Bundesgesetzes vom 8. November 1934 über die Banken und Sparkassen sowie die Schweizerische Nationalbank;

b) mit Nachweispflicht:

   die Effektenhändler, die für Dritte den Handel mit steuerbaren Urkunden betreiben (*Händler* im Sinne von Art. 13 Abs. 3 Bst. b Ziff. 1 StG).

Händler, welche die Befreiung ihres Handelsbestandes beanspruchen wollen, müssen die ESTV darum ersuchen. In ihrem Gesuch haben sie den Nachweis zu erbringen, dass sie den Handel mit steuerbaren Urkunden gewerbsmässig mit einem grösseren Personenkreis betreiben, indem sie regelmässig Geld- und Briefkurse stellen.

Effektenhändler, die lediglich Kauf- oder Verkaufsaufträge ihrer Kundschaft an die Händler weiterleiten (z.B. Vermögensverwalter), können die Befreiung eines Handelsbestandes ebenso wenig beanspruchen wie solche, die vorwiegend für eigene Rechnung Abschlüsse tätigen.

4.1 Abgrenzung des Handelsbestandes 60

Handelsbestand im Sinne von Artikel 14 Absatz 3 StG ist die Gesamtheit der liberierten Titel, welche der gewerbsmässige Effektenhändler mit der Absicht der Weiterveräusserung für eigene Rechnung erworben hat. Solche Titel können für das «Securities Lending» und das «Repo-Geschäft» verwendet werden.

Nicht zum Handelsbestand gehören demnach steuerbare Urkunden, die

a) vom Effektenhändler gestützt auf Artikel 665 OR zu den Anschaffungskosten in die Bilanz eingestellt werden;

b) zu den dauernden Beteiligungen im Sinne von Artikel 25 Ziffer 1.8 der Bankenverordnung vom 17. Mai 1972 gehören;

c) nicht jederzeit und frei verfügbar sind, insbesondere weil sie
   - als Garantie oder als Pfanddeckung dienen (Lombard, Underlying, Stillhalter);
   - vom Effektenhändler für fremde Rechnung gehalten werden;
   - einen kommerziellen Kredit verkörpern.

4.2 Abgabefreiheit des Handelsbestandes 61

Der gewerbsmässige Effekten*händler* ist von dem auf ihn selbst entfallenden Teil der Abgaben befreit, soweit er Titel aus seinem Handelsbestand veräussert oder zur Äufnung dieses Bestandes erwirbt.

4.3 Überträge: Handelsbestand – andere Bestände oder umgekehrt 62

Der Effektenhändler schuldet für sich eine halbe Abgabe, wenn er steuerfrei erworbene Titel vom Handelsbestand in einen anderen Bestand überführt; diese Abgabe ist indessen nur geschuldet für Titel, die auch bei der direkten Zuweisung in einen anderen Bestand der Abgabe unterliegen; ebenso, wenn er Titel aus einem anderen Bestand in den Handelsbestand überführt. Das massgebende Entgelt ergibt sich aus dem Kurs am Tage des Übertrages.

5 Emissionen (Primärmarkt)

DER EMISSIONSVORGANG IST BEENDET 63

a) bei inländischen Beteiligungsrechten:
mit dem Ablauf der Zahlungsfrist für den Ersterwerber;

b) bei in- und ausländischen Obligationen, Fondsanteilen sowie ausländischen Beteiligungsrechten:
mit dem Ablauf des Liberierungstages.

Findet ein Geschäftsabschluss oder die Bezahlung (Valuta) der Titel nach Beendigung des Emissionsvorganges statt, liegt ein der Umsatzabgabe unterliegendes Geschäft des Sekundärhandels vor.

PRIMÄR-/SEKUNDÄRPLATZIERUNGEN (IPO) 64

Stammen die zu platzierenden Beteiligungsrechte nicht nur aus einer Kapitalerhöhung, sondern auch aus bisherigen Beständen, so unterliegt jeglicher Handel, inklusive die die neu emittierten Beteiligungsrechte, vor und nach dem Valutadatum der Umsatzabgabe (vgl. Ziffer 109).
Vorbehalten sind Fälle, bei denen klar zwischen Primär- und Sekundärstücken unterschieden werden kann.

5.1 Die einzelnen Emissionsgeschäfte

5.1.1 Emissionen inländischer Schuldner 65

Die Ausgabe von Urkunden inländischer Schuldner unterliegt der Emissionsabgabe (vgl. Art. 5 und 5a StG); sie ist somit ausnahmslos umsatzabgabefrei. Die Ausgabe von Anteilen inländischer kollektiver Kapitalanlagen ist von der Abgabe befreit.

5.1.2 Emissionen ausländischer Schuldner 66

a) *Obligationen in Schweizerfranken und in fremder Währung sowie Beteiligungs- und Geldmarktpapiere*

Die Ausgabe solcher Urkunden ausländischer Emittenten ist von der Umsatzabgabe befreit (vgl. jedoch Ziffer 67).

b) *Kollektive Kapitalanlagen* 67

Die Ausgabe von Anteilen an ausländischen kollektiven Kapitalanlagen (alle Währungen) sowie von **Aktien**, **Zertifikaten, Bescheinigungen etc.**, die in ihrer wirtschaftlichen Funktion den kollektiven Kapitalanlagen gleichgestellt sind, unterliegen der Umsatzabgabe (Art. 13 Abs. 2 Bst. b StG).

c) Umbrella Funds 68

Beim Umbrella Fund handelt es sich um eine kollektive Kapitalanlage, die in ein oder auch mehrere Segmente (Subfonds) unterteilt ist. Im Rahmen der SICAV und anderer Gesellschaften mit mehreren Teilvermögen ist der Umtausch von einem Teilvermögen in ein anderes (z.B. Dollar-Aktien-Serie gegen Euro-Aktien-Serie) der Umsatzabgabe unterliegend.

Die Rückgabe des Anteils eines Teilvermögens entspricht einer abgabefreien Tilgung; demgegenüber ist der Erwerb eines neuen Anteils eines anderen Teilvermögens abgabepflichtig. Beim Tausch innerhalb desselben Teilvermögens (Serie Ausschüttung gegen Serie Kapitalisierung) ist lediglich der Aufpreis abgabepflichtig. Mit Aufpreis ist eine zusätzliche Investition des Anlegers im Rahmen des Tausches in die neue Anteilklasse gemeint.

d) *Feststellung der Abgabepflicht bei der Ausgabe von Anteilen an ausländischen kollektiven Kapitalanlagen* 69

Für den Kunden ist nach den Grundsätzen über die Börsengeschäfte (vgl. Ziffer 77-81) die Abgabe zu deklarieren.

Die kollektive Kapitalanlage selbst (im Sinne von Art. 17a StG) sowie die über die Ausgabe von Anteilen abrechnende ausländische Vertragspartei (z.B. Fund Management Company) sind von der Abgabe ebenso befreit wie die ausländischen Banken und Börsenagenten im Sinne von Artikel 19 StG.

6 Börse (Sekundärmarkt)

Transaktionen in steuerbaren Urkunden (vgl. Ziffer 9) nach Abschluss des Emissionsvorganges (vgl. Ziffer 63) unterliegen ausschliesslich der Umsatzabgabe. 70

6.1 Besonderheiten

6.1.1 Geschäfte mit ausländischen Banken und Börsenagenten (Art. 19 StG)

Artikel 19 Absatz 1 StG 71
Ist beim Abschluss eines Geschäftes eine ausländische Bank oder ein ausländischer Börsenagent Vertragspartei, so entfällt die diese Partei betreffende halbe Abgabe. Das Gleiche gilt für Titel, die von einer als Gegenpartei auftretenden Börse bei der Ausübung von standardisierten Derivaten übernommen oder geliefert werden.

Die zentrale Gegenpartei (Central Counter Party CCP) bei ausländischen Börsen ist einem ausländischen Broker gleichgestellt. Es ist jedoch unabdingbar, dass sich die Mitglieder der ausländischen Börse ausschliesslich aus Banken und Börsenagenten zusammensetzen. 72

6.1.2 Handelsbestand 73

Der gewerbsmässige Effektenhändler ist bei Käufen und Verkäufen für den Handelsbestand von dem auf ihn selbst entfallenden Teil der Abgabe befreit. Es ist jedoch zu beachten, dass Nichtbanken einer besonderen Bewilligung zur Führung eines Handelsbestandes bedürfen, die nicht rückwirkend gewährt wird (vgl. Ziffer 59)

6.1.3 Handel mit ausländischen Obligationen 74

Für die im Ausland domizilierte Vertragspartei ist im Geschäft mit ausländischen Obligationen aller Währungen keine Abgabe geschuldet (Art. 14 Abs. 1 Bst. h StG). Dabei ist es unerheblich, ob es sich um Banken, Börsenagenten, andere juristische oder natürliche Personen handelt.

6.1.4 Obligationen «EUROFIMA» 75

Da die EUROFIMA in Basel domiziliert ist, gelten die von ihr ausgegebenen Obligationen als inländische Urkunden, für welche die beim Sekundärhandel anfallende Umsatzabgabe zum Satz von 1,5 o/oo (0.75 o/oo je Vertragspartei) zu berechnen ist.

Die im Ausland ausgegebenen Anleihen der EUROFIMA werden nach Massgabe von Artikel 1 Ziffer 3 des Zusatz-Protokolls zur Vereinbarung betreffend die Gründung der EUROFIMA für die Verrechnungssteuer wie Anleihen ausländischer Schuldner behandelt.

Für die Obligationen der EUROFIMA, deren Zinsen nicht der Verrechnungssteuer unterliegen, ist Artikel 14 Absatz 1 Buchstabe h StG anwendbar (vgl. Ziffer 74).

6.1.5 Geldmarktpapiere 76

Der Handel mit in- und ausländischen Geldmarktpapieren ist ungeachtet der Währung von der Umsatzabgabe ausgenommen (vgl. Ziffer 16).

6.2 Feststellung der Abgabepflicht im Sekundärmarkt 77

Jeder am Abschluss beteiligte Effektenhändler hat aus seiner Sicht in erster Linie festzustellen:

- welche seiner Gegenparteien sich ihm gegenüber als registrierte Effektenhändler oder als abgabebefreite Anleger ausweisen;
- ob er selbst als Vertragspartei oder blosser Vermittler auftritt;
- ob er als gewerbsmässiger Händler für seinen Handelsbestand erwirbt oder veräussert;

- im Falle von Vermittlung, Kauf oder Verkauf ausländischer Obligationen: das Domizil seiner Vertragspartei (Inland oder Ausland).

Falls es sich um ein steuerbares Geschäft handelt, schuldet der Effektenhändler je eine halbe Abgabe,

- wenn er vermittelt: für jede Vertragspartei, die sich ihm gegenüber nicht als registrierter inländischer Effektenhändler oder als abgabebefreiter Anleger ausweist; **78**
- wenn er Vertragspartei ist: für sich selbst (Ausnahme Handelsbestand) und für die Gegenpartei, die sich nicht als registrierter inländischer Effektenhändler oder als abgabebefreiter Anleger ausweist. **79**

6.2.1 Eigengeschäfte **80**

Der Effektenhändler hat in seinem Umsatzregister folgende Abgaben zu deklarieren:

	inländischen Urkunden	ausländischen Obligationen (alle Währungen)	ausländischen Anteile von kollektiven Kapitalanlagen und Aktien
a) in einem Geschäft für **eigene Bestände** (ohne Handelsbestand)	½	½	½
b) in einem Geschäft für den **eigenen Handelsbestand**	0	0	0

und mit folgenden Gegenparteien

inländischen Effektenhändlern	0	0	0
ausländischen Banken und Börsenagenten	0	0	0
inländischen Kunden	½	½	½
inländischen kollektiven Kapitalanlagen	0	0	0
ausländischen Kunden	½	0	½
ausländischen befreiten Anlegern	0	0	0

6.2.2 Vermittlungsgeschäfte 81

Der Effektenhändler hat in seinem Umsatzregister folgende Abgaben zu deklarieren:

bei Vermittlung von	inländischen Urkunden	ausländischen Obligationen (alle Währungen)	ausländischen Anteilen von kollektiven Kapitalanlagen und Aktien

a) zwischen

inländischem Effektenhändler	0	0	0

und

anderem inländischen Effektenhändler	0	0	0
ausländischer Bank / ausländischem Börsenagent	0	0	0
inländischem Kunden	½	½	½
inländischer kollektiver Kapitalanlage	0	0	0
ausländischem Kunden	½	0	½
ausländischem befreiten Anleger	0	0	0

b) zwischen

ausländischer Bank / ausländischem Börsenagent	0	0	0

und

anderer ausländischer Bank / anderem ausländischen Börsenagent	0	0	0
inländischem Kunden	½	½	½
inländischer kollektiver Kapitalanlage	0	0	0
ausländischem Kunden	½	0	½
ausländischem befreiten Anleger	0	0	0

bei Vermittlung von	inländischen Urkunden	ausländischen Obligationen (alle Währungen)	ausländischen Anteilen von kollektiven Kapitalanlagen und Aktien

c) zwischen

inländischem Kunden	½	½	½

und

anderem inländischen Kunden	½	½	½
inländischer kollektiver Kapitalanlage	0	0	0
ausländischem Kunden	½	0	½
ausländischem befreiten Anleger	0	0	0

d) zwischen

ausländischem Kunden	½	0	½

und

anderem ausländischen Kunden	½	0	½
ausländischem befreiten Anleger	0	0	0

Die in den Randziffern 80 und 81 dargestellten Transaktionen umfassen den grössten Teil der möglichen Transaktionen. Hier schliessen sich jedoch mögliche spezielle Geschäfte nicht aus. Sie müssen unter Umständen, weil sie nicht zugeordnet werden können, separat beurteilt werden.

Beispiel einer Vermittlung von inländischen Urkunden über mehrere registrierte 82
Effektenhändler zwischen zwei Kunden:

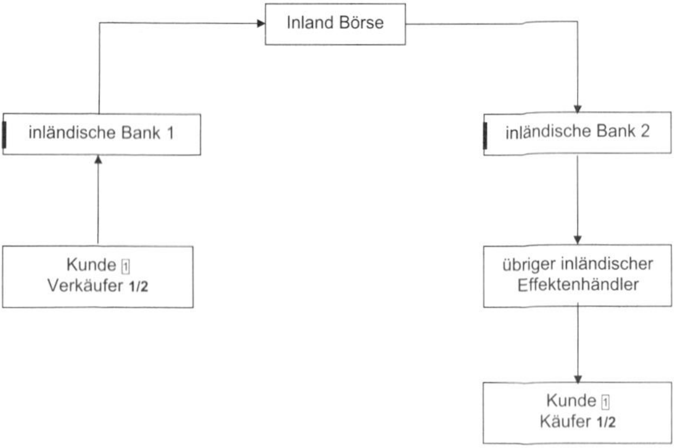

Hier schuldet

- die inländische Bank 1:	1/2	Abgabe für den Kunden (Verkäufer) [1]
- die inländische Bank 2:	0	Abgabe, weil Vermittlerin zwischen inländischer Bank 1 und einem übrigen Effektenhändler
- der übrige Effektenhändler:	1/2	Abgabe für den Kunden (Käufer) [1].

Bei mehreren vermittelnden Effektenhändlern hat der erste und der letzte in der Kette je für die von ihm vertretene Vertragspartei oder für sich selbst die Abgabe zu entrichten.

[1] bei abgabebefreiten Anlegern entfällt diese halbe Abgabe

Bei **Übertrag vom Handelsbestand** auf einen anderen Bestand und vice-versa: 83
1/2 Abgabe (vgl. Ziffer 62).

7 Den Obligationen und Geldmarktpapieren gleichgestellte Urkunden

Dienen Konsortialdarlehen, Schuldscheindarlehen, Wechsel, Buchforderungen und Unter- 84
beteiligungen der kollektiven Kapitalbeschaffung bzw. der Konsolidierung von Schuldverhältnissen, so sind sie für die Stempelabgaben wie Anleihen- und Kassenobligationen oder Geldmarktpapiere zu behandeln (vgl. Ziffer 15).

7.1 Geldmarktpapiere 85

Hinsichtlich der Besteuerung von Geldmarktpapieren verweisen wir auf die Ziffern 16 und 76.

7.2 Unterbeteiligungen an Forderungen 86

Wird ein Darlehen durch Abtretung von Teilforderungen refinanziert, so begründet der Zedent Obligationen oder ihnen gleichgestellte Urkunden (vgl. Ziffern 15 und 16), sobald die Anzahl der Teilforderungen einen Stand erreicht, der beim Schuldner der Forderung selbst die Steuerpflicht auslösen würde.

Eine Unterbeteiligung ist gegeben, wenn der (in- oder ausländische) Inhaber einer Darlehensforderung Teile daran einem oder mehreren Investoren abgibt. Wie die Unterbeteiligung zustande kommt, ist ohne Bedeutung. Ebenfalls unerheblich ist, ob sie bereits bei der ursprünglichen Investition oder erst später begründet wird. Zu beachten ist, dass eine Notifikation an den Schuldner das Vorliegen einer Unterbeteiligung nicht aufhebt.

Bei den steuerbaren Unterbeteiligungen ist zu beachten, dass sie immer dem Schuldner gemäss Kreditvertrag zugerechnet werden. Somit werden die durch einen Inländer ausgegebenen Ausweise über Unterbeteiligungen eines ausländischen Schuldners zum Satz für ausländische Urkunden versteuert. Dagegen unterliegen die durch einen Ausländer begründeten Unterbeteiligungen dem Satz für inländische Urkunden, wenn der Schuldner Inländer ist.

Hinsichtlich der Umsatzabgabe ergeben sich beim „Pooling“ von Treuhandgeldern keine steuerbaren Unterbeteiligungen.

8 Besondere Geschäfte

8.1 Bedingte Geschäfte sowie Termin- und Zeitgeschäfte 87

8.1.1 Allgemeiner Begriff

Ist die Erfüllung eines stempelsteuerlich relevanten Geschäftsvorganges beim Abschluss eines Geschäftes an gewisse Bedingungen geknüpft oder mit einem Wahlrecht verbunden, entsteht eine eventuelle Abgabeforderung erst im Zeitpunkt der Erfüllung.

8.1.2 Optionen (Warrants) / Futures / Derivative Produkte 88

Im Allgemeinen ist die Ausgabe von und der Handel mit reinen Derivaten umsatzabgabefrei. Bei strukturierten Produkten muss abgeklärt werden, ob es sich um steuerbare Urkunden handelt. Richtlinien zur Beurteilung sind im Kreisschreiben Nr. 15 der ESTV vom 7. Februar 2007 betreffend Obligationen und derivative Finanzinstrumente als Gegenstand der direkten Bundessteuer, der Verrechnungssteuer sowie der Stempelabgaben (KS 15) enthalten. Als weiteres Hilfsmittel dient auch das Schema in Anhang 1 des KS 15, welches am gleichen Ort wie dieses Kreisschreiben im Internet publiziert ist oder die Klassifizierung eines anerkannten Datenlieferanten gemäss Ziffer 10.

Der Sekundärhandel mit inländischen, aktiv bewirtschafteten Index- und Basketzertifikaten 89
auf Aktien sowie Index- und Basketzertifikaten auf kollektiven Kapitalanlagen gemäss Ziffer 1 und Ziffer 3 des Anhanges III zum Kreisschreiben Nr. 15 vom 7. Februar 2007 ist nicht Gegenstand der Umsatzabgabe.

Die Ausübung der Option kann die Umsatzabgabepflicht auslösen, wenn steuerbare 90
Urkunden bezogen werden. Zur Beurteilung, ob der Vorgang abgabepflichtig ist, sind folgende Kriterien zu berücksichtigen:

a) Erwerb einer aus Emission stammenden Urkunde: 91
   Die Optionsausübung ist einer Primärmarkt-Transaktion gleichgestellt; die Umsatzabgabe ist nur geschuldet, wenn die erworbenen steuerbaren Urkunden bei ihrer Ausgabe der Abgabepflicht unterliegen.

b) Erwerb einer aus dem Sekundärmarkt stammenden Urkunde: 92
   Die Optionsausübung ist einer Börsentransaktion gleichgestellt. Die Abgabe berechnet sich vom Ausübungspreis (insbesondere auch bei den Reverse Convertibles; vgl. Ziffer 106). Wurde kein solcher festgelegt, so gilt der Marktwert der bezogenen Urkunden im Zeitpunkt der Ausübung. Bei der Ausübung von besonderen Optionen (z.B. Low Exercise Price Option / Zero-Strikeprice-Option) berechnet sich die Umsatzabgabe auf dem Marktwert der bezogenen Urkunden im Zeitpunkt der Ausübung.

c) Werden gegenüber einer als Gegenpartei auftretenden Börse standardisierte Derivate auf 93
   in- oder ausländische Titel ausgeübt, so entfällt die diese Partei betreffende halbe Abgabe

(Art. 19 Abs. 1 StG).

Beispiel: Der Effektenhändler, der bei der Eurex (Terminbörse) Optionen ausübt, schuldet für die Eurex keine Abgabe. Dagegen schuldet er für den Kunden, als die andere Vertragspartei, die Abgabe nach den in diesem Kreisschreiben beschriebenen Grundsätzen.

8.1.3 Prämiengeschäfte 94

Prämiengeschäfte sind beim Geschäftsabschluss nicht steuerbar. Die Umsatzabgabe ist nur geschuldet, wenn die Urkunden bezogen (Kauf) oder geliefert (Verkauf) werden; sie wird auf dem vereinbarten Entgelt berechnet.

8.1.4 Termingeschäfte / Report und Deport / Pensionsgeschäfte / «buy/sell back» - Geschäfte beim «REPO» 95

Die Abgabeforderung entsteht mit dem Abschluss des Geschäftes (Art. 15 Abs. 1 StG). Bei einem Termingeschäft (Kauf/Verkauf in Liq.) ist die Umsatzabgabe somit am Abschlusstag und nicht bei der Liquidation zu deklarieren.

Der Effektenhändler gilt als Vermittler, wenn er Urkunden gleichentags comptant und auf Termin handelt; es ist unerheblich, ob das Comptant- und Termingeschäft mit verschiedenen oder den gleichen Vertragsparteien abgeschlossen wird.

Das «buy/sell-back» Geschäft beim Repurchase-Agreement wird umsatzabgaberechtlich dem Kasse/Termingeschäft gleichgestellt.

8.2 Securities Lending and Borrowing 96

Da es sich beim Securities Lending oder Borrowing lediglich um eine Titelleihe handelt, entfällt mangels Entgelt die Abgabepflicht.

8.3 REPO-Geschäfte (Repurchase-Agreement) 97

Beim REPO-Geschäft handelt es sich in erster Linie um ein Finanzierungsgeschäft. Aus Sicht der Umsatzabgabe ergibt sich, dass der dem Wertschriftenübereigner und Darlehensschuldner ("Cash Taker") zu überweisende Betrag als Erfüllung des vereinbarten Darlehensvertrages zu betrachten ist und nicht als Entgelt für die dem Darlehensgeber ("Cash Provider") als Sicherheit zu übertragenden Wertschriften. Die Umsatzabgabe entfällt somit.

Diese Beurteilung gilt nur für das standardisierte REPO- und Reverse REPO-Geschäft; nicht jedoch für das «buy/sell-back»-Geschäft.

8.4 Kraftloserklärung von Beteiligungspapieren (Squeeze out) 98

Die Belastung durch die Umsatzabgabe richtet sich grundsätzlich nach der ursprünglichen Übernahmeofferte.

8.5 Tauschgeschäfte 99

Regel

Stempelrechtlich ist der Tausch in das Kaufs- und Verkaufsgeschäft aufzuteilen. Beide Geschäfte unterliegen der Abgabepflicht. Beim reinen Tausch gilt der Verkehrswert der getauschten Urkunden als Entgelt (Art. 16 Abs. 2 StG).

Die Stellung des Effektenhändlers im Tauschgeschäft

a) Der Effektenhändler handelt auf *eigene Rechnung:* 100
Als Vertragspartei hat er die allfälligen Abgaben zu entrichten;

b) Der Effektenhändler handelt im Auftrag eines Kunden: 101
- Sofern die Tauschofferte dem Kunden ein Wahlrecht einräumt, ist der Effektenhändler Vermittler und muss die allfälligen Abgaben entrichten.
- Entfällt das Wahlrecht des Kunden aufgrund eines Tausches, so liegt keine kausale Mitwirkung des Effektenhändlers vor und es ist keine Abgabe geschuldet.
  Ein von der Abgabe befreiter Tausch liegt nur dann vor, wenn der Kunde keinerlei Möglichkeit hat durch Verkauf, Rückgabe etc. den Umtausch zu vermeiden.

8.5.1 Fusionen / Spaltungen / Umwandlungen / Ersatzbeschaffung 102

Im Rahmen von Umstrukturierungen (Fusionen, Spaltungen, Umwandlungen etc.) entfällt die Umsatzabgabe. Wenn jedoch keine gewinnsteuerneutrale Spaltung (fehlendes Betriebserfordernis) vorliegt, ist die Abgabe geschuldet

Im Rahmen von Ersatzbeschaffungen dient der Verweis auf das DBG im Artikel 14 Absatz 1 Buchstabe j StG nur dazu festzustellen, ob es sich um eine Ersatzbeschaffung handelt oder nicht. Im Anschluss daran gelten die Regelungen gemäss StG. 103
Somit gelten für die Berechnungsgrundlage der Abgabe einerseits der vertragliche Veräusserungspreis sowie andererseits der vertragliche Investitionsbetrag. Die Höhe des Abgabesatzes richtet sich nach den Merkmalen der in- oder ausländischen steuerbaren Urkunden.
Wird der Verkaufserlös nicht vollständig verwendet, wie wenn etwa keine Reinvestition erfolgt, anstelle einer Reinvestition eine Rückstellung gebildet wird, oder eine den Veräusserungspreis übersteigende Ersatzbeschaffung vorliegt, unterliegt die Differenz zwischen dem Verkaufserlös und der Ersatzbeschaffung der Umsatzabgabe.

Die Ersatzbeschaffung muss in der Regel innerhalb von drei Jahren erfolgen. Das Datum des Kaufgeschäftes kann vor dem Verkaufsgeschäft liegen. Die Frist läuft ab dem jeweiligen Datum des ersten Vertragsabschlusses. Auch hier entscheidet das DBG, ob die Transaktionen schliesslich als eine Ersatzbeschaffung betrachtet werden.
Umsatzabgabefreie Tatbestände können nur bis max. zur Inkraftsetzung des FusG zurück, d.h. 1. Juli 2004, geltend gemacht werden.
Eine Gründung oder Kapitalerhöhung wird als Ersatzbeschaffung betrachtet. Von der Abgabe ausgenommen ist das Geschäft als Ganzes (auch die Gegenpartei). Sofern die Gegenpartei selbst Effektenhändlerin ist und eine Abgabebefreiung geltend macht, muss sie nachweisen können, dass sie ein Geschäft mit einer Gegenpartei tätigte, welche eine Ersatzbeschaffung vornimmt. Solange kein Nachweis einer Ersatzbeschaffung vorliegt, ist die Abgabe geschuldet und fristgerecht abzuliefern. Liegt der Nachweis vor, erfolgt eine Rückvergütung oder Verrechnung mit abzuliefernden Abgaben (keine Verzinsung).

Für detailliertere Ausführungen verweisen wir auf das Kreisschreiben Nr. 5 vom 1. Juni 2004 „Umstrukturierungen".

8.6 Wandlungen 104

Bei der Wandlung von Wandelobligationen und -notes in Beteiligungspapiere (Aktien, PS usw.) ist zu unterscheiden zwischen:

a) der Rückgabe der Obligationen bzw. Notes
b) dem Erwerb der Beteiligungspapiere und
c) dem evtl. Verkauf der bezogenen Urkunden.

Zu a) Die Rückgabe der Obligation an den Schuldner ist abgabefrei, wenn sie zwecks Tilgung erfolgt (Art. 14 Abs. 1 Bst. e StG); 105

Zu b) Der Erwerb der Beteiligungspapiere (Aktien, PS usw.) aus Emission ist von der Umsatzabgabe befreit (Art. 14 Abs. 1 Bst. a + f StG). Demgegenüber unterliegt der Bezug der Beteiligungspapiere der Umsatzabgabe, wenn diese nicht aus Emission stammen. 106
Die Zuteilung beziehungsweise der Bezug von steuerbaren Urkunden aus strukturierten Finanzprodukten (z.B. Reverse Convertibles) unterliegt der Abgabe, wobei der «strike-price» beziehungsweise das «cap-niveau» die Höhe des Entgeltes ergibt (vereinbarter Preis anlässlich der Emission).

Zu c) Der allfällige Verkauf der aus Konversion bezogenen Urkunden ist wie ein Börsenverkauf zu behandeln. 107

Der Effektenhändler ist *Vermittler,* wenn er auf eigene Rechnung die aus Konversion stammenden Urkunden am gleichen Tag veräussert. Er hat somit für sich selbst keine Abgabe zu entrichten. 108

8.7 Aktienplatzierung («going-public») 109

Die Platzierung inländischer Aktien im Rahmen eines IPO unterliegt für die bereits begebenen Titel der Umsatzabgabe. Die neu ausgegebenen Titel werden mit der Emissionsabgabe belastet.
Im Gegensatz dazu unterliegt die Platzierung ausländischer Aktien im Rahmen eines IPO bei der Zuteilung an die Kunden in der Regel der Umsatzabgabe, da die Unterscheidung zwischen neu ausgegebenen und bereits vorhandenen Titeln meistens nicht möglich ist (vgl. Ziffer 64).

8.8 Rückkäufe eigener Obligationen, von Beteiligungspapieren und Anteilen an kollektiven Kapitalanlagen 110

Sofern der Rückkauf zum *Zweck der Tilgung* erfolgt und die Abrechnung entsprechend lautet, ist das Geschäft abgabefrei. Dem Kunden muss eine Rücknahmeabrechnung erstellt werden.

8.9 Gratisaktien, Stockdividenden, Naturaldividenden 111

Mangels Entgelt sind folgende Umsätze abgabefrei:

- die Zuteilung von Gratisaktien;
- Stockdividenden - wenn jedoch zwischen Aktien oder Barentschädigung gewählt werden kann und die Aktien nicht aus Emission stammen, liegt eine steuerbare Transaktion vor;
- Naturaldividenden.

8.10 Re-Investment der Ausschüttungen von kollektiven Kapitalanlagen 112

Der Umsatzabgabe unterliegen lediglich die Wiederanlagen in ausländische kollektive Kapitalanlagen (vgl. Ziffer 66-68).

9 Verschiedenes

9.1 Treuhandgeschäfte

a) Die Übertragung von steuerbaren Urkunden vom Treugeber auf den Treuhänder zwecks blosser Verwaltung ist mangels Entgelt und Eigentumsübertrag abgabefrei. Die Übertragung der Urkunden vom Treuhänder auf den Treugeber bei Auflösung der Verwaltung stellt ebenfalls kein steuerbares Umsatzgeschäft dar. 113

b) Erwirbt der Treuhänder in seiner Eigenschaft als Effektenhändler im Rahmen einer fiduziarischen Verwaltung von Dritten Urkunden im eigenen Namen auf Rechnung des 114

Treugebers, so ist er als Vermittler zu betrachten, der die Abgaben deklarieren muss. Das gleiche gilt bei einer Veräusserung auf Rechnung des Treugebers.

9.2 Lieferung gegen Zahlung 115

Eine Umsatzabgabe ist vom Effektenhändler nur geschuldet, wenn er am Geschäftsabschluss kausal mitgewirkt hat, sei es als Vermittler oder als Vertragspartei.

9.3 Storni

9.3.1 Echte Storni (Korrekturen) 116

Aufgrund von Abrechnungs- oder Übermittlungsfehlern notwendige Storni unterliegen keiner zusätzlichen Abgabe.

9.3.2 Unechte Storni 117

Die Entstehung der Abgabeforderung ist in Artikel 15 StG geregelt; demnach entsteht die Abgabeforderung in der Regel mit dem Abschluss des steuerbaren Geschäftes. Dies gilt sowohl für das Kassa- als auch für das Termingeschäft. Ist das Geschäft abgeschlossen, so ist die Umsatzabgabe geschuldet, und die allfällige Rückgängigmachung des Geschäfts führt nicht etwa zum Wegfall der Abgabe, sondern lässt erneut eine Abgabeforderung entstehen.

Umsatzabgabe (UA) bei derivativen Finanzinstrumenten im Sekundärmarkt

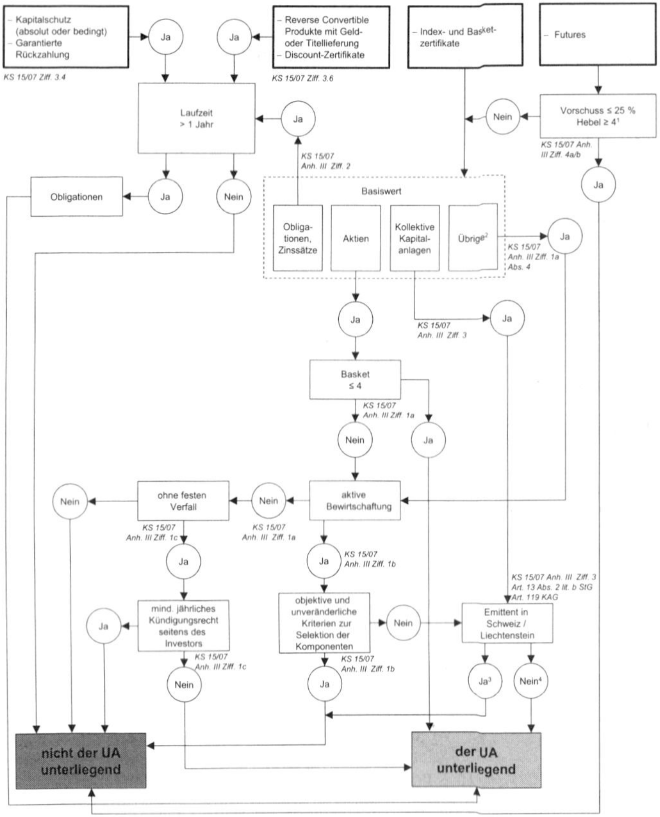

[1] Mini-Futures auf Aktien unterliegen der UA, sofern der Hebel weniger als 4 und die Laufzeit mehr als 12 Mt. beträgt / Mini-Futures auf Obligationen (auch synthetische) oder Zinsen unterliegen der UA, sofern die Laufzeit mehr als 12 Mt. und/oder wenn der Hebel weniger als 4 beträgt / Mini-Futures auf Rohstoffe unterliegen generell nicht der UA *(KS 15/07 Anh. III Ziff. 4 Abs. 2/3)*.

[2] Rohstoffe, Währungen, Edelmetalle.

[3] Sofern der Anteil an Barmitteln und Forderungspapieren 50% des Portfoliowertes im Jahresdurchschnitt nicht übersteigt *(KS 15/07 Anh. III Ziff. 3 Abs. 3)*.

[4] Von einem Ausländer ausgegebene Basketzertifikate auf kollektive Kapitalanlagen sowie dynamische Index- und Basketzertifikate auf Aktien und Rohstoffe, die stempelabgaberechtlich wie solche behandelt werden, unterliegen sowohl bei Primär- als auch Sekundärmarkttransaktionen der UA *(Art. 119 KAG; Art. 13 Abs. 2 lit. b StG)*.

Schweizerische Eidgenossenschaft
Confédération suisse
Confederazione Svizzera
Confederaziun svizra

Eidgenössisches Finanzdepartement EFD
Eidgenössische Steuerverwaltung ESTV
Hauptabteilung Direkte Bundessteuer,
Verrechnungssteuer, Stempelabgaben

Direkte Bundessteuer
Verrechnungssteuer
Stempelabgaben

Bern, 23. Dezember 2010

Kreisschreiben Nr. 32

Sanierung von Kapitalgesellschaften und Genossenschaften

Inhaltsverzeichnis

Eidgenössische Steuerverwaltung ESTV
Eigerstrasse 65
3003 Bern
www.estv.admin.ch

1. Gegenstand des Kreisschreibens

Das Bundesgesetz vom 23. März 2007 über die Verbesserung der steuerlichen Rahmenbedingungen für unternehmerische Tätigkeiten und Investitionen (Unternehmenssteuerreformgesetz II) bringt erhebliche Vereinfachungen bei der steuerlichen Behandlung von Sanierungen von Kapitalgesellschaften und Genossenschaften. Nach den neuen Bestimmungen im Bundesgesetz vom 27. Juni 1973 über die Stempelabgaben (StG) werden die Begründung von Beteiligungsrechten bei der Übernahme von Betrieben oder Teilbetrieben von Kapitalgesellschaften oder Genossenschaften mit Kapitalverlust im Sinn von Artikel 725 Absatz 1 OR sowie offene und stille Sanierungen von Gesellschaftern oder Genossenschaftern bis zu einem Gesamtbetrag von zehn Millionen Franken von der Emissionsabgabe ausgenommen. Falls dieser Betrag überschritten wird, kann wie bisher der Erlass der Emissionsabgabe nach Artikel 12 StG beantragt werden.

Zudem wurde in Artikel 20 Absatz 3 und Artikel 125 Absatz 3 des Bundesgesetzes vom 14. Dezember 1990 über die direkte Bundessteuer (DBG) sowie in Artikel 5 Absatz 1bis des Bundesgesetzes über die Verrechnungssteuer vom 13. Oktober 1965 (VStG) die Rückzahlung von Einlagen, Aufgeldern und Zuschüssen von Inhabern der Beteiligungsrechte neu geregelt. Danach werden Kapitaleinlagen von Inhabern von Beteiligungsrechten dem Grund- und Stammkapital gleichgestellt (Kapitaleinlageprinzip).

Das vorliegende Kreisschreiben verschafft einen Überblick über die steuerlichen Auswirkungen verschiedener Sanierungsmassnahmen hinsichtlich direkte Bundessteuer, Stempelabgaben und Verrechnungssteuer.

2. Begriff der steuerlich anerkannten Sanierungsbedürftigkeit

Eine Kapitalgesellschaft oder Genossenschaft ist sanierungsbedürftig – vorbehalten Artikel 6 Absatz 1 Buchstaben j und k StG – wenn eine echte Unterbilanz vorliegt, das heisst wenn Verluste bestehen und die Kapitalgesellschaft oder Genossenschaft über keine offenen und/oder stillen Reserven verfügt, welche die ausgewiesenen Verluste abdecken. Es gilt eine betriebswirtschaftliche Betrachtungsweise.

3. Rechtliche Grundlagen

3.1. Direkte Bundessteuer

Nach Artikel 67 Absatz 2 DBG können Leistungen zum Ausgleich einer Unterbilanz im Rahmen einer Sanierung mit noch nicht verrechneten Vorjahresverlusten ohne zeitliche Beschränkung verrechnet werden. Solche Verlustverrechnungen sind möglich, soweit die nachfolgend definierten, gesetzlich normierten Tatbestandselemente kumulativ erfüllt sind:

a) Sanierung

Als Sanierung gelten für die direkte Bundessteuer Zuflüsse (Leistungen), die zur Beseitigung oder Reduktion einer echten Unterbilanz getroffen werden.

Keine steuerlich relevante Sanierung liegt vor, wenn ein Verlustvortrag lediglich durch bilanzielle Massnahmen (z.B. Aufwertung von Liegenschaften und Beteiligungen, Auflösung nicht mehr benötigter Rückstellungen, Kapitalherabsetzung ohne gleichzeitige -erhöhung, Rangrücktritt) beseitigt oder reduziert wird.

b) Leistungen

Im Rahmen einer Sanierung erbringen Dritte und/oder Gesellschafter Leistungen. Dabei resultieren Sanierungserträge, welche wie folgt abgegrenzt werden:

- Forderungsverzichte und à-fonds-perdu-Leistungen durch Dritte oder Forderungsverzichte durch Gesellschafter, die Forderungsverzichten von Dritten gleichkommen, sind sogenannte echte Sanierungserträge und damit gewinnsteuerwirksam. Dabei gelten alle zu Lasten des echten Sanierungsertrags vorgenommenen Verlustausbuchungen, Abschreibungen und Rückstellungen als steuerlich erfolgt. Die Sanierungsleistungen können zeitlich unbeschränkt mit Verlusten verrechnet werden (Art. 67 Abs. 2 DBG). Für Aufwertungsgewinne gilt dagegen die zeitlich beschränkte Verlustverrechnung (Art. 67 Abs. 1 DBG).

- Werden Gesellschafter oder Genossenschafter sanierungsbedürftiger Kapitalgesellschaften oder Genossenschaften durch Kapitalherabsetzungen betroffen oder erbringen sie à-fonds-perdu-Leistungen, entstehen ertragsneutrale, sogenannte unechte Sanierungserträge. Die zu Lasten von unechtem Sanierungsertrag handelsrechtlich vorgenommenen Verlustausbuchungen sowie Abschreibungen und Rückstellungen gelten steuerlich als nicht erfolgt.

Unter dem Kapitaleinlageprinzip gelten der Forderungsverzicht, soweit er unechten Sanierungsertrag darstellt, und die à-fonds-perdu-Leistung durch den Gesellschafter oder Genossenschafter, wenn der Forderungsverzicht bzw. die à-fonds-perdu-Leistung auf Agio verbucht werden, als offene Kapitaleinlage und können steuerneutral den Reserven aus Kapitaleinlagen gutgeschrieben werden. Sofern und soweit die Reserven aus Kapitaleinlagen nicht durch die Ausbuchung von handelsrechtlichen Verlustvorträgen vernichtet werden, gelten sie steuerrechtlich als Kapitaleinlage.

c) Kapitaleinlagen

Sanierungsmassnahmen, die Kapitaleinlagen nach Artikel 60 Buchstabe a DBG darstellen, sind als unechte Sanierungserträge zu qualifizieren. Für diese Kapitaleinlagen gilt das Kapitaleinlageprinzip im Sinn von Artikel 20 Absatz 3 DBG sofern die Einlagen, Aufgelder oder Zuschüsse direkt durch die Inhaber der Beteiligungsrechte geleistet wurden und in der Handelsbilanz der empfangenen Kapitalgesellschaft oder Genossenschaft verbucht und offen ausgewiesen sind (offene Kapitaleinlagen).

Bei einer Vorteilszuwendung unter Schwestergesellschaften erhalten die Beteiligten aus wirtschaftlicher Sicht einen geldwerten Vorteil von der leistenden Gesellschaft, den sie in die begünstigte Gesellschaft einlegen. Unter dem Kapitaleinlageprinzip qualifizieren Vorteilszuwendungen unter Schwestergesellschaften jedoch nicht als Einlagen in die Reserven aus Kapitaleinlagen, da sie nicht direkt durch die Inhaber der Beteiligungsrechte geleistet werden und die übertragenen Mehrwerte in der übernehmenden Kapitalgesellschaft oder Genossenschaft nur als Aufwertung offen gelegt werden können.

d) Unterbilanz

Als Voraussetzung der steuerlich anerkannten Sanierungsbedürftigkeit muss beim betroffenen Unternehmen für die direkte Bundessteuer eine echte Unterbilanz vorliegen. Eine solche ist gegeben, wenn Verluste bestehen und die Kapitalgesellschaft oder Genossenschaft über keine offenen und/oder stillen Reserven verfügt, über welche die ausgewiesenen Verluste ausgebucht werden können.

e) Noch nicht verrechnete Vorjahresverluste

Mit echten Sanierungserträgen sind vorab die ältesten noch nicht verrechneten Vorjahresverluste zu verrechnen.

Soweit die noch nicht verrechneten Vorjahresverluste sowie die Verluste der Sanierungsperiode die nach der Vornahme von Abschreibungen, Rückstellungen und Wertberichtigungen verbleibenden echten Sanierungserträge übersteigen, können diese im Rahmen der verbleibenden Zeitspanne gemäss Artikel 67 Absatz 1 DBG vorgetragen und verrechnet werden. Eine Verlustnovation, das heisst ein Neubeginn der Verlustverrechnungsperiode nach Artikel 67 Absatz 1 DBG auf den Sanierungszeitpunkt, findet nicht statt.

3.2. Verrechnungssteuer

Nach Artikel 5 Absatz 1 Buchstabe a VStG sind Reserven und Gewinne einer Kapitalgesellschaft gemäss Artikel 49 Absatz 1 Buchstabe a DBG oder Genossenschaft, die bei einer Umstrukturierung nach Artikel 61 DBG in die Reserven der aufnehmenden oder umgewandelten inländischen Kapitalgesellschaft oder Genossenschaft übergehen, von der Verrechnungssteuer ausgenommen, sofern das übertragene Verrechnungssteuersubstrat erhalten bleibt. Im Sanierungsfall (z.B. Schwesterfusion) ist somit stets zu prüfen, ob dieser Ausnahmeartikel greift.

Wenn Verrechnungssteuersubstrat verloren geht, ist auf den untergehenden Reserven, die nicht als Reserven aus Kapitaleinlagen qualifizieren, die Verrechnungssteuer geschuldet. Der Kapitalgesellschaft oder Genossenschaft kann gestattet werden, die Steuerpflicht durch Meldung der steuerbaren Leistung zu erfüllen, wenn die Kapitalgesellschaft oder Genossenschaft die Voraussetzungen von Artikel 24 VStV, Artikel 26a VStV oder für das internationale Meldeverfahren erfüllt.

3.3. Emissionsabgabe

Mit Artikel 6 Absatz 1 Buchstaben j und k StG wurden zwei neue Bestimmungen über Sanierungen von Kapitalgesellschaften und Genossenschaften geschaffen. Nach diesen Bestimmungen sind die Begründung von Beteiligungsrechten (Auffanggesellschaft) bei der Übernahme von Betrieben oder Teilbetrieben von inländischen Kapitalgesellschaften oder Genossenschaften mit Kapitalverlust im Sinn von Artikel 725 Absatz 1 OR sowie offene und stille Sanierungen von Kapitalgesellschaften oder Genossenschaften bis zu einem Gesamtbetrag von zehn Millionen Franken (Freibetrag) von der Emissionsabgabe ausgenommen.

Durch die Einführung der erwähnten zwei Ausnahmen wurde der Bereich der Sanierung erweitert. Für die nicht unter den Freibetrag fallenden Sanierungsleistungen bleibt – wie bis-her – die Möglichkeit des Erlasses nach Artikel 12 StG bestehen.

3.3.1. Begründung / Erhöhung von Beteiligungsrechten bei Auffanggesellschaften

Nach Artikel 6 Absatz 1 Buchstabe j StG ist eine Begründung oder Erhöhung von Beteiligungsrechten, die zur Übernahme eines Betriebes oder Teilbetriebes von einer Kapitalgesellschaft oder Genossenschaft führt, von der Emissionsabgabe ausgenommen, soweit die nachstehenden Tatbestandselemente kumulativ erfüllt sind:

a) Kapitalverlust

Die abtretende Aktiengesellschaft, Kommanditaktiengesellschaft, Gesellschaft mit beschränkter Haftung oder Genossenschaft muss einen Kapitalverlust im Sinn von Artikel 725 Absatz 1 des Obligationenrechts (OR) aufweisen, das heisst gemäss letzter Jahresbilanz ist die Hälfte des Kapitals und der gesetzlichen Reserven nicht mehr gedeckt.

Den Nachweis, dass der Betrieb oder Teilbetrieb von einer Kapitalgesellschaft oder Genossenschaft mit Kapitalverlust im Sinn von Artikel 725 Absatz 1 OR stammt, hat die übernehmende Kapitalgesellschaft oder Genossenschaft zu erbringen.

b) Betrieb oder Teilbetrieb

Für die Beurteilung, ob ein Betrieb oder Teilbetrieb vorliegt, gelten die Kriterien gemäss Artikel 61 Absatz 1 Buchstabe b DBG beziehungsweise Kreisschreiben Nr. 5 "Umstrukturierungen" vom 1. Juni 2004, Ziffer 4.3.2.5. bis 4.3.2.8.

Nicht abgabebefreit ist derjenige Teil des neu geschaffenen nominellen Kapitals der übernehmenden Gesellschaft, der das minimal erforderliche Eigenkapital nach dem Kreisschreiben ESTV Nr. 6 vom 6. Juni 1997 „Verdecktes Eigenkapital (Art. 65 und 75 DBG) bei Kapitalgesellschaften und Genossenschaften" übersteigt, sofern die Merkmale der Abgabeumgehung erfüllt sind.

3.3.2. Freibetrag bei Sanierungen

Nach Artikel 6 Absatz 1 Buchstabe k StG ist eine offene oder stille Sanierung von der Emissionsabgabe ausgenommen, soweit die nachstehenden Tatbestandselemente kumulativ erfüllt sind:

a) Sanierung

Es muss eine offene oder stille Sanierung vorliegen.

Als offene Sanierungen gelten Herabsetzungen des Grund- oder Stammkapitals einer Kapitalgesellschaft oder Genossenschaft mit anschliessender (in der Regel gleichzeitiger) Wiedererhöhung (oder Kapitalerhöhungen mit zeitgleicher Herabsetzung) bis maximal zur Höhe des ursprünglichen Kapitals.

Als stille Sanierungen gelten Zuschüsse im Sinn von Artikel 5 Absatz 2 Buchstabe a StG, die zur Abdeckung von Verlusten führen.

b) Beseitigung bestehender Verluste

Vorhandene Verluste müssen ganz oder teilweise beseitigt werden; die Verrechnung der Zuschüsse mit den bestehenden Verlusten ist zwingend.

c) Leistungen der Gesellschafter oder Genossenschafter von gesamthaft 10 Millionen Franken

Bei offenen oder stillen Sanierungen sind die Leistungen der Gesellschafter oder Genossenschafter, welche den Betrag von gesamthaft 10 Millionen Franken nicht übersteigen, von der Emissionsabgabe ausgenommen.

Seit Inkrafttreten der Gesetzesänderung über die Stempelabgaben per 1. Januar 2009 steht der Freibetrag von 10 Millionen Franken jeder Gesellschaft zu, ungeachtet allfällig bis am 31. Dezember 2008 erbrachter offener und/oder stiller Sanierungsleistungen.

Im Rahmen dieses Freibetrags ist die Erfüllung der Kriterien für den Erlass der Emissionsabgabe (vgl. dazu Ziff. 3.3.3. hienach) unerheblich.

Der Freibetrag von 10 Millionen Franken ist einmalig, kann sich aber auf mehrere Sanierungen aufteilen.

Wenn der Freibetrag von 10 Millionen Franken überschritten wird, ist ein Erlass der Emissionsabgabe gemäss Artikel 12 StG auf den den Freibetrag übersteigenden Sanierungsleistungen weiterhin möglich, sofern die Abgabepflichtige die entsprechenden Voraussetzungen erfüllt. Das Gesuch um Erlass der Emissionsabgabe ist wie bis anhin begründet, einen entsprechenden Antrag enthaltend und zusammen mit der Deklaration des abgabebelasteten Tatbestandes einzureichen.

3.3.3. Erlass der Abgabeforderung

Für die Gewährung des vollständigen oder teilweisen Erlasses der Emissionsabgabe muss eine offene oder stille Sanierung vorliegen und die Erhebung der Emissionsabgabe für die sanierungsbedürftige Gesellschaft eine offenbare Härte bedeuten (vgl. Art. 12 StG).

Nach gegenwärtiger Rechtsprechung und Praxis der ESTV sind die Voraussetzungen für den Erlass erfüllt, wenn

- anlässlich der Sanierung Verluste beseitigt werden (eine gewöhnliche Kapitalerhöhung stellt keine Sanierungsmassnahme im Sinn von Art. 6 Abs. 1 Bst. k StG dar; vorbehalten bleibt eine restliche Freigrenze nach Art. 6 Abs. 1 Bst. h StG);
- es sich um eine nachhaltige Sanierung handelt, das heisst der verbleibende Verlust darf das Grundkapital nicht mehr übersteigen;
- keine Reserven (offene oder stille) mehr bestehen;
- die Gesellschaft vor der Sanierung mit genügend Eigenkapital ausgestattet war. In der Regel ist das erforderliche Mindestkapital nach den im Kreisschreiben ESTV Nr. 6 vom 6. Juni 1997 für die direkte Bundessteuer („Verdecktes Eigenkapital (Art. 65 und 75 DBG) bei Kapitalgesellschaften und Genossenschaften") aufgeführten Ansätzen zu berechnen (Differenz zwischen 100 % und den maximal zulässigen fremden Mitteln). Als Grundlage sind in der Regel die letzten drei Jahresrechnungen vor der Sanierung zu verwenden. Der sich ergebende Mittelwert ist dem der Emissionsabgabe grundsätzlich unterworfenen Eigenkapital (Emissionsabgabe entrichtet oder befreit infolge Umstrukturierung) im betreffenden Zeitraum gegenüberzustellen. Den Nachweis hat die abgabepflichtige Kapitalgesellschaft oder Genossenschaft zu erbringen;
- keine Übersanierung vorliegt (Bildung von offenen und/oder stillen Reserven, die insgesamt den ausgebuchten Verlustvortrag übersteigen);
- die ausgewiesenen Verluste, das heisst die Sanierungsbedürftigkeit, nicht auf die Vornahme von verdeckten Gewinnausschüttungen zurückzuführen sind;
- die Gesellschaft im Zeitpunkt der Sanierung nicht inaktiv, das heisst wirtschaftlich liquidiert war;
- die Gesellschaft ihre Tätigkeit nach der Sanierung weiterführt;
- die Gesellschaft sich nicht in Nachlassliquidation oder in Konkurs befindet.

Mit dem Einreichen eines Erlassgesuches anerkennt der Gesuchsteller die betreffende Emissionsabgabepflicht; der Erlass der Emissionsabgabe setzt das Bestehen der Steuerpflicht voraus.

3.3.4. Sanierung im Zuge der förmlichen Liquidation

Erfolgen Zuschüsse (wie Forderungsverzichte, Kapitaleinlagen) der Beteiligten im Zuge der förmlichen Liquidation der begünstigten Kapitalgesellschaft oder Genossenschaft, sieht die ESTV von der Erhebung der Emissionsabgabe ab.

4. Steuerliche Behandlung von Sanierungsmassnahmen

4.1. Definitive Forderungsverzichte (ohne Sanierungsgenussscheine und ohne Besserungsscheine)

4.1.1. Direkte Bundessteuer

4.1.1.1. Sanierungsbedürftige Gesellschaft

a) Forderungsverzichte durch Gesellschafter

Forderungsverzichte durch Gesellschafter sind grundsätzlich gleich zu behandeln wie Forderungsverzichte Dritter. Der Gesellschaft erwächst dadurch ein ertragswirksamer Vermögenszugang. Alle zulasten dieses echten Sanierungsertrags vorgenommenen Verlustausbuchungen, Abschreibungen und Rückstellungen gelten als steuerlich erfolgt.

Im Sinn einer Ausnahme gelten Verlustausbuchungen, Abschreibungen und Rückstellungen zulasten des durch Forderungsverzicht von Gesellschaftern entstandenen Sanierungsertrags in den beiden folgenden Fällen als steuerlich nicht erfolgt, so dass sie im Rahmen der gesetzlichen Vorschriften steuerwirksam nachgeholt werden können:

- wenn und soweit Gesellschafterdarlehen vor der Sanierung steuerlich als verdecktes Eigenkapital behandelt wurden;
- bei Gesellschafterdarlehen, die erstmalig oder zusätzlich wegen schlechten Geschäftsganges gewährt wurden und unter den gleichen Umständen von unabhängigen Dritten nicht zugestanden worden wären.

Diese Praxis ist durch das Bundesgericht bestätigt worden (BGE vom 28.9.1989; ASA 59, 551; StE 1990, B 72.16 Nr. 1).

Unter dem Kapitaleinlageprinzip gilt der Forderungsverzicht durch den Gesellschafter, soweit er unechten Sanierungsertrag darstellt und wenn der Forderungsverzicht auf Agio verbucht wird, als offene Kapitaleinlage und kann steuerneutral den Reserven aus Kapitaleinlagen gutgeschrieben werden. Sofern und soweit die Reserven aus Kapitaleinlagen nicht durch die Ausbuchung von handelsrechtlichen Verlustvorträgen vernichtet werden, gelten sie steuerrechtlich als Kapitaleinlage.

b) Forderungsverzichte von Schwester- oder Tochtergesellschaften

Forderungsverzichte von Schwester- oder Tochtergesellschaften, die dem Drittvergleich standhalten und demzufolge geschäftsmässig begründet sind, werden bei der zu sanierenden Gesellschaft oder Genossenschaft als echte Sanierungserträge qualifiziert. Die Verlustverrechnungsperiode kann im Sinn von Artikel 67 Absatz 2 DBG ausgedehnt werden.

Halten die Forderungsverzichte von Schwester- oder Tochtergesellschaften einem Drittvergleich nicht stand, führt dies zu einem unechten Sanierungsertrag. Bei der zu sanierenden Kapitalgesellschaft oder Genossenschaft qualifizieren unter dem Kapitaleinlageprinzip solche Zuschüsse unter Schwestergesellschaften jedoch nicht als Einlagen in die Reserven aus Kapitaleinlagen, sondern als übrige Reserven, da die Einlagen nicht direkt durch die Inhaber der Beteiligungsrechte geleistet werden. Solche Zuschüsse gelten steuerlich als nicht erfolgswirksam. Die zu Lasten des Sanierungsertrags vorgenommenen Verlustausbuchungen gelten steuerlich als nicht erfolgt.

c) Forderungsverzichte durch unabhängige Dritte

Forderungsverzichte durch unabhängige Dritte, stellen einen erfolgswirksamen Vorgang dar, der als echter Sanierungsertrag zu behandeln ist. Die zu Lasten des Sanierungsertrags vorgenommenen Verlustausbuchungen, Abschreibungen und Rückstellungen gelten als steuerrechtlich erfolgt. Die Verlustverrechnungsperiode kann im Sinn von Artikel 67 Absatz 2 DBG ausgedehnt werden.

4.1.1.2. Gesellschafter und unabhängige Dritte

a) Forderungsverzichte durch die Gesellschafter

Beteiligungsrechte im Privatvermögen

Forderungsverzichte, die echten Sanierungserfolg darstellen, sind einkommenssteuerrechtlich nicht abzugsfähige private Kapitalverluste.

Forderungsverzichte, die unechten Sanierungserfolg (Zuschüsse) darstellen, sind steuerneutrale Kapitaleinlagen.

Beteiligungsrechte im Geschäftsvermögen natürlicher Personen

Forderungsverzichte, die echten Sanierungserfolg darstellen, können erfolgs- und steuerwirksam abgeschrieben werden.

Forderungsverzichte, die unechter Sanierungserfolg (Zuschüsse) sind, stellen bei den Gesellschaftern zu aktivierende Investitionen dar. Das steuerbare Einkommen vermindert sich nur im Umfang eines allfälligen Abschreibungsbedarfs.

Beteiligungsrechte juristischer Personen

Forderungsverzichte, die echten Sanierungserfolg darstellen, können erfolgs- und steuerwirksam abgeschrieben werden. Die Gestehungskosten der Beteiligung an der sanierten Gesellschaft werden dadurch nicht erhöht.

Forderungsverzichte, die unechten Sanierungserfolg (Zuschüsse) sind, stellen bei den Gesellschaftern zu aktivierende Investitionen dar. Der steuerbare Gewinn vermindert sich nur im Umfang eines allfälligen Abschreibungsbedarfs. Die Gestehungskosten der Beteiligung an der sanierten Gesellschaft erhöhen sich im Umfang der Kapitaleinlage. Allfällige Abschreibungen reduzieren die Gestehungskosten nicht. Wieder eingebrachte Abschreibungen sind voll steuerbar und berechtigen nicht zum Beteiligungsabzug (Art. 62 Abs. 4 DBG).

b) Forderungsverzichte von Schwestergesellschaften

Beteiligungsrechte im Privatvermögen

Sanierungsleistungen von Schwestergesellschaften, die dem Drittvergleich standhalten und demzufolge geschäftsmässig begründet sind, lösen auf Stufe des Gesellschafters keine Steuerfolgen aus.

Bei Sanierungsleistungen von Schwestergesellschaften, die dem Drittvergleich nicht standhalten, erhält der Gesellschafter einen geldwerten Vorteil aus der Beteiligung an der leistenden Schwestergesellschaft nach Artikel 20 Absatz 1 Buchstabe c DBG oder Artikel 20 Absatz 1bis DBG, wenn und soweit durch diese Sanierungsleistung übrige Reserven, die nicht als Reserven aus Kapitaleinlagen qualifizieren, vernichtet werden. Diesen geldwerten Vorteil legt er in die sanierungsbedürftige Gesellschaft ein (Dreieckstheorie).

Beteiligungsrechte im Geschäftsvermögen natürlicher Personen

Bei Sanierungsleistungen, die dem Drittvergleich standhalten, findet die Dreieckstheorie keine Anwendung. Eine allfällige Abschreibung auf der Beteiligung an der leistenden Gesellschaft führt nicht zu einer Erhöhung der Einkommenssteuerwerte auf der Beteiligung an der sanierten Gesellschaft.

Bei Sanierungsleistungen von Schwestergesellschaften, die dem Drittvergleich nicht standhalten, ergeben sich auf Stufe des Gesellschafters grundsätzlich keine Steuerfolgen. Möglicherweise kann ein Abschreibungsbedarf auf der Beteiligung an der leistenden Tochtergesellschaft bestehen. Wird eine solche Abschreibung vorgenommen, erhöht sich der Einkommenssteuerwert der Beteiligung an der empfangenden Gesellschaft im gleichen Ausmass. Die Umbuchung zwischen den Beteiligungen erfolgt nicht einkommenssteuerwirksam.

Beteiligungsrechte juristischer Personen

Bei Sanierungsleistungen, die dem Drittvergleich standhalten, findet die Dreieckstheorie keine Anwendung. Eine allfällige Abschreibung auf der Beteiligung an der leistenden Gesellschaft führt nicht zu einer Erhöhung der Gewinnsteuerwerte und Gestehungskosten auf der Beteiligung an der sanierten Gesellschaft.

Bei Sanierungsleistungen von Schwestergesellschaften, die dem Drittvergleich nicht standhalten, realisiert die Gesellschafterin (Muttergesellschaft) bei Anwendung des Buchwert- und Gestehungskostenprinzips keinen steuerbaren Beteiligungsertrag. Möglicherweise kann ein Abschreibungsbedarf (Desinvestition) auf der Beteiligung an der leistenden Tochtergesellschaft bestehen. Wird eine solche Abschreibung vorgenommen, erhöhen sich der Gewinnsteuerwert und die Gestehungskosten der Beteiligung an der empfangenden Gesellschaft im gleichen Ausmass. Die Summe der Gewinnsteuerwerte und der Gestehungskosten beider Beteiligungen bleibt jedoch unverändert und die Umbuchung zwischen den Beteiligungen erfolgt nicht gewinnsteuerwirksam.

c) Forderungsverzichte durch unabhängige Dritte

Forderungen im Privatvermögen

Forderungsverzichte von Personen, welche den Gesellschaftern der zu sanierenden Kapitalgesellschaft nicht nahe stehen, stellen bei den verzichtenden Personen einkommenssteuerrechtlich nicht abzugsfähige private Kapitalverluste dar.

Forderungen im Geschäftsvermögen natürlicher Personen und Forderungen juristischer Personen

Forderungsverzichte von den Gesellschaftern nicht nahestehender Kapitalgesellschaften oder Personenunternehmen stellen bei diesen geschäftsmässig begründeter Aufwand dar.

4.1.1.3. Leistende Schwester- oder Tochtergesellschaft

Forderungsverzichte von Schwester- oder Tochtergesellschaften, die dem Drittvergleich standhalten, werden als geschäftsmässig begründeter Aufwand zum Abzug zugelassen.

Forderungsverzichte von Schwester- oder Tochtergesellschaften, die auf den Beziehungen zum Gesellschafter beruhen, sind nicht geschäftsmässig begründet und werden zum ausgewiesenen Gewinn hinzugerechnet.

Leistungen an Schwester- oder Tochtergesellschaften, die auf Besserungsscheinen (soweit es sich nicht um die Rückzahlung der ursprünglichen Forderung handelt) oder Sanierungsgenussscheinen (vgl. zu diesen Begriffen Ziff. 4.2.1. hienach) beruhen, unterliegen der Gewinnsteuer. Der Beteiligungsabzug kann nicht geltend gemacht werden.

4.1.2. Verrechnungssteuer

a) Forderungsverzichte durch die Gesellschafter

Zuschüsse, das heisst Leistungen der Gesellschafter oder Genossenschafter ohne Gegenleistung der Gesellschaft oder Genossenschaft, sind grundsätzlich nicht Gegenstand der Verrechnungssteuer.

b) Forderungsverzichte durch Schwestergesellschaften

Leistende Gesellschaft

Leistungen von Schwestergesellschaften, die dem Drittvergleich standhalten, wirken sich bei der Verrechnungssteuer nicht aus.

Halten Leistungen von Schwestergesellschaften dem Drittvergleich nicht stand, unterliegen die Vorteilszuwendungen, sofern diese nicht den Kapitaleinlagereserven belastet wurden, der Verrechnungssteuer. Weil die Sanierung einer notleidenden Gesellschaft Sache des Gesellschafters beziehungsweise Genossenschafters ist, gilt in derartigen Fällen die sogenannte Dreieckstheorie. Die Verrechnungssteuer ist auf den oder die Inhaber der Beteiligungsrechte zu überwälzen. Sofern die Voraussetzungen von Artikel 24 VStV, Artikel 26a VStV oder für das internationale Meldeverfahren erfüllt sind, kann die Steuerpflicht durch Meldung der steuerbaren Leistung erfüllt werden.

Saniertes Unternehmen

Auf Stufe des sanierten Unternehmens wirken sich Zuschüsse durch Schwestergesellschaften bei der Verrechnungssteuer nicht aus.

c) Forderungsverzichte durch unabhängige Dritte

Zuschüsse (Forderungsverzichte) durch unabhängige Dritte sind nicht Gegenstand der Verrechnungssteuer.

4.1.3. Emissionsabgabe

a) Forderungsverzichte durch die Gesellschafter

Nach Artikel 5 Absatz 2 Buchstabe a StG werden Zuschüsse, welche die Gesellschafter oder Genossenschafter ohne entsprechende Gegenleistung an die Kapitalgesellschaft oder Genossenschaft erbringen, ohne dass das im Handelsregister eingetragene Gesellschaftskapital oder der einbezahlte Betrag der Genossenschaftsanteile erhöht wird, der Begründung von Beteiligungsrechten im Sinn von Absatz 1 Buchstabe a desselben Gesetzesartikels gleichgestellt. Demgemäss unterliegen alle Zuschüsse der Emissionsabgabe – vorbehältlich des Freibetrags gemäss Artikel 6 Absatz 1 Buchstabe k StG. Falls die entsprechenden Voraussetzungen erfüllt sind, ist ferner der Erlass der Emissionsabgabe gemäss Artikel 12 StG möglich.

b) Forderungsverzichte durch Schwestergesellschaften

Gestützt auf ein Urteil der Schweizerischen Steuerrekurskommission (heute Bundesverwaltungsgericht) vom 28. Juni 2005 (vgl. VPB 69.125) kann aus der Dreieckstheorie nicht unbedingt auf das Vorliegen von Zuschüssen geschlossen werden. Erweist sich das gewählte Vorgehen jedoch als Abgabeumgehung, ist die Leistung der sanierenden Gesellschaft dem gemeinsamen Inhaber der Beteiligungsrechte zuzurechnen und die Emissionsabgabe auf dem Zuschuss geschuldet. Vorbehalten bleiben die Beanspruchung des Freibetrags gemäss Artikel 6 Absatz 1 Buchstabe k StG. Falls die entsprechenden Voraussetzungen erfüllt sind, ist ferner der Erlass der Emissionsabgabe gemäss Artikel 12 StG möglich.

c) Forderungsverzichte durch unabhängige Dritte

Zuwendungen durch unabhängige Dritte sind nicht Gegenstand der Emissionsabgabe - vorbehältlich einer allfälligen Abgabeumgehung.

4.2. Forderungsverzichte gegen Ausgabe von Besserungs- oder Sanierungsgenussscheinen

4.2.1 Begriffliches

4.2.1.1. Besserungsschein

Ein Besserungsschein liegt vor, wenn die aus der Verpflichtung entlassene Kapitalgesellschaft oder Genossenschaft dem Gläubiger, welcher an der zu sanierenden Gesellschaft oder Genossenschaft nicht beteiligt ist, das Recht einräumt, im Falle einer Verbesserung ihrer Vermögenslage wieder auf seine Forderung zurückkommen zu können.

4.2.1.2. Sanierungsgenussschein

Wenn der Gläubiger definitiv auf seine Forderung verzichtet und die Schuldnerin ihm verspricht, im Falle einer Verbesserung ihrer Vermögenslage, gestützt auf Beschlüsse der Generalversammlung, einen Teil des Gewinns auszuschütten, liegt ein Sanierungsgenussschein vor.

4.2.2. Direkte Bundessteuer

4.2.2.1. Unternehmensebene

a) Besserungsscheine

Das Aufleben sowie eine allfällige Verzinsung der ursprünglichen Schuld der Kapitalgesellschaft oder Genossenschaft gegenüber den Inhabern der Besserungsscheine stellen einen geschäftsmässig begründeten Aufwand dar, sofern der Forderungsverzicht als echter Sanierungsertrag behandelt wurde. Darüber hinausgehende Leistungen stellen keinen geschäftsmässig begründeten Aufwand dar.

b) Sanierungsgenussscheine

Leistungen aufgrund von Sanierungsgenussscheinen stellen keinen geschäftsmässig begründeten Aufwand dar, auch wenn der Forderungsverzicht als echter Sanierungsertrag behandelt wurde.

4.2.2.2. Gläubiger

a) Forderungen im Privatvermögen

Besserungsscheine

Forderungsverzichte gegen den Erhalt von Besserungsscheinen stellen einkommenssteuerrechtlich nicht abzugsfähige private Kapitalverluste dar.

Die Rückzahlung der ursprünglichen Schuld der Kapitalgesellschaft oder Genossenschaft an die Inhaber von Besserungsscheinen ist steuerfrei, sofern der Forderungsverzicht als echter Sanierungsertrag behandelt wurde. Allfällige Zinsen aus dem ursprünglichen Guthaben gegenüber der Kapitalgesellschaft oder Genossenschaft stellen dagegen einen steuerbaren Vermögensertrag (Art. 20 Abs. 1 Bst. a DBG) und darüber hinausgehende Leistungen einen steuerbaren Vermögensertrag (Art. 20 Abs. 1 Bst. c DBG) dar.

Sanierungsgenussscheine

Forderungsverzichte gegen den Erhalt von Sanierungsgenussscheinen stellen einkommenssteuerrechtlich nicht abzugsfähige private Kapitalverluste dar.

Die Gläubiger erhalten an Stelle ihrer Forderung grundsätzlich ein Gewinnbeteiligungsrecht und realisieren aus späteren Ausschüttungen steuerbaren Vermögensertrag aus Beteiligung.

b) Forderungen im Geschäftsvermögen natürlicher Personen

Gehören die Forderungen, auf welche im Rahmen der Sanierung verzichtet wird, zum Geschäftsvermögen, können sie erfolgs- und steuerwirksam abgeschrieben werden.

Besserungsscheine

Bei Leistungen aus Besserungsscheinen realisieren die Gläubiger grundsätzlich steuerbaren Ertrag. Die Rückzahlung der ursprünglichen Forderung gegenüber der Kapitalgesellschaft oder Genossenschaft und die darauf entfallenden Zinsen an die Inhaber von Besserungsscheinen stellen einen steuerbaren Kapitalgewinn dar.

Sanierungsgenussscheine

Bei Leistungen aus Sanierungsgenussscheinen realisieren die Gläubiger steuerbaren Beteiligungsertrag.

c) Forderungen juristischer Personen

Gehören die Forderungen, auf welche im Rahmen der Sanierung verzichtet wird, juristischen Personen, können sie erfolgs- und steuerwirksam abgeschrieben werden.

Besserungsscheine

Bei Leistungen aus Besserungsscheinen realisieren die Gläubiger grundsätzlich steuerbaren Ertrag. Die Rückzahlung der ursprünglichen Forderung gegenüber der Kapitalgesellschaft oder Genossenschaft und die darauf entfallenden Zinsen an die Inhaber von Besserungsscheinen stellen einen steuerbaren Kapitalgewinn dar.

Sanierungsgenussscheine

Bei Leistungen aus Sanierungsgenussscheinen realisieren die Gläubiger grundsätzlich steuerbaren Beteiligungsertrag. Die Beteiligungserträge aus Sanierungsgenussscheinen unterliegen bei Kapitalgesellschaften ebenfalls dem Beteiligungsabzug, sofern die Voraussetzungen nach Artikel 69 DBG erfüllt sind.

4.2.3. Verrechnungssteuer

a) Besserungsscheine

Sofern die getroffenen Sanierungsmassnahmen als echte Sanierungserträge im Sinne des DBG qualifizieren, stellen Leistungen der Kapitalgesellschaft oder Genossenschaft an die Inhaber von Besserungsscheinen (welche nicht nahestehende Dritte sind) soweit keinen steuerbaren Ertrag dar, als diese Leistungen eine Rückzahlung der wieder auflebenden Verbindlichkeit sowie eine allfällige Verzinsung der ursprünglichen Schuld darstellen. Allenfalls darüber hinaus gehende Vorteilszuwendungen unterliegen demgegenüber als geldwerte Leistungen im Sinn von Artikel 4 Absatz 1 Buchstabe b VStG und Artikel 20 Absatz 1 VStV der Verrechnungssteuer.

b) Sanierungsgenussscheine

Den Inhabern von Sanierungsgenussscheinen wird kein Recht eingeräumt, auf den anlässlich der Sanierung geleisteten Forderungsverzicht zurückzukommen. Sämtliche Leistungen, die auf diesem Beteiligungsrecht beruhen, unterliegen gemäss Artikel 4 Absatz 1 Buchstabe b VStG und Artikel 20 Absatz 2 VStV der Verrechnungssteuer.

4.2.4. Emissionsabgabe

a) Besserungsscheine

Besserungsscheine berechtigen deren Inhaber, unter bestimmten Voraussetzungen auf die im Rahmen einer Sanierung geleisteten Forderungsverzichte zurückzukommen. Es liegen keine Urkunden über Ansprüche auf einen Anteil am Reingewinn oder am Liquidationsergebnis gemäss Artikel 5 Absatz 1 Buchstabe a Strich 4 StG vor. Demzufolge unterliegt die Ausgabe von Besserungsscheinen nicht der Emissionsabgabe.

Dies ändert nichts an den Folgen bei der Emissionsabgabe in Zusammenhang mit dem vorausgehenden Forderungsverzicht, das heisst Zuschuss im Sinn von Artikel 5 Absatz 2 Buchstabe a StG (vgl. Ziffer 4.1.3. hievor). Demgemäss unterliegen alle Zuschüsse der Emissionsabgabe, vorbehältlich des Freibetrags gemäss Artikel 6 Absatz 1 Buchstabe k StG. Falls die entsprechenden Voraussetzungen erfüllt sind, ist ferner der Erlass der Emissionsabgabe gemäss Artikel 12 StG möglich.

b) Sanierungsgenussscheine

Bei der Ausgabe von Sanierungsgenussscheinen handelt es sich um eine Begründung von Beteiligungsrechten im Sinn von Artikel 5 Absatz 1 Buchstabe a Strich 4 StG, die der Emissionsabgabe unterliegt.

Die Emission von Sanierungsgenussscheinen ist als **unentgeltlich** zu bezeichnen, wenn sie nicht auf einer mit dem Forderungsverzicht verbundenen Verpflichtung der Gesellschaft beruht. Unter diesen Umständen qualifiziert der Forderungsverzicht als eigenständige Leistung, die rechtlich nicht als Gegenleistung für den Erhalt des Sanierungsgenussscheins bezeichnet werden kann. In diesem Fall beträgt die Emissionsabgabe, gestützt auf Artikel 9 Absatz 1 Buchstabe d StG, drei Franken je Titel.

Als **entgeltlich** erweist sich die Ausgabe von Sanierungsgenussscheinen, wenn darauf zu schliessen ist, dass die involvierten Parteien, das heisst Gläubiger und Schuldner, den Forderungsverzicht und die Emission der Genussscheine als Einheit betrachten. Darauf ist insbesondere zu schliessen, wenn die Anzahl ausgegebener Scheine sich am Umfang der geleisteten Forderungsverzichte orientiert.

Liegt eine **entgeltliche** Ausgabe von Genussscheinen vor, muss der Gesamtbetrag der geleisteten Forderungsverzichte als Zufluss im Sinn von Artikel 8 Absatz 1 Buchstabe a StG bezeichnet werden; die Emissionsabgabe ist folglich auf diesem Betrag zu berechnen; vorbehalten bleibt der Freibetrag gemäss Artikel 6 Absatz 1 Buchstabe k StG. Wenn der Freibetrag von 10 Millionen Franken überschritten wird, ist ein Erlass der Emissionsabgabe auf dem übersteigenden Betrag gemäss Artikel 12 StG weiterhin möglich, sofern die Abgabepflichtige die Voraussetzungen dazu erfüllt.

4.3. Sanierungsfusion

4.3.1. Direkte Bundessteuer

4.3.1.1. Ebene fusionierte Gesellschaften

a) Absorption einer Tochtergesellschaft („Up-Stream Merger")

Entsteht durch die Fusion ein Buchverlust (Differenz zwischen dem Aktivenüberschuss zu Buchwerten der übernommenen Gesellschaft und dem höheren Buchwert der untergegangenen Beteiligungsrechte), so kann dieser steuerlich nicht abgezogen werden (Art. 61 Abs. 5 DBG). Dies gilt nur für unechte Fusionsverluste, das heisst wenn die stillen Reserven und der Goodwill der übernommenen Gesellschaft den Buchverlust kompensieren. Echte Fusionsverluste dagegen haben ihre Ursache in einer Überbewertung der Anteile an der Tochtergesellschaft und können deshalb steuerlich geltend gemacht werden.

Wird eine sanierte Gesellschaft anschliessend absorbiert, müssen sich alle Abschreibungen der übernehmenden Gesellschaft, auch diejenigen auf den aktivierten Sanierungszuschüssen auch im Zeitpunkt der Fusion als geschäftsmässig begründet erweisen (Art. 62 Abs. 4 DBG).

Die übernehmende Muttergesellschaft kann die bei der Berechnung des steuerbaren Reingewinns noch nicht berücksichtigten Vorjahresverluste der übertragenen Tochtergesellschaft nach Artikel 67 Absatz 1 DBG grundsätzlich geltend machen.

Die noch nicht verrechneten Vorjahresverluste gehen mit dem Betrieb, auf welchen sie zurückzuführen sind, über. Deshalb ist eine Übernahme der Vorjahresverluste der Tochtergesellschaft durch die Muttergesellschaft auch möglich, wenn Letztere die Beteiligungsrechte an der Tochtergesellschaft vorgängig abschreiben musste, oder wenn ein echter Fusionsverlust (geschäftsmässig begründeter Aufwand) anfällt.

Die Übernahme der Verlustvorträge durch die Muttergesellschaft wird jedoch bei Vorliegen einer Steuerumgehung verweigert. Eine solche liegt insbesondere vor, wenn:

- sich die absorbierte Gesellschaft in einem liquidationsreifen Zustand befindet (BGE 2A.583/2003) oder
- der übertragene Betrieb der Tochtergesellschaft kurz nach der Fusion eingestellt wird (BGE 2A.583/2003) oder
- die absorbierte Gesellschaft im Zeitpunkt der Absorption bereits keine Geschäftstätigkeit mehr ausübte (StE 2004, B 72.15.2 Nr. 5).

Eine Steuerumgehung kann auch dann vorliegen, wenn die Abschreibung der Beteiligung auf einen Sanierungszuschuss der übernehmenden Gesellschaft zurückzuführen ist (Erhöhung der Gestehungskosten der Beteiligung und anschliessende Abschreibung) und die Absorption kurz darauf erfolgt. In diesem Fall muss diese Abschreibung auf der Beteiligung zum ausgewiesenen Reingewinn der übernehmenden Gesellschaft hinzugerechnet werden.

b) Sanierungsfusion zwischen Schwestergesellschaften

Die übernehmende Schwestergesellschaft kann die bei der Berechnung des steuerbaren Reingewinns noch nicht berücksichtigte Vorjahresverluste der übertragenden Gesellschaft nach Artikel 67 Absatz 1 DBG grundsätzlich geltend machen (Übernahme der Vorjahresverluste). Eine Übernahme der Vorjahresverluste ist jedoch ausgeschlossen, wenn eine Steuerumgehung vorliegt. Eine solche liegt insbesondere dann vor, wenn die übertragende Gesellschaft wirtschaftlich liquidiert oder in liquide Form gebracht worden ist oder wenn ein durch Fusion übertragener Betrieb kurz nach der Fusion eingestellt wird (siehe dazu KS Nr. 5 ESTV vom 1.6.2004, Umstrukturierungen, 4.1.2.2.4).

4.3.1.2. Gesellschafter

a) Absorption einer Tochtergesellschaft („Up-Stream Merger")

Beteiligungsrechte im Privatvermögen

Beim Gesellschafter ergeben sich keine Steuerfolgen.

Beteiligungsrechte im Geschäftsvermögen natürlicher und Beteiligungsrechte juristischer Personen

Beim Gesellschafter ergeben sich keine Steuerfolgen.

b) Sanierungsfusion zwischen Schwestergesellschaften

Beteiligungsrechte im Privatvermögen

Übernimmt eine Gesellschaft mit echter Unterbilanz durch Absorption die Aktiven und Passiven einer von den gleichen Gesellschaftern (Privatpersonen) beherrschten Gesellschaft mit Reserven und Gewinnvortrag, so erlangen die Gesellschafter durch diese Sanierung nur dann einen geldwerten Vorteil nach Artikel 20 Absatz 1 Buchstabe c DBG oder Artikel 20 Absatz 1bis DBG, wenn und soweit durch die Fusion übrige Reserven, die nicht als Reserven aus Kapitaleinlagen qualifizieren, vernichtet werden. Gleiches gilt auch im umgekehrten Fall, soweit übrige Reserven untergehen. Eine echte Unterbilanz ist in dem Umfang gegeben, als die ausgewiesenen Verluste die offenen und stillen Reserven übersteigen. Die modifizierte Dreieckstheorie findet dabei keine Anwendung. Die Fusion der sanierungsbedürftigen Gesellschaft mit einer anderen Gesellschaft lässt sich nur damit erklären, dass beide Gesellschaften in gleichem Umfang von denselben Gesellschaftern beherrscht waren, die dadurch im gleichen Ausmass begünstigt wurden. Mit der fraglichen Umstrukturierungsmassnahme geht latentes Ausschüttungssubstrat auf Gewinnen und übrigen Reserven unter. Deshalb findet beim Gesellschafter eine Abrechnung im Umfang der untergegangenen übrigen Reserven statt, die nicht als Reserven aus Kapitaleinlagen qualifizieren (BGE 15.8.2000, StE 2001 B 24.4 Nr. 57 = ASA 70, 289; siehe dazu KS Nr. 5 ESTV vom 1.6.2004, Umstrukturierungen, 4.1.4.3.2).

Beteiligungsrechte im Geschäftsvermögen natürlicher Personen

Handelt es sich anlässlich der Sanierungsfusion unter Schwestergesellschaften beim Gesellschafter um eine einfache Gesellschaft, eine Kollektivgesellschaft oder eine Kommanditgesellschaft, so realisiert diese Gesellschaft bei Anwendung des Buchwertprinzips keinen steuerbaren Beteiligungsertrag. Die Einkommenssteuerwerte der Beteiligungen werden addiert und bleiben gesamthaft betrachtet unverändert.

Beteiligungsrechte juristischer Personen

Handelt es sich anlässlich der Sanierungsfusion unter Schwestergesellschaften beim Gesellschafter um eine juristische Person, so realisiert diese Person bei Anwendung des Buchwert- und Gestehungskostenprinzips keinen steuerbaren Beteiligungsertrag. Die Gestehungskosten und die Gewinnsteuerwerte der Beteiligungen werden addiert und bleiben gesamthaft betrachtet unverändert. Allfällige wieder eingebrachte Abschreibungen sind voll steuerbar.

4.3.2. Verrechnungssteuer

a) Absorption einer Tochtergesellschaft („Up-Stream Merger")

Bei einer Umstrukturierung nach Artikel 61 Absatz 1 DBG ist die Verrechnungssteuer geschuldet, wenn übrige Reserven, die nicht als Reserven aus Kapitaleinlagen qualifizieren, untergehen, beziehungsweise nicht in die Reserven der aufnehmenden inländischen Kapitalgesellschaft oder Genossenschaft übergehen (Art. 4 Abs. 1 Bst. b VStG in Verbindung mit Art. 5 Abs. 1 Bst. a VStG). Dies ist bei einer Tochterabsorption dann der Fall, wenn der

Buchwert der Tochtergesellschaft bei der Muttergesellschaft höher ist als das nominelle Aktienkapital und die Reserven aus Kapitaleinlagen der Tochtergesellschaft.

Sofern der Erwerb der Tochtergesellschaft nicht als Steuerumgehung im Sinn von Artikel 21 Absatz 2 VStG qualifiziert, wird – nach gängiger Praxis der ESTV – die Verrechnungssteuer nicht erhoben. Es ist demzufolge auch kein Meldeverfahren durchzuführen.

b) Sanierungsfusion zwischen Schwestergesellschaften

Übernimmt die sanierungsbedürftige Gesellschaft die über Reserven verfügende Schwestergesellschaft, gehen Reserven im Umfang der bei der sanierungsbedürftigen Gesellschaft bestehenden Verluste unter (allfällige stille Reserven sind zu berücksichtigen). Weil die Sanierung einer notleidenden Gesellschaft Sache des Gesellschafters ist, gilt in solchen Fällen die sogenannte Dreieckstheorie. Gleiches gilt auch, wenn die Gesellschaft, die über Reserven verfügt, ihre sanierungsbedürftige Schwestergesellschaft übernimmt und dabei Reserven untergehen.

Die Verrechnungssteuer ist auf den untergehenden Reserven (unter Berücksichtigung des Kapitaleinlageprinzips auf den übrigen Reserven) geschuldet und auf den oder die Inhaber der Beteiligungsrechte zu überwälzen. Sofern die Voraussetzungen von Artikel 24 VStV, Artikel 26a VStV oder für das internationale Meldeverfahren erfüllt sind, kann die Steuerpflicht durch Meldung der steuerbaren Leistung erfüllt werden.

4.3.3. Emissionsabgabe

a) Absorption einer Tochtergesellschaft („Up-Stream Merger")

Erfolgt die Sanierung der Tochtergesellschaft im Hinblick auf die bevorstehende Absorption durch die Mutter, wird auf diesen Leistungen die Emissionsabgabe nicht erhoben. Die Leistung der Muttergesellschaft qualifiziert als Bilanzbereinigung im Zuge des Untergangs der Tochter.

Bei einer Tochterabsorption wird das Grundkapital der übernehmenden Muttergesellschaft in der Regel nicht erhöht. Eine allfällige der Verrechnungssteuer unterliegende Kapitalerhöhung der Muttergesellschaft bis zur Höhe des Grundkapitals der übertragenden Tochtergesellschaft ist nach Artikel 6 Absatz 1 Buchstabe a^{bis} StG von der Emissionsabgabe ausgenommen (Kreisschreiben Nr. 5, Umstrukturierungen, vom 1. Juni 2004, 4.1.5.4).

b) Sanierungsfusion zwischen Schwestergesellschaften

Wenn die sanierungsbedürftige Gesellschaft die gesunde Schwestergesellschaft übernimmt, ergeben sich bei der Emissionsabgabe keine Folgen, weil es sich dabei um einen von der Abgabe ausgenommenen Sachverhalt im Sinn von Artikel 6 Absatz 1 Buchstabe a^{bis} StG handelt. Dies gilt auch für den umgekehrten Fall.

5. Inkrafttreten

Die Artikel 6 Absatz 1 Buchstaben j und k StG sind am 1. Januar 2009 in Kraft getreten. Dieses Kreisschreiben tritt per sofort in Kraft und ersetzt das Kreisschreiben ESTV Nr. 14 vom 1. Juli 1981 („Forderungsverzicht durch Aktionäre im Zusammenhang mit Sanierungen von Aktiengesellschaften"). Die Ausführungen zu den Artikeln 20 Absatz 3 und 125 Absatz 3 DBG und dem Artikel 5 Absatz 1bis VStG treten am 1. Januar 2011 in Kraft.

Schweizerische Eidgenossenschaft
Confédération suisse
Confederazione Svizzera
Confederaziun svizra

Eidgenössisches Finanzdepartement EFD
Eidgenössische Steuerverwaltung ESTV
Hauptabteilung Direkte Bundessteuer,
Verrechnungssteuer, Stempelabgaben

Direkte Bundessteuer

Bern, 22. Dezember 2010

Kreisschreiben Nr. 31

Landwirtschaftliche Betriebe - Aufschubstatbestand bei Verpachtung

1. Gegenstand des Kreisschreibens

Mit dem Bundesgesetz vom 23. März 2007 über die Verbesserung der steuerlichen Rahmenbedingungen für unternehmerische Tätigkeiten und Investitionen (Unternehmenssteuerreformgesetz II) wurden für die Besteuerung der selbständigen Erwerbstätigkeit verschiedene Neuerungen eingeführt. Per 1. Januar 2011 tritt der neue Artikel 18*a* (Aufschubstatbestände) des Bundesgesetzes vom 14. Dezember 1990 über die direkte Bundessteuer (DBG) in Kraft. Vorliegendes Kreisschreiben soll die Anwendung und Umsetzung des Artikels 18*a* Absatz 2 DBG (Verpachtung eines Geschäftsbetriebs) auf landwirtschaftliche Betriebe näher erläutern.

2. Bundesrechtliche Grundlagen (Auszug)

Bundesgesetz über die direkte Bundessteuer (DBG)

Art. 18a Aufschubstatbestände

[2] Die Verpachtung eines Geschäftsbetriebes gilt nur auf Antrag der steuerpflichtigen Person als Überführung in das Privatvermögen.

Bundesgesetz vom 4. Oktober 1985 über die landwirtschaftliche Pacht (LPG)

Art. 30 Bewilligungspflicht

[1] Wer von einem landwirtschaftlichen Gewerbe einzelne Grundstücke oder Teile von einzelnen Grundstücken verpachtet (parzellenweise Verpachtung), bedarf einer Bewilligung.

Eidgenössische Steuerverwaltung ESTV
Eigerstrasse 65
3003 Bern
www.estv.admin.ch

Art. 31 Bewilligungsgründe

[1] Der Verpächter muss die Bewilligung vor Pachtantritt bei der kantonalen Bewilligungsbehörde einholen.

[2] Die Bewilligung wird nur erteilt, wenn eine der folgenden Voraussetzungen erfüllt ist, nämlich:

(...)

[e] das Gewerbe nur vorübergehend parzellenweise verpachtet und später wieder als ganzes bewirtschaftet werden soll;

[f] der Verpächter das Gewerbe bisher selber bewirtschaftet hat, dazu jedoch aus persönlichen Gründen, wie schwere Krankheit oder vorgerücktes Alter, nur noch teilweise in der Lage ist;

Art. 42 Pachtzinsbewilligung für Gewerbe

[1] Der Pachtzins für Gewerbe bedarf der Bewilligung.

3. Allgemeines

3.1 Die Einkünfte aus selbständiger Erwerbstätigkeit

Nach Artikel 18 Absatz 1 DBG sind grundsätzlich alle Einkünfte aus einem Handels-, Industrie-, Gewerbe-, Land- und Forstwirtschaftsbetrieb, aus einem freien Beruf sowie aus jeder anderen selbständigen Erwerbstätigkeit steuerbar. Nach Artikel 18 Absatz 2 DBG zählen auch alle Kapitalgewinne aus Veräusserung, Verwertung oder buchmässiger Aufwertung von Geschäftsvermögen zu den Einkünften aus selbständiger Erwerbstätigkeit. Der Veräusserung gleichgestellt ist die Überführung von Geschäftsvermögen in das Privatvermögen oder in ausländische Betriebe oder Betriebsstätten. Als Geschäftsvermögen gelten alle Vermögenswerte, die ganz oder vorwiegend der selbständigen Erwerbstätigkeit dienen; Gleiches gilt für Beteiligungen von mindestens 20 Prozent am Grund- oder Stammkapital einer Kapitalgesellschaft oder Genossenschaft, sofern der Eigentümer sie im Zeitpunkt des Erwerbs zum Geschäftsvermögen erklärt. Artikel 18*b* DBG bleibt vorbehalten.

3.2 Die Präponderanzmethode

Es ist somit zwischen Vermögenswerten, welche ganz dem Privatvermögen und solchen, welche ganz dem Geschäftsvermögen zuzurechnen sind, sowie gemischt genutzten Vermögenswerten zu unterscheiden. Steuerrechtlich ist keine quotale Zuteilung eines gemischt genutzten Vermögenswertes auf Privat- und Geschäftsvermögen möglich. Aus diesem Grund wird auf die in Artikel 18 Absatz 2 DBG verankerte Präponderanzmethode abgestellt, nach welcher Vermögenswerte steuerrechtlich entweder ganz dem Geschäftsvermögen oder ganz dem Privatvermögen zuzuweisen sind. Danach gelten als Geschäftsvermögen alle Vermögenswerte, welche überwiegend der selbständigen Erwerbstätigkeit dienen. Gemischt genutzte Liegenschaften gelten dann als vorwiegend der selbständigen Erwerbstätigkeit dienend, wenn ihre geschäftliche Nutzung die private Nutzung überwiegt.

4. Die Prüfung des Aufschubs bei der Verpachtung eines landwirtschaftlichen Geschäftsbetriebes

4.1 Die Prüfung der Präponderanz

Geprüft werden nur landwirtschaftliche Betriebe, die nach dem 1. Januar.2011 verpachtet werden und zuvor im Geschäftsvermögen bilanziert wurden. Die Bilanzierung stellt lediglich ein Indiz für das Vorliegen von Geschäftsvermögen dar. Die Prüfung der Präponderanz eines landwirtschaftlichen Betriebes muss zeitlich vor der Verpachtung erfolgen und basiert auf den durchschnittlichen Betriebsergebnissen der letzten fünf Jahre oder auf den Ergebnissen seit der Neuausrichtung des Betriebes.

4.2 Die Prüfung der Art der Verpachtung

4.2.1 Der landwirtschaftliche Geschäftsbetrieb bleibt längerfristig bestehen

Für die Belange des Artikels 18*a* Absatz 2 DBG wird dann von einem landwirtschaftlichen Geschäftsbetrieb ausgegangen, wenn es sich:

a) um eine *Verpachtung eines landwirtschaftlichen Gewerbes* handelt, welches der in Artikel 42 Absatz 1 LPG vorgeschriebenen Bewilligung unterliegt. Ein landwirtschaftliches Gewerbe liegt vor, wenn es sich um ein Gewerbe im Sinne der Artikel 5 und 7 Absätze 1, 2, 3 und 5 des Bundesgesetzes vom 4. Oktober 1991 über das bäuerliche Bodenrecht (BGBB) handelt. Wurde einem solchen landwirtschaftlichen Gewerbe die Pachtzinsbewilligung gemäss Artikel 42 LPG erteilt und wurde der entsprechende Betrieb zu Recht im Geschäftsvermögen bilanziert, so kann der landwirtschaftliche Geschäftsbetrieb in diesem Fall auch mit der Verpachtung im Geschäftsvermögen verbleiben;

b) um eine *vorübergehende parzellenweise Verpachtung* gemäss Artikel 31 Absatz 2 Buchstabe e oder f LPG handelt und der entsprechende Betrieb zu Recht im Geschäftsvermögen bilanziert wurde. Der landwirtschaftliche Geschäftsbetrieb kann in diesem Fall auch mit der Verpachtung im Geschäftsvermögen verbleiben.

4.2.2 Der landwirtschaftliche Geschäftsbetrieb wird endgültig aufgeteilt

Wird ein landwirtschaftlicher Geschäftsbetrieb endgültig aufgeteilt, erfolgt die Beurteilung des Aufschubs parzellenweise wie folgt:

a) Wird die ganze Parzelle verpachtet und war diese Parzelle bisher zu Recht im Geschäftsvermögen bilanziert, so kann die Parzelle im Geschäftsvermögen verbleiben.

b) Wird von einer Parzelle nur ein Teil verpachtet, kann sie nur dann im Geschäftsvermögen verbleiben, wenn sie bereits vor der Verpachtung zu Recht im Geschäftsvermögen bilanziert wurde. Für Liegenschaften auf dem nicht verpachteten Parzellenteil können in diesem Fall keine pauschalen Abschreibungen mehr vorgenommen werden. Abschreibungen werden nur gewährt, wenn ein Bedürfnisnachweis erbracht wird.

c) Umfasst eine ganze Parzelle nur vermietete Wohnliegenschaften, so muss sie ins Privatvermögen überführt werden.

4.2.3 Das Prüfungsschema

Die Prüfung des Aufschubs bei der Verpachtung eines landwirtschaftlichen Betriebes erfolgt gemäss dem Überprüfungsschema (Flussdiagramm) im Anhang.

4.3 Die gesetzliche Vermutung bei der Verpachtung von Geschäftsbetrieben

Bei der Verpachtung eines Geschäftsbetriebes gilt nach Artikel 18*a* Absatz 2 DBG neu die gesetzliche Vermutung, dass die verpachteten Güter im Geschäftsvermögen des Verpächters bleiben. Dies gilt auch für Betriebe, deren bewegliches Vermögen an den Pächter verkauft wird. Die Verpachtung eines Geschäftsbetriebes wird nur noch aufgrund einer ausdrücklichen Erklärung der steuerpflichtigen Person als Überführung ins Privatvermögen betrachtet. Erfolgt keine solche Erklärung, so gilt der daraus fliessende Ertrag als Einkommen aus selbständiger Erwerbstätigkeit (vgl. Kreisschreiben Nr. 26 der Eidgenössischen Steuerverwaltung vom 16. Dezember 2009 „Neuerungen bei der selbständigen Erwerbstätigkeit aufgrund der Unternehmenssteuerreform II").

5. Inkrafttreten

Dieses Kreisschreiben tritt zusammen mit dem neuen Artikel 18*a* Absatz 2 DBG am 1. Januar 2011 in Kraft.

Schema zur Prüfung des Aufschubs bei der Verpachtung eines landwirtschaftlichen Geschäftbetriebes (Art. 18*a* Abs. 2 DBG)

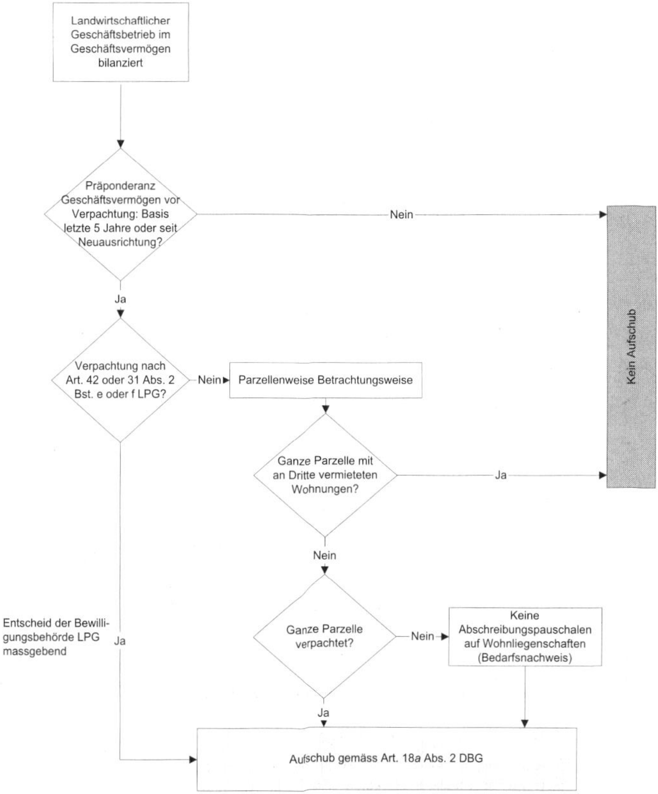

Schweizerische Eidgenossenschaft
Confédération suisse
Confederazione Svizzera
Confederaziun svizra

Eidgenössisches Finanzdepartement EFD
Eidgenössische Steuerverwaltung ESTV
Hauptabteilung Direkte Bundessteuer,
Verrechnungssteuer, Stempelabgaben

Direkte Bundessteuer

Bern, 21. Dezember 2010[1]

Kreisschreiben Nr. 30

Ehepaar- und Familienbesteuerung nach dem Bundesgesetz über die direkte Bundessteuer (DBG)

Inhaltsverzeichnis

[1] 2. Auflage. Siehe Ziffer 1 Einleitung

Eidgenössische Steuerverwaltung ESTV
Eigerstrasse 65
3003 Bern
www.estv.admin.ch

1-030-D-2010-d

Einleitung

Das Kreisschreiben Nr. 30 zur Ehepaar- und Familienbesteuerung erfährt hiermit eine zweite Auflage. Es beinhaltet aufgrund des Bundesgesetzes über die formelle Bereinigung der zeitlichen Bemessung der direkten Steuern bei natürlichen Personen vom 22. März 2013 (AS 2013 2397) die Hinweise auf die ab dem 1. Januar 2014 geltenden Gesetzesartikel. Im Weiteren wurden die dem Ausgleich der Folgen der kalten Progression unterliegenden Abzüge der Verordnung über die kalte Progression vom 2. September 2013 (AS 2013 3027) angepasst. Die vorliegende 2. Auflage entspricht demnach dem gelten Recht per 1. Januar 2014.

1 Einheit der Familie / Zusammenveranlagung

1.1 Grundsatz

Der für die Ehepaarbesteuerung im DBG massgebende Artikel 9 sieht ausdrücklich die Gemeinschaftsbesteuerung vor. Die Familie wird als wirtschaftliche Gemeinschaft betrachtet und bildet somit auch in steuerlicher Hinsicht eine Einheit. Die Einkommen der rechtlich und tatsächlich ungetrennten Ehegatten werden unabhängig vom Güterstand zusammengerechnet. Zudem werden die Einkünfte der minderjährigen Kinder, die nicht aus einer Erwerbstätigkeit stammen, zum ehelichen Einkommen hinzugerechnet. Das Gesamteinkommen wird dabei zum Verheiratetentarif besteuert. Leben die Ehegatten mit Kindern oder unterstützungsbedürftigen Personen im gleichen Haushalt zusammen und bestreiten deren Unterhalt zur Hauptsache, kommt der Elterntarif zur Anwendung.

Im Gegensatz zu den Ehepaaren werden Konkubinatspaare stets individuell veranlagt. Ihre Einkommen werden nicht addiert, was angesichts des progressiven Steuertarifs zu beträchtlichen Unterschieden in der steuerlichen Belastung von Ehepaaren und gleichsituierten Konkubinatspaaren führen kann. Diese verfassungswidrige Ungleichbehandlung wurde durch die von den Eidg. Räten am 6. Oktober 2006 verabschiedeten Sofortmassnahmen im Bereich der Ehepaarbesteuerung wesentlich abgebaut (vgl. dazu die Ausführungen zum Zweiverdienerabzug unter Ziff. 9 und zum Verheiratetenabzug unter Ziff. 12).

1.2 Beginn und Ende der Gemeinschaftsbesteuerung

Die Gemeinschaftsbesteuerung wird durch die Heirat ausgelöst. Die Ehegatten unterliegen für die ganze entsprechende Steuerperiode der Gemeinschaftsbesteuerung. Bei Tod eines Ehegatten endet die Ehe und somit auch die Gemeinschaftsbesteuerung. Der überlebende Ehegatte wird ab dem Todestag für den Rest der Steuerperiode separat zu dem für ihn anwendbaren Tarif veranlagt (Art. 42 Abs. 1 und 3 DBG).

Bei Scheidung sowie bei rechtlicher oder tatsächlicher Trennung werden die Ehegatten für die ganze Steuerperiode getrennt besteuert (Art. 42 Abs. 2 DBG).

1.3 Getrennte Veranlagung der Ehegatten bei faktischer Trennung

Eine gemeinsame Besteuerung erfolgt, wenn die Ehegatten in rechtlich und tatsächlich ungetrennter Ehe zusammenleben. Aus diesem Erfordernis folgt als Umkehrschluss, dass ein Ehepaar, welches zwar rechtlich noch in ungetrennter Ehe lebt, sich aber faktisch getrennt hat, nicht mehr zusammen, sondern getrennt zu veranlagen ist.

Eine faktische Trennung, die zu einer getrennten Besteuerung der Ehegatten führt, liegt vor, wenn folgende Voraussetzungen kumulativ erfüllt sind:

- Keine gemeinsame eheliche Wohnung (Art. 162 ZGB), Aufhebung des gemeinsamen Haushaltes (Art. 175 ZGB), Bestehen eines eigenen Wohnsitzes für jeden Ehegatten (Art. 23 ZGB).
- Keine Gemeinschaftlichkeit der Mittel für Wohnung und Unterhalt mehr vorhanden.
- Kein gemeinsames Auftreten des Ehepaares in der Öffentlichkeit mehr.
- Die Trennung muss von Dauer sein (mindestens ein Jahr) oder mit der Auflösung der Ehe enden.

Der Nachweis des Bestehens einer faktischen Trennung ist von den Ehegatten zu erbringen.

Nach der Rechtsprechung des Bundesgerichtes besteht auch beim Vorliegen zweier verschiedener Wohnsitze der beiden Ehegatten kein Anlass zu einer getrennten Veranlagung, solange diese an der Fortführung der ehelichen Gemeinschaft festhalten und diesen Willen auch zum Ausdruck bringen. Werden von beiden Seiten Mittel - über übliche Gelegenheitsgeschenke hinaus - für die gemeinsame Lebenshaltung eingesetzt (nicht in Betracht fallen richterlich oder freiwillig vereinbarte Alimentenleistungen), sind die Ehegatten trotz eigener Wohnung und gegebenenfalls auch eigenem zivilrechtlichem Wohnsitz zusammen zu veranlagen.

Haben die Ehegatten je einen eigenen zivilrechtlichen Wohnsitz, leben aber gleichwohl faktisch in ungetrennter Ehe, werden sie dort veranlagt, wo sich ihre überwiegenden persönlichen und wirtschaftlichen Interessen befinden (Art. 105 Abs. 1 DBG). Ist dieser Ort der Veranlagung ungewiss oder streitig, so wird er, wenn die Veranlagungsbehörden nur eines Kantons in Frage kommen, von der kantonalen Verwaltung für die direkte Bundessteuer bestimmt. Kommen die Veranlagungsbehörden mehrerer Kantone in Frage und können sich die Kantone nicht einigen, so wird der Veranlagungsort durch die ESTV bestimmt (Art. 108 DBG). Die Verfügung der ESTV unterliegt der Beschwerde an das Bundesverwaltungsgericht [Art. 31 ff. des Bundesgesetzes vom 17.7.2005 über das Bundesverwaltungsgericht (VGG)].

2 Internationale Verhältnisse

2.1 Ausländischer Wohnsitz eines Ehegatten

Leben Ehegatten in rechtlich und tatsächlich ungetrennter Ehe, hat jedoch nur ein Ehegatte seinen Wohnsitz in der Schweiz, während der andere im Ausland wohnt, so unterliegt nur der in der Schweiz wohnhafte Ehegatte der schweizerischen Steuerhoheit. Dabei ist er für sein gesamtes Einkommen zu besteuern. Da er in einer bestehenden Ehe lebt, wird er zum Verheiratetentarif oder, wenn er mit Kindern zusammenlebt, zum Elterntarif besteuert. Ihm steht zudem der Verheiratetenabzug zu.

Nach bisheriger, langjähriger Praxis des Bundesgerichtes sind bei Ehegatten, von welchen der eine im Inland, der andere im Ausland, jedoch in ungetrennter Ehe lebend, die Einkünfte des im Ausland wohnhaften Ehegatten zur Satzbestimmung des Einkommens des "inländischen" Ehegatten heranzuziehen (vgl. BGE 2C_523/2007 vom 5.2.2008). Artikel 7 Absatz 1 DBG hält fest, dass natürliche Personen, die nur für einen Teil ihres Einkommens in der Schweiz steuerpflichtig sind, die Steuer für die in der Schweiz steuerbaren Werte nach dem Steuersatz ihres gesamten Einkommens entrichten. Auch wenn also ein Ehepaar je eine eigene Wohnung und je eigenen Wohnsitz "über die Grenze" hat, darf die Veranlagungsbehörde bis zum Nachweis des Gegenteils durch den in der Schweiz wohnhaften Ehegatten davon ausgehen, es handle sich um eine faktisch ungetrennte Ehe. Das hat zur Folge, dass das Einkommen des im Ausland wohnhaften Ehegatten zur Satzbestimmung für die Besteuerung des Einkommens des "inländischen" Ehegatten berücksichtigt werden muss. Das zur Satzbestimmung herangezogene Einkommen des im Ausland wohnhaften Ehegatten darf ermessensweise festgesetzt werden, wenn der in der Schweiz wohnhafte Ehegatte keine Angaben dazu macht (BGE 2C_523/2007 vom 5.2.2008). Allfällige, diese Regel einschränkende Doppelbesteuerungsabkommen sind jedoch zu beachten.

Andererseits muss die Zusammenrechnung der Steuerfaktoren für die Satzbestimmung bei ausländischem Wohnsitz eines Ehegatten selbstverständlich immer dann entfallen, wenn die beiden Ehegatten in tatsächlich getrennter Ehe leben (Urteil des Bundesgerichtes vom 19.4.1991 i.S. M.B. gegen Steuerverwaltung des Kantons Tessin; ASA 62, 337).

2.2 Beschränkte Steuerpflicht eines Ehegatten

Unterliegt ein Ehegatte aufgrund wirtschaftlicher Zugehörigkeit gemäss Artikel 4 und 5 DBG in der Schweiz der Steuerpflicht, ist er für diese Teile des Einkommens selbständig steuerpflichtig. Auch bei beschränkter Steuerpflicht ist zur Satzbestimmung das eheliche Gesamteinkommen der in rechtlich und tatsächlich ungetrennter Ehe lebenden Personen heranzuziehen. Andererseits hat der beschränkt steuerpflichtige Ehegatte Anspruch auf den Verheiratetenabzug (vgl. dazu Ziff. 12) und den Verheiratetentarif oder - falls Kinder vorhanden sind - auf den Kinderabzug (vgl. dazu Ziff. 10.1) und den Elterntarif (vgl. dazu Ziff. 13.4.7).

3 Besteuerung der minderjährigen Kinder

Das DBG enthält keine Legaldefinition des Begriffes "Kind". Es lehnt sich hierfür an die Regelung des Schweiz. Zivilgesetzbuchs vom 10. Dezember 1907 (ZGB) an und geht deshalb von derselben Altersobergrenze aus, wie sie für die zivilrechtliche Mündigkeit eines Kindes massgebend ist. In der Regel ist auch im DBG das Bestehen eines Kindesverhältnisses nach Artikel 252 ff. ZGB Voraussetzung. Bei gemeinsam veranlagten Ehepaaren ist es ausreichend, wenn das Kindesverhältnis mit einem der Ehegatten besteht.

Das minderjährige Kind ist Steuersubjekt und hat damit die Voraussetzungen der subjektiven Steuerpflicht in der Schweiz selber zu erfüllen, es wird aber in seinen Rechten und Pflichten grundsätzlich durch den Inhaber der elterlichen Sorge vertreten. Gemäss Artikel 9 Absatz 2 DBG wird das Einkommen der unter elterlicher Sorge stehenden minderjährigen Kinder mit Ausnahme der Einkünfte aus Erwerbstätigkeit und der Erwerbsersatzeinkünfte dem Inhaber der elterlichen Sorge zugerechnet.

Sind die Eltern verheiratet und werden sie gemeinsam veranlagt, wird das Einkommen der minderjährigen Kinder zum ehelichen Gesamteinkommen hinzugerechnet. Die Zurechnung erfolgt auch bei Stiefkindern, d.h. wenn nur einer der Ehegatten Elternteil ist und über die elterliche Sorge verfügt. Hingegen erfolgt keine Steuersubstitution bei Pflegeeltern. Ein Pflegekind, das nicht unter Vormundschaft steht, wird von derjenigen Person vertreten, welche die elterliche Sorge innehat.

Werden die Eltern eines Kindes nicht gemeinsam veranlagt und übt nur ein Elternteil die elterliche Sorge aus, werden Einkommen und Vermögen des Kindes diesem Elternteil zugerechnet. Haben die getrennt lebenden Ehegatten die elterliche Sorge gemeinsam inne, ist auf die Obhut, d.h. die tatsächliche häusliche Gemeinschaft, abzustellen. Demjenigen Elternteil, der die Obhut innehält und Unterhaltsbeiträge für das Kind erhält, wird das Einkommen des Kindes zugeteilt. Werden keine Unterhaltsbeiträge für das Kind geltend gemacht, ist grundsätzlich davon auszugehen, dass sich das Kind in alternierender Obhut befindet, und beide Elternteile gleich viel an den Unterhalt des Kindes beisteuern. In diesem Fall wird das Einkommen des Kindes hälftig aufgeteilt und je den Eltern zugerechnet.

Für Einkünfte aus einer unselbständigen oder selbständigen Erwerbstätigkeit wird das Kind selbständig besteuert. Zum Erwerbseinkommen gehört ausser dem Arbeitseinkommen auch das an dessen Stelle tretende Ersatzeinkommen des Kindes, z.B. Taggelder aus Arbeitslosen-, Kranken-, Unfall und Invalidenversicherung, SUVA-Renten, Invalidenrenten, die das minderjährige Kind selbst als berechtigte Person erhält, sowie Ersatzleistungen für bleibende Nachteile, auch in der Form von Kapitalabfindungen. Solche Leistungen sind Ersatz für den künftigen, durch die Invalidität bedingten Ausfall an Arbeitseinkommen. Ersatzleistungen an noch nicht erwerbstätige oder noch nicht erwerbsfähige Kinder für durch Unfall oder Krankheit verursachte dauernde Nachteile sind also nicht dem Einkommen des Inhabers der elterlichen Sorge zuzurechnen, sondern vom Kind persönlich zu versteuern. Die AHV-Halbwaisenrente gemäss Artikel 25 des Bundesgesetzes vom 20. Dezember 1946 über Alters- und Hinterlassenenversicherung (AHVG) und die IV-Kinderrente gemäss Artikel 35 des Bundesgesetzes vom 19. Juni 1959 über die Invalidenversicherung (IVG) sind vom rentenberechtigten Elternteil und nicht vom Kind als Einkommen zu versteuern.

Kinder werden erstmals für die Steuerperiode, in der sie volljährig werden, vollumfänglich selbständig veranlagt. Minderjährige werden nur dann selbständig veranlagt, falls sie Erwerbseinkünfte erzielen oder nicht unter elterlicher Sorge stehen (Art. 5 der Verordnung über die zeitliche Bemessung der direkten Bundessteuer). Das bevormundete Kind wird somit selbständig veranlagt, jedoch in der Regel vom Vormund im Veranlagungsverfahren vertreten. Die Besteuerung erfolgt dabei am Sitz der Vormundschaftsbehörde, der gemäss Artikel 25 Absatz 2 ZGB Wohnsitz des bevormundeten Kindes ist.

4 Eingetragene Partnerinnen oder Partner

Mit dem Bundesgesetz vom 18. Juni 2004 über die eingetragene Partnerschaft gleichgeschlechtlicher Paare (PartG) werden seit dem 1. Januar 2007 auch bei der direkten Bundessteuer registrierte gleichgeschlechtliche Paare den Ehepaaren gleichgestellt. Obwohl die Ausführungen zu den Ehepaaren im vorliegenden Kreisschreiben grundsätzlich auch für die registrierten gleichgeschlechtlichen Paare gelten, wird im Interesse der besseren Lesbarkeit in der Regel nur die Bezeichnung "Ehegatten" bzw. "Ehepaar" verwendet.

Die Gleichstellung hat zur Folge, dass die Einkommen der in rechtlich und tatsächlich ungetrennter Ehe lebenden Partner zusammengerechnet werden und der Verheiratetentarif angewendet wird. Leben die eingetragenen Partner mit Kindern zusammen, kommt der Elterntarif zur Anwendung. Leben die Partner getrennt, werden sie separat besteuert, wenn die Voraussetzungen, wie sie für die faktische Trennung der Ehepaare gelten, erfüllt sind (vgl. dazu Ziff. 1.3).

Damit Unterhaltsleistungen von einem Partner an den anderen steuerlich analog solcher Leistungen unter Ehegatten behandelt werden, sieht Artikel 9 Absatz 1bis DBG neben einer allgemeinen Gleichstellung von Ehe und registrierter Partnerschaft zusätzlich eine explizite Gleichstellung in Bezug auf die Unterhaltsbeiträge während des Bestehens der registrierten Partnerschaft sowie der Unterhaltsbeiträge und der vermögensrechtlichen Auseinandersetzung bei Getrenntleben und Auflösung einer registrierten Partnerschaft vor.

Da die ehelichen Güterrechtsvorschriften nicht ohne weiteres auf die registrierten Partnerschaften angewendet werden können, ist bei der Steuernachfolge in Artikel 12 Absatz 3 DBG zudem festgehalten, dass die überlebenden eingetragenen Partnerinnen oder Partner in Analogie zu der Haftung bei Ehegatten mit ihrem Erbteil und dem ihnen auf Grund einer vermögensrechtlichen Regelung gemäss Artikel 25 Absatz 1 PartG zustehenden Betrag haften.

5 Steuernachfolge des überlebenden Ehegatten

Der Tod beendet nach Artikel 8 Absatz 2 DBG die Steuerpflicht der natürlichen Personen. Soweit die vom Erblasser geschuldeten Steuern noch nicht veranlagt oder beglichen wurden, treten die Erben in seine Rechte und Pflichten ein. Gemäss Artikel 12 Absatz 1 DBG haften die Erben - zu denen auch der überlebende Ehegatte zu zählen ist - solidarisch für die vom Erblasser geschuldeten Steuern bis zur Höhe ihrer Erbteile, mit Einschluss der Vorempfänge. Dabei ist als massgeblicher Vorempfang zu berücksichtigen, was gemäss Artikel 626 ZGB unter die gesetzliche Ausgleichungspflicht der Erben fällt. Der Einbezug der Vorempfänge ist zeitlich unbeschränkt möglich.

Für den überlebenden Ehegatten werden nach Artikel 12 Absatz 2 DBG als Haftungssubstrat auch güterrechtliche Ansprüche miteinbezogen. Zusätzlich zu seinem Erbteil haftet der überlebende Ehegatte noch mit dem Betrag, den er aufgrund ehelichen Güterrechtes vom Vorschlag oder Gesamtgut über den gesetzlichen Anteil nach schweizerischem Recht hinaus erhält. Gemäss dem ordentlichen Güterstand der Errungenschaftsbeteiligung (Art. 196 ff. ZGB) steht jedem Ehegatten oder seinen Erben von Gesetzes wegen die Hälfte des Vorschlages des anderen zu (Art. 215 ZGB). Durch Ehevertrag kann jedoch eine andere Beteiligung am Vorschlag vereinbart werden (Art. 216 ZGB). Analog verhält es sich beim Güterstand der Gütergemeinschaft (Art. 221 ff. und Art. 241 ZGB). Auf diese Möglichkeit, sowohl bei der Errungenschaftsbeteiligung wie bei der Gütergemeinschaft den überlebenden Ehegatten ehevertraglich über die gesetzlich vorgeschriebene Hälfte an der Errungenschaft bzw. am Gesamtgut hinaus zu beteiligen, nimmt Artikel 12 Absatz 2 DBG Bezug. Wird von dieser Möglichkeit Gebrauch gemacht, erweitert sich das Haftungssubstrat um die ehevertraglich über die "gesetzliche Hälfte" hinaus eingeräumte Begünstigung. Der Güterstand der Gütertrennung (Art. 247-251 ZGB) ist in diesem Zusammenhang ohne Bedeutung.

6 Haftung und Mithaftung der Ehegatten und der Kinder für die Steuer

6.1 Grundsatz

Ehegatten, die in rechtlich und tatsächlich ungetrennter Ehe leben, haften solidarisch für die Gesamtsteuer (Art. 13 Abs. 1 DBG). Die grundsätzlich solidarische Haftung der Ehegatten ist die Konsequenz des Prinzips der steuerlichen Einheit der Familie. Die Solidarhaftung erstreckt sich auf den gesamten Steuerbetrag des Ehepaars. Die Solidarhaftung ist an die Gemeinschaftsbesteuerung gekoppelt und beginnt mit der Steuerperiode, in welcher sich das Ehepaar verehelicht hat.

6.2 Wegfall der Solidarhaftung

6.2.1 Zahlungsunfähigkeit

Die eheliche Solidarhaftung entfällt, wenn einer der Ehegatten zahlungsunfähig wird (Art. 13 Abs. 1 DBG). Der Eintritt der Zahlungsunfähigkeit hat zur Folge, dass hinsichtlich aller noch geschuldeten Steuern jeder Ehegatte nur noch für seinen Anteil an der Gesamtsteuer haftet.

Die Beweislast für die Zahlungsunfähigkeit trägt jener Ehegatte, der sich darauf beruft, um der Solidarhaftung zu entgehen. Die Zahlungsunfähigkeit muss dann anerkannt werden, wenn schlüssige Merkmale nachgewiesen werden, die das dauernde Unvermögen des Schuldners belegen, seinen finanziellen Verpflichtungen nachzukommen, so z.B. die umfassende Überschuldung, das Bestehen von Verlustscheinen, die Eröffnung des Konkurses oder der Abschluss eines Nachlassvertrags mit Vermögensabtretung (zum Begriff der Zahlungsunfähigkeit vgl. sinngemäss die Praxis zu den Art. 83 OR und 897 ZGB; für die Auslegung von Art. 83 OR vgl. etwa Basler Kommentar, Obligationenrecht, Bd. 1, 4. Aufl., Basel 2007, S. 519 ff.; für die Auslegung von Art. 897 ZGB vgl. Basler Kommentar, Zivilgesetzbuch, Bd. 2, 3. Aufl., Basel 2007, S. 2003 ff.).

6.2.2 Rechtliche oder tatsächliche Trennung der Ehegatten

Sobald die Ehegatten rechtlich oder tatsächlich getrennt leben, entfällt jede Solidarhaftung. Dieser Ausschluss der Solidarhaftung gilt nicht nur für künftige, sondern auch für alle bestehenden Steuerforderungen, die während der Dauer des Zusammenlebens entstanden sind (Art. 13 Abs. 2 DBG).

6.2.3 Tod eines Ehegatten

Beim Tod eines Ehegatten wird der überlebende Ehegatte für den Rest der Steuerperiode separat zu dem für ihn anwendbaren Tarif veranlagt. Die Gemeinschaftsbesteuerung hört mit dem Todestag auf (Art. 42 Abs. 3 DBG). Da der Tod eines Ehegatten die eheliche Gemeinschaft beendet, entfällt in Analogie zu Artikel 13 Absatz 2 DBG auch mit dem Tod eines Ehegatten die Solidarhaftung für alle noch offenen Steuerschulden (so auch Peter Locher, Kommentar zum DBG, 1. Teil, Art. 12 Rz. 17, Basel 2001; Bernhard J. Greminger/Bettina Bärtschi, Bundesgesetz über die direkte Bundessteuer [DBG] Art. 13 Rz 10, 2. Aufl., Basel 2008). Für seinen Anteil an der Gesamtsteuer haftet der überlebende Ehegatte allein.

6.2.4 Anteilsmässige Haftung

Bei Zahlungsunfähigkeit eines Ehegatten haftet jeder Ehegatte nur für seinen Anteil an der Gesamtsteuer. Bei rechtskräftigen Veranlagungen wird der Anteil an der Gesamtsteuer aufgrund einer besonderen, mit den ordentlichen Rechtsmitteln selbständig anfechtbaren Haftungsverfügung festgestellt. Die Rechtskraft der zugrunde liegenden Veranlagung der Gesamtfaktoren bleibt davon unberührt.

Auch bei rechtlicher oder tatsächlicher Trennung der Ehe oder bei Tod des Ehegatten haftet jeder Ehegatte bzw. der überlebende Ehegatte nur für seinen Anteil an der Gesamtsteuer. Auch hier ist allenfalls eine separate Haftungsverfügung zu erlassen, in der die Anteile der Ehegatten festgelegt werden.

Der Anteil eines Ehegatten an der geschuldeten Steuer entspricht dem Betrag, der sich aufgrund des Verhältnisses seines eigenen steuerbaren Einkommens zum gesamten ehelichen steuerbaren Gesamteinkommen ergibt.

6.2.5 Haftung für die Steuer auf dem Kindereinkommen

Mit Ausnahme der Einkünfte aus eigener Erwerbstätigkeit, die das Kind selbständig zu versteuern hat und für das es auch alleine haftet, wird das Einkommen von minderjährigen Kindern dem Inhaber der elterlichen Sorge zugerechnet (Art. 9 Abs. 2 DBG). Bei verheirateten Eltern wird das Kindereinkommen dem ehelichen Gesamteinkommen hinzugerechnet. Für diesen Anteil an der Gesamtsteuer haften die Ehegatten solidarisch. Diese Solidarhaftung entfällt bei Zahlungsunfähigkeit eines Ehegatten nicht.

Bei rechtlich oder tatsächlich getrennter Ehe gilt es zu unterscheiden:

Die Solidarhaftung der Eltern für alle *noch offenen* Steuerschulden auf dem Kindereinkommen gilt weiter, da sich Artikel 13 Absatz 2 DBG nur auf die Solidarhaftung der Ehegatten, nicht aber auf das Solidarschuldverhältnis der Eltern als Steuersubstituten bezieht (so auch Peter Locher, Kommentar zum DBG, 1. Teil, Art. 13 Rz. 21, Basel 2001).

Für *künftige* Steuerschulden haftet hingegen nur derjenige Elternteil, dem die elterliche Sorge zusteht, da diesem das Einkommen des Kindes - mit Ausnahme des Erwerbseinkommens - zugerechnet wird. Haben die getrennt lebenden Ehegatten das Sorgerecht gemeinsam inne, ist auf die Obhut abzustellen. Demjenigen Elternteil, der die Obhut innehält und Unterhaltsbeiträge für das Kind erhält, wird das Einkommen des Kindes zugeteilt. Dieser hat somit auch die Steuerschulden, die auf das Kindereinkommen entfallen, zu entrichten. Werden keine Unterhaltsbeiträge für das Kind geltend gemacht, ist grundsätzlich davon auszugehen, dass sich das Kind in alternierender Obhut befindet und beide Elternteile gleich viel an den Unterhalt des Kindes beisteuern. In diesem Fall wird das Einkommen des Kindes hälftig aufgeteilt und je den Eltern zugerechnet. Beide Elternteile haften dabei solidarisch für die auf das Kindeseinkommen entfallende Steuerschuld (vgl. dazu auch Peter Locher, Kommentar zum DBG, 1. Teil, Art. 13 Rz. 23 f., Basel 2001).

Umgekehrt haften die Kinder, die unter elterlicher Sorge stehen, nach Artikel 13 Absatz 3 Buchstabe a DBG ebenfalls solidarisch mit den Eltern bis zum Betrag des auf sie entfallenden Anteils an der Gesamtsteuer.

7 Abzug für Versicherungsprämien und Sparkapitalzinsen

Nach Artikel 33 Absatz 1 Buchstabe g und 1bis DBG sind die Einlagen, Prämien und Beiträge für die Lebens-, die Kranken- und die nicht unter Artikel 33 Absatz 1 Buchstabe f DBG fallende Unfallversicherung sowie die Zinsen von Sparkapitalien bis zu einem bestimmten Gesamtbetrag zum Abzug zugelassen. Bei der Höhe des Abzugs wird zwischen Steuerpflichtigen, die in rechtlich und tatsächlich ungetrennter Ehe leben, und den übrigen Steuerpflichtigen unterschieden. Dem ungetrennten Ehepaar steht im Vergleich zu den übrigen Steuerpflichtigen - von rundungsbedingten Abweichungen abgesehen - die doppelte Abzugshöhe zu. Der Betrag bezieht sich auf das Ehepaar insgesamt und nicht auf den einzelnen Ehegatten.

Für Steuerpflichtige, die weder Beiträge an die berufliche Vorsorge noch solche an die gebundene Selbstvorsorge ausweisen, erhöhen sich nach Artikel 33 Absatz 1bis DBG die Abzugsansätze um die Hälfte. Entgegen dem Wortlaut ist für die hälftige Erhöhung der Ansätze nicht auch noch das Fehlen von AHV/IV-Beiträgen vorausgesetzt. Dies erhellt sich aus der Entstehungsgeschichte der Bestimmung. Der Gesetzgeber wollte verhindern, dass Steuerpflichtige, die keine Beiträge an die berufliche Vorsorge oder an die gebundene Vorsorge leisten bzw. leisten können, benachteiligt werden. Dies trifft insbesondere auf AHV-Rentner oder Nichterwerbstätige zu, die höheren Versicherungskosten oder einem höheren Vorsorgebedarf unterliegen als Steuerpflichtige mit Beiträgen an die Säule 2 und 3a.

Die Abzüge erhöhen sich zudem um einen bestimmten Betrag für jedes Kind und für jede unterstützungsbedürftige Person, für die ein Kinderabzug oder ein Unterstützungsabzug nach Artikel 35 Absatz 1 Buchstabe a bzw. b DBG geltend gemacht werden kann.

Bei Steuerpflichtigen mit minderjährigen oder volljährigen Kindern in Ausbildung ist der Versicherungs- und Sparzinsenabzug für das Kind grundsätzlich an den Kinderabzug gekoppelt. Wird kein Kinderabzug gewährt, kann der Versicherungs- und Sparzinsenabzug für das Kind mit dem Unterstützungsabzug gekoppelt werden. Dies bedeutet konkret Folgendes:

- Bei Eltern, die gemeinsam veranlagt werden, wird der Versicherungs- und Sparzinsenabzug für Kinder vom Gesamteinkommen der Ehegatten abgezogen.
- Bei nicht gemeinsam besteuerten Elternteilen kann für das minderjährige Kind in der Regel derjenige Elternteil den Versicherungs- und Sparzinsenabzug geltend machen, der mit dem Kind zusammen wohnt und die Unterhaltszahlungen für das Kind erhält. Haben die Eltern die elterliche Sorge gemeinsam inne und werden keine Unterhaltsbeiträge nach Artikel 33 Absatz 1 Buchstabe c DBG geltend gemacht, kann jeder Elternteil den halben Abzug beanspruchen.
- Beim volljährigen Kind in Ausbildung kann der Elternteil den Versicherungs- und Sparzinsenabzug geltend machen, der die Unterhaltszahlungen an das Kind leistet. Fliessen keine Unterhaltszahlungen an das Kind, kann der Elternteil, der mit dem Kind zusammen wohnt, den Abzug geltend machen.

Die konkrete Zuteilung des Versicherungs- und Sparzinsenabzuges für das Kind bei den verschiedenen Familienkonstellationen ist unter Ziffer 14 geregelt.

Werden Steuerpflichtigen in bescheidenen Verhältnissen Prämienverbilligungen gemäss Artikel 65 ff. des Bundesgesetzes vom 18. März 1994 über die Krankenversicherung (KVG) gewährt, sind diese Ermässigungen bei der Festsetzung des Versicherungs- und Sparzinsenabzuges als aufwandmindernd zu berücksichtigen. Dies hat zur Folge, dass nur die tatsächlich von der steuerpflichtigen Person getragenen Prämien, d.h. die eigenen sowie die für die von ihm unterhaltenen Personen, in Abzug gebracht werden können.

8 Kinderdrittbetreuungskostenabzug

8.1 Allgemeines

Seit dem Steuerjahr 2011 kann bei der direkten Bundessteuer ein Abzug für die Kosten der Kinderbetreuung durch Dritte geltend gemacht werden. Dies ist nun gemäss Artikel 33 Absatz 3 DBG zulässig, sofern bestimmte Bedingungen erfüllt sind. Nach konstanter bundesgerichtlicher und kantonaler Rechtsprechung sind die durch die Drittbetreuung der Kinder entstandenen Kosten nicht als steuerlich abzugsfähige Berufsauslagen zu qualifizieren, obwohl sie eng mit der Einkommenserzielung zusammenhängen können. Der Kinderdrittbetreuungskostenabzug ist daher in der Form eines anorganischen Abzuges ausgestaltet und auf einen Maximalbetrag pro Kind und Jahr beschränkt.

8.2 Für welche Kinder können Kinderdrittbetreuungskosten abgezogen werden

Als Kinder, für die ein Kinderdrittbetreuungskostenabzug beansprucht werden kann, gelten einerseits die leiblichen Kinder sowie die Adoptivkinder nach Artikel 264 ff. ZGB. Andererseits fallen bei Ehepaaren auch die nicht gemeinsamen Kinder, die sog. Stiefkinder, darunter, da gemäss Artikel 299 ZGB jeder Ehegatte dem andern in der Ausübung der elterlichen Sorge gegenüber dessen Kindern in angemessener Weise beizustehen und ihn zu vertreten hat, wenn es die Umstände erfordern.

Schliesslich sollen auch Pflegeeltern, die ein Kind bei sich aufgenommen haben, die ihnen infolge Erwerbstätigkeit, Ausbildung oder Erwerbsunfähigkeit entstandenen Kosten für die Drittbetreuung geltend machen können, sofern die Kinderdrittbetreuungskosten nicht durch das Pflegegeld gedeckt werden. Vorausgesetzt wird, dass das Pflegekind dauernd zur Pflege und Erziehung in die Hausgemeinschaft der Pflegeeltern aufgenommen wurde. Steuerpflichtigen, die fremde Kinder zur Tagespflege aufnehmen, wird für diese Kinder kein Kinderdrittbetreuungskostenabzug gewährt.

Den Abzug können nur jene Steuerpflichtigen geltend machen, die zusammen mit den drittbetreuten Kindern im gleichen Haushalt leben und für deren Unterhalt sorgen.

Der Abzug kann nur für Kinder beansprucht werden, die das 14. Altersjahr noch nicht vollendet haben. Der Abzug kann somit bis zum 14. Geburtstag des drittbetreuten Kindes beansprucht werden.

8.3 Erwerbstätigkeit, Ausbildung, Erwerbsunfähigkeit

Die Kinderdrittbetreuungskosten können von der steuerpflichtigen Person nur geltend gemacht werden, wenn die Eigenbetreuung der Kinder in direktem kausalem Zusammenhang mit der Erwerbstätigkeit, der Ausbildung oder der Erwerbsunfähigkeit mit gleichzeitiger Betreuungsunfähigkeit nicht wahrgenommen werden konnte.

Als Erwerbstätigkeit gilt jede selbständige wie auch jede unselbständige Tätigkeit im Sinne der Artikel 17 und 18 DBG. Arbeitslose Eltern, die beispielsweise auf Veranlassung eines regionalen Arbeitsvermittlungszentrums Kurse besuchen müssen oder die zu einem Vorstellungsgespräch aufgeboten wurden etc., können für diesen Zeitraum ebenfalls den Kinderdrittbetreuungskostenabzug beanspruchen. Solche Bemühungen zur Wiedereingliederung in die Arbeitswelt sind einer Erwerbstätigkeit gleichzusetzen.

Unter Ausbildung ist ein Lehrgang für eine berufliche Ausbildung wie beispielsweise eine Lehre oder ein Studium zu verstehen. Ebenfalls als Ausbildung wird die berufliche Weiterbildung, die mit dem erlernten oder gegenwärtig ausgeübten Beruf in Zusammenhang steht, sowie die im Hinblick auf einen Berufswechsel vorgenommene Umschulung anerkannt. Der Besuch eines Malunterrichtes oder eines Yogakurses beispielsweise gilt hingegen nicht als Ausbildung im engeren Sinne und ist daher als Freizeitgestaltung zu qualifizieren.

Die Definition der Erwerbsunfähigkeit richtet sich nach dem Bundesgesetz vom 6. Oktober 2002 über den Allgemeinen Teil des Sozialversicherungsrechts (ATSG). Als Erwerbsunfähigkeit gilt der durch Beeinträchtigung der körperlichen oder geistigen Gesundheit verursachte und nach zumutbarer Behandlung und Eingliederung verbleibende ganze oder teilweise Verlust der Erwerbsmöglichkeiten auf dem in Betracht kommenden ausgeglichenen Arbeitsmarkt. Für die Beurteilung des Vorliegens einer Erwerbsunfähigkeit sind ausschliesslich die Folgen der gesundheitlichen Beeinträchtigung zu berücksichtigen. Eine Erwerbsunfähigkeit liegt zudem nur vor, wenn sie aus objektiver Sicht nicht überwindbar ist (Art. 7 ATSG). Die voraussichtlich bleibende oder längere Zeit dauernde ganze oder teilweise Erwerbsunfähigkeit wird als Invalidität definiert (Art. 8 ATSG). Um den Kinderdrittbetreuungskostenabzug beanspruchen zu können, muss der Steuerpflichtige jedoch nicht nur erwerbsunfähig, sondern auf Grund seiner Beeinträchtigung auch nicht in der Lage sein, die Betreuung der Kinder selber wahrzunehmen.

Kinderdrittbetreuungskosten konnten früher allenfalls aufgrund des Invaliditätskostenabzuges (Art. 33 Abs. 1 Bst. h^{bis} DBG) geltend gemacht werden. Gemäss Kreisschreiben Nr. 11 der ESTV vom 31. August 2005 betreffend den Abzug von Krankheits- und Unfallkosten sowie von behinderungsbedingten Kosten sind die Kinderdrittbetreuungskosten bei einer

Behinderung abzugsfähig (Ziff. 4.3.2. KS). Voraussetzung für die uneingeschränkte Abzugsfähigkeit ist das Vorliegen einer ärztlichen Bescheinigung, in welcher attestiert wird, dass eine Person behinderungsbedingt Dritthilfe für die Kinderbetreuung bedarf. Nun können die Kosten für die Drittbetreuung der Kinder jedoch bis maximal 10'100 Franken aufgrund des Kinderdrittbetreuungskostenabzuges in Rechnung gebracht werden. Als behinderungsbedingte Kosten gemäss Artikel 33 Absatz 1 Buchstabe h^{bis} DBG können daher bei einer Behinderung der Eltern nur noch die Kinderdrittbetreuungskosten berücksichtigt werden, welche den Maximalbetrag des Kinderdrittbetreuungskostenabzuges übersteigen.

8.4 Anspruchsberechtigung

8.4.1 Allgemeines

Abzugsberechtigt sind steuerpflichtige Personen, die einerseits für den Unterhalt der Kinder sorgen und andererseits mit ihnen im gleichen Haushalt leben. Grundsätzlich sind damit die Eltern bzw. der alleinerziehende Elternteil gemeint. Lebt ein Kind jedoch nicht bei seinen Eltern, sondern beispielsweise bei einer verwandten Person (Tante, Onkel, Grossmutter etc.) oder einer Drittperson, welche an die Stelle der Eltern tritt und für das Kind sorgt (Pflegekind), soll diese den Abzug ebenfalls geltend machen können, wenn die übrigen Voraussetzungen erfüllt sind.

8.4.2 Verheiratete Paare mit Kindern

Ehepaare, die in rechtlich und tatsächlich ungetrennter Ehe leben, können die Kinderdrittbetreuungskosten geltend machen, wenn beide gleichzeitig einer Erwerbstätigkeit nachgehen bzw. in Ausbildung stehen oder erwerbsunfähig und zugleich betreuungsunfähig sind. Die nachgewiesenen Kosten für die Kinderdrittbetreuung werden bis zum Maximalbetrag von der gemeinsamen Bemessungsgrundlage abgezogen.

8.4.3 Unverheiratete Eltern (gemeinsamer Haushalt) mit gemeinsamen oder nicht gemeinsamen Kindern

Unverheirateten Eltern, die mit gemeinsamen Kindern zusammen in einem Haushalt leben (Konkubinat), können den Abzug geltend machen, wenn sie beide gleichzeitig einer Erwerbstätigkeit nachgehen bzw. in Ausbildung stehen oder erwerbsunfähig und zugleich betreuungsunfähig sind.

Halten die unverheirateten Eltern die elterliche Sorge gemeinsam inne, kann jeder Elternteil maximal 5'050 Franken der nachgewiesenen Kosten für die Kinderdrittbetreuung in Abzug bringen. Es besteht jedoch die Möglichkeit, dass die Eltern eine andere Aufteilung beantragen. Die beiden Elternteile haben sich diesfalls zu einigen. Es obliegt daher den Eltern, eine andere Aufteilung zu begründen und nachzuweisen. Betragen die geltend gemachten Kosten beider Elternteile zusammen mehr als den Maximalbetrag von 10'100 Franken, werden die Abzüge im Verhältnis der nachgewiesenen Kosten auf diesen Maximalbetrag gekürzt.

Beispiel: Kinderdrittbetreuungskosten

Elternteil 1	6'000
Elternteil 2	9'000
Total	15'000
Maximalbetrag	10'100

Veranlagung

Elternteil 1	10'100 x 6'000 / 15'000	**4'040**
Elternteil 2	10'100 x 9'000 / 15'000	**6'060**
Total insgesamt		**10'100**

Besteht keine gemeinsame elterliche Sorge über das gemeinsame Kind, ist zu unterscheiden, ob Unterhaltszahlungen für das Kind geltend gemacht werden oder nicht. Werden Unterhaltszahlungen geleistet, kommt die Regelung zum Tragen, die bei Eltern mit gemeinsamem Sorgerecht gilt. Werden keine Unterhaltszahlungen geltend gemacht, kann nur der Elternteil mit der elterlichen Sorge die von ihm nachgewiesenen Kosten der Kinderdrittbetreuung in Abzug bringen.

Bei Paaren mit nicht gemeinsamen Kindern kann der Abzug nur von dem Partner beansprucht werden, der Elternteil ist und die elterliche Sorge innehat.

8.4.4 Getrennte, geschiedene oder unverheiratete Eltern (zwei Haushalte) mit gemeinsamen Kindern

Bei getrennnten, geschiedenen oder unverheirateten Eltern kann grundsätzlich derjenige Elternteil, welcher mit dem Kind zusammenlebt und einer Erwerbstätigkeit nachgeht, erwerbsunfähig und gleichzeitig betreuungsunfähig ist oder sich in Ausbildung befindet, die Kinderdrittbetreuungskosten in Abzug bringen. Dies ist in der Regel der Elternteil, der die elterliche Sorge (allein oder gemeinsam) innehält und die Unterhaltszahlungen für das Kind gemäss Artikel 23 Buchstabe f DBG erhält.

Befindet sich das Kind in alternierender Obhut, kann jeder Elternteil maximal 5'050 Franken der nachgewiesenen Kosten für die Kinderdrittbetreuung in Abzug bringen. Es besteht auch hier die Möglichkeit, dass die Eltern eine andere Aufteilung beantragen (es gelten für diesen Fall ebenfalls die Ausführungen unter Ziff. 8.4.3).

Jeder Elternteil kann nur jene Kosten geltend machen, die während der Dauer seiner Obhutspflicht für die Drittbetreuung entstanden sind.

8.5 Abzugsfähige Kosten

Der Abzug entspricht den nachgewiesenen Kosten für die Kinderbetreuung durch Dritte bis zum gesetzlichen Höchstbetrag. Es können nur diejenigen Kosten geltend gemacht werden, die ausschliesslich für die Betreuung der Kinder während der tatsächlichen Arbeits- oder

Ausbildungszeit oder der tatsächlichen Dauer der Erwerbsunfähigkeit mit gleichzeitiger Betreuungsunfähigkeit der steuerpflichtigen Person anfallen.

Abziehbar sind beispielsweise Taggelder für private und öffentliche Organisationen wie Kinderkrippen oder Kinderhorte. Als abziehbare Kinderdrittbetreuungskosten kommen auch Vergütungen an Personen, welche die Betreuung von Kindern haupt- oder nebenberuflich ausüben, wie etwa Tagesmütter oder Tagesfamilien, in Frage. Fallen im Rahmen der Drittbetreuung auch Kosten für die Verpflegung oder für anderen Unterhalt der Kinder an, so sind diese als Lebenshaltungskosten zu qualifizieren und können nicht in Abzug gebracht werden. Solche Kosten würden auch entstehen, wenn die Kinder nicht durch Dritte betreut würden.

Kosten für die Betreuung durch die Eltern selbst sind nicht abzugsfähig.

Wird eine Haushaltshilfe angestellt, die sich während der Erwerbstätigkeit der Eltern auch um die Kinder kümmert, kann nur dieser Teil der Kosten für die Haushaltshilfe als Kinderdrittbetreuungskosten in Abzug gebracht werden, da die übrigen Aufwendungen für die Haushaltsarbeiten nicht abzugsfähige Lebenshaltungskosten darstellen.

Schulgelder sind ebenfalls als nicht abzugsfähige Lebenshaltungskosten zu qualifizieren. Bei den Internatskosten gilt es daher zwischen den reinen Schulkosten und den Kosten zu unterscheiden, die für die Betreuung der Kinder in Internaten anfallen. Somit ist von den Internatskosten ein angemessener Anteil als Kinderdrittbetreuungskosten zu berücksichtigen, der bis zum Maximalbetrag des Abzuges geltend gemacht werden kann.

Drittbetreuungskosten, die ausserhalb der effektiven Arbeits- oder Ausbildungszeit der Eltern angefallen sind wie etwa durch Babysitting am Abend oder für Freizeitaktivitäten, können nicht in Abzug gebracht werden. Solche Kosten, die den Eltern infolge Freizeitgestaltung entstehen, sind als nichtabzugsfähige Lebenshaltungskosten zu qualifizieren.

8.6 Nachweispflicht

Der Nachweis, dass der Abzug der Drittbetreuungskosten berechtigt ist, obliegt der steuerpflichtigen Person. Sie hat der Steuererklärung grundsätzlich eine Aufstellung über die Kosten sowie über die betreuenden Personen oder Institutionen beizulegen. Von den geltend gemachten Kosten sind nur diejenigen zum Abzug zuzulassen, die nachgewiesen werden können. Als Mittel für den Nachweis eignen sich etwa Quittungen, Rechnungen oder Lohnausweise. Aber auch andere taugliche Belege sollten von den veranlagenden Behörden akzeptiert werden.

Zudem haben die Steuerpflichtigen jeweils den Grund für die Drittbetreuung der Kinder anzugeben. Für die veranlagende Behörde muss ersichtlich sein, ob die Beanspruchung des Kinderdrittbetreuungskostenabzuges tatsächlich gerechtfertigt ist. Den steuerpflichtigen Eltern obliegt somit die Pflicht aufzuführen, aus welchem der im Gesetz vorgesehenen Gründe (Erwerbstätigkeit, Erwerbsunfähigkeit, Ausbildung) sie die Betreuung der Kinder nicht selber wahrnehmen konnten. Neben den Kinderdrittbetreuungskosten hat der Steuerpflichtige zudem auch die Erwerbsunfähigkeit oder die Ausbildung unaufgefordert nachzuweisen, falls einer dieser Gründe geltend gemacht wird.

Kinderdrittbetreuungskosten sind als Aufwendungen im Privatbereich der steuerpflichtigen Person zu qualifizieren. Sie sind bei selbständiger Erwerbstätigkeit der Eltern somit auf das Privatkonto zu verbuchen, und nicht der Geschäftsbuchhaltung zu belasten. Auch bei den selbständig Erwerbstätigen sind die Kosten sowie die Empfänger separat auszuweisen und zu belegen.

9 Zweiverdienerabzug

9.1 Voraussetzungen

Gemäss dem am 1. Januar 2008 in Kraft getretenen Zweiverdienerabzug (Art. 33 Abs. 2 DBG) ist vom niedrigeren Erwerbseinkommen der beiden Ehegatten ein Abzug von 50 Prozent mit einem Mindestansatz von 8'100 Franken und einem Maximalbetrag von 13'400 Franken zuzulassen. Der Mindestansatz führt dazu, dass auch Ehepaare mit kleineren Zweiterwerbseinkommen im Vergleich zum bisherigen Recht trotz Neugestaltung des Zweiverdienerabzugs als Prozentabzug nicht zusätzlich belastet werden. Der Abzug ist an die folgenden Voraussetzungen geknüpft:

- die Ehegatten müssen in rechtlich und tatsächlich ungetrennter Ehe leben
- beide Ehegatten müssen ein Erwerbseinkommen erzielen.

Der Zweiverdienerabzug wird nicht nur bei unselbständiger Tätigkeit der Ehegatten, sondern auch bei erheblicher Mitarbeit eines Ehegatten im Beruf, Geschäft oder Gewerbe des anderen Ehegatten gewährt. Die Mitarbeit gilt dann als erheblich, wenn sie regelmässig und in beträchtlichem Masse erfolgt und einer Drittperson hierfür ein Lohn in mindestens der Höhe des Abzuges bezahlt werden müsste. Dies gilt für die Mitarbeit sowohl im Rahmen einer hauptberuflichen wie auch einer nebenberuflichen selbständigen Erwerbstätigkeit des Ehepartners.

Bei Mitarbeit im Rahmen einer unselbständigen (haupt- oder nebenberufliche) Erwerbstätigkeit des Ehegatten kann ein Abzug nur gewährt werden, wenn eine erhebliche oder regelmässige Mitarbeit bei der Tätigkeit des Ehepartners vertraglich vorgesehen ist.

Schliesslich ist der Abzug auch zu gewähren, wenn beide Ehegatten eine selbständige Erwerbstätigkeit ausüben.

9.2 Definition Erwerbseinkommen

Unter Erwerbseinkommen ist die Gesamtheit des Einkommens einer steuerpflichtigen Person aus selbständiger und unselbständiger, haupt- und nebenberuflicher Erwerbstätigkeit gemäss Steuererklärung zu verstehen.

Bei Einkommen aus unselbständiger Erwerbstätigkeit ist dies der Bruttolohn abzüglich der Gewinnungskosten sowie der Beiträge an die AHV/IV/EO/ALV, der Beiträge an die berufliche Vorsorge (2. Säule) und an die gebundene Selbstvorsorge (Säule 3a) sowie der Prämien für die NBU (Nicht-Berufs-Unfallversicherung).

Bei Einkommen aus selbständiger Erwerbstätigkeit entspricht das Erwerbseinkommen dem Saldo der Gewinn- und Verlustrechnung nach Abzug der Beiträge an die Säulen 2 und 3a und nach Vornahme allfälliger steuerlicher Berichtigungen.

Dem Erwerbseinkommen gleichgestellt sind Erwerbsausfallsentschädigungen bei vorübergehendem Unterbruch der Erwerbstätigkeit (Militär- bzw. Zivilschutzdienst, Mutterschaftsversicherung, Taggelder aus Arbeitslosen-, Kranken- und Unfallversicherungen). Andere Einkommen, wie insbesondere Renteneinkommen aus der Alters-, Hinterlassenen- und Invalidenversicherung (1. Säule), Rentenleistungen aus der beruflichen Vorsorge (2. Säule) und aus der gebundenen Selbstvorsorge (Säule 3a), Vermögensertrag oder Leibrenten, sind hingegen dem Erwerbseinkommen nicht gleichgestellt.

9.3 Abzug bei Mitarbeit im Beruf oder Betrieb des Ehegatten

Bei erheblicher Mitarbeit in der Erwerbstätigkeit des anderen Ehepartners wird im Sinne einer möglichst einfachen Handhabung des Abzuges jedem Ehegatten zu seinem allfälligen übrigen Erwerbseinkommen grundsätzlich die Hälfte des gemeinsamen Erwerbseinkommens zugerechnet. Von der hälftigen Zurechnung kann abgewichen werden, wenn glaubhaft gemacht werden kann, dass beispielsweise der Anteil des mitarbeitenden Ehegatten höher zu bewerten ist und der andere Ehegatte noch weiteres Erwerbseinkommen erzielt. Als Beispiel lässt sich hier die Ehefrau anführen, welche die laufenden Arbeiten eines kleinen gemeinsamen Landwirtschaftsbetriebes zur Hauptsache besorgt, während der Ehemann hauptberuflich als Angestellter tätig ist. Der Prozentabzug wird auf dem niedrigeren der beiden totalen Erwerbseinkommen berechnet.

Bei den gemeinsam selbständigerwerbenden Ehepaaren bildet das steuerrechtlich massgebende Einkommen aus selbständiger Erwerbstätigkeit (Einzelunternehmen eines Ehegatten oder Teilhaber eines Ehegatten an einem Personenunternehmen) Grundlage für die Berechnung. Davon ausgehend, dass die geschäfts- oder berufsmässig begründeten Kosten, die Sozialversicherungsabzüge und die hälftigen Beiträge an die berufliche Vorsorge (ordentliche Beiträge) bereits in der Erfolgsrechnung berücksichtigt wurden, kann nach Abzug der steuerlich abzugsfähigen Prämien für die gebundene Selbstvorsorge (Säule 3a) sowie den ordentlichen Beiträgen an die berufliche Vorsorge und Einkäufe das ermittelte Einkommen hälftig auf die Ehepartner aufgeteilt werden. Führt das Ehepaar gemeinsam oder mit Dritten ein Personenunternehmen, so richtet sich die Aufteilung nach der buchhalterischen Gewinnzuteilung an die Gesellschafter. Auch bei diesen Gewinnzuteilungen sind die Prämien für die gebundene Selbstvorsorge in Abzug zu bringen. Unter Berücksichtigung allfälliger weiterer Erwerbseinkünfte kann vom niedrigeren Einkommen ein Abzug von 50 Prozent dieses Einkommens, jedoch mindestens 8'100 Franken und höchstens 13'400 Franken geltend gemacht werden. Beträgt das für die Berechnung des Abzuges massgebende Zweiteinkommen weniger als 8'100 Franken, so gilt auch hier, dass nur die Höhe dieses Zweiteinkommens abgezogen werden kann. Wenn sich aus der Erwerbstätigkeit ein Verlust ergibt, kann kein Abzug gewährt werden.

9.4 Berechnung des Abzuges

Basis für die Berechnung des Abzugs ist das niedrigere Erwerbseinkommen der Ehegatten. Davon können 50 Prozent in Abzug gebracht werden.

Liegt das um die Gewinnungskosten, die Beiträge an die AHV/IV/EO/ALV und an die Säulen 2 und 3a sowie die Prämien für die NBU gekürzte niedrigere Erwerbseinkommen unter dem Minimalansatz von 8'100 Franken, so kann nur die Höhe dieses gekürzten Zweiteinkommens abgezogen werden. Beträgt das gekürzte Zweiteinkommen zwischen 8'100 Franken und 16'200 Franken, so gilt der Minimalansatz von 8'100 Franken. Für ein massgebendes Zweiteinkommen über 16'200 Franken kann die Hälfte dieses Einkommens abgezogen werden. Ab einem massgebenden Netto-Zweiteinkommen von 26'800 Franken ist der maximale Abzugsbetrag von 13'400 Franken erreicht. Eine zeitlich begrenzte oder teilzeitliche Erwerbstätigkeit führt zu keiner Kürzung des Abzuges.

10 Kinderabzug

10.1 Grundsatz

Für jedes minderjährige oder in der Ausbildung stehende Kind kann ein Kinderabzug (Art. 35 Abs. 1 Bst. a DBG) geltend gemacht werden. Vorausgesetzt wird - wie bei der Steuersubstitution - das Bestehen eines Kindesverhältnisses. Damit kann grundsätzlich für die leiblichen und adoptierten Kinder sowie bei gemeinsam veranlagten Ehegatten auch für das Stiefkind ein Abzug beansprucht werden. Pflegeeltern wird für ihre Pflegekinder hingegen kein Kinderabzug gewährt. Kommen die Pflegeeltern für den Unterhalt des Kindes auf, können sie, wenn die Voraussetzungen erfüllt sind, den Unterstützungsabzug geltend machen.

Für jedes Kind ist insgesamt nur ein ganzer Kinderabzug möglich. Neben dem Kindesverhältnis wird auch vorausgesetzt, dass die den Abzug beanspruchende Person für den Unterhalt des Kindes sorgt. Dies kann sowohl die tatsächliche Sorge für das leibliche Wohl des Kindes wie auch die finanzielle Unterstützung sein.

Bei gemeinsam veranlagten Eltern wird der Kinderabzug vom Gesamteinkommen in Abzug gebracht. Die Zuteilung des Kinderabzuges bei den verschiedenen Familienkonstellationen ist unter Ziffer 14 geregelt.

Es gilt das Stichtagsprinzip gemäss Artikel 35 Absatz 2 DBG, d.h. der Kinderabzug kann von den Ehegatten nur beansprucht werden, wenn am Ende der Steuerperiode oder der Steuerpflicht die Voraussetzung für die Gewährung des Kinderabzuges erfüllt sind.

Personen mit Kindern, die im Sinne von Artikel 4 und 5 DBG in der Schweiz beschränkt steuerpflichtig sind, wird der Kinderabzug anteilsmässig gewährt (Art. 35 Abs. 3 DBG). Dies triff auch auf unbeschränkt steuerpflichtige Personen mit nicht steuerbarem Auslandseinkommen im Sinne von Artikel 6 Absatz 1 DBG zu.

Die Höhe bemisst sich nach dem Verhältnis des in der Schweiz steuerbaren Reineinkommens[2] zum gesamten Reineinkommen.

---

[2] Zu den verschiedenen Begriffen des Einkommens ist auf die Systematik im DBG zu verweisen:
2. Teil, 2. Titel: Einkommenssteuer:
Steuerbare Einkünfte
gem. 1. Kapitel, Abschnitte 1 - 7 (Art. 16 - 23)

= ***„Brutto-Einkommen"***
./. „Gewinnungskosten" gem. 3. Kapitel, Abschnitte 1 - 4 (Art. 25 - 32)

= ***„Netto-Einkommen"***
./. Allgemeine Abzüge gem. Abschnitt 5 (Art. 33 - 33a)

= ***Reineinkommen***
./. Sozialabzüge gem. 4. Kapitel (Art. 35)

= ***Steuerbares Einkommen***

10.2 Kinderabzug für minderjährige Kinder

Eltern können für ihre minderjährigen Kinder den Kinderabzug geltend machen, wenn sie für deren Unterhalt sorgen. Dieses gesetzlich verlangte Erfordernis ist grundsätzlich erfüllt, wenn die Eltern bzw. der Elternteil die elterliche Sorge innehat. Die Voraussetzung "für den Unterhalt des Kindes sorgen" ist aber nicht zwingend an die elterliche Sorge geknüpft. Bei getrennt lebenden Eltern werden jedoch in der Regel die Unterhaltszahlungen für das Kind an den das Sorgerecht ausübenden Elternteil geleistet. Dieser kann den Kinderabzug geltend machen, während der leistende Elternteil die Unterhaltszahlungen voll absetzen kann.

Bei getrennt lebenden Eltern mit gemeinsamer elterlicher Sorge kann jeder Elternteil den halben Abzug beanspruchen, sofern keine Abzüge für Unterhaltsbeiträge an die Kinder nach Artikel 33 Absatz 1 Buchstabe c DBG geltend gemacht werden. Die letztgenannte Voraussetzung ist notwendig, damit beim Steuerpflichtigen nicht eine doppelte Entlastung für dieselbe Person (Kinderabzug und Abzug für Unterhaltsleistungen) stattfindet. Nicht massgebend für die hälftige Aufteilung des Kinderabzuges ist der Umfang der alternierenden Obhut.

Wird das minderjährige Kind im Verlauf der Steuerperiode volljährig und befindet es sich nicht in Ausbildung, kann der Abzug für das entsprechende Steuerjahr aufgrund des Stichtagsprinzips nicht mehr geltend gemacht werden.

10.3 Kinderabzug für volljährige Kinder in beruflicher oder schulischer Ausbildung

Gemäss Artikel 277 Absatz 2 ZGB sind die Eltern auch nach der Mündigkeit des Kindes verpflichtet, bis zum ordentliche Abschluss einer angemessenen Ausbildung für dessen Unterhalt aufzukommen, soweit dies nach den gesamten Umständen zugemutet werden kann. Der Kinderabzug kann daher auch für volljährige Kinder in Ausbildung beansprucht werden. Während der französische Gesetzestext bis anhin neben der beruflichen auch explizit die schulische Ausbildung vorsah, erwähnte der deutsche Gesetzestext nur die berufliche Ausbildung. Dieser gesetzgeberische Fehler wird mit der Ergänzung des deutschen Gesetzestextes durch den Begriff "schulische" beseitigt. Das Erfordernis, dass die steuerpflichtige Person für den Unterhalt des Kindes sorgt, ist erfüllt, wenn sie Beiträge mindestens in der Höhe des Sozialabzuges an das Kind ausrichtet. In Weiterführung der Praxis wird der Kinderabzug für ein volljähriges Kind in Ausbildung aber nur dann zugelassen, wenn dieses im massgebenden Zeitpunkt tatsächlich auf den Unterhaltsbeitrag angewiesen war. Erzielt das Kind ein Einkommen, das ihm den selbständigen Lebensunterhalt ermöglicht, so kann der Kinderabzug nicht mehr beansprucht werden. Der Kinderabzug wird beispielsweise nicht gewährt, wenn das Kind über ein umfangreiches Vermögen verfügt, dessen Vermögenserträge einen selbständigen Unterhalt des Kindes erlauben.

Unter Ausbildung ist ein Lehrgang für die berufliche Erstausbildung wie beispielsweise eine Lehre oder ein Studium zu verstehen. Diese endet, wenn das Kind das dazugehörende Abschlussdiplom erworben hat und in der Lage ist, eine angemessene berufliche Tätigkeit auszuüben.

Die Gewährung des Kinderabzuges bei einer Zweitausbildung ist möglich, wenn sachliche Gründe für die Aufnahme einer Zweitausbildung sprechen, um eine angemessene berufliche Tätigkeit ausüben zu können.

Bei einem Unterbruch der beruflichen Ausbildung kann der Kinderabzug weiterhin geltend gemachten werden, wenn der Unterbruch nur vorübergehend ist, z.B. um die Militär, Zivil- oder Zivilschutzdienstpflicht zu erfüllen oder um für die Ausbildung notwendige Prüfungen vorzubereiten.

Auslandsaufenthalte, die nicht zur eigentlichen Berufsausbildung gehören und nur darauf ausgerichtet sind, die späteren Karrierechancen zu verbessern, gelten nicht als Erstausbildung. Auch hier gilt das Stichtagsprinzip. Fällt ein solcher Unterbruch auf einen Stichtag, kann der Kinderabzug nicht beansprucht werden. Hat das Kind die Ausbildung vor dem Stichtag abgeschlossen, wird der Kinderabzug ebenfalls für das entsprechende Steuerjahr nicht mehr gewährt.

Bei einer Weiterbildung des volljährigen Kindes wird der Kinderabzug nicht gewährt.

11 Unterstützungsabzug

Eine steuerpflichtige Person kann die Unterstützungsleistungen an eine erwerbsunfähige oder beschränkt erwerbsfähige Person in Abzug bringen, wenn die Leistungen mindestens in der Höhe des Unterstützungsabzuges erfolgen (Art. 35 Abs. 1 Bst. b DBG). Die Unterstützung muss nicht zwingend auf einer Rechtspflicht wie beispielsweise die Verwandtenunterstützung nach Artikel 328 ZGB beruhen, sie kann auch aufgrund einer vertraglichen Verpflichtung oder freiwillig erfolgen. Wird in einem Steuerjahr weniger als der festgelegte Abzug geleistet, entfällt dieser Sozialabzug.

Voraussetzung für die Gewährung des Abzugs ist, dass die unterstützte Person aus objektiven Gründen ihren Lebensunterhalt vorübergehend oder dauernd nicht selber bestreiten kann. Dies ist erfüllt, wenn es einer Person unabhängig von ihrem Willen nicht möglich oder nur beschränkt möglich ist, selber einer Erwerbstätigkeit nachzugehen. Der Abzug kann auch bei Personen gewährt werden, die an sich zwar erwerbsfähig sind, aufgrund ihrer Arbeitslosigkeit oder als alleinerziehende Eltern mit vorschulpflichtigen Kindern aber kein ausreichendes Erwerbseinkommen erzielen und daher unterstützungsbedürftig sind. Keine Unterstützungsbedürftigkeit liegt hingegen vor, wenn die unterstützte Person freiwillig bzw. ohne zwingenden Grund darauf verzichtet, ein genügendes Einkommen zu erzielen. Die Unterhaltsleistungen müssen zudem unentgeltlich sein bzw. ohne Gegenleistung erfolgen. Stehen den Unterhaltsleistungen wirtschaftlich messbare Leistungen des Leistungsempfängers gegenüber, wie etwa die Besorgung des Haushaltes, liegen keine Unterhaltsbeiträge im Sinne von Artikel 35 Absatz 1 Buchstabe b DBG vor.

Die Unterstützungsbedürftigkeit ist ebenfalls stets nach objektiven Gesichtspunkten festzulegen. Diese können jedoch nicht gesamtschweizerisch vereinheitlicht werden, da die Lebenshaltungskosten je nach Gegend unterschiedlich hoch sind.

Der Abzug ist nicht zulässig, wenn der gemeinsam veranlagte Ehegatte unterstützt wird. Der gegenseitigen ehelichen Unterstützung wird bereits durch den Verheiratetentarif (Art. 36 Abs. 2 DBG) sowie durch den Verheiratetenabzug (Art. 35 Abs. 1 Bst. c DBG) Rechnung getragen.

Der Unterstützungsabzug kann ebenfalls nicht für Kinder beansprucht werden, für die bereits ein Kinderabzug (Art. 35 Abs. 1 Bst. a DBG) gewährt wird. Dieses Kumulationsverbot von Kinderabzug und Unterstützungsabzug gilt aber nur für ein und dieselbe leistende Person. Bei getrennt lebenden Eltern besteht je nach Konstellation die Möglichkeit, dass für das gleiche Kind der Kinderabzug und der Unterstützungsabzug gewährt werden.

Bei getrennt lebenden Elternteilen, die ihre Kinder unterstützen, gilt es zwischen minderjährigen und volljährigen Kindern zu unterscheiden. Bei minderjährigen Kindern kann der leistende Elternteil die Unterhaltsbeiträge für das Kind (Art. 33 Abs. 1 Bst. c DBG) in Abzug bringen. Den Unterstützungsabzug kann er nicht zusätzlich auch noch beanspruchen. Dem anderen Elternteil, der die Unterhaltsleistungen für das Kind zu versteuern hat, wird der Kinderabzug gewährt. Bei Unterhaltsleistungen an volljährige Kinder in Ausbildung kann der leistende Elternteil die Unterhaltszahlungen nicht mehr in Abzug bringen, er erhält dafür grundsätzlich den Kinderabzug. Leisten beide Elternteile Unterhaltszahlungen, kann der Elternteil mit den höheren finanziellen Leistungen, d.h. in der Regel derjenige mit dem höheren Einkommen, den Kinderabzug geltend machen. Der andere Elternteil kann den Unterstützungsabzug geltend machen, sofern seine Leistungen mindestens in der Höhe des Abzuges erfolgen.

Wie bei allen Sozialabzügen sind für die Gewährung des Unterstützungsabzugs die Verhältnisse am Ende der Steuerperiode oder der Steuerpflicht massgebend (Stichtagsprinzip; Art. 35 Abs. 2 DBG). Bei teilweiser Steuerpflicht erfolgt eine anteilsmässige Gewährung des Unterstützungsabzugs (Art. 35 Abs. 3 DBG). Die Höhe bemisst sich nach dem Verhältnis des in der Schweiz steuerbaren Reineinkommens[3] zum gesamten Reineinkommen.

12 Verheiratetenabzug

Seit dem 1. Januar 2008 wird den Ehepaaren ein Verheiratetenabzug gewährt (Art. 35 Abs. 1 Bst. c DBG). Der Verheiratetenabzug ist als fixer Sozialabzug pro Ehepaar konzipiert und berücksichtigt schematisch den Zivilstand der Ehegatten, mit der Folge, dass die Steuerbelastung von Ehepaaren allgemein etwas gesenkt wird. In Verbindung mit dem erhöhten Zweiverdienerabzug wird die verfassungswidrige Mehrbelastung der Zweiverdienerehepaare gegenüber den wirtschaftlich gleichgestellten Zweiverdienerkonkubinatspaaren gemildert.

Es gilt das Stichtagsprinzip gemäss Artikel 35 Absatz 2 DBG, d.h. der Verheiratetenabzug kann von den Ehegatten nur beansprucht werden, wenn sie am Ende der Steuerperiode oder der Steuerpflicht in rechtlich und tatsächlich ungetrennter Ehe leben.

Ehegatten, die im Sinne von Artikel 4 und 5 DBG in der Schweiz beschränkt steuerpflichtig sind, wird der Verheiratetenabzug anteilsmässig gewährt (Art. 35 Abs. 3 DBG). Dies trifft auch auf unbeschränkt steuerpflichtige Personen mit nicht steuerbarem Auslandseinkommen im Sinne von Artikel 6 Absatz 1 DBG zu. Die Höhe bemisst sich nach dem Verhältnis des in der Schweiz steuerbaren Reineinkommens[4] zum gesamten Reineinkommen.

13 Tarife

13.1 Grundsatz

Dem Recht der direkten Bundessteuer liegen drei Tarife für die Besteuerung der natürlichen Personen zugrunde. Artikel 36 DBG sieht einen Grundtarif, einen Tarif für verheiratete Personen sowie einen Tarif für Personen vor, die mit Kindern zusammenleben. Die Tarife tragen der unterschiedlichen wirtschaftlichen Leistungsfähigkeit dieser drei Kategorien von Steuerpflichtigen Rechnung.

Der Grundtarif und der Verheiratetentarif gelten weiterhin für die ordentliche Veranlagung.

Für die Veranlagung von Kapitalleistungen aus Vorsorge wird in Artikel 38 DBG auf die Tarife gemäss Artikel 36 Absätze 1, 2 und 2bis erster Satz DBG (Grundtarif und Verheiratetentarif) verwiesen. Die Kapitalleistungen aus Vorsorge werden demnach einer besonderen Jahressteuer zu einem Fünftel der ordentlichen Tarife von Art. 36 Absatz 1, 2 und 2bis erster

[3] Zum Begriff "Reineinkommen" vgl. Fn 2.
[4] Zum Begriff "Reineinkommen" vgl. Fn 2.

Satz DBG besteuert. Der im Elterntarif enthaltene Abzug vom Steuerbetrag pro Kind gemäss Artikel 36 Absatz 2bis zweiter Satz DBG ist hingegen nicht anwendbar.

13.2 Grundtarif

Der Grundtarif (Art.36 Abs. 1 DBG) als Auffangtarif gilt für alle steuerpflichtigen Personen, die nicht die Voraussetzungen der Spezialtarife von Absatz 2 und 2bis erfüllen. Darunter fallen namentlich die folgenden Kategorien von Steuerpflichtigen:

- Ledige oder verwitwete Alleinstehende
- Gerichtlich oder tatsächlich getrennt lebende oder geschiedene Personen, die nicht mit Kindern oder unterstützungsbedürftigen Personen im gleichen Haushalt leben
- Konkubinatspaare ohne Kinder
- Konkubinatspartner, die zwar mit ihrem Kind zusammenleben, jedoch nicht über die elterliche Sorge verfügen und den Unterhalt des Kindes nicht zur Hauptsache bestreiten.

13.3 Verheiratetentarif

Der Verheiratetentarif gemäss Artikel 36 Absatz 2 DBG kommt für sich allein nur noch für die in rechtlich und tatsächlich ungetrennter Ehe lebenden Steuerpflichtigen zur Anwendung, die nicht mit Kindern oder unterstützungsbedürftigen Personen zusammenleben, deren Unterhalt sie zur Hauptsache bestreiten.

Leben die Ehegatten getrennt, kommt je nach Konstellation der Grundtarif oder - wenn ein Ehegatte mit einem Kind zusammenlebt - der Elterntarif zur Anwendung.

13.4 Elterntarif

13.4.1 Allgemeines

Steuerpflichtige mit Kindern werden zum Elterntarif besteuert (Art. 36 Abs. 2bis DBG). Der Elterntarif ist der mildeste der drei Tarife. Er besteht aus dem Verheiratetentarif (Basis) und einem Abzug vom Steuerbetrag in der Höhe von maximal 251 Franken pro Kind oder unterstützungsbedürftige Person. Dieser Abzug im Elterntarif ist eine direkte Tarifmassnahme und kein Sozialabzug.

Für die Berechnung des Steuerbetrags nach dem Elterntarif werden die Kinderkosten in einem ersten Schritt durch die heute geltenden Kinderabzüge sowie durch den Kinderdrittbetreuungskostenabzug von der Bemessungsgrundlage berücksichtigt. In einem zweiten Schritt wird der Tarif für Verheiratete ohne Kinder (Verheiratetentarif) angewendet. Der aufgrund des Verheiratetentarifs berechnete Steuerbetrag wird in einem dritten Schritt zusätzlich um maximal 251 Franken pro Kind reduziert. Die Kombination Grundtarif und Abzug vom Steuerbetrag ist nicht möglich.

Für die Gewährung des Elterntarifs wird vorausgesetzt, dass die steuerpflichtige Person mit dem Kind oder der unterstützungsbedürftigen Person im gleichen Haushalt zusammenlebt und deren Unterhalt zur Hauptsache bestreitet. Beide Voraussetzungen sind zwingend. Der Elterntarif kann nicht auf verschiedene steuerpflichtige Personen aufgeteilt werden. Leben die Eltern in rechtlich oder tatsächlich getrennter Ehe, wird der Elterntarif stets nur einer Person zugewiesen. Die Übertragung der gemeinsamen elterlichen Sorge darf somit nicht dazu führen, dass der Elterntarif für die in ungetrennter Ehe lebenden Ehegatten sowie für verwitwete, getrennt lebende, geschiedene oder ledige Steuerpflichtige, die mit Kindern oder unterstützungsbedürftigen Personen im gleichen Haushalt leben, mehrfach angewendet wird.

Beim Zusammenleben wird auf den Wohnsitz abgestellt. Gemäss Artikel 25 Absatz 1 ZGB gilt der Wohnsitz der Eltern als Wohnsitz des Kindes unter elterlicher Sorge oder, wenn die Eltern keinen gemeinsamen Wohnsitz haben, der Wohnsitz des Elternteils, unter dessen Obhut das Kind steht. Sobald das Kind volljährig ist, kann es einen eigenen Wohnsitz begründen. Bei volljährigen Kindern in Ausbildung erhalten die Eltern den Elterntarif daher nur, wenn das Kind im gleichen Haushalt wohnt. Befindet sich die Ausbildungsstätte des Kindes an einem anderen Ort als am Wohnsitz der Eltern, kann der Elterntarif nur gewährt werden, wenn das Kind Wochenaufenthalter am Ausbildungsort ist, seinen Wohnsitz jedoch bei den Eltern beibehalten hat. Bei einer Berufslehre oder einem Studium dürfte dies in der Regel der Fall sein, da gemäss Art. 26 ZGB der Aufenthalt an einem Orte zum Zweck des Besuches einer Lehranstalt keinen Wohnsitz begründet. Hat das volljährige Kind seinen Wohnsitz jedoch verlegt, werden die Eltern - auch wenn sie das Kind unterstützen - zum Verheiratetentarif, –und wenn sie nicht verheiratet sind, zum Grundtarif besteuert.

Werden die Voraussetzungen des Elterntarifs nicht mehr erfüllt, beispielsweise beim Tod eines Kindes, bei Abschluss der Ausbildung oder etwa bei Wegfall der Unterstützungsbedürftigkeit, so werden die Eltern bzw. die erwachsenen Personen wieder zum Verheiratetentarif oder, wenn sie nicht verheiratet sind, zum Grundtarif besteuert.

13.4.2 Gewährung des Elterntarifs bei minderjährigen Kindern

Neben dem Zusammenleben wird für die Gewährung des Elterntarifs vorausgesetzt, dass die steuerpflichtige Person bzw. das Ehepaar den Unterhalt des Kindes oder der unterstützungsbedürftigen Person zur Hauptsache bestreitet. Bei minderjährigen Kindern von getrennt lebenden oder unverheiratet zusammenlebenden Eltern bedeutet zur Hauptsache, dass grundsätzlich derjenige Elternteil, der mehr als die Hälfte der Unterhaltskosten des Kindes übernimmt, den Elterntarif beanspruchen kann. Werden bei getrennt lebenden Eltern oder unverheirateten Eltern, die zusammenleben (Konkubinat), Unterhaltszahlungen für das minderjährige Kind geltend gemacht, ist davon auszugehen, dass dieser Elternteil mit den empfangenen und zu versteuernden Leistungen zusammen mit den eigenen Leistungen den Unterhalt des Kindes zur Hauptsache bestreitet und den Elterntarif erhält. Dies ist in der Regel der Elternteil, der die elterliche Sorge innehält. Der unterhaltsleistende Elternteil kann im Gegenzug die Unterhaltsleistungen von seinem Einkommen abziehen.

Bei der Zuweisung des Elterntarifs ist bei den einzelnen Familienkonstellationen Folgendes festzuhalten:

<u>Ehepaare mit minderjährigen Kindern</u>

Ehepaare in rechtlich und tatsächlich ungetrennter Ehe werden gemeinsam veranlagt und zum Elterntarif besteuert.

<u>Getrennt lebende Eltern mit minderjährigem Kind</u>

Bei getrennten, geschiedenen oder unverheirateten Eltern mit zwei Haushalten ist bei der Zuteilung des Elterntarifs zu unterscheiden, ob die elterliche Sorge gemeinsam ausgeübt wird oder nicht. Hält nur ein Elternteil die elterliche Sorge inne, ist davon auszugehen, dass dieser den Unterhalt des Kindes zur Hauptsache bestreitet und den Elterntarif erhält.

Bei gemeinsamer elterlicher Sorge wird der Elternteil, der die Unterhaltszahlungen erhält, zum Elterntarif besteuert. Werden keine Unterhaltszahlungen für das Kind geltend gemacht, ist zu unterscheiden, ob sich das Kind in alternierender Obhut befindet oder nicht. Besteht keine alternierende Obhut, wird der Elternteil, der mit dem Kind lebt zum Elterntarif besteuert. Bei alternierender Obhut wird davon ausgegangen, dass der Elternteil mit dem höheren Reineinkommen zur Hauptsache für den Unterhalt des Kindes sorgt und daher den Elterntarif erhält.

Unverheiratet zusammenlebende Eltern mit minderjährigem Kind (Konkubinat)

Bei unverheirateten Eltern, die zusammenleben, ist bei der Zuweisung des Elterntarifs zu unterscheiden, ob eine gemeinsame elterliche Sorge besteht und ob Unterhaltsleistungen für das Kind geltend gemacht werden.

Wird die elterliche Sorge nicht gemeinsam ausgeübt, erhält derjenige Elternteil, der die elterliche Sorge innehält und somit in der Regel auch Empfänger der Unterhaltszahlungen für das Kind ist, den Elterntarif. Werden keine Unterhaltszahlungen für das Kind geltend gemacht, wird ebenfalls dem Elternteil mit der elterlichen Sorge der Elterntarif gewährt.

Bei gemeinsamer Ausübung der elterlichen Sorge wird der Empfänger der Unterhaltsleistungen für das Kind zum Elterntarif besteuert. Werden keine Unterhaltsleistungen geltend gemacht, ist davon auszugehen, dass der Elternteil mit dem höheren Einkommen hauptsächlich für den Unterhalt des Kindes aufkommt und daher den Elterntarif erhält.

13.4.3 Gewährung des Elterntarifs bei volljährigen Kindern in Ausbildung

Der Elterntarif wird ebenfalls Steuerpflichtigen gewährt, die mit volljährigen Kindern in Ausbildung zusammenleben. Auch hier muss die Voraussetzung erfüllt sein, dass die Person, welche den Elterntarif beansprucht, hauptsächlich für den Unterhalt des Kindes aufkommt. Der Elterntarif wird in Analogie zum Kinderabzug daher nur gewährt, wenn das volljährige Kind in Ausbildung im massgebenden Zeitpunkt tatsächlich auf den Unterhaltsbeitrag der Eltern angewiesen ist. Erzielt das Kind ein Einkommen, das ihm einen selbständigen Lebensunterhalt ermöglicht, so kann der Elterntarif nicht mehr beansprucht werden. Verfügt das Kind beispielsweise über ein umfangreiches Vermögen, wird der Elterntarif nicht gewährt, wenn dadurch Vermögenserträge erzielt werden, die einen selbständigen Lebensunterhalt des Kindes erlauben. Unter Ausbildung ist wie beim Kinderabzug ein Lehrgang für die berufliche Erstausbildung zu verstehen. Es ist daher auf die Ausführungen über den Kinderabzug unter Ziffer 10.3 zu verweisen.

Ehepaare mit volljährigem Kind in Ausbildung

Ehepaare in rechtlich und tatsächlich ungetrennter Ehe werden gemeinsam veranlagt und zum Elterntarif besteuert.

Getrennt lebende Eltern mit volljährigem Kind in Ausbildung

Der Elterntarif wird demjenigen Elternteil gewährt, der mit dem Kind zusammenlebt. Es ist davon auszugehen, dass dieser Elternteil vorwiegend tatsächlich oder finanziell für den Unterhalt des Kindes sorgt, auch wenn der andere Elternteil Unterhaltszahlungen an das Kind gemäss Artikel 24 Buchstabe e DBG leistet. Dieser Elternteil wird zum Grundtarif besteuert, er kann aber im Gegenzug den Kinderabzug gemäss Artikel 35 Absatz 1 Buchstabe a DBG geltend machen.

Unverheiratet zusammenlebende Eltern mit volljährigem Kind in Ausbildung (Konkubinat)

Bei unverheirateten Eltern ist bei der Zuweisung des Elterntarifs auf die Unterhaltszahlungen an das Kind gemäss Artikel 24 Buchstabe e DBG abzustellen. Leistet nur ein Elternteil Unterhaltzahlungen, kann dieser den Elterntarif geltend machen. Leisten beide Elternteile Unterhaltszahlungen, ist davon auszugehen, dass der Elternteil mit den höheren finanziellen Leistungen, d.h. in der Regel derjenige mit dem höheren Einkommen, hauptsächlich für den Unterhalt des Kindes sorgt. Diesem wird der Elterntarif wie auch der Kinderabzug gewährt. Der andere Elternteil kann den Unterstützungsabzug gemäss Artikel 35 Absatz 1 Buchstabe b DBG geltend machen, sofern seine Leistungen mindestens in der Höhe des Abzuges erfolgen.

Erhält das Kind keine Unterhaltszahlungen gemäss Artikel 24 Buchstabe e DBG, wird der Elterntarif demjenigen Elternteil mit dem höheren Reineinkommen gewährt, da davon ausgegangen wird, dass er höhere finanzielle Beiträge an das Kind erbringt.

13.4.4 Gewährung des Elterntarifs bei unterstützungsbedürftigen Personen

Der Elterntarif wird ebenfalls gewährt, wenn eine steuerpflichtige Person mit einer unterstützungsbedürftigen Person zusammenlebt. Vorausgesetzt wird auch hier, dass die Person den Unterhalt der unterstützungsbedürftigen Person zur Hauptsache bestreitet. In Weiterführung der Praxis zum bisherigen Artikel 36 Absatz 2 DBG ist dieses Erfordernis erfüllt, wenn die Voraussetzungen des Unterstützungsabzugs (Art. 35 Abs. 1 Bst. b DBG) gegeben sind (vgl. dazu Ziff. 11).

13.4.5 Stichtagsprinzip

Artikel 36 DBG gibt keine Auskunft darüber, welcher Zeitpunkt für die Bestimmung des anzuwendenden Tarifs massgebend ist. Aufgrund des engen Zusammenhangs zwischen Steuertarifen und Sozialabzügen ist das für die Sozialabzüge geltende Stichtagsprinzip gemäss Artikel 35 Absatz 2 DBG anzuwenden. Die Voraussetzungen für die Anwendbarkeit des Elterntarifs müssen daher am Ende der Steuerperiode oder der Steuerpflicht erfüllt sein.

13.4.6 Unterjährige Steuerpflicht

Besteht die Steuerpflicht nur während eines Teils des Steuerjahres, wird der Abzug vom Steuerbetrag anteilsmässig gewährt: Es kommt als Basis der Verheiratetentarif zur Anwendung; der Steuerbetrag ermässigt sich jedoch nur um den anteilsmässigen Abzug von 251 Franken für jedes Kind und jede unterstützungsbedürftige Person. Die Höhe des Abzugs bemisst sich nach dem Verhältnis des steuerbaren Einkommens zum satzbestimmenden Einkommen.

Beispiel: Zuzug aus dem Ausland

Annahmen:

Familienstand	rechtlich und tatsächlich ungetrennte Ehe
Anzahl Kinder im gemeinsamen Haushalt	2
Eintritt in die Steuerpflicht	1. Juni
Steuerbares Einkommen in CHF	146'000
Satzbestimmendes Einkommen in CHF	250'000
Steuersatz in %	7,663

Steuerberechnung:

	CHF	Steuersatz in %	CHF
Steuer vor Abzug	146'000	7,663	11'188.00
./. Anteiliger Abzug vom Steuerbetrag	$\frac{(2 \times 251) \times 146'000}{250'000}$		- 293.15
Geschuldete Steuer			10'894.85

13.4.7 Teilweise Steuerpflicht

Bei beschränkter Steuerpflicht aufgrund wirtschaftlicher Zugehörigkeit nach den Artikeln 4 und 5 DBG wird der Abzug vom Steuerbetrag anteilsmässig gewährt.

Auch bei unbeschränkter Steuerpflicht aufgrund persönlicher Zugehörigkeit wird der Abzug vom Steuerbetrag nur anteilsmässig gewährt, soweit Auslandeinkünfte gemäss Artikel 6 Absatz 1 DBG oder aufgrund eines Doppelbesteuerungsabkommens von der Steuerpflicht auszunehmen sind.

Der Steuerbetrag ermässigt sich bei teilweiser Steuerpflicht somit nur um den anteilsmässigen Abzug von 251 Franken für jedes Kind und jede unterstützungsbedürftige Person. Die Höhe des Abzugs bemisst sich nach dem Verhältnis des in der Schweiz steuerbaren Einkommens zum höheren satzbestimmenden Einkommen.

Beispiel: Beschränkte Steuerpflicht aufgrund wirtschaftlicher Zugehörigkeit (Ferienhaus in der Schweiz; Art. 4 Abs. 1 Bst. c und 21 DBG)

Annahmen:

Familienstand	rechtlich und tatsächlich ungetrennte Ehe
Anzahl Kinder im gemeinsamen Haushalt	2
Steuerbares Einkommen in CHF	20'000
Satzbestimmendes Einkommen in CHF	250'000
Steuersatz in % (SP 2011)	7,663

Steuerberechnung:

	CHF	Steuersatz in %	CHF
Steuer vor Abzug	20'000	7,663	1'532.60
./. Anteiliger Abzug vom Steuerbetrag	$\frac{(2 \times 251) \times 20'000}{250'000}$		- 40.15
Geschuldete Steuer			1'492.45

Auch im Fall einer Kombination von teilweiser und unterjähriger Steuerpflicht ist der Abzug vom Steuerbetrag im Verhältnis des steuerbaren zum höheren satzbestimmenden Einkommen zu bemessen.

13.4.8 Besteuerung nach dem Aufwand

Nach Artikel 14 Absatz 3 DBG wird die Steuer für Personen, die nach dem Aufwand besteuert werden, nach dem ordentlichen Steuertarif berechnet. Bei der Besteuerung nach dem Aufwand werden persönliche Verhältnisse, die bei einer ordentlichen Veranlagung zu Abzügen berechtigen, nicht berücksichtigt. Dementsprechend hat der Gesetzgeber in Artikel 14 Absatz 3 DBG festgehalten, dass nur der Grundtarif (Art. 36 Abs. 1 DBG) oder der Verheiratetentarif (Art. 36 Abs. 2 DBG) zur Anwendung kommen. Bei der Besteuerung nach dem Aufwand gelangt somit der Elterntarif nicht zur Anwendung.

13.4.9 Quellensteuer für natürliche Personen

Bei der Festsetzung der Quellensteuertarife für natürliche Personen sind die Abzüge für Familienlasten zu berücksichtigen (Art. 86 Abs. 1 DBG). Dies gilt auch für den Elterntarif, welcher als Abzug vom Steuerbetrag in die jeweiligen Tarife eingerechnet wird.

13.4.10 Pauschale Steueranrechnung

Der Elterntarif hat Auswirkungen auf die Berechnung des Maximalbetrages bei der pauschalen Steueranrechnung. Der Steuersatz Bund gemäss Artikel 9 Absatz 1 der Verordnung vom 22. August 1967 über die pauschale Steueranrechnung (VO) ist nach dem Abzug von 251 Franken für jedes Kind und jede unterstützungsbedürftige Person zu berechnen (= tatsächlich erhobene Steuer nach dem Abzug im Verhältnis zum steuerbaren Einkommen Bund).

Beispiel:

Familienstand	rechtlich und tatsächlich ungetrennte Ehe
Anzahl Kinder im gemeinsamen Haushalt	2
Steuerbares Einkommen in CHF	100'000
Satzbestimmendes Einkommen in CHF	100'000
Steuersatz in % (SP 2014)	1,968

Steuerberechnung:

	CHF	Steuersatz in %	CHF
Steuer vor Abzug	100'000	1,968	1'968.00
./. Anteiliger Abzug vom Steuerbetrag	2 x 251		- 502.00
Geschuldete Steuer			1'466.00

Anwendbarer Steuersatz Bund nach Artikel 9 Absatz 1 VO:

$$\frac{1'466 \times 100}{100'000} = \mathbf{1.466\%?}$$

Wenn infolge des Elterntarifs keine direkte Bundessteuer mehr anfällt, wird die pauschale Steueranrechnung auf zwei Drittel der nicht rückforderbaren ausländischen Quellensteuern begrenzt. Für die Berechnung des Maximalbetrages sind nur die Einkommenssteuern Kanton / Gemeinde zu berücksichtigen, der Bundesanteil an der pauschalen Steueranrechnung entfällt (Art. 12 Abs. 1 und Art. 20 Abs. 2 VO).

Kantone, die nach Artikel 9 Absatz 2 VO für die Berechnung des Maximalbetrages einen eigenen Tarif anwenden, haben diesen dem Elterntarif gemäss DBG anzupassen.

13.4.11 Kapitalleistungen nach Artikel 38 und fiktive Einkäufe nach Artikel 37b DBG

Kapitalleistungen aus Vorsorge, Zahlungen bei Tod und für bleibende körperliche oder gesundheitliche Nachteile nach Artikel 38 sowie fiktive Einkäufe nach Artikel 37b DBG werden gesondert besteuert. Sie unterliegen einer vollen Jahressteuer. Die Steuer wird zu einem Fünftel der Tarife nach Artikel 36 Absätze 1, 2 und 2bis DBG berechnet. Bisher verwies Artikel 38 DBG auf den Grundtarif und den Verheiratetentarif, nicht jedoch auf den im Elterntarif ebenfalls vorgesehenen Verheiratetentarif. In der früheren Fassung dieses KS wurde darauf hingewiesen, dass es sich dabei um ein gesetzgeberisches Versehen handelt, weshalb die Kapitalleistungen aus Vorsorge von Alleinerziehenden dennoch zum Verheiratetentarif und nicht zum Grundtarif zu erfassen seien. Das Bundesgesetz über die formelle Bereinigung der zeitlichen Bemessung der direkten Steuern bei den natürlichen Personen beseitigt diesen Mangel. Kapitalleistungen aus Vorsorge von alleinerziehenden und verheirateten Personen mit Kindern werden zum Tarif nach Artikel 36 Absatz 2bis erster Satz DBG besteuert (Verheiratetentarif). Der im Elterntarif enthaltene Abzug vom Steuerbetrag pro Kind gemäss Artikel 36 Absatz 2bis zweiter Satz DBG ist hingegen nicht anwendbar.

13.4.12 Übriger Liquidationsgewinn nach Artikel 37b DBG

Wird die selbständige Erwerbstätigkeit nach dem vollendeten 55. Altersjahr oder wegen Unfähigkeit zur Weiterführung infolge Invalidität definitiv aufgegeben, so ist die Summe der in den letzten zwei Geschäftsjahren realisierten stillen Reserven getrennt vom übrigen Einkommen zu besteuern (Art. 37b DBG). Für die Bestimmung des auf dem übrigen Liquidationsgewinn (Art. 9 der Verordnung über die Besteuerung der Liquidationsgewinne bei definitiver Aufgabe der selbständigen Erwerbstätigkeit; LGBV; AS 2010, 717) anwendbaren Satzes ist ein Fünftel des übrigen Liquidationsgewinnes massgebend. Der Steuersatz beträgt jedoch mindestens 2 Prozent (Art. 37b Abs. 1 DBG und Art. 10 LGBV).

Der im Elterntarif vorgesehene Abzug vom Steuerbetrag kommt bei diesen gesondert zu besteuernden Einkünften nicht zur Anwendung.

14 Besteuerung der unverheiratet zusammenlebenden, geschiedenen oder getrennt lebenden Ehegatten und Eltern

14.1 Besteuerung der Unterhaltszahlungen an den geschiedenen, gerichtlich oder tatsächlich getrennt lebenden Ehegatten

14.1.1 Zivilrechtliche Aspekte

Gemäss Artikel 125 Absatz 1 ZGB besteht Anspruch auf einen angemessenen Beitrag als nachehelichen Unterhalt, soweit einem geschiedenen Ehegatten nicht zuzumuten ist, für den ihm gebührenden Unterhalt unter Einschluss einer angemessenen Altersvorsorge selbst aufzukommen. Der nacheheliche Unterhalt kann in Form einer Rente oder einer Kapitalabfindung erfolgen. Gemäss Wortlaut des Gesetzes ist grundsätzlich von einer Unterhaltsrente auszugehen. Sieht das Gericht die Voraussetzungen für einen nachehelichen Unterhaltsbeitrag als gegeben an, so setzt es nach Artikel 126 Absatz 1 ZGB eine Rente fest und bestimmt den Beginn der Beitragspflicht. Rechtfertigen es besondere Umstände, so kann anstelle einer Rente eine Abfindung festgesetzt werden (Art. 126 Abs. 2 ZGB).

Die Unterhaltspflicht von tatsächlich oder gerichtlich getrennt lebenden Ehegatten beurteilt sich nicht nach den scheidungsrechtlichen Bestimmungen über den nachehelichen Unterhalt. Anwendbar ist vielmehr Artikel 163 ff. ZGB (Unterhalt der Familie) und Artikel 176 ZGB (Regelung des Getrenntlebens). Die Ehegatten sorgen grundsätzlich gemeinsam, ein jeder nach seinen Kräften, für den gebührenden Unterhalt der Familie. Sie verständigen sich über den Beitrag, den jeder von ihnen leistet, namentlich durch Geldzahlungen, Besorgen des Haushaltes, Betreuen der Kinder oder durch Mithilfe im Beruf oder Gewerbe des andern (Art. 163 Abs. 1 und 2 ZGB). Bei gerichtlicher Trennung geht das Gericht bei der Festsetzung von Geldbeträgen des einen Ehegatten an den anderen (Art. 176 Abs. 1 Ziff. 1 ZGB) von diesen bisherigen ausdrücklichen oder stillschweigend getroffenen Vereinbarungen der Ehegatten aus und passt sie den aktuellen Gegebenheiten an (zur Festsetzung der Unterhaltsbeiträge vgl. etwa Basler Kommentar, Zivilgesetzbuch, Bd. 1, 3. Auflage, Basel 2006, S. 1037 ff.).

14.1.2 Steuerrechtliche Aspekte

Leistet eine steuerpflichtige Person Unterhaltsbeiträge an seinen geschiedenen, gerichtlich oder tatsächlich getrennt lebenden Ehegatten, kann sie diese von seinem Einkommen in Abzug bringen (Art. 33 Abs. 1 Bst. c DBG). Der die Leistung empfangende Ehegatte hat diese zu versteuern (Art. 23 Bst. f DBG). Aus dem hier geltenden Korrespondenzprinzip ergibt sich, dass alle jene Leistungen für den Unterhalt, die beim empfangenden Ehegatten besteuert werden, beim leistenden Ehegatten in Abzug gebracht werden können.

Unterhaltsleistungen erfolgen in der Regel als wiederkehrende direkte Geldleistungen. Sie können jedoch auch in der Form von indirekten Zahlungen erbracht werden, wie etwa die Übernahme von Miet- oder Schuldzinsen, oder aus eigentlichen Naturalleistungen bestehen.

Unterhaltsleistungen in der Form von Geldleistungen an den getrennt lebenden oder geschiedenen Ehegatten können sowohl als Renten als auch als Kapitalabfindungen erfolgen. In Weiterführung der bisherigen Praxis, die auch vom Bundesgericht gestützt wird (Entscheid vom 29. Januar 1999, BGE 125 II 183), darf die Abzugsfähigkeit der periodischen Unterhaltsleistungen jedoch nicht auf die Unterhaltsleistungen in Form einer Kapitalleistung ausgedehnt werden. Infolgedessen kann der als Kapitalleistung gezahlte Betrag zum Unterhalt des geschiedenen Ehegatten nicht vom steuerbaren Einkommen des Schuldners abgezogen werden. Der Empfänger dieser Leistung muss sie im Gegenzug aber auch nicht als Einkommen deklarieren.

Leistungen eines Ehegatten zur Erfüllung güterrechtlicher Forderungen stellen keine Unterhaltsbeiträge dar. Diese Leistungen sind gemäss Artikel 24 Buchstabe a DBG beim empfangenden Ehegatten steuerfreie Einkünfte aus "güterrechtlicher Auseinandersetzung" mit der Folge, dass sie beim Leistenden auch nicht abziehbar sind. Handelt es sich bei den Leistungen um Leibrenten, sind diese gemäss Artikel 22 Absatz 3 DBG beim Empfänger zu 40 % zu versteuern. Andererseits kann der Leistungsschuldner gestützt auf Artikel 33 Absatz 1 Buchstabe b DBG ebenfalls 40 % der Rente in Abzug bringen.

Anzumerken ist, dass Leistungen in Erfüllung "anderer familienrechtlicher Unterhalts- oder Unterstützungspflichten" (so z.B. die Leistungen an Verwandte in auf- und absteigender Linie sowie Geschwister; Art. 328 ZGB) nicht abzugsfähig sind (Art. 33 Abs. 1 Bst. c DBG).

14.2 Besteuerung der Unterhaltszahlungen für das Kind

14.2.1 Zivilrechtliche Aspekte

Das ZGB sieht die Möglichkeit vor, einerseits die elterliche Sorge gemeinsam auf unverheiratete Eltern zu übertragen, andererseits aber die gemeinsame Ausübung der elterlichen Sorge auch nach der Trennung oder Scheidung der Eltern beizubehalten. Die gemeinsame elterliche Sorge trägt dem Umstand Rechnung, dass heutzutage vermehrt beide Eltern in gleicher Weise zur Übernahme der elterlichen Sorge und der Obhut bereit und in der Lage sind.

Artikel 298a Absatz 1 ZGB bestimmt, dass die Vormundschaftsbehörde auf gemeinsamen Antrag der unverheirateten Eltern hin diesen die elterliche Sorge überträgt, wenn folgende Bedingungen erfüllt sind: Die gemeinsame elterliche Sorge muss mit dem Kindeswohl vereinbar sein und die Eltern müssen der Vormundschaftsbehörde eine Vereinbarung zur Genehmigung unterbreiten, worin sie sich über ihre Anteile an der Betreuung des Kindes und über die Verteilung der Kosten für dessen Unterhalt verständigen.

Sind die Eltern verheiratet und leben sie in einem gemeinsamen Haushalt, dann üben sie die elterliche Sorge gemeinsam aus (Art. 297 Abs. 1 ZGB). Wird der gemeinsame Haushalt aufgehoben oder die Ehe getrennt, bleibt die gemeinsame elterliche Sorge bestehen; das Gericht kann jedoch in solchen Fällen die elterliche Sorge einem Ehegatten allein zuteilen (Art. 297 Abs. 2 ZGB). Bei einer Scheidung teilt das Gericht die elterliche Sorge grundsätzlich dem einen Elternteil zu und regelt den vom anderen Elternteil geschuldeten Unterhaltsbeitrag für das Kind. Gemäss Artikel 133 Absatz 3 ZGB kann das Gericht jedoch die elterliche

Sorge beiden Eltern auf deren gemeinsamen Antrag hin belassen. Die Bedingungen dafür sind die gleichen wie die in Artikel 298a Absatz 1 ZGB genannten.

14.2.2 Steuerrechtliche Aspekte

Die Unterhaltsbeiträge, die ein Elternteil für die unter seiner elterlichen Sorge stehenden Kinder erhält, sind vom Empfänger vollständig zu versteuern (Art. 23 Bst. f DBG). Andererseits können diese Unterhaltszahlungen vom leistenden Elternteil vollumfänglich in Abzug gebracht werden (Art. 33 Abs. 1 Bst. c DBG). Die Abzugsfähigkeit von Unterhaltsbeiträgen für minderjährige Kinder gilt indessen nur für familienrechtlich geschuldete Unterhaltsbeiträge, jedoch nicht für freiwillig erbrachte Alimente (BGE vom 31.5.19999 i.S. M., NStP 53, 106). Diese Unterhaltsbeiträge werden in der Regel amtlich oder gerichtlich festgesetzt, sie können aber auch vertraglich vereinbart werden. Damit die Unterhaltsbeiträge beim Empfänger aufgerechnet und beim leistenden in Abzug gebracht werden können, müssen sie effektiv bezahlt worden sein.

Unterhaltsleistungen an den Ehegatten für das minderjährige Kind oder direkt an das volljährige Kind erfolgen in der Regel ebenfalls als wiederkehrende direkte Geldleistungen. Sie können jedoch auch in der Form von indirekten Zahlungen erbracht werden, wie etwa die Übernahme von Schulkosten oder von Krankenkassenprämien. Auch Naturalleistungen sind möglich. Werden die Unterhaltsleistungen in Form einer Kapitalleistung ausgerichtet, gilt auch hier, dass diese nicht vom steuerbaren Einkommen des Schuldners abgezogen werden können. Der Empfänger dieser Leistung muss sie aber auch nicht als Einkommen deklarieren.

Unterhaltsbeiträge für das volljährige Kind in Ausbildung sind weder vom Kind selbst, noch vom Elternteil, bei dem das Kind lebt, zu versteuern. Das Kind erhält steuerfreie "Leistungen in Erfüllung familienrechtlicher Verpflichtungen" (Art. 24 Bst. e DBG). Der leistende Elternteil kann die Unterhaltsbeiträge auch nicht mehr von seinem Einkommen absetzen. Diese Leistungen werden zu ganz gewöhnlichen nicht abziehbaren "Aufwendungen für den Unterhalt des Steuerpflichtigen und seiner Familie" (Art. 34 Bst. a DBG).

14.3 Besteuerung der getrennten, geschiedenen oder unverheirateten Eltern (zwei Haushalte) mit gemeinsamem minderjährigem Kind, ohne gemeinsame elterliche Sorge, mit Unterhaltszahlungen

14.3.1 Unterhaltszahlungen

- Die Unterhaltsbeiträge für das Kind sind vom Empfänger zu versteuern. Der leistende Elternteil kann diese Alimentenleistungen in Abzug bringen.

14.3.2 Abzüge

- Der Elternteil, der mit dem Kind zusammen lebt und dessen Unterhalt zur Hauptsache bestreitet, d.h. in der Regel derjenige, welcher die Unterhaltszahlungen erhält, kann den Kinderabzug sowie den Versicherungs- und Sparzinsenabzug für das Kind geltend machen.
- Den Kinderdrittbetreuungskostenabzug kann derjenige Elternteil geltend machen, der mit dem Kind zusammenlebt. Befindet sich das Kind in alternierender Obhut, kann jeder Elternteil maximal 5'050 Franken der nachgewiesenen Kosten für die Kinderdrittbetreuung in Abzug bringen. Eine andere Aufteilung ist von den Eltern nachzuweisen. Betragen die geltend gemachten Kosten beider Elternteile aber zusammen mehr als den Maximalbe-

trag von 10'100 Franken, werden die Abzüge im Verhältnis der nachgewiesenen Kosten auf diesen Maximalbetrag gekürzt.

14.3.3 Tarife

- Der Elternteil mit der elterliche Sorge, der mit dem Kind zusammenlebt und dessen Unterhalt zur Hauptsache bestreitet, erhält den Elterntarif. Der Elternteil, der die Unterhaltszahlungen leistet, wird zum Grundtarif besteuert.

14.4 Besteuerung der getrennten, geschiedenen oder unverheirateten Eltern (zwei Haushalte) mit gemeinsamem minderjährigem Kind, mit gemeinsamer elterlicher Sorge, mit oder ohne alternierende Obhut, keine Unterhaltszahlungen

Wird kein Abzug für die Unterhaltsbeiträge für das Kind nach Artikel 33 Absatz 1 Buchstabe c DBG von einem Elternteil geltend gemacht, erfolgt die Besteuerung der Eltern folgendermassen:

14.4.1 Abzüge

- Jeder Elternteil kann je den halben Kinderabzug sowie den halben Versicherungs- und Sparzinsenabzug für das Kind geltend machen.
- Den Kinderdrittbetreuungskostenabzug kann derjenige Elternteil geltend machen, der mit dem Kind zusammenlebt. Befindet sich das Kind in alternierender Obhut, kann jeder Elternteil maximal 5'050 Franken der nachgewiesenen Kosten für die Kinderdrittbetreuung in Abzug bringen. Eine andere Aufteilung ist von den Eltern nachzuweisen. Betragen die geltend gemachten Kosten beider Elternteile aber zusammen mehr als den Maximalbetrag von 10'100 Franken, werden die Abzüge im Verhältnis der nachgewiesenen Kosten auf diesen Maximalbetrag gekürzt.

14.4.2 Tarife

- Befindet sich das Kind nicht in alternierender Obhut, erhält der Elternteil, der mit dem Kind zusammenlebt und zur Hauptsache für dessen Unterhalt aufkommt, den Elterntarif. Der andere Elternteil wird zum Grundtarif besteuert.
- Bei alternierender Obhut erhält derjenige Elternteil, der zur Hauptsache für den Unterhalt des Kindes aufkommt, den Elterntarif. Dabei ist davon auszugehen, dass dies derjenige mit dem höheren Einkommen ist. Der andere Elternteil wird zum Grundtarif besteuert.

14.5 Besteuerung der getrennten, geschiedenen oder unverheirateten Eltern (zwei Haushalte) mit gemeinsamem minderjährigem Kind, mit gemeinsamer elterlicher Sorge, mit oder ohne alternierende Obhut, mit Unterhaltszahlungen

Wird ein Abzug für die Unterhaltsbeiträge für das Kind nach Artikel 33 Absatz 1 Buchstabe c DBG von einem Elternteil geltend gemacht, erfolgt die Besteuerung der Eltern folgendermassen:

14.5.1 Unterhaltszahlungen

- Die Unterhaltsbeiträge für das Kind sind vom Empfänger zu versteuern. Der leistende Elternteil kann diese Alimentenleistungen in Abzug bringen.

14.5.2 Abzüge

- Der Elternteil, der die Unterhaltsleistungen erhält, kann den Kinderabzug sowie den Versicherungs- und Sparzinsenabzug für das Kind geltend machen.
- Den Kinderdrittbetreuungskostenabzug kann ebenfalls derjenige Elternteil geltend machen, der mit dem Kind zusammenlebt und die Unterhaltszahlungen erhält. Befindet sich das Kind in alternierender Obhut, kann jeder Elternteil max. 5'050 Franken der nachgewiesenen Kosten für die Kinderdrittbetreuung in Abzug bringen. Eine andere Aufteilung ist von den Eltern nachzuweisen. Betragen die geltend gemachten Kosten beider Elternteile aber zusammen mehr als den Maximalbetrag von 10'100 Franken, werden die Abzüge im Verhältnis der nachgewiesenen Kosten auf diesen Maximalbetrag gekürzt.

14.5.3 Tarife

- Der Elternteil, der die Unterhaltszahlungen erhält, wird zum Elterntarif besteuert.
- Der Elternteil, der die Unterhaltszahlungen leistet, erhält den Grundtarif besteuert.

14.6 Unverheiratete Eltern (gemeinsamer Haushalt), mit gemeinsamem minderjährigem Kind, ohne gemeinsame elterliche Sorge, keine Unterhaltszahlungen

Wird kein Abzug für die Unterhaltszahlungen für das Kind nach Artikel 33 Absatz 1 Buchstabe c DBG von einem Elternteil geltend gemacht, erfolgt die Besteuerung der Eltern folgendermassen:

14.6.1 Abzüge

- Der Elternteil, der die elterliche Sorge innehält, kann den Kinderabzug sowie den Versicherungs- und Sparzinsenabzug für das Kind geltend machen.
- Der Elternteil, der die elterliche Sorge innehält, kann die von ihm nachgewiesenen Kinderdrittbetreuungskosten in Abzug bringen. Dem anderen Elternteil wird der Abzug nicht gewährt.

14.6.2 Tarife

- Der Elternteil, der die elterliche Sorge innehält, erhält den Elterntarif. Der andere Elternteil wird zum Grundtarif besteuert.

  Erzielt der Elternteil mit der elterlichen Sorge keine Einkünfte und übernimmt daher der andere Elternteil den Unterhalt des Kindes, können diesem aus Billigkeitsgründen die kinderrelevanten Abzüge und der Elterntarif gewährt werden.

14.7 Unverheiratete Eltern (gemeinsamer Haushalt), mit gemeinsamem minderjährigem Kind, ohne gemeinsame elterliche Sorge, mit Unterhaltszahlungen

Wird ein Abzug für die Unterhaltszahlungen für das Kind nach Artikel 33 Absatz 1 Buchstabe c DBG von einem Elternteil geltend gemacht, erfolgt die Besteuerung der Eltern folgendermassen:

14.7.1 Unterhaltszahlungen

- Die Unterhaltsbeiträge für das Kind sind vom Empfänger zu versteuern. Der leistende Elternteil kann diese Alimentenleistungen in Abzug bringen.

14.7.2 Abzüge

- Der Elternteil, der Unterhaltszahlungen erhält, kann den Kinderabzug sowie den Versicherungs- und Sparzinsenabzug für das Kind geltend machen.

- Jeder Elternteil kann maximal 5'050 Franken der nachgewiesenen Kosten für die Kinderdrittbetreuung in Abzug bringen. Eine andere Aufteilung ist von den Eltern nachzuweisen. Betragen die geltend gemachten Kosten beider Elternteile aber zusammen mehr als den Maximalbetrag von 10'100 Franken, werden die Abzüge im Verhältnis der nachgewiesenen Kosten auf diesen Maximalbetrag gekürzt.

14.7.3 Tarife

- Dem Elternteil, der Unterhaltszahlungen erhält, wird der Elterntarif gewährt.
- Der Elternteil, der die Unterhaltsbeiträge leistet, wird zum Grundtarif besteuert.

14.8 Unverheiratete Eltern (gemeinsamer Haushalt), mit gemeinsamem minderjährigem Kind, mit gemeinsamer elterlicher Sorge, keine Unterhaltszahlungen

Wird kein Abzug für die Unterhaltszahlungen für das Kind nach Artikel 33 Absatz 1 Buchstabe c DBG von einem Elternteil geltend gemacht, erfolgt die Besteuerung der Eltern folgendermassen:

14.8.1 Abzüge

- Jeder Elternteil kann je den halben Kinderabzug sowie den halben Versicherungs- und Sparzinsenabzug für das Kind geltend machen.
- Jeder Elternteil kann maximal 5'050 Franken der nachgewiesenen Kosten für die Kinderdrittbetreuung in Abzug bringen. Eine andere Aufteilung ist von den Eltern nachzuweisen. Betragen die geltend gemachten Kosten beider Elternteile aber zusammen mehr als den Maximalbetrag von 10'100 Franken, werden die Abzüge im Verhältnis der nachgewiesenen Kosten auf diesen Maximalbetrag gekürzt.

14.8.2 Tarife

- Der Elternteil, der zur Hauptsache für den Unterhalt des Kindes aufkommt, erhält den Elterntarif. Hierbei ist davon auszugehen das dies in der Regel derjenige Elternteil mit dem höheren Einkommen ist.
- Der andere Elternteil wird zum Grundtarif besteuert.

14.9 Unverheiratete Eltern (gemeinsamer Haushalt), mit gemeinsamem minderjährigem Kind, mit gemeinsamer elterlicher Sorge, mit Unterhaltszahlungen

Wird ein Abzug für die Unterhaltszahlungen für das Kind nach Artikel 33 Absatz 1 Buchstabe c DBG von einem Elternteil geltend gemacht, erfolgt die Besteuerung folgendermassen:

14.9.1 Unterhaltszahlungen

- Die Unterhaltsbeiträge für das Kind sind vom Empfänger zu versteuern. Der leistende Elternteil kann diese Alimentenleistungen in Abzug bringen.

14.9.2 Abzüge

- Der Elternteil, der die Unterhaltszahlungen erhält, kann den Kinderabzug sowie den Versicherungs- und Sparzinsenabzug für das Kind geltend machen.
- Jeder Elternteil kann maximal 5'050 Franken der nachgewiesenen Kosten für die Kinderdrittbetreuung in Abzug bringen. Eine andere Aufteilung ist von den Eltern nachzuweisen. Betragen die geltend gemachten Kosten beider Elternteile aber zusammen mehr als den Maximalbetrag von 10'100 Franken, werden die Abzüge im Verhältnis der nachgewiesenen Kosten auf diesen Maximalbetrag gekürzt.

14.9.3 Tarife

- Der Elternteil, der die Unterhaltsbeiträge erhält, kann den Elterntarif geltend machen.
- Der Elternteil, der die Unterhaltsbeiträge leistet, wird zum Grundtarif besteuert.

14.10 Besteuerung der getrennten, geschiedenen oder unverheirateten Eltern (zwei Haushalte) mit gemeinsamem volljährigem Kind in Ausbildung, Kind lebt bei einem Elternteil, mit Unterhaltszahlungen

Werden Unterhaltszahlungen gemäss Artikel 24 Buchstabe e DBG von einem Elternteil an das Kind geleistet, erfolgt die Besteuerung folgendermassen:

14.10.1 Unterhaltsbeiträge

- Die Unterhaltsbeiträge an das volljährige Kind in Ausbildung sind vom Kind nicht zu versteuern. Der leistende Elternteil kann die Unterhaltsbeiträge nicht von seinem Einkommen absetzen.

14.10.2 Abzüge

- Der Elternteil, der die Unterhaltszahlungen leistet, kann den Kinderabzug geltend machen. Leisten beide Elternteile Unterhaltszahlungen, kann der Elternteil mit den höheren finanziellen Leistungen, d.h. in der Regel derjenige mit dem höheren Einkommen, den Kinderabzug geltend machen. Der andere Elternteil kann den Unterstützungsabzug geltend machen, sofern seine Leistungen mindestens in der Höhe des Abzuges erfolgen.
- Der Elternteil, der den Kinderabzug geltend machen kann, erhält auch den Versicherungs- und Sparzinsenabzug für das Kind. Leisten beide Elternteile Unterhaltszahlungen und erfüllen die Voraussetzungen von Artikel 35 Absatz 1 Buchstabe a bzw. Buchstabe b DBG, können beide den Abzug geltend machen, sofern sie nachweisen können, dass sie auch entsprechende abzugsfähige Versicherungsprämien für das Kind geleistet haben. Wenn dieser Nachweis nur einem Elternteil gelingt, so kann nur dieser den Versicherungsabzug für das Kind geltend machen.

14.10.3 Tarife

- Der Elternteil, der mit dem Kind zusammenlebt, kann grundsätzlich den Elterntarif geltend machen. Es kann in der Regel davon ausgegangen werden, dass dieser Elternteil zur Hauptsache für den Unterhalt des Kindes aufkommt.
- Der Elternteil, der die Unterhaltsbeiträge leistet, wird zum Grundtarif besteuert.

14.11 Besteuerung der getrennten, geschiedenen oder unverheirateten Eltern (zwei Haushalte) mit gemeinsamem volljährigem Kind in Ausbildung, Kind lebt bei einem Elternteil, keine Unterhaltszahlungen

Werden keine Unterhaltszahlungen gemäss Artikel 24 Buchstabe e DBG von einem Elternteil an das Kind geleistet, erfolgt die Besteuerung folgendermassen:

14.11.1 Abzüge

- Der Elternteil, der mit dem Kind zusammenlebt, kann den Kinderabzug sowie den Versicherungs- und Sparzinsenabzug für das Kind geltend machen.

14.11.2 Tarife

- Der Elternteil, der mit dem Kind zusammenlebt und dessen Unterhalt zur Hauptsache bestreitet, kann den Elterntarif geltend machen.
- Der andere Elternteil wird zum Grundtarif besteuert.

14.12 Besteuerung der getrennten, geschiedenen oder unverheirateten Eltern (zwei Haushalte) mit gemeinsamem volljährigem Kind in Ausbildung, Kind lebt nicht bei einem Elternteil (Wohnsitz verlegt), mit Unterhaltszahlungen

Werden Unterhaltszahlungen gemäss Artikel 24 Buchstabe e DBG von einem oder von beiden Elternteilen an das Kind geleistet, erfolgt die Besteuerung folgendermassen:

14.12.1 Unterhaltsbeiträge

- Die Unterhaltsbeiträge an das volljährige Kind in Ausbildung sind vom Kind nicht zu versteuern. Der leistende Elternteil kann die Unterhaltsbeiträge nicht von seinem Einkommen absetzen.

14.12.2 Abzüge

- Der Elternteil, der die Unterhaltszahlungen leistet, kann den Kinderabzug geltend machen. Leisten beide Elternteile Unterhaltszahlungen, kann der Elternteil mit den höheren finanziellen Leistungen, d.h. in der Regel derjenige mit dem höheren Einkommen, den Kinderabzug geltend machen. Der andere Elternteil kann den Unterstützungsabzug geltend machen, sofern seine Leistungen mindestens in der Höhe des Abzuges erfolgen.
- Der Elternteil, der den Kinderabzug geltend machen kann, erhält auch den Versicherungs- und Sparzinsenabzug für das Kind. Leisten beide Elternteile Unterhaltszahlungen und erfüllen die Voraussetzungen von Artikel 35 Absatz 1 Buchstabe a bzw. Buchstabe b DBG, können beide den Abzug geltend machen, sofern sie nachweisen können, dass sie auch entsprechende abzugsfähige Versicherungsprämien für das Kind geleistet haben. Wenn dieser Nachweis nur einem Elternteil gelingt, so kann nur dieser den Versicherungsabzug für das Kind geltend machen.

14.12.3 Tarife

- Beide Elternteile werden zum Grundtarif besteuert.

14.13 Unverheiratete Eltern (gemeinsamer Haushalt), mit gemeinsamem volljährigem Kind in Ausbildung, Kind lebt bei den Eltern, mit Unterhaltszahlungen

Werden Unterhaltszahlungen gemäss Artikel 24 Buchstabe e DBG von einem Elternteil an das Kind geleistet, erfolgt die Besteuerung folgendermassen:

14.13.1 Unterhaltszahlungen

- Die Unterhaltsbeiträge an das volljährige Kind in Ausbildung sind vom Kind nicht zu versteuern. Der leistende Elternteil kann die Unterhaltsbeiträge nicht von seinem Einkommen absetzen.

14.13.2 Abzüge

- Der Elternteil, der die Unterhaltszahlungen leistet, kann den Kinderabzug geltend machen. Leisten beide Elternteile Unterhaltszahlungen, kann der Elternteil mit den höheren finanziellen Leistungen, d.h. in der Regel derjenige mit dem höheren Einkommen, den

Kinderabzug geltend machen. Der andere Elternteil kann den Unterstützungsabzug geltend machen, sofern seine Leistungen mindestens in der Höhe des Abzuges erfolgen.

- Der Elternteil, der den Kinderabzug geltend machen kann, erhält auch den Versicherungs- und Sparzinsenabzug für das Kind. Leisten beide Elternteile Unterhaltszahlungen und erfüllen die Voraussetzungen von Artikel 35 Absatz 1 Buchstabe a bzw. Buchstabe b DBG, können beide den Abzug geltend machen, sofern sie nachweisen können, dass sie auch entsprechende abzugsfähige Versicherungsprämien für das Kind geleistet haben. Wenn dieser Nachweis nur einem Elternteil gelingt, so kann nur dieser den Versicherungsabzug für das Kind geltend machen.

14.13.3 Tarife

- Der Elternteil, der den Kinderabzug geltend machen kann, erhält den Elterntarif.
- Der andere Elternteil wird zum Grundtarif besteuert.

14.14 Unverheiratete Eltern (gemeinsamer Haushalt), mit gemeinsamem volljährigem Kind in Ausbildung, Kind lebt bei den Eltern, keine Unterhaltszahlungen

Werden keine Unterhaltszahlungen gemäss Artikel 24 Buchstabe e DBG von einem Elternteil an das Kind geleistet, erfolgt die Besteuerung folgendermassen:

14.14.1 Abzüge

- Der Elternteil mit den höheren finanziellen Leistungen kann den Kinderabzug sowie den Versicherungs- und Sparzinsenabzug für das Kind geltend machen. Hierbei ist davon auszugehen, dass dies derjenige mit dem höheren Einkommen ist.

14.14.2 Tarife

- Der Elternteil mit den höheren finanziellen Leistungen, d.h. in der Regel derjenige mit dem höheren Einkommen, erhält den Elterntarif.
- Der andere Elternteil wird zum Grundtarif besteuert.

14.15 Unverheiratete Eltern (gemeinsamer Haushalt), mit gemeinsamem volljährigem Kind in Ausbildung, mit Unterhaltszahlungen, Kind lebt nicht bei den Eltern (Wohnsitz verlegt)

Werden Unterhaltszahlungen gemäss Artikel 24 Buchstabe e DBG von einem oder von beiden Elternteilen an das Kind geleistet, erfolgt die Besteuerung folgendermassen:

14.15.1 Unterhaltszahlungen

- Die Unterhaltsbeiträge an das volljährige Kind in Ausbildung sind vom Kind nicht zu versteuern. Der leistende Elternteil kann die Unterhaltsbeiträge nicht von seinem Einkommen absetzen.

14.15.2 Abzüge

- Der Elternteil, der die Unterhaltszahlungen leistet, kann den Kinderabzug geltend machen. Leisten beide Elternteile Unterhaltszahlungen, kann der Elternteil mit den höheren finanziellen Leistungen, d.h. in der Regel derjenige mit dem höheren Einkommen, den Kinderabzug geltend machen. Der andere Elternteil kann den Unterstützungsabzug geltend machen, sofern seine Leistungen mindestens in der Höhe des Abzuges erfolgen.
- Der Elternteil, der den Kinderabzug geltend machen kann, erhält auch den Versicherungs- und Sparzinsenabzug für das Kind. Leisten beide Elternteile Unterhaltszahlungen und erfüllen die Voraussetzungen von Artikel 35 Absatz 1 Buchstabe a bzw. Buchstabe b

DBG, können beide den Abzug geltend machen, sofern sie nachweisen können, dass sie auch entsprechende abzugsfähige Versicherungsprämien für das Kind geleistet haben. Wenn dieser Nachweis nur einem Elternteil gelingt, so kann nur dieser den Versicherungsabzug für das Kind geltend machen.

14.15.3 Tarife

- Beide Elternteile werden zum Grundtarif besteuert.

14.16 Unverheiratete Eltern (gemeinsamer Haushalt), mit nicht gemeinsamem minderjährigem oder volljährigem Kind

Für die getrennt lebenden Eltern des Kindes gelten je nach Konstellation die aus der Sicht des betreffenden Elternteils anzuwendenden Regeln wie sie unter den Ziffern14.3, 14.4, 14.5, 14.10, 14.11 und 14.12 festgehalten sind. Die entsprechende Praxis kann dort entnommen werden.

15 Verfahrensrechtliche Stellung der Ehegatten

15.1 Grundsatz

Ehegatten, die in rechtlich und tatsächlich ungetrennter Ehe leben, werden zusammen veranlagt. Sie üben die ihnen im Gesetz zukommenden Verfahrensrechte und -pflichten gemeinsam aus (Art. 113 Abs. 1 DBG). Der Ehemann und die Ehefrau sind steuerrechtlich gleichgestellt. Beide sind Steuerpflichtige und ihnen stehen die gleichen Mitwirkungsrechte und -pflichten zu.

Obwohl die Ehegatten die Verfahrenshandlungen grundsätzlich gemeinsam vorzunehmen haben, wird das Erfordernis des konsequenten gemeinsamen Handelns relativiert. Rechtzeitige Handlungen nur eines Ehegatten wirken auch für den anderen Ehegatten, der innert Frist nicht handelt. Dieser Grundsatz wird für die Unterzeichnung der Steuererklärung sowie für das Einreichen von Rechtsmitteln und anderen Eingaben im Gesetz näher konkretisiert.

15.2 Steuererklärung

Gemäss Artikel 113 Absatz 2 DBG unterschreiben die Ehepartner die Steuererklärung gemeinsam. Fehlt die Unterschrift eines Ehegatten, wird nach erfolgloser Aufforderung das Bestehen einer vertraglichen Vertretung gemäss Artikel 32 ff. OR gesetzlich vermutet (Art. 113 Abs. 2 DBG). Der nicht unterzeichnende Ehegatte wird infolgedessen so gestellt, wie wenn er das Steuerformular selber ausgefüllt, unterschrieben und eingereicht hätte. Die gesetzliche Vermutung der vertraglichen Vertretung entbindet jedoch keinen der Ehegatten von der Deklarationspflicht.

Ist ein Ehegatte mit der von seinem Ehepartner ausgefüllten Steuererklärung nicht einverstanden und verweigert daher die Unterschrift, hat er innert Frist eine separate Steuererklärung einzureichen. Andernfalls werden ihm infolge der Vertretungsvermutung die in der Steuererklärung enthaltenen Angaben zugerechnet.

Die Regelung, dass die Ehegatten die Steuererklärung gemeinsam zu unterzeichnen haben, führt dazu, dass sich die Ehegatten im Veranlagungsverfahren gegenseitig über ihre eigenen Steuerfaktoren informieren.

Jeder Ehegatte hat in der Steuererklärung nur die ihm zuzurechnenden Einkommensfaktoren zu deklarieren. Dies folgt aus Artikel 180 DBG, wonach jeder Ehegatte nur für die Hinterziehung der eigenen Steuerfaktoren gebüsst werden kann.

15.3 Rechtsmittel und andere Eingaben

Rechtsmittel und andere Eingaben gelten als rechtzeitig eingereicht, wenn bloss einer der beiden Ehegatten innert Frist gehandelt hat (Art. 113 Abs. 3 DBG). Eine Aufforderung zur Doppelunterschrift ist hier im Gegensatz zur Steuererklärung nicht nötig. Das DBG geht somit im Falle der Unterzeichnung der betreffenden Eingabe durch einen Ehegatten allein stets von der stillschweigenden Ermächtigung zur Vertretung aus. Jeder Ehegatte kann im Rechtsmittelverfahren selbständig rechtswirksam vorgehen, was sich gleichzeitig zugunsten des untätig gebliebenen Ehepartners auswirkt. Diesem bleibt es unbenommen, gegen einen späteren Entscheid der zuständigen Instanz ein Rechtmittel einzulegen.

Da das Steuerverfahren unter dem Offizialprinzip steht, hat die Behörde alle rechtzeitigen Vorkehren der Steuerpflichtigen zu berücksichtigen. Das gilt auch dann, wenn beide Ehegatten unabhängig voneinander eine form- und fristgerechte Eingabe eingereicht haben (z.B. getrennte Einlegung von Rechtsmitteln mit unterschiedlichen Anträgen und abweichenden Begründungen). Bei sich widersprechenden Handlungen der Ehegatten haben die Behörden alle rechtzeitigen Vorkehren in ihre Erwägungen miteinzubeziehen und zu würdigen.

15.4 Mitteilungen

Sämtliche Mitteilungen der Behörden an verheiratete Steuerpflichtige, die in rechtlich und tatsächlich ungetrennter Ehe leben, sind gemäss Artikel 113 Absatz 4 DBG an diese gemeinsam zu richten, es sei denn, die Ehegatten hätten einen gemeinsamen Vertreter bestellt (Art. 117 Abs. 3 DBG).

Leben die Ehegatten hingegen in gerichtlich oder tatsächlich getrennter Ehe, bestimmt das Gesetz, dass die Zustellung an jeden Ehegatten gesondert zu erfolgen hat (Art. 117 Abs. 4 DBG).

15.5 Vertretung

Der verfahrensrechtlichen Gleichstellung der Ehegatten steht nicht entgegen, dass sie sich im Verkehr mit den Steuerbehörden vertreten lassen können. Die vertragliche Vertretung wird in Artikel 117 DBG geregelt.

15.6 Akteneinsichtsrecht

Die steuerliche Gleichberechtigung der Ehegatten wirkt sich auch auf die Akteneinsicht aus. Beide Steuerpflichtigen sind zur Einsicht in alle Steuerakten der Ehegemeinschaft berechtigt (Art. 114 Abs. 2 DBG). Wird einem Ehegatten die Einsichtnahme in ein Aktenstück aufgrund öffentlicher oder privater Interesse verweigert, so darf darauf zum Nachteil dieses Ehegatten nur abgestellt werden, wenn ihm die Behörde von dem für die Sache wesentlichen Inhalt mündlich oder schriftlich Kenntnis und ausserdem Gelegenheit gegeben hat, sich zu äussern und Gegenbeweismittel zu bezeichnen (Art. 114 Abs. 3 DBG). Auf Wunsch des Ehegatten, dem die Einsicht verweigert wurde, hat die Behörde die Verweigerung der Akteneinsicht durch eine Verfügung zu bestätigen, die durch Beschwerde angefochten werden kann (Art. 114 Abs. 4 DBG).

Ab dem Zeitpunkt der Trennung kann ein Ehegatte die Steuerakten des anderen Ehegatten nicht mehr einsehen, da diese getrennt veranlagt werden und es sich somit nicht mehr um gemeinsame Steuerakten im Sinne von Artikel 9 DBG in Verbindung mit Artikel 114 Absatz 1 DBG handelt.

15.7 Verfahrensrechtliche Stellung des überlebenden Ehegatten

Stirbt ein Partner eines gemeinsam veranlagten Ehepaares, kommt dem überlebenden Ehegatten eine besondere Rechtsstellung zu. Einerseits übt er die ihm als selbständig steuerpflichtige Person zustehenden Mitwirkungsrechte und -pflichten selbst aus. Andererseits tritt er als Erbe mit den übrigen Erben in die Rechte und Pflichten seines verstorbenen Ehegatten ein (Art. 12 Abs. 1 DBG) und übernimmt damit auch dessen Verfahrensrechte und -pflichten. Dies bedeutet namentlich, dass der überlebende Ehegatte nicht nur für die eigenen Steuerfaktoren, sondern nun für das gesamte eheliche Einkommen mitwirkungspflichtig wird. Dies wirkt sich auch auf das Ausmass seiner Verantwortlichkeit im Steuerstrafrecht aus (vgl. dazu auch Ziff. 16).

16 Steuerstrafrecht der Ehegatten

16.1 Verletzung von Verfahrenspflichten

Ehegatten machen sich wie die übrigen Steuerpflichten strafbar, wenn sie die ihnen auferlegten steuerlichen Verfahrenspflichten trotz Mahnung schuldhaft nicht nachkommen (Art. 174 DBG). Wegen Verletzung von Verfahrenspflichten macht sich jeder Ehegatte nur nach seinem persönlichen Verschulden strafbar. Die Ehegemeinschaft als solche kann nicht gebüsst werden. Haben beide Ehegatten pflichtwidrig die Mitwirkung verweigert (z.B. Steuererklärung nicht eingereicht) oder sich im Verfahren gemeinsam rechtswidrig verhalten, muss grundsätzlich gegen jeden Ehegatten separat eine Steuerbusse ausgesprochen werden, in welcher das individuelle Verschulden berücksichtigt wird. Wird aber gezielt die Auskunft oder Mitwirkung hinsichtlich der Einkommensbestandteile oder sonstiger steuerlich relevanter Umstände verweigert, die nur einen der beiden Ehegatten betreffen, ist auch nur dieser Ehegatte zu büssen.

16.2 Steuerhinterziehung der Ehegatten

Mit der Inkraftsetzung des Bundesgesetzes vom 20. Dezember 2006 über Änderungen des Nachsteuerverfahrens und des Strafverfahrens wegen Steuerhinterziehung auf dem Gebiet der direkten Steuern hat das Steuerstrafrecht der Ehegatten auf den 1. Januar 2008 eine Modifizierung erfahren. Aufgrund der bis anhin in Artikel 180 Absatz 2 DBG gesetzlich statuierten Schuldvermutung konnte die Steuerbehörde prinzipiell davon ausgehen, dass bei einer unvollständigen oder unrichtigen Deklaration derjenige Ehegatte den Tatbestand der Steuerhinterziehung erfüllte, dem die in Frage stehenden Steuerfaktoren zuzurechnen waren. Von einer auf dieser Tatzuordnung und Schuldvermutung beruhenden Strafe konnte sich der Ehegatte lediglich durch die Erbringung des Exkulpationsbeweises befreien. In Umkehr der strafrechtlichen Beweislast hatte nicht die Steuerbehörde dem Ehegatten das tatbestandsmässige, rechtswidrige und schuldhafte Verhalten nachzuweisen, sondern der Ehegatte hatte die Steuerbehörde von seiner Unschuld zu überzeugen.

Diese Schuldvermutung mit Exkulpationsbeweis stand nicht in Einklang mit der in Artikel 6 § 2 der Konvention vom 4. November 1950 zum Schutze der Menschenrechte und Grundfreiheiten (Europäische Menschenrechtskonvention; EMRK) verankerten Unschuldsvermutung, da die Beweislastverteilung offensichtlich in Widerspruch mit dem strafrechtlichen Grundsatz „in dubio pro reo“ stand. Um die ehegattenspezifischen Strafbestimmungen des DBG und des StHG in Einklang mit der EMRK zu bringen, beschlossen die Eidg. Räte die Streichung der gesetzlich statuierten Schuldvermutung.

Gemäss Artikel 180 DBG kann jeder in rechtlich und tatsächlich ungetrennter Ehe lebende Ehegatte nur für die Hinterziehung seiner eigenen Steuerfaktoren gebüsst werden. Die solidarische Haftung des anderen Ehepartners für die Busse bleibt damit ausgeschlossen. Derjenige Ehegatte, der die Einkünfte seines Ehepartners nicht richtig deklariert, verletzt die eigenen Verfahrenspflichten nicht und kann daher nicht als Täter der Steuerhinterziehung bestraft werden.

Allerdings wurde der Vorbehalt von Artikel 177 DBG verankert, in welchem die Teilnahme an einer vollendeten oder versuchten Hinterziehung geregelt wird. Dies hat zur Folge, dass ein Ehegatte - wie jeder andere Steuerpflichtige - als Teilnehmer an einer Steuerhinterziehung seines Partners, d.h. wegen Anstiftung, Gehilfenschaft oder Mitwirkung, bestraft werden kann. Der Gesetzestext hebt zudem ausdrücklich hervor, dass die Unterzeichnung der gemeinsamen Steuererklärung für sich allein keine Teilnahme oder Mitwirkung an einer Hinterziehung der Steuerfaktoren des anderen Ehegatten darstellt.

17 Inkrafttreten

Das vorliegende Kreisschreiben gilt für die Steuerperiode 2011 und tritt per 1. Januar 2011 in Kraft. Es ersetzt

- das Kreisschreiben Nr. 7 vom 21. Januar 2000 betreffend Familienbesteuerung nach dem Bundesgesetz über die direkte Bundessteuer (DBG); Übertragung der gemeinsamen elterlichen Sorge auf unverheiratete Eltern und die gemeinsame Ausübung elterlichen Sorge durch getrennte oder geschiedene Eltern;
- das Kreisschreiben Nr. 14 vom 29. Juli 1994 betreffend Familienbesteuerung nach dem Bundesgesetz über die direkte Bundessteuer (DBG);
- das Kreisschreiben Nr. 13 vom 28. Juli 1994 betreffend Abzug bei Erwerbstätigkeit beider Ehegatten.

Beilagen:

1. Übersicht über die Familienkonstellationen
2. Tabelle zu den verschiedenen Familienkonstellationen

Seite 1

Beilage 1

Familienkonstellationen I: Minderjährige Kinder

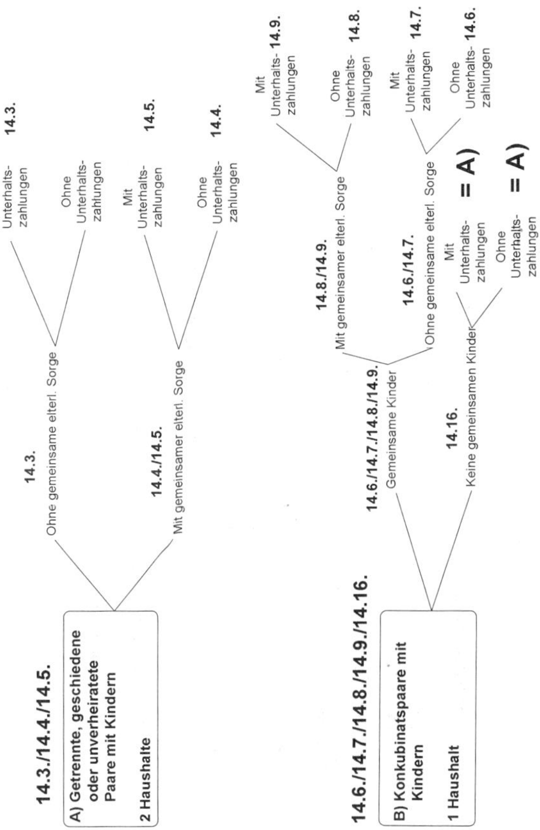

Seite 2

Familienkonstellationen II: Volljährige Kinder in 1. Ausbildung

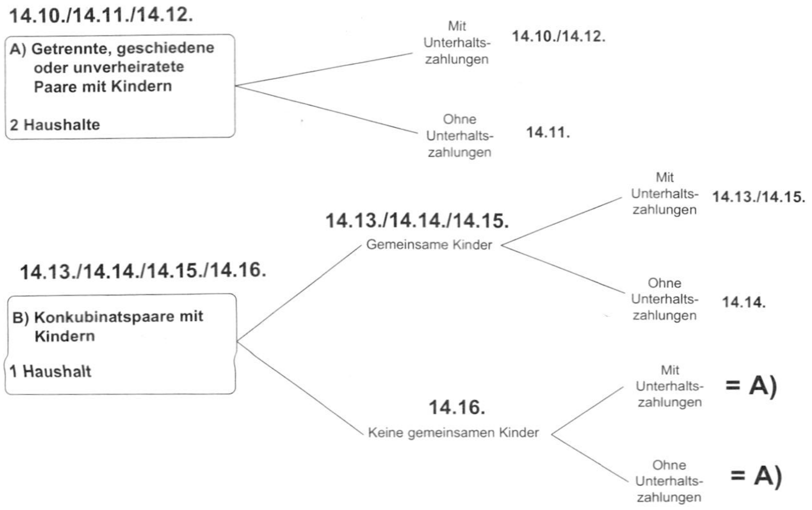

Beilage 2

Tabelle zu den verschiedenen Familienkonstellationen
Besteuerung der Unterhaltsleistungen sowie Zuteilung der verschiedenen Abzüge und Tarife nach DBG

Familienkonstellationen (Kapitel im KS)	Unterhaltszahlungen für das Kind (Art. 23 Bst. f, 24 Bst. e, 33 Abs. 1 Bst. c, 34 Bst. a DBG)	Kinderabzug (Art. 35 Abs. 1 Bst. a DBG)	Zusätzlicher Versicherungs- und Sparzinsenabzug für das Kind (Art. 33 Abs. 1bis Bst. b DBG)	Kinderbetreuungskostenabzug nur bis zum vollendeten 14. Altersjahr (Art. 33 Abs. 3 DBG)	Tarif (Art. 36 DBG)
<u>Minderjähriges Kind</u>					
Normalfall: **Ehepaar in rechtlich und tatsächlich ungetrennter Ehe mit minderjährigem Kind**	entfällt	Kinderabzug von der gemeinsamen Bemessungsgrundlage	Versicherungs- und Sparzinsenabzug für das Kind von der gemeinsamen Bemessungsgrundlage	Abzug der nachgewiesenen Kosten bis zum Maximalbetrag von der gemeinsamen Bemessungsgrundlage	Gemeinsame Veranlagung mit Elterntarif

Beilage 2

Tabelle zu den verschiedenen Familienkonstellationen
Besteuerung der Unterhaltsleistungen sowie Zuteilung der verschiedenen Abzüge und Tarife nach DBG

Familienkonstellationen (Kapitel im KS)	Unterhaltszahlungen für das Kind (Art. 23 Bst. f, 24 Bst. e, 33 Abs. 1 Bst. c, 34 Bst. a DBG)	Kinderabzug (Art. 35 Abs. 1 Bst. a DBG)	Zusätzlicher Versicherungs- und Sparzinsenabzug für das Kind (Art. 33 Abs. 1bis Bst. b DBG)	Kinderbetreuungskostenabzug nur bis zum vollendeten 14. Altersjahr (Art. 33 Abs. 3 DBG)	Tarif (Art. 36 DBG)
14.3. Getrennte, geschiedene oder unverheiratete Eltern (zwei Haushalte) mit minderjährigem Kind, ohne gemeinsame elterliche Sorge, mit Unterhaltszahlungen	• Unterhaltszahlungen, die ein Elternteil für die unter seiner elterlichen Sorge stehenden Kinder erhält, sind vom Empfänger vollständig zu versteuern. • Die Unterhaltszahlungen können vom leistenden Elternteil vollumfänglich in Abzug gebracht werden.	Der Elternteil, der die Unterhaltszahlungen erhält.	Der Elternteil, der die Unterhaltszahlungen erhält.	• Der Elternteil, der mit dem Kind zusammenlebt und für seinen Unterhalt sorgt. • Befindet sich das Kind in alternierender Obhut, kann jeder Elternteil max. CHF 5'050 der nachgewiesenen Kosten für die Kinderfremdbetreuung in Abzug bringen. Eine andere Aufteilung ist von den Eltern nachzuweisen. Betragen die geltend gemachten Kosten beider Elternteile aber zusammen mehr als den Maximalbetrag von CHF 10'100, werden die Abzüge im Verhältnis der nachgewiesenen Kosten auf diesen Maximalbetrag gekürzt.[1]	• Der Elternteil, der mit dem Kind zusammen lebt und dessen Unterhalt zur Hauptsache bestreitet, erhält den Elterntarif. • Der andere Elternteil wird zum Grundtarif besteuert.

Beilage 2

Tabelle zu den verschiedenen Familienkonstellationen
Besteuerung der Unterhaltsleistungen sowie Zuteilung der verschiedenen Abzüge und Tarife nach DBG

Familienkonstellationen (Kapitel im KS)	**Unterhaltszahlungen für das Kind (Art. 23 Bst. f, 24 Bst. e, 33 Abs. 1 Bst. c, 34 Bst. a DBG)**	**Kinderabzug (Art. 35 Abs. 1 Bst. a DBG)**	**Zusätzlicher Versicherungs- und Sparzinsenabzug für das Kind (Art. 33 Abs. 1bis Bst. b DBG)**	**Kinderbetreuungskostenabzug nur bis zum vollendeten 14. Altersjahr (Art. 33 Abs. 3 DBG)**	**Tarif (Art. 36 DBG)**
14.4. Getrennte, geschiedene oder unverheiratete Eltern (zwei Haushalte) mit minderjährigem Kind, mit gemeinsamer elterlicher Sorge, keine Unterhaltszahlungen	entfällt	Jeder Elternteil erhält je den halben Kinderabzug.	Jeder Elternteil erhält je den halben Abzug für das Kind.	• Der Elternteil, der mit dem Kind zusammenlebt. • Befindet sich das Kind in alternierender Obhut, kann jeder Elternteil max. CHF 5'050 der nachgewiesenen Kosten für die Kinderfremdbetreuung in Abzug bringen. Eine andere Aufteilung ist von den Eltern nachzuweisen. Betragen die geltend gemachten Kosten beider Elternteile aber zusammen mehr als den Maximalbetrag von CHF 10'100, werden die Abzüge im Verhältnis der nachgewiesenen Kosten auf diesen Maximalbetrag gekürzt. [1)]	• Der Elternteil, der mit dem Kind zusammenlebt und zur Hauptsache für dessen Unterhalt aufkommt, erhält den Elterntarif. Der andere Elternteil wird zum Grundtarif besteuert. • Bei alternierender Obhut erhält derjenige Elternteil der zur Hauptsache für den Unterhalt des Kindes aufkommt, den Elterntarif, d.h. in der Regel derjenige mit dem höheren Reineinkommen. Der andere Elternteil wird zum Grundtarif besteuert.

Beilage 2

Tabelle zu den verschiedenen Familienkonstellationen
Besteuerung der Unterhaltsleistungen sowie Zuteilung der verschiedenen Abzüge und Tarife nach DBG

Familienkonstellationen (Kapitel im KS)	Unterhaltszahlungen für das Kind (Art. 23 Bst. f, 24 Bst. e, 33 Abs. 1 Bst. c, 34 Bst. a DBG)	Kinderabzug (Art. 35 Abs. 1 Bst. a DBG)	Zusätzlicher Versicherungs- und Sparzinsenabzug für das Kind (Art. 33 Abs. 1bis Bst. b DBG)	Kinderbetreuungskostenabzug nur bis zum vollendeten 14. Altersjahr (Art. 33 Abs. 3 DBG)	Tarif (Art. 36 DBG)
14.5. Getrennte, geschiedene oder unverheiratete Eltern (zwei Haushalte) mit minderjährigem Kind, mit gemeinsamer elterlicher Sorge, mit Unterhaltszahlungen	• Unterhaltszahlungen, die ein Elternteil für die unter seiner elterlichen Sorge stehenden Kinder erhält, sind vom Empfänger vollständig zu versteuern. • Die Unterhaltszahlungen können vom leistenden Elternteil vollumfänglich in Abzug gebracht werden.	Der Elternteil, der die Unterhaltszahlungen erhält.	Der Elternteil, der die Unterhaltszahlungen erhält.	• Der Elternteil, der die Unterhaltszahlungen erhält. • Befindet sich das Kind in alternierender Obhut, kann jeder Elternteil max. CHF 5'050 der nachgewiesenen Kosten für die Kinderfremdbetreuung in Abzug bringen. Eine andere Aufteilung ist von den Eltern nachzuweisen. Betragen die geltend gemachten Kosten beider Elternteile aber zusammen mehr als den Maximalbetrag von CHF 10'100, werden die Abzüge im Verhältnis der nachgewiesenen Kosten auf diesen Maximalbetrag gekürzt.[1)]	• Der Elternteil, der die Unterhaltszahlungen erhält, wird zum Elterntarif besteuert. • Der Elternteil, der die Unterhaltszahlungen leistet, wird zum Grundtarif besteuert.
14.6. Konkubinat mit gemeinsamem minderjährigem Kind, ohne gemeinsame elterliche Sorge, keine Unterhaltszahlungen	entfällt	Der Elternteil, der die elterliche Sorge innehält.	Der Elternteil, der die elterliche Sorge innehält.	Der Elternteil, der die elterliche Sorge innehält, kann die von ihm nachgewiesenen Kosten in Abzug bringen.	• Der Elternteil, der die elterliche Sorge innehält, erhält den Elterntarif. • Der andere Elternteil wird zum Grundtarif besteuert.

Beilage 2

Tabelle zu den verschiedenen Familienkonstellationen
Besteuerung der Unterhaltsleistungen sowie Zuteilung der verschiedenen Abzüge und Tarife nach DBG

Familienkonstellationen (Kapitel im KS)	Unterhaltszahlungen für das Kind (Art. 23 Bst. f, 24 Bst. e, 33 Abs. 1 Bst. c, 34 Bst. a DBG)	Kinderabzug (Art. 35 Abs. 1 Bst. a DBG)	Zusätzlicher Versicherungs- und Sparzinsenabzug für das Kind (Art. 33 Abs. 1bis Bst. b DBG)	Kinderbetreuungskostenabzug nur bis zum vollendeten 14. Altersjahr (Art. 33 Abs. 3 DBG)	Tarif (Art. 36 DBG)
14.7. Konkubinat mit gemeinsamem minderjährigem Kind, ohne gemeinsame elterliche Sorge, mit Unterhaltszahlungen.	• Unterhaltszahlungen, die ein Elternteil für die unter seiner elterlichen Sorge stehenden Kinder erhält, sind vom Empfänger vollständig zu versteuern. • Die Unterhaltszahlungen können vom leistenden Elternteil vollumfänglich in Abzug gebracht werden.	Der Elternteil, der die Unterhaltszahlungen erhält.	Der Elternteil, der die Unterhaltszahlungen erhält.	Jeder Elternteil kann max. CHF 5'050 der nachgewiesenen Kosten für die Kinderfremdbetreuung in Abzug bringen. Eine andere Aufteilung ist von den Eltern nachzuweisen. Betragen die geltend gemachten Kosten beider Elternteile aber zusammen mehr als den Maximalbetrag von CHF 10'100, werden die Abzüge im Verhältnis der nachgewiesenen Kosten auf diesen Maximalbetrag gekürzt. [1]	• Der Elternteil, der die Unterhaltszahlungen erhält, wird zum Elterntarif besteuert. • Der Elternteil, der die Unterhaltszahlungen leistet, wird zum Grundtarif besteuert.

Beilage 2

Tabelle zu den verschiedenen Familienkonstellationen
Besteuerung der Unterhaltsleistungen sowie Zuteilung der verschiedenen Abzüge und Tarife nach DBG

Familienkonstellationen (Kapitel im KS)	Unterhaltszahlungen für das Kind (Art. 23 Bst. f, 24 Bst. e, 33 Abs. 1 Bst. c, 34 Bst. a DBG)	Kinderabzug (Art. 35 Abs. 1 Bst. a DBG)	Zusätzlicher Versicherungs- und Sparzinsenabzug für das Kind (Art. 33 Abs. 1bis Bst. b DBG)	Kinderbetreuungskostenabzug nur bis zum vollendeten 14. Altersjahr (Art. 33 Abs. 3 DBG)	Tarif (Art. 36 DBG)
14.8. Konkubinat mit gemeinsamem minderjährigem Kind, mit gemeinsamer elterlicher Sorge, keine Unterhaltszahlungen	entfällt	Jeder Elternteil erhält je den halben Kinderabzug.	Jeder Elternteil erhält je den halben Versicherungsabzug für das Kind.	Jeder Elternteil kann max. CHF 5'050 der nachgewiesenen Kosten für die Kinderfremdbetreuung in Abzug bringen. Eine andere Aufteilung ist von den Eltern nachzuweisen. Betragen die geltend gemachten Kosten beider Elternteile aber zusammen mehr als den Maximalbetrag von CHF 10'100, werden die Abzüge im Verhältnis der nachgewiesenen Kosten auf diesen Maximalbetrag gekürzt. [1)]	• Der Elternteil, der zur Hauptsache für den Unterhalt des Kindes aufkommt, erhält den Elterntarif, d.h. in der Regel derjenige mit dem höheren Einkommen. • Der andere Elternteil wird zum Grundtarif besteuert.

Beilage 2

Tabelle zu den verschiedenen Familienkonstellationen
Besteuerung der Unterhaltsleistungen sowie Zuteilung der verschiedenen Abzüge und Tarife nach DBG

Familienkonstellationen (Kapitel im KS)	Unterhaltszahlungen für das Kind (Art. 23 Bst. f, 24 Bst. e, 33 Abs. 1 Bst. c, 34 Bst. a DBG)	Kinderabzug (Art. 35 Abs. 1 Bst. a DBG)	Zusätzlicher Versicherungs- und Sparzinsenabzug für das Kind (Art. 33 Abs. 1bis Bst. b DBG)	Kinderbetreuungskostenabzug nur bis zum vollendeten 14. Altersjahr (Art. 33 Abs. 3 DBG)	Tarif (Art. 36 DBG)
14.9. Konkubinat mit gemeinsamem minderjährigem Kind, mit gemeinsamer elterlicher Sorge, mit Unterhaltszahlungen	• Unterhaltszahlungen, die ein Elternteil für die unter seiner elterlichen Sorge stehenden Kinder erhält, sind vom Empfänger vollständig zu versteuern. • Die Unterhaltszahlungen können vom leistenden Elternteil vollumfänglich in Abzug gebracht werden.	Der Elternteil, der die Unterhaltszahlungen erhält.	Der Elternteil, der die Unterhaltszahlungen erhält.	Jeder Elternteil kann max. CHF 5'050 der nachgewiesenen Kosten für die Kinderfremdbetreuung in Abzug bringen. Eine andere Aufteilung ist von den Eltern nachzuweisen. Betragen die geltend gemachten Kosten beider Elternteile aber zusammen mehr als den Maximalbetrag von CHF 10'100, werden die Abzüge im Verhältnis der nachgewiesenen Kosten auf diesen Maximalbetrag gekürzt. [1)]	• Der Elternteil, der die Unterhaltszahlungen erhält, wird zum Elterntarif besteuert. • Der Elternteil, der die Unterhaltszahlungen leistet, wird zum Grundtarif besteuert.

Beilage 2

Tabelle zu den verschiedenen Familienkonstellationen
Besteuerung der Unterhaltsleistungen sowie Zuteilung der verschiedenen Abzüge und Tarife nach DBG

Familienkonstellationen (Kapitel im KS)	Unterhaltszahlungen für das Kind (Art. 23 Bst. f, 24 Bst. e, 33 Abs. 1 Bst. c, 34 Bst. a DBG)	Kinderabzug (Art. 35 Abs. 1 Bst. a DBG)	Zusätzlicher Versicherungs- und Sparzinsenabzug für das Kind (Art. 33 Abs. 1bis Bst. b DBG)	Kinderbetreuungskostenabzug nur bis zum vollendeten 14. Altersjahr (Art. 33 Abs. 3 DBG)	Tarif (Art. 36 DBG)
<u>Volljähriges Kind</u>		**Voraussetzung:** **Der Abzug wird nur gewährt, wenn das Kind kein Einkommen erzielt, das einen selbständigen Lebensunterhalt ermöglicht.**	**Voraussetzung:** **Der Abzug wird nur gewährt, wenn das Kind kein Einkommen erzielt, das einen selbständigen Lebensunterhalt ermöglicht.**		**Voraussetzung:** **Der Elterntarif wird nur gewährt, wenn das Kind kein Einkommen erzielt, das einen selbständigen Lebensunterhalt ermöglicht und Wohnsitz bei den Eltern hat.**
Normalfall: **Verheiratete Eltern leben zusammen. Volljähriges Kind in Erstausbildung.**	entfällt	Kinderabzug von der gemeinsamen Bemessungsgrundlage.	Versicherungsabzug für das Kind von der gemeinsamen Bemessungsgrundlage.	entfällt	Gemeinsame Veranlagung mit Elterntarif
14.10. Getrennte, geschiedene oder unverheiratete Eltern (2 Haushalte) *mit volljährigem* Kind in Erstausbildung, mit Unterhaltszahlungen. Kind hat Wohnsitz bei einem Elternteil.	• Die Unterhaltszahlungen an das volljährige Kind sind bei diesem steuerfrei. • *Die Unterhaltszahlungen* können vom leistenden Elternteil nicht mehr in Abzug gebracht werden.	• Der Unterhaltszahlungen leistende Elternteil kann den Kinderabzug geltend machen. • *Leisten beide Eltern*teile Unterhaltszahlungen, kann der Elternteil mit dem höheren Einkommen den Kinderabzug geltend machen. Der andere Elternteil kann den Unterstützungsabzug geltend machen, sofern seine Leistungen mindestens in der Höhe des Abzuges erfolgen.	• Der Elternteil, der den Kinderabzug geltend machen kann. • Leisten beide Elternteile Unterhaltszahlungen und erfüllen die Voraussetzungen von Art. 35 Abs. 1 Bst. a bzw. Bst. b DBG, können beide den Abzug geltend machen.	entfällt	• Der Elternteil, bei dem das Kind lebt und dessen Unterhalt zur Hauptsache bestreitet, erhält den Elterntarif. • Der Unterhaltszahlungen leistende Elternteil wird zum Grundtarif besteuert.

Beilage 2

Tabelle zu den verschiedenen Familienkonstellationen
Besteuerung der Unterhaltsleistungen sowie Zuteilung der verschiedenen Abzüge und Tarife nach DBG

Familienkonstellationen (Kapitel im KS)	Unterhaltszahlungen für das Kind (Art. 23 Bst. f, 24 Bst. e, 33 Abs. 1 Bst. c, 34 Bst. a DBG)	Kinderabzug (Art. 35 Abs. 1 Bst. a DBG)	Zusätzlicher Versicherungs- und Sparzinsenabzug für das Kind (Art. 33 Abs. 1bis Bst. b DBG)	Kinderbetreuungskostenabzug nur bis zum vollendeten 14. Altersjahr (Art. 33 Abs. 3 DBG)	Tarif (Art. 36 DBG)
14.11. Getrennte, geschiedene oder unverheiratete Eltern (2 Haushalte) mit volljährigem Kind in Erstausbildung, keine Unterhaltszahlungen. Kind hat Wohnsitz bei einem Elternteil.	entfällt	Der Elternteil, bei dem das Kind lebt.	Der Elternteil, bei dem das Kind lebt.	entfällt	• Der Elternteil, bei dem das Kind lebt und dessen Unterhalt zur Hauptsache bestreitet, erhält den Elterntarif. • Der andere Elternteil *wird zum Grundtarif* besteuert.
14.12. Getrennte, geschiedene oder unverheiratete Eltern (2 Haushalte) mit volljährigem Kind in Erstausbildung, mit Unterhaltszahlungen. Kind hat eigenen Wohnsitz.	• Die Unterhaltszahlungen an das volljährige Kind sind bei diesem steuerfrei. • Die Unterhaltszahlungen können vom leistenden Elternteil nicht mehr in Abzug gebracht werden.	• Der Unterhaltszahlungen leistende Elternteil kann den Kinderabzug geltend machen. • Leisten beide Elternteile Unterhaltszahlungen, kann der Elternteil mit dem höheren Einkommen den Kinderabzug geltend machen. Der andere Elternteil kann den Unterstützungsabzug geltend machen, sofern seine Leistungen mindestens in der Höhe des Abzuges erfolgen.	• Der Elternteil, der den Kinderabzug geltend machen kann. • Leisten beide Elternteile Unterhaltszahlungen und erfüllen die Voraussetzungen von Art. 35 Abs. 1 Bst. a bzw. Bst. b DBG, können beide den Abzug geltend machen.	entfällt	Beide Elternteile werden zum Grundtarif besteuert.

Beilage 2

Tabelle zu den verschiedenen Familienkonstellationen
Besteuerung der Unterhaltsleistungen sowie Zuteilung der verschiedenen Abzüge und Tarife nach DBG

Familienkonstellationen (Kapitel im KS)	Unterhaltszahlungen für das Kind (Art. 23 Bst. f, 24 Bst. e, 33 Abs. 1 Bst. c, 34 Bst. a DBG)	Kinderabzug (Art. 35 Abs. 1 Bst. a DBG)	Zusätzlicher Versicherungs- und Sparzinsenabzug für das Kind (Art. 33 Abs. 1bis Bst. b DBG)	Kinderbetreuungskostenabzug nur bis zum vollendeten 14. Altersjahr (Art. 33 Abs. 3 DBG)	Tarif (Art. 36 DBG)
14.13. Konkubinat mit gemeinsamem volljährigem Kind in Erstausbildung, mit Unterhaltszahlungen. Kind hat Wohnsitz bei den Eltern.	• Die Unterhaltszahlungen an das volljährige Kind sind bei diesem steuerfrei. • Die Unterhaltszahlungen können vom leistenden Elternteil nicht mehr in Abzug gebracht werden.	• Der Unterhaltszahlungen leistende Elternteil kann den Kinderabzug geltend machen. • Leisten beide Elternteile Unterhaltszahlungen, kann der Elternteil mit dem höheren Einkommen den Kinderabzug geltend machen. Der andere Elternteil kann den Unterstützungsabzug geltend machen, sofern seine Leistungen mindestens in der Höhe des Abzuges erfolgen.	• Der Elternteil, der den Kinderabzug geltend machen kann. • Leisten beide Elternteile Unterhaltszahlungen und erfüllen die Voraussetzungen von Art. 35 Abs. 1 Bst. a bzw. Bst. b DBG, können beide den Abzug geltend machen.	entfällt	• Der Elternteil, der den Kinderabzug geltend machen kann, erhält den Elterntarif. • Der andere Elternteil wird zum Grundtarif besteuert.
14.14. *Konkubinat* mit gemeinsamem volljährigem Kind in Erstausbildung, keine Unterhaltszahlungen. Kind hat Wohnsitz bei den Eltern.	entfällt	Der Elternteil mit den höheren *finanziellen* Leistungen, d.h. in der Regel derjenige mit dem höheren Einkommen.	Der Elternteil mit den höheren finanziellen Leistungen, d.h. in der Regel derjenige mit dem höheren Einkommen.	entfällt	• Der Elternteil mit den höheren finanziellen Leistungen, d.h. in der Regel derjenige mit dem höheren Einkommen, erhält den Elterntarif. • Der andere Elternteil wird zum Grundtarif besteuert.

Beilage 2

Tabelle zu den verschiedenen Familienkonstellationen
Besteuerung der Unterhaltsleistungen sowie Zuteilung der verschiedenen Abzüge und Tarife nach DBG

Familienkonstellationen (Kapitel im KS)	Unterhaltszahlungen für das Kind (Art. 23 Bst. f, 24 Bst. e, 33 Abs. 1 Bst. c, 34 Bst. a DBG)	Kinderabzug (Art. 35 Abs. 1 Bst. a DBG)	Zusätzlicher Versicherungs- und Sparzinsenabzug für das Kind (Art. 33 Abs. 1bis Bst. b DBG)	Kinderbetreuungskostenabzug nur bis zum vollendeten 14. Altersjahr (Art. 33 Abs. 3 DBG)	Tarif (Art. 36 DBG)
14.15. Konkubinat mit gemeinsamem volljährigem Kind in Erstausbildung, mit Unterhaltszahlungen. Kind hat eigenen Wohnsitz.	• Die Unterhaltszahlungen an das volljährige Kind sind bei diesem steuerfrei. • Die Unterhaltszahlungen können vom leistenden Elternteil nicht mehr in Abzug gebracht werden.	• Der Unterhaltszahlungen leistende Elternteil kann den Kinderabzug geltend machen. • Leisten beide Elternteile Unterhaltszahlungen, kann der Elternteil mit dem höheren Einkommen den Kinderabzug geltend machen. Der andere Elternteil kann den Unterstützungsabzug geltend machen, sofern seine Leistungen mindestens in der Höhe des Abzuges erfolgen.	• Der Elternteil, der den Kinderabzug geltend machen kann. • Leisten beide Elternteile Unterhaltszahlungen und erfüllen die Voraussetzungen von Art. 35Abs. 1 Bst. a bzw. Bst. b DBG, können beide den Abzug geltend machen.	entfällt	Beide Elternteile werden zum Grundtarif besteuert.
14.16. Konkubinat ohne gemeinsames Kind	**Für die getrennt lebenden Elternteile gelten je nach Konstellation die Regeln der Fälle 14.3. – 14.5. und 14.10.-14.12..**				

Beilage 2

Tabelle zu den verschiedenen Familienkonstellationen
Besteuerung der Unterhaltsleistungen sowie Zuteilung der verschiedenen Abzüge und Tarife nach DBG

Familienkonstellationen (Kapitel im KS)	Unterhaltszahlungen für das Kind (Art. 23 Bst. f, 24 Bst. e, 33 Abs. 1 Bst. c, 34 Bst. a DBG)	Kinderabzug (Art. 35 Abs. 1 Bst. a DBG)	Zusätzlicher Versicherungs- und Sparzinsenabzug für das Kind (Art. 33 Abs. 1bis Bst. b DBG)	Kinderbetreuungskostenabzug nur bis zum vollendeten 14. Altersjahr (Art. 33 Abs. 3 DBG)	Tarif (Art. 36 DBG)
13.4.5. Kindesgeburt, Stichtag?	Ab Geburt bis zur Volljährigkeit	31.12. bzw. Ende der Steuerpflicht	31.12. bzw. Ende der Steuerpflicht	Ab Geburt bis zum vollendeten 14. Altersjahr	31.12. bzw. Ende der Steuerpflicht
13.4.6. Eltern sind nur einen Teil des Jahres in der Schweiz steuerpflichtig	Pro rata temporis	Pro rata temporis	Pro rata temporis	Pro rata temporis	Anteilige Reduktion des Steuerbetrags im Verhältnis des steuerbaren Einkommens zum höheren satzbestimmenden Einkommen (unter Vorbehalt anders lautender DBA)
13.4.7. Beide Elternteile sind nur beschränkt steuerpflichtig	Ausscheidung aufgrund Nettoeinkommen[2)] (unter Vorbehalt anders lautender DBA)	Ausscheidung aufgrund Reineinkommen[2)] (unter Vorbehalt anders lautender DBA)	Ausscheidung aufgrund Nettoeinkommen[2)] (unter Vorbehalt anders lautender DBA)	Ausscheidung aufgrund Nettoeinkommen[2)] (unter Vorbehalt anders lautender DBA)	Anteilige Reduktion des Steuerbetrags im Verhältnis des in der Schweiz steuerbaren Einkommens zum höheren satzbestimmenden Einkommen (unter Vorbehalt anders lautender DBA)

Beilage 2

Tabelle zu den verschiedenen Familienkonstellationen
Besteuerung der Unterhaltsleistungen sowie Zuteilung der verschiedenen Abzüge und Tarife nach DBG

[1] Beispiel: Kinderdrittbetreuungskosten

Elternteil 1	6'000	
Elternteil 2	9'000	
Total	15'000	
Maximalbetrag	10'100	
Veranlagung		
Elternteil 1	$\frac{10'100 \times 6'000}{15'000}$	**4'040**
Elternteil 2	$\frac{10'100 \times 9'000}{15'000}$	**6'060**
Total insgesamt		**10'100**

[2] Systematik im DBG

2. Teil, 2. Titel: Einkommenssteuer:

Steuerbare Einkünfte
gem. 1. Kapitel, Abschnitte 1 - 7

= *„Brutto-Einkommen"*
./. „Gewinnungskosten" gem. 3. Kapitel, Abschnitte 1 - 4

= *„Netto-Einkommen"*
./. Allgemeine Abzüge gem. Abschnitt 5

= *Reineinkommen*
./. Sozialabzüge gem. 4. Kapitel

= *Steuerbares Einkommen*

Schweizerische Eidgenossenschaft
Confédération suisse
Confederazione Svizzera
Confederaziun svizra

Eidgenössisches Finanzdepartement EFD
Eidgenössische Steuerverwaltung ESTV
Hauptabteilung Direkte Bundessteuer,
Verrechnungssteuer, Stempelabgaben

Direkte Bundessteuer

Bern, 3. November 2010

Kreisschreiben Nr. 28

Besteuerung der Liquidationsgewinne bei definitiver Aufgabe der selbständigen Erwerbstätigkeit

Inhaltsverzeichnis

Eidgenössische Steuerverwaltung ESTV
Eigerstrasse 65
3003 Bern
www.estv.admin.ch

1. Gegenstand des Kreisschreibens

Das Bundesgesetz vom 23. März 2007 über die Verbesserung der steuerlichen Rahmenbedingungen für unternehmerische Tätigkeiten und Investitionen (Unternehmenssteuerreformgesetz II) führte für die Besteuerung der Liquidationsgewinne bei definitiver Aufgabe der selbständigen Erwerbstätigkeit verschiedene Neuerungen ein. Diese Neuerungen sind in Artikel 37b des Bundesgesetzes vom 14. Dezember 1990 über die direkte Bundessteuer (DBG)[1] wie folgt normiert:

Art. 37b Liquidationsgewinne

[1] Wird die selbständige Erwerbstätigkeit nach dem vollendeten 55. Altersjahr oder wegen Unfähigkeit zur Weiterführung infolge Invalidität definitiv aufgegeben, so ist die Summe der in den letzten zwei Geschäftsjahren realisierten stillen Reserven getrennt vom übrigen Einkommen zu besteuern. Einkaufbeiträge gemäss Artikel 33 Absatz 1 Buchstabe d sind abziehbar. Werden keine solchen Einkäufe vorgenommen, so wird die Steuer auf dem Betrag der realisierten stillen Reserven, für den der Steuerpflichtige die Zulässigkeit eines Einkaufs gemäss Artikel 33 Absatz 1 Buchstabe d nachweist, zu einem Fünftel der Tarife nach Artikel 36 berechnet. Für die Bestimmung des auf den Restbetrag der realisierten stillen Reserven anwendbaren Satzes ist ein Fünftel dieses Restbetrages massgebend, es wird aber in jedem Fall eine Steuer zu einem Satz von mindestens 2 Prozent erhoben.

[2] Absatz 1 gilt auch für den überlebenden Ehegatten, die anderen Erben und die Vermächtnisnehmer, sofern sie das übernommene Unternehmen nicht fortführen; die steuerliche Abrechnung erfolgt spätestens fünf Kalenderjahre nach Ablauf des Todesjahres des Erblassers.

Die Ausführungsbestimmungen zu dieser Regelung sind in der Verordnung über die Besteuerung der Liquidationsgewinne bei definitiver Aufgabe der selbständigen Erwerbstätigkeit (LGBV; Anhang I) festgehalten.

[1] SR 642.11

2. Beendigung der selbständigen Erwerbstätigkeit

2.1. Grundsatz

Der Liquidationsgewinn aus der Aufgabe der selbständigen Erwerbstätigkeit wird gemäss Artikel 37b DBG und LGBV besteuert, wenn die steuerpflichtige Person das 55. Altersjahr erreicht hat oder infolge Invalidität unfähig geworden ist, ihre selbständige Erwerbstätigkeit weiter auszuüben. Dies betrifft sowohl Einzelunternehmen als auch Beteiligungen an Personengesellschaften.

Die Besteuerung gemäss Artikel 37b DBG kommt nach dem Wortlaut des Gesetzes nur dann zur Anwendung, wenn die selbständige Erwerbstätigkeit definitiv aufgegeben wird. Eine geringfügige selbständige Erwerbstätigkeit ohne feste Einrichtungen und ohne Personal soll jedoch auch nach der Anwendung von Artikel 37b DBG möglich sein, sofern das mutmassliche jährliche Nettoeinkommen aus dieser Tätigkeit inskünftig nicht höher als der Betrag (Eintrittschwelle) nach Artikel 2 Absatz 1 des Bundesgesetzes vom 25. Juni 1982 über die berufliche Alters-, Hinterlassenen- und Invalidenvorsorge (BVG)[2] ist.

Wurde einmal ein Liquidationsgewinn nach Artikel 37b DBG besteuert, so ist bei einer späteren Aufnahme einer selbständigen Erwerbstätigkeit Artikel 37b DBG für den Liquidationsgewinn aus dieser Tätigkeit nicht mehr anwendbar.

2.2. Beendigung infolge Invalidität

Eine Invalidität liegt vor, wenn wegen einer voraussichtlich bleibenden oder während längerer Zeit dauernden ganzen oder teilweisen Erwerbsunfähigkeit Leistungen gemäss dem Bundesgesetz vom 19. Juni 1959 über die Invalidenversicherung (IVG)[3] ausgerichtet werden. Unter den Begriff „Leistungen" fallen mithin nicht nur Renten, sondern auch andere Leistungen der IV, wie beispielsweise solche für eine notwendige Umschulung.

Wird als Grund für die Aufgabe der selbständigen Erwerbstätigkeit eine Invalidität geltend gemacht, so muss diese kausal zur Aufgabe der selbständigen Tätigkeit führen. Die zuständige Steuerverwaltung hat dies im Einzelfall zu prüfen. In unklaren Fällen, in denen erst in einem gerichtlichen Verfahren geklärt werden muss, ob überhaupt eine Invalidität vorliegt, ist mit der Veranlagung zuzuwarten, bis der definitive Entscheid vorliegt.

2.3. Übertragung einer Personenunternehmung auf eine juristische Person

Die gleichzeitige oder nachträgliche Aufnahme einer unselbständigen Erwerbstätigkeit steht der privilegierten Besteuerung des Liquidationsgewinnes nicht im Wege. Dies gilt auch für den Fall, dass der selbständig Erwerbende seinen Betrieb, den er bisher in der Rechtsform einer Personenunternehmung geführt hat, auf eine juristische Person überträgt und in der Folge in ein Anstellungsverhältnis mit dieser juristischen Person eintritt. Soweit die Übertragung nicht steuerneutral erfolgt (Art. 19 Abs. 1 Bst. b DBG) sowie für Vermögenswerte, die dabei ins Privatvermögen überführt werden, sind die realisierten stillen Reserven nach Artikel 37b DBG zu besteuern. Vorbehalten bleibt die Wahl des Steueraufschubes gemäss Artikel 18a Absatz 1 DBG sowie die Verpachtung nach Artikel 18a Absatz 2 DBG.

Erfolgt innerhalb von 5 Jahren nach einer steuerneutralen Übertragung des Betriebes eines selbständig Erwerbenden auf eine juristische Person eine Veräusserung zu einem Preis, der über dem übertragenen steuerlichen Eigenkapital liegt (Sperrfristverletzung, Art. 19 Abs. 2 DBG), so ist bei der Abrechnung über die stillen Reserven im Nachsteuerverfahren die Besteuerung nach Artikel 37b DBG vorzunehmen, sofern die Übertragung nach dem Inkrafttreten von Artikel 37b DBG erfolgte und die Voraussetzungen zur Anwendung dieses Artikels im Zeitpunkt der Übertragung erfüllt waren. Einkäufe in die Vorsorge, die seit der Übertra-

[2] SR 831.40
[3] SR 831.20

gung geleistet wurden, sind bei der Berechnung des fiktiven Einkaufes als Altersguthaben aus beruflicher Vorsorge in Abzug zu bringen (Art. 6 Abs. 6 LGBV).

2.4. Aufschubtatbestände

2.4.1. Verhältnis zu Artikel 18a Absatz 1 DBG

Wird eine Liegenschaft aus dem Geschäftsvermögen in das Privatvermögen überführt, so darf nach Artikel 18a Absatz 1 DBG auf Antrag hin im Zeitpunkt der Überführung nur die Differenz zwischen den Anlagekosten und dem massgebenden Einkommenssteuerwert (wieder eingebrachte Abschreibungen) besteuert werden. Die Besteuerung des Wertzuwachsgewinnes als Einkommen aus selbständiger Erwerbstätigkeit wird bis zur Veräusserung der Liegenschaft aufgeschoben. Diese, im Zeitpunkt der Veräusserung realisierten übrigen stillen Reserven, unterliegen zusammen mit dem übrigen Einkommen in jenem Zeitpunkt als Einkommen aus selbständiger Erwerbstätigkeit der ordentlichen Besteuerung.

Verlangt die steuerpflichtige Person im Rahmen der definitiven Aufgabe der selbständigen Erwerbstätigkeit einen Besteuerungsaufschub nach Artikel 18a Absatz 1 DBG, findet Artikel 37b DBG nur auf die wieder eingebrachten Abschreibungen Anwendung. Finden jedoch sowohl die Überführung einer Liegenschaft als auch deren Veräusserung innerhalb der „Liquidationsperiode“ (Liquidationsjahr und Vorjahr) statt, so werden diese beiden Vorgänge als Liquidationshandlungen betrachtet und alle stillen Reserven, das heisst die wieder eingebrachten Abschreibungen und der Wertzuwachsgewinn, bilden Teil des Liquidationsgewinnes, auf welchen Artikel 37b DBG Anwendung findet.

2.4.2. Verhältnis zu Artikel 18a Absatz 2 DBG

Verzichtet die steuerpflichtige Person im Zeitpunkt einer Verpachtung nach Artikel 18a Absatz 2 DBG auf eine Überführung ins Privatvermögen, so verbleibt der Geschäftsbetrieb im Geschäftsvermögen. Bei der Überführung ins Privatvermögen kann die Besteuerung nach Artikel 37b DBG geltend gemacht werden, sofern die Voraussetzungen zur Anwendung von Artikel 37b DBG im Zeitpunkt der Überführung erfüllt sind.

2.4.3. Verhältnis zu Artikel 18a Absatz 3 DBG

Beantragen der oder die den Betrieb übernehmenden Erben oder Vermächtnisnehmer den Steueraufschub nach Artikel 18a Absatz 3 DBG, so werden keine stillen Reserven realisiert, weshalb Artikel 37b DBG nicht zur Anwendung kommt. Geben der oder die den Betrieb übernehmenden Erben oder Vermächtnisnehmer zu einen späteren Zeitpunkt die selbständige Erwerbstätigkeit auf, so können sie die Besteuerung nach Artikel 37b DBG geltend machen, sofern sie selber die Voraussetzungen dafür erfüllen.

3. Liquidation

Nach Artikel 37b DBG bemisst sich der Liquidationsgewinn aus der Summe der in den letzten zwei Geschäftsjahren realisierten stillen Reserven (zur Berechnung vgl. Art. 9 LGBV). Als Liquidationsjahr wird dasjenige Geschäftsjahr bezeichnet, in dem die letzte Liquidationshandlung vorgenommen wird. Der Zeitpunkt des Abschlusses der Liquidation ist – wie dies nach geltendem Recht bereits der Fall ist – im Einzelfall zu klären. In der Regel ist eine Liquidation abgeschlossen, wenn die letzte Inkassohandlung eingeleitet ist. Da es sich dabei manchmal um marginale Beträge handeln kann, sollen jedoch auch andere Umstände das Ende der Liquidation darstellen können, so zum Beispiel wenn die Erwerbs- und Verkaufstätigkeiten eingestellt und/oder die Arbeitsverträge mit den Angestellten aufgelöst werden.

Mit dem Inkrafttreten der LGBV am 1. Januar 2011 gilt bei der Aufgabe der selbständigen Erwerbstätigkeit im Jahr 2011 das Jahr 2010 als Vorjahr. Ist die Veranlagung des Vorjahres bereits in Rechtskraft erwachsen, so wird sie bei der Anwendung von Artikel 37b DBG nach Artikel 147 ff. DBG revidiert.

4. Einkauf in eine Vorsorgeeinrichtung

Beim Einkauf in eine Vorsorgeeinrichtung im Liquidationsjahr und im Vorjahr (Art. 4 LGBV) wird der einbezahlte Betrag bei der Berechnung des steuerbaren Einkommens der Steuerperiode in erster Linie vom übrigen, nicht gesondert besteuerten Einkommen in Abzug gebracht. Kann dabei nicht der gesamte Einkaufbetrag angerechnet werden, so reduziert dieser Überhang den Liquidationsgewinn.

5. Fiktiver Einkauf

5.1. Grundsatz

Der selbständig Erwerbende kann unabhängig davon, ob er einer beruflichen Vorsorgeinrichtung angeschlossen ist oder nicht, einen Antrag auf Besteuerung eines fiktiven Einkaufs stellen. Ist der selbständig Erwerbende einer Einrichtung der beruflichen Vorsorge angeschlossen, verzichtet er aber ganz oder teilweise auf einen tatsächlichen Einkauf von Beitragsjahren, so kann er die Besteuerung eines fiktiven Einkaufs nach Abzug des allfällig vorgenommenen tatsächlichen Einkaufes geltend machen. Eine höhere tatsächliche Deckungslücke des konkreten Vorsorgeplanes bleibt in diesem Fall für die Berechnung des fiktiven Einkaufs unbeachtlich.

Die Besteuerung eines fiktiven Einkaufs kann geltend gemacht werden, solange nach dem BVG ein Einkauf möglich ist.

5.2. Anrechenbare Beitragsjahre

Massgebend ist die Anzahl Jahre vom vollendeten 25. Altersjahr bis zum Alter im Liquidationsjahr, höchstens jedoch bis zum ordentlichen AHV-Rentenalter. Die Jahre ab dem 25. Altersjahr bis und mit dem Liquidationsjahr werden stets vollumfänglich berücksichtigt, unabhängig davon, ob die selbständig erwerbende Person während der ganzen Zeit einer Erwerbstätigkeit nachgegangen ist oder nicht. Bei der Berechnung wird auf die Differenz zwischen dem 25. Altersjahr und dem Alter, in welchem die Erwerbstätigkeit aufgegeben wurde, abgestellt. Das angefangene Altersjahr wird hinzugezählt.

5.3. Massgebendes Einkommen

Massgebendes Einkommen für die Berechnung des fiktiven Einkaufs ist das arithmetische Mittel der AHV-pflichtigen Erwerbseinkünfte aus selbstständiger Erwerbstätigkeit der letzten fünf Geschäftsjahre vor dem Liquidationsjahr. Die im Vorjahr realisierten stillen Reserven werden dabei in Abzug gebracht. Weist die steuerpflichtige Person nach, dass sie bis zum Liquidationsjahr weniger als fünf Jahre selbständig erwerbend war, so wird das Einkommen gestützt auf die tatsächliche Anzahl Jahre der selbständigen Erwerbstätigkeit berechnet (Art. 6 Abs. 4 LGBV).

5.4. Besteuerung des fiktiven Einkaufs

Der Betrag des fiktiven Einkaufs ist als Teil des Liquidationsgewinns nach dem Tarif von Artikel 38 Absatz 1 DBG zu besteuern. Es erfolgt keine Zusammenrechnung mit Kapitalleistungen aus Vorsorge, die in der gleichen Periode anfallen.

5.5. Spätere Einkäufe

Der geltend gemachte fiktive Einkauf wird steuerrechtlich an einen späteren Einkauf in eine Vorsorgeeinrichtung angerechnet (Art. 7 LGBV, steuerrechtliche Reduktion der Deckungslücke).

6. Erbgang

6.1. Grundsatz

Im Todesfall geht die selbständige Erwerbstätigkeit des Erblassers durch Universalsukzession auf die Erben über. Jeder der Erben oder der Vermächtnisnehmer kann frei entscheiden, ob er die bisherige selbständige Erwerbstätigkeit weiterführen will. Wenn direkt im Anschluss an den Erbgang die Liquidation vorgenommen wird, können die Erben oder die Vermächtnisnehmer, welche die selbständige Erwerbstätigkeit nicht weiterführen, an Stelle des Erblassers die Besteuerung nach Artikel 37b DBG geltend machen, sofern der Erblasser im Zeitpunkt seines Ablebens die Voraussetzungen gemäss Artikel 1 Absatz 1 LGBV erfüllt hat.

Weder bei der Liquidation durch die Erben oder die Vermächtnisnehmer noch bei der gesetzlichen Überführung in das Privatvermögen können Einkäufe von Beitragsjahren für den Erblasser oder die Besteuerung eines fiktiven Einkaufs geltend gemacht werden.

6.2. Liquidation durch die Erben oder die Vermächtnisnehmer

6.2.1. Einzelunternehmung

Die Erben und Vermächtnisnehmer, welche die Einzelunternehmung nicht weiterführen, übernehmen den Anspruch des Erblassers auf die privilegierte Besteuerung des Liquidationsgewinns nur dann, wenn dieser im Zeitpunkt seines Ablebens die Voraussetzungen gemäss Artikel 1 Absatz 1 LGBV erfüllt hat.

Führen sie die Tätigkeit nicht weiter und beenden sie die Liquidation nicht, so findet am Ende des fünften Kalenderjahres nach dem Todesjahr des Erblassers eine gesetzlich vorgeschriebene Überführung der Vermögenswerte in das Privatvermögen statt. In diesem Zeitpunkt sind die entsprechenden stillen Reserven nach Artikel 37b DBG unter Ausschluss der Besteuerung als fiktiven Einkauf zu besteuern, wenn der Erblasser im Zeitpunkt seines Ablebens die Voraussetzungen gemäss Artikel 1 Absatz 1 LGBV erfüllt hat.

6.2.2. Personengesellschaft

Bei den Personengesellschaften richtet sich die steuerliche Behandlung nach der Aufstellung in Anhang III.

6.3. Fortführung der selbständigen Erwerbstätigkeit durch die Erben oder die Vermächtnisnehmer

Sobald die Erben oder die Vermächtnisnehmer dauernd oder vorübergehend Handlungen vornehmen, welche über die Erfüllung der im Erbfall bestandenen Verpflichtungen gemäss Artikel 571 Absatz 2 ZGB hinausgehen, so führen sie die selbständige Erwerbstätigkeit weiter und die Liquidationsgewinnbesteuerung gemäss Artikel 37b DBG kann nicht mehr an Stelle des Erblassers geltend gemacht werden. Der Anspruch geht mit der ersten entsprechenden Handlung unter. Die blosse Erfüllung von im Zeitpunkt des Erbgangs bestehenden Verpflichtungen gilt nicht als Fortführung der selbständigen Tätigkeit (Art. 11 Abs. 3 LGBV).

Führen ein oder mehrere Erben oder Vermächtnisnehmer die selbständige Erwerbstätigkeit fort oder übernehmen sie die Anteile an einer Personengesellschaft, so können die übrigen Erben, welche die selbständige Erwerbstätigkeit nicht fortführen, auf ihren Anteil die Besteuerung nach Artikel 37b DBG geltend machen, sofern der Erblasser im Zeitpunkt des Todes die Voraussetzungen gemäss Artikel 1 Absatz 1 LGBV erfüllt hat. Sie müssen diesen Anspruch im Anschluss an den Erbgang geltend machen.

Die Anwendung von Artikel 18a Absatz 3 DBG bleibt vorbehalten.

7. Inkrafttreten

Dieses Kreisschreiben tritt zusammen mit den Artikeln 18a und 37b DBG sowie der LGBV per 1. Januar 2011 in Kraft.

Anm.: Anhang I wird hier nicht abgedruckt. Vgl. dazu LGBV, S. 135.

Schweizerische Eidgenossenschaft
Confédération suisse
Confederazione Svizzera
Confederaziun svizra

Eidgenössisches Finanzdepartement EFD
Eidgenössische Steuerverwaltung ESTV
Hauptabteilung Direkte Bundessteuer,
Verrechnungssteuer, Stempelabgaben

Anhang II

Stabstelle Gesetzgebung, im Januar 2010

Verordnung über die Besteuerung der Liquidationsgewinne bei definitiver Aufgabe der selbständigen Erwerbstätigkeit (Art. 37*b* DBG)

Erläuterungen

Zusammenfassung

Die vorliegende Verordnung beinhaltet die Umsetzung des mit dem Bundesgesetz über die Verbesserung der steuerlichen Rahmenbedingungen für unternehmerische Tätigkeiten und Investitionen (Unternehmenssteuerreformgesetz II) angenommenen Artikels 37b des Bundesgesetzes vom 14. Dezember 1990 über die direkte Bundessteuer (DBG), welcher die Besteuerung des Liquidationsgewinns regelt. Der Liquidationsgewinn von selbständig erwerbenden Personen wird heute gemäss Artikel 18 DBG zusammen mit dem übrigen Einkommen besteuert, was eine progressive Erhöhung der Einkommenssteuer zur Folge hat.

Artikel 37b DBG sieht vor, dass der Liquidationsgewinn (stille Reserven) getrennt vom übrigen Einkommen privilegiert besteuert wird, wenn die selbständige Erwerbstätigkeit nach dem vollendeten 55. Altersjahr oder infolge Invalidität definitiv aufgegeben wird. Ein Fünftel des Liquidationsgewinnes soll satzbestimmend sein. Diese privilegierte Liquidationsbesteuerung kann unter bestimmten Voraussetzungen auch vom überlebenden Ehegatten, den anderen Erben und den Vermächtnisnehmern geltend gemacht werden.

Es besteht für die steuerpflichtige Person ferner die Möglichkeit, ein dem Einkauf in die berufliche Vorsorge entsprechender fiktiver Einkauf (maximal im Umfang des Liquidationsgewinns) geltend zu machen. Im Umfang des fiktiven Einkaufs wird der Steuertarif für Kapitalleistungen aus Vorsorge nach Artikel 38 DBG angewandt. Artikel 37b DBG hat seine grundsätzliche Entsprechung in Artikel 11 Absatz 5 des Bundesgesetzes vom 14. Dezember 1990 über die Harmonisierung der direkten Steuern der Kantone und Gemeinden (StHG).

Die gesonderte Besteuerung des Liquidationsgewinnes ist eine besondere Besteuerungsart, deren Umsetzung in der Verordnung konkretisiert wird. Der fiktive Einkauf, als Teil des Liquidationsgewinnes, ist ein neues Steuerinstitut, für das alle Parameter, die Berechnung und die Anspruchsberechtigten in der Verordnung festgelegt werden müssen.

1. Einleitung

Die eidgenössischen Räte haben am 23. März 2007 das Unternehmenssteuerreformgesetz II beschlossen. Es ändert als Mantelerlass das Bundesgesetz über die Stempelabgaben vom 27. Juni 1973 (StG; SR 641.10), das Bundesgesetz über die direkte Bundessteuer vom 14. Dezember 1990 (DBG; SR 642.11), das Bundesgesetz über die Harmonisierung der direkten Steuern der Kantone und Gemeinden vom 14. Dezember 1990 (StHG; SR 642.14) und das Bundesgesetz über die Verrechnungssteuer vom 13. Oktober 1965 (VStG; SR 642.21). Nachdem gegen diesen Beschluss das Referendum zu Stande kam, wurde das Bundesgesetz am 24. Februar 2008 vom Volk angenommen.

Ziel der Unternehmenssteuerreform II (nachstehend USTR II) war – gemäss Ausführungen des Bundesrates in der Botschaft[1] – einerseits eine steuerliche Entlastung von Risikokapital, primär zugunsten von Investoren, die sich unternehmerisch beteiligen. Andererseits zielte die Reform aber auch auf die steuerliche Entlastung der kleinen und mittleren Unternehmen (KMU) ab. Unter anderem sollten ungerechtfertigte Überbesteuerungen gemildert und zum Teil beseitigt werden. Die beabsichtigten Massnahmen zu Gunsten der Personenunternehmen betrafen folgende vier Bereiche:

- Erhaltung bestehender Personenunternehmen,
- Erleichterung der Restrukturierung von Personenunternehmen,
- Erleichterung der Übertragung von Unternehmen sowie um
- Steuererleichterungen bei der zu Lebzeiten oder nach dem Tod des Inhabers erfolgten Liquidation eines Unternehmens.

Letztere Massnahme führte zum Artikel 37*b* DBG, welcher am 1. Januar 2011 in Kraft treten wird.

1.1 Vorschlag des Bundesrates

Die Botschaft zur Unternehmenssteuerreform II sah in Artikel 37*b* DBG vor (dannzumal noch Artikel 37*a* DBG[2]), dass bei definitiver Aufgabe der selbständigen Erwerbstätigkeit nach dem vollendeten 55. Altersjahr oder infolge Invalidität die in den letzten zwei Geschäftsjahren realisierten stillen Reserven zwar zusammen mit dem übrigen Einkommen besteuert werden sollen, für die Satzbestimmung jedoch jeweils ein Achtel der realisierten stillen Reserven massgebend sein sollte. Durch den Einbezug der realisierten stillen Reserven der letzten zwei Geschäftsjahre statuierte Artikel 37*a* Absatz 1 DBG einen gesetzlichen Revisionsgrund. Von der Abrechnung nach dem milderen Satz ausgeschlossen waren jedoch die auf Grund des Besteuerungsaufschubs (Artikel 18*a* Absatz 1 DBG) steuerlich noch nicht erfassten stillen Reserven. Die Besteuerung des Liquidationsgewinns nach dem milderen Satz sollte gemäss Absatz 2 auch für die Nachkommen, den überlebenden Ehegatten und die Vermächtnisnehmer gelten, sofern diese das von der steuerpflichtigen Person geführte Unternehmen nicht fortführen. Wird das Unternehmen nicht fortgeführt und nicht binnen der fünf dem Tode des Unternehmers folgenden Kalenderjahre liquidiert, sollte eine steuersystematische Abrechnung über die stillen Reserven zum Vorzugssteuersatz erfolgen. Identische Bestimmungen waren in Artikel 11 Absatz 4 StHG zu finden. Das Ausmass der Steuermilderung sollte jedoch durch das kantonale Recht bestimmt werden.

[1] BBl **2005** 4733

[2] Der ursprüngliche Artikel 37a DBG wurde zum heutigen Artikel 37b, da zwischenzeitlich der Artikel über das vereinfachte Abrechnungsverfahren gemäss dem BG gegen die Schwarzarbeit (BGSA) als Artikel 37a ins DBG eingefügt wurde.

Von einer steuerlichen Privilegierung des Liquidationsgewinns im Hinblick darauf, dass im Liquidationsgewinn auch Teile der beruflichen Vorsoge enthalten seien, hatte der Bundesrat ausdrücklich abgesehen. Er hatte dazu ausgeführt: *„Dem Anliegen nach einer Erleichterung und Verbesserung der Möglichkeit beruflicher Vorsorge der Selbständigerwerbenden wurde ... effektiv durch die erste Revision des Gesetzes über die berufliche Vorsorge Rechnung getragen. Die neu eingefügte Bestimmung von Artikel 4 Absatz 3 BVG verschafft Selbständigerwerbenden die Möglichkeit, sich ausschliesslich bei einer Einrichtung der weitergehenden Vorsorge zu versichern, insbesondere bei einer Einrichtung, die nicht im Register für die berufliche Vorsorge eingetragen ist, sofern diese über einen Vorsorgeplan verfügt und nach dem Prinzip der Kollektivversicherung betrieben wird. Diese Lösung entspricht den Vorsorgebedürfnissen Selbständigerwerbender und trägt der Tatsache Rechnung, dass das Betriebseinkommen im Lauf der Zeit erheblichen Schwankungen unterliegt. Angesichts dieser Entwicklung der rechtlichen Situation braucht das Problem der Besteuerung des Liquidationsgewinnes lediglich unter dem Blickwinkel der direkten Besteuerung angegangen zu werden“*[3].

„Kommt es ... zu einem Liquidationsgewinn infolge Aufgabe der selbständigen Erwerbstätigkeit oder infolge einer Betriebsübergabe, so fordern die interessierten Wirtschaftskreise und auch einzelne parlamentarische Vorstösse, dass die damit verbundene Steuerlast zu mildern sei. Als Grund für diese Forderung wird oft angegeben, dass ein Betriebsinhaber über keine Altersvorsorge verfüge. Durch die Revision des BVG und die damit verbundenen Neuerungen (siehe Ziff. 4.1 der Botschaft) ist dieses Argument aber im Wesentlichen gegenstandslos geworden. Die in dieser Botschaft vorgesehenen Massnahmen gehen denn auch in eine andere Richtung: Sie betreffen den Vergleich zwischen der einkommenssteuerlichen Auswirkung der Entstehung stiller Reserven und der Auswirkung, die deren Realisierung nach sich zieht. Werden die im Laufe der Zeit akkumulierten stillen Reserven im Zuge der Unternehmensliquidation auf einen Schlag aufgelöst, so kann dies, infolge der Progression des Steuertarifes, zu einer oft als stossend empfundenen steuerlichen Belastung führen.“

1.2 Beratung in den eidgenössischen Räten

Der Ständerat hatte als Erstrat in der Sommersession 2006 - in Abweichung vom bundesrätlichen Vorschlag - beschlossen, dass die in den letzten zwei Geschäftsjahren realisierten stillen Reserven getrennt vom übrigen Einkommen im Sinne von Artikel 38 DBG zu besteuern seien. Dabei solle ein Fünftel der realisierten stillen Reserven satzbestimmend sein. In jedem Fall solle jedoch eine Steuer von 2 Prozent erhoben werden. Gleichzeitig wurde auch der entsprechend angepasste Artikel 11 Absatz 5 StHG (dannzumal noch Abs. 4) angenommen, der für die kantonale Steuer die getrennte Besteuerung der in den letzten zwei Geschäftsjahren realisierten stillen Reserven vorsah, jedoch die Festlegung des für die Satzbestimmung massgebenden Anteils dem kantonalen Recht überliess. Bei dieser Abänderung bestand vor allem der Wille, die ordentliche Besteuerung des übrigen Einkommens nicht durch die Besteuerung des Liquidationsgewinnes zu beeinflussen, da dieser aus der Beendigung der selbständigen Erwerbstätigkeit gewissermassen eine Besonderheit darstelle. Zudem wurde argumentiert, dass mit dem Liquidationsgewinn die Summe der Einkommen der letzten Jahre aus der selbständigen Erwerbstätigkeit erfasst und besteuert werde. Wären diese Gewinne kontinuierlich realisiert worden, so wären sie gestaffelt und mit kleinerer Progressionswirkung in das steuerbare Einkommen eingeflossen. Dies lege nahe, bei der Satzbestimmung der Liquidationsgewinnbesteuerung nur einen Anteil dieses Gewinnes heranzuziehen. Angesichts der Progression bei der direkten Bundessteuer hatte diese Satzbestimmung zur Folge, dass ein Mindestbesteuerungssatz eingeführt wurde.

[3] BBl **2005** 4733, Ziff. 4.1

Der Nationalrat ging in der Herbstsession 2006 weiter als der Ständerat und stellte sich auf den Standpunkt, dass mit der Mindestbesteuerung von 2 Prozent keine Erleichterung geschaffen, sondern insbesondere für KMU lediglich der Status quo beibehalten worden sei. Zudem sei der festgelegte Mindeststeuersatz zufällig. Daher wurde der Satz von 2 Prozent wieder gestrichen. Der Nationalrat war überdies der Meinung, dass stille Reserven immer auch einen Vorsorge-Charakter aufwiesen. Kleinstunternehmer und -unternehmerinnen verfügten in der Regel nicht über eine Pensionskasse. Sie investierten ihr ganzes Vermögen in ihre Unternehmung und hätten kein Geld, sich nebenbei eine zweite Säule aufzubauen. Wenn nun bei einer Liquidation der gesamte Gewinn besteuert werde, hätten sie nicht wie die Versicherten von den steuerlichen Vorteilen (Abzug der Beiträge und allenfalls privilegierte Besteuerung des Bezugs in Kapitalform) profitieren können. Es gehe hier um die spätere Gewährung von entgangenen früheren Steuerentlastungen. Den Kleinstunternehmungen, von denen es viele gäbe, die ihre für die Altersvorsorge notwendigen Mittel im Betrieb behalten, solle die Möglichkeit gegeben werden, mit der Liquidation ihre Altersvorsorge steuerbegünstigt zu bestreiten. Der Fokus auf einer Reduktion des Steuertarifs anstelle der Besteuerung eines fiktiv reduzierten Liquidationsgewinns (Lösung des Ständerats) sei sachgerecht, weil damit den einschlägigen Bestimmungen für Kapitalleistungen der beruflichen Vorsorge der Unselbständigen entsprochen werde. Mit der Lösung des Ständerats würde eine Reichtumssteuer für Liquidationsgewinne eingeführt und für die Verwaltung administrativer Mehraufwand generiert. Kleinstunternehmen würden bestraft und eine merkwürdige Progressionskurve würde ins Gesetz übernommen. Aus diesen Gründen beschloss der Nationalrat, dass der gesonderte Liquidationsgewinn zu einem Fünftel der Tarife nach Artikel 36 DBG besteuert werden solle.

Im Differenzbereinigungsverfahren wehrte sich der Ständerat während der Frühjahrssession 2007 gegen die vom Nationalrat angebrachten Änderungen. Er hielt an dem von ihm eingebrachten Mindeststeuersatz von 2 Prozent fest. Mit dem Ziel, den Selbständigerwerbenden bei der Liquidation ihres Unternehmens bei Lücken in der Vorsorge gleich lange Spiesse wie den Unselbständigerwerbenden zu verhelfen, präzisierte er überdies, dass Einkaufsbeiträge in eine Einrichtung der beruflichen Vorsorge (gemäss Artikel 33 Absatz 1 Buchstabe d DBG) abziehbar seien. Damit sollte sichergestellt werden, dass der Einkaufsbetrag weiterhin vom ordentlichen Einkommen - welches wegen der getrennten Besteuerung der stillen Reserven tiefer ausfällt - abziehbar ist, neu aber zusätzlich auch vom Liquidationsgewinn abgezogen werden kann, damit der Einkaufsbeitrag steuerlich berücksichtigt wird.

Der Nationalrat sah in der Folge ein, dass der von ihm beschlossene Tarif zu tief war. Er wollte jedoch sicherstellen, dass Gewerbetreibende ohne oder ohne genügende Altersvorsorge nicht gezwungen werden, sich in einer Einrichtung der beruflichen Vorsorge einzukaufen, um es kurz darauf wieder beziehen zu müssen[4]. Vielmehr soll der Teil des Liquidationsgewinnes, für den der Selbständigerwerbende die Zulässigkeit eines Einkaufs in eine Einrichtung der beruflichen Vorsorge nachweisen kann, steuerrechtlich so behandelt werden, wie ein Einkauf in eine Einrichtung der beruflichen Vorsorge mit anschliessendem Bezug. Der Selbständigerwerbende soll, gestützt auf eine angebliche Deckungslücke, einen fiktiven Einkauf geltend machen können.

Dieser Möglichkeit des fiktiven Einkaufs hat der Ständerat zugestimmt, wobei er davon ausgegangen ist, dass sich die fiktive Deckungslücke im Rahmen eines mittleren Vorsorgeplans bewegen und die Steuerverwaltung dazu eine Praxis entwickeln soll.

[4] Votum BR Merz: „ [...] Diese Weiterentwicklung ist eigentlich eine weitere Präzisierung. Sie besteht darin, dass die Fälle zu regeln sind, in welchen der Steuerpflichtige keiner Einrichtung der beruflichen Vorsorge angeschlossen ist, also wenn jemand von diesen BVG-Möglichkeiten keinen Gebrauch macht. Solche Steuerpflichtige sollen nicht zu einem Einkauf in die zweite Säule gezwungen werden, damit sie von der privilegierten Besteuerung profitieren können.." AB 2007 N 313

Der vom Parlament verabschiedete Artikel zur Liquidationsbesteuerung lautete schliesslich wie folgt:

> *Art. 37b Liquidationsgewinne*
>
> *[1] Wird die selbstständige Erwerbstätigkeit nach dem vollendeten 55. Altersjahr oder wegen Unfähigkeit zur Weiterführung infolge Invalidität definitiv aufgegeben, so ist die Summe der in den letzten zwei Geschäftsjahren realisierten stillen Reserven getrennt vom übrigen Einkommen zu besteuern. Einkaufsbeiträge gemäss Artikel 33 Absatz 1 Buchstabe d sind abziehbar. Werden keine solchen Einkäufe vorgenommen, so wird die Steuer auf dem Betrag der realisierten stillen Reserven, für den der Steuerpflichtige die Zulässigkeit eines Einkaufs gemäss Artikel 33 Absatz 1 Buchstabe d nachweist, zu einem Fünftel der Tarife nach Artikel 36 berechnet. Für die Bestimmung des auf den Restbetrag der realisierten stillen Reserven anwendbaren Satzes ist ein Fünftel dieses Restbetrages massgebend, es wird aber in jedem Falle eine Steuer zu einem Satz von mindestens 2 Prozent erhoben.*
>
> *[2] Absatz 1 gilt auch für den überlebenden Ehegatten, die anderen Erben und die Vermächtnisnehmer, sofern sie das übernommene Unternehmen nicht fortführen; die steuerliche Abrechnung erfolgt spätestens fünf Kalenderjahre nach Ablauf des Todesjahres des Erblassers.*

1.3 Auslegung von Artikel 37*b* DBG

Das Gesetz muss in erster Linie aus sich selbst heraus, das heisst nach dem Wortlaut, Sinn und Zweck der ihm zugrunde liegenden Wertungen auf der Basis einer teleologischen Verständnismethode ausgelegt werden. Die Gesetzesauslegung hat sich vom Gedanken leiten zu lassen, dass nicht schon der Wortlaut die Norm darstellt, sondern erst das an Sachverhalten verstandene und konkretisierte Gesetz. Gefordert ist die sachlich richtige Entscheidung im normativen Gefüge, ausgerichtet auf ein befriedigendes Ergebnis der ratio legis (BGE 134 V 170, E. 4.1). Hält man sich bei der Auslegung von Artikel 37b DBG strikte an den Wortlaut, würde dies namentlich zwei bizarr anmutende Konsequenzen haben:

Erstens könnten nur jene selbständig erwerbenden Personen einen fiktiven Einkauf geltend machen, die bereits einer Pensionskasse angeschlossen sind, da nur sie die Zulässigkeit eines Einkaufs nachweisen können. Alle Nichtangeschlossenen haben keine Vorsorgeguthaben, welche mittels Einkäufen aufgestockt werden könnten. Mithin können sie auch dessen Zulässigkeit nicht nachweisen. Dass dies der Gesetzgeber gerade nicht gewollt hat, kann aus den Materialien geschlossen werden. Diese weisen darauf hin, dass der Gesetzgeber jene selbständig erwerbenden Personen, die keiner Vorsorgeeinrichtung angeschlossen sind, nicht zwingen wollte, sich kurz vor der Pensionierung noch einer Vorsorgeeinrichtung anzuschliessen, um den verpassten Vorsorgeaufbau nachzuholen.

Zweitens müssten auch die Erben die Voraussetzungen des Alters (55. Altersjahr erreicht) oder der Invalidität (Unfähigkeit zur Weiterführung infolge Invalidität) erfüllen, wenn sie die privilegierte Liquidationsbesteuerung geltend machen wollen. Obwohl die Materialien diesbezüglich keinen Aufschluss geben, kann gestützt auf die erkennbaren zugrunde liegenden Wertungen davon ausgegangen werden, dass der Gesetzgeber dies ebenfalls nicht wollte.

2. Erläuterungen zu den einzelnen Bestimmungen

2.1 Allgemeine Bestimmungen

Artikel 1 Gegenstand und Geltungsbereich

Absatz 1

Steuerpflichtige, welche ihre selbständige Erwerbstätigkeit definitiv aufgeben, können die Besteuerung des Liquidationsgewinnes gemäss Artikel 37*b* DBG und dieser Verordnung geltend machen. Die definitive Aufgabe setzt nach der gesetzlichen Bestimmung voraus, dass die steuerpflichtige Person das 55. Alterjahr erreicht hat oder aufgrund einer Invalidität unfähig geworden ist, ihre Unternehmung weiterzuführen. Dies betrifft sowohl Einzelunternehmungen als auch Beteiligungen an einer Personengesellschaft. Die gleichzeitige oder nachträgliche Aufnahme einer unselbständigen Erwerbstätigkeit steht der privilegierten Besteuerung des Liquidationsgewinnes nicht im Wege. Diese Verordnung definiert die - nach der Umschreibung des Gesetzes - realisierten stillen Reserven als „Liquidationsgewinn".

Absatz 2

Das Vorliegen einer Invalidität richtet sich nach den massgebenden gesetzlichen Bestimmungen des Bundesgesetzes über die Invalidenversicherung (IVG)[5]. Nach dessen Artikel 4 Absatz 2 IVG ist eine Invalidität gegeben, sobald von der IV wegen voraussichtlich bleibender oder längerer Zeit dauernder ganzer oder teilweise Erwerbsunfähigkeit Leistungen ausgerichtet werden. Unter den Terminus „Leistungen" fallen mithin nicht nur Renten, sondern auch andere Leistungen der IV, wie beispielsweise solche für eine notwendige Umschulung.

Absatz 3

Buchstabe a

Die privilegierte Liquidationsgewinnbesteuerung gilt ausschliesslich für die im Vorjahr und im Liquidationsjahr realisierten stillen Reserven. Einkommen aus der selbständigen Erwerbstätigkeit, welches nicht aus der Realisation von stillen Reserven resultiert, sowie übrige Einkünfte werden weiterhin ordentlich besteuert und können nicht von der separaten Besteuerung nach Artikel 37*b* DBG profitieren.

Buchstabe b

Die privilegierte Liquidationsgewinnbesteuerung soll nur bei der definitiven Aufgabe der selbständigen Erwerbstätigkeit zur Anwendung kommen. Das bedeutet, dass dies nur einmal und nur bei der gesamthaften Aufgabe der Selbständigkeit erfolgt. Auch wer auf Grund einer behaupteten definitiven Aufgabe der selbständigen Erwerbstätigkeit von Artikel 37*b* DBG profitieren konnte und später trotzdem erneut eine selbständige Erwerbstätigkeit aufnimmt, soll nicht zweimal von der Besteuerung nach Art. 37*b* DBG profitieren. Absatz 3 Buchstabe b sieht daher vor, dass in diesem Fall für den späteren Liquidationsgewinn Artikel 37*b* nicht mehr zur Anwendung kommt, er damit ordentlich besteuert wird und demzufolge auch kein fiktiver Einkauf geltend gemacht werden kann.

Ein Nachsteuerverfahren nach den Artikeln 151 - 153 DBG ist in diesen Fällen nicht möglich. Mangels eigener Regelung der Nachbesteuerung in Artikel 37*b* DBG müsste sich eine Nachbesteuerung auf die generellen Nachsteuertatbestände von Artikel 151 Absatz 1 DBG abstützen. Diese bedingen aber, dass Tatsachen oder Beweismittel zu Tage treten, die der Steuerbehörde nicht bekannt waren. Es geht dabei um Fakten oder Beweismittel, die zwar erst nach der rechtskräftigen Veranlagung entdeckt werden. Eigentlich handelt es sich um neue „alte" Tatsachen und Beweismittel, da diese Tatsachen oder Beweismittel bereits im

[5] SR 831.20

Zeitpunkt der Veranlagung vorhanden waren, der Steuerbehörde jedoch erst im Nachhinein bekannt wurden (vgl. Klaus A. Vallender/Martin E. Looser, in: Martin Zweifel/Peter Athanas [Hrsg.], Kommentar zum Schweizerischen Steuerrecht, Bd. I/2b, Art. 151 DBG N 1 und 7). Bei der Beantwortung der Frage, ob neue Tatsachen oder Beweismittel schon im Zeitpunkt der Veranlagung vorlagen, ist der Aktenstand in diesem Zeitpunkt massgeblich (BGE 2C.21/2008 vom 10. Juni 2008 E. 2.1; 2A.502/2005 vom 2. Februar 2006 E. 2, in: StR 61/2006 442, S. 444 mit Hinweis). Solche „neuen" Tatsachen bestehen in diesen Fällen nicht, weshalb ein Nachsteuerverfahren nach Artikel 151 DBG nicht möglich ist.

In der Lehre wird allerdings ausgeführt, dass es sich „in der Regel" um so genannt neue „alte" Tatsachen handeln müsse (Vallender/Looser, a.a.O., Art. 151 N 7). Diese Formulierung lässt darauf schliessen, dass auch neue Tatsachen, die einen bereits abgeschlossenen und in der Vergangenheit liegenden Vorgang nachträglich als unzulässig qualifizieren, als Tatsache anerkannt werden können, welche ein Nachsteuerverfahren rechtfertigen.

In den letzten Änderungen im DBG hat der Gesetzgeber die Anwendung des Nachsteuerverfahrens jeweils explizit statuiert (vgl. beispielsweise Art. 19 Abs. 2 DBG; Art. 20a Absatz 1 Bst. b DBG). Daher ist davon auszugehen, dass der Gesetzgeber das Nachsteuerverfahren auch in Artikel 37*b* DBG geregelt hätte, wenn er gewollt hätte, dass ein solches bei der Liquidationsbesteuerung zur Anwendung gelangt.

Vorbehalten bleibt natürlich stets die Steuerumgehung, die zu einem Nachsteuerverfahren führt. Nach der Rechtsprechung des Bundesgerichts liegt eine Steuerumgehung vor, wenn

a) die von den Beteiligten gewählte Rechtsgestaltung als ungewöhnlich, sachwidrig oder absonderlich, jedenfalls den wirtschaftlichen Gegebenheiten völlig unangemessen erscheint,

b) ferner anzunehmen ist, dass diese Wahl missbräuchlich lediglich deshalb getroffen wurde, um Steuern einzusparen, welche bei sachgemässer Ordnung der Verhältnisse geschuldet wären und

c) das gewählte Vorgehen tatsächlich zu einer erheblichen Steuerersparnis führen würde, sofern die Steuerbehörde es hinnähme.

Artikel 2 Liquidationsjahr

Artikel 2 definiert den Begriff des Liquidationsjahres. Als Liquidationsjahr wird dasjenige Geschäftsjahr bezeichnet, in dem die letzte Liquidationshandlung vorgenommen wurde. In der Regel ist eine Liquidation abgeschlossen, wenn die letzte Inkassohandlung eingeleitet worden ist. Da es sich dabei manchmal um marginale Beträge handeln kann, sollen jedoch auch andere Umstände das Ende der Liquidation darstellen können. Der Zeitpunkt des Abschlusses der Liquidation ist – wie dies nach geltendem Recht auch der Fall ist – im Einzelfall zu klären.

Mit dem Inkrafttreten der Verordnung am 1. Januar 2011 kann bei der Aufgabe der selbständigen Erwerbstätigkeit im Jahr 2011 das Jahr 2010 als zweites massgebendes Geschäftsjahr herangezogen werden.

Artikel 3 Verhältnis zu Artikel 18*a* DBG

Wird eine Liegenschaft (LS) aus dem Geschäftsvermögen (GV) in das Privatvermögen (PV) überführt, kann nach Artikel 18*a* DBG verlangt werden, dass im Zeitpunkt der Überführung nur die Differenz zwischen den Anlagekosten und dem massgebenden Einkommenssteuerwert (wieder eingebrachte Abschreibungen) besteuert wird. Die Besteuerung des Wertzuwachsgewinnes als Einkommen aus selbständiger Erwerbstätigkeit wird bis zur Veräusserung der Liegenschaft aufgeschoben. Diese, im Zeitpunkt der Veräusserung realisierten, übrigen stillen Reserven unterliegen zusammen mit dem übrigen Einkommen dannzumal der ordentlichen Besteuerung.

Im Zeitpunkt der Überführung vom Geschäftsvermögen in das Privatvermögen liegt nicht zwangsläufig eine definitive Aufgabe der Erwerbstätigkeit vor, weshalb Artikel 37*b* DBG nicht in jedem Fall geltend gemacht werden kann.

Verlangt die steuerpflichtige Person im Rahmen der definitiven Aufgabe der selbständigen Erwerbstätigkeit einen Besteuerungsaufschub nach Artikel 18*a* DBG, findet Artikel 37*b* DBG nur auf die wieder eingebrachten Abschreibungen Anwendung.

Finden jedoch sowohl die Überführung einer Liegenschaft als auch deren Veräusserung innerhalb der „Liquidationsperiode" (Vorjahr und Liquidationsjahr) statt, so werden diese beiden Vorgänge als Liquidationstätigkeit betrachtet und alle stillen Reserven, das heisst die wieder eingebrachten Abschreibungen und der Wertzuwachsgewinn, bilden Teil des Liquidationsgewinnes, auf welchen Artikel 37*b* DBG Anwendung findet. Ein Aufschub nach Artikel 18*a* Absatz 1 DBG ist allerdings auch in diesen Fällen möglich.

Es sind folgende Fälle auseinander zu halten:

1. Ohne Aufschub:

a) Die Überführung der Liegenschaft vom Geschäftsvermögen ins Privatvermögen erfolgt im Vorjahr (n-1). Die steuerpflichtige Person macht dabei keinen Steueraufschub gemäss Artikel 18*a* DBG geltend. Die Liegenschaft wird im Liquidationsjahr n veräussert, in welchem die selbständige Erwerbstätigkeit definitiv aufgegeben wird. Die gesamten stillen Reserven (wieder eingebrachte Abschreibungen und der Wertzuwachsgewinn) werden privilegiert besteuert, allenfalls mittels eines Revisionsverfahrens für die Veranlagung des Jahres n-1.

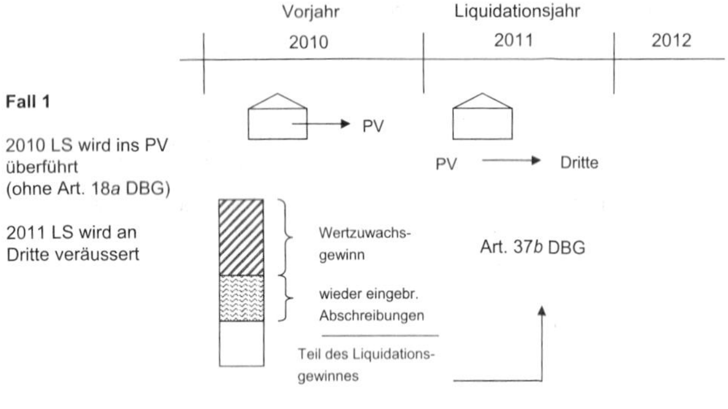

b) Die Überführung der Liegenschaft vom Geschäftsvermögen ins Privatvermögen erfolgt im Vorjahr (n-1). Die steuerpflichtige Person macht dabei keinen Steueraufschub gemäss Artikel 18*a* DBG geltend. Im Jahr n wird die selbständige Erwerbstätigkeit definitiv aufgegeben und die gesamten stillen Reserven (wieder eingebrachte Abschreibungen und der Wertzuwachsgewinn) werden privilegiert besteuert (u.U. mittels eines Revisionsverfahrens für die Veranlagung n-1). Eine spätere Veräusserung der Liegenschaft löst eine allfällige kantonale Grundstückgewinnsteuer, aber keine Einkommenssteuer (steuerfreier privater Kapitalgewinn oder steuerlich unbeachtlicher Kapitalverlust im Jahr n+1 gem. Art. 16 Abs. 3 DBG) aus.

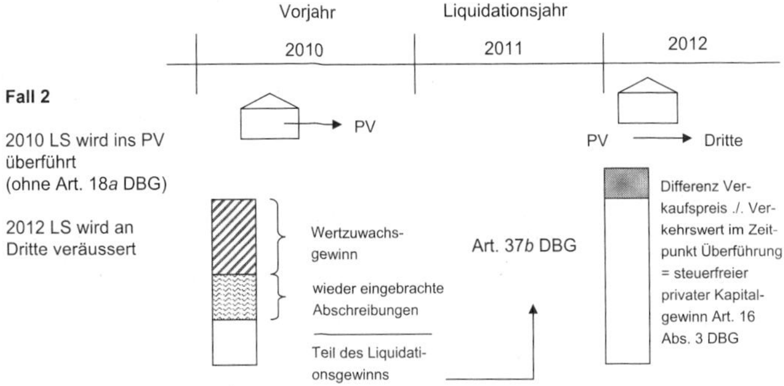

2. Mit Aufschub:

a) Eine Liegenschaft wird im Jahr n-1 vom Geschäftsvermögen ins Privatvermögen überführt. Die steuerpflichtige Person macht dabei den Steueraufschub gemäss Artikel 18*a* DBG geltend. Die Liegenschaft wird im Jahr n+1 veräussert. In diesem Fall sind nur die wieder eingebrachten Abschreibungen Teil des Liquidationsgewinnes (Anwendung von Artikel 37*b* DBG, u.U. mittels eines Revisionsverfahrens). Der Wertzuwachsgewinn wird infolge Aufschubes gemäss Artikel 18*a* DBG im Jahr n+1 als steuerbares Einkommen aus selbständiger Erwerbstätigkeit besteuert.

Fall 3

2011 LS wird ins PV überführt mit Aufschub gem. Art. 18*a* DBG

2013 LS wird an Dritte veräussert

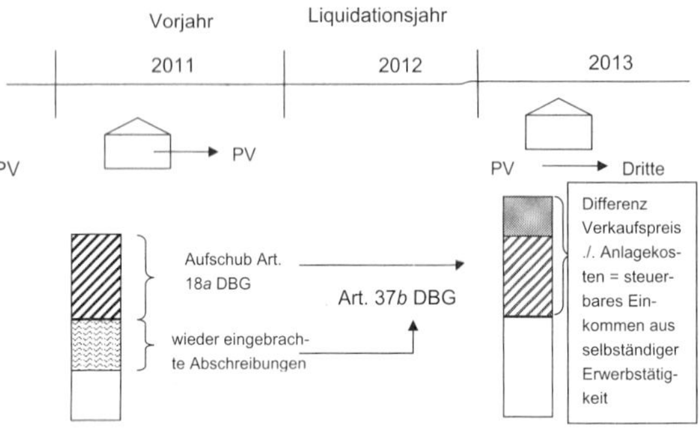

b) Die steuerpflichtige Person überführt eine Liegenschaft im Jahr n-2 vom Geschäftsvermögen ins Privatvermögen und nimmt dabei Artikel 18*a* DBG (Steueraufschub) in Anspruch. Im Jahr n wird die selbständige Erwerbstätigkeit definitiv aufgegeben, Artikel 37*b* DBG kommt zur Anwendung. Die Liegenschaft wird im Jahr n (Liquidationsjahr) veräussert. Mit der Überführung im Jahr n-2 werden die wieder eingebrachten Abschreibungen realisiert und als Einkommen aus selbständiger Erwerbstätigkeit besteuert. Der Wertzuwachsgewinn wird bei der Veräusserung der Liegenschaft im Jahr n besteuert. Er stellt dann allerdings nicht Teil des Liquidationsgewinnes dar, da es sich nicht um im Rahmen der Liquidation realisierte, sondern um aus der Überführung stammende, nachträglich noch zu besteuernde stille Reserven handelt. Sie werden im Jahr n als Einkommen aus selbständiger Erwerbstätigkeit zusammen mit den übrigen Einkünften ordentlich besteuert. In diesem Fall findet Artikel 37*b* DBG demzufolge weder auf die wieder eingebrachten Abschreibungen noch auf den Wertzuwachsgewinn Anwendung.

Fall 4

2010 LS wird ins PV überführt mit Aufschub gem. Art. 18*a* DBG

2012 LS wird an Dritte veräussert

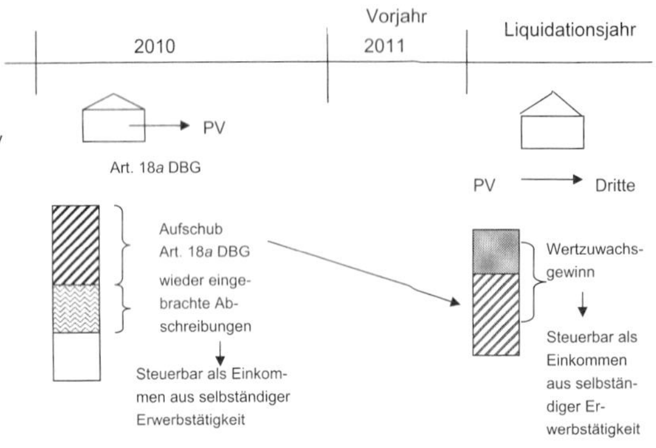

2.2 Einkauf in eine Vorsorgeeinrichtung

Artikel 4

Absatz 1 und 2
Der Gesetzgeber wollte die Selbständigerwerbenden bezüglich der beruflichen Vorsorge den Unselbständigerwerbenden weitestgehend gleichstellen. Aus diesem Grund soll auch der Selbständigerwerbende, welcher sich freiwillig einer Einrichtung der beruflichen Vorsorge angeschlossen hat, den einbezahlten Einkaufsbetrag für die berufliche Vorsorge im Rahmen der Liquidation nach dem Grundsatz von Artikel 33 Absatz 1 Buchstabe d DBG in erster Linie vom Erwerbseinkommen, das nicht aus der Liquidation stammt, und von den übrigen Einkünften abziehen können.

Gemäss Artikel 79*b* Absatz 3 des Bundesgesetzes über die berufliche Alters-, Hinterlassenen- und Invalidenvorsorge (BVG; SR 831.40) dürfen die aus diesen Einkäufen resultierenden Leistungen innerhalb der nächsten drei Jahren nicht in Kapitalform bezogen werden.

Absatz 3
Ergibt sich aus der Anrechnung nach den Absätzen 1 und 2 ein Überhang, so ist diese Differenz vom Liquidationsgewinn abzuziehen.

2.3 Fiktiver Einkauf

Artikel 5 Grundsätze

Absatz 1
Im Rahmen der parlamentarischen Beratungen wurde die Meinung vertreten, dass der fiktive Einkauf (nach Art. 6) nur jenen gewährt werden soll, die keiner zweiten Säule angeschlossen sind. Wie bereits unter Ziffer 1.3 ausgeführt, kann ein Einkaufsbedarf nur berechnet werden, wenn ein Anschluss an einen Vorsorgeplan der zweiten Säule vorhanden ist. Die Zulässigkeit eines Einkaufs können somit nur jene Personen nachweisen, die einer Einrichtung der beruflichen Vorsorge angeschlossen sind. Wird der Gesetzestext nach dem Wortlaut so eng ausgelegt, müsste man daher zum Schluss kommen, dass nur jenen selbständig erwerbstätigen Personen ein fiktiver Einkauf zusteht, welche bereits einer Einrichtung der beruflichen Vorsorge angeschlossen sind, da nur sie eine „Zulässigkeit eines Einkaufs" nachweisen können.

Andererseits ging aus den parlamentarischen Beratungen die Absicht des Gesetzgebers hervor, dass der fiktive Einkauf insbesondere jenen gewährt werden soll, die keiner Einrichtung der beruflichen Vorsorge angeschlossen sind. Diese Ungereimtheit ist Anlass dafür, den Kreis der Anspruchsberechtigten weiter zu gestalten, als es der Gesetzestext vorgibt. Vorgesehen ist, dass alle selbständig Erwerbenden nach Artikel 1, welche keinen tatsächlichen Einkaufsbetrag leisten, die Besteuerung eines fiktiven Einkaufs nach Artikel 8 beantragen können. Wer einer Vorsorgeeinrichtung angeschlossen ist, muss sich bei der Berechnung des fiktiven Einkaufs jedoch alle Vorsorgeguthaben insbesondere auch dieser Vorsorgeeinrichtung anrechnen lassen (siehe Art. 6).

Absatz 2
Bei der Besteuerung nach Artikel 37*b* DBG handelt es sich um eine Steuerminderung. Die dafür notwendigen Grundlagen sind gemäss der allgemeinen Beweisregel durch den Steuerpflichtigen zu dokumentieren und beizubringen.

Artikel 6 Berechnung des fiktiven Einkaufs

Absatz 1
Den Materialien ist zu entnehmen, dass es der Wille des Gesetzgebers war, dass die Berechnung der fiktiven Deckungslücke der Steuerpraxis bzw. der Verwaltung überlassen wird. Dabei soll es sich um einen angemessenen Vorsorgeplan mit Annahme eines durchschnittlichen Beitragsatzes handeln.

Der Altersgutschriftensatz von 15 Prozent entspricht dem obligatorischen Altersgutschriftensatz zwischen dem 45. und 54. Altersjahr nach Artikel 16 BVG. Da nicht zum Vornherein feststeht, ob jemand wegen Invalidität im 30. Altersjahr oder jemand infolge Pensionierung im 65. Altersjahr liquidieren wird, wurde mit 15 Prozent ein guter Mittelwert gewählt. Zusätzlich wurde auf einen Koordinationsabzug verzichtet. Mit den vorliegenden Parametern kann der Vorstellung des Gesetzgebers, der sich von der Idee eines angemessenen Plans leiten liess, entsprochen werden.

Absatz 2
Die Jahre ab dem 25. Altersjahr bis und mit dem Liquidationsjahr werden stets vollumfänglich berücksichtigt, unabhängig davon, ob die selbständig erwerbende Person während der ganzen Zeit einer Erwerbstätigkeit nachgegangen ist oder nicht. Dies analog zur Einkaufsberechnung gemäss dem BVG, die immer auf das 25. Altersjahr zurückrechnet. Für die Berechnung des fiktiven Einkaufs können daher maximal 40 (65-25) bzw. 39 Jahre (64-25) berücksichtigt werden. Es wird dabei auf das vollendete Altersjahr abgestellt und das Jahr der Beendigung der Liquidation mitgezählt. Demzufolge umfasst dieser Zeitraum nur ganze Jahre.

Absatz 3
Abgestellt wird auf das AHV-pflichtige ordentliche Einkommen. Obwohl auch der Liquidationsgewinn AHV-pflichtig ist (dieser wird jedoch gesondert besteuert und ausgewiesen), würde ein Einbeziehen des Liquidationsgewinns das durchschnittliche Jahreseinkommen verfälschen, weshalb bei der Berechnung der fiktiven Deckungslücke nur auf das ordentliche Einkommen abgestellt werden kann.
Da es grundsätzlich möglich ist, sich bei Vorsorgeeinrichtungen in die maximalen Leistungen auf der Grundlage des letzten Lohnes einzukaufen, wird für die auf einen fünfjährigen Durchschnitt abgestellt, um ein möglichst aktuelles Einkommen abzubilden.

Absatz 4
Dauerte die selbständige Erwerbstätigkeit weniger als fünf Jahre, ist die Summe der Erwerbseinkommen der vergangenen Jahren nicht durch fünf, sondern durch die effektive Anzahl Jahre zu teilen, während welcher einer selbständigen Erwerbstätigkeit nachgegangen wurde.

Absatz 5
Im Hinblick darauf, dass mittels des fiktiven Einkaufs die selbständig erwerbenden Personen den unselbständig erwerbenden Personen vorsorgerechtlich gleichgestellt werden sollen, muss die obere Grenze für einen versicherbaren Lohn gemäss BVG auch für den fiktiven Einkauf übernommen werden.

Absatz 6
Alle Vorsorgeguthaben (z.B. auch Guthaben im überobligatorischen Teil, Freizügigkeitsguthaben etc.), inklusive der im Vorjahr und im Liquidationsjahr getätigten Einkäufe, sind an den fiktiven Einkauf anzurechnen und entsprechend in Abzug zu bringen. Ebenfalls anzurechnen sind jegliche bereits bezogenen Leistungen. Darunter fallen alle ordentlichen Leistungen (z.B. Rentenleistungen), die Vorbezüge (z.B. Vorbezug für Wohneigentum) sowie die Barauszahlungen (z.B. Barauszahlung bei Wechsel von unselbständigen zur selbständigen Erwerbstätigkeit). Dies deshalb, weil in diesem Umfang die selbständig erwerbstätige Person bereits in den Genuss von steuerprivilegierten Leistungen aus der Vorsorge gekommen ist.

Diese Leistungen und Bezüge sind der Steuerverwaltung in jedem Fall zur Kenntnis zu bringen. Unter Wohlfahrtsfonds sind Personalfürsorgestiftungen ohne reglementarische Leistungen zu verstehen.

Artikel 7 Nachträglicher Anschluss an eine Vorsorgeeinrichtung

Die privilegierte Besteuerung wird infolge definitiver Aufgabe der Erwerbstätigkeit gewährt. Ist die Aufgabe der Erwerbstätigkeit nicht definitiv, besteht kein Anspruch auf die privilegierte Besteuerung. Es kann jedoch vorkommen, dass eine als definitiv geplante Aufgabe der Erwerbstätigkeit sich im Nachhinein als nicht definitiv herausstellt. Ist die Liquidationsveranlagung bei Aufnahme einer neuen selbständigen Erwerbstätigkeit rechtskräftig, kann – sofern es sich nicht um eine Steuerumgehung handelt - nicht mehr darauf zurückgekommen werden. Wenn nun erneut eine selbständige oder unselbständige Erwerbstätigkeit aufgenommen und im Anschluss daran ein Einkauf in eine Einrichtung der beruflichen Vorsorge getätigt wird, so stellt sich die Frage, wie dieser Einkauf steuerrechtlich zu behandeln ist. Da die steuerpflichtige Person ihren Einkaufsbedarf bereits fiktiv erfüllt und steuerrechtlich geltend gemacht hat, ist von der effektiven Einkaufslücke der bereits geltend gemachte fiktive Einkauf in Abzug zu bringen. Die verbleibende Differenz ist steuerlich zum Abzug zuzulassen.

Der fiktive Einkauf ist in diesem Fall wie eine Freizügigkeitsleistung zu behandeln, welche nach Artikel 60*a* Absatz 3 der Verordnung über die berufliche Alters-, Hinterlassenen- und Invalidenvorsorge (BVV 2; SR 831.441.1) einzubringen wäre.

Artikel 8 Besteuerung des fiktiven Einkaufs

Der Liquidationsgewinn wird im Umfang des fiktiven Einkaufs wie eine Kapitalleistung aus Vorsorge nach Artikel 38 DBG besteuert. Er erfährt mithin eine von der Liquidationsgewinnbesteuerung unabhängige, gesonderte Besteuerung.

Der fiktive Einkauf, welcher zum Vorsorgetarif besteuert wird, ist gemäss Artikel 38 Absatz 1 DBG zusammen mit allfälligen echten Kapitalleistungen, die in der gleichen Steuerperiode anfallen, zusammenzurechnen. Der zum Vorsorgetarif zu besteuernde Anteil des Liquidationsgewinnes (= fiktiver Einkauf) wird deshalb wie eine Leistung aus Vorsorge besteuert, weil er nach Meinung des Gesetzgebers einen Bezug aus Vorsorge darstellt. Damit soll eine selbständig erwerbende Person steuerrechtlich gegenüber jenen, welche ihr Geld nicht in einen Betrieb, sondern in eine Vorsorgeeinrichtung im Sinne des BVG investiert haben, gleichgestellt werden. Die Gleichstellung ist auch insofern gewährleistet, als die Äufnung dieser Vorsorge im Betrieb (Bildung der stillen Reserven) – analog den BVG-Prämien – nicht durch die Einkommenssteuer erfasst wird. Die Besteuerung des fiktiven Einkaufs hat daher unter Zusammenrechnung mit allfälligen Kapitalleistungen aus Vorsorgeeinrichtungen, die in der gleichen Steuerperiode anfallen, zu erfolgen.

2.4 Übriger Liquidationsgewinn

Artikel 9 Bemessung

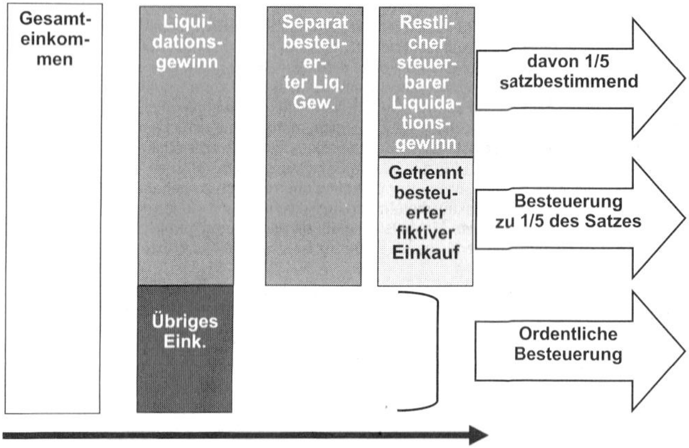

Als Liquidationsgewinn im Sinne dieser Verordnung gelten die im Vorjahr und im Liquidationsjahr realisierten stillen Reserven. Ein Teil dieses Liquidationsgewinnes wird privilegiert nach Artikel 10 dieser Verordnung besteuert. Um diesen Anteil des Liquidationsgewinns zu berechnen, müssen von den realisierten stillen Reserven folgende Beträge abgezogen werden:

Buchstabe a
Ein allfälliger Überhang des Einkaufsbeitrages in eine Vorsorgeeinrichtung nach Artikel 4 nach Abzug von den übrigen Einkünften.

Buchstabe b
Der fiktive Einkauf ist Bestandteil des Liquidationsgewinns. Dieser Teil des Liquidationsgewinnes wird getrennt zum Vorsorgetarif besteuert. Für die Berechnung des verbleibenden Liquidationsgewinns wird der Betrag des fiktiven Einkaufs im Sinne einer Aussonderung abgezogen. Dies dient der Berechnung desjenigen Teils des Liquidationsgewinnes, der nach Artikel 10 der Verordnung besteuert wird.

Buchstabe c
Der für die Liquidation angefallene Aufwand (beispielsweise notarielle oder Anwaltskosten) ist dem Liquidationserlös zuzuordnen und deshalb für die Berechnung des übrigen Liquidationsgewinns von diesem Erlös in Abzug zu bringen.

Buchstabe d
Steuerlich noch nicht geltend gemachte, noch verrechenbare Verlustvorträge. Diese sind zuerst mit den nicht aus der Liquidation stammenden Einkünften zu verrechnen. Verbleibt nach dieser Verrechnung ein Verlustüberhang bestehen, kann dieser verbleibende Verlust mit dem Liquidationsgewinn verrechnet werden.

Artikel 10 Besteuerung

Ein Fünftel des Liquidationsgewinnes, der nach Vornahme der Abzüge gemäss Artikel 9 verbleibt, bestimmt den anwendbaren Steuersatz nach Artikel 214 DBG. Die starke Progression des Tarifs der direkten Bundessteuer kann dazu führen, dass bei geringen Liquidationsgewinnen keine Besteuerung mehr anfallen würde. Da Artikel 37*b* DBG jedoch nur eine Privilegierung, aber keine Steuerbefreiung sein soll, sorgt der Minimalsatz von 2 Prozent dafür, dass beim Liquidationsgewinn immer eine Steuer anfällt.

2.5 Erbgang

Artikel 11 Liquidation durch die Erben oder die Vermächtnisnehmer

Absatz 1
Die Erben und Vermächtnisnehmer, welche die Einzelunternehmung oder die Tätigkeit in der Personengesellschaft nicht weiterführen, übernehmen den Anspruch der steuerpflichtigen Person (Erblasser) auf die privilegierte Besteuerung des Liquidationsgewinns, sofern die steuerpflichtige Person im Zeitpunkt ihres Ablebens die Voraussetzungen gemäss Artikel 1 Absatz 1 der Verordnung erfüllt hat.

Absatz 2
Hierbei handelt es sich um einen Auffangtatbestand. Führen die Erben oder Vermächtnisnehmer die Unternehmung nicht weiter ohne sie jedoch innerhalb von fünf Jahren zu liquidieren, kann weiterhin Geschäftsvermögen bestehen. In diesem Fall liegt nach Ablauf von fünf Jahren ein durch Artikel 37*b* Absatz 2 DBG statuierter, gesetzlicher Realisationstatbestand im Sinne einer Privatentnahme vor. Der resultierende Liquidationsgewinn wird nach Artikel 37*b* DBG besteuert.

Absatz 3
Erfüllen die Erben lediglich noch bestehende Verpflichtungen der Unternehmung des Erblassers zu Ende, welche im Zeitpunkt des Todes bestanden, qualifiziert dieses Verhalten nicht als Fortführung der Unternehmung. Damit soll sichergestellt werden, dass die Liquidation nicht überhastet eingeleitet, sondern geordnet an die Hand genommen werden kann.

Absatz 4
Absatz 2 von Artikel 37*b* DBG, wonach auch die Erben die Steuerprivilegien des Erblassers geltend machen können, war in den parlamentarischen Beratungen unbestritten. Absatz 2 wurde jedoch verabschiedet, bevor in Absatz 1 in letzter Minute die Möglichkeit des fiktiven Einkaufs eingefügt wurde. Absatz 2 umfasste daher bei der Beschlussfassung nur die generelle privilegierte Liquidationsbesteuerung. Der Gesetzgeber ist nach der Einführung des fiktiven Einkaufs nicht mehr auf Absatz 2 zurückgekommen.

Vorsorgerechtlich ist es nicht möglich, dass die Erben und Vermächtnisnehmer einen Einkauf des Verstorbenen geltend machen können, da das durch die Vorsorge versicherte Risiko (in casu Tod) eingetreten ist, das Vorsorgeguthaben in Todesfallleistungen umgewandelt wird und mithin keine Vorsorgelücken mehr geschlossen werden können. Der Gesetzgeber wollte mit dem fiktiven Einkauf dem Umstand Rechnung tragen, dass die steuerpflichtige Person während ihrer selbständigen Erwerbstätigkeit ihre Mittel in die Unternehmung reinvestieren musste und folglich keine Mittel mehr zur Verfügung hatte, um sich eine zweite Säule aufzubauen. Der fiktive Einkauf stellt also ausschliesslich eine Alternative dar, die dem Erblasser offengestanden hatte, welcher zwischen einem tatsächlichen und einem fiktiven Einkauf wählen konnte. Da infolge des Todesfalles keine weitere Vorsorge im BVG mehr möglich ist, entfällt auch die Alternative des fiktiven Einkaufes für den Erblasser. Die Erben können einen fiktiven Einkauf nicht für sich geltend machen, da die Liquidationsbesteuerung nach Artikel 37b Absatz 2 DBG stellvertretend für den Erblasser greift. Den Erben und Vermächtnisnehmern wird die Möglichkeit, für sich eine zweite Säule zu äufnen, regelmässig noch offen stehen, was aber hier keinen Einfluss hat. Der Gesetzgeber hat überdies ausschliesslich den Terminus „Einkauf" verwendet und nie von einer fiktiven Todesfallleistung gesprochen. Er hat sich also ausschliesslich mit der Beitragsseite befasst und damit zum Ausdruck gebracht, dass er die Möglichkeit des fiktiven Einkaufs nur zu Lebzeiten der selbständig erwerbenden Person zulassen wollte.

Ferner ist zu berücksichtigen, dass Erben und allenfalls auch die Vermächtnisnehmer im Todesfall nur Todesfallleistungen erhalten. Diese stimmen im Allgemeinen nicht mit den Erlebensfallleistungen überein. Grundsätzlich soll jedoch keine höhere fiktive „Vorsorgeleistung" fliessen, als in einem echten Vorsorgefall tatsächlich als Vorsorgeleistung ausgerichtet würde. Aus diesen Gründen können die Erben und Vermächtnisnehmer nicht stellvertretend für den Erblasser einen fiktiven Einkauf geltend machen.

Artikel 12 Fortführung der selbständigen Erwerbstätigkeit durch die Erben oder die Vermächtnisnehmer

Sobald die Erben Handlungen vornehmen, die auf die Weiterführung des Unternehmens gerichtet sind, kann die Liquidationsgewinnbesteuerung gemäss Art. 37*b* DBG – mangels Liquidation - nicht mehr gestützt auf den Anspruch des Erblassers geltend gemacht werden. Der Anspruch geht mit der ersten entsprechenden Handlung unter. Hingegen können die Erben in der Folge selber aus eigenem Recht die privilegierte Besteuerung in ihrer Eigenschaft als selbständig erwerbende Personen geltend machen, sofern sie die Voraussetzungen nach Artikel 37*b* DBG erfüllen. Erfüllen die Erben lediglich noch bestehende Verpflichtungen des Erblassers zu Ende, qualifiziert dieses Verhalten nicht als Weiterführung der Unternehmung. Diese Abgrenzung des Begriffes der Fortführung ist identisch mit derjenigen in Artikel 11 der Verordnung.

Führt ein Erbe oder führen mehrere Erben die selbständige Erwerbstätigkeit fort oder übernehmen sie die Anteile an einer Personengesellschaft, so können die übrigen Erben, welche die selbständige Erwerbstätigkeit nicht fortführen, auf ihrem Anteil die mildere Besteuerung nach dieser Verordnung geltend machen, sofern der Erblasser im Zeitpunkt des Todes die Bedingungen nach Art. 37*b* DBG erfüllt hätte. Machen diese Erben allerdings vom Besteuerungsaufschub nach Artikel 18*a* Absatz 3 DBG Gebrauch, so können sie mangels Realisierung stiller Reserven Artikel 37*b* DBG nicht beanspruchen.

2.6 Inkrafttreten

Artikel 13

Diese Verordnung tritt gleichzeitig wie Artikel 37*b* DBG[6] am 1. Januar 2011 in Kraft.

[6] BBl **2007** 2321

Anhang III

Tod einer an einer Personengesellschaft beteiligten Person und dessen Folgen bezüglich Artikel 37b DBG

MÖGLICHKEITEN	INHALT	ZIVILRECHTLICHE FOLGEN	STEUERRECHTLICHE BEHANDLUNG
1. Keine Regelung	**1.A)** Der Tod eines Gesellschafters ist im Gesellschaftsvertrag nicht geregelt. Es greift grundsätzlich die gesetzliche Regelung, wonach die Gesellschaft aufgelöst wird und noch bis zum Abschluss der Liquidation mit dem einzigen Zweck der Liquidation weiter besteht.	**1.A)** Die Erben treten als Erbengemeinschaft in die sich in Liquidation befindende Gesellschaft ein und werden am Gesellschaftsvermögen dinglich berechtigt. Es gilt der Grundsatz der Universalsukzession.	**1.A)** Der Erbe bzw. die Erbengemeinschaft führt – in ihrer Eigenschaft als Gesellschafterin (Universalsukzession) zusammen mit den überlebenden Gesellschaftern – die Liquidation der Gesellschaft durch **= „nicht fortführen", Artikel 37b Absatz 2 DBG findet Anwendung.**
	1.B) Da die Auflösung der Gesellschaft nachträglich rückgängig gemacht werden kann, ist es möglich, solange die Liquidation nicht abgeschlossen ist, auch nachträglich mit der Erbengemeinschaft des Verstorbenen eine formlos gültige Vereinbarung zu treffen, dass die Gesellschaft mit ihr fortbestehen soll (BGE 70 II 56; 29 II 102).	**1.B)** Die Erben treten als Erbengemeinschaft anstelle des Erblassers in die sich nicht mehr in Liquidation befindende Gesellschaft ein.	**1.B)** Die Erbengemeinschaft führt die Gesellschaft an Stelle des Erblassers fort **= „Fortführung", Artikel 37b Absatz 2 DBG findet keine Anwendung**
2. Nachfolgeklausel	**2.A)** Es kann vorgängig vereinbart werden, dass die Gesellschaft mit allen Erben (einfache Nachfolgeklausel), oder mit bestimmten Erben (qualifizierte Nachfolgeklausel) fortbestehen soll. Damit wird die Gesellschaft durch den Tod eines Gesellschafters nicht aufgelöst. In beiden Fällen wird aufgrund der Nachfolgeklausel beim Tod des Gesellschafters durch Universalsukzession seine Erbengemeinschaft Mitglied der Gesellschaft, nicht die einzelnen Erben. Diese wird berechtigt und verpflichtet, die Gesellschaft fortzusetzen (BGE 95 II 551).	**2.A)** Die Erbengemeinschaft tritt anstelle des Erblassers in die Gesellschaft ein.	**2.A)** Die Erbengemeinschaft führt die Gesellschaft fort **= „Fortführung", Artikel 37b Absatz 2 DBG findet keine Anwendung**

	2.B) Jeder Erbe hat das Recht, die Gesellschaft aufgrund von Artikel 27 Absatz 2 ZGB fristlos zu kündigen, oder die Erbengemeinschaft kann beim Richter die Auflösung aus wichtigen Gründen beantragen (BGE 29 II 102). Zudem kann jeder Erbe die amtliche Liquidation der Erbschaft verlangen und dadurch die Auflösung der Gesellschaft bewirken.	**2.B)** Die Erbengemeinschaft tritt in die Stellung des Erblassers ein und wird zum Gesellschafter. Als Gesellschafterin strebt sie nun die Liquidation der Gesellschaft an.	**2.B)** In diesen Fällen ist ein klarer Wille eines oder mehrer Erben erkennbar, die Gesellschaft nicht fortzuführen. Damit wird die selbständige Erwerbstätigkeit übernommen, aber nicht fortgeführt. Dies führt grundsätzlich zur Liquidation der Gesellschaft **= „nicht fortführen", Artikel 37b Absatz 2 DBG findet Anwendung.**
3. Fortsetzungsklausel	Im Gesellschaftsvertrag vereinbaren die Gesellschafter, dass beim Tod eines Gesellschafters die Gesellschaft ohne die Erben des Verstorbenen fortgesetzt wird.	Damit scheidet der Erblasser im Zeitpunkt des Todes aus der Gesellschaft aus. Die Erben werden nie Mitglieder der Gesellschaft, sondern es verbleibt ihnen nur ein schuldrechtlicher Abfindungsanspruch (BGE 100 II 379).	Der **Erblasser realisiert** den Liquidationsgewinn. Hat er im Zeitpunkt seines Todes das 55. Altersjahr erreicht, wird er sein Einkommen und sein Liquidationsgewinn **gemäss Artikel 37b Absatz 1 DBG besteuert**. Ein fiktiver Einkauf kann nicht geltend gemacht werden.
4. Eintrittsklausel	Mit der Eintrittsklausel erhalten die Erben das Recht, aber nicht die Pflicht, der Gesellschaft beizutreten.	**4.A)** Nehmen die Erben diese Offerte an, treten sie anstelle des Erblassers in die Gesellschaft ein.	**4.A)** Die Erben führen die Gesellschaft fort **= „Fortführung", Artikel 37b DBG Absatz 2 DBG findet keine Anwendung**
		4.B) Nehmen die Erben diese Offerte nicht an, treten sie nie in die Gesellschaft ein. In diesem Fall muss die Gesellschaft aufgelöst und liquidiert werden.	**4.B)** Der **Erblasser realisiert** den Liquidationsgewinn. Hat er im Zeitpunkt seines Todes das 55. Altersjahr erreicht oder war er in diesem Zeitpunkt invalid, wird sein Einkommen und sein Liquidationsgewinn **gemäss Artikel 37b Absatz 1 DBG besteuert**. Ein fiktiver Einkauf kann nicht geltend gemacht werden.

Schweizerische Eidgenossenschaft
Confédération suisse
Confederazione Svizzera
Confederaziun svizra

Eidgenössisches Finanzdepartement EFD
Eidgenössische Steuerverwaltung ESTV
Hauptabteilung Direkte Bundessteuer,
Verrechnungssteuer, Stempelabgaben

Direkte Bundessteuer

Bern, 17. Dezember 2009

Kreisschreiben Nr. 27

Steuerermässigung auf Beteiligungserträgen von Kapitalgesellschaften und Genossenschaften

Inhaltsverzeichnis

Eidgenössische Steuerverwaltung ESTV
Eigerstrasse 65
3003 Bern
www.estv.admin.ch

1-027-D-2009-d

1. Gegenstand des Kreisschreibens

Mit dem Bundesgesetz vom 23. März 2007 über die Verbesserung der steuerlichen Rahmenbedingungen für unternehmerische Tätigkeiten und Investitionen (Unternehmenssteuerreformgesetz II) wurde in den Artikeln 62 Absatz 4, 69 und 70 Absatz 4 Buchstabe b des Bundesgesetzes vom 14. Dezember 1990 über die direkte Bundessteuer (DBG) die Steuerermässigung auf Beteiligungserträgen von Kapitalgesellschaften und Genossenschaften wie folgt geändert (Änderungen hervorgehoben):

Art. 62 Abs. 4

[4] Wertberichtigungen und Abschreibungen auf den Gestehungskosten von Beteiligungen, welche die Voraussetzungen nach Artikel 70 Absatz 4 Buchstabe b erfüllen, werden dem steuerbaren Gewinn zugerechnet, soweit sie nicht mehr begründet sind.

Art. 69 Ermässigung

Die Gewinnsteuer einer Kapitalgesellschaft oder Genossenschaft ermässigt sich im Verhältnis des Nettoertrages aus den Beteiligungsrechten zum gesamten Reingewinn, wenn die Gesellschaft oder Genossenschaft:

a. zu mindestens 10 Prozent am Grund- oder Stammkapital einer anderen Gesellschaft beteiligt ist;

b. zu mindestens 10 Prozent am Gewinn und an den Reserven einer anderen Gesellschaft beteiligt ist; oder

c. Beteiligungsrechte im Verkehrswert von mindestens einer Million Franken hält.

Art. 70 Abs. 4 Bst. b

[4] Kapitalgewinne werden bei der Berechnung der Ermässigung nur berücksichtigt:

b. wenn die veräusserte Beteiligung mindestens 10 Prozent des Grund- oder Stammkapitals einer anderen Gesellschaft betrug oder einen Anspruch auf mindestens 10 Prozent des Gewinns und der Reserven einer anderen Gesellschaft begründete und während mindestens eines Jahres im Besitz der veräussernden Kapitalgesellschaft oder Genossenschaft war; fällt die Beteiligungsquote infolge Teilveräusserung unter 10 Prozent, so kann die Ermässigung für jeden folgenden Veräusserungsgewinn nur beansprucht werden, wenn die Beteiligungsrechte am Ende des Steuerjahres vor dem Verkauf einen Verkehrswert von mindestens einer Million Franken hatten.

Das vorliegende Kreisschreiben hält die bestehende Praxis zu den Artikeln 69 und 70 DBG und die Praxis zu den Neuerungen nach der Unternehmenssteuerreform II fest.

2. Der Beteiligungsabzug

2.1. Grundsatz

Für Gewinne, die von in- und ausländischen Kapitalgesellschaften und Genossenschaften an in der Schweiz steuerpflichtige Kapitalgesellschaften und Genossenschaften ausgeschüttet werden, besteht eine Steuerermässigung nach den Artikeln 69 und 70 DBG (sog. Beteiligungsabzug), sofern die nachstehenden subjektiven und objektiven Voraussetzungen erfüllt sind. Der Nettoertrag aus Beteiligungen wird durch diese Steuerermässigung wie bisher indirekt freigestellt.

Nach Artikel 70 Absatz 1 DBG werden bei der Berechnung der Steuerermässigung auch Kapitalgewinne auf qualifizierten Beteiligungen berücksichtigt, soweit der Veräusserungserlös die Gestehungskosten übersteigt (Art. 70 Abs. 4 Bst. a DBG).

2.2. *Subjektive Voraussetzungen*

Der Beteiligungsabzug steht Kapitalgesellschaften und Genossenschaften des schweizerischen Rechts und ausländischen juristischen Personen zu, die den schweizerischen Kapitalgesellschaften und Genossenschaften gleichzustellen sind.

Ausländische Personengesamtheiten ohne juristische Persönlichkeit können den Beteiligungsabzug (Art. 69 und 70 DBG) nicht geltend machen (Endbegünstigte; keine Vermeidung einer Dreifachbelastung nötig). Ausländischen Personengesellschaften steht die Teilbesteuerung der Einkünfte aus Beteiligungsrechten des Geschäftsvermögens nach Artikel 18b DBG zu (KS Nr. 23 vom 17. Dezember 2008).

2.3. *Objektive Voraussetzungen*

2.3.1. Steuerhoheit

Die Erfüllung der nachstehenden Voraussetzungen obliegt dem Unternehmensteil (Sitz oder Betriebsstätte), der der schweizerischen Steuerhoheit unterstellt ist, für die ihm zurechenbaren Werte.

2.3.2. Beteiligungen

Beteiligungen sind Anteile am Grund- oder Stammkapital von Kapitalgesellschaften und Genossenschaften sowie Anteile am Gewinn und an den Reserven von Kapitalgesellschaften oder Genossenschaften.

Als Beteiligungen im Sinne der objektiven Voraussetzungen gemäss Artikel 69 DBG gelten insbesondere:

- Aktien;
- Stammeinlagen;
- Genossenschaftsanteile;
- Partizipationsscheine gemäss Artikel 656a OR;
- Genussscheine;
- Anteile am Kapital einer SICAF.

Keine Beteiligungen bestehen insbesondere bei:

- Obligationen;
- Darlehen und Vorschüssen;
- hybriden Finanzierungsinstrumenten;
- anderen Guthaben eines an der Kapitalgesellschaft Beteiligten oder eines Genossenschafters;
- Anteilen an kollektiven Kapitalanlagen und diesen gleichzustellenden Körperschaften, z.B. Anteile am Kapital einer SICAV.

Die Qualifikation von ausländischen Beteiligungen erfolgt in sinngemässer Anwendung von Artikel 49 Absatz 3 DBG. Die Gründerrechte an einer liechtensteinischen Anstalt mit ungeteiltem Kapital stellen keine Beteiligungsrechte im Sinne der Artikel 69 und 70 DBG dar.

2.3.3. Erforderliches Ausmass der Beteiligung

Auf Ausschüttungen wird die Steuerermässigung gewährt, wenn die Beteiligung mindestens 10 Prozent am Grund- oder Stammkapital der anderen Gesellschaft ausmacht oder 10 Prozent am Gewinn und an den Reserven begründet oder einen Verkehrswert von mindestens einer Million Franken aufweist.

Kapitalgewinne gelten dagegen nur dann als Beteiligungsertrag, wenn die veräusserte Beteiligung mindestens 10 Prozent des Grund- oder Stammkapitals einer anderen Gesellschaft betrug oder einen Anspruch auf mindestens 10 Prozent des Gewinns und der Reserven einer anderen Gesellschaft begründete und während mindestens eines Jahres im Besitz der veräussernden Kapitalgesellschaft oder Genossenschaft war (Art. 70 Abs. 4 Bst. b DBG).

Fällt die Beteiligungsquote infolge einer Teilveräusserung unter 10 Prozent, so kann die Ermässigung für jeden folgenden Veräusserungsgewinn beansprucht werden, wenn die Beteiligungsrechte am Ende des Steuerjahres vor dem Verkauf einen Verkehrswert von mindestens einer Million Franken hatten und zuvor eine Beteiligung von mindestens 10 Prozent am Grund- oder Stammkapital oder von mindestens 10 Prozent am Gewinn und an den Reserven veräussert worden ist. Diese Regelung gilt nur für Beteiligungen, die durch Teilveräusserung nach dem 31. Dezember 2010, welche zum Beteiligungsabzug auf dem Veräusserungsgewinn qualifiziert, unter 10 Prozent gefallen sind.

Die Quote von nennwertlosen Beteiligungen berechnet sich i.d.R. aufgrund der anteiligen Ausschüttungen. Im Veräusserungsfall wird die Quote aufgrund der Statuten ermittelt.

Die Stimmrechte, welche durch die gehaltene Beteiligung verliehen werden, stellen kein relevantes Kriterium zur Erlangung der Steuerermässigung dar.

Das erforderliche Ausmass der Beteiligung muss bei Anfall des Beteiligungsertrages oder am Ende der Steuerperiode erfüllt sein. Wird beim Verkauf einer Beteiligung der Bezug des Beteiligungsertrags der Verkäufergesellschaft vorbehalten, wird bei der Berechnung des prozentualen Umfangs der Beteiligung auf die Verhältnisse im Zeitpunkt des Verkaufs abgestellt.

2.4. Beteiligungserträge

2.4.1. Ausschüttungen

Artikel 70 DBG enthält zwar keine positive Aufzählung der Beteiligungserträge, zählt jedoch in Absatz 2 jene Erträge und Gewinne auf, die keine Beteiligungserträge darstellen und damit bei der Berechnung der Steuerermässigung ausser Betracht fallen. Aufgrund des Gesetzeswortlautes und in Anlehnung an die bisherige Praxis zählen zu den Beteiligungserträgen insbesondere:

- Ordentliche Gewinnausschüttungen wie Dividenden, Gewinnanteile auf Stammeinlagen, Zinsen auf Genossenschaftsanteilen;
- ausserordentliche Gewinnausschüttungen, z.B. Anteile am Ergebnis einer Teil- oder Totalliquidation (Liquidationsüberschüsse und Fusionsgewinne);

- Ausschüttungen auf Partizipationsscheinen;
- Ausschüttungen auf Genussscheinen;
- alle übrigen offenen Gewinnausschüttungen;
- verdeckte Gewinnausschüttungen (wie z.B. Zinsen, Entschädigungen für materielle und immaterielle Wirtschaftsgüter sowie für Dienstleistungen, die sich im Lichte des Drittvergleichs nicht rechtfertigen lassen), sofern die leistende Kapitalgesellschaft oder Genossenschaft eine entsprechende Gewinnaufrechnung erfahren hat. Stammt die verdeckte Gewinnausschüttung aus einer ausländischen Kapitalgesellschaft oder Genossenschaft, wird der Beteiligungsabzug nur gewährt, wenn die zuständige schweizerische Steuerbehörde zur Einsicht gelangt, dass sie anstelle der ausländischen Steuerbehörde ebenfalls eine Aufrechnung vorgenommen hätte oder, wenn eine Verständigungslösung kraft eines Doppelbesteuerungsabkommens vorliegt;
- Kapitalrückzahlungen.

Keine Beteiligungserträge sind insbesondere:

- Erträge, die bei der leistenden in- oder ausländischen Kapitalgesellschaft oder Genossenschaft geschäftsmässig begründeten Aufwand darstellen (Art. 70 Abs. 2 Bst. b DBG);
- Liquidationsüberschüsse und Fusionsgewinne, soweit sie auf Wertberichtigungen entfallen oder nach Artikel 62 Absatz 4 DBG hätten aufgerechnet werden müssen;
- Kompensations- oder Ersatzzahlungen aus dem "Securities Lending";
- Gratisaktien.

2.4.2. Kapitalgewinne

Kapitalgewinne aus der Veräusserung von Beteiligungen (inklusive Erlöse aus dazugehörigen Bezugsrechten) werden bei der Berechnung der Steuerermässigung unter folgenden Voraussetzungen berücksichtigt (Art. 70 Abs. 1 DBG):

- Kapitalgewinne gelten nur in dem Umfang als Beteiligungsertrag, in dem der Veräusserungserlös die Gestehungskosten übersteigt; die Differenz zwischen den Gestehungskosten und dem Gewinnsteuerwert (i.d.R. wieder eingebrachte Abschreibungen) bleibt somit voll steuerbar (Art. 70 Abs. 4 Bst. a DBG; siehe Beispiel Nr. 1 im Anhang).
- Die veräusserte Beteiligung muss mindestens 10 Prozent des Grund- oder Stammkapitals der anderen Gesellschaft ausmachen oder einen Anspruch auf mindestens 10 Prozent des Gewinns und der Reserven einer anderen Gesellschaft begründen (Art. 70 Abs. 4 Bst. b DBG). Mehrere Verkäufe im gleichen Geschäftsjahr können dabei zusammengerechnet werden.
- Die veräusserte Beteiligung muss während mindestens zwölf Monaten im Besitz der Kapitalgesellschaft oder Genossenschaft gewesen sein (Art. 70 Abs. 4 Bst. b DBG).
- Artikel 70 Absatz 5 DBG bleibt vorbehalten.

Aufwertungsgewinne, auch die Aktivierung von Gratisaktien, gelten nicht als Beteiligungsertrag (Art. 70 Abs. 2 Bst. c DBG).

2.5. Gestehungskosten von Beteiligungen

2.5.1. Ermittlung

Kapitalgewinne auf Beteiligungen werden bei der Berechnung der Ermässigung nur berücksichtigt, soweit der Veräusserungserlös die Gestehungskosten übersteigt (Art. 70 Abs. 4 Bst. a DBG). Die Gestehungskosten von Beteiligungen sind daher von zentraler Bedeutung. Dabei ist zu beachten, dass für Beteiligungen, die vor dem 1. Januar 1997 im Besitz der Kapitalgesellschaft oder Genossenschaft waren, die Gewinnsteuerwerte (Buchwert zuzüglich als Gewinn versteuerte stille Reserven) zu Beginn des Geschäftsjahres, das im Kalenderjahr 1997 endet, als Gestehungskosten gelten (Art. 207a Abs. 2 DBG). Für jede Beteiligung sind daher ab dem Geschäftsjahr 1997 folgende Werte einzeln aufzulisten und nachzuführen (Beilage zur Steuererklärung):

- Buchwert;
- als Gewinn versteuerte stille Reserve;
- Erwerbsdatum und Erwerbspreis (nur für Beteiligungen, die nach dem 31. Dezember 1996 erworben wurden);
- Erhöhung der Gestehungskosten durch Investitionen nach dem 31. Dezember 1996 (offene Kapitaleinlagen gemäss Art. 60 Bst. a DBG, als Gewinn versteuerte verdeckte Kapitaleinlagen, offene und verdeckte Sanierungszuschüsse, siehe Beispiel Nr. 2 im Anhang);
- Erhöhung der Gestehungskosten durch steuerwirksame Aufwertungen bei Sanierungen gemäss Artikel 670 OR;
- Verminderung der Gestehungskosten durch Desinvestitionen nach dem 31.12.1996 (Abschreibungen im Zusammenhang mit Ausschüttungen Art. 70 Abs. 3 DBG; siehe Beispiel Nr. 3 im Anhang).

Der Gewinnsteuerwert und die Gestehungskosten können pro Beteiligung durchschnittlich oder für jede Erhöhung (Zukauf oder Kapitalerhöhung) einzeln ermittelt werden. Wird der Bestand einer Beteiligung für jede Erhöhung einzeln nachgeführt, steht es der Steuerpflichtigen frei, nach welcher Umschlagsmethode sich im Veräusserungsfall der Kapitalgewinn und der Beteiligungsertrag bemessen (FIFO, LIFO, HIFO).

2.5.2. *Abschreibungen*

Wertberichtigungen sowie Abschreibungen auf Beteiligungen nach Artikel 70 Absatz 4 Buchstabe b DBG werden dem steuerbaren Gewinn zugerechnet, soweit sie nicht mehr begründet sind (Art. 62 Abs. 4 DBG). Dies trifft zu, soweit eine nachhaltige Werterholung der Beteiligung eingetreten ist. Dabei wird die bisherige Praxis zur Überprüfung von Rückstellungen analog angewendet. Zur Überprüfung, ob eine nachhaltige Werterholung der Beteiligung eingetreten ist, können beispielsweise folgende Indizien herangezogen werden:

- Der Börsenkurs der Beteiligungsrechte;
- die bei Zukäufen oder Verkäufen der Beteiligungsrechte bezahlten Preise;
- das ausgewiesene, anteilige Eigenkapital der Gesellschaft oder Genossenschaft, deren Beteiligungsrechte Gegenstand der Wertberichtigung sind;
- die kapitalisierten, regelmässig zufliessenden Ausschüttungen. Der Kapitalisierungszinssatz richtet sich nach der Wegleitung zur Bewertung von Wertpapieren ohne Kurswert für die Vermögenssteuer;
- die Bewertung der Beteiligung aufgrund der Praktikermethode (arith. Mittel aus Ertrags- und Substanzwert).

Für Beteiligungen, die vor dem 1. Januar 1997 im Besitz der Kapitalgesellschaft oder Genossenschaft waren, gelten die Gewinnsteuerwerte zu Beginn des Geschäftsjahres, das im Kalenderjahr 1997 endet, als Gestehungskosten (Art. 207a Abs. 2 DBG). Demnach reduzieren Abschreibungen, die vor dem im Kalenderjahr 1997 endenden Geschäftsjahr vorgenommen wurden, die originären Gestehungskosten. Für solche Abschreibungen ist Artikel 62 Absatz 4 DBG nicht anwendbar. Wertberichtigungen, die bisher in Form von Rückstellungen vorgenommen wurden, werden dagegen dem steuerbaren Reingewinn zugerechnet, soweit sie nicht mehr begründet sind (Art. 63 Abs. 2 DBG).

Artikel 62 Absatz 4 DBG ist auch anwendbar, wenn die Beteiligungsquote infolge einer Teilveräusserung unter 10 Prozent sinkt und die Beteiligungsrechte am Ende des Steuerjahres vor der Werterholung einen Verkehrswert von mindestens einer Million Franken hatten.

2.6. *Nettoertrag aus Beteiligungen*

2.6.1. Zusammensetzung des Nettoertrages aus Beteiligungen

Der Nettoertrag aus Beteiligungen entspricht der Summe der einzelnen positiven, d.h. pro Beteiligung ermittelten Netto-Erträge. Beteiligungen, die ein negatives Ergebnis aufweisen, fallen für die Berechnung der Ermässigung ausser Betracht; die anteiligen Aufwandüberhänge gehen in diesem Fall zu Lasten der steuerwirksamen Inlandfaktoren (siehe Beispiel Nr. 4 im Anhang).

2.6.2. Finanzierungsaufwand

Von den einzelnen Bruttoerträgen aus Beteiligungen ist zunächst der darauf entfallende Finanzierungsaufwand der Steuerperiode in Abzug zu bringen. Als Finanzierungsaufwand gelten Schuldzinsen (einschliesslich Zinsen auf Schulden ohne Gläubigernachweis, jedoch ohne übersetzte Zinsen oder Zinsen auf verdecktem Eigenkapital) sowie sonstige Aufwendungen, deren unmittelbare Ursache im steuerlich relevanten Fremdkapital oder auch in faktischen mittel- oder langfristigen Verbindlichkeiten anderer Art liegt. Demgegenüber stellen die von der Steuerpflichtigen nicht beanspruchten Skonto-Offerten der Lieferanten oder die von ihren Kunden beanspruchten Skonti keinen Finanzierungsaufwand im Sinne von Artikel 70 Absatz 1 zweiter Satz DBG dar. Solche Aufwendungen oder Erlösminderungen finden i.d.R ihren Niederschlag direkt und ausschliesslich im betrieblichen Bruttogewinn. Im Mietaufwand sowie in Leasingraten enthaltener Finanzierungsaufwand bleibt ebenfalls unberücksichtigt.

Ist der gesamte Finanzierungsaufwand ermittelt, erfolgt dessen Umlage grundsätzlich nach Massgabe der Gewinnsteuerwerte (steuerlich massgebende Buchwerte) der ertragbringenden Beteiligungen einerseits und der gesamten Aktiven andererseits. Die Gewinnsteuerwerte bemessen sich i.d.R. nach dem Stand am Ende der Steuerperiode. Für Beteiligungen, die während des Geschäftsjahres veräussert wurden, ist der anteilige Finanzierungsaufwand i.d.R. ebenfalls mit einer vollen Jahresquote, bezogen auf den Gewinnsteuerwert im Zeitpunkt der Veräusserung, zu berücksichtigen (siehe Beispiele Nr. 5 und 6 im Anhang).

2.6.3. Verwaltungsaufwand

Die Erträge der einzelnen Beteiligungen sind grundsätzlich um einen pauschalen Beitrag von 5 Prozent zur Deckung des Verwaltungsaufwandes zu kürzen (Art. 70 Abs. 1 DBG). Es handelt sich dabei um eine Pauschale, die stets vom Bruttoertrag (allerdings nach Abzug von Abschreibungen im Zusammenhang mit Beteiligungserträgen gem. Art. 70 Abs. 3 DBG, siehe Ziff. 2.6.4 hienach, sowie nicht rückforderbarer ausländischer Kapitalertragssteuern und anderer direkt zurechenbarer Aufwendungen) zu berechnen ist (siehe Beispiel Nr. 5 im Anhang). Der Nachweis des effektiven tieferen oder höheren Verwaltungsaufwandes bleibt vorbehalten. Kann die tatsächliche Verursachung nicht nachgewiesen werden, wird der gesamte Verwaltungsaufwand - gleich wie der Finanzierungsaufwand - aufgrund der Gewinnsteuerwerte quotenmässig umgelegt (siehe Beispiel Nr. 6 im Anhang).

2.6.4. Abschreibung im Zusammenhang mit dem Beteiligungsertrag

Wurde in einem bestimmten Geschäftsjahr Beteiligungsertrag erzielt und ergibt sich am Ende desselben Geschäftsjahres die Notwendigkeit, eine Abschreibung auf der betreffenden Beteiligung vorzunehmen, so ist davon auszugehen, dass der Abschreibungsbedarf bei Verzicht auf Gewinnausschüttung entsprechend geringer oder völlig ausgefallen wäre. Bei der Ermittlung des Nettoertrages aus Beteiligung ist daher ein allfälliger Abschreibungsbedarf mit der Gewinnausschüttung zu verrechnen (Art. 70 Abs. 3 DBG). Der steuerpflichtigen Person bleibt es indes unbenommen, den Nachweis zu erbringen, dass der Abschreibungsbedarf nicht in Kausalzusammenhang mit der Gewinnausschüttung steht.

Im Umfang der Verrechnung der Abschreibung mit Beteiligungsertrag liegt eine Desinvestition vor, welche die Gestehungskosten der Beteiligung reduziert (Vermögensumschichtung). Solche Abschreibungen können daher weder Gegenstand einer Aufrechnung gemäss Artikel 62 Absatz 3 DBG noch einer Aufwertung gemäss Artikel 62 Absatz 4 DBG sein.

2.7. Gesamter Reingewinn

Als gesamter Reingewinn im Sinne von Artikel 69 DBG gilt der steuerbare Reingewinn.

3. Inkrafttreten

Dieses Kreisschreiben tritt zusammen mit den Änderungen der Artikel 62 Absatz 4, 69 und 70 Absatz 4 Buchstabe b per 1. Januar 2011 in Kraft und gilt für Erträge aus Beteiligungsrechten, die nach dem 31. Dezember 2010 fällig werden. Es ersetzt das Kreisschreiben Nr. 9 vom 9. Juli 1998.

Anhang zum Kreisschreiben Nr. 27 vom 17. Dezember 2009

Beispiele 1 - 6

Nr. 1: Wieder eingebrachte Abschreibung (Ziff. 2.4.2.)

Angaben über die Beteiligung

Datum	Ereignis	Betrag
1.2.2011	Kauf	100
31.12.2011	Abschreibung	- 20
31.12.2011	Gewinnsteuerwert	80
1.7.2012	Verkauf	120

Berechnung des Beteiligungsertrages

Kapitalgewinn		Beteiligungsertrag	
Veräusserungserlös	120	Veräusserungserlös	120
./. Gewinnsteuerwert	- 80	./. Gestehungskosten	- 100
Kapitalgewinn	40	Beteiligungsertrag	20

Nr. 2: Investition durch Sanierungszuschuss (Ziff. 2.5.1.)

Angaben über die Beteiligung

Datum	Ereignis	Betrag
1.2.2011	Kauf	100
31.12.2012	Abschreibung	- 10
31.12.2012	Gewinnsteuerwert	90
31.12.2013	Sanierungszuschuss	30
1.7.2020	Verkauf	150

Berechnung des Beteiligungsertrages

Kapitalgewinn		Beteiligungsertrag	
Veräusserungserlös	150	Veräusserungserlös	150
./. Gewinnsteuerwert	- 90	./. Gestehungskosten	- 130
Kapitalgewinn	60	Beteiligungsertrag	20

Nr. 3: Desinvestition durch Abschreibung aufgrund einer Substanzdividende (Ziff. 2.5.1.)

Angaben über die Beteiligung

Datum	Ereignis	Betrag
1.2.2011	Kauf	100
31.12.2016	Abschreibung aufgrund einer Substanzdividende 1)	- 30
31.12.2016	Gewinnsteuerwert	70
1.7.2020	Verkauf	150

1) Diese Abschreibung ist steuerlich unwirksam, weil sie den Beteiligungsertrag und die Gestehungskosten kürzt (Art. 70 Abs. 3 DBG).

Berechnung des Beteiligungsertrages

Kapitalgewinn		Beteiligungsertrag	
Veräusserungserlös	150	Veräusserungserlös	150
./. Gewinnsteuerwert	- 70	./. Gestehungskosten	- 70
Kapitalgewinn	80	Beteiligungsertrag	80

Nr. 4: Verluste aus Beteiligungen (Ziff. 2.6.1.)

Angaben über die Erfolgsbestandteile und Berechnung des Nettoertrages aus Beteiligungen

Erfolgsbestandteile	Steuerbarer Reingewinn	Nettoertrag aus Beteiligungen
Nettoertrag Betrieb	1'200	
Nettoertrag Beteiligung A	400	400
Verlust Beteiligung B	- 600	-
Total	**1'000**	**400**

Die Steuerermässigung beträgt somit 40 Prozent (400 : 1'000 x 100 = 40%),

Nr. 5: Berechnung des Nettoertrages aus Beteiligungen / Umlage des Finanzierungsaufwandes (Ziff. 2.6.2.) und pauschale Berechnung des Verwaltungsaufwandes (Ziff. 2.6.3.)

Die X AG ist eine gemischte Holding. Für die aktuelle Steuerperiode (1.1.- 31.12.) liegt folgender steuerlich bereinigter Jahresabschluss vor:

Steuerbilanz der X AG per 31.12.

Aktiven	**Betrag**	**Passiven**	**Betrag**
Umlaufvermögen	3'000	Fremdkapital	10'000
Betriebliches Anlagevermögen	9'000	Aktienkapital	2'000
Beteiligung A 1)	1'000	Reserven	7'000
Beteiligung B 1)	3'000	**Jahresgewinn**	**1'000**
Beteiligung C 1)	4'000		
Total	**20'000**	**Total**	**20'000**

1) 100%-ige Beteiligungen.

Erfolgsrechnung der X AG 1.1. - 31.12.

Aufwand	**Betrag**	**Ertrag**	**Betrag**
Finanzierungskosten	600	Bruttogewinn Betrieb	2'600
Verwaltungsaufwand	800	Beteiligungserträge:	
Abschreibungen Betrieb	1'000	- Beteiligung A	0
Abschr. Beteiligungen:		- Beteiligung B	300
- Beteiligung A	500	- Beteiligung C	700
- Beteiligung B 1)	100	- Kapitalgewinn Bet. D 2)	400
Jahresgewinn	**1'000**		
Total	**4'000**	**Total**	**4'000**

1) Steht im Zusammenhang mit der Gewinnausschüttung;

2) 100%-ige Beteiligung; am 31.3. vor Dividendenfälligkeit verkauft; Gewinnsteuerwert: 2'000; Verkaufserlös: 2'400; Gestehungskosten: 2'200.

Gewinnsteuerwerte (steuerlich massgebende Buchwerte) in % des Gewinnsteuerwertes der Gesamtaktiven nach dem Stand am Ende der Steuerperiode:

Aktiven	**Betrag**	**%**
Gesamtaktiven	**20'000**	**100**
Beteiligung A	1'000	5
Beteiligung B	3'000	15
Beteiligung C	4'000	20
Beteiligung D 1)	2'000	10
Total Anteil Beteiligungen	**10'000**	**50**

1) Gewinnsteuerwert im Zeitpunkt der Veräusserung.

Nettoertrag aus Beteiligungen

Bez.	Bruttoertrag	Abschreibungen 2)	Finanzierungsaufwand	Verwaltungsaufwand 7)	Nettoertrag aus Beteiligungen
A	0	0	[- 30] 3)	0	- 8)
B	300	- 100	- 90 4)	- 10	100
C	700	0	- 120 5)	- 35	545
D	200 1)	0	- 60 6)	- 10	130
Total	**1'200**	**- 100**	**- 270**	**- 55**	**775**

1) Verkaufserlös von 2'400 ./. Gestehungskosten von 2'200;

2) Nur wenn im Zusammenhang mit der Gewinnausschüttung (Art. 70 Abs. 3 DBG);

3) 5% von 600, kürzt jedoch den Beteiligungsertrag nicht (Verlust);

4) 15% von 600; 5) 20% von 600; 6) 10% von 600;

7) Jeweils 5% vom Bruttoertrag nach Abzug von Abschreibungen gem. Art. 70 Abs. 3 DBG und direkt zurechenbarer Aufwendungen wie nicht rückforderbare ausländische Kapitalertragssteuern;

8) Voll steuerwirksamer Nettoverlust von 530 (Abschreibung: 500; Finanzierungsaufwand: 30); keine Verrechnung mit Nettoertrag aus anderen Beteiligungen.

Nr. 6: Berechnung des Nettoertrages aus Beteiligungen / Umlage des Finanzierungsaufwandes (Ziff. 2.6.2.) und Berechnung des Verwaltungsaufwandes bei Nachweis des effektiven Aufwandes (Ziff. 2.6.3.)

Die X AG ist eine gemischte Holding. Für die aktuelle Steuerperiode (1.1.-31.12.) liegt folgender steuerlich bereinigter Jahresabschluss vor:

Steuerbilanz der X AG per 31.12.

Aktiven	Betrag	Passiven	Betrag
Umlaufvermögen	7'000	Fremdkapital	10'000
Betriebliches Anlagevermögen	5'000	Aktienkapital	1'000
Beteiligung A 1)	1'000	Reserven	5'000
Beteiligung B 1)	3'000	**Jahresgewinn**	**4'000**
Beteiligung C 1)	4'000		
Total	**20'000**	**Total**	**20'000**

1) 100%-ige Beteiligungen.

Erfolgsrechnung der X AG 1.1. - 31.12.

Aufwand	Betrag	Ertrag	Betrag
Finanzierungskosten	600	Bruttogewinn Betrieb	2'000
Verwaltungsaufwand	400	Beteiligungserträge:	
Abschreibungen Betrieb	700	- Beteiligung A	0
Abschr. Beteiligungen:		- Beteiligung B	300
- Beteiligung A	200	- Beteiligung C	700
- Beteiligung B 1)	100	- Kapitalgewinn Bet. D 2)	3'000
Jahresgewinn	**4'000**		
Total	**6'000**	**Total**	**6'000**

1) Steht im Zusammenhang mit der Gewinnausschüttung;

2) 100%-ige Beteiligung; am 31.3. vor Dividendenfälligkeit verkauft; Gewinnsteuerwert: 2'000; Verkaufserlös: 5'000; Gestehungskosten: 2'000.

Die Gewinnsteuerwerte verteilen sich gleich wie im vorherigen Beispiel:

Beteiligung A: 5%; Beteiligung B: 15% Beteiligung C: 20%; Beteiligung D: 10%.

Nettoertrag aus Beteiligungen

Bez.	Bruttoertrag	Abschreibungen 1)	Subtotal	Verwaltungsaufwand pauschal	Verwaltungsaufwand effektiv 10)
A	0	0	0	0 2)	[- 20] 6)
B	300	- 100	200	- 10 3)	- 60 7)
C	700	0	700	- 35 4)	- 80 8)
D	3'000	0	3'000	- 150 5)	- 40 9)
Total	**4'000**	**- 100**	**3'900**	**- 195**	**- 180**

1) Nur wenn im Zusammenhang mit der Gewinnausschüttung (Art. 70 Abs. 3 DBG);

2) 5% von 0; 3) 5% von 200; 4) 5% von 700; 5) 5% von 3'000;

6) 5% von 400, kürzt jedoch den Beteiligungsertrag nicht (Verlust); 7) 15% von 400;

8) 20% von 400; 9) 10% von 400.

10) Ohne Nachweis der tatsächlichen Verursachung wird der Verwaltungsaufwand des Gesamtunternehmens aufgrund der Gewinnsteuerwerte quotenmässig umgelegt.

Schweizerische Eidgenossenschaft
Confédération suisse
Confederazione Svizzera
Confederaziun svizra

Eidgenössisches Finanzdepartement EFD
Eidgenössische Steuerverwaltung ESTV
Hauptabteilung Direkte Bundessteuer,
Verrechnungssteuer, Stempelabgaben

Direkte Bundessteuer

Bern, 16. Dezember 2009

Kreisschreiben Nr. 26

Neuerungen bei der selbständigen Erwerbstätigkeit aufgrund der Unternehmenssteuerreform II

Inhaltsverzeichnis

Eidgenössische Steuerverwaltung
Eigerstrasse 65
3003 Bern
www.estv.admin.ch

1-026-D-2009-d

1. Gegenstand des Kreisschreibens

Mit dem Bundesgesetz vom 23. März 2007 über die Verbesserung der steuerlichen Rahmenbedingungen für unternehmerische Tätigkeiten und Investitionen (Unternehmenssteuerreformgesetz II) wurden für die Besteuerung der selbständigen Erwerbstätigkeit verschiedene Neuerungen eingeführt. Diese Neuerungen sind in den folgenden Artikeln im Bundesgesetz vom 14. Dezember 1990 über die direkte Bundessteuer (DBG) festgehalten.

Art. 18a Aufschubstatbestände

[1] *Wird eine Liegenschaft des Anlagevermögens aus dem Geschäftsvermögen in das Privatvermögen überführt, so kann die steuerpflichtige Person verlangen, dass im Zeitpunkt der Überführung nur die Differenz zwischen den Anlagekosten und dem massgebenden Einkommenssteuerwert besteuert wird. In diesem Fall gelten die Anlagekosten als neuer massgebender Einkommenssteuerwert, und die Besteuerung der übrigen stillen Reserven als Einkommen aus selbständiger Erwerbstätigkeit wird bis zur Veräusserung der Liegenschaft aufgeschoben.*

[2] *Die Verpachtung eines Geschäftsbetriebs gilt nur auf Antrag der steuerpflichtigen Person als Überführung in das Privatvermögen.*

[3] *Wird bei einer Erbteilung der Geschäftsbetrieb nicht von allen Erben weitergeführt, so wird die Besteuerung der stillen Reserven auf Gesuch der den Betrieb übernehmenden Erben bis zur späteren Realisierung aufgeschoben, soweit diese Erben die bisherigen für die Einkommenssteuer massgebenden Werte übernehmen.*

Art. 30 Ersatzbeschaffungen

[1] *Werden Gegenstände des betriebsnotwendigen Anlagevermögens ersetzt, so können die stillen Reserven auf die als Ersatz erworbenen Anlagegüter übertragen werden, wenn diese ebenfalls betriebsnotwendig sind und sich in der Schweiz befinden. Vorbehalten bleibt die Besteuerung beim Ersatz von Liegenschaften durch Gegenstände des beweglichen Vermögens.*

Art. 37b Liquidationsgewinne

[1] *Wird die selbständige Erwerbstätigkeit nach dem vollendeten 55. Altersjahr oder wegen Unfähigkeit zur Weiterführung infolge Invalidität definitiv aufgegeben, so ist die Summe der in den letzten zwei Geschäftsjahren realisierten stillen Reserven getrennt vom übrigen Einkommen zu besteuern. Einkaufbeiträge gemäss Artikel 33 Absatz 1 Bundstabe d sind abziehbar. Werden keine solchen Einkäufe vorgenommen, so wird die Steuer auf dem Betrag der realisierten stillen Reserven, für den der Steuerpflichtige die Zulässigkeit eines Einkaufs gemäss Artikel 33 Absatz 1 Buchstabe d nachweist, zu einem Fünftel der Tarife nach Artikel 36 berechnet. Für die Bestimmung des auf den Restbetrag der realisierten stillen Reserven anwendbaren Satzes ist ein Fünftel dieses Restbetrages massgebend, es wird aber in jedem Fall eine Steuer zu einem Satz von mindestens 2 Prozent erhoben.*

[2] *Absatz 1 gilt auch für den überlebenden Ehegatten, die anderen Erben und die Vermächtnisnehmer, sofern sie das übernommene Unternehmen nicht fortführen; die steuerliche Abrechnung erfolgt spätestens fünf Kalenderjahre nach Ablauf des Todesjahres des Erblassers.*

2. Aufschubstatbestände

2.1. Überführung einer Liegenschaft des Anlagevermögens aus dem Geschäftsvermögen in das Privatvermögen

Als Liegenschaft gelten Grundstücke im Sinne von Artikel 655 ZGB. Der Aufschub ist ausschliesslich für jene Liegenschaften möglich, die der selbständig Erwerbende in seinem Anlagevermögen hält, nicht hingegen für Liegenschaften des Umlaufvermögens (gewerbsmässiger Liegenschaftenhandel). Dient eine Liegenschaft mehrheitlich der selbständigen Erwerbstätigkeit des Steuerpflichtigen, so verbleibt sie im Geschäftsvermögen.

Der Aufschub wird nur auf Antrag der steuerpflichtigen Person gewährt und kann nur für den Wertzuwachsgewinn geltend gemacht werden. Bei einem Aufschub wird die Differenz zwischen dem Einkommenssteuerwert und den Anlagekosten, d.h. im Wesentlichen die wieder eingebrachten Abschreibungen, sofort besteuert. Die Liegenschaft gilt daraufhin für Einkommenssteuerzwecke vollständig als ins Privatvermögen überführt. Als Konsequenz daraus sind Abschreibungen oder Aufwertungen nicht steuerwirksam. Die laufenden Liegenschaftserträge stellen deshalb kein Einkommen aus selbständiger Erwerbstätigkeit dar.

Dient eine ins Privatvermögen überführte Liegenschaft, für die ein Besteuerungsaufschub nach Artikel 18a Absatz 1 DBG verlangt wurde, später wieder ganz oder vorwiegend der selbständigen Erwerbstätigkeit, gilt sie erneut als Geschäftsvermögen (Art. 18 Abs. 2 DBG). Der Einkommenssteuerwert einer solchen Liegenschaft bemisst sich im Zeitpunkt der Überführung ins Geschäftsvermögen nach Artikel 18a Absatz 1 DBG zuzüglich der wertvermehrenden Investitionen während der privaten Nutzung.

Die Besteuerung des Wertzuwachsgewinnes wird bis zur Veräusserung der Liegenschaft aufgeschoben. Eine vorzeitige Beendigung des Aufschubs ist ausgeschlossen. Als Veräusserung gilt jede entgeltliche oder unentgeltliche Handänderung mit Ausnahme des Erbganges. Die Zuweisung einer Liegenschaft im Rahmen der Erbteilung gilt als Veräusserung (vgl. Ziffer 2.3 hienach). Der Wegzug des Eigentümers oder der Eigentümerin einer Liegenschaft ins Ausland gilt nicht als Veräusserung. In einem solchen Fall kann jedoch eine Sicherstellung nach Artikel 169 DBG erfolgen. Bei einer unterpreislichen Veräusserung an einen Nahestehenden ist auf dem Verkehrswert der Liegenschaft abzurechnen.

Erfolgt ein Aufschub, so ist die Differenz zwischen dem Verkaufserlös bzw. dem Verkehrswert einerseits und dem massgebenden Einkommenssteuerwert (Anlagekosten im Zeitpunkt des Steueraufschubs) zuzüglich der wertvermehrenden Investitionen seit der Überführung andererseits abzüglich der mit der Veräusserung zusammenhängenden Kosten steuerbar. Diese Differenz wird der AHV-Behörde gemeldet. Ist der Verkehrswert der Liegenschaft im Zeitpunkt der Veräusserung unter den Einkommenssteuerwert gesunken, so kann dieser Verlust in derselben Steuerperiode vom übrigen Einkommen in Abzug gebracht werden. Darüber hinaus kann ein Verlustvortrag nur dann geltend gemacht werden, wenn eine selbständige Erwerbstätigkeit ausgeübt wird. Noch nicht verrechnete Vorjahresverluste aus einer früheren selbständigen Tätigkeit können nicht mehr verrechnet werden.

Im Verhältnis zur Besteuerung des Liquidationsgewinnes gemäss Artikel 37b DBG sind folgende Fälle zu unterscheiden:

- Die Überführung der Liegenschaft vom Geschäft- ins Privatvermögen fand vor der definitiven Aufgabe der selbständigen Erwerbstätigkeit statt. Auf Antrag der steuerpflichtigen Person ist die Besteuerung aufgeschoben worden. Nun wird die Liegenschaft im Rahmen der Aufgabe der selbständigen Tätigkeit veräussert. In diesem Falle erfolgt die Besteuerung nach Artikel 18a Absatz 1 DBG. Die Regelung von Artikel 37b DBG findet keine Anwendung.

- Im Rahmen der definitiven Aufgabe der selbständigen Erwerbstätigkeit verlangt die steuerpflichtige Person für die Liegenschaft einen Besteuerungsaufschub nach Artikel 18a Absatz 1 DBG. In diesem Fall findet Artikel 37b DBG nur auf die Differenz zwischen dem Einkommenssteuerwert und den Anlagekosten, d.h. im Wesentlichen auf die wieder eingebrachten Abschreibungen, Anwendung.

Bestehende Reverslösungen, welche die Qualifikation einer Liegenschaft als Geschäftsvermögen zum Gegenstand haben, gelten weiterhin. Artikel 18a Absatz 1 DBG ist für solche Fälle nur auf Antrag anwendbar. Nach dem 31. Dezember 2010 bleibt für neue Reverslösungen dieser Art kein Raum mehr.

2.2. Verpachtung eines Geschäftsbetriebes

Bei der Verpachtung eines Geschäftsbetriebes gilt die gesetzliche Vermutung, dass die verpachteten Güter im Geschäftsvermögen des Verpächters bleiben. Dies gilt auch für Betriebe, deren bewegliches Vermögen an den Pächter verkauft wird. Eine Verpachtung liegt dann vor, wenn neben der Liegenschaft und den Geschäftseinrichtungen auch die Geschäftsbeziehungen überlassen werden.[1] Die Verpachtung eines Geschäftsbetriebes wird nur noch aufgrund einer ausdrücklichen Erklärung der steuerpflichtigen Person als Überführung ins Privatvermögen betrachtet (Art. 18a Abs. 2 DBG). Erfolgt keine solche Erklärung, so gilt der daraus fliessende Ertrag als Einkommen aus selbständiger Tätigkeit. Dieses Einkommen wird der AHV-Behörde gemeldet.

Erklärt die steuerpflichtige Person bei der Begründung oder während der Laufzeit der Verpachtung die Überführung des Geschäftsbetriebes ins Privatvermögen, so kann, soweit im Einzelfall die Voraussetzungen erfüllt sind, der Aufschub nach Artikel 18a Absatz 1 DBG oder die Besteuerung nach Artikel 37b DBG geltend gemacht werden.

Bestehende Reverslösungen, welche die Verpachtung eines Geschäftsbetriebes zum Gegenstand haben, fallen unter Artikel 18a Absatz 2 DBG.

2.3. Aufschub der Besteuerung bei Erbteilung

Beim Tod eines selbständig Erwerbenden geht der Geschäftsbetrieb infolge Universalsukzession mit Aktiven und Passiven auf die Erbengemeinschaft über. Dieser Übergang löst keine Einkommenssteuerfolgen aus. Führen einzelne Erben oder Vermächtnisnehmer den Geschäftsbetrieb nicht weiter und treten daher ihre Anteile an die weiterführenden Erben ab, so realisieren die abtretenden Erben oder Vermächtnisnehmer einen steuerbaren Liquidationsgewinn. In diesem Fall können die weiterführenden Erben oder Vermächtnisnehmer den Erwerbspreis aktivieren oder in einer Steuerbilanz geltend machen.

Nach Artikel 18a Absatz 3 DBG kann die Besteuerung der stillen Reserven auf Gesuch der den Betrieb übernehmenden Erben bis zur späteren Realisierung aufgeschoben werden, soweit diese Erben die bisherigen, für die Einkommenssteuer massgebenden Werte übernehmen. Die Erben, welche den Geschäftsbetrieb weiterführen, übernehmen damit die latente Liquidationssteuerlast auf dem Geschäftsvermögen. Wird der Geschäftsbetrieb von den weiterführenden Erben veräussert oder liquidiert, steht ihnen, soweit im Einzelfall die Voraussetzungen für sie selber erfüllt sind, der Aufschub nach Artikel 18a Absatz 1 DBG oder die Besteuerung nach Artikel 37b DBG offen.

Führt keiner der Erben oder Vermächtnisnehmer den Betrieb weiter, so können sie anstelle des Erblassers die Liquidationsgewinnbesteuerung nach Artikel 37b DBG geltend machen.

[1] Bundesgericht im Entscheid BGE 103 II 253

3. Ersatzbeschaffung von Gegenständen des betriebsnotwendigen Anlagevermögens

Bei der bisherigen Ersatzbeschaffung von betriebsnotwendigem Anlagevermögen eines Geschäftsbetriebes war die Übertragung der stillen Reserven beschränkt auf ein Ersatzobjekt mit gleicher Funktion. Neu wird nur noch verlangt, dass es sich bei der Ersatzbeschaffung wiederum um einen Gegenstand des betriebsnotwendigen Anlagevermögens handelt und sich dieses Gut in der Schweiz befindet. Das Erfordernis der gleichen Funktion wird fallengelassen. Die Ersatzbeschaffung muss in der Regel innerhalb von 2 Jahren seit der Veräusserung des Wirtschaftsguts erfolgen, ansonsten wird über die stillen Reserven abgerechnet. Bei der Ersatzbeschaffung von Liegenschaften durch Gegenstände des beweglichen Vermögens ist kein Steueraufschub möglich.

4. Besteuerung der Liquidationsgewinne bei Aufgabe der selbständigen Erwerbstätigkeit

Die Besteuerung der Liquidationsgewinne bei Aufgabe der selbständigen Erwerbstätigkeit nach Artikel 37b DBG ist in der Verordnung über die Besteuerung der Liquidationsgewinne bei definitiver Aufgabe der selbständigen Erwerbstätigkeit geregelt.

5. Inkrafttreten

Dieses Kreisschreiben tritt zusammen mit den Artikeln 18a, 30 Absatz 1 und 37b DBG sowie der Verordnung über die Besteuerung der Liquidationsgewinne bei definitiver Aufgabe der selbständigen Erwerbstätigkeit am 1. Januar 2011 in Kraft.

Schweizerische Eidgenossenschaft
Confédération suisse
Confederazione Svizzera
Confederaziun svizra

Eidgenössisches Finanzdepartement EFD
Eidgenössische Steuerverwaltung ESTV
Hauptabteilung Direkte Bundessteuer,
Verrechnungssteuer, Stempelabgaben

Direkte Bundessteuer

Bern, 5. März 2009

Kreisschreiben Nr. 25

Besteuerung kollektiver Kapitalanlagen und ihrer Anleger

Inhaltsverzeichnis

Eidgenössische Steuerverwaltung ESTV
Eigerstrasse 65
3003 Bern
www.estv.admin.ch

1 Abkürzungen und Begriffe

1.1 Abkürzungen

Abs.	Absatz
AFG	Bundesgesetz über die Anlagefonds (aufgehoben per 31.12.2006)
Art.	Artikel
Bst.	Buchstabe(n)
bzw.	beziehungsweise
DBG	Bundesgesetz über die direkte Bundessteuer (SR 642.11)
d.h.	das heisst
ESTV	Eidgenössische Steuerverwaltung
FCP	Fonds commun de placement; vertraglicher Anlagefonds
FINMA	Eidgenössische Finanzmarktaufsicht
GAAP	Generally Accepted Accounting Principles
inkl.	inklusive
KAG	Bundesgesetz über die kollektiven Kapitalanlagen (SR 951.31)
KGK	Kommanditgesellschaft für kollektive Kapitalanlagen
KKV	Verordnung über die kollektiven Kapitalanlagen (SR 951.311)
KS	Kreisschreiben
NAV	Net Asset Value (Nettovermögen) einer kollektiven Kapitalanlage
Nr.	Nummer
resp.	respektive
SICAF	Société d'investissement à capital fixe; Investmentgesellschaft mit fixem Kapital
SICAV	Société d'investissement à capital variable; Investmentgesellschaft mit variablem Kapital
SSK	Schweizerische Steuerkonferenz
vgl.	vergleiche
VStG	Bundesgesetz über die Verrechnungssteuer (SR 642.21)
VStV	Vollziehungsverordnung zum Bundesgesetz über die Verrechnungssteuer (SR 642.211)
z.B.	zum Beispiel
Ziff.	Ziffer

1.2 Begriffe

Anlagefonds: Vertragliche kollektive Kapitalanlage.

Anleger: Natürliche oder juristische Personen, Kollektiv- und Kommanditgesellschaften, die Anteile an kollektiven Kapitalanlagen halten (Art. 10 KAG).

Anteile: Forderungen gegen die Fondsleitung auf Beteiligung am Vermögen und Ertrag des Anlagefonds oder der Beteiligung an der Gesellschaft (Art. 11 KAG).

Ausschüttungsfonds: Offene oder geschlossene kollektive Kapitalanlagen, welche in den Basisdokumenten eine Ausschüttungsvorschrift von mindestens 70% des jährlichen Nettoertrags inklusive vorgetragene Erträge aus früheren Rechnungsjahren vorsehen.

Kollektive Kapitalanlage: Vermögen, das von Anlegerinnen oder Anlegern zur gemeinschaftlichen Anlage aufgebracht und für deren Rechnung verwaltet wird (Art. 7 Abs. 1 KAG).

Offene kollektive Kapitalanlagen: Vertraglicher Anlagefonds und Investmentgesellschaft mit variablem Kapital (SICAV). Diese kollektiven Kapitalanlagen können als Effektenfonds, Immobilienfonds oder übrige Fonds für traditionelle oder alternative Anlagen ausgestaltet werden. Ihre Anleger haben zu Lasten des Kollektivvermögens unmittelbar oder mittelbar einen Rechtsanspruch auf Rückgabe ihrer Anteile zum Nettoinventarwert (Art. 8 KAG).

Geschlossene kollektive Kapitalanlagen: Kommanditgesellschaft für kollektive Kapitalanlagen (KGK) und die Investmentgesellschaft mit fixem Kapital (SICAF). Ihre Anleger haben zu Lasten des Kollektivvermögens weder unmittelbar noch mittelbar einen Rechtsanspruch auf Rückgabe ihrer Anteile zum Nettoinventarvermögen (Art. 9 KAG).

Effektenfonds: Offene kollektive Kapitalanlagen, die ihre Mittel in Effekten anlegen (Art. 53 KAG).

Einanlegerfonds: Kollektive Kapitalanlagen mit einem einzigen Anleger im Sinne von Artikel 5 KKV.

Gemischte kollektive Kapitalanlage: Vertraglicher Anlagefonds, SICAV oder KGK, bei welchen die jährliche Festsetzung der Ausschüttungs- bzw. Thesaurierungsquote im Ermessen der Funktionsträger der kollektiven Kapitalanlage liegt.

Immobilienfonds: Offene kollektive Kapitalanlagen, die ihre Mittel in Immobilienwerte anlegen.

Mindestanzahl Anlegerinnen und Anleger: An der Kommanditgesellschaft für kollektive Kapitalanlagen müssen spätestens ein Jahr nach der Lancierung (Handelsregistereintrag) mindestens fünf Kommanditärinnen und Kommanditäre beteiligt sein (Art. 5 Abs. 3 KKV). Für direktsteuerliche Zwecke haben die vertraglichen Anlagefonds und SICAV ebenfalls diese Mindestanzahl an Anlegern aufzuweisen.

Übrige Fonds für traditionelle oder alternative Anlagen: Offene kollektive Kapitalanlagen, die weder Effekten- noch Immobilienfonds sind. Es sind u.a. zugleich Anlagen in Effekten, Immobilien, Edelmetalle, Rechte oder in andere Fonds möglich (Art. 68 – 71 KAG).

Thesaurierungs- oder Wertzuwachsfonds: Offene oder geschlossene kollektive Kapitalanlagen, welche in den Basisdokumenten keine Ausschüttungsvorschrift des jährlichen Nettoertrags vorsehen.

Transparenzprinzip: Vermögenserträge und Kapitalgewinne werden für die Belange der direkten Steuern nicht auf Stufe der kollektiven Kapitalanlagen besteuert, sondern auf Stufe der Anleger (Ausnahme: schweizerische und ausländische kollektive Kapitalanlagen mit direktem Grundbesitz für die Erträge daraus sowie SICAF).

Treuhandlösung: Das bei den kollektiven Kapitalanlagen angelegte Vermögen wird für die Belange der direkten Steuern den Anlegern zugerechnet.

2 Einleitung

Per 1. Januar 2007 sind das Bundesgesetz über die kollektiven Kapitalanlagen (KAG) und die Verordnung über die kollektiven Kapitalanlagen (KKV) in Kraft gesetzt worden. Diese

Erlasse ersetzen das bisherige Anlagefondsgesetz und die entsprechende Anlagefondsverordnung. Das KAG verwendet grundsätzlich den Begriff der kollektiven Kapitalanlage. Darunter können nicht nur der vertragliche Anlagefonds, sondern auch juristische Personen (SICAV oder SICAF) und Personengesellschaften (KGK) fallen. Da das KAG den Schutz bestimmter Anleger bezweckt, unterstellt es aber nicht jede Form der kollektiven Kapitalanlage der Aufsicht der FINMA. Nicht der Aufsicht unterstehen beispielsweise die Anlagestiftungen und interne Sondervermögen (vgl. Art. 2 und 4 KAG).

Der Begriff der kollektiven Kapitalanlage bedingte, dass die steuerlichen Vorschriften entsprechend angepasst werden mussten. Die bisherigen Besteuerungsregeln des DBG wurden in materieller Hinsicht beibehalten, weil das KAG, wie das aufgehobene AFG, diese kollektiven Kapitalanlagen – der sog. „Treuhandlösung" folgend – als transparent betrachten. Das heisst, dass die Fondsleitungen der kollektiven Kapitalanlagen das Fondsvermögen quasi-treuhänderisch für Rechnung ihrer Anleger verwalten und der Fonds selber kein Steuersubjekt ist. Steuerlich werden daher die Erträge und das Vermögen eines Anlagefonds den Anlegern zugerechnet (sog. Transparenz). Mit den Änderungen des DBG sind diese Besteuerungsregeln auch auf die Anleger der SICAV bzw. der KGK anwendbar, weil Artikel 10 Absatz 2 DBG die Einkünfte von kollektiven Kapitalanlagen anteilsmässig den Anlegern explizit zurechnet. Somit sind weder die SICAV noch die KGK für ihre erzielten Gewinne steuerpflichtig, soweit es sich nicht um kollektive Kapitalanlagen mit direktem Grundbesitz handelt. Die SICAF dagegen werden nach Artikel 49 Absatz 2 DBG wie die Kapitalgesellschaften besteuert.

Der Gesetzgeber hat zusätzlich zwei wichtige neue Bestimmungen erlassen: Von der Steuerpflicht werden die kollektiven Kapitalanlagen mit direktem Grundbesitz befreit, wenn sich daran ausschliesslich steuerbefreite Pensions-, Sozialversicherungs- oder Ausgleichskassen beteiligen (Art. 56 Bst. j DBG). Im Weiteren entsteht bei thesaurierenden FCP, SICAV und KGK die Verrechnungssteuerforderung im Zeitpunkt der Gutschrift (d.h. Geschäftsabschluss; Art. 12 Abs. 1ter VStG) oder im Fall der Auflösung (Liquidation) mit der Ausschüttung des verbleibenden Liquidationsergebnisses.

Mit dem vorliegenden Kreisschreiben (KS) werden die bisherigen KS Nr. 9 vom 31. August 1979, Nr. 2 vom 23. November 1989, Nr. 10 vom 6. Mai 1994 und Nr. 31 vom 12. Juli 1996 ausser Kraft gesetzt. Betreffend weiterer, bisheriger Kreisschreiben der Verrechnungssteuer ist das neue KS Nr. 24 vom 1. Januar 2009 zu beachten. Das vorliegende Kreisschreiben tritt mit seiner Publikation in Kraft.

Die von den Abkommen zur Vermeidung der Doppelbesteuerung vorgesehenen besonderen Regelungen bleiben vorbehalten.

3 Grundsätze der Besteuerung

3.1 Für die kollektiven Kapitalanlagen ohne direkten Grundbesitz

Wie bereits einleitend erwähnt führt die Treuhandlösung dazu, dass die vertraglichen Anlagefonds, die SICAV und die KGK grundsätzlich keine Steuersubjekte sind (vgl. jedoch Ziff. 3.2.). Infolgedessen entrichten sie auf dem ausgewiesenen Gewinn keine Gewinnsteuer. Die SICAF hingegen stellen als juristische Personen eigene Steuersubjekte dar und werden wie Kapitalgesellschaften besteuert (Art. 49 Abs. 2 DBG).

Die kollektiven Kapitalanlagen haben den Anlegern alle Verhältnisse zu bescheinigen, die für die Besteuerung der Erträge massgeblich sind. Zudem haben sie ihre Jahresrechnungen der ESTV einzureichen.

3.2 Für die kollektiven Kapitalanlagen mit direktem Grundbesitz

Artikel 49 Absatz 2 DBG stellt die kollektiven Kapitalanlagen mit direktem Grundbesitz den übrigen juristischen Personen gleich. Direkten Grundbesitz können nicht nur die vertraglichen Anlagefonds, sondern auch die SICAV und KGK haben, da nach Artikeln 58 und 59 KAG die offenen kollektiven Kapitalanlagen ihre Mittel in Immobilienwerte anlegen können. Die offenen kollektiven Kapitalanlagen mit direktem Grundbesitz haben grundsätzlich mindestens zehn Grundstücke (Siedlungen, die nach den gleichen baulichen Grundsätzen erstellt worden sind, sowie aneinander grenzende Parzellen gelten als ein einziges Grundstück) auszuweisen (vgl. Art. 87 KKV, vorbehältlich Art. 67 Abs. 4 und 5 KKV oder Art. 10 Abs. 5 Bst. f KAG).

Wegen der erwähnten Gleichstellung unterliegen die kollektiven Kapitalanlagen mit direktem Grundbesitz in der Schweiz für den Ertrag und Gewinn aus direktem Grundbesitz in der Schweiz der Gewinnsteuer (Art. 66 Abs. 3 DBG und Art. 72 DBG). Entsprechend dem Artikel 20 Absatz 1 Buchstabe e DBG sind die Erträge, die nicht aus direktem Grundbesitz stammen (z.B. Zinsen aus kurzfristigen festverzinslichen Effekten oder aus kurzfristig verfügbaren Mitteln; vgl. Art. 60 KAG), von der Gewinnsteuer der kollektiven Kapitalanlagen ausgenommen. Solche Erträge sind durch die Anleger zu versteuern.

Für die Veranlagung kollektiver Kapitalanlagen mit direktem Grundsbesitz in der Schweiz sind die Kantone zuständig, in denen sich der Sitz der Fondsleitung, die SICAV oder der KGK am Ende der Steuerperiode befindet (Art. 105 Abs. 3 DBG). Die kollektiven Kapitalanlagen mit direktem Grundbesitz haben alle Verhältnisse zu bescheinigen, die für die Besteuerung des direkten Grundbesitzes und dessen Erträge massgeblich sind (Art. 129 Abs. 3 DBG).

3.3 Für die Anleger

3.3.1 Allgemeines

Einkommen aus kollektiven Kapitalanlagen liegt in der Regel auch vor, wenn der entsprechende Typus nicht dem aufsichtsrechtlich geprägten Geltungsbereich des KAG untersteht. Entscheidend für die Qualifikation als Einkommen aus kollektiver Kapitalanlage ist letztlich, dass die Fondsleitung oder die Organe der SICAV und KGK selbständig handeln und die Anleger kein Weisungsrecht ihnen gegenüber haben. Deshalb können die häufigen Wertschriftentransaktionen der kollektiven Kapitalanlagen den Anlegern nicht als gewerbsmässiger Wertschriftenhandel zugerechnet werden.

Gemäss Artikel 4 Absatz 1 Buchstabe c VStG unterliegen die Zinsen, Gewinnanteile und sonstigen Erträge des von einem Inländer oder von einem Ausländer in Verbindung mit einem Inländer ausgegebenen Anteile an einer kollektiven Kapitalanlage gemäss KAG der Verrechnungssteuer.

3.3.2 Bei Anlagen im Privatvermögen

Die Anleger haben nach Artikel 20 Absatz 1 Buchstabe e DBG sämtliche Erträge aus Anteilen an kollektiven Kapitalanlagen zu versteuern, soweit sie nicht Erträge aus deren direktem Grundbesitz vereinnahmen. Unter sämtlichen Erträgen sind die ausgeschütteten oder thesaurierten (wiederangelegten) Erträge zu verstehen, soweit sie steuerlich Vermögenserträgen wie Zinsen, Dividenden u. dgl. entsprechen. Enthalten ausgeschüttete oder thesaurierte Erträge Kapitalgewinne, sind diese steuerfrei, sofern sie in der Jahresrechnung separat ausgewiesen oder über einen separaten Coupon ausgeschüttet werden. Die steuerlich massgebenden Erträge werden in der Kursliste HB der ESTV publiziert.

Nicht unter Artikel 20 Absatz 1 Buchstabe e DBG fallen die Einkünfte, welche die Anleger aus Beteiligungen an einer SICAF realisieren, da diese weiterhin als Kapitalgesellschaft besteuert wird. Die Anleger resp. Aktionäre einer SICAF versteuern die entsprechenden Einkünfte nach Artikel 20 Absatz 1 Buchstabe c DBG.

3.3.3 Bei Anlagen im Geschäftsvermögen

Die Bestimmung von Artikel 20 Absatz 1 Buchstabe e DBG findet auf natürliche Personen, die ihre Anteile an kollektiven Kapitalanlagen im Geschäftsvermögen halten, Anwendung. Erträge, die aus kollektiven Kapitalanlagen mit direktem Grundbesitz stammen, unterliegen nicht der Einkommensbesteuerung (vgl. Ziff. 4.2.1). Diese Regelung gilt analog auch für juristische Personen.

3.3.4 Rückerstattung der Verrechnungssteuer

Natürliche und juristische Personen haben Anspruch auf Rückerstattung der Verrechnungssteuer, wenn sie bei Fälligkeit der steuerbaren Leistung rückerstattungsberechtigt sind. Zu den Einzelheiten der Erhebung wie zur Rückerstattung wird auf das KS Nr. 24 vom 1. Januar 2009 verwiesen.

4 Spezielle Besteuerungsregeln

4.1 Für thesaurierende und gemischte kollektive Kapitalanlagen

4.1.1 Allgemeines

Die thesaurierten Vermögenserträge unterliegen aufgrund der Treuhandlösung auf Stufe der Anleger der Einkommenssteuer. Die thesaurierenden kollektiven Kapitalanlagen haben daher den Anlegern für die direkten Steuern die thesaurierten Erträge jährlich zu bescheinigen. Davon ausgenommen sind die wiederangelegten Kapitalgewinne, sofern sie in der Jahresrechnung separat ausgewiesen werden.

Seit dem 1. Januar 2007 wird die Verrechnungssteuer jährlich erhoben. Gemäss Artikel 12 Absatz 1ter VStG entsteht bei thesaurierenden vertraglichen Anlagefonds, SICAV und KGK die Steuerforderung im Zeitpunkt der Gutschrift (d.h. Geschäftsabschluss) des steuerbaren Ertrages oder im Fall der Auflösung (Liquidation) mit der Ausschüttung des verbleibenden Liquidationsergebnisses (vgl. KS Nr. 24).

Verzichtet eine ausschüttende kollektive Kapitalanlage aufgrund einer in den Basisdokumenten vorgesehenen Geringfügigkeitsklausel auf die Ausschüttung, wird sie deswegen nicht zu einer thesaurierenden kollektiven Kapitalanlage. Der Ertrag ist in solchen Fällen dem Gewinnvortrag gutzuschreiben und darf während des nächsten Geschäftsjahres nicht verändert werden. Der Gewinnvortrag unterliegt aber im künftigen Ausschüttungszeitpunkt der Besteuerung auf der Stufe des Anlegers.

Ausschüttungs- und Thesaurierungsbetreffnisse von gemischten kollektiven Kapitalanlagen unterliegen im Zeitpunkt der Ausschüttung bzw. Thesaurierung vollumfänglich der Verrechnungssteuer und der Einkommenssteuer. Ausschüttungen unterliegen nur dann nicht der Verrechnungssteuer, wenn der Nachweis erbracht wird, dass die Ausschüttung aus zurückbehaltenen und folglich bereits besteuerten Erträgen alimentiert worden ist.

4.1.2 Bei Anlagen im Privatvermögen

Die Anleger haben die gutgeschriebenen Erträge gemäss Artikel 20 Absatz 1 Buchstabe e DBG vollständig als Einkommen zu versteuern (mit Ausnahme der separat ausgewiesenen Kapitalgewinne und bereits versteuerten Erträge). Ihnen steht ein Rückerstattungsanspruch nach Massgabe der Artikel 22 ff. VStG auf der durch die thesaurierenden kollektiven Kapitalanlagen abgezogenen Verrechnungssteuer zu (vgl. Ziff. 3.3.4 hievor).

4.1.3 Bei Anlagen im Geschäftsvermögen

Die Wiederanlage der Erträge gilt aufgrund der Treuhandlösung direktsteuerlich als Realisation, weshalb sich empfiehlt, diesen Vorgang erfolgswirksam zu verbuchen. Dabei ist zu beachten, dass die Verrechnungssteuerforderung im Zeitpunkt der Gutschrift des Ertrages entsteht. Werden die Erträge nicht verbucht, verwirkt der Anleger seinen Anspruch auf Rückerstattung der Verrechnungssteuer (Art. 25 Abs. 1 VStG). Dementsprechend empfiehlt sich folgende Verbuchung bei einem Ertrag einer kollektiven Kapitalanlage von beispielsweise CHF 100:

Kollektive Kapitalanlage an Wertschriftenertrag	CHF 65
VSt (ESTV oder kStV) an Wertschriftenertrag	CHF 35

4.2 Für kollektive Kapitalanlagen mit direktem Grundbesitz

4.2.1 Generelle Freistellung der Erträge aus direktem Grundbesitz

Die Erträge aus in- oder ausländischen Grundstücken von in- oder ausländischen kollektiven Kapitalanlagen mit direktem Grundbesitz werden auf Stufe der Anleger freigestellt. Nicht freigestellt werden die Erträge aus demjenigen Teil des Fondsvermögens, welcher zur Sicherstellung von Verbindlichkeiten in kurzfristigen festverzinslichen Effekten oder anderen kurzfristig verfügbaren Mitteln angelegt wird (Art. 20 Abs. 1 Bst. e DBG). Diese Freistellungsregel gilt nicht für Anleger von SICAF mit Direktbesitz.

4.2.2 Sacheinlagen

Im Rahmen einer allfälligen Umstrukturierung ist die Anwendung von Artikel 61 DBG nicht möglich. Bringen Anleger ihre im Geschäftsvermögen gehaltenen Immobilien in eine kollektive Kapitalanlage ein, so dienen die stillen Reserven keinem Betrieb mehr (vgl. Kreisschreiben Nr. 5 vom 1. 6. 2004, S. 13). Die Sacheinlage bzw. die Einbringung von Immobilien ist damit den Anlegern nur zu Verkehrswerten möglich.

Bei den SICAV ist zu beachten, dass diese nach Artikel 63 Absatz 3 KAG von den Unternehmeraktionären keine Immobilienwerte übernehmen oder an diese abtreten können (so kann beispielsweise ein Baukonsortium nicht als SICAV firmieren).

4.2.3 Ermittlung des steuerbaren Reingewinnes

Für die Ermittlung des steuerbaren Reingewinnes einer kollektiven Kapitalanlage sind die Grundsätze im Anhang I zu beachten.

4.3 Für die KGK und ihre Anleger

Die KGK ist eine Personengesellschaft, deren ausschliesslicher Zweck die kollektive Kapitalanlage ist (Art. 98 Abs. 1 KAG). Der Komplementär kann nur eine Aktiengesellschaft mit Sitz in der Schweiz sein und darf sich wegen des Konkurrenzverbotes nur an einer KGK als Komplementär beteiligen (Art. 104 KAG). Die KGK tätigt zur Hauptsache Anlagen in Risikokapital, weshalb ihre Anleger (Kommanditäre) im Sinne von Artikel 10 Absatz 3 KAG besonders qualifiziert sein müssen. Die KGK ist somit vor allem ein Anlagevehikel für Ban-

ken, Effektenhändler, Versicherungseinrichtungen, öffentlich-rechtliche Körperschaften und Vorsorgeeinrichtungen mit professioneller Tresorerie sowie für vermögende Privatpersonen, die über Finanzanlagen von mindestens CHF 2'000'000.-- verfügen (vgl. Art. 6 Abs. 1 KKV). Gemäss Artikel 5 Absatz 3 KKV haben sich an der KGK ein Jahr nach derer Lancierung mindestens fünf Kommanditäre zu beteiligen.
Die schweizerische KGK bzw. deren geschäftsführenden Personen haben für die steuerliche Gleichstellung ihrer Gesellschafter mit Anlegern vertraglicher Anlagefonds die Einhaltung der Voraussetzungen gemäss KAG nachzuweisen (vgl. Art. 129 Abs. 1 Bst. c DBG oder Art. 129 Abs. 3 DBG bei direktem Grundbesitz). Bei Unterschreitung der Mindestanzahl der Kommanditäre einer KGK ist zu prüfen, ob eine selbständige Erwerbstätigkeit nach Art. 18 DBG vorliegt. Bei ausländischen KGK kann gleichwohl eine reine Anlageform vorliegen (vgl. Ziff. 4.6.2 hienach, Erläuterung zu Ziff. 4).

Obwohl das KAG die Immobilienfonds den offenen kollektiven Kapitalanlagen vorbehält, können die KGK ihre Mittel zur Verfolgung eines Bau- oder Immobilienprojektes auch in Liegenschaften anlegen. In einem solchen Fall sind sie als Steuersubjekt zu behandeln.

4.4 Für den Beteiligungsabzug

Kapitalgesellschaften oder Genossenschaften, die Anteile an einem vertraglichen Anlagefonds, an einer SICAV oder an einer KGK halten, können die Ermässigung nach Artikel 69 DBG nicht beanspruchen. Artikel 69 DBG vermeidet eine Mehrfachbesteuerung des aus der Beteiligung stammenden Reingewinns. Die kollektiven Kapitalanlagen sind aber nicht gewinnsteuerpflichtig, weshalb keine Mehrfachbelastung vorliegt.

Der Beteiligungsabzug ist jedoch den Kapitalgesellschaften bei einer Beteiligung an einer SICAF zu gewähren, da letztere eine Kapitalgesellschaft und somit ein Steuersubjekt darstellt. Insofern kann ein Beteiligungsabzug nach den Artikeln 69 ff. DBG gewährt werden.

4.5 Für Dachfondsstrukturen

Dachfonds oder Fund-of-Funds investieren in verschiedene andere kollektive Kapitalanlagen (Zielfonds) mit zum Teil unterschiedlichen Anlagestrategien. Die Investitionen in andere kollektive Kapitalanlagen können je nach Kategorie verschiedene Vermögenserträge auslösen (steuerlich transparente kollektive Kapitalanlagen mit Ausschüttung oder mit Wiederanlage). Für die steuerliche Betrachtung muss grundsätzlich Transparenz auf allen Stufen hergestellt werden. Sämtliche aus den Zielfonds erzielten Erträge sind vollumfänglich auf Stufe des Dachfonds als steuerbarer Ertrag zu verbuchen.

Unter folgenden Voraussetzungen verzichtet die ESTV auf den steuerlichen Durchgriff auf die einzelnen in- oder ausländischen Zielfonds:

a) Beim Dachfonds handelt sich um einen inländischen vertraglichen Anlagefonds, eine SICAV oder eine KGK.
b) Aus den Basisdokumenten der betroffenen Zielfonds muss zweifelsfrei hervorgehen, dass eine Anlagestrategie verfolgt wird, die ausschliesslich auf die Erzielung von Kapitalgewinnen ausgerichtet ist. Die von den einzelnen Zielfonds erzielten ausgewiesenen oder berechneten Nettoerträge dürfen höchstens 2% des gesamten NAV betragen.
c) Der Dachfonds erstellt jährlich eine aggregierte Aufstellung unter Berücksichtigung der anteilsmässigen Anlagen in den Zielfonds. Die Zielfonds, welche unter der 2%-Limite liegen, behalten diese Qualifikation für fünf Jahre und müssen daher erst wieder im sechsten Jahr neu berechnet werden (siehe Anhang IV Musterreporting inländische Dachfonds).

Sind diese Voraussetzungen erfüllt, kann der Dachfonds den gesamten Erlös, der aus diesen Zielfondsinvestitionen resultiert, als Kapitalgewinn verbuchen.

Die ESTV behält sich die Überprüfung der Ertragsstruktur der Zielfonds vor. Dazu muss die VSt-Pflichtige des Dachfonds die entsprechenden Unterlagen wie Fondsreglemente oder Prospekte und Jahresberichte auf Verlangen zur Verfügung stellen.

4.6 Für ausländische kollektive Kapitalanlagen

4.6.1 Gleichstellungsregeln

Ausländische kollektive Kapitalanlagen sind aufgrund folgender Gleichstellungsregeln steuerlich schweizerischen kollektiven Kapitalanlagen gleichzustellen:

1. Anlageformen, welche in der Schweiz zum Vertrieb zugelassen sind; oder
2. Anlageformen, welche im Ausland einer anerkannten Aufsicht über kollektive Kapital anlagen unterstehen; oder
3. vertraglich oder gesellschaftsrechtlich ausgestaltete offene Anlageformen,
   a. deren Zweck die kollektive Kapitalanlage ist; und
   b. die ihren Sitz im Ausland haben; und
   c. deren Anleger gegenüber der Anlageform oder einer ihr nahe stehenden Gesellschaft einen Rechtsanspruch auf Rückzahlung ihrer Anteile zum NAV haben; oder
4. vertraglich oder gesellschaftsrechtlich ausgestaltete geschlossene Anlageformen,
   a. deren Zweck die kollektive Kapitalanlage ist; und
   b. die ihren Sitz im Ausland haben.

Siehe auch den Entscheidungsbaum in Anhang III.

4.6.2 Erläuterungen zu den Gleichstellungsregeln

Zu Ziffer 1: Liegt eine Vertriebsbewilligung der FINMA für eine ausländische kollektive Kapitalanlage vor, wird sie für direktsteuerliche Zwecke der entsprechenden schweizerischen kollektiven Kapitalanlage gleichgestellt.

Zu Ziffer 2: Die Liste in Anhang II umfasst diejenigen Länder, deren Aufsicht über kollektive Kapitalanlagen von der ESTV akzeptiert wird. Sie ist nicht abschliessend und wird laufend ergänzt.

Ausländische, beaufsichtigte Einanlegerfonds, die nicht einem Einanlegerfonds nach Artikel 5 KKV entsprechen, sind für direktsteuerliche Zwecke von dieser Gleichstellungsregel ausgenommen.

Zu Ziffer 3: Handelt es sich bei dieser Anlageform um eine juristische Person mit Rückgaberecht der Anteile (Art. 119 Abs. 1 Bst. b KAG), ist diese aufgrund von Artikel 49 Absatz 3 DBG einer SICAV gleichzustellen, da sie rechtlich diesem Fondstyp gleicht. Handelt es sich dagegen um eine Gesellschaft, die wegen des fehlenden Rückgaberechts als geschlossene kollektive Kapitalanlage zu qualifizieren ist, ist sie einer SICAF gleichzustellen.

Der Rechtsanspruch der Anleger auf Rückzahlung ihrer Anteile zum NAV ist aber erfüllt, sofern mindestens ein einmaliges Rückgaberecht pro Jahr vorgesehen ist. Eine Lockup-Periode von maximal fünf Jahren ändert an der Erfüllung dieses Kriteriums nichts.

Zu Ziffer 4: Entspricht eine geschlossene kollektive Kapitalanlage (LP, GmbH & Co KG) einer KGK, sind die Gesellschafter als Anleger zu qualifizieren, mit der Folge, dass sie hier Einkünfte aus beweglichem Vermögen realisieren.

Zu Ziffern 3 und 4: Das Vorliegen folgender Hilfskriterien weist daraufhin, dass es sich um eine kollektive Kapitalanlage handelt:
- Beschränkte Laufzeit der Anlageform;
- Vorhandensein eines Offering Memorandums;
- keine oder sehr eingeschränkte Mitbestimmungsrechte des Anlegers;
- Reporting / Berichterstattung erfolgt auf gleiche Weise wie bei beaufsichtigten, kollektiven Kapitalanlagen;
- die Anlageform verfügt über die typischen Funktionsträger wie Investment Manager, Depotbank etc.

4.6.3 Anforderungen an das Reporting von ausländischen kollektiven Kapitalanlagen

Nimmt die ausländische kollektive Kapitalanlage Ausschüttungen vor, so qualifiziert sich diese für Schweizer Steuerzwecke als ausschüttende kollektive Kapitalanlage; andernfalls als thesaurierende oder gemischte kollektive Kapitalanlage.

Für Schweizer Einkommenssteuerzwecke werden ausländische kollektive Kapitalanlagen (mit Ausnahme von ausländischen kollektiven Kapitalanlagen, welche wirtschaftlich einer schweizerischen SICAF gleichzustellen sind) als transparent betrachtet.

Ausländische Abschlüsse, welche nach einem anerkannten GAAP erstellt und von einer externen Revisionsgesellschaft geprüft wurden, sind für schweizerische Einkommens- und Gewinnsteuerzwecke ausreichend.

Folgendes Vorgehen ist für das Reporting notwendig:

a. Einholen des jeweils letzten verfügbaren Abschlusses der kollektiven Kapitalanlage, welcher nach einem anerkannten GAAP erstellt und von einer externen Revisionsgesellschaft geprüft worden ist.
b. Die Ertragskonten (Dividenden-, Zins- und übrigen Erträge inklusive das Ertragsausgleichs-Konto) nach dem entsprechenden GAAP werden addiert und die Aufwendungen subtrahiert. Für die Begrenzung der abzugsfähigen Aufwendungen wird auf nachstehende Ziffer 4.6.5 verwiesen.
c. Dieser Nettoertrag ist durch die Anzahl ausstehender Anteile im Zeitpunkt des Abschlusses der Rechnungsperiode zu dividieren (Nettoertrag pro Anteil). Alternativ kann auch das betragsmässige Verhältnis (anteiliger NAV des Anlegers/NAV der kollektiven Kapitalanlage) verwendet werden.
d. Feststellung des steuerbaren Ertrags pro Anteil:
   - Thesaurierende kollektive Kapitalanlage:
     Der Nettoertrag pro Anteil stellt bei thesaurierenden ausländischen kollektiven Kapitalanlagen der massgebende steuerbare Ertrag für Schweizer Einkommenssteuerzwecke dar.
   - Ausschüttende kollektive Kapitalanlage:
     Die Qualifikation der Ausschüttung als steuerbarer Ertrag respektive als steuerfreier Kapitalgewinn ist bei ausschüttenden ausländischen kollektiven Kapitalanlagen gemäss der Buchhaltung zu bestimmen.
e. Feststellung des Vermögenssteuerwertes:
   Für Vermögenssteuerzwecke ist der NAV per 31.12. des jeweiligen Kalenderjahres massgebend. Ist dieser nicht erhältlich, ist der letzte verfügbare NAV zu verwenden.
f. Die steuerlich relevanten Informationen sind dem Anleger und der ESTV zugänglich zu machen.

4.6.4 Spezialvorschriften für sogenannte Fund-of-Funds-Strukturen

Bei Fund-of-Funds-Strukturen investiert der Anleger oftmals über eine Feeder-Struktur in einen sogenannten Masterfund, welcher wiederum in die entsprechenden Zielfonds/-anlagen investiert.

Während die Feeder-Struktur sowie der Masterfund voll transparent zu behandeln sind (unter der Voraussetzung, dass es sich bei den kollektiven Kapitalanlagen, welche in der Feeder- und Masterstruktur verwendet werden um Anlageformen handelt, die für Schweizer Steuerzwecke transparent behandelt werden), kann auf Ebene der Zielfonds/-anlagen die jeweilige geprüfte Jahresrechnung nach anerkanntem GAAP zur Bestimmung des steuerbaren Ertrags für Schweizer Steuerzwecke verwendet werden. Dies auch dann, wenn es sich beim Zielfonds wiederum um eine Fund-of-Funds-Struktur handelt. Vorbehalten bleibt die transparente Betrachtungsweise, wenn es sich bei einem solchen Zielfonds um eine Fund-of-Bonds-Fund-Struktur respektive um eine Fund-of-Money-Market-Fund-Struktur handelt.

Als Masterfund werden kollektive Kapitalanlagen angesehen, welche in mindestens fünf verschiedene Zielfonds/-anlagen investieren.

Bei einer Fund-of-Funds-Struktur ohne Feeder-Struktur sind die Regelungen für den Master-Fund analog anzuwenden.

Das Steuerreporting ist auf den Zeitpunkt des Abschlusses der jeweiligen kollektiven Kapitalanlage zu erstellen, in welche der Anleger investiert (Feeder- oder Master-Funds). Zur Ermittlung des steuerbaren Ertrages werden diejenigen Zielfonds berücksichtigt, in welche der Masterfund im Zeitpunkt seines Geschäftsabschlusses investiert ist. Dabei ist auf die letzte verfügbare Jahresrechnung abzustellen.

Der steuerbare Ertrag auf Stufe Feeder-Fund ergibt sich aus den aggregierten Erträgen (minus die Aufwände) auf Stufe Feeder-Fund, Master-Fund und Zielfonds/-anlagen auf der Basis der jeweiligen Abschlüsse. Die Begrenzung der abzugsfähigen Aufwendungen gemäss nachstehender Ziffer 4.6.5 ist auf jeder Stufe zu berücksichtigen (siehe Anhang V Musterreporting ausländische Dachfonds).

4.6.5 Abzugsfähige Gebühren

Gebühren, welche der kollektiven Kapitalanlage belastet werden (Verwaltungskommissionen, Spesen der Depotbank, Depotgebühren, Druckkosten sowie alle weiteren Arten von Gebühren bzw. Fees), dürfen bis zu einem Betrag von höchstens 1.5 % des NAV der Ertragsrechnung belastet werden. Übersteigen die Gebühren diesen Prozentsatz, muss dieser Anteil auf das Konto „Realisierte Kapitalgewinne und -verluste" übertragen werden (Bruttodarstellung). Liegt der Totalbetrag dieser Gebühren unter der Grenze von 1.5 % des NAV, ist nur dieser geringere Betrag abzugsfähig.

Bei kollektiven Kapitalanlagen, welche über mehrere Anteilsklassen/Aktien pro Teilvermögen verfügen, ist der Prozentsatz pro Anteilsklasse anwendbar.

Die 1.5 % werden auf der Basis des NAV per Geschäftsjahresende berechnet. Stellt die Fondsleitung der ESTV die entsprechenden Informationen zur Verfügung, können die 1.5 % auch auf der Basis des durchschnittlichen NAV zu den jeweiligen Bewertungsstichtagen innerhalb der Rechnungsperiode (Art. 83 KAG) berechnet werden.

Zinsaufwendungen und geleistete Ersatzzahlungen aus Securities-Lending- und Borrowing-Geschäften fallen nicht unter die 1.5 %-Begrenzung. Sie sind vielmehr vollumfänglich abzugsfähig.

Auf Dachfonds- und Feeder-Fondsebene können die 1.5 % nur von den direkten Erträgen abgezogen werden, nicht jedoch von den steuerbaren Erträgen, die der Dach- oder Feeder-Fonds aus den einzelnen Zielfonds aggregieren. Auf diesen Erträgen wurden die 1.5 % auf Stufe des Zielfonds bereits belastet.

4.7 Umstrukturierung und Auflösung von kollektiven Kapitalanlagen

4.7.1 Umstrukturierung

Nach Artikel 95 Absatz 1 Buchstabe a KAG können vertragliche Anlagefonds ihre Vermögenswerte und Verbindlichkeiten durch Übertragung mit einem andern Fonds vereinigen. Die SICAV können ihr Vermögen aufgrund von Buchstabe b auf andere SICAV nach den Regeln des Fusionsgesetzes übertragen. Folgende Tatbestände der Vereinigungen bzw. Übertragungen sind möglich:

a. Vereinigung von inländischen Anlagefonds oder SICAV;
b. Übertragung von Vermögenswerten ausländischer kollektiver Kapitalanlagen auf inländische Anlagefonds oder SICAV;
c. Übertragung der Vermögenswerte inländischer Anlagefonds auf ausländische kollektive Kapitalanlagen.

Da die Übertragung jeweils zu Verkehrswerten zu erfolgen hat, ergeben sich für Anleger durch den Umtausch ihrer Anteile – unbesehen, ob sie diese im Privat- oder Geschäftsvermögen halten –, keine Folgen bei den direkten Steuern.

4.7.2 Auflösung von kollektiven Kapitalanlagen

Die Liquidation einer kollektiven Kapitalanlage hat den Regeln in Artikel 96 KAG zu folgen. Artikel 97 Absatz 2 KAG räumt den Anlegern einen Anspruch auf den verhältnismässigen Anteil des Liquidationserlöses ein. Die Rückzahlung der Kapitaleinzahlungen und der erzielten Kapitalgewinne sind für die Anleger im Privatvermögen steuerfrei. Der Einkommenssteuer unterliegen die mit dem Liquidationsergebnis anteilsmässig verteilten Vermögenserträge, die nicht bereits versteuert wurden. Wird eine kollektive Kapitalanlage mit direktem Grundbesitz aufgelöst, unterliegen die den Anlegern ausgeschütteten Erträge nicht der Einkommenssteuer, soweit diese aus direktem Grundbesitz stammen.

Bei Anlagen im Geschäftsvermögen unterliegt die positive Differenz zwischen dem Liquidationserlös und dem steuerlich massgebenden Buchwert der Einkommens- oder der Gewinnsteuer. Allfällige negative Differenzen stellen im Geschäftsvermögen abzugsfähigen Kapitalverlust dar.

4.7.3 Sitzverlegung oder Expatriierung von kollektiven Kapitalanlagen

Die Sitzverlegung hat im Unterschied zur Verrechnungssteuer keine direktsteuerlichen Folgen, da diese nicht als Liquidation zu betrachten ist. Aufgrund der Treuhandlösung verbleibt das „Treugut" nämlich weiterhin im Privat- oder Geschäftsvermögen der Anleger.

5 Anhänge

5.1 Anhang I Kollektive Kapitalanlagen mit direktem Grundbesitz

5.1.1 Die Ermittlung der steuerbaren Werte einer kollektiven Kapitalanlage mit direktem Grundbesitz

Für die Ermittlung des steuerbaren Gewinnes von kollektiven Kapitalanlagen mit direktem Grundbesitz sind folgende Grundsätze zu beachten:

- Kapitalgewinne auf direktem Grundbesitz bilden Bestandteil des steuerbaren Gewinnes.
- Aktivzinsen auf Bankguthaben und anderen Forderungen sind nicht Bestandteil des Ertrages aus direktem Grundbesitz.
- Die auf den direkten Grundbesitz entfallenden Erträge und Aufwendungen (inkl. direkte Steuern) sind grundsätzlich aufgrund der Erfolgsrechnung über den Direktbesitz objektmässig zuzurechnen.
- Aufwendungen, die nicht objektmässig zugerechnet werden können, sind im Verhältnis des Verkehrswertes des direkten Grundbesitzes zum Verkehrswert der Gesamtaktiven gemäss der konsolidierten Vermögensrechnung (Art. 90 KAG) nach den Grundsätzen des KS Nr. 18 der SSK vom 27. November 2001 aufzuteilen.

Beispiel:
Gesamtaktiven: 90% direkter Grundbesitz, 10% Übriges Vermögen

Erfolg	**Berechnung**	**Grund-Besitz Betrag (1'000)**	**Übriges Betrag (1'000)**	**Total**
Ertrag				
Mietzinseinnahmen	objektmässig	5'000	-	5'000
Kapital- und Aufwertungsgewinne	objektmässig nach Abzug der direkten Kosten	1'000	-	1'000
Aktivzinsen			500	500
Total Ertrag		**6'000**	**500**	**6'500**

Aufwand				
Passivzinsen	Zinsen quotenmässige Aufteilung *)	300	33	333
Unterhalt und Reparaturen	objektmässig	600		600
Übrige Liegenschaftskosten	objektmässig	400		400
Immo.-Verwaltungskosten	objektmässig	250		250
Allgemeine Unkosten	sofern der Aufwand gesamthaft der Erfolgsrechnung belastet wird: quotenmässige Aufteilung *)	10	1	11
Schätzungs- und Revisionskosten	sofern der Aufwand gesamthaft der Erfolgsrechnung belastet wird: quotenmässige Aufteilung *)	20	2	22

Zuweisung an Amortisationsfonds	objektmässig; nur im Rahmen der steuerlich zulässigen Abschreibungen abziehbar	500		500
Zuweisung an Unterhaltsfonds	zulässig sind nur objektmässig zugeordnete Rückstellungen für künftige Grossreparaturen	0		0
Entschädigungen an Fondsleitung und Depotbank	sofern der Aufwand gesamthaft der Erfolgsrechnung belastet wird: quotenmässige Aufteilung *)	54	6	60
Aufwand vor Steuern		**2'134**	**42**	**2'176**
Gewinn vor Steuern		3'866	458	4'324
Kapitalsteuer (Staat)	Annahme; Bemessungsgrundlage: Reinvermögen nach den Bestimmungen für nat. Personen am Ende der Steuerperiode	-176		
Gewinn vor Gewinnsteuer	= 125%, da die Gewinnsteuer abziehbar ist	3'690		
Gewinnsteuer (Staat/Bund)	Annahme: Steuersatz Staat und Bund für nat. Personen = 25%	-740		
Steuerbarer Gewinn	**= 100%**	**2'950**		

*) Für die quotenmässige Aufteilung der indirekten Aufwendungen wird auf das Verhältnis des Verkehrswertes des direkten Grundbesitzes zum Verkehrswert der Gesamtaktiven gemäss der konsolidierten Vermögensrechnung (Art. 90 KAG) abgestellt.

5.1.2 Steuerbare Einkünfte aus Anteilen an kollektiven Kapitalanlagen mit direktem Grundbesitz

Einkünfte aus Anteilen von kollektiven Kapitalanlagen mit direktem Grundbesitz sind steuerbar, soweit die Gesamterträge der kollektiven Kapitalanlage die Erträge aus direktem Grundbesitz übersteigen. Die Ausschüttungen und die Reserven sind daher aufgrund ihrer Herkunft in folgende zwei Kategorien aufzuteilen:

a) Versteuerter Vermögensertrag inklusive Kapital- und Aufwertungsgewinne aus direktem Grundbesitz.

b) Vermögensertrag aus indirektem Grundbesitz, übrigem Vermögen sowie Ertrag aus der Auflösung von vor dem 1. Januar 1995 gebildeten Rückstellungen auf direktem Grundbesitz (i.d.R. Unterhalts- und Amortisationsfonds).

Gestützt auf Artikel 129 Absatz 3 DBG haben die kollektiven Kapitalanlagen den Veranlagungsbehörden über die Aufteilung der Ausschüttung und der Reserven in diese zwei Kategorien Auskunft zu geben. Eine Aufteilung der Ausschüttung auf gesonderte Coupons ist – mit Ausnahme für über gesonderten Coupon ausgerichtete Kapitalgewinne und Kapitaleinzahlungen (Art. 5 Abs. 1 Bst. b VStG u. Art. 28 Abs. 3 VStV) – nicht nötig.

Gebühren, die der Verrechnungssteuer unterliegende Erträge betreffen, dürfen diesen belastet werden. Die Belastung darf jeweils höchstens 1.5% (Betriebsaufwandquote = Total Expense Ratio / TER_{REF}) des Gesamtfondvermögens dieser Anlagen betragen. Liegt der Totalbetrag der Gebühren unter der Grenze von 1.5%, so ist nur der geringere Betrag abzugsfähig.

5.1.3 Deklarationsverfahren für die kollektiven Kapitalanlagen

Für die kollektiven Kapitalanlagen mit direktem Grundbesitz besteht keine spezielle Steuererklärung. Die Fondsleitungen sind verpflichtet, den Veranlagungsbehörden für jede Steuerperiode eine Bescheinigung über alle Verhältnisse einzureichen, die für die Besteuerung des direkten Grundbesitzes und dessen Erträge massgeblich sind (Art. 129 Abs. 3 DBG). Der steuerbare Gewinn bemisst sich nach den unter Ziffer 2 hievor festgehaltenen Grundsätzen.

5.1.4 Deklarationsverfahren für die Anleger

Die ESTV wird die steuerbaren Werte der Anteile kollektiver Kapitalanlagen aufgrund der Meldungen der kollektiven Kapitalanlagen mit direktem Grundbesitz ermitteln und in ihrer Kursliste publizieren. Privatpersonen haben nach Artikel 20 Absatz 1 Buchstabe e DBG sämtliche Einkünfte aus Anteilen an kollektiven Kapitalanlagen zu versteuern, soweit diese nicht Erträge oder Kapitalgewinne aus dem direktem Grundbesitz vereinnahmen. Natürliche oder juristische Personen, die Anteile an kollektiven Kapitalanlagen im Geschäftsvermögen halten, unterliegen sinngemäss der Regel von Artikel 20 Absatz 1 Buchstabe e DBG. Erträge, die aus kollektiven Kapitalanlagen mit direktem Grundbesitz stammen, unterliegen keiner Besteuerung. Bei Anlagen im Geschäftsvermögen werden jedoch lediglich diejenigen Teile der Erträge von der Besteuerung ausgenommen, welche die Kosten im Zusammenhang mit der Anlage (anteilige Finanzierungskosten, anteilige Verwaltungskosten, direkt mit den Erträgen im Zusammenhang stehende Abschreibungen) übersteigen. Die kollektiven Kapitalanlagen müssen den Nachweis erbringen, dass diese Erträge bereits auf der Ebene der kollektiven Kapitalanlagen mit direktem Grundbesitz besteuert worden sind.

5.2 Anhang II Länderliste der von der ESTV akzeptierten Aufsichten

Entspricht dem Anhang V des Kreisschreibens Nr. 24 vom 1. Januar 2009

https://www.estv.admin.ch/dam/estv/de/dokumente/bundessteuer/kreisschreiben/2004/1-024-VS-2008-Anhang5.pdf.download.pdf/1-024-VS-2008-d-Anhang5.pdf

5.3 Anhang III Entscheidungsbaum

Entspricht dem Anhang VI des Kreisschreibens Nr. 24 vom 1. Januar 2009

https://www.estv.admin.ch/dam/estv/de/dokumente/bundessteuer/kreisschreiben/2004/1-024-VS-2008-Anhang6.pdf.download.pdf/1-024-VS-2008-d-Anhang6.pdf

5.4 Anhang IV Musterreporting für inländische Dachfonds

Entspricht dem Anhang VII des Kreisschreibens Nr. 24 vom 1. Januar 2009

https://www.estv.admin.ch/dam/estv/de/dokumente/bundessteuer/kreisschreiben/2004/1-024-VS-2008-Anhang7-2013.xlsm.download.xlsm/Anhang%20VII%20Musterreporting%20inl%C3%A4ndische%20Dachfonds%20(MS%20Excel%202013).xlsm

5.5 Anhang V Musterreporting für ausländische Dachfonds

Entspricht dem Anhang VIII des Kreisschreibens Nr. 24 vom 1. Januar 2009

https://www.estv.admin.ch/dam/estv/de/dokumente/bundessteuer/kreisschreiben/2004/1-024-VS-2008-Anhang8-2013.xlsm.download.xlsm/Anhang%20VIII%20Musterreporting%20ausl%C3%A4ndische%20Dachfonds%20(MS%20Excel%202013).xlsm

Schweizerische Eidgenossenschaft
Confédération suisse
Confederazione Svizzera
Confederaziun svizra

Eidgenössisches Finanzdepartement EFD
Eidgenössische Steuerverwaltung ESTV
Hauptabteilung Direkte Bundessteuer,
Verrechnungssteuer, Stempelabgaben

Verrechnungssteuer
Stempelabgaben

Bern, 20. November 2017

Kreisschreiben Nr. 24

Kollektive Kapitalanlagen als Gegenstand der Verrechnungssteuer und der Stempelabgaben

Inhaltsverzeichnis

Eigerstrasse 65
3003 Bern
www.estv.admin.ch

Abkürzungen

Abs.	Absatz
AG	Aktiengesellschaft
Art.	Artikel
BankG	Bundesgesetz über die Banken und Sparkassen (SR 952.0)
BEHV	Verordnung über die Börsen und den Effektenhandel (SR 954.11)
BankV	Verordnung über die Banken und Sparkassen (SR 952.02)
bspw.	beispielsweise
Bst.	Buchstabe(n)
bzw.	beziehungsweise
DBA	Doppelbesteuerungsabkommen
DBG	Bundesgesetz über die direkte Bundessteuer (SR 642.11)
d.h.	das heisst
dgl.	dergleichen
ESTV	Eidgenössische Steuerverwaltung
etc.	et cetera
ETF	Exchange traded Funds
FCP	Fonds communs de placement; vertragliche kollektive Kapitalanlage
FER	Fachempfehlungen zur Rechnungslegung
FINMA	Eidgenössische Finanzmarktaufsicht (vormals EBK Eidgenössische Bankenkommission)
GAAP	Generally accepted accounting principles
GFV	Gesamtfondsvermögen
GmbH	Gesellschaft mit beschränkter Haftung
i.d.R.	in der Regel
IFRS	International Financial Reporting Standards
inkl.	inklusive
i.V.m.	in Verbindung mit
i.S.	im Sinne
KAG	Bundesgesetz über die kollektiven Kapitalanlagen (SR 951.31)
KER	Reserven aus Kapitaleinlagen
KmGK	Kommanditgesellschaft für kollektive Kapitalanlagen
KKV	Verordnung über die kollektiven Kapitalanlagen (SR 951.311)
KKV-FINMA	Verordnung der FINMA über die kollektiven Kapitalanlagen (SR 951.312)
KS	Kreisschreiben
MB	Merkblatt
NAV	Net asset value (Nettoanlagevermögen)
Nr.	Nummer
resp.	respektive
SICAF	Investmentgesellschaft(en) mit festem Kapital
SICAV	Investmentgesellschaft(en) mit variablem Kapital
SLB	Securities Lending & Borrowing (Wertpapierleihgeschäft)
StG	Bundesgesetz über die Stempelabgaben (SR 641.10)
StV	Verordnung zum Bundesgesetz über die Stempelabgaben (SR 641.101)
US GAAP	United States Generally Accepted Accounting Principles (Allgemein anerkannte Rechnungslegungsgrundsätze der Vereinigten Staaten)
usw.	und so weiter
vgl.	vergleiche
VSt	Verrechnungssteuer
VStG	Bundesgesetz über die Verrechnungssteuer (SR 642.21)
VStV	Verordnung zum Bundesgesetz über die Verrechnungssteuer (SR 642.211)
z.B.	zum Beispiel
ZGB	Schweizerisches Zivilgesetzbuch (SR 210)
Ziff.	Ziffer

1 Einleitung / Geltungsbereich

Das Bundesgesetz vom 23. Juni 2006 über die kollektiven Kapitalanlagen (KAG) verwendet den Oberbegriff der kollektiven Kapitalanlagen, weil die FCP, sowie die juristischen Personen und Personengesellschaften unter diesen Begriff fallen können. Da das KAG den Schutz bestimmter Anleger bezweckt, unterstellt es aber nicht jede Form der kollektiven Kapitalanlage der Aufsicht der FINMA.

Es wurde die Gelegenheit genutzt, durch die Überarbeitung und Aktualisierung des vorliegenden Kreisschreibens die Benutzerfreundlichkeit und die Rechtssicherheit weiter zu gewährleisten. Das Kreisschreiben (KS) erhebt nicht Anspruch auf Vollständigkeit, sondern soll hauptsächlich den für die Geschäftsführung verantwortlichen Organen spezifische Punkte erläutern, die in der Praxis Schwierigkeiten bereiten könnten.

Die steuerlichen Folgen ergeben sich insbesondere aus dem Bundesgesetz vom 13. Oktober 1965 über die Verrechnungssteuer (VStG) und der dazugehörigen Vollziehungsverordnung vom 19. Dezember 1966 (VStV), dem Bundesgesetz vom 27. Juni 1973 über die Stempelabgaben (StG) und der dazugehörenden Verordnung vom 3. Dezember 1973 (StV), den anwendbaren Doppelbesteuerungsabkommen (DBA). Betreffend die direkte Bundessteuer ist das KS Nr. 25 zu beachten.

Mit dem vorliegenden KS wird das bisherige KS, in seiner Version von 1. Januar 2009, ausser Kraft gesetzt.

2 Inländische kollektive Kapitalanlagen

2.1 Vertragliche kollektive Kapitalanlage, Investmentgesellschaft mit variablem Kapital und Kommanditgesellschaft für kollektive Kapitalanlagen (KmGK)

Die folgenden Ausführungen beziehen sich auf die von der Schweizerischen Aufsichtsbehörde genehmigten kollektiven Kapitalanlagen gemäss Artikel 25, 36 und 98 KAG. Soweit in diesem KS nicht anders festgehalten wird, gelten die Begriffsbestimmungen des Kollektivanlagenrechts.

2.1.1 Begriffsbestimmungen

2.1.1.1 Basisdokumente

Beim FCP gelten der Fondsvertrag, der Prospekt und gegebenenfalls der vereinfachte Prospekt als Basisdokumente. Bei der SICAV sind dies die Statuten, das Anlagereglement, der Handelsregistereintrag, der Prospekt und gegebenenfalls der vereinfachte Prospekt. Im Falle einer KmGK sind dies der Gesellschaftsvertrag, der Handelsregistereintrag und der Prospekt.

2.1.1.2 Steuerpflichtige Person für Verrechnungssteuerzwecke

Gemäss Artikel 10 Absatz 2 VStG qualifiziert beim FCP die Fondsleitung, bei der SICAV die SICAV und bei der KmGK die KmGK als steuerpflichtige Person für Verrechnungssteuerzwecke (nachstehend der VSt-Pflichtige).

2.1.1.3 Anteile

Nachfolgend wird nur noch der Begriff Anteile verwendet. Dieser umfasst beim FCP die Anteile sowie Anteilsscheine; im Falle der SICAV die Anleger- und Unternehmeraktien sowie bei der KmGK die Kommanditen.

2.1.1.4 Coupon

Der Begriff Coupon wird als Oberbegriff für Ausschüttungen von verbrieften wie auch nicht verbrieften Anteilen an kollektiven Kapitalanlagen verwendet.

2.1.2 Allgemeines

Wird eine kollektive Kapitalanlage mittels Darlehen oder darlehensähnlichem Sonderkapital finanziert, gelten die allgemeinen Besteuerungsregeln (Kundenguthaben und Darlehen) für die Verrechnungssteuer und die Stempelabgaben.

FCP, SICAV und KmGK, die keinen direkten Grundbesitz halten, sind für die direkten Steuern keine Steuersubjekte, sondern werden transparent behandelt, d.h. sie werden nicht als solche besteuert, sondern ihre Einkünfte werden direkt den Anlegern zugerechnet.

FCP, SICAV und KmGK, welche in den Basisdokumenten eine Ausschüttungsvorschrift von mindestens 70 % des jährlichen Nettoertrags inkl. vorgetragene Erträge aus früheren Rechnungsjahren vorsehen, qualifizieren für schweizerische Steuerzwecke als ausschüttende kollektive Kapitalanlagen. Sind keine Ausschüttungen vorgesehen liegt für schweizerische Steuerzwecke eine thesaurierende kollektive Kapitalanlage vor.

FCP, SICAV und KmGK, welche in den Basisdokumenten keine, oder eine von oben abweichende Ausschüttungsvorschrift aufweisen, qualifizieren als gemischte kollektive Kapitalanlagen.

Die Berücksichtigung einer Geringfügigkeits - Ausschüttungsvorschrift in den Basisdokumenten bei ausschüttenden FCP, SICAV und KmGK resp. deren Anwendung ändert nichts an der Qualifikation als ausschüttende kollektive Kapitalanlage, sofern folgende Voraussetzungen erfüllt werden:

- der Nettoertrag des laufenden Geschäftsjahres und die vorgetragenen Erträge aus früheren Rechnungsjahren der kollektiven Kapitalanlage, eines Teilvermögens oder einer Anteilsklasse beträgt weniger als 1 % des NAV, und
- der Nettoertrag des laufenden Geschäftsjahres und die vorgetragenen Erträge aus früheren Rechnungsjahren einer kollektiven Kapitalanlage, eines Teilvermögens oder einer Anteilsklasse beträgt pro Anteil weniger als CHF 1, USD 1, EUR 1, GBP 1 oder JPY 100.

2.1.3 Pflichten bei der Gründung (Lancierung)

Bei der Gründung von FCP, SICAV und KmGK hat sich die VSt-Pflichtige vor der Ausgabe von entsprechenden Anteilen unaufgefordert bei der ESTV anzumelden.
Mit der Anmeldung sind die Basisdokumente zur Verfügung zu stellen (Art. 31 Abs. 2 VStV). Zusätzlich hat die VSt-Pflichtige die ESTV über jede Anteilsklasse separat zu informieren, bei welcher sie das Meldeverfahren gemäss Ziffer 2.4 anwenden wird.

2.1.4 Weitere verfahrensrechtliche Pflichten

Werden Änderungen an den Basisdokumenten gemäss Ziffer 2.1.1.1 vorgenommen, so ist dies der ESTV unaufgefordert mitzuteilen (Art. 31 Abs. 3 VStV).

Sind die Voraussetzungen zur Anwendung des Meldeverfahrens gemäss Ziffer 2.4.2nicht mehr gegeben, hat die VSt-Pflichtige dies der ESTV mitzuteilen. Ab diesem Zeitpunkt kann das Meldeverfahren nicht mehr angewendet werden.

Spätestens mit der Veröffentlichung des Jahresberichts gemäss Artikel 89 und 108 KAG hat die VSt-Pflichtige der ESTV den Jahresbericht der entsprechenden kollektiven Kapitalanlage zur Verfügung zu stellen.

Die ESTV wird separat informieren, ab wann die Basisdokumente nicht mehr eingereicht sondern via Fonds-Plattform zur Verfügung gestellt werden können.

2.1.5 Pflichten/Aufgaben im Falle der Auflösung von FCP, SICAV und KmGK

Wird ein FCP, eine SICAV, eine KmGK oder ein einzelnes Teilvermögen daraus gemäss Artikel 96 oder 109 KAG aufgelöst, so hat die VSt-Pflichtige die ESTV unverzüglich zu informieren. Ab Beschluss der Auflösung (Kündigung) gelten alle Rücknahmen steuerrechtlich als

Teilliquidation. Die Verteilung von bis zu 90 % des Liquidationsergebnisses ist jederzeit zulässig. Die Verteilung des restlichen Liquidationsergebnisses ist erst zulässig, nachdem die ESTV zugestimmt hat (Art 33 Abs. 3 VStV). Sie prüft die Auflösung anhand nachfolgender Unterlagen, die im Anschluss an die Liquidationsmeldung einzureichen sind:

- durch die Revisionsorgane bereits geprüfte Liquidationsbilanz mit Erfolgsrechnung;
- die Buchhaltung (Saldobilanz) des laufenden Geschäftsjahres bis zur Liquidation;
- den Entwurf der Anzeige für die Schlusszahlung.

Das Hauptbuch ist der ESTV zur Verfügung zu halten.

Handelt es sich bei den Anlegern der aufzulösenden kollektiven Kapitalanlage um Anleger, welche die Voraussetzungen des Meldeverfahrens gemäss Ziffer 2.4.2 erfüllen, so kann das auf diese Anleger entfallende Liquidationsergebnis unter Einhaltung der Vorschriften des Meldeverfahrens ohne Abzug der Verrechnungssteuer ausgeschüttet werden. Die ESTV behält sich eine nachträgliche Überprüfung der Auflösung vor. Sie prüft die Auflösung anhand nachfolgender Unterlagen die im Anschluss an die Liquidation einzureichen sind:

- durch die Revisionsorgane bereits geprüfte Liquidationsbilanz mit Erfolgsrechnung;
- die Buchhaltung (Saldobilanz) des laufenden Geschäftsjahres bis zur Liquidation;
- die Anzeige für die Schlusszahlung.

2.1.6 Umstrukturierungen

Nachfolgend werden die gängigen Umstrukturierungstatbestände und deren steuerlichen Konsequenzen dargestellt. Bei abweichender Vorgehensweise ist vorgängig die ESTV zu kontaktieren.

2.1.6.1 Sitzverlegung von Fondsleitung und/oder Depotbank ins Ausland sowie die Expatriierung von vertraglichen kollektiven Kapitalanlagen ins Ausland

Die Sitzverlegung der Fondsleitung und/oder der Depotbank sowie die Expatriierung einer vertraglichen kollektiven Kapitalanlage stellen für Verrechnungssteuerzwecke eine Liquidation dar. Der Handel mit Anteilen der betroffenen kollektiven Kapitalanlagen ist jedoch uneingeschränkt möglich.

Auf dem Nettoertrag sowie einem allfälligen Gewinnvortrag ist im Expatriierungszeitpunkt die Verrechnungssteuer zu erheben. Die Vorschriften gemäss Ziffer 2.1.5 sind zu beachten.

Alternativ kann jedoch vorgängig auch eine Interimsausschüttung oder Thesaurierung vorgenommen werden. In solchen Fällen wird die Verrechnungssteuer im Ausschüttungs- resp. Thesaurierungszeitpunkt fällig, nicht mehr jedoch im Expatriierungszeitpunkt.

Auf die Erhebung der Verrechnungssteuer im Expatriierungszeitpunkt wird verzichtet, sofern folgende Voraussetzungen erfüllt werden:

- der Nettoertrag des laufenden Geschäftsjahres und die vorgetragenen Erträge aus früheren Rechnungsjahren der kollektiven Kapitalanlage, eines Teilvermögens oder einer Anteilsklasse beträgt weniger als 1 % des NAV, und
- der Nettoertrag des laufenden Geschäftsjahres und die vorgetragenen Erträge aus früheren Rechnungsjahren einer kollektiven Kapitalanlage, eines Teilvermögens oder einer Anteilsklasse beträgt pro Anteil weniger als CHF 1, USD 1, EUR 1, GBP 1 oder JPY 100.

Der Umtausch der Anteile wird für Umsatzabgabezwecke auf Stufe des Anlegers als abgabefreie Rückgabe zur Tilgung der inländischen Anteile und der Umsatzabgabe unterliegende Ausgabe der ausländischen Anteile behandelt.

2.1.6.2 Repatriierung eines FCP, einer SICAV oder einer KmGK aus dem Ausland

Die Repatriierung eines FCP, einer SICAV oder einer KmGK vom Ausland in die Schweiz qualifiziert für Verrechnungssteuerzwecke als Gründung (Lancierung) einer kollektiven Kapitalanlage. Die Vorschriften gemäss Ziffer 2.1.3 sind einzuhalten.

2.1.6.3 Vereinigung von Anteilsklassen eines FCP oder einer SICAV

Die Vereinigung von Anteilsklassen innerhalb eines FCP oder einer SICAV löst keine Verrechnungssteuerfolgen aus.

2.1.6.4 Vereinigung von Teilvermögen eines FCP oder einer SICAV

Die Vereinigung von Teilvermögen eines FCP oder einer SICAV qualifiziert für Verrechnungssteuerzwecke auf der Stufe des übertragenden Teilvermögens als Liquidation.

Auf dem Nettoertrag sowie einem allfälligen Gewinnvortrag des übertragenden Teilvermögens ist im Vereinigungszeitpunkt die Verrechnungssteuer zu erheben. Die Vorschriften gemäss Ziffer 2.1.5 sind zu beachten.

Alternativ kann jedoch vorgängig auch eine Interimsausschüttung oder -thesaurierung beim übertragenden Teilvermögen vorgenommen werden. In solchen Fällen wird die Verrechnungssteuer im Ausschüttungs- resp. Thesaurierungszeitpunkt fällig, nicht mehr jedoch im Vereinigungszeitpunkt.

Auf die Erhebung der Verrechnungssteuer im Vereinigungszeitpunkt beim übertragenden Teilvermögen wird verzichtet, sofern diese folgende Voraussetzungen erfüllen:

- die Differenz zwischen dem Nettoertrag sowie einem allfälligen Gewinnvortrag pro Anteil des übertragenden Teilvermögens und des übernehmenden Teilvermögens ist kleiner als 20 % und
- der Nettoertrag und ein allfälliger Gewinnvortrag des übertragenden Teilvermögens wird im übernehmenden Teilvermögen in den Konten Gewinnvortrag und/oder Einkauf in laufende Nettoerträge bei der Ausgabe von Anteilen verbucht.

Der Umtausch der Anteile wird für Umsatzabgabezwecke auf Stufe des Anlegers als abgabefreie Rückgabe zur Tilgung der inländischen Anteile und abgabefreie Ausgabe der inländischen Anteile behandelt.

2.1.6.5 Vereinigung von FCP oder SICAV

Folgende Varianten sind zu unterscheiden:

a) Vereinigung von inländischen FCP oder SICAV:
Die Vereinigung von inländischen FCP oder SICAV qualifiziert für Verrechnungssteuerzwecke im Falle der übertragenden kollektiven Kapitalanlage als Liquidation; Ziffer 2.1.5 ist sinngemäss anzuwenden.
Der Umtausch der Anteile wird für Umsatzabgabezwecke auf Stufe des Anlegers als abgabefreie Rückgabe zur Tilgung der inländischen Anteile und als abgabefreie Ausgabe der inländischen Anteile behandelt.

b) Vereinigung von in- und ausländischen FCP oder SICAV (inländische kollektive Kapitalanlage ist die übernehmende kollektive Kapitalanlage):
Für Verrechnungssteuerzwecke ist dieser Vorgang wie eine Repatriierung einer ausländischen kollektiven Kapitalanlage zu behandeln. Diese Transaktion führt somit zu keinen Verrechnungssteuerkonsequenzen.
Der Umtausch der Anteile wird für Umsatzabgabezwecke auf Stufe des Anlegers als abgabefreie Rückgabe zur Tilgung der ausländischen Anteile und als abgabefreie Ausgabe der inländischen Anteile behandelt.

c) Vereinigung von in- und ausländischen FCP oder SICAV (ausländische kollektive Kapitalanlage ist die übernehmende kollektive Kapitalanlage):
Für Verrechnungssteuerzwecke ist dieser Vorgang wie eine Expatriierung einer inländischen kollektiven Kapitalanlage zu behandeln. Die Vorschriften gemäss Ziffer

2.1.5 sind sinngemäss anzuwenden.
Der Umtausch der Anteile wird für Umsatzabgabezwecke auf Stufe des Anlegers als abgabefreie Rückgabe zur Tilgung der inländischen Anteile und der Umsatzabgabe unterliegende Ausgabe der ausländischen Anteile behandelt.

2.1.6.6 Andere grundlegende Reorganisationen

Die Verschiebung von Teilvermögen in seiner bestehenden Form von einem schweizerischen Umbrella in einen anderen schweizerischen Umbrella ist steuerlich unbeachtlich.

Andere grundlegende Reorganisationen sind vorgängig mit der ESTV abzusprechen.

2.1.7 Revisionen

Für die periodischen Kontrollen der ESTV bei den VSt-Pflichtigen haben diese die für die Revision benötigten Unterlagen wie Bilanz und Erfolgsrechnung sowie das Hauptbuch uneingeschränkt den Revisoren zur Verfügung zu stellen (Art. 40 VStG i.V.m. Art. 7 VStV).

Auf Verlangen der Revisoren muss die VSt-Pflichtige weitere Unterlagen, welche für die Kontrolle der Verrechnungssteuer relevant sind, innerhalb nützlicher Frist zur Verfügung stellen. Bestehen bei kollektiven Kapitalanlagen verschiedene Anteilsklassen, so muss für jede Anteilsklasse eine separate Aufteilung vorhanden sein.

2.1.8 Stempelabgaben

2.1.9 Emissionsabgabe

Die Begründung und Ausgabe von Anteilen sind von der Emissionsabgabe ausgenommen (Art. 6 Abs. 1 Bst. i StG).

2.1.9.1 Umsatzabgabe

2.1.9.1.1 Primärmarkt

Die Ausgabe von Anteilen ist von der Umsatzabgabe ausgenommen (Art. 14 Abs. 1 Bst. a StG).

Die Sacheinlage von steuerbaren Urkunden zur Liberierung von Anteilen ist von der Umsatzabgabe ausgenommen (Art. 14 Abs. 1 Bst. b StG).

2.1.9.1.2 Sekundärmarkt

Der Handel von Anteilen unterliegt der Umsatzabgabe gemäss Artikel 13 Absatz 2 Buchstabe a Ziffer 3 StG.

Die Rücknahme von Anteilen ist von der Umsatzabgabe ausgenommen (Art. 14 Abs. 1 Bst. e StG).

Sachauslagen in Form von steuerbaren Urkunden durch einen FCP, eine SICAV oder eine KmGK an Anleger unterliegen nicht der Umsatzabgabe.

2.1.9.1.3 Befreite Anleger

Der FCP, die SICAV und die KmGK sind befreite Anleger (Art. 17a Abs. 1 Bst. b StG).

2.1.10 Verrechnungssteuer auf dem Ertrag aus FCP, SICAV und KmGK

2.1.10.1 Grundsatz

Der Ertrag aus FCP, SICAV und KmGK unterliegt der Verrechnungssteuer ungeachtet dessen, ob eine Ausschüttung oder Wiederanlage (Thesaurierung) vorgenommen wird (Art. 4 Ab. 1 Bst. c VStG); Kapitalgewinne, KER, Erträge aus direktem Grundbesitz und Kapitaleinzahlungen von Anlegern sind steuerbefreit (Art. 5 Abs. 1 Bst. b VStG).

2.1.10.2 Verfahrensvorschriften

Die Steuer wird 30 Tage nach Entstehung der Steuerforderung zur Zahlung fällig (Art. 16 Abs.1 Bst. c VStG).

Die Deklaration der Verrechnungssteuer erfolgt mittels der Formulare 200 und 201 (für Details siehe Ziff. 2.3). Diese müssen der ESTV auch zugestellt werden, wenn keine Ausschüttung oder Wiederanlage erfolgt ist.

Lautet die steuerbare Leistung auf eine ausländische Währung, so ist sie auf den Zeitpunkt ihrer Fälligkeit in Schweizer Franken umzurechnen (Art. 4 Abs. 1 VStV). Derselbe Umrechnungskurs muss auf der Anzeige aufgeführt werden, welche zuhanden des Anlegers erstellt wird.

2.1.10.3 Sonderbestimmungen für ausschüttende FCP, SICAV und KmGK

Bei Kapitalerträgen entsteht die Steuerforderung grundsätzlich im Zeitpunkt, in dem die steuerbare Leistung fällig wird (Art. 12 Abs. 1 VStG); d.h. in der Praxis mit der Ausschüttung oder im Falle der Auflösung (Liquidation) gemäss Ziffer 2.1.5 mit der Ausschüttung des restlichen Liquidationsergebnisses.

Kapitalgewinne und KER, welche durch den FCP, SICAV und KmGK erzielt werden, können ohne Verrechnungssteuerabzug an die Anleger ausgeschüttet werden, sofern die Ausschüttung mit separatem Coupon vorgenommen wird, oder mittels separatem Ausweis auf der Abrechnung.

FCP, SICAV und KmGK, welche nicht den ganzen Nettoertrag ausschütten, müssen den gesamten Gewinnvortrag bei der nächsten Ausschüttung mitberücksichtigen. Der Gewinnvortrag stellt steuerbaren Ertrag dar und darf während des Geschäftsjahres nicht verändert werden. Er unterliegt jedoch erst im Ausschüttungszeitpunkt der Verrechnungssteuer.

Verzichtet die VSt-Pflichtige auf eine Ausschüttung aufgrund einer in den Basisdokumenten vorgesehenen Geringfügigkeitsklausel, wird der Ertrag dem Gewinnvortrag gutgeschrieben. Der Gewinnvortrag stellt steuerbaren Ertrag dar und darf während des Geschäftsjahres nicht verändert werden. Er unterliegt erst im Ausschüttungszeitpunkt der Verrechnungssteuer.

2.1.10.4 Sonderbestimmungen für thesaurierende FCP, SICAV und KmGK

Bei thesaurierenden FCP, SICAV und KmGK entsteht die Steuerforderung im Zeitpunkt der Gutschrift, d.h. bei Übertrag auf das Konto der zur Wiederanlage zurückbehaltenen Erträge, spätestens vier Monate nach Geschäftsabschluss gemäss Artikel 12 Absatz 1ter VStG. Oder im Fall der Auflösung (Liquidation) gemäss Ziffer 2.1.5 mit der Ausschüttung des verbleibenden Liquidationsergebnisses.

Die Thesaurierung von Kapitalgewinnen, welche durch die FCP, SICAV und KmGK erzielt wurden, und die separat ausgewiesen wird, unterliegt nicht der Verrechnungssteuer.

Um grössere administrative Umtriebe zu verhindern, kann auf eine Wiederanlage (Thesaurierung) für Steuerzwecke verzichtet werden, sofern folgende Voraussetzungen erfüllt werden:

- der Nettoertrag des laufenden Geschäftsjahres und die vorgetragenen Erträge aus früheren Rechnungsjahren der kollektiven Kapitalanlage, eines Teilvermögens oder einer Anteilsklasse beträgt weniger als 1 % des NAV, und
- der Nettoertrag des laufenden Geschäftsjahres und die vorgetragenen Erträge aus früheren Rechnungsjahren einer kollektiven Kapitalanlage, eines Teilvermögens oder einer Anteilsklasse beträgt pro Anteil weniger als CHF 1, USD 1, EUR 1, GBP 1 oder JPY 100.

Der Nettoertrag ist in solchen Fällen auf das Konto Gewinnvortrag zu verbuchen. Der Gewinnvortrag stellt steuerbaren Ertrag dar und darf während des Geschäftsjahres nicht verändert werden. Er ist bei der Bestimmung des nächsten Thesaurierungsbetrags zu berücksichtigen.

2.1.10.5 Sonderbestimmungen für gemischte FCP, SICAV und KmGK

Ausschüttungs- und Thesaurierungsbetreffnisse von gemischten kollektiven Kapitalanlagen unterliegen im Zeitpunkt der Ausschüttung bzw. Thesaurierung vollumfänglich der Verrechnungssteuer. Die Sonderbestimmungen gemäss Ziffer 2.1.10.4 kommen analog zur Anwendung.

Ausschüttungen unterliegen nur dann nicht der Verrechnungssteuer, wenn der Nachweis erbracht wird, dass die Ausschüttung aus zurückbehaltenen und folglich bereits besteuerten Erträgen alimentiert worden ist. Kapitalgewinne, welche durch den FCP, SICAV und KmGK erzielt werden, können ohne Verrechnungssteuerabzug an die Anleger ausgeschüttet werden, sofern die Ausschüttung mit separatem Coupon vorgenommen wird.

2.2 Domizilerklärung (Affidavit)

2.2.1 Grundsatz

Inhaber von Anteilen mit Domizil Ausland haben Anspruch auf Rückerstattung der von den Erträgen dieser Anteile abgezogenen Verrechnungssteuer, sofern diese Erträge zu mindestens 80 % ausländischen Quellen entstammen (Art. 27 VStG); von Inländern ist die Rückerstattung gemäss Artikel 30 VStG bei den zuständigen Steuerbehörden zu beantragen.

Die in Abzug gebrachte Verrechnungssteuer auf Erträgen kollektiver Kapitalanlagen, welche gemäss Artikel 27 VStG zu mindestens 80 % ausländischen Quellen entstammen, können von ausländischen Anlegern mit Formular 25A, unter Beilage der Abzugsbescheinigung, direkt bei der ESTV zurückgefordert werden.

Der Abzug der Verrechnungssteuer kann unterbleiben, wenn die Voraussetzungen für die Domizilerklärung im Sinne von Artikel 34 VStV erfüllt sind.

2.2.2 Voraussetzungen

Macht der VSt-Pflichtige glaubhaft, dass der steuerbare Ertrag von Anteilen voraussichtlich dauernd zu mindestens 80 % ausländischen Quellen entstammen wird, so ist die Steuer insoweit nicht zu entrichten, als der Ertrag gegen Domizilerklärung (Affidavit) zugunsten eines Ausländers ausbezahlt, überwiesen oder gutgeschrieben wird (Art. 34 Abs. 1 VStV).

Stellt der VSt-Pflichtige fest, dass der Anteil ausländischer Erträge von 80 % nicht eingehalten werden kann, ist die ESTV zu informieren.

Als Basis für die Bestimmung der Anteile der schweizerischen und ausländischen Erträge gelten die Saldi der Ertragskonti, mit Ausnahme der Kommissionen auf Securities Lending. Es ist zwingend, dass die schweizerischen Erträge und die ausländischen Erträge separat verbucht werden. Die Verbuchung erfolgt bei den Erträgen aus dem Inland brutto und bei den Erträgen aus dem Ausland netto.

Das für ein einzelnes Teilvermögen oder eine einzelne Anteilsklasse eines FCP oder einer SICAV (Umbrella-Struktur) bewilligte Affidavit-Verfahren darf nicht automatisch auf andere Teilvermögen derselben Umbrella-Struktur angewendet werden.

Die Ermächtigung wird erteilt, wenn der VSt-Pflichtige für eine zuverlässige Überprüfung der Jahresrechnung und der ihr abgegebenen Domizilerklärung Gewähr bietet. Sie kann widerrufen werden, wenn die Gewähr für ihren zuverlässigen Gebrauch oder für die Überprüfung nicht mehr besteht (Art. 34 Abs. 3; Art. 37 Abs. 2 VStV).

Die ESTV gestattet folgenden Personen gemäss Artikel 36 VStV eine Domizilerklärung auszustellen:

a) Banken im Sinne des BankG, d.h. Banken, Privatbanken und Ersparniskassen sowie ausländische Banken und deren vom Bundesrat bewilligten Zweigniederlassungen und Agenturen;

b) Ausländische Banken, welche einer behördlichen Aufsicht unterstellt sind. Die Erklärung einer ausländischen Bank darf aber nur zu Handen einer Bank im Inland abgegeben und von der Fondsleitung nicht direkt entgegengenommen werden;

c) In- und ausländische Depotstellen, welche einer behördlichen Aufsicht unterstellt sind;

d) Inländische Fondsleitungen;

e) Inländische Vermögensverwalter kollektiver Kapitalanlagen im Sinne von Artikel 13 Absatz 2 Buchstabe f KAG; und

f) Kundenhändler im Sinne von Artikel 3 Absatz 5 BEHV.

Im Einzelfall kann die ESTV weiteren Personen gestatten, eine Domizilerklärung abzugeben.

Elektronische Domizilerklärungen können nur ausgestellt werden, wenn eine Bewilligung der ESTV vorliegt.

Vermögensverwalter, welche nicht als Vermögensverwalter kollektiver Kapitalanlagen qualifizieren, Treuhandgesellschaften, Notare, Rechtsanwälte, inländische Vertreter ausländischer Banken und andere Sachwalter sind nicht befugt, eine Domizilerklärung auszustellen.

Besteht am Anteil eine Nutzniessung, so darf das Affidavit auch ausgestellt werden, wenn das offene Depot auf den Namen in- oder ausländischer Eigentümer lautet. Hingegen muss der Nutzniesser ein Kunde mit Domizil im Ausland sein und der Ertrag einem für den Nutzniesser geführten Konto, über welches er frei verfügen kann, gutgeschrieben werden. Auf Verlangen der ESTV ist das Nutzniessungsverhältnis nachzuweisen.

2.2.3 Unzulässigkeit

Ein Affidavit zur verrechnungssteuerfreien Einlösung der Coupons darf nur zu Gunsten von Anteilsinhabern mit Domizil im Ausland, welchen gemäss Artikel 27 VStG der Rückerstattungsanspruch zusteht, ausgestellt werden. Es sind dies natürliche oder juristische Personen, die nicht wegen inländischem Wohnsitz/Sitz oder Aufenthalt verpflichtet sind, auf dem Ertrag der Anteile oder auf den Anteilen selbst Einkommens- oder Vermögenssteuern des Bundes, eines Kantons oder einer Gemeinde zu entrichten. Es kann nicht von einem Ausländer die Rede sein, wenn dieser lediglich vorgeschoben ist und der Ertrag in Wirklichkeit - direkt oder indirekt - einem Inländer zufliesst.

Eine Domizilerklärung darf nicht ausgestellt werden für:

a) inländische Betriebsstätten ausländischer Unternehmen;

b) ausländische Körperschaften und Anstalten für gemeinnützige Zwecke des Auslandschweizertums;

c) in der Schweiz niedergelassene internationale Organisationen und ihre Beamten;

d) Mitglieder der bei der Eidgenossenschaft beglaubigten diplomatischen Missionen;

e) Berufskonsule und Berufskonsularbeamte; sowie

f) Bundesbedienstete im Ausland.

Es dürfen keine Affidavits zu Gunsten von Rechtsträgern (Trusts, Anstalten, etc.) sowie kollektiven Kapitalanlagen ausgestellt werden; es sei denn, sämtliche wirtschaftlich Berechtigten sind mit Formular A oder T dokumentiert und sind im Ausland ansässig.

Die Verrechnungssteuer ist stets zu Lasten dieser Ertragsgläubiger zu entrichten; diese haben Anspruch auf Rückerstattung der Verrechnungssteuer gemäss Artikel 24 Absatz 3 und 4; Artikel 28 Absatz 2 VStG und Artikel 52 VStV.

Für Anteile, welche einer in- oder ausländischen Sitzgesellschaft gemäss der Vereinbarung über Standesregeln zur Sorgfaltspflicht der Banken gehören, kann nur eine Domizilerklärung ausgestellt resp. entgegengenommen werden, wenn nachgewiesen werden kann, dass alle Begünstigten ihr Domizil oder ihren Sitz im Ausland haben.

Kann der Nachweis nicht erbracht werden, sind die Erträge der eingelösten Coupons um die Verrechnungssteuer zu kürzen. Die Begünstigten mit Domizil oder Sitz im Ausland haben das Recht auf Rückerstattung der Verrechnungssteuer gemäss Artikel 27 VStG; von Inländern ist die Rückerstattung gemäss Artikel 30 VStG bei den zuständigen Steuerbehörden zu beantragen.

Treuhandgesellschaften, Anwälte etc., die bei schweizerischen Banken für ihre ausländischen Kunden spezielle Treuhandkonti und -depots führen, haben die auf Fondserträgen in Abzug gebrachte Verrechnungssteuer auf die Ertragsempfänger zu überwälzen.

2.2.4 Verfahrensvorschriften

Der Aussteller einer Domizilerklärung muss bestätigen, dass:

a) bei Fälligkeit des Coupons ein Kunde mit Domizil Ausland das Recht zur Nutzung am Anteil besitzt;

b) der Anteil bei Fälligkeit des Coupons bei ihr im offenen Depot liegt;

c) der Einlösungsbetrag einem bei ihr für diesen Kunden geführtem Konto gutgeschrieben wird.

Der Empfänger einer Domizilerklärung hat zu überprüfen, dass:

a) der Aussteller einer aufsichtsrechtlichen Regulierung unterstellt ist;

b) Schweizer Aussteller eine „Inland-Erklärung" und ausländische Aussteller eine "Ausland-Erklärung" abgeben;

c) die Unterschriften unter dem Firmenstempel rechtsgültig sind;

d) die Domizilerklärung mit dem Datum versehen ist.

Das Affidavit ist nur zulässig für Anteile, welche sich im Depot befinden. Coupons, welche am Schalter präsentiert werden, dürfen nur unter Abzug der Verrechnungssteuer eingelöst werden, auch dann, wenn sich der Kunde als Ausländer mit Domizil Ausland ausweisen kann.

Befinden sich die Anteile in einem auf den Namen eines ausländischen Depositärs lautenden offenen Depot, so darf die Domizilerklärung nur ausgestellt werden, wenn die Anteile nachweisbar diesem ausländischen Depositär oder einem seiner Kunden (Domizil im Ausland) gehören. Im letzteren Fall ist das Affidavit des ausländischen Depositärs erforderlich.

Unbefristete Domizilerklärungen sind nicht zulässig. Für jeden Couponverfall uss eine neue vollständige Erklärung ausgestellt werden, auch wenn sich seit der letzten Erklärung an den zu bestätigenden Tatsachen nichts geändert hat.

Nach Ablauf von drei Jahren seit dem Ende des Kalenderjahres , in dem der Coupon fällig geworden ist, darf dieser nicht mehr ohne Abzug der Verrechnungssteuer eingelöst werden (Art. 32 Abs. 1 VStG). Die Domizilerklärung darf nicht mehr ausgestellt werden.

Der Aussteller, der eine Domizilerklärung erstellt, hat die erforderlichen Unterlagen (Auszüge, Korrespondenzen, Adressangaben), die zur Kontrolle nötig sind, jederzeit zur Einsichtnahme der ESTV zur Verfügung zu halten.

Muster von Domizilerklärungen siehe Anhänge IA und IB.

2.3 Deklaration der Verrechnungssteuer

2.3.1 Ausschüttende FCP, SICAV und KmGK ohne Affidavit-Verfahren

Die Deklaration erfolgt mit Formular 200. Sie ist der ESTV innert 30 Tagen nach Ertragsfälligkeit zuzustellen.

2.3.2 Ausschüttende FCP, SICAV und KmGK mit Affidavit-Verfahren

Die Deklaration der Verrechnungssteuer auf der Ertragsausschüttung hat unaufgefordert innert 30 Tagen nach der Ertragsfälligkeit mit Formular 26 zu erfolgen. Es handelt sich dabei um eine provisorische Abrechnung, erstellt auf dem geschätzten Ertrag jener Anteile, für welche voraussichtlich kein Affidavit -Verfahren gewährt werden kann. Der geschätzte Betrag sollte, insbesondere wenn bereits Erfahrungswerte aus früheren Fälligkeiten vorliegen, mindestens 90 % der steuerbaren Erträge ausmachen, die der ESTV mittels Formular 201 bekannt gegeben werden.

Die Schlussabrechnung mit Formular 201 erfolgt innerhalb von sechs Monaten seit Ertragsfälligkeit. Sollte die ESTV wesentliche Abweichungen feststellen, so wird ein Verzugszins im Sinne von Artikel 16 Absatz 2 VStG in Rechnung gestellt.

2.3.3 Thesaurierende FCP, SICAV und KmGK ohne Affidavit-Verfahren

Für die schweizerischen Thesaurierungsfonds ist die Verrechnungssteuer auf den wiederangelegten Erträgen des abgeschlossenen Geschäftsjahres geschuldet. Fällig wird die Steuer spätestens 4 Monate nach Geschäftsabschluss (Zeitraum für Abschlusserstellung, Prüfung, Berichterstattung) im Zeitpunkt des Übertrags der Erträge auf das Konto der zur Wiederanlage zurückbehaltenen Erträge.

Der Nettoertrag wird zu 65 % wieder angelegt (thesauriert) und die Verrechnungssteuer von 35 % ist mit Formular 200 innerhalb von 30 Tagen nach Ertragsfälligkeit zu deklarieren und abzuliefern.

2.3.4 Thesaurierende FCP, SICAV und KmGK mit Affidavit-Verfahren

Für thesaurierende FCP, SICAV und KmGK mit Affidavit-Verfahren ergeben sich drei Varianten:

Variante 1:

Der Nettoertrag wird zu 65 % wieder angelegt (thesauriert). Es wird keine Rücksicht auf das inländische oder ausländische Domizil der Anteilsinhaber genommen. Die verbleibenden 35 % werden dem Konto Ausgleich Affidavit gutgeschrieben. Die Deklaration und Überweisung der Verrechnungssteuer hat innerhalb von 30 Tagen nach Ertragsthesaurierung (Wiederanlage) mit Formular 26 zu erfolgen. Diese Zahlung beinhaltet den geschätzten Ertrag jener Anteile , bei welchen voraussichtlich kein Affidavit-Verfahren gewährt werden kann und sollte mindestens 90 % der steuerbaren Erträge ausmachen. Zu deklarieren ist die verbleibende Verrechnungssteuer mit dem Formular 201 und ist gleichzeitig zahlbar nach Einreichung des Formulars 201. Die Schlussabrechnung mit Formular 201 erfolgt innerhalb von 6 Monaten seit Ertragsfälligkeit (analog ausschüttender Fonds).

Sollte die ESTV wesentliche Abweichungen feststellen, so wird ein Verzugszins im Sinne von Artikel 16 Absatz 2 VStG in Rechnung gestellt.

Den Anlegern, welche vom Affidavit -Verfahren profitieren, werden von der Depotbank gegen Vorweisung der Domizilerklärung die in Abzug gebrachten 35 % zu Lasten des Kontos Ausgleich Affidavit gutgeschrieben. Die Anzeige für diese Zahlung ist zwingend mit dem Wortlaut Ausgleich gemäss Artikel 34 Absatz 1 der VStV zu versehen.

Unbefristete Domizilerklärungen werden nicht akzeptiert. Für jede Fälligkeit muss eine neue vollständige Erklärung (Affidavit) ausgestellt werden. Nach Ablauf von drei Jahren seit dem Ende des Kalenderjahres, in dem die Verrechnungssteuer auf der Ertragsthesaurierung fällig geworden ist, darf der Ausgleich gemäss Artikel 34 Absatz 1 VStV nicht mehr gutgeschrieben werden.

Variante 2:

Thesaurierende FCP, SICAV und KmGK, bei welchen sämtliche Anteile von der Depotbank verwahrt werden und sich ausschliesslich im Eigentum von Anteilsinhabern mit Domizil im

Ausland befinden, können den Nettoertrag zu 100 % zur Wiederanlage zurückbehalten (Ertragsthesaurierung). Die Deklaration mit Formular 201 hat innerhalb von 30 Tagen nach Ertragsthesaurierung zu erfolgen.

Variante 3:

Bei FCP, SICAV und KmGK, deren Anteile im Eigentum von Anteilsinhabern mit Domizil im Ausland wie auch mit Domizil in der Schweiz sind, besteht die Möglichkeit, unterschiedliche Anteilsklassen zu führen. Die Anteilsklasse von Anteilsinhabern mit Domizil in der Schweiz muss nach der Variante 1, die Anteilsklasse von Anteilsinhabern mit Domizil im Ausland muss nach der Variante 2 geführt werden.

Bei einem Domizilwechsel vom Ausland ins Inland oder umgekehrt ist ein Anteilsklassenwechsel erforderlich.

2.4 Meldeverfahren

2.4.1 Grundsatz

Unter gewissen Voraussetzungen muss die Verrechnungssteuer auf:

- Kapitalerträgen von ausschüttenden kollektiven Kapitalanlagen gemäss KAG, und
- Kapitalerträgen von thesaurierenden kollektiven Kapitalanlagen gemäss KAG

nicht mehr erhoben werden.

Anstelle der Entrichtung kann die Steuerpflicht durch Meldung dieser Erträge an die ESTV erfüllt werden. Das Meldeverfahren ist in Artikel 38a VStV geregelt.

2.4.2 Voraussetzungen

Folgende Voraussetzungen müssen erfüllt sein:

a) Qualifizierende Anleger:
Als qualifizierende Anleger für das Meldeverfahren gelten:
steuerbefreite inländische Einrichtungen der beruflichen Vorsorge, der gebundenen Vorsorge, Freizügigkeitseinrichtungen oder Sozialversicherungs- und Ausgleichskassen, und
die der Aufsicht des Bundes unterstellten oder inländische öffentlich-rechtliche Lebensversicherer.

b) Qualifizierende Anlagen:
Als qualifizierende Anlagen gelten die Anteile an einer kollektiven Kapitalanlage gemäss KAG unabhängig von der jeweiligen Investitionshöhe. Bei der vertraglichen kollektiven Kapitalanlage und der SICAV ist jede Anteilsklasse separat zu behandeln. Das Meldeverfahren kann nur angewandt werden, wenn sichergestellt ist, dass in der entsprechenden Anteilsklasse ausschliesslich qualifizierende Anleger investiert sind.

c) Qualifizierende Kapitalerträge von kollektiven Kapitalanlagen gemäss KAG:
Die Verrechnungssteuerpflicht kann bei Barausschüttungen und Sachauszahlungen resp. der Thesaurierung und bei Vorjahresleistungen, welche anlässlich einer amtlichen Kontrolle geltend gemacht werden und von den entsprechenden Organen beschlossen wurden, durch Meldung erfüllt werden. Das Meldeverfahren ist ebenfalls für in bar oder in Form von Wertpapieren vorgenommenen Ausschüttungen des Liquidationsergebnisses anwendbar, welche über die Kapitaleinzahlungen und angesammelten Kapitalgewinne hinausgehen.

2.4.3 Verfahrensvorschriften

Der VSt-Pflichtige stellt sicher, dass im Zeitpunkt der Verrechnungssteuerfälligkeit ausschliesslich qualifizierende Anleger in der entsprechenden Anteilsklasse investiert sind. Die

Meldung der Verrechnungssteuer erfolgt mittels Formular 109 unter Angabe aller betroffenen Anleger sowie der Details zur kollektiven Kapitalanlage. Der VSt-Pflichtige sendet das Formular innert 30 Tagen nach Fälligkeit an die ESTV.

Die ESTV überprüft das Gesuch, entscheidet und informiert die VSt-Pflichtige nur, wenn das Gesuch abgelehnt wurde. Ablehnungsgründe können bspw. sein, wenn nicht alle Anleger Anspruch auf Rückerstattung hätten (vgl. Art. 38a Abs. 2 VStV). Wird dem Gesuch stattgegeben, steht der Entscheid der ESTV jedoch unter dem Vorbehalt einer späteren Nachprüfung. Im Falle einer Ablehnung des Gesuches werden bei der VSt-Pflichtigen die Verrechnungssteuer und ein allfälliger Verzugszins erhoben.

Auf den Gutschriftanzeigen zuhanden solcher Anleger darf keine Verrechnungssteuer ausgewiesen werden und es ist klar darauf hinzuweisen, dass die Verrechnungssteuer gemeldet wurde und sie daher nicht zurückgefordert werden kann (siehe dazu Muster im Anhang II).

2.5 Verrechnungssteuerrückerstattung bei Erträgen aus Anlagen von FCP, SICAV und KmGK

2.5.1 Allgemeines

Der VSt-Pflichtige, der die Verrechnungssteuer auf den Erträgen von Anteilen (Art. 10 Abs. 2 VStG) entrichtet, hat für Rechnung der kollektiven Kapitalanlage Anspruch auf Rückerstattung der zu ihren Lasten abgezogenen Verrechnungssteuer (Art. 26 VStG).

Der Rückerstattungsantrag mittels Formular 25 (Schlussabrechnung) und Formular 21 (vierteljährliche Abschlagszahlung) ist direkt an die ESTV zu richten.

2.5.2 Meldeverfahren bei qualifizierenden Anlagen von FCP , SICAV und KmGK

Unter gewissen Voraussetzungen muss die Verrechnungssteuer auf Dividenden von Kapitalgesellschaften an FCP, SICAV und KmGK nicht mehr erhoben werden. Anstelle der Entrichtung kann die Steuerpflicht durch Meldung dieser Erträge an die ESTV erfüllt werden. Das Meldeverfahren ist in Artikel 26a VStV geregelt.

2.5.3 Voraussetzungen

Folgende Voraussetzungen müssen erfüllt sein:

a) Schweizerischer FCP, SICAV oder KmGK:
Das Meldeverfahren kommt zur Anwendung, wenn feststeht, dass der inländische FCP, die inländische SICAV oder KmGK, auf welche die Verrechnungssteuer zu überwälzen wäre, nach VStG und VStV einen Anspruch auf die Rückerstattung dieser Steuer hätte (Art. 26a Abs. 3 VStV). Es muss sich daher um schweizerische FCP, SICAV oder KmGK gemäss Artikel 25, 36 und 98 KAG handeln.

b) Qualifizierende Anlagen:
Der FCP, die SICAV oder die KmGK muss zu mindestens 20 % am Grund- oder Stammkapital der Gesellschaft unmittelbar, d.h. ohne Einflussnahme über zwischengeschaltete Gesellschaften, beteiligt sein. Zum Grund- oder Stammkapital gehören bei Aktiengesellschaften sowohl das Aktien - als auch das Partizipationskapital. Als qualifizierende Anlagen gelten ausserdem Aktien von Kommanditaktiengesellschaften, GmbH-Stammanteilen und Anteilscheine von Genossenschaften.

c) Qualifizierende Dividenden von Kapitalgesellschaften:
Die Verrechnungssteuerpflicht kann nur bei Ausschüttungen von Dividenden, die anlässlich einer ordentlichen oder ausserordentlichen Generalversammlung beschlossen wurden, durch Meldung erfüllt werden. Unerheblich ist, ob die Dividende durch Auszahlung, Überweisung, Gutschrift oder Verrechnung ausgerichtet wird. Das Meldeverfahren ist ebenfalls für in bar ausgerichtete Liquidationsdividenden an-

wendbar. Ein Kapitalherabsetzungsverfahren, die Ausrichtung von geldwerten Leistungen, Interims- und Naturaldividenden fallen unter den Anwendungsbereich von Artikel 26a VStV. Die Gratisaktien fallen unter den gleichen Anwendungsbereich.

2.5.4 Verfahrensvorschriften

Das Meldeverfahren bei qualifizierenden Anlagen von FCP, SICAV und KmGK nimmt seinen Anfang mit der Anweisung der Leistungsempfängerin an die Gesellschaft, die Dividende ungekürzt auszurichten.

Die Leistungsempfängerin unterzeichnet als erste das amtliche Gesuchformular 106 zu beziehen unter www.estv.admin.ch unter Angabe der betroffenen kollektiven Kapitalanlage (Empfänger der steuerbaren Leistung). Danach übergibt sie das Formular der Gesellschaft (Schuldnerin der steuerbaren Leistung). Diese füllt den ihn betreffenden unteren Abschnitt aus und reicht das Formular 106 zusammen mit dem von ihr ausgefüllten Formular (Formulare 102 oder 103 für eine AG, 102 oder 110 für eine GmbH resp. Formular 7 für eine Genossenschaft) der ESTV innert 30 Tagen nach Fälligkeit der Steuerforderung ein.

Beträgt die steuerbare Leistung an die kollektive Kapitalanlage erstmals mindestens brutto CHF 50'000, hat die Leistungsempfängerin den Verkäufer, von dem die kollektive Kapitalanlage die qualifizierende Anlage erworben hat, zu nennen und die entsprechenden Belege (z.B. Kopie des Kaufvertrages) beizulegen.

Die ESTV überprüft das Gesuch, entscheidet und informiert die steuerpflichtige Gesellschaft nur, wenn das Gesuch abgelehnt wurde. Wird dem Gesuch stattgegeben, steht der Entscheid der ESTV jedoch unter dem Vorbehalt einer späteren Nachprüfung. Im Falle einer Ablehnung des Gesuches werden bei der steuerpflichtigen Gesellschaft die Verrechnungssteuer und ein allfälliger Verzugszins erhoben.

2.6 Steuerliche Gewinnermittlungs-/Verbuchungsvorschriften

2.6.1 Grundsätze

Der VSt-Pflichtige kann unter Berücksichtigung der Anleger folgende Buchhaltungsvorschriften anwenden:

- Grundsatz: Verbuchung gemäss den nachfolgenden Bestimmungen zur steuerlich transparenten Gewinnermittlung;
- Ausnahme: Swiss GAAP FER, IFRS, US GAAP oder sonstige anerkannte GAAP sofern die kollektive Kapitalanlage nur institutionellen Anlegern offen steht.

Für die Buchführungspflicht, die Bewertung, die Rechenschaftsablage und die Publikationspflicht gelten die einschlägigen Vorschriften aus Gesetz und Verordnung, insbesondere die Artikel 79 Absatz 4 KKV-FINMA.

In Bezug auf Artikel 79 Absatz 4 KKV-FINMA gelten die nachfolgenden Sonderbestimmungen als abschliessend. Änderungen und/oder Ergänzungen zu diesen Sonderbestimmungen werden durch die ESTV mitgeteilt und sind von den VSt-Pflichtigen innerhalb einer Übergangsfrist von mindestens 6 Monaten umzusetzen.

2.6.2 Erträge besonderer Art

Die folgenden Spezialvorschriften dienen der korrekten Bemessung der Einkommenssteuer von natürlichen Personen mit Wohnsitz in der Schweiz sowie der Verrechnungssteuer.

2.6.3 Corporate Actions

Abspaltungen, Aktienrückkaufofferten, Aufteilungen (echter Stock Split), Fusionen, Gratisaktien, Gratisnennwert-Erhöhungen, Kapitalrückzahlungen, Nominalwährungs-Umstellungen,

Offerten, Portefeuille-Ausschüttungen, Quasi-Fusionen, Reverse Mergers, Rückkauf ausstehender Titel, Stockdividenden, Titelumtausche und andere Operationen können einen steuerbaren Ertrag beinhalten (Art. 4 Abs. 1 Bst. c VStG; Art. 20 Abs. 1 Bst. c des DBG).

Die ESTV setzt den steuerbaren Ertrag, sofern noch keine Publikation erfolgt ist, auf der Basis der spezifischen Transaktion fest. Entsprechende Anfragen sind an die ESTV, Team Wertschriften und Finanzderivate, Eigerstrasse 65, 3003 Bern, oder an folgende E-Mail Adresse: wefin.dvs@estv.admin.ch zu richten.

Der steuerbare Ertrag wird sowohl im Verzeichnis Umstrukturierungen, Gratisaktien, Portefeuille-Ausschüttungen und Liquidationen auf der Homepage der ESTV, www.estv.admin.ch als auch in der Kursliste der ESTV publiziert.

Die vorliegenden steuerbaren Erträge müssen, nach Multiplikation mit der Anzahl alter Aktien (Ausnahmen werden gesondert gekennzeichnet), dem Ertragskonto für Gratisaktien gutgeschrieben und dem Konto Wertschriften und/oder Realisierte Kapitalgewinne bzw. Verluste belastet werden.

Sollten die Informationen von der ESTV ausnahmsweise erst vorliegen, nachdem die kollekteive Kapitalanlage das Rechnungsjahr abgeschlossen hat, ist es zulässig, das Betreffnis erst im Folgejahr zu buchen.

Die aufgrund der Ausgabe ausländischer Gratisaktien eventuell anfallenden ausländischen Quellensteuern müssen wie üblich als Ertragsminderung verbucht werden. Die Rückerstattung dieser ausländischen Quellensteuern durch FCP, SICAV und KmGK erfolgt auf dieselbe Art und Weise wie unter Ziffer 2.10.

2.6.4 Obligationen mit ausschliesslicher (Zero-Bonds) oder überwiegender Einmalverzinsung

Beim Erwerb solcher Obligationen ist der Gestehungswert auf dem Anlagekonto zu verbuchen. Wenn der Anlagewert während der Haltedauer verändert wird (Auf- oder Abwertung gemäss Markt), beeinflusst diese Änderung nur das Konto der nicht realisierten Kapitalgewinne - bzw. -verluste und stellt keinen steuerbaren Ertrag dar.

Bei Fälligkeit ist die Differenz zwischen dem Rückzahlungsbetrag und dem Einstandskurs als Ertrag zu verbuchen. Ebenfalls ist bei Verkäufen solcher Obligationen die Differenz zwischen Verkaufserlös und Einstandspreis als Ertrag und nicht als Kapitalgewinn zu betrachten (Art. 20 Abs. 1 Bst. b DBG).

Von den auf Diskontbasis emittierten Zero-Bonds und den gemischten Anleihen mit überwiegender Einmalverzinsung zu unterscheiden sind Anleihen mit grundsätzlich periodischer Verzinsung, die jedoch aufgrund des markttechnischen Zinsumfeldes bei Emission keine oder sogar eine negative Rendite und folglich weder einen Coupon > 0 % noch einen Diskont aufweisen. Solche Anleihen qualifizieren steuerlich nicht als Titel mit überwiegender oder ausschliesslicher Einmalverzinsung (IUP).

2.6.5 Derivative Finanzinstrumente

Für die Bestimmung der entsprechenden Ertrags- bzw. Kapitalgewinnkomponente aus derivativen Finanzinstrumenten gilt das KS Nr. 15 der ESTV.

Bei kollektiven Kapitalanlagen, welche ihr Exposure synthetisch replizieren, ist zwingend ein gesondertes Steuerreporting für Schweizer Einkommenssteuerzwecke zu erstellen, aus welchem die Rendite des(r) Basiswerte(s) hervorgeht. Massgebend für die Ermittlung des steuerbaren Ertrages von Swap-based ETFs, welchen Aktienindizes zugrunde liegen, ist die Nettodividenden-Rendite (net dividend yield). Darunter ist die Bruttodividenden-Rendite der entsprechenden Indizes, abzüglich der anwendbaren Quellensteuern zu verstehen. Die Nettodividenden-Rendite für alle wichtigen Aktienindizes wird von den anerkannten Providern publiziert und kann für das Steuerreporting verwendet werden. Allfällige weitere Ertragspositionen gemäss Jahresrechnung werden zur berechneten Nettorendite addiert.

2.7 Lending Fees und Ausgleichszahlungen bei Securities Lending und Repogeschäften

Als Lending Fee wird die Vergütung bezeichnet, die der Borger dem Lender für das Überlassen der Titel bezahlt. Diese Vergütungen sind beim Lender als Erträge zu verbuchen. Dagegen sind sie nicht für die Bestimmung der schweizerischen oder ausländischen Erträge, gemäss Artikel 27 VStG, in Betracht zu ziehen.

Der Lender hat die erhaltenen Ausgleichszahlungen von ausländischen Wertpapieren unter den ausländischen Erträgen zu verbuchen. Ansonsten gilt das KS Nr. 13 der ESTV.

2.8 Ertrag aus Anteilen von kollektiven Kapitalanlagen

2.8.1 Grundsatz

Die Investitionen in andere kollektive Kapitalanlagen können je nach Kategorie verschiedene Erträge auslösen (kollektive Kapitalanlage mit Ausschüttung, mit Wiederanlage). Aus diesem Grunde kann die Gratiszuteilung von zusätzlichen Anteilen oder die Erhöhung des Anteilwertes auf Grund einer Wiederanlage (Thesaurierung) bei inländischen kollektiven Kapitalanlagen wie Fund-of-Funds ganz oder teilweise zu einem steuerbaren Ertrag führen.

Der steuerbare Ertrag und Kapitalgewinn sowie der Ertragswert werden durch die ESTV, Team Wertschriften und Finanzderivate, bestimmt und können dort nachgefragt werden.

Bei Investitionen in kollektive Kapitalanlagen mit direktem Grundbesitz können die auf Stufe der kollektiven Kapitalanlagen bereits besteuerten Erträge aus direktem Grundbesitz beim inländischen Dachfonds wie Kapitalgewinne behandelt werden. Betreffend die Besteuerung von kollektiven Kapitalanlagen mit direktem Grundbesitz wird auf Ziffer 3.3 und Anhang II des KS 25 verwiesen.

2.8.2 Sondervorschriften für inländische Dachfonds-Strukturen

Dachfonds oder Fund-of-Funds investieren in verschiedene andere kollektive Kapitalanlagen (Zielfonds) mit zum Teil unterschiedlichen Anlagestrategien. Die Investitionen in andere kollektive Kapitalanlagen können je nach Kategorie verschiedene Erträge auslösen (steuerlich transparente kollektive Kapitalanlagen mit Ausschüttung, mit Wiederanlage). Für die steuerliche Betrachtung muss grundsätzlich Transparenz auf allen Stufen hergestellt werden. Sämtliche aus den Zielfonds erzielten und gemäss Ziffer 2 (inländische kollektive Kapitalanlagen) resp. Ziffer 4 (ausländische kollektive Kapitalanlagen) ausgewiesenen oder berechneten Erträge sind vollumfänglich auf Stufe des Dachfonds als steuerbarer Ertrag zu verbuchen (vgl. Artikel 79 Absatz 4 KKV-FINMA).

Können die Steuerfaktoren von Zielfonds mangels zuverlässiger Unterlagen (Steuerreporting oder Jahresbericht, erstellt nach einem anerkannten Rechnungslegungsstandard) nicht einwandfrei ermittelt werden, so erfolgt die Ermittlung der Erträge, indem eine marktgerechte Rendite auf dem Nettoanlagevermögen (NAV, Net Asset Value) des Zielfonds per Abschlussdatum des Master-Funds zugrunde gelegt wird.

Unter folgenden Voraussetzungen verzichtet die ESTV auf den steuerlichen Durchgriff auf die einzelnen in- oder ausländischen Zielfonds:

a) Beim Dachfonds handelt sich um einen FCP, eine SICAV oder eine KmGK gemäss Ziffer 2 und 3 dieses Kreisschreibens.

b) Aus den Basisdokumenten der betroffenen Zielfonds muss zweifelsfrei hervorgehen, dass eine Anlagestrategie verfolgt wird, die ausschliesslich auf die Erzielung von Kapitalgewinnen ausgerichtet ist. Die von den einzelnen Zielfonds erzielten und gemäss Ziffer 2 (inländische kollektive Kapitalanlagen) oder Ziffer 4 (ausländische kollektive Kapitalanlagen) ausgewiesenen oder berechneten Nettoerträge dürfen höchstens 2 % des gesamten NAV betragen. Dies kann insbesondere bei entsprechenden Hedge-Funds, Rohstoff-Funds oder bei physischen Edelmetallfonds der Fall sein.

Zielfonds, deren Nettoerträge zwar unter der 2%-Limite liegen, die aber als Geldmarkt- oder Obligationenfonds etc. ausgestaltet sind, profitieren nicht von der Freistellung der Erträge. Solche kollektive Kapitalanlagen gelten als KE-Fonds bzw. CI-Fund (Capital Income oriented fund; vgl. target fund accumulating Nr. 13 des Musterreportings).

c) Der Dachfonds erstellt jährlich eine aggregierte Aufstellung unter Berücksichtigung der anteilsmässigen Anlagen in den Zielfonds. Die Zielfonds, welche unter der 2%-Limite liegen, behalten diese Qualifikation für fünf Jahre und müssen daher erst wieder im sechsten Jahr gemäss Ziffer 2 hievor berechnet werden (siehe

d) Anhang VII).

Sind diese Voraussetzungen erfüllt, kann der inländische Dachfonds den gesamten Erlös, der aus diesen Zielfondsinvestitionen resultiert, als Kapitalgewinn verbuchen.

Für die in Buchstabe b beschriebenen kollektiven Kapitalanlagen kann bei der ESTV ein entsprechender Rulingantrag samt der Basisdokumente und dem Jahresbericht eingereicht werden. Wird dem Antrag stattgegeben, erhält der Zielfonds die Qualifikation als KG-Fonds bzw. CG-Fund (Capitel Gain oriented fund), welche anschliessend für fünf Jahre gültig ist (vgl. target fund accumulating Nr. 12 des Musterreportings).

Bei allen übrigen kollektiven Kapitalanlagen (other funds) ergibt sich die Qualifikation auf jährlicher Basis aufgrund der Berechnung der Erträge mittels Musterreporting (vgl. target fund accumulating Nr. 14 des Musterreportings).

Die steuerlich relevanten Informationen sind je Zielfonds, sofern vorhanden, gemäss Kursliste (Applikation ICTax) zu übernehmen. Unter der Voraussetzung, dass in der Kursliste nicht bereits der Nettoertrag pro Zielfonds ausgewiesen ist, kann der publizierte Bruttoertrag um eine allfällige nicht rückforderbare ausländische Quellensteuer reduziert werden.

Synthetisch replizierte kollektive Kapitalanlagen sind nach Ziffer 3.5 zu behandeln.

Der steuerbare Ertrag aus thesaurierenden schweizerischen Zielfonds ist im Thesaurierungszeitpunkt brutto als Ertrag zu verbuchen. Im Musterreporting sind solche Zielfonds in der Lasche Target Funds Distributing aufzuführen (Thesaurierungsbetrag vor Verrechnungssteuerabzug entspricht dem Distribution amount). Andernfalls wird gegen das Verbuchungserfordernis gemäss Artikel 25 VStG verstossen.

Als Devisen-Umrechnungskurse können jene per Abschluss des Dachfonds oder gemäss Buchhaltung zum Ausschüttungszeitpunkt (ex-Datum) verwendet werden.

Die ESTV behält sich die Überprüfung der Ertragsstruktur der Zielfonds vor. Dazu muss der VSt-Pflichtige des Dachfonds die entsprechenden Unterlagen wie Fonds-Reglemente oder Prospekte und Jahresberichte auf Verlangen zur Verfügung stellen.

2.8.3 Verbuchungsregeln bei negativem Nettoerlös auf Stufe Dachfonds

Die Verrechnung von positiven mit negativen Nettoerlösen von kollektiven Kapitalanlagen ist unzulässig. Deshalb müssen die aus den Zielfonds resultierenden und ausgewiesenen oder berechneten Erträge nach Aggregierung auf Stufe des Dachfonds in jedem Fall erhalten bleiben. In Fällen, in denen der Dachfonds einen negativen Nettoerlös ausweist (net investment income), der in der Folge dazu führt, dass die aus den Zielfonds angefallenen Nettoerträge verlustig gehen, ist eine Korrekturbuchung vorzunehmen. Nach Vornahme der Korrekturbuchung muss der Dachfonds einen Nettoertrag in der Höhe der aus den Zielfonds resultierenden Erträge ausweisen (vgl. Mappe Accounting Logic des Musterreportings).

Wenn in einem Geschäftsjahr die Rücknahmen die Ausgaben von Anteilen übersteigen, entsteht ein entsprechender Aufwandüberschuss, bedingt durch die Auskäufe aus den laufenden Erträgen. Der Ertragsausgleich wird dadurch negativ, weil die Aufwandposition „Equalization related to expenses“ höher ist als die Ertragsposition „Equalization related to income“. Im Sinne der Aufwand- und Ertragssymmetrie ist es in diesen Fällen zulässig, dass vom Grundsatz abgewichen werden kann, wonach der Dachfonds in jedem Fall mindestens die aus den Zielfonds aggregierten Erträge ausweisen muss.

2.8.4 Verrechnungsmöglichkeit von Gebühren auf Dachfondsebene mit den indirekten Erträgen aus Zielfonds

Fallen auf Ebene des (der) Zielfonds keine oder nur äusserst geringe Gebühren an (< 0.2 %), ist die Verrechnung der betroffenen Zielfondserträge mit den Gebühren des Dachfonds ausnahmsweise und unter den nachfolgenden Voraussetzungen zulässig:

- Das Total der Gebühren der betroffenen Zielfonds- und des Dachfonds beläuft sich auf maximal 1.5 %.
- Liegt das Total der Gebühren der betroffenen Zielfonds- und des Dachfonds unter der Grenze von 1.5 %, kann auf Dachfonds-Ebene nur dieser geringere Betrag mit den indirekten Erträgen aus den betroffenen Zielfonds verrechnet werden.

2.8.5 De-Minimis-Regel für Zielfonds

Investiert eine kollektive Kapitalanlage insgesamt weniger als 10 % ihres Gesamtfondsvermögens in Zielfonds, so darf für Zielfonds mit jeweils weniger als 3 % am Gesamtfondsvermögen anstelle des herkömmlichen Reportings Folgendes als steuerbarer Ertrag in den Dachfonds aggregiert werden:

- Ausschüttende Zielfonds: Alle während des abgeschlossenen Geschäftsjahrs des Dachfonds zugeflossenen Ausschüttungen.
- Thesaurierende Zielfonds: die positive Differenz des Nettoinventarwertes des abgeschlossenen Geschäftsjahrs; negative Differenzen bleiben unberücksichtigt.

Liegen bei solchen Zielfonds die Steuerwerte gemäss Kursliste vor, so sind diese zu aggregieren.

Die Wahl für die Anwendung der De-Minimis-Regel pro Zielfonds ist fünf Jahre beizubehalten und wird nach Ablauf dieser Dauer ohne anderslautende schriftliche Mitteilung der Fondsleitung an die ESTV für jeweils weitere fünf Jahre verlängert. Ein Systemwechsel während der laufenden Fünfjahresperiode ist ausgeschlossen. Die Zielfonds, für welche die De-Minimis-Regel gewählt wurde, sind der ESTV mit Einreichung der Steuerzahlen einzeln zu melden.

Ermittlung des steuerbaren Ertrags bei Zielfonds		
Einzelquote in % GFV	**Gesamtquote in % GFV**	
	≥ 10 %	<10 %
≥ 3 %	Musterreporting	Musterreporting
< 3 %	Musterreporting	Nach Wahl der Fondsleitung oder SICAV
		a) Musterreporting oder b) Vereinfachung: • Ausschüttende Zielfonds*: Ausschüttungen • Thesaurierende Zielfonds: Positive NAV-Differenz * Ausschüttungsquote mind. 70 % ansonsten muss zusätzlich die positive NAV-Differenz hinzugerechnet werden

Die ESTV behält sich die Überprüfung der Ertragsstruktur der Zielfonds vor. Dazu sind die entsprechenden Unterlagen wie Fonds-Reglemente oder Prospekte und Jahresberichte auf Verlangen zur Verfügung zu stellen.

2.9 Aufwände besonderer Art

2.9.1 Performance-Kommission

Die auf der Performance (Kapitalmehrwert) basierenden Spezialkommissionen, die ausdrücklich in den Basisdokumenten vorgesehen sind, müssen im Konto "Realisierte Kapitalgewinne und -verluste" verbucht werden.

2.9.2 Abzugsfähige Gebühren

Wiederkehrende Gebühren, welche der kollektiven Kapitalanlage belastet werden (Verwaltungskommissionen, Spesen der Depotbank, Depotgebühren, Revisionskosten, Gebühren für Rechtsauskünfte sowie alle weiteren Arten von Gebühren bzw. Fees), dürfen bis zu einem Betrag von höchstens 1.5 % des NAV der Ertragsrechnung belastet werden. Übersteigen die Gebühren diesen Prozentsatz, muss dieser Anteil auf das Konto „Realisierte Kapitalgewinne und -verluste“ übertragen werden (Bruttodarstellung). Liegt der Totalbetrag dieser Gebühren unter der Grenze von 1.5 % des NAV, ist nur dieser geringere Betrag abzugsfähig.

Bei kollektiven Kapitalanlagen, welche über mehrere Anteilsklassen /Aktien pro Teilvermögen verfügen, sind entweder die 1.5 % aufgrund der prozentualen Gewichtung der einzelnen Anteilsklasse am NAV aufzuteilen, oder die 1.5%-Limite ist in der täglichen Gebührenabgrenzung in der Fondsbuchhaltung umzusetzen.

Die 1.5 % werden auf der Basis des NAV per Geschäftsjahresende berechnet. Stellt der VSt-Pflichtige der ESTV die entsprechenden Informationen zur Verfügung, können die 1.5 % auch auf der Basis des durchschnittlichen NAV zu den jeweiligen Bewertungsstichtagen innerhalb der Rechnungsperiode (vgl. Art. 83 KAG) berechnet werden. Dieses Vorgehen muss jeweils genehmigt und danach für fünf Jahre beibehalten werden. Bei einem Systemwechsel ist bei der ESTV eine Bewilligung einzuholen.

Zinsaufwendungen und geleistete Ersatzzahlungen aus SLB-Geschäften fallen nicht unter die 1.5%-Begrenzung. Sie sind voll abzugsfähig.

Auf Dachfonds- und Feeder-Fondsebene können die 1.5 % nur von den direkten Erträgen abgezogen werden, nicht jedoch von den steuerbaren Erträgen, die der Dach- oder Feeder-Fonds aus den einzelnen Zielfonds aggregieren. Auf diesen Erträgen wurden die 1.5 % auf Stufe des Zielfonds bereits belastet. Ziffer 2.8.4 bleibt vorbehalten.

2.9.3 Fee Waiver (Erstattung von Gebühren)

Bei den Fee Waivers handelt es sich um die Erstattung von Gebühren, welche ursprünglich im Fonds als Aufwand erfasst wurden und den ausgewiesenen Ertrag entsprechend schmälerten. Fee Waivers sind folglich steuersystematisch als Aufwandminderung zu verbuchen und erhöhen im Umfang der Erstattung den steuerbaren Ertrag des Fonds und zwar unabhängig von der Art der Fees.

Kann der Nachweis erbracht werden, dass diese Gebühren in Vorperioden nicht als Aufwand verbucht wurden (Übertrag auf Kapital), so ist die Rückerstattung nicht ertragswirksam zu verbuchen.

2.9.4 Verbuchung und Verrechnung von Verlusten

Gemäss Artikel 29 VStV sind die in einem FCP, einer SICAV und einer KmGK eintretenden Verluste sowie die mit Kapitalgewinnen zusammenhängenden Kosten (Gewinnungskosten, Ausschüttungskommissionen usw.) zulasten der erzielten Kapitalgewinne und des Kapitals zu verbuchen.

Zu den Verlusten, die dem Konto Realisierte Kapitalgewinne und -verluste zu belasten sind, gehören auch Abschreibungen auf Beteiligungen aufgrund von Substanzdividenden oder Liquidationsüberschüssen.

Verluste des abgelaufenen Geschäftsjahres müssen somit dem Konto Realisierte Kapitalgewinne und -verluste belastet werden und können nicht auf das nächste Geschäftsjahr übertragen werden. Auch dürfen sie nicht mit dem Gewinnvortrag von vorhergehenden Geschäftsjahren verrechnet werden.

2.9.5 Negativzinsen

Gewisse Zentralbanken können auf dem Guthaben der Geschäftsbanken sogenannte Negativzinsen erheben, sobald diese Guthaben einen bestimmten Freibetrag übersteigen. Die Geschäftsbanken überwälzen die Negativzinsen i.d.R. auf die jeweiligen Kontoinhaber, insbesondere dann, wenn es sich dabei um institutionelle Kunden handelt. Unter den erwähnten Guthaben sind lediglich Einlagen bei Banken und Sparkassen zu verstehen (Einlage-, Depositen- und Kontokorrentguthaben sowie Festgelder und Callgelder), nicht jedoch Forderungspapiere aller Art (Obligationen, Geldmarktpapiere und dgl.).

Steuerlich können kollektive Kapitalanlagen Negativzinsen nicht vollumfänglich als Aufwand geltend machen, da es sich bei den Negativzinsen nicht um Passivzinsen handelt. Negativzinsen sind lediglich im Rahmen der 1.5%-Limite abzugsfähig (vgl. Ziff. 2.9.2). Für die steuerliche Nachvollziehbarkeit sind die Negativzinsen deshalb in der Erfolgsrechnung als gesonderter Posten „Negativzinsen" auszuweisen.

2.10 Verbuchung von ausländischen Quellensteuern

Für die Verbuchung der ausländischen Quellensteuern wird auf Ziffer 2.11 verwiesen.

2.11 Behandlung von ausländischen Quellensteuern

2.11.1 Allgemeines

Da die schweizerischen DBA den Anspruch auf Gewährung der im Abkommen vorgesehenen Steuerentlastungen grundsätzlich an eine unbeschränkte Steuerpflicht des schweizerischen Ertragsempfängers knüpfen, gilt ein FCP, eine SICAV und eine KmGK nicht als in der Schweiz ansässige Person im Sinne der DBA. Dies hat zur Folge, dass diese die in den DBA vorgesehenen Steuerentlastungen grundsätzlich nicht beanspruchen können. Der ESTV ist es jedoch in der Vergangenheit gelungen, mit einigen DBA-Partnerstaaten Verständigungsvereinbarungen zu treffen, wonach FCP, SICAV und KmGK für den prozentualen Anteil der auf in der Schweiz ansässige Anleger entfallenden Erträge die Steuerentlastung gleichwohl in eigenem Namen geltend machen können. Die Steuerentlastung erfolgt entweder auf dem Weg der Rückerstattung (siehe Anhang III) oder direkt an der Quelle (siehe Anhang IV).

Für quellensteuerbelastete Erträge aus Ländern, welche nicht in den Anhängen III und IV aufgeführt sind, kann der FCP, die SICAV und die KmGK keine Steuerentlastung beanspruchen. In solchen Fällen steht das Recht auf Inanspruchnahme der Steuerentlastung ausschliesslich dem Anleger zu.

Die nachstehenden Ausführungen beschränken sich somit auf jene Fälle, in welchen die Entlastung von der ausländischen Quellensteuer im Rahmen einer Verständigungsvereinbarung beansprucht werden kann.

2.11.2 Rückforderung von ausländischen Quellensteuern

Wie erwähnt kann der FCP, die SICAV oder die KmGK die Rückerstattung lediglich im Umfang des auf in der Schweiz ansässige Anleger entfallenden Anteils der vereinnahmten Erträge geltend machen. Dazu haben sie das Verhältnis zwischen in- und ausländischen Anlegern im Zeitpunkt der Fälligkeit der Ertragsausschüttung an die Anleger (Ausschüttungsfonds) resp. der Gutschrift an die Anleger (Thesaurierungsfonds) zu ermitteln. Bei FCP, SICAV oder KmGK, welche das Affidavit Verfahren anwenden können, ist das Verhältnis grundsätzlich auf Grund des auf der Rückseite des Formulars 201 deklarierten Sachverhalts zu ermitteln. FCP, SICAV oder KmGK, welche das Affidavit Verfahren nicht anwenden können, haben das Verhältnis auf andere Weise zu ermitteln und zu belegen. Der durch das DBA vorgesehene Rückerstattungsanspruch ist um den prozentualen Anteil der ausländischen Anleger zu kürzen.

Müssen nach der Einreichung des Rückerstattungsantrags Korrekturen vorgenommen werden, welche Einfluss auf den der Antragstellung zu Grunde liegenden Anteil von inländischen Anlegern haben (z.B. nachträglich mit Affidavit eingelöste Coupons), so ist anlässlich des Rückerstattungsantrags für das Folgejahr eine entsprechende Korrektur vorzunehmen.

Die von den ausländischen Steuerbehörden zurückerstatteten Beträge sind dem Konto „Ausländische Quellensteuern" gutzuschreiben.

2.11.3 Direkte Entlastung von ausländischen Quellensteuern

Gelangt der FCP, die SICAV oder die KmGK direkt (z.B. gestützt auf die Schweizer Adresse) in den Genuss einer Steuerentlastung, ist die beanspruchte Steuerentlastung am Ende des Geschäftsjahres gegebenenfalls wiederum im Umfang des prozentualen Anteils der ausländischen Anleger richtig zu stellen. Dazu hat der FCP, die SICAV oder die KmGK erneut das Verhältnis zwischen den in- und ausländischen Anlegern nach Massgabe der vorstehenden Ziffer 2.11.5 zu ermitteln. Der auf ausländische Anleger entfallende Anteil der beanspruchten Steuerentlastung ist mit dem entsprechenden Formular zu deklarieren und an die ESTV zu überweisen.

Müssen nach der Einreichung der Formulare Korrekturen vorgenommen werden, welche Einfluss auf den der Deklaration zu Grunde liegenden Anteil an ausländischen Anlegern haben (z.B. nachträglich mit Affidavit eingelöste Coupons), so ist anlässlich der Deklaration für das Folgejahr eine entsprechende Korrektur vorzunehmen.

Die gewährten Steuerentlastungen sind dem Ertragskonto zu belasten und dem Konto „Steuerrückerstattungen ESTV" des entsprechenden Landes gutzuschreiben. Nach der Deklaration und Ablieferung des auf ausländische Anlege entfallenden Anteils zu Lasten des entsprechenden Kontos „Steuerrückerstattungen ESTV" sind die verbleibenden Saldi auf das Konto Ausländische Quellensteuer zu übertragen.

2.11.4 Rückerstattung des zusätzlichen Steuerrückbehalts auf amerikanischen Dividenden und Zinsen FCP, SICAV und KmGK

Grundsätzlich werden die FCP, SICAV und KmGK nicht als abkommensberechtigte Personen im Sinne der DBA-USA betrachtet. Aus diesem Grund kann die Depotbank mit dem Status eines Qualified Intermediary für Rechnung von FCP, SICAV und KmGK keine Reduktion der amerikanischen Quellensteuer auf Dividenden und Zinsen erwirken. Demzufolge muss die Depotbank im Falle von amerikanischen Dividenden und Zinsen, auf welchen die volle amerikanische Quellensteuer lastet, anlässlich der Gutschrift an FCP, SICAV und KmGK keinen zusätzlichen Steuerrückbehalt erheben und an die ESTV abführen.

Sofern die Depotbank mit dem Status eines Qualified Intermediary für Rechnung von FCP, SICAV und KmGK eine Entlastung von der amerikanischen Quellensteuer auf Dividenden und Zinsen erwirken kann, ist die Depotbank verpflichtet, einen zusätzlichen Steuerrückbehalt nach Massgabe von Artikel 11 der Verordnung zum DBA-USA einzubehalten und an die ESTV abzuführen. Auf die Erhebung des zusätzlichen Steuerrückbehalts kann seitens der Depotbank verzichtet werden, wenn es sich bei den beteiligten Anlegern ausschliesslich um nach Artikel 56 DBG von der Steuerpflicht befreite Personen handelt.

Die Rückerstattung des zusätzlichen Steuerrückbehalts kann durch den FCP, die SICAV und die KmGK im eigenen Namen mittels Formular 826 bei der ESTV geltend gemacht werden. Die Rückerstattung erfolgt in diesen Fällen nicht unter den in Artikel 14, Absatz 1 der Verordnung zum DBA-USA genannten Voraussetzungen, sondern unter sinngemässer Anwendung von Artikel 26 VStG in Verbindung mit Artikel 17 der Verordnung zum DBA-USA. Hinsichtlich der Verwirkung und der Geltendmachung des Rückerstattungsanspruchs sind jedoch die in Artikel 14, Absatz 2bis, Buchstabe b und Artikel 15 der Verordnung zum DBA-USA genannten Voraussetzungen zu beachten.

2.11.5 Saldoverwendung des Kontos „Ausländische Quellensteuer“

Am Ende des Geschäftsjahres wird der Saldo des Kontos Ausländische Quellensteuer durch das Total der sich zu diesem Zeitpunkt im Umlauf befindlichen Anteile geteilt. Wenn der ermittelte Betrag höher als 20 Rappen pro Anteil ausfällt, so sind die Ertragsausschüttungen resp. Gutschriften an die in der Schweiz domizilierten Anleger entsprechend zu erhöhen. Der den inländischen Anlegern ausbezahlte resp. gutgeschriebene Betrag der ausländischen Quellensteuern unterliegt der Verrechnungssteuer.

2.12 Sonderbestimmungen für FCP, SICAV und KmGK mit Immobilienbesitz

Die Erträge aus in- und ausländischen Immobilien im Direktbesitz unterliegen bei der Ausschüttung resp. bei der Thesaurierung nicht der Verrechnungssteuer, da die kollektive Kapitalanlage als Steuersubjekt bereits besteuert wird. Dies gilt ebenfalls für vereinnahmte Coupons von inländischen kollektiven Kapitalanlagen mit direktem Immobilienbesitz, welche die oben erwähnten Kriterien erfüllen, **sowie für Einkaufsbeträge in laufende Erträge bei Ausgabe von Anteilen der kollektiven Kapitalanlage.**

Die Erträge von Immobiliengesellschaften (indirekter Besitz) sowie alle anderen Erträge, unterliegen bei der Ausschüttung resp. bei der Wiederanlage (Thesaurierung) der Verrechnungssteuer.

Realisierte Gewinne aus Immobilienverkäufen im Direktbesitz und andere Anlagen sind als Kapitalgewinne zu verbuchen und können als solche ausgeschüttet werden.

Ausschüttungen müssen mit separatem Coupon vorgenommen werden.

Gebühren, die der Verrechnungssteuer unterliegende Erträge betreffen, dürfen diesen belastet werden. Die Belastung darf jeweils höchstens 1.5 % (Betriebsaufwandquote = Total Expense Ratio / TER_{REF}) des Gesamtfondvermögens dieser Anlagen betragen. Liegt der Totalbetrag der Gebühren unter der Grenze von 1.5 %, so ist nur der geringere Betrag abzugsfähig.

2.13 Geschlossene kollektive Kapitalanlagen gemäss KAG: Investmentgesellschaften mit festem Kapital (SICAF)

Die folgenden Ausführungen beziehen sich auf Kapitalanlagen gemäss Artikel 110 KAG.

2.13.1 Allgemeines

Nach Artikel 49 Absatz 2 DBG wird die SICAF wie eine Kapitalgesellschaft besteuert. Der Anleger erzielt somit bei Ausschüttungen steuerbare Dividendenerträge.

Wird eine kollektive Kapitalanlage mittels Darlehen oder darlehensähnlichem Sonderkapital finanziert, gelten die allgemeinen Besteuerungsregeln für die Verrechnungssteuer und die Stempelabgaben.

2.13.2 Pflichten bei der Gründung (Lancierung)

Die Pflichten bei der Gründung einer SICAF folgen denjenigen der Kapitalgesellschaft.

2.13.3 Weitere verfahrensrechtliche Pflichten

Spätestens mit der Veröffentlichung des Jahresberichts gemäss Artikel 117 i.V.m. Artikel 89 KAG (d.h. innerhalb von vier Monaten nach Abschluss des Geschäftsjahres) hat die SICAF der ESTV ihren Jahresbericht zur Verfügung zu stellen.

2.13.4 Pflichten/Aufgaben im Falle der Auflösung einer SICAF

Die Pflichten bei der Auflösung einer SICAF folgen denjenigen der Kapitalgesellschaft.

2.13.5 Umstrukturierungen

Bei Umstrukturierungen einer SICAF ist das KS Nr. 5 der ESTV zu den Umstrukturierungen vom 1. Juni 2004 anwendbar.

2.13.6 Stempelabgaben

2.13.6.1 Emissionsabgabe

Investmentgesellschaften mit festem Kapital gemäss Artikel 110 KAG unterliegen der Emissionsabgabe wie Kapitalgesellschaften.

2.13.6.2 Umsatzabgabe

2.13.6.2.1 Primärmarkt

Die Ausgabe der SICAF-Anteile unterliegt nicht der Umsatzabgabe (Art. 14 Abs. 1 Bst. a StG).

Die Sacheinlage von steuerbaren Urkunden zur Liberierung von Anteilen ist sowohl auf Stufe der SICAF wie auch auf Stufe der Anleger von der Umsatzabgabe ausgenommen (Art. 14 Absatz 1 Bst. b StG).

2.13.6.2.2 Sekundärmarkt

Der Handel von Anteilen an einer SICAF unterliegt der Umsatzabgabe gemäss Artikel 13 Absatz 2 Buchstabe a Ziffer 3 StG.

Die Rücknahme von Anteilen ist von der Umsatzabgabe ausgenommen (Art. 14 Abs. 1 Bst. e StG).

Sachauszahlungen in Form von steuerbaren Urkunden durch eine SICAF an Anleger unterliegen weder auf Stufe der SICAF noch auf Stufe der Anleger der Umsatzabgabe.

2.13.6.2.3 Effektenhändler

SICAF gemäss Artikel 110 KAG werden als Effektenhändler registriert, sofern sie die Voraussetzungen gemäss Artikel 13 Absatz 3 Buchstabe d StG erfüllen. Bei Transaktionen mit steuerbaren Urkunden qualifizieren sie jedoch als befreite Anleger gemäss Artikel 17a Absatz 1 Buchstabe b StG. Für die Gegenpartei ist die Umsatzabgabe geschuldet.

2.13.7 Verrechnungssteuer

Ausschüttungen von SICAF gemäss Artikel 110 KAG gelten als der Verrechnungssteuer unterliegende Dividendenzahlungen. Diese sind mit Formular 103 innerhalb von 30 Tagen nach Entstehung der Forderung zu deklarieren und zur Zahlung fällig.

Das Affidavit-Verfahren ist nicht anwendbar. Das Meldeverfahren richtet sich nach Artikel 26a VStV.

2.13.8 Steuerliche Gewinnermittlungs-/Verbuchungsvorschriften

Bei SICAF ist das Prinzip der Massgeblichkeit der Handelsbilanz anzuwenden.

2.13.9 Rückforderung von ausländischen Quellensteuern

Bei der kollektiven Kapitalanlage in der Form einer SICAF handelt es sich um eine juristische Person, welche grundsätzlich Abkommens berechtigt ist und die Rückerstattung gemäss dem anwendbaren DBA beantragen kann.

2.14 Rückerstattung des zusätzlichen Steuerrückbehalts auf amerikanischen Dividenden und Zinsen SICAF

SICAF gelten als abkommensberechtigte Personen im Sinne des DBA-USA. Aus diesem Grund kann die Depotbank mit dem Status eines Qualified Intermediary für Rechnung der SICAF grundsätzlich eine Reduktion der amerikanischen Quellensteuer erwirken. Anlässlich der Gutschrift von mit reduzierten Quellensteuern bezogenen amerikanischen Dividenden und Zinsen ist die Depotbank aufgrund von Artikel 11 der Verordnung zum DBA-USA verpflichtet, einen zusätzlichen Steuerrückbehalt zu erheben und an die ESTV abzuführen.

Die Rückerstattung des erhobenen, zusätzlichen Steuerrückbehalts auf amerikanischen Dividenden und Zinsen kann durch die SICAF im eigenen Namen mittels Formular 826 bei der ESTV geltend gemacht werden.

2.15 Einanlegerfonds

Einanlegerfonds werden steuerlich anerkannt, wenn sie durch eine beaufsichtigte Versicherungseinrichtung, eine öffentlich-rechtliche Körperschaft oder eine Vorsorgeeinrichtung mit professioneller Tresorerie geführt werden (vgl. Art. 17a Abs. 1 StG).

2.16 Inländische strukturierte Produkte gemäss Artikel 5 KAG

In Bezug auf die Besteuerung von strukturierten Produkten gelten die Vorschriften des KS Nr. 15 vom 7. Februar 2007.

3 Ausländische kollektive Kapitalanlagen

3.1 Begriffsbestimmungen

3.1.1 Kollektive Kapitalanlagen

Für Schweizer Steuerzwecke gelten als ausländische kollektive Kapitalanlagen:

1. Anlageformen, welche in der Schweiz zum Vertrieb zugelassen sind; oder
2. Anlageformen, welche im Ausland einer Aufsicht über kollektive Kapitalanlagen unterstehen; oder
3. vertraglich oder gesellschaftsrechtlich ausgestaltete offene Anlageformen,
   a. deren Zweck die kollektive Kapitalanlage ist; und
   b. die ihren Sitz im Ausland haben; und
   c. deren Anleger gegenüber der Anlageform oder einer ihr nahe stehenden Gesellschaft einen Rechtsanspruch auf Rückzahlung ihrer Anteile zum NAV haben; oder
4. vertraglich oder gesellschaftsrechtlich ausgestaltete geschlossene Anlageformen,
   a. deren Zweck die kollektive Kapitalanlage ist; und
   b. die ihren Sitz im Ausland haben.

Siehe auch den Entscheidungsbaum in Anhang VI.

3.1.1.1 Erläuterungen zu Ziffer 2

- Umfang der Aufsicht: Die Liste in Anhang V umfasst diejenigen Länder, deren Aufsicht über kollektive Kapitalanlagen von der ESTV akzeptiert werden. Sie ist nicht abschliessend und wird laufend ergänzt.
- Einanlegerfonds: Akzeptiert die ausländische Aufsicht über kollektive Kapitalanlagen so genannte Einanlegerfonds, wird dies auch für Schweizer Steuerzwecke akzeptiert.

3.1.1.2 Erläuterungen zu Ziffer 3

- Rechtsanspruch auf Rückzahlung ihrer Anteile zum NAV: Dieses Kriterium ist erfüllt, sofern mindestens ein einmaliges Rückgaberecht pro Jahr vorgesehen ist. Eine Lockup-Periode von maximal fünf Jahren ändert an der Erfüllung dieses Kriteriums nichts.

3.1.1.3 Erläuterungen zu Ziffer 3 und 4

Das Vorliegen folgender Hilfskriterien weist darauf hin, dass es sich um eine kollektive Kapitalanlage handelt:

- beschränkte Laufzeit der Anlageform;
- Vorhandensein eines Offering Memorandums;
- keine oder sehr eingeschränkte Mitbestimmungsrechte des Anlegers;
- Reporting / Berichterstattung erfolgt auf gleiche Weise wie bei beaufsichtigten kollektiven Kapitalanlagen;
- die Anlageform verfügt über die typischen Funktionsträger wie Investment Manager, Depotbank etc..

3.1.2 Ausgabe von Anteilen an einer kollektiven Kapitalanlage gemäss KAG durch einen Ausländer in Verbindung mit einem Inländer (Artikel 4 Absatz 1 Bst. c VStG)

Dienstleistungen wie das Investment Management (oder Teilfunktionen daraus), die Fondsadministration (oder Teilfunktionen daraus), die technische Depotbankfunktion (im Sinne wie nachfolgend beschrieben) und das Produktemanagement (oder Teilfunktionen daraus) können einzeln oder gesamthaft aus der Schweiz erbracht werden, ohne dass dies als Ausgabe von Anteilen an einer kollektiven Kapitalanlage gemäss KAG durch einen Ausländer in Verbindung mit einem Inländer qualifiziert, falls die beiden folgenden Bedingungen kumulativ erfüllt sind:

- Der Verwaltungsrat oder das diesem entsprechende Organ der kollektiven Kapitalanlage (bei vertraglichen kollektiven Kapitalanlagen ist dies typischerweise der Verwaltungsrat der Fondsmanagementgesellschaft, des Administrators oder des Trustee, bei gesellschaftsrechtlichen kollektiven Kapitalanlagen der Verwaltungsrat der kollektiven Kapitalanlage) aus einer Mehrzahl von nicht in der Schweiz ansässigen Personen besteht, die entsprechenden Sitzungen jeweils ausserhalb der Schweiz abgehalten werden und dieses Organ die Verantwortung für die Überwachung der Geschäftstätigkeit und die Überwachung der Einhaltung von Rechtsvorschriften der entsprechenden kollektiven Kapitalanlage wahrnimmt.
- Die Depotbank im aufsichtsrechtlichen Sinne einer offenen ausländischen kollektiven Kapitalanlage ihren Sitz nicht in der Schweiz hat. Die Depotbankfunktionteilt sich in Kontrollaufgaben und technische Aufgaben auf. Während sich die Kontrollaufgaben auf die Einhaltung von Gesetz und Fondsvertrag / Statuten / Gesellschaftsvertrag beziehen, ist mit den technischen Aufgaben vor allem die Aufbewahrung des Vermögens der kollektiven Kapitalanlage, die Ausgabe und Rücknahme der Anteile sowie der Zahlungsverkehr gemeint. Während die technischen Aufgaben

in die Schweiz delegiert werden können, sind die Kontrollaufgaben durch eine Depotbank, einen Administrator oder Trustee im Ausland wahrzunehmen. Die ausländische Zweigniederlassung einer schweizerischen Bank kann jedoch die Depotbankfunktion auch im aufsichtsrechtlichen Sinne für eine ausländische kollektive Kapitalanlage wahrnehmen.

3.2 Stempelabgaben

3.2.1 Emissionsabgabe

Die Begründung und Ausgabe von Anteilen ausländischer kollektiver Kapitalanlagen unterliegen nicht der Emissionsabgabe (Umkehrschluss aus Art. 1 Abs. 1 Bst. a StG).

3.2.2 Umsatzabgabe

3.2.2.1 Primärmarkt

Die Ausgabe von ausländischen Anteilen an kollektiven Kapitalanlagen unterliegt der Umsatzabgabe. Während die kollektive Kapitalanlage in Form eines FCP, einer SICAV, einer KmGK oder einer SICAF als eine Gegenpartei subjektiv befreit ist, ist die halbe Abgabe für die andere Gegenpartei, den Anleger, grundsätzlich geschuldet.

Sieht eine ausländische kollektive Kapitalanlage Capital Commitments vor, so wird die Umsatzabgabe jeweils im Zeitpunkt der Capital Calls anteilsmässig abgerechnet.

Bei geschlossenen ausländischen Anlageformen, welche vor dem Inkrafttreten des KAG die Zeichnung ihrer Anteile beendet haben und die gemäss der damals geltenden Praxis zur Umsatzabgabe nicht als ausländische kollektive Kapitalanlagen für Umsatzabgabezwecke qualifiziert wurden, können die noch ausstehenden Capital Calls gemäss der damaligen umsatzabgaberechtlichen Qualifikation vorgenommen werden.

Die Sacheinlage von steuerbaren Urkunden zur Liberierung von Anteilen ist auf Stufe der Anleger von der Umsatzabgabe ausgenommen (Art. 14 Abs. 1 Bst. b StG).

3.2.2.2 Sekundärmarkt

Der Handel von Anteilen unterliegt der Umsatzabgabe gemäss Artikel 13 Absatz 2 Buchstabe b i.V.m. Artikel 13 Absatz 1 Buchstabe a Ziffer 3 StG.

Die Rücknahme von Anteilen ist von der Umsatzabgabe ausgenommen (Art. 14 Abs. 1 Bst. e StG).

Sachauszahlungen in Form von steuerbaren Urkunden durch einen FCP, eine SICAV, eine KmGK oder eine SICAF an Anleger unterliegen weder auf Stufe der kollektiven Kapitalanlage noch auf Stufe der Anleger der Umsatzabgabe.

3.2.2.3 Befreite Anleger

Ausländische kollektive Kapitalanlagen, welche vergleichbar mit einem FCP, einer SICAV, einer KmGK oder einer SICAF im Inland sind, qualifizieren als befreite Anleger (Art. 17a Abs. 1 Bst. c StG).Besondere Transaktionen

3.2.3 Besondere Transaktionen

3.2.3.1 Vereinigung von Anteilklassen innerhalb einer ausländischen kollektiven Kapitalanlage

Die Hingabe des Anteils an der übertragenden Anteilklasse und die Ausgabe des Anteils an der übernehmenden Anteilklasse werden für Umsatzabgabezwecke als Tausch angesehen. Während daher die Hingabe der Anteile an der übertragenden Anteilklasse von der Umsatzabgabe ausgenommen ist, unterliegt die Ausgabe der Anteile an der übernehmenden Anteilklasse der Umsatzabgabe auf Stufe Anleger.

3.2.3.2 Vereinigung von Teilvermögen einer ausländischen kollektiven Kapitalanlage

Die Hingabe des Anteils an dem übertragenden Teilvermögen und die Ausgabe des Anteils an dem übernehmenden Teilvermögen werden für Umsatzabgabezwecke als Tausch angesehen. Während daher die Hingabe der Anteile an dem übertragenden Teilvermögen von der Umsatzabgabe ausgenommen ist, unterliegt die Ausgabe der Anteile an dem übernehmenden Teilvermögen der Umsatzabgabe auf Stufe Anleger.

3.2.3.3 Vereinigung von ausländischen kollektiven Kapitalanlagen

Die Hingabe des Anteils an der übertragenden kollektiven Kapitalanlage und die Ausgabe des Anteils an der übernehmenden kollektiven Kapitalanlage werden für Umsatzabgabezwecke als Tausch angesehen. Während daher die Hingabe der Anteile an der übertragenden kollektiven Kapitalanlage von der Umsatzabgabe ausgenommen ist, unterliegt die Ausgabe der Anteile an der übernehmenden kollektiven Kapitalanlage der Umsatzabgabe auf Stufe Anleger.

3.2.3.4 Switch von Teilvermögen innerhalb einer ausländischen kollektiven Kapitalanlage

Die Hingabe des Anteils an dem einen Teilvermögen und die Ausgabe des Anteils an dem anderen Teilvermögen werden für Umsatzabgabezwecke als Tausch angesehen. Während daher die Hingabe der Anteile an dem einen Teilvermögen von der Umsatzabgabe ausgenommen ist, unterliegt die Ausgabe der Anteile an dem anderen Teilvermögen der Umsatzabgabe auf Stufe Anleger.

3.2.3.5 Switch von Anteilklassen innerhalb eines Teilvermögens einer ausländischen kollektiven Kapitalanlage

Beim Tausch von Anteilen n einer Anteilklasse gegen Anteile einer anderen Anteilklasse innerhalb desselben Teilfonds (z. B. Serie Ausschüttung gegen Serie Kapitalisierung oder Serien mit unterschiedlichen Verwaltungsgebühren) ist lediglich der Aufpreis abgabepflichtig. Mit Aufpreis ist eine zusätzliche Investition des Anlegers im Rahmen des Tausches in die neue Anteilklasse gemeint.

3.2.3.6 Vermittlungsbegriff der Umsatzabgabe im Asset Management-Bereich

Die Erbringung von Anlageberatungsdienstleistungen durch einen inländischen Effektenhändler an eine ausländische Gegenpartei im Sinne der blossen Abgabe einer Kauf- oder Verkauf Empfehlung für eine Wertschrift qualifiziert nicht als Vermittlung für Umsatzabgabezwecke solange der formelle Entscheid durch die ausländische Gegenpartei getroffen wird.

3.3 Verrechnungssteuer

Die Erträge von ausländischen kollektiven Kapitalanlagen unterliegen nicht der Verrechnungssteuer.

3.4 Ausländische strukturierte Produkte

In Bezug auf die Besteuerung von strukturierten Produkten gelten die Vorschriften des KS Nr. 15.

3.5 Anforderungen an das Reporting von ausländischen kollektiven Kapitalanlagen für Schweizer Einkommenssteuerzwecke

3.5.1 Grundsatz

Nimmt die ausländische kollektive Kapitalanlage Ausschüttungen vor, so qualifiziert sie für Schweizer Steuerzwecke als ausschüttende kollektive Kapitalanlage; andernfalls als thesaurierende kollektive Kapitalanlage. Kollektive Kapitalanlagen, welche nicht mindestens 70 %

ihres jährlichen Nettoertrags, inklusive Gewinnvortrag ausschütten, qualifizieren als gemischte kollektive Kapitalanlagen.

Für Schweizer Einkommenssteuerzwecke werden ausländische kollektive Kapitalanlagen (mit Ausnahme von ausländischen kollektiven Kapitalanlagen, welche wirtschaftlich einer schweizerischen SICAF gleichzustellen sind) als transparent betrachtet.

Ausländische Abschlüsse, welche nach einem anerkannten GAAP erstellt und von einer externen Revisionsgesellschaft geprüft wurden, sind für schweizerische Einkommens- und Gewinnsteuerzwecke ausreichend.

Bei ausländischen kollektiven Kapitalanlagen richtet sich das Liquidationsverfahren grundsätzlich nach den Regeln der Aufsichtsbehörden am Domizil des Fonds. Die vollständige bzw. quasi vollständige Rücknahme der ausstehenden Anteile durch einen Fonds oder ein Teilvermögen gilt für die Zwecke der schweizerischen Einkommenssteuer aber stets als (faktische) Liquidation, selbst dann, wenn die ausländische Aufsichtsbehörde die Wiederbegebung der Anteile zulassen sollte und aus deren Sicht keine formelle Liquidation vorliegt.

Bei faktischen Liquidationen von ausländischen kollektiven Kapitalanlagen und Teilvermögen treten deshalb die gleichen Steuerfolgen ein wie bei der formellen Liquidation.

Folgendes Vorgehen ist für das Reporting notwendig:

1. Einholen des jeweils letzten verfügbaren Abschlusses der kollektiven Kapitalanlage, welcher nach einem anerkannten GAAP erstellt und von einer externen Revisionsgesellschaft geprüft worden ist.
2. Die Ertragskonten (Dividenden-, Zins- und übrigen Erträge inkl. das Ertragsausgleichs-Konto) nach dem entsprechenden GAAP werden addiert und die Aufwendungen subtrahiert. Für die Begrenzung der abzugsfähigen Aufwendungen wird auf Ziffer 2.9.2 verwiesen.

Kollektive Kapitalanlagen, die in der Jahresrechnung keinen Ertragsausgleich ausweisen, die entsprechende Aufzeichnungen beim Einkauf in und beim Auskauf aus den laufenden Erträgen während des Geschäftsjahres aber vornehmen, können diese Schattenrechnung für die Ermittlung des steuerbaren Ertrages berücksichtigen, allerdings unter der Voraussetzung, dass die Methodik des Ertragsausgleichs stets gleich bleibt.

3. Dieser Nettoertrag ist durch die Anzahl ausstehender Anteile im Zeitpunkt des Abschlusses der Rechnungsperiode zu dividieren (Nettoertrag pro Anteil). Alternativ kann auch das betragsmässige Verhältnis (anteiliger NAV des Anlegers/NAV der kollektiven Anlage) verwendet werden.
4. Feststellung des steuerbaren Ertrags pro Anteil:
   a. Thesaurierende kollektive Kapitalanlage:
      Der Nettoertrag pro Anteil stellt bei thesaurierenden ausländischen kollektiven Kapitalanlagen den massgebenden steuerbaren Ertrag für Schweizer Einkommenssteuerzwecke dar.
   b. Ausschüttende kollektive Kapitalanlage:
      Die Qualifikation der Ausschüttung als steuerbarer Ertrag resp. als steuerfreier Kapitalgewinn ist bei ausschüttenden ausländischen kollektiven Kapitalanlagen gemäss der Buchhaltung zu bestimmen.
5. Feststellung des Vermögenssteuerwertes:
   Für Vermögenssteuerzwecke ist der NAV per 31.12. des jeweiligen Kalenderjahres massgebend. Ist dieser nicht erhältlich, ist der letzte verfügbare NAV zu verwenden.
6. Die steuerlich relevanten Informationen sind dem Anleger und der ESTV zugänglich zu machen.
7. Können die Steuerfaktoren einer kollektiven Kapitalanlage mangels zuverlässiger Unterlagen (Steuerreporting oder Jahresbericht, erstellt nach einem anerkannten Rechnungslegungsstandard) nicht einwandfrei ermittelt werden, so erfolgt die Veranlagung der Erträge nach pflichtgemässem Ermessen. Dies bedeutet, dass der

Veranlagung eine marktgerechte Rendite (Rendite des entsprechenden Index derjenigen Anlageklassen, in welche die kollektive Kapitalanlage investiert) auf dem Nettoanlagevermögen (NAV, Net Asset Value) per Abschlussdatum zugrunde gelegt wird

8. Bei kollektiven Kapitalanlagen, welche ihr Exposure synthetisch replizieren, ist zwingend ein gesondertes Steuerreporting für Schweizer Einkommenssteuerzwecke zu erstellen, aus welchem die Rendite des(r) Basiswerte(s) hervorgeht. Massgebend für die Ermittlung des steuerbaren Ertrages von Swap-based ETFs, welchen Aktienindizes zugrunde liegen, ist die Nettodividenden-Rendite (net yield dividend). Darunter ist die Bruttodividenden-Rendite der entsprechenden Indizes, abzüglich der anwendbaren Quellensteuern zu verstehen. Die Nettodividenden-Rendite für alle wichtigen Aktienindizes wird von den anerkannten Providern publiziert und kann für das Steuerreporting verwendet werden. Allfällige weitere Ertragspositionen gemäss Jahresrechnung werden zur berechneten Nettorendite addiert.

Das gleiche Verfahren gelangt für kollektive Kapitalanlagen zur Anwendung, welche Obligationenindizes synthetisch nachbilden. Auch für diese stehen die entsprechenden Daten in aller Regel zur Verfügung.

9. Im Gegensatz zu den Quellensteuern auf Zinsen und Dividenden fehlt bei der Taxe d'abonnement der kausale Zusammenhang mit der Erzielung von Erträgen, weshalb sie zwar grundsätzlich abzugsfähig ist, jedoch unter Berücksichtigung der Limite der abzugsfähigen Gebühren in der Höhe von 1.5 %.

10. Für eine Aufnahme von Steuerfaktoren in die Kursliste HB ist je nach Art der ausländischen kollektiven Kapitalanlage eine differenzierte Einreichung erforderlich (vgl. Schema nächste Seite).
Für eine Publikation der Steuerfaktoren von kollektiven Kapitalanlagen in der Kursliste HB (ausserbörslich gehandelte Wertpapiere) genügt es in der Regel nicht, der ESTV nur den Jahresbericht der zum Vertrieb in der Schweiz zugelassenen ausländischen kollektiven Kapitalanlage zuzustellen.

Qualifizieren die eingereichten Unterlagen nach Art und Umfang nicht für eine direkte Publikation in der Kursliste HB und werden die zur Festsetzung der Steuerfaktoren benötigten Informationen nicht beigebracht behalten sich die kantonalen Veranlagungsbehörden eine Veranlagung des Einkommens und Vermögens nach pflichtgemässem Ermessen vor.

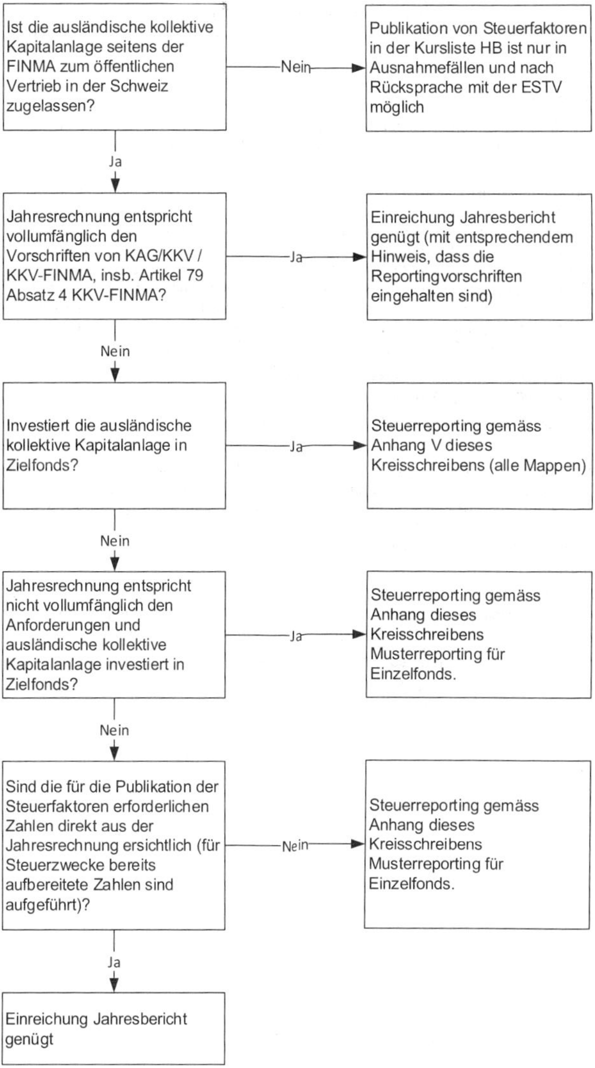
Ist die ausländische kollektive Kapitalanlage seitens der FINMA zum öffentlichen Vertrieb in der Schweiz zugelassen?
Nein
Publikation von Steuerfaktoren in der Kursliste HB ist nur in Ausnahmefällen und nach Rücksprache mit der ESTV möglich
Ja
Jahresrechnung entspricht vollumfänglich den Vorschriften von KAG/KKV / KKV-FINMA, insb. Artikel 79 Absatz 4 KKV-FINMA?
Ja
Einreichung Jahresbericht genügt (mit entsprechendem Hinweis, dass die Reportingvorschriften eingehalten sind)
Nein
Investiert die ausländische kollektive Kapitalanlage in Zielfonds?
Ja
Steuerreporting gemäss Anhang V dieses Kreisschreibens (alle Mappen)
Nein
Jahresrechnung entspricht nicht vollumfänglich den Anforderungen und ausländische kollektive Kapitalanlage investiert in Zielfonds?
Ja
Steuerreporting gemäss Anhang dieses Kreisschreibens Musterreporting für Einzelfonds.
Nein
Sind die für die Publikation der Steuerfaktoren erforderlichen Zahlen direkt aus der Jahresrechnung ersichtlich (für Steuerzwecke bereits aufbereitete Zahlen sind aufgeführt)?
Nein
Steuerreporting gemäss Anhang dieses Kreisschreibens Musterreporting für Einzelfonds.
Ja
Einreichung Jahresbericht genügt

Im Fall eines umfassenden Reportings gemäss Anhang V ist nur das Excel-Sheet einzureichen. Die Basisdokumentation, insbesondere von Zielfonds, ist der ESTV nur auf Verlangen hin zur Verfügung zu halten.

3.5.2 Spezialvorschriften für sogenannte Fund-of-Funds-Strukturen

Bei Fund-of-Funds-Strukturen investiert der Anleger oftmals über eine Feeder-Struktur in einen sogenannten Master-Fund, welcher wiederum in die entsprechenden Zielfonds/-anlagen investiert.

Während die Feeder-Struktur sowie der Master-Fund transparent zu behandeln sind (unter der Voraussetzung, dass es sich bei den kollektiven Kapitalanlagen, welche in der Feeder- und Master-Struktur verwendet werden um Anlageformen handelt, die für Schweizer Steuerzwecke transparent behandelt werden), kann auf Ebene der Zielfonds/-anlagen die jeweilige geprüfte Jahresrechnung nach anerkanntem GAAP zur Bestimmung des steuerbaren Ertrags für Schweizer Steuerzwecke verwendet werden. Dies auch dann, wenn es sich beim Zielfonds wiederum um eine Fund-of-Funds-Struktur handelt. Vorbehalten bleibt die transparente Betrachtungsweise, wenn es sich bei einem solchen Zielfonds um eine Fund-of-Bonds-Fund-Struktur resp. um eine Fund-of-Money-Market-Fund-Struktur handelt.

Als Master-Fund werden kollektive Kapitalanlagen angesehen, welche in mindestens fünf verschiedene Zielfonds/-anlagen investieren.

Bei einer Fund-of-Funds-Struktur ohne Feeder-Struktur sind die Regelungen für den Master-Fund analog anzuwenden.

Das Steuerreporting ist auf den Zeitpunkt des Abschlusses der jeweiligen kollektiven Kapitalanlage zu erstellen, in welche der Anleger investiert (Feeder- oder Master-Funds). Zur Ermittlung des steuerbaren Ertrages werden diejenigen Zielfonds berücksichtigt, in welche der Master-Fund im Zeitpunkt seines Geschäftsabschlusses investiert ist. Dabei ist auf die letzte verfügbare Jahresrechnung abzustellen.

Der steuerbare Ertrag auf Stufe Feeder-Fund ergibt sich aus den aggregierten Erträgen (minus die Aufwände) auf Stufe Feeder-Fund, Master-Fund und Zielfonds/-anlagen auf der Basis der jeweiligen Abschlüsse. Die Begrenzung der abzugsfähigen Aufwendungen gemäss Ziffer 2.9.2 ist auf jeder Stufe zu berücksichtigen.

Siehe Anhang VIII (Musterreporting ausländische Dachfonds)

Anhang IA

Kollektive Kapitalanlagen

Formular für die inländische Depotstelle

Diese Erklärung kann nur innert drei Jahren nach Verfall entgegengenommen werden

Name der Fondsleitung ....

Verfall per ....

Name der kollektiven Kapitalanlage

....

DOMIZILERKLÄRUNG (AFFIDAVIT)

für die Nichterhebung der Verrechnungssteuer auf Erträgen von Anteilen an kollektiven Kapitalanlagen

I. Die Depotstelle erklärt hiermit:

1. dass an den nachfolgenden Anteilen der obenerwähnten kollektiven Kapitalanlage das Recht zur Nutzung Ausländern zustand (dies sind Personen, die in der Schweiz weder Sitz, Wohnsitz noch einen die Pflicht zur Entrichtung eidgenössischer, kantonaler oder kommunaler Einkommens- oder Vermögenssteuern begründenden Aufenthalt haben)

Fälligkeit	Anzahl Anteile	Ertrag pro Anteil	Bruttoertrag Total

2. dass sich die erwähnten Anteile bei Fälligkeit des Ertrages bei ihr im offenen Depot befanden, oder dass sie von einer anderen inländischen oder ausländischen Depotstelle eine glaubwürdige identische Erklärung besitzt, wie sie die vorliegende darstellt, und

3. dass sie, gemäss ihrer gesetzlichen Verpflichtung, die zur Überprüfung der vorstehenden Erklärung erforderlichen Unterlagen, mit Einschluss der nötigenfalls zu beschaffenden Unterlagen der ausländischen Depotstelle, jederzeit zur Einsichtnahme durch die Eidgenössische Steuerverwaltung zur Verfügung hält.

II. Da die Nutzungsberechtigten die Verrechnungssteuer gemäss Artikel 27 des Bundesgesetzes über die Verrechnungssteuer zurückfordern können, hat die unterzeichnete Depotstelle den Ertrag der oben erwähnten Anteile ohne Verrechnungssteuerabzug gutgeschrieben. Sie wird für den Fall, dass ein Rückerstattungsanspruch eines dieser Kunden nicht anerkannt würde, die Steuerüberwälzung nachholen, die Fondsleitung entschädigen und die kollektive Kapitalanlage in jedem Fall schadlos halten.

Ort und Datum ....

Unterschrift ....

Adresse ....

Anhang IB

Formular für die ausländische Depotstelle

Diese Erklärung kann nur innert drei Jahren nach Verfall entgegengenommen werden

Name der Fondsleitung Verfall per

....

Name der kollektiven Kapitalanlage

....

DOMIZILERKLÄRUNG (AFFIDAVIT)

für die Nichterhebung der Verrechnungssteuer auf Erträgen von Anteilen an kollektive Kapitalanlagen

I. Die Depotstelle erklärt hiermit:

1. dass an den nachfolgenden Anteilen der obenerwähnten kollektiven Kapitalanlage das Recht zur Nutzung **Ausländern** zustand (dies sind Personen, die in der Schweiz weder Sitz, Wohnsitz noch einen die Pflicht zur Entrichtung eidgenössischer, kantonaler oder kommunaler Einkommens- oder Vermögenssteuern begründenden Aufenthalt haben)

Fälligkeit	Anzahl Anteile	Ertrag pro Anteil	Bruttoertrag Total

2. dass sich die erwähnten Anteile bei Fälligkeit des Ertrages bei ihr im offenen Depot befanden, oder dass sie von einer anderen inländischen oder ausländischen Depotstelle eine glaubwürdige identische Erklärung besitzt, wie sie die vorliegende darstellt, und

3. dass sie, gemäss ihrer gesetzlichen Verpflichtung, die zur Überprüfung der vorstehenden Erklärung erforderlichen Unterlagen, mit Einschluss der nötigenfalls zu beschaffenden Unterlagen der ausländischen Depotstelle, jederzeit zur Einsichtnahme durch die Eidgenössische Steuerverwaltung zur Verfügung hält.

III. Da die Nutzungsberechtigten die Verrechnungssteuer gemäss Artikel 27 des Bundesgesetzes über die Verrechnungssteuer zurückfordern können, hat die unterzeichnete Depotstelle den Ertrag der oben erwähnten Anteile ohne Verrechnungssteuerabzug gutgeschrieben. Sie wird für den Fall, dass ein Rückerstattungsanspruch eines dieser Kunden nicht anerkannt würde, die Steuerüberwälzung nachholen, die Zahlstelle entschädigen und in jedem Fall schadlos halten.

Ort und Datum Unterschrift

....

Adresse

....

Anhang II

NAME DER KOLLEKTIVEN KAPITALANLAGE

Adresse des Anlegers

Ort und Datum:

Ausschüttung des Ertrages bzw. der Wiederanlage per

Anzahl der Anteile	Ertrags-Ausschüttung bzw. Wiederanlage pro Anteil	Betrag der Ausschüttung bzw. Wiederanlage	Wert
	CHF	CHF	
Total Ausschüttung bzw. Wiederanlage		CHF	

Der VSt-Pflichtige hat die Verrechnungssteuer der Eidgenössischen Steuerverwaltung (ESTV) gemeldet, so dass Sie für diese Verrechnungssteuer bei der ESTV keinen Rückerstattungsantrag zu stellen haben.

Anhang III

Inanspruchnahme von Doppelbesteuerungsabkommen (DBA) durch kollektive Kapitalanlagen auf dem Rückerstattungsweg – Staatenverzeichnis (Stand am 1.1.2017)

Vertragsstaat	Ertragsart	Quellensteuer (%)	Steuerentlastung (%)	Antrags-Formulare	Berechtigte Anlageformen[1]	Antragsfrist
Dänemark	Dividenden	27	12	06.002A[2]	- vertragliche kollektive Kapitalanlage (Art. 25 KAG) - Investmentgesellschaft mit variablem Kapital (Art. 36 KAG) - Kommanditgesellschaft für kollektive Kapitalanlagen (Art. 98 KAG)	keine Angaben
	Zinsen	–	–	–		
Deutschland	Dividenden	25[3]	10[3]	R-D 2[4]		4 Jahre
	Zinsen	–	–	–		
Frankreich	Dividenden	30	15	Formulare 5000/5001[5]		2 Jahre
	Zinsenw	–	–			
Grossbritannien	Dividenden	–	–	–		6 Jahre
	Zinsen	20	20	R-GB 12, R-GB b und R-GB c[6]		

[1] Die Verständigungsvereinbarungen mit den aufgeführten DBA-Vertragsstaaten (Ausnahme: Dänemark) müssen hinsichtlich des Inkrafttretens des KAG noch formell angepasst werden. Dabei ist davon auszugehen, dass die in der Vergangenheit angewandten Regelungen zumindest für vertragliche Anlagefonds weiterhin Anwendung finden werden.

[2] Der Rückerstattungsanspruch muss online auf der Internetseite der dänischen Steuerbehörde (www.skatt.dk/) erfasst werden.

[3] Der Satz der deutschen Kapitalertragsteuer wird zusätzlich um den Solidaritätszuschlag von 5.5 % erhöht. Demnach beträgt die effektive Kapitalertragsteuer 26.375 %, die Steuerentlastung erhöht sich entsprechend auf 11.375 %.

[4] Das Formular ist auf der Intenetseite der Eidg. Steuerverwaltung (www.estv.admin.ch) in elektronischer Form verfügbar.

[5] Die Formulare sind auf der Internetseite der Eidg. Steuerverwaltung (www.estv.admin.ch) in elektronischer Form verfügbar.

[6] Die Formulare sind auf der Internetseite der Eidg. Steuerverwaltung (www.estv.admin.ch) in elektronischer Form verfügbar.

38/43

Vertragsstaat	Ertragsart	Quellensteuer (%)	Steuerentlastung (%)	Antrags-Formulare	Berechtigte Anlageformen[1]	Antragsfrist
Niederlande	Dividenden	15	0	–		–
	Zinsen	–	–	–		
Norwegen	Dividenden	25	10	Briefform[7]		keine Angaben
	Zinsen	–	–			
Österreich	Dividenden	27.5	12.5	ZS-RD1 und ZS-RDA[8]		5 Jahre
	Zinsen	[9]	–			
Schweden	Dividenden	30	15	SKV 3742[10]		5 Jahre
	Zinsen	--	--			
Spanien	Dividenden	19	4	Formular 210[11]		2 Jahre
	Zinsen	19	19			

Allgemeine Bemerkungen

Die Antragstellung hat pro Geschäftsjahr zu erfolgen. Jeder Rückerstattungsantrag ist mit der **Dossier-Nr**. zu versehen und unter Beilage eines **Rechenschaftsberichtes** sowie einer **Kopie des massgebenden Formular 201** direkt bei der Eidgenössischen Steuerverwaltung, Abteilung Rückerstattung, Eigerstrasse 65, 3003 Bern, einzureichen. Die kollektiven Kapitalanlagen, welche nicht vom Affidavit-Verfahren profitieren, haben anstelle der Kopie des massgebenden Formular 201 einen entsprechenden Nachweis bezüglich der Anteile der inländischen Anleger zu einzureichen. **Der Rückerstattungsanspruch ist jeweils auf dem Antragsformular um die auf ausländische Anleger entfallende Quote zu kürzen.** Für die kantonalen Steuerbehörden vorgesehene Antragsausfertigungen sind **nicht** auszufüllen. Werden für die Geltendmachung der Steuerentlastung separate **Ertragsaufstellungen, Sammelausweise oder Berechnungsnachweise** erstellt, sind diese **in genügender Anzahl**, d.h. für jede eingereichte Antragsausfertigung beizulegen. Für gewisse Staaten sind den Rückerstattungsanträgen entsprechende Beweismittel (Belege) beizufügen. Hierzu wird auf die Erläuterungen auf den Antragsformularen verwiesen.“

---

[7] Detaillierte Angaben zum vorgeschriebenen Inhalt des Antrags sind auf der Internetseite der Eidg. Steuerverwaltung (www.estv.admin.ch) publiziert.

[8] Die Formulare sind auf der Internetseite der Eidg. Steuerverwaltung (www.estv.admin.ch) in elektronischer Form verfügbar.

[9] In Österreich unterliegen Zinsen, die an Personen mit Sitz im Ausland bezahlt werden, nur dann der Besteuerung, wenn es sich um Zinsen aus Grundpfandforderungen handelt.

[10] Das Formular ist auf der Internetseite der Eidg. Steuerverwaltung (www.estv.admin.ch) in elektronischer Form verfügbar.

[11] Das Formular ist auf der Internetseite der Eidg. Steuerverwaltung (www.estv.admin.ch) in elektronischer Form verfügbar.

Anhang IV

Inanspruchnahme von Doppelbesteuerungsabkommen DBA) durch kollektive Kapitalanlagen infolge direkter Entlastung an der Quelle – Staatenverzeichnis (Stand am 1.1.2017)

Vertragsstaat	Ertragsart	Quellensteuer (%)	Steuerentlastung (%)	Deklarationsformular	Berechtigte Anlageformen	Einreichungsfrist
Australien	Dividenden	30	15	Formular 198	- vertragliche kollektive Kapitalanlage (Art. 25 KAG) - Investmentgesellschaft mit variablem Kapital (Art. 36 KAG) - Kommanditgesellschaft für kollektive Kapitalanlagen (Art. 98 KAG)	**Jährliche Deklaration nach Geschäftsjahr der kollektiven Kapitalanlage.** Einreichung der Deklarationsformulare unter Beilage der massgeblichen Formulare 201 oder eines entsprechenden Nachweises der Anteile der in- bzw. ausländischen Anleger unter gleichzeitiger Überweisung der Steuerbeträge.
	Zinsen	10	--			
Kanada	Dividenden	25	10	Formular 196	- vertragliche kollektive Kapitalanlage (Art. 25 KAG) - Investmentgesellschaft mit variablem Kapital (Art. 36 KAG) - Kommanditgesellschaft für kollektive Kapitalanlagen (Art. 98 KAG)	
	Zinsen	25	15			

Allgemeine Bemerkungen

Der auf ausländische Anleger entfallende Anteil an der infolge direkter Entlastung an der Quelle zugekommen Steuerentlastung muss mittels den Deklarationsformularen jährlich der Eidg. Steuerverwaltung deklariert und abgeliefert werden. Kollektive Kapitalanlagen, welche die Anteile der in- bzw. ausländischen Anleger **nicht** ermitteln, müssen die ihnen zugekommene Steuerentlastung **vollumfänglich** abliefern.

Anhang V

Länderliste mit von der ESTV akzeptierten Aufsichten (nicht abschliessend; wird laufend ergänzt)

Australien	Frankreich	Malta	Slowenien
Andorra	Gibraltar	Mauritius	Spanien
Anguilla	Griechenland	Monaco	St. Vincent und die Grenadinen
Antigua und Barbuda	Großbritannien	Montserrat	Tschechische Republik
Aruba	Guernsey	Niederlande	Turks und Caicos
Bahamas	Hongkong	Niederländische Antillen	Ungarn
Belgien	Irland	Norwegen	Zypern
Bermuda	Island	Österreich	Vereinigte Staaten von Amerika
British Virgin Islands	Isle of Man	Panama	
Bulgarien	Italien	Polen	
Cayman Islands	Japan	Portugal	
Cookinseln	Jersey	Rumänien	
Dänemark	Lettland	San Marino	
Deutschland	Liechtenstein	Schweden	
Estland	Litauen	Singapur	
Finnland	Luxemburg	Slowakei	

Anhang VI

Entscheidungsbaum zur Bestimmung, ob für Schweizer Steuerzwecke eine ausländische kollektive Kapitalanlage vorliegt

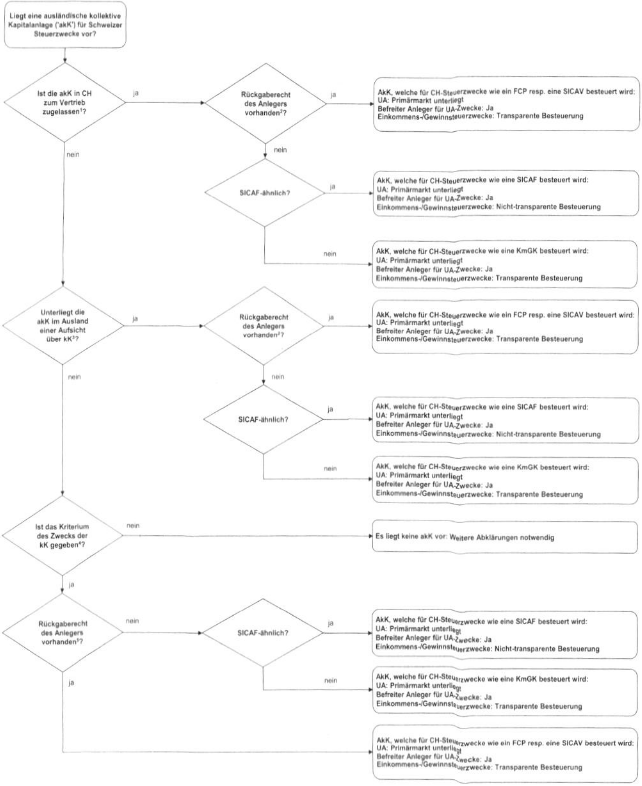

Legende:

¹ Siehe die Liste der ausländischen kollektiven Kapitalanlagen, deren Vertrieb in oder von der Schweiz aus genehmigt wurde, unter: https://www.finma.ch/de/finma-public/bewilligte-institute-personen-und-produkte/

² Minimal einmal jährliches Rückgaberecht zu NAV des Anlegers; Lockup-Klauseln ändern nichts an der Qualifikation.

³ Siehe in Anhang V die Liste mit den Ländern deren Aufsicht von der ESTV anerkannt werden.

⁴ Das Vorliegen folgender Kriterien weist darauf hin, dass es sich um eine kollektive Kapitalanlage handelt:
- Beschränkte Laufzeit der Anlageform;
- Vorhandensein eines Offering Memorandums;
- Keine oder sehr eingeschränkte Mitbestimmungsrechte des Anlegers;
- Reporting / Berichterstattung erfolgt auf gleiche Weise wie bei beaufsichtigten kollektiven Kapitalanlagen;
- Die Anlageform verfügt über die typischen Funktionsträger wie Investment Manager, Depotbank etc.

⁵ Minimal einmal jährliches Rückgaberecht zu NAV des Anlegers; Lockup-Klauseln ändern nichts an der Qualifikation.

Anhang VII

Musterreporting inländische Dachfonds (Excel 2013)

https://www.estv.admin.ch/dam/estv/de/dokumente/bundessteuer/kreisschreiben/2004/1-024-VS-2008-Anhang7_2013.xlsm.download.xlsm/Anhang%20VII%20Musterreporting%20inl%C3%A4ndische%20Dachfonds%20(MS%20Excel%202013).xlsm

Musterreporting inländische Dachfonds (Excel 2007)

https://www.estv.admin.ch/dam/estv/de/dokumente/bundessteuer/kreisschreiben/2004/1-024-VS-2008-Anhang7_2007_FINAL.xls.download.xls/1-024-VS-2008-d-Anhang7_2007_FINAL.xls

Anhang VIII

Musterreporting ausländische Dachfonds (MS Excel 2013)

https://www.estv.admin.ch/dam/estv/de/dokumente/bundessteuer/kreisschreiben/2004/1-024-VS-2008-Anhang8_2013.xlsm.download.xlsm/Anhang%20VIII%20Musterreporting%20ausl%C3%A4ndische%20Dachfonds%20(MS%20Excel%202013).xlsm

Musterreporting ausländische Dachfonds (MS Excel 2007)

https://www.estv.admin.ch/dam/estv/de/dokumente/bundessteuer/kreisschreiben/2004/1-024-VS-2008-Anhang8_2007_FINAL.xls.download.xls/1-024-VS-2008-d-Anhang8_2007_FINAL.xls

Anhang

Musterreporting für Einzelfonds

https://www.estv.admin.ch/dam/estv/de/dokumente/bundessteuer/kreisschreiben/2004/1-024-VS-2008-Anhang_2013.xlsm.download.xlsm/Anhang%20Musterreporting%20f%C3%BCr%20Einzelfonds%20(MS%20Excel%202013).xlsm

Schweizerische Eidgenossenschaft
Confédération suisse
Confederazione Svizzera
Confederaziun svizra

Eidgenössisches Finanzdepartement EFD
Eidgenössische Steuerverwaltung ESTV
Hauptabteilung Direkte Bundessteuer,
Verrechnungssteuer, Stempelabgaben

Direkte Bundessteuer

Bern, 17. Dezember 2008

Kreisschreiben Nr. 23

Teilbesteuerung der Einkünfte aus Beteiligungen im Geschäftsvermögen und zum Geschäftsvermögen erklärte Beteiligungen

Inhaltsverzeichnis

1-023-D-2008-d

Eidgenössische Steuerverwaltung ESTV
Eigerstrasse 65
3003 Bern
www.estv.admin.ch

1. Gegenstand des Kreisschreibens

Mit dem Bundesgesetz vom 23. März 2007 über die Verbesserung der steuerlichen Rahmenbedingungen für unternehmerische Tätigkeiten und Investitionen (Unternehmenssteuerreformgesetz II) wurde in Artikel 18b des Bundesgesetzes vom 14. Dezember 1990 über die direkte Bundessteuer (DBG) die Teilbesteuerung der Einkünfte aus Beteiligungsrechten des Geschäftsvermögens wie folgt normiert:

1 Dividenden, Gewinnanteile, Liquidationsüberschüsse und geldwerte Vorteile aus Aktien, Anteilen an Gesellschaften mit beschränkter Haftung, Genossenschaftsanteilen und Partizipationsscheinen sowie Gewinne aus der Veräusserung solcher Beteiligungsrechte sind nach Abzug des zurechenbaren Aufwandes im Umfang von 50 Prozent steuerbar, wenn diese Beteiligungsrechte mindestens 10 Prozent des Grund- oder Stammkapitals einer Kapitalgesellschaft oder Genossenschaft darstellen.

2 Die Teilbesteuerung auf Veräusserungsgewinnen wird nur gewährt, wenn die veräusserten Beteiligungsrechte mindestens ein Jahr im Eigentum der steuerpflichtigen Person oder des Personenunternehmens waren.

Bereits im Bundesgesetz vom 19. März 1999 über das Stabilisierungsprogramm 1998 war Artikel 18 Absatz 2 DBG wie folgt ergänzt worden:

2 ...Als Geschäftsvermögen gelten alle Vermögenswerte, die ganz oder vorwiegend der selbständigen Erwerbstätigkeit dienen; Gleiches gilt für Beteiligungen von mindestens 20 Prozent am Grund- oder Stammkapital einer Kapitalgesellschaft oder Genossenschaft, sofern der Eigentümer sie im Zeitpunkt des Erwerbs zum Geschäftsvermögen erklärt.

2. Teilbesteuerung der Einkünfte aus Beteiligungsrechten im Geschäftsvermögen

2.1. Subjektive Voraussetzungen

Die Teilbesteuerung der Einkünfte aus Beteiligungsrechten im Geschäftsvermögen steht natürlichen Personen zu, welche in der Schweiz auf Grund persönlicher (Art. 3 DBG) oder wirtschaftlicher Zugehörigkeit (Art. 4 und 11 i.V.m. Art. 7 DBG) steuerpflichtig sind.

Die steuerpflichtige Person (Inhaberin einer Einzelunternehmung oder Teilhaberin an einer Personengesellschaft oder Personen mit Beteiligungsrechten im gewillkürten Geschäftsvermögen) hat für die ihr zurechenbaren Werte die nachfolgenden Voraussetzungen zu erfüllen.

2.2. Objektive Voraussetzungen

2.2.1. Beteiligungsrechte

Beteiligungsrechte sind Anteile am Grund- oder Stammkapital von Kapitalgesellschaften und Genossenschaften. Als Beteiligungsrechte im Sinn der objektiven Voraussetzungen gemäss Artikel 18b DBG gelten insbesondere:

- Aktien;
- Stammanteile an Gesellschaften mit beschränkter Haftung;
- Genossenschaftsanteile;
- Partizipationsscheine;
- Anteile am Kapital einer SICAF.

Keine Beteiligungsrechte bestehen insbesondere bei:

- Genussscheinen und Bezugsrechten;
- Obligationen;
- Darlehen und Vorschüssen;
- hybriden Finanzierungsinstrumenten;
- anderen Guthaben eines an einer Kapitalgesellschaft Beteiligten oder eines Genossenschafters;
- Anteile an kollektiven Kapitalanlagen und diesen gleichzustellenden Körperschaften, z.B. Anteile am Kapital einer SICAV.

Die Qualifikation von ausländischen Beteiligungsrechten erfolgt in sinngemässer Anwendung von Artikel 49 Absatz 3 DBG. Die Gründerrechte an einer liechtensteinischen Anstalt mit ungeteiltem Kapital stellen keine Beteiligungsrechte im Sinn des Artikels 18b DBG dar.

2.2.2. Erforderliches Ausmass

Für die Teilbesteuerung kommen nur Beteiligungsrechte in Betracht, die mindestens 10 Prozent am Grund- oder Stammkapital einer Kapitalgesellschaft oder Genossenschaft ausmachen (Eigentum oder Nutzniessung).

Die sich im Besitz von Ehepartnern, eingetragener Partnerinnen und Partnern und Kindern unter elterlicher Sorge, die zusammen veranlagt werden, befindenden Beteiligungsrechte werden zusammengerechnet.

Hält eine steuerpflichtige Person Beteiligungen am Grund- oder Stammkapital einer Kapitalgesellschaft oder Genossenschaft sowohl im Privat- als auch im Geschäftsvermögen, werden diese für die Ermittlung der erforderlichen Quote zusammengerechnet. Die Erträge aus diesen Beteiligungen werden jedoch nicht zusammengerechnet.

Beteiligungsrechte der gleichen Gesellschaft, die indirekt über eine juristische Person oder eine kollektive Kapitalanlage gehalten werden, können dagegen nicht zusammengerechnet werden.

Ausländische Handelsgesellschaften und andere ausländische Personengesamtheiten ohne juristische Persönlichkeit, die nach Artikel 11 DBG besteuert werden, müssen die Mindestquote von 10 % des Grund- oder Stammkapitals einer Kapitalgesellschaft oder Genossenschaft selber erreichen.

Bei den Personengesellschaften erfolgt eine anteilsmässige Zuteilung der Beteiligungsrechte an die Beteiligten.

Die erforderliche Quote muss im Zeitpunkt der Realisation der Einkünfte aus den Beteiligungsrechten erfüllt sein. Bei Dividenden ist dies der Zeitpunkt der Fälligkeit. Beim Veräusserungserlös ist dies in der Regel der Zeitpunkt des Verpflichtungsgeschäfts, sofern die Erfüllung nicht von vornherein unsicher ist. Wird beim Verkauf einer Beteiligung der Bezug des Beteiligungsertrags dem Verkäufer vorbehalten, wird bei der Berechnung des prozentualen Umfangs der Beteiligung auf die Verhältnisse im Zeitpunkt des Verkaufs abgestellt.

2.2.3. Haltedauer

Für die Teilbesteuerung auf Veräusserungsgewinnen muss das veräusserte Beteiligungsrecht bis zum Veräusserungszeitpunkt während mindestens zwölf Monaten im Eigentum der steuerpflichtigen Person oder des Personenunternehmens gewesen sein.

2.2.4. Einkünfte aus Beteiligungsrechten

2.2.4.1 Ausschüttungen

Für die Teilbesteuerung qualifizieren insbesondere folgende Einkünfte aus Beteiligungsrechten:

- Ordentliche Gewinnausschüttungen wie z.B. Dividenden, Gewinnanteile auf Stammeinlagen, Zinsen auf Genossenschaftsanteilen;
- ausserordentliche Gewinnausschüttungen wie z.B. Anteile am Ergebnis einer Teil- oder Totalliquidation;
- Ausschüttungen auf Partizipationsscheinen;
- Ausschüttungen auf Genussscheinen, sofern die Beteiligungsquote mit Beteiligungsrechten der gleichen Gesellschaft erreicht wird;
- alle übrigen offenen Gewinnausschüttungen;
- verdeckte Gewinnausschüttungen (wie z.B. Zinsen, Entschädigungen für materielle und immaterielle Wirtschaftsgüter sowie für Dienstleistungen, die sich im Licht des Drittvergleichs nicht rechtfertigen lassen), sofern die leistende Kapitalgesellschaft oder Genossenschaft eine entsprechende Gewinnaufrechnung erfahren hat. Stammt die verdeckte Gewinnausschüttung aus einer ausländischen Kapitalgesellschaft oder Genossenschaft, wird die Teilbesteuerung nur gewährt, wenn die zuständige schweizerische Steuerbehörde zur Einsicht gelangt, dass sie anstelle der ausländischen Steuerbehörde ebenfalls eine Aufrechnung vorgenommen hätte oder wenn eine Verständigungslösung kraft eines Doppelbesteuerungsabkommens vorliegt.

Keine Einkünfte aus Beteiligungsrechten sind insbesondere:

- Erträge, die bei der leistenden in- oder ausländischen Kapitalgesellschaft oder Genossenschaft geschäftsmässig begründeten Aufwand darstellen;
- Ausgleichszahlungen aus dem "Securities Lending".

2.2.4.2 Veräusserungsgewinne

Für die Teilbesteuerung qualifizieren auch Veräusserungsgewinne auf Beteiligungsrechten, sofern sie mindestens ein Jahr im Eigentum der steuerpflichtigen Person oder des Personenunternehmens waren. Als Veräusserungsgewinne gelten:

- Gewinne aus der Veräusserung (Differenz zwischen dem Veräusserungserlös und dem tieferen Einkommenssteuerwert) von Beteiligungsrechten die mindestens 10 Prozent des Grund- oder Stammkapitals einer Kapitalgesellschaft oder Genossenschaft verkörpern sowie dazugehöriger Bezugsrechte. Mehrere Verkäufe im gleichen Geschäftsjahr können dabei zusammengerechnet werden;
- Überführungsgewinne (Differenz zwischen dem Verkehrswert und dem tieferen Einkommenssteuerwert einer Beteiligung) bei einer Überführung von Beteiligungsrechten von mindestens 10 Prozent des Grund- oder Stammkapitals einer Kapitalgesellschaft oder Genossenschaft vom Geschäfts- ins Privatvermögen;

- buchmässige Aufwertungen (inkl. Verbuchung von Gratisaktien);
- Auflösung von Rückstellungen (Wertberichtigungen) auf Beteiligungen.

Der Einkommenssteuerwert kann pro Beteiligungsrecht durchschnittlich oder für jeden Zu- oder Abgang einzeln ermittelt werden. Wird der Bestand einer Beteiligung für jeden Zu- oder Abgang einzeln nachgeführt, steht es der steuerpflichtigen Person frei, nach welcher Umschlagsmethode sich im Veräusserungsfall der Einkommenssteuerwert bemisst (FIFO, LIFO, HIFO). Die einmal gewählte Methode muss jedoch beibehalten werden.

2.3. *Netto-Ergebnis aus Beteiligungsrechten*

2.3.1. Grundsatz

Das Netto-Ergebnis aus Beteiligungsrechten im Geschäftsvermögen ist nach kaufmännischen Kriterien zu ermitteln.[1] Zur Ermittlung des Netto-Ergebnisses aus qualifizierenden Beteiligungsrechten ist eine Spartenrechnung zu führen. In dieser Rechnung sind alle qualifizierenden Beteiligungsrechte, d.h. auch ertragslose, zu berücksichtigen.

In die Spartenrechnung fallen sämtliche Einkünfte gemäss Ziffer 2.2.4. aus qualifizierenden Beteiligungsrechten. Zur Ermittlung des Netto-Ergebnisses sind von diesen Einkünften sämtliche den qualifizierenden Beteiligungsrechten zurechenbaren Aufwendungen in Abzug zu bringen.

Als zurechenbare Aufwendungen gelten:
- der Finanzierungsaufwand;
- der Verwaltungsaufwand;
- Abschreibungen;
- Bildung von Rückstellungen (Wertberichtigungen);
- Veräusserungsverluste (Differenz zwischen dem Veräusserungserlös und dem höheren Einkommenssteuerwert);
- Verluste aus der Überführung vom Geschäfts- ins Privatvermögen (Differenz zwischen dem Verkehrs- und dem höheren Einkommenssteuerwert).

2.3.2. Finanzierungsaufwand

Von den Einkünften aus Beteiligungsrechten ist zunächst der darauf entfallende Finanzierungsaufwand derselben Steuerperiode in Abzug zu bringen. Als Finanzierungsaufwand gelten Schuldzinsen sowie sonstige Aufwendungen, deren unmittelbare Ursache im steuerlich relevanten Fremdkapital oder auch in faktischen mittel- oder langfristigen Verbindlichkeiten anderer Art liegt. Demgegenüber stellen die von der steuerpflichtigen Person nicht beanspruchten Skonto-Offerten der Lieferanten oder die von ihren Kunden beanspruchten Skonti keinen Finanzierungsaufwand dar. Solche Aufwendungen oder Erlösminderungen finden in aller Regel ihren Niederschlag direkt und ausschliesslich im betrieblichen Bruttogewinn. Im Mietaufwand sowie in Leasingraten enthaltener Finanzierungsaufwand bleibt ebenfalls unberücksichtigt.

Die Abgrenzung zwischen privaten und geschäftlichen Schuldzinsen erfolgt aufgrund der vom Steuerpflichtigen nachgewiesenen Verwendung der fremden Mittel. Bei selbständiger

[1] Botschaft zum Bundesgesetz über die Verbesserung der steuerlichen Rahmenbedingungen für unternehmerische Tätigkeiten und Investitionen (Unternehmenssteuerreformgesetz II) vom 22. Juni 2005, BBl **2005** 4797 ff., Ziff. 2.4.

Erwerbstätigkeit wird auf den Geschäftsabschluss abgestellt. Fehlt der Nachweis der Mittelverwendung, erfolgt die Abgrenzung zwischen privaten und geschäftlichen Schuldzinsen nach dem Verhältnis der Aktiven (proportionale Aufteilung nach Verkehrswerten).

Bei den geschäftlichen Schuldzinsen ist der auf die qualifizierenden Beteiligungsrechte des Geschäftsvermögens entfallende Finanzierungsaufwand proportional nach Massgabe der Einkommenssteuerwerte der qualifizierenden Beteiligungsrechte zu den gesamten Aktiven des Geschäftsvermögens zu ermitteln. Die Einkommenssteuerwerte bemessen sich in der Regel nach dem Stand am Ende der Steuerperiode. Für Beteiligungsrechte, die während des Geschäftsjahres veräussert wurden, ist der anteilige Finanzierungsaufwand bezogen auf den Einkommenssteuerwert im Zeitpunkt der Veräusserung zu berücksichtigen.

2.3.3. Verwaltungsaufwand

Die Einkünfte der Beteiligungsrechte sind grundsätzlich um einen pauschalen Betrag von 5 Prozent zur Deckung des Verwaltungsaufwandes zu kürzen. Es handelt sich dabei um eine Pauschale, die stets vom Spartenergebnis vor Abzug der Schuldzinsen und des Verwaltungsaufwandes zu berechnen ist. Der Nachweis eines effektiven tieferen oder höheren Verwaltungsaufwandes bleibt vorbehalten.

2.3.4. Abschreibungen und Bildung von Rückstellungen

Es sind alle geschäftsmässig begründeten Abschreibungen und Rückstellungsbildungen (Wertberichtigungen) sämtlicher qualifizierenden Beteiligungsrechte zu berücksichtigen.

2.4. Steuerfolgen

2.4.1. Besteuerung des Spartenergebnisses aus Beteiligungsrechten

Spartengewinn

Der Spartengewinn wird zu 50 Prozent besteuert (siehe Beispiel Nr. 1 im Anhang).

Spartenverlust

Bei einem Spartenverlust muss differenziert werden[2]:

- Soweit der Spartenverlust auf den Abzug des Finanzierungs- und des Verwaltungsaufwandes zurückzuführen ist, verbleibt er vollumfänglich steuerlich abzugsfähig.
- Soweit der Spartenverlust auf den Abzug von Abschreibungen oder Rückstellungen (Wertberichtigungen) oder auf realisierte Kapitalverluste auf qualifizierenden Beteiligungsrechten zurückzuführen ist, kann er steuerlich nur zur Hälfte berücksichtigt werden.

Bei der Aufteilung des Spartenverlustes werden von den Bruttoeinkünften vorab die Abschreibungen, Rückstellungen (Wertberichtigungen) oder Kapitalverluste auf den qualifizierenden Beteiligungsrechten in Abzug gebracht (siehe Beispiele Nr. 2 und 3 im Anhang).

---

[2] Botschaft zum Bundesgesetz über die Verbesserung der steuerlichen Rahmenbedingungen für unternehmerische Tätigkeiten und Investitionen (Unternehmenssteuerreformgesetz II) vom 22. Juni 2005, BBl **2005** 4799.

2.4.2. Durch das Teilbesteuerungsverfahren bedingte steuersystematische Realisationstatbestände

Eine steuersystematische Realisation liegt vor, wenn bisher latent steuerbelastete Kapitalgewinne ganz oder teilweise steuerfrei werden. Darunter fällt mit der Regelung von Artikel 18b DBG auch die Übertragung von einzelnen Vermögenswerten auf eine Kapitalgesellschaft oder Genossenschaft, an denen Teilhaber der übertragenden Personenunternehmung qualifizierende Beteiligungsrechte halten.

Die Übertragung von einzelnen Aktiven aus dem Geschäftsvermögen auf eine Kapitalgesellschaft oder Genossenschaft, deren Beteiligungsrechte sich im Geschäftsvermögen befinden, führt zur Besteuerung von 50 % der übertragenen stillen Reserven. Diese Kapitaleinlage führt zur Erhöhung des Einkommenssteuerwertes der Beteiligungsrechte. Diese Erhöhung entspricht dem Einkommenssteuerwert des übertragenen Aktivums. Damit wird die spätere hälftige Besteuerung der nunmehr auf die Beteiligungsrechte entfallenden stillen Reserve sichergestellt. Die übernehmende Kapitalgesellschaft oder Genossenschaft kann eine entsprechende versteuerte stille Reserve geltend machen (siehe Beispiel Nr. 4 im Anhang).

Auch die Übertragung eines Betriebes oder eines Teilbetriebes auf eine juristische Person, deren Beteiligungsrechte sich im Geschäftsvermögen einer übertragenden natürlichen Person oder eines Personenunternehmens befinden, führt nach Inkrafttreten von Artikel 18b DBG grundsätzlich zu einer steuersystematischen Realisation. Ein solcher Vorgang stellt jedoch eine Umstrukturierung dar, bei der die übertragenen stillen Reserven nach Artikel 19 Absatz 1 Buchstabe b DBG nicht besteuert werden, sofern die Sperrfrist nach Artikel 19 Absatz 2 DBG eingehalten wird.

3. Beteiligungsrechte im gewillkürten Geschäftsvermögen

3.1. Grundsatz

Natürliche Personen können Beteiligungsrechte von mindestens 20 Prozent am Grund- oder Stammkapital einer Kapitalgesellschaft oder Genossenschaft im Zeitpunkt des Erwerbs zum Geschäftsvermögen erklären (Art. 18 Abs. 2 DBG). Zinsen, die auf solche Beteiligungsrechte entfallen, unterliegen nicht der Beschränkung gemäss Artikel 33 Absatz 1 Buchstabe a DBG.

Als Erwerb im Sinne des Gesetzes gelten entgeltliche und teilentgeltliche Eigentumsübertragungen. Nur ein solcher Erwerb kann eine Fremdfinanzierung erfordern und demzufolge Schuldzinsen bewirken. Der Einkommenssteuerwert von Beteiligungsrechten im gewillkürten Geschäftsvermögen entspricht im Zeitpunkt des Erwerbs dem Kaufpreis.

3.2. Erklärung von Beteiligungsrechten zum gewillkürten Geschäftsvermögen

Die Erklärung von Beteiligungsrechten zum Geschäftsvermögen ist nur im Zeitpunkt des Erwerbs möglich. Der Käufer hat die Erklärung der Beteiligungsrechte zum Geschäftsvermögen der Veranlagungsbehörde zusammen mit der ersten Steuererklärung nach dem Beteiligungserwerb abzugeben.

Bestehende Beteiligungsrechte im Privatvermögen können nicht zum gewillkürten Geschäftsvermögen erklärt werden. Bei Zukäufen gleicher Beteiligungsrechte können nur die zusätzlich erworbenen zum Geschäftsvermögen erklärt werden, sofern diese für sich allein mindestens 20 Prozent des Grund- oder Stammkapitals einer Kapitalgesellschaft oder Genossenschaft verkörpern oder die bisherigen Beteiligungsrechte bereits zum Geschäftsvermögen gehören.

Durch Erbschaft - im Umfang der Erbquote - oder Schenkung übertragene Beteiligungsrechte behalten ihre Qualifikation als Privat- oder Geschäftsvermögen (Steuernachfolge; Art. 12 Abs. 1 DBG). Die bei Erbteilung zusätzlich erworbenen Beteiligungsrechte können dagegen zum Geschäftsvermögen erklärt werden, sofern ihr Umfang mindestens 20 Prozent am Grund- oder Stammkapital beträgt (siehe Beispiel Nr. 5 im Anhang).

Sinkt die Beteiligungsquote an zum Geschäftsvermögen erklärten Beteiligungsrechten durch einen Teilverkauf unter 20 Prozent, kann die Qualifikation der verbleibenden Beteiligungsrechte als Geschäftsvermögen beibehalten werden. Beteiligungsrechte im gewillkürten Geschäftsvermögen, die durch Erbgang auf eine Erbengemeinschaft in ideelle Beteiligungsquoten von unter 20 Prozent zerfallen, gelten weiterhin als Geschäftsvermögen. Werden solche Beteiligungsrechte im Rahmen der Erbteilung veräussert, unterliegen allfällige Kapitalgewinne der Einkommenssteuer.

Artikel 18 Absatz 2 DBG visiert diejenigen Fälle an, in denen der Kauf von Beteiligungsrechten vom Erwerber durch Aufnahme von Darlehen finanziert wird. Beteiligungsrechte, die aus der Umwandlung einer Personenunternehmung in eine juristische Person hervorgehen, können daher nicht zum Geschäftsvermögen erklärt werden.

3.3. *Überführung von Beteiligungsrechten vom gewillkürten Geschäfts- ins Privatvermögen*

Die Überführung von Beteiligungsrechten vom gewillkürten Geschäfts- ins Privatvermögen ist jederzeit möglich. Für Beteiligungsrechte, die nur teilweise zum gewillkürten Geschäftsvermögen gehören, ist die Umschlagsmethode zur Bestimmung, welche Beteiligungsrechte im Fall von Teilveräusserungen zuerst veräussert werden (FIFO, LIFO, HIFO), frei wählbar.

3.4. *Besteuerung von Beteiligungsrechten im gewillkürten Geschäftsvermögen*

Die Einkünfte auf Beteiligungsrechten im gewillkürten Geschäftsvermögen zählen steuerrechtlich zu den Einkünften aus selbständiger Erwerbstätigkeit (Art. 18 Abs. 1 und 2 DBG).

DieTeilbesteuerung richtet sich danach, ob die Voraussetzungen von Artikel 18b DBG erfüllt sind (vgl. Ziff. 2.).

Wertverminderungen auf Beteiligungsrechten im gewillkürten Geschäftsvermögen können bei der Ermittlung des steuerbaren Einkommens in Abzug gebracht werden (Art. 27 Abs. 2 Bst. a und b DBG). Sind die Wertverminderungen nicht definitiv, können sie nur im Sinne einer Rückstellung geltend gemacht werden (Art. 29 Abs. 1 Bst. c DBG). Eine solche Rückstellung wird dem steuerbaren Einkommen zugerechnet, soweit sie nicht mehr begründet ist (Art. 29 Abs. 2 DBG).

4. Inkrafttreten

Dieses Kreisschreiben tritt zusammen mit Artikel 18b DBG per 1. Januar 2009 in Kraft und gilt für Einkünfte aus Beteiligungsrechten, die nach dem 31. Dezember 2008 fällig werden. Es ersetzt das Kreisschreiben Nr. 1 vom 19. Juli 2000.

Anhang zum Kreisschreiben Nr. 23 vom 16. Dezember 2008

Beispiel Nr. 1: ***Spartenrechnung - Spartengewinn***

Einzelunternehmung X

Betriebliche Aktiven	2'750	Fremdkapital	2'500
Beteiligung X AG (100 %)	***1'000***	Kapital	1'500
Beteiligung Y AG (5 %)	250		
Total Aktiven	4'000	Total Passiven	4'000

Erfolgsrechnung	**Aufwand**	**Ertrag**	***Sparte Beteiligungen***
Betrieblicher Ertrag		2'000	
Beteiligungsertrag:			
- Dividenden[1]		110	*100*
- Gewinne aus Veräusserungen			
- Überführungsgewinne			
- Buchmässige Aufwertungen			
- Auflösung Rückstellungen			
Übriger Ertrag		80	
Betrieblicher Aufwand	1'600		
Finanzierungsaufwand	100		
Direkter Beteiligungsaufwand:			
./. Abschreibungen			
./. Bildung Rückstellungen			
./. Veräusserungs- / Überführungsverluste			
übriger Aufwand	250		
Erfolg (Gewinn/Verlust)	**240**		
Total	**2'190**	**2'190**	*100*
Umlage Finanzierungs- und Verwaltungsaufwand			
./. Finanzierungsaufwand	100*(1000/4000)		*- 25*
./. Verwaltungsaufwand	5 % von 100		*- 5*
Spartenerfolg *(Gewinn/Verlust)*			***70***

Erfolgsaufteilung	**Erfolg**
Gesamterfolg	240
./. Beteiligungserfolg	- 70
Betriebserfolg (Gewinn/Verlust)	**170**
+ Beteiligungsgewinn	***35***
./. Beteiligungsverlust 50 %	***0***
./. Finanzierungs- und Verwaltungs-aufwandüberschuss 100 %	***0***
Steuerbarer Erfolg (Gewinn/Verlust)	**205**

[1] 100 von X AG; 10 von Y AG

Beispiel Nr. 2: ***Spartenrechnung - Spartenverlust***

Einzelunternehmung X

Betriebliche Aktiven	2'750	Fremdkapital	2'500
Beteiligung X AG (100 %)	***1'000***	Kapital	1'500
Beteiligung Y AG (5 %)	250		
Total Aktiven	4'000	Total Passiven	4'000

Erfolgsrechnung	**Aufwand**	**Ertrag**	***Sparte Beteiligungen***
Betrieblicher Ertrag		2'000	
Beteiligungsertrag:			
- Dividenden[1]		120	*90*
- Gewinne aus Veräusserungen			
- Überführungsgewinne			
- Buchmässige Aufwertungen			
- Auflösung Rückstellungen			
Übriger Ertrag		80	
Betrieblicher Aufwand	1'600		
Finanzierungsaufwand	100		
Direkter Beteiligungsaufwand:			
./. Abschreibungen[2]	70		*- 70*
./. Bildung Rückstellungen			
./. Veräusserungs- / Überführungsverluste			
übriger Aufwand	250		
Erfolg (Gewinn/Verlust)	**180**		
Total	**2'200**	**2'200**	***20***
Umlage Finanzierungs- und Verwaltungsaufwand			
./. Finanzierungsaufwand	100*(1000/4000)		*- 25*
./. Verwaltungsaufwand	5 % von 20		*- 1*
Spartenerfolg *(Gewinn/Verlust)*			***- 6***

Erfolgsaufteilung	**Erfolg**
Gesamterfolg	180
./. Beteiligungserfolg	6
Betriebserfolg (Gewinn/Verlust)	**186**
+ Beteiligungsgewinn	***0***
./. Beteiligungsverlust 50 %	***0***
./. Finanzierungs- und Verwaltungsaufwandüberschuss 100 %	***- 6***
Steuerbarer Erfolg (Gewinn/Verlust)	**180**

[1]90 von X AG; 30 von Y AG [2]70 auf X AG

Bei der Aufteilung des Spartenverlustes wird von den Bruttoeinkünften von 90 vorab die Abschreibung von 70 auf der Beteiligung X AG in Abzug gebracht. Vom verbleibenden Ertrag werden der Finanzierungsaufwand von 25 und der anteilige Verwaltungsaufwand von 1 abgezogen. Der so ausgewiesene Spartenverlust ist vollumfänglich abzugsfähig.

Beispiel Nr. 3: ***Spartenrechnung - Spartenverlust***

Einzelunternehmung X

Betriebliche Aktiven	2'750	Fremdkapital	2'500
Beteiligung X AG (100 %)	***1'000***	Kapital	1'500
Beteiligung Y AG (5 %)	250		
Total Aktiven	4'000	Total Passiven	4'000

Erfolgsrechnung	**Aufwand**	**Ertrag**	***Sparte Beteiligungen***
Betrieblicher Ertrag		2'000	
Beteiligungsertrag:			
- Dividenden[1]		120	
- Gewinne aus Veräusserungen			
- Überführungsgewinne			
- Buchmässige Aufwertungen			
- Auflösung Rückstellungen			
Übriger Ertrag		80	
Betrieblicher Aufwand	1'600		
Finanzierungsaufwand	100		
Direkter Beteiligungsaufwand:			
./. Abschreibungen[2]	70		*- 70*
./. Bildung Rückstellungen			
./. Veräusserungs- / Überführungsverluste			
übriger Aufwand	250		
Erfolg (Gewinn/Verlust)	**180**		
Total	**2'200**	**2'200**	***- 70***
Umlage Finanzierungs- und Verwaltungsaufwand			
./. Finanzierungsaufwand	100*(1000/4000)		*- 25*
./. Verwaltungsaufwand	5 % von 0		*0*
Spartenerfolg *(Gewinn/Verlust)*			***- 95***

Erfolgsaufteilung	**Erfolg**
Gesamterfolg	180
./. Beteiligungserfolg	95
Betriebserfolg (Gewinn/Verlust)	**275**
+ Beteiligungsgewinn	***0***
./. Beteiligungsverlust 50 %	***- 35***
./. Finanzierungs- und Verwaltungs-aufwandüberschuss 100 %	***- 25***
Steuerbarer Erfolg (Gewinn/Verlust)	**215**

[1]0 von X AG; 120 von Y AG [2]70 auf X AG

Der Spartenverlust von 95 stammt aus einer Abschreibung von 70 und den Finanzierungskosten von 25. Es sind deshalb nur 60 abziehbar (50 % von 70 und 100 % von 25).

Beispiel Nr. 4: ***Übertragung einzelner Aktiven aus dem Geschäftsvermögen auf eine Kapitalgesellschaft***

Einzelunternehmer X hält im Geschäftsvermögen neben den flüssigen Mitteln und den betrieblichen Aktiven sämtliche Beteiligungsrechte an der X AG sowie eine Liegenschaft. Mittels Sacheinlage überträgt er die Liegenschaft zum Einkommenssteuerwert auf die X AG.

Bilanz der Einzelunternehmung X **vor** der Übertragung der Liegenschaft:

Einzelunternehmung X

Flüssige Mittel	500	Fremdkapital	2'500
Betriebliche Aktiven[1]	1'500	Kapital	1'000
Beteiligung X AG[1]	1'000		
Liegenschaft[2]	500		
Total Aktiven	3'500	Total Passiven	3'500

[1] Stille Reserven: 0
[2] Stille Reserven: 800

Die Übertragung der Liegenschaft von der Einzelunternehmung X auf die X AG führt zur Besteuerung von 400. Dies entspricht der Hälfte der übertragenen stillen Reserven auf der Liegenschaft. Der Einkommenssteuerwert der Beteiligungsrechte X wird um den Einkommenssteuerwert der übertragenen Liegenschaft von 500 erhöht. Die übernehmende X AG kann in der Steuerbilanz eine besteuerte stille Reserve von 400 geltend machen.

Bilanz der Einzelunternehmung X **nach** der Übertragung der Liegenschaft:

Einzelunternehmung X

Flüssige Mittel	500	Fremdkapital	2'500
Betriebliche Aktiven[1]	1'500	Kapital	1'000
Beteiligung X AG[2]	1'500		
Total Aktiven	3'500	Total Passiven	3'500

[1] Stille Reserven: 0
[2] Stille Reserven: 800

Steuerbilanz der X AG **nach** der Übertragung der Liegenschaft:

X AG

Flüssige Mittel	400	Fremdkapital	500
Betriebliche Aktiven	1'100	Kapital	1'500
Liegenschaft[1]	900	Versteuerte stille Reserve auf Liegenschaft	400
Total Aktiven	2'400	Total Passiven	2400

[1] Unversteuerte stille Reserven: 400

Ein Jahr nach der Übertragung der Liegenschaft verkauft der Einzelunternehmer X die Beteiligung an der X AG zum Verkehrswert von 2'300.

Gemäss Artikel 18b DBG wird der Veräusserungsgewinn von 800 (Differenz zwischen dem Verkaufspreis und dem Einkommenssteuerwert) nach Abzug der zurechenbaren Aufwendungen zu 50 % besteuert.

Gesamthaft werden bei der Übertragung der Liegenschaft und dem späteren Verkauf der Beteiligungsrechte 800 besteuert. Dies entspricht den stillen Reserven auf der Liegenschaft vor der Übertragung von der Einzelunternehmung X auf die X AG. Ohne die Besteuerung der Hälfte der übertragenen stillen Reserven auf der Liegenschaft bei der Übertragung würde der bisher latent steuerbelastete Kapitalgewinn von 800 zur Hälfte steuerfrei.

Beispiel Nr. 5: Gewillkürtes Geschäftsvermögen - Erwerb bei Erbteilung

Annahme: Erblasser X hielt 100 % Beteiligung X AG im Privatvermögen.

Beteiligung X AG	Nennwert	Verkehrswert
	200'000	4'000'000

Erben	Erbquoten	Nennwert	Verkehrswert
A	25 %	50'000	1'000'000
B	25 %	50'000	1'000'000
C	25 %	50'000	1'000'000
D	25 %	50'000	1'000'000

A erwirbt im Rahmen der Erbteilung von B, C und D drei 25-%ige Beteiligungen an der X AG zum Verkehrswert und erklärt diese im Zeitpunkt des Erwerbs jeweils vollumfänglich zum Geschäftsvermögen.

Privatvermögen		Geschäftsvermögen	
25 %	Nennwertprinzip	75 %	Buchwertprinzip
1'000'000	50'000	3'000'000	3'000'000

Die Beteiligung verbleibt im Umfang der Erbquote von 25 % im Privatvermögen und unterliegt weiterhin dem Nennwertprinzip. Der Erwerb der zusätzlichen Beteiligung von 75 % im Rahmen der Erbteilung berechtigt dagegen, die Beteiligung in diesem Umfang zum Geschäftsvermögen zu erklären. Im vorliegenden Beispiel wird von dieser Wahlmöglichkeit Gebrauch gemacht. Dies führt zu einem Wechsel vom Nennwertprinzip zum Buchwertprinzip. Die Veranlagungsbehörde hat deshalb zu prüfen, ob die Merkmale der indirekten Teilliquidation erfüllt sind.

Dem Steuerpflichtigen steht es jedoch frei, nur einen einzelnen "Zukauf" - beispielsweise den Erwerb der 25-%igen Beteiligung von seinem Miterben B - und nur in einem Umfang von mindestens 20 % zum Geschäftsvermögen zu erklären.

Spartenrechnung gemäss Kreisschreiben Nr. 23 vom 17. Dezember 2008

Bilanz

Betriebliche Aktiven		Fremdkapital	
Beteiligung X AG		Kapital	
Beteiligung Y AG			
Total Aktiven	0	Total Passiven	0

Erfolgsrechnung	**Aufwand**	**Ertrag**	***Sparte Beteiligungen***
Betrieblicher Ertrag			
Beteiligungsertrag:			
- Dividenden			
- Gewinne aus Veräusserungen			
- Überführungsgewinne			
- Buchmässige Aufwertungen			
- Auflösung Rückstellungen			
Übriger Ertrag			
Betrieblicher Aufwand			
Finanzierungsaufwand			
Direkter Beteiligungsaufwand:			
./. Abschreibungen			
./. Bildung Rückstellungen			
./. Veräusserungs- / Überführungsverluste			
übriger Aufwand			
Erfolg (Gewinn/Verlust)	**0**	**0**	
Total	**0**	**0**	***0***
Umlage Finanzierungs- und Verwaltungsaufwand:			
./. Finanzierungsaufwand	0	x Verhältnis der Aktiven	*#DIV/0!*
./. Verwaltungsaufwand	5% von	0	*0*
Spartenerfolg *(Gewinn/Verlust)*			***#DIV/0!***

Erfolgsaufteilung	**Erfolg**
Gesamterfolg	0
./. Beteiligungserfolg	*#DIV/0!*
Betriebserfolg (Gewinn/-Verlust)	**#DIV/0!**
+ Beteiligungsgewinn	***#DIV/0!***
./. Beteiligungsverlust 50%	*0*
./. Finanzierungs- und Verwaltungsaufwandüberschuss 100%	*#DIV/0!*
Steuerbarer Erfolg (Gewinn/Verlust)	**#DIV/0!**

I:\DVS\Allgemeine_Dienste\Logistik\VST\DRS-Allgemein\KreisRundschreiben\Beilagen\KS23\Spartenrechnung_KS23_d.xlsSpartenrechnung_KS23_d.xlsdeutscl

Schweizerische Eidgenossenschaft
Confédération suisse
Confederazione Svizzera
Confederaziun svizra

Eidgenössisches Finanzdepartement EFD
Eidgenössische Steuerverwaltung ESTV
Hauptabteilung Direkte Bundessteuer,
Verrechnungssteuer, Stempelabgaben

Direkte Bundessteuer

Bern, 16. Dezember 2008

Kreisschreiben Nr. 22

Teilbesteuerung der Einkünfte aus Beteiligungen im Privatvermögen und Beschränkung des Schuldzinsenabzugs

Inhaltsverzeichnis

Anhang: Beispiele 1 - 4

1-022-D-2008-d

Eidgenössische Steuerverwaltung ESTV
Eigerstrasse 65
3003 Bern
www.estv.admin.ch

1. Gegenstand des Kreisschreibens

Mit dem Bundesgesetz vom 23. März 2007 über die Verbesserung der steuerlichen Rahmenbedingungen für unternehmerische Tätigkeiten und Investitionen (Unternehmenssteuerreformgesetz II) wurde in Artikel 20 Absatz 1bis des Bundesgesetzes vom 14. Dezember 1990 über die direkte Bundessteuer (DBG) die Teilbesteuerung der Einkünfte aus Beteiligungsrechten des Privatvermögens wie folgt festgelegt:

^{1bis} Dividenden, Gewinnanteile, Liquidationsüberschüsse und geldwerte Vorteile aus Aktien, Anteilen an Gesellschaften mit beschränkter Haftung, Genossenschaftsanteilen und Partizipationsscheinen (einschliesslich Gratisaktien, Gratisnennwerterhöhungen u. dgl.) sind im Umfang von 60 Prozent steuerbar, wenn diese Beteiligungsrechte mindestens 10 Prozent des Grund- oder Stammkapitals einer Kapitalgesellschaft oder Genossenschaft darstellen.

Private Schuldzinsen sind nach Artikel 33 Absatz 1 Buchstabe a DBG im Umfang des Ertrages aus beweglichem und unbeweglichem Vermögen (Art. 20 und 21 DBG) und weiterer 50'000 Franken abziehbar. Zinsen auf Geschäftsschulden sind weiterhin vollumfänglich abziehbar (Art. 27 Abs. 2 Bst. d DBG).

2. Teilbesteuerung der Einkünfte aus Beteiligungen des Privatvermögens

2.1. Subjektive Voraussetzungen

Die Teilbesteuerung der Einkünfte aus Beteiligungsrechten im Privatvermögen steht natürlichen Personen zu, welche in der Schweiz auf Grund persönlicher (Art. 3 DBG) oder wirtschaftlicher Zugehörigkeit (Art. 4 i.V.m. Art. 7 DBG) steuerpflichtig sind.

2.2. Objektive Voraussetzungen

2.2.1. Beteiligungsrechte

Beteiligungsrechte sind Anteile am Grund- oder Stammkapital von Kapitalgesellschaften und Genossenschaften. Als Beteiligungsrechte im Sinn der objektiven Voraussetzungen gemäss Artikel 20 Absatz 1bis DBG gelten insbesondere:

- Aktien;
- Stammanteile an Gesellschaften mit beschränkter Haftung;
- Genossenschaftsanteile;
- Partizipationsscheine;
- Anteile am Kapital einer SICAF.

Keine Beteiligungsrechte bestehen insbesondere bei:

- Genussscheinen;
- Obligationen;
- Darlehen und Vorschüssen;
- hybriden Finanzierungsinstrumenten;
- anderen Guthaben eines an einer Kapitalgesellschaft Beteiligten oder eines Genossenschafters;
- Anteilen an kollektiven Kapitalanlagen und diesen gleichzustellenden Körperschaften, z.B. Anteile am Kapital einer SICAV.

Die Qualifikation von ausländischen Beteiligungsrechten erfolgt in sinngemässer Anwendung von Artikel 49 Absatz 3 DBG. Die Gründerrechte an einer liechtensteinischen Anstalt mit ungeteiltem Kapital stellen keine Beteiligungsrechte im Sinn des Artikels 20 Absatz 1bis DBG dar.

2.2.2. *Erforderliches Ausmass der Beteiligung*

Für die Teilbesteuerung kommen nur Beteiligungsrechte in Betracht, die mindestens 10 Prozent am Grund- oder Stammkapital einer Kapitalgesellschaft oder Genossenschaft ausmachen (Eigentum oder Nutzniessung).

Die sich im Besitz von Ehegatten, eingetragener Partnerinnen und Partnern sowie Kindern unter elterlicher Sorge, die zusammen veranlagt werden, befindenden Beteiligungsrechte werden zusammengerechnet.

Hält eine steuerpflichtige Person Beteiligungen am Grund- oder Stammkapital einer Kapitalgesellschaft oder Genossenschaft sowohl im Privat- als auch im Geschäftsvermögen, werden diese für die Ermittlung der erforderlichen Quote zusammengerechnet. Die Erträge aus diesen Beteiligungen werden jedoch nicht zusammengerechnet.

Beteiligungsrechte der gleichen Gesellschaft, die indirekt über eine juristische Person oder eine kollektive Kapitalanlage gehalten werden, können dagegen nicht zusammengerechnet werden.

Für Erbengemeinschaften erfolgt keine Zusammenrechnung der Beteiligungsrechte.

Die erforderliche Quote muss im Zeitpunkt der Realisation der Einkünfte aus der Beteiligung erfüllt sein. Bei Dividenden ist dies der Zeitpunkt der Fälligkeit. Wird beim Verkauf einer Beteiligung der Bezug des Beteiligungsertrags dem Verkäufer vorbehalten, wird bei der Berechnung des prozentualen Umfangs der Beteiligung auf die Verhältnisse im Zeitpunkt des Verkaufs abgestellt.

2.2.3. *Einkünfte aus Beteiligungen*

Für die Teilbesteuerung qualifizieren insbesondere folgende Einkünfte aus Beteiligungsrechten:

- Ordentliche Gewinnausschüttungen wie z.B. Dividenden, Gewinnanteile auf Stammeinlagen, Zinsen auf Genossenschaftsanteilen;
- ausserordentliche Gewinnausschüttungen wie z.B. Anteile am Ergebnis einer direkten oder indirekten Teil- oder Totalliquidation (Art. 20 Abs. 1 Bst. c und 20a Abs. 1 Bst. a DBG), Vermögenserträge aus Transponierung (Art. 20a Abs. 1 Bst. b DBG);
- Ausschüttungen auf Partizipationsscheinen;
- Ausschüttungen auf Genussscheinen, sofern die Beteiligungsquote mit Beteiligungsrechten der gleichen Gesellschaft erreicht wird;
- Gratisaktien und Gratisnennwerterhöhungen;
- alle übrigen offenen Gewinnausschüttungen;
- verdeckte Gewinnausschüttungen an die Inhaber von Beteiligungen (wie Zinsen, Entschädigungen für materielle und immaterielle Wirtschaftsgüter sowie für Dienstleistungen, die sich im Licht des Drittvergleichs nicht rechtfertigen lassen), sofern die leistende Kapitalgesellschaft oder Genossenschaft eine entsprechende Gewinnaufrechnung erfahren hat. Stammt die verdeckte Gewinnausschüttung aus einer ausländischen Kapitalgesellschaft oder Genossenschaft, wird die Teilbesteuerung gewährt, wenn die zuständige schweizerische Steuerbehörde zur Einsicht gelangt, dass sie anstelle der ausländischen Steuerbehörde ebenfalls eine Aufrechnung vorgenommen hätte oder wenn eine Verständigungslösung kraft eines Doppelbesteuerungsabkommens vorliegt.

Keine Einkünfte aus Beteiligungsrechten sind insbesondere:

- Erträge, die bei der leistenden in- oder ausländischen Kapitalgesellschaft oder Genossenschaft geschäftsmässig begründeten Aufwand darstellen;
- Kompensations- oder Ersatzzahlungen aus dem "Securities Lending".

2.3. Umqualifikation von Einkünften aus Beteiligungen in Erwerbseinkommen

Erfolgt durch die Sozialversicherungsbehörden eine Umqualifikation von Beteiligungsertrag in Erwerbseinkommen, kann für die direkte Bundessteuer nur dann eine Umqualifikation vorgenommen werden, wenn sowohl die Veranlagung des Beteiligungsinhabers als auch die der Kapitalgesellschaft im offenen Verfahren korrigiert werden können.

3. Beschränkung des Schuldzinsenabzugs

3.1. Berechnung des maximal zulässigen Schuldzinsenabzugs

Bei der Festsetzung des steuerbaren Einkommens entspricht der maximal zulässige Schuldzinsenabzug den steuerbaren Erträgen aus Privatvermögen zuzüglich eines Grundbetrages von 50‘000 Franken. Dieser Grundbetrag gilt sowohl für verheiratete Personen, die in rechtlich und tatsächlich ungetrennter Ehe leben, eingetragene Partnerinnen oder Partner und Kinder unter elterlicher Sorge gesamthaft (Art. 9 DBG) als auch für die übrigen Steuerpflichtigen.

Schuldzinsen können auch ohne Erträge aus beweglichem oder unbeweglichem Vermögen bis zum Betrag von 50‘000 Franken in Abzug gebracht werden.

Die Erträge aus beweglichem Vermögen (Art. 20 DBG) bemessen sich brutto, d.h. im Umfang der gesamten steuerbaren Einkünfte vor Abzug der darauf entfallenden Gewinnungskosten und Schuldzinsen. Vermögensverwaltungskosten und die weder rückforderbaren noch anrechenbaren ausländischen Quellensteuern (Art. 32 Abs. 1 DBG) kürzen den Umfang des maximal zulässigen Schuldzinsenabzuges daher nicht. Der Nachweis des Bruttoertrages obliegt dem Steuerpflichtigen. Einkünfte aus Beteiligungen des Privatvermögens, die unter Artikel 20 Absatz 1bis DBG (Teilbesteuerung) fallen, werden nur zu 60% in die Bemessung einbezogen. Verluste aus der Veräusserung von Obligationen mit überwiegender Einmalverzinsung (Art. 20 Abs. 1 Bst. b DBG) kürzen den Bruttoertrag aus beweglichem Vermögen nur im Ausmass der Verrechnung mit Gewinnen aus anderen Obligationen mit überwiegender Einmalverzinsung (Kreisschreiben der ESTV Nr. 15 vom 7. Februar 2007, Ziff. 3.2).

Auch die Erträge aus unbeweglichem Vermögen (Art. 21 DBG) bemessen sich brutto, d.h. im Umfang der gesamten steuerbaren Einkünfte vor Abzug der darauf entfallenden Gewinnungskosten und Schuldzinsen. Liegenschaftsunterhaltskosten und diesen gleichgestellte Aufwendungen (Art. 32 Abs. 2 - 4 DBG) kürzen den Umfang des maximal zulässigen Schuldzinsenabzuges daher nicht. Im Mietzins enthaltene Zahlungen für Nebenkosten sind für die Berechnung des Bruttoertrages in Abzug zu bringen.

Die Beschränkung des Abzuges privater Schuldzinsen gilt bei teilweiser Steuerpflicht sowohl bei der Festsetzung des steuerbaren wie des satzbestimmenden Einkommens. Dabei fallen für die Festsetzung des satzbestimmenden (weltweiten) Einkommens (Art. 7 Abs. 1 DBG) auch die Erträge aus Grundstücken im Ausland in die Berechnung des maximal zulässigen Schuldzinsenabzuges. Für die internationale Steuerausscheidung (Art. 6 DBG) werden die so ermittelten maximal zulässigen (weltweiten) Schuldzinsen proportional nach Lage der Aktiven verteilt.

Aperiodische Vermögenserträge fallen im gesamten Umfang des steuerbaren Ertrags im Fälligkeitsjahr in die Berechnung des maximal zulässigen Schuldzinsenabzugs. Eine Verteilung von steuerbaren Erträgen aus Kapitalversicherungen mit Einmalprämie (Art. 20 Abs. 1 Bst. a DBG) oder Obligationen mit überwiegender Einmalverzinsung (Art. 20 Abs. 1 Bst. b DBG) auf die Laufzeit ist demnach unzulässig.

3.2. Abgrenzung zwischen privaten und geschäftlichen Schuldzinsen

Die Abgrenzung zwischen privaten und geschäftlichen Schuldzinsen erfolgt aufgrund der vom Steuerpflichtigen nachgewiesenen Verwendung der fremden Mittel. Fehlt der Nachweis der Mittelverwendung, erfolgt die Abgrenzung zwischen privaten und geschäftlichen Schuldzinsen nach dem Verhältnis der Aktiven (proportionale Aufteilung nach Verkehrswerten; siehe Beispiel Nr. 4 im Anhang).

Bei selbständiger Erwerbstätigkeit wird auf den Geschäftsabschluss abgestellt. Als Geschäftsschulden verbuchte Verbindlichkeiten, die für private Zwecke verwendet wurden, sind jedoch dem Privatvermögen zuzuordnen.

Schulden und Schuldzinsen auf Beteiligungen, die zum Geschäftsvermögen erklärt wurden (Art. 18 Abs. 2 DBG), sind anhand der Kaufpreisfinanzierung nachzuweisen.

3.3. Kosten ohne Schuldzinsencharakter

Leasingraten für privat genutzte Güter enthalten keine abzugsfähigen Zinsanteile (ASA 61, 250 und 62, 683).

Baurechtszinsen für selbstgenutztes Wohneigentum gelten als nicht abzugsfähige Lebenshaltungskosten (Art. 34 Bst. a DBG; BGE vom 29.3.1999, in StE 1999, B 25.6 Nr. 34). Dem Umstand, dass ein Haus im Baurecht errichtet wurde, ist bei der Bemessung des Eigenmietwertes Rechnung zu tragen (StE 1999, B 25.3 Nr. 20).

Baukreditzinsen gehören bis zur Bezugsbereitschaft der Liegenschaft zu den wertvermehrenden Aufwendungen oder Anlagekosten und sind nicht abziehbar (Art. 34 Bst. d DBG; ASA 60, 191 und 65, 750).

Bei fremdfinanzierten Kapitalversicherungen mit Einmalprämie, die der Vorsorge dienen (Art. 20 Abs. 1 Bst. a DBG), gilt nach wie vor der Vorbehalt der Steuerumgehung (vgl. Zusammenstellung in Züger, Marina, Steuerliche Missbräuche nach Inkrafttreten der 1. BVG-Revision, in: ASA 75 (2006/07) S. 542, Fussnote 150; Kreisschreiben der ESTV Nr. 24 vom 30.6.1995 der Steuerperiode 1995/96, Ziff. II.5). Liegt eine Steuerumgehung vor, stellen diese Zinsen nicht abzugsfähige Anlagekosten dar (Art. 34 Bst. d DBG).

Zinsen für Darlehen, die eine Kapitalgesellschaft einer an ihrem Kapital massgeblich beteiligten oder ihr sonstwie nahestehenden natürlichen Person zu Bedingungen gewährt, die erheblich von den im Geschäftsverkehr unter Dritten üblichen Bedingungen abweichen, sind insoweit nicht abzugsfähig, als die Zinsen das übliche Mass übersteigen (Art. 33 Abs. 1 Bst. a DBG). Darunter fallen verdeckte Kapitaleinlagen durch übersetzte Zinssätze sowie Zinsen auf Darlehen, soweit diese Darlehen steuerlich als verdeckte Gewinnausschüttungen erfasst wurden.

4. Inkrafttreten

Dieses Kreisschreiben tritt zusammen mit Artikel 20 Absatz 1bis DBG per 1. Januar 2009 in Kraft und ersetzt das Kreisschreiben Nr. 1 vom 19. Juli 2000.

Anhang zum Kreisschreiben Nr. 22 vom 15. Dezember 2008

Beispiele 1 - 4

Nr. 1: Negative Liegenschaftsrechnung

Liegenschaftsrechnung		Maximaler Schuldzinsenabzug	
Mietertrag [1]	110'000		
Akontozahlungen für Nebenkosten	- 20'000		
Liegenschaftsbruttoertrag	90'000	Liegenschaftsbruttoertrag	90'000
./. Unterhaltskosten [2]	- 100'000		
./. Schuldzinsen	- 60'000	Grundbetrag	50'000
Nettoertrag (Verlust)	- 70'000	Maximaler Abzug	140'000

[1] inkl. Akontozahlungen für Nebenkosten
[2] inkl. abzugsfähige Kosten für Gebäudeisolation und Erneuerung der Heizanlage

Die negative Liegenschaftsrechnung beschränkt den Abzug der effektiv angefallenen Schuldzinsen von 60'000 nicht.

Nr. 2: Schuldzinsenabzug bei teilweiser Steuerpflicht / Erträge aus Grundstücken im Ausland (alle Zahlen in 1'000)

Gesamt-, Ausland- und Inlandfaktoren gemäss Selbstdeklaration

Aktiven / Einkünfte	*Gesamt*	*Ausland*	*Schweiz*
Liegenschaften (VW)	20'000 = 100%	10'000 = 50%	10'000 = 50%
Erwerbseinkommen	900	-	900
Liegenschaftsertrag	800	500	300
Total Einkünfte	1'700	500	1'200
./. Liegenschaftsunterhalt	- 200	- 100	- 100
./. Schuldzinsen (proportional verteilt) [1]	- 1'100	- 550	- 550
Reineinkommen	400	- 150	550

[1] Total **angefallene** Schuldzinsen, verteilt nach Lage der Aktiven

Legende: VW = Verkehrswert

Satzbestimmendes Einkommen, Auslandeinkommen und steuerbares Einkommen gemäss Veranlagung

Einkünfte	*Satzbestimmendes Einkommen (Gesamt)*	*Auslandeinkommen*	*Steuerbares Einkommen (Schweiz)*
Erwerbseinkommen	900	-	900
Liegenschaftsertrag	800	500	300
Total Einkünfte	1'700	500	1'200
./. Liegenschaftsunterhalt	- 200	- 100	- 100
./. Schuldzinsen (proportional verteilt) [1]	- 850	- 425	- 425
Reineinkommen	650	- 25	675

[1] vor Berechnung des max. zulässigen Schuldzinsenabzuges total abzugsfähige Schuldzinsen (Liegenschaftsertrag von 800 + Grundbetrag von 50), verteilt nach Lage der Aktiven

Nr. 3: Obligationen mit überwiegender Einmalverzinsung

Annahmen: - *Obligation mit Einmalverzinsung*
- *keine übrigen Vermögenswerte*

Anlagewert (Jahr 2001)	2'000'000
Laufzeit	10 Jahre
Rückzahlungswert (Jahr 2010)	3'000'000
Fremdfinanzierung	1'200'000
Zinsaufwand pro Jahr	70'000
Maximaler Schuldzinsenabzug in den Jahren 2001-2009 [1]	50'000
Maximaler Schuldzinsenabzug im Jahr 2010 [2]	1'050'000

[1] Grundbetrag von 50'000
[2] Einmalverzinsung von 1'000'000 + Grundbetrag von 50'000

Nr. 4: Abgrenzung zwischen privaten und geschäftlichen Schuldzinsen

Annahmen: - *Natürliche Person mit Beteiligung im gewillkürten Geschäftsvermögen*
- *Total Schuldzinsen: 400'000*
- *Nachweis der Verwendung der fremden Mittel fehlt*

Vermögenswerte	*Verkehrswerte*	*%*	*Schuldzinsen*
Beteiligung (Geschäftsvermögen)	8'000'000	80	320'000
Wertschriften (Privatvermögen)	500'000		
Grundstück (Privatvermögen)	1'500'000		
Total Privatvermögen	2'000'000	20	80'000

Schweizerische Eidgenossenschaft
Confédération suisse
Confederazione Svizzera
Confederaziun svizra

Eidgenössisches Finanzdepartement EFD
Eidgenössische Steuerverwaltung ESTV
Hauptabteilung Direkte Bundessteuer,
Verrechnungssteuer, Stempelabgaben

Verrechnungssteuer

Bern, 1. April 2008

Kreisschreiben Nr. 21

Belege für die Rückerstattung der Verrechnungssteuer bei Ertragsgutschriften ausländischer Banken

Inhaltsverzeichnis

Eigerstrasse 65
3003 Bern
www.estv.admin.ch

1-021-V-2008-d

1 Ausgangslage

Im Rahmen der gegenwärtigen Praxis in der Abwicklung von Wertschriftentransaktionen sind Fälle denkbar, bei denen aufgrund eines sog. Short-Verkaufs (vgl. Ziff. 2.3) vor der Ertragsfälligkeit zusätzliche, zur Rückerstattung der Verrechnungssteuer geeignete Ertragsabrechnungen (auch Abzugsbescheinigungen genannt) ausgestellt werden, ohne dass diese Verrechnungssteuer an die Eidgenössische Steuerverwaltung (ESTV) abgeliefert wird. Diese Problematik betrifft hauptsächlich Dividendenzahlungen. Die ESTV behält sich jedoch ausdrücklich vor, das Tax-Voucher-System (vgl. Ziff. 4), je nach Marktentwicklung, jederzeit auch generell auf Zinsen von Obligationen auszudehnen oder in Einzelfällen erhöhte Anforderungen an den Nachweis für die Rückerstattungsberechtigung zu stellen.

Vor diesem Hintergrund ist sicherzustellen, dass gesamthaft nicht mehr Verrechnungssteuer auf für die Rückerstattung verwendbaren Belegen (z.B. Couponabrechnung) ausgewiesen wird als an die ESTV abgeliefert wurde.

Bei Schweizer Banken und Schweizer Depotstellen (Clearing Organisationen) geschieht dies durch die seit längerem geltende Praxis auf Dividendenersatzzahlungen (sog. manufactured dividends), wonach bei Short-Positionen ein zusätzlicher Abzug von 35 Prozent analog zur Verrechnungssteuer abzuliefern ist.

Um auch ausländische Banken und Depotstellen einzubinden, wird für die Rückerstattung der Verrechnungssteuer mit Bezug auf ausländische Banken und Depotstellen ein Tax-Voucher-System eingeführt. Damit wird sichergestellt, dass auch bei möglichen Short-Verkäufen um den Ex-Tag im ausländischen Bankensystem keine unzulässigen Verrechnungssteuerrückforderungen unter Inanspruchnahme der Doppelbesteuerungsabkommen (DBA) oder gemäss dem internen Recht möglich sind, denen nicht eine Ablieferung der Verrechnungssteuer bzw. eines Verrechnungssteuerersatzes gegenübersteht.

2 Begriffe

2.1 Custody-Account

Beim Custody-Account handelt es sich um ein Account, welches vom Accountholder selber bewirtschaftet wird, d.h. Käufe/Verkäufe werden nicht über die depotführende Bank abgewickelt, sondern direkt getätigt und resultieren in Ein-/Auslieferungen der depotführenden Bank. In diesem Account können sowohl Eigenbestände und/oder Kundenbestände des Accountholders liegen. Die Erstellung der Dividendenabrechnungen für Kunden des Accountholders findet durch den Accountholder selbst statt.

2.2 Cross-Ex-Compensation oder Market Claims

Wird eine Aktie cum Dividende verkauft, so steht diese Dividende auch dann allein dem Käufer der Aktien zu, wenn die Lieferung nach dem Ex-Tag erfolgt.

Liegt bei einer Wertschriftentransaktion das trade-date vor dem Ex-Tag, das Settlement jedoch am oder nach dem Ex-Tag und ist das Geschäft am Ex-Tag noch nicht verbucht, wird die Dividende (65 Prozent, netto nach Abzug Verrechnungssteuer) systemmässig dem Verkäufer gutgeschrieben. Da die Dividende jedoch dem Käufer gehört, wird in einem nächsten Schritt dem Verkäufer die zu Unrecht gutgeschriebene Dividende (65 Prozent) wieder belastet und dem Käufer gutgeschrieben. Dieser Vorgang wird als Cross-Ex-Compensation oder Market Claim bezeichnet.

2.3 Short-Verkauf (short-sale)

Ein short-sale liegt vor, wenn der Verkäufer bei Abschluss des Verpflichtungsgeschäfts nicht über die Titel verfügt. Die zu liefernden Titel werden vor dem Settlement beschafft.

2.4 Cum / ex-Transaktion

Liegt bei einem Short Verkauf der trade date vor dem Ex-Tag, das Settlement jedoch am oder nach dem Ex-Tag, muss der Verkäufer dem Käufer eine *Dividendenersatzzahlung* leisten (manufactured dividend). Gegenüber dem Käufer wird auch in diesem Fall eine Dividendengutschrift in Höhe von 65 Prozent vorgenommen und auf der Ertragsabrechnung bzw. Abzugsbescheinigung ein Verrechnungssteuerabzug von 35 Prozent ausgewiesen.

Ohne zusätzliche Massnahmen befinden sich nach solchen cross / ex-Transaktionen aus Short-Verkäufen somit Belege über mehr Verrechnungssteuer im Umlauf als effektiv von der ausschüttenden Gesellschaft abgeliefert worden ist.

3 Massnahmen zur Vermeidung der Rückerstattung nicht abgelieferter Verrechnungssteuer

3.1 Short Positionen bei inländischen Banken oder Depotstellen

Wird durch eine Schweizer Bank oder inländische Depotstelle infolge eines Short-Verkaufs (eigene oder Kunden-Verkäufe) eine manufactured dividend ins System eingeführt, besteht für die Bank oder Depotstelle die Verpflichtung, diese nicht von der ausschüttenden Gesellschaft stammende manufactured dividend zu 100 Prozent zu belasten, in einem der Verrechnungssteuer gleich kommenden Umfang von 35 Prozent zu kürzen und den entsprechenden Betrag an die ESTV abzuliefern.

3.2 Short Positionen bei ausländischen Banken oder Depotstellen

Da durch die ESTV nicht bewirkt werden kann, dass ausländische Stellen auf manufactured dividends einen der Verrechnungssteuer entsprechenden Abzug vornehmen, wird zur Vermeidung ungerechtfertigter Steuerrückforderungen das nachfolgend beschriebene Tax-Voucher-System eingeführt.

4 Tax-Voucher-System

Unter dem neuen System ist das Vorliegen eines Tax-Voucher Voraussetzung für die Rückerstattung der Verrechnungssteuer.

Wenn eine Ertragsabrechnung (Abzugsbescheinigung) und/oder ein Steuerverzeichnis von einer ausländischen Bank oder Depotstelle ausgestellt wird, ist dem Rückerstattungsantrag ein Tax-Voucher beizulegen.

Der Tax-Voucher alleine begründet keinen Rückerstattungsanspruch.

Ein Tax-Voucher ist die Bestätigung der ausländischen Bank an ihren Kunden, dass die Ertragsabrechnungen, welche unter Ausweis der Verrechnungssteuer ausgestellt wurden und damit zur Rückerstattung der Verrechnungssteuer geeignet sind, ausnahmslos um die Verrechnungssteuer oder einen Verrechnungssteuerersatz gekürzt und die entsprechenden Beträge an die ESTV abgeliefert wurden. Den ausländischen Banken ist es damit verwehrt, einen Tax-Voucher zu erstellen, wenn sie manufactured dividends in das System einführen, die nicht durch eine Erhebung und Ablieferung eines Verrechnungssteuerersatzes begleitet werden.

Da für jede Ertragsfälligkeit nachträgliche Korrekturen (insbesondere Cross-Ex-Compensations / Market Claims) erfolgen und diese in die Bestätigung mit einzubeziehen sind, kann ein Tax-Voucher erst nachträglich und nicht bereits mit der Couponabrechnung an die Kunden abgegeben werden.

5 Kontrollrechnungen

Um die Bestätigung in Form eines Tax-Voucher abzugeben, muss jede ausländische Bank mittels einer Kontrollrechnung prüfen, ob die Summe der an Kunden abgegebenen, zur

Rückerstattung der Verrechnungssteuer geeigneten Ertragsabrechnungen bzw. Abzugsbescheinigungen (inklusive Eigenbestände) mit demjenigen Betrag übereinstimmt, welcher ihr von ihrer Depotstelle bestätigt wurde. Ausgleichszahlungen im Rahmen von Securities Lending und Repotransaktionen, welche mit einem Verrechnungssteuerersatz gekürzt wurden, sind in die Kontrollrechnung wie Originalzahlungen einzubeziehen.

5.1 Schweizer Banken und Depotstellen

5.1.1 Kontrollrechnung

Schweizer Banken und Depotstellen führen bereits heute für jede Ertragsgutschrift, welche unter Abzug der Verrechnungssteuer oder eines Verrechnungssteuerersatzes erfolgt, eine Kontrollrechnung pro Depot durch.

Ausgangspunkt für diese Kontrollrechnung bilden die auf dem jeweiligen Depot, dem jeweiligen Valor sowie der einzelnen Fälligkeit gutgeschriebenen Erträge. Von diesen Erträgen sind nachträgliche Korrekturen, insbesondere Cross-Ex-Compensations (vgl. Ziff. 2.2 Abs. 2), in Abzug zu bringen bzw. hinzuzurechnen. Dabei sind Korrekturen bis und mit 60 Kalendertagen nach dem Ex-Tag zu berücksichtigen.

Ergibt diese Kontrollrechnung ein negatives Ergebnis, so liegt ein Short-Bestand auf diesem Depot vor und es gelangt die unter Ziffer 3.1. beschriebene Praxis zur Anwendung.

5.1.2 Bestätigung gegenüber dem ausländischen Custody-Kunden

Die inländische Depotstelle muss den ausländischen Custody-Kunden das Ergebnis der Kontrollrechnung in standardisierter Form bestätigen. Soweit das Ergebnis einen Short-Bestand ausweist, muss dem ausländischen Custody-Kunden eine Bestätigung abgegeben werden, wonach keine Tax-Vouchers ausgestellt werden dürfen, sofern nicht die Lösung nach Ziffer 7 gewählt wird.

5.2 Ausländische Banken und Depotstellen

5.2.1 Custody-Kunden

Soweit die ausländische Bank Custody-Kunden hat, muss auf deren Depots ebenfalls eine Kontrollrechnung (wie Ziffer 5.1.1) durchgeführt werden.

Das Ergebnis dieser Kontrollrechnung ist dem Kunden – analog der Bestätigung gemäss Ziffer 5.1.2 – in standardisierter Form mitzuteilen.

5.2.2 Endkunden (Kunden, die eine Rückerstattung beantragen)

Im Rahmen einer Kontrollrechnung sind sämtliche Ertragsgutschriften und übrigen Dokumente gegenüber Kunden, welche zur Rückerstattung der Verrechnungssteuer geeignet sind, zu ermitteln.

6 Abgabe des Tax-Voucher

Der Tax-Voucher umfasst keine Ertragszahlen, sondern lediglich eine Bestätigung, dass bei der ausstellenden Bank keine Ertragsabrechnungen ausgestellt wurden, welche die von der Depotstelle mitgeteilte Anzahl Gutschriften übersteigen.

Um diese Bestätigung abgeben zu können, muss die ausländische Bank sämtliche von ihr erstellten Ertragsgutschriften (Ziffer 5.2.2) und an andere Banken erteilten Bescheinigungen (Ziffer 5.2.1) in einer Kontrollrechnung den Mitteilungen ihrer Depotstelle bzw. ihren Depotstellen gegenüberstellen.

Unter Vorbehalt der Lösung gemäss Ziffer 7 darf ein Tax-Voucher nur ausgestellt werden, wenn der Gesamtbetrag der zu erstellenden Dividendengutschriften nicht grösser ist als der

Gesamtbetrag der von den vorgelagerten Depotstellen erhaltenen und bescheinigten Dividenden.

7 Ablieferung eines Verrechnungssteuerersatzes

Abweichend vom Grundsatz gemäss Ziffer 6 kann ein Tax-Voucher ausgestellt werden, wenn die ausländische Bank auf dem Fehlbestand (d.h. auf den manufactured dividends) einen der Verrechnungssteuer entsprechenden Betrag (Verrechnungssteuerersatz) an die ESTV abliefert. Die Ablieferung ist nach Titel und Ertragsfälligkeit zu gliedern und gegenüber der ESTV mit Formular 102M zu deklarieren.

8 Gültigkeit

Diese Vorschriften finden auf die ab dem 01.04.2008 fälligen Dividendenzahlungen Anwendung. Im Rückerstattungsverfahren sind Tax-Voucher somit für sämtliche Erträge erforderlich, welche nach dem 31.03.2008 fällig werden.

9 Anhang 1: Textvorgabe Tax-Voucher

Dividendentermin	TT.MM.JJJJ
Valor-Nr./ISIN	1'234'567
Titel	Muster AG

Hiermit bestätigen wir,

- dass durch unser Institut Ertragsabrechnungen oder sonstige Dokumente, welche zur Rückerstattung der schweizerischen Verrechnungssteuer geeignet sind oder sein könnten, grundsätzlich (vgl. betr. Ausnahmen Punkt 2) lediglich in Höhe der uns von anderen vorgelagerten Banken/Depotstellen bestätigten Gutschriften erstellt werden; und
- dass unser Institut im Falle, dass die Anzahl der ausgestellten Ertragsabrechnungen und/oder sonstigen Dokumente, welche zur Rückerstattung der schweizerischen Verrechnungssteuer geeignet sind oder sein könnten, die uns von anderen vorgelagerten Banken/Depotstellen bestätigten Betrag übersteigt, im Umfang dieser Differenz einen der Verrechnungssteuer entsprechenden Betrag (Verrechnungssteuerersatz) an die Eidgenössische Steuerverwaltung, Bern, Schweiz, abgeliefert hat.

Diese Bestätigung ist

- bei maschineller Erstellung mit den Namen der verantwortlichen Personen zu versehen;
- bei individueller Erstellung mit den Namen der verantwortlichen Personen zu versehen und von diesen zu unterzeichnen.

10 Anhang 2: Textvorgabe Bestätigungen unter Banken / Depotstellen

Titel	Muster AG
Valor/ISIN	1'234'567
Dividendentermin	14.03.2008

Hiermit bestätigen wir Ihnen, dass Sie von unserem Institut auf dem Depot Nr. XXXXX für den oben genannten Valor und Dividendentermin Gutschriften für insgesamt

4'500 Titel à CHF 3.50 abzüglich 35% Verrechnungssteuer

erhalten haben.

Diese Bestätigung umfasst alle nachträglichen Belastungen und Gutschriften aus Lieferung von Aktien cum Dividende vom 14.3.2008 bis und mit ....

Diese Bestätigung benötigen Sie als Grundlage zur Abgabe von Tax-Voucher. Aufgrund der geltenden Praxis der Eidgenössischen Steuerverwaltung dürfen Sie einen Tax-Voucher an Ihre Kunden nur abgeben, wenn die Ihrerseits erstellten Ertragsabrechnungen bzw. Abzugsbescheinigungen, welche zur Rückerstattung der Verrechnungssteuer geeignet sind, und/oder Bestätigungen gegenüber anderen Banken dem Betrag dieser Bestätigung entsprechen. Übersteigen diese Abrechnungen/Bestätigungen den Ihnen von anderen Banken/Depotstellen bestätigten Betrag, so ist im Umfang dieser Differenz ein der Verrechnungssteuer entsprechender Betrag (Verrechnungssteuerersatz) an die Eidgenössische Steuerverwaltung, Bern, Schweiz abzuliefern. Andernfalls dürfen keine Tax-Vouchers erstellt werden.

Schweizerische Eidgenossenschaft
Confédération suisse
Confederazione Svizzera
Confederaziun svizra

Eidgenössisches Finanzdepartement EFD

Eidgenössische Steuerverwaltung ESTV
Hauptabteilung Direkte Bundessteuer,
Verrechnungssteuer, Stempelabgaben

Direkte Bundessteuer
Verrechnungssteuer

Bern, 27. März 2008

Kreisschreiben Nr. 20

Besteuerung von Trusts

Die Schweizerische Steuerkonferenz (SSK) hat am 22. August 2007 das Kreisschreiben 30 zur Besteuerung von Trusts erlassen. Dieses Kreisschreiben wurde unter Mitwirkung der Eidgenössischen Steuerverwaltung erarbeitet. Die darin enthaltenen Regelungen sind auch für die direkte Bundessteuer und die Verrechungssteuer anzuwenden.

Beilage

Kreisschreiben 30 der SSK vom 22. August 2007

Anm.: Das KS SSK Nr. 30 wird hier nicht abgedruckt. Vgl. dazu S. 2024.

Eigerstrasse 65
3003 Bern
www.estv.admin.ch

1-020-DV-2008-d

Schweizerische Eidgenossenschaft
Confédération suisse
Confederazione Svizzera
Confederaziun svizra

Eidgenössisches Finanzdepartement EFD
Eidgenössische Steuerverwaltung ESTV
Hauptabteilung Direkte Bundessteuer,
Verrechnungssteuer, Stempelabgaben

Direkte Bundessteuer

Bern, 6. Februar 2008

Kreisschreiben Nr. 19

Leasinggeschäfte mit gewerblichen oder industriellen Liegenschaften

Die Schweizerische Steuerkonferenz (SSK) hat am 27. Juni 2007 das Kreisschreiben 29 betreffend Leasinggeschäften mit gewerblichen oder industriellen Liegenschaften erlassen. Dieses Kreisschreiben wurde unter Mitwirkung der Eidgenössischen Steuerverwaltung erarbeitet und ist auch für die direkte Bundessteuer anzuwenden.

Das vorliegende Kreisschreiben ersetzt das bisherige Kreisschreiben Nr. 5 der Eidgenössischen Steuerverwaltung vom 19. Mai 1980.

Beilage
Kreisschreiben 29 der SSK vom 27. Juni 2007

Anm.: Das KS SSK Nr. 29 wird hier nicht abgedruckt. Vgl. dazu S. 2040.

Eigerstrasse 65
3003 Bern
www.estv.admin.ch

Schweizerische Eidgenossenschaft
Confédération suisse
Confederazione Svizzera
Confederaziun svizra

Eidgenössisches Finanzdepartement EFD

Eidgenössische Steuerverwaltung ESTV
Hauptabteilung Direkte Bundessteuer,
Verrechnungssteuer, Stempelabgaben

Direkte Bundessteuer
Verrechnungssteuer

Bern, 17. Juli 2008

Kreisschreiben Nr. 18

Steuerliche Behandlung von Vorsorgebeiträgen und -leistungen der Säule 3a

Inhaltsverzeichnis

Eigerstrasse 65
3003 Bern
www.estv.admin.ch

1. Rechtliche Grundlagen

Gestützt auf Artikel 82 des Bundesgesetzes über die berufliche Alters-, Hinterlassenen- und Invalidenvorsorge (BVG; SR 831.40) können Arbeitnehmer und Selbständigerwerbende Beiträge für weitere, ausschliesslich und unwiderruflich der beruflichen Vorsorge dienende, anerkannte Vorsorgeformen abziehen. Diese Vorsorgeformen werden als dritte Säule oder präziser als Säule 3a bezeichnet. Als anerkannte Vorsorgeformen gelten die gebundene Vorsorgeversicherung bei Versicherungseinrichtungen sowie die gebundene Vorsorgevereinbarung mit Bankstiftungen (Art. 1 Abs. 1 der Verordnung über die steuerliche Abzugsberechtigung für Beiträge an anerkannte Vorsorgeformen [BVV 3; SR 831.461.3]).

2. Prüfung der Vertragsmodelle

Vertragsmodelle für anerkannte Vorsorgeformen sind von den Vorsorgeträgern vor Abschluss entsprechender Vorsorgeverträge der Eidgenössischen Steuerverwaltung (ESTV), Hauptabteilung Direkte Bundessteuer, Verrechnungssteuer, Stempelabgaben, Abteilung Recht, Eigerstrasse 65, 3003 Bern, einzureichen. Diese prüft aufgrund der eingereichten Unterlagen (Bankstiftung: SHAB-Auszug, Stiftungsurkunde, Reglement und Vorsorgevereinbarung im Doppel; Versicherungsgesellschaft: Produktebeschrieb, evtl. Tarifeingabe an BPV, Allgemeine und evtl. Besondere Versicherungsbedingungen und Musterpolice im Doppel) und unter Berücksichtigung der Belange der Verrechnungssteuer, ob Form und Inhalt den gesetzlichen Vorschriften entsprechen (Art. 1 Abs. 4 BVV 3). Da die gebundene Selbstvorsorge im Sinne von Artikel 82 BVG den Berechtigten nur Anwartschaften vermittelt, haben sich die entsprechenden Vorsorgeverträge von den übrigen Versicherungs- und Sparverträgen deutlich zu unterscheiden.

Die Bezeichnungen "gebundene Vorsorgeversicherung" und "gebundene Vorsorgevereinbarung" dürfen nur für Vertragsmodelle verwendet werden, die von der ESTV genehmigt worden sind. Bei Fehlen dieser Genehmigung ist der Abzug für die entsprechenden Vorsorgebeiträge zu verweigern.

3. Kreis der Vorsorgenehmer

Vorsorgeverträge für anerkannte Formen der gebundenen Selbstvorsorge können nur von Personen abgeschlossen werden, die ein der AHV/IV-Pflicht unterliegendes Erwerbs- oder Erwerbsersatzeinkommen erzielen. Auch Grenzgänger mit Wohnsitz im Ausland, die für einen Arbeitgeber in der Schweiz arbeiten, können eine Säule 3a bilden; dabei ist unwesentlich, ob sie ihre Vorsorgebeiträge in der Schweiz zum Abzug bringen können oder nicht.

Weist der Vorsorgenehmer nach, dass er erwerbstätig ist, kann er bis höchstens fünf Jahre nach Erreichen des ordentlichen AHV-Rentenalters die eingebrachten Beiträge zum Abzug bringen. Den Nachweis der Erwerbstätigkeit hat der Vorsorgenehmer jährlich zu erbringen (vgl. Mitteilung über die berufliche Vorsorge Nr. 103 des Bundesamt für Sozialversicherungen). Ab Vollendung des 69. Altersjahrs (Frauen) bzw. 70. Altersjahrs (Männer) besteht keine Abzugsberechtigung mehr, auch wenn weiterhin ein AHV/IV-pflichtiges Einkommen erzielt wird.

4. Begünstigte Personen

Im Erlebensfall ist der Vorsorgenehmer die begünstigte Person. Nach dessen Ableben ist Begünstigter der überlebende Ehegatte oder der/die eingetragene Partner/in. Bei Nichtvorhandensein eines Ehegatten oder eines Partners / einer Partnerin gelten als Begünstigte die direkten Nachkommen sowie die natürlichen Personen, die von der verstorbenen Person in erheblichem Masse unterstützt worden sind, oder die Person, die mit dieser in den letzten fünf Jahren bis zu ihrem Tod ununterbrochen eine Lebensgemeinschaft geführt hat oder die für den Unterhalt eines oder mehrerer gemeinsamer Kinder aufkommen muss. Die Reihenfolge dieser begünstigten Personen kann vom Vorsorgenehmer geändert und die Ansprüche können näher bezeichnet werden. Erst wenn solche Personen nicht vorhanden sind, sind die Eltern, die Geschwister und die übrigen Erben als Begünstigte vorgesehen, wobei auch hier die Reihenfolge festgelegt und Ansprüche näher bezeichnet werden können (vgl. Art. 2 BVV 3).

5. Abzugsberechtigung für Beiträge

5.1. Allgemeines

Arbeitnehmer und Selbständigerwerbende können nach Artikel 33 Absatz 1 Buchstabe e des Bundesgesetzes vom 14. Dezember 1990 über die direkte Bundessteuer (DBG; SR 642.11) in Verbindung mit Artikel 7 BVV 3 ihre Beiträge an anerkannte Vorsorgeformen in begrenztem Umfang steuerlich zum Abzug bringen. Diese Beiträge gelten auch bei den Selbständigerwerbenden stets als Kosten der privaten Lebenshaltung und dürfen deshalb der Erfolgsrechnung nicht belastet werden. Der Umfang der Abzugsberechtigung entspricht zugleich der Höhe der zulässigen Beiträge an diese Vorsorgeformen; die Leistung höherer als der steuerlich abzugsberechtigten Beiträge ist nicht möglich. Überschiessende Beiträge stellen freies Sparen dar. Die Erträge aus solchen Vermögenswerten unterliegen der ordentlichen Besteuerung (vgl. dazu auch Ziffer 9.1. unten).

Die Begrenzung nach Artikel 7 BVV 3 umfasst auch allfällige Beiträge an eine ergänzende Risiko-Vorsorgeversicherung oder Zuschläge für unterjährige Ratenzahlungen (Art. 1 Abs. 3 Satz 2 BVV 3).

Jeglicher Abzug setzt die Erwerbstätigkeit des Steuerpflichtigen voraus. Bei vorübergehendem Unterbruch der Erwerbstätigkeit (Militärdienst, Arbeitslosigkeit, Krankheit usw.) bleibt die Abzugsberechtigung erhalten. Bei Aufgabe der Erwerbstätigkeit entfällt die Möglichkeit der Beitragsleistungen, selbst wenn das für die Ausrichtung von Altersleistungen vorgesehene Terminalter noch nicht erreicht ist (z.B. bei vorzeitiger Pensionierung, bei Aufgabe der Erwerbstätigkeit infolge Mutterschaft, 100%-iger Invalidität und fehlender Resterwerbsfähigkeit).

Erbringt eine Vorsorgeversicherung eine Leistung aus einer Prämienbefreiung, so stellt diese beim Vorsorgenehmer kein Einkommen dar, da der Vorsorgenehmer gar nicht über die entsprechenden Mittel verfügen kann. Solche Beiträge kann der Vorsorgenehmer sodann auch nicht steuerlich zum Abzug bringen.

5.2. Vielzahl von Vorsorge-Konten oder Vorsorge-Policen

Ein Vorsorgenehmer kann mit mehreren Bankstiftungen oder Versicherungsgesellschaften jeweils mehrere Vorsorgeverträge abschliessen. Für jedes Vorsorgekonto bzw. für jede Vorsorgepolice muss ein separater Vorsorgevertrag vorliegen. Die Gesamtsumme der Einzahlungen pro Jahr darf den Maximalbetrag von Artikel 7 Absatz 1 BVV 3 nicht übersteigen (vgl. Ziffer 5.3. nachfolgend).

5.3. Oberer Grenzbetrag

Nach Artikel 7 Absatz 1 BVV 3 sind Beiträge an anerkannte Vorsorgeformen bis jährlich 8 Prozent (Bst. a) bzw. 40 Prozent (Bst. b) des oberen Grenzbetrages nach Artikel 8 Absatz 1 BVG abziehbar. Unter dem oberen Grenzbetrag ist jener Betrag zu verstehen, bis zu dem der Jahreslohn eines Arbeitnehmers der obligatorischen Versicherung in der 2. Säule (BVG-Obligatorium) unterliegt. Gestützt auf Artikel 9 BVG kann der Bundesrat die Anpassung dieses Grenzbetrages an die Altersrenten der AHV und die allgemeine Lohnentwicklung vornehmen. Die periodischen Anpassungen des Grenzbetrages sowie der abzugsfähigen Maximalbeträge nach Artikel 7 Absatz 1 BVV 3 veröffentlicht die ESTV mittels Rundschreiben.

5.4. Abzug für Steuerpflichtige, die einer Einrichtung der beruflichen Vorsorge (2. Säule) angehören

In der 2. Säule versicherte Arbeitnehmer und Selbständigerwerbende können gemäss Artikel 7 Absatz 1 Buchstabe a BVV 3 ihre im betreffenden Jahr tatsächlich geleisteten Beiträge an anerkannte Vorsorgeformen bis 8 Prozent des oberen Grenzbetrages abziehen. Dieser Abzug kann von allen in Frage kommenden erwerbstätigen Steuerpflichtigen beansprucht werden, unabhängig davon, ob sie in der 2. Säule obligatorisch oder freiwillig versichert sind. Nach Artikel 7 Absatz 2 BVV 3 können Ehegatten oder eingetragene Partnerinnen oder Partner, die beide einer Erwerbstätigkeit nachgehen, den Abzug je für sich geltend machen. Dabei ist es unerlässlich, dass der entsprechende Vorsorgevertrag auf ihn als Vorsorgenehmer lautet. Der höchstzulässige Abzug richtet sich für jeden Ehegatten oder Partner/in einzeln danach, ob er/sie in der beruflichen Vorsorge versichert ist oder nicht. Voraussetzung für die Geltendmachung eines Abzuges ist das Ausweisen eines AHV/IV-pflichtigen Erwerbseinkommens des entsprechenden Ehegatten oder Partners/in in der Steuererklärung.

5.5. Abzug für Steuerpflichtige, die keiner Einrichtung der beruflichen Vorsorge (2. Säule) angehören

Nicht in der 2. Säule versicherte Arbeitnehmer und Selbständigerwerbende können nach Artikel 7 Absatz 1 Buchstabe b BVV 3 ihre im betreffenden Jahr tatsächlich geleisteten Beiträge an anerkannte Vorsorgeformen bis 20 Prozent des Erwerbseinkommens, jedoch höchstens bis 40 Prozent des oberen Grenzbetrages abziehen.

Jeglicher Abzug setzt die Erwerbstätigkeit des Steuerpflichtigen voraus. Kein Abzug kommt deshalb in Betracht, wenn sich aus der Erwerbstätigkeit ein Verlust ergibt. Bei vorübergehendem Unterbruch der Erwerbstätigkeit (Militärdienst, Mutterschaft, Arbeitslosigkeit, Krankheit usw.) bleibt die Abzugsberechtigung erhalten, sofern im entsprechenden Jahr für Erwerbseinkommen und/oder Erwerbsersatzeinkommen AHV/IV-Beiträge geleistet worden sind.

Unter Erwerbseinkommen ist die Gesamtheit des Einkommens eines Steuerpflichtigen aus selbständiger und unselbständiger, haupt- und nebenberuflicher Erwerbstätigkeit gemäss Steuererklärung zu verstehen. Bei Einkommen aus unselbständiger Erwerbstätigkeit ist dies der Bruttolohn nach Abzug der AHV/IV/EO/ALV-Beiträge, bei Einkommen aus selbständiger Erwerbstätigkeit der Saldo der Gewinn- und Verlustrechnung nach Vornahme allfälliger steuerlicher Berichtigungen (auch hier nach Abzug der persönlichen Beiträge an die AHV/IV/EO, aber ohne Abzug irgendwelcher Beiträge an anerkannte Vorsorgeformen). Das Erwerbseinkommen umfasst auch allfällige realisierte Wertzuwachsgewinne auf dem Geschäftsvermögen. Ein Abzug für Vorsorgebeiträge, welcher mangels genügenden Erwerbseinkommens steuerlich nicht geltend gemacht wurde, kann nicht in späteren Jahren nachgeholt werden.

Auch bei Selbständigerwerbenden, die ihr Geschäftsjahr per Ende des Kalenderjahres abschliessen, gilt, dass Beiträge an die Säule 3a bis Ende des Kalenderjahres geleistet werden müssen, wenn sie im entsprechenden Steuerjahr zum Abzug gebracht werden wollen. Zu einem späteren Zeitpunkt können keine zusätzlichen und rückwirkenden Beiträge mehr geleistet werden.

5.6. Sonderfälle

a) Mitarbeit im Beruf oder im Betrieb des Ehegatten

Bei Mitarbeit im Beruf oder im Betrieb des Ehegatten wird vermutet, diese halte sich im Rahmen der ehelichen Beistandspflicht, weshalb die Bildung einer Säule 3a für den mithelfenden Ehegatten nicht zulässig ist. Möchten die Ehegatten auch für den mithelfenden Ehepartner einen Abzug nach Artikel 7 BVV 3 beanspruchen, obliegt es ihnen, das Vorliegen eines den Rahmen der ehelichen Beistandspflicht übersteigenden Arbeitsverhältnisses darzutun. Auf dem entsprechenden Einkommen des mithelfenden Ehegatten müssen auf dessen Namen AHV/IV-Beiträge abgerechnet werden.

b) Selbständigerwerbender mit der 2. Säule unterliegendem Nebenverdienst

Ein Selbständigerwerbender, der einer unselbständigen Nebenerwerbstätigkeit nachgeht und für dieses Erwerbseinkommen einer 2. Säule angeschlossen ist, kann lediglich einen Abzug nach Artikel 7 Absatz 1 Buchstabe a BVV 3 geltend machen (vgl. Bundesgerichtsentscheid vom 15. Juni 1990 i.S. T. A. publiziert in: ASA 60 S. 321). Gestützt auf Artikel 1 Absatz 1 der Verordnung über die berufliche Alters-, Hinterlassenen- und Invalidenvorsorge (BVV 2; SR 831.441.1) besteht jedoch die Möglichkeit, dass sich ein hauptberuflich selbständig Erwerbender für seine Nebenerwerbstätigkeit von der obligatorischen Versicherung im Rahmen der 2. Säule freistellen lässt. Nach erfolgter Freistellung gehört er nicht mehr einer beruflichen Vorsorgeeinrichtung an und kann den Säule 3a-Abzug nach Artikel 7 Absatz 1 Buchstabe b BVV 3 geltend machen.

c) IV-Bezüger

Vorsorgenehmer, die zwar eine Invalidenrente der eidgenössischen Invalidenversicherung beziehen, jedoch im Rahmen der Resterwerbsfähigkeit ein der AHV/IV-Pflicht unterliegendes Erwerbseinkommen erzielen, können eine Säule 3a bilden.

d) Steuerpflichtige, die der Quellensteuer unterliegen

Bei der Tarifberechnung der Quellensteuer werden individuelle Abzüge wie z.B. Einzahlungen in die Säule 3a nicht berücksichtigt. Hat ein an der Quelle Steuerpflichtiger solche Einzahlungen geleistet, kann er von der Veranlagungsbehörde bis Ende März des Folgejahres eine Verfügung über Bestand und Umfang der Steuerpflicht verlangen (Art. 137 Abs. 1 DBG). Die Einzahlungen in die gebundene Vorsorge Säule 3a sind unter Anfechtung dieser Verfügung geltend zu machen (vgl. Art. 2 Bst. e der Quellensteuerverordnung [QStV; SR 642.118.2]).

e) Einzahlung in die Säule 3a bei Beendigung der Erwerbstätigkeit

Im Jahr, in dem die Erwerbstätigkeit beendet wird, kann der volle Beitrag geleistet werden gemäss Art. 7 Abs. 4 BVV 3. Nach diesem Zeitpunkt dürfen Bankstiftungen und Versicherungseinrichtungen keine Vorsorgebeiträge mehr entgegennehmen.

f) Unselbständig Erwerbstätige, die das AHV-Rentenalter überschritten haben

Leistet der Vorsorgenehmer keine Beiträge mehr in eine Vorsorgeeinrichtung, weil er das ordentliche AHV-Rentenalter bereits überschritten hat und Rentenbezüger ist (passive Zugehörigkeit), ist er aber weiterhin unselbständig erwerbstätig, kann er bis fünf Jahre nach Erreichen des ordentlichen AHV-Rentenalters bis 20 Prozent des Erwerbseinkommens, jedoch höchstens 40 Prozent des oberen Grenzbetrages nach Artikel 8 Absatz 1 BVG in die Säule 3a einzahlen.
Ist der Vorsorgenehmer jedoch noch aktiv bei einer Vorsorgeeinrichtung versichert (selbst wenn keine Beiträge mehr geleistet werden), kann er bis höchstens fünf Jahre nach Erreichen des AHV-Rentenalters jährlich bis 8 Prozent des oberen Grenzbetrages nach Artikel 8 Absatz 1 BVG in die Säule 3a einzahlen.

g) Berechnung des Abzuges beim Übergang von einer unselbständigen zu einer selbständigen Erwerbstätigkeit oder umgekehrt

Während der Zeitspanne der unselbständigen Erwerbstätigkeit mit Anschluss an eine Pensionskasse kann die steuerpflichtige Person – ein entsprechendes Erwerbseinkommen vorausgesetzt – maximal den in Artikel 7 Absatz 1 Buchstabe a BVV 3 vorgesehenen Maximalbetrag einbezahlen. Für die Zeitspanne der Selbständigkeit ohne Anschluss an eine Pensionskasse kann die steuerpflichtige Person bis zu 20% ihres selbständigen Erwerbseinkommens einbezahlen, vorausgesetzt sie schliesst die Buchhaltung per Ende des Jahres ab. Für das betroffene Jahr kann insgesamt (inkl. allfällige Einzahlung in die kleine Säule 3a) nicht mehr als der in Artikel 7 Absatz 1 Buchstabe b BVV 3 vorgesehene Maximalbetrag (40% des oberen Grenzbetrages nach Art. 8 Abs. 1 BVG) einbezahlt werden. Gleich verhält es sich beim Anschluss an eine Vorsorgeeinrichtung infolge Aufnahme einer unselbständigen Erwerbstätigkeit während des Jahres.

6. Ausrichtung und Besteuerung der Leistungen

6.1. Grundsätze

Die gebundene Selbstvorsorge dient ausschliesslich und unwiderruflich der Vorsorge und vermittelt nur Anwartschaften. Altersleistungen aus der Säule 3a dürfen deshalb frühestens fünf Jahre vor Erreichen des AHV-Rentenalters ausgerichtet werden (Art. 3 Abs. 1 BVV 3). Vereinbarungen, die ein Vertragsende nach Erreichen des 69. (Frauen) bzw. 70. (Männer) Altersjahres vorsehen, sind unzulässig. Ebenso ist der Abschluss eines neuen Vorsorgevertrages nach diesem Termin ausgeschlossen. Spätestens fünf Jahre nach Erreichen des AHV-Alters fällt der anwartschaftliche Charakter dahin. Es muss eine Auszahlung erfolgen, welche zu besteuern ist. Beendet der Vorsorgenehmer seine Erwerbstätigkeit nach dem ordentlichen AHV-Rentenalter, aber vor dem 69. (Frauen) bzw. 70 (Männer) Altersjahr, so muss die Auflösung von sämtlichen noch bestehenden Säule 3a-Konti, bzw. –Policen im Zeitpunkt der Beendigung der Erwerbstätigkeit erfolgen, was die Steuerbarkeit all dieser Leistungen auslöst.

Kapitalleistungen aus anerkannten Formen der gebundenen Selbstvorsorge werden gemäss Artikel 22 Absatz 1 in Verbindung mit Artikel 38 DBG gesondert besteuert. Sie unterliegen einer vollen Jahressteuer, die zu einem Fünftel der Tarife nach Artikel 36 DBG berechnet wird. Bei Auflösung des Vorsorgeverhältnisses entsteht die Verrechnungssteuerforderung, welche durch Entrichtung oder Meldung erfüllt werden kann (vgl. Art. 7, 11, 12 und 19 des Bundesgesetzes vom 13. Oktober 1965 über die Verrechnungssteuer [VStG; SR 642.21]). Die Erträge der Guthaben unterliegen fortan der Verrechnungssteuer nach Artikel 4 Absatz 1 Buchstabe d VStG.

6.2. Vorzeitige Ausrichtung

a) Allgemeines

Die vorzeitige Ausrichtung von Leistungen ist nur in den in Artikel 3 Absatz 2 und 3 BVV 3 vorgesehenen Ausnahmefällen möglich. Dies gilt auch für Zinsen, Gewinnanteile und dergleichen, die erst zusammen mit den eigentlichen Vorsorgeleistungen ausbezahlt und auch nicht mit geschuldeten Beiträgen verrechnet werden dürfen. Die gesamte Leistung unterliegt der Besteuerung nach Artikel 22 Absatz 1 in Verbindung mit Artikel 38 DBG. Es spielt keine Rolle, ob Beiträge teilweise von der Versicherungseinrichtung infolge einer Prämienbefreiung geleistet worden sind. Der Vorsorgenehmer hat die Gesamtleistung zu versteuern.

Gemäss Artikel 3 Absatz 2 Buchstabe b BVV 3 besteht die Möglichkeit der vorzeitigen Ausrichtung der Altersleistung unter Einbringung des Guthabens in eine andere anerkannte Vorsorgeform. Dieses Vorgehen setzt die vollständige Auflösung des entsprechenden Vorsorgekontos bzw. der entsprechenden Versicherungspolice und den Abschluss einer neuen gebundenen Vorsorgeversicherung bzw. einer neuen gebundenen Vorsorgevereinbarung voraus (z.B. bei einer anderen Bank oder bei einer anderen Versicherungsgesellschaft). In solchen Übertragungsfällen ist keine Steuerbescheinigung auszustellen. Ein Splitting bestehender Vorsorgeguthaben ist nicht möglich. Der Steuerpflichtige kann nicht durch eine teilweise Übertragung vorhandener Altersguthaben der gebundenen Selbstvorsorge neue Vorsorgekonten oder Vorsorgeversicherungen (Säule 3a) bilden.

Verlangt ein Vorsorgenehmer innerhalb der fünf Jahre vor Erreichen des AHV-Rentenalters, dass ihm sein Vorsorgekapital ausbezahlt wird, beendet er damit den Aufbau seiner Vorsorge, auch wenn er nur eine Teilauszahlung verlangt. Mit dem ersten Bezug verfügt der Vorsorgenehmer über seinen Vorsorgeanspruch, wodurch der anwartschaftliche Charakter des Vorsorgeguthabens insgesamt dahinfällt. Bereits im Zeitpunkt des ersten Bezugs (Teilbezüge stellen lediglich eine Zahlungsmodalität dar) realisiert er das gesamte auf dem betroffenen Konto/der betroffenen Police angesammelte Vorsorgekapital inklusive Zinsen. Dies hat zur Folge, dass das gesamte auf diesem Konto/dieser Police vorhandene Vorsorgekapital einkommenssteuerlich erfasst wird. Beim ersten Teilbezug ist daher das Vorsorgekonto/die Vorsorgepolice zu saldieren; das nicht bezogene Kapital ist auf ein frei verfügbares Konto zu übertragen. Die Versicherungsleistung unterliegt grundsätzlich gemäss Artikel 7 VStG der Verrechnungssteuer (Ausnahmen vgl. Art. 8 VStG). Die entsprechende Steuerpflicht kann entweder durch Entrichtung der Steuer oder durch Meldung der steuerbaren Leistung erfüllt werden (Art. 11 Abs. 1 VStG). Bei Meldung ist die Bruttoleistung inkl. Zinsen anzugeben.

b) Vorbezug im Rahmen der Wohneigentumsförderung (WEF)

Gemäss Artikel 3 Absatz 3 BVV 3 kann die Altersleistung aus der gebundenen Selbstvorsorge ferner für den Erwerb und die Erstellung von Wohneigentum zum Eigenbedarf, als Beteiligung an Wohneigentum zum Eigenbedarf sowie für die Amortisation von Hypothekardarlehen ausgerichtet werden. Ein Vorbezug kann alle fünf Jahre geltend gemacht werden. Eine Rückzahlung, wie sie beim Vorbezug in der zweiten Säule vorgesehen ist, ist dagegen in der Säule 3a nicht möglich. Im Übrigen kann der Versicherte den Anspruch auf Vorsorgeleistungen oder einen Betrag bis zur Höhe seiner Freizügigkeitsleistung verpfänden, wobei die Artikel 8 - 10 der Verordnung über die Wohneigentumsförderung mit Mitteln der beruflichen Vorsorge (WEFV: SR 831.411) sinngemäss gelten (vgl. Art. 4 Abs. 2 BVV 3). Die Begriffe "Wohneigentum", „Beteiligungen" und "Eigenbedarf" richten sich nach den Artikeln 2–4 WEFV. Bei solchen Vorbezügen unterliegt im Zeitpunkt der Auszahlung stets nur der ausgerichtete Teilbezug der Besteuerung nach Artikel 22 Absatz 1 in Verbindung mit Artikel 38 DBG. Damit beide Ehegatten Vorsorgeguthaben aus ihrer Säule 3a zur Amortisation der Hypothek oder zum Erwerb von Wohneigentum beziehen können, müssen sie beide Eigentümer (Mit- oder Gesamteigentümer) sein.

Eine Ausrichtung unter dem Titel „Wohneigentumsförderung" ist nur bis zu dem in Artikel 3 Absatz 1 BVV 3 festgelegten Alter möglich. Überschreitet der Versicherte dieses Alter, kann er nur die gesamte Leistung aus dem fraglichen Vorsorgeverhältnis – zu welchem Zweck auch immer – beziehen. Die Auflösung des Vorsorgeverhältnisses hat sodann die Besteuerung der entsprechenden Leistung als Ganzes zur Folge.

c) Barauszahlung infolge Aufnahme einer selbständigen Erwerbstätigkeit oder bei Wechsel der selbständigen Erwerbstätigkeit

Die Barauszahlung von Vorsorgeguthaben der gebundenen Selbstvorsorge infolge Aufnahme einer selbständigen Erwerbstätigkeit oder bei Aufgabe der bisherigen und Aufnahme einer andersartigen selbständigen Erwerbstätigkeit (vgl. Art. 3 Abs. 2 Bst. c und d BVV 3) ist nur innerhalb eines Jahres seit der Aufnahme derselben möglich. Zudem muss bei Auflösung des Vorsorgeverhältnisses das gesamte Vorsorgeguthaben bezogen werden; ein Teilbezug ist nicht zulässig.

6.3. Einkauf von Beitragsjahren der beruflichen Vorsorge mit Mitteln der Säule 3a

Die vorzeitige Ausrichtung der Altersleistung aus der Säule 3a ist bei Auflösung des Vorsorgeverhältnisses zulässig, wenn der Vorsorgenehmer die ausgerichtete Leistung für den Einkauf in eine steuerbefreite Vorsorgeeinrichtung der beruflichen Vorsorge verwendet (vgl. Art. 3 Abs. 2 Bst. b BVV 3). Die Überweisung des Vorsorgeguthabens muss direkt vom Säule-3a-Vorsorgeträger an die Vorsorgeeinrichtung der 2. Säule erfolgen. Eine Übertragung ist steuerneutral. Das transferierte Guthaben gelangt im Zeitpunkt der Überweisung nicht zur Besteuerung; eine Meldung über Kapitalleistungen an die ESTV hat daher nicht zu erfolgen. Andererseits kann der so eingebrachte Einkaufsbetrag steuerlich nicht zum Abzug gebracht werden, weshalb eine Bescheinigung über Einkaufsbeiträge zu unterbleiben hat.

6.4. Kann ein in der beruflichen Vorsorge getätigter WEF-Vorbezug mit Mitteln der gebundenen Selbstvorsorge zurückbezahlt werden?

Die in der BVV 3 normierten vorzeitigen Ausrichtungsgründe lassen eine solche steuerneutrale Übertragung nicht zu. Die Rückzahlung eines WEF-Vorbezuges stellt zudem nie einen Einkauf im Sinne von Artikel 3 Absatz 2 Buchstabe b BVV 3 dar. Vorsorgerechtlich können bereits für die Vorsorge gebundene Mittel nicht zur Behebung einer durch einen WEF-Vorbezug entstandenen Lücke verwendet werden. Der in das Wohneigentum investierte Betrag muss aus Mitteln, die noch nicht zu Vorsorgezwecken gebunden sind, an die Vorsorgeeinrichtung zurückbezahlt werden. Aufgrund der Zweckgebundenheit der Mittel in der Säule 3a ist eine vorzeitige Ausrichtung im Sinne einer Direktüberweisung in die 2. Säule zur Rückzahlung eines WEF-Vorbezuges nicht zulässig.

7. Reinvestition der Altersleistung aus einer 2. Säule in eine Vorsorgeform der Säule 3a

Die Leistung aus einer Vorsorgeeinrichtung (2. Säule) oder aus einer Freizügigkeitseinrichtung kann nicht in die Säule 3a übertragen werden. Dies würde einem Einkauf von fehlenden Beitragsjahren gleichkommen, den es im Bereich der Säule 3a nicht gibt. Die aus der beruflichen Vorsorge ausgerichtete Vorsorgeleistung ist im ganzen Umfang zu besteuern und die an die Säule 3a geleisteten Beiträge können nur bis zum Maximalbetrag vom Einkommen in Abzug gebracht werden. Darüber hinausgehende Einmalprämien oder das gleichzeitige Bezahlen von Beiträgen für mehrere Jahre können nicht akzeptiert werden.

8. Bescheinigungspflicht

Versicherungseinrichtungen und Bankstiftungen haben gemäss Artikel 8 BVV 3 und Artikel 129 Absatz 1 Buchstabe b DBG dem Vorsorgenehmer die erbrachten Beiträge und Leistungen zu bescheinigen. Die ausgerichteten Leistungen sind gemäss VStG vom Vorsorgeträger der Eidgenössischen Steuerverwaltung (ESTV) Direkte Bundessteuer, Verrechnungssteuer, Stempelabgaben, Abteilung Erhebung, Eigerstrasse 65, 3003 Bern, zu melden. Die entsprechenden Formulare 563 "Meldung über Kapitalleistungen" und 565 "Rentenmeldung" können bei der Eidgenössischen Steuerverwaltung (ESTV) Direkte Bundessteuer, Verrechnungssteuer, Stempelabgaben, Abteilung Erhebung, Eigerstrasse 65, 3003 Bern, oder im Internet bestellt werden.

Wurden durch die Versicherungseinrichtung Leistungen infolge einer Prämienbefreiung erbracht, so ist in der Rubrik „Bemerkungen" ein Hinweis anzubringen und der entsprechende Betrag zu nennen. Ebenfalls unter „Bemerkungen" sind die vom Vorsorgeträger auf Veranlassung der Steuerbehörden vorgenommenen Rückzahlungen von zuviel einbezahlten Beiträgen und Einlagen anzugeben (Datum der Rückzahlung und Betrag).

9. Folgen unzulässiger Einzahlungen

9.1. Für den Vorsorgenehmer

Auf Vorsorgekonten und in Vorsorgeversicherungen können nicht höhere Beiträge einbezahlt werden, als ein Abzug gemäss Artikel 7 Absatz 1 BVV 3 zulässig ist. Bei der Beschränkung des höchstzulässigen Einzahlungsbetrages geht es auch um eine Beschränkung der Steuerbefreiung bezüglich der Einkommens-, Vermögens- und der Verrechnungssteuer. Die einbezahlten Beträge sind von der Vermögenssteuer ausgenommen und die Erträge daraus unterliegen nicht der Verrechnungssteuer. Sind überhöhte Einzahlungen vorgenommen worden, fordert die Veranlagungsbehörde den Steuerpflichtigen auf, sich die zu viel einbezahlten Beträge vom Vorsorgeträger zurückerstatten zu lassen. Die Vorsorgeeinrichtungen bezahlen nur den nominellen Überschussbetrag zurück, der auf diesem Betrag aufgelaufene Zins wird nicht zurückerstattet. Für die Veranlagung wird der nicht zum Abzug zugelassene Betrag dem Einkommen sowie bei Rückerstattungspflicht dem Vermögen des Steuerpflichtigen zugerechnet. Steuerpflichtige, welche eine Rückerstattung nicht veranlassen, unterliegen dem Risiko eines Nach- und Strafsteuerverfahrens, da in den Folgejahren die Erträge aus den überhöhten Beiträgen beim Einkommen sowie die überhöhten Beiträge im Vermögen nicht deklariert sind.

Bei Säule-3a-Versicherungspolicen kann jedoch nur der Sparteil an der Gesamtprämie zurückerstattet werden. Die Prämie für eine Risikoversicherung kann nicht mehr zurückbezahlt werden, da das Risiko zum Zeitpunkt der Besteuerung vom Versicherer bereits gedeckt wurde und die Prämie daher geschuldet ist. Übersteigt der Prämienanteil für eine Risikoversicherung den höchstzulässigen Abzug gemäss Artikel 7 BVV 3 muss eine sofortige Anpassung der Risikoversicherung verlangt werden.

9.2. Für Versicherungseinrichtungen und Bankstiftungen

Bankstiftungen, die unter dem Titel der gebundenen Selbstvorsorge höhere Beiträge als diejenigen, die der Abzugsberechtigung entsprechen, entgegennehmen (vgl. vorne unter Ziffer 5.1.), verlieren den Anspruch auf Steuerbefreiung (Art. 6 BVV 3), weil die einbezahlten Beiträge in diesem Fall nicht ausschliesslich der Vorsorge im Sinne der BVV 3 dienen.

10. Anlage in Wertschriften; Verrechnungssteuer-Rückforderung

Sofern zugunsten der Vorsorgenehmer individuelle Wertschriftendepots eröffnet worden sind, hat die Bankstiftung Anspruch auf Rückerstattung der auf den Kapitalerträgen abgezogenen Verrechnungssteuer. Sie hat den Antrag auf Rückerstattung der Verrechnungssteuer bei der Eidgenössischen Steuerverwaltung (ESTV), Hauptabteilung Direkte Bundessteuer, Verrechnungssteuer, Stempelabgabe, Abteilung Rückerstattung, Eigerstrasse 65,

3003 Bern, einzureichen. Dem Antrag ist ein Verzeichnis beizulegen, das die Namen und Adressen dieser Einleger sowie den Betrag ihrer Anlagen und der auf sie entfallenden Bruttoerträge angibt. Im jährlichen Depotauszug ist darauf hinzuweisen, dass dem Vorsorgenehmer kein Anspruch auf Rückerstattung der Verrechnungssteuer zusteht (vgl. Art. 53 der Vollziehungsverordnung vom 19. Dezember 1966 zum Bundesgesetz über die Verrechnungssteuern [Verrechnungssteuerverordnung VStV; SR 642.211]).

11. Inkrafttreten / Aufhebung bisheriger Kreisschreiben und Rundschreiben / Empfehlung an die Kantone

Das vorliegende Kreisschreiben tritt per sofort in Kraft. Es ersetzt die bisherigen Kreisschreiben Nr. 2 vom 31. Januar 1986 und Nr. 1 vom 22. November 1989 der ESTV. Ebenfalls aufgehoben ist Ziffer V. des Kreisschreibens Nr. 1 vom 14. Juli 1988. Aufgehoben sind:

- das Rundschreiben an die Aufsichtsbehörden des Bundes und der Kantone über Bankstiftungen und Versicherungseinrichtungen betreffend die Begrenzung der Höhe der Beitragszahlungen vom 28. April 1987,
- das Rundschreiben an die Versicherungseinrichtungen und Bankstiftungen über die Steuerbescheinigung der Beiträge an die Säule 3a vom 26. Oktober 1987,
- das Rundschreiben an die kantonalen Steuerverwaltungen über die Bescheinigung der Beiträge für anerkannte Formen der gebundenen Selbstvorsorge (Säule 3a) vom 26. Januar 1988,
- das Rundschreiben an die Versicherungseinrichtungen und Bankstiftungen über Beiträge an anerkannte Vorsorgeformen (Säule 3a) vom 9. Juni 1988,
- das Rundschreiben an die Bankstiftungen betreffend die gebundene Selbstvorsorge (Säule 3a) vom 24. Januar 1991,
- das Rundschreiben an die Bankstiftungen und Lebensversicherungsgesellschaften über die gebundene Selbstvorsorge (Säule 3a); Neuerungen per 1. Januar 1995 vom 23. November 1994 sowie
- die Rundschreiben an die Bankstiftungen und Lebensversicherungsgesellschaften betreffend die Verordnung über die steuerliche Abzugsberechtigung für Beiträge an anerkannte Vorsorgeformen (BVV 3); Säule 3a vom 14. November 1996, 15. Januar 2001 und 10. Mai 2001.

Der Vorstand der Schweizerischen Steuerkonferenz (SSK) hat das vorliegende Kreisschreiben genehmigt und empfiehlt den Kantonen, die darin festgehaltenen Regelungen in analoger Weise auch für die direkten Steuern der Kantone und Gemeinden zu übernehmen.

Die vorliegende Version des Kreisschreibens Nr. 18 ersetzt diejenige vom 4. Oktober 2007.

Schweizerische Eidgenossenschaft
Confédération suisse
Confederazione Svizzera
Confederaziun svizra

Eidgenössisches Finanzdepartement EFD
Eidgenössische Steuerverwaltung ESTV
Hauptabteilung Direkte Bundessteuer, Verrechnungssteuer, Stempelabgaben

Direkte Bundessteuer

Bern, 3. Oktober 2007

Kreisschreiben Nr. 17[1]

Wohneigentumsförderung mit Mitteln der beruflichen Vorsorge

Inhaltsverzeichnis

1 Angepasst an das Bundesgesetz über die formelle Bereinigung der zeitlichen Bemessung der direkten Steuern bei den natürlichen Personen vom 22. März 2013 (in Kraft seit 1. Januar 2014).

Eigerstrasse 65
3003 Bern
www.estv.admin.ch

I. Allgemeines

Die Bestimmungen über die Wohneigentumsförderung mit Mitteln der beruflichen Vorsorge sind in den Artikeln 30a bis 30g des Bundesgesetzes über die berufliche Alters-, Hinterlassenen- und Invalidenvorsorge (BVG; SR 831.40) sowie in den Artikeln 331d und 331e des Obligationenrechts (OR; SR 220) zu finden. In der Verordnung über die Wohneigentumsförderung mit Mitteln der beruflichen Vorsorge hat der Bundesrat die Ausführungsbestimmungen erlassen (WEFV; SR 831.411).

Gegenstand dieses Kreisschreibens sind die Erläuterungen der steuerlichen Auswirkungen.

II. Wohneigentumsförderung mit Mitteln der 2. Säule

1. Zweck und Inhalt

(Vgl. zur ganzen Ziffer 1 die Art. 1-5 WEFV)

Personen, welche über Mittel in der beruflichen Vorsorge verfügen, haben die Möglichkeit, diese für Wohneigentum zum eigenen Bedarf geltend zu machen. Als Eigenbedarf gilt die Nutzung durch die versicherte Person an ihrem Wohnsitz oder an ihrem gewöhnlichen Aufenthalt (d.h. selbstbewohntes Wohneigentum). Diese Voraussetzungen müssen auch bei Wohnsitz im Ausland vorliegen. Die Wohneigentumsförderung stellt den Versicherten zwei Möglichkeiten zur Verfügung: Den Vorbezug des Vorsorgeguthabens einerseits und die Verpfändung dieses Guthabens oder des Anspruches auf die künftigen Vorsorgeleistungen andererseits. Die Vorsorgegelder können eingesetzt werden für Wohneigentum, ferner für Beteiligungen an Wohneigentum wie z.B. Kauf von Anteilscheinen an einer Wohnbaugenossenschaft sowie zur Amortisation von bereits bestehenden Hypothekarschulden. Der Bezug von Mitteln der beruflichen Vorsorge ist auf ein einziges Objekt beschränkt. Die Finanzierung eines Zweitwohnsitzes oder eines Ferienhauses ist nicht zulässig. Voraussetzung für den Bezug ist die Selbstnutzung des Objekts, wobei der Begriff Wohnung nach dem Wohnbau- und Eigentumsförderungsgesetz (WEG; SR 843) als „Räume, die für die dauernde Unterkunft von Personen geeignet und bestimmt sind", definiert wird.

Massgeblich für den Vorbezug ist der individuelle Freizügigkeitsanspruch der versicherten Person. Betragsmässig bestehen jedoch Einschränkungen: Es kann stets nur die Summe der Freizügigkeitsleistung beansprucht werden, wie sie im Zeitpunkt des Gesuches besteht (relative Begrenzung). Sodann können Vorsorgenehmer, die über 50 Jahre alt sind, gesamthaft höchstens den Betrag der Freizügigkeitsleistung im Alter 50 oder die hälftige Freizügigkeitsleistung vorbeziehen (absolute Begrenzung). Die gleiche Beschränkung gilt auch für die Verpfändung des Vorsorgeguthabens.

Das entsprechende Gesuch für den Vorbezug kann bis drei Jahre vor Entstehung des Anspruchs auf Altersleistungen (vgl. Art. 13 BVG) bei der Vorsorgeeinrichtung geltend gemacht werden (Art. 30c Abs. 1 BVG). Es handelt sich bei dieser Bestimmung um relativ zwingendes Recht, d.h. die Vorsorgeeinrichtungen können diese Frist in ihren Reglementen reduzieren oder sogar ganz aufheben. Dies jedoch nur unter der Bedingung, dass sie jederzeit Sicherheit dafür bieten, den von ihnen übernommenen Verpflichtungen nach Artikel 65 Absatz 1 BVG nachkommen zu können.[2] Weitere Einschränkungen für den Vorbezug bestehen darin, dass pro Bezug mindestens 20'000 Franken beansprucht werden müssen und ein Vorbezug nur alle fünf Jahre geltend gemacht werden kann. Dieser Mindestbetrag gilt nicht für den Erwerb von Anteilscheinen an Wohnbaugenossenschaften und von ähnlichen Beteiligungen sowie für Ansprüche gegenüber Freizügigkeitseinrichtungen.

Jeder Vorbezug, nicht aber die Verpfändung von Guthaben, hat eine Kürzung des künftigen Leistungsanpruches zur Folge. Zur Möglichkeit des Abschlusses einer Zusatzversicherung siehe Ziffer 2.4.

2. Steuerliche Auswirkungen des Vorbezuges

2.1. Besteuerung des Vorbezuges

Das gesamte vorbezogene Vorsorgeguthaben kommt im Zeitpunkt des Vorbezuges als Kapitalleistung aus Vorsorge zur Besteuerung, entweder im Rahmen der ordentlichen Besteuerung mit einer vollen Jahressteuer gemäss Artikel 38 des Bundesgesetzes über die direkte Bundessteuer (DBG; SR 642.11) oder bei ausländischem Wohnsitz des Empfängers (Grenzgänger) im Rahmen der Besteuerung an der Quelle gemäss Artikel 96 DBG. Die Jahressteuer wird zu einem Fünftel der Tarife nach Artikel 36 DBG berechnet und für das Steuerjahr festgesetzt, in welchem die entsprechende Kapitalleistung zugeflossen ist, d.h. von der Vorsorgeeinrichtung effektiv ausbezahlt wird (Art. 38 Abs. 1bis und 2 DBG).

Die Besteuerung an der Quelle erfolgt aufgrund der entsprechenden Bestimmungen der Quellensteuerverordnung (QStV; SR 642.118.2). Gemäss Artikel 11 dieser Verordnung wird die vorbezogene Vorsorgeleistung ungeachtet staatsvertraglicher Regelung stets der Quellensteuer unterstellt. Besteht ein Doppelbesteuerungsabkommen mit dem entsprechenden Wohnsitzstaat des Empfängers, steht die Besteuerungskompetenz in der Regel dem Wohnsitzstaat zu. Der Quellensteuerabzug ist in diesen Fällen nicht definitiv und wird unter gewissen Bedingungen wieder zurückerstattet (wenn der Nachweis erbracht wird, dass die zuständige ausländische Steuerbehörde von der Kapitalleistung Kenntnis hat). In Ziffer 3 des Anhanges zur Quellensteuerverordnung sind die massgebenden Quellensteuersätze festgelegt, welche in die kantonalen Quellensteuertarife integriert sind.

2.2. Rückzahlung des Vorbezuges

[2] Vgl. BGE 2A.509/2003 vom 18. Mai 2004, Erw. 4.2.1 / Mitteilung über die berufliche Vorsorge Nr. 78, Ziffer 465

a) Rückerstattung der bezahlten Steuern

Falls die Rückzahlung des Vorbezuges aus den im Gesetz genannten Gründen zwingend oder fakultativ (Art. 30*d* Abs. 1 und 2, Art. 79*b* Abs. 3 BVG) erfolgt ist, gibt sie dem Vorsorgenehmer Anspruch auf zinslose Rückerstattung der seinerzeit an Bund, Kanton und Gemeinde bezahlten Steuern. Folgerichtig ist der Abzug des wieder einbezahlten Vorbezuges vom steuerbaren Einkommen ausgeschlossen. Das Recht auf Rückerstattung erlischt nach Ablauf von drei Jahren seit der Wiedereinzahlung des Vorbezuges (Art. 83*a* Abs. 2 und 3 BVG).

Für die Rückerstattung der Steuern ist ein schriftliches Gesuch an diejenige Steuerbehörde zu richten, die seinerzeit den Steuerbetrag erhoben hat. Dem Gesuch ist je eine Bescheinigung beizulegen über:

- die Rückzahlung, wobei die Vorsorgeeinrichtung hiefür das offizielle Formular der ESTV (Formular WEF) zu verwenden hat (Art. 7 Abs. 3 WEFV); die ESTV stellt dem Steuerpflichtigen eine Kopie dieser Bescheinigung für die Rückforderung zu;
- das im Wohneigentum investierte Vorsorgekapital (gestützt auf einen Registerauszug der ESTV);
- den an Bund, Kanton und Gemeinde entrichteten Steuerbetrag (Art. 14 Abs. 3 WEFV).

Bei mehreren Vorbezügen erfolgt die Rückerstattung der bezahlten Steuern in der gleichen zeitlichen Reihenfolge, wie zuvor die Vorbezüge stattgefunden haben. Eine Wiedereinzahlung führt somit bei mehreren Vorbezügen zur Tilgung des früheren vor dem späteren Vorbezug und dementsprechend auch zur Rückerstattung der auf diesem früheren Vorbezug bezahlten Steuern. Bei teilweiser Rückzahlung des vorbezogenen Betrages wird der Steuerbetrag im Verhältnis zum Vorbezug zurückerstattet. [3]

Eine ausländische Steuer, die gegebenenfalls zu bezahlen war (vgl. Ziff. 2.1), kann gestützt auf die Massnahmen der Wohneigentumsförderung mit Mitteln der 2. Säule, die internes Recht darstellen, nicht in der Schweiz zurückverlangt werden.

b) Ausgleich des durch einen WEF-Vorbezug entstandenen Zinsausfalls

Die Rückzahlung eines WEF-Vorbezuges umfasst immer nur den seinerzeit bezogenen Betrag, ohne den durch die Kapitalreduktion entstandenen Zinsausfall. Die durch den Zinsausfall entstandene Lücke kann nach erfolgter WEF-Rückzahlung mittels Einkauf von Beitragsjahren geschlossen werden. Dafür muss das Reglement der Vorsorgeeinrichtung einen Einkauf von Beitragsjahren auch nach dem Zeitpunkt des Eintritts in dieselbe vorsehen.

c) Keine WEF-Rückzahlung mit Mitteln, die bereits für die Vorsorge gebunden sind

Eine Rückzahlung des Vorbezuges für Wohneigentumsförderung ist nicht möglich mit Mitteln, die bereits für die Vorsorge gebunden sind wie z.B. der anlässlich einer Scheidung erhaltene Anteil an der Austrittsleistung, frei werdendes Vorsorgeguthaben bei einer Reduktion des Beschäftigungsgrades oder bereits bestehende Freizügigkeitsguthaben. Der für das

[3] Vgl. Anwendungsfall A.3.2.1 des Loseblattwerks Vorsorge und Steuern der Schweizerischen Steuerkonferenz, Cosmos Verlag, Stand: Frühling 2006

Wohneigentum investierte Betrag muss aus Mitteln, die noch nicht zu Vorsorgezwecken gebunden sind, zurückbezahlt werden. Aufgrund der Zweckgebundenheit der Mittel in der Säule 3a ist eine vorzeitige Ausrichtung im Sinne einer Direktüberweisung in die 2. Säule zum Zweck der Rückzahlung eines WEF-Vorbezuges nicht möglich.

2.3. Einkauf von Beitragsjahren

a) nach einem WEF-Vorbezug

Seit dem 1. Januar 2006 dürfen freiwillige Einkäufe in die berufliche Vorsorge erst wieder vorgenommen werden, wenn allfällig früher getätigte Vorbezüge für die Wohneigentumsförderung zurückbezahlt sind (Art. 79b Abs. 3 Satz 2 BVG).

Wurden Einkäufe getätigt, so dürfen die daraus resultierenden Leistungen innerhalb der nächsten drei Jahre nicht in Kapitalform aus der Vorsorge zurückgezogen werden (Art. 79b Abs. 3 Satz 1 BVG). Um einen Kapitalbezug handelt es sich auch bei einem Vorbezug für das Wohneigentum.

Gemäss Artikel 30d Absatz 3 Buchstabe a BVG ist eine WEF-Rückzahlung bis drei Jahre vor Entstehung des Anspruchs auf Altersleistungen zulässig. Es handelt sich hierbei um eine relativ zwingende Bestimmung, welche die Vorsorgeeinrichtungen zu Gunsten der versicherten Personen verkürzen oder ganz aufheben können. Dies unter der Bedingung, dass sie bezüglich Erfüllung ihrer nach Artikel 65 Absatz 1 BVG übernommenen Pflichten jederzeit Sicherheit bieten.[4] Personen, die gestützt auf eine solche reglementarische Bestimmung ihren WEF-Vorbezug nicht mehr zurückzahlen können, sollen nach Artikel 60d der Verordnung über die berufliche Alters-, Hinterlassenen- und Invalidenvorsorge (BVV 2; SR 831.441.1) trotzdem noch die Möglichkeit haben, Lücken in ihrer Vorsorge zu schliessen. Reglementarisch vorgesehene freiwillige Einkäufe sind im Umfang der übrigen Vorsorgelücken möglich. In diesen Fällen gilt die Beschränkung des Einkaufs nach Artikel 79b Absatz 3 Satz 1 BVG.

b) nach einer Scheidung

Das Scheidungsrecht gibt jedem Ehegatten einen Anspruch an der Hälfte der vom anderen Ehegatten während der Ehe erworbenen Austrittsleistung aus Einrichtungen der beruflichen Vorsorge. Ist während der Ehe ein Vorbezug zum Erwerb von Wohneigentum erfolgt, ist dieser Betrag in die Auseinandersetzung miteinzubeziehen. Die Vorsorgeeinrichtung hat nach der Ehescheidung dem verpflichteten Ehegatten die Möglichkeit zu geben, sich im Rahmen der übertragenen Austrittsleistung wieder einkaufen zu können (vgl. Art. 79b Abs. 4 BVG in Verbindung mit Artikel 22c des Bundesgesetzes über die Freizügigkeit in der beruflichen Alters-, Hinterlassenen- und Invalidenvorsorge [FZG; SR 831.42]). Die Bestimmungen über die Scheidung sind gemäss Artikel 22d FZG bei gerichtlicher Auflösung einer eingetragenen Partnerschaft sinngemäss anwendbar.

2.4. Zusatzversicherung

Die nach einem Vorbezug entstandene Verminderung der Risikodeckung bei Tod und Invalidität kann mit einer Zusatzversicherung ausgeglichen werden, welche die Vorsorgeeinrichtung selber anbietet oder vermittelt (Art. 30c Abs. 4 BVG). Eine solche Zusatzversicherung kann bei einer Versicherungsgesellschaft als gebundene Selbstvorsorge (Säule 3a) oder im Rahmen der freien Vorsorge (Säule 3b) abgeschlossen werden. Aus steuerlicher Sicht handelt es sich aber bei der Zusatzversicherung immer, d.h. auch bei Abschluss mit der Vorsorgeeinrichtung selber, um individuelle Vorsorge. Die steuerliche Abzugsfähigkeit für die ent-

[4] Vgl. BGE 2A.509/2003 vom 18. Mai 2004, Erw. 5.1

sprechenden Prämien richten sich nach den jeweiligen Vorsorgeformen (Art. 33 Abs. 1 Bst. e bzw. Bst. g DBG).

3. Verkauf des mit einem WEF-Vorbezug finanzierten Eigenheims

3.1. Kauf eines neuen Eigenheims innerhalb von zwei Jahren

Verkauft eine versicherte Person ihr Wohneigentum und kauft sie in den zwei darauf folgenden Jahren mit dem Erlös wieder ein Eigenheim, so kann der dem Vorbezug entsprechende Verkaufserlös vorübergehend auf ein Freizügigkeitskonto überwiesen werden, auf welchem Zinsen generiert werden. Dieses Geld kann innerhalb von zwei Jahren in neues Wohneigentum investiert werden (Art. 30*d* Abs. 4 BVG). Die Überweisung auf ein Freizügigkeitskonto („Wartekonto") zeitigt keine steuerlichen Wirkungen, da keine Rückzahlung des Vorbezugs erfolgt. Diese Lösung verhindert die Rückerstattung der bezogenen Steuer bei der Überweisung auf ein Freizügigkeitskonto gefolgt von einer neuen Besteuerung beim erneuten Kauf von Wohneigentum. Bei Reinvestition in ein Eigenheim verlassen jedoch die Zinsen, welche noch nie besteuert wurden, den Vorsorgebereich, indem sie vom Freizügigkeitskonto auf das Wohneigentum übertragen werden. Diese Zinsen unterliegen als Vorsorgekapital der Besteuerung nach Artikel 38 DBG, da es sich um eine Vorsorgeleistung gemäss Artikel 83*a* BVG handelt. Die Freizügigkeitseinrichtung hat in diesem Fall den Steuerbehörden einen Vorbezug für Wohneigentum im Umfang der Zinsen zu melden. Eine Meldung darüber muss seitens der Freizügigkeitseinrichtung auch an die Pensionskasse erfolgen (Art. 12 WEFV). Aus praktischen Gründen sind die auf dem Freizügigkeitskonto angefallenen Zinsen den Steuerbehörden nicht zu melden, solange sie den Betrag von Fr. 5'000.-- nicht übersteigen.

Tritt ein Vorsorgefall ein (Tod, Invalidität), obwohl der Verkaufserlös noch bei der Freizügigkeitseinrichtung „parkiert" ist, werden die Vorsorgeleistungen fällig und die versicherte Person kann den Vorbezug nicht mehr zurückbezahlen (vgl. Art. 30*d* Abs. 3 Bst. b BVG), es sei denn - im Todesfall - würde keine Vorsorgeleistung fällig (Art. 30*d* Abs. 1 Bst. c BVG). Der Umfang der angefallenen Zinsen (falls über Fr. 5'000.--) muss der ESTV gemeldet werden, da darüber steuerlich noch abzurechnen ist.

3.2. Kauf eines neuen Eigenheims nach Ablauf von zwei Jahren oder Verzicht auf Neukauf

Verzichtet die versicherte Person auf den Kauf eines neuen Eigenheims oder tätigt den Kauf erst nach Ablauf von zwei Jahren, muss der Vorbezug in die Pensionskasse zurückbezahlt werden. Die Freizügigkeitseinrichtung muss der Pensionskasse den Vorbezug inklusive der darauf anfallenden Zinsen überweisen, worauf die Pensionskasse die Rückzahlung des Vorbezuges (ohne Zinsen) mittels offiziellen Formulars bestätigen muss. In diesem Fall unterliegen die Zinsen keiner Besteuerung, da sie den Vorsorgekreis nicht verlassen.

4. Steuerliche Auswirkungen der Verpfändung von Vorsorgeguthaben

4.1. Verpfändung als solche

Aus der Verpfändung als solcher entstehen keine unmittelbaren steuerlichen Folgen, weil dabei nicht über das Vorsorgeguthaben oder Teile davon verfügt wird. Die Verpfändung dient lediglich als Sicherheitsleistung und gibt der versicherten Person die Möglichkeit, mit ihren Gläubigern ein höheres Darlehen, den Verzicht bzw. den Aufschub der Amortisation und/oder einen günstigeren Zinssatz zu vereinbaren.

4.2. Pfandverwertung

Führt die Verpfändung hingegen zu einer Pfandverwertung, ergeben sich die gleichen steuerlichen Folgen wie beim Vorbezug: Der Erlös aus der Pfandverwertung wird besteuert, wobei hierfür die gleichen Regeln wie bei der Besteuerung des Vorbezuges gelten. Folgerichtig sind nach einer Pfandverwertung dieselben Möglichkeiten einer Rückzahlung und daran anknüpfend der Rückerstattung der bezahlten Steuern wie beim Vorbezug gegeben (vgl. Ziff. 2.3.).

5. Pflichten der Vorsorgeeinrichtungen

5.1. Gegenüber dem Vorsorgenehmer

Die Vorsorgeeinrichtung hat dem Vorsorgenehmer die Rückzahlung des Vorbezuges auf dem von der Eidg. Steuerverwaltung (ESTV) herausgegebenen Formular WEF zu bescheinigen (Art. 7 Abs. 3 WEFV). Diese Meldung erfolgt in der Regel in Form eines Briefes unter Beilage einer Kopie der WEF-Meldung an die ESTV.

5.2. Gegenüber der ESTV

Die Vorsorgeeinrichtung hat den Vorbezug wie auch die Pfandverwertung sowie die Rückzahlung unaufgefordert innerhalb von 30 Tagen auf dem offiziellen WEF-Formular der Eidgenössischen Steuerverwaltung ESTV, Hauptabteilung Direkte Bundessteuer, Verrechnungssteuer, Stempelabgaben, Abteilung Erhebung, Eigerstrasse 65, 3003 Bern zu melden (Art. 13 Abs. 1 WEFV). Die Meldung hat auch dann zu erfolgen, wenn die Quellensteuer bereits abgezogen wurde. Die entsprechenden Formulare können direkt bei der Eidgenössischen Steuerverwaltung ESTV, Hauptabteilung Direkte Bundessteuer, Verrechnungssteuer, Stempelabgabe, Abteilung Erhebung, Eigerstrasse 65, 3003 Bern oder im Internet bestellt werden.

In der Meldung ist der Bruttobetrag anzugeben. Diese Meldung ersetzt jene, welche von der Vorsorgeeinrichtung gestützt auf das Verrechnungssteuergesetz (Verrechnungssteuer auf Versicherungsleistungen) zu erstatten gewesen wäre. Die im Verrechnungssteuergesetz vorgesehene Möglichkeit des Einspruchs gegen die Meldung wird im Falle eines Vorbezuges hinfällig.

6. Aufgaben der ESTV

Die ESTV Hauptabteilung Direkte Bundessteuer, Verrechnungssteuer, Stempelabgaben (Abteilung Erhebung) führt über sämtliche ihr von den Vorsorgeeinrichtungen gemeldeten Vorbezüge, Pfandverwertungen sowie Rückzahlungen Buch, d.h. sie unterhält für alle diese Transaktionen ein Register. Nachdem die Vorsorgeeinrichtung der ESTV die Rückzahlung des WEF-Vorbezuges auf dem WEF-Formular gemeldet hat, sendet die ESTV dem Steuerpflichtigen unaufgefordert (und nicht nur auf schriftliches Ersuchen wie in Art. 13 Abs. 3 WEFV festgehalten) einen Register-(Konto)auszug sowie eine Kopie der WEF-Meldung zu und weist sie auf die für die Steuerrückerstattung zuständige Behörde hin.

III. Wohneigentumsförderung mit Mitteln der gebundenen Selbstvorsorge (Säule 3a)

Die Altersleistung aus der gebundenen Selbstvorsorge kann wie bei der zweiten Säule für den Erwerb und die Erstellung von Wohneigentum zum Eigenbedarf, Beteiligung am Wohneigentum zum Eigenbedarf sowie für die Amortisation von Hypothekardarlehen ausgerichtet werden. Eine Rückzahlung, wie sie beim Vorbezug in der zweiten Säule vorgesehen ist, ist dagegen in der Säule 3a nicht möglich. Im Übrigen kann die versicherte Person den Anspruch auf Vorsorgeleistungen oder einen Betrag bis zur Höhe ihres Sparguthabens verpfänden, wobei die Artikel 8 - 10 WEFV sinngemäss gelten (vgl. Art. 4 Abs. 2 der Verordnung über die steuerliche Abzugsberechtigung für Beiträge an anerkannte Vorsorgeformen [BVV3; SR 831.461.3]). Die Begriffe "Wohneigentum", „Beteiligungen" und "Eigenbedarf" richten sich nach den Artikeln 2 - 4 WEFV.

IV. Inkrafttreten und Empfehlung an die Kantone

Das vorliegende Kreisschreiben gilt ab sofort und ersetzt das Kreisschreiben Nr. 23 vom 5. Mai 1995.

Der Vorstand der Schweizerischen Steuerkonferenz (SSK) hat das vorliegende Kreisschreiben genehmigt und empfiehlt den Kantonen, die darin festgehaltenen Regelungen in analoger Weise auch für die direkten Steuern der Kantone und Gemeinden zu übernehmen.

Schweizerische Eidgenossenschaft
Confédération suisse
Confederazione Svizzera
Confederaziun svizra

Eidgenössisches Finanzdepartement EFD
Eidgenössische Steuerverwaltung ESTV
Hauptabteilung Direkte Bundessteuer,
Verrechnungssteuer, Stempelabgaben

Direkte Bundessteuer

Bern, 13. Juli 2007

Kreisschreiben Nr. 16

Unzulässigkeit des steuerlichen Abzugs von Bestechungsgeldern

1. Einleitung

Das Bundesgesetz vom 22. Dezember 1999 über die Unzulässigkeit steuerlicher Abzüge von Bestechungsgeldern, in Kraft seit 1. Januar 2001, hat nachfolgende Änderungen der Artikel 27 Absatz 3 und 59 Absatz 2 des Bundesgesetzes vom 14. Dezember 1990 über die direkte Bundessteuer (DBG) vorgenommen:

Artikel 27 Absatz 3 DBG :
„Nicht abziehbar sind Zahlungen von Bestechungsgeldern im Sinne des schweizerischen Strafrechts an schweizerische oder fremde Amtsträger."

Artikel 59 Absatz 2 DBG :
„Nicht zum geschäftsmässig begründeten Aufwand gehören Zahlungen von Bestechungsgeldern im Sinne des schweizerischen Strafrechts an schweizerische oder fremde Amtsträger."

Das Bundesgesetz vom 14. Dezember 1990 über die Harmonisierung der direkten Steuern der Kantone und Gemeinden (StHG) enthält gleichlautende Bestimmungen (vgl. Art. 10 Abs. 1bis und 25 Abs. 1bis StHG).

Der Begriff „Bestechungsgelder" ist durch das Schweizer Strafrecht definiert; es ist deswegen angebracht, kurz die diesbezüglich relevanten Normen des Strafgesetzbuches (StGB) darzulegen.

Eidgenössische Steuerverwaltung ESTV
Eigerstrasse 65
3003 Bern
www.estv.admin.ch

2. Strafrechtliche Aspekte

Die Artikel 322ter ff. StGB stellen unter Strafe:

Das Angebot, das Versprechen oder die Gewährung eines nicht gebührenden Vorteils an ein Mitglied einer richterlichen oder anderen Behörde, an einen Beamten, an einen amtlich bestellten Sachverständigen, an Übersetzer oder Dolmetscher, an einen Schiedsrichter oder an einen Angehörigen der Armee, zu dessen Gunsten oder zu Gunsten eines Dritten,

- im Zusammenhang mit dessen amtlicher Tätigkeit für eine pflichtwidrige oder eine im Ermessen stehende Handlung oder Unterlassung (man spricht diesbezüglich von eigentlicher **Bestechung**)

oder

- im Hinblick auf die Amtsführung (man spricht diesbezüglich von **Vorteilsgewährung** zur „Klimapflege" für die Beeinflussung zukünftiger Amtshandlungen).

Der Vorteilsgeber sowie der Amtsträger sind strafbar. Im Gegensatz zur Vorteilsgewährung kann der Tatbestand der Bestechung sowohl einen schweizerischen als auch einen ausländischen Amtsträger betreffen[1].

2.1. Nicht gebührender Vorteil

Dieser Vorteil kann in verschiedenster Form auftreten. Gemäss herrschender Lehre gelten als Vorteile sämtliche nicht gebührenden Zuwendungen materieller oder immaterieller Art. Jede objektiv messbare, rechtliche, wirtschaftliche oder auch persönliche Besserstellung des Empfängers gilt als Vorteil. Klassisch ist die Zuwendung von Bargeld. Daneben fallen Sach- und Nutzzuwendungen wie z. B. die Zuwendung wertvoller Gegenstände, die Überlassung eines Leihwagens, die Gewährung von Firmenrabatten oder das Spendieren einer Reise unter den materiellen Vorteilsbegriff; ebenso der Verzicht auf geldwerte Leistungen (wie z.B. der Schuldenerlass oder eine negative Schuldanerkennung).

„Nicht gebührend" ist ein Vorteil, zu dessen Annahme der Amtsträger nicht berechtigt ist. Zuwendungen, deren Annahme dienstrechtlich erlaubt oder die geringfügig und sozial üblich sind, stellen keine „nicht gebührenden" Vorteile dar (Art. 322^{octies} Ziff. 2 StGB).

2.2. Beamtenbegriff

Der Vorteil muss sich auf das Verhalten einer Person richten, die der Judikative, Legislative oder der Exekutive angehört. In der Praxis wird es sich insbesondere um Staatsangestellte handeln. Der Beamtenbegriff wird in Artikel 110 StGB definiert. Privatpersonen, die im Auftrag des Staates öffentliche Aufgaben erfüllen, werden den Beamten gleichgestellt (Art. 322^{octies} Ziff. 3 StGB).

Der Vorteil kann dem Empfänger direkt vom Urheber der Bestechung oder indirekt über einen Dritten bzw. „Agenten" zufliessen. Ausserdem kann dieser Vorteil zugunsten des Amtsträgers oder eines Dritten gewährt werden (z. B. einer dem Amtsträger nahestehenden Person, einer Institution oder einer Partei, mit welcher der Amtsträger sozial oder ideell verbunden ist).

---

[1] Für einige konkrete Beispiele sei auf die Broschüre des Schweizer Staatssekretariats für Wirtschaft ‚Korruption vermeiden' verwiesen, http://www.seco.admin.ch/dokumentation/publikation/00035/00038/01711/index.html?lang=de.

2.3. Verantwortlichkeit

Gemäss Artikel 102 StGB, in Kraft seit 1. Oktober 2003, können für die von den Artikeln 322ter ff. StGB vorgesehenen Tatbestände sowohl die natürlichen Personen als auch die Unternehmen selber verantwortlich gemacht werden.

3. Steuerrechtliche Aspekte

3.1. Nichtabzugsfähigkeit von Bestechungsgeldern

Die Bestechungsgelder, die an schweizerische oder ausländische Amtsträger entrichtet werden, stellen nicht geschäftsmässig begründeten Aufwand dar und können daher nicht vom Einkommen aus selbständiger Erwerbstätigkeit oder vom Gewinn einer juristischen Person in Abzug gebracht werden.

3.2. Prüfungshandlungen

Es ist für die Steuerbehörde nicht einfach, herauszufinden, ob die steuerpflichtige Person den Abzug von Bestechungsgeldern im Sinne des Strafrechts zugunsten schweizerischer oder ausländischer Amtsträger verlangt. Diese werden häufig als „Servicegebühren", "after sales tax", „Agentengebühren", „Transportkosten", „Umtriebsentschädigungen", „Repräsentationsspesen", „Werbekosten" o.ä. bezeichnet.

Betreffend den Nachweis der geschäftsmässigen Begründung des verbuchten Aufwandes, insbesondere des Aufwandes von mit schweizerischen oder ausländischen öffentlichen Behörden geschlossenen Verträgen, wird auf das Kreisschreiben der ESTV Nr. 9 vom 22. Juni 2005 über den Nachweis des geschäftsmässig begründeten Aufwandes bei Ausland – Ausland – Geschäften verwiesen (1-009-DV-2005-d).

3.3. Anzeige der Straftaten an die Strafbehörden

Die steuerrechtlichen Bestimmungen, welche die Abzugsfähigkeit von Bestechungsgeldern ausschliessen, verpflichten die Steuerbehörden nicht dazu, den Strafbehörden die Bestechungs– und Vorteilsgewährungsfälle anzuzeigen, von denen sie in Ausübung ihres Amtes Kenntnis erlangt haben. Eine allfällige Strafanzeige unterliegt der Einwilligung durch die kantonale vorgesetzte Behörde (Art. 320 Ziff. 2 StGB).

Eine Anzeige wegen Steuerbetrugs bleibt vorbehalten.

3.4. Weitere Informationen

Weitere Informationen enthält auch das „Handbuch ‚Bestechung und Korruption' für den Innen- und Außendienst der Steuerverwaltung", welches durch die Kommission für Steuerangelegenheiten der Direktion für finanzielle und unternehmerische Angelegenheiten der OECD herausgegeben wurde (http://www.keepeek.com/Digital-Asset-Management/oecd/taxation/handbuch-bestechung-und-korruption-fur-den-innen-und-aussendienst-der-steuerverwaltung_9789264206564-de#page1).

Schweizerische Eidgenossenschaft
Confédération suisse
Confederazione Svizzera
Confederaziun svizra

Eidgenössisches Finanzdepartement EFD
Eidgenössische Steuerverwaltung ESTV
Hauptabteilung Direkte Bundessteuer,
Verrechnungssteuer, Stempelabgaben

Direkte Bundessteuer

Bern, 6. November 2007

Kreisschreiben Nr. 14

Verkauf von Beteiligungsrechten aus dem Privat- in das Geschäftsvermögen eines Dritten („indirekte Teilliquidation")

1. Einleitung

Mit dem Bundesgesetz über dringende Anpassungen bei der Unternehmensbesteuerung vom 23. Juni 2006 wurden in Artikel 20a des Bundesgesetzes vom 14. Dezember 1990 über die direkte Bundessteuer (DBG) besondere Fälle des steuerbaren Vermögensertrages aus Beteiligungen gesetzlich normiert. In Absatz 1 Buchstabe a wird der Tatbestand der indirekten Teilliquidation gesetzlich geregelt. Das vorliegende Kreisschreiben dient der Auslegung von Artikel 20a Absatz 1 Buchstabe a DBG. Es ist eine Anleitung zur Abgrenzung zwischen steuerfreiem privatem Kapitalgewinn und steuerbarem Vermögensertrag aus Beteiligungsverkäufen an Dritte.

2. Systematik

Nach Artikel 20a Absatz 1 Buchstabe a DBG fällt aus dem Verkauf von Beteiligungsrechten steuerbarer Ertrag aus beweglichem Vermögen an, soweit die folgenden, gesetzlich normierten Tatbestandselemente kumulativ erfüllt sind.

3. Tatbestandselemente

3.1. Verkauf

Die Übertragung erfolgt durch Verkauf.

3.2. Qualifizierende Beteiligung

Der Verkauf umfasst eine Beteiligung von mindestens 20 % am Grund- oder Stammkapital einer Kapitalgesellschaft oder Genossenschaft („Zielgesellschaft").

3.3. Systemwechsel

Der Verkauf erfolgt aus dem Privat- in das Geschäftsvermögen einer anderen natürlichen oder juristischen Person (Wechsel vom Nennwert- ins Buchwertprinzip).

3.4. Ausschüttungsfrist

Innerhalb von 5 Jahren nach dem Verkauf erfolgen Ausschüttungen (vgl. Ziff. 3.5 und 4.5).

3.5. Ausschüttung

Bei den Ausschüttungen handelt es sich um Substanzentnahmen.

3.6. Handelsrechtlich ausschüttungsfähige Reserven / nichtbetriebsnotwendige Substanz

Die ausgeschüttete Substanz war im Zeitpunkt des Verkaufes bereits vorhanden, handelsrechtlich ausschüttungsfähig und nichtbetriebsnotwendig.

3.7. Mitwirkung

Der Verkäufer weiss oder muss wissen, dass der Gesellschaft zwecks Finanzierung des Kaufpreises Mittel entnommen und nicht wieder zugeführt werden (Art. 20a Abs. 2 DBG).

4. Abgrenzungsfragen

4.1. Verkauf

Mit dem Erfordernis des Verkaufes wird eine entgeltliche Übertragung vorausgesetzt. Der Tausch als Kombination von entgeltlichen Rechtsgeschäften ist ebenfalls erfasst. Werden Aktien von Mitarbeitern auf Grund einer mit deren Erwerb im Zusammenhang stehenden, zwingenden Regelung veräussert, so stellt dies keinen Verkauf im Sinne von Artikel 20a Absatz 1 Buchstabe a DBG dar.

4.2. Qualifizierende Beteiligung

Nur der Verkauf einer Beteiligung von mindestens 20 % am Grund- oder Stammkapital einer Kapitalgesellschaft oder Genossenschaft fällt in den Anwendungsbereich von Artikel 20a DBG. Massgebend sind nur Verkäufe durch in der Schweiz unbeschränkt steuerpflichtige natürliche Personen, welche beim ersten Verkauf mindestens 20 % dieser Beteiligungsrechte im Privatvermögen halten. Werden die Beteiligungsrechte zeitlich gestaffelt verkauft, so fallen alle Verkäufe unter Artikel 20a Absatz 1 Buchstabe a DBG, sobald innerhalb von 5 Jahren ab dem ersten Verkauf insgesamt mindestens 20 % veräussert worden sind.

Die qualifizierende Beteiligungsquote kann auch mit dem Verkauf durch mehrere, in der Schweiz unbeschränkt steuerpflichtige, natürliche Personen erreicht werden, welche die Beteiligungsrechte im Privatvermögen halten (gemeinsamer Verkauf). Ein gemeinsamer Verkauf erfordert eine gemeinsame Willensbildung. Eine solche ist bei der Annahme eines öffentlichen Übernahmeangebots (Art. 22 - 33 BEHG[1]) nicht gegeben. Wenn die Verkäufer gleichzeitig an den Erwerber veräussern, fallen die Verkäufe unter Artikel 20a Absatz 1 Buchstabe a DBG, wenn alle veräusserten Beteiligungsrechte dieser Personen zusammen mindestens 20 % am Grund- oder Stammkapital der Zielgesellschaft ausmachen. Erfolgt ein gemeinsamer Verkauf durch mehrere Verkäufer zeitlich gestaffelt, so stellt jeder einzelne dieser Verkäufe einen nach Artikel 20a Absatz 1 Buchstabe a DBG qualifizierenden Verkauf dar, sobald insgesamt innerhalb von 5 Jahren mindestens 20 % am Grund- oder Stammkapital der Zielgesellschaft veräussert worden sind. Gilt ein Verkauf infolgedessen als qualifizierender Verkauf, so bleibt diese Qualifikation bestehen.

[1] Bundesgesetz vom 24. März 1995 über die Börsen und den Effektenhandel (Börsengesetz; BEHG)

4.3. Systemwechsel

Durch den Verkauf werden die Beteiligungsrechte aus dem Privatvermögen des Verkäufers in das Geschäftsvermögen einer natürlichen oder einer juristischen Person mit Wohnsitz oder Sitz im In- oder Ausland überführt. Erklärt die Käuferin die Beteiligungsrechte im Zeitpunkt des Erwerbs zu gewillkürtem Geschäftsvermögen nach Artikel 18 Absatz 2 DBG, so liegt ebenfalls ein Systemwechsel vor.

4.4. Ausschüttungsfrist

Die Ausschüttungsfrist von 5 Jahren beginnt im Zeitpunkt des Verkaufs, der nach den allgemeinen Grundsätzen über den Zufluss von Einkommen bestimmt wird. Massgeblich ist somit in der Regel der Zeitpunkt des Verpflichtungsgeschäfts, sofern die Erfüllung nicht von vornherein als unsicher betrachtet werden muss (BGE 2P.323/2003 vom 7. Mai 2005 = StE 2005 A 24.21 Nr. 16). Im Falle von gestaffelten Verkäufen von insgesamt 20 % innerhalb von 5 Jahren (vgl. Ziffer 4.2) beginnt für jeden Verkauf ein eigener Fristenlauf.

4.5. Ausschüttung

Ausschüttungen nach Artikel 20a Absatz 1 Buchstabe a DBG sind nicht nur Dividenden aufgrund eines formellen Beschlusses der Generalversammlung, sondern auch verdeckte Gewinnausschüttungen sowie andere geldwerte Vorteile zu Gunsten der Käuferin oder deren Aktionäre. Solche geldwerten Vorteile können unter anderem erfolgen durch

- Naturaldividenden,
- nicht dem Drittvergleich entsprechende Darlehen der Zielgesellschaft oder unter deren einheitlichen Leitung stehender Gesellschaften an die Käuferin, deren Rückzahlung gefährdet erscheint und die bei der darlehensgebenden Gesellschaft eine Vermögenseinbusse bewirken,
- Sicherheiten der Zielgesellschaft oder unter deren einheitlichen Leitung stehender Gesellschaften für Darlehen Dritter an die Käuferin, deren Beanspruchung wahrscheinlich erscheint, und die bei der sicherheitstellenden Gesellschaft eine Vermögenseinbusse bewirken.

Auch Umstrukturierungen können allenfalls zu solchen geldwerten Vorteilen führen.

4.6. Handelsrechtlich ausschüttungsfähige Reserven / nichtbetriebsnotwendige Substanz

4.6.1. Grundsatz

Grundlage für die Anwendung von Artikel 20a Absatz 1 Buchstabe a DBG ist der handelsrechtskonforme Einzelabschluss der Zielgesellschaft zu dem Zeitpunkt, in welchem die Ausschüttungsfrist zu laufen beginnt (Ziff. 3.4 und 4.4).

Die Beurteilung der handelsrechtlich ausschüttungsfähigen Reserven sowie der nichtbetriebsnotwendigen Substanz erfolgt unter der Optik der unveränderten Weiterführung der betrieblichen Tätigkeit durch den Verkäufer. Künftige Veränderungen sind unbeachtlich.

Dividenden aus den ab dem Verkaufsjahr ausschüttungsfähigen ordentlichen Jahresgewinnen der Zielgesellschaft stellen keine Ausschüttung von Substanz im Sinne von Artikel 20a Absatz 1 Buchstabe a DBG dar („ordentliche Dividenden"). Dies gilt auch für die Ausschüttung von Reserven aus solchen Gewinnen, soweit diese nicht durch ab dem Verkauf erlittene Verluste kompensiert sind. Darüber hinausgehende Ausschüttungen sind qualifizierende Substanzausschüttungen.

4.6.2. Handelsrechtlich ausschüttungsfähige Reserven

Die handelsrechtlich ausschüttungsfähigen Reserven bestimmen sich nach dem Bestand des in der letzten, vor dem jeweiligen Verkaufszeitpunkt liegenden, handelsrechtskonformen Bilanz der Zielgesellschaft ausgewiesenen Eigenkapitals unter Abzug des Aktien- oder Stammkapitals sowie des maximal möglichen Umfanges der gesetzlichen Reserven gemäss Bundesgesetz vom 30. März 1911 über das Obligationenrecht (Art. 671, 671a, 671b; 805; 860 OR) respektive gemäss analogen Bestimmungen im ausländischen Recht.

4.6.3. Nichtbetriebsnotwendige Substanz

Die Beurteilung, ob nichtbetriebsnotwendige Substanz vorliegt, erfolgt auf den Stichtag des jeweiligen qualifizierenden Beteiligungsverkaufes nach betriebswirtschaftlichen Kriterien. Sie bezieht sich auf die Zielgesellschaft sowie alle weiteren Gesellschaften, welche im Sinne von Artikel 61 Absatz 3 DBG unter deren einheitlicher Leitung stehen. Die Prüfung bei den unter einheitlicher Leitung der Zielgesellschaft stehenden Gesellschaften erfolgt je einzeln und nach denselben Kriterien wie für die Zielgesellschaft.

Vermutungsweise wird davon ausgegangen, dass eine Ausschüttung, welche die seit dem Verkaufszeitpunkt erwirtschafteten Gewinne der Gesellschaft übersteigt, als nichtbetriebsnotwendige Substanz gilt.

4.6.4. Bewertung der nichtbetriebsnotwendigen Substanz

Die Bewertung der nichtbetriebsnotwendigen Substanz, welche im Zeitpunkt des Verkaufs bereits vorhanden war, hat nach anerkannten Bewertungsgrundsätzen zu erfolgen. Dabei sind die zuordenbaren Passiven abzuziehen und die latenten Steuern auf den stillen Reserven zu berücksichtigen. Diese Bewertung ist erst dann vorzunehmen, wenn innerhalb der Ausschüttungsfrist (Ziff. 4.4) eine Ausschüttung (Ziff. 4.5) erfolgt.

4.7. Mitwirkung

Das Kriterium der Mitwirkung kann nur im Zusammenhang mit einer Ausschüttung (vgl. Ziff. 3.5 und 4.5) beurteilt werden. Damit kann ohne konkrete Ausschüttung insbesondere nicht ausgeschlossen werden, dass dieses Kriterium erfüllt ist.

Der Wortlaut von Artikel 20a Absatz 2 DBG entspricht der Formulierung in verschiedenen Bundesgerichtsentscheiden zum bisherigen Recht (StE 2002, B 24.4 Nr. 63; ASA 60, 537 Erw. 6b; ASA 59, 717 Erw. 5b). In diesem Punkt kann die Bundesgerichtspraxis herangezogen werden. Eine Mitwirkung gemäss Artikel 20a Absatz 2 DBG liegt vor, wenn der Verkäufer weiss oder wissen muss, dass der Zielgesellschaft im Zeitpunkt der Veräusserung bereits bestehende, nichtbetriebsnotwendige und ausschüttungsfähige Mittel entzogen werden und diese dem Verkäufer in Form des Kaufpreises zufliessen. Ein solcher Entzug liegt dann vor, wenn die Käuferin den Kaufpreis aus einer Mittelentnahme (offene oder verdeckte Gewinnausschüttung) aus der Zielgesellschaft entrichtet, oder wenn sie die ursprüngliche Eigen- oder Fremdfinanzierung des Kaufpreises durch eine solche Mittelentnahme refinanziert.

Ob die Zielgesellschaft bei der Veräusserung der Beteiligungsrechte durch ein Zusammenwirken von Verkäufer und Käufer teilweise liquidiert und dem Verkäufer dadurch eine geldwerte Leistung ausgerichtet wird, ist nach objektiven Kriterien und aufgrund der gesamten für die Finanzierung massgebenden Umständen zu entscheiden (StE 2002, B 24.4 Nr. 63; A-

SA 60, 537 Erw. 6b; 59, 717, Erw. 5d). Das Zusammenwirken zwischen Verkäufer und Käufergesellschaft kann aktiv erfolgen, z.B. durch:

- Gewährung eines Darlehens des Verkäufers an die Käuferin;
- Verrechnung einer Schuld des Verkäufers gegenüber der Zielgesellschaft mit dem Kaufpreis;
- Sicherheitsleistungen der Zielgesellschaft für Darlehen Dritter an die Käuferin im Zeitpunkt des Verkaufs;
- Hinterlegung der veräusserten Beteiligungsrechte durch den Verkäufer als Sicherheit für eine Fremdfinanzierung des Kaufpreises;
- Verpflichtung des Verkäufers, Aktiven der Zielgesellschaft in flüssige Form zu bringen;
- Einräumung der Verfügungsgewalt über die Aktiven der Zielgesellschaft an den Käufer vor Bezahlung des Kaufpreises.

Die Mitwirkung kann indessen auch passiv erfolgen, namentlich dann, wenn davon ausgegangen werden muss, dass der Verkäufer von der bevorstehenden Substanzentnahme weiss oder wissen muss. Dies ist zum Beispiel der Fall, wenn:

- die Beteiligungsrechte an eine Käuferin veräussert werden, die über ungenügende finanzielle Mittel verfügt, um den Kaufpreis aus eigener Kraft bzw. aus künftigen ordentlichen Dividenden der Zielgesellschaft zu begleichen (ASA 59, 717 Erw. 7; BGE 2A.648/2005);
- der Verkäufer um die Absicht der Käuferin weiss, mit der Zielgesellschaft zu fusionieren.

Sofern der Verkäufer in seiner Eigenschaft als Beteiligter von einer beabsichtigten Fusion zwischen der Zielgesellschaft und der Käuferin wusste, liegt durch den Verkauf ebenfalls eine Mitwirkung bei der Substanzentnahme vor. Gemäss Bundesgericht spielt der Umstand, dass der Verkäufer keine Kenntnis von der Fusion hatte, allerdings dann keine Rolle für die Beurteilung der Mitwirkung, sofern der Verkäufer damit rechnen musste, dass die mit seiner Mitwirkung der verkauften Gesellschaft entzogenen Mittel dieser nicht wieder zugeführt würden (ASA 66, 146, Erw. 5c, bb).

Die Mitwirkung kann auch bei einer finanzstarken Käufergesellschaft erfüllt sein. Der Hinweis der Verkaufspartei auf die starke Finanzkraft der Käuferin bzw. des Konzerns, dem die Käufergesellschaft angehört, vermag nicht zu belegen, er habe nicht mit dem Gebrauch dieser Mittel für den Erwerb der Aktien rechnen können (ASA 66, 146 Erw. 5c, bb).

5. Steuerfolgen und Verfahren

5.1. Besteuerung

5.1.1. Umfang

Soweit Ausschüttungen im Sinne von Ziffer 3.5 und 4.5 erfolgen, wird der Verkaufserlös bei der Verkaufspartei (teilweise) als steuerbarer Vermögensertrag erfasst. Dabei bildet die kleinste der folgenden Grössen (nach Massgabe der veräusserten Beteiligungsquote) den steuerbaren Vermögensertrag:

- Verkaufserlös: Dazu gehört der gesamte Verkaufserlös mit den unter suspensiven oder resolutiven Bedingungen vereinbarten Beträgen. Der Nominalwert der veräusserten Beteiligungsrechte reduziert den Verkaufserlös nicht;
- Ausschüttungsbetrag (gemäss Ziff. 3.5 und 4.5);
- Handelsrechtlich ausschüttungsfähige Reserven (gemäss Ziff. 3.6 und 4.6.2);
- Nichtbetriebsnotwendige Substanz (gemäss Ziff. 3.6, 4.6.3 und 4.6.4).

5.1.2. Periodengerechte Zuordnung

Der steuerbare Vermögensertrag wird nach dem Realisationsprinzip derjenigen Steuerperiode zugerechnet, in welcher der qualifizierende Verkauf stattgefunden hat. Werden die Beteiligungsrechte gestaffelt verkauft (Ziff. 4.2), so wird der steuerbare Vermögensertrag im Verhältnis der betreffenden Verkaufserlöse auf die entsprechenden Steuerjahre aufgeteilt. Ist die von einem solchen Vermögensertrag betroffene Steuerperiode bereits rechtskräftig veranlagt, so wird die Steuer im Nachsteuerverfahren nach Artikel 151 ff. DBG erhoben.

5.2. Rechtsverbindliche Auskünfte

Für rechtsverbindliche Auskünfte gelten die allgemeinen Grundsätze des Verwaltungsrechts. Sie können deshalb nur durch die für den Verkäufer zuständige Veranlagungsbehörde erteilt werden. Für die Beurteilung, ob eine indirekte Teilliquidation vorliegt, gelten die folgenden Präzisierungen:

Erfolgt eine Anfrage vor dem Verkauf, so kann sich eine Auskunft nur auf diesen Zeitpunkt und auf die folgenden Punkte beziehen:

- Das Vorliegen der folgenden objektiven Tatbestandselemente: Verkauf, Systemwechsel, Fristenlauf, handelsrechtlich ausschüttungsfähige Reserven;
- Das Vorliegen einer qualifizierenden Beteiligung, allenfalls unter dem Vorbehalt weiterer Verkäufe in den folgenden 5 Jahren;
- Sachverhalte, die unter dem Aspekt der Ausschüttung zu prüfen sind, und die sich gleichzeitig mit oder kurz nach dem Verkauf verwirklichen sollen.

Das Vorliegen einer indirekten Teilliquidation kann zu diesem Zeitpunkt nur dann ausgeschlossen werden, wenn entweder eines der objektiven Tatbestandselemente nicht erfüllt oder offensichtlich keine nichtbetriebsnotwendige Substanz vorhanden ist.

Beinhaltet eine Anfrage eine vollständige Beschreibung eines Vorganges, der eine Ausschüttung darstellen könnte (vgl. Ziff. 3.5. und 4.5.), so äussert sich die Auskunft auch über das Vorliegen einer Ausschüttung. Wird dieser konkret geplante Vorgang als Ausschüttung qualifiziert, so nimmt die Auskunft auch Stellung zum Umfang der nicht betriebsnotwendigen Substanz (Ziff. 3.6. und 4.6.), zu deren Bewertung (Ziff. 4.6.4.) und zur Mitwirkung (Ziff. 3.7. und 4.7.).

6. Geltungsbereich / Inkrafttreten

Dieses Kreisschreiben gilt für Verkäufe von qualifizierenden Beteiligungen gemäss Artikel 20a Absatz 1 Buchstabe a DBG durch in der Schweiz unbeschränkt steuerpflichtige natürliche Personen aus deren Privatvermögen. Es ist hingegen nicht anwendbar für den Bereich der Verrechnungssteuer.

Dieses Kreisschreiben tritt am 1. Januar 2007 in Kraft, es ist gemäss Artikel 205b DBG anwendbar für alle nicht rechtskräftigen Veranlagungen von Erträgen, welche im Steuerjahr 2001 und später realisiert wurden. Der Erlass der Rückwirkungsbestimmung erfolgte unter dem System der Gegenwartsbemessung, weshalb als Steuerjahr 2001 das Kalenderjahr 2001 zu verstehen ist.

Die Praxis der ESTV gemäss Entwurf Kreisschreiben Nr. 7 vom 14. Februar 2005 gilt für alle Aktienverkäufe, welche bis und mit dem Steuerjahr 2000 vorgenommen worden sind.

Soweit nach der bisherigen Rechtsprechung und Praxis für Verkäufe bis und mit 31. Dezember 2006 ein Vermögensertrag aus indirekter Teilliquidation besteuert und infolge eines Verkäuferdarlehens ein sogenannter Revers über einen Aufschub der Besteuerung gewährt wurde, ist für die vom Revers erfassten Kaufpreisanteile das neue Recht anwendbar, soweit die entsprechenden Veranlagungen noch nicht rechtskräftig sind.

Hauptabteilung Direkte Bundessteuer,
Verrechnungssteuer, Stempelabgaben

Eidgenössische Steuerverwaltung ESTV
Administration fédérale des contributions AFC
Amministrazione federale delle contribuzioni AFC
Administraziun federala da taglia AFT

Direkte Bundessteuer

Bern, 31. August 2005

Kreisschreiben Nr. 11

Abzug von Krankheits- und Unfallkosten sowie von behinderungsbedingten Kosten

Inhaltsverzeichnis

Anhang: Fragebogen für Ärzte

1. Ausgangslage

Bis Ende 2004 konnten Krankheits-, Unfall- und Invaliditätskosten des Steuerpflichtigen[1] und der von ihm unterhaltenen Personen abgezogen werden, soweit der Steuerpflichtige die Kosten selber trug und diese 5 % der um die Aufwendungen (Art. 26 – 33 des Bundesgesetzes vom 14. Dezember 1990 über die direkte Bundessteuer[2] [DBG]) verminderten steuerbaren Einkünfte überstiegen (Art. 33 Abs. 1 Bst. h DBG in der Fassung bis 31. Dezember 2004). Mit der Verabschiedung des Bundesgesetzes vom 13. Dezember 2002 über die Beseitigung von Benachteiligungen von Menschen mit Behinderungen[3] (Behindertengleichstellungsgesetz, BehiG) sind steuerliche Erleichterungen für behinderte Menschen eingeführt worden, was zu einer Änderung der entsprechenden Bestimmungen im DBG geführt hat. Diese hat der Bundesrat per 1. Januar 2005 in Kraft gesetzt.

2. Gesetzliche Grundlagen

Art. 33 Abs. 1 Bst. h und h^{bis} DBG haben neu folgenden Wortlaut:

[1] Von den Einkünften werden abgezogen:

h *die Krankheits- und Unfallkosten des Steuerpflichtigen und der von ihm unterhaltenen Personen, soweit der Steuerpflichtige die Kosten selber trägt und diese 5 Prozent der um die Aufwendungen (Art. 26 – 33) verminderten steuerbaren Einkünfte übersteigen;*

h^{bis} *die behinderungsbedingten Kosten des Steuerpflichtigen oder der von ihm unterhaltenen Personen mit Behinderungen im Sinne des Behindertengleichstellungsgesetzes vom 13. Dezember 2002, soweit der Steuerpflichtige die Kosten selber trägt.*

Art. 2 Abs. 1 BehiG umschreibt eine behinderte Person wie folgt:

[1] In diesem Gesetz bedeutet Mensch mit Behinderungen (Behinderte, Behinderter) eine Person, der es eine voraussichtlich dauernde körperliche, geistige oder psychische Beeinträchtigung erschwert oder verunmöglicht, alltägliche Verrichtungen vorzunehmen, soziale Kontakte zu pflegen, sich fortzubewegen, sich aus- und fortzubilden oder eine Erwerbstätigkeit auszuüben.

Im Gegensatz zu den Krankheits- und Unfallkosten ist bei den behinderungsbedingten Kosten *kein Selbstbehalt* zu berücksichtigen.

3. Krankheits- und Unfallkosten

3.1 Begriff

Zu den Krankheits- und Unfallkosten werden die Ausgaben für medizinische Behandlungen,

---

[1] Zur besseren Lesbarkeit des Kreisschreibens wird auf eine geschlechtsneutrale Formulierung verzichtet. Selbstverständlich sind aber jeweils sowohl weibliche als auch männliche Personen gemeint resp. angesprochen.

[2] SR **642.11**

[3] SR **151.3**

d.h. die Kosten für Massnahmen zur Erhaltung und Wiederherstellung der körperlichen oder psychischen Gesundheit, insbesondere die Kosten für ärztliche Behandlungen, Spitalaufenthalte, Medikamente, Impfungen, medizinische Apparate, Brillen und Kontaktlinsen, Therapien, Drogenentzugsmassnahmen etc. gerechnet.

Nicht als Krankheits- und Unfallkosten, sondern als nicht abzugsfähige Lebenshaltungskosten gelten Aufwendungen, welche

- den Rahmen üblicher und notwendiger Massnahmen übersteigen (vgl. BGE 2A.318/2004 vom 7. Juni 2004);

- nur mittelbar oder indirekt mit einer Krankheit oder einer Heilung bzw. einer Pflege in Zusammenhang stehen (z.B. Transportkosten zum Arzt, Besucherkosten, Ersatz von Bodenbelägen für Asthmatiker);

- der Prävention dienen (z.B. Abonnement für Fitness-Center);

- zum Zwecke der Selbsterfahrung, Selbstverwirklichung oder Persönlichkeitsreifung (z.B. Psychoanalysen) oder der Erhaltung oder Steigerung der körperlichen Schönheit und des körperlichen Wohlbefindens (z.B. Schönheits- oder Verjüngungsbehandlungen, Schlankheitskuren oder -operationen, sofern sie nicht ärztlich verordnet sind) getätigt werden.

Keine Krankheitskosten stellen weiter die Krankenkassenprämien dar. Sie können nur im Rahmen des Abzuges nach Art. 212 Abs. 1 DBG berücksichtigt werden.

3.2 Kategorien

3.2.1 Kosten für Zahnbehandlungen

Zahnbehandlungskosten sind den Krankheitskosten gleichgestellt, sofern es sich um Kosten zur Behebung von Zahnkrankheiten, Kosten für Zahnkorrekturen, für kieferorthopädische Eingriffe oder für Dentalhygiene handelt. Nicht abzugsfähig sind hingegen Kosten, die durch Behandlungen rein kosmetischer Art (z.B. Bleichen) verursacht werden.

3.2.2 Kosten für Heilmassnahmen

Die Kosten besonderer Heilmassnahmen wie Massagen, Bestrahlungen, Heilbäder, Kuraufenthalte, Physiotherapie, Ergotherapie, Logopädie, Psychotherapie etc. gelten als abzugsfähig, sofern sie ärztlich verordnet sind und von diplomierten Personen durchgeführt werden.

3.2.3 Kosten für Kuraufenthalte

Die Kosten für ärztlich verordnete Kur- und Erholungsaufenthalte gelten als Krankheitskosten, soweit die Auslagen die im eigenen Haushalt eingesparten Lebenshaltungskosten, d.h. jedenfalls mindestens die eingesparten Verpflegungskosten, übersteigen (Ansätze gemäss Merkblatt N2/2001 der ESTV [Naturalbezüge von Arbeitnehmenden], derzeit CHF 20.-- pro Tag für eine erwachsene Person). Nicht als Krankheitskosten anerkannt werden die Transportkosten (vgl. Ziff. 3.2.9) sowie eigentliche Luxusausgaben im Bereich der Hotellerie.

3.2.4 Kosten für Alternativmedizin

Das Bedürfnis nach naturheilärztlicher Behandlung nimmt in unserer Gesellschaft stetig zu. Die Alternativmedizin wird auch von der Schulmedizin immer häufiger als Komplementärmedizin anerkannt. Diesem Trend haben sich auch die Krankenkassen nicht verschlossen und bieten im Bereich der Zusatzversicherung Versicherungen für naturheilärztliche Leistungen an. Unter Berücksichtigung des Spannungsfeldes zwischen Schulmedizin und naturheilärztlichen Behandlungsmethoden darf die (schul-)ärztliche Verordnung nicht mehr als notwendiges Kriterium für die Anerkennung als abzugsfähige Krankheitskosten herangezogen werden.

Die Kosten für naturheilärztliche Behandlungen gelten deshalb als abzugsfähig, wenn die Behandlung von einem anerkannten Naturheilpraktiker verordnet wird.

3.2.5 Kosten für Medikamente und Heilmittel

Die Kosten für Medikamente und Heilmittel werden nur zum Abzug zugelassen, wenn sie von einem Arzt oder einem anerkannten Naturheilpraktiker verordnet sind (vgl. VGer TG V64 vom 17. März 2004).

3.2.6 Pflegekosten

Abzugsfähig sind die Kosten für die krankheits- oder unfallbedingte ambulante Pflege zu Hause. Unwesentlich ist dabei, wer diese Pflegeleistungen erbringt (Krankenschwester, Spitexorganisationen, private Pflegekräfte etc.). Kein Abzug kann jedoch gemacht werden für unentgeltlich erbrachte Pflegeleistungen.

Werden die Dienste einer ambulanten Pflege, die auch den Haushalt besorgt, in Anspruch genommen, so sind diese Kosten angemessen in Pflege- und nichtabziehbare Lebenshaltungskosten aufzuteilen.

3.2.7 Pflegekosten in Alters- und Pflegeheimen

Altersgebrechen gelten erst ab einem bestimmten Grad als Behinderung (vgl. Ziff. 4.1 d). Da davon ausgegangen wird, dass Bewohner von Altersheimen, für welche ein Pflege- und Betreuungsaufwand von weniger als 60 Minuten pro Tag anfällt, ohne medizinische Indikation im Heim wohnen, stellen in diesem Fall die Heimkosten grundsätzlich Lebenshaltungskosten dar und sind nicht abzugsfähig. Separat in Rechnung gestellte Pflegekosten sind jedoch als Krankheitskosten abziehbar. Zu Pflegeheimkosten bei Behinderung vgl. Ziff. 4.3.4.

3.2.8 Kosten für Fortpflanzungshilfen

Sowohl die Kosten für Hormonbehandlungen, als auch diejenigen, welche aufgrund von homologer künstlicher Insemination oder In-vitro-Fertilisation anfallen, werden als abzugsfähige Krankheitskosten anerkannt. Die Abzugsfähigkeit besteht auch, wenn der Eingriff und damit die Kosten beim "gesunden" Ehepartner anfallen (vgl. VGer ZH vom 4. Juli 2001 [Zürcher Steuerpraxis ZStP 2001, 288 ff.], VRK SG vom 26. Februar 2004 [St. Galler Steuerentscheide SGE 2004 Nr. 3]).

3.2.9 *Transportkosten*

Transportkosten zum Arzt, zu Therapien etc. stehen mit der Behandlung einer Krankheit bzw. eines Unfalls in der Regel nur indirekt in Zusammenhang. Sie sind deshalb grundsätzlich nicht als Krankheits- bzw. Unfallkosten abzugsfähig. Ausnahmsweise sind medizinisch notwendige Transport-, Rettungs- und Bergungskosten abzugsfähig, sofern aus gesundheitlichen Gründen weder die Benützung des öffentlichen Verkehrsmittels noch des privaten Motorfahrzeugs möglich oder zumutbar ist (z.B. Transport mit dem Krankenwagen, der Rega etc.).

3.2.10 *Kosten für Diäten*

Die Mehrkosten einer ärztlich angeordneten, lebensnotwendigen Diät (z.B. bei Zöliakie, Diabetes) können abgezogen werden. Gleiches gilt für die Mehrkosten von Spezialnahrung (Aufbau- und Sonderkost, Ergänzungsnahrung etc.), die auf ärztliche Anordnung hin eingenommen werden muss.

Anstelle des Abzugs der effektiven Kosten kann bei andauernden, lebensnotwendigen Diäten eine Pauschale von CHF 2'500.-- geltend gemacht werden. An Diabetes erkrankte Personen können jedoch nur die effektiven Mehrkosten zum Abzug bringen.

4. Behinderungsbedingte Kosten

4.1 Behinderte Person

Ein Mensch mit Behinderung ist eine Person, der es eine *voraussichtlich dauernde körperliche, geistige oder psychische Beeinträchtigung* erschwert oder verunmöglicht, alltägliche Verrichtungen vorzunehmen, soziale Kontakte zu pflegen, sich fortzubewegen, sich aus- und fortzubilden oder eine Erwerbstätigkeit auszuüben. Die Beeinträchtigung ist *dauernd*, wenn sie bereits während mindestens eines Jahres die Ausübung der genannten Tätigkeiten verunmöglicht oder erschwert hat oder voraussichtlich während mindestens eines Jahres verunmöglichen oder erschweren wird. Die Einschränkung der alltäglichen Verrichtungen, des sozialen Lebens, der Aus- und Weiterbildung oder der Erwerbstätigkeit muss ihre Ursache in der körperlichen, geistigen oder psychischen Beeinträchtigung haben *(kausaler Zusammenhang)*.

Als behinderte Personen gelten in jedem Fall:

a) Bezüger von Leistungen gemäss dem Bundesgesetz über die Invalidenversicherung (IVG) vom 19. Juni 1959[4];

b) Bezüger von Hilflosenentschädigungen im Sinne von Artikel 43bis des Bundesgesetzes über die Alters- und Hinterlassenenversicherung (AHVG) vom 20. Dezember 1946[5], von Art. 26 des Bundesgesetzes über die Unfallversicherung (UVG) vom 20. März 1981[6] und von Art. 20 des Bundesgesetzes über die Militärversicherung (MVG) vom 19. Juni 1992[7];

---

4 SR **831.20**
5 SR **831.10**
6 SR **832.20**
7 SR **833.10**

c) Bezüger von Hilfsmitteln im Sinne von Artikel 43ter AHVG, von Art. 11 UVG und von Art. 21 MVG;

d) Heimbewohner und Spitex-Patienten, für die ein Pflege- und Betreuungsaufwand von mindestens 60 Minuten pro Tag anfällt[8].

Bei Personen, welche keiner der vorangehenden Personengruppen zugeordnet werden können, ist in geeigneter Weise (z.B. mit Hilfe eines Fragebogens; Muster in der Beilage) zu ermitteln, ob eine Behinderung vorliegt.

Eine leichte Beeinträchtigung, deren Auswirkungen – wie etwa bei einer Seh- oder Hörschwäche – durch ein Hilfsmittel einfach behoben werden können (Brille oder Hörgerät), gilt nicht als Behinderung. Dasselbe gilt, wenn die Beeinträchtigung einzig darin besteht, dass die betroffene Person eine Diät einhalten muss (z.B. bei Zöliakie; vgl. Ziff. 3.2.10).

4.2 Begriff

Als behinderungsbedingt gelten die notwendigen Kosten, die als Folge einer Behinderung gemäss Ziffer 4.1 entstehen (*kausaler Zusammenhang*) und weder Lebenshaltungs- noch Luxusausgaben darstellen. Zu den *Lebenshaltungskosten* sind die Aufwendungen zu zählen, die zur Befriedigung der persönlichen Bedürfnisse dienen. Darunter fallen die üblichen Kosten für Nahrung, Kleidung, Unterkunft, Gesundheitspflege, Freizeit und Vergnügen. Aufwendungen, die den Rahmen üblicher und notwendiger Massnahmen übersteigen, nur aus Gründen der persönlichen Annehmlichkeit anfallen oder besonders kostspielig sind (*Luxusausgaben* wie die Anschaffung eines Renn-Rollstuhls oder der Einbau eines Schwimmbads), können nicht zum Abzug gebracht werden.

Krankheits- und Unfallkosten im Sinne von Ziffer 3 können auch von einer behinderten Person nur insoweit abgezogen werden, als sie den in Art. 33 Abs. 1 Bst. h DBG geregelten Selbstbehalt übersteigen. Hat hingegen die medizinische Behandlung ihre Ursache in der Behinderung der behandelten Person (kausaler Zusammenhang), können die damit zusammenhängenden Kosten als behinderungsbedingt vollumfänglich zum Abzug gebracht werden (z.B. Physiotherapie bei einer gelähmten Person).

4.3 Kategorien

Als behinderungsbedingte Kosten gelten insbesondere:

4.3.1 Assistenzkosten

Abzugsfähig sind die Kosten der behinderungsbedingt notwendigen, ambulanten Pflege (Behandlungs- und Grundpflege), Betreuung und Begleitung, die im Zusammenhang mit der Vornahme alltäglicher Verrichtungen, der Pflege angemessener sozialer Kontakte, der Fortbewegung und der Aus- und Weiterbildung anfallen, sowie die Kosten behinderungsbedingt

[8] Diese zeitliche Limite wird nach einer Erhebung von CURAVIVA zum Beispiel beim Pflegeklassifikationssystem BESA (= BewohnerInnen-Einstufungs- und Abrechnungssystem) bei einer Einstufung ab 22 Punkten erreicht. Beim Pflegeklassifikationssystem RAI/RUG (= Resident Assessment Instrument) fallen alle Gruppen mit Ausnahme der Gruppen PA1, PA2, BA1, BA2 und IA1 darunter.

notwendiger Überwachung. Unwesentlich ist dabei, wer diese Assistenzleistungen erbringt (Spitexorganisationen, private Pflegekräfte, Assistenten, Entlastungsdienste etc.).

Kein Abzug kann aber für unentgeltlich erbrachte Assistenzleistungen gemacht werden.

Die Kosten der Dienste von Gebärdendolmetschern für Gehörlose und Taubblindendolmetschern für Taubblinde sind ebenfalls zum Abzug zugelassen.

4.3.2 Kosten für Haushaltshilfen und Kinderbetreuung

Kosten der aufgrund einer Behinderung notwendigen Hilfe im Haushalt und bei der Kinderbetreuung sind abzugsfähig. Voraussetzung für die uneingeschränkte Abzugsfähigkeit ist das Vorliegen einer ärztlichen Bescheinigung (z.B. gemäss Fragebogen in der Beilage), worin attestiert wird, welche Haushaltstätigkeiten als Folge der Behinderung nicht mehr ohne Hilfe ausgeübt werden können resp. ob eine Person behinderungsbedingt Dritthilfe für die Kinderbetreuung bedarf.

4.3.3 Kosten für den Aufenthalt in Tagesstrukturen

Als behinderungsbedingte Kosten gelten die Aufenthaltskosten in speziellen Tagesstrukturen für behinderte Menschen (Beschäftigungsstätten, Tageszentren etc.). Nicht zum Abzug zugelassen sind die Kosten der üblichen Verpflegung. Falls die nicht abzugsfähigen Verpflegungskosten nicht separat ausgewiesen sind, können sie nach den Ansätzen gemäss Merkblatt N2 der ESTV (Naturalbezüge von Arbeitnehmenden) berechnet werden.

4.3.4 Kosten für Heim- und Entlastungsaufenthalte

Die Kosten, Taxen und Gebühren für den Aufenthalt in einem Wohnheim für Behinderte oder in einem Alters- und Pflegeheim sind abzugsfähig. Gleiches gilt für Kosten von Entlastungsaufenthalten in solchen Heimen oder in speziellen Ferienheimen für Behinderte. Diese Kosten sind aber um denjenigen Betrag zu kürzen, der für Lebenshaltungskosten im eigenen Haushalt hätte aufgewendet werden müssen. Die Lebenshaltungskosten berechnen sich dabei entweder nach den Richtlinien über die Berechnung des Existenzminimums gemäss Art. 93 SchKG oder nach entsprechenden kantonalen Richtlinien (vgl. VGer LU vom 3. Januar 2005). Nicht abgezogen werden können die Kosten des Aufenthalts in einem Altersheim, wenn der Heimaufenthalt nicht aufgrund einer Behinderung erfolgt (vgl. Ziffer 3.2.7).

4.3.5 Kosten für heilpädagogische Therapien und Sozialrehabilitationsmassnahmen

Die Kosten anerkannter heilpädagogischer Therapien (z.B. heilpädagogisches Reiten, Musiktherapie) und von Sozialrehabilitationsmassnahmen für Seh- und Hörbehinderte durch speziell ausgebildetes Personal (z.B. Erlernen der Blindenschrift, Low Vision-Training für Sehbehinderte, Ableseunterricht für Hörbehinderte) sind abzugsfähig. Bestehen Zweifel über die Zweckmässigkeit der Massnahme, kann eine ärztliche Bestätigung verlangt werden.

4.3.6 Transport- und Fahrzeugkosten

Durch die Behinderung verursachte Kosten für den Transport zum Arzt, zu Therapien, zu Tagesstätten etc. können abgezogen werden. Zum Abzug zugelassen sind dabei die Kosten des öffentlichen Verkehrsmittels oder eines Behindertenfahrdienstes. Ist deren Benützung nicht möglich oder nicht zumutbar, können die Kosten eines privaten Motorfahrzeugs (Kilometerentschädigung) abgezogen werden.

Kosten für übrige Transporte (insbesondere für Freizeitfahrten) sind in der Regel nicht als behinderungsbedingte Kosten abzugsfähig. Ein Abzug ist ausnahmsweise dann zulässig, wenn die behinderte Person glaubhaft machen kann, dass sie ohne ihre Behinderung ausschliesslich das öffentliche Verkehrsmittel benützt hätte, dies nun aber behinderungsbedingt nicht tun kann. In diesem Fall sind die im Vergleich zur Benützung des öffentlichen Verkehrsmittels entstehenden Mehrkosten der Benützung eines Motorfahrzeugs abzugsfähig (vgl. StRK ZH vom 18. Juni 2003 [Zürcher Steuerpraxis ZStP 2004, 213 f.]).

Mehrkosten für Taxifahrten sind nur abzugsfähig, wenn mit ärztlicher Bescheinigung belegt ist, dass die Benützung des öffentlichen Verkehrsmittels, eines Behindertenfahrdienstes oder eines privaten Motorfahrzeuges nicht möglich oder zumutbar ist.

Fahrten zum Arbeitsplatz sind als Gewinnungskosten und nicht als behinderungsbedingte Kosten abzugsfähig (vgl. StRK ZH vom 18. Juni 2003 [Zürcher Steuerpraxis ZStP 2004, 214]).

Abzugsfähig sind auch die Kosten einer behinderungsbedingten Abänderung eines (einzigen) Fahrzeugs oder von speziellem Zubehör (z.B. Rampen für den Verlad von Rollstühlen).

4.3.7 Kosten für Blindenführhunde

Die mit der Anschaffung und Haltung eines Blindenführhundes anfallenden Kosten sind zum Abzug zugelassen. Nicht abzugsfähig sind jedoch die Kosten, die im Zusammenhang mit der Anschaffung und Haltung von anderen Hunden und Haustieren anfallen.

4.3.8 Kosten für Hilfsmittel, Pflegeartikel und Kleider

Als behinderungsbedingte Kosten gelten Anschaffungs- oder Mietauslagen für Hilfsmittel, Geräte und Pflegeartikel (z.B. Windeln, Stoma-Artikel etc.) aller Art, die es der behinderten Person erlauben, die Folgen ihrer Behinderung zu minimieren. Darunter fallen auch die Kosten, die im Zusammenhang mit dem Gebrauchstraining (z. B. Einführung in den Gebrauch eines Lese- und Schreibgeräts für Blinde), der Reparatur und dem Unterhalt solcher Hilfsmittel und Geräte entstehen. Auch die Kosten einer behinderungsbedingt notwendigen Installation von Alarmanlagen und Notrufsystemen sind abzugsfähig.

Abzugsfähig sind auch die Mehrkosten, die im Zusammenhang mit der Anfertigung von speziellen Kleidern oder Schuhen entstehen. Ebenso sind die Mehrkosten zum Abzug zugelassen, die durch vermehrten Kleiderverschleiss entstehen, weil die behinderte Person wegen ihrer Behinderung im Vergleich zu einer nicht behinderten Person ihre Kleider in rascherer Abfolge ersetzen muss (z.B. Paraplegiker im Rollstuhl; vgl. StRK ZH vom 18. Juni 2003 [Zürcher Steuerpraxis ZStP 2004, 221 f.]).

4.3.9 Wohnkosten

Die Kosten des infolge einer Behinderung notwendigen Umbaus, der behinderungsbedingten

Anpassung oder des behinderungsbedingten Unterhalts einer Wohnung oder eines Eigenheims (z.B. Einbau eines Treppenlifts, einer Rollstuhlrampe, eines Behinderten-WC etc.) können zum Abzug gebracht werden. Werterhaltende Kosten des Wohneigentümers hingegen sind als ordentlicher Liegenschaftsunterhalt abzuziehen.

4.3.10 Kosten für Privatschulen

Mehrkosten, die durch den Besuch einer Privatschule entstehen, sind in der Regel nicht zum Abzug zugelassen. Sie gelten nur dann als behinderungsbedingte Kosten, wenn mittels Bericht des kantonalen schulpsychologischen Dienstes nachgewiesen wird, dass es sich beim Besuch einer Privatschule um die einzig mögliche und notwendige Massnahme für eine angemessene schulische Ausbildung des behinderten Kindes handelt.

4.4 Pauschalen

Anstelle des Abzugs der effektiven selbst getragenen Kosten können behinderte Personen einen jährlichen Pauschalabzug in folgender Höhe geltend machen:

- Bezüger einer Hilflosenentschädigung leichten Grades: CHF 2'500.--
- Bezüger einer Hilflosenentschädigung mittleren Grades: CHF 5'000.--
- Bezüger einer Hilflosenentschädigung schweren Grades: CHF 7'500.--

Einen jährlichen Pauschalabzug von CHF 2'500.-- können im Weiteren unabhängig vom Bezug einer Hilflosenentschädigung folgende behinderte Personen geltend machen:

- Gehörlose,
- Nierenkranke, die sich einer Dialyse unterziehen müssen,

5. Abzugsfähige Kosten

5.1 Selbst getragene Kosten / Anrechenbarkeit von Leistungen Dritter

Abzugsfähig sind nur diejenigen Kosten, die vom Steuerpflichtigen selbst getragen werden. Als solche gelten diejenigen Kosten, die der steuerpflichtigen Person nach Abzug aller Leistungen öffentlicher, beruflicher oder privater Versicherungen und Institutionen (AHV, IV, SUVA, Militärversicherung, Krankenkasse, Haftpflicht- und private Unfallversicherung, Hilfswerke und Stiftungen etc.) zur Zahlung verbleiben. Jährliche *Ergänzungsleistungen* aufgrund von Art. 3a des Bundesgesetzes über Ergänzungsleistungen zur Alters-, Hinterlassenen- und Invalidenversicherung (ELG) vom 19. März 1965[9] sind nicht anzurechnen. Anzurechnen sind hingegen diejenigen Ergänzungsleistungen, welche zur Vergütung von Krankheits- und Behinderungskosten gemäss Art. 3d ELG ausgerichtet werden. Gleiches gilt für *Hilflosenentschädigungen*: diese werden zweckgebunden für die Abgeltung von Assistenz- und Transportkosten ausgerichtet und sind bei diesen Kosten anzurechnen.

Kapitalleistungen für künftige invaliditäts- und behinderungsbedingte Kosten sind anzurechnen, soweit sie nicht der Einkommenssteuer unterliegen. Ein Abzug für behinderungsbedingte Kosten entfällt daher solange, bis die steuerpflichtige Person den Nachweis erbringt, dass

---

[9] SR **831.30**

die tatsächlich entstandenen behinderungsbedingten Kosten die Höhe dieser ausgerichteten Kapitalleistung übersteigen.

Genugtuungsleistungen tragen der persönlichen und nicht der materiellen Beeinträchtigung Rechnung. Sie können daher nicht an die behinderungsbedingten Kosten angerechnet werden. Den Genugtuungsleistungen gleichzustellen sind Integritätsentschädigungen (vgl. Art. 24 Bst. g DBG).

5.2 Kosten der unterhaltenen Person

5.2.1 Minderjährige oder in Ausbildung stehende Kinder

Abgezogen werden können die behinderungsbedingten Kosten von minderjährigen oder in der beruflichen Ausbildung stehenden Kindern, für deren Unterhalt der Steuerpflichtige sorgt. Diese Kosten können zusätzlich zum Kinderabzug gemäss Art. 213 Abs. 1 Bst. a DBG effektiv oder in Form eines Pauschalabzugs gemäss Ziffer 4.4 geltend gemacht werden.

Keine unterhaltenen Personen im Sinne von Art. 33 Abs. 1 Bst. h^{bis} DBG sind Kinder, für welche der Steuerpflichtige Unterhaltsbeiträge gestützt auf Art. 33 Abs. 1 Bst. c DBG zum Abzug bringt.

5.2.2 Übrige unterstützte Personen

Abgezogen werden können auch die Kosten von weiteren von der steuerpflichtigen Person unterhaltenen Personen. Als unterhaltene Person gilt jede unterstützungsbedürftige Person, für deren Lebensunterhalt (inkl. krankheits- und behinderungsbedingte Kosten) der Steuerpflichtige tatsächlich und mindestens im Umfang des Abzugs gemäss Art. 213 Abs. 1 Bst. b DBG aufkommt. Behinderungsbedingte Kosten von unterhaltenen Personen sind jedoch nur in dem Umfang abzugsfähig, in dem sie den Unterstützungsabzug gemäss Art. 213 Abs. 1 Bst. b DBG übersteigen. Es können nur die effektiven Kosten zum Abzug gebracht werden.

Keine unterhaltenen Personen im Sinne von Art. 33 Abs. 1 Bst. h^{bis} DBG sind geschiedene oder getrennt lebende Ehegatten, für welche der Steuerpflichtige Unterhaltsbeiträge gestützt auf Art. 33 Abs. 1 Bst. c DBG zum Abzug bringt.

5.3 Selbstbehalt

Krankheits- und Unfallkosten können nur abgezogen werden, sofern diese einen *Selbstbehalt von 5 %* der um die Aufwendungen (Art. 26 – 33 DBG) verminderten steuerbaren Einkünfte übersteigen. Im Gegensatz dazu ist bei den behinderungsbedingten Kosten *kein* Selbstbehalt zu berücksichtigen.

6. Nachweis

Die vom Steuerpflichtigen für sich oder für eine von ihm unterhaltene Person geltend gemachten krankheits-, unfall- und behinderungsbedingten Kosten sind durch ärztliche Bescheinigungen, Rechnungen, Versicherungsbelege etc. nachzuweisen (vgl. BGer vom 24. Februar 2005 [2A.84/2005]). Da den Steuerbehörden die Überprüfung der Verhältnisse bei unterhaltenen Personen im Ausland nicht möglich ist, sind an den Nachweis der Behinderung, der Unterstützungsbedürftigkeit sowie der erfolgten Zahlung ins Ausland hohe Anforderungen zu stellen (vgl. BGer vom 27. Oktober 2004 [2A.609/2003]).

Durch Ausfüllen eines ärztlichen Fragebogens (vgl. Muster in der Beilage) können sich Hinweise auf die Art einer Behinderung und damit auch auf die mit der Behinderung zusammenhängenden Kosten ergeben. Dieser Fragebogen kann bei Geltendmachung von behinderungsbedingten Kosten von einem Arzt oder einer Ärztin ausgefüllt und der Steuererklärung beigelegt werden.

7. Geltungsbereich

Dieses Kreisschreiben ersetzt das Kreisschreiben Nr. 16 vom 14. Dezember 1994 betreffend Abzug von Krankheits-, Unfall- und Invaliditätskosten und gilt ab dem Steuerjahr 2005.

Anhang: Fragebogen für Ärzte

Abzug von behinderungsbedingten Kosten - Fragebogen für Ärzte und Ärztinnen
(Musterfragebogen als Beilage zum KS Nr. 11 vom 31. August 2005)

Sehr geehrte Damen und Herren

Seit dem 1. Januar 2005 können Personen mit Behinderungen Kosten, die ihnen wegen der Behinderung entstehen, vollumfänglich vom steuerbaren Einkommen abziehen. Abziehbar sind auch diejenigen Kosten, die jemand für eine von ihm unterhaltene Person zu bezahlen hat (Art. 33 Abs. 1 Bst. h^{bis} des Bundesgesetzes über die direkte Bundessteuer vom 14. Dezember 1990 [DBG]). Behindert im Sinne dieser Bestimmung ist eine Person, der es eine *voraussichtlich dauernde körperliche, geistige oder psychische Beeinträchtigung* erschwert oder verunmöglicht, alltägliche Verrichtungen vorzunehmen, soziale Kontakte zu pflegen, sich fortzubewegen, sich aus- und fortzubilden oder eine Erwerbstätigkeit auszuüben (Art. 2 des Behindertengleichstellungsgesetzes vom 13. Dezember 2002).

Die Steuerbehörden sind für die Beurteilung der Frage, ob jemand behindert ist bzw. welche Kosten behinderungsbedingt sind, auf die Hilfe der betreuenden Ärzte und Ärztinnen angewiesen. Wir bitten Sie deshalb, den beiliegenden Fragebogen auszufüllen und dem Patienten bzw. der Patientin zu Handen der Steuerbehörde zurückzugeben. Für Ihre Mitarbeit und Unterstützung danken wir Ihnen bestens.

Die Steuerbehörden erhalten mit diesem Fragebogen einen tiefen Einblick in die persönlichen Verhältnisse der behinderten Person. Antworten auf die vorliegenden Fragen sind jedoch für die Beurteilung der steuerlichen Abzugsmöglichkeit von behinderungsbedingten Kosten unerlässlich. Die mit dem Vollzug der Steuergesetze betrauten Personen unterliegen aber einer gesetzlichen Geheimhaltungspflicht und müssen über Tatsachen, die ihnen in Ausübung ihres Amtes bekannt werden, und über die Verhandlungen in den Behörden Stillschweigen bewahren und Dritten den Einblick in amtliche Akten verweigern (Art. 110 DBG).

Freundliche Grüsse
Ihre Steuerverwaltung

Die unterzeichnende Person ermächtigt hiermit

Dr. ....

ausdrücklich, den nachfolgenden Fragebogen auszufüllen und entbindet ihn/sie von der ärztlichen Schweigepflicht gegenüber den Steuerbehörden des Kantons ...

....

(Name und Unterschrift der behinderten Person
oder ihres gesetzlichen Vertreters)

Patientenangaben

Name ....

Vorname ....

Geburtsdatum ....

Adresse ....

1. Welche Art von körperlicher, geistiger oder psychischer Beeinträchtigung liegt vor (Kurzbeschrieb)?

   ....

   ....

   ....

2. Dauer der Beeinträchtigung

   ☐ kürzer als ein Jahr

   ☐ voraussichtlich länger als ein Jahr

   ☐ bereits ein Jahr oder länger

3. Bei welchen Tätigkeiten können alltägliche Verrichtungen nur mit Dritthilfe oder mit einem massiven zeitlichen Mehraufwand ausgeübt werden?

   ☐ Ankleiden und ausziehen

   ☐ Aufstehen, absitzen und abliegen

   ☐ Essen und trinken

   ☐ Körperpflege

   ☐ Verrichten der Notdurft

   ☐ andere, nämlich ....

   In welchem zeitlichen Umfang wird durchschnittlich pro Tag Hilfe benötigt?

   ....

   ....

4. Welche Haushaltstätigkeiten können nur noch erschwert oder gar nicht mehr vorgenommen werden?

   ....

   ....

   ....

   Ist eine Haushaltshilfe erforderlich?

   ☐ ja

   ☐ nein

5. Ist die Betreuung der eigenen Kinder nur noch erschwert oder gar nicht mehr möglich, so dass eine Kinderbetreuung erforderlich ist?

☐ ja

☐ nein

6. Ist die Pflege sozialer Kontakte, die Teilnahme am gesellschaftlichen Leben (z. B. Besuch von Konzerten, Sportanlässen) oder der Kontakt mit Ämtern und Behörden nur unter Inanspruchnahme von Dritthilfe möglich?

☐ ja

☐ nein

7. In welchem Ausmass ist die Fortbewegung eingeschränkt?

☐ Es sind besondere Hilfsmittel erforderlich, nämlich..

....

☐ Die Benützung öffentlicher Verkehrsmittel ist nicht möglich oder nicht zumutbar

☐ Die Benützung eines privaten Autos (auch technisch verändert) ist nicht möglich

8. Welchen Einfluss hat die körperliche, geistige oder psychische Beeinträchtigung auf die Möglichkeit der Aus- und Fortbildung oder der Ausübung einer Erwerbstätigkeit?

☐ Für die Aus- und Fortbildung werden Dienstleistungen Dritter oder Hilfsmittel benötigt

☐ Für die Ausübung einer Erwerbstätigkeit werden Dienstleistungen Dritter oder Hilfsmittel benötigt

☐ Der Besuch einer Sonderschule, Beschäftigungsstätte, Tageszentrums, Eingliederungsstätte etc. ist erforderlich

9. Welche dauernden Behandlungen, Therapien oder Diäten sind erforderlich?

....

....

....

10. Besondere Bemerkungen

....

....

....

Ort, Datum | Stempel und Unterschrift des Arztes/der Ärztin

.... | ....

Hauptabteilung Direkte Bundessteuer,
Verrechnungssteuer, Stempelabgaben

Eidgenössische Steuerverwaltung ESTV
Administration fédérale des contributions AFC
Amministrazione federale delle contribuzioni AFC
Administraziun federala da taglia AFT

Verrechnungssteuer

Bern, 15. Juli 2005

Kreisschreiben Nr. 10

Meldeverfahren bei schweizerischen Dividenden aus wesentlichen Beteiligungen ausländischer Gesellschaften basierend auf Artikel 15 Absatz 1 des Zinsbesteuerungsabkommens mit der EG (Ergänzung zu Kreisschreiben Nr. 6 vom 22.12.2004)

1. Einleitung

Das Inkrafttreten von Artikel 15 Absatz 1 des Abkommens vom 26. Oktober 2004 zwischen der Schweizerischen Eidgenossenschaft und der Europäischen Gemeinschaft über Regelungen, die den in der Richtlinie 2003/48/EG des Rates vom 3. Juni 2003 im Bereich der Besteuerung von Zinserträgen festgelegten Regelungen gleichwertig sind (Zinsbesteuerungsabkommen [ZbstA; SR 0.641.926.81]), erfordert eine Ergänzung zu dem im Kreisschreiben Nr. 6 vom 22. Dezember 2004 festgehaltenen Verfahren.

2. Meldeverfahren aufgrund der Entlastung nach Artikel 15 Absatz 1 ZBstA

Das ZBstA ist am 1. Juli 2005 in Kraft getreten. Nach diesen Bestimmungen können Dividendenzahlungen von einer schweizerischen Tochtergesellschaft an ihre in einem Mitgliedstaat der Europäischen Union ansässige Muttergesellschaft unter nachfolgend aufgeführten Voraussetzungen ohne Abzug der Verrechnungssteuer erfolgen.

a) Einreichung des Gesuchs um Bewilligung des Meldeverfahrens

Die schweizerische Kapitalgesellschaft, welche die Dividenden bezahlt, ersucht vor Fälligkeit der Dividenden mit Formular 823C bei der ESTV um eine Bewilligung zur Inanspruchnahme des Meldeverfahrens (Art. 3 Abs. 2 Verordnung vom 22. Dezember 2004 über die Steuerentlastung schweizerischer Dividenden aus wesentlichen Beteiligungen ausländischer Gesellschaften [nachfolgend: VO; SR 672.203]). Das Gesuch um Bewilligung muss belegen, dass die Dividendenempfängerin in einem Mitgliedstaat der Europäischen Union ansässig ist, über die erforderliche Beteiligungsquote von mindestens 25 Prozent am Kapital der schweizerischen Dividendenschuldnerin verfügt und im Ansässigkeitsstaat ohne Befreiung der Körperschaftssteuer unterliegt. Die Angaben auf dem Formular 823C sind durch die zuständige ausländische Steuerbehörde bestätigen zu lassen.

b) Meldung an die ESTV

- Nach Ablauf der zweijährigen Haltedauer: die schweizerische Kapitalgesellschaft richtet die an der Generalversammlung beschlossene Dividende ungekürzt an die ausländische Dividendenempfängerin aus (auch Haltedauern vor dem 1. Juli 2005 werden bei deren Berechnung berücksichtigt). Dabei spielt es keine Rolle, ob die Dividende ausbezahlt, überwiesen oder auf ein Konto gutgeschrieben wird. Die schweizerische Kapitalgesellschaft reicht die Meldung über die Ausrichtung der Dividende innert 30 Tagen nach Fälligkeit der Dividende mit dem Formular 108 (zu beziehen unter www.estv.admin.ch oder telefonisch unter +41 (0)31 322 72 70 oder +41 (0)31 322 71 71) zusammen mit dem von ihr ausgefüllten Formular 103 (AG) bzw. 110 (GmbH) für Beschlüsse ordentlicher Generalversammlungen resp. 102 für Beschlüsse ausserordentlicher Generalversammlungen der ESTV ein (Art. 5 Abs. 1 VO).

- Vor Ablauf der zweijährigen Haltedauer: die schweizerische Kapitalgesellschaft richtet die an der Generalversammlung beschlossene Dividende um die im massgebenden Doppelbesteuerungsabkommen (DBA) für wesentliche Beteiligungen vorgesehene residuale Verrechnungssteuer gekürzt aus; besteht mit dem Ansässigkeitsstaat der Dividendenempfängerin kein DBA, wird die Verrechnungssteuer ungekürzt abgezogen (35%). Dabei spielt es keine Rolle, ob die Dividende ausbezahlt, überwiesen oder auf ein Konto gutgeschrieben wird. Die schweizerische Kapitalgesellschaft reicht die Meldung über die Ausrichtung der Dividende innert 30 Tagen nach Fälligkeit der Dividende mit dem Formular 108 (zu beziehen unter www.estv.admin.ch oder telefonisch unter +41 (0)31 322 72 70 oder +41 (0)31 322 71 71) zusammen mit dem von ihr ausgefüllten Formular 103 (AG) bzw. 110 (GmbH) für Beschlüsse ordentlicher Generalversammlungen resp. 102 für Beschlüsse ausserordentlicher Generalversammlungen der ESTV ein (Art. 5 Abs. 1 VO).

c) Rückerstattung der vor Erreichen der Mindesthaltedauer von zwei Jahren entrichteten Verrechnungssteuer

Nach Ablauf der zweijährigen Mindesthaltedauer kann die ausländische Dividendenempfängerin mit Formular 70 bei der ESTV die Rückerstattung der einbehaltenen residualen Verrechnungssteuer beantragen.

d) Dividendenfälligkeit

Das Meldeverfahren aufgrund der Entlastung nach Artikel 15 Absatz 1 ZBstA gilt für Dividenden, die nach dem 30. Juni 2005 fällig werden.

Hauptabteilung Direkte Bundessteuer,
Verrechnungssteuer, Stempelabgaben

Eidgenössische Steuerverwaltung ESTV
Administration fédérale des contributions AFC
Amministrazione federale delle contribuzioni AFC
Administraziun federala da taglia AFT

Direkte Bundessteuer
Verrechnungssteuer

Bern, 22. Juni 2005

Kreisschreiben Nr. 9

Nachweis des geschäftsmässig begründeten Aufwandes bei Ausland-Ausland-Geschäften

Dieses Kreisschreiben ersetzt das Kreisschreiben Nr. 9 vom 19. Dezember 2001.

Gesellschaften sowie Betriebsstätten ausländischer Gesellschaften, die der direkten Bundessteuer und/oder der Verrechnungssteuer unterliegen, können auch für Ausland-Ausland-Geschäfte keine pauschalen Kostendeckungen mehr geltend machen. Es gelten die üblichen Regeln für den Nachweis der geschäftsmässigen Begründung des verbuchten Aufwandes. Zu diesen Regeln zählen:

- Die Aufwendungen müssen begründet und belegt werden. Dies gilt auch bezüglich Erwerb und Nutzung von immateriellen Werten wie Patente, Marken, Rechte und dergleichen.

- Die geltend gemachten Aufwendungen zu Gunsten von Gesellschaftern und diesen nahe stehenden Dritten müssen unter Berücksichtigung einer angemessenen Bandbreite dem Drittvergleich standhalten. Diesbezüglich sei auf die Verpflichtung der Schweiz zur Anwendung des „dealing at arm's length"-Grundsatzes gemäss Verrechnungspreisrichtlinien der OECD von 1995 hingewiesen. Nach bundesgerichtlicher Rechtsprechung sind auch Personen den Gesellschaftern nahe stehend, zu denen wirtschaftliche oder persönliche Verbindungen bestehen, welche nach den gesamten Umständen als eigentlicher Grund der zu besteuernden ungewöhnlichen Leistung betrachtet werden müssen. Insbesondere gelten auch Dritte als Nahestehende, welche eine schweizerische Gesellschaft im Einverständnis der Gesellschafter zur Abwicklung von Geschäften benutzen.

Weil die schweizerischen Steuerbehörden bei Ausland-Ausland-Geschäften keine Gegenkontrollen bei den ausländischen Leistungsempfängern vornehmen können, müssen an den Nachweis der geschäftsmässigen Begründung entsprechende Anforderungen gestellt werden. Dazu gehört insbesondere die Nennung der wahren Begünstigten. Aufwendungen zu Gunsten von Gesellschaften in Steueroasen und Zahlungen auf Bankkonti und dergleichen ohne Offenlegung der wahren Leistungsempfänger können nicht als geschäftsmässig begründet anerkannt werden.

Für Ausland-Ausland-Geschäfte können keine Vorbescheide für pauschale Kostendeckungen mehr abgegeben werden. Weiterhin möglich sind rechtsverbindliche Auskünfte der Veranlagungsbehörden über die Angemessenheit der Entschädigungen für die zu erbringenden oder zu empfangenden Leistungen. Für die Beurteilung der Angemessenheit der zu verbuchenden Aufwendungen wie Gehälter, Honorare, Kommissionen, Lizenzen, Provisionen etc. sind den schweizerischen Steuerbehörden entsprechende Planbilanzen und Planerfolgsrechnungen (Business Plan) vorzulegen. Solche Aufwendungen werden nur zum Abzug zugelassen, soweit ihre geschäftsmässige Begründung nachgewiesen wird. Die Beweislast liegt bei der Steuerpflichtigen. Kann der Nachweis nicht oder nicht vollständig erbracht werden, legen die Steuerbehörden die Steuerfaktoren nach pflichtgemässem Ermessen fest und stellen dabei sicher, dass keine Unterbesteuerung eintritt.

Dieses Kreisschreiben tritt am 1. Juli 2005 in Kraft. Gesellschaften sowie Betriebsstätten ausländischer Gesellschaften, die vor dem Inkrafttreten von der zuständigen Steuerbehörde eine Rechtsauskunft über die Abzugsfähigkeit einer pauschalen Kostendeckung erhalten haben oder ihre Ausland-Ausland-Geschäfte mit einer pauschalen Kostendeckung berechtigterweise nach dem Kreisschreiben Nr. 9 vom 19. Dezember 2001 abgewickelt haben, können diese Praxis bezüglich der direkten Bundessteuer und der Verrechnungssteuer noch für die Geschäftsabschlüsse anwenden, die vor dem 1. Januar 2009 enden.

Hauptabteilung Direkte Bundessteuer,
Verrechnungssteuer, Stempelabgaben

Eidgenössische Steuerverwaltung ESTV
Administration fédérale des contributions AFC
Amministrazione federale delle contribuzioni AFC
Administraziun federala da taglia AFT

Verrechnungssteuer

Bern, 22. Dezember 2004

Kreisschreiben Nr. 6

Meldeverfahren bei schweizerischen Dividenden aus wesentlichen Beteiligungen ausländischer Gesellschaften

1. Einleitung

Am 22. Dezember 2004 hat der Bundesrat beschlossen, dass schweizerische Tochtergesellschaften ab 1. Januar 2005 ihre Verrechnungssteuerpflicht für Dividenden an ihre ausländische Muttergesellschaft durch Meldung statt Steuerentrichtung erfüllen können. Zu diesem Zweck hat der Bundesrat die Verordnung vom 22. Dezember 2004 über die Steuerentlastung schweizerischer Dividenden aus wesentlichen Beteiligungen ausländischer Gesellschaften (VO) erlassen; gleichzeitig hat er die bestehenden Verordnungen der Doppelbesteuerungsabkommen (DBA) mit Deutschland (VO DBA-D) und den USA (VO DBA-US) angepasst. Nach diesen Regelungen muss die Verrechnungssteuer bei Vorliegen der nachfolgend genannten Voraussetzungen nicht oder nur um die für wesentliche Beteiligungen allenfalls vorgesehene residuale Verrechnungssteuer gekürzt entrichtet werden.

2. Geltungsbereich

a) Ausländische Empfängerin der Dividende

Das Meldeverfahren kommt zur Anwendung, wenn feststeht, dass die ausländische Dividendenempfängerin, auf welche die Verrechnungssteuer zu überwälzen wäre, eine in einem Staat, mit welchem die Schweiz ein DBA oder einen anderen Staatsvertrag abgeschlossen hat, ansässige Kapitalgesellschaft ist und diese das Nutzungsrecht an den Dividenden hat (Art. 1 Abs. 2 i.V. mit Art. 3 Abs. 3 VO).

b) Beteiligungsquote

Die ausländische Empfängerin der Dividende muss wesentlich an der die Dividenden zahlenden schweizerischen Kapitalgesellschaft oder Genossenschaft beteiligt sein. Eine ausländische Kapitalgesellschaft ist dann wesentlich an der die Dividenden zahlenden schweizerischen Kapitalgesellschaft oder Genossenschaft beteiligt, wenn sie mindestens über die Beteiligung verfügt, die sie nach dem massgebenden DBA oder einem anderen Staatsvertrag zur Beanspruchung einer zusätzlichen oder vollständigen Entlastung von der Verrechnungssteuer berechtigt (Art. 2 Abs. 1 VO). Äussert sich das massgebende DBA oder der andere Staatsvertrag nicht über die Höhe der wesentlichen Beteiligung, so muss die ausländische Kapitalgesellschaft unmittelbar über mindestens 20 Prozent des Kapitals der die Dividenden zahlenden schweizerischen Kapitalgesellschaft oder Genossenschaft verfügen (Art. 2 Abs. 2 VO).

c) Dividendenfälligkeit

Das Meldeverfahren gilt für Dividenden, die nach dem 31.12.2004 fällig werden.

3. Gesuch um Bewilligung des Meldeverfahrens

a) Empfängerin der Dividende mit Sitz in den USA

Die die Dividenden zahlende schweizerische Kapitalgesellschaft oder Genossenschaft ersucht vor Fälligkeit der Dividenden mit Formular 823 bei der ESTV um eine Bewilligung zur Inanspruchnahme des Meldeverfahrens (Art. 4 Abs. 2 VO DBA-US). Das Gesuch um Bewilligung muss belegen, dass die amerikanische Dividendenempfängerin abkommensberechtigt ist und über die nach dem schweizerisch-amerikanischen DBA erforderliche Beteiligungsquote verfügt. Zu diesem Zweck sind die Unterschriften auf dem Formular 823 durch einen notary public oder einen consular officer bestätigen zu lassen.

b) Empfängerin der Dividende mit Sitz in den übrigen Ländern

Die die Dividenden zahlende schweizerische Kapitalgesellschaft oder Genossenschaft ersucht vor Fälligkeit der Dividenden mit Formular 823B bei der ESTV um eine Bewilligung zur Inanspruchnahme des Meldeverfahrens (Art. 3 Abs. 2 VO, Art. 3 Abs. 2 VO DBA-D). Das Gesuch um Bewilligung muss belegen, dass die ausländische Dividendenempfängerin abkommensberechtigt ist und über die nach dem massgebenden DBA oder dem anderen Staatsvertrag erforderliche Beteiligungsquote verfügt. Zu diesem Zweck sind die Angaben auf dem Formular 823B durch die zuständige ausländische Steuerbehörde bestätigen zu lassen.

c) Prüfung des Gesuchs durch die ESTV

Die ESTV überprüft das Gesuch, fordert nötigenfalls ergänzende Auskünfte und Unterlagen ein und teilt der schweizerischen Kapitalgesellschaft oder Genossenschaft das Prüfungsergebnis schriftlich mit. Bei Gutheissung des Gesuches wird von der ESTV eine Bewilligung zur Inanspruchnahme des Meldeverfahrens für die Dauer von drei Jahren erteilt (Art. 3 Abs. 4 VO, Art. 4 Abs. 3 VO DBA-US, Art. 3 Abs. 3 VO DBA-D). Wird das Gesuch um Bewilligung ganz oder teilweise abgelehnt, so kann die schweizerische Kapitalgesellschaft oder Genossenschaft von der ESTV einen Entscheid verlangen (Art. 3, Abs. 5 VO, Art. 4 Abs. 4 VO DBA-US, Art. 3 Abs. 4 VO DBA-D). Dieser wird ihr mit einer Begründung und einer Rechtsmittelbelehrung eröffnet.

d) Wegfall der Bewilligungsvoraussetzungen

Ändern sich während der Gültigkeitsdauer der Bewilligung wesentliche Umstände, die zur Erteilung der Bewilligung geführt haben, verliert diese ihre Gültigkeit und die ESTV ist darüber unverzüglich in Kenntnis zu setzen (Art. 4 VO, Art. 4 Abs. 5 VO DBA-US, Art. 3 Abs. 5 VO DBA-D).

e) Erneuerung der Bewilligung

Im letzten Jahr der Bewilligungsdauer kann jeweils ein Gesuch um Erneuerung der Bewilligung für weitere drei Jahre gestellt werden.

4. Meldung an die ESTV

a) Bei Vorliegen einer Bewilligung

Bei Vorliegen einer Bewilligung richtet die schweizerische Kapitalgesellschaft oder Genossenschaft die an der Generalversammlung beschlossene Dividende um die im massgebenden DBA oder im anderen Staatsvertrag für wesentliche Beteiligungen vorgesehene residuale Verrechnungssteuer gekürzt aus. Sieht das massgebende DBA oder der andere Staatsvertrag für wesentliche Beteiligungen eine vollständige Entlastung von der schweizerischen Verrechnungssteuer vor, so überweist die schweizerische Kapitalgesellschaft oder Genossenschaft die Dividende ungekürzt an die ausländische Dividendenempfängerin. Dabei spielt es keine Rolle, ob die Dividende ausbezahlt, überwiesen oder auf ein Konto gutgeschrieben wird. Die Meldung über die Ausrichtung der Dividende reicht die schweizerische Kapitalgesellschaft innert 30 Tagen nach Fälligkeit der Dividende mit dem Formular 108 (zu beziehen unter www.estv.admin.ch oder telefonisch unter +41 (0)31 322 72 70 oder +41 (0)31 322 71 71) zusammen mit dem von ihr ausgefüllten Formular 103 (AG) bzw. 110 (GmbH) für Beschlüsse ordentlicher Generalversammlungen, resp. 102 für Beschlüsse ausserordentlicher Generalversammlungen, oder Formular 7 für Genossenschaften der ESTV ein (Art. 5 Abs. 1 VO, Art. 4a Abs. 1 VO DBA-US, Art. 3a Abs. 1 VO DBA-D).

b) Meldung ohne vorgängiges Gesuch um Bewilligung

Wurde das Gesuch um Bewilligung nicht vorgängig eingereicht, so ist das Formular 823 (für USA) bzw. 823B (für alle übrigen Länder) zusammen mit dem Formular 108 bei der ESTV einzureichen. Die ESTV prüft das Gesuch und fordert nötigenfalls ergänzende Auskünfte und Unterlagen ein. Bei Gutheissung des Gesuches wird von der ESTV ebenfalls eine Bewilligung zur Inanspruchnahme des Meldeverfahrens für die Dauer von drei Jahren erteilt (Art. 3 Abs. 4 VO, Art. 4 Abs. 3 VO DBA-US, Art. 3 Abs. 3 VO DBA-D). Ergibt die Prüfung der ESTV, dass vom Meldeverfahren zu Unrecht Gebrauch gemacht wurde, so wird die Verrechnungssteuer und ein allfälliger Verzugszins nacherhoben (Art. 5 Abs. 2 VO, Art. 4a Abs. 2 VO DBA-US, Art. 3a Abs. 2 VO DBA-D).

5. Nichtbenützung des Meldeverfahrens

Gesellschaften, welche das Meldeverfahren nicht anwenden oder deren Gesuch um Bewilligung abgelehnt wurde, können weiterhin mit dem für das massgebende DBA oder den anderen Staatsvertrag anwendbaren Formular die Rückerstattung der Verrechnungssteuer beantragen.

Hauptabteilung Direkte Bundessteuer,
Verrechnungssteuer, Stempelabgaben

Eidgenössische Steuerverwaltung ESTV
Administration fédérale des contributions AFC
Amministrazione federale delle contribuzioni AFC
Administraziun federala da taglia AFT

Direkte Bundessteuer
Verrechnungssteuer
Stempelabgaben

Bern, 1. Juni 2004

Kreisschreiben Nr. 5[1]

Umstrukturierungen

Inhaltsübersicht Seite

[1] Angepasst an das Bundesgesetz über die formelle Bereinigung der zeitlichen Bemessung der direkten Steuern bei den natürlichen Personen vom 22. März 2013 (in Kraft seit 1. Januar 2014).

Inhaltsverzeichnis Seite

1. Einleitung

Das Bundesgesetz vom 3. Oktober 2003[2] über Fusion, Spaltung, Umwandlung und Vermögensübertragung (Fusionsgesetz; FusG) regelt die zivilrechtlichen Möglichkeiten und Erfordernisse sowie die steuerrechtlichen Folgen von Umstrukturierungen auf der Unternehmensebene (Einkünfte aus selbständiger Erwerbstätigkeit, Gewinnsteuer, Verrechnungssteuer und Stempelabgaben).

Nicht alle mit dem FusG eingeführten zivilrechtlichen Vorgänge sind steuerneutral. Die Bedingungen für steuerneutrale Umstrukturierungstatbestände und die Steuerfolgen, wenn die Bedingungen nicht oder nur teilweise eingehalten werden, wurden in den betreffenden Steuergesetzen präzisiert und teilweise neu geregelt.

Die Steuerfolgen für die Inhaber von Beteiligungsrechten von Kapitalgesellschaften und Genossenschaften im Privatvermögen wurden mit dem FusG nicht neu geregelt. Aus Gründen der Vollständigkeit werden jedoch im vorliegenden Kreisschreiben auch die Steuerfolgen für diesen Personenkreis aufgezeigt.

Im vorliegenden Kreisschreiben werden die Steuerfolgen des Bundes (Direkte Bundessteuer, Verrechnungssteuer und Stempelabgaben) zu Umstrukturierungstatbeständen auf der Unternehmensebene und für die Anteilsinhaber wiedergegeben. Wie die Gesetzesbestimmungen sind auch die nachfolgenden Ausführungen und Beispiele nicht abschliessend zu verstehen.

2. Rechtliche Grundlagen

2.1 Zivilrecht

Das FusG ersetzt die bisherigen Vorschriften des Obligationenrechts über die Fusion und Umwandlung und schliesst bedeutende Regelungslücken. Während das bisherige Recht die Fusion nur für Aktiengesellschaften, Kommanditaktiengesellschaften und Genossenschaften regelte, ist die Fusion nun für alle Gesellschaftsformen des Obligationenrechts sowie auch für Vereine und Stiftungen gesetzlich geordnet. Die Umwandlung der Rechtsform, die bisher das Gesetz nur für die Umwandlung einer AG in eine GmbH vorsah, ist nun generell zugelassen, soweit die Strukturen der verschiedenen Rechtsformen vereinbar sind. Das FusG erleichtert die Neustrukturierung von Unternehmen zusätzlich durch die Einführung des Rechtsinstituts der Spaltung. Im Weiteren ist die Übertragung eines Unternehmens oder eines Teils davon durch das neue Instrument der Vermögensübertragung vereinfacht worden.

Die neuen Regelungen der Fusion und der Spaltung erfassen sowohl Vorgänge unter Gesellschaften derselben Rechtsform (z. B. die Fusion von zwei Aktiengesellschaften) wie auch unter Gesellschaften mit unterschiedlichen Rechtsformen (z.B. die Fusion einer Kollektivgesellschaft mit einer Aktiengesellschaft). Die Neuordnung erstreckt sich ausserdem auf grenzüberschreitende Vorgänge, d.h. auf solche, an denen Gesellschaften mit Sitz in verschiedenen Staaten beteiligt sind. Erfasst werden ebenfalls Fusionen und Umwandlungen, die der Überführung von Instituten des öffentlichen Rechts in Gesellschaften des Privatrechts dienen (z.B. die Umwandlung einer Kantonalbank in eine Aktiengesellschaft).

---
[2] AS 2004 ...; SR 221.301

2.2 Direkte Bundessteuer

2.2.1 Einkommenssteuer: Einkünfte aus selbständiger Erwerbstätigkeit

Artikel 18 Absatz 2 des Bundesgesetzes vom 14. Dezember 1990[3] über die direkte Bundessteuer (DBG) umschreibt die Realisationstatbestände für stille Reserven von Personenunternehmungen (Kapitalgewinne auf Geschäftsvermögen). Solche Kapitalgewinne gehören zu den Einkünften aus selbständiger Erwerbstätigkeit.

Kapitalgewinne auf Geschäftsvermögen werden realisiert durch:

- echte Realisation (z.B. Veräusserung);
- buchmässige Realisation (z.B. Aufwertung);
- steuersystematische Realisation.

  Eine steuersystematische Realisation liegt vor, wenn bisher latent steuerbelastete Kapitalgewinne steuerfrei oder von der Steuerpflicht ausgenommen werden. Darunter fallen:

  - die Überführung von Geschäftsvermögen in das Privatvermögen (Privatentnahme; Steuerfreiheit der privaten Kapitalgewinne; Art. 16 Abs. 3 DBG)[4];
  - die Überführung von Geschäftsvermögen in ausländische Betriebe oder Betriebsstätten (keine Erstreckung der Steuerpflicht auf ausländische Geschäftsbetriebe und Betriebsstätten; Art. 6 Abs. 1 DBG).

Artikel 19 DBG und die diesbezüglichen Ausführungen und Beispiele im vorliegenden Kreisschreiben regeln im Sinne von nicht abschliessend aufgezählten Ausnahmen die Steuerneutralität bei Umstrukturierungen. Steuerneutralität ist grundsätzlich dann gegeben, wenn keine Liquidation oder Veräusserung vorliegt (subjektive Verknüpfung der stillen Reserven), die stillen Reserven weiterhin dem Betrieb dienen (objektive Verknüpfung der stillen Reserven) und das Besteuerungsrecht der stillen Reserven in der Schweiz erhalten bleibt (fiskalische Verknüpfung der stillen Reserven).[5]

Die fiskalische Verknüpfung liegt nur dann vor, wenn bei der internationalen Steuerausscheidung sichergestellt ist, dass die übertragenen stillen Reserven weiterhin uneingeschränkt der Schweiz zugewiesen werden. Das ist nach Art. 6 Abs. 3 DBG bei der Anwendung der objektmässigen (direkten) Methode gewährleistet.

---

[3] SR 642.11

[4] Botschaft zum FusG, BBl **2000** 4507, Ziff. 2.2.7

[5] Auszug aus der Botschaft zum FusG; BBl **2000** 4368, Ziff. 1.3.9.2, Leitlinien für die Revision des Steuerrechts: " Mit der Verabschiedung des DBG und des StHG wurde versucht, die Steuerneutralität bestimmter Umstrukturierungen gesetzlich zu regeln. Mit der Schaffung der Artikel 19 und 61 DBG ging es dem Gesetzgeber vor allem um eine Fortführung der bisher gehandhabten Praxis. Die starren Formulierungen im DBG und im StHG geben die Voraussetzungen zur steuerneutralen Umstrukturierung allerdings nur ungenügend zu erkennen, indem die Voraussetzungen für den Verzicht auf die Besteuerung stiller Reserven für die Tatbestände der Fusion, Umwandlung und Teilung formal umschrieben worden sind. Auch lassen die Umstrukturierungsvorschriften des DBG und des StHG den unzutreffenden Eindruck aufkommen, dass das harmonisierte Bundessteuerrecht auf einen rein formalen Begriff der Realisation stiller Reserven abstelle wiewohl diese Vorschriften den Verzicht auf die Erfassung stiller Reserven nur für den Fall regeln, dass das Vorliegen eines Realisationstatbestandes auf Grund der allgemeinen Gewinnermittlungsbestimmungen zu bejahen ist."

Der Begriff der Umstrukturierung ist im Steuerrecht ergebnisorientiert, d.h. aufgrund einer wirtschaftlichen Betrachtungsweise auszulegen. So bedingt z.B. die Umwandlung eines Einzelunternehmens in eine Kapitalgesellschaft zivilrechtlich eine Liquidation (Löschung) des Einzelunternehmens und die Übertragung der Aktiven und Passiven auf eine Kapitalgesellschaft. Obwohl damit grundsätzlich der Tatbestand einer echten Realisation gegeben wäre, qualifiziert sich dieser Vorgang unter bestimmten Bedingungen als steuerneutrale Umstrukturierung.

2.2.2 Gewinnsteuer

Artikel 58 Absatz 1 DBG umschreibt die Realisationstatbestände für stille Reserven von juristischen Personen. Solche Kapitalgewinne sind Bestandteil des steuerbaren Reingewinnes.

Juristische Personen realisieren Kapitalgewinne durch:

- echte Realisation (z.B. Veräusserung);
- buchmässige Realisation (z.B. Aufwertung);
- steuersystematische Realisation.

  Eine steuersystematische Realisation liegt vor, wenn bisher latent steuerbelastete Kapitalgewinne (faktisch) steuerfrei oder von der Steuerpflicht ausgenommen werden. Darunter fallen:

  - die Übertragung von Vermögenswerten auf Tochtergesellschaften (Beteiligungsabzug auf Kapitalgewinnen auf Beteiligungen; Art. 69/70 DBG);
  - die Überführung von Vermögenswerten in ausländische Betriebe oder Betriebsstätten (keine Erstreckung der Steuerpflicht auf ausländische Geschäftsbetriebe und Betriebsstätten; Art. 52 Abs. 1 DBG).

Artikel 61 DBG und die diesbezüglichen Ausführungen und Beispiele im vorliegenden Kreisschreiben regeln im Sinne von nicht abschliessend aufgezählten Ausnahmen die Steuerneutralität bei Umstrukturierungen. Steuerneutralität ist grundsätzlich dann gegeben, wenn keine Liquidation oder Veräusserung vorliegt (subjektive Verknüpfung der stillen Reserven), die stillen Reserven weiterhin dem Betrieb dienen (objektive Verknüpfung der stillen Reserven) und das Besteuerungsrecht der stillen Reserven in der Schweiz erhalten bleibt (fiskalische Verknüpfung der stillen Reserven).[6]

Die fiskalische Verknüpfung liegt nur dann vor, wenn bei der internationalen Steuerausscheidung sichergestellt ist, dass die übertragenen stillen Reserven weiterhin uneingeschränkt der Schweiz zugewiesen werden. Das ist nach Art. 52 Abs. 3 DBG bei der Anwendung der objektmässigen (direkten) Methode gewährleistet.

Der Begriff der Umstrukturierung ist auch im Gewinnsteuerrecht ergebnisorientiert, d.h. aufgrund einer wirtschaftlichen Betrachtungsweise auszulegen. Spaltungen waren bisher im Zivilrecht nicht vorgesehen und erforderten immer eine Entnahme der abgespaltenen Vermögenswerte. Obwohl damit grundsätzlich der Tatbestand einer echten Realisation gegeben wäre, qualifizierte sich dieser Vorgang bereits bisher unter bestimmten Bedingungen als steuerneutrale Umstrukturierung.

---

6 BBl **2000** 4368; vgl. Fussnote 4 auf Seite 12 hievor

Artikel 64 Absatz 1bis DBG regelt im Sinne einer Ausnahme den Steueraufschub bei der Ersatzbeschaffung von Beteiligungen.

2.2.3 *Einkommenssteuer: Einkünfte aus Beteiligungen im Privatvermögen*

Nach Artikel 20 Absatz 1 Buchstabe c DBG gelten als steuerbare Erträge aus beweglichem Vermögen insbesondere Dividenden, Gewinnanteile, Liquidationsüberschüsse und geldwerte Vorteile aus Beteiligungen aller Art (einschliesslich Gratisaktien, Gratisnennwerterhöhungen u. dgl.). Steuerbar sind in diesem Sinne nicht nur die ordentlichen und ausserordentlichen Dividenden, sondern auch alle wiederkehrenden und einmaligen Ausschüttungen aus dem Gewinn oder den Reserven, wie Barleistungen oder Nennwerterhöhungen bei Fusionen, Hingabe von Geschäftsaktiven und Anteile am Erlös einer Teil- oder Totalliquidation (ASA 60, 537; 59, 717, mit Verweis auf vorangegangene Judikatur). Für die Bemessung dieser Einkünfte gilt unter dem DBG nach wie vor das Nennwertprinzip (ASA 72, 218 = StE 2002 B 24.4 Nr. 63; ASA 70, 289 = StE 2001 B 24.4 Nr. 57).

Wie Artikel 21 Absatz 1 Buchstabe c BdBSt ist auch Artikel 20 Absatz 1 Buchstabe c DBG eine Steuernorm mit wirtschaftlichen Anknüpfungspunkten. Die Steuerbehörden sind deshalb nicht strikte an die zivilrechtliche Gestaltung gebunden, sondern haben den Sachverhalt rechtlich entsprechend seinem wirtschaftlichen Gehalt zu würdigen (ASA 72, 218 = StE 2002 B 24.4 Nr. 63; ASA 54, 211).

Nach dem DBG wird in Bezug auf Kapitalgewinne fortgeführt, was unter dem alten Recht durch Umkehrschluss aus Artikel 21 Absatz 1 Buchstabe d BdBSt herzuleiten war: Kapitalgewinne bilden nur dann steuerbares Einkommen, wenn sie aus einer selbständigen Erwerbstätigkeit stammen (Art. 18 Abs. 1 DBG) oder auf Geschäftsvermögen entfallen (Art. 18 Abs. 2 DBG). Kapitalgewinne aus der Veräusserung von Privatvermögen sind dagegen steuerfrei (Art. 16 Abs. 3 DBG).

2.3 *Verrechnungssteuer*

Die bei einer Umstrukturierung den Inhabern der Beteiligungsrechte oder diesen nahestehenden Dritten zukommenden Ausgleichszahlungen, Gratisaktien, Gratisnennwerterhöhungen und sonstigen Erträge unterliegen nach Artikel 4 Absatz 1 Buchstabe b des Bundesgesetzes vom 13. Oktober 1965[7] über die Verrechnungssteuer (VStG) der Verrechnungssteuer, sofern sie zu Lasten der Reserven einer inländischen Kapitalgesellschaft oder Genossenschaft erfolgen.

Die Verlegung des Sitzes einer Kapitalgesellschaft oder Genossenschaft ins Ausland wird einer Liquidation gleichgestellt (Art. 4 Abs. 2 VStG).

Der Ständerat hat am 21. März 2001 folgende Empfehlung beschlossen:

„Dem Bundesrat wird empfohlen, das Eidg. Finanzdepartement zu beauftragen:

[1] Die Begriffe in den Vollzugsbestimmungen zum Verrechnungssteuer- und Stempelsteuerrecht gleich wie im Gewinnsteuerrecht zu definieren und anzuwenden;

---

[7] SR 642.21

[2] wo immer möglich, insbesondere aber bei konzerninternen Vermögensübertragungen, bei der Verrechnungssteuer das Meldeverfahren vorzusehen und die Verrechnungssteuerverordnung (VStV) entsprechend anzupassen."

Diese Empfehlung wurde von der Kommission für Wirtschaft und Abgaben des Ständerates für die Verrechnungssteuer wie folgt begründet:

„Bei der Verrechnungssteuer geht es darum, dass bei denjenigen Umstrukturierungen, bei denen die direkte Bundessteuer gemäss dem revidierten Artikel 61 Absatz 2 DBG [Art. 61 Abs. 3 DBG im Schlussabstimmungstext vom 3.10.2003] nicht mehr anfallen soll, auch die Verrechnungssteuer nicht mehr abgeliefert werden muss. Es wird somit empfohlen, auf den Zeitpunkt des Inkrafttretens des Fusionsgesetzes die Verrechnungssteuerpraxis in dem Sinne anzupassen, dass in diesen Fällen das Meldeverfahren zu gewähren ist. Soweit dies nicht durch blosse Praxisänderung geschehen kann, wird empfohlen, die Verrechungssteuerverordnung auf den Zeitpunkt des Inkrafttretens des Fusionsgesetzes abzuändern."

In den weiteren Beratungen zum FusG hat sich gezeigt, dass die Umsetzung dieser Empfehlung für die betroffenen Kapitalgesellschaften und Genossenschaften sehr aufwändig wäre und aus der Sicht der Verrechnungssteuer unnötig ist. Deshalb wurde Artikel 5 Absatz 1 Buchstabe a VStG revidiert und dem DBG angepasst.

Artikel 5 Absatz 1 Buchstabe a VStG regelt nun im Sinne einer Ausnahme, dass Reserven und Gewinne einer Kapitalgesellschaft oder Genossenschaft, die bei einer Umstrukturierung nach Artikel 61 DBG in die Reserven einer aufnehmenden oder umgewandelten inländischen Kapitalgesellschaft oder Genossenschaft übergehen, von der Verrechnungssteuer ausgenommen sind. Dabei wird vorausgesetzt, dass das übertragene Verrechnungssteuersubstrat erhalten bleibt.

Reservenübertragungen auf eine inländische Kapitalgesellschaft oder Genossenschaft im Rahmen einer Fusion, Umwandlung oder Spaltung waren bereits nach bisherigem Recht von der Verrechnungssteuer ausgenommen. Durch den gesetzlichen Verweis auf Artikel 61 DBG wird die Steuerneutralität bei Umstrukturierungen auf die Übertragung von Beteiligungen, Betrieben, Teilbetrieben und Gegenständen des betrieblichen Anlagevermögens auf inländische Konzerngesellschaften ausgeweitet, jedoch nur, wenn und insoweit als die Reserven übergehen und damit das Verrechnungssteuersubstrat erhalten bleibt.

2.4 Stempelabgaben

2.4.1 Emissionsabgabe

Der Ständerat hat am 21. März 2001 folgende Empfehlung beschlossen:

„Dem Bundesrat wird empfohlen, das Eidg. Finanzdepartement zu beauftragen:

[1] Die Begriffe in den Vollzugsbestimmungen zum Verrechnungssteuer- und Stempelsteuerrecht gleich wie im Gewinnsteuerrecht zu definieren und anzuwenden;"

Diese Empfehlung wurde von der Kommission für Wirtschaft und Abgaben des Ständerates für das Stempelsteuerrecht wie folgt begründet:

„Das Bundesgesetz vom 27. Juni 1973[8] über die Stempelabgaben (StG) sieht in Artikel 6 Absatz 1 Buchstabe a^{bis} vor, dass bei folgenden Vorgängen die Emissionsabgabe nicht geschuldet ist: bei Fusionen oder diesen wirtschaftlich gleichkommenden Zusammenschlüssen, Umwandlungen und Aufspaltungen von Kapitalgesellschaften oder Genossenschaften. Um eine einheitliche Praxis zu gewährleisten, werden diese Umstrukturierungsvorgänge in einem Merkblatt der Eidgenössischen Steuerverwaltung (ESTV) näher umschrieben. Wichtig ist nun, dass dieses Merkblatt und damit auch die Praxis der ESTV auf den Zeitpunkt des Inkrafttretens des Fusionsgesetzes dieselben Massstäbe anwendet wie bei der direkten Bundessteuer, insbesondere bezüglich der Sperrfristen."

Im FusG wurde in der deutschen Fassung von Artikel 6 Absatz 1 Buchstabe a^{bis} des StG der Begriff „Aufspaltungen" durch den genereIleren Begriff „Spaltungen" ersetzt. In der französischen Version war keine Anpassung nötig.

Diese redaktionelle Korrektur dokumentiert den Willen des Gesetzgebers nach einer einheitlichen Anwendung der Gesetzesbestimmungen über steuerneutrale Spaltungen im Stempelsteuerrecht und im Recht der direkten Bundessteuer.

Das FusG führt eine neue Regelung in Artikel 9 Absatz 1 Buchstabe e StG ein, wonach die Emissionsabgabe bei der Begründung oder Erhöhung von Beteiligungsrechten im Rahmen von Fusionen, Spaltungen oder Umwandlungen von andern Rechtsträgern als Kapitalgesellschaften und Genossenschaften auf ein Prozent des Nennwerts beschränkt wird. Die Reduktion der Bemessungsgrundlage für die Emissionsabgabe bei Fusionen, Spaltungen oder Umwandlungen wird jedoch nur dann gewährt, wenn der bisherige Rechtsträger während mindestens fünf Jahren bestand. Im Weiteren wird über den Mehrwert nachträglich abgerechnet, soweit während den der Umstrukturierung nachfolgenden fünf Jahren die Beteiligungsrechte veräussert werden.

2.4.2 Umsatzabgabe

Bei einer Umstrukturierung ist die Umsatzabgabe nur dann betroffen, wenn kumulativ:

- steuerbare Urkunden übertragen werden;
- die Übertragung entgeltlich erfolgt;
- eine übertragende oder übernehmende Person oder einer der Vermittler Effektenhändler ist (Art. 13 Abs. 3 StG).

Zu den Effektenhändlern gehören auch inländische Kapitalgesellschaften und Genossenschaften, deren Aktiven nach Massgabe der letzten Bilanz zu mehr als 10 Millionen Franken aus steuerbaren Urkunden nach Artikel 13 Absatz 2 StG bestehen (Art. 13 Abs. 3 Bst. d StG).

Nach Artikel 14 Absatz 1 Buchstabe b StG wurde bereits nach bisherigem Recht die Sacheinlage von Urkunden zur Liberierung inländischer Aktien, Stammeinlagen von Gesellschaften mit beschränkter Haftung, Genossenschaftsanteile, Partizipationsscheine und Anteile an einem Anlagefonds von der Umsatzabgabe ausgenommen. Neu wird auch die Sacheinlage von Urkunden zur Liberierung ausländischer Wertpapiere von der Umsatzabgabe ausgenommen.

---

[8] SR 641.10

Die im Rahmen einer Umstrukturierung, der Übertragung von Betrieben oder Teilbetrieben auf eine inländische Konzerngesellschaft nach Artikel 61 Absatz 3 DBG sowie bei der Übertragung einer wesentlichen Beteiligung erfolgte Übertragung steuerbarer Urkunden ist neu ebenfalls von der Umsatzabgabe ausgenommen (Art. 14 Abs. 1 Bst. i und j StG).

Die im DBG vorgesehenen Veräusserungssperrfristen (Art. 19 Abs. 2, Art. 61 Abs. 2 und 4 DBG) finden bei der Umsatzabgabe mangels klarer gesetzlicher Grundlage keine Anwendung.

Die Veräusserung von steuerbaren Urkunden im Rahmen der Ersatzbeschaffung einer Beteiligung von mindestens 20 Prozent am Grund- oder Stammkapital an einer anderen Gesellschaft nach Artikel 64 Absatz 1bis DBG ist ebenfalls von der Umsatzabgabe ausgenommen (Art. 14 Abs. 1 Bst. j StG).

2.5 Mehrwertsteuer

2.5.1 Meldeverfahren bei Fusion, Spaltung, Umwandlung und Vermögensübertragung

Artikel 47 Absatz 3 des Bundesgesetzes über die Mehrwertsteuer (MWSTG) regelt die entgeltliche oder unentgeltliche Übertragung eines Gesamt- oder Teilvermögens von einer steuerpflichtigen Person auf eine andere im Rahmen einer Gründung, einer Liquidation oder einer Umstrukturierung (wie z.B. eines Unternehmenszusammenschlusses). Die steuerpflichtige Person hat ihre Steuerpflicht durch Meldung der steuerbaren Lieferung und Dienstleistung zu erfüllen; diese Meldung ist innert 30 Tagen nach Übertragung des Vermögens schriftlich der Eidg. Steuerverwaltung zu erstatten. Die Hauptabteilung Mehrwertsteuer hat ihre Praxis zur Durchführung des Meldeverfahrens im Merkblatt Nr. 11 (610.545-11)[9] publiziert. Darin finden sich neben den Voraussetzungen zur Erfüllung der Steuerpflicht durch schriftliche Meldung auch das zu verwendende Formular Nr. 764 sowie weitere im Zusammenhang mit dem Meldeverfahren zu beachtende Bereiche (wie Steuernachfolge [Art. 30 Abs. 2 MWSTG], Eigenverbrauch und Einlageentsteuerung).

2.5.2 Sanierung mittels Fusion

Bei Fusionen von Gesellschaften im Fall von Kapitalverlust oder Überschuldung (Art. 6 FusG) finden für die mehrwertsteuerlichen Belange die Bestimmungen von Merkblatt Nr. 23 (610.545-23 [Gesellschafterbeiträge, Beiträge Dritter und Beiträge im Sanierungsfall])[8] Anwendung.

[9] Diese Publikation ist im Internet unter www.estv.admin.ch abrufbar oder kann beim Bundesamt für Bauten und Logistik BBL, Vertrieb Publikationen, Drucksachen Mehrwertsteuer, 3003 Bern, bestellt werden.

3. Umstrukturierungen von Personenunternehmungen

3.1 Übertragung von Vermögenswerten auf eine andere Personenunternehmung

3.1.1 Tatbestände

Unter die Übertragung von Vermögenswerten auf eine andere Personenunternehmung fallen insbesondere folgende Umstrukturierungstatbestände im steuerlichen Sinn:

- Zusammenschluss mit einer anderen Personenunternehmung;
- Errichtung einer neuen Personengesellschaft („Spaltung");
- Umwandlung in eine andere Personenunternehmung.

Die Übertragung kann zivilrechtlich auf folgende Weise erfolgen:

- Verkauf;
- Kapitaleinlage bei Errichtung einer Kollektiv- oder Kommanditgesellschaft;
- Austritt eines Gesellschafters aus einer Personengesellschaft und Gründung einer neuen Personenunternehmung;
- Fusion (nur für Kollektiv- und Kommanditgesellschaften; Art. 3-22 FusG);
- Umwandlung (nur für Kollektiv- und Kommanditgesellschaften; Art. 53-68 FusG);
- Vermögensübertragung (Art. 69-77 FusG).

Die Vermögensübertragung ist ein neues Rechtsinstitut. Im Handelsregister eingetragene Gesellschaften und Einzelunternehmen können ihr Vermögen oder Teile davon auf andere Rechtsträger des Privatrechts übertragen, wobei die Übertragung - wie bei der Spaltung und der echten Fusion - in einem Akt (uno actu) mit Aktiven und Passiven erfolgt; die Gesamtheit der im Übertragungsvertrag beschriebenen Vermögenswerte wird übertragen, ohne dass die für die Einzelübertragung dieser Werte geltenden Formvorschriften eingehalten werden müssen. Eine Fusion, bei der die Übertragung des Vermögens durch Vermögensübertragung erfolgt, bedingt eine anschliessende Liquidation der übertragenden Gesellschaft.

*3.1.2 **Direkte Bundessteuer** (Einkommenssteuer: Einkünfte aus selbständiger Erwerbstätigkeit)*

3.1.2.1 Grundsatz

Die Übertragung von Vermögenswerten auf eine andere Personenunternehmung ist nach Artikel 19 Absatz 1 Buchstabe a DBG steuerneutral, soweit kumulativ:

- die Steuerpflicht in der Schweiz fortbesteht;
- die bisher für die Einkommenssteuer massgeblichen Werte übernommen werden.

Die Übertragung von Vermögenswerten auf eine unabhängige Personenunternehmung stellt dagegen einen Realisationstatbestand dar.

Bei den für die Einkommenssteuer massgeblichen Werten handelt es sich um die Einkommenssteuerwerte, d.h. die Buchwerte gemäss Handelsbilanz zuzüglich allfälliger versteuerter stiller Reserven.

Eine Restriktion ergibt sich aus dem steuersystematischen Realisationstatbestand der Überführung von Geschäftsvermögen in das Privatvermögen (Art. 18 Abs. 2 DBG). Eine solche steuerbare Privatentnahme liegt vor, soweit Vermögenswerte der übertragenden oder der übernehmenden Personenunternehmung nicht mehr ganz oder vorwiegend der selbständigen Erwerbstätigkeit dienen (Präponderanzmethode).

Die Übertragung von Geschäftsvermögen auf eine nichtkaufmännische Kollektivgesellschaft (Art. 553 OR; keine selbständige Erwerbstätigkeit) stellt eine Überführung von Geschäftsvermögen ins Privatvermögen dar (Art. 18 Abs. 2 DBG). Die übertragenen stillen Reserven unterliegen der Einkommenssteuer.

Eine Personenunternehmung kann auch einzelne Vermögenswerte steuerneutral auf eine andere Personenunternehmung übertragen, sofern die übertragende Person auch an der übernehmenden Personenunternehmung beteiligt ist (Art. 19 Abs. 1 Bst. a DBG; **Beispiel Nr. 1 im Anhang I**).

3.1.2.2 Ausgleichszahlungen

Ausgleichszahlungen bei Fusionen von Personenunternehmungen stellen - gleich wie Einkäufe neuer Gesellschafter in die stillen Reserven einer Personenunternehmung - bei den Empfängern steuerbare Einkünfte aus selbständiger Erwerbstätigkeit dar. Der leistende Gesellschafter kann die Zahlungen in seiner Steuerbilanz als versteuerte stille Reserven geltend machen und entsprechend der Zuordnung zu den entsprechenden Aktiven steuerwirksam abschreiben. Handelt es sich um eine Zahlung für Goodwill, kann dieser innert fünf Jahren abgeschrieben werden.

3.1.2.3 Vorjahresverluste

Bei der Übertragung von Betrieben oder Teilbetrieben auf eine andere Personenunternehmung können noch nicht verrechnete Vorjahresverluste nicht auf andere Personen übertragen werden.

3.1.3 Umsatzabgabe

Die Umsatzabgabe ist nur dann betroffen, wenn die übertragende oder die übernehmende Personenunternehmung Effektenhändler ist (Art. 13 Abs. 3 StG) und wenn steuerbare Urkunden entgeltlich übertragen werden.

Die Umsatzabgabe ist nicht geschuldet, soweit eine steuerneutrale Umstrukturierung vorliegt (Art. 14 Abs. 1 Bst. i StG i.V.m. Art. 19 DBG). Darunter fallen auch steuerbare Urkunden, welche zusammen mit anteiligen Verbindlichkeiten gegenüber Dritten übertragen werden.

3.1.4 Nicht betroffene Steuern

- Direkte Bundessteuer (Einkommenssteuer: Einkünfte aus Beteiligungen im Privatvermögen);
- Verrechnungssteuer;
- Emissionsabgabe.

3.2 Übertragung eines Betriebes oder Teilbetriebes auf eine juristische Person

3.2.1 Tatbestände

Unter die Übertragung eines Betriebes oder Teilbetriebes auf eine juristische Person fallen insbesondere folgende Umstrukturierungstatbestände im steuerlichen Sinn:

- Zusammenschluss mit einer juristischen Person;
- Umwandlung einer Personenunternehmung in eine Kapitalgesellschaft oder Genossenschaft;
- Umwandlung der schweizerischen Betriebsstätte einer ausländischen Personengesellschaft in eine Kapitalgesellschaft.

Die Übertragung kann zivilrechtlich auf folgende Weise erfolgen:

- Sacheinlage;
- Verkauf;
- Fusion (nur für Kollektiv- und Kommanditgesellschaften; Art. 3-22 FusG);
- Umwandlung (nur für Kollektiv- und Kommanditgesellschaften; Art. 53-68 FusG);
- Vermögensübertragung (Art. 69-77 FusG).

Der häufigste Umstrukturierungstatbestand, bei dem ein Betrieb oder Teilbetrieb von einer Personenunternehmung auf eine juristische Person übertragen wird, ist die Umwandlung einer Personenunternehmung in eine Kapitalgesellschaft. Dieser Tatbestand ist im Zivilrecht (FusG) nur für Handelsgesellschaften (Kollektiv- und Kommanditgesellschaften) vorgesehen. Die Umwandlung eines Einzelunternehmens in eine Kapitalgesellschaft erfolgt zivilrechtlich entweder durch Sacheinlage in eine neugegründete Kapitalgesellschaft oder durch die im FusG geregelte Vermögensübertragung (allenfalls kombiniert mit einem Verkauf) auf eine bereits bestehende Kapitalgesellschaft (Art. 69-77 FusG).

3.2.2 ***Direkte Bundessteuer*** *(Einkommenssteuer: Einkünfte aus selbständiger Erwerbstätigkeit)*

3.2.2.1 Grundsatz

Die Übertragung von Geschäftsvermögen auf eine juristische Person, deren Beteiligungsrechte sich im Privatvermögen befinden, ist nach Artikel 19 Absätze 1 und 2 DBG steuerneutral, soweit kumulativ folgende Erfordernisse erfüllt sind:

- die Steuerpflicht besteht in der Schweiz fort;
- die bisher für die Einkommenssteuer massgeblichen Werte werden übernommen;
- das übertragene Geschäftsvermögen stellt einen Betrieb oder Teilbetrieb dar;
- während den der Umwandlung nachfolgenden fünf Jahren werden die Beteiligungs- oder Mitgliedschaftsrechte an der übernehmenden Gesellschaft nicht veräussert.

Umwandlung einer Personenunternehmung in eine Kapitalgesellschaft oder Genossenschaft[10]:

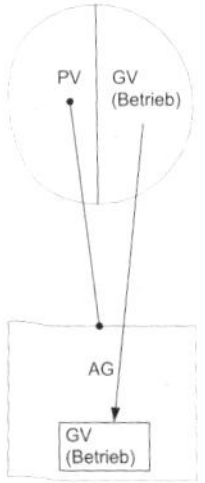

Eine Restriktion ergibt sich aus dem steuersystematischen Realisationstatbestand der Überführung von Geschäftsvermögen in das Privatvermögen (Art. 18 Abs. 2 DBG). Eine solche steuerbare Privatentnahme liegt vor, soweit bei der übertragenden Personenunternehmung Vermögenswerte zurückbleiben und diese nicht mehr ganz oder vorwiegend der selbständigen Erwerbstätigkeit dienen (Präponderanzmethode).

Wird ein Betrieb einer Personenunternehmung auf eine Kapitalgesellschaft übertragen, deren Beteiligungsrechte zum Geschäftsvermögen der übertragenden Personenunternehmung gehören und bleibt kein Geschäftsbetrieb zurück, liegt eine Privatentnahme der Beteiligungsrechte an der übernehmenden Kapitalgesellschaft vor. Eine Erklärung als gewillkürtes Geschäftsvermögen (Art. 18 Abs. 2 DBG) ist mangels Erwerb nicht möglich.

Die übertragenen, unversteuerten stillen Reserven werden im Nachsteuerverfahren besteuert, soweit während den der Umstrukturierung nachfolgenden fünf Jahren Beteiligungs- oder Mitgliedschaftsrechte zu einem Preis verkauft werden, der über dem steuerlichen Eigenkapital im Zeitpunkt der Übertragung liegt (Art. 19 Abs. 2 DBG).

3.2.2.2 Fortbestand der Steuerpflicht in der Schweiz

Das Erfordernis des Fortbestandes der Steuerpflicht in der Schweiz bezieht sich auf die übernehmende juristische Person und nicht auf die übertragende natürliche Person. Erfolgt die Übertragung auf eine schweizerische Betriebsstätte einer ausländischen juristischen Person, so kann vom Fortbestand der Steuerpflicht in der Schweiz jedoch nur dann ausgegangen werden, wenn bei der internationalen Steuerausscheidung sichergestellt ist, dass die übertragenen stillen Reserven weiterhin uneingeschränkt der Schweiz zugewiesen werden. Dies ist nach dem DBG durch die Anwendung der objektmässigen (direkten) Ausscheidungsmethode gewährleistet.

Bei einem Wegfall der Steuerpflicht der übertragenden natürlichen Person in Folge der Umwandlung einer schweizerischen Betriebsstätte einer ausländischen Personenunternehmung in eine Kapitalgesellschaft oder Genossenschaft gilt jedoch die Sperrfrist nach Artikel 19 Absatz 2 DBG.

10 H.-J. Neuhaus / M. Neuhaus / P. Riedweg; Kammer-Seminar vom 19.9.2003 zum FusG

Bei einem Wegfall der Steuerpflicht der übertragenden natürlichen Person kann während der Veräusserungssperrfrist für die latente Einkommenssteuer Sicherstellung verlangt werden (Art. 169 DBG).

Die Steuerbehörden können von einem Steuerpflichtigen mit Wohnsitz oder Sitz im Ausland verlangen, dass er einen Vertreter in der Schweiz bezeichnet (Art. 118 DBG).

3.2.2.3 Betrieb und Teilbetrieb

Nach geltender Praxis wird unter den Begriffen „Betrieb" und „Teilbetrieb" Folgendes verstanden (vgl. dazu Ziff. 4.3.2 hienach):

- Betrieb: Organisatorisch-technischer Komplex von Vermögenswerten, welcher für die unternehmerische Leistungserstellung eine relativ unabhängige, organische Einheit darstellt.
- Teilbetrieb: Kleinster für sich lebensfähiger Organismus eines Unternehmens.

Ein Betrieb oder Teilbetrieb liegt nur dann vor, wenn kumulativ folgende Erfordernisse erfüllt sind:

- die Unternehmung erbringt Leistungen auf dem Markt oder an verbundene Unternehmen;
- die Unternehmung verfügt über Personal;
- der Personalaufwand steht in einem sachgerechten Verhältnis zum Ertrag.

Einem Betrieb können auch nichtbetriebsnotwendige Aktiven mitgegeben werden (z.B. liquide Mittel und Immobilien), sofern der Betrieb nicht nur von untergeordneter Bedeutung ist, nicht nur zum Zwecke einer steuerneutralen Umwandlung geschaffen wurde und weitergeführt wird (allgemeiner Vorbehalt der Steuerumgehung).

Das Halten und Verwalten eigener Immobilien stellt dann einen Betrieb dar, wenn kumulativ folgende Erfordernisse erfüllt sind:

- es erfolgt ein Marktauftritt oder es werden Betriebsliegenschaften an Konzerngesellschaften vermietet;
- die Unternehmung beschäftigt oder beauftragt mindestens eine Person für die Verwaltung der Immobilien (eine Vollzeitstelle für rein administrative Arbeiten);
- die Mieterträge betragen mindestens das 20-fache des marktüblichen Personalaufwandes für die Immobilienverwaltung[11].

Das Halten und Verwalten von Wertschriften, die lediglich der Anlage von eigenem Vermögen dienen, stellt auch bei einem grossen Vermögen nie einen Betrieb dar.

3.2.2.4 Veräusserungssperrfrist

Die übertragenen stillen Reserven unterliegen der Einkommenssteuer, soweit Beteiligungs- oder Mitgliedschaftsrechte an der übernehmenden juristischen Person innert fünf Jahren nach der Übertragung zu einem über dem übertragenen steuerlichen Eigenkapital liegenden Preis (Kapital der juristischen Person) veräussert werden (Art. 19 Abs. 2 DBG; **Beispiel Nr. 2 im Anhang I**). Ob bereits im Umwandlungszeitpunkt eine Veräusserungsabsicht be-

---

11 Bundesrat Villiger; Ständerat 21.3.2001; Amtliches Bulletin, S. 41

standen hat oder ob erst nach der Umwandlung eingetretene Umstände zu der Veräusserung der Beteiligungsrechte geführt haben, ist steuerlich nicht erheblich. Die Veräusserungssperrfrist ist verobjektiviert.

Grundsätzlich stellt auch der Verkauf eines einzigen Beteiligungs- oder Mitgliedschaftsrechtes eine Verletzung der Veräusserungssperrfrist dar und führt zu einer anteiligen Nachbesteuerung der übertragenen stillen Reserven. Nach Artikel 707 Absatz 1 OR müssen die Mitglieder des Verwaltungsrates einer Aktiengesellschaft Aktionäre sein. Dabei genügt das Eigentum an einer einzigen Aktie. Selbständigerwerbende, die ihr Unternehmen in eine Aktiengesellschaft umgewandelt haben, sind verpflichtet, den Verwaltungsratmitgliedern je eine Aktie zu verkaufen. Es ist deshalb sachgerecht, dass ein solcher Verkauf keine anteilige Nachbesteuerung der übertragenen stillen Reserven auslöst.

Die Veräusserungssperrfrist beginnt am Tag der Eigentumsübertragung. Bei der Umwandlung einer Personenunternehmung in eine juristische Person beginnt die Veräusserungssperrfrist mit der Anmeldung beim Handelsregisteramt. Eine rückwirkende Umwandlung ist für den Beginn der Veräusserungssperrfrist bedeutungslos. Die Veräusserungssperrfrist endet fünf Jahre nach der Anmeldung im Handelsregister.

Der Übergang des Eigentums an den Beteiligungs- oder Mitgliedschaftsrechten an der übernehmenden juristischen Person durch Erbgang oder Schenkung sowie der Verkauf zu einem Preis, der das anteilige übertragene Eigenkapital (Kapital der juristischen Person) nicht übersteigt, stellt keine Sperrfristverletzung dar. In einem solchen Fall geht die Veräusserungssperrfrist auf die Erwerber der Beteiligungs- oder Mitgliedschaftsrechte über. Wird dagegen zu einem über dem anteiligen übertragenen Eigenkapital liegenden Preis veräussert, wird stets über die gesamten übertragenen stillen Reserven anteilig abgerechnet.

Beim übertragenen steuerlichen Eigenkapital handelt es sich i.d.R. um den Teil des Kapitals der übertragenden Personenunternehmung, das in Aktienkapital umgewandelt wird. Theoretisch ist jedoch auch eine Umwandlung in offene Reserven möglich.

Die Einbringung der Beteiligungs- oder Mitgliedschaftsrechte an der übernehmenden juristischen Person in eine andere, von der gleichen natürlichen Person beherrschte andere juristische Person (Transponierung), stellt keine Sperrfristverletzung dar. Die Veräusserungssperrfrist erstreckt sich in einem solchen Fall sowohl auf die eingebrachten Beteiligungs- oder Mitgliedschaftsrechte als auch auf die Beteiligungsrechte der natürlichen Person an der übernehmenden Gesellschaft.

Bei einer Sperrfristverletzung erfolgt die Besteuerung im Nachsteuerverfahren (Art. 151-153 DBG). Grundlage der Besteuerung sind die übertragenen unversteuerten stillen Reserven. Die Besteuerung erfolgt immer nur anteilsmässig entsprechend der Quote der veräusserten Beteiligungsrechte. Dies ist auch dann der Fall, wenn mehr als 50 Prozent der Beteiligungs- oder Mitgliedschaftsrechte veräussert werden.

Eine Veränderung der Beteiligungsverhältnisse durch eine Kapitalerhöhung der übernehmenden juristischen Person stellt keine Sperrfristverletzung dar, soweit der übertragenden natürlichen Person keine Leistungen zufliessen.

Werden bei einer Kapitalerhöhung Bezugsrechte veräussert, liegt eine Sperrfristverletzung vor. Die zu besteuernde Quote der übertragenen unversteuerten stillen Reserven entspricht dem Verhältnis des Verkaufserlöses für die Bezugsrechte zu den offenen und stillen Reserven im Zeitpunkt der Kapitalerhöhung.

3.2.3 ***Direkte Bundessteuer*** *(Gewinnsteuer)*

3.2.3.1 Rückwirkende Übertragung

Bei der Umwandlung einer Personenunternehmung in eine juristische Person beginnt deren Steuerpflicht grundsätzlich mit dem Eintrag im Handelsregister.

Eine rückwirkende Umwandlung wird steuerlich nur dann anerkannt, wenn die Anmeldung zusammen mit den Gründungsakten innerhalb von sechs Monaten nach dem Stichtag der Übernahmebilanz beim Handelsregister eingetroffen ist und die Anmeldung ohne irgendwelche Weiterungen zum Eintrag geführt hat.

Wird die rückwirkende Übertragung akzeptiert, beginnen die Steuerpflicht, die Steuerperiode und die Bemessungsperiode mit dem vereinbarten Übernahmestichtag. Entsprechend endet die selbständige Erwerbstätigkeit in diesem Zeitpunkt. Andernfalls wird auf den Handelsregistereintrag abgestellt. Dies bedingt die Erstellung eines Abschlusses auf diesen Zeitpunkt.

3.2.3.2 Verletzung der Veräusserungssperrfrist

Eine Abrechnung über die stillen Reserven im Nachsteuerverfahren (Art. 151-153 DBG) führt zu höheren Gewinnsteuerwerten (Art. 19 Abs. 2 DBG). Die übernehmende juristische Person kann die Auflösung solcher versteuerter stillen Reserven durch höhere Abschreibungen geltend machen, soweit diese geschäftsmässig begründet sind. Ist die übernehmende juristische Person bereits rechtskräftig veranlagt, kann ihr das Revisionsverfahren (Art. 147-149 DBG) gewährt werden. Soweit die stillen Reserven nicht lokalisiert werden können, liegt Goodwill vor, der innert fünf Jahren steuerwirksam abgeschrieben werden kann.

Falls die Mehrwerte in der Handelsbilanz ausgewiesen werden (Anpassung der Handelsbilanz an die Steuerbilanz), sind diese den offenen Reserven gutzuschreiben.

3.2.3.3 Vorjahresverluste

Bei einer Übertragung nach Artikel 19 Absatz 1 Buchstabe b DBG werden noch nicht verrechnete Vorjahresverluste der übertragenden Personenunternehmung auf die übernehmende juristische Person übertragen und können bei der Festsetzung des steuerbaren Reingewinnes in Abzug gebracht werden (Art. 67 Abs. 1 DBG; **Beispiel Nr. 3 im Anhang I**). Eine solche Verlustübernahme ist nur für Umwandlungen möglich, die nach dem Inkrafttreten des FusG erfolgen. Diese Praxisänderung beruht auf dem im FusG konsequent umgesetzten Grundsatz der Steuerneutralität auf Unternehmensebene (vgl. die in Art. 61 Abs. 1 Bst. a DBG geregelte Umwandlung einer juristischen Person in eine Personenunternehmung).

3.2.4 ***Direkte Bundessteuer*** *(Einkommenssteuer: Einkünfte aus Beteiligungen im Privatvermögen)*

Wird bei der Übertragung auf eine Kapitalgesellschaft oder Genossenschaft, deren Beteiligungsrechte sich im Privatvermögen befinden, ein Betrieb oder Teilbetrieb zu einem über dem Verkehrswert liegenden Preis gegen Gutschrift oder Anteile am Grund- oder Stammkapital der übernehmenden Kapitalgesellschaft oder Genossenschaft eingebracht, so erzielt die übertragende natürliche Person in diesem Umfang Vermögensertrag.

3.2.5 *Verrechnungssteuer*

Die Ausführungen zur direkten Bundessteuer (Ziff. 3.2.4) gelten auch für die Verrechnungssteuer.

3.2.6 *Emissionsabgabe*

Nach Artikel 9 Absatz 1 Buchstabe e StG beträgt die Emissionsabgabe bei der Begründung von Beteiligungsrechten im Rahmen einer Umwandlung einer Personenunternehmung in eine Kapitalgesellschaft oder Genossenschaft 1 Prozent des Nennwerts. Die übertragenen stillen Reserven sind von der Steuer ausgenommen. Die Reduktion der Bemessungsgrundlage für die Emissionsabgabe bei Fusionen, Spaltungen oder Umwandlungen wird jedoch nur dann gewährt, wenn der bisherige Rechtsträger während mindestens fünf Jahren bestand. Im Weiteren ist über den Mehrwert nachträglich anteilsmässig abzurechnen, soweit während den der Umstrukturierung nachfolgenden fünf Jahren Beteiligungsrechte veräussert werden.

Der Übergang des Eigentums an den Beteiligungsrechten durch Erbgang, Schenkung oder andere unentgeltliche Rechtsgeschäfte, einschliesslich steuerneutraler Umstrukturierungen, stellt keine Sperrfristverletzung dar. Dies gilt auch für entgeltliche Übertragungen, sofern der Preis das übertragene Eigenkapital nicht übersteigt.

3.2.7 *Umsatzabgabe*

Die Umsatzabgabe ist nur dann betroffen, wenn die übertragende Personenunternehmung oder die übernehmende juristische Person Effektenhändler ist (Art. 13 Abs. 3 StG) und zusammen mit dem Betrieb steuerbare Urkunden entgeltlich übertragen werden.

Bei der Übertragung eines Betriebes oder Teilbetriebes auf eine juristische Person ist die Umsatzabgabe nicht geschuldet, soweit eine steuerneutrale Umstrukturierung vorliegt (Art. 14 Abs. 1 Bst. i StG i.V.m. Art. 19 DBG). Darunter fallen auch steuerbare Urkunden, welche zusammen mit anteiligen Verbindlichkeiten gegenüber Dritten übertragen werden.

3.3 *Austausch von Beteiligungsrechten im Geschäftsvermögen bei Umstrukturierungen*

3.3.1 *Tatbestand*

Bei der Umstrukturierung von juristischen Personen, insbesondere bei Fusionen, Spaltungen oder Umwandlungen sowie bei fusionsähnlichen Zusammenschlüssen von Kapitalgesellschaften oder Genossenschaften kann es zu einem Austausch von Beteiligungsrechten im Geschäftsvermögen natürlicher Personen kommen.

3.3.2 *Direkte Bundessteuer (Einkommenssteuer: Einkünfte aus selbständiger Erwerbstätigkeit)*

Der Austausch von Beteiligungs- oder Mitgliedschaftsrechten an Kapitalgesellschaften bei Umstrukturierungen im Sinne von Artikel 61 Absatz 1 DBG oder bei fusionsähnlichen Zusammenschlüssen ist mit Bezug auf eine beteiligte Personenunternehmung nach Artikel 19 Absatz 1 Buchstabe c DBG steuerneutral, soweit kumulativ:

- die Steuerpflicht in der Schweiz fortbesteht;
- die bisher für die Einkommenssteuer massgeblichen Werte übernommen werden.

Die Steuerneutralität gilt auch dann, wenn Beteiligungsrechte gegen Beteiligungsrechte an einer ausländischen Kapitalgesellschaft oder Genossenschaft ausgetauscht werden (grenzüberschreitender Beteiligungsaustausch).

Ausgleichszahlungen für ausgetauschte Beteiligungsrechte im Geschäftsvermögen gehören zu den Einkünften aus selbständiger Erwerbstätigkeit (Art. 18 Abs. 1 DBG).

3.3.3 *Umsatzabgabe*

Die mit einer Umstrukturierung, insbesondere einer Fusion, Spaltung oder Umwandlung verbundene Übertragung steuerbarer Urkunden ist von der Umsatzabgabe ausgenommen (Art. 14 Abs. 1 Bst. i StG). Soweit eine solche Umstrukturierung umsatzabgabepflichtige Personenunternehmungen betrifft, gilt dies auch für die Übertragung von Urkunden im Geschäftsvermögen.

3.3.4 *Nicht betroffene Steuern*

- Direkte Bundessteuer (Gewinnsteuer);
- Direkte Bundessteuer (Einkommenssteuer: Einkünfte aus Beteiligungen im Privatvermögen);
- Verrechnungssteuer;
- Emissionsabgabe.

4. Umstrukturierungen von juristischen Personen

4.1 Zusammenschluss

4.1.1 Übersicht

4.1.1.1 Tatbestände

Ein Unternehmenszusammenschluss kann durch eine Verschmelzung zweier Kapitalgesellschaften oder Genossenschaften (echte oder unechte Fusion) oder durch eine beteiligungsrechtliche Übernahme einer anderen Kapitalgesellschaft oder Genossenschaft ohne Verschmelzung erfolgen (fusionsähnlicher Zusammenschluss; Quasifusion).

Übersicht[12]

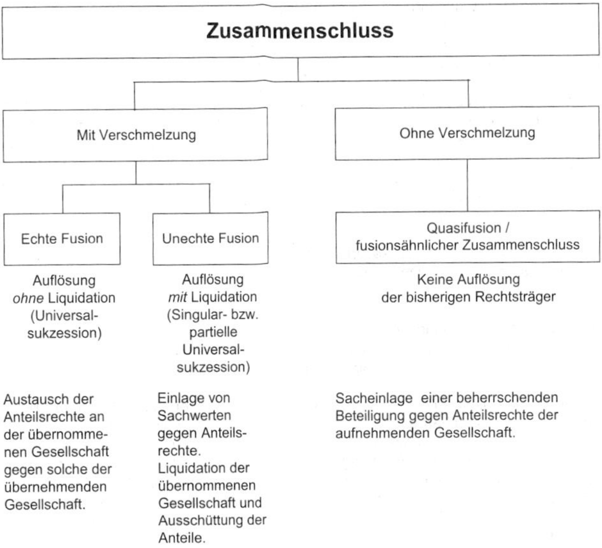

[12] In Anlehnung an: REICH MARKUS, Grundriss der Steuerfolgen von Unternehmensumstrukturierungen, Basel/Genf/München 2000, S. 183

4.1.1.2 Echte Fusion

Bei einer echten Fusion findet die Übertragung der Aktiven und Passiven zivilrechtlich durch Universalsukzession statt und die übertragende Gesellschaft wird ohne Liquidation aufgelöst.

4.1.1.3 Unechte Fusion

Bei einer unechten Fusion findet die Vermögensübertragung zivilrechtlich durch Singularsukzession oder partieller Universalsukzession (Vermögensübertragung; Art. 69-77 FusG) statt. In beiden Fällen muss die übertragende Gesellschaft durch Liquidation aufgelöst werden.

4.1.1.4 Abgrenzung Fusion – Quasifusion – Transponierung - indirekte Total-, allenfalls Teilliquidation

Bei einer Fusion ist die Übertragung der Aktiven und Passiven auf die übernehmende Gesellschaft und die Auflösung der übertragenden Gesellschaft (Verschmelzung) fester Bestandteil des Übernahmeangebots an die Gesellschafter der übertragenden Gesellschaft. Auch eine ausschliessliche Barabfindung ist möglich (Art. 8 Abs. 2 i.V.m. Art. 18 Abs. 5 FusG). Barabfindungen sind einem Liquidationserlös gleichzustellen.

Eine Quasifusion führt zu keiner Verschmelzung, sondern lediglich zu einer stimmrechtsmässigen Beherrschung der übernommenen Gesellschaft. Sie bedingt eine Kapitalerhöhung der übernehmenden Gesellschaft unter Ausschluss der Bezugsrechte der bisherigen Gesellschafter und einen Aktientausch der Gesellschafter der übernommenen Gesellschaft. Nennwerterhöhungen und Ausgleichzahlungen stellen in diesem Fall für den Aktionär Veräusserungserlös dar, weshalb eine Besteuerung entfällt (privater Kapitalgewinn; Art. 16 Abs. 3 DBG).

Eine Quasifusion mit zeitnaher Absorption wird jedoch einer Fusion gleichgestellt. Barleistungen und Nennwerterhöhungen stellen in diesem Fall Vermögensertrag dar und unterliegen der Einkommenssteuer.

Eine Quasifusion stellt dann eine Transponierung dar, wenn die Gesellschafter der übernommenen Gesellschaft nach der Einbringung ihrer Beteiligungsrechte mindestens 50% der Kapitalanteile der übernehmenden Gesellschaft halten.

Bei einem Kauf – nicht aber bei einer Quasifusion – ist Folgendes zu beachten: Macht die übernehmende Gesellschaft ein Kaufangebot, ohne dass darin eine Verschmelzungsabsicht offen gelegt wird, kann eine indirekte Total- oder allenfalls Teilliquidation vorliegen. In diesem Fall liegt jedoch nur insoweit Vermögensertrag vor, als der Verkäufer in seiner Eigenschaft als Beteiligter durch ein Zusammenwirken mit der Käufergesellschaft die Übertragung der Gesellschaftsmittel, die zur Finanzierung des Kaufpreises dienen, selbst einleitet oder wenn davon ausgegangen werden muss, dass der Verkäufer von der bevorstehenden Verschmelzung weiss oder wissen muss.

4.1.2 Zusammenschluss mit Verschmelzung (Fusion) im Allgemeinen

4.1.2.1 Tatbestände und Definitionen

4.1.2.1.1 Übertragung

Die Übertragung der Aktiven und Passiven kann zivilrechtlich auf folgende Weise erfolgen:

- Absorption (Art. 3 Abs. 1 Bst. a FusG; echte Fusion);
- Kombination (Art. 3 Abs. 1 Bst. b FusG; echte Fusion);
- Vermögensübertragung (Art. 69-77 FusG; unechte Fusion);
- Liquidation (unechte Fusion).

4.1.2.1.2 Absorption

Bei der Absorptionsfusion werden eine oder mehrere Gesellschaften aufgelöst, wobei deren Vermögen auf eine bestehende Gesellschaft übergehen.

4.1.2.1.3 Kombination

Bei der Kombinationsfusion werden zwei oder mehrere Gesellschaften aufgelöst, wobei deren Vermögen auf eine neu zu gründende Gesellschaft übergehen.

4.1.2.1.4 Vermögensübertragung

Die Vermögensübertragung ist ein neues Rechtsinstitut. Im Handelsregister eingetragene Gesellschaften und im Handelsregister eingetragene Einzelunternehmen können ihr Vermögen oder Teile davon auf andere Rechtsträger des Privatrechts übertragen, wobei die Übertragung - wie bei der Spaltung und der echten Fusion - in einem Akt (uno actu) mit Aktiven und Passiven erfolgt; die Gesamtheit der im Übertragungsvertrag beschriebenen Vermögenswerte wird übertragen, ohne dass die für die Einzelübertragung dieser Werte geltenden Formvorschriften eingehalten werden müssen. Eine Fusion, bei der die Übertragung des Vermögens durch Vermögensübertragung erfolgt, bedingt eine anschliessende Liquidation der übertragenden Gesellschaft.

4.1.2.1.5 Tausch der Anteils- und Mitgliedschaftsrechte oder Abfindung

Die Gesellschafter der übertragenden Gesellschaft haben Anspruch auf Anteils- oder Mitgliedschaftsrechte an der übernehmenden Gesellschaft (Art. 7 FusG). Im Fusionsvertrag kann jedoch vorgesehen werden, dass die Gesellschafter zwischen Anteils- oder Mitgliedschaftsrechten und einer Abfindung wählen können (Barfusion; Art. 8 FusG).

4.1.2.1.6 Fusion im steuerlichen Sinn

Unter einer Fusion nach Artikel 61 Absatz 1 DBG versteht man einen Zusammenschluss mit Verschmelzung (echte und unechte Fusion), d.h. einen Zusammenschluss durch die Übertragung sämtlicher Aktiven und Passiven einer oder mehrerer anderen Gesellschaften auf eine andere Gesellschaft mit anschliessender oder gleichzeitiger Auflösung der übertragenden juristischen Person(en).

Die zivilrechtliche Abwicklung ist für die steuerliche Würdigung nicht massgebend. Entscheidend ist die Ausgangslage und das Endresultat der Transaktion. Echte und unechte Fusionen haben deshalb die gleichen Steuerfolgen.

4.1.2.1.7 Gesellschaft

In den nachfolgenden Ausführungen wird vereinfacht meist nur noch der Begriff „Gesellschaft" verwendet. Die Ausführungen gelten jedoch sinngemäss auch für Genossenschaften, Vereine, Stiftungen und übrige juristische Personen.

4.1.2.2 ***Direkte Bundessteuer*** *(Gewinnsteuer)*

4.1.2.2.1 Grundsatz

Bei einer Fusion können die unversteuerten stillen Reserven steuerneutral auf die übernehmende Gesellschaft übertragen werden, soweit kumulativ:

- die Steuerpflicht in der Schweiz fortbesteht (Art. 61 Abs. 1 DBG);
- die bisher für die Gewinnsteuer massgeblichen Werte übernommen werden (Art. 61 Abs. 1 DBG).

Weitere Bedingungen für eine steuerneutrale Übertragung der unversteuerten stillen Reserven bei einem Unternehmenszusammenschluss sind im DBG nicht enthalten.

4.1.2.2.2 Fortbestand der Steuerpflicht in der Schweiz

Das Erfordernis des Fortbestandes der Steuerpflicht in der Schweiz bezieht sich auf die übernehmende Gesellschaft. Dieses Erfordernis kann auch bei der Absorption durch eine ausländische Gesellschaft (Art. 163b des Bundesgesetzes vom 18. Dezember 1987[13] über das Internationale Privatrecht [IPRG]) erfüllt sein, soweit die übertragenen Aktiven und Passiven einer schweizerischen Betriebsstätte der übernehmenden ausländischen juristischen Person zuzurechnen sind (Wechsel von der unbeschränkten zur beschränkten Steuerpflicht; Art. 50-52 DBG). Vom Fortbestand der Steuerpflicht in der Schweiz kann jedoch nur dann ausgegangen werden, wenn bei der internationalen Steuerausscheidung sichergestellt ist, dass die übertragenen stillen Reserven weiterhin uneingeschränkt der Schweiz zugewiesen werden. Dies ist nach dem DBG durch die Anwendung der objektmässigen (direkten) Ausscheidungsmethode gewährleistet.

4.1.2.2.3 Rückwirkende Fusion

Bei einer Fusion endet die Steuerpflicht der übertragenden Gesellschaft grundsätzlich mit der Löschung im Handelsregister. Die Steuerpflicht einer aus einer Kombination hervorgehenden Gesellschaft beginnt grundsätzlich mit dem Eintrag ins Handelsregister.

Eine rückwirkende Fusion wird steuerlich nur dann anerkannt, wenn die Anmeldung zusammen mit dem Fusionsbeschluss innerhalb von sechs Monaten nach dem Stichtag der Übernahmebilanz beim Handelsregister eingetroffen ist und die Anmeldung ohne irgendwelche Weiterungen zum Eintrag geführt hat.

[13] SR **291**

Wird die rückwirkende Fusion akzeptiert, beginnen die Steuerpflicht, die Steuerperiode und die Bemessungsperiode einer aus einer Kombination hervorgehenden Gesellschaft mit dem vereinbarten Übernahmestichtag. Entsprechend endet die Steuerpflicht der übertragenden Gesellschaft(en) in diesem Zeitpunkt. Andernfalls wird für die Festsetzung des steuerbaren Gewinnes auf den Handelsregistereintrag abgestellt. Dies bedingt die Erstellung eines Abschlusses auf diesen Zeitpunkt.

4.1.2.2.4 Vorjahresverluste der übertragenden juristischen Person

Die übernehmende Gesellschaft kann die bei der Berechnung des steuerbaren Reingewinnes noch nicht berücksichtigten Vorjahresverluste der übertragenden Gesellschaft nach Artikel 67 Absatz 1 DBG geltend machen (Übernahme der Vorjahresverluste). Eine Übernahme der Vorjahresverluste ist jedoch ausgeschlossen, wenn eine Steuerumgehung vorliegt. Eine solche liegt insbesondere dann vor, wenn die übertragende Gesellschaft wirtschaftlich liquidiert oder in liquide Form gebracht worden ist (Mantelhandel; Art. 5 Abs. 2 Bst. b StG) oder wenn ein durch Fusion übertragener Betrieb kurz nach der Fusion eingestellt wird (vgl. Entscheid der Bundessteuer-Rekurskommission Zürich vom 6.1.2003, wird im StE 2004 publiziert).

4.1.2.2.5 Verwendung eigener Beteiligungsrechte

Verwendet die übernehmende Gesellschaft für die Abfindung der Anteilsinhaber der untergehenden Gesellschaft eigene Beteiligungsrechte, deren Rückkauf nicht zu einer Besteuerung geführt hat, fällt bei der übernehmenden Gesellschaft in der Höhe der Differenz zwischen dem Gewinnsteuerwert und dem Verkehrswert der eigenen Beteiligungsrechte ein steuerbarer Gewinn oder ein geschäftsmässig begründeter Aufwand an.

*4.1.2.3 **Direkte Bundessteuer** (Einkommenssteuer: Einkünfte aus Beteiligungen im Privatvermögen)*

4.1.2.3.1 Grundsatz

Bei einer Fusion erzielen beteiligte Privatpersonen in dem Umfange Beteiligungsertrag, als ihnen höherer Nennwert, Ausgleichszahlungen oder andere geldwerte Vorteile zu Lasten der Reserven der übernehmenden Kapitalgesellschaft oder Genossenschaft zufliessen.

4.1.2.3.2 Austausch der Beteiligungsrechte und Nennwerterhöhungen

Die Übertragung der Anteile an der übernehmenden Gesellschaft an die Anteilsinhaber der übertragenden Gesellschaft ist steuerfrei. Steuerfolgen ergeben sich jedoch dann, wenn die Anteilsrechte der übernehmenden Gesellschaft einen höheren Nennwert aufweisen als die Anteile an der übertragenden Gesellschaft (Gratisnennwerterhöhungen; Art. 20 Abs. 1 Bst. c DBG). Dies gilt auch für Gratisnennwerterhöhungen von ausländischen Kapitalgesellschaften.

Bei einer Fusion können Nennwertgewinne mit Nennwertverlusten verrechnet werden. Steuerbare Gratisnennwerterhöhungen liegen nur dann vor, wenn die Gesamtheit der Reserven durch Umwandlung in Aktienkapital vermindert wird.

4.1.2.3.3 Ausgleichszahlungen und Abgeltungen für Sonderrechte

Ausgleichszahlungen, die bei einer Fusion ausgerichtet werden (Art. 7 Abs. 2 FusG), stellen steuerbaren Kapitalertrag aus Beteiligungen dar (Art. 20 Abs. 1 Bst. c DBG). Sie sind steuerbar, ungeachtet ob sie von der übernehmenden oder von der übertragenden Gesellschaft stammen. Das Bundesgericht hat diese Auslegung mehrfach bestätigt (ASA 25, 242; ASA 59, 719).

Ausgleichszahlungen sind bei einer echten oder unechten Fusion nur insoweit steuerbar, als ihnen keine Nennwertverluste gegenüberstehen (Verrechenbarkeit aufgrund des Herkunftsprinzips; **Beispiel Nr. 4 im Anhang I**).

Werden die Ausgleichszahlungen von anderen Anteilsinhabern geleistet, liegt eine steuerfreie Teilveräusserung vor (Art. 16 Abs. 3 DBG).

Abgeltungen für Sonderrechte (Art. 7 Abs. 5 FusG) werden wie Ausgleichszahlungen behandelt.

4.1.2.3.4 Rückkauf von Genussscheinen

Der Rückkauf von Genussscheinen (Art. 7 Abs. 6 FusG) stellt eine direkte Teilliquidation dar (vgl. Kreisschreiben der ESTV Nr. 5 vom 19.8.1999, Ziff. 2.1).

4.1.2.3.5 Abfindungen

Optionale Abfindungen (Art. 8 Abs. 1 FusG) sind einem Liquidationserlös gleichzustellen. Soweit ein solcher den Nennwert der hingegebenen Anteile übersteigt, liegt ein steuerbarer Liquidationsüberschuss vor (Art. 20 Abs. 1 Bst. c DBG).

4.1.2.3.6 Barfusionen

Eine Barfusion liegt vor, wenn gänzlich auf die Gewährung von Anteils- und Mitgliedschaftsrechten verzichtet und ausschliesslich eine Abfindung vorgesehen wird (Art. 8 Abs. 2 i.V.m. Art. 18 Abs. 5 FusG). Nach Artikel 18 Absatz 5 FusG braucht es dafür eine Zustimmung von mindestens 90 Prozent der stimmberechtigten Gesellschafterinnen und Gesellschafter der übertragenden Gesellschaft.

Barfusionen führen zu den gleichen Einkommenssteuerfolgen wie eine Totalliquidation der übertragenden Gesellschaft. Soweit die Abfindung den Nennwert der hingegebenen Aktien übersteigt, liegt ein steuerbarer Liquidationsüberschuss vor (Art. 20 Abs. 1 Bst. c DBG).

4.1.2.3.7 Verwendung eigener Beteiligungsrechte

Verwendet die übernehmende Gesellschaft für den Austausch der Titel eigene Beteiligungsrechte, deren Rückkauf nicht zu einer Besteuerung geführt hat, wird der Verkehrswert dieser eigenen Aktien im Zeitpunkt der Fusion abzüglich deren Nennwert wie eine Barabfindung behandelt. Wenn nur ein Teil der ausgetauschten Beteiligungsrechte aus dem Eigenbestand der übernehmenden Gesellschaft stammt, wird der entsprechende Vermögensertrag proportional zum Nennwert der abgegebenen Beteiligungsrechte an der übernehmenden Gesellschaft aufgeteilt (**Beispiel Nr. 5 im Anhang I**).

4.1.2.3.8 Squeeze-Out-Abfindungen

Nach Artikel 33 Absatz 1 des Bundesgesetzes vom 24. März 1995[14] über die Börsen und den Effektenhandel (Börsengesetz; BEHG) kann der Anbieter, der nach Ablauf der Angebotsfrist über mehr als 98 Prozent der Stimmrechte der Zielgesellschaft verfügt, innerhalb einer Frist von drei Monaten vom Richter die Kraftloserklärung der restlichen Beteiligungspapiere verlangen (Squeeze-Out-Verfahren). Zu diesem Zweck muss der Anbieter Klage gegen die Gesellschaft erheben. Die restlichen Aktionäre, welche noch Aktien besitzen, können dem Verfahren beitreten. Die Gesellschaft gibt diese Beteiligungspapiere erneut aus und übergibt sie dem Anbieter gegen Entrichtung des Angebotspreises oder Erfüllung des Austauschangebotes zugunsten der Eigentümer der für kraftlos erklärten Beteiligungsrechte (Art. 33 Abs. 2 BEHG).

Nach dem FusG erfolgt das Squeeze-Out-Verfahren nach den Bestimmungen über die Barfusion (Art. 8 Abs. 2 i.V.m. Art. 18 Abs. 5 FusG). Dabei genügt die Zustimmung von mindestens 90 Prozent der stimmberechtigten Gesellschafterinnen und Gesellschafter der übertragenden Gesellschaft (Art. 18 Abs. 5 FusG). Eine Neuausgabe der Aktien ist nach dem FusG nicht zwingend.

Bei einer Fusion sind Squeeze-Out-Abfindungen (Barleistungen) einem Liquidationserlös gleichzustellen. Soweit ein solcher den Nennwert der hingegebenen Aktien übersteigt, liegt ein steuerbarer Liquidationsüberschuss vor (Art. 20 Abs. 1 Bst. c DBG).

Soweit die Squeeze-Out-Abfindung indirekt von anderen Anteilsinhabern der übernehmenden Gesellschaft geleistet wird (Liberierung neuer Anteilsrechte an der übernehmenden Gesellschaft mit gleichem Nennwert wie die Anteilsrechte an der übertragenden Gesellschaft zum Preis der Squeeze-Out-Abfindung), liegt kein Liquidations-, sondern Veräusserungserlös vor (privater Kapitalgewinn nach Art. 16 Abs. 3 DBG).

4.1.2.3.9 Absorption einer inländischen Gesellschaft durch eine ausländische Gesellschaft

Nach Artikel 163b IPRG kann eine ausländische Gesellschaft eine schweizerische Gesellschaft übernehmen (Emigrationsfusion).

Für die direkte Bundessteuer (Einkommenssteuer) stellt ein solcher Vorgang grundsätzlich keine Realisation des Liquidationsüberschusses dar.

Erhalten die inländischen Gesellschafter der übertragenden Gesellschaft dagegen Gratisnennwerterhöhungen, Barleistungen oder diesen gleichzustellende Naturalleistungen, sind diese geldwerten Vorteile im Wertschriftenverzeichnis zu deklarieren.

4.1.2.4 ***Verrechnungssteuer***

4.1.2.4.1 Fusionen von inländischen Kapitalgesellschaften und Genossenschaften

Die bei einer Fusion den Inhabern der Beteiligungsrechte oder diesen nahestehenden Dritten zukommenden Ausgleichszahlungen, Gratisaktien, Gratisnennwerterhöhungen und sonstigen Erträge unterliegen nach Artikel 4 Absatz 1 Buchstabe b VStG der Verrechnungssteuer, sofern sie zu Lasten der Reserven einer inländischen Kapitalgesellschaft oder Genossenschaft erfolgen.

[14] SR **954.1**

Artikel 5 Absatz 1 Buchstabe a VStG regelt im Sinne einer Ausnahme, dass Reserven und Gewinne einer Kapitalgesellschaft oder Genossenschaft, die bei einer Umstrukturierung nach Artikel 61 DBG in die Reserven einer aufnehmenden oder umgewandelten inländischen Kapitalgesellschaft oder Genossenschaft übergehen, von der Verrechnungssteuer ausgenommen sind. Dabei wird vorausgesetzt, dass das übertragene Verrechnungssteuersubstrat erhalten bleibt.

Für die Verrechnungssteuer erfolgt bei Fusionen ebenfalls eine Verrechnung von Nennwertgewinnen und Ausgleichszahlungen mit Nennwertverlusten.

Die Ausführungen zur direkten Bundessteuer (Einkünfte aus beweglichem Privatvermögen) gelten auch für die Verrechnungssteuer, sofern es sich um die Übernahme der Aktiven und Passiven einer inländischen Kapitalgesellschaft oder Genossenschaft im Rahmen einer Fusion handelt.

Nicht anwendbar ist dagegen die Praxis der direkten Bundessteuer zur Transponierung und zur indirekten Teil- oder Totalliquidation. Solche Tatbestände sind bei einer Veräusserung einer Beteiligung an einer ausländisch beherrschten inländischen Gesellschaft jedoch unter dem Aspekt der Steuerumgehung zu prüfen (Art. 21 Abs. 2 VStG).

4.1.2.4.2 Fusionen mit einer ausländischen Gesellschaft

Nach Artikel 163b IPRG kann eine ausländische Gesellschaft eine schweizerische Gesellschaft übernehmen (Emigrationsfusion). Eine solche Fusion ist der Verlegung des Sitzes ins Ausland und damit einer Liquidation gleichzustellen (Art. 4 Abs. 2 VStG). Auf dem Liquidationserlös ist die Verrechnungssteuer geschuldet. Leistungsempfänger und somit rückerstattungsberechtigt sind die Gesellschafter bzw. Genossenschafter der absorbierten schweizerischen Kapitalgesellschaft oder Genossenschaft.

Sofern das Meldeverfahren keine Anwendung findet (Art. 24 Abs. 1 Bst. d VStV), haben die inländischen Gesellschafter oder Genossenschafter den Liquidationsüberschuss im Wertschriftenverzeichnis in der Kolonne „Erträge mit Verrechnungssteuer" zu deklarieren, um den Rückerstattungsanspruch geltend zu machen. Falls die Verrechnungssteuer nicht überwälzt werden kann, ist der Liquidationsüberschuss ins Hundert aufzurechnen (Liquidationsüberschuss : 65%).

Die Rückerstattung der Verrechnungssteuer an ausländische Anteilsinhaber richtet sich nach den Regelungen in den entsprechenden Doppelbesteuerungsabkommen.

4.1.2.5 ***Emissionsabgabe***

Beteiligungsrechte, die in Durchführung von Beschlüssen über Fusionen begründet oder erhöht werden, sind von der Emissionsabgabe ausgenommen (Art. 6 Abs. 1 Bst. a^{bis} StG).

Nicht abgabebefreit sind (vorbehältlich Art. 6 Abs. 1 Bst. d StG):

a) Eine Kapitalerhöhung der übernehmenden Gesellschaft, die das nominelle Kapital der übertragenden Gesellschaft übersteigt, sofern die Merkmale der Abgabeumgehung erfüllt sind.

b) Eine zusätzliche Kapitalerhöhung der übernehmenden Gesellschaft.

c) Eine Kapitalerhöhung der übertragenden Gesellschaft im Hinblick auf eine Fusion.

Verwendet die übernehmende Gesellschaft für den Austausch der Titel eigene Beteiligungsrechte, deren Rückkauf bereits steuerlich abgerechnet worden ist, löst dies keine Emissionsabgabe aus, weil das förmliche Kapital durch den Rückkauf und die anschliessende Wiederausgabe nicht berührt ist (Kreisschreiben der ESTV Nr. 5 vom 19.8.1999, Ziff. 6).

4.1.2.6 ***Umsatzabgabe***

Die mit einer Fusion verbundene Übertragung steuerbarer Urkunden ist von der Umsatzabgabe ausgenommen (Art. 14 Abs. 1 Bst. i StG i.V.m. Art. 61 DBG). Darunter fallen auch steuerbare Urkunden, welche zusammen mit anteiligen Verbindlichkeiten gegenüber Dritten übertragen werden.

4.1.3 Echte und unechte Fusion unabhängiger Gesellschaften *(Parallelgesellschaften)*

4.1.3.1 Tatbestand

Bei der Fusion unabhängiger Gesellschaften übernimmt eine Gesellschaft die Aktiven und Passiven einer anderen Gesellschaft, an der andere Personen beteiligt sind.

Übersichten[15]

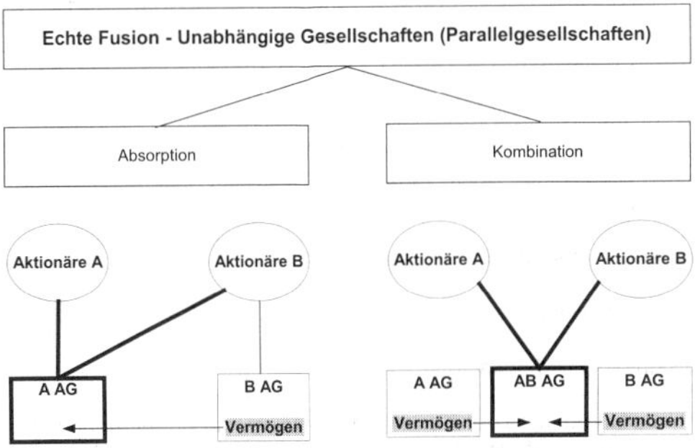

Die übernommene B AG überträgt sämtliche Aktiven und Verbindlichkeiten auf die übernehmende A AG. Die Aktionäre der B AG erhalten A-Aktien. Die B AG wird ohne Liquidation aufgelöst.

Die A AG und die B AG gründen die AB AG. Die A AG und die B AG übertragen sämtliche Aktiven und Verbindlichkeiten auf die AB AG. Die Aktionäre der A AG und der B AG erhalten AB-Aktien. Die A AG und die B AG werden ohne Liquidation aufgelöst.

---

15 REICH, a.a.O., S. 184 und 187

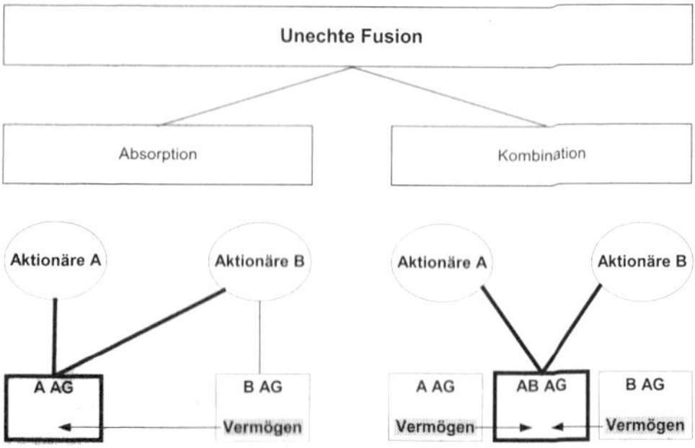

Die B AG bringt sämtliche Aktiven und Verbindlichkeiten in die A AG gegen Anteilsrechte dieser Gesellschaft ein. In der Folge beschliesst sie ihre Auflösung durch Liquidation und schüttet die erhaltenen Aktien der A AG an ihre Aktionäre aus.

Die A AG und die B AG bringen sämtliche Aktiven und Verbindlichkeiten in die von ihnen gegründete AB AG ein. In der Folge beschliessen sie ihre Auflösungen durch Liquidation und schütten die Aktien der AB AG an ihre Aktionäre aus.

4.1.3.2 ***Direkte Bundessteuer*** *(Gewinnsteuer)*

4.1.3.2.1 Grundsatz

Siehe Ausführungen unter Ziffer 4.1.2.2 hievor.

Es ist jedoch folgende Besonderheit zu beachten:

4.1.3.2.2 Fusionsagio und -disagio

Entsteht durch die Übernahme der Aktiven und Passiven der übertragenden Gesellschaft, an der die übernehmende Gesellschaft bisher nicht beteiligt war, ein Buchgewinn (Differenz Aktivenüberschuss zum tieferen Nennwert der neu ausgegebenen Beteiligungsrechte) liegt eine erfolgsneutrale Kapitaleinlage vor (Fusionsagio; Aufgeld; Art. 60 Bst. a DBG). Ein Buchverlust (Fusionsdisagio) ist ebenfalls gewinnsteuerneutral (Übertragung unversteuerter stiller Reserven auf die übernehmende Gesellschaft).

4.1.3.3 ***Direkte Bundessteuer*** *(Einkommenssteuer: Einkünfte aus Beteiligungen im Privatvermögen)*

Siehe Ausführungen unter Ziffer 4.1.2.3 hievor.

4.1.3.4 ***Verrechnungssteuer***

Siehe Ausführungen unter Ziffer 4.1.2.4 hievor.

4.1.3.5 ***Emissionsabgabe***

Siehe Ausführungen unter Ziffer 4.1.2.5 hievor.

4.1.3.6 ***Umsatzabgabe***

Siehe Ausführungen unter Ziffer 4.1.2.6 hievor.

4.1.4 Echte und unechte Fusion verbundener Gesellschaften *(Schwestergesellschaften)*

4.1.4.1 Tatbestand

Bei der Fusion verbundener Gesellschaften übernimmt eine Gesellschaft die Aktiven und Passiven einer anderen Gesellschaft, an der die gleichen Personen beteiligt sind.

Eine echte Fusion zwischen Schwestergesellschaften (Absorption oder Kombination) kann zivilrechtlich unter erleichterten Bedingungen erfolgen (Art. 23 und 24 FusG). Dazu kommt, dass ein Aktientausch (Art. 7 FusG) oder eine Abfindung (Art. 8 FusG) bei reinen Schwestergesellschaften (100-%ige Identität der Gesellschafter) nicht erforderlich ist.

Übersicht zur echten Fusion verbundener Gesellschaften (Schwestergesellschaften)[16]

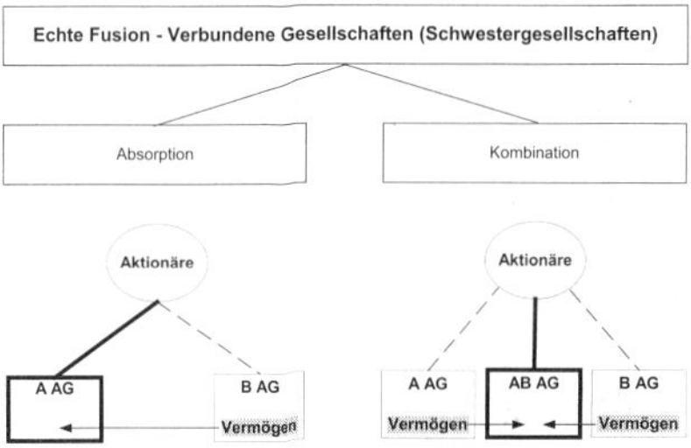

Die übernommene B AG überträgt sämtliche Aktiven und Verbindlichkeiten auf die übernehmende A AG. Da die Aktionäre der B AG bereits sämtliche Aktien der A AG halten, ist es nicht erforderlich, sie für die hingegebenen Aktien der B AG zu entschädigen. Die B AG wird ohne Liquidation aufgelöst.

Die Aktionäre gründen die AB AG. Die A AG und die B AG übertragen sämtliche Aktiven Verbindlichkeiten auf die AB AG. Da die gemeinsamen Aktionäre bereits sämtliche Aktien der AB AG halten, ist es nicht erforderlich, sie für die hingegebenen Aktien der A AG und der B AG zu entschädigen. Die A AG und die B AG werden ohne Liquidation aufgelöst.

---

16 REICH, a.a.O., S. 185

4.1.4.2 ***Direkte Bundessteuer*** *(Gewinnsteuer)*

Siehe Ausführungen unter Ziffer 4.1.2.2 hievor.

4.1.4.3 ***Direkte Bundessteuer*** *(Einkommenssteuer: Einkünfte aus Beteiligungen im Privatvermögen)*

4.1.4.3.1 Grundsatz

Siehe Ausführungen unter Ziffer 4.1.2.3 hievor.

Es ist jedoch folgende Besonderheit zu beachten:

4.1.4.3.2 Fusionen mit Gesellschaften mit echter Unterbilanz

Übernimmt eine Gesellschaft mit echter Unterbilanz durch Absorption die Aktiven und Passiven einer von den gleichen Gesellschaftern (Privatpersonen) beherrschten Gesellschaft mit Reserven und Gewinnvortrag, so erlangen die Gesellschafter durch diese Sanierung eine geldwerte Leistung (Anwendung der reinen Dreieckstheorie). Gleiches gilt auch im umgekehrten Fall. Eine solche Fusion einer Gesellschaft mit echter Unterbilanz mit einer anderen Gesellschaft zulasten von deren Reserven und Gewinnvorträgen lässt sich nur damit erklären, dass beide Gesellschaften in gleichem Masse von denselben Gesellschaftern beherrscht waren, die durch die dadurch bewirkte Sanierung auch in gleichem Ausmass begünstigt wurden. Mit einer solchen Fusion geht auch eine Reduktion der latenten Ausschüttungssteuerlast auf Gewinnen und Reserven einher (ASA 70, 289 = StE 2001, B 24.4 Nr. 57). Bei Fusionen mit einer Schwestergesellschaft mit echter Unterbilanz kann die sog. modifizierte Dreieckstheorie (vorläufiger Verzicht auf eine Besteuerung bei den Gesellschaftern) deshalb keine Anwendung finden.

Gleiches gilt auch bei Vorteilszuwendungen an eine Schwestergesellschaft mit echter Unterbilanz, soweit latentes Ausschüttungssubstrat reduziert wird.

4.1.4.4 ***Verrechnungssteuer***

4.1.4.4.1 Grundsatz

Siehe Ausführungen unter Ziffer 4.1.2.4 hievor.

Es ist jedoch folgende Besonderheit zu beachten:

4.1.4.4.2 Fusionen mit Kapitalgesellschaften und Genossenschaften mit echter Unterbilanz

Übernimmt eine Kapitalgesellschaft oder Genossenschaft mit echter Unterbilanz eine über Reserven verfügende Kapitalgesellschaft oder Genossenschaft durch Fusion (z.B. durch Sanierungsfusion; Art. 6 FusG), so gilt auch für die Verrechnungssteuer die Dreieckstheorie. Dies gilt auch im umgekehrten Verhältnis.

4.1.4.5 ***Emissionsabgabe***

Siehe Ausführungen unter Ziffer 4.1.2.5 hievor.

4.1.4.6 ***Umsatzabgabe***

Siehe Ausführungen unter Ziffer 4.1.2.6 hievor.

4.1.5 Absorption einer Tochtergesellschaft *(Tochterabsorption; „Up-Stream Merger")*

4.1.5.1 Tatbestand

Bei der Tochterabsorption übernimmt eine bestehende Gesellschaft sämtliche Aktiven und Passiven einer anderen Gesellschaft an der die übernehmende Gesellschaft bisher beteiligt war. Die Tochtergesellschaft wird aufgelöst. Ein Aktientausch (Art. 7 FusG) oder eine Abfindung (Art. 8 FusG) entfällt und die Absorption kann zivilrechtlich unter erleichterten Bedingungen erfolgen (Art. 23 und 24 FusG).

Übersicht[17]

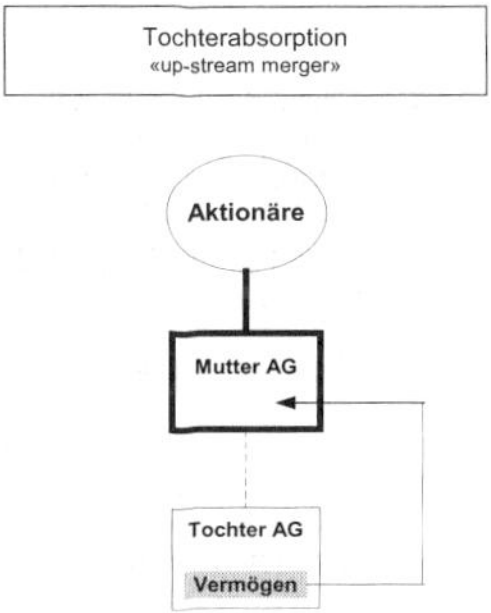

Die übernommene Tochter AG überträgt sämtliche Aktiven und Verbindlichkeiten auf die übernehmende Mutter AG. Da die Mutter AG bereits sämtliche Aktien der Tocher AG hält, erübrigt sich eine Entschädigung. Im Beteiligungskonto ist die Beteiligung an der Tochter AG auszubuchen. An deren Stelle tritt der übernommene Aktivenüberschuss. Allfällige Differenzen stellen Übernahmegewinne oder -verluste dar.

---

17 Reich, a.a.O., S. 186

4.1.5.2 ***Direkte Bundessteuer*** *(Gewinnsteuer)*

4.1.5.2.1 Grundsatz

Siehe Ausführungen unter Ziffer 4.1.2.2 hievor.

Es ist jedoch zusätzlich Folgendes zu beachten:

4.1.5.2.2 Fusionsgewinne und -verluste

Entsteht durch die Übernahme der Aktiven und Passiven der übertragenden Gesellschaft ein Buchgewinn (Differenz anteiliger Aktivenüberschuss zum tieferen Buchwert der Beteiligung an übertragenden Gesellschaft), so ist dieser Bestandteil des steuerbaren Reingewinnes (Art. 61 Abs. 5 DBG), wobei der Beteiligungsabzug gewährt wird (Kreisschreiben der ESTV Nr. 9 vom 9.7.1998, Ziff. 2.4.1 Bst. b).

Entsteht durch die Fusion ein Buchverlust (Differenz zwischen dem Aktivenüberschuss zu Buchwerten der übernommenen Gesellschaft und dem höheren Buchwert der untergegangenen Beteiligungsrechte), so kann dieser steuerlich nicht abgezogen werden (Art. 61 Abs. 5 DBG). Dies gilt nur für unechte Fusionsverluste, d.h. wenn die stillen Reserven und der Goodwill der übernommenen Gesellschaft den Buchverlust kompensieren. Echte Fusionsverluste dagegen haben ihre Ursache in einer Überbewertung der Anteile an der Tochtergesellschaft und können deshalb steuerlich geltend gemacht werden.

4.1.5.2.3 Aktivierung eines unechten Fusionsverlustes als Goodwill

Ein unechter Fusionsverlust kann handelsrechtlich als Goodwill aktiviert werden (HWP, Band I, Ausgabe 1998, S. 199). Diese Aktivierung erfolgt steuerneutral. Der Gewinnsteuerwert des Goodwills beträgt „Null" (Negativreserve im Umfang des Goodwills). Bei der Festsetzung des steuerbaren Reingewinnes werden die Abschreibungen auf dem Goodwill zum ausgewiesenen Reingewinn hinzugerechnet.

4.1.5.2.4 Echter Fusionsverlust oder Abschreibung auf der untergehenden Beteiligung und Übernahme von Verlustvorträgen der absorbierten Tochtergesellschaft

Bei Fusionen von zuvor sanierten Gesellschaften müssen sich die Abschreibungen auf den aktivierten Sanierungszuschüssen auch im Zeitpunkt der Fusion noch als geschäftsmässig begründet erweisen (Art. 62 Abs. 4 DBG).

Die übernehmende Gesellschaft kann die bei der Berechnung des steuerbaren Reingewinns noch nicht berücksichtigten Vorjahresverluste der übertragenden Tochtergesellschaft nach Artikel 67 Absatz 1 DBG grundsätzlich geltend machen.

Die noch nicht verrechneten Vorjahresverluste gehen mit dem Betrieb, auf welchen sie zurückzuführen sind, mit. Deshalb ist eine Übernahme der Vorjahresverluste auch dann möglich, wenn die Beteiligungsrechte an der übertragenden Tochtergesellschaft vorgängig abgeschrieben werden mussten, oder wenn ein echter Fusionsverlust anfällt.

Eine Übernahme der Vorjahresverluste der absorbierten Tochtergesellschaft ist jedoch ausgeschlossen, wenn:

- sich die absorbierte Gesellschaft in einem liquidationsreifen Zustand befindet, oder

- der übertragene Betrieb der Tochtergesellschaft kurz nach der Fusion eingestellt wird, oder
- die absorbierte Gesellschaft kurze Zeit vor der Fusion durch die Muttergesellschaft saniert wurde, und sich diese Sanierung bei der Tochtergesellschaft steuerlich nicht erfolgswirksam ausgewirkt hat (unechter Sanierungsgewinn; Verdoppelung des gleichen wirtschaftlichen Verlustes; Entscheid der Bundessteuer-Rekurskommission Zürich vom 6.1.2003, wird im StE 2004 publiziert).

4.1.5.2.5 Abschreibungen und Rückstellungen auf Beteiligungen an der absorbierten Gesellschaft

Wertberichtigungen sowie Abschreibungen auf Beteiligungen von mindestens 20 Prozent werden dem steuerbaren Gewinn zugerechnet, soweit sie nicht mehr begründet sind (Art. 62 Abs. 4 DBG). Dies trifft zu, soweit eine nachhaltige Werterholung der Beteiligung eingetreten ist. Durch die Absorption gehen die Beteiligungsrechte an der Tochtergesellschaft unter. Bei der Veranlagung zur letzten Steuerperiode vor der Fusion ist deshalb zu prüfen, inwieweit allfällige Abschreibungen oder Rückstellungen auf der Beteiligung an der übertragenden Tochtergesellschaft noch geschäftsmässig begründet sind (Kreisschreiben der ESTV Nr. 9 vom 9.7.1998, Ziff. 2.5.2).

*4.1.5.3 **Verrechnungssteuer***

Siehe Ausführungen unter Ziffer 4.1.2.4 hievor.

*4.1.5.4 **Emissionsabgabe***

Eine allfällige – der Verrechnungssteuer unterliegende – Kapitalerhöhung der Muttergesellschaft bis zur Höhe des Kapitals der übertragenden Tochtergesellschaft ist nach Artikel 6 Absatz 1 Buchstabe a^{bis} StG von der Emissionsabgabe ausgenommen.

*4.1.5.5 **Umsatzabgabe***

Siehe Ausführungen unter Ziffer 4.1.2.6 hievor.

*4.1.5.6 **Nicht betroffene Steuer***

- Direkte Bundessteuer (Einkommenssteuer: Einkünfte aus Beteiligungen im Privatvermögen).

4.1.6 Absorption der Muttergesellschaft (Mutterabsorption; „Down-Stream Merger" oder „Reverse Merger")

4.1.6.1 Tatbestand

Bei der Mutterabsorption übernimmt die Tochtergesellschaft sämtliche Aktiven und Passiven der Muttergesellschaft. Die Tochtergesellschaft gelangt dadurch in den Besitz ihrer eigenen Beteiligungsrechte, die sie an die Aktionäre der Muttergesellschaft weiterleitet. Mit der Fusion wird die Muttergesellschaft wird aufgelöst und im Handelsregister gelöscht (Art. 3 Abs. 2 FusG).

Übersicht[18]

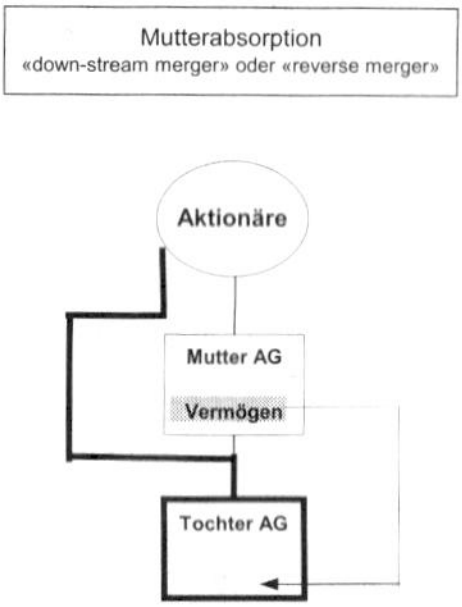

Die Mutter AG überträgt sämtliche Aktiven und Verbindlichkeiten auf die Tochter AG, welche auf diese Weise in den Besitz aller eigenen Aktien kommt. Die Tochter AG tauscht die eigenen Aktien gegen die Aktien der Mutter AG, welche nach deren Auflösung vernichtet werden.

4.1.6.2 ***Direkte Bundessteuer*** *(Gewinnsteuer)*

Siehe Ausführungen unter den Ziffern 4.1.2.2 und 4.1.3.2 hievor.

Bei einer Mutterabsorption werden sämtliche Aktiven und Passiven der Muttergesellschaft auf die Tochtergesellschaft übertragen. Eine Mutterabsorption stellt grundsätzlich eine Kapitaleinlage der Anteilseigner der Muttergesellschaft in die übernehmende Tochtergesellschaft dar (Art. 60 Bst. a DBG). Die Differenz zwischen den übertragenen Aktiven (ohne die Beteiligungsrechte an der Tochtergesellschaft) und Passiven stellt ein steuerneutrales Fusionsagio oder -disagio dar (**Beispiel Nr. 6 im Anhang I**).

---

18 REICH, a.a.O., S. 186

4.1.6.3 ***Direkte Bundessteuer*** *(Einkommenssteuer: Einkünfte aus Beteiligungen im Privatvermögen)*

Bei einer Mutterabsorption erhalten die Aktionäre der Muttergesellschaft anstelle der untergehenden Beteiligungsrechte an der Muttergesellschaft die Beteiligungsrechte an der Tochtergesellschaft. Für die Einkommensteuer sind deshalb die unter Ziffer 4.1.2.3 festgehaltenen Ausführungen zu beachten (**Beispiel Nr. 6 im Anhang I**).

4.1.6.4 ***Verrechnungssteuer***

Bei einer Mutterabsorption erhalten die Aktionäre der Muttergesellschaft anstelle der untergehenden Beteiligungsrechte an der Muttergesellschaft die Beteiligungsrechte an der Tochtergesellschaft. Für die Verrechnungssteuer sind die unter Ziffer 4.1.2.4 festgehaltenen Ausführungen zu beachten (**Beispiel Nr. 6 im Anhang I**).

4.1.6.5 ***Emissionsabgabe***

Eine Kapitalerhöhung der Tochtergesellschaft bis zur Höhe des Kapitals der übertragenden Muttergesellschaft ist nach Artikel 6 Absatz 1 Buchstabe a^{bis} StG von der Emissionsabgabe ausgenommen, wobei zu beachten ist, dass allfällige Nennwertgewinne der Verrechnungssteuer unterliegen.

4.1.6.6 ***Umsatzabgabe***

Siehe Ausführungen unter Ziffer 4.1.2.6 hievor.

4.1.7 Zusammenschluss ohne Verschmelzung; fusionsähnlicher Zusammenschluss; Quasifusion

4.1.7.1 Tatbestand

Bei der Quasifusion erfolgt keine rechtliche Verschmelzung zweier oder mehrerer Gesellschaften, sondern lediglich eine enge wirtschaftliche und beteiligungsrechtliche Verflechtung der zusammengeschlossenen Gesellschaften.

Die Quasifusion ist im Zivilrecht nicht geregelt.

Eine Quasifusion liegt für alle in diesem Kreisschreiben behandelten Steuern dann vor, wenn die übernehmende Gesellschaft nach der Übernahme mindestens 50 Prozent der Stimmrechte an der übernommenen Gesellschaft hält und den Gesellschaftern an der übernommenen Gesellschaft höchstens 50 Prozent des effektiven Wertes der übernommenen Beteiligungsrechte gutgeschrieben oder ausbezahlt wird. Eine Quasifusion bedingt somit eine Kapitalerhöhung der übernehmenden Gesellschaft unter Ausschluss der Bezugsrechte der bisherigen Gesellschafter und einen Aktientausch der Gesellschafter der übernommenen Gesellschaft.

Eine Quasifusion kann den wirtschaftlichen Effekt einer Absorption oder einer Kombination haben.

Übersicht[19]

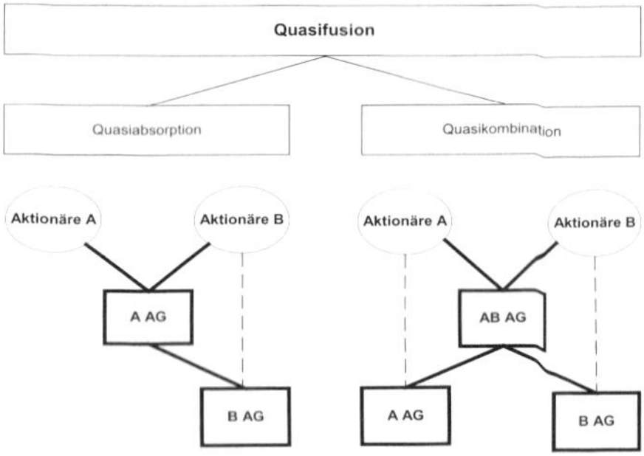

Die Aktionäre der B AG bringen Ihre Anteile an der B AG in die A AG gegen Anteilsrechte der A AG ein, welche danach die B AG beherrscht.

Die Aktionäre der A AG und der B AG bringen ihre Anteilsrechte gegen Anteilsrechte der AB AG in diese Gesellschaft ein.

19 REICH, a.a.O., S. 188

4.1.7.2 ***Direkte Bundessteuer*** *(Gewinnsteuer)*

4.1.7.2.1 Grundsatz

Bei einer Quasifusion findet keine rechtliche Verschmelzung statt. Für die übernehmende und die übernommene Gesellschaft ist eine Quasifusion grundsätzlich steuerneutral. Hingegen können sich für Kapitalgesellschaften oder Genossenschaften, die im Rahmen einer Quasifusion Beteiligungsrechte an der übernommenen Gesellschaft übertragen, Gewinnsteuerfolgen (Aufwertungen) ergeben (vgl. Ziff. 4.6 hienach).

4.1.7.2.2 Verwendung eigener Beteiligungsrechte

Verwendet die übernehmende Gesellschaft für den Austausch der Titel eigene Beteiligungsrechte, deren Rückkauf nicht zu einer Besteuerung geführt hat, fällt bei der übernehmenden Gesellschaft in der Höhe der Differenz zwischen dem Gewinnsteuerwert und dem Verkehrswert der eigenen Beteiligungsrechte ein steuerbarer Gewinn oder ein geschäftsmässig begründeter Aufwand an.

4.1.7.3 ***Direkte Bundessteuer*** *(Einkommenssteuer: Einkünfte aus Beteiligungen im Privatvermögen)*

4.1.7.3.1 Grundsatz

Bei einer Quasifusion bleibt das Ausschüttungssubstrat bei der übernommenen Gesellschaft erhalten, da sie nicht aufgelöst wird. Nennwerterhöhungen und Ausgleichzahlungen stellen in diesem Fall für den Aktionär Veräusserungserlös dar, weshalb eine Besteuerung entfällt.

4.1.7.3.2 Quasifusion mit zeitnaher Absorption

Das Bundesgericht hat am 9. November 2001 entschieden, dass unabhängig vom Vorliegen einer Steuerumgehung, einer Transponierung oder einer indirekten Teilliquidation ein im Rahmen einer Quasifusion mit anschliessender Absorption erzielter privater Nennwertzuwachs zum steuerbaren Vermögensertrag werden kann (**Beispiel Nr. 7 im Anhang I**). Dies trifft dann zu, wenn die beiden Umstrukturierungsphasen es ermöglichen, wirtschaftlich das gleiche Ergebnis zu erzielen wie bei einer Fusion mit rechtlichem Zusammenschluss, unter Verschmelzung der Vermögensmassen der beteiligten Gesellschaften. Wenn die beiden Phasen sich in kurzem Zeitabstand folgen, so liegt es je nachdem nahe, dass der fusionsähnliche Zusammenschluss lediglich die Vorstufe der rechtlichen Verschmelzung darstellt, nur im Hinblick auf sie erfolgt und daher nur unter Einbezug der nachfolgenden Absorption beurteilt werden kann. In einem solchen Fall sind die gleichen Besteuerungsgrundsätze anzuwenden wie bei einer Fusion (ASA 72, 413 = StE 2002, B 24.4 Nr. 66). Diese Auslegung des Bundesgerichts gilt auch für Ausgleichszahlungen.

Eine zeitnahe Absorption, die für die an der übernommenen Gesellschaft beteiligten Privatpersonen zu den gleichen Steuerfolgen wie eine direkte Absorption führt, liegt dann vor, wenn die Absorption innert fünf Jahren nach dem Übernahmeangebot erfolgt.

4.1.7.4 ***Verrechnungssteuer***

Die Ausführungen zur direkten Bundessteuer (Einkünfte aus beweglichem Privatvermögen) gelten auch für die Verrechnungssteuer, sofern es sich um die Übernahme einer Kapitalgesellschaft oder Genossenschaft durch Quasifusion handelt.

4.1.7.5 ***Emissionsabgabe***

Beteiligungsrechte, die in Durchführung von Beschlüssen über Fusionen oder diesen wirtschaftlich gleichkommende Zusammenschlüsse (Quasifusionen) begründet oder erhöht werden, sind von der Emissionsabgabe ausgenommen (Art. 6 Abs. 1 Bst. a^{bis} StG).

Nicht abgabebefreit sind:

a) Eine Kapitalerhöhung der übernehmenden Gesellschaft, die das nominelle Kapital der übernommenen Gesellschaft übersteigt, sofern die Merkmale der Abgabeumgehung erfüllt sind.

   Werden ausländische Beteiligungen mit geringem nominellem Kapital und hohem Agio von im Ausland wohnhaften natürlichen Personen oder von in- oder ausländischen Aktiengesellschaften, Gesellschaften mit beschränkter Haftung oder Genossenschaften eingebracht, ist eine Kapitalerhöhung im Umfang von in der Regel 30 Prozent des Verkehrswertes der übertragenen Beteiligung(en) zulässig.

b) Die Einbringung von Beteiligungspaketen, die nicht zu einer stimmrechtsmässigen Beherrschung von 50 Prozent führt.

4.1.7.6 ***Umsatzabgabe***

Die mit einer Quasifusion verbundene Übertragung steuerbarer Urkunden ist von der Umsatzabgabe ausgenommen (Art. 14 Abs. 1 Bst. i StG).

4.2 Umwandlung

4.2.1 Umwandlung einer juristischen Person in eine andere juristische Person im Allgemeinen

4.2.1.1 Tatbestände

Eine juristische Person kann ihre Rechtsform nach dem FusG direkt in eine andere Rechtsform einer juristischen Person ändern (Art. 53 FusG). Dieser direkte Rechtskleidwechsel ist jedoch nicht für alle Rechtsformen möglich (Art. 54 FusG). Für Umwandlungen, die nicht direkt möglich sind, bestehen folgende zivilrechtliche Gestaltungsmöglichkeiten:

- Vermögensübertragung (Art. 69-77 FusG);
- Liquidation und Sacheinlagegründung.

Das zivilrechtliche Vorgehen ist für die steuerliche Würdigung - wie bei allen Umstrukturierungstatbeständen - nicht massgebend.

4.2.1.2 ***Direkte Bundessteuer*** *(Gewinnsteuer)*

4.2.1.2.1 Grundsatz

Die Umwandlung einer juristischen Person in eine andere juristische Person ist für die Gewinnsteuer steuerneutral, soweit kumulativ:

- die Steuerpflicht in der Schweiz fortbesteht;
- die bisher für die Gewinnsteuer massgebenden Werte übernommen werden (Art. 61 Abs. 1 DBG).

Weitere Bedingungen für eine gewinnsteuerneutrale Umwandlung einer juristischen Person in eine andere juristische Person sind im DBG nicht enthalten.

4.2.1.2.2 Fortbestand der Steuerpflicht in der Schweiz

Das Erfordernis des Fortbestandes der Steuerpflicht in der Schweiz bezieht sich auf die umgewandelte juristische Person.

4.2.1.2.3 Rückwirkende Umwandlung

Bei der Umwandlung einer juristischen Person in eine andere juristische Person wird die Steuerpflicht grundsätzlich nicht unterbrochen. Eine Beendigung und ein Neubeginn der Steuerpflicht tritt jedoch dann ein, wenn die Umwandlung zu einem Tarifwechsel führt. In einem solchen Fall wird grundsätzlich auf den Zeitpunkt des Eintrags im Handelsregister abgestellt.

Eine rückwirkende Umwandlung, die zu einem Tarifwechsel führt, wird steuerlich nur dann anerkannt, wenn die Anmeldung zusammen mit dem Umwandlungsbeschluss innerhalb von sechs Monaten nach dem Stichtag der Umwandlungsbilanz beim Handelsregister eingetroffen ist und die Anmeldung ohne irgendwelche Weiterungen zum Eintrag geführt hat.

Wird eine rückwirkende Umwandlung, die zu einem Tarifwechsel führt, akzeptiert, werden die Steuerpflicht, die Steuerperiode und die Bemessungsperiode am Umwandlungsstichtag unterbrochen. Andernfalls wird für die Festsetzung des steuerbaren Gewinnes auf den Handelsregistereintrag abgestellt. Dies bedingt die Erstellung eines Abschlusses auf diesen Zeitpunkt.

4.2.1.2.4 Vorjahresverluste

Bei der Umwandlung einer steuerpflichtigen juristischen Person in eine andere juristische Person können die bei der Berechnung des steuerbaren Reingewinnes noch nicht berücksichtigten Vorjahresverluste weiterhin nach Artikel 67 Absatz 1 DBG geltend gemacht werden.

4.2.1.3 ***Direkte Bundessteuer*** *(Einkommenssteuer: Einkünfte aus Beteiligungen im Privatvermögen)*

Bei einer Umwandlung einer juristischen Person in eine andere juristische Person ist die Einkommenssteuer nur dann betroffen, wenn sich die juristische Person in eine Kapitalgesellschaft oder Genossenschaft umwandelt. Dabei erzielen beteiligte Privatpersonen in dem Umfange Beteiligungsertrag, als ihnen Gratisaktien, höherer Nennwert, Ausgleichszahlungen oder andere geldwerte Vorteile zu Lasten der Reserven der umgewandelten Kapitalgesellschaft oder Genossenschaft zufliessen.

4.2.1.4 ***Verrechnungssteuer***

Artikel 5 Absatz 1 Buchstabe a VStG regelt im Sinne einer Ausnahme, dass Reserven und Gewinne einer Kapitalgesellschaft oder Genossenschaft, die bei einer Umstrukturierung nach Artikel 61 DBG in die Reserven einer aufnehmenden oder umgewandelten inländischen Kapitalgesellschaft oder Genossenschaft übergehen, von der Verrechnungssteuer ausgenommen sind. Dabei wird vorausgesetzt, dass das übertragene Verrechnungssteuersubstrat erhalten bleibt.

Die bei einer Umwandlung einer Kapitalgesellschaft oder Genossenschaft in eine andere Kapitalgesellschaft oder Genossenschaft den Inhabern der Beteiligungsrechte oder diesen nahestehenden Dritten zukommenden Ausgleichszahlungen, Gratisaktien, Gratisnennwerterhöhungen und sonstigen Erträge unterliegen nach Artikel 4 Absatz 1 Buchstabe b VStG der Verrechnungssteuer, sofern sie zu Lasten der Reserven einer inländischen Kapitalgesellschaft oder Genossenschaft erfolgen.

4.2.1.5 ***Emissionsabgabe***

Bei einer Umwandlung durch den Wechsel der Rechtsform (Rechtskleidwechsel; direkte Umwandlung) werden keine neuen Beteiligungsrechte begründet oder erhöht. Die Emissionsabgabe ist somit nicht betroffen.

Die mit einer „indirekten Umwandlung" einer Kapitalgesellschaft oder Genossenschaft (Liquidation und Sacheinlagegründung oder Vermögensübertragung) verbundene Begründung oder Erhöhung von Beteiligungsrechten ist nach Artikel 6 Absatz 1 Buchstabe a^{bis} StG von der Emissionsabgabe ausgenommen, soweit sie das bisherige Grund- oder Stammkapital nicht übersteigt.

Nach Artikel 9 Absatz 1 Buchstabe e StG ist die Emissionsabgabe bei der Begründung oder Erhöhung von Beteiligungsrechten im Rahmen einer Umwandlung eines Vereins, einer Stiftung oder eines Unternehmens des öffentlichen Rechts in eine Kapitalgesellschaft oder Genossenschaft auf ein Prozent des Nennwerts beschränkt. Diese Reduktion der Bemessungsgrundlage für die Emissionsabgabe wird jedoch nur dann gewährt, wenn der bisherige Rechtsträger während mindestens fünf Jahren bestand. Im Weiteren ist über den Mehrwert nachträglich anteilsmässig abzurechnen, soweit während den der Umwandlung nachfolgenden fünf Jahren Beteiligungsrechte veräussert werden.

4.2.1.6 ***Umsatzabgabe***

Bei einer Umwandlung durch den Wechsel der Rechtsform (Rechtskleidwechsel; direkte Umwandlung) werden keine Vermögenswerte übertragen. Die Umsatzabgabe ist somit nicht betroffen.

Die mit einer „indirekten Umwandlung“ (Liquidation und Sacheinlagegründung oder Vermögensübertragung) verbundene entgeltliche Übertragung steuerbarer Urkunden ist von der Umsatzabgabe ausgenommen (Art. 14 Abs. 1 Bst. i StG).

4.2.2 *Umwandlung einer Kapitalgesellschaft oder Genossenschaft in eine andere Kapitalgesellschaft oder Genossenschaft*

4.2.2.1 Tatbestand

Die Umwandlung einer Kapitalgesellschaft oder Genossenschaft in eine andere Kapitalgesellschaft oder Genossenschaft kann zivilrechtlich direkt erfolgen (Art. 53 u. 54 FusG). Ein solcher Rechtskleidwechsel erfordert keine Neugründung einer Gesellschaft und somit auch keine Übertragung der Aktiven und Passiven. Trotz der Änderung der Rechtsform behält die Gesellschaft ihre Identität und ihre Rechtspersönlichkeit.

4.2.2.2 ***Direkte Bundessteuer*** *(Gewinnsteuer)*

4.2.2.2.1 Grundsatz

Für die Gewinnsteuer führt die Umwandlung einer Kapitalgesellschaft oder Genossenschaft in eine andere Kapitalgesellschaft oder Genossenschaft zu keinem Tarifwechsel und somit zu keiner Unterbrechung der Steuerperiode. Die Erstellung und Einreichung eines Zwischenabschlusses ist deshalb nicht erforderlich.

4.2.2.2.2 Fortbestand der Steuerpflicht in der Schweiz

Das Erfordernis des Fortbestandes der Steuerpflicht in der Schweiz bezieht sich auf die umgewandelte Kapitalgesellschaft oder Genossenschaft. Dieses Erfordernis kann auch bei einer Sitzverlegung ins Ausland („Umwandlung“ in eine ausländische Gesellschaft; Art. 163 IPRG) erfüllt sein, soweit die übertragenen Aktiven und Passiven einer schweizerischen Betriebsstätte der ausländischen juristischen Person zuzurechnen sind (Wechsel von der unbeschränkten zur beschränkten Steuerpflicht; Art. 50-52 DBG). Vom Fortbestand der Steuerpflicht in der Schweiz kann jedoch nur dann ausgegangen werden, wenn bei der internationalen Steuerausscheidung sichergestellt ist, dass die übertragenen stillen Reserven weiterhin uneingeschränkt der Schweiz zugewiesen werden. Dies ist nach dem DBG durch die Anwendung der objektmässigen (direkten) Ausscheidungsmethode gewährleistet.

Bei der Verlegung des Sitzes oder der Verwaltung ins Ausland ist die Einreichung eines Zwischenabschlusses erforderlich (Art. 79 Abs. 3 DBG). Sofern die Sitzverlegung keinen Tarifwechsel zur Folge hat, wird die Steuerpflicht jedoch nicht unterbrochen.

4.2.2.3 ***Direkte Bundessteuer*** *(Einkommenssteuer: Einkünfte aus Beteiligungen im Privatvermögen)*

4.2.2.3.1 Grundsatz

Siehe Ausführungen unter Ziffer 4.2.1.3 hievor.

Die Umwandlung einer Kapitalgesellschaft oder Genossenschaft in eine andere Kapitalgesellschaft oder Genossenschaft ist für die Gesellschafter oder Genossenschafter steuerneutral, soweit keine Gratisnennwerterhöhungen oder Ausgleichzahlungen erfolgen.

4.2.2.3.2 Sitzverlegung ins Ausland

Nach Artikel 163 IPRG kann sich eine schweizerische Gesellschaft ohne Liquidation und Neugründung dem ausländischen Recht unterstellen („Umwandlung“ in eine ausländische Gesellschaft“).

Für die direkte Bundessteuer ergeben sich die gleichen Steuerfolgen wie bei der Absorption einer inländischen Gesellschaft durch eine ausländische Gesellschaft (vgl. Ziff. 4.1.2.3.9 hievor).

4.2.2.4 ***Verrechnungssteuer***

4.2.2.4.1 Grundsatz

Siehe Ausführungen unter Ziffer 4.2.1.4 hievor.

Die Ausführungen zur direkten Bundessteuer (Einkünfte aus beweglichem Privatvermögen) gelten auch für die Verrechnungssteuer, sofern es sich um die Umwandlung einer inländischen Kapitalgesellschaft oder Genossenschaft in eine andere inländische Kapitalgesellschaft oder Genossenschaft handelt.

4.2.2.4.2 Sitzverlegung ins Ausland

Nach Artikel 163 IPRG kann sich eine schweizerische Gesellschaft ohne Liquidation und Neugründung dem ausländischen Recht unterstellen („Umwandlung“ in eine ausländische Gesellschaft“). Die Verlegung des Sitzes einer Kapitalgesellschaft oder Genossenschaft ins Ausland kommt für die Verrechnungssteuer einer Liquidation gleich (Art. 4 Abs. 2 VStG). Auf dem Liquidationsüberschuss ist die Verrechnungssteuer geschuldet. Leistungsempfänger und somit rückerstattungsberechtigt sind die Gesellschafter bzw. Genossenschafter der umgewandelten schweizerischen Kapitalgesellschaft oder Genossenschaft.

Für die Verrechnungssteuer ergeben sich somit die gleichen Steuerfolgen wie bei der Fusion einer inländischen Kapitalgesellschaft oder Genossenschaft mit einer ausländischen Gesellschaft (vgl. Ziff. 4.1.2.4.2 hievor).

4.2.2.5 ***Emissionsabgabe***

Siehe Ausführungen unter Ziffer 4.2.1.5 hievor.

4.2.2.6 ***Umsatzabgabe***

Siehe Ausführungen unter Ziffer 4.2.1.6 hievor.

4.2.3 Umwandlung einer Kapitalgesellschaft oder Genossenschaft in einen Verein, in eine Stiftung oder in eine übrige juristische Person

4.2.3.1 Tatbestand

Nur die Umwandlung einer Genossenschaft ohne Anteilskapital in einen Verein ist zivilrechtlich durch einen Rechtskleidwechsel möglich (Art. 54 Abs. 4 FusG). Alle übrigen Kapitalgesellschaften oder Genossenschaften können nur indirekt, d.h. übertragend, in einen Verein, eine Stiftung oder in eine übrige juristische Person umgewandelt werden.

4.2.3.2 ***Direkte Bundessteuer*** *(Gewinnsteuer)*

Die Umwandlung einer Kapitalgesellschaft oder Genossenschaft in einen Verein, eine Stiftung oder eine übrige juristische Person ist mit einem Tarifwechsel verbunden (von 8,5% [Art. 68 DBG] zu 4,25% [Art. 71 DBG]). Dieser Tarifwechsel führt zu keiner gewinnsteuerlichen Abrechnung über die stillen Reserven. Infolge des Tarifwechsels erfolgt jedoch eine Beendigung und ein Neubeginn der Steuerpflicht. Deshalb ist die Erstellung und Einreichung eines Abschlusses erforderlich (Art. 79 Abs. 3 DBG).

4.2.3.3 ***Direkte Bundessteuer*** *(Einkommenssteuer: Einkünfte aus Beteiligungen im Privatvermögen)*

Bei der Umwandlung einer Kapitalgesellschaft oder Genossenschaft in einen Verein, in eine Stiftung oder in eine übrige juristische Person fällt die latente Steuerlast auf den Ausschüttungen an die Gesellschafter oder Genossenschafter weg. Gleich wie bei der Umwandlung einer Kapitalgesellschaft oder Genossenschaft in eine Personenunternehmung unterliegt der Liquidationsüberschuss (offene und stille Reserven) bei den bisherigen beteiligten natürlichen Personen der Einkommenssteuer (Art. 20 Abs. 1 Bst. c DBG; vgl. Ziff. 4.2.6.4 hienach).

4.2.3.4 ***Verrechnungssteuer***

Die Umwandlung einer Kapitalgesellschaft oder Genossenschaft in einen Verein, in eine Stiftung oder in eine übrige juristische Person kommt steuerlich einer Liquidation gleich. Auf dem Liquidationsüberschuss ist die Verrechnungssteuer geschuldet.

4.2.3.5 ***Umsatzabgabe***

Siehe Ausführungen unter Ziffer 4.2.1.6 hievor.

4.2.3.6 ***Nicht betroffene Steuer***

- Emissionsabgabe.

4.2.4 Umwandlung eines Vereins, einer Stiftung oder einer übrigen juristischen Person in eine Kapitalgesellschaft oder Genossenschaft

4.2.4.1 Tatbestand

Nur die Umwandlung eines im Handelsregister eingetragenen Vereins ist zivilrechtlich durch einen Rechtskleidwechsel möglich (Art. 54 Abs. 5 FusG). Alle übrigen Vereine, Stiftungen oder übrigen juristische Personen können nur indirekt, d.h. übertragend, in eine Kapitalgesellschaft oder Genossenschaft umgewandelt werden.

4.2.4.2 ***Direkte Bundessteuer*** *(Gewinnsteuer)*

Die Umwandlung eines Vereins, einer Stiftung oder einer übrigen juristischen Person in eine Kapitalgesellschaft oder Genossenschaft ist mit einem Tarifwechsel verbunden (von 4,25% [Art. 71 DBG] zu 8,5% [Art. 68 DBG]). Dieser Tarifwechsel führt zu keiner gewinnsteuerlichen Abrechnung über die stillen Reserven. Infolge des Tarifwechsels erfolgt jedoch eine Beendigung und ein Neubeginn der Steuerpflicht. Deshalb ist die Erstellung und Einreichung eines Abschlusses erforderlich (Art. 79 Abs. 3 DBG).

4.2.4.3 ***Direkte Bundessteuer*** *(Einkommenssteuer: Einkünfte aus Beteiligungen im Privatvermögen)*

Bei einer Umwandlung eines Vereins, einer Stiftung oder einer übrigen juristischen Person in eine Kapitalgesellschaft oder Genossenschaft erzielen Privatpersonen, die sich an der neuen Kapitalgesellschaft oder Genossenschaft beteiligen, in dem Umfange Beteiligungsertrag, als ihnen gratis Nennwert zufliesst („Gratisaktien“, Art. 20 Abs. 1 Bst. c DBG).

4.2.4.4 ***Verrechnungssteuer***

Die bei einer Umwandlung eines Vereins, einer Stiftung oder einer übrigen juristischen Person in eine Kapitalgesellschaft oder Genossenschaft ausgegebenen Beteiligungsrechte unterliegen nicht der Verrechnungssteuer, da sie zu Lasten des Aktivenüberschusses einer nicht verrechnungssteuerpflichtigen juristischen Person (Verein, Stiftung oder übrige juristische Person) begründet werden.

4.2.4.5 ***Emissionsabgabe***

Nach Artikel 9 Absatz 1 Buchstabe e StG ist die Emissionsabgabe bei der Begründung oder Erhöhung von Beteiligungsrechten im Rahmen einer Umwandlung eines Vereins oder einer Stiftung in eine Kapitalgesellschaft oder Genossenschaft auf ein Prozent des Nennwerts beschränkt. Diese Reduktion der Bemessungsgrundlage für die Emissionsabgabe wird jedoch nur dann gewährt, wenn der bisherige Rechtsträger während mindestens fünf Jahren bestand. Im Weiteren ist über den Mehrwert nachträglich anteilsmässig abzurechnen, soweit während den der Umwandlung nachfolgenden fünf Jahren Beteiligungsrechte veräussert werden.

4.2.4.6 ***Umsatzabgabe***

Siehe Ausführungen unter Ziffer 4.2.1.6 hievor.

4.2.5 Umwandlung eines Instituts des öffentlichen Rechts in eine Kapitalgesellschaft oder in eine Genossenschaft

4.2.5.1 Tatbestand

Als Institute des öffentlichen Rechts, die eine direkte Umwandlung (Rechtskleidwechsel) vornehmen können (Art. 99-101 FusG), gelten die im Handelsregister eingetragenen, organisatorisch verselbständigten Einrichtungen des öffentlichen Rechts des Bundes, der Kantone und der Gemeinden, unabhängig, ob sie als juristische Person ausgestaltet sind oder nicht (Art. 2 Bst. d FusG).

4.2.5.2 ***Direkte Bundessteuer*** *(Gewinnsteuer)*

4.2.5.2.1 Auszug aus der Botschaft zum FusG[20]:

„Die Umwandlung eines Instituts des öffentlichen Rechts in eine Kapitalgesellschaft oder in eine Genossenschaft, deren Anteile veräussert werden (Privatisierung), hat im Allgemeinen Auswirkungen auf die Steuerpflicht (s. Art. 49 und 56 DBG sowie Art. 21 und 23 StHG). Gemäss dem Massgeblichkeitsprinzip erfolgt die Besteuerung von Unternehmen gestützt auf die Handelsbilanz. Wenn die Bilanzwerte vor der Fusion oder der Umwandlung für die Bemessung der Gewinnsteuer übernommen werden, sind die vor Eintritt der Steuerpflicht gebildeten stillen Reserven oft Gegenstand einer latenten Steuerlast. Es muss in den Fällen, in denen eine Aufwertung unzulässig ist, möglich sein, diese stillen Reserven im Inventar festzuhalten. Nur solche privatrechtlich offen gelegte und bestätigte[21] Mehrwerte können wie Einlagen der Mitglieder von Kapitalgesellschaften behandelt werden, die steuerfrei sind (Art. 60 Bst. a DBG und Art. 24 Bst. a StHG). Bei der Bemessung der Gewinnsteuer sind sie wie die versteuerten stillen Reserven zu behandeln. Dadurch können sich die Abschreibungen auf die höheren "Werte für die Gewinnsteuer" stützen, und der aus der Gewinn- und Verlustrechnung resultierende Kapitalgewinn wird, was den Unterschied zwischen dem Bilanzwert und dem eventuell höheren "Wert für die Gewinnsteuer" betrifft, nicht besteuert.

Die Bestimmung der stillen Reserven setzt die Bewertung der Aktiven und Passiven im Zeitpunkt der Umwandlung voraus. Diese Bewertung kann für die Gewinnsteuer nur entscheidend sein, wenn sie vom Privatrecht anerkannt wird. Die im Inventar aufgeführten Werte müssen im Allgemeinen durch eine besonders befähigte Revisorin oder einen besonders befähigten Revisor überprüft werden. Dies ist jedoch nicht notwendig, wenn seitens der öffentlichen Hand das notwendige Fachwissen vorhanden ist und allgemein anerkannte oder gar gesetzliche Bewertungsregeln zur Anwendung gelangen[22].

Die im Inventar enthaltenen Werte dienen allgemein als Grundlage für die Erstellung der Eröffnungsbilanz. Wenn diese Werte mit spezialgesetzlichen Vorschriften zur Rechnungslegung, wie z.B. Artikel 24 Absatz 2 Buchstabe g der Verordnung vom 17. Mai 1972 über die Banken und Sparkassen (Bankenverordnung, BankV; SR **952.02**), der die Stetigkeit in der

---

[20] BBl **2000** 4483

[21] S. Art. 100 Abs. 2 am Ende.

[22] Bei grösseren öffentlich-rechtlichen Körperschaften (Bund, Kantone) ist in der Regel das notwendige Fachwissen vorhanden, um fach- und sachgerechte Inventare erstellen und Bewertungen vornehmen zu können. Kommen in solchen Fällen zudem anerkannte Bewertungsregeln (Fachempfehlungen zur Rechnungslegung [FER], International Accounting Standards [IAS]) oder gesetzliche Bewertungsvorschriften zur Anwendung (Bsp. Kantonalbanken), ist eine Prüfung durch eine besonders befähigte Revisorin oder einen besonders befähigten Revisor nicht zwingend.

Darstellung und der Bewertung vorschreibt, nicht übereinstimmen, unterliegen die aus dem Inventar resultierenden stillen Reserven der Regelung von Artikel 60 Buchstabe a DBG."

Im Zeitpunkt des Inkrafttretens des FusG gilt die oben erwähnte Ausnahme nur für Banken (**Beispiel Nr. 8 im Anhang I**).

Die Umwandlung eines Instituts des öffentlichen Rechts in eine Kapitalgesellschaft oder Genossenschaft kann nach wie vor auch indirekt durch eine Sacheinlagegründung erfolgen. Dabei können die Vermögenswerte zum Verkehrswert eingebracht werden Art. 634 ff. OR. Der Goodwill gilt als derivativ und kann in der Eröffnungsbilanz ebenfalls aktiviert werden. Eine von der Handelsbilanz abweichende Steuerbilanz kann aufgrund des Massgeblichkeitsprinzips nicht geltend gemacht werden.

Die Steuerpflicht einer aus einer Umwandlung eines steuerbefreiten Instituts des öffentlichen Rechts in eine nicht steuerbefreite Kapitalgesellschaft oder Genossenschaft beginnt mit dem Eintrag ins Handelsregister. Die Steuerperiode beginnt jedoch mit dem vereinbarten Umwandlungs- oder Übernahmestichtag.

4.2.5.2.2 Vorjahresverluste

Verluste, die vor Beginn der Steuerpflicht angefallen sind, können steuerlich nicht in Abzug gebracht werden.

4.2.5.3 ***Verrechnungssteuer***

Die bei einer Umwandlung eines Instituts des öffentlichen Rechts in eine Kapitalgesellschaft oder Genossenschaft ausgegebenen Beteiligungsrechte unterliegen nicht der Verrechnungssteuer, da sie zu Lasten des Aktivenüberschusses einer nicht verrechnungssteuerpflichtigen Körperschaft begründet werden.

4.2.5.4 ***Emissionsabgabe***

Nach Artikel 9 Absatz 1 Buchstabe e StG ist die Emissionsabgabe bei der Begründung oder Erhöhung von Beteiligungsrechten im Rahmen einer Umwandlung eines Unternehmens des öffentlichen Rechts in eine Kapitalgesellschaft oder Genossenschaft auf ein Prozent des Nennwerts beschränkt. Diese Reduktion der Bemessungsgrundlage für die Emissionsabgabe wird jedoch nur dann gewährt, wenn der bisherige Rechtsträger während mindestens fünf Jahren bestand. Im Weiteren ist über den Mehrwert nachträglich anteilsmässig abzurechnen, soweit während den der Umwandlung nachfolgenden fünf Jahren Beteiligungsrechte veräussert werden.

4.2.5.5 ***Umsatzabgabe***

Siehe Ausführungen unter Ziffer 4.2.1.6 hievor.

4.2.5.6 ***Nicht betroffene Steuer***

- Direkte Bundessteuer (Einkommenssteuer: Einkünfte aus Beteiligungen im Privatvermögen).

4.2.6 Umwandlung einer Kapitalgesellschaft oder Genossenschaft in eine Personenunternehmung

4.2.6.1 Tatbestand

Kapitalgesellschaften und Genossenschaften können sich nach dem FusG nicht direkt in eine Personenunternehmung umwandeln (Art. 54 FusG). Eine solche Umwandlung bedingt zivilrechtlich die Errichtung eines neuen Rechtsträgers und die Liquidation des bisherigen Rechtsträgers. Es findet zivilrechtlich somit eine Übertragung von Aktiven und Passiven statt.

4.2.6.2 ***Direkte Bundessteuer*** *(Einkommenssteuer: Einkünfte aus selbständiger Erwerbstätigkeit)*

4.2.6.2.1 Übernahme der bisher für die Gewinnsteuer massgeblichen Werte

Die bisherigen Gewinnsteuerwerte werden zu den für die Einkommenssteuer massgeblichen Werten übernommen. Die latente Steuer auf den unversteuerten stillen Reserven wechselt somit von der Gewinnsteuer zur Einkommenssteuer (**Beispiel Nr. 9 im Anhang I**).

4.2.6.2.2 Vorjahresverluste

Bei der Umwandlung einer Kapitalgesellschaft oder Genossenschaft in eine Personenunternehmung liegt Steuerneutralität auf der Unternehmensebene vor (bisher Gewinnsteuer; neu Einkommen aus selbständiger Erwerbstätigkeit). Die an der übernehmenden Personenunternehmung beteiligten natürlichen Personen können somit allfällige, steuerlich noch nicht berücksichtigte Vorjahresverluste der übertragenden juristischen Personen bei der Festsetzung des steuerbaren Einkommens in Abzug bringen (Art. 31 DBG; **Beispiel Nr. 9 im Anhang I**).

4.2.6.3 ***Direkte Bundessteuer*** *(Gewinnsteuer)*

4.2.6.3.1 Grundsatz

Die Umwandlung einer Kapitalgesellschaft oder Genossenschaft in eine Personenunternehmung ist für die Gewinnsteuer neutral, soweit kumulativ:

- die Steuerpflicht in der Schweiz fortbesteht;
- die bisher für die Gewinnsteuer massgebenden Werte übernommen werden (**Beispiel Nr. 9 im Anhang I**).

4.2.6.3.2 Fortbestand der Steuerpflicht in der Schweiz

Der Fortbestand der Steuerpflicht kann sich bei der Umwandlung einer Kapitalgesellschaft oder Genossenschaft in eine Personenunternehmung nicht auf die untergehende juristische Person beziehen. Vielmehr findet ein Übergang der stillen Reserven auf eine natürliche Person statt. Der Fortbestand der Steuerpflicht bezieht sich somit auf die Steuerpflicht der Gesellschafter und die Fortführung des Betriebes durch eine Personenunternehmung in der Schweiz.

4.2.6.3.3 Umwandlung einer Kapitalgesellschaft oder Genossenschaft in die Betriebsstätte einer Personenunternehmung

Eine Kapitalgesellschaft oder Genossenschaft, deren Beteiligungsrechte von einer Personenunternehmung gehalten werden, kann durch Liquidation in eine Betriebsstätte einer Personenunternehmung „umgewandelt" werden.

Betriebsstätten von ausländischen Personenunternehmungen unterliegen der Gewinnsteuer (Art. 11 DBG). Die „Umwandlung" einer Kapitalgesellschaft oder Genossenschaft in die Betriebsstätte einer ausländischen Personenunternehmung kann deshalb für die Gewinnsteuer neutral erfolgen, soweit die stillen Reserven der schweizerischen Betriebsstätte verhaftet bleiben. Vom Fortbestand der Steuerpflicht in der Schweiz kann jedoch nur dann ausgegangen werden, wenn bei der internationalen Steuerausscheidung sichergestellt ist, dass die übertragenen stillen Reserven weiterhin uneingeschränkt der Schweiz zugewiesen werden. Dies ist nach dem DBG durch die Anwendung der objektmässigen (direkten) Ausscheidungsmethode gewährleistet.

4.2.6.3.4 Rückwirkende Umwandlung

Bei der Umwandlung einer Kapitalgesellschaft oder Genossenschaft in eine Personenunternehmung wird die Steuerpflicht grundsätzlich mit dem Eintrag im Handelsregister beendet.

Eine rückwirkende Umwandlung wird steuerlich nur dann anerkannt, wenn die Anmeldung zusammen mit den Gründungsakten innerhalb von sechs Monaten nach dem Stichtag der Übernahmebilanz beim Handelsregister eingetroffen ist und die Anmeldung ohne irgendwelche Weiterungen zum Eintrag geführt hat.

Wird die rückwirkende Umwandlung akzeptiert, endet die Steuerpflicht auf den vereinbarten Übernahmestichtag. Entsprechend beginnt die selbständige Erwerbstätigkeit in diesem Zeitpunkt. Andernfalls wird auf den Handelsregistereintrag abgestellt. Dies bedingt die Erstellung eines Abschlusses auf diesen Zeitpunkt.

4.2.6.4 ***Direkte Bundessteuer*** *(Einkommenssteuer: Einkünfte aus Beteiligungen im Privatvermögen)*

Bei der Umwandlung einer Kapitalgesellschaft oder Genossenschaft in eine Personenunternehmung findet eine Liquidation der Kapitalgesellschaft oder Genossenschaft statt. Eine spätere Erfassung der offenen und stillen Reserven (Liquidationsüberschuss) bei den Gesellschaftern oder Genossenschaftern ist nicht möglich. Der Liquidationsüberschuss unterliegt deshalb der Einkommenssteuer (Art. 20 Abs. 1 Bst. c DBG; **Beispiel Nr. 9 im Anhang I**).

4.2.6.5 ***Verrechnungssteuer***

Bei der Umwandlung einer Kapitalgesellschaft oder Genossenschaft in eine Personenunternehmung unterliegt der Liquidationsüberschuss der Verrechnungssteuer (Art. 4 Abs. 1 Bst. b VStG; **Beispiel Nr. 9 im Anhang I**).

4.2.6.6 ***Umsatzabgabe***

Siehe Ausführungen unter Ziffer 4.2.1.6 hievor.

4.2.6.7 ***Nicht betroffene Steuer***

- Emissionsabgabe.

4.3 Spaltung

4.3.1 Tatbestände

Mittels Spaltung überträgt eine Gesellschaft (übertragende Gesellschaft) Teile ihres Vermögens auf eine andere Gesellschaft (übernehmende Gesellschaft) gegen die Gewährung von Beteiligungsrechten an ihre Gesellschafter (bisheriger Begriff im Steuerrecht: „vertikale Spaltung"). Es handelt sich dabei um eine Art Gegenstück zur Fusion. Dabei wird eine Gesellschaft in zwei oder mehrere Parallel- oder Schwestergesellschaften aufgeteilt. Die Aufteilung in Schwestergesellschaften wird als symmetrische Spaltung und die Aufteilung in Parallelgesellschaften als asymmetrische Spaltung bezeichnet. Bei einer symmetrischen Spaltung bleiben die Beteiligungsverhältnisse an den aus der Spaltung hervorgehenden oder verbleibenden Gesellschaften gleich wie an der gespaltenen Gesellschaft. Bei einer asymmetrischen Spaltung werden den Gesellschaftern Beteiligungsrechte zugewiesen, die vom Verhältnis ihrer bisherigen Beteiligung abweichen.

Im Weiteren wird unterschieden, ob aus einer Gesellschaft zwei neue Gesellschaften entstehen und die übertragende Gesellschaft untergeht (Aufspaltung) oder ob eine Gesellschaft Vermögenswerte auf eine andere bestehende oder neue Gesellschaft überträgt (Abspaltung).

Übersicht[23]

Aufspaltung (Art. 29 Bst. a FusG; Art. 61 Abs. 1 Bst. b DBG)

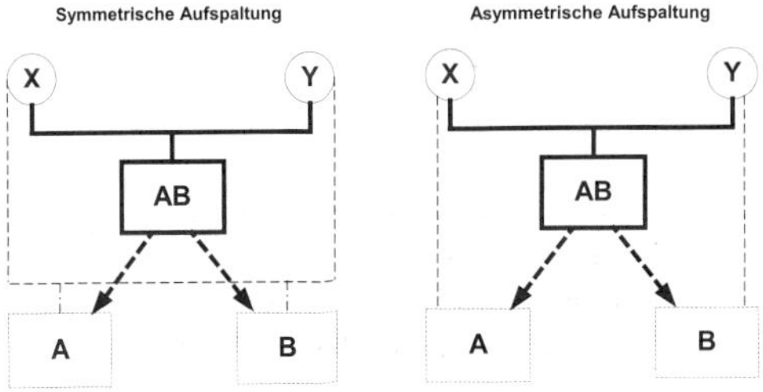

Abspaltung (Art. 29 Bst. b FusG; Art. 61 Abs. 1 Bst. b DBG)

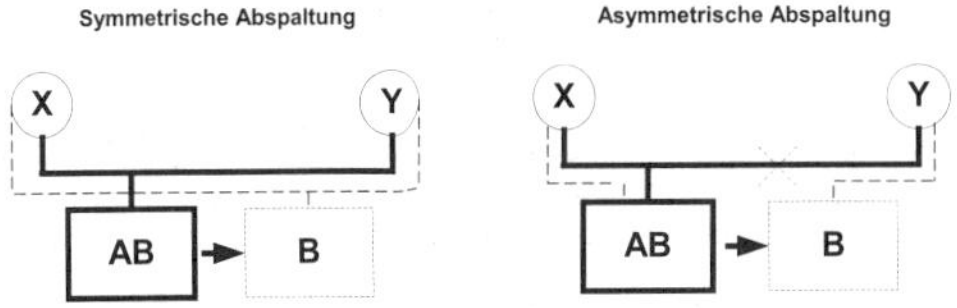

23 H.-J. Neuhaus / M. Neuhaus / P. Riedweg; Kammer-Seminar vom 19.9.2003 zum FusG

Der Effekt einer „vertikalen Spaltung“ konnte nach bisherigem Recht zivilrechtlich wie folgt bewirkt werden, was auch nach Inkrafttreten des FusG weiterhin möglich ist:

- Sacheinlage- oder Sachübernahmegründung einer Tochtergesellschaft mit anschliessender Übertragung der neuen Beteiligungsrechte auf die Aktionäre – bei einem «Spin-off» geschieht dies ohne, bei einem «Split-off» mit Kapitalherabsetzung der übertragenden Gesellschaft;
- Übertragung von Aktiven und Verbindlichkeiten des abzuspaltenden Komplexes auf die Aktionäre (Naturaldividende), die ihrerseits die Nachfolgegesellschaft(en) gründen und deren Aktien durch Sacheinlage der erhaltenen Wirtschaftsgüter liberieren;
- Zeichnung der Aktien der Nachfolgegesellschaft durch die Aktionäre der bisherigen Gesellschaft, welche die abzuspaltenden Aktiven und Verbindlichkeiten zur Liberierung der Aktien der Nachfolgegesellschaft überträgt.

Nach dem FusG kann eine Spaltung im steuerrechtlichen Sinne zivilrechtlich neu wie folgt abgewickelt werden:

- Aufspaltung (Art. 29 Bst. a FusG);
- Abspaltung (Art. 29 Bst. b FusG);
- Vermögensübertragung (Art. 69-77 FusG) auf eine neugegründete oder eine bestehende Schwestergesellschaft.

Nach dem FusG kann eine Spaltung zivilrechtlich durch eine direkte Vermögensteilung erfolgen (Auf- oder Abspaltung; Art. 29 FusG).

4.3.2 ***Direkte Bundessteuer*** *(Gewinnsteuer)*

4.3.2.1 Grundsatz

Nach Artikel 61 Absatz 1 Buchstabe b DBG werden die stillen Reserven einer juristischen Person im Fall einer Spaltung nicht besteuert, soweit kumulativ:

- die Steuerpflicht in der Schweiz fortbesteht;
- die bisher für die Gewinnsteuer massgeblichen Werte übernommen werden;
- ein oder mehrere Betriebe oder Teilbetriebe übertragen werden;
- die nach der Spaltung bestehenden juristischen Personen einen Betrieb oder Teilbetrieb weiterführen.

Eine unveränderte Weiterführung sowohl des durch Spaltung übertragenen als auch des zurückbleibenden Geschäftsbetriebes ist nicht erforderlich.

Für die Gewinnsteuer spielt es keine Rolle, wie der Effekt einer Spaltung zivilrechtlich bewirkt wird. Steuerlich liegt nach wie vor ein sog. "Entnahmetatbestand" vor. Dies bedeutet, dass - wenn im Gesetz nicht ausdrücklich Steuerneutralität vorgesehen ist (Art. 61 Abs. 1 Bst. b DBG) - eine Realisation der stillen Reserven vorliegt (Art. 58 Abs. 1 Bst. c DBG).

Ebenfalls unbeachtlich ist, ob eine Auf- oder Abspaltung erfolgt.

Für grenzüberschreitende Spaltungen (Art. 163d IPRG) gelten die gleichen Grundsätze wie bei grenzüberschreitenden Fusionen (vgl. Ziff. 4.1.2.2.2 hievor).

4.3.2.2 Rückwirkende Spaltung

Bei einer Aufspaltung endet die Steuerpflicht der Gesellschaft grundsätzlich mit der Löschung im Handelsregister. Die Steuerpflicht einer aus einer Auf- oder Abspaltung hervorgehenden Gesellschaft beginnt grundsätzlich mit dem Eintrag ins Handelsregister.

Eine rückwirkende Spaltung wird steuerlich nur dann anerkannt, wenn die Anmeldung zusammen mit dem Spaltungsbeschluss innerhalb von sechs Monaten nach dem Stichtag der letzten Bilanz beim Handelsregister eingetroffen ist und die Anmeldung ohne irgendwelche Weiterungen zum Eintrag geführt hat.

Wird die rückwirkende Spaltung akzeptiert, beginnen die Steuerpflicht, die Steuerperiode und die Bemessungsperiode einer aus einer Spaltung hervorgehenden Gesellschaft mit dem vereinbarten Spaltungsstichtag. Entsprechend endet die Steuerpflicht einer aufgespaltenen Gesellschaft in diesem Zeitpunkt. Andernfalls wird für die Festsetzung des steuerbaren Gewinnes auf den Handelsregistereintrag abgestellt. Dies bedingt die Erstellung eines Abschlusses auf diesen Zeitpunkt.

4.3.2.3 Veräusserungssperrfrist

Auf eine gesetzliche Verankerung einer Veräusserungssperrfrist für die aus einer Spaltung hervorgehenden oder verbleibenden Beteiligungsrechte an der spaltenden Gesellschaft wurde bewusst verzichtet. Das Verhalten der Gesellschafter soll nach dem Willen des Gesetzgebers keine Auswirkungen auf die Gewinnsteuer haben.

4.3.2.4 Abgrenzung Spaltung - Verkauf

Die Steuerneutralität der Spaltung bedingt, dass mit dem Betrieb auch ein angemessenes Eigenkapital (Aktienkapital und/oder offene Reserven) übertragen wird.

Der Verkauf eines Betriebes an eine Schwestergesellschaft kann nicht als gewinnsteuerneutrale Spaltung qualifiziert werden (**Beispiel Nr. 11 im Anhang I**). Jedoch ist eine entgeltliche Vermögensübertragung im Konzern steuerneutral möglich, wenn sie zwischen inländischen Konzerngesellschaften erfolgt (Art. 61 Abs. 3 DBG; vgl. Ziff. 4.5 hienach; **Beispiel Nr. 20 im Anhang I**).

4.3.2.5 Betrieb und Teilbetrieb

Nach geltender Praxis wird unter den Begriffen „Betrieb“ und „Teilbetrieb“ Folgendes verstanden:

- Betrieb: Organisatorisch-technischer Komplex von Vermögenswerten, welcher für die unternehmerische Leistungserstellung eine relativ unabhängige, organische Einheit darstellt.
- Teilbetrieb: Kleinster für sich lebensfähiger Organismus eines Unternehmens.

Ein Betrieb oder Teilbetrieb liegt dann vor, wenn kumulativ folgende Erfordernisse erfüllt sind:

- die Unternehmung erbringt Leistungen auf dem Markt oder an verbundene Unternehmen;
- die Unternehmung verfügt über Personal;

- der Personalaufwand steht in einem sachgerechten Verhältnis zum Ertrag.

Einem Betrieb können auch nichtbetriebsnotwendige Aktiven mitgegeben werden (z.B. liquide Mittel und Immobilien), sofern der Betrieb nicht nur von untergeordneter Bedeutung ist, nicht nur zum Zwecke einer steuerneutralen Spaltung geschaffen wurde und weitergeführt wird (allgemeiner Vorbehalt der Steuerumgehung).

4.3.2.6 Vermögensverwaltungs- und Holdinggesellschaften

Das Halten und Verwalten von Wertschriften, die lediglich der Anlage von eigenem Vermögen dienen, stellt auch bei einem grossen Vermögen nie einen Betrieb dar.

Eine Holdingspaltung ist nur dann steuerneutral, soweit die Grundvoraussetzungen einer steuerneutralen Umstrukturierung und wenn kumulativ folgende Erfordernisse erfüllt sind:

- bei den Beteiligungen handelt es sich wertmässig überwiegend um Beteiligungen an aktiven Gesellschaften;
- die Beteiligungen machen mehrheitlich mindestens 20 Prozent des Grund- oder Stammkapitals der anderen Gesellschaften aus oder ermöglichen auf andere Weise einen massgebenden Einfluss (z.B. durch einen Aktionärsbindungsvertrag);
- die nach der Spaltung bestehenden Holdinggesellschaften nehmen tatsächlich eine Holdingfunktion mit eigenem Personal oder über beauftragte Personen wahr (Koordination der Geschäftstätigkeit mehrerer Tochtergesellschaften; strategische Führung);
- die nach der Spaltung bestehenden Holdinggesellschaften bestehen weiter.

4.3.2.7 Finanz- und Immaterialgüterverwertungsgesellschaften

Finanz- und Immaterialgüterverwertungsgesellschaften führen dann einen Betrieb, wenn kumulativ:

- ein Marktauftritt erfolgt oder Dienstleistungen an Konzerngesellschaften erbracht werden;
- die Unternehmung tatsächlich mindestens eine Person für ihre Dienstleistungen beschäftigt oder beauftragt (eine Vollzeitstelle).

4.3.2.8 Immobiliengesellschaften

Das Halten und Verwalten eigener Immobilien stellt dann einen Betrieb dar, wenn kumulativ folgende Erfordernisse erfüllt sind:

- es erfolgt ein Marktauftritt oder es werden Betriebsliegenschaften an Konzerngesellschaften vermietet;
- die Unternehmung beschäftigt oder beauftragt mindestens eine Person für die Verwaltung der Immobilien (eine Vollzeitstelle für rein administrative Arbeiten);
- die Mieterträge betragen mindestens das 20-fache des marktüblichen Personalaufwandes für die Immobilienverwaltung[24].

Eine Spaltung von Immobiliengesellschaften ist nur dann steuerneutral möglich, soweit die Grundvoraussetzungen einer steuerneutralen Umstrukturierung erfüllt sind und

---

24 Bundesrat Villiger, Ständerat 21.3.2001; Amtliches Bulletin, S. 41

- die übertragenen Immobilien einen Betrieb verkörpern
- und die nach der Spaltung bestehenden Immobiliengesellschaften einen Betrieb oder Teilbetrieb weiterführen.

4.3.2.9 Abschreibungen und Rückstellungen auf übertragenen Beteiligungen

Wertberichtigungen sowie Abschreibungen auf Beteiligungen von mindestens 20 Prozent werden dem steuerbaren Gewinn zugerechnet, soweit sie nicht mehr begründet sind (Art. 62 Abs. 4 DBG). Dies trifft zu, soweit eine nachhaltige Werterholung der Beteiligung eingetreten ist. Bei der Veranlagung einer Gesellschaft, die eine Beteiligung zum Gewinnsteuerwert auf eine inländische Konzerngesellschaft durch Spaltung übertragen hat, ist deshalb zu prüfen, inwieweit allfällige Abschreibungen oder Rückstellungen auf dieser Beteiligung noch geschäftsmässig begründet sind (Kreisschreiben der ESTV Nr. 9 vom 9.7.1998, Ziff. 2.5.2).

4.3.2.10 Gestehungskosten einer durch Spaltung übertragenen Beteiligung

Erfolgen im Rahmen einer Auf- oder Abspaltung Beteiligungsübertragungen (Art. 61 Abs. 1 Bst. b DBG), bedingt dies eine Fortführung der Gewinnsteuerwerte und der Gestehungskosten der übertragenen Beteiligungen bei der erwerbenden Gesellschaft (Kreisschreiben der ESTV Nr. 9 vom 9.7.1998, Ziff. 2.5.3b).

4.3.2.11 Übertragung einer Alt-Beteiligung

Alt-Beteiligungen, die im Rahmen einer steuerneutralen Spaltung (Art. 61 Abs. 1 Bst. b DBG) übertragen werden, behalten ihre übergangsrechtliche Qualifikation (Kreisschreiben der ESTV Nr. 9 vom 9.7.1998, Ziff. 3.3.4c).

4.3.2.12 Steuerfolgen für eine beteiligte juristische Person (Muttergesellschaft) bei einer symmetrischen Spaltung (modifizierte Dreieckstheorie)

Aus der Sicht der Gesellschafter liegt bei einer symmetrischen Spaltung eine steuerneutrale Vermögensumschichtung vor. Ein Austausch von Beteiligungsrechten findet nicht statt. Aufgrund des Massgeblichkeitsprinzips der Handelsbilanz kommt für die steuerliche Gewinnermittlung zwingend die modifizierte Dreieckstheorie zur Anwendung. Die Summe der Gewinnsteuerwerte und der Gestehungskosten der Beteiligungen bleibt unverändert. Allenfalls ergibt sich aufgrund der Vorteilszuwendung für die Beteiligung an der entreicherten Gesellschaft ein Abschreibungsbedarf. Ein solcher müsste durch eine Aufwertung der Beteiligung an der begünstigten Gesellschaft kompensiert werden (Umbuchung: Beteiligung „übernehmende Gesellschaft" an Beteiligung „übertragende Gesellschaft"; Kreisschreiben der ESTV Nr. 9 vom 9.7.1998, Ziff. 2.5.3b). Für die Muttergesellschaft ergeben sich somit die gleichen Steuerfolgen, wie bei einer Vorteilszuwendung zwischen verbundenen Unternehmen (Tochtergesellschaften; **Beispiel Nr. 10 im Anhang I**).

4.3.2.13 Gewinnsteuerfolgen bei Nichterfüllung des Betriebserfordernisses

Mit dem Wegfall der nach bisheriger Praxis geltendenden Veräusserungssperrfrist kommt dem Betriebserfordernis eine viel grössere Bedeutung zu. Gleichzeitig stellt das neue Recht auch Teilbetriebe den eigentlichen Betrieben gleich. Im Folgenden wird deshalb nur noch der Begriff „Betrieb" verwendet.

Wenn nur einzelne Aktiven – beispielsweise Liegenschaften – auf eine Schwestergesellschaft übertragen werden, sind die Voraussetzungen einer steuerneutralen Spaltung (Betriebserfordernis) nicht erfüllt. Die übertragenen stillen Reserven unterliegen auch dann der Gewinnsteuer, wenn die übernehmende Gesellschaft bereits einen Betrieb führt oder verschiedene Gesellschaften einzelne Aktiven durch Abspaltung zu einem neuen Betrieb zusammenführen.

Damit die Besteuerung bei einem umgekehrten Vorgang – der Abspaltung eines Betriebes und dem Verbleib einzelner, nur noch der Vermögensanlage dienenden Aktiven – sichergestellt ist, gilt das Betriebserfordernis nicht nur für die übertragenen Vermögenswerte sondern auch für die übertragende Gesellschaft. Erfüllt die übertragende Gesellschaft das Betriebserfordernis nach der Spaltung nicht mehr, wird die Gewinnsteuer auf den verbleibenden stillen Reserven der übertragenden Gesellschaft erhoben. Dadurch wird sichergestellt, dass ungeachtet der gewählten zivilrechtlichen Gestaltung immer die gleichen steuerlichen Folgen eintreten.

Bei einer Spaltung können sich somit –vorbehältlich einer Vermögensübertragung nach Artikel 61 Absatz 3 DBG - folgende Gewinnsteuerfolgen ergeben:

- Die Übertragung erfolgt durch einen Verkauf: *Besteuerung der übertragenen, unversteuerten stillen Reserven bei der übertragenden Gesellschaft. Die übernehmende Gesellschaft kann eine entsprechende, als Gewinn versteuerte stille Reserve geltend machen.*
- Die übertragenen Vermögenswerte stellen keinen Betrieb dar: *Besteuerung der übertragenen, unversteuerten stillen Reserven bei der übertragenden Gesellschaft. Die übernehmende Gesellschaft kann eine entsprechende, als Gewinn versteuerte stille Reserve geltend machen (**Beispiele Nr. 12 und 13 im Anhang I**).*
- Das Betriebserfordernis ist für die übertragende Gesellschaft nach der Übertragung nicht mehr erfüllt: *Besteuerung der verbleibenden, unversteuerten stillen Reserven bei der übertragenden Gesellschaft. Die übertragende Gesellschaft kann eine entsprechende, als Gewinn versteuerte stille Reserve geltend machen (**Beispiel Nr. 14 im Anhang I**).*

4.3.2.14 Übernahme von Vorjahresverlusten

Bei einer Spaltung können die bei der Berechnung des steuerbaren Reingewinnes noch nicht berücksichtigten Vorjahresverluste, die auf den übertragenen Betrieb oder Teilbetrieb entfallen, auf die übernehmende Gesellschaft übertragen werden und nach Artikel 67 Absatz 1 DBG geltend gemacht werden. Eine Übertragung der Vorjahresverluste ist jedoch ausgeschlossen, wenn eine Steuerumgehung vorliegt. Eine solche kann insbesondere dann vorliegen, wenn der übertragene Betrieb kurz nach der Spaltung eingestellt wird.

4.3.2.15 Abspaltung zwecks Sanierung der übernehmenden Gesellschaft

Erfolgt eine Abspaltung zwecks Sanierung der übernehmenden Gesellschaft, ist zu prüfen, ob die latente Gewinnsteuer auf den übertragenen stillen Reserven untergeht und ob eine Steuerumgehung vorliegt. Ein solches Vorgehen führt wie eine gewöhnliche Vorteilszuwendung zwischen verbundenen Unternehmen zu einer Besteuerung der übertragenen, unversteuerten stillen Reserven bei der übertragenden Gesellschaft. Die übernehmende Gesellschaft kann eine entsprechende, als Gewinn versteuerte stille Reserve geltend machen.

4.3.3 ***Direkte Bundessteuer*** *(Einkommenssteuer: Einkünfte aus Beteiligungen im Privatvermögen)*

4.3.3.1 Veräusserungssperrfrist

Eine gewinnsteuerneutrale Spaltung stellt für die beteiligten natürlichen Personen eine steuerneutrale Vermögensumschichtung dar, die an keine Veräusserungssperrfrist gebunden ist.

4.3.3.2 Gratisaktien und Gratisnennwerterhöhungen

Die bei einer Spaltung den Inhabern der gesellschaftlichen Beteiligungsrechte an der übernehmenden Gesellschaft zukommenden Gratisaktien und Gratisnennwerterhöhungen unterliegen nach Artikel 20 Absatz 1 Buchstabe c DBG der Einkommenssteuer, soweit sie nicht zu Lasten des Nennwertes der Beteiligungsrechte an der übertragenden Gesellschaft erfolgen (Kapitalherabsetzung).

4.3.3.3 Steuerfolgen einer nicht gewinnsteuerneutralen Spaltung

Eine nicht gewinnsteuerneutrale Spaltung stellt für den Gesellschafter grundsätzlich einen steuerbaren Entnahmetatbestand dar. Aufgrund der Dreieckstheorie werden grundsätzlich folgende Erträge aus Beteiligungen realisiert (Art. 20 Abs. 1 Bst. c DBG):

- Erfolgt die Übertragung des Betriebes durch einen unterpreislichen Verkauf, liegt eine Vorteilszuwendung zwischen verbundenen Unternehmen (Schwestergesellschaften) im Umfang der übertragenen stillen Reserven an eine verbundene Unternehmung vor (**Beispiel Nr. 11 im Anhang I**).
- Stellen die durch Spaltung übertragenen Vermögenswerte keinen Betrieb dar, realisiert der Gesellschafter grundsätzlich die mit den Vermögenswerten übertragenen offenen und stillen Reserven (**Beispiele Nr. 12 und 13 im Anhang I**).
- Ist das Betriebserfordernis für die übertragende Gesellschaft nach der Spaltung nicht mehr erfüllt, realisiert der Gesellschafter grundsätzlich die offenen und stillen Reserven derjenigen Gesellschaft, die das Betriebserfordernis nicht mehr erfüllt (Gleichbehandlung mit dem umgekehrten Vorgang aufgrund der wirtschaftlichen Betrachtungsweise; **Beispiel Nr. 14 im Anhang I**).

In allen drei Fällen liegt eine Vorteilszuwendung an eine verbundene Unternehmung (Schwestergesellschaft) vor.

Bei einer Vorteilszuwendung an eine Schwestergesellschaft erhält der Gesellschafter (Privatperson) grundsätzlich einen geldwerten Vorteil aus der Beteiligung an der entreicherten Gesellschaft (Art. 20 Abs. 1 Bst. c DBG), den er in die begünstigte Gesellschaft einlegt (Dreieckstheorie). Um eine Mehrfachbelastung bei ihm zu vermeiden, kann er jedoch die sogenannte «modifizierte Dreieckstheorie» beantragen. Danach entfällt beim Gesellschafter die Besteuerung einer Ausschüttung, sofern er die Beteiligungsrechte an der begünstigten Gesellschaft nicht innert 5 Jahren veräussert. Im Falle einer nicht steuerneutralen Spaltung wegen fehlendem Betriebserfordernis bezieht sich die Frist auf die Beteiligungsrechte an der Gesellschaft, die keinen Betrieb weiterführt. Um eine Besteuerung bei der Verletzung dieser Frist im Nachsteuerverfahren sicherzustellen, wird vom Gesellschafter die Abgabe eines entsprechenden Revers verlangt. Es handelt sich bei dieser Praxis um eine „Billigkeitslösung", die zum Ziel hat, eine im Ergebnis zweifache Besteuerung des Vermögensertrages beim Gesellschafter zu vermeiden. Nicht anwendbar ist die modifizierte Dreieckstheorie bei einer Abspaltung zwecks Sanierung (vgl. dazu Ziff. 4.1.4.3.2).

Für grenzüberschreitende Spaltungen (Art. 163d IPRG) gelten die gleichen Grundsätze wie bei grenzüberschreitenden Fusionen (vgl. Ziff. 4.1.2.3.9 hievor).

4.3.4 Verrechnungssteuer

4.3.4.1 Grundsatz

Artikel 5 Absatz 1 Buchstabe a VStG regelt im Sinne einer Ausnahme, dass Reserven und Gewinne einer Kapitalgesellschaft oder Genossenschaft, die bei einer Umstrukturierung nach Artikel 61 DBG in die Reserven einer aufnehmenden oder umgewandelten inländischen Kapitalgesellschaft oder Genossenschaft übergehen, von der Verrechnungssteuer ausgenommen sind. Dabei wird vorausgesetzt, dass das übertragene Verrechnungssteuersubstrat erhalten bleibt.

Sind die Voraussetzungen für eine steuerneutrale Spaltung nach Artikel 61 Absatz 1 Buchstabe b DBG nicht erfüllt (fehlendes Betriebserfordernis), liegt eine Vorteilszuwendung an eine Schwestergesellschaft vor, die der Verrechnungssteuer unterliegt. Aufgrund der zur Anwendung gelangenden Direktbegünstigungstheorie ist die übernehmende Gesellschaft Empfängerin der Leistung und somit rückerstattungsberechtigt. Die Verzinsung des Verrechnungssteuerbetrages richtet sich nach Artikel 16 VStG.

Für grenzüberschreitende Spaltungen (Art. 163d IPRG) gelten die gleichen Grundsätze wie bei grenzüberschreitenden Fusionen (vgl. Ziff. 4.1.2.4.2 hievor).

4.3.4.2 Gratisaktien und Gratisnennwerterhöhungen

Die bei einer Spaltung den Inhabern der Beteiligungsrechte an der übernehmenden Gesellschaft zukommenden Gratisaktien und Gratisnennwerterhöhungen unterliegen nach Artikel 4 Absatz 1 Buchstabe b VStG der Verrechnungssteuer, soweit sie nicht zu Lasten des Nennwertes der Beteiligungsrechte an der übertragenden Gesellschaft erfolgen (Kapitalherabsetzung).

4.3.4.3 Abspaltung zwecks Sanierung der übernehmenden Gesellschaft

Erfolgt eine Abspaltung auf eine sanierungsbedürftige Schwestergesellschaft zwecks Sanierung der übernehmenden Gesellschaft, so erlangen die Gesellschafter eine geldwerte Leistung im Umfang der untergehenden Reserven (Anwendung der Dreieckstheorie; vgl. Ziff. 4.1.4.4.2 hievor).

4.3.5 Emissionsabgabe

Beteiligungsrechte, die in Durchführung von Beschlüssen über Spaltungen begründet oder erhöht werden, sind von der Emissionsabgabe ausgenommen (Art. 6 Abs. 1 Bst. a^{bis} StG).

Eine abgabebefreite Spaltung setzt – gleich wie bei der Gewinnsteuer – voraus, dass ein oder mehrere Betriebe übertragen werden und dass die nach der Spaltung bestehenden Kapitalgesellschaften oder Genossenschaften einen Betrieb oder Teilbetrieb weiterführen. Eine Veräusserungssperrfrist für die Beteiligungsrechte an den nach der Spaltung bestehenden Kapitalgesellschaften oder Genossenschaften besteht nicht.

Nicht abgabebefreit ist derjenige Teil des neu geschaffenen nominellen Kapitals der übernehmenden Gesellschaft(en), der das minimal erforderliche Eigenkapital nach dem Kreisschreiben der ESTV Nr. 6 vom 6. Juni 1997 betreffend verdecktes Eigenkapital (Art. 65 DBG) bei Kapitalgesellschaften und Genossenschaften übersteigt, sofern die Merkmale der Abgabeumgehung erfüllt sind.

Liegt keine gewinnsteuerneutrale Spaltung vor, ist die Emissionsabgabe auf dem Nennwert der neuen Beteiligungsrechte – vorbehältlich der Freigrenze nach Artikel 6 Absatz 1 Buchstabe h StG – geschuldet.

Aufgrund der Direktbegünstigungstheorie unterliegen Vorteilszuwendungen einer Schwestergesellschaft der Verrechnungssteuer und somit konsequenterweise nicht auch der Emissionsabgabe. Die Verzinsung des Abgabebetrages richtet sich nach Artikel 29 StG.

4.3.6 Umsatzabgabe

Die mit einer Spaltung verbundene Übertragung steuerbarer Urkunden ist von der Umsatzabgabe ausgenommen (Art. 14 Abs. 1 Bst. i StG).

Die mit einer Spaltung verbundene Übertragung steuerbarer Urkunden unterliegt jedoch dann der Umsatzabgabe, wenn keine gewinnsteuerneutrale Spaltung vorliegt (fehlendes Betriebserfordernis). Die in diesen Fällen geschuldete Umsatzabgabe wird gemäss Art. 16 StG auf dem Entgelt berechnet. Die Berechnung des massgebenden Entgelts erfolgt dabei folgendermassen:

a) Wenn nur steuerbare Urkunden übernommen bzw. eingebracht werden, auf den gesamten Gutschriften an die Sacheinleger und den übernommenen Drittverpflichtungen;

b) Wenn nicht nur steuerbare Urkunden, sondern auch andere Aktiven übernommen werden, auf den anteiligen Gutschriften und Drittverpflichtungen.

   Im Fall b) ist es somit notwendig,

   1. den Anteil der steuerbaren Urkunden an den Gesamtaktiven zu Buchwerten zu bestimmen,
   2. den entsprechenden Anteil vom Total der Gutschriften an Sacheinleger und übernommenen Drittverpflichtungen zu ermitteln und
   3. die Umsatzabgabe vom erhaltenen Wert, der als massgebendes Entgelt zu betrachten ist, zu berechnen.

c) Werden in- und ausländische steuerbare Urkunden übertragen, so ist das massgebende Entgelt aufgrund der Buchwerte proportional aufzuteilen.

4.4 Übertragung auf Tochtergesellschaft (Ausgliederung)

4.4.1 Ausgliederung von Betrieben, Teilbetrieben sowie von Gegenständen des betrieblichen Anlagevermögens

4.4.1.1 Tatbestand

Bei der Ausgliederung überträgt eine Gesellschaft Vermögenswerte auf eine Gesellschaft, an der sie sich beteiligt oder bereits beteiligt ist. Die Ausgliederung von Vermögenswerten ist im FusG nicht geregelt.

4.4.1.1.1 Tochterausgliederung und Fusionsausgliederung

Bei einer Tochterausgliederung werden Vermögenswerte auf eine neue oder eine bereits bestehende Gesellschaft ausgegliedert, an der ausschliesslich die übertragende Gesellschaft beteiligt ist. Die Ausgliederung von Vermögenswerten auf eine Gesellschaft, an der sich eine oder mehrere andere Gesellschaften beteiligen (Fusionsausgliederung; „Joint Venture"), hat die gleichen Steuerfolgen wie eine Tochterausgliederung.

Die Übertragung von Vermögenswerten auf eine Enkelgesellschaft ist eine zweifache Tochterausgliederung (**Beispiel Nr. 15 im Anhang I**).

Übersicht[25]

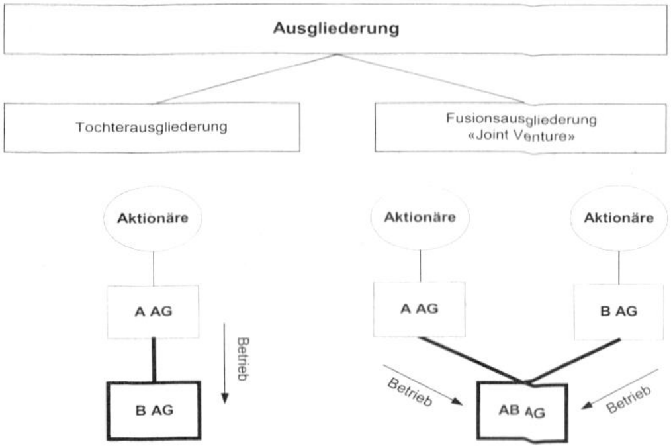

25 REICH, a.a.O., S. 193

4.4.1.1.2 Übertragung

Die Übertragung kann zivilrechtlich auf folgende Weise erfolgen:

- Sacheinlage;
- Verkauf;
- Vermögensübertragung (Art. 69-77 FusG).

4.4.1.2 ***Direkte Bundessteuer*** *(Gewinnsteuer)*

4.4.1.2.1 Grundsatz

Verdeckte Kapitaleinlagen führen grundsätzlich zu einer Besteuerung der auf eine Tochtergesellschaft übertragenen stillen Reserven und zu einer entsprechenden Erhöhung des Gewinnsteuerwertes und der Gestehungskosten der Beteiligung (Art. 58 Abs. 1 Bst. c DBG; Kreisschreiben der ESTV Nr. 9 vom 9.7.1998, Ziff. 2.5.3c).

Die Übertragung von Vermögenswerten auf eine Tochtergesellschaft ist im Sinne einer Ausnahme steuerneutral, soweit kumulativ:

- die Steuerpflicht in der Schweiz fortbesteht (Art. 61 Abs. 1 DBG);
- die bisher für die Gewinnsteuer massgeblichen Werte übernommen werden (Art. 61 Abs. 1 DBG);
- es sich bei den übertragenen Vermögenswerten um Betriebe, Teilbetriebe oder Gegenstände des betrieblichen Anlagevermögens handelt (Art. 61 Abs. 1 Bst. d DBG);
- es sich bei der übernehmenden Gesellschaft um eine inländische Tochtergesellschaft handelt (Art. 61 Abs. 1 Bst. d DBG);
- während den der Ausgliederung nachfolgenden fünf Jahren die übertragenen Vermögenswerte oder die Beteiligung an der übernehmenden Tochtergesellschaft nicht veräussert werden (Art. 61 Abs. 2 DBG).

4.4.1.2.2 Fortbestand der Steuerpflicht in der Schweiz

Das Erfordernis des Fortbestandes der Steuerpflicht in der Schweiz bezieht sich auf die übernehmende Tochtergesellschaft und nicht auf die übertragende Muttergesellschaft.

Ein Wegfall der Steuerpflicht der übertragenden Muttergesellschaft kann sich bei der Verlegung ihres Sitzes oder ihrer tatsächlichen Verwaltung ins Ausland ergeben. Auch in einem solchen Fall gilt die Sperrfrist nach Artikel 61 Absatz 2 DBG.

Bei einem Wegfall der Steuerpflicht der übertragenden Muttergesellschaft kann während der Veräusserungssperrfrist für die latente Gewinnsteuer Sicherstellung verlangt werden (Art. 169 DBG).

Die Steuerbehörden können von einer Gesellschaft mit Sitz im Ausland verlangen, dass sie einen Vertreter in der Schweiz bezeichnet (Art. 118 DBG).

4.4.1.2.3 Inländische Tochtergesellschaft

Als inländische Tochtergesellschaft gilt eine Kapitalgesellschaft oder Genossenschaft mit Sitz oder tatsächlicher Verwaltung in der Schweiz (Art. 50 DBG), an der die übertragende Kapitalgesellschaft oder Genossenschaft zu mindestens 20 Prozent am Grund- oder Stammkapital beteiligt ist. Eine steuerneutrale Ausgliederung kann jedoch auch auf eine schweizerische Betriebsstätte (Art. 51 Abs. 1 Bst. b DBG) einer ausländischen Tochtergesellschaft erfolgen. Vom Fortbestand der Steuerpflicht in der Schweiz kann jedoch nur dann ausgegangen werden, wenn bei der internationalen Steuerausscheidung sichergestellt ist, dass die übertragenen stillen Reserven weiterhin uneingeschränkt der Schweiz zugewiesen werden. Dies ist nach dem DBG durch die Anwendung der objektmässigen (direkten) Ausscheidungsmethode gewährleistet.

4.4.1.2.4 Übertragung

Die Übertragung kann im Gegensatz zur Spaltung (vgl. Ziff. 4.3 hievor) auch durch einen blossen Verkauf erfolgen.

4.4.1.2.5 Betrieb und Teilbetrieb

Es gelten die gleichen Abgrenzungsregeln wie für die Spaltung (vgl. Ziff. 4.3 hievor). Im Unterschied zur Spaltung ist es nicht erforderlich, dass nach der Ausgliederung bei der übertragenden Gesellschaft (Muttergesellschaft) ein Betrieb verbleibt.

4.4.1.2.6 Gegenstände des betrieblichen Anlagevermögens

Gegenstände des betrieblichen Anlagevermögens sind solche, die dem Betrieb unmittelbar oder mittelbar dienen. Umlaufvermögen und finanzielles Anlagevermögen bilden nicht Gegenstand des betrieblichen Anlagevermögens (für Beteiligungen vgl. Ziff. 4.3.2.6 und 4.4.2).

Die Beurteilung der übertragenen Vermögenswerte ist aus der Sicht der übernehmenden Gesellschaft vorzunehmen. Es ist somit erforderlich, dass die übernehmende inländische Tochtergesellschaft nach der Übertragung einen Betrieb weiterführt.

4.4.1.2.7 Gewinnsteuerwert und Gestehungskosten der Beteiligung an der übernehmenden Tochtergesellschaft

Die Ausgliederung von Betrieben, Teilbetrieben und Gegenständen des betrieblichen Anlagevermögens auf eine inländische Tochtergesellschaft bewirkt eine Erhöhung des Gewinnsteuerwertes und der Gestehungskosten der Beteiligung an der übernehmenden Tochtergesellschaft im Umfang des unentgeltlich übertragenen Aktivenüberschusses ohne Berücksichtigung der übertragenen stillen Reserven (Kreisschreiben der ESTV Nr. 9 vom 9.7.1998, Ziff. 2.5.3d).

4.4.1.2.8 Auswirkung auf die übergangsrechtliche Qualifikation der Beteiligung an der übernehmenden Tochtergesellschaft (Alt-Beteiligung)

Die Ausgliederung von Betrieben, Teilbetrieben und Gegenständen des betrieblichen Anlagevermögens auf eine inländische Tochtergesellschaft (Alt-Beteiligung) nach dem 31. Dezember 1996 bewirkt, dass diese Alt-Beteiligung anteilsmässig zu einer Neu-Beteiligung wird. Die Quote dieser Neu-Beteiligung entspricht dem Anteil des Verkehrswertes der ausgegliederten Vermögenswerte am gesamten inneren Wert der Tochtergesellschaft nach erfolgter Ausgliederung (Kreisschreiben der ESTV Nr. 9 vom 9.7.1998, Ziff. 3.3.4d).

4.4.1.2.9 Veräusserungssperrfrist

Die übertragenen stillen Reserven unterliegen der Gewinnsteuer, soweit die übernehmende Tochtergesellschaft die übertragenen Vermögenswerte oder die übertragende Muttergesellschaft Beteiligungs- oder Mitgliedschaftsrechte an der übernehmenden Tochtergesellschaft innert fünf Jahren nach der Übertragung veräussert (Art. 61 Abs. 2 DBG; **Beispiel Nr. 16 im Anhang I**). Ob bereits im Ausgliederungszeitpunkt eine Veräusserungsabsicht bestanden hat oder ob erst nach der Ausgliederung eingetretene Umstände zu der Veräusserung geführt haben, ist steuerlich nicht relevant. Die Veräusserungssperrfrist ist verobjektiviert.

Die Veräusserungssperrfrist beginnt am Tag der Eigentumsübertragung. Bei einer Ausgliederung durch Sacheinlagegründung beginnt die Veräusserungssperrfrist mit dem Eintrag im Handelsregister (Anmeldung). Eine rückwirkende Ausgliederung ist für den Beginn der Veräusserungssperrfrist wirkungslos.

Eine Ersatzbeschaffung der übertragenen Vermögenswerte (Art. 64 DBG) durch die Tochtergesellschaft oder eine nachfolgende steuerneutrale Umstrukturierung der Tochtergesellschaft (Art. 61 DBG) stellt keine Sperrfristverletzung dar. Die Veräusserungssperrfrist erstreckt sich in einem solchen Fall auf die Ersatzgüter bzw. auf die bei der Muttergesellschaft ausgetauschten Beteiligungsrechte.

Eine quotale Veränderung der Beteiligungsverhältnisse durch eine Kapitalerhöhung der Tochtergesellschaft stellt keine Sperrfristverletzung dar, soweit der übertragenden Muttergesellschaft keine Leistungen zufliessen.

Veräussert die Muttergesellschaft bei einer Kapitalerhöhung der Tochtergesellschaft Bezugsrechte, liegt eine Sperrfristverletzung vor. Die zu besteuernde Quote der übertragenen unversteuerten stillen Reserven entspricht dem Verhältnis des Verkaufserlöses für die Bezugsrechte zum Verkehrswert der bisherigen Beteiligungsrechte im Zeitpunkt der Kapitalerhöhung.

Bei einer Sperrfristverletzung erfolgt die Besteuerung im Nachsteuerverfahren (Art. 151-153 DBG). Grundlage der Besteuerung sind die übertragenen unversteuerten stillen Reserven. Die Besteuerung erfolgt immer nur anteilsmässig entsprechend der Quote der veräusserten Beteiligungsrechte bzw. entsprechend der Veräusserung der übertragenen Vermögenswerte. Dies ist auch dann der Fall, wenn mehr als 50 Prozent der Beteiligungsrechte an der übernehmenden Tochtergesellschaft veräussert werden (das Kreisschreiben der ESTV Nr. 9 vom 9.7.1998 ist diesbezüglich [Ziff. 2.5.3d, letzter Satz] überholt).

Eine Abrechnung über die stillen Reserven im Nachsteuerverfahren (Art. 151-153 DBG) führt zu höheren Gewinnsteuerwerten bei der Tochtergesellschaft (Art. 61 Abs. 2 DBG). Sie kann die Auflösung solcher versteuerter stillen Reserven durch höhere Abschreibungen geltend machen, soweit diese geschäftsmässig begründet sind. Ist sie bereits rechtskräftig veranlagt, kann ihr das Revisionsverfahren (Art. 147-149 DBG) gewährt werden. Soweit die stillen Reserven nicht lokalisiert werden können, liegt Goodwill vor, der innert fünf Jahren steuerwirksam abgeschrieben werden kann.

4.4.1.2.10 Vorjahresverluste

Bei der Ausgliederung können die bei der Berechnung des steuerbaren Reingewinnes noch nicht berücksichtigten Vorjahresverluste, die auf den übertragenen Betrieb oder Teilbetrieb entfallen, auf die übernehmende Gesellschaft übertragen werden und nach Artikel 67 Absatz 1 DBG geltend gemacht werden. Eine Übertragung der Vorjahresverluste ist jedoch ausgeschlossen, wenn eine Steuerumgehung vorliegt. Eine solche ist insbesondere dann anzunehmen, wenn der übertragene Betrieb kurz nach der Ausgliederung eingestellt wird.

4.4.1.3 ***Emissionsabgabe***

Nach Artikel 6 Absatz 1 Buchstabe a^{bis} StG sind von der Emissionsabgabe ausgenommen:

Beteiligungsrechte, die in Durchführung von Beschlüssen über Fusionen oder diesen wirtschaftlich gleichkommende Zusammenschlüsse, Umwandlungen und Spaltungen von Aktiengesellschaften, Kommanditaktiengesellschaften, Gesellschaften mit beschränkter Haftung oder Genossenschaften begründet oder erhöht werden.

Die Ausgliederung von Betrieben oder Teilbetrieben sowie von Gegenständen des betrieblichen Anlagevermögens auf eine Tochtergesellschaft (Art. 61 Abs. 1 Bst. d DBG) gilt als Umstrukturierung (bisheriger Begriff: „horizontale Spaltung").

Die für die Gewinnsteuer geltenden Voraussetzungen für eine steuerneutrale Ausgliederung gelten auch für die Emissionsabgabe. Sie gelten auch dann, wenn ausländische Kapitalgesellschaften oder Genossenschaften Betriebe, Teilbetriebe oder Gegenstände des betrieblichen Anlagevermögens auf eine schweizerische Kapitalgesellschaft oder Genossenschaft ausgliedern.

Nicht abgabebefreit ist derjenige Teil des neu geschaffenen nominellen Kapitals der übernehmenden Gesellschaft(en), der das minimal erforderliche Eigenkapital nach dem Kreisschreiben der ESTV Nr. 6 vom 6. Juni 1997 betreffend verdecktes Eigenkapital (Art. 65 DBG) bei Kapitalgesellschaften und Genossenschaften übersteigt, sofern die Merkmale der Abgabeumgehung erfüllt sind.

Bei Verletzung der im DBG vorgesehenen Veräusserungssperrfrist bei der Ausgliederung von Betrieben oder Teilbetrieben sowie von Gegenständen des betrieblichen Anlagevermögens (Art. 61 Abs. 2 DBG) ist die Emissionsabgabe anteilsmässig auf dem Verkehrswert des übertragenen Aktivenüberschusses (Aktienkapital, offene Reserven und Gewinnvortrag sowie stille Reserven inkl. Goodwill), vorbehältlich einer allfälligen Freigrenze nach Artikel 6 Absatz 1 Buchstabe h StG, geschuldet. Die Abgabeforderung wird 30 Tage nach Verletzung der Sperrfrist zur Zahlung fällig. Die Verzinsung des Abgabebetrages richtet sich nach Artikel 29 StG.

4.4.1.4 ***Umsatzabgabe***

Die Umsatzabgabe ist bei der Ausgliederung von Betrieben oder Teilbetrieben nur dann betroffen, wenn die übertragende oder die übernehmende Gesellschaft Effektenhändler ist (Art. 13 Abs. 3 StG) und zusammen mit dem Betrieb steuerbare Urkunden (Art. 13 Abs. 2 StG) übertragen werden.

Nach Artikel 14 Absatz 1 Buchstabe b StG ist die Sacheinlage von Urkunden zur Liberierung in- oder ausländischer Aktien, Stammeinlagen von Gesellschaften mit beschränkter Haftung,

Genossenschaftsanteile, Partizipationsscheine und Anteile an einem Anlagefonds von der Umsatzabgabe ausgenommen.

Die mit einer Umstrukturierung, insbesondere einer Fusion, Spaltung oder Umwandlung verbundene Übertragung steuerbarer Urkunden ist ebenfalls von der Umsatzabgabe ausgenommen (Art. 14 Abs. 1 Bst. i StG). Die entgeltliche Ausgliederung von Betrieben oder Teilbetrieben sowie von Gegenständen des betrieblichen Anlagevermögens auf eine Tochtergesellschaft (Art. 61 Abs. 1 Bst. d DBG) gilt als Umstrukturierung.

4.4.1.5 ***Nicht betroffene Steuern***

- Direkte Bundessteuer (Einkommenssteuer: Einkünfte aus Beteiligungen im Privatvermögen);
- Verrechnungssteuer.

4.4.2 Ausgliederung von Beteiligungen

4.4.2.1 Tatbestand

Bei einer Ausgliederung einer Beteiligung überträgt eine Kapitalgesellschaft oder Genossenschaft eine Beteiligung an einer anderen Gesellschaft auf eine Tochtergesellschaft.

Auch der Verkauf einer Beteiligung zum Gewinnsteuerwert gilt als Ausgliederung.

4.4.2.2 ***Direkte Bundessteuer*** *(Gewinnsteuer)*

4.4.2.2.1 Grundsatz

Die Ausgliederung von Beteiligungen auf Tochtergesellschaften wurde in Artikel 61 Absatz 1 Buchstabe d DBG bewusst nicht geregelt, da ein damit verbundener Austausch von Beteiligungsrechten grundsätzlich zu keiner steuerlichen Realisation führt (Austauschtatbestand, ohne dass die latente Steuerlast auf den stillen Reserven bei der übertragenden Gesellschaft eine Veränderung erfährt). Im Weiteren ist der Austausch von Beteiligungs- oder Mitgliedschaftsrechten anlässlich von Umstrukturierungen nach Artikel 61 Absatz 1 Buchstabe c DBG generell steuerneutral (**Beispiele Nr. 17 und 18 im Anhang I**).

4.4.2.2.2 Gewinnsteuerwert und Gestehungskosten der Beteiligung an der übernehmenden Tochtergesellschaft

Die Übertragung einer Beteiligung von mindestens 20 Prozent am Grund- oder Stammkapital einer anderen Gesellschaft oder Genossenschaft (Art. 70 Abs. 4 Bst. b DBG) auf eine in- oder ausländische Tochtergesellschaft (Sub-Holding) kann steuerneutral zum Gewinnsteuerwert erfolgen. Die Beteiligung an der Sub-Holding übernimmt die Funktion, den Gewinnsteuerwert und die Gestehungskosten sowie die Haltedauer der bisher direkt gehaltenen Beteiligung (Kreisschreiben der ESTV Nr. 9 vom 9.7.1998, Ziff. 2.5.3e).

4.4.2.2.3 Ausgliederung einer Alt-Beteiligung

Die steuerneutrale Ausgliederung einer Alt-Beteiligung auf eine in- oder ausländische Tochtergesellschaft (Neu-Beteiligung) zum Gewinnsteuerwert hat zur Folge, dass sowohl die übertragene Beteiligung als auch - allenfalls anteilsmässig - die Beteiligung an der übernehmenden Tochtergesellschaft als Alt-Beteiligungen gelten (Kreisschreiben der ESTV Nr. 9 vom 9.7.1998, Ziff. 3.3.4e).

4.4.2.2.4 Veräusserungssperrfrist

Die Übertragung von stillen Reserven auf Beteiligungen auf eine Tochtergesellschaft bleibt auch nach der Revision von Artikel 61 DBG durch das FusG grundsätzlich ein steuerneutraler Vorgang (Austauschtatbestand). Auf eine explizite gesetzliche Regelung wurde verzichtet, weil aus der Sicht der einbringenden Gesellschaft auf den stillen Reserven weiterhin die gleiche latente Steuerlast besteht (Kapitalgewinn mit den gleichen Folgen in Bezug auf den Beteiligungsabzug). Es liegt keine steuerliche Gewinnrealisation nach Artikel 58 Absatz 1 Buchstabe c DBG vor und es besteht deshalb auch keine Veräusserungssperrfrist.

4.4.2.2.5 Übertragung auf eine ausländische Tochtergesellschaft

Im Gegensatz zu der Ausgliederung von Betrieben, Teilbetrieben sowie von Gegenständen des betrieblichen Anlagevermögens (Art. 61 Abs. 1 Bst. d DBG) ist eine steuerneutrale Ausgliederung von Beteiligungen nicht auf die Übertragung auf eine inländische Tochtergesellschaft beschränkt. Vorbehalten bleiben jedoch die übergangsrechtlichen Bestimmungen für grenzüberschreitende Beteiligungsumstrukturierungen (Art. 207a Abs. 3 DBG; Kreisschreiben der ESTV Nr. 10 vom 10.7.1998).

Die übergangsrechtlichen Bestimmungen für Alt-Beteiligungen (Art. 207a DBG) sind nur bis zum 31. Dezember 2006 anwendbar. Grenzüberschreitende Beteiligungsumstrukturierungen sind durch die steuerneutrale Ausgliederung von Beteiligungen in Verbindung mit Artikel 61 Absatz 3 DBG jedoch weiterhin möglich (Übertragung einer Beteiligung auf eine inländische Konzerngesellschaft mit anschliessender Ausgliederung auf eine ausländische Tochtergesellschaft; vgl. Ziff. 4.5 hienach).

4.4.2.2.6 Durch den Beteiligungsabzug bedingte Realisationstatbestände

Eine Abrechnung über die auf eine Tochtergesellschaft übertragenen stillen Reserven auf Beteiligungsrechten findet dann statt, wenn

- die übertragenen Beteiligungsrechte weniger als 20 Prozent und die Beteiligung an der übernehmenden Gesellschaft mindestens 20 Prozent am Grund- oder Stammkapital ausmacht (steuersystematische Realisation infolge Statuswechsel für den Beteiligungsabzug auf dem latenten Kapitalgewinn; faktischer Wegfall der Steuerpflicht), oder
- wenn die übertragenen Beteiligungsrechte bei der übernehmenden Gesellschaft über dem bisherigen Gewinnsteuerwert bilanziert werden (Umwandlung eines latenten Kapitalgewinnes auf einer Beteiligung in latenten „Ausschüttungsertrag"; Schaffung von Ausschüttungssubstrat).

Beide Vorgänge führen zu einer Erhöhung des steuerbaren Reingewinnes der übertragenden Gesellschaft (Muttergesellschaft) und zu einer versteuerten stillen Reserve auf der Beteiligung an der übernehmenden Tochtergesellschaft in der Steuerbilanz der Muttergesellschaft. In beiden Fällen liegt eine indirekte Aufwertung einer Beteiligung und nicht Beteiligungsertrag vor (Art. 70 Abs. 2 Bst. c DBG).

4.4.2.3 ***Emissionsabgabe***

Nach Artikel 6 Absatz 1 Buchstabe a^{bis} StG sind von der Emissionsabgabe ausgenommen:

Beteiligungsrechte, die in Durchführung von Beschlüssen über Fusionen oder diesen wirtschaftlich gleichkommende Zusammenschlüsse, Umwandlungen und Spaltungen von Aktiengesellschaften, Kommanditaktiengesellschaften, Gesellschaften mit beschränkter Haftung oder Genossenschaften begründet oder erhöht werden.

Die Ausgliederung von Beteiligungen von mindestens 20 Prozent am Grund- oder Stammkapital anderer Kapitalgesellschaften oder Genossenschaften auf eine Tochtergesellschaft gilt ebenfalls als steuerneutrale Umstrukturierung im Sinne von Artikel 6 Absatz 1 Buchstabe a^{bis} StG (bisheriger Begriff: „horizontale Spaltung"). Eine diesbezügliche Veräusserungssperrfrist besteht nicht.

Nicht abgabebefreit ist derjenige Teil des neu geschaffenen nominellen Kapitals der übernehmenden Gesellschaft(en), der das minimal erforderliche Eigenkapital nach dem Kreisschreiben der ESTV Nr. 6 vom 6. Juni 1997 betreffend verdecktes Eigenkapital (Art. 65 DBG) bei Kapitalgesellschaften und Genossenschaften übersteigt, sofern die Merkmale der Abgabeumgehung erfüllt sind.

4.4.2.4 ***Umsatzabgabe***

Nach Artikel 14 Absatz 1 Buchstabe b StG ist die Sacheinlage von Urkunden zur Liberierung in- oder ausländischer Aktien, Stammeinlagen von Gesellschaften mit beschränkter Haftung, Genossenschaftsanteile, Partizipationsscheine und Anteile an einem Anlagefonds von der Umsatzabgabe ausgenommen.

Der Erwerb oder die Veräusserung von steuerbaren Urkunden im Rahmen von Übertragungen von Beteiligungen von mindestens 20 Prozent am Grund- oder Stammkapital anderer Gesellschaften auf eine in- oder ausländische Tochtergesellschaft ist von der Umsatzabgabe ausgenommen (Art. 14 Abs. 1 Bst. j StG). Für die Umsatzabgabe wird im FusG keine Differenzierung zwischen Tochtergesellschaften und Konzerngesellschaften gemacht.

4.4.2.5 ***Nicht betroffene Steuern***

- Direkte Bundessteuer (Einkommenssteuer: Einkünfte aus Beteiligungen im Privatvermögen);
- Verrechnungssteuer.

4.5 Übertragung zwischen inländischen Konzerngesellschaften

4.5.1 Tatbestand

Bei der Übertragung zwischen inländischen Konzerngesellschaften überträgt eine inländische Gesellschaft Vermögenswerte auf eine andere inländische Gesellschaft, an der sie nicht beteiligt ist. Eine andere Gesellschaft (Muttergesellschaft) fasst jedoch die übertragende und die übernehmende Gesellschaft durch Stimmenmehrheit oder auf andere Weise unter einheitlicher Leitung zusammen (Konzern; Art. 663e OR).

Eine Übertragung zwischen inländischen Konzerngesellschaften liegt auch dann vor, wenn eine Gesellschaft (Tochtergesellschaft) Vermögenswerte auf eine andere Gesellschaft überträgt, welche die übertragende Gesellschaft durch Stimmenmehrheit oder auf andere Weise beherrscht (Muttergesellschaft oder Grossmuttergesellschaft; **Beispiel Nr. 19 im Anhang I**).

Die Übertragung kann zivilrechtlich auf folgende Weise erfolgen:

- Verkauf an Schwester- oder Muttergesellschaft;
- Vermögensübertragung auf Schwester- oder Muttergesellschaft (Art. 69-77 FusG);
- Abspaltung auf Schwestergesellschaft (Art. 29 Bst. b FusG);
- Naturaldividende an Muttergesellschaft;
- Naturaldividende an Muttergesellschaft und Sacheinlage in Schwestergesellschaft.

Die zivilrechtliche Abwicklung ist für die steuerliche Würdigung nicht massgebend. Entscheidend ist die Ausgangslage und das Endresultat der Transaktion.

*4.5.2 **Direkte Bundessteuer** (Gewinnsteuer)*

4.5.2.1 Grundsatz

Die Übertragung von Vermögenswerten auf eine verbundene Unternehmung (Mutter- oder Schwestergesellschaft) zu den unter den Verkehrswerten liegenden Gewinnsteuerwerten stellt für die übertragende Gesellschaft eine verdeckte Gewinnausschüttung dar (Entnahmetatbestand). Die übertragenen stillen Reserven sind bei der übertragenden Gesellschaft zum ausgewiesenen Gewinn hinzuzurechnen (Art. 58 Abs. 1 Bst. c DBG). Die übernehmende Gesellschaft kann entsprechende als Gewinn versteuerte stille Reserven geltend machen (Kapitaleinlage; Art. 60 Bst. a DBG).

Zwischen inländischen Kapitalgesellschaften und Genossenschaften („inländische Konzerngesellschaften“), welche nach dem Gesamtbild der tatsächlichen Verhältnisse durch Stimmenmehrheit oder auf andere Weise unter einheitlicher Leitung einer Kapitalgesellschaft oder Genossenschaft stehen, können im Sinne einer Ausnahme folgende Vermögenswerte zu den bisher für die Gewinnsteuer massgebenden Werte steuerneutral übertragen werden (Art. 61 Abs. 3 DBG):

- direkt und indirekt gehaltene Beteiligungen von mindestens 20 Prozent am Grund- oder Stammkapital einer anderen Kapitalgesellschaft oder Genossenschaft;
- Betriebe oder Teilbetriebe;
- sowie Gegenstände des betrieblichen Anlagevermögens.

Die Übertragung von Vermögenswerten auf eine Tochtergesellschaft hat andere Steuerfolgen, da es sich dabei um einen Austauschtatbestand handelt (Art. 61 Abs. 1 Bst. d und Art. 61 Abs. 2 DBG; vgl. Ziff. 4.4 hievor).

Werden während den nachfolgenden fünf Jahren die übertragenen Vermögenswerte veräussert oder wird die einheitliche Leitung aufgegeben, so werden die übertragenen stillen Reserven bei der übertragenden Gesellschaft im Nachsteuerverfahren (Art. 151-153 DBG) besteuert. Die übernehmende Gesellschaft kann entsprechende, als Gewinn versteuerte stille Reserven geltend machen. Die im Zeitpunkt der Sperrfristverletzung inländischen Konzerngesellschaften haften für die Nachsteuer solidarisch (Art. 61 Abs. 4 DBG).

4.5.2.2 Fortbestand der Steuerpflicht in der Schweiz

Auch bei einer Übertragung zwischen inländischen Konzerngesellschaften gilt das allgemeine Erfordernis des Fortbestandes der Steuerpflicht in der Schweiz (Art. 58 Abs. 1 Bst. c DBG).

Dieses Erfordernis bezieht sich auf die übernehmende und nicht auf die übertragende Konzerngesellschaft.

Erfolgt die Übertragung auf eine schweizerische Betriebsstätte einer ausländischen Konzerngesellschaft, so kann vom Fortbestand der Steuerpflicht in der Schweiz nur dann ausgegangen werden, wenn bei der internationalen Steuerausscheidung sichergestellt ist, dass die übertragenen stillen Reserven weiterhin uneingeschränkt der Schweiz zugewiesen werden. Dies ist nach dem DBG durch die Anwendung der objektmässigen (direkten) Ausscheidungsmethode gewährleistet.

Ein Wegfall der Steuerpflicht der übertragenden Konzerngesellschaft ergibt sich bei der Verlegung ihres Sitzes oder ihrer tatsächlichen Verwaltung ins Ausland.

Bei einem Wegfall der Steuerpflicht der übertragenden Konzerngesellschaft kann während der Veräusserungssperrfrist für die latente Gewinnsteuer Sicherstellung verlangt werden (Art. 169 DBG).

Die Steuerbehörden können von einer Gesellschaft mit Sitz im Ausland verlangen, dass sie einen Vertreter in der Schweiz bezeichnet (Art. 118 DBG).

4.5.2.3 Inländische Konzerngesellschaften

Als inländische Konzerngesellschaften im Sinne von Artikel 61 Absatz 3 DBG gelten Gesellschaften mit Sitz oder tatsächlicher Verwaltung in der Schweiz, die direkt oder indirekt von einer in- oder ausländischen Kapitalgesellschaft oder Genossenschaft („Muttergesellschaft") beherrscht werden (**Beispiel Nr. 19 im Anhang I**). Eine Beherrschung wird angenommen, wenn die Muttergesellschaft über 50 Prozent oder mehr der Stimmrechte verfügt oder die Gesellschaften auf andere Weise unter einheitlicher Leitung zusammen fasst. Eine steuerneutrale Übertragung kann jedoch auch auf eine schweizerische Betriebsstätte (Art. 51 Abs. 1 Bst. b DBG) einer ausländischen Konzerngesellschaft erfolgen. In diesem Fall haftet ebenfalls die Betriebsstätte für die Nachsteuer solidarisch (Art. 61 Abs. 4 DBG).

Auch eine schweizerische Betriebsstätte einer ausländischen Konzerngesellschaft kann steuerneutral auf eine inländische Konzerngesellschaft übertragen werden.

Bei einer inländischen Konzerngesellschaft kann es sich auch um die inländische Mutter- oder Grossmuttergesellschaft handeln (**Beispiel Nr. 19 im Anhang I**).

4.5.2.4 Übertragung

Die Übertragung kann im Gegensatz zur Spaltung (vgl. Ziff. 4.3 hievor) auch durch einen reinen Verkauf erfolgen (**Beispiel Nr. 20 im Anhang I**).

4.5.2.5 Direkt und indirekt gehaltene Beteiligungen

Direkt oder indirekt gehaltene Beteiligungen von mindestens 20 Prozent am Grund- oder Stammkapital einer anderen Gesellschaft können nach Artikel 61 Absatz 3 DBG steuerneutral auf andere inländische Konzerngesellschaften übertragen werden.

Zwischen inländischen Konzerngesellschaften können auch Beteiligungen von weniger als 20 Prozent am Grund- oder Stammkapital einer anderen Kapitalgesellschaft oder Genossenschaft steuerneutral übertragen werden, sofern unter der einheitlichen Leitung eine direkte oder indirekte Beteiligung von mindestens 20 Prozent am Grund- oder Stammkapital dieser Gesellschaft besteht (Art. 61 Abs. 3 DBG; **Beispiel Nr. 21 im Anhang I**).

4.5.2.6 Übertragung einer Beteiligung auf eine ausländische Konzerngesellschaft

Die Übertragung einer Beteiligung auf eine ausländische Konzerngesellschaft kann steuerneutral erfolgen, sofern die übernehmende ausländische Konzerngesellschaft ihrerseits von einer anderen inländischen Konzerngesellschaft beherrscht ist und die übertragene stille Reserve indirekt in der Schweiz erhalten bleibt (Verdoppelungseffekt der stillen Reserven; **Beispiel Nr. 22 im Anhang I**). Eine solche grenzüberschreitende Beteiligungsumstrukturierung ist gleich zu behandeln, wie wenn eine schweizerische Konzerngesellschaft eine Beteiligung auf eine andere schweizerische Konzerngesellschaft überträgt und diese ihrerseits die übernommene Beteiligung auf eine ausländische Tochtergesellschaft ausgliedert (vgl. Ziff. 4.4.2.2.5 hievor).

Wird eine Beteiligung auf eine ausländische Konzerngesellschaft übertragen, die nicht von einer inländischen Konzerngesellschaft beherrscht ist, wird die latente Steuerlast in der Schweiz aufgehoben. Eine steuerneutrale Übertragung ist deshalb nicht möglich. Die stille Reserve auf der übertragenen Beteiligung wird als Kapitalgewinn realisiert. Sofern die Bedingungen nach den Artikeln 69 und 70 DBG erfüllt sind, liegt Beteiligungsertrag vor, der zum Beteiligungsabzug berechtigt. Bis am 31. Dezember 2006 ist eine solche Übertragung einer Alt-Beteiligung nach Artikel 207a Absatz 3 DBG mit Steueraufschub und nachträglicher Besteuerung als Beteiligungsertrag möglich (BGE vom 6.1.2004; wird publiziert).

4.5.2.7 Abschreibungen und Rückstellungen auf übertragenen Beteiligungen

Wertberichtigungen sowie Abschreibungen auf Beteiligungen von mindestens 20 Prozent werden dem steuerbaren Gewinn zugerechnet, soweit sie nicht mehr begründet sind (Art. 62 Abs. 4 DBG). Dies trifft zu, soweit eine nachhaltige Werterholung der Beteiligung eingetreten ist. Bei der Veranlagung einer Gesellschaft, die eine Beteiligung zum Gewinnsteuerwert auf eine inländische Konzerngesellschaft überträgt, ist deshalb zu prüfen – gleich wie bei einer Übertragung durch Spaltung (vgl. Ziff. 4.3 hiervor) - inwieweit allfällige Abschreibungen oder

Rückstellungen auf dieser Beteiligung noch geschäftsmässig begründet sind (Kreisschreiben der ESTV Nr. 9 vom 9.7.1998, Ziff. 2.5.2).

4.5.2.8 Gestehungskosten einer übertragenen Beteiligung

Werden Beteiligungen steuerneutral auf eine inländische Konzerngesellschaft übertragen, bedingt dies – gleich wie bei einer Übertragung durch Spaltung (vgl. Ziff. 4.3 hiervor) - eine Fortführung der Gewinnsteuerwerte und der Gestehungskosten der übertragenen Beteiligungen bei der erwerbenden Gesellschaft (Kreisschreiben der ESTV Nr. 9 vom 9.7.1998, Ziff. 2.5.3b).

4.5.2.9 Übertragung einer Alt-Beteiligung

Alt-Beteiligungen, die steuerneutral auf eine inländische Konzerngesellschaft übertragen werden, behalten ihre übergangsrechtliche Qualifikation (Kreisschreiben der ESTV Nr. 9 vom 9.7.1998, Ziff. 3.3.4c).

4.5.2.10 Betrieb und Teilbetrieb

Es gelten die gleichen Abgrenzungsregeln wie für die Spaltung (vgl. Ziff. 4.3 hievor). Im Unterschied zur Spaltung ist es jedoch nicht erforderlich, dass nach der Übertragung bei der übertragenden inländischen Konzerngesellschaft ein Betrieb verbleibt.

4.5.2.11 Gegenstände des betrieblichen Anlagevermögens

Gegenstände des betrieblichen Anlagevermögens sind solche, die dem Betrieb unmittelbar oder mittelbar dienen. Umlaufsvermögen und finanzielles Anlagevermögen bilden nicht Gegenstand des betrieblichen Anlagevermögens.

Die Beurteilung der übertragenen Vermögenswerte ist aus der Sicht der übernehmenden Gesellschaft vorzunehmen. Es ist somit erforderlich, dass die übernehmende inländische Gesellschaft nach der Übertragung einen Betrieb weiterführt.

4.5.2.12 Vorjahresverluste

Bei einer Übertragung von Betrieben oder Teilbetrieben können die bei der Berechnung des steuerbaren Reingewinnes noch nicht berücksichtigten Vorjahresverluste, die auf den übertragenen Betrieb oder Teilbetrieb entfallen, auf die übernehmende Gesellschaft übertragen und nach Artikel 67 Absatz 1 DBG geltend gemacht werden. Eine Übertragung der Vorjahresverluste ist jedoch ausgeschlossen, wenn eine Steuerumgehung vorliegt. Eine solche kann insbesondere dann vorliegen, wenn der übertragene Betrieb kurz nach der Übertragung eingestellt wird.

4.5.2.13 Übertragung zwecks Sanierung der übernehmenden Gesellschaft

Erfolgt eine Übertragung zwischen inländischen Konzerngesellschaften zwecks Sanierung der übernehmenden Gesellschaft ist zu prüfen, ob die latente Gewinnsteuer auf den übertragenen stillen Reserven untergeht und ob eine Steuerumgehung vorliegt. Ein solches Vorgehen führt wie eine gewöhnliche Vorteilszuwendung zwischen verbundenen Unternehmen zu einer Besteuerung der übertragenen, unversteuerten stillen Reserven bei der übertragenden Gesellschaft. Die übernehmende Gesellschaft kann eine entsprechende, als Gewinn versteuerte stille Reserve geltend machen.

4.5.2.14 Übertragung auf die Muttergesellschaft

Erfolgt eine steuerneutrale Übertragung zu Lasten der offenen Reserven einer Tochtergesellschaft, realisiert die übernehmende Muttergesellschaft den erhaltenen Aktivenüberschuss als Beteiligungsertrag.

Ergibt sich durch die Übertragung von Vermögenswerten ein Abschreibungsbedarf der Muttergesellschaft auf der Beteiligung an der übertragenden Tochtergesellschaft, so liegt in diesem Umfang eine steuerneutrale Desinvestition vor. Die Abschreibung auf der Beteiligung an der übertragenden Tochtergesellschaft kann deshalb nicht geltend gemacht werden. Die Gestehungskosten auf dieser Beteiligung werden aber im Umfang der Abschreibung reduziert (**Beispiele Nr. 19 und 23 im Anhang I**).

4.5.2.15 Übertragung zwischen Schwestergesellschaften

Verbuchung bei der übertragenden und der übernehmenden Gesellschaft:

Erfolgt eine steuerneutrale Übertragung zu Lasten der offenen Reserven der übertragenden Gesellschaft, verbucht die übernehmende Schwestergesellschaft den erhaltenen Aktivenüberschuss spiegelbildlich zu Gunsten ihrer offenen Reserven.

4.5.2.16 Steuerfolgen für eine beteiligte juristische Person (Muttergesellschaft) bei einer Übertragung auf eine Schwestergesellschaft (modifizierte Dreieckstheorie)

Gleich wie bei einer symmetrischen Spaltung (vgl. Ziff. 4.3.2.12 hievor und **Beispiel Nr. 10 im Anhang I**) liegt aus der Sicht der Muttergesellschaft bei einer Vermögensübertragung zwischen inländischen Schwestergesellschaften eine steuerneutrale Vermögensumschichtung vor. Ein Austausch von Beteiligungsrechten findet nicht statt (vgl. Ziff. 4.6 hienach). Aufgrund des Massgeblichkeitsprinzips der Handelsbilanz kommt für die steuerliche Gewinnermittlung zwingend die modifizierte Dreieckstheorie zur Anwendung. Die Summe der Gewinnsteuerwerte und der Gestehungskosten der Beteiligungen bleibt unverändert. Allenfalls ergibt sich aufgrund der Vorteilszuwendung für die Beteiligung an der entreicherten Gesellschaft ein Abschreibungsbedarf. Ein solcher müsste durch eine Aufwertung der Beteiligung an der begünstigten Gesellschaft kompensiert werden (Umbuchung: Beteiligung „übernehmende Gesellschaft“ an Beteiligung „übertragende Gesellschaft“; Kreisschreiben der ESTV Nr. 9 vom 9.7.1998, Ziff. 2.5.3b; **Beispiele Nr. 10 und 19 im Anhang I des vorliegenden Kreisschreibens**). Für die Muttergesellschaft ergeben sich somit die gleichen Steuerfolgen, wie bei einer Vorteilszuwendung zwischen verbundenen Unternehmen (Tochtergesellschaften).

4.5.2.17 Veräusserungssperrfrist

Die übertragenen stillen Reserven unterliegen der Gewinnsteuer, soweit die übernehmende inländische Konzerngesellschaft innert fünf Jahren nach der Übertragung die übertragenen Vermögenswerte veräussert (Art. 61 Abs. 4 DBG) oder sofern die einheitliche Leitung aufgegeben wird (**Beispiel Nr. 24 im Anhang I**).

Bei einer Sperrfristverletzung erfolgt die Besteuerung im Nachsteuerverfahren (Art. 151-153 DBG). Grundlage der Besteuerung sind die übertragenen unversteuerten stillen Reserven.

Die im Zeitpunkt der Sperrfristverletzung bestehenden inländischen Konzerngesellschaften haften für die Nachsteuer solidarisch (Art. 61 Abs. 4 DBG).

Ob bereits im Zeitpunkt der Übertragung eine Veräusserungsabsicht bestanden hat oder ob erst nach der Übertragung eingetretene Umstände zu der Veräusserung geführt haben, ist steuerlich nicht relevant. Die Veräusserungssperrfrist ist verobjektiviert.

Die Veräusserungssperrfrist beginnt am Tag der Eigentumsübertragung. Bei einer Vermögensübertragung (Art. 69-77 FusG) beginnt die Veräusserungssperrfrist am Tag der Anmeldung beim Handelsregister (Art. 73 Abs. 1 FusG).

Eine Ersatzbeschaffung der übertragenen Vermögenswerte (Art. 64 DBG) durch die übernehmende inländische Konzerngesellschaft oder eine nachfolgende steuerneutrale Umstrukturierung der übertragenden oder übernehmenden inländischen Konzerngesellschaft (Art. 61 DBG) stellt keine Sperrfristverletzung dar. Die Veräusserungssperrfrist erstreckt sich in einem solchen Fall auf die Ersatzgüter bzw. auf die bei der Muttergesellschaft ausgetauschten Beteiligungsrechte.

Bei einer Teilveräusserung der übertragenen Vermögenswerte erfolgt die Besteuerung anteilsmässig. Bei der Aufgabe der einheitlichen Leitung erfolgt immer eine vollständige Besteuerung der gesamten übertragenen stillen Reserven.

Eine Sperrfristverletzung durch die Aufgabe der einheitlichen Leitung liegt vor, wenn die Muttergesellschaft die Stimmenmehrheit an der übertragenden oder der übernehmenden inländischen Konzerngesellschaft verliert und die Gesellschaften nicht auf andere Weise unter einheitlicher Leitung weiterhin zusammen fasst.

Die übertragende und die übernehmende inländische Konzerngesellschaft haben während der Veräusserungssperrfrist jedes Jahr nachzuweisen, dass

- die übernehmende inländische Konzerngesellschaft die übertragenen Vermögenswerte nicht weiterveräussert hat;
- die in- oder ausländische Muttergesellschaft die einheitliche Leitung der übertragenden und der übernehmenden inländischen Konzerngesellschaft nicht aufgegeben hat.

Eine Abrechnung über die stillen Reserven im Nachsteuerverfahren (Art. 151-153 DBG) führt zu höheren Gewinnsteuerwerten bei der übernehmenden Konzerngesellschaft (Art. 61 Abs. 4 DBG). Sie kann die Auflösung solcher versteuerter stillen Reserven durch höhere Abschreibungen geltend machen, soweit diese geschäftsmässig begründet sind. Ist sie bereits rechtskräftig veranlagt, kann ihr das Revisionsverfahren (Art. 147-149 DBG) gewährt werden. Soweit die stillen Reserven nicht lokalisiert werden können, liegt Goodwill vor, der innert fünf Jahren steuerwirksam abgeschrieben werden kann.

4.5.3 Verrechnungssteuer

4.5.3.1 Grundsatz

Artikel 5 Absatz 1 Buchstabe a VStG regelt im Sinne einer Ausnahme, dass Reserven und Gewinne einer Kapitalgesellschaft oder Genossenschaft, die bei einer Umstrukturierung nach Artikel 61 DBG in die Reserven einer aufnehmenden oder umgewandelten inländischen Kapitalgesellschaft oder Genossenschaft übergehen, von der Verrechnungssteuer ausgenommen sind. Dabei wird vorausgesetzt, dass das übertragene Verrechnungssteuersubstrat erhalten bleibt.

Die Übertragung von Beteiligungen, Betrieben, Teilbetrieben sowie von Gegenständen des betrieblichen Anlagevermögens auf eine inländische Konzerngesellschaft (Art. 61 Abs. 3 DBG) fällt auch unter diese Ausnahme. Das Steuersubstrat der Verrechnungssteuer wird durch solche Vorgänge nicht geschmälert, soweit die übertragenen offenen und stillen Reserven bei einer späteren Ausschüttung an die Aktionäre weiterhin der Steuer unterliegen.

4.5.3.2 Übertragung einer Beteiligung auf eine ausländische Konzerngesellschaft

Die Übertragung einer Beteiligung zum Buch- bzw. Gewinnsteuerwert auf eine ausländische Konzerngesellschaft kann verrechnungssteuerfrei erfolgen, soweit das übertragene Verrechnungssteuersubstrat vollständig bei einer inländischen Gesellschaft erhalten bleibt. Dies ist dann der Fall, wenn die ausländische Konzerngesellschaft direkt oder indirekt von einer schweizerischen Muttergesellschaft beherrscht wird (**Beispiel Nr. 22 im Anhang I**).

4.5.3.3 Übertragung auf eine Schwestergesellschaft mit echter Unterbilanz

Erfolgt eine Übertragung auf eine Schwestergesellschaft mit echter Unterbilanz, so erlangt die Muttergesellschaft eine geldwerte Leistung im Umfang der untergehenden Reserven (Anwendung der Dreieckstheorie; vgl. Ziff. 4.1.4.4.2 hievor).

4.5.3.4 Veräusserungssperrfrist

Bei Verletzung der im DBG vorgesehenen Veräusserungssperrfrist (Art. 61 Abs. 4 DBG) ist die Verrechnungssteuer geschuldet. Die Verzinsung des Verrechnungssteuerbetrages richtet sich nach Artikel 16 VStG.

4.5.4 Emissionsabgabe

Beteiligungsrechte, die im Zusammenhang mit einer Übertragung von Beteiligungen, Betrieben, Teilbetrieben sowie von Gegenständen des betrieblichen Anlagevermögens auf eine inländische Konzerngesellschaft begründet oder erhöht werden, sind im Sinne von Artikel 6 Absatz 1 Buchstabe a^{bis} StG von der Emissionsabgabe ausgenommen.

Bei Verletzung der im DBG vorgesehenen Veräusserungssperrfrist bei der Übertragung von Betrieben oder Teilbetrieben sowie von Gegenständen des betrieblichen Anlagevermögens auf eine inländische Konzerngesellschaft (Art. 61 Abs. 3 DBG) ist die Emissionsabgabe ganz oder anteilsmässig auf dem Nennwert der neuen Beteiligungsrechte - vorbehältlich der Freigrenze nach Artikel 6 Absatz 1 Buchstabe h StG - geschuldet. Aufgrund der Direktbegünstigungstheorie unterliegen Vorteilszuwendungen einer Konzerngesellschaft der Verrechnungssteuer und somit konsequenterweise nicht auch der Emissionsabgabe.

Bei einer Teilveräusserung der übertragenen Vermögenswerte ist die Emissionsabgabe auf dem anteilsmässigen Nennwert, bei der Aufgabe der einheitlichen Leitung immer auf dem gesamten Nennwert der neuen Beteiligungsrechte zu entrichten. Die Abgabeforderung wird 30 Tage nach Verletzung der Sperrfrist zur Zahlung fällig. Die Verzinsung des Abgabebetrages richtet sich nach Artikel 29 StG.

4.5.5 Umsatzabgabe

Der Erwerb oder die Veräusserung von steuerbaren Urkunden im Rahmen von Umstrukturierungen nach den Artikeln 61 Absatz 3 und 64 Absatz 1 DBG sowie bei der Übertragung von Beteiligungen von mindestens 20 Prozent am Grund- oder Stammkapital anderer Gesellschaften auf eine in- oder ausländische Konzerngesellschaft sind von der Umsatzabgabe ausgenommen (Art. 14 Abs. 1 Bst. j StG).

4.5.6 Nicht betroffene Steuer

- Direkte Bundessteuer (Einkommenssteuer: Einkünfte aus Beteiligungen im Privatvermögen).

4.6 Austausch von Beteiligungsrechten im Vermögen juristischer Personen bei Umstrukturierungen

4.6.1 Tatbestand

Bei der Umstrukturierung von juristischen Personen, insbesondere bei Fusionen, Spaltungen oder Umwandlungen sowie bei fusionsähnlichen Zusammenschlüssen von Gesellschaften kann es zu einem Austausch von Beteiligungsrechten im Vermögen juristischer Personen (Gesellschafter) kommen.

4.6.2 Direkte Bundessteuer (Gewinnsteuer)

4.6.2.1 Grundsatz

Der Austausch von Beteiligungs- oder Mitgliedschaftsrechten an Gesellschaften bei Umstrukturierungen im Sinne von Artikel 61 Absatz 1 DBG oder bei fusionsähnlichen Zusammenschlüssen ist für eine beteiligte Kapitalgesellschaft oder Genossenschaft steuerneutral (Art. 61 Abs. 1 Bst. c DBG), soweit kumulativ:

- die Steuerpflicht in der Schweiz fortbesteht (Art. 61 Abs. 1 DBG);
- die bisher für die Gewinnsteuer massgeblichen Werte übernommen werden (Art. 61 Abs. 1 DBG).

4.6.2.2 Durch den Beteiligungsabzug bedingte Realisationstatbestände

Diese Bedingungen sind für die übertragende Gesellschaft dann nicht erfüllt, wenn

- die übertragenen Beteiligungsrechte weniger als 20 Prozent und die erhaltenen Beteiligungsrechte mindestens 20 Prozent am Grund- oder Stammkapital der übernehmenden Gesellschaft verkörpern (steuersystematische Realisation infolge Statuswechsel für den Beteiligungsabzug auf dem latenten Kapitalgewinn; faktischer Wegfall der Steuerpflicht), oder
- die übertragenen Beteiligungsrechte bei der übernehmenden Gesellschaft über dem bisherigen Gewinnsteuerwert bilanziert werden (Umwandlung eines latenten Kapitalgewinnes auf einer Beteiligung in latenten „Ausschüttungsertrag"; Schaffung von Ausschüttungssubstrat).

Beide Vorgänge führen zu einer Erhöhung des steuerbaren Reingewinnes der Muttergesellschaft (tauschende Gesellschaft) und zu einer versteuerten stillen Reserve ihrer Beteiligung an der übernehmenden Tochtergesellschaft. In beiden Fällen liegt eine indirekte Aufwertung einer Beteiligung und nicht Beteiligungsertrag vor (Art. 70 Abs. 2 Bst. c DBG).

4.6.2.3 Übernahme der bisherigen Gewinnsteuerwerte bei Quasifusionen

Die Fortführung der bisherigen Gewinnsteuerwerte der ausgetauschten Beteiligungsrechte bezieht sich nicht nur auf die tauschende Gesellschaft, sondern auch auf die Gesellschaft, welche die Beteiligungsrechte übernimmt.

Bei Publikumsgesellschaften sind die bisherigen Gewinnsteuerwerte der übertragenen Beteiligungsrechte der übernehmenden Gesellschaft nicht bekannt. Zudem befinden sich nicht alle übertragenen Beteiligungsrechte im Vermögen von Kapitalgesellschaften oder Genossenschaften. Die übernehmende Gesellschaft kann deshalb die übernommenen Beteiligungsrechte ersatzweise höchstens zum Aktivenüberschuss zu Gewinnsteuerwerten („Equity") der Gesellschaft bilanzieren, deren Beteiligungsrechte übernommen wurden (Zielgesellschaft).

4.6.2.4 Gestehungskosten bei Unternehmenszusammenschlüssen

Unternehmenszusammenschlüsse (Fusionen und fusionsähnliche Zusammenschlüsse) stellen für die beteiligte Unternehmung eine steuerneutrale Vermögensumschichtung dar. Der Gewinnsteuerwert und die Gestehungskosten von Beteiligungen, die aus solchen Umstrukturierungen hervorgehen, bleiben grundsätzlich unverändert (Kreisschreiben der ESTV Nr. 9 vom 9.7.1998, Ziff. 2.5.3a).

4.6.2.5 Austausch einer Alt-Beteiligung bei Unternehmenszusammenschlüssen

Beteiligungsrechte, die aus Unternehmenszusammenschlüssen hervorgehen, übernehmen die übergangsrechtliche Qualifikation der ausgetauschten Beteiligungsrechte (Kreisschreiben der ESTV Nr. 9 vom 9.7.1998, Ziff. 3.3.4b).

4.6.2.6 Ausgleichszahlungen bei Unternehmenszusammenschlüssen

Ausgleichszahlungen bei Unternehmenszusammenschlüssen (Fusionen und fusionsähnliche Zusammenschlüsse) gelten als Beteiligungsertrag und berechtigen zum Beteiligungsabzug, sofern die subjektiven und objektiven Voraussetzungen erfüllt sind (Kreisschreiben der ESTV Nr. 9 vom 9.7.1998, Ziff. 2.5.3a).

4.6.2.7 Abfindungen bei Barfusionen

Abfindungen bei Barfusionen (Art. 8 Abs. 2 i.V.m. Art. 18 Abs. 5 FusG) gelten als Beteiligungsertrag (Liquidationserlös), soweit der Erlös die Gestehungskosten übersteigt, und berechtigen zum Beteiligungsabzug, sofern die subjektiven und objektiven Voraussetzungen erfüllt sind.

4.6.2.8 Grenzüberschreitender Beteiligungsaustausch

Die Steuerneutralität gilt auch dann, wenn Beteiligungsrechte gegen Beteiligungsrechte an einer ausländischen Gesellschaft ausgetauscht werden (grenzüberschreitender Beteiligungsaustausch). Für die Übertragung von Beteiligungen von mindestens 20 Prozent am Grund- oder Stammkapital einer anderen Gesellschaft oder Genossenschaft auf eine ausländische Konzerngesellschaft gelten die Ausführungen unter Ziffer 4.5.2 hievor.

4.6.3 Verrechnungssteuer

Die tauschenden juristischen Personen (Aktionäre) können die auf Nennwertzuwachs, Ausgleichszahlungen oder Barleistungen erhobene Verrechnungssteuer zurückfordern.

4.6.4 Emissionsabgabe

Die Emissionsabgabe ist auf der Stufe der übernehmenden Kapitalgesellschaften und Genossenschaften (Emittent) betroffen (vgl. Ziff. 4.1.2.5).

4.6.5 Umsatzabgabe

Die mit einer Umstrukturierung, insbesondere einer Fusion, Spaltung oder Umwandlung verbundene Übertragung steuerbarer Urkunden ist von der Umsatzabgabe ausgenommen (Art. 14 Abs. 1 Bst. i StG). Dies gilt auch für den Austausch von Beteiligungsrechten im Vermögen juristischer Personen bei Umstrukturierungen.

4.7 Ersatzbeschaffung von Beteiligungen

4.7.1 Tatbestand

Eine Ersatzbeschaffung auf Beteiligungen liegt vor, wenn ein bei der Veräusserung einer Beteiligung erzielter Kapitalgewinn durch eine Abschreibung auf einer neu erworbenen Beteiligung (Ersatzobjekt) oder eine Rückstellung für einen solchen Ersatz kompensiert wird. Durch diese Massnahme werden die stillen Reserven auf das Ersatzobjekt übertragen.

4.7.2 Direkte Bundessteuer (Einkommenssteuer: Einkünfte aus selbständiger Erwerbstätigkeit)

Eine Ersatzbeschaffung einer Beteiligung im Geschäftsvermögen einer natürlichen Person ist nur dann möglich, wenn es sich bei der Beteiligung um betriebsnotwendiges Anlagevermögen handelt und das Ersatzobjekt die gleiche Funktion hat (Art. 30 DBG).

4.7.3 Direkte Bundessteuer (Gewinnsteuer)

4.7.3.1 Grundsatz

Beim Ersatz von Beteiligungen können die stillen Reserven auf eine neue Beteiligung übertragen werden, sofern die veräusserte Beteiligung mindestens 20 Prozent des Grund- oder Stammkapitals der anderen Gesellschaft ausmacht und als solche während mindestens eines Jahres im Besitze der Kapitalgesellschaft oder Genossenschaft war (Art. 64 Abs. 1bis DBG).

Findet die Ersatzbeschaffung nicht im gleichen Geschäftsjahr statt, so kann im Umfange der stillen Reserven eine Rückstellung gebildet werden. Diese Rückstellung ist innert angemessener Frist zur Abschreibung auf dem Ersatzobjekt zu verwenden oder zugunsten der Erfolgsrechnung aufzulösen (Art. 64 Abs. 2 DBG). Die Gewährung des Beteiligungsabzuges (Art. 69, 70 und 207a DBG) richtet sich nach den Verhältnissen im Zeitpunkt der Veräusserung der Beteiligung.

4.7.3.2 Veräussernde Gesellschaft

Im Gegensatz zur Ersatzbeschaffung von Gegenständen des betriebsnotwendigen Anlagevermögens ist es nicht erforderlich, dass die veräussernde Gesellschaft einen Betrieb führt und das Ersatzobjekt die gleiche Funktion hat. Bei der Ersatzbeschaffung von Beteiligungen handelt es sich um einen Steueraufschub aufgrund eines Reinvestitionstatbestandes.

4.7.3.3 Veräusserte Beteiligung

Die veräusserte Beteiligung muss mindestens 20 Prozent des Grund- oder Stammkapitals der anderen Gesellschaft ausmachen und als solche während mindestens eines Jahres im Besitze der Kapitalgesellschaft oder Genossenschaft gewesen sein. Es kann sich dabei um eine Beteiligung an einer in- oder ausländischen Kapitalgesellschaft oder Genossenschaft handeln. Die Betriebsnotwendigkeit ist keine Vorraussetzung für den Steueraufschub durch Ersatzbeschaffung.

4.7.3.4 Ersatzobjekt

Das Ersatzobjekt kann eine Beteiligung an einer in- oder ausländischen Kapitalgesellschaft oder Genossenschaft sein. Eine Mindestbeteiligungsquote ist nicht erforderlich.

4.7.3.5 Ersatz innert angemessener Frist

Als angemessene Frist zur Verwendung oder Auflösung einer Rückstellung für Ersatzbeschaffung gelten i.d.R. drei Jahre. Die Frist beginnt im Zeitpunkt der Erfüllung des Veräusserungsvertrages zu laufen.

Eine Ersatzbeschaffung von Beteiligungen kann auch vorgezogen werden. Die Frist beträgt dabei i.d.R. ebenfalls drei Jahre.

4.7.3.6 Verbuchung

Bei der Ersatzbeschaffung auf Beteiligungen gilt das Massgeblichkeitsprinzip. D.h. die Ersatzbeschaffung muss im Sinne einer Wiederbeschaffungsreserve (Art. 669 Abs. 2 OR) als direkte Abschreibung oder Rückstellung verbucht werden.

4.7.3.7 Nicht reinvestierter Teil des Veräusserungserlöses

Wird der Veräusserungserlös für eine Beteiligung nur teilweise reinvestiert, kann für den nicht reinvestierten Teil des Kapitalgewinnes keine Ersatzbeschaffung geltend gemacht werden (**Beispiel Nr. 25 im Anhang I**).

4.7.3.8 Gewinnsteuerwert

Der Gewinnsteuerwert des Ersatzobjekts entspricht seinem um die steuerlich zulässige Ersatzbeschaffung (Abschreibung) herabgesetzten Erwerbspreis (**Beispiele Nr. 25 und 26 im Anhang I**).

4.7.3.9 Gestehungskosten

Die Gestehungskosten entsprechen dem um die steuerlich zulässige Ersatzbeschaffung (Abschreibung) herabgesetzten Erwerbspreis für das Ersatzobjekt (= Gewinnsteuerwert; **Beispiele Nr. 25 und 26 im Anhang I**).

4.7.3.10 Wiedereingebrachte Abschreibungen

Wiedereingebrachte Abschreibungen und Wertberichtigungen auf der veräusserten Beteiligung (Art. 62 Abs. 4 DBG) berechtigen nicht zur Ersatzbeschaffung (**Beispiel Nr. 26 im Anhang I**).

4.7.3.11 Alt- und Neubeteiligungen

Das Ersatzobjekt übernimmt die übergangsrechtliche Qualifikation der veräusserten Beteiligung (Art. 207a Abs. 1 DBG). Übersteigt der Erwerbspreis für das Ersatzobjekt den Veräusserungserlös für eine Alt-Beteiligung, so liegt im Umfang der zusätzlichen Investition im Verhältnis zum Erwerbspreis für das Ersatzobjekt eine Neu-Beteiligung vor (**Beispiel Nr. 26 im Anhang I**).

4.7.4 Umsatzabgabe

Die Veräusserung von steuerbaren Urkunden im Rahmen der Ersatzbeschaffung einer Beteiligung von mindestens 20 Prozent am Grund- oder Stammkapital an einer anderen Gesellschaft sowie der Erwerb von steuerbaren Urkunden nach Artikel 64 Absatz 1bis DBG sind von der Umsatzabgabe ausgenommen (Art. 14 Abs. 1 Bst. j StG), soweit der Veräusserungserlös für den Erwerb einer neuen Beteiligung verwendet wird.

Der nicht für Ersatzbeschaffung verwendete Verkaufserlös (keine vollständige Reinvestition oder Rückstellungsbildung) sowie eine den Veräusserungspreis übersteigende Ersatzbeschaffung unterliegen der Umsatzabgabe.

4.7.5 Nicht betroffene Steuern

- Direkte Bundessteuer (Einkommenssteuer: Einkünfte aus Beteiligungen im Privatvermögen);
- Verrechnungssteuer;
- Emissionsabgabe.

5. Inkrafttreten

Die in diesem Kreisschreiben erläuterten Änderungen im DBG, VStG und StG treten mit dem Inkrafttreten des FusG am 1. Juli 2004 in Kraft.

Das Merkblatt betreffend Anwendung von Artikel 6 Absatz 1 Buchstabe a^{bis} StG (Stand Ende Mai 2001) wird mit Wirkung ab 1. Juli 2004 ausser Kraft gesetzt.

Das Merkblatt betreffend die Umsatzabgabe „Weisung für Fusionen, fusionsähnliche Tatbestände, Umwandlungen und Abspaltungen mit steuerbaren Urkunden" vom 1. April 1993 (S-02.134) wird mit Wirkung ab 1. Juli 2004 ausser Kraft gesetzt.

Noch laufende Veräusserungssperrfristen für Beteiligungsrechte, die aus einer Spaltung hervorgegangen sind, welche die Voraussetzungen nach Artikel 61 Absatz 1 Buchstabe b DBG sowie Artikel 6 Absatz 1 Buchstabe a^{bis} StG erfüllt (direkte Bundessteuer und Emissionsabgabe), sind mit Wirkung ab 1. Juli 2004 aufgehoben.

Anhang I zum Kreisschreiben Nr. 5 vom 1. Juni 2004[1]

Beispiele 1 – 26 (wenn keine anderen Angaben: Zahlen in tausend CHF)

Inhaltsverzeichnis *Seite*

1 Angepasst an das Bundesgesetz über die formelle Bereinigung der zeitlichen Bemessung der direkten Steuern bei den natürlichen Personen vom 22. März 2013 (in Kraft seit 1. Januar 2014).

Nr. 1: Übertragung von Vermögenswerten auf eine andere Personenunternehmung (Ziff. 3.1)

A ist Eigentümer eines Hotelbetriebes (Einzelunternehmen).

B ist Eigentümer einer Bauspenglerei (Einzelunternehmen). Zu seinem Geschäftsvermögen gehört auch ein Grundstück (Bauland).

A und B wollen gemeinsam den Hotelbetrieb von A weiterführen und auf dem Grundstück von B ein Sportzentrum errichten.

A und B gründen die Kollektivgesellschaft A&B an der sie mit je 50 Prozent beteiligt sind. A bringt den Hotelbetrieb (sämtliche Aktiven und Passiven seines Einzelunternehmens) zu den bisher für die Einkommenssteuer massgeblichen Werten ein. Das Einzelunternehmen A wird im Handelsregister gelöscht.

B bringt zu Lasten des Eigenkapitals seines Einzelunternehmens das Bauland zum bisherigen Einkommenssteuerwert ein und führt den Betrieb der Bauspenglerei als Einzelunternehmen weiter.

Eröffnungsbilanz der Kollektivgesellschaft A&B (Handelsbilanz)

Hotelgebäude [1)]	6'000	Fremdkapital	5'000
Mobiliar und Vorräte [2)]	1'000	Kapital A	2'000
Bauland [3)]	2'000	Kapital B	2'000
Total Aktiven	9'000	Total Passiven	9'000

1) unversteuerte stille Reserve: 1'000

2) unversteuerte stille Reserve: 500

3) unversteuerte stille Reserve: 1'500

Direkte Bundessteuer *(Einkommenssteuer: Einkünfte aus selbständiger Erwerbstätigkeit)*

Die Vermögensübertragung ist sowohl für A wie für B steuerneutral.

- Die übertragenen und die zurückbleibenden Vermögenswerte gehören weiterhin zum Geschäftsvermögen der beiden Gesellschafter.
- Die Steuerpflicht besteht weiter.
- Die bisher für die Einkommenssteuer massgeblichen Werte wurden übernommen.

Nicht betroffene Steuern

- Direkte Bundessteuer (Gewinnsteuer);
- Direkte Bundessteuer (Einkommenssteuer: Einkünfte aus Beteiligungen im Privatvermögen);
- Verrechnungssteuer;
- Emissionsabgabe;
- Umsatzabgabe.

Nr. 2: Umwandlung einer Personenunternehmung in eine Kapitalgesellschaft; Sperrfristverletzung (Ziff. 3.2)

Das Einzelunternehmen A. Müller soll durch Sacheinlagegründung in eine GmbH umgewandelt werden.

Schlussbilanz des Einzelunternehmens A. Müller (Handelsbilanz)

Aktiven 1)	1'000	Fremdkapital	600
		Eigenkapital	400
Total Aktiven	1'000	Total Passiven	1'000

1) unversteuerte stille Reserven: 500

Eröffnungsbilanz der A. Müller GmbH (Handelsbilanz)

Aktiven 1)	1'000	Fremdkapital	600
		Kreditor A. Müller	300
		Stammkapital 2)	100
Total Aktiven	1'000	Total Passiven	1'000

1) unversteuerte stille Reserven: 500

2) übertragenes steuerliches Eigenkapital

A. Müller ist faktisch alleiniger Gesellschafter der A. Müller GmbH. Drei Jahre nach der Umwandlung verkauft A. Müller 60 Prozent seiner Stammeinlage

Varianten:

a) zum Preis von 600 an einen Dritten;

b) zum Preis von 280 an einen Dritten;

c) zum Preis von 60 an seinen Sohn;

d) zum Preis von 70 an seinen Sohn.

Direkte Bundessteuer *(Einkommenssteuer: Einkünfte aus selbständiger Erwerbstätigkeit)*

Steuerfolgen bei A. Müller

a) Verkauf zum Preis von 600 an einen Dritten

Im Nachsteuerverfahren der Einkommenssteuer unterliegende Einkünfte aus selbständiger Erwerbstätigkeit:

Übertragene unversteuerte stille Reserven	500
Veräusserte Beteiligungsquote in Prozent	60%
Steuerbares Einkommen aus selbständiger Erwerbstätigkeit	300

Zusammensetzung des Verkaufserlöses:

Steuerbares Einkommen aus selbständiger Erwerbstätigkeit	300
Verkaufserlös für Stammkapital	60
Privater steuerfreier Kapitalgewinn	240
Total Verkaufserlös	600

b) Verkauf zum Preis von 280 an einen Dritten

Im Nachsteuerverfahren der Einkommenssteuer unterliegende Einkünfte aus selbständiger Erwerbstätigkeit:

Übertragene unversteuerte stille Reserven	500
Veräusserte Beteiligungsquote in Prozent	60%
Steuerbares Einkommen aus selbständiger Erwerbstätigkeit	300

Zusammensetzung des Verkaufserlöses:

Steuerbares Einkommen aus selbständiger Erwerbstätigkeit	300
Verkaufserlös für Stammkapital	60
Privater nicht abzugsfähiger Kapitalverlust	- 80
Total Verkaufserlös	280

c) Verkauf zum Preis von 60 an den Sohn

Der Verkauf zum anteiligen übertragenen steuerlichen Eigenkapital liegenden Preis stellt keine Sperrfristverletzung dar. Die Veräusserungssperrfrist geht auf den Sohn über.

d) Verkauf zum Preis von 70 an den Sohn

Jeder Verkauf zu einem über dem anteiligen übertragenen steuerlichen Eigenkapital liegenden Preis stellt eine Sperrfristverletzung dar. Über sämtliche übertragenen stillen Reserven ist anteilig abzurechnen.

Im Nachsteuerverfahren der Einkommenssteuer unterliegende Einkünfte aus selbständiger Erwerbstätigkeit:

Übertragene unversteuerte stille Reserven	500
Veräusserte Beteiligungsquote in Prozent	60%
Steuerbares Einkommen aus selbständiger Erwerbstätigkeit	300

Zusammensetzung des Verkaufserlöses:

Steuerbares Einkommen aus selbständiger Erwerbstätigkeit	300
Verkaufserlös für Stammkapital	60
Privater nicht abzugsfähiger Kapitalverlust	- 290
Total Verkaufserlös	70

Direkte Bundessteuer *(Gewinnsteuer)*

Verletzung der Veräusserungssperrfrist

Eine Abrechnung über die stillen Reserven im Nachsteuerverfahren (Art. 151-153 DBG) führt zu höheren Gewinnsteuerwerten (Art. 19 Abs. 2 DBG). Die übernehmende juristische Person kann die Auflösung solcher versteuerter stillen Reserven durch höhere Abschreibungen geltend machen, soweit diese geschäftsmässig begründet sind. Ist die steuerpflichtige juristische Person bereits rechtskräftig veranlagt, kann ihr das Revisionsverfahren (Art. 147-149 DBG) gewährt werden. Soweit die stillen Reserven nicht lokalisiert werden können, liegt Goodwill vor, der innert fünf Jahren steuerwirksam abgeschrieben werden kann.

Falls die Mehrwerte in der Handelsbilanz ausgewiesen werden (Anpassung der Handelsbilanz an die Steuerbilanz), sind diese den offenen Reserven gutzuschreiben.

Eröffnungsbilanz der A. Müller GmbH (Steuerbilanz)

Aktiven [1]	1'000	Fremdkapital	600
		Kreditor A. Müller	300
		Stammkapital	100
Goodwill [2]	**300**	**Versteuerte stille Reserven**	**300**
Total Aktiven	1'300	Total Passiven	1'300

1) unversteuerte stille Reserven: 500 – 300 = 200

2) Soweit die stillen Reserven nicht lokalisiert werden können, liegt Goodwill vor, der innert fünf Jahren steuerwirksam abgeschrieben werden kann.

Emissionsabgabe

Nach Artikel 9 Absatz 1 Buchstabe e StG ist die Emissionsabgabe bei der Begründung oder Erhöhung von Beteiligungsrechten im Rahmen einer Umwandlung einer Personenunternehmung in eine Kapitalgesellschaft oder Genossenschaft auf ein Prozent des Nennwerts beschränkt. Diese Reduktion der Bemessungsgrundlage für die Emissionsabgabe wird jedoch nur dann gewährt, wenn der bisherige Rechtsträger während mindestens fünf Jahren bestand. Im Weiteren ist über den Mehrwert nachträglich anteilsmässig abzurechnen, soweit während den der Umwandlung nachfolgenden fünf Jahren Beteiligungsrechte veräussert werden und der Verkehrswert die Freigrenze (Art. 6 Abs. 1 Bst. h StG) übersteigt.

Der Übergang des Eigentums an den Beteiligungsrechten durch Erbgang, Schenkung oder andere unentgeltliche Rechtsgeschäfte, einschliesslich steuerneutraler Umstrukturierungen, stellt keine Sperrfristverletzung dar. Dies gilt auch für entgeltliche Übertragungen, sofern der Preis das übertragene Eigenkapital nicht übersteigt.

Nicht betroffene Steuern

- Direkte Bundessteuer (Einkommenssteuer: Einkünfte aus Beteiligungen im Privatvermögen);
- Verrechnungssteuer;
- Umsatzabgabe.

Nr. 3: Umwandlung einer Personenunternehmung in eine Kapitalgesellschaft; Vorjahresverluste (Ziff. 3.2)

A und B sind zu je 50% an der Kollektivgesellschaft A&B beteiligt. Die Kollektivgesellschaft A&B soll in eine Aktiengesellschaft umgewandelt werden.

Schlussbilanz der Kollektivgesellschaft A&B (Handelsbilanz)

Aktiven [1]	700	Fremdkapital	600
		Kapital A [2]	50
		Kapital B [2]	50
Total Aktiven	700	Total Passiven	700

1) unversteuerte stille Reserven: 500

2) Gewinn und Verlust werden zwischen A und B hälftig aufgeteilt. Im letzten Geschäftsjahr hat die KG A&B einen Verlust von 300 erlitten. A hat seinen Verlustanteil mit Erwerbseinkommen seiner Frau verrechnet. B hat seinen Verlustanteil von 150 noch nicht verrechnen können.

Direkte Bundessteuer *(Einkommenssteuer: Einkünfte aus selbständiger Erwerbstätigkeit)*

Sofern die Veräusserungssperrfrist (Art. 19 Abs. 2 DBG) nicht verletzt wird, kann die Umwandlung steuerneutral erfolgen.

Direkte Bundessteuer *(Gewinnsteuer)*

Bei einer Übertragung nach Artikel 19 Absatz 1 Buchstabe b DBG werden noch nicht verrechnete Vorjahresverluste der übertragenden Personenunternehmung auf die übernehmende juristische Person übertragen und können bei der Festsetzung des steuerbaren Reingewinnes in Abzug gebracht (Art. 67 Abs. 1 DBG).

Eröffnungsbilanz der A&B AG (Handelsbilanz)

Aktiven [1]	700	Fremdkapital	600
		Aktienkapital	100
Total Aktiven	700	Total Passiven	700

1) unversteuerte stille Reserven: 500

Es besteht ein noch nicht verrechneter Vorjahresverlust von 150.

Emissionsabgabe

Nach Artikel 9 Absatz 1 Buchstabe e StG ist die Emissionsabgabe bei der Begründung oder Erhöhung von Beteiligungsrechten im Rahmen einer Umwandlung einer Personenunternehmung in eine Kapitalgesellschaft oder Genossenschaft auf ein Prozent des Nennwerts beschränkt. Diese Reduktion der Bemessungsgrundlage für die Emissionsabgabe wird jedoch nur dann gewährt, wenn der bisherige Rechtsträger während mindestens fünf Jahren bestand. Im Weiteren ist über den Mehrwert nachträglich anteilsmässig abzurechnen, soweit während den der Umwandlung nachfolgenden fünf Jahren Beteiligungsrechte veräussert werden und der Verkehrswert die Freigrenze (Art. 6 Abs. 1 Bst. h StG) übersteigt.

Nicht betroffene Steuern

- Direkte Bundessteuer (Einkommenssteuer: Einkünfte aus Beteiligungen im Privatvermögen);
- Verrechnungssteuer;
- Umsatzabgabe.

Nr. 4: Fusion: Verrechnung von Ausgleichszahlungen mit Nennwertverlusten (Ziff. 4.1.2)

Die Beteiligungsrechte an der A AG und der B AG werden durch die voneinander unabhängigen Aktionärsgruppen A und B im Privatvermögen gehalten. Die A AG und die B AG – beide mit Bilanzstichtag am 31. Dezember – werden am 30. Mai 2005 (Handelsregistereintrag) rückwirkend per 1. Januar 2005 durch Kombinationsfusion in die AB AG überführt.

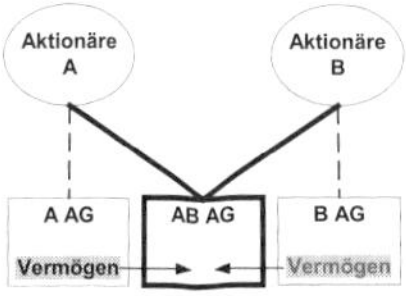

Das Aktienkapital der A AG besteht aus 1'000 Aktien zum Nennwert von 100, dasjenige der B AG aus 1'000 Aktien zum Nennwert von je 110. Das neue Kapital der AB AG soll aus 2'000 Aktien im Nennwert von je 100 bestehen. Die Bewertung ergibt das Umtauschverhältnis von 1:1, das heisst für 1 A-Aktie sowie für 1 B-Aktie wird je 1 Aktie AB ausgeben. Die Aktionäre erhalten für die A-Aktien 1'000 AB-Aktien sowie pro neue Aktie 20 in bar, und für die B-Aktien ebenfalls 1'000 AB-Aktien.

Direkte Bundessteuer *(Gewinnsteuer)*

Der Zusammenschluss hat weder für die A AG noch für die B AG Steuerfolgen, da

- die Steuerpflicht in der Schweiz fortbesteht und
- die für die Gewinnsteuer massgeblichen Wert übernommen werden.

Bei einer Fusion endet die Steuerpflicht der übertragenden Gesellschaft grundsätzlich mit der Löschung im Handelsregister. Die Steuerpflicht einer aus einer Kombination hervorgehenden Gesellschaft beginnt grundsätzlich mit dem Eintrag ins Handelsregister.

Wird die rückwirkende Fusion akzeptiert (Anmeldung der Fusion innerhalb von 6 Monaten nach dem vereinbarten Übernahmestichtag), werden die bisherigen Ergebnisse 2005 der A AG und der B AG unmittelbar der AB AG zugerechnet. Entsprechend endet die Steuerpflicht der übertragenden Gesellschaften A AG und B AG auf den Stichtag der Rückwirkung.

Direkte Bundessteuer *(Einkommenssteuer: Einkünfte aus Beteiligungen im Privatvermögen)*

Die Aktionäre erhalten für die A-Aktien eine Ausgleichsleistung von 20 je Aktie. Diese Zahlung ist als Vermögensertrag steuerbar, ungeachtet der Tatsache, ob sie von der A AG oder von der AB AG stammt (ASA 25, 242; ASA 59, 719).

Andererseits erleiden die Aktionäre durch die Hingabe der B-Aktien einen Nennwertverlust von 10 je B-Aktie. Die Ausgleichszahlungen können indessen mit Nennwertverlusten verrechnet werden.

Aus der Sicht der AB AG ergibt sich folgendes Bild:

Aktienkapital der A AG	100'000
Aktienkapital der B AG	110'000
Total untergehendes Aktienkapital	210'000
Total neu geschaffenes Aktienkapital der AB AG	- 200'000
Aktienkapitalherabsetzung	10'000
Zahlung an A Aktionäre	20'000
./. Aktienkapitalherabsetzung	- 10'000
Steuerbare Ausgleichszahlung	10'000

Bei den A Aktionären unterliegen somit 10'000 der Einkommenssteuer.

Verrechnungssteuer

Die Ausgleichszahlungen unterliegen der Verrechnungssteuer (Art. 4 Abs. 1 Bst. b VStG). Bei Fusionen werden Nennwerterhöhungen und Ausgleichszahlungen auch für die Verrechnungssteuer mit Nennwertverlusten verrechnet.

Gleich wie für die direkte Bundessteuer unterliegen somit 10'000 der Verrechnungssteuer.

Die übertragenen Reserven sind gemäss der Ausnahme von Artikel 5 Absatz 1 Buchstabe a VStG von der Verrechnungssteuer ausgenommen, soweit sie infolge der Fusion in die Reserven der übernehmenden Gesellschaft übergehen. Als Voraussetzung muss das Verrechnungssteuersubstrat erhalten bleiben.

Emissionsabgabe

Die neuen Beteiligungsrechte an der AB AG werden in Durchführung der Fusionsbeschlüsse begründet und ausgegeben. Sie sind deshalb von der Emissionsabgabe ausgenommen (Art. 6 Abs. 1 Bst a^{bis} StG). Die Ausnahme umfasst ebenfalls ein allfälliges Agio und die übertragenen stillen Reserven.

Umsatzabgabe

Die mit der Fusion verbundene Übertragung steuerbarer Urkunden ist von der Umsatzabgabe ausgenommen (Art. 14 Abs. 1 Bst. i StG). Darunter fallen auch steuerbare Urkunden, welche zusammen mit anteiligen Verbindlichkeiten gegenüber Dritten übertragen werden.

Nr. 5: Fusion: Verwendung eigener Beteiligungsrechte (Ziff. 4.1.2)

Die Beteiligungsrechte an der A AG und der B AG werden durch die voneinander unabhängigen Aktionärsgruppen A und B im Privatvermögen gehalten. Die übernommene B AG überträgt sämtliche Aktiven und Verbindlichkeiten auf die übernehmende A AG. Die Aktionäre der B AG erhalten A-Aktien. Die B AG wird ohne Liquidation aufgelöst. Die übernehmende A AG wird anschliessend umfirmiert in AB AG.

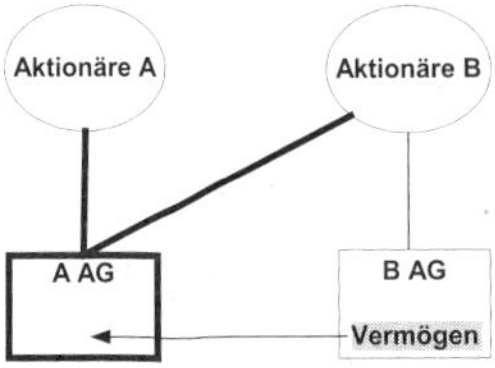

Bilanz der A AG vor der Fusion

Aktiven [1]	1'900	Fremdkapital	1'000
		Aktienkapital [3]	100
Eigene Aktien [2]	**100**	**Reserven**	**900**
Total Aktiven	2'000	Total Passiven	2'000

1) keine stillen Reserven

2) 10 à nominal 1

3) 100 à nominal 1; VW pro Aktie = 10

Bilanz der B AG vor der Fusion

Aktiven [1]	1'000	Fremdkapital	500
		Aktienkapital [2]	100
		Reserven	**400**
Total Aktiven	1'000	Total Passiven	1'000

1) keine stillen Reserven

2) 100 à nominal 1; VW pro Aktie = 5

Austauschverhältnis

$$\frac{\text{Verkehrswert A AG}}{\text{Aktienkapital A AG}} = \frac{\text{Verkehrswert B AG}}{\text{Zusatzkapital A AG}}$$

$$\textbf{Zusatzkapital A AG} = \frac{\text{Verkehrswert B AG x Aktienkapital A AG}}{\text{Verkehrswert A AG}}$$

$$\textbf{Zusatzkapital A AG} = \frac{500 \times 100}{1'000} = \textbf{50}$$

2 B-Aktien à nominal 1 (2 x VW 5 = VW 10) berechtigen zum Bezug 1 A-Aktie à nominal 1 (VW 10).

Variante A: Fusion ohne Verwendung der eigenen Aktien

Die A AG erhöht ihr Kapital um 50 (50 x VW 10 = VW 500) und belässt die eigenen Aktien in ihrem Bestand (10 x VW 10 = VW 100).

Die Bilanz der AB AG präsentiert sich nach der Fusion wie folgt:

Bilanz der AB AG

Aktiven [1]	2'900	Fremdkapital	1'500
		Aktienkapital [2]	150
Eigene Aktien	100	**Reserven**	**1'350**
Total Aktiven	3'000	Total Passiven	3'000

1) keine stillen Reserven

2) 150 à nominal 1; VW pro Aktie = 10

Direkte Bundessteuer *(Gewinnsteuer)*

Der Zusammenschluss hat weder für die A AG noch für die B AG Steuerfolgen, da (Annahme):

- die Steuerpflicht in der Schweiz fortbesteht und
- die für die Gewinnsteuer massgeblichen Werte übernommen werden.

Direkte Bundessteuer *(Einkommenssteuer: Einkünfte aus Beteiligungen im Privatvermögen)*

Weder die A- noch die B-Aktionäre erhalten höheren Nennwert, Ausgleichszahlungen oder andere geldwerte Vorteile zu Lasten der übernehmenden oder der übertragenden Gesellschaft. Die Fusion ist deshalb für die Aktionäre steuerneutral.

Die Aktionäre der B AG erleiden durch den Tausch ihrer B-Aktien gegen A-Aktien vielmehr einen Nennwertverlust von 0,5 je B-Aktie. Der gesamte Nennwertverlust beträgt 50 (Zunahme des Totals der Reserven z.L. des untergehenden Aktienkapitals der B AG). Nach der Variante A kann dieser Nennwertverlust nicht verrechnet werden.

Verrechnungssteuer

Weder die A- noch die B-Aktionäre oder diesen nahestehende Personen erhalten Ausgleichszahlungen, Gratisaktien, Gratisnennwerterhöhungen oder sonstige Erträge zu Lasten der Reserven einer inländischen Gesellschaft. Die Fusion ist deshalb für die Aktionäre steuerneutral.

Die übertragenen Reserven sind gemäss der Ausnahme von Artikel 5 Absatz 1 Buchstabe a VStG von der Verrechnungssteuer ausgenommen, soweit sie infolge der Fusion in die Reserven der übernehmenden Gesellschaft übergehen. Als Voraussetzung muss das Verrechnungssteuersubstrat erhalten bleiben.

Emissionsabgabe

Die neuen Beteiligungsrechte an der AB AG werden in Durchführung der Fusionsbeschlüsse begründet und ausgegeben. Sie sind deshalb von der Emissionsabgabe ausgenommen (Art. 6 Abs. 1 Bst a^{bis} StG).

Umsatzabgabe

Die mit der Fusion verbundene Übertragung steuerbarer Urkunden ist von der Umsatzabgabe ausgenommen (Art. 14 Abs. 1 Bst. i StG). Darunter fallen auch steuerbare Urkunden, welche zusammen mit anteiligen Verbindlichkeiten gegenüber Dritten übertragen werden.

Variante B: Fusion mit Verwendung der eigenen Aktien

Die A AG erhöht ihr Kapital nur um 40 (40 x VW 10 = VW 400) und verwendet für den Aktientausch zusätzlich sämtliche eigenen A-Aktien (10 x VW 10 = VW 100).

Die Bilanz der AB AG präsentiert sich nach der Fusion wie folgt:

Bilanz der AB AG

Aktiven [1]	2'900	Fremdkapital	1'500
		Aktienkapital [2]	140
		Reserven	**1'260**
Total Aktiven	2'900	Total Passiven	2'900

1) keine stillen Reserven

2) 140 à nominal 1; VW pro Aktie = 10

Direkte Bundessteuer *(Gewinnsteuer)*

Verwendet die übernehmende Gesellschaft für die Abfindung der Anteilsinhaber der untergehenden Gesellschaft eigene Beteiligungsrechte, deren Rückkauf nicht zu einer Besteuerung geführt hat, fällt bei der übernehmenden Gesellschaft in der Höhe der Differenz zwischen dem Gewinnsteuerwert und dem Verkehrswert der eigenen Beteiligungsrechte ein steuerbarer Gewinn oder ein geschäftsmässig begründeter Aufwand an.

Der Gewinnsteuerwert der für den Aktientausch verwendeten eigenen Beteiligungsrechte der A AG entspricht dem Verkehrswert. Es ergeben sich somit keine Gewinnkorrekturen.

Direkte Bundessteuer *(Einkommenssteuer: Einkünfte aus Beteiligungen im Privatvermögen)*

Die übernehmende A AG verwendet für den Austausch der Titel eigene Beteiligungsrechte, deren Rückkauf nicht zu einer Besteuerung geführt hat. Der Verkehrswert dieser eigenen Aktien im Zeitpunkt der Fusion von 100 abzüglich deren Nennwert von 10 wird wie eine Barabfindung behandelt. Da nur ein Teil der ausgetauschten Beteiligungsrechte aus dem Eigenbestand der übernehmenden Gesellschaft stammt, wird der entsprechende Vermögensertrag von 90 proportional zum Nennwert der abgegebenen Beteiligungsrechte an der übernehmenden Gesellschaft aufgeteilt.

Die Aktionäre der B AG erleiden durch den Tausch ihrer B-Aktien gegen A-Aktien einen Nennwertverlust von 0,5 je B-Aktie. Der gesamte Nennwertverlust beträgt 50 (Zunahme des

Totals der Reserven z.L. des untergehenden Aktienkapitals der B AG). Dieser Nennwertverlust kann mit dem Vermögensertrag aus dem Erhalt der A-Aktien, der aus dem Eigenbestand der A AG stammt, verrechnet werden.

Das Total der Reserven hat sich wie folgt verändert:

Verwendung von A-Aktien aus dem Eigenbestand: VW 100 ./. Nennwert von 10	=	90
./. Nennwertverlust der B-Aktionäre	=	- 50
Abnahme der Reserven (Teilliquidationsüberschuss)		40

Der steuerbare Vermögensertrag für die B-Aktionäre berechnet sich wie folgt:

Abnahme der Reserven (Teilliquidationsüberschuss)	40
dividiert durch die Anzahl der abgegebenen A-Aktien	: 50
Anteiliger steuerbarer Liquidationsüberschuss pro erhaltene A-Aktie	0.80

Im übrigen wie Variante A.

Verrechnungssteuer

Die Verwendung eigener Beteiligungsrechte für den Aktientausch bei Fusionen unterliegt gleich wie bei der direkten Bundessteuer der Verrechnungssteuer (Art. 4 Abs. 1 Bst. b VStG). Bei Fusionen werden solche geldwerte Leistungen auch für die Verrechnungssteuer mit Nennwertverlusten verrechnet.

Gleich wie bei der direkten Bundessteuer unterliegen somit 40 der Verrechnungssteuer. Leistungsbegünstigte sind die B Aktionäre.

Im übrigen wie Variante A.

Emissionsabgabe

Wie Variante A.

Umsatzabgabe

Wie Variante A.

Nr. 6: Absorption der Muttergesellschaft (Ziff. 4.1.6)

Die T AG übernimmt am 30. Mai 2005 rückwirkend per 1. Januar 2005 fusionsweise sämtliche Aktiven und Passiven der M AG, welche 100% der Aktien der T AG hält. Die Eintragung im Handelsregister erfolgt am 12. Juni 2005. Die Aktionäre halten die Beteiligungsrechte an der M AG im Privatvermögen. Die T AG erhält durch die Fusion ihre eigenen Beteiligungsrechte und leitet diese an die Aktionäre der M AG weiter. Mit der Fusion wird die übertragende M AG aufgelöst und im Handelsregister gelöscht (Art. 3 Abs. 2 FusG).

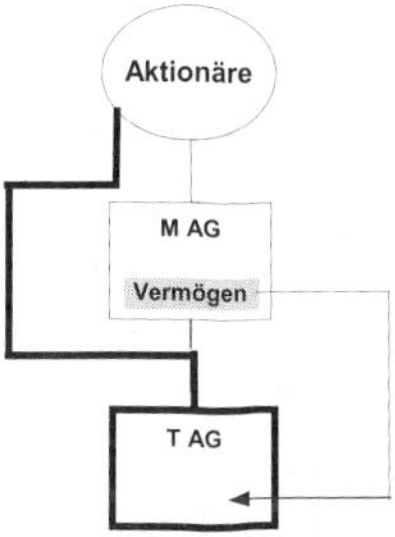

Schlussbilanz der M AG

Aktiven	1'000	Fremdkapital	900
Beteiligung T AG [1]	500	AK	200
		Reserven	400
Total Aktiven	1'500	Total Passiven	1'500

1) Gestehungskosten 500; unversteuerte stille Reserven: 600

Schlussbilanz der T AG

Aktiven [1]	1'800	Fremdkapital	1'200
		AK	300
		Reserven	300
Total Aktiven	1'800	Total Passiven	1'800

1) unversteuerte stille Reserven: 500

Eröffnungsbilanz T AG nach Fusion

Aktiven [1]	2'800	Fremdkapital	2'100
		AK	300
		Reserven	300
		Fusionsagio	100
Total Aktiven	2'800	Total Passiven	2'800

1) unversteuerte stille Reserven: 500

***Direkte Bundessteuer** (Gewinnsteuer)*

Die Voraussetzungen eines steuerneutralen Zusammenschlusses sind erfüllt (Art. 61 Abs. 1 Bst. d DBG).

Die Steuerpflicht der M AG endet grundsätzlich am 12. Juni 2005 (Datum des Handelsregistereintrages).

Da die Anmeldung beim Handelsregister und der Fusionsbeschluss innert 6 Monaten ab dem Bilanzstichtag erfolgen, wird die rückwirkende Fusion steuerlich anerkannt. Der Gewinn der M AG wird somit für die ganze Steuerperiode 2005 der T AG zugerechnet.

Aus der Mutterabsorption resultiert ein Fusionsagio von 100 (steuerneutrale Kapitaleinlage; Art. 60 Bst. a DBG).

***Direkte Bundessteuer** (Einkommenssteuer: Einkünfte aus Beteiligungen im Privatvermögen)*

Bei einer Mutterabsorption erhalten die Aktionäre der Muttergesellschaft anstelle der untergehenden Beteiligungsrechte an der Muttergesellschaft die Beteiligungsrechte an der Tochtergesellschaft. Im vorliegenden Fall erfolgt eine Nennwerterhöhung von 200 auf 300. Die Aktionäre erhalten für die untergehenden Aktien der M AG mit Nennwert 200 solche der T AG mit einem Nennwert von 300. Der gratis erfolgte Nennwertzuwachs von 100 unterliegt der Einkommenssteuer (Vermögensertrag, Art. 20 Abs. 1 Bst. c DBG).

Verrechnungssteuer

Die Gratisnennwerterhöhung von 100 unterliegt nach Artikel 4 Absatz 1 Buchstabe b VStG der Verrechnungssteuer.

Gegebenenfalls ist der Sachverhalt unter dem Aspekt der Steuerumgehung von Artikel 21 Absatz 2 VStG zu prüfen.

Emissionsabgabe

Die ohne Kapitalerhöhung erfolgte Absorption der Muttergesellschaft ist nach Artikel 6 Absatz 1 Buchstabe a^{bis} StG von der Emissionsabgabe ausgenommen.

Umsatzabgabe

Die mit einer Fusion verbundene Übertragung steuerbarer Urkunden ist von der Umsatzabgabe ausgenommen (Art. 14 Abs.1 Bst. i StG).

Nr. 7: Quasifusion mit zeitnaher Absorption (Ziff. 4.1.7)

Die GROSS AG, eine Publikumsgesellschaft, übernimmt die KLEIN AG, ebenfalls eine Publikumsgesellschaft. Dazu erhöht die GROSS AG ihr Aktienkapital von 20 Mio. auf 25 Mio. unter Ausschluss der Bezugsrechte ihrer Aktionäre und bietet die neuen Aktien den Aktionären der KLEIN AG zum Tausch an (Quasifusion). Ein Jahr später übernimmt die GROSS AG sämtliche Aktiven und Passiven der KLEIN AG durch Absorption.

Das Aktienkapital der KLEIN AG beträgt 1 Mio.

Direkte Bundessteuer *(Gewinnsteuer)*

Ein allfälliger Fusionsverlust (Gewinnsteuerwert der Beteiligung an der KLEIN AG ./. Aktivenüberschuss der KLEIN AG zu Gewinnsteuerwerten) ist unecht und deshalb nicht gewinnsteuerwirksam. Die Einbuchung der Beteiligung an der KLEIN AG nach der Equity-Methode (vgl. Ziff. 4.6.2.3 im Kreisschreiben) würde dazu führen, dass weder ein Fusionsgewinn noch ein Fusionsverlust resultiert.

Direkte Bundessteuer *(Einkommenssteuer: Einkünfte aus Beteiligungen im Privatvermögen)*

Wegen der zeitnahen Absorption unterliegt der Nennwertgewinn von insgesamt 4'000'000 als Vermögensertrag der Aktionäre der KLEIN AG der direkten Bundessteuer. Gegebenenfalls erfolgt die Besteuerung im Nachsteuerverfahren (Art. 151-153 DBG).

Verrechnungssteuer

Der Nennwertgewinn von 4'000'000 unterliegt ebenfalls der Verrechnungssteuer. Leistungsempfänger sind die Aktionäre der KLEIN AG. Falls die Verrechnungssteuer nicht überwälzt werden kann, ist der Nennwertgewinn ins Hundert aufzurechnen (Nennwertgewinn : 65%).

Emissionsabgabe

Beteiligungsrechte, die in Durchführung von Beschlüssen über Fusionen oder diesen wirtschaftlich gleichkommende Zusammenschlüsse (Quasifusionen) begründet oder erhöht werden, sind von der Emissionsabgabe ausgenommen (Art. 6 Abs. 1 Bst. a^{bis} StG). Die Merkmale der Abgabeumgehung sind im vorliegenden Fall nicht erfüllt.

Umsatzabgabe

Die mit einer Fusion oder Quasifusion verbundene Übertragung steuerbarer Urkunden ist von der Umsatzabgabe ausgenommen (Art. 14 Abs. 1 Bst. i StG).

Nr. 8: Umwandlung eines Instituts des öffentlichen Rechts in eine Kapitalgesellschaft oder in eine Genossenschaft; Rechtskleidwechsel (Ziff. 4.2.5)

Schlussbilanz einer Kantonalbank vor der Umwandlung in eine AG

Flüssige Mittel	15'000	kfr. Fremdkapital	20'000
Kundenausleihungen	60'000	Kundengelder	60'000
Handelsbestände	10'000	Rückstellungen und sonstige Passiven [3]	10'000
Beteiligungen [1]	10'000	Reserve für allgemeine Bankrisiken [4]	4'000
Liegenschaften [2]	5'000	Dotationskapital	2'000
		Reserven	4'000
Total Aktiven	100'000	Total Passiven	100'000

1) Verkehrswert: 20'000; Gestehungskosten: 10'000
2) Verkehrswert: 10'000
3) davon nach EBK als eigene Mittel angerechnet: 5'000
4) nach BankV z.L. der Erfolgsrechnung gebildete, frei verfügbare eigene Mittel

Der innere Wert des Unternehmens beträgt 40'000.

Direkte Bundessteuer *(Gewinnsteuer)*

Es liegt ein Rechtskleidwechsel einer Unternehmung mit eigener Rechtspersönlichkeit und keine Sacheinlagegründung vor. Zivilrechtlich gilt im vorliegenden Fall der Zwang zur Bilanzkontinuität (Art. 24 Abs. 2 Bst. g BankV). Eine Offenlegung der stillen Reserven in einer Steuerbilanz ist daher zulässig. Dies gilt auch für den Goodwill. Die Werte müssen allerdings im zivilrechtlichen Verfahren offengelegt und bestätigt werden (Art. 100 Abs. 2 FusG).

Steuerbilanz der Kantonalbank-AG

Flüssige Mittel	15'000	kfr. Fremdkapital	20'000
Kundenausleihungen	60'000	Kundengelder	60'000
Handelsbestände	10'000	Rückstellungen und sonstige Passiven	5'000
Beteiligungen [1]	20'000	Aktienkapital	2'000
Liegenschaften	10'000	offene Reserven	4'000
Goodwill	10'000	Reserve für allgemeine Bankrisiken [2]	4'000
		Reserve auf Rückstellungen	5'000
		Reserve auf Beteiligungen	10'000
		Reserve auf Liegenschaften	5'000
		Reserve auf Goodwill	10'000
Total Aktiven	125'000	Total Passiven	125'000

1) Neu-Beteiligungen; Gestehungskosten: 20'000
2) galt steuerlich schon bisher als Eigenkapital

Emissionsabgabe

Nach Artikel 9 Absatz 1 Buchstabe e StG ist die Emissionsabgabe bei der Begründung oder Erhöhung von Beteiligungsrechten im Rahmen einer Umwandlung eines Unternehmens des öffentlichen Rechts in eine Kapitalgesellschaft oder Genossenschaft auf ein Prozent des Nennwerts beschränkt. Diese Reduktion der Bemessungsgrundlage für die Emissionsabgabe wird jedoch nur dann gewährt, wenn der bisherige Rechtsträger während mindestens fünf Jahren bestand. Im Weiteren ist über den Mehrwert nachträglich anteilsmässig abzurechnen, soweit während den der Umwandlung nachfolgenden fünf Jahren Beteiligungsrechte veräussert werden.

Der Nennwert der im Zuge der Umwandlung begründeten Beteiligungsrechte beträgt 2 Mio. Von diesem Betrag kann die noch nicht beanspruchte Freigrenze (Art. 6 Abs. 1 Bst. h StG) in Abzug gebracht werden.

Umsatzabgabe

Bei einer Umwandlung durch den Wechsel der Rechtsform (Rechtskleidwechsel; direkte Umwandlung) werden keine Vermögenswerte übertragen. Die Umsatzabgabe ist somit nicht betroffen.

Nicht betroffene Steuern

- Direkte Bundessteuer (Einkommenssteuer: Einkünfte aus Beteiligungen im Privatvermögen);
- Verrechnungssteuer.

Nr. 9: Umwandlung einer Kapitalgesellschaft in eine Personenunternehmung; Vorjahresverluste (Ziff. 4.2.6)

A und B sind zu je 50% an der A&B AG beteiligt. Die A&B AG soll in eine Kollektivgesellschaft umgewandelt werden.

Schlussbilanz der A&B AG vor Umwandlung

Aktiven [1]	900	Fremdkapital	600
		Aktienkapital	100
Verlustvortrag [2]	100	Reserven	300
Total Aktiven	1'000	Total Passiven	1'000

1) unversteuerte stille Reserven: 600

2) aus Vorjahr; noch nicht verrechnet

Direkte Bundessteuer *(Einkommenssteuer: Einkünfte aus selbständiger Erwerbstätigkeit)*

Die bisherigen Gewinnsteuerwerte werden zu den für die Einkommenssteuer massgeblichen Werten. Die latente Steuer auf den unversteuerten stillen Reserven wechselt somit von der Gewinnsteuer zur Einkommenssteuer.

Die an der übernehmenden Personenunternehmung beteiligten natürlichen Personen können somit allfällige, steuerlich noch nicht berücksichtigte Vorjahresverluste der übertragenden juristischen Personen bei der Festsetzung des steuerbaren Einkommens in Abzug bringen (Art. 31DBG).

Eröffnungsbilanz der Kollektivgesellschaft A&B (Handelsbilanz)

Aktiven [1) 2)]	900	Fremdkapital	600
		Kapitalkonto A	150
		Kapitalkonto B	150
Total Aktiven	900	Total Passiven	900

1) unversteuerte stille Reserven auf Unternehmensebene: 600

2) noch nicht verrechneter Vorjahresverlust: 100

Latente Einkommenssteuer
(Einkommen aus selbst. Erwerbstätigkeit; Art. 18 Abs. 2 DBG):

Unversteuerte stille Reserven	600
./. Verlustvortrag	- 100
Der Einkommenssteuer latent unterliegend	500

Direkte Bundessteuer *(Gewinnsteuer)*

Die Umwandlung einer juristischen Person in eine Personenunternehmung ist für die Gewinnsteuer neutral, soweit die Steuerpflicht in der Schweiz fortbesteht und die bisher für die Gewinnsteuer massgebenden Werte übernommen werden.

Direkte Bundessteuer *(Einkommenssteuer: Einkünfte aus Beteiligungen im Privatvermögen)*

Bei der Umwandlung einer Kapitalgesellschaft oder Genossenschaft in eine Personenunternehmung findet eine Liquidation der Kapitalgesellschaft oder Genossenschaft statt. Eine spätere Erfassung der offenen und stillen Reserven (Liquidationsüberschuss) bei den Gesellschaftern oder Genossenschaftern ist nicht möglich. Der Liquidationsüberschuss unterliegt deshalb der Einkommenssteuer (Art. 20 Abs. 1 Bst. c DBG).

Steuerbarer Liquidationsüberschuss
(Art. 20 Abs. 1 Bst. c DBG):

Stille Reserven: 600 + offene Reserven: 300 ./. VV 100)	800

Verrechnungssteuer

Der Liquidationsüberschuss von 800 unterliegt der Verrechnungssteuer (Art. 4 Abs. 1 Bst. b VStG).

Umsatzabgabe

Die mit einer direkten oder indirekten Umwandlung (Liquidation und Sacheinlagegründung oder Vermögensübertragung) verbundene Übertragung steuerbarer Urkunden ist von der Umsatzabgabe ausgenommen (Art. 14 Abs. 1 Bst. i StG).

Nicht betroffene Steuer

- Emissionsabgabe.

Nr. 10: Steuerfolgen einer symmetrischen Spaltung für eine beteiligte juristische Person; Muttergesellschaft (Ziff. 4.3.2)

Die AB-Holding AG ist Alleinaktionärin der A AG und der B AG. Die A AG und ihre Schwestergesellschaft, die B AG, sind Produktionsgesellschaften. Die A AG führt die Betriebe I und II. Der Verkehrswert des Betriebes II beträgt 500, der Buchwert (= Gewinnsteuerwert) 300.

Die A AG überträgt den Betrieb II durch Abspaltung (Art. 29 Bst. b FusG) zum Buchwert (Aktivenüberschuss zu Gewinnsteuerwerten) und zu Lasten ihrer Reserven auf die B AG.

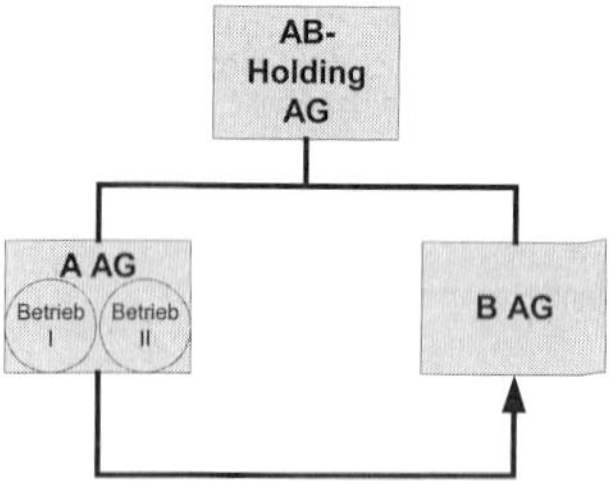

Übertragung Betrieb II
zum BW von 300 zu Lasten
der Reserven

VW: 500

Bilanz der AB-Holding vor der Spaltung

Beteiligung A AG [1)]	1'000	Fremdkapital	800
Beteiligung B AG [2)]	1'000	Aktienkapital	200
		Reserven	1'000
Total Aktiven	2'000	Total Passiven	2'000

1) Neu-Beteiligung; Gewinnsteuerwert: 1'000; Gestehungskosten: 1'000; Verkehrswert: 1'500

2) Alt-Beteiligung; Gewinnsteuerwert: 1'000; Gestehungskosten: 1'000; Verkehrswert: 1'500

Direkte Bundessteuer *(Gewinnsteuer)*

A AG und B AG

Im vorliegenden Fall sind die Voraussetzungen für eine steuerneutrale Spaltung gemäss Artikel 61 Absatz 1 Buchstabe b DBG erfüllt. Die Spaltung kann deshalb für die Gewinnsteuer neutral erfolgen. Eine Veräusserungssperrfrist besteht bei einer Spaltung nicht.

AB-Holding AG

Für die AB-Holding gelangt zwingend die modifizierte Dreieckstheorie zur Anwendung (vgl. vorliegendes Kreisschreiben, Ziff. 4.3.2.12).

Bezüglich der übergangsrechtlichen Qualifikation der Beteiligungen an der A AG und der B AG führt die Spaltung zu einer Umqualifikation (KS der ESTV Nr. 9 vom 9.7.1998, Ziff. 3.3.4c und Beispiel Nr. 15).

Beteiligungen vor der Spaltung

Beteiligung	Gestehungskosten	Gewinnsteuerwert	Verkehrswert
Neu-Beteiligung A (100%)	1'000	1'000	1'500
Alt-Beteiligung B (100%)	1'000	1'000	1'500
Total	2'000	2'000	3'000

Beteiligungen nach der Spaltung

Beteiligung	Gestehungskosten	Gewinnsteuerwert	Verkehrswert
Neu-Beteiligung A (100%)	1'000	1'000	1'000
Neu-Beteiligung B (25%)	0	0	500
Alt-Beteiligung B (75%)	1'000	1'000	1'500
Total	2'000	2'000	3'000

Falls die AB-Holding AG die Beteiligung an der A AG entsprechend dem anteiligen Wertverlust von rund einem Drittel abschreibt (z.B. auf 660), wird diese Abschreibung durch Beteiligungsertrag kompensiert. Der Gewinnsteuerwert und die Gestehungskosten der Beteiligung B belaufen sich dann auf 1'340. Die übergangsrechtliche Qualifikation der Beteiligungen nach der Spaltung präsentiert sich wie folgt:

Beteiligung	Gestehungskosten	Gewinnsteuerwert	Verkehrswert
Neu-Beteiligung A (100%)	660	660	1'000
Neu-Beteiligung B (25%)	340	340	500
Alt-Beteiligung B (75%)	1'000	1'000	1'500
Total	2'000	2'000	3'000

Verrechnungssteuer

Reserven, die bei einer Spaltung in die Reserven der aufnehmenden Gesellschaft übergehen, sind von der Verrechnungssteuer ausgenommen (Art. 5 Abs. 1 Bst. a VStG).

Emissionsabgabe

Die Abspaltung des Betriebes II auf die B AG ist nach Artikel 6 Absatz 1 Buchstabe a^{bis} StG von der Emissionsabgabe ausgenommen.

Umsatzabgabe

Die Umsatzabgabe ist nur dann betroffen, wenn die übertragende oder die übernehmende Gesellschaft Effektenhändler ist (Art. 13 Abs. 3 StG) und zusammen mit dem Betrieb steuerbare Urkunden übertragen werden (Art. 13 Abs. 2 StG).

In diesem Fall wäre die Umsatzabgabe nicht geschuldet, da eine steuerneutrale Umstrukturierung vorliegt (Art. 14 Abs. 1 Bst. i StG i.V.m. Art. 61 DBG).

Nicht betroffene Steuer

- Direkte Bundessteuer (Einkommenssteuer: Einkünfte aus Beteiligungen im Privatvermögen).

Nr. 11: Verkauf eines Betriebes zum Gewinnsteuerwert an die Schwestergesellschaft (Ziff. 4.3.2)

Herr Meister ist Alleinaktionär der A AG und der B AG. Er hält die Beteiligungsrechte an den beiden Gesellschaften im Privatvermögen. Die A AG und ihre Schwestergesellschaft, die B AG, sind Produktionsgesellschaften. Die A AG führt die Betriebe I und II. Der Verkehrswert des Betriebes II beträgt 500, der Buchwert (= Gewinnsteuerwert) 300.

Der Betrieb II wird zum Buchwert (= Aktivenüberschuss zu Gewinnsteuerwerten) an die B AG verkauft.

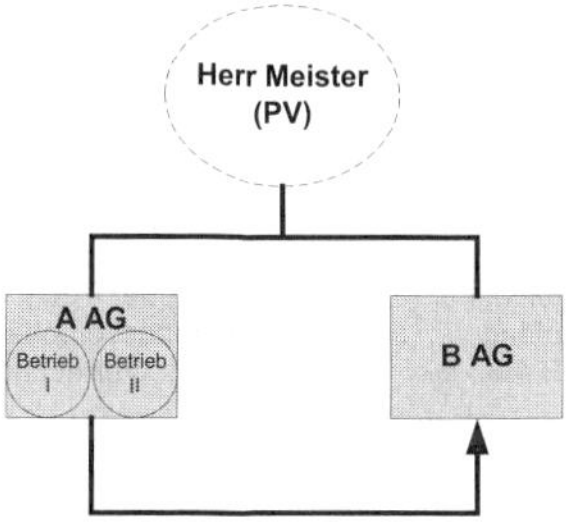

Verkauf Betrieb II
zum BW von 300

VW: 500

Direkte Bundessteuer *(Gewinnsteuer)*

A AG

Im vorliegenden Fall sind die Voraussetzungen für eine steuerneutrale Unternehmensteilung gemäss Artikel 61 Absatz 1 Buchstabe b DBG nicht erfüllt (Übertragung durch Verkauf). Auch eine Vermögensübertragung im Konzern (Art. 61 Abs. 3 DBG) ist nicht möglich, da die A AG und die B AG nicht unter einheitlicher Leitung einer Kapitalgesellschaft oder Genossenschaft zusammengefasst sind. Die übertragende A AG erbringt ihrer Schwestergesellschaft somit eine verdeckte Vorteilszuwendung von 200 die zum ausgewiesenen Reingewinn hinzuzurechnen ist (Art. 58 Abs. 1 Bst. c DBG).

Die Übertragung des Betriebes II auf die B AG könnte dann steuerneutral abgewickelt werden, wenn sie zu Lasten des Eigenkapitals der A AG erfolgen würde.

B AG

Die übernehmende und begünstigte B AG kann auf dem erworbenen Betrieb II eine als Gewinn versteuerte stille Reserve von 200 geltend machen.

Direkte Bundessteuer *(Einkommenssteuer: Einkünfte aus Beteiligungen im Privatvermögen)*

Herr Meister

Herr Meister erhält grundsätzlich einen geldwerten Vorteil von der A AG aus der Übertragung der stillen Reserven auf dem Betrieb II von 200 (Art. 20 Abs. 1 Bst. c DBG), den er in die B AG einlegt (Dreieckstheorie). Um eine Mehrfachbelastung bei ihm zu vermeiden, kann er jedoch die sogenannte «modifizierte Dreieckstheorie» beantragen. Danach entfällt beim Aktionär die Besteuerung einer Ausschüttung, sofern die Beteiligungsrechte an der begünstigten B AG nicht innert 5 Jahren veräussert werden. Damit eine Besteuerung im Nachsteuerverfahren (Art. 151 – 153 DBG) möglich ist, hat der Aktionär einen entsprechenden Revers einzureichen.

Verrechnungssteuer

Es liegt keine steuerneutrale Umstrukturierung nach Artikel 61 DBG vor. Artikel 5 Absatz 1 Buchstabe a VStG findet deshalb keine Anwendung. Die geldwerte Leistung von 200 (übertragene stille Reserven) unterliegt der Verrechnungssteuer (Art. 4 Abs. 1 Bst. b VStG; Art. 20 Abs. 1 VStV). Leistungsempfängerin und Rückerstattungsberechtigte ist aufgrund der Direktbegünstigungstheorie die B AG. Die Verzinsung des Verrechnungssteuerbetrages richtet sich nach Artikel 16 VStG.

Emissionsabgabe

Beteiligungsrechte, die in Durchführung von Beschlüssen über Spaltungen begründet oder erhöht werden, sind von der Emissionsabgabe ausgenommen (Art. 6 Abs. 1 Bst. a^{bis} StG).

Im vorliegenden Fall sind die Voraussetzungen für eine steuerneutrale Spaltung gemäss Artikel 61 Absatz 1 Buchstabe b DBG nicht erfüllt (Verkauf und keine Spaltung). Es ist dennoch keine Emissionsabgabe geschuldet, da keine Beteiligungsrechte begründet oder erhöht werden und die Vorteilszuwendung nicht vom Aktionär stammt (kein Zuschuss).

Umsatzabgabe

Die Umsatzabgabe ist nur dann betroffen, wenn die übertragende oder die übernehmende Gesellschaft Effektenhändler ist (Art. 13 Abs. 3 StG) und zusammen mit dem Betrieb steuerbare Urkunden (Art. 13 Abs. 2 StG) veräussert werden.

In diesem Fall wäre die Umsatzgabe auf dem anteiligen Verkaufspreis für die steuerbaren Urkunden geschuldet, da keine steuerneutrale Umstrukturierung vorliegt (Art. 14 Abs. 1 Bst. i StG i.V.m. Art. 61 DBG).

Nr. 12: Abspaltung einer Aktiengesellschaft; übertragene Vermögenswerte erfüllen das Betriebserfordernis nicht (Ziff. 4.3)

Herr Spalter ist Alleinaktionär der SPALTER AG. Die SPALTER AG soll in zwei Aktiengesellschaften aufgeteilt werden. Dabei werden die Immobilien auf die neue IMMO-SPALT AG abgespalten (Art. 29 Bst. b FusG). Die Hälfte des ausgewiesenen Eigenkapitals der SPALTER AG wird auf die neue IMMO-SPALT AG übertragen.

Ein Jahr nach der Spaltung verkauft Herr Spalter seine 100-prozentige Beteiligung an der IMMO-SPALT AG zu einem Preis von 9'000.

Schlussbilanz der SPALTER AG vor Spaltung

Produktionsbetrieb [1)]	10'000	Fremdkapital Produktionsbetrieb	5'000
Immobilien [2)]	10'000	Fremdkapital Immobilien	5'000
		Aktienkapital	1'000
		Offene Reserven	9'000
Total Aktiven	20'000	Total Passiven	20'000

1) unversteuerte stille Reserven: 2'000

2) unversteuerte stille Reserven: 3'000;
die Verwaltung der Immobilien stellt keinen Betrieb dar.

Direkte Bundessteuer *(Gewinnsteuer)*

SPALTER AG

Im vorliegenden Fall sind die Voraussetzungen für eine steuerneutrale Unternehmensteilung gemäss Artikel 61 Absatz 1 Buchstabe b DBG nicht erfüllt, da die übertragenen Vermögenswerte das Betriebserfordernis nicht erfüllen. Die übertragende SPALTER AG erbringt ihrer Schwestergesellschaft, der IMMO-SPALT AG, somit eine verdeckte Vorteilszuwendung von 3'000, die zu ihrem ausgewiesenen Reingewinn hinzuzurechnen ist (Art. 58 Abs. 1 Bst. c DBG).

IMMO-SPALT AG

Die übernehmende und begünstigte IMMO-SPALT AG kann entsprechende, als Gewinn versteuerte stille Reserven von 3'000 geltend machen.

Steuerbilanz der IMMO-SPALT AG nach der Spaltung

Immobilien	13'000	Fremdkapital Immobilien	5'000
		Aktienkapital	500
		Offene Reserven	4'500
		Versteuerte stille Reserven	3'000
Total Aktiven	13'000	Total Passiven	13'000

***Direkte Bundessteuer** (Einkommenssteuer: Einkünfte aus Beteiligungen im Privatvermögen)*

Herr Spalter

Die Voraussetzungen für eine steuerneutrale Spaltung (Art. 61 Abs. 1 Bst. b DBG) sind im vorliegenden Fall nicht erfüllt. Es liegt somit für Herrn Spalter als Gesellschafter keine steuerneutrale Vermögensumschichtung vor. Die Abspaltung der Immobilien ist als gewöhnliche Vorteilszuwendung zwischen verbundenen Unternehmen zu qualifizieren.

Herr Spalter erhält aus der Übertragung der offenen und stillen Reserven (4'500 und 3'000 = 7'500) grundsätzlich einen geldwerten Vorteil aus seiner Beteiligung an der SPALTER AG (Art. 20 Abs. 1 Bst. c DBG), den er in die IMMO-SPALT AG einlegt (Dreieckstheorie). Um eine Mehrfachbelastung bei ihm zu vermeiden, kann er jedoch die sogenannte «modifizierte Dreieckstheorie» beantragen. Danach entfällt beim Aktionär die Besteuerung einer Ausschüttung, sofern die Beteiligungsrechte an der begünstigten B AG nicht innert 5 Jahren veräussert werden. Damit eine Besteuerung im Nachsteuerverfahren (Art. 151 – 153 DBG) möglich ist, hat der Aktionär einen entsprechenden Revers einzureichen.

Im vorliegenden Fall verkauft Herr Spalter seine Beteiligung an der IMMO-SPALT AG innert 5 Jahren nach der Spaltung zum Preis von 9'000. Dieser Verkauf löst die Besteuerung der übertragenen offenen und stillen Reserven (4'500 + 3'000 = 7'500) beim Aktionär (Einkünfte aus Beteiligungen) aus. Die Besteuerung erfolgt gestützt auf einen Revers im Nachsteuerverfahren (Art. 151 – 153 DBG). Der restliche Teil des Verkaufserlöses (1'500) stellt einerseits einen steuerfreien privaten Kapitalgewinn (1'000) und andererseits Erlös für das übertragene Aktienkapital (500) dar.

Verrechnungssteuer

Es liegt keine steuerneutrale Umstrukturierung nach Artikel 61 DBG vor. Artikel 5 Absatz 1 Buchstabe a VStG findet deshalb keine Anwendung. Die geldwerte Leistung von 7'500 (die übertragenen offenen und stillen Reserven) unterliegt der Verrechnungssteuer (Art. 4 Abs. 1 Bst. b VStG; Art. 20 Abs. 1 VStV). Leistungsempfängerin und Rückerstattungsberechtigte ist aufgrund der Direktbegünstigungstheorie die IMMO-SPALT AG. Die Verzinsung des Verrechnungssteuerbetrages richtet sich nach Artikel 16 VStG.

Emissionsabgabe

Beteiligungsrechte, die in Durchführung von Beschlüssen über Spaltungen begründet oder erhöht werden, sind von der Emissionsabgabe ausgenommen (Art. 6 Abs. 1 Bst. a^{bis} StG).

Da keine gewinnsteuerneutrale Spaltung vorliegt, ist die Emissionsabgabe auf dem Nennwert von 500, abzüglich der Freigrenze nach Artikel 6 Absatz 1 Buchstabe h StG, geschuldet. Die Verzinsung des Abgabebetrages richtet sich nach Artikel 29 StG.

Nicht betroffene Steuer

- Umsatzabgabe.

Nr. 13: Aufspaltung einer Aktiengesellschaft; übertragene Vermögenswerte erfüllen das Betriebserfordernis nicht (Ziff. 4.3)

Herr Spalter ist Alleinaktionär der SPALTER AG. Die SPALTER AG soll in zwei neue Aktiengesellschaften aufgeteilt werden. Die Unternehmensteilung erfolgt durch Aufspaltung (Art. 29 Bst. a FusG). Der Produktionsbetrieb wird auf die neue PRODO AG übertragen. Die Immobilien werden auf die neue IMMO-SPALT AG übertragen. Die beiden neuen Gesellschaften übernehmen je die Hälfte des ausgewiesenen Eigenkapitals der aufgelösten SPALTER AG.

Ein Jahr nach der Spaltung verkauft Herr Spalter seine 100-prozentige Beteiligung an der IMMO-SPALT AG zu einem Preis von 9'000.

Schlussbilanz der SPALTER AG vor Spaltung

Produktionsbetrieb 1)	10'000	Fremdkapital Produktionsbetrieb	5'000
Immobilien 2)	10'000	Fremdkapital Immobilien	5'000
		Aktienkapital	1'000
		Offene Reserven	9'000
Total Aktiven	20'000	Total Passiven	20'000

1) unversteuerte stille Reserven: 2'000

2) unversteuerte stille Reserven: 3'000;
die Verwaltung der Immobilien stellt keinen Betrieb dar

Direkte Bundessteuer *(Gewinnsteuer)*

SPALTER AG

Im vorliegenden Fall sind die Voraussetzungen für eine steuerneutrale Unternehmensteilung gemäss Artikel 61 Absatz 1 Buchstabe b DBG nur teilweise erfüllt, da die auf eine der übernehmenden Gesellschaften (IMMO-SPALT AG) übertragenen Vermögenswerte das Betriebserfordernis nicht erfüllen. Die übertragende SPALTER AG realisiert einen Liquidationsgewinn im Umfang der auf die übernehmende IMMO-SPALT AG übertragenen stillen Reserven von 3'000 (Art. 58 Abs. 1 Bst. c DBG).

IMMO-SPALT AG

Die übernehmende und begünstigte IMMO-SPALT AG kann entsprechende, als Gewinn versteuerte stille Reserven von 3'000 geltend machen.

Steuerbilanz der IMMO-SPALT AG AG nach der Spaltung

Immobilien	13'000	Fremdkapital Immobilien	5'000
		Aktienkapital	500
		Offene Reserven	4'500
		Versteuerte stille Reserven	3'000
Total Aktiven	13'000	Total Passiven	13'000

PRODO AG

Für die PRODO AG ergeben sich keine Gewinnsteuerfolgen.

Direkte Bundessteuer *(Einkommenssteuer: Einkünfte aus Beteiligungen im Privatvermögen)*

Herr Spalter

Die Voraussetzungen für eine steuerneutrale Spaltung (Art. 61 Abs. 1 Bst. b DBG) sind im vorliegenden Fall nur teilweise erfüllt, da die auf eine der übernehmenden Gesellschaften (IMMO-SPALT AG) übertragenen Vermögenswerte das Betriebserfordernis nicht erfüllen. Für diesen Teil der Spaltung liegt für Herrn Spalter als Gesellschafter keine steuerneutrale Vermögensumschichtung vor.

Herr Spalter erhält aus der Aufspaltung aufgrund der Dreieckstheorie die offenen und stillen Reserven der SPALTER AG (4'500 und 3'000 = 7'500) und legt diese anschliessend in die IMMO-SPALT AG. Herr Spalter realisiert somit einen Teilliquidationsüberschuss aus seiner Beteiligung an der SPALTER AG (Art. 20 Abs. 1 Bst. c DBG). Um eine Mehrfachbelastung bei ihm zu vermeiden, kann er jedoch die sogenannte «modifizierte Dreieckstheorie» beantragen. Danach entfällt beim Aktionär die Besteuerung einer Ausschüttung, sofern die Beteiligungsrechte an der Gesellschaft, die keinen Betrieb weiterführt (IMMO-SPALT AG) nicht innert 5 Jahren veräussert werden. Damit eine Besteuerung im Nachsteuerverfahren (Art. 151 – 153 DBG) möglich ist, hat der Aktionär einen entsprechenden Revers einzureichen.

Im vorliegenden Fall verkauft Herr Spalter seine Beteiligung an der IMMO-SPALT AG innert 5 Jahren nach der Spaltung zum Preis von 9'000. Dieser Verkauf löst nachträglich die Besteuerung der auf die IMMO-SPALT AG übertragenen offenen und stillen Reserven (anteiliger Liquidationsüberschuss; 4'500 + 3'000 = 7'500) aus. Die Besteuerung erfolgt gestützt auf einen Revers im Nachsteuerverfahren (Art. 151 – 153 DBG). Der restliche Teil des Verkaufserlöses (1'500) stellt einerseits einen steuerfreien privaten Kapitalgewinn (1'000) und andererseits Erlös für das Aktienkapital (500) dar.

Verrechnungssteuer

Im vorliegenden Fall sind die Voraussetzungen für eine steuerneutrale Unternehmensteilung gemäss Artikel 61 Absatz 1 Buchstabe b DBG nur teilweise erfüllt, da die auf eine der übernehmenden Gesellschaften (IMMO-SPALT AG) übertragenen Vermögenswerte das Betriebserfordernis nicht erfüllen. Artikel 5 Absatz 1 Buchstabe a VStG findet deshalb ebenfalls nur teilweise Anwendung. Die geldwerte Leistung von 7'500 (die auf die Gesellschaft, welche das Betriebserfordernis nicht erfüllt, übertragenen offenen und stillen Reserven) unterliegt der Verrechnungssteuer (Art. 4 Abs. 1 Bst. b VStG; Art. 20 Abs. 1 VStV). Leistungsempfängerin und Rückerstattungsberechtigte ist aufgrund der Direktbegünstigungstheorie die IMMO-SPALT AG. Die Verzinsung des Verrechnungssteuerbetrages richtet sich nach Artikel 16 VStG.

Emissionsabgabe

Beteiligungsrechte, die in Durchführung von Beschlüssen über Spaltungen begründet oder erhöht werden, sind von der Emissionsabgabe ausgenommen (Art. 6 Abs. 1 Bst. a^{bis} StG).

Da keine gewinnsteuerneutrale Aufspaltung vorliegt, ist die Emissionsabgabe auf dem Nennwert der IMMO-SPALT AG von 500, abzüglich der Freigrenze nach Artikel 6 Absatz 1 Buchstabe h StG, geschuldet. Die Verzinsung des Abgabebetrages richtet sich nach Artikel 29 StG.

Nicht betroffene Steuer

- Umsatzabgabe.

Nr. 14: Abspaltung einer Aktiengesellschaft; übertragende Gesellschaft erfüllt das Betriebserfordernis nach der Spaltung nicht mehr (Ziff. 4.3)

Herr Spalter ist Alleinaktionär der SPALTER AG. Die SPALTER AG soll in zwei Aktiengesellschaften aufgeteilt werden. Dabei wird der Produktionsbetrieb auf die neue PRODO AG abgespalten (Art. 29 Bst. b FusG). Die Hälfte des ausgewiesenen Eigenkapitals der SPALTER AG wird auf die neue PRODO AG übertragen.

Ein Jahr nach der Spaltung verkauft Herr Spalter seine 100-prozentige Beteiligung an der SPALTER AG zu einem Preis von 9'000.

Schlussbilanz der SPALTER AG vor Spaltung

Produktionsbetrieb [1)]	10'000	Fremdkapital Produktionsbetrieb	5'000
Immobilien [2)]	10'000	Fremdkapital Immobilien	5'000
		Aktienkapital	1'000
		Offene Reserven	9'000
Total Aktiven	20'000	Total Passiven	20'000

1) unversteuerte stille Reserven: 2'000

2) unversteuerte stille Reserven: 3'000;
die Verwaltung der Immobilien stellt keinen Betrieb dar

Direkte Bundessteuer (Gewinnsteuer)

SPALTER AG

Im vorliegenden Fall sind die Voraussetzungen für eine steuerneutrale Unternehmensteilung gemäss Artikel 61 Absatz 1 Buchstabe b DBG nur teilweise erfüllt, da die übertragende Gesellschaft (SPALTER AG) das Betriebserfordernis nach der Abspaltung des Betriebes nicht mehr erfüllt. Die übertragende SPALTER AG realisiert aufgrund der wirtschaftlichen (ergebnisorientierten) Betrachtungsweise einen Liquidationsgewinn im Umfang der bei ihr verbleibenden stillen Reserven von 3'000 (Umkehrschluss aus Art. 61 Abs. 1 Bst. b i.V.m. Art. 58 Abs. 1 Bst. c DBG).

Steuerbilanz der SPALTER AG nach der Spaltung

Immobilien	13'000	Fremdkapital Immobilien	5'000
		Aktienkapital	500
		Offene Reserven	4'500
		Versteuerte stille Reserven	3'000
Total Aktiven	13'000	Total Passiven	13'000

PRODO AG

Für die PRODO AG ergeben sich keine Gewinnsteuerfolgen.

Direkte Bundessteuer *(Einkommenssteuer: Einkünfte aus Beteiligungen im Privatvermögen)*

Herr Spalter

Die Voraussetzungen für eine steuerneutrale Spaltung (Art. 61 Abs. 1 Bst. b DBG) sind im vorliegenden Fall nur teilweise erfüllt, da die übertragende Gesellschaft (SPALTER AG) das Betriebserfordernis nach der Spaltung nicht mehr erfüllt. Für diesen Teil der Spaltung liegt für Herrn Spalter als Gesellschafter keine steuerneutrale Vermögensumschichtung vor.

Herr Spalter erhält aus der Abspaltung aufgrund der wirtschaftlichen (ergebnisorientierten) Auslegung von Spaltungsvorgängen die offenen und stillen Reserven der SPALTER AG (4'500 und 3'000 = 7'500) und legt diese anschliessend wieder in die SPALTER AG (mit der neuen Funktion als Vermögensverwaltungsgesellschaft) ein. Herr Spalter realisiert somit einen Teilliquidationsüberschuss aus seiner Beteiligung an der SPALTER AG (Art. 20 Abs. 1 Bst. c DBG). Um eine Mehrfachbelastung bei ihm zu vermeiden, kann er jedoch die sogenannte «modifizierte Dreieckstheorie» beantragen. Danach entfällt beim Aktionär die Besteuerung einer Ausschüttung, sofern die Beteiligungsrechte an der Gesellschaft, die keinen Betrieb weiterführt (SPALTER AG), nicht innert 5 Jahren veräussert werden. Damit eine Besteuerung im Nachsteuerverfahren (Art. 151 – 153 DBG) möglich ist, hat der Aktionär einen entsprechenden Revers einzureichen.

Im vorliegenden Fall verkauft Herr Spalter seine Beteiligung an der SPALTER AG innert 5 Jahren nach der Spaltung zum Preis von 9'000. Dieser Verkauf löst die Besteuerung der verbleibenden offenen und stillen Reserven (reinvestierter Liquidationsüberschuss; 4'500 + 3'000 = 7'500) aus. Die Besteuerung erfolgt gestützt auf einen Revers im Nachsteuerverfahren (Art. 151 – 153 DBG). Der restliche Teil des Verkaufserlöses (1'500) stellt einerseits einen steuerfreien privaten Kapitalgewinn (1'000) und andererseits Erlös für das Aktienkapital (500) dar.

Verrechnungssteuer

Es liegt keine steuerneutrale Umstrukturierung nach Artikel 61 DBG vor. Artikel 5 Absatz 1 Buchstabe a VStG findet deshalb keine Anwendung. Die Verrechnungssteuer stellt jedoch - im Unterschied zur direkten Bundessteuer - auf den zivilrechtlichen Vorgang (Abspaltung des Betriebes) ab. Die geldwerte Leistung von 6'500 (die auf die PRODO AG übertragenen offenen und stillen Reserven) unterliegt der Verrechnungssteuer (Art. 4 Abs. 1 Bst. b VStG; Art. 20 Abs. 1 VStV). Leistungsempfängerin und Rückerstattungsberechtigte ist aufgrund der Direktbegünstigungstheorie die PRODO AG. Die Verzinsung des Verrechnungssteuerbetrages richtet sich nach Artikel 16 VStG.

Emissionsabgabe

Beteiligungsrechte, die in Durchführung von Beschlüssen über Spaltungen begründet oder erhöht werden, sind von der Emissionsabgabe ausgenommen (Art. 6 Abs. 1 Bst. a^{bis} StG).

Die Emissionsabgabe stellt - im Unterschied zur direkten Bundessteuer - auf die Begründung der neuen Beteiligungsrechte (Abspaltung des Betriebes) ab.

Da keine gewinnsteuerneutrale Spaltung vorliegt, ist die Emissionsabgabe auf dem Nennwert der PRODO AG von 500, abzüglich der Freigrenze nach Artikel 6 Absatz 1 Buchstabe h StG, geschuldet. Die Verzinsung des Abgabebetrages richtet sich nach Artikel 29 StG.

Nicht betroffene Steuer

- Umsatzabgabe.

Nr. 15: Übertragung eines Gegenstandes des betrieblichen Anlagevermögens auf eine inländische Enkelgesellschaft (Ziff. 4.4.1)

Die MUTTER AG (Stammhaus mit Produktion) verkauft ein Patent zum Buchwert (= Gewinnsteuerwert) von 100 an ihre Enkelgesellschaft, die ENKEL AG, deren Beteiligungsrechte von der TOCHTER AG gehalten werden. Der Verkehrswert des Patentes beträgt 300. Das Patent bildet Gegenstand des betrieblichen Anlagevermögens der ENKEL AG.

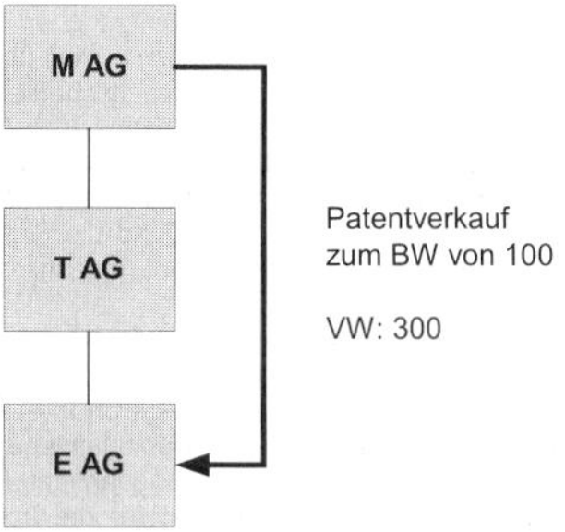

Die Bilanzen der MUTTER AG und der TOCHTER AG präsentieren sich vor der Transaktion wie folgt:

Bilanz der MUTTER AG

Patent X [1)]	100	Fremdkapital	600
Beteiligung TOCHTER AG [2)]	200	Aktienkapital	100
Übrige Aktiven	700	Reserven	300
Total Aktiven	1'000	Total Passiven	1'000

1) unversteuerte stille Reserven: 200

2) Gewinnsteuerwert und Gestehungskosten: 200

Bilanz der TOCHTER AG

Beteiligung ENKEL AG [1)]	300	Fremdkapital	300
Übrige Aktiven	500	Aktienkapital	200
		Reserven	300
Total Aktiven	800	Total Passiven	800

1) Gewinnsteuerwert und Gestehungskosten: 300

Direkte Bundessteuer *(Gewinnsteuer)*

MUTTER AG

Verdeckte Kapitaleinlagen durch die Übertragung von Gegenständen des betrieblichen Anlagevermögens zum Gewinnsteuerwert auf eine inländische Tochtergesellschaft sind steuerneutral, sofern die fünfjährige Veräusserungssperrfrist für die übertragenen Vermögenswerte und die Beteiligungsrechte an der Tochtergesellschaft eingehalten wird.
Der Gewinnsteuerwert und die Gestehungskosten der Beteiligung an der TOCHTER AG bleiben unverändert, sofern die fünfjährige Veräusserungssperrfrist für die übertragenen Vermögenswerte und die Beteiligungsrechte an der Tochtergesellschaft eingehalten wird.

Eine Sperrfristverletzung führt nach Artikel 61 Absatz 2 DBG zu einer – allenfalls anteilsmässigen – Besteuerung der übertragenen stillen Reserven. Die Steuer wird im Nachsteuerverfahren (Art. 151-153 DBG) erhoben. Der Gewinnsteuerwert und die Gestehungskosten der Beteiligung an der TOCHTER AG werden entsprechend erhöht (Investition).

TOCHTER AG

Die TOCHTER AG leitet die erhaltene verdeckte Kapitaleinlage an ihre Tochtergesellschaft, die ENKEL AG, weiter. Auch für sie ist diese verdeckte Kapitaleinlage steuerneutral. Der Gewinnsteuerwert und die Gestehungskosten der Beteiligung an der ENKEL AG werden nicht erhöht, sofern die fünfjährige Veräusserungssperrfrist für die übertragenen Vermögenswerte und die Beteiligungsrechte an der Tochtergesellschaft eingehalten wird.

Im Falle einer Sperrfristverletzung kann die TOCHTER AG im Umfang der Nachbesteuerung bei der MUTTER AG eine versteuerte stille Reserve auf ihrer Beteiligung an der ENKEL AG geltend machen. Der Gewinnsteuerwert und die Gestehungskosten der Beteiligung an der ENKEL AG werden entsprechend erhöht (Investition).

ENKEL AG

Der Gewinnsteuerwert des erworbenen Patentes entspricht dem Buchwert (= Erwerbspreis) von 100.

Im Falle einer Sperrfristverletzung kann die ENKEL AG im Umfang der Nachbesteuerung bei der MUTTER AG eine versteuerte stille Reserve auf dem erworbenen Patent geltend machen.

Emissionsabgabe

Die Ausgliederung von Betrieben oder Teilbetrieben sowie von Gegenständen des betrieblichen Anlagevermögens auf eine Tochter- bzw. Enkelgesellschaft (Art. 61 Abs. 1 Bst. d DBG) gilt als Umstrukturierung und ist von der Emissionsabgabe ausgenommen (Art. 6 Abs. 1 Bst. a^{bis} StG).

Bei Verletzung der im DBG vorgesehenen Veräusserungssperrfrist bei der Ausgliederung von Betrieben oder Teilbetrieben sowie von Gegenständen des betrieblichen Anlagevermögens (Art. 61 Abs. 2 DBG) ist die Emissionsabgabe anteilsmässig auf dem hier vorliegenden Zuschuss geschuldet. Die Abgabeforderung wird 30 Tage nach Verletzung der Sperrfrist zur Zahlung fällig. Die Verzinsung des Abgabebetrages richtet sich nach Artikel 29 StG.

Abgabeschuldnerin bei einer Sperrfristverletzung ist die ENKEL AG.

Nicht betroffene Steuern

- Direkte Bundessteuer (Einkommenssteuer: Einkünfte aus Beteiligungen im Privatvermögen);
- Verrechnungssteuer;
- Umsatzabgabe.

Nr. 16: Ausgliederung von Gegenständen des betrieblichen Anlagevermögens (Ziff. 4.4.1)

Die A AG gründet eine Tochtergesellschaft (B AG) und überträgt ihre Patente zum Buchwert von 400 auf die neue Gesellschaft (Sacheinlage: 100; Verkauf: 300). Die B AG ist eine Patentverwertungsgesellschaft mit eigenem Personal und Marktauftritt. Die Patente bilden Gegenstand des betrieblichen Anlagevermögens der B AG.

Ausgangslage

A AG			
Finanzanlagen	100	Fremdkapital	500
Betrieb	500	Aktienkapital	200
Patente [1]	400	Reserven	300
Total Aktiven	1'000	Total Passiven	1'000

1) stille Reserven 600

Die B AG wird wie folgt finanziert:

- AK 100
- Fremdkapital A AG 100
- Fremdkapital Dritte 200

Die A AG verwendet 200 des Verkaufserlöses zur Rückzahlung von Fremdkapital.

Zielstruktur

A AG			
Finanzanlagen	100	Fremdkapital	300
Betrieb	500	Aktienkapital	200
Beteiligung B AG [1]	100	Reserven	300
Debitor B AG	100		
Total Aktiven	800	Total Passiven	800

100%

B AG			
Patente [2]	400	Fremdkapital	200
		Kreditor A AG	100
		Aktienkapital	100
Total Aktiven	400	Total Passiven	400

1) Gestehungskosten 100

2) stille Reserven 600

Variante A

Zwei Jahre nach der Gründung der B AG verkauft die A AG 60% ihrer Beteiligung an der B AG zum Preis von 500 und macht auf dem Kapitalgewinn den Beteiligungsabzug geltend.

Direkte Bundessteuer *(Gewinnsteuer)*

Der Verkauf der 60-prozentigen Beteiligung an der B AG führt nach Artikel 61 Absatz 2 DBG bei der A AG zu einer anteilsmässigen Besteuerung der übertragenen stillen Reserven. Die Steuer wird im Nachsteuerverfahren (Art. 151-153 DBG) erhoben.

Die A AG weist in ihrem Abschluss (Verkaufsjahr) folgenden Kapitalgewinn aus:

Verkaufserlös für 60-%ige Beteiligung an B AG	500
./. Buchwert für 60-%ige Beteiligung an B AG	- 60
Realisierter Kapitalgewinn	440

Für die A AG ergeben sich folgende Gewinnsteuerfolgen im Nachsteuerverfahren:

60% der übertragenen stillen Reserven von 600	360

In der Steuerbilanz der B AG kann eine entsprechende versteuerte stille Reserve geltend gemacht werden.

B AG			
Patente [1)]	760	Fremdkapital	200
		Kreditor A AG	100
		Aktienkapital	100
		Verst. st. Reserve	360
Total Aktiven	760	Total Passiven	760

1) Unversteuerte stille Reserven 240

Für die A AG ergeben sich folgende Gewinnsteuerfolgen im ordentlichen Veranlagungsverfahren:

Verkaufserlös für 60-%ige Beteiligung an B AG	500
./. Berichtigter Gewinnsteuerwert für 60-%ige Beteiligung an B AG (60% von 700 oder anteiliger Buchwert von 60 zuzüglich anteilige besteuerte stille Reserven von 360)	- 420
Realisierter Kapitalgewinn mit Beteiligungsabzug	80

Emissionsabgabe

Die Ausgliederung von Betrieben oder Teilbetrieben sowie von Gegenständen des betrieblichen Anlagevermögens auf eine Tochtergesellschaft (Art. 61 Abs. 1 Bst. d DBG) gilt als Umstrukturierung und ist von der Emissionsabgabe ausgenommen (Art. 6 Abs. 1 Bst. a^{bis} StG).

Bei Verletzung der im DBG vorgesehenen Veräusserungssperrfrist bei der Ausgliederung von Betrieben oder Teilbetrieben sowie von Gegenständen des betrieblichen Anlagevermögens (Art. 61 Abs. 2 DBG) ist die Emissionsabgabe anteilsmässig auf dem Verkehrswert des übertragenen Aktivenüberschusses (Aktienkapital, offene Reserven und Gewinnvortrag sowie stille Reserven inkl. Goodwill), abzüglich einer allfälligen Freigrenze nach Artikel 6 Absatz 1 Buchstabe h StG, geschuldet. Die Abgabeforderung wird 30 Tage nach Verletzung der Sperrfrist zur Zahlung fällig. Die Verzinsung des Abgabebetrages richtet sich nach Artikel 29 StG.

Abgabeschuldnerin bei einer Sperrfristverletzung ist die B AG.

Nicht betroffene Steuern

- Direkte Bundessteuer (Einkommenssteuer: Einkünfte aus Beteiligungen im Privatvermögen);
- Verrechnungssteuer;
- Umsatzabgabe.

Variante B

Ein Jahr nach der Gründung erhöht die B AG ihr Kapital unter Ausschluss der Bezugsrecht der A AG von 100 auf 200. Die neuen Aktien werden von der Y AG durch Sacheinlage vo Patenten im Wert von 700 liberiert. Die B AG aktiviert diese Sacheinlage zum bisherige Buchwert bei der Y AG von 500.

Direkte Bundessteuer *(Gewinnsteuer)*

Die A AG veräussert in diesem Fall keine Beteiligungsrechte an der durch Ausgliederun gegründeten B AG. Auch die Aufgabe der Beherrschung führt nicht zu einer nachträgliche Abrechnung über die übertragenen stillen Reserven auf den Patenten.

Sowohl für die Y AG wie für die A AG liegt eine steuerneutrale Ausgliederung vor.

Emissionsabgabe

Die Ausgliederung von Betrieben oder Teilbetrieben sowie von Gegenständen des betriebl chen Anlagevermögens auf eine Tochtergesellschaft (Art. 61 Abs. 1 Bst. d DBG) gilt al Umstrukturierung und ist von der Emissionsabgabe ausgenommen (Art. 6 Abs. 1 Bst. a StG).

Die Kapitalerhöhung der B AG stellt auch für die Emissionsabgabe keine Sperrfristverletzun dar. Auch die Aufgabe der Beherrschung führt nicht zu einer nachträglichen Erhebung de Emissionsabgabe.

Nicht betroffene Steuern

- Direkte Bundessteuer (Einkommenssteuer: Einkünfte aus Beteiligungen im Privatvermögen);
- Verrechnungssteuer;
- Umsatzabgabe.

Nr. 17: Ausgliederung von Beteiligungen (Ziff. 4.4.2)

Die A AG überträgt ihre 30-prozentige Beteiligung an der X AG zum Buchwert von 100 an ihre Tochtergesellschaft, die B AG.

Ausgangslage

A AG			
Finanzanlagen	400	Fremdkapital	300
Beteiligung B AG	500	Aktienkapital	100
Beteiligung X AG (30%)	100	Reserven	600
Total Aktiven	1'000	Total Passiven	1'000

100%

B AG			
Beteiligungen	900	Fremdkapital	400
		Aktienkapital	200
		Reserven	300
Total Aktiven	900	Total Passiven	900

Variante A

Die Beteiligung der A AG an der X AG wird zum Buchwert von 100 (= Gewinnsteuerwert und Gestehungskosten) als Sacheinlage auf die B AG (Sitz in der Schweiz) übertragen. Sie ist eine Neubeteiligung. Ihr Verkehrswert beträgt 400.

Die Beteiligung der A AG an der B AG (Sitz in der Schweiz) hat Gestehungskosten von 700. Sie ist eine Neubeteiligung. Ihr Buchwert entspricht dem Gewinnsteuerwert und dem Verkehrswert.

Die Zielstruktur sieht zivilrechtlich wie folgt aus:

Zielstruktur

A AG			
Finanzanlagen	400	Fremdkapital	300
Beteiligung B AG	*600*	Aktienkapital	100
		Reserven	600
Total Aktiven	1'000	Total Passiven	1'000

100%

B AG			
Beteiligungen	900	Fremdkapital	400
Beteiligung X AG	*100*	Aktienkapital	200
		Reserven	300
		Agio (X AG)	*100*
Total Aktiven	1'000	Total Passiven	1'000

Direkte Bundessteuer *(Gewinnsteuer)*

Die Beteiligung der A AG an der B AG übernimmt die Funktion, den Gewinnsteuerwert und die Gestehungskosten der bisher direkt gehaltenen Beteiligung an der X AG. Der Verkehrswert der Beteiligung der A AG an der B AG beträgt neu 900. Allerdings besteht jetzt der Wertberichtigungsbedarf auf der Beteiligung an der B AG nicht mehr. Die Abschreibung von 200 gilt deshalb als wiedereingebracht und ist Bestandteil des steuerbaren Reingewinnes (ohne Beteiligungsabzug). Der Buchwert der Beteiligung der A AG an der B AG beträgt nach der Ausgliederung 600. Der Gewinnsteuerwert und die Gestehungskosten betragen 800.

Beteiligungen der A AG vor der Beteiligungsübertragung

Beteiligung	**Gestehungskosten**	**Gewinnsteuerwert**	**Verkehrswert**
Neu-Beteiligung B AG	700	500	500
Neu-Beteiligung X AG	100	100	400
Total	800	600	900

Beteiligung der A AG an der B AG nach der Beteiligungsübertragung (**vor Aufrechnung** nach Art. 62 Abs. 4 DBG).

Beteiligung	**Gestehungskosten**	**Gewinnsteuerwert**	**Verkehrswert**
Neu-Beteiligung B AG	800	600	900
Total	800	600	900

Durch die Übertragung der Beteiligung an der X AG auf die B AG entsteht ein Anwendungsfall von Artikel 62 Absatz 4 DBG. Die seinerzeitige Abschreibung auf der Beteiligung an der B AG von 200 gilt als wiedereingebracht und ist Bestandteil des steuerbaren Reingewinnes der A AG (ohne Beteiligungsabzug). Die A AG hält nach der Ausgliederung nur noch die Beteiligung an der B AG. Der Gewinnsteuerwert und die Gestehungskosten dieser Beteiligung betragen nach der Aufrechnung der wiedereingebrachten Abschreibung 800.

Beteiligung der A AG an der B AG nach der Beteiligungsübertragung (**nach Aufrechnung** gemäss Art. 62 Abs. 4 DBG).

Beteiligung	**Gestehungskosten**	**Gewinnsteuerwert**	**Verkehrswert**
Neu-Beteiligung B AG	800	800	900
Total	800	800	900

Emissionsabgabe

Die Ausgliederung einer Beteiligung von mindestens 20 Prozent am Grund- oder Stammkapital einer anderen Kapitalgesellschaft oder Genossenschaft auf eine Tochtergesellschaft gilt als steuerneutrale Umstrukturierung und ist von der Emissionsabgabe ausgenommen (bisheriger Begriff: „horizontale Spaltung"; Art. 6 Abs. 1 Bst. a^{bis} StG). Eine diesbezügliche Veräusserungssperrfrist besteht nicht.

Umsatzabgabe

Beteiligungsübertragungen auf eine in- oder ausländische Konzerngesellschaft sind von der Umsatzabgabe ausgenommen (Art. 14 Abs. 1 Bst. j StG). Für die Umsatzabgabe wird im FusG keine Differenzierung zwischen Tochtergesellschaften und Konzerngesellschaften gemacht.

Nicht betroffene Steuern

- Direkte Bundessteuer (Einkommenssteuer: Einkünfte aus Beteiligungen im Privatvermögen);
- Verrechnungssteuer.

Variante B

Die Beteiligung der A AG an der X AG wird zum Buchwert von 100 (= Gewinnsteuerwert und Verkehrswert) als Sacheinlage auf die B AG (Sitz in der Schweiz) übertragen. Ihre Gestehungskosten belaufen sich auf 300. Sie ist eine Neubeteiligung.

Die Beteiligung der A AG an der B AG (Sitz in der Schweiz) hat Gestehungskosten von 500 (= Gewinnsteuerwert). Ihr Verkehrswert beträgt 700.

Die Zielstruktur sieht zivilrechtlich wie folgt aus:

Zielstruktur

A AG			
Finanzanlagen	400	Fremdkapital	300
Beteiligung B AG	*600*	Aktienkapital	100
		Reserven	600
Total Aktiven	1'000	Total Passiven	1'000

100%

B AG			
Beteiligungen	900	Fremdkapital	400
Beteiligung X AG	*100*	Aktienkapital	200
		Reserven	300
		Agio (X AG)	*100*
Total Aktiven	1'000	Total Passiven	1'000

Direkte Bundessteuer *(Gewinnsteuer)*

Die Beteiligung der A AG an der B AG übernimmt die Funktion, den Gewinnsteuerwert und die Gestehungskosten der bisher direkt gehaltenen Beteiligung an der X AG. Der Verkehrswert der Beteiligung der A AG an der B AG beträgt neu 800. Dadurch gilt die seinerzeitige Abschreibung von 200 auf der Beteiligung an der X AG als wiedereingebracht und ist Bestandteil des steuerbaren Reingewinnes (ohne Beteiligungsabzug). Der Buchwert der Beteiligung der A AG an der B AG beträgt nach der Ausgliederung 600. Der Gewinnsteuerwert und die Gestehungskosten betragen 800.

Die B AG hält nach der Ausgliederung neu eine Beteiligung an der X AG. Der Buchwert, der Gewinnsteuerwert, die Gestehungskosten sowie der Verkehrswert dieser Beteiligung betragen 100.

Beteiligungen der A AG vor der Beteiligungsübertragung

Beteiligung	Gestehungskosten	Gewinnsteuerwert	Verkehrswert
Neu-Beteiligung B AG	500	500	700
Neu-Beteiligung X AG	300	100	100
Total	800	600	800

Beteiligung der A AG an der B AG nach der Beteiligungsübertragung (**vor Aufrechnung** nach Art. 62 Abs. 4 DBG).

Beteiligung	Gestehungskosten	Gewinnsteuerwert	Verkehrswert
Neu-Beteiligung B AG	800	600	800
Total	800	600	800

Durch die Übertragung der Beteiligung an der X AG auf die B AG entsteht ein Anwendungsfall von Artikel 62 Absatz 4 DBG. Die seinerzeitige Abschreibung auf der Beteiligung an der X AG von 200 gilt als wiedereingebracht und ist Bestandteil des steuerbaren Reingewinnes der A AG (ohne Beteiligungsabzug). Die A AG hält nach der Ausgliederung nur noch die Beteiligung an der B AG. Der Gewinnsteuerwert und die Gestehungskosten dieser Beteiligung betragen nach der Aufrechnung der wiedereingebrachten Abschreibung 800.

Beteiligung der A AG an der B AG nach der Beteiligungsübertragung (**nach Aufrechnung** gemäss Art. 62 Abs. 4 DBG).

Beteiligung	Gestehungskosten	Gewinnsteuerwert	Verkehrswert
Neu-Beteiligung B AG	800	800	800
Total	800	800	800

Übrige Steuern

Für die übrigen in diesem Kreisschreiben behandelten Steuern des Bundes ergeben sich die gleichen Folgen wie nach der Variante A.

Nr. 18: Verkauf einer Beteiligung an die Tochtergesellschaft (Ziff. 4.4.2)

Die MUTTER AG verkauft ihre Beteiligung an der X AG zum Buchwert (=Gewinnsteuerwert) von 200 an ihre Tochtergesellschaft, die TOCHTER AG.

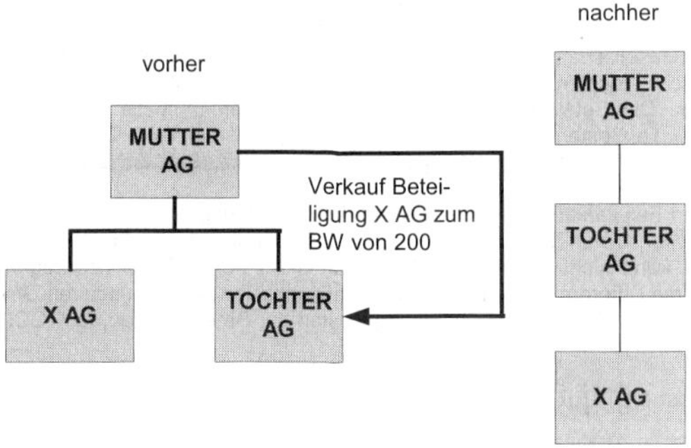

Die Bilanz der MUTTER AG präsentiert sich vor dem Verkauf wie folgt:

Bilanz der MUTTER AG

Beteiligung X AG [1)]	200	Fremdkapital	600
Beteiligung TOCHTER AG [2)]	100	Aktienkapital	100
Übrige Aktiven	700	Reserven	300
Total Aktiven	1'000	Total Passiven	1'000

1) Neu-Beteiligung; Gewinnsteuerwert: 200; Gestehungskosten: 300; Verkehrswert: 200

2) Alt-Beteiligung; Gewinnsteuerwert und Gestehungskosten: 100; Verkehrswert: 300

Direkte Bundessteuer *(Gewinnsteuer)*

MUTTER AG

Da keine stille Reserven auf der X-Beteiligung vorhanden sind, stellt sich die Realisationsfrage nicht. Es ist aber das Gestehungskostenproblem zu lösen.

Die Übertragung einer Beteiligung von mindestens 20 Prozent am Grund- oder Stammkapital einer anderen Gesellschaft oder Genossenschaft (Art. 70 Abs. 4 Bst. b DBG) auf eine in- oder ausländische Tochtergesellschaft (Sub-Holding) kann steuerneutral zum Gewinnsteuerwert erfolgen. Die Beteiligung an der Sub-Holding übernimmt die Funktion, den Gewinnsteuerwert, die Gestehungskosten sowie die übergangsrechtliche Qualifikation der bisher direkt gehaltenen Beteiligung (KS der ESTV Nr. 9 vom 9.7.1998, Ziff. 2.5.3e und 3.3.4e).

Im vorliegenden Fall verkauft die MUTTER AG ihre Beteiligung an der X AG zum Buchwert (= Gewinnsteuerwert) von 200 an ihre Tochtergesellschaft, die TOCHTER AG. Der Gewinnsteuerwert kann nicht auf die Beteiligung an der TOCHTER AG übertragen werden. Hingegen wird die Differenz zwischen den Gestehungskosten und dem tieferen Gewinnsteuerwert (300 ./. 200 = 100) auf die Gestehungskosten der Beteiligung an der TOCHTER AG übertragen.

Beteiligungen der MUTTER AG vor dem Beteiligungsverkauf

Beteiligung	**Gestehungskosten**	**Gewinnsteuerwert**	**Verkehrswert**
Neu-Beteiligung X AG	300	200	200
Alt-Beteiligung TOCHTER AG	100	100	300
Total	400	300	500

Beteiligung der MUTTER AG an der TOCHTER AG nach dem Beteiligungsverkauf (**vor Aufrechnung** nach Art. 62 Abs. 4 DBG).

Beteiligung	**Gestehungskosten**	**Gewinnsteuerwert**	**Verkehrswert**
Alt-Beteiligung TOCHTER AG	200	100	300
Total	200	100	300

Durch die Übertragung der Beteiligung an der X AG auf die TOCHTER AG entsteht somit ein Anwendungsfall von Artikel 62 Absatz 4 DBG. Die seinerzeitige Abschreibung auf der Beteiligung an der X AG gilt als wiedereingebracht und ist Bestandteil des steuerbaren Reingewinnes der MUTTER AG (ohne Beteiligungsabzug). Die MUTTER AG hält nach der Ausgliederung nur noch die Beteiligung an der TOCHTER AG. Der Gewinnsteuerwert und die Gestehungskosten dieser Beteiligung betragen nach der Aufrechnung der wiedereingebrachten Abschreibung 200.

Übergangsrechtlich tritt durch den Verkauf unter den Gestehungskosten und die Besteuerung der wiedereingebrachten Abschreibung - gleich wie bei einer Ausgliederung - ein Verdoppelungseffekt ein. Bei der Beteiligung der TOCHTER AG an der X AG handelt es sich um eine Neu-Beteiligung und auch die Beteiligung der MUTTER AG an der TOCHTER AG wird im Umfang der wiedereingebrachten Abschreibung zu einer Neu-Beteiligung.

Beteiligung der MUTTER AG an der TOCHTER AG nach dem Beteiligungsverkauf (**nach Aufrechnung** gemäss Art. 62 Abs. 4 DBG).

Beteiligung	Gestehungskosten	Gewinnsteuerwert	Verkehrswert
Alt-Beteiligung TOCHTER AG	100	100	200
Neu-Beteiligung TOCHTER AG	100	100	100
Total	200	200	300

Mit dieser Lösung wird sichergestellt, dass die wiedereingebrachte Abschreibung bei derjenigen Gesellschaft zur Besteuerung gelangt, bei der sie seinerzeit auch den Gewinn reduziert hat.

TOCHTER AG

Bei der erwerbenden Gesellschaft (Sub-Holding) entsprechen der Gewinnsteuerwert und die Gestehungskosten der erworbenen Beteiligung dem abgeschriebenen Wert (bisheriger Gewinnsteuerwert = Verkehrswert). Die Beteiligung der TOCHTER AG an der X AG ist eine Neu-Beteiligung.

Emissionsabgabe

Die Ausgliederung einer Beteiligung von mindestens 20 Prozent am Grund- oder Stammkapital einer anderen Kapitalgesellschaft oder Genossenschaft auf eine Tochtergesellschaft gilt als Umstrukturierung und ist von der Emissionsabgabe ausgenommen (bisheriger Begriff: „horizontale Spaltung“; Art. 6 Abs. 1 Bst. a^{bis} StG). Eine diesbezügliche Veräusserungssperrfrist besteht nicht.

Umsatzabgabe

Beteiligungsübertragungen auf eine in- oder ausländische Konzerngesellschaft sind von der Umsatzabgabe ausgenommen (Art. 14 Abs. 1 Bst. j StG). Für die Umsatzabgabe wird im FusG keine Differenzierung zwischen Tochtergesellschaften und Konzerngesellschaften gemacht.

Nicht betroffene Steuern

- Direkte Bundessteuer (Einkommenssteuer: Einkünfte aus Beteiligungen im Privatvermögen);
- Verrechnungssteuer.

Nr. 19: Übertragung eines Gegenstandes des betrieblichen Anlagevermögens auf die inländische Grossmuttergesellschaft (Ziff. 4.5)

Die TOCHTER AG verkauft einen Gegenstand des betrieblichen Anlagevermögens zum Buchwert (= Gewinnsteuerwert) von 100 an ihre Grossmuttergesellschaft, die GROSSMUTTER AG. Der Verkehrswert beträgt 300. Der Gegenstand bildet Bestandteil des betrieblichen Anlagevermögens der GROSSMUTTER AG. Die Muttergesellschaft der TOCHTER AG, die MUTTER AG, weist einen Vorjahresverlust von 150 aus, der bei der Berechnung des steuerbaren Reingewinnes noch nicht berücksichtigt werden konnte. Der ausgewiesene Verlust der MUTTER AG im Geschäftsjahr des Verkaufs beträgt 50.

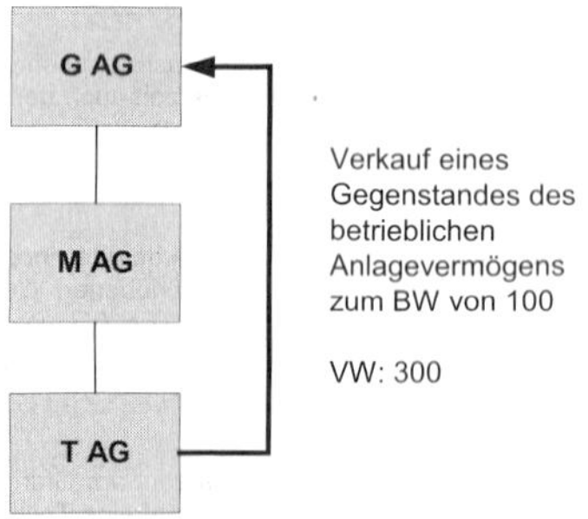

Variante A

Die Bilanz der MUTTER AG präsentiert sich vor dem Verkauf wie folgt:

Bilanz der MUTTER AG

Beteiligung TOCHTER AG [1]	300	Fremdkapital	300
Übrige Aktiven	500	Aktienkapital	200
Verlustvortrag	150	Reserven	450
Total Aktiven	950	Total Passiven	950

1) Gewinnsteuerwert, Gestehungskosten und Verkehrswert: 300

Direkte Bundessteuer *(Gewinnsteuer)*

TOCHTER AG

Da es sich beim verkauften Gegenstand um betriebliches Anlagevermögen der übernehmenden Gesellschaft handelt, liegt eine steuerneutrale Vermögensübertragung im Konzern vor (Art. 61 Abs. 3 DBG).

MUTTER AG

Durch die Vorteilszuwendung der TOCHTER AG an die GROSSMUTTER AG hat die MUTTER AG einen Abschreibungsbedarf von 200 auf ihrer Beteiligung an der TOCHTER AG. Die Abschreibung auf der Beteiligung an der TOCHTER AG ist auf eine steuerneutrale Desinvestition zurückzuführen, weshalb die Abschreibung steuerlich nicht geltend gemacht werden kann. Die Gestehungskosten der Beteiligung an der TOCHTER AG werden aber um 200 reduziert. Der Verlustvortrag der MUTTER AG bleibt in der Höhe von 150 bestehen.

Die MUTTER AG hat eine verobjektivierte fünfjährige Veräusserungssperrfrist betreffend die Beteiligung an der TOCHTER AG einzuhalten (Art. 61 Abs. 4 DBG).

GROSSMUTTER AG

Die GROSSMUTTER AG nimmt den Gegenstand zu den Anschaffungskosten von 100 (= Gewinnsteuerwert) in die Bilanz auf.

Falls sich ein Abschreibungsbedarf auf der Beteiligung an der MUTTER AG ergeben würde, wäre dieser auf eine steuerneutrale Desinvestition zurückzuführen. Die handelsrechtlich vorzunehmende Abschreibung könnte deshalb steuerlich nicht geltend gemacht werden. Die Gestehungskosten der Beteiligung an der MUTTER AG würden aber herabgesetzt. (vgl. Steuerfolgen bei der MUTTER AG).

Die GROSSMUTTER AG hat eine verobjektivierte fünfjährige Veräusserungssperrfrist betreffend den übertragenen Gegenstand und der Beteiligung an der MUTTER AG einzuhalten (Art. 61 Abs. 4 DBG).

Verrechnungssteuer

Die Übertragung von Gegenständen des betrieblichen Anlagevermögens auf eine inländische Konzerngesellschaft ist von der Verrechnungssteuer ausgenommen (Art. 5 Abs. 1 Bst. a VStG). Die fünfjährige Veräusserungssperrfrist gilt auch für die Verrechnungssteuer (Verweis in Art. 5 Abs. 1 Bst. a VStG auf Art. 61 DBG).

Nicht betroffene Steuern

- Direkte Bundessteuer (Einkommenssteuer: Einkünfte aus Beteiligungen im Privatvermögen);
- Emissionsabgabe;
- Umsatzabgabe.

Variante B

Die Bilanz der MUTTER AG präsentiert sich vor der Transaktion wie folgt:

Bilanz der MUTTER AG

Beteiligung TOCHTER AG 1)	100	Fremdkapital	200
Übrige Aktiven	500	Aktienkapital	200
Verlustvortrag	150	Reserven	350
Total Aktiven	750	Total Passiven	750

1) Gewinnsteuerwert und Gestehungskosten: 100; Verkehrswert: 500

Direkte Bundessteuer *(Gewinnsteuer)*

TOCHTER AG

Da es sich beim verkauften Gegenstand um betriebliches Anlagevermögen der übernehmenden Gesellschaft handelt, liegt eine steuerneutrale Vermögensübertragung im Konzern vor (Art. 61 Abs. 3 DBG).

MUTTER AG

Im Unterschied zur Variante A sind hier 400 stille Reserven auf der Beteiligung an der TOCHTER AG zu verzeichnen, so dass sich kein handelsrechtlicher Abschreibungsbedarf ergibt. Die Transaktion bleibt deshalb ohne Steuerfolgen auf der Ebene der MUTTER AG. Der Verlustvortrag wird nicht konsumiert.

Die MUTTER AG hat eine verobjektivierte fünfjährige Veräusserungssperrfrist betreffend die Beteiligung an der TOCHTER AG einzuhalten (Art. 61 Abs. 4 DBG).

GROSSMUTTER AG

Wie Variante A.

Übrige Steuern

Für die übrigen in diesem Kreisschreiben behandelten Steuern des Bundes ergeben sich die gleichen Folgen wie nach der Variante A.

Nr. 20: Übertragung eines Gegenstandes des betrieblichen Anlagevermögens auf eine inländische Schwestergesellschaft (Ziff. 4.5)

Die A AG verkauft ein Patent an ihre Schwestergesellschaft B AG zum Buchwert (= Gewinnsteuerwert) von 100. Der Verkehrswert des Patentes beträgt 400. Das Patent bildet Gegenstand des betrieblichen Anlagevermögens der B AG. Alleinaktionärin der beiden Gesellschaften ist die AB-Holding AG.

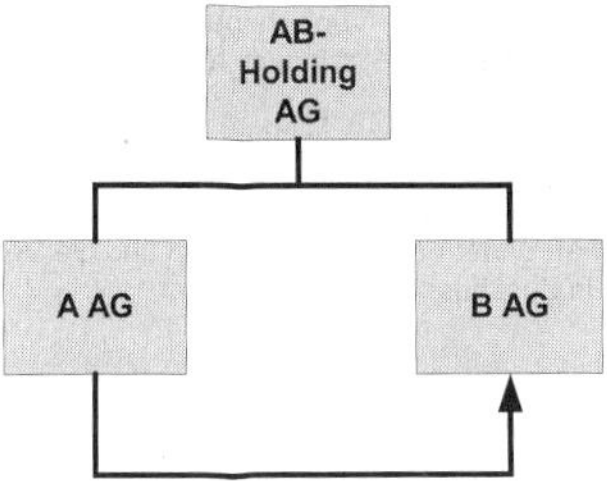

Patentverkauf
zum BW von 100

VW: 400

Direkte Bundessteuer *(Gewinnsteuer)*

A AG

Im vorliegenden Fall sind die Voraussetzungen für eine steuerneutrale Spaltung gemäss Artikel 61 Absatz 1 Buchstabe b DBG nicht erfüllt (Nichterfüllung des Betriebserfordernisses und Übertragung durch Verkauf). Da es sich beim übertragenen Patent um betriebliches Anlagevermögen der übernehmenden Gesellschaft handelt, liegt jedoch eine steuerneutrale Vermögensübertragung im Konzern vor (Art. 61 Abs. 3 DBG).

B AG

Die B AG nimmt das Patent zu den Anschaffungskosten von 100 (=Gewinnsteuerwert) in die Bilanz auf.

Die B AG hat eine verobjektivierte fünfjährige Veräusserungssperrfrist betreffend das erhaltende Patent einzuhalten (Art. 61 Abs. 4 DBG).

AB-Holding AG

Für die AB Holding AG gilt aufgrund des Massgeblichkeitsprinzips zwingend die Anwendung der modifizierten Dreieckstheorie.

Sie hat eine verobjektivierte fünfjährige Veräusserungssperrfrist betreffend die Beteiligungen an der A AG und der B AG einzuhalten (Art. 61 Abs. 4 DBG).

Verletzt die AB Holding AG die Veräusserungssperrfrist (Aufgabe der einheitlichen Leitung), ergeben sich für sie selbst dadurch jedoch keine Steuerfolgen (Folgen einer Sperrfristverletzung: vgl. Beispiel Nr. 24 hienach).

Verrechnungssteuer

Die Übertragung von Gegenständen des betrieblichen Anlagevermögens auf eine inländische Konzerngesellschaft ist von der Verrechnungssteuer ausgenommen (Art. 5 Abs. 1 Bst. a VStG). Die Veräusserungssperrfrist gilt auch für die Verrechnungssteuer.

Emissionsabgabe

Auch bei Verletzung der Veräusserungssperrfrist ist keine Emissionsabgabe geschuldet, da keine Beteiligungsrechte begründet oder erhöht werden und die Vorteilszuwendung nicht von der Aktionärin stammt (kein Zuschuss).

Nicht betroffene Steuern

- Direkte Bundessteuer (Einkommenssteuer: Einkünfte aus Beteiligungen im Privatvermögen);
- Umsatzabgabe.

Nr. 21: Übertragung einer indirekt gehaltenen Beteiligung auf die inländische Muttergesellschaft (Ziff. 4.5)

Die D AG und die E AG halten je 5% der Beteiligungsrechte an der X AG. Die D AG und die E AG sind unter der einheitlichen Leitung der A AG, einer schweizerischen Gesellschaft, zusammengefasst. Die A AG hält ihrerseits 90% der Beteiligungsrechte an der X AG.

Die D AG und die E AG verkaufen ihre je 5%-igen Beteiligungen an der X AG an die A AG zum Gewinnsteuerwert von je 500. Der Verkehrswert dieser Beteiligungen beträgt je 2'000.

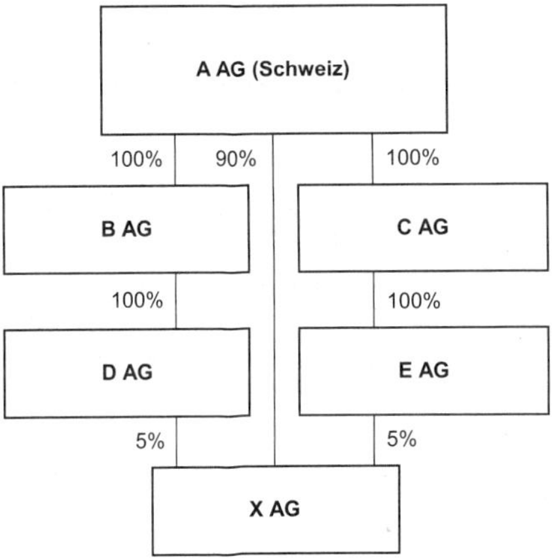

Direkte Bundessteuer *(Gewinnsteuer)*

D AG und E AG

Die übertragenden Gesellschaften (D AG und E AG) sind unter der einheitlichen Leitung der A AG zusammengefasst. Auch die übernehmende A AG ist eine inländische Gesellschaft. Es handelt sich somit um Konzerngesellschaften im Sinne von Artikel 61 Absatz 3 DBG.

Zwischen inländischen Konzerngesellschaften können auch Beteiligungen von weniger als 20 Prozent am Grund- oder Stammkapital einer anderen Kapitalgesellschaft oder Genossenschaft steuerneutral übertragen werden, sofern unter der einheitlichen Leitung eine direkte oder indirekte Beteiligung von mindestens 20 Prozent am Grund- oder Stammkapital dieser Gesellschaft besteht (Art. 61 Abs. 3 DBG).

Die A AG ist direkt und indirekt zu 100% an der X AG beteiligt. Die D AG und die E AG können deshalb ihre Beteiligungen von je 5% an der X AG steuerneutral zu den Gewinnsteuerwerten an die A AG verkaufen.

A AG

Die A AG hat eine verobjektivierte fünfjährige Veräusserungssperrfrist betreffend die erhaltenen Beteiligungsrechte an der X AG einzuhalten. Im weiteren muss die einheitliche Leitung der übertragenden D AG und E AG durch die A AG während fünf Jahren bestehen bleiben (Art. 61 Abs. 4 DBG).

Verrechnungssteuer

Die Übertragung von Beteiligungen auf eine inländische Konzerngesellschaft i.S. von Artikel 61 Absatz 3 DBG ist von der Verrechnungssteuer ausgenommen (Art. 5 Abs. 1 Bst. a VStG).

Bei Verletzung der im DBG vorgesehenen Veräusserungssperrfrist (Art. 61 Abs. 4 DBG) ist die Verrechnungssteuer geschuldet.

Umsatzabgabe

Die Umsatzabgabe ist nur dann betroffen, wenn die übertragende oder die übernehmende Gesellschaft Effektenhändler ist (Art. 13 Abs. 3 StG).

Der Erwerb oder die Veräusserung von steuerbaren Urkunden im Rahmen von Übertragungen von direkt oder indirekt gehaltenen Beteiligungen von mindestens 20 Prozent am Grund- oder Stammkapital anderer Gesellschaften auf eine inländische Konzerngesellschaft (Art. 61 Abs. 3 DBG) sind von der Umsatzabgabe ausgenommen (Art. 14 Abs. 1 Bst. j StG; vgl. dazu die Ausführungen zur direkten Bundessteuer betr. D AG und E AG).

Nicht betroffene Steuern

- Direkte Bundessteuer (Einkommenssteuer: Einkünfte aus Beteiligungen im Privatvermögen);
- Emissionsabgabe.

Nr. 22: Übertragung einer Beteiligung auf eine ausländische Konzerngesellschaft (Ziff. 4.5)

Innerhalb eines britischen Konzerns verkauft die Kapitalgesellschaft CH-2 im Jahr 2007 ihre 100%ige Beteiligung an einer I-AG an die ausländische Konzerngesellschaft NL-AG zum Buchwert von 70. Die Gestehungskosten betragen ebenfalls 70. Der Verkehrswert beträgt 100.

Variante 1: Die NL-AG ist eine 100%ige Tochtergesellschaft der CH-2 AG.

Variante 2: Die NL-AG ist eine 100%ige Tochtergesellschaft der CH-1 AG.

Variante 3: Die NL-AG ist eine 100%ige Tochtergesellschaft der CH-3 AG.

Variante 4: Die NL-AG ist eine 100%ige Tochtergesellschaft der GB-AG.

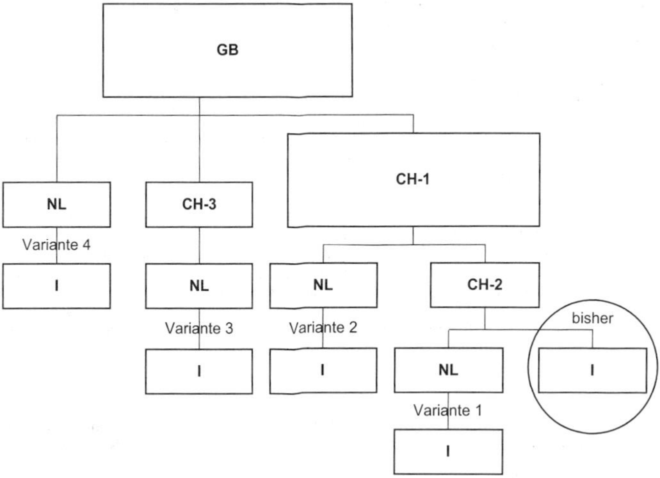

Direkte Bundessteuer *(Gewinnsteuer)*

Bei der ***Variante 1*** findet eine Übertragung einer Beteiligung auf eine ausländische Tochtergesellschaft statt (steuerneutraler Austauschtatbestand). Eine Veräusserungssperrfrist besteht bei dieser reinen Beteiligungsausgliederung nicht.

Bei den ***Varianten 2 und 3*** findet eine Übertragung einer Beteiligung auf eine ausländische Konzerngesellschaft statt, die ihrerseits von einer schweizerischen Konzerngesellschaft beherrscht wird (CH-1 bzw. CH-3).

Direkt oder indirekt gehaltene Beteiligungen von mindestens 20 Prozent am Grund- oder Stammkapital einer anderen Gesellschaft können nach Artikel 61 Absatz 3 DBG steuerneutral auf andere inländische Konzerngesellschaften übertragen werden. Dabei ist nicht erforderlich, dass die einheitliche Leitung von einer schweizerischen Gesellschaft ausgeübt wird. Erforderlich ist lediglich, dass es sich bei der übernehmenden Gesellschaft um eine inländische Konzerngesellschaft handelt und die Sperrfrist nach Artikel 61 Absatz 4 DBG eingehalten wird. Sofern die stille Reserve auf der Beteiligung an der I-AG von 30 vollständig auf die Beteiligung der CH-1 bzw. der CH-3 an der NL-AG übertragen wird (Verdoppelungseffekt) und erhalten bleibt, kann die Übertragung steuerneutral erfolgen.

Es ergeben sich folgende Veräusserungssperrfristen nach Artikel 61 Absatz 4 DBG:

Sperrfrist bei Variante 2: Betreffend die übertragene und ausgegliederte Beteiligung an der I AG besteht eine Veräusserungssperrfrist für die CH-1 auf ihrer Beteiligung an der NL AG (indirekt für die ausgegliederte Beteiligung an der I AG) und für die NL AG auf ihrer Beteiligung an der I AG. Die Sperrfrist bezüglich der einheitlichen Leitung besteht für die CH-1 für ihre übertragende Tochtergesellschaft CH-2.

Sperrfrist bei Variante 3: Betreffend die übertragene und ausgegliederte Beteiligung an der I AG besteht eine Veräusserungssperrfrist für die CH-3 auf ihrer Beteiligung an der NL AG (indirekt für die ausgegliederte Beteiligung an der I AG) und für die NL AG auf ihrer Beteiligung an der I AG. Die Sperrfrist bezüglich der einheitlichen Leitung besteht für die GB für ihre Konzerngesellschaften CH-2 (übertragende Gesellschaft) und CH-3 (übernehmende und ausgliedernde Gesellschaft).

Bei der ***Variante 4*** wird die stille Reserve auf der Beteiligung an der I-AG auf eine ausländische Konzerngesellschaft übertragen, die von einer ausländischen Gesellschaft beherrscht wird. Die latente Steuerlast (mit Beteiligungsabzug) in der Schweiz wird aufgehoben. Eine steuerneutrale Übertragung ist deshalb nicht möglich. Die stille Reserve auf der übertragenen Beteiligung wird als Kapitalgewinn realisiert (Beteiligungsertrag nach Art. 70 Abs. 4 DBG). Bis am 31. Dezember 2006 ist eine solche Übertragung nach Artikel 207a Absatz 3 DBG mit Steueraufschub und nachträglicher Besteuerung als Beteiligungsertrag möglich (BGE vom 6.1.2004; wird publiziert).

Verrechnungssteuer

Die Übertragung von Beteiligungen auf eine inländische Konzerngesellschaft ist von der Verrechnungssteuer ausgenommen, sofern die Reserven und Gewinne als Verrechnungssteuersubstrat erhalten bleiben (Art. 5 Abs. 1 Bst. a VStG i.V.m. Art. 61 Abs. 3 DBG).

Die Übertragung einer Beteiligung zum Buch- bzw. Gewinnsteuerwert auf eine ausländische Konzerngesellschaft kann verrechnungssteuerfrei erfolgen, soweit das übertragene Verrechnungssteuersubstrat vollständig bei einer inländischen Gesellschaft erhalten bleibt. Dies ist dann der Fall, wenn die ausländische Konzerngesellschaft direkt oder indirekt von einer schweizerischen Muttergesellschaft beherrscht wird.

Dies ist bei den ***Varianten 1, 2 und 3*** der Fall.

Bei ***Variante 4*** ist die Verrechungssteuer geschuldet. Leistungsempfängerin und Rückerstattungsberechtigte ist aufgrund der Direktbegünstigungstheorie die NL-AG.

Umsatzabgabe

Die Umsatzabgabe ist nur dann betroffen, wenn die übertragende oder die übernehmende Gesellschaft Effektenhändler ist (Art. 13 Abs. 3 StG).

Die Übertragung von Beteiligungen von mindestens 20 Prozent am Grund- oder Stammkapital anderer Gesellschaften auf eine ausländische Konzerngesellschaft ist von der Umsatzabgabe ausgenommen (Art. 14 Abs. 1 Bst. j StG).

Nicht betroffene Steuern

- Direkte Bundessteuer (Einkommenssteuer: Einkünfte aus Beteiligungen im Privatvermögen);
- Emissionsabgabe.

Nr. 23: Übertragung einer Beteiligung auf die Muttergesellschaft (Ziff. 4.5)

Variante A: Übertragung durch Ausschüttung

Die TOCHTER AG überträgt ihre 100-%ige Beteiligung an der X AG als Naturaldividende zum Buchwert (= Gewinnsteuerwert) von 100 auf ihre Muttergesellschaft, die MUTTER AG. Die Beteiligung an der X AG ist eine Alt-Beteiligung. Ihre Gestehungskosten betragen 300.

Der Verkehrswert der Beteiligung an der X AG beträgt 700.

Aufgrund der Übertragung der Beteiligung an der X AG muss die MUTTER AG ihre Beteiligung an der TOCHTER AG um 100 abschreiben.

Die MUTTER AG hat noch nicht verrechnete Vorjahresverluste von 600.

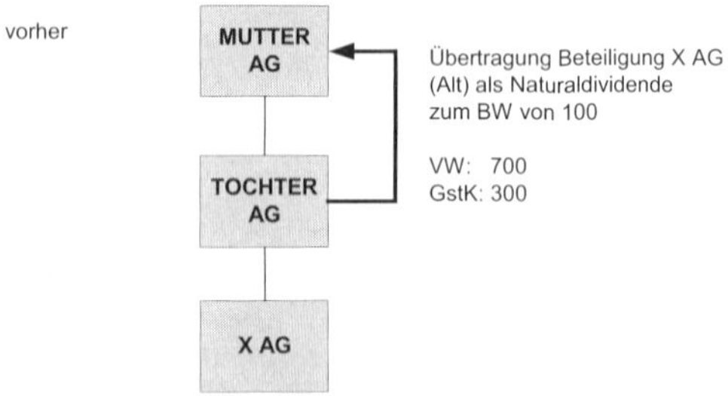

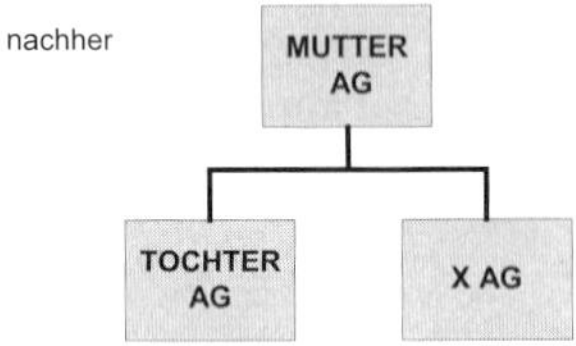

Direkte Bundessteuer *(Gewinnsteuer)*

TOCHTER AG

Die Übertragung einer Beteiligung auf die Muttergesellschaft stellt einen Entnahmetatbestand dar. Eine solche Beteiligungsübertragung führt grundsätzlich zu einer Realisation der stillen Reserven. Die Gewährung des Beteiligungsabzuges richtet sich nach den Artikeln 69, 70 und 207a DBG.

Die Übertragung einer Beteiligung auf die Muttergesellschaft stellt keine Ab- oder Aufspaltung nach Artikel 61 Absatz 1 Buchstabe b DBG (Abspaltung) dar. Eine Auf- oder Abspaltung liegt nur dann vor, wenn eine Gesellschaft in zwei Parallel- oder Schwestergesellschaften aufgeteilt wird.

Hingegen sind die Bedingungen für eine steuerneutrale Vermögensübertragung im Konzern erfüllt (Art. 61 Abs. 3 DBG).

Die TOCHTER AG hat ihre Beteiligung an der X AG um 200 abgeschrieben (Gestehungskosten: 300 ./. Gewinnsteuerwert: 100). Diese Abschreibung ist offensichtlich nicht mehr begründet (Verkehrswert: 700) und muss zum ausgewiesenen Reingewinn hinzugerechnet werden (Art. 62 Abs. 4 DBG).

Die MUTTER AG hat eine verobjektivierte fünfjährige Veräusserungssperrfrist betreffend die Beteiligung an der X AG und die Beteiligung an der TOCHTER AG einzuhalten.

Eine Verletzung der Veräusserungssperrfrist hat für die TOCHTER AG folgende Konsequenzen:

Die TOCHTER AG erbringt eine verdeckte Gewinnausschüttung an die MUTTER AG im Betrag von 600 (Verkehrswert: 700 ./. verbuchte Naturaldividende: 100), die zum ausgewiesenen Reingewinn hinzuzurechnen ist (Art. 58 Abs. 1 Bst. b DBG). Da die wiedereingebrachte Abschreibung auf der Beteiligung an der X AG von 200 bereits erfasst wurde, beträgt die Aufrechnung im Nachsteuerverfahren (Art. 151-153 DBG) noch 400. Bei der Beteiligung an der X AG handelt es sich um eine Alt-Beteiligung. Für den noch aufzurechnenden Teil der verdeckten Gewinnausschüttung von 400 (Verkehrswert: 700 ./. Gestehungskosten: 300 = Wertzuwachs) kann der Beteiligungsabzug deshalb nicht beansprucht werden.

MUTTER AG

Die MUTTER AG verbucht einen Beteiligungsertrag (Naturaldividende) von 100, der zum Beteiligungsabzug berechtigt. Dieser Beteiligungsertrag ist um die wiedereingebrachte und auf die MUTTER AG übertragene Abschreibung von 200 (versteuerte stille Reserve auf der Beteiligung an der X AG) auf 300 zu erhöhen. Die Gestehungskosten und der Gewinnsteuerwert der Beteiligung der MUTTER AG an der X AG betragen ebenfalls 300.

Dem Beteiligungsertrag von 300 steht ein Abschreibungsbedarf auf der Beteiligung an der TOCHTER AG von 100 gegenüber, der auf eine Substanzdividende zurückzuführen ist. Die Abschreibung von 100 ist deshalb mit dem Beteiligungsertrag von 300 zu verrechnen (Art. 70 Abs. 3 DBG). Die Gestehungskosten der Beteiligung an der TOCHTER AG werden ebenfalls um 100 reduziert (Desinvestition).

Die noch nicht verrechneten Vorjahresverluste von 600 reduzieren sich um den nach der Verrechnung mit der Beteiligungsabschreibung verbleibenden Beteiligungsertrag von 200 auf 400 (Annahme: keine anderen Nettoerträge).

Die MUTTER AG hat eine verobjektivierte fünfjährige Veräusserungssperrfrist betreffend der Beteiligung an der X AG und der Beteiligung an der TOCHTER AG einzuhalten.

Eine Verletzung der Veräusserungssperrfrist hat für die MUTTER AG folgende Konsequenzen:

Im Nachsteuerverfahren (Art. 151-153 DBG) werden die übertragenen unversteuerten stillen Reserven besteuert. Die MUTTER AG erzielt einen zusätzlichen Ertrag im Umfang dieser stillen Reserven auf der Beteiligung an der X AG von 400. Da diese verdeckte Gewinnausschüttung bei der TOCHTER AG besteuert wird, stellt der zusätzliche Ertrag bei der MUTTER AG Beteiligungsertrag dar, der zum Beteiligungsabzug berechtigt. Im vorliegenden Fall wird der Beteiligungsertrag jedoch vorab mit den noch nicht verrechneten Vorjahresverlusten verrechnet.

Die Gestehungskosten der Beteiligung an der TOCHTER AG bleiben unverändert, da sie bereits im Zeitpunkt der Beteiligungsübertragung um 100 reduziert wurden (Desinvestition).

Der Gewinnsteuerwert der Beteiligung an der X AG erhöht sich von 300 um die nachbesteuerten stillen Reserven von 400 auf 700.

Die Beteiligung an der X AG wird für die MUTTER AG durch die steuerliche Abrechnung zu einer Neu-Beteiligung. Deren Gestehungskosten belaufen sich auf 700.

Verrechnungssteuer

Die Übertragung einer Beteiligung auf eine inländische Konzerngesellschaft ist von der Verrechnungssteuer ausgenommen (Art. 5 Abs. 1 Bst. a VStG).

Bei Verletzung der im DBG vorgesehenen Veräusserungssperrfrist (Art. 61 Abs. 4 DBG) ist die Verrechnungssteuer geschuldet.

Umsatzabgabe

Die Umsatzabgabe ist nur dann betroffen, wenn die übertragende oder die übernehmende Gesellschaft Effektenhändler ist (Art. 13 Abs. 3 StG) und steuerbare Urkunden veräussert werden (Art. 13 Abs. 2 StG).

Im vorliegenden Fall wird die Beteiligung unentgeltlich übertragen. Es ist deshalb mangels Entgeld keine Umsatzabgabe geschuldet.

Nicht betroffene Steuern

- Direkte Bundessteuer (Einkommenssteuer: Einkünfte aus Beteiligungen im Privatvermögen);
- Emissionsabgabe.

Variante B: Übertragung durch Verkauf

Die TOCHTER AG verkauft ihre 100-%ige Beteiligung an der X AG zum Buchwert (= Gewinnsteuerwert) von 300 an ihre Muttergesellschaft, die MUTTER AG. Die Beteiligung an der X AG ist eine Alt-Beteiligung. Ihre Gestehungskosten betragen 300.

Der Verkehrswert der Beteiligung an der X AG beträgt 700.

Aufgrund der Übertragung der Beteiligung an der X AG muss die MUTTER AG ihre Beteiligung an der TOCHTER AG um 200 abschreiben.

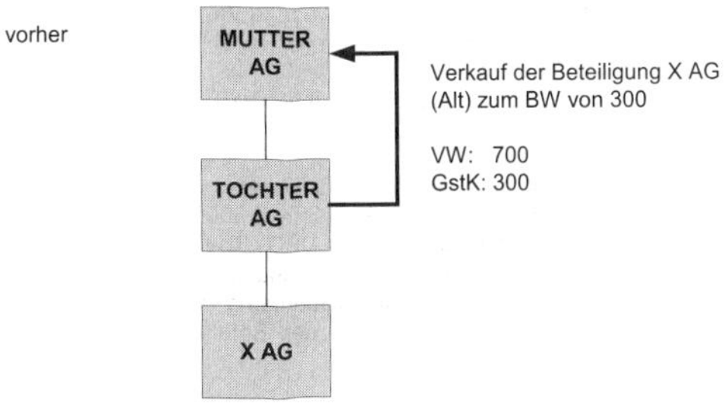

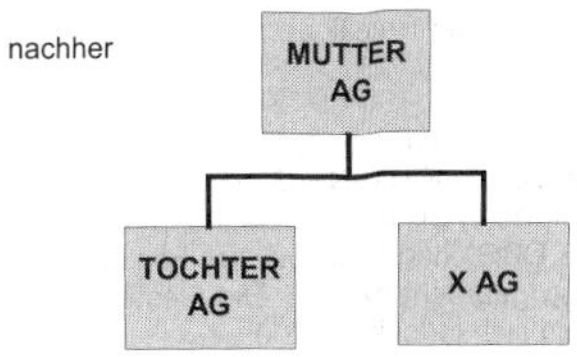

Direkte Bundessteuer *(Gewinnsteuer)*

TOCHTER AG

Die Übertragung einer Beteiligung auf die Muttergesellschaft stellt einen Entnahmetatbestand dar. Eine solche Beteiligungsübertragung führt grundsätzlich zu einer Realisation der stillen Reserven. Die Gewährung des Beteiligungsabzuges richtet sich nach den Artikeln 69, 70 und 207a DBG.

Der Verkauf einer Beteiligung an die Muttergesellschaft stellt keine Ab- oder Aufspaltung nach Artikel 61 Absatz 1 Buchstabe b DBG (Abspaltung) dar. Hingegen sind die Bedingungen für eine steuerneutrale Vermögensübertragung im Konzern erfüllt (Art. 61 Abs. 3 DBG).

Die MUTTER AG hat eine verobjektivierte fünfjährige Veräusserungssperrfrist betreffend die Beteiligung an der X AG und die Beteiligung an der TOCHTER AG einzuhalten.

Eine Verletzung der Veräusserungssperrfrist hat für die TOCHTER AG folgende Konsequenzen:

Die TOCHTER AG erbringt eine verdeckte Gewinnausschüttung an die MUTTER AG im Betrag von 400 (Verkehrswert: 700 ./. Verkaufspreis: 300), die zum ausgewiesenen Reingewinn hinzuzurechnen ist (Art. 58 Abs. 1 Bst. b DBG). Die Aufrechnung erfolgt im Nachsteuerverfahren (Art. 151-153 DBG). Bei der Beteiligung an der X AG handelt es sich um eine Alt-Beteiligung. Für die verdeckte Gewinnausschüttung von 400 (Verkehrswert: 700 ./. Gestehungskosten: 300 = Wertzuwachs) kann der Beteiligungsabzug deshalb nicht beansprucht werden.

MUTTER AG

Die MUTTER AG aktiviert den Kaufpreis für die Beteiligung an der X AG. Die Gestehungskosten und der Gewinnsteuerwert der Beteiligung der MUTTER AG an der X AG betragen 300. Die übergangsrechtliche Qualifikation der Beteiligung an der X AG (Alt-Beteiligung) wird auf die MUTTER AG übertragen.

Der unterpreisliche Verkauf der Beteiligung an der X AG führt zu einem Abschreibungsbedarf auf der Beteiligung an der übertragenden TOCHTER AG von 200. Die Abschreibung ist auf eine steuerneutrale Desinvestition der MUTTER AG zurückzuführen (steuerneutrale verdeckte Substanzdividende; Art. 61 Abs. 3 DBG) und kann bei der Festsetzung des steuerbaren Reingewinnes deshalb nicht in Abzug gebracht werden. Die Gestehungskosten der Beteiligung an der TOCHTER AG reduzieren sich jedoch um 200.

Die MUTTER AG hat eine verobjektivierte fünfjährige Veräusserungssperrfrist betreffend der Beteiligung an der X AG und der Beteiligung an der TOCHTER AG einzuhalten.

Eine Verletzung der Veräusserungssperrfrist hat für die MUTTER AG folgende Konsequenzen:

Im Nachsteuerverfahren (Art. 151-153 DBG) werden die übertragenen unversteuerten stillen Reserven besteuert. Die MUTTER AG erzielt einen zusätzlichen Ertrag im Umfang dieser stillen Reserven auf der Beteiligung an der X AG von 400. Da diese verdeckte Gewinnausschüttung bei der TOCHTER AG besteuert wird, stellt der zusätzliche Ertrag bei der MUTTER AG Beteiligungsertrag dar, der zum Beteiligungsabzug berechtigt.

Die Gestehungskosten der Beteiligung an der TOCHTER AG bleiben unverändert, da sie bereits im Zeitpunkt der Beteiligungsübertragung um 200 reduziert wurden (Desinvestition).

Der Gewinnsteuerwert der Beteiligung an der X AG erhöht sich von 300 um die nachbesteuerten stillen Reserven von 400 auf 700.

Die Beteiligung an der X AG wird für die MUTTER AG durch die steuerliche Abrechnung zu einer Neu-Beteiligung. Deren Gestehungskosten belaufen sich auf 700.

Verrechnungssteuer

Wie Variante A.

Umsatzabgabe

Die Umsatzabgabe ist nur dann betroffen, wenn die übertragende oder die übernehmende Gesellschaft Effektenhändler ist (Art. 13 Abs. 3 StG) und steuerbare Urkunden übertragen werden (Art. 13 Abs. 2 StG).

Die Übertragung von Beteiligungen von mindestens 20 Prozent am Grund- oder Stammkapital anderer Gesellschaften auf eine inländische Konzerngesellschaft ist von der Umsatzabgabe ausgenommen (Art. 14 Abs. 1 Bst. j StG).

Nicht betroffene Steuern

- Direkte Bundessteuer (Einkommenssteuer: Einkünfte aus Beteiligungen im Privatvermögen);
- Emissionsabgabe.

Nr. 24: Veräusserungssperrfrist bei der Übertragung eines Betriebes auf eine andere inländische Konzerngesellschaft (Ziff. 4.5)

Die A AG und die B AG sind 100%-ige Tochtergesellschaften der AB Holding AG.

Die A AG verkauft den Betrieb I für 200 (= Aktivenüberschuss zu Gewinnsteuerwerten) an die B AG.

Ausgangslage

AB Holding AG (Kanton A)			
Beteiligung A	100	Aktienkapital	200
Beteiligung B	100		

100% (A AG) 100% (B AG)

A AG (Kanton B)			
Betrieb I [1]	200	FK	50
Finanz-Anlagen	200	AK	100
		Reserven	250

B AG (Kanton C)			
Betrieb II	400	FK	300
Patente	600	AK	200
		Reserven	500

1) Gewinnsteuerwert: 200; unversteuerte stille Reserven: 100

Varianten

a) 3 Jahre später verkauft die B AG den Betrieb I für 350 an Dritte.

b) 3 Jahre später verkauft die AB Holding AG 40% ihrer Beteiligung an der B AG für 400 an Dritte.

c) 3 Jahre später verkauft die AB Holding AG 60% ihrer Beteiligung an der B AG für 600 an Dritte.

d) 3 Jahre später verkauft die AB Holding AG die Beteiligung an der A AG für 450 an Dritte.

Direkte Bundessteuer *(Gewinnsteuer)*

Im vorliegenden Fall sind die Voraussetzungen für eine steuerneutrale Spaltung nach Artikel 61 Absatz 1 Buchstabe b DBG, für die neu keine Veräusserungssperrfrist mehr gilt, nicht erfüllt (Nichterfüllung des Betriebserfordernisses, da bei der A AG kein Betrieb verbleibt und Übertragung durch Verkauf). Da aber ein Betrieb zwischen inländischen Gesellschaften unter der einheitlichen Leitung einer anderen Gesellschaft übertragen wird, liegt jedoch eine steuerneutrale Vermögensübertragung im Konzern vor (Art. 61 Abs. 3 DBG).

A AG

a) Es liegt eine Sperrfristverletzung nach Artikel 61 Absatz 4 DBG vor (Weiterveräusserung der übertragenen Vermögenswerte). Die übertragenen stillen Reserven von 100 unterliegen der Gewinnsteuer im Nachsteuerverfahren.

b) Die B AG steht nach dem Verkauf von 40% ihrer Beteiligungsrechte immer noch unter der einheitlichen Leitung der AB Holding AG. Es liegt keine Sperrfristverletzung vor.

c) Bei einem Verkauf von 60% der Beteiligungsrechte an der B AG wird die einheitliche Leitung aufgegeben. Es liegt eine Sperrfristverletzung nach Artikel 61 Absatz 4 DBG vor. Die übertragenen stillen Reserven von 100 unterliegen der Gewinnsteuer im Nachsteuerverfahren. Eine anteilsmässige Besteuerung der stillen Reserven ist nicht möglich. Bei der Aufgabe der einheitlichen Leitung erfolgt immer eine vollständige Besteuerung der gesamten übertragenen stillen Reserven (vgl. Ziff. 4.5.2.17).

d) Auch bei einem Verkauf der Beteiligung der AB Holding AG an der übertragenden Gesellschaft (A AG) liegt eine Aufgabe der einheitlichen Leitung vor und damit eine Sperrfristverletzung vor. Die übertragenen stillen Reserven von 100 unterliegen der Gewinnsteuer im Nachsteuerverfahren.

B AG

Die B AG hat eine verobjektivierte fünfjährige Veräusserungssperrfrist betreffend den erworbenen Betrieb I einzuhalten (Art. 61 Abs. 4 DBG).

a) Die B AG hat die Veräusserungssperrfrist verletzt. Sie kann auf dem Betrieb I eine versteuerte stille Reserve von 100 geltend machen. Demzufolge unterliegt der Kapitalgewinn von 150 nur im Umfang von 50 der Gewinnsteuer.
b) Es liegt keine Sperrfristverletzung vor. Für die B AG ergeben sich keine Steuerfolgen.
c) Die B AG kann auf dem Betrieb I eine versteuerte stille Reserve von 100 geltend machen.
d) Die B AG kann auf dem Betrieb I eine versteuerte stille Reserve von 100 geltend machen.

AB-Holding AG

Für die AB Holding AG gilt aufgrund des Massgeblichkeitsprinzips zwingend die Anwendung der modifizierten Dreieckstheorie.

Sie hat eine verobjektivierte fünfjährige Veräusserungssperrfrist betreffend die Beteiligungen an der A AG und der B AG einzuhalten (Art. 61 Abs. 4 DBG).

Nach den ***Varianten c) und d)*** verletzt die AB Holding AG die Veräusserungssperrfrist (Aufgabe der einheitlichen Leitung). Für die AB Holding AG selbst ergeben sich dadurch – wie nach der ***Variante b)*** – die ordentlichen Steuerfolgen aus der Veräusserung von Beteiligungen (keine nachträgliche Anwendung der Dreieckstheorie).

Verrechnungssteuer

Die Übertragung von Betrieben auf eine inländische Konzerngesellschaft ist von der Verrechnungssteuer ausgenommen (Art. 5 Abs. 1 Bst. a VStG).

Bei Verletzung der im DBG vorgesehenen Veräusserungssperrfrist (Art. 61 Abs. 4 DBG) ist die Verrechnungssteuer geschuldet. Leistungsbegünstigt ist die übernehmende Gesellschaft. Die Verzinsung des Verrechnungssteuerbetrages richtet sich nach Artikel 16 VStG.

Emissionsabgabe

Auch bei Verletzung der Veräusserungssperrfrist ist keine Emissionsabgabe geschuldet, da keine Beteiligungsrechte begründet oder erhöht werden und die Vorteilszuwendung nicht von der Aktionärin stammt (kein Zuschuss).

Umsatzabgabe

Die Umsatzabgabe ist nur dann betroffen, wenn die übertragende oder die übernehmende Gesellschaft Effektenhändler ist (Art. 13 Abs. 3 StG) und zusammen mit dem Betrieb steuerbare Urkunden veräussert werden (Art. 13 Abs. 2 StG).

Beteiligungsübertragungen nach Artikel 61 Absatz 3 DBG sind von der Umsatzabgabe ausgenommen (Art. 14 Abs. 1 Bst. j StG).

Die im DBG vorgesehene Veräusserungssperrfrist (Art. 61 Abs. 2 und 4 DBG) findet bei der Umsatzabgabe mangels klarer gesetzlicher Grundlage keine Anwendung.

Nicht betroffene Steuer

- Direkte Bundessteuer (Einkommenssteuer: Einkünfte aus Beteiligungen im Privatvermögen).

Nr. 25: Teilweise vorgenommene Ersatzbeschaffung einer Beteiligung (Ziff. 4.7)

Die X HOLDING verkauft ihre Beteiligung an der B AG zum Preis von 1'000 und erwirbt eine 50%-ige Beteiligung an der C AG.

Ausgangslage

X HOLDING AG

Finanzanlagen	200	Fremdkapital	200
Beteiligung A AG	300	Aktienkapital	200
Beteiligung B AG [1)]	***100***	Reserven	200
Total Aktiven	600	Total Passiven	600

1) Altbeteiligung nach Art. 207a Abs. 1 DBG; Gestehungskosten und Gewinnsteuerwert: 100

Der Preis für die 50%-ige Beteiligung an der C AG beträgt 800.

Nach der Ersatzbeschaffung ergeben sich folgende Werte:

	Bisherige Beteiligung B (Altbeteiligung)	**Ersatzbeteiligung C**
Gestehungskosten	100	
Gewinnsteuerwert	100	
Verkaufserlös	1'000	
Kapitalgewinn	900	
Kaufpreis		800

Die Handels- und die Steuerbilanz der X Holding sieht nach der Ersatzbeschaffung wie folgt aus:

Bilanz der X HOLDING AG nach der Ersatzbeschaffung

Finanzanlagen	200	Fremdkapital	200
Neue Finanzanlagen	***200***	Aktienkapital	200
Beteiligung A AG	300	Reserven	200
Beteiligung C AG [1)]	***100***	***Kapitalgewinn auf Beteiligung B***	***200***
Total Aktiven	800	Total Passiven	800

1) 100-%ige Alt-Beteiligung nach Art. 207a Abs. 1 DBG; Gestehungskosten: 100; unversteuerte stille Reserve: 700 (Kaufpreis 800 ./. Sofortabschreibung 700)

Direkte Bundessteuer *(Gewinnsteuer)*

Nicht reinvestierter Teil des Kapitalgewinnes

Der Gewinnsteuer unterliegen die frei gewordenen, nicht mehr reinvestierten Mittel von 200. Da es sich bei der veräusserten Beteiligung um eine Alt-Beteiligung handelt, ist dieser Teil des Kapitalgewinnes voll steuerbar. Der Beteiligungsabzug (Art. 69/70 DBG) kann nicht gewährt werden.

Umsatzabgabe

Die Veräusserung von steuerbaren Urkunden im Rahmen der Ersatzbeschaffung einer Beteiligung von mindestens 20 Prozent am Grund- oder Stammkapital an einer anderen Gesellschaft nach Artikel 64 Absatz 1bis DBG ist von der Umsatzabgabe ausgenommen (Art. 14 Abs. 1 Bst. j StG), soweit der Veräusserungserlös für den Erwerb einer neuen Beteiligung verwendet wird.

Im vorliegenden Fall können die frei gewordenen, nicht mehr reinvestierten Mittel von 200 von der Umsatzabgabe nicht ausgenommen werden.

Nicht betroffene Steuern

- Direkte Bundessteuer (Einkommenssteuer: Einkünfte aus Beteiligungen im Privatvermögen);
- Verrechnungssteuer;
- Emissionsabgabe.

Nr. 26: Vollständige Ersatzbeschaffung einer Beteiligung (Ziff. 4.7)

Die X HOLDING verkauft ihre Beteiligung an der B AG zum Preis von 1'000 und erwirbt eine 50%-ige Beteiligung an der C AG.

Ausgangslage

X HOLDING AG

Finanzanlagen	200	Fremdkapital	200
Beteiligung A AG	300	Aktienkapital	200
Beteiligung B AG [1)]	***100***	Reserven	200
Total Aktiven	600	Total Passiven	600

1) Altbeteiligung nach Art. 207a Abs. 1 DBG

Die Gestehungskosten der B AG belaufen sich auf 500. Der Gewinnsteuerwert entspricht dem Buchwert.

Der Preis für die 50%-ige Beteiligung an der C AG beträgt 2'000. Der Kaufpreis wird durch den Verkaufserlös für die Beteiligung an der B AG von 1'000 und ein Bankdarlehen von 1'000 finanziert.

Nach der Ersatzbeschaffung ergeben sich folgende Werte:

	Bisherige Beteiligung B (Altbeteiligung)	**Ersatzbeteiligung C**
Gestehungskosten	500	
Gewinnsteuerwert	100	
Verkaufserlös	1'000	
Kapitalgewinn	900	
Kaufpreis		2'000

Handelsbilanz der X HOLDING AG nach der Ersatzbeschaffung

Finanzanlagen	200	***Fremdkapital***	***1'200***
Beteiligung A AG	300	Aktienkapital	200
Beteiligung C AG [1)]	***1'100***	Reserven	200
Total Aktiven	1'600	Total Passiven	1'600

1) stille Reserve: 900 (Kaufpreis 2'000 ./. Sofortabschreibung 900)

Direkte Bundessteuer *(Gewinnsteuer)*

Wiedereingebrachte Abschreibungen

Der Kapitalgewinn ist im Umfang von ***400*** nach Art. 62 Absatz 4 DBG voll steuerbar (Gestehungskosten von 500 abzüglich Gewinnsteuerwert von 100 = wiedereingebrachte Abschreibung). Eine Ersatzbeschaffung ist auf diesem Teil des Kapitalgewinnes nicht möglich.

Steuerbilanz der X HOLDING AG nach der Ersatzbeschaffung

Finanzanlagen	200	***Fremdkapital***	***1'200***
Beteiligung A AG	300	Aktienkapital	200
Beteiligung C AG 1)	***1'500***	Reserven	200
		Versteuerte stille Reserve auf Beteiligung C	***400***
Total Aktiven	2'000	Total Passiven	2'000

1) unversteuerte stille Reserve: 500 (Kaufpreis 2'000 ./. Sofortabschreibung 500)

Alt-/Neu-Beteiligung der Ersatzbeteiligung - Gewinnsteuerwert - Gestehungskosten

	Gesamt		**Neubeteiligung C**		**Altbeteiligung C**	
	Fr.	**%**	**Fr.**	**%**	**Fr.**	**%**
Verkaufserlös	1'000				1'000	
Kaufpreis	2'000	100	1'000	50	1'000	50 von Ersatzbeteiligung
Ersatzbeschaffungs-abschreibung	500		-		- 500	
Gewinnsteuerwert	***1'500***		***1'000***		***500***	
Gestehungskosten	***1'500***		***1'000***		***500***	***Bisherige GK***

Umsatzabgabe

Die Veräusserung von steuerbaren Urkunden im Rahmen der Ersatzbeschaffung einer Beteiligung von mindestens 20 Prozent am Grund- oder Stammkapital an einer anderen Gesellschaft nach Artikel 64 Absatz 1bis DBG ist von der Umsatzabgabe ausgenommen (Art. 14 Abs. 1 Bst. j StG).

Übersteigt der Erwerbspreis für das Ersatzobjekt den Veräusserungserlös, so unterliegt das zusätzliche Entgelt (1'000) der Umsatzabgabe.

Nicht betroffene Steuern

- Direkte Bundessteuer (Einkommenssteuer: Einkünfte aus Beteiligungen im Privatvermögen);
- Verrechnungssteuer;
- Emissionsabgabe.

Hauptabteilung Direkte Bundessteuer,
Verrechnungssteuer, Stempelabgaben

Eidgenössische Steuerverwaltung ESTV
Administration fédérale des contributions AFC
Amministrazione federale delle contribuzioni AFC
Administraziun federala da taglia AFT

Direkte Bundessteuer
Verrechnungssteuer

Bern, 19. März 2004
Gat

An die kantonalen
Steuerverwaltungen

Kreisschreiben Nr. 4

Besteuerung von Dienstleistungsgesellschaften

Das vorliegende Kreisschreiben ersetzt das Rundschreiben vom 17. September 1997 und will in Erinnerung rufen, dass der Direktor der Eidgenössischen Steuerverwaltung den kantonalen Verwaltungen mit Schreiben vom 4. März 1997 mitgeteilt hat, die Verrechnungspreisgrundsätze der OECD für multinationale Unternehmen und Steuerverwaltungen[1)] seien zu berücksichtigen.

Die Bestimmung der steuerbaren Gewinnmarge von Dienstleistungsgesellschaften ist gestützt auf den Grundsatz des Drittvergleichs ("at arm's length") vorzunehmen, d.h. für jeden Einzelfall auf der Grundlage vergleichbarer Leistungen zwischen unabhängigen Dritten unter Bezugnahme auf die Bandbreite der angemessenen Margen.

Das Prinzip "at arm's length" ist auch anzuwenden bei der Wahl der Methode für die Bestimmung der Gewinnmarge. Dementsprechend erweist sich die "cost plus"-Methode für Finanzdienstleistungen und Mangement-Funktionen nicht oder nur in seltenen Ausnahmefällen als adäquat.

Ist eine Gesellschaft der Auffassung, die auf sie angewandte, aktuelle Gewinnmarge sei zu hoch angesetzt, hat sie gestützt auf eine entsprechende Dokumentation den Nachweis zu erbringen, dass die Beibehaltung der erwähnten Marge den oben umschriebenen Grundsätzen widerspricht. Trifft dies ausnahmsweise zu, wären die kantonalen Verwaltungen berechtigt, der Gesellschaft eine tiefere Marge einzuräumen.

1) OECD, Originaltitel in französischer und englischer Sprache: "Principes applicables en matière de prix de transfert à l'attention des entreprises multinationales et des administrations fiscales"

Englischer Text siehe Rückseite

Hauptabteilung Direkte Bundessteuer,
Verrechnungssteuer, Stempelabgaben

Eidgenössische Steuerverwaltung ESTV
Administration fédérale des contributions AFC
Amministrazione federale delle contribuzioni AFC
Administraziun federala da taglia AFT

Direkte Bundessteuer **Steuerperiode 2003**

Bern, 3. Oktober 2002

An die kantonalen Verwaltungen
für die direkte Bundessteuer

Kreisschreiben Nr. 1[1]

Die Abgangsentschädigung resp. Kapitalabfindung des Arbeitgebers

1. Ausgangslage

Wurden Abgangsentschädigungen früher gemäss Artikel 339b OR vor allem älteren, langjährigen Mitarbeitern entrichtet, um ihnen eine minimale Altersvorsorge zu gewährleisten, werden diese heute insbesondere an Führungskräfte mit einer bereits guten Altersvorsorge bezahlt. Oft sind diese Personen dem Unternehmen nur für kurze Zeit vorgestanden.

Die vom Arbeitgeber bei vorzeitiger Beendigung des Arbeitsverhältnisses ausgerichteten Abgangsentschädigungen können verschiedene Gründe haben (z.B. „Schmerzensgeld“ für die Entlassung, Treueprämie für langjährige Dienstverhältnisse, „Risikoprämie“ für die persönliche Sicherheit und berufliche Zukunft, Entgelt für erbrachte Arbeitsleistungen, Vorruhestandsregelungen, d.h. Ausgleich allfällig entstehender Lücken oder langfristiger Einbussen in der beruflichen Vorsorge usw.). Oft handelt es sich um pauschale Abfindungssummen, deren Zweckbestimmung unklar ist. Es gilt daher für die Veranlagungsbehörden, den wahren Charakter der Abgangsentschädigung genauer zu erörtern und festzustellen, wann eine Abgangsentschädigung Vorsorgecharakter hat und wann sie Ersatzeinkommen darstellt.

2. Gesetzliche Grundlagen für die Besteuerung

Die Einkünfte aus privatrechtlichen oder öffentlichrechtlichen Arbeitsverhältnissen mit Einschluss der Nebeneinkünfte sind gemäss Artikel 17 Absatz 1 DBG steuerbar.

Steuerbar sind gemäss Artikel 17 Absatz 2 DBG auch Kapitalabfindungen aus einer mit dem Arbeitsverhältnis verbundenen Vorsorgeeinrichtung oder gleichartige Kapitalabfindungen des

1 Angepasst an das Bundesgesetz über die formelle Bereinigung der zeitlichen Bemessung der direkten Steuern bei den natürlichen Personen vom 22. März 2013 (in Kraft seit 1. Januar 2014).

Arbeitgebers. Solche Kapitalabfindungen werden nach Artikel 38 DBG besteuert.

Die Kapitalzahlungen, die bei Stellenwechsel vom Arbeitgeber oder von Einrichtungen der beruflichen Vorsorge ausgerichtet werden, sind gemäss Artikel 24 Buchstabe c DBG steuerfrei, "wenn sie der Empfänger innert Jahresfrist zum Einkauf in eine Einrichtung der beruflichen Vorsorge oder zum Erwerb einer Freizügigkeitspolice verwendet".

3. *Kapitalabfindungen und ihre Abgrenzungen*

3.1 *Kapitalabfindungen aus einer mit dem Arbeitsverhältnis verbundenen Vorsorgeeinrichtung (Art. 17 Abs. 2 DBG)*

Hier handelt es sich um Kapitalleistungen aus Einrichtungen der beruflichen Vorsorge (2. Säule), die dem Arbeitnehmer im Vorsorgefall oder bei vorzeitiger Auflösung des Vorsorgeverhältnisses ausgerichtet werden.

3.2 *Gleichartige Kapitalabfindungen des Arbeitgebers (Abgangsentschädigungen mit Vorsorgecharakter; Art. 17 Abs. 2 DBG)*

Als gleichartige Kapitalabfindungen im Sinne von Artikel 17 Absatz 2 DBG sind Abgangsentschädigungen des Arbeitgebers zu verstehen, die unter gewissen Voraussetzungen bei vorzeitiger Auflösung des Arbeitsverhältnisses ausgerichtet werden. Es sind also Kapitalabfindungen, die grundsätzlich bei gleicher Gelegenheit erfolgen wie Freizügigkeitsleistungen einer Vorsorgeeinrichtung.

Abgangsentschädigungen haben Vorsorgecharakter, wenn sie ausschliesslich und unwiderruflich dazu dienen, die mit den Risiken Alter, Invalidität und Tod verbundenen finanziellen Folgen zu mildern. Dazu gehören beispielsweise freiwillig geleistete Entschädigungen des Arbeitgebers an den Arbeitnehmer, um die durch den vorzeitigen Austritt entstandenen Lücken in dessen beruflicher Vorsorge zu schliessen. Bei deren Berechnung sind die vorsorgerechtlichen Grundsätze zu beachten. Die Entschädigung muss analog der BVG-Leistungen objektiv dazu dienen, im Vorsorgefall (Alter, Tod, Invalidität) dem Empfänger die Fortsetzung seiner gewohnten Lebenshaltung in angemessener Weise sicherzustellen.

Diese Würdigung stellt auf eine zukunftsgerichtete Sicht der Dinge im Zeitpunkt der Anspruchsbegründung bzw. der Leistungserbringung ab. Es ist daher eine vorausschauende Beurteilung vorzunehmen.

Gleichartige Kapitalabfindungen des Arbeitgebers im Sinne von Artikel 17 Absatz 2 DBG können steuerlich als Vorsorgeleistung betrachtet werden, wenn nachfolgende Voraussetzungen kumulativ erfüllt sind:

a) die steuerpflichtige Person verlässt das Unternehmen ab dem vollendeten 55. Altersjahr;

b) die (Haupt-) Erwerbstätigkeit wird definitiv aufgegeben oder muss aufgegeben werden;

c) durch den Austritt aus dem Unternehmen und dessen Vorsorgeeinrichtung entsteht eine Vorsorgelücke. Diese ist durch die Vorsorgeeinrichtung zu berechnen. Dabei dürfen nur künftige Vorsorgelücken im Umfang der ordentlichen Arbeitgeber- und Arbeitnehmerbeiträge zwischen dem Austritt aus der Vorsorgeeinrichtung bis zum Erreichen des ordentlichen Terminalters aufgrund des bisher versicherten Verdienstes berücksichtigt werden. Ein im Zeitpunkt des Austrittes bereits bestehender Einkaufsbedarf kann nicht in die Berechnung einbezogen werden.

Bei den Abgangsentschädigungen des Arbeitgebers ist daher jeweils zu ermitteln, welcher Teil davon zur Deckung der Vorsorgelücke nötig ist, die durch das vorzeitige Ausscheiden aus dem Unternehmen verursacht wurde (Beispiel 3 im Anhang).

3.3 Kapitalabfindung des Arbeitgebers, welche direkt in die Vorsorgeeinrichtung seines Betriebes einbezahlt wird

In der Praxis kommt es vor, dass der Arbeitgeber eine Kapitalabfindung (d.h. eine Einlage) zugunsten des Arbeitnehmers direkt in die Vorsorgeeinrichtung seines Betriebes einbezahlt, um damit - unter anderem - bestehende und allenfalls künftige Vorsorgelücken des ausscheidenden Arbeitnehmers schliessen zu können. Auch eine so verwendete Kapitalabfindung ist als Lohnbestandteil im Lohnausweis aufzuführen.

Eine solche Direkteinzahlung in die Vorsorgeeinrichtung ist nur zulässig, wenn

- ein Arbeitsverhältnis noch besteht;
- das Vorsorgereglement einen solchen Einkauf vorsieht;
- eine entsprechende Vorsorgelücke im Zeitpunkt des Austritts aus der Firma bereits bestanden hat;
- infolge des Austritts aus dem Unternehmen und dessen Vorsorgeeinrichtung eine Vorsorgelücke entsteht (vgl. Ziff. 3.2 Bst. c hievor)

Vom Arbeitgeber nach Gutdünken erbrachte Einlagen gehören grundsätzlich zum massgebenden Lohn. Dasselbe gilt für reglementarisch vorgesehene Sonderzuwendungen, mit denen einzelne Arbeitnehmer individuell begünstigt werden.

Sofern der Arbeitgeber Arbeitnehmer-Einlagen für den Einkauf in die Vorsorgeeinrichtung übernimmt, sind solche Einlagen als Bestandteil des massgebenden Bruttolohns im Lohnausweis (separat) aufzuführen. Damit der Arbeitnehmer den Einkauf steuerlich geltend machen kann, muss die geleistete Einkaufssumme im Lohnausweis separat (Rubrik „Versicherungsbeiträge") ausgewiesen werden (Beispiel 4 im Anhang).

3.4 Kapitalabfindungen, die vom Arbeitgeber oder vom Empfänger (Arbeitnehmer) direkt auf ein Freizügigkeitskonto oder auf eine Freizügigkeitspolice einbezahlt werden

Die Übertragung der Kapitalabfindung des Arbeitgebers auf ein Freizügigkeitskonto oder eine Freizügigkeitspolice ist gemäss Bundesgesetz über die Freizügigkeit in der beruflichen Alters-, Hinterlassenen- und Invalidenvorsorge (FZG, SR 831.42) nicht zulässig; diese Freizügigkeitsformen sind gemäss Artikel 4 FZG den Austritts- resp. Freizügigkeitsleistungen aus Vorsorgeeinrichtungen vorbehalten. Wird eine Kapitalabfindung des Arbeitgebers oder auch eine Freizügigkeitsleistung dem ausscheidenden Arbeitnehmer bar ausbezahlt, kann diese innert Jahresfrist nicht mehr auf ein Freizügigkeitskonto oder eine Freizügigkeitspolice eingebracht werden; dies entgegen der Bestimmung von Artikel 24 Buchstabe c DBG (vgl. auch Kapitel II, Ziff. 1 Abs. 4 des Kreisschreibens Nr. 22 der Eidg. Steuerverwaltung betr. die Freizügigkeit vom 4.5.1995). Diese Bestimmung im DBG (vgl. übrigens auch Art. 7 Abs. 4 Bst. e StHG) ist infolge der geänderten Bestimmungen im Vorsorgerecht inzwischen überholt.

Wird eine Kapitalabfindung des Arbeitgebers trotzdem auf ein Freizügigkeitskonto oder auf eine Freizügigkeitspolice übertragen, kann die zuständige Steuerbehörde gegenüber der steuerpflichtigen Person die Rückabwicklung der Transaktion verlangen oder den Durchgriff auf das Freizügigkeitskonto resp. die Freizügigkeitspolice vornehmen (Beispiel 5 im Anhang). Auch wenn keine Rückabwicklung erfolgt, ist die Kapitalabfindung zusammen mit dem übrigen Einkommen zu besteuern. Der Anspruch auf dieses Freizügigkeitsguthaben stellt einen Bestandteil des steuerbaren Vermögens des Arbeitnehmers dar.

3.5 Übrige Kapitalabfindungen des Arbeitgebers (Abgangsentschädigungen mit Ersatzeinkommenscharakter oder als Entschädigung für die Aufgabe einer Tätigkeit; Art. 23 Bst. a und c DBG)

Es sind Kapitalabfindungen, die keinen Vorsorgecharakter haben. Dies trifft insbesondere zu, wenn

a) der Arbeitgeber eine Kapitalabfindung ausrichtet, obschon die Person weiterhin in der Vorsorgeeinrichtung versichert bleibt und der Arbeitgeber sich verpflichtet hat, die bis zum Rücktrittsalter geschuldeten Arbeitgeber- und Arbeitnehmerbeiträge zu bezahlen, sodass keine Vorsorgelücke entsteht;

b) die Entschädigung den Charakter eines „Schmerzensgeldes“ für die Entlassung, einer Risikoprämie für die persönliche Sicherheit und berufliche Zukunft oder einer Treueprämie für ein langjähriges Dienstverhältnis hat;

c) die Entschädigung für das Ausbleiben künftiger Lohnzahlungen für einen bestimmten Zeitraum vorgesehen ist;

d) die Kapitalabfindung mit einer offenen Zweckformulierung zur Auszahlung kommt und keine Vorsorgelücke ausgewiesen ist.

(Beispiele 1 und 2 im Anhang)

4. Auflage an den Arbeitgeber; Verfahren

Der Arbeitgeber hat bei der Ausrichtung der Abgangsentschädigung dem Pflichtigen zu bescheinigen, wie sich diese Kapitalabfindung zusammensetzt und für welche(n) Zweck(e) sie bestimmt ist.

Der Arbeitgeber ist verpflichtet, dem Arbeitnehmer zuhanden der Veranlagungsbehörde die erforderlichen Auskünfte zu erteilen und Angaben zu machen, die eine korrekte Aufschlüsselung der Abgangsentschädigung ermöglichen. Die Beweispflicht liegt beim Arbeitnehmer.

Die Berechnung des Anteils, welcher Vorsorgecharakter hat und zur Deckung der Vorsorgelücke nötig ist, die durch das vorzeitige Ausscheiden aus dem Unternehmen verursacht wurde, ist durch die Vorsorgeeinrichtung zu bestätigen. Indessen sind Vorsorgelücken, welche bereits vor dem Austritt bestanden haben, nicht in die Berechnung der künftigen Vorsorgelücke einzubeziehen.

5. Besteuerung der Leistungen

Kapitalabfindungen aus einer mit dem Arbeitsverhältnis verbundenen Vorsorgeeinrichtung (Ziff. 3.1) werden gemäss Artikel 17 Absatz 2 und Artikel 38 DBG besteuert.
Gleichartige Kapitalabfindungen (Abgangsentschädigungen mit Vorsorgecharakter; vgl. Ziff. 3.2) werden gemäss Artikel 17 Absatz 2 und Artikel 38 DBG besteuert.

Übrige Kapitalabfindungen des Arbeitgebers (Abgangsentschädigung mit Ersatzeinkommenscharakter oder als Entschädigung für die Aufgabe der Erwerbstätigkeit; vgl. Ziff. 3.5) sind gemäss Artikel 23 Buchstaben a und c oder Artikel 17 Absatz 1 DBG zusammen mit dem übrigen Einkommen gemäss Artikel 36 DBG , gegebenenfalls in Verbindung mit Artikel 37 DBG steuerbar.

Der Hauptabteilungschef

Samuel Tanner

Anhang:
Beispiele 1 - 6

W03-001D

Beispiel 1

Ausgangslage

Das Arbeitsverhältnis eines 45-jährigen Mitgliedes der Geschäftsleitung wird im gegenseitigen Einvernehmen aufgelöst. Die Arbeitgeberin richtet eine Kapitalabfindung in der Höhe des dreifachen Jahresgehaltes im Betrage von CHF 600'000.-- aus, welche in der Vereinbarung als Überbrückung bis zum Antritt einer neuen Stelle und als Ausgleich für allfällige künftige Lohneinbussen bezeichnet wird.

Nach 9 Monaten tritt die steuerpflichtige Person eine neue, fast gleichwertige Stelle an.

Besteuerung

Die Kapitalabfindung von CHF 600'000.-- ist zusammen mit dem übrigen Einkommen zu besteuern. Sie stellt eine Kapitalabfindung im Sinne von Artikel 23 Buchstabe c DBG dar. Der periodisierte Rentensatz nach Artikel 37 gelangt nicht zur Anwendung.

Beispiel 2

Ausgangslage

Das Arbeitsverhältnis eines 58-jährigen Mitgliedes der Geschäftsleitung wird im gegenseitigen Einvernehmen aufgelöst. Die Arbeitgeberin richtet eine Kapitalabfindung in der Höhe des dreifachen Jahresgehaltes im Betrage von CHF 600'000.-- aus, welche in der Vereinbarung als Überbrückung bis zum Erreichen des Pensionierungsalters bezeichnet wird. Die steuerpflichtige Person bleibt weiterhin in der Vorsorgeeinrichtung der Arbeitgeberin versichert und die Arbeitgeberin übernimmt bis zum reglementarischen vorzeitigen Rücktrittsalter von 61 Jahren die Arbeitnehmer- und Arbeitgeberbeiträge Säule 2. Das Reglement der Vorsorgeeinrichtung lässt eine solche Regelung zu. Die Erwerbstätigkeit wird - mit Ausnahme einer gelegentlichen Beratungstätigkeit auf Honorarbasis - definitiv aufgegeben.

Besteuerung

Die Kapitalabfindung von CHF 600'000.-- ist zusammen mit dem übrigen Einkommen zu besteuern. Es handelt sich um eine Überbrückungsleistung im Sinne von Artikel 23 Buchstabe a DBG. Für die Satzbestimmung ist gemäss Artikel 37 DBG auf die Höhe eines Jahresgehaltes von CHF 200'000.-- abzustellen (periodisierter Rentensatz).

Da durch den Austritt aus der Firma und der damit verbundenen Aufgabe der Erwerbstätigkeit keine Vorsorgelücke gemäss Reglement entsteht, ist die Kapitalabfindung als Überbrückungsleistung mit dem übrigen Einkommen zu besteuern.

Beispiel 3

Ausgangslage

Das Arbeitsverhältnis eines 58-jährigen Mitgliedes der Geschäftsleitung wird infolge Umstrukturierung aufgelöst. Die Arbeitgeberin richtet eine Kapitalabfindung in der Höhe des dreifachen Jahresgehaltes im Betrage von CHF 600'000.-- aus. Das Vorsorgeverhältnis wird aufgelöst und das Freizügigkeitsguthaben auf ein Freizügigkeitskonto überwiesen. Die Erwerbstätigkeit wird definitiv aufgegeben.

Das ordentliche Rücktrittsalter liegt gemäss Vorsorgereglement der bisherigen Arbeitgeberin für Männer bei 65 Jahren. Der 58-Jährige hätte somit noch 7 Jahre, seine Vorsorge weiter äufnen zu können. Die Vorsorgeeinrichtung bescheinigt ihm, dass durch den vorzeitigen Austritt für die verbleibenden 7 Jahre auf der Basis der zuletzt versicherten Lohnsumme eine Vorsorgelücke in der Höhe von CHF 280'000.-- entsteht.

Besteuerung

Die gesamte Kapitalabfindung von CHF 600'000.-- ist wie folgt aufzuteilen:

- CHF 280'000.-- stellen eine "gleichartige Kapitalabfindung des Arbeitgebers" im Sinne von Artikel 17 Absatz 2 DBG dar. Dieser Betrag ist mit einer Jahressteuer zu 1/5 des Tarifes gemäss Artikel 38 DBG zu versteuern;

- CHF 320'000.-- stellen eine Überbrückungsleistung im Sinne von Artikel 23 Buchstabe a DBG dar. Die Besteuerung erfolgt zusammen mit dem übrigen Einkommen. Für die Satzbestimmung wird der Betrag auf 7 Jahre verteilt (Ersatzeinkommen bis zum Erreichen des ordentlichen Pensionierungsalters).

Beispiel 4

Ausgangslage

Das Arbeitsverhältnis eines 58-jährigen Mitgliedes der Geschäftsleitung wird infolge Umstrukturierung aufgelöst. Gemäss Berechnungen der Vorsorgeeinrichtung besteht im Zeitpunkt der Auflösung des Arbeitsverhältnisses eine Vorsorgelücke infolge fehlender früherer Beitragsjahre von CHF 320'000.--. Durch den vorzeitigen Austritt entsteht für die verbleibenden 7 Jahre bis zur ordentlichen Pensionierung auf der Basis der zuletzt versicherten Lohnsumme eine zusätzliche künftige Vorsorgelücke in der Höhe von CHF 280'000.--.

Die Arbeitgeberin erklärt sich bereit, die bestehende und die künftige Vorsorgelücke vor Beendigung des Arbeitsverhältnisses durch eine individuelle Überweisung auf das Vorsorgekonto des Austretenden in der Höhe von CHF 600'000.-- zu schliessen. Die Erwerbstätigkeit wird definitiv aufgegeben.

Besteuerung

Es erfolgt keine Besteuerung im Zeitpunkt der Einzahlung der Kapitalabfindung auf das Vorsorgekonto des Arbeitnehmers. Die Leistung stellt eine angemessene Deckung der bestehenden und künftigen Vorsorgelücke dar. Die Überweisung erfolgt vor Beendigung des Arbeitsverhältnisses. Die Einkaufssumme ist im Lohnausweis als massgebender Lohn auszuweisen und als Einkauf in die Vorsorgeeinrichtung zu bescheinigen.

Beispiel 5

Ausgangslage

Das Arbeitsverhältnis eines 58-jährigen Mitgliedes der Geschäftsleitung wird infolge Umstrukturierung aufgelöst. Das Vorsorgeverhältnis wird aufgelöst und das Freizügigkeitsguthaben auf ein Freizügigkeitskonto überwiesen. Die Erwerbstätigkeit wird definitiv aufgegeben.

Die Arbeitgeberin richtet nach Beendigung des Arbeitsverhältnisses eine Kapitalabfindung im Betrage von CHF 300'000.-- aus, welche zwecks Deckung der künftigen Vorsorgelücke als Folge der vorzeitigen Aufgabe der Erwerbstätigkeit direkt auf das Freizügigkeitskonto überwiesen wird. Die Vorsorgelücke wurde durch die Vorsorgeeinrichtung der Arbeitgeberin auf der Basis der bisherigen versicherten Besoldung berechnet und ist unbestritten.

Besteuerung

Einzahlungen nach Beendigung des Arbeitsverhältnisses auf ein Freizügigkeitskonto sind vorsorgerechtlich nicht zulässig. Es ist eine Rückabwicklung der Überweisung zu verlangen.

Die Kapitalabfindung stellt indessen eine "gleichartige Kapitalabfindung des Arbeitgebers" im Sinne von Artikel 17 Absatz 2 DBG dar. Der Betrag von CHF 300'000.-- ist mit einer Jahressteuer zu 1/5 des Tarifes gemäss Artikel 38 DBG zu versteuern.

Beispiel 6

Ausgangslage

Gleiche Ausgangslage wie in Beispiel 5.

Zwei Jahre nach der Erwerbsaufgabe erhält der nunmehr 60-Jährige nochmals die Gelegenheit, eine leitende Stellung zu einem vergleichbaren Salär anzutreten. Die Vorsorgeeinrichtung der neuen Arbeitgeberin berechnet unter Berücksichtigung des vorhandenen Freizügigkeitskontos aus der früheren Erwerbstätigkeit auf den Zeitpunkt des Eintrittes eine Beitragslücke von CHF 100'000.--. Die ordentliche Pensionierung nach Reglement erfolgt im Alter von 65 Jahren. Der Arbeitnehmer kauft die fehlenden Beitragsjahre von CHF 100'000.-- ein.

Besteuerung

Obwohl die Kapitalabfindung beim Verlust der früheren Stelle als "gleichartige Kapitalabfindung des Arbeitgebers" im Sinne von Artikel 17 Absatz 2 DBG qualifiziert und besteuert wurde, kann der Einkauf steuerlich in Abzug gebracht werden. Eine Revision der rechtskräftigen Jahressteuer auf der Kapitalleistung von CHF 300'000.-- kann mangels gesetzlicher Grundlage nicht erfolgen.

Sofern der Wiedereintritt innert Jahresfrist seit dem Verlust der früheren Stelle erfolgt, wird derjenige Anteil an der Kapitalleistung, der als Einkauf in die neue Vorsorgeeinrichtung verwendet wird, gemäss Artikel 24 Buchstabe c DGB nicht besteuert. Konsequenterweise kann der Einkauf nicht vom Einkommen abgezogen werden. Der verbleibende Teil der Kapitalabfindung wird als Überbrückungsleistung zusammen mit dem übrigen Einkommen besteuert.

Hauptabteilung Direkte Bundessteuer, Verrechnungssteuer, Stempelabgaben

Eidgenössische Steuerverwaltung ESTV
Administration fédérale des contributions AFC
Amministrazione federale delle contribuzioni AFC
Administraziun federala da taglia AFT

Direkte Bundessteuer

Steuerperiode 2002

Bern, 18. Dezember 2001

An die kantonalen Verwaltungen
für die direkte Bundessteuer

Kreisschreiben Nr. 8

Internationale Steuerausscheidung von Principal-Gesellschaften

1. Principal-Strukturen

Wie in letzter Zeit festgestellt wurde, fassen international tätige Konzerne ihre bisher regionalen Strukturen oft in grösseren Einheiten zusammen und zentralisieren die Funktionen, Verantwortlichkeiten und Risiken innerhalb des Konzerns nach Produktgruppen oder Märkten. Die Obergesellschaft einer solchen neuen Struktur wird als Principal-Gesellschaft bezeichnet. Die Principal-Gesellschaft übernimmt für ihre globalisierten Märkte insbesondere den Einkauf, die Planung der Forschung und Entwicklung, die Produktionsplanung und -steuerung, die Lagerverwaltung und Logistikplanung, die Entwicklung der Marketingstrategie, die Absatzplanung und -steuerung, Treasury and Finance sowie die Administration.

Die Produktion erfolgt oft im Auftrag und für Rechnung der Principal-Gesellschaft durch Konzerngesellschaften oder durch Dritte ("Lohnfabrikation"). Die Entschädigung solcher Gesellschaften wird aufgrund der Fertigungskosten und eines prozentualen Gewinnaufschlages ("cost plus") festgelegt. Es gibt jedoch auch Strukturen, bei denen die fertigen Waren von Dritten oder von Konzerngesellschaften bezogen werden.

Verkauft werden die Waren durch Konzerngesellschaften (Vertriebsgesellschaften). Der Verkauf erfolgt dabei ausschliesslich im eigenen Namen der Konzerngesellschaft aber für Rechnung der Principal-Gesellschaft. Die Principal-Gesellschaft ist somit als Eigentümerin der Ware Produzentin und/oder Eigenhändlerin.

Die Vertriebsgesellschaften üben für die Principal-Gesellschaft ausschliesslich die Funktion abschlussberechtigter Agenten (Kommissionäre) aus. Soweit die Aktivitäten auf die Kommissionstätigkeit entfallen, begründen solche Gesellschaften nach Artikel 5 Absatz 5 OECD-MA Betriebsstätten der Principal-Gesellschaft (Muttergesellschaft). Diese "Vertreter-Betriebsstätten" leisten einen wesentlichen Beitrag zur Wertschöpfung der Principal-Gesellschaft, so dass ihnen ein Anteil am Gewinn aus der Handelstätigkeit zugerechnet werden muss ("profit-split").

Eigenhändler, die unter sog. "stripped buy-sell" Verträgen arbeiten, werden den Kommissionären gleichgestellt, sofern diese Verträge mit Kommissionsgeschäften im Ergebnis vergleichbar sind, namentlich bezüglich wirtschaftlicher Abhängigkeit des Vertreters mit Abschlussvollmacht und Verlagerung des Unternehmensrisikos an die Prinzipal-Gesellschaft.

Die nachfolgend festgehaltene Praxis stellt nicht neue Grundsätze für die internationale Steuerausscheidung auf, sondern sie wendet bestehende Grundsätze des schweizerischen nationalen und internationalen Ausscheidungsrechts auf Sachverhalte an, die aufgrund von Entwicklungen in der Wirtschaftspraxis zu beobachten sind. Dies gilt sowohl für die Qualifikation von wirtschaftlichen Aktivitäten im Ausland als Betriebsstätten als auch für die Modalitäten der Gewinnausscheidung zwischen schweizerischem Stammhaus und ausländischen Betriebsstätten.

Die nachstehend dargestellte Qualifikation von abhängigen Vertretern mit Abschlussvollmacht als Betriebsstätten wird ebenso durch die Betriebsstättedefinition des OECD-Musterabkommens, die auch in die meisten schweizerischen DBA überführt worden ist, und den Kommentar zum OECD-Musterabkommen, welchem die Schweiz zugestimmt hat, bestätigt. Es wird dort insbesondere nicht ausgeschlossen, dass auch eine Tochtergesellschaft als Betriebsstätte der Muttergesellschaft behandelt wird. Aus der Natur des OECD-Musterabkommens und dessen Kommentar ist abzuleiten, dass das Ergebnis der Steuerausscheidung nicht zu Doppelbesteuerungen führen sollte. Dieses Ergebnis kann bei Befolgung der nachstehend festgelegten Praxis in der grossen Mehrzahl der Fälle erreicht werden.

2. *Subjektive Voraussetzungen*

Nur ein Unternehmen, das von einer in einem Vertragsstaat ansässigen Person betrieben wird, kann nach Artikel 5 Absatz 5 OECD-MA im anderen Vertragsstaat eine Vertreter-Betriebsstätte begründen. Eine internationale Steuerausscheidung für Unternehmen, die im Ausland über abschlussberechtigte Agenten verfügen, ist deshalb nur dann vorzunehmen, wenn das Unternehmen aufgrund persönlicher Zugehörigkeit (Art. 50 DBG) der unbeschränkten Steuerpflicht unterliegt (Art. 52 Abs. 1 DBG).

Im Weiteren haben Unternehmen, die ihre Tätigkeit im Ausland über Tochtergesellschaften abwickeln und geltend machen, dass diese als abschlussberechtigte Agenten im Sinne von Artikel 5 Absatz 5 OECD-MA Betriebsstätten begründen, den Nachweis zu erbringen, dass auch zivilrechtlich eine Principal-Struktur vorliegt (vgl. Ziff. 1 hievor).

3. *Gegenstand der internationalen Steuerausscheidung*

In die internationale Steuerausscheidung für Vertreter-Betriebsstätten fällt nur derjenige Teil des Reingewinnes, der auf die Handelstätigkeit zurückzuführen ist.

Der Gewinnanteil aus Finanzanlagen und übrigen Aktivitäten ist vollumfänglich dem Sitz der Principal-Gesellschaft zuzurechnen. Dieser Gewinnanteil ist aufgrund einer Spartenrechnung zu ermitteln.

Werden sämtliche an Dritte verkauften Fertigfabrikate durch Konzerngesellschaften oder durch Dritte aber für Rechnung der Principal-Gesellschaft hergestellt (Lohnfabrikation), gelten in allen Fällen 70 Prozent des Reingewinnes aus Produktion und Handel als Gewinn aus Handelstätigkeit. Die restlichen 30 Prozent des Gewinnes stellen Gewinn aus der Eigenproduktion der Principal-Gesellschaft dar. Diese pauschale Gewinnaufteilung ist fester Bestandteil der internationalen Steuerausscheidung von Principal-Gesellschaften.

Beispiel einer Principal-Gesellschaft mit eigener Produktion (Lohnfabrikation):

Gewinnbestandteile	**Betrag**
Gesamter Reingewinn	2'000
./. Ergebnis aus Finanzanlagen	- 400
./. Ergebnis aus übrigen Aktivitäten (ohne Produktion und Handel)	- 200
Gewinn aus Produktion und Handel (100 %)	1'400
Gewinn aus Produktion (30 %)	**420**
Gewinn aus Handel (70 %)	**980**
Gewinn aus Produktion und Handel	**1'400**

Werden die verkauften Fertigfabrikate von Dritten oder von Konzerngesellschaften erworben, liegt - vorbehältlich Finanz- und übriger Erträge - ausschliesslich Handelsgewinn vor.

Bei Mischformen (Eigenproduktion und Einkauf fertiger Waren) sind die betreffenden Ergebnisse gesondert auszuweisen.

4. Grundsätze der internationalen Steuerausscheidung von Principal-Gesellschaften

4.1 Methode

Nach der Praxis der direkten Bundessteuer hat die internationale Steuerausscheidung für schweizerische Unternehmen mit Betriebsstätten im Ausland nach der objektmässigen (direkten) Methode zu erfolgen. Dabei ist auf das Ergebnis der Betriebsstättebuchhaltungen abzustellen. Vorbehalten bleiben Korrekturen aufgrund des Drittvergleichs ("dealing at arm's length").

Vertreter-Betriebsstätten verfügen indes weder über feste Einrichtungen noch über Personal auf eigene Rechnung und können keine eigenen Buchhaltungen führen. Die Gewinnaufteilung ("profit-split") hat deshalb aufgrund einer Funktionsanalyse zu erfolgen (funktionsbezogene Gewinnaufteilung).

4.2 Berechnung des auf das Ausland entfallenden Gewinnanteils

Eine individuelle Funktionsanalyse der Vertreter-Betriebsstätten führt erfahrungsgemäss zu grossen Schwierigkeiten für die Veranlagungsbehörden und zu einer grossen Rechtsunsicherheit. Für die Gewinnaufteilung sind deshalb Höchst- und Mindestquoten festzulegen. Der Gewinnanteil aus Handel, der den Vertreter-Betriebsstätten zuzurechnen ist, kann auf höchstens 50 Prozent geschätzt werden. Dementsprechend beträgt der dem Sitz zuzurechnende Gewinnanteil aus Handel mindestens 50 Prozent. Damit wird insbesondere der Übernahme sämtlicher Risiken durch den Sitz sowie der Abgeltung für Immaterialgüterrechte Rechnung getragen.

Beispiel der Gewinnaufteilung einer Principal-Gesellschaft mit ausschliesslicher Handelstätigkeit:

Gewinnbestandteile	**Gesamt**	**Ausland**	**Schweiz**
Reingewinn aus Handel (50/50 %)	900	450	450
Ergebnis aus Finanzanlagen	100	-	100
Steuerbarer Reingewinn	**1'000**	**450**	**550**

Beispiel der Gewinnaufteilung einer Principal-Gesellschaft mit eigener Produktion (Lohnfabrikation):

Gewinnbestandteile	**Gesamt**	**Ausland**	**Schweiz**
Reingewinn aus Produktion	420 (30 %)	-	420
Reingewinn aus Handel (50/50 %)	980 (70 %)	490	490
Ergebnis aus Finanzanlagen	400	-	400
Ergebnis aus übrigen Aktivitäten[1)] (ohne Produktion und Handel)	200	-	200
Steuerbarer Reingewinn	**2'000**	**490**	**1'510**

[1)] z.B. Lizenzerträge und Provisionen

5. Vollzug

Bevor die kantonale Veranlagungsbehörde ihr Einverständnis gibt, stellt sie der ESTV eine Kopie der Anfrage und des Antrages zur internationalen Steuerausscheidung einer Principal-Gesellschaft zu.

Die ESTV nimmt zu Anfragen innert 14 Tagen Stellung und informiert die betroffenen kantonalen Veranlagungsbehörden über Mehrfachanfragen. Sie sorgt für eine einheitliche Praxis der direkten Bundessteuer zur internationalen Steuerausscheidung für Principal-Gesellschaften.

Der Entscheid über Anträge zur internationalen Steuerausscheidung für Principal-Gesellschaften obliegt den kantonalen Veranlagungsbehörden. Diese stellen der ESTV, Hauptabteilung DVS, Abteilung Inspektorat, Kopien der Entscheide zu.

6. Übergangsregelung

Principal-Gesellschaften, die nur eine reine Handelstätigkeit ausüben, werden gegenüber der bisherigen Praxis schlechtergestellt. Für alle heute bestehenden Fälle mit reiner Handelstätigkeit besteht deshalb eine Übergangsfrist für die Steuerperioden 2002 und 2003, während der die von den Veranlagungsbehörden bestätigten Ausscheidungsregelungen beibehalten werden können. Neue Fälle sind dagegen nach der neuen Regelung zu beurteilen.

Sämtliche bestehenden Fälle sind der ESTV, HA DVS, Abteilung Inspektorat, zu melden.

Der Hauptabteilungschef

Samuel Tanner

Hauptabteilung Direkte Bundessteuer,
Verrechnungssteuer, Stempelabgaben

Eidgenössische Steuerverwaltung ESTV
Administration fédérale des contributions AFC
Amministrazione federale delle contribuzioni AFC
Administraziun federala da taglia AFT

Direkte Bundessteuer
Verrechnungssteuer

Steuerperiode 2001/2002

Bern, 6. Juni 2001

An die kantonalen Verwaltungen
für die direkte Bundessteuer und die
kantonalen Verrechnungssteuerämter

Kreisschreiben Nr. 6

Verordnung über die pauschale Steueranrechnung
Änderung vom 9. März 2001

1. Allgemeines

Der Übergang in den meisten Kantonen zur jährlichen Veranlagung der natürlichen Personen im Postnumerando-System im Jahre 2001 machte eine Änderung der Verordnung vom 22. August 1967 über die pauschale Steueranrechnung (VO) notwendig. Nach Konsultation der Kantone hat der Bundesrat am 9. März 2001 diese Änderung beschlossen. Die Revision der obgenannten Verordnung bewirkte zugleich eine Änderung der Verordnung 1 des Eidg. Finanzdepartementes über die pauschale Steueranrechnung (VO1).

Dieser Kommentar behandelt nur die massgebenden Änderungen. Rein textliche Anpassungen an die heute geltenden Begriffe und Gesetze werden nicht kommentiert.

2. Kommentar zu einzelnen Artikeln

2.1 Dividenden aus Beteiligungen (Art. 5 VO)

Seit 1.1.2001 gilt für die Berechnung des Beteiligungsabzuges in allen Kantonen sowie beim Bund die sogenannte „Nettoertragsmethode", d.h. dem steuerbaren Reingewinn wird der Nettoertrag aus Beteiligungen gegenübergestellt. Dieser Nettoertrag aus Beteiligungen muss sowohl für die Berechnung des Beteiligungsabzuges wie für die Berechnung des Maximalbetrages an pauschaler Steueranrechnung nach den gleichen Kriterien berechnet werden. Die Bestimmungen bezüglich der besonderen Vergütung, welche sich aus dem System der Berechnung des Beteiligungsabzuges gemäss Rohertragsmethode ergab, wurden deshalb fallengelassen.

Artikel 5 Absatz 3 VO in seiner Neufassung behandelt die speziellen kantonalen Ermässigungen bei der Gewinnsteuer im Sinne von Artikel 28 des Bundesgesetzes vom 14. Dezember 1990 über die Harmonisierung der direkten Steuern der Kantone und Gemeinden (StHG). Gemäss Neufassung muss der Maximalbetrag für die Steuern des Bundes einerseits und für die Steuern der Kantone anderseits in Fällen, wo solche kantonalen Ermässigungen auf den Erträgen aus ausländischer Quelle mit Anspruch auf pauschale Steueranrechnung gewährt werden, gesondert berechnet werden. Damit wird der unterschiedlichen Steuerbelastung Rechnung getragen. Eine Zusammenrechnung der Anrechnungsbeträge mit anschliessender interner Aufteilung 1/3 Bund, 2/3 Kanton gemäss Artikel 20 Absatz 1 VO würde zu Verzerrungen führen und den Kanton bzw. die Gemeinde benachteiligen. Der Ausschluss von Abkommensvorteilen gemäss Artikel 6 VO bleibt jedoch vorbehalten. Kann für gewisse Erträge keine abkommensmässige Begrenzung der Steuer verlangt werden, so bleibt die Gewährung der pauschalen Steueranrechnung auf diesen Erträgen sowohl für den Bundes- wie für den Kantons- und Gemeindeanteil ausgeschlossen.

2.2 Bagatellfälle (Art. 7 VO)

Der Mindestbetrag an nicht rückforderbaren ausländischen Quellensteuern wurde von 30 auf 50 Franken erhöht.

2.3 Maximalbetrag (Art. 9 bis 12 VO)

Die Änderung von Artikel 9 und 10 VO ist eine Folge der generellen Einführung des Systems der einjährigen Postnumerandobesteuerung für alle juristischen Personen (in allen Kantonen) und die natürlichen Personen (ab 2001 in allen Kantonen ausser Tessin, Waadt und Wallis). Für die juristischen Personen (unter Einschluss der Kollektiv- und Kommanditgesellschaften) sind bei der Berechnung des Maximalbetrages die einzelnen Steuern des Bundes, der Kantone und Gemeinden massgebend, die auf dem Gewinn des Fälligkeitsjahres berechnet werden. Die in einigen Kantonen erhobenen Kirchensteuern sind jedoch nicht zu berücksichtigen. Dies entspricht dem bisherigen System der genauen Berechnung.

Bei den natürlichen Personen sind für die Berechnung des Maximalbetrages die Steuersätze zugrunde zu legen, die bei der Berechnung der für das Fälligkeitsjahr geschuldeten Einkommenssteuern angewandt werden. Dabei sind die Steuersätze des Bundes, des Wohnsitzkantons und der Wohnsitzgemeinde zusammenzurechnen.

Die Unterscheidung zwischen vereinfachter und genauer Berechnung ergibt im System der jährlichen Postnumerandobesteuerung keinen Sinn mehr und wurde deshalb fallengelassen. Für die Kantone, welche die Steuern der natürlichen Personen auch nach dem 1. Januar 2001 im System der zweijährigen Pränumerandobesteuerung veranlagen, wurde in einer Übergangsbestimmung festgehalten, dass sie die diesbezüglichen Bestimmungen weiterhin anwenden können.

Den Kantonen wird die Möglichkeit eröffnet, für die Berechnung des Maximalbetrages bei natürlichen Personen einen (kantonseigenen) Tarif vorzusehen. Dieser Tarif soll der unterschiedlichen Belastung von verheirateten und diesen gleichgestellten alleinstehenden Personen Rechnung tragen. Wie diese unterschiedliche Belastung realisiert wird, obliegt dem kantonalen Recht. Der Kanton kann das System von getrennten Tarifen für Verheiratete und Alleinstehende wählen, wie es auch die direkte Bundessteuer kennt. Er kann jedoch auch einen Einheitstarif mit Splitting-Modell, das der Familienbesteuerung Rechnung trägt, anwenden. Diese Neuerung in Artikel 9 Absatz 2 VO erlaubt dem Kanton, eine administrative Erleichterung aus der bisherigen „vereinfachten“ Berechnung ins neue Recht zu übernehmen. Die kantonalen Tarife müssen sich jedoch, im System der einjährigen Postnumerandobesteuerung, auf das steuerbare Einkommen des Fälligkeitsjahres beziehen. Da weiterhin unterschiedliche steuerbare Einkommen gemäss DBG und kantonalem Recht resultieren können, ist die Bezugsgrösse, worauf sich ein Tarif bezieht, klar zu definieren. Die Tarife sollen der effektiven Steuerbelastung in den Kantonen gerechter werden als der bisher angewendete gesamtschweizerische Tarif des Eidgenössischen Finanzdepartementes. Die geschilderten Schwierigkeiten, die sich bei der Gestaltung dieser Tarife ergeben können, veranlassen uns, den Kantonen zu empfehlen, wenn möglich auf deren Einführung zu verzichten und zur Ermittlung des Maximalbetrages die effektiven Steuersätze heranzuziehen. Die Tarife sind dem Eidgenössischen Finanzdepartement zur Genehmigung zu unterbreiten und sollten jeweils für einige Steuerperioden Gültigkeit haben.

Berechnet der Kanton den Maximalbetrag auf Grund seines Tarifs, so bleibt er an den so ermittelten Betrag gebunden. Weist die antragstellende Person nach, dass bei Anwendung der effektiven Steuersätze der Anrechnungsbetrag höher ausgefallen wäre, ist ihr jedoch die Differenz zu vergüten.

Der Einbezug der Kirchensteuern in die Berechnung des Maximalbetrages ist generell ausgeschlossen. Dies gilt für diejenigen Kantone und Gemeinden, welche die Kirchensteuern in Form eines Zuschlages zu den ordentlichen Einkommens- oder Gewinnsteuern für die betreffenden Religionsgemeinschaften einziehen. Es handelt sich nicht um eigentliche Staats- oder Gemeindesteuern, der Staat oder die Gemeinde sind einzig für den Bezug dieser Steuern zuständig; die Religionsgemeinschaften müssen auch keine anteilige Belastung des Anrechnungsbetrages im Sinne von Artikel 20 und 21 VO in Kauf nehmen.

2.4 Geltendmachung des Anspruchs (Art. 13 Abs. 2 und 3, Art. 14 VO)

Neu ist gemäss Artikel 13 Absatz 2 VO der Antrag in demjenigen Kanton einzureichen, in dem der Antragsteller am Ende der Steuerperiode, in der die Erträgnisse fällig wurden, ansässig war. Für die natürlichen Personen ist dies der gleiche Kantone, wo der Antragsteller auch seine Verrechnungssteueransprüche geltend machen muss. Das Bundesgesetz vom 15. Dezember 2000 zur Koordination und Vereinfachung der Veranlagungsverfahren für die direkten Steuern im interkantonalen Verhältnis beinhaltet eine entsprechende Änderung von Artikel 30 Absatz 1 des Bundesgesetzes über die Verrechnungssteuer. Der gleiche Kanton ist im System der einjährigen Postnumerandobesteuerung auch für die Veranlagung der direkten Steuern zuständig. Artikel 13 Absatz 3 VO präzisiert, dass Erträge des Geschäftsvermögens pro Geschäftsjahr (welches nicht zwingend mit dem Kalenderjahr und der Steuerperiode übereinstimmen muss) zusammengefasst werden müssen; dies entspricht der bisherigen Praxis. Bezüglich der Fristen gemäss Artikel 14 VO wurde das Kalenderjahr durch die Steuerperiode ersetzt.

Mit den Änderungen vom 9. März 2001 ist die VO auf die einjährige Postnumerandobesteuerung der natürlichen Personen zugeschnitten. Grundsätzlich sollten die Kantone, welche noch vorübergehend weiterhin das System der zweijährigen Pränumerandobesteuerung beibehalten, bis zum Übergang nach bisheriger Regelung und Praxis verfahren können. Zuständig für die Entgegennahme und Behandlung der Anträge ist jedoch neu in jedem Fall der Kanton, in welchem der Antragsteller am Ende des Jahres, in dem die Erträgnisse fällig wurden, ansässig war. Im Falle von Wohnsitzwechseln innerhalb der Schweiz gilt sinngemäss die bisherige Regelung, dass nur ein Kanton die pauschale Steueranrechnung für das ganze Jahr tragen muss.

3. Auswirkungen auf die Verordnung 1 des EFD über die pauschale Steueranrechnung

Die VO1 musste an die Neuregelung bezüglich Berechnung des Maximalbetrages angepasst werden. Im Anhang wird weiterhin der bisherige Anrechnungstarif publiziert, nunmehr jedoch nur noch gültig für Kantone mit zweijähriger Pränumerandobesteuerung. Für diese Kantone wird, zum besseren Verständnis, Artikel 9 VO in seiner alten Formulierung vor der Änderung vom 9.3.2001 abgedruckt.

4. Inkrafttreten

Diese Änderung findet auf Erträgnisse Anwendung, die nach dem 31. Dezember 2000 fällig werden. Sie tritt rückwirkend auf den 1. Januar 2001 in Kraft.

Der Hauptabteilungschef

Samuel Tanner

Beilagen:

- Verordnung über die pauschale Steueranrechnung / Änderung vom 9. März 2001
- Verordnung 1 des EFD über die pauschale Steueranrechnung / Änderung vom 23. März 2001

W01-006D

Eidgenössische Steuerverwaltung
Administration fédérale des contributions
Amministrazione federale delle contribuzioni

Hauptabteilung Direkte Bundessteuer, Verrechnungssteuer, Stempelabgaben
Division principale de l'impôt fédéral direct, de l'impôt anticipé, des droits de timbre
Divisione principale imposta federale diretta, imposta preventiva, tasse di bollo

Direkte Bundessteuer
Verrechnungssteuer

Steuerperiode 1999/2000

Bern, 19. August 1999

An die kantonalen Verwaltungen
für die direkte Bundessteuer und die
kantonalen Verrechnungssteuerämter

Kreisschreiben Nr. 5

Unternehmenssteuerreform 1997 - Neuregelung des Erwerbs eigener Beteiligungsrechte

Inhaltsverzeichnis *Seite*

1. Einleitung

Am 1. Juli 1992 trat das revidierte Aktienrecht in Kraft. Nach Art. 659 Abs. 1 OR kann eine Aktiengesellschaft im Umfang von zehn Prozent eigene Aktien erwerben. Voraussetzung hierfür ist, dass genügend frei verwendbares Eigenkapital in der Höhe der dafür nötigen Mittel vorhanden ist. Werden im Zusammenhang mit einer Übertragungsbeschränkung Namenaktien erworben, so beträgt die Höchstgrenze 20 Prozent. Die über zehn Prozent des Aktienkapitals hinaus erworbenen eigenen Aktien sind innert zwei Jahren zu veräussern oder durch Kapitalherabsetzung zu vernichten (Art. 659 Abs. 2 OR).

Die Gesellschaft hat für die eigenen Aktien einen dem Anschaffungswert entsprechenden Betrag gesondert als Reserve auszuweisen (Art. 659a Abs. 2 OR) und Angaben über Erwerb, Veräusserung und Anzahl der von ihr gehaltenen eigenen Aktien in den Anhang aufzunehmen (Art. 663b Ziff. 10 OR).

Mit dem Bundesgesetz über die Reform der Unternehmensbesteuerung 1997 vom 10. Oktober 1997[1] wurde die steuerliche Behandlung des Erwerbs eigener Beteiligungsrechte (Aktien, Anteile, Partizipationsscheine und Genusscheine) auf Gesetzesstufe geregelt. Die massgeblichen neuen Bestimmungen sind Art. 4a, 12 Abs. 1bis und 70a des Bundesgesetzes vom 13. Oktober 1965 über die Verrechnungssteuer[2] (VStG), Art. 20 Abs. 1 Bst. c des Bundesgesetzes vom 14. Dezember 1990 über die direkten Bundessteuern[3] (DBG) sowie Art. 7 Abs. 1bis des Bundesgesetzes vom 14. Dezember 1990 über die Harmonisierung der direkten Steuern der Kantone und Gemeinden[4] (StHG). Diese Bestimmungen wurden vom Bundesrat auf den 1. Januar 1998 in Kraft gesetzt. Die Bestimmung von Art. 4a VStG, auf welche der geänderte Art. 20 Abs. 1 Bst. c DBG explizit Bezug nimmt, enthält die Grundsätze zur Besteuerung des Erwerbs eigener Beteiligungsrechte.

2. Erhebung der Verrechnungssteuer auf dem Erwerb eigener Beteiligungsrechte

2.1 Gegenstand der Verrechnungssteuer

Art. 4a VStG umschreibt in Ergänzung von Art. 4 VStG den Gegenstand der Verrechnungssteuer. Sein Abs. 1 definiert den der Verrechnungssteuer unterliegenden Kapitalertrag ausdrücklich als die Differenz zwischen dem Erwerbspreis der eigenen Beteiligungsrechte und deren einbezahlten Nennwert. Dieser Ertragsbegriff gilt für alle in Art. 4a VStG umschriebenen Tatbestände. Art. 4a Abs. 1 VStG zählt als Beteiligungsrechte "Aktien, Anteile, Partizipationsscheine und Genusscheine" auf. Da seit der am 1. Juli 1992 in Kraft getretenen Revision des OR (vgl. Art. 656a und 657 OR) nur noch Partizipationsscheine einen Nennwert aufweisen und Genusscheine ohnehin kein herabsetzungsfähiges Kapital darstellen (vgl. Wortlaut von Art. 4a Abs. 1 VStG), bezieht sich die Erwähnung von Genusscheinen in diesem Zusammenhang nur auf vor dem 1. Juli 1992 geschaffene Genusscheine mit Nennwert, die seit der Aktienrechtsrevision als Partizipationsscheine zu qualifizieren sind. Beim Rückkauf von Genusscheinen ohne Nennwert ist gestützt auf Art. 4 Abs. 1 Bst. b VStG und Art. 20 Abs. 2 der Vollziehungsverordnung zum VStG vom 19. Dezember 1966[5] (VStV) der gesamte Veräusserungserlös sofort steuerbar.

Art. 4a VStG regelt die Teilliquidation für zwei Grundtatbestände. Gemäss seinem Abs. 1 ist jeder Erwerb eigener Beteiligungsrechte erstens im Zusammenhang mit einer Kapitalherabsetzung und zweitens über den Rahmen von Art. 659 OR hinaus unmittelbar und ausnahmslos als Teilliquidation zu qualifizieren, welche die Verrechnungssteuer auslöst. Art. 4a Abs. 2 VStG

---

[1] AS **1998** 669
[2] SR **642.21**
[3] SR **642.11**
[4] SR **642.14**
[5] SR **642.211**

bestätigt den Grundsatz, dass jeder Erwerb eigener Beteiligungsrechte eine Teilliquidation darstellt. Er statuiert aber gestützt auf die durch die Aktienrechtsrevision 1991 eingeführte beschränkte Erlaubnis des Erwerbs eigener Beteiligungsrechte von Art. 659 OR die Fiktion, dass die Teilliquidation erst eintritt, wenn die eigenen Beteiligungsrechte, deren Erwerb nach Art. 659 OR handelsrechtlich zulässig ist, länger als sechs Jahre ab Erwerbsdatum gehalten werden. Daraus folgt:

- Der Erwerb eigener Beteiligungsrechte im Sinn von Art. 659 Abs. 1 OR führt im Zusammenhang mit einer Kapitalherabsetzung im Zeitpunkt des Rückkaufs immer zur Besteuerung gemäss Art. 4a Abs. 1 VStG. Findet keine Kapitalherabsetzung statt, unterliegt der Erwerb der ersten zehn Prozent der Regelung von Art. 4a Abs. 2 VStG. In diesem Umfang findet eine Besteuerung erst nach Ablauf der Sechsjahresfrist statt. Was die zehn-Prozent-Limite übersteigt, löst demgegenüber unverzüglich, d.h. im Zeitpunkt des Rückkaufs, die Steuerfolgen einer Teilliquidation aus.

- Der Erwerb eigener Beteiligungsrechte im Sinn von Art. 659 Abs. 2 OR (vinkulierte Namenaktien) führt im Zusammenhang mit einer Kapitalherabsetzung im Zeitpunkt des Rückkaufs immer zur Besteuerung gemäss Art. 4a Abs. 1 VStG. Findet keine Kapitalherabsetzung statt, unterliegt der Erwerb der ersten zehn Prozent der Regelung von Art. 4a Abs. 2 VStG. In diesem Umfang findet eine Besteuerung erst nach Ablauf der Sechsjahresfrist statt. Für den Erwerb weiterer vinkulierter Namenaktien ist zu unterscheiden: Die zweiten zehn Prozent gelangen erst nach Ablauf der zweijährigen Frist gemäss Art. 659 Abs. 2 OR zur Besteuerung, während bei jedem Erwerb, der 20 Prozent übersteigt, unverzüglich, d.h. im Zeitpunkt des Rückkaufs, gestützt auf Art. 4a Abs. 1 VStG die Verrechnungssteuer geschuldet ist.

Der Erwerb eigener Beteiligungsrechte im Hinblick auf eine Kapitalherabsetzung und das Überschreiten des Rahmens von Art. 659 OR löst immer die Verrechnungssteuerfolgen - auch während des Geschäftsjahres - unverzüglich aus; die betroffene Gesellschaft oder Genossenschaft ist gehalten, diese Fälle unverzüglich zu deklarieren und abzurechnen.

Für die Berechnung der Sechsjahresfrist (bzw. der Zweijahresfrist im Zusammenhang mit vinkulierten Namenaktien) stützt Art. 4a Abs. 2 VStG auf den Zeitpunkt des Erwerbs der eigenen Beteiligungsrechte ab. Ab diesem Datum beginnt die Frist zu laufen und endet sechs Jahre später.

Für die Berechnung der Einhaltung der Limiten von Art. 659 OR gilt das Prinzip "first in first out".

2.2 Erwerb eigener Beteiligungsrechte im Zusammenhang mit einer Wandel- oder Optionsanleihe oder einem Mitarbeiterbeteiligungsplan

Art. 4a Abs. 3 VStG hat einzig Auswirkungen auf die Berechnung der Sechsjahresfrist von Art. 4a Abs. 2 VStG, indem er einen Fristenstillstand statuiert. Abgesehen von dieser verfahrensrechtlichen Spezialbehandlung richtet sich die Besteuerung des Erwerbs eigener Beteiligungsrechte aufgrund einer Verpflichtung aus Wandel- und Optionsanleihen sowie Mitarbeiterbeteiligungsplänen nach Art. 4a Abs. 1 und 2 VStG. Aus dem Wortlaut von Art. 4a Abs. 3 VStG folgt, dass zwischen einer Wandel- oder Optionsanleihe oder einem Mitarbeiterbeteiligungsplan und dem Erwerb eigener Beteiligungsrechte ein ursprünglicher kausaler Zusammenhang bestehen muss, damit die Gesellschaft oder Genossenschaft in den Genuss des Stillstands der Weiterveräusserungsfrist kommt. Der Erwerb der eigenen Beteiligungsrechte muss von Anfang an den Verpflichtungen aus Anleihe/Mitarbeiterbeteiligungsplan verhaftet sein; eine nachträgliche Umqualifizierung (zur Erstreckung der Sechsjahresfrist) ist nicht möglich. Dieser notwendige Zusammenhang ist von der Gesellschaft oder Genossenschaft nachzuweisen.

2.3 Definition "Erwerb durch die Gesellschaft"

Ein Erwerb eigener Beteiligungsrechte findet zunächst immer statt, wenn die Gesellschaft oder Genossenschaft, um deren Beteiligungsrechte es geht, Vertragspartei, d.h. Käuferin, ist. Ein Erwerb eigener Beteiligungsrechte im Sinne von Art. 4a VStG liegt auch vor, wenn eine Tochtergesellschaft Aktien ihrer Muttergesellschaft kauft (Art. 659b OR). Als Tochtergesellschaft gilt auch jede untergeordnete Gesellschaft innerhalb einer ununterbrochenen vertikalen Beherrschungskette (vgl. Kreisschreiben Nr. 10 vom 10. Juli 1998, Ziff. 3.2). Im übrigen werden Konstellationen im Bereich verbundener sowie nahestehender Unternehmen im Einzelfall unter dem Aspekt einer Steuerumgehung untersucht.

2.4 Steuersubjekt

Verrechnungssteuerpflichtig ist die Gesellschaft oder Genossenschaft, welche die eigenen Beteiligungsrechte erwirbt; sie ist Schuldnerin der steuerbaren Leistung in Form des (Teil-) Liquidationsüberschusses (Art. 10 Abs. 1 in Verbindung mit Art. 4a Abs. 1 VStG).

2.5 Entstehung, Fälligkeit und Verjährung der Verrechnungssteuerforderung

Die Verrechnungssteuerforderung aufgrund eines Tatbestandes von Art. 4a Abs. 1 VStG entsteht gemäss der allgemeinen Regelung von Art. 12 Abs. 1 VStG im Zeitpunkt der Fälligkeit der steuerbaren Leistung. Für den Tatbestand von Art. 4a Abs. 2 VStG bestimmt der neue Art. 12 Abs. 1bis VStG als Entstehungszeitpunkt der Verrechnungssteuerforderung den Ablauf der Sechsjahresfrist; für die Fristberechnung ist der gesetzliche Friststillstand bei Anleihen und Mitarbeiterbeteiligungsplänen gemäss Art. 4a Abs. 3 VStG einzubeziehen (Wandel- und Optionsanleihe: Bis zum Erlöschen der betreffenden Verpflichtung; Mitarbeiterbeteiligungsplan: Längstens sechs Jahre). Die Verrechnungssteuerforderung aufgrund des Erwerbs eigener Beteiligungsrechte wird gemäss Art. 16 Abs. 1 Bst. c VStG 30 Tage nach ihrer Entstehung (Art. 12 Abs. 1 und 1bis VStG) fällig und verjährt fünf Jahre nach Ablauf des Kalenderjahres, in dem sie entstanden ist (Art. 17 Abs. 1 VStG).

2.6 Berechnung der Verrechnungssteuer

Im Bereich der Verrechnungssteuer gilt das Nennwertprinzip. Als Bemessungsgrundlage dient ausschliesslich die steuerbare Leistung; d.h. beim Erwerb eigener Beteiligungsrechte die Differenz zwischen dem Erwerbspreis und dem einbezahlten Nennwert (Art. 4a Abs. 1 VStG; vgl. auch Ziff. 5.).

Gemäss Art. 14 Abs. 1 VStG ist die steuerbare Leistung bei der Auszahlung, Überweisung, Gutschrift oder Verrechnung ohne Rücksicht auf die Person des Gläubiger um den Steuerbetrag zu kürzen; die Verrechnungssteuer ist also zwingend auf den Gläubiger der steuerbaren Leistung zu überwälzen.

Die Regelung des Erwerbs eigener Beteiligungsrechte bricht in den Fällen nach Art. 4a Abs. 2 VStG mit diesem System, indem die Bezahlung des Erwerbspreises im Zeitpunkt des Erwerbs der eigenen Beteiligungsrechte erfolgt und dem Veräusserer in diesem Zeitpunkt die Leistung bereits erbracht wird, die Steuerforderung und dadurch die Überwälzungspflicht aber erst später - nach Ablauf der Sechsjahresfrist - entsteht. Zudem stellt sich die Überwälzungsproblematik in allen Fällen, in welchen der Veräusserer der Beteiligungsrechte nicht oder nicht mehr feststeht (insbesondere beim anonymen Erwerb eigener Beteiligungsrechte an der Börse). In allen Fällen, in denen der Nachweis der Überwälzung von der steuerpflichtigen Gesellschaft oder Genossenschaft nicht erbracht wird, wird der an den Veräusserer der Beteiligungsrechte geflossene Betrag als Nettoleistung qualifiziert, die entsprechend "ins Hundert" aufgerechnet wird. Die Verrechnungssteuer stellt in diesem Fall eine zusätzliche Gewinnausschüttung dar, die den Reserven zu belasten ist.

3. Rückerstattung der Verrechnungssteuer im Zusammenhang mit dem Erwerb eigener Beteiligungsrechte

3.1 Allgemeines

Die natürlichen Personen haben die Rückerstattung der Verrechnungssteuer beim gemäss Art. 30 Abs. 1 VStG zuständigen Kanton zu beantragen. Sie haben Anspruch auf Rückerstattung der Verrechnungssteuer, wenn sie bei Fälligkeit der steuerbaren Leistung im Inland Wohnsitz haben oder zufolge qualifizierten Aufenthaltes im Inland unbeschränkt steuerpflichtig sind (Art. 22 VStG), wenn sie bei Fälligkeit der steuerbaren Leistung das Recht zur Nutzung des den steuerbaren Ertrag abwerfenden Vermögenswertes besitzen (Art. 21 Abs. 1 Bst. a VStG) und wenn sie die mit der Verrechnungssteuer belasteten Einkünfte und die Vermögenswerte, welche diese Einkünfte abwerfen, in ihrer Steuererklärung ordnungsgemäss und fristgerecht als Einkommen bzw. als Vermögen deklarieren (Art. 23 VStG). Juristische Personen sowie Handelsgesellschaften ohne juristische Persönlichkeit haben demgegenüber die Rückerstattung bei der Eidg. Steuerverwaltung zu beantragen (Art. 30 Abs. 2 VStG). Sie haben Anspruch auf Rückerstattung der Verrechnungssteuer, wenn sie bei Fälligkeit der steuerbaren Leistung ihren Sitz im Inland haben (Art. 24 Abs. 2 VStG), in diesem Zeitpunkt auch das Recht zur Nutzung des den steuerbaren Ertrag abwerfenden Vermögenswertes besitzen (Art. 21 Abs. 1 Bst. a VStG) und wenn sie die mit der Verrechnungssteuer erfassten Einkünfte ordnungsgemäss als Ertrag verbuchen (Art. 25 Abs. 1 VStG).

Um ungerechtfertigte Rückerstattungen zu vermeiden, sind die Antragsteller zur Einreichung von Abzugsbescheinigungen im Sinn von Art. 14 Abs. 2 VStG und Art. 3 VStV zu verhalten.

3.2 Recht zur Nutzung

Erwirbt die Gesellschaft oder Genossenschaft eigene Beteiligungsrechte zwecks Kapitalherabsetzung oder überschreitet sie die Limiten von Art. 659 OR (mit unmittelbaren Verrechnungssteuerfolgen), steht das Recht zur Nutzung dem Veräusserer der Beteiligungsrechte zu, welcher den entsprechenden Erlös auch als Liquidationsdividende zur Besteuerung bringen muss.

Liegt ein steuerbarer Liquidationsfall infolge Ablaufs der Sechsjahresfrist vor, ist das Recht zur Nutzung ebenfalls dem Veräusserer der Beteiligungsrechte zuzuweisen. Dieser hat mit der Veräusserung der Beteiligungsrechte einen Erlös vereinnahmt, welcher nach Ablauf der Sechsjahresfrist zum Liquidationsüberschuss wird, womit der Veräusserer der Beteiligungsrechte den "letzten" Nutzen aus den Beteiligungsrechten bezogen hat bzw. die Gesellschaft oder Genossenschaft den Liquidationsüberschuss in Form des Kaufpreises an ihn abgeführt hat.

3.3 Deklarationspflicht

Gemäss Art. 23 VStG verwirkt den Anspruch auf Rückerstattung, wer mit der Verrechnungssteuer belastete Einkünfte entgegen gesetzlicher Vorschrift der zuständigen Steuerbehörde nicht deklariert. Für Inhaber von Beteiligungsrechte, welche diese aus dem Privatvermögen verkauft haben, gilt als Fälligkeit der steuerbaren Leistung, welche den Zeitpunkt der ordnungsgemässen Deklaration nach bisheriger Rechtsprechung bestimmt, die Entstehung der Steuerforderung nach Art. 12 Abs. 1 und 1bis VStG. Handelte es sich um Beteiligungsrechte aus dem Geschäftsvermögen einer natürlichen Person, kann die Rückerstattung der Verrechnungssteuer gewährt werden, sofern der Veräusserer der Beteiligungsrechte den beim Verkauf erzielten Erlös in der Erfolgsrechnung nachweislich korrekt verbucht hatte. Diese Regelung gilt ebenfalls bei der Anwendung von Art. 25 VStG ("Verbuchungsklausel" für juristische Personen, Handelsgesellschaften ohne juristische Persönlichkeit und ausländische Unternehmen mit inländischer Betriebstätte).

3.4 Inländischer Sitz/Wohnsitz, Geltendmachung des Rückerstattungsanspruchs, zuständige Behörde, Untergang des Rückerstattungsanspruchs infolge Zeitablaufs

Sowohl die Rückerstattungsberechtigung gemäss Art. 22 und 24 VStG (inländischer Wohnsitz/Sitz), die Geltendmachung des Anspruchs gemäss Art. 29 VStG und die zuständigen Behörden gemäss Art. 30 VStG richten sich nach den Verhältnissen des Verkäufers der Beteiligungsrechte zum Zeitpunkt der Entstehung der Steuerforderung (Fälligkeit) nach Art. 12 Abs. 1 und 1bis VStG. Die Verwirkungsfrist gemäss Art. 32 VStG beginnt ebenfalls mit der Entstehung der Steuerforderung zu laufen.

3.5 Steuerumgehung

Art. 21 Abs. 2 VStG, wonach die Rückerstattung in allen Fällen unzulässig ist, in denen sie zu einer Steuerumgehung führen würde, gilt auch für den Erwerb eigener Beteiligungsrechte. Von einer Steuerumgehung wäre insbesondere auszugehen, wenn eine inländische juristische Person gezielt Beteiligungsrechte von inländischen natürlichen Personen oder von im Ausland ansässigen (natürlichen oder juristischen) Personen aufkaufen sollte, um diese anschliessend an die zu einer Kapitalherabsetzung schreitende Gesellschaft oder Genossenschaft zurückzugeben.

3.6 Praktische Auswirkungen im Bereich der Rückerstattung

Kann die Verrechnungssteuer bei Entstehung der Steuerforderung auf den Veräusserer der Beteiligungsrechte überwälzt werden, ergeben sich keine besonderen Probleme: Der Veräusserer erhält mit der Abzugsbescheinigung von der Gesellschaft oder Genossenschaft die für die Geltendmachung seiner Ansprüche und für eine ordnungsgemässe Deklaration notwendigen Angaben.
Kann die Gesellschaft oder Genossenschaft die Überwälzung nicht mehr vornehmen und wird der Liquidationsüberschuss "ins Hundert" aufgerechnet, können sich folgende Situationen ergeben:

a. Der Veräusserer der Beteiligungsrechte ist nicht bekannt, weil sich die Gesellschaft z.B. an der Börse eigene Aktien beschafft hat. In diesem Fall kann die Verrechnungssteuer nicht zurückgefordert werden und wird letztlich zu einer definitiven Steuerbelastung.

b. Der Veräusserer der Beteiligungsrechte ist nach deren Verkauf und vor der Entstehung der Verrechnungssteuerforderung ins Ausland gezogen: Die Verrechnungssteuer kann nur gestützt auf ein Doppelbesteuerungsabkommen (DBA) zurückgefordert werden. Massgebend ist der steuerliche Wohnsitz des Verkäufers der Beteiligungsrechte bei Entstehung der Verrechnungssteuerforderung; zuständige Behörde ist die Eidg. Steuerverwaltung.

c. Der Veräusserer der Beteiligungsrechte ist nach deren Verkauf und vor der Entstehung der Verrechnungssteuerforderung verstorben: Die Erben können die Verrechnungssteuer zurückfordern, wenn sie die Voraussetzungen für die Rückerstattung bei Entstehung der Verrechnungssteuerforderung erfüllen.

4. Erhebung der direkten Bundessteuer

4.1 Steuerliche Folgen des Erwerbs eigener Beteiligungsrechte bei der Kapitalgesellschaft oder Genossenschaft

Der Erwerb eigener Beteiligungsrechte und der Ausweis einer speziellen Reserve nach Art. 659a Abs. 2 OR berühren die Erfolgsrechnung handelsrechtlich nicht. Steuerrechtlich sind dagegen folgende Fälle auseinanderzuhalten:

a. Erfolgte der Erwerb eigener Beteiligungsrechte zum damaligen Verkehrswert und werden diese Beteiligungsrechte innerhalb von sechs Jahren zum jetzigen Verkehrswert weiterverkauft, so sind die seit dem Erwerb erzielten Wertzuwachsgewinne steuerbar und allfällig erlittenen Wertverluste absetzbar; entspricht der Weiterveräusserungspreis dem seinerzeitigen Erwerbspreis (Verkehrswerte), ergeben sich keine steuerlichen Konsequenzen.

b. Erfolgte der Erwerb eigener Beteiligungsrechte zum damaligen Verkehrswert und werden diese Beteiligungsrechte innert sechs Jahren unter dem jetzigen Verkehrswert wiederveräussert, so liegt im Zeitpunkt der Wiederveräusserung eine verdeckte Gewinnausschüttung vor; die bei der Gesellschaft vorgenommenen Rückstellungen sowie ein allfälliger Wertzuwachsgewinn sind aufzurechnen (vgl. auch Ziff. 5.).

c. Wurde der Erwerb eigener Beteiligungsrechte ohne förmliche Kapitalherabsetzung als Teilliquidation erfasst (mit der entsprechenden Besteuerung des Liquidationsüberschusses bei den veräussernden Aktionären), so ist in der Steuerbilanz der Gesellschaft der Rückzahlung des Aktienkapitals und der Ausschüttung der Reserven Rechnung zu tragen, indem die eigenen Beteiligungsrechte zu Lasten des steuerlich massgeblichen Kapitals vollständig ausgebucht werden.

d. Erfolgt der Erwerb eigener Beteiligungsrechte zur Bereitstellung von Mitarbeiterbeteiligungen, so kann die Differenz zwischen dem Erwerbspreis und dem von den Mitarbeitern geforderten Preis vom Arbeitgeber als geschäftsmässig begründeter Aufwand geltend gemacht werden (vgl. Kreisschreiben Nr. 5 vom 30.4.1997 betreffend die Besteuerung von Mitarbeiteraktien und Mitarbeiteroptionen, Steuerperiode 1997/98).

e. Sinkt der Wert der eigenen Beteiligungsrechte nach dem Erwerb unter den Gewinnsteuerwert, so ist der Wertverminderung nicht durch Vornahme einer definitiven Abschreibung, sondern durch Bildung einer entsprechenden Rückstellung Rechnung zu tragen.

4.2 Steuerliche Folgen des Erwerbs eigener Beteiligungsrechte, welche aus dem Privatvermögen des Veräusserers stammen, beim Veräusserer

a. Beim Erwerb eigener Beteiligungsrechte durch die Gesellschaft im Zusammenhang mit einer Kapitalherabsetzung sowie über den Rahmen von Art. 659 OR hinaus (Art. 4a Abs. 1 VStG)

Erwirbt eine Gesellschaft oder Genossenschaft eigene Beteiligungsrechte gestützt auf einen Beschluss über die Herabsetzung ihres Kapitals oder im Hinblick auf eine Herabsetzung ihres Kapitals, stellt der Erlös aus dem Verkauf der Beteiligungsrechte beim Veräusserer einen steuerbaren Kapitalertrag in Form einer Liquidationsdividende dar mit der Folge, dass die Differenz zwischen dem Verkaufspreis und dem Nennwert dem Einkommen des laufenden Jahres zugerechnet wird.

Dieselben Steuerfolgen treten ein, wenn eine Gesellschaft oder Genossenschaft mehr als zehn Prozent (bzw. 20 Prozent bei vinkulierten Namenaktien) eigene Beteiligungsrechte erwirbt. Soweit die Prozentlimiten von Art. 659 OR überschritten werden, liegt steuerlich eine Teilliquidation vor mit der Folge, dass der den Nennwert übersteigende Anteil am Kaufpreis beim Veräusserer einen Kapitalertrag in Form eines Liquidationsüberschusses darstellt, der als im Zeitpunkt der Entstehung der entsprechenden Verrechnungssteuerforderung realisiert gilt (Art. 20 Abs. 1 Bst. c DBG; vgl. Ziff. 2.5.).

b. Beim Erwerb eigener Beteiligungsrechte durch die Gesellschaft im Rahmen von Art. 659 OR (Art. 4a Abs. 2 VStG)

Veräussert die rückkaufende Gesellschaft oder Genossenschaft die Beteiligungsrechte innerhalb der Sechsjahresfrist von Art. 4a Abs. 2 VStG (bzw. Zweijahresfrist für vinkulierte Namenaktien), erzielt der Veräusserer im Zeitpunkt des Verkaufs der Beteiligungsrechte - unter Vorbehalt einer Steuerumgehung - einen privaten steuerfreien Kapitalgewinn (Art. 16 Abs. 3

DBG). Von einer Steuerumgehung würde insbesondere dann ausgegangen, wenn auf die Veräusserung ein erneuter Erwerb durch die Gesellschaft folgen würde.

Veräussert die rückkaufende Gesellschaft oder Genossenschaft die Beteiligungsrechte nicht innerhalb der Sechsjahresfrist von Art. 4a Abs. 2 VStG (bzw. Zweijahresfrist für vinkulierte Namenaktien), so realisiert der Steuerpflichtige gemäss Art. 20 Abs. 1 Bst. c DBG in dem Jahr, in welchem die Verrechnungssteuerforderung entsteht, einen steuerbaren Vermögensertrag in Form einer Liquidationsdividende (Differenz zwischen dem Verkaufspreis und dem Nennwert).

Folgende zwei Sonderfälle sind zu erwähnen:

- Ist der Veräusserer der Beteiligungsrechte im Zeitpunkt der Realisation des Liquidationsüberschusses nicht mehr in der Schweiz steuerpflichtig, weil er seinen Wohnsitz im Ausland hat, so wird der Liquidationsüberschuss von der direkten Bundessteuer nicht erfasst, während die Rückerstattung der Verrechnungssteuer allenfalls gestützt auf ein Doppelbesteuerungsabkommen geltend gemacht werden kann (vgl. Ziff. 3.6.b).

- Ist der Veräusserer der Beteiligungsrechte vor der Realisation des Liquidationsüberschusses verstorben, haben die Erben Anspruch auf Rückerstattung der Verrechnungssteuer, sofern bei ihnen eine Besteuerung erfolgt (vgl. Ziff. 3.6.c.).

4.3 Steuerliche Folgen des Erwerbs eigener Beteiligungsrechte, welche aus dem Geschäftsvermögen des Veräusserers stammen, beim Veräusserer

a. Beim Erwerb eigener Beteiligungsrechte durch die Gesellschaft im Zusammenhang mit einer Kapitalherabsetzung sowie über den Rahmen von Art. 659 OR hinaus (Art. 4a Abs. 1 VStG)

In diesen Fällen stellt der Erlös aus dem Verkauf der Beteiligungsrechte beim Veräusserer einen steuerbaren Kapitalertrag in Form einer Liquidationsdividende (Teilliquidation) dar mit der Folge, dass die Differenz zwischen dem Verkaufspreis und dem Gewinn- bzw. Einkommenssteuerwert einen Beteiligungsertrag darstellt.

b. Beim Erwerb eigener Beteiligungsrechte durch die Gesellschaft im Rahmen von Art. 659 OR (Art. 4a Abs. 2 VStG)

Die von der Gesellschaft zurückgekauften Beteiligungsrechte stammen aus dem Geschäftsvermögen des Veräusserers. Dieser erzielt somit unmittelbar durch den Verkauf einen steuerbaren Kapitalgewinn (Art. 18 Abs. 2 und Art. 58 DBG), der aus der Differenz zwischen dem Verkaufspreis und dem Gewinn- bzw. Einkommenssteuerwert der betreffenden Beteiligungsrechte besteht. Dieser Kapitalgewinn bildet Bestandteil des Gewinnes des laufenden Jahres. Diese Qualifikation wird auch nicht geändert, wenn die rückkaufende Gesellschaft oder Genossenschaft die Beteiligungsrechte nicht innerhalb der Sechsjahresfrist von Art. 4a Abs. 2 VStG (bzw. Zweijahresfrist für vinkulierte Namenaktien) veräussert.

c. Einbezug des Beteiligungsabzuges

Die Gewährung des Beteiligungsabzuges richtet sich nach den Verhältnissen im Zeitpunkt des Verkaufs der betreffenden Beteiligungsrechte. Mangels einer Art. 20 Abs. 1 Bst. c DBG analogen Bestimmung für den Bereich des Geschäftsvermögens können im Zeitpunkt einer allfälligen Teilliquidation nach Ablauf der Sechsjahresfrist weder eine Revision noch ein nachträglicher Beteiligungsabzug gewährt werden.

5. Geldwerte Leistungen/Verdeckte Gewinnausschüttungen

5.1 Verrechnungssteuer

Bei einem Erwerb eigener Beteiligungsrechte durch eine Gesellschaft oder Genossenschaft zu einem überhöhten Preis stellt die Differenz zwischen dem Kaufpreis und dem tatsächlichen Verkehrswert in jedem Fall sofort eine geldwerte Leistung dar, welche der Verrechnungssteuer unterliegt. Im Rahmen des tatsächlichen Verkehrswertes unterliegt der Erwerb der eigenen Beteiligungsrechte der Regelung von Art. 4a VStG.
Verkauft eine Gesellschaft eigene Beteiligungsrechte an einen Aktionär oder einen nahestehenden Dritten zu einem untersetzten Preis, so stellt die Differenz zwischen dem tatsächlichen Verkehrswert und dem Verkaufspreis ebenfalls sofort eine der Verrechnungssteuer unterliegende geldwerte Leistung dar.

5.2 Direkte Bundessteuer

Erfolgt der Erwerb eigener Beteiligungsrechte durch eine Gesellschaft zu einem überhöhten Preis, so ist die Differenz zwischen dem Kaufpreis und dem tatsächlichen Verkehrswert beim Veräusserer als verdeckte Gewinnausschüttung zu erfassen und bei der Gesellschaft in der Steuerbilanz als "Negativreserve" ("non-valeurs") zu berücksichtigen. Verkauft eine Gesellschaft eigene Beteiligungsrechte an einen Aktionär zu einem untersetzten Preis, so ist die Differenz zwischen dem tatsächlichen Verkehrswert und dem Verkaufspreis beim Aktionär als Kapitalertrag zu erfassen und bei der veräussernden Gesellschaft als steuerbarer Gewinn hinzuzurechnen.

Die allfällig der Erfolgsrechnung gutgeschriebenen Dividenden auf eigenen Aktien bilden Bestandteil des steuerbaren Gewinns. Sind die Voraussetzungen nach Art. 69 DBG erfüllt, kann der Beteiligungsabzug gewährt werden.

6. Wiederbegebung von steuerlich abgerechneten Beteiligungsrechten

Verkauft eine Gesellschaft eigene Beteiligungsrechte, deren Rückkauf bereits zu einer sofortigen (Art. 4a Abs. 1 VStG) oder einer aufgeschobenen (Art. 4a Abs. 2 VStG) Besteuerung als Teilliquidation geführt hatte, mindestens zum Nominalwert, löst dies keine Steuerfolgen aus. Wurde nach Ablauf von sechs Jahren auf Teilliquidation erkannt, so ist in der Steuerbilanz der Gesellschaft der Rückzahlung des Kapitals und der Ausschüttung von Reserven Rechnung zu tragen, indem die eigenen Aktien zu Lasten der gemäss Art. 659a Abs. 2 OR ausgewiesenen Spezialreserve vollständig ausgebucht werden. Das bei der erneuten Begebung dieser Beteiligungsrechte allenfalls über den Nennwert erzielte Entgelt ist bei der Gesellschaft als offene Kapitaleinlage (Agio) zu betrachten.
Kommt es später zu einem weiteren Liquidationstatbestand, unterliegen diese wiederbegebenen Beteiligungsrechte der gesetzlich vorgesehenen Besteuerung.

Der Vollständigkeit halber ist festzuhalten, dass der Wiederverkauf von steuerlich abgerechneten, zivilrechtlich aber nicht amortisierten Beteiligungsrechten durch die Gesellschaft keine Emissionsabgabe auslöst, weil das förmliche Kapital durch den Rückkauf und den anschliessenden Wiederverkauf der Beteiligungsrechte nicht berührt wird. Veräussert die Gesellschaft die Beteiligungsrechte zu einem Preis, der über dem Verkehrswert liegt, handelt es sich dagegen um einen Zuschuss, der gemäss Art. 5 Abs. 2 Bst. a des Bundesgesetzes vom 27. Juni 1973 über die Stempelabgaben[6)] (StG) der Emissionsabgabe unterliegt. Schliesslich ist jede Transaktion umsatzabgaberechtlich zu qualifizieren, sobald zumindest der Käufer oder der Veräusserer der betreffenden Beteiligungsrechte inländischer Effektenhändler ist.

---

6) SR **641.10**

7. Übergangsrechtliche Fragen

Gemäss Art. 70a VStG sind die neuen Art. 4a und 12 Abs. 1bis VStG auch auf Tatbestände anwendbar, welche vor ihrem Inkrafttreten (1. Januar 1998) eingetreten sind, es sei denn, die Steuerforderung sei verjährt oder bereits rechtskräftig festgesetzt. Erwarb eine Gesellschaft eigene Beteiligungsrechte vor dem 1. Januar 1998 im Rahmen von Art. 659 OR, gilt die Frist von sechs Jahren ab Erwerbsdatum dieser Beteiligungsrechte. Erwarb eine Gesellschaft eigene Beteiligungsrechte über den Rahmen von Art. 659 OR hinaus, wird auf demjenigen Anteil eigener Beteiligungsrechte, welcher den Rahmen von Art. 659 OR übersteigt, per 1. Januar 1998 als angenommenes Erwerbsdatum als Teilliquidation abgerechnet. Zu den mit der Rückwirkung zusammenhängenden Fragen verweisen wir auf den Anhang A zu diesem Kreisschreiben.

8. Verhältnis des vorliegenden Kreisschreibens zum Kreisschreiben Nr. 25 vom 27. Juli 1995 der direkten Bundessteuer

Das vorliegende Kreisschreiben ersetzt Ziff. 2 des Kreisschreibens Nr. 25 vom 27. Juli 1995.

Der Hauptabteilungschef

Samuel Tanner

Anhänge:

A Schematische Darstellung der Rückwirkungsproblematik von Art. 70a VStG im Zusammenhang mit Art. 4a VStG
B Form. 103 / 110

W99-005D

<u>ANHANG A</u>: Schematische Darstellung der Lösung der Rückwirkungsproblematik von Art. 70a VStG im Zusammenhang mit Art. 4a VStG

1a. <u>Erwerb eigener Beteiligungsrechte im Rahmen von OR 659 vor dem 1.1.1998</u>

Erwerb eigener Beteiligungsrechte im Rahmen von OR 659

Unternehmenssteuerreform

<u>Lösung</u>:
Bei diesen Fällen gilt die Frist von sechs Jahren ab Erwerbsdatum der eigenen Beteiligungsrechte; nach Ablauf dieser Frist Abrechnung als Teilliquidation.

1b. <u>Erwerb eigener Beteiligungsrechte über dem Rahmen von OR 659 vor dem 1.1.1998</u>

Erwerb eigener Beteiligungsrechte über den Rahmen von OR 659 hinaus

Unternehmenssteuerreform

<u>Lösung</u>:
Bei diesen Fällen gilt die Frist von sechs Jahren ab Erwerbsdatum der eigenen Beteiligungsrechte für den Anteil, der den Rahmen von OR 659 nicht übersteigt; nach Ablauf dieser Frist Abrechnung als Teilliquidation.
Eigene Bestände, soweit sie den Rahmen von OR 659 sprengen, werden per 1.1.1998 als angenommenes Erwerbsdatum als Teilliquidation sofort abgerechnet.

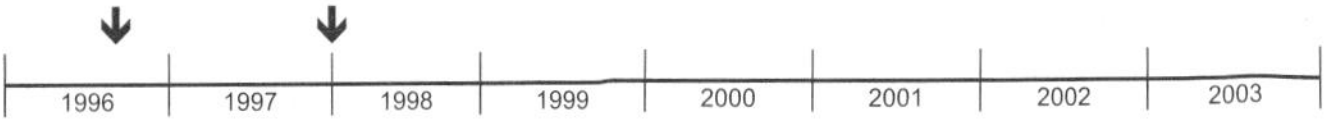

2a. Erwerb eigener Beteiligungsrechte im Rahmen von OR 659 ab dem 1.1.1998

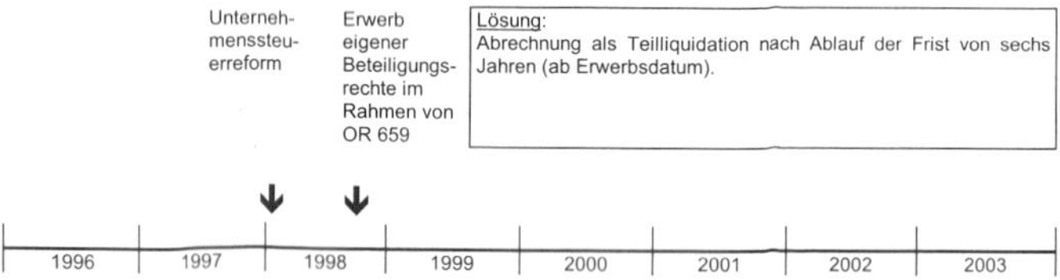

2b. Erwerb eigener Beteiligungsrechte über dem Rahmen von OR 659 ab dem 1.1.1998

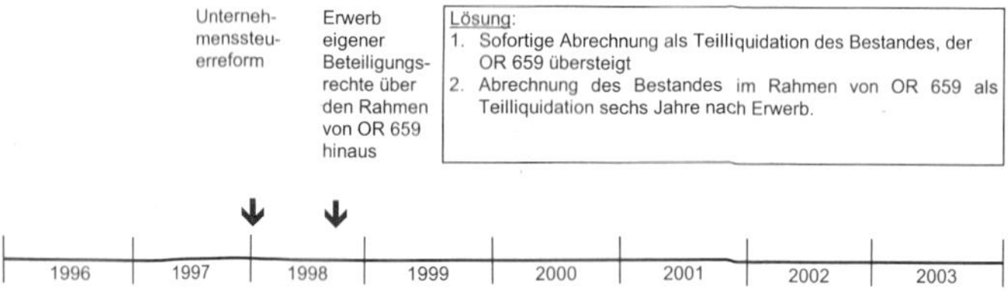

Berechnung der 6-Jahresfrist:

Fristbeginn: Ab Erwerbsdatum

Fristablauf: Sechs Jahre nach Erwerbsdatum und nicht am Bilanzstichtag. Die Gesellschaften haben der ESTV nachzuweisen, dass die Frist von sechs Jahren nicht überschritten wurde.

**Hauptabteilung Direkte Bundessteuer,
Verrechnungssteuer, Stempelabgaben**

Eidgenössische Steuerverwaltung ESTV
Administration fédérale des contributions AFC
Amministrazione federale delle contribuzioni AFC
Administraziun federala da taglia AFT

An die Abonnenten der Kreisschreiben unserer Hauptabteilung

Bern, 26. März 2002

Präzisierung von Ziffer 2.2 des Kreisschreibens Nr. 5 vom 19. August 1999 der Eidg. Steuerverwaltung „Unternehmenssteuerreform 1997 - Neuregelung des Erwerbs eigener Beteiligungsrechte"

Die Ziffer 2.2 des Kreisschreibens Nr. 5 vom 19. August 1999 behandelt den *Fristenstillstand im Zusammenhang mit Wandel- und Optionsanleihen sowie Mitarbeiterbeteiligungsplänen* gemäss Artikel 4a Absatz 3 des Bundesgesetzes vom 13. Oktober 1965 über die Verrechnungssteuer (VStG).

Insbesondere im Bereich der Banken zeigte sich, dass die Durchführung der erwähnten Ziffer 2.2 in der Praxis Schwierigkeiten bereitet. Deshalb hat unsere Verwaltung im Jahre 2000 im Gespräch mit der Schweizerischen Bankiervereinigung die beiliegende *Präzisierung* ausgearbeitet.

Für die Anpassung an die erwähnte Präzisierung hat unsere Verwaltung den Banken eine viermonatige Frist bis 31. März 2001 eingeräumt.

Da die Schwierigkeiten auch Unternehmen betreffen können, die nicht im Bankensektor tätig sind, wollen wir diese ebenfalls informieren.

Um eine Gleichbehandlung zu gewährleisten, räumen wir den übrigen Unternehmen ebenfalls eine *Frist von vier Monaten, d.h. bis zum 31. Juli 2002 ein, um die mit der erwähnten Präzisierung verbundenen Massnahmen zu treffen.*

Mit freundlichen Grüssen

SEKTION ALLGEMEINE DIENSTE
Der Chef

A. Jan

Beilage erwähnt

DS_0021 W99-005d_Brief.Doc

Präzisierung von Ziffer 2.2 des Kreisschreibens Nr. 5 der Eidg. Steuerverwaltung „Unternehmenssteuerreform 1997 - Neuregelung des Erwerbs eigener Beteiligungsrechte" vom 19. August 1999

Im Kreisschreiben Nr. 5 der Eidg. Steuerverwaltung (nachfolgend ESTV) „Unternehmenssteuerreform 1997 - Neuregelung des Erwerbs eigener Beteiligungsrechte" vom 19. August 1999 wird unter Ziff. 2.2 u.a. folgendes festgehalten:

Aus dem Wortlaut von Art. 4a Abs. 3 VStG folgt, dass zwischen einer Wandel- oder Optionsanleihe oder einem Mitarbeiterbeteiligungsplan und dem Erwerb eigener Beteiligungsrechte ein ursprünglicher kausaler Zusammenhang bestehen muss, damit die Gesellschaft oder Genossenschaft in den Genuss des Stillstands der Weiterveräusserungsfrist kommt. Der Erwerb der eigenen Beteiligungsrechte muss von Anfang an den Verpflichtungen aus Anleihe/Mitarbeiterbeteiligungsplan verhaftet sein; eine nachträgliche Umqualifizierung (zur Erstreckung der Sechsjahresfrist) ist nicht möglich. Dieser notwendige Zusammenhang ist von der Gesellschaft oder Genossenschaft nachzuweisen.

Die Voraussetzung des „ursprünglich kausalen Zusammenhangs" wird von der ESTV wie folgt ausgelegt:

1. Ein ursprünglich kausaler Zusammenhang besteht immer, wenn die zurückkaufende Gesellschaft oder Genossenschaft eigene Beteiligungsrechte zurückkauft zur Erfüllung von Verpflichtungen aus einer Wandel- oder Optionsanleihe oder einem Mitarbeiterbeteiligungsplan, wenn diese Verpflichtungen im Zeitpunkt des Rückkaufs der eigenen Beteiligungsrechte bereits bestehen. Diese eigenen Titel sind auf einem separaten Konto pro Wandel- oder Optionsanleihe oder pro Mitarbeiterbeteiligungsplan zu buchen.

2. Ein ursprünglich kausaler Zusammenhang wird von der ESTV auch angenommen, wenn eine Gesellschaft oder Genossenschaft eigene Beteiligungsrechte zurückkauft im Hinblick auf mögliche zukünftige Emissionen von Wandel- oder Optionsanleihen. Für die Gewährung des Fristenstillstandes müssen die folgenden Voraussetzungen erfüllt sein:

   a. Die im Hinblick auf zukünftige Wandel- oder Optionsanleihen zurückgekauften Beteiligungsrechte werden auf einem vom Handelsbestand separaten Sammelkonto verbucht, wobei für jede Transaktion die Anzahl der Titel sowie das Datum des Rückkaufes zu erfassen sind.

   b. Auf diesem Konto dürfen keine anderen Umsätze getätigt werden als der Ankauf von eigenen Beteiligungsrechten im Hinblick auf die zukünftige Emission von Wandel- oder Optionsanleihen sowie die Ausbuchung von Überbeständen über den Handelsbestand.

   Ab dem Zeitpunkt des jeweiligen Rückkaufs der eigenen Beteiligungsrechte beginnt die Sechsjahresfrist von Art. 4a Abs. 2 VStG zu laufen. Wird vor deren Ablauf durch die Gesellschaft oder Genossenschaft eine Wandel- oder Optionsanleihe emittiert, können die hierfür zurückgekauften Beteiligungsrechte en bloc vom Sammelkonto auf ein separates Konto pro Wandel- oder Optionsanleihe (Einzelkonto) umgebucht werden. Sofern diese Umbuchung spätestens im Zeitpunkt der Liberierung der Anleihe vorgenommen wird, kommen die entsprechenden Beteiligungsrechte in den Genuss des Fristenstillstandes von Art. 4a Abs. 3 VStG: Die Wiederveräusserungsfrist von Art. 4a Abs. 2 VStG steht somit für diese Beteiligungsrechte ab dem Zeitpunkt der Umbuchung solange still, bis die Verpflichtungen aus der entsprechenden Wandel- oder Optionsanleihe erloschen sind. Werden die auf dem separaten Konto angehäuften eigenen Beteiligungsrechte nicht für die Erfüllung der Verpflichtungen aus dieser Wandel- oder Optionsanleihe genutzt, beginnt ab Wegfall dieser Verpflichtungen die Sechsjahresfrist von Art. 4a Abs. 2 VStG weiterzulaufen. Sofern sich nach Ablauf dieser Frist - welche sich nach dem Rückkaufsdatum der eigenen Beteiligungsrechte berechnet unter Berücksichtigung des Fristenstillstandes gemäss Art. 4a Abs. 3 VStG - noch eigene Beteiligungsrechte im Besitz der

Gesellschaft oder Genossenschaft befinden, treten die Folgen einer Teilliquidation im Sinne von Art. 4a Abs. 1 VStG ein.
Eine mehrfache Widmung derselben eigenen Beteiligungsrechte für Verpflichtungen aus einer Wandel- oder Optionsanleihe ist im übrigen ausgeschlossen. Aus diesem Grund dürfen nach Ablauf der Verpflichtungen aus einer Wandel- oder Optionsanleihe überschüssige Beteiligungsrechte nicht auf das Sammelkonto zurückübertragen, sondern einzig über den Handelsbestand ausgebucht werden.

Auf dem Einzelkonto während dem Fristenstillstand vorgenommene Umsätze sind nur im Rahmen des sog. Delta-Hedging möglich. Sofern nach Ablauf der Verpflichtung aus der entsprechenden Anleihe ein Überschuss verbleibt, übernimmt dieser den Fristigkeitsstatus der en bloc vom Sammelkonto auf das Einzelkonto überführten eigenen Beteiligungsrechte, wobei das FIFO-Prinzip angewandt wird. Folgendes Beispiel verdeutlicht dies:

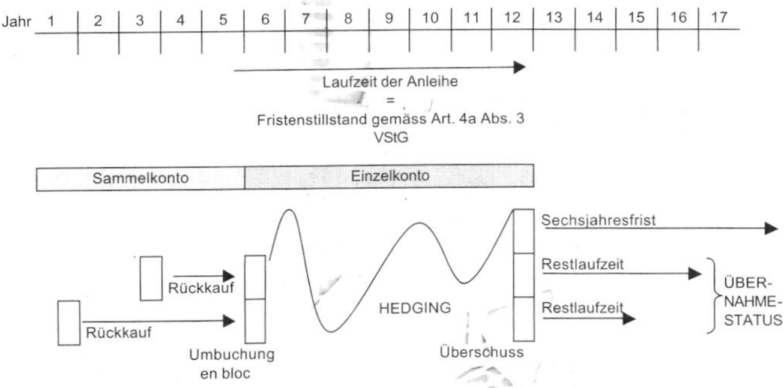

3. Kein ursprünglich kausaler Zusammenhang im Sinne von Art. 4a Abs. 3 VStG liegt vor, wenn eine Gesellschaft oder Genossenschaft ohne die Voraussetzungen der vorliegenden Ziff. 2 eigene Beteiligungsrechte zurückgekauft hat und diese Beteiligungsrechte der Erfüllung von Verpflichtungen einer erst nach dem Rückkauf emittierten Wandel- oder Optionsanleihe widmen will. Eine solche Umqualifizierung ist steuerlich nicht zulässig. Dasselbe gilt, wenn eine Gesellschaft oder Genossenschaft zurückgekaufte eigene Beteiligungsrechte einer nach dem Rückkauf begründeten Verpflichtung aus einem Mitarbeiterbeteiligungsplan widmen will.

Die Rückkäufe eigener Beteiligungsrechte folgen der ordentlichen umsatzabgaberechtlichen Regelung; die Einzelkonti pro Wandel- oder Optionsanleihe qualifizieren als Anlagebestand. Die Umbuchung von Titeln vom Sammelkonto auf ein Einzelkonto stellt bei gewerbsmässigen Effektenhändlern folglich eine steuerbare Übertragung im Sinne von Art. 25a Abs. 5 der Verordnung vom 3. Dezember 1973 zum Bundesgesetz vom 27. Juni 1973 über die Stempelabgaben dar.

Die vorliegende Regelung wird von der ESTV ab 1. Juli 2000 angewandt. Die Gesellschaften haben bis zum 31. März 2001 Zeit, bereits zurückgekaufte eigene Beteiligungsrechte, welche den Verpflichtungen einer zukünftigen Wandel- oder Optionsanleihe dienen sollen, vom Handelsbestand auf das entsprechende Sammelkonto zu buchen.

Beilage:
- Schematische Darstellung

Schematische Darstellung

Gemäss Ziffer 3:

Es liegt nie ein ursprünglich kausaler Zusammenhang im Hinblick auf eine zukünfte Wandel- oder Optionsanleihe vor.
Die eigenen Beteiligungsrechte können nicht der Verpflichtung aus einer Wandel- oder Optionsanleihe gewidmet werden und kommen somit nie in den Genuss des Fristenstillstandes von Art. 4a Abs. 3 VStG

Gemäss Ziffer 2:

Potentielles Widmungssubstrat. Der ursprünglich kausale Zusammenhang wird angenommen und der Fristenstillstand gemäss Art. 4a Abs. 3 VStG tritt ein, wenn die eigenen Beteiligungsrechte

- beim Rückkauf auf dem separaten Sammelkonto verbucht werden
- spätestens im Zeitpunkt der Liberierung einer Anleihe en bloc von diesem Sammelkonto auf ein dieser Anleihe gewidmetes Einzelkonto umgebucht werden.

Gemäss Ziffer 1:

Der ursprünglich kausale Zusammenhang liegt vor.
Die auf Einzelkonten verbuchten eigenen Beteiligungsrechte kommen in den Genuss des Fristenstillstandes von Art. 4a Abs. 3 VStG.

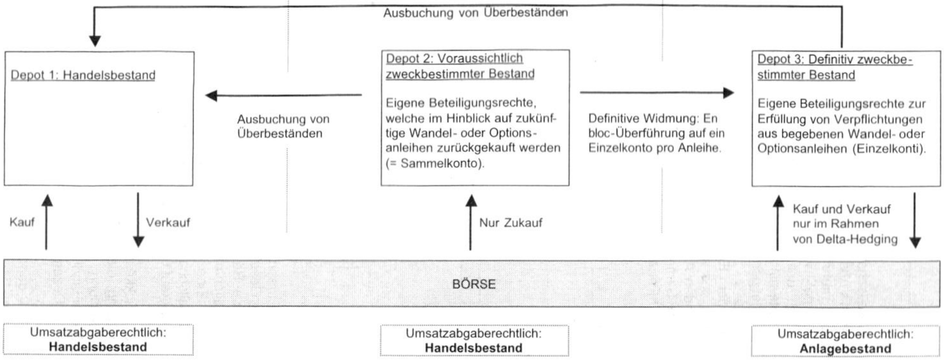

Eidgenössische Steuerverwaltung
Administration fédérale des contributions
Amministrazione federale delle contribuzioni

Hauptabteilung Direkte Bundessteuer, Verrechnungssteuer, Stempelabgaben
Division principale de l'impôt fédéral direct, de l'impôt anticipé, des droits de timbre
Divisione principale imposta federale diretta, imposta preventiva, tasse di bollo

Direkte Bundessteuer **Steuerperiode 1997**

Bern, 6. Juni 1997

An die kantonalen Verwaltungen
für die direkte Bundessteuer

Kreisschreiben Nr. 6

Verdecktes Eigenkapital (Art. 65 und 75 DBG) bei Kapitalgesellschaften und Genossenschaften

1. Einleitung

Zwischen den Beteiligten einer Gesellschaft und der Gesellschaft selber können sowohl vertragsrechtliche als auch beteiligungsrechtliche Beziehungen bestehen. Das Zivilrecht wie auch das Steuerrecht gehen dabei von der Annahme aus, dass juristische Personen selbständige Rechtssubjekte darstellen. Dies führt zu einer steuerlichen Doppelbelastung von Gesellschaft und Gesellschafter, indem Gewinne bei der Gesellschaft als Ertrag und im Zeitpunkt der Ausschüttung beim Gesellschafter als Einkommen besteuert werden. Gewährt ein Aktionär der Gesellschaft ein Darlehen, sind für ihn die daraus fliessenden Zinsen wie die Dividendenausschüttungen steuerbares Einkommen. Für die Gesellschaft indes sind die Darlehenszinsen grundsätzlich geschäftsmässig begründeter Aufwand, die Dividenden dagegen sind Gewinnverwendung und damit nicht abzugsfähig. Geschäftsmässig nicht begründete Aufwendungen sind bei der Gesellschaft aufzurechnen.

Die Regeln über das verdeckte Eigenkapital dienen der steuerlichen Abgrenzung von Fremd- und Eigenkapital. Der Wortlaut von Artikel 75 DBG stellt insofern eine Neuerung dar, als von den Steuerbehörden nicht mehr eine Steuerumgehung nachgewiesen werden muss (ungewöhnliche Rechtsgestaltung, welche lediglich deshalb getroffen wurde, um Steuern einzusparen und welche tatsächlich zu einer erheblichen Steuerersparnis führte, falls sie von den Steuerbehörden hingenommen würde), damit verdecktes Eigenkapital angenommen werden kann.

2. Ermittlung des verdeckten Eigenkapitals

2.1. Ermittlung des verdeckten Eigenkapitals für die Kapitalsteuer

Für die Ermittlung des verdeckten Eigenkapitals von Kapitalgesellschaften und Genossenschaften ist grundsätzlich vom Verkehrswert der Aktiven auszugehen. Massgebend sind die Verkehrswerte am Ende der Steuerperiode (Art. 81 DBG). Sofern keine höheren Verkehrswerte nachgewiesen sind, geht die Veranlagungsbehörde von den Gewinnsteuerwerten aus.

Vom Verkehrswert sind in der Regel die folgenden Ansätze als Höchstbetrag der von der Gesellschaft aus eigener Kraft erhältlichen fremden Mittel zu betrachten:

Flüssige Mittel	100 %
Forderungen aus Lieferungen und Leistungen	85 %
Andere Forderungen	85 %
Vorräte	85 %
Uebriges Umlaufvermögen	85 %
In- und ausländische Obligationen in Schweizer Franken	90 %
Ausländische Obligationen in Fremdwährung	80 %
Kotierte in- und ausländische Aktien	60 %
Uebrige Aktien und GmbH-Anteile	50 %
Beteiligungen	70 %
Darlehen	85 %
Betriebseinrichtungen	50 %
Fabrikliegenschaften	70 %
Villen, Eigentumswohnungen, Ferienhäuser und Bauland	70 %
Uebrige Liegenschaften	80 %
Gründungs-, Kapitalerhöhungs- und Organisationskosten	0 %
Andere immaterielle Anlagen	70 %

Für Finanzgesellschaften beträgt das maximal zulässige Fremdkapital in der Regel 6/7 der Bilanzsumme.

Soweit die ausgewiesenen Schulden das zulässige Fremdkapital übersteigen, ist verdecktes Eigenkapital anzunehmen. Wesentlich ist, dass nur derjenige Teil als verdeckt gilt, der direkt oder indirekt von Anteilsinhabern oder diesen nahestehenden Personen stammt. Wird das Fremdkapital von unabhängigen Dritten - ohne Sicherstellung durch den Anteilsinhaber oder diesem nahestehende Personen - zur Verfügung gestellt, liegt kein verdecktes Eigenkapital vor.

Der Nachweis, dass die konkrete Finanzierung dem Drittvergleich standhält, bleibt vorbehalten.

2.2. Ermittlung des verdeckten Eigenkapitals für das Verhältniskapital

Das nach den vorerwähnten Regeln ermittelte Eigenkapital bildet auch Grundlage für die Berechnung des Verhältniskapitals.

2.3. Ermittlung des verdeckten Eigenkapitals zur Berechnung der aufzurechnenden Schuldzinsen

Im Regelfall wird auf den Stand am Ende der Steuerperiode abgestellt. Grossen Verkehrswert- oder Bestandesveränderungen innerhalb der Steuerperiode kann angemessen Rechnung getragen werden.

3. Steuerliche Behandlung

3.1. Ermittlung der Aufrechnung für die Gewinnsteuer

Nach Artikel 65 DBG gehören zum steuerbaren Gewinn der Kapitalgesellschaften und Genossenschaften auch die Schuldzinsen, die auf jenen Teil des Fremdkapitals entfallen, der nach Artikel 75 DBG zum Eigenkapital zu rechnen ist. Die auf das verdeckte Eigenkapital entfallenden Schuldzinsen sind daher dem ausgewiesenen Reingewinn hinzuzurechnen und gemäss Artikel 57 ff. DBG zu besteuern.

Werden Darlehen von Beteiligten oder diesen Nahestehenden zu einem Zinssatz zur Verfügung gestellt, der unter dem marktüblichen Zinsniveau liegt, wird vom gesamten Darlehenszins soviel als abzugsfähiger Aufwand anerkannt, als gemäss Merkblatt der Eidg. Steuerverwaltung betreffend Zinssätze für die Berechnung der geldwerten Leistungen für das anerkannte Fremdkapital zulässig wäre. Nur der verbleibende Rest wird aufgerechnet.

3.2. Zinsloses Darlehen von Aktionären

Die gesetzliche Bestimmung von Artikel 75 DBG verlangt nicht das Vorliegen einer Steuerumgehung. Deshalb ist verdecktes Eigenkapital für die Kapitalsteuer und das Verhältniskapital auch dann anzunehmen, wenn das betreffende Kapital dem Aktionär nicht verzinst wurde.

3.3. Verdecktes Eigenkapital beim Vorliegen eines Verlustvortrags

Die Umqualifizierung von Fremdkapital in verdecktes Eigenkapital ist rein steuerrechtlich bedingt und hat das Ziel, die auf dem Fremdkapital bezahlten Zinsen nicht als abzugsfähigen Aufwand, sondern als verdeckte Gewinnausschüttung und somit wie Dividenden zu behandeln. Daraus folgt, dass das verdeckte Eigenkapital dem einbezahlten Grund- und Stammkapital und nicht den Reserven gleichzusetzen ist. Ein allfälliger Verlustvortrag kann demnach nur mit Reserven, nicht aber mit dem um das verdeckte Eigenkapital erhöhten einbezahlten Grund- und Stammkapital verrechnet werden.

3.4. Rückzahlung von verdecktem Eigenkapital

Das als verdecktes Eigenkapital ermittelte Fremdkapital von Aktionären und diesen nahestehenden Personen ist bei der Rückzahlung steuerfrei.

Der Hauptabteilungschef

Samuel Tanner

Direkte Bundessteuer **Steuerperiode 1995/96**

EIDG. STEUERVERWALTUNG
Hauptabteilung
Direkte Bundessteuer

Bern, 30. Juni 1995

An die kantonalen Verwaltungen
für die direkte Bundessteuer

Kreisschreiben Nr. 24[1]

Kapitalversicherungen mit Einmalprämie

I. Allgemeines

Artikel 20 Absatz 1 Buchstabe a DBG ist vom Parlament, nach bewegter Vorgeschichte (vgl. dazu die entsprechende bundesrätliche Botschaft vom 1.3.1993, BBl 1993 I 1196) und nach langen Beratungen am 7. Oktober 1994 mit folgender Fassung verabschiedet worden:

Artikel 20 Absatz 1 Buchstabe a

1 Steuerbar sind die Erträge aus beweglichem Vermögen, insbesondere:

a. Zinsen aus Guthaben, einschliesslich ausbezahlter Erträge aus rückkaufsfähigen Kapitalversicherungen mit Einmalprämie im Erlebensfall oder bei Rückkauf, ausser wenn diese Kapitalversicherungen der Vorsorge dienen. Als der Vorsorge dienend gilt die Auszahlung der Versicherungsleistung ab dem vollendeten 60. Altersjahr des Versicherten aufgrund eines mindestens fünfjährigen Vertragsverhältnisses. In diesem Fall ist die Leistung steuerfrei.

Für Kapitalversicherungen, die vor dem 1. Januar 1994 abgeschlossen wurden, hat das Parlament mit Artikel 205a noch folgende Übergangsbestimmung gutgeheissen:

Art. 205a Altrechtliche Kapitalversicherungen mit Einmalprämie

Bei Kapitalversicherungen gemäss Artikel 20 Absatz 1 Buchstabe a, die vor dem 1. Januar 1994 abgeschlossen wurden, bleiben die Erträge steuerfrei, sofern bei Auszahlung das Vertragsverhältnis mindestens fünf Jahre gedauert oder der Versicherte das 60. Altersjahr vollendet hat.

---

1 Angepasst an das Bundesgesetz über die formelle Bereinigung der zeitlichen Bemessung der direkten Steuern bei den natürlichen Personen.vom 22. März 2013 (in Kraft seit 1. Januar 2014).

Beide Bestimmungen sind mit dem Bundesgesetz über die direkte Bundessteuer am 1. Januar 1995 in Kraft getreten.

Gegenstand dieses Kreisschreibens bildet die Erläuterung der beiden Gesetzesbestimmungen.

II. Artikel 20 Absatz 1 Buchstabe a

1. Rückkaufsfähige Kapitalversicherung

Kapitalversicherungen sind Lebensversicherungen mit einmaliger Leistung im Versicherungsfall. Dazu gehören die Todesfallversicherungen, die Erlebensfallversicherungen, die gemischten Versicherungen und die Versicherungen auf festen Termin. Eine Kapitalversicherung ist rückkaufsfähig, sofern sie kapitalbildend ist. Das ist der Fall, wenn der Eintritt des versicherten Ereignisses gewiss ist (Art. 90 Abs. 2 des Bundesgesetzes über den Versicherungsvertrag, VVG vom 02.04.1908; SR 221.229.1). Die gängigste unter den rückkaufsfähigen Kapitalversicherungen ist die klassische gemischte Versicherung.

Die Steuerbehörden können indessen für die steuerliche Beurteilung nicht allein auf die zivilrechtliche Qualifikation des VVG abstellen. Kapitalversicherungen, die von der Versicherungsaufsichtsbehörde als "rückkaufsfähige Lebensversicherung" zugelassen sind, erfüllen nicht automatisch die Voraussetzungen für eine steuerliche Privilegierung.

Bei rückkaufsfähigen Kapitalversicherungen, welche durch eine Einmalprämie finanziert werden, fehlt das typische Versicherungssparen, wurde doch der eigentliche Sparprozess schon vor der Bezahlung der Einmalprämie abgeschlossen. Im Vordergrund steht nicht der Versicherungsschutz, sondern vielmehr die Vermögensanlage. Die Erträge aus rückkaufsfähigen Kapitalversicherungen mit Einmalprämien sind im Erlebensfall sowie bei Rückkauf grundsätzlich steuerbar, soweit die Kapitalversicherung nicht der Vorsorge dient (Art. 20 Abs. 1 Bst. a DBG).

Nach den Bestimmungen von Artikel 20 Absatz 1 Buchstabe a DBG sind im Bereich der freien Selbstvorsorge (Säule 3b) künftig zwei Kategorien von Kapitalversicherungen mit Einmalprämien auseinanderzuhalten:

a) rückkaufsfähige Kapitalversicherungen mit Einmalprämie, die der Vorsorge dienen und deren Erträge bei der Auszahlung steuerfrei sind;

b) andere rückkaufsfähige Kapitalversicherungen mit Einmalprämie, die nicht der Vorsorge dienen und deren Erträge deshalb bei der Auszahlung besteuert werden.

1. a) Rückkaufsfähige Kapitalversicherungen mit Einmalprämie, die der Vorsorge dienen

Aufgrund von Artikel111 Absatz 1 der Bundesverfassung ist die Selbstvorsorge in das Dreisäulenkonzept unserer Alters-, Hinterbliebenen- und Invalidenvorsorge eingebunden. Die Funktion der Selbstvorsorge besteht darin, die Leistungen der ersten beiden Säulen sinnvoll zu ergänzen. Eine steuerliche Privilegierung der rückkaufsfähigen Kapitalversicherung ist somit gestützt auf Artikel 34quater Absatz 6 der Bundesverfassung nur im Rahmen der Vorsorge gemäss Artikel 34quater Absatz 1 BV zulässig. Mit Artikel 20 Absatz 1 Buchstabe a DBG wollte der Gesetzgeber einzig jene Kapitalversicherungen steuerlich privilegieren, die als derart verstandene Vorsorge ausgestaltet sind. Dies setzt voraus, dass die Auszahlung der Versicherungsleistung nach dem vollendeten 60. Altersjahr des Versicherten erfolgt und das Vertragsverhältnis mindestens fünf Jahre gedauert hat. Sind diese Bedingungen (kumulativ) erfüllt, ist eine Auszahlung der Versicherungsleistung im Erlebensfall oder bei Rückkauf stets steuerfrei.

Um im weiteren die Kapitalversicherung mit Einmalprämie von einer Vermögensanlage abzugrenzen, muss die Kapitalversicherung einen angemessenen Versicherungsschutz für den Erlebensfall sowie für den Fall des vorherigen Ablebens des Versicherten garantieren. Die Höhe dieses Versicherungsschutzes darf nicht beliebig niedrig angesetzt werden.

1. b) Kapitalversicherungen mit Einmalprämie, die nicht der Vorsorge dienen

Als rückkaufsfähige Kapitalversicherungen, finanziert mit Einmalprämie, werden auf dem Markt unter anderem angeboten:

- Erlebensfallversicherungen mit Rückgewähr

  Die versicherte Summe (Alterskapital) wird einzig ausbezahlt, wenn der Versicherte einen zum voraus bestimmten Zeitpunkt erlebt. Bei seinem vorherigen Tod werden die bis zum Todestag bezahlten (Einmal-) Prämien zurückerstattet; eine Versicherungsleistung (Todesfallsumme) wird dagegen nicht garantiert. Der Versicherer trägt somit kein Todesfallrisiko (vgl. Ziff. 1.a Abs. 2).

  Hinzu kommt, dass gewisse Versicherungsgesellschaften bei vorherigem Ableben des Versicherten nicht bloss die Einmalprämie zurückerstatten, sondern zusätzlich noch allfällige Überschussanteile ausbezahlen. Hier handelt es sich nicht mehr um eine echte Versicherungsleistung.

- Versicherungen auf festen Termin (terme fixe)

  Der Versicherer verpflichtet sich, die Versicherungssumme an einem bestimmten Termin zu bezahlen, gleichgültig, ob die versicherte Person noch lebt oder nicht. Da beim Todesfall der versicherten Person keine Leistung fällig wird und die Prämie für die gesamte Vertragsdauer vorausbezahlt ist, hat der Versicherer kein Todesfallrisiko zu tragen (anders als bei der Finanzierung mit periodischer Prämie; vgl. auch Ziff. 1.a Abs. 2).

- Versicherungen ohne feste Vertragsdauer (sog. Open end-Versicherungen)

  Der Versicherungsvertrag dieser rückkaufsfähigen Kapitalversicherung sieht bei Ablauf, d.h. bei Erreichen des Terminalters, die Möglichkeit einer wiederholten Vertragsverlängerung vor. Nach Eintritt der ersten Fälligkeit handelt es sich grundsätzlich um ein Stehenlassen bzw. um eine jährliche Reinvestition des verfügbaren Alterskapitals. Andererseits könnte man darin auch einen Neuabschluss (mit einem neuen Vertragsablauf) erblicken.

Diese und ähnliche Kapitalversicherungen laufen auf verkappte Anlagegeschäfte hinaus, denn im Vordergrund steht nicht der Versicherungsschutz, sondern vielmehr die Vermögensanlage. Solche Kapitalversicherungen mit Einmalprämie werden entsprechend dem allgemeinen Grundsatz von Artikel 20 Absatz 1 Buchstabe a DBG bei der Auszahlung der Erträge besteuert; die Leistungen aus solchen Versicherungen können somit nicht als steuerfreie Versicherungsleistungen im Sinne von Artikel 24 lit. b DBG betrachtet werden.

2. Versicherte Person

Der Gesetzgeber wollte mit Artikel 20 Absatz 1 Buchstabe a DBG die Selbstvorsorge steuerlich privilegieren. Daraus folgt, dass der Versicherungsnehmer zugleich versicherte Person sein muss. Ebenso hat die versicherte Person Versicherungsnehmer zu sein.

Eine Versicherung auf zwei Leben ist einzig bei Ehegatten zulässig, soweit diese gemeinsam veranlagt werden. Diesfalls muss nur eine der versicherten Personen Versicherungsnehmer sein. Die Voraussetzung, wonach eine Auszahlung nicht vor Vollendung des 60. Altersjahres erfolgen darf, ist dabei von beiden Ehegatten zu erfüllen.

3. Einmalprämie

Hinsichtlich der Finanzierung einer Lebensversicherung ist zu unterscheiden zwischen periodischer Prämienzahlung (i.d.R. Jahresprämien) und der Bezahlung einer Einmalprämie. Eine solche Einmalprämie liegt jedoch nicht nur dann vor, wenn sie einmalig beim Abschluss der Versicherung bezahlt wird. Als Einmalprämien sind auch solche Einlagen zu betrachten, die während der Vertragsdauer geleistet werden und nicht eindeutig periodischen, planmässigen Prämien entsprechen. Solche Einmalprämien sind vor allem bei flexiblen Versicherungsprodukten anzutreffen.

Die Abgrenzung kann in der Praxis wie folgt vorgenommen werden: Wenn der Versicherungsvertrag nicht von Anfang an über die ganze Vertragsdauer auf eine periodische, planmässige Prämienzahlung ausgelegt ist, ist eine Kapitalversicherung mit Einmalprämie anzunehmen. Das bedeutet, dass in solchen Fällen die steuerliche Freistellung der entsprechenden Erträge stets an die Bedingungen von Artikel 20 Absatz 1 Buchstabe a DBG geknüpft ist.

4. Besteuerung der Erträge

Die Erträge aus rückkaufsfähigen Kapitalversicherungen mit Einmalprämie, die steuerlich nicht privilegiert sind, werden im Erlebensfall oder bei Rückkauf zusammen mit dem übrigen Einkommen besteuert. Als Vermögensertrag erfasst wird in diesen Fällen die Differenz zwischen der vom Versicherungsnehmer einbezahlten Einmalprämie und der ausbezahlten Versicherungsleistung (inkl. der

Überschussanteile). Eine Besteuerung zum Rentensatz gemäss Artikel 37 DBG oder gar eine getrennte Besteuerung als Kapitalleistung aus Vorsorge nach Artikel 38 DBG ist nicht möglich. Die ausgerichteten Überschussanteile sind im Zeitpunkt ihrer Realisierung als steuerbares Einkommen zu erfassen.

5. Steuerumgehung

Die Regeln, wie sie für die Annahme einer Steuerumgehung bei Kapitalversicherungen mit Einmalprämie vom Bundesgericht entwickelt worden sind - namentlich im Zusammenhang mit einer darlehensweisen Finanzierung der Einmalprämie - gelten auch unter dem Recht des DBG.

Danach ist die Fremdfinanzierung insbesondere dann als ein absonderliches Vorgehen zum Zweck der Steuerumgehung zu betrachten, wenn die Vermögens- und Einkommensverhältnisse der steuerpflichtigen Person eine Fremdfinanzierung der Kapitalversicherung mit Einmalprämie nicht erlauben und daher die Versicherungspolice vielfach faktisch die einzige Garantie für den aufgenommenen Kredit darstellt. Unter solchen Umständen ist das Darlehen steuerlich nicht zu anerkennen und dementsprechend der Abzug der geltend gemachten Schuldzinsen zu verweigern (vgl. z.B. BGE in ASA 44, 360; 50, 624; 55, 129).

III. Artikel 205a DBG

Im Hinblick auf den Auslegungsstreit um die frühere Fassung von Artikel 20 Absatz 1 Buchstabe a DBG und die damit verbundene Unsicherheit für die Steuerpflichtigen hat der Gesetzgeber mit der Bestimmung von Artikel 205a DBG eine grosszügige Uebergangsregelung geschaffen: Danach genügt bei Versicherungsverhältnissen, die vor dem 1. Januar 1994 abgeschlossen wurden, für die steuerliche Freistellung der Erträge schon eine der sonst kumulativ erforderlichen Voraussetzungen, nämlich entweder die minimale fünfjährige Vertragsdauer oder das vollendete 60. Altersjahr des Versicherten.

IV. Aufhebung früherer Kreisschreiben

Das Kreisschreiben der Eidg. Steuerverwaltung vom 21. Juni 1982 betreffend Kapitalversicherungen mit Einmalprämie (wiedergegeben in ASA 51, 85) wird aufgehoben.

V. Auskunftsstelle

Fragen zur steuerlichen Behandlung von Lebensversicherungsprodukten sind an die Eidg. Steuerverwaltung (Sektion Meldewesen, Eigerstrasse 65, 3003 Bern, Tel. 031/322 71 55 /71 15) zu richten.

Der Hauptabteilungschef

Samuel Tanner

W95-024D

Direkte Bundessteuer **Steuerperiode 1995/96**

EIDG. STEUERVERWALTUNG
Hauptabteilung
Direkte Bundessteuer

Bern, 7. April 1995

An die kantonalen Verwaltungen
für die direkte Bundessteuer

Kreisschreiben Nr. 21

Das Nachsteuer- und das Steuerstrafrecht nach dem Gesetz über die direkte Bundessteuer

Inhaltsverzeichnis

I. Einleitung

Das Nachsteuer- und das Steuerstrafrecht nach dem Gesetz über die direkte Bundessteuer (DBG) haben gegenüber den einschlägigen Bestimmungen des Bundesratsbeschlusses über die Erhebung einer direkten Bundessteuer (BdBSt) wesentliche Änderungen und Neuerungen erfahren, was die Hauptabteilung Direkte Bundessteuer veranlasst, diese in einem Kreisschreiben zusammenzufassen und zu erläutern.

Als gewichtigste Neuerung ist hervorzuheben, dass beim Vorliegen einer vollendeten Steuerhinterziehung die hinterzogene Steuer im Nachsteuerverfahren in einer besonderen Verfügung festzusetzen und als Nachsteuer zu beziehen ist. Die Bussen gelten als echte Strafen im Sinne der Europäischen Menschenrechtskonvention (EMRK).

Das Verfahren zur Festsetzung der hinterzogenen Steuern und der Bussen für die vor dem 1. Januar 1995 abgelaufenen Steuerperioden richtet sich stets nach den Verfahrensvorschriften des DBG. Hingegen ist in solchen Fällen Artikel 134 BdBSt betreffend die Wahrung der Verwirkungsfrist zur Einleitung des Verfahrens weiterhin zu beachten. Die Strafzumessung richtet sich stets nach dem milderen Recht.

II. Die Nachsteuer (Art. 151-153 DBG)

1. Zweck

Die Artikel 151-153 DBG stehen unter dem Titel "Änderung rechtskräftiger Verfügungen und Entscheide". Sie regeln das Verfahren zur Revision rechtskräftiger Verfügungen und Entscheide zum Nachteil des Steuerpflichtigen*. Dabei ist unbeachtlich, ob dem Steuerpflichtigen ein Verschulden vorgeworfen werden kann. Aus der Gesetzessystematik folgt, dass das Nachsteuerverfahren von dem im Sechsten Teil des Gesetzes geregelten Steuerstrafverfahren zu trennen ist.

---

* Wenn nachstehend vom Steuerpflichtigen die Rede ist, so ist damit immer sowohl eine natürliche als auch eine juristische Person gemeint, wenn sich aus dem Text nichts anderes ergibt.

2. Voraussetzungen

2.1 Nachsteuer bei Steuerhinterziehung oder Steuervergehen

Nach Artikel 152 Absatz 2 DBG gilt die Eröffnung der Strafverfolgung wegen Steuerhinterziehung oder Steuervergehens zugleich als Einleitung des Nachsteuerverfahrens. Dies ist folgerichtig, weil bei der Begehung einer Steuerhinterziehung oder eines Steuervergehens der Steuerbehörde zwangsläufig bestimmte Tatsachen oder Beweismittel schuldhaft vorenthalten werden, die dann eben der Steuerbehörde oder der Steuerjustizbehörde im Zeitpunkt ihres Entscheides nicht bekannt waren. Dies gilt z.B. auch dann, wenn eine steueramtliche Meldung bei der Veranlagung versehentlich nicht berücksichtigt wurde und auch der Steuerpflichtige die in der Meldung enthaltene Tatsache der Steuerbehörde nicht bekanntgab. Das Nachsteuerverfahren dient somit der Feststellung und Erhebung des hinterzogenen Steuerbetrages.

2.2 Nachsteuer ohne Strafsteuerverfahren

Ist eine Veranlagung ohne Verschulden des Steuerpflichtigen entweder ganz unterblieben oder unvollständig ausgefallen, weil

a) im Zeitpunkt des Erlasses der Veranlagungsverfügung oder des Beschwerdeentscheides den dafür zuständigen Behörden Tatsachen und/oder Beweismittel nicht bekannt waren, oder

b) durch ein Verbrechen oder ein Vergehen auf die Tätigkeit der Veranlagungs- oder Steuerrekursbehörde eingewirkt wurde,

so ist ein Nachsteuerverfahren durchzuführen.

Die unter a) erwähnten Tatsachen müssen für die steuerliche Beurteilung erheblich sein. Es kann sich zum Beispiel um eine Erbschaft handeln, von welcher der Steuerpflichtige erst nach erfolgter Veranlagung Kenntnis erhält. Handelt es sich nur um versehentlich nicht berücksichtigte Tatsachen und Beweismittel, so sind die Bestimmungen über das Nachsteuerverfahren nicht anwendbar.

Die unter b) erwähnte Beeinflussung der Tätigkeit der Veranlagungs- oder Steuerrekursbehörde muss grundsätzlich durch ein Strafverfahren festgestellt worden sein. Ist jedoch die Durchführung eines Strafverfahrens unmöglich, so kann der Beweis für das Vorliegen eines Verbrechens oder Vergehens auch auf andere Weise geführt werden.

Hat der Steuerpflichtige Einkommen, Vermögen, Reingewinn oder Eigenkapital vollständig und genau angegeben und haben die Steuerbehörden die Bewertung anerkannt, so kann keine Nachsteuer erhoben werden, selbst wenn die Bewertung ungenügend war.

Die Schätzung und Bewertung steuerbarer Objekte schafft an sich keine neuen Tatsachen. Hat z.B. der Steuerpflichtige in der Steuererklärung oder im Veranlagungsverfahren Angaben über den Wert eines Vermögensgegenstandes oder die Höhe einer geschäftsmässig begründeten Abschreibung gemacht, hat er ein subjektives Werturteil abgegeben. Erweist sich später diese Bewertung als unrichtig, so kann die Veranlagung nur dann erneut überprüft und korrigiert werden, wenn sich herausstellt, dass der Steuerpflichtige unrichtige oder unvollständige Angaben über die Grundlagen der Bewertung gemacht hatte.

3. Verfahren

3.1 Verfahren gegen den Steuerpflichtigen

Die Eröffnung der Strafverfolgung gilt zugleich als Einleitung des Nachsteuerverfahrens. Wird ausnahmsweise keine solche Strafverfolgung eröffnet, muss die Einleitung des Nachsteuerverfahrens dem Steuerpflichtigen von der zuständigen Behörde zur Beweissicherung mit eingeschriebenem Brief mitgeteilt werden. Es sind ihm kurz die Gründe für die Einleitung und die vom Nachsteuerverfahren betroffenen Steuerperioden bekanntzugeben.

3.2 Verfahren gegen die Erben

Hat die Steuerbehörde noch zu Lebzeiten des Steuerpflichtigen Kenntnis von neuen Tatsachen oder Beweismitteln erhalten und ist *das Nachsteuerverfahren* bei dessen Tod noch nicht eingeleitet worden, so ist es gegenüber den Erben einzuleiten und durchzuführen. Das Gleiche gilt, wenn die Steuerbehörde erst nach dem Tode des Steuerpflichtigen Kenntnis von neuen Tatsachen oder Beweismitteln erlangt. Ist ein Nachsteuerverfahren bei seinem Tode noch nicht abgeschlossen, so ist es ebenfalls gegenüber den Erben weiterzuführen.

3.3 Verfahrensvorschriften

Die Vorschriften über die Verfahrensgrundsätze (Art. 109-121 DBG), das Veranlagungs- und Einspracheverfahren (Art. 122-135 DBG), das

Verfahren bei der Erhebung der Quellensteuer (Art. 136-139 DBG) und das Beschwerdeverfahren (Art. 140-146 DBG) sind sinngemäss anwendbar. Dies bedeutet, dass der Steuerpflichtige sämtliche im Veranlagungs- und Beschwerdeverfahren geltenden Pflichten zu erfüllen hat. Bei Verletzung dieser Pflichten kann er deshalb nach Artikel 174 DBG bestraft werden. Macht der Steuerpflichtige im Nachsteuerverfahren keine oder falsche Angaben, so kann er bezüglich der Steuerverkürzung im Nachsteuerverfahren wegen versuchter oder vollendeter Steuerhinterziehung (Art. 175 und 176 DBG) gebüsst werden. Verwendet er zu diesem Zwecke überdies gefälschte, verfälschte oder inhaltlich unwahre Urkunden, so erfüllt er damit den Tatbestand des Steuerbetruges (Art. 186 DBG).

4. Befristungen

Nach Artikel 152 Absatz 1 DBG erlischt das Recht, ein Nachsteuerverfahren einzuleiten, zehn Jahre nach Ablauf der Steuerperiode, für die eine Veranlagung fälschlicherweise unterblieben oder unvollständig ausgefallen ist. Es handelt sich dabei um eine Verwirkungsfrist, die nur durch rechtzeitiges Einleiten des Verfahrens gewahrt werden kann.

15 Jahre nach Ablauf der Steuerperiode, auf die sich die Nachsteuer bezieht, muss das Nachsteuerverfahren rechtskräftig abgeschlossen sein. Auch hier handelt es sich um eine Verwirkungsfrist.

5. Bezug der Nachsteuer

Artikel 151 Absatz 1 DBG schreibt die Verzinsung der Nachsteuerforderung vor. Auch die übrigen Vorschriften über den Bezug und die Sicherung der Steuer sind anzuwenden (Art. 160-173 DBG; Verordnung des EFD vom 10.12.1992 über Fälligkeit und Verzinsung der direkten Bundessteuer, SR 642.124). Dies bedeutet, dass in der Nachsteuerverfügung der seit der ursprünglichen Fälligkeit aufgelaufene Verzugszins zu dem für die jeweilige Steuerperiode geltenden Satz zu berechnen und einzufordern ist. Der so berechnete Gesamtbetrag von Nachsteuern und aufgelaufenen Verzugszinsen wird nach Artikel 161 Absatz 3 Buchstabe c DBG mit *der Zustellung der* Verfügung fällig und ist ab dem 30. Tag nach der Fälligkeit zu dem vom EFD festgesetzten Satz zu verzinsen (vgl. Art. 163 und 164 DBG und Art. 3 der Verordnung).

Die Nachsteuerforderung verjährt binnen fünf Jahren nach Eintritt der Rechtskraft. Der Stillstand und die Unterbrechung dieser Frist richten sich nach Artikel 120 Absätze 2 und 3 DBG. Die absolute Verjährung tritt zehn Jahre nach Ablauf des Kalenderjahres ein, in welchem die Nachsteuer rechtskräftig festgesetzt worden ist (vgl. den Verweis in Art. 153 Abs. 3 DBG auf die Vorschriften über die Verfahrensgrundsätze, zu welchen auch die Art. 120 und 121 DBG gehören).

6. Übergangsrecht

Ein von einem Strafverfahren (Art. 175 ff. und 186 ff. DBG) losgelöstes Nachsteuerverfahren kann bei natürlichen Personen nur für Steuerperioden durchgeführt werden, die nach dem 1. Januar 1995 zu laufen begonnen haben. Für juristische Personen gilt das Geschäftsjahr als Steuerperiode. Wird das Geschäftsjahr und demzufolge auch die Steuerperiode nach dem 1. Januar 1995 abgeschlossen, so kann ein Nachsteuerverfahren durchgeführt werden.

Ein Nachsteuerverfahren für Perioden, welche vor dem 1. Januar 1995 abgelaufen sind, wäre als unzulässige Rückwirkung des neuen Bundessteuerrechts zu qualifizieren.

III. Verletzung von Verfahrenspflichten und Steuerhinterziehung (Steuerübertretungen; Art. 174-185 DBG)

1. Verletzung von Verfahrenspflichten (Art. 174 DBG)

1.1 Tatbestände

Mit einer Busse wegen Verletzung von Verfahrenspflichten wird bestraft, wer einer Pflicht, die ihm nach den Vorschriften des DBG oder nach einer aufgrund des DBG getroffenen Anordnung obliegt, *trotz* Mahnung vorsätzlich oder fahrlässig nicht nachkommt, insbesondere:

a) die Steuererklärung oder die dazu gehörenden Beilagen (Art. 124 und 125 DBG) nicht einreicht,

b) eine Bescheinigungs-, Auskunfts- oder Meldepflicht nicht erfüllt (Art. 126-129 DBG),

c) Pflichten verletzt, die ihm als Erben oder Dritten im Inventarverfahren obliegen (Art. 156-158 DBG).

Die Pflicht, wegen deren Verletzung der Täter bestraft werden soll, muss ihm rechtmässig auferlegt worden sein.

1.2 Täter

Als Täter kommen natürliche und juristische Personen in Frage. Artikel 174 DBG wird nach der ausdrücklichen Vorschrift von Artikel 181 Absatz 1 DBG ebenfalls auf juristische Personen angewendet. Eine Bestrafung der handelnden Organe oder Vertreter der juristischen Person fällt ausser Betracht, da sich Artikel 181 Absatz 3 DBG in Verbindung mit Artikel 177 DBG nur auf Teilnahmehandlungen zur Steuerhinterziehung der juristischen Personen bezieht.

1.3 Objektive Strafbarkeitsbedingung

Einer Bestrafung wegen Verletzung von Verfahrenspflichten muss immer eine Mahnung der zuständigen Behörde vorausgehen. Sie muss die Aufforderung an den Verpflichteten enthalten, das Versäumte innert bestimmter Frist nachzuholen. Ausserdem muss sie die möglichen Rechtsnachteile androhen. Zur Beweissicherung hat die Mahnung mit eingeschriebenem Brief zu erfolgen.

1.4 Strafzumessung

Die Regelstrafe ist Busse bis Fr. 1'000.--. In schweren Fällen oder bei Rückfall beträgt sie bis Fr. 10'000.--. Ob ein schwerer Fall vorliegt, entscheidet sich nach der Bedeutung der verletzten Pflicht im Hinblick auf eine sachgemässe Veranlagung.

Rückfällig ist ein Täter dann, wenn er schon in einer früheren Steuerperiode wegen einer Pflichtverletzung bestraft werden musste.
Mit der Bussenverfügung ist regelmässig die Aufforderung an die säumige Person zu richten, das Versäumte innert bestimmter Frist nachzuholen. Kommt sie dieser Aufforderung nicht nach, so nimmt die Veranlagungsbehörde die Veranlagung nach pflichtgemässem Ermessen vor (Art. 130 Abs. 2 DBG).

1.5 Rechtsmittel

Gegen die Strafverfügung ist eine Einsprache möglich (Art. 182 Abs. 3 i.V.m. Art. 132 ff. DBG). Der Einspracheentscheid kann mit einer Beschwerde angefochten werden (Art. 182 Abs. 3 i.V.m. Art. 140 ff. DBG). Der Beschwerdeentscheid kann in letzter Instanz mit einer Verwaltungsgerichtsbeschwerde an das Bundesgericht weitergezogen werden (Art. 182 Abs. 3 i.V.m. Art. 146 DBG). Wenn die Steuerrekurskommission - oder die gegebenenfalls vom kantonalen Recht vorgesehene zweite Beschwerdeinstanz nach Artikel 145 DBG - eine Verletzung von Verfahrenspflichten feststellen, können sie ebenfalls eine Strafverfügung erlassen, die dann mit Verwaltungsgerichtsbeschwerde bis ans Bundesgericht weitergezogen werden kann.

1.6 Verjährung

1.6.1 Verfolgungsverjährung

Die Verfolgung einer Verletzung von Verfahrenspflichten verjährt zwei Jahre nach dem rechtskräftigen Abschluss des Verfahrens, in welchem die Verfahrenspflichten verletzt worden sind; d.h. dass die Verjährungsfrist mit dem rechtskräftigen Abschluss des Veranlagungs-, Einsprache- oder Beschwerdeverfahrens zu laufen beginnt (Art. 184 Abs. 1 Bst. a DBG). Die Verjährung wird durch jede Strafverfolgungshandlung unterbrochen. Mit jeder Unterbrechung beginnt die Frist neu zu laufen. Sie kann aber insgesamt um nicht mehr als die Hälfte ihrer ursprünglichen Dauer hinausgeschoben werden, d.h. drei Jahre nach rechtskräftigem Abschluss des Verfahrens, in welchem die Pflichtverletzung erfolgt ist, tritt die absolute Verjährung ein (Art. 184 Abs. 2 DBG). In dieser Frist muss das Verfahren wegen Verletzung von Verfahrenspflichten rechtskräftig abgeschlossen werden.

1.6.2 Vollstreckungsverjährung

Die Verjährung der Vollstreckung von Bussen wegen Verletzung von Verfahrenspflichten richtet sich nach den sinngemäss anwendbaren Bestimmungen von Artikel 121 DBG (Art. 185 Abs. 2 DBG). Nach Artikel 121 Absatz 1 DBG verjähren Steuerforderungen binnen fünf Jahren nach Eintritt der Rechtskraft der Veranlagung. Die absolute Verjährung tritt zehn Jahre nach Ablauf des Jahres ein, in welchem die Busse rechtskräftig festgesetzt worden ist (Art. 121 Abs. 3 DBG).

1.7 Erbenhaftung

Artikel 179 Absatz 1 DBG spricht nur von einer Erbenhaftung im Zusammenhang mit einer Steuerhinterziehung des Erblassers. Daraus folgt, dass die Erben nicht für Bussen wegen Verletzung von Verfahrenspflichten durch den Erblasser haften, auch wenn diese im Zeitpunkt des Erbganges bereits rechtskräftig festgesetzt waren (Art. 48 Ziff. 3 StGB).

1.8 Übergangsrecht

Das neue Recht ist milder (vgl. Ziffer V: Das intertemporale Recht). Für eine vor dem 1. Januar 1995 begangene Verletzung von Verfahrenspflichten, die nach diesem Datum zur Beurteilung kommt, gilt somit das neue Recht. Das Verfahren ist jedoch binnen der in Artikel 134 BdBSt festgesetzten Verwirkungsfrist einzuleiten.

Wird nach dem 31. Dezember 1994 eine Auflage betreffend eine vor diesem Datum abgelaufene Veranlagungsperiode erlassen, so ist sie mit der Strafdrohung nach Artikel 174 DBG zu versehen.

2. Steuerhinterziehung (Art. 175-180 DBG)

2.1 Objektiver Tatbestand

Der Tatbestand der Steuerhinterziehung ist in objektiver Hinsicht erfüllt, wenn eine Veranlagung zu Unrecht unterbleibt oder unterbleiben könnte, eine rechtskräftige Veranlagung unvollständig ist oder unvollständig in Rechtskraft erwachsen könnte, ferner, wenn ein Steuerabzug an der Quelle nicht vorgenommen wird, ein Steuerbetrag unrechtmässig rückerstattet wird oder werden könnte oder ein ungerechtfertigter Steuererlass erwirkt oder erwirkt werden könnte.

2.1.1 Vollendete Steuerhinterziehung im engeren Sinne

Durch eine Steuerhinterziehung im engeren Sinne bewirkt der Täter vorsätzlich oder fahrlässig, dass eine Veranlagung zu Unrecht unterbleibt oder dass eine rechtskräftige Veranlagung unvollständig ist und er somit den geschuldeten Steuerbetrag nicht oder nicht im vollen Umfange entrichten muss. Eine rechtskräftige Veranlagung ist dann unvollständig, wenn der Steuerpflichtige keine, unvollständige oder falsche Angaben in der Steuererklärung und den Beilagen dazu gemacht hat oder wenn er im Veranlagungs-, Einsprache- und/oder Beschwerdeverfahren keine, unvollständige oder falsche Auskünfte erteilt hat. Der Steuerpflichtige muss auch Tatsachen erwähnen, über deren steuerliche Relevanz er im Zweifel ist (vgl. Art. 126 Abs. 1 DBG).

Weiss eine Person oder muss sie wissen, dass sie der Steuerpflicht unterliegt und sorgt sie nicht dafür, dass sie eine Steuererklärung erhält (Art. 124 Abs. 1 DBG), bewirkt sie, dass die Veranlagung zu Unrecht unterbleibt. Dasselbe trifft zu, wenn ein Steuerpflichtiger bewirkt, dass er zu Unrecht aus dem Steuerregister gestrichen wird. Solche Handlungen können auch von beschränkt Steuerpflichtigen begangen werden.

Stellt sich nach einer Ermessensveranlagung (Art. 130 Abs. 2 DBG) heraus, dass die Steuerfaktoren nicht vollständig erfasst worden sind und dies der Steuerpflichtige gewusst hat oder bei gebührender Aufmerksamkeit hätte wissen müssen und er somit die mangelnde steuerliche Erfassung verschuldet hat, so ist der Tatbestand der vollendeten Steuerhinterziehung ebenfalls erfüllt.

2.1.2 Hinterziehung von Quellensteuern

Die Hinterziehung von Quellensteuern besteht darin, dass der zum Steuerabzug an der Quelle Verpflichtete einen Steuerabzug vorsätzlich oder fahrlässig nicht oder nicht vollständig vornimmt. Zu beachten ist bei diesem Tatbestand, dass es hier keine formelle Veranlagungsverfügung gibt, deren Rechtskraft die Vollendung der Hinterziehung von Quellensteuern nach sich ziehen würde, so dass in jedem Falle eine vollendete Steuerhinterziehung vorliegt. Es handelt sich um ein schlichtes Tätigkeitsdelikt.

2.1.3 Ungerechtfertigte Steuerrückerstattung

Artikel 175 Absatz 1 DBG, soweit er von der Steuerrückerstattung handelt, bezieht sich auf Artikel 168 DBG. Danach kann der Steuerpflichtige einen von ihm bezahlten Steuerbetrag zurückfordern, wenn er irrtümlicherweise eine ganz oder teilweise nicht geschuldete Steuer bezahlt hat. Die Hinterziehung besteht darin, dass der Steuerpflichtige mittels falscher Angaben erwirkt, dass ein geschuldeter und bezahlter Steuerbetrag ihm als nicht geschuldet zurückerstattet wird.

2.1.4 Ungerechtfertigter Erlass

Artikel 175 Absatz 1 DBG, soweit er vom Erlass handelt, bezieht sich auf Artikel 167 DBG. Nach dieser Bestimmung können Steuerpflichtigen und Dritten, für welche die Bezahlung der Steuer, eines Zinses, einer Ordnungs- oder Hinterziehungsbusse oder Busse wegen Teilnahme an einer Hinterziehung infolge Notlage eine grosse Härte bedeuten würde, die geschuldeten Beträge ganz oder teilweise erlassen werden. Wird der Erlass mit falschen Angaben erwirkt, so ist der Tatbestand der Hinterziehung durch ungerechtfertigten Erlass erfüllt.

2.2 Täterschaft

2.2.1 Natürliche Personen als Täter

Eine natürliche Person ist dann Täter, wenn sie als Steuerpflichtige durch ihr eigenes Handeln den objektiven und subjektiven Tatbestand der Steuerhinterziehung erfüllt.

2.2.1.1 Ehegatten als Täter (Art. 180 DBG)

Der Steuerpflichtige, der in rechtlich und tatsächlich ungetrennter Ehe lebt, wird nur für die Hinterziehung jenes Steuerbetrages gebüsst, die auf die ganz oder teilweise unterlassene Deklaration seiner eigenen Steuerfaktoren zurückzuführen ist (Art. 180 Abs. 1 DBG).

Der durch Artikel 180 Absatz 2 DBG zugelassene Entlastungsbeweis für den Ehegatten, dessen Steuerfaktoren unvollständig deklariert worden sind, schliesst nicht aus, dass der andere Ehegatte sich gegebenenfalls auch exkulpiert. Zudem ist die Möglichkeit nicht ausser Acht zu lassen, dass die Steuerhinterziehung durch einen Vertreter bewirkt worden ist (Art. 177 DBG).

2.2.2 Juristische Personen als Täter (Art. 181 DBG)

Gemäss Artikel 181 Absatz 1 DBG sind juristische Personen für vollendete und versuchte Steuerhinterziehung straffähig.

Die für die juristischen Personen handelnden Organe und Vertreter können ausserdem als Teilnehmer nach Artikel 177 DBG bestraft werden, wenn sie bei einer Hinterziehung von Steuern dieser juristischen Person vorsätzlich mitgewirkt haben (Art. 181 Abs. 3 DBG).

2.2.3 Die Täterschaft bei der Hinterziehung von Quellensteuern

Bei der Verfolgung der Hinterziehung von Quellensteuern ist zwischen dem Steuerpflichtigen und dem Steuerschuldner zu unterscheiden. Nur der letztere kann als Täter im eigentlichen Sinne angesehen werden. Hingegen kann sich der Steuerpflichtige als Anstifter oder Gehilfe nach Artikel 177 DBG strafbar machen.

2.3 Subjektiver Tatbestand

Ist der Täter eine natürliche Person, so muss sie bei der Hinterziehung vorsätzlich oder fahrlässig handeln.

Handelt es sich beim Täter um eine juristische Person, dann können Vorsatz oder Fahrlässigkeit nur bei den für die juristische Person handelnden Organen oder Vertretern vorliegen. Eine Bestrafung dieser Organe oder Vertreter nach Artikel 181 Absatz 3 in Verbindung mit Artikel 177 DBG kann nur für vorsätzliches Handeln erfolgen, weil Artikel 177 Absatz 1 DBG nur die vorsätzlich begangene Teilnahmehandlung strafbar erklärt.
Die Begriffe Vorsatz und Fahrlässigkeit richten sich nach den Vorschriften von Artikel 18 Absätze 2 und 3 StGB und der dazu ergangenen Rechtsprechung.

2.4 Strafzumessung

Grundlage für die Bemessung der Busse ist der hinterzogene Steuerbetrag. Sie beträgt in der Regel das Einfache der hinterzogenen Steuer. Nach Artikel 175 Absatz 2 Satz 2 DBG kann die Busse bei leichtem Verschulden bis auf einen Drittel der hinterzogenen Steuer ermässigt und bei schwerem Verschulden bis auf das Dreifache der hinterzogenen Steuer erhöht werden. Dies zeigt, dass die Busse nach dem Verschulden des Täters festzusetzen ist.

Das Verschulden des Täters ist nicht gleichzusetzen mit der Schuld. Die Formen der Schuld sind nach Artikel 18 StGB Vorsatz und Fahrlässigkeit. Zum Verschulden als Mass der Strafzumessung gehört die gesamte Motivation der strafbaren Handlung, wie dies Artikel 63 StGB mit seinem ausdrücklichen Hinweis auf die Beweggründe deutlich erkennen lässt. Dieser Artikel schreibt zudem vor, dass bei der Strafzumessung auch das Vorleben und die persönlichen Verhältnisse des Schuldigen zu berücksichtigen sind. Nach Artikel 48 Ziffer 2 StGB muss die Busse dem Verschulden des Täters angemessen sein und sie ist nach seinen Verhältnissen festzusetzen. Für die Verhältnisse des Täters sind namentlich von Bedeutung sein Einkommen und sein Vermögen, sein Familienstand und seine Familienpflichten, sein Beruf und sein Erwerb, sein Alter und seine Gesundheit. Diese Vorschrift ist gemäss Artikel 333 Absatz 1 StGB auch im Steuerstrafrecht anzuwenden.

Artikel 175 Absatz 2 DBG schreibt eine Regelstrafe in der Höhe des Einfachen des hinterzogenen Steuerbetrages vor. Deshalb ist die Bemessung der Busse nach einem Bussenrahmen, der auf dem Verhältnis der hinterzogenen zur geschuldeten Steuer beruht, nicht mehr zulässig. Ein Abweichen von der Regelstrafe erfolgt einzig und allein gemäss dem Verschulden des Täters; dies ist ein Ausfluss des Verschuldensstrafrechts. Die Regelstrafe ist dann auszufällen, wenn die Tat vorsätzlich begangen wurde und keine besonderen Strafmilderungs- oder Strafschärfungsgründe vorliegen. Schweres Verschulden liegt etwa vor bei Rückfall, bei renitentem Verhalten des Pflichtigen gegenüber den Steuerbehörden, ferner auch dann, wenn der Steuerpflichtige über besondere steuerliche Fachkenntnisse verfügt. Leichtes Verschulden kann dann vorliegen, wenn einer der in Artikel 64 StGB genannten mildernden Umstände vorliegt. Verschuldensmildernd ist auch das kooperative Verhalten des Steuerpflichtigen bei der Feststellung des vollständigen Sachverhaltes zu werten.

Selbstanzeige ist anzunehmen, wenn der Steuerpflichtige die Hinterziehung der Steuerbehörde anzeigt, ohne dass er mit der *Entdeckung der Hinterziehung* durch die Steuerbehörde rechnen muss. Sie muss demnach spontan erfolgen und sämtliche bisher nicht deklarierten Einkommens- und Vermögensbestandteile umfassen. Die Busse wird in diesem Fall auf einen Fünftel der hinterzogenen Steuer ermässigt. Strafschärfungsgründe fallen ausser Betracht. Es wird auch nicht mehr differenziert, ob die Hinterziehung vorsätzlich oder fahrlässig begangen wurde. Dadurch, dass die Strafe auf einen Fünftel der hinterzogenen Steuer limitiert ist, weiss der zur Selbstanzeige willige Steuerpflichtige, mit welcher Strafe er zu rechnen hat.

Der hinterzogene Steuerbetrag entspricht der Differenz zwischen dem im Hinterziehungsverfahren berechneten Steuerbetrag und demjenigen gemäss der ursprünglichen Veranlagung. Er wird im Nachsteuerverfahren festgesetzt.

2.5 Erbenhaftung (Art. 179 DBG)

Die Haftung der Erben ergibt sich aus Artikel 12 DBG, der die Steuernachfolge regelt. Danach treten die Erben in die Rechte und Pflichten des verstorbenen Steuerpflichtigen ein. Wenn ein Erbe aber ausschlägt oder sonstwie die Erbeneigenschaft verliert, ist er nicht mehr Rechtsnachfolger des Erblassers. Die Erben haften solidarisch für die vom Erblasser geschuldeten Steuern und Nachsteuern bis zur Höhe ihrer Erbteile, mit Einschluss der Vorempfänge. Der überlebende Ehegatte haftet mit seinem Erbteil und darüber hinaus noch mit dem Betrag, der den gesetzlichen Anteil nach schweizerischem Recht am Vorschlag oder Gesamtgut übersteigt.

Artikel 179 Absatz 1 DBG regelt die Haftung der Erben für rechtskräftig festgesetzte Hinterziehungsbussen des Erblassers. Sie haften ohne Rücksicht auf eigenes Verschulden bis zum Betrag ihres Anteils am Nachlass mit Einschluss der Vorempfänge. Die Haftung für die hinterzogenen Steuerbeträge richtet sich nach Artikel 12 DBG.

Ist das Hinterziehungsverfahren beim Tod des Steuerpflichtigen noch nicht rechtskräftig abgeschlossen oder ist es erst nach dem Tod des Steuerpflichtigen eingeleitet worden, treten die Erben in die steuerrechtliche Stellung des Erblassers ein. Dies hat zur *Folge,* dass das Hinterziehungsverfahren zwar formell gegen die Erben selber durchgeführt werden muss. Materiell dient es aber der Feststellung der Hinterziehung des Erblassers. Wenn die Erben sich in diesem Verfahren nichts haben zu Schulden kommen lassen und sie insbesondere das ihnen Zumutbare zur Feststellung der Steuerhinterziehung des Erblassers getan haben, dann können sie nicht bestraft werden. Dies ist insbesondere dann der Fall, wenn sie im Inventarverfahren alle ihnen obliegenden Pflichten erfüllen oder gar eine ihnen bekannte Hinterziehung des Erblassers spontan anzeigen. In solchen Fällen ist nur die Nachsteuer nach Artikel 151 ff. DBG geschuldet. Sie machen sich jedoch dann als Täter strafbar (Art. 175 und 176 DBG), wenn sie in diesem Verfahren falsche oder unvollständige Angaben gemacht oder die Mitwirkung verweigert haben.

Haben ein oder mehrere Erben noch zu Lebzeiten des Erblassers zu dessen Hinterziehung Beihilfe geleistet, diese bewirkt oder den Erblasser dazu angestiftet, ist darauf Artikel 177 DBG anwendbar. Ihre solidarische Haftung für die vom Erblasser hinterzogene Steuer ist dann unbeschränkt.

Soweit der verstorbene Steuerpflichtige keine Steuererklärungen eingereicht hat, haben dies nach Artikel 12 DBG seine Erben nachzuholen. Begehen sie dabei eine Verletzung von Verfahrenspflichten oder eine Steuerhinterziehung, so sind die Bestimmungen der Artikel 174-177 DBG auf sie anwendbar. Ist beim Tod des Steuerpflichtigen eine Veranlagung noch nicht rechtskräftig geworden, können die Erben allenfalls wegen versuchter Steuerhinterziehung gebüsst werden, falls sie selber in diesem Veranlagungsverfahren vorsätzlich falsche Angaben gemacht haben (Art. 179 Abs. 2 i.V.m. Art. 176 DBG).

2.6 Verjährung

2.6.1 Verfolgungsverjährung (Art. 184 Abs. 1 Bst. b DBG)

Die Verfolgungsverjährung tritt zehn Jahre nach Ablauf der Steuerperiode ein, in welcher die in Artikel 175 Absatz 1 DBG umschriebenen Handlungen begangen worden sind (relative Verjährung). Deshalb muss das Hinterziehungsverfahren spätestens bis zum Ablauf dieser Frist eingeleitet werden. Die Verjährung wird durch jede Strafverfolgungshandlung gegenüber dem Steuerpflichtigen oder einem allfälligen Teilnehmer im Sinne von Artikel 177 DBG unterbrochen. Mit jeder Unterbrechung beginnt die Verjährungsfrist neu zu laufen; sie kann aber insgesamt um nicht mehr als die Hälfte ihrer ursprünglichen Dauer hinausgeschoben werden. Dies bedeutet, dass spätestens 15 Jahre nach Ablauf der betreffenden Steuerperiode das Hinterziehungsverfahren rechtskräftig abgeschlossen sein muss (absolute Verjährung, Art. 184 Abs. 2 DBG). Wenn im Gesetz als Ausgangspunkt der Verjährungsfrist die Steuerperiode genannt wird, dann ist zu beachten, dass es sich dabei sowohl um eine zweijährige wie auch um eine einjährige Steuerperiode handeln kann. Bei juristischen Personen entspricht die Steuerperiode dem Geschäftsjahr, so dass die Verjährungsfrist nicht unbedingt mit dem Ende eines Kalenderjahres zu laufen beginnen muss. Das Bundesgericht hat die

Konstruktion "Fortsetzungsdelikt" nunmehr verworfen (BGE 117 IV 408), weshalb es bei einer Hinterziehung der für mehrere Steuerperioden geschuldeten Steuern nicht angeht, die Verfolgungsverjährung erst mit dem Ablauf der letzten betroffenen Steuerperiode beginnen zu lassen. Zudem beginnt die Verjährung für jede betroffene Periode nach ausdrücklicher Vorschrift gesondert zu laufen (Art. 184 Abs. 1 Bst. b DBG); diese Vorschrift würde bei einer Zusammenfassung mehrerer Hinterziehungen zu einer einheitlichen Tathandlung unterlaufen werden.

2.6.2 Vollstreckungsverjährung

Die Verjährung der Vollstreckung von Bussen und hinterzogenen Steuerbeträgen richtet sich nach den sinngemäss anwendbaren Bestimmungen von Artikel 121 DBG (Art. 185 Abs. 2 DBG). Nach Artikel 121 Absatz 1 DBG verjähren Steuerforderungen binnen fünf Jahren nach Eintritt der Rechtskraft der Veranlagung. Die absolute Verjährung tritt zehn Jahre nach Ablauf des Jahres ein, in welchem die Busse rechtskräftig festgesetzt worden ist (Art. 121 Abs. 3 DBG).

2.7 Übergangsrecht

2.7.1 Vollendete Steuerhinterziehung im engeren Sinn

a) Die Hinterziehung einer Steuer mit Wirkung für eine vor dem 1. Januar 1995 abgelaufene Steuerperiode wird erst nach diesem Datum entdeckt oder beurteilt. Es gilt folgendes:

Wegen der Verwirkungsfrist von fünf Jahren gemäss Artikel 134 BdBSt können noch die folgenden Steuerperioden in Betracht fallen:

1989/90 Verwirkung 31.12.1995
1991/92 Verwirkung 31.12.1997
1993/94 Verwirkung 31.12.1999

- Ist die Verwirkungsfrist nach altem Recht im Zeitpunkt der Entdeckung der Hinterziehung bereits verstrichen, so kann für die betreffende Periode kein Hinterziehungsverfahren durchgeführt werden.

- Ist im Zeitpunkt der Entdeckung der Hinterziehung die Verwirkungsfrist nach Artikel 134 BdBSt noch nicht abgelaufen, ist das Verfahren nach den Bestimmungen des DBG einzuleiten und durchzuführen. Die Busse ist nach jenem Recht festzusetzen, welches sich als das mildere erweist. Dazu ist eine Beurteilung des Falles nach altem und nach neuem Recht durchzuführen (vgl. Ziff. V). Es ist davon auszugehen, dass im Regelfall das neue Recht das mildere ist; dies deshalb, weil die Busse nach dem von der ESTV ausgearbeiteten und vom Bundesgericht wiederholt als brauchbar bezeichneten Tarif nur auf höchstens 50 % der sogenannten Normalbusse reduziert wurde (Kreisschreiben Nr. 10 vom 9.12.1987 "Wegleitung zur Verfolgung und Ahndung vollendeter Steuerhinterziehung, versuchter Steuerhinterziehung und sonstiger Widerhandlungen" und dazugehörige Beilage).

b) Werden nach dem 1. Januar 1995 Hinterziehungen entdeckt, die auch Steuern vorher abgelaufener Perioden betreffen, ist folgendes zu beachten:

Da das Bundesgericht die Konstruktion "Fortsetzungsdelikt" fallen gelassen hat (BGE 117 IV 408), gelten für die vor dem 1. Januar 1995 abgelaufenen Perioden die unter a) gemachten Ausführungen.

Zu beachten ist, dass bei der Anwendung des neuen Rechtes die Bussen bei Zahlungsverzug zu verzinsen sind, auch wenn sie für Hinterziehungen betreffend eine vor dem 1. Januar 1995 abgelaufene

Periode ausgefällt worden sind. Auf den hinterzogenen Steuern für die Steuerjahre bis 1994 darf hingegen kein Verzugszins erhoben werden.

2.7.2 Vollendete Hinterziehung von Quellensteuern

Es können nur Hinterziehungen verfolgt werden, die nach dem 1. Januar 1995 geschuldete Quellensteuern betreffen, da es die Quellensteuer nach dem BdBSt noch gar nicht gab. Diese Form der Hinterziehung ist im Unterschied zu den anderen Formen kein Erfolgs-, sondern ein Tätigkeitsdelikt, weshalb dieses Delikt nur als vollendetes Delikt möglich ist, bei welchem der Tatbestand notwendigerweise als Folge des Handelns des Täters erfüllt wird. Einen Versuch kann es gar nicht geben, weil die strafbare Handlung des Quellensteuerschuldners im Zeitpunkt ihrer Entdeckung bereits als vollendete Hinterziehung zu werten ist.

2.7.3 Ungerechtfertigte Steuerrückerstattung und ungerechtfertigter Erlass

Das neue Recht ist auf Hinterziehungen anwendbar, die nach dem 1. Januar 1995 begangen wurden, auch wenn es dabei um Steuerbeträge geht, die für Perioden vor diesem Datum bezahlt oder geschuldet waren.

2.7.4 Erbenhaftung

Die Erbenhaftung nach Artikel 179 DBG ist erheblich milder ausgestaltet, als jene nach Artikel 130 Absatz 1 BdBSt. Die Erben haften deshalb stets nach den Vorschriften des neuen Rechtes.

3. Versuchte Steuerhinterziehung (Art. 176 DBG)

3.1 Objektiver Tatbestand

Eine versuchte Steuerhinterziehung liegt vor, wenn

a) die Hinterziehungshandlung des Steuerpflichtigen vor Eintritt der Rechtskraft der Veranlagung entdeckt wird.

b) wenn der Steuerpflichtige mittels falscher Angaben eine Rückerstattung zu erwirken versucht, dies die Steuerbehörde jedoch vor Eintritt der Rechtskraft der Rückerstattungsverfügung entdeckt.

c) wenn der Steuerpflichtige mittels falscher Angaben einen Steuererlass zu erlangen versucht, die für den Erlass zuständige Amtsstelle dies aber vor der Eröffnung der Verfügung feststellt. Die Verfügung wird mit ihrer Zustellung an den Steuerpflichtigen rechtskräftig, da sowohl die kantonale wie die Eidgenössische Erlasskommission in ihren Kompetenzbereichen endgültig entscheiden.

3.2 Täterschaft

Es gelten die Ausführungen unter Ziffer 2.2.1 bis 2.2.2 vorstehend.

3.3 Subjektiver Tatbestand

Die versuchte Steuerhinterziehung ist nur bei vorsätzlicher Begehung strafbar.

3.4 Strafzumessung

Die Busse bemisst sich nach dem vorsätzlich zu hinterziehen versuchten Steuerbetrag. Zur Bemessung der Busse werden ausschliesslich die vorsätzlich nicht oder falsch deklarierten Einkommensbestandteile herangezogen. Die Busse beträgt zwei Drittel des Betrages, der bei vorsätzlicher und vollendeter Steuerhinterziehung festzusetzen wäre. Für Steuerperioden, die vor dem 1. Januar 1995 abgelaufen sind, beträgt die Busse höchstens Fr. 20'000.-- (Art. 131 Abs. 2 BdBSt).

Im übrigen gelten die Ausführungen unter Ziffer 2.4 vorstehend.

3.5 Verjährung

3.5.1 Verfolgungsverjährung (Art. 184 Abs. 1 Bst. a DBG)

Die Verfolgungsverjährung tritt vier Jahre nach dem rechtskräftigen Abschluss des Verfahrens ein, in dem die versuchte Steuerhinterziehung begangen worden ist (relative Verjährung). Deshalb muss das Verfahren zur Verfolgung des Hinterziehungsversuches spätestens bis zum Ablauf dieser Frist eingeleitet werden. Die Verjährung wird durch jede Strafverfolgungshandlung gegenüber dem Steuerpflichtigen oder gegenüber einer der in Artikel 177 DBG genannten Personen unterbrochen, wobei die Unterbrechung sowohl gegenüber dem Steuerpflichtigen wie auch gegenüber einer der anderen genannten Personen geltend gemacht werden kann. Mit jeder Unterbrechung beginnt die Verjährungsfrist neu zu laufen; sie kann aber insgesamt nicht mehr als um die Hälfte ihrer ursprünglichen Dauer hinausgeschoben werden. Dies bedeutet, dass das Verfahren wegen versuchter Hinterziehung spätestens sechs Jahre nach dem rechtskräftigen Abschluss des betreffenden Verfahrens rechtskräftig abgeschlossen sein muss (absolute Verjährung, Art. 184 Abs. 2 DBG).

Da die Busse wegen versuchter Hinterziehung sich grundsätzlich nach dem zu hinterziehen versuchten Steuerbetrag bemisst, kann sie erst nach dem Eintritt der Rechtskraft der betreffenden Veranlagung festgesetzt werden; darin liegt auch der Grund für die Regelung der Verfolgungsverjährung in Artikel 184 Absatz 1 Buchstabe a DBG. Die Busse muss mit einer separaten Verfügung festgesetzt werden, mit deren Rechtskraft sie fällig wird. Nach Ablauf der 30tägigen Zahlungsfrist ist der Bussenbetrag zu verzinsen (Art. 164 DBG).

3.5.2 Vollstreckungsverjährung

Die Verjährung der Vollstreckung von Bussen für versuchte Steuerhinterziehung richtet sich nach den sinngemäss anwendbaren Bestimmungen von Artikel 121 DBG (Art. 185 Abs. 2 DBG). Nach Artikel 121 Absatz 1 DBG verjähren Steuerforderungen binnen fünf Jahren nach Eintritt der Rechtskraft der Veranlagung; demnach verjähren auch die Bussen fünf Jahre nach Eintritt der Rechtskraft der Strafverfügung. Die absolute Verjährung tritt zehn Jahre nach Ablauf des Jahres ein, in welchem die Busse rechtskräftig festgesetzt worden ist (Art. 121 Abs. 3 DBG).

3.6 Erbenhaftung

Die Ausführungen unter Ziffer 2.5 vorstehend gelten sinngemäss auch für die versuchte Steuerhinterziehung des Erblassers.

3.7 Übergangsrecht

3.7.1 Versuchte Steuerhinterziehung im engeren Sinn

Wird nach Inkrafttreten des DBG eine versuchte Hinterziehung für eine Steuerperiode entdeckt, die vor dem 1. Januar 1995 abgelaufen ist, so ist vorerst zu prüfen, ob die Verwirkungsfrist nach Artikel 134 BdBSt noch gewahrt werden kann. Ist dies nicht der Fall, kann kein Verfahren durchgeführt werden. Trifft dies aber zu, dann ist der Sachverhalt nach altem und nach neuem Recht zu beurteilen und das mildere Recht anzuwenden.

3.7.2 Versuchte ungerechtfertigte Steuerrückerstattung und versuchter ungerechtfertigter Erlass

Es können nur versuchte Delikte verfolgt werden, die nach dem 1. Januar 1995 begangen worden sind, jedoch auch für Steuerbeträge, welche Steuern betreffen, die vor dem 1. Januar 1995 bezahlt bzw. geschuldet waren.

4. Teilnahmehandlungen (Art. 177 DBG)

4.1 Haupttat

Die Teilnahmehandlungen sind von der Haupttat zu unterscheiden. Die Haupttat besteht in einer vollendeten oder versuchten Steuerhinterziehung gemäss den Artikeln 175 und 176 DBG; der Täter (in der Regel der Steuerschuldner) wird als Haupttäter bezeichnet. Die Haupttat muss mindestens bis zum strafbaren Versuch gediehen sein.

Der Gesetzestext spricht von einer Bestrafung des Teilnehmers "ohne Rücksicht auf die Strafbarkeit des Steuerpflichtigen". Durch das Einfügen einer besonderen Strafnorm für die Anstifter und Gehilfen wollte der Gesetzgeber die Bestrafung der Teilnehmer an einer Widerhandlung auch in den Fällen ermöglichen, in welchen *der Haupttäter* (in der Regel der Steuerpflichtige) selber nicht bestraft werden kann. Hingegen muss die Haupttat aber begangen worden sein.

4.2 Anstiftung

Anstiftung liegt vor, wenn der Anstifter den Haupttäter vorsätzlich zur Begehung der Haupttat veranlasst (Art. 24 StGB), d.h. der Anstifter ruft im Haupttäter den Tatentschluss hervor. Dies ist beispielsweise der Fall, wenn der vertragliche Vertreter eines Steuerpflichtigen diesen zur Steuerhinterziehung anhält.

4.3 Gehilfenschaft

Gehilfenschaft ist gegeben, wenn der Gehilfe dem Haupttäter zu den in den Artikeln 175 und 176 DBG bezeichneten Handlungen vorsätzlich Hilfe leistet (Art. 25 StGB). Der Gehilfe leistet dabei einen kausalen Beitrag zur Haupttat; diese wird dadurch gefördert. Beispiel: Der Buchhalter einer Unternehmung unterlässt es auf Anordnung des Betriebsinhabers, einzelne Ausgangsrechnungen zu verbuchen. Der Treuhänder stellt dies zwar fest, veranlasst aber keine korrekte Verbuchung und erstellt die Steuererklärung auf Grund der falschen Buchhaltungszahlen. Beide leisten Gehilfenschaft zur Steuerhinterziehung.

4.4 Mitwirkung

Da die Steuerhinterziehung ein Sonderdelikt ist, kann ein vertraglicher Vertreter nicht als Täter oder Mittäter wegen vollendeter oder versuchter Steuerhinterziehung bestraft werden (Grundsatz der Akzessorietät der Teilnahme). Der Vertreter soll aber auch dann bestraft werden können, wenn er aus eigenem Antrieb für den Vertretenen ohne dessen Wissen die Steuer verkürzt. Deshalb wurde in Artikel 177 Absatz 1 DBG eine besondere, auf den vertraglichen Vertreter zugeschnittene Strafnorm aufgenommen. Die darin verwendeten Begriffe "mitwirken" bzw. "bewirken" sind im gewöhnlichen Strafrecht unbekannt und sollen hier kurz erläutert werden. "Bewirken" bedeutet, dass der Vertreter aus eigenem Antrieb und ohne Wissen des Vertretenen für diesen die Steuer verkürzt. "Mitwirken" ist Gehilfenschaft des Vertreters im Sinne des Strafgesetzbuches (vgl. Art. 25 StGB). Der vertragliche Vertreter kann nur wegen vorsätzlicher Begehung nach Artikel 177 DBG bestraft werden.

4.5 Begünstigung

Die nach Artikel 129 Absatz 3 BdBSt unter Strafe gestellte Begünstigung ist in den Strafbestimmungen des DBG nicht mehr enthalten. Ihre Bestrafung richtet sich deshalb nach Artikel 305 StGB. Die Tathandlung besteht darin, dass der Täter eine nach

Artikel 174 bis 181 oder nach Artikel 186 und 187 DBG strafbare Person der Strafverfolgung oder dem Strafvollzug entzieht, d.h. der Täter behindert oder verhindert die Strafverfolgung oder den Strafvollzug bezüglich der begünstigten Person.

Artikel 305 StGB befindet sich im 17. Titel des StGB: "Verbrechen und Vergehen gegen die Rechtspflege". Da nach Lehre und neuerer Rechtsprechung der Steuerjustizbehörden Steuerbussen als echte Strafen zu gelten haben, ist das Steuerstrafverfahren ebenfalls eine Strafverfolgung im Sinne von Artikel 305 StGB. Wer also jemanden einem Steuerstrafverfahren entzieht, wird mit Gefängnis bestraft. Die Beurteilung des Täters erfolgt durch den ordentlichen Strafrichter, denn eine Strafe nach Artikel 305 StGB kann nicht durch eine Verwaltungsbehörde ausgefällt werden.

4.6 Täterschaft

Als Teilnehmer und damit als Täter im Sinne von Artikel 177 DBG können beispielsweise in Frage kommen der vertragliche oder gesetzliche Vertreter des Steuerpflichtigen, Angestellte des Steuerpflichtigen, Organe oder Vertreter der steuerpflichtigen juristischen Person (Art. 181 Abs. 3 DBG).

Neu können nun auch juristische Personen wegen Anstiftung, Gehilfenschaft oder Mitwirkung an Steuerhinterziehungen Dritter nach Artikel 177 DBG bestraft werden, wenn in ihrem Geschäftsbetrieb solche Teilnahmehandlungen begangen worden sind (vgl. Art. 181 Abs. 2 DBG). Artikel 181 Absatz 3 DBG findet keine Anwendung.

4.7 Subjektiver Tatbestand

Handelt es sich beim Teilnehmer um eine natürliche Person, so muss sie vorsätzlich gehandelt haben. Sind im Geschäftsbetrieb juristischer Personen vorsätzlich Teilnahmehandlungen an Steuerhinterziehungen Dritter begangen worden, so wird gemäss ausdrücklicher Bestimmung von Artikel 181 Absatz 2 DBG nur die juristische Person dafür gebüsst.

4.8 Strafzumessung

Für Teilnahmehandlungen beträgt die Busse bis zu Fr. 10'000.--, in schweren Fällen oder bei Rückfall bis zu Fr. 50'000.--. Die Bussen für Teilnahmehandlungen sind neu nicht mehr direkt vom hinterzogenen oder zu hinterziehen versuchten Steuerbetrag abhängig. Bei der Beurteilung der Schwere des Verschuldens wird dieser aber zu berücksichtigen sein. Rückfällig ist der Täter dann, wenn er bereits einmal oder mehrmals wegen Steuerhinterziehung oder Teilnahme an einer solchen gebüsst worden ist.

Wenn der Täter an den Steuerhinterziehungen mehrerer Haupttäter im Sinne von Artikel 177 DBG teilnimmt, kann er für jede einzelne Teilnahmehandlung besonders gebüsst werden. Wenn ein und derselbe Haupttäter über mehrere Steuerperioden hinweg Steuern hinterzogen hat, dann sind seine Handlungen als eine Mehrzahl von Hinterziehungen zu betrachten (vgl. dazu die Ausführungen unter Ziff. 2.6.1 vorstehend). Somit kann auch der Teilnehmer für die Teilnahme an jeder dieser Hinterziehungen besonders gebüsst werden.

4.9 Verjährung

4.9.1 Verfolgungsverjährung

*Die Verfolgungs*verjährung für Teilnahmehandlungen richtet sich nach den für die Haupttat geltenden Verjährungsvorschriften gemäss Artikel 184 Absatz 1 Buchstabe a oder b DBG, d.h. für Teilnahmehandlungen an vollendeter Steuerhinterziehung verjährt die Strafverfolgung zehn Jahre nach Ablauf der betreffenden Steuerperiode. Für Teilnahmehandlungen an versuchter Steuerhinterziehung tritt die Verjährung vier Jahre nach dem rechtskräftigen Abschluss des Verfahrens ein, in welchem die versuchte Steuerhinterziehung begangen wurde.

Zu beachten ist, dass die Unterbrechung gegenüber dem Haupttäter auch zur Unterbrechung der Verjährung gegenüber dem Teilnehmer führt und umgekehrt (Art. 184 Abs. 2 DBG).

Im übrigen gelten die Ausführungen unter den Ziffern 2.6.1. und 3.5.1 vorstehend.

4.9.2 Vollstreckungsverjährung

Die Verjährung der Vollstreckung von Bussen für Teilnahmehandlungen richtet sich nach den sinngemäss anwendbaren Bestimmungen von Artikel 121 DBG (Art. 185 Abs. 2 DBG). Nach Artikel 121 Absatz 1 DBG verjähren Steuerforderungen binnen fünf Jahren nach Eintritt der Rechtskraft der Veranlagung; die Bussen verjähren demnach fünf Jahre nach Rechtskraft der Strafverfügung.

4.10 Solidarische Haftung der Teilnehmer für die hinterzogene Steuer

Neu sieht Artikel 177 Absatz 1 DBG die solidarische Haftung der Anstifter, Gehilfen und vertraglichen Vertreter für die hinterzogene Steuer vor. Darunter fällt auch der zu hinterziehen versuchte Steuerbetrag. Dies deshalb, weil Artikel 177 im zweiten Kapitel mit dem Titel "Steuerhinterziehung" aufgeführt ist, d.h., dass die versuchte Steuerhinterziehung eben eine Form der Steuerhinterziehung ist. Die Beschränkung im Wortlaut von Artikel 177 DBG auf "hinterzogene Steuer" vermag daran nichts zu ändern. Voraussetzung dieser solidarischen Haftung ist die Bestrafung der Anstifter, Gehilfen und vertraglichen Vertreter.

Die Möglichkeit der solidarischen Haftung für die hinterzogenen Steuern ist kein Bestandteil der strafrechtlichen Sanktion, weil ja nicht von Anfang an feststeht, ob der Teilnehmer wegen dieser Solidarhaftung überhaupt beansprucht werden wird. Bezahlt der Haupttäter die hinterzogene Steuer nämlich selber, dann besteht kein Anlass, auch den Teilnehmer dafür zu belangen.

4.11 Übergangsrecht

Das neue Recht ist bezüglich der Teilnahme an vollendeter Steuerhinterziehung in der Regel milder, weil die Busse im Gegensatz zum alten Recht betragsmässig limitiert ist. Wurde eine Teilnahmehandlung an einer versuchten Hinterziehung vor dem 1. Januar 1995 begangen, so ist auch bei schweren Fällen oder bei Rückfall eine Busse von höchstens Fr. 20'000.-- auszusprechen (Art. 131 Abs. 2 und 3 BdBSt). Die Verwirkungsfrist nach Artikel 134 BdBSt darf noch nicht abgelaufen sein. Nach dem 1. Januar 1995 begangene Teilnahmehandlungen sind stets nach neuem Recht zu beurteilen, auch wenn sie Hinterziehungen von Steuern betreffen, die für die Zeit vor dem 1. Januar 1995 geschuldet sind.

Die Mitwirkung im Sinne eines selbständigen Handelns des Vertreters ist erst durch das neue Recht (Art. 177 DBG) strafbar erklärt worden. Deshalb können solche durch einen Vertreter begangenen Handlungen nur geahndet werden, wenn sie nach dem 31. Dezember 1994 begangen worden sind, dies aber auch dann, wenn sie sich auf die für ein vor dem 1. Januar 1995 abgelaufenes Steuerjahr geschuldeten Steuern beziehen.

Die Verfolgung und Bestrafung der Begünstigung richtet sich gemäss Ziffer 4.5 vorstehend nach Artikel 305 StGB. Das neue Recht ist härter. Daher sind vor dem 1. Januar 1995 begangene Begünstigungshandlungen nach altem und seit dem 1. Januar 1995 begangene nach neuem Recht zu verfolgen und zu beurteilen.

5. Verheimlichung oder Beiseiteschaffung von Nachlasswerten im Inventarverfahren (Art. 178 DBG)

5.1 Objektiver Tatbestand

Voraussetzung für die Anwendung dieser Strafbestimmung ist die Eröffnung eines Inventarverfahrens nach den Artikeln 154-159 DBG. Strafbar ist das Verheimlichen oder Beiseiteschaffen von *Nachlasswerten*, um sie der Inventaraufnahme zu entziehen. Verheimlicht ist ein Nachlasswert dann, wenn dessen Existenz der Inventarbehörde verschwiegen wird. Beiseitegeschafft ist ein Nachlasswert, wenn er aus einem dem Inventarbeamten zugänglichen Raum oder Behältnis entfernt wird.

5.2 Subjektiver Tatbestand

Der Täter muss in der Absicht handeln, Nachlasswerte der Inventaraufnahme zu entziehen. Es ist also immer vorsätzliches Handeln erforderlich.

5.3 Täterschaft

Als Täter kommen in Frage die Erben, die Erbenvertreter, die Testamentsvollstrecker oder Drittpersonen. Unter Erbenvertretern sind nur die gesetzlichen Erbenvertreter zu verstehen, da Artikel 157 DBG nur diesen Mitwirkungspflichten auferlegt. Zu den Dritten gehören Personen, welche Vermögenswerte des Erblassers in dessen Auftrag verwahrten oder verwalteten (z.B. Treuhänder, Vermögensverwalter, Banken, Notare, Anwälte). Dritte, die ein gesetzlich geschütztes Berufsgeheimnis zu wahren haben (Banken, Notare, Anwälte), sind nur zur Auskunft an die Erben verpflichtet und können nur wegen Verletzung dieser Pflicht bestraft werden (vgl. Art. 158 Abs. 3 i.V.m. Art. 127 Abs. 2 Satz 2 DBG). Ausserdem zählen Personen dazu, denen gegenüber der Erblasser geldwerte Rechte oder Ansprüche hatte (Art. 158 Abs. 1 DBG).

5.4 Versuch

Der Versuch ist nach Artikel 178 Absatz 3 DBG ausdrücklich unter Strafe gestellt. Er liegt dann vor, wenn das Verheimlichen oder Beiseiteschaffen von Nachlasswerten vor Abschluss des Inventarverfahrens entdeckt wird.

5.5 Teilnahmehandlungen

Als Teilnahmehandlungen sind Anstiftung und Gehilfenschaft strafbar erklärt (Art. 178 Abs. 1 Satz 2 DBG). Teilnehmer können beliebige Personen sein, welche die in Absatz 1 von Artikel 178 DBG aufgezählten Täter zum Verheimlichen oder Beiseiteschaffen von Nachlasswerten anstiften oder ihnen dabei Hilfe leisten.

Die Strafbarkeit von Anstifter und Gehilfen musste in Artikel 178 Absatz 1 *deshalb ausdrücklich* statuiert werden, weil die Verheimlichung oder das Beiseiteschaffen von Nachlasswerten im Inventarverfahren keine Steuerhinterziehung im herkömmlichen Sinne, sondern eine blosse Gefährdungshandlung darstellt.

5.6 Strafzumessung

Der Täter wird mit Busse bis zu Fr. 10'000.--, in schweren Fällen oder bei Rückfall bis zu Fr. 50'000.-- bestraft. Der Versuch ist strafbar; eine fakultative Strafmilderung ist möglich (Art. 178 Abs. 3 DBG).

Für den Gehilfen gilt die gleiche Strafdrohung wie für den Täter, doch kann er milder bestraft werden (Art. 25 StGB). Den Anstifter trifft in der Regel die gleiche Strafe wie den Täter; es ist für ihn keine Strafmilderung gesetzlich vorgesehen (Art. 178 Abs. 1 DBG sowie Art. 24 i.V.m. Art. 102 StGB).

5.7 Verjährung

5.7.1 Verfolgungsverjährung

Im Unterschied zur Steuerhinterziehung gilt hier für das versuchte und das vollendete Delikt nach Artikel 184 Absatz 1 Buchstabe b DBG die gleiche Verjährungsfrist von zehn Jahren. Sie beginnt mit dem Ablauf des Kalenderjahres zu laufen, in dem Vermögenswerte im Inventarverfahren verheimlicht oder beiseitegeschafft wurden oder dies versucht wurde.

Zur Unterbrechung der Verfolgungsverjährung und zur absoluten Verjährung gelten die Ausführungen unter Ziffer 2.6.1 vorstehend.

5.7.2 Vollstreckungsverjährung

Die Verjährung der Vollstreckung von Bussen für Inventardelikte nach Artikel 178 DBG richtet sich nach den sinngemäss anwendbaren Bestimmungen von Artikel 121 DBG (Art. 185 Abs. 2 DBG). Nach Artikel 121 Absatz 1 DBG verjähren Steuerforderungen binnen fünf Jahren nach Eintritt der Rechtskraft der Veranlagung; die Bussen verjähren demnach fünf Jahre nach Eintritt der Rechtskraft der Strafverfügung.

5.8 Übergangsrecht

Das neue Recht ist milder. Es ist auf alle nach dem 1. Januar 1995 neu zu beurteilenden Tathandlungen anwendbar, auch wenn sie sich auf bereits vor dem 1. Januar 1995 abgeschlossene Inventarverfahren beziehen. Gleiches gilt auch für versuchte Tathandlungen. Bei der Verfolgung von Tathandlungen, die vor dem 1. Januar 1995 begangen worden sind, ist die in Artikel 134 BdBSt festgelegte Verwirkungsfrist zu wahren.

6. Zuständige Behörden (Art. 182 DBG)

Die Kantone haben nach Artikel 182 Absatz 4 DBG die für die Verfolgung von Steuerhinterziehungen (vollendete und versuchte) und von Verletzungen von Verfahrenspflichten zuständigen Amtsstellen zu bezeichnen. Obschon nicht ausdrücklich erwähnt, werden diese auch die Inventardelikte zu verfolgen haben.

In Artikel 182 Absatz 2 DBG ist die Rede von Strafverfügungen der kantonalen Steuerrekurskommission. Es kann sich dabei nur um Bussen wegen Verletzung von Verfahrenspflichten nach Artikel 174 DBG handeln. Gegen diese Strafverfügung kann Beschwerde bis an das Bundesgericht geführt werden.

7. Verfahren

7.1 Eröffnung

Das DBG regelt ausdrücklich nur die Einleitung des Strafverfahrens wegen vollendeter und versuchter Steuerhinterziehung (Art. 183 Abs. 1 DBG). Die Einleitung erfolgt durch die vom Kanton bezeichnete Amtsstelle mit eingeschriebenem Brief. Diese Mitteilung soll dem Beschuldigten in summarischer Weise den ihm gegenüber bestehenden Verdacht und die vom Verfahren betroffenen Steuerperioden zur Kenntnis bringen. Gleiches muss trotz des Fehlens einer speziellen Vorschrift für die Einleitung eines Verfahrens wegen Inventardelikten gelten.

Die Eidgenössische Steuerverwaltung (ESTV) kann die Verfolgung der *Steuerhinterziehung* verlangen. Einem solchen Begehren hat die kantonale Verwaltung für die direkte Bundessteuer unbedingt zu entsprechen (Art. 258 BStP; SR 312.0).

Gemäss Artikel 152 Absatz 2 DBG gilt die Eröffnung der Strafverfolgung wegen Steuerhinterziehung zugleich als Einleitung des Nachsteuerverfahrens. Die hinterzogene Steuer ist in Anwendung von Artikel 153 Absatz 3 DBG in jedem Fall mit einer separaten Verfügung samt Zins als Nachsteuer zu erheben; wobei nur die Nachsteuern für die Steuerjahre ab dem 1.1.1995 zu verzinsen sind. Ob ein Strafverfahren durchzuführen ist, richtet sich jedoch ausschliesslich nach den Artikeln 175-181 DBG (vgl. auch Ziff. 7.3 nachstehend).

7.2 Durchführung des Verfahrens

Für das Hinterziehungsverfahren gelten nach Artikel 182 Absatz 3 DBG die Vorschriften über die Verfahrensgrundsätze (Art. 109-121 DBG), das Veranlagungsverfahren (Art. 122-139 DBG) und das Beschwerdeverfahren (Art. 140-146 DBG) sinngemäss.

Dem Beschuldigten ist unbedingt vor Abschluss der Untersuchung das rechtliche Gehör zu gewähren. Der Beschuldigte kann sich mündlich oder schriftlich äussern. Verlangt er ausdrücklich eine Anhörung, so ist ihm diese zu gewähren und es ist darüber ein vom Beschuldigten zu unterzeichnendes Protokoll aufzunehmen.

7.3 Relation des Steuerstraf- zum Nachsteuerverfahren

Wenn die Höhe der hinterzogenen Steuer im Nachsteuerverfahren festzustellen ist, die Busse aber im Verfahren nach Artikel 182f. DBG, dann stellt sich die Frage, ob die im Nachsteuerverfahren unter bestehender Mitwirkungspflicht des Steuerpflichtigen gewonnenen Erkenntnisse im Strafverfahren verwendet werden dürfen, oder ob hier ein Verbot der Verwertung der so gewonnenen Beweise besteht. Ein solches Beweisverwertungsverbot kann nicht vorliegen, denn auch im ordentlichen Veranlagungsverfahren kann der Steuerpflichtige zur Einreichung von Unterlagen aufgefordert werden, auf Grund derer seine Deklaration überprüft wird. Könnte nun der Steuerpflichtige unter Hinweis auf den Grundsatz, wonach niemand zur Belastung seiner selbst gezwungen werden dürfe, die Einreichung der Unterlagen verweigern, dann würde schon das ordentliche Einschätzungsverfahren zumindest sehr erheblich erschwert, wenn nicht gar völlig verunmöglicht.

Werden in einem Hinterziehungsverfahren einzelne Einkommens-, Gewinn- oder Kapitalbestandteile festgestellt, deren Besteuerung ohne Verschulden des Steuerpflichtigen unterblieben ist, so sind diese mit einer Nachsteuer zu erfassen, sofern dafür die Voraussetzungen nach Artikel 151 DBG gegeben sind. Diese

Einkommensbestandteile sind für die Bemessung der Busse nicht zu berücksichtigen.

7.4 Abschluss des Verfahrens

Artikel 182 Absatz 1 DBG schreibt vor, dass jedes Hinterziehungsverfahren nach Abschluss der Untersuchung entweder mit einer Straf- oder einer Einstellungsverfügung abzuschliessen ist.

Jede Strafverfügung ist kurz zu begründen. Sie muss den ihr zu Grunde liegenden Sachverhalt, das Verschulden und die Bemessung der Busse sowie die Rechtsmittelbelehrung enthalten. Liegt eine vollendete Steuerhinterziehung vor, so ist ausserdem auch der hinterzogene Steuerbetrag samt Zins in einer separaten Verfügung als Nachsteuer einzufordern; wobei nur die Nachsteuern für die Steuerjahre ab dem 1. Januar 1995 zu verzinsen sind. Auch die Kosten besonderer Untersuchungsmassnahmen (Buchprüfungen, Gutachten u.a., Art. 183 Abs. 4 DBG) sind in der Verfügung zu beziffern. Mit der einlässlichen Begründung der Straf- oder Einstellungsverfügung kann erreicht werden, dass, wie nachstehend noch erläutert wird, die Einsprache als Beschwerde an die kantonale Steuerrekurskommission weitergeleitet wird und so das ohnehin schon aufwendige Strafverfahren abgekürzt werden kann.

Eine Einstellungsverfügung ist ebenfalls kurz zu begründen. Kosten können in diesem Falle einem Beschuldigten auferlegt werden, wenn er die Strafverfolgung durch schuldhaftes Verhalten verursacht oder die Untersuchung wesentlich erschwert oder verzögert hat (Art. 183 Abs. 4 DBG).

Die Straf- oder Einstellungsverfügung der kantonalen Behörde muss auch der ESTV eröffnet werden, wenn sie die Strafverfolgung verlangt hat oder am Verfahren beteiligt war (Art. 183 Abs. 3 DBG).

7.5 Rechtsmittel

Nach Artikel 182 Absatz 3 DBG sind im Hinterziehungsverfahren die Vorschriften über die Verfahrensgrundsätze, das Veranlagungs- und das Beschwerdeverfahren sinngemäss anwendbar. Dies bedeutet, dass im Unterschied zum Recht des BdBSt der Beschuldigte neu auch gegen die Straf- oder Einstellungsverfügung (letztere nur mit Kostenauflage) Einsprache erheben kann. Die Einsprachefrist beträgt 30 Tage ab Zustellung der Verfügung. Das Einspracheverfahren ist mit einem begründeten Entscheid abzuschliessen, der dem Beschuldigten und der kantonalen Verwaltung für die direkte Bundessteuer zu eröffnen ist. Er wird auch der ESTV eröffnet, wenn diese im Verfahren mitgewirkt oder die Eröffnung des Einspracheentscheides verlangt hat (Art. 135 Abs. 2 DBG). Nach Anhörung des Beschuldigten kann die angefochtene Straf- oder Einstellungsverfügung auch zu dessen Nachteil abgeändert werden (Art. 135 Abs. 1 DBG).

Richtet sich die Einsprache gegen eine einlässlich begründete Straf- oder Einstellungsverfügung, so kann sie mit Zustimmung des Einsprechers und der am Verfahren beteiligten Behörden als Beschwerde an die kantonale Steuerrekurskommission weitergeleitet werden (Art. 132 Abs. 2 DBG, Sprungrekurs). Dies setzt allerdings voraus, dass die gegen eine einlässlich begründete Veranlagungsverfügung erhobene Einsprache ihrerseits einlässlich begründet ist, da die Beschwerdeschrift nach Artikel 140 Absatz 2 DBG Antrag und Begründung enthalten muss.

Der Einspracheentscheid kann mit Beschwerde an die kantonale Steuerrekurskommission angefochten werden. Der Beschuldigte muss die Beschwerde binnen 30 Tagen seit Zustellung einreichen.

Die kantonale Verwaltung für die direkte Bundessteuer und die ESTV können jede Straf- oder Einstellungsverfügung und jeden diesbezüglichen Einspracheentscheid mit Beschwerde anfechten. Die Beschwerdefrist beträgt

30 Tage ab Zustellung, wenn die Verfügung oder der Einspracheentscheid der beschwerdeberechtigten Behörde eröffnet worden ist,

60 Tage seit Eröffnung an den Beschuldigten in allen anderen Fällen.

Gemäss Artikel 145 DBG kann das kantonale Recht vorsehen, dass der Beschwerdeentscheid der kantonalen Steuerrekurskommission an eine weitere verwaltungsunabhängige kantonale Instanz weitergezogen werden kann.

Der Entscheid der kantonalen Steuerrekurskommission oder der oben erwähnten weiteren Instanz kann innert 30 Tagen nach Eröffnung durch Verwaltungsgerichtsbeschwerde beim Bundesgericht angefochten werden. Zur Verwaltungsgerichtsbeschwerde sind legitimiert, der Beschuldigte, die kantonale Verwaltung für die direkte Bundessteuer und - nach Artikel 103 Buchstabe b OG - die ESTV.

7.6 Kosten

Das Einspracheverfahren ist kostenfrei (Art. 135 Abs. 3 DBG). Artikel 123 Absatz 2 letzter Satz DBG ist entsprechend anwendbar. Danach können Kosten, die aus dem Beizug von Sachverständigen, der Durchführung von Augenscheinen und Buchprüfungen am Domizil erwachsen, ganz oder teilweise dem Beschuldigten oder jeder anderen zur Auskunft verpflichteten Person auferlegt werden, die diese Kosten durch eine schuldhafte Verletzung von Verfahrenspflichten verursachte. Diese Bestimmung gilt auch bei der Veranlagung des hinterzogenen Steuerbetrages im Nachsteuerverfahren.

7.7 Bezug der Bussen und Kosten

Für den Bezug der Bussen und Kosten gelten die in Artikel 185 DBG erwähnten Bestimmungen. Das DBG enthält keine ausdrückliche Bestimmung über die Fälligkeit der Bussen. Der Fälligkeitstermin bedeutet, dass der Gläubiger ab diesem Termin fordern darf und der Schuldner leisten muss. Der Fiskus kann in Ermangelung eines besonderen Fälligkeitstermins die Busse erst einfordern, wenn die entsprechende Strafverfügung rechtskräftig geworden ist. Gemäss Artikel 163 DBG ist die Busse innert 30 Tagen nach Fälligkeit zu bezahlen. Wird die Strafverfügung nicht angefochten, so beginnt der Verzugszins 30 Tage nach Zustellung der Verfügung zu laufen (Art. 3 Abs. 1 Bst. c Verordnung vom 10.12.1992 über Fälligkeit und Verzinsung der direkten Bundessteuer). Wird die Verfügung hingegen mit Einsprache oder Beschwerde angefochten, dann tritt die Fälligkeit der Busse erst beim Vorliegen eines rechtskräftigen Entscheides ein und der Verzugszins beginnt 30 Tage nach Eintritt der Rechtskraft zu laufen (Art. 161 Abs. 5 ist nach Art. 185 Abs. 1 DBG beim Bezug der Bussen nicht anwendbar). Zu beachten ist, dass der *Fälligkeitstermin* für die Busse *nicht* zwingend mit jenem für die Nachsteuer zusammenfällt.

IV. Die Steuervergehen (Art. 186-189 DBG)

1. Steuerbetrug (Art. 186 DBG)

1.1 Tatbestand

1.1.1 Objektiver Tatbestand

Der Steuerbetrug wird dadurch begangen, dass zum Zwecke einer vollendeten oder versuchten Steuerhinterziehung nach den Artikeln 175 und 176 DBG

- gefälschte
- verfälschte oder
- inhaltlich unwahre

Urkunden zur Täuschung der Steuerbehörden gebraucht werden. Die Tathandlung ist mit dem Einreichen der Urkunde an die Steuerbehörde abgeschlossen.

Nach der in Artikel 110 Ziffer 5 Absatz 1 StGB enthaltenen Definition sind Urkunden "Schriften, die bestimmt und geeignet sind, oder Zeichen, die bestimmt sind, eine Tatsache von rechtlicher Bedeutung zu beweisen. Die Aufzeichnung auf Bild- und Datenträgern steht der Schriftform gleich, sofern sie demselben Zweck dient." (Fassung gemäss dem BG vom 17.6.1994, BBl 1994 III 256 ff., in Kraft ab 1.1.1995). Darunter fallen nach Artikel 186 DBG ausdrücklich Geschäftsbücher, Bilanzen, Erfolgsrechnungen, Lohnausweise und andere Bescheinigungen Dritter.

Eine gefälschte Urkunde liegt vor, wenn der Täter der Urkunde den Anschein gibt, sie stamme von jemanden, von dem sie aber in Wirklichkeit nicht ausgestellt wurde. Dies ist etwa der Fall, wenn eine Unternehmung auf Rechnungsformularen eines Lieferanten fiktive Leistungen an sich selbst in Rechnung stellt.

Von einer verfälschten Urkunde kann gesprochen werden, wenn der Täter die von einem Dritten oder von ihm selbst ausgestellte Urkunde nachträglich unberechtigterweise abändert. Dies ist z.B. der Fall, wenn der Täter eine an ihn gerichtete Rechnung oder einen von ihm selbst erstellten Beleg (z.B. Kopie einer Ausgangsrechnung) abändert.

Um eine inhaltlich unwahre Urkunde handelt es sich, wenn die durch sie bezeugte rechtlich erhebliche Tatsache unrichtig beurkundet ist. Wenn z.B. ein Lieferant auf Wunsch des Steuerpflichtigen diesem fiktive Rechnungen ausstellt, sind diese Rechnungen zwar nicht gefälscht, wohl aber inhaltlich unwahr. Eine Buchhaltung ist inhaltlich unwahr, wenn sie die Geschäftsvorgänge nicht richtig oder nicht vollständig wiedergibt. In diesem Fall sind auch Bilanz und Erfolgsrechnung inhaltlich unwahr.

Als Steuerbetrug wird der Gebrauch der falschen Urkunde zur Täuschung der Steuerbehörde bei einer vollendeten oder versuchten Steuerhinterziehung bestraft. Der Gebrauch liegt darin, dass die falsche Urkunde den Veranlagungs-, Steuerjustiz- oder Erlassbehörden als Beweismittel eingereicht wird. In aller Regel geschieht dies mit dem Einreichen als Beilage zur Steuererklärung, zu einem Rückerstattungsbegehren oder einem Erlassgesuch. In einem späteren Verfahrensstadium kann der Gebrauch aber auch so geschehen, dass zusätzlich angeforderte Unterlagen, Belege oder Bescheinigungen eingereicht werden, die falsch sind. Der Steuerbetrug ist somit ein schlichtes Tätigkeitsdelikt, weshalb es den versuchten Steuerbetrug begrifflich gar nicht geben kann. In dem Zeitpunkt, da die falschen Urkunden eingereicht oder vorgelegt werden, ist die Tathandlung (Gebrauch zur Täuschung) bereits vollendet.

1.1.2 Subjektiver Tatbestand

Nur vorsätzliches, nicht aber fahrlässiges Handeln erfüllt den subjektiven Tatbestand. Dabei ist der Vorsatz auf die Täuschung zum Zwecke einer Steuerhinterziehung gerichtet.

1.2 Täterschaft

Täter ist jede natürliche Person, welche die falsche Urkunde zum Zwecke der Steuerhinterziehung gebraucht, d.h. diese als Beweismittel der Steuerbehörde einreicht. In Frage kommen dabei der Steuerpflichtige als natürliche Person, sein gesetzlicher oder vertraglicher Vertreter oder bei juristischen Personen als Steuerpflichtige deren Organe sowie deren vertragliche Vertreter. Der Täter *des Steuerbetruges* muss nicht notwendigerweise auch der Steuerhinterzieher sein. Da in Artikel 186 Absatz 1 DBG auch auf Artikel 177 DBG verwiesen wird, ist der vertragliche Vertreter, der eine falsche Urkunde zur Täuschung der Steuerbehörden gebraucht, um die Steuern des von ihm vertretenen

Steuerpflichtigen zu hinterziehen und so eine Steuerhinterziehung bewirkt, ebenfalls wegen Steuerbetruges zu bestrafen.

1.3 Teilnahmehandlungen

Anstiftung zum Steuerbetrug liegt vor, wenn der Anstifter den Haupttäter vorsätzlich zur Begehung der Haupttat veranlasst (Art. 24 StGB), d.h. der Anstifter ruft im Haupttäter den Tatentschluss hervor.

Gehilfenschaft zum Steuerbetrug besteht darin, dass der Gehilfe mit seinen Handlungen einen kausalen Beitrag zur Haupttat leistet. Dieser wird in vielen Fällen im Herstellen der falschen Urkunde durch den Gehilfen zu erblicken sein. Gehilfe ist beispielsweise der Buchhalter, der auf Geheiss seines Arbeitgebers einen unvollständigen oder falschen Abschluss erstellt und weiss, dass dieser den Steuerbehörden eingereicht werden wird.

1.4 Strafzumessung

Der Steuerbetrug nach Artikel 186 DBG ist ein Vergehen, denn er ist mit Gefängnis als Höchststrafe bedroht (Art. 9 Abs. 2 StGB). Daneben ist auch noch eine Busse bis Fr. 30'000.-- angedroht. Der Steuerbetrug wird durch den ordentlichen Strafrichter beurteilt. Der Richter kann die beiden Strafen miteinander verbinden (Art. 50 Abs. 2 StGB).

Wenn der Steuerpflichtige den Steuerbetrug selber begangen hat, ist er sowohl wegen Steuerhinterziehung wie auch wegen Steuerbetruges zu bestrafen. Auch Gehilfen und Anstifter zum Steuerbetrug nach Artikel 186 DBG können zusätzlich wegen Teilnahme an einer Steuerhinterziehung gebüsst werden.

1.5 Verfolgungsverjährung

Gemäss Artikel 189 Absatz 1 verjähren die Steuervergehen zehn Jahre, nachdem die letzte strafbare Tätigkeit ausgeführt worden ist. Wie schon erwähnt (vgl. Ziff. III.2.6.1), ist bei der Hinterziehung der für mehrere Steuerperioden geschuldeten Steuer jeweilen die Hinterziehung der für eine Periode geschuldeten Steuer als eine für sich stehende Hinterziehung zu betrachten. Wenn nun der Steuerpflichtige zum Zwecke der Hinterziehung in mehreren Steuerperioden falsche Urkunden gebraucht, sind die auf eine bestimmte Periode sich beziehenden Handlungen als selbständige Steuerbetrugshandlungen zu betrachten. Wenn ein Steuerpflichtiger sowohl in einem Veranlagungs-, als auch im nachfolgenden Einsprache- oder Beschwerdeverfahren falsche Urkunden einreicht, fängt die Verjährung mit der letzten Einreichung zu laufen an.

Es ist zu beachten, dass die Verjährungsfrist für die vollendete Steuerhinterziehung nicht zum gleichen Zeitpunkt beginnt wie jene für den Steuerbetrug. Die Verjährungsfrist beginnt dort mit dem Ablauf der betreffenden Steuerperiode und beträgt ebenfalls zehn Jahre. Auch wenn der Gebrauch der falschen Urkunde nicht zum Ziel geführt hat und somit nur eine versuchte Hinterziehung vorliegt, beträgt die relative Verjährungsfrist für den Steuerbetrug zehn Jahre; die Verjährung für die versuchte Hinterziehung richtet sich jedoch nach Artikel 184 Absatz 1 Buchstabe a DBG.

Nach Artikel 189 Absatz 2 DBG wird die Verjährung durch jede Strafverfolgungshandlung gegenüber dem Täter, dem Anstifter oder dem Gehilfen unterbrochen. Die Unterbrechung wirkt gegenüber jeder dieser Personen. Mit jeder Unterbrechung beginnt die Verjährungsfrist neu zu laufen; sie kann aber insgesamt nicht um mehr als die Hälfte ihrer ursprünglichen Dauer, also fünf Jahre, hinausgeschoben werden. Die absolute Verjährung tritt demnach 15 Jahre nach Ausführung der letzten strafbaren Tätigkeit ein.

Die häufigsten Untersuchungshandlungen, welche die Verjährung unterbrechen, sind in Artikel 72 Ziffer 2 Absatz 1 StGB aufgeführt. Die Erstattung einer Anzeige gehört nach der Rechtsprechung nicht dazu (vgl. Trechsel, Schweizerisches Strafgesetzbuch, Kurzkommentar, Zürich 1989, N 3 zu Art. 72 StGB *und dort zitierte Rechtsprechung*).

1.6 Übergangsrecht

1.6.1 Gebrauch falscher Urkunden zum Zwecke der vollendeten Steuerhinterziehung im engeren Sinne

Die Strafdrohung ist nach BdBSt und nach DBG die gleiche. Hingegen ist die Verjährungsfrist nach neuem Recht länger. Dies bedeutet, dass die vor dem 1. Januar 1995 begangenen Handlungen nach altem Recht, die nach diesem Zeitpunkt erfolgten Taten jedoch nach neuem Recht zu beurteilen sind. Zu beachten ist, dass die Verfolgung der vor dem 1. Januar 1995 begangenen Taten nach fünf Jahren verjähren (Art. 133bis Abs. 3 BdBSt i.V.m. Art. 70 und 71 StGB).

1.6.2 Gebrauch falscher Urkunden bei der Hinterziehung von Quellensteuern, bei der unrechtmässigen Rückerstattung und bei ungerechtfertigtem Erlass

Bezüglich unrechtmässiger Rückerstattung und ungerechtfertigtem Erlass sind nur die nach dem 31. Dezember 1994 begangenen Tathandlungen nach neuem Recht zu beurteilen. Sie können aber auch Steuern für Perioden betreffen, die vor dem 1. Januar 1995 abgelaufen sind.

Bezüglich Quellensteuern können nur Handlungen bestraft werden, welche deren Erhebung und Hinterziehung für die Zeit seit dem 1. Januar 1995 betreffen.

1.6.3 Gebrauch falscher Urkunden bei der versuchten Hinterziehung

Das neue Recht ist härter, weil der Gebrauch falscher Urkunden bei einer versuchten Hinterziehung nach dem neuen Recht vom Strafrichter zu beurteilen und mit Gefängnis als Höchststrafe bedroht ist. Da nach dem neuen Recht der Gebrauch falscher Urkunden beim Versuch einer Hinterziehung im Sinne aller in Artikel 175 DBG umschriebenen Tatbestände strafbar ist, ist übergangsrechtlich wie folgt zu differenzieren:

a) Beim Versuch einer Hinterziehung im engeren Sinne ist nur dann eine Strafanzeige gemäss Artikel 188 DBG zu erstatten, wenn die falsche, verfälschte oder inhaltlich unwahre Urkunde nach dem 31. Dezember 1994 zur Täuschung gebraucht wurde.

b) Wurde mit falschen Urkunden versucht, eine ungerechtfertigte Steuerrückerstattung oder einen ungerechtfertigten Erlass zu erlangen, kann eine Bestrafung nach Artikel 186 DBG nur erfolgen, wenn die Tathandlung nach dem 31. Dezember 1994 erfolgte. Die

Bestrafung ist aber auch dann möglich, wenn die für die Zeit vor dem 1. Januar 1995 geschuldeten bzw. bezahlten Steuern Gegenstand des Deliktes sind (vgl. Ziff. III.3.7.2, und IV.1.6.2 vorstehend).

2. Veruntreuung von Quellensteuern (Art. 187 DBG)

2.1 Tatbestand

Die Veruntreuung der Quellensteuer wird dadurch begangen, dass die Steuer von der steuerbaren Leistung zwar abgezogen, dem Fiskus jedoch nicht abgeliefert, sondern zum Nutzen des Steuerschuldners oder eines anderen verwendet wird.

2.2 Täterschaft

Täter kann nur eine natürliche Person sein, die entweder selber als Steuerschuldner zum Abzug der Quellensteuer verpflichtet ist, oder als Organ einer juristischen Person handelt, die Steuerschuldnerin ist.

2.3 Teilnahmehandlungen

Die Strafbarkeit der Teilnahmehandlungen (Gehilfenschaft und Anstiftung) richtet sich nach den Artikeln 24 und 25 StGB.

2.4 Versuch

Die Strafbarkeit des Versuchs richtet sich nach den Artikeln 21-23 StGB.

2.5 Strafzumessung

Auch die Veruntreuung von Quellensteuern ist ein Vergehen, da sie mit Gefängnis als Höchststrafe bedroht ist. Es ist ebenfalls eine Busse bis Fr. 30'000.-- angedroht. Auch die Veruntreuung von Quellensteuern ist durch den ordentlichen Richter zu beurteilen. Er kann die beiden Strafen *miteinander verbinden*.

2.6 Verhältnis der Hinterziehung zur Veruntreuung von Quellensteuern

Die Hinterziehung von Quellensteuern besteht darin, dass die Steuer nicht oder nicht vollständig abgezogen wird. Soweit der Quellensteuerschuldner die Steuer überhaupt nicht abzieht, kann er auch keine Veruntreuung von Quellensteuern begehen, da nur abgezogene Quellensteuerbeträge veruntreut werden können. Soweit aber der Quellensteuerschuldner die Steuer nur unvollständig von der von ihm geschuldeten Leistung abzieht, kann er die in Abzug gebrachten Teile der geschuldeten Steuerbeträge zusätzlich veruntreuen. In diesem zuletzt genannten Fall können die Hinterziehung von Quellensteuern und die Veruntreuung von Quellensteuern zueinander in Konkurrenz stehen.

2.7 Verfolgungsverjährung

Die Verfolgungsverjährung und deren Unterbrechung richten sich nach Artikel 189 DBG.

2.8 Übergangsrecht

Dieser Tatbestand wird durch das DBG neu eingeführt. Er ist nur anwendbar auf Tathandlungen, die nach dem 31. Dezember 1994 mit Wirkung für die nach diesem Datum geschuldeten Quellensteuern begangen werden.

3. Verfahren (Art. 188 DBG)

3.1 Strafanzeige

Besteht der begründete Verdacht eines Steuerbetrugs oder einer Veruntreuung von Quellensteuern, so erstattet die kantonale Verwaltung für die direkte Bundessteuer der dafür zuständigen kantonalen Strafverfolgungsbehörde Anzeige. Auch die ESTV kann eine Strafanzeige erstatten (Art. 188 Abs. 4 DBG). Das weitere Verfahren richtet sich nach den Vorschriften des kantonalen Strafprozessrechts; insbesondere richtet sich die prozessuale Stellung der anzeigenden kantonalen oder eidgenössischen Steuerverwaltung nach den Vorschriften des kantonalen Strafprozessrechtes (Parteirechte). Die ESTV bzw. die Bundesanwaltschaft können kantonale Rechtsmittel einlegen (Art. 266 f. BStP).

3.2 Verurteilung nach kantonalem und nach eidgenössischem Steuerrecht

Wird der Täter für das kantonale Steuervergehen zu einer Freiheitsstrafe verurteilt, so ist eine Freiheitsstrafe für das Vergehen gegen die direkte Bundessteuer als Zusatzstrafe zu verhängen. Daraus folgt, dass nach Bundessteuerrecht eine Freiheitsstrafe als selbständige Strafe auszufällen ist, wenn nach kantonalem Steuerrecht keine Freiheitsstrafe ausgesprochen wird. Im übrigen sind Steuerbetrug und Veruntreuung von Quellensteuern gemäss den Artikeln 186 und 187 DBG Vergehen, die unabhängig von allfälligen Straftatbeständen des kantonalen Steuerrechtes zu verfolgen und beurteilen sind.

V. Das intertemporale Recht

Die nachfolgenden Ausführungen beschränken sich auf die Strafzumessung sowie die Verjährungs- und Verwirkungsfristen; für das Verfahren sind ausschliesslich die Vorschriften des DBG anzuwenden.

Das intertemporale Recht oder Übergangsrecht regelt die Art und Weise der rechtlichen Beurteilung von Sachverhalten, die sich vor dem Inkrafttreten eines neuen Gesetzes ereignet haben, aber erst nach dessen Inkrafttreten beurteilt werden. Solche Probleme stellen sich nicht nur im Strafrecht, jedoch haben sie gerade dort besonderes Gewicht. Deshalb enthält das Strafgesetzbuch ausführliche intertemporalrechtliche Regelungen in Artikel 2 und in den Artikeln 336-339. Nach Artikel 333 Absatz 1 StGB gelten diese Bestimmungen auch für die sogenannte Nebenstrafgesetzgebung des Bundes, wozu auch die Strafbestimmungen des DBG gehören. Gemäss Artikel 2 Absatz 1 StGB ist das Strafgesetzbuch nur anwendbar auf Personen, die nach dessen Inkrafttreten ein Delikt verüben. Nach Absatz 2 dieses Artikels ist das neue Gesetz auch zur Beurteilung von Taten heranzuziehen, die zwar vor dem Inkrafttreten des Gesetzes verübt wurden, aber erst nachher beurteilt werden, wenn dieses neue Gesetz für den Täter das mildere Recht ist. Dies ist die Regel von der Anwendung des milderen Rechtes (lex mitior), die zu den Grundlagen des Strafrechts gehört. Sie ist bei jeder Änderung einer bestehenden strafrechtlichen Vorschrift zu beachten.

Um abzuklären, ob das alte oder das neue Recht milder ist, kann nicht nur auf die im Gesetz für das in Frage kommende Delikt aufgestellte Strafdrohung abgestellt werden, sondern die Tat ist in umfassender Weise nach dem alten und dem neuen Recht zu beurteilen. Dabei sind insbesondere auch die Vorschriften über die Verjährung zu beachten (vgl. Art. 337 StGB). Bei der juristischen Würdigung eines Sachverhalts auf der Suche nach dem milderen Recht ist natürlich vor allem abzuklären, ob das alte und das neue Recht überhaupt eine Norm enthalten, die auf den zu beurteilenden Sachverhalt anwendbar ist. War die Tat vor dem Inkrafttreten des neuen Rechts verübt worden und enthält das alte Recht eine spezifische Strafnorm, aber das neue Recht nicht mehr, dann ist eine Bestrafung nicht mehr möglich, da das neue Recht das mildere ist. Ist die Tat nur nach dem neuen Recht strafbar, dann kommt eine Bestrafung wegen einer vor dem Inkrafttreten des neuen Rechtes begangenen Tat nach Artikel 2 Absatz 1 StGB nicht in Frage. Nach der bundesgerichtlichen Rechtsprechung ist für die materielle Beurteilung eines Straftatbestandes entweder das alte oder das neue Recht anzuwenden; Kombinationen von beiden Rechten sind unzulässig (BGE 68 IV 131). Das DBG enthält keine strafrechtlichen Übergangsvorschriften. Deshalb sind die Bestimmungen des Allgemeinen Teils des Strafgesetzbuchs zur Lösung der übergangsrechtlichen Fragen heranzuziehen.

Der Hauptabteilungschef

Samuel Tanner

W95-021D

Direkte Bundessteuer **Steuerperiode 1995/96**

EIDG. STEUERVERWALTUNG
Hauptabteilung
Direkte Bundessteuer

Bern, 7. März 1995

An die kantonalen Verwaltungen
für die direkte Bundessteuer

Kreisschreiben Nr. 19

Auskunfts-, Bescheinigungs- und Meldepflicht im DBG

Einleitung

Im Bundesgesetz über die direkte Bundessteuer (DBG) vom 14. Dezember 1990 sind in mehreren Artikeln die Auskunfts-, Bescheinigungs- und Meldepflichten niedergelegt. Diese dienen dem Vollzug des Gesetzes. Teilweise ergeben sich entsprechende Pflichten auch aus der Gesetzgebung zur beruflichen Vorsorge.

Das vorliegende Kreisschreiben soll einen Überblick über diese Pflichten vermitteln, um die Anwendung und den Vollzug der gesetzlichen Vorschriften in der Praxis zu erleichtern.

A. Auskunftspflicht

1. Auskunftspflicht unter Steuerbehörden im Rahmen der Amtshilfe (Art. 111 DBG)

Gemäss Artikel 111 Absatz 1 DBG unterstützen sich die mit dem Vollzug des DBG betrauten Behörden gegenseitig bei der Erfüllung ihrer Aufgaben. Sie erteilen den Steuerbehörden des Bundes, der Kantone, Bezirke, Kreise und Gemeinden die notwendigen Auskünfte kostenlos und gewähren ihnen auf Verlangen Einsicht in die amtlichen Akten (vgl. Richtlinien für das interkantonale Meldewesen, erlassen von der Konferenz staatlicher Steuerbeamter vom 1.10.1992 in ASA 62, 542 ff.).

2. Auskunftspflicht anderer Behörden im Rahmen der Amtshilfe (Art. 112 DBG)

a) Die Behörden des Bundes, der Kantone, Bezirke, Kreise und Gemeinden sind gehalten, den mit dem Vollzug des DBG betrauten Behörden auf deren Ersuchen hin kostenlos alle erforderlichen Auskünfte zu erteilen. Zur Auskunft verpflichtete Behörden sind nicht nur sämtliche Verwaltungsbehörden (z.B. Grundbuch- und Handelsregisterämter, AHV-Behörden, Einwohnerkontrollen und Fremdenpolizeibehörden, Zentralverwaltung des Bundes, Alkoholverwaltung etc.), sondern auch sämtliche Gerichtsbehörden. Die gleiche Pflicht zur Amtshilfe haben gemäss Artikel 112 Absatz 2 DBG die Organe von Körperschaften und Anstalten, soweit sie Aufgaben der öffentlichen Verwaltung wahrnehmen (z.B. PTT, SBB, Nationalfonds etc.). Gemäss Artikel 112 Absatz 3 DBG sind von dieser Auskunfts- und Mitteilungspflicht ausgenommen die Organe der PTT-Betriebe und der öffentlichen Kreditinstitute für Tatsachen, die einer besonderen gesetzlichen Geheimhaltung unterstehen.

Datenschutzaspekte dürfen die Tatsachenermittlung der Steuerbehörden beim Vollzug des Steuergesetzes nicht beeinträchtigen, ausser der Steuerpflichtige habe einer Behörde aufgrund eines besonderen Vertrauensverhältnisses Tatsachen offenbart, deren Weiterleitung an die Steuerbehörden durch das öffentliche Interesse nicht hinreichend begründet erscheint (Verwaltungspraxis der Bundesbehörden 1984 Nr. 26). Daten der Volkszählung dürfen z.B. für steuerliche Zwecke nur verwendet werden, soweit sie keine Rückschlüsse auf bestimmte Personen zulassen (Art. 3a BG über die eidg. Volkszählung vom 3.2.1860; Art. 23 ff. der Verordnung über die Eidg. Volkszählung 1990 vom 26.10.1988).

b) Zur Auskunft verpflichtet sind auch die Behörden der Militärversicherung. Gemäss Artikel 22 DBG sind alle Einkünfte aus Vorsorge steuerbar. Auch die Leistungen aus Militärversicherung (Art. 8 MVG) fallen grundsätzlich mit einigen wenigen Ausnahmen (wie Invaliden- und Hinterlassenenrenten, die vor dem 1.1.1994 zu laufen begannen; sowie Integritätsschadenrenten und Genugtuungsleistungen etc.) darunter (vgl. dazu Kreisschreiben Nr. 11, Besteuerung von Leistungen aus Militärversicherung vom 8.6.1994).

c) Die Amtshilfe der AHV-Behörden ist mit den Artikeln 112 und 203 DBG neu geregelt. Durch Artikel 203 DBG ist das AHV-Gesetz insoweit ergänzt worden, als die Schweigepflicht der AHV-Behörden nicht mehr gilt gegenüber Behörden, die mit dem Vollzug der Steuergesetze betraut sind und die um Auskünfte für die Anwendung dieser Gesetze ersuchen (AHVG Art. 50bis).

Die Auskünfte müssen sich nicht nur auf den Einzelfall beschränken, sondern es ist auch z.B. die Aushändigung von Listen denkbar. *Das ergibt sich* aus der Wendung "alle erforderlichen Auskünfte", wobei sich "erforderlich" auf den *Vollzug* dieses Gesetzes bezieht. Also sind den Steuerbehörden alle zum Vollzug des DBG erforderlichen Auskünfte zu erteilen (vgl. dazu auch die französischen und italienischen Texte). Daraus ergibt sich keine Beschränkung auf den Einzelfall. Eine besondere Begründung für die Auskunfterteilung an die Steuerbehörden ist weder im AHV-Gesetz noch im Gesetz über die direkte Bundessteuer (DBG) vorgesehen.

d) Von sämtlichen Verwaltungsbehörden und ihnen gleichgestellten Anstalten und Körperschaften kann ferner auch die Aushändigung von Listen aller im betreffenden Amt oder Betrieb beschäftigten Personen verlangt werden.

3. Auskunftspflicht bzw. Mitwirkungspflicht des Steuerpflichtigen (Art. 126 Abs. 2 und Abs. 3 DBG)

a) Der Steuerpflichtige ist nicht nur gehalten, der Veranlagungsbehörde eine vollständige Steuererklärung einzureichen (Art. 124 Abs. 2 DBG); er hat ausserdem auf Verlangen der Veranlagungsbehörde mündlich oder schriftlich Auskunft zu erteilen (Art. 126 Abs. 2 DBG) und Bescheinigungen vorzulegen. Die Veranlagungsbehörde kann - wenn die Bescheinigung nicht eingereicht wird - diese vom Dritten selbst einfordern (Art. 127 Abs. 2 DBG).

Die Auskunftspflicht bezieht sich selbstverständlich nur auf steuerrechtlich relevante Sachverhalte (z.B. Lohnausweis etc.). Tatsachen können nicht nur dann als steuerlich relevant gelten, wenn sie direkt und unmittelbar das Recht auf die Bezahlung einer Geldsumme im Rahmen eines Rechtsgeschäftes verkörpern. Sie sind auch dann steuerlich relevant, wenn sie zur steuerrechtlichen Qualifizierung eines Sachverhaltes notwendig sind.

b) In eigener Sache gibt es kein Berufsgeheimnis. Das bedeutet aber nicht, dass die nach Gesetz (Art. 321 Strafgesetzbuch oder Art. 47 Bankengesetz) zur Geheimhaltung Verpflichteten (z.B. Arzt, Anwalt oder Bank) zur Auskunft über Tatsachen verhalten werden können, die sie geheimzuhalten haben.

Es sind die beiden Rechtsgüter, d.h. das Interesse des Staates an einer gerechten Besteuerung mit dem Recht und der Pflicht dieser Berufsgruppen auf Geheimhaltung, im Einzelfall gegeneinander abzuwägen. Ein allfälliger Eingriff zur steuerlichen Feststellung der wirtschaftlichen Verhältnisse des Geheimnisträgers hat dabei stets verhältnismässig und zumutbar zu sein.

Der Name des Klienten und das Bestehen eines Mandatverhältnisses sind bei einem Rechtsanwalt nicht unter allen Umständen geheimhaltungspflichtige Tatsachen. Die Einreichung einer schriftlichen Aufstellung mit Rechnungsbetrag, Rechnungsdatum und Initialen des Klienten an die Steuerbehörde bildet in der Regel keine Geheimnisoffenbarung (Aufsichtskommission des Kantons Zürich über Rechtsanwälte in SJZ 1980, 76. Jg., S. 247). Der Anwalt, der sich weigert, selbst dies bekannt zu geben, kann zwar nicht wegen Verletzung der Auskunftspflicht gemäss Artikel 174 Absatz 1 Buchstabe b DBG gebüsst werden. Er muss jedoch die Folgen dieser Verweigerung auf sich nehmen und sich eine ermessensweise Höhereinschätzung seines steuerbaren Einkommens gefallen lassen.

Die gerichtliche und rechtsberatende Tätigkeit gehören zur Anwaltstätigkeit im engeren Sinne, die unter dem Schutz des Anwaltsgeheimnisses steht. Unter die Geheimhaltungspflicht fällt jedoch nicht, was den Kanzleibetrieb des Anwalts betrifft (berufliche Aufwendungen für Miete, Löhne, Versicherungen, Materialkosten, Reisespesen usw.). Ebenso entfällt die Geheimhaltungspflicht für Tätigkeiten ausserhalb der Advokatur, so die Zugehörigkeit zum Verwaltungsrat oder zur Kontrollstelle einer AG oder die Betätigung als Vermögensverwalter.

- 4 -

c) Bei der Erfüllung der Auskunftspflicht kann sich der Steuerpflichtige nicht auf das Bankgeheimnis berufen. Er hat die verlangten Bankbescheinigungen (u.a. Vollständigkeitsbescheinigungen) zu beschaffen und vorzulegen (Bernische Verwaltungsrechtsprechung 1986, S. 433). Über die Auskunftspflicht der Banken hat die schweizerische Bankiervereinigung mit Zirkular vom 11. Oktober 1988 eine Darstellung herausgegeben (vgl. Rechtsbuch der schweiz. Bundessteuern Bd. 7, II A d 164; vgl. auch Bescheinigungspflicht Dritter, S. 5, letzter Absatz).

d) Der Datenschutz darf den Vollzug des Steuergesetzes - mithin eine gesetzmässige Besteuerung - nicht beeinträchtigen. Das Recht der Persönlichkeit auf informationelle Selbstbestimmung kann nicht schrankenlos sein. Im Konflikt Individuum - Gesellschaft hat der Einzelne Einschränkungen seiner Rechte im überwiegenden Allgemeininteresse hinzunehmen.

e) Über die verfahrensrechtliche Stellung der Ehegatten gibt Artikel 113 DBG Auskunft. Gemäss Absatz 1 dieser Bestimmung üben die in rechtlich und tatsächlich ungetrennter Ehe lebenden Ehegatten die ihnen nach DBG zukommenden Verfahrenspflichten gemeinsam aus. Mit der Beseitigung der Steuersubstitution erhält die Ehefrau somit sämtliche Verfahrensrechte und Verfahrenspflichten (vgl. Kreisschreiben Nr. 14, Steuerperiode 1995/96, vom 29.7.1994).

4. Die Auskunftspflicht Dritter (Art. 128 DBG)

Die Auskunftserteilung Dritter an die Steuerbehörden ist im Gesetz eng umschrieben. Es besteht somit diesbezüglich keine generelle Auskunftspflicht von Drittpersonen. Diese Auskunftspflicht dient vor allem dazu, den Steuerverwaltungen die Kontrolle bzw. Ergänzung nicht vollständiger Steuererklärungen zu erleichtern.

Als auskunftspflichtige Personen werden vom Gesetz folgende Personen aufgeführt:

- Gesellschafter
- Miteigentümer
- Gesamteigentümer

Die Auskunftspflicht Dritter nach Artikel 128 DBG besteht direkt gegenüber den Steuerbehörden. Voraussetzung für diese Auskunftspflicht ist das Vorliegen eines Rechtsverhältnisses zum Steuerpflichtigen. Angaben gesellschaftsrechtlicher und vermögensrechtlicher Art sind auf Verlangen insbesondere zu machen über:

- Anteile, Ansprüche und Bezüge.

5. Die Auskunftspflicht des Steuerpflichtigen und des Schuldners bei der Quellensteuer (Art. 136 DBG)

Gemäss Artikel 136 DBG haben sowohl der Steuerpflichtige als auch der Schuldner der steuerbaren Leistung (Arbeitgeber, Versicherer etc.) den Veranlagungsbehörden auf Verlangen über die für die Erhebung der Quellensteuer massgebenden Verhältnisse mündlich oder schriftlich Auskunft zu erteilen. Dabei gelten die Artikel 123-129 (Pflichten des Steuerpflichtigen, Bescheinigungspflicht Dritter, Auskunftspflicht Dritter und Meldepflicht Dritter) sinngemäss.

B. Bescheinigungspflicht

1. Bescheinigungspflicht der Steuerbehörden

a) Bei Löschung einer juristischen Person im Handelsregister (Art. 171 DBG)

Eine juristische Person darf im Handelsregister erst dann gelöscht werden, wenn die kantonale Verwaltung für die direkte Bundessteuer dem Handelsregisteramt angezeigt hat, dass die geschuldete Steuer bezahlt oder sichergestellt ist.

b) Bei Eintrag ins Grundbuch, wenn der Veräusserer (natürliche oder juristische Person) ausschliesslich aufgrund von Grundbesitz in der Schweiz steuerpflichtig ist (Art. 172 DBG).

Auch diese Bescheinigungspflicht dient der Steuersicherung. Veräussert eine in der Schweiz ausschliesslich wegen Grundbesitzes (Art. 4 Abs. 1 Bst. c und Art. 51 Abs. 1 Bst. c DBG) steuerpflichtige natürliche oder juristische Person ein in der Schweiz gelegenes Grundstück, so darf der Erwerber im Grundbuch nur mit schriftlicher Zustimmung der kantonalen Verwaltung für die direkte Bundessteuer als Eigentümer eingetragen werden.

2. Bescheinigungspflicht Dritter (Art. 127 DBG)

Diese Pflicht beinhaltet eine von einem Dritten stammende schriftliche Auskunft an den Steuerpflichtigen. Reicht der Pflichtige trotz Mahnung die nötige Bescheinigung nicht ein, so kann sie die Veranlagungsbehörde direkt vom Dritten einfordern, wobei das gesetzlich geschützte Berufsgeheimnis vorbehalten bleibt. Jede Bescheinigung ist zu unterzeichnen, wobei im Briefkopf die genaue Adresse des Unterzeichnenden bzw. seiner Firma angegeben sein muss, ansonsten der Urheber unbekannt bleibt und die Steuerbehörde nicht davon ausgehen kann, dass die Bescheinigung tatsächlich vom Dritten ausgestellt wurde. Bezüglich der Unterzeichnung werden jedoch gewisse Ausnahmen zugelassen, wenn die Umstände es rechtfertigen. Über EDV-Anlagen erstellte Bescheinigungen (z.B. Lohnausweise) bedürfen keiner Unterschrift mehr. Diese Ausnahme ist bei Massengeschäften berechtigt, sofern der Aussteller trotz fehlender eigenhändiger Unterschrift eindeutig als Urheber der Bescheinigung und ihres Inhalts erkennbar und nachweisbar ist (vgl. Erläuterungen zum dreisprachigen Lohnausweisformular der ESTV, Ausgabe 1991, Randziffer 5, S. 2).

Gemäss Artikel 127 DBG sind zur Ausstellung schriftlicher *Bescheinigungen gegenüber dem Steuerpflichtigen* verpflichtet:

a) Arbeitgeber über die Leistungen an Arbeitnehmer (z.B. Lohnausweis),

b) Gläubiger und Schuldner über Bestand, Höhe, Verzinsung und Sicherstellung von Forderungen,

c) Versicherer über den Rückkaufswert von Versicherungen und über die aus dem Versicherungsverhältnis ausbezahlten oder geschuldeten Leistungen, soweit nicht eine Meldepflicht nach Verrechnungssteuergesetz besteht,

d) Treuhänder, Vermögensverwalter, Pfandgläubiger, Beauftragte und andere Personen, die Vermögen des Steuerpflichtigen in Besitz oder in Verwaltung haben oder hatten, über dieses Vermögen und seine Erträgnisse,

e) Personen, die mit dem Steuerpflichtigen Geschäfte tätigen oder getätigt haben, über die beiderseitigen Ansprüche und Leistungen.

Nach Artikel 81 Absatz 3 BVG und Artikel 8 BVV 3 haben ferner Arbeitgeber, Vorsorgeeinrichtungen und Bankstiftungen dem Steuerpflichtigen die im Rahmen der beruflichen Vorsorge sowie der gebundenen Selbstvorsorge erbrachten Beiträge zu bescheinigen.

Mit Rundschreiben der Eidg. Steuerverwaltung vom 11. Februar 1993 ist das Formular 13b "Vollständigkeitsbescheinigung" für Banken und professionelle Vermögensverwalter eingeführt worden. Die Steuerbehörde hat nicht nur das Recht, sondern auch die Pflicht, vom Steuerpflichtigen unter gewissen Umständen eine Vollständigkeitsbescheinigung zu verlangen (BGE vom 7.7.1994, wird publiziert). Die im erwähnten Rundschreiben und Bundesgerichtsentscheid angestellten rechtlichen Überlegungen gelten auch unter dem Regime des DBG.

Die Vollständigkeitsbescheinigung als subsidiäres Zwangsmittel bezweckt, dass die betreffende Bank sämtliche Rechtsgeschäfte mit dem Steuerpflichtigen während eines bestimmten Zeitraumes lückenlos auflistet (vgl. Zirkular Nr. 6743 der Schweizerischen Bankiervereinigung an die Mitglieder vom 19.5.1993 betreffend die Vollständigkeitsbescheinigungen der Banken in Rechtsbuch der schweizerischen Bundessteuern, Bd. 7, II A d 218). Die Steuerbehörden sind aber nicht berechtigt, die Vollständigkeitsbescheinigung direkt von der betreffenden Bank einzufordern (vgl. Ziff. 7 des Rundschreibens vom 11.2.1993).

3. Die Bescheinigungspflicht des Schuldners der steuerbaren Leistung bei der Quellensteuer (Art. 100 Abs. 1 Bst. b und c DBG)

Gemäss Artikel 100 Absatz 1 Buchstabe b hat der Schuldner der steuerbaren Leistung dem Steuerpflichtigen eine Aufstellung oder eine Bestätigung über den Quellensteuerabzug auszustellen. Ferner hat er gemäss Buchstaben c periodisch die Quellensteuer abzuliefern und mit der zuständigen Steuerbehörde abzurechnen und ihr zur Kontrolle der Steuererhebung auch Einblick in alle Unterlagen zu gewähren.

C. Meldepflicht

1. Die Meldepflicht der Behörden (Art. 122 DBG)

Die zuständigen Behörden der Kantone und Gemeinden übermitteln den mit dem Vollzug der direkten Bundessteuer betrauten Behörden die nötigen Angaben aus den Kontrollregistern, soweit sie für die Besteuerung von Bedeutung sind. Das sind etwa Auszüge aus dem Einwohnerregister, aus Grundbüchern etc.

2. Die Meldepflicht Dritter (Art. 129 DBG)

Die Meldepflicht gemäss Artikel 129 DBG versteht sich als eine spezielle Bescheinigungspflicht ohne amtliche Aufforderung direkt zuhanden der Veranlagungsbehörden. Dieser Meldepflicht zuhanden der Veranlagungsbehörden unterliegen folgende Personen und Rechtsgemeinschaften:

- juristische Personen
- Stiftungen
- Einrichtungen der beruflichen Vorsorge und der gebundenen Selbstvorsorge
- einfache Gesellschaften und Personengesellschaften

Diese juristischen Personen und Rechtsgemeinschaften haben für jede Steuerperiode den Veranlagungsbehörden spontan Bescheinigungen über die in Artikel 129 DBG erwähnten Leistungen einzureichen. Die einfache Gesellschaft und die Personengesellschaft können ihre Meldepflicht entsprechend der bisherigen Praxis beibehalten. Jedem Steuerpflichtigen ist jedoch ein Doppel dieser Bescheinigung (bzw. Meldung) zuzustellen.

Ausgenommen von dieser Meldepflicht gegenüber den Veranlagungsbehörden sind Einrichtungen der beruflichen Vorsorge und der gebundenen Selbstvorsorge, soweit die ausgerichteten Leistungen gemäss Verrechnungssteuergesetz bereits der Eidg. Steuerverwaltung gemeldet wurden.

Die Anlagefonds, welche über direkten Grundbesitz verfügen, müssen für jede Steuerperiode eine Bescheinigung über alle Verhältnisse einreichen, die für die Besteuerung des direkten Grundbesitzes und dessen Erträge massgeblich sind (Art. 129 Abs. 3 DBG). Diese Angaben dienen einerseits der Besteuerung der Anlagefonds selbst (Art. 49 Abs. 2 DBG), andererseits dienen sie auch der Besteuerung der Anteilsinhaber, soweit die Erträge die Einkünfte aus direktem Grundbesitz übersteigen (Art. 20 Bst. e DBG).

D. Die Mitwirkungs-, Auskunfts- und Bescheinigungspflicht der Erben, des gesetzlichen Erbenvertreters etc. im Inventarverfahren (Art. 157 ff. DBG)

Die Artikel 156-158 DBG handeln von den Verfahrenspflichten der Erben und Dritter (wie gesetzlicher Vertreter von Erben, Erbschaftsverwalter und Willensvollstrecker) bei Errichtung des Inventars über den Nachlass eines verstorbenen Steuer-pflichtigen (vgl. auch Verordnung über die Errichtung des Nachlassinventars für die direkte Bundessteuer vom 16.11.1994).

Die Auskunftspflicht der Erben ergibt sich aus der Steuernachfolge gemäss Artikel 12 DBG. Die Erben haben im Inventarverfahren über alle für die Feststellung der Steuerfaktoren des Erblassers massgebenden Verhältnisse der Inventarbehörde Aufschluss zu erteilen (Art. 157 Abs. 1 Bst. a DBG) und alle für die Feststellung des Vermögensstandes des Erblassers relevanten Beweismittel vorzuweisen (Art. 157 Abs. 1 Bst. b DBG). Eine Besonderheit des Inventarverfahrens ist es, dass die Erben auf Verlangen der Inventarbehörde sämtliche Räumlichkeiten und Behältnisse des Erblassers zu öffnen (Art. 157 Abs. 1 Bst. c DBG) und unter Umständen sogar Einsicht in ihre eigenen Räume und Behältnisse zu gewähren haben (Art. 157 Abs. 2). Erhält ein Erbe, ein gesetzlicher Vertreter von Erben, ein Erbschaftsverwalter oder ein Willensvollstrecker nach Aufnahme des Inventars Kenntnis von Gegenständen des Nachlasses, die nicht im Inventar verzeichnet sind, hat er diese innert 10 Tagen der Inventarbehörde zu melden (Art. 157 Abs. 3).

Die Auskunfts- und Bescheinigungspflicht Dritter im Inventarverfahren ist in Artikel 158 DBG geregelt. Personen, die Vermögenswerte des Erblassers verwahrt oder verwaltet haben oder die ihm etwas schulden, sind verpflichtet, jedem Erben zuhanden der Inventarbehörde alle damit zusammenhängenden Auskünfte auf Verlangen schriftlich zu erteilen (z.B. über Bestand und Höhe dieses Vermögens oder dieser Ansprüche; bzw. über Veränderungen, welche diese Vermögenswerte bis zum Ableben des Steuerpflichtigen erfahren haben; Art. 158 Abs. 1 DBG).

Mit der Bestimmung von Artikel 158 Absatz 2 DBG wird dem Dritten die Möglichkeit geboten, seinen Verpflichtungen im Inventarverfahren durch unmittelbare Auskunft an die Inventarbehörde Genüge zu leisten. Auch im Inventarverfahren kann gegebenenfalls von einer Bank, welche Werte des Erblassers in Verwahrung oder Verwaltung hat, eine Vollständigkeitsbescheinigung verlangt werden.

E. Bescheinigungs-, Auskunfts- und Meldepflicht gegenüber der Eidgenössischen Steuerverwaltung (ESTV)

- Die Amtshilfe der andern Behörden (Verwaltungs- und Gerichtsbehörden) erstreckt sich gemäss Artikel 112 DBG nach dem Gesetzeswortlaut ausdrücklich auf alle mit dem Vollzug des DBG betrauten Steuerbehörden (d.h. Veranlagungsbehörde, Kantonale Verwaltung für die direkte Bundessteuer und Eidgenössische Steuerverwaltung).

- Die Bescheinigungspflicht Dritter (Art. 127 DBG), die Auskunftspflicht Dritter (Art. 128 DBG), die Auskunftspflicht des Steuerpflichtigen (Art. 126. Abs. 2 DBG) und die Meldepflicht Dritter (Art. 129 DBG) sind gemäss Artikel 103 Absatz 1 Buchstabe c DBG ebenfalls gegenüber der Eidg. Steuerverwaltung zu erfüllen, sofern die ESTV im Einzelfall Untersuchungsmassnahmen selber durchführt.

F. Verhältnis zum Steuergeheimnis (Art. 110 DBG)

Die Geheimhaltungspflicht, auch Steuergeheimnis genannt, gilt als qualifiziertes Amtsgeheimnis (ASA 31, 147). Der Geheimhaltungspflicht bzw. Schweigepflicht unterliegen alle Mitglieder von Gerichtsbehörden und Steuerbeamten des Bundes, der Kantone und Gemeinden, die mit dem Vollzug der direkten Bundessteuer betraut sind.

Die Geheimhaltungspflicht erstreckt sich auf alle Daten, ohne dass diese ausdrücklich als geheim erklärt worden sind. Die Geheimhaltungspflicht bei der direkten Bundessteuer ist streng zu handhaben und gilt gegenüber allen andern nicht steuerlichen Verwaltungsbehörden und auch gegenüber Gerichten und Privatpersonen. Die Durchbrechung des Steuergeheimnisses bedarf gemäss Artikel 110 Absatz 2 DBG stets einer gesetzlichen Grundlage im Bundesrecht (Rechtfertigung). Es sei beispielsweise auf folgende Ausnahmen hingewiesen:

- gegenüber den AHV-Organen: Artikel 9 Absatz 4 und 93 AHVG, Artikel 23 und 27 AHVV

- gegenüber den mit der Festsetzung des Militärpflichtersatzes betrauten Behörden: Artikel 24 MPG, Artikel 30 MPV

- gegenüber den Bewilligungsbehörden über den Erwerb von Grundstücken durch Personen im Ausland: Artikel 24 BewG; Artikel 19 Absatz 1 Buchstabe c und Absatz 2 BewV (Ausführlich dazu: E. Känzig/U.R. Behnisch, Die direkte Bundessteuer, 2. Aufl., 3. Teil, 1992, S. 22 ff.).

Diese obgenannte Geheimhaltungspflicht und die entsprechenden bundesrechtlichen Rechtfertigungsgründe gelten nur im Rahmen des Bundesgesetzes über die direkte Bundessteuer und seiner Anwendung. Für die kantonalen Steuergesetze gelten andere Bestimmungen, wobei die Rechtfertigungsgründe zum Teil in den kantonalen Prozessrechten aufgeführt sind (z.B. Auskünfte an den Richter über die Einkommens- und Vermögensverhältnisse des Täters bei

Baubussen, bei Bussen im Bereich des Strassenverkehrs und bei Bussen aufgrund des Strafgesetzbuches).

G. Strafbestimmungen (Art. 174 DBG)

Wer gegen eine der vorgenannten Verfahrenspflichten - trotz Mahnung - vorsätzlich oder fahrlässig verstösst, d.h. insbesondere

a) die Steuererklärung oder die dazu verlangten Beilagen nicht einreicht,

b) eine Bescheinigungs-, Auskunfts- oder Meldepflicht nicht erfüllt,

c) Pflichten verletzt, die ihm als Erben oder Dritten im Inventarverfahren obliegen,

wird mit Busse bestraft (Art. 174 Abs. 1 DBG). Die Busse beträgt bis zu 1'000 Franken, in schweren Fällen oder bei Rückfall bis zu 10'000 Franken (Art. 174 Abs. 2 DBG).

Geht das Verhalten einer zur Auskunft, Bescheinigung oder Meldung verpflichteten Person über die blosse Verweigerung der Auskunfts-, Bescheinigungs- oder Meldepflicht hinaus, um dem Steuerpflichtigen bei einer Hinterziehung zu helfen, kann Teilnahme, insbesondere Gehilfenschaft an einer Steuerhinterziehung allenfalls sogar an einem Steuerbetrug vorliegen.

Der Hauptabteilungschef

Samuel Tanner
(Stv. Direktor)

Direkte Bundessteuer **Steuerperiode 1995/96**

EIDG. STEUERVERWALTUNG
Hauptabteilung
Direkte Bundessteuer

Bern, 8. Juli 1994

An die kantonalen Verwaltungen
für die direkte Bundessteuer

Kreisschreiben Nr. 12

Steuerbefreiung juristischer Personen, die öffentliche oder gemeinnützige Zwecke (Art. 56 Bst. g DBG) oder Kultuszwecke (Art. 56 Bst. h DBG) verfolgen; Abzugsfähigkeit von Zuwendungen (Art. 33 Abs. 1 Bst. i und Art. 59 Bst. c DBG)

I. Allgemeines

Die leitenden Prinzipien zur Steuerbefreiung, insbesondere zur Gemeinnützigkeit, hat das Bundesgericht in langjähriger Praxis zu Artikel 16 Ziffer 3 BdBSt entwickelt (vgl. BGE in ASA Bd. 19, S. 328; 57, S. 506; 59, S. 464). Diese Rechtsprechung findet - mit Ausnahme der ausdrücklich vorgenommenen Änderungen - grundsätzlich auch Anwendung auf das neue Recht.

II. Steuerbefreiung nach Artikel 56 Buchstabe g DBG (Verfolgung öffentlicher oder gemeinnütziger Zwecke)

1. Gesuch

Gemäss Artikel 56 Buchstabe g DBG sind juristische Personen, die öffentliche oder gemeinnützige Zwecke verfolgen, für den Gewinn und das Kapital, die ausschliesslich und unwiderruflich diesen Zwecken gewidmet sind, von der Steuerpflicht befreit. Die juristische Person, die eine Steuerbefreiung beansprucht, hat ein entsprechendes Gesuch einzureichen. Es ist dabei stets Sache der juristischen Person, die sich auf die Steuerbefreiung beruft, darzulegen, dass die Voraussetzungen, die der Gesetzgeber für die Gewährung der Steuerbefreiung verlangt, gegeben sind (BGE 92 I 253 ff.).

2. Allgemeine Voraussetzungen

Um von der Steuerpflicht befreit zu werden, müssen vorerst die folgenden Voraussetzungen kumulativ erfüllt sein:

a) Juristische Person

Es muss sich um juristische Personen handeln, wobei Stiftungen und Vereine naturgemäss im Vordergrund stehen. Aktiengesellschaften, die selbst einen gemeinnützigen Zweck verfolgen, haben statutarisch auf die Ausschüttung von Dividenden und Tantiemen zu verzichten.

b) Ausschliesslichkeit der Mittelverwendung

Die steuerbefreite Aktivität muss ausschliesslich auf die öffentliche Aufgabe oder das Wohl Dritter ausgerichtet sein. Die Zielsetzung der juristischen Person darf nicht mit Erwerbszwecken oder sonst eigenen Interessen der juristischen Person oder ihren Mitgliedern bzw. Gesellschaftern verknüpft sein. Verfolgt eine juristische Person neben ausschliesslich gemeinnützigen Zwecken auch andere Zwecke, kann unter Umständen eine teilweise Steuerbefreiung in Frage kommen (vgl. Ziff. 5).

c) Unwiderruflichkeit der Zweckbindung

Die der steuerbefreiten Zwecksetzung gewidmeten Mittel müssen unwiderruflich, das heisst für immer steuerbefreiten Zwecken verhaftet sein. Ein Rückfall an den oder die Stifter bzw. Gründer soll für immer ausgeschlossen sein. Bei Auflösung der betreffenden juristischen Person hat das Vermögen deshalb an eine andere steuerbefreite Körperschaft mit ähnlicher Zwecksetzung zu fallen, was durch eine entsprechende unabänderliche Bestimmung im Gründungsstatut festzuhalten ist.

d) Tatsächliche Tätigkeit

Zu den obgenannten Voraussetzungen muss auch die tatsächliche Verwirklichung der vorgegebenen Zwecksetzung kommen. Die blosse statutarische Proklamation einer steuerbefreiten Tätigkeit genügt nicht. Stiftungen, deren Hauptzweck die blosse Kapitalansammlung darstellt, indem sie aus Erträgen Rücklagen bilden, die in keinem vernünftigen Verhältnis mehr zu allfällig zukünftigen Aufgaben stehen (Thesaurus-Stiftungen) haben auch nach neuem Recht keinen Anspruch auf Steuerbefreiung.

3. Voraussetzungen bei juristischen Personen mit gemeinnütziger Zwecksetzung

a) Allgemeininteresse

Die Verfolgung des Allgemeininteresses ist grundlegend für eine Steuerbefreiung wegen Gemeinnützigkeit. So kann das Gemeinwohl gefördert werden durch Tätigkeiten in karitativen, humanitären, gesundheitsfördernden, ökologischen, erzieherischen, wissenschaftlichen und kulturellen Bereichen. Als das Gemeinwohl fördernd erscheinen beispielsweise die soziale Fürsorge, Kunst und Wissenschaft, Unterricht, die Förderung der Menschenrechte, Heimat-, Natur- und Tierschutz sowie die Entwicklungshilfe.

Ob eine bestimmte Tätigkeit im Interesse der Allgemeinheit liegt, beurteilt sich nach der jeweils massgebenden Volksauffassung. Wichtige Erkenntnisquellen bilden dazu die rechtsethischen Prinzipien, wie sie in der Bundesverfassung und in den schweizerischen Gesetzen und Präjudizien zum Ausdruck kommen. Nach Auffassung des Gesetzgebers ist das Allgemeininteresse unter dem DBG nicht mehr nur auf eine Tätigkeit in der Schweiz begrenzt, sondern es kann auch die weltweite Aktivität einer schweizerischen juristischen Person von der Steuerpflicht befreit werden, soweit deren Tätigkeit im Allgemeininteresse liegt und uneigennützig erfolgt. Die Zweckverwirklichung ist insbesondere in jenen Fällen, in denen die Tätigkeit ausserhalb der Schweiz entfaltet wird, mit geeigneten Unterlagen (Tätigkeitsberichte, Jahresrechnungen etc.) nachzuweisen.

Ein Allgemeininteresse wird regelmässig nur dann angenommen, wenn der Kreis der Destinatäre, denen die Förderung bzw. Unterstützung zukommt, grundsätzlich offen ist. Ein allzu enger Destinatärkreis (z.B. Begrenzung auf den Kreis einer Familie, die Mitglieder eines Vereins oder die Angehörigen eines bestimmten Berufes) schliesst eine Steuerbefreiung wegen Gemeinnützigkeit aus.

b) Uneigennützigkeit

Der Begriff der Gemeinnützigkeit umfasst neben dem objektiven Element des Allgemeininteresses auch das subjektive Element der Uneigennützigkeit, d.h. des altruistischen Handelns. Gemeinnützigkeit im steuerrechtlichen Sinne liegt jeweils nur vor, wenn die Tätigkeit nicht nur darauf angelegt ist, das Interesse der Allgemeinheit zu fördern, sondern wenn ihr auch der Gemeinsinn zugrunde liegt. Der Begriff der "ausschliesslichen Gemeinnützigkeit" setzt daher voraus, dass die Tätigkeit der juristischen Person einerseits im Interesse der Allgemeinheit liegt und andererseits auch uneigennützig ist, d.h. dass für den im Allgemeininteresse liegenden Zweck von Körperschaftsmitgliedern oder Dritten - unter Hintansetzung der eigenen Interessen - Opfer erbracht werden (BGE in ASA Bd. 19, S. 328 und Bd. 59, S. 468).

Zur Gewährung der Steuerfreiheit muss deshalb stets verlangt werden, dass keine eigenen Interessen verfolgt werden. Selbsthilfeeinrichtungen und Vereinigungen zur Pflege von Freizeitaktivitäten fehlt diese uneigennützige (altruistische) Zwecksetzung.

- Fehlen von Erwerbs- oder Selbsthilfezwecken

Voraussetzung für eine vollständige oder teilweise Steuerbefreiung wegen Gemeinnützigkeit ist weiter das Fehlen von Erwerbs- oder Selbsthilfezwecken.

Erwerbszwecke liegen vor, wenn eine juristische Person im wirtschaftlichen Konkurrenzkampf oder in wirtschaftlicher Monopolstellung mit dem Zweck der Gewinnerzielung Kapital und Arbeit einsetzt und dabei für ihre Leistungen insgesamt ein Entgelt fordert, wie es im Wirtschaftsleben üblicherweise bezahlt wird.

Nicht jede Erwerbstätigkeit führt indessen zu einer Verweigerung der Steuerbefreiung. Wo eine Erwerbstätigkeit besteht, darf sie allerdings nicht den eigentlichen Zweck der Institution bilden. Sie darf höchstens ein Mittel zum Zweck sein und auch nicht die einzige wirtschaftliche Grundlage der juristischen Person darstellen (BGE in ASA Bd. 19, S. 328). Unter Umständen ist eine wirtschaftliche Betätigung sogar unumgängliche Voraussetzung zur Erreichung des im Allgemeininteresse liegenden Zweckes. Ein Erziehungsheim erfordert beispielsweise einen Landwirtschaftsbetrieb und eine Lehrwerkstätte. Hält sich eine solche wirtschaftliche Betätigung in einem untergeordneten Rahmen zur altruistischen Tätigkeit, so schliesst sie eine Steuerbefreiung nicht aus.

c) Unternehmerische Zwecke und Holdingstiftungen (Unterordnung unter gemeinnützigen Zweck)

Das Gesetz hält ausdrücklich fest, dass unternehmerische Zwecke grundsätzlich nicht gemeinnützig sind. Reine Kapitalanlagen - auch wenn es sich um über 50 % liegende Beteiligungen an Unternehmen handelt - stehen der Steuerbefreiung nicht mehr entgegen, wenn damit keine Einflussnahme auf die Unternehmungsführung möglich ist. Das ist beispielsweise dann der Fall, wenn die Stimmrechte bei einem andern Rechtsträger liegen. Es darf somit über die Kapitalbeteiligung kein Einfluss auf die Geschäftstätigkeit der betreffenden Unternehmung ausgeübt werden. Das verlangt unter anderem eine klare organisatorische und personelle Trennung (d.h. Unabhängigkeit) von Stiftungsrat und Verwaltungsrat, wobei die Anwesenheit einer Verbindungsperson zugelassen wird.

Weiter wird vom Gesetz verlangt, dass bei wesentlichen Beteiligungen die Unternehmenserhaltung dem gemeinnützigen Zweck untergeordnet sein muss. Das setzt voraus, dass die Stiftung regelmässig mit ins Gewicht fallenden Zuwendungen der von ihr gehaltenen Unternehmung alimentiert wird und mit diesen Mitteln auch tatsächlich eine entsprechende altruistische im Allgemeininteresse liegende, d.h. gemeinnützige Tätigkeit ausgeübt wird.

4. Voraussetzungen bei juristischen Personen mit öffentlicher Zwecksetzung

In Artikel 56 Buchstabe g DBG sind die "öffentlichen Zwecke" neben den gemeinnützigen Zwecken aufgeführt. Schon daraus ergibt sich, dass es sich bei den öffentlichen Zwecken nur um eine begrenzte *Kategorie von Aufgaben* handeln kann, die - im Gegensatz zur Gemeinnützigkeit - eng an die Staatsaufgaben anzulehnen sind und grundsätzlich kein Opferbringen verlangen. Derartige Aufgaben können neben dem Gemeinwesen gelegentlich auch privatrechtlichen oder gemischtwirtschaftlichen juristischen Personen übertragen werden.

Dabei ist zu beachten, dass juristische Personen, die in erster Linie Erwerbs- oder Selbsthilfezwecke verfolgen, die Steuerbefreiung wegen der Verfolgung "öffentlicher Zwecke" grundsätzlich nicht gewährt werden kann, auch wenn sie zugleich öffentlichen Zwecken dienen.

Vorbehalten bleibt eine Steuerbefreiung (auch eine teil-weise), wenn eine solche juristische Person durch öffentlichrechtlichen Akt (z.B. Gesetz) mit der Erfüllung einer öffentlichen Aufgabe betraut wurde, bzw. das Gemeinwesen zumindest ein ausdrückliches Interesse an der betreffenden juristischen Person ausgedrückt hat, eine gewisse Aufsicht des Gemeinwesens vorgesehen ist und darüberhinaus die "ausschliessliche und unwiderrufliche" (dauernde) Widmung des Eigenkapitals für den öffentlichen Zweck in den Statuten stipuliert wird. Das heisst, dass die Eigenmittel der juristischen Person (mit Ausnahme des selbst aufgebrachten Aktienkapitals/Nominalwert) im Falle einer Auflösung der betreffenden juristischen Person stets an die öffentliche Hand oder eine steuerbefreite Institution mit gleicher oder ähnlicher Zwecksetzung zu fallen haben und keine (zumindest keine übermässigen) Dividenden ausgeschüttet werden.

Gemischtwirtschaftliche Unternehmen sind unter den gleichen obgenannten Voraussetzungen insoweit wegen der Verfolgung "öffentlicher Zwecke" teilweise steuerbefreit, als öffentliche Rechtsträger an ihnen beteiligt sind.

Keine öffentlichrechtlichen Akte im obgenannten Sinne sind Erlasse über Subventionierung oder die Erteilung einer Konzession. Die Erteilung einer Konzession bedeutet nicht die Übertragung einer öffentlichen Aufgabe, sondern lediglich die Bewilligung, eine vom Gemeinwesen überwachte Tätigkeit auszuüben (Neue Steuerpraxis 1992, S. 27).

Bei juristischen Personen ohne Erwerbs- oder Selbsthilfe-zwecke ist einzig notwendig, dass sie tatsächlich eine umfassende Tätigkeit zugunsten eines öffentlichen Zwecks (d.h. zugunsten einer eigentlichen Aufgabe des Gemeinwesens) ausüben und ihre finanziellen Mittel "ausschliesslich und unwiderruflich" ihrem statutarischen und tatsächlichen Zweck gewidmet sind und im Falle einer Liquidation der öffentlichen Hand oder einer steuerbefreiten Institution mit gleicher oder ähnlicher Zwecksetzung anheimfallen. Öffentlich sind dabei alle Zwecke eines Gemeinwesens, die in dessen ordentlichen Aufgabenkreis fallen. Gleichgültig ist, ob diese Aufgaben dem Gemeinwesen durch Gesetz ausdrücklich übertragen wurden oder nach allgemeiner Volksauffassung als Angelegenheiten des Gemeinwesens betrachtet werden (ASA Bd. 11, S. 346 und Bd. 56, S. 188).

Der Begriff des öffentlichen Zwecks ist restriktiv auszulegen und muss zumindest durch eine Stellungnahme des interessierten Gemeinwesens belegt sein, soll er nicht zu einem uferlosen Steuerbefreiungstatbestand verkommen. So verfolgt beispielsweise eine politische Partei primär keine öffentlichen Zwecke im Sinne dieses Gesetzes, sondern in erster Linie die Interessen ihrer Mitglieder und kann deshalb nicht befreit werden (D. Yersin; Le statut fiscal des partis politiques, ASA Bd. 58, S. 97 ff. und 107). Das gleiche gilt weitgehend auch für Vereinigungen mit ideeller Zwecksetzung aller Art und Sportvereine.

5. Teilweise Steuerbefreiung

Die Mittel der steuerbefreiten juristischen Person müssen ausschliesslich und unwiderruflich (vgl. oben II.2.) der Verfolgung des steuerbefreiten gemeinnützigen oder öffentlichen Zweckes gewidmet sein. Ist dies nur zum Teil möglich, kann allenfalls eine teilweise Steuerbefreiung in Betracht gezogen werden. Dabei hat aber auch in diesem Falle die steuerbefreite Tätigkeit ins Gewicht zu fallen. Voraussetzung ist ferner, dass die Mittel, für welche die Steuerbefreiung verlangt wird, rechnungsmässig klar vom übrigen Vermögen und Einkommen ausgeschieden sind. Juristische Personen, die neben öffentlichen auch Erwerbs- oder Selbsthilfezwecke verfolgen, sind - sofern eine teilweise Steuerbefreiung überhaupt in Frage kommt (vgl. oben Ziff. 4) - ebenfalls nur insoweit befreit, als ihre Mittel ausschliesslich und unwiderruflich öffentlichen Zwecken gewidmet sind.

III. Steuerbefreiung nach Artikel 56 Buchstabe h DBG (Verfolgung von Kultuszwecken)

1. Allgemeines

Die Kirchgemeinden sind nach Artikel 56 Buchstabe c DBG steuerbefreit.

Das DBG unterscheidet zwischen Kultuszwecken und Gemeinnützigkeit, indem die Kultuszwecke im Gegensatz zum alten Recht (BdBSt) in Artikel 56 Buchstabe h DBG selbständig aufgeführt sind. Der Kultuszweck ist somit nach neuem Recht ein selbständiger Befreiungsgrund, wobei jedoch die diesbezüglichen Mittel ausschliesslich und unwiderruflich diesem Zweck gewidmet sein müssen. Der Begriff "Kultuszwecke" entspricht dabei sinngemäss dem früheren Begriff in Artikel 16 Ziffer 3 BdBSt.

2. Eigentliche Kultuskörperschaften

Eine juristische Person (z.B. Verein) verfolgt dann steuerprivilegierte Kultuszwecke, wenn sie gesamtschweizerisch ein gemeinsames Glaubensbekenntnis, gleichgültig welcher Konfession oder Religion, in Lehre und Gottesdienst pflegt und fördert. Gesamtschweizerisch bedeutet in diesem Zusammenhang, dass nur solche juristischen Personen für die Steuerbefreiung wegen Kultuszwecken in Frage kommen, die sich einem Glaubensbekenntnis *verschrieben haben*, das gesamtschweizerisch von Bedeutung ist.

Auch die Herausgabe von Schriften hat Kultuscharakter, sofern sie auf die Glaubenserneuerung bzw. Glaubensförderung abzielen und nicht Erwerbszwecken dienen. Die Verfolgung von Erwerbszwecken - im Gegensatz zur blossen Vermögensverwaltung - ist Kultusorganisationen unter dem Aspekt der Steuerbefreiung nicht gestattet. Sie hat die Aufhebung der Steuerbefreiung zur Folge. So ist etwa der Betrieb eines Reisebüros durch eine Kultusgemeinschaft zum Besuch der biblischen Stätten mit der Steuerbefreiung nicht vereinbar.

3. Kultusähnliche Körperschaften

Juristische Personen, die nicht Kultuszwecke, sondern bestimmte wirtschaftliche, weltanschauliche, philosophische oder ideelle Aufgaben auf religiöser Grundlage erfüllen, geniessen keine Steuerfreiheit gemäss Artikel 56 Buchstabe h DBG.

4. Gemischte Zweckverfolgung

Die gemischte Zwecksetzung (teilweise gemeinnützige und teilweise Kultuszwecke) steht einer Steuerbefreiung an sich nicht entgegen. Im Hinblick auf die Abzugsfähigkeit von Zuwendungen ist jedoch bei gemischter Zwecksetzung für jeden dieser Zwecke regelmässig ein separater Rechtsträger zu schaffen.

IV. Abzugsfähigkeit von Zuwendungen

Die steuerliche Abzugsfähigkeit der Zuwendungen an juristische Personen, die wegen Verfolgung öffentlicher oder ausschliesslich gemeinnütziger Zwecke steuerbefreit sind, ist in den Artikeln 33 Absatz 1 Buchstabe i (für natürliche Personen) und 59 Buchstabe c DBG (für juristische Personen) geregelt. Zuwendungen an juristische Personen, die wegen Verfolgung von Kultuszwecken steuerbefreit sind, können steuerlich nicht in Abzug gebracht werden.

Aus dem Umstand allein, dass eine juristische Person von der Steuerpflicht befreit ist, kann daher kein Schluss mehr auf die Abzugsfähigkeit der Zuwendungen an diese juristische Person gezogen werden. Es muss dargetan werden, dass die Steuerbefreiung in ausschliesslich gemeinnütziger oder öffentlicher Zwecksetzung und nicht in Kultuszwecken ihren Grund hat.

1. Zuwendungen für öffentliche oder ausschliesslich gemeinnützige Zwecke

a) Zuwendungen von natürlichen Personen (Art. 33 Abs. 1 Bst. i DBG)

Alle natürlichen Personen können freiwillige Geldleistungen an juristische Personen mit Sitz in der Schweiz, die wegen der Verfolgung öffentlicher oder ausschliesslich gemeinnütziger Zwecke von der Steuerpflicht befreit sind (Art. 56 Bst. g DBG) in Abzug bringen. Dabei hat die Zuwendung im Steuerjahr mindestens 100 Franken zu erreichen und darf insgesamt 10 % der um die Aufwendungen (Art. 26-33 DBG) verminderten steuerbaren Einkünfte nicht übersteigen. Statutarische Mitgliederbeiträge oder sonstige Zahlungen, auf die die juristische Person einen Anspruch hat, sind keine Zuwendungen in diesem Sinne.

b) Zuwendungen von juristischen Personen (Art. 59 Bst. c DBG)

In Abweichung zum bisherigen Recht (Art. 49 Abs. 2 BdBSt) ist nach dem neuen Recht die Abzugsfähigkeit von Zuwendungen an steuerbefreite juristische Personen mit Sitz in der Schweiz, die öffentliche oder ausschliesslich gemeinnützige Zwecke verfolgen, auf 10 % des Reingewinnes (vor Abzug dieser Zuwendungen) beschränkt worden. Die gemäss Artikel 59 Buchstabe c DBG zugelassenen Zuwendungen werden als geschäftsmässig begründeter Aufwand betrachtet.

2. Zuwendungen an eine juristische Person, die teilweise gemeinnützige bzw. öffentliche und teilweise Kultuszwecke bzw. nicht steuerbefreite Zwecke verfolgt

Für die einzelnen Zwecke müssen in der Regel getrennte Rechtsträger geschaffen oder dann ausnahmsweise mindestens klar getrennte Rechnungen mit eigenem Einzahlungskonto geführt werden. Der Spender, der den Abzug seiner Zuwendung an eine solche juristische Person geltend machen will, hat zu beweisen, dass die Zuwendung unmissverständlich auf das Konto des gemeinnützigen Teils geleistet wurde. Erbringt er diesen Beweis, so ist die Zuwendung im Umfang der gesetzlichen Regelung zum Abzug zuzulassen. Wird dieser Beweis nicht oder nicht genügend erbracht, so ist die Zuwendung nicht zum Abzug zuzulassen.

Der Hauptabteilungschef

S. Tanner
(Vizedirektor)

Direkte Bundessteuer **Steuerperiode 1995/96**

EIDG. STEUERVERWALTUNG
Hauptabteilung
Direkte Bundessteuer

Bern, 8. Juni 1994

An die kantonalen Verwaltungen
für die direkte Bundessteuer

Kreisschreiben Nr. 11

Besteuerung von Leistungen aus Militärversicherung

1. Einleitung

In seiner Botschaft zum Bundesgesetz über die Militärversicherung (MVG) vom 27. Juni 1990 führte der Bundesrat aus, dass die Steuerfreiheit für Leistungen aus Militärversicherung mit dem Gesetz von 1901 eingeführt worden sei. Dem Versicherten sollten damit die damals eher bescheidenen Leistungen voll garantiert werden. Heute erreichten die Leistungen der Militärversicherung, zusammen mit allfälligen Leistungen anderer Sozialversicherungen, eine Höhe, die in der Regel annähernd dem effektiven Erwerbsausfall entspreche. Die Steuerfreiheit der Leistungen führe zu einer Privilegierung der Militärpatienten gegenüber den Erwerbstätigen und gegenüber den Bezügern anderer Sozialversicherungsleistungen. Mit der Motion über die Totalrevision der Militärversicherung sei daher mit Nachdruck die Abschaffung der Steuerfreiheit gefordert worden (BBl 1990 III S. 221).

In Artikel 116 MVG ist in der Folge festgelegt worden, dass nur noch die im Zeitpunkt des Inkrafttretens des neuen MVG laufenden Invaliden- und Hinterlassenenrenten von der Besteuerung durch Bund, Kantone oder Gemeinden auszunehmen sind.

Demgegenüber statuiert Artikel 22 Absatz 1 DBG die Steuerbarkeit aller Einkünfte aus Alters-, Hinterlassenen- und Invalidenversicherung, aus Einrichtungen der beruflichen Vorsorge und aus anerkannten Formen der gebundenen Selbstvorsorge, mit Einschluss der Kapitalabfindungen und Rückzahlungen von Einlagen, *Prämien und Beiträgen*. Das Parlament fügte jedoch noch Artikel 202 DBG ein, welcher Renten und Kapitalleistungen aufgrund des MVG, die nach Inkrafttreten des DBG zu laufen beginnen oder fällig werden, der direkten Bundessteuer unterwirft. Mit dieser Formulierung wollte man in Übereinstimmung mit dem MVG den Grundsatz der Besteuerung solcher Leistungen im DBG verankern; die sog. Altrenten sollten aber ebenso nach wie vor steuerfrei bleiben.

2. Inkrafttreten von DBG und MVG

Der Bundesrat hat das DBG auf den 1. Januar 1995 und das MVG auf den 1. Januar 1994 in Kraft gesetzt. Aufgrund dieser Ausgangslage ergibt sich zwischen Artikel 202 DBG und Artikel 116 MVG insofern ein Widerspruch, als zwar beide Gesetze den Grundsatz der Steuerbarkeit von Leistungen aufgrund des MVG - unter Vorbehalt der Altrenten - statuieren, die Besteuerung jedoch zufolge der unterschiedlichen Inkraftsetzung der beiden Gesetze zeitlich nicht koordiniert worden ist. Da es sich bei beiden Gesetzen um Erlasse derselben Regelungsstufe handelt und das MVG als das jüngere Gesetz zu gelten hat, ist Artikel 202 DBG (von den Eidg. Räten am 14.12.1990 verabschiedet) durch Artikel 116 MVG (von den Eidg. Räten am 19.6.1992 verabschiedet) hinfällig geworden.

3. Besteuerung von Leistungen aus MVG

Gemäss Artikel 22 DBG sind alle Einkünfte aus Vorsorge steuerbar. Auch die Leistungen aus MVG (Art. 8 MVG) fallen grundsätzlich unter diese Bestimmung, wobei zu beachten ist:

- Invaliden- und Hinterlassenenrenten, die vor dem 1. Januar 1994 zu laufen begannen, unterliegen gemäss Artikel 116 MVG der direkten Bundessteuer nicht. Diese Regelung gilt auch für altrechtliche Invalidenrenten, die gemäss Artikel 112 Absatz 2 MVG nach dem 1. Januar 1994 in eine Altersrente umgewandelt werden.

- Ausgenommen sind überdies die sog. Integritätsschadenrente (Art. 8 Bst. m MVG) und Genugtuungsleistungen (Art. 8 Bst. r MVG), die aufgrund des MVG ausgerichtet werden (Art. 12 Abs. 4 MVG).

- Sachleistungen und Kostenvergütungen gemäss Artikel 8 Buchstaben a, b, c, d, p, s, u und v MVG stellen mit Ausnahme der Entschädigungen für Berufsausbildungskosten (Bst. t) nicht steuerbare Schadenersatzleistungen dar.

4. Schlussfolgerungen

Unter Vorbehalt der in Ziffer 3 hiervor aufgeführten Ausnahmen unterliegen die übrigen Leistungen (einschliesslich die Kapitalleistungen) des MVG, die ab dem 1. Januar 1994 zu laufen beginnen oder fällig werden, der direkten Bundessteuer. Diese Leistungen sind in der Steuerperiode 1995/96 oder im System der einjährigen Veranlagung in der Steuerperiode 1995 zu erfassen. In Fällen, in denen im Jahre 1994 für die direkte Bundessteuer eine Gegenwartsbemessung vorgenommen werden muss, sind die genannten Leistungen bereits unter dem noch geltenden BdBSt zu erfassen.

Der Hauptabteilungschef

S. Tanner
(Vizedirektor)

Direkte Bundessteuer

Steuerperiode 1995/96

EIDG. STEUERVERWALTUNG
Hauptabteilung
Direkte Bundessteuer

Bern, 3. Dezember 1993

An die kantonalen Verwaltungen
für die direkte Bundessteuer

Kreisschreiben Nr. 9[1]

Verordnung über die Besteuerung nach dem Aufwand bei der direkten Bundessteuer

Die gesetzliche Regelung für die Besteuerung nach dem Aufwand (in Art. 18bis BdBSt noch "Pauschalsteuer" genannt) ist in Artikel 14 DBG enthalten. Gestützt darauf hat der Bundesrat am 15. März 1993 eine Ausführungsverordnung erlassen (vgl. Beilage). Das vorliegende Kreisschreiben erläutert diese Rechtsgrundlagen.

1. Subjektive Voraussetzungen für die Besteuerung nach dem Aufwand

1.1 Zuzug in die Schweiz ohne Erwerbstätigkeit

Gemäss Artikel 14 Absatz 1 DBG können Personen, die erstmals oder nach mindestens zehnjähriger Landesabwesenheit in der Schweiz steuerrechtlichen Wohnsitz oder Aufenthalt nehmen, anstelle der Einkommenssteuer eine Steuer nach dem Aufwand entrichten, wenn sie hier keine Erwerbstätigkeit ausüben. Ob der Betreffende einst eine Erwerbstätigkeit in der Schweiz ausgeübt hat, spielt im DBG keine Rolle mehr, wenn er nach einer Landesabwesenheit von mindestens zehn Jahren zurückkehrt, in dieser Zeit in der Schweiz nicht mehr erwerbstätig war (auch nicht z.B. als Grenzgänger) und vom Zeitpunkt der Rückkehr an keine Erwerbstätigkeit mehr in der Schweiz ausübt.

Die Besteuerung nach dem Aufwand können sowohl Ausländer wie Schweizerbürger beanspruchen, wenn auch von unterschiedlicher Dauer:

Der Ausländer, der die subjektiven Voraussetzungen erfüllt, kann nach wie vor für jede Steuerperiode zwischen der Besteuerung nach dem Aufwand und der ordentlichen Besteuerung wählen. Diese Folge ergibt sich unmittelbar aus Artikel 14 Absatz 2 DBG. Die Begründung eines Scheinwohnsitzes in der Schweiz schliesst die Besteuerung nach dem Aufwand aus. Auch die freiwillige Entrichtung einer Steuer nach dem Aufwand, ohne dass die erforderlichen Voraussetzungen erfüllt wären, ist unzulässig.

Die gleiche Besteuerungsart können bis zum Ende der laufenden Steuerperiode diejenigen Schweizerbürger wählen, die in den letzten zehn Jahren landesabwesend waren und während dieser Zeit weder in einem schweizerischen öffentlichrechtlichen Dienstverhältnis standen noch irgend eine Erwerbstätigkeit in der Schweiz ausübten.

1 Angepasst an das Bundesgesetz über die formelle Bereinigung der zeitlichen Bemessung der direkten Steuern bei den natürlichen Personen vom 22. März 2013 (in Kraft seit 1. Januar 2014).

Schweizerbürger, die zusätzlich das Bürgerrecht eines andern Staates besitzen, gelten nicht als Ausländer; sie können die Besteuerung nach dem Aufwand nur nach den für schweizerische Rückwanderer geltenden Bestimmungen beanspruchen.

Besitzt nur einer der Ehegatten (Art. 9 Abs. 1 DBG) oder besitzen ihre Kinder (Art. 9 Abs. 2 DBG) das Schweizerbürgerrecht, so haben beide Ehegatten Anspruch auf die Besteuerung nach dem Aufwand. Dies setzt selbstverständlich voraus, dass beide Ehegatten alle übrigen Bedingungen zur Erlangung der Besteuerung nach dem Aufwand erfüllen, insbesondere keine Erwerbstätigkeit in der Schweiz ausüben.

1.2 Beginn des Rechts auf die Besteuerung nach dem Aufwand

Das Recht auf die Besteuerung nach dem Aufwand entsteht, sofern die obgenannten Voraussetzungen hiefür erfüllt sind, bei Beginn der Steuerpflicht. Das gilt sowohl für Personen, die in der Schweiz Wohnsitz, wie für solche, die hier Aufenthalt nehmen (Art. 8 DBG). Die der Steuerperiode vorangehende Aufenthaltsdauer zählt bei der Berechnung der Frist mit. Auch wird ein Aufenthalt an verschiedenen Orten zusammengerechnet, und ein vorübergehendes Verlassen des Landes wird nicht als Unterbrechung des Aufenthaltes gewertet (Art. 3 Abs. 3 DBG).

1.3 Ende des Rechtes auf die Besteuerung nach dem Aufwand

1.3.1 Erwerb des Schweizerbürgerrechts

Das Recht auf die Besteuerung nach dem Aufwand erlischt, wenn der betreffende Steuerpflichtige das Schweizerbürgerrecht erwirbt; in diesem Fall ist die ordentliche Steuer vom Einkommen zu entrichten. Schweizerische Rückwanderer und neu Eingebürgerte verlieren das Recht auf die Besteuerung nach dem Aufwand spätestens am Ende der bei ihrer Einreise bzw. Einbürgerung laufenden Steuerperiode.

1.3.2 Aufnahme einer Erwerbstätigkeit in der Schweiz

Eine die Besteuerung nach dem Aufwand ausschliessende Erwerbstätigkeit in der Schweiz übt aus, wer hier einem irgendwie gearteten Haupt- oder Nebenberuf nachgeht und daraus im In- oder Ausland Einkünfte im Sinne der Artikel 17 oder 18 DBG erzielt. Dies trifft insbesondere zu auf Künstler, Wissenschaftler, Erfinder, Sportler und Verwaltungsräte, die in der Schweiz *persönlich* zu Erwerbszwecken tätig sind. In diesen Fällen besteht kein Anspruch auf die Besteuerung nach dem Aufwand; vielmehr ist die ordentliche Steuer vom Einkommen zu entrichten.

Die in der Schweiz tätig gewesenen Diplomaten und Konsularbeamten sowie die Beamten internationaler Organisationen, die nach ihrer Pensionierung in der Schweiz verbleiben, können nicht die Besteuerung nach dem Aufwand beanspruchen, sofern sie während den zehn ihrem Ruhestand vorausgegangenen Jahren in der Schweiz eine Erwerbstätigkeit ausgeübt haben, selbst wenn das daraus resultierende Erwerbseinkommen aufgrund völkerrechtlicher Verträge von der direkten Bundessteuer befreit war.

2. Objektive Voraussetzungen der Besteuerung nach dem Aufwand

Die Steuer nach dem Aufwand wird nach den jährlichen, in der Bemessungsperiode *entstandenen* Lebenshaltungskosten des Steuerpflichtigen und der von ihm unterhaltenen, in der Schweiz lebenden Personen berechnet.

2.1 Bemessungsgrundlagen

Als steuerbarer Aufwand gilt der Gesamtbetrag der jährlichen Kosten der Lebenshaltung, die der Steuerpflichtige im In- und Ausland für sich und die von ihm unterhaltenen, in der Schweiz lebenden Personen aufwendet; massgeblich ist der Aufwand der jeweiligen Bemessungsperiode. Darunter fallen:

- Die Kosten für Verpflegung und Bekleidung,
- die Kosten für Unterkunft, einschliesslich Ausgaben für Heizung, Reinigung, Gartenunterhalt usw.,
- die gesamten Aufwendungen (Bar- und Naturalleistungen) für das Personal, das dem Steuerpflichtigen dient,
- die Ausgaben für Bildung, Unterhaltung, Sport usw.,
- die Aufwendungen für Reisen, Ferien, Kuraufenthalte usw.,
- die Kosten der Haltung von aufwendigen Haustieren (Reitpferde usw.),
- die Kosten des Unterhalts und des Betriebes von Automobilen, Motorbooten, Jachten, Flugzeugen usw.,
- alle andern Kosten der Lebenshaltung.

Zum steuerbaren Aufwand sind auch die Lebenshaltungskosten zu rechnen, die der Ehegatte und die Kinder unter elterlicher Gewalt aus eigenen Mitteln bestreiten (Art. 9 DBG), sofern sie in der Schweiz leben.

Die Summe dieser tatsächlichen jährlichen Lebenshaltungskosten muss für die einen eigenen Haushalt führenden Steuerpflichtigen mindestens das Fünffache des Mietzinses oder des Mietwertes der Wohnung im eigenen Haus und für die übrigen Steuerpflichtigen das Doppelte des Pensionspreises für Unterkunft und Verpflegung betragen (Art. 1 der Verordnung). Dabei ist zu beachten:

- Als jährlicher Mietzins gilt die wirkliche, für ein volles Jahr bezahlte Miete ohne Heizungskosten. Steht die gemietete Wohnung oder das gemietete Haus im Eigentum einer dem Steuerpflichtigen nahestehenden natürlichen oder juristischen Person, so ist der Betrag in Anrechnung zu bringen, den ein unabhängiger Dritter bezahlen müsste. Hat der Steuerpflichtige in der Schweiz mehrere Liegenschaften zu seiner Verfügung, so ist dieser Berechnung der höchste Mietzins bzw. Mietwert zugrunde zu legen. Zur Festsetzung des Lebensaufwandes sind die Mietzinsen bzw. die Mietwerte der übrigen Liegenschaften zu berücksichtigen.
- Als Mietwert des eigenen Hauses oder der eigenen Wohnung ist der Betrag einzusetzen, den der Steuerpflichtige als jährlichen Mietzins für ein gleichartiges Objekt in gleicher Wohnlage zu bezahlen hätte. Ein Abschlag bei allfälliger Unternutzung ist ausgeschlossen.
- Als jährlicher Pensionspreis gelten die gesamten Auslagen für Unterkunft und Verpflegung in Hotels, Pensionen und dergleichen, einschliesslich der Kosten für Getränke, Heizung, Bedienung usw.

Für jede Steuerperiode sind sowohl der tatsächliche jährliche Aufwand des Steuerpflichtigen als auch der massgebende Mietzins bzw. Mietwert oder der Pensionspreis für ein Jahr zu ermitteln. Vom steuerbaren Betrag (Kosten der Lebenshaltung oder Mehrfaches des Mietzinses bzw. Mietwertes oder Pensionspreises) können keine Abzüge zugelassen werden. Der solcherart ermittelte Betrag gilt als

Bemessungsgrundlage unter dem Vorbehalt, dass die sogenannte Kontrollrechnung, wie sie in der folgenden Ziffer dargestellt wird, nicht zu einem höheren Steuerbetrag führt.

<u>2.2 Kontrollrechnung anhand bestimmter Einkünfte</u>

Für die Kontrollrechnung (Art. 14 Abs. 3 DBG und Art. 2 der Verordnung), die ebenfalls als Besteuerung nach dem Aufwand zu qualifizieren ist, werden die Bruttobeträge der folgenden Einkünfte des Steuerpflichtigen, seiner Ehegattin und seiner Kinder unter elterlicher Gewalt (Art. 9 DBG) herangezogen:

Aus <u>inländischen Quellen:</u>

- Aus dem in der Schweiz gelegenen unbeweglichen Vermögen,

- aus der in der Schweiz gelegenen Fahrnis,

- aus dem in der Schweiz angelegten beweglichen Kapitalvermögen mit Einschluss der grundpfändlich gesicherten Forderungen,

- aus den in der Schweiz ausgebeuteten Urheberrechten, Patenten und ähnlichen Rechten,

- die aus schweizerischen Quellen fliessenden Ruhegehälter, Renten und Pensionen.

Aus ausländischen Quellen:

- Die Einkünfte, für die der Steuerpflichtige aufgrund eines von der Schweiz abgeschlossenen Abkommens zur Vermeidung der Doppelbesteuerung gänzliche oder teilweise Entlastung von ausländischen Steuern beansprucht.

Diesbezüglich ist auf folgendes hinzuweisen:

Für den Einbezug ausländischer Einkünfte genügt es inskünftig, dass dafür irgendwelche Steuern des Quellenstaates (sowohl solche, die an der Quelle, wie auch jene, die im ordentlichen Verfahren erhoben werden) kraft Abkommens gänzlich oder teilweise entfallen. Dies trifft auch dann zu, wenn der ausländische Staat gestützt auf ein mit der Schweiz abgeschlossenes Abkommen bei beschränkter Steuerpflicht z.B. auf die Besteuerung eines Ruhegehaltes im Veranlagungsverfahren verzichtet.

Als Einkünfte, für die der Steuerpflichtige kraft eines Doppelbesteuerungsabkommens gänzliche oder teilweise Befreiung oder Rückerstattung von ausländischen Steuern beanspruchen kann, kommen neben Dividenden, Zinsen und Lizenzgebühren auch Erwerbseinkünfte, Pensionen und Renten aus allen Staaten in Betracht, mit denen die Schweiz bisher ein Doppelbesteuerungsabkommen abgeschlossen hat. Unter dem Bruttobetrag dieser Einkünfte ist der um den nicht rückforderbaren Teil der ausländischen Steuer gekürzte Ertrag zu verstehen; spezielle Regelungen gelten unter den Doppelbesteuerungsabkommen mit Belgien, Deutschland, Frankreich, Italien, Norwegen und Österreich.

Als Lizenzgebühren (Royalties) gelten Vergütungen jeder Art, die für die Benutzung oder für das Recht auf Benutzung von Urheberrechten an literarischen, künstlerischen oder wissenschaftlichen Werken, einschliesslich kinematographischer Filme sowie Filme oder Aufzeichnungen für Radio und Fernsehen, von Patenten, Marken, Mustern oder Modellen, Plänen, Formeln oder Verfahren oder für die Benutzung oder das Recht auf Benutzung gewerblicher, kaufmännischer oder wissenschaftlicher Ausrüstungen oder für die Mitteilung gewerblicher, kaufmännischer oder wissenschaftlicher Erfahrungen gezahlt werden.

Über das bestehende Abkommensnetz sowie darüber, ob Einkünfte tatsächlich an der Quelle besteuert werden, gibt die Eidg. Steuerverwaltung, Abteilung für internationales Steuerrecht, Auskunft.

Von diesen Bruttoeinkünften sind lediglich folgende Abzüge zulässig:

- Die Kosten für den Unterhalt und die Verwaltung von in der Schweiz gelegenem unbeweglichem Vermögen (nach Massgabe der bundesrätlichen Verordnung vom 24.8.1992 über den Abzug der Kosten von Liegenschaften des Privatvermögens bei *der direkten Bundessteuer*).

- Die Kosten für die allgemein übliche Verwaltung von Wertschriften und Guthaben, deren Erträge besteuert werden.

Alle anderen Aufwendungen, insbesondere für Schuldzinsen, Renten und dauernde Lasten, können nicht in Abzug gebracht werden.

3. Sozialabzüge; anwendbarer Tarif; Satzbestimmung

Die Sozialabzüge (Art. 35 DBG) bleiben bei der Besteuerung nach dem Aufwand ausgeschlossen. Anwendbar ist der ordentliche Einkommenssteuertarif nach Artikel 36 DBG.Der massgebende Aufwand ist stets zum Satze zu versteuern, der ausschliesslich einem steuerbaren Einkommen dieser Höhe entspricht. Das bei der Kontrollrechnung nicht unter die "bestimmten Einkünfte" fallende Einkommen des Steuerpflichtigen bleibt deshalb in Abweichung von Artikel 7 Absatz 1 DBG auch für die Festsetzung des Steuersatzes ausser Betracht (vgl. aber unter Ziff. 4.2).

4. Zum Verfahren bei der Besteuerung nach dem Aufwand

4.1 Ordentliche Besteuerung nach dem Aufwand

Der Steuerpflichtige, der Anspruch auf die Besteuerung nach dem Aufwand erhebt, hat die hiefür vorgesehene besondere Steuererklärung und ein Wertschriftenverzeichnis einzureichen sowie den Nachweis zu erbringen, dass er die Voraussetzungen erfüllt. Es steht ihm, wenn er Ausländer ist, für jede Steuerperiode bis zur rechtskräftigen Veranlagung das Recht zu, anstelle der Steuer nach dem Aufwand die ordentliche Steuer vom Einkommen zu entrichten.

Die Veranlagungsbehörde hat sich bei der Besteuerung nach dem Aufwand vor jeder Veranlagung davon zu überzeugen, dass der Steuerpflichtige die Voraussetzungen hiefür erfüllt und die von ihm verlangten Angaben und Nachweise vollständig erbracht hat. Eine unvollständig ausgefüllte oder nicht unterzeichnete Steuererklärung ist zur Ergänzung zurückzusenden (Art. 124 Abs. 3 DBG); von vertraglichen Vertretern ist eine unterzeichnete Vollmacht einzufordern. In jedem Fall ist zu verlangen, dass die Angaben sowohl für die Steuer vom Aufwand als auch für die Steuer auf bestimmten Einkünften (Kontrollrechnung) gemacht werden. Insbesondere sind die Einkünfte aus ausländischen Quellen mit ergänzenden Belegen nachzuweisen, sofern diese Informationen nicht bereits aus den Entlastungsanträgen hervorgehen.

Ansprüche auf Verrechnung oder Rückerstattung der Verrechnungssteuer richten sich nach den Bestimmungen der Vollziehungsverordnung vom 19. Dezember 1966 zum Bundesgesetz über die Verrechnungssteuer (SR 642.211).

Steuerpflichtige, welche die Steuer nach dem Aufwand entrichten, können die Vorteile der von der Schweiz abgeschlossenen Doppelbesteuerungsabkommen, insbesondere die darin vorgesehenen Entlastungen von ausländischen Quellensteuern grundsätzlich beanspruchen. Zu diesem Zweck haben sie bis zur rechtskräftigen Einschätzung zu erklären, ob und allenfalls in welchem Umfang sie Abkommensvorteile geltend gemacht haben oder geltend machen wollen. Der Steuerpflichtige darf nur für solche Einkünfte in den Genuss der Abkommensvorteile kommen, die während der Zeit seiner unbeschränkten Steuerpflicht in der Schweiz fällig geworden sind. Im Verhältnis zu *Frankreich* ist darauf zu achten, dass eine nach dem Aufwand besteuerte Person nicht als in der Schweiz ansässig gilt und daher die Abkommensvorteile nicht beanspruchen darf, wenn sie auf einer pauschalen Grundlage besteuert wird, die nach dem Mietwert der Wohnstätte oder der Wohnstätten bemessen wird, über die sie in der Schweiz verfügt. Ferner gelten besondere Voraussetzungen unter den Abkommen mit Belgien, Deutschland, Italien, Norwegen und Österreich (s. Ziff. 4.2).

Ein Doppelbesteuerungsabkommen wird auch dann in Anspruch genommen, wenn dazu keine amtliche Bescheinigung bzw. kein besonderer Antrag, sondern nur - wie vielfach bei Bezug von Lizenzgebühren, Pensionen und Ruhegehältern, die ungekürzt zufliessen - die Angabe einer schweizerischen Adresse an den ausländischen Schuldner notwendig ist. Entscheidend ist nicht die Frage, ob der Begünstigte sich um die Erlangung von Abkommensvorteile bemüht habe, sondern lediglich die Tatsache, dass er kraft eines Doppelbesteuerungsabkommens von ausländischen Steuern entlastet worden ist. Verzichtet ein Steuerpflichtiger nachträglich auf Abkommensvorteile, die ihm bereits zugekommen sind, so hat er eine im Ausland nicht abgezogene Quellensteuer spontan nachzuentrichten. Die Bestimmungen des Bundesratsbeschlusses vom 14. Dezember 1962 betreffend Massnahmen gegen die ungerechtfertigte Inanspruchnahme von Doppelbesteuerungsabkommen des Bundes (SR 672.202) bleiben vorbehalten.

4.2 Modifizierte Besteuerung nach dem Aufwand

Unter den Doppelbesteuerungsabkommen mit Belgien, Deutschland, Italien, Norwegen und Österreich können in der Schweiz ansässige natürliche Personen die Abkommensvorteile nur beanspruchen, wenn sie für alle nach schweizerischem Recht steuerbaren Einkünfte aus diesen fünf Vertragsstaaten den direkten Steuern des Bundes, der Kantone und der Gemeinden unterliegen. Im Ergebnis muss daher eine der Aufwandbesteuerung unterworfene natürliche Person, die aufgrund der erwähnten Doppelbesteuerungsabkommen eine Entlastung von den Steuern dieser Vertragsstaaten beansprucht, bezüglich aller aus diesen Staaten stammenden Einkünfte so behandelt werden, wie wenn sie ordentlich besteuert würde (= sog. modifizierte Besteuerung nach dem Aufwand; vgl. Art. 5 der Verordnung). In die Bemessungsgrundlage sind daher neben den in Artikel 14 Absatz 3 DBG bezeichneten Einkünften alle anderen aus diesen fünf Vertragsstaaten stammenden Einkünfte einzuschliessen, soweit sie nach dem internen schweizerischen Recht steuerbar und nicht aufgrund der betreffenden Doppelbesteuerungsabkommen von den schweizerischen Steuern befreit sind. Die Steuern auf allen aus diesen Vertragsstaaten stammenden Einkünften sind zusammen mit jenen auf den Einkünften gemäss Artikel 14 Absatz 3 DBG zum Satz für das gesamte Einkommen zu erheben. Das heisst, dass für die Satzbestimmung z.B. auch Schuldzinsen in Abzug gebracht werden können, obschon sie die Bemessungsgrundlage nicht vermindern. Verzichtet der Steuerpflichtige auf die ordnungsgemässe Angabe der Gesamtfaktoren, so wird die modifizierte Besteuerung nach dem Aufwand zum Maximalsatz vorgenommen.

Personen, die anstelle der ordentlichen Einkommenssteuern eine Steuer nach dem Aufwand entrichten, haben grundsätzlich keinen Anspruch auf die pauschale Anrechnung der im Ausland verbleibenden Sockelsteuern (Art. 4 Abs. 1 der Verordnung vom 22.8.1967/7.12.1981 über die pauschale Steueranrechnung, SR 672.201). Eine Ausnahme von diesem Grundsatz besteht wiederum unter den fünf genannten Doppelbesteuerungsabkommen. Nach Artikel 4 Absatz 3 der Verordnung über die pauschale Steueranrechnung können natürliche Personen, die im Genuss einer Pauschalsteuer stehen, aber auf allen Einkünften aus diesen Vertragsstaaten die vollen Steuern zum Satze des Gesamteinkommens entrichten, für die aus diesen Staaten stammenden Erträgnisse die pauschale Steueranrechnung beanspruchen. Allerdings sind die betreffenden Bruttobeträge einschliesslich der nicht rückforderbaren ausländischen Quellensteuern zu deklarieren.

Wenn der Steuerpflichtige trotz modifizierter Besteuerung nach dem Aufwand von vornherein auf jegliche Steueranrechnung verzichtet, darf er die Bruttobeträge der Einkünfte aus den genannten fünf Staaten abzüglich der im Ausland verbleibenden Sockelsteuern deklarieren (Art. 2 Abs. 3 der Verordnung über die pauschale Steueranrechnung).

5. Eröffnung der Veranlagung

Bei modifizierter Pauschalbesteuerung gemäss Artikel 5 der Verordnung haben die Steuerpflichtigen Anspruch auf pauschale Anrechnung der nicht rückforderbaren Kapitalertragssteuern für Einkünfte aus den genannten fünf Staaten. Da jedoch dieser Anspruch aufgrund von Artikel 4 Absatz 3 der Verordnung über die pauschale Steueranrechnung unter Umständen zu kürzen oder sogar völlig zu verweigern ist, drängt sich folgendes Vorgehen auf: Zu eröffnen nach Artikel 131 DBG ist stets das höchste aufgrund der Artikel 1, 2 oder 5 der Verordnung über die Besteuerung nach dem Aufwand resultierende Veranlagungsergebnis. Wenn allerdings ein Veranlagungsergebnis nach Artikel 5, d.h. im Sinn der modifizierten Besteuerung nach dem Aufwand, zu eröffnen ist, muss dem Steuerpflichtigen in der Regel auch das höhere der beiden Veranlagungsergebnisse nach den Artikeln 1 oder 2, d.h. aufgrund der ordentlichen Besteuerung nach dem Aufwand mitgeteilt werden.

6. Verschiedenes

Amtliche Steuerbescheinigungen, die auf Wunsch der Steuerpflichtigen abgegeben werden, haben stets die Feststellung zu enthalten, dass anstelle der ordentlichen Einkommenssteuer die Steuer nach dem Aufwand gemäss Artikel 14 DBG entrichtet worden ist.

Hat der Steuerpflichtige falsche Angaben gemacht, so ist gegen ihn gleich wie bei der ordentlichen Einkommenssteuer ein Verfahren wegen vollendeter oder versuchter Hinterziehung einzuleiten. Er kann ferner wegen Ordnungsdelikten bestraft werden.

Das vorliegende Kreisschreiben ersetzt dasjenige vom 16. Dezember 1988. Wir ersuchen Sie, diese Richtlinien bei allen Veranlagungen zur direkten Bundessteuer von der Steuerperiode 1995/96 an zu befolgen.

Der Hauptabteilungschef

Vizedirektor B. Jung

Beilage:

Verordnung vom 15. März 1993 über die Besteuerung nach dem Aufwand bei der direkten Bundessteuer

Direkte Bundessteuer **Steuerperiode 1995/96**

EIDG. STEUERVERWALTUNG
Hauptabteilung
Direkte Bundessteuer

Bern, 25. November 1992

An die kantonalen Verwaltungen
für die direkte Bundessteuer

Kreisschreiben Nr. 3

Neuerungen für die Land- und Forstwirtschaft aufgrund des Bundesgesetzes vom 14. Dezember 1990 über die direkte Bundessteuer (DBG)

In Ergänzung der allgemeinen Weisungen über die Veranlagung der Selbständigerwerbenden befasst sich das vorliegende Kreisschreiben mit den Besonderheiten der Land- und Forstwirtschaft (in der Folge kurz Landwirtschaft).

Einkünfte aus selbständiger Erwerbstätigkeit (Art. 18)

Der Einkommenssteuer unterliegen alle Einkünfte aus landwirtschaftlicher Tätigkeit. Die Naturalbezüge fallen ebenfalls darunter, wozu auch der Eigenmietwert der selbstbewohnten Wohnung zu zählen ist. Die Naturalbezüge werden nach ihrem Marktwert bemessen (Art. 16 Abs. 2).

1. Kapitalgewinne auf Geschäftsvermögen

Die Steuerpflicht für Kapitalgewinne, die durch Veräusserung, Verwertung oder buchmässige Aufwertung von Geschäftsvermögen erzielt werden, erstreckt sich auf den ganzen Bereich der selbständigen Erwerbstätigkeit. Unter Veräusserung ist namentlich die Überführung in das Privatvermögen zu verstehen.

Im Gegensatz zur Regelung bei nichtlandwirtschaftlichen Betrieben unterliegen die Kapitalgewinne auf landwirtschaftlichen Grundstücken nur bis zu der Höhe der Anlagekosten der Besteuerung. Allfällige Subventionen, welche die Anlagekosten gemindert haben, sind ebenfalls zu erfassen.

Diese sog. **wieder eingebrachten Abschreibungen** werden den steuerbaren Einkünften zugerechnet. Bei Beendigung der Steuerpflicht oder bei einer Zwischenveranlagung unterliegen sie einer separaten Jahressteuer (Art. 47 Abs. 1).

- 2 -

2. Berechnung des Kapitalgewinnes bzw. der wieder eingebrachten Abschreibungen bei der Veräusserung landwirtschaftlicher Liegenschaften

Die seit dem Erwerb zulasten des Einkommens getätigten Abschreibungen ergeben sich:

- direkt als nachgeführte Grösse im Buchhaltungsabschluss oder im Fragebogen für Land- und Forstwirtschaft Ziffer 2.1.3.

- bei Buchhaltungen in der Differenz: Anlagekosten (obligatorisch nachzuführen) abzüglich Buchwert.

2.1 Ermittlung der wieder eingebrachten Abschreibungen bis zum 1. Januar 1993 bei fehlenden Angaben

Die wieder eingebrachten Abschreibungen werden bis zu diesem Zeitpunkt geschätzt. Die nachfolgenden Methoden unterstellen, dass die Einkommensermittlung bis zur Bilanzierung nach Normen erfolgt ist.

Abgeleitet aus dem Verfahren, in dem jeweils der Eingangswert für die Liegenschaft auf den 1. Januar 1993 festgelegt wurde (siehe dazu auch Merkblatt Eingangsbilanz, Direkte Bundessteuer, 1993), lassen sich die wieder eingebrachten Abschreibungen wie folgt ermitteln:

a) Entweder wird vom gesamten, im Jahre 1993 massgebenden Steuerwert der Liegenschaft pro Jahr Eigentum je ein Prozent abgezogen (z.B. 20 Jahre ergeben 20 %).

b) Oder man berechnet den in den Ansätzen berücksichtigten Abschreibungsanteil. Dieser ergibt sich aus dem Produkt:

betroffene Jahre x Ansatz [1] x aktuelle Betriebsgrösse [2]

[1] gem. untenstehender Tabelle [2] bewirtschaftete Anzahl ha LN (inkl. Pachtland) bzw. GVE

Zeitraum	ha Ansatz Fr. pro ha LN	GVE Ansatz Fr. pro GVE
1951 - 1960	30	15
1961 - 1970	60	30
1971 - 1980	120	60
1981 - 1985	200	100
1986 - 1993	250	125

3. Zuordnung der Vermögenswerte

Das neue Gesetz schreibt anstelle der bisher üblichen Wertzerlegung in einen Anteil Geschäfts- oder Privatvermögen die **Präponderanzmethode** vor. Bei gemischter Nutzung von Vermögenswerten - vorab Liegenschaften - ist die vorwiegende Nutzung (mehr als 50 %) ausschlaggebend. Im landwirtschaftlichen Bereich stellt sich diese Frage vor allem bei kleinen Betrieben und bei Wohnhäusern.

3.1 Grundsätzliches

Der Grundsatz der wirtschaftlichen Einheit (Land, Wohn- und Ökonomiegebäude, Pflanzen), wie ihn das bäuerliche Bodenrecht vertritt, ist zu befolgen. So kann der Betrieb z.B. mehr als ein Wohn- oder Ökonomiegebäude umfassen (z.B. Stufenbetriebe).

Grundstücke werden in der Regel nicht aufgeteilt.

3.2 Zuordnung

Die Zuweisung als Geschäfts- oder Privatvermögen erfolgt nach einem der folgenden Vergleiche:

a) **Ermittlung des geschäftlichen Ertragsanteiles am gesamten Liegenschaftsertrag:**
Erreicht der prozentuale Anteil des bezahlten oder berechneten landwirtschaftlichen Pachtzinses (gemäss eidg. Pachtzinsgesetz) nicht die Hälfte des gesamten Liegenschaftsertrages (Pachtzins, Mietwert, Mieterträge), so ist die Liegenschaft dem Privatvermögen zuzuweisen.

b) **Ermittlung des Anteiles Betriebseinkommen (Nettorohertrag) am Gesamtertrag (Liegenschaftsertrag + Betriebseinkommen):**
Stellt das Betriebseinkommen mehr als die Hälfte des Gesamtertrages dar, ist die Liegenschaft dem Geschäftsvermögen zuzuweisen.

3.3 Weitere Hinweise betreffend die Zuordnung von Vermögenswerten

- Für Wohnhäuser gilt die Zuweisung ganzer Gebäude. Sind neben dem betrieblich langfristig benötigten Wohnraum noch andere Wohnbauten vorhanden, so sind diese in der Regel dem Privatvermögen zuzuweisen.

- Die Verpachtung eines bisher selbst geführten Betriebes gilt nicht als Realisationstatbestand, sofern sich die Verpachtung nicht als endgültig erweist.

- Von einem aktiven Mitglied an Betriebsgemeinschaften zur Verfügung gestellte Liegenschaften sind in der Regel dem Geschäftsvermögen zuzuordnen.

Abschreibungen (Art. 28)

Die *Abschreibungen* müssen geschäftsmässig begründet sein und in der Buchhaltung oder in Abschreibungstabellen ausgewiesen werden.

Die ohne besonderen Nachweis geltenden Höchstsätze sind im beiliegenden Merkblatt über Abschreibungen auf dem Anlagevermögen land- und forstwirtschaftlicher Betriebe festgehalten.

Rückstellungen (Art. 29)

Rückstellungen müssen geschäftsmässig begründet sein. Fällt die Begründung weg, sind sie ertragswirksam aufzulösen.

Ersatzbeschaffungen (Art. 30)

Stille Reserven können innert angemessener Frist auf ein gleichartiges Objekt im Inland übertragen werden.

Verluste (Art. 31)

Verluste können während einer zeitlich beschränkten Frist mit Einkommen der Folgejahre verrechnet werden.

Beilagen zur Steuererklärung (Art. 125)

1. Nachweis des Geschäftsergebnisses

Alle Selbständigerwerbenden haben ihrer Steuererklärung die Bilanzen und Erfolgsrechnungen beizulegen. Fehlt eine Buchhaltung, sind die Aufzeichnungen in den vom Gesetz vorgesehenen Aufstellungen zusammenzufassen.

2. Allgemeines

Für die Einkommensermittlung sowohl nach Buchhaltung wie auch nach Aufzeichnungen sind als Grundlage die entsprechenden Bücher (Kassen-, Bank- und Postcheckbücher, Inventare) unabdingbar. Sie sind auf Verlangen der Veranlagungsbehörde einzureichen.

3. Eingangsbilanz

Siehe Merkblatt Eingangsbilanz, das diesem Kreisschreiben beiliegt.

4. Fragebogen für Land- und Forstwirtschaft, Erläuterungen

Der Fragebogen legt den formell verbindlichen Umfang der Angaben fest, die der Steuerpflichtige über die selbständige landwirtschaftliche Erwerbstätigkeit zu liefern hat.

5. Buchhaltung

Die steuerlichen Anforderungen an eine Buchhaltung beziehen sich nicht auf ein bestimmtes System (wie SBS, Progra usw.), sondern *auf die nachstehend* umrissenen, allgemeinen buchhalterischen Grundsätze.

Grundlage jedes Buchhaltungsabschlusses sind einwandfreie Hilfsbücher (Kassen-, Postcheck- und Bankbücher, Inventare usw.). Massgebend sind die in die Bemessungsperiode fallenden Abschlüsse (Art. 43 Abs. 2).

Im weiteren hat eine Buchhaltung u.a. die folgenden Bedingungen zu erfüllen:

- zu jedem Eintrag in die Bücher gehört ein Beleg;
- die Überprüfbarkeit der Konten muss gewährleistet sein;
- die Buchungen müssen vom Beleg bis zum Abschluss und zurück lückenlos verfolgt werden können;
- vollständige Verbuchung der Bruttobeträge, keine Verrechnung zwischen Aufwand und Ertrag und zwischen Aktiven und Passiven;
- auf Verlangen müssen die abgeschlossenen Konti vorgewiesen werden können;
- die Buchhaltung soll eine der Betriebsstruktur entsprechende Gliederung aufweisen.

6. Aufstellungen

Die Aufstellungen stellen die Zusammenfassung der chronologisch vorzunehmenden Aufzeichnungen zur Ermittlung des Einkommens dar. Die gesetzlich vorgeschriebenen Minimalanforderungen sind im Fragebogen für Land- und Forstwirtschaft und den zugehörigen Erläuterungen der Hauptabteilung direkte Bundessteuer dargestellt.

Dabei ist u.a. folgendes zu beachten:

- laufend nachgeführte Kassa-, Bank- und Postcheckbücher sowie Inventare;
- zu jedem Eintrag in die Bücher gehört ein Beleg;
- das Geschäftsjahr entspricht dem Kalenderjahr (Abschluss 31. Dezember).

Weitere Mitwirkungspflichten (Art. 126)

Artikel 126 Absatz 3 verpflichtet natürliche Personen mit Einkommen aus selbständiger Erwerbstätigkeit, ihre Urkunden und sonstigen Belege, die mit ihrer Tätigkeit in Zusammenhang stehen, während zehn Jahren aufzubewahren. Auf Verlangen sind diese der Veranlagungsbehörde vorzulegen.

Der Hauptabteilungschef

Vizedirektor B. Jung

Anhang:

Wortlaut der Artikel 18, 28, 29, 30, 31, 125, 126 DBG

Beilagen:

- Merkblatt über Abschreibungen auf dem Anlagevermögen land-und forstwirtschaftlicher Betriebe, 1993
- Merkblatt für die Eingangsbilanz 1. Januar 1993

W95-003.D

Anhang zum Kreisschreiben Nr. 3

Textwiedergabe einiger Artikel aus dem Bundesgesetz über die direkte Bundessteuer

(Der Text in Klammern ist zugefügt)

Art. 18 Grundsatz (selbständige Erwerbstätigkeit)

1 Steuerbar sind alle Einkünfte aus einem Handels-, Industrie-, Gewerbe-, Land- und Forstwirtschaftsbetrieb, aus einem freien Beruf sowie aus jeder anderen selbständigen Erwerbstätigkeit.

2 Zu den Einkünften aus selbständiger Erwerbstätigkeit zählen auch alle Kapitalgewinne aus Veräusserung, Verwertung oder buchmässiger Aufwertung von Geschäftsvermögen. Der Veräusserung gleichgestellt ist die Überführung von Geschäftsvermögen in das Privatvermögen oder in ausländische Betriebe oder Betriebsstätten. Als Geschäftsvermögen gelten alle Vermögenswerte, die ganz oder vorwiegend der selbständigen Erwerbstätigkeit dienen.

3 Für Steuerpflichtige, die eine ordnungsgemässe Buchhaltung führen, gilt Artikel 58 sinngemäss.

4 Die Gewinne aus Veräusserung von land- und forstwirtschaftlichen Grundstücken werden den steuerbaren Einkünften nur bis zur Höhe der Anlagekosten zugerechnet.

Art. 28 Abschreibungen

1 Geschäftsmässig begründete Abschreibungen von Aktiven sind zulässig, soweit sie buchmässig oder, wenn eine kaufmännische Buchhaltung fehlt, in besonderen Abschreibungstabellen ausgewiesen sind.

2 In der Regel werden die Abschreibungen nach dem tatsächlichen Wert der einzelnen Vermögensteile berechnet oder nach ihrer voraussichtlichen Gebrauchsdauer angemessen verteilt.

3 Abschreibungen auf Aktiven, die zum Ausgleich von Verlusten aufgewertet wurden, können nur vorgenommen werden, wenn die Aufwertungen handelsrechtlich zulässig waren und die Verluste im Zeitpunkt der Abschreibung nach Artikel 31 Absatz 1 verrechenbar gewesen wären.

Art. 29 Rückstellungen

1 Rückstellungen zu Lasten der Erfolgsrechnung sind zulässig für:

a. im Geschäftsjahr bestehende Verpflichtungen, deren Höhe noch unbestimmt ist;
b. Verlustrisiken, die mit Aktiven des Umlaufvermögens, insbesondere mit Waren und Debitoren, verbunden sind;
c. andere unmittelbar drohende Verlustrisiken, die im Geschäftsjahr bestehen;
d. künftige Forschungs- und Entwicklungsaufträge an Dritte bis zu 10 Prozent des steuerbaren Geschäftsertrages, insgesamt jedoch höchstens bis zu einer Million Franken.

2 Bisherige Rückstellungen werden dem steuerbaren Geschäftsertrag zugerechnet, soweit sie nicht mehr begründet sind.

Art. 30 Ersatzbeschaffungen

1 Beim Ersatz von betriebsnotwendigem Anlagevermögen können die stillen Reserven auf ein Ersatzobjekt mit gleicher Funktion übertragen werden; ausgeschlossen ist die Übertragung auf Vermögen ausserhalb der Schweiz.

2 Findet die Ersatzbeschaffung nicht im gleichen Geschäftsjahr statt, so kann im Umfange der stillen Reserven eine Rückstellung gebildet werden. Diese Rückstellung ist innert angemessener Frist zur Abschreibung auf dem Ersatzobjekt zu verwenden oder zugunsten der Erfolgsrechnung aufzulösen.

3 Als betriebsnotwendig gilt nur Anlagevermögen, das dem Betrieb unmittelbar dient; ausgeschlossen sind insbesondere Vermögensteile, die dem Unternehmen nur als Vermögensanlage oder nur durch ihren Ertrag dienen.

Art. 31 Verluste

1 Vom durchschnittlichen Einkommen der Bemessungsperiode (Art. 43) können Verlustüberschüsse aus drei vorangegangenen Bemessungsperioden abgezogen werden, soweit sie bei der Berechnung des steuerbaren Einkommens der Vorjahre nicht berücksichtigt werden konnten.

2 Mit Leistungen Dritter, die zum Ausgleich einer Unterbilanz im Rahmen einer Sanierung erbracht werden, können auch Verluste verrechnet werden, die in früheren Geschäftsjahren entstanden und noch nicht mit Einkommen verrechnet werden konnten.

Art. 125 Beilagen zur Steuererklärung (Aufzeichnungspflicht)

1 Natürliche Personen müssen der Steuererklärung insbesondere beilegen:

a. Lohnausweise über alle Einkünfte aus unselbständiger Erwerbstätigkeit;
b. Ausweise über Bezüge als Mitglied der Verwaltung oder eines anderen Organs einer juristischen Person;
c. Verzeichnisse über sämtliche Wertschriften, Forderungen und Schulden.

2 Natürliche Personen mit Einkommen aus selbständiger Erwerbstätigkeit und juristische Personen müssen der Steuererklärung die unterzeichneten Jahresrechnungen (Bilanzen, Erfolgsrechnungen) der Steuerperiode oder, wenn eine kaufmännische Buchhaltung fehlt, Aufstellungen über Aktiven und Passiven, Einnahmen und Ausgaben sowie Privatentnahmen und Privateinlagen beilegen.

Art. 126 Weitere Mitwirkungspflichten (Aufbewahrungspflicht)

1 Der Steuerpflichtige muss alles tun, um eine vollständige und richtige Veranlagung zu ermöglichen.

2 Er muss auf Verlangen der Veranlagungsbehörde insbesondere mündlich oder schriftlich Auskunft erteilen, Geschäftsbücher, Belege und weitere Bescheinigungen sowie Urkunden über den Geschäftsverkehr vorlegen.

3 Natürliche Personen mit Einkommen aus selbständiger Erwerbstätigkeit und juristische Personen müssen Urkunden und sonstige Belege, die mit ihrer Tätigkeit in Zusammenhang stehen, während zehn Jahren aufbewahren.

Direkte Bundessteuer **Steuerperiode 1995/96**

EIDG. STEUERVERWALTUNG
Hauptabteilung
Direkte Bundessteuer

Bern, 12. November 1992

An die kantonalen Verwaltungen
für die direkte Bundessteuer

Kreisschreiben Nr. 2

Einkommen aus selbständiger Erwerbstätigkeit nach Artikel 18 DBG (Ausdehnung der Kapitalgewinnsteuerpflicht, Übergang zur Präponderanzmethode und deren Anwendung)

Gemäss Artikel 18 Absatz 2 DBG zählen zu den Einkünften aus selbständiger Erwerbstätigkeit auch alle Kapitalgewinne aus Veräusserung, Verwertung oder buchmässiger Aufwertung von Geschäftsvermögen. Als Geschäftsvermögen gelten alle Vermögenswerte, die ganz oder vorwiegend der selbständigen Erwerbstätigkeit dienen.

Somit unterscheidet sich diese Regelung für die Bestimmung des Einkommens aus selbständiger Erwerbstätigkeit von den Bestimmungen des Ende 1994 auslaufenden BdBSt in folgenden Punkten:

- Die Kapitalgewinnsteuerpflicht erstreckt sich nunmehr auf alle Selbständigerwerbenden und nicht nur auf jene, die buchführungspflichtig sind.

- Vermögenswerte sind entweder ganz dem Geschäftsvermögen oder ganz dem Privatvermögen zuzuweisen. Für gemischt genutzte Liegenschaften ist nunmehr die Präponderanz- und nicht mehr die Wertzerlegungsmethode anwendbar.

Diese Änderungen werfen Fragen zu der steuerlichen Behandlung der stillen Reserven auf, sowohl in bezug auf die Ablösung des BdBSt durch das DBG, wie auch in bezug auf die Ermittlung

- 2 -

des Einkommens aus selbständiger Erwerbstätigkeit ab Steuerjahr 1995. Die im beiliegenden Merkblatt festgehaltenen Richtlinien sollen darüber Auskunft geben.

Wir ersuchen Sie, ab Steuerperiode 1995/96 nach diesen Richtlinien vorzugehen.

Der Hauptabteilungschef

Vizedirektor B. Jung

<u>Beilage erwähnt</u>

W95-002D

EIDGENÖSSISCHE STEUERVERWALTUNG
Hauptabteilung Direkte Bundessteuer

Bern, 12. November 1992

MERKBLATT

Einkommen aus selbständiger Erwerbstätigkeit nach Artikel 18 DBG

Ausdehnung der Kapitalgewinnsteuerpflicht, Übergang zur Präponderanzmethode und deren Anwendung

1. Ausdehnung der Kapitalgewinnsteuerpflicht auf nicht buchführungspflichtige Selbständigerwerbende

Kapitalgewinne auf Geschäftsvermögen nicht buchführungspflichtiger Selbständigerwerbender (Handwerksbetriebe, Freierwerbende usw.) unterliegen ab 1. Januar 1995 neu der Einkommenssteuerpflicht. Dabei stellt sich die Frage, wie die bestehenden stillen Reserven zu behandeln sind.
Der steuerbare Kapitalgewinn besteht im Unterschiedsbetrag zwischen dem Einkommenssteuerwert (steuerlich massgebender Buchwert) und dem höheren Veräusserungserlös oder dem Verkehrswert des Vermögensgegenstandes im Zeitpunkt der Realisation (Veräusserung, Verwertung, buchmässige Aufwertung und Privatentnahme). Dieser Betrag wird auch als steuerlich massgebende stille Reserve bezeichnet. Er umfasst sowohl den Wertzuwachs als auch die wiedereingebrachten Abschreibungen.
Die nach Inkrafttreten des DBG realisierten Kapitalgewinne auf Geschäftsvermögen sind vollumfänglich steuerbar. In die Bemessung des steuerbaren Einkommens fallen demnach auch jene realisierten stillen Reserven, die vor Inkrafttreten des DBG entstanden sind.
Aufwertungen, die vor Inkrafttreten des DBG vorgenommen wurden, müssen in einer nach kaufmännischer Art geführten Buchhaltung (Art. 957 ff. OR) verbucht worden sein, um steuerlich anerkannt zu werden. Es gilt somit das Massgeblichkeitsprinzip der Handelsbilanz für die Steuerbilanz.
Für die erstmalige ordentliche Ermittlung des Einkommens aus selbständiger Erwerbstätigkeit nach den Bestimmungen des DBG ist das durchschnittliche Einkommen der in den Jahren 1993 und 1994 abgeschlossenen Geschäftsjahre massgebend. Die in diesen Geschäftsjahren erzielten Kapitalgewinne auf Geschäftsvermögen sind daher steuerbar. Bei Aufhören der Steuerpflicht oder bei Vornahme einer Zwischenveranlagung nach Artikel 96 BdBSt in der Steuerperiode 1993/94 sind dagegen noch die Bestimmungen des BdBSt anzuwenden (Art. 43 Abs. 1 i.V.m. Art. 21 Abs. 1 Bst. d und f BdBSt).

2. Übergang von der Wertzerlegungs- zur Präponderanzmethode für gemischt genutzte Vermögenswerte

Dieser Übergang hat zur Folge, dass zu Beginn der Bemessungsperiode für die Steuerperiode 1995/96 Gewissheit darüber bestehen muss, ob gemischt genutzte Vermögenswerte, insbesondere Liegenschaften, als Geschäftsvermögen oder als Privatvermögen gelten. Zudem stellt sich die Frage, wie die an diesem Stichtag vorhandenen stillen Reserven

- auf dem geschäftlichen Teil von Liegenschaften, die nach DBG ganz als Privatvermögen gelten,
- auf dem privaten Teil von Liegenschaften, die nach DBG ganz als Geschäftsvermögen gelten,

zu behandeln sind.

2.1 Allgemeines zur Abgrenzung Geschäfts-/Privatvermögen

Die Abgrenzung zwischen Privat- und Geschäftsvermögen erfolgt nach Inkrafttreten des DBG grundsätzlich nach den gleichen Kriterien, wie sie in der Praxis und Rechtsprechung zum BdBSt entwickelt wurden. Gemischt genutzte Liegenschaften, für die bisher die Wertzerlegungsmethode Anwendung fand (Merkblatt der ESTV vom 23.7.1969), werden hingegen neu in ihrer Gesamtheit dem Geschäftsvermögen oder Privatvermögen zugeordnet. Sie gelten dann als vorwiegend der selbständigen Erwerbstätigkeit dienend, wenn ihre geschäftliche Nutzung die private Nutzung überwiegt. Für diesen

Vergleich sind i.d.R. alle auf den geschäftlich genutzten Liegenschaftsteil entfallenden Erträge ins Verhältnis zum gesamten Liegenschaftsertrag zu setzen. Allenfalls können andere für die Abgrenzung geeignete Kriterien herangezogen werden (z.B. Fläche, Rauminhalt, Gewährung von Abschreibungen in Grenzfällen). Beträgt der Anteil der geschäftlichen Nutzung mehr als 50 Prozent, liegt eine vorwiegend geschäftliche Nutzung vor.
Der gesamte Liegenschaftsertrag setzt sich aus den auf die gesamte Liegenschaft entfallenden Einkünften gemäss Artikel 21 DBG unter Einbezug des Eigenmietwertes für den geschäftlich genutzten Liegenschaftsteil zusammen. Der Eigenmietwert für den am Wohnsitz selbstbewohnten Liegenschaftsteil ist für diese Berechnung ohne Einschlag wegen tatsächlicher Unternutzung (Art. 21 Abs. 2 DBG) festzusetzen.
Die auf den geschäftlich genutzten Liegenschaftsteil entfallenden Erträge setzen sich aus dem Eigenmietwert und allen übrigen Einkünften nach Artikel 21 DBG für den geschäftlich genutzten Teil zusammen. Die Festsetzung des Eigenmietwertes für den geschäftlich genutzten Liegenschaftsteil hat zum Marktwert zu erfolgen (Art. 21 Abs. 2 i.V.m. Art. 16 Abs. 2 DBG). Ein Einschlag wegen tatsächlicher Unternutzung entfällt.

2.2 Gemischt genutzte Liegenschaften, die nach DBG als Geschäftsvermögen gelten

Liegenschaften, die vorwiegend der selbständigen Erwerbstätigkeit dienen, werden nach Inkrafttreten des DBG vollumfänglich dem Geschäftsvermögen zugeordnet. Kapitalgewinne aus Veräusserung, Verwertung oder buchmässiger Aufwertung solcher Liegenschaften werden nicht mehr in einen privaten (steuerfreien) und in einen geschäftlichen (steuerbaren) Teil zerlegt, sondern in ihrer Gesamtheit der Einkommenssteuer unterworfen. In die Bemessung dieser Kapitalgewinne fallen demnach auch die auf dem privaten Liegenschaftsteil vor dem Wechsel zum DBG entstandenen stillen Reserven.
Eine buchmässige Aussonderung privat genutzter Liegenschaftsteile vor Inkrafttreten des DBG wird steuerlich nur dann anerkannt, wenn auch eine grundbuchrechtliche Verselbständigung erfolgte.
Als Einkommenssteuerwert vorwiegend geschäftlich genutzter Liegenschaften gilt nach Inkrafttreten des DBG der um den Anlagewert (Gestehungskosten) des privat genutzten Teils erhöhte bisherige Einkommenssteuerwert des geschäftlich genutzten Teils. War die Liegenschaft bisher in ihrer Gesamtheit in der Buchhaltung enthalten, entspricht dieser Wert dem bisherigen Buchwert. Allfällige buchmässige Aufwertungen auf dem privat genutzten Liegenschaftsteil vor Inkrafttreten des DBG bleiben für den Einkommenssteuerwert unbeachtlich, weil die nach altem Recht zur Anwendung gelangende Wertzerlegungsmethode den privaten Bereich einkommenssteuerunwirksam liess.

2.3 Gemischt genutzte Liegenschaften, die nach DBG als Privatvermögen gelten

Liegenschaften, die vorwiegend privat genutzt werden, sind nach Inkrafttreten des DBG vollumfänglich dem Privatvermögen zuzurechnen. Der systembedingte Wechsel der bisher dem Geschäftsvermögen zugerechneten Liegenschaftsteile in das Privatvermögen stellt mangels einer gesetzlichen Grundlage keinen Realisationstatbestand dar und erfolgt einkommenssteuerneutral.

3. Erläuterungen zur Anwendung der Präponderanzmethode

3.1 Zuordnung gemischt genutzter Liegenschaften zum Geschäfts- oder Privatvermögen

Für die Zuordnung sind die Verhältnisse in der Bemessungsperiode massgebend. Dabei ist gemäss Ziffer 2.1 dieses Merkblattes vorzugehen.

3.2 Auswirkungen der steuerlichen Zuordnung gemischt genutzter Liegenschaften auf die Ermittlung des Reineinkommens

Zur Ermittlung des Reineinkommens werden für gemischt genutzte Liegenschaften die Aufwendungen und Kosten - je nach Zuordnung der Liegenschaft zum Geschäfts- oder Privatvermögen - entweder ausschliesslich nach den Artikeln 27 - 29 DBG oder ausschliesslich nach Artikel 32 DBG abgezogen.
Der Ertrag aus **vorwiegend der selbständigen Erwerbstätigkeit dienenden Liegenschaften** fällt - unter Einbezug der Erträge aus dem privat genutzten Teil - in die Berechnung des Einkommens aus selbständiger Erwerbstätigkeit. Davon können für die gesamte Liegenschaft die geschäfts- oder berufsmässig begründeten Kosten nach den Artikeln 27 - 29 DBG und die aus der Finanzierung der Liegenschaft anfallenden Schuldzinsen nach Artikel 33 Absatz 1 Buchstabe a DBG abgezogen werden. Der Abzug für den Liegenschaftsunterhalt erfolgt zu den tatsächlichen Kosten. Der Pauschalabzug nach Artikel 32 Absatz 4 DBG ist ausgeschlossen.

Beispiel: Vorwiegend geschäftlich genutzte Liegenschaft

	Fr.	Fr.	Fr.
Einkommenssteuerwert der Liegenschaft			1 250 000
Abschreibungssatz: 3 %			
Hypothekardarlehen zu 8 %			250 000
Betriebserfolg (ohne Liegenschaftsrechnung, aber nach Belastung eines Mietwertes von Fr. 36 000.-- für den geschäftlich genutzten Liegenschaftsteil)			**100 000**
Geschäftliche Liegenschaftsrechnung:			
Mietwert für geschäftliche Nutzung		36 000	
Mietwert für private Nutzung		24 000	
Liegenschaftsbruttoertrag		60 000	
Effektive Unterhalts- und Betriebskosten	9 000		
Privatanteil Betriebskosten (Heizkosten, Strom, Reinigung usw.)	- 3 000		
	6 000	- 6 000	
Hypothekarzinsen		- 20 000	
Abschreibung (3 % vom Einkommenssteuerwert)		- 37 500	
Saldo der Liegenschaftsrechnung		**- 3 500**	- 3 500
Reineinkommen aus selbständiger Erwerbstätigkeit			**96 500**

Der Ertrag aus **vorwiegend privat genutzten Liegenschaften** fällt - unter Einbezug des Eigenmietwertes vom geschäftlich genutzten Teil - in die Berechnung des Einkommens aus privatem, unbeweglichen Vermögen. Davon können die Kosten nach Artikel 32 DBG und die aus der Finanzierung der Liegenschaft anfallenden Schuldzinsen nach Artikel 33 Absatz 1 Buchstabe a DBG abgezogen werden. Der Abzug von Abschreibungen und Rückstellungen auf dem geschäftlich genutzten Teil ist ausgeschlossen. Vom Einkommen aus selbständiger Erwerbstätigkeit wird demgegenüber der in der privaten Liegenschaftsrechnung enthaltene Eigenmietwert für den geschäftlich genutzten Teil in Abzug gebracht. Diese Abgrenzung ist im Hinblick auf die Berechnung allfälliger Verlustüberschüsse (Art. 31 DBG) und die Meldung des AHV-pflichtigen Einkommens von Bedeutung.

Beispiel: Vorwiegend privat genutzte Liegenschaft

	Fr.	Fr.
Alter des Gebäudes: 15 Jahre		
Hypothekardarlehen zu 8 %		250 000
Betriebserfolg (ohne Liegenschaftsrechnung, aber nach Belastung eines Mietwertes von Fr. 20 000.-- für den geschäftlich genutzten Liegenschaftsteil)		**100 000**
Private Liegenschaftsrechnung:		
Mietwert für private Nutzung	40 000	
Mietwert für geschäftliche Nutzung	20 000	
Liegenschaftsbruttoertrag	60 000	
Pauschale Unterhaltskosten (20 % des Liegenschaftsertrages)	- 12 000	
Hypothekarzinsen	- 20 000	
Einkommen aus privater Liegenschaft	28 000	**28 000**

3.3 Wechsel in der steuerlichen Zuordnung gemischt genutzter Liegenschaften

Gemäss Artikel 18 Absatz 2 DBG ist die Überführung von Geschäftsvermögen in das Privatvermögen der Veräusserung gleichgestellt. Die Differenz zwischen dem Einkommenssteuerwert und dem höheren Verkehrswert der gesamten Liegenschaft unterliegt dabei als Kapitalgewinn der Einkommenssteuer.
Eine Überführung vom Geschäfts- ins Privatvermögen liegt auch dann vor, wenn die überwiegende Nutzung der Liegenschaft vom geschäftlichen zum privaten Teil wechselt und sich diese Änderung als dauerhaft (i.d.R. 2 Jahre) erweist. Dabei ist grundsätzlich auf die tatsächlichen Verhältnisse abzustellen. Bezeichnet der Steuerpflichtige eine gemischt genutzte Liegenschaft in Grenzfällen weiterhin als Geschäftsvermögen (Art. 125 Abs. 2 DBG), so ist er damit zu behaften. Der Kapitalgewinn wird in diesem Fall erst bei der Veräusserung der Liegenschaft oder bei der Aufgabe der selbständigen Erwerbstätigkeit erzielt und der Einkommenssteuer unterworfen. Das Verbleiben der Liegenschaft im Geschäftsvermögen und die damit verbundenen steuerlichen Folgen sind in einer schriftlichen Erklärung festzuhalten (Beilage).
Wechselt die überwiegende Nutzung der Liegenschaft vom privaten zum geschäftlichen Teil, liegt eine vom Steuerpflichtigen zu deklarierende Privateinlage vor (Art. 125 Abs. 2 DBG). Als Einkommenssteuerwert gilt dabei der Buchwert (Massgeblichkeitsprinzip), höchstens aber der Verkehrswert im Zeitpunkt des Übergangs vom Privat- ins Geschäftsvermögen.

Beilage: *Erklärung zur steuerlichen Zuordnung einer gemischt genutzten Liegenschaft*

Erklärung zur steuerlichen Zuordnung einer gemischt genutzten Liegenschaft

(Beilage zur Steuererklärung gemäss Art. 125 Abs. 2 DBG)

Name: ....

Vorname: ....

Adresse: ....

Wohnort: ....

AHV-Nr.: ....

erklärt hiermit folgendes:

1. Die Liegenschaft

   Strasse/Nr.: ....

   Gemeinde: ....

   Grundbuch-Nr.: ....

   ist nur **vorübergehend vorwiegend privat genutzt**. Sie gilt weiterhin als Geschäftsvermögen nach Artikel 18 Absatz 2 DBG.

2. Gemäss Artikel 125 Absatz 2 DBG bin ich verpflichtet, einen späteren definitiven Wechsel zur vorwiegend privaten Nutzung als Privatentnahme zu verbuchen oder in einer Beilage zur Steuererklärung unaufgefordert zu melden.

3. Ich habe zur Kenntnis genommen, dass gemäss Artikel 18 Absatz 2 DBG ein Kapitalgewinn aus Veräusserung, Verwertung oder buchmässiger Aufwertung der oben aufgeführten Liegenschaft der Einkommenssteuer unterliegt. Der Veräusserung gleichgestellt ist die Überführung ins Privatvermögen (definitiver Wechsel zur vorwiegend privaten Nutzung; Geschäftsaufgabe). Der Kapitalgewinn bemisst sich im Unterschiedsbetrag zwischen dem Einkommenssteuerwert und dem Veräusserungserlös oder dem Verkehrswert im Zeitpunkt der Realisation.

Ort und Datum: ....

Unterschrift: ....

Anm.: Gem. ESTV ist das KS veraltet und nicht mehr gültig.

Direkte Bundessteuer	**Veranlagungsperiode 1987/88**
EIDG. STEUERVERWALTUNG Hauptabteilung Direkte Bundessteuer	Bern, 3. Februar 1987

An die kantonalen Verwaltungen
für die direkte Bundessteuer

Kreisschreiben Nr. 6

Einbringen von Beteiligungen in eine vom gleichen Aktionär beherrschte Gesellschaft

I. Grundsatz

Gemäss Artikel 21 Absatz 1 Buchstabe c BdBSt fällt in die Steuerberechnung jedes Einkommen aus beweglichem Vermögen, namentlich Gewinnanteile aus Guthaben und Beteiligungen aller Art sowie besondere Entgelte oder geldwerte Vorteile, die neben diesen Einkünften oder an deren Stelle gewährt werden. Als Gewinnanteile aus Beteiligungen gelten alle durch Zahlung, Ueberweisung, Gutschrift, Verrechnung oder auf andere Weise bewirkten geldwerten Leistungen der Gesellschaft an die Inhaber gesellschaftlicher Beteiligungsrechte, die keine Rückzahlung der bestehenden Kapitalanteile darstellen (Nominalwertprinzip).

Eine Umstrukturierung des Vermögens des Aktionärs und keine Veräusserung der Beteiligungsrechte liegt dann vor, wenn ein Aktionär gesellschaftliche Beteiligungsrechte zum über ihrem Nominalwert liegenden inneren Wert gegen Gutschrift auf einem Aktionärsdarlehenskonto oder als Sacheinlage gegen Ausgabe neuer Aktien, deren Nominalwert dem Wert der übertragenen Aktien entspricht, in eine von ihm beherrschte Aktiengesellschaft einbringt. Dabei geht der latente Besteuerungsanspruch auf die Ausschüttung verloren, indem dieses Substrat in einen Anspruch auf steuerfreie Kapital- oder Darlehensrückzahlung umgewandelt wird. Eine solche Verschiebung stellt nach bundesgerichtlicher Rechtsprechung eine geldwerte Leistung an den Aktionär dar. Dabei erzielt der Aktionär in dem Umfange ein steuerbares Einkommen im Sinne von Artikel 21 Absatz 1 Buchstabe c BdBSt, als der Nominalwert der erhaltenen Holdingaktien und die Gutschrift zusammen den Nominalwert der eingebrachten Aktien übersteigen (*vgl. BGE in ASA 55, 206;* 43, 588; 42, 393).

II. Nominalwertprinzip

Die bisherige Verwaltungspraxis betreffend die Einbringung von Beteiligungen in die eigene Holding sah eine Billigkeitslösung vor: Bei der Bemessung der steuerbaren Leistung wurde statt auf den Nominalwert der eingebrachten Beteiligungsrechte auf den allfällig geltend gemachten und nachgewiesenen Erwerbspreis abgestellt. Diese Billigkeitslösung ist aber keineswegs systemgerecht, weil dem Artikel 21 Absatz 1 Buchstabe c BdBSt das Nominalwertprinzip zugrundeliegt. Auch die Judikatur hat auf diese Inkonsequenz hingewiesen (vgl. BGE in ASA 42, 393 ff., insb. S. 400; RKE ZH in StE 1984, B 24.4 Nr. 1). Es kommt hinzu, dass die Veranlagungsbehörden vermehrt feststellen müssen, dass sogenannte "Erwerbspreise" durch ungewöhnliche Transaktionen konstruiert werden. Aus den genannten Gründen rechtfertigt es sich, von der bisherigen Praxis Abstand zu nehmen und inskünftig bei der Einbringung von Beteiligungsrechten in die eigene Holding stets auf den Nominalwert der eingebrachten Beteiligungen abzustellen. Der Differenzbetrag zwischen dem Nominalwert der in die Holding eingebrachten Aktien und der dem Aktionär erteilten Gutschrift (Aktienkapital und/oder Darlehen) ist somit als steuerbares Einkommen gemäss Artikel 21 Absatz 1 Buchstabe c BdBSt zu betrachten.

III. "Agio"-Lösung

In den Fällen, in denen aus irgendeinem Grunde der Verkehrswert oder ein den Nominalwert der eingebrachten Aktien übersteigender Wert in die Bilanz der Holding aufgenommen werden soll, kann im Zeitpunkt der Einbringung nach wie vor die sogenannte Agio-Lösung gewählt werden. Diese besteht darin, dass die Uebertragung von Beteiligungen in eine eigene Holding zu einem den Nominalwert (nicht aber den Verkehrswert) übersteigenden Einbringungswert einkommenssteuerfrei zugelassen wird, wenn dieser Mehrwert einem Reservekonto der Holdinggesellschaft gutgeschrieben wird. Auf diese Weise bleibt der latente Steueranspruch grundsätzlich gewahrt, indem künftige Leistungen der Gesellschaft an den Aktionär zulasten eines solchen Reservekontos als Beteiligungsertrag im Sinne von Artikel 21 Absatz 1 Buchstabe c BdBSt erfasst werden können.

Der Hauptabteilungschef

Jung

W87-006D

Direkte Bundessteuer **Veranlagungsperiode 1985/86**

EIDG. STEUERVERWALTUNG
Hauptabteilung
Direkte Bundessteuer

Bern, 6. Mai 1985

An die kantonalen Verwaltungen
für die direkte Bundessteuer

Kreisschreiben Nr. 8

Liquidation und Löschung von Kapitalgesellschaften und Genossenschaften; Beendigung der Steuerpflicht

Das Eidg. Amt für das Handelsregister vertrat bisher die Ansicht, es sei nicht Sache der Registerbehörden zu prüfen, ob bei einem Liquidationsverfahren die gesetzlichen Vorschriften eingehalten wurden, wenn bei einer juristischen Person des OR die Liquidation als beendet zur Eintragung ins Handelsregister gemeldet wird. Diese von einer Mehrheit der Registerämter befolgte Praxis sogenannter "stiller Liquidationen" wird nach erneuter Prüfung nicht mehr aufrecht erhalten. Das Eidg. Justiz- und Polizeidepartement hat daher mit Kreisschreiben vom 25. Januar 1984 die kantonalen Aufsichtsbehörden über das Handelsregister aufgefordert, die Einhaltung der gesetzlichen Vorschriften über die Liquidation, insbesondere die zwingend formulierten Vorschriften über den öffentlichen Schuldenruf und den Ablauf des Sperrjahres (Art. 745 OR) zu überwachen. Erst nach der vorschriftsgemäss durchgeführten Liquidation darf und muss die Löschung durch die Liquidatoren beantragt werden. Diese haben somit in allen Fällen den Nachweis zu erbringen, dass die Publikation des dreimaligen Schuldenrufes im SHAB erfolgt und das Sperrjahr abgelaufen ist.

In steuerlicher Hinsicht ist davon auszugehen, dass Gesellschaften und Genossenschaften, die sich in Liquidation befinden, die Steuer bis zum Tage der Beendigung der Liquidation schulden (Art. 12 Abs. 1 sowie Art. 53 Abs. 1 BdBSt). In Uebereinstimmung mit den handelsrechtlichen Bestimmungen ist die Liquidation beendigt, wenn alle wesentlichen Liquidationshandlungen durchgeführt, d.h. die laufenden Geschäfte erledigt, die Aktiven verwertet, die Verpflichtungen erfüllt und allfällige Aktivenüberschüsse verteilt sind. Die Steuern werden fällig im Zeitpunkt des Antrages auf Löschung im Handelsregister (Art. 114 Abs. 3 BdBSt). Bei juristischen Personen, die sich in Liquidation befinden, wird die ordentliche Steuer für die Zeit bis zum Datum der ordnungsgemässen *Anmeldung zur* Löschung im Handelsregister erhoben.

Mit der Entrichtung oder Sicherstellung der Steuer kann die Zustimmung zur Löschung im Handelsregister erteilt werden (Art. 122 BdBSt).

Nach unseren Feststellungen war die Praxis auch bei den Steuerbehörden bisher nicht einheitlich. Wir ersuchen Sie, inskünftig die vorstehenden Richtlinien anzuwenden.

Der Hauptabteilungschef

Jung

Anm.: Gem. ESTV ist das KS veraltet und nicht mehr gültig.

Wehrsteuer 19. Periode (1977 - 1978)

EIDG. STEUERVERWALTUNG
Hauptabteilung Wehrsteuer

Bern, den 6. Januar 1977

An die kantonalen
Wehrsteuerverwaltungen

Kreisschreiben Nr. 5

Schweizerische Unternehmungen, die eine Tätigkeit in Ländern ausüben, mit denen die Schweiz kein Doppelbesteuerungsabkommen abgeschlossen hat

Die Entwicklung der Weltwirtschaft und die veränderte Konjunkturlage im Inland bringen es mit sich, dass immer mehr schweizerische Unternehmungen namentlich des Baugewerbes) Aufträge in Entwicklungsländern übernehmen. Wenn die Tätigkeit in Staaten ausgeübt wird, mit denen die Schweiz kein Doppelbesteuerungsabkommen abgeschlossen hat, unterliegen die Unternehmungen und ihr Personal unter Umständen einer doppelten Besteuerung. Diese Doppelbesteuerung lässt sich nur soweit vermeiden, als das interne Recht bestimmte ausländische Einkommens- oder Vermögensbestandteile von der Besteuerung befreit. Um eine einheitliche Behandlung der genannten Unternehmungen und ihrer Arbeitnehmer zu erreichen, ersuchen wir Sie im Einvernehmen mit dem Ausschuss der Konferenz staatlicher Steuerbeamter, für die Wehrsteuer folgende Richtlinien zu beachten.

A.

Schweizerische Unternehmungen mit einer Tätigkeit im Ausland

1. Juristische Personen

Im Wehrsteuerbeschluss ist für Kapitalgesellschaften und Genossenschaften mit einer Tätigkeit im Ausland eine Steuerbefreiung nur bei Vorliegen einer Betriebsstätte im Ausland vorgesehen (Art. 55 Abs. 1 in Verbindung mit Art. 6 WStB). Da die steuerliche Anerkennung einer Betriebsstätte unter anderen das Bestehen einer ständigen Geschäftseinrichtung voraussetzt, können Baustellen, die ihrer Natur nach eher vorübegehenden Charakter besitzen, nur dann als Betriebsstätten anerkannt werden, wenn sie für einen längeren Zeitraum (mindestens 12 Monate) erstellt und mit körperlichen Anlagen versehen werden. Das Vorhandensein einer derartigen Einrichtung ist nachzuweisen. Auch ist darzutun, welche Faktoren (Art. 55 Abs. 1 WStB) dieser Einrichtung zuzurechnen sind.

2. Natürliche Personen

Selbständigerwerbenden, die als Mitglieder einer einfachen Gesellschaft, als Inhaber einer Einzelfirma oder als Teilhaber einer Kollektiv- oder Kammanditgesellschaft eine Tätigkeit im Ausland ausüben, kann eine Befreiung für das ausländische Einkommen gewährt werden, wenn dieses aus einem eigenen geschäftlichen Betrieb im Auslande oder einer Betriebsstätte im Ausland fliesst (Art. 19 in Verbindung mit Art. 6 WStB). Auch hier hat der Steuerpflichtige das Vorliegen eines eigenen ausländischen Betriebes oder einer Betriebsstätte seines schweizerischen Unternehmens im Auslande nachzuweisen.

Fehlen die Voraussetzungen für die steuerliche Anerkennung eines eigenen ausländischen Geschäftsbetriebes oder einer Betriebsstätte im Ausland, so unterliegt das ausländische Einkommen vollumfänglich der Wehrsteuer. Eine Doppelbesteuerung kann nicht vermieden werden. Immerhin rechtfertigt es sich, die im Ausland erhobenen Quellensteuern oder ihnen gleichgestellte ausländische Steuern bei der Festsetzung des steuerbaren Einkommens wie Gewinnungskosten im Sinne von Artikel 22 Absatz 1 Buchstabe a WStB zum Abzug zuzulassen.

B.

Arbeitnehmer, die für eine schweizerische Unternehmung eine Tätigkeit im Auslande ausüben

Die Arbeitnehmer, die für eine schweizerische Unternehmung eine Tätigkeit im Auslande ausüben, behalten vielfach ihren Wohnsitz in der Schweiz und bleiben während ihrer Auslandtätigkeit der unbeschränkten Wehrsteuerpflicht unterstellt (Art. 3 Ziff. 1 Bst. a WStB). Wenn die ausländischen Staaten auf den dort ausgerichteten Salären eine Steuer erheben, lässt sich deshalb für sie eine Doppelbesteuerung nicht vermeiden. Auch hier ist es indessen angebracht, die nachgewiesenen, auf dem Salär erhobenen ausländischen Quellensteuern oder ihnen gleichgestellte Steuern wie Gewinnungskosten vom rohen Einkommen in Abzug zu bringen (Art. 22 Abs. 1 Bst. a WStB).

Wird der Wohnsitz in der Schweiz aufgegeben, so füllt die unbeschränkte Wehrsteuerpflicht dahin. Eine Doppelbesteuerung entsteht nicht. Wer die Aufgabe des schweizerischen Wohnsitzes behauptet, hat indessen nachzuweisen, dass er einen ausländischen Wohnsitz begründet hat (Archiv Bd. 37, S. 35).

Mit vorzüglicher Hochachtuno
Der Hauptabteilungschef

Vizedirektor

W77-005D

Wehrsteuer 16. Periode (1971-1972)

Eidg. Steuerverwaltung Bern, den 25. Februar 1971

An die kantonalen
Wehrsteuerverwaltungen

Kreisschreiben Nr. 8

Zuwendungen des Schweizerischen Nationalfonds zur Förderung der wissenschaftlichen Forschung

Nach unseren Feststellungen sind die Zuwendungen des Schweizerischen Nationalfonds zur Förderung, der wissenschaftlichen Forschung in ihren verschiedenartigen Formen steuerlich nicht überall gleich behandelt worden. Wir ersuchen Sie deshalb, im Interesse einer einheitlichen Besteuerung die nachstehenden Richtlinien anzuwenden, die im Einvernehmen mit dem Nationalfonds ausgearbeitet und vom Ausschuss der Konferenz staatlicher Steuerbeamter gebilligt worden sind.

1. Steuerbar und deshalb vom Empfänger in seiner Steuererklärung anzugeben sind die folgenden Zuwendungen aus dem Nationalfonds:

   a) Forschungsbeiträge, soweit sie dem Empfänger nach Bezahlung der Löhne der Mitarbeiter oder anderer nachgewiesener Forschungskosten als eigenes Arbeitsentgelt verbleiben. Die Mitarbeiter ihrerseits haben wie andere Lohnempfänger die erhaltenen Vergütungen als Arbeitsentgelt zu versteuern.

   b) Persönliche Beiträge, soweit es sich um Salär handelt. Die Persönlichen Beiträge bezwecken, den schweizerischen Hochschulen und weiteren Institutionen die Mitarbeit besonders qualifizierter Wissenschafter im Hinblick auf die Förderung der wissenschaftlichen Forschung zu sichern.

2. Steuerfrei sind die folgenden Zuwendungen aus dem Nationalfonds:

a) Publikationsbeiträge

b) Stipendien, gelegentlich auch als Nachwuchsbeiträge bezeichnet. Sie stellen kein Arbeitsentgelt dar und sind als Schenkungen im Sinne von Art. 21 Abs. 3 W8tB steuerfrei (vgl. Kreissehreiben Nr. 15 der 7. Wehrsteuerperiode, vom 8. April 1953, letzter Absatz).

Der Nationalfonds wird in seinen "Weisungen für die Verwaltung der gewährten Kredite" die Empfänger auf die unter den Ziffern 1 und 2 hievor umschriebene Regelung aufmerksam machen und die Empfänger von Forschungsbeiträgen veranlassen, die an ihre Mitarbeiter ausgerichteten Arbeitslöhne und Entschädigungen - ungeachtet der kantonalen Bestimmungen über den Lohnausweis - den zuständigen Steuerbehörden zu melden (vgl. den beiliegenden neuen Text für den die Steuern betreffenden Teil der genannten Weisungen). Wir werden die Einhaltung der getroffenen Regelung überwachen.

Mit vorzüglicher Hochachtung

EIDG. STEUERVERWALTUNG
Abteilung Wehrsteuer
Der Chef:
sig. Masshardt

Beilage:
Neuer Text für den die Steuern betreffenden
Teil der Weisungen des Nationalfonds

W71-008D

Anm.: Gem. ESTV ist das KS veraltet und nicht mehr gültig.

Wehrsteuer 10. Periode (1959-1960)

Eidg. Steuerverwaltung Bern, den 1. Juni 1960

An die kantonalen
Wehrsteuerverwaltungen

Kreisschreiben Nr. 24

Besteuerung ausländischer Gesellschaften die in der Schweiz Betriebsstätten unterhalten

Mit Kreisschreiben Nr. 14 von 29. Juni 1959 haben wir Ihnen mitgeteilt, dass für die von ausländischen Unternehmungen in der Schweiz gegründeten Kapitalgesellschaften, die ihre Geschäftstätigkeit zur Hauptsache im Ausland ausüben, keine den Bestimmungen des Wehrsteuerbeschlusses widersprechenden Sonderregelungen getroffen werden dürfen. Das Gleiche gilt auch für die von ausländischen Gesellschaften in der Schweiz errichteten Betriebsstätten. Wir ersuchen Sie deshalb, inskünftig bei der Veranlagung solcher Gesellschaften die folgenden Richtlinien zu beachten:

1. Die subjektiven Voraussetzungen der Steuerpflicht

Gemäss Art. 3, Ziff. 3, lit. d WStB erfüllen ausländische Gesellschaften die Voraussetzungen der Wehrsteuerpflicht, wenn sie in der Schweiz eine Betriebsstätte im Sinn von Art. 6 WStB unterhalten. Als Betriebsstätten gelten danach die ständigen Geschäfteinrichtungen, in denen ein wesentlicher Teil der Tätigkeit der ausländischen Gesellschaft ausgeübt wird, so insbesondere der Ort der Leitung, die Zweigniederlassungen, Werkstätten, Einkaufs- und Verkaufsstellen sowie die ständigen Vertretungen. Vorbehalten bleiben die Bestimmungen der von der Schweiz abgeschlossenen Doppelbesteuerungsabkommen.

Was insbesondere die Vertreter ausländischer Gesellschaften in der Schweiz betrifft, so kommt ihnen der Charakter einer Betriebsstätte vor allem dann zu, wenn es sich um Abschlussagenten handelt, die im Namen und für Rechnung des Hauptsitzes Verträge abschliessen. Vertreter, die sich auf die blosse Vermittlungstätigkeit beschränken und keine Abschlussvollmacht besitzen, gelten bloss ausnahmsweise als Betriebsstätten, nämlich nur, wenn sie ausschliesslich für ein einziges Unternehmen tätig sind und zu diesem in einem Anstellungsverhältnis stehen, oder wenn sie ständig über ein im Eigentum des vertretene Unternehmens stehendes sog. Auslieferungslager verfügen, von dem aus sie regelmässig nach den Weisungen ihres Auftraggebers die Bestellungen der Kunden ausführen. Selbstständige (unabhängige) Vertreter, die ihre Geschäfte, wenn auch für Rechnung ihres Auftraggebers, in eigenem Namen abschliessen (Kommissionäre, Makler und dgl.), stellen dagegen, selbst wenn sie über ein der ausländischen Gesellschaft gehörendes Warenlager verfügen, keine Betriebsstätte dar. Keine Betriebsstätte begründen ferner für sich allein die rechtlich verselbständigten affiliierten Gesellschaften (Mutter-, Tochter-, Schwestergesellschaften) der ausländischen Unternehmung.

2. Die Berechnung der Wehrsteuer

Für die Besteuerung der ausländischen juristischen Personen, die in der Schweiz Betriebsstätten unterhalten, ist Art. 52, Abs. 2 WStB massgebend. Danach ist der Teil der nach den Gesamtfaktoren berechneten Steuer geschuldet, der dem Verhältnis der Faktoren des inländischen Betriebes zu den Faktoren des Gesamtbetriebes entspricht. Wehrsteuerrechtlich ist eine inländische Betriebsstätte somit als Teil der Gesamtunternehmung zu behandeln, mit der Wirkung, dass die Steuer auf dem der Betriebsstätte anzurechnenden Reinertrag zum Satze für den Gesamten Reinertrag erhoben wird. Ist der Betriebsstättegewinn höher als der Gesamtgewinn der Unternehmung, so darf in der Schweiz nie mehr als der Gesamtgewinn besteuert werden, andererseits kann einer Betriebsstätte die keinen Gewinn oder gar einen Verlust ausweist, unter Umständen ein Teil des Reinertrages der Gesamtunternehmung zugerechnet werden. Aehnlich sind die Auswirkungen für die Ergänzungssteuer.

Die Anwendung von Art. 52, Abs. 2 WStB setzt voraus. dass der Reinertrag und das Eigenkapital der Gesamtunternehmung nach den für die Wehrsteuer gültigen Richtlinien festgelegt und die Verteilungsfaktoren, die für die Berechnung der zu entrichtenden Steuer erforderlich sind, einwandfrei ermittelt werden können. Erfahrungsgemäss bestehen jedoch erhebliche Schwierigkeiten, von den ausländischen Gesellschaften zuverlässige Unterlagen zu erhalten, aus denen sich die Gesamtfaktoren festsetzen lassen. Dazu kommt, dass den inländischen Steuerbehörden jede Möglichkeit fehlt, die Angaben über die Gesamtunternehmung nachzuprüfen.

Wir empfehlen Ihnen deshalb, in allen Fällen, in denen keine zuverlässigen Angaben hinsichtlich der Gesamtunternehmung beschafft werden können, die Veranlagung auf Grund der Faktoren der Betriebsstätte vorzunehmen. Dabei sind die folgenden Regeln zu beachten:

a) Für die Ermittlung des der Wehrsteuer unterliegenden Reinertrages ist regelmässig vom Saldo der Gewinn- und Verlustrechnung der schweizerischen Betriebsstätte auszugehen. Zum Saldo sind alle Erträge hinzuzurechnen, die aus der Tätigkeit der Betriebsstätte hervorgegangen, aber dieser aus irgendeinem Grunde nicht gutgeschrieben worden sind, wie Verkaufserlöse, Kapitalzinse und Kapitalgewinne, Lizenzeinnahmen, Beteiligungserträge und ähnliche Einkünfte. Zum Reinertrag gehört insbesondere auch der Gewinn oder Nutzen, der mittelbar aus einer Betriebsstätte gezogen oder den an der Unternehmung beteiligten Gesellschaftern oder ihnen nahestehenden Personen gewährt worden ist, sei es durch Festsetzung unangemessener Preise oder durch eine andere Begünstigung.

b) Lizenzeinnahmen, Beteiligungserträge und ähnliche Einkünfte der Betriebsstätte sind nur dann nicht in vollem Umfange in die Steuerberechnung einzubeziehen, wenn einwandfrei nachgewiesen wird, dass in der Schweiz bloss das Inkasso besorgt wird; hiefür ist indessen eine angemessene Provision anzurechnen, die fünf Prozent der Bruttoeinkünfte nicht unterschreiten darf. Die Erträgnisse und Kapitalgewinne aus dem in der Betriebsstätte investierten Vermögen sind ihr in jedem Falle voll zuzuweisen.

c) Der Betriebsstätte, der die technische oder wirtschaftliche Ueberwachung der ausländischen Geschäfte des Hauptsitzes oder diesem nahestehenden Personen oder Unternehmungen oder die Wahrung anderer Interessen derselben (wie Werbung, Forschung, usw.) obliegen, ist mindestens derjenige Reinertrag zuzurechnen, den eine unabhängige Unternehmung unter ähnlichen Verhältnissen für die gleiche Tätigkeit erzielen würde. Dabei ist am zweckmässigsten von der gesamten Selbstkosten auszugehen. Unter Umständen kann aber auch von bestimmten Umsätzen, den Aufwendungen für Löhne und Entschädigungen an das Personal oder andern geeigneten Faktoren ausgegangen werden. Entscheidend ist die Art des Geschäftsbetriebes. Die ausländische Gesellschaft soll für ihre Betriebsstätte in der Schweiz nicht besser, aber auch nicht schlechter behandelt werden als ein entsprechendes schweizerisches Unternehmen in der Schweiz. Auf jeden Fall sind Gewisse Mindestansätze zu beachten. wenn auf die Selbstkosten abgestellt wird, sollte der in Anrechnung, zu bringende Reinertrag der Betriebsstätte mindestens einen Zehntel, wenn auf die Lohnsumme abgestellt wird, mindestens einen Sechstel des entsprechenden Betrages ausmachen. Ausserdem rechtfertigt es sich in gewissen Fällen, einen bestimmten Mindestreinertrag festzusetzen.

d) Leistungen aus Verpflichtungen gegenüber Dritten sowie Vergütungen zugunsten des Hauptsitzes oder von Gesellschaftern oder ihnen nahestehenden Personen können nur insoweit als Unkosten anerkannt werden, als der strenge Nachweis über ihre geschäftsmässige Begründetheit und ihr Zusammenhang mit der Betriebsstätte erbracht sind; andernfalls sind sie dem Reinertrag der Betriebsstätte zuzurechnen. Die Bestimmungen der Doppelbesteuerungsabkommen über den Abzug eines Anteils an Regie- und andern Kosten des Hauptsitzes oder über die Gewährung eines Präzipuums bleiben vorbehalten.

e) Der für die Betriebsstätte ermittelte Reinertrag ist zum Höchstsatze zu besteuern, wenn nicht an Hand von Unterlagen nachgewiesen wird, dass ein niedrigerer Satz zur Anwendung kommen muss.

f) Bei der Berechnung der von der Betriebsstätte zu entrichtenden Ergänzungssteuer vom Kapital und den Reserven (Art. 60 WStB) ist auf den Betrag des in der schweizerischen Betriebsstätte investierten Vermögens abzustellen.

g) Wenn die für die Betriebsstätte geführte Buchhaltung unvollständig oder mangelhaft ist, sind der Reinertrag und das in der schweizerischen Betriebsstätte investierte Vermögen zu schätzen. Dabei sind die Angaben, die aus den vorhandenen Aufzeichnungen oder aus der Gesamtbuchhaltung hervorgehen, angemessen zu berücksichtigen.

Insbesondere ist darauf zu achten, dass alle der Betriebsstätte zurechenbaren Einkünfte erfasst werden (vgl. lit. a).

Wir ersuchen Sie, die in diesem Kreisschreiben enthaltenen Richtlinien von jetzt an bei allen Veranlagungen zu befolgen. Auch ist für jede Periode neu zu untersuchen, ob die Voraussetzungen, die bei der vorhergehenden Veranlagung massgebend waren, nach wie vor zutreffen. Es ist nicht angängig, eine Zusicherung abzugeben, wonach die für eine bestimmte Periode getroffene Entscheidung unbesehen für mehrere Perioden oder auf unbestimmte Zeit Gültigkeit habe.

Den in Rede stehenden Unternehmungen wollen Sie in geeigneter Form und innert nützlicher Frist von diesem Kreisschreiben Kenntnis geben.

Mit vorzüglicher Hochachtung
EIDG. STEUERVERWALTUNG
Abteilung Wehrsteuer
Der Chef:
sig. Perret

Anm.: Gem. ESTV ist das KS veraltet und nicht mehr gültig.

Wehrsteuer 10. Periode (1959-1960)

Eidg. Steuerverwaltung Bern, den 29. Juni 1959

An die kantonalen
Wehrsteuerverwaltungen

Kreissehreiben Nr. 14

Besteuerung von inländischen Gesellschaften, die ihre Geschäftstätigkeit zur Hauptsache im Ausland ausüben

Mit Kreisschreiben Nr. 5 vom 23. Dezember 1958 haben wir Sie darauf aufmerksam gemacht, dass für die von ausländischen Unternehmungen in der Schweiz gegründeten Kapitalgesellschaften, die ihre wirtschaftliche Tätigkeit zur Hauptsache im Auslande ausüben, keine den Bestimmungen des Wehrsteuerbeschlusses widersprechenden Sonderregelungen getroffen werden können. Auch haben wir Sie ersucht, in allen Fällen, in denen über das Vorliagen einer ausländischen Betriebsstätte oder über das Ausmass eines Betriebsstätteabzuges Zweifel bestehen, sich mit unserer Abteilung in Verbindung zu setzen.

Die seither gemachten Erhebungen haben gezeigt, dass die Veranlagung der in Rede stehenden Kapitalgesellschaften bisher nicht immer nach den gleichen Grundsätzen durchgeführt worden ist. Wir bitten Sie deshalbi im Interesse einer gleichmässigen Anwendung des Wehrsteuerrechts bei der Veranlagung dieser Gesellschaften die folgenden Richtlinien zu beachten:

1. Anwendung von Art. 49 WSTB

a) Bei Lizenzgesellschaften und ähnlichen Unternehmungen, denen die Verwertung irgendwelcher Rechte zusteht, sind die gesamten Erträge aus dem In- und Auslande zum steuerbaren Reinertrag zu rechnen. Die Behandlung solcher Einnahmen als Beteiligungserträge im Sinne von Art. 59 WSTB ist ausgeschlossen (vgl, Ziff. 3 hienach). Unkosten aus Verpflichtungen, die bei der Uebernahme der verwertbaren Rechte eingegangen worden sind, können nur insoweit zugelassen werden, als der Bestand derartiger Verpflichtungen eindeutig nachgewiesen wird und die ausgerichteten Leistungen nicht offensichtlich übersetzt sind.

b) Dienstleistungsgesellschaften, d.h. Gesellschaften, die die technische oder wirtschaftliche Ueberwachung der Geschäfte einer ihr nahestehenden Unternehmung oder in deren Interesse sonstige Aufgaben besorgen, sind mindestens für denjenigen Reinertrag zu besteuern, den eine unabhängige Gesellschaft unter ähnlichen Verhältnissen aus der gleichen Dienstleistungstätigkeit erzielen würde.

Für die Festsetzung des steuerbaren Reinertrages ist am zweckmässigsten von den gesamten Selbstkosten auszugehen. Unter Umständen kann aber auch von bestimmten Umsätzen, den Aufwendungen für Löhne und Entschädigungen an das Personal oder andern geeigneten Faktoren ausgegangen werden. Wenn auf die Selbstkosten abgestellt wird, sollte der steuerbare Reinertrag mindestens einen Zehntel, wenn auf die Lohnsumme abgestellt wird, mindestens einen Sechstel des entsprechenden Betrages ausmachen; ausserdem kann es sich in gewissen Fällen rechtfertigen, einen bestimmten Mindestbetrag als steuerbaren Reinertrag festzusetzen. Zu dem nach den vorstehenden Richtlinien für Dienstleistungen festgesetzten Reinertrag sind die übrigen Einkünfte der Gesellschaft, beispielsweise aus Lizenzverträgen, Kapitalanlagen usw., hinzuzurechnen.

c) Von Gesellschaften, die Vergütungen zugunsten von Aktionären oder ihnen nahestehenden Personen in Abzug bringen, ist der strenge Nachweis über die geschäftsmässige Begründetheit dieser Vergütungen zu verlangen.

2. Anwendung von Art. 55 WStB

Die in Rede stehenden Gesellschaften erzielen aus ihrer Geschäftstätigkeit im Auslande häufig beträchtliche Gewinne. Die in Art. 55 WSTB vorgesehene Ermässigung kann nur für solche Gewinne gewährt werden, die durch im Ausland unterhaltene Betriebsstätten erzielt werden und diesen Betriebsstätten zuzurechnen sind.

Das Vorliegen einer ausländischen Betriebsstätte im Sinne von Art. 6 WStB und allfälliger von der Schweiz abgeschlossener Doppelbesteuerungsabkommen ist von den Gesellschaften auf Grund entsprechender Unterlagen nachzuweisen. Nach Wehrsteuerrecht gelten als Betriebsstätten die ständigen Geschäftseinrichtungen, in denen ein wesentlicher Teil der Tätigkeit der schweizerischen Gesellschaft ausgeübt wird, so insbesondere der Ort der Leitung, die Zweigniederlassungen, Werkstätten, Einkaufs- und Verkaufsstellen sowie die ständigen Vertretungen. Den Auslandsvertretungen kommt der Charakter einer Betriebsstätte vor allem dann zu, wenn es sich um Abschlussagenten handelt, die im Namen und für Rechnung ihres schweizerischen Auftraggebers Verträge abschliessen. Vertreter, die sich auf die blosse Vermittlungstätigkeit beschränken, ohne Abschlussvollmacht zu besitzen (sog. Vermittlungsagenten), können nur ausnahmsweise als Betriebsstätten im Sinne von Art. 6 WStB anerkannt werden, nämlich nur, wenn sie ausschliesslich für ein einziges Unternehmen tätig sind und zu diesem in einem Anstellungsverhältnis stehen oder wenn sie ständig über ein im Eigentum des vertretenen Unternehmens stehendes sog. Auslieferungslager verfügen, von welchem aus sie regelmässig nach den Weisungen ihres Auftraggebers die Bestellungen der Kunden ausführen. Selbständige (unabhängige) Vertreter, die ihre Geschäfte, wenn auch für Rechnung ihrem Auftraggebers, in eigenem Namen abschliessen (Kommissionäre, Makler und dgl.), stellen dagegen, selbst wenn sie über ein der schweizerischen Gesellschaft gehörendes Warenlager verfügen, keine Betriebsstätte dar. Keine Betriebsstätten begründen ferner für sich allein die rechtlich verselbständigten affiliierten Gesellschaften Mutter-, Tochter-, Schwestergesellschaften) der schweizerischen Unternehmung.

Wird bei der Berechnung des Betriebsstätteabzuges nach Art. 55 WStB dem schweizerischen Sitz der Gesellschaft ein Präzipuum zugewiesen, so soll dieses in der Regel, je nach der Aufsichtstätigkeit des

Sitzes und der Einflussnahme der Zentralleitung auf den ausländischen Betrieb, 10 bis 30 Prozent des steuerbaren Reinertrages ausmachen. Lizenzgebühren, Erträgnisse aus beweglichem Kapitalvermögen und Kapitalgewinne sind, soweit sie nicht eindeutig einer ausländischen Betriebsstätte zuzurechnen sind, voll zu besteuern. Der Betriebsstätteabzug ist im übrigen so zu berechnen, wie es in Art. 55 WStB vorgeschrieben ist; Die auf dem Gewinn des Gesamtunternehmens ermittelte Steuer ist um den Anteil herabzusetzen, der nach dem Verhältnis der Faktoren des Auslandsbetriebes zu den entsprechenden Faktoren des Gesamtbetriebes auf die Auslandsbetriebe entfällt. Eine Herabsetzung des steuerbaren Reinertrages und des steuerbaren Kapitals (sogenannter Faktorenabzug) ist unzulässig.

3. Anwendung von Art. 59 WStB

Eine Reihe der in Frage stehenden Gesellschaften besitzen Beteiligungen an ausländischen Kapitalgesellschaften und Genossenschaften. Die in Art. 59 WStB vorgesehene Ermässigung kommt, sofern die gesetzlichen Voraussetzungen hiefür erfüllt sind, nur für die Erträge aus diesen Beteiligungen und.nicht auch für Eingänge aus Lizenzverträgen und sonstigen vertraglichen Abmachungen in Frage.

Gestützt auf die vorstehenden Ausführungen ersuchen wir Sie, die in diesem Kreisschreiben enthaltenen Richtlinien von jetzt an bei allen Veranlagungen zu befolgen. Unsere Inspektoren werden sich mit Ihnen so rechtzeitig in Verbindung setzen, dass, soweit nötig, die einzelnen Fälle vor der definitiven Eröffnung besprochen werden können; sie werden insbesondere bei der Veranlagung von Dienstleistungsgesellschaften für die Zusammenarbeit mit der Abteilung Stempelabgaben und Verrechnungssteuer unserer Verwaltung sorgen.

Für jede Periode ist neu zu untersuchen, ob die Voraussetzungen, die bei der vorhergehenden Veranlagung massgebend waren (vorliegen von Betriebsstätten im Ausland; Verteilung der Faktoren auf In- und Ausland usw.), nach wie vor zutreffen. Es ist nicht angängig, eine Zusicherung abzugeben, wonach die für eine bestimmte Periode getroffene Entscheidung unbesehen für mehrere Perioden oder auf unbestimmte Zeit Gültigkeit habe.

Den in Rede stehenden Gesellschaften wollen Sie von diesem Kreisschreiben in geeigneter Form und innert nützlicher Frist Kenntnis geben.

Mit vorzüglicher Hochachtung
EIDG. STEUERVERWALTUNG
Abteilung Wehrsteuer
Der Chef:

sig. Perret

Wehreteuer VII. Periode (1953-1954)

Eidg. Steuerverwaltung Bern, den 8. April 1953

An die kantonalen
Wehrsteuerverwaltungen

Kreisschreiben Nr. 15

Steuerliche Behandlung von Preisen, Ehrengaben und Stipendien an Schriftsteller, Musiker, Maler, Bildhauer, Wissenschafter usw.

Eine Anfrage des Schweizerischen Schriftstellervereins veranlasst uns, Ihnen folgendes mitzuteilen:

Der Wehrsteuerbeschluss enthält keine ausdrückliche Vorschrift über die steuerliche Behandlung von Preisen, Ehrengaben und Stipendien, die von privater Seite oder aus Mitteln der öffentlichen Hand an Schriftsteller, Musiker, Maler, Bildhauer, Wissenschafter usw. ausgerichtet werden. Im Einzelfall ist deshalb zu prüfen, ob solche Zuwendungen ein Entgelt für geleistete Arbeit oder eine Schenkung darstellen. Im ersten Falle bilden sie Einkommen im Sinne von Art. 21, Abs. 1, lit. a WSTB, im zweiten Falle sind sie gemäss Art. 21, Abs. 3 'IJSTB der Wehrsteuer nicht unterworfen. Wir empfehlen Ihnen, diese Zuwendungen steuerlich wie folgt zu behandeln

Preise, die für ein auf Ausschreibung oder Auftrag hin geschaffenes Werk wie z.B. ein Festspiel, zugesprochen werden, sind ein Entgelt für geleistete Arbeit und bilden demgemäss Bestandteil des steuerbaren Einkommens des Empfängers. Die mit dem Werk verbundenen Auslagen für Material Schreibarbeiten usw. können als Gewinnungskosten in Abzug gebracht werden.

Ehrengaben, die nicht für ein auf Ausschreibung oder Auftrag hin geschaffenes Werk, sondern vor allem in Anerkennung der künstlerischcn oder wissenschaftlichen Tätigkeit des Empfängers im allgemeinen ausgerichtet werden, haben den Charakter einer Schenkung und sind deshalb von der Wehrsteuer ausgenommen. Als Errengaben sind beispielsweise der Nobel-Preis und der Literaturpreis der Stadt Zürich zu betrachten.

Stipendien sind in der Regel ebenfalls von keiner bestimmten Gegenleistung des Empfängers abhängig und stellen demnach ordentlicherweise kein steuerbares Einkommen dar.

Mit vorzüglicher Hochachtung

EIDG. STEUERVERWALTUNG
Abteilung Wehrsteuer und Wehropfer
Der Chef

sig. Perret

W53-015D

Schweizerische Eidgenossenschaft
Confédération suisse
Confederazione Svizzera
Confederaziun svizra

Eidgenössisches Finanzdepartement EFD
Eidgenössische Steuerverwaltung ESTV
Hauptabteilung Direkte Bundessteuer, Verrechnungssteuer, Stempelabgaben

3003 Bern - Eigerstrasse 65 - http://www.estv.admin.ch

Verbuchungsklausel
(einfache Buchhaltung)

Merkblatt

Verbuchung der verrechnungssteuerbelasteten Einkünfte bei einfacher Buchhaltung

Wenn eine Handelsgesellschaft oder Genossenschaft, ein Verein oder eine Stiftung die mit der Verrechnungssteuer (VSt) belasteten Einkünfte (Zinsen, Dividenden, Lotteriegewinne usw.) nicht ordnungsgemäss als Ertrag verbucht, so verwirkt sie den Anspruch auf Rückerstattung der von diesen Einkünften abgezogenen Verrechnungssteuer (Art. 25, Abs. 1 des Verrechnungssteuergesetzes vom 13. Oktober 1965; VStG). Diese sogenannte Verbuchungsklausel gilt auch für andere beim Bund Rückforderungsberechtigte, wie öffentlich-rechtliche Körperschaften, Versicherungskassen usw. Das vorliegende Merkblatt umschreibt, **wie** in **einfachen Verhältnissen** zu verfahren ist oder bei **einfacher Buchhaltung** die Einkünfte **zu verbuchen** sind, **damit der Anspruch auf Rückerstattung der Verrechnungssteuer gewahrt wird** (werden die Bücher nach dem System der doppelten Buchhaltung geführt, so ist gemäss Merkblatt S-02.104 zu verfahren).

1 In **einfachen Verhältnissen**, beispielsweise bei einem Verein mit einem oder zwei Bankguthaben (Spar- oder Depositenkonto, Kontokorrentguthaben), genügt es für die Wahrung des Anspruchs auf Rückerstattung der von den Zinsen abgezogenen Verrechnungssteuer, wenn in der **Jahresrechnung** der **Stand des Bankguthabens** am Ende des Rechnungsjahres aufgeführt ist. Es empfiehlt sich, den **Betrag des Rückerstattungsanspruchs** (35 % des gutgeschriebenen oder ausbezahlten Bruttozinses) **als Guthaben** gegenüber der Eidg. Steuerverwaltung (ESTV) auszuweisen.

2 Wird eine **einfache Buchhaltung** geführt, so ist dafür zu sorgen, dass die mit der Verrechnungssteuer belasteten Einkünfte und die zurückerstatteten Verrechnungssteuern **in der Kassen- oder Verwaltungsrechnung laufend als Einnahme** verbucht werden. Der **Rückerstattungsanspruch** sollte in der **auf Ende des Rechnungsjahres zu erstellenden Vermögensrechnung** aufgeführt werden.

3 Es empfiehlt sich, namentlich wenn die verrechnungssteuerbelasteten Einkünfte zahlenmässig einen **gewissen Umfang** annehmen (Zinsen mehrerer Sparhefte, Erträge von Obligationen usw.), für diese **Einkünfte** und für die **einzelnen Steuerabzüge auf einem Kontrollblatt je besondere Kolonnen** zu führen, die laufend nachgetragen werden (vgl. Muster eines Kontrollblattes und das Verbuchungsbeispiel Ziffer 5). Ein solches Vorgehen erleichtert das Erstellen der ordnungsgemässen Vermögensrechnung und bietet Gewähr, dass die Einkünfte korrekt verbucht werden. Das sorgfältig geführte Kontrollblatt schützt aber namentlich auch davor, dass – beispielsweise beim Wechsel des Kassiers – vergessen wird, die Rückerstattung der Verrechnungssteuer innert der gesetzlichen Frist geltend zu machen (nach Art. 32, Abs. 1 VStG erlischt der Rückerstattungsanspruch, wenn der Rückerstattungsantrag nicht innert drei Jahren nach Ablauf des Kalenderjahres, in dem der verrechnungssteuerbelastete Ertrag fällig geworden ist, der Eidg. Steuerverwaltung eingereicht wird).

Im Kontrollblatt werden die Einkünfte zweckmässigerweise (in einer entsprechenden Kolonne) mit dem **Bruttobetrag** eingetragen (vgl. Verbuchungsbeispiel Ziffer 5).

4 Es ist zu beachten, dass der Anspruch auf Steuerrückerstattung **nicht** gewahrt bleibt, wenn die verrechnungssteuerbelasteten Einkünfte oder die zurückerstattete Steuer nur und erst in der **Steuererklärung** angegeben werden.

5 **Verbuchungsbeispiel** (siehe Rückseite).

Beispiel eines Kontrollblattes (Ziffer 5)

Eintragungen	Kasse, Post, Bank		ESTV Verrechnungs-steuer	Zinsen oder Wertschriften-ertrag
	Einnahmen Fr.	Ausgaben Fr.	Fr.	Fr.
2013				
31. 3. Einlösung Obligationencoupons:				
Bruttoertrag				1'000
35% Verrechnungssteuer			350	
Nettoauszahlung oder -gutschrift	650			
15. 5. Einlösung Dividendencoupons:				
Bruttoertrag				1'200
35% Verrechnungssteuer			420	
Nettoauszahlung oder -gutschrift	780			
20. 9. Empfang von Gratisaktien:				
Nominalwert				2'600
35% Verrechnungssteuer (der emittierenden Gesellschaft vergütet)*		910	910	
31.12. Zins auf Namensparkonto:				
Gutschrift (bis Fr. 200.- verrechnungssteuerfrei)	45		-	45
31.12. Gesamter Rückerstattungsanspruch			1'680	
2014				
31. 3. Giro der ESTV	1'680			

*** Anmerkung**

Dem Beispiel liegt die Annahme zugrunde, die emittierende Gesellschaft habe den **Nominalwert** der Gratisaktien als **Bruttoleistung** behandelt und demzufolge den Aktionären die Verrechnungssteuer mit 35 % vom Nominalwert belastet.

Wird der **Nominalwert** der Gratisaktien als **Nettoleistung** betrachtet, so hat die emittierende Gesellschaft die Verrechnungssteuer von der entsprechenden Bruttoleistung zu entrichten; der Empfang der Gratisaktien ist wie folgt einzutragen:

Eintragungen		Einnahmen Fr.	Ausgaben Fr.	ESTV Verrechnungssteuer Fr.	Zinsen oder Wertschriftenertrag Fr.
20. 9. Empfang von Gratisaktien:					
Nominalwert	Fr. 2'600				
Massgebende Bruttoleistung	Fr. 4'000				4'000
35 % Verrechnungssteuer				1'400	

Schweizerische Eidgenossenschaft
Confédération suisse
Confederazione Svizzera
Confederaziun svizra

Eidgenössisches Finanzdepartement EFD
Eidgenössische Steuerverwaltung ESTV
Hauptabteilung Direkte Bundessteuer, Verrechnungssteuer, Stempelabgaben

Verbuchungsklausel
(doppelte Buchhaltung)

3003 Bern - Eigerstrasse 65 - http://www.estv.admin.ch

Merkblatt

Verbuchung der verrechnungssteuerbelasteten Einkünfte als Ertrag bei doppelter Buchhaltung

Wenn eine Aktiengesellschaft, Gesellschaft mit beschränkter Haftung, Genossenschaft, Kollektiv- oder Kommanditgesellschaft die mit der Verrechnungssteuer (VSt) belasteten Einkünfte (Zinsen, Dividenden, Lotteriegewinne usw.) nicht ordnungsgemäss als Ertrag verbucht, so verwirkt sie den Anspruch auf Rückerstattung der von diesen Einkünften abgezogenen Verrechnungssteuer (Art. 25, Abs. 1 des Verrechnungssteuergesetzes vom 13. Oktober 1965; VStG). Diese sogenannte Verbuchungsklausel gilt auch für andere beim Bund Rückforderungsberechtigte, wie öffentlich - rechtliche Körperschaften, Vereine, Stiftungen, Anlagefonds, Privatbankiers, Versicherungskassen, ausländische Unternehmen mit inländischer Betriebsstätte usw. Das vorliegende Merkblatt umschreibt, **wie** die Einkünfte **zu verbuchen** sind, **damit der Anspruch auf Rückerstattung der Verrechnungssteuer gewahrt wird** (werden die Bücher **nicht** nach dem System der doppelten Buchhaltung geführt, so ist gemäss Merkblatt S-02.105 zu verfahren).

1 Die verrechnungssteuerbelasteten Einkünfte sind **im Fälligkeitsjahr** einem **Zinsenkonto oder Wertschriftenertragskonto** gutzuschreiben, das über die Gewinn- und Verlustrechnung abgeschlossen wird (Spezialfälle vgl. Ziffer 3 hiernach).

2 Die Einkünfte sollten laufend dem Ertragskonto mit dem **Bruttobetrag (vor Abzug der Verrechnungssteuer) gutgeschrieben werden.** Die abgezogene Steuer ist einem Debitorenkonto, das auf den Namen der «Eidg. Steuerverwaltung» lautet oder als «VSt-Rückerstattung» bezeichnet ist, zu belasten, dem anderseits die zurückerhaltenen Verrechnungssteuerbeträge (auch die Abschlagsrückerstattungen) bei Erhalt gutzuschreiben sind; der Saldo dieses Kontos entspricht am Jahresende dem Rückerstattungsanspruch, der im nachfolgenden Jahre gegenüber der Eidg. Steuerverwaltung (ESTV) noch geltend gemacht werden kann (vgl. das Verbuchungsbeispiel Ziffer 4).

Werden die Einkünfte im Ertragskonto lediglich **netto** verbucht, **was nicht zu empfehlen** ist, so ist es zweckmässig, den **Betrag der abgezogenen VSt,** soweit diese beim Rechnungsabschluss noch nicht zurückerstattet (und demzufolge noch nicht als Ertrag verbucht) worden ist, beim Jahresabschluss einerseits einem **Debitorenkonto** (ESTV) zu belasten oder zumindest **transitorisch zu aktivieren** und anderseits der **Ertragsrechnung gutzuschreiben.** Wird dies unterlassen, so ist die Verrechnungssteuer **auf alle Fälle im Zeitpunkt der Rückerstattung** der Ertragsrechnung gutzuschreiben.

Die **blosse Angabe** der zurückerhaltenen VSt-Beträge ***in der Steuererklärung*** genügt den Anforderungen von Art. 25, Abs. 1 VStG nicht.

3 **Besonderheiten:**

3.1 Die Ausgabe von **Gratisaktien**, die Gratisnennwerterhöhung von Aktien u. dgl. unterliegen der VSt nach Art. 4, Abs. 1, lit. b VStG. Bei der Gesellschaft oder Genossenschaft, die Gratisaktien u. dgl. empfängt, hängt die Erhebung der direkten Bundessteuer hiefür gemäss Bundesgerichtspraxis davon ab, wie sie ihre Wertschriften verbucht, ob zum Verkehrswert (diesfalls Steuerpflicht für die Erhöhung des Gesamtwertes mit entsprechender Verbuchung als Ertrag im Zeitpunkt des Empfanges der Gratisaktien) oder zum Anschaffungswert (diesfalls Steuerpflicht erst bei einer späteren Aufwertung oder Veräusserung der Gratisaktien). Im Lichte dieser Praxis kann die Rückerstattung der VSt nicht davon abhängig gemacht werden, dass in jedem Falle die Gratisaktien als Ertrag verbucht sein müssen.

Gesellschaften, die ihre Wertschriften zum **Anschaffungswert** verbuchen, haben die Pflicht zur ordnungsgemässen Verbuchung erfüllt, wenn die Titelvermehrung im Wertschrifteninventar offenkundig gemacht ist. Das gilt auch für die Privatbankiers. Die **überwälzte und zurückerstattete VSt** muss aber als Ertrag verbucht werden (vgl. Ziffer 4).

Vereine, Stiftungen und sonstige juristische Personen, die wie natürliche Personen besteuert werden, sind unter Umständen für die empfangenen Gratisaktien **einkommenssteuerpflichtig**. Das ist der Fall bei der direkten Bundessteuer und bei einer ganzen Reihe kantonaler Steuergesetze. In solchen Verhältnissen sind die empfangenen Gratisaktien usw. zum Nennwert (wie Aktiendividenden) als Ertrag zu verbuchen, damit der Rückerstattungsanspruch gewahrt bleibt; das Verbuchungsbeispiel (Ziffer 4, Buchung vom 20.9.) gilt hier nicht.

3.2 Bestimmte steuerbare geldwerte Leistungen stellen beim Empfänger weder Aufwand noch Ertrag dar (**zinsloses Darlehen;** Differenz Übernahmepreis – Verkehrswert bei **Übernahme von Aktiven** zu einem unter dem Verkehrswert liegenden Preis). In solchen Fällen wäre eine Verbuchung der «Leistung» als Ertrag handelsrechtlich nicht ordnungsgemäss; sie kann daher auch verrechnungssteuerlich nicht gefordert werden und ist demzufolge nicht Voraussetzung des Rückerstattungsanspruchs.

4 **Verbuchungsbeispiel** (siehe Rückseite).

Verbuchungsbeispiel (Ziffer 4)

Buchungsvorgänge			Kasse, Post, Bank		ESTV Verrechnungs-steuer		Zinsen oder Wertschriften-ertrag	
			Soll Fr.	Haben Fr.	Soll Fr.	Haben Fr.	Soll Fr.	Haben Fr.
2013								
31. 3.	Einlösung Obligationencoupons:							
	Bruttoertrag	Fr. 10 000.–						10 000.–
	35 % Verrechnungssteuer	Fr. 3 500.–			3 500.–			
	Nettoauszahlung oder -gutschrift	Fr. 6 500.–	6 500.–					
15. 5.	Einlösung Dividendencoupons:							
	Bruttoertrag	Fr. 12 000.–						12 000.–
	35 % Verrechnungssteuer	Fr. 4 200.–			4 200.–			
	Nettoauszahlung oder -gutschrift	Fr. 7 800.–	7 800.–					
20. 9.	Empfang von Gratisaktien:							
	Nominalwert	Fr. 19 500.–						
	35 % Verrechnungssteuer (der emittierenden Gesellschaft vergütet oder gutgeschrieben) *			6 825.–	6 825.–			
31.12.	Zinsen auf Bankkontokorrentguthaben:							
	Bruttoertrag	Fr. 1 800.–						1 800.–
	35 % Verrechnungssteuer	Fr. 630.–			630.–			
	Nettogutschrift	Fr. 1 170.–	1 170.–					
31.12.	Zins auf Namensparkonto: Gutschrift (bis Fr. 200.– verrechnungs-steuerfrei)	Fr. 45.–	45.–					45.–
31.12.	Saldo (Rückerstattungsanspruch)					15 155.–		
					15 155.–	15 155.–		
2014								
1. 1.	Saldovortrag				15 155.–			
31. 3.	Giro der ESTV		15 155.–			15 155.–		

*** Anmerkung**

Dem Beispiel liegt die Annahme zugrunde, die emittierende Gesellschaft habe den **Nominalwert** der Gratisaktien als **Bruttoleistung** behandelt und demzufolge den Aktionären die Verrechnungssteuer mit 35 % vom Nominalwert belastet.

Wird der **Nominalwert** der Gratisaktien als **Nettoleistung** betrachtet, so hat die emittierende Gesellschaft die Verrechnungssteuer von der entsprechenden Bruttoleistung zu entrichten; der Empfang der Gratisaktien ist wie folgt zu verbuchen:

20. 9.	Empfang von Gratisaktien:							
	Nominalwert	Fr. 19 500.–						
	Massgebende Bruttoleistung	Fr. 30 000.–						
	35 % Verrechnungssteuer				10 500.–			10 500.–

Schweizerische Eidgenossenschaft
Confédération suisse
Confederazione Svizzera
Confederaziun svizra

Eidgenössisches Finanzdepartement EFD
Eidgenössische Steuerverwaltung ESTV

Merkblatt A 1995 – Geschäftliche Betriebe
Notice A 1995 – Entreprises commerciales
Promemoria A 1995 – Aziende commerciali

Direkte Bundessteuer – Impôt fédéral direct – Imposta federale diretta

Abschreibungen auf dem Anlagevermögen geschäftlicher Betriebe[1]

Rechtsgrundlagen: Art. 27 Abs. 2 Bst. a, 28 und 62 des Bundesgesetzes über die direkte Bundessteuer (DBG)

1. Normalsätze in Prozenten des Buchwertes[2]

Wohnhäuser von Immobiliengesellschaften und Personalwohnhäuser	
– auf Gebäuden allein[3]	2 %
– auf Gebäude und Land zusammen[4]	1,5 %
Geschäftshäuser, Büro- und Bankgebäude, Warenhäuser, Kinogebäude	
– auf Gebäuden allein[3]	4 %
– auf Gebäude und Land zusammen[4]	3 %
Gebäude des Gastwirtschaftsgewerbes und der Hotellerie	
– auf Gebäuden allein[3]	6 %
– auf Gebäude und Land zusammen[4]	4 %
Fabrikgebäude, Lagergebäude und gewerbliche Bauten (speziell Werkstatt- und Silogebäude)	
– auf Gebäuden allein[3]	8 %
– auf Gebäude und Land zusammen[4]	7 %

Wird ein Gebäude für verschiedene geschäftliche Zwecke benötigt (z.B. Werkstatt und Büro), so sind die einzelnen Sätze angemessen zu berücksichtigen.

Hochregallager und ähnliche Einrichtungen	15 %
Fahrnisbauten auf fremdem Grund und Boden	20 %
Geleiseanschlüsse	20 %
Wasserleitungen zu industriellen Zwecken	20 %
Tanks (inkl. Zisternenwaggons), Container	20 %
Geschäftsmobiliar, Werkstatt- und Lagereinrichtungen mit Mobiliarcharakter	25 %
Transportmittel aller Art ohne Motorfahrzeuge, insbesondere Anhänger	30 %
Apparate und Maschinen zu Produktionszwecken	30 %
Motorfahrzeuge aller Art	40 %
Maschinen, die vorwiegend im Schichtbetrieb eingesetzt sind, oder die unter besonderen Bedingungen arbeiten, wie z.B. schwere Steinbearbeitungsmaschinen, Strassenbaumaschinen	40 %
Maschinen, die in erhöhtem Masse schädigenden chemischen Einflüssen ausgesetzt sind	40 %
Büromaschinen	40 %
Datenverarbeitungsanlagen (Hardware und Software)	40 %
Immaterielle Werte, die der Erwerbstätigkeit dienen, wie Patent-, Firmen-, Verlags-, Konzessions-, Lizenz- und andere Nutzungsrechte; Goodwill	40 %
Automatische Steuerungssysteme	40 %
Sicherheitseinrichtungen, elektronische Mess- und Prüfgeräte	40 %
Werkzeuge, Werkgeschirr, Maschinenwerkzeuge, Geräte, Gebinde, Gerüstmaterial, Paletten usw.	45 %
Hotel- und Gastwirtschaftsgeschirr sowie Hotel- und Gastwirtschaftswäsche	45 %

2. Sonderfälle

Investitionen für energiesparende Einrichtungen

Wärmeisolierungen, Anlagen zur Umstellung des Heizungssystems, zur Nutzbarmachung der Sonnenenergie und dgl. können im ersten und im zweiten Jahr bis zu 50 % vom Buchwert und in den darauffolgenden Jahren zu den für die betreffenden Anlagen üblichen Sätzen (Ziffer 1) abgeschrieben werden.

Umweltschutzanlagen

Gewässer- und Lärmschutzanlagen sowie Abluftreinigungsanlagen können im ersten und im zweiten Jahr bis zu 50 % vom Buchwert und in den darauffolgenden Jahren zu den für die betreffenden Anlagen üblichen Sätzen (Ziffer 1) abgeschrieben werden.

3. Nachholung unterlassener Abschreibungen

Die Nachholung unterlassener Abschreibungen ist nur in Fällen zulässig, in denen das steuerpflichtige Unternehmen in früheren Jahren wegen schlechten Geschäftsganges keine genügenden Abschreibungen vornehmen konnte. Wer Abschreibungen nachzuholen begehrt, ist verpflichtet, deren Begründetheit nachzuweisen.

4. Besondere kantonale Abschreibungsverfahren

Unter besonderen kantonalen Abschreibungsverfahren sind vom ordentlichen Abschreibungsverfahren abweichende Abschreibungsmethoden zu verstehen, die nach dem kantonalen Steuerrecht oder nach der kantonalen Steuerpraxis unter bestimmten Voraussetzungen regelmässig und planmässig zur Anwendung gelangen, wobei es sich um wiederholte oder einmalige Abschreibungen auf dem gleichen Objekt handeln kann (z.B. Sofortabschreibung, Einmalerledigungsverfahren). Besondere Abschreibungsverfahren dieser Art können auch für die direkte Bundessteuer angewendet werden, sofern sie über längere Zeit zum gleichen Ergebnis führen.

5. Abschreibungen auf aufgewerteten Aktiven

Abschreibungen auf Aktiven, die zum Ausgleich von Verlusten höher bewertet wurden, können nur vorgenommen werden, wenn die Aufwertungen handelsrechtlich zulässig waren und die Verluste im Zeitpunkt der Abschreibung verrechenbar gewesen wären.

---

[1] Für Land- und Forstwirtschaftsbetriebe, Elektrizitätswerke, Luftseilbahnen und Schifffahrtsunternehmungen bestehen besondere Merkblätter, erhältlich beim Bundesamt für Bauten und Logistik BBL, Fellerstrasse 21, 3003 Bern Telefon 031 325 50 50 / Fax 031 325 50 58 / E-mail verkauf.zivil@bbl.admin.ch Internet www.bbl.admin.ch

[2] Für Abschreibungen auf dem **Anschaffungswert** sind die genannten Sätze um die Hälfte zu reduzieren.

[3] Der höhere Abschreibungssatz für Gebäude allein kann nur angewendet werden, wenn der restliche Buchwert bzw. die Gestehungskosten der Gebäude separat aktiviert sind. Auf dem Wert des Landes werden grundsätzlich keine Abschreibungen gewährt.

[4] Dieser Satz ist anzuwenden, wenn Gebäude und Land zusammen in einer einzigen Bilanzposition erscheinen. **In diesem Fall ist die Abschreibung nur bis auf den Wert des Landes zulässig.**

Amortissements sur les valeurs immobilisées des entreprises commerciales[1]

Bases légales: Art. 27, 2e al., let. a, 28 et 62 de la loi fédérale sur l'impôt fédéral direct (LIFD)

1. Taux normaux en pour cent de la valeur comptable[2]

Maisons d'habitation de sociétés immobilières et maisons d'habitation pour le personnel	
– sur le bâtiment uniquement[3]	2 %
– sur le bâtiment et le terrain ensemble[4]	1,5 %
Bâtiments commerciaux, bureaux, banques, grands magasins et cinémas	
– sur le bâtiment uniquement[3]	4 %
– sur le bâtiment et le terrain ensemble[4]	3 %
Hôtels et restaurants	
– sur le bâtiment uniquement[3]	6 %
– sur le bâtiment et le terrain ensemble[4]	4 %
Fabriques, entrepôts et immeubles artisanaux (en particulier ateliers et silos à caractère immobilier)	
– sur le bâtiment uniquement[3]	8 %
– sur le bâtiment et le terrain ensemble[4]	7 %

Si un bâtiment est utilisé à différents usages commerciaux (p.ex. atelier et bureaux), on tiendra compte de manière appropriée des taux respectifs.

Entrepôts à hauts rayonnages et installations semblables	15 %
Constructions mobilières sur fonds d'autrui	20 %
Voies ferrées industrielles	20 %
Conduites d'eau industrielles	20 %
Réservoirs (y compris wagons-citernes), conteneurs	20 %

---

[1] Pour les exploitations agricoles et sylvicoles, les entreprises électriques, les téléfériques et les entreprises de navigation, il existe des notices spéciales, que l'on peut obtenir auprès de l'Office fédéral des constructions et de la logistique OFCL, Fellerstrasse 21, 3003 Berne Téléphone 031 325 50 50 / Fax 031 325 50 58 / E-mail verkauf.zivil@bbl.admin.ch / Internet www.bbl.admin.ch

[2] Pour les amortissements sur la **valeur d'acquisition,** les taux mentionnés seront réduits de moitié.

[3] Le taux le plus élevé pour le bâtiment uniquement ne peut être appliqué que si la valeur comptable résiduelle ou le coût de construction des bâtiments figure séparément à l'actif du bilan. En règle générale, l'amortissement d'un bien-fonds n'est pas admis.

[4] On appliquera ce taux lorsque bâtiment et bien-fonds ensemble figurent au bilan sous une seule et même rubrique. **Dans ce cas, l'amortissement n'est admis que jusqu'à la valeur du terrain.**

Mobilier commercial, installations d'ateliers et d'entrepôts ayant un caractère mobilier	25 %
Moyens de transport sans moteur de tout genre, en particulier remorques	30 %
Appareils et machines destinés à la production	30 %
Véhicules à moteur de tout genre	40 %
Machines utilisées principalement pour le travail par équipes ou employées dans des conditions spéciales, telles que machines lourdes servant à travailler la pierre, machines de chantier	40 %
Machines qui sont exposées à un haut degré à des actions chimiques nuisibles	40 %
Machines de bureau	40 %
Ordinateurs (hardware et software)	40 %
Valeurs immatérielles servant à l'activité à but lucratif, comme par exemple brevets, raisons sociales, droits d'édition, concessions, licences et autres droits de jouissance, goodwill	40 %
Systèmes à commande automatique	40 %
Installations de sécurité, appareils électroniques de mesure et de contrôle	40 %
Outillage, ustensiles d'artisans, outillage pour machines, instruments, récipients, échafaudages, palettes (ou plateaux), etc.	45 %
Vaisselle et linge d'hôtel et de restaurant	45 %

2. Cas spéciaux

Investissements pour des installations visant à économiser l'énergie

Les isolations thermiques, les installations pour la transformation du système de chauffage, les installations pour l'utilisation de l'énergie solaire, etc., peuvent être amorties durant les premier et deuxième exercices à raison de 50 % de la valeur comptable et durant les années suivantes aux taux usuels appliqués à de telles installations (chiffre 1).

Installations pour la protection de l'environnement

Les installations pour la protection des eaux et de lutte contre le bruit ainsi que les installations de purification d'air peuvent être amorties durant les premier et deuxième exercices à raison de 50 % de la valeur comptable et durant les années suivantes aux taux usuels appliqués à de telles installations (chiffre 1).

3. Amortissements faits après coup

Des amortissements ne peuvent être admis après coup que dans les cas où l'entreprise contribuable, en raison de la mauvaise marche des affaires, n'était pas en mesure de procéder à des amortissements suffisants pendant les années antérieures. Celui qui demande la déduction de tels amortissement est tenue d'en établir le bien-fondé.

4. Procédés cantonaux spéciaux d'amortissement

Par procédés cantonaux spéciaux d'amortissement, on comprend les méthodes d'amortissement qui s'écartent des procédées usuels et qui, en vertu du troit fiscal cantonal ou de la pratique fiscale du canton étaient, sous certaines conditions, déjà appliquées régulièrement et systématiquement; il peut s'agir d'amortissements uniques ou répétés sur le même objet (p.ex. amortissement immédiat). Des procédés spéciaux d'amortissement de cette nature peuvent être également appliqués en matière d'impôt fédéral direct, pour autant qu'ils conduisent à long terme au même résultat.

5. Amortissements opérés sur des actifs réévalués

Les amortissements opérés sur des actifs qui ont été réévalués afin de compenser des pertes ne sont admis que si les réévaluations étaient autorisées par le droit commercial et que les pertes pouvaient être déduites au moment de l'amortissement.

Ammortamenti sugli attivi immobilizzati nelle aziende commerciali [1]

Basi legali: Art. 27 cpv. 2 lett. a, 28 e 62 della legge federale sull'imposta federale diretta (LIFD)

1. Aliquote normali in per cento del valore contabile [2]

Case d'abitazione di società immobiliari e case d'abitazione per il personale	
– sui soli edifici [3]	2 %
– sugli edifici e i terreni assieme [4]	1,5 %
Edifici commerciali, edifici per uffici, banche, grandi magazzini, cinematografi	
– sui soli edifici [3]	4 %
– sugli edifici e i terreni assieme [4]	3 %
Alberghi e ristoranti	
– sui soli edifici [3]	6 %
– sugli edifici e i terreni assieme [4]	4 %
Fabbriche, magazzini e stabilimenti artigianali (in particolare officine e sili)	
– sui soli edifici [3]	8 %
– sugli edifici e i terreni assieme [4]	7 %
Se un edificio è impiegato per differenti scopi commerciali (ad es. officina e uffici), si terrà conto in modo equo delle differenti aliquote.	
Depositi a scansie e installazioni analoghe	15 %
Costruzioni mobili su fondi di terzi	20 %
Raccordi ferroviari industriali	20 %
Condotte d'acqua a fini industriali	20 %
Serbatoi (compresi i vagoni cisterna), contenitori	20 %
Mobili commerciali, installazioni d'officina e per magazzini a carattere mobile	25 %
Mezzi di trasporto senza motore d'ogni genere, in particolare i rimorchi	30 %
Apparecchi e macchine destinati alla produzione	30 %
Veicoli a motore d'ogni genere	40 %
Macchine usate principalmente nel lavoro a turni o impiegate in condizioni speciali, come ad esempio macchine pesanti per la *lavorazione della pietra, macchine per cantieri stradali*	40 %
Macchine altamente esposte ad agenti chimici degradanti	40 %
Macchine d'ufficio	40 %
Ordinatori (hardware e software)	40 %
Valori immateriali che servono all'attività lucrativa, ad esempio brevetti, ragioni sociali, diritti d'edizione, concessioni, licenze e altri diritti di godimento; valore d'avviamento (goodwill)	40 %
Sistemi a comando automatico	40 %
Installazioni di sicurezza, apparecchi elettronici di misurazione e di controllo	40 %
Attrezzi, utensili, attrezzi per macchine, strumenti, recipienti, impalcature, palette, ecc.	45 %
Stoviglie e biancheria di ristoranti e alberghi	45 %

2. Casi speciali

Investimenti per installazioni che risparmiano energia

Le isolazioni termiche, le installazioni per trasformare il sistema di riscaldamento, gli impianti per l'utilizzazione dell'energia solare, ecc., possono essere ammortizzati durante il primo e secondo esercizio in ragione del 50 % del valore contabile e durante gli anni successivi secondo le aliquote usuali applicate a simili installazioni (cifra 1).

Installazione per la protezione dell'ambiente

Le installazioni per la protezione delle acque e di protezione contro i rumori nonché le installazioni per la purificazione dell'aria possono essere ammortizzate durante il primo e secondo esercizio in ragione del 50 % del valore contabile e durante gli anni successivi secondo le aliquote usuali applicate a simili installazioni (cifra 1).

3. Ammortamenti tardivi

Sono ammessi ammortamenti tardivi solamente nei casi in cui l'impresa assoggettata non è stata in grado d'effettuare ammortamenti sufficienti negli anni precedenti a motivo del cattivo andamento degli affari. Chi richiede di poter procedere ad ammortamenti tardivi è tenuto a fornire la giustificazione.

4. Particolari metodi d'ammortamento previsti dai Cantoni

Sono particolari metodi d'ammortamento cantonali quelli che si scostano dai metodi usuali e che, in virtù del diritto fiscale cantonale o della prassi fiscale del Cantone erano, a determinate condizioni, già applicati regolarmente e sistematicamente, potendosi trattare d'ammortamenti unici o ripetuti sul medesimo oggetto (ad es. ammortamento immediato). Tali metodi particolari d'ammortamento possono anche essere applicati in materia d'imposta federale diretta, per quanto a lungo termine portino al medesimo risultato.

5. Ammortamenti su attivi rivalutati

Gli ammortamenti su attivi rivalutati per compensare perdite sono ammessi unicamente se le rivalutazioni erano autorizzate dal diritto commerciale e le perdite potevano essere dedotte al momento dell'ammortamente.

---

[1] Per le aziende agricole e silvicole, le aziende elettriche, le teleferiche e le imprese di navigazione vi sono promemoria speciali, ottenibili presso
l'Ufficio federale delle costruzioni e della logistica UFCL, Fellerstrasse 21,
3003 Berna, Telefono 031 325 50 50 / Fax 031 325 50 58
E-mail verkauf.zivil@bbl.admin.ch / Internet www.bbl.admin.ch.

[2] Per gli ammortamenti sul **valore di acquisto,** le aliquote indicate vanno ridotte della metà.

[3] L'aliquota d'ammortamento più elevata concernente i soli edifici può essere applicata soltanto se il valore contabile rimanente rispettivamente i costi di costruzione degli edifici sono attivati separatamente. In principio sui terreni non sono ammessi ammortamenti.

[4] Questa aliquota va applicata se gli edifici e i terreni figurano in un'unica voce del bilancio. **In tal caso l'ammortamento è ammesso soltanto sino al raggiungimento del valore del terreno.**

Hauptabteilung Direkte Bundessteuer,
Verrechnungssteuer, Stempelabgaben

Eidgenössische Steuerverwaltung ESTV
Administration fédérale des contributions AFC
Amministrazione federale delle contribuzioni AFC
Administraziun federala da taglia AFT

http://www.estv.admin.ch

Merkblatt

Gesuch um Meldung statt Entrichtung der Verrechnungssteuer für Dividenden aus Beteiligungen im schweizerischen Konzernverhältnis (Art. 26a VStV)

Januar 2001 (Stand 30. Juni 2002)

Auf der Ausschüttung von Bardividenden im schweizerischen Konzernverhältnis, die nach dem 31. Dezember 2000 fällig werden, muss unter gewissen Voraussetzungen die Verrechnungssteuer nicht mehr entrichtet werden. Anstelle der Entrichtung kann die Steuerpflicht durch Meldung der Bardividende an die Eidg. Steuerverwaltung (ESTV) erfüllt werden. Das neue Meldeverfahren ist in Artikel 26a der Vollziehungsverordnung vom 19. Dezember 1966 / 22. November 2000 zum Bundesgesetz über die Verrechnungssteuer (VStV) geregelt.

1. Schweizerische Muttergesellschaft: Das neue Meldeverfahren kommt nur zur Anwendung, wenn feststeht, dass die inländische Muttergesellschaft, auf welche die Verrechnungssteuer zu überwälzen wäre, nach dem Bundesgesetz vom 13. Oktober 1965 über die Verrechnungssteuer (VStG) oder nach der VStV einen Anspruch auf Rückerstattung dieser Steuer hätte. Die Muttergesellschaft muss ihren statutarischen Sitz im Inland haben. Sie muss demnach infolge persönlicher Zugehörigkeit in der Schweiz unbeschränkt steuerpflichtig sein. Weiter verlangt Artikel 26a VStV, dass die schweizerische Muttergesellschaft eine juristische Person in der Rechtsform einer Kapitalgesellschaft (Aktiengesellschaft, Kommanditaktiengesellschaft, Gesellschaft mit beschränkter Haftung) oder einer Genossenschaft sein muss. Stiftungen kommen als Muttergesellschaften nicht in Betracht. Im Unterschied zu Artikel 24 VStV schliesst Artikel 26a VStV das neue Meldeverfahren für natürliche Personen und Personengesellschaften aus.

2. Beteiligungsquote: Die Muttergesellschaft muss zu mindestens 20 % am Grund- oder Stammkapital der Tochtergesellschaft unmittelbar, d.h. ohne Einflussnahme über zwischengeschaltete Gesellschaften, beteiligt sein. Zum Grund- oder Stammkapital gehört bei Aktiengesellschaften sowohl das Aktien- als auch das Partizipationskapital. Als Beteiligungen gelten ausserdem Aktien von Kommanditaktiengesellschaften und GmbH-Stammanteile.

3. Bardividenden: Die Verrechnungssteuerpflicht kann nur bei Ausschüttungen von Bardividenden, die anlässlich einer ordentlichen oder ausserordentlichen Generalversammlung beschlossen wurden, durch Meldung erfüllt werden. Unerheblich ist, ob die Dividende durch Auszahlung, Überweisung, Gutschrift oder Verrechnung erfolgt. Das Meldeverfahren ist ebenfalls für in bar ausgerichtete Liquidationsdividenden anwendbar. Ein Kapitalherabsetzungsverfahren oder die Ausrichtung von geldwerten Leistungen, Interims- und Naturaldividenden, sowie Gratisaktien fällt nicht unter den Anwendungsbereich von Artikel 26a VStV.

4. Verfahren: Das Meldeverfahren im Konzern nimmt seinen Anfang mit der Anweisung der Muttergesellschaft an die Tochtergesellschaft, ihr die an der Generalversammlung beschlossene Bardividende ungekürzt auszurichten. Die Muttergesellschaft (Empfängerin der Bardividende) unterzeichnet als erste das amtliche Gesuchformular 106 (zu beziehen unter www.estv.admin.ch oder telefonisch unter der Nummer 031 322 72 70). Danach übergibt die Muttergesellschaft das Formular der Tochtergesellschaft (Schuldnerin der Bardividende). Diese füllt den sie betreffenden unteren Abschnitt aus und reicht das Formular 106 zusammen mit dem von ihr ausgefüllten Formular 103 (AG) bzw. 110 (GmbH) für Beschlüsse ordentlicher Generalversammlungen, resp. 102 für Beschlüsse ausserordentlicher Generalversammlungen, oder Formular 7 für Genossenschaften der ESTV innert 30 Tagen nach Dividendenfälligkeit ein. Vereinnahmt die Leistungsempfängerin erstmals eine Dividende von mindestens brutto CHF 50'000.-, hat sie den Verkäufer, von dem sie die Beteiligung erworben hat, zu nennen und die entsprechenden Belege (z.B. Kopie des Kaufvertrages) beizulegen. Die ESTV überprüft das Gesuch, entscheidet und informiert die steuerpflichtige Gesellschaft nur, wenn das Gesuch abgelehnt wurde. Wird dem Gesuch stattgegeben, steht der Entscheid der ESTV jedoch unter dem Vorbehalt einer späteren Nachprüfung. Im Falle einer Ablehnung des Gesuches werden bei der steuerpflichtigen Gesellschaft die Verrechnungssteuer und ein allfälliger Verzugszins erhoben.

5. Nichtbenützung des Meldeverfahrens: Gesellschaften, welche das Verfahren der Meldung statt Entrichtung der Verrechnungssteuer gemäss Artikel 26a nicht anwenden oder die Voraussetzungen nicht erfüllen, können mit Formular 21 Abschlagsrückerstattungen beantragen (Art. 65 VStV). Falls die Fälligkeiten der mit der Verrechnungssteuer belasteten Erträge vorwiegend in *einem* Quartal des Kalender- oder Geschäftsjahres eintreten, wird dies bei der Bemessung der Abschlagsrückerstattungen berücksichtigt (Art. 65a Abs. 2 VStV). Wer beispielsweise ausschliesslich Dividenden aus Beteiligungen im ersten Quartal vereinnahmt, dem werden die auf das Ende der ersten drei Vierteljahre vorgesehenen Teilzahlungen von je einem Viertel bereits Ende des ersten Quartals als Gesamtanspruch (drei Viertel) ausbezahlt. Demgegenüber erhält keine Abschlagszahlungen, wer Dividenden aus Beteiligungen erzielt, welche vorwiegend im letzten Quartal fällig werden und die Verrechnungssteuer durch die steuerpflichtigen Gesellschaften erst im nächsten Jahr entrichtet werden.

Hauptabteilung Direkte Bundessteuer,
Verrechnungssteuer, Stempelabgaben

Eidgenössische Steuerverwaltung ESTV
Administration fédérale des contributions AFC
Amministrazione federale delle contribuzioni AFC
Administraziun federala da taglia AFT

http://www.estv.admin.ch

Merkblatt zur Bestimmung des Leistungsempfängers bei der Verrechnungssteuer

(Februar 2001)

I. Grundsatz: Bei der Verrechnungssteuer gilt die sog. Direktbegünstigungstheorie

Entsprechend gilt die Person als leistungsbegünstigt, die nach aussen in den Genuss der steuerbaren Leistung gelangt ist. Die Verrechnungssteuer ist auf diese Person zu überwälzen (vgl. Art. 14 Abs. 1 VStG) und die Voraussetzungen für die Rückerstattung der Verrechnungssteuer (vgl. Art. 21 ff. VStG oder allfällige Doppelbesteuerungsabkommen) müssen durch diese Person erfüllt sein.

II. Ausnahmen (Anwendung der sog. Dreieckstheorie)

1. Geldwerte Leistungen zwischen verbundenen, vom gleichen Aktionärskreis beherrschten Gesellschaften

a) Sanierung einer nahestehenden Gesellschaft

Leistet eine Gesellschaft einen Beitrag zur Sanierung einer Schwester- oder nahestehenden Gesellschaft, gilt die Dreieckstheorie, denn die Sanierung einer notleidenden Gesellschaft ist Sache des Aktionärs. Für die Emissionsabgabe ist zu beachten, dass die sanierte Gesellschaft einen Zuschuss nach Art. 5 Abs. 2 Bst. a StG erhält, wobei aber die Frage des Erlasses nach Art. 12 StG zu prüfen ist.

b) Sanierungsfusion

Übernimmt eine sanierungsbedürftige Gesellschaft eine über Reserven verfügende Gesellschaft mittels Fusion, so gilt für die Verrechnungssteuer die Dreieckstheorie. Die Emissionsabgabe wird nicht erhoben, da eine nach Art. 6 Abs. 1 Bst. a^{bis} StG befreite Fusion im Sinne von Art. 748 - 750 OR vorliegt.

2. Geldwerte Leistungen zu Gunsten von nahestehenden Personen ausserhalb des Kreises verbundener Gesellschaften

a) Leistungen an eine nahestehende natürliche Person

Beruht die erbrachte geldwerte Leistung ausschliesslich auf familiären oder freundschaftlichen Beziehungen zwischen dem Aktionär der leistenden Gesellschaft und der nach aussen als Leistungsempfängerin erkennbaren Person, gilt die Dreieckstheorie. Die leistende Gesellschaft ist in diesen Fällen lediglich vorgeschobenes «Schenkungsinstrument» des Aktionärs, weshalb dieser als Leistungsbegünstigter zu betrachten ist.

b) Leistungen an eine nahestehende, nicht vom gleichen Aktionärskreis beherrschte juristische Person

Beruht die Leistung an eine juristische Person als nach aussen erkennbare Empfängerin ausschliesslich auf familiären oder freundschaftlichen Beziehungen zwischen den Inhabern der Beteiligungsrechte der beiden Gesellschaften, gilt bei der Verrechnungssteuer ebenfalls die Dreieckstheorie. Auch hier benützt der Aktionär der leistenden Gesellschaft seine Unternehmung nur als Instrument für die Vornahme einer Schenkung. Auf Seite der empfangenden juristischen Person ist die Leistung als Zuschuss im Sinne von Art. 5 Abs. 2 Bst. a StG zu qualifizieren.

III. Inkrafttreten der Ausnahmen

Diese Regelung gilt für alle geldwerten Leistungen, die ab dem 1. Januar 2001 erfolgen.

Eidgenössische Steuerverwaltung
Hauptabteilung Direkte Bundessteuer, Verrechnungssteuer, Stempelabgaben
http://www.estv.admin.ch

Merkblatt

Steuerliche Behandlung von Konsortialdarlehen, Schuldscheindarlehen, Wechseln und Unterbeteiligungen

(Januar 2000)

UEBERSICHT

I Allgemeines

1 *Grundsatz*

Dienen Konsortialdarlehen, Schuldscheindarlehen, Wechsel, Buchforderungen und Unterbeteiligungen der **kollektiven Kapitalbeschaffung** bzw. der Konsolidierung von Schuldverhältnissen, so sind sie für die Stempelabgaben und die Verrechnungssteuer wie Anleihens- und Kassenobligationen oder Geldmarktpapiere zu behandeln.

2 *Kollektive Kapitalbeschaffung*

21 *Begriff*

Kollektive Kapitalbeschaffung liegt vor, wenn ein Schuldner schriftliche, auf feste Beträge lautende Schuldanerkennungen in einer Mehrzahl von Exemplaren ausgibt, die zur Unterbringung im Publikum bestimmt sind, und die dem Gläubiger zum Nachweis, zur Geltendmachung oder zur Uebertragung der Forderung dienen. Aeussere Aufmachung, Bezeichnung, Mantel und Couponbogen, Laufzeit, verschiedene Nennwerte sind unerheblich.

22 *Anleihensobligationen*

Anleihensobligationen sind gegeben, wenn ein Schuldner zu identischen Bedingungen bei **mehr als 10 Gläubigern** Kapital aufnimmt, die sich auf das gleiche Kreditverhältnis beziehen. Die gesamte Kreditsumme muss mindestens **500'000 Franken** betragen.

23 *Kassenobligationen*

231 *Schuldner ist inländische Bank*

Werden Kassenobligationen von einer **Bank** im Sinne des **Bankengesetzes** emittiert, so beginnt die Steuerpflicht ohne Rücksicht auf die Anzahl der Gläubiger mit der Aufnahme der Geschäftstätigkeit.

232 *Schuldner ist nicht inländische Bank*

Kassenobligationen im Sinne des Stempel- und Verrechnungssteuergesetzes sind gegeben, wenn ein inländischer Schuldner (Nichtbank) **bei mehr als 20 Gläubigern** gegen Ausgabe von Schuldanerkennungen fortlaufend Geld zu variablen Bedingungen aufnimmt. Die gesamte Kreditsumme muss mindestens **500'000 Franken** betragen.

Bei der Ermittlung der Anzahl Gläubiger sind die in- und ausländischen Banken im Sinne der an ihrem Sitz geltenden Bankengesetzgebung **nicht** mitzuzählen.

3 *Geldmarktpapiere*

Weisen Obligationen eine vertragliche Laufzeit von nicht mehr als zwölf Monaten auf, sind sie hinsichtlich der Stempelabgaben den Geldmarktpapieren zuzuordnen. Die Laufzeit berechnet sich von der Begründung der Schuldverhältnisse bis zur Fälligkeit (nicht nach der Restlaufzeit).

4 *Unterbeteiligungen an Forderungen*

Wird ein Darlehen durch Abtretung von Teilforderungen refinanziert, so begründet der Zedent Obligationen oder ihnen gleichgestellte Urkunden (vgl. Ziff. 2 hievor), **sobald die Anzahl der Teilforderungen einen Stand erreicht, der beim Schuldner der Forderung selbst die Steuerpflicht auslösen würde.**

Eine Unterbeteiligung ist gegeben, wenn der (in- oder ausländische) Inhaber einer Darlehensforderung Teile daran einem oder mehreren Investoren abgibt. Wie die Unterbeteiligung zustande kommt, ist ohne Bedeutung. Ebenfalls unerheblich ist, ob sie bereits bei der ursprünglichen Investition oder erst später begründet wird.

Zu beachten ist, dass eine Notifikation an den Schuldner das Vorliegen einer Unterbeteiligung nicht aufhebt.

II Emissionsabgabe

5 *Gesetzliche Grundlage*

Gemäss Art. 4 Abs. 4 und Art. 5a Abs. 1 des Bundesgesetzes vom 27. Juni 1973 über die Stempelabgaben (StG) unterliegen u.a. die Ausgabe von Obligationen und Geldmarktpapieren sowie diesen gleichgestellten Urkunden der Emissionsabgabe, wenn es sich beim Schuldner der Forderung um einen Inländer handelt; dies unabhängig von der Währung.

6 *Abgabeschuldner und -sätze*

Der inländische Schuldner oder der Ausgeber von steuerbaren Urkunden schuldet für

- Anleihensobligationen	1,2 ‰ auf dem Nennwert für jedes volle oder angefangene Jahr der maximalen Laufzeit
- Kassenobligationen	0,6 ‰ auf dem Nennwert für jedes volle oder angefangene Jahr der maximalen Laufzeit
- Geldmarktpapiere	0,6 ‰ auf dem Nennwert für jeden Tag der Laufzeit je zu 1/360tel dieses Abgabesatzes

III Umsatzabgabe

7 *Gesetzliche Grundlage*

Gemäss Art. 13 Abs. 2 Bst. a Ziff. 1 StG unterliegen Obligationen der Umsatzabgabe.

71 *Unterbeteiligungen*

Bei den steuerbaren Unterbeteiligungen ist zu beachten, dass die durch einen Inländer ausgegebenen Ausweise über Unterbeteiligungen bezüglich der Umsatzabgabe stets zum Satz für inländische Urkunden zu versteuern sind, auch wenn der Schuldner Ausländer ist. Dagegen unterliegen die **durch einen Ausländer begründeten Unterbeteiligungen dem Satz für ausländische Urkunden, auch wenn der Schuldner Inländer ist.**

72 *Abgabesätze und Berechnungsgrundlage*

Die Abgabe wird auf dem Entgelt berechnet und beträgt gemäss Art. 16 StG:

a) 1,5 ‰ für von einem Inländer ausgegebene Urkunden
b) 3 ‰ für von einem Ausländer ausgegebene Urkunden

Besteht das Entgelt nicht in einer Geldsumme, so ist der Verkehrswert der vereinbarten Gegenleistung massgebend. Fremdwährungen sind gemäss Art. 28 StG in Schweizerfranken umzurechnen.

73 *Fiduziarische Festgeld-Anlagen*

Hinsichtlich der Umsatzabgabe ergeben sich beim "Pooling" von Treuhandgeldern keine steuerbaren Unterbeteiligungen.

IV Verrechnungssteuer

8 *Gesetzliche Grundlage*

Gegenstand der Verrechnungssteuer auf dem Ertrag beweglichen Kapitalvermögens sind die Zinsen, Renten, Gewinnanteile und sonstigen Erträge u.a.

- der von einem Inländer ausgegebenen **Obligationen** (Art. 4 Abs. 1 Bst. a des Bundesgesetzes vom 13. Oktober 1965 über die Verrechnungssteuer [VStG]);
- der **Kundenguthaben** bei inländischen Banken und Sparkassen (Art. 4 Abs. 1 Bst. d VStG).

81 *Konsortial- oder Schuldscheindarlehen, Wechsel und Unterbeteiligungen als Obligationen*

Dienen Konsortial- oder Schuldscheindarlehen, Unterbeteiligungen, Wechsel und dgl. der **kollektiven Kapitalbeschaffung** im Sinne der Ziffern 2 bis 4 hievor, so unterliegen die Zinsen dieser Obligationen bzw. ihnen gleichgestellten Urkunden der Verrechnungssteuer, wenn der Schuldner der Forderung Inländer ist.

82 *Unterbeteiligungen als Kundenguthaben*

Die Zinsen von Unterbeteiligungen an einer Darlehensforderung gegen einen in- oder ausländischen Schuldner können auch als solche von Kundenguthaben der Verrechnungssteuer unterliegen. Dies ist der Fall, wenn die Teilforderungen abgebende **Bank Schuldnerin der Unterbeteiligten** ist.

83 *Verneinung von Kundenguthaben*

Gibt eine Bank Unterbeteiligungen durch Abtretung von Teilforderungen ab, so begründet diese Abtretung unter den folgenden Voraussetzungen keine Kundenguthaben:

- Es muss eine echte, in Schriftform vereinbarte Zession gemäss Art. 164 ff. OR vorliegen (weder Regress noch Garantie oder Bürgschaft und dgl.). Dies bedingt, dass unter den Vertragsparteien **zu Originalbedingungen abgerechnet** wird (Zinssatz, Laufzeit, Währung). Die marktkonforme Veränderung des Kaufpreises ist dagegen zulässig.
- Die Zession von Teilforderungen ist auf Verlangen wie folgt nachzuweisen:
  -- Es müssen **Schriftstücke aus der Zeit der Zession** vorliegen, die den Inhalt der mit dem Schuldner (oder dem Vormann des Zedenten) und mit den Unterbeteiligten abgeschlossenen Rechtsgeschäfte belegen.
  -- Der Zedent hat die vorgenommenen Zessionen in ein **besonderes Verzeichnis** aufzunehmen.

V Entlastung von Quellensteuern; Steuerrückbehalt

Bei Unterbeteiligungen, die nach Massgabe von Ziff. 93 hievor nicht Kundenguthaben sind, steht der Anspruch auf Entlastung der Erträge von ausländischen Quellensteuern **den Unterbeteiligten** zu.

Die **inländische Bank** hat zulasten der Unterbeteiligten die zusätzlichen Steuerrückbehalte zu entrichten.

VI Geltung des Merkblattes

Dieses Merkblatt ersetzt die Fassung vom 29.10.92 und gilt ab 1. Mai 1999.

Eidgenössische Steuerverwaltung
Administration fédérale des contributions
Amministrazione federale delle contribuzioni
Hauptabteilung Direkte Bundessteuer, Verrechnungssteuer, Stempelabgaben

Merkblatt
Verrechnungssteuer auf Gratisaktien, Gratispartizipationsscheinen und Gratisliberierungen
vom 30. April 1999

1. Gratisaktien, Gratispartizipationsscheine und Gratisliberierungen

Gratisaktien, Gratispartizipationsscheine und Gratisliberierungen liegen in dem Ausmasse vor, als Nennwerte von Aktien und Partizipationsscheinen aus Mitteln der Gesellschaft liberiert werden. Dies kann erfolgen durch:

- die Ausgabe neuer Titel
- die Erhöhung des Nennwertes der bisherigen Titel
- die Beseitigung des nach einem Mantelhandel noch bestehenden Verlustvortrages aus den jährlichen Reingewinnen der Gesellschaft

Gratisaktien und Gratispartizipationsscheine gelten mit dem entsprechenden Beschluss der Generalversammlung der Gesellschaft als ausgegeben. Sie können vom Zeitpunkt des Beschlusses an bis zur Zuteilung der Titel in Form von Bezugsrechten gehandelt werden. Gratisaktien und Gratispartizipationsscheine sind Gegenstand der Emissionsabgabe.

2. Erhebung der Verrechnungssteuer

Gratisaktien und Gratispartizipationsscheine sind ein nach Art. 4 Abs. 1 Bst. b des Bundesgesetzes vom 13. Oktober 1965 über die Verrechnungssteuer (VStG) in Verbindung mit Art. 20 der dazugehörigen Verordnung vom 19. Dezember 1966 (VStV) steuerbarer Ertrag, den die Inhaber der gesellschaftlichen Beteiligungsrechte oder ihnen nahestehende Dritte erzielen, und ihre Ausgabe unterliegt der Verrechnungssteuer. In Änderung der Praxis der Eidg. Steuerverwaltung entsteht die Verrechnungssteuerforderung mit der Einräumung des Anspruchs auf die Gratisaktien und Gratispartizipationsscheine, mithin im Zeitpunkt des Generalversammlungsbeschlusses (Art. 12 Abs. 1 VStG) und im Fall des Mantelhandels dann, wenn der Verlustvortrag durch Geschäftsgewinne vermindert wird für den entsprechenden Betrag. Die Steuer ist auf die Leistungsempfänger zu überwälzen (Art. 14 Abs. 1 VStG) und der Eidg. Steuerverwaltung innert 30 Tagen zu entrichten (Art. 16 Abs. 1 Bst. c VStG).

Weil die Gratisaktie bzw. der Gratispartizipationsschein nicht unmittelbar um die Verrechnungssteuer gekürzt werden kann, muss die Gesellschaft ihrer Pflicht zur Steuerüberwälzung auf anderem Weg genügen. Es bestehen grundsätzlich zwei Möglichkeiten: Entweder zieht die Gesellschaft die Verrechnungssteuer bei den Bezugsberechtigten ein (35 % der jeweiligen Nennwerte der gratis erhaltenen Beteiligungsrechte). Oder der Nennwert der Gratisaktie bzw. des Gratispartizipationsscheines wird als Nettoausschüttung behandelt, die nur 65 % der Bruttoausschüttung beträgt, demzufolge die Verrechnungssteuer auf dem auf 100 % umgerechneten Bruttobetrag zu berechnen und zu entrichten ist. Entsprechend erhält der Aktionär im Zeitpunkt des Generalversammlungsbeschlusses zusätzlich zum Titel einen dem Verrechnungssteuerbetrag entsprechenden Zusatzertrag, den er als Einkommen aus Aktien zu versteuern hat.

Werden Partizipationsscheine, die vor dem 1. Juli 1992 (Inkrafttreten der Aktienrechtsrevision vom 4. Oktober 1991) gratis ausgegeben wurden, von der Gesellschaft zwecks Vernichtung zurückgekauft oder zwecks Umwandlung in Aktien zurückgenommen, unterliegt der gesamte Rückzahlungs- oder Anrechnungsbetrag der Verrechnungssteuer. Kann die Gesellschaft indessen nachweisen, dass sie die Verrechnungssteuer auf dem Nennwert der Gratispartizipationsscheine bei der Ausgabe der Titel entrichtet hat, bildet die Rückzahlung des Nennwertes nicht Bestandteil des steuerbaren Ertrages (Art. 20 Abs. 2 VStV).

3. Meldung statt Steuerentrichtung

Bei der Ausgabe von Gratisaktien oder Gratispartizipationsscheinen kann der Gesellschaft auf Gesuch hin gestattet werden, ihre Steuerpflicht durch Meldung der steuerbaren Leistung zu erfüllen (Art. 20 VStG in Verbindung mit Art. 24 Abs. 1 Bst. b VStV). Das Meldeverfahren ist nur zulässig, wenn feststeht, dass die Personen, auf die die Steuer zu überwälzen wäre (Leistungsempfänger), nach Gesetz oder Verordnung Anspruch auf Rückerstattung dieser Steuer hätten, und wenn ihre Zahl zwanzig nicht übersteigt (Art. 24 Abs. 2 VStV).

Das Gesuch ist bei der Eidg. Steuerverwaltung, Eigerstrasse 65, 3003 Bern, mit amtlichem Formular 105 "Verrechnungssteuer auf geldwerten Leistungen" einzureichen. Dabei ist für jeden Begünstigten ein "Meldedoppel zu Formular 105" beizulegen. Die Formulare können bei der Eidg. Steuerverwaltung telefonisch bestellt werden (031/322 72 70).

Im Gesuch sind anzugeben (Art. 25 Abs. 1 VStV):
- Die Namen der Leistungsempfänger und der Ort ihres Wohnsitzes oder Aufenthaltes im Zeitpunkt der Fälligkeit der Leistung;
- Art, Bruttobetrag und Fälligkeit der einem jeden Leistungsempfänger zustehenden Leistung.

Der Entscheid der Eidg. Steuerverwaltung wird dem Gesuchsteller schriftlich eröffnet (Art. 25 Abs. 2 VStV). Die Bewilligung des Meldeverfahrens entbindet die Gesellschaft bei noch nicht fällig gewordenen Leistungen nicht von der Pflicht, sich vor der Meldung zu vergewissern, ob der Leistungsempfänger auch noch bei Fälligkeit der Leistung im Inland Wohnsitz oder dauernden Aufenthalt hatte (Art. 25 Abs. 3 VStV).

4. Rückforderung der Verrechnungssteuer

Zur Rückforderung der auf den Gratisaktien und Gratispartizipationsscheinen angefallenen Verrechnungssteuer ist berechtigt, wer **im Zeitpunkt des Kapitalerhöhungsbeschlusses** Eigentümer der Beteiligungsrechte war. Dies gilt nach der bundesgerichtlichen Rechtsprechung auch für den Fall eines Nutzniessungsverhältnisses. Wer Gratisaktien oder Gratispartizipationsscheine aufgrund von vorgängig erworbenen Bezugsrechten bezogen hat, ist nicht zur Rückforderung der Verrechnungssteuer berechtigt; er hat durch den Bezug auch kein steuerbares Einkommen realisiert. Richtigerweise ist diesem Umstand bei der Festsetzung des Kauf- bzw. Verkaufpreises beim Handel mit Bezugsrechten Rechnung zu tragen. Zur Rückforderung der auf Gratisliberierungen angefallenen Verrechnungssteuer im Falle des Mantelhandels ist berechtigt, wer im Zeitpunkt der Verminderung des Verlustvortrages durch Geschäftsgewinne Aktionär war.

5. Gültigkeit des Merkblattes

Das vorliegende Merkblatt S-027.289.1 gilt ab sofort und ersetzt das Merkblatt S-027.289 vom *November 1974 (Neudruck vom September 1985).*

Eidgenössische Steuerverwaltung
Administration fédérale des contributions
Amministrazione federale delle contribuzioni

Hauptabteilung Direkte Bundessteuer, Verrechnungssteuer, Stempelabgaben
Division principale de l'impôt fédéral direct, de l'impôt anticipé, des droits de timbre
Divisione principale imposta federale diretta, imposta preventiva, tasse di bollo

Merkblatt Obligationen

vom April 1999

1. Obligationenbegriff

Was unter einer Obligation zu verstehen ist, wurde für die Stempelabgaben und die Verrechnungssteuer gesetzlich geregelt (Art. 4 Abs. 3 des Bundesgesetzes vom 27. Juni 1973 über die Stempelabgaben StG und Art. 15 der Vollziehungsverordnung vom 19. Dezember 1966 über die Verrechnungssteuer VStV). Dieser Obligationenbegriff geht weiter als derjenige des Wertpapierrechts (Art. 965 ff. OR) und auch darüber hinaus, was im Handel und im Bankgeschäft unter einer Obligation verstanden wird. Obligationen sind demnach schriftliche, auf feste Beträge lautende Schuldanerkennungen, die zwecks kollektiver Beschaffung von Fremdkapital, kollektiver Anlagegewährung oder Konsolidierung von Verbindlichkeiten in einer Mehrzahl von Exemplaren ausgegeben werden.

a) Anleihensobligationen

Die Titel werden in einer Mehrzahl von Exemplaren zu **identischen** Bedingungen ausgegeben. Bei der Anleihe handelt es sich um ein einheitliches, in sich geschlossenes Kreditgeschäft.

b) Kassenobligationen

Die Titel werden in einer Mehrzahl von Exemplaren fortlaufend und zu **variablen** Bedingungen ausgegeben.

c) Individuelle Schuldverhältnisse

Unter individuellen Schuldverhältnissen sind der Abschluss von Einzeldarlehen und die Emission von Privatplatzierungen gegen Ausgabe von Schuldanerkennungen zu verstehen. Diese Finanzierungsformen charakterisieren sich dadurch, dass ein inländischer Kreditnehmer mit einem einzelnen in- oder ausländischem Kreditgeber (i.d.R. handelt es sich um Banken oder institutionelle Investoren) einen Darlehensvertrag abschliesst (Einzeldarlehen); bei den Privatplatzierungen (auch Club-Deals genannt) werden solche Darlehen in der Form von Wertpapieren zu identischen Bedingungen verbrieft und als Titel, Notes, Kassascheine, Schuldscheine, Zertifikate usw. bei einem kleinen Investorenkreis platziert. Die Qualifikation der individuellen Schuldverhältnisse als Einzeldarlehen, Anleihen oder Kassenobligationen hängt einerseits von der Ausgestaltung des Kreditvertrages und andererseits von der Emissionstätigkeit des Schuldners ab.

2. Inländerbegriff

Inländer ist, wer im Inland Wohnsitz, dauernden Aufenthalt, statutarischen oder gesetzlichen Sitz hat oder als Unternehmen im inländischen Handelsregister eingetragen ist (Art. 4 Abs. 1 StG und Art. 9 Abs. 1 des Bundesgesetzes vom 13. Oktober 1965 über die Verrechnungssteuer VStG).

Eidgenössische Steuerverwaltung
Administration fédérale des contributions
Amministrazione federale delle contribuzioni

3. Beginn der Steuerpflicht

a) Anleihensobligationen

Eine Anleihe im Sinne des Stempel- und Verrechnungssteuergesetzes liegt vor, wenn ein inländischer Schuldner **bei mehr als 10 Gläubigern** gegen Ausgabe von Schuldanerkennungen Geld zu identischen Bedingungen aufnimmt. Die gesamte Kreditsumme muss **mindestens 500'000 Franken** betragen.

b) Kassenobligationen

Kassenobligationen im Sinne des Stempel- und Verrechnungssteuergesetzes sind gegeben, wenn ein inländischer Schuldner (Nichtbank) **bei mehr als 20 Gläubigern** gegen Ausgabe von Schuldanerkennungen fortlaufend Geld zu variablen Bedingungen aufnimmt. Die gesamte Kreditsumme muss **mindestens 500'000 Franken** betragen.

Werden Kassenobligationen von einer **Bank** im Sinne des **Bankengesetzes** emittiert, so beginnt die Steuerpflicht ohne Rücksicht auf die Anzahl der Gläubiger mit der Aufnahme der Geschäftstätigkeit.

Bei der Ermittlung der Anzahl Gläubiger für Anleihens- und Kassenobligationen sind die in- und ausländischen Banken im Sinne der an ihrem Sitz geltenden Bankengesetzgebung **nicht** mitzuzählen.

c) Individuelle Schuldverhältnisse

Einzeldarlehen ohne Verbriefung gelten **nicht** als Privatplatzierung. Eine Refinanzierung solcher Darlehen durch Abtretung von Teilforderungen wird erst dann als kollektive Kapitalbeschaffung qualifiziert, wenn die in Ziff. 3 a genannte Richtzahl überschritten wird (vgl. Ziff. 4 des Merkblattes S-02.128 "Steuerliche Behandlung von Konsortialdarlehen, Schuldscheindarlehen, Wechseln und Unterbeteiligungen").

Im Bereich der Privatplatzierungen, bei welchen schriftliche Schuldanerkennungen ausgegeben werden, gilt der Grundsatz **"Anzahl der emittierten Schuldanerkennungen pro Privatplatzierung = Anzahl der Gläubiger"**.

Demnach ist eine Privatplatzierung als **Anleihe** gemäss Ziff. 3 a hievor zu qualifizieren, wenn für diese **mehr als 10 Schuldanerkennungen** ausgegeben werden.

Kassenobligationen gemäss Ziff. 3 b hievor sind gegeben, sobald das Total der Gläubiger **aller** Privatplatzierungen *und Einzeldarlehen die Zahl* von 20 übersteigt (vgl. das beiliegende Schema).

4. Anmeldepflicht

Sollten die vorstehenden Bedingungen auf Ihre Institution zutreffen, bitten wir Sie um schriftliche Anmeldung bei unserer Verwaltung.

Eidgenössische Steuerverwaltung
Administration fédérale des contributions
Amministrazione federale delle contribuzioni

Hauptabteilung Direkte Bundessteuer, Verrechnungssteuer, Stempelabgaben
Division principale de l'impôt fédéral direct, de l'impôt anticipé, des droits de timbre
Divisione principale imposta federale diretta, imposta preventiva, tasse di bollo

5. Steuererhebung

a) Emissionsabgabe

Gegenstand der Abgabe auf Obligationen ist die Ausgabe von Obligationen sowie von Ausweisen über Unterbeteiligungen an Darlehensforderungen gegen inländische Schuldner durch einen Inländer (Art. 5a Abs. 1 lit. a StG).

Die Abgabe wird vom Nominalwert berechnet und beträgt bei **Anleihensobligationen 1,2 Promille** für jedes volle oder angefangene Jahr der maximalen Laufzeit und bei **Kassenobligationen 0,6 Promille** für jedes volle oder angefangene Jahr der maximalen Laufzeit (Art. 9a lit. a und b StG). Bei **Privatplatzierungen** ist die Emissionsabgabe in jedem Fall zu dem für Anleihensobligationen geltenden Satz von 1,2 Promille geschuldet.

Abgabepflichtig ist der inländische Emittent der Titel (Art. 10 Abs. 3 StG).

b) Verrechnungssteuer

Gegenstand der Verrechnungssteuer auf dem Ertrag beweglichen Kapitalvermögens sind die Zinsen, Renten, Gewinnanteile und sonstigen Erträge der von einem Inländer ausgegebenen Obligationen (Art. 4 Abs. 1 lit. a VStG).

Steuerpflichtig ist der inländische Emittent der Titel (Art. 10 Abs. 1 VStG).

6. Abrechnungsverfahren

a) Emissionsabgabe

Die Abgabe auf **Anleihensobligationen** ist innert 30 Tagen nach der Liberierung mit dem amtlichen Formular anzumelden und für die gesamte Laufzeit zu entrichten (Art. 17a Abs. 1 und Art. 17b Abs. 2 StV).

Die Abgabe auf **Kassenobligationen** ist mit dem amtlichen Formular für die gesamte Laufzeit wie folgt anzumelden und zu entrichten (Art. 17a Abs. 1 und Art. 17b Abs. 3 lit. a und b StV):

- in einem annäherungsweise ermittelten Betrag innert 30 Tagen nach Ablauf des Geschäftsvierteljahres für die in diesem Zeitraum ausgegebenen Titel;
- im genau ermittelten Betrag innert 30 Tagen nach Ablauf des letzten Geschäftsvierteljahres für die im ganzen Geschäftsjahr ausgegebenen Titel, abzüglich der für die ersten drei Quartale abgelieferten Abgaben.

b) Verrechnungssteuer

Die Steuer auf dem Ertrag von **Anleihensobligationen** ist mit dem amtlichen Formular innert 30 Tagen nach Fälligkeit des Ertrages (Zinstermin) zu deklarieren und zu entrichten (Art. 18 VStV).

Eidgenössische Steuerverwaltung
Administration fédérale des contributions
Amministrazione federale delle contribuzioni

Die Steuer auf dem Ertrag von **Kassenobligationen** ist mit dem amtlichen Formular wie folgt zu deklarieren und zu entrichten (Art. 19 Abs. 1 und 2 VStV):

- in einem annäherungsweise ermittelten Betrag innert 30 Tagen nach Ablauf des Geschäftsvierteljahres für die in diesem Zeitraum fällig gewordenen Erträge (Zinsen);
- im genau ermittelten Betrag innert 30 Tagen nach Ablauf des letzten Geschäftsvierteljahres für die im ganzen Geschäftsjahr fällig gewordenen Erträge (Zinsen), abzüglich der für die ersten drei Quartale abgelieferten Steuern.

7. Geldmarktpapiere und Buchforderungen

Bezüglich der **Geldmarktpapiere und Buchforderungen** verweisen wir auf das Merkblatt "Geldmarktpapiere und Buchforderungen inländischer Schuldner" (S-02.130.1).

8. Inkrafttreten

Das vorliegende Merkblatt S-02.122.1 gilt ab 1. Mai 1999 und ersetzt das Merkblatt S-02.122 vom April 1985.
Für Schuldner, die nach dem alten Merkblatt nicht zur Entrichtung der Emissionsabgabe und der Verrechnungssteuer verpflichtet waren, neu aber steuerpflichtig werden, gilt das neue Merkblatt nur für Schuldverhältnisse, die nach dem 1. Mai 1999 begründet werden.

Für weitere Auskünfte stehen wir Ihnen gerne zur Verfügung:

Tel. 031 / 323 08 58
Fax 031 / 323 70 80

Beilage:

Schema "Mittelbeschaffung inländischer Schuldner"

Mittelbeschaffung inländischer Schuldner

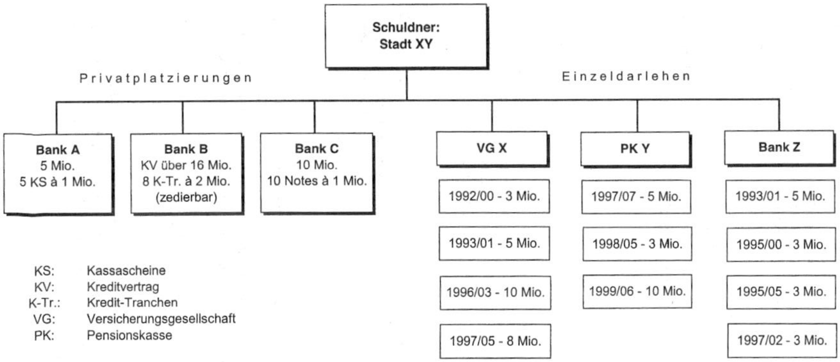

KS: Kassascheine
KV: Kreditvertrag
K-Tr.: Kredit-Tranchen
VG: Versicherungsgesellschaft
PK: Pensionskasse

	Bank A	Bank B	Bank C	VG X	PK Y	Bank Z	Total:
Anzahl Gläubiger:	**5**	**8**	**10**	**1**	**1**	**0** (Bank)	**25**

Eidgenössische Steuerverwaltung
Administration fédérale des contributions
Amministrazione federale delle contribuzioni

Hauptabteilung Direkte Bundessteuer, Verrechnungssteuer, Stempelabgaben
Division principale de l'impôt fédéral direct, de l'impôt anticipé, des droits de timbre
Divisione principale imposta federale diretta, imposta preventiva, tasse di bollo

Merkblatt Geldmarktpapiere und Buchforderungen inländischer Schuldner

vom April 1999

1. Begriff der Geldmarktpapiere und der Buchforderungen

Was unter Geldmarktpapieren und Buchforderungen zu verstehen ist, wurde für die Stempelabgaben und die Verrechnungssteuer gesetzlich geregelt (Art. 4 Abs. 4 lit. c und Abs. 5 des Bundesgesetzes vom 27. Juni 1973 über die Stempelabgaben StG und Art. 15 der Vollziehungsverordnung vom 19. Dezember 1966 über die Verrechnungssteuer VStV).

a) Geldmarktpapiere

Geldmarktpapiere sind Wertpapiere mit einer **festen Laufzeit von nicht mehr als zwölf Monaten**. Sie gelten unabhängig ihrer Bezeichnung als **Obligationen**. Dazu zählen inländische Wechsel, Treasury bills, Banker's acceptances, Commercial papers, Certificates of deposit usw.

b) Buchforderungen

Bei Buchforderungen handelt es sich, im Gegensatz zu den Geldmarktpapieren, nicht um Wertpapiere, sondern um Forderungen, die in einem Register eingetragen sind. Buchforderungen sind **Schuldverpflichtungen** mit einer **festen Laufzeit von nicht mehr als zwölf Monaten**. Sie sind den Obligationen gleichgestellt. Dazu zählen insbesondere die Geldmarktbuchforderungen.

2. Inländerbegriff

Inländer ist, wer im Inland Wohnsitz, dauernden Aufenthalt, statutarischen oder gesetzlichen Sitz hat oder als Unternehmen im inländischen Handelsregister eingetragen ist (Art. 4 Abs. 1 StG und Art. 9 Abs. 1 des Bundesgesetzes vom 13. Oktober 1965 über die Verrechnungssteuer VStG).

3. Beginn der Steuerpflicht

a) Serienmässige Ausgabe

Die Steuerpflicht richtet sich nach den Kriterien über die Anleihensobligationen. Eine Anleihe im Sinne des Stempel- und Verrechnungssteuergesetzes liegt vor, wenn ein inländischer Schuldner **bei mehr als 10 Gläubigern** gegen Ausgabe von Schuldanerkennungen oder Begründung von Buchforderungen Geld zu identischen Bedingungen aufnimmt. Die gesamte Kreditsumme muss **mindestens 500'000 Franken** betragen.

Eidgenössische Steuerverwaltung
Administration fédérale des contributions
Amministrazione federale delle contribuzioni

b) fortlaufende Ausgabe

Die Steuerpflicht richtet sich nach den Kriterien über die Kassenobligationen. Kassenobligationen im Sinne des Stempel- und Verrechnungssteuergesetzes sind gegeben, wenn ein inländischer Schuldner (Nichtbank) **bei mehr als 20 Gläubigern** gegen Ausgabe von Schuldanerkennungen oder Begründung von Buchforderungen fortlaufend Geld zu gleichartigen Bedingungen aufnimmt. Die gesamte Kreditsumme muss **mindestens 500'000 Franken** betragen.

Werden Geldmarktpapiere oder Buchforderungen von einer **Bank** im Sinne des **Bankengesetzes** emittiert, so beginnt die Steuerpflicht ohne Rücksicht auf die Anzahl der Gläubiger mit der Aufnahme der Geschäftstätigkeit.

Bei der Ermittlung der Anzahl Gläubiger für Geldmarktpapiere und Buchforderungen sind die in- und ausländischen Banken im Sinne der an ihrem Sitz geltenden Bankengesetzgebung **nicht** mitzuzählen.

4. Anmeldepflicht

Sollten die vorstehenden Bedingungen auf Ihre Institution zutreffen, bitten wir Sie um schriftliche Anmeldung bei unserer Verwaltung.

5. Steuererhebung

a) Emissionsabgabe

Gegenstand der Abgabe ist die Ausgabe von Geldmarktpapieren und Buchforderungen durch einen Inländer (Art. 5a Abs. 1 StG).

Die Abgabe wird vom Nominalwert berechnet und beträgt **0,6 Promille,** berechnet für jeden Tag der Laufzeit je zu 1/360 dieses Abgabesatzes (Art. 9a lit. c StG).

Abgabepflichtig ist der inländische Emittent der Geldmarktpapiere und Buchforderungen (Art. 10 Abs. 3 StG).

b) Verrechnungssteuer

Gegenstand der Verrechnungssteuer auf dem Ertrag beweglichen Kapitalvermögens sind die Zinsen, Renten, Gewinnanteile und sonstigen Erträge der von einem Inländer ausgegebenen Obligationen, und zwar sowohl in Form von periodischen als auch von einmaligen Entschädigungen (Art. 4 Abs. 1 lit. a VStG).

Steuerpflichtig ist der inländische Emittent der Geldmarktpapiere und Buchforderungen (Art. 10 Abs. 1 VStG).

6. Abrechnungsverfahren

a) Emissionsabgabe

Bei der **serienmässigen** Ausgabe von Geldmarktpapieren und Buchforderungen ist die Abgabe nach den Regeln über die Anleihensobligationen innert 30 Tagen nach der Liberierung mit dem amtlichen Formular anzumelden und für die gesamte Laufzeit zu entrichten (Art. 17a Abs. 1 und Art. 17b Abs. 2 und 5 StV).

Für **fortlaufend** emittierte Geldmarktpapiere und Buchforderungen ist die Abgabe nach den Bestimmungen über die Kassenobligationen mit dem amtlichen Formular für die gesamte Laufzeit wie folgt anzumelden und zu entrichten (Art. 17a Abs. 1 und Art. 17b Abs. 3 und 5 StV):

- in einem annäherungsweise ermittelten Betrag innert 30 Tagen nach Ablauf des Geschäftsvierteljahres für die in diesem Zeitraum ausgegebenen Titel und Buchforderungen;
- im genau ermittelten Betrag innert 30 Tagen nach Ablauf des letzten Geschäftsvierteljahres für die im ganzen Geschäftsjahr ausgegebenen Titel und Buchforderungen, abzüglich der für die ersten drei Quartale abgelieferten Abgaben.

b) Verrechnungssteuer

Die Steuer auf dem Ertrag von **serienmässig** ausgegebenen Titeln und Buchforderungen ist mit dem amtlichen Formular innert 30 Tagen nach Fälligkeit des Ertrages (Zinstermin) abzurechnen und zu entrichten (Art. 18 VStV).

Die Steuer auf dem Ertrag von **fortlaufend** ausgegebenen Titeln und Buchforderungen ist mit dem amtlichen Formular wie folgt abzurechnen und zu entrichten (Art. 19 Abs. 1 und 2 VStV):

- in einem annäherungsweise ermittelten Betrag innert 30 Tagen nach Ablauf des Geschäftsvierteljahres für die in diesem Zeitraum fällig gewordenen Erträge (Zinsen);
- im genau ermittelten Betrag innert 30 Tagen nach Ablauf des letzten Geschäftsvierteljahres für die im ganzen Geschäftsjahr fällig gewordenen Erträge (Zinsen), abzüglich der für die ersten drei Quartale abgelieferten Steuern.

7. Geldmarktbuchforderungen

Bezüglich der Emissionsabgabe verweisen wir auf Ziff. 6 a) hievor. Für die Verrechnungssteuer gilt das nachstehende Verfahren:

Registerführung

Für jede Emission von Geldmarktbuchforderungen wird beim federführenden Institut resp. bei den Clearing-Stellen ein Hauptregister geführt. Die an der Emission für eigene Rechnung oder für Rechnung von Kunden partizipierende Institute (Teilnehmer) haben ein Unterregister zu führen, dessen Bestand jederzeit mit demjenigen des Hauptregisters übereinstimmen muss. Uebertragungen innerhalb des Kundenkreises der Teilnehmer haben nur eine entsprechende Aenderung in seinem Unterregister zur Folge, Uebertragungen zwischen den Teilnehmern bedingen zusätzlich die Meldung an das Hauptregister. Für weitere Informationen verweisen wir auf die durch die federführenden Institute und Clearing-Stellen erlassenen Richtlinien.

Rückzahlung

Bei Verfall werden die Geldmarktbuchforderungen den Teilnehmern entsprechend ihrem Bestand im Hauptregister zurückbezahlt.

Eidgenössische Steuerverwaltung
Administration fédérale des contributions
Amministrazione federale delle contribuzioni

Hauptabteilung Direkte Bundessteuer, Verrechnungssteuer, Stempelabgaben
Division principale de l'impôt fédéral direct, de l'impôt anticipé, des droits de timbre
Divisione principale imposta federale diretta, imposta preventiva, tasse di bollo

Die Rückzahlung erfolgt durch das federführende Institut und zwar an inländische Banken ohne Abzug der Verrechnungssteuer, an ausländische Banken nur dann ohne Abzug der Steuer, wenn diese dem federführenden Institut ausdrücklich bestätigt haben, dass sie die Geldmarktbuchforderungen für eigene Rechnung halten. Bei Rückzahlungen an Nichtbanken hat das federführende Institut die Steuer immer abzuziehen und abzuliefern. Für die Abgrenzung zwischen Banken und Nichtbanken gelten die Bestimmungen des Merkblattes "Verrechnungssteuer auf Zinsen von Bankguthaben, deren Gläubiger Banken sind" vom 22. September 1986 (S-02.123).

Abrechnung

Die Verrechnungssteuer ist durch alle Banken, die **serienmässig** ausgegebene Geldmarktbuchforderungen für Kunden halten, mit dem amtlichen Formular innert 30 Tagen nach Fälligkeit des Ertrages (Zinstermin) abzurechnen und zu entrichten (Art. 18 VStV).

Die Verrechnungssteuer auf dem Ertrag von **fortlaufend** ausgegebenen Geldmarktbuchforderungen ist mit dem amtlichen Formular wie folgt abzurechnen und zu entrichten (Art. 19 Abs. 1 und 2 VStV):

- in einem annäherungsweise ermittelten Betrag innert 30 Tagen nach Ablauf des Geschäftsvierteljahres für die in diesem Zeitraum fällig gewordenen Erträge (Zinsen);
- im genau ermittelten Betrag innert 30 Tagen nach Ablauf des letzten Geschäftsvierteljahres für die im ganzen Geschäftsjahr fällig gewordenen Erträge (Zinsen), abzüglich der für die ersten drei Quartale abgelieferten Steuern.

8. Inkrafttreten

Das vorliegende Merkblatt S-02.130.1 gilt ab 1. Mai 1999 und ersetzt das Merkblatt S-02.130 vom September 1994.

Für weitere Auskünfte stehen wir Ihnen gerne zur Verfügung:

Tel. 031 / 323 08 58
Fax 031 / 323 70 80

Eidgenössische Steuerverwaltung
Administration fédérale des contributions
Amministrazione federale delle contribuzioni

Hauptabteilung Direkte Bundessteuer, Verrechnungssteuer, Stempelabgaben

Umsatzabgabe auf Report- und Deportgeschäften

(April 1993)

I Allgemeine Bemerkungen

Mit der Wegleitung 93 für die Umsatzabgabe wurde die Praxis der ESTV bestätigt, wonach der Effektenhändler in seiner Eigenschaft als Reportgeber beim Report- und Deportgeschäft Vermittler im Sinne von Art. 17, Abs. 3 StG ist, wenn er Urkunden gleichentags einerseits komptant und anderseits auf Termin handelt (WL 93, Randziffer 103).

Als Vermittler schuldet der Effektenhändler für sich selbst grundsätzlich keine Umsatzabgabe, unabhängig von der Tatsache, ob er einen Handelsbestand im Sinne der Bestimmungen des StG hält oder nicht. Ebenso ist es unerheblich, ob das Komptant- und das Termingeschäft mit der gleichen Gegenpartei oder mit verschiedenen Gegenparteien abgeschlossen werden (WL 93, Randziffer 105).

Seit der am 1. April 1993 in Kraft getretenen Aenderung des StG ist der Ort des Geschäftsabschlusses für die Frage der Anwendbarkeit von Art. 19 StG nicht mehr massgebend (WL 93, Randziffer 86). Nicht als Vermittler gilt der Reportnehmer, denn er veräussert die Titel nicht am Tage des Erwerbs. Er handelt sowohl beim Komptant- als auch beim Termingeschäft als Vertragspartei. Gewerbsmässige Wertschriftenhändler (WL 93, Randziffer 57) können allerdings für das Report- bzw. Deportgeschäft Titel des von der Umsatzabgabe befreiten Handelsbestandes verwenden.

Abkürzungen und Begriffserklärungen:

ESTV	Eidg. Steuerverwaltung
StG	Bundesgesetz über die Stempelabgaben vom 27. Juni 1973
StV	Verordnung über die Stempelabgaben vom 3. Dezember 1973
WL	Wegleitung 93 für die Umsatzabgabe
Effektenhändler	Inländ. Effektenhändler im Sinne von Art. 13, Abs. 3, Bst. a und b, Ziffer 1 StG sowie im Sinne von Art. 13, Abs. 3, Bst. b, Ziffer 2 StG, sofern sie ihre Abgabepflicht nicht delegiert haben (Art. 21, Abs. 8 StV und WL 93, Randziffer 51a)
Reportgeber	Er kauft für eigene Rechnung komptant, verkauft auf Termin und vereinnahmt den Reportzins
Reportnehmer	Er verkauft komptant, kauft auf Termin und bezahlt den Reportzins
Vermittler	Er vermittelt ein Komptant- und Termingeschäft zwischen dem Reportgeber und Reportnehmer
Handelsbestand	Erläuterungen hiezu in WL 93, Randziffern 43, 57 ff., 87 und 97. Effektenhändler, die über einen Handelsbestand verfügen, können das Report- bzw. Deportgeschäft für diesen Bestand tätigen; sie sind somit für den auf sie selbst entfallenden Teil der Abgaben befreit (Vgl. Art. 14, Abs. 3 StG).

****

Seit dem 1. April 1993 geschuldete Abgaben:

II Reportgeschäft

1. Inländische Urkunden

a) *als Reportgeber*

0	für sich selbst, weil Vermittler (Art. 17, Abs. 3, Bst. c StG)
0	für seine Gegenpartei, wenn sie inländ. Effektenhändlerin ist
1/2 Abgabe *	für jede seiner beiden Gegenparteien, die sich nicht als inländ. Effektenhändlerin ausweist (inkl. ausländ. Banken und Börsenagenten)

b) *als Reportnehmer*

2 x 1/2 Abgabe *	für sich selbst als Vertragspartei (0 für sich selbst, falls über Handelsbestand)
0	für seine Gegenpartei, wenn sie inländ. Effektenhändlerin ist
1/2 Abgabe *	für jede seiner beiden Gegenparteien, die sich nicht als inländ. Effektenhändlerin ausweist (inkl. ausländ. Banken und Börsenagenten)

c) *als Vermittler*

0	für sich selbst (Art. 17, Abs. 3, Bst. c StG)
1/2 Abgabe *	für jede seiner beiden Gegenparteien, die sich nicht als inländ. Effektenhändlerin ausweist (inkl. ausländ. Banken und Börsenagenten)

2. Ausländische Urkunden

a) *als Reportgeber*

0	für sich selbst, weil Vermittler (Art. 17, Abs. 3, Bst. c StG)
0	für seine Gegenpartei, wenn sie inländ. Effektenhändlerin oder ausländ. Bank bzw. ausländ. Börsenagent ist
1/2 Abgabe *	für jede seiner beiden Gegenparteien, die sich nicht als inländ. Effektenhändlerin ausweist oder ausländ. Bank bzw. ausländ. Börsenagent ist

b) *als Reportnehmer*

2 x 1/2 Abgabe *	für sich selbst als Vertragspartei (0 für sich selbst, falls über Handelsbestand)
0	für seine Gegenpartei, sofern sie sich als inländ. Effektenhändlerin ausweist oder ausländ. Bank bzw. ausländ. Börsenagent ist
1/2 Abgabe *	für jede seiner beiden Gegenparteien, die sich nicht als inländ. Effektenhändlerin ausweist oder ausländ. Bank bzw. ausländ. Börsenagent ist

c) *als Vermittler*

0	für sich selbst (Art. 17, Abs. 3, Bst. c StG)
1/2 Abgabe *	für jede seiner beiden Gegenparteien, die sich nicht als inländ. Effektenhändlerin ausweist oder ausländ. Bank bzw. ausländ. Börsenagent ist

Ausnahme:

0	für beide Gegenparteien bei einer Vermittlung von ausländischen Obligationen, sofern beide Parteien im Ausland domiziliert sind (Art. 14, Abs. 1, Bst. h StG)

* = je eine halbe Abgabe für den Kauf und den Verkauf

III Deportgeschäft

Sinngemässe Versteuerung wie beim Reportgeschäft.

IV Inkrafttreten

1. April 1993 (das Rundschreiben Nr. 6690 vom 5. Mai 1992 der Schweizerischen Bankiervereinigung wurde mit der Ausgabe der WL 93 der ESTV ausser Kraft gesetzt).

V Auskünfte

Sind erhältlich über Tel. Nr. 031 / 322'72'37.

EIDGENÖSSISCHE STEUERVERWALTUNG
Hauptabteilung Direkte Bundessteuer,
Verrechnungssteuer, Stempelabgaben
3003 Bern - Eigerstrasse 65

Treuhand

Merkblatt: Treuhandverhältnisse

(Oktober 1967; Nachdruck 1993)

In Handel und Wirtschaft sind heute Treuhandverhältnisse häufig anzutreffen. Ueber die **Treuhandkonti bei Banken** hat die Abteilung Stempelabgaben und Verrechnungssteuer am 31. Mai 1965 ein Merkblatt (S-02.101) herausgegeben, das die Anforderungen umschreibt, die an den Nachweis der Treuhand gestellt werden. Andere Treuhandverhältnisse werden steuerrechtlich anerkannt, wenn die folgenden Bedingungen erfüllt sind:

A. Allgemeines

1. Treuhandvertrag

Es müssen **schriftliche** Abmachungen zwischen Treugeber und Treuhänder aus der Zeit der Begründung der Treuhand vorliegen. Der Treuhandvertrag hat den Namen und die genaue Adresse des Treugebers zu enthalten; die Nennung nur eines Beauftragten des Treugebers (z.B. eine Bank, eine liechtensteinische Anstalt) genügt nicht.

2. Bezeichnung des Treugutes

Das Treugut muss im Vertrag genau umschrieben sein, gegebenenfalls durch Angabe der einzelnen Bestandteile (Bezeichnung der Wertschriften mit Nummern usw.). Für jede Vermehrung ist ein neuer Vertrag oder mindestens ein Vertragszusatz zu erstellen. Aenderungen in der Zusammensetzung des Treugutes (Vermögensumschichtungen, Verkäufe, Rückzahlungen, Neuanlagen usw.) müssen belegt werden können.

3. Risiken und Kosten

Dem Treuhänder dürfen aus der Anlage, der Verwaltung und der Veräusserung des Treugutes keine Risiken erwachsen; alle daherigen Kosten und andern Lasten (Abschreibungen, Verluste usw.) sind ausschliesslich vom Treugeber zu tragen. Das muss im Treuhandvertrag ausdrücklich festgehalten sein.

4. Entschädigung

Der Treuhänder soll vom Treugeber eine Entschädigung (Treuhandkommission) erhalten, die den für derartige Dienstleistungen handelsüblichen Ansätzen entspricht. Erfahrungsgemäss richtet sie sich nach dem Umfang der vom Treuhänder zu leistenden Dienste. Der Satz der Kommission und die Berechnungsgrundlage können daher verschieden sein, je nach Art, Bedeutung und Standort des Treugutes. Die Bedingungen der Treuhandentschädigung sind im Vertrag genau festzuhalten.

5. Bilanzen

Aus den der Steuerverwaltung einzureichenden Bilanzen des Treuhänders soll klar ersichtlich sein, dass er Vermögenswerte treuhänderisch besitzt; die Treuhandkonti sind unter den Aktiven und den Passiven, oder "unter dem Strich", als solche aufzuführen.

6. Buchhaltung

Ueber das Treugut sowie die Ansprüche und Verpflichtungen des Treugebers sind in der Buchhaltung des Treuhänders besondere Konti zu eröffnen und zu führen, die der Steuerbehörde jederzeit genauen Aufschluss über die Zusammensetzung und die Veränderung des Treugutes und die wechselseitigen Verpflichtungen der Beteiligten geben.

Hinweise:

7. Verrechnungssteuer

Der Treuhänder hat keinen Anspruch auf Rückforderung der von den Erträgen des Treugutes abgezogenen Verrechnungssteuer (Art. 61 der Vollziehungsverordnung zum Bundesgesetz über die Verrechnungssteuer vom 19. Dezember 1966).

8. Ausländische Quellensteuern (Doppelbesteuerungsabkommen)

Fliessen Treuguterträge aus Anlagen in Ländern, mit denen die Schweiz ein Doppelbesteuerungsabkommen abgeschlossen hat, so kann der Treuhänder die in den Abkommen vorgesehene Quellensteuerentlastung nicht beanspruchen.

B. Wertschriften, Beteiligungen oder Guthaben als Treugut

Besteht das Treugut aus Wertschriften, Beteiligungen oder Forderungen (eine Forderung kann nicht Treugut sein, wenn Treugeber und Darlehensschuldner identisch sind), so müssen neben den allgemeinen (Abschnitt A) noch die folgenden besonderen Bedingungen erfüllt sein:

9. Auskünfte

Es müssen vorgelegt werden können:

a) die Kaufsabrechnungen (Börsenabrechnungen), die Liberierungsabrechnungen usw.;

b) für ausländische, nicht kotierte Wertschriften und Beteiligungen:

- die Gründungsurkunde der ausländischen Gesellschaft oder ähnliche Schriftstücke, welche die Eintragung in ein öffentliches Register belegen;
- die letzte vor dem Kauf oder vor der Zeichnung einer Kapitalerhöhung abgeschlossene Jahresrechnung (Geschäftsbericht) der Gesellschaft sowie alle Unterlagen, die eine Bewertung der treuhänderisch erworbenen Beteiligungen ermöglichen.

Die Vorlagepflicht gemäss lit. b gilt auch in bezug auf Anlagen bei Gesellschaften, die, wie beispielsweise die italienischen Kommanditgesellschaften (Società in accomandita semplice, S.a.s.), nach dem zutreffenden Landesrecht nicht verpflichtet sind, den Steuerbehörden ihre Bilanzen und Gewinn- und Verlustrechnungen vorzulegen.

10. Entschädigung

Bei der Festsetzung der dem Treuhänder zustehenden Entschädigung sind die unter Abschnitt A, Ziffer 4 erwähnten allgemeinen Grundsätze zu beachten.
Die Kommission ist jährlich zu berechnen

a) bei Forderungen auf dem Nominalbetrag,

b) bei Wertschriften und Beteiligungen auf dem Börsenwert oder, wenn sie nicht kotiert sind, auf dem Verkehrswert.

Die Treuhandkommission soll dem Treuhänder erlauben, alle seine Auslagen (Verwaltungsrats-honorar, Bürospesen, Domizilgebühr usw.) zu decken, und ihm zudem für seine Dienstleistungen einen **Nettoertrag** sichern, der **mindestens** beträgt:

2	o/oo auf den ersten	Fr. 10'000'000.—	(oder Bruchteilen) des Treugutes,
1,5	o/oo auf den zweiten	Fr. 10'000'000.—	(oder Bruchteilen) und
1	o/oo auf den	Fr. 20'000'000.—	übersteigenden Werten.

C. Liegenschaften als Treugut

(Die nachfolgenden Darlegungen gelten nicht für Liegenschafts-Anlagefonds; vgl. Art. 31, Abs. 2, lit. a des Anlagefonds-Gesetzes.)

11. Liegenschaftseigentümer ist zivilrechtlich der im Grundbuch Eingetragene, selbst dann, wenn er nur als Treuhänder handelt. Der Treugeber hat kein dingliches Recht, sondern nur eine (obligationenrechtliche) Forderung gegenüber dem Treuhänder. Nach derzeitiger Praxis und bis auf weiteres wird steuerlich anerkannt, dass eine schweizerische juristische Person, die im Grundbuch als Eigentümerin eingetragen ist, das Eigentum auch nur treuhänderisch innehaben kann. Die Eidg. Steuerverwaltung behält sich indessen eine Praxisänderung vor, falls sie Missbräuche feststellen sollte.

Neben den allgemeinen (Abschnitt A) müssen noch die folgenden besonderen Bedingungen erfüllt sein:

12. Hypothekarische Belastung

Die Grundpfandschulden dürfen 50 % des Liegenschaftswertes (Verkehrswert) nicht übersteigen.

13. Auskünfte

Es müssen vorgelegt werden können:

- die Kaufverträge (Originale oder beglaubigte Abschrift);
- die bereinigten Grundbuchauszüge;
- die Versicherungspolicen (Feuer-, Schaden-, Haftpflichtversicherung);
- die mit dem An- und Verkauf der Liegenschaft zusammenhängenden Steuerrechnungen und -quittungen;
- eine Aufstellung der auf das Grundstück errichteten Grundpfänder, mit Angabe des Ranges, der Bedingungen und der Schuldsumme;
- die zwischen Käufer und Verkäufer gegebenenfalls abgeschlossenen Zusatzverträge oder anderen den Kaufvertrag ergänzenden Vereinbarungen (insbesondere wenn der Verkäufer und der Aktionär der schweizerischen Gesellschaft nicht identisch sind);
- für Liegenschaften in Italien: die von der "Direzione Generale delle Tasse e delle Imposte Indirette sugli Affari" ausgestellten "avvisi di accertamento di valore" sowie die Angabe des endgültig fest-gesetzten Wertes.

14. Entschädigung

Die jährliche Treuhandkommission berechnet sich unter Beachtung der Grundsätze von Abschnitt A, Ziffer 4 auf dem Verkehrswert der Liegenschaft. Sie soll dem Treuhänder erlauben, alle seine Auslagen (Verwaltungsratshonorar, Bürospesen, Domizilgebühr usw.) zu decken, und ihm zudem für seine Dienstleistungen einen **Nettoertrag** sichern, der **mindestens** beträgt:

2 o/oo auf den ersten	Fr. 10'000'000.—	(oder Bruchteilen) des Treugutes,
1,5 o/oo auf den zweiten	Fr. 10'000'000.—	(oder Bruchteilen) und
1 o/oo auf den	Fr. 20'000'000.—	übersteigenden Werten.

D. Treugüter anderer Art

15. Treuhandverhältnisse, die sich auf Handelsgeschäfte, auf immaterielle Güter (Rechte an geistigem Eigentum usw.) oder auf andere vertragliche Rechte beziehen, werden von der Eidgenössischen Steuerverwaltung nicht generell, sondern nur von Fall zu Fall und unter den von ihr festgelegten Bedingungen und Auflagen anerkannt und sind ihr vor Abschluss des Rechtsgeschäftes zu unterbreiten. Steuerlich **nicht anerkannt** werden angebliche Treuhandverhältnisse dann,

wenn ihnen keine ernsthaften wirtschaftlichen Motive zu Grunde liegen;

wenn der "Treuhänder" gleichzeitig als Käufer und Verkäufer für Rechnung des "Treugebers" handelt;

wenn der "Treuhänder" die versprochenen Dienste, weil er selber sie nicht leisten kann, durch den "Treugeber" besorgen lässt, z.B. weil der "Treuhänder" nicht über die Kenntnisse, das Personal, die technischen und andern Einrichtungen verfügt, um die ihm nach dem "Treuhandverhältnis" obliegenden Dienste zu erbringen.

EIDGENÖSSISCHE STEUERVERWALTUNG
Hauptabteilung Direkte Bundessteuer, Verrechnungssteuer, Stempelabgaben
3003 Bern - Eigerstrasse 65 - Tel. (031) 322 72 37

Treuhand

Merkblatt: "Treuhandkonto"

(vom 31. Mai 1965; Auflage 1993)

1. Schaltet sich bei Darlehen eine Bank als Treuhänderin des Gläubigers ein, so wird grundsätzlich die Bank aus der treuhänderischen "Entgegennahme" von Geldern nicht verrechnungssteuerpflichtig; denn der Treugeber begründet nicht ein (echtes) Kundenguthaben. Das gilt allerdings nur dann, wenn nach dem wahren Inhalt des Geschäftes eine Treuhandschaft vorliegt und wenn sie auf ernsthaften wirtschaftlichen Gründen beruht. So kann beispielsweise von Treuhand keine Rede sein und wird ihr die **steuerliche Anerkennung** versagt, wo der angebliche Treugeber und der Darlehensschuldner identisch sind.

2. Nach ständiger Praxis werden an den **Nachweis** einer Treuhandschaft die folgenden Anforderungen gestellt:

   a) Es müssen schriftliche und unterzeichnete Abmachungen zwischen Treugeber und Bank aus der Zeit der Begründung der Treuhandschaft vorliegen. Der Treuhandvertrag hat sowohl den Treugeber als auch den Darlehensnehmer zu nennen (Personalien, Adresse), wobei die Angabe eines blossen Beauftragten (z.B. einer Dritt-Bank) nicht genügt.

   b) Nach den getroffenen Abmachungen muss jedes Risiko der Bank aus dem treuhänderisch besorgten Geschäft ausgeschlossen sein, so dass dieses ausschliesslich auf Rechnung und Gefahr des Treugebers geht; das setzt voraus, dass der Inhalt des Treuhandvertrages insbesondere bezüglich Valuta, Zinssatz, Laufzeit, Kündigung und Rückzahlungsbedingungen mit den entsprechenden Klauseln des Darlehensvertrages übereinstimmt.

   c) Die vom Darlehensnehmer geleisteten Zinsen sind vollständig, gegebenenfalls gekürzt um die von ihm geschuldeten und zu überwälzenden Quellensteuern, dem Treugeber gutzuschreiben; die Treuhandkommission der Bank und die ihr zustehende Entschädigung für Spesen u.dgl. dürfen nicht in Form eines Zinsschnittes bezogen werden, sondern sind gesondert zu verbuchen.

3. Im Interesse einer reibungslosen **Kontrolle** sind gemäss den Regeln der ordnungsgemässen **Buchführung** die "Treuhand-Konti" gesondert zu führen; insbesondere sind die entgegengenommenen und weitervergüteten Darlehenszinsen nicht im ordentlichen Zinsenkonto als Kreditoren- und Debitorenzinsen zu verbuchen. Es versteht sich, dass die schriftlichen **Unterlagen** des Treuhandgeschäftes unseren Inspektoren auf Verlangen **vorzulegen** sind. Wird der Treugeber oder Darlehensnehmer in den Dokumenten oder Büchern durch einen Decknamen oder eine Nummer u.dgl. gekennzeichnet, so sind auf besonderes Verlangen die Personalien zu offenbaren.

S-02.101 (5.93)

Eidgenössische Steuerverwaltung
Administration fédérale des contributions
Amministrazione federale delle contribuzioni

Hauptabteilung Stempelabgaben
und Verrechnungssteuer

Merkblatt "Verrechnungssteuer auf Zinsen von Bankguthaben, deren Gläubiger Banken sind (Interbankguthaben)" vom 22. September 1986

Nach bisheriger Praxis gelten Guthaben in- und ausländischer Banken bei inländischen Banken als Kundenguthaben, deren Zinsen der Verrechnungssteuer unterliegen, wenn

- darüber ein Spar-, Einlage- oder Depositenheft ausgestellt wird;
- eine zwölf Monate übersteigende feste Laufzeit vereinbart ist;
- eine tatsächliche Laufzeit von mehr als zwölf Monaten vorliegt und der Nachweis nicht erbracht werden kann, dass es sich eindeutig um ein Geldmarktgeschäft handelt.

Die veränderten Bedingungen im Bankwesen veranlassen unsere Verwaltung, diese im Merkblatt S - 02.106 vom 2. Mai 1967 festgehaltene Praxis zu ändern.

1 Geltungsbereich

Dieses Merkblatt betrifft sämtliche Buchguthaben, welche in- und ausländische Banken für eigene Rechnung bei inländischen Banken begründen.

2 Neue Regelung

Interbankguthaben sind grundsätzlich keine Kundenguthaben, ohne Rücksicht auf die Laufzeit, die Währung und den Zinssatz. Die Zinsen unterliegen der Verrechnungssteuer nicht.

3 Ausnahmen

Der Verrechnungssteuer unterliegen nach wie vor die Zinsen von

- Guthaben anderer Art als Buchguthaben (Anleihens- und Kassenobligationen, Spar-, Einlage-, Depositen- oder andere Hefte);
- Guthaben, die eine Bank als Treuhänderin ihres Kunden begründet, wo also die Gläubigerbank wohl in eigenem Namen auftritt, aber für Rechnung und Gefahr eines Kunden handelt.

4 Wer gilt als Bank?

Inländische Banken sind

- alle in Art. 1 Abs. 1 und 2 Bst. a - c und Art. 2 Abs. 1 des Bundesgesetzes vom 8. November 1934 über die Banken und Sparkassen erwähnten Institute, Einzelfirmen und Gesellschaften;
- die Schweizerische Nationalbank;
- die Pfandbrief-, Emissions- und Anlagezentralen.

Als ausländische Banken werden anerkannt

- Zentral- und Notenbanken sowie Institute mit gleichartiger Funktion in Ländern ohne Zentral- und Notenbank;
- die Bank für Internationalen Zahlungsausgleich;
- staatliche oder interstaatliche Währungsfonds;
- Entwicklungsbanken;
- Institute, die der geltenden Bankengesetzgebung des Domizillandes vollumfänglich unterstellt sind, sofern sie in diesem Land eine wirkliche Banktätigkeit als Hauptzweck ausüben (und zwar mit eigenem Personal, eigenen Büroräumlichkeiten, Kommunikationsmitteln und Entscheidungsbefugnissen);
- Institute in Ländern ohne Bankengesetzgebung, sofern sie nachweisbar im Domizilland eine wirkliche Banktätigkeit ausüben und alle im letzten Absatz hievor erwähnten Bedingungen erfüllen.

Hinweis: Keinesfalls sind Banken die

- sog. Domizilgesellschaften ("Briefkastenfirmen") ohne eigene Infrastruktur und dies selbst dann, wenn eine Banklizenz vorhanden ist;
- Finanz-, Holding- und Vermögensverwaltungsgesellschaften;
- Privatpersonen (Ausnahme: anerkannte Privatbanquiers);
- Bankholdinggesellschaften.

5 Inkrafttreten

Die neue Regelung tritt am 1. Oktober 1986 in Kraft und gilt auf Zusehen hin. Für nach dem 30. September 1986 fällig werdende Zinsen von Interbankguthaben, die nach bisheriger Praxis steuerbar sind, ist die Verrechnungssteuer nicht mehr geschuldet.

6 Rückfragen

Telefon 031 / 322 72 37

Schweizerische Eidgenossenschaft
Confédération suisse
Confederazione Svizzera
Confederaziun svizra

Eidgenössisches Finanzdepartement EFD
Eidgenössische Steuerverwaltung ESTV
Hauptabteilung Direkte Bundessteuer,
Verrechnungssteuer, Stempelabgaben

Direkte Bundessteuer

Bern, 2. Oktober 2017
DB-434.3 / HAJ / ED

Rundschreiben

Zinssätze im Bereich der direkten Bundessteuer für das Kalenderjahr 2018
Höchstabzüge Säule 3a im Steuerjahr 2018

1 Zinssätze direkte Bundessteuer im Kalenderjahr 2018

Das Eidgenössische Finanzdepartement (EFD) hat am 2. Oktober 2017 entschieden, für das Kalenderjahr 2018 die Zinssätze im Vergleich zum Vorjahr **unverändert** zu belassen. Die Zinssätze werden im Anhang zur Verordnung vom 10. Dezember 1992 über Fälligkeit und Verzinsung der direkten Bundessteuer publiziert und lauten wie folgt:

- Verzugs- und Rückerstattungszins 3 %
- Vergütungszins für Vorauszahlungen 0 %

2 Höchstabzüge Säule 3a im Steuerjahr 2018

Der Steuerabzug im Rahmen der gebundenen Selbstvorsorge (Säule 3a) bleibt für das Steuerjahr 2018 **unverändert**. Es gelten – gleich wie im Vorjahr – folgende Höchstabzüge:

- Höchstabzug Säule 3a für Steuerpflichtige mit 2. Säule Fr. 6'768.–
- Höchstabzug Säule 3a für Steuerpflichtige ohne 2. Säule Fr. 33'840.–

Die Höchstabzüge bilden zugleich die massgeblichen Einzahlungslimiten. Aufrundungen bei der Einzahlung sind nicht zulässig.

Abteilung Aufsicht Kantone
Fachdienste

D. Emch

Daniel Emch
Chef

Eidgenössische Steuerverwaltung ESTV
Eigerstrasse 65
3003 Bern
www.estv.admin.ch

Schweizerische Eidgenossenschaft
Confédération suisse
Confederazione Svizzera
Confederaziun svizra

Eidgenössisches Finanzdepartement EFD

Eidgenössische Steuerverwaltung ESTV
Hauptabteilung Direkte Bundessteuer,
Verrechnungssteuer, Stempelabgaben

Direkte Bundessteuer
Verrechnungssteuer

Bern, 14. Februar 2017
Pur/Ds

Rundschreiben

Steuerlich anerkannte Zinssätze 2017 für Vorschüsse oder Darlehen in Fremdwährungen

Die Gewährung unverzinslicher oder ungenügend verzinster Vorschüsse oder Darlehen an Beteiligte oder an ihnen nahe stehende Dritte stellt eine geldwerte Leistung dar. Dasselbe gilt für übersetzte Zinsen, die auf Grund von Verpflichtungen gegenüber Beteiligten oder ihnen nahe stehenden Dritten vergütet werden. Solche geldwerte Leistungen unterliegen gemäss Artikel 4 Absatz 1 Buchstabe b des Bundesgesetzes vom 13. Oktober 1965 über die Verrechnungssteuer (VStG) und Artikel 20 Absatz 1 der Vollziehungsverordnung vom 19. Dezember 1966 zum VStG (VStV) der Verrechnungssteuer von 35 % und sind mittels Formular 102 unaufgefordert innert 30 Tagen nach Fälligkeit zu deklarieren. Innert der gleichen Frist ist auch die geschuldete Verrechnungssteuer zu entrichten. Die gleichen Kriterien gelten auch bei der direkten Bundessteuer für die Berechnung der geldwerten Leistungen von Kapitalgesellschaften und von Genossenschaften (vgl. Art. 58 Abs. 1 Bst. b des Bundesgesetzes vom 14. Dezember 1990 über die direkte Bundessteuer [DBG]).

Für die Bemessung einer angemessenen Verzinsung von Vorschüssen oder Darlehen in fremden Währungen an Beteiligte oder ihnen nahe stehende Dritte oder von Beteiligten oder ihnen nahe stehenden Dritten stellt die Eidgenössische Steuerverwaltung (ESTV), Hauptabteilung Direkte Bundessteuer, Verrechnungssteuer, Stempelabgaben seit dem **1. Januar 2017** auf die auf der letzten Seite dieses Rundschreibens publizierten Zinssätze (Richtwerte) ab. Diese basieren einerseits auf den 5-jährigen SWAP-Sätzen und andererseits auf der Rendite von langfristigen Anlagen wie Industrieobligationen.

Eidgenössische Steuerverwaltung ESTV
Eigerstrasse 65
3003 Bern
www.estv.admin.ch

Die Zinssätze gemäss Tabelle sind folgendermassen anwendbar:

1. Für Vorschüsse oder Darlehen an Beteiligte oder nahe stehende Dritte

Liegt der Zinssatz der fremden Währung unter dem Zinssatz gemäss dem Rundschreiben der ESTV betreffend steuerlich anerkannte Zinssätze 2017 für Vorschüsse oder Darlehen in Schweizer Franken vom 13. Februar 2017, so ist mindestens der entsprechende Zinssatz für Schweizer Franken zu berücksichtigen.

Diese Zinssätze sind für Vorschüsse oder Darlehen an Beteiligte oder ihnen nahe stehende Dritte gültig, sofern sie aus Eigenkapital finanziert sind.

Ist die Gesellschaft oder Genossenschaft verzinsliche Verpflichtungen eingegangen, sind Vorschüsse oder Darlehen an Beteiligte oder ihnen nahe stehende Dritte im Umfang der verzinslichen Verpflichtungen zu den Fremdkapitalzinssätzen zuzüglich eines Zuschlags von ½ %, mindestens aber zu den im vorliegenden Rundschreiben angegebenen Zinssätzen, zu verzinsen.

2. Für Vorschüsse oder Darlehen von Beteiligten oder nahe stehenden Dritten

Im Sinne einer „safe haven"-Lösung gelten die nachfolgenden Zinssätze auch für verzinsliche Verpflichtungen in fremden Währungen. Analog dem Rundschreiben der ESTV betreffend steuerlich anerkannte Zinssätze 2017 für Vorschüsse oder Darlehen in Schweizer Franken vom 13. Februar 2017 kann für Betriebskredite (Ziffer 2.2) der gleiche Spread (bis Gegenwert CHF 1 Mio. 2.75% resp. 2.25%; ab Gegenwert CHF 1 Mio. 0.75% resp. 0.50%) berücksichtigt werden.

Es ist jedoch möglich, höhere Zinsen aufgrund des Drittvergleichs geltend zu machen. In diesem Fall ist zusätzlich der geschäftsmässig begründete Nachweis zu erbringen, weshalb keine Verpflichtung in tiefer verzinsliche Schweizer Franken eingegangen wurde.

Bei der Berechnung der steuerlich höchstzulässigen Zinsen ist auch ein allfällig bestehendes verdecktes Eigenkapital zu beachten. Es wird hierzu auf das Kreisschreiben Nr. 6 der direkten Bundessteuer vom 6. Juni 1997 betreffend verdecktes Eigenkapital (Art. 65 und 75 DBG) bei Kapitalgesellschaften und Genossenschaften verwiesen, welches auch für die Belange der Verrechnungssteuer und Stempelabgaben massgebend ist.

3. Für die Bewertung von Unternehmen

Um den für die Bewertung von Unternehmen massgebenden Kapitalisierungszinsfuss festzulegen, ist zu den nachfolgenden Zinssätzen ein Zuschlag von 40 – 50 % vorzunehmen. Der Zuschlag beträgt aber in jedem Fall mindestens 5 %.

Da der Zinssatz für Bewertungen ab 2004 für den japanischen Yen (JPY) tiefer als der Zinssatz für Schweizer Franken ist, respektive war, werden die entsprechenden Zinssätze in der nachfolgenden Tabelle separat angegeben.

Land	**Währung**	**2012**	**2013**	**2014**	**2015**	**2016**	**2017**
Europäische Union	**EUR**	2.50	1.75	2.00	1.00	1.00	0.75
USA	**USD**	2.00	1.75	2.25	2.25	2.25	2.50
Australien	AUD	5.00	4.00	4.50	3.50	3.25	2.50
Bulgarien	BGN	4.75	4.75	2.00	2.75	3.75	3.50
China	CNY	n.a.	4.25	5.25	5.00	4.25	3.75
Dänemark	DKK	2.50	2.00	2.25	1.25	1.50	0.75
Grossbritannien	GBP	2.50	1.75	2.50	2.00	2.25	1.50
Hongkong	HKD	2.00	1.50	2.50	2.00	2.25	1.75
Indien	INR	n.a.	6.50	8.25	n.a.	n.a.	n.a.
Israel	ILS	n.a.	n.a.	3.25	1.75	1.75	1.25
Japan (Bewertungen)	JPY	1.25	1.00	1.25	1.00	1.75	0.75
Japan (Darlehen)	JPY	1.50	1.50	1.50	1.00	1.75	0.75
Kanada	CAD	2.25	2.25	3.00	2.25	2.00	1.50
Kroatien	HRK	n.a.	n.a.	n.a.	n.a.	3.50	n.a.
Malaysia	MYR	n.a.	4.00	4.50	4.75	5.00	4.00
Mexiko	MXN	n.a.	n.a.	6.00	n.a.	n.a.	n.a.
Neuseeland	NZD	4.50	3.75	5.00	4.50	3.75	2.75
Norwegen	NOK	3.75	3.25	3.50	2.00	2.00	1.75
Polen	PLN	5.50	5.00	4.50	2.50	2.75	2.50
Rumänien	RON	6.00	n.a.	n.a.	n.a.	3.75	3.25
Russland	RUB	8.50	9.00	8.00	n.a.	n.a.	n.a.
Saudi Arabien	SAR	2.75	2.25	n.a.	n.a.	n.a.	n.a.
Schweden	SEK	3.00	2.50	3.00	1.25	1.25	0.50
Singapur	SGD	2.00	1.75	2.25	2.25	3.25	2.25
Südafrikanische Rep.	ZAR	7.75	6.50	8.00	7.50	8.50	8.00
Südkorea	KRW	4.25	3.50	3.75	2.75	2.50	1.75
Thailand	THB	4.00	4.00	4.00	3.00	3.00	2.50
Tschechische Republik	CZK	2.50	1.75	2.00	1.00	1.25	1.00
Türkei	TRY	9.75	n.a.	n.a.	n.a.	n.a.	n.a.
Ungarn	HUF	7.75	7.00	5.00	3.00	2.75	1.50
Vereinigte Arabische Emirate	AED	n.a.	n.a.	n.a.	n.a.	3.25	3.25

Legende:
n.a.: not available (nicht verfügbar)

Abteilung Externe Prüfung

Gilbert Purro
Chef

Schweizerische Eidgenossenschaft
Confédération suisse
Confederazione Svizzera
Confederaziun svizra

Eidgenössisches Finanzdepartement EFD
Eidgenössische Steuerverwaltung ESTV
Hauptabteilung Direkte Bundessteuer,
Verrechnungssteuer, Stempelabgaben

Direkte Bundessteuer
Verrechnungssteuer

Bern, 13. Februar 2017
Pur/Ds

Rundschreiben

Steuerlich anerkannte Zinssätze 2017 für Vorschüsse oder Darlehen in Schweizer Franken

Die Gewährung unverzinslicher oder ungenügend verzinster Vorschüsse oder Darlehen an Beteiligte oder an ihnen nahe stehende Dritte stellt eine geldwerte Leistung dar. Dasselbe gilt für übersetzte Zinsen, die auf Grund von Verpflichtungen gegenüber Beteiligten oder ihnen nahe stehenden Dritten vergütet werden. Solche geldwerte Leistungen unterliegen gemäss Artikel 4 Absatz 1 Buchstabe b des Bundesgesetzes vom 13. Oktober 1965 über die Verrechnungssteuer (VStG) und Artikel 20 Absatz 1 der Vollziehungsverordnung vom 19. Dezember 1966 zum VStG (VStV) der Verrechnungssteuer von 35 % und sind mittels Formular 102 unaufgefordert innert 30 Tagen nach Fälligkeit zu deklarieren. Innert der gleichen Frist ist auch die geschuldete Verrechnungssteuer zu entrichten. Die gleichen Kriterien gelten auch bei der direkten Bundessteuer für die Berechnung der geldwerten Leistungen von Kapitalgesellschaften und von Genossenschaften (vgl. Art. 58 Abs. 1 Bst. b des Bundesgesetzes vom 14. Dezember 1990 über die direkte Bundessteuer [DBG]).

Für die Bemessung einer angemessenen Verzinsung von Vorschüssen oder Darlehen in Schweizer Franken an Beteiligte oder ihnen nahe stehende Dritte oder von Beteiligten oder ihnen nahe stehenden Dritten stellt die Eidgenössische Steuerverwaltung (ESTV), Hauptabteilung Direkte Bundessteuer, Verrechnungssteuer, Stempelabgaben seit dem **1. Januar 2017** auf die folgenden Zinssätze ab:

Eidgenössische Steuerverwaltung ESTV
Eigerstrasse 65
3003 Bern
www.estv.admin.ch

			Zinssatz	
1	**Für Vorschüsse an Beteiligte oder nahe stehende Dritte** (in CHF)		***mindestens:***	
1.1	aus Eigenkapital finanziert und wenn kein Fremdkapital verzinst werden muss		¼	%
1.2	aus Fremdkapital finanziert	Selbstkosten +	¼ - ½	% *
		mindestens	¼	%

* - bis und mit CHF 10 Mio. ½ %
- über CHF 10 Mio. ¼ %

2 **Für Vorschüsse von Beteiligten oder nahe stehenden Dritten** (in CHF)

			höchstens:
		Wohnbau und Landwirtschaft	Industrie und Gewerbe
2.1	Liegenschaftskredite:		
	- bis zu einem Kredit in der Höhe der ersten Hypothek, d.h. 2/3 des Verkehrswertes der Liegenschaft	1 %	1 ½ %
	- Rest	1 ¾ % **	2 ¼ % **

wobei folgende Höchstsätze für die Fremdfinanzierung gelten:
- Bauland, Villen, Eigentumswohnungen, Ferienhäuser und Fabrikliegenschaften bis 70 % vom Verkehrswert
- Übrige Liegenschaften bis 80 % vom Verkehrswert

2.2 Betriebskredite:

a) bis CHF 1 Mio.		
- bei Handels- und Fabrikationsunternehmen	3	% **
- bei Holding- und Vermögensverwaltungsgesellschaften	2 ½	% **
b) ab CHF 1 Mio.		
- bei Handels- und Fabrikationsunternehmen	1	% **
- bei Holding- und Vermögensverwaltungsgesellschaften	¾	% **

Für die Berechnung der Limiten sind die Kredite sämtlicher Beteiligten und nahe stehender Personen zusammen zu zählen.

Diese Zinssätze gelten als „safe haven". Der Nachweis höherer Zinssätze im Drittvergleich bleibt vorbehalten.

** Bei der Berechnung der steuerlich höchstzulässigen Zinsen ist auch ein allfällig bestehendes verdecktes Eigenkapital zu beachten. Es wird hierzu auf das Kreisschreiben Nr. 6 der direkten Bundessteuer vom 6. Juni 1997 betreffend verdecktes Eigenkapital (Art. 65 und 75 DBG) bei Kapitalgesellschaften und Genossenschaften verwiesen, welches auch für die Belange der Verrechnungssteuer und Stempelabgaben massgebend ist.

Für ergänzende Auskünfte :

- Bruno Marai, Tel. 058 462 10 98, email: bruno.marai@estv.admin.ch
- Marcial Hofer, Tel. 058 462 63 86, email: marcial.hofer@estv.admin.ch

Abteilung Externe Prüfung

Gilbert Purro
Chef

Schweizerische Eidgenossenschaft
Confédération suisse
Confederazione Svizzera
Confederaziun svizra

Eidgenössisches Finanzdepartement EFD
Eidgenössische Steuerverwaltung ESTV
Hauptabteilung Direkte Bundessteuer,
Verrechnungssteuer, Stempelabgaben

Direkte Bundessteuer
Verrechnungssteuer

Bern, 24. Februar 2010

An die kantonalen Verwaltungen
für die direkte Bundessteuer

An die zentralen Verrechnungs-
steuerbehörden der Kantone

Rundschreiben

Freigrenze für Zinsen von Kundenguthaben / Umsetzung der Unternehmenssteuerreform II

1. Gesetzliche Grundlagen

Mit dem Bundesgesetz vom 23. März 2007 über die Verbesserung der steuerlichen Rahmenbedingungen für unternehmerische Tätigkeiten und Investitionen (Unternehmenssteuerreformgesetz II) wurde auch das Bundesgesetz vom 13. Oktober 1965 über die Verrechnungssteuer (VStG) geändert. Das bestehende Sparheftprivileg wurde aufgehoben. Dafür werden die Zinsen von allen Kundenguthaben von der Verrechnungssteuer ausgenommen, wenn der Zinsbetrag für ein Kalenderjahr 200 Franken nicht übersteigt. Das VStG wurde wie folgt angepasst:

Art. 5 Abs. 1 Bst. c Ausnahmen

1 Von der Steuer sind ausgenommen

c. Die Zinsen von Kundenguthaben, wenn der Zinsbetrag für ein Kalenderjahr 200 Franken nicht übersteigt;

Der Schweizerische Bundesrat hat mit Änderung vom 24. Juni 2009 die Vollziehungsverordnung zum Bundesgesetz über die Verrechnungssteuer vom 19. Dezember 1966 (VStV) wie folgt angepasst:

Art. 16 Kundenguthaben

Die Freigrenze nach Artikel 5 Absatz 1 Buchstabe c des Gesetzes gilt für Zinsbeträge, die für das Kundenguthaben einmal pro Kalenderjahr vergütet werden.

Eidgenössische Steuerverwaltung ESTV
Eigerstrasse 65
3003 Bern
www.estv.admin.ch

Art. 54 Abs. 1 und 2

[1] Ein Sparverein oder eine Betriebssparkasse im Sinne von Artikel 9 Absatz 2 des Gesetzes hat Anspruch auf Rückerstattung der Verrechnungssteuer für Rechnung des Einlegers, wenn dessen Anteil am Bruttoertrag 200 Franken im Kalenderjahr nicht übersteigt. Der Antrag ist bei der Eidgenössischen Steuerverwaltung einzureichen.

[2] Übersteigt dieser Anteil 200 Franken, so muss der Verein oder die Kasse den Einleger darauf hinweisen, dass dieser die Rückerstattung der Verrechnungssteuer selbst zu beantragen hat und sie nur aufgrund einer Bescheinigung nach Artikel 3 Absatz 2 zurückerhält. Auf Verlangen des Einlegers muss der Verein oder die Kasse die Bescheinigung ausstellen.

2. Ausdehnung des Freibetrags auf alle Kundenguthaben

Der neue Wortlaut von Artikel 5 Absatz 1 Buchstabe c VStG verzichtet auf die Einschränkung „von auf den Namen lautenden Spar-, Einlage- oder Depositenheften und Spareinlagen“ und hält den Begriff „Kundenguthaben“ fest. Dementsprechend gilt die Ausnahmeregelung bis zu einem Zinsbetrag von Franken 200 für ein Kalenderjahr für alle Arten von Kundenguthaben, die gemäss Artikel 4 Absatz 1 Buchstabe d VStG eigentlich der Verrechnungssteuer unterliegen würden. Die Freigrenze gilt nicht für Obligationen und diesen gleichgestellten Wertpapieren im Sinne von Artikel 4 Absatz 1 Buchstabe a VStG.

Der Begriff des Kundenguthabens ist im Merkblatt Kundenguthaben der Eidgenössischen Steuerverwaltung S-02.122.2 wie folgt beschrieben: Kundenguthaben sind durch Einlagen bei einer inländischen Bank oder Sparkasse begründete Forderungen. Kundenguthaben können beispielsweise sein: Spar-, Einlage-, Depositen- und Kontokorrentguthaben, Festgelder, Callgelder, Lohnkonti, Aktionärsdarlehen usw. Dazu gehören auch Kundenkonti bei der Schweizerischen Post. Nicht unter den Begriff des Kundenguthabens werden Kassenobligationen und überjährige Termingeldkonten subsumiert. Gleiches gilt für Geldmarktpapiere und Buchforderungen, welche steuerrechtlich als Obligationen gelten (siehe dazu Merkblatt Obligationen S-02.122.1 und Merkblatt Geldmarktpapiere und Buchforderungen inländischer Schuldner S-02.130.1 der Eidgenössischen Steuerverwaltung).

3. Begrenzung auf Kundenguthaben, die nur einmal jährlich abgeschlossen werden

Von der Freigrenze können nur diejenigen Kundenguthaben profitieren, welche einmal pro Kalenderjahr abgeschlossen werden und deren Zins nur einmal vergütet wird. Für andere Periodizitäten ist die Beanspruchung der Freigrenze ausgeschlossen, selbst wenn tatsächlich nur ein Habenzins pro Jahr anfällt. Bei Kontokorrentkonti kann die Freigrenze auch dann beansprucht werden, wenn etwa vierteljährliche Sollzinsbelastungen als Akontozahlung behandelt werden und kein Habenzins ausgewiesen wird, da in diesem Fall kein unterjähriger Abschluss vorgenommen wird. Der massgebende Abschluss mit Verrechnungssteuerabzug und Bescheinigung erfolgt nur einmal jährlich (per Ende Jahr oder bei definitiver Auflösung des Kundenguthabens). Bei Abschluss können die Soll- und Habenzinsen weiterhin gegenseitig verrechnet werden. Die Verrechnungssteuer fällt nur an, wenn die Differenz zu Gunsten des Kunden die Freigrenze von 200 Franken übersteigt.

Bei der Einhaltung der Voraussetzung, dass es sich nicht um überjährige Guthaben handelt und der Zins nur einmal pro Jahr vergütet wird, fallen auch Festgelder unter die Freigrenze; eine Prolongation ist aber ausgeschlossen. Die Freigrenze ist nur dann anwendbar, wenn nach definitivem Abschluss ein neues Konto eröffnet wird. Für das Übergangsjahr 2010 ist für die Festlegung, ob die Freigrenze überschritten wird, auf die Höhe der im Jahr 2010 erfolgten Gutschrift abzustellen. Dabei ist unerheblich, ob ein Teil davon das Jahr 2009 betrifft.

4. Anpassung der Bestimmungen für Sparvereine und Betriebssparkassen

Artikel 54 VStV wurde zu Gunsten von Sparvereinen und Betriebssparkassen erlassen. Diese gelten gemäss Artikel 9 Absatz 2 VStG nicht als Banken oder Sparkassen im Sinne des VStG, sofern diese ihre Gelder ausschliesslich in Werten anlegen, deren Ertrag der Verrechnungssteuer unterliegt. Der Verein kann die Verrechnungssteuer gesamthaft bei der Eidgenössischen Steuerverwaltung geltend machen, wenn der den Einlegern vergütete Zins 200 Franken nicht übersteigt. Diese Limite wurde der neuen Freigrenze von Zinsen auf Kundenguthaben angepasst. Der Artikel wurde redaktionell überarbeitet.

5. Auswirkungen auf die direkten Bundessteuern

Zinsen, welche unter die Freigrenze von Artikel 5 Absatz 1 Buchstabe c VStG fallen, gelten als steuerbare Erträge im Sinne von Artikel 20 Absatz 1 Buchstabe a des Bundesgesetzes über die direkte Bundessteuer vom 14. Dezember 1990 (DBG). Die Zinsen sind im Wertschriftenverzeichnis in der Spalte „der Verrechnungssteuer **nicht** unterliegend“ zu deklarieren.

6. Inkrafttreten

Die neue Freigrenze für Kundenguthaben ist am 1. Januar 2010 in Kraft getreten und gilt für Zinsen, die nach dem 31. Dezember 2009 fällig werden.

Abteilung Aufsicht Kantone

A. Binggeli

André Binggeli
Teamchef

Schweizerische Eidgenossenschaft
Confédération suisse
Confederazione Svizzera
Confederaziun svizra

Eidgenössisches Finanzdepartement EFD
Eidgenössische Steuerverwaltung ESTV
Hauptabteilung Direkte Bundessteuer,
Verrechnungssteuer, Stempelabgaben

Direkte Bundessteuer

Bern, 5. Januar 2010
DB-112 / 442 / LAE

An die kantonalen Verwaltungen
für die direkte Bundessteuer

Rundschreiben

Straflose Selbstanzeige

1. Ausgangslage

Das Bundesgesetz vom 20. März 2008 über die Vereinfachung der Nachbesteuerung in Erbfällen und die Einführung der straflosen Selbstanzeige (AS 2008, 4453) tritt am 1. Januar 2010 in Kraft.

Zeigt sich eine steuerpflichtige Person selbst und erstmalig wegen einer Steuerhinterziehung an, wird auf die Durchführung eines Strafverfahrens verzichtet, wenn:

- keine Steuerbehörde von diesem Sachverhalt Kenntnis hat;
- die steuerpflichtige Person vorbehaltlos mit der Steuerverwaltung zusammenarbeitet, um den Betrag der geschuldeten Steuer festzustellen, und
- die steuerpflichtige Person sich ernstlich um die Bezahlung der geschuldeten Nachsteuer bemüht.

Es ist möglichst zu vermeiden, dass eine sich selbst anzeigende Person die Straflosigkeit der Selbstanzeige mehr als einmal in Anspruch nehmen kann.

2. Vorgehen

Gestützt auf die Artikel 102 und 103 des Bundesgesetzes vom 14. Dezember 1990 über die direkte Bundessteuer (DBG) werden die kantonalen Verwaltungen für die direkte Bundessteuer aufgefordert, ab dem 1. Januar 2010 folgendermassen vorzugehen:

Eidgenössische Steuerverwaltung ESTV
Eigerstrasse 65
3003 Bern
www.estv.admin.ch

Die steuerpflichtige Person, welche steuerbares Einkommen oder Vermögen anzeigt und dafür Straflosigkeit geltend macht, hat schriftlich zu bestätigen, dass sie die Anwendung dieser Bestimmungen erstmals verlangt.

Nach Abschluss des Verfahrens übermittelt die kantonale Verwaltung für die direkte Bundessteuer der Eidg. Steuerverwaltung (ESTV) die folgenden Angaben:

1 AHV-Nummer (neu) / sobald verfügbar: einheitliche Unternehmensidentifikationsnummer UID

2 Name / Firma

3 Vorname

4 Ledigenname

5 Geburtsdatum / Datum des Handelsregistereintrages

6 Meldende kantonale Steuerverwaltung (Kanton und verantwortliche Person)

7 Datum der Nachsteuerverfügung (mit Zustellnachweis)

8 Bemerkungen (z.B. Organe der juristischen Person)

9 Kopie der Straflosigkeitsverfügung (als Beilage)

Diese Informationen sind mit dem beiliegenden Formular auf dem Postweg oder per eMail an die folgende Adresse zu senden:

Eidgenössische Steuerverwaltung
Abteilung Strafsachen und Untersuchungen
Eigerstrasse 65
3003 Bern

asu.dvs@estv.admin.ch

Bei diesen Adressen können sich die kantonalen Steuerverwaltungen über gemeldete straflose Selbstanzeigen erkundigen.

Die durch die steuerpflichtige Person im Rahmen des Verfahrens einer straflosen Selbstanzeige eingereichten Unterlagen sind durch die zuständige kantonale Steuerverwaltung aufzubewahren.

Wir danken Ihnen für die Zusammenarbeit.

Abteilung Strafsachen und Untersuchungen

Emanuel Lauber
Chef

Beilage:
Meldeformular

Schweizerische Eidgenossenschaft
Confédération suisse
Confederazione Svizzera
Confederaziun svizra

Eidgenössisches Finanzdepartement EFD
Département fédéral des finances DFF

Eidgenössische Steuerverwaltung ESTV
Hauptabteilung Dierekte Bundessteuer, Verrechnungssteuer, Stempelabgaben

Administration fédérale des contributions AFC
Division principale de l'impôt fédéral direct, de l'impôt anticipé, des droits de timbre

MELDEFORMULAR – *FORMULAIRE D'ANNONCE*

1 AHV Nummer (neu) oder
Unternehmens-Identifikationsnummer UID
Numéro AVS (nouveau) ou numéro unique d'identification des entreprises IDE: ____________________

2 Name / Firma – *Nom / Raison sociale:* ____________________

3 Vorname – *Prénom:* ____________________

4 Ledigenname – *Nom avant mariage:* ____________________

5 Geburtsdatum / Eintragungsdatum (im HR):
Date de naissance / date d'enregistrement au RC: ____________________

6 Meldende Steuerbehörde – *Autorité fiscale qui annonce:*

Kanton – *Canton:* ____________________

Zuständige Person – *Personne responsable:* ____________________

7 Zustellungsdatum Nachsteuerverfügung mit Zustellnachweis:
Date d'annonce du rappel d'impôt avec preuve de la remise: ____________________

8 Bemerkungen (z.B. Organe der juristischen Personen):
Remarques (par ex. organes de la personne morale):

____

____

____

9 Verfügung über Straffreiheit mit Zustellnachweis: bitte beilegen
*Décision quant à la non-punissabilité et preuve de notification:*annexer s.v.p

per Post an / par poste à:
Eidgenössische Steuerverwaltung / Administration fédérale des contributions
Abteilung Strafsachen und Untersuchungen / Division affaires pénales et enquêtes
Eigerstrasse 65, 3003 Bern

oder per eMail / ou par courriel: asu.dvs@estv.admin.ch

Eidgenössische Steuerverwaltung ESTV
Administration fédérale des contributions AFC
Eigerstrasse 65
3003 Bern
www.estv.admin.ch

Schweizerische Eidgenossenschaft
Confédération suisse
Confederazione Svizzera
Confederaziun svizra

Eidgenössisches Finanzdepartement EFD
Eidgenössische Steuerverwaltung ESTV
Hauptabteilung Direkte Bundessteuer,
Verrechnungssteuer, Stempelabgaben

Direkte Bundessteuer

Bern, 12. Dezember 2008
DB-056.g-SLR

An die kantonalen Verwaltungen
für die direkte Bundessteuer

Rundschreiben

Steuerbefreiung von internationalen Sportverbänden

Internationale Sportverbände sind für die direkte Bundessteuer grundsätzlich steuerpflichtig. Gestützt auf eine extensive Auslegung von Artikel 56 Buchstabe g des Bundesgesetzes vom 14. Dezember 1990 über die direkte Bundessteuer (DBG) haben verschiedene kantonale Steuerbehörden die internationalen Sportverbände mehrheitlich von der direkten Bundessteuer befreit. Auf Ersuchen einzelner Kantone hat der Bundesrat am 5. Dezember 2008 beschlossen, diese während vielen Jahren entwickelte Praxis der Kantone gutzuheissen.

Mit gleichem Beschluss hat der Bundesrat die Eidg. Steuerverwaltung (ESTV) beauftragt, den Kantonen mitzuteilen, dass Artikel 56 Buchstabe g DBG für diese internationalen Sportverbände gesamtschweizerisch gleichermassen anzuwenden ist.

Diesem Auftrag kommt die ESTV mit dem vorliegenden Rundschreiben nach und teilt Ihnen mit, dass bei der Steuerbefreiung internationaler Sportverbände gemäss Artikel 56 Buchstabe g DBG die nachfolgenden Grundsätze anzuwenden sind:

1. Die in der Schweiz domizilierten und dem Internationalen Olympischen Komitee (IOC) angeschlossenen internationalen Sportverbände sowie deren in der Schweiz domizilierten internationalen Unterverbände (Konföderationen) sind von der direkten Bundessteuer befreit. Nicht als Unterverbände gelten die jeweiligen nationalen und regionalen Unterverbände, wie etwa die schweizerischen Sportverbände. Diese sind somit nicht steuerbefreit.

2. Die Steuerbefreiung ist auf die direkte Bundessteuer beschränkt. Die übrigen Steuern und Abgaben des Bundes (Mehrwertsteuer usw.) sind davon nicht betroffen.

Eidgenössische Steuerverwaltung ESTV
Eigerstrasse 65
3003 Bern
www.estv.admin.ch

3. Einzig die internationalen Sportverbände als solche sind von der direkten Bundessteuer befreit. Nicht befreit sind hingegen die natürlichen Personen in deren Umfeld, wie Mitarbeitende, Personen in Gremien, Funktionäre usw.

Wir bitten die kantonalen Steuerverwaltungen, diesen Bundesratsbeschluss anzuwenden und stehen für Rückfragen gerne zu Verfügung.

Abteilung Recht

Marc Bugnon
Chef

Schweizerische Eidgenossenschaft
Confédération suisse
Confederazione Svizzera
Confederaziun svizra

Eidgenössisches Finanzdepartement EFD
Eidgenössische Steuerverwaltung ESTV
Hauptabteilung Direkte Bundessteuer,
Verrechnungssteuer, Stempelabgaben

Direkte Bundessteuer

Bern, 21. Februar 2008
DB-021.1b/102.2 ED

An die kantonalen Verwaltungen
für die direkte Bundessteuer

Rundschreiben

Liste der Kantone mit unterschiedlichen Eigenmietwerten für die kantonalen Steuern und die direkte Bundessteuer ab Steuerperiode 2007

Bekanntlich sind in einigen Kantonen die Mietwerte für die direkte Bundessteuer abweichend von denjenigen bei der Staatssteuer festzusetzen. Diese unterschiedlichen Bemessungen erfolgen im Hinblick auf eine richtige und einheitliche Veranlagung der direkten Bundessteuer (Art. 102 Abs. 2 DBG).

Da Steuerpflichtige Liegenschaften ausserhalb des Wohnsitzkantons besitzen können, senden wir Ihnen eine Liste der für die direkte Bundessteuer abweichenden Mietwertbemessungen ab Steuerperiode 2007. Damit haben Sie als Wohnsitz- oder Aufenthaltskanton die Möglichkeit, den für die direkte Bundessteuer korrekten Mietwert für ausserkantonale Liegenschaften einzusetzen.

Abteilung Aufsicht Kantone
Fachdienste

D. Emch

Daniel Emch
Chef

Beilage erwähnt

Eigerstrasse 65
3003 Bern
www.estv.admin.ch

Bern/Berne, 21. Februar 2008
DB-021.1b/102.2 ED

Liste der Kantone mit unterschiedlichen Eigenmietwerten für die kantonalen Steuern und die direkte Bundessteuer ab Steuerperiode 2007

Liste des cantons dont la détermination de la valeur locative est différente pour l'impôt cantonal et l'impôt fédéral direct à partir de la période fiscale 2007

Kanton Aargau

Auf dem für die kantonalen Steuern gültigen Mietwert von Einfamilienhäusern und Eigentumswohnungen erfolgt für die direkte Bundessteuer ein Zuschlag von 20 %.

Kanton Appenzell Innerrhoden

Der Abzug von der Eigenmietwert-Basis für die am Wohnsitz selbstbenutzte Liegenschaft von kantonal 30 % beträgt bei der direkten Bundessteuer lediglich 20 %.

Kanton Bern

Auf dem sogenannten Protokollmietwert erfolgt für die direkte Bundessteuer differenziert nach Gemeinde ein Zuschlag zwischen 17 % und 56 % (für die Staats- und Gemeindesteuer ein solcher zwischen 0 % und 34 %). Auskunft über die einzelnen Werte gibt die Steuerbehörde der Gemeinde der gelegenen Sache oder die Steuerverwaltung des Kantons Bern, Amtliche Bewertung der Grundstücke und Wasserkräfte, Postfach 8334, 3001 Bern, Telefon: 031 633 66 44, Fax: 031 633 66 66, E-Mail: amtliche.bewertung@fin.be.ch.

Kanton Basel-Landschaft

Auf dem für die kantonalen Steuern gültigen Mietwert von Einfamilienhäusern und Eigentumswohnungen erfolgt für die direkte Bundessteuer ein Zuschlag von 20 %.

Kanton Basel-Stadt

Auf dem für die kantonalen Steuern gültigen Mietwert von Einfamilienhäusern und Eigentumswohnungen erfolgt für die direkte Bundessteuer ein Zuschlag von 15 %.

Canton de Genève

Dans le canton de Genève, la valeur locative brute est déterminante pour l'impôt fédéral direct. Par rapport à la valeur locative en matière d'impôt fédéral direct, la valeur locative brute cantonale des immeubles est diminuée de 4 % par année d'occupation continue par le même propriétaire ou usufruitier jusqu'à concurrence de 40 %. Cette dernière valeur est fournie dans les répartitions intercantonales. L'autorité de taxation compétente pour la taxation de l'impôt fédéral direct peut, le cas échéant, contacter l'administration fiscale genevoise pour connaître la valeur locative brute (tél. 022 327 58 89). La valeur locative brute est toutefois également communiquée dans les répartitions.

Kanton Glarus

Der festgelegte Marktmietwert für die am Wohnsitz selbstbewohnte Liegenschaft wird für die direkte Bundessteuer mit dem Faktor 0.7 multipliziert. Bei den kantonalen Steuern beträgt der Faktor 0.6.

Kanton Graubünden

Der Abzug von der Eigenmietwert-Basis für selbstgenutzte Liegenschaften von kantonal 30 % beträgt bei der direkten Bundessteuer lediglich 20 %.

Canton du Jura

La baisse linéaire de 5 % des valeurs locatives cantonales n'est pas appliquée en matière d'impôt fédéral direct.

Kanton Nidwalden

Der Abzug von der Eigenmietwert-Basis für die am Wohnsitz selbstgenutzten Liegenschaften von 30 % beträgt bei der direkten Bundessteuer lediglich 25 %.

Kanton Obwalden

Die Eigenmietwerte für die direkte Bundessteuer betragen 4.3 % des kantonalen Steuerwerts. Für die kantonalen Steuern betragen die Eigenmietwerte 4.0 % des kantonalen Steuerwerts.

Kanton Schaffhausen

Die für die kantonalen Steuern massgebenden Eigenmietwerte werden für die direkte Bundessteuer mit dem Faktor 1.08 multipliziert.

Kanton Solothurn

Für Einfamilienhäuser und Eigentumswohnungen mit einem Katasterwert bis Fr. 240'000 erfolgt für die direkte Bundessteuer ein Zuschlag von 25 % auf dem kantonalen Mietwert.

Für Liegenschaften überdurchschnittlicher Bauart mit einem Katasterwert über Fr. 240'000 erfolgen Einzelbewertungen und ein Zuschlag für die direkte Bundessteuer entfällt.

Kanton Schwyz

Auf dem für die kantonalen Steuern gültigen Mietwert von Einfamilienhäusern und Eigentumswohnungen erfolgt für die direkte Bundessteuer ein Zuschlag von 5 %.

Kanton Thurgau

Der Abzug von der Eigenmietwert-Basis für das am Wohnsitz selbstgenutzte Wohneigentum beträgt bei der direkten Bundessteuer 20 %. Bei den kantonalen Steuern beträgt dieser Abzug 40 %.

Canton de Vaud

En matière d'impôt fédéral direct, la valeur locative imposable correspond à 90 % de la valeur locative indexée (base 2000). Pour l'impôt cantonal et communal, elle correspond à 65 % de la valeur locative indexée.

Hauptabteilung Direkte Bundessteuer,
Verrechnungssteuer, Stempelabgaben

Eidgenössische Steuerverwaltung ESTV
Administration fédérale des contributions AFC
Amministrazione federale delle contribuzioni AFC
Administraziun federala da taglia AFT

Direkte Bundessteuer
Verrechnungssteuer

Bern, 24. März 2004
DB-145 CAE/Gra/BUG

An die kantonalen
Steuerverwaltungen

Rundschreiben

Parallelität des kantonalen Instanzenzuges in Staats- und in Bundessteuersachen, soweit es um durch das StHG geregelte Streitgegenstände geht; BGE vom 19. Dezember 2003 (2A.355/2003)

In einem Entscheid vom 10. Juni 2002 (interne Sammlung Nr. 882; BGE 128 II 311), hielt das Bundesgericht fest, dass diejenigen Kantone, die eine „weitere verwaltungsunabhängige kantonale Instanz" (Art. 50 StHG) für die Staatssteuer vorsehen, auch für Bundessteuersachen die Überprüfung durch eine zweite Gerichtsinstanz (Art. 145 DBG) zulassen müssen (siehe unser Rundschreiben vom 14. Februar 2003).

Am 19. Dezember 2003 kam unser oberstes Gericht auf die Frage zurück und beschloss Nichteintreten auf eine Verwaltungsgerichtsbeschwerde, welche die Steuerverwaltung des Kantons Jura gegen einen Entscheid der kantonalen Rekurskommission beim Bundesgericht erhoben hatte. Das Bundesgericht befand, dass sowohl für die Staatssteuer als auch für die direkte Bundessteuer derselbe Instanzenzug offenzustehen habe, soweit es sich um die in Art. 73 Abs. 1 StHG genannten Gegenstände handelt, und soweit es um Steuern aus Jahren nach Ablauf der achtjährigen Anpassungsfrist von Art. 72 Abs. 1 StHG geht, welche mit Inkrafttreten des StHG am 1. Januar 1993 zu laufen begann.

Auszug aus der Begründung:

> Das Bundesgericht legt Art. 145 DBG (in Verbindung mit Art. 50 StHG) dahingehend aus, dass ein Kanton, der für Streitigkeiten bezüglich der Staatssteuer eine zweite Gerichtsinstanz vorsieht, auch bezüglich der direkten Bundessteuer eine doppelte gerichtliche Überprüfung ermöglichen muss, damit die Ziele der Steuerharmonisierung durchgesetzt werden können. Diese Auslegung, die auf den Willen des Bundesgesetzgebers zurückgeht, bedeutet keine Verletzung der kantonalen Verfahrensautonomie. Den Kantonen bleibt es *weiterhin unbenommen*, für den Bereich des harmonisierten Rechts in beiden Fällen lediglich eine einzige Gerichtsinstanz vorzusehen, sei dies eine Rekurskommission oder ein Verwaltungs- oder Kantonsgericht.

Das Bundesgericht hebt hervor, dass es nicht ihm sondern dem Kanton zustehe, die zuständige Instanz zu bestimmen. Diesbezüglich sei die kantonale Verfahrensautonomie zu beachten, da die bundesrechtlichen Vorschriften (Art. 145 DBG und Art. 50 StHG) sich darauf beschränken, eine Parallelität des Rechtsweges vorzuschreiben, es den Kantonen jedoch anheim stellen, ob sie nur einen einfachen oder einen doppelten Instanzenzug zur Verfügung stellen wollen.

Das Bundesgericht weist auch darauf hin, dass die Beibehaltung von verschiedenen Beschwerdeverfahren auf kantonaler Ebene das Risiko beinhalte, dass die kantonalen Behörden bezüglich der direkten Bundessteuer und der kantonalen Steuern unterschiedlich urteilen. Ein ebensolches Risiko besteht - unter dem Vorbehalt, dass nicht das Ergebnis eines Verfahrens aufgehoben und demjenigen des zweiten Verfahrens angepasst wird – dort, wo das Bundesgericht die gleiche Streitfrage zweimal zu beurteilen hat, zuerst als Beschwerde gegen den Entscheid bezüglich der direkten Bundessteuer und sodann eventuell gegen den Entscheid der zweiten kantonalen Instanz bezüglich der kantonalen Steuern. Es besteht auch die Gefahr von Widersprüchen zwischen dem Entscheid der einen oder andern kantonalen Instanz und dem Bundesgericht. Dieser Widerspruch kann dadurch hervorgerufen werden, dass diese Behörden eine unterschiedliche Beurteilungskompetenz bezüglich Sachverhaltsfeststellung sowie eine grössere oder kleinere Prüfungsbefugnis im rechtlichen Bereich haben können. Es ist somit möglich, dass das kantonale Gericht und das Bundesgericht die gleiche rechtliche Frage aufgrund von verschiedenen Sachverhaltsfeststellungen zu prüfen hätten.

Art. 98a Abs. 3 OG bestimmt, dass vor einer letzten kantonalen Instanz die Beschwerdelegitimation und die Beschwerdegründe mindestens im gleichen Umfang wie für die Verwaltungsgerichtsbeschwerde an das Bundesgericht zu gewährleisten sind. Diese Bestimmung untersagt es dem kantonalen Gesetzgeber jedoch nicht, Verfahrensregeln und gerichtliche Prüfungsbefugnis in einem Umfang festzulegen, der über die Minimalbestimmungen des Art. 98a OG hinausgeht.

Auch andere Inkongruenzen können sich ergeben. So ist zum Beispiel die Frage der reformatio in peius vel melius für die Staatssteuern nicht immer geregelt. Im Bereich der direkten Bundessteuer ist die reformatio in peius hingegen aufgrund ausdrücklicher Gesetzesvorschrift zulässig (gemäss Art. 143 DBG für das Verfahren vor der Rekurskommission und gemäss dem Verweis in Art. 145 Abs. 2 DBG auch für die weitere kantonale Instanz, gemäss Art. 114 OG auch im Verwaltungsgerichtsverfahren vor Bundesgericht).

Das Bundesgericht zweifelt auch daran, ob es in den Fällen des doppelten Instanzenzugs *zulässig sei, Streitigkeiten über die* Staats- und die direkten Bundessteuern verschiedenen erstinstanzlichen Gerichten zuzuweisen, insbesondere wenn diese ihre Rechtsprechung untereinander nicht koordinieren. Wie dem auch sei, die zweite Instanz muss jedenfalls für beide Steuern dieselbe sein. In den Fällen eines einfachen Instanzenzugs muss hingegen dieselbe Gerichtsbehörde sowohl Streitigkeiten bezüglich Staatssteuer als auch bezüglich der direkten Bundessteuer behandeln.

Der erwähnte Entscheid dürfte deshalb einen direkten Einfluss auf verschiedene hängige Fälle (aus den Kantonen Bern, Wallis, Thurgau, St. Gallen, Obwalden, Basel-Stadt, Basel-Land, Jura und Zürich) sowie auf künftige Fälle haben.

In bezug auf die direkte Bundessteuer sind folgende Schlüsse aus dem Entscheid zu ziehen:

a) Dort wo die Kantone nur eine einzige Rekursinstanz kennen, muss diese sowohl zuständig sein für Rekurse betreffend die kantonalen Steuern als auch betreffend die direkte Bundessteuer.

b) In den Kantonen, die eine zweite Gerichtsinstanz kennen, muss diese auch Streitigkeiten betreffend die direkte Bundessteuer entscheiden, wenn sie zuständig ist für Streitigkeiten betreffend die kantonalen Steuern. Überdies muss die obere Gerichtsinstanz für beide Steuern dieselbe sein.

c) In den Kantonen mit doppeltem Instanzenzug ist es dringend empfohlen, dass dieselbe erste Instanz sowohl Streitigkeiten betreffend die kantonalen Steuern als auch Streitigkeiten betreffend die direkte Bundessteuer entscheidet.

Es ist daher wichtig, dass die betroffenen Kantone so bald als möglich die notwendigen Massnahmen treffen und gegebenenfalls ihre Vollzugsverordnungen zum DBG anpassen. Die Verfahrensanpassungen müssen sofort in Kraft treten und sollten in allen Bundessteuerfällen wirksam werden, die nach dem genannten Entscheid noch hängig sind, unabhängig von der Steuerperiode, die betroffen ist.

Was die Rückerstattung der Verrechnungssteuer durch die Kantone betrifft, bleibt es bei der bisherigen Ordnung, nach welcher der Entscheid der kantonalen Rekurskommission in allen Kantonen direkt ans Bundesgericht weitergezogen werden kann (Art. 54 und 56 des Bundesgesetzes vom 13. Oktober 1965 über die Verrechnungssteuer).

ABTEILUNG RECHT

Der Chef

Marc Bugnon

Beilage:

Kopie des Bundesgerichtsentscheids vom 19. Dezember 2003 (franz. Fassung)

Milderung der wirtschaftlichen Doppelbelastung und ihre Auswirkungen auf die interkantonale Steuerausscheidung

Kreisschreiben 32 – vom 01. Juli 2009

Dieses Kreisschreiben ist nur von jenen Kantonen zu beachten, welche das Teilbesteuerungsverfahren anwenden.

1. Milderung der wirtschaftlichen Doppelbelastung

1.1. Unternehmenssteuerreformgesetz II

Mit dem Bundesgesetz über die Verbesserung der steuerlichen Rahmenbedingungen für unternehmerische Tätigkeiten und Investitionen (Unternehmenssteuerreformgesetz II) vom 23. März 2007 wurden sowohl im StHG wie auch im DBG gesetzliche Regelungen zur Milderung der wirtschaftlichen Doppelbelastung von Körperschaften und Anteilseignern eingeführt. Die Entlastung hat dabei auf der Ebene der Anteilseigner zu erfolgen.

1.2. Gesetzliche Regelung im StHG

Art. 7 Abs. 1 zweiter Satz StHG lautet wie folgt:

[1] *... Bei Dividenden, Gewinnanteilen, Liquidationsüberschüssen und geldwerten Vorteilen aus Beteiligungen aller Art, die mindestens 10 Prozent des Grund- oder Stammkapitals einer Kapitalgesellschaft oder Genossenschaft ausmachen (qualifizierte Beteiligungen), können die Kantone die wirtschaftliche Doppelbelastung von Körperschaften und Anteilsinhabern mildern.*

Diese optionale Bestimmung ist per 1.1.2009 in Kraft getreten.

1.3. Gesetzliche Regelung im DBG

Art. 18b DBG lautet wie folgt (Geschäftsvermögen):

[1] *Dividenden, Gewinnanteile, Liquidationsüberschüsse und geldwerte Vorteile aus Aktien, Anteilen an Gesellschaften mit beschränkter Haftung, Genossenschaftsanteilen und Partizipationsscheinen sowie Gewinne aus der Veräusserung solcher Beteiligungsrechte sind nach Abzug des zurechenbaren Aufwandes im Umfang von 50 Prozent steuerbar, wenn diese Beteiligungsrechte mindestens 10 Prozent des Grund- oder Stammkapitals einer Kapitalgesellschaft oder Genossenschaft darstellen.*

[2] *Die Teilbesteuerung auf Veräusserungsgewinnen wird nur gewährt, wenn die veräusserten Beteiligungsrechte mindestens ein Jahr im Eigentum der steuerpflichtigen Person oder des Personenunternehmens waren.*

Art. 20 Abs. 1 DBG lautet wie folgt (Privatvermögen):

1bis Dividenden, Gewinnanteile, Liquidationsüberschüsse und geldwerte Vorteile aus Aktien, Anteilen an Gesellschaften mit beschränkter Haftung, Genossenschaftsanteilen und Partizipationsscheinen (einschliesslich Gratisaktien, Gratisnennwerterhöhungen u. dgl.) sind im Umfang von 60 Prozent steuerbar, wenn diese Beteiligungsrechte mindestens 10 Prozent des Grund- oder Stammkapitals einer Kapitalgesellschaft oder Genossenschaft darstellen.

Diese Bestimmungen sind per 1.1.2009 in Kraft getreten.

1.4. Methoden zur Milderung der wirtschaftlichen Doppelbelastung

Die Milderung der wirtschaftlichen Doppelbelastung wird methodisch entweder über das Teilsatz- oder das Teilbesteuerungsverfahren herbeigeführt.

Beim **Teilsatzverfahren** werden die zur Entlastung berechtigenden Einkünfte oder Vermögenswerte nicht zum Steuersatz des gesamten Einkommens bzw. Vermögens, sondern zu einem in einem bestimmten prozentualen Ausmass reduzierten Steuersatz besteuert. Die Steuerlast wird dadurch ausschliesslich auf der Grundlage des Steuertarifes reduziert.

Beim **Teilbesteuerungsverfahren** werden die zur Entlastung berechtigenden Einkünfte oder Vermögenswerte nur in einem bestimmten prozentualen Ausmass in die Bemessung des steuerbaren Einkommens oder Vermögens miteinbezogen. Die Steuerlast wird dadurch sowohl auf der Ebene der Bemessungsgrundlage wie auch – als Folge der Bemessungsreduktion – einer entsprechend tieferen Progression reduziert.

Gestützt auf die gesetzliche Regelung von Art. 7 Abs. 1 zweiter Satz StHG fällt es in die Kompetenz der Kantone, zu entscheiden, ob sie überhaupt Milderungen der wirtschaftlichen Doppelbelastung vornehmen wollen, und falls ja, nach welcher Methode und in welchem Ausmass die Entlastung erfolgen soll.

1.5. Auslegungsfragen

1.5.1. Milderung bei Veräusserungsgewinnen von qualifizierten Beteiligungen des Geschäftsvermögens

Im DBG ist in Art. 18b Abs. 1 und Abs. 2 (in Kraft ab 1.1.2009) verankert, dass sich die Milderung der wirtschaftlichen Doppelbelastung auch auf Gewinne aus der Veräusserung von Beteiligungen des Geschäftsvermögens erstreckt, sofern diese Beteiligungsrechte mindestens 10% des Grund- oder Stammkapitals einer Kapitalgesellschaft oder Genossenschaft ausmachen und mindestens ein Jahr im Eigentum der steuerpflichtigen Person oder des Personenunternehmens waren.

Im Hinblick auf Art. 18b DBG dürfte es auch vor dem StHG zulässig sein, Kapitalgewinne auf Beteiligungen im Geschäftsvermögen in die Milderung der wirtschaftlichen Doppelbelastung mit einzubeziehen.

Den Kantonen dürfte es im Übrigen grundsätzlich freigestellt sein, ob sie – bei Beteiligungen im Geschäftsvermögen – die analoge Regelung von Art. 18b DBG übernehmen oder ob sie die Einkünfte aus qualifizierten Beteiligungen (einschliesslich Gewinne aus der Veräusserung solcher Beteiligungsrechte) ohne Anrechnung von damit zusammenhängenden Aufwendungen mildern wollen.

1.5.2. Vermögenssteuer

Gemäss Art. 14 Abs. 1 StHG wird das (Privat-)Vermögen zum Verkehrswert bewertet. Dabei kann der Ertragswert angemessen berücksichtigt werden.

Gemäss Art. 14 Abs. 3 StHG in der ab 1.1.2009 in Kraft getretenen Fassung werden immaterielle Güter und bewegliches Vermögen, die zum Geschäftsvermögen der steuerpflichtigen Person gehören, zu dem für die Einkommenssteuer massgeblichen Wert bewertet.

Nach dem Wortlaut dieser Bestimmungen lässt das StHG den Kantonen keinen Freiraum, bei der Vermögensbesteuerung die Milderung der wirtschaftlichen Doppelbelastung über das Teilbesteuerungsverfahren vorzunehmen.

2. Auswirkungen auf die interkantonale Steuerausscheidung

2.1. Methodenpluralismus

Aufgrund der weitgehenden Regelungsautonomie der Kantone ergeben sich zwangsläufig kantonale Unterschiede bezüglich Methode und Ausmass der Milderung der wirtschaftlichen Doppelbelastung. Zum Zeitpunkt der Inkraftsetzung von Art. 7 Abs. 1 zweiter Satz StHG per 1.1.2009 haben zahlreiche Kantone bereits Milderungsmassnahmen über das Teilsatzverfahren und Teilbesteuerungsverfahren eingeführt, während andere Kantone noch keine Entlastungen gesetzlich verankert haben. Zudem wird allgemein erwartet, dass ein Teil der Kantone, welche bereits Milderungsmassnahmen über das Teilsatzverfahren eingeführt haben, ihre Gesetzesnormen an diejenigen des DBG anpassen und zum Teilbesteuerungsverfahren wechseln werden. Diese Ausgangslage bringt es mit sich, dass auf unabsehbare Zeit bei den interkantonalen Steuerausscheidungen ein Nebeneinander von Kantonen ohne Milderungsmassnahmen, von Kantonen mit dem Teilsatzverfahren und von Kantonen mit dem Teilbesteuerungsverfahren mit Entlastungen in unterschiedlicher Höhe anzutreffen sein wird.

2.2. Ausscheidungen mit einem oder mehreren Kantonen mit dem Teilbesteuerungsverfahren

Sind ein oder mehrere Kantone mit Milderungsmassnahmen über das Teilbesteuerungsverfahren bei den Einkünften aus qualifizierten Beteiligungen oder allenfalls gar bei der Vermögenssteuer (trotz Vorbehalt der StHG-Konformität gemäss Ziffer 1.5.2. hievor) an der interkantonalen Steuerausscheidung beteiligt, so ergeben sich zwangsläufig Kollisionskonflikte, wenn die entstehenden Differenzen nicht durch ein Korrektursystem ausgeglichen werden.

Falls ein an der Ausscheidung beteiligter Kanton bei der Vermögenssteuer über das Teilbesteuerungsverfahren eine Milderung bei den qualifizierten Beteiligungen vornimmt, so führt dies zunächst dazu, dass die beteiligten Kantone voneinander abweichende Aktivenquoten ermitteln, welche als Grundlage für die proportionale Verteilung der Passiven und Schuldzinsen dienen. Dies wiederum hätte zur Folge, dass bei der interkantonalen Ausscheidung insgesamt nicht die gesamten Passiven und Schuldzinsen abgezogen werden könnten, was einen Verstoss gegen das Schlechterstellungsverbot darstellt (Ernst Höhn / Peter Mäusli, Interkantonales Steuerrecht, 4. Auflage, Bern 2000, § 4 N 19 ff.).

Weiter hat diese Ausgangslage zur Folge, dass die beteiligten Kantone den Vermögensertrag nach unterschiedlichen Kriterien ermitteln. Bei Kantonen, welche das Teilbesteuerungsverfahren anwenden, wird der Vermögensertrag auf der Basis der bemessungsreduzierten Beteiligungserträge ermittelt. Kantone, welche bei den qualifizierten Beteiligungserträgen keine Milderungsmassnahmen kennen oder das Teilsatzverfahren anwenden, werden den

Vermögensertrag auf der Grundlage des ungeschmälerten Bruttoertrages berücksichtigen. Da die privaten sowie beim Einzelunternehmer und Teilhaber von einfachen und stillen Gesellschaften auch die geschäftlichen Schuldzinsen grundsätzlich proportional nach Lage der Aktiven auf den Vermögensertrag verlegt werden, kann dies unter Umständen dazu führen, dass sich in einem Teilbesteuerungskanton aufgrund des bemessungsreduzierten Vermögensertrages nach der ersten Schuldzinsverlegung ein Schuldzinsenüberschuss ergibt, welcher von den übrigen Kantonen, welche noch über Vermögensertrag verfügen, zu übernehmen wäre. Aufgrund der Ausscheidung der Kantone, welche keine Milderungen kennen oder das Teilsatzverfahren anwenden, ergäbe sich unter Umständen gar kein oder ein tieferer Schuldzinsenüberschuss, weshalb diese Kantone entweder gar keine weiteren Schuldzinsen oder Schuldzinsen auf einer tieferen Basis übernehmen würden. Diese Konstellation führt ebenfalls zu einem Verstoss gegen das Schlechterstellungsverbot, indem von den involvierten Kantonen nicht die gesamten Schuldzinsen zum Abzug gebracht werden können.

2.3. Ausscheidungen mit Kantonen ohne Teilbesteuerungsverfahren

Sind hingegen an der interkantonalen Steuerausscheidung ausschliesslich Kantone ohne Milderungsmassnahmen oder Kantone mit Milderungsmassnahmen über das Teilsatzverfahren beteiligt, so ist dadurch die Bemessung der Beteiligungen bei der Vermögenssteuer wie auch die Bemessung der Einkünfte aus den Beteiligungsrechten bei der Einkommenssteuer nicht berührt. Diesfalls ergeben sich keine Kollisionskonflikte bei der interkantonalen Steuerausscheidung hinsichtlich Ermittlung der Aktivenquoten, der Ermittlung des Vermögensertrages sowie des vollständigen Abzuges der Passiven und Schuldzinsen.

2.4. Beschränkung des Schuldzinsenabzuges

Gemäss Art. 9 Abs. 2 Bst. a StHG in der ab 1.1.2009 in Kraft getretenen Fassung können die privaten Schuldzinsen im Umfang des nach den Artikeln 7 und 7a steuerbaren Vermögensertrages und weiterer 50'000 Franken abgezogen werden. Damit statuiert das StHG, dass für die Berechnung des maximalen Schuldzinsenabzuges bei Anwendung des Teilbesteuerungsverfahrens der bemessungsreduzierte Vermögensertrag aus den qualifizierten Beteiligungen massgebend ist. Sind ein oder mehrere Kantone mit Milderungsmassnahmen über das Teilbesteuerungsverfahren bei den Einkünften aus qualifizierten Beteiligungen an der interkantonalen Steuerausscheidung beteiligt, so ergeben sich unter Umständen beträchtliche Differenzen und damit Kollisionskonflikte bei der Bemessung des Vermögensertrages, der Berechnung der maximal abziehbaren Schuldzinsen sowie der Verlegung der Schuldzinsen wie auch eines allfälligen Schuldzinsenüberschusses über den Vermögensertrag.

3. Grundsätze bei der interkantonalen Steuerausscheidung

3.1. Bemessung von Aktiven und Vermögenserträgen nach übereinstimmenden Regeln

Grundsätzlich wird die interkantonale Steuerausscheidung von jedem beteiligten Kanton aus Sicht seiner Steuergesetzgebung vorgenommen. Für die Anwendung des Gesamtsteuersatzes muss in jedem Kanton das gesamte Einkommen und Vermögen ermittelt werden, wobei hierfür ebenfalls das betreffende kantonale Steuerrecht massgebend ist. Basierend darauf nimmt jeder Kanton die Ausscheidung des nach seinem Recht massgebenden Gesamteinkommens und –vermögens gemäss den interkantonalen Zuteilungsnormen vor und besteuert den auf ihn entfallenden Teil zum Satz des für ihn massgebenden Gesamteinkommens bzw. Gesamtvermögens (Höhn / Mäusli, a.a.O., § 5 N 19).

Grundsätzlich kann ein Steuerpflichtiger, der zwei oder mehreren Kantonen mit Vermögenssteuer und Einkommenssteuer angehört, verlangen, dass alle Kantone zusammen sämtliche Schulden und Schuldzinsen abziehen (BGer 15.10.1996; 2P.370/1994 = StE 1998 A 24.42.4 Nr. 1). Für die Ausscheidung des Vermögens verzichtet das Bundesgericht zwar auf einen einheitlichen Bewertungsmassstab. Bei der Schuldzinsenverlegung genügt es nach der Rechtsprechung des Bundesgerichtes jedoch nicht, wenn bei der Bewertung der Aktiven jeder Kanton seine eigenen Bewertungsregeln sowohl für die innerkantonalen als auch für die ausserkantonalen Vermögensobjekte anwendet. Dieses Verfahren hätte zur Folge, dass bei unterschiedlichen Bewertungsregeln der involvierten Kantone unter Umständen nicht die gesamten Schuldzinsen abgezogen werden können. Deshalb verlangt die Rechtsprechung, dass sämtliche **Aktiven** für die Schuldzinsenverlegung von allen beteiligten Kantonen nach **übereinstimmenden Regeln** bewertet werden. Im Bereich des Privatvermögens erweist sich die Bewertung zum Verkehrswert grundsätzlich als am zweckmässigsten (Höhn / Mäusli, a.a.O., § 19 N 19). In der Sphäre des Geschäftsvermögens werden immaterielle Güter und bewegliches Vermögen zum Einkommenssteuerwert bewertet (Art. 14 Abs. 3 StHG, in Kraft ab 1.1.2009).

Um eine vollständige Verteilung der Schuldzinsen zu gewährleisten, ist es nebst der Aktivenbewertung nach übereinstimmenden Regeln nach der bundesgerichtlichen Rechtsprechung zusätzlich noch erforderlich, dass auch der massgebende **Vermögensertrag**, auf den die Schuldzinsen proportional verlegt werden, für Zwecke der interkantonalen Steuerausscheidung nach einer für alle Kantone **einheitlichen Regel** ermittelt wird (BGE 120 Ia 349 = ASA 65, 582). Für die Einkünfte aus qualifizierten Beteiligungen erweist sich dafür die Berücksichtigung der Bruttoeinkünfte, ohne Berücksichtigung der beim Teilbesteuerungsverfahren vorgesehenen Bemessungsreduktion, als zweckmässigste Methode.

3.2. Ermittlung der Aktivenquoten / Vermögenssteuer

Kantone, welche trotz Vorbehalt der StHG-Konformität gemäss Ziff. 1.5.2 bei der Vermögenssteuer das Teilbesteuerungsverfahren für qualifizierte Beteiligungen anwenden, haben für die Ermittlung der Aktivenquoten beim Privatvermögen auf den Verkehrswert der Beteiligung und beim Geschäftsvermögen auf den Einkommenssteuerwert – d.h. auf die massgebenden Bruttowerte ohne Bemessungsreduktion – abzustellen.

3.3. Einkünfte aus Beteiligungen im Privatvermögen

Die Einkünfte aus Beteiligungen, welche nach dem Recht des veranlagenden Kantons zur Teilbesteuerung berechtigen, werden in einem ersten Schritt nach einem einheitlichen Massstab – den Bruttoeinkünften ohne Berücksichtigung der Bemessungsreduktion – in die Bemessungsgrundlage einbezogen. Nachdem die Zuweisung der Einkünfte und die Verteilung der Abzüge abgeschlossen ist, wird in einem zweiten Schritt eine Bemessungskorrektur sowohl des steuerbaren wie auch des satzbestimmenden Einkommens im Umfange der Entlastung nach kantonalem Recht in demjenigen Kanton vorgenommen, welchem die Einkünfte aus Beteiligungen zugewiesen werden („Reduktion wirtschaftliche Doppelbelastung"; **Fallbeispiel 1**).

3.4. Einkünfte aus Beteiligungen im Geschäftsvermögen

3.4.1. Gewinn aus der Sparte Beteiligungen

Das Netto-Ergebnis aus Beteiligungsrechten wird mittels einer Spartenrechnung ermittelt. Für Zwecke der interkantonalen Steuerausscheidung wird in einem ersten Schritt der steuerbare Gewinn aus der selbständigen Tätigkeit im Umfang der gewährten Bemessungsreduktion für den Gewinn aus der „Sparte Beteiligungen" erhöht („Aufrechnung"). Nachdem die Zuweisung der Einkünfte und die Verteilung der Abzüge abgeschlossen ist, wird in einem zweiten Schritt eine Bemessungskorrektur sowohl des steuerbaren wie auch des satzbestimmenden Einkommens im Umfange der Entlastung nach kantonalem Recht in demjenigen Kanton vorgenommen, welchem die Einkünfte aus selbständiger Erwerbstätigkeit zugewiesen werden (Abzug = „Reduktion wirtschaftliche Doppelbelastung"; **Fallbeispiel 2**).

3.4.2. Verlust aus der Sparte Beteiligungen

Das Netto-Ergebnis aus Beteiligungsrechten wird mittels einer Spartenrechnung ermittelt. Für Zwecke der interkantonalen Steuerausscheidung wird in einem ersten Schritt der steuerbare Gewinn aus der selbständigen Tätigkeit im Umfang der vorgenommenen Bemessungsreduktion für den Verlust aus der „Sparte Beteiligungen" reduziert („Abzug"). Nachdem die Zuweisung der Einkünfte und die Verteilung der Abzüge abgeschlossen ist, wird in einem zweiten Schritt eine Bemessungskorrektur sowohl des steuerbaren wie auch des satzbestimmenden Einkommens im Umfange der Entlastung nach kantonalem Recht in demjenigen Kanton vorgenommen, welchem die Einkünfte aus selbständiger Erwerbstätigkeit zugewiesen werden (Aufrechnung = „Reduktion wirtschaftliche Doppelbelastung"; **Fallbeispiel 3**).

3.4.3. Einkünfte aus Beteiligungen ohne Abzug des zurechenbaren Aufwandes

Die für den Spartengewinn und den Spartenverlust aus Beteiligungsrechten geltenden Regeln werden sowohl auf positive wie auch auf negative Einkünfte aus Beteiligungsrechten analog angewendet.

3.5. Beschränkung des Schuldzinsenabzuges

Die Einkünfte aus Beteiligungen, welche nach dem Recht des veranlagenden Kantons zur Teilbesteuerung berechtigen, werden in einem ersten Schritt nach einem einheitlichen Massstab – den Bruttoeinkünften ohne Berücksichtigung der Bemessungsreduktion – in die Bemessungsgrundlage einbezogen. Die für Zwecke der interkantonalen Steuerausscheidung maximal abzugsfähigen Schuldzinsen werden auf der Basis des nicht bemessungsreduzierten Vermögensertrages berechnet.

Nachdem die Zuweisung der Einkünfte und die Verteilung der Abzüge abgeschlossen ist, wird in einem zweiten Schritt eine Bemessungskorrektur sowohl des steuerbaren wie auch des satzbestimmenden Einkommens im Umfange der Entlastung nach kantonalem Recht in demjenigen Kanton vorgenommen, welchem die Einkünfte aus Beteiligungen zugewiesen werden („Reduktion wirtschaftliche Doppelbelastung").

Im Umfang der Differenz zwischen dem maximal abzugsfähigen Schuldzinsbetrag, der sich basierend auf dem bemessungsreduzierten Vermögensertrag ergibt und dem Schuldzinsbetrag, welcher auf der Basis des nicht bemessungsreduzierten Vermögensertrages resultiert, wird eine weitere Bemessungskorrektur sowohl des steuerbaren wie auch des satzbestimmenden Einkommens vorgenommen („Korrektur Schuldzinsbeschränkung"; **Fallbeispiel 4**).

Besteht nach Vornahme der Schuldzinsverteilung ein Überschuss der Vermögenserträge über die Schuldzinsen, so wird die „Korrektur Schuldzinsbeschränkung" im Verhältnis der von den Kantonen übernommenen Schuldzinsen auf sie verteilt (**Fallbeispiel 5**).

Besteht nach Vornahme der Schuldzinsverteilung ein Überschuss der Schuldzinsen über die Vermögenserträge, so wird die „Korrektur Schuldzinsbeschränkung" vollumfänglich dem Hauptsteuerdomizil zugewiesen (**Fallbeispiel 4**).

3.6. Verluste durch „Reduktion wirtschaftliche Doppelbelastung"

Entsteht durch die „Reduktion der wirtschaftlichen Doppelbelastung" aus der Sicht eines Kantons mit Teilbesteuerungsverfahren ein Verlust, so wird dieser im Rahmen der Steuerausscheidung dieses Kantons auf die übrigen Kantone, welche noch über positive Reineinkünfte verfügen, im Verhältnis dieser Reineinkünfte verlegt (technischer Ausgleich). Dabei mildert jeder Kanton die wirtschaftliche Doppelbelastung gemäss eigenem Recht (**Fallbeispiel 6**).

4. Gültigkeit

Das vorliegende Kreisschreiben ist ab Steuerperiode 2009 anwendbar.

Anhang:

Fallbeispiele 1 bis 6

Fallbeispiel 1:
Einkünfte aus Beteiligungen im Privatvermögen

Bruttoertrag aus qualifizierter Beteiligung:	20'000
Kanton A (Hauptsteuerdomizil):	Teilbesteuerungsverfahren, Besteuerung zu 50%
Kanton B (Liegenschaftskanton):	keine Milderung der wirtschaftlichen Doppelbelastung
Kanton C (Liegenschaftskanton):	Teilbesteuerungsverfahren, Besteuerung zu 60%

Interkantonale Steuerausscheidung:

	Total	Kt. A	Kt. B	Kt. C
Massgebliche Aktiven	3'000'000	2'550'000	300'000	150'000
Aktivenquoten in %	100.00%	85.00%	10.00%	5.00%

Einkommen: **aus Sicht Kt. A**	Total	Kt. A 50%	Kt. B 100%	Kt. C 60%
Nettoerträge Liegenschaften	48'000	30'000	12'000	6'000
Ertrag aus qualifizierter Beteiligung	20'000	20'000		
übriger Wertschriftenertrag	14'000	14'000		
Vermögensertrag vor Schuldzinsen	82'000	64'000	12'000	6'000
Verteilung der Schuldzinsen	-40'000	-34'000	-4'000	-2'000
Vermögensertrag nach Schuldzinsen	42'000	30'000	8'000	4'000
Einkünfte unselbständige Tätigkeit	200'000	200'000		
Reineinkommen vor Entlastung	242'000	230'000	8'000	4'000
Reduktion wirtschaftliche Doppelbelastung	-10'000	-10'000		
	232'000	220'000	8'000	4'000
Reineinkommen nach Entlastung	**232'000**	**220'000**	8'000	4'000

Einkommen: **aus Sicht Kt. B**	Total	Kt. A 50%	Kt. B 100%	Kt. C 60%
Nettoerträge Liegenschaften	48'000	30'000	12'000	6'000
Ertrag aus qualifizierter Beteiligung	20'000	20'000		
übriger Wertschriftenertrag	14'000	14'000		
Vermögensertrag vor Schuldzinsen	82'000	64'000	12'000	6'000
Verteilung der Schuldzinsen	-40'000	-34'000	-4'000	-2'000
Vermögensertrag nach Schuldzinsen	42'000	30'000	8'000	4'000
Einkünfte unselbständige Tätigkeit	200'000	200'000		
Reineinkommen vor Entlastung	242'000	230'000	8'000	4'000
Reduktion wirtschaftliche Doppelbelastung	0	0		
	242'000	230'000	8'000	4'000
Reineinkommen nach Entlastung	**242'000**	230'000	**8'000**	4'000

Einkommen: **aus Sicht Kt. C**	Total	Kt. A 50%	Kt. B 100%	Kt. C 60%
Nettoerträge Liegenschaften	48'000	30'000	12'000	6'000
Ertrag aus qualifizierter Beteiligung	20'000	20'000		
übriger Wertschriftenertrag	14'000	14'000		
Vermögensertrag vor Schuldzinsen	82'000	64'000	12'000	6'000
Verteilung der Schuldzinsen	-40'000	-34'000	-4'000	-2'000
Vermögensertrag nach Schuldzinsen	42'000	30'000	8'000	4'000
Einkünfte unselbständige Tätigkeit	200'000	200'000		
Reineinkommen vor Entlastung	242'000	230'000	8'000	4'000
Reduktion wirtschaftliche Doppelbelastung	-8'000	-8'000		
	234'000	222'000	8'000	4'000
Reineinkommen nach Entlastung	**234'000**	222'000	8'000	**4'000**

Fallbeispiel 2:
Einkünfte aus Beteiligungen im Geschäftsvermögen
Abzug des zurechenbaren Aufwandes / Spartengewinn

Betriebserfolg (Gewinn)	200'000
Erfolg Sparte Beteiligungen (Gewinn)	100'000
Einkünfte selbständige Tätigkeit (Gewinn)	300'000

Kanton A (Hauptsteuerdomizil):	Teilbesteuerungsverfahren, Besteuerung zu 50%
Kanton B (Liegenschaftskanton):	keine Milderung der wirtschaftlichen Doppelbelastung
Kanton C (Liegenschaftskanton):	Teilbesteuerungsverfahren, Besteuerung zu 60%

Interkantonale Steuerausscheidung:

	Total	Kt. A	Kt. B	Kt. C
Massgebliche Aktiven	2'000'000	1'600'000	300'000	100'000
Aktivenquoten in %	100.00%	80.00%	15.00%	5.00%

Einkommen: **aus Sicht Kt. A**	Total	Kt. A 50%	Kt. B 100%	Kt. C 60%
Nettoerträge Liegenschaften	50'000	30'000	14'500	5'500
Wertschriftenertrag	20'000	20'000		
Eigenkapitalzins EK 600'000 * 2%	12'000	12'000		
Verbuchte Schuldzinsen Geschäft	10'000	10'000		
Vermögensertrag vor Schuldzinsen	92'000	72'000	14'500	5'500
Verteilung der Schuldzinsen	-50'000	-40'000	-7'500	-2'500
Vermögensertrag nach Schuldzinsen	42'000	32'000	7'000	3'000
Einkünfte selbständige Tätigkeit	300'000	300'000		
Ausgleich Eigenkapitalzins	-12'000	-12'000		
Reineinkommen vor Entlastung	330'000	320'000	7'000	3'000
Reduktion wirtschaftliche Doppelbelastung	-50'000	-50'000		
	280'000	270'000	7'000	3'000
Reineinkommen nach Entlastung	**280'000**	**270'000**	7'000	3'000

Einkommen: **aus Sicht Kt. B**	Total	Kt. A 50%	Kt. B 100%	Kt. C 60%
Nettoerträge Liegenschaften	50'000	30'000	14'500	5'500
Wertschriftenertrag	20'000	20'000		
Eigenkapitalzins EK 600'000 * 2%	12'000	12'000		
Verbuchte Schuldzinsen Geschäft	10'000	10'000		
Vermögensertrag vor Schuldzinsen	92'000	72'000	14'500	5'500
Verteilung der Schuldzinsen	-50'000	-40'000	-7'500	-2'500
Vermögensertrag nach Schuldzinsen	42'000	32'000	7'000	3'000
Einkünfte selbständige Tätigkeit	300'000	300'000		
Ausgleich Eigenkapitalzins	-12'000	-12'000		
Reineinkommen vor Entlastung	330'000	320'000	7'000	3'000
Reduktion wirtschaftliche Doppelbelastung	0	0		
	330'000	320'000	7'000	3'000
Reineinkommen nach Entlastung	**330'000**	320'000	**7'000**	3'000

Einkommen: **aus Sicht Kt. C**	Total	Kt. A 50%	Kt. B 100%	Kt. C 60%
Nettoerträge Liegenschaften	50'000	30'000	14'500	5'500
Wertschriftenertrag	20'000	20'000		
Eigenkapitalzins EK 600'000 * 2%	12'000	12'000		
Verbuchte Schuldzinsen Geschäft	10'000	10'000		
Vermögensertrag vor Schuldzinsen	92'000	72'000	14'500	5'500
Verteilung der Schuldzinsen	-50'000	-40'000	-7'500	-2'500
Vermögensertrag nach Schuldzinsen	42'000	32'000	7'000	3'000
Einkünfte selbständige Tätigkeit	300'000	300'000		
Ausgleich Eigenkapitalzins	-12'000	-12'000		
Reineinkommen vor Entlastung	330'000	320'000	7'000	3'000
Reduktion wirtschaftliche Doppelbelastung	-40'000	-40'000		
	290'000	280'000	7'000	3'000
Reineinkommen nach Entlastung	**290'000**	280'000	7'000	**3'000**

Fallbeispiel 3:
Einkünfte aus Beteiligungen im Geschäftsvermögen
Abzug des zurechenbaren Aufwandes / Spartenverlust

Betriebserfolg (Gewinn)	350'000
Erfolg Sparte Beteiligungen (Verlust)	-100'000
Einkünfte selbständige Tätigkeit (Gewinn)	250'000

Kanton A (Hauptsteuerdomizil):	Teilbesteuerungsverfahren, Besteuerung zu 50%
Kanton B (Liegenschaftskanton):	keine Milderung der wirtschaftlichen Doppelbelastung
Kanton C (Liegenschaftskanton):	Teilbesteuerungsverfahren, Besteuerung zu 60%

Interkantonale Steuerausscheidung:

	Total	Kt. A	Kt. B	Kt. C
Massgebliche Aktiven	2'000'000	1'600'000	300'000	100'000
Aktivenquoten in %	100.00%	80.00%	15.00%	5.00%

Einkommen:	Total	Kt. A	Kt. B	Kt. C
aus Sicht Kt. A		50%	100%	60%
Nettoerträge Liegenschaften	50'000	30'000	14'500	5'500
Wertschriftenertrag	20'000	20'000		
Eigenkapitalzins EK 600'000 * 2%	12'000	12'000		
Verbuchte Schuldzinsen Geschäft	10'000	10'000		
Vermögensertrag vor Schuldzinsen	92'000	72'000	14'500	5'500
Verteilung der Schuldzinsen	-50'000	-40'000	-7'500	-2'500
Vermögensertrag nach Schuldzinsen	42'000	32'000	7'000	3'000
Einkünfte selbständige Tätigkeit	250'000	250'000		
Ausgleich Eigenkapitalzins	-12'000	-12'000		
Reineinkommen vor Entlastung	280'000	270'000	7'000	3'000
Reduktion wirtschaftliche Doppelbelastung*)	50'000	50'000		
	330'000	320'000	7'000	3'000
Reineinkommen nach Entlastung	**330'000**	**320'000**	7'000	3'000

Einkommen:	Total	Kt. A	Kt. B	Kt. C
aus Sicht Kt. B		50%	100%	60%
Nettoerträge Liegenschaften	50'000	30'000	14'500	5'500
Wertschriftenertrag	20'000	20'000		
Eigenkapitalzins EK 600'000 * 2%	12'000	12'000		
Verbuchte Schuldzinsen Geschäft	10'000	10'000		
Vermögensertrag vor Schuldzinsen	92'000	72'000	14'500	5'500
Verteilung der Schuldzinsen	-50'000	-40'000	-7'500	-2'500
Vermögensertrag nach Schuldzinsen	42'000	32'000	7'000	3'000
Einkünfte selbständige Tätigkeit	250'000	250'000		
Ausgleich Eigenkapitalzins	-12'000	-12'000		
Reineinkommen vor Entlastung	280'000	270'000	7'000	3'000
Reduktion wirtschaftliche Doppelbelastung*)	0	0		
	280'000	270'000	7'000	3'000
Reineinkommen nach Entlastung	**280'000**	270'000	**7'000**	3'000

Einkommen: **aus Sicht Kt. C**	Total	Kt. A 50%	Kt. B 100%	Kt. C 60%
Nettoerträge Liegenschaften	50'000	30'000	14'500	5'500
Wertschriftenertrag	20'000	20'000		
Eigenkapitalzins EK 600'000 * 2%	12'000	12'000		
Verbuchte Schuldzinsen Geschäft	10'000	10'000		
Vermögensertrag vor Schuldzinsen	92'000	72'000	14'500	5'500
Verteilung der Schuldzinsen	-50'000	-40'000	-7'500	-2'500
Vermögensertrag nach Schuldzinsen	42'000	32'000	7'000	3'000
Einkünfte selbständige Tätigkeit	250'000	250'000		
Ausgleich Eigenkapitalzins	-12'000	-12'000		
Reineinkommen vor Entlastung	280'000	270'000	7'000	3'000
Reduktion wirtschaftliche Doppelbelastung*)	40'000	40'000		
	320'000	310'000	7'000	3'000
Reineinkommen nach Entlastung	**320'000**	310'000	7'000	**3'000**

*) Aufrechnung des Verlusts aus der Sparte Beteiligungen im Umfang der Reduktionsquote

Fallbeispiel 4:
Teilbesteuerung der Einkünfte aus Beteiligungen im Privatvermögen
Beschränkung des Schuldzinsenabzuges
Brutto-Vermögensertrag + 50'000 < effektive Schuldzinsen

Kanton A (Hauptsteuerdomizil):	Teilbesteuerungsverfahren, Besteuerung zu 50%
Kanton B (Liegenschaftskanton):	keine Milderung der wirtschaftlichen Doppelbelastung
Kanton C (Liegenschaftskanton):	Teilbesteuerungsverfahren, Besteuerung zu 60%

Beschränkung des Schuldzinsabzuges:

Vermögensertrag brutto vor Reduktion der wirtschaftlichen Doppelbelastung:	Brutto 100%
Ertrag aus qualifizierter Beteiligung	150'000
übriger Wertschriftenertrag	12'000
Bruttoertrag Liegenschaft Kt. B	14'000
Bruttoertrag Liegenschaft Kt. C	10'000
massgebender Vermögensertrag	186'000
zuzüglich Grundbetrag	50'000
maximal abzugsfähige Schuldzinsen	236'000
effektive Schuldzinsen	250'000
Aufrechnung Schuldzinsabzug	14'000

Vermögensertrag netto nach Reduktion der wirtschaftlichen Doppelbelastung:	Kt. A 50%	Kt. B 100%	Kt. C 60%
Ertrag aus qualifizierter Beteiligung	150'000	150'000	150'000
Reduktion wirtschaftliche Doppelbelastung	-75'000	0	-60'000
übriger Wertschriftenertrag	12'000	12'000	12'000
Bruttoertrag Liegenschaft Kt. B	14'000	14'000	14'000
Bruttoertrag Liegenschaft Kt. C	10'000	10'000	10'000
massgebender Vermögensertrag	111'000	186'000	126'000
zuzüglich Grundbetrag	50'000	50'000	50'000
maximal abzugsfähige Schuldzinsen	161'000	236'000	176'000
effektive Schuldzinsen	250'000	250'000	250'000
Aufrechnung Schuldzinsabzug	89'000	14'000	74'000
Berechnung der "Korrektur Schuldzinsbeschränkung":			
abzugsfähige Schuldzinsen auf Basis des nicht bemessungsreduzierten Vermögensertrages	236'000	236'000	236'000
abzugsfähige Schuldzinsen auf Basis des bemessungsreduzierten Vermögensertrages	161'000	236'000	176'000
Korrektur Schuldzinsbeschränkung	75'000	0	60'000

Interkantonale Steuerausscheidung:

	Total	Kt. A	Kt. B	Kt. C
Massgebliche Aktiven	7'300'000	7'000'000	200'000	100'000
Aktivenquoten in %	100.00%	95.89%	2.74%	1.37%

Einkommen: **aus Sicht Kt. A**	Total	Kt. A 50%	Kt. B 100%	Kt. C 60%
Nettoerträge Liegenschaften	18'000	0	10'000	8'000
Ertrag aus qualifizierter Beteiligung	150'000	150'000		
übriger Wertschriftenertrag	12'000	12'000		
Vermögensertrag vor Schuldzinsen	180'000	162'000	10'000	8'000
Verteilung der Schuldzinsen	-236'000	-226'301	-6'466	-3'233
Vermögensertrag nach 1. Umlage	-56'000	-64'301	3'534	4'767
2. Umlage Schuldzinsen	0	8'301	-3'534	-4'767
Vermögensertrag nach 2. Umlage	-56'000	-56'000	0	0
Einkünfte unselbständige Tätigkeit	400'000	400'000		
Reineinkommen vor Entlastung	344'000	344'000	0	0
Reduktion wirtschaftliche Doppelbelastung	-75'000	-75'000		
Korrektur Schuldzinsbeschränkung	75'000	75'000		
	344'000	344'000	0	0
Reineinkommen nach Entlastung	**344'000**	**344'000**	0	0

Einkommen: **aus Sicht Kt. B**	Total	Kt. A 50%	Kt. B 100%	Kt. C 60%
Nettoerträge Liegenschaften	18'000	0	10'000	8'000
Ertrag aus qualifizierter Beteiligung	150'000	150'000		
übriger Wertschriftenertrag	12'000	12'000		
Vermögensertrag vor Schuldzinsen	180'000	162'000	10'000	8'000
Verteilung der Schuldzinsen	-236'000	-226'301	-6'466	-3'233
Vermögensertrag nach 1. Umlage	-56'000	-64'301	3'534	4'767
2. Umlage Schuldzinsen	0	8'301	-3'534	-4'767
Vermögensertrag nach 2. Umlage	-56'000	-56'000	0	0
Einkünfte unselbständige Tätigkeit	400'000	400'000		
Reineinkommen vor Entlastung	344'000	344'000	0	0
Reduktion wirtschaftliche Doppelbelastung	0	0		
Korrektur Schuldzinsbeschränkung	0	0		
	344'000	344'000	0	0
Reineinkommen nach Entlastung	**344'000**	344'000	**0**	0

Einkommen: **aus Sicht Kt. C**	Total	Kt. A 50%	Kt. B 100%	Kt. C 60%
Nettoerträge Liegenschaften	18'000	0	10'000	8'000
Ertrag aus qualifizierter Beteiligung	150'000	150'000		
übriger Wertschriftenertrag	12'000	12'000		
Vermögensertrag vor Schuldzinsen	180'000	162'000	10'000	8'000
Verteilung der Schuldzinsen	-236'000	-226'301	-6'466	-3'233
Vermögensertrag nach 1. Umlage	-56'000	-64'301	3'534	4'767
2. Umlage Schuldzinsen	0	8'301	-3'534	-4'767
Vermögensertrag nach 2. Umlage	-56'000	-56'000	0	0
Einkünfte unselbständige Tätigkeit	400'000	400'000		
Reineinkommen vor Entlastung	344'000	344'000	0	0
Reduktion wirtschaftliche Doppelbelastung	-60'000	-60'000		
Korrektur Schuldzinsbeschränkung	60'000	60'000		
	344'000	344'000	0	0
Reineinkommen nach Entlastung	**344'000**	344'000	0	**0**

Fallbeispiel 5:
Teilbesteuerung der Einkünfte aus Beteiligungen im Privatvermögen
Beschränkung des Schuldzinsenabzuges
Brutto-Vermögensertrag + 50'000 > effektive Schuldzinsen

Kanton A (Hauptsteuerdomizil):	Teilbesteuerungsverfahren, Besteuerung zu 50%
Kanton B (Liegenschaftskanton):	keine Milderung der wirtschaftlichen Doppelbelastung
Kanton C (Liegenschaftskanton):	Teilbesteuerungsverfahren, Besteuerung zu 40%

Beschränkung des Schuldzinsabzuges:

Vermögensertrag brutto vor Reduktion der wirtschaftlichen Doppelbelastung:	Brutto 100%
Ertrag aus qualifizierter Beteiligung	280'000
übriger Wertschriftenertrag	12'000
Bruttoertrag Liegenschaft Kt. B	14'000
Bruttoertrag Liegenschaft Kt. C	10'000
massgebender Vermögensertrag	316'000
zuzüglich Grundbetrag	50'000
maximal abzugsfähige Schuldzinsen	366'000
effektive Schuldzinsen	250'000
Aufrechnung Schuldzinsabzug	0

Vermögensertrag netto nach Reduktion der wirtschaftlichen Doppelbelastung:	Kt. A 50%	Kt. B 100%	Kt. C 40%
Ertrag aus qualifizierter Beteiligung	280'000	280'000	280'000
Reduktion wirtschaftliche Doppelbelastung	-140'000	0	-168'000
übriger Wertschriftenertrag	12'000	12'000	12'000
Bruttoertrag Liegenschaft Kt. B	14'000	14'000	14'000
Bruttoertrag Liegenschaft Kt. C	10'000	10'000	10'000
massgebender Vermögensertrag	176'000	316'000	148'000
zuzüglich Grundbetrag	50'000	50'000	50'000
maximal abzugsfähige Schuldzinsen	226'000	366'000	198'000
effektive Schuldzinsen	250'000	250'000	250'000
Aufrechnung Schuldzinsabzug	24'000	0	52'000
Berechnung der "Korrektur Schuldzinsbeschränkung":			
abzugsfähige Schuldzinsen auf Basis des nicht bemessungsreduzierten Vermögensertrages	250'000	250'000	250'000
abzugsfähige Schuldzinsen auf Basis des bemessungsreduzierten Vermögensertrages	226'000	250'000	198'000
Korrektur Schuldzinsbeschränkung	24'000	0	52'000

Interkantonale Steuerausscheidung:

	Total	Kt. A	Kt. B	Kt. C
Massgebliche Aktiven	7'300'000	7'000'000	200'000	100'000
Aktivenquoten in %	100.00%	95.89%	2.74%	1.37%

Einkommen: **aus Sicht Kt. A**	Total	Kt. A 50%	Kt. B 100%	Kt. C 40%
Nettoerträge Liegenschaften	18'000	0	10'000	8'000
Ertrag aus qualifizierter Beteiligung	280'000	280'000		
übriger Wertschriftenertrag	12'000	12'000		
Vermögensertrag vor Schuldzinsen	310'000	292'000	10'000	8'000
Verteilung der Schuldzinsen	-250'000	-239'726	-6'849	-3'425
Vermögensertrag nach 1. Umlage	60'000	52'274	3'151	4'575
2. Umlage Schuldzinsen	0	0	0	0
Vermögensertrag nach 2. Umlage	60'000	52'274	3'151	4'575
Einkünfte unselbständige Tätigkeit	400'000	400'000		
Reineinkommen vor Entlastung	460'000	452'274	3'151	4'575
Reduktion wirtschaftliche Doppelbelastung	-140'000	-140'000		
Korrektur Schuldzinsbeschränkung	24'000	23'014	658	329
	344'000	335'288	3'808	4'904
Reineinkommen nach Entlastung	**344'000**	**335'200**	3800	4900

Einkommen: **aus Sicht Kt. B**	Total	Kt. A 50%	Kt. B 100%	Kt. C 40%
Nettoerträge Liegenschaften	18'000	0	10'000	8'000
Ertrag aus qualifizierter Beteiligung	280'000	280'000		
übriger Wertschriftenertrag	12'000	12'000		
Vermögensertrag vor Schuldzinsen	310'000	292'000	10'000	8'000
Verteilung der Schuldzinsen	-250'000	-239'726	-6'849	-3'425
Vermögensertrag nach 1. Umlage	60'000	52'274	3'151	4'575
2. Umlage Schuldzinsen	0	0	0	0
Vermögensertrag nach 2. Umlage	60'000	52'274	3'151	4'575
Einkünfte unselbständige Tätigkeit	400'000	400'000		
Reineinkommen vor Entlastung	460'000	452'274	3'151	4'575
Reduktion wirtschaftliche Doppelbelastung	0	0		
Korrektur Schuldzinsbeschränkung	0	0		
	460'000	452'274	3'151	4'575
Reineinkommen nach Entlastung	**460'000**	452'200	**3'100**	4'500

Einkommen: **aus Sicht Kt. C**	Total	Kt. A 50%	Kt. B 100%	Kt. C 40%
Nettoerträge Liegenschaften	18'000	0	10'000	8'000
Ertrag aus qualifizierter Beteiligung	280'000	280'000		
übriger Wertschriftenertrag	12'000	12'000		
Vermögensertrag vor Schuldzinsen	310'000	292'000	10'000	8'000
Verteilung der Schuldzinsen	-250'000	-239'726	-6'849	-3'425
Vermögensertrag nach 1. Umlage	60'000	52'274	3'151	4'575
2. Umlage Schuldzinsen	0	0	0	0
Vermögensertrag nach 2. Umlage	60'000	52'274	3'151	4'575
Einkünfte unselbständige Tätigkeit	400'000	400'000		
Reineinkommen vor Entlastung	460'000	452'274	3'151	4'575
Reduktion wirtschaftliche Doppelbelastung	-168'000	-168'000		
Korrektur Schuldzinsbeschränkung	52'000	49'863	1'425	712
	344'000	334'137	4'575	5'288
Reineinkommen nach Entlastung	**344'000**	334'100	4'500	**5'200**

Fallbeispiel 6:
Einkünfte aus Beteiligungen im Privatvermögen
Ausgleich eines Verlustes

Kanton A:	Hauptsteuerdomizil, Teilbesteuerungsverfahren, Besteuerung zu 60%
Kanton B:	Geschäftsort
Kanton C und D:	Liegenschaftskantone, keine Teilbesteuerung
Kanton E:	Liegenschaftskanton Teilbesteuerungsverfahren, Besteuerung zu 70%

Interkantonale Steuerausscheidung:

Einkommen:

aus Sicht Kt. A	Total	Kt. A	Kt. B	Kt. C	Kt. D	Kt. E
Massgebliche Aktiven	1'200'000	500'000	200'000	200'000	50'000	250'000
Aktivenquoten in % (1. Verlegung)	*100.00%*	*41.67%*	*16.67%*	*16.67%*	*4.17%*	*20.83%*
Aktivenquoten in % (2. Verlegung)	*100.00%*	*52.63%*		*21.05%*		*26.32%*
Nettoertrag aus Liegenschaften	-120'000			40'000	-210'000	50'000
Ertrag aus qualifizierter Beteiligung brutto	100'000	100'000				
Vermögensertrag Einzelfirma (EK-Zins)	5'000		5'000			
Vermögensertrag	-15'000	100'000	5'000	40'000	-210'000	50'000
Schuldzinsen (1. Verlegung)	-50'000	-20'833	-8'333	-8'333	-2'083	-10'417
Vermögensertrag nach 1. Verlegung	-65'000	79'167	-3'333	31'667	-212'083	39'583
Schuldzinsen (2. Verlegung)	0	-2'851	3'333	-1'140	2'083	-1'425
Vermögensertrag nach 2. Verlegung	-65'000	76'316	0	30'526	-210'000	38'158
Unselbständiger Erwerb Ehemann	80'000	80'000				
Selbständiger Erwerb Ehefrau	50'000		50'000			
Ausgleich Eigenkapitalzins	-5'000		-5'000			
AHV-Beiträge Ehefrau	-5'000		-5'000			
Vorsorgebeiträge Ehefrau	-8'000		-8'000			
Gewinnungskostenüberschuss	0	-210'000			210'000	
Reineinkommen	47'000	-53'684	32'000	30'526	0	38'158
1. Ausgleich	0	32'000	-32'000			
Reineinkommen nach 1. Ausgleich	47'000	-21'684	0	30'526	0	38'158
positive Reineinkommen in %				*44.44%*		*55.56%*
2. Ausgleich	0	21'684		-9'637		-12'047
Reineinkommen nach 2. Ausgleich	47'000	0	0	20'889	0	26'111
Reduktion wirtschaftliche Doppelbelastung	-40'000	-40'000				
Reineinkommen nach Reduktion wDB	7'000	-40'000	0	20'889	0	26'111
Technischer Ausgleich	0	40'000		-17'778		-22'222
	7'000	0	0	3'111	0	3'889
Reineinkommen nach Entlastung	7'000	0	0	3'100	0	3'800

Einkommen: **aus Sicht Kt. C**	**Total**	**Kt. A**	**Kt. B**	**Kt. C**	**Kt. D**	**Kt. E**
Massgebliche Aktiven	1'200'000	500'000	200'000	200'000	50'000	250'000
Aktivenquoten in % (1. Verlegung)	*100.00%*	*41.67%*	*16.67%*	*16.67%*	*4.17%*	*20.83%*
Aktivenquoten in % (2. Verlegung)	*100.00%*	*52.63%*		*21.05%*		*26.32%*
Nettoertrag aus Liegenschaften	-120'000			40'000	-210'000	50'000
Ertrag aus qualifizierter Beteiligung brutto	100'000	100'000				
Vermögensertrag Einzelfirma (EK-Zins)	5'000		5'000			
Vermögensertrag	-15'000	100'000	5'000	40'000	-210'000	50'000
Schuldzinsen (1. Verlegung)	-50'000	-20'833	-8'333	-8'333	-2'083	-10'417
Vermögensertrag nach 1. Verlegung	-65'000	79'167	-3'333	31'667	-212'083	39'583
Schuldzinsen (2. Verlegung)	0	-2'851	3'333	-1'140	2'083	-1'425
Vermögensertrag nach 2. Verlegung	-65'000	76'316	0	30'526	-210'000	38'158
Unselbständiger Erwerb Ehemann	80'000	80'000				
Selbständiger Erwerb Ehefrau	50'000		50'000			
Ausgleich Eigenkapitalzins	-5'000		-5'000			
AHV-Beiträge Ehefrau	-5'000		-5'000			
Vorsorgebeiträge Ehefrau	-8'000		-8'000			
Gewinnungskostenüberschuss	0	-210'000			210'000	
Reineinkommen	47'000	-53'684	32'000	30'526	0	38'158
1. Ausgleich	0	32'000	-32'000			
Reineinkommen nach 1. Ausgleich	47'000	-21'684	0	30'526	0	38'158
positive Reineinkommen in %				*44.44%*		*55.56%*
2. Ausgleich	0	21'684		-9'637		-12'047
Reineinkommen nach 2. Ausgleich	47'000	0	0	20'889	0	26'111
Reduktion wirtschaftliche Doppelbelastung	0	0				
Reineinkommen nach Reduktion wDB	47'000	0	0	20'889	0	26'111
Technischer Ausgleich	0	0		0		0
	47'000	0	0	20'889	0	26'111
Reineinkommen nach Entlastung	47'000	0	0	20'800	0	26'100

Einkommen:

aus Sicht Kt. E

	Total	Kt. A	Kt. B	Kt. C	Kt. D	Kt. E
Massgebliche Aktiven	1'200'000	500'000	200'000	200'000	50'000	250'000
Aktivenquoten in % (1. Verlegung)	*100.00%*	*41.67%*	*16.67%*	*16.67%*	*4.17%*	*20.83%*
Aktivenquoten in % (2. Verlegung)	*100.00%*	*52.63%*		*21.05%*		*26.32%*
Nettoertrag aus Liegenschaften	-120'000			40'000	-210'000	50'000
Ertrag aus qualifizierter Beteiligung brutto	100'000	100'000				
Vermögensertrag Einzelfirma (EK-Zins)	5'000		5'000			
Vermögensertrag	-15'000	100'000	5'000	40'000	-210'000	50'000
Schuldzinsen (1. Verlegung)	-50'000	-20'833	-8'333	-8'333	-2'083	-10'417
Vermögensertrag nach 1. Verlegung	-65'000	79'167	-3'333	31'667	-212'083	39'583
Schuldzinsen (2. Verlegung)	0	-2'851	3'333	-1'140	2'083	-1'425
Vermögensertrag nach 2. Verlegung	-65'000	76'316	0	30'526	-210'000	38'158
Unselbständiger Erwerb Ehemann	80'000	80'000				
Selbständiger Erwerb Ehefrau	50'000		50'000			
Ausgleich Eigenkapitalzins	-5'000		-5'000			
AHV-Beiträge Ehefrau	-5'000		-5'000			
Vorsorgebeiträge Ehefrau	-8'000		-8'000			
Gewinnungskostenüberschuss	0	-210'000			210'000	
Reineinkommen	47'000	-53'684	32'000	30'526	0	38'158
1. Ausgleich	0	32'000	-32'000			
Reineinkommen nach 1. Ausgleich	47'000	-21'684	0	30'526	0	38'158
positive Reineinkommen in %				*44.44%*		*55.56%*
2. Ausgleich	0	21'684		-9'637		-12'047
Reineinkommen nach 2. Ausgleich	47'000	0	0	20'889	0	26'111
Reduktion wirtschaftliche Doppelbelastung	-30'000	-30'000				
Reineinkommen nach Reduktion wDB	17'000	-30'000	0	20'889	0	26'111
Technischer Ausgleich	0	30'000		-13'333		-16'667
	17'000	0	0	7'556	0	9'445
Reineinkommen nach Entlastung	17'000	0	0	7'500	0	9'400

S Schweizerische Steuerkonferenz
CSI Conférence suisse des impôts
K Conferenza svizzera delle imposte

KS 31

Interkantonale Repartition der Pauschalen Steueranrechnung

Kreisschreiben 31 vom 2. Juni 2015

1. Natürliche Personen

Den Anrechnungsbetrag aus der pauschalen Steueranrechnung trägt der Wohnsitz-Kanton. Eine interkantonale Repartition findet nicht statt.

2. Personenunternehmen

Für Personenunternehmen (Personengesellschaften und Einzelunternehmen) gelten die nachstehend für die juristischen Personen geltenden Regelungen sinngemäss.

3. Juristische Personen

3.1 Allgemeine Regel

Den Anrechnungsbetrag aus der pauschalen Steueranrechnung trägt grundsätzlich der Sitz-Kanton. Gemäss BGE 2C_64/2013 hat der Sitzkanton den Rückerstattungsbetrag aus pauschaler Steueranrechnung auch dann zu gewähren, wenn infolge der Ausscheidung bei ihm kein Steuersubstrat verbleibt, sondern lediglich der Liegenschaftskanton einen steuerbaren Gewinn (insbesondere Wertzuwachsgewinn) besteuern kann. Obwohl dem Liegenschaftskanton keine quellensteuerbelasteten Erträge zugewiesen werden, muss er sich aufgrund des Schlechterstellungsverbotes an der pauschalen Steueranrechnung beteiligen.

In wirtschaftlich bedeutenden Fällen kann der Sitz-Kanton von den Betriebsstätte- oder allenfalls Liegenschafts-Kantonen die Übernahme eines angemessenen *Teils des Anrechnungs*betrags verlangen.

Ein Fall gilt als wirtschaftlich bedeutend, wenn der auf einen Betriebsstätte-/Liegenschafts-Kanton entfallende Anrechnungsbetrag pro Geschäftsjahr (bzw. Fälligkeitsjahr) mindestens CHF 5'000.- beträgt.

3.2 Interkantonale Steuerausscheidung

Im Regelfall ist davon auszugehen, dass die mit ausländischen Quellensteuern belasteten Zins-, Lizenz- und nicht dem Beteiligungsabzug unterliegenden Dividendenerträge im Rahmen der quotenmässig-indirekten Ausscheidungsmethode auf sämtliche konkurrierenden Kantone verteilt werden.

Sollte ein Kanton nachweisen können, dass in seiner Besteuerungsquote keine quellensteuerbelasteten Zins-, Lizenz- und nicht dem Beteiligungsabzug unterliegende Dividendenerträge enthalten sind (quotenmässig-direkte oder objektmässige Ausscheidung), ist auf eine Repartition einzelfallweise zu verzichten.

Bei Verlusten im Sitz- und Betriebsstätte-Kanton muss letztendlich der Liegenschaftskanton die pauschale Steueranrechnung übernehmen.

3.3 Berechnung der Repartition

Die Berechnung des auf die Betriebsstätte-Kantone entfallenden Anteils des Anrechnungsbetrags geht vom Kantons- und Gemeindeanteil (2/3 des gewährten Anrechnungsbetrages[1]) aus. Der Bundesanteil (1/3 des gewährten Anrechnungsbetrages[1]) darf nicht in die Berechnung miteinbezogen werden.

Der Kantons- und Gemeindeanteil (2/3 des gewährten Anrechnungsbetrages[1]) ist entsprechend der interkantonalen Gewinnausscheidung prozentual auf den Sitz-Kanton und die einzelnen Betriebsstätte-Kantone zu verteilen. Aus Gründen der Praktikabilität wird diese Berechnung für sämtliche Gesellschaften aller Branchen einheitlich vorgenommen.

Der auf den einzelnen Betriebsstätte-Kanton entfallende Anteil darf nicht höher sein, als die im betreffenden Betriebsstätte-Kanton geschuldete Gewinnsteuer.

Beispiel einer Repartition:

Sitz-Kanton: Zürich

Gewährte Pauschale Steueranrechnung:	CHF 450'000.-
Anteil Bund (1/3):	CHF 150'000.-
Anteil Sitz-Kanton (2/3):	CHF 300'000.-

Steuerbare Quoten Gewinnausscheidung (in %):

Zürich:	60%
Basel:	25%
Bern:	10%
Ticino:	4%
Thurgau:	1%

Repartition:

[1] Ausnahmen bezüglich der Aufteilung des Anrechnungsbetrages auf die Steuerhoheiten Bund und Kanton/Gemeinde sind nur bei teilweiser Besteuerung gemäss Art. 12 in Verbindung mit Art. 20 Abs. 2 + 3 der Verordnung über die pauschale Steueranrechnung möglich.

Zürich:	60% von CHF 300'000.-	=	CHF	180'000.-
Basel:	25% von CHF 300'000.-	=	CHF	75'000.-
Bern:	10% von CHF 300'000.-	=	CHF	30'000.-
Ticino:	4% von CHF 300'000.-	=	CHF	12'000.-
Thurgau:	1% von CHF 300'000.-	=	CHF	3'000.-

Der Sitz-Kanton Zürich kann eine Repartition der pauschalen Steueranrechnung von den Kantonen Basel, Bern und Ticino verlangen. Auf den Kanton TG entfallen weniger als der Mindestbetrag von CHF 5'000, weshalb eine Repartition mit diesem Kanton entfällt.

3.4 Verfahren

3.4.1 Antrag auf Repartition

Der Antrag auf Repartition muss die folgenden Angaben beinhalten:

- Firma;
- Fälligkeitsjahr;
- Art der Erträge (Dividenden, Zinsen oder Lizenzen);
- Datum des Antrags auf pauschale Steueranrechnung;
- Datum der Rechtskraft des Entscheids auf pauschale Steueranrechnung;
- Total im Sitz-Kanton gewährte pauschale Steueranrechnung;
- Anteil des Sitz-Kantons (in der Regel 2/3 des Anrechnungsbetrags) vor Repartition;
- Aufstellung über die prozentuale Gewinnausscheidung auf die betroffenen Sitz- und Betriebstätten- und Liegenschafts-Kantone.

3.4.2 Befristung der Repartition

Der Sitz-Kanton, der eine Ausscheidung der pauschalen Steueranrechnung beansprucht, hat seinen Antrag auf Repartition dem Betriebsstätte- oder allenfalls Liegenschafts-Kanton innert einem Jahr nach Eintritt der Rechtskraft des Entscheides über die Gewährung der pauschalen Steueranrechnung zuzustellen.

Nach Ablauf der Jahresfrist ist der Anspruch auf die interkantonale Repartition verwirkt.

3.4.3 Streitigkeiten

Bei Streitigkeiten über die Anwendung dieses Kreisschreibens entscheidet der Vorstand der Schweizerischen Steuerkonferenz als Schlichtungsstelle.

4. Inkrafttreten

Dieses Kreisschreiben ersetzt das Kreisschreiben 31 vom 29. November 2012. Es gilt ab sofort.

Besteuerung von Trusts

Kreisschreiben 30 – vom 22. August 2007

Inhaltsverzeichnis

1. Einleitung

Mit der zunehmenden Internationalisierung wurde vermehrt der Wunsch nach einer einheitlichen steuerlichen Behandlung von Trusts auf Seiten der Steuerpflichtigen und der Behörden geäussert. Die derzeitig unterschiedliche Besteuerungspraxis in den Kantonen führt zu Problemen, die der Transparenz und Rechtssicherheit abträglich sind.

Das vorliegende Kreisschreiben bezweckt, die heutige uneinheitliche Besteuerungspraxis einer übereinstimmenden Regelung zuzuführen. Aufgrund der mannigfaltigen Erscheinungsformen des Trusts beschränken sich die nachstehenden Ausführungen auf die für die steuerliche Beurteilung notwendigen Wesensmerkmale. Hierzu werden in einem ersten Schritt die grundsätzliche Rechtsnatur eines Trusts sowie die im Zusammenhang mit einem Trustarrangement verwendeten Begriffe erläutert. Gestützt darauf werden in einem zweiten Schritt die steuerlichen Schlussfolgerungen gezogen.

2. Trust

2.1. Grundzüge des Trusts

Der Begriff bezeichnet ein Rechtsverhältnis, welches entsteht, wenn der Errichter (Settlor) auf der Grundlage einer Errichtungsurkunde (Trust Deed) bestimmte Vermögenswerte auf eine oder mehrere Personen (Trustees) überträgt mit der Aufgabe, diese zum Vorteil der Begünstigten mit Wirkung gegenüber jedermann zu verwalten und zu verwenden.

Beim Trust handelt es sich um ein historisch gewachsenes Rechtsinstitut, das ursprünglich aus England stammt und dementsprechend seinen Verbreitungsschwerpunkt in den common law-Staaten (Grossbritannien, USA, Australien, Kanada, Südafrika, Neuseeland) hat. Überdies sind trustähnliche Institute auch in anderen Ländern wie beispielsweise Japan, Panama, Liechtenstein, Mexiko, Kolumbien, Israel und Argentinien anzutreffen.

Der Trust erweist sich in der Praxis als enorm flexibles Instrument und wird häufig im Zusammenhang mit der Nachlassplanung und bei der so genannten asset protection (Bewahrung von Aktiven) von natürlichen Personen eingesetzt. Im Weiteren sind Trusts im angelsächsischen Rechtsraum auch eine dominante Erscheinung im Bereich der gemeinnützigen Institutionen und der Personalvorsorgeeinrichtungen sowie ein häufig verwendetes Instrument, um Mitarbeiteroptionspläne börsenkotierter Gesellschaften umzusetzen. Angesichts der Vielfalt der möglichen Erscheinungsformen des Trusts würde die Aufzählung aller Trustarten ein unmögliches Unterfangen darstellen und wäre für die steuerliche Beurteilung von geringem Nutzen. Vielmehr sind unabhängig von der Art des zu beurteilenden Trusts Grundsätze für die steuerliche Behandlung von Trust-Strukturen aufzustellen.

Der Trust kann entweder durch Rechtsgeschäft unter Lebenden oder durch eine Verfügung von Todes wegen errichtet werden.

Auch wenn er von seiner Anlage her Verwandtschaft mit einer schweizerischen Stiftung hat, fehlt es dem Trust an einer eigenen Rechtspersönlichkeit. Formeller, wenn auch nur treuhänderischer Träger des Trustvermögens ist der Trustee. Der Trust ist andererseits aber auch kein (blosser) Vertrag. Obwohl der Trust ursprünglich vom Settlor errichtet wird, ist er nach seiner Errichtung im Wesentlichen eine Rechtsbeziehung zwischen dem Trustee und den Beneficiaries, welche sich primär nach der Trusturkunde und sekundär nach den spezifischen Trustnormen der anwendbaren Rechtsordnung richtet. Bei der Ausgestaltung des Trusts hat der Settlor verhältnismässig grosse Freiheiten.

Sobald der Trust aber errichtet ist, bestehen seitens des Settlors, ähnlich wie im Fall eines Stifters einer schweizerischen Stiftung, grundsätzlich nur noch beschränkte Einflussmöglichkeiten. Nach der Errichtung des Trusts ist der Trustee primär verpflichtet, die Interessen der Beneficiaries und nicht diejenigen des Settlors zu wahren. Ein weiteres typisches Merkmal eines Trusts ist das komplexe Rechtsverhältnis, welches hinsichtlich des Trustvermögens besteht: Zivilrechtlicher Eigentümer (common law: legal interest) des Trustvermögens ist zwar der Trustee, er hat das Vermögen aber gesondert zu verwalten und es wird, etwa bei Tod oder Konkurs des Trustees, nicht als sein eigenes betrachtet, sondern unterliegt weiterhin dem auf den Trust anwendbaren Recht der Aussonderung zu Gunsten der Beneficiaries bzw. des neu zu bestellenden Trustees.

2.2. Abgrenzung zur Stiftung

Die schweizerische Stiftung dient, ähnlich wie der Trust, der Widmung eines Vermögens zu einem besonderen Zweck (Art. 80 ZGB). Die Stiftung erwirbt mit ihrer Errichtung die juristische Persönlichkeit. Dagegen fehlt es dem Trust an einer eigenen Rechtspersönlichkeit. Dem Trust kommt keine Rechtsfähigkeit und damit auch keine Vermögensfähigkeit zu. Im Unterschied zum Trust wird die Stiftung Eigentümerin des zweckgebundenen Vermögens.

2.3. Abgrenzung zur fiducia

Die schweizerische Treuhand (fiducia) beruht auf einem Vertragsverhältnis (Auftrag nach Art. 394 ff. OR). Der Treuhänder muss dem Auftrag zustimmen, damit das Vertragsverhältnis zu Stande kommt. Eine Zustimmung des Trustees ist dagegen für die Entstehung des Trusts nicht erforderlich. Daher kann der Settlor zu seinen Lebzeiten in Form eines einseitigen Rechtsgeschäftes oder einer Verfügung von Todes wegen irgendeine Person zum Trustee bestimmen. Eine solche Ernennung gleicht der Einsetzung eines Willensvollstreckers nach dem schweizerischen Erbrecht, das ihm die Stellung eines «selbständigen Treuhänders eigener Prägung» einräumt.

Der Trust ist kein (blosser) Vertrag. Obwohl der Trust ursprünglich vom Settlor errichtet wird, ist er nach seiner Errichtung im Wesentlichen eine Rechtsbeziehung zwischen dem Trustee und den Beneficiaries. Nach der Errichtung des Trusts ist der Trustee primär verpflichtet, die Interessen der Beneficiaries und nicht diejenigen des Settlors zu wahren.

2.4. Liechtensteinische Anstalt, Stiftung und Treuhänderschaft

Die Anstalten, Stiftungen und Treuhänderschaften nach liechtensteinischem Recht unterscheiden sich aufgrund ihrer Ausgestaltungsformen stark vom Rechtsinstitut des Trusts und werden deshalb im vorliegenden Kreisschreiben nicht weiter ausgeführt.

2.5. Haager Übereinkommen über das auf Trusts anzuwendende Recht und über ihre Anerkennung

Das Haager Übereinkommen über das auf Trusts anzuwendende Recht und über ihre Anerkennung ist in der Schweiz am 1. Juli 2007 in Kraft getreten. Es ermöglicht die zivilrechtliche Anerkennung von ausländischen Trusts auf der Grundlage international anerkannter Normen und soll dadurch die Rechtssicherheit in diesem Bereich erhöhen.

Die steuerliche Behandlung von Trusts ergibt sich weiterhin ausschliesslich aus dem Schweizer Steuerrecht. Art. 19 des Haager Übereinkommens sieht nämlich vor, dass das Übereinkommen die Befugnisse der Vertragsstaaten in Steuersachen unberührt lässt. Die Ratifikation des Haager Übereinkommens hat demnach keine Auswirkungen auf die steuerliche Behandlung von Trusts.

3. Begriffe

3.1. Settlor

Der Settlor ist jene Person, die durch Rechtsgeschäft unter Lebenden oder von Todes wegen einen Trust errichtet. Soweit er einen unwiderruflichen (irrevocable) Trust begründet, entreichert er sich definitiv, und es kommen ihm in Bezug auf das Trustvermögen grundsätzlich keine Rechte und Pflichten mehr zu. Alternativ kann der Settlor einen widerruflichen (revocable) Trust begründen. Dabei bleibt ihm weiterhin der Zugriff auf das Trustvermögen erhalten.

3.2. Beneficiary

Der Beneficiary ist die mit den Leistungen aus dem Trust begünstigte Person. Der Settlor kann sich selbst oder jede andere natürliche oder juristische Person im In- oder Ausland als Beneficiary einsetzen. Die Vermögenswerte des Trusts können bereits zu Lebzeiten des Settlors oder nach seinem Tode an den Beneficiary weitergeleitet werden.

Der Beneficiary kann sowohl allfällige Ansprüche auf Leistungen aus dem Trustvermögen als auch die pflichtgemässe Verwaltung des Trusts durch die Trustees gerichtlich einklagen. Er hat das wirtschaftliche Eigentum am Trustvermögen (common law: equitable interest). Im Weiteren besitzt er ein Aussonderungsrecht im Konkursfall des Trustees. Der Beneficiary verfügt also nicht nur über einen klagbaren Anspruch bezüglich der Begünstigung, sondern auch über gewisse Kontroll- und Aufsichtsbefugnisse, was ihn ebenfalls zu einer Art Organ macht. Kommt das Trustvermögen dem Trustee abhanden, so kann der Beneficiary die Rückgabe der entsprechenden Vermögenswerte an den Trust bzw. Trustee verlangen.

3.3. Trustee

Durch die Errichtung eines Trusts werden bestimmte Vermögenswerte auf eine oder mehrere natürliche oder juristische Personen übertragen (Trustees), welche diese zu verwalten und für einen vom Settlor vorgegebenen Zweck zu verwenden haben. Der Trustee hat die volle Verfügungsmacht (zivilrechtliches Eigentum) über das Trustvermögen, wobei er verpflichtet ist, gemäss den Trustbestimmungen das Trustvermögen zu Gunsten der Beneficiaries zu verwalten. Er verwaltet und verwendet das Trustvermögen im Rahmen der Trustbestimmungen im eigenen Namen als selbständiger Rechtsträger gegenüber jedermann, aber gesondert von seinem eigenen Vermögen.

Gegenüber den Beneficiaries (und nicht etwa gegenüber dem Settlor) sowie gegenüber einem allfälligen Protector ist der Trustee verpflichtet, Einsicht in die Aufzeichnungen hinsichtlich der Verwaltung und Geschäftsführung zu gewähren.

3.4. Protector

Der Protector ist eine natürliche oder juristische Person, die vom Settlor freiwillig bestellt werden kann, um zu überwachen, ob der Trustee seine Verpflichtungen im Sinne des Settlors erfüllt. Die Befugnisse und Funktionen des Protectors können je nach Gutdünken des Settlors grösser oder kleiner sein. Sie ergeben sich im Detail aus den Trustbestimmungen.

3.5. Trust Deed

Formell muss der Trust durch eine schriftliche Vermögensverfügung, welche vom Settlor und Trustee zu unterzeichnen ist, errichtet werden (für die Entstehung des Trusts ist die Zustimmung des Trustees jedoch nicht erforderlich). In dieser für den Trustee verbindlichen Trusturkunde («Trust Deed») werden die Bestimmungen hinsichtlich der Verwaltung und Werterhaltung des Trustvermögens zu Gunsten der eingesetzten Beneficiaries festgehalten.

3.6. Letter of Wishes

Mittels eines allfälligen Letter of Wishes teilt der Settlor dem Trustee seinen Willen und seine Verfügungen mit. Diese Absichtserklärung ist anders als die Trust Deed rechtlich unverbindlich und stellt somit lediglich eine Vorstellung dar, wie der Settlor seinen Trust verwaltet haben möchte. Praktische Bedeutung hat der Letter of Wishes vor allem bei Irrevocable Discretionary Trusts.

3.7. Revocable / Irrevocable Trust

Es muss zwischen Revocable und Irrevocable Trusts unterschieden werden. Die letzteren werden zusätzlich in sog. Discretionary und Fixed Interest Trusts unterteilt.

Für die steuerliche Behandlung ist entscheidend, ob sich der Settlor aufgrund der Trusterrichtung definitiv seines Vermögens «entäussert» oder sich mittels rechtlicher oder wirtschaftlicher Vorkehrungen weiterhin den Zugriff auf das Trustvermögen vorbehalten hat.

Soweit der Settlor einen unwiderruflichen (irrevocable) Trust begründet, entreichert er sich definitiv, und es stehen ihm in Bezug auf das Trustvermögen grundsätzlich keine Rechte und Pflichten mehr zu. Alternativ kann der Settlor einen widerruflichen (revocable) Trust errichten. So liegt im Allgemeinen keine unwiderrufliche Entäusserung vor, wenn der Settlor sich selbst als Trustee oder Beneficiary eingesetzt hat. Ebenso wenig kann dies bei einer sonst wie gearteten Einflussmöglichkeit des Settlors auf den Trust angenommen werden. Die folgenden Indizien (beispielhafte Aufzählung unter Bezugnahme auf die Bundesgerichtspraxis zur Familienstiftung) helfen bei der Unterscheidung in Revocable und Irrevocable Trusts:

Wird der Settlor
- bei Kapital-Ausschüttungen aus dem Trustvermögen begünstigt?
- bei Ausschüttungen von Erträgen des Trustvermögens begünstigt?

Hat der Settlor das Recht,
- den Trustee abzuberufen und einen anderen zu ernennen?
- neue Beneficiaries zu begünstigen oder begünstigen zu lassen?
- *den Protector* zu ersetzen, welcher wiederum über Befugnisse verfügt, die einem Trustee gleichen?
- die Trusturkunde zu ändern bzw. ändern zu lassen?

- den Trust zu widerrufen?
- die Liquidation des Trusts zu fordern?
- eines Vetos bei Trustee-Entscheidungen bezüglich der Trustaktiven?

Die Bejahung einer der obigen Fragen spricht für eine steuerliche Behandlung als Revocable Trust.

3.7.1. Revocable Trust

Der Settlor behält sich beim Revocable Trust das Recht vor, den Trust zu einem späteren Zeitpunkt zu widerrufen und das verbleibende Vermögen zurückzuführen bzw. einem Dritten zukommen zu lassen. Der Settlor hat sich somit nicht definitiv seines Vermögens enteignet.

Für die steuerliche Behandlung ist nicht die Bezeichnung in der Trusturkunde (Trust Deed), sondern die wirtschaftliche Bedeutung entscheidend. Auch ein Trust mit der Bezeichnung «irrevocable» fällt bei nicht endgültiger «Entäusserung» in die Kategorie der Revocable Trusts.

Revocable Trusts werden beim Ableben des Settlors zu Irrevocable Trusts, ausser wenn das Widerrufsrecht einer weiteren Person zusteht oder auf diese übergeht.

3.7.2. Irrevocable Fixed Interest Trust

Beim Fixed Interest Trust gehen die Einzelheiten bezüglich der Beneficiaries und ihrer entsprechenden Rechte aus der Trusturkunde (Trust Deed) direkt hervor. Der Trustee besitzt somit bei diesem Trusttyp keine Ermessensfreiheit bei der Zuteilung der Einkünfte und/oder Vermögenswerte des Trusts. Der Trustee hat weder einen wirtschaftlichen Nutzen am Trustvermögen noch hat er eine selbständige Verfügungsfreiheit darüber. Bei der Errichtung des Irrevocable Fixed Interest Trusts entledigt sich der Settlor definitiv seines Vermögens.

Im Gegensatz zum Discretionary Trust, bei welchem die Rechte des Beneficiarys bloss anwartschaftlicher Natur sind, steht dem Beneficiary eines Fixed Interest Trust ein klagbarer Vermögensanspruch zu. Demzufolge kann der Beneficiary eines Fixed Interest Trust dem Nutzniesser gleichgestellt werden.

3.7.3. Irrevocable Discretionary Trust

Beim Discretionary Trust werden in der Trusturkunde (Trust Deed) normalerweise lediglich abstrakte Klassen von Beneficiaries bezeichnet. Der Entscheid darüber, wer letztlich in den Genuss von Zuwendungen des Trusts kommen soll, wird dem Trustee überlassen.

In einem allfälligen Letter of Wishes legt der Settlor dem Trustee seine Beweggründe, warum er *einen* Trust errichtet hat, dar und teilt diesem rechtlich unverbindlich mit, wie er seine Kompetenzen wahrnehmen soll.

Legt der Settlor auf bestimmte Angelegenheiten besonderen Wert, kann im Trust Deed vorgesehen werden, dass bestimmte Entscheide des Trustees der vorherigen Zustimmung eines Protectors bedürfen.

Im Zeitpunkt der Errichtung eines Discretionary Trusts findet noch keine Bereicherung des Beneficiary statt, da noch nicht feststeht, welche Personen in welchem Umfang und zu welchem Zeitpunkt wirklich einmal in den Genuss einer Zuwendung kommen werden. Die Rechte eines Beneficiarys sind somit bloss anwartschaftlicher Natur.

4. Steuerliche Behandlung von Trust, Trustee und Protector

4.1. Steuerliche Behandlung des Trusts

Das ausländische Recht gewährt dem Trust keine Rechtspersönlichkeit. Unter Bezugnahme auf das internationale Privatrecht (IPRG, Inkorporationstheorie) kann dies auch das schweizerische Steuerrecht nicht vorsehen.

Ein Trust ist auch keine «ausländische juristische Person» im Sinne von Art. 49 Abs. 3 DBG und Art. 20 Abs. 2 StHG, da diese gesetzliche Bestimmung nur Personengesamtheiten erfasst, welchen das schweizerische Privatrecht Rechtspersönlichkeit verleiht. Das schweizerische Privatrecht verleiht dem Trust jedoch keine Rechtspersönlichkeit.

Ein Trust fällt nach überwiegender Lehrmeinung auch nicht unter den Anwendungsbereich der Artikel 11 DBG und 20 Abs. 2 StHG. Die in diesen Bestimmungen vorgesehene autonome steuerliche Qualifikation will nur Einheiten erfassen, deren Mitglieder zueinander in einer «Personenverbindung» stehen. Es handelt sich dabei z.B. um Erbengemeinschaften oder auch um «partnerships» des angelsächsischen Rechts. Das diesen Instituten typische gemeinschaftliche Merkmal existiert in einem Trust nicht.

Es gibt demnach im aktuellen schweizerischen Steuerrecht keine gesetzliche Grundlage, welche es erlauben würde, einen ausländischen Trust für Steuerzwecke mit einer juristischen Person gleichzusetzen. Folglich muss davon ausgegangen werden, dass sich die Frage der beschränkten oder unbeschränkten Steuerpflicht des Trusts (z.B. mit der Begründung, dass sich ein oder mehrere Trustees in der Schweiz aufhalten) gar nicht erst stellt.

4.2. Steuerliche Behandlung des Trustees und des Protectors

Das dem Trust zugewendete Vermögen und die damit erzielten Einkünfte sind grundsätzlich nicht vom Trustee zu versteuern. Diese Sichtweise steht im Einklang mit dem Prinzip der Besteuerung nach der wirtschaftlichen Leistungsfähigkeit. Dieses Prinzip verlangt, dass einem Steuerpflichtigen kein Einkommens- oder Vermögenselement zugerechnet werden darf, über welches er keine Verfügungsmacht besitzt. Aus wirtschaftlicher Sicht ist der Trustee trotz formellem Eigentum nicht am Vermögen berechtigt.[1] Zudem bewegen sich die Risiken des Trustees lediglich im Rahmen der Haftung für sorgfältige Geschäftsführung in Analogie zum Auftragsrecht.

Mit Blick auf die oben erwähnte Begründung stellt sich auch die Frage nach dem Ort der tatsächlichen Geschäftsführung nicht, welche in der Lehre verschiedentlich als Begründung für die Verneinung der Steuerpflicht des Trustee angeführt wird.

Diese Ausführungen gelten auch für eine natürliche oder juristische Person mit Wohnsitz bzw. statutarischen Sitz oder tatsächlichem Verwaltungssitz in der Schweiz, die als Protector eines Trusts handelt. Eine Person, die allein als Protector agiert, ist ebenso wenig wie der Trustee rechtlich oder wirtschaftlich an den Vermögenswerten des Trusts berechtigt. Dessen Vermögenswerte können ihr infolgedessen nicht zugerechnet werden.

Klarerweise zu verbuchen und zu versteuern sind die Honorare bzw. Fees, welche der Trustee oder der Protector für seine Tätigkeit erhält. Dazu müssen diese offen gelegt und überprüfbar sein.

---

[1] Siehe hierzu die Unterscheidung in „legal interest" und „equitable interest" in Ziffer 2.1 bzw. 3.2

5. Steuerliche Behandlung von Settlor und Beneficiary

Die Konstellationen der möglichen Beziehungen an einem Trust sind sehr vielfältig. Eine steuerliche Beurteilung aller Ausgestaltungsformen ist deshalb unmöglich. Im Folgenden können nur die Grundsätze zur individuellen Behandlung von Settlor und Beneficiary dargestellt werden. Dabei wird davon ausgegangen, dass es sich um Fälle von Nachlassplanungen oder so genannter «asset protection» einer natürlichen Personen handelt (häufigste Anwendungsfälle).

5.1. Grundsätze der steuerlichen Behandlung

Die Vermögenswerte und Einkünfte des Trusts (Kapital, Kapitalgewinne, laufende Einkünfte) werden zum Zweck der Besteuerung entweder den Beneficiaries oder dem Settlor zugerechnet (Grundsatz der Transparenz). Dies ergibt sich aus der Tatsache, dass die entsprechenden Vermögenswerte nach dem geltenden schweizerischen Steuerrecht weder dem Trust noch dem Trustee zugerechnet werden können.[2]

Das Einkommen wird im schweizerischen Steuerrecht aufgrund der sogenannten Einkommenszugangstheorie definiert, welche besagt, dass das Einkommen den «Zugang» von Reinvermögen (einschliesslich Nutzungsrechte) während einer gegebenen Periode umfasst. Dabei wird Einkommen nicht schon bei dessen Entstehung, sondern erst bei der Realisation als zugeflossen betrachtet. Nach ständiger Doktrin und Praxis gilt Einkommen i.d.R. steuerrechtlich in jenem Zeitpunkt als zugeflossen und erzielt, in welchem der Steuerpflichtige eine Leistung vereinnahmt oder einen festen Anspruch darauf erworben hat, über welchen er tatsächlich verfügen kann, es sei denn, die Erfüllung des Anspruchs sei besonders unsicher. In diesem Fall ist auf den Zeitpunkt der tatsächlichen Erfüllung abzustellen. Voraussetzung des steuerauslösenden Zuflusses ist also ein abgeschlossener Rechtserwerb, welcher Forderungs- oder Eigentumserwerb sein kann. Blosse Anwartschaften und bedingte Rechtsansprüche führen dagegen nicht zu Einkommen.

Grundsätzlich stellen alle Zuflüsse aus dem Trust beim Begünstigten aufgrund der Einkommensgeneralklausel (Art. 16 Abs. 1 DBG, Art. 7 Abs. 1 StHG) steuerbares Einkommen dar, ausser es liegt eine Schenkung vor (Art. 24 lit. a DBG und Art. 7 Abs. 4 lit. c StHG).

Der Begriff der Schenkung folgt dabei nicht den Definitionen der kantonalen, nicht harmonisierten Erbschafts- und Schenkungssteuergesetze. Vielmehr definiert er sich in Abgrenzung zum Einkommens(steuer)begriff nach DBG und StHG. Er stützt sich auf das Zivilrecht, nach dem für eine Schenkung vier Voraussetzungen erfüllt sein müssen: Zuwendung unter Lebenden, Bereicherung aus dem Vermögen eines anderen, Unentgeltlichkeit und Schenkungs- bzw. Zuwendungswille.

Im Einschätzungsverfahren gilt nach Lehre und Rechtsprechung der allgemein anerkannte Grundsatz, dass die Steuerbehörde die Beweislast für steuerbegründende Tatsachen trägt, während den Steuerpflichtigen die Beweislast für Tatsachen trifft, welche die Steuerschuld aufheben oder mindern.

Im Weiteren bleiben Steuerumgehungs- und Missbrauchstatbestände vorbehalten.

[2] Vorne Ziffer 4

5.1.1. Behandlung des Settlors

5.1.1.1 *Im Allgemeinen*

Die Besteuerung des Settlors hängt davon ab, ob er einen Revocable oder einen Irrevocable Trust errichtet. Im Unterschied zum Irrevocable Trust entäussert sich der Settlor beim Revocable Trust nicht endgültig von dem dem Trust zugewendeten Vermögen. Siehe Beispiel in 5.2.

5.1.1.2 *Settlor mit Wohnsitz in der Schweiz*

Bei Errichtung eines Trusts ist der Settlor in den meisten Fällen im Ausland ansässig, er kann seinen Wohnsitz aber auch in der Schweiz haben. Hat der Settlor seinen Wohnsitz in der Schweiz, liegt nach schweizerischem Steuerrecht nur dann eine Entreicherung des Settlors vor, wenn ein anderes Steuersubjekt bereichert wird. Dies trifft nur bei der Errichtung eines Irrevocable Fixed Interest Trusts zu (vgl. Ziff. 5.1.2). In allen anderen Fällen werden das Vermögen und der Vermögensertrag weiterhin dem Settlor zugerechnet (vgl. auch Art. 335 ZGB und den allgemeinen Vorbehalt der Steuerumgehung). Diese Zurechnung erfolgt unter dem Vorbehalt der Besteuerung nach dem Aufwand (Art. 14 DBG und Art. 6 StHG), da nur Vermögen und Vermögensertrag aus inländischen Quellen in die Kontrollrechnung einfliessen.

5.1.2. Behandlung des Beneficiarys

Bei Irrevocable Fixed Interest Trusts stehen der Kreis der Begünstigten, Umfang und Zeitpunkt der Zuwendungen an die Beneficiaries fest. Aufgrund des bestehenden und bekannten Rechtsanspruchs kann damit eine Zurechnung zum Beneficiary im Umfang des anteiligen Trustvermögens erfolgen. Bei der Zuwendung ist zu prüfen, ob es sich um steuerbares Einkommen oder um eine einkommenssteuerfreie Schenkung handelt (Art. 24 lit. a DBG; Art. 7 Abs. 4 lit. c StHG).

Die Rechte der Beneficiaries von Irrevocable Discretionary Trusts sind bloss anwartschaftlicher Natur. Der Zeitpunkt und Umfang der allfälligen Zuwendungen sind nicht festgelegt, da diese im Ermessen des Trustees liegen. Bisweilen wissen die Beneficiaries gar nicht, dass sie Begünstigte eines Trusts sind. Aus diesem Grund kann die Zuwendung erst im Zeitpunkt der effektiven Auszahlung der Besteuerung unterworfen werden, wobei aber zu prüfen ist, ob es sich um steuerbares Einkommen oder um eine der Einkommenssteuer nicht unterliegende Schenkung handelt (Art. 24 lit. a DBG; Art. 7 Abs. 4 lit. c StHG). Im seltensten Fall, wo Umfang und Zeitpunkt der Zuwendung rechtsverbindlich festgelegt worden sind oder auch regelmässig erfolgen, kann die gleiche Behandlung erfolgen wie beim Fixed Interest Trust. Siehe Beispiel in 5.2.

5.2. Beispiele

Die Beispiele können - wegen der grossen Vielfalt - nicht alle Varianten umfassen. Sie beschränken sich auf die steuerliche Beurteilung der drei Grundvarianten (Revocable Trust, Irrevocable Fixed Interest Trust, Irrevocable Discretionary Trust). Die Beurteilung erfolgt in Anwendung der vorne dargestellten steuerlichen Grundsätze. Es wird davon ausgegangen, dass der Settlor im Zeitpunkt der Errichtung des Trusts lebt (inter vivos Trust) und es sich um einen Fall von Nachlassplanung oder so genannter asset protection einer natürlichen Personen handelt (häufigste Anwendungsfälle). Im Übrigen ist der Vorbehalt von Ziffer 5.1.1.2 zu beachten.

5.2.1. Revocable Trust

Es erfolgt eine steuerlich transparente Behandlung, da keine unwiderrufliche Entäusserung des Trustvermögens vorliegt (Zurechnung von Trustvermögen und –erträgen an den Settlor). Daraus ergibt sich die nachstehende steuerliche Behandlung:

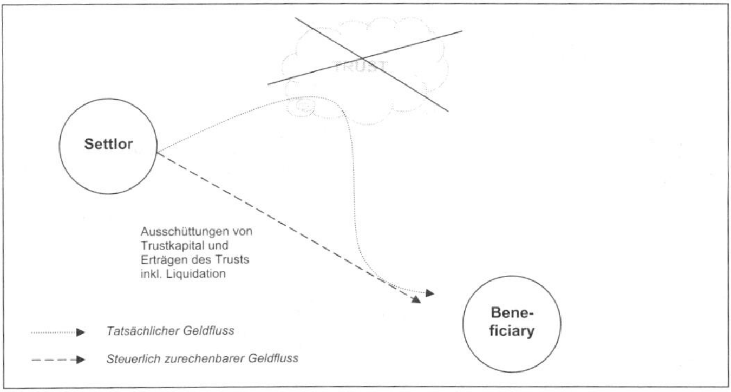

Lebensdauer des Trusts	Steuerliche Beurteilung
Gründung	Keine Steuerfolgen. Vermögen und dessen Erträge sind weiterhin vom Settlor an dessen Wohnsitz zu versteuern.
Ausschüttungen an den Beneficiary	Es liegt eine Schenkung vor. Die Festsetzung des Steuersatzes wird den Kantonen überlassen.
Liquidation	Bei Rückfluss an Settlor: Keine Besteuerung Bei Zufluss an Beneficiary: vgl. oben Ausschüttungen

5.2.2. Irrevocable Fixed Interest Trust

Der Beneficiary des Trusts kann dem Nutzniesser gleichgestellt werden (siehe hierzu ASA 55, 657 ff.), weshalb Trustvermögen und –erträge steuerlich dem Beneficiary zugerechnet werden. Daraus ergibt sich die nachstehende steuerliche Behandlung:

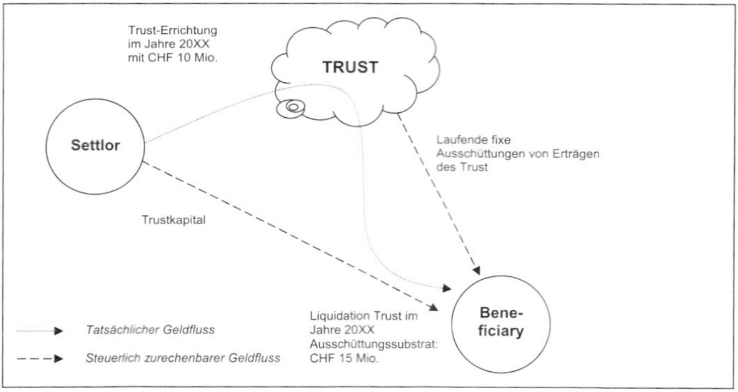

Lebensdauer des Trusts	Steuerliche Beurteilung
Gründung	Es liegt eine Schenkung vom Settlor an den Beneficiary im Umfang des Trustkapitals vor.[3] Die Festsetzung des Steuersatzes wird den Kantonen überlassen.
Ausschüttungen an den Beneficiary	Ausschüttungen an den Beneficiary stellen grundsätzlich steuerbares Einkommen dar (Art. 16 Abs. 1 DBG, Art. 7 Abs. 1 StHG). Dabei gilt das Einkommen in jenem Zeitpunkt als zugeflossen, in welchem der Begünstigte einen festen Anspruch auf die Trusterträge erworben hat oder in welchem er die Ausschüttung vereinnahmt. Der Beneficiary unterliegt für seinen Anteil am Trustvermögen der Vermögenssteuer. Ist dieser Anteil nicht feststellbar, kann der Ertrag kapitalisiert werden.[4] Aus der steuerlichen Zurechnung des Trustvermögens an den Beneficiary folgt, dass die Ausschüttung von Kapitalgewinnen (soweit als Privatvermögen vorliegt) und des eingebrachten Trustkapitals steuerfrei ist (Art. 16 Abs. 3 DBG und Art. 7 Abs. 4 lit. b StHG bzw. Art. 24 lit. a DBG und Art. 7 Abs. 4 lit. c StHG). Kann der Nachweis nicht

[3] Falls die Steuerhoheit gemäss kantonaler Gesetzgebung überhaupt bejaht werden kann.

[4] Z.B. mit Kapitalisierungssatz gemäss Kursliste ESTV

	erbracht werden, dass im konkreten Fall ein steuerfreier Kapitalgewinn oder eine Ausschüttung des Trustkapitals vorliegt, gilt der allgemeine Grundsatz, dass der gesamte Zufluss steuerbares Einkommen darstellt. Der Trust ist von seiner Rechtsnatur her ein dauerhaftes Gebilde, so dass das eingebrachte Trustkapital erst nach Ausschüttung aller Trusterträge ausgeschüttet werden kann.
Liquidation	Zur Behandlung des Liquidationserlöses siehe oben «Ausschüttungen an den Beneficiary».

5.2.3. Irrevocable Discretionary Trust

Hat der Settlor im Zeitpunkt der Errichtung seinen Wohnsitz in der Schweiz, werden das Vermögen und der Vermögensertrag weiterhin dem Settlor zugerechnet (vgl. Ziff. 5.1.1.2.). Es ergeben sich somit die gleichen Steuerfolgen wie bei einem Revocable Trust (vgl. Ziff. 5.2.1)

Hat der Settlor im Zeitpunkt der Errichtung seinen Wohnsitz im Ausland, kann das Trustvermögen weder dem Settlor noch dem Beneficiary zugerechnet werden (vgl. zur Frage, ob überhaupt ein Irrevocable Discretionary Trust vorliegt, obige Ziffer 3.7). Daraus ergeben sich die folgenden Grundsätze der steuerlichen Behandlung:

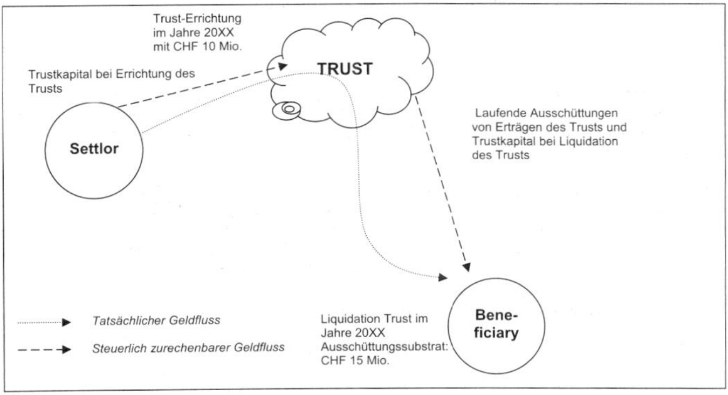

Lebensdauer des Trusts	Steuerliche Beurteilung (unter Vorbehalt von Ziff. 5.1.1.2.)
Gründung	Die Übertragung des Vermögens vom Settlor an den Trust bzw. an die Trustees gilt als Schenkung des Settlors im Umfang des Trustkapitals.
Ausschüttungen an den Beneficiary	Der Beneficiary wird für keinen Vermögensanteil am Trust steuerpflichtig. Ausschüttungen aus dem Trustvermögen an den Beneficiary können erst beim Zufluss respektive beim Erhalt des festen

	Rechtsanspruchs auf die Leistung besteuert werden. Ausschüttungen sind grundsätzlich als Einkommen des Beneficiarys zu betrachten (Art. 16 Abs. 1 DBG, Art. 7 Abs. 1 StHG). Die Besteuerung des Einkommens steht unter dem Vorbehalt des Nachweises, dass beim Zufluss kein oder nur teilweise Einkommen vorliegt (Nachweis des eingebrachten Trustkapitals, welches bei der Einbringung bereits als Schenkung behandelt wurde; Art. 24 lit. a DBG und Art. 7 Abs. 4 lit. c StHG; diese Feststellung bezieht sich allerdings lediglich auf das bei der Gründung oder später eingelegte Kapital, wobei die Nachweispflicht dem Steuerpflichtigen obliegt). Zu beachten ist ferner, dass der Trust von seiner Rechtsnatur her ein dauerhaftes Gebilde ist, so dass das eingebrachte Trustkapital erst nach Ausschüttung aller Trusterträge ausgeschüttet werden kann. Mangels steuerlicher Zurechnung des Trustvermögens an den Beneficiary kann die Ausschüttung weder ganz noch teilweise als privater Kapitalgewinn des Beneficiarys von der Besteuerung ausgenommen werden.
Liquidation	Zur Behandlung des Liquidationserlöses siehe oben «Ausschüttungen an den Beneficiary».

6. Auskunft und Mitwirkungspflicht

Die in der Schweiz steuerpflichtigen Settlors, Trustees oder Beneficiaries haben aufgrund von Artikel 126 DBG bzw. Art. 42 StHG alle erforderlichen Auskünfte zu erteilen, Belege, Urkunden oder Bescheinigungen Dritter einzureichen, um den Trust wie auch die entsprechenden geldwerten Leistungen bzw. Aufwendungen nachzuweisen.

Anzufügen bleibt, dass sich der Trustee bei der Prüfung der Verhältnisse durch eine externe Steuerrevision nicht auf sein Berufsgeheimnis berufen darf. Er hat den Trust mit sämtlichen Urkunden offen zu legen. Dies gilt auch für diejenigen Fälle, in denen der Trustee ein Anwalt ist, da es sich bei der Trustverwaltung nicht um eine eigentliche Anwaltstätigkeit handelt.

7. Hinweise zur Verrechnungssteuer

Nachstehend wird die Praxis der Eidgenössischen Steuerverwaltung (ESTV) festgehalten.

7.1. Vermögenserträge aus dem Trustvermögen

Die Zuwendungen des Trusts an Beneficiaries können nicht der Verrechnungssteuer unterliegen, weil Trusts nicht in Art. 4 Abs. 1 VStG genannt sind.

7.2. Rückerstattung der Verrechnungssteuer

Mangels Rechtspersönlichkeit kann der Trust die Rückerstattung der Verrechnungssteuer nicht selbst beantragen. Auch kann der Trust nicht als rückerstattungsberechtigte Handelsgesellschaft ohne juristische Persönlichkeit qualifiziert werden.[5] Art. 55 lit. c VStV kann auf den Trust nicht angewendet werden, da der Trust keine "Vermögensmasse" darstellt.

Im internationalen Verhältnis bleiben die Erläuterungen gemäss nachstehender Ziffer 8 ("Doppelbesteuerungsabkommen") vorbehalten.

7.2.1. Revocable Trust

Ein widerruflicher Trust ist steuerrechtlich dem Settlor zuzurechnen, der - eine allfällige Steuerumgehung vorbehalten - als Inhaber des Rechts zur Nutzung zu qualifizieren ist. Mithin hat der Settlor die Voraussetzungen zu erfüllen, die ihn zur Rückerstattung der auf den Erträgen des Trustvermögens erhobenen Verrechnungssteuern berechtigen.

7.2.2. Irrevocable Fixed Interest Trust

Soweit der Trustee das Trustverhältnis durch die Vorlage des Trust Deed nachweisen kann, ist ihm das Trustvermögen steuerlich nicht zuzurechnen. In diesem Fall gilt als Inhaber des Rechts zur Nutzung der Beneficiary. Falls der Beneficiary im Zeitpunkt der Fälligkeit der steuerbaren Leistung den Wohnsitz in der Schweiz hatte (Art. 22 Abs. 1 VStG), kann er in Analogie zur Regelung bei Treuhandverhältnissen die Verrechnungssteuer zurückfordern (Art. 61 Abs. 2 VStV).

7.2.3. Irrevocable Discretionary Trust

Beim Discretionary Trust räumt die Trusturkunde dem Beneficiary keine Ansprüche auf Ausschüttungen des Trusts ein. Es liegt vielmehr im Ermessen des Trustees, wann er den in der Urkunde genannten Beneficiaries welche Zahlungen aus dem Trust leisten will. Zwischen dem Zeitpunkt der Trusterrichtung und demjenigen einer effektiven Ausschüttung können das Trustvermögen sowie die darauf anfallenden Erträge nicht den Beneficiaries zugerechnet werden, es handelt sich um blosse Anwartschaften. Ebensowenig kann das Trustvermögen dem Settlor steuerlich zugerechnet werden, da dieser sich endgültig des Trustvermögens entäussert hat. Solange das Trustvermögen steuerlich keiner Person zugerechnet werden kann, besteht bis zur effektiven Ausschüttung keine Möglichkeit der Rückerstattung der Verrechnungssteuer. Dies steht auch im Einklang mit der direktsteuerlichen Behandlung, wonach bei Discretionary Trusts vor der effektiven Ausschüttung kein steuerlicher Zugriff möglich ist.

Hat der Settlor im Zeitpunkt der Errichtung seinen Wohnsitz in der Schweiz, gibt es wegen der *fehlenden Bereicherung eines* anderen Steuersubjekts keine Entreicherung des Settlors mit der Folge, dass das Vermögen und der Vermögensertrag weiterhin dem Settlor zugerechnet werden. Mithin gilt für die Rückerstattung der Verrechnungssteuer die gleiche Regelung wie für einen Revocable Trust und der Settlor hat die Voraussetzungen zu erfüllen, die ihn zur Rückerstattung der auf den Erträgen des Trustvermögens erhobenen Verrechnungssteuern berechtigen.

[5] Vorne Ziffer 4.1

8. Hinweise zu den Doppelbesteuerungsabkommen (DBA)

8.1. Allgemeines

Die von der Schweiz abgeschlossenen Doppelbesteuerungsabkommen regeln u. a. den Anspruch von im Ausland ansässigen Personen auf Rückerstattung der in der Schweiz auf Dividenden und Zinsen erhobenen Verrechnungssteuer und den Anspruch von in der Schweiz ansässigen Personen auf Rückerstattung der im Ausland erhobenen Quellensteuern.

Da der Trust nach Schweizer Recht keine „Person" ist, können die Bestimmungen der Doppelbesteuerungsabkommen nicht nach einheitlichen Regeln angewandt werden. Die konkreten Fälle sind aufgrund der jeweils darauf anwendbaren Doppelbesteuerungsabkommen zu prüfen.

Gewisse Doppelbesteuerungsabkommen, wie z. B. die Abkommen mit den USA, Kanada und Grossbritannien (durch Auslegung), enthalten Bestimmungen über Trusts. Sie bestimmen insbesondere, dass der Trust eine „Person" im Sinn des Abkommens ist. Diese Bestimmung allein bedeutet aber noch nicht, dass ein Anspruch auf Rückerstattung besteht. In den Genuss der Doppelbesteuerungsabkommen kommen nämlich nur Personen, welche a) im Sinn des Abkommens in einem Vertragsstaat steuerlich ansässig sind und b) die tatsächlichen Begünstigten der entsprechenden Einkünfte sind.

8.2. Rückerstattung der schweizerischen Verrechnungssteuer

Beantragt ein Trust ausländischen Rechts die Rückerstattung der schweizerischen Verrechnungssteuer, prüft die Eidgenössische Steuerverwaltung zuerst, ob der Trust nach dem Recht des anderen Vertragsstaats eine dort steuerlich ansässige „Person" (subjektive Steuerpflicht) ist, sei es dass der Trust selbst oder die Trustees im anderen Vertragsstaat Steuersubjekt sind. In diesem Fall hält die Eidgenössische Steuerverwaltung die Anwendung der Abkommensbestimmungen zur Reduktion der Doppelbesteuerung (Dividenden, Zinsen) für richtig und erstattet einen Teil der Verrechungssteuer zurück; der Umstand, dass der Trust nach schweizerischem Recht (und nicht notwendigerweise nach dem Sinn des Abkommens) keine Rechtspersönlichkeit hat, ist vorliegend weniger bedeutend als die Tatsache, dass im anderen Vertragsstaat ein Steuersubjekt für die Erträge des Trusts vollumfänglich der ordentlichen Steuerpflicht unterliegt.

Näher zu prüfen ist die Rückerstattungsberechtigung, wenn die Trusterträge im anderen Vertragsstaat zwar der ordentlichen Besteuerung unterliegen, ein Abzugs- oder Anrechnungsmechanismus aber dazu führen kann, dass der Trust tatsächlich ganz oder teilweise transparent behandelt wird (und die an die Beneficiaries weitergeleiteten Einkünfte nicht besteuert werden). In diesem Fall ist es möglich, dass nicht abkommensberechtigte Personen (Personen, die nicht im Staat des antragstellenden Trusts ansässig sind) die tatsächlichen Begünstigten der Einkünfte aus Schweizer Quelle sind. Dies ist nur ein Beispiel unter vielen, welches zeigt, welche Schwierigkeiten sich bei der Anwendung der Abkommensbestimmungen ergeben und wieso jeder Einzelfall nach dem anwendbaren Doppelbesteuerungsabkommen geprüft werden muss. In jedem Fall obliegt es dem ausländischen Begünstigten bzw. derjenigen Person, welche sich auf ein Doppelbesteuerungsabkommen beruft, der Eidgenössischen Steuerverwaltung die für die Behandlung des Antrags notwendigen Informationen zu liefern.

8.3. Rückerstattung von ausländischen Quellensteuern

Die Schweiz kennt das Institut des Trusts nicht; in diesem Sinn stellt sich die Frage, ob ein in der Schweiz ansässiger Trust gestützt auf ein DBA die Rückerstattung von ausländischen Quellensteuern beantragen kann, nicht. Hingegen fragt sich, ob die in der Schweiz ansässigen und für die Trusterträge anteilig in der Schweiz steuerpflichtigen Begünstigten die ausländischen Steuern, welche auf den an sie weitergeleiteten Trusteinkünften erhoben wurden, teilweise zurückfordern können.

Falls der Antragsteller in der Schweiz ordentlich steuerpflichtig ist und ihm die fraglichen Einkünfte nach dem Gesetz und den Grundsätzen dieses Kreisschreibens zugerechnet wurden, wird die Eidgenössische Steuerverwaltung einen entsprechenden Antrag bestätigen und diesen gemäss dem im Einzelfall anwendbarem Verfahren an den Begünstigten zurücksenden oder an die zuständige ausländische Steuerbehörde des Quellenstaats weiterleiten. Ob und in welchem Umfang dem Rückerstattungsantrag stattgegeben wird, hängt davon ab, wie der andere Vertragsstaat die Trusteinkünfte bzw. den Trust und seine Beneficiaries qualifiziert.

8.4. Zinsbesteuerungsabkommen mit der EG

Die Sonderbestimmungen für Trusts in der Wegleitung zur EU-Zinsbesteuerung sind nur für die Vornahme des Steuerrückbehalts und die freiwillige Meldung im Rahmen des Zinsbesteuerungsabkommen mit der EG massgebend.

Leasinggeschäfte

mit gewerblichen oder industriellen Liegenschaften

Kreisschreiben 29 - vom 27. Juni 2007

1. Einleitung

1.1. Allgemeine Vorbemerkungen

Gegenstand dieses Kreisschreibens ist die steuerliche Behandlung von Leasinggeschäften mit gewerblichen oder industriellen Liegenschaften aus der Sicht des Leasingnehmers wie des Leasinggebers. Dabei wird folgende grundsätzliche Unterscheidung vorgenommen:

- Leasinggeschäfte, bei welchen nur eine Gebrauchsüberlassung vereinbart wird und am Ende der - allenfalls verlängerten - Leasingdauer das Leasingobjekt dem Leasinggeber zurückgegeben wird (nachfolgend die „Leasinggeschäfte Typ A"); und

- Leasinggeschäfte, bei welchen neben der Gebrauchsüberlassung vertraglich bestimmte Rechte und Pflichten in Bezug auf den Kauf des Leasingobjektes durch den Leasingnehmer am Ende der - allenfalls verlängerten - Leasingdauer definiert werden (nachfolgend die „Leasinggeschäfte Typ B").

Die Rechte und Pflichten in Bezug auf den Kauf des Leasingobjektes können sehr verschieden ausgestaltet sein. Wird für den Leasingnehmer ein Kaufrecht (als vorbestimmter Kauf oder als Kaufoption) vereinbart, verpflichtet sich der Leasinggeber, das Leasingobjekt im Zeitpunkt der Beendigung des Leasingvertrages zu dem sich aus dem Leasingvertrag ergebenden kalkulatorischen Restwert zu verkaufen oder zum Verkauf anzubieten. Bei einer Kaufverpflichtung des Leasingnehmers (als vorbestimmten Kauf oder als Verkaufsoption des Leasinggebers) verpflichtet sich dieser, das Leasingobjekt zum oben definierten Restbuchwert zu kaufen.

1.2. Leasingvertrag

Dem Leasinggeschäft mit gewerblichen oder industriellen Liegenschaften liegt ein detaillierter Leasingvertrag zugrunde. Aus diesem – oder aus anderen zwischen den Parteien ausgetauschten Dokumenten – gehen in der Regel die für die steuerliche Qualifikation des Geschäftes nach den nachfolgenden Ziffern erforderlichen Angaben hervor, so die Investitionskosten für das Gebäude und das Grundstück, die Leasingdauer und die berechneten Amortisationen.

1.3. Geltungsbereich

Dieses Kreisschreiben gilt für alle juristischen Personen und für selbständigerwerbende natürliche Personen.

2. Gewinnsteuer des Leasinggebers

2.1. Grundsatz

Die Leasingraten und die übrigen auf dem Leasingvertrag basierenden Vergütungen stellen beim Leasinggeber steuerbaren Ertrag dar.

Der mit dem Leasinggeschäft verbundene Aufwand (namentlich Refinanzierungs- und Verwaltungsaufwand sowie Abschreibungen) stellt grundsätzlich geschäftsmässig begründeter Aufwand dar und kann für die Ermittlung des steuerbaren Gewinnes bzw. Einkommens in Abzug gebracht werden.

2.2. Abschreibungen

2.2.1. Leasinggeschäfte Typ A

Der Leasinggeber kann die Leasingobjekte höchstens zu den für die entsprechende Art von Immobilien geltenden steuerlichen Abschreibungssätzen abschreiben. Diese Ansätze müssen nicht notwendigerweise mit den in den Leasingraten enthaltenen Amortisationsanteilen übereinstimmen. Erweist sich der für eine bestimmte Art von Immobilie definierte Abschreibungssatz als im Einzelfall nicht ausreichend, kann – in Absprache mit der zuständigen Steuerbehörde – ein individueller Abschreibungssatz angewendet werden. Die im nachfolgenden Absatz definierte Abschreibungsuntergrenze ist dabei einzuhalten:

Die Abschreibungsuntergrenze stellt den sogenannten steuerlichen Endwert dar, welcher dem Wert entspricht, den das Abschreibungsobjekt schätzungsweise unter ungünstigsten Verhältnissen in jenem Zeitpunkt für den Betrieb haben wird, in welchem es aus dem Unternehmungsvermögen voraussichtlich ausscheiden wird.

In aller Regel kann die Abschreibungsuntergrenze nicht unter den Erwerbspreis des Bodens sinken. Liegt ein substanzierter Antrag bezüglich einer eingetretenen Landentwertung vor, können auch ausserordentliche Abschreibungen unter den ursprünglichen Landerwerbspreis steuerlich zum Abzug zugelassen werden.

2.2.2. Leasinggeschäfte Typ B

Der Leasinggeber kann die Abschreibungen auf dem Leasingobjekt nach den Bestimmungen für Leasinggeschäfte des Typs A vornehmen.

Dem Leasinggeber ist es gestattet, sich bei Leasinggeschäften des Typs B bei der Ermittlung der *planmässigen Entwertung des* Leasingobjektes an den in der Option oder im Kaufrecht vordefinierten Preis und der Laufzeit des Leasingvertrages in dem Sinne zu orientieren, als auf den in den Leasingraten enthaltenen Amortisationsanteil abgestellt werden darf. Übersteigen die so ermittelten Abschreibungsanteile die Abschreibungen, welche beim betreffenden Leasingobjekt für Leasinggeschäfte des Typs A zugelassen sind, dürfen die Zusatzbeträge (steuerlich) nur als Wertberichtigungen und nicht als Abschreibungen geltend gemacht werden.

Werden die Kaufoption oder das Kaufrecht nicht ausgeübt und verbleibt das Leasingobjekt am Ende der Leasingdauer beim Leasinggeber, muss die Wertberichtigung aufgelöst werden. Erweisen sich die Wertberichtigungen als übermässig, ist der nicht anzuerkennende Teil steuerwirksam zugunsten einer versteuerten Reserve (sogenannter besteuerter Mehrwert) aufzulösen. Der anzuerkennende Teil der Wertberichtigung ist über das entsprechende Anlagekonto aufzulösen.

3. Gewinnsteuer des Leasingnehmers

3.1. Leasinggeschäfte Typ A

Beschränkt sich das Leasinggeschäft auf die Gebrauchsüberlassung (Leasinggeschäft Typ A), bilden die Aufwendungen des Leasingnehmers im Zusammenhang mit diesem Geschäft (so namentlich Leasingzinsen und Gebühren) – ungeachtet der Höhe der in den Leasingraten enthaltenen kalkulatorischen Abschreibungen – vollumfänglich geschäftsmässig begründeten Aufwand.

3.2. Leasinggeschäfte Typ B

Liegt ein Leasinggeschäft Typ B vor, bilden die Aufwendungen des Leasingnehmers (so namentlich Leasingzinsen und Gebühren) – mit Ausnahme der in den Leasingraten enthaltenen übersetzten kalkulatorischen Abschreibungen – geschäftsmässig begründeten Aufwand.

Die in den Leasingraten enthaltenen kalkulatorischen Abschreibungen werden bis zum Erreichen der Abschreibungsuntergrenze (siehe dazu die Definition unter Ziffer 2.2.1. dieses Kreisschreibens) der betroffenen Liegenschaft vollumfänglich zum Abzug zugelassen.

Die in der Leasingrate enthaltenen (kalkulatorischen) Abschreibungen bilden keinen geschäftsmässig begründeten Aufwand, sobald der kalkulatorische Restwert des Leasingobjektes unter den steuerlichen Endwert fällt. Dieser nicht zum Abzug zugelassene Teil der Leasingraten stellt als Gewinn versteuerte stille Reserven dar (sogenannter besteuerter Mehrwert).

Werden die Kaufoption oder das Kaufrecht ausgeübt, stellen die als Gewinn versteuerten stillen Reserven beim Leasingnehmer zusätzliche Anlagekosten der Liegenschaft dar. Der Gewinnsteuerwert der Liegenschaft entspricht in der Folge dem vereinbarten Kaufpreis zuzüglich der als Gewinn versteuerten stillen Reserven auf diesem Leasingobjekt.

Wird die Liegenschaft nicht erworben, kann der Leasingnehmer die als Gewinn versteuerten stillen Reserven auf dieser Liegenschaft steuerwirksam auflösen.

4. Grundstückgewinnsteuer: Anrechenbare Anlagekosten

4.1. Leasinggeber

Beim Verkauf einer Liegenschaft stellen beim Leasinggeber die ursprünglichen Kaufkosten die Anlagekosten dar, welche für die Grundstückgewinnsteuer Grundlage für die Ermittlung der steuerbaren Gewinne bilden. Bei Ausführung eines Bauvorhabens in Zusammenhang mit dem Leasinggeschäft (namentlich Neu-, An- oder Umbau des Leasingobjektes), ist auf die ursprünglichen Kaufkosten zuzüglich der effektiven Baukosten abzustellen.

Als Erlös gelten die beim Leasingnehmer in Ziffer 4.2. dieses Kreisschreibens definierten Anlagekosten, nämlich der vereinbarte Kaufpreis zuzüglich der als Gewinn versteuerten stillen Reserven auf diesem Leasingobjekt gem. Ziffer 3.2. dieses Kreisschreibens.

4.2. Leasingnehmer

Die als Gewinn besteuerten stillen Reserven stellen Anzahlungen im Hinblick auf das dereinst zu erwerbende Grundstück dar und werden grundstückgewinnsteuerlich bei einer allfälligen Weiterveräusserung des Objektes als Anlagekosten anerkannt. Die Anlagekosten des Leasingnehmers entsprechen somit dem Gewinnsteuerwert dieser Liegenschaft anlässlich der Einlösung der Kaufoption oder des Kaufrechtes (siehe Ziffer 3.2. dieses Kreisschreibens).

5. Inkrafttreten

Dieses Kreisschreiben ersetzt das Kreisschreiben der Konferenz staatlicher Steuerbeamter (heute Schweizerische Steuerkonferenz) betreffend die steuerliche Behandlung von Leasingverträgen über gewerbliche oder industrielle Liegenschaften vom 6. Februar 1980.

Dieses Kreisschreibens ist für Geschäftsjahre anwendbar, die im Kalenderjahr 2007 oder später enden.

Wegleitung
zur Bewertung von Wertpapieren ohne Kurswert für die Vermögenssteuer

Kreisschreiben Nr. 28 vom 28. August 2008

A. Allgemeines

1 [1] Diese Wegleitung bezweckt im Rahmen der Vermögenssteuer eine in der Schweiz einheitliche Bewertung von inländischen und ausländischen Wertpapieren, die an keiner Börse gehandelt werden. Sie dient der Steuerharmonisierung zwischen den Kantonen.

[2] Im System der einjährigen Gegenwartsbemessung bemisst sich das Vermögen nach dem Stand am Ende der Steuerperiode oder der Steuerpflicht (Art. 66 Abs. 1 StHG). Für die natürlichen Personen gilt das Kalenderjahr als Steuerperiode (Art. 63 Abs. 2 StHG) und für die juristischen Personen das Geschäftsjahr (Art. 31 Abs. 2 StHG).

[3] Das Vermögen wird grundsätzlich zum Verkehrswert bewertet (Art. 14 Abs. 1 StHG). Als Verkehrswert gilt der Preis, der für einen Vermögensgegenstand unter normalen Verhältnissen erzielt werden kann.

[4] Für die Vermögenssteuer der Steuerperiode (n) ist grundsätzlich der Verkehrswert des Wertpapiers per 31. Dezember (n) massgebend.

2 [1] Bei kotierten Wertpapieren gilt als Verkehrswert der Schlusskurs des letzten Börsentages der entsprechenden Steuerperiode. Die Kurse von in der Schweiz kotierten Wertpapieren per Stichtag 31. Dezember werden jährlich in der Kursliste der Eidg. Steuerverwaltung publiziert.

[2] Bei nichtkotierten Wertpapieren, die regelmässig ausserbörslich gehandelt werden, gilt als Verkehrswert der letzte verfügbare Kurs der entsprechenden Steuerperiode. In der Regel werden diese Kurse per Stichtag 31. Dezember jährlich in der Kursliste der Eidg. Steuerverwaltung publiziert.

[3] Bei nichtkotierten Wertpapieren von Gesellschaften, deren Kapital sich aus verschiedenen Titelkategorien zusammensetzt, wovon eine oder mehrere haupt- oder ausserbörslich gehandelt werden, gilt als Verkehrswert der von der gehandelten Titelkategorie abgeleitete Kurs.

[4] Bei nichtkotierten Wertpapieren, für die keine Kursnotierungen bekannt sind, entspricht der Verkehrswert dem inneren Wert. Er wird nach den Bewertungsregeln der vorliegenden Wegleitung in der Regel als Fortführungswert berechnet. Privatrechtliche Verträge wie beispielsweise Aktionärbindungsverträge, welche die Übertragbarkeit der Wertpapiere beeinträchtigen, sind für die Bewertung unbeachtlich.

[5] Hat für Titel gemäss Absatz 4 eine massgebliche Handänderung unter unabhängigen Dritten stattgefunden, dann gilt als Verkehrswert der entsprechende Kaufpreis. Dieser Wert wird solange berücksichtigt, als sich die wirtschaftliche Lage der Gesellschaft nicht wesentlich verändert hat. Gleiches gilt für Preise, welche von Investoren anlässlich von Finanzierungsrunden bzw. Kapitalerhöhungen bezahlt wurden.

3 Die Berechnung des Verkehrswerts von nichtkotierten Wertpapieren erfolgt in der Regel durch den Sitzkanton der zu bewertenden Gesellschaft.

4 Die Berechnung des Verkehrswerts von nichtkotierten Wertpapieren per Ende Steuerperiode (n) verlangt in der Regel die Jahresrechnung (n) der zu bewertenden Gesellschaft. Im Zeitpunkt der Veranlagung der natürlichen Person ist die notwendige Jahresrechnung der zu bewertenden Gesellschaft meistens noch ausstehend. Um das Veranlagungsverfahren nicht zu verzögern, kann auf den Verkehrswert für die Steuerperiode (n-1) abgestellt werden, sofern die Gesellschaft im Geschäftsjahr (n) keine wesentlichen Veränderungen erfahren hat.

5 Die Wegleitung ist anzuwenden, wenn alle für die Bewertung notwendigen Einzelheiten bekannt sind. Wenn die bewertende Behörde über die Verhältnisse einer Gesellschaft auf Grund der ihr zur Verfügung stehenden Unterlagen (Jahresrechnung, Einschätzungsakten usw.) nicht genügend orientiert ist, empfiehlt es sich, die Bewertung mit der Geschäftsleitung, einem Mitglied des Verwaltungsrates oder einer beauftragten Person zu besprechen.

6 Bei der Bewertung ist die tatsächlich ausgeübte Tätigkeit einer Gesellschaft massgebend.

B. Unternehmensbewertung

1. Ertragswert des Unternehmens

7 [1] Grundlage für die Bestimmung des Ertragswertes sind die Jahresrechnungen. Für die Berechnung des Ertragswertes stehen die folgenden zwei Modelle zur Verfügung:

Modell 1: Grundlage bilden die Jahresrechnungen (n) und (n-1);

Modell 2: Grundlage bilden die Jahresrechnungen (n), (n-1) und (n-2).

[2] Jeder Kanton bestimmt eines der beiden Modelle als kantonalen Standard.

[3] Die zu bewertende Gesellschaft hat das Recht, bei dem für die Bewertung zuständigen Kanton das andere Modell zu wählen. An das gewählte Modell bleibt die Gesellschaft für die nächsten fünf Bewertungsjahre gebunden.

8 [1] Als Ertragswert ist der kapitalisierte ausgewiesene Reingewinn der massgebenden Geschäftsjahre heranzuziehen. Dieser Reingewinn wird vermehrt oder vermindert um die nachstehenden Aufrechnungen oder Abzüge (RZ 9).

[2] Beim Modell 1 wird der Reingewinn des letzten Geschäftsjahres doppelt gewichtet. Beim Modell 2 wird der Reingewinn aller drei Geschäftsjahre einfach gewichtet.

[3] Ausserordentliche, am Stichtag bereits vorhersehbare zukünftige Verhältnisse (z. B. Umstrukturierungen mit nachhaltigen Folgen für den Ertragswert) können bei der Ermittlung des Ertragswertes angemessen berücksichtigt werden.

9 [1] Aufzurechnen sind:

a. Die der Erfolgsrechnung belasteten, steuerlich nicht anerkannten Aufwendungen (z.B. Aufwendungen für die Herstellung, Anschaffung oder Wertvermehrung von Gegenständen des Anlagevermögens, zusätzliche Abschreibungen und Rückstellungen für Wiederbeschaffungszwecke (Art. 669 Abs. 2 OR), Einlagen in die Reserven sowie offene und verdeckte Gewinnausschüttungen);
b. Die der Erfolgsrechnung nicht gutgeschriebenen Erträge (z.B. Gewinnvorwegnahmen);
c. Einmalige und ausserordentliche Aufwendungen (z.B. ausserordentliche Abschreibungen für Kapitalverluste, Bildung von Rückstellungen für ausserordentliche Risiken);
d. Vorauszahlungen und andere ausserordentliche Zuwendungen an Personalvorsorgeeinrichtungen sowie ausserordentliche Zuwendungen an gemeinnützige Institutionen.

[2] Abzuziehen sind:

a. Einmalige und ausserordentliche Erträge (z.B. Kapitalgewinne, Auflösung von Reserven sowie Auflösungen von Rückstellungen im Rahmen der bisher in der Bewertung korrigierten, nicht anerkannten Aufwendungen);
b. Zuwendungen an steuerbefreite Personalvorsorgeeinrichtigungen, sofern sie als Kosten der jeweils in Frage stehenden Geschäftsjahre zu betrachten sind.

10 [1] Der Kapitalisierungssatz setzt sich zusammen aus dem Zinssatz für risikolose Anlagen und einer festen Risikoprämie.

[2] Als Zinssatz für risikolose Anlagen gilt der durchschnittliche auf Quartalbasis berechnete und auf ein halbes Prozent aufgerundete 5-Jahres-Swapsatz für Schweizer Franken der Steuerperiode (n).

[3] Die Risikoprämie von einheitlich 7,0 % trägt einer gegenüber risikolosen Anlagen angemessenen Überrendite, dem allgemeinen Unternehmensrisiko sowie der eingeschränkten Marktfähigkeit Rechnung.

[4] Der massgebende Kapitalisierungssatz wird jährlich in der Kursliste der ESTV publiziert.

2. Substanzwert des Unternehmens

11 [1] Grundlage für die Bestimmung des Substanzwertes ist die Jahresrechnung (n).

[2] Schliesst die zu bewertende Gesellschaft das Geschäftsjahr nicht per Ende Kalenderjahr ab und erfolgt zwischen der Jahresrechnung (n) und dem 31.12.(n) eine Ausschüttung, dann ist sie vom Substanzwert abzuziehen.

12 Aktiven und Passiven sind vollständig zu erfassen.

13 Für die Bewertung wird nur das einbezahlte Kapital berücksichtigt.

14 Die Passiven sind zu unterteilen in Fremd- und Eigenkapital. Als Eigenkapital gelten auch Arbeitsbeschaffungs-, Aufwertungs- und Wiederbeschaffungsreserven sowie Ersatzbeschaffungsrückstellungen, versteuerte stille Reserven sowie Reserven unter Kreditoren.

2.1. Umlaufvermögen

15 Flüssige Mittel wie Kassenbestände, Post- und Bankguthaben sind zum Nennwert einzustellen. Gleiches gilt für Forderungen aus Lieferungen und Leistungen. Zweifelhaften Forderungen und allgemeinen Kreditrisiken kann im Rahmen von RZ 30 Rechnung getragen werden.

16 [1] Kotierte Wertpapiere sind zu den Schlusskursen des letzten Börsentages und Wertpapiere, die regelmässig ausserbörslich gehandelt werden, zu den letzten verfügbaren Kursen der entsprechenden Steuerperiode einzustellen.

[2] Für ausländische Wertpapiere gilt RZ 59 sinngemäss.

17 [1] Nichtkotierte Wertpapiere sind nach der vorliegenden Wegleitung, jedoch mindestens zum Buchwert zu bewerten; in begründeten Fällen kann von dieser Regel abgewichen werden.

[2] Für entsprechende ausländische Wertpapiere gilt RZ 60 sinngemäss.

18 Waren und Vorräte sind zum Gewinnsteuerwert einzustellen (Buchwert zuzüglich nicht zugelassene Wertberichtigungen; die für die direkte Bundessteuer anerkannte Reserve wird nicht aufgerechnet).

2.2. Anlagevermögen

2.2.1. Sachanlagen

19 [1] Betriebliche unüberbaute und überbaute Grundstücke sind zur amtlichen Schatzung einzustellen, jedoch mindestens zum Buchwert.

[2] Gebäude, die auf fremden Boden erstellt wurden, werden zu dem nach Absatz 1 ermittelten Wert eingesetzt. Dabei ist der Dauer des Baurechtsvertrages und der Heimfallentschädigung durch eine Wertberichtigung Rechnung zu tragen.

[3] Entspricht die amtliche Schatzung dem Verkehrswert, beträgt der Abzug für latente Steuern 15%.

20 [1] Betriebsfremde unüberbaute und überbaute Grundstücke sind zum Verkehrswert, wenn dieser nicht bekannt ist zur amtlichen Schatzung oder zum kapitalisierten Ertragswert (siehe auch RZ 44), jedoch mindestens zum Buchwert einzustellen.

[2] Falls Grundstücke zum Verkehrswert oder zum Ertragswert bewertet werden oder die amtliche Schatzung dem Verkehrswert entspricht, beträgt der Abzug für latente Steuern 15 % (vgl. RZ 31).

[3] Gebäude, die auf fremden Boden erstellt wurden, werden zum ermittelten Verkehrswert gemäss vorerwähnten Bewertungsregeln eingesetzt. Dabei ist der Dauer des Baurechtsvertrages und der Heimfallentschädigung durch eine Wertberichtigung Rechnung zu tragen.

21 Bewegliches Vermögen wie Maschinen, Betriebs- und Geschäftseinrichtungen sind zu den Anschaf*fungs- oder zu den Herstellungskosten*, unter Abzug der für die direkte Bundessteuer zulässigen Abschreibungen einzustellen, jedoch mindestens zum Buchwert.

2.2.2. Finanzanlagen

22 Darlehen und andere Forderungen sind zum Nennwert einzustellen.

23 [1] Kotierte Wertpapiere und Beteiligungen sind zu den Schlusskursen des letzten Börsentages der entsprechenden Steuerperiode einzustellen. Für Wertpapiere und Beteiligungen, die regelmässig ausserbörslich gehandelt werden, gelten die letzten verfügbaren Kurse der entsprechenden Steuerperiode.

[2] Für ausländische Wertpapiere und Beteiligungen gilt RZ 59 sinngemäss.

24 [1] Nichtkotierte Wertpapiere und Beteiligungen sind nach der vorliegenden Wegleitung, jedoch mindestens zum Buchwert zu bewerten. In begründeten Fällen kann von dieser Regel abgewichen werden.

[2] Für entsprechende ausländische Wertpapiere und Beteiligungen gilt sinngemäss RZ 60.

25 [1] Eigene Titel sind bei der Bestimmung des Substanzwertes der Unternehmung zum Einstandswert (in der Regel der Buchwert) einzusetzen, wenn sie sich nur vorübergehend im Eigentum der Gesellschaft befinden. Die bilanzierte Reserve in der Höhe des Anschaffungswertes der eigenen Titel ist in den Substanzwert einzubeziehen.

[2] Andernfalls sind sie ausser acht zu lassen, und die Quotenzahl ist entsprechend zu reduzieren; d.h. die Bilanzpositionen aus dieser Transaktion sind entsprechend zu neutralisieren.

2.2.3. Immaterielle Anlagen und Rechte des Anlagevermögens

26 Besondere Fabrikationsverfahren, Lizenzen, Marken, Patente, Rezepte, Urheberrechte, Verlagsrechte usw. sind höchstens zu den Anschaffungs- oder Herstellungskosten unter Abzug der notwendigen Abschreibungen zu berücksichtigen. Dabei ist in erster Linie der Nutzwert massgebend. Die Nutzungsdauer ist nach wirtschaftlichen Kriterien zu beurteilen.

27 [1] Baurechts-, Miet- und Pachtverträge sind nicht zu berücksichtigen. Baurechte, die bei Einräumung des Baurechts mit Einmalrente des Baurechtsnehmers bezahlt wurden, sind zum Anschaffungswert nach Abzug der notwendigen Abschreibungen in Anrechnung zu bringen.

[2] Übrige Nutzungsrechte des privaten und des öffentlichen Rechts sind sinngemäss wie Baurechte zu behandeln.

2.3. Passiven

28 Schulden aus Lieferungen und Leistungen sowie Darlehen sind zum Nennwert einzustellen.

29 Rückstellungen (einschliesslich Steuerrückstellungen), die zur Deckung von am Bilanzstichtag bestehenden oder erkennbaren Risiken gebildet wurden, sind anzuerkennen, soweit sie geschäftsmässig begründet sind.

30 Wertberichtigungen, insbesondere Delkredere, die zur Deckung von am Bilanzstichtag bekannten Aufwendungen und Verlusten gebildet wurden, sind anzuerkennen soweit sie für die direkte Bundessteuer zugelassen sind.

2.4. Latente Steuern

31 [1] *Die latenten Steuern werden in* der Regel durch einen Abzug von 15 % auf den für die Bewertung angerechneten unversteuerten stillen Reserven berücksichtigt. Als latente Steuern gelten Steuern, die auf den in der Substanzwertberechnung berücksichtigten, aber nicht als Ertrag besteuerten stillen Reserven bei deren Realisierung zu bezahlen sind.

[2] Für betriebliche und betriebsfremde unüberbaute und überbaute Grundstücke kann der Abzug nur gewährt werden, wenn sie für die Bewertung zum Verkehrswert oder zum Ertragswert eingesetzt wurden.

[3] Keine latenten Steuern werden auf Beteiligungen berechnet, welche für einen Beteiligungsabzug qualifizieren (Art. 28 Abs. 1 beziehungsweise 1bis StHG).

3. Aktiengesellschaften

3.1. Neugegründete Gesellschaften

32 [1] Handels-, Industrie- und Dienstleistungsgesellschaften sind in der Regel für das Gründungsjahr und die Zeit der Aufbauphase nach dem Substanzwert zu bewerten. Sobald repräsentative Geschäftsergebnisse vorliegen, sind die Bewertungsregeln gemäss RZ 34 ff. anzuwenden.

[2] Bei Gesellschaften, die rechtlich zwar neu gegründet wurden, jedoch aus einer Einzelfirma oder einer Personengesellschaft hervorgegangen sind und nur die Rechtsform geändert haben, sind die Bewertungsregeln nach RZ 34 ff. sinngemäss anzuwenden. Allfällige Apportmehrwerte sind zu berücksichtigen.

33 Neugegründete reine Holding-, Vermögensverwaltungs- und Finanzierungsgesellschaften sowie Immobilien-Gesellschaften werden nach RZ 38 bzw. 42 bewertet.

3.2. Handels-, Industrie- und Dienstleistungsgesellschaften

34 Der Unternehmenswert ergibt sich aus der zweimaligen Gewichtung des Ertragswertes und der einmaligen Gewichtung des Substanzwertes zu Fortführungswerten (vgl. Beispiele Nr. 1 und 2).

Die Grundformel lautet: $$U = \frac{2E + S}{3}$$

U = Unternehmenswert
E = Ertragswert
S = Substanzwert

35 Der Ertragswert der Steuerperiode (n) berechnet sich wie folgt:

a. Modell 1:

$$E(n) = \frac{2R^1 + R^2}{3} \times \frac{100}{K}$$

R1 = korrigiertes Rechnungsergebnis der Steuerperiode (n)
R2 = korrigiertes Rechnungsergebnis der Steuerperiode (n-1)
K = Kapitalisierungssatz (vgl. RZ 10 bzw. 60)

b. Modell 2:

$$E(n) = \frac{R^1 + R^2 + R^3}{3} \times \frac{100}{K}$$

R1 = korrigiertes Rechnungsergebnis der Steuerperiode (n)
R2 = korrigiertes Rechnungsergebnis der Steuerperiode (n-1)
R3 = korrigiertes Rechnungsergebnis der Steuerperiode (n-2)
K = Kapitalisierungssatz (vgl. RZ 10 bzw. 60)

36 ~~Als Mindestwert gilt der Substanzwert zu Fortführungswerten (vgl. Beispiel Nr. 3)[1].~~ Die RZ 36 wird auf Beschluss des Vorstands der Schweizerischen Steuerkonferenz vom 25. / 26. März 2009 nicht umgesetzt.

~~[1] Diese Regelung tritt per 1. Januar 2011 in Kraft.~~

3.3. Domizil- und gemischte Gesellschaften

37 Gesellschaften, die in der Schweiz eine Verwaltungstätigkeit, aber keine Geschäftstätigkeit ausüben, werden wie Handels-, Industrie- und Dienstleistungsgesellschaften (RZ 34 – 36) bewertet.

3.4. Reine Holding-, Vermögensverwaltungs- und Finanzierungsgesellschaften

38 Als Unternehmenswert gilt der Substanzwert (vgl. Beispiele Nr. 4 und 5).

39 Die von der Gesellschaft gehaltenen Wertpapiere und Beteiligungen werden gemäss RZ 23 und 24 bewertet.

40 [1] Ein Abzug für latente Steuern ist nur insoweit vorzunehmen, als von der Gesellschaft kantonale Gewinnsteuern erhoben werden.

[2] Geniesst die Gesellschaft keine Steuerermässigung, so beträgt der Abzug gemäss RZ 31 15 %.

41 [1] Hat eine Gesellschaft eine Konzernrechnung erstellt, die von der Revisionsstelle geprüft und von der Generalversammlung genehmigt wurde, so wird der Unternehmenswert gemäss RZ 34 ff. aufgrund der Konzernrechnung ermittelt. Dabei gelten die sich aus den RZ 9 bis 30 ergebenden Korrekturen (bei Obergesellschaft und Beteiligungen) sinngemäss.

[2] Für die Bewertung sind von der Gesellschaft, deren Aktien zu bewerten sind, der Geschäftsbericht, bestehend aus Jahresbericht, Jahresrechnung und Konzernrechnung (Bilanz, Erfolgsrechnung und Anhang) sowie der Bericht der Konzernrechnungsprüfer einzureichen.

[3] Die Gesellschaft, deren Aktien zu bewerten sind, kann die Bewertung aufgrund der Konzernrechnung ablehnen und verlangen, dass die Bewertung auf der Basis des Abschlusses der Obergesellschaft und der Einzelbewertungen der Beteiligungen vorgenommen wird.

[4] Die Steuerverwaltung kann in von ihr zu begründenden Fällen die Bewertung aufgrund der Konzernrechnung ablehnen und die Unternehmensbewertung gestützt auf die Einzelbewertungen vornehmen. Dies gilt insbesondere bei wesentlichen nichtbetriebsnotwendigen Vermögensteilen in Vermögensverwaltungs- und Finanzierungsgesellschaften sowie Immobiliengesellschaften, die nach RZ 38 bzw. RZ 42 bewertet werden.

[5] Der Abzug für latente Steuern von 15 % wird auf den für die Bewertung angerechneten unversteuerten stillen Reserven berücksichtigt. Auf den stillen Reserven ist ein Abzug nur insoweit vorzunehmen, als von der betreffenden Gesellschaft kantonale Gewinnsteuern erhoben werden (vgl. Beispiel Nr. 6).

3.5. Immobilien-Gesellschaften

42 Als Unternehmenswert gilt der Substanzwert (vgl. Beispiel Nr. 7).

43 [1] Unüberbaute und überbaute Grundstücke von Immobilien-Gesellschaften werden zum Verkehrswert bewertet; wenn dieser nicht bekannt ist zur amtlichen Schatzung oder zum kapitalisierten Ertragswert, jedoch mindestens zum Buchwert. Falls Grundstücke zum Verkehrswert oder zum Ertragswert bewertet werden oder die amtliche Schatzung dem Verkehrswert entspricht, beträgt der Abzug für latente Steuern 15 % (vgl. RZ 31).

[2] Gebäude, die auf fremdem Boden erstellt wurden, werden zum ermittelten Verkehrswert gemäss vorerwähnten Bewertungsregeln eingesetzt. Dabei ist der Dauer des Baurechtsvertrages und der Heimfallentschädigung durch eine Wertberichtigung Rechnung zu tragen.

44 Als Kapitalisierungssatz für Mietzinserträge gilt - vorbehältlich kantonaler Regelungen - der um 1 Prozentpunkt erhöhte Zinssatz für Althypotheken im 1. Rang am Ende der für die Bewertung massgebenden Steuerperiode.

45 Unüberbaute und überbaute Grundstücke einer Immobiliengesellschaft, die von ihrer Schwester- oder Muttergesellschaft für eigene Zwecke betrieblich genutzt werden, sind gemäss RZ 19 zu bewerten.

46 [1] Sind die Miet- und Pachtzinseinnahmen in erheblichem Umfang vom Gewerbe des Mieters gewinn- oder umsatzabhängig, so gilt als Unternehmenswert der Durchschnitt zwischen dem einfachen Ertragswert und dem zweifachen Substanzwert.

[2] Für die Ermittlung des Ertragswerts wird der gemäss RZ 10 ermittelte Kapitalisierungssatz um 30 % reduziert (vermindertes Unternehmensrisiko) und dieser reduzierte Satz auf ein halbes Prozent aufgerundet (vgl. Beispiel Nr. 8).

3.6. In Liquidation stehende Gesellschaften

47 Eine Gesellschaft steht im Sinne dieser Bewertungsvorschriften in Liquidation, wenn sie am Bewertungsstichtag den statutarischen Gesellschaftszweck nicht mehr verfolgt, sondern - mit oder ohne Eintrag im Handelsregister - die Verwertung der Aktiven und die Erfüllung der Verbindlichkeiten anstrebt.

48 Der Wert von in Liquidation stehenden Gesellschaften richtet sich nach dem mutmasslichen Liquidationsergebnis; die Aktiven sind zu Liquidationswerten (Veräusserungswerte, die bei der Auflösung der Gesellschaft erzielt werden), die echten Passiven, einschliesslich anfallender Liquidationssteuern und Liquidationskosten der Gesellschaft, zum Nennwert einzusetzen.

4. Gesellschaften mit beschränkter Haftung (GmbH)

49 Gesellschaften mit beschränkter Haftung (GmbH) werden nach den gleichen Grundsätzen wie Aktiengesellschaften bewertet.

5. Genossenschaften

50 Genossenschaften werden, unter Vorbehalt von RZ 51, nicht bewertet. Für die Bewertung der Anteile gilt RZ 65.

51 Erwerbsgenossenschaften werden nach den gleichen Grundsätzen wie Aktiengesellschaften bewertet. Als Erwerbsgenossenschaften gelten Genossenschaften, die Anspruch auf einen Anteil am Liquidationsergebnis gemäss Art. 913 Abs. 2 OR verleihen.

C. Bewertung der Wertpapiere

1. Quotaler Unternehmungswert

52 [1] Bei Unternehmen mit nur einer Titelkategorie entspricht der Steuerwert eines Titels dem Unternehmenswert (U), dividiert durch die Anzahl Titel.

[2] Bei Unternehmen mit Titeln verschiedener Kategorien oder nicht voll einbezahltem Kapital wird ein quotaler Unternehmenswert errechnet, indem der Unternehmenswert (U) durch 1 % des einbezahlten Kapitals dividiert wird. Der einbezahlte Nennwert des Titels, multipliziert mit dem prozentualen quotalen Unternehmenswert, ergibt den Steuerwert.

53 Bei gleichzeitigem Bestehen von Stamm- und Vorzugstitel bemisst sich deren quotaler Unternehmenswert nach dem in den Statuten umschriebenen Anspruch am Bilanzgewinn (Ertragswert) bzw. am Liquidationsergebnis (Substanzwert) (vgl. Beispiel Nr. 9).

2. Genussscheine

54 [1] Genussscheine die nur Anspruch auf einen Anteil am Bilanzgewinn verleihen oder deren Vermögensrechte im Umfang oder auf kurze Zeit begrenzt sind, werden ausschliesslich auf Grund der Ausschüttungen bewertet.

[2] Massgebend sind die Ausschüttungen der Jahre, die für die Ermittlung des Ertragswertes der Unternehmung herangezogen werden (vgl. RZ 7):

Modell 1: Jahresrechnungen (n) und (n-1);

Modell 2: Jahresrechnungen (n), (n-1) und (n-2).

[3] Bei der Berechnung des Ertragswertes der Genussscheine ist der Kapitalisierungssatz gemäss RZ 10 um 1 Prozent-Punkt zu erhöhen. Von diesem kapitalisierten Ertragswert ist ein Abzug von 10 % vorzunehmen.

[4] In allen Fällen, in denen Genussscheine ausgegeben wurden, ist für die Bewertung der Beteiligungsrechte von einem um die Ausschüttung auf Genussscheinen verminderten Gewinn auszugehen (vgl. Beispiel Nr. 10).

55 [1] Genussscheine, die sowohl Anspruch auf einen Anteil am Bilanzgewinn als auch auf einen Anteil am Liquidationsergebnis verleihen und deren Rechte weder zeitlich noch quantitativ begrenzt sind, werden nach dem quotalen Unternehmenswert bewertet, wobei der Substanzwert und der Ertragswert aufgrund des in den Statuten umschriebenen Anspruchs am Liquidationsergebnis bzw. am Bilanzgewinn festgelegt werden; die den Unternehmenstypen entsprechenden Bewertungsregeln sind sinngemäss anwendbar.

[2] Vom quotalen Unternehmenswert ist stets ein Abzug von 10 % vorzunehmen. Der so ermittelte Wert bildet die Ausgangslage zur Beurteilung, ob der Pauschalabzug gemäss RZ 61 ff. gewährt werden kann (vgl. Beispiele Nr. 11 und 12).

56 Genussscheine, die nur gemeinsam mit anderen Titeln übertragen werden können, sind zusammen mit den anderen Titeln zu bewerten.

3. Partizipationsscheine

57 [1] Der Steuerwert von Partizipationsscheinen wird nach den gleichen Grundsätzen wie derjenige von Aktien ermittelt.

[2] Vom quotalen Unternehmenswert ist stets ein Abzug von 10 % vorzunehmen. Der so ermittelte Wert bildet die Ausgangslage zur Beurteilung, ob der Pauschalabzug gemäss RZ 61 ff. gewährt werden kann.

58 Hat eine Gesellschaft Partizipationsscheine ausgegeben, so gilt als Wert der Partizipationsscheine derjenige Teil des Unternehmenswertes, der dem Verhältnis des Nennwertes zur Summe von Grund- und Partizipationsscheinkapital entspricht.

4. Ausländische Wertpapiere und Beteiligungen

59 [1] Kotierte ausländische Wertpapiere sind zu den Schlusskursen des letzten Börsentages und Wertpapiere, die regelmässig ausserbörslich gehandelt werden, zu den letzten verfügbaren Kursen der entsprechenden Steuerperiode einzustellen.

[2] Zur Umrechnung in Schweizer Franken ist der Devisenkurs am Ende der Steuerperiode massgebend. Die Devisenkurse per Stichtag 31. Dezember werden jeweils in der Kursliste der Eidg. Steuerverwaltung publiziert.

60 [1] Nichtkotierte ausländische Wertpapiere und Beteiligungen sind nach der vorliegenden Wegleitung zu bewerten.

[2] Der anwendbare Kapitalisierungssatz entspricht der Risikoprämie von einheitlich 7,0 % zuzüglich des durchschnittlichen auf Quartalbasis berechneten auf ein halbes Prozent aufgerundeten 5-Jahres-Swapsatzes für die entsprechende ausländische Währung der Steuerperiode (n).

[3] Zur Umrechnung in Schweizer Franken ist der Devisenkurs am Ende der Steuerperiode massgebend. Die Devisenkurse per Stichtag 31. Dezember sind in der Kursliste der Eidg. Steuerverwaltung publiziert.

5. Pauschalabzug für vermögensrechtliche Beschränkungen

61 [1] Dem beschränkten Einfluss des Inhabers einer Minderheitsbeteiligung auf die Geschäftsleitung und auf die Beschlüsse der Generalversammlung sowie der eingeschränkten Übertragbarkeit von Gesellschaftsanteilen wird pauschal Rechnung getragen.

[2] Privatrechtliche Verträge wie beispielsweise Aktionärbindungsverträge, welche die Übertragbarkeit der Wertpapiere beeinträchtigen, sind steuerlich unbeachtlich.

[3] Wird der Verkehrswert nach RZ 2 Abs. 4 berechnet, kann der Titelinhaber - unter Vorbehalt nachfolgender Randziffern - einen Pauschalabzug von 30 % geltend machen.

62 [1] Der Pauschalabzug wird in der Regel für alle Beteiligungen bis und mit 50 % des Gesellschaftskapitals gewährt. Massgebend sind die Beteiligungsverhältnisse am Ende der Steuerperiode.

[2] Hat eine Gesellschaft Stimmrechtstitel ausgegeben oder in ihren Statuten Stimmrechtsbeschränkungen vorgesehen, so wird die vorerwähnte Quote von 50 % nicht auf das Gesellschaftskapital sondern auf die Gesamtzahl aller Stimmrechte bezogen.

[3] Sobald der Inhaber einer Minderheitsbeteiligung über einen beherrschenden Einfluss verfügt (Mitverwaltungsrechte, Zusammenrechnung von Titeln, Vetorecht bei GmbH usw.), wird der Pauschalabzug nicht gewährt.

63 [1] Erhält der Steuerpflichtige eine angemessene Dividende, so wird der Abzug nicht gewährt.

[2] Eine Dividende ist dann angemessen, wenn die im Verhältnis zum Verkehrswert errechnete Rendite mindestens dem um 1 Prozent-Punkt erhöhten, auf 1/10 Prozent aufgerundeten, durchschnittlichen auf Quartalsbasis berechneten (ungerundeten) 5-Jahres-Swapsatz (siehe RZ 10 Abs. 2 bzw. RZ 60 Abs. 2) entspricht.

[3] Für die Berechnung der Rendite zum Bewertungsstichtag (n) wird auf den Durchschnitt der in den Kalenderjahren (n) und (n-1) bezahlten Dividenden abgestellt (vgl. Beispiel Nr. 13).

64 Der Pauschalabzug wird nicht gewährt auf Titeln

a. deren Verkehrswert nicht nach einer Formel gemäss RZ 34, RZ 38, oder RZ 42 berechnet wird;
b. von neu gegründeten Gesellschaften, die gemäss RZ 32 und nicht nach RZ 34 ff. bewertet wurden;
c. von in Liquidation stehenden Gesellschaften (RZ 48);
d. von Genossenschaften (RZ 51, RZ 65 und RZ 66);
e. die mit einem Sonderrecht zur ausschliesslichen Nutzung bestimmter Teile eines sich im Besitz einer Immobiliengesellschaft befindlichen Gebäudes ausgestattet sind (Mieter-Aktionär).

6. Genossenschaftsanteile

65 [1] Der Steuerwert von Anteilen an Genossenschaften wird wie folgt ermittelt:

a. Bei Genossenschaften, deren Statuten bestimmen, dass ausscheidende Genossenschafter Anspruch auf das Genossenschaftsvermögen gemäss Art. 864 OR (Rückzahlung zum Nennwert) haben: höchstens zum Nennwert.
b. Bei gleichen Voraussetzungen aber einer Verzinsung der Anteilscheine, die den landesüblichen Zinsfuss für langfristige Darlehen ohne besondere Sicherheiten (Art. 859 Abs. 3 OR) übersteigt: nach dem einfachen Mittel zwischen dem Nennwert und den kapitalisierten Ausschüttungen (Durchschnitt der zwei vor dem massgebenden Bewertungsstichtag vorgenommenen Ausschüttungen, wobei diejenige des zweiten Jahres doppelt zu gewichten ist).

[2] Als Grundlage für die Kapitalisierung der Ausschüttungen gilt der um 1 Prozent-Punkt erhöhte Swapsatz gemäss RZ 10 Abs. 2 bzw. RZ 60 Abs. 2.

66 Liegt der quotale Unternehmenswert einer Erwerbsgenossenschaft über dem Nennwert und bestimmen die Statuten der Genossenschaft, dass ausscheidende Genossenschafter Anspruch auf das Genossenschaftsvermögen gemäss Art. 864 OR (Rückzahlung zum Nennwert) haben, so wird der Steuerwert der Anteile nach dem einfachen Mittel zwischen dem Nennwert und dem quotalen Unternehmungswert ermittelt.

7. Anteile an kollektiven Kapitalanlagen

67 [1] Der Steuerwert der Anteile an kollektiven Kapitalanlagen bemisst sich wie folgt:

a. Bei nichtkotierten Anteilen, die regelmässig ausserbörslich gehandelt werden, gilt als Verkehrswert der letzte verfügbare Kurs der entsprechenden Steuerperiode.
b. Bei nichtkotierten Anteilen, für die keine ausserbörslichen Kursnotierungen bekannt sind, nach dem Durchschnitt der Rücknahmepreise im letzten Monat der entsprechenden Steuerperiode

oder - wenn keine vorhanden sind - nach dem Inventarwert (Net Asset Value) am Ende der Steuerperiode.

[2] Die Steuerwerte der wesentlichsten nichtkotierten Anteile von Anlagefonds werden per Stichtag 31. Dezember jährlich in der Kursliste der Eidg. Steuerverwaltung publiziert.

[3] Zur Umrechnung von nicht publizierten Anteilen von Anlagefonds fremder Währung in Schweizer Franken ist der Devisenkurs am Ende der Steuerperiode massgebend. Die Devisenkurse per 31. Dezember sind in der Kursliste der Eidg. Steuerverwaltung publiziert.

8. Festverzinsliche Wertpapiere

68 [1] Bei nichtkotierten, festverzinslichen Wertpapieren, die regelmässig ausserbörslich gehandelt werden, gilt als Verkehrswert der letzte verfügbare Kurs der entsprechenden Steuerperiode.

[2] Bei nichtkotierten festverzinslichen Wertpapieren, für die keine ausserbörslichen Kursnotierungen bekannt sind, nach dem am Ende der Steuerperiode geltenden marktüblichen Zinssatz, unter Berücksichtigung der Restlaufzeit, der Bonität des Schuldners sowie der erschwerten Verkäuflichkeit.

[3] Zur Umrechnung festverzinslicher Wertpapiere fremder Währung in Schweizer Franken ist der Devisenkurs am Ende der Steuerperiode massgebend. Die Devisenkurse per 31. Dezember sind in der Kursliste der Eidg. Steuerverwaltung publiziert.

D. Anwendbarkeit

69 [1] Dieses Kreisschreiben gilt für Bewertungen mit Bilanzstichtagen ab 1. Januar 2008. Es ersetzt das Kreisschreiben Nr. 28 vom 21. August 2006.

[2] ~~Die Regelung gemäss Randziffer 36 gilt erst für Bewertungen mit Bilanzstichtagen ab 1. Januar 2011.~~ Die RZ 36 wird auf Beschluss des Vorstands der Schweizerischen Steuerkonferenz vom 25. / 26. März 2009 nicht umgesetzt.

E. Anhang

Ermittlung des Kapitalisierungssatzes nach RZ 10

Beispiel für Steuerperiode 2007

Zinssatz für risikolose Anlagen:	- Quartal 1/2007	2,71%		
	- Quartal 2/2007	2,75%		
	- Quartal 3/2007	3,40%		
	- Quartal 4/2007	3,20%	3,02%	
Durchschnitt aufgerundet auf ½ %				3,50%
Risikoprämie				7,00%
Massgebender Kapitalisierungssatz				10,50%

Berechnungsbeispiele

In den nachfolgenden Beispielen wird der Kapitalisierungssatz von 10,50% verwendet.

Beispiele (Übersicht)

Beispiel Nr. 1 (RZ 34)

Bewertung der Titel von Handels-, Industrie- und Dienstleistungsgesellschaften.

Eine Industriegesellschaft mit einem Aktienkapital von Fr. 1'500'000 (1'500 Aktien von je Fr. 1'000 nom.) weist Fr. 8'900'000 offene Reserven inkl. Vortrag und Fr. 2'400'000 versteuerte stille Reserven (davon Fr. 400'000 auf Fabrikliegenschaft) aus. Sie ist im Besitz einer Fabrikliegenschaft (Buchwert: Fr. 1'500'000, amtl. Schatzung: Fr. 3'800'000 [= VW]) und zweier Wohnliegenschaften (Buchwert 1. Liegenschaft: Fr. 500'000, amtl. Schatzung: Fr. 2'000'000 [< VW], Buchwert 2. Liegenschaft: Fr. 200'000, keine amtl. Schatzung vorhanden, Nettomietzinseinnahmen: Fr. 127'500). Das Jahresergebnis beträgt im ersten Bemessungsjahr Fr. 1'840'000 (Gewinnkorrektur: Fr. 190'000 Aufrechnungen), im zweiten Bemessungsjahr Fr. 2'980'000 (Gewinnkorrekturen: Fr. 200'000 Aufrechnungen und Fr. 1'000'000 Veräusserungsgewinn einer Liegenschaft).

Modell 2: Das Jahresergebnis des ältesten Bemessungsjahres beträgt Fr. 1'700'000 (keine Gewinnkorrektur).

Modell 1:

Ertragswert	Fr.	Fr.	Fr.
Jahresergebnis 1. Bemessungsjahr =	1'840'000		
Gewinnkorrekturen	190'000	2'030'000	
Jahresergebnis 2. Bemessungsjahr =	2'980'000		
Gewinnkorrekturen	-800'000	2'180'000	
2. Jahr doppelt		2'180'000	
		6'390'000	
Massgebendes Ergebnis = Durchschnitt (:3)		2'130'000	
kapitalisiert mit 10,5 %			20'285'714
doppelt			20'285'714
Substanzwert			
Aktienkapital	1'500'000		
Verlustvortrag	-	1'500'000	
offene Reserven inkl. Vortrag		8'900'000	
stille Reserven:			
Fabrikliegenschaft			
- amtl. Schatzung (= Verkehrswert)	3'800'000		
- Buchwert	1'500'000	2'300'000 *	
1. Wohnliegenschaft			
- amtl. Schatzung (< Verkehrswert)	2'000'000		
- Buchwert	500'000	1'500'000	
2. Wohnliegenschaft			
- Mietzinse	127'500		
kapitalisiert mit 8,5% (= Verkehrswert)	1'500'000		
- Buchwert	200'000	1'300'000 *	
Berücksichtigung der latenten Steuern:			
massgebende stille Reserven	3'600'000 *		
davon versteuert auf Fabrikliegenschaft	400'000		
minus 15% latente Steuern auf	3'200'000	-480'000	
übrige versteuerte stille Reserven		2'000'000	17'020'000
Total (2x Ertragswert / 1x Substanzwert)			57'591'429
Durchschnitt (:3)			19'197'143
dividiert durch Anzahl Aktien (: 1'500)			12'798
Steuerwert brutto abgerundet auf			**12'700**

Modell 2:

Ertragswert	Fr.	Fr.	Fr.
Jahresergebnis 1. Bemessungsjahr =	1'700'000		
Gewinnkorrekturen	-	1'700'000	
Jahresergebnis 2. Bemessungsjahr =	1'840'000		
Gewinnkorrekturen	190'000	2'030'000	
Jahresergebnis 3. Bemessungsjahr =	2'980'000		
Gewinnkorrekturen	-800'000	2'180'000	
		5'910'000	
Massgebendes Ergebnis = Durchschnitt (:3)		1'970'000	
kapitalisiert mit 10,5 %			18'761'905
doppelt			18'761'905
Substanzwert			
Aktienkapital	1'500'000		
Verlustvortrag	-	1'500'000	
offene Reserven inkl. Vortrag		8'900'000	
stille Reserven:			
Fabrikliegenschaft			
- amtl. Schatzung (= Verkehrswert)	3'800'000		
- Buchwert	1'500'000	2'300'000 *	
1. Wohnliegenschaft			
- amtl. Schatzung (< Verkehrswert)	2'000'000		
- Buchwert	500'000	1'500'000	
2. Wohnliegenschaft			
- Mietzinse	127'500		
kapitalisiert mit 8,5% (= Verkehrswert)	1'500'000		
- Buchwert	200'000	1'300'000 *	
Berücksichtigung der latenten Steuern:			
massgebende stille Reserven	3'600'000 *		
davon versteuert auf Fabrikliegenschaft	400'000		
minus 15% latente Steuern auf	3'200'000	-480'000	
übrige versteuerte stille Reserven		2'000'000	17'020'000
Total (2x Ertragswert / 1x Substanzwert)			54'543'810
Durchschnitt (:3)			18'181'270
dividiert durch Anzahl Aktien (: 1'500)			12'121
Steuerwert brutto abgerundet auf			**12'100**

Beispiel Nr. 2 (RZ 34)

Bewertung der Titel von Handels-, Industrie- und Dienstleistungsgesellschaften bei wechsel- oder gegenseitiger Beteiligung.

Im vorliegenden Beispiel handelt es sich um zwei unabhängige Gesellschaften A und B, wobei A Aktien von B und B Aktien von A hält.

Die Gesellschaft A mit einem Aktienkapital von Fr. 2'000'000 (20'000 Aktien von je Fr. 100 nom.) weist Fr. 6'000'0000 offene Reserven inkl. Vortrag und Fr. 3'000'0000 versteuerte Rückstellungen aus. Sie ist im Besitz einer Fabrikliegenschaft (Buchwert: Fr. 2'500'000, amtl. Schatzung: Fr. 4'200'000 [= VW]) sowie verschiedener Beteiligungen* (Buchwert: Fr. 3'250'000, Verkehrswert ohne Beteiligung B: Fr. 4'250'0000), wovon eine von 33 % an der Gesellschaft B (Buchwert dieser Beteiligung: Fr. 1'200'000, erhaltene Dividenden: Fr. 120'000 im ersten Bemessungsjahr, Fr. 150'000 im zweiten Bemessungsjahr). Das Jahresergebnis beträgt im ersten Bemessungsjahr Fr. 1'400'000 (keine Gewinnkorrektur), im zweiten Bemessungsjahr Fr. 1'200'0000 (keine Gewinnkorrektur).
*Mit Ausnahme der gegenseitigen Beteiligung: ohne Beteiligungsabzug

Modell 2: Das Jahresergebnis des ältesten Bemessungsjahres beträgt Fr. 1'100'000 (keine Gewinnkorrektur); erhaltene Dividenden: Fr. 0.

Die Gesellschaft B mit einem Aktienkapital von Fr. 300'000 (3'000 Aktien von je Fr. 100 nom.) weist Fr. 3'100'000 offene Reserven inkl. Vortrag und Fr. 4'400'000 versteuerte Rückstellungen aus. Sie ist im Besitz einer Fabrikliegenschaft (Buchwert: Fr. 3'600'000, amtl. Schatzung: Fr. 4'250'000 [= VW]) sowie verschiedener Beteiligungen* (Buchwert: Fr. 5'250'000, Verkehrswert ohne Beteiligung A: Fr. 2'600'000), wovon eine von 20 % an der Gesellschaft A (Buchwert dieser Beteiligung: Fr. 3'850'000, erhaltene Dividenden: Fr. 160'000 im ersten Bemessungsjahr, Fr. 120'000 im zweiten Bemessungsjahr). Das Jahresergebnis beträgt im ersten Bemessungsjahr Fr. 950'000 (keine Gewinnkorrektur), im zweiten Bemessungsjahr Fr. 1'200'000 (keine Gewinnkorrektur).
*Mit Ausnahme der gegenseitigen Beteiligung: ohne Beteiligungsabzug

Modell 2: Das Jahresergebnis des ältesten Bemessungsjahres beträgt Fr. 800'000 (keine Gewinnkorrektur); erhaltene Dividenden in diesem Bemessungsjahr: 100'000

Bei gegenseitigen Beteiligungen ist die Bewertung nach der Methode von Michael Towbin (vgl. „Die Schweizerische Aktiengesellschaft", November 1951, Seite 78 ff.), gemäss nachstehender Berechnungsformel vorzunehmen:

Modell 1:

Ertragswert der Gesellschaft A	Fr.	Fr.	Fr.
Jahresergebnis 1. Bemessungsjahr =	1'400'000		
minus erhaltene Dividende der Beteiligung B	-120'000	1'280'000	
Jahresergebnis 2. Bemessungsjahr =	1'200'000		
minus erhaltene Dividende der Beteiligung B	-150'000	1'050'000	
2. Jahr doppelt		1'050'000	
		3'380'000	
Massgebendes Ergebnis = Durchschnitt (:3)		1'126'667	
kapitalisiert mit 10.5%			10'730'159
doppelt			10'730'159
Doppelter Ertragswert der Gesellschaft A ohne Ertrag der gegenseitigen Beteiligung B			**21'460'317**

Ertragswert der Gesellschaft B	Fr.	Fr.	Fr.
Jahresergebnis 1. Bemessungsjahr =	950'000		
minus erhaltene Dividende der Beteiligung A	-160'000	790'000	
Jahresergebnis 2. Bemessungsjahr =	1'200'000		
minus erhaltene Dividende der Beteiligung A	-120'000	1'080'000	
2. Jahr doppelt		1'080'000	
		2'950'000	
Massgebendes Ergebnis = Durchschnitt (:3)		983'333	
kapitalisiert mit 10.5%			9'365'079
doppelt			9'365'079
Doppelter Ertragswert der Gesellschaft B ohne Ertrag der gegenseitigen Beteiligung A			**18'730'159**

Substanzwert der Gesellschaft A	Fr.	Fr.	Fr.
Aktienkapital		2'000'000	
Verlustvortrag		-	2'000'000
offene Reserven inkl. Vortrag			6'000'000
versteuerte Rückstellungen			3'000'000
stille Reserven:			
Fabrikliegenschaft			
- amtl. Schatzung (= Verkehrswert)		4'200'000	
- Buchwert		2'500'000	1'700'000
Beteiligungen			
- Verkehrswert (übrige Bet.: kein Beteiligungsabzug)		4'250'000	
- Buchwert	3'250'000		
minus Buchwert der Beteiligung B	1'200'000	2'050'000	2'200'000
Berücksichtigung der latenten Steuern:			
massgebende stille Reserven		3'900'000	
davon versteuert		-	
minus 15% latente Steuern auf		3'900'000	-585'000
Substanzwert der Gesellschaft A ohne Buchwert der gegenseitigen Beteiligung B	**-1'200'000**		**13'115'000**

Substanzwert der Gesellschaft B	Fr.	Fr.	Fr.
Aktienkapital		300'000	
Verlustvortrag		-	300'000
offene Reserven inkl. Vortrag			3'100'000
versteuerte Rückstellungen			4'400'000
stille Reserven:			
Fabrikliegenschaft			
- amtl. Schatzung (= Verkehrswert)		4'250'000	
- Buchwert		3'600'000	650'000
Beteiligungen			
- Verkehrswert (übrige Bet.: kein Beteiligungsabzug)		2'600'000	
- Buchwert	5'250'000		
minus Buchwert der Beteiligung A	3'850'000	1'400'000	1'200'000
Berücksichtigung der latenten Steuern:			
massgebende stille Reserven		1'850'000	
davon versteuert		-	
minus 15% latente Steuern auf		1'850'000	-277'500
Substanzwert der Gesellschaft B ohne Buchwert der gegenseitigen Beteiligung A	**-3'850'000**		**5'522'500**

	A	B
Abschlussdatum der letzten Bilanz	31. Dezember	31. Dezember
Beteiligung an der anderen Gesellschaft in Prozenten (: 100)	◷ 0,333	Φ 0,200
Übertrag des **doppelten Ertragswertes ohne Ertrag** (Dividenden usw.) der gegenseitigen Beteiligung	21'460'317	18'730'159
Übertrag des **Substanzwertes ohne Buchwert** der gegenseitigen Beteiligung	13'115'000	5'522'500
Total	34'575'317	24'252'659
Durchschnitt (: 3)	Φ 11'525'106	8'084'220
Übertrag des prozentualen Anteils der Gesellschaft **B** an der Gesellschaft **A** nach der Formel: Φ 0,200 x Φ 11'525'106	-2'305'021	+2'305'021
Total		⊕ 10'389'241
„Verschachtelung" nach der Formel: $⊕\ 10'389'241 \times \left(\frac{◷\ 0{,}333 \times (1 - Φ\ 0{,}200)}{1 - (◷\ 0{,}333 \times Φ\ 0{,}200)} \right)$	+2'965'174	-2'965'174
Total	12'185'259	7'424'067
Anzahl Aktien A x 1 - Φ 0,200	762	
Anzahl Aktien B x 1 - ◷ 0,333		3'710
Steuerwert brutto abgerundet auf	**760**	**3'710**

Modell 2:			
Ertragswert der Gesellschaft A	Fr.	Fr.	Fr.
Jahresergebnis 1. Bemessungsjahr =	1'100'000		
minus erhaltene Dividende der Beteiligung B	-	1'100'000	
Jahresergebnis 2. Bemessungsjahr =	1'400'000		
minus erhaltene Dividende der Beteiligung B	-120'000	1'280'000	
Jahresergebnis 3. Bemessungsjahr =	1'200'000		
minus erhaltene Dividende der Beteiligung B	-150'000	1'050'000	
		3'430'000	
Massgebendes Ergebnis = Durchschnitt (:3)		1'143'333	
kapitalisiert mit 10.5%			10'888'889
doppelt			10'888'889
Doppelter Ertragswert der Gesellschaft A ohne Ertrag der gegenseitigen Beteiligung B			**21'777'778**
Ertragswert der Gesellschaft B	Fr.	Fr.	Fr.
Jahresergebnis 1. Bemessungsjahr =	800'000		
minus erhaltene Dividende der Beteiligung A	-100'000	700'000	
Jahresergebnis 2. Bemessungsjahr =	950'000		
minus erhaltene Dividende der Beteiligung A	-160'000	790'000	
Jahresergebnis 3. Bemessungsjahr =	1'200'000		
minus erhaltene Dividende der Beteiligung A	-120'000	1'080'000	
		2'570'000	
Massgebendes Ergebnis = Durchschnitt (:3)		856'667	
kapitalisiert mit 10.5%			8'158'730
doppelt			8'158'730
Doppelter Ertragswert der Gesellschaft B ohne Ertrag der gegenseitigen Beteiligung A			**16'317'460**

Substanzwert der Gesellschaft A	Fr.	Fr.	Fr.
Aktienkapital		2'000'000	
Verlustvortrag		-	2'000'000
offene Reserven inkl. Vortrag			6'000'000
versteuerte Rückstellungen			3'000'000
stille Reserven:			
Fabrikliegenschaft			
- amtl. Schatzung (= Verkehrswert)		4'200'000	
- Buchwert		2'500'000	1'700'000
Beteiligungen			
- Verkehrswert (übrige Bet.: kein Beteiligungsabzug)		4'250'000	
- Buchwert	3'250'000		
minus Buchwert der Beteiligung B	1'200'000	2'050'000	2'200'000
Berücksichtigung der latenten Steuern:			
massgebende stille Reserven		3'900'000	
davon versteuert		-	
minus 15% latente Steuern auf		3'900'000	-585'000
Substanzwert der Gesellschaft A ohne Buchwert der gegenseitigen Beteiligung B	**-1'200'000**		**13'115'000**

Substanzwert der Gesellschaft B	Fr.	Fr.	Fr.
Aktienkapital		300'000	
Verlustvortrag		-	300'000
offene Reserven inkl. Vortrag			3'100'000
versteuerte Rückstellungen			4'400'000
stille Reserven:			
Fabrikliegenschaft			
- amtl. Schatzung (= Verkehrswert)		4'250'000	
- Buchwert		3'600'000	650'000
Beteiligungen			
- Verkehrswert (übrige Bet.: kein Beteiligungsabzug)		2'600'000	
- Buchwert	5'250'000		
minus Buchwert der Beteiligung A	3'850'000	1'400'000	1'200'000
Berücksichtigung der latenten Steuern:			
massgebende stille Reserven		1'850'000	
davon versteuert		-	
minus 15% latente Steuern auf		1'850'000	-277'500
Substanzwert der Gesellschaft B ohne Buchwert der gegenseitigen Beteiligung A	**-3'850'000**		**5'522'500**

	A	B
Abschlussdatum der letzten Bilanz	31. Dezember	31. Dezember
Beteiligung an der anderen Gesellschaft in Prozenten (: 100)	③ 0,333	① 0,200
Übertrag des **doppelten Ertragswertes ohne Ertrag** (Dividenden usw.) der gegenseitigen Beteiligung	21'777'778	16'317'460
Übertrag des **Substanzwertes ohne Buchwert** der gegenseitigen Beteiligung	13'115'000	5'522'500
Total	34'892'778	21'839'960
Durchschnitt (: 3)	① 11'630'926	7'279'987
Übertrag des prozentualen Anteils der Gesellschaft **B** an der Gesellschaft **A** nach der Formel: ① 0,200 x ① 11'630'926	-2'326'185	+2'326'185
Total		⊕ 9'606'172
„Verschachtelung" nach der Formel: ⊕ 9'606'172 x (③ 0,333 x (1 - ① 0,200) / 1 - (③ 0,333 x ① 0,200))	+2'741'680	-2'741'680
Total	12'046'421	6'864'492
Anzahl Aktien A x 1 - ① 0,200	752	
Anzahl Aktien B x 1 - ③ 0,333		3'430
Steuerwert brutto abgerundet auf	**750**	**3'430**

Beispiel Nr. 3 (RZ 36)

Bewertung der Titel von Handels-, Industrie- und Dienstleistungsgesellschaften mit negativem Jahresergebnis.

Eine Handelsgesellschaft mit einem Aktienkapital von Fr. 500'000 (500 Aktien von je Fr. 1'000 nom.) weist Fr. 1'850'000 offene Reserven inkl. Vortrag und Fr. 200'000 versteuerte stille Reserven (davon Fr. 150'000 auf Wohnliegenschaft) aus. Sie ist im Besitz einer Fabrikliegenschaft (Buchwert: Fr. 500'000, amtliche Schatzung: Fr. 2'200'000 [= VW]) und einer Wohnliegenschaft (Buchwert: Fr. 400'000, amtliche Schatzung: Fr. 1'200'000 [< VW]). Das Jahresergebnis beträgt im ersten Bemessungsjahr Fr. 180'000 (Gewinnkorrektur: Fr. –120'000 Auflösung), der Verlust im zweiten Bemessungsjahr Fr. –95'000 (keine Gewinnkorrektur).

Modell 2: Das Jahresergebnis des ältesten Bemessungsjahres beträgt Fr. 110'000 (Gewinnkorrektur: Fr. -12'000 Auflösung).

Modell 1:

Ertragswert	Fr.	Fr.	Fr.
Jahresergebnis 1. Bemessungsjahr =	180'000		
Gewinnkorrekturen	-120'000	60'000	
Jahresergebnis 2. Bemessungsjahr =	-95'000		
Gewinnkorrekturen	0	-95'000	
2. Jahr doppelt		-95'000	
		-130'000	
Durchschnitt (: 3)		-43'333	
kapitalisiert mit 10,5%			0
doppelt			0

Substanzwert	Fr.	Fr.	Fr.
Aktienkapital	500'000		
Verlustvortrag	0	500'000	
offene Reserven inkl. Vortrag		1'850'000	
stille Reserven:			
Fabrikliegenschaft			
- amtl. Schatzung (= Verkehrswert)	2'200'000		
- Buchwert	500'000	1'700'000 *	
Wohnliegenschaft			
- amtl. Schatzung (< Verkehrswert)	1'200'000		
- Buchwert	400'000	800'000 **	
** inkl. Fr. 150'000 versteuerte stille Reserven			
Berücksichtigung der latenten Steuern:			
massgebende stille Reserven	1'700'000 *		
davon versteuert	0		
minus 15% latente Steuern auf	1'700'000	-255'000	
übrige versteuerte stille Reserven		50'000	4'645'000
Total (2x Ertragswert / 1x Substanzwert)			4'645'000
Durchschnitt (:3)			1'548'333
Unternehmenswert: ~~als Mindeswert gilt der Substanzwert~~			**1'548'333**
dividiert durch Anzahl Aktien (: 500)			3'097
Steuerwert brutto abgerundet auf			**3'000**

Jahresergebnis 1. Bemessungsjahr =	110'000		
Gewinnkorrekturen	-12'000	98'000	
Jahresergebnis 2. Bemessungsjahr =	180'000		
Gewinnkorrekturen	-120'000	60'000	
Jahresergebnis 3. Bemessungsjahr =	-95'000		
Gewinnkorrekturen	0	-95'000	
		63'000	
Durchschnitt (: 3)		21'000	
kapitalisiert mit 10,5%			200'000
doppelt			200'000

Substanzwert	Fr.	Fr.	Fr.
Aktienkapital	500'000		
Verlustvortrag	0	500'000	
offene Reserven inkl. Vortrag		1'850'000	
stille Reserven:			
Fabrikliegenschaft			
- amtl. Schatzung (= Verkehrswert)	2'200'000		
- Buchwert	500'000	1'700'000 *	
Wohnliegenschaft			
- amtl. Schatzung (< Verkehrswert)	1'200'000		
- Buchwert	400'000	800'000 **	
** inkl. Fr. 150'000 versteuerte stille Reserven			
Berücksichtigung der latenten Steuern:			
massgebende stille Reserven	1'700'000 *		
davon versteuert	0		
minus 15% latente Steuern auf	1'700'000	-255'000	
übrige versteuerte stille Reserven		50'000	4'645'000
Total (2x Ertragswert / 1x Substanzwert)			5'045'000
Durchschnitt (:3)			1'681'667
Unternehmenswert: ~~als Mindeswert gilt der Substanzwert~~			**1'681'667**
dividiert durch Anzahl Aktien (: 500)			3'363
Steuerwert brutto abgerundet auf			**3'300**

Beispiel Nr. 4 (RZ 38)

Bewertung der Titel von reinen Holdings-, Vermögensverwaltungs-, Beteiligungs- und Finanzierungsgesellschaften.

Eine reine Holdinggesellschaft mit einem Aktienkapital von Fr. 4'200'000 (4'200 Aktien von je Fr. 1'000 nom.) weist Fr. 12'000'000 offene Reserven inkl. Vortrag und Fr. 1'250'000 versteuerte Rückstellungen aus. Sie ist im Besitz verschiedener Beteiligungen (Buchwert: Fr. 12'100'000, Verkehrswert: Fr. 27'500'000) sowie eines Wertschriften-Portefeuilles (Buchwert: Fr. 3'500'000, Verkehrswert: Fr. 10'400'000).

Substanzwert	Fr.	Fr.
Aktienkapital	4'200'000	
Verlustvortrag	0	4'200'000
offene Reserven inkl. Vortrag		12'000'000
versteuerte Rückstellungen		1'250'000
stille Reserven:		
Beteiligungen		
- Verkehrswert	27'500'000	
- Buchwert	12'100'000	15'400'000
Wertschriften		
- Verkehrswert	10'400'000	
- Buchwert	3'500'000	6'900'000
Berücksichtigung der latenten Steuern:		
massgebende stille Reserven	0	
davon versteuert	0	
minus 15% latente Steuern auf	0	0
übrige versteuerte stille Reserven		0
Total Substanzwert		39'750'000
dividiert durch Anzahl Aktien (: 4'200)		9'464
Steuerwert brutto abgerundet auf		**9'400**

Beispiel Nr. 5 (RZ 38)

Bewertung der Titel von reinen Holding-, Vermögensverwaltungs-, Beteiligungs- und Finanzierungsgesellschaften bei wechsel- oder gegenseitiger Beteiligung.

Im vorliegenden Beispiel handelt es sich um zwei unabhängige Gesellschafen A und B, wobei A Aktien von B und B Aktien von A hält.

Die Gesellschaft A (reine Holdinggesellschaft) mit einem Aktienkapital von Fr. 4'000'000 (4'000 Aktien von je Fr. 1'000 nom.) weist Fr. 8'000'000 offene Reserven inkl. Vortrag und Fr. 1'500'000 versteuerte Rückstellungen aus. Sie ist im Besitz verschiedener Beteiligungen (Buchwert: Fr. 5'600'000, Verkehrswert ohne Beteiligung B: Fr. 12'500'000), wovon eine von 25 % an der Gesellschaft B (Buchwert dieser Beteiligung: Fr. 1'500'000) sowie eines Wertschriften-Portefeuilles (Buchwert: Fr. 3'800'000, Verkehrswert: Fr. 6'400'000).

Die Gesellschaft B (Industriegesellschaft) mit einem Aktienkapital von Fr. 500'000 (500 Aktien von je Fr. 1'000 nom.) weist Fr. 4'500'000 offene Reserven inkl. Vortrag und Fr. 2'250'000 versteuerte Rückstellungen aus. Sie ist im Besitz einer Fabrikliegenschaft (Buchwert: Fr. 2'400'000, amtl. Schatzung: Fr. 4'500'000 [= VW]) sowie verschiedener Beteiligungen* (Buchwert: Fr. 4'500'000, Verkehrswert ohne Beteiligung A: Fr. 3'200'000), wovon eine von 15 % an der Gesellschaft A (Buchwert dieser Beteiligung: Fr. 3'500'000, erhaltene Dividenden: Fr. 300'000 im ersten Bemessungsjahr, Fr. 360'000 im zweiten Bemessungsjahr. Das Jahresergebnis beträgt im ersten Bemessungsjahr Fr. 1'650'000 (keine Gewinnkorrektur), im zweiten Bemessungsjahr Fr. 1'500'000 (keine Gewinnkorrektur).
*für Beteiligungsabzug

Modell 2: Das Jahresergebnis des ältesten Bemessungsjahres beträgt Fr. 1'500'000 (keine Gewinnkorrektur); erhaltene Dividenden: Fr. 0.

Bei gegenseitigen Beteiligungen ist die Bewertung nach der Methode von Michael Towbin (vgl. „Die Schweizerische Aktiengesellschaft", November 1951, Seite 78 & ff.), gemäss nachstehender Berechnungsformel vorzunehmen:

Modell 1:

Substanzwert der Gesellschaft A	Fr.	Fr.	Fr.
Aktienkapital		4'000'000	
Verlustvortrag		-	4'000'000
offene Reserven inkl. Vortrag			8'000'000
versteuerte Rückstellungen			1'500'000
stille Reserven:			
Beteiligungen			
- Verkehrswert		12'500'000	
- Buchwert	5'600'000		
minus Buchwert der Beteiligung B	1'500'000	4'100'000	8'400'000
Wertschriften			
- Verkehrswert		6'400'000	
- Buchwert		3'800'000	2'600'000
Berücksichtigung der latenten Steuern:			
massgebende stille Reserven		0	
davon versteuert		0	
minus 15% latente Steuern auf		0	-
Substanzwert der Gesellschaft A ohne Buchwert der gegenseitigen Beteiligung B	**-1'500'000**		**23'000'000**

Ertragswert der Gesellschaft B	Fr.	Fr.	Fr.
Jahresergebnis 1. Bemessungsjahr =	1'650'000		
minus erhaltene Dividende der Beteiligung A	-300'000	1'350'000	
Jahresergebnis 2. Bemessungsjahr =	1'500'000		
minus erhaltene Dividende der Beteiligung A	-360'000	1'140'000	
2. Jahr doppelt		1'140'000	
		3'630'000	
Massgebendes Ergebnis = Durchschnitt (:3)		1'210'000	
kapitalisiert mit 10,5%			11'523'810
doppelt			11'523'810
Doppelter Ertragswert der Gesellschaft B *ohne Ertrag* der gegenseitigen Beteiligung A			**23'047'619**

Substanzwert der Gesellschaft B	Fr.	Fr.	Fr.
Aktienkapital		500'000	
Verlustvortrag		-	500'000
offene Reserven inkl. Vortrag			4'500'000
versteuerte Rückstellungen			2'250'000
stille Reserven:			
Fabrikliegenschaft			
- amtl. Schatzung (= Verkehrswert)		4'500'000	
- Buchwert		2'400'000	2'100'000 *
Beteiligungen			
- Verkehrswert (für Beteiligungsabzug)		3'200'000	
- Buchwert	4'500'000		
minus Buchwert der Beteiligung A	3'500'000	1'000'000	2'200'000
Berücksichtigung der latenten Steuern:			
massgebende stille Reserven		2'100'000 *	
davon versteuert		0	
minus 15% latente Steuern auf		2'100'000	-315'000
Substanzwert der Gesellschaft B ohne Buchwert der gegenseitigen Beteiligung A	**-3'500'000**		**7'735'000**

	Gesellschaft A	Gesellschaft B
Abschlussdatum der letzten Bilanz	31. Dezember	31. Dezember
Beteiligung an der anderen Gesellschaft in Prozenten (: 100)	① 0,250	② 0,150
Übertrag des **doppelten Ertragswertes ohne Ertrag** (Dividenden usw.) der gegenseitigen Beteiligung	---	23'047'619
Übertrag des **Substanzwertes ohne Buchwert** der gegenseitigen Beteiligung	③ 23'000'000	7'735'000
Total		30'782'619
Durchschnitt (: 3)	---	10'260'873
Übertrag des prozentualen Anteils der Gesellschaft **B** an der Gesellschaft **A** nach der Formel: ② 0,150 x ③ 23'000'000	-3'450'000	+3'450'000
Total		④ 13'710'873
„Verschachtelung" nach der Formel: ④ 13'710'873 x $\left(\frac{① 0{,}250 \times (1 - ② 0{,}150)}{1 - (① 0{,}250 \times ② 0{,}150)}\right)$	+3'027'076	-3'027'076
Total	22'577'076	10'683'797
Anzahl Aktien A x 1 - ② 0,150	6'640	
Anzahl Aktien B x 1 - ① 0,250		28'490
Steuerwert brutto abgerundet auf	**6'600**	**28'400**

Modell 2:

Substanzwert der Gesellschaft A	Fr.	Fr.	Fr.
Aktienkapital		4'000'000	
Verlustvortrag		-	4'000'000
offene Reserven inkl. Vortrag			8'000'000
versteuerte Rückstellungen			1'500'000
stille Reserven:			
Beteiligungen			
- Verkehrswert		12'500'000	
- Buchwert	5'600'000		
minus Buchwert der Beteiligung B	1'500'000	4'100'000	8'400'000
Wertschriften			
- Verkehrswert		6'400'000	
- Buchwert		3'800'000	2'600'000
Berücksichtigung der latenten Steuern:			
massgebende stille Reserven		0	
davon versteuert		0	
minus 15% latente Steuern auf		0	-
Substanzwert der Gesellschaft A ohne Buchwert der gegenseitigen Beteiligung B	**-1'500'000**		**23'000'000**

Ertragswert der Gesellschaft B	Fr.	Fr.	Fr.
Jahresergebnis 1. Bemessungsjahr =	1'500'000		
minus erhaltene Dividende der Beteiligung A	-	1'500'000	
Jahresergebnis 2. Bemessungsjahr =	1'650'000		
minus erhaltene Dividende der Beteiligung A	-300'000	1'350'000	
Jahresergebnis 3. Bemessungsjahr =	1'500'000		
minus erhaltene Dividende der Beteiligung A	-360'000	1'140'000	
		3'990'000	
Massgebendes Ergebnis = Durchschnitt (:3)		1'330'000	
kapitalisiert mit 10,5%			12'666'667
doppelt			12'666'667
Doppelter Ertragswert der Gesellschaft B ohne Ertrag der gegenseitigen Beteiligung A			**25'333'333**

Substanzwert der Gesellschaft B	Fr.	Fr.	Fr.
Aktienkapital		500'000	
Verlustvortrag		-	500'000
offene Reserven inkl. Vortrag			4'500'000
versteuerte Rückstellungen			2'250'000
stille Reserven:			
Fabrikliegenschaft			
- amtl. Schatzung (= Verkehrswert)		4'500'000	
- Buchwert		2'400'000	2'100'000 *
Beteiligungen			
- Verkehrswert (für Beteiligungsabzug)		3'200'000	
- Buchwert	4'500'000		
minus Buchwert der Beteiligung A	3'500'000	1'000'000	2'200'000
Berücksichtigung der latenten Steuern:			
massgebende stille Reserven		2'100'000 *	
davon versteuert		0	
minus 15% latente Steuern auf		2'100'000	-315'000
Substanzwert der Gesellschaft B ohne Buchwert der gegenseitigen Beteiligung A	**-3'500'000**		**7'735'000**

	Gesellschaft A	Gesellschaft B
Abschlussdatum der letzten Bilanz	31. Dezember	31. Dezember
Beteiligung an der anderen Gesellschaft in Prozenten (: 100)	① 0,250	② 0,150
Übertrag des **doppelten Ertragswertes ohne Ertrag** (Dividenden usw.) der gegenseitigen Beteiligung	---	25'333'333
Übertrag des **Substanzwertes ohne Buchwert** der gegenseitigen Beteiligung	③ 23'000'000	7'735'000
Total		33'068'333
Durchschnitt (: 3)	---	11'022'778
Übertrag des prozentualen Anteils der Gesellschaft **B** an der Gesellschaft **A** nach der Formel: ② 0,150 x ③ 23'000'000	-3'450'000	+3'450'000
Total		④ 14'472'778
„Verschachtelung" nach der Formel: ④ 14'472'778 x $\left(\frac{① 0{,}250 \times (1 - ② 0{,}150)}{1 - (① 0{,}250 \times ② 0{,}150)}\right)$	+3'195'289	-3'195'289
Total	22'745'289	11'277'489
Anzahl Aktien A x 1 - ② 0,150	6'690	
Anzahl Aktien B x 1 - ① 0,250		30'073
Steuerwert brutto abgerundet auf	**6'600**	**30'000**

Beispiel Nr. 6 (RZ 41)

Bewertung der Titel einer Gesellschaft, die eine Konzernrechnung erstellt hat.

Eine Holding-Gesellschaft mit einem Aktienkapital von Fr. 20'000'000 (20'000 Aktien von je Fr. 1'000 nom.) hat eine Konzernrechnung gemäss Art. 663e OR erstellt; sie weist Fr. 132'500'000 Konsolidierungsreserven aus und ist im Besitz eines Wertschriften-Portefeuilles (Buchwert: Fr. 15'500'000, Verkehrswert: Fr. 34'750'000). Die Tochtergesellschaften sind im Besitz von 5 Fabrikliegenschaften (Buchwert: Fr. 16'500'000, amtl. Schatzung: Fr. 56'400'000 [= VW]) und 7 Wohnliegenschaften (Buchwert von 4 Objekten: Fr. 3'200'000, amtl. Schatzung: Fr. 15'600'000 [< VW], Buchwert der 3 anderen Objekte: Fr. 4'200'000, Nettomietzinseinnahmen: Fr. 1'211'250) und weisen Fr. 27'500'000 versteuerte stille Reserven (davon Fr. 15'600'000 auf Fabrikliegenschaften) und Fr. 16'500'000 versteuerte Rückstellungen aus. Das konsolidierte Jahresergebnis beträgt im ersten Bemessungsjahr Fr. 32'560'000 (Gewinnkorrekturen Tochtergesellschaften: Fr. 3'560'000 Aufrechnungen), im zweiten Bemessungsjahr Fr. 33'540'000 (Gewinnkorrekturen Tochtergesellschaften: Fr. 4'565'625 Aufrechnungen).

Modell 2: Das Jahresergebnis des ältesten Bemessungsjahres beträgt Fr. 33'410'000 (Gewinnkorrekturen Tochtergesellschaften: Fr. 3'610'890 Aufrechnungen).

Modell 1:

Ertragswert	Fr.	Fr.	Fr.
konsolidiertes Jahresergebnis			
1. Bemessungsjahr =	32'560'000		
Gewinnkorrekturen (Tochtergesellschaften)	3'560'000	36'120'000	
konsolidiertes Jahresergebnis			
2. Bemessungsjahr =	33'540'000		
Gewinnkorrekturen (Tochtergesellschaften)	4'565'625	38'105'625	
2. Jahr doppelt		38'105'625	
		112'331'250	
Massgebendes Ergebnis = Durchschnitt (:3)		37'443'750	
kapitalisiert mit 10,5%			356'607'143
doppelt			356'607'143

Substanzwert

Aktienkapital	20'000'000		
Verlustvortrag	-	20'000'000	
Konsolidierungsreserven		132'500'000	
versteuerte Rückstellungen (Tochtergesellschaften)		16'500'000	
stille Reserven:			
Fabrikliegenschaften (Tochtergesellschaften)			
- amtl. Schatzung (= Verkehrswert)	56'400'000		
- Buchwert	16'500'000	39'900'000 *	
*inkl. Fr. 15'600'000 versteuerte stille Reserven			
Wertschriften			
- Verkehrswert	34'750'000		
- Buchwert	15'500'000	19'250'000	
Wohnliegenschaften (Tochtergesellschaften)			
- amtl. Schatzung (< Verkehrswert)	15'600'000		
- Buchwert	3'200'000	12'400'000	
Wohnliegenschaften (Tochtergesellschaften)			
- Mietzinse	1'211'250		
kapitalisiert mit 8,5% (= Verkehrswert)	14'250'000		
- Buchwert	4'200'000	10'050'000 *	
Berücksichtigung der latenten Steuern:			
massgebende stille Reserven	49'950'000 *		
davon versteuert auf Fabrikliegenschaft	15'600'000		
minus 15% latente Steuern auf	34'350'000	-5'152'500	
übrige versteuerte stille Reserven		11'900'000	257'347'500
Total (2x Ertragswert / 1x Substanzwert)			970'561'786
Durchschnitt (:3)			323'520'595
dividiert durch Anzahl Aktien (: 20'000)			16'176
Steuerwert brutto abgerundet auf			**16'100**

Modell 2:

Ertragswert	Fr.	Fr.	Fr.
konsolidiertes Jahresergebnis			
1. Bemessungsjahr =	33'410'000		
Gewinnkorrekturen (Tochtergesellschaften)	3'610'890	37'020'890	
konsolidiertes Jahresergebnis			
2. Bemessungsjahr =	32'560'000		
Gewinnkorrekturen (Tochtergesellschaften)	3'560'000	36'120'000	
konsolidiertes Jahresergebnis			
3. Bemessungsjahr =	33'540'000		
Gewinnkorrekturen (Tochtergesellschaften)	4'565'625	38'105'625	
		111'246'515	
Massgebendes Ergebnis = Durchschnitt (:3)		37'082'172	
kapitalisiert mit 10,5%			353'163'540
doppelt			353'163'540

Substanzwert

Aktienkapital	20'000'000		
Verlustvortrag	-	20'000'000	
Konsolidierungsreserven		132'500'000	
versteuerte Rückstellungen (Tochtergesellschaften)		16'500'000	
stille Reserven:			
Fabrikliegenschaften (Tochtergesellschaften)			
- amtl. Schatzung (= Verkehrswert)	56'400'000		
- Buchwert	16'500'000	39'900'000 *	
*inkl. Fr. 15'600'000 versteuerte stille Reserven			
Wertschriften			
- Verkehrswert	34'750'000		
- Buchwert	15'500'000	19'250'000	
Wohnliegenschaften (Tochtergesellschaften)			
- amtl. Schatzung (< Verkehrswert)	15'600'000		
- Buchwert	3'200'000	12'400'000	
Wohnliegenschaften (Tochtergesellschaften)			
- Mietzinse	1'211'250		
kapitalisiert mit 8,5% (= Verkehrswert)	14'250'000		
- Buchwert	4'200'000	10'050'000 *	
Berücksichtigung der latenten Steuern:			
massgebende stille Reserven	49'950'000 *		
davon versteuert auf Fabrikliegenschaft	15'600'000		
minus 15% latente Steuern auf	34'350'000	-5'152'500	
übrige versteuerte stille Reserven		11'900'000	257'347'500
Total (2x Ertragswert / 1x Substanzwert)			963'674'579
Durchschnitt (:3)			321'224'860
dividiert durch Anzahl Aktien (: 20'000)			16'061
Steuerwert brutto abgerundet auf			**16'000**

Beispiel Nr. 7 (RZ 42)

Bewertung der Titel von Immobilien-Gesellschaften

Eine Immobilien-Gesellschaft mit einem Aktienkapital von Fr. 2'000'000 (2'000 Aktien von je Fr. 1'000 nom.) weist Fr. 12'500'000 offene Reserven inkl. Vortrag und Fr. 250'000 versteuerte Rückstellungen aus. Sie ist im Besitz verschiedener Wohnliegenschaften (Buchwert von 4 Objekten: Fr. 3'150'000, amtl. Schatzung: Fr. 9'500'000 [< VW], Buchwert der anderen Objekte: Fr. 37'500'000, Nettomietzinseinnahmen: Fr. 6'859'500) sowie eines Wertschriften-Portefeuilles (Buchwert: Fr. 2'500'000, Verkehrswert: Fr. 6'400'000).

Substanzwert	Fr.	Fr.
Aktienkapital	2'000'000	
Verlustvortrag	-	2'000'000
offene Reserven inkl. Vortrag		12'500'000
versteuerte Rückstellungen		250'000
stille Reserven:		
Wohnliegenschaften		
- amtl. Schatzung (< Verkehrswert)	9'500'000	
- Buchwert	3'150'000	6'350'000
Wohnliegenschaften		
- Mietzinse	6'859'500	
kapitalisiert mit 8,5% (= Verkehrswert)	80'700'000	
- Buchwert	37'500'000	43'200'000 *
Wertschriften		
- Verkehrswert	6'400'000	
- Buchwert	2'500'000	3'900'000 *
Berücksichtigung der latenten Steuern:		
massgebende stille Reserven	47'100'000 *	
davon versteuert	0	
minus 15% latente Steuern auf	47'100'000	-7'065'000
übrige versteuerte stille Reserven		0
Total Substanzwert		61'135'000
dividiert durch Anzahl Aktien (: *2'000*)		30'568
Steuerwert brutto abgerundet auf		**30'500**

Beispiel Nr. 8 (RZ 46)

Bewertung der Titel von Immobilien-Gesellschaften, deren Miet- und Pachtzinseinnahmen in erheblichem Umfang vom Gewerbe des Mieters gewinn- oder umsatzabhängig sind.

Eine Immobilien-Gesellschaft mit einem Aktienkapital von Fr. 1'500'000 (1'500 Aktien von je Fr. 1'000 nom.) weist Fr. 5'400'000 offene Reserven inkl. Vortrag und Fr. 850'000 versteuerte Rückstellungen aus. Sie ist im Besitz zweier Liegenschaften (Buchwert 1. Liegenschaft deren Miet- und Pachtzinseinnahmen vom Gewerbe des Mieters umsatzabhängig sind: Fr. 2'600'000, amtl. Schatzung: Fr. 9'800'000 [< VW], Buchwert 2. Liegenschaft: Fr. 620'000, Nettomietzinseinnahmen: Fr. 102'000) sowie eines Wertschriften-Portefeuilles (Buchwert: Fr. 375'000, Verkehrswert: Fr. 650'000). Das Jahresergebnis beträgt im ersten Bemessungsjahr Fr. 845'000 (keine Gewinnkorrekturen), im zweiten Bemessungsjahr Fr. 725'000 (keine Gewinnkorrekturen).

Modell 1:			
Ertragswert	Fr.	Fr.	Fr.
Jahresergebnis 1. Bemessungsjahr =	845'000		
Gewinnkorrekturen	-	845'000	
Jahresergebnis 2. Bemessungsjahr =	725'000		
Gewinnkorrekturen	-	725'000	
2. Jahr doppelt		725'000	
		2'295'000	
Massgebendes Ergebnis = Durchschnitt (:3)		765'000	
kapitalisiert mit 7.5% (10.5%-3.15%*=7.35% aufgerundet auf ein halbes Prozent)			10'200'000
*30% v. 10.5% = 3.15%			
Substanzwert			
Aktienkapital	1'500'000		
Verlustvortrag	-	1'500'000	
offene Reserven inkl. Vortrag		5'400'000	
versteuerte Rückstellungen		850'000	
stille Reserven:			
1. Liegenschaft			
- amtl. Schatzung (< Verkehrswert)	9'800'000		
- Buchwert	2'600'000	7'200'000	
2. Liegenschaft			
- Mietzinse:	102'000		
kapitalisiert mit 8,5%	1'200'000		
- Buchwert	620'000	580'000 *	
Wertschriften:			
- Verkehrswert	650'000		
- Buchwert	375'000	275'000 *	
Berücksichtigung der latenten Steuern:			
massgebende stille Reserven	855'000 *		
davon versteuert	0		
minus 15% latente Steuern auf	855'000	-128'250	
übrige versteuerte stille Reserven		0	15'676'750
Substanzwert doppelt			15'676'750
Total (1x Ertragswert / 2x Substanzwert)			41'553'500
Durchschnitt (:3)			13'851'167
dividiert durch Anzahl Aktien (: 1'500)			9'234
Steuerwert brutto abgerundet auf			**9'200**

Modell 2:

Ertragswert	Fr.	Fr.	Fr.
Jahresergebnis 1. Bemessungsjahr =	650'000		
Gewinnkorrekturen	-	650'000	
Jahresergebnis 2. Bemessungsjahr =	845'000		
Gewinnkorrekturen	-	845'000	
Jahresergebnis 3. Bemessungsjahr =	725'000		
Gewinnkorrekturen	-	725'000	
		2'220'000	
Massgebendes Ergebnis = Durchschnitt (:3)		740'000	
kapitalisiert mit 7.5% (10.5%-3.15%*=7.35% aufgerundet auf ein halbes Prozent)			9'866'667
*30% v. 10.5% = 3.15%			
Substanzwert			
Aktienkapital	1'500'000		
Verlustvortrag	-	1'500'000	
offene Reserven inkl. Vortrag		5'400'000	
versteuerte Rückstellungen		850'000	
stille Reserven:			
1. Liegenschaft			
- amtl. Schatzung (< Verkehrswert)	9'800'000		
- Buchwert	2'600'000	7'200'000	
2. Liegenschaft			
- Mietzinse:	102'000		
kapitalisiert mit 8,5%	1'200'000		
- Buchwert	620'000	580'000 *	
Wertschriften:			
- Verkehrswert	650'000		
- Buchwert	375'000	275'000 *	
Berücksichtigung der latenten Steuern:			
massgebende stille Reserven	855'000 *		
davon versteuert	0		
minus 15% latente Steuern auf	855'000	-128'250	
übrige versteuerte stille Reserven		0	15'676'750
Substanzwert doppelt			15'676'750
Total (1x Ertragswert / 2x Substanzwert)			41'220'167
Durchschnitt (:3)			13'740'056
dividiert durch Anzahl Aktien (: 1'500)			9'160
Steuerwert brutto abgerundet auf			**9'100**

Beispiel Nr. 9 (RZ 53)

Bewertung der Titel von Handels-, Industrie- und Dienstleistungsgesellschaften bei gleichzeitigem Bestehen von Stamm- und Vorzugsaktien.

Eine Industriegesellschaft mit einem Aktienkapital von Fr. 100'000 (100 Stammaktien von je Fr. 500 nom. und 100 Vorzugsaktien von je Fr. 500 nom.) weist Fr. 1'380'000 offene Reserven inkl. Vortrag (nach Gewinnverteilung) aus. Das Jahresergebnis beträgt im ersten Bemessungsjahr Fr. 78'000 (Gesamtausschüttung: Fr. 60'000), im zweiten Bemessungsjahr Fr. 96'000 (Gesamtausschüttung: Fr. 80'000). Die Vorzugsaktien verleihen Anspruch auf 60 % der Gesamtausschüttung sowie 70 % des Liquidationsergebnisses.

Modell 2: Das Jahresergebnis des ältesten Bemessungsjahres beträgt Fr. 82'000 (Gesamtausschüttung: 70'000).

Modell 1:		
Ertragswert	Fr.	Fr.
Jahresergebnis 1. Bemessungsjahr	78'000	
Jahresergebnis 2. Bemessungsjahr		96'000
- Dividende auf Stammaktien (40% der Gesamtausschüttung)	24'000	32'000
- Dividende auf Vorzugsaktien (60% der Gesamtausschüttung)	36'000	48'000
verbleibendes Ergebnis	18'000	16'000
(Aufteilungsschlüssel : Stammaktien = 30%, Vorzugsaktien = 70%)		
Berechnung des zu kapitalisierenden Ergebnisses:	**Stammaktien** Fr.	**Vorzugsaktien** Fr.
1. Bemessungsjahr		
Stammaktien (30% von Fr. 18'000)	5'400	
Dividende	24'000	
Vorzugsaktien (70% von Fr. 18'000)		12'600
Dividende		36'000
	29'400	48'600
2. Bemessungsjahr		
Stammaktien (30% von Fr. 16'000)	4'800	
Dividende	32'000	
Vorzugsaktien (70% von Fr. 16'000)		11'200
Dividende		48'000
	36'800	59'200

Berechnung des Ertragswertes		Stammaktien Fr.	Vorzugsaktien Fr.
Jahresergebnis 1. Bemessungsjahr		29'400	48'600
Jahresergebnis 2. Bemessungsjahr		36'800	59'200
	doppelt	36'800	59'200
	Total	103'000	167'000
Massgebendes Ergebnis = Durchschnitt (: 3)		34'333	55'667
kapitalisiert mit 10.5%		326'984	530'159
	doppelt	326'984	530'159
Ertragswert		**653'968**	**1'060'317**
Substanzwert		Fr.	Fr.
Aktienkapital		50'000	50'000
beschlossene Dividende (s. 2. Bemessungsjahr)		32'000	48'000
offene Reserven inkl. Vortrag: Fr. 1'380'000			
Stammaktien (30% von Fr. 1'380'000)		414'000	
Vorzugsaktien (70% von Fr. 1'380'000)			966'000
		496'000	1'064'000
Unternehmenswert		Fr.	Fr.
Ertragswert		653'968	1'060'317
Substanzwert		496'000	1'064'000
		1'149'968	2'124'317
Durchschnitt (: 3)		383'323	708'106
dividiert durch Anzahl Stammaktien (100) bzw. Anzahl Vorzugsaktien (100)		3'833	7'081
Steuerwert brutto abgerundet auf		**3'800**	**7'050**

Modell 2: **Ertragswert**	Fr.	Fr.	Fr.
Jahresergebnis 1. Bemessungsjahr	82'000		
Jahresergebnis 2. Bemessungsjahr		78'000	
Jahresergebnis 3. Bemessungsjahr			96'000
- Dividende auf Stammaktien (40% der Gesamtausschüttung)	28'000	24'000	32'000
- Dividende auf Vorzugsaktien (60% der Gesamtausschüttung)	42'000	36'000	48'000
verbleibendes Ergebnis	12'000	18'000	16'000
(Aufteilungsschlüssel : Stammaktien = 30%, Vorzugsaktien = 70%)			

Berechnung des zu kapitalisierenden Ergebnisses:	**Stammaktien** Fr.	**Vorzugsaktien** Fr.
1. Bemessungsjahr		
Stammaktien (30% von Fr. 12'000)	3'600	
Dividende	28'000	
Vorzugsaktien (70% von Fr. 12'000)		8'400
Dividende		42'000
	31'600	50'400
2. Bemessungsjahr		
Stammaktien (30% von Fr. 18'000)	5'400	
Dividende	24'000	
Vorzugsaktien (70% von Fr. 18'000)		12'600
Dividende		36'000
	29'400	48'600
3. Bemessungsjahr		
Stammaktien (30% von Fr. 16'000)	4'800	
Dividende	32'000	
Vorzugsaktien (70% von Fr. 16'000)		11'200
Dividende		48'000
	36'800	59'200

Berechnung des Ertragswertes		**Stammaktien** Fr.	**Vorzugsaktien** Fr.
Jahresergebnis 1. Bemessungsjahr		31'600	50'400
Jahresergebnis 2. Bemessungsjahr		29'400	48'600
Jahresergebnis 3. Bemessungsjahr		36'800	59'200
	Total	97'800	158'200
Massgebendes Ergebnis = Durchschnitt (: 3)		32'600	52733
kapitalisiert mit 10.5%		310'476	502'222
	doppelt	310'476	502'222
Ertragswert		**620'952**	**1'004'444**

Substanzwert	Fr.	Fr.
Aktienkapital	50'000	50'000
beschlossene Dividende (s. 3. Bemessungsjahr)	32'000	48'000
offene Reserven inkl. Vortrag: Fr. 1'380'000		
Stammaktien (30% von Fr. 1'380'000)	414'000	
Vorzugsaktien (70% von Fr. 1'380'000)		966'000
	496'000	1'064'000

Unternehmenswert	Fr.	Fr.
Ertragswert	620'952	1'004'444
Substanzwert	496'000	1'064'000
	1'116'952	2'068'444
Durchschnitt (: 3)	372'317	689'481
dividiert durch Anzahl Stammaktien (100) bzw. Anzahl Vorzugsaktien (100)	3723	6'895
Steuerwert brutto abgerundet auf	**3'700**	**6'850**

Beispiel Nr. 10 (RZ 54)

Genussscheine, die nur Anspruch auf einen Anteil am Bilanzgewinn verleihen.

Eine Handelsgesellschaft mit einem Aktienkapital von Fr. 300'000 (300 Aktien von je Fr. 1'000 nom.) sowie Fr. 71'500 offene Reserven inkl. Vortrag (nach Gewinnverteilung) hat 200 Genussscheine ausstehend, die nur Anspruch auf einen Anteil am Bilanzgewinn verleihen. Das Jahresergebnis beträgt im ersten Bemessungsjahr Fr. 15'000 (keine Dividende), im zweiten Bemessungsjahr Fr. 50'900 (Dividende: Fr. 15'000 auf Stammaktien, Fr. 5'000 auf Genussscheine).

Modell 2: Das Jahresergebnis des ältesten Bemessungsjahres beträgt Fr. 15'000 (Dividende: keine Dividende auf Stammaktien, Fr. 7'000 auf Genussscheine).

Modell 1:		
Genussscheine		Fr.
Ausschüttung 1. Bemessungsjahr		0
Ausschüttung 2. Bemessungsjahr		5'000
	doppelt	5'000
		10'000
Durchschnitt (: 3)		3'333
kapitalisiert mit 11.5% (Kapitalisierungssatz 10.5%, plus 1 Prozent-Punkt)		28'986
dividiert durch Anzahl Genussscheine (200)		144
minus 10% Abzug auf Genussscheine		14
		130
Steuerwert brutto (abgerundet auf)		**130**

Aktien		Fr.	Fr.
Berechnung des Ertragswertes			
1. Bemessungsjahr			
Jahresergebnis		15'000	
- Ausschüttung auf Genussscheine		0	15'000
2. Bemessungsjahr			
Jahresergebnis		50'900	
- Ausschüttung auf Genussscheine		5'000	45'900
	doppelt		45'900
	Total		106'800
Massgebendes Ergebnis = Durchschnitt (: 3)			35'600
kapitalisiert mit 10.5%			339'048
	doppelt		339'048
Ertragswert			**678'095**
Substanzwert			
Aktienkapital			300'000
beschlossene Dividende (2. Bemessungsjahr)			15'000
offene Reserven inkl. Vortrag			71'500
			386'500
Unternehmenswert			
Ertragswert			678'095
Substanzwert			386'500
			1'064'595
Durchschnitt (: 3)			354'865
dividiert durch Anzahl Aktien (300)			1'183
Steuerwert brutto abgerundet auf			**1'100**

Modell 2:

Genussscheine			Fr.
Ausschüttung 1. Bemessungsjahr			7'000
Ausschüttung 2. Bemessungsjahr			0
Ausschüttung 3. Bemessungsjahr			5'000
			12'000
Durchschnitt (: 3)			4'000
kapitalisiert mit 11.5%			34783
(Kapitalisierungssatz 10.5%, plus 1 Prozent-Punkt)			
dividiert durch Anzahl Genussscheine (200)			173
minus 10% Abzug auf Genussscheine			17
			156
Steuerwert brutto (abgerundet auf)			**156**

Aktien		Fr.	Fr.
Berechnung des Ertragswertes			
1. Bemessungsjahr			
Jahresergebnis		15'000	
- Ausschüttung auf Genussscheine		7'000	8'000
2. Bemessungsjahr			
Jahresergebnis		15'000	
- Ausschüttung auf Genussscheine		0	15'000
3. Bemessungsjahr			
Jahresergebnis		50'900	
- Ausschüttung auf Genussscheine		5'000	45'900
	Total		68'900
Massgebendes Ergebnis = Durchschnitt (: 3)			22'967
kapitalisiert mit 10.5%			218730
	doppelt		218730
Ertragswert			**437'460**

Substanzwert	
Aktienkapital	300'000
beschlossene Dividende (3. Bemessungsjahr)	15'000
offene Reserven inkl. Vortrag	71'500
	386'500
Unternehmenswert	
Ertragswert	437'460
Substanzwert	386'500
	823'960
Durchschnitt (: 3)	274'653
dividiert durch Anzahl Aktien (300)	916
Steuerwert brutto abgerundet auf	**900**

Beispiel Nr. 11 (RZ 55)

Genussscheine die sowohl Anspruch auf einen Anteil am Bilanzgewinn als auch auf einen Anteil am Liquidationsergebnis verleihen.

Eine Industriegesellschaft mit einem Aktienkapital von Fr. 300'000 (300 Aktien von je Fr. 1'000 nom.) sowie Fr. 71'500 offene Reserven inkl. Vortrag (nach Gewinnverteilung) hat 200 Genussscheine ausstehend, die sowohl Anspruch auf einen Anteil am Bilanzgewinn als auch auf einen Anteil am Liquidationsergebnis verleihen (Aktien = 60 %, Genussscheine = 40 %). Das Jahresergebnis beträgt im ersten Bemessungsjahr Fr. 15'000 (keine Dividende), im zweiten Bemessungsjahr Fr. 50'900 (Dividende: Fr. 15'000 auf Aktien, Fr. 5'000 auf Genussscheine).

Modell 2: Das Jahresergebnis des ältesten Bemessungsjahres beträgt Fr. 15'000 (Dividende: keine Dividende auf Stammaktien, Fr. 7'000 auf Genussscheine).

Modell 1:

Ertragswert	Fr.	Fr.
Jahresergebnis 1. Bemessungsjahr	15'000	
Jahresergebnis 2. Bemessungsjahr		50'900
- Dividende auf Aktien	0	15'000
- Dividende auf Genussscheine	0	5'000
verbleibendes Jahresergebnis	15'000	30'900
(Aufteilungsschlüssel : Aktien = 60%, Genussscheine 40%)		

Berechnung des zu kapitalisierenden Jahresergebnisses:	**Aktien** Fr.	**Genussscheine** Fr.
1. Bemessungsjahr		
Aktien (60% von Fr. 15'000)	9'000	
Dividende	0	
Genussscheine (40% von Fr. 15'000)		6'000
Dividende		0
	9'000	6'000
2. Bemessungsjahr		
Aktien (60% von Fr. 30'900)	18'540	
Dividende	15'000	
Genussscheine (40% von Fr. 30'900)		12'360
Dividende		5'000
	33'540	17'360

Berechnung des Ertragswertes		**Aktien** Fr.	**Genussscheine** Fr.
Jahresergebnis 1. Bemessungsjahr		9'000	6'000
Jahresergebnis 2. Bemessungsjahr		33'540	17'360
	doppelt	33'540	17'360
	Total	76'080	40'720
Massgebendes Ergebnis = Durchschnitt (: 3)		25'360	13'573
kapitalisiert mit 10.5%		241'524	129'270
	doppelt	241'524	129'270
Ertragswert		**483'048**	**258'540**

Substanzwert	Fr.	Fr.
Aktienkapital	300'000	
beschlossene Dividende (2. Bemessungsjahr)	15'000	5'000
offene Reserven inkl. Vortrag: Fr. 71'500		
Aktien (60% von Fr. 71'500)	42'900	
Genussscheine (40% von Fr. 71'500)		28'600
	357'900	33'600

Unternehmenswert	Fr.	Fr.
Ertragswert	483'048	258'540
Substanzwert	357'900	33'600
	840'948	292'140
Durchschnitt (: 3)	280'316	97'380
dividiert durch Anzahl Aktien (300) bzw. Anzahl Genussscheine (200)	934	487
minus 10% Abzug auf Genussscheine		49
		438
Steuerwert brutto abgerundet auf	**900**	**438**

Modell 2: **Ertragswert**	Fr.	Fr.	Fr.
Jahresergebnis 1. Bemessungsjahr	15'000		
Jahresergebnis 2. Bemessungsjahr		15'000	
Jahresergebnis 3. Bemessungsjahr			50'900
- Dividende auf Aktien		0	15'000
- Dividende auf Genussscheine	7'000	0	5'000
verbleibendes Jahresergebnis	8'000	15'000	30'900
(Aufteilungsschlüssel: Aktien 60%, Genussscheine 40%)			

Berechnung des zu kapitalisierenden Jahresergebnisses:	**Aktien** Fr.	**Genussscheine** Fr.
1. Bemessungsjahr		
Aktien (60% von Fr. 8'000)	4'800	
Dividende	0	
Genussscheine (40% von Fr. 8'000)		3'200
Dividende		7'000
	4'800	10'200
2. Bemessungsjahr		
Aktien (60% von Fr. 15'000)	9'000	
Dividende	0	
Genussscheine (40% von Fr. 15'000)		6'000
Dividende		0
	9'000	6'000
3. Bemessungsjahr		
Aktien (60% von Fr. 30'900)	18'540	
Dividende	15'000	
Genussscheine (40% von Fr. 30'900)		12'360
Dividende		5'000
	33'540	17'360

Berechnung des Ertragswertes		**Aktien** Fr.	**Genussscheine** Fr.
Jahresergebnis 1. Bemessungsjahr		4'800	10'200
Jahresergebnis 2. Bemessungsjahr		9'000	6'000
Jahresergebnis 3. Bemessungsjahr		33'540	17'360
	Total	47'340	33'560
Massgebendes Ergebnis = Durchschnitt (: 3)		15'780	11'187
kapitalisiert mit 10.5%		150'286	106'540
	doppelt	150'286	106'540
Ertragswert		**300'571**	**213'079**

Substanzwert	Fr.	Fr.
Aktienkapital	300'000	
beschlossene Dividende (3. Bemessungsjahr)	15'000	5'000
offene Reserven inkl. Vortrag: Fr. 71'500		
Aktien (60% von Fr. 71'500)	42'900	
Genussscheine (40% von Fr. 71'500)		28'600
	357'900	33'600

Unternehmenswert	Fr.	Fr.
Ertragswert	300'571	213'079
Substanzwert	357'900	33'600
	658'471	246'679
Durchschnitt (: 3)	219'490	82'226
dividiert durch Anzahl Aktien (300) bzw. Anzahl Genussscheine (200)	732	411
minus 10% Abzug auf Genussscheine		41
		370
Steuerwert brutto abgerundet auf	**700**	**370**

Beispiel Nr. 12 (RZ 55)

Genussscheine die sowohl Anspruch auf einen Anteil an Bilanzgewinn als auch auf einen Anteil am Liquidationsergebnis verleihen.

Eine Vermögensverwaltungsgesellschaft mit einem Aktienkapital von Fr. 300'000 (300 Aktien von je Fr. 1'000 nom.) sowie Fr. 71'500 offene Reserven inkl. Vortrag (nach Gewinnverteilung) hat 200 Genussscheine ausstehend, die sowohl Anspruch auf einen Anteil am Bilanzgewinn als auch auf einen Anteil am Liquidationsergebnis verleihen (Aktien = 60 %, Genussscheine = 40 %). Das Jahresergebnis beträgt im ersten Bemessungsjahr Fr. 15'000 (keine Dividende), im zweiten Bemessungsjahr Fr. 50'900 (Dividende: Fr. 15'000 auf Aktien, Fr. 5'000 auf Genussscheine).

Modell 2: Das Jahresergebnis des ältesten Bemessungsjahres beträgt Fr. 15'000 (Dividende: keine Dividende auf Stammaktien, Fr. 7'000 auf Genussscheine).

Modell 1 und 2: **Substanzwert**	**Aktien** Fr.	**Genussscheine** Fr.
Aktienkapital	300'000	
beschlossene Dividende	15'000	5'000
offene Reserven inkl. Vortrag: Fr. 71'500		
Aktien (60% von Fr. 71'500)	42'900	
Genussscheine (40% von Fr. 71'500)		28'600
	357'900	33'600
Dividiert durch Anzahl Aktien (300) bzw. Anzahl Genussscheine (200)	1'193	168
minus 10% Abzug auf Genussscheine		17
		151
Steuerwert brutto abgerundet auf	**1'100**	**151**

Beispiel Nr. 13 (RZ 63)

Berechnung der Rendite für die eventuelle Gewährung des Pauschalabzuges.

Der Steuerwert der Aktien einer Industriegesellschaft wurde auf Fr. 5'800 pro Aktie von Fr. 1'000 nom. festgesetzt. Die vorletzte/n Dividende/n (Fälligkeitsdatum im Jahr n-1) vor dem massgebenden Bewertungsstichtag (n) beträgt Fr. 400 pro Aktie und die letzte/n Dividende/n (Fälligkeitsdatum im Jahr n) Fr. 600 pro Aktie.

Rendite der Aktien

vorletzte/n Dividende/n im Kalenderjahr vor dem massgebenden Bewertungsstichtag	Fr.	400
letzte/n Dividende/n im Kalenderjahr des massgebenden Bewertungsstichtages	Fr.	600
Durchschnitt (1'000 : 2)	Fr.	500
Rendite der Aktien (Fr. 500 : Fr. 5'800 x 100)		**8,62%**
Grenzrendite für die Nichtgewährung des Pauschalabzuges gemäss RZ 63 Der um 1 Prozent-Punkt erhöhte, auf 1/10 Prozent aufgerundete, durchschnittliche auf Quartalsbasis berechnete (ungerundete) 5-Jahres-Swapsatz (s. RZ 10 Abs. 2 bzw. RZ 60 Abs. 2).		**4,1%**

Da die Rendite der Aktien (8,62%) die Grenzrendite gemäss RZ 63 (3,02% + 1 Prozent-Punkt aufgerundet auf 1/10 Prozent = 4,1%) erreicht bzw. übersteigt, wird der Pauschalabzug gemäss RZ 61 ff. nicht gewährt.

Die Vermeidung von Ausscheidungsverlusten

Kreisschreiben 27 - vom 15. März 2007

1. Bisherige Praxis

Nach den Grundsätzen zur Vermeidung der interkantonalen Doppelbesteuerung muss ein Steuerpflichtiger, der in mehreren Kantonen steuerpflichtig ist, nicht mehr als sein gesamtes Reineinkommen bzw. seinen gesamten Reingewinn versteuern. Gemäss der bisherigen bundesgerichtlichen Rechtsprechung trat diese Regel gegenüber dem Grundsatz zurück, dass das Grundeigentum dem Kanton, in dem es liegt, zur ausschliesslichen Besteuerung vorbehalten bleibt. Das Schlechterstellungsverbot war in diesem Fall nicht anwendbar. Der Liegenschaftskanton musste Verluste, die am Wohnsitz (Hauptsitz) oder in anderen Kantonen angefallen waren, nicht übernehmen.

Diese Praxis führte in zahlreichen Fällen zu sogenannten Ausscheidungsverlusten. Der Steuerpflichtige musste im Liegenschaftskanton (Spezialsteuerdomizil) ein Einkommen versteuern, welches das gesamte Reineinkommen überstieg. Im Extremfall versteuerte eine Unternehmung am Spezialsteuerdomizil einen Reingewinn, obwohl die Gesamtunternehmung Verluste erlitten hatte.

2. Neue Praxis des Bundesgerichts

In seiner neueren Rechtsprechung hat das Bundesgericht in folgenden Fallkonstellationen die Ausscheidungsverluste explizit beseitigt:

- Geschäftsverlust (Verlustvorträge) im Sitzkanton und in weiteren Betriebsstättekantonen: Verrechnung mit dem Wertzuwachsgewinn aus der Veräusserung einer Betriebsliegenschaft im Betriebsstättekanton (BGE 131 I 249).

- Gewinnungskostenüberschuss aus einer im Privatvermögen gehaltenen Liegenschaft am Hauptsteuerdomizil: Verrechnung mit Einkünften aus einer ebenfalls im Privatvermögen gehaltenen Liegenschaft im Liegenschaftskanton (BGE 131 I 285).

- Geschäftsverlust im Sitzkanton: Verrechnung mit laufenden Liegenschaftserträgen aus Kapitalanlageliegenschaften im Spezialsteuerdomizil (BGE 132 I 220).

- Proportional zu den Aktiven zu *verlegende Schuldzinsen* eines Liegenschaftenhändlers (natürliche Person): Soweit der nach Lage der Aktiven zu übernehmende Schuldzinsenanteil den Vermögensertrag im Liegenschaftskanton übersteigt, Verrechnung des Schuldzinsenüberschusses in erster Linie mit den Netto-Vermögenserträgen der übrigen Kantone, in zweiter Linie mit dem übrigen Einkommen des Liegenschaftenhändlers (BGE 2P.84/2006).

Aufgrund dieser Entscheide drängt sich der Schluss auf, dass Ausscheidungsverluste in sämtlichen Fallkonstellationen zu vermeiden sind.

Den 1990 im Falle der Übernahme des Verlusts im Liegenschaftskanton durch das Hauptsteuerdomizil postulierte Vorrang der Verlustverrechnung in der Zeit (Rückbelastung der von einem Kanton übernommenen Verluste an andere Kantone in Folgeperioden der Verlustübernahme; vgl. BGE 116 Ia 127 und ASA 60, S. 270) hat das Bundesgericht in obigen Urteilen nicht angebracht. Da es den Vorrang der Verlustverrechnung in der Zeit aber auch nicht explizit ausgeschlossen hat, stellt sich die Frage, ob und in welchen Fällen dieser noch angewandt werden soll.

Gegen den Vorrang der Verlustverrechnung in der Zeit sprechen vor allem praktische Gründe: Das Steuerdomizil, das Verluste aus anderen Kantonen getragen hat, müsste nämlich in den sieben der Verlustübernahme folgenden Jahren überprüfen, ob in den anderen Kantonen Gewinne angefallen sind und ob somit zu seinen Lasten übernommene Verluste den anderen Kantonen zurückbelastet werden können. Eine solche Rückbelastung wäre nur möglich, wenn die betreffende Steuerperiode noch nicht rechtskräftig veranlagt ist oder wenn bei rechtskräftiger Veranlagung ein Nachsteuergrund gegeben ist (vgl. Höhn/Mäusli, Interkantonales Steuerrecht, 4. Aufl., Bern 2000, § 22, Rz. 18c), was mindestens als fraglich erscheint.

Der Vorrang der Verlustverrechnung in der Zeit (und die sich daraus ergebende Rückbelastung von Verlusten) wurde vom Bundesgericht zudem aufgestellt, als noch die Teilverlustverrechnungsmethode gebräuchlich war. Nur wenn die Verluste nach der Teilverlustverrechnungsmethode ermittelt werden, ist eine Rückbelastung überhaupt möglich. Seit der Steuerperiode 2001 wird nach der Gesamtverlustverrechnungsmethode verfahren (vgl. KS SSK 24 vom 17. Dezember 2003). Die Rückbelastung steht damit im Widerspruch zur Gesamtverlustverrechnung

Im Urteil vom 3. November 2006 (2P.84/2006, E. 5.2) stellte das Bundesgericht fest, es habe „bei Liegenschaftenhändlern bisher der Verrechnung von Aufwandüberschüssen in der Zeit den Vorrang vor der Verrechnung als Verluste im Sitzkanton oder in anderen Liegenschaftskantonen eingeräumt." Indem es in E. 6 seine „Aktivierungspraxis", welche den Vorrang der Verlustverrechnung in der Zeit umsetzte, aufgibt, hat es implizit auch den Vorrang der Verlustverrechnung in der Zeit aufgehoben. Daraus lässt sich schliessen, dass die Verlustübernahme definitiv zu erfolgen hat (keine Rückbelastung an andere Kantone in den Folgejahren).

3. Grundsätze

Gestützt auf die neue bundesgerichtliche Rechtsprechung sind Ausscheidungsverluste nach den folgenden Grundsätzen zu vermeiden. Dabei wird die bisherige Praxis und Rechtsprechung zu den Zuteilungsnormen (insbesondere zur Verlegung von Schuldzinsen und Schulzinsenüberschüssen) im interkantonalen Steuerrecht, zur Ersatzbeschaffung und zur Steuerausscheidung bei Liegenschaftenhändlern und Generalunternehmern im Übrigen unverändert weitergeführt. Das Kreisschreiben definiert lediglich Lösungsansätze zur Vermeidung von Ausscheidungsverlusten.

3.1. Natürliche Personen

3.1.1. Verluste und Gewinnungskostenüberschüsse sind in erster Linie mit anderen Einkünften im gleichen Kanton zu verrechnen. Nicht im gleichen Kanton verrechenbare Verluste und Gewinnungskostenüberschüsse trägt das Hauptsteuerdomizil zu Lasten der dort steuerbaren Einkünfte. Vorbehalten bleibt Ziffer 3.1.2.

3.1.2. Verluste und Gewinnungskostenüberschüsse aus Kapitalanlageliegenschaften des Geschäftsvermögens sind in erster Linie mit dem Geschäftsbetriebseinkommen zu verrechnen; umgekehrt sind (Geschäftsbetriebs-) Verluste in erster Linie mit Ertrag und Gewinnen aus Kapitalanlageliegenschaften des Geschäftsvermögens zu verrechnen.

3.1.3. Verluste und Gewinnungskostenüberschüsse, die am Hauptsteuerdomizil nicht mit dort steuerbaren Einkünften verrechnet werden können, haben in erster Linie die Kantone der Geschäftsorte und Betriebstätten zu übernehmen und in zweiter Linie die reinen Liegenschaftskantone. Sie werden im Verhältnis der in den betroffenen Kantonen steuerbaren Reineinkommen verlegt.

3.1.4. In den Liegenschaftskantonen erfolgt die Verrechnung von Verlusten mit Grundstückgewinnen des Geschäftsvermögens, ungeachtet ob diese Gewinne mit der Einkommens- oder mit der Grundstückgewinnsteuer erfasst werden. Kantone mit dem monistischen System der Grundstückgewinnsteuer verrechnen übernommene Verluste zuerst mit den wiedereingebrachten Abschreibungen und einen allenfalls verbleibenden Rest mit dem Wertzuwachsgewinn.

3.1.5. Eine Verrechnung von Verlusten und Gewinnungskostenüberschüssen mit Grundstückgewinnen des Privatvermögens ist in jedem Fall ausgeschlossen.

3.1.6. Die Übernahme von Verlusten und Gewinnungskostenüberschüssen ist definitiv. Weder das Hauptsteuerdomizil noch die sekundären oder Spezialsteuerdomizile belasten Verluste und Gewinnungskostenüberschüsse, die sie von einem anderen Steuerdomizil übernommen haben, an dieses zurück.

3.2. Juristische Personen

3.2.1. Verluste und Gewinnungskostenüberschüsse sind in erster Linie mit im gleichen Kanton steuerbaren Gewinnen / Erträgen zu verrechnen. Nicht im gleichen Kanton verrechenbare Verluste und Gewinnungskostenüberschüsse schmälern das nach Quoten zu verteilende Betriebsergebnis.

3.2.2. Ein negatives Gesamtbetriebsergebnis haben die Kantone mit Kapitalanlageliegenschaften zu übernehmen, zuerst jene, in denen sich Betriebsstätten befinden, dann die reinen Liegenschaftskantone. Es wird im Verhältnis der in den betroffenen Kantonen steuerbaren Reingewinne verlegt.

3.2.3. In den Liegenschaftskantonen erfolgt die Verrechnung mit Grundstückgewinnen, ungeachtet ob diese Gewinne mit der Gewinnsteuer oder mit der Grundstückgewinnsteuer erfasst werden. Kantone mit dem monistischen System der Grundstückgewinnsteuer verrechnen übernommene Verluste zuerst mit den wiedereingebrachten Abschreibungen und einen allenfalls verbleibenden Rest mit dem Wertzuwachsgewinn.

3.2.4. Die Übernahme von Verlusten und Gewinnungskostenüberschüssen ist definitiv. Weder das Hauptsteuerdomizil noch die sekundären oder Spezialsteuerdomizile belasten Verluste und Gewinnungskostenüberschüsse, die sie von einem anderen Steuerdomizil übernommen haben, an dieses zurück.

4. Gültigkeit

Das Kreisschreiben ist grundsätzlich ab Steuerperiode 2006 anwendbar. Für frühere pendente Steuerperioden kann es auf Antrag der Steuerpflichtigen zur Vermeidung von Ausscheidungsverlusten ebenfalls angewendet werden.

5. Fallbeispiele

Seite

Natürliche Personen

Juristische Personen

Fall 1: Natürliche Person mit Spezialsteuerdomizilen

Ein Ehepaar mit Hauptsteuerdomizil im Kanton Zürich begründet im Kanton Bern ein Spezialsteuerdomizil (Geschäftsort) und in den Kantonen AG, GR und SG ein Spezialsteuerdomizil (Liegenschaftsort).

	ZH	BE	AG	GR	SG	Total
Massgebliche Aktiven	500'000	200'000	200'000	50'000	250'000	1'200'000
Aktivenanteile in % (1. Verlegung)	*41%*	*17%*	*17%*	*4%*	*21%*	*100%*
Aktivenanteile in % (2. Verlegung)			*44%*		*56%*	*100%*
Nettoertrag aus Liegenschaften			40'000	-110'000	50'000	-20'000
Ertrag aus Wertschriften	-					-
Vermögensertrag Einzelfirma (Fremdkapital- und Eigenkapitalzins)		5'000				5'000
Vermögensertrag	-	5'000	40'000	-110'000	50'000	-15'000
Schuldzinsen (1. Verlegung)	-21'812	-9'044	-9'044	-2'128	-11'172	-53'200
Vermögensertrag nach 1. Verlegung	-21'812	-4'044	30'956	-112'128	38'828	-68'200
Schuldzinsen (2. Verlegung)	21'812	4'044	-12'313	2'128	-15'671	-
Vermögensertrag nach 2. Verlegung	-	-	18'643	-110'000	23'157	-68'200
Unselbständiger Erwerb Ehemann	42'000					42'000
Selbständiger Erwerb Ehefrau		50'000				50'000
Abzüglich Fremd- und Eigenkapitalzins		-5'000				-5'000
AHV-Beiträge Ehefrau		-5'000				-5'000
Vorsorgebeiträge Ehefrau		-8'000				-8'000
Gewinnungskostenüberschuss	-110'000			110'000		-
Reineinkommen	-68'000	32'000	18'643	-	23'157	5'800
1. Ausgleich *)	**32'000**	**-32'000**				
Reineinkommen nach 1. Ausgleich	-36'000	-	18'643	-	23'157	5'800
Positive Reineinkommen in %		-	*44%*		*56%*	
2. Ausgleich *)	**36'000**		**-15'840**		**-20'160**	
Reineinkommen nach 2. Ausgleich	-	-	2'803	-	2'997	5'800
Steuerbares Einkommen	**-**	**-**	**2'800**	**-**	**3'000**	**5'800**

Die Grenze, bis zu welcher der Geschäftskanton die auf ihn gemäss proportionaler Verlegung entfallenden Schuldzinsen übernehmen muss, besteht aus der Summe, die sich aus der Zusammenrechnung der für das Geschäft aufgewendeten Schuldzinsen und des Zinses für das investierte Eigenkapital ergibt (vgl. Höhn/Mäusli, § 22, Rz. 13c).

Der Gewinnungskostenüberschuss aus einer ausserkantonalen Liegenschaft ist in erster Linie vom Hauptsteuerdomizil zu übernehmen (Höhn/Mäusli, § 19, Rz. 25).

*) Verbleibende Aufwandüberschüsse (am Hauptsteuerdomizil) sind vorerst auf die Kantone der Geschäftsorte *und Betriebsstätten* und erst anschliessend auf die Liegenschaftskantone zu verlegen.

**Fall 2: Natürliche Person mit sekundären und Spezialsteuerdomizilen
Verlust aus selbständiger Tätigkeit; Gewinn aus Verkauf Liegenschaft**

Ein Ehepaar mit Hauptsteuerdomizil im Kanton Zürich begründet im Kanton Bern ein Spezialsteuerdomizil (Geschäftsort). Die Ehegatten besitzen Liegenschaften in den Kantonen AG, GR und SG, wo sie damit ein Spezialsteuerdomizil begründen. Die im Privatvermögen gehaltene Liegenschaft im Kanton GR wird mit Gewinn verkauft.

	ZH	BE	AG	GR	SG	Total
Massgebliche Aktiven	500'000	200'000	200'000	50'000	250'000	1'200'000
Aktivenanteile in % (1. Verlegung)	*41%*	*17%*	*17%*	*4%*	*21%*	*100%*
Aktivenanteile (2. Verlegung)			*44%*		*56%*	*100%*
Nettoertrag aus Liegenschaften	-		40'000	-10'000	50'000	80'000
Ertrag aus Wertschriften	-					-
Vermögensertrag Einzelfirma BE		-				-
Vermögensertrag (vor Schuldzinsen)	-	-	40'000	-10'000	50'000	80'000
Schuldzinsen (1. Verlegung)	-20'500	-8'500	-8'500	-2'000	-10'500	-50'000
Vermögensertrag nach 1. Verlegung	-20'500	-8'500	31'500	-12'000	39'500	30'000
Schuldzinsen (2. Verlegung)	20'500	8'500	-13'640	2'000	-17'360	
Vermögensertrag nach 2. Verlegung	-	-	17'860	-10'000	22'140	30'000
Unselbständiger Erwerb Ehemann	30'000					30'000
Selbständiger Erwerb Ehefrau		-100'000				-100'000
Gewinnungskostenüberschuss	-10'000			10'000		
Uebernahme Verlust	-100'000	100'000				-
Reineinkommen	-80'000	-	17'860	-	22'140	-40'000
Positive Reineinkommen in %			*45%*		*55%*	
Ausgleich	**40'000**		**-17'860**		**-22'140**	
Steuerbares Einkommen	**-40'000**	**-**	**-**	**-**	**-**	**-40'000**

Die Berücksichtigung eines Eigenkapitalzinses entfällt, wenn die Unternehmung mit Verlust arbeitet, da in diesem Fall das Eigenkapital keinen Ertrag abwirft (Höhn/Mäusli, § 22, Rz. 13d).

Geschäftsverluste aus der am Geschäftsort betriebenen Einzelunternehmung sind in erster Linie von dem am Hauptsteuerdomizil steuerbaren Einkommen in Abzug zu bringen (Höhn/Mäusli, § 22, Rz. 11), in zweiter Linie von den Einkünften in den Spezialsteuerdomizilen (Liegenschaftsorte; im Verhältnis der dort steuerbaren Reineinkommen).

Der verrechenbare Verlustvortrag (aus selbständiger Tätigkeit) beträgt Fr. 40'000. In der Folgeperiode ist dieser in erster Linie mit den Einkünften am Geschäftsort, in zweiter Linie mit den Einkünften am Hauptsteuerdomizil und in dritter Linie mit den Einkünften in den Liegenschaftskantonen zu verrechnen.

Das negative Einkommen kann nicht mit dem Gewinn aus der Veräusserung der im Privatvermögen gehaltenen Liegenschaft im Kanton GR verrechnet werden.

Fall 3: Natürliche Person mit sekundären und Spezialsteuerdomizilen Verlust aus Kollektivgesellschaft

Ein Ehepaar hat im Kanton Zürich das Hauptsteuerdomizil. Es besitzt Liegenschaften in den Kantonen AG, GR und SG, wo es damit ein Spezialsteuerdomizil begründet.

Der Ehemann ist Teilhaber an einer Kollektivgesellschaft mit Sitz im Kanton Aargau.

	ZH	AG	GR	SG	Total
Aktivenanteile in %	*50%*	*20%*	*5%*	*25%*	*100%*
Ertrag aus Liegenschaften	17'000	40'000	100'000	25'000	182'000
Ertrag aus Wertschriften	33'000				33'000
Vermögensertrag vor Schuldzinsen	50'000	40'000	100'000	25'000	215'000
Schuldzinsen	-25'000	-10'000	-2'500	-12'500	-50'000
Vermögensertrag nach Schuldzinsen	25'000	30'000	97'500	12'500	165'000
Nebenerwerb Ehemann	20'000				20'000
Selbständiger Erwerb Ehefrau	-90'000				-90'000
AHV-Beiträge	-5'000				-5'000
Reineinkommen (vor Verlust Kollektivges.)	-50'000	30'000	97'500	12'500	90'000
Verlust Kollektivgesellschaft (Anteil)		-50'000			-50'000
Uebernahme durch Hauptsteuerdomizil	-20'000	20'000			
Reineinkommen vor Ausgleich	-70'000	-	97'500	12'500	40'000
Positive Reineinkommen in %			*89%*	*11%*	
Ausgleich	**70'000**		**-62'300**	**-7'700**	
Reineinkommen nach Ausgleich	-	-	35'200	4'800	40'000
Sozialabzüge			-3'560	-440	-4000
Steuerbares Einkommen	**-**	**-**	**31'640**	**4'360**	**36'000**

Ein Anteil des Teilhabers am Verlust der Personengesellschaft muss primär vom Kanton des Hauptsteuerdomizils übernommen werden (Höhn/Mäusli, § 22, Rz 23).

Fall 4: Juristische Person mit sekundärem und Spezialsteuerdomizil Gewinnungskostenüberschuss am Spezialsteuerdomizil

Die Baumarkt AG hat ihr Hauptsteuerdomizil im Kanton St. Gallen, ein sekundäres Steuerdomizil (Betriebsstätte) im Kanton Thurgau und Spezialsteuerdomizile (Anlageliegenschaften) in Basel und Zürich.

Der Gesamtgewinn im Jahr 2005 beträgt Fr. 60'000, der Nettoertrag der Anlageliegenschaft Basel beträgt Fr. 20'000, der Gewinnungskostenüberschuss der Anlageliegenschaft Zürich – Fr. 10'000.

Der Gesamtgewinn im Jahr 2006 beträgt Fr. 80'000, der Nettoertrag der Anlageliegenschaft Basel Fr. 20'000. Die Anlageliegenschaft Zürich wird im Jahr 2006 mit einem Gewinn von Fr. 30'000 verkauft (Fr. 20'000 Wertzuwachsgewinn; Fr. 10'000 wiedereingebrachte Abschreibungen).

Die Ausscheidung erfolgt nach quotaler indirekter Methode (2005 und 2006: 75 % SG und 25 % TG).

Steuerperiode 2005	**SG**	**TG**	**BS**	**ZH**	**Total**
Reingewinn					60'000
Nettoertrag Liegenschaft			20'000	-10'000	-10'000
Betriebsgewinn					50'000
Gewinnungskostenüberschuss				10'000	-10'000
Betriebsgewinn nach Quoten	30'000	10'000			40'000
Steuerbarer Gewinn	**30'000**	**10'000**	**20'000**	**-**	**60'000**

Steuerperiode 2006	**SG**	**TG**	**BS**	**ZH**	**Total**
Reingewinn					80'000
Nettoertrag Liegenschaft			20'000		-20'000
Wertzuwachsgewinn				20'000	-20'000
wiedereingebrachte Abschreibungen				10'000	-10'000
Betriebsgewinn nach Quoten	22'500	7'500			30'000
Steuerbarer Gewinn	**22'500**	**7'500**	**20'000**	**30'000**	**80'000**

Gewinnungskostenüberschüsse und Kapitalverluste auf Liegenschaften schmälern bei juristischen Personen das nach Quoten zu verteilende Betriebsergebnis.

Fall 5: Juristische Person mit sekundärem und Spezialsteuerdomizilen Gewinnungskostenüberschüsse in sekundärem und Spezialsteuerdomizilen

Die Baumarkt AG hat ihr Hauptsteuerdomizil im Kanton St. Gallen, ein sekundäres Steuerdomizil (Betriebsstätte mit Anlageliegenschaft) im Kanton Thurgau und ein Spezialsteuerdomizil (Anlageliegenschaft) im Kanton Zürich.

Der Gesamtgewinn im Jahr 2005 beträgt Fr. 300'000. Der Gewinnungskostenüberschuss der Anlageliegenschaft Thurgau wird mit Fr. 50'000 und der Gewinnungskostenüberschuss der Anlageliegenschaft Zürich mit Fr. 10'000 ausgewiesen.

Der Gesamtgewinn im Jahr 2006 beträgt Fr. 200'000. Der Nettoertrag der beiden Anlageliegenschaften in den Kantonen TG und ZH beträgt je Fr. 0.

Die Ausscheidung erfolgt nach quotaler indirekter Methode (2005 und 2006: 70 % SG, 30 % TG).

Steuerperiode 2005	**SG**	**TG**	**ZH**	**Total**
Reingewinn				300'000
Gewinnungskostenüberschüsse		-50'000	-10'000	60'000
Betriebsergebnis				360'000
Gewinnungskostenüberschuss			10'000	10'000
Betriebsgewinn nach Quoten	245'000	105'000	-	350'000
Gewinnungskostenüberschuss		-50'000		-50'000
Steuerbarer Gewinn	**245'000**	**55'000**	**-**	**300'000**

Steuerperiode 2006	**SG**	**TG**	**ZH**	**Total**
Steuerbarer Gewinn	**140'000**	**60'000**	**-**	**200'000**

Sind dem Belegenheitskanton noch weitere steuerbare Einkünfte zur Besteuerung zugewiesen (andere Immobilien, Betriebsstätte), so ist der Gewinnungskostenüberschuss zunächst mit diesen Einkünften zu verrechnen (Höhn/Mäusli, § 21, Rz. 8 mit Hinweisen).

Gewinnungskostenüberschüsse und Kapitalverluste auf Liegenschaften schmälern bei juristischen Personen das nach Quoten zu verteilende Betriebsergebnis.

Fall 6: Juristische Person mit sekundärem und Spezialsteuerdomizil Betriebsverlust; Kapitalgewinn am Spezialsteuerdomizil

Die Baumarkt AG hat ihr Hauptsteuerdomizil im Kanton St. Gallen, ein sekundäres Steuerdomizil (Betriebsstätte mit Anlageliegenschaft) in Basel und ein Spezialsteuerdomizil (Anlageliegenschaft) in Zürich.

Der Gesamtgewinn im Jahr 2005 beträgt Fr. 1'150'000, der Nettoertrag der Anlageliegenschaft Basel Fr. 50'000. Die Anlageliegenschaft Zürich wurde im Jahr 2005 mit einem Gewinn von Fr. 1'200'000 verkauft (Fr. 1'100'000 Wertzuwachsgewinn; Fr. 100'000 wiedereingebrachte Abschreibungen).

Der Gesamtgewinn im Jahr 2006 beträgt Fr. 100'000, der Nettoertrag der Anlageliegenschaft Basel Fr. 50'000.

Die Ausscheidung erfolgt nach quotaler indirekter Methode (2005 und 2006: 75 % SG und 25 % BS).

Steuerperiode 2005	**SG**	**BS**	**ZH**	**Total**
Reingewinn				1'150'000
Wertzuwachsgewinn			1'100'000	-1'100'000
Wiedereingebrachte Abschreibungen			100'000	-100'000
Nettoertrag Anlageliegenschaften		50'000		-50'000
Betriebsverlust n.Quoten	-75'000	-25'000		-100'000
Steuerbarer Gewinn vor Ausgleich	-75'000	25'000	1'200'000	
1. Ausgleich *)	**25'000**	**-25'000**		
2. Ausgleich *)	**50'000**		**-50'000**	
Steuerbarer Gewinn	**-**	**-**	**1'150'000**	**1'150'000**

Steuerperiode 2006	**SG**	**BS**	**ZH**	**Total**
Reingewinn				100'000
Nettoertrag Anlageliegenschaft		50'000		-50'000
Betriebsgewinn nach Quoten	37'500	12'500	-	50'000
Steuerbarer Gewinn	**37'500**	**62'500**	**-**	**100'000**

*) Der Gesamtbetriebsverlust ist in erster Linie auf jene Kantone mit Liegenschaften zu verlegen, die zugleich Betriebsstätten aufweisen (Höhn/Mäusli, § 28, Rz. 35c).

Wird im Spezialsteuerdomizil ein Kapitalgewinn erzielt, ist der restliche Betriebsverlust zuerst mit den wiedereingebrachten Abschreibungen und in zweiter Linie mit dem Wertzuwachsgewinn zu verrechnen. Im Kanton Zürich sind vorliegend wiedereingebrachte Abschreibungen von Fr. 50'000 und ein Wertzuwachsgewinn von Fr. 1'100'000 zu versteuern.

Fall 7: Juristische Person mit sekundärem und Spezialsteuerdomizil Betriebsverlust; Kapitalgewinn am sekundären Steuerdomizil

Die Baumarkt AG hat ihr Hauptsteuerdomizil im Kanton St. Gallen, ein sekundäres Steuerdomizil (Betriebsstätte) im Kanton Zürich und ein Spezialsteuerdomizil (Anlageliegenschaft) in Basel.

Der Gesamtgewinn im Jahr 2005 beträgt Fr. 1'000'000, der Nettoertrag der Anlageliegenschaft in Basel Fr. 100'000. Die Betriebsliegenschaft im Kanton Zürich wurde im Jahr 2005 mit einem Gewinn von Fr. 1'200'000 verkauft (Fr. 1'000'000 Wertzuwachsgewinn; Fr. 200'000 wiedereingebrachte Abschreibungen).

Der Gesamtgewinn im Jahr 2006 beträgt Fr. 300'000, der Gewinnungskostenüberschuss der Anlageliegenschaft Basel – Fr. 50'000.

Die Ausscheidung erfolgt nach quotaler indirekter Methode (2005 und 2006: 75 % SG und 25 % ZH).

Steuerperiode 2005	**SG**	**BS**	**ZH**	**Total**
Reingewinn				1'000'000
Wertzuwachsgewinn			1'000'000	-1'000'000
Nettoertrag Anlageliegenschaft		100'000		-100'000
Betriebsverlust nach Quoten	-75'000		-25'000	-100'000
Ausgleich *)	**75'000**		**-75'000**	
Steuerbarer Gewinn	**-**	**100'000**	**900'000**	**1'000'000**

Steuerperiode 2006	**SG**	**BS**	**ZH**	**Total**
Reingewinn				300'000
Nettoertrag Anlagelieg.		-50'000		50'000
Betriebsgewinn				350'000
Übernahme zu Lasten Betriebsgewinn		50'000		-50'000
Gewinn nach Quoten	225'000		75'000	300'000
Steuerbarer Gewinn	**225'000**	**-**	**75'000**	**300'000**

*) Der Gesamtbetriebsverlust ist in erster Linie auf jene Kantone mit Liegenschaften zu verlegen, die zugleich Betriebsstätten aufweisen (Höhn/Mäusli, § 28, Rz. 35c).

Die wiedereingebrachten Abschreibungen auf der veräusserten Betriebsliegenschaft sind dem Betriebsergebnis zuzurechnen.

Zur Ausscheidung 2006: Gewinnungskostenüberschüsse und Kapitalverluste auf Liegenschaften schmälern bei juristischen Personen das nach Quoten zu verteilende Betriebsergebnis.

Fall 8: Juristische Person mit sekundärem Steuerdomizil Betriebsverlust; Kapitalgewinn am Hauptsteuerdomizil

Die Baumarkt AG hat ihr Hauptsteuerdomizil im Kanton Zürich, wo sich auch eine Anlageliegenschaft befindet, und ein sekundäres Steuerdomizil (Betriebsstätte) im Kanton Thurgau.

Der Gesamtgewinn im Jahr 2005 beträgt Fr. 800'000. Die Anlageliegenschaft im Kanton Zürich wurde im Jahr 2005 mit einem Gewinn von Fr. 1'200'000 verkauft (Fr. 1'000'000 Wertzuwachsgewinn; Fr. 200'000 wiedereingebrachte Abschreibungen).

Der Gesamtgewinn im Jahr 2006 beträgt Fr. 300'000.

Die Ausscheidung erfolgt nach quotaler indirekter Methode (2005 und 2006: 75 % ZH und 25 % TG).

Steuerperiode 2005	**ZH**	**TG**	**Total**
Reingewinn		-	800'000
Wertzuwachsgewinn	1'000'000		-1'000'000
Betriebsverlust	-150'000	-50'000	-200'000
Ausgleich	**-50'000**	**50'000**	
Steuerbarer Gewinn	**800'000**	**-**	**800'000**

Steuerperiode 2006	**ZH**	**TG**	**Total**
Steuerbarer Gewinn	**225'000**	**75'000**	**300'000**

Der Wertzuwachsgewinn einer Anlageliegenschaft im Sitzkanton wird dem Sitzkanton zugewiesen. Demgegenüber werden wiedereingebrachte Abschreibungen einer Anlageliegenschaft im Sitzkanton nach Quoten auf Sitz und Betriebsstätten aufgeteilt (Höhn/Mäusli, § 28, Rz. 39; es wird hier offen gelassen, ob die Unterscheidung zwischen Kapitalanlageliegenschaften im Sitzkanton und solchen ausserhalb desselben noch sachgemäss ist).

Der Gesamtbetriebsverlust 2005 ist vorliegend definitiv mit dem Wertzuwachsgewinn im Sitzkanton Zürich zu verrechnen (keine Rückbelastung durch den Kanton Zürich an den Kanton Thurgau in den Folgejahren).

Fall 9: Juristische Person mit sekundärem und Spezialsteuerdomizil Betriebsverlust; Kapitalgewinn am sekundären und Spezialsteuerdomizil

Die Baumarkt AG hat ihr Hauptsteuerdomizil im Kanton St. Gallen, ein sekundäres Steuerdomizil (Betriebsstätte samt Betriebsliegenschaft) im Kanton Thurgau und ein Spezialsteuerdomizil (Anlageliegenschaft) im Kanton Zürich.

Der Gesamtgewinn im Jahr 2005 beträgt Fr. 150'000. Die Betriebsliegenschaft im Kanton Thurgau wurde im Jahr 2005 mit einem Gewinn von Fr. 80'000 verkauft (Fr. 50'000 Wertzuwachsgewinn; Fr. 30'000 wiedereingebrachte Abschreibungen). Die Anlageliegenschaft im Kanton Zürich wurde im Jahr 2005 mit einem Gewinn von Fr. 200'000 verkauft (Fr. 170'000 Wertzuwachsgewinn; Fr. 30'000 wiedereingebrachte Abschreibungen).

Der Gesamtgewinn im Jahr 2006 beträgt Fr. 300'000.

Die Ausscheidung erfolgt nach quotaler indirekter Methode (2005 und 2006: 75 % SG und 25 % TG).

Steuerperiode 2005	**SG**	**ZH**	**TG**	**Total**
Reingewinn				150'000
Wertzuwachsgewinn		170'000	50'000	-220'000
wiedereingebr. Abschreibungen		30'000		-30'000
Betriebsverlust nach Quoten	-75'000		-25'000	-100'000
1. Ausgleich *)	**75'000**		**-75'000**	
2. Ausgleich *)		**-50'000**	**50'000**	
Steuerbarer Gewinn	**-**	**150'000**	**-**	**150'000**

Steuerperiode 2006	**SG**	**ZH**	**TG**	**Total**
Steuerbarer Gewinn	**225'000**	**-**	**75'000**	**300'000**

*) Der Gesamtbetriebsverlust (inkl. wieder eingebrachte Abschreibungen auf der Betriebsliegenschaft) ist in erster Linie auf jene Kantone mit Liegenschaften zu verlegen, die zugleich Betriebsstätten aufweisen (Höhn/Mäusli, § 28, Rz. 35c).

Nur wenn die Liegenschaftserträge in den Betriebsstättekantonen nicht ausreichen, sind die reinen Liegenschaftskantone im Verhältnis der Nettoerträge zur Verlustdeckung verpflichtet (Höhn/Mäusli, § 28, Rz. 35d).

Bei Vorliegen eines Kapitalgewinns ist der von anderen Kantonen übernommene Verlust in erster Linie mit den wiedereingebrachten Abschreibungen und in zweiter Linie mit dem Wertzuwachsgewinn zu verrechnen. Im Kanton Zürich sind vorliegend wiedereingebrachte Abschreibungen von Fr. 0 und ein Wertzuwachsgewinn von Fr. 150'000 zu versteuern.

**Fall 10: Juristische Person mit Spezialsteuerdomizilen
Betriebsverlust; Kapitalgewinne in mehreren Spezialsteuerdomizilen**

Die Baumarkt AG hat ihr Hauptsteuerdomizil im Kanton St. Gallen und Spezialsteuerdomizile (Anlageliegenschaften) in den Kantonen Genf und Zürich.

Der Gesamtgewinn im Jahr 2005 beträgt Fr. 270'000. Die Anlageliegenschaft in Genf wurde im Jahr 2005 mit einem Gewinn von Fr. 300'000 verkauft. (Fr. 200'000 Wertzuwachsgewinn; Fr. 100'000 wiedereingebrachte Abschreibungen). Die Anlageliegenschaft in Zürich wurde im Jahre 2005 mit einem Gewinn von Fr. 150'000 verkauft (Fr. 150'000 Wertzuwachsgewinn).

Steuerperiode 2005	**SG**	**GE**	**ZH**	**Total**
Gesamtgewinn				270'000
Wertzuwachsgewinn		200'000	150'000	-350'000
Wiedereingebrachte Abschreibungen		100'000		-100'000
Betriebsverlust	-180'000			-180'000
Gewinne/Verluste vor Ausgleich	-180'000	300'000	150'000	270'000
Positive Ergebnisse in %		*66.66%*	*33.33%*	
Ausgleich	**180'000**	**-120'000**	**-60'000**	
Steuerbarer Gewinn	**-**	**180'000**	**90'000**	**270'000**

Zur Vermeidung eines Ausscheidungsverlustes haben die Liegenschaftskantone den Betriebsverlust im Verhältnis der zugewiesenen Nettoerträge zu übernehmen (Höhn/Mäusli, § 28, Rz. 27e).

Steuerbar ist im Kanton Genf ein Gewinn von Fr. 180'000.

Fall 11: Juristische Personen mit sekundären und/oder Spezialsteuerdomizilen Gesamtverluste

Resultiert in einer Steuerperiode ein Gesamtverlust, ist (für die Gewinnbesteuerung) keine interkantonale Steuerausscheidung vorzunehmen. Im Sinne von SSK-Kreisschreiben Nr. 24 ist der Gesamtverlust auf die folgende Steuerperiode vorzutragen. Dort wird er gemäss der für diese Steuerperiode geltenden Quoten verlegt.

Fall 12: Juristische Person mit sekundären Steuerdomizilen und Spezialsteuerdomizil Betriebsgewinn; Kapitalverlust am Spezialsteuerdomizil

Die Baumarkt AG hat ihr Hauptsteuerdomizil im Kanton St. Gallen, sekundäre Steuerdomizile (Betriebsstätten) in den Kantonen Schaffhausen und Thurgau und ein Spezialsteuerdomizil (Anlageliegenschaft) im Kanton Zürich.

Der Gesamtgewinn im Jahr 2005 beträgt Fr. 50'000. Die Anlageliegenschaft im Kanton Zürich wurde im Jahr 2005 mit einem Verlust von – Fr. 200'000 verkauft.

Der Gesamtgewinn im Jahr 2006 beträgt Fr. 300'000.

Die Ausscheidung erfolgt nach quotaler indirekter Methode (2005 und 2006: 70 % SG, 10 % SH und 20 % TG).

Steuerperiode 2005	**SG**	**ZH**	**SH**	**TG**	**Total**
Reingewinn					50'000
Kapitalverlust		-200'000			200'000
Betriebsergebnis					250'000
Uebernahme Kapitalverlust		200'000			-200'000
Betriebsgewinn	35'000	-	5'000	10'000	50'000
Steuerbarer Gewinn	**35'000**	**-**	**5'000**	**10'000**	**50'000**
Steuerperiode 2006	**SG**	**ZH**	**SH**	**TG**	**Total**
Steuerbarer Gewinn	**210'000**	**-**	**30'000**	**60'000**	**300'000**

Soweit im Spezialsteuerdomizil (Anlageliegenschaft) keine weiteren Einkünfte vorhanden sind, schmälert bei juristischen Personen ein Kapitalverlust im Spezialsteuerdomizil wie ein Gewinnungskostenüberschuss das nach Quoten zu verteilende Betriebsergebnis.

Fall 13: Juristische Person mit sekundärem und Spezialsteuerdomizil Betriebsgewinn; Kapitalgewinn und Kapitalverluste

Die Baumarkt AG hat ihr Hauptsteuerdomizil im Kanton St. Gallen, ein sekundäres Steuerdomizil (Betriebsstätte) im Kanton Schaffhausen und Spezialsteuerdomizile (Anlageliegenschaften) in den Kantonen Thurgau und Zürich.

Der Gesamtgewinn im Jahr 2005 beträgt Fr. 50'000. Die Anlageliegenschaft im Kanton Thurgau wurde im Jahre 2005 mit einem Verlust von – Fr. 200'000 und die Anlageliegenschaft im Kanton Zürich mit einem Gewinn von Fr. 100'000 verkauft (Fr. 80'000 Wertzuwachsgewinn; Fr. 20'000 wiedereingebrachte Abschreibungen).

Der Gesamtgewinn im Jahr 2006 beträgt Fr. 300'000.

Die Ausscheidung erfolgt nach quotaler indirekter Methode (2005 und 2006: 70 % SG, 30 % SH).

Steuerperiode 2005	**SG**	**TG**	**SH**	**ZH**	**Total**
Reingewinn					50'000
Wertzuwachsgewinn / Kapitalverlust		-200'000		80'000	120'000
wiedereingebrachte Abschreibungen				20'000	-20'000
Betriebsgewinn					150'000
Übernahme Kapitalverlust		200'000			-200'000
Betriebsverlust nach Quoten	-35'000		-15'000		-50'000
Ausgleich	**35'000**		**15'000**	**-50'000**	
Steuerbarer Gewinn	**-**	**-**	**-**	**50'000**	**50'000**

Steuerperiode 2006	**SG**	**TG**	**SH**	**ZH**	**Total**
Steuerbarer Gewinn	**210'000**	**-**	**90'000**	**-**	**300'000**

Der Kapitalverlust auf der Anlageliegenschaft im Spezialsteuerdomizil (Thurgau) schmälert in erster Linie das Betriebsergebnis, das nach Quoten auf Hauptsitz und Betriebsstätten aufgeteilt wird.

Zur Vermeidung eines Ausscheidungsverlustes haben die Liegenschaftskantone den Betriebsverlust im Verhältnis der zugewiesenen Nettoerträge zu übernehmen (Höhn/Mäusli, § 28, Rz. 27e).

Der Betriebsverlust ist in erster Linie mit den wiedereingebrachten Abschreibungen zu verrechnen.

Im Kanton Zürich ist vorliegend ein Wertzuwachsgewinn von Fr. 50'000 zu versteuern.

Verrechnung von Vorjahresverlusten in der interkantonalen Steuerausscheidung

Kreisschreiben vom 17. Dezember 2003

1. Bisherige Praxis

Die Berücksichtigung von Verlusten, die in früheren Steuerperioden entstanden sind, kann nach zwei Methoden erfolgen: der sog. Teilverlustverrechnung (Beispiel 3.6.1.6.1.2) und der sog. Gesamtverlustverrechnung (Beispiel 6.1.3). Bei der ersten Methode anerkennt jeder betroffene Kanton nur die durch ihn ermittelten Teilverluste und verrechnet sie mit dem ihm zur Besteuerung zugewiesenen Teilgewinn. Bei der Gesamtverlustverrechnung wird der verrechenbare Gesamtverlust aus früheren Perioden vom Gesamtgewinn in Abzug gebracht, und erst der Restbetrag wird nach den zuvor definierten Quoten den einzelnen Kantonen zur Besteuerung zugewiesen.

Gemäss bisheriger Lehrmeinung war bei der interkantonalen Steuerausscheidung der Teilverlustverrechnungsmethode der Vorrang einzuräumen (Höhn/Mäusli, Interkantonales Steurrecht, 4. Auflage, § 27 Rz. 7). Diese, aus theoretischer Sicht bei der quotenmässig-direkten Ausscheidung wohl richtigere Methode liess sich in der Praxis schon bisher nur in einfachen Verhältnissen mit wenigen beteiligten Kantonen umsetzen, nicht aber in den komplexen Ausscheidungen von grossen Unternehmungen.

2. Neue Praxis unter dem Vereinfachungsgesetz

Mit dem Vereinfachungsgesetz werden die Zuzugskantone verpflichtet, bei Verlegung des Sitzes oder des Geschäftsortes innerhalb der Schweiz auch ausserkantonal erlittene und noch nicht verrechnete Vorjahresverluste mit späteren Gewinnen zu verrechnen (Art. 10 Abs. 2 und 4 bzw. Art. 25 Abs. 2 und 4 StHG; SSK KS 15, Ziff. 312). Dies kann bei Sitzverlegungen nach dem 1. Januar 2001 dazu führen, dass Kantone Verluste anrechnen müssen, die nicht in ihrem Hoheitsgebiet entstanden sind. Nichtbetriebsstättekantone mit Kapitalanlageliegenschaften müssen jedoch auch weiterhin keine Betriebsstätteverluste übernehmen.

Die Argumente, die zuvor gegen die Methode der Gesamtverlustverrechnung zu Recht angeführt worden sind, haben unter dem Vereinfachungsgesetz seit dem 1. Januar 2001 ihre Grundlage verloren oder sind doch stark relativiert worden. Für die Frage der Verlustübernahme durch andere Kantone spielt der Umstand, ob ein Steuerdomizil verlegt oder ganz aufgegeben wird, keine Rolle mehr, sofern diese Tatbestände nach dem 1. Januar 2001 verwirklicht worden sind.

Die Anwendung der Gesamtverlustverrechnungsmethode bewirkt für den Steuerpflichtigen eine – vom Vereinfachungsgesetz beabsichtigte – rechnerische Vereinfachung. Durch die Anwendung dieser Methode wird dem Grundsatz der interkantonalen Freizügigkeit am besten nachgelebt. Dies rechtfertigt es, nach dem 1. Januar 2001 einzig auf die Gesamtverlustverrechnungsmethode abzustellen, wie dies bisher schon für Banken (SSK KS 5), Telekommunikationsunternehmungen (SSK KS 20) und Versicherungsgesellschaften (SSK KS 23) galt.

Schwierigkeiten treten bei dieser Methode einzig durch das (bis heute) harmonisierungsmässig zulässige Nebeneinander von monistischem und dualistischem Grundstückgewinnsteuersystem auf. Diesem Aspekt wird Rechnung getragen, indem der Wertzuwachsgewinn der Steuerperiode dem Kanton der gelegenen Sache zugewiesen wird und dieser Kanton u.U. aufgrund kantonalen Rechts in der gleichen Steuerperiode einen anteiligen Verlust gemäss seiner kantonalen Quote übernehmen muss. Dieser angerechnete Teilverlust wird in den folgenden Jahren korrigiert. Diese Lösung entspricht auch dem vom Bundesgericht aufgestellten Grundsatz der objektmässigen Zuweisung der Liegenschaftsgewinne an den Belegenheitskanton. Als Nachteil muss in Kauf genommen werden, dass die betroffenen Kantone in solchen Fällen immer in eigener Regie die noch nicht voll besteuerten Wertzuwachsgewinne nachführen müssen. Vgl. dazu Anhang 3 zu SSK KS 23 betreffend Interkantonale Steuerausscheidung von Versicherungs-gesellschaften und Beispiel 6.6.2.

3. Zeitpunkt der Anwendung der neuen Methode und Übergang

Die Methode der Gesamtverlustverrechnung findet Anwendung auf alle Veranlagungen ab Steuerperiode 2001. Sie gilt sowohl für juristische Personen als auch sinngemäss für Unternehmen von natürlichen Personen. Bestehen im Zeitpunkt des Methodenwechsels in einzelnen Kantonen noch verrechenbare Verlustvorträge, die bisher nach der Teilverlustverrechnungsmethode ermittelt worden sind, wird ab Steuerperiode 2001 die Summe der noch nicht verrechneten Vorjahresverluste mit dem Gesamtgewinn verrechnet (Beispiel 6.6.3).

4. Verrechnung von Vorjahresverlusten bei Fusionen mit ausserkantonalen Gesellschaften

Die gleiche Regelung, die für die Übernahme ausserkantonal erlittener Vorjahresverluste bei Sitzverlegungen gilt, ist auch bei Fusionen von Gesellschaften mit Geschäftsorten in verschiedenen Kantonen anwendbar. Unter dem Vorbehalt der Steuerumgehung und der Fusion mit einer liquidationsreifen Gesellschaft müssen bei Fusionen nach dem 1. Januar 2001 auch ausserkantonal erlittene, noch nicht verrechnete Vorjahresverluste eines Fusionsobjekts angerechnet werden, auch dann, wenn sie vor dem 1. Januar 2001 erlitten worden sind.

5. Beweislast

Nach Lehre und Praxis hat die Steuerbehörde die Verlustverrechnung vom Amtes wegen vorzunehmen, namentlich dort, wo sie mit Aufrechnungen in der aktuellen Steuerperiode Verrechnungssubstrat schafft. Der Steuerpflichtige hat dennoch die Pflicht, die Verlustvorträge als steuermindernde Tatsache geltend zu machen. Dabei obliegt ihm der Nachweis, dass frühere Verluste nicht bereits verrechnet worden sind. Als Grundlage dazu dienen die Veranlagungen des Wegzugkantons. Zwar lautet die Veranlagung bei einem Jahresendverlust, soweit er nicht mit übrigem Einkommen kompensiert werden kann, in der Regel auf Null. Der Betrag eines Jahresendverlustes kann jedoch aus den der Veranlagungsverfügung zugrunde liegenden Berechnungen – namentlich bei Aufrechnungen – oder aus einer separaten Mitteilung der Steuerbehörde an den Steuerpflichtigen ersichtlich sein.

6. Beispiele

6.1. Teilverlust- vs. Gesamtverlustverrechnung

6.1.1. Ausgangslage:

Steuerperiode	Total	Kanton A	Kanton B	Kanton C
Vorperioden	-100	-35	-45	-20
2001	40	10	20	10
2002	60	10	30	20
2003	50	15	15	20
Total	50	0	20	30

6.1.2. Bisherige Methode: Teilverlustverrechnung

Steuerperiode	Total	Kanton A	Kanton B	Kanton C
Vorperioden	-100	-35	-45	-20
2001 Gewinn	40	10	20	10
Verlustverrechnung	-40	-10	-20	-10
steuerbar	0	0	0	0
2002 Gewinn	60	10	30	20
Verlustverrechnung	-45	-10	-25	-10
steuerbar	15	0	5	10
2003 Gewinn	50	15	15	20
Verlustverrechnung	-15	-15	0	0
steuerbar	35	0	15	20
Total	50	0	20	30

6.1.3. Neue Methode: Gesamtverlustverrechnung

Steuerperiode	Total	Kanton A	Kanton B	Kanton C
Vorperioden	-100	-35	-45	-20
2001 Gewinn	40			
Verlustverrechnung	-40			
steuerbar	0	0	0	0
2002 Gewinn	60			
Verlustverrechnung	-60			
steuerbar	0	0	0	0
2003 Gewinn	50	15		
steuerbar	50	15	15	20
Total	50	15	15	20

6.2. Gesamtverlustverrechnung mit Wertzuwachsgewinnen aus dem Verkauf von Liegenschaften

6.2.1. Ausgangslage

Steuerperiode 2001	Total	Sitz	Kanton A	Kanton B	Kanton C	Kanton D
Ausscheidungsquote	100%	45%	5%	10%	25%	15%
Gewinn 2001 gemäss ER	10'000					
Davon Wertzuwachsgewinn auf Liegenschaften	40'000	13'000	7'000		20'000	
Steuerperiode 2002	Total	Sitz	Kanton A	Kanton B	Kanton C	Kanton D
Ausscheidungsquote	100%	47%	7%	11%	22%	13%
Gewinn 2002 gemäss ER	50'000					
Davon Wertzuwachsgewinn auf Liegenschaften	15'000			15'000		

Der Sitzkanton und die Kantone A und D kennen das dualistische System (mit Verlustverrechnung). Die Kantone B und C kennen das monistische System (ohne Verlustverrechnung).

6.2.2 Lösung

Veranlagung 2001	Total	Sitz	Kanton A	Kanton B	Kanton C	Kanton D
Ausscheidungsquote	100%	45%	5%	10%	25%	15%
Gewinn 2001 gemäss ER	10'000					
./. objektmässiger Wertzuwachsgewinn	-40'000	13'000	7'000		20'000	
Gesamtverlust	-30'000					
Anteil am Gesamtverlust (gemäss Quote)*		-13'000	-1'500			
Steuerbarer Reingewinn	***25'500	0	5'500	0	**20'000	0

*) Sitzkanton 45% von Fr. 30'000, maximal aber Wertzuwachsgewinn
Kanton A 5% von Fr. 30'000, maximal aber Wertzuwachsgewinn

**) mangels gesetzlicher Regelung können keine Verlustanteile mit dem objektmässigen Wertzuwachsgewinn verrechnet werden.

***) Entspricht nicht dem satzbestimmenden Reingewinn, welcher nach kantonalem Recht zu ermitteln ist.

Veranlagung 2002	Total	Sitz	Kanton A	Kanton B	Kanton C	Kanton D
Ausscheidungsquote	100%	47%	7%	11%	22%	13%
Gewinn 2002	50'000					
./.objektmässiger Wertzuwachsgewinn	-15'000			15'000		
./. Gesamtverlustvortrag 2001	-30'000					
Steuerbarer Gesamtgewinn	5'000					
./. Vorausanteil (Annahme)	-1'000	1'000				
Zu verteilen nach aktuellen Quoten	4'000	1'880	280	440	880	520
Zuzüglich bereits verrechneter Teilverlust *		13'000	1'500			
Steuerbarer Reingewinn	***34'500	15'880	1'780	15'440	880	520

*) Hier muss jeder Kanton separat für sich eine Berechnung der noch nicht voll besteuerten Wertzuwachsgewinne führen.

***) Entspricht nicht dem satzbestimmenden Reingewinn, welcher nach kantonalem Recht zu ermitteln ist.

Kontrollrechnung	Total	Sitz	Kanton A	Kanton B	Kanton C	Kanton D
Besteuerter Gewinn 2001	25'500		5'500		20'000	
Besteuerter Gewinn 2002	34'500	15'880	1'780	15'440	880	520
Kontrolle: total besteuert	60'000	15'880	7'280	15'440	20'880	520
Davon						
- Wertzuwachsgewinne	55'000	13'000	7'000	15'000	20'000	0
- Gewinne aus Geschäftstätigkeit	5'000	2'880	280	440	880	520

6.3. Übergang von der Teilverlust- zur Gesamtverlustverrechnung

6.3.1 Ausgangslage

Die interkantonale Unternehmung X AG mit Betriebsstätten in den Kantonen A, B, C und D hat in den Jahren 1998 – 2002 folgende Ergebnisse ausgewiesen:

1998	- 3'000
1999	- 1'000
2000	2'000
2001	2'400
2002	1'000

Die Betriebsstätte im Kanton C wurde anfangs 1999, jene im Kanton D im Jahr 2000 eröffnet. Die Verlustverrechnung erfolgte im interkantonalen Verhältnis nach der Methode der Teilverlustverrechnung gemäss nachfolgender Veranlagung und Ausscheidung für die Steuerperiode 2000:

6.3.2 Teilverlustverrechnungsmethode (bis 2000)

Steuer-periode		Total	Sitz	Kanton A	Kanton B	Kanton C	Kanton D
1998	Quote	100%	60%	15%	25%		
	Verlust	-3000	-1800	-450	-750		
	Steuerbar	0	0	0	0		
1999	Quote	100%	50%	10%	20%	20%	
	Verlust	-1000	-500	-100	-200	-200	
	Steuerbar	0	0	0	0	0	
2000	Quote	100%	45%	5%	10%	25%	15%
	Gewinn	2000	900	100	200	500	300
	Steuerbar	600	0	0	0	300	300

Die Gesamtunternehmung verfügt per 1.1.2001 noch über einen Verlustvortrag von 2'000; da aber die Betriebsstättekantone C und D in der Steuerperiode 2000 bereits Gewinne von insgesamt 600 besteuert haben, können noch Verluste vom 2'600 verrechnet werden.

6.3.3 Uebergang zur Gesamtverlustverrechnungsmethode (ab Beginn der Steuerperiode 2001)

Geschäftsjahr	2002	2001	2000	1999	1998
Reingewinn bzw. Verlust	1000	2400	2000	-1000	-3000
Im Steuerjahr 2000 versteuert			-600		
Verlustverrechnung			-1400		1400
		-1600			1600
		-800		800	
	-200			200	
Steuerbarer Gesamgewinn	800	0	0	0	0

Steuerperiode	Total	Sitz	Kanton A	Kanton B	Kanton C	Kanton D
2002 Quote	100%	40%	10%	25%	10%	15%
Gewinn	1000	400	100	250	100	150
Verlustverrechnung	-200					
steuerbar	800	320	80	200	80	120

Für den Vorstand der Steuerkonferenz

Der Präsident: Der Sekretär

Bruno Knüsel Erwin Widmer

Regeln für die Bewertung der Grundstücke bei interkantonalen Steuerausscheidungen

ab Steuerperiode 1997/98
(Repartitionsfaktoren)

Kreisschreiben 22 - vom 21. November 2006

Die Repartitionswerte sind ausser bei interkantonalen Ausscheidungen auch anwendbar für die Ermittlung des im Betrieb einer Einzelfirma investierten Eigenkapitals und dessen Meldung an die AHV.

Der Repartitionswert beträgt in der Regel in Prozenten des kantonalen Steuerwertes:

Kanton	*Nichtlandwirtschaftliche Grundstücke %*			*Landwirtschaftliche Grundstücke %*	
	1997-1998	*1999-2001*	*ab 2002*	*1997-2001*	*ab 2002*
AG	180	120	85	100	100
AI	110	110	110	100	100
AR	110	110	70	100	100
BE	160	100	100	100	100
BL	270	270	260	100	100
BS	150	150	105	100	100
FR	130	130	110	100	100
GE	110	110	115	100	100
GL	170	170	75	110	100
GR	110	110	115	100	100
JU	100	100	90	100	100
LU	120	100	95	100	100
NE	100	100	80	100	100
NW	110	110	95	100	100
OW	140	140	125/100**	100	100
SG	110	110	80	100	100
SH	120	120	100	100	100
SO	280	280	225	100	100
SZ	140	140	140 / 80*	100	100
TG	110	110	70	100	100
TI	120	120	115	100	100
UR	120	120	90	80	80
VD	100	100	80	80	100
VS	200	200	215/145***	80	100
ZG	140	130	110	110	100
ZH	110	100	90	100	100

*Für den Kanton **SZ** gilt bis und mit Steuerperiode 2003 der Repartitionsfaktor von 140 %. Ab Steuerperiode 2004 beträgt er infolge Gesetzesrevision 80 %.

Für den Kanton **OW gilt bis und mit Steuerperiode 2005 der Repartitionsfaktor von 125%. Ab Steuerperiode 2006 beträgt er infolge Gesetzesrevision 100 %.

***Für den Kanton **VS** gilt bis und mit Steuerperiode 2005 der Repartitionsfaktor von 215%. Ab Steuerperiode 2006 beträgt er infolge Gesetzesrevision 145 %.

Dieses Kreisschreiben ersetzt das Kreisschreiben 22 vom 13.September 2006. Es ist sofort anwendbar.

Vorgehen bei Sonderfällen mit Auswirkungen auf mehrere Steuerhoheiten

Kreisschreiben vom 28. November 2001

1 Einleitung

In letzter Zeit häufen sich die Anfragen, bei denen Beteiligungsübertragungen, Umstrukturierungen, Liquidationen und andere komplexe Steuerfälle interkantonale Anknüpfungspunkte zeitigen. Dabei sind die Steuern verschiedener Kantone und des Bundes betroffen. Die Zuständigkeit der involvierten Steuerbehörden, die Rechtsposition und die Praxisgrundsätze sind bei diesen Fallbehandlungen sehr oft unklar. Mit den vorliegenden Richtlinien werden die verwaltungsinternen Grundsätze des Vorgehens, der Koordination, des Zeitrahmens und des Entscheidfindungsprozesses festgelegt.

2 Ziel und Zweck

Ziel ist, dass in komplexen Fällen, bei denen bei der Festsetzung der Steuern verschiedene Kantone sowie der Bund involviert sind, nach klaren Praxisgrundsätzen eine einheitliche Rechtsposition durch alle involvierten Steuerinstanzen vertreten wird und die Auskunft innert nützlicher Frist seit der Anfrage erfolgt.

Zu diesem Zwecke wird die federführende Person des Kantons oder der Eidgenössischen Steuerverwaltung (ESTV) als Koordinationsstelle mit klar definierter Zuständigkeit bestimmt, die das verwaltungsinterne Verfahren leitet und für die Einhaltung der Auskunftsfrist verantwortlich ist.

Die Koordination beschränkt sich auf einzelne, wenige Sonderfälle mit interkantonalen Auswirkungen; ein pragmatisches Vorgehen im Einzelfall bleibt vorbehalten. Die Veranlagungskompetenz des zuständigen Kantons ist dabei gewährleistet.

Eine Koordination der Auskunft über die Festsetzung der Steuer gilt massgeblich für:

1. Übertragung einer Beteiligung von einer natürlichen Person an eine juristische Person
2. Umstrukturierungen und umstrukturierungsähnliche Tatbestände
3. Liquidationen

Andere und komplexe Steuerfälle mit interkantonalen Anknüpfungspunkten sollen analog abgewickelt werden.

3 Beteiligte Steuerbehörden

- Kantonale Steuerbehörde des Sitzkantons der übernommenen Gesellschaft
- Kantonale Steuerbehörde des Sitzkantons der übernehmenden Gesellschaft
- Kantonale Steuerbehörde der Wohnsitzkantone der Hauptaktionäre
- ESTV, Hauptabteilung DVS, Abteilung Revisorat

4 Anforderungen an die Anfragen von Steuerpflichtigen oder Steuervertretern

Beim Vorliegen einer der vorstehend aufgeführten Fälle hat die angefragte Steuerbehörde vom Steuerpflichtigen oder Steuervertreter ein konkretes Auskunftsbegehren mit dem konkreten und vollständigen Sachverhalt einzuverlangen mit mindestens folgenden Angaben:

- Name der Gesellschaft(en)
- Verkäufer
- Käufer
- Aktionäre (mitinteressierte Kantone)
- Schilderung des konkreten Sachverhalts mit einer ersten steuerrechtlichen Würdigung
- Organigramm alt und neu
- Finanzierungsmodell (eigene Mittel oder Darlehen)
- Besonderheiten der Transaktion (bei Beteiligungstransaktionen beispielsweise: nicht betriebsnotwendige liquide Mittel; Dividenden- und Ausschüttungspolitik; Aktionärsdarlehen; Bankdarlehen; Substanzdividende; Verkauf unter Nahestehenden usw.)

Die angefragte Steuerbehörde leitet das konkrete Auskunftsbegehren mit den Unterlagen an den Sitzkanton und eine Kopie an die ESTV, Hauptabteilung DVS, Abteilung Revisorat, weiter. Gleichzeitig informiert sie den Steuerpflichtigen oder den Steuervertreter, welche Steuerbehörde die Federführung hat.

5 Vorgehen der Steuerbehörden

51 Koordination

Der Sitzkanton der AG kann in der Regel als einziger die Leistungen zu Lasten der AG und zu Gunsten der Aktionäre feststellen. Die Koordinationsfunktion sowie die Information aller betroffenen Steuerbehörden wird deshalb wie folgt geregelt:

a) Allgemeine Fälle: der Sitzkanton der AG.

b) Liquidationsfälle: der Sitzkanton der AG in Liquidation.

c) Ist ein Kanton infolge seiner Arbeitsüberlastung oder Kapazitätsengpässen oder aus andern Gründen nicht in der Lage, die Koordinationsfunktion wahrzunehmen, so hat er die Koordinationsfunktion umgehend an einen anderen Kanton oder die ESTV abzutreten und der neuen Koordinationsstelle alle Akten der AG zur Verfügung zu stellen.

d) Die Koordinationsstelle informiert die Kantone, in denen ein Aktionär seinen Wohnsitz hat sowie die ESTV, Hauptabteilung DVS, Abteilung Revisorat, umgehend mit mindestens folgenden Angaben:

- Name der Gesellschaft(en)
- Verkäufer
- Käufer
- Aktionäre (mitinteressierte Kantone)
- Finanzierungsmodell (eigene Mittel oder Darlehen)
- Besonderheiten der Transaktion (bei Beteiligungstransaktionen beispielsweise: nicht betriebsnotwendige liquide Mittel; Dividenden- und Ausschüttungspolitik; Aktionärsdarlehen; Bankdarlehen; Substanzdividende; Verkauf unter Nahestehenden usw.).

Gleichzeitig erfolgt durch die Koordinationsstelle die Mitteilung an die anfragende Stelle, welche Steuerbehörde die Koordination vornimmt und welche weiteren Steuerbehörden im Entscheidprozess involviert sind.

52 Entscheidfindungsprozess

Die Koordinationsstelle übernimmt folgende Aufgaben:

1. Information der beteiligten Steuerbehörden
2. Zusammenstellung der notwendigen Unterlagen für die Entscheidfindung
3. Verfahrensleitung
4. Verfahrenskoordination unter Einbezug aller beteiligten Steuerbehörden und des Antragstellers bzw. der Antragsteller inklusive Berater (gegebenenfalls gemeinsame Sitzung)
5. Auskunftserteilung
6. Abstimmung des Entscheids
7. Mitteilung des Entscheids an die anfragende Stelle:
   a) bei allgemeiner Zustimmung durch die Koordinationsstelle
   b) bei unterschiedlichen Meinungen: Mehrheitsmeinung durch die Koordinationsstelle, abweichende Meinung durch den betreffenden Kanton.

Die beteiligten Steuerbehörden haben folgende Verpflichtungen:

- Eingabe aller für die Entscheidfindung relevanten Akten an die Koordinationsstelle
- Meldung der in die Entscheidfindung involvierten Mitarbeiterinnen und Mitarbeiter

53 Zeitrahmen

Die Entscheidung auf eine konkrete Anfrage treffen die beteiligten Steuerbehörden in der Regel innert Monatsfrist nach Kenntnisnahme des vollständigen Sachverhalts durch die letzte Behörde. Eine korrekte erste steuerliche Würdigung des Sachverhalts durch den Steuerpflichtigen oder seinen Berater beschleunigt das Verfahren.

54 Folgen der Nichteinhaltung dieser Vorgehensweise

Entscheidet ein Kanton ohne Rücksprache mit den übrigen beteiligten Kantonen und der ESTV, hat sein Entscheid keine Bindungswirkung für die übrigen Steuerbehörden. Eine definitive Auskunftserteilung ist für die betroffenen Steuerbehörden nur verbindlich, wenn alle Beteiligten mit der Lösung einverstanden waren.

Ersatzbeschaffung mit nur teilweiser Reinvestition

Kreisschreiben Nr. 19 des Vorstandes vom 31. August 2001

1. Ausgangslage

Bei Ersatzbeschaffung im geschäftlichen und privaten Bereich erfolgt ein vollständiger Steueraufschub, wenn der ganze Veräusserungserlös in ein Ersatzobjekt investiert wird. Wenn die Reinvestition jedoch geringer ausfällt als der Veräusserungserlös, stellt sich die Frage nach der Höhe des Steueraufschubs. In den Kantonen finden zur Bemessung des Steueraufschubs bei bloss teilweiser Ersatzbeschaffung zwei unterschiedliche Systeme Anwendung, die sogenannte absolute und die proportionale Methode. Das Nebeneinander von verschiedenen Methoden ist harmonisierungsrechtlich unerwünscht und kann bei Ersatzbeschaffung über die Kantonsgrenze hinaus zu einer Doppelbesteuerung oder zu einer Freistellung von realisierten Gewinnen führen. Eine Vereinheitlichung ist deshalb geboten.

2. Rechtsgrundlagen

Gemäss Art. 12 Abs. 3 StHG wird die Besteuerung aufgeschoben bei:

lit. d. *vollständiger oder teilweiser Veräusserung eines land- oder forstwirtschaftlichen Grundstückes, soweit der Veräusserungserlös innert angemessener Frist zum Erwerb eines selbstbewirtschafteten Ersatzgrundstückes oder zur Verbesserung der eigenen, selbstbewirtschafteten land- oder forstwirtschaftlichen Grundstücke verwendet wird;*

lit. e. *Veräusserung einer dauernd und ausschliesslich selbstgenutzten Wohnliegenschaft (Einfamilienhaus oder Eigentumswohnung), soweit der dabei erzielte Erlös innert angemessener Frist zum Erwerb oder zum Bau einer gleichgenutzten Ersatzliegenschaft in der Schweiz verwendet wird.*

Nach Absatz 4 dieser Bestimmung gelten die Regeln der Ersatzbeschaffung im Grundstückgewinnsteuerrecht in den Kantonen mit monistischem System auch für geschäftliche Gewinne, sofern diese Kantone die Gewinne von der Einkommens- und Gewinnsteuer ausnehmen oder die Grundstückgewinnsteuer auf die Einkommens- und Gewinnsteuer anrechnen (Art. 8 Abs. 4 und Art. 24 Abs. 4 StHG). Das StHG enthält keine Vorschriften darüber, wie der Aufschubsbetrag (latentes Steuersubstrat) zu berechnen ist.

Gemäss dem Wortlaut von Art. 12 Abs. 3 lit. d und e StHG wird ein Steueraufschub gewährt, soweit der (Veräusserungs-)**Erlös** (und nicht etwa der realisierte Veräusserungs**gewinn**) in die Ersatzliegenschaft reinvestiert wird. Die Reinvestition erfolgt vorab aus den freigewordenen bisherigen Anlagekosten, und der aufgeschobene Grundstückgewinn entspricht der Differenz zwischen den bisherigen Anlagekosten und den höheren Reinvestitionskosten.

3. Absolute Methode

Nach dieser auch Abschöpfungsmethode genannten Berechnungsart wird der bei der Veräusserung erzielte Grundstückgewinn soweit nicht besteuert, als der Veräusserungserlös für das Ersatzobjekt verwendet wird. Die absolute Methode ist das Ergebnis einer sinngemässen und praxisorientierten Gesetzesauslegung ("soweit der Veräusserungserlös....... verwendet wird"). Die Funktionsweise der Methode kann anhand der nachstehenden Beispiele dargestellt werden. Für den Fall, dass die Reinvestitionskosten unter den ursprünglichen Anlagekosten des ersetzten Objektes liegen, kann - im Gegensatz zur proportionalen Methode - sachgemäss kein Besteuerungsaufschub erfolgen.

3.1 Beispiele für Ersatzbeschaffung im Grundstückgewinnsteuerrecht

- **Anlagekosten unter Reinvestitionskosten**

Veräusserungserlös	4'500'000
Anlagekosten	3'475'000
Reinvestition	3'800'000
Steueraufschub:	
Reinvestition	3'800'000
Anlagekosten	3'475'000
aufgeschobener Grundstückgewinn	325'000
Steuerbarer Grundstückgewinn:	
Veräusserungserlös	4'500'000
Reinvestition	3'800'000
besteuert	700'000
Anlagekosten Ersatzobjekt:	3'475'000

- **Anlagekosten über Reinvestitionskosten**

Veräusserungserlös	4'500'000
Anlagekosten	3'700'000
Reinvestition	3'500'000
Steueraufschub:	0
Steuerbarer Grundstückgewinn:	
Veräusserungserlös	4'500'000
Anlagekosten	3'700'000
besteuert	800'000
Anlagekosten Ersatzobjekt:	3'500'000

Die absolute Methode ist einfach und leicht verständlich. Der Steueraufschub wird gewährt, soweit der Grundstückgewinn für den Veräusserer nicht frei verfügbar ist, weil er in ein wiederum dem Eigengebrauch dienendes Ersatzobjekt investiert wird. Der nicht reinvestierte, frei verfügbare Erlösanteil wird dagegen richtigerweise in dem Zeitpunkt besteuert, in dem der Gewinn realisiert und der entsprechende

Erlös für die Entrichtung der Steuer in liquider Form zur Verfügung steht. Lehre und Rechtsprechung haben sich deshalb verschiedentlich für diese Methode ausgesprochen (M. Langenegger, Handbuch zur bernischen Vermögensgewinnsteuer, Bern 1999, N. 28 zu Art. 80a mit Hinweisen auf die Praxisfestlegung in NStP und div. Gerichtsentscheide; LGVE 1997 II Nr. 31). Die absolute Methode entspricht auch der Praxis zur Ersatzbeschaffung von Geschäftsliegenschaften bei der direkten Bundessteuer (M. Reich/M. Züger, Kommentar zum Schweizerischen Steuerrecht/DBG, N. 24 zu Art. 30; P. Locher, Kommentar zum DBG, N. 18 zu Art. 30). Von den Kantonen mit **monistischem System** ist sie für die **geschäftliche Ersatzbeschaffung** im Sinne von Art. 12 Abs. 4 bzw. 8 Abs. 4 und Art. 24 Abs. 4 StHG ohne weiteres anwendbar (Konferenz staatlicher Steuerbeamter, Harmonisierung des Unternehmenssteuerrechts, Muri/Bern 1995, S. 53).

3.2. Beispiele für geschäftliche Ersatzbeschaffung im monistischen System

- **Anlagekosten unter Reinvestitionskosten**

Veräusserungserlös	4'500'000
Anlagekosten	3'900'000
Buchwert (= Einkommenssteuerwert)	3'500'000
Reinvestition	4'000'000
Steueraufschub bei Grundstückgewinnsteuer	
Reinvestition	4'000'000
Anlagekosten	3'900'000
aufgeschoben	100'000
Steueraufschub (Übertrag stille Reserven) bei Einkommens-/Gewinnsteuer:	
Anlagekosten	3'900'000
Buchwert	3'500'000
aufgeschoben (nicht besteuert)	400'000
Steuerbarer Grundstückgewinn:	
Veräusserungserlös	4'500'000
Reinvestition	4'000'000
besteuert	500'000
Buchwert des Ersatzobjektes:	3'500'000
Anlagekosten Ersatzobjekt:	3'900'000

- **Anlagekosten über Reinvestitionskosten**

Veräusserungserlös	4'500'000
Anlagekosten	3'900'000
Buchwert (= Einkommenssteuerwert)	3'500'000
Reinvestition	3'800'000
Steueraufschub bei Grundstückgewinnsteuer:	
Reinvestition	3'800'000
Anlagekosten	3'900'000
aufgeschoben	0

<u>Steueraufschub (Übertrag stille Reserven) bei Einkommens-/Gewinnsteuer:</u>

Reininvestition	3'800'000
Buchwert	3'500'000
aufgeschoben (nicht besteuert)	300'000

<u>Steuerbarer Grundstückgewinn</u>:

Veräusserungserlös	4'500'000
Anlagekosten	3'900'000
besteuert	600'000

<u>Steuerbares Einkommen/Gewinn:</u>

Anlagekosten	3'900'000
Reinvestition	3'800'000
besteuert im Rahmen der Erfolgsrechnung	100'000

<u>Buchwert des Ersatzobjektes:</u>	3'500'000
<u>Anlagekosten Ersatzobjekt:</u>	3'800'000

4. Proportionale Methode

Bei dieser Methode wird der **Gewinn** (statt der **Erlös** gemäss Art. 12 Abs. 3 lit. d und e StHG) im Verhältnis der Reinvestition zum gesamten Veräusserungserlös aufgeteilt und aufgeschoben. Somit wird die Besteuerung auch für Gewinnanteile aufgeschoben, die bereits frei verfügbar sind (im folgenden Beispiel werden nur Fr. 159'490.-- besteuert, obschon ein Gewinn von Fr. 700'000.-- in liquider Form zur Verfügung steht). Die Berechnung entspricht der Methode bei Teilveräusserung eines Grundstücks. Beispiel:

Veräusserungserlös	4'500'000
Anlagekosten	3'475'000
Reinvestition	3'800'000

<u>Grundstückgewinn vor Berücksichtigung der Ersatzbeschaffung:</u>

Veräusserungserlös	4'500'000
Anlagekosten	3'475'000
Bruttogewinn	1'025'000

<u>Steueraufschub Grundstückgewinnsteuer:</u>

Quote = Reinvestition 3'800'000 zu Veräusserungserlös 4'500'000 = 84,44 %

Proportional aufgeschobener Gewinn 84,44 % von 1'025'000	865'510

<u>Steuerbarer Grundstückgewinn:</u>

Bruttogewinn	1'025'000
Proportional aufgeschoben	865'510
besteuert	159'490

Anlagekosten Ersatzobjekt:

Reinvestition	3'800'000
Proportional aufgeschoben	865'510
Differenz	2'934'490

Nach der proportionalen Methode ergibt sich konsequenterweise selbst dann ein Steueraufschub, wenn der Betrag der Reinvestition unter den ursprünglichen Anlagekosten liegt. Das widerspricht einer sach- und zeitgerechten Besteuerung von tatsächlich erzielten Gewinnen. Anderseits ist es geradezu stossend, dass bei endgültiger Veräusserung des Ersatzobjektes mit der proportionalen Methode ein erheblicher Gewinn besteuert werden kann, obschon objektbezogen ein deutlicher Verlust eingetreten ist. Wird in vorstehendem Beispiel das Ersatzgrundstück für Fr. 3'400'000.--, d.h. Fr. 400'000.-- unter den Gestehungskosten, veräussert, ist nach der proportionalen Methode dennoch ein Gewinn von Fr. 465'510.-- zu versteuern.

5. Empfehlung: absolute Methode

Die proportionale Methode weist im Vergleich mit der absoluten Methode verschiedene Nachteile rechtlicher und praktischer Natur auf. Sie steht nicht im Einklang mit dem Realisationsprinzip und kann im Einzelfall zu geradezu stossenden Ergebnissen führen. Die Schweizerische Steuerkonferenz empfiehlt daher den Kantonen, bei der Ersatzbeschaffung mit bloss teilweiser Reinvestition die absolute Methode anzuwenden und nötigenfalls die entsprechenden Anpassungen auf Gesetzes- oder Verordnungsstufe vorzunehmen. Mit der Vereinheitlichung der Methode können die eingangs erwähnten Doppelbesteuerungskonflikte vermieden werden. Es wird im weiteren geprüft, ob zusätzlich zu dieser Empfehlung eine normative Klarstellung im StHG vorgenommen werden soll.

Die interkantonale Ausscheidung bei Änderungen der Steuerpflicht während der Steuerperiode im System der einjährigen Postnumerandobesteuerung mit Gegenwartsbemessung (Natürliche Personen)

Kreisschreiben vom 27. November 2001

1 Allgemeines

Das am 1. Januar 2001 in Kraft getretene Bundesgesetz zur Koordination und Vereinfachung der Veranlagungsverfahren für die direkten Steuern im interkantonalen Verhältnis vom 15. Dezember 2000 hat die Änderung von Artikel 68 des Bundesgesetzes über die Harmonisierung der direkten Steuern der Kantone und Gemeinden (StHG) zur Folge. Diese Bestimmung legt die Wirkungen einer Änderung der Steuerpflicht von natürlichen Personen zwischen Kantonen mit Postnumerandobesteuerung fest. Sie hat folgenden Inhalt:

„[1] Bei Wechsel des steuerpflichtigen Wohnsitzes innerhalb der Schweiz besteht die Steuerpflicht auf Grund persönlicher Zugehörigkeit für die laufende Steuerperiode im Kanton, in welchem der Steuerpflichtige am Ende dieser Periode seinen Wohnsitz hat. Kapitalleistungen gemäss Artikel 11 Absatz 3 sind jedoch in dem Kanton steuerbar, in dem der Steuerpflichtige im Zeitpunkt der Fälligkeit seinen Wohnsitz hat. Artikel 38 Absatz 4 bleibt im Übrigen vorbehalten.

[2] Eine Steuerpflicht auf Grund wirtschaftlicher Zugehörigkeit in einem anderen Kanton als demjenigen des steuerrechtlichen Wohnsitzes besteht für die gesamte Steuerperiode, auch wenn sie im Laufe des Jahres begründet, verändert oder aufgehoben wird. In diesem Falle wird der Wert der Vermögensobjekte im Verhältnis zu Dauer dieser Zugehörigkeit vermindert. Im Übrigen werden das Einkommen und das Vermögen zwischen den beteiligten Kantonen in sinngemässer Anwendung der Grundsätze des Bundesrechts über das Verbot der interkantonalen Doppelbesteuerung ausgeschieden“.

In der Form eines allgemeinen Kommentars hat die Schweizerische Steuerkonferenz in einem Kreisschreiben diese Bestimmung erläutert[1]. Neben einem kurzen Rückblick auf die anwendbaren Grundsätze beschreibt das vorliegende Kreisschreiben die Anwendung dieser Bestimmung in Bezug auf die Einkommens- und Vermögenssteuern. Erörtert werden somit Fragen im Zusammenhang mit dem Wechsel der Steuerpflicht bei persönlicher Zugehörigkeit (Wohnsitzverlegung), Fragen im Zusammenhang mit der Begründung, der Veränderung oder der Aufhebung der wirtschaftlichen Zugehörig-

[1] Kreisschreiben der SSK Nr. 15 vom 31. August 2001

keit in einem anderen Kanton als dem Wohnsitzkanton sowie Fragen bezüglich der Änderung der Natur der Zugehörigkeit während einer Steuerperiode.

Artikel 68 StHG findet Anwendung auf interkantonale Verhältnisse zwischen Kantonen mit einjähriger Postnumerandobesteuerung mit Gegenwartsbemessung. Nur diese werden im Rahmen dieses Kreisschreibens umschrieben.

Artikel 68 Absatz 1 StHG beinhaltet zwei verschiedene Besteuerungsarten vor: Die Besteuerung von Kapitalleistungen gemäss Art. 11 Abs. 3 StHG einerseits sowie die Besteuerung im ordentlichen Verfahren einer quellensteuerpflichtigen Person andererseits. Diese Punkte werden in anderen Papieren der SSK kommentiert[2].

Artikel 68 StHG bezieht sich einzig auf die periodischen Einkommens- und Vermögenssteuern. Die Grundstückgewinnsteuern, Erbschafts- und Schenkungssteuern oder Handänderungssteuern sind hingegen nicht betroffen. Die Befugnis, derartige Steuern im interkantonalen Verhältnis zu erheben, wird durch kantonales Recht geregelt. Dabei müssen immer auch die vom Bundesgericht in seiner Rechtsprechung aufgestellten Grundsätze über das verfassungsmässige Verbot der Doppelbesteuerung berücksichtigt werden.

2 Wohnsitzwechsel einer natürlichen Person

21 Grundsätze

Wechselt eine natürliche Person ihren Wohnsitz im Laufe einer Steuerperiode von einem Kanton in einen anderen, so ist sie auf Grund persönlicher Zugehörigkeit während der ganzen Periode in dem Kanton steuerpflichtig, in welchem sie am Ende der Steuerperiode ihren Wohnsitz hat. Die Ansässigkeit im Wegzugskanton vor dem Wohnsitzwechsel führt nicht zur persönlichen Zugehörigkeit. Es wird dadurch keine Steuerpflicht begründet.

Wechselt eine Person ihren Wohnsitz von einem Kanton in einen anderen und behält oder begründet sie im Wegzugskanton eine wirtschaftliche Zugehörigkeit, so besteht für die ganze Periode eine beschränkte Steuerpflicht in diesem Kanton.

22 Beispiele

Beispiel 1 Wohnsitzwechsel

Herr X wohnt im Kanton A. Am 10. Oktober des Jahres N verlegt er seinen Wohnsitz vom Kanton A in den Kanton B. In der Steuerperiode N, welche dem Jahre N entspricht, ist Herr X im Kanton B steuerpflichtig.

[2] Kreisschreiben der SSK Nr. 16 vom 31. August 2001

Beispiel 2 Wohnsitzwechsel und Heirat

Herr X und Frau Y heiraten am 10. Juni des Jahres N. Herr X, der bis dahin im Kanton A gewohnt hat, wechselt seinen Wohnsitz per 1. Juni des Jahres N in den Kanton B. Frau Y wohnte bereits vorher im Kanton B.
Das Ehepaar ist für die ganze Steuerperiode N im Kanton B steuerpflichtig.

Beispiel 3 Wohnsitzwechsel und Trennung des Ehepaares

Herr und Frau O haben im Kanton A Wohnsitz. Sie trennen sich. Frau O behält ihren Wohnsitz im Kanton A. Herr O hingegen zieht am 1. März des Jahres N in den Kanton B um.

In der Steuerperiode N ist Frau O als Alleinstehende im Kanton A, Herr O als Alleinstehender im Kanton B steuerpflichtig

Beispiel 4 Wohnsitzwechsel und Aufenthalt

Herr X wohnt im Kanton A. Im Februar des Jahres N zieht er in den Kanton B um, wo er sich bis Ende Herbst des Jahres N aufhält. Per 1. November des Jahres N verlegt er seinen Wohnsitz in den Kanton C.

Herr X ist für die ganze Steuerperiode N im Kanton C steuerpflichtig.

Beispiel 5 Tod des einen Ehegatten und Wohnsitzwechsel des Überlebenden

Herr und Frau Z haben im Kanton A Wohnsitz. Herr Z stirbt am 10. Mai des Jahres N. Am 1. September desselben Jahres wechselt Frau Z ihren Wohnsitz in den Kanton B.

Bis zum Todestag von Herr Z werden die Einkommens- und Vermögenssteuern durch den Kanton A erhoben. Ab dem Todestag bis zum Ende der Steuerperiode N ist Frau Z im Kanton B steuerpflichtig.

3 Änderungen der wirtschaftlichen Zugehörigkeit ausserhalb des Wohnsitzkantons

31 Grundsätze

Artikel 68 Absatz 2 StHG regelt den Grundsatz der Einheit der Periode bei Begründung, Veränderung oder Aufhebung der wirtschaftlichen Zugehörigkeit ausserhalb des Wohnsitzkantons einer steuerpflichtigen Person. Hat die wirtschaftliche Zugehörigkeit während der Steuerperiode bestanden, gilt die beschränkte Steuerpflicht für die ganze Periode.

Im interkantonalen Verhältnis entsteht eine wirtschaftliche Zugehörigkeit gemäss Art. 4
Abs. 1 StHG , insbesondere im Zusammenhang mit Grundeigentum, mit einem Geschäftsbetrieb oder mit einer Betriebsstätte.

Die Begründung, Änderung oder Aufhebung der wirtschaftlichen Zugehörigkeit kann aus vielerlei Gründen erfolgen. Bei beschränkter Steuerpflicht infolge Grundeigentum kann die Ursache für die Zugehörigkeit in einem entgeltlichen oder unentgeltlichen Grundstückerwerb liegen. Die Zugehörigkeit kann mit der Eröffnung eines Geschäftsbetriebes, einer Betriebsstätte oder Änderung der Rechtsform eines Unternehmens entstehen oder auf Grund einer Schliessung erlöschen. Diese verschiedenen Möglichkeiten werden an Hand von Beispielen erläutert.

Bei Begründung, Änderung oder Aufhebung der wirtschaftlichen Zugehörigkeit im Laufe der Steuerperiode muss berücksichtigt werden , dass die Dauer der Zugehörigkeit kürzer ist als die Steuerpflicht (Art. 68 Abs. 2 StHG). In Bezug auf das Vermögen erlaubt diese Regelung eine indirekte der Dauer der wirtschaftlichen Anknüpfung entsprechende Besteuerung im Sinne von Art. 66 Abs. 4 StHG (sogenannte Gewichtungsmethode). Der Grundsatz, wonach sich das Vermögen nach dem Stand am Ende der Steuerperiode oder der Steuerpflicht bemisst, wird dabei nicht verletzt (Art. 66 Abs.1 StHG).

Die Berücksichtigung der verkürzten Dauer der wirtschaftlichen Zugehörigkeit durch die Verminderung des entsprechenden Vermögenswertes hat zur Folge, dass eine Korrektur vorgenommen werden muss. Nur so entspricht die Summe der zu besteuernden Vermögenswerte dem Vermögen am Ende der Steuerperiode. Um das Ganze zu vereinfachen, betrifft diese Korrektur den Wohnsitzkanton bzw. den Kanton des Geschäftsbetriebes, wenn die wirtschaftliche Zugehörigkeit durch die Eröffnung oder Schliessung eine Betriebsstätte begründet oder aufgehoben wird. Bei Begründung der wirtschaftlichen Zugehörigkeit im Laufe der Steuerperiode wirkt sie sich dies zu Gunsten, bei Aufhebung der wirtschaftlichen Zugehörigkeit innerhalb der Steuerperiode zu Lasten des Wohnsitzkantons oder des Kantons des Geschäftsbetriebes aus.

32 Beispiele zur entgeltlichen Übertragung eines Grundstücks

Beispiel 6 Kauf einer Liegenschaft ausserhalb des Wohnsitzkantons im Laufe der Steuerperiode

Die steuerpflichtige Person mit Wohnsitz im Kanton A erwirbt per 1. April 2002 eine Liegenschaft im Kanton B (Steuerwert: Fr. 300'000). Der Kaufpreis in der Höhe von Fr. 400'000 wird wie folgt finanziert:

Verkauf von Wertschriften:	100’000
Eigenkapital:	40’000
Hypothekarschuld auf der neuen Liegenschaft:	160’000
Erhöhung der Hypothek auf einer anderen Liegenschaft:	100’000

Die steuerpflichtige Person ist ebenfalls Eigentümerin einer Liegenschaft im Kanton C.

Vermögen der steuerpflichtigen Person am 31. Dezember 2002:

Wertschriften:	100’000
Liegenschaft im Kanton C (Steuerwert):	1’000’000
Liegenschaft im Kanton B (Steuerwert):	300’000
Schulden:	(460'000)
Nettovermögen:	940’000

Im Jahr 2002 erzieltes Einkommen:

Wertschriftenertrag:	5'000
Nettoliegenschaftsertrag Kanton C:	64'000
Nettoliegenschaftsertrag Kanton B:	22'500
Nettolohn:	140'000
Schuldzinsen:	(22'000)
Nettoeinkommen:	209'500

Ausscheidung der Vermögenswerte zur Bestimmung der steuerbaren Vermögensanteile in jedem beteiligten Kanton und Verteilung der Schuldzinsen

Vermögen am 31.12.2002	Total	Kanton A	Kanton B	Kanton C
Wertschriften	100'000	100'000		
Liegenschaft C*: Steuerwert 1'000'000 x 110%	1'100'000			1'100'000
Liegenschaft B**: Steuerwert 300'000 x 120%	360'000		360'000	
Korrektur zu Gunsten von A (360'000 / 360 x 90)		90'000	(90'000)	
Total der Vermögenswerte	1'560'000	190'000	270'000	1'100'000
Anwendbare Prozente für die Ausscheidung des Nettovermögens und der Schuldzinsen	100%	12.18%	17.31%	70.51%

** Repartitionswert für den Kanton C : 110%*
***Repartitionswert für den Kanton B: 120%*

Steuerbares Vermögen[3] in den Kantonen A und C*

	Total	Kanton A	Kanton B	Kanton C
Vermögen	1'560'000	190'000	270'000	1'100'000
Schulden	460'000	56'028	79'626	324'346
Nettovermögen	1'100'000	133'972	190'374	775'654
Differenz auf den Liegenschaftssteuerwerten**				
Kanton C (1'100'000 / 110 x 10)	(100'000)			(100'000)
Kanton B***(360'000 / 110 x10)	32'727		(32'727)	
Kanton A***(32'727 / 360 x 90)		(8'182)	8'182	
Steuerbares Vermögen A und C**	967'273	125'790	165'829	675'654

**Zwecks Vereinfachung entsprechen die Beispiele den jeweiligen kantonalen Gesetzgebungen.*
***Die Korrektur der Liegenschaftswerte im Hinblick auf die Ausscheidung erfolgt aus der Sicht der Kantone A (Hauptsteuerdomizil) und C. Die Repartitionswerte für die Kantone A und C betragen 110%, für den Kanton B 120%.*
****Zur Bestimmung des steuerbaren Vermögens der Kantone A und C muss der Steuerwert der Liegenschaft C (100/110 von 360'000 Franken) um Fr. 32'727 vermindert werden. Ein Teil dieser Verminderung (Fr. 8'182) geht zu Lasten des Kantons A.*

---

[3] In allen Beispielen entspricht „steuerbares Vermögen" dem Nettovermögen gemäss kantonalem Recht. Dieses berechnet sich nach dem Bruttovermögen abzüglich der Schulden. Ebenfalls berücksichtigt sind die Repartitionswerte, welche der Bestimmung der Liegenschaftswerte für die Ausscheidungen dienen.

Nettoeinkommen

Einkommen 2002	Total	Kanton A	Kanton B	Kanton C
Wertschriftenertrag	5'000	5'000		
Nettoliegenschaftsertrag C	64'000			64'000
Nettoliegenschaftsertrag B	22'500		22'500	
Bruttovermögensertrag	91'500	5'000	22'500	64'000
Schuldzinsen	(22'000)	(2'680)	(3'808)	(15'512)
	100%	12.18%	17.31%	70.51%
Nettovermögensertrag	69'500	2'320	18'692	48'488
Lohn	140'000	140'000		
Nettoeinkommen	209'500	142'320	18'692	48'488

Beispiel 7 Verkauf einer Liegenschaft ausserhalb des Wohnsitzkantons

Eine im Kanton A wohnhafte Person verkauft am 31. März 2002 eine Liegenschaft. Die Liegenschaft liegt im Kanton C und hat einen Steuerwert von Fr. 300'000. Der Verkaufspreis beläuft sich auf Fr. 500'000. Nach der Tilgung einer Hypothekarschuld in der Höhe von Fr. 100'000 investiert die Person den restlichen Verkaufserlös in Wertschriften. Die steuerpflichtige Person ist gleichzeitig Eigentümerin einer Liegenschaft im Kanton B (Steuerwert: Fr. 500'000). Ende 2002 beträgt der Wert der Wertschriften Fr. 600'000. Die privaten Schulden belaufen sich insgesamt auf Fr. 300'000.

Ausscheidung der Vermögenswerte zur Bestimmung der steuerbaren Vermögensanteile in jedem beteiligten Kanton und Verteilung der Schuldzinsen

Vermögenswerte am 31.12.2002	Total	Kanton A	Kanton B	Kanton C
Wertschriften	600'000	600'000		
Liegenschaften*:				
Kanton B: Steuerwert 500'000 x 120%	600'000		600'000	
Kanton C*: Steuerwert 300'000 x 110% zu Lasten von A Korrektur zu Gunsten von A		(330'000) 247'500		330'000 (247'500)
Total Aktiven	1'200'000	517'500	600'000	82'500
Anwendbare Prozente für die Ausscheidung des Nettovermögens und der Schuldzinsen	(100%)	43.12%	50%	6.88%

** Die Berücksichtigung der begrenzten Dauer der Zugehörigkeit zu einem Kanton erfolgt in zwei Etappen: a) Hinzufügen des Elementes Liegenschaft beim Kanton C, zu Lasten des Wohnsitzkantons, dann b) die Korrektur dieses Elementes C gemäss der begrenzten Dauer der Zugehörigkeit, mit entsprechender Korrektur beim Kanton A. Das Vorgehen kann verkürzt werden, indem beim Kanton C der Liegenschaftswert direkt proportional im Verhältnis zur Dauer der Zugehörigkeit (in unserem Beispiel: 300'000 x 110% / 360 x 90 = 82'500, Summe zu Lasten des Wohnsitzkantons) gekürzt wird.*

Nettovermögen in den Kantonen A, B und C

	Total	Kanton A	Kanton B	Kanton C
Total der Vermögenswerte	1'200'000	517'500	600'000	82'500
Anwendbare Prozente für die Ausscheidung des Nettovermögens und der Schuldzinsen	100%	43.12%	50%	6.88%
Schulden	(300'000)	(129'360)	(150'000)	(20'640)
Nettovermögen	900'000	388'140	450'000	61'860

Steuerbares Vermögen in den Kantonen A, B und C*

Steurbares Vermögen in den Kantonen A und C				
Nettovermögen	900'000	388'140		61'860
Differenz auf der Liegenschaft im Kanton B : 600'000 /110 x 10	(54'545)		(54'545)	
Differenz auf der Liegenschaft im Kanton C: (82'500 / 110 x 10) zu Gunsten von Kanton A		7'500		(7'500)
Steuerbares Vermögen	845'455	395'640	395'435	54'360

Steuerbares Vermögen im Kanton B	900'000		450'000	
Differenz auf Liegenschaft B (600'000 / 120 x 20)	(100'000)		(100'000)	
Steuerbares Vermögen	800'000		350'000	

** Repartitionswerte: A und C: 110%; B: 120%*

Beispiel 8 Verkauf einer Liegenschaft[4]

Eine Person verkauft am 1. Juli 2002 eine im Kanton B gelegene Liegenschaft für Fr. 1'000'000 (Steuerwert: 850'000). Der Käufer übernimmt dabei eine Hypothekarschuld in der Höhe von Fr. 800'000. Am Ende des Steuerjahres besitzt die steuerpflichtige Person Wertschriften in der Höhe von Fr. 400'000. Die Schulden betragen Fr. 50'000.

[4] In den Beispielen 8 bis 13 wird angenommen, der Repartitionswert für die Liegenschaften in den verschiedenen Kantonen betrage 100%.

Ausscheidung der Vermögenswerte zur Bestimmung der steuerbaren Vermögensanteile in jedem beteiligten Kanton und Verteilung der Schuldzinsen

Vermögen am 31.12.2002	Total	Kanton A	Kanton B
Wertschriften	400'000	400'000	
Liegenschaft B:(850'000 / 360 x 180), max. 400'000		(400'000)	400'000
Aktiven	400'000	0	400'000
Anwendbare Prozente für die Ausscheidung des Nettovermögens und der Schuldzinsen	100%	0%	100%

Bemerkung: Wie dieses Beispiel zeigt, kann der Bruttovermögensanteil des Spezialsteuerdomizils, welcher im Verhältnis zur Dauer der Zugehörigkeit vermindert wird, dem Vermögen am Ende der Steuerperiode entsprechen oder grösser sein kann als dieses. In diesem Fall muss der Bruttovermögensanteil des Spezialsteuerdomizils der Höhe des Vermögens am Ende der Steuerperiode angepasst werden. Existieren mehrere Spezialsteuerdomizile und erweist sich der Bruttovermögensanteil des Kantons, in dem die wirtschaftliche Zugehörigkeit beendet wurde, höher als das Bruttovermögen des Hauptsteuerdomizils, so müssen die anderen Domizile den Teil nicht übernehmen, der zu Lasten des Hauptsteuerdomizil geht und dessen Bruttovermögen übersteigt (siehe Beispiel 9). Dieser Teil wird durch den Liegenschaftskanton übernommen.

Steuerbares Vermögen in den Kantonen A und B

Das steuerbare Vermögen am 31.12.2002 beträgt Fr. 350'000. Es wird zwischen den beiden Kantonen wie folgt aufgeteilt:

	Total	Kanton A	Kanton B
	100%		100%
Aktiven	400'000		400'000
Schulden	(50'000)		(50'000)
Steuerbares Vermögen	350'000		350'000

Beispiel 9 Verkauf einer Liegenschaft

Eine Person verkauft am 1. Juli 2002 eine im Kanton B gelegene Liegenschaft im Wert von Fr. 1'000'000 (Steuerwert: 1'000'000). Der Käufer übernimmt eine Hypothek in der Höhe von Fr. 800'000. Am Ende des Jahres besitzt die steuerpflichtige Person Wertschriften in der Höhe von Fr. 400'000. Gleichzeitig ist sie Eigentümerin zweier Grundstücke, die in den Kantonen C (Fr. 100'000) und D (200'000) liegen. Ihre Schulden betragen am 31.12.2002 Fr. 250'000.

Ausscheidung der Vermögenswerte zur Bestimmung der steuerbaren Vermögensanteile in jedem beteiligten Kanton und Verteilung der Schuldzinsen

	Total	Kanton A	Kanton B	Kanton C	Kanton D
Vermögen am 31.12 2002					
Wertschriften	400'000	400'000			
Liegenschaften	300'000			100'000	200'000
Liegenschaft B : Korrektur zu Lasten von A: (1'000'000 / 360 x 180) Korrektur zu Lasten von B (500'000-400'000)		(500'000) 100'000	500'000 (100'000)		
Total	700'000	0	400'000	100'000	200'000
In %	100%	0%	57.14%	14.29%	28.57%

Der Vermögenswert, der dem Kanton B zugeteilt wird und zu Lasten des Wohnsitzkantons A geht, ist höher als dessen Bruttovermögensanteil. Der Überschuss muss von dem Kanton B getragen werden.

Wenn die Korrekturen mehrerer Spezialsteuerdomizile betreffen und die Summe dieser Korrekturen zu Lasten des Wohnsitzkantons höher ist als das diesem Ort zuzurechnende Bruttovermögen, dann muss der Überschuss zwischen den Spezialsteuerdomizilen proportional aufgeteilt werden. Wie das nachfolgende Beispiel zeigt, dürfen die aufgeteilten Aktiven insgesamt nicht höher sein als die Aktiven, die am Ende der Steuerperiode steuerbar sind.

Beispiel:

Ein Steuerpflichtige mit Wohnsitz im Kanton A hat am Ende der Steuerperiode ein bewegliches Vermögen von Fr. 300'000. Am 1. Juli dieser Periode hat er zwei Liegenschaften verkauft. Die eine Liegenschaft (Steuerwert: Fr. 400'000) war im Kanton B, die andere Liegenschaft (Steuerwert: Fr. 500'000) im Kanton C gelegen.

Vermögen am Ende der Steuerperiode	*Total*	*Kanton A*	*Kanton B*	*Kanton C*
Wertschriften	*300'000*	*300'000*		
Liegenschaft im Kanton B : Korrektur zu Lasten des Kantons A: (400'000 / 360 x 180)		*(200'000)*	*200'000*	
Liegenschaft im Kanton C : Korrektur zu Lasten des Kantons A: (500'000 / 360 x 180)		*(250'000)*		*250'000*
Verteilung des Überschusses zu Lasten der Kantone B und C		*150'000*	*(66'666)*	*(83'334)*
Total der Vermögenswerte	*300'000*	*0*	*133'334*	*166'666*

Beispiel 10 Kauf und Verkauf einer Liegenschaft im Verlauf einer Steuerperiode

Eine im Kanton A wohnhafte Person erwirbt am 1. Mai 2002 eine Liegenschaft im Kanton B zum Preis von Fr. 450'000 . Die Liegenschaft wird Ende Oktober zum Preis von Fr. 420'000 weiterverkauft. Zu diesem Zeitpunkt beträgt der Steuerwert Fr. 390'000. Am Ende der Steuerperiode besitzt die steuerpflichtige Person ein Vermögen in der Höhe von Fr. 270'000 (Wertschriften und Sparbuch).

Ausscheidung der Vermögenswerte zur Bestimmung der steuerbaren Vermögensanteile in jedem beteiligten Kanton und Verteilung der Schuldzinsen

Vermögen	Total	Kanton A	Kanton B
Wertschriften und anderes bewegliches Vermögen	270'000	270'000	
Liegenschaft im Kanton B : (390'000 / 360x 180)		(195'000)	195'000
Vermögen für die Ausscheidung	270'000	75'000	195'000
Anwendbare Prozente für die Ausscheidung des Nettovermögens und der Schuldzinsen	100%	27.78%	72.22%

Steuerbares Vermögen in den Kantonen A und B

Am 31.12.2002 beträgt das steuerbare Vermögen der steuerpflichtigen Person Fr. 270'000. Es wird wie folgt unter den Kantonen ausgeschieden:

	Total	Kanton A	Kanton B
	100%	27.78%	72.22%
Steuerbares Vermögen	270'000	75'000	195'000

Beispiel 11 Unterbruch der wirtschaftlichen Zugehörigkeit: Verkauf einer Liegenschaft, kurz danach Kauf einer anderen Liegenschaft

Eine Person wohnt im Kanton A und ist Eigentümerin einer Liegenschaft im Kanton B (Steuerwert Liegenschaft 1: Fr. 300'000). Am 1. Mai 2002 verkauft sie diese zum Preis von Fr. 500'000. Der Erlös wird nach Bezahlung der Grundstückgewinnsteuer reinvestiert. Am 1. Oktober 2002 kauft diese Person ein Mietshaus im Kanton B (Liegenschaft 2). Der Kaufpreis beträgt Fr. 1'000'000. Der Kauf wird durch Eigenkapital (in der Höhe von Fr. 300'000) sowie durch eine Hypothek von Fr. 700'000 finanziert.

Nettovermögen am 31.12.2002:

Wertschriften:	100'000
Liegenschaft 2 (Steuerwert: 1'000'000):	1'000'000
Schulden:	(700'000)
Nettovermögen:	400'000

Ausscheidung der Vermögenswerte zur Bestimmung der steuerbaren Vermögensanteile in jedem beteiligten Kanton und Verteilung der Schuldzinsen

Vermögen am 31.12.2002	Total	Kanton A	Kanton B
Wertschriften	100'000	100'000	
Liegenschaft 2: Korrektur zu Gunsten von A (1'000'000 / 360 x 270)	1'000'000	 750'000	1'000'000 (750'000)
Liegenschaft 1, Steuerwert am 1.5.2002 : 300'000 Korrektur zu Lasten von A : (300'000 / 360 x 120)		(100'000)	100'000
Total Aktiven	1'100'000	750'000	350'000
In %	100%	68.18%	31.82%

Steuerbares Vermögen in den Kantonen A und B

Das Nettovermögen am 31.12.2002 beträgt Fr. 400'000. Es wird zwischen den Kantonen wie folgt ausgeschieden:

	Total	Kanton A	Kanton B
	100%	68.18%	31.82%
Steuerbares Vermögen	400'000	272'720	127'280

33 Beispiele zur unentgeltlichen Übertragung eines Grundstücks

Beispiel 12 Liegenschaftsabtretung durch Erbschaft

Vorbemerkung:
Der Tod einer Person beendigt ihre Steuerpflicht. Gemäss Art. 66 Abs. 1 StHG wird das Vermögen nach dem Stand am Ende der Steuerperiode oder der Steuerpflicht bemessen. Erbt der Steuerpflichtige während der Steuerperiode Vermögen, so wird dieses erst von dem Zeitpunkt an besteuert, in dem es anfällt (Art. 66 Abs. 3 StHG).

Beispiel:

Herr X, wohnhaft im Kanton A, ist Eigentümer einer Liegenschaft im Kanton B. Er stirbt am 30. 9. 2002. Einzige Erbin ist seine Tochter, Frau Y, die im Kanton C in einer selbstgenutzten Liegenschaft wohnt. In den Kantonen A und B wird bei Erbschaften an Nachkommen der ersten Linie keine Erbschaftssteuer erhoben.

Beim Tod liegt folgendes Inventar vor:

Wertschriften:	100'000	
Liegenschaft B:	300'000	(Steuerwert)
Schulden:	(100'000)	

Am Ende des Jahres 2002 setzt sich das Vermögen von Frau Y, das Erbe ihres Vaters miteinbezogen, aus folgenden Elementen zusammen:

Wertschriften:	150'000	
Liegenschaft C:	400'000	(Steuerwert)
Liegenschaft B:	300'000	
Schulden:	(340'000)	
Nettovermögen:	510'000	

Veranlagung von Herrn X (vom 1.1.2002 bis 30.9.2002)

Die Besteuerung von Herrn X endet sowohl im Wohnsitzkanton als im Liegenschaftskanton an seinem Todestag, dem 30.9.2002.

Vermögen am 30.9. 2002	Total	Kanton A	Kanton B
Wertschriften	100'000	100'000	
Liegenschaft	300'000		300'000
Total Bruttovermögen	400'000	100'000	300'000
In %	100%	25%	75%
Schulden	(100'000)	(25'000)	(75'000)
Steuerbares Vermögen für 270 Tage	300'000	75'000	225'000

Die Vermögenssteuer 2002 wird von den Kantonen A und B pro rata temporis (für 270 Tage) erhoben.

Veranlagung von Frau Y (vom 1.1 bis 30.12.2002)

Für die Veranlagung und sowie für die Steuerausscheidung wird der Wert des geerbten Vermögens (Aktiven und Passiven) proportional zur Zeitspanne zwischen dem Todeszeitpunkt und dem Ende der Steuerperiode im Verhältnis zur ganzen Periode gekürzt.

Vermögen au 31.12. 2002	Total	Kanton C	Kanton B
Wertschriften	150'000	150'000	
Liegenschaften	700'000	400'000	300'000
Korrektur Erbschaft per 1.10.			
Wertschriften: (100'000 / 360 x 270*)	(75'000)	(75'000)	
Liegenschaft: (300'000 / 360 x 270)	(225'000)		(225'000)
Total Aktiven	550'000	475'000	75'000
In %	100%	86.36%	13.64%
Schulden: 340'000	(340'000)	(293'624)	(46'376)
Korrektur Erbschaft per 1.10.			
Schulden (100'000 / 360 x 270)*	75'000	64'770	10'230
Steuerbares Vermögen	285'000	246'146	38'854

** Tage ohne Erbschaft*

Beispiel 13 Abtretung einer Liegenschaft durch Schenkung

Vorbemerkung: Art. 66 Abs. 3 StHG findet bei Schenkungen keine Anwendung[5]. Trotzdem muss beachtet werden, dass bei der Schenkung einer Liegenschaft eine interkantonale Doppelbesteuerung auftreten kann, wenn Schenker und Beschenkter in verschiedenen Kantonen wohnen. Die Ausscheidung wird vorgenommen wie wenn eine Veräusserung stattgefunden hätte.

Beispiel:
Herr X wohnt im Kanton A und ist Eigentümer einer Liegenschaft im Kanton B (Steuerwert: 300'000). Am 30. 9. 2002 schenkt er seiner Tochter Frau Y, die im Kanton C wohnt, diese Liegen-

[5] Vergleiche auch BGE vom 23.7.1999, K. Locher, Doppelbesteuerungspraxis, § 10, II, Nr. 27; siehe Walter Jakob/ Dieter Weber, in Kommentar zum Schweizerischen Steuerrecht I/1, Art. 66 StHG N. 2 und 6

schaft. Sie ist mit einer Hypothekarschuld in der Höhe von Fr. 100'000 belastet. Die Kantone A und B erheben keine Schenkungssteuern bei Zuwendungen an direkte Nachkommen.

Am 31.12.2002 hat Herr X das folgende Vermögen:
Wertschriften: 600'000

Das Vermögen von Frau Y setzt sich am 31.12.2002 wie folgt zusammen (die geschenkten Vermögenswerte miteinbezogen):
Wertschriften: 150'000
Liegenschaft C: 400'000
Liegenschaft B: 300'000
Schulden: (340'000)

Besteuerung von Herrn X in der Steuerperiode 2002 in den Kantonen A und B:

Ausscheidung der Vermögenswerte zur Bestimmung der steuerbaren Vermögensanteile in jedem beteiligten Kanton und Verteilung der Schuldzinsen

Vermögen	Total	Kanton A	Kanton B
Wertschriften	600'000	600'000	
Liegenschaft: (300'000 / 360 x 270) Korrektur zu Lasten von A		(225'000)	225'000
Steuerbares Vermögen	600'000	375'000	225'000
In %	100%	62.50%	37.50%

Besteuerung von Frau Y in der Steuerperiode 2002:

Ausscheidung der Vermögenswerte zur Bestimmung der steuerbaren Vermögensanteile in jedem beteiligten Kanton und Verteilung der Schuldzinsen

Vermögen am 31.12. 2002	Total	Kanton C	Kanton B
Wertschriften	150'000	150'000	
Liegenschaft C	400'000	400'000	
Liegenschaft B: 300'000 Korrektur zu Gunsten von C (300'000 / 360 x 270)	300'000	225'000	300'000 (225'000)
Total Vermögenswerte	850'000	775'000	75'000
In %	100%	91.18%	8.82%
Schulden (C: 91.18% und B: 8.82%)	(340'000)	(310'012)	(29'998)
Steuerbares Vermögen	510'000	464'988	45'012

34 Eröffnung, Verlegung und Schliessung eines Geschäftsbetriebes oder einer Betriebsstätte

341 Grundsätze

Artikel 68 Absatz 2 StHG findet Anwendung bei einer wirtschaftlichen Zugehörigkeit auf Grund des Betreibens eines Geschäftes oder einer Betriebsstätte. Die Verlegung eines Geschäftsbetriebes in einen anderen Kanton sowie die Begründung oder Aufgabe einer Betriebsstätte machen es nicht mehr nötig, eine Zwischenbilanz zu erstellen. Hingegen ist bei Begründung oder Aufgabe eines Geschätsbetriebes eine Eröffnungs- bzw. Liquidationsbilanz zu erstellen. In diesem Zusammenhang muss Art. 66 Abs. 2 StHG erwähnt werden. Er sieht vor, dass „sich für Steuerpflichtige mit selbständiger Erwerbstätigkeit und Geschäftsjahren, die nicht mit dem Kalenderjahr übereinstimmen, das steuerbare Geschäftsvermögen nach dem Eigenkapital am Ende des in der Steuerperiode abgeschlossenen Geschäftsjahres bestimmt".

Im Falle einer Eröffnung oder Schliessung einer Betriebsstätte können Aktiven oder Passiven von dieser Betriebsstätte in andere Steuerdomizile des Unternehmens (Sitz oder weitere Betriebsstätten) überführt werden. Zur Vereinfachung werden diese Überführungen im Allgemeinen bei der Korrektur auf Grund der kürzeren Dauer der Zugehörigkeit zum Domizil einer Betriebsstätte, die im Laufe der Steuerperiode begründet oder aufgehoben wird, nicht berücksichtigt. Die Korrektur wird zu Gunsten oder zu Lasten des Sitzkantons des Geschäftsbetriebes (bei Eröffnung oder Schliessung einer Betriebsstätte) oder des Wohnsitzkantons (bei Eröffnung oder Schliessung eines Geschäftsbetriebes) vorgenommen.

342 Beispiele

Beispiel 14	Eröffnung eines Geschäftsbetriebes

Eine im Kanton A wohnhafte Person eröffnet am 1.10.2002 ein Geschäft im Kanton B. Das erste Geschäftsjahr wird am 30.9.2003 abgeschlossen.

Elemente des Privat- sowie des Geschäftsvermögens:

Privatvermögen	31.12.2002
Steuerwert der Liegenschaft (Kanton A):	250'000
Wertschriften:	100'000
Schulden:	(200'000)

Geschäftsvermögen:

Eröffnungsbilanz des Geschäftes am 1.10.2002	
Banken:	20'000
Geschäftsinventar am 1.10.2002:	60'000
Kassa:	20'000
Bankkredit:	(40'000)

Geschäftsbilanz am 30.9.2003 (Ende des ersten Geschäftsjahres)

Banken:	15'000
Debitoren:	10'000
Geschäftsinventar:	65'000
Geschäftskredit:	(30'000)
Nettogewinn vom1.10.2002 bis 30.9.2003:	120'000

Einkünfte des Jahres 2002

Nettolohn vom 1.1. bis 30.9.2002:	90'000
Eigenmietwert:	15'000
Wertschriftenertrag:	3'500
Hypothekarzinsen:	(8'500)
Liegenschaftsunterhalt:	(3'000)
Berufsauslagen:	(6'000)

Ausscheidung der Vermögenswerte zur Bestimmung der steuerbaren Vermögensanteile in jedem beteiligten Kanton und Verteilung der Schuldzinsen

Vermögen am 31.12. 2002	Total	Kanton A	Kanton B
Liegenschaft, Steuerwert 250'000, Repartitionswert des Kantons A : 120%	300'000	300'000	
Wertschriften	100'000	100'000	
Geschäftsvermögen (1.10.2002) Korrektur zu Gunsten von A : (100'000 / 360 x 270)	100'000	75'000	100'000 (75'000)
Total Vermögenswerte	500'000	475'000	25'000
In %	100%	95%	5%

Steuerbares Vermögen in den Kantonen A und B am 31.12. 2002*

	Total	Kanton A	Kanton B
Total Vermögenswerte	500'000	475'000	25'000
In %	100%	95%	5%
Schulden	(240'000)	(228'000)	(12'000)
Nettovermögen	260'000	247'000	13'000
Differenz auf der Liegenschaftssteurwert: (300'000 / 120 x 20)	(50'000)	(50'000)	
Steuerbares Vermögen	210'000	197'000	13'000

* *Repartitionswerte* für die Kantone A und B: 120%.

Nettoeinkommen in den Kantonen A und B

Einkommen 2002	Total	Kanton A	Kanton B
Nettoliegenschaftsertrag	12'000	12'000	
Nettowertschriftenertrag	3'500	3'500	
Nettovermögensertrag	15'500	15'500	
Schuldzinsen, 1. Ausscheidung	(8'500)	(8'075)	(425)
Schuldzinsen, 2. Ausscheidung		(425)	425
Nettolohn	90'000	90'000	
Berufsauslagen	(6'000)	(6'000)	
Einkommen aus selbständiger Erwerbstätigkeit	0		0
Nettoeinkommen	91'000	91'000	0

Beispiel 15 Überführung eines Geschäftsbetriebes in einen anderen Kanton

Eine im Kanton A wohnhafte Person betreibt ein Geschäft im Kanton B. Am 1. Juli 2002 überführt sie dieses Geschäft vom Kanton B in den Kanton C. Im Jahr 2002 beträgt das Einkommen aus selbständiger Erwerbstätigkeit Fr. 120'000 (unter Berücksichtigung von geschäftlichen Schuldzinsen in der Höhe von Fr. 2'000).

Elemente des Privat- sowie des Geschäftsvermögens

Privatvermögen	31.12.2002
Steuerwert der Liegenschaft:	250'000
Wertschriften:	100'000
Schulden:	(200'000)

Geschäftsvermögen:

Geschäftsbilanz im Kanton C	31.12.2002
Bank	15'000
Debitoren	10'000
Inventar Geschäftsaktiven	65'000
Geschäftskredit	(30'000)

Einkünfte 2002

Nettoeinkommen aus selbständiger Erwerbstätigkeit:	120'000
Eigenmietwert:	15'000
Wertschriftenertrag:	3'500
Private Schuldzinsen:	(8'500)
Privater Liegenschaftsunterhalt:	(3'000)

Ausscheidung der Vermögenswerte zur Bestimmung der steuerbaren Vermögensanteile in jedem beteiligten Kanton und Verteilung der Schuldzinsen

Vermögen am 31.12.2002	Total	Kanton A	Kanton B	Kanton C
Liegenschaft, Steuerwert 250'000, Repartitionswert Kanton A : 120%	300'000	300'000		
Wertschriften	100'000	100'000		
Geschäftsaktiven (31.12.2002)	90'000			90'000
Korrektur zu Gunsten des Kantons A (90'000 / 360 x 180)*		45'000		(45'000)
Korrektur zu Lasten des Kantons A und zu Gunsten des Kantons B (90'000 / 360 x 180)*		(45'000)	45'000	
Total Vermögen	490'000	400'000	45'000	45'000
In %	100%	81.64%	9.18%	9.18%

**Die Geschäftaktiven können auch nach Massgabe der Dauer der Anknüpfung direkt den Kantonen B und C zugeschieden werden.*

Steuerbares Vermögen in den Kantonen A, B und C*

	Total	Kanton A	Kanton B	Kanton C
Total Aktiven	490'000	400'000	45'000	45'000
In %	100%	81.64%	9.18%	9.18%
Schulden	(230'000)	(187'772)	(21'114)	(21'114)
Differenz auf der Liegenschaft (300'000/120x20)	(50'000)	(50'000)		
Steuerbares Vermögen	210'000	162'228	23'886	23'886

**Repartitionswert für die Kantone A,B und C : 120%*

Nettoeinkommen in den Kantonen A, B und C

Einkommen 2002	Total	Kanton A	Kanton B	Kanton C
Nettoliegenschaftsertrag	12'000	12'000		
Nettowertschriftenertrag	3'500	3'500		
Zinsen auf investiertem Kapital in der Höhe von 60'000, (Zinsfuss 5%)*	3'000		1'500	1'500
Netto Vermögensertrag	18'500	15'500	1'500	1'500
Private und geschäftliche Schuldzinsen: 8'500 + 2000	(10'500)	8'572	964	964
In %	*100%*	*81.64%*	*9.18%*	*9.18%*
Nettovermögensertrag nach Abzug der Schuldzinsen	8'000	6'928	536	536
Einkommen aus selbständiger Erwerbstätigkeit: 120'000 – 3000 + 2000	119'000		59'500	59'500
Nettoeinkommen	127'000	6'928	60'036	60'036

** In diesem Beispiel und auch in den anderen folgenden Beispielen wird der Zins zum Satz von 5% des investierten Eigenkapitals berechnet. Dies entspricht der Praxis des Bundesgerichts (cf. P. Locher, Einführung in das interkantonale Steuerrecht, S.102,*

§ 10.III.3.b und S. 114, § 11.III.2). Einige Kantone verfolgen eine andere Praxis, die sich auf einen Teil der Doktrin stützt (Höhn/Mäusli, Interkantonales Steuerrecht, 4. Auflage., S. 309, § 22, Nr. 12 und f.).

Beispiel 16 Schliessung eines Geschäftsbetriebes

Eine natürliche Person mit Wohnsitz im Kanton A betreibt ein Geschäft im Kanton B. Sie übergibt dieses am 31. Oktober 2002 ihrem Nachfolger.

Elemente des Privat- sowie des Geschäftsvermögens

Privatvermögen	31.12.2002
Steuerwert der Liegenschaft (Kanton A)	250'000
Wertschriften	400'000
Private Schulden	(200'000)

Geschäftsvermögen:

Übergabebilanz des Geschäftes vom 31.10.2002

Bank:	15'000
Debitoren:	10'000
Geschäftsinventar:	200'000
Geschäftskredit:	(30'000)

Einkünfte 2002

Renten:	30'000
Eigenmietwert:	15'000
Wertschriftenertrag:	3'500
Einkommen aus selbständiger Erwerbstätigkeit gemäss Geschäftsabschluss 2002 (vom 1.1. bis 31.10), beinhaltet auch den Liquidationsgewinn, nach Abzug der geschäftlichen Schuldzinsen von 4'200	250'000
Private Schuldzinsen:	(8'500)
Liegenschaftsunterhalt:	(3'000)

Ausscheidung der Vermögenswerte zur Bestimmung der steuerbaren Vermögensanteile in jedem beteiligten Kanton und Verteilung der Schuldzinsen

Vermögen am 31.12. 2002	Total	Kanton A	Kanton B
Liegenschaft Steuerwert 250'000, Repartitionswert des Kantons A : 120%	300'000	300'000	
Wertschriften	400'000	400'000	
Geschäftsvermögen : Korrektur zu Lasten von A : (225'000 / 360 x 300)		(187'500)	187'500
Total Vermögen	700'000	512'500	187'500
In %	100%	73.21%	26.79%

Steuerbares Vermögen in den Kantonen A und B

	Total	Kanton A	Kanton B
Bruttovermögen	700'000	512'500	187'500
Schulden	(200'000)	(146'420)	(53'580)
Nettovermögen	500'000	366'080	133'920
Differenz auf der Liegenschaft*	(50'000)	(50'000)	
Steuerbares Vermögen	450'000	316'080	133'920

* *Der Repartitionswert für die Kantone A und B beträgt 120%.*

Nettoeinkünfte in den Kantonen A und B

Einkommen 2002	Total	Kanton A	Kanton B
Nettoliegenschaftsertrag	12'000	12'000	
Nettowertschriftenertrag	3'500	3'500	
Zinsen auf investiertem Kapital von 195'000 (Zinsfuss 5%)*	8'125		8'125
Vermögensertrag	23'625	15'500	8'125
Private und geschäftliche Schuldzinsen : 8500 + 4'200 = 12'700	(12'700)	(9'297)	(3'403)
Nettovermögensertrag	10'925	6'203	4'722
Renten	30'000	30'000	
Einkommen aus selbständiger Erwerbstätigkeit: 250'000 – 8'125 + 4'200	246'075		246'075
Nettoeinkommen	287'000	36'203	250'797

**entsprechend der Dauer des Betriebes: 9'750 / 360 x 300 = 8'125*

Beispiel 17 Überführung einer Einzelfirma in eine GmbH

Eine Person mit Wohnsitz im Kanton A betreibt eine Einzelfirma im Kanton B. Am 1. Juli 2002 überführt sie diese Einzelfirma in eine Gesellschaft mit beschränkter Haftung (GmbH).

Elemente des Privat- und Geschäftsvermögens

Privatvermögen	31.12.2002
Private Liegenschaft, Steuerwert:	250'000
Wertschriften:	120'000
Beteiligung an der GmbH:	60'000
Private Schulden:	(200'000)

Geschäftsvermögen

Bilanz der Einzelfirma	30.6.2001	30.6.2002
Banken:	5'000	15'000
Debitoren:	25'000	10'000
Inventar des Geschäftsvermögens:	60'000	85'000
Geschäftskredit:	(40'000)	(50'000)

Einkünfte des Jahres 2002

Nettogewinn 1.7.2001-30.6.2002, nach Abzug der geschäftlichen Schuldzinsen von 3'500:	120'000
Lohn 1.7.2002-31.12.2002:	60'000
Eigenmietwert:	15'000
Wertschriftenertrag:	3'500
Private Schuldzinsen:	(8'500)
Liegenschaftsunterhalt:	(3'000)
Berufsauslagen:	(4'000)

Ausscheidung der Vermögenswerte zur Bestimmung der steuerbaren Vermögensanteile in jedem beteiligten Kanton und Verteilung der Schuldzinsen

	Total	Kanton A	Kanton B
Private Liegenschaft	250'000	250'000	
Wertschriften	120'000	120'000	
Beteiligung an der GmbH	60'000	60'000	
Geschäftsaktiven der Einzelfirma. Korrektur zu Gunsten von B: (110'000 / 360 x 180)		(55'000)	55'000
Total	430'000	375'000	55'000
In %	100%	87.21%	12.79%

Steuerbares Vermögen in den Kantonen A und B

Steuerbares Vermögen am 31.12.2002	Total	Kanton A 87.21%	Kanton B 12.79%
Liegenschaft	250'000	250'000	
Wertschriften	120'000	120'000	
Beteiligung an der GmbH	60'000	60'000	
Einzelfirma B		(55'000)	55'000
Total	430'000	375'000	55'000
Schulden	(200'000)	(174'420)	(25'580)
Steuerbares Vermögen	230'000	200'580	29'420

Nettoeinkünfte in den Kantonen A und B

	Total	Kanton A	Kanton B
Eigenmietwert	15'000	15'000	
Wertschriftenertrag	3'500	3'500	
Zinsen auf investiertem Kapital: 60'000 x 5%	3'000		3'000
Liegenschaftsunterhalt	(3'000)	(3'000)	
Zinsen auf privaten und geschäftlichen Schulden: 8500 + 3'500 = 12'000	(12'000)	(10'465)	(1'535)

Einkommen aus selbständiger Erwerbstätigkeit: 120'000 – 3'000 + 3'500	120'500		120'500
Lohn	60'000	60'000	
Berufsauslagen	(4'000)	(4'000)	
Nettoeinkommen	183'000	61'035	121'965

35 Änderung des Grundes der Zugehörigkeit im gleichen Kanton

351 Grundsätze

Eine natürliche Person, die innerhalb der Schweiz ihren Wohnsitz verlegt, kann im Verlaufe der selben Steuerperiode im Wegzugskanton die wirtschaftliche Zugehörigkeit beibehalten oder begründen. Diesfalls ist sie in diesem Kanton für die ganze Periode beschränkt steuerpflichtig.

Eine Person, die ihren Wohnsitz in einem Kanton verlegt, in dem sie bis anhin kraft wirtschaftlicher Zugehörigkeit beschränkt steuerpflichtig war, wird für die ganze Periode im Zuzugskanton unbeschränkt steuerpflichtig.

Zudem kann die Natur der wirtschaftlichen Zugehörigkeit zu einem Kanton im Verlauf der Steuerperiode wechseln. Auch können der Umfang sowie die Natur der Ursache der wirtschaftlichen Zugehörigkeit im selben Kanton ändern. Diese verschiedenartigen Mutationen werden durch Art. 68 Abs. 2 StHG berücksichtigt.

352 Beispiele

Beispiel 18 Wechsel des Wohnsitzes unter Beibehaltung der wirtschaftlichen Zugehörigkeit

Herr und Frau T wohnen im Kanton A in einer Liegenschaft, deren Eigentümer sie sind. Am 30. April des Jahres N wechseln sie ihren Wohnsitz in den Kanton B. Sie behalten ihre Liegenschaft im Kanton A.

In der Steuerperiode N wird das Ehepaar T durch den Kanton B besteuert (Wohnsitz am Ende der Steuerperiode). Dieser muss eine interkantonale Steuerausscheidung zu Gunsten von A (Liegenschaftskanton) vornehmen. Der Kanton A besteuert das Ehepaar T als Grundeigentümer (beschränkte Steuerpflicht auf Grund der Liegenschaft).

Beispiel 19 Wechsel des Wohnsitzes unter Beibehaltung der wirtschaftlichen Zugehörigkeit

Frau V ist Ärztin und wohnt im Kanton A. Sie betreibt ihre Praxis im selben Kanton.
Am 30. Juni 2002 wechselt sie ihren Wohnsitz in den Kanton B, behält jedoch ihre Praxis im Kanton A.

Der Kanton B veranlagt die Einkommens- und Vermögenssteuern der Steuerperiode 2002. Er nimmt eine interkantonale Ausscheidung zu Gunsten des Kantons A, dem Geschäftsort der selbständigen Erwerbstätigkeit, vor. Der Kanton A kann Frau V für die Steuerperiode 2002 als beschränkt Steuerpflichtige besteuern.

Vermögen am 31.12. 2002:

Wertschriften:	50'000
Geschäftsaktiven:	250'000
Geschäftsschulden:	(180'000)

Einkünfte 2002:

Wertschriftenertrag:	2'000
Einkünfte aus selbständiger Erwerbstätigkeit, nach Abzug der geschäftlichen Schuldzinsen von 9'000:	120'000

Ausscheidung der Vermögenswerte zur Bestimmung der steuerbaren Vermögensanteile in jedem beteiligten Kanton und Verteilung der Schuldzinsen

	Total	Kanton B	Kanton A
Wertschriften	50'000	50'000	
Geschäftsaktiven	250'000		250'000
Total	300'000	50'000	250'000
In %	100%	16.67%	83.33%
Schulden	(180'000)	(30'000)	(150'000)
Steuerbares Vermögen	120'000	20'000	100'000

Nettoeinkommen in den Kantonen A und B

	Total	Kanton B	Kanton A
Wertschriftenertrag	2'000	2'000	
Zinsen auf investiertem Kapital : 5% von 70'000	3'500		3'500
Schuldzinsen: 9'000 1. Ausscheidung 2. Ausscheidung	 (9'000) 	 (1'500) (500)	 (7'500) 500
Netto Vermögensertrag	(3'500)	0	(3'500)
Einkommen aus selbständiger Erwerbstätigkeit: 120'000 –3'500 + 9000	125'500		125'500
Nettoeinkommen	122'000	0	122'000

Beispiel 20 Wechsel des Wohnsitzes und Aufgabe einer wirtschaftlichen Zugehörigkeit

Herr und Frau T wohnen im Kanton A in einer Liegenschaft, deren Eigentümer sie sind (Steuerwert Fr. 300'000). Am 30. April des Jahres N wechseln sie ihren Wohnsitz in den Kanton B. Sie verkaufen per Wegzugsdatum ihre Liegenschaft im Kanton A.

In der Steuerperiode N begründet das Ehepaar T im Kanton B eine unbeschränkte Steuerpflicht. Gleichzeitig begründen sie im Kanton A für das Wegzugsjahr auf Grund ihres Liegenschaftsbesitzes bis Ende Jahr eine beschränkte Steuerpflicht, obwohl die Liegenschaft verkauft wurde.

Steuerbares Vermögen in den Kantonen A und B

Vermögen am 31.12.N	Total	Kanton B	Kanton A
Wertschriften	400'000	400'000	
Liegenschaft A: Korrektur zu Lasten B (300'000 / 360 x 120)		(100'000)	100'000
Total	400'000	300'000	100'000
In %	100%	75%	25%

Beispiel 21 Wechsel des Wohnsitzes in einen Kanton, in dem bereits eine wirtschaftliche Zugehörigkeit besteht

Herr X wohnt im Kanton A und betreibt eine Einzelfirma, einen Kolonialwarenladen, im Kanton B. Am 31. März des Jahres N wechselt er seinen Wohnsitz vom Kanton A in den Kanton B.

In der Steuerperiode N wird Herr X ausschliesslich durch den Kanton B besteuert.

Beispiel 22 Zuteilung einer Anlageliegenschaft zum Betrieb einer Einzelfirma

Herr X wohnt im Kanton A, wo er ein Geschäft betreibt. Er ist Eigentümer eines Mietshauses im Kanton B. Am 1. Juli 2002 eröffnet er in dieser Liegenschaft eine Betriebsstätte.

Elemente des Privat- sowie des Geschäftsvermögen

Privatvermögen:	am 31.12.2002
Wertschriften:	200'000
Villa im Kanton A, Steuerwert :	500'000
Private Schulden:	(350'000)
Geschäftsvermögen	am 31.12.2002
Geschäftsaktiven:	300'000
Liegenschaft B, Steuerwert:	700'000
Geschäftsschulden:	(500'000)

Einkünfte 2002

Nettoeinkommen aus selbständiger Erwerbstätigkeit*:	165'000
Wertschriftenertrag	8'000
Private Schuldzinsen	(17'500)

**Das Nettoeinkommen aus selbständiger Erwerbstätigkeit beinhaltet den Liegenschaftsertrag im Kanton B, vom 1.1. bis 30.6. 2002, in der Höhe von Fr. 25'000. In den Aufwendungen befinden sich ebenfalls Fr. 4'000 als Liegenschaftsunterhalt und -verwaltungskosten für die Zeitspanne vom 1.1. bis 30. 6. Die geschäftlichen Schuldzinsen betragen Fr. 25'000 und werden dem Geschäftsergebnis angelastet.*

Ausscheidung der Vermögenswerte zur Bestimmung der steuerbaren Vermögensanteile in jedem beteiligten Kanton und Verteilung der Schuldzinsen

	Total	Kanton A	Kanton B
Wertschriften	200'000	200'000	
Villa (Kanton A)	500'000	500'000	
Geschäftsaktiven Nach Standort Mobilien:			
Kanton A	200'000	200'000	
Kanton B :	100'000		100'000
Korrektur zu Gunsten von A: (100'000 / 360 x 180)		50'000	(50'000)
Immobilien	700'000		700'000
Total	1'700'000	950'000	750'000
In %	100%	55.88%	44.12%

Steuerbares Vermögen in den Kantonen A und B

	Total	Kanton A : 55.88%	Kanton B : 44.12%
Brutto Privatvermögen	700'000	700'000	
Geschäftsvermögen	1'000'000	250'000	750'000
Total	1'700'000	950'000	750'000
Private und Geschäftsschulden	(850'000)	(474'980)	(375'020)
Steuerbares Vermögen	850'000	475'020	374'980

Nettoeinkommen in den Kantonen A und B

	Total	Kanton A	Kanton B
Wertschriftenertrag	8'000	8'000	
Ertrag Immobilien	25'000		25'000
Zins auf investiertem Kapital *	25'000*	6'250	18'750
Liegenschafts-unterhalt	(4'000)		(4'000)
Schuldzinsen 1. Ausscheidung	(42'500)	(23'749)	(18'751)
Schuldzinsen 2. Ausscheidung		9'499	(9'499)
Nettovermögensertrag	11'500	0	11'500
Einkommen aus selbständiger Erwerbstätigkeit** :	144'000	108'500	36'000
Nettoeinkommen	155'500	108'500	47'500

** Der Zins auf dem investierten Kapital entspricht 5% des Eigenkapitals von Fr. 500'000 am Ende der Steuerperiode. Dieser Zins wird zwischen den Kantonen A und B im Verhältnis der Geschäftsaktiven aufgeteilt. Dabei wird vernachlässigt, dass die Liegenschaft während eines Teils des Jahres eine Anlageliegenschaft war. Eine andere Lösung wäre denkbar. Mit der hier vorgeschlagenen Lösung wird dem Anliegen nach Vereinfachung Rechnung getragen.*

***Das Einkommen aus selbständiger Erwerbstätigkeit setzt sich wie folgt zusammen:*

Gewinn gemäss Geschäftsergebnis	*165'000*
./. Liegenschaftsertrag B (vom 1.1. bis 30.6)	*(25'000)*
+ Liegenschaftsunterhalt B (vom 1.1. bis 30. 6)	*4'000*
./. Ertrag aus investiertem Kapital	*(25'000)*
+ Schuldzinsen des Geschäfts	*25'000*
Einkommen aus selbständiger. Erwerbstätigkeit auszuscheiden zwischen A und B	*144'000*

***Annahme: Das Einkommen aus selbständiger Erwerbstätigkeit wird zu 75% dem Sitzkanton, zu 25% dem Betriebsstättenkanton zugewiesen.*

4 Inkraftsetzung

Das vorliegende Kreisschreiben ist ab der Steuerperiode 2001 im Rahmen des Systems der Postnumerandobesteuerung anzuwenden.

Die interkantonale Ausscheidung bei Änderungen der Steuerpflicht während der Steuerperiode im System der einjährigen Postnumerando-besteuerung mit Gegenwartsbemessung (Juristische Personen)

Kreisschreiben vom 27. November 2001

1 Allgemeines

Dieses Kreisschreiben behandelt verschiedene Fragen im Zusammenhang mit der interkantonalen Steuerausscheidung der Steuerfaktoren von juristischen Personen im System der einjährigen Gegenwartsbesteuerung. Es veranschaulicht die Anwendung des am 1. Januar 2001 in Kraft getretenen Art. 22 StHG. Unter Berücksichtigung der vom Bundesgericht festgelegten Kollisionsnormen in Bezug auf die interkantonale Doppelbesteuerung werden die nachfolgenden Grundsätze als anwendbar betrachtet:

- Als interkantonale Unternehmung gilt eine Unternehmung, die mit verschiedenen Kantonen in Beziehung steht, weil sie auf deren Gebiet ihren Sitz, die tatsächliche Verwaltung oder eine Betriebsstätte errichtet.

- Die interkantonale Unternehmung muss als eine Einheit betrachtet werden; jeder Kanton kann nur einen Teil der steuerbaren Elemente (Kapital und Gewinn) besteuern. Die Summe der Anteile darf grundsätzlich nicht mehr als 100 % betragen.

- Die Methoden für die Ermittlung der Quoten sind diejenigen, welche durch das Bundesgericht festgelegt wurden. Entweder werden getrennte Buchhaltungen für den Sitz und die Betriebsstätten erstellt (direkte Methode), oder es wird auf den Umsatz, die Produktionsfaktoren oder andere Kriterien abgestellt (indirekte Methode).

• Für die Festlegung der Quoten der Gewinnausscheidung sind die Angaben der Bemessungsperiode massgebend. Für die juristischen Personen entspricht die Bemessungsperiode im Postnumerandosystem dem Geschäftsjahr und der Steuerperiode.

• Ein Unternehmen hat keine Betriebsstätte in einem Kanton, wenn es in diesem Kanton nur für eine Anlageliegenschaft steuerpflichtig ist.

2 Artikel 22 StHG

Artikel 22 StHG, der am 1. Januar 2001 in Kraft getreten ist, lautet wie folgt:

Art. 22 Wechsel der Steuerpflicht

1 Verlegt eine juristische Person während einer Steuerperiode ihren Sitz oder die tatsächliche Verwaltung von einem Kanton in einen anderen Kanton, so ist sie in den beteiligten Kantonen für die gesamte Steuerperiode steuerpflichtig. Veranlagungsbehörde im Sinne des Artikels 39 Absatz 2 ist diejenige des Kantons des Sitzes oder der tatsächlichen Verwaltung am Ende der Steuerperiode.

2 Eine Steuerpflicht auf Grund wirtschaftlicher Zugehörigkeit im Sinne von Artikel 21 Absatz 1 in einem anderen Kanton als demjenigen des Sitzes oder der tatsächlichen Verwaltung besteht für die gesamte Steuerperiode, auch wenn sie während der Steuerperiode begründet, verändert oder aufgehoben wird.

3 Der Gewinn und das Kapital werden zwischen den beteiligten Kantonen in sinngemässer Anwendung der Grundsätze des Bundesrechts über das Verbot der interkantonalen Doppelbesteuerung ausgeschieden.

Nach der bundesgerichtlichen Rechtsprechung über das Verbot der interkantonalen Doppelbesteuerung zieht eine Veränderung der persönlichen oder wirtschaftlichen Zugehörigkeit eine Änderung der Steuerpflicht nach sich. Aus diesem Grund hat die Unternehmung im Prinzip anlässlich jeder Veränderung im interkantonalen Verhältnis eine Zwischenbilanz zu erstellen. In den Abs. 1 und 2 von Art. 22 StHG werden diese Regeln des interkantonalen Steuerrechts näher beschrieben. Das System der gebrochenen Steuerperioden wurde zugunsten der Einheit dieser Perioden aufgegeben, und der Beginn und das Ende der Steuerpflicht in einem Kanton decken sich nicht mehr zwangsläufig mit der persönlichen oder wirtschaftlichen Zugehörigkeit in diesem Kanton. Aus diesen Gründen müssen die Regeln des Verbotes über die interkantonale Doppelbesteuerung an das neue Recht angepasst werden, welches aus Art. 22 StHG hervorgeht, und sind somit „sinngemäss“ anwendbar.

3 Die Auswirkungen der Sitzverlegung oder der tatsächlichen Verwaltung während der Steuerperiode

31 Grundsatz

Die Verlegung des Sitzes oder der tatsächlichen Verwaltung einer juristischen Person innerhalb der Schweiz zieht keine Aufteilung der Steuerperiode, während der die Verlegung vollzogen wird, nach sich. Das Prinzip der Einheit der Steuerperiode wird also aufrechterhalten. Die juristische Person ist während der ganzenSteuerperiode in den betreffenden Kantonen der Steuerpflicht unterworfen.

Bei Verlegung des Sitzes oder der tatsächlichen Verwaltung während der Steuerperiode liefert der Kanton, in welchem die Gesellschaft am Ende der Steuerperiode ihren Sitz hat, den anderen Kantonen die Daten nach Art. 39 Abs. 2 StHG, sofern in mehreren Kantonen eine Steuerpflicht besteht.

Im System der Postnumerando-Besteuerung bemisst sich das steuerbare Kapital nach dem Stand am Ende der Steuerperiode (vgl. Art. 31 Abs. 4 StHG. Im Übrigen erfolgt der Bezug der Kapitalsteuer bei über- oder unterjähriger Steuerpflicht pro rata temporis.

Mit dem Prinzip der Einheit der Steuerperiode wird der Gewinn einer Periode, in deren Verlauf eine Verlegung stattfand, nicht aufgeteilt, sondern als Ganzes behandelt. Sowohl der Wegzugs- wir der Zuzugskanton veranlagen einen Teil des gesamten Gewinnes der Periode. Die Festlegung dieses Teils bestimmt sich nach den Umständen und der Natur der Unternehmung. Im Allgemeinen und aus Gründen der Vereinfachung kann die Ausscheidung nach der Dauer der persönlichen Zugehörigkeit der Unternehmung in jedem der Kantone für die entsprechende Steuerperiode vorgenommen werden. Gegebenenfalls kann bei der Ausscheidung des Gesamtergebnisses der Steuerperiode der Erzielung von ausserordentlichen Gewinnen oder Verlusten, welche mit der Sitzverlegung zusammenhängen, Rechnung getragen werden.

32 Beispiele

Beispiel 1 Sitzverlegung

Die X AG hat ihren Sitz im Kanton A. Der Jahresabschluss wird auf den 30. Juni erstellt. Am 1. Januar 2002 verlegt die X AG Ihren Sitz in den Kanton B. Die frühere Geschäftstätigkeit erfährt in diesem Kanton keine nennenswerten Änderungen. Der steuerbare Gesamtgewinn für das Geschäftsjahr 2001/2002 (Steuerperiode 2002) beläuft sich nach der Gesetzgebung des Kantons A auf Fr. 58'000, nach derjenigen des Kantons B auf Fr. 60'000. Für die Steuerperiode 2002 beträgt das steuerbare Kapital nach der Gesetzgebung des Kantons A Fr. 180'000, nach derjenigen des Kantons B Fr. 200'000.

Kanton A: Steuerperiode 2002 (vom 1.7.2001 bis 30.6.2002)

Nettogewinn gemäss Erfolgsrechnung	58'000
Steuerbarer Reingewinn (58'000 / 360 x 180) (Quote von 50%)	29'000
Gesamtkapital	180'000
Steuerbares Kapital (180'000 / 360 x 180) (Quote von 50%)	90'000

Kanton B: Steuerperiode 2002 (vom 1.7.2001 bis 30.6.2002)

Nettogewinn gemäss Erfolgrechnung	60’000
Steuerbarer Reingewinn (60'000 / 360 x 180) (Quote von 50%)	30'000
Gesamtkapital	200'000
Steuerbares Kapital (200'000 / 360 x 180) (Quote von 50%)	100'000

Beispiel 2 Berücksichtigung ausserordentlicher Erträge

Die X AG hat ihren Sitz im Kanton A. Der Jahresabschluss wird auf den 30. Juni erstellt. Am 1. Januar 2002 verlegt die X AG Ihren Sitz in den Kanton B. Die frühere Geschäftstätigkeit erfährt in diesem Kanton keine nennenswerten Änderungen. Der steuerbare Gesamtgewinn für das Geschäftsjahr 2001/2002 (Steuerperiode 2002) beläuft sich nach der Gesetzgebung des Kantons A auf Fr. 58'000, nach derjenigen des Kantons B auf CHF 60'000. Dieser Gewinn beinhaltet einen ausserordentlichen Ertrag von Fr. 30'000. Dieser stammt aus der Veräusserung von beweglichen Aktiven zum Zeitpunkt des Wegzugs vom Kanton A in den Kanton B. Dieser ausserordentliche Gewinn wird prioritär dem Kanton A zugeteilt.

Kanton A: Steuerperiode 2002 (vom 1.7. 2001 bis 30.6 2002)

Nettogewinn gemäss Erfolgsrechnung	58'000
Steuerbarer Reingewinn: 30'000 + [(58'000-30'000): 360 x 180]	44'000

Kanton B: Steuerperiode 2002 (vom 1.7.2001 bis 30.6.2002)

Nettogewinn gemäss Erfolgsrechnung	60'000
Steuerbarer Reingewinn: (60'000-30'000): 360 x 180	15'000

Beispiel 3 Berücksichtigung eines ausserordentlichen Verlustes

Die X AG hat ihren Sitz im Kanton A. Der Jahresabschluss wird auf den 30. Juni erstellt. Am 1. Januar 2002 verlegt die X AG Ihren Sitz in den Kanton B. Die frühere Geschäftstätigkeit erfährt in diesem Kanton keine nennenswerten Änderungen. Der Gesamtgewinn für das Geschäftsjahr 2001/2002 (Steuerperiode 2002) beläuft sich nach der Gesetzgebung des Kantons A auf Fr. 58'000, nach derjenigen des Kantons B auf Fr. 60'000. Das Unternehmen hat bei der Sitzverlegung bewegliche Aktiven veräussert und dabei einen Verlust von Fr. 40'000 erlitten. Dieser ausserordentliche Verlust wird prioritär dem Kanton A zugeteilt.

Kanton A: Steuerperiode 2002 (vom 1.7.2001 bis 30.6.2002)

Nettogewinn gemäss Erfolgsrechnung	58'000
Steuerbarer Reingewinn: [(58'000+40'000): 360 x 180] – 40'000	9'000

Kanton B: Steuerperiode 2002 (vom 1.7.2001 bis 30.6.2002)

Nettogewinn gemäss Erfolgsrechnung	60'000
Steuerbarer Reingewinn: (60'000+40'000): 360 x 180	50'000

4 Die Auswirkungen bei der Änderung der wirtschaftlichen Zugehörigkeit während der Steuerperiode

41 Allgemeines

Die Steuerpflicht, die in einem anderen Kanton als dem Sitzkanton oder dem Kanton der tatsächlichen Verwaltung auf Grund wirtschaftlicher Zugehörigkeit im Sinne von Artikel 21 Absatz 1 StHG (Betriebsstätte oder Kapitalanlageliegenschaft) besteht, bleibt selbst dann für die ganze Steuerperiode erhalten, wenn die Dauer der wirtschaftlichen Zugehörigkeit kürzer als die Dauer der Steuerperiode ist. Die Begründung, Änderung oder Aufgabe der wirtschaftlichen Zugehörigkeit während einer Steuerperiode bricht diese nicht. Der Grundsatz der Einheit der Steuerperiode ist im Sitzkanton wie im Kanton mit der wirtschaftlichen Zugehörigkeit anwendbar. In der Botschaft vom 24. Mai 2000 (BBI **2000** 3898) zur Koordination und Vereinfachung der Veranlagungsverfahren für die direkten Steuern im interkantonalen Verhältnis, die besonders Art. 22 StHG betraf, ist im Fall der Änderung der wirtschaftlichen Zugehörigkeit während der Steuerpflicht folgendes festgehalten: „Der Kapitalanteil, der dem Kanton des Nebensteuerdomizils zukommt, wird entsprechend der kürzeren Dauer der Zugehörigkeit reduziert.“ Im Allgemeinen wird diese Korrektur zu Lasten oder zu Gunsten des Sitzkantons durchgeführt. Es handelt sich hier um eine Vereinfachung, indem man von der exakten Finanzierung der Änderung der wirtschaftliche Zugehörigkeit absieht.

42 Begründung einer Betriebsstätte während der Steuerpflicht

421 Allgemeines

Für den Sitzkanton und den Betriebsstättekanton ist das Kapital am Ende der Steuerperiode massgebend. Die Begründung einer Betriebsstätte verlangt keine Erstellung einer Zwischenbilanz. Die Steuerpflicht gilt im Sitzkanton und im Betriebsstättekanton während der ganzen Steuerperiode. Allerdings ist der reduzierten Dauer der steuerlichen Anknüpfung im Betriebsstättekanton Rechnung zu tragen.

Der Unternehmensgewinn der Steuerperiode, während der die Betriebsstätte begründet wurde, wird unter den beteiligten Kantonen (Sitz- und Betriebsstättekanton) nach der direkten oder der indirekten Methode ausgeschieden.

Im Hinblick auf die Begründung einer neuen Betriebsstätte kann die interkantonale Unternehmung bestimmte dem Sitz- oder einem Betriebsstättekanton zuzuweisende Aktiven realisieren. In der Regel ist der Ertrag aus der Veräusserung der beweglichen Aktiven Teil des Unternehmensgewinnes der Steuerperiode, der quotenmässig auf alle Kantone verteilt wird; darin eingeschlossen ist der neue Betriebsstättekanton. Ausnahmsweise kann bei der Ausscheidung des Gesamtergebnisses der Steuerperiode der Erzielung von ausserordentlichen Gewinnen oder Verlusten, welche mit der Begründung der Betriebsstätte zusammenhängen, Rechnung getragen werden. Handelt es sich bei den veräusserten Aktiven um Immobilien, sind die interkantonalen Bestimmungen über die Zuweisung des Besteuerungsrechts für Veräusserungsgewinne von Grundstücken anwendbar.

422 Beispiele

Beispiel 4 Begründung einer Betriebsstätte

Die X AG hat ihren Sitz im Kanton A und eine Betriebsstätte im Kanton B. Der Jahresabschluss wird auf Ende des Kalenderjahres erstellt. Am 1. Juli 2002 begründet sie im Kanton C eine Betriebsstätte. Am Ende der Steuerperiode 2002 (vom 1.1.2002 bis 31.12.2002) verteilen sich die Aktiven auf die Kantone A, B und C zu 45%, 35% und 20%. Das steuerbare Kapital beträgt Fr. 140'000. Aus der Erfolgsrechnung resultiert ein Unternehmensgewinn von Fr. 150'000. Nach der Zuweisung eines Präzipuums von 20% zu Gunsten des Hauptsitzes wird der Gewinn unter den Kantonen nach dem erzielten Umsatz aufgeteilt. Für das Geschäftsjahr 2002 betragen die Prozentsätze des Umsatzes in den Kantonen A, B und C 60%, 30% und 10%.

Aufteilung des Kapitals	Total	Kanton A	Kanton B	Kanton C
Steuerbares Kapital am 31.12.2002 Quotenmässige Ausscheidung (45/35/20%)	140'000	63'000	49'000	28'000
Korrektur im Kanton C wegen der Begründung der Betriebsstätte: (28'000 / 360 x 180) zu Gunsten des Kantons A		14'000		(14'000)
Steuerbares Kapital	140'000	77'000	49'000	14'000

Für die Besteuerung des Kapitals erfolgt die Korrektur im Zusammenhang mit der Begründung der Betriebsstätte zu Gunsten des Sitzkantons. Der Art der Finanzierung dieser Betriebsstätte (Übertragung von Aktiven des Sitzes oder einer anderen Betriebsstätte, Fremdfinanzierung usw.) muss deshalb nicht auf den Grund gegangen werden.

Aufteilung des Gewinns		Total	Kanton A	Kanton B	Kanton C
Quoten nach dem Umsatz		100%	60%	30%	10%
Nettounternehmensgewinn	150'000				
Zuweisung des Präzipuums	(30'000)		30'000		
Anteilsmässig auszuscheidender Gewinn	120'000		72'000	36'000	12'000
Steuerbarer Gewinn		150'000	102'000	36'000	12'000

43 Aufhebung einer Betriebsstätte während der Steuerperiode

431 Allgemeines

Der Kanton, in dem die Betriebsstätte aufgehoben wurde, figuriert Ende Jahr nicht unter den Kantonen mit einem steuerlichen Anknüpfungspunkt. Dennoch kann er einen Teil des am Ende des Jahres ausgewiesenen Kapitals besteuern. Eigentlich müsste dieser Anteil nach dem Wert der Betriebsstätteaktiven im Zeitpunkt der Aufhebung der Betriebsstätte bestimmt werden. Der Wert dieser Aktiven würde im Verhältnis zur Dauer der steuerlichen Zugehörigkeit reduziert. Aus Gründen der Vereinfachung wird für diesen Teil jedoch der gleiche Wert angenommen, wie er sich für die Betriebsstätte am Ende der vorangegangenen Steuerperiode ergab, vermindert auf die Dauer der wirtschaftlichen Zugehörigkeit. Selbst bei dieser Berechnung wird die Quote auf das Kapital am Ende der Steuerperiode, in der die Betriebstätte aufgegeben wurde, angewandt.

Der Kanton, in dem sich die aufgehobene Betriebsstätte befand, kann nicht die ausschliessliche Besteuerung eventueller Kapitalgewinne geltend machen, die anlässlich der Schliessung angefallen sind. Vorbehalten bleibt die *prioritäre Zuweisung* eines Wertzuwachsgewinnes auf Immobilien. Wird die Zuweisung der Gewinne anhand der Produktionsfaktoren vorgenommen, wird der Produktionsfaktor Löhne in der Regel auf der Basis der Daten des Jahres bestimmt, in dem die Betriebsstätte aufgehoben wurde. Beim Produktionsfaktor Kapital könnte man für die aufgehobene Betriebsstätte aus Vereinfachungsgründen die Aktiven, wie sie sich im vorangegangenen Abschluss präsentierten, heranziehen und deren Wert je nach Dauer der steuerlichen Zugehörigkeit vermindern.

432 Beispiele

Beispiel 5	**Aufhebung einer Betriebsstätte (Ausscheidung des Gewinnes nach Umsatz)**

Die X AG hat ihren Sitz im Kanton A und Betriebsstätten in den Kantonen B und C. Der Jahresabschluss wird auf Ende des Kalenderjahres erstellt. Auf Ende September wird die Betriebstätte im Kanton C aufgehoben.

Am Ende der Steuerperiode 2000 besteuerten die Kantone A, B und C Kapitalanteile von 45%, 35% und 20%. Am Ende der Steuerperiode 2001 (vom 1.1. bis 31.12. 2001) beträgt das steuerbare Kapital Fr. 140'000. Die Aktiven sind auf die Kantone A (Sitz) und B (Betriebsstätte) zu 60% und 40% verteilt. Aus der Erfolgsrechnung resultiert ein Unternehmensgewinn von Fr. 150'000 für 2001. Nach der Zuweisung eines Präzipuums von 10% zugunsten des Hauptsitzes wird der Gewinn unter den Kantonen nach dem Umsatz verteilt. Die Prozentsätze des Umsatzes betragen in den Kantonen A, B und C 60%, 30% und 10%.

Ausscheidung des Kapitals am 31.12.2001	Total	Kanton A	Kanton B	Kanton C
Steuerbares Kapital am 31.12.2001	140'000	84'000	56'000	
Aufteilung zu Gunsten des Kantons C wegen der Schliessung der Betriebsstätte im Jahr 2001: Berechnungsbasis: Quote per 31.12.2000, 20% von 140'000		(28'000)		28'000
Korrektur zu Lasten des Kantons C *		7'000		(7'000)
Steuerbares Kapital	140'000	63'000	56'000	21'000

* *Die Berechnung des Anteils zu Gunsten des Kantons C und zu Lasten des Kantons A lässt sich auch einfacher darstellen. Die Zuweisung an C kann auch nach dem Anteil erfolgen, der ihm gemäss Dauer der Steuergehörigkeit zusteht, d.h. 140'000 x 20% / 360 x 270 = 21'000. Dieser Betrag wird beim Sitzkanton abgezogen.*

Ausscheidung des Gewinns 2001		Total	Kanton A	Kanton B	Kanton C
Anteile gemäss Umsatz		100%	60%	30%	10%
Nettounternehmensgewinn	150'000				
Zuweisung des Präzipuums (10%)	(15'000)		15'000		
Zu verteilender Gewinn nach Anteilen	135'000		81'000	40'500	13'500
Steuerbarer Gewinn		150'000	96'000	40'500	13'500

Beispiel 6 Aufhebung der Betriebsstätte (Ausscheidung des Gewinnes nach Produktionsfaktoren)

Die X AG hat ihren Sitz im Kanton A und Betriebsstätten in den Kantonen B, C und D. Der Jahresabschluss wird auf Ende des Kalenderjahres erstellt. Auf Ende Juni 2001 wird die Betriebsstätte im Kanton D aufgehoben. Aus der Erfolgsrechnung resultiert ein Unternehmensgewinn von Fr. 250'000 für die Steuerperiode 2001. Die Steuerausscheidung wird aufgrund der Produktionsfaktoren vorgenommen.

Steuerausscheidung aufgrund der Produktionsfaktoren:

	Total	Kanton A	Kanton B	Kanton C	Kanton D
	die Beträge verstehen sich in Tausend Franken				
Steuerperiode 2000 Produktionsfaktoren					
Aktiven	4'300	2'000	1'000	500	800
Löhne, kapitalisiert mit 10%	42'000	20'000	10'000	4'000	8'000
Total	46'300	22'000	11'000	4'500	8'800
Quoten	100.00%	47.52%	23.76%	9.72%	19.00%
Steuerperiode 2001 Produktionsfaktoren					
Aktiven	4'000	2'000	1'200	800	
Korrektur zu Gunsten der Betriebsstätte im Kanton D		(400)			400*
Löhne, kapitalisiert mit 10%	40'000	20'000	12'000	5'000	3'000**
Total	44'000	21'600	13'200	5'800	3'400
Anteile	100.00%	49.09%	30%	13.18%	7.73%

* *Die Aktiven am Ende der Steuerperiode 2000 (800) werden um die Hälfte vermindert*

** *Effektive Löhne 2001*

44 Verlegung einer Betriebsstätte während einer Steuerperiode

441 Allgemeines

Während einer Steuerperiode kann eine interkantonale Unternehmung eine Betriebsstätte in einen anderen Kanton verlegen. In einem solchen Fall wird der Teil des Kapitals, der dem Zuzugskanton zugeteilt ist, von diesem Kanton und vom Wegzugskanton der Betriebsstätte besteuert. Die Aufteilung der Besteuerung erfolgt in der Regel pro rata temporis. Die Anteile des steuerbaren Reingewinns der Betriebsstätte im Wegzugs- und im Zuzugskanton hängen von der angewandten Ausscheidungsmethode (direkt oder indirekt) ab. Bei einer Gewinnausscheidung nach Produktionsfaktoren wird in der Regel der Anteil des Kantons, in welchem die Betriebstätte am Ende der Steuerperiode ihren Sitz hat, pro rata temporis zwischen dem Wegzugs- und dem Zuzugskanton ausgeschieden.

442 Beispiele

Beispiel 7	**Verlegung einer Betriebsstätte**

Die X AG hat ihren Sitz im Kanton A und Betriebsstätten in den Kantonen B und C. Der Jahresabschluss erfolgt jeweils auf den 31. Dezember. Ende Juni 2002 verlegt die X AG ihre Betriebsstätte vom Kanton C in den Kanton D. Per Ende 2002 beträgt das steuerbare Kapital Fr. 140'000. Die Anteile der Kantone A, B und D betragen 60, 30 und 10%. Für die Steuerperiode 2002 beträgt der gesamte Reingewinn Fr. 400'000. Dieser wird unter den Kantonen nach dem erzielten Umsatz folgendermassen verteilt: Kanton A: 40%, Kanton B: 35%, Kanton C:15%, Kanton D: 10%. Der Sitzkanton hat Anspruch auf ein Präzipuum von 15%.

Ausscheidung des Kapitals	Total	Kanton A	Kanton B	Kanton C	Kanton D
Steuerbares Kapital am 31.12.2002 Anteilsmässige Aufteilung	140'000	84'000	42'000		14'000
Aufteilung zwischen den Kantonen C und D				7'000	(7'000)
Total	140'000	84'000	42'000	7'000	7'000

Im dargelegten Fall erfolgt die Ausscheidung zwischen D und C mittels Korrektur zu Lasten von D und *zu Gunsten von C, im Allgemeinen* pro rata temporis.

Ausscheidung des Gewinns		Total	Kanton A	Kanton B	Kanton C	Kanton D
Anteile 2002		100%	40%	35%	15%	10%
Nettogewinn der Steuerperiode 2002	400'000					
Präzipuum 15%	(60'000)		60'000			
zu verteilender Gewinn	340'000		136'000	119'000	51'000	34'000
Steuerbarer Gewinn		400'000	196'000	119'000	51'000	34'000

45 Begründung und Aufhebung einer Betriebsstätte im Verlauf einer Steuerperiode

Eigentlich stellt die sehr kurze Dauer einer Betriebsstätte für die Qualifikation als solche ein Hindernis dar. Darum rechtfertigt es sich nicht, dem Kanton, in dem im Verlauf einer Steuerperiode eine Betriebsstätte eröffnet und geschlossen wurde, einen Anteil des Kapitals und des Gewinns zur Besteuerung zuzuweisen. In der Tat ist die Zerstückelung der Steuerhoheit zu vermeiden. Dazu kommt, dass die Bestimmung der Quoten für das Kapital und den Gewinn der begründeten und in der selben Steuerperiode wieder aufgehobenen Betriebsstätte in der Praxis auf grosse Probleme stossen würde.

46 Kauf oder Verkauf einer Kapitalanlageliegenschaft während der Steuerperiode

461 Allgemeines

Eine Unternehmung, die in einem Kanton eine Kapitalanlageliegenschaft erwirbt, in dem sie weder den Sitz hat noch eine Betriebsstätte unterhält, wird nach der geltenden Rechtsprechung des Bundesgerichts wegen Grundbesitz auf dem Nettovermögen und der Nettorendite der Liegenschaft steuerpflichtig und nicht als interkantonales Unternehmen für einen Teil ihres Kapitals und Gewinnes. Dies ist jedoch kein Hinderungsgrund für die Anwendung von Art. 22 StHG in einem solchen Fall. Analog zu der in Art. 68 StHG aufgestellten Regel, wird durch die verkürzte Dauer der wirtschaftlichen Zugehörigkeit wegen Immobilienbesitz der Bruttowert der Liegenschaft im gleichen Verhältnis vermindert (Art. 68 Abs. 2 zweiter Satz StHG). Die beschränkte Steuerpflicht besteht, und zwar unabhängig von der Dauer der Zugehörigkeit, die durch das Eigentum an der Anlageliegenschaft begründet wird.

Der steuerbare Ertrag am Spezialsteuerdomizil wegen Grundbesitz ist derjenige, der während der Steuerperiode erwirtschaftet wurde. Der Anteil der Schulden und der Schuldzinsen wird im Verhältnis des Liegenschaftswertes, welcher gemäss der Dauer der wirtschaftlichen Zugehörigkeit vermindert wurde, zu den Gesamtaktiven der Unternehmung bestimmt.

462 Beispiele

Beispiel 8 Kauf einer Kapitalanlageliegenschaft

Die X AG hat ihren Sitz im Kanton A und eine Betriebsstätte im Kanton B. Das Geschäftsjahr entspricht dem Kalenderjahr. Am 1. Juli 2001 erwirbt sie eine Kapitalanlageliegenschaft im Kanton C.

Das steuerbare Kapital am Ende der Steuerperiode 2001 (vom 1.1. bis 31.12.2001) beträgt Fr. 200'000. Zu diesem Zeitpunkt belaufen sich die Aktiven auf Fr. 800'000 (Kanton A: 500'000; Kanton B: 200'000; Kapitalanlageliegenschaft Kanton C: 100'000). Die Kapitalanteile für die Kantone A und B werden nach der Lage der Aktiven bestimmt.

Aus der Erfolgsrechnung des Jahres 2001 geht ein Gesamtgewinn von Fr. 30'000 hervor. Die Passivzinsen betragen Fr. 25'000. Der Unternehmensgewinn wird aufgrund der erzielten Umsätze ausgeschieden, wobei dem Sitzkanton ein Präzipuum von 20% eingeräumt wird. Der Umsatz im Jahr 2001 wurde zu 60% im Kanton A und zu 40% im Kanton B erzielt.

Die Kapitalanlageliegenschaft wurde für Fr. 100'000 erworben. Diese Investition wurde bis Fr. 80'000 mittels eines Hypothekarkredits finanziert (Satz 5%). Die Nettorendite dieser Liegenschaft (Mieterträge abzüglich Unterhaltskosten und Abschreibungen) beträgt Fr. 8'000.

Aktiven	Total	Kanton A	Kanton B	Kanton C
Aktiven am 31.12.2001	800'000	500'000	200'000	100'000
Korrektur wegen Kauf der Kapitalanlageliegenschaft in C am 1.7.2001: (100'000 / 360 x 180)		50'000		(50'000)
Aktiven	800'000	550'000	200'000	50'000
In Prozent der Gesamtaktiven	100.00%	68.75%	25%	6.25%
Steuerbares *Kapital nach Lage der Aktiven*	200'000	137'500	50'000	12'500

Gewinnausscheidung		Total	Kanton A	Kanton B	Kanton C
Anteile		100%	60%	40%	
Gesamtgewinn	30'000				
Nettorendite der Kapitalanlageliegenschaft	(8'000)				8'000
+Schuldzinsen 6.25% von 25'000	1'562				(1'562)
	23'562				
Präzipuum zugunsten von A	(4'712)		4'712		
zu verteilender Gewinn nach Quoten	18'850		11'310	7'540	
Steuerbarer Gewinn		30'000	16'022	7'540	6'438

Beispiel 9 Verkauf einer Kapitalanlageliegenschaft während der Steuerperiode

Die X AG hat ihren Sitz im Kanton A und eine Betriebsstätte im Kanton B. Sie ist Eigentümerin einer Kapitalanlageliegenschaft im Kanton C. Das Geschäftsjahr fällt mit dem Kalenderjahr zusammen. Am 30. Juni 2001 veräussert die X AG die Kapitalanlageliegenschaft zu einem Preis von Fr. 200'000.–.

Am Ende der Steuerperiode 2000 waren die Aktiven wie folgt gelegen: CHF 500'000 im Kanton A, Fr. 200'000 im Kanton B und Fr. 100'000 im Kanton C. Am Ende des Geschäftsjahres 2001 (1.1. bis 31.12.2001) verfügt die Gesellschaft über die nachstehenden Aktiven: Fr. 540'000 am Sitz (Kanton A) und Fr. 360'000 am Ort der Betriebsstätte (Kanton B). Das steuerbare Kapital beträgt Fr. 200'000.

Der steuerbare Reingewinn für die Periode 2001 beträgt gemäss Jahresrechnung Fr. 30'000. Dieser Gewinn schliesst die Fr. 130'000 (wiedereingebrachte Abschreibungen und Wertzuwachsgewinn), die aus dem Verkauf der Kapitalanlageliegenschaft hervorgingen, nicht ein. Die Passivzinsen, die der Erfolgsrechnung belastet wurden, betragen Fr. 25'000. Der Betriebsgewinn von Fr. 30'000 wird aufgrund der erzielten Umsätze ausgeschieden, wobei dem Sitzkanton ein Präzipuum von 10% eingeräumt wird. Die Anteile für die Steuerperiode 2001, die anhand der Umsätze berechnet wurden, betragen 60% für den Kanton A und 40% für den Kanton B. Für die Periode von 1.1 bis 30.6. 2001 beträgt die Nettorendite der Liegenschaft im Kanton C Fr. 4'000.

Aktiven	Total	Kanton A	Kanton B	Kanton C
Aktiven am 31.12.2001 Korrektur wegen Verkauf der Kapitalanlageliegenschaft am 30.6.2001: (100'000 / 360 x 180) zu Lasten des Kantons A	900'000	540'000 (50'000)	360'000	 50'000
Aktiven	900'000	490'000	360'000	50'000
In Prozent der Gesamtaktiven	100%	54.44%	40%	5.56%
Steuerbares Kapital nach Lage der Aktiven	200'000	108'880	80'000	11'120

Gewinnverteilung		Total	Kanton A	Kanton B	Kanton C
Anteile		100%	60%	40%	
Gesamtgewinn	30'000				
Nettorendite der Kapitalanlageliegenschaft	(4'000)				4'000
+ Schuldzinsen 5.56% von 25'000	1'390				(1'390)
	27'390				
Präzipuum zugunsten von A	(2'739)		2'739		
anteilsmässig zu verteilender Gewinn	24'651		14'791	9'860	
Steuerbarer Gewinn		30'000	17'530	9'860	2'610

Der Gewinn aus dem Verkauf der Liegenschaft ist im Kanton C steuerbar.

5 Inkrafttreten

Die vorstehenden Richtlinien sind ab der Steuerperiode 2001 anwendbar.

Die Verordnung des Bundesrates vom 9. März 2001 über die Anwendung des Steuerharmonisierungsgesetzes im interkantonalen Verhältnis

Kreisschreiben vom 31. August 2001

1 Allgemeines

Das Bundesgesetz vom 15. Dezember 2000 zur Koordination und Vereinfachung der Veranlagungsverfahren für die direkten Steuern im interkantonalen Verhältnis (Vereinfachungsgesetz) erteilt dem Bundesrat die Kompetenz, auf dem Verordnungsweg die Probleme in Bezug auf die Anwendung des Bundesgesetzes vom 14. Dezember 1990 über die Harmonisierung der direkten Steuern der Kantone und Gemeinden (StHG) im interkantonalen Verhältnis zu regeln. Es geht vor allem darum, die Bedingungen der Anwendung von Artikel 39 Absatz 2 StHG[1] zu präzisieren und die Fälle zu regeln, in welchen die natürliche Person ihren Wohnsitz zwischen Kantonen wechselt, die unterschiedliche Systeme in Bezug auf die zeitliche Bemessung kennen.

Die Verordnung vom 9. März 2001 über die Anwendung des Steuerharmonisierungsgesetzes im interkantonalen Verhältnis (StHG-VO)[2] regelt jedoch nicht die Gesamtheit der Fragen, die *das StHG und* das Verhältnis der Kantone untereinander betreffen. Sie wird somit - falls nötig - noch vervollständigt.

[1] Diese Bestimmung hat folgenden Wortlaut: "Ist eine Person mit Wohnsitz oder Sitz im Kanton aufgrund der Steuererklärung auch in einem andern Kanton steuerpflichtig, so gibt die Veranlagungsbehörde der Steuerbehörde des andern Kantons Kenntnis von der Steuererklärung und von der Veranlagung".

[2] AS **2001**, 1058

2 Kommentar

21 Wohnsitzwechsel zwischen Kantonen mit unterschiedlicher zeitlicher Bemessung

Im Jahr 2001 haben einzig die Kantone Tessin, Waadt und Wallis noch das System der zweijährigen Veranlagung mit Vergangenheitsbemessung. Ab diesem Zeitpunkt ist dieses System nicht mehr vorherrschend in der Schweiz. In Erwartung der Vereinheitlichung der zeitlichen Bemessung der natürlichen Personen hat der Gesetzgeber dem Bundesrat die Kompetenz erteilt, den Fall des Wohnsitzwechsels zwischen den Kantonen, welche unterschiedliche Bemessungssysteme haben, zu regeln. Artikel 1 StHG-VO erklärt für diese Fälle die "Bestimmungen des kantonalen Rechts" für die Wohnsitzwechsel zwischen einem Kanton und dem Ausland anwendbar.

Der Verweis auf die Bestimmungen des kantonalen Rechts erklärt sich durch die Tatsache, dass das StHG selbst keine ausdrückliche Bestimmung bezüglich Beginn und Ende der Steuerpflicht im Fall des Wohnsitzwechsels von einem Kanton ins Ausland oder bei einer Wohnsitznahme in der Schweiz enthält. Im Grossen und Ganzen haben die Kantone in ihren Steuergesetzen eine Regelung analog der Bestimmung von Art. 8 DBG aufgenommen: im Fall eines Wohnsitzwechsels endet die unbeschränkte Steuerpflicht mit dem Wegzug ins Ausland und beginnt mit dem Zuzug der Person vom Ausland in den Kanton.

Folglich ist bei einem Wohnsitzwechsel zwischen Kantonen mit unterschiedlichem Bemessungssystem die natürliche Person bis zu ihrem Wegzug im Kanton, den sie verlässt, und ab Zuzug im Kanton ihres neuen Wohnsitzes steuerpflichtig.

Der Zuzugskanton muss seine Veranlagung auf die Einkünfte nach dem Wohnsitzwechsel stützen. Diese Bestimmung ist gültig, wie immer auch das System der zeitlichen Bemessung im betreffenden Kanton ist. Wenn der Zuzugskanton das System der zweijährigen Veranlagung mit Vergangenheitsbemessung anwendet, muss er zwangsläufig bei seiner Veranlagung auf die nach dem Zuzug erworbenen Einkünfte abstellen (vgl. Art. 15 Abs. 3 StHG, in seinem Wortlaut gültig ab 1. Januar 2001).

Beispiel:

Der Kanton A kennt das System der einjährigen Veranlagung mit Gegenwartsbemessung. Der Kanton B dasjenige der zweijährigen Veranlagung mit Vergangenheitsbemessung. Eine Person wechselt ihren Wohnsitz am 30. Juni des Jahres N vom Kanton A in den Kanton B. Der Kanton A wird die Einkünfte besteuern, welche diese Person zwischen dem 1. Januar und dem 30. Juni des Jahres n erworben hat, währenddem sich der Kanton B bei seiner Veranlagung für den Rest der Steuerperiode (vom 1.7. – 31.12 des Jahres N) auf die erworbenen Einkünfte seit dem Zuzug in den Kanton abstützt.

Nettoeinkünfte	*Vom 1.1. bis 30.6.*	*Vom 1.7. bis 31.12*	*Ganzes Jahr*
Unselbständige Erwerbstätigkeit	*15'000*	*39'000*	*54'000*
Immobilieneinkünfte (Kanton C)	*12'000*	*12'000*	*24'000*
Total der Einkünfte	*27'000*	*51'000*	*78'000*

Der Kanton A wird ein Einkommen (netto, vor den sozialen Abzügen) von 15'000 zum Satz von 54'000 (2 x 15'000 und 2 x 12'000) besteuern. Der Kanton B basiert seine Veranlagung auf einem Einkommen von 78'000 (2 x 39'000) zum Satz von 102'000 (2 x 39'000 und 2 x 12'000), wobei die Steuer pro rata temporis erhoben wird. Der Kanton C, wenn er das Postnumerandosystem anwendet, wird die Immobilieneinkünfte von 24'000 zum Satz von 78'000 besteuern. Würden die beiden Kantone A und B das System der Postnumerandobesteuerung anwenden, wäre der Steuerpflichtige für das ganze Steuerjahr im Kanton B auf der Basis von einem Nettoeinkommen von 54'000 zum Satz von 78'000 zu besteuern. Die Immobilieneinkünfte von 24'000 würden im Kanton C zum Satz von 78'000 erfasst.

22 In mehreren Kantonen der Steuerpflicht unterworfene Pflichtige

Artikel 39 Absatz 2 StHG schreibt vor, dass wenn eine Person mit Wohnsitz oder Sitz im Kanton aufgrund der Steuererklärung auch in einem andern Kanton steuerpflichtig ist, die Veranlagungsbehörde der Steuerbehörde des andern Kantons Kenntnis von der Steuererklärung und von der Veranlagung gibt. Artikel 2 StHG-VO präzisiert die Tragweite dieser Bestimmung in verschiedener Hinsicht.

Nach Artikel 2 Absatz 1 StHG-VO ist der Steuerpflichtige, der auf Grund seiner wirtschaftlichen Zugehörigkeit in einem Kanton steuerpflichtig ist, nicht von der Pflicht zur Mitwirkung an der Veranlagung auf Grund des kantonalen Rechts entbunden. Indessen kann die Pflicht zur Einreichung der Steuererklärung in diesem Kanton durch Einreichen einer Kopie der durch den Steuerpflichtigen in seinem Wohnsitzkanton oder Sitzkanton (Art. 2 Abs. 2 StHG-VO) abgegebenen Steuererklärung erfolgen. Dieses Prinzip, welches aus der Botschaft zum Vereinfachungsgesetz (Ziff. 1.3.3 [3]) hervorgeht, wurde anlässlich der Debatten im Nationalrat bestätigt, vor allem anlässlich des Rückzugs der Intervention Pelli, welche eine Änderung von Art. 39 Abs. 2 StHG vorsah. Diese wollte den Wohnsitzkanton verpflichten, unverzüglich den anderen Kantonen eine Kopie der durch den Steuerpflichtigen eingereichten Steuererklärung zukommen zu lassen.

Grundsätzlich spielt der Sitz- oder Wohnsitzkanton die "Leader-Rolle“ im Veranlagungs- und Ausscheidungsverfahren. Dies zeigt sich bereits bei der Gewährung einer Fristerstreckung für die Einreichung der Steuererklärung. Wenn der Steuerpflichtige beim Wohnsitz- oder Sitzkanton eine solche Fristerstreckung verlangt, muss er selber die anderen Kantone über den entsprechenden Entscheid informieren.

Für die juristischen Personen führt der Sitzkanton oder der Kanton mit der tatsächlichen Verwaltung in der Regel als erster das Veranlagungsverfahren durch. Er erstellt den Vorschlag der interkantonalen Steuerausscheidung für die Kantone, in welchen die Unternehmung eine Betriebsstätte oder eine Anlageliegenschaft hat. Dieser Kanton kontrolliert die Steuererklärung und nimmt allfällige Korrekturen vor. Er erstellt die Veranlagung und erarbeitet für die anderen Kantone einen Vorschlag für die interkantonale Steuerausscheidung. Wenn die Kantone mit der Steuerausscheidung des Sitzkantons oder des Kantons mit der tatsächlichen Verwaltung nicht einverstanden sind, informieren sie die Veranlagungsbehörden dieses Kantons. Streitigkeiten zwischen Kantonen oder zwischen Kantonen und Steuerpflichtigen bezüglich der anzuwendenden Ausscheidungsmethode werden letztinstanzlich vor Bundesgericht entschieden.

Jeder Kanton wendet für die Festlegung des Gewinnes und des steuerbaren Kapitals der juristischen Personen seine Gesetzgebung an. Sowohl im Sitzkanton als auch im Betriebsstätte-

[3] Botschaft vom 24. Mai 2000 des Bundesrates zur Koordination und Vereinfachung der Veranlagungsverfahren

kanton und im Kanton mit der Anlageliegenschaft, haben die Veranlagungsbehörden das Recht die für die Veranlagung nötigen Untersuchungen vorzunehmen (Art. 46 Abs. 1 StHG). Werden diese Untersuchungen durch einen andern Kanton als derjenige des Sitzes oder der tatsächlichen Verwaltung vorgenommen, so bedingt dies eine enge Zusammenarbeit mit dem Sitzkanton.

Für die natürlichen Personen überprüft der Wohnsitzkanton des Steuerpflichtigen die Steuererklärung. Er führt die notwendigen Untersuchungen durch und fordert vom Steuerpflichtigen die nötigen Auskünfte für die Veranlagung und die Ausscheidung der steuerbaren Faktoren ein. Er übermittelt dem Kanton mit Spezial- oder Nebensteuerdomizil eine Kopie der Veranlagung sowie der interkantonalen Steuerausscheidung. Jeder Kanton wendet seine Gesetzgebung für die Festlegung des steuerbaren Einkommens und des steuerbaren Vermögens an. Der Kanton des Spezial- oder Nebensteuerdomizils kann vom Steuerpflichtigen die für die Veranlagung nötigen Auskünfte einverlangen. Er wird sich dabei zurückhalten, wenn der Wohnsitzkanton bereits eine Kontrolle durchgeführt hat. Als Allgemeinregel muss der Kanton mit dem Spezialsteuerdomizil des Grundeigentums seine Auskunftsanfragen auf die Faktoren begrenzen, die er direkt besteuert. Wenn immer noch Abweichungen unter den Kantonen bezüglich der Ermittlung des Einkommens (beispielsweise bei einem Eigenmietwert in einem Zweitkanton) existieren, ist in Sachen interkantonaler Doppelbesteuerung die Rechtsprechung des Bundesgerichtes anwendbar.

Wenn eine natürliche Person eine selbständige Erwerbstätigkeit in einem anderen Kanton ausübt und dort ein Spezialsteuerdomizil begründet, so sollten die Behörden des Wohnsitzkantons für die Überprüfung der Einkommen des Spezialsteuerdomizils mit den Behörden dieses Kantons von Anfang an eng zusammenarbeiten.

23 Spezialfälle

Artikel 3 StHG-VO präzisiert die Rolle eines jeden Kantons im Fall der der wirtschaftlichen Zugehörigkeit in der Schweiz (Buchstabe a), anlässlich des Sitzwechsels einer juristischen Person von einem Kanton in einen anderen (Buchstabe b) oder in besonderen Quellensteuerfällen (Buchstabe c).

für die direkten Steuern im interkantonalen Verhältnis (BBl 2000 3898).

Artikel 3 Buchstabe a StHG-VO übernimmt im interkantonalen Verhältnis die Bestimmungen von Artikel 217 Absatz 2 DBG. In der Regel ist der für die Erhebung der direkten Bundessteuer zuständige Kanton auch der "Leader-Kanton" im interkantonalen Verhältnis.

Artikel 3 Buchstabe b StHG-VO betrifft die juristischen Personen, die im Laufe des Geschäftsjahres ihren Sitz von einem Kanton in einen anderen verlegen. Diese juristischen Personen bleiben im Wegzugskanton steuerpflichtig. Die Steuerperiode bleibt auf jeden Fall einheitlich, d.h. sie wird nicht in Zeitabschnitte zerlegt. Der Sitzkanton am Ende der Steuerperiode ist der Sitzkanton im Sinne von Artikel 39 Absatz 2 StHG. Er führt in erster Priorität die Veranlagung durch und übermittelt dem früheren Sitzkanton seinen Ausscheidungsvorschlag. Es wird in diesen Fällen empfohlen, dass sich die betroffenen Kantone und die Steuerpflichtige vorgängig über die anzuwendende Ausscheidungsmethode einigen.

Artikel 3 Buchstabe c StHG-VO befasst sich mit dem speziellen Fall des Steuerpflichtigen (natürliche Personen), der seinen Wohnsitz in einen andern Kanton verlegt und dessen Einkünfte aus der unselbständigen Erwerbstätigkeit zuerst durch die Quellensteuer erfasst und anschliessend noch in die ordentliche Veranlagung einbezogen werden. In diesem Fall ist der Wohnsitzkanton am Ende der Steuerperiode in der Regel der "Leader-Kanton".

24 Quellensteuer

Artikel 4 StHG-VO betrifft die Personen, die der Quellensteuer unterworfen sind und für die das Prinzip der aufgeteilten Steuerperiode (pro rata temporis-Prinzip) im Fall eines Domizilwechsels in der Schweiz aufrechterhalten wird (ab 1.1.2001 anwendbarer Art. 38 Abs. 4 StHG).

Grundsätzlich hat der Wohnsitzwechsel einer Person, deren Einkommen aus der unselbständigen Erwerbstätigkeit der Quellensteuerpflicht unterliegt, die gleiche Wirkung wie ein Domizilwechsel ins Ausland (für den Wegzugskanton) oder eine Wohnsitznahme in der Schweiz (für den Zuzugskanton).

Artikel 4 StHG-VO betrifft die nicht dem Steuerabzug an der Quelle unterworfenen Einkommen („andere Einkünfte“) des Steuerpflichtigen, die Gegenstand einer ordentlichen Veranlagung sind (vgl. Art. 34 Abs. 1 StHG).

25 Vorgehensweise im Fall der Ersatzbeschaffung von Immobilien in der Schweiz

Das StHG zwingt die Kantone ab dem Jahr 2001, die Ersatzbeschaffung von Liegenschaften von einem Kanton in den anderen zuzulassen. Die Person, welche ihre im Kanton A gelegene Liegenschaft verkauft, kann die Wiederanlage des Verkaufserlöses auf die Liegenschaft im Kanton B übertragen, sofern dieser als neuer Hauptwohnsitz gilt (Art. 12 Abs. 3 Bst. e StHG). Die interkantonale Ersatzbeschaffung kann auch die zum Anlagevermögen gehörenden Betriebsliegenschaften betreffen, aber auch solche, welche einer juristischen Person gehören oder land- und forstwirtschaftliches Vermögen darstellen (Art. 8 Abs. 4, Art. 12 Abs. 3 Bst. d und Abs. 4 Bst. a, Art. 24 Abs. 4 StHG). Artikel 5 StHG-VO klärt die Frage nicht, welcher Kanton einen eventuellen Gewinn besteuert, der aus dem Verkauf der ersatzweise angeschafften Liegenschaft entsteht. Gemäss Artikel 5 Absatz 1 StHG-VO hat der Steuerpflichtige im Falle einer Ersatzbeschaffung in der Schweiz den Veranlagungsbehörden aller beteiligten Kantone die nötigen Auskünfte über die Abwicklung der Ersatzbeschaffung als Ganzes zu erteilen. Der Kanton, in dem die neu erworbene Ersatzliegenschaft liegt, muss vom Steuerpflichtigen alle nötigen Auskünfte über den Erwerb und die Veräusserung der im andern Kanton liegenden ersetzten Liegenschaft erhalten. Auch muss der Steuerpflichtige, der die Besteuerung der Einkünfte aus der Veräusserung einer Liegenschaft auf Grund der interkantonalen Ersatzbeschaffung aufschieben will, der Steuerverwaltung über die ausserhalb des Kantons erworbene Liegenschaft die Auskünfte erteilen und die Beweismittel einreichen. Schliesslich muss der Kanton, der die interkantonale Ersatzbeschaffung gewährt, über die spätere Veräusserung der Ersatzliegenschaft informiert werden.

Unabhängig davon, was für eine Liegenschaft veräussert worden ist (Privatliegenschaft, Liegenschaft der Land- und Forstwirtschaft, Geschäftsliegenschaft), steht der Entscheid über Gewährung oder Nichtgewährung der Ersatzbeschaffung dem Kanton zu, in dem die veräusserte Liegenschaft liegt. Wird die Ersatzbeschaffung gewährt, ist dieser Entscheid den Steuerbehörden des Kantons mitzuteilen, in dem sich die als Ersatz erworbene Liegenschaft befindet (Art. 5 Abs. 2 StHG-VO).

3 Inkraftsetzung

Die Verordnung über die Anwendung des Steuerharmonisierungsgesetzes im interkantonalen Verhältnis tritt mit Rückwirkung auf den 1. Januar 2001 in Kraft.

Koordination und Vereinfachung der Veranlagungsverfahren für die direkten Steuern im interkantonalen Verhältnis

Kreisschreiben vom 31. August 2001

1 Einleitung

Mit dem Bundesgesetz vom 15. Dezember 2000 zur Koordination und Vereinfachung der Veranlagungsverfahren für die direkten Steuern im interkantonalen Verhältnis[1] wurden verschiedene Änderungen beim Bundesgesetzes vom 14. Dezember 1990 über die Harmonisierung der direkten Steuern der Kantone und Gemeinden (StHG) vorgenommen. Diese Änderungen traten am 1. Januar 2001 in Kraft[2]. In der Folge werden diese Änderungen kurz erläutert[3].

2 Ziele des Bundesgesetzes vom 15. Dezember 2000

Das Bundesgesetz hat die folgenden vier Ziele:

21 Der Grundsatz der Einheit der Steuerperiode

Der Grundsatz der Einheit der Steuerperiode hat zur Folge, dass bei einer Änderung der Besteuerungsorte (Sitz- oder Wohnsitzwechsel, Begründung oder Aufhebung eines Nebensteuerdomizils) die Steuerperiode nicht in Zeitabschnitte zerlegt wird. Das Besteuerungsrecht der Kantone erstreckt sich auf die ganze Steuerperiode. Die Anwendung dieses Grundsatzes hat zum einen den Vorteil, dass nur eine Steuererklärung für die Steuerperiode eingereicht werden muss, und zum andern, dass die mit der Veranlagung von Zeitabschnitten verbundenen

[1] BBl 2000 6182

[2] Mit dem Bundesgesetz vom 15. Dezember 2000 wurde auch das DBG (Art. 215 Abs. 2 zweiter Satz) und das VStG (Art. 30 Abs. 1 und Art. 70b) geändert. Diese Änderungen betreffen die Koordination der gesetzlichen Grundlagen des Bundes und der Kantone in Bezug auf das Veranlagungsrecht.

[3] Die Anwendung der im Gesetz vom 15. Dezember 2000 enthaltenen Grundsätze wird in den Kreisschreiben 16 und 17 der Schweizerischen Steuerkonferenz (SSK) präzisiert.

Schwierigkeiten vermieden werden. Zudem werden dadurch auch die technischen Modalitäten der interkantonalen Steuerausscheidungen vereinfacht.

22 Koordination der Veranlagungszuständigkeit

Die Veranlagungszuständigkeit für die direkte Bundessteuer sowie für die direkten Steuern der Kantone für dieselbe Steuerperiode soll grundsätzlich einem einzigen Kanton zukommen. Diese Regel soll auch bei einer Änderung der persönlichen Zugehörigkeit innerhalb der Schweiz im Laufe der Steuerperiode gelten.

23 Das Ausfüllen einer einzigen Steuererklärung für in mehreren Kantonen steuerpflichtige Personen

Macht der Sitz- oder Wohnsitzkanton eines Steuerpflichtigen auf Grund der eingereichten Steuererklärung die Feststellung, dass für den Steuerpflichtigen auch in einem anderen Kanton eine Steuerpflicht besteht, hat er nach Art. 39 Abs. 2 StHG diesem Kanton Kenntnis vom Inhalt der Steuererklärung und von der Veranlagung zu geben. Diese Bestimmung ist die Grundlage einer interkantonalen Kooperation mit dem Ziel, den in mehreren Kantonen steuerpflichtigen Steuerzahler von seiner Pflicht zu dispensieren, zu Handen jeder kantonalen Steuerverwaltung eine dem jeweiligen Kanton entsprechende Steuererklärung auszufüllen. Die Steuererklärung des Sitz- oder Wohnsitzkantons hat auch für die anderen Kantone Gültigkeit. Diese haben denn auch das Recht, vom Steuerpflichtigen eine Abschrift der Steuererklärung zu verlangen. Der Steuerpflichtige kann diese Abschrift den Steuererklärungen der anderen Kantonen beifügen. Die Folgen von Art. 39 Abs. 2 StHG für die in mehreren Kantonen steuerpflichtigen Personen sind in der Verordnung des Bundesrates vom 9. März über die Anwendung des Steuerharmonisierungsgesetzes im interkantonalen Verhältnis näher bestimmt[4].

24 Aufhebung von steuerlichen Hemmnissen zu Gunsten der Mobilität von Personen

Um die Mobilität der Personen nicht mit steuerlichen Hindernissen zu erschweren, sollte die Änderung der Voraussetzungen, die zu einer Steuerpflicht in der Schweiz führen, nicht grössere administrative Schwierigkeiten verursachen als eine Änderung dieser Voraussetzungen innerhalb eines Kantons (oder für die direkte Bundessteuer innerhalb der Schweiz). Auch

4 AS 2001 1058; siehe hiezu das Kreisschreiben 16 der SSK.

wenn die Berücksichtigung der steuerlichen Souveränität der Kantone nicht eine umfassende Anwendung dieses Grundsatzes ermöglicht, können doch die Folgen einer Änderung in der Steuerpflicht im interkantonalen Verhältnis auf das unbedingt Notwendigste beschränkt werden. Die Zuweisung des Besteuerungsrechtes für die ganze laufende Steuerperiode, innerhalb welcher eine natürliche Person eine Wohnsitzverlegung vornimmt, ist eine zweckmässige Lösung. Zudem führt sie zu einer tatsächlichen Vereinfachung der interkantonalen Beziehungen sowohl für den Steuerpflichtigen als auch für die kantonalen Steuerverwaltungen. Mit der Bestätigung des Grundsatzes des Vortrages von geschäftlichen Verlusten im interkantonalen Verhältnis wird eine weitere Schranke der Mobilität innerhalb der Schweiz beseitigt.

3 Die vom Gesetzgeber ergriffenen Massnahmen betreffend das StHG

31 Der Verlustvortrag im interkantonalen Verhältnis

311 Verbindlichkeit des Vortrags von Verlusten

Laut Art. 10 Abs. 2, Art. 25 Abs. 2 und Art. 67 Abs. 1 StHG ist die Verlustvortragsperiode nun in diesem Gesetz obligatorisch festgesetzt. Im System der zweijährigen Pränumerandobesteuerung umfasst diese die Verluste aus den der Steuerperiode vorangehenden drei Bemessungsperioden. Im System der einjährigen Postnumerandobesteuerung umfasst die Periode die Verluste aus den sieben der Steuerperiode vorangehenden Geschäftsjahren. Die Kantone können dementsprechend diese Perioden weder verkürzen noch verlängern. Diese Bestimmungen gelten ab dem 1. Januar 2001.

312 Verlustvortrag im interkantonalen Verhältnis

312.1 Juristische Personen

Der neue Sitzkanton kann bei einer Sitzverlegung einer juristischen Person von einem Kanton in einen anderen die Anrechnung der vor der Verlegung erlittenen Verluste nicht mehr verweigern (Art. 25 Abs. 4 StHG).

Beispiel:

Die Gesellschaft X AG hat ihren Sitz im Kanton A. Im Laufe ihrer ersten Geschäftsjahre (von n bis n+4) erleidet sie Verluste. Sie verlegt ihren Sitz im Laufe des Geschäftsjahres n+5 in den Kanton B. Für dieses Geschäftsjahr (n+5) weist die Gesellschaft ebenfalls einen Verlust aus. Ab dem folgenden Geschäftsjahr erzielt sie Gewinne. Der Kanton B wird die Anrechnung der in den Jahren n bis n+5 erlittenen Verluste nicht verweigern dürfen. Es gilt ausschliesslich die in Artikel 25 Absatz 2 StHG festgelegte Vortragsperiode.

312.2 Natürliche Personen

Die Art. 10 Abs. 4 und Art. 67 Abs. 2 StHG betreffen die interkantonale Verlegung von Verlusten „bei steuerrechtlichen Änderungen der Wohnsitzverhältnisse oder bei örtlichen Verlegungen von Betrieben innerhalb der Schweiz".

Beispiel: Wechsel des steuerrechtlichen Wohnsitzes

Eine natürliche Person hat ihren Wohnsitz im Kanton A, wo sie eine selbstständige Erwerbstätigkeit ausübt. Sie verlegt ihren Wohnsitz in den Kanton B, wo sie ihre selbstständige Tätigkeit weiterführt. Sie kann im Kanton B die Anrechnung der im Kanton A erlittenen Verluste geltend machen.

Beispiel: Geschäftsbetrieb und steuerrechtlicher Wohnsitz

Eine natürliche Person mit steuerrechtlichem Wohnsitz im Kanton A übt eine defizitäre selbstständige Erwerbstätigkeit im Kanton B aus (Spezialsteuerdomizil des Geschäftsbetriebs). Gemäss Praxis des Bundesgerichtes zum interkantonalen Doppelbesteuerungsverbot muss der Wohnsitzkanton die Geschäftsverluste übernehmen. Bei einem Wohnsitzwechsel der natürlichen Person vom Kanton A in den Kanton C muss letzterer - im Rahmen der Verlustvortragsperiode - die Verluste, die vor dem Wohnsitzwechsel entstanden sind, übernehmen.

Beispiel: Verlegung einer Einzelfirma von einem Kanton in einen anderen

Eine natürliche Person ist im Kanton A wohnhaft. Sie übt eine defizitäre selbstständige Tätigkeit im Kanton B aus. Sie verlegt diese Tätigkeit vom Kanton B in den Kanton C. Sie wird im Kanton C die in den Kantonen B und A noch nicht verrechneten Verluste geltend machen können.

312.3 Inkrafttreten

Die am 1. Januar 2001 in Kraft getretene Regelung von Art. 25 Abs. 4 StHG gilt nicht für die im Jahre 2000 oder in früheren Jahren vorgenommenen Sitzverlegungen. In diesen Fällen gilt für den interkantonalen Verlustvortrag die kantonale Regelung und die Rechtsprechung des Bundesgerichtes bezüglich des verfassungsrechtlichen Verbots der interkantonalen Doppelbesteuerung. Andererseits gilt die Bestimmung in Art. 25 Abs. 4 StHG für die im Kalenderjahr 2001 oder im Steuerjahr 2001 vorgenommenen Sitzverlegungen.

Weder das Gesetz noch die Vollzugsverordnungen regeln die übergangsrechtlichen Fragen. Die Schweizerische Steuerkonferenz gibt hierzu die folgenden Empfehlungen ab:

a) Die gesetzlich vorgesehene Möglichkeit des interkantonalen Verlustvortrags betrifft Steuerpflichtige, die im Laufe des Jahres 2001 oder später abgeschlossenen Geschäftsjahres ihren steuerrechtlichen Wohnsitz, ihren Geschäftsbetrieb, ihren Sitz oder ihre tatsächliche Verwaltung innerhalb der Schweiz verlegt haben

b) In den unter Buchstabe a fallenden Situationen betrifft der Vortrag ausserkantonale Verluste, die vor dem Geschäftsjahr des Sitz- oder Wohnsitzwechsels erlitten wurden.

c) Für die Dauer des Verlustvortrags sei auf die seit 1. Januar 2001 geltenden Bestimmungen des StHG verwiesen.

d) Es obliegt dem Steuerpflichtigen, auf Grund der Veranlagungen des Wegzugkantons nachzuweisen, welcher Verlustbetrag aus früheren Steuerperioden noch nicht kompensiert wurde.

e) Für die Bestimmung des Verlustbetrags aus früheren Jahren, dessen Vortrag zulässig ist, gilt die Gesetzgebung des Wegzugkantons, insbesondere was die steuerliche Behandlung der Grundstückgewinne und den Wechsel der zeitlichen Bemessung angeht.

32 *Änderungen in der Steuerpflicht* von juristischen Personen

321 Verlegung des Sitzes oder der tatsächlichen Verwaltung

Art. 22 StHG entfaltet seine Wirkungen im interkantonalen Verhältnis[5].

---

[5] Siehe Botschaft des Bundesrates über eine neue Bundesverfassung vom 20. November 1996, Kommentar des Art. 118.

Art. 22 Abs. 1 StHG bestimmt, dass im Falle einer Verlegung des Sitzes oder der tatsächlichen Verwaltung im Laufe einer Steuerperiode von einem Kanton in einen anderen die juristische Person in beiden Kantonen für die ganze Steuerperiode steuerpflichtig ist. Die Verlegung des Sitzes innerhalb der Schweiz im Laufe der Steuerperiode bewirkt demnach am Stichtag der Verlegung keine Beendigung der Steuerpflicht im Wegzugskanton und keinen Beginn der Steuerpflicht im Zuzugskanton. Die Steuerperiode, während welcher die Sitzverlegung vorgenommen worden ist, wird nicht zerlegt. Dementsprechend entfällt auch die Pflicht der juristischen Person, eine Zwischenbilanz zu erstellen. Die Gesellschaft ist für die ganze Steuerperiode in beiden Kantonen steuerpflichtig. Um eine interkantonale Doppelbesteuerung zu vermeiden, müssen die Kantone die steuerbaren Elemente untereinander aufteilen (Art. 22 Abs. 3 StHG).

Art. 22 Abs. 1 StHG bezieht sich auf die Verlegung des Sitzes oder der tatsächlichen Verwaltung, d.h. auf eine Änderung der Steuerpflicht auf Grund persönlicher Zugehörigkeit. Wenn eine Unternehmung ihre tatsächliche Verwaltung in einen anderen Kanton verlegt, aber den Sitz im Wegzugskanton behält, muss im Lichte der Praxis des Bundesgerichtes zum Verbot der interkantonalen Doppelbesteuerung untersucht werden, ob der Sitz nach wie vor das Hauptsteuerdomizil begründet. Wenn nicht nur ein förmlicher Sitz vorliegt, bleibt die juristische Person im Sitzkanton auf Grund der persönlichen Zugehörigkeit steuerpflichtig. Am Ort der tatsächlichen Verwaltung begründet das Unternehmen eine Betriebsstätte. Im umgekehrten Fall ist Art. 22 Abs. 1 StHG für die Verlegung der tatsächlichen Verwaltung anwendbar. Befindet sich der Sitz der Unternehmung im Ausland, die tatsächliche Verwaltung aber in der Schweiz, fällt die Verlegung dieser Verwaltung in einen anderen Kanton unter die Regelung von Art. 22 Abs. 1 StHG.

Art. 22 Abs. 1 zweiter Satz StHG setzt die Aufgaben der Kantone im Veranlagungsverfahren fest. Die Steuerbehörde des Sitzes am Ende der Steuerperiode ist die Veranlagungsbehörde im Sinne von Art. 39 Abs. 2 StHG. Diesem Kanton obliegt es, dem andern Kanton den Inhalt der Steuererklärung und die Veranlagung mitzuteilen. Die Regeln der interkantonalen Steuerausscheidung gelten sinngemäss (Art. 22 Abs. 3 StHG) für die Ausscheidung der steuerbaren *Elemente unter den* Kantonen, in denen sich nacheinander der Sitz der juristischen Person befand.

Bei einer Sitzverlegung einer Unternehmung im Laufe einer Steuerperiode von einem Kanton in einen anderen wird der Gesamtgewinn der Periode auf die zwei Kantone aufgeteilt. In der Regel werden die steuerbaren Elemente im Verhältnis zur Dauer des in jedem betroffenen Kanton tatsächlich begründeten Sitzes zugeteilt. Wenn es die Umstände rechtfertigen, ist jedoch auch eine andere Ausscheidungsmethode denkbar, z.B. wenn der Gewinn eine ausserordentliche, beim Sitzwechsel erzielte Einnahme beinhaltet. Ebenso kann die Ausscheidungsmethode wichtige Änderungen bezüglich Tätigkeit am neuen Sitz berücksichtigen, die im Zusammenhang mit einer Umstrukturierung stehen. Auch eine mit dem Sitzwechsel einhergehende Begründung einer Betriebsstätte im Wegzugskanton kann die Ausscheidungsmethode beeinflussen.

Die Vielfalt von Situationen rechtfertigt es, auf die vom Bundesgericht in seiner mittlerweile mehr als hundert Jahre dauernden Rechtsprechung zum Verbot der interkantonalen Doppelbesteuerung entwickelten Grundsätze zu verweisen. Diese Grundsätze müssen auch in dem Fall analog angewandt werden, bei welchem eine Unternehmung in der gleichen Steuerperiode in mehreren Kantonen ihren Sitz hat. Das Bundesgericht hat sich diesbezüglich bis anhin nicht zur interkantonalen Ausscheidung der steuerbaren Elemente äussern können.

322 Änderung der Steuerpflicht auf Grund wirtschaftlicher Zugehörigkeit

Art. 22 Abs. 2 StHG behandelt die Folgen bei Begründung, Änderung oder Aufhebung von Nebensteuerdomizilen im interkantonalen Verhältnis. Dieses Nebensteuerdomizil kann jenes der Betriebsstätte oder jenes der Anlageliegenschaft sein. Gemäss den bis heute anwendbaren Grundsätzen bewirkt jede Änderung einer wirtschaftlichen Zugehörigkeit eine Aufteilung der Steuerperiode. Die neue Bestimmung will gerade diese Aufteilung unterbinden. Die Bestimmung wird einerseits die Aufgaben der interkantonalen Unternehmungen vereinfachen und andererseits das Verfahren der interkantonalen Ausscheidungen erleichtern. Die Durchsetzung dieser Bestimmung wurde erst durch die Vereinheitlichung des Systems der zeitlichen Bemessung bei juristischen Personen ermöglicht.

Beispiel:

Die Gesellschaft PC AG handelt mit elektronischem Material. Sie hat ihren Sitz im Kanton A. Im Laufe des Steuerjahres N (Kalenderjahr) reorganisiert sie sich. Die Gesellschaft schliesst ihren Verkaufsladen im Kanton C. Sie verlegt ihren Sitz vom Kanton A in den Kanton B zu Beginn des zweiten Semesters. Im gleichen Zeitpunkt eröffnet sie eine Betriebsstätte im Kan-

ton A. Drei Monate später eröffnet sie eine Betriebsstätte im Kanton D. Gemäss Rechtsprechung des Bundesgerichtes müsste die Gesellschaft per 1. April, 1. Juli und 1. Oktober des Jahres N eine Zwischenbilanz erstellen. Da die Steuerperiode nicht mehr aufgeteilt werden muss, ist diese Rechtsprechung nicht mehr anwendbar. Die Kantone A, B, C und D beteiligen sich am Gesamtgewinn und am Kapital der Steuerperiode N. Wenn die Ausscheidung auf Grund des Umsatzes vorgenommen wird, kann der Kanton B (Sitzkanton am Ende der Steuerperiode) in Zusammenarbeit mit der Gesellschaft die Umsätze der Betriebsstätte in den Kantonen C und D, jene der Betriebsstätte im Kanton A und jene der Sitzkantone A und B festlegen. Das Präzipuum zu Gunsten des Sitzes kann den Kantonen A und B zugeteilt werden.

Art. 22 Abs. 3 StHG beeinflusst die im Sinne der Rechtsprechung des Bundesgerichtes zum Verbot der interkantonalen Doppelbesteuerung anzuwendende Ausscheidungsmethode für das steuerbare Kapital. Laut Art. 31 Abs. 4 StHG bemisst sich das steuerbare Kapital nach dem Stand am Ende der Bemessungsperiode. Diese Regel gilt für alle Kantone, die einen Teil des Kapitals der interkantonalen Unternehmung besteuern, ungeachtet dessen, dass im Laufe der Steuerperiode eine Beendigung der wirtschaftlichen Zugehörigkeit in einem Kanton eingetreten ist (siehe Art. 22 Abs. 2 und 3 StHG). Der verkürzten Dauer der wirtschaftlichen Zugehörigkeit wird in diesem Fall Rechnung getragen[6].

33 Änderungen in der Steuerpflicht von natürlichen Personen

331 Änderung der persönlichen Zugehörigkeit

Das Bundesgesetz vom 15. Dezember 2000 hat die bisher anwendbaren gesetzlichen und richterlichen Regeln für die Aufnahme und Beendigung der Steuerpflicht in Folge eines Wohnsitzwechsels innerhalb der Schweiz tiefgreifend verändert. Diese Änderungen betreffen in erster Linie die Kantone, die das System der einjährigen Postnumerandobesteuerung kennen. Das StHG regelt auch den Wohnsitzwechsel innerhalb von Kantonen, die das System der zweijährigen Praenumerandobesteuerung anwenden. Die Verordnung des Bundesrates vom 9. März 2001 über die Anwendung des Steuerharmonisierungsgesetzes im interkantonalen Ver-

[6] Das Kreisschreiben 17 der SSK betreffend die interkantonale Steuerausscheidung für juristische Personen im Postnumerandosystem behandelt mehrere Anwendungsfälle zu Artikel 22 Absatz 3 StHG bei Änderung der Steuerpflicht im Laufe des Steuerjahres betreffend Spezial- oder Nebensteuerdomizilen.

hältnis befasst sich mit dem Wohnsitzwechsel zwischen Kantonen, die unterschiedliche Systeme der zeitlichen Bemessung kennen.

Unter Wohnsitz ist jener gemäss Art. 3 Abs. 2 StHG zu verstehen. Besteht kein solcher Wohnsitz in der Schweiz, finden die Bestimmungen des StHG auch Anwendung bei Verlegung des Aufenthaltsortes von einem Kanton in einen anderen oder wenn nach einem Aufenthalt ein steuerrechtlicher Wohnsitz in einem anderen Kanton begründet wird.

331.1 Wohnsitzwechsel zwischen Kantonen, die das System der einjährigen Postnumerandobesteuerung anwenden

Die am 1. Januar 2001 in Kraft getretene Bestimmung von Art. 68 Abs. 1 StHG ordnet an, dass im Fall eines steuerrechtlichen Wohnsitzwechsels innerhalb der Schweiz die Voraussetzungen für eine Steuerpflicht auf Grund persönlicher Zugehörigkeit für die laufende Steuerperiode im Wohnsitzkanton am Ende der Steuerperiode erfüllt sind. Vorbehalten bleibt die Besteuerung von Kapitalleistungen im Sinne von Art. 11 Abs. 3 StHG. Diese sind in dem Kanton steuerbar, in dem der Steuerpflichtige im Zeitpunkt der Fälligkeit seinen Wohnsitz hat. (siehe Ziff. 332.1). Ebenfalls vorbehalten bleibt der besondere Fall der Besteuerung an der Quelle (siehe Ziff. 332.2).

Im Falle eines Wohnsitzwechsels im Laufe eines Kalenderjahres kann einzig der Wohnsitzkanton am Ende des Jahres den Steuerpflichtigen für die ganze Steuerperiode besteuern. Der vorherige Wohnsitzkanton kann diese Person nicht auf Grund einer persönlichen Zugehörigkeit besteuern[7]. Der Umstand, dass eine Person während eines Teils des Jahres ihren Wohnsitz in einem anderen Kanton hatte, hindert diesen Kanton nicht, diese Person auf Grund einer wirtschaftlichen Zugehörigkeit zu besteuern.

Das Bundesgericht hat in seiner Rechtsprechung zum Verbot der interkantonalen Doppelbesteuerung hin und wieder mehrfache Steuerorte auf Grund persönlicher Zugehörigkeiten anerkannt. Im Falle eines alternierenden Wohnsitzes hat der Steuerpflichtige in zwei Kantonen abwechslungsweise einen steuerlichen Wohnsitz[8]. Art. 68 StHG verhindert eine interkantonale Steuerausscheidung auf Grund eines alternierenden Wohnsitzes nicht. Das Bundesgericht

[7] Siehe Beispiele im Kreisschreiben18 der SSK.

[8] Peter Locher, Einführung in das interkantonale Steuerrecht, S. 52; Höhn/Mäusli, Interkantonales Steuerrecht, 4. Auflage, S. 93.

hat auch erkannt, dass ein nach den Grundsätzen der Familienbesteuerung gemeinsam veranlagtes Ehepaar je einen eigenen Wohnsitz begründen kann[9]. Wechselt ein Ehepartner seinen Wohnsitz von einem Kanton in einen anderen, findet Art. 68 StHG für ihn Anwendung.

331.2 Wohnsitzwechsel zwischen Kantonen, die das System der zweijährigen Pränumerandobesteuerung anwenden

Im Falle eines Wohnsitzwechsels innerhalb von Kantonen, die das System der zweijährigen Pränumerandobesteuerung anwenden, bestimmt Art. 15 StHG nach wie vor, dass die Steuerpflicht im Wegzugskanton mit dem Wohnsitzwechsel endet und gleichzeitig im Zuzugskanton beginnt. In diesem Kanton bestimmt sich das steuerbare Einkommen auf Grund der seit dem Zuzug vereinnahmten Einkünfte. Die Ausnahmebestimmung in Art. 15 Abs. 3 Bst. a StHG zu dieser Regel wurde per 1. Januar 2001 aufgehoben.

331.3 Wohnsitzwechsel zwischen Kantonen, die unterschiedliche Systeme der zeitlichen Bemessung anwenden

Der Wohnsitzwechsel zwischen Kantonen mit unterschiedlichen Systemen der zeitlichen Bemessung wird in der Verordnung des Bundesrates vom 9. März 2001 über die Anwendung des Steuerharmonisierungsgesetzes im interkantonalen Verhältnis geregelt. Ein solcher Wohnsitzwechsel muss von den Kantonen ähnlich wie ein Wohnsitzwechsel über die Landesgrenze behandelt werden[10].

332 Sonderfälle

332.1 Besteuerung von Kapitalleistungen im Sinne von Artikel 11 Absatz 3 StHG

Auf Grund von Art. 68 Absatz 1 zweiter Satz StHG sind Kapitalleistungen im Sinne von Art. 11 Abs. 3 StHG im Zeitpunkt der Fälligkeit im betroffenen Wohnsitzkanton steuerbar. Es handelt sich hierbei um Kapitalleistungen aus Vorsorge (Säulen 2 und 3a), sowie um Zahlungen bei Tod und für bleibende körperliche oder gesundheitliche Nachteile. Nach Art. 11 Abs. 3 sind diese Leistungen gesondert zu veranlagen und unterliegen einer vollen Jahressteuer. Der für die Veranlagung zuständige Kanton wird nach dem Fälligkeitsdatum der

[9] Peter Locher, a.a.O., S. 59; Höhn/Mäusli, a.a.O., S. 137; Martin Arnold, Der steuerrechtliche Wohnsitz natürlicher Personen im interkantonalen Verhältnis nach der neueren bundesgerichtlichen Rechtsprechung, ASA 68 449 und 481.

[10] Siehe das Kreisschreiben 16 der SSK.

Leistung bestimmt. Massgebend sind die Familienverhältnisse am Ende der Steuerperiode oder der Steuerpflicht.

Art. 68 Abs. 1 zweiter Satz StHG ist gesetzessystematisch dem siebten Titel des StHG zugeordnet, der die einjährige Veranlagung für natürliche Personen regelt. Man kann jedoch davon ausgehen, dass diese Bestimmung auch für Kantone mit zweijähriger Pränumerandobesteuerung oder für solche mit unterschiedlichen Systemen der zeitlichen Bemessung Anwendung findet.

332.2 Wohnsitzwechsel von Personen, die nach den Art. 32, 33 und 34 Abs. 2 StHG besteuert werden

Gemäss Art. 32 StHG werden ausländische Arbeitnehmer, welche die fremdenpolizeiliche Niederlassungsbewilligung nicht besitzen, für ihr Einkommen aus unselbstständiger Erwerbstätigkeit an der Quelle besteuert. Bei Verlegung des Wohnnsitzes oder Aufenthaltsortes innerhalb der Schweiz werden sie von demjenigen Kanton besteuert, in dem sie bei Fälligkeit der steuerbaren Leistungen ihren Wohnsitz oder Aufenthaltsort haben. Werden diese Leistungen in der Folge ordentlich veranlagt (Art. 38 Abs. 2 StHG), bleiben die an der Quelle abgezogenen Steuerbeträge beim Kanton, der sie erhoben hat. Im Rahmen der ordentlichen Veranlagung besteuert jeder Kanton die Steuerpflichtigen im Verhältnis zur Dauer der Steuerpflicht (Art. 38 Abs. 4 StHG, anwendbar ab dem 1. Januar 2001)[11].

333 Wohnsitzwechsel im Laufe der Steuerperiode, in welcher der Wegzugskanton zum System der einjährigen Postnumerandobesteuerung wechselt

Im Falle eines Wohnsitzwechsels zwischen Kantonen, welche die einjährige Postnumerandobesteuerung anwenden, ist für die ganze Steuerperiode der Kanton des Wohnsitzes am Ende der Steuerperiode für die Veranlagung und den Bezug zuständig. Wenn der Wegzugskanton zu Beginn dieser Steuerperiode von der zweijährigen Pränumerandobesteuerung zur einjährigen Postnumerandobesteuerung übergeht, was für eine Mehrheit der Kantone bei einem Wohnsitzwechsel im Jahre 2001 zutrifft, bleibt die steuerpflichtige Person in diesem Kanton für die im Laufe der Bemessungslücke vereinnahmten ausserordentlichen Einkünfte im Sinne von Art. 69 StHG steuerpflichtig. Sie kann im Wegzugskanton auch die ausserordentlichen

[11] Siehe das Kreisschreiben 14 der SSK.

Aufwendungen geltend machen, sofern dieser Kanton die Anrechnung gemäss Art. 69 Abs. 4 Bst. a StHG vornimmt.

Beispiel:

Eine im Kanton A wohnhafte natürliche Person wechselt ihren Wohnsitz per 1. Juli 2001 in den Kanton B, welcher die einjährige Postnumerandobesteuerung anwendet. Für die Steuerperiode 2001 ist diese Person im Kanton B steuerpflichtig. Der Kanton A ist per 1. Januar 2001 von der zweijährigen Pränumerandobesteuerung zur einjährigen Postnumerandobesteuerung übergegangen. Der Kanton A wird diese Person für die ausserordentlichen Einkünfte der Jahre 1999 und 2000 besteuern. Die ausserordentlichen Aufwendungen derselben Jahre wird der Kanton A zum Abzug bringen, sofern er sich für die Lösung gemäss Art. 69 Abs. 4 Bst. a StHG entschieden hat.

334 Änderung der Steuerpflicht in Folge wirtschaftlicher Zugehörigkeit

334.1 Im Verhältnis zwischen Kantonen, die das System der einjährigen Postnumerandobesteuerung anwenden

Art. 68 Abs. 2 StHG regelt die Folgen einer Änderungen der Steuerpflicht im Laufe einer Steuerperiode bezüglich einer wirtschaftlichen Zugehörigkeit ausserhalb des Wohnsitzkantons. Diese seit dem 1. Januar 2001 in Kraft stehende Bestimmung untersagt eine zeitliche Aufteilung der Steuerperiode in Fällen der Begründung, der Änderung oder der Aufhebung eines Spezial- oder Nebensteuerdomizils.

Beispiel:

Eine im Kanton A wohnhafte natürliche Person kauft im Februar des Jahres N ein sich im Bau befindliches Chalet im Kanton B. Im Herbst des gleichen Jahres ist das Haus bezugsbereit. Im November schenkt diese Person das Haus einem im Kanton C wohnhaften nahen Verwandten. Die verschiedenen Änderungen der Steuerpflicht (Kauf der Liegenschaft, Beginn der wirtschaftlichen Nutzung und Schenkung) bewirken keine Aufteilung der Steuerperioden der betroffenen Personen. Die im Kanton A wohnhafte Person wird für die Steuerperiode N von diesem Kanton besteuert. Dieser Kanton wird zu Gunsten des Kantons B eine interkantonale Ausscheidung vornehmen. Der im Kanton C wohnhafte Verwandte wird für die Steuerperiode N von diesem Kanton besteuert. Dieser Kanton C wird zu Gunsten des Kanton B eine interkantonale Ausscheidung vornehmen. Im Kanton B sind beide Personen für den jedem einzeln zugewiesenen Liegenschaftsertrag steuerpflichtig.

Art. 68 Abs. 2 StHG gilt generell auch in Fällen von Änderungen betreffend Betriebsstätten ausserhalb des Wohnsitzkantons.

Beispiel:
Eine im Kanton A wohnhafte natürliche Person übt eine selbstständige Erwerbstätigkeit aus. Der Sitz der Einzelfirma ist im Kanton A. Im Laufe des Jahres N wurde eine Betriebsstätte im Kanton B eröffnet und die Betriebsstätte im Kanton C wurde in den Kanton D verlegt. Diese verschiedenen Änderungen der Steuerpflicht auf Grund wirtschaftlicher Zugehörigkeiten bewirken in keinem Kanton eine Aufteilung der Steuerperiode. Für die Steuerperiode N wird der Kanton A den Gewinn der Unternehmung auf die Kantone A (Sitz), B, C und D (Betriebsstätten) aufteilen.

Ist die Dauer einer wirtschaftlichen Zugehörigkeit in einem anderen Kanton kürzer als eine ganze Steuerperiode, wird der Grundsatz nach Art.1 66 Abs. 4 StHG (Besteuerung des Vermögens im Verhältnis zur Dauer der Zugehörigkeit) nicht durch eine Herabsetzung des Steuerbetrages umgesetzt, sondern durch eine betragsmässige Herabsetzung der dem Nebensteuerdomizil zugewiesenen Vermögensteile (siehe Art. 68 Abs. 2 zweiter Satz StHG). Diese Sonderregel gewährleistet eine gerechte Aufteilung der Schuldzinsen unter den Kantonen[12].

Die durch ein Spezial- oder Nebensteuerdomizil in Folge wirtschaftlicher Zugehörigkeit begründete Steuerpflicht erstreckt sich auf die ganze Steuerperiode. Für eine eventuelle Umrechnung von periodischen Einkünften ist demnach die Zeitdauer der Steuerpflicht am Hauptsteuerdomizil massgebend.

Beispiel:
Eine natürliche Person nimmt anfangs des zweiten Quartals des Jahres N in der Schweiz im Kanton A Wohnsitz. Einige Monate später, anfangs Oktober, kauft sie eine Zweitwohnung im Kanton B. Der Kanton A veranlagt die Person für die Steuerperiode N (unterjährige Steuer-

[12] Siehe das Kreisschreiben 18. der SSK.

pflicht vom 1.4. bis zum 31.12.). Der Kanton A nimmt eine interkantonale Ausscheidung zu Gunsten des Kantons B vor. Dieser veranlagt den Liegenschaftsertrag für eine Steuerperiode, die der Dauer der persönlichen Zugehörigkeit entspricht.

334.2 Im Verhältnis zwischen Kantonen, die das System der zweijährigen Pränumerandobesteuerung anwenden

Die Folgen einer Änderung in der wirtschaftlichen Zugehörigkeit ausserhalb des Wohnsitzkantons werden durch das StHG, durch die kantonalen Gesetze und durch das Bundesrecht zum Verbot der interkantonalen Doppelbesteuerung geregelt. Der Vollständigkeit halber sei auf die Bestimmung in Art. 17 Bst. d StHG hingewiesen, wonach das Einkommen und das Vermögen bei einer Änderung der für die Besteuerung im interkantonalen und internationalen Verhältnis massgebenden Grundlagen einer Zwischenveranlagung unterworfen sind.

334.3 Im Verhältnis zwischen Kantonen, die unterschiedliche Systeme der zeitlichen Bemessung anwenden

Die Anwendung der Regel gemäss Art. 68 Abs. 2 zweiter Satz StHG kann im Kanton mit einähriger Postnumerandobesteuerung zu Abweichungen der prozentualen Aufteilung der Schulden und Schuldzinsen unter Kantonen führen[13]. In diesen Fällen hat Artikel 68 Absatz 2 zweiter Satz für die Zuweisung der Schulden und Schuldzinsen zu Lasten der Kantone Vorrang.

4 Inkrafttreten

Das Gesetz vom 15. Dezember 2000 ist am 1. Januar 2001 in Kraft getreten und findet – wie das vorliegende Kreisschreiben - ab der Steuerperiode 2001 Anwendung.

[13] Im Falle einer unterjährigen Steuerpflicht scheidet der Kanton, welcher das Pränumerandosystem anwendet, die Gesamtwerte aus (und berechnet seine Steuer pro rata temporis), währenddem der Kanton, welcher das Postnumerandosystem anwendet, die Ausscheidung mit den pro rata temporis im Verhältnis zur Dauer der Steuerpflicht herabgesetzten Werten vornimmt.

S Schweizerische Steuerkonferenz
CSI Conférence suisse des impôts
K Conferenza svizzera delle imposte

Union des autorités fiscales suisses
Vereinigung der schweiz. Steuerbehörden
Associazione delle autorità fiscali svizzere

Vorstand / Comité

Analyse des Vorstandes SSK zum neuen Rechnungslegungsrecht

Beschluss des Vorstandes vom 12.2.2013

Aktualisierung 26.11.2014

I. Entstehung des neuen Rechnungslegungsrechts

In der Botschaft vom 21. Dezember 2007[1] unterbreitete der Bundesrat dem Parlament unter anderem den Entwurf zur Änderung des Rechnungslegungsrechts (32. Titel des Obligationenrechts und spezialgesetzliche Bestimmungen). Das veraltete und lückenhafte Rechnungslegungsrecht sollte umfassend revidiert und durch rechtsformneutrale Bestimmungen ersetzt werden. Anfang April 2009 spaltete die ständerätliche Rechtskommission aus politischen Gründen das Rechnungslegungsrecht von den aktienrechtlichen Bestimmungen ab.[2] So entstand die eigenständige Vorlage zum neuen Rechnungslegungsrecht (Vorlage 2 von 08.011).

Das Parlament verabschiedete in der Schlussabstimmung vom 23. Dezember 2011 das neue Rechnungslegungsrecht; das Referendum wurde nicht ergriffen. Am 21. November 2012 hat der Bundesrat die entsprechenden Bestimmungen und die erforderlichen Ausführungsbestimmungen auf den 1. Januar 2013 in Kraft gesetzt.[3]

Das neue Rechnungslegungsrecht knüpft grundsätzlich nicht an die Rechtsform des Unternehmens, sondern an dessen wirtschaftliche Bedeutung an. Die allgemeinen Vorschriften des neuen Rechnungslegungsrechts entsprechen der Buchführung und Rechnungslegung eines gut geführten KMU. Weitergehende Bestimmungen gelten für Unternehmen, die der ordentlichen Revision unterliegen, und für Konzerne. Unter bestimmten Voraussetzungen muss im Interesse des Kapitalmarkts oder zum Schutz von Personen mit Minderheitsbeteiligungen ein Einzelabschluss oder eine Konzernrechnung nach einem anerkannten Standard zur Rechnungslegung erstellt werden.[4]

II. Steuerrechtliche Analyse des neuen Rechnungslegungsrechts

Der Wille des Gesetzgebers war es, das bisherige Recht zu modernisieren und präzisieren. Die Steuerneutralität war sowohl dem Bundesrat[5] als auch dem Parlament[6] wichtig und konnte grundsätzlich eingehalten werden. Die Veranlagungspraxis wird durch das neue Rechnungslegungsrecht insbesondere bei folgenden Punkten tangiert:

---

[1] Botschaft vom 21. Dezember 2007 zur Änderung des Obligationenrechts (Aktienrecht und Rechnungslegungsrecht sowie Anpassungen im Recht der Kollektiv- und der Kommanditgesellschaft, im GmbH-Recht, Genossenschafts-, Handelsregister- sowie Firmenrecht), BBl 2008 1589 ff. (Geschäft 08.011).

[2] Vgl. Amtliches Bulletin des Ständerats vom 2009, S. 602.

[3] AS 2012 S. 6679 sowie S. 6709.

[4] Vgl. Medienmitteilung des Bundesrats vom 22. November 2012.

[5] Botschaft 2007, S. 1626 und Amtliches Bulletin des Nationalrats von 2010, S. 1818 (Antwort von Bundesrätin Widmer-Schlumpf auf die Frage 10.5527 von Nationalrat Noser vom 6. Dezember 2010 „Keine Verschärfung der Steuerpraxis durch die Revision des Rechnungslegungsrechts“).

[6] *Amtliches Bulletin des Ständerats* von 2009, S. 1187 (Kommissionssprecher Janiak) und Amtliches Bulletin des Nationalrats von 2010, S. 1363 (Kommissionssprecher Roux).

Pflicht zur Buchführung und Rechnungslegung

Einzelunternehmen und Personengesellschaften mit einem Umsatzerlös von mindestens CHF 500'000 unterliegen der Pflicht zur Buchführung und Rechnungslegung gemäss den Art. 957 ff. OR[7]. Darunter fallen neu auch Selbständigerwerbende, die einen freien Beruf ausüben.

Der für die Buchführungspflicht massgebende Umsatzerlös ergibt sich jeweils aufgrund des Vorjahres, wobei dieser um Skonti, Rabatte und Debitorenverluste vermindert wird.[8] Dasselbe gilt für Stornierungen.

Fällt der Umsatzerlös in einzelnen Geschäftsjahren unter CHF 500'000, muss lediglich über die Einnahmen und Ausgaben sowie über die Vermögenslage Buch geführt werden („Milchbüchlein-Rechnung", Art. 957 Abs. 2 und 3 OR). Aus steuerrechtlicher Optik ist die kontinuierliche Besteuerung der Periodenergebnisse auch in diesen Fällen sicherzustellen.

Auch bei vereinfachter Buchführung ist für steuerliche Zwecke eine Gliederung der Einnahmen und Ausgaben nach Arten erforderlich.

Die Frage, ob schweizerische Betriebsstätten ausländischer Unternehmen eine separate Jahresrechnung erstellen müssen, lässt sich aus dem OR nicht beantworten. Für den Vollzug der Art. 6 Abs. 2 und Art. 52 Abs. 2 DBG[9] ist eine separate Jahresrechnung aber unabdingbar.

Der Abschluss nach anerkanntem Standard gemäss Art. 962 ff. nOR bildet nicht Grundlage für die steuerbare Gewinnermittlung.[10]

Bewertung nach Veräusserungswerten

Muss die Bewertung infolge Einstellung der Tätigkeit oder von Teilen davon in den nächsten zwölf Monaten auf Veräusserungswerte umgestellt werden (Art. 958*a* Abs. 2 OR), so ist diese Neubewertung aufgrund des Massgeblichkeitsprinzips steuerwirksam. Handelsrechtswidrig unterlassene Neubewertungen sind im Rahmen einer steuerlichen Bilanzberichtigung zu korrigieren.

Zeitliche und sachliche Abgrenzung

Einzelunternehmen und Personengesellschaften können aufgrund der Milchbüchlein-Rechnung (Art. 957 Abs. 2 und 3 OR) auf die zeitliche Abgrenzung bis zu einem Umsatzerlös von CHF 500'000 verzichten. Deshalb betrifft Art. 958*b* Abs. 2 OR nur juristische Personen. Diese können neu bei einem Nettoerlös aus Lieferungen und Leistungen von bis zu CHF 100'000 oder Finanzerträgen von bis zu CHF 100'000 auf die zeitliche Abgrenzung verzichten. Massgebend für die Pflicht zur zeitlichen Abgrenzung ist das Überschreiten des Schwellenwertes entweder beim Nettoerlös aus Lieferungen und Leistungen oder bei den Finanzerträgen im Berichtsjahr.

Fremdwährung

Art. 958*d* Abs. 3 OR bildet die gesetzliche Grundlage für die Anwendung des Bundesgerichtsentscheids[11] zur steuerunwirksamen Behandlung der Differenzen aus der Umrechnung von der funktionalen Währung in die Darstellungswährung. An der bisherigen steuerlichen Praxis ändert sich nichts.

---

[7] SR 220.

[8] Amtliches Bulletin des Ständerats vom 2005, S. 624.

[9] SR 642.11.

[10] Art. 962 Abs. 1 und Art. 962a Abs. 1 Ziff. 2 gemäss Botschaft 2007 wurden vom Parlament ersatzlos gestrichen (s. Amtliches Bulletin des Nationalrats von 2010, S. 1905 ff., Antrag Kaufmann).

[11] BGE 136 II 88 ff.; vgl. auch die Analyse der SSK vom 15. Februar 2011 zu diesem Bundesgerichtsentscheid vom 1. Oktober 2009.

Die Berechnung der Steuerbemessungsgrundlage erfolgt mit Ausnahme des Grundkapitals sowie der von der ESTV bestätigten Reserven aus Kapitaleinlagen, welche zum historischen Kurs umzurechnen sind, durch Umrechnung zum Kurs des Bilanzstichtages.

Gründungs-, Kapitalerhöhungs- und Organisationskosten

Gründungs-, Kapitalerhöhungs- und Organisationskosten dürfen aufgrund von Art. 959 Abs. 2 OR inskünftig nicht mehr aktiviert werden. Steuerlich bilden sie geschäftsmässig begründeten Aufwand. Die handelsrechtlich notwendige Ausbuchung bestehender aktivierter Gründungs-, Kapitalerhöhungs- und Organisationskosten im Zeitpunkt der Erstanwendung des neuen Rechnungslegungsrechts gilt steuerrechtlich als geschäftsmässig begründeter Aufwand.

Umlauf- und Anlagevermögen

Art. 959 Abs. 3 OR regelt die Zuteilung von Aktiven zum Umlaufsvermögen und Anlagevermögen neu. Entsprechende Auswirkungen sind bei der Bilanzierung von Liegenschaften oder Wertschriften zu erwarten. Diese Präzisierung des bisherigen Rechts verändert die steuerrechtliche Praxis zur steuerneutralen Ersatzbeschaffung und zum gewerbsmässigen Liegenschaftshandel nicht.

Eigene Aktien

Gemäss Art. 959*a* Abs. 2 Ziff. 3 Bst. e OR sind die eigenen Kapitalanteile neu als Minusposten im Eigenkapital auszuweisen. Es handelt sich dabei ausschliesslich um eine Änderung der Darstellung, welche die steuerrechtliche Praxis nicht ändert.[12] Art. 659*a* Abs. 2 OR, der die Folgen des Erwerbs eigener Aktien regelt, wurde noch nicht an den neuen Art. 959*a* Abs. 2 Ziff. 3 Bst. e OR angepasst. Dieses gesetzgeberische Versehen führt zu einem Widerspruch zwischen dem Aktien- und dem Rechnungslegungsrecht. Die neueren, spezielleren und sachgerechteren Bestimmungen des Rechnungslegungsrechts gehen jedoch denjenigen des geltenden Aktienrechts vor.

Bei den eigenen Aktien handelt es sich sowohl zivil- als auch steuerrechtlich um einen effektiv vorhandenen Vermögenswert. Somit können unrealisierte Wertverluste zwischen dem Verkehrswert und den Anschaffungskosten von den Steuerpflichtigen in der Steuerbilanz gewinnsteuerwirksam geltend gemacht werden, auch wenn diese unter dem neuen Rechnungslegungsrecht handelsrechtlich nicht mehr verbucht werden dürfen. Werterholungen sind bis zu den Anschaffungskosten als Gewinn steuerbar. Effektive Buchgewinne bzw. -verluste sind bei Veräusserung unabhängig von der handelsrechtlichen Verbuchung steuerwirksam. Der Minusposten „eigene Kapitalanteile“ reduziert das steuerbare Eigenkapital nicht.

Einzelbewertung von Beteiligungen und Liegenschaften

Für Beteiligungen und Liegenschaften gilt in der Regel die Einzelbewertung (Art. 960 Abs. 1 OR).

Abschreibungen, Wertberichtigungen und Rückstellungen

Abschreibungen spiegeln den nutzungs- und altersbedingten Wertverlust von abnutzbaren Wirtschaftsgütern wider, Wertberichtigungen andere Wertverluste. Abschreibungen können wie bisher steuerrechtlich nur im Zeitpunkt ihrer Verbuchung auf ihre geschäftsmässige Begründetheit überprüft werden.

Wertberichtigungen werden steuerlich wie bisher den Rückstellungen gleichgestellt. Wertberichtigungen und bisherige Abschreibungen auf Beteiligungen können nach Art. 62 Abs. 4 DBG in jeder Steuerperiode auf die geschäftsmässige Begründetheit hin überprüft werden.

---

[12] Botschaft 2007, S. 1706.

Die gemäss Art. 960*a* Abs. 4 OR handelsrechtlich zulässigen, zusätzlichen Abschreibungen und Wertberichtigungen bilden mit Ausnahme der bereits bisher zulässigen Einmalabschreibungen[13] aus steuerrechtlicher Sicht kein geschäftsmässig begründeter Aufwand nach Art. 58 ff. DBG.

Dasselbe gilt für die Bildung von Rückstellungen für das dauernde Gedeihen des Unternehmens (beispielsweise Wiederbeschaffungsreserven) gemäss Art. 960*e* Abs. 3 Ziff. 4 und Abs. 4 OR.

Schwankungsreserven

Um Schwankungen im Kursverlauf Rechnung zu tragen, darf gemäss Art. 960*b* Abs. 2 OR eine Wertberichtigung zulasten der Erfolgsrechnung gebildet werden, wenn Aktiven zum Börsenkurs oder zum beobachtbaren Marktpreis am Bilanzstichtag bewertet werden. Die Schwankungsreserve darf die Differenz zwischen Buchwert und Anschaffungskosten nicht überschreiten.

Die Bildung der Schwankungsreserven gilt bei sämtlichen Unternehmen im Rahmen der üblichen Kursschwankungen als geschäftsmässig begründet. [14]

Anhang und Geldflussrechnung

Der Anhang (Art. 959*c* und Art. 961*a* OR) und die Geldflussrechnung (Art. 961*b* OR) sind Bestandteile der Jahresrechnung (Art. 958 Abs. 2 und Art. 961 Ziff. 2 OR) und müssen zusammen mit der Steuererklärung eingereicht werden.

Aufbewahrung der Geschäftskorrespondenz

Der Hinweis auf die Geschäftskorrespondenz wurde vollständig aus der Geschäftsbücherverordnung[15] gestrichen, da Art. 958*f* OR die Aufbewahrung nicht mehr generell vorschreibt. Die Unternehmen haben jedoch weiterhin denjenigen Teil der Geschäftskorrespondenz aufzubewahren, der einen teilweisen oder vollständigen Buchungsbeleg gemäss Art. 957*a* Abs. 3 OR darstellt. Jede Buchung muss belegt werden können (Art. 957*a* Abs. 2 Ziff. 2 und 5 OR). Die Geschäftskorrespondenz stellt einen Buchungsbeleg dar, sobald sie zum Nachweis der Begründung, Änderung oder Aufhebung buchungsrelevanter Rechte oder Pflichten des buchführungspflichtigen Unternehmens geeignet und notwendig ist. Das neue Rechnungslegungsrecht will die Unternehmen nur von der Aufbewahrung derjenigen Geschäftskorrespondenz befreien, die für die Buchführung und Rechnungslegung ohne Erkenntniswert ist.[16]

Solange ein Unternehmen noch nicht die Bestimmungen des neuen Rechnungslegungsrechts anwendet (Art. 2 der Übergangsbestimmungen), muss es die Geschäftskorrepondenz gemäss bisherigem Recht aufbewahren. Die Geschäftsbücherverordnung wurde nicht eigenständig, sondern im Hinblick auf das neue Rechnungslegungsrecht angepasst. Dies ergibt sich explizit aus dem Ingress, der auf den neuen Art. 958f OR verweist.

Buchführung nach neuem Recht vor Ablauf der Übergangsfrist

Werden Buchführung und Rechnungslegung bereits vor Ablauf der Übergangsfrist nach neuem Recht erstellt, sind die nach neuem Recht erstellten Abschlüsse auch steuerlich massgeblich. Verfahrens*rechtlich* werden die Steuerpflichtigen an derjenigen Jahresrechnung behaftet, welche der Steuererklärung gestützt auf Art. 42 Abs. 3 StHG bzw. Art. 125 Abs. 2 DBG beigelegt wird.

[13] Botschaft 2007, S. 1711.
[14] Botschaft 2007, S. 1713.
[15] SR 221.431.
[16] Vgl. den erläuternden Bericht vom 16. August 2012 zum Inkraftsetzen des Rechnungslegungsrechts und Erlass der neuen Verordnung über die anerkannten Standards zur Rechnungslegung (VASR) zur Teilrevision der Revisionsaufsichtsverordnung (RAV), S. 11.

CONFERENCE SUISSE DES IMPOTS
Union des autorités fiscales suisses

SCHWEIZERISCHE STEUERKONFERENZ
Vereinigung der schweiz. Steuerbehörden

CONFERENZA FISCALE SVIZZERA
Associazione delle autorità fiscali svizzere

Vorstand / Comité

Analyse

zum Bundesgerichtsentscheid vom 1. Oktober 2009 (2C_897/2008)

zur steuerlichen Behandlung der Differenzen aus der Umrechnung von der funktionalen Währung in die Darstellungswährung

An der Sitzung vom 15. Februar 2011 vom Vorstand der SSK genehmigt

Gemäss Urteil des BGer vom 1. Oktober 2009 (2C_897/2008) ist zu unterscheiden zwischen

- Währungsdifferenzen, welche bei der Umrechnung von Fremdwährungen in die funktionale Währung entstehen; diese sind erfolgswirksam zu behandeln;
- und Währungsdifferenzen, welche bei der Umrechnung von der funktionalen Währung in die Währung, in welcher der Jahresabschluss dargestellt werden muss, entstehen; diese sind erfolgsneutral als separater Bestandteil des Eigenkapitals auszuweisen.

Nach diesem Urteil ist das Eigenkapital zum Stichtagskurs des jeweiligen Bilanzstichtags umzurechnen. Erträge und Aufwände sind zum Wechselkurs am Tag des Geschäftsvorfalls umzurechnen.

Aufgrund des Bundesgerichtsentscheids ergeben sich für die Veranlagungspraxis folgende Grundsätze:

- Sofern die Umrechnung von der funktionalen in die Darstellungswährung nach der current oder closing rate-Methode[1] (Stichtagsmethode) erfolgt, ist für die Veranlagung die in CHF erstellte und von der Generalversammlung genehmigte Jahresrechnung massgeblich, wobei die Umrechnungsdifferenzen von der funktionalen in die Darstellungswährung steuerunwirksam sind. Erfolgte die Umrechnung dagegen mit einer anderen Methode, ist der Jahresabschluss in der funktionalen Währung massgeblich, und für die Veranlagung erfolgt die Umrechnung nach der closing rate-Methode.
- Allfällig handelsrechtlich erfolgswirksam verbuchte Umrechnungsdifferenzen von der funktionalen in die Darstellungswährung sind im Sinne einer steuerlichen Korrekturvorschrift zu neutralisieren.
- Sofern die Buchhaltung in einer Fremdwährung (funktionale Währung) geführt wird, ist der Steuererklärung aufgrund der Massgeblichkeit der Handelsbilanz zusätzlich zur Jahresrechnung in CHF auch die Jahresrechnung in der funktionalen Währung beizulegen.
- Eine allfällige in der Bilanz ausgewiesene Rückstellung für Umrechnungsdifferenzen von der funktionalen in die Darstellungswährung (zurückgestellte Währungsgewinne aufgrund des Imparitätsprinzips) kann ohne Gewinnsteuerfolgen den offenen Reserven gutgeschrieben werden.
- Werden Differenzen aus der Umrechnung von der funktionalen in die Darstellungswährung weiterhin über eine Rückstellung verbucht, wird der Saldo dieser Rückstellung dem steuerbaren Eigenkapital zugerechnet.
- Vorjahresverluste sind nur insoweit mit späteren Gewinnen verrechenbar, als sie nicht auf Umrechnungsdifferenzen von der funktionalen in die Darstellungswährung zurückzuführen sind. Die Berechnung der Vorjahresverluste erfolgt aufgrund der Abschlüsse in der funktionalen Währung.
- Der Beteiligungsabzug wird in der funktionalen Währung berechnet.
- Auch bei der Liquidation der Gesellschaft ergeben sich aufgrund der Umrechnung von der funktionalen in die Darstellungswährung keine steuerwirksamen Umrechnungsdifferenzen.

Aufgrund der präjudiziellen Wirkung dieses Urteils sind diese Grundsätze auf alle offenen Veranlagungen von Kapitalgesellschaften und Genossenschaften anwendbar.

Ferner wird empfohlen, diese Grundsätze, die sich aus dem Bundesgerichtsentscheid ergeben, auch auf Betriebsstätten von ausländischen juristischen Personen, welche in der Schweiz aufgrund wirtschaftlicher Zugehörigkeit steuerpflichtig sind, anzuwenden.

[1] Vgl. Schweizer Handbuch der Wirtschaftsprüfer, Band 1, Treuhandkammer 2009, S. 145.

CONFERENCE SUISSE DES IMPOTS
Union des autorités fiscales suisses

SCHWEIZERISCHE STEUERKONFERENZ
Vereinigung der schweiz. Steuerbehörden

CONFERENZA FISCALE SVIZZERA
Associazione delle autorità fiscali svizzere

Arbeitsgruppe Unternehmenssteuern
Groupe de travail Fiscalité d'entreprise

Praxishinweise zur steuerlichen Behandlung der US-amerikanischen Limited Liability Company bei den direkten Steuern

(Vom Vorstand der Schweizerischen Steuerkonferenz am 6.9.2011 genehmigt)

In der Einschätzungspraxis sind immer wieder Fälle zu beurteilen, in welchen in der Schweiz ansässige natürliche oder juristische Personen Anteile an US-amerikanischen Limited Liability Companies (LLC) halten. Diese Gesellschaften werden in den USA meist steuerlich transparent, d. h. wie Personengesellschaften behandelt. Umstritten ist in der Schweiz deshalb die Frage, ob Anteile an einer LLC steuerlich gleich wie Anteile an einer schweizerischen GmbH oder wie eine Beteiligung an einer Personengesellschaft zu behandeln sind.

Vorbehalt: Die vorliegenden Praxishinweise beziehen sich nur auf zivilrechtliche Gestaltungen, welche auch steuerrechtlich zu anerkennen sind (vgl. zu den Voraussetzungen eines Durchgriffs, Entscheid des Bundesgerichts 2P.92/2005 vom 30.1.2006, E. 7.2 mit Hinweisen).

1. Beurteilung aufgrund des internen Rechts

Nach internem Recht stehen die beiden folgenden Fragen im Vordergrund:

- Bei der Einkommenssteuer: Erzielt der in der Schweiz ansässige Gesellschafter aus seiner Beteiligung an der LLC Vermögensertrag im Sinn von Art. 20 DBG oder Einkommen aus selbständiger Erwerbstätigkeit (Einkünfte aus einer Personengesellschaft) im Sinn von Art. 18 DBG?
- Bei der Gewinnsteuer: Erzielt eine in der Schweiz ansässige Kapitalgesellschaft oder Genossenschaft, welche Anteile an einer LLC hält, Beteiligungsertrag im Sinn von Art. 69 DBG oder ist ihr Anteil an der LLC wie eine Beteiligung an einer Personengesellschaft zu behandeln?

Gemäss Art. 20 Abs. 1 lit. c DBG sind Dividenden, Gewinnanteile, Liquidationsüberschüsse und geldwerte Vorteile aus Beteiligungen aller Art als Erträge aus beweglichem Vermögen steuerbar. Für Dividenden, Gewinnanteile, Liquidationsüberschüsse und geldwerte Vorteile aus Aktien, Anteilen an Gesellschaften mit beschränkter Haftung, Genossenschaftsanteilen und Partizipationsscheinen sieht Art. 20 Abs. 1bis DBG eine Teilbesteuerung von 60% vor, wenn diese Beteiligungsrechte mindestens 10% des Grund- oder Stammkapitals einer Kapitalgesellschaft oder einer Genossenschaft darstellen. Zur Beurteilung der Frage, ob eine ausländische Beteiligung bzw. ein ausländisches Beteiligungsrecht im Sinn von Art. 20 Abs. 1 lit. c DBG bzw. Art. 20 Abs. 1bis DBG vorliegt, kann sinngemäss auf Art. 49 Abs. 3 DBG abgestellt werden. Danach werden ausländische juristische Personen den inländischen juristischen Personen gleichgestellt, denen sie rechtlich oder tatsächlich am ähnlichsten sind.

Auch für die Frage, ob eine Beteiligung im Sinn von Art. 69 DBG vorliegt, ist sinngemäss auf Art. 49 Abs. 3 DBG abzustellen (ESTV-KS Nr. 27, Ziffer 2.3.2). Die LLC ist somit auch für die Zwecke des Beteiligungsabzugs derjenigen inländischen juristischen Person gleichzustellen, der sie rechtlich oder tatsächlich am ähnlichsten ist.

Wie die LLC in ihrem Sitzstaat steuerlich behandelt wird, kann hingegen nicht das einzig entscheidende Kriterium sein (a. M. Greter [Der Beteiligungsabzug im harmonisierten Gewinnsteuerrecht, S. 96]; dieser begründet seine Auffassung damit, dass nur dann eine Vielfachbesteuerung eintrete, wenn die ausländische Rechtsfigur im Sitzstaat als Körperschaft besteuert werde und sich deshalb nur dann die Gewährung des Beteiligungsabzugs rechtfertige. Dies trifft aber gerade nicht zu: Werden nämlich die Erträge der LLC im Sitzstaat - auf Ebene der Gesellschafter - und anschliessend nochmals im Ansässigkeitsstaat der Gesellschafter - wiederum auf der Ebene der Gesellschafter - besteuert, liegt eine mehrmalige Besteuerung des gleichen Substrats vor und die Gewährung des Beteiligungsabzugs bei juristischen Personen bzw. die Gewährung des Teilbesteuerungsverfahrens bei natürlichen Personen ist sachlich gerechtfertigt). Zudem führt nur die sinngemässe Anwendung von Art. 49 Abs. 3 DBG auf Stufe der Gesellschafter zu einer kohärente Besteuerung in Fällen, in welchen die LLC selber in der Schweiz unbeschränkt (aufgrund der tatsächlichen Verwaltung) oder beschränkt (Betriebsstätte oder Grundeigentum) steuerpflichtig ist.

Die LLC ist, wie es ihr Name sagt, eine Gesellschaft mit beschränkter Haftung (GmbH), was den Vergleich mit dieser Gesellschaftsform nahelegt. Allerdings ist dieser Vergleich insofern schwierig, als das Gesellschaftsrecht in den USA von den Bundesstaaten geregelt wird und die gesetzlichen Vorschriften zu einem grossen Teil dispositiver Natur sind, so dass die LLC in der Praxis stark unterschiedlich ausgestaltet werden kann. Dennoch können die folgenden vergleichbaren Charakteristika festgehalten werden:

- Wie die GmbH schweizerischen Rechts weist die LLC teils personenbezogene, teils kapitalbezogene Elemente auf. Wie die GmbH ist die LLC also zwischen den rein kapitalistischen und den rein individualistischen Gesellschaftsformen einzustufen.
- Wie bei der GmbH ist die Haftung der LLC grundsätzlich auf das Vermögen der Gesellschaft begrenzt. Das Vermögen der Gesellschafter (bei der LLC häufig „members" genannt) ist im Normalfall vom Zugriff der Gläubiger der Gesellschaft geschützt. Nur in Bezug auf gezeichnete, aber noch nicht liberierte Einlagen haben die Gläubiger ein Forderungsrecht (vgl. z. B. Section 403.b des Revised Uniform Limited Liability Company Act [ein Mustergesetz für die Bundessstaaten zur Legiferierung der LLC], abrufbar über www.law.upenn.edu/bll/archives/ulc/ullca/2006act_final.htm); auch diesbezüglich besteht eine Ähnlichkeit zur GmbH, bei welcher die Haftung der Gesellschafter grundsätzlich auf das nicht einbezahlte Stammkapital begrenzt wird (vgl. Art. 793-795dOR).
- Wie die GmbH (vgl. Art. 779 OR) hat die LLC eine eigene juristische Persönlichkeit (vgl. z. B. *§ 18-201 b des Delaware* Limited Liability Company Act, http://delcode.delaware.gov/title6/c018/index.shtml: „A limited liability company formed under this chapter shall be a separate legal entity, the existence of which as a separate legal entity shall continue until cancellation of the limited liability company's certificate of formation.")
- Wie die GmbH wurde die LLC vor allem für kleinere Verhältnisse konzipiert, wo eine Verbindung von beschränkter Haftung mit persönlicher Beteiligung und Betätigung der Mitglieder bezweckt wird.

- Wie die GmbH, welche die Rechtspersönlichkeit erst durch die Eintragung in das Handelsregister erlangt (Art. 779 OR), gilt die LLC nicht bereits durch den Abschluss des Gesellschaftervertrags als gegründet, sondern erst wenn die Gründungsurkunde (certificate of formation) beim Büro des Secretary of State eingereicht wird (z. B. § 18-201 a und b des Delaware Limited Liability Company Act).
- Wie bei der GmbH ist die Abtretung der Gesellschaftsanteile nur unter Bedingungen möglich (vgl. Art. 786 OR: Zustimmung der Gesellschafterversammlung und Art. 785 OR: Schriftform; § 18-704 des Delaware Limited Liability Act: Übertragung gemäss LLC Agreement oder mangels Bestimmung im Agreement bei Zustimmung sämtlicher Members; die Vermögensrechte allein können hingegen meist ohne Einschränkungen übertragen werden).
- Wie bei der GmbH wird auch bei der LLC die Geschäftsführung durch sämtliche Gesellschafter wahrgenommen, es sei denn die Statuten oder ein Beschluss der Gesellschafter bestimmen etwas anderes (vgl. Art. 809 OR und § 18-402 des Delaware Limited Liability Act).
- Wie bei der GmbH führt auch bei der LLC das Ausscheiden eines Gesellschafters nicht zur Auflösung der LLC (siehe z. B. Section 603 des Revised Uniform Limited Liability Company Act).

Insgesamt ergibt sich aus dieser Aufzählung, dass die LLC mit einer schweizerischen GmbH verglichen werden kann. Steuerlich sollte sie nach internem Recht damit gleich wie eine GmbH behandelt werden, auch wenn sie im Sitzstaat wie eine Personengesellschaft besteuert wird (vgl. Oliver Untersander / Marianne Nufer, Aktuelle Probleme der Besteuerung von Aktiengesellschaft und Aktionär, IFF-Seminar 2011, Lösungsansatz zu Fall 4a, S. 22f.). Theoretisch ist zwar denkbar, dass eine amerikanische LLC im Einzelfall so ausgestaltet ist, dass sie eher einer Personengesellschaft als einer GmbH gleichzustellen ist. Ein entsprechender Nachweis wäre, da zumeist steuermindernder Natur, durch den Steuerpflichtigen zu erbringen. Im Allgemeinen werden aber die der GmbH vergleichbaren Kriterien, insbesondere die Rechtspersönlichkeit und die beschränkte Haftung stärker zu gewichten sein als die mit einer Personengesellschaft vergleichbaren Elemente. Es sind somit kaum Fälle denkbar, in welchen die LLC nach internem Recht wie eine Personengesellschaft zu behandeln ist.

Somit ergibt sich die folgende Behandlung der LLC nach internem Recht:

- **Vermögenssteuer**: Anteile einer in der Schweiz ansässigen natürlichen Person an einer LLC unterliegen mit ihrem Verkehrswert der Vermögenssteuer.

- **Einkommenssteuer**: Ausschüttungen der LLC stellen Vermögensertrag im Sinn von Art. 20 DBG dar. Sofern die in der Schweiz ansässige Person mit mehr als 10% an der LLC beteiligt ist, kommt das Teilbesteuerungsverfahren nach Art. 20 Abs. 1bis DBG zur Anwendung. Gewinne und Verluste der LLC selber sind in der Schweiz auf Stufe des Anteilsinhabers steuerlich unbeachtlich (Anteile der LLC im Privatvermögen gehalten).

- **Gewinnsteuer**:
    - Die LLC selber kann in der Schweiz gewinnsteuerpflichtig sein (wenn sie ihre tatsächliche Verwaltung, eine Betriebsstätte oder eine Liegenschaft in der Schweiz hat).
    - Anteile, welche eine in der Schweiz ansässige Kapitalgesellschaft oder Genossenschaft an einer LLC hält, gelten als Beteiligungen in Sinn von Art. 69 DBG.

2. Einschränkungen aufgrund des Doppelbesteuerungsabkommens mit den USA

In einem zweiten Schritt ist zu prüfen, inwiefern die Besteuerung gemäss internem Recht durch das DBA-USA eingeschränkt wird.

2.1 Vermögenssteuer

Bei der Vermögenssteuer ergibt sich keine Einschränkung, da das DBA-USA nur die Einkommens- und Gewinnsteuer regelt (Art. 2 DBA-USA).

2.2 Einkommenssteuer

Bei der Einkommenssteuer stellt sich die Frage, ob der Besteuerung der Ausschüttungen nach internem Recht eine Bestimmung des DBA entgegensteht. Gemäss Art. 23 Abs. 1 lit. a DBA-USA muss die Schweiz nämlich Einkünfte einer in der Schweiz ansässigen Person freistellen, sofern diese Einkünfte nach dem Abkommen in den Vereinigten Staaten besteuert werden können.

Nachdem Ausschüttungen aus LLC nach internem Recht Vermögensertrag darstellen, liegt es nahe, vorab zu prüfen, ob der Dividendenartikel (Art. 10) des DBA-USA anwendbar ist. Hier ist zu beachten, dass Art. 10 Abs. 4 DBA-USA eine eigene Definition des Dividendenbegriffs enthält. Als Dividenden gelten danach nur Einkünfte aus Aktien oder anderen Rechten - ausgenommen Forderungen - mit Gewinnbeteiligung sowie aus sonstigen Gesellschaftsanteilen stammende Einkünfte, die nach dem Recht des Vertragsstaats, aus dem sie stammen, den Einkünften aus Aktien steuerlich gleichgestellt sind.

Anteile an LLC sind keine Aktien („shares"). Dividenden liegen demnach nur dann vor, wenn die Ausschüttungen der LLC in den USA den Einkünften aus Aktien steuerlich gleichgestellt sind. Dies ist nur dann der Fall, wenn die LLC in den USA als eigenes Steuersubjekt behandelt wird, d. h. nicht wie eine Personengesellschaft besteuert wird. In diesem Fall ist Art. 10 DBA-USA anwendbar und die Ausschüttungen können aufgrund von Art. 10 Abs. 1 DBA-USA in der Schweiz besteuert werden (mit pauschaler Steueranrechnung der in den USA aufgrund von Art. 10 Abs. 2 DBA-USA erhobenen Quellensteuer).

Wird die LLC in den USA hingegen steuerlich wie eine Personengesellschaft behandelt, ist Art. 10 DBA-USA nicht anwendbar. Im Sinn des DBA-USA liegen damit keine Dividendeneinkünfte vor (so auch Untersander/Nufer, a. a. O., S. 24).

Gemäss Art. 7 Abs. 1 DBA-USA können Gewinne eines *Unternehmens eines Vertragsstaats nur in diesem Staat* besteuert werden, es sei denn, das Unternehmen übt seine Tätigkeit im anderen Vertragsstaat durch eine dort gelegene Betriebsstätte aus.

Nach Art. 3 Abs. 1 lit. c DBA-USA bedeutet der Ausdruck „Unternehmen eines Vertragsstaats" ein Unternehmen, das von einer *in einem Vertragsstaat ansässigen Person* betrieben wird.

Gemäss Art. 4 Abs. 1 Bst. a DBA-USA bedeutet der Begriff „eine in einem Vertragsstaat ansässige Person" eine Person, die nach dem Recht dieses Staates dort auf Grund ihres Wohnsitzes, ihres ständigen Aufenthaltes, ihrer Staatsangehörigkeit, des Ortes ihrer Geschäftsleitung, des Ortes ihrer Errichtung oder eines anderen Merkmales steuerpflichtig ist. Die steuerlich transparente LLC ist damit keine in den USA ansässige Person, da sie selber gar nicht steuerpflichtig ist. Damit kann aber die LLC selber auch nicht Unternehmen eines Vertragsstaats im Sinn von Art. 3 Abs. 1 lit. c und Art. 7 Abs. 1 DBA-USA sein.

Aufgrund der steuerlich transparenten Behandlung der LLC in den USA ist vielmehr davon auszugehen, dass das Unternehmen der LLC im Sinn des DBA nicht von der LLC selber, sondern von ihren Gesellschaftern betrieben wird. Befinden sich die Gesellschafter nicht alle im gleichen Vertragsstaat (z. B. 60% der Anteile werden von in den USA ansässigen Personen, 40% von in der Schweiz ansässigen Personen gehalten), so liegt aufgrund der Zurechnung des Unternehmens der LLC an die Gesellschafter anteilig ein Unternehmen des Vertragsstaats USA und anteilig ein Unternehmen des Vertragsstaats Schweiz vor (im Beispiel zu 60% ein Unternehmen des Vertragsstaats USA und zu 40% ein Unternehmen des Vertragsstaats Schweiz). Würde man diese anteilige Zurechnung der LLC an die Gesellschafter ablehnen, würde man zu einem kaum dem Zweck des DBA entsprechenden Resultat gelangen: Das in der LLC betriebene Unternehmen wäre dann, obwohl die LLC ihren Sitz und - gegebenenfalls - ihre Geschäftstätigkeit in den USA hat und ihre Gesellschafter teilweise im Vertragsstaat Schweiz und teilweise im Vertragsstaat USA ansässig sind, kein Unternehmen eines Vertragsstaats im Sinn des DBA-USA. Das DBA-USA wäre damit auf das in der LLC betriebene Unternehmen überhaupt nicht anwendbar.

Aufgrund der auch nach Massgabe des DBA-USA zu beachtenden steuerlichen transparenten Behandlung der LLC kann Art. 7 Abs. 1 DBA-USA somit indirekt über die Gesellschafter auf das in der LLC betriebene Unternehmen angewandt werden. Im Umfang der Beteiligung von in der Schweiz ansässigen Gesellschaftern an der LLC liegt ein von diesen betriebenes Unternehmen und somit ein Unternehmen des Vertragsstaats Schweiz vor, so dass der anteilige Gewinn der LLC grundsätzlich in der Schweiz steuerbar ist (aufgrund der internrechtlichen Qualifikation allerdings nicht als Einkommen aus selbständiger Erwerbstätigkeit, sondern – soweit und sobald der Gewinn überhaupt an die Gesellschafter ausgeschüttet wird – als Vermögensertrag). Verfügt die LLC in den USA über eine Betriebsstätte, ist der auf die Betriebsstätte entfallende Gewinn (bzw. die auf die Betriebsstätte entfallende Ausschüttung) aufgrund von Art. 7 Abs. 1 DBA-USA in den USA steuerbar und in der Schweiz von der Besteuerung auszunehmen. Das Vorliegen einer Betriebsstätte in den USA ist eine steuermindernde Tatsache und damit durch den Anteilsinhaber nachzuweisen. Ebenso ist nachzuweisen, inwieweit der Gewinn der LLC der Betriebsstätte zuzurechnen ist.

Verfügt die LLC über keine Betriebsstätte, bleibt es bei der anteiligen Besteuerung in der Schweiz. Zum gleichen Resultat kommt man, wenn die LLC gar kein Unternehmen betreibt, sondern beispielsweise rein vermögensverwaltend tätig ist. Diesfalls ist Art. 7 DBA-USA nicht anwendbar, da gar kein Unternehmen vorliegt. Das Besteuerungsrecht der Schweiz ergibt sich dann aus Art. 21 Abs. 1 DBA-USA (vgl. auch Untersander / Nufer, a. a. O., S. 24f.).

Diese Beurteilung steht im Einklang mit der steuerlichen Behandlung der LLC durch die Abteilung Rückerstattung Verrechnungssteuer der ESTV. Auch die ESTV geht davon aus, dass die nach US-Recht steuerlich transparente LLC aufgrund von Art. 4 Abs. 1 lit. a DBA-USA keine in den USA ansässige Person ist und behandelt die LLC für die Zwecke der Verrechnungssteuerrückerstattung steuerlich transparent. Die LLC selber kann demnach keine Verrechnungssteuerrückerstattung aufgrund von Art. 10 Abs. 2 DBA-USA verlangen; dies können nur die einzelnen Gesellschafter für ihre Anteile (Andreas Kolb, Abkommensberechtigung ausländischer Personengesellschaften und anderer Unternehmungsstrukturen, FStR 2006, 137, 145f.). Diese Beurteilung deckt sich auch mit der Auffassung von Tischbirek im DBA-Kommentar von Vogel / Lehner (Art. 10 N 190) und einem Urteil des Finanzgerichts Baden-Württemberg (4 K 59/06 vom 17.3.2008; dieses Urteil wurde allerdings vom deutschen Bundesfinanzhof nicht bestätigt: vgl. BFH-Urteil I R 34/08 vom 20.8.2008, wonach die LLC selber „Unternehmen" im Sinn von Art. 7 Abs. 1 sei; folglich sei nicht Art. 7 Abs. 1 sondern Art. 21 DBA auf die Einkünfte des Gesellschafters anwendbar; gleicher Auffassung wie der BFH sind das Bundesministerium für Finanzen, BMF-Schreiben vom 19. März 2004 zur steuerlichen Einordnung der nach dem Recht der Bundesstaaten der USA gegründeten Limited Liability Company, Ziffer 3b) und die britische Steuerbehörde, HM Revenue and Customs, siehe www.hmrc.uk/manuals/dtmanual/DT19853A.htm). Zur Qualifikation einer in den USA transparent behandelten S-Corporation als Kapitalgesellschaft, vgl. Entscheid der Steuerrekurskommission I des Kantons Zürich 1 ST.2006.238 vom 29.1.2007; der Entscheid betraf allerdings nur von der S-Corporation entrichtetes Arbeitseinkommen des Alleinaktionärs).

2.3 Gewinnsteuer

Bei der Gewinnsteuer werden die Ausschüttungen der LLC mit dem Beteiligungsabzug indirekt freigestellt, so dass im Allgemeinen wirtschaftlich betrachtet gar keine Doppelsteuerung eintritt. Dennoch sind die vorstehenden Überlegungen zur Einkommenssteuer (Ziffer 2.2) sinngemäss auch bei der Gewinnsteuer anwendbar. Konsequenterweise sind somit Erträge aus einer LLC, welche in den USA steuerlich transparent behandelt wird, insoweit mittels Steuerausscheidung den USA zuzuweisen als die steuerpflichtige Kapitalgesellschaft oder Genossenschaft nachweist, dass diese einer Betriebsstätte der LLC in den USA zuzurechnen sind. Auf solchermassen in die USA ausgeschiedenen Erträgen ist konsequenterweise kein Beteiligungsabzug zu gewähren.

3. Fazit

Ein Leitentscheid zur steuerlichen Behandlung der LLC ist in der Schweiz bisher nicht ergangen. Folgt man der hier vertretenen Auffassung, wonach Art. 7 DBA-USA auf in den USA steuerlich transparent behandelte LLC anwendbar ist, da solche LLC nach der Systematik des DBA wie eine Personengesellschaft zu behandeln sind, ergibt sich folgendes Fazit:

- Nach internem Recht sind Anteile an LLC gleich wie Anteile an Kapitalgesellschaften zu behandeln:
    - Bei der Einkommenssteuer sind die Ausschüttungen der LLC nach internem Recht als Ertrag aus beweglichem Vermögen zu erfassen. Soweit qualifizierte Beteiligungen vorliegen, ist Art. 20 Abs. 1bis DBG anwendbar. Verluste der LLC können in der Schweiz nicht abgezogen werden (es handelt sich nach internem Recht um private Kapitalverluste auf einer Beteiligung).
    - Bei der Gewinnsteuer ist Art. 69 DBG auf Beteiligungen an LLC anwendbar.
- Bei in den USA steuerlich transparenten LLC ergibt sich aus dem DBA-USA bei der Einkommens- und Gewinnsteuer die folgende Einschränkung: Der Gewinn der LLC ist nach DBA-USA anteilig an die Gesellschafter zuzurechnen. Insoweit als die Ausschüttung der LLC aus einem Gewinn der LLC stammt, welcher einer Betriebsstätte in den USA zuzurechnen ist, ist diese Ausschüttung in die USA auszuscheiden. Inwieweit der Gewinn der LLC einer Betriebsstätte in den USA zuzurechnen ist, ist als steuermindernde Tatsache durch den Anteilsinhaber nachzuweisen.
- Hingegen ist Art. 10 DBA-USA auf Ausschüttungen von in den USA steuerlich transparent behandelten LLC nicht anwendbar, da es sich nicht um Dividenden im Sinn von Art. 10 DBA-USA handelt.
- Beim Vermögen ist mangels DBA-Bestimmung keine Ausscheidung vorzunehmen.
- Die LLC selber wird in der Schweiz wie eine GmbH besteuert, wenn sie ihre tatsächliche Verwaltung, eine Betriebsstätte oder eine Liegenschaft in der Schweiz hat.

Wegleitung zum Ausfüllen des Lohnausweises bzw. der Rentenbescheinigung

(Formular 11)

Herausgeber

Schweizerische Steuerkonferenz (SSK)
www.ssk-csi.ch

Eidgenössische Steuerverwaltung (ESTV)
www.estv.admin.ch

Bestell-Nr. Formular 605.040.18
Bestell-Nr. Wegleitung 605.040.18.1d

A **Lohnausweis – Certificat de salaire – Certificato di salario**

B **Rentenbescheinigung – Attestation de rentes – Attestazione delle rendite**

C AHV-Nr. – No AVS – N. AVS | Neue AHV-Nr – Nouveau No AVS – Nuovo N. AVS

F Unentgeltliche Beförderung zwischen Wohn- und Arbeitsort
Transport gratuit entre le domicile et le lieu de travail
Trasporto gratuito dal domicilio al luogo di lavoro

D Jahr – Année – Anno

E von – du – dal | bis – au – al

G Kantinenverpflegung / Lunch-Checks
Repas à la cantine / chèques-repas
Pasti alla mensa / buoni pasto

H

Bitte die Wegleitung beachten
Observer s.v.p. la directive
Osservare p.f. l'istruzioni

CHF

1. Lohn soweit nicht unter Ziffer 2–7 aufzuführen / Rente
Salaire qui ne concerne pas les chiffres 2 à 7 ci-dessous / Rente
Salario se non da indicare sotto cifre da 2 a 7 più sotto / Rendita

2. Gehaltsnebenleistungen
Prestations salariales accessoires
Prestazioni accessorie al salario
2.1 Verpflegung, Unterkunft – Pension, logement – Vitto, alloggio +
2.2 Privatanteil Geschäftswagen – Part privée voiture de service – Quota privata automobile di servizio +
2.3 Andere – Autres – Altre
Art – Genre – Genere +

3. Unregelmässige Leistungen – Prestations non périodiques – Prestazioni aperiodiche Art – Genre – Genere +

4. Kapitalleistungen – Prestations en capital – Prestazioni in capitale
Art – Genre – Genere +

5. Beteiligungsrechte gemäss Beiblatt – Droits de participation selon annexe – Diritti di partecipazione secondo allegato +

6. Verwaltungsratsentschädigungen – Indemnités des membres de l'administration – Indennità dei membri di consigli d'amministrazione +

7. Andere Leistungen – Autres prestations – Altre prestazioni
Art – Genre – Genere +

8. Bruttolohn total / Rente – Salaire brut total / Rente – Salario lordo totale / Rendita =

9. Beiträge AHV/IV/EO/ALV/NBUV – Cotisations AVS/AI/APG/AC/AANP – Contributi AVS/AI/IPG/AD/AINP –

10. Berufliche Vorsorge 2. Säule
Prévoyance professionnelle 2e pilier
Previdenza professionale 2° pilastro
10.1 Ordentliche Beiträge – Cotisations ordinaires – Contributi ordinari –
10.2 Beiträge für den Einkauf – Cotisations pour le rachat – Contributi per il riscatto –

11. **Nettolohn / Rente – Salaire net / Rente – Salario netto / Rendita** ➡ =
In die Steuererklärung übertragen – A reporter sur la déclaration d'impôt – Da riportare nella dichiarazione d'imposta

12. Quellensteuerabzug – Retenue de l'impôt à la source – Ritenuta d'imposta alla fonte

13. Spesenvergütungen – Allocations pour frais – Indennità per spese
Nicht im Bruttolohn (gemäss Ziffer 8) enthalten – Non comprises dans le salaire brut (au chiffre 8) – Non comprese nel salario lordo (sotto cifra 8)

13.1 Effektive Spesen
Frais effectifs
Spese effettive
13.1.1 Reise, Verpflegung, Übernachtung – Voyage, repas, nuitées – Viaggio, vitto, alloggio
13.1.2 Übrige – Autres – Altre
Art – Genre – Genere

13.2 Pauschalspesen
Frais forfaitaires
Spese forfettarie
13.2.1 Repräsentation – Représentation – Rappresentanza
13.2.2 Auto – Voiture – Automobile
13.2.3 Übrige – Autres – Altre
Art – Genre – Genere

13.3 Beiträge an die Weiterbildung – Contributions au perfectionnement – Contributi per il perfezionamento

14. Weitere Gehaltsnebenleistungen Art
Autres prestations salariales accessoires Genre
Altre prestazioni accessorie al salario Genere

15. Bemerkungen
Observations
Osservazioni

I Ort und Datum – Lieu et date – Luogo e data

Die Richtigkeit und Vollständigkeit bestätigt
inkl. genauer Anschrift und Telefonnummer des Arbeitgebers
Certifié exact et complet
y.c. adresse et numéro de téléphone exacts de l'employeur
Certificato esatto e completo
compresi indirizzo e numero di telefono esatti del datore di lavoro

☐

605.040.18 Form. 11 (25.8.2006)

Inhaltsübersicht

Häufig gestellte Fragen (FAQ)

Antworten auf häufig gestellte Fragen finden Sie unter www.ssk-csi.ch/index.php?Lohnausweis:FAQ

Wichtigste Abkürzungen

AHV	Alters- und Hinterlassenenversicherung
ALV	Obligatorische Arbeitslosenversicherung
BVG	Bundesgesetz über die berufliche Alters-, Hinterlassenen- und Invalidenvorsorge
DBG	Bundesgesetz über die direkte Bundessteuer
EO	Erwerbsersatzordnung
IV	Invalidenversicherung
NBUV	Nichtberufsunfallversicherung
StGB	Schweizerisches Strafgesetzbuch
StHG	Bundesgesetz über die Harmonisierung der direkten Steuern der Kantone und Gemeinden
Rz	Randziffer

Bitte verwenden Sie für das Ausfüllen des Lohnausweises eine der geläufigen Schriftarten wie Arial, Frutiger, Helvetica oder Verdana.

I. Allgemeines

1 Das Formular Lohnausweis/Rentenbescheinigung ist als Lohnausweis sowie als Bescheinigung für Entschädigungen von Verwaltungsräten zu verwenden. Zudem kann es zur Bescheinigung von Renten der zweiten Säule eingesetzt werden (vgl. Rz 5). Für das Ausfüllen des Formulars ist diese Wegleitung verbindlich. Weitere Informationen finden Sie auf der Internetseite der Schweizerischen Steuerkonferenz (www.ssk-csi.ch).

2 Jeder Arbeitgeber ist verpflichtet, einen Lohnausweis auszustellen. Darin sind **sämtliche Leistungen bzw. geldwerten Vorteile** zu deklarieren, die dem Arbeitnehmer oder dem Pensionierten im Zusammenhang mit dem bestehenden, respektive ehemaligen Arbeitsverhältnis zugeflossen sind. Dieser Grundsatz sowie die nachfolgenden Bestimmungen gelten analog für Vorsorgeeinrichtungen BVG, die eine Rente entrichten. Sie sind verpflichtet, das Formular 11 oder ein diesem inhaltlich entsprechendes eigenes Formular als Rentenbescheinigung auszustellen.

3 Nachfolgend wird aus Gründen der Übersichtlichkeit auf eine geschlechtsneutrale Formulierung verzichtet und davon abgesehen, der Regelung des Lohnausweises zusätzlich die analoge Regelung für das Ausfüllen der Rentenbescheinigung (vgl. v. a. Rz 5) beizufügen. Aus dem gleichen Grund wird darauf verzichtet, neben den Arbeitnehmern jeweils auch die Pensionierten ausdrücklich zu erwähnen – sind letztere doch stets mitgemeint. Folglich sind alle geldwerten Leistungen, die dem Pensionierten aus seinem ehemaligen Arbeitsverhältnis zukommen, vom ehemaligen Arbeitgeber als sogenanntes Ruhegehalt auf dem Formular 11 zu bescheinigen.

II. Notwendige Angaben

Buchstabe A **Verwendung des Formulars 11 als Lohnausweis**

4 Dieses Feld ist anzukreuzen, wenn das Formular für die Bescheinigung von Leistungen dient, die auf Grund eines (unselbstständigen) Arbeitsverhältnisses entrichtet worden sind. Neben dem Regelfall, dass ein Lohn für eine Haupt- oder Nebenerwerbstätigkeit bescheinigt wird, fallen auch die Bezüge eines Verwaltungsratsmitgliedes darunter.

Buchstabe B **Verwendung des Formulars 11 als Rentenbescheinigung**

5 Dieses Feld ist anzukreuzen, wenn die bescheinigten Leistungen auf einem Rentenanspruch beruhen. Bei der **erstmaligen Entrichtung einer Rente ist** der Eidgenössischen Steuerverwaltung (ESTV), Abteilung Erhebung, 3003 Bern (Tel. 058 462 71 50), mit dem **Formular 565** eine Meldung zu machen. Den Rentenempfängern ist unabhängig von der Meldung an die ESTV alljährlich eine Rentenbescheinigung auf dem Formular 11 oder auf dem versicherungseigenen Formular auszustellen.

Für die Bescheinigung von **Kapitalleistungen** ist von den Versicherern nur das Formular 563 zu verwenden.

Buchstabe C **AHV-Nummer**

6 **Alte AHV-Nummer**

Da die neue 13-stellige AHV-Nummer seit 2008 eingeführt ist, muss die alte 11-stellige AHV-Nummer (falls überhaupt noch bekannt) nicht mehr in diesem (linken) Feld angegeben werden.

Neue AHV-Nummer

In diesem (rechten) Feld ist die neue 13-stellige AHV-Nummer anzugeben.

Massgebendes Kalenderjahr

Buchstabe D

7 In diesem Feld ist das Kalenderjahr anzugeben, für das die Lohnzahlungen bescheinigt werden. Der Lohnausweis ist jährlich bzw. bei Wegzug oder Todesfall eines Arbeitnehmers sofort auszustellen. Er hat sämtliche Leistungen, die dem Arbeitnehmer im entsprechenden Kalenderjahr zugeflossen sind, zu umfassen. Eine Aufteilung auf mehrere Einzelausweise ist grundsätzlich unzulässig. Wurden indessen aus betrieblichen Gründen einem Arbeitnehmer vom selben Arbeitgeber mehrere Lohnausweise (z. B. für Tätigkeiten in verschiedenen Abteilungen) ausgestellt, ist in Ziffer 15 des Lohnausweises (Bemerkungen) die Gesamtzahl der Lohnausweise anzubringen, z. B.: «Einer von zwei Lohnausweisen» (vgl. Rz 66).

Lohnperiode

Buchstabe E

8 In diesen Feldern sind die genauen Ein- und Austrittsdaten des Arbeitnehmers anzugeben. Die Lohnperiode ist auch dann anzugeben, wenn der Arbeitnehmer das ganze Jahr bei derselben Firma beschäftigt war. Bei Arbeitnehmern mit mehreren kürzeren Arbeitseinsätzen innerhalb des Kalenderjahres (v. a. bei Temporärangestellten) genügt es, den Beginn des ersten und das Ende des letzten Einsatzes anzugeben. Wenn aus besonderen Gründen für mehrere Zeitabschnitte Lohnausweise ausgestellt werden, ist in Ziffer 15 aller Lohnausweise (Bemerkungen) die Gesamtzahl der Lohnausweise anzugeben, z. B.: «Einer von drei Lohnausweisen» (vgl. Rz 66).

Unentgeltliche Beförderung zwischen Wohn- und Arbeitsort

Buchstabe F

9 Dieses Feld ist anzukreuzen, wenn dem Arbeitnehmer keine Kosten für den Arbeitsweg erwachsen. In Betracht fallen insbesondere:

- **das Zurverfügungstellen eines Geschäftswagens** durch den Arbeitgeber (vgl. Rz 21–25), sofern der Arbeitnehmer für den Arbeitsweg nicht mindestens 70 Rappen pro Kilometer bezahlen muss. Aussendienstmitarbeiter (vgl. auch Rz 70);
- **die Beförderung zum Arbeitsort** mittels Sammeltransports (v.a. im Baugewerbe);
- **die Vergütung der effektiven Autokilometerkosten** an Aussendienstmitarbeiter, die mit dem Privatwagen überwiegend von zu Hause direkt zu den Kunden, also nicht zuerst zu den Büros ihres Arbeitgebers, fahren;
- das Zurverfügungstellen eines (aus geschäftlichen Gründen benützten) **Generalabonnementes.** Erhält ein Arbeitnehmer ein Generalabonnement, ohne dass eine geschäftliche Notwendigkeit besteht, ist das Generalabonnement zum Marktwert unter Ziffer 2.3 des Lohnausweises zu deklarieren (vgl. Rz 19 und 26).

Die Vergütung eines **Halbtaxabonnementes** muss nicht bescheinigt werden.

Kantinenverpflegung/Lunch-Checks/Bezahlung von Mahlzeiten

Buchstabe G

10 Dieses Feld ist anzukreuzen, wenn dem Arbeitnehmer Lunch-Checks (vgl. Rz 18) abgegeben werden oder wenn einem *Aussendienstmitarbeiter bzw.* einem Mitarbeiter mit *aussendienstähnlichen Aufgaben* während mindestens der Hälfte der Arbeitstage die (Mehr-) Kosten für eine auswärtige Hauptmahlzeit in Form von Spesenentschädigungen bezahlt werden. Ein Hinweis ist auch dann anzubringen, wenn der Arbeitgeber dem Arbeitnehmer die Möglichkeit einräumt, verbilligt das Mittag- oder Abendessen in einem Personalrestaurant einzunehmen. Dies gilt auch dann, wenn nicht bekannt ist, ob der Arbeitnehmer davon Gebrauch macht. Bei Unklarheiten berät Sie die Steuerverwaltung des Sitzkantons gerne.

Buchstabe H **Name und Adresse**

11 In diesem Feld ist die Wohnadresse (Name, vollständiger Vorname und Adresse) des Arbeitnehmers anzugeben. Die Grösse des Adressfeldes ermöglicht die Verwendung von Briefumschlägen mit Fenster sowohl links als auch rechts, wobei auf jeden Fall darauf zu achten ist, dass keinerlei vertrauliche Daten im Fenster sichtbar sind.

Buchstabe I **Unterschrift**

12 An dieser Stelle sind Ort und Datum zum Zeitpunkt des Ausfüllens des Lohnausweises, die Firma (genaue Anschrift), die für den Lohnausweis zuständige Person sowie deren Telefonnummer anzugeben. Die Lohnausweise sind handschriftlich zu unterzeichnen. Bei vollautomatisiert erstellten Lohnausweisen kann auf die Unterschrift verzichtet werden.

Ziffer 1 **Lohn** (soweit nicht unter Ziffer 2 bis 7 aufzuführen)

13 In diesem Feld sind sämtliche Leistungen des Arbeitgebers anzugeben, soweit sie nicht separat unter einer der Ziffern 2 bis 7 des Lohnausweises betragsmässig aufzuführen sind. Dies gilt unabhängig vom Verwendungszweck des Lohnes durch den Arbeitnehmer und auch dann, wenn ein Teil des Lohnes nur unter bestimmten Bedingungen, z. B. zwecks Leasing eines Fahrzeuges, ausbezahlt wird oder wenn infolge einer Verrechnung dem Arbeitnehmer nur ein Teil des Lohnes überwiesen wird. Zum Lohn gehören auch Leistungen, welche der Arbeitgeber für den Arbeitnehmer an Drittpersonen erbringt (z. B. Bezahlung der Wohnungsmiete, Übernahme von Leasingraten). Anzugeben sind (als Totalsumme) insbesondere:

14 – **das ordentliche Salär sowie die Taggelder aus Versicherungen,** die durch den Arbeitgeber ausbezahlt werden (z. B. Erwerbsausfallentschädigungen aus Kranken-, Unfall- und Invalidenversicherungen, Taggelder bei Mutterschaft);

15 – **sämtliche Zulagen** (z. B. Geburts-, Kinder- oder andere Familienzulagen, Schicht-, Pikett-, Versetzungs-, Nacht-, Sonntags-, Schmutz- und Wegzulagen, Prämien). Die Zulagen bilden auch dann Bestandteil des Lohnes im Sinne von Ziffer 1 des Lohnausweises, wenn sie in einem Gesamtarbeitsvertrag (GAV) geregelt sind;

Werden Familienzulagen (Geburts-, Kinder- und andere Zulagen) nicht durch den Arbeitgeber, sondern direkt durch die Ausgleichskasse ausbezahlt, ist unter Ziffer 15 des Lohnausweises (Bemerkungen) z.B. folgender Vermerk anzubringen: «Kinderzulagen im Lohnausweis nicht enthalten. Auszahlung durch Ausgleichskasse»;

16 – Provisionen;

17 – **Vergütungen für den Arbeitsweg.** Werden dem Arbeitnehmer die Arbeitswegkosten bezahlt, so wird der Betrag als Berufskostenentschädigung in Ziffer 2.3 deklariert. In diesem Fall ist kein Kreuz im Feld F zu setzen;

18 – **alle Barbeiträge an die auswärtige Verpflegung am Arbeitsort** (z. B. Mittagszulagen). Die Abgabe von Lunch-Checks ist bis zur von der AHV festgelegten Limite (Stand 1.1.2015: CHF 180 pro Monat) mit einem Kreuz im Feld G des Lohnausweises zu deklarieren; darüber hinausgehende Beiträge sind zusätzlich zum Lohn im Sinne von Ziffer 1 des Lohnausweises zu addieren. Für den Fall der Kantinenverpflegung vgl. Feld G des Lohnausweises (Rz 10).

Ziffer 2 **Gehaltsnebenleistungen**

19 In den Feldern 2.1 bis 2.3 des Lohnausweises sind die durch den Arbeitgeber zu bewertenden Gehaltsnebenleistungen (fringe benefits) anzugeben. Als Gehaltsnebenleistungen gelten alle Leistungen des Arbeitgebers, die nicht in Geldform ausgerichtet werden. Sie sind grundsätzlich zum **Marktwert** bzw. **Verkehrswert** zu bewerten und im Lohnausweis zu deklarieren. Als Marktwert gilt der am Markt üblicherweise zu bezahlende bzw. der üblicherweise ausgehandelte Wert. Weitere Gehaltsnebenleistungen sind unter Ziffer 14 des Lohnausweises anzugeben.

Ist der Arbeitnehmer verpflichtet, einen Teil dieser Auslagen selber zu bezahlen bzw. dem Arbeitgeber zurückzuerstatten, ist lediglich der vom Arbeitgeber übernommene Differenzbetrag einzutragen.

Verpflegung und Unterkunft (Zimmer) Ziffer 2.1

In diesem Feld ist der Wert anzugeben, der dem Arbeitnehmer dadurch zufliesst, dass er gratis Verpflegung und Unterkunft vom Arbeitgeber erhält. Die entsprechenden Ansätze können dem Merkblatt N2 der ESTV, das unter www.estv.admin.ch > Dokumentation > Direkte Bundessteuer > Publikation > Merkblätter heruntergeladen oder bei der zuständigen kantonalen Steuerbehörde (vgl. Anhang 1) bestellt werden kann, entnommen werden. Das Feld ist nicht auszufüllen, wenn dem Arbeitnehmer für die gewährte Verpflegung und Unterkunft ein Abzug vom Lohn gemacht wird, der mindestens den Ansätzen gemäss dem erwähnten Merkblatt N2 entspricht. Wird dem Arbeitnehmer nicht ein Zimmer, sondern eine Wohnung zur Verfügung gestellt, so ist dies unter Ziffer 2.3 des Lohnausweises betragsmässig anzugeben (vgl. Rz 26). 20

Privatanteil Geschäftswagen Ziffer 2.2

In diesem Feld ist der Wert anzugeben, der dem Arbeitnehmer dadurch zufliesst, dass er einen Geschäftswagen auch privat benützen darf. Übernimmt der Arbeitgeber sämtliche Kosten und hat der Arbeitnehmer lediglich die Benzinkosten für grössere Privatfahrten am Wochenende oder in den Ferien zu bezahlen, so beträgt der zu deklarierende Betrag **pro Monat 0,8 % des Kaufpreises** inkl. sämtlichen Sonderausstattungen (exkl. Mehrwertsteuer), mindestens aber CHF 150 pro Monat. Bei ganzjähriger Privatnutzung gilt beispielsweise folgender Ansatz:
Kaufpreis CHF 43 000: zu deklarierender Betrag = CHF 4 128 (12 x CHF 344). 21

Bei Leasingfahrzeugen tritt anstelle des Kaufpreises der im Leasingvertrag festgehaltene Barkaufpreis des Fahrzeuges (exkl. Mehrwertsteuer), eventuell der im Leasingvertrag angegebene Objektpreis (exkl. Mehrwertsteuer). Der so ermittelte Betrag ist wie eine zusätzliche Lohnzahlung zu betrachten, die dem Arbeitnehmer neben dem eigentlichen Barlohn entrichtet wird.

Übernimmt der Arbeitnehmer beträchtliche Kosten (z. B. sämtliche Kosten für Unterhalt, Versicherungen, Benzin und Reparaturen; die Übernahme der Benzinkosten dagegen genügt nicht), so ist im entsprechenden Feld 2.2 des Lohnausweises keine Aufrechnung vorzunehmen. In den Bemerkungen unter Ziffer 15 des Lohnausweises ist folgender Text anzubringen: «Privatanteil Geschäftswagen im Veranlagungsverfahren abzuklären». 22

Neben der pauschalen Ermittlung des Privatanteils gemäss Rz 21 besteht die Möglichkeit der effektiven Erfassung der Privatnutzung. Voraussetzung dafür ist, dass ein **Bordbuch** geführt wird. Der im Lohnausweis zu deklarierende Anteil für die Privatnutzung wird so errechnet, dass die Anzahl der privat gefahrenen Kilometer (ohne Arbeitsweg) mit dem entsprechenden Kilometeransatz multipliziert wird (z. B. 8 500 Privatkilometer x 70 Rappen = CHF 5 950). 23

In Fällen, in denen der **Privatgebrauch erheblich eingeschränkt** ist, z. B. durch fest installierte Vorrichtungen für den Transport von Werkzeugen sowie in Fällen, in denen der Geschäftswagen nur für den Arbeitsweg, nicht aber für andere Privatfahrten verwendet werden darf, ist keine Aufrechnung für den Privatanteil des Geschäftswagens vorzunehmen. 24

In allen Fällen ist im Lohnausweis zusätzlich das Feld F (unentgeltliche Beförderung zwischen Wohn- und Arbeitsort) anzukreuzen (vgl. Rz 9). 25

Ziffer 2.3 **Andere Gehaltsnebenleistungen**

26 Auf dieser Zeile ist vorab die Art einer allfälligen weiteren, vom Arbeitgeber ausgerichteten Gehaltsnebenleistung anzugeben, **die der Arbeitgeber bewerten kann** (vgl. auch Rz 62). Zusätzlich ist im entsprechenden Feld deren Wert einzutragen. Werden mehrere solche zusätzlichen Gehaltsnebenleistungen entrichtet, so sind diese auf der entsprechenden Zeile zu bezeichnen und deren Werte soweit möglich separat aufzuführen. Im Feld ist lediglich die Summe einzutragen. Eine steuerbare Gehaltsnebenleistung liegt z. B. dann vor, wenn der Arbeitgeber im eigenen Namen gewisse Auslagen (Lebenshaltungskosten) tätigt und alsdann die entsprechende Leistung (z. B. Mietwohnung, Konsumwaren) dem Arbeitnehmer und ihm nahestehende Personen zur Verfügung stellt. In diesen Fällen ist der **Marktwert** bzw. Verkehrswert (vgl. Rz 19) einzusetzen. Stellt der Arbeitgeber eine eigene Wohnung unentgeltlich zur Verfügung, ist der ortsübliche Mietzins einzutragen. Für Expatriates ist die entsprechende Verordnung massgebend.

Auf eine Deklaration kann verzichtet werden, sofern es sich um Naturalgeschenke anlässlich besonderer Ereignisse (z. B. Weihnachten) handelt, die gemäss den AHV-Richtlinien als geringfügig betrachtet werden (vgl. Rz 62 und 72).

Ziffer 3 **Unregelmässige Leistungen**

27 Auf dieser Zeile ist vorab die Art der Entschädigung bzw. Leistung anzugeben, die dem Arbeitnehmer unregelmässig ausbezahlt worden ist. Zusätzlich ist im entsprechenden Feld der Betrag dieser Leistung einzutragen (wie bei mehreren Leistungen vorzugehen ist, vgl. Rz 26). Die gesonderte Angabe dieser unregelmässigen Leistungen ist im Interesse des Arbeitnehmers, sofern ein **unterjähriges** Arbeitsverhältnis vorliegt. Bei ganzjährigem Arbeitsverhältnis kann auf die separate Deklaration von unregelmässigen Leistungen verzichtet werden. Stattdessen kann der entsprechende Betrag als Bestandteil des Lohnes in Ziffer 1 des Lohnausweises aufgeführt werden.

Als unregelmässige Leistungen gelten insbesondere:

- **Bonuszahlungen,** z. B. leistungsabhängige Gratifikationen oder Gewinnanteile. Fest vereinbarte Zusatzentschädigungen, z. B. ein 13. oder 14. Monatslohn, sind dagegen nicht hier, sondern als Bestandteil des Lohnes in Ziffer 1 des Lohnausweises zu deklarieren;
- **Antritts- und Austrittsentschädigungen**;
- **Treueprämien**;
- **Dienstaltersgeschenke, Jubiläumsgeschenke**;
- **Pauschale Umzugsentschädigungen** (zu den effektiven Umzugsentschädigungen vgl. Rz 71).

Werden solche Leistungen vor oder nach der Zeit, in welcher der Arbeitnehmer Wohnsitz in der Schweiz hatte, ausbezahlt, so sind diese ebenfalls in diesem Feld zu bescheinigen. Sie unterliegen allenfalls der Quellensteuer.

Ziffer 4 **Kapitalleistungen**

28 Auf dieser Zeile ist vorab die Art bzw. der Grund der Kapitalleistung anzugeben, die dem Arbeitnehmer ausbezahlt wird und die möglicherweise mit einem **reduzierten Steuersatz** besteuert wird (z. B. Kapitalleistung für Vorsorge). Zusätzlich ist im entsprechenden Feld der Betrag dieser Leistung einzutragen (wie bei mehreren Leistungen vorzugehen ist, vgl. Rz 26). Als solche Kapitalleistungen fallen in Betracht:

- **Abgangsentschädigungen mit Vorsorgecharakter**
- **Kapitalleistungen mit Vorsorgecharakter**
- **Lohnnachzahlungen usw.**

Für Kapitalleistungen, die von Personalvorsorgeeinrichtungen ausgerichtet werden, ist nur *das Formular* 563 zu verwenden (Adresse siehe Rz 5). Solche Leistungen sind im Lohnausweis nicht zu deklarieren.

Beteiligungsrechte gemäss Beiblatt Ziffer 5

In diesem Feld ist das steuerbare Erwerbseinkommen anzugeben, das dem Arbeitnehmer im entsprechenden Kalenderjahr aus Mitarbeiterbeteiligungen (z. B. Aktien und/oder Optionen usw.) zugeflossen ist. Der genaue Betrag ist auch dann anzugeben, wenn die Mitarbeiterbeteiligung von einer dem Arbeitgeber nahe stehenden Firma (z. B. der ausländischen Muttergesellschaft) eingeräumt wurde und die Höhe dem schweizerischen Arbeitgeber bekannt ist. Das Erwerbseinkommen wird auf Grund der Differenz zwischen Verkehrswert und Abgabe- bzw. Erwerbspreis berechnet. Falls der Verkehrswert der Mitarbeiterbeteiligung von der Steuerbehörde genehmigt wurde, ist dies in Ziffer 15 des Lohnausweises zu vermerken (vgl. Rz 68). 29

In den folgenden Fällen ist auf die Mitarbeiterbeteiligung nicht in Ziffer 5, sondern in Ziffer 15 des Lohnausweises hinzuweisen (vgl. Rz 69):

- Bei der Mitarbeiterbeteiligung handelt es sich um anwartschaftliche Rechte (z. B. bei der Zuteilung noch nicht steuerbarer Optionen, Phantom-Aktien, Stock Appreciation Rights).
- Art und/oder Umfang der Mitarbeiterbeteiligung sind dem Arbeitgeber nicht bekannt (z. B., weil die Mitarbeiterbeteiligung dem Arbeitnehmer direkt durch die ausländische Muttergesellschaft eingeräumt wird).

In allen Fällen von Mitarbeiterbeteiligungen sind nebst weiteren Bescheinigungspflichten sämtliche Detailangaben auf einem Beiblatt zum Lohnausweis auszuweisen. Das Beiblatt muss die persönlichen Daten des Arbeitnehmers enthalten (Name, Vorname, Geburtsdatum usw.) und klar dem Haupt-Lohnausweis zuweisbar sein. (Details für Beiblatt gemäss Mitarbeiterbeteiligungsverordnung, MBV). Wird der geldwerte Vorteil erst nach Beendigung des Arbeitsverhältnisses an eine in der Schweiz (Art. 15 Abs. 1 MBV) oder im Ausland ansässige Person (Art. 15 Abs. 2 MBV) ausgerichtet respektive bei fortbestehendem Arbeitsverhältnis nach Wegzug aus der Schweiz gewährt (Art. 8 MBV), muss der Arbeitgeber den zuständigen kantonalen Behörden eine Bescheinigung zustellen. Zusätzlich sind die Bescheinigungspflichten gemäss AHVV zu beachten.

Verwaltungsratsentschädigungen Ziffer 6

In diesem Feld sind alle Entschädigungen anzugeben, die einer Person in ihrer Eigenschaft als Mitglied des Verwaltungsrats, der Aufsichtsstelle oder des Vorstandes als Lohn für eine unselbstständige Tätigkeit entrichtet wurden. Es sind dies vor allem: 30

- **Verwaltungsratsentschädigungen**
- **Sitzungsgelder**
- **Tantiemen.**

Andere Leistungen Ziffer 7

Auf diesen Zeilen ist vorab die Art jeder anderen betragsmässig zu deklarierenden Leistung anzugeben, die ihren Grund im Arbeitsverhältnis hat und die **nicht in einer der Ziffern 1 bis 6 oder 14 des Lohnausweises** aufgeführt ist. Zusätzlich ist im entsprechenden Feld der Marktwert dieser Leistungen einzutragen (wie bei mehreren Leistungen vorzugehen ist, vgl. Rz 26). Als weitere anzugebende Leistungen fallen in Betracht: 31

- **Trinkgelder:** Es gilt dieselbe Regelung wie bei der AHV. Trinkgelder müssen (nur) dann angegeben werden, wenn sie einen wesentlichen Teil des Lohnes ausmachen; 32

- ***Taggelder** aus Kranken-, Unfall-* und Invalidenversicherungen sowie bei Mutterschaft, sofern sie nicht unter Ziffer 1 deklariert sind (vgl. Rz 14); 33

- **Leistungen der Arbeitslosenversicherung:** Anzugeben sind alle Leistungen der obligatorischen ALV sowie anderer zusätzlicher Lohnausfallversicherungen, die durch den Arbeitgeber ausgerichtet werden (z. B. Kurzarbeits- und Schlechtwetterentschädigungen sowie Einarbeitungszuschüsse der ALV); 34

- **Leistungen der EO:** Anzugeben sind alle Leistungen der EO, die durch den Arbeitgeber ausgerichtet werden. Dazu gehören auch Taggelder bei Mutterschaft; 35

36 – **Vom Arbeitgeber übernommene Beiträge an Einrichtungen der kollektiven beruflichen Vorsorge** (2. Säule, inkl. Kaderversicherungen), die nach Gesetz, Statut oder Reglement vom Arbeitnehmer geschuldet sind. Die Beiträge können unter Ziffer 10 des Lohnausweises wieder in Abzug gebracht werden (vgl. Rz 43);

37 – **Alle Beiträge des Arbeitgebers an Versicherungen** des Arbeitnehmers bzw. dessen nahestehende Personen, wie Beiträge an:
- Krankenkassen
- alle Formen der freien Vorsorge (Säule 3b), z. B. Lebens-, Renten-, Kapital- oder Sparversicherungen.

Nicht zu deklarieren sind lediglich Beiträge des Arbeitgebers an die obligatorische Unfallversicherung nach UVG (BUV und NBUV) sowie Beiträge für vom Arbeitgeber abgeschlossene Kollektivkrankentaggeld- und Kollektiv-UVG-Zusatzversicherungen.

38 – **Alle vom Arbeitgeber für seinen Arbeitnehmer erbrachten Beiträge an anerkannte Formen der gebundenen Selbstvorsorge (Säule 3a), sei es, dass sie dem Arbeitnehmer vom Lohn abgezogen und anschliessend einbezahlt worden sind, sei es, dass sie vom Arbeitgeber direkt zu Gunsten des Arbeitnehmers einbezahlt worden sind.** Diese Beiträge dürfen vom Arbeitgeber im Lohnausweis nicht abgezogen werden, sondern sind ausnahmslos von der Versicherungseinrichtung oder Bankstiftung in einer besonderen Bescheinigung (Formular 21 EDP dfi) auszuweisen.

39 – **Vom Arbeitgeber übernommene Quellensteuern oder andere Steuern**

40 – **Vom Arbeitgeber für Kinder des Arbeitnehmers bezahlte Schulgelder**

Ziffer 8 **Bruttolohn total/Rente**

41 In diesem Feld ist das Total der Einkünfte gemäss den Ziffern 1 bis 7 des Lohnausweises vor Abzug der Sozialversicherungsbeiträge, Quellensteuern usw. anzugeben.

Ziffer 9 **Beiträge AHV/IV/EO/ALV/NBUV**

42 In diesem Feld ist der gemäss den massgebenden Bestimmungen **beim Arbeitnehmer** in Abzug gebrachte Arbeitnehmeranteil für AHV/IV/EO/ALV/NBUV betragsmässig anzugeben. Kein Abzug darf gemacht werden für Beiträge, die der Arbeitgeber bezahlt hat (Arbeitgeberbeiträge). Arbeitnehmern belastete Beiträge an Krankentaggeldversicherungen sind nicht abzugsfähig; sie dürfen nicht vom Bruttolohn abgezogen werden. Solche Beiträge können jedoch in Ziffer 15 ausgewiesen werden.

Analog ist vorzugehen, wenn der Arbeitnehmer in einem vergleichbaren Sozialversicherungssystem (internationale Sozialversicherungsabkommen) des Herkunftslands verbleibt.

Ziffer 10 **Berufliche Vorsorge (2. Säule)**

43 In diesem Feld sind die im Bruttolohn enthaltenen, dem Arbeitnehmer nach Gesetz, Statut oder Reglement vom Lohn abgezogenen Beiträge an steuerbefreite Einrichtungen der kollektiven beruflichen Vorsorge (2. Säule) anzugeben. Die Beiträge sind unabhängig davon zu deklarieren, ob es sich um eine obligatorische oder freiwillige Vorsorge im Rahmen des koordinierten Lohnes (Säule 2a) oder um eine zusätzliche berufliche Vorsorge (Säule 2b) handelt. Falls der Arbeitgeber den gemäss Gesetz, Statut oder Reglement vom Arbeitnehmer geschuldeten Beitrag ganz oder teilweise übernimmt, ist dieser Betrag zwar ebenfalls abzugsfähig, muss aber vorerst in Ziffer 7 des Lohnausweises (vgl. Rz 36) deklariert werden.

Ziffer 10.1 **Ordentliche Beiträge für die berufliche Vorsorge**

44 In diesem Feld sind die nach Gesetz, Statut oder Reglement geleisteten ordentlichen Beiträge für die berufliche Vorsorge (2. Säule) einzutragen.

Beiträge für den Einkauf in die berufliche Vorsorge Ziffer 10.2

In diesem Feld sind die im Bruttolohn enthaltenen, dem Arbeitnehmer vom Lohn abgezogenen Beiträge an Vorsorgeeinrichtungen (2. Säule) anzugeben, die der Verbesserung des Vorsorgeschutzes bis (höchstens) zu den vollen reglementarischen Leistungen dienen. 45

Es sind dies vor allem:

- Beiträge für den Einkauf von fehlenden Versicherungsjahren oder von fehlendem Spar- bzw. Deckungskapital;
- Beiträge für den Einkauf, der durch eine Änderung des Reglementes oder Vorsorgeplans bedingt ist;
- Beiträge für den Wiedereinkauf nach einer Scheidung.

Zusätzlich sind die vom Arbeitgeber übernommenen Arbeitnehmerbeiträge anzugeben, sofern sie in Ziffer 7 des Lohnausweises aufgeführt sind (vgl. Rz 36).

Vom Arbeitnehmer selber entrichtete, d. h. nicht vom Lohn abgezogene Einkaufsbeiträge an die berufliche Vorsorge, sind nicht durch den Arbeitgeber im Lohnausweis, sondern durch die Vorsorgeeinrichtung separat mit dem Formular 21 EDP dfi zu bescheinigen. 46

Nettolohn/Rente Ziffer 11

In diesem Feld ist der für die Steuererklärung massgebende Nettolohn anzugeben. Der Nettolohn wird dadurch ermittelt, dass vom Bruttolohn total (Ziffer 8 des Lohnausweises) das Total der Abzüge (Ziffer 9 und 10 des Lohnausweises) abgezogen wird. 47

Quellensteuerabzug Ziffer 12

In diesem Feld ist der Totalbetrag (brutto) der Quellensteuern anzugeben, der einem ausländischen Arbeitnehmer ohne Niederlassungsbewilligung (z. B. Jahres- und Kurzaufenthalter, Grenzgänger usw.) oder einem ausländischen Mitglied des Verwaltungsrates im entsprechenden Kalenderjahr vom Bruttolohn in Abzug gebracht wurde. 48

Werden die Quellensteuern vom Arbeitgeber bezahlt (Nettolohnvereinbarung), ist in Ziffer 15 des Lohnausweises (Bemerkungen) zusätzlich folgender Hinweis anzubringen: «Quellensteuern vom Arbeitgeber bezahlt», und der entsprechende Betrag ist unter Ziffer 7 des Lohnausweises (andere Leistungen) anzugeben.

Spesenvergütungen (nicht im Bruttolohn enthalten) Ziffer 13

In den Feldern 13.1 und 13.2 sind die Vergütungen anzugeben, die der Arbeitgeber als Spesenersatz betrachtet und die deshalb nicht Bestandteil des Bruttolohnes im Sinne von Ziffer 8 des Lohnausweises bilden. Als **Spesenvergütungen** gelten vom Arbeitgeber ausgerichtete Entschädigungen für Auslagen, die dem Arbeitnehmer im Rahmen seiner **dienstlichen Tätigkeit**, z. B. auf Geschäftsreisen, entstanden sind. 49

Keine Spesenvergütungen sind Entschädigungen des Arbeitgebers, welche Auslagen abdecken, die vor oder nach der eigentlichen Arbeitstätigkeit anfallen. Solche Entschädigungen für **Berufsauslagen** sind beispielsweise Wegvergütungen (vgl. Rz 17) sowie Entschädigungen für die Nutzung privater Arbeitszimmer oder Lagerräume. Solche Entschädigungen sind stets zum Bruttolohn zu addieren (vgl. die Ziffern 1 bis 7 des Lohnausweises) und können allenfalls vom Arbeitnehmer in der Steuererklärung als Berufskosten in Abzug gebracht werden. 50

51 Die Art der Spesenvergütungen ist entscheidend für die Deklaration mit dem Lohnausweis.

Es wird wie folgt unterschieden:

- **Effektive Spesenvergütungen** anhand von Belegen oder in Form von Einzelfallpauschalen, z. B. CHF 30 pro auswärtiges Abendessen (vgl. Rz 52, 56 und 57);
- **Pauschale Spesenvergütungen** für einen bestimmten Zeitabschnitt, z. B. monatliche Auto- oder Repräsentationsspesen (vgl. Rz 53, 58 und 59);
- **Spesenvergütungen** im Rahmen eines **genehmigten Spesenreglementes** (vgl. Rz 54 und 55).

52 **Alle effektiven Spesenvergütungen**, die bei einem Arbeitnehmer angefallen sind (inkl. Spesenauslagen welche über Firmenkreditkarten bezahlt werden), müssen deklariert werden. **Keine Deklarationspflicht** von Spesenauslagen besteht, wenn folgende Vorgaben eingehalten werden. Für die Anwendung der nachfolgenden Pauschalen ist eine tatsächliche Reisetätigkeit Voraussetzung. Eine Hochrechnung der Einzelfallpauschalen auf die Arbeitstage ist nicht zulässig:

- Übernachtungsspesen werden gegen Beleg zurückerstattet;
- Die Höhe der effektiven Spesenvergütung für Mittag- oder Abendessen entspricht in der Regel einem Wert von maximal CHF 35 bzw. die **Pauschale** für eine Hauptmahlzeit beträgt maximal CHF 30;
- Kundeneinladungen usw. werden ordnungsgemäss gegen Originalquittung abgerechnet;
- Die Benutzung öffentlicher Transportmittel (Bahn, Flugzeug usw.) erfolgt gegen Beleg;
- Für die geschäftliche Benutzung des Privatwagens werden maximal 70 Rappen pro Kilometer vergütet;
- Kleinspesen werden, soweit möglich, gegen Beleg oder in Form einer Tagespauschale von maximal CHF 20 vergütet.

Werden alle diese Vorgaben eingehalten, genügt es, im kleinen Feld zu Ziffer 13.1.1 des Lohnausweises ein Kreuz (X) einzusetzen. Auf die Angabe des effektiven Spesenbetrages kann verzichtet werden.

53 **Pauschale Spesenvergütungen** (Einzelfallpauschalen gemäss Rz 52 fallen nicht darunter) sind bei allen Arbeitnehmern im Lohnausweis betragsmässig anzugeben. Das gilt auch bei Vorliegen eines genehmigten Spesenreglementes. Pauschale Spesenvergütungen müssen in etwa den effektiven Auslagen entsprechen.

54 **Genehmigtes Spesenreglement:** Arbeitgeber, die eine von den in Rz 52 aufgeführten Vorschriften abweichende Spesenregelung haben, können bei der Steuerbehörde des Sitzkantons ein Gesuch um Genehmigung des Spesenreglementes stellen. Es empfiehlt sich, Spesenreglemente nach dem Musterreglement der Schweizerischen Steuerkonferenz zu gestalten. Die Genehmigung durch den Sitzkanton umfasst sowohl die Festsetzung der effektiven als auch der pauschalen Spesenvergütungen. Im Lohnausweis sind bei Vorliegen eines genehmigten Spesenreglementes nur die Pauschalspesen (vgl. Ziffer 13.2 des Lohnausweises) anzugeben. Bei der Veranlagung des Arbeitnehmers wird lediglich überprüft, ob die Höhe der ausbezahlten mit der Höhe der bewilligten Pauschalspesen übereinstimmt. Vom Sitzkanton genehmigte Spesenreglemente werden grundsätzlich von allen Kantonen anerkannt.

55 **Firmen mit einem genehmigten Spesenreglement haben im Lohnausweis unter Ziffer 15 folgenden Vermerk anzubringen: «Spesenreglement durch Kanton X (Autokennzeichen des Kantons) am ... (Datum) genehmigt.»**

Effektive Spesen Ziffer 13.1

Effektive Reise-, Verpflegungs- und Übernachtungsspesen Ziffer 13.1.1

Im kleinen, vorangestellten Feld ist ein Kreuz (X) einzusetzen, wenn alle Vorgaben von Rz 52 erfüllt sind. Der Spesenbetrag muss nicht angegeben werden. Sind hingegen die Vorgaben gemäss Rz 52 nicht erfüllt und liegt kein genehmigtes Spesenreglement vor, sind die Reise-, Verpflegungs- und Übernachtungsspesen, die effektiv, d. h. gegen Beleg, vergütet worden sind, betragsmässig anzugeben. Als solche Spesen fallen insbesondere in Betracht 56

–Effektive Autospesen
–Flug-, Taxi- und Bahnspesen
–Spesen für Übernachtungen, Frühstück, Mittag und Abendessen
–Spesen für Einladungen von Geschäftspartnern ins Restaurant oder zu Hause
–Spesen für kleinere Verpflegungsauslagen unterwegs.

Übrige effektive Spesen Ziffer 13.1.2

Auf dieser Zeile ist vorab die Art sämtlicher übriger effektiver Spesen anzugeben. Zusätzlich ist im entsprechenden Feld der Betrag dieser Leistungen einzutragen. Als solche übrigen effektiven Spesen fallen insbesondere die vom Arbeitgeber (gegen Beleg) bezahlten Entschädigungen für die besonderen (abzugsfähigen) Berufskosten von Expatriates gemäss der entsprechenden Bundesverordnung in Betracht. In diesem Fall ist die Anmerkung «Berufsauslagen für Expatriates» anzubringen und ist der ausbezahlte Spesenbetrag im entsprechenden Feld anzugeben. Besteht ein entsprechendes Ruling mit den Steuerbehörden, kann auf eine Bescheinigung der effektiven Expatriatespesen verzichtet werden. Unter Ziffer 15 ist in diesen Fällen auf das Ruling hinzuweisen (siehe Rz 65a). 57

Pauschalspesen Ziffer 13.2

Pauschale Repräsentationsspesen Ziffer 13.2.1

In diesem Feld ist ein Pauschalbetrag (Einzelfallpauschalen gemäss Rz 52 fallen nicht darunter) anzugeben, der leitenden Angestellten oder dem Aussendienstpersonal für Kleinspesen (in der Regel Einzelauslagen unter CHF 50) und repräsentative Auslagen (z. B. für private Einladungen zu Hause) ausbezahlt wurde. Die Spesenpauschale muss in etwa den effektiven Auslagen entsprechen. Der Frankenbetrag ist auch dann anzugeben, wenn ein genehmigtes Spesenreglement vorliegt. 58

Pauschale Autospesen Ziffer 13.2.2

In diesem Feld ist ein Pauschalbetrag anzugeben, der einem Arbeitnehmer ausbezahlt wurde, der sein Privatfahrzeug oft geschäftlich verwenden muss (in der Regel mehrere tausend Kilometer pro Jahr). Die Spesenpauschale muss in etwa den effektiven Auslagen entsprechen. 59

Übrige Pauschalspesen Ziffer 13.2.3

Auf dieser Zeile ist vorab die Art sämtlicher übriger Pauschalspesen, die nicht pauschale Auto- oder Repräsentationsspesen sind, anzugeben. Im Feld ist lediglich die Summe dieser Pauschalspesenvergütungen einzutragen (wie bei mehreren Leistungen vorzugehen ist, vgl. Rz 26). In Form einer Pauschale vergütete besondere Berufskosten von Expatriates sind nicht unter Ziffer 13.2.3 zu bescheinigen, sondern unter Ziffer 2.3 mit der Bemerkung «Pauschalspesen Expatriates» zum Lohn hinzuzurechnen (Art. 2 Abs. 3 Bst. b ExpaV). 60

Ziffer 13.3 **Beiträge des Arbeitgebers für die berufsorientierte Aus- und Weiterbildung – einschliesslich Umschulungskosten**

61 In diesem Feld sind alle effektiven Vergütungen des Arbeitgebers für berufsorientierte Aus- und Weiterbildung – einschliesslich Umschulungskosten – eines Arbeitnehmers anzugeben, die dem Arbeitnehmer vergütet werden. Nicht anzugeben sind Vergütungen, die direkt an Dritte (z.B. Bildungsinstitut) bezahlt werden.

Immer zu bescheinigen sind jedoch effektive Vergütungen für Rechnungen, die auf den Arbeitnehmer ausgestellt sind.

Ziffer 14 **Weitere Gehaltsnebenleistungen**

62 Auf diesen Zeilen sind (ohne Angabe des Betrages) die Gehaltsnebenleistungen des Arbeitgebers aufzuführen, die er nicht selbst bewerten kann und die er deshalb nicht unter Ziffer 2 des Lohnausweises deklariert hat. Als solche Gehaltsnebenleistungen gelten geldwerte Vorteile verschiedenster Art. In Betracht fallen insbesondere Waren oder Dienstleistungen des Arbeitgebers, die der Arbeitnehmer gratis oder zu einem **besonders tiefen Vorzugspreis** erworben hat.

Ein Hinweis auf solche Gehaltsnebenleistungen ist nicht notwendig, wenn es sich bei der Gehaltsnebenleistung um eine Vergünstigung handelt, die gemäss den AHV-Richtlinien als geringfügig betrachtet wird (Stand 1.1.2015: CHF 2'300). Als geringfügig gelten die branchenüblichen Rabatte, sofern der Arbeitgeber die Waren usw. dem Arbeitnehmer ausschliesslich zu dessen Eigengebrauch und zu einem Preis, der mindestens die Selbstkosten deckt, zukommen lässt. Personalvergünstigungen an dessen nahestehenden Personen sind in Ziffer 2.3 zu deklarieren. Weitere Ausnahmen von der Deklarationspflicht sind in Rz 72 aufgeführt.

Ziffer 15 **Bemerkungen**

63 Unter dieser Ziffer sind alle zusätzlichen, erforderlichen Angaben zu machen, die nicht in einem der anderen Felder eingetragen werden. Zudem können freiwillig Angaben gemacht werden, die im Veranlagungsverfahren dienlich sein können. Zu letzteren gehören Angaben wie die Höhe der im Bruttolohn enthaltenen Kinderzulagen, die Anzahl im Kalenderjahr geleisteter Schichttage, die Höhe der im Bruttolohn enthaltenen Krankenkassenbeiträge. Erforderliche Angaben sind insbesondere:

64 – **Anzahl der Tage mit Erwerbsausfallentschädigungen:** Diese sind stets anzugeben, wenn die entsprechenden Erwerbsausfallentschädigungen nicht durch den Arbeitgeber ausbezahlt wurden und deshalb nicht im Bruttolohn gemäss Ziffer 8 des Lohnausweises enthalten sind. Erhält der Arbeitnehmer die Erwerbsausfallentschädigungen durch den Arbeitgeber, ist dieser Betrag stets im Lohnausweis (Ziffer 1 oder Ziffer 7 des Lohnausweises) zu bescheinigen.

65 – **Genehmigtes Spesenreglement:** Wurde ein Spesenreglement vom Sitzkanton des Arbeitgebers genehmigt (vgl. Rz 54), ist folgende Bemerkung anzubringen: «Spesenreglement durch Kanton X (Autokennzeichen des Kantons) am ... (Datum) genehmigt». In diesem Fall ist in Ziffer 13.1.1 kein Kreuz zu setzen.

65a – **Expatriatespesen:** Besteht ein durch die Behörden genehmigtes Expatriateruling, muss folgender Text angebracht werden: «Expatriateruling durch Kanton X (Autokennzeichen des Kantons) am ... (Datum) genehmigt.»

66 – **Mehrere Lohnausweise:** Wurden vom Arbeitgeber für dasselbe Jahr ausnahmsweise mehrere Lohnausweise ausgestellt, ist folgende Bemerkung anzubringen: «Einer von ... Lohnausweisen» (vgl. Rz 7).

67 – **Teilzeitanstellung:** Wurde der Arbeitnehmer mit einem reduzierten Beschäftigungsgrad angestellt, ist eine entsprechende Bemerkung, z. B. «50 %-Stelle», «Teilzeitbeschäftigung», erwünscht.

- **Mitarbeiterbeteiligungen**: Wurde der Verkehrswert von den Steuerbehörden genehmigt, ist folgender Vermerk anzubringen (vgl. Rz 29): «Verkehrswert durch Kanton X (Autokennzeichen des Kantons) am ... (Datum) genehmigt». 68
- Wenn aus der Abgabe der Mitarbeiterbeteiligung noch kein steuerbares Einkommen fliesst, ist folgender Vermerk anzubringen: «Mitarbeiterbeteiligung ohne steuerbares Einkommen. Grund: ... (z. B. anwartschaftliche Optionen)». 69
- **Geschäftsfahrzeug**: Besitzt ein Arbeitnehmer einen Geschäftswagen und arbeitet er vollständig oder teilweise im Aussendienst (bspw. Handelsreisende, Kundenberater, Monteure, bei regelmässiger Erwerbstätigkeit auf Baustellen und Projekte), muss der Arbeitgeber unter Ziffer 15 den prozentmässigen Anteil Aussendienst bescheinigen (vgl. Rz 9). 70
- Entstehen einem Arbeitnehmer (aus beruflichen Gründen) Umzugskosten, die der Arbeitgeber vergütet, ist unter Bemerkungen ein entsprechender Hinweis zu machen (z. B. «Umzugskosten von CHF ... bezahlt»). 71

III. Nicht zu deklarierende Leistungen

Grundsätzlich sind alle Leistungen des Arbeitgebers steuerbar und im Lohnausweis anzugeben. Aus Gründen der Praktikabilität müssen aber insbesondere folgende Leistungen nicht deklariert werden: 72

- Gratis abgegebene Halbtaxabonnemente der SBB (für Generalabonnemente vgl. Rz 9);
- REKA-Check-Vergünstigungen bis CHF 600 jährlich (zu deklarieren sind lediglich Vergünstigungen, soweit sie CHF 600 pro Jahr übersteigen);
- Übliche Weihnachts-, Geburtstags- und ähnliche Naturalgeschenke bis CHF 500 pro Ereignis. Bei solchen Naturalgeschenken, die diesen Betrag übersteigen, ist der ganze Betrag anzugeben (Ziffer 2.3 des Lohnausweises);
- Private Nutzung von Arbeitswerkzeugen (Handy, Computer usw.);
- Beiträge an Vereins- und Clubmitgliedschaften (nicht aber Abonnemente für Fitnessclubs) bis CHF 1 000 im Einzelfall. Bei Beiträgen, die diesen Betrag übersteigen, ist der ganze Betrag anzugeben (Ziffer 15 des Lohnausweises);
- Beiträge an Fachverbände unbeschränkt;
- Rabatte auf Waren, die zum Verzehr und Eigenbedarf bestimmt und branchenüblich sind (vgl. Rz 62);
- Zutrittskarten für kulturelle, sportliche und andere gesellschaftliche Anlässe bis CHF 500 pro Ereignis (zu deklarieren sind lediglich Beiträge, soweit sie CHF 500 pro Ereignis übersteigen;
- Die Bezahlung der Reisekosten für den Ehegatten oder den Partner bzw. die Partnerin, die den Arbeitnehmer auf Geschäftsreisen begleiten;
- Beiträge an Kinderkrippen, die für Kinder des Arbeitnehmers verbilligte Plätze anbieten. Kommen die Beiträge des Arbeitgebers jedoch bestimmten Arbeitnehmern zugute, sei es durch Bezahlung an den Arbeitnehmer oder direkt an die Krippe, sind sie im Lohnausweis unter Ziffer 1 zum Bruttolohn hinzuzurechnen oder in Ziffer 7 separat zu deklarieren;
- Gratis-Parkplatz am Arbeitsort;
- Kosten für ärztliche Vorsorgeuntersuchungen, die auf Verlangen des Arbeitgebers oder der Pensionskasse erfolgen;
- Gutschriften von Flugmeilen. Sie sollen für geschäftliche Zwecke verwendet werden.

IV. Pflichtverletzung

Wer einen Lohnausweis nicht oder falsch ausfüllt, kann bestraft werden (Art. 127, 174 und 186 DBG, Art. 43, 55 und 59 StHG sowie Art. 251 StGB) und/oder haftbar (Art. 177 DBG, Art. 56 StHG) gemacht werden. 73

V. Adressaten des Lohnausweises

74 Der Lohnausweis ist für den Arbeitnehmer bestimmt. Einige Kantone, zurzeit die Kantone Basel-Stadt, Bern, Freiburg, Genf, Jura, Neuenburg, Solothurn, Waadt und Wallis, verlangen zudem von den Arbeitgebern, dass sie ein Exemplar des Lohnausweises direkt der kantonalen Steuerverwaltung zustellen. Im Kanton Luzern ist die direkte Zustellung des Lohnausweises an die Dienststelle Steuern freiwillig.

VI. Bestelladressen für Lohnausweisformular und Wegleitung

75 Auf der Internetseite der Schweizerischen Steuerkonferenz (www.ssk-csi.ch) und der Eidgenössischen Steuerverwaltung (www.estv.admin.ch) können das Programm eLohnausweis sowie das Lohnausweisformular im pdf-Format heruntergeladen werden. Diese ermöglichen das Ausfüllen des Lohnausweises mit dem Computer. Auf diesen Internetseiten ist auch die Wegleitung zum Ausfüllen des Lohnausweises bzw. der Rentenbescheinigung abrufbar. In der Regel wird der Lohnausweis direkt aus einer Lohnsoftwareapplikation auf weisses Papier gedruckt. Besteht diese Möglichkeit nicht, können Lohnausweisformulare bei nachstehender Adresse bestellt werden:

BBL Verkauf Bundespublikationen
Fellerstrasse 21
3003 Bern

Online-Shop: Bundespublikationen für Privatkunden

verkauf.zivil@bbl.admin.ch
Tel. 058 465 50 00
Fax 058 465 50 09

Lohnausweisformular und Wegleitung können **in Ausnahmefällen** – z. B. wenn diese pdf-Dokumente nicht vom Internet heruntergeladen werden können – bei der zuständigen kantonalen Steuerbehörde **bestellt** werden (vgl. Anhang 1).

Auskünfte zum Lohnausweis erteilen die kantonalen Steuerbehörden (vgl. Anhang 1).

Anhang 1

Übersicht über die kantonalen Steuerbehörden

(Stand Mai 2015)

Kanton	*Adresse für die* ***Bestellung*** *von Lohnausweis und Wegleitung*	*Adresse für* ***Auskünfte*** *zum Ausfüllen des Lohnausweises*
AG	Kantonales Steueramt Aargau Planung / Logistik Tellistrasse 67 5001 Aarau *Telefon 062 835 25 30* *E-Mail steueramt@ag.ch*	Kantonales Steueramt Aargau Planung / Logistik Tellistrasse 67 5001 Aarau *Telefon 062 835 25 30* *E-Mail steueramt@ag.ch*
AI	Kantonale Steuerverwaltung Appenzell I.Rh. Registerführung Marktgasse 2 9050 Appenzell *Telefon 071 788 94 04* *E-Mail register@steuern.ai.ch*	Kantonale Steuerverwaltung Appenzell I.Rh. Registerführung Marktgasse 2 9050 Appenzell *Telefon 071 788 94 04* *E-Mail register@steuern.ai.ch*
AR	Kantonale Steuerverwaltung Appenzell A.Rh. Kanzlei Gutenberg-Zentrum 9102 Herisau 2 *Telefon 071 353 62 99* *E-Mail steuerverwaltung@ar.ch*	Kantonale Steuerverwaltung Appenzell A.Rh. Gutenberg-Zentrum 9102 Herisau 2 *Telefon 071 353 62 90* *E-Mail steuerverwaltung@ar.ch*
BL	Steuerverwaltung Kanton Basel-Landschaft Bereich Logistik, LA Rheinstrasse 33, Postfach 4410 Liestal *Telefon 061 552 52 95* *E-Mail steuerverwaltung@bl.ch*	Steuerverwaltung Kanton Basel-Landschaft Bereich Gemeinden und Einsprachen Rheinstrasse 33, Postfach 4410 Liestal *Telefon 061 552 66 83* *E-Mail steuerverwaltung@bl.ch*
BS	Steuerverwaltung Basel-Stadt Loge / Formularverkauf Fischmarkt 10 4001 Basel *Telefon 061 267 97 92* *E-Mail steuerbezug@bs.ch*	Steuerverwaltung Basel-Stadt Abteilung Veranlagung Natürliche Personen Fischmarkt 10 4001 Basel *Telefon 061 267 44 39* *E-Mail juerg.zutter@bs.ch*
BE	Steuerverwaltung des Kantons Bern Produktion und Spedition Postfach 8334 3001 Bern *Telefon 031 633 60 01* *E-Mail spedition@fin.be.ch*	Steuerverwaltung des Kantons Bern Postfach 8334 3001 Bern *Telefon 031 633 60 01* *E-Mail lohnausweis@fin.be.ch*
FR	Service cantonal des contributions Economat et expédition *Rue Joseph-Piller 13* 1701 Fribourg *Telefon 026 305 35 15* *E-mail SansonnensG@fr.ch*	Service cantonal des contributions Secrétariat général Rue Joseph-Piller 13 1701 Fribourg *Telefon 026 305 32 76* *E-mail SCCDir@fr.ch*

Kanton	*Adresse für die **Bestellung** von Lohnausweis und Wegleitung*	*Adresse für **Auskünfte** zum Ausfüllen des Lohnausweises*
GE	Administration fiscale cantonale Economat Rue du Stand 26 1211 Genève 3 *Téléphone 022 327 57 16*	Administration fiscale cantonale Direction de la taxation des personnes physiques Rue du Stand 26 1211 Genève 3 *Téléphone 022 327 58 29*
GL	Kantonale Steuerverwaltung Sekretariat Hauptstrasse 11/17 8750 Glarus *Telefon 055 646 61 50* *E-Mail steuerverwaltung@gl.ch*	Kantonale Steuerverwaltung Sekretariat Hauptstrasse 11/17 8750 Glarus *Telefon 055 646 61 70* *E-Mail steuerverwaltung@gl.ch*
GR	Drucksachen und Materialzentrale (DMZ) Planaterrastrasse 16 7001 Chur *Telefon 081 257 22 53* *E-Mail bestellungen@dmz.gr.ch*	Steuerverwaltung Graubünden Steinbruchstrasse 18 7001 Chur *Telefon 081 257 33 32* *E-Mail steuererklaerung@stv.gr.ch*
JU	Service cantonal des contributions Section des personnes physiques Secrétariat 2, Rue de la Justice 2800 Delémont *Telefon 032 420 55 65*	Service cantonal des contributions Section des personnes physiques 2, Rue de la Justice 2800 Delémont *Telefon 032 420 55 66*
LU	Dienststelle Steuern des Kantons Luzern Formulare und Drucksachen Buobenmatt 1 Postfach 3464 6002 Luzern *Telefon 041 228 56 46* *E-Mail dst.form@lu.ch*	Dienststelle Steuern des Kantons Luzern Buobenmatt 1 Postfach 3464 6002 Luzern *Telefon 041 228 56 43* *E-Mail dst@lu.ch*
NE	Service des contributions Rue du Docteur-Coullery 5 2300 La Chaux-de-Fonds *Telefon 032 889 64 20* *E-Mail ServiceContributions@ne.ch*	Service des contributions Rue du Docteur-Coullery 5 2300 La Chaux-de-Fonds *Telefon 032 889 64 20* *E-Mail ServiceContributions@ne.ch*
NW	Kantonales Steueramt Nidwalden Bahnhofplatz 3 6371 Stans *Telefon 041 618 71 27* *E-Mail steueramt@nw.ch*	Kantonales Steueramt Nidwalden Bahnhofplatz 3 6371 Stans *Telefon 041 618 71 27* *E-Mail steueramt@nw.ch*
OW	Kantonale Steuerverwaltung St. Antonistrasse 4 Postfach 1564 6062 Sarnen *Telefon 041 666 62 94*	Kantonale Steuerverwaltung St. Antonistrasse 4 Postfach 1564 6062 Sarnen *Telefon 041 666 62 94*
SG	Kantonales Steueramt Drucksachen Davidstrasse 41 9001 St. Gallen *Telefon 0800 841 821 821* *E-Mail bestellungen@ksta.sg.ch*	Kantonales Steueramt Hauptabteilung Natürliche Personen Davidstrasse 41 9001 St. Gallen *Telefon 071 229 41 64* E-Mail steuerfragen@ksta.sg.ch

Kanton	*Adresse für die **Bestellung** von Lohnausweis und Wegleitung*	*Adresse für **Auskünfte** zum Ausfüllen des Lohnausweises*
SH	Kantonale Steuerverwaltung J. J. Wepferstrasse 6 8200 Schaffhausen *Telefon 052 632 72 40*	Kantonale Steuerverwaltung J. J. Wepferstrasse 6 8200 Schaffhausen *Telefon 052 632 72 40*
SO	Steueramt des Kantons Solothurn, Abt. Dienste Schanzmühle Werkhofstrasse 29c 4509 Solothurn *Telefon 032 627 88 83* *E-Mail bestellungen@fd.so.ch*	Steueramt des Kantons Solothurn Schanzmühle Werkhofstrasse 29c 4509 Solothurn *Telefon 032 627 87 02* *E-Mail steueramt.so@fd.so.ch*
SZ	Kantonale Steuerverwaltung Schwyz Bahnhofstrasse 15 Postfach 1232 6431 Schwyz *Telefon 041 819 23 45*	Kantonale Steuerverwaltung Schwyz Bahnhofstrasse 15 Postfach 1232 6431 Schwyz *Telefon 041 819 23 45*
TG	Steuerverwaltung Thurgau Dienste Schlossmühlestrasse 9 8510 Frauenfeld *Telefon 058 345 30 30* *E-Mail bestellung.sv@tg.ch*	Steuerverwaltung Thurgau Natürliche Personen Schlossmühlestrasse 9 8510 Frauenfeld *Telefon 058 345 30 30* *E-Mail lohnausweis.sv@tg.ch*
TI	Divisione delle contribuzioni / Cancelleria Vicolo Sottocorte 6501 Bellinzona *Telefon 091 814 39 46*	Divisione delle contribuzioni / Cancelleria Vicolo Sottocorte 6501 Bellinzona *Telefon 091 814 39 46*
UR	Amt für Steuern Uri Tellsgasse 1 6460 Altdorf *Telefon 041 875 21 16 / 17*	Amt für Steuern Uri Tellsgasse 1 6460 Altdorf *Telefon 041 875 21 16 / 17*
VD	Administration cantonale des impôts Route de Berne 46 1014 Lausanne *Telefon 021 316 20 91 répondeur* *Fax 021 316 21 40*	Administration cantonale des impôts Route de Berne 46 1014 Lausanne *Telefon 021 316 21 21*
VS	Service cantonal des contributions Av. de la Gare 35 1951 Sion *Telefon 027 606 24 50 / 51*	Service cantonal des contributions Av. de la Gare 35 1951 Sion *Telefon 027 606 24 50 / 51*
ZG	Kantonale Steuerverwaltung Kanzlei Bahnhofstrasse 26 6301 Zug *Telefon 041 728 26 11* *Internet www.zug.ch/tax* *Rubrik Drucksachenbestellung*	Kantonale Steuerverwaltung Abteilung Natürliche Personen Bahnhofstrasse 26 6301 Zug *Telefon 041 728 26 11* *Internet www.zug.ch/tax* *Rubrik Kontakt*
ZH	Kantonale Drucksachen- und Materialzentrale Zürich Räffelstrasse 32, Postfach 8090 Zürich *Telefon 043 259 99 99* *Fax 043 259 99 98* *E-Mail info@kdmz.zh.ch*	Kantonales Steueramt Zürich Bändliweg 21 8090 Zürich *Telefon 043 259 40 50* *E-Mail e-mail-anfrage@ksta.zh.ch*

Steuerbelastungen in den Kantonen

Sämtliche nachfolgenden Berechnungen und Zusammenstellungen basieren auf allgemein zugänglichen Informationen und wurden den kantonalen Steuerverwaltungen zur Prüfung zugesandt. Die Angaben dienen lediglich der allgemeinen Information. Für eine konkrete Abklärung wird auf die einschlägigen anwendbaren gesetzlichen Bestimmungen verwiesen.

Inhaltsübersicht

Steuerbelastungen in den Kantonen

Einkommensteuern nat. Personen 2017

Maximale Steuerbelastung

Die nachfolgenden Berechnungen stellen die maximale Steuerbelastung (Grenzsteuersatz) in % des steuerbaren Einkommens ordentlich veranlagter natürlicher Personen, inklusive Bundessteuer, jedoch ohne Kirchen-, Vermögen-, Kopf-, Personal-, Feuerwehrsteuer und dergleichen für die Steuerperiode 2017 dar. Die Angaben beziehen sich auf alleinstehende Personen ohne Kinder und unterstützungsbedürftige Personen. Es wird jeweils die Steuerbelastung am Hauptort und in der Gemeinde mit der höchsten bzw. tiefsten Belastung gezeigt. Stand der Berechnungen: Dezember 2017.

in alphabetischer Reihenfolge

Kt	Hauptort	höchste Belastung		tiefste Belastung		Kt
AG[1]	34.2	(Schwaderloch)	37.3	(Oberwil Lieli)	30.1	AG[1]
AI	24.9	(Eggerstanden)	27.8	(Appenzell)	24.9	AI
AR	30.5	(Hundwil)	32.0	(Teufen)	27.6	AR
BE	41.4	(Schelten)	45.7	(Deisswil)	37.2	BE
BL	42.2	(Waldenburg)	43.1	(verschiedene)	38.5	BL
BS	37.5	(Basel)	37.5	(Bettingen)	34.6	BS
FR	36.0	(verschiedene)	38.5	(Greng)	29.3	FR
GE[2]	45	(verschiedene)	46	(Genthod)	41.1	GE[2]
GL	31.6	(einheitlicher Gemeindesteuerfuss)				GL
GR	32.2	(verschiedene)	36.8	(Rongellen)	25.8	GR
JU[3]	40.6	(verschiedene)	43.3	(Les Breuleux)	37.5	JU[3]
LU[4]	31.2	(verschiedene)	34.3	(Meggen)	25.9	LU[4]
NE	38.1	(Les Verrières)	40.1	(Gorgier)	35.0	NE
NW	25.6	(Wolfenschiessen)	27.1	(Hergiswil)	23.2	NW
OW	24.3	(Lungern)	26.4	(Sarnen)	24.3	OW
SG	33.5	(Degersheim)	35.0	(Mörschwil)	28.0	SG
SH	32.3	(Beggingen)	34.7	(Stetten)	29.0	SH
SO	34.2	(Holderbank)	37.1	(verschiedene)	29.2	SO
SZ	28.2	(Einsiedeln)	29.1	(Wollerau)	22.7	SZ
TG	32.5	(Arbon)	35.5	(Bottighofen)	29.2	TG
TI	40.9	(verschiedene)	41.7	(verschiedene)	35.3	TI
UR	25.3	(verschiedene)	27.1	(Seedorf)	25.0	UR
VD[5]	41.5	(Treytorrens)	41.5	(Eclépens)	41.5	VD[5]
VS	36.5	(Leukerbad)	40.5	(verschiedene)	35.5	VS
ZG	22.9	(Menzingen)	23.7	(Walchwil)	22.5	ZG
ZH	40.0	(verschiedene)	42.0	(verschiedene)	34.4	ZH

* Für Fussnoten vgl. nächste Tabelle.

nach Höhe der Steuerbelastung

Kt	Hauptort	höchste Belastung		tiefste Belastung		Kt
ZG	22.9	(Menzingen)	23.7	(Walchwil)	22.5	ZG
SZ	28.2	(Einsiedeln)	29.1	(Wollerau)	22.7	SZ
NW	25.6	(Wolfenschiessen)	27.1	(Hergiswil)	23.2	NW
OW	24.3	(Lungern)	26.4	(Sarnen)	24.3	OW
AI	24.9	(Eggerstanden)	27.8	(Appenzell)	24.9	AI
UR	25.3	(verschiedene)	27.1	(Seedorf)	25.0	UR
GR	32.2	(verschiedene)	36.8	(Rongellen)	25.8	GR
LU[4]	31.2	(verschiedene)	34.3	(Meggen)	25.9	LU[4]
AR	30.5	(Hundwil)	32.0	(Teufen)	27.6	AR
SG	33.5	(Degersheim)	35.0	(Mörschwil)	28.0	SG
SH	32.3	(Beggingen)	34.7	(Stetten)	29.0	SH
TG	32.5	(Arbon)	35.5	(Bottighofen)	29.2	TG
SO	34.2	(Holderbank)	37.1	(verschiedene)	29.2	SO
FR	36.0	(verschiedene)	38.5	(Greng)	29.3	FR
AG[1]	34.2	(Schwaderloch)	37.3	(Oberwil Lieli)	30.1	AG[1]
GL	31.6	(einheitlicher Gemeindesteuerfuss)				GL
ZH	40.0	(verschiedene)	42	(verschiedene)	34.4	ZH
BS	37.5	(Basel)	37.5	(Bettingen)	34.6	BS
NE	38.1	(Les Verrières)	40.1	(Gorgier)	35.0	NE
TI	40.9	(verschiedene)	41.7	(verschiedene)	35.3	TI
VS	36.5	(Leukerbad)	40.5	(verschiedene)	35.5	VS
BE	41.4	(Schelten)	45.7	(Deisswil)	37.2	BE
JU[3]	40.6	(verschiedene)	43.3	(Les Breuleux)	37.5	JU[3]
BL	42.2	(Waldenburg)	43.1	(verschiedene)	38.5	BL
GE[2]	45	(verschiedene)	46	(Genthod)	41.1	GE[2]
VD[5]	41.5	(Treytorrens)	41.5	(Eclépens)	41.5	VD[5]

1 Die Einkommens- und Vermögensteuer (Kanton und Gemeinden) werden von Amtes wegen auf 70% des Reineinkommens herabgesetzt, jedoch höchstens auf die Hälfte der geschuldeten Vermögensteuern.

2 Seit Steuerjahr 2011 maximale Steuerbelastung durch Vermögen- und Einkommensteuer zusammen (inkl. kantonale «centimes additionnels») von 60% des steuerbaren Einkommens.

3 *Seit Steuerperiode 2009 jährlich gestaffelte* Reduktion um 1% des bisherigen einfachen Steuersatzes bis ins Jahr 2022. Die Reduktion wurde zurückgestellt für die Steuerperiode 2015 und 2017. Im Jahr 2018 wird die einfache Steuer 1,05% (1% × 100/95) reduziert.

4 Der Gesamtbetrag der kant. Einkommensteuer darf 22.8% des steuerbaren Einkommens nicht übersteigen. Für verheiratete Personen sowie für verwitwete, geschiedene und ledige Personen darf die kant. Einkommensteuer 22.4% des steuerbaren Einkommens nicht übersteigen.

5 Die Staats- und Gemeindesteuer darf total 30% und die Gesamtbelastung auf dem Einkommen und Vermögen auf Kantons- und Gemeindeebene 60% des steuerbaren Einkommens nicht übersteigen.

Einkommensteuern nat. Personen 2017

Einkommen CHF 100 000 / 250 000; unter Berücksichtigung familienspezifischer Abzüge

Ledige Einzelperson, keine Kinder*

Nettoeinkünfte CHF 100 000				Nettoeinkünfte CHF 250 000			
alphabetisch		nach Steuerbelast.		alphabetisch		nach Steuerbelast.	
AG	14.45	**SZ**	10.29	**AG**	23.05	**SZ**	16.99
AI	14.52	**ZG**	10.55	**AI**	21.18	**ZG**	18.48
AR	15.87	**GR**	12.92	**AR**	23.95	**NW**	19.60
BE	18.49	**LU**	13.10	**BE**	28.42	**OW**	20.17
BL	18.95	**NW**	13.18	**BL**	29.87	**LU**	20.52
BS	18.60	**ZH**	13.45	**BS**	26.22	**UR**	20.58
FR	16.07	**UR**	13.78	**FR**	25.42	**GR**	20.79
GE	20.40	**OW**	14.32	**GE**	30.41	**AI**	21.18
GL	16.50	**AG**	14.45	**GL**	25.48	**AG**	23.05
GR	12.92	**AI**	14.52	**GR**	20.79	**TG**	23.37
JU	19.89	**TG**	15.20	**JU**	30.03	**ZH**	23.94
LU	13.10	**AR**	15.87	**LU**	20.52	**AR**	23.95
NE	20.75	**FR**	16.07	**NE**	30.41	**SG**	24.29
NW	13.18	**TI**	16.10	**NW**	19.60	**SO**	25.14
OW	14.32	**SG**	16.20	**OW**	20.17	**SH**	25.42
SG	16.20	**GL**	16.50	**SG**	24.29	**FR**	25.42
SH	16.68	**SO**	16.53	**SH**	25.42	**GL**	25.48
SO	16.53	**SH**	16.68	**SO**	25.14	**TI**	26.03
SZ	10.29	**BE**	18.49	**SZ**	16.99	**BS**	26.22
TG	15.20	**BS**	18.60	**TG**	23.37	**BE**	28.42
TI	16.10	**BL**	18.95	**TI**	26.03	**BL**	29.87
UR	13.78	**VS**	19.44	**UR**	20.58	**JU**	30.03
VD	20.05	**JU**	19.89	**VD**	31.22	**GE**	30.41
VS	19.44	**VD**	20.05	**VS**	30.76	**NE**	30.41
ZG	10.55	**GE**	20.40	**ZG**	18.48	**VS**	30.76
ZH	13.45	**NE**	20.75	**ZH**	23.94	**VD**	31.22

* Für Erläuterung siehe nachfolgende Seite.

Die vorstehenden und nachfolgenden Berechnungen stellen die Steuerbelastung (inkl. direkte Bundessteuer, Kantons- und Gemeindesteuer, jedoch ohne Kirchen-, Vermögen-, Kopf-, Personal-, Feuerwehrsteuern und dergleichen) **in der steuergünstigsten Gemeinde** in % der aufgeführten Nettoeinkommen für drei «Muster»-Familienkonstellationen dar. Als Nettoeinkommen wird vorliegend die Summe sämtlicher Einkünfte nach Abzug der Sozialversicherungsbeiträge und der organischen Abzüge (Gewinnungskosten), wie auch der Schuldzinsen und Vermögensverwaltungskosten verstanden.

Zur Ermittlung der nachfolgenden Steuersätze wurde das Nettoeinkommen um die im Bund und in den Kantonen anwendbaren familienspezifischen Abzüge für Versicherungsprämien/Zinsen, Doppelverdiener, Kinder-Drittbetreuungskosten, Kinderabzug, allgemeine Abzüge und Steuerfreibeträge gekürzt. Das so ermittelte Nettoeinkommen wurde mit dem anwendbaren Steuersatz multipliziert und der so errechnete Steuerbetrag sodann ins Verhältnis zum Nettoeinkommen gesetzt.

Angesichts der in den Kantonen sehr unterschiedlich hohen Abzüge erscheint uns dieser Ansatz für einen Steuerbelastungsvergleich aussagekräftiger als ein blosser Steuersatzvergleich.

Doppelverdiener-Ehepaar, zwei Vorschul-Kinder, eff. Kinder-Drittbetreuungskosten je CHF 12 000 (Annahme)*

Nettoeinkünfte CHF 100 000				Nettoeinkünfte CHF 250 000			
alphabetisch		nach Steuerbelast.		alphabetisch		nach Steuerbelast.	
AG	6.06	**TI**	0.98	**AG**	16.40	**SZ**	11.82
AI	5.38	**ZG**	1.32	**AI**	15.48	**ZG**	11.32
AR	8.00	**ZH**	2.37	**AR**	18.29	**GR**	13.76
BE	6.79	**GR**	2.53	**BE**	19.36	**UR**	14.12
BL	7.29	**UR**	3.53	**BL**	21.26	**NW**	14.20
BS	4.83	**GL**	3.79	**BS**	19.38	**ZH**	14.32
FR	5.03	**SZ**	4.02	**FR**	16.88	**LU**	14.36
GE	5.47	**LU**	4.25	**GE**	20.91	**OW**	15.13
GL	3.79	**SH**	4.43	**GL**	16.65	**AI**	15.48
GR	2.53	**NW**	4.54	**GR**	13.76	**TI**	15.99
JU	9.23	**SG**	4.59	**JU**	21.64	**TG**	16.32
LU	4.25	**BS**	4.83	**LU**	14.36	**AG**	16.40
NE	7.33	**FR**	5.03	**NE**	21.65	**GL**	16.65
NW	4.54	**TG**	5.30	**NW**	14.20	**SG**	16.73
OW	7.10	**AI**	5.38	**OW**	15.13	**FR**	16.88
SG	4.59	**GE**	5.47	**SG**	16.73	**SH**	17.20
SH	4.43	**VS**	5.62	**SH**	17.20	**SO**	17.67
SO	6.25	**AG**	6.06	**SO**	17.67	**AR**	18.29
SZ	4.02	**SO**	6.25	**SZ**	11.82	**VD**	19.28
TG	5.30	**BE**	6.79	**TG**	16.32	**BE**	19.36
TI	0.98	**OW**	7.10	**TI**	15.99	**BS**	19.38
UR	3.53	**BL**	7.29	**UR**	14.12	**VS**	20.22
VD	8.24	**NE**	7.33	**VD**	19.28	**GE**	20.91
VS	5.62	**AR**	8.00	**VS**	20.22	**BL**	21.26
ZG	1.32	**VD**	8.24	**ZG**	11.32	**JU**	21.64
ZH	2.37	**JU**	9.23	**ZH**	14.32	**NE**	21.65

* Für Erläuterung siehe vorangehende Seite.

Einverdiener-Ehepaar, zwei Vorschul-Kinder, keine Kinder-Drittbetreuungskosten*

Nettoeinkünfte CHF 100000			
alphabetisch		nach Steuerbelast.	
AG	6.69	ZG	2.75
AI	7.61	SZ	5.25
AR	8.92	TI	5.43
BE	11.66	GR	5.53
BL	8.02	ZH	5.85
BS	9.54	AG	6.69
FR	7.20	LU	6.86
GE	7.78	TG	7.09
GL	8.98	NW	7.17
GR	5.53	FR	7.20
JU	11.42	SG	7.55
LU	6.86	AI	7.61
NE	11.06	SH	7.65
NW	7.17	GE	7.78
OW	11.16	UR	7.79
SG	7.55	VS	7.98
SH	7.65	BL	8.02
SO	8.89	SO	8.89
SZ	5.25	AR	8.92
TG	7.09	GL	8.98
TI	5.43	BS	9.54
UR	7.79	NE	11.06
VD	11.33	OW	11.16
VS	7.98	VD	11.33
ZG	2.75	JU	11.42
ZH	5.85	BE	11.66

Nettoeinkünfte CHF 250000			
alphabetisch		nach Steuerbelast.	
AG	18.19	SZ	13.88
AI	17.97	ZG	14.12
AR	20.21	GR	16.70
BE	23.79	NW	16.87
BL	24.22	LU	17.17
BS	21.52	UR	17.35
FR	19.60	ZH	17.90
GE	21.56	AI	17.97
GL	20.52	AG	18.19
GR	16.70	OW	18.28
JU	24.30	TG	18.60
LU	17.17	FR	19.60
NE	24.95	SG	19.61
NW	16.87	AR	20.21
OW	18.28	SO	20.43
SG	19.61	SH	20.51
SH	20.51	GL	20.52
SO	20.43	TI	20.55
SZ	13.88	BS	21.52
TG	18.60	GE	21.56
TI	20.55	VD	22.69
UR	17.35	VS	23.39
VD	22.69	BE	23.79
VS	23.39	BL	24.22
ZG	14.12	JU	24.30
ZH	17.90	NE	24.95

* Für Erläuterung siehe vorangehende Seite.

Vermögensteuern nat. Personen 2017

Die nachfolgenden Berechnungen stellen die maximale Steuerbelastung in % des steuerbaren Vermögens ordentlich veranlagter natürlicher Personen für die Steuerperiode 2017 dar. Die Angaben beziehen sich auf konfessionslose, alleinstehende Personen ohne Kinder und unterstützungsbedürftige Personen. Es wird jeweils die Steuerbelastung am Hauptort und in der Gemeinde mit der höchsten bzw. tiefsten Belastung gezeigt. Stand der Berechnungen: Dezember 2017.

in alphabetischer Reihenfolge

Kt	Hauptort	höchste Belastung		tiefste Belastung		Kt
AG[1]	0.43	(Schwaderloch)	0.49	(Oberwil Lieli)	0.35	AG[1]
AI	0.25	(Eggerstanden)	0.31	(Appenzell)	0.25	AI
AR	0.40	(Hundwil)	0.43	(Teufen)	0.34	AR
BE[2]	0.58	(Schelten)	0.66	(Deisswil)	0.49	BE[2]
BL	0.76	(Waldenburg)	0.78	(verschiedene)	0.67	BL
BS	0.80	(Basel)	0.80	(Bettingen)	0.72	BS
FR	0.60	(verschiedene)	0.66	(Greng)	0.44	FR
GE[3]	1.01	(verschiedene)	1.03	(Genthod)	0.92	GE[3]
GL	0.35	(einheitlicher Gemeindesteuersatz)				GL
GR	0.32	(verschiedene)	0.39	(Rongellen)	0.22	GR
JU	0.57	(verschiedene)	0.62	(Les Breuleux)	0.51	JU
LU[4]	0.26	(verschiedene)	0.30	(Meggen)	0.19	LU[4]
NE	0.68	(Les Verrières)	0.73	(Gorgier)	0.60	NE
NW	0.13	(Wolfenschiessen)	0.14	(Hergiswil)	0.11	NW
OW	0.14	(Lungern)	0.17	(Sarnen)	0.14	OW
SG	0.44	(Degersheim)	0.47	(Mörschwil)	0.33	SG
SH	0.48	(Beggingen)	0.54	(Stetten)	0.41	SH
SO	0.22	(Holderbank)	0.24	(verschiedene)	0.17	SO
SZ	0.24	(Einsiedeln)	0.25	(Wollerau)	0.15	SZ
TG	0.29	(Arbon)	0.33	(Bottighofen)	0.24	TG
TI	0.68	(verschiedene)	0.70	(verschiedene)	0.55	TI
UR	0.20	(verschiedene)	0.22	(Seedorf)	0.19	UR
VD[5]	0.79	(Treytorrens)	0.81	(Eclépens)	0.69	VD[5]
VS	0.63	(Leukerbad)	0.75	(verschiedene)	0.60	VS
ZG	0.28	(Menzingen)	0.31	(Walchwil)	0.27	ZG
ZH	0.66	(verschiedene)	0.70	(verschiedene)	0.53	ZH

* Für Fussnoten vgl. nächste Tabelle.

nach Höhe der Steuerbelastung

Kt	Hauptort	höchste Belastung		tiefste Belastung		Kt
NW	0.13	(Wolfenschiessen)	0.14	(Hergiswil)	0.11	NW
OW	0.14	(Lungern)	0.17	(Sarnen)	0.14	OW
SZ	0.24	(Einsiedeln)	0.25	(Wollerau)	0.15	SZ
SO	0.22	(Holderbank)	0.24	(verschiedene)	0.17	SO
UR	0.20	(verschiedene)	0.22	(Seedorf)	0.19	UR
LU[4]	0.26	(verschiedene)	0.30	(Meggen)	0.19	LU[4]
GR	0.32	(verschiedene)	0.39	(Rongellen)	0.22	GR
TG	0.29	(Arbon)	0.33	(Bottighofen)	0.24	TG
AI	0.25	(Eggerstanden)	0.31	(Appenzell)	0.25	AI
ZG	0.28	(Menzingen)	0.31	(Walchwil)	0.27	ZG
SG	0.44	(Degersheim)	0.47	(Mörschwil)	0.33	SG
AR	0.40	(Hundwil)	0.43	(Teufen)	0.34	AR
GL	0.35	(einheitlicher Gemeindesteuersatz)				GL
AG[1]	0.43	(Schwaderloch)	0.49	(Oberwil Lieli)	0.35	AG[1]
SH	0.48	(Beggingen)	0.54	(Stetten)	0.41	SH
FR	0.60	(verschiedene)	0.66	(Greng)	0.44	FR
BE[2]	0.58	(Schelten)	0.66	(Deisswil)	0.49	BE[2]
JU	0.57	(verschiedene)	0.62	(Les Breuleux)	0.51	JU
ZH	0.66	(verschiedene)	0.70	(verschiedene)	0.53	ZH
TI	0.68	(verschiedene)	0.70	(verschiedene)	0.55	TI
VS	0.63	(Leukerbad)	0.75	(verschiedene)	0.60	VS
NE	0.68	(Les Verrières)	0.73	(Gorgier)	0.60	NE
BL	0.76	(Waldenburg)	0.78	(verschiedene)	0.67	BL
VD[5]	0.79	(Treytorrens)	0.81	(Eclépens)	0.69	VD[5]
BS	0.80	(Basel)	0.80	(Bettingen)	0.72	BS
GE[3]	1.01	(verschiedene)	1.03	(Genthod)	0.92	GE[3]

1 Die Einkommens- und Vermögensteuer (Kanton und Gemeinden) werden von Amtes wegen auf 70% des Reineinkommens herabgesetzt, jedoch höchstens auf die Hälfte der geschuldeten Vermögensteuern.

2 Für Personen, deren Vermögensteuer (Kantons- und Gemeindesteuer) 25% des Vermögensertrages übersteigt, ermässigt sich die Vermögensteuer auf diesen Betrag, jedoch höchstens auf 2.4‰ des steuerbaren Vermögens.

3 Maximale Steuerbelastung durch Vermögen- und Einkommensteuer zusammen (inkl. kantonale «centimes additionnels») von 60% des steuerbaren Einkommens; entsprechend gilt eine tiefere Belastung.

4 Der Gesamtbetrag der kant. Vermögensteuer darf 3‰ des steuerbaren Vermögens nicht übersteigen.

5 Maximale Steuerbelastung durch kantonale und kommunale Vermögens- und Einkommensteuer zusammen von maximal 60% des steuerbaren Einkommens.

Aufwandbesteuerung 2018

Die nachfolgende Tabelle stellt die im Bund und den Kantonen/Gemeinden aktuell geltenden Regelungen zur Bestimmung des steuerbaren Einkommens sowie des steuerbaren Vermögens für nach dem Aufwand besteuerte natürliche Personen dar (Pauschalsteuer gemäss Art. 14 DBG und Art. 6 StHG). Stand: Dezember 2017.

Kt	Einkommen	Vermögen
	Besonderheiten	
AG	7- bzw. 3-facher Betrag, mind. CHF 400 000	20-facher Betrag des steuerbaren Einkommens, mind. CHF 8 Mio.
AI	7- bzw. 3-facher Betrag, mind. CHF 400 000	20-facher Betrag des steuerbaren Einkommens, mind. CHF 8 Mio.
AR	Keine Besteuerung nach dem Aufwand möglich	
BE	7- bzw. 3-facher Betrag, mind. CHF 400 000	Liegenschaften: mind. auf der Basis der amtlichen Werte der Grundstücke
BL	Besteuerung nach dem Aufwand nur für Zuzugsjahr möglich	
BS	Keine Besteuerung nach dem Aufwand möglich	
FR	7- bzw. 3-facher Betrag, mind. CHF 250 000	4-facher Betrag des steuerbaren Einkommens, mind. CHF 1 Mio.
GE	7- bzw. 3-facher Betrag, mind. CHF 400 000	10%-Aufschlag zum steuerbaren Einkommen
GL	7- bzw. 3-facher Betrag, mind. CHF 400 000	20-facher Betrag des steuerbaren Einkommens, mind. CHF 8 Mio.
GR	7- bzw. 3-facher Betrag; mind. CHF 400 000	20-facher Betrag des steuerbaren Einkommens, mind. CHF 8 Mio.
JU	7- bzw. 3-facher Betrag; mind. CHF 200 000	Mind. 8-facher Betrag des steuerbaren Einkommens
LU	7- bzw. 3-facher Betrag, mind. CHF 600 000	20-facher Betrag des steuerbaren Einkommens, mind. CHF 12 Mio.
NE	7- bzw. 3-facher Betrag; mind. CHF 400 000	Mind. 5-facher Betrag des steuerbaren Einkommens
NW	7- bzw. 3-facher Betrag, mind. CHF 400 000	20-facher Betrag des steuerbaren Einkommens, mind. CHF 8 Mio.
OW	7- bzw. 3-facher Betrag, mind. CHF 400 000	Mind. 10-facher Betrag des steuerbaren Einkommens, mind. 4 Mio.
SG	7- bzw. 3-facher Betrag, mind. CHF 600 000	20-facher Betrag des steuerbaren Einkommens, mind. CHF 12 Mio.
SH	Keine Besteuerung nach dem Aufwand möglich	
SO	7- bzw. 3-facher Betrag, mind. CHF 400 000	20-facher Betrag des steuerbaren Einkommens
SZ	7- bzw. 3-facher Betrag, mind. CHF 600 000	20-facher Betrag des steuerbaren Einkommens, mind. CHF 12 Mio.
TG	10- bzw. 4-facher Betrag, mind. CHF 150 000[1]	Mind. CHF 9 Mio.
TI	7- bzw. 3-facher Betrag, mind. CHF 400 000	Mind. CHF 2 Mio.
UR	7- bzw. 3-facher Betrag, mind. CHF 400 000	20-facher Betrag des steuerbaren Einkommens, mind. CHF 8 Mio.
VD	7- bzw. 3-facher Betrag plus 10% Erhöhung, mind. CHF 415 000 enthält *Vermögenssteuer-Aufschlag*	10% Aufschlag zum steuerbaren Einkommen
VS	7- bzw. 3-facher Betrag, mind. CHF 250 000	4-facher Betrag des steuerbaren Einkommens
ZG	7- bzw. 3-facher Betrag, mind. CHF 500 000	20-facher Betrag des steuerbaren Einkommens, mind. CHF 10 Mio.
ZH	Keine Besteuerung nach dem Aufwand möglich	
Bund	7- bzw. 3-facher Betrag, mind. CHF 400 000	

1 Mindeststeuerbetrag (entspricht einem Einkommen von CHF 400 000 bis 750 000).

Milderung wirtschaftliche Doppelbelastung 2017

Kt	erforderliche Quote[1]	auch ausl. Bet.[1]	Ausschüttungen		Vermögen[1]		Kt
			Satz reduziert auf (in %)	*Bemessungsgrundlage reduziert auf (in %)*	*Satz reduziert auf (in %)*	*Bemessungsgrundlage reduziert auf (in %)*	
AG	10%	✓[2]	40			50[3]	**AG**
AI	10%	✓	40[4]		–	–	**AI**
AR	10%	✓	60		–	–	**AR**
BE	10%	✓	50		–	–	**BE**
BL	10%	✓	50		–	–	**BL**
BS	10%	✓		50	–	–	**BS**
FR	10%	✓		50	–	–	**FR**
GE	10%	✓		60/50[5]	–	–	**GE**
GL	10%	✓	35		–	–	**GL**
GR	10%	✓		60/50[5]	–	–	**GR**
JU	10%	✓		60/50[5]	–	–	**JU**
LU	10%	✓		50[8]	–	–	**LU**
NE	10%	✓	–	60/50[5]	–	40[6]	**NE**
NW	10%	✓	50/80[7]		80	–	**NW**
OW	10%	✓		50	–	–	**OW**
SG	10%	✓	50		–	–	**SG**
SH	10%	✓	50		–	–	**SH**
SO	10%	✓		60/50[5]	–	–	**SO**
SZ	10%	✓		50	–	–	**SZ**
TG	10%	✓		60/50[5]	–	–	**TG**
TI	10%	✓		60/50[5]	–	–	**TI**
UR	10%	✓		40		–	**UR**
VD	10%	✓		70/60[5]	–	–	**VD**
VS	10%	✓		60/50[5]		60	**VS**
ZG	10%	✓		50		–	**ZG**
ZH	10%	✓	50		–	–	**ZH**

1 Vgl. BGE 136 I 49 vom 25. September 2009: Verfassungswidrigkeit der Entlastung auf Vermögensteuer und auf Beteiligungen von weniger als 10% sowie der Beschränkung auf Gesellschaften mit Sitz in der Schweiz.

2 Gemäss Auskunft der entsprechenden kantonalen Steuerverwaltungen entgegen gesetzlicher Vorgabe (aufgrund BGE in Fn. 1) Milderung auch bei ausländischen Beteiligungen.

3 Teilbesteuerung nur für nicht gehandelte Aktien oder Anteilscheine; keine Mindestbeteiligungsquote.

4 Jährliche Festlegung des Steuersatzes durch den Grossen Rat (zwischen 30–50%).

5 Der Prozentsatz differiert im Privat- und Geschäftsvermögen.

6 Aktien, Genossenschaftsanteile sowie andere nicht börsenkotierte Beteiligungen werden nach dem Ertrags- und dem inneren Werte der Gesellschaft bemessen. Betreffen diese Beteiligungen eine schweizerische Gesellschaft, wird eine Ermässigung von 60% auf den steuerbaren Wert gewährt.

7 50% für Dividenden, Gewinnanteile, Liquidationsüberschüsse und geldwerte Vorteile aus Aktien, Anteilen an GmbHs und Genossenschaften sowie Partizipationsscheinen. Für übrige Erträge Teilsatz von 80%.

8 Ab 2018: 60% in Privatvermögen.

Die vorstehende Tabelle zeigt die in den Kantonen im Jahr 2017 anwendbaren Massnahmen zur Milderung der wirtschaftlichen Doppelbelastung auf Ausschüttungen bzw. Beteiligungen an Kapitalgesellschaften oder Genossenschaften. Sie enthält die für die Anwendbarkeit der jeweiligen Massnahmen erforderliche Quote bzw. den erforderlichen Verkehrswert einer Beteiligung, die Angaben, ob die Regelungen auch auf Beteiligungen an ausländischen (✓) oder nur an Schweizer (×) Gesellschaften anwendbar sind sowie den Umfang in %, in welchem qualifizierende Ausschüttungen bzw. Vermögenswerte besteuert werden, wobei eine Unterscheidung zwischen dem Teilsatzverfahren (Reduktion des Satzes) und dem Teileinkünfteverfahren (Reduktion der Bemessungsgrundlage) vorgenommen wird. StHG 7 I verlangt für die Milderung eine Mindestbeteiligung von 10% am Grund- oder Stammkapital. Der Umfang der Milderung ist den Kantonen im Rahmen der verfassungsmässigen Grundsätze freigestellt. Zu beachten sind die Entscheide BGer 2C_62/2008, 2C_274/2008 und 2C_48/2008 vom September 2009 (Aufhebung der Ausdehnung auf die Vermögenssteuer und auf Beteiligungen von weniger als 10% sowie der Beschränkung auf Schweizer Gesellschaften) sowie der Entscheid BGer 2C_429/2014 vom 6. November 2015 (Vorwirkung des StHG). Stand: Dezember 2017.

Besteuerung von Kapitalleistungen aus Vorsorge 2017

Die nachfolgende Tabelle stellt die gesonderte Besteuerung von Kapitalleistungen aus Vorsorge auf Kantons- und Gemeindeebene für die Steuerperiode 2017 dar. Stand: Dezember 2017.

Kt	Besteuerung Kantone[1]
AG	Berechnung der Steuer zu 30% des Tarifs; Mindestsatz von 1%
AI	Berechnung einfache Steuer zu ¼ des Tarifs; einfache Steuer min. 0.5%
AR	Verheiratete: einfache Steuer von 0.75% bis CHF 400 000, für den übersteigenden Betrag 1%; Übrige: einfache Steuer von 1% bis CHF 400 000, für den übersteigenden Betrag 1.3333%
BE	Progressiver Tarif: einfache Steuer von 0.65% bis 2% (unterschiedliche Progression für Verheiratete und Übrige); Kapitalleistungen unter CHF 5200 sind steuerfrei
BL	Besteuerung von 2% bis zu einem Kapitalleistungsbetrag von CHF 400 000; 6% ab einem Betrag von CHF 400 000; maximal aber 4.5%
BS	Progressiver Tarif: Besteuerung mit 3% bis 8%
FR	Progressiver Tarif; einfache Steuer von 2% bis 6%
GE	Berechnung der Steuer zu ⅕ des Tarifs
GL	Einfache Steuer von 4%
GR	Berechnung der Steuer zum Satz von 1/15 der Kapitalleistung; Verheiratete: einfache Steuer min. 1.5%, max. 2.6%; Übrige: einfache Steuer min. 2%, max. 4%; Kapitalleistungen unter CHF 5600 sind steuerfrei
JU	Verheiratete im gleichen Haushalt, Verwitwete, Geschiedene, Getrennte, Alleinstehende, die für den Unterhalt von Kindern oder für eine unterstützungsbedürftige Person zu sorgen haben bis CHF 52 500 Besteuerung von 0.9%, 1.1% für die nächsten CHF 52 500, darüber 1.3%. Sätze mit Staats- und Gemeindesteuerfüssen zu multiplizieren. Übrige; bis CHF 52 500 Besteuerung zu 1.1%, für die nächsten CHF 52 500 1.3%, darüber 1.7%. Sätze mit Staats- und Gemeindesteuerfüssen zu multiplizieren
LU	Berechnung der Steuer zu ⅓ des Tarifs, einfache Steuer min. 0.5%
NE	Berechnung der Steuer zu ¼ des Tarifs, einfache Steuer min. 2.5%
NW	Berechnung der Steuer zu ⅖ des Tarifs; einfache Steuer min. 0.8%
OW	Berechnung der Steuer zu ⅖ des Tarifs
SG	Linearer Tarif: 2% für gemeinsam steuerpflichtige Ehegatten, 2.2% für übrige Steuerpflichtige.
SH	Berechnung der Steuer zu ⅕ des Tarifs
SO	Berechnung der Steuer zu ¼ des Tarifs
SZ	Berechnung der Steuer zum Satz von 1/25 der Kapitalleistung; einfache Steuer max. 2.5%
TG	Einfache Steuer von 2% für Verheiratete und 2.4% für Übrige
TI	Berechnung der Steuer zum Satz einer entsprechenden jährlichen Leistung; einfache Steuer min. 2%
UR	Einfache Steuer von 1.9% für den Kanton, 1.9% für die Einwohnergemeinden und 0.5% für die Kirchgemeinden
VD	Berechnung der Steuer zu ⅓ des Tarifs
VS	Berechnung der Steuer zum Satz einer entsprechenden jährlichen Leistung; min. zum Mindestansatz 2% und max. 4%
ZG	Berechnung der Steuer zu 3/10 des Tarifs bis CHF 218 200, für den übersteigenden Betrag 4/10 des Tarifs; einfache Steuer min. 1%
ZH	Berechnung der Steuer zum Satz von 1/10 der Kapitalleistung; einfache Steuer min. 2%

1 Bundesebene: Berechnung der Steuer zu ⅕ des Tarifs (DBG 38).

Quellensteuern Künstler, Sportler und Referenten 2017

Die nachfolgende Tabelle stellt die maximale Quellensteuerbelastung in % der Bruttoeinkünfte von Künstlern, Sportlern und Referenten ohne steuerrechtlichen Wohnsitz oder Aufenthalt in der Schweiz für die Steuerperiode 2017 dar (vgl. DBG 92/StHG 35 I b). Stand: Dezember 2017.

Kt	Belastung Kanton	Belastung total[1]	Kt
AG	10	17	AG
AI	10	17	AI
AR	20	27	AR
BE	10	17	BE
BL	18	25	BL
BS	20	27	BS
FR	22	29	FR
GE	18	25	GE
GL	10	17	GL
GR	12	19	GR
JU[2]	22	29	JU[2]
LU	13	20	LU
NE	18	25	NE
NW	12	19	NW
OW	10	17	OW
SG	18	25	SG
SH	30	37	SH
SO	25	32	SO
SZ	13	20	SZ
TG	13	20	TG
TI	23	30	TI
UR	15	22	UR
VD	18	25	VD
VS	20	27	VS
ZG	13	20	ZG
ZH	10	17	ZH

1 Inkl. Bundessteuer von 7% ab einem Tageseinkommen von über CHF 3000 gem. DBG 92 II.

2 Reduktion um jährlich 1% × 100/90 von 2018 und 2022.

Quellensteuern ausländische Organe 2017

Die nachfolgende Tabelle stellt die maximale Quellensteuerbelastung in % der Bruttoeinkünfte von im Ausland wohnhaften Mitgliedern der Verwaltung oder der Geschäftsführung von juristischen Personen mit Sitz oder tatsächlicher Verwaltung in der Schweiz für die Steuerperiode 2017 dar (vgl. DBG 93/StHG 35 I c). Stand: Dezember 2017.

Kt	Belastung Kanton	Belastung total[1]	Kt
AG	18	23	**AG**
AI	18	23	**AI**
AR	18	23	**AR**
BE	18	23	**BE**
BL	18	23	**BL**
BS	20	25	**BS**
FR	20	25	**FR**
GE	20	25	**GE**
GL	15	20	**GL**
GR	20	25	**GR**
JU[2]	17.6	22.6	**JU**[2]
LU	20	25	**LU**
NE	18	23	**NE**
NW	12	17	**NW**
OW	10	15	**OW**
SG	20	25	**SG**
SH	25	30	**SH**
SO	15	20	**SO**
SZ	15	20	**SZ**
TG	15	20	**TG**
TI	25	30	**TI**
UR	15	20	**UR**
VD	20	25	**VD**
VS	20	25	**VS**
ZG	15	20	**ZG**
ZH	20	25	**ZH**

1 Inkl. Bundessteuer von 5% gem. DBG 93 III.
2 Reduktion um jährlich 1% × $\frac{100}{90}$ von 2018 und 2022.

Gewinnsteuer jur. Personen 2017

Die nachfolgenden Berechnungen stellen die maximale Steuerbelastung (statutarischer und effektiver Grenzsteuersatz) in % des Gewinns für ordentlich besteuerte juristische Personen inklusive direkte Bundessteuer sowie – wo anwendbar – Kirchensteuern für die Steuerperiode 2017 dar. Es wird jeweils die Steuerbelastung am Hauptort und – falls diesbezüglich Unterschiede bestehen – in der Gemeinde mit der höchsten bzw. tiefsten Belastung gezeigt. Stand der Berechnungen: Dezember 2017.

in alphabetischer Reihenfolge

Kt	Belastung Hauptort statutarisch	Belastung Hauptort effektiv	höchste Belastung effektiv	tiefste Belastung effektiv	Kt
AG	22.85	18.60	Kantonaler Einheitssatz	18.60	AG
AI[1]	16.50	14.16	Kantonaler Einheitssatz	14.16	AI[1]
AR	15.00	13.04	Kantonaler Einheitssatz	13.04	AR
BE	27.62	21.64	(Schelten) 23.36	(Deisswil) 20.03	BE
BL	26.10	20.70	(verschiedene) 20.70	(Binnigen) 18.76	BL
BS	28.50	22.18	Kantonaler Einheitssatz	22.18	BS
FR	24.79	19.86	(verschiedene) 20.85	(Greng) 17.02	FR
GE	31.86	24.16	(verschiedene) 24.41	(Genthod) 23.21	GE
GL	18.62	15.70	(Elm) 15.89	(Mollis) 15.66	GL
GR	19.23	16.12	Kantonaler Einheitssatz	16.12	GR
JU[2]	26.03	20.65	(verschiedene) 21.64	(Les Breuleux) 19.53	JU[2]
LU	14.05	12.32	(Menznau) 13.33	(Meggen) 11.19	LU
NE	18.50	15.61	Kantonaler Einheitssatz	15.61	NE
NW	14.51	12.67	Kantonaler Einheitssatz	12.67	NW
OW	14.60	12.74	Kantonaler Einheitssatz	12.74	OW
SG	21.06	17.40	Kantonaler Einheitssatz	17.40	SG
SH	19.21	16.11	(Beggingen) 16.97	(Stetten) 14.47	SH
SO	27.36	21.48	(Holderbank) 22.86	(Däniken) 18.62	SO
SZ[3]	18.02	15.27	(Illgau) 15.73	(Wollerau) 12.45	SZ[3]
TG	19.66	16.43	(Arbon) 17.58	(Bottighofen) 15.13	TG
TI	26.05	20.67	(verschiedene) 20.95	(verschiedene) 18.51	TI
UR	17.54	14.92	(Gurtnellen) 16.11	(Schattdorf) 14.89	UR
VD	27.18	21.37	(Treytorrens) 21.62	(Eclépens) 19.86	VD
VS	27.26	21.42	Kantonaler Einheitssatz	21.42	VS
ZG	17.10	14.60	(Menzingen) 15.19	(Baar) 14.47	ZG
ZH	26.82	21.15	(Hütten) 22.11	(Kilchberg) 18.87	ZH

* Für Fussnoten vgl. nächste Tabelle.

nach Höhe der Steuerbelastung

Kt	Belastung Hauptort statutarisch	Belastung Hauptort effektiv	höchste Belastung effektiv		tiefste Belastung effektiv		Kt
LU	14.05	12.32	(Menznau)	13.33	(Meggen)	11.19	LU
SZ[3]	18.02	15.27	(Illgau)	15.73	(Wollerau)	12.45	SZ[3]
NW	14.51	12.67	Kantonaler Einheitssatz			12.67	NW
OW	14.60	12.74	Kantonaler Einheitssatz			12.74	OW
AR	15.00	13.04	Kantonaler Einheitssatz			13.04	AR
AI[1]	16.50	14.16	Kantonaler Einheitssatz			14.16	AI[1]
ZG	17.10	14.60	(Menzingen)	15.19	(Baar)	14.47	ZG
SH	19.21	16.11	(Beggingen)	16.97	(Stetten)	14.47	SH
UR	17.54	14.92	(Gurtnellen)	16.11	(Schattdorf)	14.89	UR
TG	19.66	16.43	(Arbon)	17.58	(Bottighofen)	15.13	TG
NE	18.50	15.61	Kantonaler Einheitssatz			15.61	NE
GL	18.62	15.70	(Elm)	15.89	(Mollis)	15.66	GL
GR	19.23	16.12	Kantonaler Einheitssatz			16.12	GR
FR	24.79	19.86	(verschiedene)	20.85	(Greng)	17.02	FR
SG	21.06	17.40	Kantonaler Einheitssatz			17.40	SG
TI	26.05	20.67	(verschiedene)	20.95	(verschiedene)	18.51	TI
AG	22.85	18.60	Kantonaler Einheitssatz			18.60	AG
SO	27.36	21.48	(Holderbank)	22.86	(Däniken)	18.62	SO
BL	26.10	20.70	(verschiedene)	20.70	(Binnigen)	18.76	BL
ZH	26.82	21.15	(Hütten)	22.15	(Kilchberg)	18.87	ZH
JU[2]	26.03	20.65	(verschiedene)	21.64	(Les Breuleux)	19.53	JU[2]
VD	27.18	21.37	(Treytorrens)	21.62	(Eclépens)	19.86	VD
BE	27.62	21.64	(Schelten)	23.36	(Deisswil)	20.03	BE
VS	27.26	21.42	Kantonaler Einheitssatz			21.42	VS
BS	28.50	22.18	Kantonaler Einheitssatz			22.18	BS
GE	31.86	24.16	(verschiedene)	24.41	(Genthod)	23.21	GE

1 Reduktion der Gewinnsteuer um 50% auf sofort ausgeschütteten Gewinn.
2 Inklusive der bis ins Jahr 2020 jährlich gestaffelten Reduktion des einfachen Steuersatzes um je 1%; ab 2018 gestaffelte Reduktion um jährlich 1% × 100/90.
3 Die juristischen Personen entrichten anstelle der Gewinnsteuer eine Minimalsteuer (Kapitalsteuer), wenn diese die nach den §§ 71 bis 77 StG SZ berechnete Gewinnsteuer übersteigt. Die Minimalsteuer wird nach dem Eigenkapital bemessen.

Kapitalsteuer jur. Personen 2017

Die nachfolgenden Berechnungen stellen die maximale Steuerbelastung in % des Kapitals für **ordentlich besteuerte juristische Personen** inklusive – wo anwendbar – Kirchensteuern für die Steuerperiode 2017 dar. Es wird jeweils die Steuerbelastung am Hauptort und – falls diesbezüglich Unterschiede bestehen – in der Gemeinde mit der höchsten bzw. tiefsten Belastung gezeigt. Ebenso wird die Steuerbelastung in % des Kapitals von **Holdinggesellschaften** am Hauptort angegeben (dabei nicht berücksichtigt ist die teilweise abweichende Besteuerung von auf Grundeigentum im Kanton anfallenden Anteilen des Eigenkapitals). Stand der Berechnungen: Dezember 2017.

in alphabetischer Reihenfolge

Kt	Belastung Hauptort	höchste Belastung	tiefste Belastung	Holding-gesell-schaften	Anrechnung der Gewinnsteuer	Kt
AG	0.211	Kantonaler Einheitssatz	0.211	0.0169	Ja	AG
AI	0.050	Kantonaler Einheitssatz	0.050	0.0050	Ja	AI
AR[3]	0.072	Kantonaler Einheitssatz	0.072	0.0150	Nein	AR[3]
BE	0.144	(Schelten) 0.165	(Deisswil b. M.) 0.124	0.2000–0.0500	Ja[1]	BE
BL	0.380	(verschiedene) 0.380	(verschiedene) 0.280	0.0205	Ja	BL
BS	0.525	Kantonaler Einheitssatz	0.525	0.0500	Nein	BS
FR	0.307	(verschiedene) 0.336	(Greng) 0.226	0.0320–0.0150	Nein	FR
GE	0.401	(verschiedene) 0.409	(Genthod) 0.371	0.0668	Ja[4]	GE
GL	0.252	(Elm) 0.259	(Mollis) 0.251	0.0050[6]	Nein	GL
GR	0.488	Kantonaler Einheitssatz	0.488	0.0050	Nein	GR
JU	0.374	(verschiedene) 0.407	(Les Breuleux) 0.336	0.0312[7]	Nein	JU
LU[8]	0.185	(Menznau) 0.230	(Meggen) 0.137	0.0010	Nein	LU[8]
NE	0.500	Kantonaler Einheitssatz	0.500	0.0010	Ja	NE
NW	0.010	Kantonaler Einheitssatz	0.010	0.0100	Nein	NW
OW	0.200	Kantonaler Einheitssatz	0.200	0.0010	Nein	OW
SG	0.067	Kantonaler Einheitssatz	0.067	0.0034	Ja	SG
SH	0.210	(Beggingen) 0.233	(Stetten) 0.165	0.0053[6]	Nein	SH
SO	0.178	(Holderbank) 0.200	(Däniken) 0.136	0.0096[2]	Ja	SO
SZ[5]	0.169	(Illgau) 0.180	(Wollerau) 0.102	0.0099	Ja	SZ[5]
TG	*0.084*	(Arbon) 0.096	(Bottighofen) 0.070	0.0028	Ja	TG
TI	0.293	(verschiedene) 0.300	(verschiedene) 0.237	0.0293	Nein	TI
UR	0.001	(verschiedene) 0.288	(Seedorf) 0.001	0.001	Nein	UR
VD	0.070	(Treytorrens) 0.072	(Eclépens) 0.061	0.1751	Ja	VD
VS	0.500	Kantonaler Einheitssatz	0.500	0.0200	Nein	VS
ZG	0.075	(Menzingen) 0.082	(Baar) 0.073	0.0030	Nein	ZG
ZH	0.172	(Hütten) 0.187	(Kilchberg) 0.138	0.0344	Nein	ZH

* Für Fussnoten vgl. nächste Tabelle.

nach Höhe der Steuerbelastung

Kt	Belastung Hauptort	höchste Belastung	tiefste Belastung	Holding-gesell-schaften	Anrechnung der Gewinnsteuer	Kt
UR	0.001	(verschiedene) 0.288	(Seedorf) 0.001	0.0010	Nein	UR
NW	0.010	Kantonaler Einheitssatz	0.010	0.0100	Nein	NW
AI	0.050	Kantonaler Einheitssatz	0.050	0.0050	Ja	AI
VD	0.070	(Treytorrens) 0.072	(Eclépens) 0.061	0.1751	Ja	VD
SG	0.067	Kantonaler Einheitssatz	0.067	0.0034	Ja	SG
TG	0.084	(Arbon) 0.096	(Bottighofen) 0.070	0.0028	Ja	TG
AR[3]	0.072	Kantonaler Einheitssatz	0.072	0.0150	Nein	AR[3]
ZG	0.075	(Menzingen) 0.082	(Baar) 0.073	0.0030	Nein	ZG
SZ[5]	0.169	(Illgau) 0.180	(Wollerau) 0.102	0.0099	Ja	SZ[5]
BE	0.144	(Schelten) 0.165	(Deisswil b. M.) 0.124	0.2000–0.0500	Ja[1]	BE
SO	0.178	(Holderbank) 0.200	(Däniken) 0.136	0.0096[2]	Ja	SO
LU	0.185	(Menznau) 0.230	(Meggen) 0.137	0.0010	Nein	LU
ZH	0.172	(Hütten) 0.187	(Kilchberg) 0.138	0.0344	Nein	ZH
SH	0.210	(Beggingen) 0.233	(Stetten) 0.165	0.0053[6]	Nein	SH
OW	0.200	Kantonaler Einheitssatz	0.200	0.0010	Nein	OW
AG	0.211	Kantonaler Einheitssatz	0.211	0.0169	Ja	AG
FR	0.307	(verschiedene) 0.336	(Greng) 0.226	0.0320–0.0150	Nein	FR
TI	0.293	(verschiedene) 0.300	(verschiedene) 0.237	0.0293	Nein	TI
GL	0.252	(Elm) 0.259	(Mollis) 0.251	0.0050[6]	Nein	GL
BL	0.380	(verschiedene) 0.380	(verschiedene) 0.280	0.0205	Ja	BL
JU	0.374	(verschiedene) 0.407	(Les Breuleux) 0.336	0.0312[7]	Nein	JU
GE	0.401	(verschiedene) 0.409	(Genthod) 0.371	0.0668	Ja[4]	GE
GR	0.488	Kantonaler Einheitssatz	0.488	0.0050	Nein	GR
NE	0.500	Kantonaler Einheitssatz	0.500	0.0010	Ja	NE
VS	0.500	Kantonaler Einheitssatz	0.500	0.0200	Nein	VS
BS	0.525	Kantonaler Einheitssatz	0.525	0.0500	Nein	BS

1 Keine Anrechnung der Gewinnsteuer bei Holding- und Domizilgesellschaften.

2 Stadt Solothurn: Steuerfuss Holdingsgesellschaften nur 50% (ordentlich besteuerte Gesellschaften 115%).

3 Minimale Kapitalsteuer für jur. Personen von CHF 900.

4 Die Gewinnsteuer wird höchstens im Umfang von CHF 8500 an die Kapitalsteuer angerechnet.

5 Die juristischen Personen entrichten anstelle der Gewinnsteuer eine Minimalsteuer (Kapitalsteuer), wenn diese die nach den §§ 71 bis 77 StG SZ berechnete Gewinnsteuer übersteigt. Die Minimalsteuer wird nach dem Eigenkapital bemessen.

6 Bei Holdinggesellschaften mindestens CHF 500 (GL), 100 (SH).

7 Für das CHF 100 übersteigende Kapital beträgt die Kapitalsteuer ein Drittel dieses Satzes. Mindestkapitalsteuer CHF 200.

8 Minimale Kapitalsteuer CHF 500 für Kapitalgesellschaften, CHF 200 für Genossenschaften; Angefochten vor Bundesgericht.

Handänderungsteuern 2017

Die nachfolgende Tabelle stellt die Steuerbelastung in % bei Handänderungen von dinglichen Rechten an in der Schweiz gelegenen Grundstücken für die Steuerperiode 2017 dar. Nicht berücksichtigt sind zum Teil substanzielle Notariatsgebühren, Grundbuchabgaben und ähnliche Gebühren sowie allfällige Steuerbefreiungen. Stand: Dezember 2017.

Kt	Steuersatz	Erläuterungen	Kt
AG[1]	0.4 0.35 0.2 0.1 0.05	Normalfall bei Handänderungen zufolge Kauf (min. CHF 100) Bei Vermächtnis (min. CHF 50) Bei Erbgang und bei Umwandlung von Gesamt- in Miteigentum und umgekehrt (min. CHF 50) Bei Enteignungen und Vorgängen, auf die Enteignungsrecht anwendbar wäre (min. CHF 50) und bei Baulandumlegungen (min. CHF 100) Bei Berichtigungen, die auf die Parteien selbst zurückzuführen sind (min. CHF 50)	AG[1]
AI	1		AI
AR	max. 2 max. 1	Gemeindesteuer Hälftiger Steuersatz bei Handänderungen von Eltern zu Nachkommen	AR
BE[3]	1.8	Steuern unter CHF 100 werden nicht erhoben	BE[3]
BL	2.5	Die Steuer ist vom Veräusserer und Erwerber je zur Hälfte geschuldet.	BL
BS	3 1.5	Normalfall Bei Handänderungen in bestimmten Fällen von Selbstbewohnung	BS
FR	1.5	Die Gemeinden können eine Zusatzabgabe erheben, welche 100% der kantonalen Steuer nicht übersteigen darf (Gesamtbelastung in den meisten Gemeinden: 3%).	FR
GE[2]	3 1.5 0.2	Normalfall (bei als Erstwohnung dienenden Liegenschaften mit einem Wert unter CHF 1 165 877 werden die ersten CHF 17 488 nicht erhoben). Da die Grundbuchgebühr 0,3% beträgt, beträgt die Gesamtsumme 3,3%. Bei Tausch von im Kanton gelegenen Liegenschaften Bei Tausch von landwirtschaftlichen Grundstücken; jedoch kommt der Satz von 1.5% auf einer allfälligen Ausgleichszahlung zur Anwendung	GE[2]
GL	–	–	GL
GR	max. 2 –	Gemeindesteuer Bei Handänderungen zwischen Ehegatten sowie zwischen Eltern und Nachkommen	GR
JU	*2.1* 1.7 1.1 0.9	*Normalfall (min. CHF 30)* Bei als Erstwohnung dienenden Liegenschaften, wobei dieser Kauf ein erster Erwerb dieser Art im Kanton sein muss Reduzierter Satz für von Nachkommen oder vom anderen Ehegatten/eingetragenen Partner vertraglich erworbene Grundstücke; bei Erbgang oder Erbteilung, wenn Grundstücke auf Nachkommen oder den überlebenden Ehegatten/eingetragenen Partner übergehen; bei Erwerb von Grundstücken infolge güterrechtlicher Auseinandersetzung Reduzierter Satz für von Nachkommen oder vom Ehegatten/eingetragenen Partner vertraglich erworbene Grundstücke; bei Erbgang oder Erbteilung, wenn Grundstücke auf Nachkommen oder den überlebenden Ehegatten/eingetragenen Partner übergehen; bei Erwerb von Grundstücken infolge güterrechtlicher Auseinandersetzung, sofern die Liegenschaft als Hauptsitz des Erwerbers bestimmt ist	JU

Kt	Steuersatz	Erläuterungen	Kt
LU	1.5		LU
NE	3.3 2.2	Normalfall Reduzierter Satz bei Übertragung von für Wohnzwecke vorgesehenen Neubauten (innert 4 Jahren seit Erteilung der Baubewilligung); bei Tausch von im Kanton gelegenen Grundstücken (jedoch kommt der Satz von 3.3% auf einer allfälligen Ausgleichszahlung zur Anwendung); bei als Erstwohnung dienenden Liegenschaften, wobei dieser Kauf ein erster Erwerb dieser Art im Kanton sein muss	NE
NW	1 –	Normalfall Die Steuer entfällt u.a. zufolge erbrechtlichen Erwerbs und bei Handänderungen zwischen Eltern und Kindern sowie Ehepartnern.	NW
OW	1.5	Die Steuer ist vom Veräusserer und Erwerber je zur Hälfte geschuldet.	OW
SG	1 0.5	Normalfall Bei Handänderungen zwischen Eltern und Kindern, Adoptiv-, Stief- oder Pflegekindern sowie zwischen Geschwistern bei der Teilung des elterlichen Nachlasses. Sind Geschwister vorverstorben, gilt die Ermässigung auch für ihre Nachkommen.	SG
SH	–	–	SH
SO	2.2 1.1	Normalfall Bei Erwerb unter Ehegatten und durch Nachkommen Erwerb von Grundstücken zur dauernden und ausschliesslichen Selbstbewohnung von der Steuer befreit	SO
SZ	–	–	SZ
TG	– 1	Bei Handänderungen zwischen Ehegatten, zwischen Eltern und Kindern sowie Stief- oder Schwiegerkindern und zwischen Geschwistern Übrige	TG
TI	1.1 1 0.5 0.1375	Normalfall (fix CHF 30 bei weniger als CHF 20000) Bei Schenkung oder Stiftungserrichtung (fix CHF 30 bei weniger als CHF 20000) Bei Übertragung an Erbengemeinschaft infolge Erbganges (fix CHF 30 bei weniger als CHF 20000) Bei Übertragung an Alleinerben infolge Erbganges, bei Auflösung Erbengemeinschaft, bei Vermächtnis sowie bei Übertragung infolge Aufhebung von Miteigentum (fix CHF 30 bei weniger als CHF 20000)	TI
UR	–	–	UR
VD	2.2	Kantonaler Satz; die Gemeinden können eine Zusatzabgabe erheben, welche 50% der der kantonalen Steuer nicht übersteigen darf (also max. Steuersatz 3.3% bei Erhöhung um 1.1%) Besonderheiten: bei Tausch von Liegenschaften schuldet jede Partei die Hälfte der Steuer auf dem entsprechenden Wert der Liegenschaften, im Fall der Abtretung eines Vorkaufsrechts oder des entgeltlichen Verzichts auf dieses Recht wird die Steuer auf der Hälfte des zwischen dem Abtretenden/Verzichtenden vereinbarten Preises erhoben	VD
VS	1–1.5	Progressiver Steuersatz je nach Wert der Liegenschaft; Bei einem Wert zwischen CHF 1001 und CHF 50000 fix CHF 20. Die Gemeinden können eine Zusatzabgabe erheben, welche 50% der kantonalen Steuer nicht übersteigen darf.	VS
ZG	–	–	ZG
ZH	–	–	ZH

1 Gemengsteuer: Grundbuchabgabe (= Handänderungsteuer zuzügl. Grundbuchgebühr).

2 Die Gemeinden erheben in diesen drei Fällen keinen Zuschlag. Andere Vorschriften (abweichende Sätze, Zuschläge) sind bei Erbteilung, Ausübung eines Rückkaufsrechts oder im Falle von Grundlasten anwendbar.

3 Keine Handänderungssteuer auf ersten CHF 800000 für Liegenschaft, die während 2 Jahren als Hauptwohnsitz diente.

Grundstückgewinnsteuer 2017

Die nachfolgende Tabelle stellt die Steuerbelastung in % von Grundstückgewinnen bei der Veräusserung von im Privatvermögen und in Kantonen mit dem monistischen System auch von im Geschäftsvermögen gehaltenen Liegenschaften für die Steuerperiode 2017 dar. Beim Steuersatz wurde jeweils die Maximalbelastung in % angegeben. Sofern dies eine Rolle spielt, wurden der Steuerfuss am Kantonshauptort sowie der Tarif für alleinstehende Personen angewendet. Ebenso sind von der Besitzesdauer abhängige Zuschläge und Ermässigungen in % enthalten. Nicht berücksichtigt sind allfällige Kirchensteuerfüsse (sowohl für natürliche als auch für juristische Personen), Steuerfreibeträge und -befreiungen sowie Spezialregelungen für gewerbsmässige Liegenschaftshändler. Stand: Dezember 2017.

Kt	Steuer-satz	Steuer-fuss	Total	Zuschlag bei kürzerer Besitzesdauer als					Ermässigung bei Besitzesdauer von					Max. Ermässigung		System		Kt
				1 Jahr	2 Jahre	3 Jahre	4 Jahre	5 Jahre	5 Jahren	6 Jahren	7 Jahren	8 Jahren	15 Jahren	nach … Jahren	Umfang	mon.	dual.	
AG	Proportionale Steuer mit nach Besitzesdauer degressivem Steuersatz: max. 40% (bis 1 Jahr), min. 5% (ab 25 Jahren).																x	AG
AI[3]	40	1	40	36–25	24–13	12–1	–	–	5	8	11	14	35	20	50		x	AI[3]
AR	30	1	30	50–35	20	10	5	–	–	–	–	–	12.5	30	50		x	AR
BE[1]	8.1	4.6	37.26	70	50	35	20	10	10	12	14	16	30	35	70	x		BE[1]
BL[1]	25	1	25	100–81.67	80–61.67	60–41.67	40–21.67	20–1.67	–	–	–	–	–	30	CHF 50000	x		BL[1]
BS	Steuersatz 60% bei Besitzesdauer von weniger als 3 Jahren, Ermässigung des Satzes um 0.5% für jeden weiteren Monat Besitzesdauer, ab dem 9. Besitzesjahr einheitlich 30%; bei selbstgenutzten Wohnliegenschaften Steuersatz unabhängig von Besitzesdauer 30%; Ermässigung des Gewinns ab dem 6. Besitzjahr um jährlich 3%, Abzug max. 60%.															x		BS
FR	Proportionale Steuer mit nach Besitzdauer degressivem Steuersatz: max. 22% (bis 2 Jahre), min. 10% (ab 15 Jahren); Gemeindezuschlag von 60% der kantonalen Steuer. Übersteigen die Gewinne aus dem Verkauf von Grundstücken, die weniger als 5 Jahre im Eigentum waren, insgesamt CHF 400000 im Kalenderjahr, so wird die Steuer auf dem Gewinn, der über diesem Betrag liegt, um 40% erhöht.																x	FR
GE	Proportionale Steuer mit nach Besitzesdauer degressivem Steuersatz: max. 50% (bis 2 Jahre), ab 25 Jahren steuerfrei.																x	GE
GL	30	1	30	30	20	15	10	–	5	8	11	14	35	30	90		x	GL
GR	30[6]	1	30	48–26	24–2	–	–	–	–	–	–	–	7.5	44	51		x	GR
JU	6[5]	4.75	28.5[5]	50	25	25	25	25	–	–	–	–	5	40	30	x		JU
LU	5.7	4.2	23.94	50	40	30	20	10	–	–	–	–	6	33	25		x	LU

Kt	Steuersatz	Steuerfuss	Total	Zuschlag bei kürzerer Besitzesdauer als					Ermässigung bei Besitzesdauer von					Max. Ermässigung		System		Kt
				1 Jahr	2 Jahre	3 Jahre	4 Jahre	5 Jahre	5 Jahren	6 Jahren	7 Jahren	8 Jahren	15 Jahren	nach … Jahren	Umfang	mon.	dual.	
NE	33	1	33	60	45	30	15	–	6	12	18	24	60	14	60		x	NE
NW	Proportionale Steuer mit nach Besitzdauer degressivem Steuersatz: max. 36% (bis 1 Jahr), min. 12% (ab 30 Jahren).															x		NW
OW	1.8	7.01	12.62	30	20	10	–	–	–	–	–	–	–	–	–		x	OW
SG	10[7]	3.35	33.5	5	4	3	2	1	–	–	–	–	–[2]	42/35[2]	40.5/30[2]		x	SG
SH	15	2.1	31.5	50–45	40–35	30–25	20–15	10–5	–	5	10	15	50	17	60		x	SH
SO[1]	10.05	2.19	22.99	–	–	–	–	–	–	2	4	6	20	30	50		x	SO[1]
SZ	30	1	30	40	30	20	10	–	10	13	16	19	40	25	70	x		SZ
TG	40	1	40	36–25	24–13	12–1	–	–	–	4	8	12	40	23	72		x	TG
TI	Proportionale Steuer mit nach Besitzdauer degressivem Steuersatz: max. 31% (bis 1 Jahr), min. 4% (ab 30 Jahren).															x		TI
UR	Proportionale Steuer mit nach Besitzdauer degressivem Steuersatz: max. 31% (bis 1 Jahr), min. 11% (ab 21 Jahren).															x		UR
VD	Proportionale Steuer mit nach Besitzdauer degressivem Steuersatz: max. 30% (bis 1 Jahr), min. 7% (ab 24 Jahren).[4]																x	VD
VS	24	1	24	60	50	30	20	10	–	4	8	12	40	25	87.5		x	VS
ZG	Der Steuersatz entspricht dem auf ein Jahr umgerechneten prozentualen Verhältnis des Grundstückgewinns zu den Anlagekosten. Der Steuersatz beträgt min. 10% und max. 60%; er ermässigt sich ab 12 Jahren jährlich um 2.5% und beträgt ab 25 Jahren 25%.																x	ZG
ZH	40	1	40	50	25	–	–	–	5	8	11	14	35	20	50	x		ZH

1 Ermässigung auf dem Grundstückgewinn, nicht auf dem Steuerbetrag.
2 Ermässigung ab dem 16. Besitzjahr; max. Ermässigung von 40.5% nach 42 Jahren für Gewinne bis CHF 500000 auf während min. 15 Jahren selbst bewohnten Grundstücken; max. Ermässigung von 30% nach 35 Jahren für Gewinne ab CHF 500000 auf während min. 15 Jahren selbst bewohnten Grundstücken sowie in allen Fällen bei nicht selbst bewohnten Grundstücken.
3 Aufschub der Grundstückgewinnsteuer bei steuerbefreiten juristischen Personen im Falle von Umstrukturierungen.
4 Die vom Steuerpflichtigen nachgewiesenen Jahre der Nutzung als Hauptwohnsitz zählen doppelt.
5 Steuersätze variieren nach Gewinnhöhe: von CHF 4000–50000, 3.5% (Total 16.6%); von CHF 50100–100000, 4.5% (Total 21.4%); von CHF 100100–200000, 5.5% (Total 26.1%); ab CHF 200100, 6% (Total 28.5%).
6 Progressiver Tarif mit Maximalsatz von je 15% für Kanton und Gemeinde.
7 Progressiver Steuersatz mit einem Maximalsatz von 10%.

Erbschaft- und Schenkungsteuern 2017

Die nachfolgende Tabelle stellt die Freibeträge in CHF sowie die maximale Steuerbelastung von Erbschaften und Schenkungen in % für über dem Freibetrag liegende Zuflüsse für die Steuerperiode 2017 dar. Es wurde bewusst eine Auswahl getroffen und es sind daher nicht alle Kategorien von Steuerpflichtigen berücksichtigt. Stand: Dezember 2017.

Kt		Ehegatte	Kinder	Konkubinats[1]-/ Lebenspartner	nicht Verwandte	Kt
AG	Steuer	0	0	9	32	AG
	Freibetrag	–	–	–	–	
AI	Steuer	0	1	20	20	AI
	Freibetrag	–	300 000	5000	5000	
AR	Steuer	0	0	12	32	AR
	Freibetrag	–	–	10 000	5000	
BE	Steuer	0	0	15	40	BE
	Freibetrag	–	–	12 000	12 000	
BL	Steuer	0	0	15	30	BL
	Freibetrag	–	–	30 000	10 000	
BS	Steuer	0	0	16.5	49.5	BS
	Freibetrag	–	–	2000[2]/10 000[3, 7]	2000[2]/10 000[3, 7]	
FR	Steuer	0	0	8.25–14.025[18]	22–37.4[19]	FR
	Freibetrag	–	–	5000	5000	
GE	Steuer	0[14]	0[14]	54.6	54.6	GE
	Freibetrag	–	–	500[2, 7]/5000[3]	500[2, 7]/5000[3]	
GL	Steuer	0	0	12[4]	30[4]	GL
	Freibetrag	–	–	10 000	10 000	
GR	Steuer	0	0	0–5[5]	10–35[6]	GR
	Freibetrag	–	–	7000	7000	
JU	Steuer	0	0	14	35	JU
	Freibetrag	–	–	10 000[7]	10 000[7]	
LU[8]	Steuer	0	0–2[9]	12	40	LU[8]
	Freibetrag	–	100 000[2, 7]	2000	–	
NE	Steuer	0	3	20	45	NE
	Freibetrag	–	50 000[2]	10 000[7]	10 000[7]	
NW	Steuer	0	0	0	15	NW
	Freibetrag	–	–	–	20 000	
OW[17]	Steuer	0	0	0	0	OW[17]
	Freibetrag	–	–	–	–	
SG	Steuer	0	0	30	30	SG
	Freibetrag	–	–	10 000	10 000	
SH	Steuer	0	0	40	40	SH
	Freibetrag	–	–	10 000	10 000	

Kt		Ehegatte	Kinder	Konkubinats[1]-/ Lebenspartner	nicht Verwandte	Kt
SO	Steuer	0[10]	0[10]	30[10]	30[10]	SO
	Freibetrag	–	–	14 100[3]	14 100[3]	
SZ[11]	Steuer	–	–	–	–	SZ[11]
	Freibetrag	–	–	–	–	
TG	Steuer	0	0	28	28	TG
	Freibetrag	–	–	5000[7]	5000[7]	
TI	Steuer	0	0	41	41	TI
	Freibetrag	–	–	–	–	
UR	Steuer	0	0	0	24	UR
	Freibetrag	–	–	–	15 000[15]	
VD	Steuer[16]	0	3.5[12]	25[12]	25[12]	VD
	Freibetrag	–	250 000[2, 13]/50 000[3, 7]	10 000[7]	10 000[7]	
VS	Steuer	0	0	25	25	VS
	Freibetrag	–	–	10 000[2, 7]/ 2000[3, 7]	10 000[2, 7]/ 2000[3, 7]	
ZG	Steuer	0	0	0	20	ZG
	Freibetrag	–	–	–	5000[7]	
ZH	Steuer	0	0	36	36	ZH
	Freibetrag	–	–	50 000	5000[7]	

1 Für die Qualifikation als Konkubinatspartner vgl. das jeweilige kantonale Steuergesetz.
2 Nur bei der Erbschaftsteuer.
3 Nur bei der Schenkungsteuer.
4 Inkl. Bausteuerzuschlag von momentan 20% auf die Erbschaft- und Schenkungsteuer.
5 Von der kant. Steuer befreit; max. 5% fakultative Gde-Steuer.
6 10% kant. Steuer; max. 25% fakultative Gde-Steuer.
7 Wird dieser Betrag überschritten, ist die Steuer auf dem gesamten Betrag geschuldet.
8 Grundsätzlich keine Schenkungsteuer, jedoch werden Schenkungen innert 5 Jahren vor dem Tod mit der Erbschaftsteuer belegt.
9 Reine Gemeindesteuer zwischen 0% bis 2%.
10 Pro Nachlass (zusätzlich) 0.8% bis 1.2% Nachlasstaxe.
11 Es wird weder eine Erbschaft- noch eine Schenkungsteuer erhoben.
12 Die Gemeinden können eine Zusatzabgabe erheben, welche 100% der kantonalen Steuer nicht übersteigen darf.
13 Wird dieser Betrag überschritten, sinkt der Freibetrag degressiv bis CHF 0.
14 Keine Steuerbefreiung, wenn der Erblasser oder der Schenker gemäss den letzten Veranlagungsverfügungen nach dem Aufwand besteuert wurde. Massgebend ist der Zeitpunkt des Todes bzw. derjenige der Schenkung.
15 Steuerbar ist der CHF 15 000 übersteigende Vermögensübergang (Freigrenze).
16 Um die Hälfte reduzierte Steuer für im Kanton eröffnete Erbschaften von Ausländern sowie vollzogene Schenkungen von im Kanton wohnhaften Ausländern, wenn diese in der Schweiz keine Erwerbstätigkeit ausüben und nur für den Teil der Erbschaft, der ausschliesslich im Kanton steuerbar ist (vgl. Art. 36 LMSD).
17 Auf den 1.1.2017 wurde die Erbschafts- und Schenkungssteuer in Obwalden abgeschafft.
18 Die kant. Steuer beträgt 8,25%. Die Gemeinden können eine Zusatzabgabe erheben, welche 70% der kant. Steuer nicht übersteigen darf.
19 Die kant. Steuer beträgt 22%. Die Gemeinden können eine Zusatzabgabe erheben, welche 70% der kant. Steuer nicht übersteigen darf.

Schweizerische Doppelbesteuerungsabkommen

Doppelbesteuerungsabkommen des Bundes

Die nachfolgende Tabelle stellt die staatsvertraglich vereinbarten Quellensteuern in % auf Dividenden, Zinsen, Lizenzgebühren, Dienstleistungsentgelten sowie privaten Pensionen und Renten dar. Die neu verhandelten bzw. revidierten Abkommen, welche noch nicht in Kraft getreten sind, sind jeweils in kursiver Schrift eingefügt worden.

Bei der Tabelle handelt es sich um eine erweiterte bzw. aufdatierte Version der auf der Homepage des SIF veröffentlichten bzw. vom SIF erhaltenen Liste. Die Tabelle soll als Übersicht dienen; massgeblich sind jedoch stets die im jeweils einschlägigen Doppelbesteuerungsabkommen vereinbarten Sockelsteuersätze. Kenntnisstand ist der 20. Dezember 2017.

Quellenstaat / Quellenterritorium	Dividenden				Zinsen	Lizenzgebühren	private Pensionen und Renten	Dienstleistungsvergütungen	Entlastung in der Schweiz
	Regel	Tochtergesellschaft		Sonderfälle					
			Beteiligung%						
Ägypten	15	5	25		15 Ac)	12,5	0	0	Ad) Ar) Az)
Albanien Bg)	15	5	25		5 Ac)	5	0	0	Ad)
Algerien	15	5	20		10 Ac)	10	0	0 Bs)	Ad)
Argentinien Br)	15	10	25		12 Ac)	3/5/10/15	0	10 Aj) Bs)	Ad)
Armenien	15	5	25	Bo)	10 Ac)	5	0	0	Ad)
Aserbaidschan	15	5	20	Bx)	10 Ac)	10/5	0	0 Bs)	Ad)
Australien	15	5/0	10/80	Ae) Cf) Cr) Cw)	10 Cf) Cl) Cw)	5	0 Cb)	0	Ad)
Bangladesch	15	10	20		10 Ac)	10	0	0	Ad)
Belarus	15	5	25		8 Ac) Ag)	10/5/3 Bz)	0	0	Ad)
Belgien (neu) Db)	15	0	10	Cf)	10 Bv)	0	Cj	0	Ad)
Bulgarien	10	0	10 Ai)	Ca) Cf)	5 Ah) Bv) Co)	0	0 Bb)	0	Ad)
Chile	15	15			15/5	10/5	15	0 Bs)	Ad) Cp)
China	10	5	25	Al)	10 Al)	9	0	0	Ad)
Chinesisches Taipei (Taiwan)	15	10	20		10 Ac)	10	Cj)	0	Ad)
Dänemark	15	0	10	Cf)	0	0	Cj)	0	Ad)
Deutschland	15	0	10 Ai) Cv)	Af)	0	0	0	0	Ad)
Ecuador	15	15		Ae)	10 Ac)	10	0	0	Ad)
Elfenbeinküste	15	15		Ay)	15 Ac)	10	0	0	Ad) Az)
Estland Am)	10	0	10 Ai)	Ca) Cf)	0	0	0	0	Ad)
Finnland	10	0	10		0	0	0	0	Ad)
Frankreich	15	0	10		0	5	0 Cg)	0	Ad)
Georgien	10	0	10		0	0	0	0	Ad)
Ghana	15	5	10		10 Ah)	8	0	8	Ad)
Griechenland	15	5	25	Cf)	7	5	0	0	Ad)
Grossbritannien s. Vereinigtes Königreich									
Hongkong	10	0	10	Ae)	0	3	Cj)	0	Ad)
Indien	10	10		Ae)	10 Bc)	10 Bd)	0	10	Ad)
Indonesien	15	10	25		10	10 Ax)	0	5	Ad)
Iran	15	5	15		10 Ac)	5	0	0	Ad)

Quellenstaat / Quellenterritorium	Dividenden				Zinsen	Lizenzgebühren	private Pensionen und Renten	Dienstleistungsvergütungen	Entlastung in der Schweiz
	Regel	Tochtergesellschaft		Sonderfälle					
			Beteiligung%						
Irland	15	0	10	Ae) Cf)	0	0	0	0	Ad)
Island Am)	15	0	10 Ai)	Ca) Cf)	0	0/5	Cj)	0	Ad)
Israel	15	5	10	Bq)	10 Ac) Ag)	5	0	0	Ad)
Italien Da)	15	15			12,5	5	0	0	Ad)
Jamaika	15	10	10		10 Ag)	10 Be)	0	5 Cz)	Ad)
Japan	10	5/0	10/50	Cf) Cq)	10 Ac)	0	0	0	Ad)
Kanada	15	5	10 Bu)	Cf)	10 Ac)	10 Bv)	15 Ao)	0	Ad)
Kasachstan	15	5	10	Cf)	10 Ac)	10	0	0 Bs)	Ad)
Katar	15	5/10 Ck)	10	Au) Cf)	0	0	Cj)	0	Ad)
Kirgisistan	15	5	25		5	5	0	0	Ad)
Kolumbien	15	0	20		10 Ah)	10	0	10	Ad) Ar)
Korea (Süd)	15	5	10		10 Ac)	5	0	0	Ad)
Kosovo (neu) Ab)	*15*	*5*	25		*5*	*0*	*0*	*0*	*Ad)*
Kroatien	15	5	25		5 Ac)	0	0	0	Ad)
Kuwait	15	15		Ae)	10 Ae)	0	0	0	Ad)
Lettland	15	5	20		10 Bv) Cc)	10 Bh)	0	0	Ad)
Lettland (neu) Ab)	*15*	*0*	10	*Dc)*	*10 Ac)*	*5 Dd)*	*0*	*0*	*Ad)*
Liechtenstein Bg)	15	0	10	Bn)	0	0	0	0	Ad)
Litauen	15	5	20		10 Bv) Cc)	10 Bh)	0	0	Ad)
Luxemburg	15	0 Ba)	10	Cf)	10 Aw)	0	0	0	Ad)
Malaysia	15	5	25	Ap)	10 Aq)	10 Aq)	0	0	Ad) Ap) Ar)
Malta	0	0	25	Ae) Ci)	10 Ah)	0	0	0	Ad)
Marokko	15	7	25		10	10	0	0	Ad)
Mazedonien	15	5	25		10 Ah)	0	0		Ad)
Mexiko	15	0	10	Cf)	10/5 At)	10	0	0	Ad)
Moldova	15	5	25		10 Ac)	0	0	0	Ad)
Mongolei	15	5	25		10 Ac)	0	0	0	Ad)
Montenegro	15	5	20		10	0	0	0	Ad)
Neuseeland	15	15			10	10	0	0	Ad)
Niederlande	15	0	10	As) Cf)	0	0	0 Cg)	0	Ad)
Norwegen Bg)	15	0	10		0	0	15	0	Ad)
Oman Bg)	15	5	10		5	8	0	0	Ad)
Österreich	15	0	20		0	0	0	0	Ad)
Pakistan	20	10	20		10	10	0	6–7.5 Bs) Cy)	Ad) Ar)
Pakistan (neu) Ab)	*20*	*10*	20		*10*	*10*	*0*	*7 Bs)*	*Ad) Ar)*
Peru	15	10	10		15 Ah)	15 Cs)	0	10 Aj) Bs)	Ad)
Philippinen	15	10	10		10	15	0	0	Ad) By)
Polen	15	0	10 Cn)	Cf)	5 Co)	5 Co)	0	0	Ad)
Portugal	15	0	25 Cn)	Ak) Cm)	10	5	0	0	Ad) Bv)
Rumänien	15	0	25	Cf) Cw)	5 By) Co)	0	0	0	Ad)

Quellenstaat / Quellenterritorium	Dividenden				Zinsen	Lizenzgebühren	private Pensionen und Renten	Dienstleistungsvergütungen	Entlastung in der Schweiz
	Regel	Tochtergesellschaft		Sonderfälle					
			Beteiligung%						
Russland	15	5	20	Bf) Cf)	0	0	0	0	Ad)
Sambia (neu) Ab)	*15*	*5*	10		*10*	*5*	*0*	*0 Bs)*	*Ad)*
Schweden	15	0	10	Cf)	0 Aw)	0	Cj)	0	Ad)
Serbien	15	5	20		10	0	0	0	Ad)
Singapur	15	5	10	Ae)	5 Ct)	5 Ct)	0	0	Ad)
Slowakei	15	0	10	Cf) Cw)	5 Ac) By) Co)	5 Co)	0	0	Ad)
Slowenien	15	0	25	Cf)	5 Bv) Co)	5 Co)	0	0	Ad)
Spanien	15	0	10 Ai)	Cf)	0	5	0	0	Ad)
Sri Lanka	15	10	25		10/5 An)	10 Ax)	0	5 Cz)	Ad)
Südafrika	15	5	20		5	0	Cj)	0	Ad)
Tadschikistan	15	5	20		10 Ah)	5	0	0	Ad)
Thailand	15	10	10		15/10 Ac) Bl)	10/5 Bm)	0	0	Ad) Ar)
Trinidad und Tobago	20	10	10		10	10 Ax)	0	5	Ad) Ar)
Tschechische Rep.	15	0	10 Ai)	Ca) Cf)	0	5	0	0	Ad)
Tunesien	10	10			10	10	0	0	Ad)
Türkei	15	5	20	Cd)	15/10/5 Ce) Cx)	10 Ce)	0	0 Bs)	Ad) Ce) Cx)
Turkmenistan	15	5	25		10	10	0	0	Ad
Ukraine	15	5	20		10 Ac)	10 Bp)	0	0	Ad)
Ungarn	15 Av)	0	10	Ca) Cf)	0 Bw)	0	Cj)	0	Ad)
Uruguay	15	5	25		10 Cu)	0	0	0	Ad)
Usbekistan Am)	15	5	20		5 Ac)	5	0	0	Ad)
USA	15	5	10	Bi) Cf)	0 Bj)	0	0 Bk)	0	Ad)
USA (neu) Ab)	*15*	*5*	*10*	*Bi) Cf) De)*	*0 Bj)*	*0*	*0 Bk)*	*0*	*Ad)*
Venezuela	10	0	25		5	5	0	0	Ad)
Vereinigte Arabische Emirate	15	5	10	Cf) Au)	0	0	Cj)	0	Ad)
Vereinigtes Königreich	15	0	10	Ae)	0	0	0 Ch)	0	Ad)
Vietnam	15	10/7	25/50		10 Ac)	10	0	0	Ad) Ar)
Zypern	*15*	*0*	*10 Ai)*	Ae) Au) Cf)	0	0	0 Cg)	0	Ad)

Anmerkungen

Aa Die Begrenzungen gelten in der Regel in gleicher Weise auch für die schweizerische Verrechnungssteuer.

Ab Noch nicht in Kraft.

Ac In bestimmten Fällen sind Zinsen im Quellenstaat steuerbefreit.

Ad Die Schweiz gewährt für die im Quellenstaat erhobene Steuer die pauschale Steueranrechnung.

Ae Ecuador, Hongkong, Indien, Irland, Kuwait, Malta, Singapur, das Vereinigte Königreich und Zypern erheben keine Quellensteuer. Australien erhebt keine Quellensteuer, wenn die Gewinne bei der australischen Gesellschaft voll besteuert worden sind.

Af 5% für Dividenden von Grenzkraftwerken und 30% (zur Zeit effektiv 25% plus Solidaritätszuschlag) für Einkünfte aus Gewinnobligationen, stillen Beteiligungen und partiarischen Darlehen. 20% bzw. 25% plus

Solidaritätszuschlag für nach dem 31.12.1989 zugeflossene Erträge aus Genussrechten, 15% für Erträge aus Genussrechten, die vor dem 19.5.1989 begründet wurden und vor dem 31.12.1992 zufliessen.

Ag Zinsen auf Bankdarlehen 5%.

Ah 0% bei Zinsen auf Kreditlieferungen von Ausrüstungen und auf Warenkreditverkäufen (Ausnahme: Peru) sowie bei Bankdarlehenszinsen.

Ai Sofern die Beteiligung während mindestens 12 Monaten vor der Dividendenfälligkeit gehalten wurde.

Aj Maximal 10% für im anderen Vertragsstaat erbrachte technische Unterstützungsleistungen (im Falle von Peru auch für numerische Dienstleistungen).

Ak 5% auf Dividenden von Beteiligungen von über 25%, die weniger als 2 Jahre gehalten wurden (vgl. art. 10 par. 2 a)).

Al 0% auf Dividendenzahlungen an die Vertragsstaaten und Nationalbanken. Der Satz von 0% kommt auch auf Einkünften an vollständig dem Staat gehörende Einrichtungen zur Anwendung. In Bezug auf Zinseinkünfte gilt dies generell; in Bezug auf Dividendeneinkünfte nur hinsichtlich solcher Einrichtungen, auf die sich die Vertragsstaaten geeignet haben. Zur Zeit sind dies die beiden folgenden chinesischen Einrichtungen: „China Investment Corporation (CIC)" und „National Council for Social Security Fund".

Am Anwendbar seit 1. Januar 2016.

An Zinsen von Bankdarlehen 5%.

Ao Kanada kann eine Quellensteuer von 15% erheben. Entlastung in der Schweiz durch Abzug eines Drittels des Nettobetrags.

Ap Malaysia und Singapur erheben keine Quellensteuer. Die Schweiz gewährt Anrechnung für 10% der Nettodividende.

Aq Zinsen von genehmigten Darlehen sowie genehmigte Lizenzgebühren sind von der malaysischen bzw. singapurischen Steuer befreit.

Ar Anrechnung für 10% der Zinsen (Ägypten, China, Südkorea, Malaysia und Singapur: auch Lizenzgebühren; Trinidad und Tobago: auch Dividenden an natürliche Personen; Kolumbien, Thailand, Pakistan und Vietnam: auch für Dividenden, soweit diese nicht aufgrund des Holdingprivilegs befreit sind), auch wenn die Steuer niedriger ist oder weg fällt (unter gewissen Voraussetzungen).

As Befreiung nur, wenn die Verbindung zwischen beiden Gesellschaften nicht in erster Linie in der Absicht hergestellt oder unterhalten wird, um diesen zusätzlichen Vorteil zu erhalten.

At 5% für Zinszahlungen an Banken, Versicherungsgesellschaften und Wertschriftenhändler sowie für Zinsen auf regelmässig auf dem autorisierten Markt gehandelten Obligationen und Titeln.

Au 0% auf Dividendenzahlungen an staatliche Institutionen.

Av Ungarn erhebt keine Quellensteuer auf Dividenden, die in Ungarn reinvestiert werden und auf Dividenden an ausländische juristische Personen.

Aw Luxemburg und Schweden erheben keine Quellensteuer auf Zinsen.

Ax Dienstleistungsvergütungen 5%.

Ay Quellensteuer von 18%, wenn Gewinne der Gesellschaft in der Elfenbeinküste steuerbefreit; keine pauschale Steueranrechung in der Schweiz.

Az Anrechnung für 10% der Zinsen (Elfenbeinküste) und Lizenzgebühren (Ägypten).

Ba 5% wenn eine Beteiligung von wenigstens 10% nicht während eines ununterbrochenen Zeitraumes von mindestens 2 Jahren gehalten wird.

Bb Besteuerungsrecht des Quellenstaates, sofern der Ansässigkeitsstaat nicht besteuert.

Bc Steuerbefreiung im Quellenstaat für Zinsen auf Darlehen, die von einer öffentlichen Körperschaft eines Vertragsstaats bewilligt, garantiert oder versichert sind, sowie für von den indischen Behörden genehmigten Darlehen und für Guthaben, die von im internationalen Verkehr tätigen Luftfahrtunternehmen gehalten werden.

Bd Gilt auch für technische Dienstleistungen.

Be Dienstleistungsvergütungen 5%; Leasinggebühren 6%.

Bf Beteiligung 20% und getätigte Investitionen von mindestens SFr. 200000.– oder deren Gegenwert in anderer Währung.

Bg Anwendbar seit 1. Januar 2017.

Bh 5% für Leasingzahlungen.

Bi Keine Herabsetzung auf 5% für Dividenden einer amerikanischen Regulated Investment Company; Dividenden eines amerikanischen Real Estate Investment Trust unterliegen einer Quellensteuer von 15%, wenn der Empfänger eine natürliche Person ist und am Trust mit weniger als 10% beteiligt ist (andernfalls keine Entlastung und keine pauschale Steueranrechnung).

Bj Keine Entlastung und keine pauschale Steueranrechnung für gewisse Zinsen, die vom Gewinn des Schuldners *oder ähnlichen* Faktoren abhängen, sowie für Zinsen, die von einem amerikanischen Real Estate Mortgage Investment Conduit gezahlt werden.

Bk 15% für amerikanische Sozialversicherungsrenten. Entlastung in der Schweiz durch Abzug eines Drittels des Nettobetrags.

Bl 10% für Zinsen, die an Finanzierungsinstitute (inkl. Versicherungsgesellschaften) gezahlt werden.

Bm 10% für Lizenzgebühren auf Patenten, Marken, Mustern, Modellen, Plänen und Know-how.

5% für Lizenzgebühren auf Urheberrechten an literarischen, künstlerischen und wissenschaftlichen Werken.

Bn 0% für Dividenden, die an die Vertragsstaaten, einschliesslich ihrer politischen Unterabteilungen, lokalen Körperschaften und Zentralbanken, oder an Vorsorgeeinrichtungen bezahlt werden.

Bo Beteiligung 25% und mindestens Fr. 200000.– oder deren Gegenwert in anderer Währung.

Bp Lizenzgebühren für Urheberrechte an wissenschaftlichen Werken, für Patente, Marken, Muster oder Modelle, geheime Formeln oder Verfahren oder für die Mitteilung gewerblicher, kaufmännischer oder wissenschaftlicher Erfahrungen können nur im Wohnsitzstaat des Empfängers besteuert werden.

Bq 10% für Dividenden aus Beteiligungen, wenn sie aus Gewinnen stammen, die in Israel der Gewinnbesteuerung zu einem privilegierten Satz unterlagen.

Br Anwendbar seit 1. Januar 2015 für Quellensteuern und seit 1. Januar 2016 für Amtshilfe.

Bs Gemäss Art. 5 des DBA kann unter gewissen Voraussetzungen das Erbringen von Dienstleistungen eine Betriebsstätte begründen.

Bt [aufgehoben]

Bu 10% der Stimmrechte und des Kapitals.

Bv 0% in gewissen Fällen.

Bw Ungarn erhebt keine Quellensteuer auf Zinsen, die an juristische Personen gezahlt werden. Von der Regierung, der Ungarischen Nationalbank und anderen in Ungarn registrierten Finanzinstituten gezahlte Zinsen sind in Ungarn quellensteuerfrei.

Bx Beteiligung 20% und getätigte Investitionen von mindestens US $ 200000.–.

By Pauschale Steueranrechnung bei Lizenzgebühren 10%.

Bz 5% für Leasinggebühren, 3% für Lizenzgebühren auf Patenten und Know-how.

Ca 0% auf Dividendenzahlungen an die Nationalbanken.

Cb Kapitalleistungen, die von einer Vorsorgeeinrichtung stammen oder infolge Alters, Invalidität, Erwerbsunfähigkeit oder Todes oder als Entschädigung für Verletzungen geleistet werden, können im Quellenstaat besteuert werden.

Cc 0% für Zinsen im Zusammenhang mit Kreditverkäufen zwischen nicht verbundenen Unternehmen.

Cd 5% bei Beteiligungen von 20%.

Ce Während der ersten 5 Jahre der Anwendung des Abkommens: Anrechnung von 5% für Zinsen oder Leasinggebühren, von 10% für Lizenzgebühren, wenn diese Einkünfte befreit oder zu einem tieferen Satz als demjenigen, der in Artikel 11 oder 12 vorgesehen ist, besteuert werden.

Cf 0% auf Dividendenzahlungen an Vorsorgeeinrichtungen.

Cg In bestimmten Fällen sind Pensionen und Renten im Quellenstaat besteuert.

Ch Kapitalleistungen einer Vorsorgeeinrichtung können nur im Quellenstaat besteuert werden. Keine entsprechende Anrechnung im Ansässigkeitsstaat des Empfängers der Kapitalleistungen.

Ci Die maltesische Steuer auf dem Bruttobetrag der Dividenden darf die Steuer, die auf den Gewinnen im Herkunftsland erhoben wird, nicht übersteigen.

Cj Besteuerung im Quellenstaat.

Ck 5% bei Beteiligungen von Gesellschaften, 10% bei Beteiligungen von natürlichen Personen.

Cl 0% auf Zinsen an ein Finanzinstitut, das nicht mit dem Schuldner verbunden ist.

Cm 5% auf Dividendenzahlungen an Vorsorgeeinrichtungen.

Cn Sofern die Beteiligung während mindestens 24 Monaten vor der Dividendenfälligkeit gehalten wurde.

Co 0% für Zahlungen unter verbundenen Gesellschaften.

Cp Die Schweiz gewährt eine Entlastung von 15% auf 115% der erhaltenen Dividende.

Cq 5% bei Beteiligungen von 10% und 0% bei Beteiligungen von 50% der Stimmrechte.

Cr 5% bei Beteiligungen von 10% und 0% bei Beteiligungen von 80% der Stimmrechte.

Cs 10% für technische Unterstützung und numerische Dienste.

Ct Für Zinsen auf Darlehen und für Lizenzgebühren, welche in Singapur aufgrund einer entsprechenden Bewilligung vor dem Inkrafttreten des neuen Doppelbesteuerungsabkommens von der zuständigen Behörde von der Besteuerung befreit worden sind, wird eine Anrechnung von 10% (im Fall von Zinsen) und von 5% (im Fall von Lizenzgebühren) während der ersten 5 Jahre nach dem Inkrafttreten des neuen Abkommens gewährt.

Cu 0% bei Zinsen auf Kreditlieferungen von Ausrüstungen und auf Warenkreditverkäufen sowie bei Darlehen von mindestens 3 Jahren für Finanzierung von Investitionsprojekten.

Cv Unabhängig von der Höhe der Beteiligung beträgt die Residualsteuer 15% auf Dividenden, die von einer deutschen Immobilien-Aktiengesellschaft mit börsenkotierten Anteilen einem deutschen Investmentfonds oder einer deutschen Investmentaktiengesellschaft gezahlt werden.

Cw 0% auf Dividendenzahlungen an die Vertragsstaaten und Nationalbanken.

Cx 5% bei Zinsen, die aufgrund eines von einer Eximbank oder einer ähnlichen Einrichtung, die die Exportförderung bezweckt, gewährten, garantierten oder versicherten Darlehens oder Kredits gezahlt werden ; 10% bei Zinsen, die an eine Bank gezahlt werden ; in allen anderen Fällen, ungeachtet des in Absatz 2 Buchstabe c festgelegten Satzes von 10% können die Vertragsstaaten in Übereinstimmung mit ihrem innerstaatlichen Recht eine Steuer von höchstens 15% erheben.

Cy 7.5% der Erträge aus der Dienstleistungserbringung unter Berücksichtigung eines Abzugs für Aufwendungen von maximal 20% der Erträge

Cz Auf Dienstleistungsvergütungen darf eine Quellensteuer von höchstens 5% nur dann erhoben werden, wenn die Dienste im Quellenstaat von einem Unternehmen durch Angestellte oder sonstiges Personal, das zu diesem Zweck eingestellt worden ist, geleistet werden und die entsprechenden Tätigkeiten im Quellenstaat innerhalb eines Zeitraumes von zwölf Monaten insgesamt länger als sechs Monate dauern.

Da Anwendbar seit 13. Juli 2016, für Informationsaustausch für Sachverhalte ab 23. Februar 2015.

Db Anwendbar seit 1. Januar 2018.

Dc Keine Quellensteuer auf Dividenden an die Nationalbanken sowie Vorsorgeeinrichtungen.

Dd In bestimmten Fällen sind Lizenzgebühren im Quellenstaat steuerbefreit.

De 0% auf Dividendenzahlungen an Einrichtungen der gebundenen Selbstvorsorge (in der Schweiz Säule 3a).

Abkommen zum automatischen Informationsaustauch über Finanzkonten (AIA)

Basierend auf dem Amtshilfeübereinkommen, dem Multilateral Competent Authority Agreement (MCAA), dem AIA-Abkommen EU, dem AIAG und der AIAV, sowie den mit Hongkong und Singapur abgeschlossenen Staatsverträgen, welche am 1. Januar 2017 in Kraft getreten sind, tauscht die Schweiz mit anderen Staaten gegenseitig Informationen zu Finanzkonten aus. Die Schweiz sammelt seit dem 1. Januar 2017 erstmals Daten und wird diese ab 2018 austauschen.

Die Schweiz wendet den AIA bzw. wird den AIA mit folgenden Staaten und Territorien anwenden (Stand 31.12. 2017; Kenntnisstand ist der 21. Dezember 2017):

Partnerstaat	Inkrafttreten[1]
Andorra	01.01.2018
Antigua und Barbuda	–[2]
Argentinien	01.01.2018
Aruba	–[2]
Australien	01.01.2017
Barbados	01.01.2018
Belize	01.01.2018
Bermuda[3]	01.01.2018
Brasilien	01.01.2018
Britische Jungferninseln[3]	01.01.2018
Cayman Inseln[3]	01.01.2018
Chile	01.01.2018
China (Volksrepublik)	01.01.2018
Cookinseln	01.01.2018
Costa Rica	01.01.2018
Curaçao	01.01.2018
Europäische Union[4]	01.01.2017
Färöer Inseln	01.01.2018
Grenada	01.01.2018
Grönland	01.01.2018
Guernsey	01.01.2017
Hongkong[5]	01.01.2018
Indien	01.01.2018
Indonesien	01.01.2018
Insel Man	01.01.2017
Island	01.01.2017
Israel	01.01.2018
Japan	01.01.2017
Jersey	01.01.2017
Kanada	01.01.2017
Kolumbien	01.01.2018
Liechtenstein	01.01.2018
Malaysia	01.01.2018
Mauritius	01.01.2018
Marshallinseln[3]	–[6]
Mexiko	01.01.2018

Partnerstaat	Inkrafttreten[1]
Monaco	01.01.2018
Montserrat	01.01.2018
Neuseeland	01.01.2018
Norwegen	01.01.2017
Republik Korea (Südkorea)	01.01.2017
Russland	01.01.2018
San Marino	01.01.2018
Saint Kitts und Nevis	01.01.2018
Saint-Lucia	01.01.2018
Saint Vincent und die Grenadinen	01.01.2018
Saudi-Arabien	01.01.2018
Seychellen	01.01.2018
Singapur[5]	01.01.2018
Südafrika	01.01.2018
Turks und Caicos Inseln[3]	01.01.2018
Uruguay	01.01.2018
Vereinigte Arabische Emirate[3]	–[6]

1 Inkrafttreten auf den 1. Januar 2017 bzw. auf den 1. Januar 2018 bedeutet, dass die meldepflichtigen Finanzinstitute ab diesem Zeitpunkt Kontoinformationen von steuerlich in den jeweiligen Partnerstaaten ansässigen Personen sammeln. Diese im Laufe des Jahres 2017 bzw. 2018 erhobenen Informationen werden zwischen den zuständigen Behörden erstmals im Herbst 2018 bzw. im Herbst 2019 ausgetauscht.

2 Diese Staaten und Territorien erfüllen die Voraussetzungen des globalen AIA-Standards im heutigen Zeitpunkt nicht und haben die Einführung des AIA aufgeschoben.

3 Diese Staaten und Territorien haben sich als «ständige nichtreziproke Jurisdiktionen» erklärt, d.h. sie werden dauerhaft Kontoinformationen an die Partnerstaaten liefern, jedoch keine solchen Daten erhalten.

4 Das bilaterale AIA-Abkommen mit der EU gilt für alle 28 EU-Mitgliedstaaten und ist auch für die Åland-Inseln, die Azoren, Französisch-Guayana, Gibraltar, Guadeloupe, die Kanarischen Inseln, Madeira, Martinique, Mayotte, Réunion und Saint Martin anwendbar.

5 Die Schweiz hat mit Hongkong und Singapur bilaterale Abkommen zur Einführung des AIA ab 2018/2019 unterzeichnet Die Abkommen werden ab dem 1. Januar 2018 vorläufig angewendet. Das Parlament wird die Genehmigung der Abkommen 2018 beraten.

6 Diese Staaten haben im jetzigen Zeitpunkt ihre Notifikationen über ihre Partnerstaaten noch nicht eingereicht. Die Aktivierung des AIA wird deshalb in einem späteren Zeitpunkt stattfinden.

Adressen und Verzeichnisse

Kontakte Staatssekretariat für internationale Finanzfragen

Quelle: www.staatskalender.admin.ch

Staatssekretariat für internationale Finanzfragen – SIF

Bundesgasse 3		
3003 Bern	www.sif.admin.ch	Tel.: 058 462 61 63
Staatssekretär	Jörg Gasser	Tel.: 058 462 60 61
Stv. Staatssekretär	Alexander Karrer, Botschafter	Tel.: 058 464 95 84
Sekretariat	Sandra Urwyler	Tel.: 058 462 61 63
Politikkoordination	René Weber, Botschafter	Tel.: 058 462 32 11
	Stv. Dr. David Gerber	Tel.: 058 465 15 28
Sekretariat	politik@sif.admin.ch	Tel.: 058 462 60 52
Marktpolitik	Dr. David Samuel Gerber, Sektionsleiter	Tel.: 058 465 15 28
Rechtsdienst	Bruno Dorner, Leiter Rechtsdienst	Tel.: 058 462 61 90
Kommunikation	Anne César	Tel.: 058 462 62 91
	Frank Wettstein	Tel.: 058 462 38 56
Abteilung Finanzsystem und Finanzmärkte	Alexander Karrer, Botschafter	Tel.: 058 464 95 84
	Stv. Dr. Michael Manz	Tel.: 058 462 60 48
Sekretariat	fi-multilaterales@sif.admin.ch	Tel.: 058 462 60 08
	fsb-multilaterales@sif.admin.ch	
Sektionen		
Kapitalmärkte und Infrastruktur	Dr. Michael Manz, Sektionsleiter	Tel.: 058 462 60 48
Banken	Fred Bürki, Sektionsleiter	Tel.: 058 463 54 79
*Internationale Finanz*institutionen	*Dr. Friederike* Pohlenz, Sektionsleiterin	Tel.: 058 462 64 63
Finanzmarktintegrität	Dr. Riccardo Sansonetti, Sektionsleiter	Tel.: 058 462 62 07
Bilaterale Finanzmarktbeziehungen	Christoph König, Sektionsleiter	Tel.: 058 462 78 52

Abteilung Steuern	Christoph Schelling, Botschafter	Tel.: 058 462 61 56
	Stv. Nicolas Lüscher	Tel.: 058 462 60 69
Sekretariat	steuern@sif.admin.ch	Tel.: 058 462 60 45
Sektionen		
Bilaterale Steuerfragen und Doppelbsteuerung	Pascal Duss, Sektionsleiter	Tel.: 058 462 71 57
Multilaterale Steuerfragen und Unternehmens-besteuerung	Silvia Frohofer, Sektionsleiterin	Tel.: 058 464 30 20
Informationsaustausch und Individualbesteuerung	Matthieu Boillat, Sektionsleiter	Tel.: 058 462 26 38
Verrechnungspreise	Dr. Jessica Salom, Sektionsleiterin	Tel.: 058 462 38 57

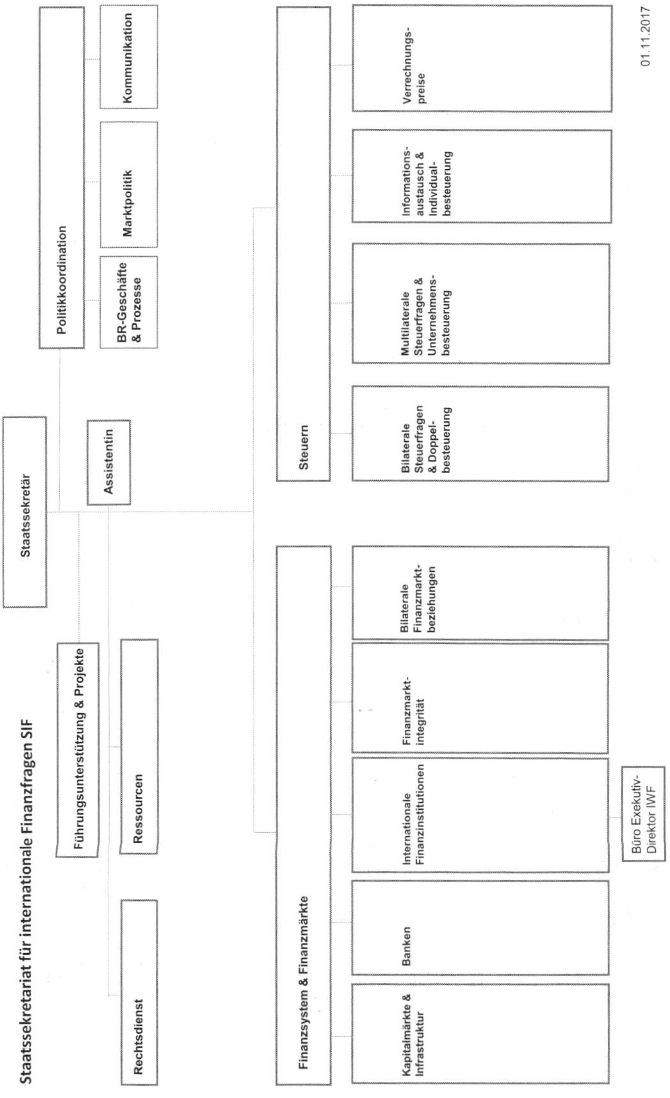
Staatssekretariat für internationale Finanzfragen SIF
Staatssekretär
Assistentin
Politikkoordination
BR-Geschäfte & Prozesse
Marktpolitik
Kommunikation
Führungsunterstützung & Projekte
Ressourcen
Rechtsdienst
Steuern
Bilaterale Steuerfragen & Doppelbesteuerung
Multilaterale Steuerfragen & Unternehmensbesteuerung
Informationsaustausch & Individualbesteuerung
Verrechnungspreise
Finanzsystem & Finanzmärkte
Kapitalmärkte & Infrastruktur
Banken
Internationale Finanzinstitutionen
Büro Exekutiv-Direktor IWF
Finanzmarktintegrität
Bilaterale Finanzmarktbeziehungen
01.11.2017

Kontakte Eidgenössische Steuerverwaltung

Quelle: www.staatskalender.admin.ch

Eidgenössische Steuerverwaltung

Eigerstrasse 65 3003 Bern	www.estv.admin.ch	Tel.: 058 462 71 06
Direktor	Adrian Hug	Tel.: 058 462 71 01
Stellvertreter	Marc Bugnon	Tel.: 058 462 72 01
Vizedirektoren	Fabian Baumer	Tel.: 058 465 31 67
	Raffaello Pietropaolo	Tel.: 058 460 57 74
	Dirk Christian Lindemann	Tel.: 058 463 89 37

Hauptabteilung Direkte Bundessteuer, Verrechnungssteuer, Stempelabgaben

Eidgenössische Steuerverwaltung
Hauptabteilung Direkte Bundessteuer,
Verrechnungssteuer, Stempelabgaben
Eigerstrasse 65
3003 Bern

Hauptabteilungschef	Marc Bugnon	Tel.: 058 462 72 01
Stellvertreter	Ralph Theiler	Tel.: 058 463 52 27
Abteilung Recht	Markus Küpfer (Chef)	Tel.: 058 462 73 63
	Auskunft	Tel.: 058 465 61 30
Abteilung Aufsicht Kantone	Ralph Theiler (Chef)	Tel.: 058 463 52 27
	Auskunft	Tel.: 058 462 10 53
Abteilung Erhebung	Marco Mosca (Chef)	Tel.: 058 462 99 60
	Auskunft	Tel.: 058 465 60 82
Abteilung Externe Prüfung	Gilbert Purro (Chef)	Tel.: 058 464 80 82
	Auskunft	Tel.: 058 465 61 10
Abteilung Rückerstattung	Nicolas Schaller (Chef)	Tel.: 058 462 74 35
	Auskunft	Tel.: Vakant
Abteilung Strafsachen	Emanuel Lauber (Chef)	Tel.: 058 462 71 92
u. Untersuchungen	Auskunft	Tel.: 058 463 01 81
Abteilung Informations-	Alexandre Dumas (Chef)	Tel.: 058 463 01 80
austausch in Steuersachen	Kurt Rieder	Tel.: 058 462 74 53
Wehrpflichtersatz		

Hauptabteilung Mehrwertsteuer

Eidgenössische Steuerverwaltung
Hauptabteilung Mehrwertsteuer
Schwarztorstrasse 50
3003 Bern

Hauptabteilungschef	Raffaello Pietropaolo	Tel.: 058 460 57 74
Stellvertreterin	Regula Hauser El-Ajou	Tel.: 058 465 76 01
Abteilung Erhebung	Alain Rosa (Chef)	Tel.: 058 465 77 77
Abteilung Externe Prüfung	Regula Hauser El-Ajou (Chefin)	Tel.: 058 465 76 01
	Auskunft	Tel.: 058 465 76 90
Abteilung Recht	Ralf Imstepf (Chef)	Tel.: 058 469 91 88
Sektionen Analyse, Projekte, Risikoerkennung (APRM)	Christan Roch (Sektionschef)	Tel.: 058 464 22 62

Hauptabteilung Steuerpolitik (STP)

Eidgenössische Steuerverwaltung
Steuerpolitik (STP)
Eigerstrasse 65
3003 Bern

Hauptabteilungschef	Fabian Baumer	Tel.: 058 465 31 67
Stellvertreterin	Isabelle Blättler (Chefin)	Tel.: 058 462 72 02
	Auskunft	Tel.: 058 462 73 73
Abteilung Steuergesetzgebung	Isabelle Blättler (Chefin)	Tel.: 058 462 72 02
Abteilung Volkswirtschaft und Steuerstatistik	Bruno Jeitziner (Chef)	Tel.: 058 464 91 35

Direktionsstab (DS)

Eidgenössische Steuerverwaltung
Direktionsstab (DS)
Eigerstrasse 65
3003 Bern

Leiter	Emanuel Schenk	Tel.: 058 463 89 76
Stellvertreter	Christine Gante	Tel.: 058 463 25 74
	Christoph Neuenschwander	Tel.: 058 462 74 30
	Auskunft	Tel.: 058 462 70 22

Interne Revision (IR)

Eidgenössische Steuerverwaltung
Interne Revision (IR)
Schwarztorstrasse 50
3003 Bern

Leiter	Norbert Gschwandner	Tel.: 058 463 43 96

Human Resources

Eidgenössische Steuerverwaltung
Personal und Organisation
Eigerstrasse 65
3003 Bern

Personalchef	Philipp Abgottspon	Tel.: 058 465 56 86
	Auskunft	Tel.: 058 462 71 37

Hauptabteilung Ressourcen (RSS)

Eidgenössische Steuerverwaltung
Hauptabteilung Ressourcen
Eigerstrasse 65
3003 Bern

Hauptabteilungschef	Dirk Christian Lindemann	Tel.: 058 463 89 37
Stellvertreter	Philippe Voirol (Chef)	Tel.: 058 469 00 66
Abteilung Finanzen	Simone Schmidlin (Chefin)	Tel.: 058 462 71 39
Abteilung Inkasso	Markus Rothenbühler (Chef)	Tel.: 058 465 72 32
Abteilung Informatik	Philippe Voirol (Chef)	Tel.: 058 469 00 66
Abteilung Dienste	Christophe Richoz (Leiter a.i.)	Tel.: 058 467 16 21
Beschaffung	Katharina Lüthi (Leiterin)	Tel.: 058 462 17 76

Schweizerische Eidgenossenschaft
Confédération suisse
Confederazione Svizzera
Confederaziun svizra

Eidgenössisches Finanzdepartement EFD
Eidgenössische Steuerverwaltung ESTV

Organigramme ESTV

Stand: 1.11.2017

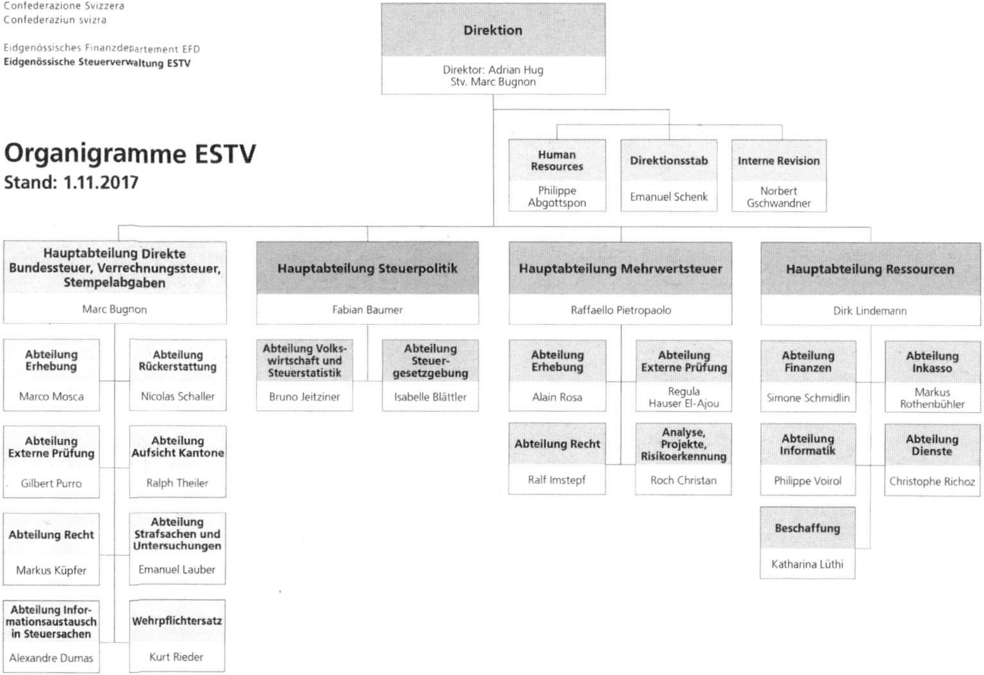

Schweizerische Eidgenossenschaft
Confédération suisse
Confederazione Svizzera
Confederaziun svizra

Eidgenössisches Finanzdepartement EFD
Eidgenössische Steuerverwaltung ESTV

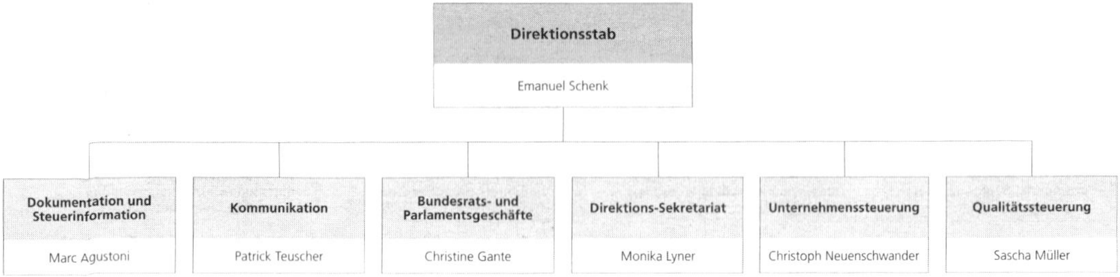

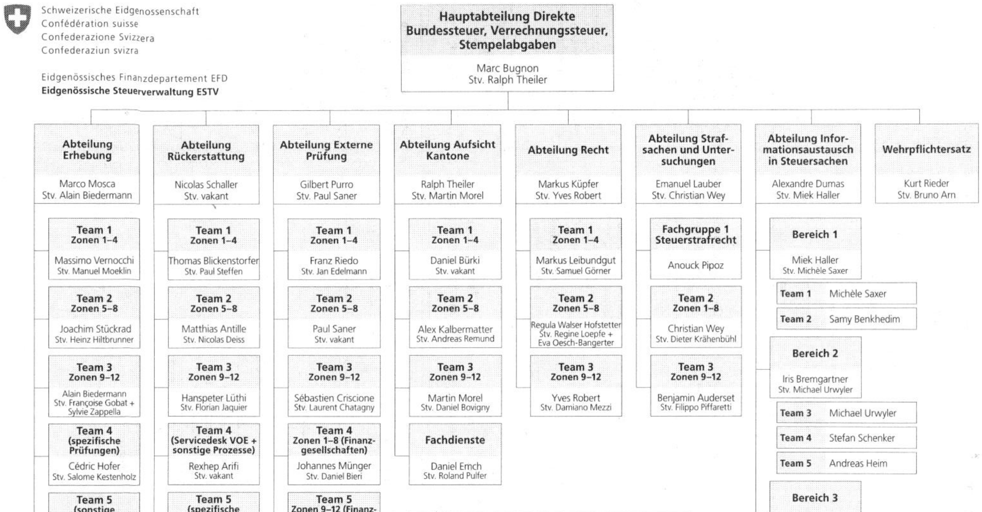

Zonen d=deutsch, f=franz., i=ital. N=Nord, S=Süd

1	BS, SO, TG, UR	A, CDN, CHL, CO, DK, EC, FIN, IS, JM, MEX, N, NL, RA, S, TT, USA, UY, YV
2	BL, GL, GR d, SZ	
3	BE N d, SG	
4	BE S d, FR d, VS d	
5	ZH N	AE, AUS, BD, CHI, CI, CL, D, DZ, ET, GH, HK, IL, IND, IR, J, KWT, MA, MAL, MN, NZ, PK, QA, RI, ROK, RP, SGP, T, TN, TW, VN, ZA
6	ZH S	
7	LU, NW, OW, ZG	
8	AG, AI, AR, SH	
9	GR i, TI	AL, ARM, AZ, B, BG, CY, CZ, E, EST, F, GB, GE, GR, H, HR, I, IRL, KG, KZ, L, LT, LV, M, MK, MNE, P, PL, RO, RU, RUS, SK, SLO, SR, TJ, TR, UA, ZU
10	VD	
11	BE f, FR f, NE, VS f	
12	GE, JU	

Organisationsübersicht der Abteilung Aufsicht Kantone

Stand per 1. Januar 2018

Abteilung Aufsicht Kantone
Chef: Theiler Ralph
Stv: Morel Martin

Zonen 1 – 4

Team I
Chef: Bürki Daniel
Stv: Brüsehaber Mathias

BE, SO
Bürki Daniel
Meister Bruno (BE)
Brüsehaber Mathias (SO)

GR
Eggenschwiler Christoph
Meister Bruno

BS
Fäh Silvia
Schläppi Beat

BL, GL
Zeller Bernhard
Schläppi Beat (BL)
Brüsehaber Mathias (GL)

SG, TG
Imthurn Daniel
Brüsehaber Mathias

SZ, UR
Schmutz Philipp
Schläppi Beat

Zonen 5 – 8

Team II
Chef: Kalbermatter Alex
Stv: Remund Andreas

AG, AI
Walker Agnes
Jäger Lorenz (AG)
Künzle Urs (AI)

AR
Mauron Catherine
Künzle Urs

LU
Oppliger Andreas
Künzle Urs

NW
Remund Andreas
Jäger Lorenz

SH
Kalbermatter Alex
Jäger Lorenz

OW, ZG
Berger Hanspeter
Jäger Lorenz (OW)
Künzle Urs (ZG)

ZH
Bürki Jonas
Schmied André

Zonen 9 – 12

Team III
Chef: Morel Martin
Stv: Bovigny Daniel

JU, NE
Cipolla Sandra
Schuwey Frédéric (JU)
Gauchat Douglas (NE)

FR, GE
Bovigny Daniel
Kottelat Gérard

TI, VS
Zarri Antonella
Gauchat Douglas (VS)

VD
Morel Martin
Schuwey Frédéric

Fachdienste

Fachdienste
Chef: Emch Daniel
Stv: Pulfer Roland

Landwirtschaft
Oppliger Andreas

Publikationen/Formulare Tarife/DBG-Pauschalen
Hasler Jan

Quellensteuer
Pulfer Roland

Auslandsbedienstete Rechnungswesen
Hartlep Janine

Übersetzungen Rechnungswesen
Mulhauser Michel

Sekretariat
Riesen Andrée

Kantonszuständigkeiten in der Abteilung Aufsicht Kantone per 1. Januar 2018

Name	Paraph	Funktion	Tel. Nummer
Theiler Ralph	THE	**Abteilungschef**	058 463 52 27
Morel Martin	Mom	**Abteilungschef-Stellvertreter**	058 462 74 28

Team I: Zonen 1 - 4 (BS, BL, BE, GL, GR, SG, SZ, SO, TG, UR)

Kanton	Name	Paraph	Funktion	Tel. Nummer
	Bürki Daniel	BKD	**Teamchef**	058 462 71 90
	Brüsehaber Mathias	BRM	**Teamchef-Stv.**	058 462 72 29
BS	Fäh Silvia	HIR	Spez. dBSt	058 464 84 24
	Schläppi Beat	SPI	Spez. VSt/DBA/pStA	058 463 00 35
BL	Zeller Bernhard	ZEL	Spez. dBSt	058 462 73 40
	Schläppi Beat	SPI	Spez. VSt/DBA/pStA	058 463 00 35
BE	Bürki Daniel	BKD	Spez. dBSt	058 462 71 90
	Meister Bruno	MEB	Spez. VSt/DBA/pStA	058 463 04 48
GL	Zeller Bernhard	ZEL	Spez. dBSt	058 462 73 40
	Brüsehaber Mathias	BRM	Spez. VSt/DBA/pStA	058 462 72 29
GR	Eggenschwiler Christoph	EGW	Spez. dBSt	058 462 33 21
	Meister Bruno	MEB	Spez. VSt/DBA/pStA	058 463 04 48
SG	Imthurn Daniel	IMD	Spez. dBST	058 462 74 14
	Brüsehaber Mathias	BRM	Spez. VSt/DBA/pStA	058 462 72 29
SZ	Schmutz Philipp	SPH	Spez. dBSt	058 462 74 31
	Schläppi Beat	SPI	Spez. VSt/DBA/pStA	058 463 00 35
SO	Bürki Daniel	BKD	Spez. dBSt	058 462 71 90
	Brüsehaber Mathias	BRM	Spez. VSt/DBA/pStA	058 462 72 29
TG	*Imthurn Daniel*	*IMD*	Spez. dBST	058 462 74 14
	Brüsehaber Mathias	BRM	Spez. VSt/DBA/pStA	058 462 72 29
UR	Schmutz Philipp	SPH	Spez. dBSt	058 462 74 31
	Schläppi Beat	SPI	Spez. VSt/DBA/pStA	058 463 00 35

Team II: Zonen 5 - 8 (AG, AR, AI, LU, NW, OW, SH, ZG, ZH)

Kanton	Name	Paraph	Funktion	Tel. Nummer
	Kalbermatter Alex	KAL	**Teamchef**	058 464 90 93
	Remund Andreas	REA	**Teamchef-Stv.**	058 462 71 08
AG	Walker Agnes	WAL	Spez. dBSt	058 462 74 23
	Jäger Lorenz	Jr	Spez. VSt/DBA/pStA	058 462 72 05
AR	Mauron Catherine	THM	Spez. dBSt	058 462 74 16
	Künzle Urs	KUU	Spez. VSt/DBA/pStA	058 462 72 60
AI	Walker Agnes	WAL	Spez. dBSt	058 462 74 23
	Künzle Urs	KUU	Spez. VSt/DBA/pStA	058 462 72 60
LU	Oppliger Andreas	OAN	Spez. dBSt	058 462 71 91
	Künzle Urs	KUU	Spez. VSt/DBA/pStA	058 462 72 60
NW	Remund Andreas	REA	Spez. dBSt	058 462 71 08
	Jäger Lorenz	Jr	Spez. VSt/DBA/pStA	058 462 72 05
OW	Berger Hanspeter	BRG	Spez. dBSt	058 462 71 89
	Jäger Lorenz	Jr	Spez. VSt/DBA/pStA	058 462 72 05
SH	Kalbermatter Alex	KAL	Spez. dBSt	058 464 90 93
	Jäger Lorenz	Jr	Spez. VSt/DBA/pStA	058 462 72 05
ZG	Berger Hanspeter	BRG	Spez. dBSt	058 462 71 89
	Künzle Urs	KUU	Spez. VSt/DBA/pStA	058 462 72 60
ZH	Bürki Jonas	BUJ	Spez. dBSt/VSt/DBA/pStA	058 462 74 19
	Schmied André	SND	Spez. dBSt/VSt/DBA/pStA	058 469 00 57

Team III: Zonen 9 - 12 (FR, GE, JU, NE, TI, VS, VD)

Kanton	Name	Paraph	Funktion	Tel. Nummer
	Morel Martin	Mom	**Teamchef**	058 462 74 28
	Bovigny Daniel	BOD	**Teamchef-Stv.**	058 462 73 72
FR	Bovigny Daniel	BOD	Spez. dBSt	058 462 73 72
	Kottelat Gérard	KOD	Spez. VSt/DBA/pStA	058 462 84 03
GE	Bovigny Daniel	BOD	Spez. dBSt	058 462 73 72
	Kottelat Gérard	KOD	Spez. VSt/DBA/pStA	058 462 84 03
JU	Cipolla Sandra	CIP	Spez. dBSt	058 462 74 10
	Schuwey Frédéric	SWY	Spez. VSt/DBA/pStA	058 463 57 72
NE	Cipolla Sandra	CIP	Spez. dBSt	058 462 74 10
	Gauchat Douglas	GDO	Spez. VSt/DBA/pStA	058 464 81 96
TI	Zarri Antonella	Zrr	Spez. dBSt/VSt/DBA/pStA	058 462 74 24
VS	Zarri Antonella	Zrr	Spez. dBSt	058 462 74 24
	Gauchat Douglas	GDO	Spez. VSt/DBA/pStA	058 464 81 96
VD	Morel Martin	Mom	Spez. dBSt	058 462 74 28
	Schuwey Frédéric	SWY	Spez. VSt/DBA/pStA	058 463 57 72

Fachdienste

Aufgabengebiet	Name	Paraph	Funktion	Tel. Nummer
	Emch Daniel	ED	**Teamchef**	058 462 71 87
Quellensteuer	Pulfer Roland	PUL	**Teamchef-Stv.**	058 464 17 79
Publikationen, Formulare, Tarife, Berufsauslagen, Naturalbezüge	Hasler Jan	HAJ	Fachspezialist	058 462 10 53
Landwirtschaft	Oppliger Andreas	OAN	Landwirtschafts-experte	058 462 71 91
Übersetzungen, Rechnungswesen	Mulhauser Michel	Mu	Fachspezialist	058 464 90 97
Auslandsbedienstete, Rechnungswesen	Hartlep Janine	HTP	Fachspezialistin	058 462 74 36
Sekretariat	Riesen Andrée	RIE	Sekretärin	058 462 70 53

Schweizerische Eidgenossenschaft
Confédération suisse
Confederazione Svizzera
Confederaziun svizra

Eidgenössisches Finanzdepartement EFD
Eidgenössische Steuerverwaltung ESTV

Hauptabteilung Mehrwertsteuer

Raffaello Pietropaolo
Stv. Regula Hauser El-Ajou

Abteilung Erhebung

Alain Rosa
Stv. Martin Röthlisberger

Bereich 1 (Zonen 1–3)
Martin Röthlisberger
Stv. Beatrice Schneeberger

- Team 1 – Beatrice Schneeberger
- Team 2 – Elmar Volgger
- Team 3 – Jürg Rohrbach

Bereich 2 (Zonen 4–6)
Lukas Pürro
Stv. Jürg Brogli

- Team 4 – Pius Berni
- Team 5 – Jürg Brogli
- Team 6 – Urs Grossrieder

Bereich 3 (Zonen 7–9)
Gabriela Blaser
Stv. Daniele Ducoli

- Team 7 – Katja Bay
- Team 8 – Elisabeth Haueter
- Team 9 – Daniele Ducoli

Bereich 4 (Zonen 10–12)
Philippe Chassot
Stv. Alexandre Baudois

- Team 10 – Alexandre Baudois
- Team 11 – Jean-Luc Schmid
- Team 12 – Patrice Renevey

Abteilung Externe Prüfung

Regula Hauser El-Ajou
Stv. Umberto Ottavianelli

Bereich 1 (Regionen 1–5)
Umberto Ottavianelli

- Team 1 – Franco Meroni
- Team 2 – Jean-Luc Andrey
- Team 3 – Stéphane Andrey
- Team 4 – Véronique Piccand
- Team 5 – Rémy Capt

Bereich 2 (Regionen 6–10)
Markus Ziltener

- Team 6 – Adrian Mani
- Team 7 – Felix Breiter
- Team 8 – Roland Cetin
- Team 9 – Patrick Altherr
- Team 10 – Alain Schweickhardt

Bereich 3 (Regionen 11–15)
Jean-Luc Boschung

- Team 11 – Flurin Stucki
- Team 12 – Andreas Schorneck
- Team 13 – Stefan Bur
- Team 14 – Martin Ernst
- Team 15 – Cyril Jost

Bereich 4 (Regionen 16–20)
Ernst Lüthi

- Team 16 – Patrick Wetter
- Team 17 – Roger Schüpbach
- Team 18 – Patrick Walker
- Team 19 – Peter Rüegsegger
- Team 20 – Christoph Gehrig

Abteilung Recht

Ralf Imstepf
Stv. Valérie Paris

- **Strafdienst** – Adrian Junker, Stv. vakant
- **Team 1 (Zonen 1+2)** – Thomas Eyer, Stv. Patrick Fux
- **Team 2 (Zonen 3+4)** – Christine Wildi Bieri, Stv. Marlise Rüegsegger
- **Team 3 (Zonen 5+6)** – Jeannine Müller, Stv. Judith Gross
- **Team 4 (Zonen 7+8)** – Peter Brenzikofer, Stv. Alexander Sidler
- **Team 5 (Zonen 9+10)** – Pierre-Alain Bard, Stv. Christelle Rimediotti
- **Team 6 (Zonen 11+12)** – Valérie Paris, Stv. Constantin Passas

Analyse, Projekte, Risikoerkennung

Roch Christan
Stv. Philippe Perler

- **Analyse und Information** – vakant
- **Betrugsbekämpfung** – vakant
- **Elektronischer Geschäftsverkehr** – Marcel Niederberger

Zonen
d=deutsch, f=franz., i=ital. N=Nord, S=Süd

1	BS, SO, TG, UR	7	LU, NW, OW, ZG
2	BL, GL, GR d, SZ	8	AG, AI, AR, SH
3	BE N d, SG	9	GR i, TI
4	BE S d, FR d, VS d	10	VD
5	ZH N	11	BE f, FR f, NE, VS f
6	ZH S	12	GE, JU

Schweizerische Eidgenossenschaft
Confédération suisse
Confederazione Svizzera
Confederaziun svizra

Eidgenössisches Finanzdepartement EFD
Eidgenössische Steuerverwaltung ESTV

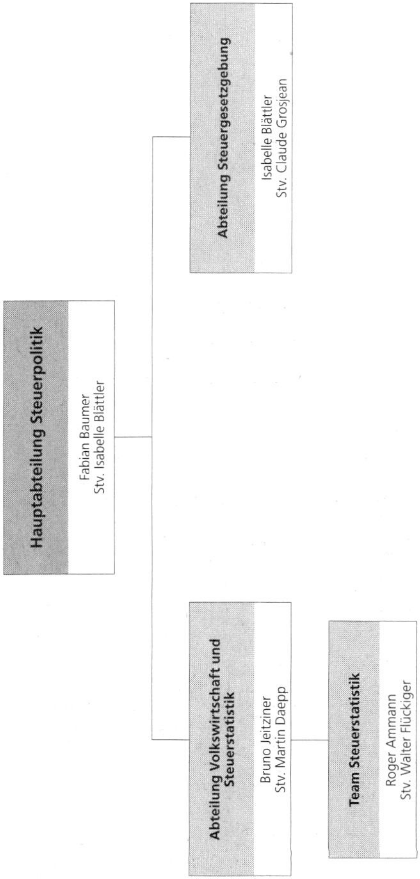

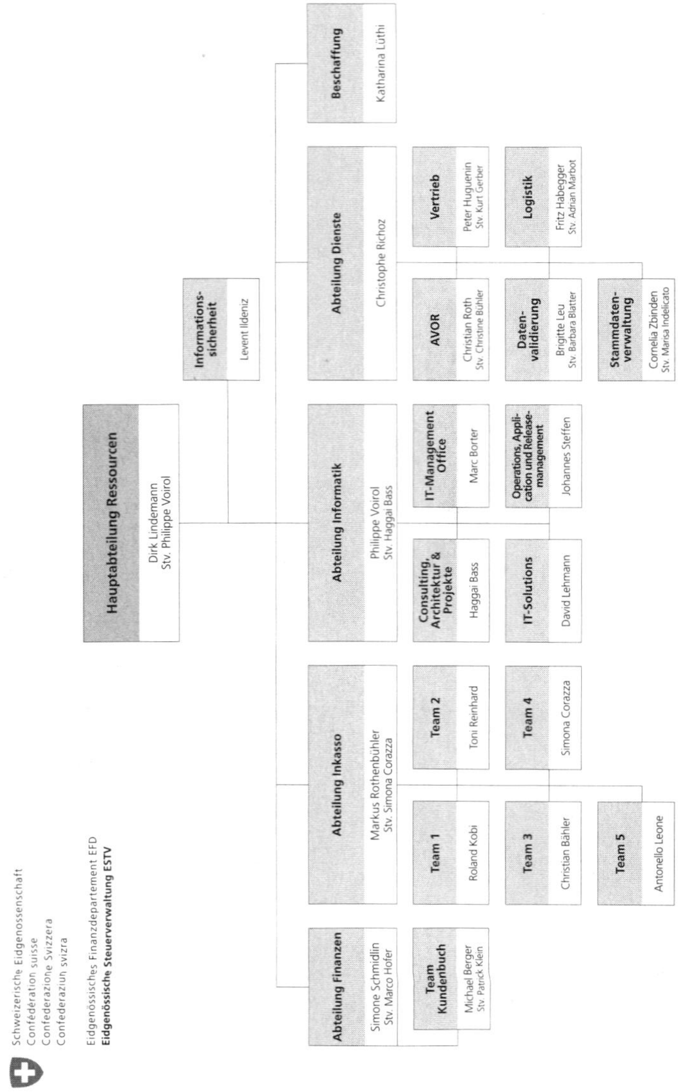
Schweizerische Eidgenossenschaft
Confédération suisse
Confederazione Svizzera
Confederaziun svizra
Eidgenössisches Finanzdepartement EFD
Eidgenössische Steuerverwaltung ESTV
Hauptabteilung Ressourcen
Dirk Lindemann
Stv. Philippe Voirol
Informations-sicherheit
Levent Ildeniz
Abteilung Finanzen
Simone Schmidlin
Stv. Marco Hofer
Team Kundenbuch
Michael Berger
Stv. Patrick Klein
Abteilung Inkasso
Markus Rothenbühler
Stv. Simona Corazza
Team 1
Roland Kobi
Team 2
Toni Reinhard
Team 3
Christian Bähler
Team 4
Simona Corazza
Team 5
Antonello Leone
Abteilung Informatik
Philippe Voirol
Stv. Haggai Bass
Consulting, Architektur & Projekte
Haggai Bass
IT-Management Office
Marc Borter
IT-Solutions
David Lehmann
Operations, Application und Release-management
Johannes Steffen
Abteilung Dienste
Christophe Richoz
AVOR
Christian Roth
Stv. Christine Bühler
Vertrieb
Peter Huguenin
Stv. Kurt Gerber
Daten-validierung
Brigitte Leu
Stv. Barbara Blatter
Logistik
Fritz Habegger
Stv. Adrian Marbot
Stammdaten-verwaltung
Cornelia Zbinden
Stv. Marisa Indelicato
Beschaffung
Katharina Lüthi

Kontakte Kantonale Steuerverwaltungen

Quelle: http://www.steuerkonferenz.ch/?Die_Konferenz
und jeweiliger kantonaler Staatskalender

Aargau

Kantonales Steueramt	Dr. Dave Siegrist	Tel.: 062 835 25 31
Tellistrasse 67	(Vorsteher)	
5001 Aarau	allgemein	Tel.: 062 835 25 30
www.ag.ch/steuern		

Appenzell Ausserrhoden

Kantonale	Jacques Oberli (Leiter)	Tel.: 071 353 63 00
Steuerverwaltung	allgemein	Tel.: 071 353 62 90
Gutenberg-Zentrum		steuerverwaltung@ar.ch
Kasernenstrasse 2		
9100 Herisau		
www.ar.ch/steuern		

Appenzell Innerrhoden

Kantonale	Werner Nef (Amtsleiter)	Tel.: 071 788 94 01
Steuerverwaltung	allgemein	Tel.: 071 788 94 01
Marktgasse 2		steuern@ai.ch
9050 Appenzell		
www.ai.ch/steuern		

Basel-Landschaft

Kantonale	Peter B. Nefzger	Tel.: 061 552 52 71
Steuerverwaltung	(Vorsteher)	
Rheinstrasse 33	allgemein	Tel.: 061 552 51 20
4410 Liestal		steuerverwaltung@bl.ch
www.baselland.ch/Steuern		

Basel-Stadt

Kantonale	Stephan Stauber	Tel.: 061 267 96 30
Steuerverwaltung	(Steuerverwalter)	
Fischmarkt 10	allgemein	Tel.: 061 267 24 24
4001 Basel		steuerverwaltung@bs.ch
www.steuerverwaltung.bs.ch		

Bern

Kantonale	Claudio Fischer	Tel.: 031 633 69 60
Steuerverwaltung	(Steuerverwalter)	
Brünnenstrasse 66	allgemein	Tel.: 031 633 60 01
Postfach 8334		
3018 Bern-Bümpliz		
www.be.ch/steuern		

Fribourg/Freiburg

Kantonale	Alain Mauron (Vorsteher)	Tel.: 026 305 32 75
Steuerverwaltung	allgemein	Tel.: 026 305 33 00
Rue Joseph-Piller 13		sccdir@fr.ch
Postfach		
1701 Fribourg		
www.admin.fr.ch/kstv		

Genève/Genf

Administration fiscale cantonale	Daniel Hodel (directeur général)	Tel.: 022 327 84 30
26, rue du Stand	allgemein	Tel.: 022 327 70 00
Case Postale 3937		
1211 Genève 3		
www.ge.ch/impots		

Glarus

Kantonale Steuerverwaltung	Markus Schwitter (Vorsteher)	Tel.: 055 646 61 60
Hauptstrasse 11/17	allgemein	Tel.: 055 646 61 50
8750 Glarus		steuerverwaltung@gl.ch

www.gl.ch/xml_1/internet/de/application/d1256/d31/d298/f299.cfm

Graubünden

Kantonale Steuerverwaltung	Urs Hartmann (Vorsteher)	Tel.: 081 257 33 24
	allgemein	Tel.: 081 257 21 21
Steinbruchstrasse 18		info@stv.gr.ch
7001 Chur		
www.stv.gr.ch		

Jura

Service cantonal des contributions	François Froidevaux (Chef de service)	Tel.: 032 420 55 30
2, rue de la Justice	allgemein	Tel.: 032 420 55 66
2800 Delémont		secr.ctr@jura.ch
www.jura.ch/contributions		

Luzern

Dienststelle Steuern	Felix Muff (Leiter)	Tel.: 041 228 55 80
Buobenmatt 1	allgemein	Tel.: 041 228 56 56
Postfach 3464		dst@lu.ch
6002 Luzern		
www.steuern.lu.ch		

Neuchâtel/Neuenburg

Service des contributions	Youssef Wahid	Tel.: 032 889 45 53
Rue du Docteur-Coullery 5	(Chef de service)	
2300 La Chaux-de-Fonds	allgemein	Tel.: 032 889 77 77
		service.contribution@ne.ch

www.ne.ch/autorites/DFS/SCCO/Pages/accueil.aspx

Nidwalden

Kantonales Steueramt	Hemmerle Raphael	Tel.: 041 618 71 26
Bahnhofplatz 3	(Steuerverwalter)	
Postfach 1241	allgemein	Tel.: 041 618 71 27
6371 Stans		steueramt@nw.ch

www.steuern-nw.ch/ansprechpartnersteueramt

Obwalden

Kantonale Steuerverwaltung	Marianne Nufer (Steuerverwalterin)	Tel.: 041 666 62 65
St. Antonistrasse 4	allgemein	Tel.: 041 666 62 94
6061 Sarnen		steuerverwaltung@ow.ch
www.steuern.ow.ch		

Sankt Gallen

Kantonales Steueramt	Dr. Felix Sager (Amtsleiter)	Tel.: 058 229 41 21
Davidstrasse 41	allgemein	Tel.: 058 229 41 21
Postfach 1245		ksta.dienste@sg.ch
9001 St. Gallen		
www.steuern.sg.ch		

Schaffhausen

Kantonale Steuerverwaltung	Andreas Wurster (Dienststellenleiter)	Tel.: 052 632 72 25
		Tel.: 052 632 79 50
J.J. Wepferstrasse 6	allgemein	sekretariat.stv@ktsh.ch
8200 Schaffhausen		
www.sh.ch/Kantonale-Steuerverwaltung.251.0.html		

Schwyz

Kantonale Steuerverwaltung	Markus Beeler (Vorsteher)	Tel.: 041 819 23 44
	allgemein	Tel.: 041 819 23 45
Bahnhofstrasse 15		
Postfach 1232		
6431 Schwyz		
www.sz.ch/steuern		

Solothurn

Kantonales Steueramt	Marcel Gehrig (Chef)	Tel.: 032 627 87 09
Werkhofstrasse 29c	allgemein	Tel.: 032 627 87 01
4509 Solothurn		steueramt.so@fd.so.ch
www.steueramt.so.ch		

Thurgau

Steuerverwaltung Thurgau	Jakob Rütsche (Amtsleiter)	Tel.: 058 345 30 00
	allgemein	Tel.: 058 345 30 30
Schlossmühlestrasse 9		info.sv@tg.ch
8510 Frauenfeld		
www.steuerverwaltung.tg.ch		

Ticino/Tessin

Divisione delle contribuzioni	Lino Ramelli (Direttore)	Tel.: 091 814 39 53
	allgemein	Tel.: 091 814 39 58
Viale Stefano Franscini 6		dfe-dc@ti.ch
6501 Bellinzona		
www.ti.ch/fisco		

Uri

Amt für Steuern	Pius Imholz (Vorsteher)	Tel.: 041 875 21 33
Tellsgasse 1	allgemein	Tel.: 041 875 21 17
Postfach 950		steueramt@ur.ch
6460 Altdorf		
www.ur.ch/de/themen/steuern		

Valais/Wallis

Kantonale Steuerverwaltung	Beda Albrecht (Dienstchef)	Tel.: 027 606 24 55
	allgemein	Tel.: 027 606 24 51
Avenue de la Gare 35		scc@admin.vs.ch
Case postale 351		
1951 Sitten		
www.vs.ch/steuern		

Vaud/Waadt

Administration cantonale des impôts Route de Berne 46 1014 Lausanne www.vd.ch/impots	Marinette Kellenberger (Directrice générale de la fiscalité) allgemein	Tel.: 021 316 20 42 Tel.: 021 316 00 00 info.aci@vd.ch

Zug

Kantonale Steuerverwaltung Bahnhofstrasse 26 Postfach 160 6301 Zug www.zg.ch/behoerden/finanzdirektion/steuerverwaltung	Dr. Guido Jud (Amtsleiter) allgemein	Tel.: 041 728 36 98 Tel.: 041 728 26 11 internet.stv@zg.ch

Zürich

Kantonales Steueramt Bändliweg 21 Postfach 8090 Zürich www.steueramt.zh.ch	Marina Züger (Chefin) allgemein	Tel.: 043 259 35 01 Tel.: 043 259 40 50 marina.zueger@ksta.zh.ch

Kontakte Schweizerische Steuerkonferenz

www.steuerkonferenz.ch

Generalsekretariat
Olivier Margraf
Kantonale Steuerverwaltung Thurgau
Schlossmühlestrasse 9 — Tel.: 058 345 30 10
8510 Frauenfeld — ssk-csi@tg.ch

Jakob Rütsche, Präsident des Vorstandes
Kantonale Steuerverwaltung Thurgau
Vorsteher
Schlossmühlestrasse 9 — Tel.: 058 345 30 00
8510 Frauenfeld — jakob.ruetsche@tg.ch

Schweizerische Steuerkonferenz

Vereinigung der schweizerischen Steuerbehörden

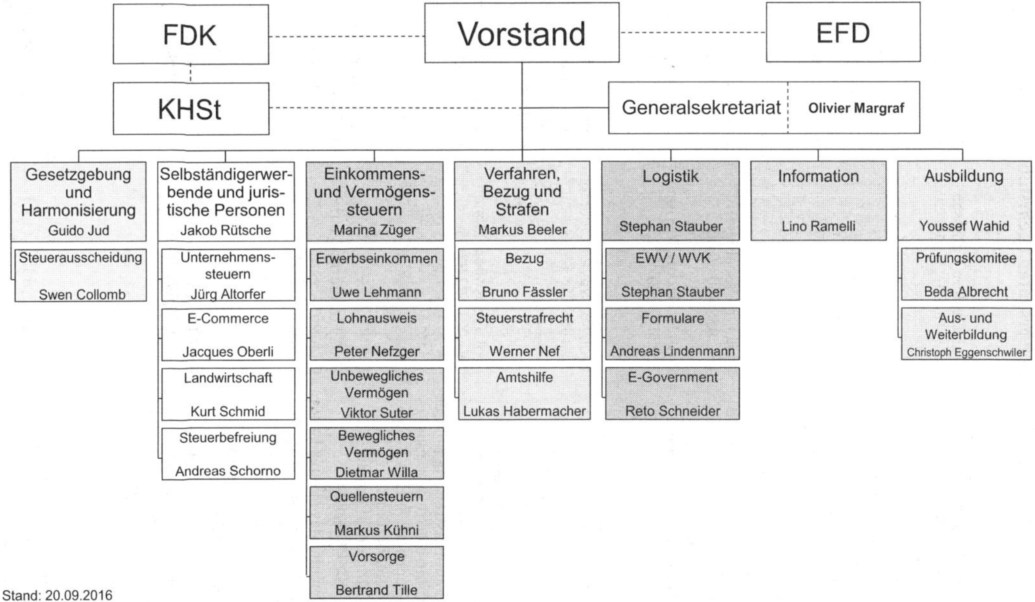

Stand: 20.09.2016

Schweizerische Universitäten (Lehrstühle für Steuerrecht)

Universität Basel Juristische Fakultät Peter Merian-Weg 8 Postfach 4002 Basel	Prof. Dr. Urs Behnisch Tel.: 061 207 25 19	Urs.Behnisch@unibas.ch www.ius.unibas.ch
Universität Bern Institut für Steuerrecht Schanzeneckstrasse 1 Postfach 3444 3001 Bern	Prof. Dr. Adriano Marantelli Tel.: 031 631 54 09	adriano.marantelli@isr.unibe.ch www.isr.unibe.ch
Universität Freiburg/ Université de Fribourg Rechtswissenschaftliche Fakultät Av. de Beauregard 13 1700 Freiburg/Fribourg	Prof. Dr. Pascal Hinny Tel.: 058 450 80 00	pascal.hinny@unifr.ch www.unifr.ch/ius/hinny/home
	Prof. Dr. Henri Torrione Tel.: 079 220 43 36	henri.torrione@unifr.ch www.unifr.ch/ius/torrione/home
Université de Genève Faculté de Droit Uni Mail 40, Bd du Pont-d'Arve 1205 Genève	Prof. Dr. Xavier Oberson Tel.: 058 258 88 88	xoberson@obersonabels.com www.unige.ch/droit/collaborateur/professeurs/oberson-xavier.html
Université de Lausanne Faculté de droit, des sciences criminelles et d'administration publique Centre de droit public Quartier UNIL-Chamberonne Bâtiment Internef 1015 Lausanne	Prof. Dr. Robert Danon Tel.: 021 692 27 53	Robert.Danon@unil.ch www.unil.ch/fdca
Faculté des Hautes Etudes Commerciales (HEC) Quartier UNIL-Chamberonne Bâtiment Anthropole 1015 Lausanne	Prof. Dr. Pierre-Marie Glauser Tel.: 021 692 61 17	Pierre-Marie.Glauser@unil.ch www.hec.unil.ch
Faculté de Droit et de sciences criminelles et d'administration publique Quartier UNIL-Chamberonne Bâtiment Internef 1015 Lausanne	Prof. Dr. Yves Noël Tel. : 021 692 28 36	Yves.Noel@unil.ch www.unil.ch/fdca
Universität Luzern Rechtswissenschaftliche Fakultät Steuerrecht Frohburgstrasse 3 Postfach 4466 6002 Luzern	Prof. Dr. Andrea Opel Tel.: 041 229 53 67	andrea.opel@unilu.ch www.unilu.ch/fakultaeten/rf/professuren/opel-andrea/

Université de Neuchâtel Faculté de Droit Rue A.-L.-Breguet 1 2000 Neuchâtel	Prof. Dr. Thierry Obrist Tel.: 032 718 15 23	thierry.obrist@unine.ch www.unine.ch/ccfi
Universität St. Gallen IFF – Institut für Finanzwissenschaft und Law and Economics Varnbüelstrasse 19 9000 St. Gallen	Prof. Dr. Robert Waldburger Tel.: 071 224 25 22	robert.waldburger@unisg.ch www.iff.unisg.ch
Universität Zürich Lehrstuhl für Schweizerisches, Europäisches und Internationales Steuerrecht Rämistrasse 74/21 8001 Zürich	Prof. Dr. René Matteotti Tel.: 044 634 30 86	rene.matteotti@rwi.uzh.ch www.rwi.uzh.ch/matteotti
Lehrstuhl für Schweizerisches und Internationales Steuerrecht Rämistrasse 74 / 20 8001 Zürich	Prof. Dr. Madeleine Simonek Tel.: 044 634 48 74	madeleine.simonek@rwi.uzh.ch www.rwi.uzh.ch/simonek

Swiss Association of Tax Law Professors

www.rwi.uzh.ch/lehreforschung/alphabetisch/simonek/satlp.html

Vorstand:

Prof. Dr. P. Hinny, Ordinarius an der Universität Freiburg (Präsident)
PD Dr. M. Beusch, Lehrbeauftragter an der Universität Zürich
Prof. Dr. P.-M. Glauser, Professeur associé an der Universität Lausanne
Prof. Dr. A. Marantelli, Ordinarius an der Universität Bern
Prof. Dr. R. Matteotti, Ordinarius an der Universität Zürich

Dr. P. Hongler, Lehrbeauftragter an der Universität Zürich (Aktuar und Quästor)

Kontakt:
Prof. Dr. Pascal Hinny
Brandschenkestrasse 24 — pascal.hinny@lenzstaehelin.com
8027 Zürich — Tel. 058 450 80 00

EXPERTsuisse

EXPERTsuisse
Limmatquai 120 — info@expertsuisse.ch
Postfach 1477 — **www.expertsuisse.ch**
8021 Zürich — Tel.: 058 206 05 05

Ordre Romand des Experts Fiscaux Diplômés (OREF)

Sekretariat:
OREF
Case Postale 108
3963 Crans-Montana

info@oref.ch
www.oref.ch

Zeitschriften

Archiv für Schweizerisches Abgaberecht (ASA)
info@weblaw.ch
www.asa.weblaw.ch

Redaktion:
Prof. Dr. René Matteotti (Vorsitz)
Institut für Steuerrecht der Universität Zürich
Rämistrasse 74/21, 8001 Zürich
Tel.: 044 634 30 86
rene.matteotti@rwi.uzh.ch

IFF Forum für Steuerrecht (FStR)
fstr-iff@unisg.ch
www.iff-info.ch

Redaktion:
Dr. Markus Weidmann und
Dr. Peter Brülisauer (Leitung)
Institut für Finanzwissenschaft, Finanzrecht und Law and Economics
Varnbüelstrasse 19, 9000 St. Gallen
Tel.: 071 224 25 20
markus.weidmann@unisg.ch

EXPERT FOCUS
redaktion@expertsuisse.ch
www.expertsuisse.ch/expertfocus

Redaktion:
Annelies Keller (Redaktionsleitung)
EXPERT FOCUS
Limmatquai 120, Postfach 1477, 8021 Zürich
Tel.: 058 206 05 05
redaktion@expertsuisse.ch

SteuerRevue (StR)
info@steuerrevue.ch
www.steuerportal.ch/steuerrevue

Redaktion:
Dr. Wolfgang Maute (Chefredaktor)
Burgstrasse 8, 8280 Kreuzlingen TG
Tel.: 071 686 50 50
maute@first.ag

Zeitschrift für Schweizerisches und Internationales Steuerrecht (zsis)
zsis.swisslex.ch

Redaktion:
Dr. Silvia Hunziker (Chefredaktorin)
Institut für Schweizerisches und Internationales Steuerrecht (isis)
Gertrudstrasse 1, Postfach 1794, 8401 Winterthur
Tel.: 052 202 27 39

Links

Die aufgeführten URL datieren vom Dezember 2017

Gesetze

Bund:

Systematische Sammlung des Bundesrechts (SR)
www.admin.ch/gov/de/start/bundesrecht/systematische-sammlung.html

Kantone:

AG	www.ag.ch/de/meta/gesetze/gesetze.jsp
AI	www.ai.ch/themen/staat-und-recht/gesetzessammlung
AR	www.bgs.ar.ch
BE	www.be.ch/portal/de/veroeffentlichungen/gesetze.html
BL	bl.clex.ch
BS	www.gesetzessammlung.bs.ch
FR	bdlf.fr.ch
GE	www.ge.ch/legislation/rsg/main.html
GL	gesetze.gl.ch
GR	www.gr.ch/de/publikationen/gesetzgebung/seiten/default.aspx
JU	rsju.jura.ch/default.aspx
LU	srl.lu.ch
NE	rsn.ne.ch
NW	www.navigator.ch/nw/lpext.dll?f=templates&fn=main-h.htm
OW	gdb.ow.ch
SG	www.gesetzessammlung.sg.ch
SH	www.rechtsbuch.sh.ch
SO	bgs.so.ch
SZ	www.sz.ch/behoerden/amtsblatt-gesetze-entscheide/gesetzsammlung/systematische-srsz.html/72-416-413-1366-1365
TG	www.rechtsbuch.tg.ch
TI	www3.ti.ch/CAN/RLeggi/public/index.php.raccolta-leggi
UR	ur.lexspider.com
VD	*www.rsv.vd.ch*
VS	lex.vs.ch/?locale=de
ZG	bgs.zg.ch
ZH	www.zh.ch/internet/de/rechtliche_grundlagen/gesetze.html

EU:

EUR-Lex	www. eur-lex.europa.eu/homepage.html?locale=de

Steuerverwaltungen

Bund:

Eidgenössische Steuerverwaltung	www.estv.admin.ch
Schweizerische Steuerkonferenz	www.csi-ssk.ch
Finanzdirektorenkonferenz	www.fdk-cdf.ch

Kantone:

AG	www.ag.ch/steuern
AI	www.ai.ch/verwaltung/finanzdepartement/steuerverwaltung
AR	www.ar.ch/steuern
BE	www.fin.be.ch/fin/de/index/direktion/organisation/sv.html
BL	www.baselland.ch/steuern.273545.0.html
BS	www.steuerverwaltung.bs.ch
FR	www.fr.ch/scc/de/pub/index.cfm
GE	www.ge.ch/impots
GL	www.gl.ch/xml_1/internet/de/application/d31/d298/f299.cfm
GR	www.stv.gr.ch
JU	www.jura.ch/contributions
LU	steuern.lu.ch
NE	www.ne.ch/autorites/DFS/SCCO/Pages/accueil.aspx
NW	www.steuern-nw.ch/ansprechpartnersteueramt
OW	www.steuern.ow.ch
SG	www.steuern.sg.ch
SH	www.sh.ch/kantonale-steuerverwaltung.251.0.html
SO	www.so.ch/verwaltung/finanzdepartement/steueramt
SZ	www.sz.ch/behoerden/staatskanzlei-departemente/finanzdepartement/steuerverwaltung/steuerverwaltung.html/72-416-387-382-3151-3153
TG	www.steuerverwaltung.tg.ch
TI	www.ti.ch/fisco
UR	www.ur.ch/de/themen/steuern
VD	www.vd.ch/impots
VS	www.vs.ch/steuern
ZG	www.zug.ch/tax
ZH	www.steueramt.zh.ch
EU	europa.eu/european-union/topics/taxation_de

Rechtsprechung

Bund:

Bundesgericht	www.bger.ch
Bundesverwaltungsgericht	www.bvger.ch
Verwaltungspraxis (VPB)	www.bk.admin.ch/dokumentation/02574/index.html?lang=de

Kantone:

AG	www.ag.ch/de/sk/recht/rechtsprechung/rechtsprechung.jsp
AI	www.ai.ch/themen/staat-und-recht/veroeffentlichungen/verwaltungs-und-gerichtsentscheide
AR	www.ar.ch/gerichte/obergericht/gerichtsentscheide-verwaltungsrecht/
BE	www.justice.be.ch/justice/de/index/entscheide/entscheide_rechtsprechung/entscheide/verwaltungsgericht.html
BL	www.baselland.ch/main_strk-htm.277547.0.html
BS	www.steuer.bs.ch/steuersystem/steuerrechtsprechung.html
FR	www.fr.ch/tc/de/pub/rechtsprechung.htm
GE	ge.ch/justice/dans-la-jurisprudence?
GL	www.gl.ch/xml_1/internet/de/application/d43/f1596.cfm
GR	www.justiz-gr.ch
JU	www.jura.ch/just/instances-judiciaires/tribunal-cantonal.html
LU	www.gerichte.lu.ch/rechtsprechung
NE	jurisprudence.ne.ch
NW	secure.i-web.ch/dweb/nw/de/rechtspflege/gerichtetop/rechtsprechung/
OW	www.ow.ch/de/politik/justizmain/rechtsprechunglinks/
SG	www.gerichte.sg.ch/home/dienstleistungen/rechtsprechung/verwaltungsgericht.html
SH	www.obergerichtsentscheide.sh.ch
SO	www.appl.so.ch/appl/ksge/
SZ	www.sz.ch/steuern/entscheide
TG	vgbuch.tg.ch
TI	www.sentenze.ti.ch
UR	www.ur.ch/de/behoerdenmain/gerichtetop/gericht/abteilungen/?amt_id=928
VD	www.jurisprudence.vd.ch
VS	www.vs.ch/de/web/tribunaux/jurisprudence
ZG	www.zug.ch/gvp
ZH	www.vgr.zh.ch/internet/verwaltungsgericht/de/home.html www.zhentscheide.zh.ch

Europa:

EuGH	curia.europa.eu/juris/recherche.jsf?language=de
EGMR	www.echr.coe.int/ECHR/EN/Header/Case-Law/Decisions+and+judgments/Lists+of+judgments

Steuerrechner

Bund:

Eidgenössische Steuerverwaltung
www.estv2.admin.ch/d/dienstleistungen/steuerrechner/steuerrechner.htm

Kantone:

AG	www.ag.ch/steueramt/de/pub/angebote/steuerberechnungen.php
AI	www.ai.ch/themen/steuern/steuerberechnung
AR	www.ar.ch/verwaltung/departement-finanzen/steuerverwaltung/steuerberechnungen-steuerfuesse/
BE	www.fin.be.ch/fin/de/index/steuern/steuern_berechnen/steuerrechner.html
BL	www.baselland.ch/politik-und-behorden/direktionen/finanz-und-kirchendirektion/steuerverwaltung/steuerzahlungen/steuerrechner
BS	www.steuerverwaltung.bs.ch/steuerzahlung/steuerrechner.html
FR	www.fr.ch/scc/de/pub/formulare/formulare_np.htm www.fr.ch/scc/de/pub/formulare/juristische_personen.htm
GE	www.ge.ch/document/baremes-2016-impots-revenu-fortune-exemples-calcul www.ge.ch/document/calcul-impot-societes
GL	www.gl.ch/xml_1/internet/de/application/d1256/d31/d298/f1055.cfm
GR	www.gr.ch/DE/institutionen/verwaltung/dfg/stv/berechnen/Seiten/einkommens_und_vermoegenssteuer.aspx www.gr.ch/DE/institutionen/verwaltung/dfg/stv/berechnen/Seiten/gewinn_und_kapitalsteuer.aspx
JU	www.jura.ch/DFI/CTR/Calculez-vos-impots/Calculez-vos-impots.html
LU	steuern.lu.ch/steuererklaerung/kalkulatoren
NE	www.ne.ch/autorites/dfs/scco/impot-pp/pages/calculette_pp.aspx www.ne.ch/autorites/dfs/scco/impot-pm/pages/accueil.aspx
NW	www.steuern-nw.ch/steuerrechnereinkommenvermoegen/ www.steuern-nw.ch/juristischepersonen/steuerrechner-jp
OW	www.ow.ch/de/verwaltung/onlineschaltermain/steuerrechnermain
SG	www.steuern.sg.ch/home/sachthemen/eservices/steuerkalkulator
SH	www.sh.ch/berechnungstabellen.681.0.html
SO	steuerrechner.so.ch/stre_main_tab.php
SZ	www.sz.ch/privatpersonen/steuern/steuern-natuerliche-personen/steuerberechnung/steuerberechnung.html/72-512-445-3489-3487-3484 www.sz.ch/unternehmen/steuern/steuern-juristische-personen/steuerberechnung/steuerrechner.html/72-443-4441-3193-3191-3190
TG	steuerverwaltung.tg.ch/hilfsmittel/steuerkalkulatoren.html/2947
TI	www4.ti.ch/dfe/dc/sportello/calcolatori-dimposta
UR	www.ur.ch/de/verwaltung/dienstleistungen/?dienst_id=3195 www.ur.ch/de/verwaltung/dienstleistungen/?dienst_id=3200
VD	www.vd.ch/themes/etat-droit-finances/impots/impots-individus-personnes-physiques/calculer-mes-impots
VS	apps.vs.ch/SCC_Calculette/?Language=de
ZG	www.zg.ch/behoerden/finanzdirektion/steuerverwaltung/steuerrechner
ZH	www.steueramt.zh.ch/internet/finanzdirektion/ksta/de/steuerberechnung.html

Das Register verweist auf die entsprechenden Artikel der fünf Bundessteuergesetze, der Verrechnungssteuerverordnung und der Verordnung über die Stempelabgaben. Weiter wird auf das Steuergesetz und das Erbschafts- und Schenkungssteuergesetz des Kantons Zürich sowie auf das OECD-Musterabkommen verwiesen. In den fünf Bundessteuergesetzen sind zudem Querverweise auf die relevanten Bestimmungen der entsprechenden Verordnungen und Verwaltungsanweisungen enthalten.

A

B

E

F

I

J

K

L

N

O

Q

R

T

V

W